et sous-marins

CE-CM
8-11 ans

Dictionnaire HACHETTE junior

HACHETTE
Éducation

Le Dictionnaire Hachette Junior est édité sous la responsabilité de Ghislaine Stora.

ONT COLLABORÉ À CET OUVRAGE :

Rédacteur en chef : Jean-Pierre Mével

Direction pédagogique : Bernard Jenner

Secrétariat d'édition : Véronique Chape-Plazzotta

Rédaction : Pascale Cheminée
Joëlle Guyon-Vernier
Sylvie Hudelot

Équipe pédagogique : Catherine Bessières
Philippe Bourgouint
Xavier Knowles
Nicole Presse

Correction-révision : Élisabeth Bonvarlet

Direction artistique : Laurent Carré

Illustrations : Isabelle Arslanian
Marie-Marthe Collin
Jean-Pierre Dupont
Looping
Jean-Luc Maniouloux
Sylvie Serprix
Amélie Veaux

Cartographie : Pascal Thomas

Mise en pages : Nord Compo
MÉDIAMAX (pour les pages de hors-texte)

Informatique éditoriale : Luc Audrain

Saisie SGML : Patricia Gautier

Fabrication : Nathalie Chappant
Denis Schneider
Karine Mangili

ISBN 2.01.280563-9

Préface

Les programmes scolaires en vigueur précisent que l'élève du cycle des approfondissements (CE2, CM1, CM2) doit être capable :
- de distinguer, grâce au contexte, les différents sens d'un mot, le sens propre et le sens figuré, de repérer des homonymes, des mots de sens proche ou contraire ;
- de trouver le sens d'un mot, d'une expression dans un dictionnaire courant…

Le **Dictionnaire Hachette Junior** s'adresse aux enfants de 8 à 11 ans et fait siennes ces ambitions en mettant à la disposition de son jeune utilisateur un vrai dictionnaire dont les règles de fonctionnement sont celles de tout dictionnaire « courant » :
- Chaque entrée est suivie de la catégorie grammaticale, d'une définition courte et claire, d'un exemple mettant en situation le mot dans une phrase complète, de locutions et expressions utilisant le mot, puis de remarques concernant, selon les cas, la prononciation, l'orthographe, la grammaire ou l'appartenance à une famille de mots. À chaque niveau d'information, synonymes et contraires proposent un enrichissement du vocabulaire et une maîtrise plus étendue de la langue.
- 20 000 entrées, représentant quelque 30 000 sens et locutions permettent à l'élève de cerner le vocabulaire relatif aux matières enseignées à l'école, comme à celui utilisé dans la vie courante, familiale ou de loisirs.

Pour assurer la transition avec les dictionnaires « courants » que l'élève utilisera ensuite au collège et dans sa vie d'adulte, le **Dictionnaire Hachette Junior** est également un dictionnaire adapté à l'âge, aux capacités de lecture et aux préoccupations de son jeune lecteur :
- Les entrées en bleu permettent une identification aisée du mot recherché, tout comme l'alphabet rappelé à droite et à gauche de chaque double page.
- Des remarques complémentaires concernant l'origine, l'histoire ou l'évolution de certains mots procurent un premier plaisir à pénétrer dans la merveilleuse aventure de la langue.
- Une illustration abondante et variée complète l'information et la compréhension ; elle adopte parfois une tournure ludique et complice de l'enfant, mais a aussi la volonté de relier les connaissances au patrimoine artistique et culturel de notre société.
- Des tableaux et des planches regroupent et mettent en cohérence de nombreuses informations : conjugaisons, figures géométriques, noms des habitants des différents pays du monde, etc.
- Enfin, un atlas constitue un complément bien utile à ce dictionnaire, permettant de localiser les lieux et les pays évoqués au fil des exemples.

Le **Dictionnaire Hachette Junior** constitue ainsi un indispensable outil de maîtrise et de connaissance de la langue. Il a également pour ambition d'offrir à l'élève de cycle III le plaisir de la découverte et de la culture.

Planches de vocabulaire

Annexes

Mode d'emploi

camper (verbe) ○ conj. n° 3
1. Faire du camping. *Clément et Julie sont partis* ***camper*** *à la montagne.* **2.** Se camper : se tenir quelque part sans bouger, dans une attitude provocante. *Xavier* ***s'est campé*** *devant la porte et ne laisse entrer personne.* (Syn. se planter.)

cordial, ale, aux (adjectif)
Qui est amical et chaleureux. *Il nous a accueillis par des paroles* ***cordiales****.* (Contr. froid, hostile. ⊙ Famille du mot : cordialement, cordialité. ⊙ Cordial vient du latin *cordis* qui signifie « cœur ».

disque (nom masculin)
1. Plaque ronde qui sert à l'enregistrement des sons. *Écouter, enregistrer un* ***disque****.* **2.** Palet rond que lancent les athlètes. *Le lancer du* ***disque*** *est une discipline olympique.* • **Disque compact :** synonyme de C.D. • **Disque dur :** partie d'un ordinateur qui contient les logiciels et les fichiers.

1. fluidc (adjectif)
Qui coule facilement. *La sauce est trop* ***fluide****. La circulation est* ***fluide*** *sur l'autoroute.*

2. fluide (nom masculin)
Matière qui n'a pas de forme propre. *Les liquides et les gaz sont des* ***fluides****.* (Contr. solide.)

guignol (nom masculin)
Théâtre de marionnettes. • **Faire le guignol :** dans la langue familière, faire le clown, le pitre. ⊙ Guignol est le nom d'un personnage du théâtre de marionnettes créé à Lyon au début du XIXe s.

indien, enne ➠ tableau p. 6.

light (adjectif)
Se dit d'un aliment qui contient peu ou pas de graisse ou de sucre, ou bien d'un tabac faible en nicotine. *Un soda* ***light****.* ➜ Prononciation [lajt]. ➜ Pluriel : des fromages light. ⊙ Light est un mot anglais qui signifie « léger ».

1. manchot, ote (adjectif et nom)
Se dit de quelqu'un qui a perdu un bras ou les deux bras.

2. manchot (nom masculin)
Oiseau de mer qui vit aux environs du pôle Sud. Les manchots ressemblent à des pingouins, mais ils ne savent pas voler.

quadriréacteur (nom masculin)
Avion équipé de quatre réacteurs. ➠ p. 97

yeux Voir œil.

la forme pronominale de ce verbe a un sens particulier

indique que ce mot fait partie d'une famille d'au moins trois mots

ce nom masculin a deux sens différents

ce mot apparaît dans deux expressions

indique que cet adjectif est aussi employé comme nom masculin

indique que ce mot a une origine intéressante

attention à la prononciation

attention à la grammaire

il y a deux mots manchot : un adjectif et nom, et un nom masculin

le numéro renvoie à un tableau qui montre comment conjuguer ce verbe

ce sens 2 du verbe a un synonyme

cet adjectif a une forme différente au masculin, au féminin et au pluriel

ce nom masculin a un contraire

cette expression fait partie de la langue familière

indique un renvoi vers un tableau à cette page

indique un renvoi vers une illustration à cette page

indique que ce mot est défini à un autre endroit

Adjectifs

Tous ces mots sont formés sur un nom propre (pays, ville ou région) grâce à des suffixes particuliers : **-ais**, **-aise** ; **-ien**, **-ienne** ; **-ois**, **-oise** ; **-ain**, **-aine**, etc. Quand ils désignent une personne, ils commencent par une majuscule : **les Chinois**.

Certains de ces adjectifs (■) deviennent des noms masculins pour désigner une langue : ***le chinois** est la langue parlée en Chine par les Chinois.*

Adjectif	Nom des habitants	Pays, région ou ville
afghan, ane	les Afghans	l'Afghanistan
africain, aine	les Africains	l'Afrique
■ albanais, aise	les Albanais	l'Albanie
algérien, enne	les Algériens	l'Algérie
■ allemand, ande	les Allemands	l'Allemagne
■ alsacien, enne	les Alsaciens	l'Alsace
américain, aine	les Américains	l'Amérique
angevin, ine	les Angevins	l'Anjou
■ anglais, aise	les Anglais	l'Angleterre
antillais, aise	les Antillais	les Antilles
arabe	les Arabes	l'Arabie
argentin, ine	les Argentins	l'Argentine
■ arménien, enne	les Arméniens	l'Arménie
asiatique	les Asiatiques	l'Asie
australien, enne	les Australiens	l'Australie
autrichien, enne	les Autrichiens	l'Autriche
auvergnat, ate	les Auvergnats	l'Auvergne
■ basque	les Basques	le Pays basque
belge	les Belges	la Belgique
berrichon, onne	les Berrichons	le Berry
■ birman, ane	les Birmans	la Birmanie
bolivien, enne	les Boliviens	la Bolivie
bosniaque	les Bosniaques	la Bosnie
bourguignon	les Bourguignons	la Bourgogne
brésilien, enne	les Brésiliens	le Brésil
■ breton, onne	les Bretons	la Bretagne
britannique	les Britanniques	la Grande-Bretagne
■ bulgare	les Bulgares	la Bulgarie
calédonien, enne	les Calédoniens	Nouvelle-Calédonie
cambodgien, enne	les Cambodgiens	le Cambodge
camerounais, aise	les Camerounais	le Cameroun
canadien, enne	les Canadiens	le Canada
■ catalan, ane	les Catalans	la Catalogne
champenois, oise	les Champenois	la Champagne
chilien, enne	les Chiliens	le Chili

Adjectif	Nom des habitants	Pays, région ou ville
■ chinois, oise	les Chinois	la Chine
colombien, enne	les Colombiens	la Colombie
comorien, enne	les Comoriens	les Comores
congolais, aise	les Congolais	le Congo
■ coréen, enne	les Coréens	la Corée
■ corse	les Corses	la Corse
croate	les Croates	la Croatie
cubain, aine	les Cubains	Cuba
■ danois, oise	les Danois	le Danemark
écossais, aise	les Écossais	l'Écosse
égyptien, enne	les Égyptiens	l'Égypte
■ espagnol, ole	les Espagnols	l'Espagne
européen, enne	les Européens	l'Europe
finlandais, aise	les Finlandais	la Finlande
flamand, ande	les Flamands	la Flandre
■ français, aise	les Français	la France
franc-comtois, oise	les Francs-Comtois	la Franche-Comté
francilien, enne	les Franciliens	l'Île-de-France
gabonais, aise	les Gabonais	le Gabon
gascon, onne	les Gascons	la Gascogne
■ gaulois, oise	les Gaulois	la Gaule
■ grec, grecque	les Grecs	la Grèce
guadeloupéen, enne	les Guadeloupéens	la Guadeloupe
guatémaltèque	les Guatémaltèques	le Guatemala
guinéen, enne	les Guinéens	la Guinée
guyanais, aise	les Guyanais	la Guyane
haïtien, enne	les Haïtiens	Haïti
hawaïen, enne	les Hawaïens	Hawaï
hollandais, aise	les Hollandais	la Hollande
■ hongrois, oise	les Hongrois	la Hongrie
indien, enne	les Indiens	l'Inde
■ indonésien, enne	les Indonésiens	l'Indonésie
irakien, enne	les Irakiens	l'Irak
iranien, enne	les Iraniens	l'Iran
■ irlandais, aise	les Irlandais	l'Irlande

et noms d'habitants

Adjectif	Nom des habitants	Pays, région ou ville
■ islandais, aise	les Islandais	l'Islande
israélien, enne	les Israéliens	l'Israël
■ italien, enne	les Italiens	l'Italie
ivoirien, enne	les Ivoiriens	la Côte-d'Ivoire
■ jamaïcain, aine	les Jamaïcains	la Jamaïque
■ japonais, aise	les Japonais	le Japon
jordanien, enne	les Jordaniens	la Jordanie
kenyan, ane	les Kenyans	le Kenya
languedocien, enne	les Languedociens	le Languedoc
laotien, enne	les Laotiens	le Laos
■ lapon, one	les Lapons	la Laponie
libanais, aise	les Libanais	le Liban
libyen, enne	les Libyens	la Libye
limousin, ine	les Limousins	le Limousin
londonien, enne	les Londoniens	Londres
lorrain, aine	les Lorrains	la Lorraine
luxembourgeois, oise	les Luxembourgeois	Luxembourg
madrilène	les Madrilènes	Madrid
maghrébin, ine	les Maghrébiens	Maghreb
■ malais, aise	les Malais	la Malaisie
■ malgache	les Malgaches	Madagascar
malien, enne	les Maliens	le Mali
marocain, aine	les Marocains	le Maroc
martiniquais, aise	les Martiniquais	la Martinique
mauricien, enne	les Mauriciens	l'île Maurice
mauritanien, enne	les Mauritaniens	la Mauritanie
méditerranéen, enne	les Méditerranéens	la Méditerranée
mélanésien, enne	les Mélanésiens	la Mélanésie
mexicain, aine	les Mexicains	le Mexique
monégasque	les Monégasques	Monaco
mongol, ole	les Mongols	la Mongolie
moscovite	les Moscovites	Moscou
■ néerlandais, aise	les Néerlandais	les Pays-Bas
néo-zélandais, aise	les Néo-Zélandais	la Nouvelle-Zélande
nigérian, ane	les Nigérians	le Nigeria
nigérien, enne	les Nigériens	le Niger
normand, de	les Normands	la Normandie
■ norvégien, enne	les Norvégiens	la Norvège
■ occitan, ane	les Occitans	l'Occitanie
océanien, enne	les Océaniens	l'Océanie
pakistanais, aise	les Pakistanais	le Pakistan

Adjectif	Nom des habitants	Pays, région ou ville
palestinien, enne	les Palestiniens	la Palestine
parisien, enne	les Parisiens	Paris
périgourdin, ine	les Périgourdins	le Périgord
■ persan, ane	les Persans	la Perse
péruvien, enne	les Péruviens	le Pérou
philippin, ine	les Philippins	les Philippines
picard, arde	les Picards	la Picardie
poitevin, ine	les Poitevins	le Poitou
■ polonais, aise	les Polonais	la Pologne
polynésien, enne	les Polynésiens	la Polynésie
■ portugais, aise	les Portugais	le Portugal
■ provençal, ale	les Provençaux	la Provence
québécois, oise	les Québécois	le Québec
réunionnais, aise	les Réunionnais	la Réunion
romain, aine	les Romains	Rome
■ roumain, aine	les Roumains	la Roumanie
■ russe	les Russes	la Russie
savoyard, arde	les Savoyards	la Savoie
scandinave	les Scandinaves	la Scandinavie
sénégalais, aise	les Sénégalais	le Sénégal
serbe	les Serbes	la Serbie
■ slovaque	les Slovaques	la Slovaquie
■ suédois, oise	les Suédois	la Suède
suisse	les Suisses	la Suisse
syrien, enne	les Syriens	la Syrie
tahitien, enne	les Tahitiens	Tahiti
tchadien, enne	les Tchadiens	le Tchad
■ tchèque	les Tchèques	la Rép. tchèque
thaïlandais, aise	les Thaïlandais	la Thaïlande
■ tibétain, aine	les Tibétains	le Tibet
togolais, aise	les Togolais	le Togo
tourangeau, elle	les Tourangeaux	la Touraine
tunisien, enne	les Tunisiens	la Tunisie
■ turc, turque	les Turcs	la Turquie
■ ukrainien, enne	les Ukrainiens	l'Ukraine
vendéen, enne	les Vendéens	la Vendée
vénézuélien, enne	les Vénézuéliens	le Venezuela
vénitien, enne	les Vénitiens	Venise
■ vietnamien, enne	les Vietnamiens	le Vietnam
yéménite	les Yéménites	le Yémen
yougoslave	les Yougoslaves	la Yougoslavie

L'alphabet phonétique

Consonnes

b	**b**alle	[bal]
	a**bb**aye	[abɛi]
d	**d**ent	[dɑ̃]
	a**dd**ition	[adisjɔ̃]
f	**f**ête	[fɛt]
	e**ff**ort	[efɔʀ]
	photo	[fɔtɔ]
g	**g**arer	[gaʀe]
	ba**gu**e	[bag]
	a**gg**raver	[agʀave]
k	**c**oton	[kɔtɔ̃]
	a**cc**ord	[akɔʀ]
	a**cq**uis	[aki]
	chaos	[kaɔ]
	ka**k**i	[kaki]
	pa**qu**et	[pakɛ]
	ro**ck**	[ʀɔk]
l	**l**atin	[latɛ̃]
	a**ll**ô!	[alo]
m	**m**agie	[maʒi]
	po**mm**e	[pɔm]
n	**n**ager	[naʒe]
	bo**nn**e	[bɔn]
ɲ	vi**gn**e	[viɲ]
ŋ	parki**ng**	[paʀkiŋ]
p	**p**oire	[pwaʀ]
	a**pp**orter	[apɔʀte]
ʀ	**r**ubis	[ʀybi]
	a**rr**ivée	[aʀive]
	rhubarbe	[ʀybaʀb]
s	dan**s**e	[dɑ̃s]
	a**ss**is	[asi]
	ron**c**e	[ʀɔ̃s]
	re**ç**u	[ʀəsy]
	scène	[sɛn]
	men**t**ion	[mɑ̃sjɔ̃]
	as**th**me	[asm]
ʃ	**ch**at	[ʃa]
	shérif	[ʃeʀif]
	schéma	[ʃema]
t	**t**ulipe	[tylip]
	a**tt**endre	[atɑ̃dʀ]
	théâtre	[teɑtʀ]
v	**v**i**v**e	[viv]
	wagon	[vagɔ̃]
z	sai**s**on	[sɛzɔ̃]
	zébu	[zeby]
ʒ	**j**ouer	[ʒwe]
	man**g**er	[mɑ̃ʒe]
	na**ge**oire	[naʒwaʀ]

Voyelles

a	m**a**l	[mal]
	f**e**mme	[fam]
	p**oê**le	[pwal]
	p**oi**ds	[pwɑ]
ɑ	m**â**le	[mɑl]
ɑ̃	av**an**t	[avɑ̃]
	l**am**pe	[lɑ̃p]
	envoi	[ɑ̃vwa]
	emploi	[ɑ̃plwa]
	p**aon**	[pɑ̃]
e	**é**t**é**	[ete]
	march**er**	[maʀʃe]
	ass**ez**	[ase]
ɛ	ch**e**r	[ʃɛʀ]
	pi**è**ge	[pjɛʒ]
	être	[ɛtʀ]
	n**ei**ge	[nɛʒ]
	briqu**et**	[bʀikɛ]
	air	[ɛʀ]
	p**ay**s	[pɛi]
	st**ea**k	[stɛk]
ɛ̃	br**in**	[bʀɛ̃]
	tr**ain**	[tʀɛ̃]
	d**aim**	[dɛ̃]
	p**ein**tre	[pɛ̃tʀ]
	exam**en**	[ɛgzamɛ̃]
ə	p**e**ler	[pəle]
i	v**i**e	[vi]
	na**ï**f	[naif]
	pap**y**rus	[papiʀys]
o	**o**ser	[oze]
	dipl**ô**me	[diplom]
	aube	[ob]
	nouv**eau**	[nuvo]
ɔ	éc**o**le	[ekɔl]
	alc**oo**l	[alkɔl]
	podi**u**m	[pɔdjɔm]
ɔ̃	b**on**b**on**	[bɔ̃bɔ̃]
	t**om**ber	[tɔ̃be]
œ	nag**eu**r	[naʒœʀ]
	œil	[œj]
œ̃	br**un**	[bʀœ̃]
	parf**um**	[paʀfœ̃]
ø	y**eu**x	[jø]
	v**œu**	[vø]
u	ch**ou**	[ʃu]
	l**oo**ping	[lupiŋ]
y	l**u**ne	[lyn]
j	pa**y**er	[pɛje]
	papi**e**r	[papje]
	cue**ill**ir	[kəjiʀ]
	trava**il**	[tʀavaj]
ɥ	l**u**ire	[lɥiʀ]
w	ki**w**i	[kiwi]
	p**o**intu	[pwɛ̃ty]
	ouest	[wɛst]
	adé**qu**at	[adekwat]

A

a (nom masculin)
Première lettre de l'alphabet. *Le* ***A*** *est une voyelle.* • **De A à Z :** du début à la fin.

à (préposition)
Sert à indiquer de nombreux types de compléments. *Aller* ***à*** *la campagne* (lieu). *Rentrer* ***à*** *minuit* (temps). *Marcher* ***à*** *grands pas* (manière). *Se battre* ***au*** *couteau* (moyen). *Un livre* ***à*** *trente euros* (prix). *Parler* ***aux*** *voisins* (attribution). *Un crayon* ***à*** *bille* (complément du nom), etc. → À se combine avec les articles *le* ou *les* : voir *au* et *aux*. Ne pas oublier l'accent grave qui distingue ce mot de la forme du verbe avoir (il a).

abaisser (verbe) ○ conj.n°3
1. Faire descendre plus bas. *Il fait chaud,* ***abaisse*** *donc la vitre !* (Syn. baisser. Contr. relever.) 2. S'abaisser : perdre sa fierté. *Je ne* ***m'abaisserai*** *pas à le supplier.*

abandon (nom masculin)
1. Action d'abandonner quelque chose ou quelqu'un. *Les* ***abandons*** *de chiens sont fréquents à la veille des vacances.* 2. Fait de ne pas continuer. *Le boxeur a perdu par* ***abandon*** *au troisième round.* • **À l'abandon** : dont personne ne s'occupe plus, qu'on laisse sans soin.

abandonner (verbe) ○ conj.n°3
1. Laisser une personne ou un animal et ne plus s'en soucier. *Il* ***a abandonné*** *sa petite sœur sans surveillance.* 2. Quitter définitivement un lieu. *Ils* ***ont abandonné*** *Paris pour aller vivre à la campagne.* 3. Renoncer à faire quelque chose. *Comprenant qu'il avait perdu, il* ***a abandonné*** *la partie.*

abasourdir (verbe) ○ conj.n°11
1. Étourdir par un grand bruit. *La sonorisation était trop forte, elle* ***a abasourdi*** *tout le monde.* 2. Provoquer de la stupéfaction. *Kevin nous* ***abasourdit*** *avec ses histoires incroyables.* (Syn. sidérer, stupéfier.)

abat-jour (nom masculin)
Accessoire de tissu ou de papier placé autour d'une lampe pour atténuer la lumière crue de l'ampoule. → Pluriel : des abat-jour.

Un **abat-jour** beige est posé sur la lampe.

▸ **abats** (nom masculin pluriel)
Cœur, foie, tripes, langue, cervelle, rognons, rate et poumons des animaux de boucherie. *Le tripier vend des* ***abats****.*

▸ **abattage** (nom masculin)
1. Action d'abattre, de faire tomber. *L'****abattage*** *des arbres se fait maintenant à la tronçonneuse.* 2. Action d'abattre un animal. *L'****abattage*** *d'un bœuf.*

▸ **abattement** (nom masculin)
Fait d'être abattu, découragé. *Ce deuil l'a plongé dans un profond* ***abattement****.*

▸ **abattis** (nom masculin pluriel)
Abats de volaille.

▸ **abattoir** (nom masculin)
Bâtiment où l'on abat les animaux de boucherie.

▸ **abattre** (verbe) ➲ conj.n°31
1. Renverser, faire tomber par terre. *Les bûcherons* ***ont abattu*** *le vieux chêne.* 2. Tuer un animal. 3. Tuer quelqu'un en tirant sur lui. *Le shérif* ***a abattu*** *le bandit.* 4. Ôter ses forces, son courage ou sa gaieté à quelqu'un. *Anna* ***est*** *très* ***abattue*** *depuis qu'elle a appris l'accident.* 5. S'abattre : tomber brutalement sur quelque chose. *La foudre* ***s'est abattue*** *sur le cèdre.*
⊙ Famille du mot : abat-jour, abattage, abattement, abattoir, rabattre.

▸ **abbaye** (nom féminin)
Bâtiment où des religieux vivent en communauté sous la direction d'un abbé. → Prononciation [abei].

l'**abbaye** de Port-Royal des Champs

▸ **abbé** (nom masculin)
1. Prêtre catholique. *Monsieur l'****abbé*** *Dupont est le nouveau curé de la paroisse.* 2. Celui qui dirige une abbaye.

▸ **abc** (nom masculin)
Ce que l'on doit commencer par apprendre. *Le calcul est l'****abc*** *des mathématiques.* (Syn. base, rudiments.) → Prononciation [abese]. → Pluriel : des abc.

▸ **abcès** (nom masculin)
Poche de pus. *Cet* ***abcès*** *dentaire me fait mal.*

▸ **abdication** (nom féminin)
Action d'abdiquer. *Après son* ***abdication****, l'empereur Charles Quint se retira dans un monastère.*

▸ **abdiquer** (verbe) ➲ conj.n°3
Renoncer au pouvoir. *Napoléon* ***a abdiqué*** *une première fois en 1814.*

▸ **abdomen** (nom masculin)
Partie du corps qui contient l'appareil digestif. (Syn. ventre.) ➠ p. 263.
→ Prononciation [abdɔmɛn].

▸ **abdominal, ale, aux** (adjectif)
De l'abdomen. *Des douleurs* ***abdominales****.* ▷ **abdominaux** (nom masculin pluriel) Muscles de l'abdomen.

▸ **abeille** (nom féminin)
Insecte qui vit dans une ruche et qui produit du miel et de la cire.

une **abeille**

▸ **aberrant, ante** (adjectif)
Qui n'a pas de bon sens, pas de logique. *Faire de la moto sur le verglas, c'est* ***aberrant !*** (Syn. absurde, déraisonnable, insensé.)

aberration (nom féminin)
Attitude aberrante. *C'est une* ***aberration*** *de se réfugier sous un arbre par temps d'orage.* (Syn. absurdité, folie.)

abêtir (verbe) conj.n°11
Rendre bête. *Ce travail long et monotone finit par* ***abêtir****.*

abîme (nom masculin)
Gouffre qui paraît sans fond. *Les* ***abîmes*** *océaniques atteignent plus de 11 000 mètres dans le Pacifique.*

abîmer (verbe) conj.n°3
Mettre en mauvais état. *Les fruits vont* ***s'abîmer****, mets-les au réfrigérateur.* (Syn. détériorer, gâter.)

abject, ecte (adjectif)
Qui entraîne le mépris. *La torture est une pratique* ***abjecte****.* (Syn. honteux, ignoble, méprisable.)

abjurer (verbe) conj.n°3
Renier une religion, une opinion. *Henri IV* ***a abjuré*** *le protestantisme pour accéder au trône.*

ablutions (nom féminin pluriel)
• **Faire ses ablutions** : se laver.

aboiement (nom masculin)
Cri du chien. *Les* ***aboiements*** *du chien m'ont réveillé à quatre heures du matin.*

abois (nom masculin pluriel)
• **Être aux abois** : être dans une situation désespérée. ⊙ Cette locution vient de la chasse à courre, quand le cerf épuisé est entouré par les chiens qui *aboient* sauvagement.

abolir (verbe) conj.n°11
Annuler, supprimer une loi ou une coutume. *La peine de mort* ***a été abolie*** *en France en 1981.* (Syn. abroger.)

abolition (nom féminin)
Action d'abolir. *L'****abolition*** *de l'esclavage.* (Syn. suppression.)

abominable (adjectif)
Très désagréable, très mauvais. *Depuis trois jours, il fait un temps* ***abominable.*** (Syn. affreux, détestable, horrible.)

abominablement (adverbe)
Extrêmement. *Alain chante* ***abominablement*** *faux.* (Syn. horriblement.)

abondamment (adverbe)
Beaucoup, en abondance. *Il pleut* ***abondamment*** *depuis deux heures.*

abondance (nom féminin)
Grande quantité. *L'****abondance*** *des chutes de neige a provoqué des avalanches.*

abondant, ante (adjectif)
Qui est en grande quantité. *Cette année, les récoltes sont* ***abondantes.***
⊙ Famille du mot : abondamment, abondance, abonder, surabondance, surabondant.

abonder (verbe) conj.n°3
Se trouver en abondance. *Le gibier* ***abonde*** *dans cette forêt.* (Syn. pulluler. Contr. manquer.)

abonné, ée (nom)
Personne qui a pris un abonnement. *Cette offre est réservée aux* ***abonnés*** *du théâtre.*

abonnement (nom masculin)
Contrat par lequel on s'abonne. *Un* ***abonnement*** *d'un an à un magazine.*

abonner (verbe) conj.n°3
Payer d'avance pour avoir le droit de recevoir régulièrement un produit ou de profiter d'un service. *Pour recevoir cette chaîne de télévision, il faut* ***être abonné****.*

abord (nom masculin)
• **Au premier abord** : à première vue, au départ. • **Être d'un abord facile** ou **difficile** : être quelqu'un à qui l'on peut s'adresser facilement ou non.
▷ **abords** (nom masculin pluriel)
Ce qui entoure immédiatement un lieu. *Les* ***abords*** *de la ville étaient à l'abandon.* (Syn. alentours, environs.)
→ Voir aussi d'abord (adverbe).

abordable (adjectif)
Qui n'est pas trop cher. *Les fraises sont* ***abordables*** *cette année.* (Contr. inabordable.)

abordage (nom masculin)
Assaut donné à un navire. *Les pirates se lancèrent à l'****abordage*** *du galion.*

aborder (verbe) conj.n°3
1. Arriver quelque part. *Les coureurs **abordent** la montée du col.* 2. Synonyme d'accoster. *Élodie **a abordé** un agent de police pour lui demander son chemin.* 3. Commencer à faire une chose, à parler de quelque chose. *Quentin **aborda** enfin la question qui nous intéressait tous.* Famille du mot : abord, abordable, abordage, inabordable.

aboutir (verbe) conj.n°11
1. Se terminer quelque part. *Cette petite route **aboutit** à la route nationale.* (Syn. conduire, mener.) 2. Avoir pour résultat. *L'enquête **a abouti** à l'arrestation des coupables.*

aboutissement (nom masculin)
Ce à quoi on aboutit. *Cette découverte est l'**aboutissement** de longues recherches.* (Syn. résultat.)

aboyer (verbe) conj.n°6
Pousser des aboiements. *Le chien **aboie** dès qu'on s'approche de la porte.*

abracadabrant, ante (adjectif)
Qui est à tout à fait invraisemblable. *Une histoire **abracadabrante**.* Ce mot vient de « abracadabra », qui était une formule magique.

abrégé (nom masculin)
Condensé d'un texte ou d'un discours. *Romain a lu un **abrégé** de cette histoire.* (Syn. résumé.) • **En abrégé :** en bref, ou sous forme d'abréviation. *S'il vous plaît s'écrit SVP **en abrégé**.*

abréger (verbe) conj.n°5
Rendre plus court. *Ton histoire est trop longue : **abrège**-la !* (Syn. écourter, raccourcir.)

s'abreuver (verbe) conj.n°3
Boire quand il s'agit d'animaux. *Le soir, les lions viennent **s'abreuver** dans le fleuve.*

abreuvoir (nom masculin)
Grand récipient où l'on fait boire les animaux.

abréviation (nom féminin)
Forme abrégée d'un mot, réduite à quelques lettres. *Km est l'**abréviation** de kilomètre.*

abri (nom masculin)
Endroit où l'on est protégé des intempéries ou du danger. *Il va pleuvoir, trouvons un **abri** !* Famille du mot : abribus, abriter, sans-abri.

abribus (nom masculin)
Abri situé à l'arrêt d'autobus.
→ Abribus est le nom d'une marque.

abricot (nom masculin)
Fruit de l'abricotier, de couleur orangée.

des **abricots**

abricotier (nom masculin)
Arbre fruitier qui donne les abricots.

abriter (verbe) conj.n°3
1. Mettre à l'abri. *Viens **t'abriter** sous mon parapluie !* (Syn. protéger.) 2. Recevoir comme occupant. *Cet hôtel peut **abriter** soixante personnes.* (Syn. accueillir, héberger, loger.)

abrogation (nom féminin)
Action d'abroger.

abroger (verbe) conj.n°5
Annuler une loi. *Le Parlement **a abrogé** cette loi trop ancienne.* (Syn. abolir.)

abrupt, upte (adjectif)
1. Très raide. *Une route **abrupte**.* (Syn. escarpé.) 2. Brutal, direct. *Une réponse **abrupte**.*

abruti, ie (adjectif et nom)
Qui est stupide, sans intelligence. *Il a l'air complètement **abruti**. Cet **abruti** a tout gâché !* (Syn. idiot.)

abrutir (verbe) ○ conj.n°11
Rendre incapable de penser ou d'agir. *Ce bruit continuel nous **abrutit**.*

abrutissant, ante (adjectif)
Qui abrutit. *Ce vacarme est **abrutissant**.*

abscisse (nom féminin)
L'une des coordonnées servant à définir la position d'un point dans un plan. *L'axe des **abscisses** est horizontal, celui des ordonnées est vertical.*

absence (nom féminin)
1. Fait de ne pas être là. *Son **absence** était due à une maladie.* (Contr. présence.) 2. Manque de quelque chose ou de quelqu'un. *L'**absence** de témoins ne facilite pas l'enquête.*

absent, ente (adjectif et nom)
Qui n'est pas là. *Thomas est malade, il sera **absent** trois jours. S'il y a trop d'**absents**, la sortie sera annulée.* (Contr. présent.)

s'absenter (verbe) ○ conj.n°3
Quitter un moment le lieu où l'on est. *Fatima **s'est absentée** un instant, attendez-la !*

abside (nom féminin)
Partie d'une église située derrière le chœur. *L'**abside** est éclairée par une gigantesque rosace.*

absolu, ue (adjectif)
Complet, total. *Sous l'Ancien Régime, les rois avaient un pouvoir **absolu**.*

absolument (adverbe)
D'une manière absolue. *Ce que tu dis est **absolument** faux !* (Syn. complètement, entièrement, tout à fait.)

absolution (nom féminin)
Pardon accordé à quelqu'un qui a commis une faute. *Je te donne mon **absolution**, mais ne recommence jamais !*

absorbant, ante (adjectif)
1. Qui absorbe les liquides. *Le papier buvard est **absorbant**.* 2. Qui occupe quelqu'un complètement. *Victor fait un travail **absorbant**.*

absorber (verbe) ○ conj.n°3
1. S'imprégner de liquide. *La terre **absorbe** l'eau.* 2. Boire ou manger. *Le malade n'a rien pu **absorber**.* (Syn. avaler.) 3. Occuper entièrement l'esprit de quelqu'un. *Son travail l'**a** tant **absorbé** qu'il n'a pas vu le temps passer.*

s'abstenir (verbe) ○ conj.n°19
1. Se priver volontairement de quelque chose. *Le tabac est dangereux, il vaut mieux **s'abstenir** de fumer.* 2. Ne pas voter. *Ne sachant pas pour qui voter, il **s'est abstenu**.* ⊙ Famille du mot : abstention, abstinence.

abstention (nom féminin)
Non-participation à un vote. *45 % d'**abstentions**, c'est beaucoup !*

abstinence (nom féminin)
Fait de se priver de quelque chose, notamment de certains aliments. *La religion catholique recommandait, autrefois, l'**abstinence** de viande le vendredi.*

abstrait, aite (adjectif)
Qui désigne des qualités, des idées et non des objets. *Beauté, malheur sont des mots **abstraits**.* (Contr. concret.)

absurde (adjectif)
Contraire au bon sens. *C'est **absurde** de vouloir ouvrir cette boîte de conserve avec un couteau.* (Syn. aberrant, idiot, stupide.)

absurdité (nom féminin)
Chose absurde. *C'est une **absurdité** de croire tout ce qu'il te raconte !* (Syn. aberration, idiotie, stupidité.)

abus (nom masculin)
Fait d'abuser de quelque chose. *L'**abus** de médicaments nuit à la santé.* • **Faire des abus** : trop manger et trop boire. • **Il y a de l'abus !** : c'est exagéré ! ⊙ Famille du mot : abuser, abusif.

abuser (verbe) ○ conj.n°3
Faire un trop grand usage ou profiter de quelque chose d'une façon exagérée. *Tu **abuses** de ma patience !*

abusif, ive (adjectif)
Qui est exagéré. *Il fait une consommation **abusive** de sucreries.*

acabit (nom masculin)
• **De cet acabit** : de ce genre. *J'ai rarement vu un imbécile **de cet acabit**.*

acacia (nom masculin)
Arbre aux branches souvent épineuses, qui donne des grappes de fleurs blanches ou jaunes au printemps.

fleur, feuilles et gousses de l'**acacia**

académicien, enne (nom)
Membre d'une académie, spécialement de l'Académie française.

académie (nom féminin)
1. Réunion d'écrivains, de savants ou d'artistes célèbres. *Les membres de l'**Académie** française sont appelés « les Immortels ».* 2. Division administrative qui regroupe les écoles, les collèges, les lycées et les universités d'une région. *L'**Académie** de Paris.* ⊙ Dans l'Antiquité, l'Académie était un jardin d'Athènes où se rencontraient des philosophes.

acajou (nom masculin)
Bois très dur, rouge-brun, utilisé en ébénisterie. *Une table basse en **acajou**.*

acariâtre (adjectif)
Qui a un caractère désagréable. *Ce personnage **acariâtre** s'est fâché avec tout le monde.* (Syn. grincheux.)

acarien (nom masculin)
Petit parasite qui provoque des allergies.

Les **acariens** sont invisibles à l'œil nu.

accablant, ante (adjectif)
Qui accable. *Il fait une chaleur **accablante**.* (Syn. écrasant.)

accabler (verbe) ○ conj.n°3
Peser sur quelqu'un de façon pénible. *Il nous **accable** de travail.* (Syn. surcharger.)

accalmie (nom féminin)
Moment de calme pendant une tempête, un orage. *La pluie cesse, profitons de cette **accalmie** pour rentrer bien vite.*

accaparer (verbe) ○ conj.n°3
Garder pour soi. *N'**accapare** pas la salle de bains, on attend !*

accéder (verbe) ○ conj.n°8
1. Atteindre un endroit. *Il faut prendre ce chemin pour **accéder** à la plage.* 2. Parvenir à une situation, une fonction. *Jacques Chirac **a accédé** à la présidence de la République en 1995.*

▸ **accélérateur** (nom masculin)
Sur un véhicule à moteur, pédale ou manette qui sert à accélérer. *Dans une voiture, l'**accélérateur** est à droite du frein.*

▸ **accélération** (nom féminin)
Action d'accélérer. *L'**accélération** des travaux a permis de terminer deux mois plus tôt.*

▸ **accélérer** (verbe) ○ conj.n°8
1. Augmenter la vitesse. *Le conducteur **accélère** pour grimper la côte.* (Contr. ralentir.) 2. Faire aller plus vite. *L'entrepreneur **accélère** la construction de la maison.* (Syn. activer.) ⊙ Famille du mot : accélérateur, accélération.

▸ **accent** (nom masculin)
1. Prononciation particulière aux habitants d'un pays, d'une région. *L'**accent** suisse.* 2. Signe que l'on place au-dessus de certaines voyelles et qui peut en changer la prononciation. *« Accéder » a un **accent** aigu, « accès » un **accent** grave, « âcre » un **accent** circonflexe.* • **Mettre l'accent :** insister. *Kevin **a mis l'accent** sur le rôle qu'il avait joué dans cette histoire.* ⊙ Famille du mot : accentuation, accentuer.

▸ **accentuation** (nom féminin)
Fait de s'accentuer. *Il y a eu en août une **accentuation** de la chaleur.*

▸ **accentuer** (verbe) ○ conj.n°3
1. Mettre les accents sur les voyelles. 2. S'accentuer : devenir plus important. *Le froid **s'est accentué** depuis hier.* (Syn. s'accroître, augmenter.)

▸ **acceptable** (adjectif)
Dont on peut se contenter. *Il nous a proposé un prix tout à fait **acceptable**.* (Syn. honnête. Contr. inacceptable.)

▸ **acceptation** (nom féminin)
Fait d'accepter. *Le conseil municipal a donné son **acceptation** au projet.* (Syn. accord, consentement.)

▸ **accepter** (verbe) ○ conj.n°3
1. Consentir à recevoir ce qui est donné. *J'**accepte** ce cadeau avec plaisir.* (Contr. refuser.) 2. Être d'accord pour faire quelque chose. *J'**accepte** de te prêter mon livre.* ⊙ Famille du mot : acceptable, acceptation, inacceptable.

▸ **accès** (nom masculin)
1. Voie permettant d'accéder à un endroit. *Cet escalier donne **accès** à la terrasse.* 2. Manifestation soudaine d'un état ou d'un sentiment. *Un **accès** de fièvre, un **accès** de folie.* ⊙ Famille du mot : accéder, accessible, accession, inaccessible.

▸ **accessible** (adjectif)
Que l'on peut atteindre facilement. *Le haut de la tour est **accessible** par cet escalier.* (Contr. inaccessible.)

▸ **accession** (nom féminin)
Fait d'accéder à une fonction, à une situation. *Ces prêts favorisent l'**accession** à la propriété.*

▸ **accessoire** (adjectif)
Qui n'est pas essentiel. *Il y a un détail que je n'ai pas compris, mais c'est **accessoire**.* (Syn. annexe, secondaire.)
▹ **accessoire** (nom masculin)
Élément qui n'est pas indispensable, mais qui est un utile complément. *Sur une bicyclette, les sacoches sont des **accessoires**.*

▸ **accessoirement** (adverbe)
De façon accessoire. *Ce tabouret peut servir **accessoirement** d'escabeau.*

▸ **accident** (nom masculin)
1. Événement imprévu. *Il m'est arrivé un petit **accident**, j'ai renversé mon jus d'orange sur ma robe.* 2. Événement imprévu qui peut faire des victimes, des dégâts. *Un **accident** de voiture.* • **Accident de terrain :** inégalité de terrain, bosse ou trou dans le sol. ⊙ Famille du mot : accidenté, accidentel, accidentellement.

▸ **accidenté, ée** (adjectif)
Qui présente des trous et des bosses ou de fortes pentes. *Le terrain **accidenté** ralentit la marche des randonneurs.* (Contr. plat, uni.)
▹ **accidenté, ée** (adjectif et nom)
Qui a été victime d'un accident. *Les **accidentés** de la route ont été très vite secourus.*

accidentel, elle (adjectif)
1. Qui arrive par accident. *Une mort **accidentelle**.* 2. Qui est dû au hasard. *Une découverte **accidentelle** a permis de fabriquer le premier antibiotique.* (Syn. fortuit, imprévu.)

accidentellement (adverbe)
De façon accidentelle. *J'ai appris cela **accidentellement**, en écoutant la radio.*

acclamation (nom féminin)
Action d'acclamer. *Son discours fut salué par des **acclamations**.*

acclamer (verbe) conj.n°3
Saluer avec des cris d'enthousiasme. *Les spectateurs **ont acclamé** le vainqueur.* (Contr. huer.)

acclimatation (nom féminin)
Fait d'acclimater des plantes ou des animaux à un nouveau milieu. *Les lions et les girafes du jardin d'**acclimatation**.*

acclimater (verbe) conj.n°3
Adapter des animaux ou des plantes à un autre climat. *Le faisan, originaire de l'Asie centrale, **a été acclimaté** en Europe dans l'Antiquité.*

accolade (nom féminin)
1. Signe spécial qui sert à réunir plusieurs lignes. 2. Geste qui consiste à prendre une personne dans ses bras pour la saluer ou la féliciter. *Le président a donné l'**accolade** aux astronautes.* Autrefois, *cou* se disait « col » : une accolade, c'était mettre ses bras autour du cou de quelqu'un.

accoler (verbe) conj.n°3
Mettre l'un contre l'autre, côte à côte.

accommodant, ante (adjectif)
Avec qui il est facile de s'entendre. *Son heureux caractère le rend très **accommodant**.* (Syn. arrangeant, conciliant. Contr. intransigeant.)

accommoder (verbe) conj.n°3
1. Préparer des aliments pour les manger. *Il y a mille façons d'**accommoder** les restes.* (Syn. cuisiner.) 2. S'accommoder : se contenter de quelque chose. *Je n'ai pas choisi de venir ici, je dois bien **m'en accommoder**.*

accompagnateur, trice (nom)
1. Personne qui accompagne un groupe pour le guider ou s'occuper de lui. *Les enfants font le voyage avec deux **accompagnateurs**.* 2. Musicien qui accompagne un chanteur.

accompagnement (nom masculin)
Musique qui accompagne un chanteur ou un instrument soliste. *Il est plus difficile de chanter sans **accompagnement**.*

accompagner (verbe) conj.n°3
1. Aller avec une personne jusqu'à l'endroit où elle se rend pour la guider ou lui tenir compagnie. *Sa mère l'**accompagne** chez le dentiste.* 2. Jouer d'un instrument pour soutenir un chanteur. *Gaëlle **accompagne** les chanteurs au piano.* Famille du mot : accompagnateur, accompagnement, raccompagner.

accompli, ie (adjectif)
Qui est parfait en son genre. *Une maîtresse de maison **accomplie**.* (Syn. modèle.) • **Le fait accompli** : situation irréversible. *Être mis devant **le fait accompli**.*

accomplir (verbe) conj.n°11
1. Faire quelque chose jusqu'au bout. *Combien de temps te faut-il pour **accomplir** ce parcours ?* (Syn. effectuer, exécuter, réaliser.) 2. S'accomplir : se produire, se réaliser. *Toutes ses prévisions **se sont accomplies**.* Famille du mot : accompli, accomplissement.

accomplissement (nom masculin)
Fait d'accomplir ou de s'accomplir. *L'**accomplissement** d'un travail.* (Syn. réalisation.)

▸ **accord** (nom masculin)
1. Bonne entente entre des personnes. *Ces familles vivent en parfait **accord** dans l'immeuble.* 2. Arrangement entre des individus, des partis, des États. *Les deux États ont conclu un **accord** de paix.* 3. Permission accordée. *Je veux bien vous emmener, mais il me faut l'**accord** de vos parents.* (Syn. autorisation, consentement.) 4. Fait de jouer plusieurs notes à la fois sur un instrument de musique. *Hélène joue des **accords** sur sa guitare.* 5. Fait de s'accorder pour l'article, l'adjectif et le verbe. *L'**accord** de l'adjectif se fait en genre et en nombre avec le nom qu'il accompagne.* ➜ Voir aussi d'accord (adverbe).

▸ **accordéon** (nom masculin)
Instrument de musique à air, à soufflet et à clavier. • **En accordéon** : qui forme des plis. *Ses chaussettes sont **en accordéon**.*

un **accordéon**

▸ **accordéoniste** (nom)
Musicien qui joue de l'accordéon.

▸ **accorder** (verbe) ○ conj.n°3
1. Accepter de donner ce qui a été demandé. *Elle lui **a accordé** un rendez-vous.* (Contr. refuser.) 2. Régler un instrument de musique pour qu'il joue juste. *Avant de commencer à jouer, Julie **accorde** sa guitare.* 3. S'accorder avec quelqu'un : se mettre d'accord avec lui. *David et Laura **s'accordent** toujours pour faire des farces.* (Syn. s'entendre.) 4. S'accorder : se mettre au même genre et au même nombre. *Le verbe **s'accorde** avec le sujet.* ⊙ Famille du mot : accord, accordeur, désaccord.

▸ **accordeur** (nom masculin)
Personne dont le métier est d'accorder certains instruments de musique. *Un **accordeur** de piano.*

▸ **accostage** (nom masculin)
Fait d'accoster. *Les marins surveillent l'**accostage** du bateau.*

▸ **accoster** (verbe) ○ conj.n°3
1. S'approcher et se placer le long du quai. *Le bateau est arrivé, il est en train d'**accoster**.* 2. S'approcher de quelqu'un pour lui parler. *Xavier **a accosté** un passant dans la rue.* (Syn. aborder.)

▸ **accotement** (nom masculin)
Chacun des bas-côtés de la route. *Papa a rangé sa voiture sur l'**accotement** pour changer une roue.*

▸ **accouchement** (nom masculin)
Action d'accoucher.

▸ **accoucher** (verbe) ○ conj.n°3
Mettre un enfant au monde. *Ma cousine **a accouché** d'un garçon.*

▸ **s'accouder** (verbe) ○ conj.n°3
S'appuyer sur les coudes. *Yann **s'accoude** au bastingage.*

▸ **accoudoir** (nom masculin)
Appui pour s'accouder. *Les **accoudoirs** d'un fauteuil.* (Syn. bras.)

▸ **accouplement** (nom masculin)
Fait de s'accoupler. *Le mulet est le produit de l'**accouplement** de l'âne et de la jument.*

▸ **s'accoupler** (verbe) ○ conj.n°3
S'unir pour avoir des petits. *Beaucoup d'animaux **s'accouplent** au printemps.*

▸ **accourir** (verbe) ○ conj.n°16
Venir en courant, le plus vite possible. *Ils **sont accourus** dès qu'ils ont entendu mes cris.* ➜ Accourir se conjugue avec *être* ou *avoir*, il a accouru ou il est accouru.

▸ **accoutrement** (nom masculin)
Habillement un peu extravagant. *Tu ne peux pas aller à l'école dans cet **accoutrement** !*

s'accoutrer (verbe) conj.n°3
S'habiller de manière ridicule, bizarre. *Il **s'était accoutré** d'un chapeau à plumes et d'un pantalon trop large.* (Syn. s'affubler.)

accoutumance (nom féminin)
Fait d'être accoutumé à quelque chose. *Pour supporter la chaleur, il faut une certaine **accoutumance**.* (Syn. adaptation, habitude.)

accoutumer (verbe) conj.n°3
Synonyme d'habituer. *Myriam **s'est** bien **accoutumée** à sa nouvelle école.*

accroc (nom masculin)
Déchirure faite en s'accrochant. *En passant entre les fils barbelés, Benjamin a fait un **accroc** à son pantalon.* ➜ Prononciation [akRo].

accrochage (nom masculin)
1. Léger heurt entre deux véhicules. *Mon père a eu un **accrochage**, il doit faire changer une aile de sa voiture.* 2. Combat qui ne dure pas. *Il y a eu un **accrochage** entre deux patrouilles ennemies.* (Syn. affrontement.)

accrocher (verbe) conj.n°3
1. Suspendre à un crochet ou attacher avec un crochet. *On **a accroché** un tableau au mur du bureau.* 2. Déchirer au passage. *Elle **a accroché** sa robe à un clou qui dépassait.* 3. Heurter légèrement. *Le camion **a accroché** une voiture.* 4. S'accrocher : se retenir fermement à quelque chose. ***Accroche-toi** à la rampe pour ne pas glisser !* (Syn. se cramponner.) 5. S'accrocher : faire preuve de ténacité. *Si tu veux être le meilleur, il faut **t'accrocher**.* ⊙ Famille du mot : accroc, accrochage, décrocher, raccrocher.

accroissement (nom masculin)
Fait de s'accroître. *Dans certains pays, l'**accroissement** de la population est dramatique.* (Contr. diminution.)

accroître (verbe) conj.n°37
Rendre plus grand. *Les engrais permettent d'**accroître** les productions agricoles.* (Syn. augmenter.)

s'accroupir (verbe) conj.n°11
S'asseoir sur les talons. *Le chasseur **s'est accroupi** pour examiner les empreintes.*

accu ➠ Voir accumulateur.

accueil (nom masculin)
Fait de recevoir quelqu'un. *Cette dame s'occupe de l'**accueil** des visiteurs.*

accueillant, ante (adjectif)
Qui accueille bien les gens. *On se sent bien dans cette famille **accueillante**.* (Syn. hospitalier.)

accueillir (verbe) conj.n°13
Recevoir quelqu'un chez soi. *Ils nous ont **accueillis** chez eux pendant la durée du séjour.* ⊙ Famille du mot : accueil, accueillant.

acculer (verbe) conj.n°3
Coincer l'adversaire de sorte qu'il ne puisse plus reculer ni s'enfuir. *Le rat était acculé dans un coin.*

accumulateur (nom masculin)
Appareil qui emmagasine de l'électricité et la restitue sous forme de courant. ➜ Ce mot s'abrège familièrement : accu.

accumulation (nom féminin)
Quantité de choses accumulées. *Une **accumulation** d'erreurs.*

accumuler (verbe) conj.n°3
Amasser ou rassembler petit à petit. *Odile ne jette jamais rien, elle **accumule** tout dans ses placards.* (Syn. entasser.) ⊙ Famille du mot : accumulateur, accumulation.

accusateur, trice (adjectif et nom)
Qui accuse quelqu'un. *Clément m'a jeté un regard **accusateur**. Sarah souhaite répondre clairement à ses **accusateurs**.*

accusation (nom féminin)
Parole qui accuse une personne. *Une **accusation** injuste, mensongère.*

accusé, ée (nom)
Personne que l'on accuse. *L'**accusé** comparaît devant le tribunal d'assises.*
▷ **accusé** (nom masculin) • **Accusé de réception** : formulaire postal faisant savoir à l'expéditeur que l'on a reçu son envoi.

accuser (verbe) conj.n°3
1. Dire que quelqu'un est coupable de quelque chose. *On l'**a accusé** d'être parti sans payer.* 2. Rendre quelque chose plus visible. *Un visage aux traits **accusés**. Les années qui passent **accusent** leur différence d'âge.* (Syn. souligner.) • **Accuser réception d'une lettre, d'un colis :** faire savoir à l'expéditeur qu'on l'a bien reçu. Famille du mot : accusateur, accusation, accusé.

acerbe (adjectif)
Qui est agressif et cherche à blesser. *Des critiques **acerbes**.* (Syn. mordant.)

acéré, ée (adjectif)
Pointu et tranchant. *La panthère a des griffes **acérées**.*

achalandé, ée (adjectif)
Qui offre un grand choix de marchandises. *Une boutique bien **achalandée**.* (Syn. approvisionné.) Le mot *chaland* signifiait autrefois « client » : une boutique bien achalandée avait beaucoup de clients.

acharné, ée (adjectif)
Qui montre de l'acharnement. *La dispute était **acharnée**, personne ne voulait céder.*

acharnement (nom masculin)
Fait de s'acharner. *Ursula travaille avec **acharnement** pour réussir.*

s'acharner (verbe) conj.n°3
Attaquer violemment et avec obstination. *La panthère **s'acharne** sur sa proie. Le sort **s'acharne** contre lui.* Famille du mot : acharné, acharnement.

achat (nom masculin)
1. Action d'acheter une chose. *L'**achat** d'une voiture.* 2. Ce que l'on a acheté. *Tous mes **achats** sont dans mon sac.*

acheminement (nom masculin)
Action d'acheminer. *La poste s'occupe de l'**acheminement** du courrier.*

acheminer (verbe) conj.n°3
1. Diriger quelque chose vers une destination. *Les camions de la Croix-Rouge **acheminent** la nourriture jusqu'au camp de réfugiés.* 2. S'acheminer : synonyme littéraire d'aller. *Nous **nous acheminons** vers le troisième millénaire.*

acheter (verbe) conj.n°8
Payer pour obtenir quelque chose. *Passe à la boulangerie et **achète** une baguette.* (Syn. acquérir.) Famille du mot : achat, acheteur, rachat, racheter.

acheteur, euse (nom)
Personne qui achète. (Syn. acquéreur.)

achèvement (nom masculin)
Action d'achever. *La fabrication des outils en métal marque l'**achèvement** de la préhistoire.* (Syn. fin. Contr. commencement.)

achever (verbe) conj.n°8
1. Terminer jusqu'au bout. *Il faut **achever** ce travail avant la nuit.* (Syn. finir. Contr. commencer.) 2. Tuer un animal blessé. Famille du mot : achèvement, inachevé, parachever.

achopper (verbe) conj.n°3
Buter sur une difficulté. *Le candidat était brillant mais il **a achoppé** sur la question d'histoire.*

acide (adjectif)
Qui est piquant et aigre au goût. *Cette pomme est trop **acide**, je ne peux pas la manger !* ▷ **acide** (nom masculin) Produit chimique qui attaque certains matériaux en les rongeant. *Le vinaigre, le citron contiennent de l'**acide**.* Famille du mot : acidité, acidulé.

acidité (nom féminin)
Goût acide. *L'**acidité** du vinaigre.*

acidulé, ée (adjectif)
Qui a un goût légèrement acide. *Des bonbons **acidulés**.*

acier (nom masculin)
Métal très dur, alliage de fer et de carbone.

aciérie (nom féminin)
Usine où l'on fabrique de l'acier.

dans une **aciérie**

acolyte (nom masculin)
Complice d'un malfaiteur. *Le bandit et ses deux* ***acolytes*** *ont dévalisé la banque.*

acompte (nom masculin)
Partie du prix que l'on paie à l'avance. *Il faut verser un* ***acompte*** *à la commande.* (Syn. avance.)

s'acoquiner (verbe) ○ conj.n°3
Se lier avec quelqu'un pour faire quelque chose de mal. *Ils* ***se sont acoquinés*** *pour faire cette vilaine farce.* ⊙ Dans ce mot, on trouve le nom *coquin*, qui signifiait autrefois « bandit ».

à-côté (nom masculin)
Aspect secondaire, accessoire. *Les* ***à-côtés*** *d'une profession.* → Pluriel : des à-côtés.

à-coup (nom masculin)
Secousse ou irrégularité dans le fonctionnement d'une machine. *J'entends des* ***à-coups*** *dans le moteur de la voiture.* • **Par à-coups** : de façon irrégulière. *Je n'ai pu dormir que* ***par à-coups.*** → Pluriel : des à-coups.

acoustique (nom féminin)
Qualité d'un lieu, concernant la façon dont on y entend les sons. *L'****acoustique*** *du préau est très désagréable.*

acquéreur (nom masculin)
Synonyme d'acheteur. *La maison voisine a été vendue, mais je ne connais pas son* ***acquéreur.***

acquérir (verbe) ○ conj.n°18
1. Synonyme d'acheter. *Le cultivateur est content d'avoir pu* ***acquérir*** *cette terre.* 2. Obtenir quelque chose. *L'avocat* ***a acquis*** *la preuve de l'innocence de l'accusé.* ⊙ Famille du mot : acquéreur, acquis, acquisition.

acquiescer (verbe) ○ conj.n°4
Donner son accord, dire oui. *Pour toute réponse, Zoé* ***acquiesce*** *d'un signe de tête.* (Syn. approuver.)

acquis (nom masculin)
Ce que l'on a acquis, obtenu grâce à ses efforts. *Cet élève ne travaille pas, il se contente de vivre sur ses* ***acquis.***

acquisition (nom féminin)
1. Action d'acquérir quelque chose. *Papa a fait l'****acquisition*** *d'une nouvelle voiture.* 2. La chose que l'on a acquise. *Elle m'a montré sa nouvelle* ***acquisition.***

acquit (nom masculin)
• **Par acquit de conscience** : pour n'avoir pas de doute ni de remords par la suite. *J'ai fermé la porte mais,* ***par acquit de conscience,*** *je vais vérifier.*

acquittement (nom masculin)
Décision d'un tribunal qui acquitte un accusé. *Le président du tribunal a prononcé l'****acquittement*** *du prévenu.*

acquitter (verbe) ○ conj.n°3
1. Déclarer non coupable. *Le tribunal* ***a acquitté*** *l'accusé, faute de preuves.* (Contr. condamner.) 2. S'acquitter : accomplir quelque chose que l'on doit faire. *David* ***s'est acquitté*** *de sa mission avec succès.*

âcre (adjectif)
Piquant et irritant. *Cette boisson a un goût* ***âcre*** *qui brûle la gorge.*

▸ **âcreté** (nom féminin)
Caractère d'un goût ou d'une odeur âcre.

▸ **acrobate** (nom)
Artiste qui exécute des exercices physiques périlleux, des tours de force ou d'adresse. *Les trapézistes, les funambules, les équilibristes sont des* ***acrobates***. ⊙ Famille du mot : acrobatie, acrobatique.

« Les **Acrobates** » de Fernand Léger (1918)

▸ **acrobatie** (nom féminin)
Exercice d'équilibre, d'adresse. *Anna fait des* ***acrobaties*** *sur le banc du jardin.* ➔ Prononciation [akʀobasi].

▸ **acrobatique** (adjectif)
Qui demande de l'agilité et de la souplesse. *Un saut* ***acrobatique***.

▸ **acrylique** (adjectif)
Qui est fait à base de certains produits chimiques. *De la peinture* ***acrylique***. ▷ **acrylique** (nom masculin) Fibre textile acrylique. *Des vêtements en* ***acrylique***.

▸ **acte** (nom masculin)
1. Ce qui est fait par une personne. *Ibrahim est assez grand pour comprendre les conséquences de ses* ***actes***. (Syn. action.) 2. Document officiel qui établit un fait. *L'****acte*** *de vente de la maison sera signé chez le notaire.* 3. Chacune des parties qui constituent une pièce de théâtre. *Cette comédie se joue en trois* ***actes***.

▸ **acteur, trice** (nom)
Personne qui interprète un rôle. *Un* ***acteur*** *de théâtre, de cinéma.* (Syn. comédien.)

▸ **actif, ive** (adjectif)
1. Qui aime agir ou qui accomplit, avec énergie, beaucoup de choses. *Élodie ne s'ennuie jamais, elle est très* ***active***. (Syn. dynamique.) 2. Qui agit avec efficacité. *Prenez ce médicament, il est très* ***actif*** *contre les maux de tête.* ⊙ Famille du mot : activement, activer, activité, inactif.

▸ **action** (nom féminin)
1. Ce que fait une personne qui agit. *Faire une bonne, une mauvaise* ***action***. 2. Fait d'agir. *Assez de discussions ! Il est temps de passer à l'****action***. 3. Effet produit par quelque chose. *La neige a fondu sous l'****action*** *de la chaleur.* 4. Déroulement des événements. *L'****action*** *de ce film se déroule au Japon.* (Syn. intrigue.) 5. Part du capital d'une entreprise qu'une personne peut acheter. • **Action d'éclat** : exploit ou acte de courage. • **Film d'action** : film dans lequel les choses se passent à un rythme très rapide. ⊙ Famille du mot : actionnaire, actionner.

▸ **actionnaire** (nom)
Personne qui possède des actions d'une société. *Chaque année, l'entreprise verse des bénéfices à ses* ***actionnaires***.

▸ **actionner** (verbe) ○ conj.n°3
Mettre en marche. *En tournant la clé de contact, on* ***actionne*** *le démarreur.*

▸ **activement** (adverbe)
De manière active et efficace. *Tout le monde s'occupe* ***activement*** *des préparatifs de la fête.*

▸ **activer** (verbe) ○ conj.n°3
1. Rendre plus rapide. *Il faut* ***activer*** *les travaux de réparation.* (Syn. accélérer.) 2. Rendre plus fort, plus intense. ***Activer*** *un feu en soufflant dessus.* 3. S'activer : synonyme de s'affairer. *Toute la famille* ***s'active*** *pour préparer les bagages.*

activité (nom féminin)
1. Fait d'être actif. *Bien qu'elle soit âgée, grand-mère est toujours d'une grande **activité**.* (Syn. dynamisme. Contr. inertie.) 2. Manière d'occuper son temps. *En dehors des heures de classe, ses **activités** préférées sont le judo et la musique.* 3. Animation qui règne dans un lieu. *Avant la représentation, il règne une **activité** intense dans les coulisses du théâtre.* • **En activité** : en action, en service. *Un volcan **en activité**.*

actualiser (verbe) conj.n°3
Rendre plus actuel. *Ce livre d'histoire a besoin d'**être actualisé**.*

actualité (nom féminin)
Ce qui se passe maintenant, à l'heure actuelle. *Il se tient au courant de l'**actualité** en lisant des journaux.* ▷ **actualités** (nom féminin pluriel) Informations fournies par le journal télévisé.

actuel, elle (adjectif)
Qui existe maintenant, dans le présent. *Le chômage est un problème très **actuel**.* ⊙ Famille du mot : actualiser, actualité, actuellement.

actuellement (adverbe)
En ce moment. *Revenez plus tard, il est **actuellement** absent.*

acupuncteur, trice (nom)
Médecin qui pratique l'acupuncture. → On écrit aussi acuponcteur, mais on prononce toujours [akypɔ̃ktœʀ].

acupuncture (nom féminin)
Procédé médical d'origine chinoise, qui consiste à piquer des points précis du corps avec de fines aiguilles. → On écrit aussi acuponcture, mais on prononce toujours [akypɔ̃ktyʀ]. ⊙ Acupuncture vient de deux mots latins qui signifient « aiguille » et « piqûre ».

adaptable (adjectif)
Qui peut être adapté. *Un jeu électronique **adaptable** à la télévision.*

adaptateur (nom masculin)
Dispositif permettant le branchement d'un appareil électrique. *Cette console vidéo est vendue avec un **adaptateur**.*

adaptation (nom féminin)
1. Fait de s'adapter. *Il a besoin d'une période d'**adaptation** pour se sentir à l'aise dans sa nouvelle école.* 2. Action d'adapter une œuvre littéraire. *Ce film est l'**adaptation** d'un roman de Jules Verne.*

adapter (verbe) conj.n°3
1. Fixer ou ajuster une chose à une autre. *On peut **adapter** un flash sur cet appareil photo.* 2. Faire correspondre deux choses. *Thomas a réussi à **adapter** sa technique de jeu à celle de son adversaire.* 3. Transformer une œuvre littéraire pour en faire un spectacle. *On **a adapté** ce roman célèbre pour la télévision.* 4. S'adapter : synonyme de s'habituer. *Ces animaux exotiques ont beaucoup de mal à **s'adapter** au climat froid de ce pays.* ⊙ Famille du mot : adaptable, adaptateur, adaptation, inadapté, se réadapter.

additif (nom masculin)
Produit ajouté à un autre. *C'est un jus de fruit naturel sans aucun **additif**.*

addition (nom féminin)
1. Opération d'arithmétique qui consiste à ajouter plusieurs nombres pour en obtenir la somme. *On utilise le signe plus (+) pour faire une **addition**.* 2. Petite facture qui indique le prix. *Deux cafés, et l'**addition**, s'il vous plaît !*

additionner (verbe) conj.n°3
1. Faire une addition. ***Additionnez** les nombres inscrits au tableau !* 2. Ajouter en mélangeant. *Il **a additionné** son eau d'un peu de sirop de citron.*

adduction (nom féminin)
Action d'amener, par des conduites, de l'eau ou du gaz, d'un endroit à un autre. *Des travaux d'**adduction** d'eau ont permis d'irriguer cette région aride.*

adepte (nom)
Partisan d'une doctrine ou amateur d'une activité. *Fatima est une **adepte** du rock.*

adéquat, ate (adjectif)
Qui convient parfaitement. *Pour faire du camping, il faut prévoir un équipement **adéquat**.* → Prononciation [adekwa] ou [adekwat].

▸ **adhérence** (nom féminin)
Fait d'adhérer, de coller. *Les pneus neufs ont une meilleure* ***adhérence*** *à la route.*

▸ **adhérent, ente** (nom)
Personne qui a adhéré à une organisation, un parti, un club. *Après votre inscription à la piscine, vous recevrez votre carte d'****adhérent****.*

▸ **adhérer** (verbe) ○ conj.n°8
1. Coller fortement à quelque chose, y rester attaché, fixé. *Le sparadrap permet de bien faire* ***adhérer*** *le pansement à la plaie.* 2. Devenir membre d'une organisation. *Quentin a payé sa cotisation pour* ***adhérer*** *au club de tennis.* ⊙ Famille du mot : adhérence, adhérent, adhésif, adhésion.

▸ **adhésif, ive** (adjectif)
Qui adhère. *Un pansement* ***adhésif****.* ▷ **adhésif** (nom masculin) Tissu ou papier adhésif. *Le colis est fermé avec de l'****adhésif****.*

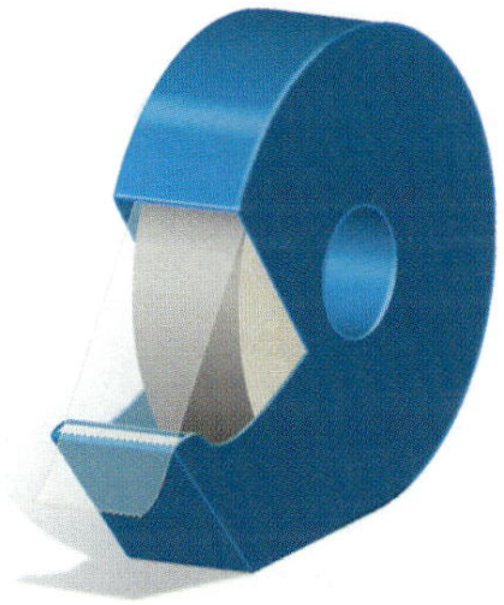

du ruban **adhésif**

▸ **adhésion** (nom féminin)
Action d'adhérer à une organisation. *L'****adhésion*** *au club de ping-pong est gratuite.* (Syn. inscription.)

▸ **adieu** (interjection)
Mot que l'on dit à quelqu'un que l'on ne reverra pas pendant longtemps, ou que l'on ne reverra jamais. ***Adieu*** *mes amis ! dit-il, ne m'oubliez pas !* ▷ **adieu** (nom masculin) • **Faire ses adieux** : dire au revoir. *Il est venu nous* ***faire ses adieux*** *la veille de son déménagement.*

▸ **adjacent, ente** (adjectif)
1. Qui se trouve juste à côté, qui est voisin. *Venez à pied, j'habite dans la rue* ***adjacente****.* 2. Se dit d'angles qui ont le même sommet et un côté commun.

▸ **adjectif** (nom masculin)
Mot qui qualifie ou détermine un nom et qui s'accorde avec lui. *« Petit » et « grand » sont des* ***adjectifs*** *qualificatifs. Les* ***adjectifs*** *possessifs, démonstratifs, interrogatifs, numéraux sont des déterminants.*

▸ **adjoint, ointe** (nom)
Personne qui aide une autre personne dans son travail et la remplace en cas d'absence. *Le directeur n'est pas là, mais vous pouvez voir son* ***adjointe****.*

▸ **adjudant** (nom masculin)
Grade de certains sous-officiers.

▸ **adjuger** (verbe) ○ conj.n°5
1. Attribuer en récompense. *On lui* ***a adjugé*** *le deuxième prix du concours de pêche à la ligne.* 2. S'adjuger : prendre pour soi, sans se préoccuper des autres. *Kevin* ***s'est adjugé*** *la meilleure raquette.*

▸ **admettre** (verbe) ○ conj.n°33
1. Accepter quelqu'un dans un groupe. *Gaëlle* ***est admise*** *en sixième.* 2. Tolérer ou permettre quelque chose. *Mes parents n'****admettent*** *pas que je sois impoli.* 3. Reconnaître quelque chose, l'accepter comme vrai. *Il a fini par* ***admettre*** *qu'il avait tort.* ⊙ Famille du mot : admissible, admission, inadmissible.

▸ **administrateur, trice** (nom)
Personne responsable de l'administration d'une entreprise.

▸ **administratif, ive** (adjectif)
Qui concerne l'administration. *Une secrétaire s'occupe du travail* ***administratif*** *: elle répond au courrier, classe les dossiers.*

administration (nom féminin)
1. Gestion, organisation d'une entreprise ou d'un groupe. *L'**administration** de la commune est confiée au maire.* 2. L'Administration : tous les services publics d'un pays. *Les ministres, les maires, les préfets font partie de l'**Administration**.*

administré, ée (nom)
Personne qui dépend d'une administration. *Le maire fait un discours à ses **administrés**.*

administrer (verbe) conj.n°3
1. Diriger un groupe de personnes. *Le maire **administre** sa commune avec l'aide du conseil municipal.* (Syn. gérer.) 2. Faire absorber ou donner quelque chose. *On lui **a administré** un médicament pour le faire dormir.* Famille du mot : administrateur, administratif, administration, administré.

admirable (adjectif)
Qui mérite l'admiration. *Un paysage **admirable**.*

admirablement (adverbe)
D'une façon admirable, très bien. *Maman fait **admirablement** la cuisine.*

admirateur, trice (nom)
Personne qui admire une autre personne. *La vedette salue ses **admirateurs**.*

admiratif, ive (adjectif)
Plein d'admiration. *Pierre jette un regard **admiratif** sur la vitrine du marchand de jouets.*

admiration (nom féminin)
Sentiment que l'on éprouve face à ce qui est beau, remarquable ou respectable. *Quentin est plein d'**admiration** pour son oncle navigateur.*

admirer (verbe) conj.n°3
Éprouver de l'admiration. *Hélène **admire** beaucoup ses parents. Des touristes **admirent** le paysage.* Famille du mot : admirable, admirablement, admirateur, admiratif, admiration.

admissible (adjectif)
1. Que l'on peut admettre. *Il n'est pas **admissible** de faire preuve de violence.* (Contr. inadmissible.) 2. Qui est admis à la première partie d'un examen ou d'un concours. *Mon grand frère est **admissible** à l'oral du concours.*

admission (nom féminin)
Fait d'admettre ou d'être admis. *Julie aimerait obtenir son **admission** au même collège que son amie.*

adolescence (nom féminin)
Période de la vie entre l'enfance et l'âge adulte. *À quinze ans, Laura est en pleine **adolescence**.*

adolescent, ente (nom)
Jeune garçon, jeune fille qui est à l'âge de l'adolescence.

s'adonner (verbe) conj.n°3
Pratiquer un sport, une activité. *Romain **s'adonne** avec passion à la musique.*

adopter (verbe) conj.n°3
1. Prendre légalement une personne pour fils ou pour fille. ***Adopter** un orphelin.* 2. Admettre ou choisir une idée, une attitude. *Thomas **a adopté** un comportement désagréable pendant tout le jeu.* 3. Approuver, être d'accord. *Le conseil municipal **a adopté** le projet de construction d'un gymnase.* Famille du mot : adoptif, adoption.

adoptif, ive (adjectif)
1. Qui a été adopté. *La fille de notre voisine est une enfant **adoptive**.* 2. Qui a adopté quelqu'un. *Il porte le nom de famille de ses parents **adoptifs**.* (Syn. nourricier.)

adoption (nom féminin)
1. Fait d'adopter un enfant. *L'**adoption** d'un bébé.* 2. Action d'adopter un projet. *L'**adoption** du budget.*

adorable (adjectif)
Qui plaît par sa beauté, sa gentillesse. *Ce sont des grands-parents **adorables**.*

adorateur, trice (nom)
1. Personne qui adore une divinité. *Les Incas étaient des **adorateurs** du Soleil.* 2. Admirateur passionné. *Cette star a de nombreux **adorateurs**.*

▸ **adoration** (nom féminin)
1. Culte rendu à une divinité. **2.** Amour et admiration passionnés pour quelqu'un. *Victor est en **adoration** devant son père.*

« L'**Adoration** des bergers » de R. Mengs (1770)

▸ **adorer** (verbe) ○ conj.n°3
1. Prier et vénérer un dieu. *Les chrétiens **adorent** un seul dieu.* **2.** Aimer énormément. *Elle **adore** ses enfants. Odile **adore** les bonbons à la menthe.* (Contr. détester.) ⊙ Famille du mot : adorable, adorateur, adoration.

▸ **s'adosser** (verbe) ○ conj.n°3
S'appuyer le dos contre quelque chose. *William **s'est adossé** au mur.*

▸ **adoubement** (nom masculin)
Au Moyen Âge, cérémonie au cours de laquelle un jeune homme était armé chevalier et recevait son équipement.

un **adoubement** (miniature du XVe siècle)

▸ **adoucir** (verbe) ○ conj.n°11
1. Rendre doux au toucher ou au goût. *Ce savon **adoucit** la peau.* **2.** Rendre moins dur, moins pénible. *Son réconfort **a adouci** ma peine.*

▸ **adoucissant, ante** (adjectif)
Qui adoucit. *Une crème **adoucissante**.* ▷ **adoucissant** (nom masculin) Produit destiné à assouplir le linge.

▸ **adoucissement** (nom masculin)
Fait de s'adoucir, de s'atténuer. *L'**adoucissement** de la température a permis d'éteindre le chauffage.*

▸ **adresse** (nom féminin)
Indication du domicile d'une personne. *Sur sa carte de visite figurent son **adresse** et son numéro de téléphone.*
• **À l'adresse de quelqu'un** : à l'intention de, destiné à. *Il a prononcé quelques mots **à l'adresse** des nouveaux arrivants.* ⊙ Famille du mot : adresser.

▸ **adresse** (nom féminin)
Caractère d'une personne adroite. *Xavier a réussi à obtenir ce qu'il voulait en le demandant avec beaucoup d'**adresse**.* (Syn. habileté. Contr. maladresse.) ⊙ Famille du mot : adroit, adroitement, maladresse, maladroit, maladroitement.

▸ **adresser** (verbe) ○ conj.n°3
1. Envoyer quelque chose à quelqu'un. *Myriam **a adressé** une lettre de remerciements à sa tante.* **2.** Exprimer quelque chose à l'intention de quelqu'un. *Son oncle passe son temps à lui **adresser** des reproches.* **3.** S'adresser à quelqu'un : lui parler. *Ce n'est pas à Yann, mais à toi que je **m'adresse**.* **4.** S'adresser à quelqu'un : aller lui demander une aide ou un renseignement. *Pour le courrier, **adressez-vous** au gardien.*
• **Adresser la parole à quelqu'un** : lui parler. *Depuis cette dispute, il ne m'**adresse** plus **la parole**.*

▸ **adroit, oite** (adjectif)
1. Qui se sert de ses mains avec habileté, avec adresse. *Son père est un bricoleur très **adroit**.* (Contr. maladroit.) **2.** Qui sait se tirer d'une situation difficile. *Il est trop **adroit** pour se laisser tromper par vos ruses.* (Syn. astucieux, malin.)

▸ **adroitement** (adverbe)
De façon adroite. *Noémie a très **adroitement** rattrapé le ballon.* (Syn. habilement. Contr. maladroitement.)

▸ **aduler** (verbe) ○ conj.n°3
Manifester son admiration envers quelqu'un. *Ce chanteur **est adulé** par les jeunes.*

▸ **adulte** (adjectif)
Qui est arrivé à son développement définitif. *C'est un chien **adulte**, il ne grandira plus.* • **L'âge adulte :** âge qui succède à l'adolescence et précède la vieillesse. ▷ **adulte** (nom) Personne adulte. (Syn. grande personne.)

▸ **adultère** (nom masculin)
Fait d'être infidèle à la personne à laquelle on est marié.

▸ **advenir** (verbe) ○ conj.n°19
Arriver ou se produire par hasard. *Quoi qu'il **advienne**, je serai là jeudi.*

▸ **adverbe** (nom masculin)
Mot invariable qui complète ou modifie le sens d'un verbe, d'un adjectif ou d'un autre adverbe. *Peu, beaucoup, trop, énormément sont des **adverbes**.*

▸ **adversaire** (nom)
1. Personne opposée à une autre au cours d'une compétition. *Les deux **adversaires** sont à égalité depuis le début du match.* (Syn. rival. Contr. partenaire.) **2.** Personne qui s'oppose avec force à certaines choses. *C'est un **adversaire** du racisme.* (Syn. ennemi. Contr. partisan.)

▸ **adverse** (adjectif)
Qui est contraire, opposé. *Ils ont battu l'équipe **adverse**.*

▸ **adversité** (nom féminin)
Situation malheureuse qui semble due à la malchance. *Le naufragé a su lutter contre l'**adversité**.*

▸ **aération** (nom féminin)
Action d'aérer. *Ouvre la fenêtre, la chambre a besoin d'**aération**.*

▸ **aérer** (verbe) ○ conj.n°8
Renouveler l'air dans un lieu. *Cette pièce est bien **aérée** par de grandes fenêtres.*

▸ **aérien, enne** (adjectif)
1. Qui est installé à l'air libre. *Le métro **aérien**.* **2.** Qui se fait par les airs, par avion. *La navigation **aérienne**.*

▸ **aéroclub** (nom masculin)
Club dans lequel on pilote des avions. → Prononciation [aeʀɔklœb].

▸ **aérodrome** (nom masculin)
Terrain aménagé pour permettre le décollage et l'atterrissage des avions.

▸ **aérodynamique** (adjectif)
Qui offre peu de résistance à l'air. *Le TGV a une forme **aérodynamique**.*

▸ **aérogare** (nom féminin)
Ensemble des installations d'un aéroport destinées aux voyageurs. *Les voyageurs enregistrent leurs bagages à l'**aérogare**.*

▸ **aéroglisseur** (nom masculin)
Véhicule qui glisse au-dessus de l'eau ou de la terre grâce à un coussin d'air.

L'**aéroglisseur** se déplace sur un coussin d'air pulsé.

▸ **aéromodélisme** (nom masculin)
Construction de modèles réduits d'avions. *Clément a participé à de nombreux championnats d'**aéromodélisme**.*

aéronautique (nom féminin)
Science de la navigation aérienne et technique de construction des avions et des fusées.

aéronef (nom masculin)
Tout appareil qui peut se déplacer dans les airs. *Les avions, les hélicoptères, les ballons dirigeables sont des **aéronefs**.*

aéroplane (nom masculin)
Nom donné autrefois à un avion.

aéroport (nom masculin)
Ensemble formé par l'aérodrome, l'aérogare et tous les bâtiments destinés à l'entretien des avions. *Orly est l'un des **aéroports** de Paris.*

aérosol (nom masculin)
Petit appareil qui permet de vaporiser un liquide sous pression. *Ce déodorant est vendu en **aérosol**.*

un **aérosol**

affable (adjectif)
Accueillant et aimable. *Très **affable**, le gardien sait accueillir les visiteurs.*

affaiblir (verbe) conj.n°11
Rendre faible. *Sa maladie l'**a** beaucoup **affaibli**. Le bruit de l'orage **s'affaiblissait** peu à peu.*

affaiblissement (nom masculin)
Fait de s'affaiblir. *Le coureur commence à montrer des signes d'**affaiblissement** : il ralentit nettement sa course.*

affaire (nom féminin)
1. Ce qui concerne quelqu'un, ce qu'il a à faire. *Ne t'occupe pas de ça, c'est mon **affaire** !* 2. Problème compliqué dont s'occupent une ou plusieurs personnes. *Il faut discuter de cette **affaire** avant de prendre une décision.* 3. Opération commerciale ou financière. *Faire une bonne, une mauvaise **affaire**.* • **Avoir affaire à quelqu'un** : être en rapport avec quelqu'un pour discuter d'une question. • **Être à son affaire** : être à l'aise en faisant bien quelque chose que l'on aime. • **Faire l'affaire** : convenir, être adapté. *Je n'ai pas de tournevis, mais un couteau **fera l'affaire**.* • **Se tirer d'affaire** : se sortir d'une situation difficile ou périlleuse.
▷ **affaires** (nom féminin pluriel) 1. Activités commerciales ou financières. *En ce moment, les **affaires** ne marchent pas. C'est un homme d'**affaires** qui a très bien réussi.* 2. Ensemble des questions qui concernent les intérêts d'une personne, d'un gouvernement. *Le ministère des **Affaires** étrangères.* 3. Objets personnels. *Odile a rangé ses **affaires** avant d'aller se coucher.*

affairé, ée (adjectif)
Qui a beaucoup de choses à faire. *Aux heures des repas, les serveurs du restaurant sont très **affairés**.* (Syn. occupé.)

s'affairer (verbe) conj.n°3
S'occuper activement de l'exécution d'une tâche. *Tout le monde **s'affaire** à la cuisine pour que le repas soit prêt à temps.* (Syn. s'activer.)

affaissement (nom masculin)
Fait de s'affaisser. *Le poids de l'armoire a provoqué un **affaissement** du plancher.*

s'affaisser (verbe) conj.n°3
1. Plier ou baisser sous le poids de quelque chose. *Le toit, couvert de neige, **s'est affaissé**.* 2. Tomber lourdement, sans forces. *Le coureur, victime d'un malaise, **s'est affaissé** sur la piste.* (Syn. s'effondrer.)

s'affaler (verbe) conj.n°3
Se laisser tomber avec lourdeur. *Épuisé, David **s'est affalé** sur le divan.*

▸ **affamé, ée** (adjectif)
Qui a très faim. *Après cette journée au grand air, les enfants sont **affamés**.*

▸ **affectation** (nom féminin)
1. Fait d'être affecté, prétentieux. *Elle parle avec une telle **affectation** qu'elle est ridicule.* (Contr. naturel.) 2. Désignation à un poste, à une fonction. *La maîtresse a reçu une nouvelle **affectation** pour une autre région.*

▸ **affecté, ée** (adjectif)
1. Qui manque de naturel, de simplicité. *Au lieu de répondre naturellement quand on lui parle, Sarah prend un ton **affecté**.* (Syn. prétentieux.) 2. Ému par un événement. *Il est très **affecté** par la mort de son grand-père.*

▸ **affecter** (verbe) ○ conj.n°3
1. Faire semblant d'éprouver un sentiment. *Ibrahim **affectait** l'indifférence pour cacher sa déception.* (Syn. feindre.) 2. Réserver une chose ou un endroit à un certain usage. *Le maire a décidé d'**affecter** ces logements aux sans-abri.* 3. Donner un poste, une fonction à quelqu'un. *On **a affecté** cette infirmière au service des urgences de l'hôpital.* 4. Causer de la peine, de la tristesse. *La nouvelle de sa mort **a affecté** tous ses amis.* ⊙ Famille du mot : affectation, affecté, désaffecté.

▸ **affectif, ive** (adjectif)
Qui concerne les sentiments. *Le bonheur est un état **affectif**.*

▸ **affection** (nom féminin)
1. Sentiment d'attachement, de tendresse, d'amitié à l'égard de quelqu'un. *Avoir de l'**affection** pour sa famille, ses amis.* 2. Synonyme de maladie. *Sa toux provient d'une **affection** de la gorge.* ⊙ Famille du mot : affectif, affectionner, affectueusement, affectueux.

▸ **affectionner** (verbe) ○ conj.n°3
Avoir de l'affection pour quelqu'un ou quelque chose. *Ursula **affectionne** les vêtements de couleur bleue.*

▸ **affectueusement** (adverbe)
De manière affectueuse. *Je t'embrasse **affectueusement**.*

▸ **affectueux, euse** (adjectif)
Qui exprime de l'affection, de la tendresse. *Zoé est très **affectueuse** avec ses grands-parents.* (Contr. indifférent.)

▸ **affermir** (verbe) ○ conj.n°11
Rendre plus ferme, plus fort, plus solide. *Le sport **affermit** les muscles. Les encouragements de ses parents **ont affermi** sa confiance.* (Syn. renforcer. Contr. affaiblir.)

▸ **affichage** (nom masculin)
Action d'afficher. *Panneau d'**affichage**.*

▸ **affiche** (nom féminin)
Grande feuille imprimée ou illustrée que l'on fixe sur un mur pour informer le public. *Une **affiche** publicitaire.* ⊙ Famille du mot : affichage, afficher, affichette.

affiche d'un dessin animé de Tex Avery

▸ **afficher** (verbe) ○ conj.n°3
1. Faire savoir quelque chose au moyen d'une affiche. *La directrice **a affiché** les dates des vacances à l'entrée de l'école.* 2. Exprimer clairement quelque chose. *Elle **a affiché** sa mauvaise humeur.*

▸ **affichette** (nom féminin)
Petite affiche. *Kevin a posé des **affichettes** dans le quartier pour retrouver son chat.*

▸ **affilé, ée** (adjectif)
Aiguisé et pointu. *Ce couteau a une lame bien **affilée**.* (Contr. émoussé.)

▸ **d'affilée** (adverbe)
Sans interruption. *Le spectacle a duré trois heures **d'affilée**.*

▸ **s'affilier** (verbe) ○ conj.n°3
S'inscrire comme membre d'un parti, d'un organisme. *Il **s'est affilié** à une association de défense de l'environnement.*

▸ **affinité** (nom féminin)
Attirance entre des personnes qui ont des goûts en commun. *Pierre s'ennuie avec son cousin car ils n'ont aucune **affinité**.*

▸ **affirmatif, ive** (adjectif)
Qui exprime une affirmation. *Sa demande a été acceptée, elle a reçu une réponse **affirmative**.* (Contr. négatif.)
▹ **affirmative** (nom féminin)
• **Répondre par l'affirmative** : répondre oui.

▸ **affirmation** (nom féminin)
Ce que l'on affirme. *La police doit vérifier les **affirmations** du témoin.* (Syn. déclaration.)

▸ **affirmer** (verbe) ○ conj.n°3
Dire avec certitude et fermeté qu'une chose est vraie. *Quentin **affirme** qu'il n'est pour rien dans cette affaire.* (Syn. assurer, certifier, garantir.) ⊙ Famille du mot : affirmatif, affirmation, affirmative.

▸ **affleurer** (verbe) ○ conj.n°3
Apparaître à la surface. *Le canot s'est échoué sur des rochers qui **affleuraient**.*

▸ **affliction** (nom féminin)
Très grande peine. *La mort de sa femme l'a plongé dans une profonde **affliction**.* (Syn. chagrin, douleur.)

▸ **affligeant, ante** (adjectif)
Qui afflige. *Cette forêt dévastée par l'incendie est un spectacle **affligeant**.* (Syn. consternant, désolant.)

▸ **affliger** (verbe) ○ conj.n°5
Causer de l'affliction. *La nouvelle de sa mort nous **a** beaucoup **affligés**.* (Syn. attrister.) ⊙ Famille du mot : affliction, affligeant.

▸ **affluence** (nom féminin)
Rassemblement d'un grand nombre de personnes dans un même endroit. *Les bus sont bondés aux heures d'**affluence**.*

▸ **affluent** (nom masculin)
Cours d'eau qui se jette dans un autre cours d'eau. *La Durance est un **affluent** du Rhône.*

▸ **affluer** (verbe) ○ conj.n°3
Arriver en grand nombre au même endroit. *Pendant les vacances, les touristes **affluent** sur les plages.* ⊙ Famille du mot : affluence, affluent, afflux.

▸ **afflux** (nom masculin)
Fait d'affluer dans un même endroit. *Il y a toujours un **afflux** de clients dans le magasin au moment des soldes.* → Prononciation [afly].

▸ **affolant, ante** (adjectif)
Qui affole. *Cette voiture roule à une vitesse **affolante**.* (Syn. terrifiant.)

▸ **affolement** (nom masculin)
Fait de s'affoler. *Le bruit de l'explosion provoqua un **affolement** général.* (Syn. panique, terreur.)

▸ **affoler** (verbe) ○ conj.n°3
Causer une grande frayeur à quelqu'un. *Ce n'est pas la peine de **s'affoler**, sa blessure n'est pas grave.* ⊙ Famille du mot : affolant, affolement.

▸ **affranchir** (verbe) ○ conj.n°11
1. Rendre libre, indépendant. ***Affranchir** un pays occupé.* 2. Mettre, sur une lettre ou un colis, le timbre qui correspond au prix de son transport. *As-tu **affranchi** correctement les cartes postales avant de les envoyer ?*

▸ **affranchissement** (nom masculin)
Prix à payer pour affranchir une lettre, un colis. *L'**affranchissement** d'une lettre dépend de son poids.*

▸ **affreusement** (adverbe)
De façon affreuse. *Il a été **affreusement** blessé dans un accident.* (Syn. horriblement.)

affreux, euse (adjectif)
1. Très laid. *Arrête de faire des grimaces, tu es **affreux** !* (Syn. hideux.)
2. Très désagréable, très mauvais. *Aujourd'hui, il fait un temps **affreux**.*

affront (nom masculin)
Insulte faite à quelqu'un en public. *Romain lui a fait un **affront** en le traitant de menteur devant tous ses amis.*

affrontement (nom masculin)
Action de s'affronter. *La Première Guerre mondiale a entraîné un terrible **affrontement** entre la France et l'Allemagne.*

affronter (verbe) ○ conj.n°3
Faire face courageusement à un danger, à une difficulté. *Les marins **ont affronté** une terrible tempête pendant la nuit.*

affubler (verbe) ○ conj.n°3
Habiller quelqu'un de façon ridicule. *Thomas **s'est affublé** d'une veste rose et verte.*

affût (nom masculin)
Endroit où le chasseur se poste pour guetter le gibier. • **Être à l'affût** : être en train de guetter ou d'attendre. *Elle **est** toujours **à l'affût** d'une bonne affaire.*

affûter (verbe) ○ conj.n°3
Synonyme d'aiguiser. *Ces ciseaux ne coupent plus, il faut les faire **affûter**.*

afghan, ane
➠ Voir tableau p. 6.

afin (préposition et conjonction)
Indique le but. *Il va à son agence de voyages **afin de** réserver des billets. Parlez plus fort **afin que** tout le monde puisse vous entendre.*

a fortiori (adverbe)
À plus forte raison, d'autant plus. *Cette route de montagne est dangereuse, **a fortiori** quand elle est couverte de neige.*
→ Prononciation [afɔRsjɔRi].

africain, aine
➠ Voir tableau p. 6.

agaçant, ante (adjectif)
Qui agace. *Arrête de m'interrompre sans arrêt, tu es **agaçante** !* (Syn. énervant.)

agacement (nom masculin)
Fait d'être agacé. *Tous ces retards ont provoqué l'**agacement** des voyageurs.* (Syn. énervement, irritation.)

agacer (verbe) ○ conj.n°4
Provoquer l'énervement ou l'irritation. *Anna, tu m'**agaces** avec tes réflexions désagréables.* (Syn. énerver, irriter.) ⊙ Famille du mot : agaçant, agacement.

agate (nom féminin)
Pierre très dure formée de couches de couleurs variées. *On fabrique des billes avec de l'**agate**.*

affrontement entre deux chevaliers

âge (nom masculin)
1. Période d'existence d'une personne depuis sa naissance. *Victor a huit ans, le même **âge** qu'Élodie.* 2. Période qui concerne une époque précise de l'histoire de l'humanité. *L'**âge** de pierre, l'**âge** du bronze, l'**âge** du fer.* • **Avoir un certain âge** : ne plus être très jeune. • **L'âge de raison** : l'âge où un enfant est capable de comprendre la différence entre le bien et le mal. • **Le troisième âge** : la vieillesse.

âgé, ée (adjectif)
Synonyme de vieux. *Grand-père est trop **âgé** pour faire de l'alpinisme.* • **Être âgé de** : avoir tel âge. *Le père de William **était âgé d'**environ 30 ans quand il s'est marié.*

agence (nom féminin)
Entreprise qui propose des services à ses clients. *Une **agence** de voyages, une **agence** immobilière.*

agencement (nom masculin)
Manière d'agencer des choses. *Si on achète un divan plus grand, il faudra changer l'**agencement** de cette pièce.*

agencer (verbe) ○ conj.n°4
Arranger des choses dans un certain ordre. *Mon père **a agencé** une pièce de l'appartement en bureau.*

agenda (nom masculin)
Carnet où l'on note, jour par jour, les rendez-vous et les choses à faire. *Xavier a inscrit le jour et l'heure de ses rendez-vous dans son **agenda**.* (Syn. mémento.) → Prononciation [aʒɛ̃da]. ⊙ En latin, agenda signifie « les choses qu'il faut faire ».

s'agenouiller (verbe) ○ conj.n°3
Se mettre à genoux. *Yann **s'est agenouillé** dans l'herbe pour chercher des trèfles à quatre feuilles.*

agent (nom masculin)
1. Personne qui travaille au service d'une entreprise ou d'une administration. *Un **agent** immobilier, un **agent** secret.* 2. Policier chargé du maintien de l'ordre, de la protection des gens. *L'**agent** de police fait signe aux piétons de traverser.* • **Complément d'agent** : complément d'un verbe passif, indiquant l'auteur de l'action.

agglomération (nom féminin)
Ensemble d'habitations qui constituent un village, une ville. *Dans les **agglomérations**, la vitesse est limitée à 50 kilomètres à l'heure.*

aggloméré (nom masculin)
Matière formée de petites particules de bois agglomérées. *Mes étagères sont faites avec des planches en **aggloméré**.*

s'agglomérer (verbe) ○ conj.n°8
Se rassembler en masse compacte. *Les flocons de neige **se sont agglomérés** pour former une couche épaisse.*

s'agglutiner (verbe) ○ conj.n°3
Se serrer les uns contre les autres. *La foule **s'agglutine** sur le lieu de l'accident.* ⊙ S'agglutiner, c'est comme se coller avec de la *glu*.

aggravation (nom féminin)
Fait de s'aggraver. *On annonce une **aggravation** du froid.* (Contr. amélioration.)

aggraver (verbe) ○ conj.n°3
Rendre plus grave ou plus pénible. *L'état du malade **s'est aggravé**.* (Syn. empirer. Contr. s'améliorer.)

agile (adjectif)
Qui est souple et rapide. *Être **agile** comme un singe.* (Syn. leste, vif.)

agilité (nom féminin)
Fait d'être agile. *Le chat retombe sur ses pattes avec **agilité**.*

agir (verbe) ○ conj.n°11
1. Faire quelque chose, accomplir une action. *Réfléchis avant d'**agir** !* 2. Se conduire, se comporter. *Tu **as** mal **agi** en lui mentant.* 3. Produire un effet, être efficace. *Ce médicament **agit** très vite.* • **Il s'agit de quelque chose** : il est question de. *De quoi **s'agit-il** dans ce livre ? **Il s'agit d'**une histoire qui se passe au Moyen Âge.* • **Il s'agit de** : il faut. *Maintenant, **il s'agit de** se presser si on veut arriver à temps.*

agissements (nom masculin pluriel)
Suite d'actes malhonnêtes. *La police a mis fin aux **agissements** des cambrioleurs en les arrêtant.*

agitateur, trice (nom)
Personne qui pousse les autres à manifester ou à se révolter.

agitation (nom féminin)
1. Mouvements d'une foule, qui donnent une impression de désordre. *Il règne une grande* ***agitation*** *autour du stade, les jours de compétition.* 2. Mouvement de mécontentement politique ou social. *L'****agitation*** *étudiante.*

agiter (verbe) conj.n°3
1. Faire bouger fortement. ***Agiter*** *ce flacon avant de s'en servir.* 2. S'agiter : bouger, ne pas tenir en place. *Les enfants* ***s'agitent*** *dans la voiture quand le voyage dure trop longtemps.* Famille du mot : agitateur, agitation.

agneau, eaux (nom masculin)
Petit de la brebis et du bélier.

agonie (nom féminin)
Moment de la vie qui précède immédiatement la mort. *Il est mort très vite, après une courte* ***agonie.***

agoniser (verbe) conj.n°3
Être à l'agonie, sur le point de mourir. *Les oiseaux* ***agonisent*** *sur la plage à cause de la marée noire.*

agrafe (nom féminin)
Petit crochet métallique qui sert à réunir des papiers ou d'autres objets minces. Famille du mot : agrafer, agrafeuse, dégrafer.

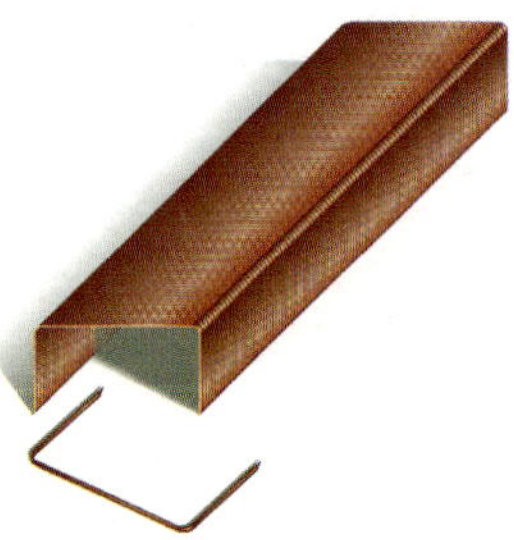

des **agrafes**

agrafer (verbe) conj.n°3
Fixer avec une agrafe. *Benjamin* ***agrafe*** *ses feuilles pour ne pas les perdre.*

agrafeuse (nom féminin)
Petit instrument qui sert à agrafer.

agraire (adjectif)
Qui concerne les champs et l'agriculture. *L'hectare est une mesure* ***agraire.***

agrandir (verbe) conj.n°11
Rendre plus grand, plus important. *Papa veut abattre un mur pour* ***agrandir*** *la salle de séjour.*

agrandissement (nom masculin)
Action d'agrandir. *Cette belle photo mériterait un* ***agrandissement.***

agrandisseur (nom masculin)
Appareil servant à agrandir des photographies.

agréable (adjectif)
1. Qui fait plaisir. *Ce voyage a été très* ***agréable.*** 2. Que l'on fréquente avec plaisir. *Nos nouveaux voisins sont très* ***agréables.*** (Syn. plaisant, sympathique. Contr. déplaisant, désagréable.) Famille du mot : agréablement, désagréable, désagréablement.

agréablement (adverbe)
D'une façon agréable. *Son succès était inattendu : il nous a* ***agréablement*** *surpris.*

agréer (verbe) conj.n°3
1. S'emploie à la fin d'une lettre, comme synonyme d'accepter. *Veuillez* ***agréer*** *mes meilleurs sentiments.* 2. Approuver officiellement. *Cette proposition de loi* ***a été agréée*** *par tous les députés.* (Contr. refuser, rejeter.) Agréer c'est trouver à son *gré*.

agrément (nom masculin)
Fait de donner son accord. *Il faut l'****agrément*** *du propriétaire pour faire des travaux dans l'appartement.* • **D'agrément** : qui est fait pour le plaisir. *Un voyage* ***d'agrément.***

agrémenter (verbe) conj.n°3
Rendre plus joli. *De nombreuses plantes vertes* ***agrémentent*** *le salon.* (Syn. orner.)

▸ **agrès** (nom masculin pluriel)
Appareils de gymnastique. *Les barres parallèles, la corde, les anneaux sont des* ***agrès****.*

quelques **agrès**

▸ **agresser** (verbe) ○ conj. n°3
Attaquer brutalement quelqu'un. *Clément s'est fait* ***agresser*** *dans la rue par des voyous.* ⊙ Famille du mot : agresseur, agressif, agression, agressivité.

▸ **agresseur** (nom masculin)
Personne qui a commis une agression. *L'homme a fait une description de son* ***agresseur*** *aux policiers.*

▸ **agressif, ive** (adjectif)
Qui a tendance à attaquer les autres même si on ne lui a rien fait. *N'approchez pas ce chien : il est très* ***agressif*** *!*

▸ **agression** (nom féminin)
Action d'agresser. *Ce monsieur vient d'être victime d'une* ***agression*** *: on lui a volé tous ses papiers et son argent.*

▸ **agressivité** (nom féminin)
Caractère agressif. *Je te parlais gentiment : pourquoi me réponds-tu avec tant d'****agressivité*** *?*

▸ **agricole** (adjectif)
Qui concerne l'agriculture. *Ce superbe cheval a remporté une médaille au concours* ***agricole****.*

▸ **agriculteur, trice** (nom)
Personne qui travaille dans l'agriculture. (Syn. cultivateur, paysan.)

▸ **agriculture** (nom féminin)
Activité visant à produire des végétaux et à élever des animaux nécessaires à l'homme.

▸ **agripper** (verbe) ○ conj. n°3
Saisir en serrant fortement. ***Agrippe****-toi à moi, si tu as peur de glisser !*

▸ **agroalimentaire** (adjectif)
Qui transforme les produits de l'agriculture en produits alimentaires. *Cette usine* ***agroalimentaire*** *transforme le maïs en pop-corn.*

▸ **agronome** (nom)
Spécialiste d'agronomie. *Cet ingénieur* ***agronome*** *est un spécialiste de la lutte contre les maladies de la vigne.*

▸ **agronomie** (nom féminin)
Ensemble des connaissances qui servent à l'agriculture.

▸ **agrume** (nom masculin)
Fruit juteux comme l'orange, le citron, le pamplemousse, la mandarine et la clémentine. ➠ p. 34.

▸ **aguerrir** (verbe) ○ conj. n°11
Habituer à supporter des choses pénibles. *Toutes les épreuves qu'il a subies l'****ont aguerri****.*

▸ **aguets** (nom masculin pluriel)
• **Être aux aguets** : rester immobile à observer, à guetter. *Le lion rôde, les antilopes* ***sont aux aguets****.*

▸ **ah !** (interjection)
Mot qui sert à exprimer la satisfaction, le mécontentement, la surprise, etc. ***Ah !*** *comme c'est agréable !* ***Ah !*** *tu m'agaces !*

des **agrumes**

ahuri, ie (adjectif)
Qui est très étonné par ce qui lui arrive. *Je suis **ahurie** d'apprendre cette incroyable nouvelle.* (Syn. abasourdi, hébété.)

ahurissant, ante (adjectif)
Très étonnant. *Je n'arrive pas à croire cette histoire, elle est vraiment **ahurissante** !* (Syn. incroyable.)

aide (nom féminin)
Action d'aider quelqu'un. *Pour finir ses devoirs, Fatima a eu besoin de l'**aide** de sa grande sœur.* • **À l'aide !** : au secours ! • **À l'aide de** : en se servant de. *David arrache un clou **à l'aide de** tenailles.* ▷ **aide** (nom) Personne qui en aide une autre dans son travail. *Le maçon a demandé à son **aide** de lui apporter un sac de ciment.*

aide-mémoire (nom masculin)
Petit livre qui résume ce qu'il faut savoir. → Pluriel : des aide-mémoire.

aider (verbe) ○ conj.n°3
1. Joindre ses efforts à ceux d'une autre personne. ***Aide**-moi à porter ma valise !* 2. S'aider : se servir de quelque chose. *L'aveugle **s'aide** de sa canne blanche pour suivre le bord du trottoir.* ⊙ Famille du mot : aide, aide-mémoire, aide-soignant, entraide, s'entraider.

aide-soignant, ante (nom)
Personne qui aide les infirmiers à soigner les malades, dans les hôpitaux. → Pluriel : des aides-soignants.

aïe ! (interjection)
Mot qui exprime la douleur. *Ibrahim a crié « **aïe !** » quand il s'est tordu la cheville.* ⊙ Aïe est une onomatopée : c'est le cri qu'on pousse quand on se fait mal.

aïeul, aïeule (nom)
Synonyme littéraire de grand-père ou de grand-mère. ▷ **aïeux** (nom masculin pluriel) Synonyme d'ancêtres. *La Normandie est la province où vécurent mes **aïeux**.*

aigle (nom masculin)
Grand oiseau de proie qui vit dans les montagnes. ➠ p. 35.

aiglefin ➠ Voir églefin.

aiglon (nom masculin)
Petit de l'aigle.

aigre (adjectif)
1. Qui a un goût piquant et acide. *Ce lait est **aigre** : il a tourné.* 2. Au sens figuré, qui est blessant, désagréable. *Il m'a parlé d'un ton **aigre**.* ▷ **aigre** (nom masculin) • **Tourner à l'aigre** : prendre un caractère blessant et agressif. *La discussion **tourne à l'aigre** entre les deux automobilistes.* ⊙ Famille du mot : aigre-doux, aigrelet, aigreur, aigrir.

un **aigle**

▸ **aigre-doux, aigre-douce** (adjectif)
1. Qui est doux et aigre à la fois. *Une sauce **aigre-douce**.* 2. Au sens figuré, dont la méchanceté se cache sous une douceur apparente. *Tenir des propos **aigres-doux**.* → Pluriel : aigres-doux, aigres-douces.

▸ **aigrelet, ette** (adjectif)
Un peu aigre. *Le goût **aigrelet** d'une pomme pas mûre.*

▸ **aigrette** (nom féminin)
1. Touffe de longues plumes sur la tête de certains oiseaux, comme le paon ou le héron. 2. Grand oiseau blanc des pays chauds, qui ressemble au héron.

▸ **aigreur** (nom féminin)
Caractère aigre. *L'**aigreur** du vinaigre. L'**aigreur** d'une remarque.*

▸ **aigrir** (verbe) ○ conj.n°11
1. Devenir aigre. *Ce jus d'orange n'est plus bon : il **a aigri**.* 2. Au sens figuré, rendre irritable ou désagréable. *Ses échecs l'**ont aigri**.*

▸ **aigu, aiguë** (adjectif)
1. Se dit d'un son qui est très haut, perçant. *Kevin aime le son **aigu** des fifres.* (Contr. grave.) 2. Qui est très vif, intense, violent. *Gaëlle a eu une crise **aiguë** d'appendicite.* • **Angle aigu :** angle plus petit que l'angle droit. (Contr. obtus.) ➠ p. 512.

▸ **aiguillage** (nom masculin)
Appareil qui permet à un train de passer d'une voie de chemin de fer à une autre.

▸ **aiguille** (nom féminin)
1. Petite tige d'acier pointue, qui sert à coudre ou à tricoter. *Hélène enfile une **aiguille** pour recoudre un bouton.* 2. Fine tige de métal creuse qui sert à injecter un liquide. *Pour faire une piqûre, il faut une seringue et une **aiguille**.* 3. Tige rigide qui sert à indiquer l'heure et les minutes. *La grande **aiguille** indique les minutes.* 4. Feuille étroite et pointue des conifères. *Des **aiguilles** de pin, de mélèze.* ➠ p. 848. → Prononciation [egɥij].

aiguiller (verbe) ○ conj.n°3
Diriger vers une certaine direction. *Ce promeneur* ***a été*** *mal* ***aiguillé*** *et il s'est perdu dans la ville.* → Prononciation [egɥije]. ⊙ Famille du mot : aiguillage, aiguilleur.

aiguilleur (nom masculin)
Personne chargée de manœuvrer un aiguillage. • **Aiguilleur du ciel** : technicien qui guide les avions en vol depuis le sol. → Prononciation [egɥijœʀ].

aiguillon (nom masculin)
Dard des insectes qui piquent.

aiguiser (verbe) ○ conj.n°3
Rendre plus coupant. *Une pierre à* ***aiguiser*** *les couteaux.* (Syn. affûter.)

ail (nom masculin)
Plante dont on utilise les bulbes odorants pour assaisonner les aliments. *Maman met de l'****ail*** *dans le gigot.* → Pluriel : des ails ou des aulx.

aile (nom féminin)
1. Organe de certains animaux, qui leur sert à voler. *L'aigle déploie ses* ***ailes****.* 2. Partie fixe de chaque côté d'un avion, qui le soutient dans l'air. 3. Partie d'un moulin à vent que le vent fait tourner. 4. Partie de la carrosserie d'une voiture, au-dessus de chaque roue. *L'****aile*** *avant gauche de la voiture est cabossée.* 5. Partie latérale d'un bâtiment. *Le gardien habite dans une* ***aile*** *du château.* 6. Partie latérale de quelque chose. *Les* ***ailes*** *du nez. L'****aile*** *gauche de l'équipe de basket.* • **Voler de ses propres ailes** : être indépendant, se passer de l'aide d'autrui. ⊙ Famille du mot : ailé, aileron, ailier.

différentes sortes d'**ailes**

ailé, ée (adjectif)
Qui a des ailes. *La chauve-souris est un mammifère* ***ailé****.*

aileron (nom masculin)
1. Extrémité de l'aile d'un oiseau. 2. Nageoire d'un requin. 3. Volet mobile situé sur le bord de l'aile d'un avion. ➠ p. 97.

ailier (nom masculin)
Joueur d'une équipe de football, de handball qui joue sur les côtés de la ligne des avants.

ailleurs (adverbe)
Dans un autre endroit. *Ce restaurant est trop bruyant, allons dîner* ***ailleurs****.* → Voir aussi d'ailleurs (adverbe).

ailloli (nom masculin)
1. Mayonnaise à l'ail. 2. Plat de poisson et de légumes bouillis accompagné de cette mayonnaise. → On écrit aussi aïoli comme le mot provençal formé de *ai*, « ail », et de *oli*, « huile ».

aimable (adjectif)
Qui reçoit bien les gens et cherche à leur faire plaisir. *Ce commerçant est très* ***aimable*** *avec ses clients.* (Syn. avenant, courtois.)

aimablement (adverbe)
De façon aimable. *Ils nous ont* ***aimablement*** *reçus chez eux.*

aimant (nom masculin)
Morceau d'acier qui attire le fer.

aimanté, ée (adjectif)
Qui a la propriété d'attirer le fer. *L'aiguille* ***aimantée*** *de la boussole indique le nord.*

aimer (verbe) ○ conj.n°3
1. Éprouver de l'amour pour quelqu'un, en être amoureux. *Ils* ***s'aiment*** *et rien ne peut les séparer.* 2. Avoir de l'affection, de la tendresse pour quelqu'un. *Julie* ***aime*** *beaucoup son grand-père.* 3. Avoir un goût très vif pour quelque chose. *Pierre* ***aime*** *la nature.* • **Aimer mieux** : préférer. *Pour dormir, j'****aime mieux*** *laisser la fenêtre entrouverte.*

▸ **aine** (nom féminin)
Partie du corps située entre le haut de la cuisse et le bas du ventre. ➠ p. 263.

▸ **aîné, ée** (adjectif)
Qui est plus âgé qu'un autre. *Quentin est mon frère **aîné** : il a trois ans de plus que moi.* (Contr. cadet.) ▷ **aîné, ée** (nom) Enfant le plus âgé d'une famille. (Contr. benjamin.)

▸ **ainsi** (adverbe)
De cette façon. *C'est **ainsi** qu'il faut faire.* • **Pour ainsi dire** : presque. *Il fait **pour ainsi dire** nuit.* ▷ **ainsi que** (conjonction) 1. Comme. *Tout s'est passé **ainsi que** tu l'avais dit.* 2. Et aussi. *J'ai mis un pull **ainsi qu**'une écharpe.*

▸ **aïoli** ➠ Voir ailloli.

▸ **air** (nom masculin)
1. Gaz que nous respirons et qui constitue l'atmosphère. *L'**air** pénètre dans le corps par le nez et par la bouche.* 2. Mélodie d'une chanson, d'une musique. *Chanter un **air** d'opéra.* 3. Expression du visage. *Il a pris un **air** étonné.* • **Au grand air** : en pleine nature. • **Avoir l'air** : sembler, paraître. *Romain **a l'air** d'un vrai clown avec ces vêtements !* • **En l'air** : vers le ciel. • **En plein air** : dehors. • **Prendre l'air** : sortir, faire une promenade. • **Prendre de grands airs** : faire le fier.

▸ **aire** (nom féminin)
1. Terrain aménagé pour une activité. *L'**aire** d'atterrissage des hélicoptères.* 2. Surface, superficie. *On calcule l'**aire** d'un rectangle en multipliant la longueur par la largeur.* 3. Nid d'un aigle.

▸ **airelle** (nom féminin)
Petite baie comestible, noire ou rouge.

▸ **aisance** (nom féminin)
1. Manière d'être ou d'agir qui donne une impression de facilité. *Cet avocat s'exprime avec **aisance**.* 2. Situation de fortune qui permet de bien vivre. *Son bon salaire permet à toute la famille de vivre dans l'**aisance**.*

▸ **aise** (nom féminin)
État d'une personne qui n'est pas gênée. *Thomas est à l'**aise** dans ses vêtements. Laura est mal à l'**aise** car elle doit parler en public.* ▷ **aises** (nom féminin pluriel) Bien-être, confort. *Installez-vous confortablement, prenez vos **aises** !*

▸ **aisé, ée** (adjectif)
1. Qui est facile à faire, à comprendre. *Voilà un problème **aisé** à résoudre.* (Contr. ardu.) 2. Qui a assez d'argent pour ne manquer de rien. *Il vient d'une famille **aisée** : son père est riche.*

▸ **aisément** (adverbe)
De façon aisée. *Nous avons **aisément** trouvé notre chemin.* (Syn. facilement. Contr. difficilement.)

▸ **aisselle** (nom féminin)
Creux qui se trouve sous le bras, sous l'articulation de l'épaule. ➠ p. 263.

▸ **ajonc** (nom masculin)
Arbrisseau épineux sauvage, à fleurs jaunes. ➔ Prononciation [aʒɔ̃].

▸ **ajourner** (verbe) ○ conj.n°3
Remettre à un autre jour. *À cause du mauvais temps, nous avons dû **ajourner** l'excursion.* (Syn. repousser, retarder.)

▸ **ajout** (nom masculin)
Ce qu'on ajoute. *Nous avons fait quelques **ajouts** à la liste des invités.* (Contr. suppression.)

▸ **ajouter** (verbe) ○ conj.n°3
1. Mettre en plus. *Ce plat est fade, il faudrait **ajouter** du poivre.* 2. Synonyme d'additionner. *Si on **ajoute** 8 à 13, on obtient 21.* ⊙ Famille du mot : ajout, rajouter.

▸ **ajustage** (nom masculin)
Action d'ajuster les pièces d'une machine ou d'un objet. *L'**ajustage** est effectué par l'ajusteur.*

▸ **ajusté, ée** (adjectif)
Qui moule le corps. *Myriam porte une robe très **ajustée**.* (Contr. ample.)

ajuster (verbe) ▸ conj.n°3
Adapter exactement une chose à une autre. *Il faut bien **ajuster** le couvercle de la cocotte.* ⊙ Famille du mot : ajustage, ajusté, ajusteur, rajuster, réajuster.

ajusteur (nom masculin)
Ouvrier spécialisé dans la fabrication et l'ajustage des pièces mécaniques.

alambic (nom masculin)
Appareil servant à fabriquer de l'alcool.

un **alambic**

alarmant, ante (adjectif)
Qui est très inquiétant. *Les prévisions sont **alarmantes** : on craint l'arrivée d'un cyclone.*

alarme (nom féminin)
Signal qui avertit d'un danger. *Les sentinelles ont donné l'**alarme**.* ⊙ Alarme vient de l'italien, et signifie « aux armes », cri poussé par une sentinelle à l'approche des ennemis.

alarmer (verbe) ▸ conj.n°3
Inquiéter beaucoup. *Ne **vous alarmez** pas, c'est une blessure très légère.*

albanais, aise
➠ Voir tableau p. 6.

albâtre (nom masculin)
Belle pierre blanche et translucide servant à faire des objets décoratifs.

albatros (nom masculin)
Le plus grand des oiseaux de mer. *L'envergure de l'**albatros** peut atteindre trois mètres.* → Prononciation [albatʀos].

un couple d'**albatros**

albinos (adjectif et nom)
Qui a la peau, les poils et les cheveux blancs. *Un lapin **albinos** a les yeux rouges.* → Prononciation [albinos].

album (nom masculin)
1. Sorte de livre personnel destiné à recevoir des collections diverses. *Classer des photos dans un **album**.* 2. Livre d'images. *Victor adore les **albums** de bandes dessinées.* 3. Disque de variétés. *Noémie a acheté le dernier **album** de son chanteur favori.* → Prononciation [albɔm]. ⊙ En latin, ce mot signifie « tableau blanc ».

alchimie (nom féminin)
Science mêlée de magie qui existait au Moyen Âge.

alchimiste (nom)
Personne qui pratiquait l'alchimie. *Les **alchimistes** recherchaient l'élixir de longue vie et la pierre capable de transformer le plomb en or.* ➠ p. 39.

alcool (nom masculin)
1. Substance qui résulte de la distillation de jus de raisin ou de céréales fermentés. *La bière contient de l'**alcool**.* 2. Boisson qui contient une certaine quantité de cette substance. *L'abus d'**alcool** est dangereux pour la santé.* 3. Liquide incolore, qui sert à désinfecter les plaies. *De l'**alcool** à 70 degrés.* → Prononciation [alkɔl]. ⊙ Famille du mot : alcoolémie, alcoolique, alcoolisé, alcoolisme, alcootest.

alcoolémie (nom féminin)
Taux d'alcool dans le sang d'une personne. *L'alcootest permet de mesurer l'**alcoolémie** d'un conducteur de voiture.* → Prononciation [alkɔlemi].

alcoolique (adjectif et nom)
Qui est intoxiqué par l'alcool et ne peut plus s'en passer. → Prononciation [alkɔlik].

alcoolisé, ée (adjectif)
Qui contient de l'alcool. *La bière est une boisson **alcoolisée.*** → Prononciation [alkɔlise].

alcoolisme (nom masculin)
Maladie des alcooliques. *En interdisant la publicité pour les alcools, on lutte contre l'**alcoolisme**.* → Prononciation [alkɔlism].

alcootest (nom masculin)
Instrument dans lequel on fait souffler un automobiliste, pour savoir s'il n'a pas trop bu d'alcool pour conduire. → Prononciation [alkɔtɛst]. → Alcootest est le nom d'une marque.

alcôve (nom féminin)
Renfoncement dans une chambre où l'on place un lit.

aléa (nom masculin)
Chose imprévisible. *Cette expédition en terre inconnue comporte beaucoup trop d'**aléas**.* (Syn. risque.) ⊙ Alea est un mot latin qui désigne les dés, jeu de hasard, donc imprévisible.

aléatoire (adjectif)
Qui est hasardeux, imprévisible. *Gagner à ce jeu est très **aléatoire.***

alentours (nom masculin pluriel)
Environs d'un lieu. *Le renard rôde aux **alentours** de la ferme.*

1. alerte (adjectif)
Qui a des mouvements lestes et vifs. *À tout âge, il faut faire du sport pour rester dynamique et **alerte**.*

2. alerte (nom féminin)
Signal qui avertit d'un danger. *Quand elle a entendu un bruit, la sentinelle a donné l'**alerte**.* (Syn. alarme.)

Le travail des alchimistes était très **aléatoire**.
« L'**Alchimiste** » de J. Wright (1770)

alerter (verbe) ⊙ conj.n°3
Donner l'alerte. *Les enfants **ont alerté** la maîtresse quand William est tombé.* (Syn. avertir, prévenir.)

alevin (nom masculin)
Jeune poisson, avec lequel on repeuple les rivières et les lacs.

alexandrin (nom masculin)
En poésie, vers de douze syllabes. *« Aime la vérité mais pardonne à l'erreur » est un **alexandrin** de Voltaire.* ⊙ Ce vers a été employé pour la première fois dans un poème du XIIe siècle qui s'appelait « le Roman d'Alexandre ».

algèbre (nom féminin)
Manière spéciale de faire des calculs. *$x + 3 = 4$ est une formule d'**algèbre**.*

algérien, enne
➠ Voir tableau p. 6.

algue (nom féminin)
Plante aquatique. *En Bretagne, on ramasse des **algues** pour faire des engrais.*

alias (adverbe)
Autrement appelé. *Jeanne d'Arc, **alias** la Pucelle d'Orléans.* → Prononciation [aljas].

alibi (nom masculin)
Preuve qu'une personne n'était pas présente au moment où un délit ou un crime a été commis. *Il a un **alibi** : à l'heure du vol, il déjeunait au restaurant.* ⊙ Alibi est un mot latin, qui signifie « ailleurs ».

aliéné, ée (nom)
Synonyme vieilli de fou. *Un asile d'**aliénés**.*

alignement (nom masculin)
Fait d'être aligné. *Un immeuble de la rue dépasse de l'**alignement**.*

aligner (verbe) ○ conj.n°3
Disposer en ligne droite. *La maîtresse demande aux élèves de **s'aligner** dans la cour en rangs par deux.*

Les fenêtres sont **alignées** sur la façade.

aliment (nom masculin)
Produit qui sert à nourrir les êtres vivants. *On range les **aliments** dans le réfrigérateur.* ⊙ Famille du mot : alimentaire, alimentation, alimenter, sous-alimentation, sous-alimenté.

alimentaire (adjectif)
Qui concerne les aliments. *La boucherie et la boulangerie sont des commerces **alimentaires**.*

alimentation (nom féminin)
Manière de se nourrir. *Il faut manger de tout pour avoir une **alimentation** équilibrée.*

alimenter (verbe) ○ conj.n°3
1. Donner des aliments. *Xavier **alimente** ses oiseaux avec des graines.* (Syn. nourrir.) 2. Fournir ce qui est nécessaire. *Cette source **alimente** en eau toute la région.*

s'aliter (verbe) ○ conj.n°3
Se mettre au lit. *Yann a dû **s'aliter** à cause de la grippe.*

alizé (nom masculin)
Vent qui souffle régulièrement sur les océans, de l'est vers l'ouest.

allaitement (nom masculin)
Action d'allaiter.

allaiter (verbe) ○ conj.n°3
Nourrir un petit de son lait ou donner le sein à un nourrisson. *Tous les mammifères **allaitent** leurs petits.*

alléchant, ante (adjectif)
Qui est appétissant. *Ce rôti a une odeur **alléchante**.*

allécher (verbe) ○ conj.n°8
Attirer quelqu'un en lui faisant envie. *Les enfants **sont alléchés** par l'odeur du gâteau au chocolat.*

allée (nom féminin)
Chemin dans un parc, une forêt ou un jardin. *Suivez la grande **allée** qui mène au château.* ▷ **allées** (nom féminin pluriel) • **Allées et venues** : déplacements de personnes qui vont et viennent.

allégé, ée (adjectif)
Qui contient moins de graisse ou de sucre qu'un aliment habituel. *Maman achète du fromage blanc **allégé**.*

allègement (nom masculin)
Action d'alléger. *Les ouvriers demandent un **allègement** de leur temps de travail.* (Syn. diminution, réduction.) → On écrit aussi : allégement.

alléger (verbe) ○ conj.n°8
Rendre plus léger. *Il faut **alléger** cette valise : on peut à peine la soulever.* (Contr. alourdir.) ⊙ Famille du mot : allégé, allègement.

allègre (adjectif)
Qui est de bonne humeur, plein d'entrain. *La fanfare joue un air **allègre**.*

allégresse (nom féminin)
Joie très vive.

allemand, ande
➠ Voir tableau p. 6.

1. aller (verbe) ○ conj.n°56
1. Se rendre quelque part. *Cet été, nous **allons** à la montagne.* 2. Mener quelque part. *Cette petite route **va** au village.* (Syn. conduire.) 3. Être sur le point de. *Il **va** pleuvoir, le ciel est tout noir.* 4. Se porter, se sentir dans tel état. *Je **vais** très bien, merci !* 5. Convenir à quelqu'un, lui être adapté. *Ce chapeau ne te **va** pas du tout !* 6. S'en aller : partir. *Il est tard, je dois **m'en aller**.* → Aller se conjugue avec l'auxiliaire *être* : Je *suis allé* à Paris.

2. aller (nom masculin)
1. Trajet effectué pour se rendre à un endroit. *Faire l'**aller** en train et le retour en avion.* 2. Billet de train ou d'avion dans lequel le prix du retour n'est pas compris. *Je voudrais un **aller** pour Lyon, s'il vous plaît.* (Contr. retour.)

allergie (nom féminin)
Réaction anormale du corps. *Benjamin ne va plus sur la plage : il fait une **allergie** au soleil.*

allergique (adjectif)
1. Qui souffre d'allergie. *Odile est **allergique** aux poils de chat.* 2. Au sens figuré, qui n'aime pas du tout quelque chose. *Ce paresseux est **allergique** à tout effort !*

alliage (nom masculin)
Métal obtenu en fondant ensemble plusieurs métaux ou un métal et d'autres substances. *L'acier est un **alliage** à base de fer et de carbone.*

alliance (nom féminin)
1. Accord entre deux partis ou deux pays. 2. Anneau porté à l'annulaire de la main gauche par les gens mariés.

allié, ée (nom)
Groupe de personnes ayant conclu une alliance. *Nos **alliés** ont gagné la guerre.*

s'allier (verbe) ○ conj.n°10
Conclure une alliance. *Ces deux pays **se sont alliés** pour lutter contre leur ennemi commun.* (Syn. s'unir.) ⊙ Famille du mot : alliage, alliance, allié.

alligator (nom masculin)
Crocodile d'Amérique.

allô ! (interjection)
Mot que l'on dit au début d'une conversation téléphonique. ***Allô !** ne quittez pas !*

allocation (nom féminin)
Somme d'argent versée régulièrement. *Mon oncle a perdu son emploi : il touche une **allocation** de chômage.*

allocution (nom féminin)
Discours bref. *Le maire doit prononcer une **allocution** lors de la cérémonie.*

allongé, ée (adjectif)
Qui a une forme étendue en longueur. *Le ballon de rugby a une forme **allongée**.*

un **alligator**

allongement (nom masculin)
Augmentation de la longueur ou de la durée. *Les progrès de la médecine ont permis un* ***allongement*** *de la vie.*

allonger (verbe) ○ conj.n°5
1. Rendre plus long. *Ce détour* ***a allongé*** *notre voyage.* (Syn. rallonger. Contr. raccourcir.) 2. Étendre un membre. *Tu as une crampe : **allonge** ta jambe !* 3. S'allonger : se mettre en position horizontale. *Sarah **s'allonge** dans l'herbe pour observer les insectes.*

allouer (verbe) ○ conj.n°3
Attribuer une somme d'argent. ***Allouer*** *des crédits pour la construction d'un stade.*

allumage (nom masculin)
Système électrique qui permet de faire exploser le combustible dans les moteurs à explosion.

allumer (verbe) ○ conj.n°3
1. Mettre le feu à quelque chose. ***Allumer*** *des bûches dans la cheminée.* 2. Faire fonctionner une lumière, un appareil électrique. ***Allume*** *la lampe s'il ne fait pas assez clair.* ***Allume*** *le poste de télévision.* (Contr. éteindre.) ⊙ Famille du mot : allumage, allumette, rallumer.

allumette (nom féminin)
Bâtonnet en bois dont une extrémité est inflammable par frottement et qui sert à allumer un feu.

allure (nom féminin)
1. Vitesse à laquelle on se déplace. *Les voitures roulaient à toute **allure** juste avant l'accident.* 2. Aspect, apparence. *Ursula a une drôle d'**allure** avec cette nouvelle coiffure.*

allusion (nom féminin)
Façon de parler d'une personne ou d'une chose d'une manière vague, sans donner de précisions. *Il a fait de nombreuses **allusions** à son passé.*

alluvions (nom féminin pluriel)
Dépôts de terre apportés par un fleuve ou une rivière.

alors (adverbe)
1. À ce moment-là. *Il était **alors** 14 heures précises.* 2. Dans ce cas, dans ces conditions. *Tu as fini tes devoirs ? **Alors**, tu peux aller jouer.* ▷ **alors que** (conjonction) Bien que, tandis que. *Ils partent à la plage **alors qu'**il pleut !*

alouette (nom féminin)
Petit oiseau au plumage brun, qui vit surtout dans les champs.

une **alouette**

alourdir (verbe) ○ conj.n°11
Rendre plus lourd. *Ces grosses chaussures vont **alourdir** la valise.* (Contr. alléger.)

alpage (nom masculin)
Pâturage situé en haute montagne.

alpestre (adjectif)
Des Alpes. *Le chamois est un animal de la faune **alpestre**.*

alphabet (nom masculin)
Ensemble des lettres d'une langue, classées dans un ordre déterminé. *Récite l'**alphabet** de A à Z.* ⊙ Famille du mot : alphabétique, alphabétisation, alphabétiser. ⊙ Ce mot est formé sur *alpha* et *bêta*, les deux premières lettres de l'alphabet grec.

alphabétique (adjectif)
Qui est dans l'ordre de l'alphabet, de A à Z. *Dans un dictionnaire, les mots sont rangés par ordre **alphabétique**.*

alphabétisation (nom féminin)
Action d'alphabétiser. *L'**alphabétisation** des travailleurs immigrés.*

alphabétiser (verbe) ○ conj.n°3
Apprendre à lire et à écrire à quelqu'un qui n'est pas allé à l'école.

alphanumérique (adjectif)
Qui comporte à la fois des lettres et des chiffres. *Un clavier **alphanumérique**.*

alpin, ine (adjectif)
Qui concerne les Alpes. *Il y a de la neige sur les massifs **alpins**.*

alpinisme (nom masculin)
Sport qui consiste à faire des ascensions en montagne. ⊙ Alpinisme vient du nom des *Alpes*, première montagne où l'on a pratiqué ce sport.

alpiniste (nom)
Personne qui fait de l'alpinisme. *Des **alpinistes** font l'ascension de l'Everest.*

alsacien, enne
➠ Voir tableau p. 6.

altération (nom féminin)
Fait de s'altérer, de s'abîmer. *La rouille est une **altération** du fer.*

altercation (nom féminin)
Dispute violente. *Après l'accident, il y a eu une **altercation** entre les deux automobilistes.*

altérer (verbe) ○ conj.n°8
1. Abîmer ou détériorer quelque chose. *Les fruits **se sont** vite **altérés** à cause de la chaleur.* 2. Donner soif. *Cette marche sous le soleil nous **a altérés**.*
⊙ Famille du mot : altération, désaltérer, inaltérable.

alternance (nom féminin)
Fait d'alterner. *Ces deux films passent en **alternance** dans la même salle, l'un l'après-midi, l'autre le soir.*

alternatif, ive (adjectif)
Qui va dans un sens puis dans l'autre, avec régularité. *Le balancier d'une pendule a un mouvement **alternatif**.*

alternative (nom féminin)
Choix que l'on doit faire entre deux solutions. *Dire ce qu'on pense ou se taire : il n'y a pas d'autre **alternative**.*

alternativement (adverbe)
Chacun son tour. *Chacun des élèves est **alternativement** chargé de distribuer les cahiers.*

alterner (verbe) ○ conj.n°3
Se succéder régulièrement. *Les quatre saisons **alternent** tout au long de l'année.*
⊙ Famille du mot : alternance, alternatif, alternative, alternativement.

altesse (nom féminin)
Titre donné aux princesses et aux princes.

altier, ère (adjectif)
Synonyme littéraire de hautain.

altimètre (nom masculin)
Appareil qui indique l'altitude d'un lieu.

altitude (nom féminin)
Hauteur d'un lieu au-dessus du niveau de la mer. *Le Concorde vole à plus de 15 000 m d'**altitude**.*

un paysage **alpin**

alto (nom masculin)
Instrument de musique à cordes, un peu plus gros que le violon.

altruisme (nom masculin)
Caractère d'une personne qui aime aider les autres. *Clément fait preuve d'**altruisme** en participant à une action humanitaire.* (Contr. égoïsme.)

altruiste (adjectif et nom)
Qui fait preuve d'altruisme. *Un comportement **altruiste**.* (Contr. égoïste.)

aluminium (nom masculin)
Métal très léger fabriqué à partir de la bauxite. *L'**aluminium** est le métal le plus utilisé après le fer.* → Prononciation [alyminjɔm].

alunir (verbe) ○ conj.n°11
Se poser sur la Lune. *Le vaisseau spatial **a aluni** dans la mer de la Tranquillité.*

alunissage (nom masculin)
Action d'alunir. *Le premier **alunissage** a eu lieu le 21 juillet 1969.*

alvéole (nom masculin)
1. Petite cavité construite par les abeilles à l'intérieur d'une ruche. *Le miel est recueilli dans les **alvéoles**.* 2. Minuscule cavité située dans les poumons, permettant les échanges de gaz entre l'air et le sang. → On doit dire *un* alvéole, mais dans l'usage courant on dit le plus souvent *une* alvéole.

des **alvéoles** dans un nid de guêpes

amabilité (nom féminin)
Caractère d'une personne aimable. *Ayez l'**amabilité** de frapper avant d'entrer !* (Syn. courtoisie, gentillesse.)

amadouer (verbe) ○ conj.n°3
Flatter pour obtenir quelque chose. *Le cavalier tentait d'**amadouer** son cheval en lui caressant l'encolure.*

amaigrir (verbe) ○ conj.n°11
Rendre maigre ou plus maigre qu'avant. *Il est sorti **amaigri** de l'hôpital.*

amaigrissant, ante (adjectif)
Qui fait maigrir. *Un régime **amaigrissant**, sans sucre et sans graisse.*

amaigrissement (nom masculin)
Fait d'être amaigri. *Son **amaigrissement** est le signe d'un problème de santé.*

amalgame (nom masculin)
Mélange d'éléments qui ne vont pas bien ensemble. *Son dessin est un affreux **amalgame** de couleurs.*

amande (nom féminin)
Fruit à coque dure de l'amandier. *Une tarte aux **amandes**.* • **En amande :** de forme allongée. *Des yeux **en amande**.*

amandier (nom masculin)
Arbre dont le fruit est l'amande.

fleurs, fruit et feuilles de l'**amandier**

amanite (nom féminin)
Champignon dont certaines espèces sont comestibles et d'autres mortelles. ➠ p. 189.

amant (nom masculin)
Homme avec lequel une femme a des relations sexuelles en dehors du mariage.

amarre (nom féminin)
Cordage servant à attacher ou à retenir un bateau. *Les marins larguent les **amarres** avant le départ du navire.*

amarrer (verbe) ○ conj.n°3
Attacher par des amarres. *Les bateaux **sont amarrés** dans le port.*

amas (nom masculin)
Accumulation de choses. *Après l'accident, la voiture n'était plus qu'un **amas** de ferraille.* (Syn. amoncellement, tas.)

amasser (verbe) ○ conj.n°3
Faire un amas. *Zoé **a amassé** des dizaines de timbres depuis qu'elle a commencé sa collection.* (Syn. accumuler.)

amateur (nom masculin)
1. Personne qui exerce une activité sans être professionnel. *Le club des photographes **amateurs** de ma ville organise régulièrement des expositions.* 2. Personne qui a du goût pour quelque chose. *David est un **amateur** de vieilles voitures.*

amazone (nom féminin)
• **Monter en amazone** : monter à cheval avec les deux jambes du même côté. ⊙ Les Amazones étaient une tribu de femmes guerrières, dans la mythologie grecque.

ambassade (nom féminin)
Résidence de l'ambassadeur et de ses services.

ambassadeur, drice (nom)
Représentant d'un État dans un pays étranger. *L'**ambassadrice** des États-Unis en France.*

ambiance (nom féminin)
1. Atmosphère qui règne dans un lieu, une fête, un groupe. *Ibrahim adore l'**ambiance** des fêtes foraines.* 2. Atmosphère gaie et animée. *Kevin n'a pas son pareil pour mettre de l'**ambiance**.*

ambiant, ante (adjectif)
Relatif au milieu qui nous entoure. *Ne mets pas ce fromage dans le réfrigérateur : il doit être dégusté à température **ambiante**.*

ambidextre (adjectif)
Qui est à la fois droitier et gaucher. *Un joueur de tennis **ambidextre**.* ⊙ Ambidextre contient des mots latins qui signifient « deux mains droites » : une personne ambidextre est aussi habile que si elle avait deux mains droites.

ambigu, uë (adjectif)
Que l'on peut comprendre de plusieurs façons. *À l'oral, les phrases « la personne qui l'a ramené » et « la personne qu'il a ramenée » sont **ambiguës**.* (Contr. clair.)

ambiguïté (nom féminin)
Chose ambiguë. *Sa réponse à mes questions est pleine d'**ambiguïtés**.*

ambitieux, euse (adjectif et nom)
Qui a de l'ambition. *Anna est une **ambitieuse**. Son projet est trop **ambitieux** : on ne pourra pas le réaliser.* (Syn. présomptueux.) → Prononciation [ɑ̃bisjø].

ambition (nom féminin)
1. Désir très fort. *Pierre aime peindre et il a l'**ambition** d'exposer ses toiles.* 2. Volonté de réussir dans la vie. *Il n'hésiterait devant rien pour satisfaire son **ambition** de devenir chef.*

ambre (nom masculin)
• **Ambre gris** : substance provenant des cachalots, utilisée pour faire des parfums. • **Ambre jaune** : résine fossile dure et translucide, servant à faire des bijoux.

ambré, ée (adjectif)
1. Qui a la couleur de l'ambre jaune. *Le sucre prend une teinte **ambrée** à la cuisson.* 2. Qui contient de l'ambre gris. *Un parfum **ambré**.*

ambulance (nom féminin)
Véhicule aménagé pour transporter les blessés et les malades. *L'**ambulance** fait retentir sa sirène pour demander le passage.*

ambulancier, ère (nom)
Personne qui conduit une ambulance.

ambulant, ante (adjectif)
Qui se déplace d'un endroit à un autre pour proposer des services. *La bibliothèque **ambulante** passe une fois par semaine dans notre village.*

âme (nom féminin)
Partie de l'être humain, distincte du corps, qui lui permettrait de penser et d'éprouver des sentiments. *Certaines religions considèrent que l'**âme** est immortelle.* • **Corps et âme** : entièrement, complètement. • **Rendre l'âme** : mourir.

amélioration (nom féminin)
Fait de s'améliorer. *Ses résultats sont en nette **amélioration** : elle pourra passer dans la classe supérieure.* (Contr. aggravation.)

améliorer (verbe) ○ conj.n°3
Rendre meilleur. *On peut **améliorer** cette purée en y ajoutant de la crème.*

amen (interjection)
Mot que l'on dit à la fin d'une prière juive ou chrétienne, et qui veut dire « ainsi soit-il ». • **Dire amen** : être d'accord. → Prononciation [amɛn].

aménagement (nom masculin)
Action d'aménager un lieu. *La maison nécessite encore quelques **aménagements** avant d'être habitable.*

aménager (verbe) ○ conj.n°5
Organiser un lieu pour le rendre utilisable. *Ils **ont aménagé** leur grenier pour en faire une chambre.*

amende (nom féminin)
Somme à payer si l'on n'obéit pas à la loi. *On risque une **amende** si l'on ne boucle pas sa ceinture de sécurité.* (Syn. contravention.) • **Faire amende honorable** : reconnaître ses torts.

amener (verbe) ○ conj.n°8
1. Conduire quelqu'un quelque part. *Je l'**ai amené** chez le médecin avant que son rhume se transforme en bronchite.* 2. Être la cause de quelque chose. *Ses mauvaises fréquentations vont lui **amener** des ennuis.* (Syn. causer, occasionner.) 3. Obliger à faire quelque chose. *Si tu continues, je **serai amené** à te punir.*

s'amenuiser (verbe) ○ conj.n°3
Devenir plus faible ou plus petit. *À mesure que tu t'éloignes, le bruit de tes pas **s'amenuise**.*

amer, ère (adjectif)
1. Qui a un goût âpre et désagréable. *Ces prunes sont **amères** : **elles ne sont pas mûres.*** (Contr. doux.) 2. Au sens figuré, se dit de ce qui est pénible, douloureux. *Un chagrin **amer**.*
⊙ Famille du mot : amèrement, amertume.

amèrement (adverbe)
De manière amère, pénible. *Il fait si froid qu'il regrette **amèrement** d'être sorti.*

américain, aine

➠ Voir tableau p. 6.

américaniser (verbe) ○ conj.n°3
Donner une allure américaine. *Le développement des fast-foods **a américanisé** notre alimentation.*

amerrir (verbe) ○ conj.n°11
Se poser sur l'eau. *L'hydravion **a amerri** au milieu du lac.*

amertume (nom féminin)
1. Sentiment de découragement et de forte déception. *Son échec nous a remplis d'**amertume**.* 2. Goût amer. *L'**amertume** du pamplemousse.*

améthyste (nom féminin)
Pierre précieuse violette. *La pierre de cette bague est une **améthyste**.*

ameublement (nom masculin)
Ensemble de meubles utilisés pour l'aménagement d'une pièce ou d'une maison. (Syn. mobilier.)

ameuter (verbe) ○ conj.n°3
Rassembler des personnes en poussant des hurlements. *Arrête de crier, tu vas **ameuter** tout le voisinage !*

ami, ie (nom)
Personne à laquelle on est lié par l'affection et la sympathie. *On doit toujours pouvoir compter sur ses **amis**.* (Syn. camarade, copain. Contr. ennemi.)
⊙ Famille du mot : amical, amicalement, amitié, inamical.

à l'amiable (adverbe)
En conciliant directement deux intérêts opposés. *Quentin et Élodie se sont entendus* ***à l'amiable****.*

amiante (nom masculin)
Matière minérale fibreuse qui résiste à l'action du feu. *La poussière d'****amiante*** *provoque de graves maladies.*

amical, ale, aux (adjectif)
Qui relève de l'amitié. *En partant, Romain m'a fait un salut* ***amical.*** (Contr. hostile, inamical.)

amicalement (adverbe)
De manière amicale. *Ils m'ont* ***amicalement*** *proposé de me raccompagner.*

amidon (nom masculin)
Substance végétale utilisée pour fabriquer la colle. *Le riz, les pommes de terre, les haricots contiennent de l'****amidon****.*

amincir (verbe) ○ conj.n°11
Rendre plus mince. *Fatima* ***s'est amincie*** *depuis qu'elle a repris le sport.*

amincissant, ante (adjectif)
Qui amincit. *Cette crème* ***amincissante*** *est-elle efficace ?*

amiral, aux (nom masculin)
Officier du grade le plus haut, dans la marine militaire. ⊙ Amiral vient d'un nom arabe qui veut dire « chef », et que l'on retrouve dans *émir*.

amitié (nom féminin)
Sentiment qui existe entre deux personnes amies. *Leur* ***amitié*** *date de l'école primaire.* (Syn. affection. Contr. hostilité.) ▷ **amitiés** (nom féminin pluriel) Témoignage d'amitié. *La prochaine fois que tu vois Thomas, adresse-lui mes* ***amitiés.***

amnésie (nom féminin)
Perte de la mémoire. *Victor a souffert d'****amnésie*** *après son accident : il ne reconnaissait même plus ses parents.*

amnésique (adjectif et nom)
Qui souffre d'amnésie. *Cet* ***amnésique*** *a même oublié son nom.*

amnistie (nom féminin)
Annulation de certaines amendes et de certaines condamnations. *Le nouveau président de la République a décrété l'****amnistie*** *des contraventions.*

amocher (verbe) ○ conj.n°3
Synonyme familier d'abîmer ou de blesser.

amoindrir (verbe) ○ conj.n°11
Rendre moins grand ou moins fort. *Sa longue maladie l'****a amoindri.***

s'amollir (verbe) ○ conj.n°11
Synonyme de ramollir. *Laisse le sorbet* ***s'amollir*** *avant de le manger.*

amonceler (verbe) ○ conj.n°9
Synonyme d'entasser.

amoncellement (nom masculin)
Ensemble d'objets amoncelés. (Syn. amas, entassement, tas.)

un **amoncellement** de pneus

amont (nom masculin)
Partie d'un cours d'eau la plus proche de la source. *Sur la Garonne, Toulouse est en* ***amont*** *de Bordeaux.* (Contr. aval.)

amorce (nom féminin)
1. Appât que l'on jette dans l'eau pour attirer le poisson. 2. Dispositif destiné à déclencher une explosion. *La poudre explosera quand on aura enflammé l'**amorce**.* 3. Petite charge de poudre enveloppée de papier. *Un pistolet à **amorces**.* 4. Au sens figuré, début de quelque chose. *Ces quelques idées sont l'**amorce** d'un grand projet.* (Syn. ébauche.)
⊙ Famille du mot : amorcer, désamorcer.

amorcer (verbe) ○ conj.n°4
1. Jeter de l'amorce dans l'eau pour appâter le poisson. *Il **amorce** avec du pain à l'endroit où il va pêcher.* 2. Garnir une charge d'explosif d'une amorce. (Contr. désamorcer.) 3. Commencer à faire quelque chose. *Le peloton **a amorcé** l'ascension du col.*

amorphe (adjectif)
Qui est mou et sans énergie. *Les médicaments qu'il prend pour dormir le rendent complètement **amorphe**.* (Contr. actif, énergique, vif.)

amortir (verbe) ○ conj.n°11
Atténuer la violence ou l'intensité de quelque chose. *La moquette **amortit** les bruits de pas.* (Contr. amplifier.)

amortisseur (nom masculin)
Pièce mécanique qui sert à amortir les secousses dans un véhicule. ➠ p. 92.

amour (nom masculin)
1. Sentiment très fort d'affection et d'attirance sexuelle que l'on éprouve pour quelqu'un. *C'est le grand **amour** : ils vont se marier.* 2. Sentiment profond d'affection entre des personnes. *L'**amour** maternel, l'**amour** filial. L'**amour** du prochain.* 3. Intérêt très vif pour une chose, une activité. *Il est devenu garde forestier par **amour** de la nature.* • **Faire l'amour** : avoir des relations sexuelles avec quelqu'un.

amourette (nom féminin)
Petite histoire d'amour peu durable. *Gaëlle n'est pas malheureuse d'avoir rompu avec William, ce n'était qu'une **amourette** de vacances.* (Syn. flirt.)

amoureux, euse (adjectif et nom)
Qui éprouve de l'amour pour quelqu'un ou quelque chose. *Xavier est **amoureux** d'Hélène. Les alpinistes sont des **amoureux** de la montagne.*

amour-propre (nom masculin)
Sentiment très vif que l'on a de sa valeur personnelle. *Son **amour-propre** l'a poussé à ne pas abandonner la course devant ses camarades.* (Syn. fierté.)

amovible (adjectif)
Qui peut être démonté ou enlevé. *La capuche de ton manteau est **amovible**.* (Contr. inamovible.)

amphibie (adjectif)
1. Qui peut vivre dans l'air et dans l'eau. *Les tortues de mer sont des animaux **amphibies**.* 2. Qui peut fonctionner sur terre et dans l'eau. *L'armée utilise des véhicules **amphibies**.*

amphibien (nom masculin)
Animal amphibie. *Les crapauds et les grenouilles sont des **amphibiens**.*

amphithéâtre (nom masculin)
1. Dans l'Antiquité, théâtre circulaire avec des gradins. 2. Salle circulaire garnie de gradins. *À l'université, certains cours ont lieu dans l'**amphithéâtre**.* ⊙ En grec, *amphi* signifie « des deux côtés » : les spectateurs étaient assis des deux côtés du spectacle.

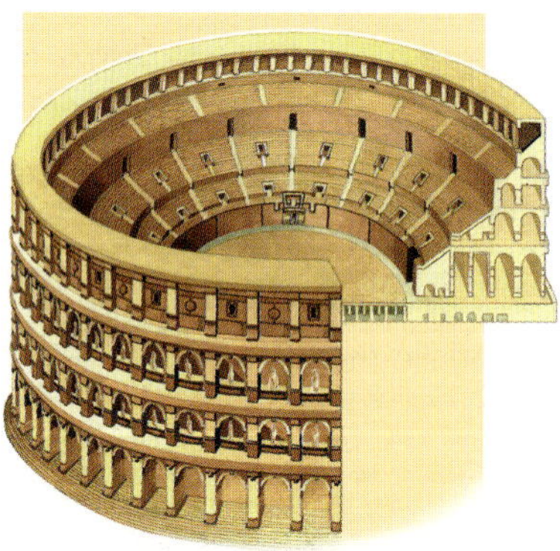

maquette reconstituant un **amphithéâtre** romain

amphore (nom féminin)
Vase à deux anses, en terre cuite, utilisé dans l'Antiquité. *Les **amphores** servaient à transporter des graines ou des liquides.*

amphore grecque (530 av. J.-C.)

ample (adjectif)
Qui est large, peu serré. *Des vêtements **amples** préservent mieux du froid.* (Contr. ajusté, étriqué, étroit.) Famille du mot : amplement, ampleur, amplificateur, amplifier.

amplement (adverbe)
De façon ample, plus que suffisante. *Je n'ai plus faim, tu m'avais **amplement** servi.* (Syn. largement.)

ampleur (nom féminin)
1. Caractère ample. *Cette jupe manque d'**ampleur**.* 2. Degré d'importance. *Il faut maintenant mesurer l'**ampleur** des dégâts.*

amplificateur (nom masculin)
Appareil qui amplifie le son. *Sur une chaîne haute-fidélité, on règle le son sur l'**amplificateur**.* → Ce mot est souvent abrégé : un ampli.

amplifier (verbe) conj.n°10
Rendre plus puissant, plus fort. *Le carrelage au sol **amplifie** les bruits de pas.* (Contr. amortir, atténuer.)

ampoule (nom féminin)
1. Enveloppe de verre contenant un filament rendu lumineux par le courant électrique. *L'**ampoule** de la lampe ne fonctionne plus.* 2. Petit tube de verre qui contient un médicament. *Le médecin m'a prescrit des **ampoules** de vitamines.* 3. Cloque provoquée par un frottement ou une brûlure. *Une **ampoule** au talon me gêne pour marcher.*

amputation (nom féminin)
Opération chirurgicale consistant à couper un membre ou une partie d'un membre.

amputer (verbe) conj.n°3
Faire subir une amputation. *Après son accident, il a fallu l'**amputer** d'un doigt.*

amulette (nom féminin)
Petit objet que l'on porte sur soi comme porte-bonheur.

amusant, ante (adjectif)
Qui amuse. *Mon petit frère trouve **amusant** de marcher dans les flaques d'eau.* (Syn. plaisant.)

amuse-gueule (nom masculin)
Petit hors-d'œuvre servi à l'apéritif. → Pluriel : des amuse-gueules.

amusement (nom masculin)
Activité qui amuse. *Son plus grand **amusement** est de cacher les jouets de son frère pour le faire enrager.*

amuser (verbe) conj.n°3
1. Faire rire ou distraire quelqu'un. *Benjamin nous **amusera** toujours avec ses imitations.* (Syn. divertir, égayer.) 2. S'amuser : se distraire, jouer. *Il **s'amuse** à faire des ricochets dans l'eau.* Famille du mot : amusant, amuse-gueule, amusement.

amygdale (nom féminin)
Chacune des deux glandes situées de part et d'autre de la gorge. *Yann s'est fait opérer des **amygdales**.* → Prononciation [amidal]. Amygdale vient d'un mot grec signifiant « amande », à cause de la forme de ces glandes.

an (nom masculin)
Durée de douze mois. *Il a vécu trois **ans** en Angleterre. Gaëlle a huit **ans**.* • **Le jour de l'an** ou **le premier de l'an** : le premier jour de l'année, le 1er janvier.

anachronique (adjectif)
Qui ne correspond pas à l'époque dont il est question. *Ses habits sont complètement **anachroniques**.* (Syn. démodé, désuet.) → Prononciation [anakʀɔnik].

anachronisme (nom masculin)
Ce qui est anachronique. *Sur cette image, Vercingétorix porte une montre au poignet : c'est un* ***anachronisme****.* ➔ Prononciation [anakʀɔnism].

anagramme (nom féminin)
Mot formé en changeant l'ordre des lettres d'un autre mot. *« Chien » est une* ***anagramme*** *de « niche ».*

analogie (nom féminin)
Point commun entre des choses. *Il y a des* ***analogies*** *entre le crapaud et la grenouille.* (Syn. ressemblance.)

analogue (adjectif)
Qui présente une analogie. *Ces deux boîtes ont un usage* ***analogue*** *: ce sont des boîtes à thé.* (Syn. semblable.)

analphabète (adjectif et nom)
Qui ne sait ni lire ni écrire. *La mairie organise des cours de lecture pour les adultes* ***analphabètes****.* ⊙ Analphabète vient de deux mots grecs qui signifient « sans alphabet ».

analphabétisme (nom masculin)
Fait d'être analphabète. *L'école permet de lutter contre l'****analphabétisme****.*

analyse (nom féminin)
Recherche des éléments qui constituent une chose. *On lui a fait une* ***analyse*** *de sang pour vérifier son taux de cholestérol.*

analyser (verbe) ⊙ conj.n°3
Faire l'analyse de quelque chose. *On* ***a analysé*** *minutieusement les restes de l'avion, après l'accident.* ***Analyser*** *un mot dans une phrase.*

ananas (nom masculin)
Fruit exotique à la pulpe jaune et à l'écorce épaisse.

anarchie (nom féminin)
Grand désordre causé par l'absence d'autorité. *Quelle* ***anarchie*** *au carrefour : le feu tricolore est en panne !* ⊙ Famille du mot : anarchique, anarchiste.

anarchique (adjectif)
Qui relève de l'anarchie. *Les agents de police luttent contre le stationnement* ***anarchique****.*

anarchiste (nom)
Partisan de l'anarchie.

anatomie (nom féminin)
Science qui étudie comment est constitué le corps des êtres vivants. *Si on connaît bien l'****anatomie*** *du corps humain, on comprend comment il fonctionne.*

anatomique (adjectif)
De l'anatomie. *Cette planche* ***anatomique*** *permet de comprendre la digestion.*

ancestral, ale, aux (adjectif)
Qui date du temps de nos ancêtres. *Cette demeure appartient à la même famille depuis des temps* ***ancestraux****.*

ancêtre (nom masculin)
Personne dont on descend, plus éloignée que les grands-parents. *C'est un de mes* ***ancêtres*** *qui a construit cette vieille maison.* ▷ **ancêtres** (nom masculin pluriel) Personnes qui ont vécu dans les siècles passés. *Nos* ***ancêtres*** *les Gaulois.*

anchois (nom masculin)
Petit poisson que l'on conserve souvent dans le sel, l'huile ou le vinaigre.

un **anchois**

ancien, enne (adjectif)
1. Qui existe depuis longtemps. *Cette tour est très* ***ancienne****, elle date du XVIIe siècle.* (Contr. moderne, nouveau.) 2. Qui a cessé d'être ce qu'il était. *C'est un* ***ancien*** *conducteur de locomotive.* ▷ **ancien, enne** (nom) Personne qui exerce une activité depuis longtemps. *Madeleine est une* ***ancienne*** *dans l'entreprise.* (Contr. nouveau.) ⊙ Famille du mot : anciennement, ancienneté.

anciennement (adverbe)
Dans le passé. *La rue du Docteur Léon s'appelait* ***anciennement*** *le passage de l'Église.* (Syn. autrefois.)

ancienneté (nom féminin)
1. Caractère de ce qui est ancien. *L'**ancienneté** de ces timbres leur donne une grande valeur.* 2. Durée depuis laquelle quelqu'un exerce une activité. *Avoir dix ans d'**ancienneté**.*

ancre (nom féminin)
Instrument de métal qui, jeté au fond de l'eau, sert à retenir un bateau, à l'aide d'un câble ou d'une chaîne. *Lever l'**ancre**. Jeter l'**ancre**.*

ancrer (verbe) conj.n°3
1. Immobiliser un bateau en jetant l'ancre. *Leur bateau **est ancré** au large de Saint-Tropez.* 2. Au sens figuré, fixer une idée dans l'esprit de quelqu'un. *C'**est** bien **ancré**, je m'en souviendrai !*

andouille (nom féminin)
1. Sorte de saucisse constituée d'un boyau de porc farci de tripes. 2. Dans la langue familière, personne stupide. *Quelle **andouille**, ce Benjamin !*

andouillette (nom féminin)
Petite andouille qu'il faut faire cuire.

androïde (nom masculin)
Sorte de robot ayant l'apparence humaine. *Les **androïdes** des romans de science-fiction.*

âne (nom masculin)
1. Mammifère plus petit que le cheval, à grandes oreilles. *L'ânon est le petit de l'**âne** et de l'ânesse.* 2. Personne stupide. • **Têtu comme un âne** : très têtu.

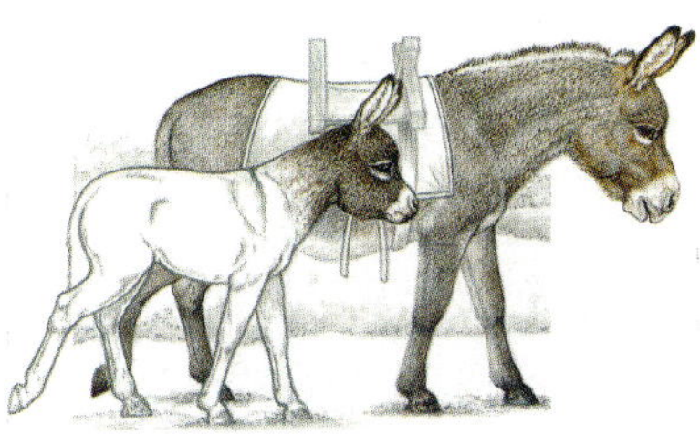

un **âne** et un ânon

anéantir (verbe) conj.n°11
Détruire complètement. *Un incendie **a anéanti** le centre de la ville.*

anéantissement (nom masculin)
Fait d'anéantir. *L'**anéantissement** de la récolte risque de provoquer la famine.*

anecdote (nom féminin)
Court récit d'un fait intéressant. *Les magazines sont pleins d'**anecdotes** sur la vie des stars.*

anecdotique (adjectif)
Qui a le caractère d'une anecdote. *Ce n'est qu'un détail **anecdotique** dans cette histoire.*

anémie (nom féminin)
Maladie du sang qui entraîne une grande fatigue. Famille du mot : anémier, anémique.

anémier (verbe) conj.n°10
Rendre anémique. *L'absence de nourriture l'**a anémié**.*

anémique (adjectif)
Qui souffre d'anémie. *Clément est devenu **anémique** à force de manger insuffisamment.*

anémone (nom féminin)
Plante dont les fleurs ont des couleurs variées. • **Anémone de mer** : animal marin à tentacules colorées, qui vit fixé sur les rochers. Anémone vient du mot grec *anemos* qui signifie « vent », car la fleur de l'anémone s'ouvre au vent.

des **anémones**

ânerie (nom féminin)
Bêtise dite ou faite. *Je ne le croirai plus : il ne dit que des **âneries**.*

ânesse (nom féminin)
Femelle de l'âne.

anesthésie (nom féminin)
Suppression de la douleur grâce à un anesthésique avant une opération chirurgicale. *Avant d'arracher la dent, le dentiste m'a fait une **anesthésie** locale.* Famille du mot : anesthésier, anesthésique, anesthésiste.

anesthésier (verbe) conj.n°10
Faire une anesthésie. *Il **a été anesthésié** avant d'être opéré : on l'a endormi.*

anesthésique (nom masculin)
Médicament qui rend insensible à la douleur.

anesthésiste (nom)
Médecin spécialisé dans les anesthésies. *L'**anesthésiste** assiste le chirurgien pendant l'opération.*

aneth (nom masculin)
Autre nom du fenouil. *On utilise l'**aneth** pour parfumer certains plats.* → Prononciation [anɛt].

anfractuosité (nom féminin)
Creux dans un rocher. *Des oiseaux se sont nichés dans les **anfractuosités** de la falaise.*

ange (nom masculin)
1. Dans certaines religions, être envoyé par Dieu. 2. Au sens figuré, personne qui a toutes les qualités. *David est adorable : c'est un **ange**.* • **Être aux anges** : être ravi.

un **ange**

angélique (adjectif)
Qui évoque un ange par sa beauté et sa bonté. *Julie a un visage **angélique** qui met en confiance.*

angélus (nom masculin)
Sonnerie des cloches d'une église qui annonce l'heure de la prière.

angevin, ine
→ Voir tableau p. 6.

angine (nom féminin)
Maladie de la gorge. *Les **angines** s'accompagnent d'une forte fièvre.*

anglais, aise
→ Voir tableau p. 6. Famille du mot : anglicisme, anglophone, anglo-saxon.

angle (nom masculin)
1. Portion d'espace comprise entre deux demi-droites qui ont une même origine. → p. 512. *Pour mesurer un **angle**, on utilise un rapporteur.* 2. Synonyme de coin. *Notre école est à l'**angle** des rues Jules-Ferry et Paul-Langevin.*

anglicisme (nom masculin)
Mot d'origine anglaise. *Football est un **anglicisme**.*

anglophone (adjectif et nom)
Qui parle anglais. *On recherche une secrétaire **anglophone**.*

anglo-saxon, onne (adjectif et nom)
Qui appartient à la culture britannique. *Prendre le thé à 17 heures est une coutume **anglo-saxonne**. Les **Anglo-Saxons**.*

angoissant, ante (adjectif)
Qui provoque l'angoisse. *J'ai été réveillé cette nuit par un cauchemar **angoissant**.*

angoisse (nom féminin)
Profonde inquiétude causant un malaise. *Maman éprouve une grande **angoisse** quand je rentre en retard.* (Syn. anxiété. Contr. calme, sérénité.)

angoisser (verbe) conj.n°3
Causer de l'angoisse. *Ce film d'épouvante m'**a angoissé**.*

angora (adjectif)
1. Qui a des poils longs et doux. *Des lapins **angoras**.* 2. Qui est fait de poils de chèvre ou de lapin angora. *Un pull en laine **angora**.* ⊙ Angora vient du nom d'*Ankara*, ville de Turquie, qui était une étape sur la route des caravanes qui rapportaient cette laine d'Orient.

anguille (nom féminin)
Poisson qui a la forme d'un serpent. *L'**anguille** naît dans la mer, mais va grandir en eau douce.*

une **anguille**

anguleux, euse (adjectif)
Qui présente des angles vifs. *Son visage **anguleux** lui donne un air méchant.*

anicroche (nom féminin)
Petite difficulté. *Le voyage s'est déroulé sans **anicroche**.*

animal, aux (nom masculin)
1. Être vivant capable de se déplacer, par opposition aux végétaux. *L'abeille, le chien, l'homme sont des **animaux**.* 2. Être vivant qui n'est pas doté de la parole, par opposition à l'homme. *La Société protectrice des **animaux**.* (Syn. bête.) ▷ **animal, ale, aux** (adjectif) Qui concerne les animaux. *Certaines espèces **animales** sont en voie de disparition.*

animalier, ère (adjectif)
• **Parc animalier** : parc où l'on peut voir des animaux en liberté.

animateur, trice (nom)
1. Personne qui anime une réunion, une émission de télévision. *L'**animateur** de l'émission était très drôle.* 2. Personne chargée de conduire les activités dans une colonie de vacances, un club de sport, un centre de loisirs.

animation (nom féminin)
1. Caractère de ce qui est animé. *Ibrahim et Laura discutent avec **animation**.* 2. Activité organisée. *Ce club de vacances propose de nombreuses **animations**.* 3. Technique des dessins animés. *Un film d'**animation**.*

animé, ée (adjectif)
Qui est plein de vie, de mouvement. *Cette rue est très **animée** les jours de marché.* (Contr. morne, mort.) • **Être animé** : être vivant, animal ou plante.

animer (verbe) ○ conj.n°3
1. Faire bouger quelque chose. ***Animer** un pantin, une marionnette en manipulant les fils qui les soutiennent.* 2. Diriger une réunion et lui donner un caractère intéressant. ***Animer** un débat télévisé.* 3. Inciter quelqu'un à agir. *Il **est animé** par une ambition sans limites.* 4. S'animer : montrer de la vie, de l'enthousiasme. *La foule **s'anime** quand les joueurs pénètrent sur la pelouse.* (Syn. s'exalter.) ⊙ Famille du mot : animateur, animation, animé, inanimé, ranimer, réanimation.

animosité (nom féminin)
Signe d'hostilité envers quelqu'un. *L'**animosité** de son regard m'a fait comprendre combien il pouvait être méchant.*

anis (nom masculin)
Plante utilisée pour parfumer des bonbons ou des boissons.

ankyloser (verbe) ○ conj.n°3
Provoquer une raideur dans une articulation. *Ne reste pas à genoux, tu vas **t'ankyloser**.*

annales (nom féminin pluriel)
Livre qui raconte les événements qui ont marqué une époque. *Il entrera dans les **annales** grâce à sa découverte.*

anneau, eaux (nom masculin)
1. Petit cercle qui sert à attacher, à retenir. *Une chaîne est formée d'**anneaux** accrochés entre eux.* 2. Bague faite d'un simple cercle de métal. 3. Chose circulaire. *Les **anneaux** du drapeau olympique.*

année (nom féminin)
1. Période d'un an qui commence le 1er janvier et se termine le 31 décembre. *L'**année** dernière a été riche en événements.* 2. Période de douze mois, quel qu'en soit le début. *Voilà deux **années** que je ne l'ai pas vu.* 3. Période d'activité de moins de douze mois. *L'**année** scolaire dure 10 mois.*

année-lumière (nom féminin)
Distance que la lumière parcourt en un an. *Une **année-lumière** correspond à environ 9 461 milliards de kilomètres.*
➜ Pluriel : des années-lumière.

annexe (adjectif)
Qui vient en complément d'une chose principale. *Les cours de gymnastique ont lieu dans un bâtiment **annexe** de l'école.*
▷ **annexe** (nom féminin) Chose ou bâtiment annexe. *La maternité est dans l'**annexe** de la clinique.*

annexer (verbe) ○ conj.n°3
Rattacher un territoire à un pays. *Strasbourg **a été annexée** à la France par Louis XIV.*

annexion (nom féminin)
Action d'annexer. *L'**annexion** de la Savoie à la France a eu lieu en 1860.*

annihiler (verbe) ○ conj.n°3
Réduire quelque chose à néant. *Le gel **a annihilé** le travail des vignerons.*
⊙ Dans annihiler, il y a le mot latin ***nihil*** qui signifie « rien ».

anniversaire (nom masculin)
1. Jour rappelant un événement qui a eu lieu au moins un an plus tôt. *Le 11 novembre, c'est l'**anniversaire** de la fin de la Première Guerre mondiale.* 2. Fête donnée pour l'anniversaire de la naissance de quelqu'un. *Toute la classe est invitée à l'**anniversaire** de Myriam.*

annonce (nom féminin)
Fait d'annoncer quelque chose. *Les étudiants ont organisé une manifestation à l'**annonce** d'une nouvelle loi.* • **Petite annonce** : texte publié dans un journal pour proposer des emplois, des logements.

annoncer (verbe) ○ conj.n°4
1. Informer officiellement de quelque chose. *Ils viennent d'**annoncer** leur mariage.* 2. Donner un signal. *Au théâtre, les trois coups **annoncent** le lever de rideau.* 3. Être l'indice de quelque chose. *Ce ciel tout noir **annonce** un orage.*

annotation (nom féminin)
Remarque que l'on porte sur un texte, un devoir. *Le professeur écrit ses **annotations** dans la marge.*

annoter (verbe) ○ conj.n°3
Écrire des annotations. *L'institutrice écrit lisiblement lorsqu'elle **annote** les copies de ses élèves.*

annuaire (nom masculin)
Livre publié chaque année et donnant divers renseignements. *J'ai trouvé l'adresse de Noémie dans l'**annuaire** téléphonique.*

annuel, elle (adjectif)
Qui a lieu chaque année. *La fête **annuelle** de l'école a toujours lieu en juin.*

annuellement (adverbe)
De façon annuelle. *Les anciens élèves de ce lycée se rassemblent **annuellement**.*

annulaire (nom masculin)
Quatrième doigt de la main, en partant du pouce. *Les gens mariés portent souvent un anneau à l'**annulaire** gauche.*

annulation (nom féminin)
Action d'annuler. *Des fraudes ont causé l'**annulation** de l'élection.*

annuler (verbe) ○ conj.n°3
1. Rendre nul, sans valeur. *Les élections **ont été annulées** à cause des fraudes.* 2. Supprimer quelque chose de prévu. ***Annuler** un rendez-vous.*

anoblir (verbe) ○ conj.n°11
Donner un titre de noblesse (chevalier, comte, duc, etc.).

anodin, ine (adjectif)
Qui est sans importance ou sans gravité. *J'espérais apprendre des choses nouvelles, mais notre conversation fut tout à fait **anodine**.* (Syn. insignifiant.)

anomalie (nom féminin)
Chose anormale. *Ce jouet ne peut pas être vendu parce qu'il présente une* ***anomalie.*** (Syn. bizarrerie.)

ânon (nom masculin)
Petit de l'âne et de l'ânesse. ➠ p. 51.

ânonner (verbe) ⭘ conj.n°3
Lire ou réciter avec peine, ou sans mettre le ton.

anonymat (nom masculin)
Caractère anonyme. *Le témoin a préféré garder l'****anonymat.*** (Syn. incognito.)

anonyme (adjectif)
Qui ne dit pas son nom. *Un coup de téléphone* ***anonyme*** *a prévenu la police.*

une lettre **anonyme**

anorak (nom masculin)
Blouson de sport matelassé et imperméable. *Kevin a mis son* ***anorak*** *pour aller skier.* ⊙ Anorak vient d'un mot esquimau qui veut dire « vent », car ce vêtement protège du vent.

anormal, ale, aux (adjectif)
Qui n'est pas normal. *Le magnétoscope doit être en panne : il fait un bruit* ***anormal.*** (Syn. bizarre.)

anormalement (adverbe)
De manière anormale. *Pierre a été* ***anormalement*** *aimable avec Odile : il doit avoir quelque chose à se faire pardonner.*

anse (nom féminin)
1. Partie d'un objet, qui permet de le tenir ou de le porter. *L'****anse*** *d'une tasse à café.* 2. Petite baie. *Le bateau a jeté l'ancre dans une* ***anse.***

antagonisme (nom masculin)
Rivalité entre deux personnes. *Un vieil* ***antagonisme*** *les oppose depuis longtemps.* (Syn. opposition.)

d'antan (adjectif)
Du temps passé. *Ma grand-mère nous raconte souvent comment était la vie* ***d'antan.***

antarctique (adjectif)
De la région du pôle Sud. *Le continent* ***antarctique.***

antécédent (nom masculin)
Mot auquel se rapporte un pronom relatif. *Dans la phrase : « J'ai enfin trouvé la robe dont tu m'as tant parlé », « robe » est l'****antécédent*** *de « dont ».* ▷ **antécédents** (nom masculin pluriel) Actes du passé de quelqu'un. *Il a été engagé parce qu'il avait de bons* ***antécédents.***

antenne (nom féminin)
1. Tige métallique servant à diffuser ou à recevoir les émissions de radio ou de télévision. *L'image est floue : l'****antenne*** *de la télévision doit être déréglée.* 2. Organe long et mince placé sur la tête de certains animaux, et qui leur permet de se diriger et de sentir. ➠ p. 598. *Les escargots, les langoustines, les papillons ont des* ***antennes.*** • **Passer à l'antenne** : passer à la télévision ou à la radio.

antérieur, eure (adjectif)
1. Qui a eu lieu avant. *L'invention du cinéma est* ***antérieure*** *à celle de la télévision.* 2. Qui est placé devant. *Les muscles* ***antérieurs*** *de la cuisse permettent de tendre la jambe.* (Contr. postérieur.)

antérieurement (adverbe)
Dans le passé. *Sa décision a été prise* ***antérieurement,*** *avant l'avis de ses conseillers.* (Syn. précédemment.)

anthologie (nom féminin)
Recueil de textes. *Cet ouvrage est une* ***anthologie*** *de poésies du XVII*e *siècle.*

anthracite (nom masculin)
Sorte de charbon noir et brillant.

anthropologie (nom féminin)
Science qui étudie l'espèce humaine.

anthropologue (nom)
Spécialiste d'anthropologie.

anthropophage (nom)
Personne qui mange de la chair humaine. *Les Indiens caraïbes étaient des **anthropophages**.* (Syn. cannibale.)

antialcoolique (adjectif)
Qui combat l'alcoolisme. *Une ligue **antialcoolique**.*

antiatomique (adjectif)
Qui protège des bombes atomiques et des radiations. *Un abri **antiatomique**.*

antibiotique (nom masculin)
Médicament très efficace contre les infections microbiennes. *Le premier **antibiotique**, la pénicilline, a été découvert en 1928, par l'Écossais Fleming.*

antibrouillard (adjectif)
• **Phare antibrouillard :** phare spécial, efficace pour éclairer dans le brouillard. → Pluriel : des phares antibrouillard.

antichambre (nom féminin)
Pièce où l'on fait attendre les visiteurs. *Le député était assis dans l'**antichambre** du ministre.*

anticipation (nom féminin)
• **Film, roman d'anticipation :** dont les aventures se déroulent dans le futur.

un film d'**anticipation**

anticiper (verbe) ○ conj.n°3
Faire comme si un événement était déjà arrivé. *N'**anticipe** pas, les vacances sont encore lointaines !*

anticlérical, ale, aux (adjectif)
Qui s'oppose à l'influence du clergé et de l'Église dans la vie publique.

anticonformiste (adjectif)
Qui ne se conforme pas aux usages établis. *Les artistes modernes sont souvent **anticonformistes**.*

anticorps (nom masculin)
Substance fabriquée par l'organisme pour se défendre des microbes.

anticyclone (nom masculin)
Zone de hautes pressions atmosphériques. *Quand un **anticyclone** recouvre une région, il fait beau.*

antidote (nom masculin)
Remède contre un poison. *Le lait était souvent employé comme **antidote**.* (Syn. contrepoison.)

antigel (nom masculin)
Produit qui empêche l'eau de geler.

antillais, aise
➠ Voir tableau p. 6.

antilope (nom féminin)
Mammifère ruminant, à cornes, des savanes africaines.

antimilitariste (adjectif et nom)
Qui est hostile à l'armée. *Certaines personnes sont **antimilitaristes** à cause de leurs opinions pacifistes.*

antimite (nom masculin)
Produit qui protège les vêtements contre les mites. *Il faut mettre de l'**antimite** dans la penderie.*

antipathie (nom féminin)
Sentiment d'hostilité à l'égard de quelqu'un. *Entre eux l'**antipathie** a été immédiate.* (Contr. sympathie.)

antipathique (adjectif)
Qui inspire de l'antipathie. *Son visage sévère le rend **antipathique** !* (Syn. déplaisant, désagréable. Contr. sympathique.)

antipodes (nom masculin pluriel)
Région de la Terre diamétralement opposée à une autre. *L'Australie est située aux **antipodes** de l'Europe.* • **Aux antipodes :** très différent, opposé. *Tes idées sont **aux antipodes** des miennes, nous ne pourrons pas nous entendre.* ⊙ Antipodes vient d'un mot grec signifiant « opposé par la plante des pieds ».

antipoison (adjectif)
• **Centre antipoison :** hôpital équipé pour soigner ceux qui ont avalé un poison. → Pluriel : des centres antipoison.

antiquaire (nom)
Marchand d'antiquités. *Maman a acheté ce fauteuil chez un **antiquaire**.*

antique (adjectif)
1. Très ancien. *Anna s'abritait sous un **antique** parapluie.* 2. Qui date de l'Antiquité. *Les pyramides d'Égypte sont des monuments **antiques**.* ⊙ Famille du mot : antiquaire, antiquité.

Cette coupe date de la Grèce **antique** (vers 480 avant J.-C.).

antiquité (nom féminin)
1. Objet d'art ancien, meuble ancien, qui ont de la valeur. *Cette amphore est une véritable **antiquité**.* 2. Période qui va de la fin de la préhistoire à la chute de l'Empire romain (Ve s. apr. J.-C.). *L'**Antiquité** grecque, l'**Antiquité** égyptienne.* → Au sens 2, ce mot commence par une majuscule.

antiraciste (adjectif et nom)
Qui est contre le racisme. *Une loi **antiraciste**.*

antisémite (adjectif et nom)
Qui est hostile aux Juifs. *Des propos **antisémites**.*

antisémitisme (nom masculin)
Racisme dirigé contre les Juifs.

antisepsie (nom féminin)
Ensemble de méthodes de lutte contre les infections microbiennes.

antiseptique (nom masculin)
Produit qui détruit les microbes et arrête l'infection. *L'eau oxygénée est un **antiseptique**.* ⊙ Antiseptique est formé de mots grecs qui signifient « contre ce qui pourrit ».

antitabac (adjectif)
Qui lutte contre les méfaits du tabac. *Des publicités **antitabac**.* → Pluriel : des campagnes antitabac.

antitétanique (adjectif)
Qui protège du tétanos. *Un vaccin **antitétanique**.*

antituberculeux, euse (adjectif)
Qui lutte contre la tuberculose. *Le BCG est le vaccin **antituberculeux**.*

antivenimeux, euse (adjectif)
Qui agit contre l'action du venin. *Un sérum **antivenimeux** l'a aidé à lutter contre la morsure de vipère.*

antiviral, ale, aux (adjectif)
Qui est actif contre les virus. *Un médicament **antiviral**.*

antivol (nom masculin)
Dispositif destiné à empêcher le vol. *Toutes les voitures sont munies d'un **antivol**.*

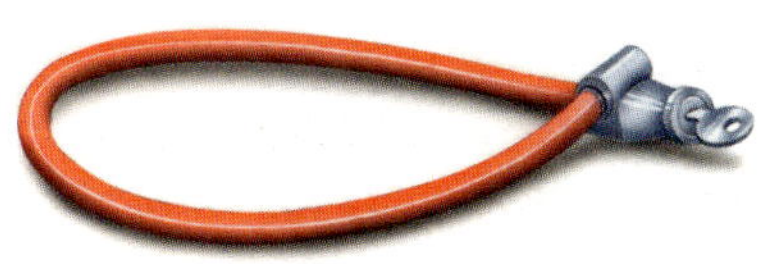

un **antivol** de bicyclette

antre (nom masculin)
Caverne qui sert d'abri à un fauve. *L'**antre** du tigre.* (Syn. tanière.)

anus (nom masculin)
Orifice du tube digestif, par où sortent les excréments. ➠ p. 345. → Prononciation [anys].

anxiété (nom féminin)
Vive inquiétude causée par l'incertitude, l'attente. *L'**anxiété** se lisait dans son regard.*

anxieusement (adverbe)
Avec anxiété. *Élodie attend **anxieusement** les résultats de son examen.*

anxieux, euse (adjectif)
Très inquiet. *Romain regardait sa montre d'un regard **anxieux** car il était en retard.* ⊙ Famille du mot : anxiété, anxieusement.

aorte (nom féminin)
Artère principale du cœur, qui porte le sang chargé d'oxygène à tout l'organisme. ➠ p. 220.

août (nom masculin)
Huitième mois de l'année, qui compte 31 jours. → Prononciation [u] ou [ut]. ⊙ Août vient du latin *augustus*, c'est-à-dire le « mois d'Auguste » en l'honneur de l'empereur.

apaisant, ante (adjectif)
Qui apaise. *Tes paroles **apaisantes** me rassurent.*

apaisement (nom masculin)
Fait de s'apaiser. *Depuis qu'il a dit ce qu'il avait sur le cœur, Thomas éprouve un sentiment d'**apaisement**.*

apaiser (verbe) ○ conj.n°3
Calmer quelqu'un ou quelque chose. *Victor **a apaisé** bébé en lui chantant une berceuse.*

aparté (nom masculin)
• **En aparté** : à part, à voix basse. *Elle n'arrête pas de faire des commentaires **en aparté**, c'est gênant.* ⊙ Au théâtre, un aparté, c'est ce que l'acteur dit « à part » : les autres acteurs sont censés ne pas entendre.

apathique (adjectif)
Qui est sans réaction, sans énergie. *Secouez-vous donc, allez jouer ! Vous êtes complètement **apathiques**.*

apercevoir (verbe) ○ conj.n°21
1. Commencer à voir. *On **apercevait** au loin la chaîne des Alpes.* (Syn. discerner, entrevoir.) 2. S'apercevoir : se rendre compte. *Tout le monde **s'est aperçu** de ton absence.* (Syn. remarquer.) ⊙ Famille du mot : aperçu, inaperçu.

aperçu (nom masculin)
Remarques rapides sur un sujet. *Le journaliste a donné un **aperçu** de la situation pour faire le point.*

apéritif (nom masculin)
Boisson parfois alcoolisée que l'on prend avant le repas.

apesanteur (nom féminin)
Absence de pesanteur. *Dans le vaisseau spatial, les astronautes, en état d'**apesanteur**, flottent dans la cabine.* (Contr. pesanteur.)

un astronaute en **apesanteur**

à peu près (adverbe)
Environ. *Il y a **à peu près** cent personnes dans la salle.* (Syn. approximativement.)

à-peu-près (nom masculin)
Ce qui est superficiel et peu précis. *William se contente toujours d'**à-peu-près** : il n'est jamais précis.* (Syn. approximation.) → Pluriel : des à-peu-près.

apeuré, ée (adjectif)
Rempli de peur. *Benjamin, **apeuré**, écoutait les pas se rapprocher.* (Syn. effrayé.)

aphone (adjectif)
Sans voix. *Hélène a une angine, elle s'est réveillée **aphone** : elle ne peut plus parler.* ⊙ Dans aphone, il y a un mot grec qui signifie « voix », et que l'on retrouve dans *magnétophone*, *téléphone*, *visiophone*, etc.

aphte (nom masculin)
Petite plaie à l'intérieur de la bouche. *Julie ne peut pas manger de gruyère, cela lui donne des **aphtes**.* → Prononciation [aft].

à-pic (nom masculin)
Paroi très abrupte. → Pluriel : des à-pics.

apiculteur, trice (nom)
Personne qui pratique l'apiculture. *L'**apiculteur** élève des abeilles dans des ruches pour récolter du miel.*

apiculture (nom féminin)
Élevage des abeilles.

apitoiement (nom masculin)
Fait de s'apitoyer.

apitoyer (verbe) ○ conj.n°6
Faire éprouver de la pitié. *Clément essaie d'**apitoyer** tout le monde sur son sort.* (Syn. attendrir.)

aplanir (verbe) ○ conj.n°11
1. Rendre plan, uni. *Le bulldozer **aplanit** le chemin.* 2. Au sens figuré, faire disparaître les désaccords. *La discussion a permis d'**aplanir** les désaccords.*

aplatir (verbe) ○ conj.n°11
Rendre plat. *Quelqu'un s'est assis sur mon chapeau et l'**a** complètement **aplati** !*

aplomb (nom masculin)
Trop grande confiance en soi. *Et tu crois que je vais te donner la permission ? Tu ne manques pas d'**aplomb** !* (Syn. audace, toupet.)
• **D'aplomb** : en équilibre stable ; au sens familier, de nouveau en bonne santé. ⊙ Être d'aplomb, c'est être vertical, comme la direction indiquée par le *fil à plomb*.

apnée (nom féminin)
• **Plonger en apnée** : en bloquant sa respiration et sans utiliser de bouteilles d'oxygène.

apocalypse (nom féminin)
Catastrophe effroyable. *L'éruption du volcan avait tout détruit, c'était un spectacle d'**apocalypse**.* ⊙ L'Apocalypse est le nom du dernier livre de la Bible : il raconte la fin du monde.

apocalyptique (adjectif)
Terrifiant au point de faire penser à la fin du monde. *Après l'explosion, la ville avait un aspect **apocalyptique**.*

apogée (nom masculin)
Point le plus haut de quelque chose. *La royauté française a atteint son **apogée** sous le règne de Louis XIV.*

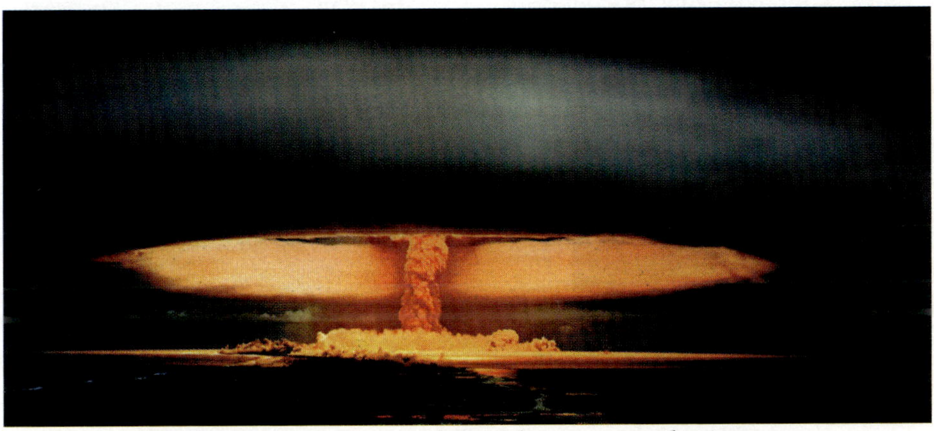

Une guerre atomique aurait des conséquences **apocalyptiques**.

apologie (nom féminin)
• **Faire l'apologie de quelqu'un ou de quelque chose** : dire tout ce qui est bien, faire l'éloge.

a posteriori (adverbe)
Après, rétrospectivement, avec l'expérience. *A **posteriori**, je vois que j'ai eu raison de prendre cette décision.* (Contr. a priori.)

apostrophe (nom féminin)
1. Signe qui indique l'élision d'une voyelle. *Dans « l'iris », l'**apostrophe** signale qu'on a supprimé le « e » de l'article.* 2. Paroles grossières et brusques. *L'arbitre a expulsé un joueur qui lui lançait des **apostrophes**.*

apostropher (verbe) ○ conj.n°3
Adresser brutalement la parole à quelqu'un. *Les enfants, qui faisaient trop de bruit, se sont fait **apostropher** par un voisin.* (Syn. interpeller.)

apothéose (nom féminin)
Le plus beau moment d'un spectacle, d'une fête. *Ce but magnifique a été l'**apothéose** du match.*

apothicaire (nom masculin)
Ancien nom du pharmacien.
• **Comptes d'apothicaire** : comptes d'argent compliqués et tatillons.

apôtre (nom masculin)
1. Chacun des douze disciples du Christ. 2. Au sens figuré, personne qui défend une idée avec ardeur. *Un **apôtre** de la non-violence.*

apparaître (verbe) ○ conj.n°37
1. Devenir visible. *La lune **apparut** derrière les nuages.* (Contr. disparaître.) 2. Avoir l'air, sembler. *Laura **apparaît** triste à ceux qui ne la connaissent pas bien.* (Syn. paraître.) → Apparaître se conjugue avec l'auxiliaire *être*. ⊙ Famille du mot : apparition, réapparaître, réapparition.

apparat (nom masculin)
• **D'apparat** : prévu pour les grandes réceptions, les cérémonies. *Un habit **d'apparat**.*

appareil (nom masculin)
1. Instrument destiné à exécuter un travail, une mesure, etc. *Un **appareil** photographique, un **appareil** ménager, un **appareil** dentaire.* 2. Téléphone. *Le téléphone sonne : décroche l'**appareil** !* 3. Avion. *L'**appareil** décollera dans dix minutes.* 4. Ensemble des organes qui remplissent une fonction. *Les poumons font partie de l'**appareil** respiratoire.*
• **Dans le plus simple appareil** : tout nu.

appareiller (verbe) ○ conj.n°3
Lever l'ancre et quitter le port. *Le navire vient d'**appareiller** et rejoint la haute mer.*

apparemment (adverbe)
Selon les apparences. ***Apparemment**, elle n'est pas encore arrivée.* → Prononciation [apaʀamɑ̃].

apparence (nom féminin)
Aspect extérieur. *David est d'**apparence** chétive.*

apparent, ente (adjectif)
1. Qui se voit bien. *Une tache très **apparente**.* (Syn. visible. Contr. invisible.) 2. Qui n'est pas tel qu'il paraît. *Sous le calme **apparent**, l'explorateur flairait le danger.* ⊙ Famille du mot : apparemment, apparence.

apparenté, ée (adjectif)
Qui a un lien de parenté avec quelqu'un. *Par sa mère, Kevin est **apparenté** aux Dupont.*

apparition (nom féminin)
1. Fait d'apparaître. *L'**apparition** des premiers bourgeons annonce le printemps.* (Contr. disparition.) 2. Fantôme, être surnaturel. *C'était un château hanté, certains y avaient vu des **apparitions**.*

une **apparition**

▸ **appartement** (nom masculin)
Logement de plusieurs pièces dans un immeuble.

▸ **appartenance** (nom féminin)
Fait d'appartenir, de faire partie. *Son **appartenance** au club de voile lui a permis de participer à la régate.*

▸ **appartenir** (verbe) ○ conj.n°19
1. Être la propriété de quelqu'un. *Cette voiture **appartient** à notre voisin.* 2. Faire partie d'un ensemble. *Myriam **appartient** à l'équipe de basket.*

▸ **appât** (nom masculin)
1. Nourriture employée pour attirer les animaux que l'on veut attraper. *Pour détruire les rats, on a placé dans la cave des **appâts** empoisonnés.* (Syn. amorce.) 2. Au sens figuré, ce qui excite la convoitise. *L'**appât** du gain l'a rendu malhonnête.*

▸ **appâter** (verbe) ○ conj.n°3
Attirer quelqu'un en le tentant. *Il l'**a appâté** en lui promettant beaucoup d'argent.*

▸ **appauvrir** (verbe) ○ conj.n°11
Rendre pauvre. *Trop dépensier, il **s'est** vite **appauvri**.* (Contr. enrichir.)

▸ **appauvrissement** (nom masculin)
Fait de s'appauvrir. *Les mauvaises récoltes ont provoqué l'**appauvrissement** de cet agriculteur.* (Contr. enrichissement.)

▸ **appel** (nom masculin)
1. Action d'appeler. *L'équipe de secours a entendu les **appels** de l'alpiniste.* 2. Coup de téléphone. *Il y a eu un **appel** pour toi.* • **Faire appel à quelqu'un** : lui demander un service. • **Faire l'appel** : appeler chaque personne d'un groupe par son nom pour savoir qui est présent et qui est absent.

▸ **appeler** (verbe) ○ conj.n°9
1. Se servir de sa voix ou d'un geste pour faire venir quelqu'un. *Ibrahim siffle pour **appeler** son chien.* 2. Téléphoner. *Noémie t'**a appelée** tout à l'heure, elle rappellera.* 3. Rendre nécessaire. *Ce problème **appelle** une explication.* (Syn. exiger, réclamer.) 4. Donner un nom. *Leur fille **s'appelle** Sarah.* (Syn. nommer.) ⊙ Famille du mot : appel, appellation.

▸ **appellation** (nom féminin)
Nom par lequel on désigne quelque chose. *Le colibri est aussi connu sous l'**appellation** d'« oiseau-mouche ».* (Syn. dénomination, nom.)

▸ **appendice** (nom masculin)
1. Petite poche allongée, au bout du gros intestin. ➠ p. 345. 2. Supplément placé à la fin d'un livre. *En **appendice** vous trouverez les tableaux de conjugaison.* → Prononciation [apɛ̃dis].

▸ **appendicite** (nom féminin)
Inflammation de l'appendice. *Une crise d'**appendicite**.* → Prononciation [apɛ̃disit].

▸ **appentis** (nom masculin)
Petite construction appuyée à une maison. *Le bois de chauffage est rangé sous un **appentis**.*

▸ **s'appesantir** (verbe) ○ conj.n°11
S'arrêter sur un sujet, en parler trop longuement. *Je trouve inutile de **s'appesantir** sur des détails.* (Syn. insister.)

▸ **appétissant, ante** (adjectif)
Qui met en appétit. *Mmm ! Ces odeurs de cuisine sont très **appétissantes** !*

▸ **appétit** (nom masculin)
Envie de manger. *On voit que l'air de la mer vous a ouvert l'**appétit** !*

▸ **applaudir** (verbe) ○ conj.n°11
Battre des mains pour exprimer son approbation. *La foule **applaudit** les joueurs.*

▸ **applaudissements**
(nom masculin pluriel)
Battements de mains de ceux qui applaudissent. *Quand le rideau se baissa, ce fut un tonnerre d'**applaudissements**.*

applicable (adjectif)
Qui peut ou doit être appliqué. *Cette loi est **applicable** dans tous les cas.* (Contr. inapplicable.)

application (nom féminin)
1. Action d'appliquer. *L'**application** d'une couche de peinture.* 2. Mise en pratique. *L'**application** d'un nouveau procédé.* 3. Soin que l'on met à ce que l'on fait. *Ursula colorie son dessin avec **application**.*

applique (nom féminin)
Appareil d'éclairage fixé au mur.

appliquer (verbe) ○ conj.n°3
1. Poser ou étendre sur une surface. ***Appliquer** un pansement sur une plaie.* 2. Mettre en pratique. ***Appliquer** une règle de grammaire.* 3. S'appliquer : mettre tout son soin à réaliser son travail. *Vous devez **vous appliquer** davantage. Benjamin est un élève **appliqué**.* ⊙ Famille du mot : applicable, application, applique, inapplicable.

appoint (nom masculin)
Somme exacte en petite monnaie. *Encore 10 centimes et vous aurez fait l'**appoint**.* • **D'appoint** : supplémentaire. *Un lit **d'appoint**.*

apport (nom masculin)
Ce qui est apporté. *Un **apport** d'engrais augmentera la récolte.* (Syn. contribution.)

apporter (verbe) ○ conj.n°3
1. Porter quelque chose à quelqu'un. ***Apporte**-moi mon châle, s'il te plaît.* (Contr. emporter, remporter.) 2. Être la source de, procurer. *Ses enfants lui **apportent** beaucoup de joie.* (Syn. amener, donner.) 3. Mettre une qualité particulière à ce que l'on fait. *Pierre **apporte** beaucoup d'attention à la manière dont il s'habille.*

apposer (verbe) ○ conj.n°3
Appliquer sur une surface. *La directrice **a apposé** une note pour les parents sur la porte de l'école.*

apposition (nom féminin)
Mot ou groupe de mots qui, placé à côté d'un nom ou d'un pronom, le qualifie ou en précise le sens. *Dans « Le chat, en colère, sort ses griffes », « en colère » est mis en **apposition** à « chat ».*

appréciable (adjectif)
Que l'on apprécie beaucoup. *Ce raccourci nous a fait gagner un temps **appréciable**.* (Syn. précieux, utile.)

appréciation (nom féminin)
Manière dont on apprécie quelque chose. *Les **appréciations** portées par la maîtresse sur mon carnet de notes sont encourageantes.* (Syn. observation, remarque.)

apprécier (verbe) ○ conj.n°10
1. Évaluer approximativement quelque chose. *Il est difficile d'**apprécier** la valeur de ce vieux meuble.* (Syn. évaluer.) 2. Bien aimer quelque chose ou quelqu'un. *J'**apprécie** beaucoup sa gentillesse.* ⊙ Famille du mot : appréciable, appréciation, inappréciable.

appréhender (verbe) ○ conj.n°3
1. Arrêter quelqu'un. *Les bandits **ont été appréhendés** à la frontière.* 2. Synonyme de craindre. *J'**appréhende** cette journée difficile.*

appréhension (nom féminin)
Action d'appréhender quelque chose. *Quentin éprouve toujours une **appréhension** quand il croise le gros chien du voisin.* (Syn. anxiété, crainte, inquiétude.)

apprendre (verbe) ○ conj.n°32
1. Acquérir des connaissances. *Zoé **apprend** à jouer aux échecs.* 2. Faire acquérir des connaissances. *Romain m'**a appris** à fabriquer un cerf-volant.* (Syn. enseigner.) 3. Recevoir une information. *Il a pleuré quand il **a appris** le décès de son grand-père.* 4. Faire connaître une information. *On m'**apprend** que vous avez été malade.* (Syn. annoncer, informer.)

apprenti, ie (nom)
Personne jeune qui apprend un métier manuel avec un maître. *Notre plombier a embauché un **apprenti**.*

apprentissage (nom masculin)
Action d'apprendre par la pratique. *Thomas est entré en **apprentissage** chez un maçon.*

L' **apprentissage** de la marche nécessite la maîtrise de l'équilibre.

s'apprêter (verbe) ○ conj.n°3
Se préparer à faire quelque chose. *Il **s'apprête** à partir en voyage.* (Syn. se disposer.)

apprivoiser (verbe) ○ conj.n°3
Habituer un animal sauvage à vivre avec les hommes. *Anna **a apprivoisé** un hérisson trouvé dans le jardin.* (Syn. domestiquer.)

approbateur, trice (adjectif)
Qui manifeste de l'approbation. *Un geste **approbateur**.* (Contr. désapprobateur, réprobateur.)

approbation (nom féminin)
Action d'approuver. *William a demandé l'**approbation** de ses parents avant d'acheter son jeu vidéo.* (Syn. accord, assentiment, consentement. Contr. désapprobation.)

approchant, ante (adjectif)
Qui est très voisin. *Si vous n'avez plus ce modèle, donnez-moi quelque chose d'**approchant**.* (Syn. analogue.)

approche (nom féminin)
• **À l'approche de :** au moment où quelque chose est proche. ***À l'approche de** Noël, les commerçants décorent leur magasin.* • **Aux approches de :** près de. *La circulation ralentit **aux approches du** péage.* (Syn. abords.)

approcher (verbe) ○ conj.n°3
1. Mettre plus près. ***Approche-toi**, je n'entends pas ce que tu dis.* 2. Devenir plus proche dans le temps. *Le départ **approche**.* 3. Être sur le point d'atteindre quelque chose. *On **approche** de la maison, je reconnais la rue.*

approfondir (verbe) ○ conj.n°11
1. Rendre plus profond. ***Approfondir** un trou.* 2. Au sens figuré, étudier quelque chose à fond. ***Approfondir** une question.*

approprié, ée (adjectif)
Qui convient bien pour ce que l'on a à faire. *Benjamin a pu réparer la roue de sa bicyclette car il avait les outils **appropriés**.* (Syn. adapté, adéquat, convenable.)

s'approprier (verbe) ○ conj.n°10
S'attribuer une chose et la garder. *Élodie **s'est approprié** la chambre du côté de la mer.* (Syn. s'adjuger.)

approuver (verbe) ○ conj.n°3
Être d'accord avec ce que quelqu'un fait ou dit. *C'est bien d'avoir dit ce que tu pensais, je t'**approuve**.* (Contr. désapprouver, désavouer.)

approvisionnement
(nom masculin)
Action d'approvisionner. *Des camions-citernes assurent l'**approvisionnement** de la station-service.*

approvisionner (verbe) ○ conj.n°3
Fournir les provisions dont on a besoin. *Il n'y a qu'une épicerie au village où l'on peut s'**approvisionner**.*

approximatif, ive (adjectif)
Qui n'est qu'une approximation. *La vitesse **approximative** de cette voiture était de 80 km/h.* (Contr. exact, précis.)

approximation (nom féminin)
Estimation assez proche de la réalité. *Par **approximation**, je peux vous dire que cela pèse environ sept kilos.* ⊙ Famille du mot : approximatif, approximativement.

approximativement (adverbe)
D'une manière approximative. *Il faut **approximativement** une heure pour traverser la ville.* (Syn. environ, à peu près.)

appui (nom masculin)
1. Ce qui sert pour s'appuyer. *Pour faire fonctionner un levier, il faut un point d'**appui**.* 2. Au sens figuré, soutien apporté à quelqu'un. *Sans votre **appui**, je n'aurais pas pu réussir.* (Syn. aide.) • **À l'appui** : avec des documents ou des preuves pour appuyer ce que l'on affirme.

appuie-tête (nom masculin)
Coussin fixé sur le dossier d'un siège pour y appuyer la tête. *Tous les sièges de la voiture ont des **appuie-tête**.* ➠ p. 92. → Pluriel : des appuie-tête.

appuyer (verbe) ⊙ conj.n°6
1. Placer une chose contre un support pour qu'elle tienne. *Clément **appuie** son vélo contre le mur.* 2. Apporter une aide, un soutien. ***Appuyer** un candidat à une élection.* (Syn. soutenir.) 3. Soutenir ce que l'on dit avec des arguments. *Il **appuie** son récit sur plusieurs témoignages.* (Syn. étayer.) 4. Pousser ou peser sur quelque chose. *Fatima **appuie** sur le bouton de la sonnette.* 5. Mettre l'accent sur. *Il **appuie** un peu trop sur son rôle dans cette histoire !* (Syn. s'appesantir, insister.) 6. S'appuyer : se servir de quelque chose ou de quelqu'un comme soutien. ***Appuie-toi** sur moi.* ⊙ Famille du mot : appui, appuie-tête.

âpre (adjectif)
1. Qui râpe la langue ou la gorge. *Les prunelles sauvages sont **âpres**.* 2. Qui est violent, pénible. *Une **âpre** bataille les a opposés.* ⊙ Famille du mot : âprement, âpreté.

âprement (adverbe)
Avec âpreté. *Ils se sont disputés **âprement** pour une chose qui n'en valait pas la peine.*

après (préposition)
Sert à indiquer : 1. Le temps. ***Après** l'école, je vais à la piscine.* 2. Le lieu. *Tournez à gauche, juste **après** l'église.* • **Après tout** : tout compte fait, finalement. ▷ **après** (adverbe) Plus tard. *Finissez d'abord de manger, vous aurez les glaces **après**.* (Syn. ensuite. Contr. auparavant, avant.) → Voir aussi d'après (préposition).

après-demain (adverbe)
Le jour qui suivra demain. *Hélène ne viendra pas aujourd'hui, ni demain mais **après-demain**.* ⊙ Voir surlendemain.

après-midi (nom masculin ou féminin)
Moment de la journée compris entre midi et le soir. *Durant les longues **après-midi** d'été, les enfants faisaient la sieste.* → Pluriel : des après-midi.

après-ski (nom masculin)
Chaussure imperméable et chaude que l'on met à la montagne quand on ne skie pas. *Les **après-ski** sont plus confortables que les chaussures de ski.* → Pluriel : des après-ski.

après-vente (adjectif)
• **Service après-vente** : service qui assure l'entretien et la réparation des appareils d'un client, après l'achat. → Pluriel : des services après-vente.

âpreté (nom féminin)
Caractère âpre, pénible. *Ils se disputent avec **âpreté**.* (Syn. rudesse, violence. Contr. douceur.)

a priori (adverbe)
À première vue, au premier abord. ***A priori**, cela me semble envisageable, il faut y penser.* (Contr. a posteriori.)

à propos de (préposition)
Au sujet de quelque chose. ***À propos de** la fête, sais-tu quand elle a lieu ?*

à-propos (nom masculin)
Qualité d'une parole ou d'une action qui vient au bon moment. *Sa remarque était pleine d'**à-propos**.* → Pluriel : des à-propos.

apte (adjectif)
Qui remplit les conditions nécessaires pour faire quelque chose. *David a été déclaré **apte** à faire de la natation.* ⊙ Famille du mot : aptitude, inapte, inaptitude.

aptitude (nom féminin)
Qualité d'une personne apte pour une activité particulière. *Julie a des **aptitudes** pour le saut en hauteur.* (Syn. capacité, talent.)

aquaculture (nom féminin)
Culture des végétaux aquatiques et élevage des animaux aquatiques. → Prononciation [akwakyltyʀ].

aquarelle (nom féminin)
Peinture exécutée avec des couleurs délayées dans de l'eau. *Pour réussir une **aquarelle**, il faut travailler rapidement.* → Prononciation [akwaʀɛl].

une **aquarelle** de Léonor Fini

aquarium (nom masculin)
Récipient de verre servant à élever des poissons. → Prononciation [akwaʀjɔm].

aquatique (adjectif)
Qui vit dans l'eau ou au bord de l'eau. *Le roseau est une plante **aquatique**.* → Prononciation [akwatik].

aqueduc (nom masculin)
Canal qui conduit l'eau d'un endroit à un autre. *Le pont du Gard est un **aqueduc** romain.* → Prononciation [akdyk]. ⊙ Dans aqueduc, il y a le mot latin *aqua* signifiant « eau », que l'on retrouve dans ***aquaculture***, ***aquarelle***, ***aquarium***, ***aquatique***.

aquilin (adjectif masculin)
• **Nez aquilin** : nez mince et recourbé, en forme de bec d'aigle. ⊙ Le mot latin dont vient aquilin signifie « qui ressemble à l'aigle ».

ara (nom masculin)
Grand perroquet d'Amérique du Sud, aux couleurs vives et à longue queue.

un **ara**

arabe
➡ Voir tableau p. 6.

arabesque (nom féminin)
Ensemble de lignes courbes, sinueuses. *Le jasmin dessine de fines **arabesques** sur le muret du jardin.* ⊙ Une arabesque est une décoration « à l'arabe », c'est-à-dire avec des formes géométriques.

arachide (nom féminin)
Plante tropicale dont les graines fournissent de l'huile. *Les cacahuètes sont les graines grillées de l'**arachide**.*

plant, fleur et gousses d'**arachide**

araignée (nom féminin)
Petit animal invertébré à huit pattes, qui tisse une toile ou creuse un terrier et se nourrit d'insectes.

arbalète (nom féminin)
Arme du Moyen Âge constituée d'un arc que l'on tend à l'aide d'un mécanisme. *Les flèches d'**arbalète** pouvaient être envoyées jusqu'à 150 mètres.* ⊙ Une flèche d'arbalète se nomme un carreau.

arbitrage (nom masculin)
Action d'arbitrer. *Les pays en conflit demandent l'**arbitrage** de l'O.N.U.*

arbitraire (adjectif)
Qui dépend uniquement de la décision de quelqu'un. *Une arrestation **arbitraire**.*

arbitrairement (adverbe)
De façon arbitraire. *La police du dictateur a arrêté **arbitrairement** plusieurs dizaines de personnes.* (Syn. illégalement.)

arbitre (nom masculin)
1. Personne désignée pour arbitrer. *L'**arbitre** a sifflé le penalty.* 2. Personne chargée de déterminer qui a tort et qui a raison. *Je veux bien servir d'**arbitre** dans votre dispute.* ⊙ Famille du mot : arbitrage, arbitrer.

arbitrer (verbe) ⊙ conj.n°3
1. Contrôler le respect des règles et le bon déroulement d'un match, d'un jeu. ***Arbitrer** un match de tennis.* 2. Intervenir comme arbitre dans un conflit.

arborer (verbe) ⊙ conj.n°3
Porter quelque chose sur soi avec fierté. *Il **arbore** sa Légion d'honneur sur le revers de sa veste.*

arborescent, ente (adjectif)
Qui a la forme d'un arbre, qui a des ramifications. *Les fougères **arborescentes** de la forêt équatoriale.*

arboricole (adjectif)
Qui vit sur les arbres. *Les lémuriens sont des animaux **arboricoles**.*

arboriculteur, trice (nom)
Spécialiste d'arboriculture. *J'ai acheté un magnolia chez un **arboriculteur**.*

arboriculture (nom féminin)
Culture des arbres fruitiers et des arbres d'ornement.

des **araignées**

▶ **arbre** (nom masculin)
1. Grande plante fixée en terre par des racines dont le tronc porte des branches. *Le tilleul, l'érable, le cyprès, le pommier sont des* ***arbres****.* 2. Tige de métal qui transmet aux roues le mouvement du moteur. *L'****arbre*** *de transmission d'une automobile.* • **Arbre généalogique** : schéma qui montre les liens de parenté entre tous les membres d'une même famille. ⊙ Famille du mot : arborescent, arboricole, arboriculteur, arboriculture, arbrisseau, arbuste.

▶ **arbrisseau, eaux** (nom masculin)
Synonyme d'arbuste.

▶ **arbuste** (nom masculin)
Petit arbre. *L'églantier et le lilas sont des* ***arbustes****.*

▶ **arc** (nom masculin)
1. Arme servant à lancer des flèches. *Certains Indiens d'Amazonie utilisent des* ***arcs*** *de 3 mètres de haut.* 2. Portion de cercle. *Dessine avec ton compas un* ***arc*** *de cercle de 90 degrés.* 3. Ligne courbe d'une voûte. • **Arc de triomphe** : monument voûté construit pour célébrer une victoire. ⊙ Famille du mot : arcade, arc-boutant, s'arc-bouter, arc-en-ciel.

▶ **arcade** (nom féminin)
• **Arcade sourcilière** : endroit du visage où poussent les sourcils. ➠ p. 263. ▷ **arcades** (nom féminin pluriel) Galerie couverte, dont les piliers sont reliés par des arcs. *Il fait bon se promener à l'ombre des* ***arcades*** *autour de la place.*

▶ **arc-boutant** (nom masculin)
Construction en forme d'arc, qui soutient un mur de l'extérieur. *Les* ***arcs-boutants*** *d'une cathédrale gothique.* ➠ p. 178. ➜ Pluriel : des arcs-boutants.

▶ **s'arc-bouter** (verbe) ⊙ conj.n°3
Pousser de tout son corps pour résister à une pression. *Laure* ***s'arc-boutait*** *contre la porte pour empêcher Kevin d'entrer.*

▶ **arceau, eaux** (nom masculin)
Petit arc de métal. *Au croquet, on doit faire passer les boules sous des* ***arceaux****.*

▶ **arc-en-ciel** (nom masculin)
Phénomène lumineux en forme d'arc, qui se produit quand le soleil paraît après une averse. *Le violet, l'indigo, le bleu, le vert, le jaune, l'orange et le rouge sont les sept couleurs de l'****arc-en-ciel****.* ➜ Pluriel : des arcs-en-ciel.

▶ **archaïque** (adjectif)
Qui est très ancien et n'a plus cours aujourd'hui. *L'invention de la machine à laver a fait de la lessiveuse un objet* ***archaïque****.* (Syn. périmé. Contr. moderne.) ➜ Prononciation [aʀkaik].

▶ **arche** (nom féminin)
Voûte en forme d'arc, soutenue par des piliers. *L'aqueduc romain de Ségovie a 128 arches.*

la Grande **Arche** de la Défense, près de Paris

▶ **archéologie** (nom féminin)
Science qui étudie les civilisations anciennes. ➠ p. 919. ➜ Prononciation [aʀkeɔlɔʒi]. ⊙ Famille du mot : archéologique, archéologue.

▶ **archéologique** (adjectif)
Qui concerne l'archéologie. *Des fouilles* ***archéologiques*** *sous-marines.* ➜ Prononciation [aʀkeɔlɔʒik].

▶ **archéologue** (nom)
Spécialiste d'archéologie. ➜ Prononciation [aʀkeɔlɔg].

▶ **archer** (nom masculin)
Tireur à l'arc.

▶ **archet** (nom masculin)
Baguette tendue de crins qui sert à jouer du violon ou du violoncelle.

Les arbres

Cet **arbre**, un chêne, est représenté aux différentes saisons, avec des détails agrandis du tronc et des racines.

Différentes sortes d'arbres

a b c d e f g h i j k l m n o p q r s t u v w x y z

▸ **archevêque** (nom masculin)
Dans l'Église catholique, prêtre de rang élevé, supérieur à l'évêque.

▸ **archipel** (nom masculin)
Groupe d'îles. *Les Galapagos sont un **archipel** du Pacifique.*

un **archipel**

▸ **architecte** (nom)
Personne qui dessine les plans d'une construction et dirige les travaux. *L'**architecte** Mansart a réalisé une grande partie du château de Versailles.*

▸ **architecture** (nom féminin)
1. Art d'imaginer et de construire des édifices. *Cette cathédrale est d'**architecture** gothique.* 2. Manière dont un édifice est construit, sa forme. *L'**architecture** de cette maison est très moderne.*

▸ **archives** (nom féminin pluriel)
Documents anciens qui sont classés et conservés pendant de longues périodes.

▸ **arctique** (adjectif)
De la région du pôle Nord.

▸ **ardemment** (adverbe)
Avec ardeur. *Ibrahim souhaite **ardemment** retourner à la montagne.* (Syn. vivement.) ➜ Prononciation [aʀdamɑ̃].

▸ **ardent, ente** (adjectif)
1. Qui est très vif et passionné. *Myriam avait un **ardent** besoin de liberté.* (Syn. fervent, violent.) 2. Qui est très chaud, qui brûle. *Un soleil **ardent**.* (Syn. brûlant.) ⊙ Famille du mot : ardemment, ardeur. ⊙ En ancien français, le verbe *ardre* veut dire « brûler ».

▸ **ardeur** (nom féminin)
Enthousiasme que l'on met à ce que l'on fait. *Travailler avec **ardeur**.* (Syn. entrain, zèle.)

▸ **ardoise** (nom féminin)
1. Roche de couleur gris foncé qui se sépare en plaques minces. *Un toit d'**ardoises**.* 2. Tablette sur laquelle on écrit. *Sur une **ardoise**, on écrit à la craie.* ⊙ Ce mot vient de la pierre « ardenoise », c'est-à-dire des Ardennes, où l'on extrayait l'ardoise.

▸ **ardu, ue** (adjectif)
Très difficile. *Un problème **ardu**.* (Syn. compliqué, dur. Contr. aisé, facile.)

▸ **are** (nom masculin)
Unité de surface pour mesurer les terrains, et qui vaut 100 mètres carrés. *Un champ de 10 000 m^2 fait 100 **ares**, ou 1 hectare.*

▸ **arène** (nom féminin)
Piste située au centre d'un amphithéâtre. *Le torero est descendu dans l'**arène**.* ▹ **arènes** (nom féminin pluriel) Bâtiment où ont lieu des courses de taureaux. *Les **arènes** de Nîmes.* ⊙ Arène vient du latin *aréna* qui veut dire « sable », car la piste est recouverte de sable.

▸ **arête** (nom féminin)
1. Os mince et pointu du squelette de la plupart des poissons. 2. Ligne d'intersection de deux surfaces. *Les pigeons sont perchés sur l'**arête** du toit.*

▶ **argent** (nom masculin)
1. Métal précieux blanc et brillant. *Des boucles d'oreilles en **argent**.* 2. Pièces ou billets de banque servant à payer ce qu'on achète. *As-tu de l'**argent** sur toi ?* • **Argent de poche** : somme d'argent qu'un enfant reçoit régulièrement de ses parents. • **Prendre pour argent comptant** : croire naïvement ce qu'on dit, ce qu'on promet. ⊙ Famille du mot : argenté, argenterie, désargenté.

▶ **argenté, ée** (adjectif)
1. Recouvert d'une couche d'argent. *Un pendentif en métal **argenté**.* 2. Qui a la couleur, l'éclat de l'argent. *Sous le soleil, la rivière a des reflets **argentés**.*

▶ **argenterie** (nom féminin)
Vaisselle et couverts en argent.

▶ 1. **argentin, ine** (adjectif)
Qui a un son clair comme de l'argent. *Une clochette au son **argentin**.*

▶ 2. **argentin, ine**
➠ Voir tableau p. 6.

▶ **argile** (nom féminin)
Terre molle et imperméable, utilisée pour fabriquer des poteries, des briques. (Syn. glaise.) ➠ p. 1077.

▶ **argileux, euse** (adjectif)
Qui contient de l'argile. *Dans les régions **argileuses** comme la Sologne, il y a beaucoup d'étangs.*

▶ **argot** (nom masculin)
Ensemble de mots très familiers qui s'emploient entre gens d'un même milieu. *« Mec », « flic » sont des mots qui viennent de l'**argot**.*

▶ **argotique** (adjectif)
Qui appartient à l'argot. *« Laisse béton » est une locution **argotique** qui signifie « laisse tomber ».*

▶ **argument** (nom masculin)
Raisonnement cherchant à convaincre. *Je n'ai pas fait mes devoirs parce que je me suis couché tard. – Ce n'est pas un **argument** !* (Syn. raison.)

▶ **argumenter** (verbe) ⊙ conj. n°3
Donner des preuves, des arguments. *L'avocat **a argumenté** longuement pour défendre l'accusé.*

▶ **aride** (adjectif)
Se dit d'un endroit très sec, où il ne pousse rien. *Un désert **aride**.* (Contr. fertile.)

▶ **aridité** (nom féminin)
Fait d'être aride. *L'**aridité** du sol rend l'agriculture impossible.* (Syn. sécheresse.)

▶ **aristocrate** (nom)
Personne qui appartient à l'aristocratie. (Syn. noble.) ⊙ Famille du mot : aristocratie, aristocratique.

▶ **aristocratie** (nom féminin)
Ensemble des membres de la noblesse. *En France, les privilèges de l'**aristocratie** ont été abolis le 4 août 1789.* ➔ Prononciation [aʀistɔkʀasi]. ⊙ En grec, aristocratie veut dire « gouvernement des meilleurs ».

▶ **aristocratique** (adjectif)
Qui est de l'aristocratie. *Un train de vie **aristocratique**.* (Syn. distingué, raffiné.)

▶ **arithmétique** (nom féminin)
Partie des mathématiques qui étudie les nombres. *Les quatre opérations de l'**arithmétique** sont l'addition, la soustraction, la multiplication et la division.*

▶ **arlequin** (nom masculin)
Personnage de théâtre masqué, vêtu d'un costume bigarré.

▶ **armateur** (nom masculin)
Personne qui équipe et exploite des navires de pêche ou de commerce.

▶ **armature** (nom féminin)
Éléments qui servent à maintenir quelque chose rigide. *L'**armature** de ma tente est en fibre de verre.*

arme (nom féminin)
1. Instrument fait pour attaquer ou se défendre. *__Arme__ à feu, __arme__ blanche (couteau, épée, etc.), __arme__ atomique.* **2.** Au sens figuré, moyen utilisé pour vaincre, gagner. *Le mensonge est une __arme__ redoutable.* • **Fait d'armes** : exploit guerrier. • **Passer quelqu'un par les armes** : le fusiller. • **Prendre les armes** : se préparer au combat. • **Rendre** ou **déposer les armes** : se rendre, cesser le combat. ▷ **armes** (nom féminin pluriel) Dessin qui sert d'emblème. *Les __armes__ de la ville.* (Syn. armoiries, blason.) ⊙ Famille du mot : armé, armée, armement, armer, armure, armurier, désarmant, désarmement, désarmer.

armé, ée (adjectif)
1. Qui porte des armes sur soi. *Les brigands étaient __armés__ jusqu'aux dents.* **2.** Renforcé par des tiges de métal. *Une dalle en béton __armé__.* • **Attaque à main armée** : attaque faite par des personnes armées.

armée (nom féminin)
1. Ensemble des forces militaires d'un pays. *On distingue l'__armée__ de l'air ou l'aviation, l'__armée__ de mer ou la marine et l'__armée__ de terre ou l'infanterie, l'artillerie, et les blindés.* **2.** Au sens figuré, grand nombre, multitude. *Une __armée__ de supporters.* (Syn. foule, quantité.)

armement (nom masculin)
Ensemble des armes d'un soldat, d'une troupe ou d'un pays.

arménien, enne
➠ Voir tableau p. 6.

armer (verbe) ⚬ conj.n°3
1. Donner des armes. *La guérilla __a armé__ les paysans.* (Contr. désarmer.) **2.** Rendre prêt à fonctionner. *__Armer__ un fusil, un appareil photo.* **3.** Équiper un navire de son gréement. **4.** S'armer : au sens figuré, faire une grande provision de choses. *__Armons-nous__ de patience, il y a la queue à la caisse.* • **Armer chevalier** : au Moyen Âge, faire accéder un jeune homme au rang de chevalier.

armistice (nom masculin)
Accord conclu entre des pays en guerre pour arrêter les combats. *Signer un __armistice__.* ⊙ Armistice est formé de deux mots latins qui signifient « les armes restent immobiles ».

armoire (nom féminin)
Meuble haut et fermé, qui sert au rangement. *Les draps et les serviettes sont dans l'__armoire__ de la chambre.* • **Armoire à glace** : au sens familier, personne qui a une puissante carrure.

armoiries (nom féminin pluriel)
Emblème représentant une famille ou une ville. *Les __armoiries__ du comte ornent la porte du château.* (Syn. armes, blason.)

des **armoiries**

armure (nom féminin)
Ensemble de pièces de métal que revêtaient les chevaliers pour se protéger au combat. ➠ p. 73.

armurier (nom masculin)
Personne qui fabrique ou vend des armes.

aromate (nom masculin)
Plante utilisée en cuisine pour parfumer un plat. *Elle a ajouté dans son bouillon une feuille de laurier et un peu de thym comme __aromates__.*

aromatique (adjectif)
Qui sert d'aromate. *L'anis est une plante* ***aromatique****.*

aromatiser (verbe) ○ conj.n°3
Parfumer avec des aromates. *Noémie aime* ***aromatiser*** *son thé avec un peu de cannelle.*

arôme (nom masculin)
Odeur agréable d'une plante ou d'un aliment. *Le délicieux* ***arôme*** *des croissants chauds envahit la cuisine.* ⊙ Famille du mot : aromate, aromatique, aromatiser.

arpenter (verbe) ○ conj.n°3
Parcourir un endroit à grands pas. *Des voyageurs énervés par l'attente* ***arpentaient*** *le quai de la gare.*

arpenteur (nom masculin)
Spécialiste qui mesure et calcule la surface des terrains.

arqué, ée (adjectif)
Courbé en forme d'arc. *Il avançait, le dos* ***arqué*** *sous le poids de son sac.*

arquebuse (nom féminin)
Ancienne arme à feu portative. *L'****arquebuse*** *était une arme très lourde.*

arrachage (nom masculin)
Action d'arracher. *À notre époque, les agriculteurs se servent de machines pour l'****arrachage*** *des pommes de terre.*

d'arrache-pied (adverbe)
Avec acharnement. *Sarah travaille* ***d'arrache-pied*** *à la préparation de son examen.*

arracher (verbe) ○ conj.n°3
1. Faire sortir en tirant. *Mets des gants pour* ***arracher*** *les orties !* 2. Réussir à avoir quelque chose. *Lucas* ***a arraché*** *à son père l'autorisation de se coucher plus tard.* 3. Faire quitter difficilement un endroit ou un état. *Un vacarme nous* ***a arrachés*** *à notre sommeil.* ⊙ Famille du mot : arrachage, arracheur.

arracheur (nom masculin)
• **Mentir comme un arracheur de dents** : raconter d'énormes mensonges sans la moindre honte. ⊙ Les dentistes d'autrefois promettaient à leurs patients qu'ils ne souffriraient pas : naturellement, ils mentaient.

arraisonner (verbe) ○ conj.n°3
Arrêter un navire pour le contrôler. *Une vedette de la police* ***a arraisonné*** *un bateau à l'entrée du port.*

des soldats en **armure** à la bataille d'Aljubarrota (Portugal) en 1385

arrangeant, ante (adjectif)
Qui accepte de s'arranger, de se mettre d'accord. *Il a payé son loyer avec un peu de retard mais sa propriétaire est* ***arrangeante****.* (Syn. accommodant, conciliant.)

arrangement (nom masculin)
1. Manière d'arranger. *Avec ce nouveau bureau, il faudra changer l'****arrangement*** *de ta chambre.* 2. Accord pour résoudre un conflit. *Au lieu de faire un procès, il vaudrait mieux trouver un* ***arrangement****.*

arranger (verbe) ○ conj.n°5
1. Installer d'une certaine manière ou dans l'ordre qui convient. *Ursula* ***a arrangé*** *sa chambre avec beaucoup de goût.* 2. Remettre en bon état. *Le robinet fuit, il faudrait le faire* ***arranger****.* (Syn. réparer.) 3. Faire le nécessaire pour trouver la meilleure solution. *Essayez d'****arranger*** *cette affaire sans dispute. Ils* ***se sont arrangés*** *pour voyager dans le même avion.* 4. Être satisfaisant. *Faisons notre réunion lundi, cela* ***arrangera*** *tout le monde.* (Syn. convenir. Contr. déranger.) 5. S'arranger : devenir meilleur. *Grâce à ce nouveau médicament, son état* ***s'est arrangé****.* 6. S'arranger : se mettre d'accord. *Après une dispute, ils ont fini par* ***s'arranger****.* ⊙ Famille du mot : arrangeant, arrangement.

arrestation (nom féminin)
Fait d'arrêter quelqu'un pour l'emprisonner. *Le commissaire a procédé à l'****arrestation*** *de plusieurs suspects.*

arrêt (nom masculin)
1. Fait de s'arrêter. *Il est interdit de descendre avant l'****arrêt*** *du train.* 2. Lieu où s'arrête un véhicule. *Rendez-vous à 8 heures à l'****arrêt*** *du bus.* 3. Moment où une action s'arrête. *Le gouvernement a décidé l'****arrêt*** *des combats. Il a plu sans* ***arrêt*** *pendant toute la nuit.*

arrêté, ée (adjectif)
Qui n'est pas près de changer. *Il a déjà des idées bien* ***arrêtées*** *sur ce qu'il fera plus tard.* ▷ **arrêté** (nom masculin) Décision prise par une autorité administrative. *Par* ***arrêté*** *municipal, il est interdit de stationner sur la place du village.*

arrêter (verbe) ○ conj.n°3
1. Empêcher quelqu'un ou quelque chose d'avancer. *Papa* ***a arrêté*** *sa voiture devant la porte.* 2. Faire cesser. *On a dû* ***arrêter*** *le match à cause de la pluie. Zoé* ***s'est*** *brusquement* ***arrêtée*** *de pleurer.* 3. Faire prisonnier. *Les policiers* ***ont arrêté*** *les cambrioleurs.* 4. Fixer son choix. *Nous devons* ***arrêter*** *la date de notre départ avant de retenir nos billets.* (Syn. décider.) 5. S'arrêter : cesser de fonctionner. *La pendule vient de* ***s'arrêter****.* 6. S'arrêter : faire une halte, un arrêt. *Pierre* ***s'est arrêté*** *pour se reposer.* ⊙ Famille du mot : arrestation, arrêt, arrêté.

arrhes (nom féminin pluriel)
Somme d'argent versée à l'avance sur le prix total d'un achat. *Si vous annulez votre voyage, les* ***arrhes*** *ne vous seront pas remboursées.*

arrière (adverbe)
• **En arrière** : à une certaine distance derrière les autres ou en reculant. ▷ **arrière** (nom masculin) 1. Partie qui se trouve derrière. *Faites monter les enfants à l'****arrière*** *de la voiture.* 2. Joueur placé derrière les autres. *Les* ***arrières*** *protègent le but.* ▷ **arrière** (adjectif) Qui se trouve derrière. *Les feux* ***arrière*** *de la voiture se sont allumés quand il a freiné.* → Pluriel : des pneus arrière.

arriéré, ée (adjectif)
1. Qui a une intelligence trop peu développée pour son âge. *Ma tante travaille dans un établissement qui s'occupe d'enfants* ***arriérés****.* 2. Qui est en retard sur son époque. *Ce n'est pas permis d'avoir des idées aussi* ***arriérées*** *!*

arrière-boutique (nom féminin)
Local qui se trouve à l'arrière d'un magasin. *L'épicier range ses réserves dans son* ***arrière-boutique****.* → Pluriel : des arrière-boutiques.

arrière-garde (nom féminin)
Troupe de soldats qui marche à l'arrière d'une armée pour la protéger. (Contr. avant-garde.) → Pluriel : des arrière-gardes.

a b c d e f g h i j k l m n o p q r s t u v w x y z

▸ **arrière-goût** (nom masculin)
Goût qui reste dans la bouche après avoir bu ou mangé. *Ce médicament a un **arrière-goût** amer.* ➔ Pluriel : des arrière-goûts.

▸ **arrière-grand-mère** (nom féminin)
Mère de la grand-mère ou du grand-père. ➔ Pluriel : des arrière-grands-mères.

▸ **arrière-grand-père** (nom masculin)
Père de la grand-mère ou du grand-père. ➔ Pluriel : des arrière-grands-pères.

▸ **arrière-grands-parents** (nom masculin pluriel)
Parents de la grand-mère ou du grand-père.

▸ **arrière-pays** (nom masculin)
Région située en arrière de la côte. *Ils ont quitté le bord de mer pour s'installer dans l'**arrière-pays**.* ➔ Pluriel : des arrière-pays.

▸ **arrière-pensée** (nom féminin)
Pensée ou intention cachée. *Je ne voulais pas te vexer, j'ai dit ça sans aucune **arrière-pensée**.* ➔ Pluriel : des arrière-pensées.

▸ **arrière-petits-enfants** (nom masculin pluriel)
Enfants des petits-enfants.

▸ **arrière-plan** (nom masculin)
Partie d'un tableau ou d'une photo qui paraît la plus éloignée. *À l'**arrière-plan** de ce portrait, on aperçoit un bouquet de fleurs.* ➔ Pluriel : des arrière-plans.

Le pont est à l'**arrière-plan**. « Le Pont de Nantes » de Camille Corot (1870)

▸ **arrière-saison** (nom féminin)
Fin de l'automne. *Le temps froid de cette **arrière-saison** nous annonce l'hiver.* ➔ Pluriel : des arrière-saisons.

▸ **arrière-train** (nom masculin)
Partie arrière du corps d'un animal. *Assis sur son **arrière-train**, le chien attend son maître.* ➔ Pluriel : des arrière-trains.

▸ **arrimer** (verbe) ○ conj.n°3
Fixer solidement. *Les marins **arriment** les caisses dans la cale du navire avant le départ.*

▸ **arrivage** (nom masculin)
Livraison de marchandises. *Le poissonnier attend un **arrivage** de crevettes.*

▸ **arrivant, ante** (nom)
Personne qui vient d'arriver. *Les premiers **arrivants** ont eu des places au premier rang de la salle.*

▸ **arrivée** (nom féminin)
Moment ou lieu où l'on arrive. *Les spectateurs attendent l'**arrivée** du vainqueur. Le premier coureur vient de passer la ligne d'**arrivée**.* (Contr. départ.)

▸ **arriver** (verbe) ○ conj.n°3
1. Atteindre un lieu. *Nos amis doivent **arriver** à Strasbourg à 8 heures.* **2.** Être proche. *C'est bientôt l'été, les vacances **arrivent** !* **3.** Avoir lieu. *Ce genre d'accident n'**arrive** pas très souvent.* (Syn. se produire.) **4.** Réussir à accomplir quelque chose. *Je n'**arrive** pas à fermer cette valise !* **5.** Atteindre un certain niveau. *Quentin a encore grandi, il m'**arrive** déjà au menton ! Les vagues **arrivent** jusqu'au pied de la falaise.* ➔ Arriver se conjugue avec l'auxiliaire *être*. ⊙ Famille du mot : arrivage, arrivant, arrivée. ⊙ Arriver c'est, à l'origine, atteindre l'autre *rive* d'un cours d'eau.

▸ **arriviste** (nom)
Personne qui est prête à utiliser n'importe quel moyen pour réussir.

▸ **arrogance** (nom féminin)
Attitude hautaine et insolente. *Romain se croit tout permis, il est d'une* ***arrogance*** *incroyable.* (Syn. morgue.)

▸ **arrogant, ante** (adjectif)
Qui montre de l'arrogance. *Il parle toujours d'un ton* ***arrogant*** *à ses employés.*

▸ **arrondi, ie** (adjectif)
Qui est de forme plus ou moins ronde. *Anna nous regardait avec des yeux* ***arrondis*** *par la surprise.*

▸ **arrondir** (verbe) ○ conj.n°11
1. Donner une forme ronde. *Depuis qu'il va mieux, ses joues* ***se sont arrondies****.* 2. Au sens figuré, ajouter ou retrancher pour obtenir un compte rond. *Vous me devez 12, 20 euros, mais j'****arrondis*** *à 12 euros.* • **Arrondir les angles** : faire tout son possible pour éviter une dispute.

▸ **arrondissement** (nom masculin)
Division administrative d'une ville ou d'un département. *Paris est divisé en vingt* ***arrondissements****.*

▸ **arrosage** (nom masculin)
Action d'arroser. *Les enfants s'amusent à s'asperger avec le tuyau d'****arrosage****.*

▸ **arroser** (verbe) ○ conj.n°3
Mouiller en versant de l'eau ou un autre liquide. *Le jardinier* ***arrose*** *les légumes du potager.* ⊙ Famille du mot : arrosage, arroseuse, arrosoir.

▸ **arroseuse** (nom féminin)
Véhicule équipé pour nettoyer les rues.

▸ **arrosoir** (nom masculin)
Récipient qui sert à arroser les plantes.

▸ **arsenal, aux** (nom masculin)
1. Atelier de construction et de réparation des navires de guerre. 2. Dépôt d'armes et de munitions. *Les malfaiteurs avaient caché tout un* ***arsenal*** *au fond d'une cave.*

▸ **arsenic** (nom masculin)
Poison très violent. *L'autopsie a prouvé qu'il avait été empoisonné à l'****arsenic****.*

▸ **art** (nom masculin)
1. Ensemble des activités humaines ayant pour but la création d'œuvres. *La peinture, la musique, la danse sont des* ***arts****. Les tableaux, les statues, les films sont des œuvres d'****art****.* 2. Ensemble des œuvres d'art réalisées pendant une certaine période. *L'****art*** *chinois.* 3. Ensemble des techniques qui concernent un métier. *L'****art*** *culinaire est l'****art*** *de faire la cuisine.* 4. Manière de faire quelque chose. *Élodie a l'****art*** *de mettre tout le monde d'accord.* ⊙ Famille du mot : artiste, artistique.

▸ **artère** (nom féminin)
1. Vaisseau sanguin qui part du cœur vers les organes de notre corps. 2. Grande rue dans une ville. *L'****artère*** *principale est très large.*

▸ **artériel, elle** (adjectif)
Qui concerne les artères. *Mon grand-père doit surveiller sa tension* ***artérielle****.*

▸ **arthrose** (nom féminin)
Maladie des articulations. *En vieillissant, grand-mère commence à souffrir d'****arthrose****.*

▸ **artichaut** (nom masculin)
Légume dont on mange la base des feuilles et le fond.

des **artichauts**

▸ **article** (nom masculin)
1. Texte écrit publié dans un journal. *Les **articles** sportifs sont à la page 4.* **2.** Paragraphe dans un texte de loi ou dans un contrat. *L'**article** premier de la Déclaration des droits de l'homme et du citoyen affirme que « les hommes naissent et demeurent libres et égaux en droits ».* **3.** Objet en vente dans un magasin. *En ce moment, les **articles** de jardinage sont en solde.* **4.** Déterminant du nom. *Les **articles** définis (le, la, les) et les **articles** indéfinis (un, une, des) se placent avant le nom.*

▸ **articulaire** (adjectif)
Qui concerne les articulations. *Grand-père souffre de rhumatismes **articulaires**.*

▸ **articulation** (nom féminin)
1. Endroit où les os s'articulent entre eux. *À la suite d'une chute, Thomas souffre de l'**articulation** du genou.* **2.** Manière d'articuler les mots. *Lis lentement ce paragraphe en faisant attention à l'**articulation**.*

▸ **articulé, ée** (adjectif)
Qui est formé d'éléments mobiles qui s'articulent entre eux. *Cette marionnette a des membres **articulés**.*

▸ **articuler** (verbe) ⊙ conj.n°3
1. Prononcer distinctement. *Luc, essaie d'**articuler** si tu veux qu'on comprenne ce que tu dis.* **2.** S'articuler : être uni grâce à une jointure qui permet de bouger. *Le pied **s'articule** sur la jambe au niveau de la cheville.* ⊙ Famille du mot : articulaire, articulation, articulé, désarticulé.

▸ **artifice** (nom masculin)
Moyen habile et trompeur. *Il s'est déguisé en policier et a réussi à s'enfuir grâce à cet ingénieux **artifice**.*

▸ **artificiel, elle** (adjectif)
Qui est créé par l'homme. *Des fleurs **artificielles**.* (Contr. naturel.)

▸ **artificiellement** (adverbe)
D'une manière artificielle. *Cette variété de fruits a été créée **artificiellement**.*

▸ **artillerie** (nom féminin)
1. Matériel de guerre comprenant les canons et leurs munitions. *Un tir d'**artillerie** a entièrement détruit la ville.* **2.** Partie de l'armée qui se sert de canons. *Des officiers d'**artillerie**.*

▸ **artilleur** (nom masculin)
Soldat qui sert dans l'artillerie.

▸ **artisan** (nom masculin)
Personne qui exerce un métier manuel pour son propre compte. *Un relieur, un peintre, un plombier sont des **artisans**.* ⊙ Famille du mot : artisanal, artisanat.

▸ **artisanal, ale, aux** (adjectif)
Fabriqué par un artisan. *Sur la place du marché, il y a une exposition de tapisseries **artisanales**.*

▸ **artisanat** (nom masculin)
Activité des artisans. *Ce village est réputé pour l'**artisanat** du bois.*

▸ **artiste** (nom)
1. Personne qui crée des œuvres d'art. *Ce peintre est maintenant un **artiste** célèbre.* **2.** Personne qui interprète des œuvres théâtrales, cinématographiques ou musicales. *Cette émission de télévision réunit de nombreux **artistes** : des musiciens, des acteurs, des chanteurs.*

▸ **artistique** (adjectif)
Qui concerne l'art. *Victor a choisi le chant comme activité **artistique**.*

▸ **arum** (nom masculin)
Plante à grandes fleurs en forme de cornet. → Prononciation [aʀɔm].

un **arum**

as (nom masculin)
1. Carte à jouer marquée d'un seul signe. *Avec les quatre **as**, tu es sûre de gagner la partie.* **2.** Face de dé ou de domino marquée d'un seul point. **3.** Personne qui est excellente dans son domaine. *Fatima est un **as** de la planche à voile.* → Prononciation [as], contrairement à la deuxième personne de avoir : ***tu as***.

ascendance (nom féminin)
Origine familiale. *C'est un Américain d'**ascendance** irlandaise.*

ascendant, ante (adjectif)
Qui va de bas en haut. *Un courant **ascendant** entraîne le cerf-volant vers les nuages.* (Contr. descendant.) ▷ **ascendant** (nom masculin) **1.** Père, grand-père, arrière-grand-père, etc. *Alexis a des **ascendants** russes.* (Contr. descendant.) **2.** Influence qu'on exerce sur quelqu'un. *Hélène a beaucoup d'**ascendant** sur son jeune frère.*

ascenseur (nom masculin)
Appareil qui sert à monter ou à descendre les étages d'un immeuble. *Si l'**ascenseur** est en panne, il nous faudra monter à pied !*

ascension (nom féminin)
Action de monter. *Nous avons atteint le sommet de la montagne après une **ascension** de plusieurs heures.*

ascensionnel, elle (adjectif)
Qui monte ou qui aide à monter. *Un parachute **ascensionnel**.*

aseptiser (verbe) ○ conj.n°3
Synonyme de désinfecter. ***Aseptiser** une salle d'opération, un instrument chirurgical.*

asiatique
➠ Voir tableau p. 6.

asile (nom masculin)
1. Endroit qui sert d'abri ou de refuge. *Des sans-abri cherchent un **asile** pour la nuit.* **2.** Nom donné autrefois à un hôpital psychiatrique.

aspect (nom masculin)
Manière dont une personne ou une chose nous apparaît. *C'est un vieux pull mais il a l'**aspect** d'un vêtement neuf.* (Syn. allure.) → Prononciation [aspɛ].

asperge (nom féminin)
Légume dont on mange les jeunes pousses. *Des **asperges** à la vinaigrette.*

plant, fleurs, fruits et pointe d'**asperge**

asperger (verbe) ○ conj.n°5
Mouiller en projetant un liquide. *William **a aspergé** son petit frère avec son pistolet à eau.*

aspérité (nom féminin)
Petite bosse qui dépasse sur une surface. *Accroche-toi aux **aspérités** du rocher pour l'escalader sans peine !*

asphalte (nom masculin)
Matière noire utilisée pour recouvrir les routes. *Les ouvriers étalent sur la chaussée une couche d'**asphalte**.* (Syn. bitume.)

asphyxie (nom féminin)
Arrêt de la respiration. *Il a failli mourir par **asphyxie** à cause de la fumée dégagée par l'incendie.* (Syn. étouffement.)

asphyxier (verbe) ○ conj.n°10
Causer la mort par asphyxie.

aspic (nom masculin)
Sorte de vipère.

aspirateur (nom masculin)
Appareil électrique servant à aspirer la poussière.

aspiration (nom féminin)
1. Action d'aspirer un liquide. 2. Fait d'aspirer à quelque chose de meilleur. *La vie à la campagne satisfait toutes ses **aspirations**.*

aspiré, ée (adjectif)
• **Le « h » aspiré** : la lettre « h » au début de certains mots, qui empêche de faire la liaison avec le mot précédent.

aspirer (verbe) ○ conj.n°3
1. Faire entrer de l'air dans ses poumons. *Avant de plonger, **aspirez** profondément !* 2. Attirer un liquide ou un gaz. ***Aspirer** de l'eau avec une pompe, de la poussière avec un aspirateur.* 3. Au sens figuré, désirer quelque chose avec force. *Après tant d'aventures, il **aspire** à une vie tranquille.* ⊙ Famille du mot : aspirateur, aspiration, aspiré.

aspirine (nom féminin)
Médicament utilisé contre la fièvre ou les douleurs.

s'assagir (verbe) ○ conj.n°11
Devenir plus sage. *Elle **s'est assagie** en grandissant.*

assaillant, ante (nom)
Personne qui attaque. *Les **assaillants** ont été repoussés après un dur combat.*

assaillir (verbe) ○ conj.n°14
Attaquer avec violence, à l'improviste. *Des voyous **ont assailli** un voyageur pour le dévaliser.*

assainir (verbe) ○ conj.n°11
Rendre plus sain, plus propre. *L'eau du lac est polluée, il faudra l'**assainir** avant d'autoriser la baignade.*

assainissement (nom masculin)
Action d'assainir. *Les travaux d'**assainissement** de la rivière.*

assaisonnement (nom masculin)
Manière d'assaisonner un plat. *Julie mélange du sel, de l'huile et du vinaigre pour l'**assaisonnement** de la salade.*

assaisonner (verbe) ○ conj.n°3
Ajouter du sel ou des épices à un plat pour lui donner plus de goût. *Maman **assaisonne** le coq au vin avec un peu de thym, du laurier et une pincée de poivre.*

assassin (nom masculin)
Personne qui a assassiné une autre personne. (Syn. criminel, meurtrier.) ⊙ Famille du mot : assassinat, assassiner.

assassinat (nom masculin)
Action d'assassiner. *On l'a tué de sang-froid, c'est un **assassinat**.* (Syn. crime, meurtre.)

assassiner (verbe) ○ conj.n°3
Tuer quelqu'un volontairement. *Cet homme **a assassiné** son voisin par vengeance.*

assaut (nom masculin)
Attaque menée contre un lieu ou une personne. *Les troupes s'élancent à l'**assaut** de la forteresse.* • **Prendre d'assaut** : se précipiter en foule quelque part.

Au kendo, un **assaut** consiste à tenter d'**asséner** un coup à la tête ou à la poitrine de l'adversaire.

assèchement (nom masculin)
Opération destinée à assécher un lieu. *Les marais sont dangereux, on a prévu leur **assèchement**.*

assécher (verbe) ○ conj.n°8
Enlever l'eau d'un endroit pour le mettre à sec. *On **a asséché** la mare du jardin pour éviter les moustiques.*

assemblage (nom masculin)
Ensemble d'éléments assemblés. *Une mosaïque est faite d'un **assemblage** de carreaux multicolores.*

▸ **assemblée** (nom féminin)
Groupe de personnes réunies. *L'**Assemblée** nationale est composée de députés qui votent les lois en France.*

Jean Jaurès, député de 1902 à 1914, à la tribune de l'**Assemblée** (peinture de Jean Veber)

▸ **assembler** (verbe) ○ conj.n°3
1. Réunir des éléments pour en faire un tout. *Benjamin **assemble** les pièces de sa maquette avant de les coller.* **2.** S'assembler : se réunir. *Les gens **se sont assemblés** sur la place pour regarder le feu d'artifice.* (Syn. se rassembler.) ⊙ Famille du mot : assemblage, assemblée, rassemblement, rassembler.

▸ **asséner** (verbe) ○ conj.n°8
Donner un coup violent. *Il lui **a asséné** un coup de matraque sur la tête pour l'assommer.* → On écrit aussi assener, mais on prononce toujours [asene].

▸ **assentiment** (nom masculin)
Accord ou consentement. *Laura a pris cette décision sans l'**assentiment** de ses parents.*

▸ **s'asseoir** (verbe) ○ conj.n°29
Poser ses fesses quelque part. *S'il n'y a plus de siège, **assieds-toi** par terre !*

▸ **asservir** (verbe) ○ conj.n°15
Rendre esclave, soumettre. *Des révoltes éclataient dans tout le pays contre le tyran qui **asservissait** le peuple.*

▸ **assez** (adverbe)
1. Autant qu'il en faut. *Il y a **assez** de gâteau pour tout le monde.* (Syn. suffisamment.) **2.** Moyennement. *Myriam est **assez** bonne en orthographe.* • **En avoir assez** : être agacé, excédé. *J'**en ai assez** de vous entendre crier.*

▸ **assidu, ue** (adjectif)
Qui est appliqué et persévérant. *Clément réussit grâce à un travail **assidu**.* ⊙ Famille du mot : assiduité, assidûment.

▸ **assiduité** (nom féminin)
Qualité d'une personne assidue. *Noémie fréquente la bibliothèque avec **assiduité**.*

▸ **assidûment** (adverbe)
De façon assidue. *David étudie ses leçons **assidûment**.*

▸ **assiégeant, ante** (nom)
Qui fait le siège d'un lieu. *Les **assiégeants** ont attendu la nuit pour prendre la ville d'assaut.*

▸ **assiéger** (verbe) ○ conj.n°5
Encercler un lieu pour obliger ses occupants à se rendre. *Les habitants résistent aux ennemis qui **assiègent** leur ville.* (Syn. investir.)

▸ **assiette** (nom féminin)
Pièce de vaisselle dans laquelle on mange. *Des **assiettes** en porcelaine, en carton. Des **assiettes** plates, des **assiettes** creuses.*

▸ **assiettée** (nom féminin)
Contenu d'une assiette. *Tout le monde a eu droit à une **assiettée** de spaghettis.*

▸ **assigner** (verbe) ○ conj.n°3
Attribuer quelque chose à quelqu'un. *On **a assigné** les places du fond aux élèves les plus grands.*

▸ **assimilation** (nom féminin)
1. Ensemble des transformations que les aliments subissent dans notre corps après la digestion. **2.** Fait de comprendre et de savoir utiliser ce qu'on apprend. *L'**assimilation** des connaissances.*

▸ **assimiler** (verbe) ○ conj.n°3
1. Considérer comme semblables. *C'est une erreur d'**assimiler** les araignées aux insectes.* **2.** Transformer les aliments qu'on absorbe en énergie pour l'organisme. *C'est un bébé, il n'**assimile** encore que le lait.* **3.** Au sens figuré, comprendre et retenir ce qu'on apprend. *Il faut que tu lises ta leçon plusieurs fois pour l'**assimiler** complètement.*

assis, ise (adjectif)
• **Place assise** : place où l'on peut s'asseoir. *Il ne reste plus de **place assise** dans cette salle.*

assises (nom féminin pluriel)
• **Cour d'assises** : tribunal qui juge les criminels. *Il comparaît devant la **cour d'assises** pour meurtre.*

assistance (nom féminin)
1. Ensemble des assistants. *Le spectacle s'est déroulé devant une **assistance** enthousiaste.* 2. Aide apportée à quelqu'un. *Des passants ont porté **assistance** aux victimes de l'accident.* (Syn. secours.)

assistant, ante (nom)
1. Personne qui assiste à quelque chose. *La plupart des **assistants** ont quitté la réunion avant la fin.* 2. Personne qui aide une autre personne dans son travail. *Le directeur est absent, mais vous pouvez vous renseigner auprès de son **assistant**.*
• **Assistante sociale** : femme qui aide et conseille les personnes malades ou celles qui ont des difficultés.

assisté, ée (adjectif)
• **Assisté par ordinateur** : se dit d'un travail dont une partie est réalisée sur un ordinateur.

assister (verbe) conj.n°3
1. Être présent au moment où quelque chose se produit. *Le gendarme interroge ceux qui **ont assisté** à l'accident.* 2. Porter assistance. *Deux infirmières **assistaient** le chirurgien pendant l'opération.* Famille du mot : assistance, assistant, assisté.

association (nom féminin)
Groupe de personnes ayant un intérêt commun. *Elle fait partie d'une **association** pour la protection des animaux.* (Syn. organisation.)

associé, ée (nom)
Personne qui participe au travail, aux frais et aux bénéfices d'une entreprise. *Cet hôtel est dirigé par plusieurs **associés**.*

associer (verbe) conj.n°10
Faire participer ou donner une part de responsabilité. *Il **a associé** son fils à son entreprise. Ils **se sont associés** pour monter un commerce.* Famille du mot : association, associé.

assoiffé, ée (adjectif)
Qui a soif. *Ils sont rentrés **assoiffés** après une journée passée au soleil.*

assombrir (verbe) conj.n°11
1. Rendre plus sombre. *L'horizon **s'assombrit** lentement.* (Contr. éclaircir.) 2. Au sens figuré, rendre triste. *Le vol de notre voiture **a assombri** nos derniers jours de vacances.*

assommant, ante (adjectif)
Très ennuyeux. *Vos bavardages sont **assommants**.*

assommer (verbe) conj.n°3
1. Étourdir quelqu'un en le frappant à la tête. *Il **a assommé** un passant d'un coup de poing sur la tête.* 2. Synonyme familier d'ennuyer. *Arrête de passer toujours le même disque : tu nous **assommes** !*

assortiment (nom masculin)
Ensemble de choses assorties. *En entrée, on a servi un **assortiment** de charcuterie.*

assortir (verbe) conj.n°11
Mettre ensemble des choses qui s'accordent bien. *Maman **a assorti** les rideaux aux murs de la chambre.*

s'assoupir (verbe) conj.n°11
S'endormir peu à peu. *Il **s'est assoupi** après le déjeuner.*

assoupissement (nom masculin)
Fait de s'assoupir. *Un petit bruit le tira brusquement de son **assoupissement**.*

assouplir (verbe) conj.n°11
Rendre plus souple. *Grâce au sport, son corps **s'est assoupli**.*

assouplissement (nom masculin)
Action de s'assouplir. *Avant la compétition, les skieurs font des exercices d'**assouplissement**.*

assouplisseur (nom masculin)
Produit de rinçage qui sert à assouplir le linge.

▸ **assourdir** (verbe) ○ conj.n°11
1. Rendre sourd pendant un court moment. *Le bruit des pétards nous **a assourdis**.* 2. Rendre moins sonore. *Un épais tapis de neige **assourdissait** nos pas.*

▸ **assourdissant, ante** (adjectif)
Qui assourdit. *Le bruit **assourdissant** d'une sirène.*

▸ **assouvir** (verbe) ○ conj.n°11
Calmer un besoin ou une envie. *Kevin se sent capable d'avaler un poulet entier pour **assouvir** sa faim.*

▸ **assumer** (verbe) ○ conj.n°3
Accepter les conséquences d'un choix. *Il est capable d'**assumer** son rôle de chef.*

▸ **assurance** (nom féminin)
1. Garantie certaine. *Je lui ai donné l'**assurance** que je serai présent à la réunion.* 2. Contrat qui assure contre certains risques. *Il a pris une **assurance** contre l'incendie.* 3. Confiance en soi. *Face au témoin du vol, le coupable a perdu toute son **assurance**.* (Contr. timidité.)

▸ **assuré, ée** (adjectif)
Qui montre de l'assurance. *Sarah a répondu à toutes les questions d'un ton **assuré**.* (Contr. timide.) ▷ **assuré, ée** (nom) Personne qui a un contrat d'assurance.

▸ **assurément** (adverbe)
Sûrement, certainement. *Est-ce qu'il acceptera mon invitation ? – **Assurément** !*

▸ **assurer** (verbe) ○ conj.n°3
1. Affirmer que quelque chose est sûr. *Il m'**a assuré** qu'il viendrait.* 2. Payer pour être garanti contre certains risques. *Papa **a assuré** sa voiture, il sera remboursé en cas d'accident.* 3. Accomplir un travail ou une fonction. *L'infirmière de nuit **assure** la surveillance des malades.* 4. S'assurer : vérifier que quelque chose est sûr. *Les passagers sont priés de **s'assurer** qu'ils n'ont rien oublié dans l'avion.* ⊙ Famille du mot : assurance, assuré, assurément, assureur.

▸ **assureur** (nom masculin)
Personne qui a pour métier d'établir des contrats d'assurance.

▸ **aster** (nom masculin)
Plante à petites fleurs en forme d'étoiles. → Prononciation [astɛʀ].

▸ **astérisque** (nom masculin)
Signe d'imprimerie en forme d'étoile (*). *L'astérisque, placé derrière un mot, indique un renvoi à ce mot.* ⊙ En grec, ce mot signifie « petite étoile ».

▸ **asthmatique** (adjectif et nom)
Qui souffre d'asthme. → Prononciation [asmatik].

▸ **asthme** (nom masculin)
Maladie qui provoque des crises d'étouffement. *Grand-père a du mal à respirer, c'est peut-être une crise d'**asthme**.* → Prononciation [asm].

▸ **asticot** (nom masculin)
Larve de la mouche à viande, qui a la forme d'un petit ver blanc. *Les pêcheurs se servent d'**asticots** comme appât.*

▸ **astigmate** (adjectif et nom)
Qui est atteint d'une anomalie de l'œil donnant une vision trouble.

▸ **astiquer** (verbe) ○ conj.n°3
Frotter pour faire briller. ***Astiquer** des meubles, le parquet.* ⊙ L'*astic* était un petit instrument en os ou en bois dur servant à faire briller le cuir.

▸ **astrakan** (nom masculin)
Fourrure à poils frisés provenant d'agneaux d'Asie. ⊙ Astrakan vient du nom d'une ville de Russie, d'où provenait cette fourrure.

▸ **astre** (nom masculin)
Étoile ou planète. *Les savants étudient les **astres** à l'aide de télescopes.* ⊙ Famille du mot : astrologie, astrologique, astrologue, astronaute, astronautique, astronome, astronomie, astronomique.

▸ **astreignant, ante** (adjectif)
Qui ne laisse pas beaucoup de temps libre. *Ibrahim fait un travail très **astreignant**.*

astreindre (verbe) ⊙ conj.n°35
Forcer à faire quelque chose. *Le gouvernement **a astreint** la population à payer un impôt supplémentaire.* (Syn. contraindre, obliger.)

astrolabe (nom masculin)
Instrument qui servait aux marins à se repérer par rapport aux étoiles.

un **astrolabe** (XVIe siècle)

astrologie (nom féminin)
Croyance que la position des astres dans le ciel influence le caractère et la vie des hommes.

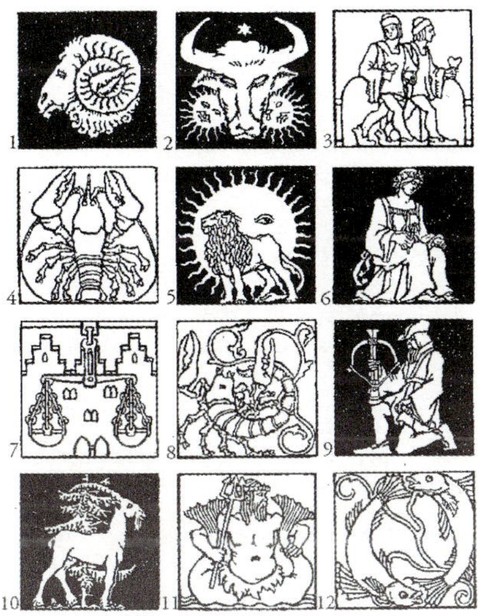

Les douze signes du zodiaque ont une signification **astrologique** : 1 Bélier 2 Taureau 3 Gémeaux 4 Cancer 5 Lion 6 Vierge 7 Balance 8 Scorpion 9 Sagittaire 10 Capricorne 11 Verseau 12 Poissons.

astrologique (adjectif)
Qui concerne l'astrologie. *Les signes du zodiaque ont une signification **astrologique**.*

astrologue (nom)
Personne qui fait de l'astrologie. *Un **astrologue** lui a prédit un riche mariage.*

astronaute (nom)
Pilote ou passager d'un engin spatial. (Syn. cosmonaute.) ➠ p. 58.

astronautique (nom féminin)
Science de la navigation dans l'espace interplanétaire.

astronome (nom)
Spécialiste d'astronomie.

astronomie (nom féminin)
Science qui étudie les astres et la structure de l'Univers.

astronomique (adjectif)
1. Qui concerne l'astronomie. *Une lunette **astronomique** est un instrument qui permet l'observation des astres.* **2.** Dans un sens figuré et familier, très élevé et exagéré. *Ces montres sont vendues à des prix **astronomiques**.*

astuce (nom féminin)
1. Moyen habile. *Ursula trouve toujours une **astuce** pour échapper aux corvées.* **2.** Petite plaisanterie ou jeu de mots. ⊙ Famille du mot : astucieusement, astucieux.

astucieusement (adverbe)
De façon astucieuse. *Lucas a très **astucieusement** évité tous les pièges.*

astucieux, euse (adjectif)
Qui est plein d'ingéniosité. *Un bricoleur **astucieux**. Une solution **astucieuse**.*

asymétrie (nom féminin)
Absence de symétrie.

asymétrique (adjectif)
Qui est composé de deux parties qui ne sont pas symétriques. *Le visage que tu as dessiné est complètement **asymétrique**.* (Syn. dissymétrique.)

atelier (nom masculin)
Lieu où travaille un artiste ou un artisan. *L'**atelier** d'un sculpteur, d'un peintre.*

athée (nom)
Personne qui ne croit en aucun dieu.

athlète (nom)
1. Sportif qui fait de l'athlétisme. *Cet **athlète** vient de remporter l'épreuve du saut en hauteur.* 2. Personne qui a un corps musclé et puissant. *Zoé est très mince mais c'est une véritable **athlète**.*
⊙ Famille du mot : athlétique, athlétisme.

Un bon nageur est un **athlète** complet.

athlétique (adjectif)
Qui a la carrure et la souplesse d'un athlète. *Une jeune fille **athlétique**.*

athlétisme (nom masculin)
Ensemble des sports individuels de compétition. *Les épreuves d'**athlétisme** regroupent la course à pied, les sauts et les lancers (poids, disque, javelot, marteau).*

atlas (nom masculin)
Livre constitué de cartes de géographie. ⊙ Atlas est le nom d'un géant de la mythologie, qui portait le monde sur ses épaules.

atmosphère (nom féminin)
1. Couche d'air qui entoure la Terre. 2. Au sens figuré, ambiance, milieu où l'on se trouve. *À Noël, il y a une **atmosphère** de fête dans la maison.*

atmosphérique (adjectif)
Qui concerne l'atmosphère. *Des perturbations **atmosphériques** ont retardé l'atterrissage de l'avion.*

atoll (nom masculin)
Île des mers tropicales, formée de coraux qui entourent une lagune.

atome (nom masculin)
Particule minuscule de matière. *Les **atomes**, unis entre eux, forment la matière de tout ce qui existe dans l'Univers.* ⊙ Atome vient d'un mot grec qui signifie « qu'on ne peut pas couper ».

atomique (adjectif)
Qui a rapport à l'énergie produite par les atomes. *L'énergie **atomique** s'appelle aussi l'énergie nucléaire.* ➠ p. 59.

atomiseur (nom masculin)
Flacon muni d'un bouchon spécial sur lequel on appuie pour projeter un liquide en fines gouttelettes. *Un **atomiseur** de parfum.* (Syn. vaporisateur.)

atours (nom masculin pluriel)
• **Ses plus beaux atours** : ses plus beaux vêtements et bijoux. *La reine assistait au bal, parée de **ses plus beaux atours**.*

atout (nom masculin)
1. Dans certains jeux de cartes, couleur qui vaut plus que les autres. *Pierre a gagné la première manche grâce au valet d'**atout**.* 2. Au sens figuré, chose qui avantage. *La connaissance de l'anglais est un **atout** dans son métier.*

âtre (nom masculin)
Foyer d'une cheminée. *Le bois sec crépitait dans l'**âtre**.*

atroce (adjectif)
Qui est d'une cruauté horrible. *Les prisonniers ont subi d'**atroces** tortures.*
⊙ Famille du mot : atrocement, atrocité.

atrocement (adverbe)
De manière atroce. *Ses blessures le font **atrocement** souffrir.*

atrocité (nom féminin)
Acte atroce. *Les coupables des **atrocités** commises pendant la guerre vont être jugés.*

s'attabler (verbe) ⊙ conj.n°3
S'asseoir à table. *Les invités **se sont attablés** devant un bon dîner.*

attachant, ante (adjectif)
Qui inspire la sympathie, l'affection. *C'est une enfant d'un naturel très* ***attachant****.*

attache (nom féminin)
Objet qui sert à attacher. *Une ficelle, une courroie, une agrafe sont des* ***attaches****.* **attaches** (nom féminin pluriel) Liens d'affection. *Elle vit à Paris mais elle a gardé des* ***attaches*** *à Bordeaux où elle est née.*

attaché, ée (adjectif)
Qui aime beaucoup une personne ou une chose. *Anna est très* ***attachée*** *à sa nourrice.*

attachement (nom masculin)
Fait de s'attacher à une personne ou à une chose. *Élodie a gardé beaucoup d'****attachement*** *pour l'infirmière qui a pris soin d'elle à l'hôpital.*

attacher (verbe) conj.n°3
1. Faire tenir à l'aide d'un lien. *Quentin* ***a attaché*** *son chien au lampadaire.* (Contr. détacher.) 2. Faire tenir ensemble. ***Attacher*** *les lacets de ses chaussures.* 3. S'attacher : se mettre à aimer quelqu'un ou quelque chose. *Fatima* ***s'est*** *beaucoup* ***attachée*** *à son institutrice.* 4. S'attacher : s'efforcer de faire quelque chose. *Hélène* ***s'est attachée*** *à faire consciencieusement son exercice.* • **Attacher de l'importance à quelque chose** : prendre cette chose au sérieux. Famille du mot : attachant, attache, attaché, attachement, rattachement, rattacher.

attaquant, ante (nom)
Personne qui attaque. *Les soldats ont repoussé leurs* ***attaquants*** *hors du fort.*

attaque (nom féminin)
1. Action d'attaquer. *L'****attaque*** *ennemie a échoué devant les murs du château.* 2. Critique violente. *Dans son discours, il a lancé des* ***attaques*** *contre ses adversaires politiques.*

attaquer (verbe) conj.n°3
1. Engager le combat. *Les troupes ennemies* ***ont attaqué*** *pendant la nuit.* 2. Commettre un acte de violence. ***Attaquer*** *une banque. Des malfaiteurs* ***se sont attaqués*** *au chauffeur de l'autobus.* 3. Critiquer avec violence. *L'opposition* ***attaque*** *la politique du chef de l'État.* 4. Abîmer, ronger. *L'acide* ***attaque*** *les métaux.* 5. Commencer à exécuter quelque chose. *Après le goûter, Romain* ***a attaqué*** *ses leçons.* Famille du mot : attaquant, attaque, contre-attaque, contre-attaquer, inattaquable.

s'attarder (verbe) conj.n°3
Se mettre en retard. *David* ***s'est attardé*** *en revenant de l'école.*

atteindre (verbe) conj.n°35
1. Parvenir à toucher. *Julie n'arrive pas à* ***atteindre*** *les valises rangées en haut du placard.* 2. Toucher une cible. *Une balle* ***a atteint*** *la victime à la jambe.* 3. Arriver dans un endroit. *L'avion* ***atteindra*** *Rome à 8 heures.*

Une flèche **a atteint** le centre de la cible, l'autre non.

atteinte (nom féminin)
• **Hors d'atteinte** : impossible à atteindre. • **Porter atteinte** : nuire, faire du tort. *Tous les mensonges qu'on a racontés sur lui* ***ont porté atteinte*** *à sa réputation.*

attelage (nom masculin)
Ensemble d'animaux attelés. *Un* ***attelage*** *de quatre chevaux noirs tirait le carrosse de la princesse.*

▸ **atteler** (verbe) ○ conj.n°9
Attacher des animaux à un véhicule pour qu'ils le tirent. *On **a attelé** le petit âne à la carriole pour emmener les enfants en promenade.* (Contr. dételer.) ⊙ Famille du mot : attelage, dételer.

▸ **attelle** (nom féminin)
Support rigide qui maintient en place un os fracturé. *Thomas a une **attelle** au petit doigt.*

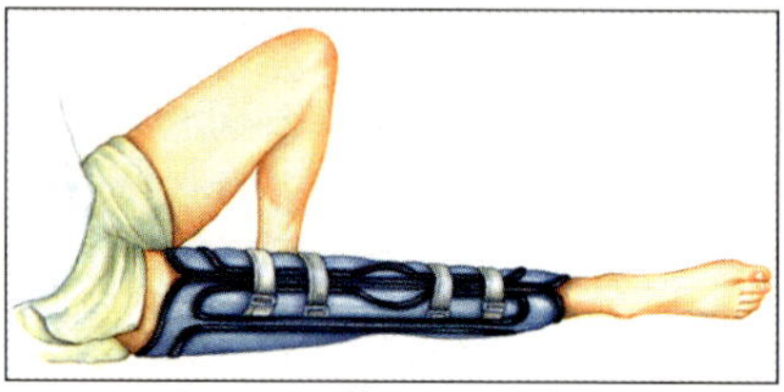

Cette **attelle** immobilise l'articulation du genou.

▸ **attenant, ante** (adjectif)
Synonyme de contigu. *Leur maison est **attenante** à la nôtre.*

▸ **attendre** (verbe) ○ conj.n°31
1. Rester à un endroit jusqu'à ce que quelqu'un ou quelque chose arrive. ***Attendre** l'autobus. **Attends**-moi dans la rue.* 2. Espérer ou souhaiter quelque chose. *Nous **attendons** les vacances avec impatience.* 3. S'attendre à quelque chose : penser que cela va arriver et s'y préparer. *S'il gèle après la pluie, il faut **s'attendre** à du verglas sur les routes.* • **Attendre un enfant** : être enceinte. ⊙ Famille du mot : attente, inattendu.

▸ **attendrir** (verbe) ○ conj.n°11
Rendre quelqu'un plus tendre, plus indulgent. *Les grosses larmes du bébé **ont attendri** toute la famille.* (Syn. émouvoir.)

▸ **attendrissant, ante** (adjectif)
Qui attendrit, émeut. *Ces petits chiens qui viennent de naître sont vraiment **attendrissants**.* (Syn. touchant.)

▸ **attendrissement** (nom masculin)
Fait de s'attendrir.

▸ **attentat** (nom masculin)
Attaque pour tenter d'assassiner quelqu'un ou pour détruire quelque chose. *L'**attentat** a fait quatre victimes.*

▸ **attente** (nom féminin)
1. Période passée à attendre. *Il y a une heure d'**attente** avant le départ du train.* 2. Ce qu'on espérait. *Le résultat ne correspond pas à notre **attente**.*

▸ **attenter** (verbe) ○ conj.n°3
• **Attenter à la vie de quelqu'un** : chercher à le tuer. • **Attenter à ses jours** : se suicider.

▸ **attentif, ive** (adjectif)
Qui écoute avec attention. *Ce problème est difficile, soyez très **attentifs** !* (Contr. distrait, inattentif.)

▸ **attention** (nom féminin)
1. Faculté de se concentrer et de ne pas se laisser distraire. *Victor suit le match avec beaucoup d'**attention**. Faites **attention** au chien, il est dangereux.* 2. Marque de gentillesse, d'affection pour quelqu'un. *Laure est pleine d'**attentions** pour son petit frère.* ⊙ Famille du mot : attentif, attentionné, attentivement, inattentif, inattention.

▸ **attentionné, ée** (adjectif)
Qui a beaucoup d'attentions pour quelqu'un. *Soyez **attentionnés** envers vos grands-parents !*

▸ **attentivement** (adverbe)
De façon attentive. *Écoutez **attentivement** ce que je vais vous dire !*

▸ **atténuant, ante** (adjectif)
• **Circonstances atténuantes** : faits qui diminuent la responsabilité d'un accusé et rendent sa peine moins lourde.

▸ **atténuer** (verbe) ○ conj.n°3
Rendre moins fort, moins intense. *Ce médicament devrait **atténuer** rapidement la douleur. Le vent **s'est atténué**.* (Syn. diminuer. Contr. augmenter.)

▸ **atterrer** (verbe) ○ conj.n°3
Plonger dans la stupeur et la consternation. *Son échec nous **a** tous **atterrés**.*

▸ **atterrir** (verbe) ○ conj.n°11
Se poser sur la terre. *Attachez vos ceintures, l'avion va **atterrir** dans quinze minutes.* (Contr. décoller.)

atterrissage (nom masculin)
Action d'atterrir. *La tour de contrôle domine le terrain d'**atterrissage**.*

attestation (nom féminin)
Document écrit qui atteste un fait. *Pour s'inscrire au collège, il faut une **attestation** de domicile.* (Syn. certificat.)

attester (verbe) ○ conj.n°3
Garantir qu'une chose est vraie, exacte. *Je peux **attester** qu'il est innocent.* (Syn. certifier.)

attirail (nom masculin)
Ensemble d'objets plus ou moins nécessaires pour une activité. *Papa a apporté tout son **attirail** de pêche.*

attirance (nom féminin)
Sentiment de sympathie ou d'amour envers quelqu'un. *Elle a tout de suite ressenti une **attirance** pour lui.*

attirant, ante (adjectif)
Qui attire, intéresse, plaît. *Cette offre est très **attirante**. Elle a un physique **attirant**.* (Syn. agréable, séduisant. Contr. repoussant.)

attirer (verbe) ○ conj.n°3
1. Faire venir. *Ce fromage **attire** les mouches.* 2. Éveiller l'intérêt ou le désir. *Benjamin **est** très **attiré** par le judo.* ⊙ Famille du mot : attirance, attirant.

attiser (verbe) ○ conj.n°3
Activer un feu, le rendre plus fort. *Le vent **attise** l'incendie de forêt.*

attitude (nom féminin)
1. Manière de se tenir. *Myriam a une **attitude** très gracieuse quand elle danse.* 2. Façon d'agir, de se comporter. *Son **attitude** agressive est inacceptable.* (Syn. comportement.)

attractif, ive (adjectif)
Qui attire, intéresse. *Ce jeu est très **attractif**.*

attraction (nom féminin)
1. Force qui attire. *L'**attraction** terrestre. L'**attraction** des aimants.* 2. Activité, amusement ou spectacle. *Clément a visité le parc d'**attractions** d'Astérix.*

attrait (nom masculin)
Ce qui attire, charme. *Noémie n'a jamais éprouvé le moindre **attrait** pour le football.*

attrape (nom féminin)
• **Farces et attrapes :** objets servant à faire des farces.

attraper (verbe) ○ conj.n°3
1. Réussir à saisir quelque chose en mouvement. *Je te lance le ballon, essaie de l'**attraper** !* 2. Avoir une maladie contagieuse. *Sarah **a attrapé** les oreillons.* (Syn. contracter.) 3. Synonyme familier de tromper. *Tu m'as cru ? Ah ! je t'**ai** bien **attrapé** !* 4. Synonyme familier de réprimander. *Si tu mens, tu vas te faire **attraper** par tes parents.*

attrayant, ante (adjectif)
Qui présente un attrait. *C'est un spectacle **attrayant** pour les enfants.*

attribuer (verbe) ○ conj.n°3
1. Accorder quelque chose à quelqu'un. *C'est à David qu'on **a attribué** le premier prix de dessin.* 2. Considérer comme l'auteur. *On **attribue** à Pasteur le vaccin contre la rage.*

attribut (nom masculin)
Adjectif qui est relié à un nom ou à un pronom à l'aide d'un verbe comme être, sembler, paraître, devenir, etc. *Dans la phrase « ce chat est gris », « gris » est l'**attribut** de « chat ».*

attribution (nom féminin)
Action d'attribuer. *Demander l'**attribution** d'une prime.*
▷ **attributions** (nom féminin pluriel)
Ce que quelqu'un est chargé de faire. *Visiter les chantiers fait partie des **attributions** d'un architecte.*

attrister (verbe) ○ conj.n°3
Rendre triste. *Cette mort nous **a** profondément **attristés**.* (Syn. chagriner, peiner. Contr. réjouir.)

attroupement (nom masculin)
Rassemblement de personnes. *Un **attroupement** s'est formé dans la rue après l'accident.*

▸ **s'attrouper** (verbe) ○ conj.n°3
Se rassembler quelque part. *Les touristes **se sont attroupés** autour du guide.* (Contr. se disperser.)

▸ **au** (déterminant)
Forme de l'article *le*, qui est une combinaison de *à* et *le*. *Aller **au** bois.*

▸ **aubade** (nom féminin)
Concert donné le matin à l'aube. *Le prince joue une **aubade** sous la fenêtre de la princesse.*

▸ **aubaine** (nom féminin)
Avantage inattendu. *Kevin a trouvé six euros par terre, c'est une **aubaine** !*

▸ **aube** (nom féminin)
1. Synonyme d'aurore. *Les alpinistes sont partis à l'**aube**.* 2. Robe blanche que met le prêtre catholique pour célébrer la messe. 3. Robe blanche du premier communiant. • **Roue à aubes :** roue munie de pales transversales que le poids de l'eau fait tourner ou qui faisait avancer les bateaux à vapeur. ⊙ Aube vient du latin *alba* qui signifie « blanc » et que l'on retrouve dans *aubépine* (épine blanche), *albinos*.

▸ **aubépine** (nom féminin)
Arbuste épineux qui donne des fleurs blanches ou roses, très parfumées. ⊙ Voir aube.

▸ **auberge** (nom féminin)
Hôtel ou restaurant, à la campagne.

▸ **aubergine** (nom féminin)
Fruit violet à la peau lisse, consommé en légume.

des **aubergines**

▸ **aubergiste** (nom)
Personne qui tient une auberge.

▸ **aucun, aucune** (adjectif)
Pas un seul. *Ursula n'a fait **aucune** faute dans sa dictée : elle a eu 10 sur 10.* ▹ **aucun, aucune** (pronom) Pas une seule chose, pas une seule personne. *De tous les candidats, **aucun** n'a été reçu.*

▸ **audace** (nom féminin)
Courage face à un danger ou à une difficulté. *Tu ne manques pas d'**audace** pour plonger de si haut !* (Syn. hardiesse.)

▸ **audacieux, euse** (adjectif)
Qui a de l'audace. *Ce projet me semble bien **audacieux**.*

▸ **au-delà** (adverbe et préposition)
Plus loin. *Le chemin s'arrête ici, on ne peut aller **au-delà**. La forêt commence **au-delà** de la rivière.* ▹ **au-delà** (nom masculin) • **L'au-delà :** ce qui est au-delà de la mort. *L'**au-delà** est-il un paradis ou un enfer ?*

▸ **audible** (adjectif)
Que l'on peut entendre. *Parle plus fort, ce que tu dis est à peine **audible** !* (Contr. inaudible.)

▸ **audience** (nom féminin)
1. Entretien accordé par un personnage important. *Demander une **audience** au président de la République.* 2. Séance d'un tribunal. *Le deuxième jour de l'**audience**, on a entendu les témoins.* 3. Ensemble des auditeurs. *Cette émission passe trop tard dans la nuit pour avoir une grande **audience**.*

▸ **audiovisuel, elle** (adjectif)
Qui utilise le son et l'image. *On peut utiliser des moyens **audiovisuels** pour apprendre une langue étrangère.*

▸ **auditeur, trice** (nom)
Personne qui écoute une émission ou un discours.

▸ **auditif, ive** (adjectif)
De l'audition. *Ma grand-mère a des troubles **auditifs**.*

a b c d e f g h i j k l m n o p q r s t u v w x y z

audition (nom féminin)
1. Fait de pouvoir entendre les sons. *L'abus du baladeur peut entraîner une perte d'**audition**.* 2. Action d'entendre. *Après l'**audition** des témoins, les juges délibèrent.* 3. Essai que passe un chanteur ou un comédien devant un jury.

auditoire (nom masculin)
Ensemble des auditeurs. *La conférence a passionné tout l'**auditoire**.* (Syn. public.)

auditorium (nom masculin)
Salle équipée pour enregistrer ou écouter de la musique. → Prononciation [oditɔʀjɔm].

auge (nom féminin)
Bassin dans lequel on donne à boire et à manger aux porcs.

augmentation (nom féminin)
Action ou fait d'augmenter. *Il a obtenu une **augmentation** de salaire.* (Syn. hausse. Contr. baisse, diminution.)

augmenter (verbe) ⊳ conj.n°3
1. Rendre plus grand, plus élevé ou plus cher. ***Augmente** le son, je n'entends rien ! **Augmenter** les impôts, les prix.* (Syn. accroître. Contr. baisser, diminuer.) 2. Devenir plus grand, plus élevé ou plus cher. *Le chômage **a augmenté**. Les prix vont encore **augmenter**. Si la fièvre **augmente**, il faudra appeler un médecin.* (Contr. baisser, diminuer.)

augure (nom masculin)
• **Être de bon** ou **de mauvais augure** : laisser présager de bonnes ou de mauvaises nouvelles. ⊙ Dans l'Antiquité, les augures étaient des prêtres chargés de prédire l'avenir en observant le vol des oiseaux.

aujourd'hui (adverbe)
1. Ce jour même. ***Aujourd'hui**, c'est dimanche, il n'y a pas de classe.* 2. À notre époque, de nos jours. ***Aujourd'hui**, la machine remplace de plus en plus l'homme.*

aulne (nom masculin)
Arbre qui pousse au bord de l'eau. → On écrit aussi aune.

feuilles d'**aulne** avec des chatons mâles et femelles

aulx ➠ Voir ail.

aumône (nom féminin)
Somme d'argent qu'on donne à un mendiant. *Un clochard demandait l'**aumône** dans le métro.*

aumônier (nom masculin)
Prêtre qui travaille dans un lycée, un hôpital, une prison ou un régiment.

auparavant (adverbe)
Avant, d'abord. *Si tu veux gagner le tournoi, entraîne-toi **auparavant**.* (Contr. après.)

auprès de (préposition)
Sert à indiquer : 1. La proximité. *Viens t'asseoir **auprès de** moi.* 2. Le point de vue. *Ibrahim est considéré comme un garçon excentrique **auprès de** ses camarades.* 3. La comparaison. *Ta dictée n'est pas très bonne **auprès de** celles des autres élèves.*

auquel ➠ Voir lequel.

auréole (nom féminin)
1. Cercle lumineux qui entoure la tête du Christ et des saints dans les tableaux. ➠ p. 90. 2. Trace circulaire laissée autour de l'endroit où une tache a été nettoyée.

au revoir (interjection)
Mot qu'on dit à quelqu'un quand on le quitte. ***Au revoir**, et à très bientôt !*

auriculaire (nom masculin)
Petit doigt de la main.

▸ **aurifère** (adjectif)
Qui contient de l'or. *Une rivière **aurifère**.*

une **auréole** (mosaïque **aurifère** du XIIe siècle)

▸ **aurore** (nom féminin)
Lumière qui vient juste avant le lever du soleil. *On s'est levé très tôt, dès l'**aurore**.* (Syn. aube.)

▸ **auscultation** (nom féminin)
Action d'ausculter.

▸ **ausculter** (verbe) ○ conj.n°3
Écouter le bruit du corps, pour faire un diagnostic. *Le médecin **a ausculté** attentivement le bébé.* (Syn. examiner.)

▸ **auspices** (nom masculin pluriel)
• **Sous de bons auspices** : avec de bonnes chances de réussite. ⊙ Dans l'Antiquité, les auspices étaient des présages que les augures tiraient du vol des oiseaux.

▸ **aussi** (adverbe)
1. De même. *Lucas est malade et son frère **aussi**.* 2. De façon égale. *Zoé est **aussi** grande que moi.* 3. Tellement, à ce point. *Je ne pensais pas qu'il était **aussi** vieux.* 4. En plus. *Il faut racheter du beurre et **aussi** du fromage.* ▷ **aussi** (conjonction) C'est pourquoi, par conséquent. *Je le savais déjà, **aussi** cela ne m'a pas étonné.*

▸ **aussitôt** (adverbe et conjonction)
Tout de suite, à l'instant même. *On a appelé les pompiers et ils sont arrivés **aussitôt**. Nous dînerons **aussitôt que** tu seras rentré.*

▸ **austère** (adjectif)
Qui manque de gaieté, de fantaisie. *Cette tenue est bien **austère** pour un mariage !*

▸ **austérité** (nom féminin)
Caractère austère. *En cette période d'**austérité**, il va falloir diminuer nos dépenses.*

▸ **austral, ale** (adjectif)
Qui se situe au sud de l'équateur, ou à proximité du pôle Sud. *L'hémisphère **austral**.* (Contr. boréal.)

▸ **australien, enne**
➠ Voir tableau p. 6.

▸ **autant** (adverbe)
1. En quantité égale ou de manière égale. *J'ai **autant** de courage que toi.* 2. En si grande quantité. *On ne pensait pas qu'il y aurait **autant** de monde sur les routes.* (Syn. tant.) • **D'autant plus que** : pour cette raison supplémentaire. *Pierre a **d'autant plus** faim **qu**'il n'a pas dîné hier soir.*

▸ **autel** (nom masculin)
Table sur laquelle le prêtre célèbre la messe. ⊙ Dans l'Antiquité, l'autel était une table de pierre sur laquelle on sacrifiait des animaux pour plaire aux dieux.

▸ **auteur** (nom masculin)
1. Personne qui écrit des livres ou qui crée une œuvre. *Saint-Exupéry est l'**auteur** du « Petit Prince ».* 2. Personne qui est responsable d'une action. *La police recherche les **auteurs** de l'attentat.*

▸ **authenticité** (nom féminin)
Caractère authentique de quelque chose. *On doute de l'**authenticité** de ce tableau.*

authentifier (verbe) ⭘ conj.n°10
Certifier que quelque chose est authentique. *Un expert **a authentifié** le tableau.*

authentique (adjectif)
1. Qui n'est pas une imitation, un faux ou une copie. *Ce tableau de Van Gogh est certifié **authentique**.* (Contr. faux.) 2. Qui est vrai, véridique. *C'est **authentique**, je n'ai rien inventé !* (Syn. réel. Contr. faux.) ⊙ Famille du mot : authenticité, authentifier.

autiste (adjectif et nom)
Qui est si replié sur lui-même qu'il ne peut communiquer avec le monde extérieur.

auto (nom féminin)
Synonyme familier d'automobile.

autobiographie (nom féminin)
Récit de la vie d'une personne, écrit par elle-même.

autobus (nom masculin)
Véhicule qui sert au transport en commun dans les villes. (Syn. bus.)

autocar (nom masculin)
Véhicule qui sert au transport collectif des personnes, en particulier des touristes. (Syn. car.)

autochtone (nom)
Personne qui est née dans le pays qu'elle habite. (Syn. indigène.) → Prononciation [otokton].

autocollant, ante (adjectif)
Qui colle tout seul. *Ces timbres sont **autocollants**.* ▷ **autocollant** (nom masculin) Image autocollante. *Anna a plein d'**autocollants** sur la porte de sa chambre.*

autodéfense (nom féminin)
Fait de se défendre par ses propres moyens en cas d'agression. *Quentin a eu un réflexe d'**autodéfense**.*

autodictée (nom féminin)
Sorte de dictée consistant à écrire sans modèle un texte appris par cœur.

autodidacte (nom)
Personne qui s'est instruite toute seule, sans maître.

autodiscipline (nom féminin)
Discipline que l'on s'impose à soi-même, sans contrôle extérieur.

auto-école (nom féminin)
Établissement où l'on apprend à conduire les voitures. → Pluriel : des auto-écoles.

autofocus (nom masculin)
Appareil photo équipé d'un système de mise au point automatique. → Prononciation [otofɔkys].

autographe (nom masculin)
Signature d'une personne. *Demander un **autographe** à une actrice.*

automate (nom masculin)
Machine qui a l'aspect d'un être animé et qui est capable d'imiter ses mouvements grâce à un mécanisme.

automatique (adjectif)
1. Qui se fait grâce à un mécanisme qui fonctionne sans qu'on s'en occupe. *Dans le métro, la fermeture des portes est **automatique**.* 2. Que l'on fait sans y penser, sans intervention de la volonté. *Des gestes **automatiques**.* (Syn. machinal.)

automatiquement (adverbe)
De façon automatique. *Une porte qui s'ouvre **automatiquement**.*

automatisation (nom féminin)
Utilisation de machines et de robots pour faire certains travaux.

automatiser (verbe) ⭘ conj.n°3
Équiper d'un fonctionnement automatique. *Cette usine **est** entièrement **automatisée**.*

automnal, ale, aux (adjectif)
De l'automne. *Des couleurs **automnales**.* → Prononciation [otɔnal].

automne (nom masculin)
Saison de l'année qui suit l'été et qui vient avant l'hiver. → Prononciation [otɔn].

a b c d e f g h i j k l m n o p q r s t u v w x y z

▸ **automobile** (nom féminin)
Véhicule à moteur muni de roues, qui sert à transporter des personnes et des bagages. *Cette **automobile** a un moteur de sept chevaux.* (Syn. auto, voiture) ▹ **automobile** (adjectif) Qui se rapporte aux voitures. *Le sport **automobile**.*

▸ **automobiliste** (nom)
Personne qui conduit une automobile.

▸ **autonettoyant, ante** (adjectif)
Qui se nettoie tout seul. *Un four **autonettoyant**.*

▸ **autonome** (adjectif)
1. Qui se gouverne ou s'administre tout seul. *La Catalogne est une région **autonome** d'Espagne.* 2. Qui se débrouille tout seul. *Romain est un enfant très **autonome**, il a horreur qu'on l'aide.* ⊙ Famille du mot : autonomie, autonomiste.

▸ **autonomie** (nom féminin)
1. Indépendance dont bénéficie un pays ou une personne autonome. 2. Durée pendant laquelle une machine peut fonctionner sans apport d'énergie. *Ce téléphone portable a une **autonomie** de six heures.*

▸ **autonomiste** (nom)
Personne qui demande l'autonomie de sa région. *Les **autonomistes** basques.*

▸ **autoportrait** (nom masculin)
Portrait de soi-même. *Ce tableau est un **autoportrait** du peintre.*

un **autoportrait**
de Vincent Van Gogh (1889)

▸ **autopsie** (nom féminin)
Examen d'un cadavre par un médecin pour rechercher les causes de la mort. *L'**autopsie** montre qu'il s'agit d'un crime.*

▸ **autoradio** (nom masculin)
Poste de radio installé dans une voiture.

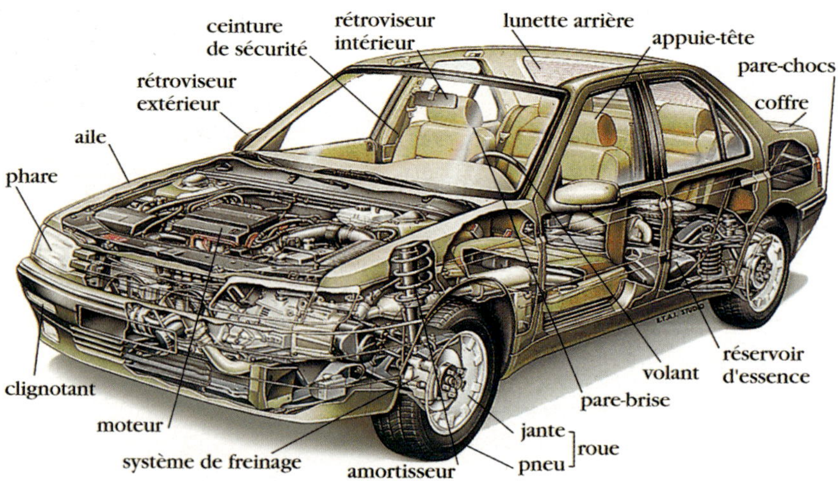

une **automobile**

autorisation (nom féminin)
Fait d'autoriser. *Pour sortir de l'école avant l'heure, il faut obligatoirement l'**autorisation** de la directrice.* (Syn. permission. Contr. défense, interdiction.)

autoriser (verbe) ○ conj.n°3
Donner à quelqu'un la permission de faire quelque chose. *Papa m'**a autorisé** à utiliser son ordinateur.* (Syn. permettre. Contr. défendre, interdire.)

autoritaire (adjectif)
Qui fait preuve d'une grande autorité. *Ce dompteur est très **autoritaire** avec ses lions.*

autorité (nom féminin)
Pouvoir de commander, de se faire obéir. *La maîtresse a de l'**autorité** sur ses élèves.* • **Faire autorité** : être reconnu par tous comme le meilleur dans une spécialité. *Ses recherches sur les fourmis **font autorité**.* ▷ **autorités** (nom féminin pluriel) Représentants de l'État, du gouvernement ou de l'Administration.

autoroute (nom féminin)
Voie rapide, sans carrefour, dont les deux sens de circulation sont séparés.

auto-stop (nom masculin)
Pratique qui consiste à faire signe aux voitures pour se faire transporter gratuitement. *L'**auto-stop** est interdit sur les autoroutes.*

auto-stoppeur, euse (nom)
Personne qui fait de l'auto-stop. → Pluriel : des auto-stoppeurs, euses.

autour de (préposition)
1. Dans l'espace qui entoure quelque chose. *La Terre tourne **autour du** Soleil.* 2. Environ, à peu près. *Il gagne **autour de** 1 800 euros par mois.* ▷ **autour** (adverbe) Dans l'espace qui entoure. *Nous avons un jardin avec des murs **autour**.*

autre (adjectif)
1. Qui n'est pas le même. *Prends un **autre** couteau, celui-ci ne coupe pas.* (Syn. différent.) 2. Qui vient en plus. *Veux-tu un **autre** jus de fruits ?* (Syn. supplémentaire.) ▷ **autre** (pronom) Une personne ou une chose différente ou supplémentaire. *Si tu n'aimes pas ce gâteau, prends-en un **autre**.*

autrefois (adverbe)
Dans le temps passé. ***Autrefois**, on ne savait pas que la Terre était ronde.* (Syn. jadis. Contr. actuellement, aujourd'hui.)

autrement (adverbe)
1. D'une autre façon. *Tu devrais t'habiller **autrement**.* (Syn. différemment.) 2. Sans quoi, sinon. *Couvre-toi, **autrement** tu vas attraper froid !*

autre part (adverbe)
Dans un autre endroit. *Si tu ne trouves pas ta montre dans ta chambre, cherche **autre part**.* (Syn. ailleurs.)

autrichien, enne
➠ Voir tableau p. 6.

autruche (nom féminin)
Très grand oiseau, incapable de voler, mais qui court très vite.

des **autruches**

autrui (pronom)
Les autres personnes que soi. *Thomas est égoïste, il ne pense jamais à **autrui**.*

auvent (nom masculin)
Petit toit incliné au-dessus d'une porte.

auvergnat, ate
➠ Voir tableau p. 6.

aux (déterminant)
Forme de l'article qui est une combinaison de *à* et *les*. *Aller **aux** Antilles.*

auxiliaire (nom masculin)
Verbe que l'on utilise pour former les temps composés d'autres verbes. *Avoir et être sont des **auxiliaires**.* ▷ **auxiliaire** (adjectif) Qui est employé pour aider quelqu'un ou pour compléter quelque chose. *Ce jeune professeur **auxiliaire** voudrait bien devenir titulaire.*

auxquels, auxquelles ➠ Voir lequel.

s'avachir (verbe) conj.n°11
1. Se déformer et devenir tout mou. *Le shérif porte un chapeau aux bords **avachis**.* 2. Se laisser aller, s'affaler. *Dès qu'il rentre, il **s'avachit** dans un fauteuil.*

aval (nom masculin)
Partie d'un cours d'eau la plus éloignée de la source. *Nantes est en **aval** de Tours, sur la Loire.* (Contr. amont.)

avalanche (nom féminin)
Glissement d'une énorme masse de neige le long d'une pente de montagne. *Des skieurs ont été emportés par une **avalanche**.*

avaler (verbe) conj.n°3
1. Faire descendre dans la gorge. *Le serpent **avale** sa proie toute entière.* 2. Dans un sens figuré et familier, croire naïvement quelque chose. *Victor est prêt à **avaler** tout ce qu'on lui dit.*

avance (nom féminin)
1. Marche en avant. *L'**avance** des troupes ennemies.* (Syn. progression.) 2. Distance qui sépare quelqu'un de quelqu'un d'autre qui le suit. *Ce coureur a une très nette **avance** sur le second.* 3. Temps gagné sur quelque chose. *Élodie a pris de l'**avance** dans son travail.* 4. Somme d'argent versée avant la date normale de paiement. *Demander une **avance** sur son salaire.* • **À l'avance, d'avance** : avant le moment fixé ou prévu.

avancé, ée (adjectif)
1. En avance sur les autres. *William est très **avancé** pour son âge.* (Syn. précoce.) 2. Qui est très moderne. *Cet ordinateur est d'une technique très **avancée**.*

avancement (nom masculin)
1. Manière d'avancer, de progresser. *Cette balise permet de suivre son **avancement** dans la traversée de l'Atlantique.* 2. Progression dans une carrière professionnelle. *Grâce à son travail, elle a obtenu de l'**avancement**.* (Syn. promotion.)

avancer (verbe) conj.n°4
1. Pousser ou déplacer quelque chose vers l'avant. ***Avance** ta chaise, tu es trop loin de la table.* (Contr. reculer.) 2. Aller vers l'avant. *On a du mal à **avancer** dans cette foule.* 3. Effectuer plus tôt que prévu. *On **a avancé** notre retour de vacances à cause du mauvais temps.* (Contr. différer, retarder.) 4. Marquer une heure plus tardive que l'heure réelle. *La pendule **avance** de dix minutes.* (Contr. retarder.) 5. Faire progresser. *Fatima **a** bien **avancé** le rangement de ses timbres.* 6. Verser une avance ou prêter de l'argent. *Benjamin m'**a avancé** 50 euros.* 7. Progresser. *Les travaux n'**avancent** pas vite à cause du gel.* Famille du mot : avance, avancé, avancement.

avant (préposition)
Sert à indiquer : 1. Le temps. *J'arriverai **avant** toi. Passe me voir **avant** le dîner.* (Contr. après.) 2. Le lieu. *Sa maison est juste **avant** la boulangerie.* (Contr. après.) ▷ **avant** (adverbe) Plus tôt. *Il habite Lyon depuis un an, **avant** il habitait à la campagne.* (Syn. auparavant.) • **En avant** : devant soi. *Mettre un pied **en avant**.* (Contr. en arrière.) ▷ **avant** (nom masculin) 1. Partie qui est située devant. *La motrice se trouve à l'**avant** du train.* (Contr. arrière.) 2. Joueur placé devant les autres. *Les **avants** d'une équipe de rugby.* ▷ **avant** (adjectif) Qui est placé à l'avant. *La roue **avant** de ton vélo est dégonflée.* (Contr. arrière.) → Pluriel : les roues avant.

avantage (nom masculin)
Ce qui donne une supériorité sur les autres. *Le principal **avantage** de cette voiture est son confort.* (Syn. atout. Contr. désavantage, inconvénient.) • **À l'avantage de quelqu'un :** à son profit, en sa faveur. (Contr. au détriment.) • **Prendre l'avantage sur quelqu'un :** le dominer dans une lutte, une compétition. ⊙ Famille du mot : avantager, avantageusement, avantageux, désavantage, désavantager, désavantageux.

avantager (verbe) ○ conj.n°5
Donner un avantage, une supériorité à quelqu'un. *Sa grande expérience l'**a** beaucoup **avantagé**.* (Syn. favoriser. Contr. désavantager.)

avantageusement (adverbe)
De façon avantageuse. *Ce système remplace **avantageusement** le précédent.*

avantageux, euse (adjectif)
Qui procure un avantage. *C'est plus **avantageux** d'acheter pendant les soldes.* (Syn. économique, intéressant. Contr. désavantageux.)

avant-bras (nom masculin)
Partie du bras qui va du coude au poignet. *Le radius est un os de l'**avant-bras**.* ➠ p. 263. → Pluriel : des avant-bras.

avant-dernier, ère (adjectif)
Qui est juste avant le dernier. *Le 30 décembre est l'**avant-dernier** jour de l'année.* → Pluriel : avant-derniers, avant-dernières.

avant-garde (nom féminin)
1. Partie d'une armée qui est envoyée en avant du reste des troupes. (Contr. arrière-garde.) 2. Au sens figuré, ensemble de ceux qui sont à la pointe du progrès. *L'**avant-garde** artistique.* → Pluriel : des avant-gardes.

avant-goût (nom masculin)
Première impression que l'on a de quelque chose. *Ce soleil radieux nous donne un **avant-goût** de l'été.* → Pluriel : des avant-goûts.

une peinture d'**avant-garde**
(Rond méplat, Phil Zegreiv, 1983)

avant-hier (adverbe)
Le jour qui a précédé hier. *Aujourd'hui, c'est samedi ; **avant-hier** on était jeudi.* ⊙ Voir avant-veille.

avant-propos (nom masculin)
Courte préface au début d'un livre. (Syn. introduction.) → Pluriel : des avant-propos.

avant-veille (nom féminin)
Jour qui vient juste avant la veille. *Il faut réserver sa place l'**avant-veille** du départ, c'est-à-dire vendredi pour partir dimanche.* → Pluriel : des avant-veilles. ⊙ L'avant-veille d'aujourd'hui, c'est *avant-hier*.

avare (adjectif et nom)
Qui ne pense qu'à accumuler de l'argent. *Elle est bien trop **avare** pour te prêter de l'argent. Un vieil **avare**.* (Contr. dépensier, généreux.) ▷ **avare** (adjectif) Qui ne donne pas facilement quelque chose. *Elle est **avare** de son temps.*

avarice (nom féminin)
Défaut d'une personne avare.

avarie (nom féminin)
Dégât survenu à un bateau. *Le voilier a subi de grosses **avaries** avec la tempête.*

avarié, ée (adjectif)
Qui est abîmé, pourri. *La viande est **avariée** à cause de la chaleur.* (Contr. frais.)

avatar (nom masculin)
Accident ou mésaventure. *On a connu bien des **avatars** pendant notre voyage !*

avec (préposition)
Sert à introduire divers compléments. *Il est venu **avec** sa femme* (accompagnement). ***Avec** cette chaleur, les fruits s'abîment* (cause). *Manger sa soupe **avec** une cuillère* (moyen). *Il écoute **avec** attention* (manière).

avenant, ante (adjectif)
Qui est aimable et accueillant. *Cet hôtelier est très **avenant** avec ses clients.*

à l'avenant (adverbe)
De la même manière. *Tout se dégrade dans cette maison : le toit, les murs, les fenêtres et tout le reste **à l'avenant**.*

avènement (nom masculin)
Moment où un roi commence son règne.

avenir (nom masculin)
1. Événements futurs. *On ne peut pas prévoir l'**avenir**.* 2. Ce que quelqu'un ou quelque chose deviendra plus tard. *Hélène est jeune, mais elle pense déjà à son **avenir**.* • **À l'avenir** : à partir de maintenant. ***À l'avenir**, je serai plus prudent.* (Syn. désormais, dorénavant.)

aventure (nom féminin)
1. Événement extraordinaire ou imprévu, vécu par quelqu'un. *As-tu lu les **aventures** de Tintin ?* 2. Entreprise nouvelle et risquée. *Julie aime les voyages et l'**aventure**.* • **À l'aventure** : sans but précis. • **Dire la bonne aventure** : prédire l'avenir. ⊙ Famille du mot : s'aventurer, aventureux, aventurier, mésaventure.

s'aventurer (verbe) ○ conj.n°3
Prendre un risque en allant quelque part. *Les enfants n'ont pas osé **s'aventurer** dans la grotte.*

aventureux, euse (adjectif)
1. Qui est plein d'aventures, d'imprévus. *Mener une vie **aventureuse**.* 2. Qui a peu de chances de réussir. *Arrête ce bricolage **aventureux** et appelle un plombier !* (Syn. risqué.)

aventurier, ère (nom)
Personne qui recherche l'aventure par goût du risque. *Les navigateurs solitaires sont de vrais **aventuriers**.*

avenue (nom féminin)
Large rue, dans une ville.

s'avérer (verbe) ○ conj.n°8
Se révéler, se montrer. *Le gel **s'est avéré** catastrophique pour les arbres fruitiers.*

averse (nom féminin)
Pluie soudaine et abondante, mais de courte durée. *On a attendu à l'abri la fin de l'**averse**.* ⊙ Une averse, c'est quand il pleut *à verse*.

aversion (nom féminin)
Sentiment d'antipathie ou de dégoût. *Laure a une profonde **aversion** pour les araignées.* (Syn. répulsion. Contr. sympathie.)

avertir (verbe) ○ conj.n°11
Informer quelqu'un pour le mettre en garde. *On nous **a avertis** d'un risque d'avalanche.* (Syn. aviser, prévenir, signaler.) ⊙ Famille du mot : avertissement, avertisseur.

avertissement (nom masculin)
1. Ce qu'on dit pour avertir. *Tu aurais dû écouter les **avertissements** de tes parents.* (Syn. conseil, recommandation.) 2. Réprimande, rappel à l'ordre. *Clément a reçu un **avertissement** du directeur du collège.*

avertisseur (nom masculin)
Appareil sonore servant à avertir.

aveu (nom masculin)
Fait d'avouer une chose. *Myriam nous a fait un **aveu** : elle nous avait menti.*

aveugle (adjectif et nom)
Qui est privé de la vue. *Certains chiens sont dressés pour guider des **aveugles**.* ▷ **aveugle** (adjectif) Qui est incapable de voir la réalité. *Elle a une confiance **aveugle** en lui.* ⊙ Famille du mot : aveuglement, aveuglément, aveugler, à l'aveuglette.

aveuglement (nom masculin)
Manque de jugement, de lucidité.

aveuglément (adverbe)
Sans réfléchir. *Contente-toi de suivre **aveuglément** le mode d'emploi !*

▸ **aveugler** (verbe) ○ conj.n°3
Gêner la vue, éblouir. *David a mis des lunettes noires pour ne pas **être aveuglé** par le soleil.*

▸ à l'**aveuglette** (adverbe)
1. Sans y voir, comme un aveugle. *Les enfants avancent **à l'aveuglette** dans la grotte.* (Syn. à tâtons.) 2. Au sens figuré, sans savoir où l'on va. *Se lancer **à l'aveuglette** dans une aventure risquée.*

▸ **aviateur, trice** (nom)
Personne qui pilote un avion. *Louis Blériot est le premier **aviateur** à avoir traversé la Manche en 1909.*

▸ **aviation** (nom féminin)
1. Ensemble des activités qui se rapportent aux avions, à la navigation aérienne. *Kevin lit un livre sur l'histoire de l'**aviation**.* 2. Ensemble des avions. *L'**aviation** ennemie.*

▸ **avide** (adjectif)
Qui désire très fortement quelque chose et en veut toujours davantage. *Noémie est **avide** de connaissances.* (Syn. insatiable.)

▸ **avidité** (nom féminin)
Désir très fort et immodéré de quelque chose. *Ibrahim mange avec **avidité**.*

▸ s'**avilir** (verbe) ○ conj.n°11
Devenir vil, méprisable. *On **s'avilit** à boire trop d'alcool.* (Syn. s'abaisser.)

▸ **avion** (nom masculin)
Appareil à moteur servant au transport aérien. *Le Concorde est le plus rapide des **avions** de ligne.* ⊙ Famille du mot : aviateur, aviation. ⊙ Ce mot a été créé par Clément Ader, pionnier de l'aviation, d'après le mot latin *avis* qui signifie « oiseau ».

▸ **aviron** (nom masculin)
1. Rame d'une embarcation. *Si le vent tombe, il faudra se servir des **avirons**.* 2. Sport nautique pratiqué avec un bateau à rames. *Il y a une course d'**aviron** sur la Seine.*

▸ **avis** (nom masculin)
1. Ce qu'on pense sur quelque chose. *J'ai besoin de ton **avis** avant de me décider.* (Syn. opinion, point de vue.) 2. Information écrite. ***Avis** au public : les chiens sont interdits dans le magasin.*

▸ **avisé, ée** (adjectif)
Qui agit intelligemment. *Un conseiller très **avisé**.* (Syn. sage.)

▸ **aviser** (verbe) ○ conj.n°3
1. Apercevoir soudain. ***Aviser** un ami au loin.* (Syn. remarquer.) 2. Avertir ou prévenir quelqu'un. *Tu ne nous **as** pas **avisés** de ton prochain départ.* 3. S'aviser : se risquer à. *Ne **vous avisez** surtout pas de recommencer !*

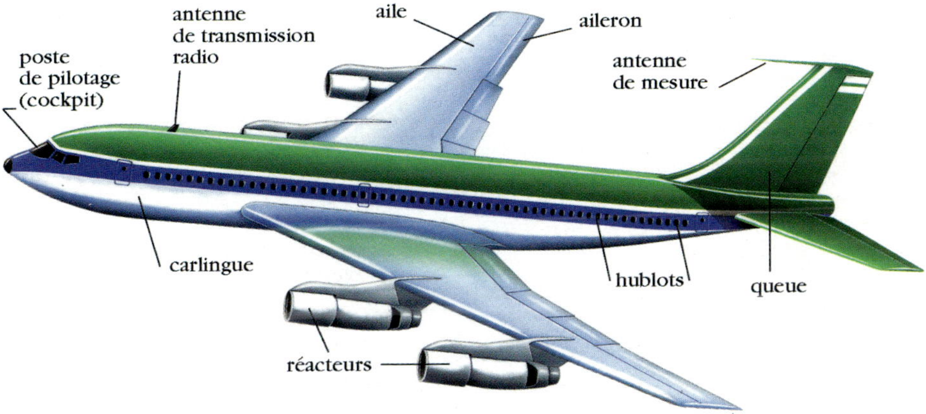

Cet **avion** est un quadriréacteur.

1. avocat, ate (nom)
Personne qui défend les accusés devant la justice. *Pour gagner son procès, il va lui falloir un bon **avocat**.*

2. avocat (nom masculin)
Fruit vert ou marron, à gros noyau, ayant la forme d'une poire. *En entrée, Lucas a mangé un **avocat** aux crevettes.*

un **avocat**

avoine (nom féminin)
Céréale dont les grains servent surtout à nourrir les chevaux.

1. avoir (verbe) ○ conj.n°1
1. Posséder un bien. *Pierre aimerait **avoir** un chat.* 2. Posséder une caractéristique. *Sarah **a** les yeux bleus.* 3. Obtenir quelque chose. *Quentin **a eu** 10 sur 10 en géographie.* 4. Éprouver, ressentir quelque chose. *J'**ai** faim. Romain **a** mal aux dents.* 5. Être âgé de tant. *Ursula **a** 9 ans.* 6. Synonyme familier de tromper. *Tu as payé bien trop cher, tu t'es fait **avoir** !* • **Avoir à** : devoir. *J'**ai** des courses **à** faire.* • **Il y a** : il existe. ***Il y a** plein de poussière sur les meubles.*
→ Avoir est également employé comme auxiliaire pour conjuguer les verbes aux temps composés (par ex. : j'ai mangé, il avait joué).

2. avoir (nom masculin)
1. Ce qu'on possède. *Tout son **avoir** est à l'étranger.* 2. Crédit qu'on a chez un commerçant. *J'ai rapporté le CD que j'avais en double et le vendeur m'a fait un **avoir**.*

avoisinant, ante (adjectif)
Qui est voisin, tout proche. *On a trouvé des champignons dans les bois **avoisinants**.*

avortement (nom masculin)
Fait d'avorter.

avorter (verbe) ○ conj.n°3
1. Arrêter la grossesse avant son terme, accidentellement ou volontairement. 2. Au sens figuré, ne pas réussir. *Tous ses projets **ont** malheureusement **avorté**.* (Syn. échouer.)

avouer (verbe) ○ conj.n°3
1. Reconnaître que quelque chose est vrai. *J'**avoue** que j'ai eu très peur.* 2. Reconnaître qu'on est coupable. *Le meurtrier **a avoué**.* (Contr. nier.)

avril (nom masculin)
Quatrième mois de l'année, qui compte 30 jours.

axe (nom masculin)
1. Tige qui traverse le milieu d'un objet. *La roue tourne autour de son **axe**.* 2. Ligne qui partage un espace en deux parties semblables. *La ligne blanche est tracée dans l'**axe** de la route. Un **axe** de symétrie.* 3. Grande route qui traverse un pays. *Les grands **axes** sont aujourd'hui bien dégagés.*

azalée (nom féminin)
Arbuste à fleurs décoratives.

azote (nom masculin)
Gaz qui constitue la plus grande partie de l'air.

azur (nom masculin)
Couleur bleue, en particulier celle du ciel.

azyme (adjectif)
• **Pain azyme** : pain cuit sans levain.

B

b (nom masculin)
Deuxième lettre de l'alphabet. *Le **B** est une consonne.*

baba (nom masculin)
Gâteau dont la pâte est arrosée de rhum.

babiller (verbe) ○ conj.n°3
Bavarder gentiment. *Clément perd son temps à **babiller**.*

babines (nom féminin pluriel)
Lèvres de certains animaux. *Le singe retrousse ses **babines** : il est menaçant.* • **S'en lécher les babines :** se réjouir à l'avance à la pensée d'une chose agréable.

babiole (nom féminin)
1. Petit objet qui a peu de valeur. *Gaëlle est déçue : on ne lui a offert que des **babioles**.* 2. Chose sans importance. *C'est stupide de se disputer pour des **babioles**.*

bâbord (nom masculin)
Côté gauche d'un bateau quand on regarde vers l'avant. *Le voilier vire à gauche, à **bâbord**.* (Contr. tribord.)

babouche (nom féminin)
Chaussure en cuir sans talon.

babouin (nom masculin)
Singe d'Afrique dont le museau ressemble à celui d'un chien.

un **babouin**

baby-foot (nom masculin)
Jeu qui reproduit une partie de football avec des joueurs fixés sur des tringles. → Baby-foot est un mot anglais : on prononce [babifut]. → Pluriel : des baby-foot.

baby-sitter (nom)
Personne payée pour garder les enfants quand leurs parents sont absents. → Baby-sitter est un mot anglais : on prononce [babisitœʀ]. → Pluriel : des baby-sitters.

baby-sitting (nom masculin)
Activité du baby-sitter. *Cette étudiante fait du **baby-sitting** pour payer ses études.* → Baby-sitting est un mot anglais : on prononce [babisitiŋ].

1. bac (nom masculin)
1. Bateau qui permet à des passagers et à des véhicules de traverser un cours d'eau ou un lac. *On a pris le **bac** pour traverser la rivière.* 2. Grand récipient. *Un **bac** à glace, un **bac** à sable, un **bac** à fleurs.*

2. bac (nom masculin)
Synonyme familier de baccalauréat.

baccalauréat (nom masculin)
Examen que l'on passe à la fin des études secondaires. *Après le **baccalauréat**, on peut s'inscrire à l'université.* (Syn. bac.)

bâche (nom féminin)
Grande toile imperméable. *Le peintre a mis des **bâches** pour protéger les meubles et le sol.*

bachelier, ère (nom)
Personne qui a obtenu le baccalauréat. ⊙ Au Moyen Âge, le bachelier était un jeune homme qui voulait devenir chevalier.

bacille (nom masculin)
Bactérie en forme de bâtonnet. *La tuberculose est due au **bacille** de Koch.* → Prononciation [basil]. ⊙ Bacille vient du latin *bacillum* qui signifie « petit bâton ».

bâcler (verbe) ○ conj.n°3
Faire quelque chose trop vite et sans s'appliquer. *David **a bâclé** son devoir et a eu une très mauvaise note.*

bacon (nom masculin)
Lard fumé. *Des œufs au **bacon**.* → Bacon est un mot anglais : on prononce [bekɔn].

bactérie (nom féminin)
Micro-organisme formé d'une seule cellule et qui peut transmettre des maladies.

badaud (nom masculin)
Personne qui regarde par curiosité ce qui se passe dans la rue. *Les **badauds** s'attardent devant les vitrines illuminées.* (Syn. flâneur.)

badge (nom masculin)
Insigne que l'on accroche sur un vêtement. *Porter un **badge** avec son nom.*

badigeonner (verbe) ○ conj.n°3
1. Recouvrir une surface avec une peinture facile à étaler. *Ces maisons blanches **ont été badigeonnées** à la chaux.* 2. Enduire d'un médicament liquide. *L'infirmière **a badigeonné** la blessure d'Hélène avec de l'eau oxygénée.*

badine (nom féminin)
Baguette mince et souple qui sert de cravache.

badminton (nom masculin)
Jeu qui se joue avec des raquettes légères et un volant, par dessus un filet. → Badminton est un mot anglais : on prononce [badmintɔn].

des volants et une raquette de **badminton**

baffe (nom féminin)
Synonyme familier de gifle.

baffle (nom masculin)
Haut-parleur d'une chaîne stéréo. *Les **baffles** sont placés à gauche et à droite de la chaîne.*

bafouer (verbe) conj.n°3
Traiter avec mépris ou tourner en ridicule. *C'est humiliant d'**être bafoué** devant ses amis.*

bafouiller (verbe) conj.n°3
Parler d'une manière peu compréhensible. *Julie est si timide qu'elle **a bafouillé** en récitant son poème.* (Syn. bredouiller.)

bagage (nom masculin)
1. Sac ou valise que l'on emporte avec soi en voyage. *On ne pourra jamais mettre tous ces **bagages** dans le coffre de la voiture !* 2. Au sens figuré, ensemble des connaissances d'une personne. *Il faut avoir un **bagage** suffisant en mathématiques pour faire des études scientifiques.* • **Plier bagage** : partir.

bagarre (nom féminin)
Dans la langue familière, violente dispute avec échange de coups. *La discussion s'est terminée en **bagarre**.* (Syn. rixe.) Famille du mot : se bagarrer, bagarreur.

se bagarrer (verbe) conj.n°3
Synonyme familier de se battre. *Ils se sont fait mal en **se bagarrant**.*

bagarreur, euse (adjectif)
Synonyme familier de batailleur.

bagatelle (nom féminin)
Chose sans importance. *Ils se sont disputés pour une **bagatelle**, c'est ridicule.*

bagnard (nom masculin)
Condamné au bagne. (Syn. forçat.)

bagne (nom masculin)
1. Lieu où étaient détenus les condamnés aux travaux forcés. 2. Au sens figuré, endroit où les conditions de travail sont très dures. *Cette usine est un vrai **bagne** !*

bagou (nom masculin)
Dans la langue familière, grande facilité à parler. *Pour être un bon vendeur, il faut avoir du **bagou**.* → On écrit aussi bagout.

bague (nom féminin)
Bijou en forme d'anneau que l'on porte au doigt.

baguette (nom féminin)
1. Petit bâton mince. *Au Japon, on mange avec des **baguettes**.* 2. Pain long et mince. *Acheter une **baguette** chez le boulanger.* • **Baguette magique** : petit bâton dont se servent les magiciens pour faire des choses surnaturelles. • **Mener quelqu'un à la baguette** : le diriger avec sévérité.

bahut (nom masculin)
Buffet bas. *Range les assiettes et les verres dans le **bahut** de la cuisine !*

baie (nom féminin)
1. Endroit de la côte où la mer avance dans la terre. 2. Grande ouverture vitrée, servant de fenêtre ou de porte-fenêtre. *De grandes **baies** donnent sur le jardin.* 3. Petit fruit à pépins. *Les mûres, les groseilles, les myrtilles sont des **baies**.*

la **baie** du Mont-Saint-Michel (Normandie)

baignade (nom féminin)
1. Action de se baigner. *La **baignade** est interdite quand il y a le drapeau rouge sur la plage.* 2. Endroit où l'on peut se baigner. *Il y a une **baignade** aménagée sur la rivière.*

baigner (verbe) ○ conj.n°3
1. Mettre dans l'eau ou faire prendre un bain. *Tu préfères **te baigner** à la mer ou à la piscine ?* 2. Tremper dans un liquide. *Les morceaux de viande **baignent** dans la sauce.* ⊙ Famille du mot : baignade, baigneur, baignoire, bain, bain-marie.

baigneur, euse (nom)
Personne qui se baigne. *Les **baigneurs** sont plus nombreux en été.* ▷ **baigneur** (nom masculin) Poupée qui ressemble à un bébé. *Ma petite sœur joue avec son **baigneur**.*

baignoire (nom féminin)
Grand récipient pour prendre des bains. *Après son bain, Ibrahim nettoie la **baignoire**.*

bail, baux (nom masculin)
Contrat fixant la durée et les conditions de location d'un bien. *Mes parents ont signé un **bail** de neuf ans avec le propriétaire.* → Prononciation [baj], pluriel [bo].

bâillement (nom masculin)
Action de bâiller.

bâiller (verbe) ○ conj.n°3
1. Ouvrir involontairement la bouche toute grande. *Tu as sommeil, tu n'arrêtes pas de **bâiller** !* 2. Être entrouvert, mal fermé ou mal ajusté. *Une porte, un vêtement qui **bâille**.*

bâillon (nom masculin)
Bandeau que l'on met sur la bouche de quelqu'un pour l'empêcher de crier.

bâillonner (verbe) ○ conj.n°3
Mettre un bâillon sur la bouche de quelqu'un. *Les cambrioleurs **ont bâillonné** le caissier de la banque.*

bain (nom masculin)
Fait de se mettre dans l'eau pour se laver ou pour nager. *Kevin prend un **bain** tous les soirs.* • **Bain de soleil :** exposition du corps aux rayons du soleil, pour bronzer.

bain-marie (nom masculin)
Façon de cuire lentement un aliment en le mettant dans un récipient plongé dans de l'eau bouillante. *Faire fondre doucement du chocolat au **bain-marie**.* → Pluriel : des bains-marie.

baïonnette (nom féminin)
Petite épée qui se fixe au bout d'un fusil. ⊙ Baïonnette vient de *Bayonne*, première ville où l'on fabriqua cette arme.

Une **baïonnette** est fixée au bout du fusil.

1. baiser (verbe) ○ conj.n°3
Toucher avec ses lèvres. ***Baiser** le front de quelqu'un.* (Syn. embrasser.)

2. baiser (nom masculin)
Geste de tendresse qui consiste à toucher quelqu'un avec ses lèvres. *Laura m'a donné un gros **baiser** sur la joue.*

baisse (nom féminin)
Fait de baisser. *Une **baisse** de température. La **baisse** des prix.* (Syn. diminution. Contr. augmentation, hausse.)

baisser (verbe) ○ conj.n°3
1. Mettre plus bas. *Si tu as trop chaud, **baisse** la vitre pour avoir de l'air.* (Syn. abaisser. Contr. relever.) 2. Courber une partie du corps. ***Baisser** la tête.* (Syn. pencher.) 3. Diminuer la force, l'intensité ou le prix de quelque chose. ***Baisse** un peu le son de la radio. **Baisser** les impôts.* (Contr. augmenter.) 4. Devenir moins fort, moins haut ou moins cher. *La température **a** beaucoup **baissé**. Attendre que les prix **baissent**.* (Syn. diminuer. Contr. augmenter, monter.) 5. Se baisser : se pencher vers le bas. *Le joueur **se baisse** pour ramasser la balle.*

bajoue (nom féminin)
Joue de certains animaux.

bal (nom masculin)
Réunion de gens qui dansent. *Les **bals** du 14 Juillet.*

balade (nom féminin)
Synonyme familier de promenade. *Pierre et Anna ont fait une grande **balade** à vélo.*

se balader (verbe) ○ conj.n°3
Synonyme familier de se promener. ***Se balader** dans les rues de la ville.*

baladeur (nom masculin)
Petit lecteur portable de cassettes ou de C.D., muni d'un casque d'écoute.

balafre (nom féminin)
Longue entaille sur le visage.

balafré, ée (adjectif)
Qui porte une balafre.

balai (nom masculin)
Brosse souple fixée au bout d'un long manche pour balayer. *Quentin a passé un coup de **balai** dans l'entrée.* ⊙ Famille du mot : balai-brosse, balayage, balayer, balayette, balayeur, balayeuse.

balai-brosse (nom masculin)
Brosse dure fixée au bout d'un manche. → Pluriel : des balais-brosses.

balance (nom féminin)
Appareil qui sert à peser. *Le boucher pose le rôti sur la **balance**.*

balancement (nom masculin)
Mouvement de quelque chose qui se balance. *Le **balancement** d'une barque sur la mer.*

balancer (verbe) ○ conj.n°4
Donner un mouvement de va-et-vient. *La houle **balance** les voiliers dans le port. Arrête de **te balancer** d'un pied sur l'autre !* ⊙ Famille du mot : balancement, balancier, balançoire.

balancier (nom masculin)
1. Pièce d'une horloge qui se balance autour d'un axe et rend son fonctionnement régulier. 2. Très long bâton qui sert de contrepoids. *Le **balancier** d'un équilibriste lui permet de se maintenir sur le fil.*

balançoire (nom féminin)
1. Siège suspendu au bout de deux cordes, et sur lequel on peut se balancer. 2. Planche de bois posée en équilibre sur un point d'appui et qui bascule lorsqu'on s'assoit à une extrémité.

balayage (nom masculin)
Action de balayer. *Le **balayage** des feuilles mortes.*

balayer (verbe) ○ conj.n°7
1. Nettoyer le sol avec un balai. *Il y a de la poussière, il faut **balayer** ta chambre.* 2. Au sens figuré, pousser violemment devant soi. *Le vent **a balayé** les nuages : le ciel est tout bleu.*

balayette (nom féminin)
Petit balai.

balayeur, euse (nom)
Personne chargée de balayer les rues.

balayeuse (nom féminin)
Véhicule servant à balayer les rues.

balbutiement (nom masculin)
Fait de balbutier. *Je n'arrive pas à comprendre ce que les **balbutiements** de cet enfant veulent dire.* → Prononciation [balbysimɑ̃].

balbutier (verbe) ○ conj.n°10
Parler en articulant mal ou de façon confuse. *Il était tellement intimidé qu'il n'a pu que **balbutier** quelques mots.* → Prononciation [balbysje].

▸ **balcon** (nom masculin)
Terrasse entourée d'une balustrade et se trouvant sur la façade d'un immeuble. *Ouvre la porte-fenêtre et va prendre l'air sur le **balcon**.*

▸ **baldaquin** (nom masculin)
Sorte de toit de tissu, suspendu au-dessus d'un lit. *Dans chaque chambre du château, on trouve un lit à **baldaquin**.*

▸ **baleine** (nom féminin)
1. Mammifère marin de très grande taille. *La **baleine** bleue peut peser jusqu'à 150 tonnes.* 2. Chacune des tiges flexibles servant à tendre la toile d'un parapluie. ⊙ Famille du mot : baleineau, baleinier.

une **baleine**

▸ **baleineau, eaux** (nom masculin)
Petit de la baleine.

▸ **baleinier** (nom masculin)
Navire servant à pêcher les baleines.

▸ **balisage** (nom masculin)
Action de baliser. *Le **balisage** d'une piste d'aviation sert à la rendre bien visible.*

▸ **balise** (nom féminin)
Signal servant à guider les bateaux ou les avions. *Des **balises** signalent la piste.* ⊙ Famille du mot : balisage, baliser.

▸ **baliser** (verbe) ○ conj.n°3
Munir de balises. *L'entrée du port **est balisée** par des bouées lumineuses.*

▸ **balivernes** (nom féminin pluriel)
Paroles sans intérêt. *Cesse de raconter des **balivernes**, tu ne nous intéresses pas !* (Syn. sornettes.)

▸ **ballant, ante** (adjectif)
Qui pend et se balance dans le vide. *Ne reste pas les bras **ballants** à ne rien faire !*

▸ **ballast** (nom masculin)
1. Couche de pierres sur laquelle sont posées les traverses supportant les rails d'une voie ferrée. 2. Réservoir d'eau d'un sous-marin, lui permettant de plonger ou de remonter.

▸ **balle** (nom féminin)
1. Petit objet en forme de boule qui sert à jouer. *Une **balle** de tennis.* 2. Petit projectile métallique d'une arme à feu. *Il a été tué d'une **balle** de revolver.*
• **Saisir la balle au bond** : saisir l'occasion sans attendre.

▸ **ballerine** (nom féminin)
1. Danseuse de ballet. 2. Chaussure de femme qui ressemble à un chausson de danse.

▸ **ballet** (nom masculin)
Spectacle de danse. *Élodie applaudit les danseurs du **ballet** de l'opéra.*

▸ **ballon** (nom masculin)
1. Grosse balle. *Au football, le **ballon** est rond ; au rugby, le **ballon** est ovale.* 2. Petit sac de caoutchouc qui se gonfle quand on souffle dedans. *Les enfants ont décoré la classe avec des **ballons** multicolores.* 3. Aéronef constitué d'une enveloppe contenant un gaz plus léger que l'air et d'une nacelle. *Faire un voyage en **ballon**.*

▸ **ballonné, ée** (adjectif)
Qui est gonflé comme un ballon. *Après ce repas, j'ai l'estomac tout **ballonné**.*

▸ **ballot** (nom masculin)
Paquet de vêtements ou de marchandises. *Un gros **ballot** de linge sale.*

▸ **ballottage** (nom masculin)
Situation d'un candidat à une élection, qui n'a pas obtenu assez de voix pour être élu au premier tour. *S'il y a **ballottage**, il va falloir retourner voter.*

▸ **ballotter** (verbe) ○ conj.n°3
Secouer dans tous les sens. *On **est** plus **ballotté** au fond du car qu'au milieu.*

▸ **balluchon** (nom masculin)
Petit paquet de vêtements. → On écrit aussi baluchon.

balnéaire (adjectif)
Qui concerne les bains de mer. *Deauville est une station **balnéaire**.*

balourd, ourde (adjectif)
Qui est maladroit, sans finesse. *Tu es vraiment **balourd** avec tes questions stupides !*

balsa (nom masculin)
Bois très léger provenant d'un arbre d'Amérique. *Une maquette de bateau en **balsa**.*

baluchon ➠ Voir balluchon.

balustrade (nom féminin)
Barrière qui borde un balcon ou une terrasse, et qui empêche de tomber.

bambin (nom masculin)
Petit enfant.

bambou (nom masculin)
Plante des pays chauds, à longue tige creuse. *Une canne à pêche, une chaise en **bambou**.*

feuilles et troncs de **bambou**

ban (nom masculin)
Applaudissements rythmés en l'honneur de quelqu'un. *Faire un **ban** pour les vainqueurs.* ▷ **bans** (nom masculin pluriel) Annonce d'un mariage. *La mairie a publié les **bans** du mariage de mon oncle.*

banal, ale, als (adjectif)
Qui n'a rien d'original. *Cet incident arrive souvent, il est très **banal**.* (Syn. commun, courant, ordinaire. Contr. exceptionnel, extraordinaire.) ⊙ Famille du mot : banalisé, banalité.

banalisé, ée (adjectif)
Qui n'a aucun signe distinctif. *Une voiture de police **banalisée**.*

banalité (nom féminin)
1. Caractère banal de quelque chose. *Une vie d'une grande **banalité**.* 2. Paroles banales, sans intérêt. *Romain n'a dit que des **banalités**.*

banane (nom féminin)
Fruit allongé du bananier, à peau jaune et épaisse, qui pousse en grappes appelées « régimes ». ⊙ Famille du mot : bananeraie, bananier.

bananeraie (nom féminin)
Plantation de bananiers.

bananier (nom masculin)
1. Plante cultivée dans les pays chauds et qui donne les bananes. 2. Navire équipé pour transporter des bananes.

un **bananier** et un régime de **bananes**

banc (nom masculin)
Long siège, avec ou sans dossier, pour plusieurs personnes. *S'asseoir sur un **banc** dans un square.* • **Banc de poissons** : grande quantité de poissons nageant ensemble. • **Banc de sable** : masse de sable accumulée dans la mer ou dans une rivière.

bancaire (adjectif)
D'une banque. *Ici, on peut payer avec un chèque **bancaire** ou avec une carte **bancaire**.*

bancal, ale, als (adjectif)
Qui est mal équilibré. *Cette table est **bancale**, elle a un pied abîmé.* (Contr. stable.)

▸ **bandage** (nom masculin)
Pansement fait avec une bande de tissu.

▸ **bande** (nom féminin)
1. Morceau de tissu, de papier, de cuir, etc. qui est beaucoup plus long que large. *Thomas a une **bande** autour du poignet car il s'est fait une foulure. Une **bande** de papier adhésif.* 2. Groupe de personnes. *Fatima se promène avec sa **bande** de copines.* • **Bande dessinée :** suite de dessins qui raconte une histoire. *Un album de **bandes dessinées**.* (Syn. B.D.) • **Bande magnétique :** long ruban sur lequel sont enregistrés des sons ou des images. • **Faire bande à part :** rester à l'écart d'un groupe. ⊙ Famille du mot : bandage, bande-annonce, bandeau, bandelette, bander.

▸ **bande-annonce** (nom féminin)
Passages d'un film que l'on montre avant sa sortie. *La **bande-annonce** m'a donné envie de voir ce film.* → Pluriel : des bandes-annonces.

▸ **bandeau, eaux** (nom masculin)
Étroite bande de tissu pour retenir les cheveux ou couvrir les yeux. *Pour jouer à colin-maillard, on se met un **bandeau** sur les yeux.*

▸ **bandelette** (nom féminin)
Bande longue et étroite. *Les momies égyptiennes étaient entourées de **bandelettes**.*

▸ **bander** (verbe) ⊙ conj.n°3
1. Entourer d'une bande de tissu. ***Bander** une cheville foulée.* 2. Tendre la corde d'un arc pour envoyer la flèche.

▸ **banderille** (nom féminin)
Bâton pointu muni de rubans, que le torero plante dans le dos du taureau, au cours d'une corrida.

▸ **banderole** (nom féminin)
Bande de tissu tendue entre deux bâtons et portant une inscription. *Les grévistes préparent des **banderoles** pour la manifestation.*

▸ **bandit** (nom masculin)
Malfaiteur dangereux. *Des **bandits** ont attaqué la banque.* (Syn. gangster.)

▸ **banditisme** (nom masculin)
Activité des bandits. *La police lutte contre le **banditisme**.*

▸ **bandoulière** (nom féminin)
• **En bandoulière :** qui est tenu par une courroie passée d'une épaule au côté opposé du corps. *Le facteur porte sa sacoche **en bandoulière**.*

▸ **banjo** (nom masculin)
Sorte de petite guitare ronde. *Dans cet orchestre de jazz, un musicien joue du **banjo**.* → Prononciation [bɑ̃dʒo].

un **banjo**

▸ **banlieue** (nom féminin)
Ensemble des communes qui entourent une grande ville. *Myriam n'habite plus Paris, elle a déménagé en **banlieue**.*

▸ **banlieusard, arde** (nom)
Personne qui habite la banlieue. *Les **banlieusards** prennent le train ou le bus pour aller travailler à la ville.*

▸ **bannière** (nom féminin)
Sorte de drapeau. *Les supporters agitent la **bannière** du club.*

bannir (verbe) ○ conj.n°11
1. Condamner quelqu'un à quitter son pays. 2. Au sens figuré, rejeter, supprimer. *Depuis qu'il est malade, papa **a** complètement **banni** le tabac.*

banque (nom féminin)
Entreprise où on peut déposer de l'argent et en emprunter. *Passer prendre un chéquier à la **banque**.* ⊙ Famille du mot : bancaire, banquier.

banquet (nom masculin)
Grand repas de fête. *Le maire du village a organisé un **banquet** pour les personnes âgées.*

banquette (nom féminin)
Siège rembourré à plusieurs places. *Victor est assis sur la **banquette** arrière de la voiture.*

banquier, ière (nom)
Personne qui dirige une banque.

banquise (nom féminin)
Dans les régions polaires, couche de glace qui se forme sur la mer. *Les ours blancs, les phoques, les morses vivent sur la **banquise**.*

baobab (nom masculin)
Grand arbre au tronc énorme, qui pousse dans les régions tropicales d'Afrique et d'Australie.

baptême (nom masculin)
Sacrement par lequel une personne devient chrétienne. • **Baptême de l'air** : premier vol en avion ou en hélicoptère. → Prononciation [batɛm].

« Le **Baptême** de Clovis »
de F.-L. Dejuinne (XIXe siècle)

baptiser (verbe) ○ conj.n°3
1. Donner à quelqu'un le sacrement du baptême. 2. Donner pour nom. *Odile **a baptisé** son chat Plume.* → Prononciation [batize]. ⊙ Famille du mot : baptême, débaptiser.

baquet (nom masculin)
Grand récipient, généralement en bois.

1. bar (nom masculin)
1. Endroit où on sert des boissons. *Ils ont rendez-vous au **bar** des Sports.* 2. Comptoir d'un café. *Maman a mangé rapidement un sandwich au **bar**.* ⊙ Ce mot anglais vient du français : il désignait d'abord la *barre* sur laquelle s'appuyaient les buveurs.

2. bar (nom masculin)
Poisson de mer à la chair appréciée. *Papa prépare un **bar** au fenouil.* (Syn. loup.)

un **bar** (ou loup de mer)

baragouiner (verbe) ○ conj.n°3
Dans la langue familière, parler très mal une langue. *Noémie **baragouine** un peu l'italien.* ⊙ Baragouiner vient de deux mots bretons signifiant « pain » et « vin » : les pèlerins bretons disaient ces mots quand ils entraient dans une auberge pour demander à manger et à boire.

baraque (nom féminin)
Construction légère et provisoire. *Une **baraque** de jardinier.*

baraquement (nom masculin)
Ensemble de baraques. *Pendant les manœuvres, les soldats sont logés dans des **baraquements**.*

baratin (nom masculin)
Synonyme familier de boniment. *Ne le crois pas : tout ce qu'il dit n'est que du **baratin** !*

a b c d e f g h i j k l m n o p q r s t u v w x y z

baratiner (verbe) conj.n°3
Dans la langue familière, dire des choses sans intérêt ou mensongères. *Arrête de me **baratiner** : je ne te crois pas !*

barbant, ante (adjectif)
Synonyme familier d'ennuyeux. *Ce livre est si **barbant** que je ne l'ai même pas fini.*

barbare (adjectif et nom)
Qui est cruel, féroce. *Un crime particulièrement **barbare**. Ils se sont comportés comme des **barbares**.*

barbarie (nom féminin)
Comportement barbare. *Les accusés avaient commis des actes de **barbarie**.*

barbarisme (nom masculin)
Grosse faute de langage. *Écrire « j'ai parti » est un **barbarisme**.*

barbe (nom féminin)
Poils des joues et du menton des hommes. *Grand-père a une grande **barbe** blanche.* • **Au nez et à la barbe de quelqu'un** : malgré sa présence. • **Quelle barbe !** ou **la barbe !** : se dit familièrement pour une chose ennuyeuse. Famille du mot : barber, barbiche, barbu.

barbecue (nom masculin)
Gril fonctionnant au charbon de bois et installé en plein air. *On a fait griller des saucisses sur un **barbecue**.* → Barbecue est un mot anglais : on prononce [baʀbəkju].

barbelé, ée (adjectif)
Qui porte des petites pointes. *Du fil de fer **barbelé** entoure cette propriété.* ▷ **barbelé** (nom masculin) Fil de fer barbelé. *La prison est entourée de **barbelés**.*

barber (verbe) conj.n°3
Synonyme familier d'ennuyer. *Ça me **barbe** d'aller dîner chez eux.*

barbiche (nom féminin)
Petite touffe de barbe à la pointe du menton.

barboter (verbe) conj.n°3
S'agiter dans l'eau. *Les canards **barbotent** dans la mare.*

barboteuse (nom féminin)
Vêtement pour bébé qui se ferme entre les jambes sans les couvrir.

barbouillage (nom masculin)
Écriture ou dessin réalisés de façon maladroite.

barbouillé, ée (adjectif)
• **Avoir l'estomac barbouillé** : avoir mal au cœur, envie de vomir.

barbouiller (verbe) conj.n°3
Étaler une matière qui salit. *Après avoir mangé son gâteau, Sarah **était** toute **barbouillée** de chocolat.*

barbu, ue (adjectif)
Qui a une barbe. (Contr. imberbe.)

barbue (nom féminin)
Poisson de mer plat qui ressemble au turbot.

barda (nom masculin)
Dans la langue familière, ensemble de bagages encombrants. *Tu ne vas pas emporter tout ce **barda** en voyage !*

1. barde (nom masculin)
Poète et chanteur gaulois.

2. barde (nom féminin)
Mince tranche de lard gras. *Le boucher entoure le rosbif d'une **barde**.*

bardé, ée (adjectif)
Qui est couvert de choses nombreuses. *Un sportif **bardé** de médailles.*

barder (verbe) conj.n°3
1. Entourer d'une barde. 2. Dans la langue familière, tourner mal ou devenir violent. *Si tu as menti, ça va **barder** pour toi !*

barème (nom masculin)
Répertoire de données chiffrées. *Papa se sert d'un **barème** pour calculer ses impôts.* Barème vient du nom de *François Barrême*, mathématicien français du XVIIe siècle.

barge (nom féminin)
Longue péniche à fond plat.

baril (nom masculin)
Petit tonneau. *Un **baril** de vin.*

bariolé, ée (adjectif)
Qui a des couleurs vives et variées. *Arlequin portait un costume **bariolé**.*

barman (nom masculin)
Serveur dans un bar. → Barman est un mot anglais : on prononce [baRman]. → Pluriel : des barmans ou des barmen [baRmɛn].

bar-mitsva (nom féminin)
Cérémonie religieuse au cours de laquelle les garçons juifs deviennent majeurs. *William est invité à la **bar-mitsva** de David.* → Pluriel : des bar-mitsva.

baromètre (nom masculin)
Instrument qui indique les variations de la pression atmosphérique. *Le **baromètre** monte, il va faire beau.*

baron, onne (nom)
Titre de noblesse, inférieur à celui de comte ou de comtesse.

baroque (nom masculin)
Style des beaux-arts du XVIIe et du XVIIIe siècles, caractérisé par l'abondance des ornements. ▷ **baroque** (adjectif) **1.** Qui appartient au baroque. *Une église **baroque**.* **2.** Qui est extravagant, bizarre. *C'est une idée vraiment **baroque**.*

le style **baroque** (église Saint-Michel de Berg am Laim, en Bavière, XVIIIe siècle)

barque (nom féminin)
Petit bateau sans pont.

barquette (nom féminin)
1. Petit gâteau en forme de barque. **2.** Petit emballage pour les fruits fragiles. *Une **barquette** de framboises.*

barrage (nom masculin)
1. Obstacle installé pour barrer une route. *Un **barrage** de gendarmerie.* **2.** Grand mur construit en travers d'un cours d'eau pour retenir l'eau. *Les **barrages** servent à irriguer les terres, à produire de l'électricité, à empêcher les inondations.*

un **barrage**

barre (nom féminin)
1. Morceau de matière rigide, long et étroit. *Une **barre** de fer. Manger une **barre** de chocolat.* **2.** Agrès pour faire des exercices de gymnastique. *La **barre** fixe, les **barres** parallèles.* **3.** Levier qui commande le gouvernail d'un bateau. *Anna est fière de tenir la **barre** du voilier.* ➠ p. 114. **4.** Trait droit. *N'oublie pas la **barre** du « t » !* **5.** Emplacement d'un tribunal réservé aux témoins qui viennent déposer devant les juges. *Le témoin est appelé à la **barre**.* **6.** Zone de hautes vagues. *Le bateau a eu du mal à franchir la **barre**.* • **Avoir un coup de barre** : dans la langue familière, être brusquement très fatigué. • **Coup de barre** : prix excessif, exagéré. ⊙ Famille du mot : barreau, barrer, barreur.

▸ **barreau, eaux** (nom masculin)
1. Petite barre. *Fais attention, il manque un **barreau** à l'échelle.* 2. Ensemble des avocats d'un tribunal. *Un avocat du **barreau** de Paris.* • **Être derrière les barreaux :** être en prison.

▸ **barrer** (verbe) ○ conj.n°3
1. Mettre un obstacle pour empêcher de passer. *La route **est barrée** à cause des inondations.* (Syn. boucher, couper, obstruer.) 2. Tirer un trait sur un mot ou sur une ligne. *Dans cet exercice, il faut **barrer** les mots à l'infinitif.* (Syn. rayer.) 3. Diriger un bateau en tenant la barre. *C'est difficile de **barrer**, le vent est trop violent.*

▸ **barrette** (nom féminin)
Petite pince pour retenir les cheveux.

▸ **barreur, euse** (nom)
Personne qui barre un bateau.

▸ **barricade** (nom féminin)
Entassement d'objets divers pour barrer une rue. *Les insurgés ont construit une **barricade**.*

▸ **barricader** (verbe) ○ conj.n°3
1. Fermer solidement. *Avant l'arrivée du cyclone, il faut **barricader** portes et fenêtres.* 2. Se barricader : s'enfermer avec soin.

▸ **barrière** (nom féminin)
1. Assemblage de morceaux de bois ou de métal formant une clôture ou un barrage. *Les **barrières** du passage à niveau sont abaissées.* 2. Obstacle séparant des personnes ou des choses. *Les Pyrénées forment une **barrière** naturelle entre la France et l'Espagne.*

▸ **barrique** (nom féminin)
Gros tonneau. *Les **barriques** de vin sont alignées dans la cave du vigneron.*

▸ **barrir** (verbe) ○ conj.n°11
Pousser des barrissements.

▸ **barrissement** (nom masculin)
Cri de l'éléphant ou du rhinocéros.

▸ **baryton** (nom masculin)
Chanteur dont la voix se situe entre celle du ténor et celle de la basse.

▸ **1. bas, basse** (adjectif)
1. Qui a peu de hauteur. *Faites attention de ne pas vous cogner, le plafond de cette grotte est très **bas**.* (Contr. haut.) 2. Qui a un faible niveau. *Les températures sont **basses** pour la saison.* (Contr. élevé.) 3. Qui donne un son grave. *Elle n'arrive pas à chanter les notes trop **basses**.* (Contr. aigu.) 4. Qui est de qualité médiocre. *Papa achète des **bas** morceaux de viande pour le chien.* 5. Qui est vil, méprisable. *Je ne le croyais pas capable de sentiments aussi **bas**.* • **Au bas mot :** au minimum, au moins. • **Avoir la vue basse :** avoir une mauvaise vue. • **En bas âge :** très jeune. • **Faire main basse sur quelque chose :** le voler. ▷ **bas** (nom masculin) Partie inférieure de quelque chose. *Le **bas** de ta jupe est décousu.* ▷ **basse** (nom féminin) 1. La plus grave des voix d'homme. 2. Sons les plus graves d'un instrument de musique. 3. Guitare à quatre cordes qui produit des sons graves. ▷ **bas** (adverbe) 1. À faible hauteur. *L'avion volait trop **bas** quand il a percuté la montagne.* 2. En baissant la voix. *Parle plus **bas**, le bébé dort !* • **À bas ! :** cri d'hostilité, de révolte. ***À bas** la dictature !* (Contr. vive !) • **Mettre bas :** mettre un petit au monde, quand il s'agit des animaux. • **Tomber bien bas :** commettre des bassesses. ⊙ Famille du mot : bassement, bassesse, basset.

▸ **2. bas** (nom masculin)
Vêtement féminin qui couvre le pied et la jambe. *Une paire de **bas** de soie.*

▸ **basalte** (nom masculin)
Roche volcanique noire. *Quand le **basalte** sort du volcan, c'est un magma liquide.*

▸ **basané, ée** (adjectif)
De couleur brune. *Zoé est revenue de vacances avec un joli teint **basané**.*

▸ **bas-côté** (nom masculin)
Bord d'une route. *L'automobiliste s'est garé sur le **bas-côté** pour changer la roue.* → Pluriel : des bas-côtés.

bascule (nom féminin)
Appareil servant à peser des objets très lourds. • **À bascule** : muni d'un système qui permet de se balancer. *Un fauteuil **à bascule**.*

basculer (verbe) ○ conj. n°3
Tomber ou se renverser en perdant l'équilibre. *Gaëlle a le vertige, elle a peur de **basculer** dans le vide.*

base (nom féminin)
1. Partie inférieure d'une chose. *La **base** d'une tour.* 2. Côté d'un triangle opposé à l'angle pris comme sommet. 3. Principal ingrédient d'un mélange. *Un gâteau à **base** de chocolat.* 4. Ensemble d'installations militaires. *Une **base** aérienne.* 5. Ensemble des membres d'un syndicat ou d'un parti politique. 6. Ce qu'il est important de connaître dans une matière. *Avoir de bonnes **bases** en mathématiques.*

base-ball (nom masculin)
Jeu de balle opposant deux équipes de neuf joueurs. *Le **base-ball** se pratique avec une balle dure.* → Base-ball est un mot anglais : on prononce [bɛzbol].

baser (verbe) ○ conj. n°3
1. Établir une base militaire. *Ces marins **sont basés** à Cherbourg.* 2. Prendre pour base, pour principe. *Il faut **se baser** sur des faits précis.*

bas-fond (nom masculin)
Endroit où l'eau est peu profonde mais où on peut naviguer. → Pluriel : des bas-fonds.

basilic (nom masculin)
Plante aromatique, qu'on utilise comme condiment.

un pied de **basilic** en fleur

basilique (nom féminin)
Grande église. *La **basilique** Saint-Pierre de Rome.*

1. basket (nom masculin)
Jeu de ballon entre deux équipes de cinq joueurs. *Au **basket**, chaque équipe tente de faire passer le ballon dans le panier de l'équipe adverse.* → Prononciation [baskɛt]. → On dit aussi basket-ball. ⊙ En anglais, basket signifie « panier ».

2. basket (nom féminin)
Chaussure de sport couvrant la cheville. *Une paire de **baskets**.* → Prononciation [baskɛt].

basketteur, euse (nom)
Personne qui joue au basket.

basque
➠ Voir tableau p. 6.

bas-relief (nom masculin)
Sculpture effectuée sur un bloc et dont le relief est peu marqué. *Ce temple est orné de **bas-reliefs**.* → Pluriel : des bas-reliefs.

un **bas-relief** de l'Antiquité (XIIIe siècle avant J.-C.)

basse-cour (nom féminin)
Partie de la ferme réservée à l'élevage des volailles et des lapins. → Pluriel : des basses-cours.

bassement (adverbe)
D'une manière basse, méprisable. *Se venger **bassement**.*

bassesse (nom féminin)
Acte bas, méprisable. *Il a osé tricher alors que nous lui faisions confiance, quelle **bassesse** !* (Contr. grandeur d'âme, noblesse.)

basset (nom masculin)
Chien très bas sur pattes.

bassin (nom masculin)
1. Construction servant à recevoir de l'eau. *Au fond du jardin, il y a un* ***bassin*** *avec des poissons rouges.* 2. Partie d'un port où se trouvent les bateaux. 3. Gisement de houille ou de minerai. 4. Région arrosée par un fleuve et ses affluents. *Le* ***bassin*** *de la Loire.* 5. Grande plaine en forme de cuvette. *Le* ***bassin*** *parisien.* 6. Ensemble des os de la base du tronc, sur lesquels s'articulent les os des cuisses.

bassine (nom féminin)
Grande cuvette à anses. *Une* ***bassine*** *à confitures.*

bassiste (nom)
Guitariste qui joue de la basse. *Le* ***bassiste*** *d'un groupe de rock.*

basson (nom masculin)
Instrument de musique à vent, au son grave.

un **basson**

bastingage (nom masculin)
Barrière qui borde le pont d'un navire. *S'accouder au* ***bastingage***.

bastion (nom masculin)
Construction en saillie, dans une fortification.

bas-ventre (nom masculin)
Partie inférieure du ventre. → Pluriel : des bas-ventres.

bât (nom masculin)
Sorte de selle que l'on place sur le dos des ânes ou des chevaux pour le transport des charges. • **C'est là que le bât blesse** : c'est le point sensible.

bataille (nom féminin)
1. Combat entre des armées ennemies. *En 1916, la* ***bataille*** *de Verdun a fait énormément de morts.* 2. Lutte entre des personnes. *Xavier et Julie ont livré une* ***bataille*** *de boules de neige.* • **Avoir les cheveux en bataille** : en désordre. ⊙ Famille du mot : batailler, batailleur.

La **bataille** de Crécy eut lieu en 1346.

batailler (verbe) ⊙ conj.n°3
Discuter avec acharnement pour convaincre. *Il* ***a*** *longuement* ***bataillé*** *pour obtenir ce qu'il voulait.*

batailleur, euse (adjectif)
Qui est toujours prêt à se battre. (Syn. bagarreur.)

bataillon (nom masculin)
Unité militaire constituée de plusieurs compagnies et dirigée par un commandant.

bâtard, arde (adjectif et nom)
Qui est issu d'un croisement entre deux races différentes. *Un chien* ***bâtard***. ▷ **bâtard** (nom masculin) Pain court.

▸ **batavia** (nom féminin)
Variété de laitue, aux feuilles croquantes.

▸ **bateau, eaux** (nom masculin)
1. Véhicule qui sert à se déplacer sur l'eau. *Les barques, les paquebots, les yachts, les canots, les voiliers sont des **bateaux**.* 2. Abaissement de la bordure d'un trottoir devant une sortie de voiture. *Le long d'un **bateau**, le stationnement est interdit.* ▷ **bateau** (adjectif) Synonyme familier de banal. *Tes plaisanteries **bateau** ne me font plus rire.* → Pluriel : des sujets bateau.

▸ **bateau-mouche** (nom masculin)
Bateau de promenade sur la Seine, à Paris. → Pluriel : des bateaux-mouches.

▸ **bateleur, euse** (nom)
Personne qui, sur une place publique ou dans les foires, amusait le public avec des tours d'adresse ou des pitreries.

▸ **batelier** (nom masculin)
Synonyme de marinier.

▸ **bathyscaphe** (nom masculin)
Sorte de sous-marin qui permet d'explorer les grandes profondeurs.

▸ **bâti, ie** (adjectif)
• **Bien bâti** : se dit d'une personne robuste.

▸ **batifoler** (verbe) ○ conj.n°3
Jouer gaiement. *Les chatons **batifolent** dans l'herbe.*

▸ **bâtiment** (nom masculin)
1. Construction ou édifice, en général de grandes dimensions. *Cet hôpital comporte plusieurs **bâtiments**.* 2. Ensemble des métiers qui travaillent pour la construction. *Les maçons, les peintres, les couvreurs sont des ouvriers du **bâtiment**.* 3. Grand navire. *La flotte ennemie comprenait de nombreux **bâtiments**.*

▸ **bâtir** (verbe) ○ conj.n°11
Construire des maisons, des monuments. ***Bâtir** un immeuble, une école.*

▸ **bâtisse** (nom féminin)
Grand bâtiment.

▸ **bâton** (nom masculin)
1. Morceau de bois long et mince. *Yann taille une branche pour en faire un **bâton**.* 2. Objet long et mince. *Un **bâton** de colle.* • **Mettre des bâtons dans les roues de quelqu'un** : s'opposer à ses projets. • **Parler à bâtons rompus** : en passant d'un sujet à un autre.

▸ **bâtonnet** (nom masculin)
Petit bâton. *On se sert d'un **bâtonnet**, avec du coton, pour se nettoyer les oreilles.*

▸ **batracien** (nom masculin)
Synonyme ancien d'amphibien.

▸ **battage** (nom masculin)
1. Action de battre des céréales. *Le **battage** du blé permet de séparer les grains de l'épi.* 2. Dans la langue familière, publicité tapageuse. *La presse a fait un énorme **battage** autour du mariage de la princesse.*

▸ **battant, ante** (adjectif)
• **Le cœur battant** : avec le cœur qui bat très fort. • **Pluie battante** : pluie violente. ▷ **battant, ante** (nom) Personne énergique, combative. *Hélène est une **battante**, elle ne renonce jamais.* ▷ **battant** (nom masculin) 1. Barre de métal suspendue à l'intérieur d'une cloche et qui en frappe la paroi. 2. Partie mobile d'une porte ou d'une fenêtre. *Benjamin ouvre les deux **battants** de porte.*

▸ **batte** (nom féminin)
Bâton renflé à un bout, utilisé au base-ball.

▸ **battement** (nom masculin)
1. Mouvements de ce qui bat. *Les **battements** du cœur.* 2. Bruit produit par ce qui bat. *Un **battement** d'ailes.* 3. Intervalle de temps. *On a dix minutes de **battement** à la gare pour changer de train.*

Les bateaux

Un voilier (dériveur)

un voilier égyptien (2 200 ans av. J.-C.)

une jonque chinoise (250 ans av. J.-C.)

un galion espagnol (XVIe siècle)

Le Savannah était propulsé à la fois par des voiles, par une hélice et par des roues à aubes (1858).

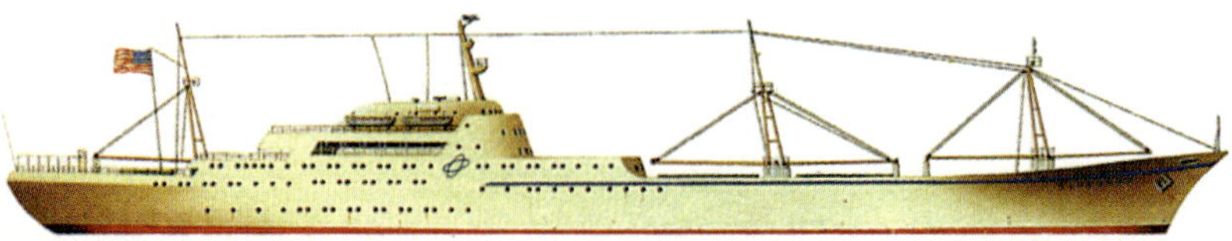

un cargo moderne, à propulsion atomique

batterie (nom féminin)
1. Ensemble de pièces d'artillerie. 2. Ensemble d'ustensiles de cuisine. *Acheter une **batterie** de casseroles.* 3. Ensemble d'instruments de musique à percussion. *Cette **batterie** comporte deux tambours, des cymbales et une grosse caisse.* 4. Appareil qui emmagasine l'électricité nécessaire à un véhicule.

batteur (nom masculin)
1. Appareil électrique pour mélanger les aliments. *Maman se sert du **batteur** pour faire la mousse au chocolat.* 2. Personne qui joue de la batterie dans un orchestre.

battre (verbe) ⭘ conj.n°31
1. Donner des coups. *Arrêtez de **vous battre** !* (Syn. frapper, taper.) 2. Remporter une victoire sur quelqu'un. *Laura **a battu** son adversaire au tennis.* 3. Taper sur quelque chose. ***Battre** les tapis. **Battre** le blé.* 4. Mélanger énergiquement. ***Battre** des œufs pour faire une omelette. **Battre** les cartes.* 5. Taper de façon répétée. *Le cœur **bat** plus vite quand on a peur. La porte **bat** car elle est mal fermée.* 6. Parcourir dans tous les sens. *La police **a battu** la forêt pour retrouver l'enfant disparu.* (Syn. fouiller.) 7. Se battre : combattre, lutter. ***Se battre** contre l'injustice.* • **Battre des mains** : les frapper l'une contre l'autre. • **Battre en retraite** : reculer ou céder. • **Battre la mesure** : indiquer le rythme d'un morceau de musique. • **Battre la semelle** : frapper le sol avec chaque pied alternativement pour se réchauffer. ⊙ Famille du mot : battage, battant, battement, batteur, battu, battue, imbattable.

battu, ue (adjectif)
• **Terre battue** : sol tassé. • **Yeux battus** : yeux cernés à cause de la fatigue.

battue (nom féminin)
Action de parcourir la campagne, pour faire sortir le gibier ou rechercher une personne.

baudet (nom masculin)
Âne. *Clément est chargé comme un **baudet**.*

baudrier (nom masculin)
1. Courroie que l'on porte en bandoulière et qui soutient une arme. 2. Harnais d'alpiniste ou de spéléologue.

baudroie (nom féminin)
Synonyme de lotte.

une **baudroie** (ou lotte)

baudruche (nom féminin)
Mince pellicule de caoutchouc dont on fait des ballons gonflables.

baume (nom masculin)
Pommade qui calme la douleur. *L'infirmière a massé ma cheville foulée avec un **baume**.* • **Mettre du baume au cœur** : apaiser le chagrin ou la douleur.

bauxite (nom féminin)
Minerai d'aluminium, de couleur rouge. ⊙ Bauxite vient du nom des *Baux-de-Provence*, village du midi de la France.

bavard, arde (adjectif et nom)
Qui parle beaucoup. *Un élève **bavard**. Quelle **bavarde** cette Anna !* ⊙ Famille du mot : bavardage, bavarder.

bavardage (nom masculin)
Fait de bavarder.

bavarder (verbe) ⭘ conj.n°3
Parler de choses sans importance. (Syn. causer.)

bave (nom féminin)
1. Salive qui s'écoule de la bouche. 2. Liquide gluant que produisent certains mollusques. *La **bave** de l'escargot.* ⊙ Famille du mot : baver, baveux, bavoir, bavure.

baver (verbe) ⊙ conj.n°3
1. Laisser couler de la bave. *Ce chien **bave** tout le temps !* 2. Déborder en se mélangeant à d'autres couleurs. *Recommence ton dessin, la couleur **a bavé** partout !*

baveux, euse (adjectif)
• **Omelette baveuse** : omelette pas très cuite, avec une partie liquide.

bavoir (nom masculin)
Pièce de tissu que l'on attache autour du cou des bébés.

bavure (nom féminin)
1. Trace d'encre ou de couleur qui a bavé. *Il faut recommencer ce devoir plein de taches et de **bavures**.* 2. Au sens figuré, abus ou erreur regrettable. *Une **bavure** policière.* • **Sans bavure** : de façon parfaite, impeccable.

bayer (verbe) ⊙ conj.n°3
• **Bayer aux corneilles** : regarder en l'air en rêvassant.

bazar (nom masculin)
1. Magasin où l'on vend toutes sortes de choses. 2. Dans la langue familière, endroit en désordre. *Tu as vu le **bazar** qu'il y a sur ton bureau !*

B.C.G. (nom masculin)
Vaccin contre la tuberculose. ⊙ B.C.G. est l'abréviation de *bacille de Calmette et Guérin*, médecins qui ont inventé ce vaccin.

B.D. (nom féminin)
Bande dessinée. *La **B.D.** préférée d'Ibrahim, c'est Gaston Lagaffe.*

béant, ante (adjectif)
Qui est grand ouvert. *La bombe a fait un trou **béant** dans le mur.*

béat, ate (adjectif)
Qui exprime une satisfaction niaise. *Elle est **béate** d'admiration pour ses enfants.*

beau, bel, belle, beaux (adjectif)
1. Qui est agréable à regarder ou à écouter. *Un **beau** paysage, un **bel** homme, une **belle** chanson.* (Syn. joli. Contr. laid.) 2. Qui est réussi, digne d'admiration. *Le peintre a vraiment fait du **beau** travail.* 3. Qui est convenable moralement. *Ce n'est pas **beau** de copier sur ton voisin !* 4. Qui est important. *Tu vas attraper une **belle** grippe si tu ne te couvres pas.* • **De plus belle** : de nouveau et de plus en plus. • **Un beau jour, un beau matin** : un jour, un matin, alors que ce n'était pas prévu. ▷ **beau** (nom masculin) • **C'est du beau !** : ce n'est vraiment pas bien ! • **Faire le beau** : en parlant d'un chien, se tenir sur les pattes de derrière. ▷ **belle** (nom féminin) Troisième partie pour départager des joueurs à égalité. *Après la revanche, on fait la **belle**.* • **En faire de belles** : faire de grosses bêtises. ▷ **beau** (adverbe) • **Avoir beau dire** ou **beau faire** : le dire, le faire en vain. ***J'ai eu beau** insister, il n'a pas voulu venir.* • **Il fait beau** : le temps est agréable, le soleil brille. → Au masculin, on emploie *bel* devant une voyelle ou un h muet : un *bel* été, un *bel* homme. ⊙ Famille du mot : beauté, embellir.

beaucoup (adverbe)
1. En grande quantité. *On a pêché **beaucoup** de poissons.* 2. Avec une grande intensité. *Kevin a **beaucoup** aimé ce film.* (Syn. énormément. Contr. peu.) • **De beaucoup** : avec une grande différence. *Élodie est **de beaucoup** la meilleure élève de la classe.* (Syn. de loin. Contr. de peu.)

beau-fils (nom masculin)
1. Mari de la fille. (Syn. gendre.) 2. Fils que le mari ou la femme a eu d'un premier mariage. → Pluriel : des beaux-fils.

beau-frère (nom masculin)
1. Frère du mari ou de l'épouse. 2. Mari de la sœur. → Pluriel : des beaux-frères.

beau-père (nom masculin)
1. Père du mari ou de l'épouse. 2. Pour un enfant, deuxième mari de sa mère. → Pluriel : des beaux-pères.

beauté (nom féminin)
1. Qualité de ce qui est beau. *La **beauté** d'un visage, d'un paysage.* 2. Générosité d'une action ou d'un sentiment. *J'espère que tu apprécies la **beauté** de son geste.*

beaux-arts (nom masculin pluriel)
Ensemble des arts plastiques, c'est-à-dire le dessin, la peinture, la sculpture, la gravure et l'architecture.

beaux-parents (nom masculin pluriel)
Le beau-père et la belle-mère.

bébé (nom masculin)
1. Tout petit enfant. *Fatima regarde le **bébé** qui tète sa maman.* (Syn. nourrisson, poupon.) 2. Petit d'un animal. *Un **bébé** phoque.*

bec (nom masculin)
1. Les deux parties dures et pointues qui servent de bouche aux oiseaux. 2. Objet en forme de bec. *Le **bec** de la théière est cassé.* • **Prise de bec** : violente dispute. • **Tomber sur un bec** : rencontrer une difficulté imprévue.

différentes sortes de **becs** d'oiseaux

bécane (nom féminin)
Synonyme familier de bicyclette ou de cyclomoteur.

bécasse (nom féminin)
Oiseau migrateur à long bec.

bécassine (nom féminin)
Sorte de petite bécasse.

bec-de-lièvre (nom masculin)
Malformation de la lèvre supérieure d'une personne. → Pluriel : des becs-de-lièvre.

une **bécasse**

béchamel (nom féminin)
Sauce blanche faite avec de la farine, du beurre et du lait. ⊙ Béchamel vient du nom de *Louis de Béchamel*, financier du XVIIe siècle.

bêche (nom féminin)
Outil de jardinage en forme de pelle plate et qui sert à labourer la terre.

bêcher (verbe) ○ conj. n°3
Retourner la terre avec une bêche. *Il faut **bêcher** la terre avant de semer.*

becquée (nom féminin)
Nourriture qu'un oiseau donne à ses petits avec son bec. *Dans leur nid, l'hirondelle donne la **becquée** à ses petits.*

L'hirondelle donne la **becquée** à ses petits.

bedonnant, ante (adjectif)
Qui a un gros ventre.

bée (adjectif féminin)
• **Bouche bée** : avoir la bouche ouverte d'étonnement ou d'admiration.

beffroi (nom masculin)
Tour dont la cloche sonnait en cas de danger.

a b c d e f g h i j k l m n o p q r s t u v w x y z

bégaiement (nom masculin)
Fait de bégayer. → Prononciation [begɛmɑ̃].

bégayer (verbe) ○ conj.n°7
Parler avec difficulté, en répétant certaines syllabes.

bégonia (nom masculin)
Plante à fleurs de couleurs vives. ⊙ Bégonia vient du nom de *Michel Bégon*, qui ramena cette plante de Saint-Domingue à l'époque de Louis XIV.

bègue (adjectif et nom)
Qui bégaie. ⊙ Famille du mot : bégaiement, bégayer.

beige (adjectif)
Qui est d'une couleur brun très clair. ▷ **beige** (nom masculin) Couleur beige. *Myriam porte souvent du **beige**.*

beignet (nom masculin)
Boule de pâte cuite dans l'huile bouillante. *Pierre adore les **beignets** aux pommes.*

bel ➠ Voir beau.

bêlement (nom masculin)
Cri du mouton ou de la chèvre.

bêler (verbe) ○ conj.n°3
Pousser des bêlements.

belette (nom féminin)
Petit mammifère carnivore au poil fauve et au corps allongé.

une **belette**

belge
➠ Voir tableau p. 6.

bélier (nom masculin)
1. Mouton mâle. *Le **bélier** porte des cornes recourbées.* 2. Machine de guerre du Moyen Âge, qui servait à enfoncer les portes des châteaux assiégés.

belladone (nom féminin)
Plante à fleurs pourpres et à baies noires très toxiques.

la **belladone**

belle ➠ Voir beau.

belle-famille (nom féminin)
Famille du mari ou de l'épouse. → Pluriel : des belles-familles.

belle-fille (nom féminin)
1. Fille que le mari ou la femme a eue d'un premier mariage. 2. Synonyme de bru. → Pluriel : des belles-filles.

belle-mère (nom féminin)
1. Mère du mari ou de l'épouse. 2. Pour un enfant, deuxième femme de son père. → Pluriel : des belles-mères.

belle-sœur (nom féminin)
1. Sœur du mari ou de l'épouse. 2. Femme du frère. → Pluriel : des belles-sœurs.

belligérant (nom masculin)
Pays qui est en guerre avec un autre.

belliqueux, euse (adjectif)
Qui est agressif. *Un homme agressif et **belliqueux**.* (Contr. pacifique.)

belote (nom féminin)
Jeu de cartes qui se joue avec un jeu de 32 cartes.

belvédère (nom masculin)
Construction aménagée sur une hauteur, d'où on peut contempler le paysage.

bémol (nom masculin)
En musique, signe qui, placé devant une note, l'abaisse d'un demi-ton.

bénédiction (nom féminin)
1. Cérémonie par laquelle un religieux bénit quelqu'un ou quelque chose. *Recevoir la **bénédiction** du pape.* 2. Événement heureux. *Cette pluie est une **bénédiction** pour le jardin.* (Contr. malédiction.)

bénéfice (nom masculin)
Somme d'argent que l'on gagne quand on revend plus cher ce que l'on a acheté ou ce que l'on a produit. *Cette entreprise est prospère car elle fait de gros **bénéfices**.* (Syn. gain, profit. Contr. perte.) • **Au bénéfice de quelqu'un** : à son profit. *Les élèves ont fait une collecte **au bénéfice des** enfants hospitalisés.*

bénéficiaire (adjectif)
Qui bénéficie de quelque chose. *Grand-mère est **bénéficiaire** d'une pension.*

bénéficier (verbe) conj.n°10
Tirer avantage ou profit de quelque chose. *Quentin **a bénéficié** d'une place gratuite pour aller au théâtre.* (Syn. profiter.)

bénéfique (adjectif)
Qui fait du bien. *Son séjour à la montagne lui a été très **bénéfique**.* (Syn. profitable)

benêt (nom masculin)
Garçon naïf et un peu bête. *Quel **benêt**, ce Romain, il n'a rien compris !* (Syn. niais, nigaud. Contr. malin.)

bénévolat (nom masculin)
Travail fait par une personne bénévole.

bénévole (adjectif)
Qui fait quelque chose gratuitement et sans y être obligé. *On demande des personnes **bénévoles** pour aider les enfants en difficulté à faire leurs devoirs.* ⊙ Famille du mot : bénévolat, bénévolement.

bénévolement (adverbe)
De façon bénévole. *Travailler **bénévolement** pour une association.*

bénin, bénigne (adjectif)
Qui est sans gravité. *Le rhume est une maladie **bénigne**.* (Contr. grave, malin.)

bénir (verbe) conj.n°11
1. Demander à Dieu de protéger une personne ou une chose. *Le pape **a béni** la foule des fidèles.* 2. Être très content et reconnaissant pour quelque chose. *Je **bénis** ce hasard qui vous a mis sur ma route.* (Syn. louer. Contr. maudire.) ⊙ Famille du mot : bénit, bénitier.

bénit, ite (adjectif)
Rendu sacré par une cérémonie religieuse. *De l'eau **bénite**.*

bénitier (nom masculin)
Dans une église, petit bassin contenant de l'eau bénite.

benjamin, ine (nom)
Personne la plus jeune d'une famille ou d'un groupe. *Noémie est la cadette, c'est Odile qui est la **benjamine**.* (Contr. aîné.) ⊙ Dans la Bible, Benjamin était le dernier des douze fils de Jacob.

benne (nom féminin)
Grande caisse qui se trouve à l'arrière d'un camion et qui peut basculer. *La **benne** bascule pour décharger le gravier.*

béquille (nom féminin)
1. Grande canne sur laquelle on appuie l'aisselle pour s'aider à marcher. 2. Support qui maintient debout à l'arrêt une bicyclette ou une moto. ➡ p. 733.

bercail (nom masculin singulier)
Dans la langue familière, maison familiale. *La chatte est revenue au **bercail**.* ⊙ Le sens ancien de bercail était « bergerie ».

a b c d e f g h i j k l m n o p q r s t u v w x y z

berceau, eaux (nom masculin)
Petit lit de bébé, que l'on peut balancer.

bercement (nom masculin)
Action de bercer. *Au doux* ***bercement*** *de la musique, elle s'endormit.*

bercer (verbe) ➲ conj.n°4
Balancer doucement et régulièrement. *Le mouvement des vagues la* ***berçait.***
⊙ Famille du mot : berceau, bercement, berceuse.

berceuse (nom féminin)
Chanson douce et lente que l'on chante pour endormir un bébé.

béret (nom masculin)
Coiffure en étoffe, ronde et plate. *Certains militaires portent un* ***béret.***

berge (nom féminin)
Bord d'un cours d'eau. *Sarah promène son chien sur la* ***berge*** *du canal.*

berger, ère (nom)
Personne qui garde les moutons. *Le* ***berger*** *passe l'été dans la montagne avec son troupeau.* • **L'étoile du berger** : la planète Vénus. ▷ **berger** (nom masculin) Race de chiens. *Un* ***berger*** *allemand.* ➠ p. 202.

bergère (nom féminin)
Fauteuil large et profond.

bergerie (nom féminin)
Bâtiment où l'on abrite les moutons.

bergeronnette (nom féminin)
Petit passereau à longue queue. ⊙ On l'appelle aussi un *hochequeue* parce que sa longue queue remue sans arrêt.

une **bergeronnette**

berline (nom féminin)
Modèle d'automobile à quatre portes.

berlingot (nom masculin)
Bonbon en forme de pyramide. *Des* ***berlingots*** *de Carpentras.*

berlue (nom féminin singulier)
• **Avoir la berlue** : dans la langue familière, voir autre chose que ce qui est. *C'est bien lui ? Je n'****ai*** *pas* ***la berlue ?***
⊙ Berlue vient de l'ancien français *belluer* qui signifie « éblouir », et que l'on retrouve dans *éberlué*.

bermuda (nom masculin)
Short qui descend jusqu'aux genoux.

bernard-l'ermite (nom masculin)
Crustacé qui se loge dans les coquilles vides. ➔ Pluriel : des bernard-l'ermite.

un **bernard-l'ermite**

berne (nom féminin)
• **Drapeau en berne** : drapeau qu'on garde serré, en signe de deuil. *À l'annonce de la mort du Président, on a mis les* ***drapeaux en berne.***

berner (verbe) ➲ conj.n°3
Tromper quelqu'un en le ridiculisant. *Dans la fable de La Fontaine, avec ses compliments, le rusé renard* ***a berné*** *le corbeau.* (Syn. duper.)

berrichon, onne
➠ Voir tableau p. 6.

besace (nom féminin)
Sac formé de deux poches, que l'on porte sur l'épaule.

besogne (nom féminin)
Travail qu'on est obligé de faire. *Ranger sa chambre, c'est une rude* ***besogne*** *pour Thomas !* (Syn. tâche.)

besoin (nom masculin)
1. Chose indispensable. *J'ai* ***besoin*** *de ton aide.* 2. Manque de tout ce qui est nécessaire pour vivre. *Ces gens sont dans le* ***besoin***. (Syn. gêne, misère.) • **Au besoin** : si c'est vraiment nécessaire
▷ **besoins** (nom masculin pluriel) • **Faire ses besoins** : évacuer ses excréments. *Le chat* ***fait ses besoins*** *dans son bac rempli de litière.*

bestial, ale, aux (adjectif)
Qui fait penser à une bête. *Il a une allure de brute et un air* ***bestial***.

bestiaux (nom masculin pluriel)
Gros animaux de la ferme (vaches, porcs, chevaux). *Un marchand de* ***bestiaux***. (Syn. bétail.)

bestiole (nom féminin)
Petite bête ou insecte. *Aïe ! Sale* ***bestiole*** *! Elle m'a piqué !*

best-seller (nom masculin)
Livre qui a un énorme succès. → Prononciation [bɛstsɛlɛʀ]. → Pluriel : des best-sellers. ⊙ En anglais, best-seller signifie « qui se vend très bien ».

bétail (nom masculin singulier)
Ensemble des bestiaux. *Cet éleveur a au moins cent têtes de* ***bétail !***

1. bête (adjectif)
Qui manque d'intelligence. *Il est* ***bête*** *comme ses pieds.* (Syn. idiot, sot, stupide. Contr. intelligent.) • **Bête comme chou** : très facile. ⊙ Famille du mot : abêtir, bêtement, bêtise.

2. bête (nom féminin)
Synonyme d'animal. *Victor aime les* ***bêtes***. *Le tigre, la panthère sont des* ***bêtes*** *féroces.* • **Bête à bon Dieu** : coccinelle. • **La bête noire de quelqu'un** : chose ou personne dont il a horreur. • **Chercher la petite bête** : chercher les petits détails, être tatillon.

bêtement (adverbe)
D'une manière bête ou étourdie. *Il a* ***bêtement*** *oublié ses clés.* • **Tout bêtement** : tout simplement.

bêtise (nom féminin)
1. Manque d'intelligence. *Il est d'une* ***bêtise*** *rare.* (Syn. sottise, stupidité. Contr. intelligence.) 2. Action ou parole bêtes. *Cesse donc de dire des* ***bêtises*** *!* (Syn. ânerie, sottise.)

béton (nom masculin)
Matériau de construction fait d'un mélange de sable, de graviers et de ciment.

bétonnière (nom féminin)
Machine qui sert à préparer le béton. → On dit aussi bétonneuse.

bette (nom féminin)
Plante potagère dont on mange les feuilles et les tiges blanches, appelées « côtes ». → On dit aussi blette.

betterave (nom féminin)
Plante cultivée pour sa grosse racine. *Des* ***betteraves*** *rouges en salade. Des* ***betteraves*** *à sucre.*

beuglement (nom masculin)
Cri des bovins. *On entendait le* ***beuglement*** *des vaches dans l'étable.* (Syn. meuglement, mugissement.)

beugler (verbe) ○ conj.n°3
Pousser des beuglements. *Le taureau se mit à* ***beugler***. (Syn. meugler, mugir.)

beur (nom)
Personne jeune née en France de parents maghrébins immigrés. ⊙ Beur vient de *arabe* en verlan.

beurre (nom masculin)
Matière grasse obtenue en battant la crème du lait. ⊙ Famille du mot : beurrer, beurrier.

beurrer (verbe) ○ conj.n°3
Étaler du beurre sur quelque chose. *Ursula* ***beurre*** *un moule à gâteaux.*

beurrier (nom masculin)
Récipient servant à mettre le beurre.

bévue (nom féminin)
Erreur due à la maladresse. *William s'est trompé, il a encore commis une* ***bévue***.

biais (nom masculin)
Moyen habile et détourné. *La question le gênait, il a cherché un* ***biais*** *pour y répondre.* • **De biais, en biais** : en diagonale, en oblique.

bibelot (nom masculin)
Petit objet décoratif. *Le buffet de grand-mère est couvert de petits* ***bibelots****.*

biberon (nom masculin)
Petite bouteille munie d'une tétine, avec laquelle on fait boire les bébés.

bible (nom féminin)
1. Livre saint des chrétiens qui comprend l'Ancien et le Nouveau Testament. *Pour les Juifs, la* ***Bible*** *ne comprend que l'Ancien Testament.* 2. Au sens figuré, livre où l'on trouve tout ce que l'on cherche. *Ce livre sur les oiseaux, c'est une vraie* ***bible*** *!* → Au sens 1, ce mot commence par une majuscule.

bibliobus (nom masculin)
Camionnette qui sert de bibliothèque ambulante.

bibliothécaire (nom)
Personne qui s'occupe d'une bibliothèque.

bibliothèque (nom féminin)
1. Meuble servant à ranger des livres. *Les rayons de la* ***bibliothèque****.* 2. Établissement où l'on peut lire et emprunter des livres. *Zoé s'est inscrite à la* ***bibliothèque*** *municipale.*

biblique (adjectif)
De la Bible. *Salomon et la reine de Saba sont des personnages* ***bibliques****.*

biceps (nom masculin)
Muscle du bras. *Xavier gonfle ses* ***biceps*** *pour montrer comme il est fort.*

biche (nom féminin)
Femelle du cerf.

bicolore (adjectif)
Qui est de deux couleurs. *Le drapeau de l'Autriche est* ***bicolore*** *: rouge et blanc.*

bicoque (nom féminin)
Petite maison peu solide.

bicorne (nom masculin)
Chapeau à deux pointes. *Napoléon Ier portait un* ***bicorne****.*

Sur ce tableau de Louis David, Bonaparte porte son **bicorne** (1800).

bicyclette (nom féminin)
Véhicule à deux roues dont la roue arrière tourne quand on pédale. ⊙ La bicyclette est faite de deux (*bi-*) « cycles », mot grec qui veut dire « cercle ». ➠ p. 123.

bidet (nom masculin)
Petit cheval. *« À cheval sur mon* ***bidet****... »*

bidon (nom masculin)
Récipient en métal, fermé par un bouchon et servant à transporter un liquide. *Un* ***bidon*** *de lait, un* ***bidon*** *d'essence.* ▷ **bidon** (adjectif) Dans la langue familière, inventé de toutes pièces. *C'est complètement* ***bidon****, ton histoire, elle ne comporte rien de vrai !* → Pluriel : des histoires bidon.

bidonville (nom masculin)
Quartier très pauvre où les maisons sont faites avec des matériaux de récupération (tôles, planches, cartons, bidons).

bidule (nom masculin)
Dans la langue familière, petit objet. *Qu'est-ce que c'est donc que ce* ***bidule*** *?* (Syn. machin, truc.)

bielle (nom féminin)
Tige de métal, articulée aux deux bouts, qui transmet le mouvement.

bien (adjectif)
1. Qui a beaucoup de qualités. *C'est **bien** ce que tu as fait en math !* (Contr. mauvais.) 2. Qui est conforme à la morale, qui est juste et honnête. *C'est une femme très **bien**, très courageuse.* 3. Qui est à l'aise et content. *On est **bien**, chez nous !* 4. Qui est en bonne santé. *Anna est vraiment **bien** en ce moment.* • **Être bien avec quelqu'un** : s'entendre avec lui. → Pluriel : des gens bien. ▷ **bien** (nom masculin) 1. Ce qui est bien, conforme à la morale. *Il faut apprendre à distinguer le **bien** du mal.* (Contr. mal.) 2. Ce qui est agréable ou bon pour quelqu'un. *Le séjour à la mer lui a fait le plus grand **bien**.* 3. Ce que l'on possède. *Avoir du **bien**. Il a dû vendre tous ses **biens**.* (Syn. fortune, richesse.) • **Mener quelque chose à bien** : réussir à le terminer. ▷ **bien** (adverbe) 1. D'une manière satisfaisante, correcte. *Yann écrit très **bien**.* (Contr. mal.) 2. Très ou beaucoup. *On s'est **bien** amusés !* 3. Vraiment. *Mais oui, c'est **bien** lui !* 4. Au moins. *Cela fait bien un an que je ne l'ai vu.* 5. Nécessairement, obligatoirement. *Il va **bien** falloir s'habituer.* • **Bien du (de la, des)** : beaucoup. *Je te souhaite **bien du** plaisir.* • **Bien fait !** : bien mérité ! • **Tant bien que mal** : comme on a pu. ▷ **bien** (interjection) Indique qu'on a fini quelque chose. • **Eh bien !** : marque la surprise ou la résignation. ***Eh bien !** tant pis pour toi !*

bien-aimé, ée (adjectif et nom)
Qu'on aime tendrement. *Avant le départ, Élodie embrasse son père **bien-aimé**. Mon grand frère écrit à sa **bien-aimée**.* → Pluriel : des bien-aimés, des bien-aimées.

bien-être (nom masculin)
1. Fait de se sentir bien. *Auprès du feu, Fatima éprouve une sensation de **bien-être**.* (Contr. malaise.) 2. Aisance financière qui permet de vivre bien. *Cette famille vit dans le **bien-être**.* (Contr. besoin, gêne.)

bienfaisance (nom féminin)
Action de faire du bien en aidant les autres. *On a donné des vêtements à une œuvre de **bienfaisance**.* → Prononciation [bjɛ̃fəzɑ̃s].

bienfaisant, ante (adjectif)
Qui fait du bien. *L'exercice est **bienfaisant** pour la santé.* (Syn. bénéfique. Contr. néfaste, nocif.) → Prononciation [bjɛ̃fəzɑ̃].

bienfait (nom masculin)
Effet bénéfique de quelque chose. *Les **bienfaits** de la médecine.* (Contr. méfait.) ⊙ Famille du mot : bienfaisance, bienfaisant, bienfaiteur.

bienfaiteur, trice (nom)
Personne qui fait du bien aux autres. *Pasteur a été un **bienfaiteur** de l'humanité.*

une **bicyclette**

bien-fondé (nom masculin)
Caractère d'une action qui est conforme à la justice ou à la raison. *On a examiné le **bien-fondé** de leurs revendications.*

bienheureux, euse (adjectif et nom)
Qui est très heureux. *Voilà un **bienheureux** concours de circonstances.*

bien que (conjonction)
Indique une opposition. *Gaëlle adore nager **bien que** ce soit fatigant.* (Syn. quoique.) → Bien que est suivi du subjonctif.

bienséance (nom féminin)
Ce qu'il convient de dire et de faire en société. *C'est une règle de **bienséance**, de penser à remercier quand on reçoit un cadeau.*

bien sûr (adverbe)
Naturellement, cela va de soi. *Tu en veux ? **Bien sûr** !* (Syn. évidemment, oui.)

bientôt (adverbe)
Dans peu de temps. *Je reviens **bientôt**. À **bientôt**, j'espère.* (Syn. prochainement.)

bienveillance (nom féminin)
Attitude compréhensive à l'égard des autres. *Le directeur écoute les parents d'élèves avec **bienveillance**.* (Contr. malveillance.)

bienveillant, ante (adjectif)
Qui fait preuve de bienveillance. *Pourvu que la maîtresse soit **bienveillante** en corrigeant mon devoir !* (Contr. malveillant.)

bienvenu, ue (adjectif)
Qu'on est content de voir arriver. *Après cette chaleur étouffante, la pluie est **bienvenue** !* ▷ **bienvenue** (nom féminin) • **Souhaiter la bienvenue** : accueillir quelqu'un par des paroles aimables.

bière (nom féminin)
1. Boisson gazeuse et alcoolisée. *Le houblon sert à parfumer la **bière**.* 2. Synonyme de cercueil. *L'employé des pompes funèbres a procédé à la mise en **bière**.*

bifteck (nom masculin)
Tranche de viande de bœuf. *Tu le veux comment, ton **bifteck**, saignant, bleu ou à point ?* (Syn. steak.) ⊙ Bifteck vient de l'anglais ***beefsteak*** qui signifie « tranche de bœuf ».

bifurcation (nom féminin)
Endroit où la route bifurque. *À la **bifurcation**, vous prendrez à droite.* (Syn. embranchement.)

bifurquer (verbe) ○ conj. n°3
1. Se séparer en deux branches. *On ne sait par où passer car le chemin **bifurque** !* 2. Changer de direction. *Au carrefour, la voiture **a** soudain **bifurqué**.*

bigame (adjectif et nom)
Qui est marié à deux personnes en même temps.

bigamie (nom féminin)
Situation d'une personne bigame. *En France, la **bigamie** est interdite.*

bigarré, ée (adjectif)
Qui a des couleurs vives et variées. *Le clown porte un costume **bigarré**.* (Syn. bariolé.)

bigarreau, eaux (nom masculin)
Grosse cerise rouge et blanche.

bigorneau, eaux (nom masculin)
Coquillage marin qui ressemble à un petit escargot noir.

bigot, ote (nom)
Personne qui pratique sa religion de façon bornée et sans générosité.

bigoudi (nom masculin)
Petit rouleau autour duquel on enroule les mèches de cheveux pour les faire boucler.

bijou, oux (nom masculin)
1. Petit objet de parure. *Les boucles d'oreilles, les bagues, les bracelets sont des **bijoux**.* 2. Chose très bien faite, belle et raffinée. *Leur maison, c'est un vrai petit **bijou** !* ⊙ Famille du mot : bijouterie, bijoutier.

bijouterie (nom féminin)
Magasin du bijoutier.

bijoutier, ère (nom)
Personne qui fabrique ou qui vend des bijoux.

bilan (nom masculin)
1. Comptes détaillés d'une année, dans lesquels on fait le total des dépenses et des recettes. *Le comptable de l'entreprise a fait le **bilan**.* 2. Résultat final. *Je n'ai pas fait grand chose aujourd'hui, le **bilan** est plutôt mince !* • **Déposer son bilan** : faire faillite.

bilatéral, ale, aux (adjectif)
Qui a deux côtés. *Dans ma rue, le stationnement est **bilatéral**.*

bilboquet (nom masculin)
Jeu d'adresse qui consiste à envoyer en l'air une boule percée d'un trou et à la rattraper sur un manche pointu avant qu'elle ne retombe.

un **bilboquet**

bile (nom féminin)
Liquide amer et jaunâtre produit par le foie. • **Se faire de la bile** : synonyme familier de s'inquiéter.

bilingue (adjectif)
Qui parle deux langues. *On demande une secrétaire **bilingue**, parlant le français et l'anglais.*

billard (nom masculin)
1. Jeu dans lequel on pousse des boules avec l'extrémité d'un bâton, sur une table spéciale couverte d'un tapis. 2. Dans la langue familière, table d'opération chirurgicale. *Il passe sur le **billard** demain pour se faire enlever l'appendice.*

bille (nom féminin)
1. Petite boule en verre, en terre ou en acier. *J'ai gagné un calot en jouant aux **billes** !* 2. Tronc d'arbre sans branches prêt à être découpé. *Le camion transporte des **billes** de chênes.*

billet (nom masculin)
1. Monnaie de papier. *Un **billet** de 50 euros.* 2. Rectangle de papier ou de carton prouvant qu'on a payé sa place. *Un **billet** de cinéma.* (Syn. ticket.)

billetterie (nom féminin)
1. Endroit où on vend des billets. 2. Distributeur automatique de billets de banque.

billot (nom masculin)
Gros bloc de bois dont le dessus est plat. *Un **billot** pour couper du bois.*

bimensuel, elle (adjectif)
Qui paraît deux fois par mois. *Un magazine **bimensuel**.*

bimestriel, elle (adjectif)
Qui paraît tous les deux mois. *Une revue **bimestrielle**.*

bimoteur (nom masculin)
Avion à deux moteurs.

biner (verbe) ○ conj.n°3
Remuer la terre à l'aide d'une binette. ***Biner** des salades.*

binette (nom féminin)
Outil de jardinage qui sert à biner.

biniou (nom masculin)
Instrument de musique breton qui ressemble à une cornemuse.

binocles (nom masculin pluriel)
Synonyme familier de lunettes.

biodégradable (adjectif)
Qui se détruit naturellement. *Les emballages **biodégradables** ne nuisent pas à l'environnement.*

biographie (nom féminin)
Histoire de la vie d'une personne. *Benjamin a lu une **biographie** de Léonard de Vinci.*

biologie (nom féminin)
Science qui étudie les êtres vivants.

▸ **biologique** (adjectif)
Qui est obtenu sans produit chimique. *Un commerçant du marché vend des légumes **biologiques**.*

▸ **biologiste** (nom)
Spécialiste de biologie.

▸ **bipède** (nom masculin)
Être vivant qui a deux pieds. *Le pingouin, l'homme sont des **bipèdes**.*

▸ **bique** (nom féminin)
Synonyme familier de chèvre.

▸ **biquet, ette** (nom)
Synonyme familier de chevreau.

▸ **biréacteur** (nom masculin)
Avion à deux réacteurs.

▸ **birman, ane**
➠ Voir tableau p. 6.

▸ 1. **bis, bise** (adjectif)
D'une couleur entre le gris et le brun. *Un drap de toile **bise**. Le pain **bis** contient du son.* → Prononciation [bi], [biz].

▸ 2. **bis** (adverbe)
Indique la répétition. *Hélène habite au 1, et moi au 1**bis**.* ▷ **bis !** (interjection) Cri par lequel le public demande à un artiste de rejouer ou de chanter une seconde fois. → Prononciation [bis].

▸ **bisaïeul, eule, eux** (nom)
Synonyme littéraire d'arrière-grand-père, d'arrière-grand-mère et d'arrière-grands-parents.

▸ **biscornu, ue** (adjectif)
Bizarre et compliqué. *Quelle idée **biscornue** ! Tu ne peux pas trouver plus simple ?* (Syn. bizarre, saugrenu.)

▸ **biscotte** (nom féminin)
Tranche de pain de mie séchée au four. *J'ai cassé ma **biscotte** en la beurrant.*

▸ **biscuit** (nom masculin)
Gâteau sec. *Maman entoure la charlotte de **biscuits**.*

▸ **bise** (nom féminin)
1. Vent du nord, froid et sec, qui souffle en hiver. 2. Dans la langue familière, synonyme de baiser. *Tu ne m'as pas fait la **bise** !*

▸ **biseau, eaux** (nom masculin)
• **En biseau** : en oblique. *Tailler un morceau de bois **en biseau**.*

▸ **biseauté, ée** (adjectif)
Dont les bords sont taillés en biseau. *L'armoire de ma chambre a une glace **biseautée**.*

▸ **bison** (nom masculin)
Grand bœuf sauvage qui a une bosse sur le cou et une épaisse crinière. *Le **bison** constituait la nourriture essentielle des Indiens d'Amérique du Nord.*

un **bison**

▸ **bissectrice** (nom féminin)
Droite qui divise un angle en deux angles égaux. ➠ p. 512.

▸ **bissextile** (adjectif féminin)
• **Année bissextile** : qui a 366 jours (au lieu de 365) et dont le mois de février a 29 jours (au lieu de 28). *1996, 2000, 2004 sont des années **bissextiles**.*

▸ **bistouri** (nom masculin)
Instrument coupant utilisé par les chirurgiens pour inciser.

▸ **bistre** (adjectif)
De couleur brun foncé. *Un teint **bistre**.*

▸ **bistro** (nom masculin)
Synonyme familier de café. *Ils sont attablés au **bistro** du coin.* (Syn. bar.) → On écrit aussi bistrot.

▸ **bitume** (nom masculin)
Synonyme d'asphalte. *On recouvre les rues et les trottoirs de **bitume**.*

▸ **bivouac** (nom masculin)
Campement provisoire. *Les randonneurs installent leur **bivouac** dans une clairière.*

▸ **bivouaquer** (verbe) ○ conj.n°3
Camper dans un bivouac. *Nous **bivouaquerons** dans cette grotte ce soir.*

▸ **bizarre** (adjectif)
Curieux ou anormal. *Un bruit **bizarre**.* (Syn. étrange, insolite. Contr. banal, ordinaire.) ⊙ Famille du mot : bizarrement, bizarrerie.

▸ **bizarrement** (adverbe)
De façon bizarre. *Il se mit à zigzaguer **bizarrement**.*

▸ **bizarrerie** (nom féminin)
Chose bizarre. *Le mot « chausse-trape » est une **bizarrerie** orthographique, car on écrit une « trappe ».*

▸ **blafard, arde** (adjectif)
Qui est pâle et décoloré. *La lanterne éclairait la grotte d'une lueur **blafarde**.*

▸ **blague** (nom féminin)
1. Chose dite ou faite pour plaisanter. *C'était pour rire, c'est une **blague** !* (Syn. farce, plaisanterie.) 2. Erreur fâcheuse. *Il me semble que vous avez fait des **blagues** en réparant la machine.* (Syn. bêtise, sottise.) 3. Petit sac dans lequel on met le tabac. *Le marin sortit sa **blague** à tabac et bourra sa pipe.*

▸ **blaguer** (verbe) ○ conj.n°3
Dire des blagues. *Ne n'inquiète pas, il **blague** !* (Syn. plaisanter.)

▸ **blaireau, eaux** (nom masculin)
1. Mammifère sauvage au poil noir et blanc. *Le **blaireau** attaque les vipères.* 2. Sorte de pinceau à manche court pour savonner la barbe avant de la couper.

un **blaireau**

▸ **blâmable** (adjectif)
Qui doit être blâmé. *Mentir est une action **blâmable**.* (Syn. condamnable.)

▸ **blâme** (nom masculin)
Réprimande que l'on fait à quelqu'un qui a commis une faute grave. *Cette grave erreur mérite un **blâme** sévère.* ⊙ Famille du mot : blâmable, blâmer.

▸ **blâmer** (verbe) ○ conj.n°3
Donner un blâme à quelqu'un. *La pauvre, elle est plus à plaindre qu'à **blâmer** !* (Syn. condamner, désapprouver. Contr. féliciter.)

▸ **blanc, blanche** (adjectif)
1. Qui a la couleur du lait ou de la neige. *Mamie a des cheveux tout **blancs**.* 2. Qui est de couleur claire. *Du raisin **blanc**. Un homme **blanc**.* 3. Où rien n'est écrit. *Je ne savais rien, j'ai rendu une feuille **blanche**.* 4. Qui sert de répétition mais qui ne compte pas. *Le grand frère de Clément a passé un bac **blanc**.* • **Blanc comme neige :** innocent de ce dont on l'accuse. • **Blanc comme un linge :** livide, sous le coup d'une émotion. • **Donner carte blanche à quelqu'un :** lui donner une entière liberté pour faire quelque chose. • **Nuit blanche :** sans sommeil. ▷ **Blanc, Blanche** (nom) Être humain dont la peau est de couleur claire. *Les Noirs et les **Blancs**.* ▷ **blanc** (nom masculin) 1. Couleur blanche. *Le **blanc** est le mélange des sept couleurs de l'arc-en-ciel.* 2. Peinture de couleur blanche. *Un tube de **blanc**.* 3. Linge de maison blanc ou clair. *Au rayon du **blanc**, on trouve des draps, des nappes, des torchons.* 4. Espace non écrit, dans une page. *Laissez un **blanc** entre les deux paragraphes, ce sera plus lisible.* 5. Vin blanc. *Vous désirez du **blanc** ou du rouge ?* 6. Chair sans os de la volaille. *Tu veux du **blanc** ou une cuisse ?* 7. Albumine de l'œuf. *Maman bat des **blancs** en neige.* • **À blanc :** avec des cartouches sans balles, donc inoffensives. ▷ **blanche** (nom féminin) Note de musique qui vaut deux noires. ⊙ Famille du mot : blanchâtre, blancheur, blanchir, blanchisserie.

▸ **blanc-bec** (nom masculin)
Jeune homme sans expérience, qui croit tout savoir. → Pluriel : des blancs-becs.

blanchâtre (adjectif)
D'un blanc pas très net. *La nuit est remplacée par une lueur **blanchâtre**.*

blancheur (nom féminin)
Couleur blanche. *La **blancheur** de la neige.*

blanchir (verbe) ○ conj.n°11
1. Rendre blanc. *En Grèce, on **blanchit** les maisons à la chaux.* 2. Devenir blanc. *Ses cheveux **ont blanchi** d'un coup.* 3. Dire que quelqu'un est innocent. *Il **a été blanchi** de l'accusation portée contre lui.*

blanchisserie (nom féminin)
Magasin où on lave le linge et où on le repasse. *Mon oncle donne ses chemises à laver à la **blanchisserie**.*

blanquette (nom féminin)
Ragoût de veau ou de volaille à la sauce blanche.

blasé, ée (adjectif)
Qui ne s'intéresse plus à rien. *Il a tant voyagé qu'il est **blasé**.*

blason (nom masculin)
Dessin qui est l'emblème d'une famille ou d'une ville. *Au XIIe siècle, la fleur de lis est devenue le **blason** des rois de France.* ⊙ Dans les tournois du Moyen Âge, l'armure des chevaliers empêchait qu'on les reconnaisse, c'est pourquoi ils adoptaient des signes distinctifs : c'est l'origine du blason.

blasphème (nom masculin)
Parole qui insulte la religion.

blasphémer (verbe) ○ conj.n°8
Dire des blasphèmes.

blatte (nom féminin)
Synonyme de cafard.

une **blatte** sur un évier

blazer (nom masculin)
Veste de laine, souvent bleu marine. ➜ Blazer est un mot anglais : on prononce [blazɛʀ].

blé (nom masculin)
Céréale dont le grain sert à faire de la farine. *On moissonne le **blé** au début de l'été.*

un épi de **blé**

blême (adjectif)
Très pâle. *Mal rasé, le teint **blême**, il avait l'air malade.* (Syn. blafard, livide.)

blêmir (verbe) ○ conj.n°11
Devenir blême. *En entendant le verdict, l'accusé **a blêmi**.*

blessant, ante (adjectif)
Qui blesse, fait de la peine. *Elle a fait des allusions **blessantes** à propos du père de Julie.* (Syn. désobligeant, vexant.)

blessé, ée (nom)
Personne qui a été blessée. *L'attentat a fait une dizaine de **blessés**.*

blesser (verbe) ○ conj.n°3
1. Occasionner une plaie ou une fracture. *Le boxeur **a** sérieusement **blessé** son adversaire pendant le match.* 2. Au sens figuré, faire de la peine. *En parlant de son poids, tu l'**as blessé** au vif !* (Syn. froisser, offenser, vexer.) ⊙ Famille du mot : blessant, blessé, blessure.

blessure (nom féminin)
1. Dommage corporel causé par un choc, une arme, etc. *Les coupures, les plaies, les éraflures, les entorses, les brûlures sont des **blessures**.* 2. Chagrin ou humiliation. *Une **blessure** d'amour-propre.*

blet, blette (adjectif)
Trop mûr. *Une pomme **blette**.*

blette ➠ Voir bette.

bleu, bleue (adjectif)
1. Qui a la couleur du ciel par beau temps. *Laura a des yeux **bleus**.* 2. Se dit d'un bifteck qui est à peine cuit. • **Peur bleue** : très grande peur. ▷ **bleu** (nom masculin) 1. Couleur bleue. *Le **bleu** du ciel.* 2. Marque sur la peau, causée par un coup. *Je me suis cogné au coin du mur, j'ai un **bleu** !* (Syn. ecchymose, hématome.) 3. Vêtement de travail en toile bleue. *L'ouvrier a mis son **bleu** de travail.* 4. Fromage dont on laisse moisir la pâte, qui devient bleue par endroits. *Un **bleu** de Bresse, un **bleu** d'Auvergne.* ⊙ Famille du mot : bleuâtre, bleuet, bleuir, bleuté.

bleuâtre (adjectif)
Presque bleu. *Une fumée **bleuâtre** montait du cendrier.*

bleuet (nom masculin)
Fleur de couleur bleue, qui pousse dans les champs de blé. *Pour le 14 Juillet, David a cueilli des **bleuets**, des marguerites et des coquelicots.*

fleurs, feuilles et boutons de **bleuet**

bleuir (verbe) ○ conj.n°11
Devenir bleu. *À l'horizon, le ciel **bleuissait**.*

bleuté, ée (adjectif)
Légèrement bleu. *Myriam a des cheveux très noirs avec des reflets **bleutés**.*

blindage (nom masculin)
Protection métallique très épaisse. *Grâce au **blindage** de la carrosserie, les balles n'ont pas atteint les passagers.*

blindé (nom masculin)
Véhicule militaire recouvert d'un blindage. *Un régiment de **blindés** a surpris l'armée ennemie.*

blinder (verbe) ○ conj.n°3
Renforcer avec un blindage. *Il a fait **blinder** sa porte pour se protéger des cambrioleurs.* ⊙ Famille du mot : blindage, blindé.

blini (nom masculin)
Petite crêpe épaisse. *Des **blinis** recouverts de caviar.*

blizzard (nom masculin)
Vent glacé du grand Nord, très violent et chargé de neige. *Au Québec, en hiver, le **blizzard** souffle.*

bloc (nom masculin)
1. Gros morceau d'une matière dure. *Un **bloc** de glace.* 2. Ensemble de feuilles de papier détachables. *Un **bloc** de papier à lettres.* 3. Groupe de gens très unis. *Si on touche à l'un d'eux, tous le défendent, ils font **bloc**.* • **À bloc** : au maximum. *Le frein est serré **à bloc**.* • **En bloc** : dans sa totalité, sans faire de détail. *Il a tout refusé **en bloc**.*

blocage (nom masculin)
Action de bloquer. *Le **blocage** de la serrure est dû à la rouille.*

bloc-notes (nom masculin)
Petit bloc de feuilles détachables servant à prendre des notes. ➜ Pluriel : des blocs-notes.

blocus (nom masculin)
Action d'isoler un pays des autres pays. *Le **blocus** empêche le pays de s'approvisionner.*

blond, blonde (adjectif et nom)
D'une couleur claire et dorée. *Noémie est **blonde** comme les blés. Odile préfère les **blonds**.*

▸ **bloquer** (verbe) ○ conj.n°3
1. Serrer un mécanisme pour l'empêcher de bouger. *Ne serre pas trop cette vis, tu vas la **bloquer** !* 2. Empêcher la circulation. *C'est le camion des poubelles qui **bloque** la rue.* (Syn. boucher, obstruer.) 3. Empêcher le fonctionnement. *Une articulation **bloquée** par un rhumatisme.* 4. Arrêter quelque chose dans son mouvement. *Ibrahim **a bloqué** la balle.* ⊙ Famille du mot : blocage, blocus, débloquer.

▸ **se blottir** (verbe) ○ conj.n°11
Se serrer ou se mettre en boule. *Le chat **se blottit** sur le canapé.* (Syn. se pelotonner.)

▸ **blouse** (nom féminin)
1. Vêtement de travail que l'on met par-dessus les autres vêtements pour les protéger. *Autrefois, les écoliers portaient des **blouses**.* 2. Synonyme de corsage. *Hélène a mis sa **blouse** à fleurs.*

▸ **blouson** (nom masculin)
Veste courte et serrée à la taille. *Un **blouson** d'aviateur.*

▸ **blue-jean** (nom masculin)
Pantalon en toile épaisse de couleur bleue. (Syn. jean.) ➔ Blue-jean est un mot anglais : on prononce [bludʒin]. ➔ Pluriel : des blue-jeans. ⊙ Blue-jean est la déformation de ***bleu de Gênes***, car les Américains importaient de la toile de Gênes, port d'Italie, pour faire les pantalons des cow-boys.

▸ **blues** (nom masculin)
Chant lent et triste des Noirs d'Amérique du Nord. ➔ Blues est un mot anglais : on prononce [bluz]. ⊙ En anglais, ce mot signifie « idées sombres ».

▸ **bluff** (nom masculin)
Attitude de celui qui exagère pour impressionner les gens. *Sarah prétend qu'elle ne lit qu'une fois ses leçons pour les apprendre, mais c'est du **bluff**.* ➔ Bluff est un mot anglais : on prononce [blœf]. ⊙ En Amérique, bluff était le nom du jeu de poker où l'on doit mentir pour impressionner ses adversaires.

▸ **bluffer** (verbe) ○ conj.n°3
Essayer de tromper par un bluff. *Quand Kevin dit que ses parents le laissent sortir seul le soir, il **bluffe** !* (Syn. se vanter.) ➔ Prononciation [blœfe].

▸ **boa** (nom masculin)
Grand serpent non venimeux d'Amérique du Sud. *Le **boa** étouffe ses proies dans ses anneaux avant de les avaler.*

un **boa** étouffant sa proie

▸ **bob** (nom masculin)
Petit chapeau de toile rond en forme de cloche.

▸ **bobard** (nom masculin)
Synonyme familier de boniment. *Raconter des **bobards**.*

▸ **bobine** (nom féminin)
Petit cylindre sur lequel on enroule du fil, un film, etc. ⊙ Famille du mot : embobiner, rembobiner.

▸ **bobo** (nom masculin)
Dans le langage des enfants, petite blessure sans gravité.

▸ **bobsleigh** (nom masculin)
Traîneau à plusieurs places. ➔ Bobsleigh est un mot anglais : on prononce [bɔbslɛg].

▸ **bocage** (nom masculin)
Région où les prés sont entourés par des haies. *La Vendée, le Poitou sont des régions de **bocage**.*

▸ **bocal, aux** (nom masculin)
1. Récipient de verre à large ouverture, servant à conserver les aliments. *Des conserves en **bocaux**.* ➠ p. 241. 2. Aquarium de forme sphérique.

▸ **bœuf** (nom masculin)
1. Taureau châtré. *Une paire de **bœufs** attelés par un joug.* **2.** Viande de bœuf ou de vache. *Je voudrais du **bœuf** pour faire un pot-au-feu.* → Prononciation [bœf], pluriel [bø].

un **bœuf** et une vache

▸ **bof !** (interjection)
Exprime l'indifférence ou le manque d'enthousiasme. *Préfères-tu aller au cirque ou au cinéma ? – **Bof !***

▸ **bogue** (nom féminin)
Enveloppe de la châtaigne, hérissée de piquants.

une châtaigne et sa **bogue**

▸ **bohème** (nom)
Personne qui vit sans souci du lendemain. *Elle menait une vie de **bohème** avec des artistes à Montmartre.*

▸ **bohémien, enne** (nom)
Nomade qui vit en roulotte ou en caravane. *On appelle aussi les **bohémiens** tsiganes, gitans ou romanichels.*

▸ **boire** (verbe) ○ conj. n°39
1. Avaler un liquide. *Il **boit** de l'eau.* **2.** Absorber beaucoup d'alcool. *Ce pauvre homme s'est mis à **boire** après la mort de sa femme.* **3.** Absorber un liquide. *Il faisait tellement sec que la terre **a bu** toute l'eau.* • **Boire les paroles de quelqu'un** : les écouter avec admiration.

▸ **bois** (nom masculin)
1. Matière dont les arbres sont constitués. *En quel **bois** est cette table ? – En chêne.* ➠ p. 68. **2.** Petite forêt. *Un **bois** de châtaigniers.* • **Touchons du bois** : formule que l'on dit pour éloigner la malchance. ▹ **bois** (nom masculin pluriel) Cornes ramifiées des cervidés. ⊙ Famille du mot : boisé, boiserie, déboisement, déboiser, reboisement, reboiser, sous-bois.

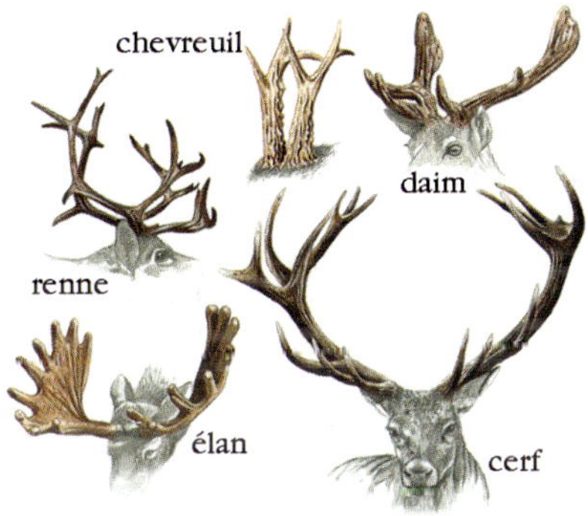

les **bois** des cervidés

▸ **boisé, ée** (adjectif)
Couvert d'arbres. *Le Morvan est une région **boisée**.*

▸ **boiserie** (nom féminin)
Panneau de bois qui recouvre les murs d'une pièce. *Le salon du château a de magnifiques **boiseries**.*

▸ **boisson** (nom féminin)
Tout liquide qui se boit. *Voulez-vous une **boisson** chaude ou une **boisson** froide ?*

▸ **boîte** (nom féminin)
Récipient que l'on peut fermer. *Une **boîte** à thé, une **boîte** de conserve, une **boîte** à outils.* • **Boîte aux lettres** : boîte dans laquelle on dépose le courrier. • **Boîte de nuit** : cabaret ouvert la nuit, où l'on peut boire et danser. • **Boîte de vitesses** : partie du moteur d'une automobile qui permet de changer de vitesse. • **Mettre en boîte** : synonyme familier de taquiner.

▸ **boiter** (verbe) ○ conj. n°3
Marcher en penchant le corps d'un côté. *Elle a eu un accident de moto, depuis elle **boite**.* ⊙ Famille du mot : boiteux, boitiller.

boiteux, euse (adjectif et nom)
Qui boite. *Il est **boiteux** depuis sa naissance.* ▷ **boiteux, euse** (adjectif) Qui n'est pas stable. *Une chaise **boiteuse**.* (Syn. bancal.)

boîtier (nom masculin)
Sorte de boîte qui renferme un mécanisme, une recharge, etc. *Le **boîtier** d'une montre, d'un appareil photo.*

boitiller (verbe) ○ conj.n°3
Boiter légèrement.

bol (nom masculin)
1. Récipient rond destiné à contenir une boisson. *Il y a mon prénom sur mon **bol**.* 2. Contenu d'un bol. *Ursula avale un **bol** de lait brûlant.* • **Prendre un bol d'air** : aller s'aérer à la campagne.

boléro (nom masculin)
Petite veste sans manches.

bolet (nom masculin)
Variété de champignon. *Le cèpe est un **bolet** comestible très apprécié, le **bolet** de Satan est vénéneux.* ➠ p. 189.

bolide (nom masculin)
Véhicule très rapide. *Après la classe, Pierre a filé comme un **bolide**.* ⊙ Bolide était autrefois le nom donné aux météorites.

bolivien, enne
➠ Voir tableau p. 6.

bombance (nom féminin)
• **Faire bombance** : manger et boire d'excellentes choses, et en grande quantité.

bombardement (nom masculin)
Action de bombarder. *Les **bombardements** s'intensifient sur le nord du pays.*

bombarder (verbe) ○ conj.n°3
Lancer des bombes ou des obus sur un objectif. *L'aviation ennemie **a bombardé** les voies de chemin de fer.* ⊙ Famille du mot : bombardement, bombardier.

bombardier (nom masculin)
Avion de bombardement.

bombe (nom féminin)
1. Projectile qui explose. *La **bombe** n'a pas explosé car elle a été désamorcée.* 2. Bouteille métallique contenant un liquide sous pression, destiné à être pulvérisé. *On a peint un tag à la **bombe** sur le mur.* 3. Casquette bombée des cavaliers. *Le port de la **bombe** est obligatoire dans le club d'équitation.* • **Faire l'effet d'une bombe** : causer une énorme surprise.

bombé, ée (adjectif)
Arrondi vers l'extérieur. *Le couvercle de la boîte est **bombé**.*

bôme (nom féminin)
Barre horizontale au bas de la grande voile d'un bateau. *La **bôme** pivote autour du mât.* ➠ p. 114.

bon, bonne (adjectif)
1. Qui a un goût agréable. *Mmm ! C'est **bon**, cette mousse au chocolat !* (Contr. mauvais.) 2. Qui est agréable et qui plaît beaucoup. *Je prendrais bien une **bonne** douche !* 3. Qui est satisfaisant. *Pour être aviateur, il faut avoir une très **bonne** vue.* 4. Qui est de qualité. *Bravo ! C'est du **bon** travail !* 5. Qui fait bien ce qu'il a à faire. *Il est **bon** père et **bon** médecin.* 6. Qui est conforme à la morale. *Une **bonne** action.* (Contr. mauvais.) 7. Qui aime faire le bien, qui veut du bien aux autres. *C'est un homme **bon**.* (Syn. généreux. Contr. méchant.) 8. Sert à insister sur certains mots. *De **bon** matin. Il y a un **bon** moment qu'elle est partie.* • **À quoi bon ?** : à quoi cela servira-t-il ? • **Bon pour** : qui est approprié, adapté à. *Prends ! C'est **bon pour** ce que tu as !* ▷ **bon** (nom masculin) 1. Ce qui est bon, avantageux. *Les vacances, ça a du **bon** !* 2. Ticket contre lequel on reçoit un objet ou de l'argent. *Un **bon** d'essence, un **bon** d'achat.* ▷ **bon** (adverbe) • **Il fait bon** : le temps est agréable. • **Pour de bon** : réellement. *Cette fois, on part **pour de bon** !* • **Sentir bon** : avoir une bonne odeur. • **Tenir bon** : synonyme de résister. ▷ **bon** (interjection) Exprime l'approbation. ***Bon !** C'est bien !* • **Ah bon** : exprime la surprise. *Elle est partie. – **Ah bon** ?* ⊙ Famille du mot : bonnement, bonté.

a b c d e f g h i j k l m n o p q r s t u v w x y z

bonbon (nom masculin)
Petite friandise sucrée. *Des **bonbons** acidulés.* ⊙ Un bonbon, c'est deux fois *bon* : c'est pourquoi il y a un *n* devant le *b*.

bonbonne (nom féminin)
Grosse bouteille. *Une **bonbonne** de gaz.*

bonbonnière (nom féminin)
Petite boîte à bonbons.

bond (nom masculin)
Saut brusque et rapide. *D'un **bond**, Zoé franchit le ruisseau.* • **Faire faux bond à quelqu'un** : ne pas faire ce que l'on avait promis. *Le plombier devait venir ce matin, mais il **nous a fait faux bond**.* ⊙ Famille du mot : bondir, rebond, rebondir, rebondissement.

bondé, ée (adjectif)
Complètement plein. *La salle d'attente est **bondée**.* (Syn. comble.)

bondir (verbe) ⊙ conj.n°11
Faire des bonds. *Le tigre **bondit** sur sa proie.* (Syn. s'élancer, sauter.)

bonheur (nom masculin)
État d'une personne heureuse. *Pour Quentin, c'est un **bonheur** que d'aller à la pêche.* (Syn. joie. Contr. malheur.) • **Au petit bonheur** : au hasard. • **Par bonheur** : heureusement. • **Porter bonheur** : provoquer la chance. *On dit que les trèfles à quatre feuilles **portent bonheur**.*

bonhomie (nom féminin)
Comportement d'une personne simple et bienveillante.

bonhomme (nom masculin)
Synonyme familier d'homme. *Romain est un drôle de petit **bonhomme**.* → Prononciation : [bɔnɔm]. → Pluriel : des bonshommes [bɔ̃zɔm].

boniment (nom masculin)
Mensonge fait pour séduire. *Anna m'a raconté des **boniments**.* (Syn. baratin, bobard.)

bonjour (nom masculin)
Mot de salutation adressé à une personne qu'on rencontre. *Lui as-tu dit **bonjour** ? – **Bonjour**, madame !*

bon marché (adjectif)
Qui ne coûte pas cher. *J'ai trouvé des livres d'occasion très **bon marché**.* → Pluriel : des livres bon marché.

bonne (nom féminin)
Domestique chargée des travaux ménagers. ⊙ On dit aujourd'hui : employée de maison.

bonne femme (nom féminin)
Synonyme familier de femme. *Élodie est une petite **bonne femme** pas plus haute que trois pommes.*

bonnement (adverbe)
• **Tout bonnement** : tout simplement. *Cela ne veut **tout bonnement** rien dire !*

bonnet (nom masculin)
Coiffure souple et sans bord. *On met un **bonnet** de caoutchouc à la piscine.*

bonneterie (nom féminin)
Industrie qui fabrique les chaussettes, les sous-vêtements. *Les gants, les slips, les maillots sont des articles de **bonneterie**.*

bonsaï (nom masculin)
Arbre qu'on taille pour qu'il reste nain. *La technique du **bonsaï** vient du Japon.* → On écrit aussi bonzaï.

un **bonsaï**

bon sens (nom masculin)
Capacité à juger raisonnablement et sagement. *Thomas a beaucoup de* ***bon sens****.*

bonsoir (nom masculin)
Mot de salutation adressé le soir à une personne que l'on rencontre ou que l'on quitte. *Soyez sages, les enfants, je vais venir vous dire* ***bonsoir****.*

bonté (nom féminin)
Qualité d'une personne qui est bonne et généreuse. *Cette femme-là, c'est la* ***bonté*** *même.* (Contr. méchanceté.) • **Avoir la bonté de faire quelque chose :** être assez aimable pour le faire. ***Auriez****-vous* ***la bonté de*** *me dire l'heure ?*

bonus (nom masculin)
Réduction sur le prix de l'assurance d'un véhicule accordée aux conducteurs qui n'ont pas d'accidents. → Prononciation [bɔnys].

bon vivant (nom masculin)
Personne qui aime bien boire, manger et s'amuser. → Pluriel : des bons vivants.

bonzaï ➠ Voir bonsaï.

bonze (nom masculin)
Moine bouddhiste.

des **bonzes**

boomerang (nom masculin)
Arme des indigènes australiens, faite d'un morceau de bois recourbé, qui revient vers celui qui l'a lancé, si la cible est manquée. → Boomerang est un mot anglais : on prononce [bumʀɑ̃g].

des **boomerangs**

bord (nom masculin)
Limite d'une surface. *Le* ***bord*** *d'une feuille. Le* ***bord*** *de la mer.* • **À bord :** sur un bateau ou dans un avion. • **À ras bord :** jusqu'en haut. *Le verre est rempli* ***à ras bord****.* • **Au bord de :** tout près de. *Il est* ***au bord*** *des larmes.* ⊙ Famille du mot : border, bordure, débordement, déborder, rebord.

bordeaux (nom masculin)
Sorte de vin. *Pour son repas d'anniversaire, papa a débouché une bouteille de vieux* ***bordeaux****.* ⊙ Bordeaux est une ville de France au centre d'une importante région de vignes.

border (verbe) ⊙ conj.n°3
1. Occuper le bord d'un lieu. *Des noisetiers* ***bordent*** *le sentier.* **2.** Rentrer le bord des draps et des couvertures sous le matelas. *Maman vient me* ***border*** *le soir dans mon lit.*

bordure (nom féminin)
Ce qui est au bord de quelque chose. *La* ***bordure*** *du trottoir. Notre maison est en* ***bordure*** *de l'étang.*

boréal, ale, aux (adjectif)
Qui est au Nord. *L'hémisphère* ***boréal****.* (Contr. austral.)

borgne (adjectif et nom)
Qui ne voit que d'un œil.

borne (nom féminin)
Bloc de pierre qui sert à indiquer les limites d'un terrain ou une distance. *Une **borne** kilométrique.* ▷ **bornes** (nom féminin pluriel) Limites qu'il ne faut pas dépasser. *Sa prétention n'a pas de **bornes**.*

borné, ée (adjectif)
Qui a l'esprit étroit. *On ne peut pas discuter avec lui, il est trop **borné**.* (Contr. intelligent, ouvert.)

se borner (verbe) ➲ conj.n°3
Ne faire que ce qui est nécessaire, sans plus. *Elle n'a pas tout dit, elle **s'est bornée** à l'essentiel.* (Syn. se limiter.)

bosniaque
➠ Voir tableau p. 6.

bosquet (nom masculin)
Petit groupe d'arbres ou d'arbustes.

bosse (nom féminin)
1. Enflure qui apparaît après un choc. *Fatima s'est fait une belle **bosse** !* 2. Grosseur anormale dans le dos. *Sa **bosse** est due à une malformation de la colonne vertébrale.* 3. Grosseur naturelle sur le dos de certains animaux. *Le dromadaire, le zébu, le bison ont une **bosse**.* 4. Endroit bombé d'une surface. *Le terrain est plein de creux et de **bosses**.* • **Avoir la bosse de quelque chose** : dans la langue familière, être doué pour cela.

bossu, ue (nom)
Personne qui a une bosse dans le dos.

bot (adjectif)
• **Pied bot** : pied mal formé.

botanique (nom féminin)
Science qui étudie les plantes. ▷ **botanique** (adjectif) • **Jardin botanique** : jardin où l'on étudie des plantes rares.

botaniste (nom)
Spécialiste de la botanique.

botte (nom féminin)
1. Chaussure qui enferme le pied et une partie de la jambe. 2. En escrime, coup donné avec la pointe de l'épée. 3. Assemblage de végétaux liés ensemble. *Une **botte** d'oignons, une **botte** de paille.* ⊙ Famille du mot : botté, bottillon, bottine.

botté, ée (adjectif)
Qui porte des bottes.

bottillon (nom masculin)
Botte courte.

bottine (nom féminin)
Chaussure montante serrée à la cheville.

boubou (nom masculin)
Tunique longue et ample que portent les Africains.

bouc (nom masculin)
1. Mâle de la chèvre. 2. Barbiche sur la pointe du menton. *Napoléon III mit à la mode le port du **bouc** et de la moustache.* • **Bouc émissaire** : personne sur laquelle on fait retomber les fautes de tout un groupe.

boucan (nom masculin)
Synonyme familier de tapage.

bouche (nom féminin)
1. Chez l'être humain, ouverture dans le bas du visage, qui communique avec l'appareil digestif et les voies respiratoires. *On ne parle pas la **bouche** pleine !* 2. Entrée ou ouverture de quelque chose. *Une **bouche** d'égout.* • **De bouche à oreille** : en se répétant d'une personne à l'autre. • **Faire la fine bouche** : faire le difficile, le dégoûté. • **Faire venir l'eau à la bouche** : donner envie. ⊙ Famille du mot : bouche-à-bouche, bouchée.

bouche-à-bouche (nom masculin)
Méthode de réanimation qui consiste à envoyer de l'air par sa propre bouche dans la bouche d'une personne noyée ou asphyxiée.

a b c d e f g h i j k l m n o p q r s t u v w x y z

bouché, ée (adjectif)
Synonyme familier de stupide.

bouchée (nom féminin)
1. Quantité d'aliments que l'on peut mettre en une fois dans la bouche. *Une **bouchée** pour maman...* 2. Bonbon fourré au chocolat. *Une **bouchée** pralinée.* • **Mettre les bouchées doubles** : travailler deux fois plus vite. • **Ne faire qu'une bouchée de quelqu'un** : le vaincre facilement. • **Pour une bouchée de pain** : très peu cher.

1. boucher (verbe) conj.n°3
1. Fermer avec un bouchon. *Le tube **était** mal **bouché**, la colle est sèche.* 2. Fermer un trou, un passage. *Le trou **a été bouché** avec du papier. La rue **est** complètement **bouchée**.* (Syn. obstruer.) Famille du mot : bouché, bouche-trou, bouchon, débouché, déboucher, reboucher.

2. boucher, ère (nom)
Personne qui vend de la viande.

boucherie (nom féminin)
1. Magasin du boucher. *La **boucherie** est fermée le lundi.* 2. Massacre sanglant. *Envoyer des soldats à la **boucherie**.* (Syn. carnage.)

bouche-trou (nom masculin)
Personne ou chose qui occupe momentanément une place vide. *J'en ai assez de servir de **bouche-trou** !* → Pluriel : des bouche-trous.

bouchon (nom masculin)
1. Ce qui sert à fermer une bouteille, un tube, etc. *Un **bouchon** de champagne.* 2. Synonyme d'embouteillage. *Il y a un **bouchon** de 20 km sur l'autoroute.*

bouchonner (verbe) conj.n°3
1. Frotter un cheval avec une poignée de paille pour le sécher. (Syn. frictionner.) 2. Former un embouteillage. *Ça **bouchonne** au carrefour.*

boucle (nom féminin)
1. Accessoire qui permet de fermer une ceinture. 2. Mèche de cheveux en spirale. *Odile a de belles **boucles** blondes.* 3. Ce qui a la forme d'une ligne recourbée sur elle-même. *Les **boucles** d'un lacet.* • **Boucle d'oreille** : bijou qui se porte à l'oreille. Famille du mot : boucler, bouclette.

boucler (verbe) conj.n°3
1. Fermer en attachant avec une boucle. ***Boucler** son sac à dos.* 2. Fermer un espace en bouchant les issues. *La police **a bouclé** le quartier.* (Syn. cerner, encercler.) 3. Faire des boucles. *Gaëlle **boucle** naturellement, elle a les cheveux **bouclés**.* (Syn. friser.)

bouclette (nom féminin)
Petite boucle.

bouclier (nom masculin)
Épaisse plaque que l'on porte à un bras pour se protéger des coups.

bouddhisme (nom masculin)
Religion d'Asie, fondée au VIe siècle avant Jésus-Christ par un sage indien nommé Bouddha.

bouddhiste (nom)
Adepte du bouddhisme.

bouder (verbe) conj.n°3
Faire une mine renfrognée et se taire pour bien montrer qu'on est fâché. Famille du mot : bouderie, boudeur.

bouderie (nom féminin)
Attitude de quelqu'un qui boude.

boudeur, euse (adjectif)
Qui boude. *Victor a pris un air **boudeur**.* (Syn. renfrogné.)

boudin (nom masculin)
Boyau rempli de sang et de graisse de porc, qui se mange cuit. *On achète le **boudin** à la charcuterie.*

boudiné, ée (adjectif)
Qui est serré dans un vêtement trop étroit.

boue (nom féminin)
Terre très mouillée. *Vous mettez de la **boue** partout avec vos chaussures !*

bouée (nom féminin)
1. Anneau gonflable qu'on met autour de la taille pour flotter. *Une **bouée** de sauvetage.* 2. Objet flottant qui sert de repère. *L'entrée du port est balisée par des **bouées**.*

des **bouées**
(de sauvetage et de baignade)

boueux, euse (adjectif)
Couvert de boue. *Une route **boueuse**. Des bottes **boueuses**.*

bouffant, ante (adjectif)
Très ample et qui semble gonflé d'air. *Des pantalons **bouffants**.*

bouffée (nom féminin)
1. Quantité de fumée que l'on aspire d'un coup. *Grand-père fume son cigare par petites **bouffées**.* 2. Souffle d'air. *Le parfum des mimosas entre par **bouffées** dans la chambre.*

bouffi, ie (adjectif)
Enflé et boursouflé. *Des yeux **bouffis** de larmes, de fatigue, de sommeil.*

bouffon (nom masculin)
Homme dont le rôle était de divertir le roi et sa cour. ▷ **bouffon, onne** (adjectif) Drôle et un peu grotesque. *Le clown se trouve dans une situation **bouffonne**.*

bougeoir (nom masculin)
Support pour une bougie. *Des **bougeoirs** en argent éclairent faiblement l'immense salle.*

bougeotte (nom féminin)
• **Avoir la bougeotte** : dans la langue familière, être incapable de rester sans bouger. *Le voilà reparti à l'autre bout du monde, il **a** vraiment **la bougeotte** !*

bouger (verbe) ○ conj.n°5
Faire un mouvement ou changer de place. *Hélène n'**a** pas **bougé** depuis une heure. Les feuilles **bougeaient** au gré du vent.*

bougie (nom féminin)
1. Petit bâton de cire ou de paraffine, qui brûle grâce à une mèche. *On a allumé des **bougies** pendant la panne de courant.* 2. Dans un moteur, pièce qui produit une étincelle destinée à enflammer l'essence.

bougon, onne (adjectif)
Qui bougonne souvent. *William est vraiment **bougon** depuis ce matin, il a sans doute mal dormi.* (Syn. grognon.)

bougonner (verbe) ○ conj.n°3
Synonyme de grommeler. *Quand Xavier est contrarié, il passe son temps à **bougonner**.*

bouillabaisse (nom féminin)
Plat provençal fait de poissons servis dans une soupe épicée. *Ce restaurant marseillais est réputé pour sa **bouillabaisse**.* ⊙ Bouillabaisse vient de mots provençaux qui signifient « ça bout, abaisse (le feu) ».

bouillant, ante (adjectif)
1. Qui est en train de bouillir. *L'eau est **bouillante** : tu peux y verser les pâtes !* 2. Très chaud. *Il s'est brûlé la langue en buvant un chocolat **bouillant**.* 3. Plein d'ardeur et de fougue. *Être **bouillant** d'impatience, de colère, d'indignation.*

bouille (nom féminin)
Synonyme familier de visage. *Julie a une bonne petite **bouille**.*

bouillie (nom féminin)
Aliment constitué de farine cuite dans du lait ou de l'eau. *Yann fait manger une assiette de **bouillie** au bébé.* • **En bouillie** : complètement écrasé. *On a retrouvé les fruits **en bouillie** au fond du panier.*

bouillir (verbe) ◦ conj.n°15
1. S'agiter et former des bulles sous l'action de la chaleur. *L'eau **bout** à 100 degrés. Maman prépare un biberon avec du lait en poudre et de l'eau **bouillie**.* 2. Cuire dans un liquide bouillant. *Faire **bouillir** des pommes de terre.* 3. Au sens figuré, être dans un état de grande excitation. ***Bouillir** de rage, d'indignation.* ⊙ Famille du mot : bouillant, bouilloire, bouillon, bouillonnement, bouillonner, bouillotte, court-bouillon, ébouillanter.

bouilloire (nom féminin)
Récipient à bec verseur, dans lequel on fait bouillir de l'eau.

bouillon (nom masculin)
Potage obtenu en faisant bouillir des aliments dans de l'eau. *Un **bouillon** de légumes. Un **bouillon** de pot-au-feu.* • **À gros bouillons** : en formant de grosses bulles. *Éteins le feu, l'eau bout **à gros bouillons**.*

bouillonnement (nom masculin)
État de ce qui bouillonne. *Le **bouillonnement** du lait dans la casserole.*

bouillonner (verbe) ◦ conj.n°3
Faire de grosses bulles. *La lave **bouillonne** dans le cratère du volcan.*

bouillotte (nom féminin)
Récipient contenant de l'eau très chaude et servant à chauffer un lit. *Une **bouillotte** en caoutchouc.*

boulanger, ère (nom)
Personne qui fait et vend du pain. *Benjamin est passé chez la **boulangère** pour acheter du pain et des croissants.*

boulangerie (nom féminin)
Magasin du boulanger. *Une odeur appétissante vient de la **boulangerie**.*

boule (nom féminin)
Objet en forme de sphère. *Une **boule** de neige. Une **boule** de billard.* ⊙ Famille du mot : boulet, boulette, boulier.

bouleau, eaux (nom masculin)
Arbre à écorce blanche. *Les Indiens du Canada utilisent le bois des **bouleaux** pour fabriquer leurs canoës.*

écorce, fruit et feuilles de **bouleau**

bouledogue (nom masculin)
Chien au museau aplati et aux pattes courtes. ⊙ En anglais, bouledogue signifie « chien-taureau ».

boulet (nom masculin)
1. Boule de métal que tiraient autrefois les canons. *Un **boulet** a troué la coque du bateau des pirates.* 2. Boule de métal très lourde, que l'on attachait autrefois à la cheville de certains condamnés.

boulette (nom féminin)
Petite boule. *Une **boulette** de papier. Une **boulette** de viande.*

boulevard (nom masculin)
Dans une ville, voie très large, souvent bordée d'arbres. → Boulevard s'abrège *bd*.

bouleversant, ante (adjectif)
Très émouvant. *C'est l'histoire **bouleversante** d'un enfant abandonné.*

bouleversement (nom masculin)
Changement profond et brutal. *La guerre a entraîné des **bouleversements** dans le pays.*

bouleverser (verbe) ○ conj.n°3
1. Mettre dans un grand désordre. *Les cambrioleurs **ont bouleversé** l'appartement pour trouver des objets de valeur.* 2. Changer brusquement et complètement. *L'informatique **a bouleversé** les habitudes de travail.* 3. Causer une émotion profonde. *L'accident de Laura nous **a** tous **bouleversés**.* ⊙ Famille du mot : bouleversant, bouleversement.

boulier (nom masculin)
Cadre comportant des boules qui glissent sur des tringles, et avec lequel on peut faire des calculs.

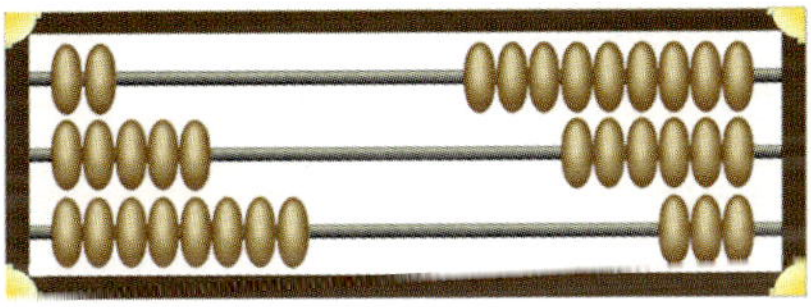

un **boulier**

boulimie (nom féminin)
Besoin anormal de manger en grande quantité. *Il n'arrive pas à calmer sa faim, c'est de la **boulimie**.*

boulon (nom masculin)
Vis sur laquelle s'adapte un écrou. *La roue est en train de se dévisser, il faut resserrer les **boulons**.*

Un **boulon** est constitué d'une vis et d'un écrou.

1. boulot, otte (adjectif)
Petit et gros. *Notre voisine est une femme **boulotte** et sympathique.*

2. boulot (nom masculin)
Synonyme familier de travail. *C'est l'heure d'aller au **boulot**.*

1. boum (interjection)
Onomatopée qui sert à exprimer le bruit d'une explosion. ***Boum** ! Ça doit être un pétard !*

2. boum (nom féminin)
Dans la langue familière, fête entre amis, où l'on danse. *Clément a organisé une **boum** pour son anniversaire.*

bouquet (nom masculin)
1. Assemblage de fleurs coupées. *David a offert un **bouquet** de fleurs à Myriam.* 2. Dernière partie d'un feu d'artifice où on tire les plus belles fusées. 3. Parfum d'un vin. *Ce vin manque de **bouquet**.* 4. Grosse crevette rose. • **Bouquet d'arbres** : groupe d'arbres. • **C'est le bouquet !** : cela dépasse les limites, c'est le comble.

bouquetin (nom masculin)
Chèvre sauvage à longues cornes qui vit dans certaines montagnes.

un **bouquetin**

bouquin (nom masculin)
Synonyme familier de livre. *Prête-moi quelques **bouquins** de science-fiction.* ⊙ Famille du mot : bouquiner, bouquiniste.

bouquiner (verbe) ○ conj.n°3
Synonyme familier de lire. *Ibrahim aime bien **bouquiner** tranquillement dans sa chambre, le soir après le dîner.*

bouquiniste (nom)
Marchand de livres d'occasion. *Kevin et Noémie sont allés fouiller les étals des **bouquinistes** du bord de la Seine.*

bourbeux, euse (adjectif)
Couvert de boue. *À chaque pas, leurs bottes s'enfonçaient dans le sol* ***bourbeux*** *du marais.*

bourbier (nom masculin)
Endroit couvert de boue. *Quand il pleut, ce chemin se transforme en un véritable* ***bourbier****.* ⊙ Famille du mot : bourbeux, s'embourber.

bourdon (nom masculin)
Gros insecte, couvert de poils, qui ressemble à une abeille. • **Faux bourdon** : mâle de l'abeille. ⊙ Famille du mot : bourdonnement, bourdonner.

bourdonnement (nom masculin)
Son grave et continu. *Le* ***bourdonnement*** *d'une abeille, d'un moteur d'avion.* • **Bourdonnements d'oreille** : impression de bruit sourd et continu due à des troubles de l'oreille.

bourdonner (verbe) ○ conj.n°3
Produire un bourdonnement. *Quand je reste trop longtemps sous l'eau, j'ai les oreilles qui* ***bourdonnent****.*

bourg (nom masculin)
Gros village. *La ferme n'est pas loin du* ***bourg****.* → Prononciation [buʀ].

bourgade (nom féminin)
Petit bourg. *Jean passe ses vacances dans une* ***bourgade*** *de Savoie.* (Syn. village.)

bourgeois, oise (nom)
1. Au Moyen Âge, personne riche qui habitait un bourg ou une ville, par opposition aux paysans et aux seigneurs. 2. Personne qui n'exerce pas un travail manuel et qui a un niveau de vie assez élevé. *C'est un quartier riche surtout habité par des* ***bourgeois****.* ▷ **bourgeois, oise** (adjectif) Qui concerne les bourgeois, leur mode de vie. *Son oncle est plutôt conformiste et mène une vie* ***bourgeoise****.*

bourgeoisie (nom féminin)
Ensemble des bourgeois. *Les familles les plus riches du pays constituent la grande* ***bourgeoisie****.*

bourgeon (nom masculin)
Petite pousse d'une plante qui donnera une feuille ou une fleur. *Les cerisiers du jardin sont couverts de* ***bourgeons*** *qui vont s'ouvrir.* ➠ p. 68.

bourgeonner (verbe) ○ conj.n°3
Se charger de bourgeons. *Les arbres commencent à* ***bourgeonner****.*

bourgogne (nom masculin)
Sorte de vin. *Il y a des* ***bourgognes*** *rouges et des* ***bourgognes*** *blancs.* ⊙ La Bourgogne est une province française réputée pour ses vins.

bourguignon, onne
➠ Voir tableau p. 6.

bourrade (nom féminin)
Coup de poing, de coude ou d'épaule. *Pierre m'a repoussé d'une légère* ***bourrade****.*

bourrage (nom masculin)
• **Bourrage de crâne** : dans la langue familière, action de bourrer le crâne, abrutissement.

bourrasque (nom féminin)
Coup de vent violent et brusque. *Une* ***bourrasque*** *a cassé une branche du sapin.*

bourratif, ive (adjectif)
Qui bourre l'estomac. *Odile n'arrive pas à finir le gâteau, il est trop* ***bourratif****.*

bourreau, eaux (nom masculin)
1. Personne chargée d'exécuter les condamnés à mort. 2. Personne qui martyrise d'autres personnes. *La police a arrêté un* ***bourreau*** *d'enfants.*

bourrée (nom féminin)
Danse folklorique auvergnate.

bourrelet (nom masculin)
1. Bande que l'on met autour des portes ou des fenêtres pour empêcher l'air froid de passer. *On a calfeutré le bas des portes avec des* ***bourrelets*** *de mousse.* 2. Pli de graisse sur le corps d'une personne. *Le bébé a plein de petits* ***bourrelets*** *autour du cou.*

bourrer (verbe) ○ conj.n°3
1. Remplir complètement en tassant. *Sarah **a** tellement **bourré** sa valise qu'elle n'arrive pas à la fermer. À cinq heures, le métro **est bourré**.* **2.** Faire manger en trop grande quantité. *Grand-mère nous **a bourrés** de gâteau au chocolat.* (Syn. gaver.) • **Bourrer le crâne** : dans la langue familière, abrutir en répétant quelque chose avec insistance.

bourriche (nom féminin)
Grand panier sans anse. *Une **bourriche** d'huîtres.*

bourricot (nom masculin)
Âne de petite taille.

bourru, ue (adjectif)
Peu aimable. *Romain est très sensible malgré son air **bourru**.*

1. bourse (nom féminin)
1. Petit sac qui servait autrefois à contenir de l'argent, des pièces de monnaie. **2.** Somme d'argent versée par l'État à un étudiant ou à un chercheur pour l'aider à payer ses études ou ses recherches. ⊙ Bourse vient du latin *bursa* qui signifie « petit sac de cuir ».

2. Bourse (nom féminin)
Bâtiment où l'on peut vendre et acheter des actions, des valeurs. ⊙ Bourse vient du nom d'une famille de banquiers de Bruges, les *Van der Burse*.

boursier, ère (adjectif)
Qui concerne la Bourse. *Cet homme d'affaires gagne de l'argent en faisant des opérations **boursières**.*

boursier, ère (nom)
Personne qui bénéficie d'une bourse pour faire ses études.

boursouflé, ée (adjectif)
Qui est enflé par endroits. *Thomas a tant pleuré qu'il a le visage tout **boursouflé**.*

boursouflure (nom féminin)
Partie du corps boursouflée. *Les bras d'Ursula sont couverts de **boursouflures** dues à des piqûres de moustiques.*

bousculade (nom féminin)
Mouvement de foule au cours duquel tout le monde se bouscule. *Au moment des soldes, c'est la **bousculade** dans les magasins.*

bousculer (verbe) ○ conj.n°3
1. Pousser brutalement. *Ne **vous bousculez** pas pour entrer : il y a de la place pour tout le monde.* **2.** Obliger quelqu'un à se dépêcher. *Inutile de **bousculer** les enfants, nous avons le temps.*

bouse (nom féminin)
Excrément des ruminants.

bousier (nom masculin)
Coléoptère qui fait des boulettes de bouse, dans lesquelles il pond ses œufs.

un **bousier**

boussole (nom féminin)
Instrument comportant un cadran sur lequel une aiguille aimantée indique le nord. *L'invention de la **boussole** a révolutionné la navigation.*

une **boussole**

bout (nom masculin)
1. Extrémité d'une chose, d'un endroit. *Victor a le **bout** des doigts gelés. Vous trouverez la rivière au **bout** du chemin.* 2. Petite partie de quelque chose. *Un **bout** de pain, un **bout** de ficelle, un **bout** de chemin.* (Syn. morceau.) 3. Fin de quelque chose. *Zoé a regardé le film jusqu'au **bout**.* • **Être à bout :** être épuisé ou excédé. • **Pousser quelqu'un à bout** : l'exaspérer. • **Venir à bout** : arriver à finir. *J'ai l'impression qu'ils ne **viendront** jamais **à bout** de ces travaux.*

boutade (nom féminin)
Chose que l'on dit pour plaisanter. *Ne te vexe pas, ce n'était qu'une **boutade** !*

boute-en-train (nom masculin)
Personne gaie et pleine d'entrain. *La fête était très réussie grâce à ce **boute-en-train** de Julie !* → Pluriel : des boute-en-train. ⊙ Dans boute-en-train, les mots ont des sens d'autrefois : *bouter* signifiait « mettre » et *train* signifiait « mouvement ».

bouteille (nom féminin)
1. Récipient à goulot étroit, qui sert à contenir un liquide. *Cette **bouteille** contient un litre.* 2. Contenu d'une bouteille. *Les enfants ont bu toute la **bouteille** de lait au petit déjeuner.* 3. Récipient en métal contenant du gaz liquide. *Les plongeurs sont équipés de **bouteilles** d'oxygène.*

boutique (nom féminin)
Petit magasin. *Il y a une **boutique** de produits italiens à côté de la poste.*

bouton (nom masculin)
1. Petit objet, souvent rond, qui sert à fermer un vêtement. *Anna a perdu un **bouton** de sa veste.* 2. Bourgeon d'une plante. *Les rosiers sont couverts de **boutons** qui commencent à s'ouvrir.* ➠ p. 129. 3. Petit élément d'un mécanisme ou d'un appareil, qui sert à le faire fonctionner. *Appuie sur le **bouton** de la télécommande pour augmenter le son !* 4. Petite grosseur qui se forme à la surface de la peau. *Le bébé a les joues couvertes de **boutons**.* ⊙ Famille du mot : bouton-d'or, boutonner, boutonneux, boutonnière, déboutonner.

bouton-d'or (nom masculin)
Fleur des champs de couleur jaune vif. → Pluriel : des boutons-d'or.

boutonner (verbe) ○ conj.n°3
Fermer à l'aide de boutons. ***Boutonnez** vos manteaux avant de sortir !*

boutonneux, euse (adjectif)
Qui a des boutons sur la peau. *Il a le visage tout **boutonneux**.*

boutonnière (nom féminin)
Petite fente d'un vêtement, dans laquelle on passe un bouton. *Ce bouton est trop gros : il ne passera pas dans la **boutonnière**.*

bouture (nom féminin)
Partie coupée d'une plante, qu'on met en terre pour qu'elle forme des racines. *Des **boutures** de bégonias.*

bouvreuil (nom masculin)
Petit oiseau au plumage gris et noir et à la poitrine rouge.

un **bouvreuil**

bovidé (nom masculin)
Mammifère ruminant. *Les bœufs, les chèvres, les moutons, les antilopes, les chamois sont des **bovidés**.*

bovin, ine (adjectif)
Qui se rapporte aux bovins. *La Normandie est une région d'élevage **bovin**.* ▷ **bovin** (nom masculin) Sorte de mammifère ruminant. *Les bœufs, les buffles, les bisons sont des **bovins**.*

bowling (nom masculin)
1. Jeu qui consiste à renverser des quilles placées au bout d'une piste en lançant de grosses boules. 2. Salle où l'on pratique ce jeu. *On a passé l'après-midi au **bowling**.* → Bowling est un mot anglais : on prononce [buliŋ].

box (nom masculin)
1. Compartiment réservé à un seul cheval dans une écurie. 2. Compartiment séparé, réservé à une voiture dans un garage. *Papa a loué un **box** au premier sous-sol du parking de l'immeuble.* 3. Partie de la salle d'un tribunal où se trouve l'accusé. *L'assassin était assis dans le **box** des accusés, encadré par deux gendarmes.* ⊙ Box est un mot anglais qui signifie « boîte ».

boxe (nom féminin)
Sport qui oppose deux adversaires qui se battent à coups de poing. *Les différentes parties d'un combat de **boxe** s'appellent des rounds et le match se déroule sur un ring.* ⊙ Famille du mot : boxer, boxeur.

1. boxer (verbe) ○ conj.n°3
Pratiquer la boxe. *Le frère de Xavier a appris à **boxer** dans un club.*

2. boxer (nom masculin)
Chien de garde de grande taille, au museau plat et au poil ras. *Les **boxers** font partie de la famille des dogues.* → Prononciation [bɔksɛʀ].

un **boxer**

boxeur (nom masculin)
Personne qui fait de la boxe. *Le frère de Yann est un **boxeur** amateur.*

boyau, aux (nom masculin)
1. Intestin d'un animal. *Les **boyaux** de certains animaux servent à fabriquer les cordes des instruments de musique.* 2. Pneu fin et léger d'un vélo de course. 3. Passage très étroit. *Cette rue se termine en **boyau**.*

boycott (nom masculin)
Action de boycotter. *Tous les membres de l'association ont décidé le **boycott** de la réunion.* → Boycott est un mot anglais : on prononce [bɔjkɔt]. → On dit aussi boycottage. ⊙ Boycott était le nom d'un propriétaire irlandais qui voulait louer ses terres trop cher et qui fut mis en quarantaine par les paysans mécontents.

boycotter (verbe) ○ conj.n°3
Refuser de participer à quelque chose ou d'acheter certains produits pour montrer son désaccord. *Ce parti politique a décidé de **boycotter** les élections.* → Prononciation [bɔjkɔte].

bracelet (nom masculin)
1. Bijou que l'on porte autour du poignet. *Des **bracelets** en plastique multicolores.* 2. Attache en cuir, en métal ou en caoutchouc qui sert à fixer une montre au poignet.

braconnage (nom masculin)
Action de braconner. *Il a été arrêté pour **braconnage**.*

braconner (verbe) ○ conj.n°3
Pêcher ou chasser dans des conditions interdites par la loi. *Un garde forestier l'a surpris pendant qu'il **braconnait**.* ⊙ Famille du mot : braconnage, braconnier.

braconnier (nom masculin)
Personne qui pratique le braconnage. *Des **braconniers** ont posé des pièges dans le bois.*

brader (verbe) ○ conj.n°3
Vendre à bas prix. *À la fin du marché, ce commerçant **brade** les fruits qui lui restent.*

braderie (nom féminin)
Vente d'articles bradés. *Les jours de **braderie**, les commerçants de la ville installent des étals dans les rues.*

braguette (nom féminin)
Ouverture verticale sur le devant d'un pantalon ou d'un short.

braillard, arde (adjectif et nom)
Qui braille. *Taisez-vous, bande de **braillards** !*

braille (nom masculin)
Système de lecture et d'écriture pour les aveugles, qui utilise des points en relief. ⊙ C'est *Louis Braille,* organiste aveugle, qui inventa cette méthode au XIXe siècle.

brailler (verbe) ○ conj.n°3
Parler ou chanter très fort. *Le bébé se met à **brailler** dès qu'on veut le mettre au lit.*

braiment (nom masculin)
Cri de l'âne.

braire (verbe) ○ conj.n°40
Pousser des braiments. *L'âne **brait** quand il a faim.*

braise (nom féminin)
Morceau de bois ou de charbon qui brûle sans flamme. *Élodie fait griller des steaks au-dessus de la **braise**.*

braisé, ée (adjectif)
Cuit à feu doux dans un récipient fermé. *Des pommes de terre **braisées**.*

bramer (verbe) ○ conj.n°3
Faire entendre son cri, quand il s'agit du cerf ou du daim.

brancard (nom masculin)
1. Chacune des deux longues pièces de bois entre lesquelles on attelle une bête de trait. *Les **brancards** d'une carriole, d'une charrette.* 2. Synonyme de civière. *On a emporté les blessés sur des **brancards**.*

brancardier (nom masculin)
Personne qui transporte quelqu'un sur un brancard.

branchages (nom masculin pluriel)
Branches coupées. *Les enfants ramassent des **branchages** pour construire une cabane.*

branche (nom féminin)
1. Ramification d'un arbre, qui pousse sur le tronc et porte les feuilles. *Benjamin est assis à califourchon sur la plus grosse **branche** du pommier.* ➠ p.68. 2. Partie allongée et articulée d'un objet. *Les **branches** d'un compas, d'une pince.* 3. Partie d'une chose qui se divise. *La poésie, le théâtre et le roman sont des **branches** de la littérature.* ⊙ Famille du mot : branchages, embranchement.

branchement (nom masculin)
Action de brancher quelque chose. *Le **branchement** d'une canalisation d'eau.*

brancher (verbe) ○ conj.n°3
Relier à un circuit principal. ***Brancher** l'eau, le gaz.* ⊙ Famille du mot : branchement, débrancher.

branchie (nom féminin)
Organe respiratoire des animaux aquatiques. *Les poissons captent l'oxygène dissous dans l'eau grâce à leurs **branchies**.*

brandade (nom féminin)
Morue hachée avec de l'ail et mélangée à de la purée de pommes de terre. ⊙ En provençal, ce mot veut dire *remuer* : il faut bien mélanger les ingrédients pour que ce plat soit réussi.

brandir (verbe) ○ conj.n°11
Agiter quelque chose à bout de bras. *Le guerrier **brandit** sa lance et se rua à l'assaut.*

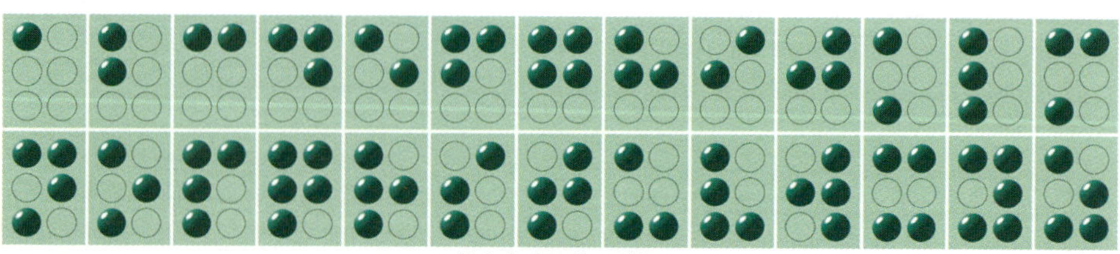

l'alphabet **braille**

branlant, ante (adjectif)
Qui n'est pas stable. *Un vieil escalier aux marches **branlantes**.*

branle (nom masculin)
Se mettre en branle : se mettre en mouvement. *Le défilé **s'est mis en branle** à l'heure prévue.* (Syn. s'ébranler.)

branle-bas (nom masculin)
Agitation qui précède une action. *La pièce va commencer, c'est le **branle-bas** général dans les coulisses.*

branler (verbe) conj.n°3
Bouger par manque de stabilité. *Il faudrait caler le pied de la chaise pour qu'elle ne **branle** pas.* Famille du mot : branlant, branle, branle-bas, ébranler, inébranlable.

braquer (verbe) conj.n°3
1. Diriger vers un point précis. *Le chasseur **braque** sa carabine sur le fauve qui le menace.* 2. Tourner le volant d'un véhicule pour le faire changer de direction. *L'automobiliste **a braqué** à gauche pour éviter le fossé.* 3. Se braquer : s'opposer avec obstination. *Au moindre reproche, Fatima **se braque**.*

bras (nom masculin)
1. Membre supérieur de l'homme, entre l'épaule et la main. *Lève les **bras** pour enfiler ton pull !* ➠ p. 263. 2. Côté d'un siège, qui sert à poser le bras. *Les **bras** d'un fauteuil.* • **À bras ouverts** : de manière très chaleureuse. • **À bras raccourcis** : en frappant avec violence. • **À tour de bras** : avec force ou avec excès. • **Avoir le bras long** : avoir de l'influence. • **Baisser les bras** : renoncer. • **Bras de fer** : épreuve de force dans laquelle chacun des deux adversaires essaie de faire plier le bras de l'autre jusqu'à lui faire toucher la table. • **Bras de mer** : étroite étendue de mer entre les terres. • **Le bras droit de quelqu'un** : son principal collaborateur. • **Les bras m'en tombent** : je suis stupéfait. Famille du mot : avant-bras, brassard, brassée.

brasier (nom masculin)
Violent incendie. *L'immeuble s'était rapidement transformé en un immense **brasier**.*

à bras-le-corps (adverbe)
En serrant très fort avec ses deux bras. *Le pompier saisit l'enfant **à bras-le-corps** et le souleva hors du brasier.*

brassage (nom masculin)
1. Action de brasser la bière. 2. Fait de se mélanger. *La vie dans les grandes villes favorise le **brassage** des populations.*

brassard (nom masculin)
Bande de tissu qu'on porte autour du bras. *Le capitaine de l'équipe de football porte un **brassard** pendant le match.*

brasse (nom féminin)
Nage sur le ventre dans laquelle les mouvements des bras et des jambes sont symétriques.

brassée (nom féminin)
Quantité de choses qu'on peut tenir entre ses bras. *Une **brassée** de fleurs, de bois.*

brasser (verbe) conj.n°3
Remuer pour mélanger. ***Brassez** bien les cartes avant de rejouer !* • **Brasser des affaires, de l'argent** : faire beaucoup d'affaires. • **Brasser la bière** : la fabriquer. Famille du mot : brassage, brasserie.

brasserie (nom féminin)
1. Usine où l'on fabrique la bière. 2. Grand café où l'on peut prendre des repas. *Si tu es pressé, allons manger le plat du jour dans cette **brasserie**.*

brassière (nom féminin)
Vêtement de bébé qui s'enfile par les manches et s'attache dans le dos. Au Québec, la brassière est le nom du soutien-gorge.

bravade (nom féminin)
Action de braver, de défier. *Par **bravade**, Clément provoque toujours ceux qui sont plus forts que lui.*

brave (adjectif)
1. Synonyme de courageux. *Il s'est montré **brave** face à ses ennemis.* (Contr. lâche.) 2. Honnête et bon. *Vous pouvez leur faire confiance, ce sont de **braves** gens.* → Brave se place après le nom dans le sens 1 et avant le nom dans le sens 2. ⊙ Famille du mot : bravement, braver, bravoure.

bravement (adverbe)
Avec bravoure. *Le chevalier a combattu **bravement** jusqu'à son dernier souffle.*

braver (verbe) ○ conj.n°3
1. Affronter avec courage. ***Braver** un danger, une tempête.* 2. Tenir tête à quelqu'un. *Gaëlle n'a pas hésité à **braver** son père.* (Syn. défier, provoquer.)

bravo (interjection)
Mot que l'on dit pour exprimer son admiration. *« **Bravo** ! Tu as été très courageux ! »* ▷ **bravo** (nom masculin) Applaudissements. *L'équipe gagnante a défilé sous les **bravos** des spectateurs.*

bravoure (nom féminin)
Qualité d'une personne brave, courageuse. *Les sauveteurs ont fait preuve d'une **bravoure** inouïe pour secourir les naufragés.*

break (nom masculin)
Longue voiture dont l'arrière s'ouvre grâce à un hayon. *On a chargé tout le matériel de camping à l'arrière du **break**.* → Break est un mot anglais : on prononce [bʀɛk].

brebis (nom féminin)
Mouton femelle. *Le roquefort est fabriqué avec du lait de **brebis**.*

brèche (nom féminin)
Ouverture dans un mur, un obstacle. *Une **brèche** s'est ouverte dans la digue sous la poussée violente des vagues.*

bréchet (nom masculin)
Os saillant qui se trouve sur la poitrine des oiseaux.

bredouille (adjectif)
• **Revenir bredouille** : sans avoir rien pris à la chasse ou à la pêche.

bredouillement (nom masculin)
Fait de bredouiller. *David a murmuré un vague **bredouillement** pour s'excuser de son retard.*

bredouiller (verbe) ○ conj.n°3
Parler d'une manière confuse et précipitée. *Hélène a réussi à **bredouiller** quelques mots malgré sa timidité.* (Syn. bafouiller.)

bref, brève (adjectif)
Qui ne dure pas longtemps. *Nous avons fait un **bref** séjour à la montagne.* (Syn. court.)

breloque (nom féminin)
Petit bijou accroché à une chaîne ou à un bracelet.

brésilien, enne
➠ Voir tableau p. 6.

bretelle (nom féminin)
1. Courroie que l'on passe sur l'épaule pour porter un objet. *La **bretelle** d'un fusil. Les **bretelles** d'un sac à dos.* 2. Portion de route qui relie une voie à une autoroute. *La **bretelle** d'accès à l'autoroute est signalée par un panneau.* ▷ **bretelles** (nom féminin pluriel) Bandes de tissu passées sur chaque épaule pour retenir un vêtement. *Benjamin porte des **bretelles** assorties à sa chemise.*

breton, onne
➠ Voir tableau p. 6.

breuvage (nom masculin)
Boisson spécialement préparée pour produire certains effets. *Il prétendait qu'un **breuvage** mystérieux lui donnait des pouvoirs surnaturels.*

brève ➠ Voir bref.

brevet (nom masculin)
1. Diplôme que l'on reçoit après avoir réussi à un examen ou après avoir gagné une compétition. *Elle a obtenu son **brevet** de pilotage.* 2. Papier officiel remis à un inventeur pour certifier que l'invention est bien la sienne.

breveter (verbe) ○ conj.n°9
Protéger une invention par un brevet.

bribe (nom féminin)
Petit bout de quelque chose. *Il reste quelques **bribes** de pain sur la table. La musique lui parvenait par **bribes**.* (Syn. fragment.)

bric-à-brac (nom masculin)
Amas de vieux objets. *Notre cave est devenue un vrai **bric-à-brac**.* → Pluriel : des bric-à-brac.

de **bric et de broc** (adverbe)
En rassemblant des choses prises ici et là. *C'est une bicoque meublée **de bric et de broc**.*

bricolage (nom masculin)
Action de bricoler. *Papa passe ses dimanches à faire du **bricolage**.*

bricole (nom féminin)
1. Petit objet de peu de valeur. *Ça n'est pas un beau cadeau, c'est juste une petite **bricole**.* (Syn. babiole.) 2. Chose sans importance. *Julie s'est fâchée pour une **bricole** qui n'en valait pas la peine.*

bricoler (verbe) ○ conj.n°3
1. Faire des petits travaux dans la maison. *Laura adore **bricoler** pendant ses heures de loisir.* 2. Réparer quelque chose avec ce que l'on a sous la main. *Kevin **a bricolé** un bateau avec une boîte à œufs et des bouchons.* ⊙ Famille du mot : bricolage, bricole, bricoleur.

bricoleur, euse (nom)
Personne qui aime bricoler. *Ibrahim est capable de réparer n'importe quoi, c'est un bon **bricoleur**.*

bride (nom féminin)
1. Courroie reliée au mors, et qui sert à diriger un cheval. *Le cavalier a retenu son cheval en tirant sur la **bride**.* 2. Petit anneau de tissu qui sert à attacher ou à suspendre. *Accroche le torchon par la **bride** !* • **À bride abattue** : à toute vitesse. • **Laisser la bride sur le cou à quelqu'un** : le laisser libre d'agir comme il veut. ⊙ Famille du mot : bridé, brider, débridé.

bridé, ée (adjectif)
• **Yeux bridés** : yeux dont les paupières forment une fente étroite.

brider (verbe) ○ conj.n°3
Mettre la bride à un cheval.

bridge (nom masculin)
1. Jeu de cartes qui oppose deux équipes de deux personnes. *Le **bridge** se joue avec 52 cartes.* 2. Appareil dentaire qui remplace une dent manquante en prenant appui sur les autres dents.

brie (nom masculin)
Fromage de vache, à pâte molle fermentée. ⊙ La Brie est une province française, du Bassin parisien, où ce fromage est fabriqué.

brièvement (adverbe)
De façon brève. *Il a **brièvement** raconté son voyage, sans détail inutile.* (Contr. longuement.)

brigade (nom féminin)
Groupe de policiers ou de sapeurs-pompiers. *La **brigade** des stupéfiants.*

brigadier (nom masculin)
Chef d'une brigade. *Un **brigadier** de gendarmerie.*

brigand (nom masculin)
Malfaiteur qui pratiquait le vol, le pillage. *Au Moyen Âge, les **brigands** attaquaient les voyageurs.* (Syn. bandit.)

brigandage (nom masculin)
Actes commis par des brigands.

brillamment (adverbe)
De manière brillante. *Myriam a **brillamment** réussi toutes les épreuves du concours.*

brillant, ante (adjectif)
1. Qui brille. *Un sol **brillant** de propreté. Des yeux **brillants** de joie.* 2. Qui est remarquable, exceptionnel. *Pierre a fait des études **brillantes**.* ▷ **brillant** (nom masculin) Diamant taillé. *Une bague ornée d'un **brillant**.*

briller (verbe) ○ conj.n°3
1. Produire une lumière vive. *Le Soleil, les étoiles **brillent**.* 2. Provoquer l'admiration ou attirer l'attention. *Face à de redoutables adversaires, il **a brillé** par son courage.* ⊙ Famille du mot : brillamment, brillant.

a b c d e f g h i j k l m n o p q r s t u v w x y z

brimade (nom féminin)
Épreuve humiliante que l'on fait subir à quelqu'un. *Ils ont été punis pour avoir fait subir des* ***brimades*** *stupides à un nouvel élève.*

brimer (verbe) ○ conj.n°3
Faire subir des brimades.

brin (nom masculin)
1. Tige mince d'une plante. *Un* ***brin*** *d'herbe, un* ***brin*** *de persil.* 2. Morceau de fil. *Un* ***brin*** *de laine.* 3. Petite quantité. *Il n'a pas un* ***brin*** *d'humour.*

brindille (nom féminin)
Petite branche sèche. *L'oiseau construit son nid avec des* ***brindilles****.*

brinquebaler (verbe) ○ conj.n°3
Pencher d'un côté et de l'autre en cahotant. *La vieille carriole* ***brinquebalait*** *sur les pavés inégaux de la rue.* → On écrit aussi bringuebaler.

brio (nom masculin)
Virtuosité et talent. *Le pianiste a interprété avec* ***brio*** *un concerto de Mozart.*

brioche (nom féminin)
Pâtisserie à pâte légère.

brique (nom féminin)
1. Bloc rectangulaire de terre cuite, utilisé comme matériau de construction. 2. Emballage cartonné qui a la forme d'une brique. *Du jus de fruits en* ***brique****.*

briquer (verbe) ○ conj.n°3
Nettoyer à fond. *Papa a passé une journée entière à* ***briquer*** *la voiture.*

briquet (nom masculin)
Petit appareil qui produit du feu. *Un* ***briquet*** *jetable. Un* ***briquet*** *rechargeable.*

brise (nom féminin)
Vent doux et régulier. *Une* ***brise*** *légère rafraîchissait l'air.*

brisé, ée (adjectif)
• **Ligne brisée** : ligne composée de segments de droite consécutifs formant des angles.

brise-glace (nom masculin)
Navire dont la coque est renforcée à l'avant et qui peut briser la glace. *Le* ***brise-glace*** *ouvre un passage à travers la banquise pour les autres navires.* → Pluriel : des brise-glace.

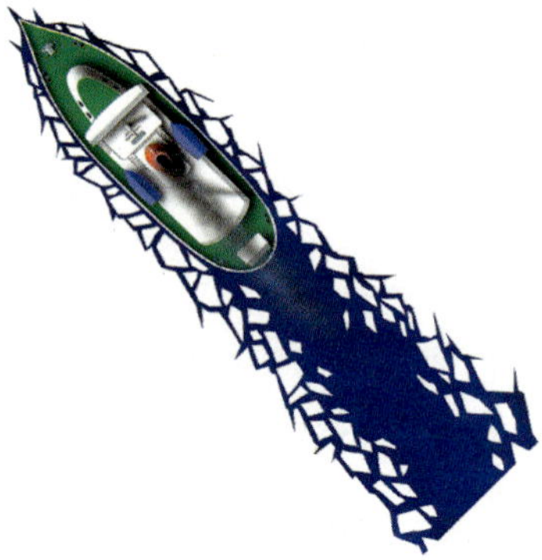

un **brise-glace**

briser (verbe) ○ conj.n°3
1. Synonyme de casser. ***Briser*** *des vitres. Ces verres de cristal* ***se brisent*** *au moindre choc.* 2. Au sens figuré, détruire ou faire échouer. *Cet accident* ***a brisé*** *sa carrière.* 3. Se briser : éclater sous forme d'écume à cause d'un obstacle ou du vent. *Les vagues* ***se brisaient*** *contre la falaise.* • **Être brisé de fatigue** : être très fatigué. ⊙ Famille du mot : brisé, brise-glace.

bristol (nom masculin)
Carton mince et lisse qu'on utilise surtout pour faire des cartes de visite.

britannique
➠ Voir tableau p. 6.

broc (nom masculin)
Récipient à anse muni d'un bec verseur. → Prononciation [bro].

brocante (nom féminin)
Foire où l'on vend des vieux objets. *Tous les dimanches, il y a une* ***brocante*** *sur la place du marché.*

brocanteur, euse (nom)
Commerçant qui achète et vend des objets d'occasion. *En fouillant chez un* ***brocanteur****, ma tante a trouvé un très joli vase ancien.*

broche (nom féminin)
1. Bijou muni d'un fermoir, qui s'épingle sur un vêtement. *Noémie porte une **broche** en argent au revers de son manteau.* 2. Tige pointue qui sert à faire rôtir un morceau de viande. *Un agneau cuit à la **broche**, c'est un méchoui.* ⊙ Famille du mot : brochette, embrocher.

brocher (verbe) ○ conj.n°3
Assembler les feuilles d'un livre en les collant à l'intérieur d'une couverture souple. *Cette collection ne propose que des livres **brochés**.*

brochet (nom masculin)
Poisson d'eau douce très vorace. *Le **brochet** a une mâchoire garnie de dents acérées.*

un **brochet**

brochette (nom féminin)
1. Petite broche sur laquelle on enfile des morceaux de viande. *Pose les **brochettes** sur le barbecue sans te brûler !* 2. Petits morceaux de viande cuits ainsi. *Papa fait cuire des merguez et des **brochettes**.*

brochure (nom féminin)
Petit livre broché. *Maman a pris quelques **brochures** sur l'Espagne à l'agence de voyages.*

brocoli (nom masculin)
Variété de chou-fleur vert.

brodequin (nom masculin)
Chaussure montante, pour la marche.

broder (verbe) ○ conj.n°3
1. Coudre des dessins sur une étoffe pour l'orner. *Odile **a brodé** des petites fleurs sur le col de son chemisier.* 2. Au sens figuré, embellir un récit en ajoutant des détails inventés. *Je crois que Quentin **brode** un peu quand il raconte ses exploits.*

broderie (nom féminin)
Ornement brodé sur un tissu. *Sarah porte une écharpe de soie ornée de **broderies**.*

bronche (nom féminin)
Chacun des deux conduits qui amènent l'air aux poumons. ➠ p. 884.

broncher (verbe) ○ conj.n°3
Manifester son impatience ou son désaccord. *Romain a accepté sa punition sans **broncher**.*

bronchite (nom féminin)
Maladie des bronches. *Ursula tousse beaucoup à cause de sa **bronchite**.*

brontosaure (nom masculin)
Grand dinosaure qui mesurait plus de 20 mètres de long.

bronzage (nom masculin)
Couleur que prend la peau quand on bronze. *Avec un tel **bronzage**, on voit que tu rentres de vacances !*

bronze (nom masculin)
Métal constitué d'un alliage de cuivre et d'étain. *Des cloches en **bronze**.*

une sculpture en **bronze**
(« David » de Verrocchio, vers 1475)

bronzer (verbe) ○ conj.n°3
Brunir au soleil. *Zoé **a** beaucoup **bronzé** pendant son séjour au bord de la mer.*

brossage (nom masculin)
Action de brosser.

brosse (nom féminin)
Ustensile de nettoyage constitué de poils ou de fibres assemblés sur un support. *Une **brosse** à dents, à habits, à chaussures.* • **Cheveux en brosse** : courts et droits sur la tête. ⊙ Famille du mot : brossage, brosser.

brosser (verbe) ○ conj.n°3
1. Frotter avec une brosse. ***Brosser** ses cheveux. **Se brosser** les dents.* 2. Au sens figuré, faire une description rapide. *Le maître nous **a brossé** un tableau de la situation politique de l'Europe.*

brou (nom masculin)
• **Brou de noix** : teinture brune que l'on retire de l'écorce des noix.

brouette (nom féminin)
Petit véhicule à une roue, que l'on pousse devant soi. *Thomas pousse avec peine une **brouette** remplie de terre.*

brouhaha (nom masculin)
Bruit confus que font des gens qui parlent en même temps. *Le **brouhaha** a cessé dans la salle quand le spectacle a commencé.*

brouillard (nom masculin)
Nuage formé par de minuscules gouttes d'eau en suspension dans l'air. *Les voitures roulent au ralenti à cause du **brouillard**.*

brouille (nom féminin)
Fait de se brouiller. *Ils ont fini par se réconcilier après une **brouille** de plusieurs mois.*

brouiller (verbe) ○ conj.n°3
1. Mélanger des choses. *Victor **a brouillé** tous mes dossiers en fouillant dans mon bureau.* 2. Rendre difficile à comprendre. *Un violent orage **a brouillé** les émissions de radio.* 3. Se brouiller : se fâcher avec quelqu'un à la suite d'un désaccord. *Après de nombreuses disputes, ils **se sont brouillés** définitivement.* • **Œufs brouillés** : dont on mélange le jaune et le blanc durant la cuisson.

1. brouillon, onne (adjectif)
Qui manque d'ordre, de méthode. *Tu es trop **brouillon** pour que je te prête mes affaires.* (Syn. désordonné. Contr. ordonné.)

2. brouillon (nom masculin)
Ce que l'on écrit d'abord, avant de le recopier. *Fais d'abord tes exercices sur ton cahier de **brouillon** !*

broussaille (nom féminin)
Végétation composée de mauvaises herbes, de ronces emmêlées. *Les enfants sont sortis des **broussailles** couverts d'égratignures.* • **Cheveux en broussaille** : emmêlés et mal peignés. ⊙ Famille du mot : broussailleux, débroussailler.

broussailleux, euse (adjectif)
Plein de broussailles. *Un sentier **broussailleux**.*

brousse (nom féminin)
Dans les pays tropicaux, étendue couverte de buissons et d'arbustes.

brouter (verbe) ○ conj.n°3
Manger de l'herbe en l'arrachant avec les dents. *Des chèvres **broutent** en bordure du chemin.*

broutille (nom féminin)
Chose sans importance. *Ils se disputent encore pour des **broutilles**.*

broyer (verbe) ○ conj.n°6
Réduire en pâte ou en poudre en écrasant. *On **broie** des grains de blé pour faire de la farine.* • **Broyer du noir** : avoir le cafard.

broyeur (nom masculin)
Appareil servant à broyer.

bru (nom féminin)
Femme du fils. *La femme de mon grand frère est la **bru** de mes parents.* (Syn. belle-fille.)

brugnon (nom masculin)
Sorte de pêche à peau lisse.

bruine (nom féminin)
Pluie très fine.

bruiner (verbe) conj.n°3
Pleuvoir sous forme de bruine. *En novembre, il **a bruiné** sans arrêt.* ➜ Bruiner ne s'emploie qu'à la troisième personne du singulier.

bruissement (nom masculin)
Bruit léger et continu. *Le **bruissement** léger des feuilles agitées par la brise.*

bruit (nom masculin)
1. Son perçu par l'oreille. *La perceuse fait un **bruit** insupportable.* 2. Au sens figuré, nouvelle qui circule, qu'on raconte partout. *D'après certains **bruits**, la police aurait retrouvé la piste du criminel.* (Syn. rumeur.) • **Faire du bruit :** provoquer beaucoup d'intérêt, d'émotion. *La démission du Premier ministre **a fait** beaucoup **de bruit**.* Famille du mot : bruitage, bruyamment, bruyant, ébruiter.

bruitage (nom masculin)
Reconstitution artificielle des bruits qui accompagnent une scène d'un film.

brûlant, ante (adjectif)
Très chaud. *La soupe est **brûlante**.*

brûlé (nom masculin)
Ce qui a brûlé. *Ça sent le **brûlé** dans la cuisine. La viande a un goût de **brûlé**.*

à brûle-pourpoint (adverbe)
Brusquement et sans prévenir. *Il a été incapable de répondre quand on l'a interrogé **à brûle-pourpoint**.*

brûler (verbe) conj.n°3
1. Se consumer sous l'action des flammes. *Des bûches **brûlent** dans la cheminée. La forêt **a** entièrement **brûlé** dans l'incendie.* (Syn. flamber.) 2. Subir une cuisson trop forte. *Éteins le four, le gâteau est en train de **brûler**.* 3. Détruire par le feu. ***Brûler** des mauvaises herbes.* 4. Causer une brûlure. *Il **s'est brûlé** avec de l'eau bouillante.* 5. Ne pas s'arrêter à un signal. ***Brûler** un feu rouge, un stop.* (Syn. griller.) 6. Désirer avec force, avec ardeur. *Il **brûlait** de voyager à travers le monde.* 7. Être sur le point de trouver la solution. *C'est presque la bonne réponse, tu **brûles** !* Famille du mot : brûlant, brûlé, brûleur, brûlure.

brûleur (nom masculin)
Partie d'un appareil dans laquelle brûle le combustible. *Cette cuisinière à gaz comporte quatre **brûleurs**.*

brûlure (nom féminin)
Blessure ou dégât causés par le feu. *Il s'est fait une **brûlure** au bras. Le tapis est abîmé par une **brûlure** de cigarette.*

brume (nom féminin)
Brouillard léger. *Le soleil a fini par dissiper la **brume** matinale.*

brumeux, euse (adjectif)
Couvert de brume. *Un ciel **brumeux**.*

brun, brune (adjectif)
D'une couleur sombre qui tire sur le noir. *Des cheveux **bruns**. De la bière **brune**.* ▷ **brun, brune** (adjectif et nom) Qui a les cheveux bruns. *Ils sont **bruns** tous les deux mais leur bébé est blond.* Famille du mot : brunâtre, brunir.

brunâtre (adjectif)
D'une couleur qui se rapproche du brun.

brunir (verbe) conj.n°11
Devenir brun. *William **a** beaucoup **bruni** pendant ses vacances à la mer.* (Syn. bronzer.)

brusque (adjectif)
1. Soudain et imprévu. *Anna s'est retournée d'un mouvement **brusque**. Une **brusque** montée de température.* 2. Qui est fait sans douceur. *Il m'a repoussé d'un geste **brusque**.* Famille du mot : brusquement, brusquer, brusquerie.

brusquement (adverbe)
De façon brusque. *Il s'est **brusquement** mis à pleuvoir.* (Syn. brutalement.)

brusquer (verbe) conj.n°3
1. Traiter quelqu'un sans douceur. *Inutile de **brusquer** cet enfant, il obéira si tu lui parles calmement.* (Syn. bousculer.) 2. Faire quelque chose plus vite que prévu. *Nous avons dû **brusquer** nos adieux car le train allait partir.* (Syn. précipiter.)

brusquerie (nom féminin)
Manière brusque d'agir. *Élodie nous a dit avec **brusquerie** qu'elle ne voulait pas jouer avec nous.* (Syn. rudesse.)

a b c d e f g h i j k l m n o p q r s t u v w x y z

brut, brute (adjectif)
Qui est encore dans son état naturel, sans avoir été transformé par l'homme. *Pour faire de l'essence, on raffine le pétrole **brut**.* • **Champagne brut** : très sec. • **Poids brut** : qui comprend le poids de la marchandise et celui de l'emballage. (Contr. net.)
→ Prononciation [bRyt].

brutal, ale, aux (adjectif)
1. Qui est dur et violent. *Je ne joue plus avec lui : il est trop **brutal**.* 2. Qui est imprévu et soudain. *Une chute **brutale** de la température.* ⊙ Famille du mot : brutalement, brutaliser, brutalité, brute.

brutalement (adverbe)
De façon brutale. *Fatima m'a **brutalement** poussé contre le mur. La situation a **brutalement** changé.*

brutaliser (verbe) ○ conj.n°3
Traiter avec brutalité. *Le gangster **a brutalisé** sa victime avant de la voler.* (Syn. maltraiter.)

brutalité (nom féminin)
Comportement brutal. *Je ne supporte pas sa **brutalité** envers son chien.*

brute (nom féminin)
Personne violente et grossière. *Cette **brute** a bousculé tout le monde.*

bruyamment (adverbe)
De façon bruyante. *L'équipe gagnante a **bruyamment** fêté sa victoire.*

bruyant, ante (adjectif)
1. Qui fait beaucoup de bruit. *Des voisins **bruyants**.* 2. Où il y a beaucoup de bruit. *La cantine est très **bruyante** à l'heure des repas.*

bruyère (nom féminin)
Plante sauvage à petites fleurs mauves. *Les **bruyères** poussent sur les landes et dans les terrains sableux.*

buccal, ale, aux (adjectif)
Qui concerne la bouche. *C'est un médicament qui se prend par voie **buccale**.*

bûche (nom féminin)
Morceau de bois de chauffage. *Les **bûches** qui flambent dans la cheminée réchauffent toute la pièce.* • **Bûche de Noël** : pâtisserie en forme de bûche que l'on mange à Noël.

bûcher (nom masculin)
Amas de bois sur lequel on fait brûler une personne. *Jeanne d'Arc fut brûlée vive sur un **bûcher** à Rouen.*

bûcheron, onne (nom)
Personne qui abat des arbres.

bucolique (adjectif)
Qui évoque la campagne. *Les petites rues de la ville ont gardé un charme **bucolique**.*

budget (nom masculin)
Ensemble des dépenses et des recettes prévues. *Cet appartement est trop cher pour le **budget** familial.*

buée (nom féminin)
Vapeur d'eau qui se condense sur une surface froide. *Je ne vois plus rien, il y a de la **buée** sur mes lunettes.*

buffet (nom masculin)
1. Meuble servant à ranger la vaisselle, les couverts. 2. Table où sont présentés les aliments et les boissons lors d'une réception. *Les invités se pressaient autour du **buffet**.* 3. Restaurant installé dans une gare.

buffle (nom masculin)
Bovidé de la même taille que le bœuf.

buffle d'Afrique

buffle d'Asie

des **buffles**

▸ **building** (nom masculin)
Grand immeuble comportant de nombreux étages. *On a rasé ce vieux quartier pour y construire des* ***buildings*** *et y installer des bureaux.* → Building est un mot anglais : on prononce [bildiŋ].

▸ **buis** (nom masculin)
Arbuste dont le feuillage est toujours vert et dont le bois est très dur.

▸ **buisson** (nom masculin)
Groupe d'arbustes entremêlés. *Le lièvre a disparu dans un* ***buisson****.* (Syn. fourré.)

▸ **buissonnière** (adjectif féminin)
• **Faire l'école buissonnière :** aller se promener au lieu d'aller à l'école.

▸ **bulbe** (nom masculin)
Partie renflée de certaines plantes qui reste sous terre. *On a acheté des* ***bulbes*** *de jacinthes pour les planter dans le jardin.*

▸ **bulgare**
➠ Voir tableau p. 6.

▸ **bulldozer** (nom masculin)
Gros engin qui sert à creuser et à niveler le sol. → Bulldozer est un mot anglais : on prononce [byldɔzɛʀ].

▸ **bulle** (nom féminin)
1. Sphère remplie d'air qui se forme dans un liquide. *Des* ***bulles*** *de savon, des* ***bulles*** *d'eau gazeuse.* 2. Dans une bande dessinée, espace entouré d'un trait, qui est réservé au texte des paroles prononcées par les personnages.

une **bulle** de savon

▸ **bulletin** (nom masculin)
1. Document sur lequel sont inscrites les notes et les observations méritées par un élève. *Vous recevrez vos* ***bulletins*** *à la fin du trimestre.* 2. Papier servant à voter. *Pour voter, on met dans l'urne le* ***bulletin*** *du candidat que l'on a choisi.* 3. Émission d'informations à la radio ou à la télévision. *C'est l'heure du* ***bulletin*** *météorologique.*

▸ **bungalow** (nom masculin)
Petite maison de vacances, sans étage, faite de matériaux légers. *Nous avons loué un* ***bungalow*** *dans un club de vacances au bord de la mer.* → Bungalow est un mot anglais : on prononce [bœgalo]. ⊙ À l'origine, un bungalow c'était une maison du *Bengale*, région de l'Inde.

▸ **buraliste** (nom)
Personne qui tient un bureau de tabac.

▸ **bureau, eaux** (nom masculin)
1. Meuble, parfois muni de tiroirs, sur lequel on écrit, on travaille. *Yann a rangé ses cahiers dans le premier tiroir de son* ***bureau****.* 2. Pièce spécialement aménagée pour travailler. *Le directeur reçoit les parents d'élèves dans son* ***bureau****.* 3. Lieu de travail des employés d'une entreprise. *Papa prend le métro pour aller au* ***bureau****.* 4. Lieu où sont installés des services ouverts au public. *Un* ***bureau*** *de tabac. Un* ***bureau*** *de poste. Le* ***bureau*** *d'aide sociale.*

▸ **bureaucrate** (nom)
Fonctionnaire ou employé de bureau qui se contente d'appliquer le règlement, sans prendre aucune initiative.

▸ **burette** (nom féminin)
Petit récipient terminé par un tube effilé et qui contient de l'huile pour graisser des pièces mécaniques.

▸ **burin** (nom masculin)
Outil en acier, taillé en biseau, qui sert à entailler le métal, le bois ou la pierre. *Sculpter une statue au* ***burin****.*

buriné, ée (adjectif)
Marqué de rides profondes. *Les coureurs du Tour de France terminent la course avec un visage **buriné** de fatigue.*

burlesque (adjectif)
D'un comique extravagant. *Dans ses films, Charlie Chaplin se trouve souvent dans des situations **burlesques**.*

burnous (nom masculin)
1. Grand manteau de laine à capuchon, que portent les Arabes. 2. Manteau à capuchon pour les bébés.

bus (nom masculin)
Synonyme d'autobus.

buse (nom féminin)
Oiseau de proie qui ressemble au faucon.

busqué, ée (adjectif)
• **Nez busqué** : nez recourbé. *Napoléon Ier avait le **nez busqué**.*

buste (nom masculin)
1. Partie supérieure du corps humain, au-dessus de la taille. (Syn. torse.) 2. Sculpture qui représente la tête et le haut de la poitrine d'un personnage. *Le **buste** de Marianne est dans le préau de l'école.*

but (nom masculin)
1. Point que l'on vise, que l'on cherche à atteindre. *La flèche a atteint son **but**.* 2. Ce que l'on cherche à accomplir. *Le **but** de Benjamin est de devenir musicien.* 3. Dans certains jeux, espace dans lequel on doit faire pénétrer le ballon. *Le gardien de **but** a dévié la trajectoire du ballon.* 4. Point marqué quand le ballon atteint l'intérieur du but. *Clément a marqué un **but**.* • **De but en blanc** : brusquement, sans préparation. → Prononciation [by] ou [byt].

butane (nom masculin)
Gaz utilisé comme combustible. *Une bouteille de **butane**.*

buté, ée (adjectif)
Qui s'entête dans ses opinions. *Gaëlle est trop **butée** pour écouter tes conseils.*

buter (verbe) ○ conj.n°3
1. Heurter avec le pied. *David **a buté** contre une pierre et s'est tordu la cheville.* 2. Essayer de résoudre une difficulté sans y parvenir. *Hélène **a buté** sur le dernier exercice de français.* 3. Se buter : s'entêter. *Kevin **se bute** dès qu'on essaie de lui expliquer quelque chose.* ⊙ Famille du mot : buté, butoir.

butin (nom masculin)
Ce que l'on prend à un ennemi ou ce que l'on vole à quelqu'un. *Les pirates se sont partagé le **butin**.*

butiner (verbe) ○ conj.n°3
Récolter le pollen et le nectar des fleurs. *Des abeilles **butinent** les roses.*

butoir (nom masculin)
1. Obstacle destiné à arrêter les locomotives ou les wagons. *La locomotive a heurté le **butoir** à l'extrémité de la voie ferrée.* 2. Pièce qui empêche une porte de heurter le mur.

butte (nom féminin)
Petite élévation de terrain. *Le soleil s'est couché derrière la **butte**.* (Syn. colline, monticule.) • **Être en butte à quelque chose** : être pris comme cible par quelqu'un. *Elle **est en butte aux** mauvaises plaisanteries de certains élèves.*

buvable (adjectif)
Que l'on peut boire. *Ce café est à peine **buvable** tellement il est fort.*

buvard (nom masculin)
Papier spécial qui sert à absorber l'encre. *Avant de refermer ton cahier, sèche ce que tu viens d'écrire avec un **buvard**.*

buvette (nom féminin)
Endroit où l'on vend des boissons. *Pour la kermesse de l'école, les parents d'élèves ont installé une **buvette**.*

buveur, euse (nom)
Personne qui consomme une boisson en grande quantité. *Papa est un grand **buveur** de café.*

c (nom masculin)
Troisième lettre de l'alphabet. *Le **c** est une consonne.*

c' ➠ Voir ce 2.

ça (pronom)
Synonyme familier de cela ou de ceci. *Qui t'a dit **ça** ? Ne mange pas **ça** !*

çà (adverbe)
• **Çà et là :** un peu partout, sans ordre. *Des coquelicots poussent **çà et là**, au bord du chemin.*

cabale (nom féminin)
Intrigues menées contre quelqu'un ou quelque chose pour lui nuire. *Ils ont monté une **cabale** contre lui.* (Syn. complot, machination.)

cabalistique (adjectif)
Qui est très difficile à comprendre. *Le sorcier murmure des formules **cabalistiques**.* (Syn. mystérieux.)

caban (nom masculin)
Manteau court en tissu épais, comme celui des marins.

cabane (nom féminin)
Petite maison de bois qui peut servir d'abri. *Le berger dort dans sa **cabane**.*

cabanon (nom masculin)
Petite cabane. *Papa range ses outils dans un **cabanon** au fond du jardin.*

cabaret (nom masculin)
Endroit où l'on peut voir un spectacle, danser, manger et boire.

cabas (nom masculin)
Grand sac utilisé pour faire les courses.

cabestan (nom masculin)
Appareil autour duquel s'enroule un câble pour tirer de lourdes charges. *Les pêcheurs du chalutier remontent leurs filets grâce au **cabestan**.*

cabillaud (nom masculin)
Morue fraîche non salée.

un **cabillaud**

cabine (nom féminin)
1. Petite construction servant à un usage particulier. ***Cabine** de bain, **cabine** téléphonique.* 2. Chambre, dans un bateau. 3. Synonyme de cockpit. *La **cabine** de pilotage.* 4. Partie d'un ascenseur, d'un avion ou d'un téléphérique où se tiennent les gens. *La **cabine** de l'ascenseur ne peut contenir plus de quatre personnes.*

cabinet (nom masculin)
1. Bureau d'un médecin, d'un dentiste ou d'un avocat. *Le **cabinet** médical ouvre à 9 heures.* 2. Ensemble des personnes qui travaillent avec un ministre ou un préfet. • **Cabinet de toilette** : petite pièce équipée d'un lavabo où l'on peut faire sa toilette.
▷ **cabinets** (nom masculin pluriel)
Synonyme de W.-C.

câble (nom masculin)
1. Grosse corde. *Les cabines du téléphérique sont suspendues à un **câble**.* 2. Gros fil de métal qui transporte l'électricité. 3. Ensemble des programmes de télévision qui sont diffusés par un système de câbles.

câbler (verbe) ○ conj.n°3
Installer le câble qui diffuse les programmes de télévision. *Les programmes sont plus variés depuis que notre quartier **est câblé**.*

cabochard, arde (adjectif)
Synonyme familier de têtu. *Ce chien **cabochard** refuse d'avancer.*

cabosser (verbe) ○ conj.n°3
Déformer par des bosses. *La bouilloire est tombée, elle **est** toute **cabossée**.*

cabotage (nom masculin)
Navigation près des côtes. *Ces petits bateaux de pêche font du **cabotage**.*

cabotin, ine (adjectif et nom)
Se dit de quelqu'un qui aime attirer l'attention sur lui. *Anna est très **cabotine**, elle manque de naturel.*

se cabrer (verbe) ○ conj.n°3
Se dresser sur ses pattes de derrière. *En arrivant sur l'obstacle, le cheval **s'est cabré**.*

cabri (nom masculin)
Synonyme de chevreau.

cabriole (nom féminin)
Petit saut. *Yann fait des **cabrioles** dans l'herbe.* (Syn. culbute, galipette, pirouette.)

cabriolet (nom masculin)
Voiture décapotable.

caca (nom masculin)
Synonyme familier d'excréments. *Le chien a fait **caca** sur le tapis.*

cacahuète (nom féminin)
Graine d'arachide que l'on mange grillée. → Prononciation [kakawɛt]. → On écrit aussi cacahouète.

cacao (nom masculin)
1. Poudre obtenue avec les graines du cacaoyer. *Le **cacao** sert à fabriquer le chocolat.* 2. Boisson faite avec du cacao en poudre. *Au petit déjeuner, Élodie boit un **cacao**.* (Syn. chocolat.)

cacaoyer (nom masculin)
Arbuste tropical dont la graine fournit le cacao.

un **cacaoyer**

cacatoès (nom masculin)
Perroquet d'Australie, à plumage blanc, qui porte une huppe jaune.

un **cacatoès**

a b c d e f g h i j k l m n o p q r s t u v w x y z

cachalot (nom masculin)
Très gros mammifère marin carnivore. *Le **cachalot** fait partie des cétacés.*

Le **cachalot** attaque un calmar géant.

cache (nom masculin)
Papier ou carton utilisé pour cacher une partie d'une surface. *La maîtresse met un **cache** pour masquer la partie d'un texte qu'elle ne veut pas photocopier.*

cache-cache (nom masculin)
Jeu où un joueur doit trouver les autres qui se sont cachés. *Viens, nous allons faire une partie de **cache-cache**.*

cachemire (nom masculin)
Tissu très doux fait avec du poil de chèvre. *Un pull en **cachemire** est très chaud.* ⊙ Cachemire est le nom de la région de l'Inde où l'on fabrique ce tissu.

cache-nez (nom masculin)
Longue écharpe qui entoure le cou. → Pluriel : des cache-nez.

cache-pot (nom masculin)
Vase dissimulant un pot de fleurs. → Pluriel : des cache-pots.

cache-prise (nom masculin)
Dispositif destiné à boucher une prise électrique pour éviter les risques d'électrocution. → Pluriel : des cache-prises.

cacher (verbe) ⊙ conj.n°3
1. Mettre quelqu'un ou quelque chose dans un endroit difficile à découvrir. *Pour lui faire une farce, Ibrahim **a caché** les lunettes de sa sœur. Le chat **s'est caché** derrière l'armoire.* (Syn. dissimuler.) 2. Empêcher de voir. *Le brouillard **cache** le fond de la vallée.* 3. Ne pas laisser paraître. *Kevin a eu du mal à **cacher** son émotion.* (Contr. dévoiler, exprimer.) ⊙ Famille du mot : cache, cache-cache, cache-nez, cache-pot, cache-prise, cachette, cachotterie, cachottier.

cachet (nom masculin)
1. Marque imprimée avec un tampon. *Le **cachet** de la poste indique la date de l'envoi d'une lettre.* 2. Charme particulier d'un endroit. *Ce petit village a beaucoup de **cachet**.* 3. Salaire d'un musicien ou d'un acteur. *Être payé au **cachet**.* 4. Synonyme de comprimé. *Un **cachet** d'aspirine.*

cacheter (verbe) ⊙ conj.n°9
Fermer une enveloppe en la collant. (Contr. décacheter.)

cachette (nom féminin)
Endroit pour se cacher ou pour cacher quelque chose. *Ce buisson est une très bonne **cachette** pour le chat.* • **En cachette** : sans se faire voir, en secret.

cachot (nom masculin)
Cellule de prison, petite et sombre.

cachotterie (nom féminin)
Petit secret, pour cacher quelque chose sans importance. *Arrête de faire des **cachotteries** !*

cachottier, ère (adjectif)
Qui fait des cachotteries. *Fatima est très **cachottière**, c'est difficile de savoir ce qu'elle pense.*

cachou (nom masculin)
Petite pastille noire, au goût très fort.

cacophonie (nom féminin)
Ensemble de sons discordants.

cactus (nom masculin)
Plante grasse épineuse des pays chauds. → Prononciation [kaktys].

c.-à-d. ➡ Voir c'est-à-dire.

cadastre (nom masculin)
Registre contenant les plans de tous les terrains et bâtiments d'une commune ainsi que le nom des propriétaires. *On peut consulter le **cadastre** à la mairie.*

cadavérique (adjectif)
Qui est d'une maigreur ou d'une pâleur semblable à celle d'un cadavre. *David est malade, il a une mine **cadavérique**.*

cadavre (nom masculin)
Corps d'une personne morte ou d'un animal mort. *Les policiers ont repêché un **cadavre** dans le canal.*

caddie (nom masculin)
Chariot qui sert à transporter les achats dans les supermarchés ou les bagages dans une gare, un aéroport. ⊙ Caddie est le nom d'une marque.

cadeau, eaux (nom masculin)
Ce que l'on offre à quelqu'un. *Comme **cadeaux** de Noël, Romain a eu un vélo et des livres.* • **Ne pas faire de cadeau à quelqu'un :** être très sévère avec lui.

cadenas (nom masculin)
Objet servant à fermer une porte, une boîte, etc. *Gaëlle a perdu la clé du **cadenas** du portail.*

cadenasser (verbe) ⊙ conj.n°3
Fermer avec un cadenas. *La porte de la cave **est cadenassée**.*

cadence (nom féminin)
1. Rythme régulier de sons ou de mouvements. *Le chef d'orchestre indique la **cadence** aux musiciens.* 2. Vitesse d'une action. *Si tu veux finir ton travail à temps, il va falloir accélérer la **cadence** !*

cadencé, ée (adjectif)
Qui se fait en cadence. *Marchons ensemble au pas **cadencé** : une, deux, une deux !*

cadet, ette (adjectif et nom)
Qui est né après l'aîné. *Hélène a un an de moins que son frère Quentin : c'est sa sœur **cadette**. Quentin est l'aîné et Hélène la **cadette**.* ▷ **cadet, ette** (nom) 1. Personne plus jeune qu'une autre. *Elle est sa **cadette** de cinq ans.* 2. Jeune sportif qui a entre 15 et 17 ans.

cadrage (nom masculin)
Action de cadrer une photo.

cadran (nom masculin)
Surface marquée de divisions sur laquelle se déplace l'aiguille d'un appareil de mesure. *Laura a un réveil à **cadran** lumineux.* • **Cadran solaire :** système qui indique l'heure grâce à l'ombre d'une tige sur une surface.

un **cadran solaire**

cadre (nom masculin)
1. Bordure entourant un tableau, une photo, un miroir, etc. *Myriam a acheté des **cadres** pour encadrer ses photos.* ➠ p. 359. 2. Ce qui constitue l'environnement de quelque chose. *Cet hôtel est situé dans un **cadre** verdoyant, à l'écart de la ville.* (Syn. décor.) 3. Ce qui constitue les limites d'un domaine d'activités. *Il doit le faire, c'est dans le **cadre** de ses fonctions.* 4. Ensemble des parties assemblées qui constituent une armature. *Le **cadre** d'un vélo.* ➠ p. 123. 5. Personne qui assure une fonction d'encadrement ou de direction. *Les **cadres** sont mieux payés que les employés.* ⊙ Famille du mot : cadrage, cadrer, cadreur, encadrement, encadrer.

cadrer (verbe) ⊙ conj.n°3
1. Orienter son appareil photo de façon à centrer l'image. *Essaie de bien **cadrer** ta photo !* 2. Au sens figuré, être en accord avec quelque chose. *Sa colère ne **cadre** pas avec son calme habituel.* (Syn. correspondre.)

cadreur (nom masculin)
Technicien chargé des prises de vues d'un film. (Syn. cameraman.)

caduc, caduque (adjectif)
1. Qui tombe chaque automne. *Le chêne, le marronnier, le hêtre sont des arbres à feuilles **caduques**.* (Contr. persistant.) 2. Qui n'est plus valable. *Cette façon de voir les choses est **caduque**.* (Syn. périmé.)

▸ **caducée** (nom masculin)
Emblème des médecins représentant un serpent enroulé autour d'une baguette.

▸ **cafard** (nom masculin)
Petit insecte noir ou marron. (Syn. blatte.) ➠ p. 128. • **Avoir le cafard :** être triste, démoralisé ou mélancolique.

▸ **cafardeux, euse** (adjectif)
Qui a le cafard. *Ce temps gris nous rend* ***cafardeux***. (Syn. triste.)

▸ **café** (nom masculin)
1. Graine du caféier, avec laquelle on fait une boisson. *Le* ***café*** *est grillé et moulu avant son utilisation.* 2. Boisson chaude faite avec ces graines. *Maman boit un* ***café*** *au lait au petit déjeuner.* 3. Établissement où l'on peut consommer des boissons. *Nous nous sommes installés à la terrasse du* ***café***. ⊙ Famille du mot : caféier, caféine, décaféiné.

▸ **caféier** (nom masculin)
Arbuste des régions tropicales qui produit le café.

graines et feuilles de **caféier**

▸ **caféine** (nom féminin)
Substance contenue dans le café. *La* ***caféine*** *est un stimulant.*

▸ **cafétéria** (nom féminin)
Lieu où l'on sert des boissons, des sandwichs et des repas légers.

▸ **cafetière** (nom féminin)
Récipient servant à faire ou à servir le café.

▸ **cafouillage** (nom masculin)
Fait de cafouiller.

▸ **cafouiller** (verbe) ⊙ conj.n°3
Synonyme familier de s'embrouiller. *Noémie* ***a cafouillé*** *en faisant ses calculs.*

▸ **cafter** (verbe) ⊙ conj.n°3
Synonyme familier de rapporter. *Il paraît que c'est Quentin qui* ***a cafté***. (Syn. moucharder.)

▸ **cage** (nom féminin)
Abri fermé par des barreaux ou un grillage. *Au cirque, les lions sont présentés dans une* ***cage***. • **Cage d'escalier :** espace qu'occupe un escalier dans un immeuble ou une maison.

▸ **cageot** (nom masculin)
Caisse en bois léger servant à transporter des fruits ou des légumes. *Un* ***cageot*** *de pêches.*

▸ **cagibi** (nom masculin)
Petite pièce qui sert de débarras. *Un* ***cagibi*** *à balais.*

▸ **cagnotte** (nom féminin)
Argent mis en commun par les membres d'un groupe. *Les élèves font une* ***cagnotte*** *pour le voyage de fin d'année.*

▸ **cagoule** (nom féminin)
1. Sorte de capuchon percé à l'endroit de chaque œil. *Le cambrioleur portait une* ***cagoule*** *pour ne pas être reconnu.* 2. Synonyme de passe-montagne. *L'hiver, Clément met une écharpe et une* ***cagoule***.

▸ **cahier** (nom masculin)
Ensemble de feuilles de papier réunies entre elles et servant à écrire, à dessiner. *Odile a un* ***cahier*** *pour chaque matière qu'elle étudie.* ⊙ Cahier vient d'un mot latin qui signifie « par quatre », et désignait autrefois une feuille de papier pliée en quatre pages.

▸ **cahin-caha** (adverbe)
Tant bien que mal, péniblement. *Les affaires marchent* ***cahin-caha***.

▸ **cahot** (nom masculin)
Secousse d'une voiture sur une route pleine de trous et de bosses. *Cette voiture a une très bonne suspension, on ne sent pas les* ***cahots***. ⊙ Famille du mot : cahotant, cahoter, cahoteux.

a b c d e f g h i j k l m n o p q r s t u v w x y z

cahotant, ante (adjectif)
Qui est secoué par des cahots. *Une roulotte* ***cahotante****.*

cahoter (verbe) conj.n°3
Être secoué par des cahots. *La voiture* ***cahote*** *sur le chemin de terre.*

cahoteux, euse (adjectif)
Qui provoque des cahots. *Rouler sur une piste* ***cahoteuse****.*

cahute (nom féminin)
Petite hutte. *Les enfants ont construit une* ***cahute****.*

caïd (nom masculin)
Synonyme familier de chef. *La police vient d'arrêter le* ***caïd*** *d'une bande de trafiquants.*

caillasse (nom féminin)
Accumulation de cailloux. *C'est difficile de marcher dans cette* ***caillasse****.*

caille (nom féminin)
Oiseau qui ressemble à une petite perdrix.

une **caille**

cailler (verbe) conj.n°3
Devenir épais, presque solide. *Le lait* ***a caillé*** *à cause de la chaleur.* (Syn. coaguler.)

caillot (nom masculin)
Petite masse de sang qui a caillé.

caillou, oux (nom masculin)
Petite pierre. *Un tas de* ***cailloux****.*

caillouteux, euse (adjectif)
Qui est plein de cailloux. *Un sentier* ***caillouteux****.*

caïman (nom masculin)
Crocodile d'Amérique. p. 976.
Prononciation [kaimɑ̃].

caisse (nom féminin)
1. Grande boîte servant à emballer des marchandises. *Papa a commandé deux* ***caisses*** *de champagne.* 2. Tiroir où un commerçant range l'argent de sa recette. 3. Guichet d'une banque où se font les paiements. 4. Endroit d'un magasin où l'on paye ses achats. *À toutes les* ***caisses*** *il y a la queue !*
• **Grosse caisse** : gros tambour.
Famille du mot : caissette, caissier, encaisser.

caissette (nom féminin)
Petite caisse.

caissier, ère (nom)
Personne qui tient une caisse dans un magasin ou une banque.

cajoler (verbe) conj.n°3
Synonyme de câliner. *Sarah* ***cajole*** *son petit frère.*

cajou (nom masculin)
Fruit dont l'amande ressemble à une grosse cacahuète. *À l'apéritif, on a mangé des noix de* ***cajou*** *et des raisins secs.*

cake (nom masculin)
Gâteau garni de raisins secs et de fruits confits. Prononciation [kɛk].
En anglais, cake signifie « gâteau ».

calamar Voir calmar.

calamité (nom féminin)
Grand malheur qui frappe beaucoup de gens. *Les guerres, la famine, les inondations sont des* ***calamités****.* (Syn. désastre, fléau.)

calandre (nom féminin)
Élément de décoration et de protection situé à l'avant de certaines voitures.

calanque (nom féminin)
Petite baie rocheuse, dans le sud de la France. *Les* ***calanques*** *de Cassis.*

calcaire (nom masculin)
Roche sédimentaire souvent blanchâtre. *Le marbre, la craie sont du* ***calcaire****.* **calcaire** (adjectif) Qui contient du calcaire dissous. *Dans cette région l'eau est très* ***calcaire****.*

calciner (verbe) ○ conj.n°3
Synonyme de carboniser. *La charpente **a été calcinée** dans l'incendie.*

calcium (nom masculin)
Substance très abondante dans la nature et dans les organismes vivants. *Le lait et le fromage contiennent du **calcium**.* → Prononciation [kalsjɔm].

calcul (nom masculin)
1. Synonyme d'arithmétique. *Pierre est meilleur en français qu'en **calcul**.* 2. Opération faite en combinant des nombres. *Refais tes **calculs**, je crois qu'ils sont faux.* 3. Au sens figuré, action de prévoir quelque chose. *C'était un mauvais **calcul** de prendre l'autoroute à cette heure-ci.* ⊙ Famille du mot : calculateur, calculer, calculette, incalculable.

calculateur, trice (adjectif)
Qui agit en essayant de prévoir ce qui va se passer pour en tirer un profit. ▷ **calculatrice** (nom féminin) Machine électronique servant à faire des calculs.

calculer (verbe) ○ conj.n°3
1. Chercher un résultat en faisant des calculs. *Cette pièce fait 4 mètres sur 5 : **calcule** sa surface.* 2. Au sens figuré, combiner quelque chose. *William **a** mal **calculé** son coup.*

calculette (nom féminin)
Calculatrice de poche.

cale (nom féminin)
1. Petite pièce que l'on glisse sous un objet pour le rendre d'aplomb ou l'empêcher de rouler. *La table est bancale, il faut mettre une **cale** sous un de ses pieds.* 2. Partie d'un bateau où l'on entrepose les marchandises. *Un passager clandestin s'était caché au fond de la **cale**.* • **Cale sèche** : bassin que l'on peut vider pour réparer la coque d'un bateau. ⊙ Famille du mot : cale-pied, caler.

calé, ée (adjectif)
Dans la langue familière, qui est bon dans une matière ou une activité. *Ursula est très **calée** en informatique.* (Syn. compétent.)

calebasse (nom féminin)
Courge qui, vidée et séchée, sert de récipient.

calèche (nom féminin)
Voiture à cheval à quatre roues et à capote repliable. *Autrefois, on se déplaçait en **calèche**.*

caleçon (nom masculin)
1. Sous-vêtement d'homme en forme de culotte. *Papa met des **caleçons** à fleurs.* 2. Pantalon de femme, très moulant.

calembour (nom masculin)
Jeu de mots. *« Si tu es gai, ris donc ! » (guéridon) est un **calembour**.*

calendrier (nom masculin)
Tableau où sont inscrits les mois, les jours, les fêtes d'une année. *Regarde sur le **calendrier** quel jour est Pâques cette année.*

un **calendrier** (le mois d'octobre), miniature du XVe siècle

cale-pied (nom masculin)
Accessoire fixé sur les pédales d'un vélo pour maintenir le pied bien en place. → Pluriel : des cale-pieds.

a b c d e f g h i j k l m n o p q r s t u v w x y z

calepin (nom masculin)
Petit carnet sur lequel on prend des notes. *Anna écrit ses rendez-vous sur un* ***calepin****.*

caler (verbe) conj.n°3
1. Immobiliser un objet en mettant une cale à l'endroit qui convient. *Il faudrait* ***caler*** *cette armoire : les portes ferment mal.* 2. S'arrêter brusquement. *La voiture* ***a calé*** *dans la côte.*

calfeutrer (verbe) conj.n°3
1. Boucher les fentes autour des portes ou des fenêtres pour empêcher l'air froid d'entrer. 2. Se calfeutrer : s'enfermer. *Elle* ***se calfeutre*** *chez elle et ne voit personne.*

calibre (nom masculin)
1. Diamètre intérieur du canon d'une arme à feu. *Un pistolet à gros* ***calibre****.* 2. Taille ou grosseur de quelque chose. *Trier des fruits selon leur* ***calibre****.*

calibrer (verbe) conj.n°3
Trier selon le calibre. ***Calibrer*** *des œufs.*

calice (nom masculin)
1. Vase en métal précieux qui sert à célébrer la messe. *Le prêtre boit le vin de messe qu'il a versé dans le* ***calice****.* 2. Enveloppe d'une fleur qui s'épanouit lors de la floraison.

un **calice**

calife (nom masculin)
Autrefois, chef suprême des musulmans.

à califourchon (adverbe)
Assis avec une jambe de chaque côté. *Élodie est assise* ***à califourchon*** *sur la balançoire.* (Syn. à cheval.)

câlin, ine (adjectif)
Qui aime donner des baisers, des caresses, et en recevoir. *Benjamin est très* ***câlin*** *quand il est sur les genoux de sa grand-mère.* ▷ **câlin** (nom masculin) Geste de tendresse. *Fatima fait des* ***câlins*** *à son petit frère.*

câliner (verbe) conj.n°3
Faire des câlins. *Gaëlle* ***câline*** *son chaton.* (Syn. cajoler.)

calligraphie (nom féminin)
Art de bien tracer les caractères de l'écriture.

callosité (nom féminin)
Endroit du corps où la peau s'épaissit à cause de frottements répétés.

calmant (nom masculin)
Médicament qui calme la douleur ou l'angoisse.

calmar (nom masculin)
Mollusque marin muni de tentacules. *Certains* ***calmars*** *géants atteignent 20 mètres de long.* (Syn. encornet.) ➠ p. 157. → On dit aussi calamar.

calme (adjectif)
1. Où il n'y a pas d'agitation, pas de bruit. *Nous habitons un quartier très* ***calme****, il n'y passe que peu de voitures.* (Contr. bruyant.) 2. Qui est tranquille, paisible. *Cette classe est agréable, les élèves sont très* ***calmes****.* (Contr. agité, nerveux, turbulent.) ▷ **calme** (nom masculin) 1. État calme. *Thomas apprécie le* ***calme*** *de la forêt.* 2. Humeur paisible. *Essayez de garder votre* ***calme*** *!* (Syn. sang-froid.) • **Calme plat** : absence totale de vent sur la mer. ⊙ Famille du mot : accalmie, calmant, calmement, calmer.

calmement (adverbe)
De façon calme. *Parle* ***calmement****, sans t'énerver.*

calmer (verbe) conj.n°3
1. Rendre plus calme. *La berceuse* ***a calmé*** *le bébé.* (Syn. apaiser.) 2. Rendre moins vif, moins violent. *L'aspirine* ***calme*** *la douleur.*

calomnie (nom féminin)
Accusation mensongère contre quelqu'un. *Si on m'accuse d'avoir triché, c'est une **calomnie** !* (Syn. médisance.)

calomnier (verbe) conj.n°10
Dire des calomnies. *Ce candidat aux élections estime **avoir été calomnié** par son adversaire.* (Syn. diffamer.)

calorie (nom féminin)
Unité employée pour mesurer l'énergie fournie à notre organisme par les aliments. *Les graisses sont riches en **calories**.*

calot (nom masculin)
Grosse bille. *David a échangé un **calot** contre cinq billes.*

calotte (nom féminin)
Petit bonnet rond qui ne couvre que le sommet de la tête. • **Calotte glaciaire :** masse de glace qui recouvre les pôles.

calque (nom masculin)
Copie d'un dessin à l'aide d'un papier transparent placé dessus. • **Papier calque :** papier transparent qui sert à faire des calques.

calumet (nom masculin)
Pipe au tuyau très long des Indiens d'Amérique du Nord.

calvaire (nom masculin)
1. Croix qui rappelle la mort du Christ. 2. Au sens figuré, longue suite de souffrances. *Sa longue maladie a été un véritable **calvaire**.* (Syn. martyre.)

calvitie (nom féminin)
État d'une personne chauve. → Prononciation [kalvisi].

camaïeu (nom masculin)
Ensemble de tons variés d'une même couleur. *Hélène est habillée dans un **camaïeu** de verts.* → Prononciation [kamajø].

camarade (nom)
Personne qu'on voit souvent, avec qui on pratique une activité. *Yann a invité ses **camarades** de classe pour son anniversaire.* (Syn. copain, copine.)

camaraderie (nom féminin)
Bonne entente qui existe entre des camarades. *Il y a un bon esprit de **camaraderie** dans cette classe.*

cambodgien, enne
→ Voir tableau p. 6.

cambouis (nom masculin)
Graisse noire. *Le garagiste a les mains pleines de **cambouis**.* → Prononciation [kɑ̃bwi].

cambrer (verbe) conj.n°3
Redresser une partie du corps en la creusant en arrière. *La gymnaste **cambre** fièrement le dos à la fin de son exercice.*

cambriolage (nom masculin)
Action de cambrioler. *Il y a eu un **cambriolage**, cette nuit, à la bijouterie.*

cambrioler (verbe) conj.n°3
Commettre un vol après être entré de force dans un lieu fermé. *Leur maison de campagne **a déjà été cambriolée** plusieurs fois.* (Syn. dévaliser.) Famille du mot : cambriolage, cambrioleur.

cambrioleur, euse (nom)
Personne qui fait un cambriolage. *Les **cambrioleurs** se sont fait prendre.*

cambrure (nom féminin)
Partie cambrée de quelque chose. *La **cambrure** du pied.*

caméléon (nom masculin)
Petit reptile qui peut changer de couleur en fonction du milieu où il se trouve.

un **caméléon**

camélia (nom masculin)
Arbuste qui donne de belles fleurs.

camelot (nom masculin)
Marchand ambulant qui vend des objets bon marché. *Les **camelots** attirent les badauds par leurs boniments.*

camelote (nom féminin)
Dans la langue familière, marchandise de mauvaise qualité. *Ce réveil s'arrête tout le temps, c'est vraiment de la **camelote** !*

camembert (nom masculin)
Fromage rond à pâte molle, fait avec du lait de vache. *Le vrai **camembert** est fabriqué en Normandie.* ⊙ Camembert est le nom d'un village de Normandie.

caméra (nom féminin)
Appareil qui sert à faire des films.

cameraman (nom masculin)
Synonyme de cadreur. → Cameraman est un mot anglais : on prononce [kameʀaman].

camerounais, aise
➠ Voir tableau p. 6.

caméscope (nom masculin)
Caméra portative servant à filmer en vidéo. *Nous avons filmé nos souvenirs de vacances avec un **caméscope**.* ⊙ Caméscope est le nom d'une marque.

camion (nom masculin)
Gros véhicule servant à transporter des marchandises. *Un **camion** de déménagement.* (Syn. poids lourd.) ⊙ Famille du mot : camionnette, camionneur.

camionnette (nom féminin)
Petit camion.

camionneur (nom masculin)
Personne qui conduit un camion. (Syn. routier.)

camomille (nom féminin)
Plante dont les fleurs servent à faire de la tisane.

des **camomilles**

camouflage (nom masculin)
Action de camoufler. *Les soldats se sont mis en tenue de **camouflage**.*

camoufler (verbe) ▷ conj.n°3
Rendre difficile à reconnaître. *Pour le combat de nuit, les soldats **camouflent** leur visage avec de la suie.*

camp (nom masculin)
1. Terrain où une armée installe ses tentes ou ses baraquements. 2. Endroit où sont rassemblés des gens. *Un **camp** de prisonniers. Un **camp** de réfugiés.* 3. Chacun des partis ou des groupes qui s'opposent. *Il ne sait pas quel **camp** choisir.* • **Ficher le camp** : dans la langue familière, s'en aller. ⊙ Famille du mot : campement, camper, campeur, camping, camping-car.

campagnard, arde (adjectif)
De la campagne. *Un mobilier **campagnard**.* ▷ **campagnard, arde** (nom) Personne qui vit à la campagne.

campagne (nom féminin)
1. Étendue de terre couverte de champs, de bois, de prés. *Nous sommes tombés en panne d'essence dans la **campagne**.* 2. Expédition militaire. *Les **campagnes** de Napoléon Ier sont célèbres.* • **Campagne électorale** : ensemble des actions menées par un candidat pour se faire élire. • **Campagne publicitaire** : opération destinée à faire connaître et apprécier un produit. • **En rase campagne** : loin de toute habitation.

campagnol (nom masculin)
Rat des champs. *Le **campagnol** fait des ravages dans les récoltes de blé.*

un **campagnol**

campanile (nom masculin)
Tour destinée à recevoir des cloches.

le **campanile** de
Santa Maria del Fiore (Florence)

campanule (nom féminin)
Plante à fleurs en forme de clochettes.

une **campanule**

campement (nom masculin)
Endroit où on campe. *Les scouts ont installé leur **campement** au bord de la rivière.*

camper (verbe) ○ conj.n°3
1. Faire du camping. *Clément et Julie sont partis **camper** à la montagne.* 2. Se camper : se tenir quelque part sans bouger, dans une attitude provocante. *Xavier **s'est campé** devant la porte et ne laisse entrer personne.* (Syn. se planter.)

campeur, euse (nom)
Personne qui fait du camping.

camphre (nom masculin)
Substance végétale à l'odeur âcre, utilisée en pharmacie.

camping (nom masculin)
1. Fait de loger sous une tente ou dans une caravane. *Faire du **camping**.* 2. Terrain aménagé pour les campeurs. *Ce **camping** est très proche de la plage.* → Prononciation [kɑ̃piŋ].

camping-car (nom masculin)
Sorte de camionnette aménagée pour le camping. → Pluriel : des camping-cars.

canadair (nom masculin)
Avion équipé de réservoirs à eau, utilisé pour lutter contre les incendies de forêt. ⊙ Canadair est le nom d'une marque.

canadien, enne
➡ Voir tableau p. 6.

canadienne (nom féminin)
Veste doublée de fourrure. ⊙ À l'origine, ce vêtement était porté par les *Canadiens* pour se protéger du froid.

canaille (nom féminin)
Personne malhonnête qui trompe tout le monde. *Cet homme est une vraie **canaille**.* (Syn. crapule, fripouille, gredin.)

canal, aux (nom masculin)
1. Cours d'eau artificiel servant à la navigation. *Le **canal** de Panama traverse l'Amérique centrale.* 2. Conduite servant à amener de l'eau pour l'arrosage. *Dans cette région sèche, l'irrigation des cultures se fait grâce à des **canaux**.* ⊙ Famille du mot : canalisation, canaliser.

canalisation (nom féminin)
1. Action de canaliser. *Les travaux de **canalisation** d'un fleuve.* 2. Tuyau dans lequel passe un liquide ou un gaz. *Le gel a endommagé des **canalisations** d'eau au garage.* (Syn. conduite.)

canaliser (verbe) ○ conj.n°3
1. Rendre navigable. ***Canaliser** un cours d'eau.* 2. Au sens figuré, diriger dans une certaine direction. *La police essaie de **canaliser** la manifestation.*

canapé (nom masculin)
1. Long siège à dossier. *Laura s'allonge sur le **canapé** pour lire sa B.D.* 2. Petite tranche de pain garnie. *Maman prépare des **canapés** au saumon pour l'apéritif.*

canard (nom masculin)
Oiseau aux pattes palmées, qui sait nager et voler. *Près de la ferme, il y a une mare avec des **canards**.* ➠ p. 903.

canarder (verbe) ○ conj.n°3
Dans la langue familière, tirer sur quelque chose. *La monitrice de ski **a été canardée** de boules de neige par toute la colonie.*

canari (nom masculin)
Petit oiseau jaune au chant mélodieux. *Ibrahim a acheté une grande cage pour ses **canaris**.* ⊙ Canari vient du nom des *îles Canaries*, d'où est originaire cet oiseau.

cancan (nom masculin)
Synonyme familier de commérage. *Arrête d'écouter ces **cancans** !*

cancer (nom masculin)
Maladie très grave. *Fumer peut provoquer le **cancer** du poumon.* ➔ Prononciation [kɑ̃sɛʀ]. ⊙ Famille du mot : cancéreux, cancérigène, cancérologue.

cancéreux, euse (adjectif)
Qui est dû au cancer. *Une tumeur **cancéreuse**.* ▷ **cancéreux, euse** (nom) Personne qui a un cancer.

cancérigène (adjectif)
Qui provoque le cancer. *On a découvert que l'amiante était **cancérigène**.*

cancérologue (nom)
Médecin spécialiste du cancer.

cancre (nom masculin)
Très mauvais élève.

candélabre (nom masculin)
Chandelier à plusieurs branches.

candeur (nom féminin)
Grande naïveté.

candi (adjectif masculin)
• **Sucre candi** : sucre qui se présente en gros morceaux irréguliers.

candidat, ate (nom)
Personne qui se présente à un examen, à un jeu ou à une élection. *Sa mère est **candidate** aux élections municipales.*

candidature (nom féminin)
Fait d'être candidat. *On peut poser sa **candidature** en répondant à cette petite annonce.*

candide (adjectif)
Qui manifeste de la candeur. *Un air **candide**.* (Syn. naïf.)

cane (nom féminin)
Femelle du canard.

caneton (nom masculin)
Petit de la cane.

canette (nom féminin)
1. Petite bouteille ou petite boîte contenant une boisson. 2. Bobine de fil sur une machine à coudre. 3. Petite cane.

canevas (nom masculin)
1. Grosse toile aux fils très espacés qui sert de support pour les ouvrages de tapisserie. 2. Plan d'un ouvrage. *Victor a fait le **canevas** de son exposé.*

caniche (nom masculin)
Chien à poil frisé.

un **caniche**

caniculaire (adjectif)
Très chaud. *Au mois d'août, il a fait un temps* ***caniculaire*** *: plus de 30 degrés.*

canicule (nom féminin)
Période où il fait très chaud.

canif (nom masculin)
Petit couteau de poche dont la lame se replie dans le manche.

canin, ine (adjectif)
Qui concerne les chiens. *Un élevage* ***canin****.*

canine (nom féminin)
Dent pointue située entre les incisives et les molaires. ➠ p. 321. ⊙ On disait autrefois *dent canine*, cette dent étant pointue comme celles du chien.

caniveau, eaux (nom masculin)
Rigole qui longe le trottoir et permet l'écoulement des eaux.

canne (nom féminin)
Bâton sur lequel on s'appuie pour marcher. *Grand-père ne peut plus marcher sans sa* ***canne****.* • **Canne à pêche** : bâton flexible auquel on accroche le fil et l'hameçon, pour pêcher. • **Canne à sucre** : plante tropicale à hautes tiges dont on extrait du sucre.

la **canne à sucre**

cannelle (nom féminin)
Poudre brune parfumée faite avec l'écorce séchée d'un arbre tropical. *Maman met de la* ***cannelle*** *sur la tarte aux pommes.*

cannelloni (nom masculin)
Pâte alimentaire de forme cylindrique, remplie de farce.

cannibale (adjectif et nom)
Qui mange ses semblables. *Les Indiens des Caraïbes étaient* ***cannibales****.*

canoë (nom masculin)
Barque étroite et légère que l'on fait avancer à la pagaie. *Le dimanche, Myriam va faire du* ***canoë*** *sur la rivière.*
→ Prononciation [kanɔe].

canon (nom masculin)
1. Arme à feu constituée d'un long tube de métal servant à lancer des obus. *Les* ***canons*** *ont bombardé la ville.*
2. Tube d'une arme à feu portative, au bout duquel sort la balle. *Le cow-boy nettoie le* ***canon*** *de son revolver.*
3. Chant à deux ou plusieurs voix dans lequel on entonne successivement la même mélodie de façon décalée. ⊙ Famille du mot : canonnade, canonner. ⊙ Canon vient du latin *canna* qui signifie « tuyau ».

un **canon** datant de la Première Guerre mondiale (1914-1918)

cañon ➠ Voir canyon.

canoniser (verbe) ○ conj.n°3
Admettre quelqu'un parmi les saints de l'Église catholique.

canonnade (nom féminin)
Action de canonner. *La* ***canonnade*** *s'est enfin arrêtée.*

canonner (verbe) ○ conj.n°3
Bombarder avec des canons. *L'artillerie ennemie **a canonné** toute la région.*

canot (nom masculin)
Petit bateau à rames ou à moteur. *Sur les gros bateaux, les **canots** de sauvetage sont obligatoires.* ⊙ Famille du mot : canotage, canoter.

canotage (nom masculin)
Action de canoter. *Faire du **canotage**.*

canoter (verbe) ○ conj.n°3
Se promener en canot.

cantal (nom masculin)
Fromage au lait de vache fabriqué en Auvergne. ⊙ Les monts du Cantal, en Auvergne, sont une région d'élevage.

cantate (nom féminin)
Morceau de musique pour un orchestre et des chœurs. *Les **cantates** de Bach.*

cantatrice (nom féminin)
Chanteuse d'opéra.

cantine (nom féminin)
1. Local d'une école ou d'une entreprise où l'on sert à déjeuner. *La **cantine** de l'école est devenue un self-service.* 2. Coffre de voyage. *Maman a acheté plusieurs **cantines** pour le déménagement.*

cantique (nom masculin)
Chant religieux. *À la messe, on chante des **cantiques**.*

canton (nom masculin)
Division administrative d'un arrondissement. *La ville principale d'un **canton** est le chef-lieu de **canton**.*

cantonade (nom féminin)
• **À la cantonade** : en s'adressant à tout le monde en même temps. *Il est monté sur une chaise et s'est mis à parler **à la cantonade**.*

cantonal, ale, aux (adjectif)
Du canton. *Aux élections **cantonales**, on élit les représentants du canton au conseil général du département.*

cantonnement (nom masculin)
Logement provisoire pour des soldats.

cantonner (verbe) ○ conj.n°3
1. Mettre des soldats dans un cantonnement. 2. Se cantonner : se borner à faire quelque chose. ***Cantonnez-vous** à répondre à la question !*

cantonnier (nom masculin)
Ouvrier qui entretient les routes.

canular (nom masculin)
Histoire inventée pour mystifier quelqu'un.

canyon (nom masculin)
Vallée très profonde et étroite. *Ce western a été tourné dans le **canyon** du Colorado.* → Prononciation [kanjɔn]. → On écrit aussi cañon, comme en espagnol.

caoutchouc (nom masculin)
Matière élastique et imperméable faite avec le latex de l'hévéa ou produite par l'industrie chimique. *Avec le **caoutchouc**, on fabrique des pneus.* → Prononciation [kautʃu].

caoutchouteux, euse (adjectif)
Qui a la consistance du caoutchouc. *Je n'aime pas ce gâteau **caoutchouteux**.*

cap (nom masculin)
1. Bande de terre qui s'avance dans la mer. (Syn. pointe.) 2. Direction suivie par un bateau ou un avion. *Le voilier a mis le **cap** sur le port.*

un **cap**

C.A.P. (nom masculin)
Certificat d'aptitude professionnelle. *Le frère de Benjamin a un **C.A.P.** d'électricien.*

▸ **capable** (adjectif)
1. Qui peut faire quelque chose. *Es-tu **capable** de soulever cette caisse de livres ?* (Contr. incapable.) 2. Qui a les qualités qui conviennent. *C'est un cuisinier très **capable**.* (Syn. compétent.)

▸ **capacité** (nom féminin)
1. Compétence de quelqu'un. *Ce travail est au-dessus de ses **capacités**, il n'y arrivera pas.* (Syn. aptitude.) 2. Ce que contient un récipient. *Quelle est la **capacité** de cette bouteille ?* (Syn. contenance.)

▸ **cape** (nom féminin)
Grand manteau sans manches, que l'on porte sur les épaules. • **Rire sous cape** : se moquer discrètement, en cachette.

▸ **capharnaüm** (nom masculin)
Grand désordre. *Va ranger ta chambre, car c'est un vrai **capharnaüm** !*
➜ Prononciation [kafaʀnaɔm].

▸ **capillaire** (adjectif)
Qui concerne les cheveux. *Papa se sert d'une lotion **capillaire**.* • **Vaisseaux capillaires** : vaisseaux sanguins extrêmement fins.

▸ **capitaine** (nom masculin)
1. Officier de grade intermédiaire entre celui de commandant et celui de lieutenant. 2. Personne ou officier qui commande un navire de commerce. 3. Chef d'une équipe sportive.

▸ **1. capital, ale, aux** (adjectif)
Qui est très important. *Ce témoignage sera **capital** pour l'avocat.* (Syn. décisif, essentiel, fondamental. Contr. secondaire.)
• **Peine capitale** : peine de mort.

▸ **2. capital, aux** (nom masculin)
1. Somme d'argent que l'on place et qui rapporte des intérêts. 2. Ensemble des biens que possède une personne. (Syn. fortune, patrimoine.) ⊙ Famille du mot : capitalisme, capitaliste.

▸ **capitale** (nom féminin)
1. Ville où se trouve le gouvernement d'un État. *Athènes est la **capitale** de la Grèce.* 2. Lettre majuscule. *Pour remplir ce formulaire, vous devez écrire votre nom en **capitales** d'imprimerie.*

▸ **capitalisme** (nom masculin)
Système économique dans lequel les terres et les entreprises appartiennent à des particuliers et non à l'État.

▸ **capitaliste** (adjectif)
Qui a un rapport avec le capitalisme. *Les États-Unis sont le plus grand pays **capitaliste** du monde.* ▷ **capitaliste** (nom) Personne qui possède de gros capitaux.

▸ **capiteux, euse** (adjectif)
Qui monte à la tête, qui enivre. *Le parfum **capiteux** du jasmin.*

▸ **capitonné, ée** (adjectif)
Qui est rembourré avec de la laine ou avec une autre matière souple. *Ce fauteuil **capitonné** est très confortable.*

▸ **capitulation** (nom féminin)
Fait de capituler. *La **capitulation** de l'Allemagne en 1945.*

▸ **capituler** (verbe) ○ conj.n°3
Cesser le combat et s'avouer vaincu. *Faute de combattants, l'armée a dû **capituler**.* (Syn. se rendre.)

▸ **caporal, aux** (nom masculin)
Grade militaire le plus bas, dans l'infanterie et l'aviation.

▸ **capot** (nom masculin)
Partie de la carrosserie qui protège le moteur d'une voiture. *Le garagiste soulève le **capot** pour remettre de l'huile dans le moteur.*

▸ **capote** (nom féminin)
1. Toit pliant d'une voiture décapotable. 2. Grand manteau de soldat.

▸ **capoter** (verbe) ○ conj.n°3
1. Se retourner par accident. *La voiture roulait trop vite et **a capoté** dans un virage.* 2. Au sens figuré, échouer. *Notre projet **a capoté**.*

▸ **câpre** (nom féminin)
Fleur du câprier, que l'on conserve en bouton dans du vinaigre et qui sert de condiment. *On met des **câpres** dans le steak tartare.*

caprice (nom masculin)
Envie soudaine d'obtenir quelque chose. *Il n'est pas question de céder à tes **caprices** !* (Syn. fantaisie, lubie.)

capricieux, euse (adjectif)
Qui fait beaucoup de caprices. *Il est beaucoup trop **capricieux**.*

câprier (nom masculin)
Arbuste méditerranéen qui fournit les câpres.

feuilles, boutons et fleur de **câprier**

capsule (nom féminin)
Sorte de bouchon plat qui recouvre le goulot d'une bouteille. • **Capsule spatiale** : partie habitable d'une fusée ou d'un satellite. ⊙ Famille du mot : décapsuler, décapsuleur.

capter (verbe) ⊙ conj.n°3
1. Recueillir en canalisant. ***Capter** l'eau d'une source.* 2. Recevoir une émission. *Dans ce village encaissé, on ne peut **capter** qu'une chaîne de télévision.* • **Capter l'attention de quelqu'un** : la retenir.

capteur (nom masculin)
• **Capteur solaire** : appareil qui transforme l'énergie du soleil en électricité.

captif, ive (adjectif et nom)
Qui est prisonnier. *Un animal **captif**. Les **captifs** ont été relâchés.*

captivant, ante (adjectif)
Qui captive. *Grand-mère m'a raconté une histoire **captivante**.* (Syn. passionnant.)

captiver (verbe) ⊙ conj.n°3
Intéresser énormément. *William **est** tellement **captivé** par son livre qu'il a oublié de déjeuner.* (Syn. passionner.)

captivité (nom féminin)
Fait d'être captif. *Pendant la guerre, grand-père a vécu deux ans en **captivité**.*

capture (nom féminin)
Fait de capturer. *La **capture** d'un lion.*

capturer (verbe) ⊙ conj.n°3
Attraper vivant. *Les policiers ont bouclé le quartier pour **capturer** les gangsters.*

capuche (nom féminin)
Synonyme de capuchon. *Il pleut, mets ta **capuche** !*

capuchon (nom masculin)
1. Bonnet fixé à un vêtement. (Syn. capuche.) 2. Partie qui couvre un stylo.

capucine (nom féminin)
Plante ornementale à feuilles rondes et à fleurs jaunes, orangées ou rouges.

feuilles et fleurs de **capucine**

caquet (nom masculin)
• **Rabaisser** ou **rabattre le caquet de quelqu'un** : le forcer à être plus modeste.

caqueter (verbe) ⊙ conj.n°9
Pousser des petits cris, quand il s'agit de la poule. *Les poules **caquettent** quand elles pondent.*

1. **car** (conjonction)
Indique la cause. *Couvre-toi, **car** il fait froid.*

2. car (nom masculin)
Synonyme d'autocar. *Un **car** de ramassage scolaire.*

carabine (nom féminin)
Fusil léger. *À la fête foraine, c'est le tir à la **carabine** que Kevin préfère.*

carabiné, ée (adjectif)
Dans la langue familière, qui est fort et violent. *Noémie a un rhume **carabiné**.*

caracoler (verbe) ➲ conj.n°3
Faire des petits sauts, quand il s'agit d'un cheval.

caractère (nom masculin)
1. Signe d'imprimerie. *Les livres pour enfants sont écrits en gros **caractères**.* 2. Marque distinctive, particulière. *Ces symptômes présentent tous les **caractères** de la grippe.* 3. Manière d'être, de se comporter. *Pierre a un bon **caractère**, il est toujours de bonne humeur.* • **Avoir du caractère :** être énergique ou avoir une forte personnalité. ⊙ Famille du mot : caractériel, caractériser, caractéristique.

caractériel, elle (adjectif)
Qui présente des troubles du caractère. *Cet élève agressif est un peu **caractériel**.*

caractériser (verbe) ➲ conj.n°3
Être le caractère qui distingue une chose d'une autre. *La rougeole **se caractérise** par de la fièvre et des boutons.*

caractéristique (adjectif)
Qui est particulier, distinctif. *L'odeur **caractéristique** du café.* (Syn. typique.)
▷ **caractéristique** (nom féminin)
Principale particularité qui caractérise quelque chose. *Les promenades en gondole sont une **caractéristique** des voyages à Venise.*

carafe (nom féminin)
Large bouteille en verre à goulot étroit. *Apporte une **carafe** d'eau sur la table !*

carambolage (nom masculin)
Accident dans lequel plusieurs voitures se heurtent à la suite.

caramel (nom masculin)
1. Sucre fondu qui a pris une couleur brune et une consistance épaisse. *Romain aime beaucoup la crème au **caramel**.* 2. Bonbon fait avec du caramel. *Des **caramels** mous.*

caraméliser (verbe) ➲ conj.n°3
1. Enduire de caramel. *Un gâteau **caramélisé**.* 2. Transformer en caramel. *Odile fait **caraméliser** du sucre.*

carapace (nom féminin)
Enveloppe très dure qui protège le corps de certains animaux. *La tortue rentre dans sa **carapace** quand elle a peur.*

carat (nom masculin)
1. Quantité d'or fin contenue dans un objet en or. 2. Unité de poids valant 0,2 gramme, utilisée pour les pierres précieuses.

caravane (nom féminin)
1. Groupe de personnes qui se déplacent ensemble pour traverser des zones peu sûres. *Une **caravane** de nomades traverse le désert avec des chameaux.* 2. Roulotte de camping tirée par une voiture.

caravaning (nom masculin)
Camping avec une caravane. *On a fait du **caravaning** au bord d'un lac.*

caravelle (nom féminin)
Bateau à voiles utilisé aux XVe et XVIe siècles. *Les navires de Christophe Colomb étaient des **caravelles**.*

une **caravelle**

carbone (nom masculin)
Substance chimique qui est le constituant principal du charbon.

carbonique (adjectif)
• **Gaz carbonique** : mélange de carbone et d'oxygène.

carboniser (verbe) ○ conj.n°3
Brûler complètement. *Le rôti est immangeable, il **est carbonisé** !* (Syn. calciner.)

carburant (nom masculin)
Combustible utilisé pour faire fonctionner un moteur. *L'essence et le kérosène sont des **carburants**.*

carburateur (nom masculin)
Partie du moteur où le carburant se mélange à l'air.

carcan (nom masculin)
1. Collier de fer qui servait à attacher un condamné pour l'exposer au public. 2. Au sens figuré, ce qui empêche d'agir. *Le **carcan** des règlements.*

carcasse (nom féminin)
Ensemble des os d'un animal mort. *Une **carcasse** de poulet.* (Syn. squelette.)

cardiaque (adjectif)
Qui concerne le cœur. *Une maladie **cardiaque**.* ▷ **cardiaque** (adjectif et nom) Qui a une maladie du cœur. *Un médicament pour les **cardiaques**.*

cardigan (nom masculin)
Veste de laine, à manches longues, qui se boutonne devant. ⊙ Cardigan vient du nom du *comte de Cardigan* qui mit ce vêtement à la mode.

1. cardinal, ale, aux (adjectif)
Se dit d'un adjectif numéral qui indique une quantité. *Deux et trois sont des nombres **cardinaux**.* • **Points cardinaux** : qui servent de repère pour se situer. *Les quatre **points cardinaux** sont le nord, le sud, l'est et l'ouest.*

2. cardinal, aux (nom masculin)
1. Dans l'Église catholique, évêque de rang élevé. *Le pape est élu par les **cardinaux**.* 2. Oiseau au plumage rouge vif.

un **cardinal**

cardiologue (nom)
Médecin spécialiste du cœur.

carême (nom masculin)
Pour les catholiques, période de pénitence entre Mardi gras et Pâques. *Le **carême** est une période de jeûne.*

carence (nom féminin)
Insuffisance de ce qui est nécessaire. *Pour éviter la **carence** en vitamines, il faut manger des fruits.*

caresse (nom féminin)
Geste tendre et affectueux. *Ce chat est sauvage, il n'aime pas les **caresses**.*

caresser (verbe) ○ conj.n°3
Faire des caresses. *Sarah **caresse** la peau douce du bébé.*

cargaison (nom féminin)
Ensemble de marchandises transportées. *Les pêcheurs rapportent une belle **cargaison** de poissons.*

cargo (nom masculin)
Navire spécialisé dans le transport de marchandises. ➠ p. 114.

cari (nom masculin)
1. Poudre jaune faite d'un mélange d'épices. *Du riz au **cari**.* 2. Plat préparé avec cette poudre. *Ce **cari** de légumes est trop piquant.* ➜ On écrit aussi cary, ou curry, comme en anglais.

cariatide (nom féminin)
Colonne en forme de statue de femme.

caribou (nom masculin)
Renne du Canada.

caricature (nom féminin)
Dessin satirique où les traits caractéristiques d'une personne sont exagérés. ⊙ Famille du mot : caricaturer, caricaturiste.

caricaturer (verbe) ⊙ conj.n°3
Faire la caricature de quelqu'un. *Cet homme politique **est** souvent **caricaturé** dans les journaux.*

caricaturiste (nom)
Artiste qui fait des caricatures.

carie (nom féminin)
Maladie de la dent aboutissant à une cavité dans l'ivoire. *Brosse-toi les dents après les repas pour éviter les **caries** !*

carié, ée (adjectif)
Qui a une carie. *Cette dent est **cariée**, tu dois aller chez le dentiste.*

carillon (nom masculin)
1. Ensemble de cloches qui sonnent avec un son différent. 2. Sonnerie d'une horloge qui se déclenche à intervalles réguliers.

carillonner (verbe) ⊙ conj.n°3
Sonner longuement. *Les cloches **carillonnent** pour annoncer un mariage.*

carlingue (nom féminin)
Partie d'un avion où se trouvent l'équipage et les passagers. ➡ p. 97.

carmin (adjectif)
De couleur rouge vif. ➜ Pluriel : des étoffes carmin.

carnage (nom masculin)
Massacre d'hommes ou d'animaux en grand nombre. *La guerre de 1914-1918 a été un véritable **carnage**.* (Syn. tuerie.)

carnassier (nom masculin)
Animal qui se nourrit de chair. *Les fauves sont des **carnassiers**.*

carnaval (nom masculin)
Fête du Mardi gras avec des défilés et des bals costumés. *Le **carnaval** de Venise.*

carnet (nom masculin)
1. Petit cahier. *Chaque année, maman recopie son **carnet** d'adresses.* (Syn. calepin.) 2. Série de tickets, de timbres ou de chèques.

carnivore (adjectif et nom)
Qui se nourrit de viande. *Les tigres et les lions sont **carnivores**.*

carotide (nom féminin)
Artère du cou qui conduit le sang du cœur à la tête.

carotte (nom féminin)
Plante potagère dont on mange la racine rouge orangé. *Des **carottes** râpées.*

carpe (nom féminin)
Gros poisson d'eau douce.

une **carpe**

carpette (nom féminin)
Petit tapis.

carquois (nom masculin)
Étui servant à mettre des flèches. *Les tireurs à l'arc portent un **carquois**.*

carre (nom féminin)
Baguette de métal qui est fixée sur les bords inférieurs des skis. *Ursula a fait une faute de **carre** et est tombée.*

carré, ée (adjectif)
Qui a la forme d'un carré. *Cette pièce est **carrée** : elle fait 3 mètres sur 3.* • **Mètre carré** : mesure de surface, qui correspond à la surface d'un carré d'un mètre de côté. ▷ **carré** (nom masculin) **1.** Figure géométrique qui a 4 côtés égaux et 4 angles droits. ➠ p. 512. **2.** Nombre multiplié par lui-même. *25 est le **carré** de 5 ($5 \times 5 = 5^2$).*

carreau, eaux (nom masculin)
1. Petite plaque qui sert à recouvrir le sol ou les murs. *Le maçon a posé des **carreaux** blancs autour de la baignoire.* **2.** Dessin en forme de carré. *Zoé porte une jupe à **carreaux**.* **3.** Vitre d'une fenêtre. *Les gamins ont cassé un **carreau** en jouant au ballon.* **4.** L'une des quatre couleurs des jeux de cartes, en forme de losange rouge. *Un as de **carreau**.* ⊙ Famille du mot : carrelage, carreler.

carrefour (nom masculin)
Endroit où se croisent deux ou plusieurs routes. *Attention, ce **carrefour** est très dangereux !* (Syn. croisement.)

carrelage (nom masculin)
Sol recouvert de carreaux assemblés. *Il faudra remplacer le parquet par du **carrelage**.*

carreler (verbe) ⊙ conj.n°9
Recouvrir avec des carreaux. *Le maçon **a carrelé** la salle de bains.*

carrément (adverbe)
Franchement et nettement. *Dis-moi **carrément** ce que tu penses de mon dessin !*

carrière (nom féminin)
1. Endroit d'où l'on extrait des matériaux de construction. *Une **carrière** de sable, de pierres, de marbre.* **2.** Profession dans laquelle on progresse. *Quentin ne sait pas quelle **carrière** il choisira plus tard.*

carriole (nom féminin)
Petite charrette couverte.

carrossable (adjectif)
Où l'on peut rouler sans difficulté. *Après la pluie, ce chemin n'est plus **carrossable**.* (Syn. praticable.)

carrosse (nom masculin)
Autrefois, voiture luxueuse tirée par des chevaux. *La reine d'Angleterre se déplace en **carrosse** les jours de cérémonie.*

carrosserie (nom féminin)
Partie extérieure d'une voiture. *Les ailes d'une voiture font partie de la **carrosserie**.*

carrossier (nom masculin)
Personne qui répare des carrosseries d'automobiles.

carrure (nom féminin)
Largeur du dos entre les épaules. *David a vraiment une **carrure** d'athlète !*

cartable (nom masculin)
Sac dans lequel les écoliers mettent leurs affaires de classe. *Anna porte son **cartable** sur le dos.*

carte (nom féminin)
1. Petit carton qui porte des figures et des dessins sur une face, qui fait partie d'un jeu. *Benjamin fait une partie de **cartes** avec son grand-père.* **2.** Liste des plats et des boissons, dans un restaurant. *Choisir un plat à la **carte**.* **3.** Dessin qui représente un pays, une région, une ville. *Regarde sur la **carte** si nous sommes sur la bonne route.* • **Carte de crédit** : carte servant à payer des achats ou à retirer de l'argent dans des distributeurs. • **Carte d'électeur** : document permettant de voter lors des élections. • **Carte grise** : document où sont inscrits des renseignements sur une voiture. • **Carte d'identité** : document sur lequel sont indiqués le nom, les prénoms, la date de naissance et l'adresse d'une personne. • **Carte postale** : carton illustré dont le verso sert à la correspondance. • **Carte de visite** : petit carton portant le nom et parfois l'adresse de quelqu'un.

cartilage (nom masculin)
Sorte d'os souple et élastique de certaines parties du corps et des articulations. *Les oreilles et le nez sont faits de* ***cartilage****.*

cartilagineux, euse (adjectif)
Qui est fait de cartilage. *Le squelette des requins est* ***cartilagineux****.*

cartomancien, enne (nom)
Personne qui prétend lire l'avenir dans les cartes à jouer.

carton (nom masculin)
1. Papier épais et rigide. *Clément a fabriqué un masque avec du* ***carton****.* 2. Boîte en carton. *Le déménageur a emballé la vaisselle dans des* ***cartons****.*

cartonné, ée (adjectif)
Fait de carton. *Un emballage* ***cartonné****.*

carton-pâte (nom masculin)
Carton fabriqué à partir de chiffons, de vieux cartons et de colle. *Un masque en* ***carton-pâte****.*

cartouche (nom féminin)
1. Petit tube contenant de la poudre et un projectile, et qui se charge dans une arme à feu. *Le chasseur prend son fusil et ses* ***cartouches****.* 2. Petit étui contenant de l'encre, du gaz. *Mon stylo est vide, prête-moi une* ***cartouche*** *d'encre bleue.* (Syn. recharge.)

cartouchière (nom féminin)
Ceinture ou baudrier servant à transporter des cartouches.

cary ➠ Voir cari.

cas (nom masculin)
1. Ce qui arrive ou est arrivé. *Aujourd'hui il est en retard, mais ça n'est pas souvent le* ***cas****.* 2. Apparition d'une maladie. *Il y a eu plusieurs* ***cas*** *de grippe dans notre classe.* • **En cas de** ou **au cas où** : si telle chose se produit. ***En cas d'****incendie, il faut appeler les pompiers. Préviens-moi* ***au cas où*** *tu changerais d'avis.* • **En tout cas** : quoi qu'il arrive. • **Faire cas de quelque chose** : y attacher de l'importance. *Élodie n'****a fait*** *aucun* ***cas de*** *mon avis.*

casanier, ère (adjectif)
Qui aime rester chez soi. *Elle voudrait voyager mais son mari est très* ***casanier****.*

casaque (nom féminin)
Veste de jockey.

cascade (nom féminin)
1. Chute d'eau. *L'eau tombait en* ***cascade****, sur plusieurs mètres de hauteur.* 2. Numéro dangereux d'un acrobate. *La vedette du film est doublée pour les* ***cascades*** *en voiture.*

cascadeur, euse (nom)
Comédien spécialiste des cascades. *Pour les scènes dangereuses du film, un* ***cascadeur*** *remplace l'acteur principal.*

case (nom féminin)
1. Habitation traditionnelle en matériaux légers, dans certains pays chauds. (Syn. hutte, paillote.) 2. Compartiment d'une boîte, d'un meuble. *Range les jetons de ton jeu dans une* ***case*** *et les dés dans une autre.* 3. Chacune des divisions tracées sur une surface. *Les* ***cases*** *d'un échiquier. Mettez une croix dans la* ***case*** *qui correspond à votre réponse.*

caser (verbe) ○ conj.n°3
Trouver la place pour ranger quelque chose. *Impossible de* ***caser*** *mon duvet dans la valise !*

caserne (nom féminin)
Bâtiment où vivent des soldats, des pompiers ou des gendarmes.

cash (adverbe)
• **Payer cash** : synonyme familier de payer comptant. ➜ Cash est un mot anglais : on prononce [kaʃ].

casher (adjectif)
Qui est préparé selon les prescriptions du judaïsme. *Ce boucher vend de la viande* ***casher****.* ➜ Prononciation [kaʃɛʀ]. ➜ On écrit aussi kasher. Pluriel : des boucheries casher.

casier (nom masculin)
Meuble de rangement qui comporte des cases. *Un* ***casier*** *à bouteilles.* • **Casier judiciaire** : liste des condamnations prononcées contre quelqu'un.

casino (nom masculin)
Établissement où l'on joue de l'argent. *L'entrée du* ***casino*** *est interdite aux enfants.*

▸ **casoar** (nom masculin)
Grand oiseau coureur d'Australie.

un **casoar**

▸ **casque** (nom masculin)
1. Coiffure rigide qui protège la tête. 2. Appareil muni de deux écouteurs. *Ce **casque** peut s'adapter sur un baladeur, une radio ou une télévision.*

▸ **casqué, ée** (adjectif)
Qui est coiffé d'un casque. *Ces motards **casqués** appartiennent à la police.*

▸ **casquette** (nom féminin)
Coiffure plate garnie d'une visière. *Une **casquette** de base-ball.*

▸ **cassant, ante** (adjectif)
1. Qui se casse facilement. *La pâte à tarte a durci et elle est devenue **cassante**.* 2. Au sens figuré, qui est autoritaire et dur. *Il lui a dit, d'un ton **cassant**, qu'il avait tort.*

▸ **casse** (nom féminin)
Objets cassés. *Quand ce maladroit fait la vaisselle, il y a souvent de la **casse**.*

▸ **casse-cou** (nom masculin)
Personne qui aime prendre des risques sans se soucier du danger. *Sur son V.T.T., Myriam est un vrai **casse-cou**.* → Pluriel : des casse-cou.

▸ **casse-croûte** (nom masculin)
Dans la langue familière, repas léger. *Si la randonnée dure toute la journée, il faudra prévoir des **casse-croûte**.* → Pluriel : des casse-croûte.

▸ **casse-noix** (nom masculin)
Petit instrument qui sert à casser les coques de noix, de noisettes, d'amandes. → Pluriel : des casse-noix.

▸ **casse-pieds** (adjectif et nom)
Dans la langue familière, qui dérange, énerve. *Elle me téléphone sans arrêt pour des bêtises, quelle **casse-pieds** !* → Pluriel : des casse-pieds.

▸ **casser** (verbe) ○ conj.n°3
1. Mettre en plusieurs morceaux. *Fatima **a cassé** une pile d'assiettes en débarrassant la table. Kevin **s'est cassé** le bras en faisant du skate-board.* (Syn. briser, rompre.) 2. Mettre hors d'usage. *Ne tire pas sur le fil du téléphone, tu vas le **casser**.* • **Casser la croûte** : synonyme familier de manger. • **Casser les oreilles** : dans la langue familière, faire trop de bruit. ⊙ Famille du mot : cassant, casse, casse-cou, casse-croûte, casse-noix, casse-pieds, casse-tête, cassure, incassable.

▸ **casserole** (nom féminin)
Ustensile de cuisine muni d'un manche, dans lequel on fait cuire les aliments.

▸ **casse-tête** (nom masculin)
Ce qui est très compliqué à faire ou à résoudre. *Cette devinette est un vrai **casse-tête**.* → Pluriel : des casse-tête.

▸ **cassette** (nom féminin)
1. Coffret dont on se sert pour ranger des bijoux, de l'argent. 2. Étui contenant une bande magnétique utilisable dans un magnétophone ou un magnétoscope.

▸ **1. cassis** (nom masculin)
Petite baie noire comestible. *Du sirop, de la confiture de **cassis**.* → Prononciation [kasis].

▸ **2. cassis** (nom masculin)
Creux en travers d'une route. *Il faut ralentir : un panneau de signalisation indique un **cassis** à 100 mètres.* → Prononciation [kasi] ou [kasis].

▸ **cassoulet** (nom masculin)
Ragoût de haricots blancs et de diverses viandes. *Le **cassoulet** est une spécialité du sud-ouest de la France.*

▸ **cassure** (nom féminin)
Endroit où un objet a été cassé. *Le vase a été recollé : on voit encore la **cassure**.*

castagnettes (nom féminin pluriel)
Petit instrument de musique fait de deux morceaux de bois que l'on fait claquer l'un contre l'autre dans la paume de la main.

caste (nom féminin)
Groupe de gens qui se distinguent d'autres groupes, dont ils s'estiment être supérieurs ou différents.

castor (nom masculin)
Rongeur à large queue plate et aux pattes palmées. *Les **castors** construisent des digues sur la rivière.*

un **castor**

castrer (verbe) ○ conj.n°3
Priver un animal mâle de ses organes génitaux. *Un bœuf est un taureau qui **a été castré**.* (Syn. châtrer.)

cataclysme (nom masculin)
Catastrophe naturelle qui entraîne de grands bouleversements. *Les raz de marée, les tremblements de terre, les cyclones sont des **cataclysmes**.*

catacombes (nom féminin pluriel)
Souterrains qui servaient de cimetière. *Les premiers chrétiens enterraient leurs morts dans des **catacombes**.*

catafalque (nom masculin)
Estrade décorée où l'on place un cercueil.

catalan, ane
➠ Voir tableau p. 6.

catalogue (nom masculin)
Brochure qui propose des objets à vendre. *Anna commande ses vêtements dans un **catalogue** de vente par correspondance.*

catamaran (nom masculin)
Voilier à deux coques. *Les **catamarans** sont des embarcations très rapides.*

catapulte (nom féminin)
Autrefois, machine de guerre qui servait à lancer de grosses pierres.

cataracte (nom féminin)
1. Grande chute d'eau. *Les **cataractes** les plus célèbres dans le monde sont les chutes du Niagara.* 2. Maladie qui rend opaque le cristallin de l'œil. *La **cataracte** peut causer la perte de la vue.*

catastrophe (nom féminin)
Événement dramatique. *Plus de cent personnes ont été tuées dans cette **catastrophe** aérienne.* • **En catastrophe** : à toute vitesse et sans préparation.

catastrophique (adjectif)
Qui a des conséquences dramatiques. *Cette sécheresse est **catastrophique** pour les agriculteurs.* (Syn. désastreux.)

catch (nom masculin)
Sorte de lutte où presque tous les coups sont permis. ⊙ Catch vient de l'anglais *catch as you can* qui signifie « attrape comme tu peux ».

catcheur, euse (nom)
Lutteur qui pratique le catch.

catéchisme (nom masculin)
Enseignement de la religion chrétienne. *Pierre va au **catéchisme** chaque semaine.*

catégorie (nom féminin)
Ensemble de personnes, d'animaux ou de choses appartenant à la même espèce, au même genre. *Ce boxeur est dans la **catégorie** des poids moyens.*

catégorique (adjectif)
Qui est clair, net et sans réplique. *Inutile d'insister, ma réponse est un non **catégorique**.* (Contr. confus, évasif, hésitant.)

▸ **caténaire** (nom féminin)
Câble qui fournit le courant aux locomotives électriques.

▸ **cathédrale** (nom féminin)
Grande église qui est sous l'autorité d'un évêque. *Notre-Dame de Paris est une **cathédrale** gothique.*

▸ **catholicisme** (nom masculin)
Religion des catholiques.

▸ **catholique** (nom)
Chrétien qui obéit au pape. *Les **catholiques** vont à l'église pour prier.* ▹ **catholique** (adjectif) Qui a rapport au catholicisme. *La messe est une cérémonie **catholique**.*

▸ **en catimini** (adverbe)
En cachette. *Il s'est glissé dans la cuisine **en catimini** pour finir le gâteau.*

▸ **cauchemar** (nom masculin)
Rêve effrayant. *Il s'est réveillé en pleurant parce qu'il avait fait un **cauchemar**.*

▸ **cause** (nom féminin)
1. Ce qui est à l'origine d'un événement, d'un fait. *On ne sait rien des **causes** de l'incendie.* **2.** Idée ou principe que l'on défend. *Cette association soutient la **cause** des gens mal logés.* • **À cause de** : en raison de. *Le vol a été annulé **à cause du** mauvais temps.* • **Mettre en cause** : accuser. • **Remettre en cause** : examiner de nouveau en faisant des critiques.

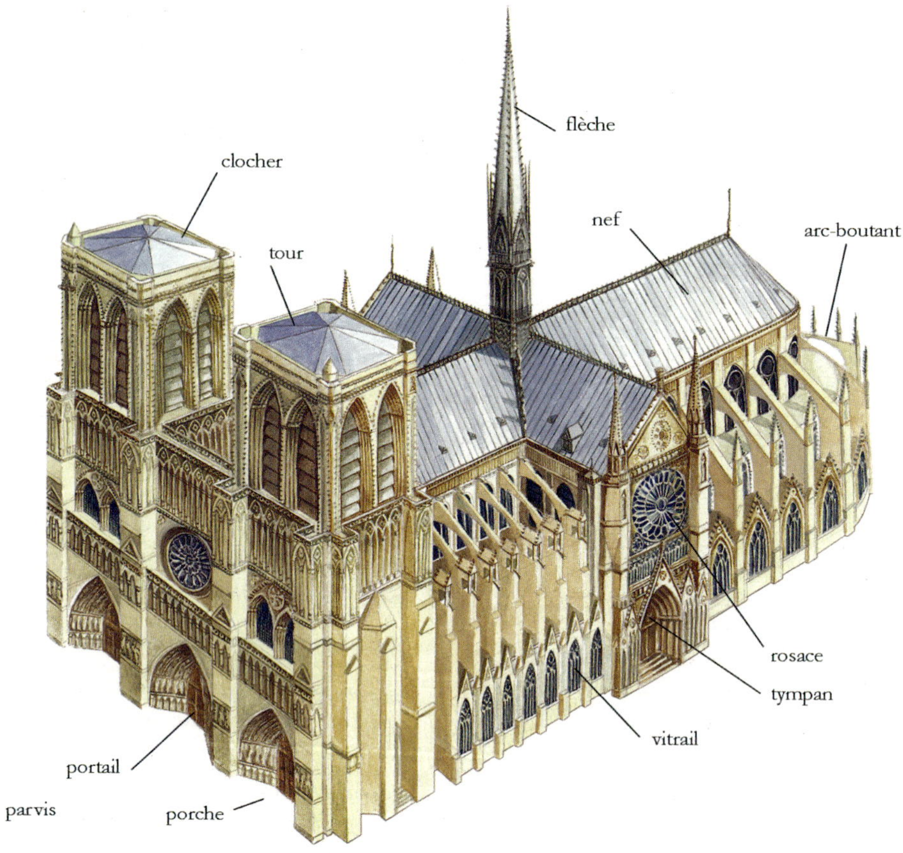

la **cathédrale** Notre-Dame de Paris

causer (verbe) ○ conj.n°3
1. Être la cause de quelque chose. *Ces pluies torrentielles **ont causé** des inondations.* (Syn. provoquer.) 2. Synonyme de bavarder. *Elle **a causé** un instant avec sa voisine de palier.*

causette (nom féminin)
• **Faire la causette :** synonyme familier de bavarder. *Elles **font** un brin de **causette** sur le pas de la porte.*

caustique (adjectif)
1. Qui attaque et brûle la peau. *La soude est un produit **caustique**.* 2. Au sens figuré, qui blesse par des moqueries méchantes. *Son humour **caustique** a éloigné tous ses amis.* (Syn. acerbe, mordant.)

caution (nom féminin)
Somme d'argent qu'on laisse en dépôt pour servir de garantie quand on loue quelque chose. *La **caution** versée pour ces vélos vous sera remboursée à la fin de la location.*

cautionner (verbe) ○ conj.n°3
Donner son appui. *Le maire a promis de **cautionner** le projet de construction d'une piscine dans notre quartier.*

cavalcade (nom féminin)
Course bruyante et désordonnée. *Le maître ne veut pas de **cavalcade** dans les couloirs.*

cavalerie (nom féminin)
Autrefois, troupe de soldats qui combattaient à cheval.

1. cavalier, ère (adjectif)
Qui agit sans se soucier de la gêne qu'il peut causer. *C'est un peu **cavalier** de sa part d'arriver avec une heure de retard !*

2. cavalier, ère (nom)
1. Personne qui monte à cheval. 2. Partenaire avec qui on forme un couple. *La danse va commencer, choisissez vos **cavalières**.* • **Faire cavalier seul :** agir tout seul, de son côté.

cavalièrement (adverbe)
De manière cavalière. *Julie traite trop **cavalièrement** les personnes plus âgées qu'elle.* (Contr. respectueusement.)

cave (nom féminin)
Local situé dans le sous-sol d'une maison. *Grand-père fait vieillir du vin dans sa **cave**.*

caveau, eaux (nom masculin)
Construction souterraine qui sert de tombeau. *Plusieurs membres de sa famille sont enterrés dans ce **caveau**.*

caverne (nom féminin)
Synonyme de grotte. *Les ours hibernent dans des **cavernes**.* • **Hommes des cavernes :** hommes de la préhistoire.

caverneux, euse (adjectif)
• **Voix caverneuse :** voix grave et basse.

caviar (nom masculin)
Œufs d'esturgeon noirs ou gris, qui sont un mets très apprécié.

cavité (nom féminin)
Partie creuse de quelque chose. *Des poissons vivent dans les **cavités** des roches sous-marines.* (Syn. creux, trou.)

C.D. (nom masculin)
Disque où sont enregistrés des sons lus par un laser. (Syn. compact-disque, disque compact.)

cd-rom (nom masculin)
Disque compact qui contient des sons, des images et des textes. *Gaëlle a une encyclopédie sur **cd-rom**.*
→ Pluriel : des cd-rom. On écrit aussi cédérom. ⊙ Cd-rom est l'abréviation de plusieurs mots anglais qui se traduisent en français par « disque compact dont on peut lire la mémoire ».

1. ce, cet, cette, ces (déterminant)
Adjectif démonstratif qui sert à désigner la personne ou la chose dont on parle. ***Ce** film est ennuyeux. **Cet** hiver est très froid. Je n'ai jamais vu **cette** femme. **Ces** vêtements sont en solde.*
→ Ce devient cet devant un nom masculin qui commence par une voyelle ou un h muet. Ce, cet, cette, ces peuvent être renforcés par les éléments -ci et -là placés après le nom : cet homme-là, ces arbres-ci.

2. ce (pronom)
Pronom démonstratif qui s'emploie seulement devant le verbe être. *C'est le cahier de Yann. **Ce** sont des amis.* → Ce devient c' devant les formes du verbe *être* qui commencent par une voyelle.

ceci (pronom)
Pronom démonstratif qui désigne la chose la plus proche. *Lisez d'abord **ceci**, nous lirons les pages suivantes plus tard.*

cécité (nom féminin)
État d'une personne aveugle. *En vieillissant, il a été atteint de **cécité**.*

céder (verbe) ○ conj.n°8
1. Laisser ou donner ce que l'on a. *Le bus est bondé, **cède** ta place à cette vieille dame.* 2. Ne pas s'opposer. *Elle **cède** à tous les caprices de sa fille.* (Contr. résister.) 3. S'effondrer ou se rompre. *La branche **a cédé** sous le poids de Romain.*

cédérom ➠ Voir cd-rom.

cédille (nom féminin)
Signe que l'on place sous un *c* quand il est suivi de *a*, *o* ou *u* pour indiquer qu'on doit le prononcer [s]. *Le c s'écrit avec une **cédille** (ç) dans des mots comme : ça, maçon, reçu.* ⊙ Cédille vient de l'espagnol *cedilla* qui signifie « petit c ».

cèdre (nom masculin)
Grand conifère. *Le bois du **cèdre** est dur et très odorant.*

fruit, aiguilles et écorce de **cèdre**

ceinture (nom féminin)
1. Bande de tissu ou de cuir qui sert à maintenir un vêtement autour de la taille. *Serre bien la **ceinture** de ton pantalon !* 2. Milieu du corps. *N'allez pas plus loin, vous avez déjà de l'eau jusqu'à la **ceinture** !* (Syn. taille.) 3. Bande de tissu dont la couleur indique un niveau dans les arts martiaux. *Gaëlle est **ceinture** orange de judo.* • **Ceinture de sécurité** : courroie qui permet, dans les avions et les autos, de s'attacher à son siège pour être retenu en cas de choc. ➠ p. 97. • **Se serrer la ceinture** : dans la langue familière, réduire ses dépenses. ⊙ Famille du mot : ceinturer, ceinturon.

ceinturer (verbe) ○ conj.n°3
Attraper quelqu'un au niveau de la ceinture. *Le policier a réussi à **ceinturer** le voleur avant de le plaquer au sol.*

ceinturon (nom masculin)
Ceinture large. *La crosse d'un pistolet dépassait de l'étui accroché à son **ceinturon**.*

cela (pronom)
Pronom démonstratif qui désigne la chose la plus éloignée. *Laisse la vaisselle, nous ferons **cela** plus tard.*

célébration (nom féminin)
Action de célébrer. *La **célébration** du mariage se déroulera samedi.*

célèbre (adjectif)
Très connu. *D'Artagnan est un **célèbre** mousquetaire.*

célébrer (verbe) ○ conj.n°8
Fêter un événement avec éclat. *Le 8 mai, on **célèbre** l'anniversaire de la fin de la Seconde Guerre mondiale.*

célébrité (nom féminin)
1. Grande renommée. *Ce savant a acquis la **célébrité** grâce à ses découvertes.* (Syn. notoriété.) 2. Personne célèbre. *Ce pianiste est une **célébrité** internationale.*

céleri (nom masculin)
Légume dont on mange la racine ou les tiges. *Une salade de **céleri**. Une purée de **céleri**.*

un **céleri**

célérité (nom féminin)
Synonyme littéraire de rapidité. *Ces travaux ont été menés avec **célérité**.*

céleste (adjectif)
Du ciel. *Cette nuit-là, des milliers d'étoiles illuminaient la voûte **céleste**.*

célibat (nom masculin)
État d'une personne célibataire. *Dans la religion catholique, les prêtres s'engagent à vivre dans le **célibat**.*

célibataire (adjectif et nom)
Qui n'est pas marié. *Mon grand frère est encore **célibataire**.*

celle, celles ➠ Voir celui.

cellier (nom masculin)
Pièce où l'on conserve le vin et les provisions. *Pour aménager un **cellier**, il faut un endroit sec et frais.*

cellophane (nom féminin)
Plastique transparent qu'on utilise pour l'emballage. *Le bouquet de fleurs était enveloppé d'une grande feuille de **cellophane**.* ⊙ Cellophane est le nom d'une marque.

cellule (nom féminin)
1. Élément très petit qui constitue les organismes vivants. *Une **cellule** est composée d'une membrane et d'un noyau.* 2. Petite pièce fermée. *Le prisonnier a scié les barreaux de sa **cellule** pour s'échapper de la prison.*

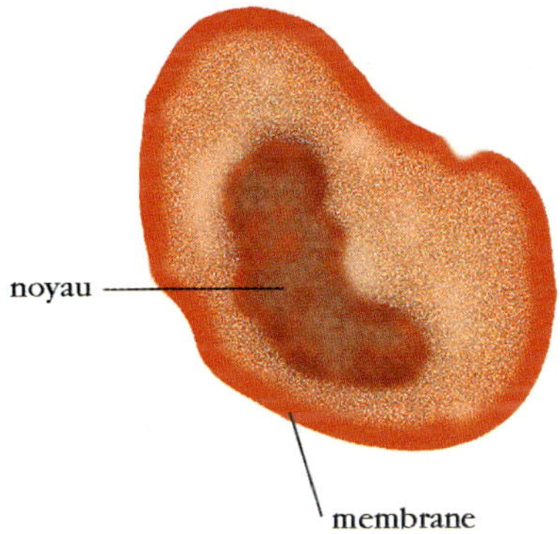

une **cellule** agrandie au microscope

cellulite (nom féminin)
Couche anormale de graisse, située sous la peau.

cellulose (nom féminin)
Matière dont sont constituées les plantes. *On fabrique du papier à partir de la **cellulose** du bois.*

celui, celle, ceux, celles (pronom)
Pronom démonstratif qui représente la personne ou la chose dont on parle. *Ce n'est pas mon blouson, c'est **celui** de Laura. Je n'aime pas cette robe noire, je préfère **celle** à fleurs. Les cheveux de Pierre sont plus longs que **ceux** de Victor.*
→ Celui, celle, ceux et celles peuvent être accompagnés des éléments -ci et -là : *celui-ci* indique ce qui est le plus proche et *celui-là*, ce qui est le plus éloigné.

cément (nom masculin)
Couche osseuse recouvrant la racine des dents. ➠ p. 321.

cendre (nom féminin)
Ce qui reste d'une matière qui a brûlé. *Le feu s'est éteint et il ne reste que des **cendres** dans la cheminée.*

cendrier (nom masculin)
Récipient destiné à recueillir les cendres et les mégots de cigarettes.

censé, ée (adjectif)
• **Être censé faire quelque chose** : tout le monde pense que cette chose sera faite. *Elle **était censée** nous rejoindre devant le cinéma.*

censeur (nom masculin)
1. Personne chargée de l'organisation des études et de la discipline dans un lycée. 2. Personne chargée de la censure des films et des livres.

censure (nom féminin)
Contrôle exercé sur les films ou les livres avant d'autoriser ou d'interdire leur parution. *Ce film a été interdit aux moins de 18 ans par la **censure**.* Famille du mot : censeur, censurer.

censurer (verbe) conj.n°3
Interdire quelque chose par la censure. *Les scènes les plus violentes de ce film **ont été censurées**.*

cent (adjectif)
Dix fois dix (100). *Il y avait au moins **cent** personnes dans la salle.* • **Pour cent** : en pourcentage par rapport à cent. *La proportion des élèves absents est d'au moins trente **pour cent** (30 %).* → Au pluriel, cent ne prend pas d'*s* quand il est suivi d'un autre nombre : cinq cents (500), mais cinq cent dix (510). Famille du mot : centaine, centenaire, centième, centigramme, centilitre, centime, centimètre, centuple.

centaine (nom féminin)
1. Nombre de cent unités. *Dans 600, 6 est le chiffre des **centaines**.* 2. Ensemble d'environ cent. *Il y a une **centaine** de places assises dans cette salle.*

centaure (nom masculin)
Monstre de la mythologie grecque, moitié homme, moitié cheval.

centenaire (adjectif et nom)
Qui a cent ans ou plus. *Un chêne **centenaire** se dresse sur la place du village. Il y a plusieurs **centenaires** dans sa famille.* ▷ **centenaire** (nom masculin) Centième anniversaire. *On va bientôt fêter le **centenaire** de mon arrière-grand-père.*

centième (adjectif et nom)
Qui occupe le rang numéro 100. *Le **centième** concurrent vient de passer la ligne d'arrivée.* ▷ **centième** (nom masculin) Ce qui est contenu 100 fois dans un tout. *5 est le **centième** de 500.*

centigramme (nom masculin)
Centième partie d'un gramme. → Centigramme s'abrège *cg*.

centilitre (nom masculin)
Centième partie d'un litre. → Centilitre s'abrège *cl*.

centime (nom masculin)
Centième partie d'un euro.

centimètre (nom masculin)
1. Centième partie d'un mètre. 2. Ruban divisé en centimètres, qui sert à prendre des mesures. → Centimètre s'abrège *cm*.

central, ale, aux (adjectif)
Qui se trouve au centre. *La poste est dans le quartier **central** de la ville.*

centrale (nom féminin)
Usine qui produit de l'électricité. *On distingue les **centrales** nucléaires, les **centrales** thermiques et les **centrales** hydroélectriques.*

centraliser (verbe) conj.n°3
Regrouper en un seul endroit. *La mémoire d'un ordinateur peut **centraliser** des millions d'informations.*

centre (nom masculin)
1. Point situé à égale distance des bords d'une surface, d'un espace. *Le **centre** d'une piste de danse.* (Syn. milieu.) 2. Lieu qui a une certaine importance. *Cette région est un **centre** touristique très fréquenté.* 3. Tendance politique qui se situe entre la gauche et la droite. *En général, les députés du **centre** défendent des opinions modérées.* • **Centre commercial** : endroit regroupant de nombreux magasins. • **Centre d'intérêt** : ce qui intéresse quelqu'un. Famille du mot : central, centrale, centraliser, centrer, centre-ville, centrifuge, centriste, décentraliser, excentrique.

centrer (verbe) ⊙ conj.n°3
Placer au centre. *Colle cette image sur la feuille en essayant de bien la* ***centrer****.*

centre-ville (nom masculin)
Quartier central d'une ville. *La cathédrale est située dans le* ***centre-ville****.* → Pluriel : des centres-villes.

centrifuge (adjectif)
Se dit d'une force qui repousse vers l'extérieur. *Le motard s'incline dans le virage, pour lutter contre la force* ***centrifuge****.*

centriste (adjectif)
Qui appartient au centre, en politique. *Un député* ***centriste****.*

centuple (nom masculin)
Nombre qui est cent fois plus grand. *Trois cents est le* ***centuple*** *de trois.* • **Au centuple** : en quantité beaucoup plus grande.

centurion (nom masculin)
Dans l'Antiquité, officier de l'armée romaine qui commandait cent soldats.

cep (nom masculin)
Pied de vigne. → Prononciation [sɛp].

cépage (nom masculin)
Variété de vigne. *Les* ***cépages*** *des bordeaux sont différents des* ***cépages*** *des bourgognes.*

cèpe (nom masculin)
Champignon comestible à chapeau brun. *Une omelette aux* ***cèpes****.* (Syn. bolet.) ➠ p. 189.

cependant (conjonction)
Indique une opposition. *Hélène refuse de porter des lunettes et* ***cependant*** *elle en a besoin.* (Syn. pourtant, toutefois.)

céramique (nom féminin)
1. Art de fabriquer des objets en terre cuite, en faïence, en porcelaine, en grès. 2. Matière que l'on fait cuire à très haute température pour fabriquer des objets. *Des vases, des carreaux en* ***céramique****.* ⊙ Céramique vient du grec *keramon* qui signifie « argile ».

une assiette et des carreaux en **céramique**

cerceau, eaux (nom masculin)
Ancien jouet constitué d'un cercle de bois que les enfants faisaient rouler à l'aide d'un bâton.

cercle (nom masculin)
1. Ligne courbe fermée sur elle-même et dont tous les points sont à égale distance du centre. *En maths, on apprend à calculer la circonférence du* ***cercle****.* ➠ p. 512. 2. Ensemble de personnes ou de choses disposées en rond. *Un* ***cercle*** *de badauds s'était formé autour de l'accordéoniste.* 3. Endroit où des gens se réunissent pour jouer ou discuter. *Un* ***cercle*** *politique.* • **Cercle vicieux** : situation dont on n'arrive pas à sortir. ⊙ Famille du mot : encerclement, encercler.

cercueil (nom masculin)
Caisse dans laquelle on place le corps d'une personne morte avant de l'enterrer. (Syn. bière.)

céréale (nom féminin)
Plante que l'on cultive pour ses graines qui servent à nourrir les hommes et les animaux. *Le blé, le riz, le maïs, l'orge, l'avoine sont des* ***céréales****.*
▷ **céréales** (nom féminin pluriel) Flocons d'avoine, de riz, de maïs que l'on mange au petit déjeuner dans du lait. ⊙ Céréale vient de *Cérès*, déesse romaine des moissons.

cérébral, ale, aux (adjectif)
Du cerveau. *La boîte crânienne protège les deux lobes* ***cérébraux****.*

cérémonial (nom masculin)
Ensemble des règles que l'on doit respecter au cours d'une cérémonie. *Les personnes invitées par la reine doivent se conformer au* ***cérémonial*** *de la cour.*

cérémonie (nom féminin)
Célébration solennelle d'un événement. *Il y a eu une* ***cérémonie*** *à l'Élysée pour l'installation du nouveau président de la République.* • **Sans cérémonie :** avec simplicité et sans politesse exagérée. ⊙ Famille du mot : cérémonial, cérémonieux.

cérémonieux, euse (adjectif)
Qui montre un respect exagéré. *Ne sois pas si* ***cérémonieux****, nous sommes entre amis.* (Contr. naturel, simple.)

cerf (nom masculin)
Mammifère ruminant mâle portant des cornes appelées bois. *Le* ***cerf*** *brame.* → Prononciation [sɛʀ].

un **cerf**

cerfeuil (nom masculin)
Plante aromatique, qui ressemble au persil.

cerf-volant (nom masculin)
Appareil fait de toile ou de papier disposés sur une armature, que l'on fait voler dans le vent en le manœuvrant avec une ficelle. → Prononciation [sɛʀvɔlɑ̃]. → Pluriel : des cerfs-volants.

cerise (nom féminin)
Petit fruit rond et à noyau du cerisier, le plus souvent rouge.

cerisier (nom masculin)
Arbre fruitier qui donne les cerises.

fruits et feuilles de **cerisier**

cerne (nom masculin)
Marque bleuâtre qui apparaît sous les yeux quand on est malade ou fatigué.

cerné, ée (adjectif)
• **Yeux cernés :** marqués de cernes.

cerneau, eaux (nom masculin)
Partie comestible de la noix.

cerner (verbe) ○ conj.n°3
Synonyme d'encercler. *Le voleur est pris au piège, les policiers* ***ont cerné*** *sa cachette.*

certain, aine (adjectif)
1. Qui est convaincu de quelque chose. *Elle est* ***certaine*** *de réussir.* **2.** Qui doit se produire. *Avec une telle avance, la victoire de notre équipe est* ***certaine****.* (Syn. assuré, sûr. Contr. douteux, incertain.) **3.** Indique une quantité vague. *Il habite ici depuis un* ***certain*** *temps.* **4.** S'emploie pour désigner quelqu'un qu'on ne connaît pas. *Une* ***certaine*** *madame Martin a laissé un message pour vous.* ▷ **certains, aines** (pronom) Quelques personnes. *Ce film est si ennuyeux que* ***certains*** *ont préféré partir avant la fin.* ⊙ Famille du mot : certainement, incertain.

certainement (adverbe)
De façon certaine. *Papa sera* ***certainement*** *heureux de votre visite.* (Syn. assurément, évidemment, sûrement.)

certes (adverbe)
Bien sûr. *Xavier est* ***certes*** *content de partir mais il regrette de quitter ses amis.* (Syn. évidemment.)

certificat (nom masculin)
Document officiel qui certifie quelque chose. *Le médecin m'a fait un **certificat** médical pour que je puisse reprendre l'école.*

certifier (verbe) ○ conj.n°10
Affirmer que quelque chose est certain. *Le témoin **a certifié** que le cambrioleur n'était pas armé.* (Syn. garantir.)

certitude (nom féminin)
1. Chose certaine, sûre. *Il n'est pas coupable, c'est maintenant une **certitude**.* 2. Fait d'être certain de quelque chose. *J'ai la **certitude** de vous avoir déjà rencontré quelque part.*

cérumen (nom masculin)
Matière épaisse et jaunâtre qui se forme dans les oreilles. → Prononciation [seʀymɛn].

cerveau, eaux (nom masculin)
Organe qui se trouve dans le crâne, qui commande les nerfs et permet à l'homme de penser et de parler.

cervelet (nom masculin)
Organe situé à l'arrière du cerveau. *Le **cervelet** assure l'équilibre et la coordination des mouvements de notre corps.*

cervelle (nom féminin)
Cerveau d'un animal, que l'on peut manger. *Des **cervelles** d'agneau, de veau.*

cervical, ale, aux (adjectif)
Qui concerne le cou. *Les vertèbres **cervicales**.*

cervidé (nom masculin)
Animal de la même famille que le cerf.

cervoise (nom féminin)
Bière fabriquée autrefois.

ces ➠ Voir ce 1.

césarienne (nom féminin)
Opération chirurgicale visant à sortir l'enfant du ventre de sa mère quand la naissance ne peut se faire normalement.

cessation (nom féminin)
Fait de cesser. *Un traité de paix a été signé après la **cessation** des hostilités.* (Syn. arrêt.)

cesse ➠ Voir sans cesse.

cesser (verbe) ○ conj.n°3
Ne pas continuer ou ne pas durer. ***Cessez** de bavarder ! L'orage **a cessé**, nous pouvons repartir.* (Syn. s'arrêter.)
⊙ Famille du mot : cessation, sans cesse, cessez-le-feu, incessant.

cessez-le-feu (nom masculin)
Arrêt des combats. *La guerre est enfin terminée, les troupes ennemies ont signé un **cessez-le-feu**.* → Pluriel : des cessez-le-feu.

c'est-à-dire (conjonction)
Annonce une explication ou une précision. *Il arrivera à 11 heures 50, **c'est-à-dire** un peu avant midi.* (Syn. soit.)
→ C'est-à-dire s'abrège c.-à-d.

cet ➠ Voir ce.

cétacé (nom masculin)
Mammifère marin. *Les baleines, les cachalots, les dauphins sont des **cétacés**.*

cette ➠ Voir ce 1.

ceux ➠ Voir celui.

chacal (nom masculin)
Sorte de chien sauvage d'Asie ou d'Afrique. *Les **chacals** se nourrissent de charognes.*

un **chacal**

chacun, chacune (pronom)
Pronom indéfini singulier représentant chaque personne ou chaque chose d'un ensemble. *Pour le pique-nique, **chacun** amènera ses sandwichs et ses boissons.*

chagrin (nom masculin)
Grande peine. *Yann a eu beaucoup de **chagrin** quand son meilleur ami a quitté l'école.*

chagriner (verbe) ○ conj.n°3
Causer du chagrin. *Tes reproches m'**ont** beaucoup **chagriné**.* (Syn. attrister, peiner.)

chahut (nom masculin)
Agitation bruyante. *Le maître nous a interdit de faire du **chahut** dans la classe.* (Syn. tapage.) ⊙ Au XIXe siècle, le chahut était une danse à la mode, qui était jugée indécente.

chahuter (verbe) ○ conj.n°3
Faire du chahut. *Les élèves qui **chahutaient** ont été grondés par le maître.* ⊙ Famille du mot : chahut, chahuteur.

chahuteur, euse (adjectif)
Qui aime chahuter. *Sarah est une élève un peu **chahuteuse**.*

chaîne (nom féminin)
1. Suite d'anneaux accrochés les uns aux autres. *Odile a cassé plusieurs maillons de sa **chaîne** en or. Une **chaîne** de vélo.* ➠ p. 123. 2. Ensemble de montagnes. *La **chaîne** des Pyrénées.* 3. Ensemble d'appareils connectés entre eux, qui sert à écouter de la musique. *Une **chaîne** stéréo.* 4. Réseau de télévision. *C'est l'heure des dessins animés sur la troisième **chaîne**.* 5. Dans une usine, installation où chaque ouvrier fait toujours le même geste. *Une **chaîne** de montage d'appareils ménagers.* • **En chaîne** : en série, l'un à la suite de l'autre. *Ce départ a provoqué des réactions **en chaîne**.* ⊙ Famille du mot : chaînette, chaînon, enchaînement, enchaîner.

chaînette (nom féminin)
Petite chaîne. *La **chaînette** d'un porte-clés.*

chaînon (nom masculin)
Synonyme de maillon.

chair (nom féminin)
1. Matière qui constitue les muscles du corps d'un homme ou d'un animal. *La **chair** recouvre les os et elle est protégée par la peau.* 2. Partie tendre et comestible d'un fruit. *Les moineaux ont picoré la **chair** des cerises et ils ont laissé les noyaux.* (Syn. pulpe.) • **Avoir la chair de poule** : avoir les poils qui se hérissent à cause du froid ou de la peur. • **En chair et en os** : en personne. *Elle a vu son chanteur préféré **en chair et en os**.*

chaire (nom féminin)
Dans une église, tribune élevée où le prêtre faisait les sermons.

chaise (nom féminin)
Siège individuel avec un dossier et sans bras. • **Chaise longue** : siège pliant et inclinable sur lequel on peut s'allonger.

chaland (nom masculin)
Bateau à fond plat, utilisé pour le transport des marchandises.

châle (nom masculin)
Grande pièce de tissu dont on se couvre les épaules. *Zoé portait un **châle** de soie sur une robe décolletée.*

chalet (nom masculin)
Maison de bois. *Nous habitons dans un **chalet** quand nous allons au ski.*

chaleur (nom féminin)
1. Température élevée. *Cet été, il a fait une **chaleur** étouffante.* (Contr. froid.) 2. Au sens figuré, manière d'agir amicale et enthousiaste. *Les supporters encouragent leur équipe avec **chaleur**.* (Contr. froideur.) ⊙ Famille du mot : chaleureusement, chaleureux.

chaleureusement (adverbe)
D'une manière chaleureuse. *Il a été **chaleureusement** applaudi par ses amis.* (Syn. chaudement. Contr. froidement.)

chaleureux, euse (adjectif)
Plein de chaleur, d'enthousiasme. *Les spectateurs ont réservé un accueil **chaleureux** au navigateur vainqueur de la course en solitaire.* (Contr. froid.)

challenge (nom masculin)
Épreuve sportive dans laquelle un titre est mis en jeu.

challenger (nom masculin)
Sportif qui dispute à un autre le titre de champion. *Le champion est tranquille : son **challenger** manque d'entraînement.* → Challenger est un mot anglais : on prononce [ʃalɛndʒœʀ].

chaloupe (nom féminin)
Grand canot. *En cas de naufrage, les passagers d'un navire sont évacués dans des **chaloupes** de sauvetage.*

chalumeau, eaux (nom masculin)
Appareil qui projette un gaz enflammé. *Le plongeur découpe les tôles du bateau à l'aide d'un **chalumeau**.*

chalut (nom masculin)
Grand filet de pêche. *Le **chalut** est traîné par un ou deux bateaux.*

chalutier (nom masculin)
Bateau équipé pour la pêche au chalut.

se chamailler (verbe) ○ conj.n°3
Synonyme familier de se disputer. *Arrêtez de **vous chamailler** pour un oui ou pour un non !*

chamarré, ée (adjectif)
Décoré d'ornements de couleurs vives. *La décoration **chamarrée** des chars du carnaval.*

chambellan (nom masculin)
Gentilhomme de la cour chargé du service de la chambre du souverain.

chambouler (verbe) ○ conj.n°3
Synonyme familier de déranger. *Romain **a chamboulé** tous les placards pour retrouver sa raquette de ping-pong.*

chambranle (nom masculin)
Encadrement d'une porte ou d'une fenêtre, fixé au mur.

chambre (nom féminin)
1. Pièce où l'on dort. *Thomas aimerait bien avoir une **chambre** pour lui tout seul.* 2. Ensemble de gens qui se réunissent. *En France, la **Chambre** des députés vote les lois.* • **Chambre à air** : tuyau de caoutchouc rempli d'air qui se trouve à l'intérieur du pneu. • **Chambre froide** : pièce spécialement aménagée pour conserver de la viande à une température très basse.

un **chalutier**

chameau, eaux (nom masculin)
Grand mammifère ruminant d'Asie qui a deux bosses sur le dos. *Les **chameaux** sont adaptés à la vie dans les déserts.*

un **chameau**

chamelier (nom masculin)
Homme chargé de conduire des chameaux ou des dromadaires.

chamois (nom masculin)
Mammifère ruminant des montagnes d'Europe, à cornes recourbées, très agile. • **Peau de chamois** : peau spécialement traitée pour le nettoyage.

champ (nom masculin)
1. Terrain cultivé. *Un **champ** de blé, de maïs, de tournesols.* 2. Terrain qui sert à certaines activités. *Un **champ** de foire. Un **champ** de courses.* 3. Domaine d'activité. *Avec ces nouvelles découvertes, le **champ** de la science s'agrandit.* • **À tout bout de champ** : à chaque instant ou à tout propos. • **Au champ d'honneur** : à la guerre. • **Champ de bataille** : lieu où se déroulent des combats.

champagne (nom masculin)
Vin mousseux, blanc ou rosé, fabriqué en Champagne.

champenois, oise
➠ Voir tableau p. 6.

champêtre (adjectif)
Qui se rapporte aux champs, à la campagne. *Quentin s'ennuie en ville et rêve d'une vie **champêtre**.*

champignon (nom masculin)
1. Plante sans chlorophylle formée d'un pied et d'un chapeau. *Le cèpe est un **champignon** comestible, certaines amanites sont des **champignons** vénéneux.* 2. Parasite qui peut se développer sur les plantes, les animaux ou les hommes.

champion, onne (nom)
1. Meilleur sportif dans sa catégorie. *Il a été **champion** du monde de natation.* 2. Personne d'une grande valeur. *Benjamin est un **champion** en calcul mental.* (Syn. as.)

championnat (nom masculin)
Épreuve sportive dans laquelle le vainqueur reçoit le titre de champion. ***Championnat** d'escrime, de football.*

chance (nom féminin)
1. Hasard heureux qui favorise quelqu'un. *Ibrahim a gagné le gros lot, il a eu beaucoup de **chance**. C'est un coup de **chance** d'avoir pu voyager ensemble.* (Contr. malchance.) 2. Probabilité pour qu'une chose se produise. *Il a une **chance** sur mille de gagner.* ⊙ Famille du mot : chanceux, malchance, malchanceux.

chancelant, ante (adjectif)
Qui chancelle. *Laura avance d'un pas **chancelant** à cause de sa blessure.* (Syn. vacillant.)

chanceler (verbe) ○ conj.n°9
Ne pas être ferme sur ses pieds. *Touché par une balle, l'animal **chancela** et s'effondra.* (Syn. tituber, vaciller.)

chanceux, euse (adjectif)
Qui a de la chance.

chandail (nom masculin)
Gros tricot en laine, pull-over. ⊙ À l'origine, le chandail était porté par les *marchands d'ail*.

chandelier (nom masculin)
Sorte de gros bougeoir à pied. *Des **chandeliers** d'argent ornent le dessus de la cheminée.*

Les champignons

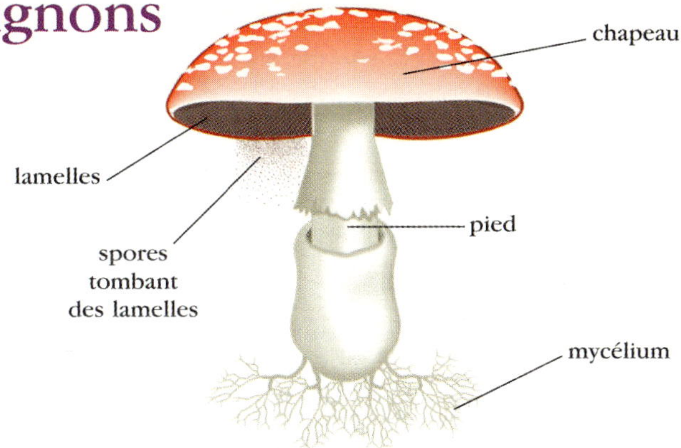

amanite panthère (vénéneux)

**oronge
(amanite des césars)**

bolet

girolle

cèpe

**Les deux champignons dans
le cercle rouge sont mortels.**

**amanite
printanière**

**amanite
phalloïde**

morille

lactaire délicieux

truffe

▸ **chandelle** (nom féminin)
Sorte de bougie. *Les **chandelles** servaient autrefois à s'éclairer.* • **Devoir une fière chandelle à quelqu'un** : avoir une grande reconnaissance envers lui. • **Le jeu n'en vaut pas la chandelle** : ce qu'on veut obtenir ne vaut pas le mal que l'on se donne.

▸ **change** (nom masculin)
Action de changer une monnaie contre une autre. *Il y a un bureau de **change** à la frontière.* • **Perdre au change** : être désavantagé par un échange ou un changement.

▸ **changeant, ante** (adjectif)
Qui change souvent. *Un temps **changeant**. Pierre est d'humeur **changeante**.*

▸ **changement** (nom masculin)
Fait de changer. *Élodie a trouvé de nombreux **changements** en revenant dans son ancien quartier.* (Syn. modification, transformation.) • **Changement de vitesse** : mécanisme qui permet de changer de vitesse en voiture.

▸ **changer** (verbe) ○ conj.n°5
1. Rendre différent. *Le magicien **changea** le foulard en lapin. Il **a changé** tous ses projets.* (Syn. modifier, transformer.) 2. Devenir différent. *Gaëlle **a** beaucoup **changé** en grandissant.* 3. Remplacer une chose par une autre. ***Changer** de tenue, de chaussures. Thomas **a changé** le mobilier de sa chambre.* 4. Quitter un endroit pour un autre. ***Changer** de quartier.* 5. Échanger une chose contre une autre. *En arrivant à Dallas, Zoé **a changé** ses euros contre des dollars.* 6. Mettre une couche propre à un bébé. 7. Se changer : changer de vêtements. *Va **te changer**, tu es tout mouillé.* ⊙ Famille du mot : change, changeant, changement, échange, échanger, interchangeable, rechange.

▸ **chanson** (nom féminin)
Texte qu'on a mis en musique. *Depuis hier, cette **chanson** me trotte dans la tête.*

▸ **chansonnette** (nom féminin)
Petite chanson.

▸ **chant** (nom masculin)
1. Art de chanter. *Anna prend des cours de **chant** dans une chorale.* 2. Chanson. *Des **chants** de guerre, des **chants** religieux, des **chants** folkloriques.* 3. Sons produits par les oiseaux. *Le **chant** du rossignol.*

▸ **chantage** (nom masculin)
Fait d'exiger quelque chose de quelqu'un en le menaçant. *Je ne céderai pas : arrête tes **chantages** !*

▸ **chanter** (verbe) ○ conj.n°3
Émettre des sons musicaux. *Fatima **chante** dans une chorale. On entendait **chanter** des oiseaux au lever du soleil.* • **Faire chanter quelqu'un** : lui faire un chantage. ⊙ Famille du mot : chant, chantage, chanteur, chantonner, maître chanteur.

▸ **chanteur, euse** (nom)
Personne qui chante. *Une **chanteuse** de blues. Un **chanteur** d'opéra.*

▸ **chantier** (nom masculin)
1. Endroit où l'on effectue des travaux de construction. *Le port du casque est obligatoire sur le **chantier**.* 2. Dans la langue familière, endroit où règne le désordre. *On ne peut plus mettre un pied dans ta chambre, c'est un véritable **chantier** !*

▸ **chantilly** (nom féminin)
Crème fraîche fouettée et sucrée. *Je voudrais une glace avec de la **chantilly**.* ⊙ Ce mot vient du nom du château de Chantilly dont un cuisinier inventa cette préparation.

▸ **chantonner** (verbe) ○ conj.n°3
Chanter à mi-voix. *Hélène **chantonnait** en berçant le bébé.* (Syn. fredonner.)

▸ **chanvre** (nom masculin)
Plante dont on utilise les fibres pour fabriquer de la toile et des cordes.

▸ **chaos** (nom masculin)
Désordre généralisé. *De nombreuses révoltes ont plongé le pays dans le **chaos**.* → Prononciation [kao].

▸ **chaotique** (adjectif)
Qui évoque un chaos. *Après le tremblement de terre, les maisons ne formaient plus qu'un entassement **chaotique**.* → Prononciation [kaɔtik].

▸ **chapardage** (nom masculin)
Action de chaparder. (Syn. larcin.)

▸ **chaparder** (verbe) ⊙ conj.n°3
Voler des choses de peu de valeur. *Le chat a profité de notre absence pour **chaparder** des côtelettes dans la cuisine.*

▸ **chape** (nom féminin)
Couche de ciment. *Le maçon est en train de refaire la **chape** qui recouvre le sol du garage.*

▸ **chapeau, eaux** (nom masculin)
1. Coiffure rigide que l'on porte surtout à l'extérieur. *Un **chapeau** de paille, de feutre.* 2. Partie supérieure des champignons. ➠ p. 189. • **Sur les chapeaux de roues** : dans la langue familière, à très grande vitesse. • **Tirer son chapeau à quelqu'un** : dans la langue familière, lui témoigner de l'admiration.

▸ **chapelet** (nom masculin)
Objet de piété formé de grains enfilés que l'on fait glisser l'un après l'autre entre les doigts pour compter des prières.

▸ **chapelier, ère** (nom)
Personne qui fait ou qui vend des chapeaux.

▸ **chapelle** (nom féminin)
1. Petite église. 2. Partie d'une église où il y a un autel. *Cette **chapelle** est consacrée à saint Jean.*

▸ **chapelure** (nom féminin)
Miettes de pain sec ou de biscottes écrasées. *Les escalopes panées sont recouvertes de **chapelure** avant la cuisson.*

la **chapelle** Saint-Saturnin (Xe siècle) de Saint-Wandrille-Rançon, près de Rouen

▸ **chapiteau, eaux** (nom masculin)
1. Grande tente. *Le cirque a dressé son **chapiteau** sur la place.* 2. Partie supérieure d'une colonne. *Des **chapiteaux** sculptés surmontent les piliers du temple.*

▸ **chapitre** (nom masculin)
1. Chacune des parties d'un livre. *Dès le premier **chapitre**, ce livre est passionnant.* 2. Sujet dont on parle. *Je ne suis pas d'accord avec vous sur ce **chapitre**.* • **Avoir voix au chapitre** : avoir le droit d'intervenir dans une discussion.

▸ **chapon** (nom masculin)
Jeune coq châtré que l'on a engraissé pour le manger. *Des **chapons** rôtis.*

▸ **chaque** (déterminant)
Adjectif indéfini singulier qui désigne une personne ou une chose en particulier. *Remettez **chaque** livre à sa place !*

▸ **char** (nom masculin)
1. Voiture à deux roues tirée par des chevaux. *Dans l'Antiquité, les **chars** étaient utilisés pour la guerre et la course.* 2. Voiture décorée transportant des personnes déguisées. *Le défilé des **chars** du carnaval.* 3. Véhicule blindé, monté sur des chenilles et armé d'un canon. (Syn. tank.) ⊙ Au Canada, un char c'est une auto.

charabia (nom masculin)
Langage incorrect et confus. *Ce que tu dis est incompréhensible, c'est du* ***charabia*** *!*

charade (nom féminin)
Sorte de devinette. *Voici un exemple de* ***charade*** *: Mon premier est un animal (rat). Mon second est une boisson alcoolisée (vin). Mon tout est un précipice. Réponse : ravin.*

charançon (nom masculin)
Insecte coléoptère très nuisible, qui ronge les graines et les légumes.

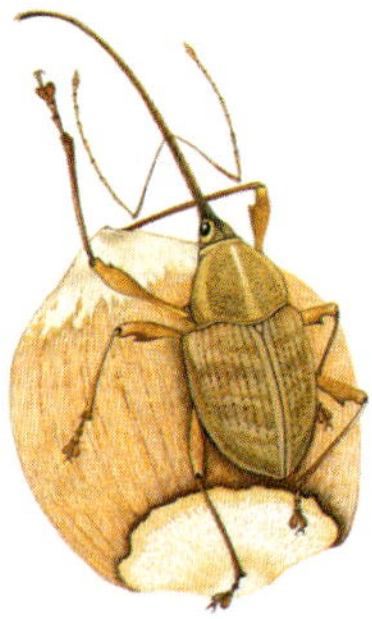

un **charançon**

charbon (nom masculin)
Matière noire combustible qu'on extrait du sol et qui produit de l'énergie. *Autrefois, les locomotives à vapeur fonctionnaient au* ***charbon****.* (Syn. houille.) • **Charbon de bois** : bois à moitié brûlé, servant de combustible. • **Être sur des charbons ardents** : être très impatient ou très anxieux.

charbonnier (nom masculin)
Marchand de charbon.

charcuterie (nom féminin)
1. Magasin du charcutier. 2. Produits préparés par un charcutier. *En entrée, il y a une assiette de* ***charcuterie*** *avec du saucisson, du jambon et du pâté.* ⊙ En ancien français, ce mot signifie « chair cuite ».

charcutier, ère (nom)
Commerçant qui fait et qui vend des produits à base de viande de porc.

chardon (nom masculin)
Plante sauvage à feuilles épineuses.

un **chardon**

chardonneret (nom masculin)
Petit oiseau chanteur. ⊙ Le chardonneret se nomme ainsi car il se nourrit de graines de chardons.

un **chardonneret**

charge (nom féminin)
1. Ce que porte une personne, un animal ou un véhicule. *Cette énorme valise est une* ***charge*** *trop lourde pour un enfant.* (Syn. fardeau.) 2. Travail à faire ou mission à accomplir. *Les grands auront la* ***charge*** *de surveiller les plus petits.* (Syn. responsabilité.) 3. Attaque brusque et violente. *Une* ***charge*** *de cavalerie.* 4. Quantité d'explosif ou de poudre. *Une* ***charge*** *de dynamite.* • **À charge de revanche** : à condition de rendre un service identique dans l'avenir. • **Être à la charge de quelqu'un** : dépendre entièrement de lui. • **Prendre en charge** : s'occuper entièrement de quelqu'un ou de quelque chose. • **Revenir à la charge** : insister.
▷ **charges** (nom féminin pluriel) 1. Frais d'entretien d'un immeuble. *En hiver, les* ***charges*** *sont plus élevées à cause du chauffage.* 2. Indices de la culpabilité d'un accusé. *Malgré les* ***charges*** *accumulées contre lui, il clame son innocence.*

chargement (nom masculin)
1. Marchandises chargées pour être transportées. *Quand le camion s'est renversé, son **chargement** de légumes s'est répandu sur la route.* 2. Action de charger. *L'avion pourra décoller quand le **chargement** des bagages sera terminé.* (Contr. déchargement.)

charger (verbe) conj.n°5
1. Mettre une charge sur une personne, un animal ou dans un véhicule. *Des employés **chargent** les bagages dans les soutes de l'avion.* (Contr. décharger.) 2. Introduire dans un appareil ou une arme ce qui est nécessaire à son fonctionnement. ***Charger** un fusil. **Charger** un appareil photo.* 3. Confier une mission ou une responsabilité à quelqu'un. *Papa m'a **chargé** de surveiller mon frère. Myriam **se charge** de retenir les places pour le spectacle.* 4. Foncer sur quelqu'un pour l'attaquer. *Affolés par les bruits, les éléphants **ont chargé** les chasseurs.* Famille du mot : charge, chargement, chargeur, décharge, déchargement, décharger, recharge, rechargeable, recharger, surcharge, surcharger.

chargeur (nom masculin)
Pièce d'une arme à feu qui contient les cartouches. *Il avait tiré sa dernière balle, le **chargeur** de son pistolet était vide.*

chariot (nom masculin)
Voiture à quatre roues qui sert à transporter des objets lourds ou encombrants. *Un **chariot** à bagages.*

charitable (adjectif)
Qui fait preuve de charité. *Des gens **charitables** ont pris soin de ce pauvre homme.* (Contr. égoïste.)

charité (nom féminin)
Bonté et générosité envers les autres. • **Faire la charité à quelqu'un** : lui donner un peu d'argent.

charivari (nom masculin)
Bruit assourdissant. *C'est impossible de dormir avec un tel **charivari** !* (Syn. tapage, vacarme.)

charlatan (nom masculin)
Personne qui trompe les gens en abusant de leur confiance. *Ce **charlatan** vend très cher des remèdes soi-disant miraculeux.*

charleston (nom masculin)
Danse d'origine américaine, qui était à la mode vers 1925. → Prononciation [ʃaʀlɛstɔn]. Charleston est le nom d'une ville du sud des États-Unis, d'où provient cette danse.

charlotte (nom féminin)
Entremets fait de crème ou de fruits, et de biscuits imbibés de sirop.

charmant, ante (adjectif)
Qui charme. *La princesse a trouvé son prince **charmant**.*

1. charme (nom masculin)
1. Attrait exercé par une personne. *Son sourire lui donne un **charme** irrésistible.* (Syn. séduction.) 2. Enchantement magique. *La princesse endormie était victime d'un **charme** que lui avait jeté un magicien.* • **Se porter comme un charme** : être en très bonne santé. Famille du mot : charmant, charmer, charmeur.

2. charme (nom masculin)
Arbre d'Europe à bois blanc et dur.

charmer (verbe) conj.n°3
Séduire par son charme. *Son humour et sa gaieté **charment** les gens les plus grincheux.*

charmeur, euse (adjectif)
Qui cherche à charmer. *Un sourire **charmeur**. Une voix **charmeuse**.*

charnel, elle (adjectif)
Qui concerne les sensations physiques et l'instinct sexuel. (Contr. spirituel.)

charnier (nom masculin)
Endroit où l'on entasse des cadavres.

charnière (nom féminin)
Assemblage de deux pièces qui pivotent autour d'une tige. *Le couvercle du coffre s'ouvre grâce aux* ***charnières****.*

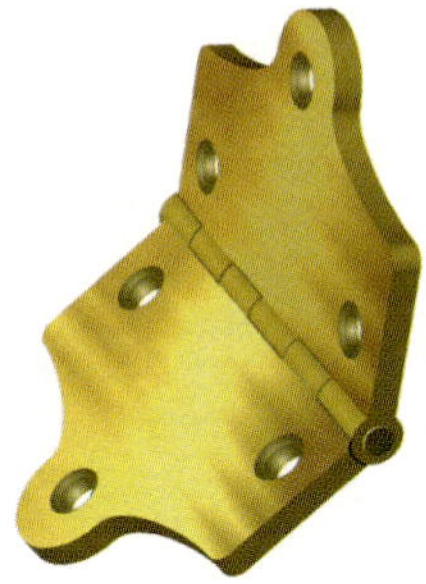

une **charnière**

charnu, ue (adjectif)
Qui a beaucoup de chair. *La pêche est un fruit* ***charnu****.*

charogne (nom féminin)
Cadavre d'animal en train de pourrir. *Les hyènes, les chacals, les vautours se nourrissent de* ***charognes****.*

charognard (nom masculin)
Animal qui se nourrit de charognes. *Les vautours sont des* ***charognards****.*

charpente (nom féminin)
Assemblage de pièces de bois ou de métal qui soutient le toit. *La* ***charpente*** *de la maison est recouverte d'un toit de tuiles.*

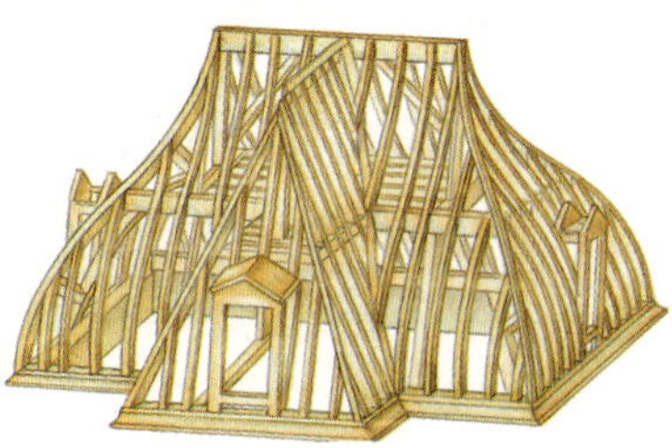

une **charpente**

charpentier (nom masculin)
Artisan qui pose des charpentes.

charpie (nom féminin)
• **Mettre en charpie** : déchirer en petits morceaux. *Le chat* ***a mis*** *le mouchoir* ***en charpie****.* (Syn. déchiqueter.) ⊙ Autrefois, la charpie c'était des morceaux de tissu qui servaient à faire des pansements.

charretier (nom masculin)
Conducteur de charrette.

charrette (nom féminin)
Voiture à deux roues tirée par un animal. *Le paysan attelait son âne à une* ***charrette*** *chargée de bois.*

charrier (verbe) ○ conj.n°10
Entraîner le long du courant. *La rivière en crue* ***charriait*** *des masses de boue.*

charrue (nom féminin)
Machine agricole qui sert à labourer. *Autrefois, la* ***charrue*** *était tirée par des bœufs ou des chevaux, aujourd'hui on se sert de tracteurs.* • **Mettre la charrue avant les bœufs** : commencer par où l'on devrait finir.

charte (nom féminin)
Document qui contient le règlement d'une organisation. *La* ***charte*** *de l'Organisation des Nations unies date de 1945.*

charter (nom masculin)
Avion qui circule en plus des vols réguliers et dont les places sont vendues à tarif réduit. → Charter est un mot anglais : on prononce [ʃaʀtɛʀ].

chas (nom masculin)
Trou d'une aiguille. *Ce fil est trop épais, il ne passe pas par le* ***chas*** *de l'aiguille.*

chasse (nom féminin)
1. Action de chasser. *La* ***chasse*** *sous-marine se pratique avec un harpon.* **2.** Action de poursuivre quelqu'un ou de rechercher quelque chose. *La police fait la* ***chasse*** *aux trafiquants de drogue.* • **Chasse d'eau** : système qui envoie une grande quantité d'eau pour nettoyer la cuvette des toilettes.

chassé-croisé (nom masculin)
Mouvement de deux personnes qui essaient de se rencontrer sans jamais y arriver. *Il est arrivé juste au moment où je venais de partir : c'est un véritable **chassé-croisé** !* → Pluriel : des chassés-croisés.

chasse-neige (nom masculin)
Véhicule qui sert à déblayer la neige. *La route sera dégagée après le passage du **chasse-neige**.* → Pluriel : des chasse-neige.

chasser (verbe) ○ conj.n°3
1. Poursuivre des animaux pour les tuer. *Il part **chasser** avec son chien dans les champs.* 2. Faire partir ou éloigner. *Il **a été chassé** de son pays. Le vent **chasse** les nuages.* ⊙ Famille du mot : chasse, chasse-neige, chasseur.

chasseur (nom masculin)
1. Personne qui chasse. *Les **chasseurs** sont à l'affût dans les marais.* 2. Avion de guerre, très rapide.

châssis (nom masculin)
Armature qui soutient un ensemble. *Le **châssis** d'une voiture.*

chaste (adjectif)
Qui pratique la chasteté.

chasteté (nom féminin)
Fait de s'abstenir de relations sexuelles. *Les moines s'engagent à vivre dans la **chasteté**.*

chasuble (nom féminin)
Sorte de manteau sans manches, que le prêtre porte pour célébrer la messe.

chat (nom masculin)
Petit mammifère domestique au poil doux. *Le **chat** miaule pour attirer l'attention et ronronne quand on le caresse.* • **Donner sa langue au chat** : renoncer à trouver la solution d'une devinette. • **Il n'y a pas un chat** : se dit familièrement quand il n'y a personne dans un lieu.

un **chat** sauvage

châtaigne (nom féminin)
Fruit comestible du châtaignier, qui ressemble au marron. ➠ p. 131. ⊙ Famille du mot : châtaigneraie, châtaignier.

châtaigneraie (nom féminin)
Lieu planté de châtaigniers.

châtaignier (nom masculin)
Arbre qui donne les châtaignes. ➠ p. 465.

châtain (adjectif)
Se dit de cheveux brun clair. *Son frère est blond mais elle est **châtain**.*

château, eaux (nom masculin)
Grande et belle habitation où vivaient autrefois les rois et les seigneurs. *Cet été, nous avons visité les **châteaux** de la Loire.* • **Château d'eau** : grand réservoir qui alimente en eau les habitations d'un lieu. • **Château fort** : château fortifié du Moyen Âge.

châtelain, aine (nom)
Personne qui possède un château.

chat-huant (nom masculin)
Grand rapace nocturne. *Les **chats-huants** ont des touffes de poils qui ressemblent à des oreilles de chat.* (Syn. hulotte.) → Pluriel : des chats-huants.

châtier (verbe) ○ conj.n°10
Synonyme littéraire de punir. *« Qui aime bien, **châtie** bien ! », dit un proverbe.*

chatière (nom féminin)
Petite ouverture au bas d'une porte pour laisser passer un chat. *La chatte peut sortir quand elle veut par la **chatière**.*

▸ **châtiment** (nom masculin)
Punition très sévère.

▸ **chaton** (nom masculin)
1. Petit du chat. 2. Grappe de fleurs de certains arbres, en forme d'épi. *Les saules, les noyers, les noisetiers ont des* ***chatons****.* ➠ p. 89.

▸ **chatouille** (nom féminin)
Action de chatouiller. *Le bébé rit aux éclats quand on lui fait des* ***chatouilles****.*

▸ **chatouiller** (verbe) ○ conj.n°3
Effleurer certaines parties du corps de façon à provoquer le rire. *Kevin craint qu'on le* ***chatouille*** *dans le cou.*
⊙ Famille du mot : chatouille, chatouilleux.

▸ **chatouilleux, euse** (adjectif)
Qui est sensible aux chatouilles.

▸ **chatoyant, ante** (adjectif)
Qui chatoie. *Le soleil couchant donnait des couleurs* ***chatoyantes*** *à la rivière.*

▸ **chatoyer** (verbe) ○ conj.n°6
Avoir des reflets changeants. *Sa robe de soie* ***chatoyait*** *au soleil.*

▸ **châtrer** (verbe) ○ conj.n°3
Synonyme de castrer.

▸ **chatte** (nom féminin)
Femelle du chat. *La* ***chatte*** *d'Anna attend des petits.*

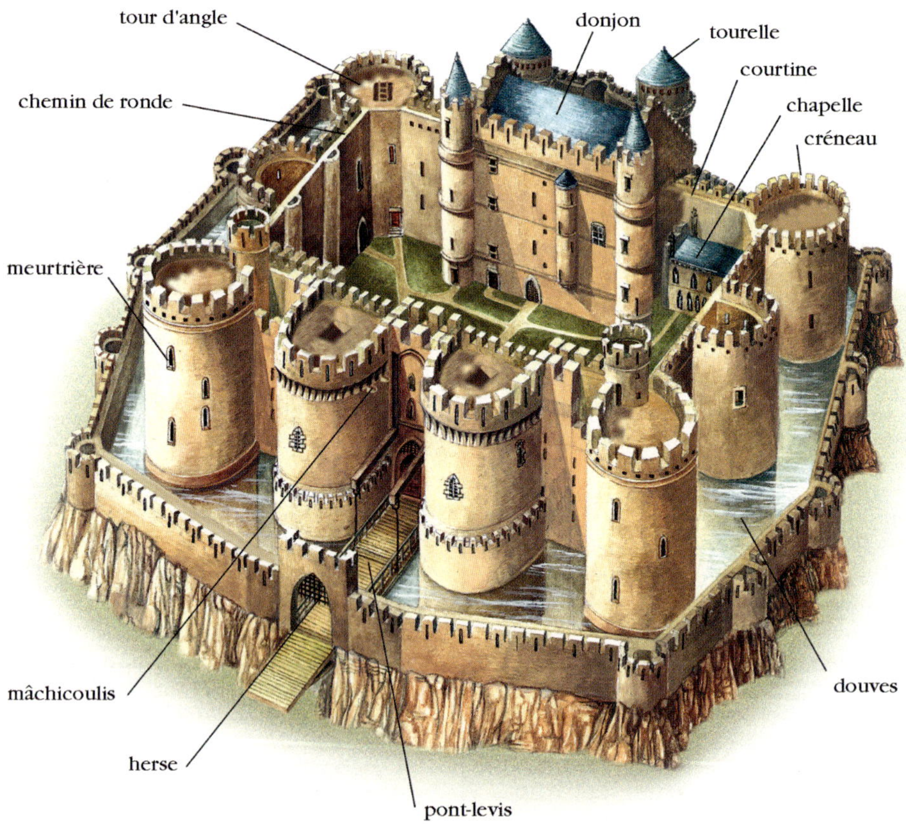

un **château fort**

▸ **chaud, chaude** (adjectif)
1. Dont la température est élevée. *La soupe n'est plus assez **chaude** : il faut la réchauffer.* (Contr. froid.) 2. Qui protège du froid. *Mets un blouson **chaud** si tu veux sortir !* 3. Dans un sens figuré, qui est animé et passionné. *Nous avons gagné, mais la lutte a été **chaude**.* (Syn. ardent.) ▹ **chaud** (nom masculin) • **Au chaud** : dans un endroit chaud. *Restez **au chaud** près de la cheminée !* • **Avoir chaud** : éprouver une sensation de chaleur. • **Avoir eu chaud** : avoir échappé de justesse à un danger. ▹ **chaud** (adverbe) • **Il fait chaud** : la température est élevée.

▸ **chaudement** (adverbe)
1. De façon à avoir chaud. *Le bébé est **chaudement** enveloppé dans une couverture.* 2. Dans un sens figuré, avec enthousiasme. *On m'a **chaudement** recommandé ce film.* (Syn. chaleureusement.)

▸ **chaudière** (nom féminin)
Appareil qui produit de la chaleur. *La **chaudière** à gaz alimente le chauffage central.*

▸ **chaudron** (nom masculin)
Récipient en métal muni d'une anse, qu'on suspendait autrefois au-dessus d'un feu. *La sorcière fait bouillir des herbes dans son **chaudron**.*

un **chaudron**

▸ **chauffage** (nom masculin)
Installation qui fournit de la chaleur. *On étouffe ici, tu devrais baisser le **chauffage**.* • **Chauffage central** : installation qui permet de chauffer toutes les pièces d'un immeuble à partir d'une seule chaudière.

▸ **chauffard** (nom masculin)
Mauvais conducteur. *Le **chauffard** a causé un accident après avoir brûlé un feu rouge.*

▸ **chauffe-eau** (nom masculin)
Appareil qui fournit de l'eau chaude. *Un **chauffe-eau** électrique.* → Pluriel : des chauffe-eau.

▸ **chauffe-plat** (nom masculin)
Appareil chauffant qu'on pose sur la table pour garder un plat au chaud. → Pluriel : des chauffe-plats.

▸ **chauffer** (verbe) ⊙ conj.n°3
1. Rendre chaud. *Ce radiateur n'est pas suffisant pour **chauffer** toute la pièce.* 2. Devenir chaud. *Le lait est en train de **chauffer**.* 3. Se chauffer : s'exposer à la chaleur. *Il **se chauffe** les mains au-dessus du feu de bois.* ⊙ Famille du mot : chauffage, chauffe-eau, chauffe-plat, chaufferie, s'échauffer, réchauffer, surchauffé.

▸ **chaufferie** (nom féminin)
Local de la chaudière. *La **chaufferie** de l'immeuble est au sous-sol.*

▸ **chauffeur** (nom masculin)
Personne qui conduit un véhicule. *Un **chauffeur** d'autobus, de taxi, de camion.*

▸ **chaume** (nom masculin)
1. Partie inférieure de la tige des céréales. *Après la moisson, on brûle souvent les **chaumes** qui restent dans les champs.* 2. Paille servant à couvrir les maisons. *En Normandie, on voit encore des maisons au toit de **chaume**.*

▸ **chaumière** (nom féminin)
Petite maison au toit de chaume.

▸ **chaussée** (nom féminin)
Partie d'une rue ou d'une route où circulent les voitures. *Restez sur le trottoir et ne marchez pas sur la **chaussée** !*

▸ **chausse-pied** (nom masculin)
Instrument en forme de lame incurvée servant à se chausser facilement. → Pluriel : des chausse-pieds.

a b c d e f g h i j k l m n o p q r s t u v w x y z

chausser (verbe) ○ conj.n°3
1. Mettre des chaussures. *Habillez-vous et **chaussez-vous**, nous allons sortir.* 2. Porter des chaussures de telle pointure. *Son frère **chausse** du 43.* ⊙ Famille du mot : chausse-pied, chaussette, chausson, chaussure, se déchausser.

chausse-trappe (nom féminin)
Piège ou difficulté. *Méfiez-vous, cette dictée est pleine de **chausse-trappes** !* → Pluriel : des chausse-trappes. On écrit aussi chausse-trape, avec un seul *p*, ce qui est une véritable ***chausse-trappe*** !

chaussette (nom féminin)
Vêtement qui couvre le pied. *Des **chaussettes** en laine, en coton.*

chausson (nom masculin)
1. Synonyme de pantoufle. *Quand elle est à la maison, elle reste en **chaussons**.* 2. Pâtisserie qui contient de la compote de fruits. *Un **chausson** aux pommes.*

chaussure (nom féminin)
Partie de l'habillement qui couvre et protège le pied. *Il a fait réparer les semelles de ses **chaussures**.* (Syn. soulier.)

chauve (adjectif)
Qui n'a pas de cheveux. *Mon grand-père est devenu **chauve** en vieillissant.* (Contr. chevelu.)

chauve-souris (nom féminin)
Mammifère nocturne dont le corps ressemble à celui de la souris, avec des ailes. → Pluriel : des chauves-souris.

une **chauve-souris**

chauvin, ine (adjectif)
Qui manifeste une admiration exagérée pour son pays, sa ville ou sa région. *Quentin est tellement **chauvin** qu'il accuse l'arbitre de la défaite de l'équipe française.*

chaux (nom féminin)
Matière blanche qui provient du calcaire. *Une maison aux murs blanchis à la **chaux**.*

chavirer (verbe) ○ conj.n°3
Se renverser ou se retourner complètement. *Une grosse vague a fait **chavirer** notre bateau pneumatique.*

chef (nom masculin)
Personne qui dirige un groupe. *Un **chef** d'État. Un **chef** de bande. Un **chef** d'entreprise.*

chef-d'œuvre (nom masculin)
Œuvre la plus belle réalisée par un artiste. *Ce C.D. rassemble quelques-uns des **chefs-d'œuvre** de Mozart.* → Prononciation [ʃɛdœvʀ]. → Pluriel : des chefs-d'œuvre.

chef-lieu (nom masculin)
Ville principale d'un département ou d'un canton. *Strasbourg est le **chef-lieu** du département du Bas-Rhin.* → Pluriel : des chefs-lieux.

cheftaine (nom féminin)
Jeune femme responsable d'un groupe de scouts.

cheikh (nom masculin)
Chef de tribu dans certains pays arabes. → Prononciation [ʃɛk].

chemin (nom masculin)
1. Petite route de terre, à la campagne. *Nous avons suivi un **chemin** qui traverse le bois.* 2. Trajet ou distance. *Le **chemin** était long et difficile pour venir vous voir !* (Syn. parcours.) 3. Direction que l'on doit prendre. *Pourriez-vous m'indiquer le **chemin** pour aller au plus proche village ?* • **Faire son chemin** : réussir dans sa carrière. • **Ne pas y aller par quatre chemins** : aller droit au but, agir ou parler franchement.

chemin de fer (nom masculin)
Moyen de transport qui utilise la voie ferrée. *Voyager en **chemin de fer**.* (Syn. train.)

cheminée (nom féminin)
1. Endroit où l'on fait du feu dans une maison. *Et si l'on faisait une flambée dans la **cheminée** ?* 2. Extrémité du conduit par lequel passe la fumée. *Sur les toits, les **cheminées** fument.*

une **cheminée** avec deux **chenets**

cheminot (nom masculin)
Employé des chemins de fer.

chemise (nom féminin)
1. Vêtement en tissu léger qui couvre le torse et se boutonne devant. *Une **chemise** à manches longues.* 2. Feuille de carton pliée en deux dans laquelle on range des documents. • **Chemise de nuit :** longue chemise que l'on met pour dormir. ⊙ Famille du mot : chemisette, chemisier.

chemisette (nom féminin)
Chemise à manches courtes.

chemisier (nom masculin)
Synonyme de corsage. *Un **chemisier** de soie.*

chenal, aux (nom masculin)
Passage assez profond où les bateaux peuvent naviguer. *Il y avait de la vase dans le **chenal**, on a dû le draguer.*

chenapan (nom masculin)
Enfant qui se conduit mal. *Attends que je t'attrape, petit **chenapan** !* (Syn. galopin, garnement.)

chêne (nom masculin)
Grand arbre de la forêt au bois très dur. *Les fruits du **chêne** sont les glands.*
➠ p. 69.

chêne-liège (nom masculin)
Chêne toujours vert dont l'écorce donne le liège. → Pluriel : des chênes-lièges.

chenet (nom masculin)
Chacun des deux supports en métal sur lesquels on pose les bûches dans la cheminée.

chenil (nom masculin)
Endroit où l'on garde les chiens, où on les élève, où on les dresse.

chenille (nom féminin)
1. Larve du papillon. *La **chenille** tisse son cocon.* 2. Large bande métallique articulée, entraînée par des roues. *Les tanks, les bulldozers ont des **chenilles**.*

la **chenille** et le papillon

cheptel (nom masculin)
Ensemble des bestiaux. *Le **cheptel** bovin.*

▸ **chèque** (nom masculin)
Document sur lequel on indique à sa banque la somme à payer à quelqu'un. *Vous avez oublié de signer votre **chèque** !*

▸ **chéquier** (nom masculin)
Carnet de chèques.

▸ **cher, chère** (adjectif)
1. Qu'on aime beaucoup. *C'est un vieil ami, qui m'est très **cher**.* **2.** S'emploie dans des formules de politesse. ***Chère** madame, comment allez-vous ?* **3.** Qui coûte beaucoup d'argent. *Cette jupe est belle, mais trop **chère**.* (Contr. bon marché.) ▹ **cher** (adverbe) À un prix élevé. *Ce magasin vend vraiment trop **cher**.*

▸ **chercher** (verbe) ⊙ conj.n°3
1. Essayer de trouver. *Voilà une heure que je te **cherche** dans tout le magasin !* (Syn. rechercher.) **2.** S'efforcer de faire quelque chose. *Je **cherche** à comprendre pourquoi il a fait ça.* (Syn. essayer.) ⊙ Famille du mot : chercheur, recherche, rechercher.

▸ **chercheur, euse** (nom)
Personne qui fait des recherches scientifiques. *Ma tante est **chercheuse** dans un laboratoire.* • **Chercheur d'or :** personne qui cherche de l'or.

▸ **chère** (nom féminin)
• **Bonne chère :** nourriture copieuse et savoureuse. *Faire **bonne chère**.*

▸ **chéri, ie** (adjectif et nom)
Qu'on aime tendrement. *Bonjour, mon **chéri** !*

▸ **chérir** (verbe) ⊙ conj.n°11
Aimer tendrement. *Il **chérit** sa femme et ses enfants.* (Contr. détester, haïr.)

▸ **cherté** (nom féminin)
Fait d'être cher. *La **cherté** de la vie causait autrefois des émeutes.*

▸ **chérubin** (nom masculin)
Petit enfant particulièrement mignon.

▸ **chétif, ive** (adjectif)
Qui est de santé fragile. *Victor est un enfant **chétif**.* (Syn. malingre. Contr. robuste, vigoureux.) ⊙ Chétif vient d'un mot latin qui signifie « captif » : en prison, on ne mangeait pas souvent à sa faim.

▸ **cheval, aux** (nom masculin)
1. Mammifère herbivore de grande taille, utilisé comme monture et pour tirer des charges. *La femelle du **cheval** est la jument, et ses petits sont la pouliche et le poulain. Le **cheval** hennit.* **2.** Équitation. *Elle fait du **cheval** depuis deux ans.* **3.** Unité servant à mesurer la puissance d'une voiture. *Une cinq **chevaux**.* • **À cheval :** synonyme d'à califourchon. *Romain est assis **à cheval** sur une branche.* • **Chevaux de bois :** manège de fête foraine. • **Fièvre de cheval :** très forte fièvre. • **Monter sur ses grands chevaux :** se mettre en colère avec indignation. • **Remède de cheval :** remède brutal mais très efficace. ⊙ Famille du mot : chevalin, chevauchée, chevaucher.

un **cheval** pommelé

▸ **chevaleresque** (adjectif)
Qui est noble et généreux, digne de la chevalerie. *Il est toujours très **chevaleresque** avec les dames.*

▸ **chevalerie** (nom féminin)
Ordre des chevaliers, au Moyen Âge. *Le jeune noble était admis dans la **chevalerie** après avoir été page puis écuyer.* ⊙ Famille du mot : chevaleresque, chevalier.

▸ **chevalet** (nom masculin)
Support de bois, sur pieds. *Les peintres posent leur toile sur un **chevalet**.*

chevalier (nom masculin)
Seigneur du Moyen Âge, qui combattait à cheval. *Le **chevalier** devait protéger les faibles.*

des **chevaliers** et des anges

chevalière (nom féminin)
Grosse bague au dessus plat portant souvent des initiales gravées.

chevalin, ine (adjectif)
Qui concerne le cheval. *L'espèce **chevaline**.*

chevauchée (nom féminin)
Longue course à cheval.

chevaucher (verbe) conj.n°3
1. Voyager à cheval. *Les mousquetaires **chevauchèrent** jusqu'à la frontière d'Espagne.* 2. Se chevaucher : se recouvrir en partie. *Je n'arrive pas à lire, les lettres **se chevauchent**.*

chevelu, ue (adjectif)
Qui a les cheveux épais et longs. *Un homme hirsute et **chevelu** faisait des signes sur son radeau.*

chevelure (nom féminin)
Ensemble des cheveux. *Tous les matins, Julie brosse sa longue **chevelure**.*

chevet (nom masculin)
1. Partie du lit où on pose la tête. *Pour lire dans mon lit, j'ai une lampe de **chevet** sur ma table de **chevet**.* 2. Partie arrondie d'une église, située derrière le chœur. • **Livre de chevet** : livre favori, qu'on relit souvent. • **Rester au chevet de quelqu'un** : rester auprès de lui pour le soigner quand il est malade.

cheveu, eux (nom masculin)
Poil qui pousse sur la tête. *Des **cheveux** blonds.* ➡ p. 263. • **Couper les cheveux en quatre** : entrer dans des détails inutiles. • **Tiré par les cheveux** : compliqué et peu vraisemblable.
⊙ Famille du mot : chevelu, chevelure, échevelé.

cheville (nom féminin)
1. Articulation qui relie la jambe et le pied. *Sa robe lui arrive aux **chevilles**.* ➡ p. 263. 2. Petit morceau de bois ou de plastique qui sert à assembler des pièces de bois ou à fixer une vis dans un trou.

chèvre (nom féminin)
Mammifère ruminant domestique qui a des cornes recourbées et de longs poils. *Du fromage de **chèvre**.* ➡ p. 919.

chevreau, eaux (nom masculin)
Petit de la chèvre. *Gambader comme un **chevreau**.* (Syn. cabri.)

chèvrefeuille (nom masculin)
Plante grimpante aux fleurs jaunes et blanches très parfumées.

le **chèvrefeuille**

chevreuil (nom masculin)
Mammifère sauvage, ruminant, voisin du cerf. *Dimanche, on a aperçu un **chevreuil** dans les bois.*

un **chevreuil**

chevron (nom masculin)
1. Barre de bois qui, dans une charpente, s'appuie sur les poutres. 2. Signe en forme de V retourné. *Ce militaire porte deux galons en* ***chevron*** *sur chaque manche.*

chevronné, ée (adjectif)
Qui a beaucoup d'expérience. *C'est un pêcheur* ***chevronné****, il ne rentre jamais bredouille.* (Syn. expérimenté.)

chevrotant, ante (adjectif)
• **Voix chevrotante** : qui tremble comme celle des chèvres quand elles bêlent.

chevrotine (nom féminin)
Gros plomb utilisé dans les cartouches de chasse pour tirer le gros gibier. *Une décharge de* ***chevrotine****.*

chewing-gum (nom masculin)
Pâte parfumée que l'on mâche. → Chewing-gum est un mot anglais : on prononce [ʃwiɲgɔm]. → Pluriel : des chewing-gums.

chez (préposition)
Sert à introduire des compléments de lieu. *Je vais* ***chez*** *le coiffeur.* ***Chez*** *les Lapons, on se salue en se frottant le nez.* → On va *chez* le pâtissier et *à* la pâtisserie, car après *chez*, on a un nom de personne, et après *à*, un nom de lieu.

chic (adjectif)
1. Élégant et raffiné. *Odile est très* ***chic*** *avec ses belles toilettes.* 2. Très gentil. *William est un* ***chic*** *type.* → Pluriel : des toilettes chic. ▷ **chic** (nom masculin) • **Avoir le chic pour** : avoir un talent particulier pour. *Il* ***a le chic pour*** *réussir les omelettes baveuses.* ▷ **chic !** (interjection) Exprime la satisfaction. ***Chic !*** *On va au cinéma !* (Syn. chouette.)

chicane (nom féminin)
Passage en zig-zag installé sur une route. *Cette* ***chicane*** *oblige les voitures à ralentir.*

chicaner (verbe) ○ conj.n°3
Critiquer à propos de choses sans importance. *On ne va pas* ***chicaner*** *pour si peu !* (Syn. ergoter.)

chiche (adjectif)
1. Qui ne donne qu'à regret. *Être* ***chiche*** *de paroles.* (Syn. avare. Contr. prodigue.) 2. Qui est capable de faire quelque chose. *Tu n'es pas* ***chiche*** *de grimper à cet arbre !* • **Pois chiche** : gros pois sec de couleur beige. ▷ **chiche !** (interjection) Exprime le défi. *Tu veux te battre ? –* ***Chiche*** *!*

chichis (nom masculin pluriel)
• **Faire des chichis** : faire des manières. *Ne* ***fais*** *pas* ***de chichis*** *: sers-toi !*

chicorée (nom féminin)
1. Plante dont on mange les feuilles en salade. *La scarole est une* ***chicorée****.* 2. Boisson faite avec la racine torréfiée de cette plante. *Autrefois, on buvait souvent de la* ***chicorée*** *en guise de café.*

chien (nom masculin)
Mammifère carnivore domestique. *Le* ***chien*** *aboie quand le facteur passe devant la maison.* • **Avoir un mal de chien** : avoir beaucoup de mal. • **De chien** : très mauvais ou très difficile. *Une humeur* ***de chien****. Un temps* ***de chien****.* • **En chien de fusil** : les jambes repliées sur la poitrine. • **Entre chien et loup** : à la tombée de la nuit. • **Être comme chien et chat** : se disputer continuellement. • **Se regarder en chiens de faïence** : sans rien dire et avec antipathie. ⊙ Famille du mot : chien-loup, chienne, chiot.

chiendent (nom masculin)
Mauvaise herbe envahissante. *On utilise les longues racines du* ***chiendent*** *pour faire des brosses très dures.*

chien-loup (nom masculin)
Chien qui ressemble au loup. (Syn. berger allemand.) → Pluriel : des chiens-loups.

un **chien-loup** (ou berger allemand)

chienne (nom féminin)
Femelle du chien.

chiffe (nom féminin)
• **Chiffe molle** : personne sans énergie.

chiffon (nom masculin)
Morceau de vieux tissu. *Thomas se sert d'un **chiffon** pour nettoyer son vélo.* ⊙ Famille du mot : chiffonner, chiffonnier.

chiffonner (verbe) ⊙ conj.n°3
Faire prendre de mauvais plis à un tissu ou à un papier. *La nappe **est** toute **chiffonnée**, il faut la repasser.* (Syn. friper, froisser.)

chiffonnier, ère (nom)
Personne qui récupère les vieux chiffons et les vieux papiers pour les revendre. • **Se battre comme des chiffonniers** : avec acharnement.

chiffre (nom masculin)
1. Chacun des signes qui permettent d'écrire les nombres. *Neuf s'écrit 9 en **chiffres** arabes et IX en **chiffres** romains.* 2. Total d'une somme. *Le **chiffre** des dépenses est élevé.* (Syn. montant.) 3. Code qui permet de comprendre un message secret. ⊙ Famille du mot : chiffré, chiffrer, déchiffrer, indéchiffrable.

chiffré, ée (adjectif)
Écrit dans un langage secret. *« La girafe a un long cou » est le message **chiffré** qui annonça le débarquement du 6 juin 1944 à la radio.*

chiffrer (verbe) ⊙ conj.n°3
Évaluer le montant d'une somme. *Ses dettes **se chiffrent** en millions d'euros.*

chignon (nom masculin)
Coiffure consistant à nouer les cheveux en boule derrière la tête.

chilien, enne
➠ Voir tableau p. 6.

chimère (nom féminin)
Rêve irréalisable. *Tes projets, ce sont des **chimères** !* (Syn. illusion.) ⊙ Dans la mythologie grecque une chimère était un monstre à corps de chèvre, à tête de lion et à queue de serpent, qui crachait des flammes.

chimérique (adjectif)
Qui n'est qu'une chimère. *Zoé fait des projets **chimériques** qu'elle ne réalisera pas.*

chimie (nom féminin)
Science qui étudie les propriétés de la matière. *La **chimie** organique étudie les corps présents dans les tissus vivants.* ⊙ Famille du mot : chimique, chimiste.

chimique (adjectif)
1. Qui a rapport avec la chimie. *H_2O est la formule **chimique** de l'eau.* 2. Fabriqué grâce à la chimie. *Le dentifrice est un produit **chimique**.*

chimiste (nom)
Spécialiste de la chimie.

chimpanzé (nom masculin)
Grand singe d'Afrique. ➠ p. 682.

chiné, ée (adjectif)
Dont le fil est de plusieurs couleurs. *Xavier porte un pull en laine **chinée**.*

chinois, oise
➠ Voir tableau p. 6.

chinoiseries (nom féminin pluriel)
Complications inutiles. *Son père se plaint souvent des **chinoiseries** de son voisin.*

chiot (nom masculin)
Petit du chien et de la chienne.

chipie (nom féminin)
Fille désagréable. *Quelle petite **chipie** ! Elle accuse toujours les autres.*

chips (nom féminin)
Rondelle de pomme de terre frite.

chiqué (nom masculin)
• **C'est du chiqué !** : dans la langue familière, c'est faux, c'est simulé. *Les prises de catch, ça ne m'impressionne pas, **c'est du chiqué !***

chiquenaude (nom féminin)
Coup donné avec un doigt replié contre le pouce puis brusquement détendu. *D'une **chiquenaude**, Sarah fit s'envoler la coccinelle.* (Syn. pichenette.)

▸ **chirurgical, ale, aux** (adjectif)
De la chirurgie. *Il est en salle d'opération pour subir une intervention **chirurgicale**.*

▸ **chirurgie** (nom féminin)
Partie de la médecine qui s'occupe des opérations. *Sutures, amputations, greffes sont des opérations de **chirurgie**.* ➠ p. 603. ⊙ Famille du mot : chirurgical, chirurgien.

▸ **chirurgien, enne** (nom)
Médecin spécialiste de chirurgie.

▸ **chistera** (nom féminin)
Accessoire en osier, recourbé et creux, qui sert à jouer à la pelote basque.

une **chistera** et une balle de pelote basque

▸ **chlore** (nom masculin)
Substance chimique ayant un pouvoir désinfectant. *L'eau du robinet a parfois un goût de **chlore**.* ➔ Prononciation [klɔʀ].

▸ **chlorhydrique** (adjectif)
• **Acide chlorhydrique** : produit chimique dangereux, à base de chlore.
➔ Prononciation [klɔʀidʀik].

▸ **chloroforme** (nom masculin)
Liquide qui endort lorsqu'on le respire.
➔ Prononciation [klɔʀɔfɔʀm].

▸ **chlorophylle** (nom féminin)
Substance verte qui donne aux plantes leur couleur. *La **chlorophylle** ne peut se former que s'il y a de la lumière.* ➔ Prononciation [klɔʀɔfil]. ⊙ Chlorophylle vient du grec ***khlôros*** qui signifie « vert » et ***phullon*** qui signifie « feuille ».

▸ **choc** (nom masculin)
1. Rencontre violente entre des choses. *Le **choc** entre les deux voitures a été extrêmement violent.* (Syn. heurt.) **2.** Au sens figuré, émotion violente. *Ça m'a fait un **choc** de le voir dans cet état.* (Syn. coup.) ⊙ Famille du mot : choquant, choquer, s'entrechoquer, pare-chocs.

▸ **chocolat** (nom masculin)
1. Aliment à base de cacao et de sucre. *Du **chocolat** au lait.* **2.** Synonyme de cacao. *On a pris un **chocolat** dans un salon de thé.*

▸ **chœur** (nom masculin)
1. Groupe de personnes qui chantent ensemble. *Les enfants se mirent à chanter en **chœur**.* **2.** Partie d'une église où se trouve l'autel. • **Enfant de chœur** : jeune garçon qui assiste le prêtre lors des offices religieux.
➔ Prononciation [kœʀ].

▸ **choir** (verbe)
Synonyme littéraire de tomber. *Elle se laissa **choir** sur le lit.* ⊙ Choir ne s'emploie plus qu'à l'infinitif.

▸ **choisi, ie** (adjectif)
Recherché et peu courant. *Anna utilise toujours un vocabulaire bien **choisi**.* (Contr. banal, vulgaire.)

▸ **choisir** (verbe) ⊙ conj.n°11
Adopter de préférence telle ou telle solution. *Tu restes ou tu viens ? **Choisis** !*

▸ **choix** (nom masculin)
1. Action de choisir. *Entre la mer et la montagne, le **choix** est difficile.* **2.** Possibilité de choisir. *Ce ne sont pas les jeux qui manquent, tu as le **choix** !* **3.** Ensemble de choses parmi lesquelles on peut choisir. *Vous avez un grand **choix** de livres d'aventures au rayon jeunesse.* • **Au choix** : avec la liberté de choisir. *Dans le menu, vous avez fromage ou dessert, **au choix**.* • **De choix** : de grande qualité. *C'est une viande **de premier choix**.* ⊙ Famille du mot : choisi, choisir.

▸ **choléra** (nom masculin)
Grave maladie des intestins, très contagieuse et parfois mortelle.
➔ Prononciation [kɔleʀa].

cholestérol (nom masculin)
Graisse qui se trouve dans le sang. *Avoir trop de **cholestérol** peut provoquer des maladies du cœur et des artères.* → Prononciation [kɔlɛsterɔl].

chômage (nom masculin)
État d'une personne qui n'a pas de travail. *Monsieur Durand est au **chômage** depuis un an et ne retrouve pas d'emploi.*

chômer (verbe) ○ conj.n°3
• **Ne pas chômer :** travailler beaucoup. ⊙ Famille du mot : chômage, chômeur. ⊙ En ancien français, chômer signifie « se reposer pendant les fortes chaleurs ».

chômeur, euse (nom)
Personne qui est au chômage.

chope (nom féminin)
Grand verre à anse. *Une **chope** de bière.*

choquant, ante (adjectif)
Qui choque. *Il est désagréable, avec ses plaisanteries **choquantes** !*

choquer (verbe) ○ conj.n°3
Gêner par une attitude ou des paroles contraires à ce que l'on trouve bien. *Gaëlle aime provoquer et **choquer** les gens.* (Syn. heurter.)

chorale (nom féminin)
Personnes qui se réunissent pour chanter en chœur. *Yann fait partie de la **chorale** de l'école.* → Prononciation [kɔral].

chorégraphe (nom)
Personne qui crée des chorégraphies. → Prononciation [kɔregraf].

chorégraphie (nom féminin)
Ensemble des pas et des mouvements que font les danseurs dans un ballet. → Prononciation [kɔregrafi].

choriste (nom)
Personne qui chante dans une chorale ou dans un chœur. → Prononciation [kɔrist].

chorus (nom masculin)
• **Faire chorus :** se mettre à plusieurs pour approuver ou pour protester. *Quand il a voulu annuler la promenade, tout le monde **a fait chorus**.* → Prononciation [kɔrys].

chose (nom)
1. Tout objet que l'on peut voir ou toucher. *Myriam a beaucoup trop de **choses** dans son sac !* 2. Fait ou événement. *J'ai plein de **choses** à te raconter !*

chou, choux (nom masculin)
1. Légume dont on mange les feuilles. *J'aime tous les **choux**, le **chou** blanc, le **chou** vert, le **chou** rouge, et même les **choux** de Bruxelles.* 2. Petit gâteau dont la pâte est soufflée. *Des **choux** à la crème.*

chouan (nom masculin)
Pendant la Révolution, partisan du roi de France qui se battait dans l'Ouest de la France. ⊙ Chouan était le surnom d'un royaliste qui avait adopté le cri du chat-huant comme signe de ralliement.

chouchou, chouchoute (nom)
Synonyme familier de favori. *Ursula est la **chouchoute** de la maîtresse !*

chouchouter (verbe) ○ conj.n°3
Synonyme familier de choyer. *C'est leur seul enfant, il **est** donc très **chouchouté**.*

choucroute (nom féminin)
1. Chou fermenté, salé et coupé en fines lamelles. 2. Plat composé de ce chou, de pommes de terre, de charcuterie et de viande de porc.

1. **chouette** (adjectif)
Synonyme familier de bien. *Elle est **chouette**, ta casquette !* ▷ **chouette !** (interjection) Exprime un vif contentement. *On va au restaurant. – **Chouette** !* (Syn. chic.)

▸ 2. **chouette** (nom féminin)
Rapace nocturne aux gros yeux ronds, qui chasse la nuit.

une **chouette**

▸ **chou-fleur** (nom masculin)
Variété de chou dont les fleurs forment une grosse boule blanche. → Pluriel : des choux-fleurs.

▸ **choyer** (verbe) ○ conj.n°6
Entourer de tendresse. *Benjamin aime bien **choyer** sa petite sœur.* (Syn. chouchouter.)

▸ **chrétien, enne** (adjectif)
Du christianisme. *Noël, Pâques et la Pentecôte sont des fêtes **chrétiennes**.* ▷ **chrétien, enne** (nom) Personne qui croit que Jésus-Christ est le fils de Dieu. *Les protestants, les catholiques, les orthodoxes sont des **chrétiens**.*

▸ **chrétienté** (nom féminin)
Ensemble de tous les chrétiens.

▸ **christianisme** (nom masculin)
Religion des chrétiens.

▸ **chrome** (nom masculin)
Métal blanc et brillant. *Recouvert de **chrome**, l'acier est inoxydable.* → Prononciation [kRom].

▸ **chromé, ée** (adjectif)
Recouvert de chrome. *Autrefois, les voitures avaient des pare-chocs **chromés**.*

▸ 1. **chronique** (adjectif)
Qui dure longtemps en se manifestant périodiquement. *Les rhumatismes, l'asthme sont des maladies **chroniques**.* (Contr. aigu.) → Prononciation [kRɔnik].

▸ 2. **chronique** (nom féminin)
Article ou émission portant sur un sujet particulier. *La **chronique** des livres pour enfants à la télévision.* → Prononciation [kRɔnik]. ⊙ Les chroniques étaient autrefois des livres qui racontaient les faits historiques en respectant l'ordre *chronologique*.

▸ **chroniqueur, euse** (nom)
Journaliste chargé d'une chronique. *Un **chroniqueur** sportif.*

▸ **chronologie** (nom féminin)
Ordre dans lequel les événements se déroulent. *Nous avons établi en classe une **chronologie** des événements de la Révolution.* → Prononciation [kRɔnɔlɔʒi].

▸ **chronologique** (adjectif)
• **Ordre chronologique** : ordre qui suit la chronologie. *Dans cet exercice, il fallait retrouver l'**ordre chronologique** de différentes inventions.*

▸ **chronomètre** (nom masculin)
Montre de précision qui mesure les dixièmes, les centièmes et parfois les millièmes de seconde. → Prononciation [kRɔnɔmɛtR]. ⊙ Dans chronomètre, il y a le mot grec *chronos* qui signifie « temps », qu'on retrouve dans *chronique* et *chronologie*, et *metron* qui signifie « mesure ».

un **chronomètre**

chronométrer (verbe) ○ conj.n°8
Mesurer le temps avec un chronomètre. *Je vais te* ***chronométrer*** *sur 100 mètres.*

chrysalide (nom féminin)
Chenille dans son cocon, avant qu'elle se transforme en papillon. *Le papillon est sorti de sa* ***chrysalide****.* ➠ p. 802.
→ Prononciation [kRisalid].

chrysanthème (nom masculin)
Fleur d'automne aux belles couleurs.
→ Prononciation [kRizɑ̃tɛm]. ⊙ En grec, chrysanthème veut dire « fleur d'or ».

un **chrysanthème**

chuchotement (nom masculin)
Bruit produit par une voix qui chuchote. *Arrêtez vos* ***chuchotements*** *au fond de la classe !*

chuchoter (verbe) ○ conj.n°3
Parler à voix basse. *David m'****a chuchoté*** *quelques mots à l'oreille.* (Syn. murmurer.)

chuintement (nom masculin)
Bruit sourd qui ressemble à un sifflement. *Le* ***chuintement*** *de la bouilloire.*

chut ! (interjection)
S'emploie pour demander le silence. ***Chut !*** *Taisez-vous !*

chute (nom féminin)
1. Fait de tomber. *Il a fait une* ***chute*** *dans l'escalier et s'est cassé le bras.* 2. Eau d'une rivière qui tombe d'une grande hauteur. *Les* ***chutes*** *Victoria sur le Zambèze font 108 m de haut.* 3. Fin brutale. *La* ***chute*** *de l'Empire romain.* (Syn. effondrement.)

les **chutes** de Tisicat, en Éthiopie

chuter (verbe) ○ conj.n°3
Baisser beaucoup et brusquement. *La température* ***a chuté*** *de 10 degrés en une nuit.*

ci (adverbe)
1. Après un nom ou un pronom démonstratif, désigne celui qui est le plus proche dans le temps ou dans l'espace. *Élodie vient ces jours-****ci****. Tu veux ceux-****ci*** *ou ceux-là ?* 2. Devant quelques adverbes ou adjectifs, synonyme d'ici. ***Ci****-joint la notice de montage.*

cible (nom féminin)
Objet visé avec un projectile. *Hélène a mis la flèche au milieu de la* ***cible****.*

▸ **ciboulette** (nom féminin)
Plante potagère aromatique qui fait partie des fines herbes. *Une omelette à la* ***ciboulette****.*

▸ **cicatrice** (nom féminin)
Trace restant sur la peau après la guérison d'une plaie. *C'est juste une écorchure, ça ne laissera même pas de* ***cicatrice****.*

▸ **cicatriser** (verbe) ○ conj.n°3
Guérir en se refermant. *La plaie est superficielle, elle* ***se cicatrisera*** *très vite.*

▸ **cidre** (nom masculin)
Boisson alcoolisée faite de jus de pomme fermenté.

▸ **ciel** (nom masculin)
1. L'espace au-dessus de nos têtes. *Un beau* ***ciel*** *bleu. Les* ***ciels*** *de Bretagne sont changeants. Clément est allé vivre sous d'autres* ***cieux****.* **2.** Royaume de Dieu dans la religion chrétienne. *L'ange est reparti dans les* ***cieux****.* **• À ciel ouvert :** à l'air libre. *Une mine* ***à ciel ouvert****.* → Au sens 1, le pluriel de ciel est *ciels* ou *cieux* ; au sens 2, le pluriel est toujours *cieux*.

▸ **cierge** (nom masculin)
Grande bougie que l'on fait brûler dans une église.

▸ **cigale** (nom féminin)
Insecte abondant dans la région méditerranéenne et dont le mâle chante quand il fait très chaud. *On entend le chant strident des* ***cigales*** *dans la garrigue.*

une **cigale**

▸ **cigare** (nom masculin)
Rouleau de feuilles de tabac destiné à être fumé.

▸ **cigarette** (nom féminin)
Petit rouleau de tabac haché, enveloppé dans une fine feuille de papier.

▸ **ci-gît** (adverbe)
Formule gravée sur certaines tombes, et qui veut dire « ici repose ». → Voir gésir.

▸ **cigogne** (nom féminin)
Grand oiseau migrateur au plumage noir et blanc, au bec long et pointu et aux longues pattes rouges. *Une* ***cigogne*** *a fait son nid en haut de la cheminée.*

une **cigogne**

▸ **ciguë** (nom féminin)
Plante vénéneuse qui ressemble au persil. *Avec la* ***ciguë****, les Grecs faisaient un poison.* → Prononciation [sigy].

une **ciguë**

cil (nom masculin)
Chacun des poils qui bordent les paupières.

cime (nom féminin)
Sommet d'un arbre ou d'une montagne. *Les nuages masquent la **cime** des montagnes.*

ciment (nom masculin)
Poudre grise très fine, que l'on mélange avec de l'eau, et qui durcit en séchant. *Le maçon a apporté les sacs de **ciment** pour refaire le mur du garage.* ⊙ Famille du mot : cimenter, cimenterie.

cimenter (verbe) ○ conj.n°3
Faire tenir ou recouvrir avec du ciment. *On **a cimenté** le sol.*

cimenterie (nom féminin)
Fabrique de ciment.

cimeterre (nom masculin)
Sabre oriental large et à lame recourbée.

un **cimeterre**

cimetière (nom masculin)
Lieu où les morts sont enterrés. *Le **cimetière** est derrière l'église.* ➠ p. 1038.

cinéaste (nom)
Personne qui réalise des films.

ciné-club (nom masculin)
Groupe de personnes qui se réunissent pour voir des films et en discuter. → Pluriel : des ciné-clubs.

cinéma (nom masculin)
1. Art de réaliser des films. *Créé en 1895 par les frères Lumière, le **cinéma** est devenu parlant en 1927.* 2. Salle où l'on peut voir des films. *Aller au **cinéma**.* 3. Synonyme familier de bluff. *Elle a fait tout un **cinéma** mais on ne l'a pas crue !* ⊙ Famille du mot : cinéaste, ciné-club, cinématographique, cinéphile.

cinématographique (adjectif)
Du cinéma. *L'industrie **cinématographique**.*

cinéphile (nom)
Personne qui aime le cinéma.

cinglant, ante (adjectif)
1. Vif et blessant. *Une réplique **cinglante**.* (Syn. mordant.) 2. Qui fouette. *Un vent **cinglant**.*

cinglé, ée (adjectif et nom)
Synonyme familier de fou. *Il est complètement **cinglé** d'avoir fait ça !*

cingler (verbe) ○ conj.n°3
1. Frapper avec un objet flexible. *Ibrahim lui **cingla** les jambes d'un coup de baguette.* 2. Dans la langue littéraire, naviguer rapidement à la voile vers un lieu. *Les trois galions **cinglaient** vers le large.*

cinq (adjectif)
Quatre plus un (5). *Une étoile à **cinq** branches.* ▷ **cinq** (nom masculin) Chiffre ou nombre cinq. *Noémie arrive le **cinq** du mois prochain.*

cinquantaine (nom féminin)
Nombre d'environ cinquante. *Une **cinquantaine** de personnes. La grand-mère d'Odile a la **cinquantaine**.*

cinquante (adjectif)
Cinq fois dix (50). ***Cinquante** ans font un demi-siècle.* ⊙ Famille du mot : cinquantaine, cinquantenaire, cinquantième.

cinquantenaire (nom masculin)
Cinquantième anniversaire. *En 1995, on a célébré le **cinquantenaire** de la fin de la Seconde Guerre mondiale.*

cinquantième (adjectif et nom)
Qui occupe le rang numéro 50. *Ils en étaient au **cinquantième** jour de navigation.* ▷ **cinquantième** (nom masculin) Ce qui est contenu cinquante fois dans un tout. *Deux est le **cinquantième** de cent.*

cinquième (adjectif et nom)
Qui occupe le rang numéro 5. *Fatima habite au **cinquième** étage.* ▷ **cinquième** (nom masculin) Ce qui est contenu cinq fois dans un tout. *Vingt est le **cinquième** de cent.* ▷ **cinquième** (nom féminin) Deuxième année de l'enseignement secondaire.

cintre (nom masculin)
Support qui a la forme des épaules, utilisé pour suspendre les vêtements. *Mets ton costume sur un **cintre** dans l'armoire.*

cintré, ée (adjectif)
Qui est resserré à la taille. *Une veste **cintrée**.*

cirage (nom masculin)
Produit avec lequel on entretient et on fait briller le cuir.

circoncision (nom féminin)
Petite opération consistant à couper le morceau de peau qui recouvre le bout du pénis. *La **circoncision** est un rite pratiqué par les juifs et les musulmans.*

circonférence (nom féminin)
Périmètre d'un cercle. ➠ p. 512.

circonflexe (adjectif)
• **Accent circonflexe** : accent qui se met sur certaines voyelles. *Fête, hôpital, âme s'écrivent avec un **accent circonflexe**.*

circonscription (nom féminin)
Partie d'un territoire. *Les départements, les cantons, les communes sont des **circonscriptions** administratives.*

circonscrire (verbe) ⭘ conj.n°47
Retenir dans certaines limites. *Les pompiers tentent de **circonscrire** le feu.*

circonspect, ecte (adjectif)
Prudent et réfléchi. *C'est un homme très **circonspect**, il réfléchit avant de parler.* → Prononciation [siʀkɔ̃spɛ]. ⊙ Circonspect vient du latin *circumspectus* signifiant « qui regarde tout autour ».

circonspection (nom féminin)
Fait d'être circonspect. *Cette accusation est grave, il faut agir avec **circonspection**.* → Prononciation [siʀkɔ̃spɛksjɔ̃].

circonstance (nom féminin)
Conditions dans lesquelles s'est passé un événement. *L'inspecteur tente de reconstituer les **circonstances** de l'explosion.*

circonstanciel, elle (adjectif)
• **Complément circonstanciel** : qui indique dans quelles circonstances se passe une action (lieu, temps, manière, cause, etc.).

circuit (nom masculin)
1. Parcours qui ramène au point de départ. *Cette année, nous ferons le **circuit** des glaciers.* **2.** Suite de fils électriques où passe le courant. *Couper le **circuit**.*

1. circulaire (adjectif)
Qui a la forme d'un cercle, ou qui décrit un cercle. *Du haut de la tour, Pierre a jeté un coup d'œil **circulaire** sur le paysage. Une scie **circulaire**.*

2. circulaire (nom féminin)
Lettre en plusieurs exemplaires qui sont expédiés aux personnes concernées. *La présidente de l'association a envoyé une **circulaire** aux adhérents.*

circulation (nom féminin)
1. Va-et-vient des personnes et des véhicules. *La **circulation** est fluide sur l'autoroute.* **2.** Mouvement du sang dans les artères. *William Harvey a découvert la **circulation** sanguine en 1628.*

circulatoire (adjectif)
• **Appareil circulatoire :** ensemble des organes de la circulation. *Le cœur, les artères, les veines, les vaisseaux constituent l'**appareil circulatoire**.*

circuler (verbe) conj.n°3
Se déplacer dans un conduit ou sur une voie de communication. *L'air **circule** dans nos poumons. L'eau **circule** dans les caniveaux.* Famille du mot : circulation, circulatoire.

cire (nom féminin)
Matière molle et jaunâtre produite par les abeilles. *Avec la **cire**, on fait des bougies et de l'encaustique.* Famille du mot : cirage, ciré, cirer, cireur, cireux.

ciré, ée (adjectif)
• **Toile cirée :** toile recouverte d'un produit qui la rend imperméable. ▷ **ciré** (nom masculin) Imperméable en toile cirée. *Les pêcheurs portent des **cirés** jaunes.*

cirer (verbe) conj.n°3
Frotter avec de la cire ou du cirage. *Tes chaussures brillent, elles **sont** bien **cirées**.*

cireur (nom masculin)
Personne qui cire les chaussures, généralement dans la rue.

cireux, euse (adjectif)
• **Teint cireux :** blanc jaunâtre comme la cire.

cirque (nom masculin)
1. Piste ronde entourée de gradins où des clowns, des acrobates, des dompteurs présentent des numéros. *Le **cirque** a dressé son chapiteau sur la place.* 2. Espace en forme de demi-cercle entouré de montagnes. *Le **cirque** de Gavarnie.* Chez les Romains, les jeux du cirque étaient ceux qui se déroulaient dans les arènes (combats, courses de chars, etc.).

cirrhose (nom féminin)
Très grave maladie du foie. *L'alcoolisme provoque des **cirrhoses**.*

cirrus (nom masculin)
Nuage mince et allongé. → Prononciation [siʀys].

« **Le Cirque** » de Georges Seurat (1891)

cisailler (verbe) conj.n°3
Couper avec des cisailles. *Le prisonnier **a cisaillé** les barbelés pour s'échapper.*

cisailles (nom féminin pluriel)
Gros ciseaux servant à couper les métaux ou de petites branches.

ciseau, eaux (nom masculin)
Instrument d'acier, tranchant et taillé en biseau à l'une de ses extrémités. *On travaille le bois, le fer, la pierre au **ciseau**.* ▷ **ciseaux** (nom masculin pluriel) Instrument à deux lames dont on se sert pour couper. *Une paire de **ciseaux** à ongles.*

ciseler (verbe) conj.n°8
Sculpter avec un ciseau. *L'orfèvre **cisèle** un bracelet.*

citadelle (nom féminin)
Forteresse qui domine une ville.

citadin, ine (nom)
Personne qui habite dans une ville. *Les **citadins** sont très nombreux en Île-de-France.*

citation (nom féminin)
Phrase que l'on cite, extraite d'un livre ou d'un discours.

cité (nom féminin)
1. Synonyme littéraire de ville. 2. Groupe d'immeubles. *Les gamins de la **cité** jouent au foot sur le parking.*

citer (verbe) ○ conj.n°3
1. Donner le nom de quelqu'un ou de quelque chose. *Quentin **a cité** plusieurs personnes qu'il a rencontrées.* **2.** Répéter exactement ce que quelqu'un a dit ou écrit. *Julie **cite** souvent ces paroles du Petit Prince : « On ne voit bien qu'avec le cœur... ».*

citerne (nom féminin)
Grand réservoir. *On recueille l'eau de pluie dans les **citernes**.*

cithare (nom féminin)
Instrument de musique à cordes, utilisé dans l'Antiquité.

une **cithare**

citoyen, enne (nom)
Personne qui habite un État et en a la nationalité. *Voter est l'un des devoirs du **citoyen**.*

citoyenneté (nom féminin)
Qualité de citoyen. *Djamal est né en France, il a la **citoyenneté** française.*

citron (nom masculin)
Agrume jaune et acide. *Du thé au **citron**.* ➠ p. 34. ⊙ Famille du mot : citronnade, citronnelle, citronnier.

citronnade (nom féminin)
Boisson faite avec du jus ou du sirop de citron.

citronnelle (nom féminin)
Plante aromatique à odeur de citron. *Du poulet à la **citronnelle**.*

citronnier (nom masculin)
Petit arbre des régions chaudes, qui produit les citrons. *Le bois du **citronnier** est utilisé en ébénisterie.*

citrouille (nom féminin)
Grosse courge ronde. *À la Toussaint, les petits Américains creusent des **citrouilles** et allument une bougie à l'intérieur.*

civet (nom masculin)
Ragoût de gibier cuit avec du vin rouge et des oignons. *Un **civet** de lièvre.*

civière (nom féminin)
Sorte de lit servant à transporter les blessés ou les malades. *On l'a emmené sur une **civière** dans l'ambulance.* (Syn. brancard.)

civil, ile (adjectif)
1. Qui concerne le citoyen. *Une fiche d'état **civil**.* **2.** Qui n'est pas militaire. *Il préfère la vie **civile** à la vie militaire.* **3.** Qui n'est pas religieux. *Le mariage **civil** est célébré à la mairie.* ▷ **civil** (nom masculin) Personne qui n'appartient pas à l'armée. *Les **civils** ne peuvent pas entrer dans la caserne.* • **En civil** : sans uniforme. *Un policier **en civil**.*

civilisation (nom féminin)
1. Manière de vivre et de penser d'un peuple. *La **civilisation** romaine.* **2.** Ensemble des progrès apportés par les sciences et les techniques. *Le téléphone est un bienfait de la **civilisation**.*

civiliser (verbe) ○ conj.n°3
Apporter sa civilisation à un autre peuple. *Les Grecs **ont civilisé** les Romains.*

civique (adjectif)
Du citoyen. *Le vote est un droit et un devoir **civiques**.*

civisme (nom masculin)
Attitude responsable d'un citoyen. *Prévenir les pompiers quand on assiste à un accident, c'est faire preuve de **civisme**.*

clafoutis (nom masculin)
Sorte de flan garni de fruits.

clair, claire (adjectif)
1. Qui est bien éclairé. *Le salon est une pièce très **claire**.* (Syn. lumineux. Contr. obscur, sombre.) 2. Qui est peu coloré. *Un pantalon de toile **claire**.* (Contr. foncé.) 3. Qui est pur et transparent. *L'eau **claire** d'une source.* (Syn. limpide. Contr. trouble.) 4. Qui est net et bien timbré. *Une voix **claire**.* (Contr. sourd.) 5. Qui est facile à comprendre. *Une idée simple et **claire**.* (Contr. confus.) ▷ **clair** (nom masculin) • **Clair de lune** : lumière de la lune. • **Tirer au clair** : éclaircir, élucider. ▷ **clair** (adverbe) • **Il fait clair** : il fait jour. • **Voir clair** : bien voir et, au sens figuré, comprendre. *Quel temps ! On n'y **voit** plus **clair**. Je **vois clair** dans ton jeu.* ⊙ Famille du mot : clairement, clarifier, éclaircie, éclaircir, éclaircissement, éclairage, éclairer.

clairement (adverbe)
De façon claire. *Sarah m'a tout expliqué très **clairement**.*

claire-voie (nom féminin)
• **À claire-voie** : qui présente des vides, des jours entre chaque élément. *Un cageot est une caissette **à claire-voie**.*

clairière (nom féminin)
Endroit sans arbres dans un bois, une forêt. *Nous avons vu un cerf traverser la **clairière**.*

clair-obscur (nom masculin)
Lumière douce et tamisée. *Le **clair-obscur** d'un sous-bois.* (Syn. pénombre.) → Pluriel : des clairs-obscurs.

un **clair-obscur** dans une **clairière**

clairon (nom masculin)
Instrument de musique à vent, surtout utilisé dans l'armée.

un **clairon**

claironner (verbe) ⊙ conj.n°3
Dire très fort et à tout le monde. *Romain est allé **claironner** partout qu'il avait gagné la course.* (Syn. proclamer.)

clairsemé, ée (adjectif)
Qui est peu serré. *Il n'y a pas grand monde, la foule est **clairsemée**.* (Contr. dense.)

clairvoyant, ante (adjectif)
Qui a un jugement lucide. *Il a été **clairvoyant** en partant avant la formation des embouteillages.* (Syn. avisé, perspicace.)

clamer (verbe) ⊙ conj.n°3
Synonyme de proclamer. *Le journaliste **clame** son indignation.*

clameur (nom féminin)
Cris qui expriment la joie ou la colère. *Les **clameurs** de la foule en colère.*

clan (nom masculin)
Groupe qui n'admet aucune personne extérieure. *Il y a un mauvais esprit dans la classe, il y a des **clans**.*

clandestin, ine (adjectif)
Qui agit en cachette et de manière illégale. *Le capitaine a découvert un passager **clandestin**.* ⊙ Famille du mot : clandestinement, clandestinité.

clandestinement (adverbe)
De manière clandestine. *Il est entré **clandestinement** en France.*

clandestinité (nom féminin)
Situation d'une personne clandestine. *Les opposants à la dictature doivent vivre dans la **clandestinité**.*

clapier (nom masculin)
Cabane à lapins.

clapoter (verbe) ○ conj.n°3
Produire le bruit léger et répété des vagues. *L'eau **clapotait** contre la barque.*

clapotis (nom masculin)
Bruit de l'eau qui clapote. *On entend le **clapotis** du lac dans la nuit d'été.* → On dit aussi clapotement.

claquage (nom masculin)
Déchirure musculaire. *Zoé s'est fait un **claquage** au tennis.*

claque (nom féminin)
Coup donné avec le plat de la main. *Si tu continues tes bêtises, tu vas avoir une paire de **claques** !* (Syn. gifle.)

claquement (nom masculin)
Bruit produit par ce qui claque. *On entendit le **claquement** d'une portière, et la voiture démarra.*

claquer (verbe) ○ conj.n°3
1. Produire un bruit sec. *Un coup de feu **claqua**.* 2. Refermer brutalement. *Laura est partie furieuse en **claquant** la porte.* 3. Se claquer quelque chose : se faire un claquage. *Il n'était pas échauffé, il **s'est claqué** un muscle.* • **Claquer des dents** : grelotter de froid, de fièvre ou de peur. ⊙ Famille du mot : claquage, claque, claquement, claquettes.

claquettes (nom féminin pluriel)
Manière de danser en marquant le rythme grâce à des chaussures dont les semelles sont munies de lames de métal.

clarifier (verbe) ○ conj.n°10
Rendre plus clair et plus compréhensible. *Votre exposé **a clarifié** la question.* (Syn. éclaircir. Contr. embrouiller.)

clarinette (nom féminin)
Instrument de musique à vent.

une **clarinette**

clarté (nom féminin)
1. Lumière. *La **clarté** du jour.* 2. Qualité de ce qui est clair et compréhensible. *Myriam s'exprime avec **clarté**.* (Syn. netteté. Contr. confusion.)

classe (nom féminin)
1. Catégorie de personnes qui ont à peu près les mêmes revenus, un genre de vie commun. *Les **classes** sociales.* 2. Catégorie de place dans un moyen de transport. *Un billet de première **classe**.* 3. Groupe d'élèves suivant les mêmes cours. *Toute la **classe** est partie en promenade.* 4. Salle où ont lieu les cours. *On n'entendait pas un bruit dans la **classe**.* • **En classe** : à l'école. • **Faire la classe** : enseigner.

classement (nom masculin)
1. Action de classer. *Le **classement** des photos dans un album.* 2. Place obtenue lors d'une épreuve. *Ce coureur a gagné dix places au **classement** général.*

classer (verbe) conj.n°3
1. Ranger selon un certain ordre. *J'ai **classé** mes livres par ordre alphabétique.* (Contr. déclasser.) 2. Se classer : obtenir un certain rang dans un classement. *Thomas **s'est classé** premier à l'épreuve de ski de fond.* ⊙ Famille du mot : classe, classement, classeur, déclasser, reclasser.

classeur (nom masculin)
Chemise servant à classer des papiers. *Victor achète des feuilles de **classeur**, à deux trous.*

classicisme (nom masculin)
Caractère de ce qui est classique. *Le **classicisme** des goûts d'Ursula s'oppose aux idées excentriques de son cousin.*

classique (adjectif)
1. Que l'on étudie en classe et que l'on considère comme des modèles. *Racine, Goethe, Shakespeare sont des écrivains **classiques**.* 2. Traditionnel et sans fantaisie. *Fatima est très **classique** dans son habillement.* • **Musique classique** : musique des grands compositeurs occidentaux des siècles passés.

clause (nom féminin)
Article d'un contrat ou d'une loi qui précise ce que chaque signataire s'engage à respecter.

claustrophobe (adjectif)
Qui est atteint de claustrophobie. *Anna ne prend jamais l'ascenseur, elle est **claustrophobe**.*

claustrophobie (nom féminin)
Angoisse éprouvée par certains quand ils se trouvent dans un lieu fermé.

clavecin (nom masculin)
Instrument de musique à cordes pincées, qui ressemble au piano.

clavicule (nom féminin)
Os de l'épaule. ➡ p. 263.

clavier (nom masculin)
Ensemble des touches d'un piano, d'un accordéon, d'un ordinateur, etc.

clé (nom féminin)
1. Instrument qui sert à ouvrir ou à fermer une serrure, à mettre le contact, etc. *L'armoire est fermée à **clé**. Où as-tu mis les **clés** de la voiture ?* 2. Outil qui permet de serrer ou de desserrer les écrous et les boulons. 3. Au sens figuré, ce qui rend les choses explicables. *Julie a découvert la **clé** du mystère.* 4. Signe placé au début d'une portée de musique et qui permet de lire les notes. *La ligne qui commence par la **clé** de sol est la ligne du sol.* • **Prendre la clé des champs** : s'évader. → On écrit aussi clef.

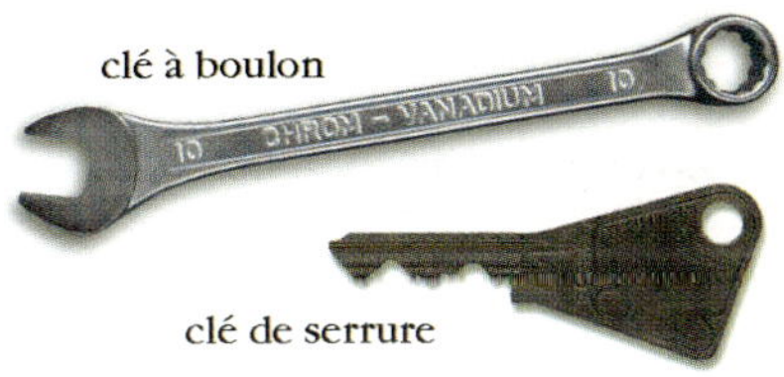

des **clés**

clématite (nom féminin)
Plante grimpante à fleurs blanches, roses ou violettes.

clémence (nom féminin)
Attitude indulgente envers les coupables. *Le roi fit preuve de **clémence** et laissa la vie au prisonnier.*

clément, ente (adjectif)
1. Qui fait preuve de clémence. *Les vainqueurs se montrèrent **cléments** vis-à-vis des vaincus.* (Syn. indulgent. Contr. sévère.) 2. Qui n'est pas froid. *La Provence jouit d'un hiver **clément**.* (Syn. doux. Contr. rigoureux.)

clémentine (nom féminin)
Agrume sans pépins qui ressemble à une petite orange. ➡ p. 34.

clepsydre (nom féminin)
Horloge à eau de l'Antiquité.

cleptomane (nom)
Personne qui ne peut s'empêcher de commettre des vols. → On écrit aussi kleptomane.

clerc (nom masculin)
Employé d'un notaire ou d'un huissier. → Prononciation [klɛʀ].

clergé (nom masculin)
Dans la religion chrétienne, ensemble des hommes au service de Dieu. *Dans le **clergé** catholique, il y a des prêtres, des abbés, des évêques, des cardinaux.*

clérical, ale, aux (adjectif)
Qui concerne le clergé.

cliché (nom masculin)
1. Synonyme de photo. *Le photographe a pris plusieurs **clichés** du mariage.* 2. Synonyme de lieu commun. *« Les feuillages d'or de l'automne » est un **cliché**.*

client, ente (nom)
Personne qui achète quelque chose ou qui paie pour un service. *Il y a la queue, les **clients** s'impatientent.*

clientèle (nom féminin)
Ensemble des clients. *Ce restaurant a une nombreuse **clientèle**.*

cligner (verbe) ○ conj.n°3
Ouvrir et fermer rapidement les paupières. *Le soleil sur la neige me fait **cligner** les yeux.*

clignotant (nom masculin)
Lumière rouge qui clignote pour signaler un changement de direction de la voiture. *Il a mis son **clignotant** à gauche pour dépasser.* ➠ p. 92.

clignoter (verbe) ○ conj.n°3
S'allumer et s'éteindre à intervalles courts et réguliers. *Ses feux de détresse **clignotent**.*

climat (nom masculin)
Temps qu'il fait dans une région. *Le **climat** de la Bretagne est doux et humide.* ⊙ Famille du mot : acclimatation, acclimater, climatique, climatisation, climatiser.

climatique (adjectif)
Du climat. *La Côte d'Azur jouit de conditions **climatiques** exceptionnelles.*

climatisation (nom féminin)
Ensemble d'appareils qui permettent de climatiser un local. *Il fait 40 degrés à l'ombre et la **climatisation** est en panne !*

climatiser (verbe) ○ conj.n°3
Maintenir toujours la même température dans un lieu clos au moyen d'appareils. *Le taxi **est climatisé**, c'est bien agréable par cette chaleur.*

clin d'œil (nom masculin)
Signe que l'on fait en clignant un œil. *Je t'ai vu faire un **clin d'œil** à Hélène !*
• **En un clin d'œil** : très vite.

clinique (nom féminin)
Établissement médical privé. *Yann a été opéré dans une **clinique**.*

clinquant, ante (adjectif)
Qui brille d'un grand éclat, mais qui est sans valeur. *Ce mobilier **clinquant** n'est pas du meilleur goût !*

clip (nom masculin)
Film court qui illustre une chanson ou une publicité.

clique (nom féminin)
1. Ensemble des tambours et des clairons d'un régiment. 2. Groupe de personnes qui se mettent ensemble pour manigancer. *Ils font tous partie de la même **clique**, méfie-toi !*

cliquer (verbe) ○ conj.n°3
Appuyer sur la souris d'un ordinateur pour effectuer une opération.

cliquetis (nom masculin)
Bruit léger d'objets qui s'entrechoquent. *On entendit le **cliquetis** des clés du gardien.*

clochard, arde (nom)
Personne qui n'a ni domicile ni travail.

cloche (nom féminin)
1. Instrument sonore en métal, pourvu d'un battant. *En 1918, les **cloches** sonnèrent l'armistice à toute volée.* 2. Ustensile en forme de cloche. *Pour les faire mûrir, on met les salades et les melons sous **cloche**.* ⊙ Famille du mot : clocher, clocheton, clochette.

à cloche-pied (adverbe)
En sautant sur un seul pied. *On joue à la marelle **à cloche-pied**.*

▸ **clocher** (nom masculin)
Haute tour d'une église, où sont suspendues les cloches. ➠ p. 178.

▸ **clocheton** (nom masculin)
Petit clocher.

▸ **clochette** (nom féminin)
1. Petite cloche. *On entend tinter les **clochettes** des moutons.* 2. Petite fleur en forme de cloche. *Les **clochettes** du muguet.*

▸ **cloison** (nom féminin)
Mur intérieur peu épais. *On l'entend ronfler à travers la **cloison**.*

▸ **cloisonner** (verbe) ○ conj.n°3
Diviser par une cloison. *On **a cloisonné** cette grande pièce pour en faire deux chambres.*

▸ **cloître** (nom masculin)
Dans un couvent, galerie couverte qui entoure une cour ou un jardin.

un **cloître**

▸ **cloîtrer** (verbe) ○ conj.n°3
Mettre à l'écart des autres. *Depuis la mort de sa femme, il vit **cloîtré** chez lui.* (Syn. enfermer.)

▸ **clone** (nom masculin)
Copie exacte d'un être vivant. *Dans ce roman, un savant fou fabrique des **clones** d'hommes et de femmes.*

▸ **clopin-clopant** (adverbe)
En boitant un peu. *Les éclopés de la course arrivèrent **clopin-clopant**.*

▸ **cloporte** (nom masculin)
Petit animal qui vit dans les endroits obscurs et humides. *Quand William a renversé la souche, une armée de **cloportes** a détalé.*

un **cloporte**

▸ **cloque** (nom féminin)
1. Poche remplie de liquide qui apparaît sous la peau. *Mes chaussures neuves m'ont fait des **cloques** au talon.* (Syn. ampoule.) 2. Boursouflure. *Le papier peint fait des **cloques** : il a été mal posé.*

▸ **clore** (verbe) ○ conj.n°55
Synonyme littéraire de fermer ou de terminer. *Tu vas maintenant **clore** les paupières et dormir. Les inscriptions **sont closes** depuis fin septembre.* ⊙ Famille du mot : clôture, clôturer, enclos.

▸ **clôture** (nom féminin)
1. Ce qui ferme un terrain. *Une haie, un grillage, une palissade sont des **clôtures**.* 2. Ce qui termine quelque chose. *Le président a prononcé le discours de **clôture**.*

▸ **clôturer** (verbe) ○ conj.n°3
1. Entourer d'une clôture. *L'éleveur **a clôturé** son pré.* 2. Mettre fin à quelque chose. *Un vin d'honneur **a clôturé** la cérémonie.* (Syn. achever, finir.)

▸ **clou** (nom masculin)
1. Petite tige métallique pointue, qui sert à fixer quelque chose. *Xavier ne sait pas planter un **clou** sans se taper sur les doigts.* (Syn. pointe.) 2. Moment le plus réussi d'un spectacle. *Le numéro de l'équilibriste a été le **clou** de la soirée.*
• **Maigre comme un clou :** très maigre.
⊙ Famille du mot : clouer, clouté, déclouer.

a b c d e f g h i j k l m n o p q r s t u v w x y z

clouer (verbe) ○ conj.n°3
Fixer avec des clous. • **Clouer le bec à quelqu'un** : dans la langue familière, faire une réponse qui l'oblige à se taire.

clouté, ée (adjectif)
Garni de clous. *Des pneus **cloutés**.* • **Passage clouté** : passage protégé où les piétons peuvent traverser la rue.

clown (nom masculin)
Artiste de cirque qui fait des numéros comiques. → Clown est un mot anglais : on prononce [klun].

clownerie (nom féminin)
Farce ou grimace du clown. *Ses **clowneries** amusent toute la classe.* (Syn. pitrerie.) → Prononciation [klunRi].

club (nom masculin)
1. Groupe de personnes qui se réunissent régulièrement pour une activité. *Un **club** sportif, un **club** de philatélistes.* 2. Canne de golf qui sert à frapper la balle. → Club est un mot anglais : on prononce [klœb].

coagulation (nom féminin)
Fait de coaguler. *La chaleur provoque la **coagulation** du blanc d'œuf.*

coaguler (verbe) ○ conj.n°3
Devenir solide. *Quand le lait tourne, il **coagule**.* (Syn. cailler, figer.)

se coaliser (verbe) ○ conj.n°3
Faire une coalition. *Vous **vous coalisez** tous contre moi !* (Syn. s'allier, liguer.)

coalition (nom féminin)
Alliance contre un ennemi commun. *Durant la Seconde Guerre mondiale, les Alliés ont formé une **coalition** contre Hitler.*

coassement (nom masculin)
Cri des grenouilles et des crapauds.

coasser (verbe) ○ conj.n°3
Pousser des coassements. *Les grenouilles **coassent** et les corbeaux croassent.*

cobaye (nom masculin)
Petit rongeur que l'on utilise pour faire des expériences scientifiques. (Syn. cochon d'Inde.) → Prononciation [kɔbaj].

un **cobaye**

cobra (nom masculin)
Serpent venimeux d'Afrique ou d'Asie. *Le **cobra** indien est appelé serpent à lunettes.* (Syn. naja.)

un **cobra**

cocagne (nom féminin)
• **Mât de cocagne** : mât glissant, au sommet duquel sont accrochés des lots qui sont gagnés par ceux qui parviennent à les attraper. • **Pays de cocagne** : pays imaginaire où l'on a tout ce que l'on veut.

cocaïne (nom féminin)
Poudre blanche extraite des feuilles d'un arbuste d'Amérique du Sud. *La **cocaïne** est une drogue dangereuse.*

cocarde (nom féminin)
Insigne rond aux couleurs du drapeau d'un pays. *Les avions de combat français portent une **cocarde** tricolore.*

▸ **cocasse** (adjectif)
Étonnant et comique à la fois. *Cette histoire **cocasse** nous a bien fait rire.*

▸ **coccinelle** (nom féminin)
Coléoptère rouge ou orangé à points noirs. *Les **coccinelles** se nourrissent de pucerons.* (Syn. bête à bon Dieu.)

trois sortes de **coccinelles**

▸ **coccyx** (nom masculin)
Bas de la colonne vertébrale. *Benjamin s'est fêlé le **coccyx** en tombant sur le derrière.* → Prononciation [kɔksis].

▸ 1. **cocher** (verbe) ○ conj.n°3
Marquer d'un signe un mot ou une case dans une liste. *Sur le programme, j'**ai coché** les films que je vais regarder cette semaine.*

▸ 2. **cocher** (nom masculin)
Personne qui conduisait les voitures à cheval. *Le **cocher** fouetta le cheval, et le fiacre partit à vive allure.*

▸ **cochère** (adjectif féminin)
• **Porte cochère :** grande porte à deux battants.

▸ **cochon** (nom masculin)
Mammifère domestique élevé pour sa chair. *Les **cochons** grognent dans la porcherie.* (Syn. porc.) • **Cochon de lait :** petit cochon qui tète encore sa mère. • **Cochon d'Inde :** cobaye. • **Temps de cochon :** très mauvais temps. • **Tête de cochon :** mauvais caractère. • **Tour de cochon :** méchanceté. ▷ **cochon, onne** (nom) Personne sale.

▸ **cochonnerie** (nom féminin)
1. Synonyme familier de saleté. *Le chien a fait des **cochonneries** sur la moquette.* 2. Objet de mauvaise qualité. *Tu peux jeter ces **cochonneries** à la poubelle !*

▸ **cochonnet** (nom masculin)
Petite boule qui sert de but à la pétanque.

▸ **cocker** (nom masculin)
Chien de chasse aux oreilles pendantes. *Le **cocker** est une variété d'épagneul.* → Cocker est un mot anglais : on prononce [kɔkɛʀ].

▸ **cockpit** (nom masculin)
Poste de pilotage d'un avion. (Syn. cabine.) ➠ p. 97. → Cockpit est un mot anglais : on prononce [kɔkpit].

▸ **cocktail** (nom masculin)
1. Boisson obtenue en mélangeant des alcools et des sirops. 2. Réception, avec buffet, en fin d'après-midi, pour fêter un événement. → Cocktail est un mot anglais : on prononce [kɔktɛl].

▸ **coco** (nom masculin)
• **Noix de coco :** fruit du cocotier.

▸ **cocon** (nom masculin)
Enveloppe de fils de soie que certaines chenilles tissent pour se transformer en chrysalide.

▸ **cocorico** (interjection)
Mot qui imite le cri du coq.

▸ **cocotier** (nom masculin)
Grand palmier des régions tropicales, dont le fruit est la noix de coco.

un **cocotier**

a b c d e f g h i j k l m n o p q r s t u v w x y z

a b c d e f g h i j k l m n o p q r s t u v w x y z

cocotte (nom féminin)
1. Synonyme familier de poule. *Élodie s'amuse à faire des* ***cocottes*** *en papier.* 2. Marmite en fonte. *On fait cuire le ragoût dans la* ***cocotte****.*

code (nom masculin)
1. Ensemble des lois et des règlements à respecter concernant des domaines précis. *Le* ***code*** *pénal, le* ***code*** *de la route.* 2. Feux de croisement d'une automobile. *Il faut se mettre en* ***codes*** *quand on croise une voiture.* 3. Langage secret compris par le destinataire du message seulement. *Le* ***code*** *convenu c'est deux coups de sifflet longs, puis un bref.* 4. Combinaison secrète de chiffres. *Tapez votre* ***code****, s'il vous plaît.* • **Code postal** : numéro attribué à chaque ville, qu'il faut inscrire sur les lettres et les colis postaux. ⊙ Famille du mot : code-barres, coder, décoder.

code-barres (nom masculin)
Ensemble de barres verticales imprimées sur un emballage et qui correspondent à des renseignements sur le produit. → Pluriel : des codes-barres.

coder (verbe) ○ conj.n°3
Rédiger un message en code. *Les espions correspondent par messages* ***codés****.*

codifier (verbe) ○ conj.n°10
Établir le règlement d'une activité. *Quand les voitures ont commencé de rouler sur les routes, on* ***a codifié*** *la circulation.*

coefficient (nom masculin)
Nombre par lequel on doit multiplier un autre nombre. *Il a eu 5 points au-dessus de la moyenne en français ; avec un* ***coefficient*** *3, ça lui fait 15 points d'avance pour son examen.*

coéquipier, ère (nom)
Joueur qui fait partie de la même équipe qu'un autre. *Au tennis, Zoé est ma* ***coéquipière****.*

cœur (nom masculin)
1. Muscle qui fait circuler le sang dans les vaisseaux. 2. Endroit où sont supposés naître les sentiments (bonté, amour, affection). *David a bon* ***cœur****. Je vous embrasse de tout mon* ***cœur****.* 3. Partie centrale de quelque chose. *Un* ***cœur*** *de salade. Le* ***cœur*** *du problème.* 4. L'une des quatre couleurs du jeu de cartes. *Dix de* ***cœur****, roi de* ***cœur*** *et as de* ***cœur*** *!* • **Avoir le cœur gros, serré** : avoir du chagrin. • **Avoir mal au cœur** : avoir la nausée. • **De bon cœur** : volontiers. • **En avoir le cœur net** : vérifier si une chose est vraie ou non. • **Faire mal au cœur** : faire de la peine. • **Par cœur** : de mémoire. • **S'en donner à cœur joie** : s'amuser autant qu'on peut. ⊙ Famille du mot : à contrecœur, écœurant, écœurer.

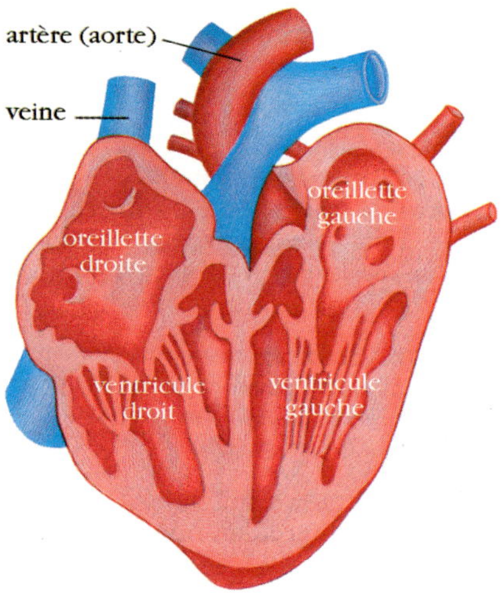

le cœur

coexistence (nom féminin)
Fait de coexister. *La* ***coexistence*** *de plusieurs tendances dans un parti.*

coexister (verbe) ○ conj.n°3
Exister en même temps qu'autre chose. *Brutalité et gentillesse peuvent* ***coexister*** *chez une même personne.*

coffre (nom masculin)
1. Grande caisse munie d'un couvercle. *Un* ***coffre*** *à jouets, un* ***coffre*** *à linge.* 2. Endroit prévu pour mettre les bagages dans une voiture. ➠ p. 97.
⊙ Famille du mot : coffre-fort, coffret.

▸ **coffre-fort** (nom masculin)
Armoire métallique où l'on garde de l'argent et des objets précieux. → Pluriel : des coffres-forts.

▸ **coffret** (nom masculin)
1. Petit coffre où l'on range des bijoux. *Un **coffret** en bois de santal.* 2. Boîtier contenant plusieurs objets. *Un **coffret** de livres.*

▸ **cognac** (nom masculin)
Eau-de-vie de raisin que l'on produit à Cognac, dans les Charentes.

▸ **cognassier** (nom masculin)
Arbre fruitier qui donne les coings.

▸ **cognée** (nom féminin)
Grosse hache à long manche utilisée pour abattre les arbres.

▸ **se cogner** (verbe) ○ conj.n°3
Se heurter contre quelque chose. *Laura s'est fait une bosse en **se cognant** contre le mur.*

▸ **cohabitation** (nom féminin)
Fait de cohabiter. *Ils ne s'entendent pas : leur **cohabitation** est difficile.*

▸ **cohabiter** (verbe) ○ conj.n°3
Habiter ensemble. *Aux sports d'hiver, ces deux familles **cohabitent** dans le même chalet.*

▸ **cohérence** (nom féminin)
Fait d'être cohérent. *Le scénario du film manque de **cohérence**.* (Contr. incohérence.)

▸ **cohérent, ente** (adjectif)
Dont toutes les idées s'enchaînent logiquement. *Son raisonnement se tient, il est **cohérent**.* (Syn. logique. Contr. incohérent.) ⊙ Famille du mot : cohérence, incohérence, incohérent.

▸ **cohésion** (nom féminin)
Caractère d'un groupe dont les membres s'entendent bien. *Il y a une bonne **cohésion** dans l'équipe.*

▸ **cohorte** (nom féminin)
Troupe de gens. *Des **cohortes** de réfugiés affluent aux frontières.*

▸ **cohue** (nom féminin)
Foule de gens qui se bousculent. *Quelle **cohue** dans les magasins à l'approche de Noël !* (Syn. bousculade.)

▸ **coi, coite** (adjectif)
• **Rester coi :** rester silencieux.

▸ **coiffe** (nom féminin)
Bonnet en tissu ou en dentelle, que les femmes portaient autrefois à la campagne.

▸ **coiffer** (verbe) ○ conj.n°3
1. Peigner les cheveux de quelqu'un. *Sarah sait **se coiffer** toute seule, maintenant.* 2. Couvrir la tête de quelqu'un. *Clément entra, **coiffé** de son béret.* ⊙ Famille du mot : coiffe, coiffeur, coiffure, décoiffer, recoiffer.

▸ **coiffeur, euse** (nom)
Personne dont le métier est de couper et de peigner les cheveux. *Tes cheveux sont trop longs, va chez le **coiffeur** !*

▸ **coiffure** (nom féminin)
1. Manière dont les cheveux sont arrangés. *Cette **coiffure** te rajeunit.* 2. Ce qui sert à couvrir la tête. *La couronne, la toque, le turban sont des **coiffures**.*

▸ **coin** (nom masculin)
1. Angle formé par deux choses, deux rues, deux murs. *Le **coin** de la table. Les quatre **coins** d'une pièce.* 2. Petit espace ou portion d'espace. *Kevin lit dans son **coin**. On a passé les vacances dans un **coin** magnifique.* (Syn. endroit.)

▸ **coincer** (verbe) ○ conj.n°4
Empêcher de bouger ou de fonctionner. *La clé **est coincée** dans la serrure, impossible d'ouvrir.* (Syn. bloquer.)

▸ **coïncidence** (nom féminin)
Faits qui se produisent ensemble par hasard. *Ibrahim et Odile se sont retrouvés dans le même train : quelle **coïncidence** !* → Prononciation [kɔɛ̃sidɑ̃s].

▸ **coïncider** (verbe) ◌ conj.n°3
1. Avoir lieu au même moment. *Chic ! Nos dates de vacances **coïncident**, nous pourrons partir ensemble.* 2. Correspondre parfaitement. *Tous les témoignages **coïncident**.* (Syn. concorder.) ➔ Prononciation [kɔɛ̃side].

▸ **coing** (nom masculin)
Fruit jaune du cognassier, en forme de poire. *Maman a fait de la gelée de **coings**.* ➔ Prononciation [kwɛ̃].

un **coing**

▸ **col** (nom masculin)
1. Partie d'un vêtement qui entoure le cou. *Un pull à **col** roulé.* 2. Passage entre deux montagnes. *Roland trouva la mort au **col** de Roncevaux.* • **Col du fémur** : partie où l'os du fémur se rétrécit. ⊙ En ancien français, le col c'était le *cou*.

▸ **colchique** (nom masculin)
Petite fleur mauve vénéneuse qui fleurit en automne. ⊙ Colchique vient du nom d'une région de Grèce, la *Colchide*, où vivait la magicienne et empoisonneuse Médée.

un **colchique**

▸ **coléoptère** (nom masculin)
Insecte dont les ailes sont protégées par des élytres. *Les scarabées, les coccinelles, les cigales sont des **coléoptères**.* ➠ p. 708.

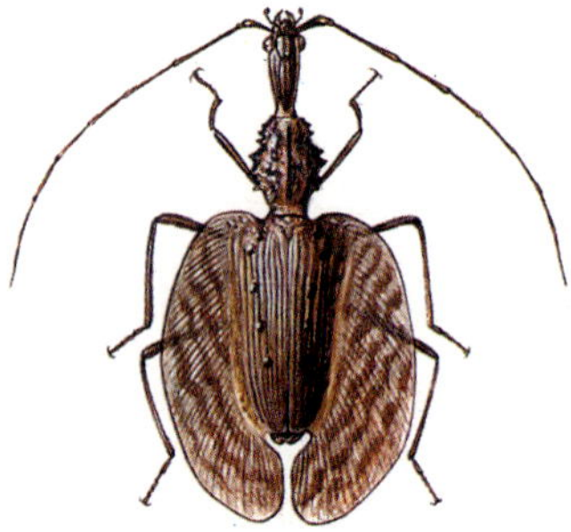

un **coléoptère**

▸ **colère** (nom féminin)
Réaction généralement violente de mécontentement. *Il s'est mis dans une **colère** folle, il a tout cassé.* (Syn. fureur, rage.)

▸ **coléreux, euse** (adjectif)
Qui se met souvent en colère. (Syn. irascible.)

▸ **colibri** (nom masculin)
Tout petit oiseau d'Amérique, très coloré, appelé aussi oiseau-mouche.

un **colibri**

▸ **colifichet** (nom masculin)
Petit bijou sans grande valeur.

colimaçon (nom masculin)
• **Escalier en colimaçon** : en spirale. ⊙ Colimaçon est le nom ancien de l'escargot : les escaliers en colimaçon ressemblent à l'intérieur d'une coquille d'escargot.

colin (nom masculin)
Poisson de mer à la chair appréciée.

colin-maillard (nom masculin)
Jeu où l'un des joueurs, les yeux bandés, cherche à attraper les autres à tâtons et à les reconnaître.

colique (nom féminin)
Synonyme de diarrhée. *Si tu manges toutes ces prunes vertes, tu vas avoir la **colique** !*

colis (nom masculin)
Paquet envoyé à quelqu'un. *Poster un **colis**.*

collaborateur, trice (nom)
Personne qui travaille avec d'autres personnes. *Le directeur du journal a réuni tous ses **collaborateurs**.*

collaboration (nom féminin)
Action de collaborer. *Pour préparer la fête de l'école, la maîtresse demande la **collaboration** de tous les élèves.* (Syn. aide, participation.)

collaborer (verbe) ○ conj.n°3
Synonyme de coopérer. *Plusieurs auteurs **ont collaboré** à ce livre.* ⊙ Famille du mot : collaborateur, collaboration.

collage (nom masculin)
Action de coller. *Ce tableau est réalisé à partir de **collages** de papiers colorés.*

collant, ante (adjectif)
1. Qui colle. *Tu as les mains toutes **collantes**, va les laver.* 2. Qui moule le corps. *Anna ne se sent pas à l'aise dans des vêtements trop **collants**.* (Syn. serré. Contr. ample, bouffant.) ▷ **collant** (nom masculin) Sous-vêtement qui couvre le bas du corps, de la taille aux pieds. *Sous son pantalon de ski, Ibrahim porte un **collant** de laine.*

collation (nom féminin)
Repas léger. *Kevin prend une **collation** à dix heures avant d'aller au club.*

colle (nom féminin)
1. Matière utilisée pour faire adhérer deux surfaces. *Il faut de la **colle** forte pour recoller ce jouet cassé.* 2. Synonyme familier de devinette. *Là, tu me poses une **colle**, je ne sais pas répondre !*

collecte (nom féminin)
Action de rassembler de l'argent ou des objets. *Organiser une **collecte** pour aider les sans-abri. La **collecte** des ordures ménagères.*

collecter (verbe) ○ conj.n°3
Faire une collecte. ***Collecter** des vêtements pour les enfants défavorisés.*

collectif, ive (adjectif)
Qui concerne plusieurs personnes en même temps. *Le football est un sport **collectif**.* (Contr. individuel.) ⊙ Famille du mot : collectivement, collectivité.

collection (nom féminin)
1. Ensemble d'objets qu'on a réunis et qu'on garde pour le plaisir. *Mon grand frère a une belle **collection** de jouets anciens.* 2. Ensemble de vêtements créés par un couturier. *Des mannequins présentent les modèles de la **collection** d'hiver.* ⊙ Famille du mot : collectionner, collectionneur.

collectionner (verbe) ○ conj.n°3
Réunir en collection. *Élodie **collectionne** les timbres.*

collectionneur, euse (nom)
Personne qui fait une collection. *Une **collectionneuse** de cartes postales.*

collectivement (adverbe)
De façon collective. *Les manifestants ont exprimé **collectivement** leur mécontentement.* (Contr. individuellement.)

collectivité (nom féminin)
Ensemble des gens qui composent un groupe. *Pierre est un solitaire, il n'aime pas la vie en **collectivité**.*

collège (nom masculin)
Établissement d'enseignement secondaire qui comprend les classes allant de la sixième à la troisième.

collégien, enne (nom)
Élève d'un collège.

collègue (nom)
Personne avec qui on travaille dans la même entreprise. *Maman déjeune souvent avec ses **collègues** de travail.*

coller (verbe) ○ conj.n°3
1. Faire tenir avec de la colle. ***Coller** du papier peint sur les murs.* (Contr. décoller.) 2. Appliquer contre une surface. *Quentin **a collé** son visage à la vitre.* 3. Dans la langue familière, refuser à un examen. *Mon grand frère **a été collé** au bac.* ⊙ Famille du mot : autocollant, collage, collant, colle, colleur, décoller, recoller.

collet (nom masculin)
Piège comportant un lacet à nœud coulant pour prendre le gibier. *Un lièvre a été pris au **collet**.* • **Être collet monté** : être guindé, austère. *Ces gens **sont très collet monté**.* • **Saisir quelqu'un au collet** : l'attraper violemment par le col, ou procéder à son arrestation. ⊙ Être collet monté vient d'un ancien sens du mot collet, qui désignait un vêtement que l'on portait autour du cou.

colleur, euse (nom)
• **Colleur d'affiches** : personne qui colle des affiches sur des murs ou des panneaux.

collier (nom masculin)
1. Bijou qui se porte autour du cou. 2. Courroie qu'on attache au cou de certains animaux. *Les chiens perdus sans **collier** sont emmenés à la fourrière.* • **Donner un coup de collier** : fournir un gros effort.

collimateur (nom masculin)
Appareil qui permet de viser. *Le **collimateur** d'un avion de combat.* • **Avoir quelqu'un dans le collimateur** : le surveiller pour être prêt à l'attaquer.

colline (nom féminin)
Élévation de terrain de faible hauteur, au sommet arrondi.

collision (nom féminin)
Choc brutal entre deux corps en mouvement. *La **collision** entre les deux trains n'a heureusement fait aucun blessé.*

colloque (nom masculin)
Débat entre spécialistes d'une discipline. *Un **colloque** d'astronomie.*

collyre (nom masculin)
Médicament liquide qu'on met dans les yeux pour les soigner.

colmater (verbe) ○ conj.n°3
Boucher de façon hermétique. *La brèche dans la digue **a été colmatée**.*

colombage (nom masculin)
Ensemble des poutres de bois sur les murs de certaines maisons. *En Normandie, on voit encore des maisons à **colombages**.*

colombe (nom féminin)
Pigeon blanc ou gris. *La **colombe** portant dans son bec un rameau d'olivier est le symbole de la paix.*

colombien, enne
➠ Voir tableau p. 6.

colon (nom masculin)
Personne qui habite une colonie. ⊙ Famille du mot : colonial, colonialisme, colonie, colonisation, coloniser.

côlon (nom masculin)
Partie de l'intestin, appelée aussi gros intestin. ➠ p. 345.

colonel (nom masculin)
Officier d'un grade élevé, juste inférieur au général. *Le **colonel** commande un régiment.*

colonial, ale, aux (adjectif)
Qui concerne une colonie. *Autrefois, la France avait un empire **colonial**.*

colonialisme (nom masculin)
Politique d'un pays qui cherche à exploiter des colonies.

colonie (nom féminin)
1. Territoire dépendant d'un autre pays qui l'occupe et l'administre. *Le Sénégal a été une **colonie** française jusqu'en 1960.* 2. Groupe d'animaux qui vivent ensemble. *Une **colonie** de fourmis.* • **Colonie de vacances** : organisation qui rassemble des enfants pour les vacances.

colonisation (nom féminin)
Action de coloniser un pays.

coloniser (verbe) ○ conj.n°3
Transformer un pays en colonie. *Le Mali **a été colonisé** par la France au XIXe siècle.*

colonnade (nom féminin)
Alignement de colonnes. *Les **colonnades** des temples grecs.*

colonne (nom féminin)
1. Support vertical d'un bâtiment, de forme cylindrique. *Les **colonnes** du Parthénon à Athènes ont été restaurées.* (Syn. pilier.) **2.** Chacune des divisions verticales des pages d'un livre ou d'un journal. *Ce dictionnaire est imprimé sur deux **colonnes**.* **3.** Suite d'individus ou de véhicules en marche. *Une **colonne** de blindés a traversé la ville.* (Syn. file.)
• **Colonne vertébrale** : ensemble des vertèbres. (Syn. épine dorsale.) ➠ p. 1177.

colorant (nom masculin)
Produit qui sert à colorer certaines matières ou certains aliments. *Les bonbons sont souvent pleins de **colorants**.*

coloration (nom féminin)
Fait de se colorer. *Admirez la **coloration** du ciel au coucher du soleil !*

colorer (verbe) ○ conj.n°3
Donner une certaine couleur. *La grenadine **colore** l'eau en rouge. Pour cacher ses cheveux blancs, grand-mère **se colore** les cheveux en châtain.* (Syn. teinter.) ⊙ Famille du mot : colorant, coloration.

coloriage (nom masculin)
Action de colorier un dessin. *Ma petite sœur adore faire des **coloriages** avec ses feutres.*

colorier (verbe) ○ conj.n°10
Ajouter des couleurs à un dessin. *Un album d'images à **colorier**.*

coloris (nom masculin)
Couleur ou nuance de couleur. *Romain a choisi un **coloris** clair pour les murs de sa chambre.*

colossal, ale, aux (adjectif)
Qui est très grand, gigantesque. *La tour Eiffel est un édifice **colossal**.*

colosse (nom masculin)
Homme très grand et très fort.

un des **colosses** d'Abu Simbel (Égypte)

colporter (verbe) ○ conj.n°3
Répandre partout une nouvelle ou une rumeur. *Arrête de **colporter** ces ragots !*

colporteur (nom masculin)
Autrefois, marchand ambulant qui vendait des marchandises à domicile. ⊙ Les colporteurs n'avaient pas de cheval : ils devaient porter leurs marchandises sur leur *col*, c'est-à-dire sur leur dos.

colt (nom masculin)
Sorte de revolver. *Dans les westerns, les cow-boys portent un **colt** à la ceinture.* ⊙ Ce mot vient du nom de l'inventeur américain de cette arme, *Samuel Colt*.

un **colt**

colza (nom masculin)
Plante à fleurs jaunes. *Avec les graines de **colza**, on fait de l'huile et de la nourriture pour les animaux.*

un champ de **colza**

coma (nom masculin)
État dans lequel on ne sent plus rien, dans lequel on n'est plus conscient. *Le malade est toujours dans le **coma**.*

comateux, euse (adjectif)
Qui concerne le coma. *Le blessé est dans un état **comateux** depuis trois jours.*

combat (nom masculin)
1. Bataille entre troupes ennemies. *Les **combats** font rage dans cette région.* (Syn. affrontement.) 2. Lutte entre deux adversaires. *Un **combat** de boxe.*

combatif, ive (adjectif)
Qui est plein d'ardeur pour gagner un combat, une lutte. *Ce joueur de tennis est très **combatif**.*

combattant, ante (nom)
Personne qui participe à un combat. *Il y a eu des blessés parmi les **combattants**.*

combattre (verbe) conj.n°33
1. Se battre contre quelqu'un. ***Combattre** jusqu'à la victoire.* 2. Lutter contre quelque chose. *Ce sirop **combat** la toux. **Combattre** l'injustice.* Famille du mot : combat, combatif, combattant.

combien (adverbe)
Mot qui sert à demander une quantité, un prix, un poids. ***Combien** y a-t-il de fleurs dans ce bouquet ? **Combien** as-tu payé ton vélo ?*

combinaison (nom féminin)
1. Façon de combiner des choses. *Pour ouvrir ce coffre-fort, il faut connaître la **combinaison**.* (Syn. arrangement, disposition.) 2. Vêtement qui réunit en une seule pièce une veste et un pantalon. *Une **combinaison** de ski, de plongée.*

combine (nom féminin)
Dans la langue familière, moyen astucieux, parfois peu honnête. *Thomas a toujours des **combines** pour payer ses disques moins cher.*

combiné (nom masculin)
Partie d'un téléphone qui permet de parler et d'écouter. *À la fin de votre appel, n'oubliez pas de raccrocher le **combiné** !*

combiner (verbe) conj.n°3
1. Arranger différents éléments dans un certain ordre. *On peut **combiner** les chiffres à l'infini.* 2. Préparer quelque chose ou l'organiser. *Fatima essaie de **combiner** avec son frère une surprise pour l'anniversaire de leur mère.*

1. comble (adjectif)
Synonyme de bondé. *Ce bus est **comble**, attendons le suivant.*

2. comble (nom masculin)
Le plus haut degré. *Pour Victor, le **comble** du bonheur serait de gagner le match.* • **De fond en comble** : de haut en bas, partout. ▷ **combles** (nom masculin pluriel) Partie d'un bâtiment qui se trouve au dernier étage, juste sous le toit. *Elle habite une chambre sous les **combles**.*

combler (verbe) conj.n°3
1. Boucher un creux, remplir un vide. *Le peintre **a comblé** les fissures avec du plâtre.* 2. Satisfaire totalement. *Ton cadeau m'**a comblé**.* 3. Donner énormément de choses. *Mon grand-père m'**a comblé** de cadeaux.*

combustible (adjectif)
Qui peut brûler. *Le pétrole est **combustible**.* (Contr. incombustible.) ▷ **combustible** (nom masculin) Matière que l'on brûle pour produire de la chaleur ou de l'énergie. *Le bois, le charbon, le pétrole sont des **combustibles**.*

combustion (nom féminin)
Fait de brûler. *La **combustion** du charbon.*

comédie (nom féminin)
1. Pièce de théâtre amusante. *Gaëlle adore les **comédies** de Molière.* 2. Action de faire semblant. *William prétend qu'il est malade, mais c'est de la **comédie** pour ne pas aller à l'école.*

comédien, enne (nom)
Acteur qui joue au théâtre ou au cinéma. *Cette excellente **comédienne** a eu le prix d'interprétation.* ▷ **comédien, enne** (adjectif) Qui fait souvent semblant. *Il est très **comédien**, il ne faut pas toujours le croire quand il se plaint.*

comestible (adjectif)
Qui peut être mangé. *La girolle est un champignon **comestible**.*

comète (nom féminin)
Astre qui passe dans le ciel suivi d'une traînée lumineuse. • **Tirer des plans sur la comète** : faire des projets chimériques. ⊙ Comète vient du grec *komêtês* qui signifie « astre chevelu ».

la **comète** de Halley

comique (adjectif)
Qui fait rire. *Ce spectacle **comique** nous a beaucoup amusés.* (Syn. amusant, drôle.) ▷ **comique** (nom) Comédien qui joue des personnages comiques. *Charlie Chaplin était un grand **comique**.*

comité (nom masculin)
Groupe de personnes chargées d'organiser quelque chose. *Maman fait partie d'un **comité** de défense de l'environnement.*

commandant (nom masculin)
Officier qui commande un bataillon ou, dans la marine, un navire. • **Commandant de bord** : pilote d'un avion.

commande (nom féminin)
1. Action de commander une marchandise. *Maman a téléphoné au boucher pour lui passer une **commande**.* 2. Appareil qui fait fonctionner une machine. *Dans les avions, beaucoup de **commandes** sont automatiques.*

commandement (nom masculin)
Action de commander. *Le général a pris le **commandement** des opérations.*

commander (verbe) ⊙ conj.n°3
1. Donner l'ordre de faire quelque chose. *On nous **a commandé** de sortir quand le signal d'alarme a retenti.* (Syn. ordonner.) 2. Être le chef. *Le chef **commande** et les autres obéissent.* (Syn. diriger.) 3. Faire une demande pour acheter quelque chose à un commerçant. *J'**ai commandé** un livre à la librairie.* 4. Faire fonctionner un mécanisme. *C'est ce bouton qui **commande** l'ouverture de la porte.* ⊙ Famille du mot : commandant, commande, commandement, décommander, télécommande.

commando (nom masculin)
Petit groupe de soldats spécialement entraînés pour exécuter des opérations surprises.

comme (conjonction)
Sert à indiquer : 1. La comparaison. *Xavier est blond **comme** les blés.* 2. La cause. ***Comme** il pleut, on va rester à la maison.* (Syn. puisque.) 3. La manière. *Je ferai **comme** tu voudras.* (Syn. ainsi que.) 4. La simultanéité. *Il est sorti **comme** j'arrivais.* (Syn. au moment où.) 5. La qualité. *Elle a été embauchée **comme** secrétaire de direction.* (Syn. en tant que.) ▷ **comme** (adverbe) Indique l'exclamation. ***Comme** tu as grandi !* (Syn. que.)

commémoratif, ive (adjectif)
Qui commémore un événement. *Un monument **commémoratif** indique le lieu de la bataille.*

▸ **commémoration** (nom féminin) Fait de commémorer. *Le 8 mai, on fête la* ***commémoration*** *de la fin de la Seconde Guerre mondiale.*

▸ **commémorer** (verbe) ○ conj.n°3 Rappeler le souvenir d'un événement. *Le 14 juillet, on* ***commémore*** *la prise de la Bastille.* ⊙ Famille du mot : commémoratif, commémoration.

▸ **commencement** (nom masculin) Fait de commencer. *Je suis loin d'avoir fini mon livre, j'en suis juste au* ***commencement !*** (Syn. début. Contr. fin.)

▸ **commencer** (verbe) ○ conj.n°4 1. Faire la première partie, le début de quelque chose. *Hélène* ***a commencé*** *ses devoirs.* (Contr. finir, terminer.) 2. Être à son début. *Le film* ***commence*** *à 20 heures précises.* (Syn. débuter.) 3. Se mettre à faire quelque chose. *Mon petit frère* ***commence*** *déjà à parler.* ⊙ Famille du mot : commencement, recommencer.

▸ **comment** (adverbe) Sert à indiquer : 1. La manière ou le moyen. *Sais-tu* ***comment*** *ça marche ?* ***Comment*** *voyages-tu, en train ou en avion ?* 2. L'étonnement, la surprise ou la colère. ***Comment****, tu n'es pas encore prêt ?*

▸ **commentaire** (nom masculin) Remarque sur un événement ou un texte que l'on commente. *À la radio, on a entendu de nombreux* ***commentaires*** *sur le changement de Premier ministre.*

▸ **commentateur, trice** (nom) Journaliste qui commente l'actualité. *Un* ***commentateur*** *sportif.*

▸ **commenter** (verbe) ○ conj.n°3 Donner des explications ou faire des remarques sur un texte, un événement. *Son père est journaliste, il* ***commente*** *tous les jours l'actualité à la radio.* ⊙ Famille du mot : commentaire, commentateur.

▸ **commérage** (nom masculin) Histoire racontée par une commère, généralement malveillante. *N'écoutez pas ses* ***commérages****.* (Syn. cancan, potins, racontar, ragot.)

▸ **commerçant, ante** (nom) Personne qui fait du commerce ou qui tient un commerce. *La plupart des* ***commerçants*** *de mon quartier ferment le lundi.* ▷ **commerçant, ante** (adjectif) Où il y a beaucoup de magasins. *Cette rue est vraiment très* ***commerçante****.*

▸ **commerce** (nom masculin) 1. Fait d'acheter et de vendre des marchandises. 2. Boutique ou magasin. *Ses parents tiennent un* ***commerce*** *dans le centre-ville.* ⊙ Famille du mot : commerçant, commercial, commercialiser.

▸ **commercial, ale, aux** (adjectif) Qui a un rapport avec le commerce. *Pour être vendeur dans cette entreprise, il faut avoir fait des études* ***commerciales****.*

▸ **commercialiser** (verbe) ○ conj.n°3 Rendre disponible dans le commerce. *Cette voiture est un prototype, elle n'****est*** *pas encore* ***commercialisée****.*

▸ **commère** (nom féminin) Femme curieuse et bavarde. *La voisine est une vraie* ***commère****, elle raconte à tout le monde ce qui se passe dans l'immeuble.*

▸ **commettre** (verbe) ○ conj.n°33 Faire un acte répréhensible. ***Commettre*** *une erreur.* ***Commettre*** *un crime.*

▸ **commis** (nom masculin) Jeune employé. *Le* ***commis****-boucher prépare la viande.*

▸ **commissaire** (nom) Fonctionnaire de police qui a les inspecteurs et les agents d'un quartier sous ses ordres.

▸ **commissaire-priseur** (nom masculin) Personne chargée du déroulement des ventes aux enchères. → Pluriel : des commissaires-priseurs.

commissariat (nom masculin)
Bureaux d'un commissaire. *Après le cambriolage, papa a déposé plainte au **commissariat** de police.*

commission (nom féminin)
1. Message confié à une personne qui est chargée de le transmettre à une autre. *Yann m'a chargé d'une **commission** pour toi.* 2. Somme d'argent proportionnelle au prix de vente de quelque chose. *Sur chacune de leurs ventes, les vendeurs touchent une **commission**.* 3. Groupe de personnes qui se réunissent pour étudier une affaire et prendre des décisions. *Une **commission** d'enquête vient d'être nommée.* ▷ **commissions** (nom féminin pluriel) Courses ou achats. *Prends ce grand sac pour faire les **commissions**.*

commissure (nom féminin)
Coin de la bouche. *La **commissure** des lèvres.*

1. commode (adjectif)
1. Qui est pratique à utiliser. *Ce thermos est très **commode** pour boire chaud pendant le voyage.* 2. Qui est simple, facile à faire. *Ce serait plus **commode** de faire tous ces calculs avec une calculette.* (Contr. compliqué.) 3. Qui est agréable, a bon caractère. *Il est de mauvaise humeur et n'a pas l'air **commode** ce matin !*

2. commode (nom féminin)
Meuble bas à tiroirs. *Maman a une jolie **commode** en merisier dans sa chambre.*

commodité (nom féminin)
Qualité de ce qui est commode. *Par **commodité**, on se servira d'assiettes en carton.* ▷ **commodités** (nom féminin pluriel) Éléments de confort. *Il paraît que cet hôtel a toutes les **commodités**.*

commotion (nom féminin)
Choc nerveux ou émotion très forte.

commotionné, ée (adjectif)
Qui est frappé d'une commotion. *Il est sorti tout **commotionné** de sa voiture accidentée.*

commun, une (adjectif)
1. Qui sert à plusieurs personnes ou qui est partagé avec d'autres. *À la piscine, les douches sont **communes**.* (Contr. individuel, particulier.) 2. Qui est très répandu. *Les kangourous sont des animaux très **communs** en Australie.* (Syn. courant. Contr. rare.) • **En commun :** à plusieurs, ensemble. *Dans la coopérative de classe, les élèves mettent leur argent **en commun**. Le train, le métro, l'autobus sont des transports **en commun**.*

communal, ale, aux (adjectif)
De la commune. *L'école **communale** est juste à côté de la mairie.*

communautaire (adjectif)
Qui se fait en communauté. *Les moines mènent une vie **communautaire** dans leur monastère.*

communauté (nom féminin)
Groupe de personnes qui vivent ensemble et mettent tout en commun. *Dans cette abbaye vit une **communauté** religieuse.*

commune (nom féminin)
Petite ville ou village dirigés par un maire et un conseil municipal. *Ils habitent une petite **commune** de quelques centaines d'habitants.*

communiant, ante (nom)
Personne qui communie.

communicatif, ive (adjectif)
1. Qui se communique facilement. *Son rire est **communicatif** : toute la classe s'est mise à rire.* 2. Qui se confie et parle facilement. *Il est très **communicatif** et dit tout ce qu'il pense.* (Syn. expansif, ouvert. Contr. renfermé, taciturne.)

communication (nom féminin)
1. Action de communiquer une information. *Le ministre a fait une **communication** à la télévision.* 2. Conversation téléphonique. *Le prix des **communications** a baissé.* 3. Fait de communiquer d'un endroit à un autre. *Il y a une porte de **communication** entre la salle à manger et la cuisine.* • **Voies de communication :** routes, canaux, autoroutes, lignes de chemins de fer, etc.

a b c d e f g h i j k l m n o p q r s t u v w x y z

communier (verbe) ➲ conj.n°10
Recevoir la communion. ⊙ Famille du mot : communiant, communion.

▸ **communion** (nom féminin)
Sacrement de l'eucharistie, dans l'Église catholique.

▸ **communiqué** (nom masculin)
Message officiel transmis au public par la presse, la radio, la télévision.

▸ **communiquer** (verbe) ➲ conj.n°3
1. Faire connaître. *La nouvelle* ***a été communiquée*** *très tôt ce matin.* (Syn. transmettre.) 2. Échanger des informations. *Internet permet de* ***communiquer*** *dans le monde entier.* 3. Faire partager un sentiment ou une maladie. *Elle a réussi à nous* ***communiquer*** *son angoisse. Le virus de la grippe* ***se communique*** *facilement.* 4. Permettre de passer directement d'un lieu à un autre. *Ces deux pièces* ***communiquent****, on peut passer de l'une à l'autre.* ⊙ Famille du mot : communicatif, communication, communiqué.

▸ **communisme** (nom masculin)
Système dans lequel les usines et les terres d'un pays appartiennent à l'État.

▸ **communiste** (adjectif)
Qui a un rapport avec le communisme. *Un régime* ***communiste****.* ▷ **communiste** (nom) Partisan du communisme.

▸ **comorien, enne**
➠ Voir tableau p. 6.

▸ **compact, acte** (adjectif)
1. Qui est très épais ou très dense. *Une foule* ***compacte*** *se pressait le jour du concert.* 2. Qui est peu encombrant. *Une chaîne stéréo* ***compacte****.*

▸ **compact-disque** (nom masculin)
Synonyme de C.D. ➜ Pluriel : des compacts-disques.

▸ **compagne** (nom féminin)
Celle qui partage les activités et la vie de quelqu'un.

un **compact-disque**

▸ **compagnie** (nom féminin)
1. Présence auprès de quelqu'un. *J'apprécie toujours beaucoup sa* ***compagnie****.* 2. Société commerciale. *Son père travaille dans une* ***compagnie*** *d'assurances.* 3. Troupe de soldats ou de policiers. *Une* ***compagnie*** *est commandée par un capitaine.* 4. Troupe de théâtre ou de danse.

▸ **compagnon** (nom masculin)
Celui qui partage les activités et la vie de quelqu'un. *Ce chien est un fidèle* ***compagnon****.* ⊙ Voir copain.

▸ **comparable** (adjectif)
Qui est à peu près égal à autre chose. *Ces deux élèves sont d'un niveau* ***comparable****.*

▸ **comparaison** (nom féminin)
Fait de comparer des personnes ou des choses. *Si on fait la* ***comparaison*** *entre les prix, c'est ce magasin qui est le moins cher.*

▸ **comparaître** (verbe) ➲ conj.n°37
Se présenter devant un tribunal.

▸ **comparatif, ive** (adjectif)
Qui sert à comparer. *Papa a fait une étude* ***comparative*** *des différents devis pour la réparation de la toiture.* ▷ **comparatif** (nom masculin) Emploi de l'adjectif ou de l'adverbe dans une comparaison. *On distingue les* ***comparatifs*** *de supériorité (plus beau), d'égalité (aussi beau) et d'infériorité (moins beau).*

comparer (verbe) ○ conj.n°3
1. Examiner les ressemblances et les différences entre des personnes ou des choses. *Il faut **comparer** les prix avant d'acheter.* 2. Dire que quelque chose ou quelqu'un ressemble à quelque chose ou quelqu'un d'autre. *L'eau de ce lac est si transparente qu'on la **compare** à un miroir.* ⊙ Famille du mot : comparable, comparaison, comparatif, incomparable.

comparse (nom)
Synonyme de complice. *Le cambrioleur et ses **comparses** ont réussi à s'enfuir.*

compartiment (nom masculin)
1. Division dans un meuble, une boîte. (Syn. case.) 2. Chacune des parties d'un wagon où prennent place les voyageurs. *Il a choisi un **compartiment** non-fumeurs.*

comparution (nom féminin)
Fait de comparaître en justice. *La **comparution** des témoins est prévue demain.*

compas (nom masculin)
1. Petit instrument formé de deux tiges articulées, qui sert à tracer des cercles. 2. Sorte de boussole dont se servent les marins et les aviateurs. *Le **compas** indique le cap.*

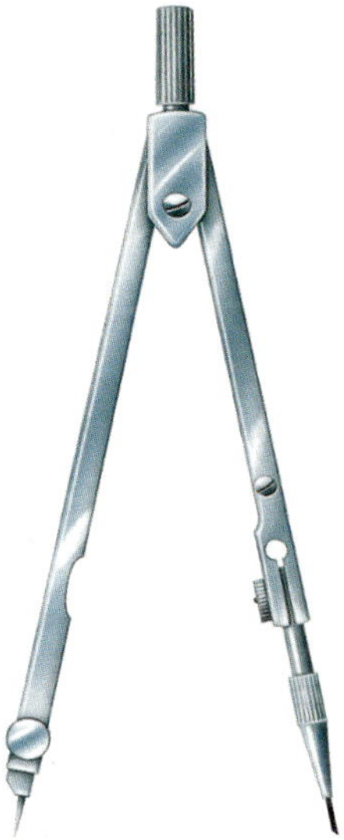

un **compas**

compassion (nom féminin)
Sentiment de pitié pour quelqu'un qui souffre. *Benjamin éprouve beaucoup de **compassion** pour le petit chien abandonné.*

compatible (adjectif)
Qui peut s'adapter ou s'accorder à quelque chose. *Ce logiciel n'est pas **compatible** avec ton ordinateur.* (Contr. incompatible.)

compatir (verbe) ○ conj.n°11
Éprouver de la compassion. *Nous **compatissons** à votre chagrin.*

compatriote (nom)
Personne originaire de la même patrie qu'une autre. *Le chef de l'État s'est adressé à ses **compatriotes**.*

compensation (nom féminin)
• **En compensation** : pour compenser autre chose. *Les éleveurs de bétail ont reçu une subvention **en compensation** de l'épidémie qui a frappé leurs troupeaux.* (Syn. en contrepartie.)

compenser (verbe) ○ conj.n°3
Rétablir un équilibre avec autre chose. *Ce qu'elle gagne a du mal à **compenser** ce qu'elle dépense.*

compère (nom masculin)
Camarade ou complice. *Le prestidigitateur avait des **compères** dans la salle.* (Syn. comparse.)

compétence (nom féminin)
1. Qualité d'une personne compétente. *Tout le monde apprécie sa **compétence**.* (Contr. incompétence.) 2. Aptitude légale d'une autorité à faire quelque chose. *Cette demande de grâce relève de la **compétence** du président de la République.*

compétent, ente (adjectif)
Qui connaît bien son métier ou son domaine. *Ce plombier est très **compétent**, on peut lui faire confiance.* (Syn. capable.) ⊙ Famille du mot : compétence, incompétence, incompétent.

compétitif, ive (adjectif)
Qui peut entrer en compétition avec autre chose. *Il a eu un billet d'avion à un prix très **compétitif**.*

compétition (nom féminin)
Épreuve sportive. *Julie doit participer à une **compétition** de natation.*

compilation (nom féminin)
1. Ouvrage fait avec un choix d'extraits d'œuvres diverses. 2. Disque fait avec un choix de succès musicaux.

complainte (nom féminin)
Chanson populaire plaintive et tragique. *La **complainte** des pauvres gens.*

se complaire (verbe) ○ conj.n°41
Prendre plaisir à faire quelque chose. *On dirait qu'elle **se complaît** à bouder.*

complaisance (nom féminin)
Qualité d'une personne complaisante. *Aurais-tu la **complaisance** de me raccompagner ?*

complaisant, ante (adjectif)
Synonyme de serviable. *Notre voisin est très **complaisant**, il nous rend de nombreux services.*

complément (nom masculin)
1. Ce qu'on ajoute pour compléter quelque chose. *Maman a touché la moitié de son salaire et aura le **complément** à la fin du mois.* 2. Mot ou groupe de mots qui complètent le sens d'un autre mot. *« Pomme » est le **complément** du verbe « manger » dans la phrase « Laura mange une pomme ».*

complémentaire (adjectif)
Qui apporte un complément. *Pour des informations **complémentaires**, il faut s'adresser à l'accueil.*

1. complet, ète (adjectif)
1. Auquel il ne manque rien. *Il y a 52 cartes, le jeu est **complet**.* (Contr. incomplet.) 2. Qui est total, absolu. *Dormir dans l'obscurité **complète**.* 3. Qui ne peut contenir davantage. *Ce bus est **complet**, il n'y a plus de place.* (Syn. comble, plein.) ⊙ Famille du mot : complètement, compléter, incomplet.

2. complet (nom masculin)
Costume d'homme. *Pour la cérémonie, il a mis un **complet** gris.*

complètement (adverbe)
De façon complète. *Ce quartier a été **complètement** rasé, il ne reste plus rien.* (Syn. entièrement, totalement. Contr. partiellement.)

compléter (verbe) ○ conj.n°8
Rendre plus complet. *Clément a acheté de nouveaux timbres pour **compléter** sa collection.*

Pour **compléter** cette figure, seul le trapèze bleu est **complémentaire**.

1. complexe (adjectif)
Synonyme de compliqué. *C'est une histoire trop **complexe**, je n'y comprends rien.*

2. complexe (nom masculin)
• **Avoir des complexes** : se sentir inférieur aux autres, être timide, être mal à l'aise.

complexé, ée (adjectif)
Qui a des complexes. *Myriam est **complexée** à cause de son poids.*

complexité (nom féminin)
Caractère complexe de quelque chose. *Ces calculs sont d'une grande **complexité**, je vais prendre une calculette.*

complication (nom féminin)
1. Caractère compliqué de quelque chose. *La **complication** de cet appareil me fait peur.* (Contr. simplicité.) 2. Élément nouveau qui aggrave une maladie ou qui perturbe le bon fonctionnement de quelque chose. *Depuis l'opération, il redoute des **complications**.*

complice (nom)
Personne qui aide une autre personne à faire quelque chose de mal. *Le malfaiteur et ses **complices** se sont enfuis.* (Syn. comparse.) **complice** (adjectif) Qui prouve une complicité. *Il m'a regardé d'un air **complice** et m'a souri.*

complicité (nom féminin)
Fait d'être le complice de quelqu'un.

compliment (nom masculin)
Paroles élogieuses pour féliciter quelqu'un. *Tous mes **compliments** pour ton succès !* (Syn. félicitations.)

complimenter (verbe) conj.n°3
Faire des compliments. *Tous les invités **ont complimenté** la cuisinière pour le repas.*

compliqué, ée (adjectif)
Qui est difficile à comprendre ou à faire. *Ce problème de mathématiques est vraiment très **compliqué**.* (Syn. complexe. Contr. simple.)

compliquer (verbe) conj.n°3
Rendre plus compliqué. *La situation **se complique**. Ne **te complique** pas la vie inutilement !* Famille du mot : complication, compliqué.

complot (nom masculin)
Projet secret préparé par plusieurs personnes et dirigé contre quelqu'un.

comploter (verbe) conj.n°3
Préparer un complot. *Je crois qu'ils **complotent** un mauvais coup !*

comportement (nom masculin)
Façon de se comporter. *Il a un **comportement** bizarre ces temps-ci.* (Syn. attitude, conduite.)

comporter (verbe) conj.n°3
1. Se composer de. *Cet immeuble **comporte** dix étages.* (Syn. comprendre.) 2. Se comporter : synonyme de se conduire. *Pour une fois, David **s'est** bien **comporté** à table.*

composant (nom masculin)
Chacun des éléments composant une chose. *L'azote et l'oxygène sont des **composants** de l'air.*

composé, ée (adjectif)
Constitué de plusieurs éléments. *Une salade **composée**.* • **Mot composé** : mot formé de plusieurs mots, unis ou non par un trait d'union. *Porte-clés est un **mot composé**.* • **Temps composé** : temps formé avec un verbe auxiliaire et le participe passé du verbe conjugué. *Dans la phrase « Il a bu tout son lait », le verbe boire est au passé **composé**.*

composer (verbe) conj.n°3
1. Faire quelque chose en assemblant différents éléments. *Noémie apprend à **composer** des bouquets.* 2. Taper l'un après l'autre les chiffres d'un numéro de téléphone ou d'un code. *Pour appeler les pompiers, il faut **composer** le 18.* 3. Produire une œuvre musicale ou littéraire. ***Composer** une opérette, un poème.* 4. Se composer : être formé, constitué de plusieurs éléments. *Cet appartement **se compose** de trois pièces, d'une entrée, d'une salle de bains et d'une cuisine.* (Syn. comporter, comprendre.) Famille du mot : composant, composé, compositeur, composition.

compositeur (nom masculin)
Personne qui compose de la musique.

composition (nom féminin)
1. Action ou façon de composer. *Il y a beaucoup de colorants dans la **composition** de ces bonbons.* 2. Devoir fait en classe pour établir un classement entre les élèves.

compost (nom masculin)
Engrais produit à partir de déchets végétaux qui ont fermenté.

composter (verbe) conj.n°3
Introduire un ticket dans un appareil qui perfore ou y imprime une marque. *Sarah a eu une amende dans le train car elle n'**avait** pas **composté** son ticket.*

composteur (nom masculin)
Appareil qui sert à composter.

compote (nom féminin)
Dessert composé de fruits cuits avec du sucre. *Une **compote** de pommes.*

compotier (nom masculin)
Plat creux en forme de coupe.

compréhensible (adjectif)
Que l'on peut comprendre facilement. *Mon petit frère a fait des progrès : son langage devient tout à fait **compréhensible**.* (Contr. incompréhensible.)

compréhensif, ive (adjectif)
Qui comprend et admet facilement le point de vue des autres. *Les enfants reprochent souvent à leurs parents de ne pas être assez **compréhensifs**.* (Syn. bienveillant, indulgent.)

compréhension (nom féminin)
1. Fait de comprendre. *Sans la ponctuation, la **compréhension** d'un texte est difficile.* 2. Fait d'être compréhensif. *La maîtresse fait preuve de beaucoup de **compréhension** envers les élèves qui ont des difficultés.* ⊙ Famille du mot : compréhensible, compréhensif, incompréhensible, incompréhension.

comprendre (verbe) ○ conj.n°32
1. Avoir une idée claire du sens de quelque chose. *Je n'**ai** rien **compris** à ce film.* (Syn. saisir.) 2. Se montrer compréhensif envers quelqu'un. *Les parents font beaucoup d'efforts pour essayer de **comprendre** leurs enfants.* 3. Être composé de plusieurs choses. *Le mois de janvier **comprend** 31 jours.* (Syn. comporter.)

compresse (nom féminin)
Morceau de tissu fin que l'on met sur une plaie.

compresser (verbe) ○ conj.n°3
Serrer ou presser. *En **compressant** une plaie, on empêche le sang de couler.* (Syn. comprimer.) ⊙ Famille du mot : compressible, compression, décompresser, décompression, incompressible.

compressible (adjectif)
Que l'on peut comprimer. *Les gaz sont **compressibles**.* (Contr. incompressible.)

compression (nom féminin)
1. Fait de comprimer. *La **compression** d'un gaz.* 2. Au sens figuré, réduction d'un effectif. *On prévoit une **compression** du personnel dans cette entreprise.*

comprimé (nom masculin)
Médicament en forme de pastille. *Si tu as mal à la tête, prends un **comprimé** d'aspirine.* (Syn. cachet.)

comprimer (verbe) ○ conj.n°3
Diminuer le volume d'un corps en serrant fortement. *L'air **comprimé** est utilisé dans l'industrie.* (Contr. dilater.)

compris, ise (adjectif)
Qui est compté, inclus dans un prix. *Le service est **compris**, mais tu peux laisser un pourboire.* • **Y compris** : en incluant. *Dans le car, il y a 25 personnes, **y compris** la maîtresse et le chauffeur.*

compromettre (verbe) ○ conj.n°33
1. Risquer de faire échouer quelque chose. *Tes mauvaises notes vont **compromettre** ton entrée au collège.* 2. Faire perdre sa réputation à quelqu'un. *Cet homme politique **est compromis** dans une vilaine affaire.*

compromis (nom masculin)
Arrangement intermédiaire entre deux solutions. *Ils ont fini par trouver un **compromis** : ils paieront chacun la moitié de la somme.*

compromission (nom féminin)
Action peu honorable qu'on fait par intérêt. *Il est prêt à toutes les **compromissions** pour arriver à ce qu'il désire.*

comptabilité (nom féminin)
Compte des recettes et des dépenses. *C'est le père d'Ibrahim qui fait la **comptabilité** de l'entreprise.*

comptable (nom)
Personne qui s'occupe de la comptabilité d'une entreprise ou d'une société.

comptant (adverbe)
• **Payer comptant** : entièrement et immédiatement. (Contr. à crédit.)

compte (nom masculin)
Action de compter. *Kevin fait le **compte** de son argent de poche.* (Syn. calcul.) • **À bon compte** : à bon marché. • **Compte à rebours** : énumération de nombres en ordre décroissant. • **Compte bancaire** ou **postal** : somme d'argent déposée à la banque ou à la poste. • **En fin de compte, tout compte fait** : finalement. • **Être loin du compte** : se tromper sur le résultat. • **Pour le compte de quelqu'un** : en étant payé par lui. • **Rendre compte de quelque chose** : le raconter. *Ursula nous **a rendu compte de** son voyage.* • **Se rendre compte de quelque chose** : le comprendre, s'en apercevoir. *Pierre ne **se rend pas compte de** sa méchanceté.* • **Tenir compte de quelque chose** : y attacher de l'importance. → Prononciation [kɔ̃t].

compte-gouttes (nom masculin)
Instrument permettant de compter les gouttes d'un liquide. → Prononciation [kɔ̃tgut]. → Pluriel : des compte-gouttes.

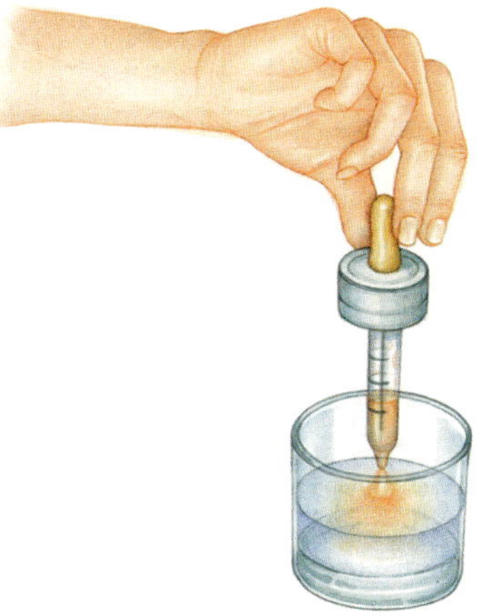
un **compte-gouttes**

compter (verbe) ○ conj.n°3
1. Réciter les nombres les uns après les autres. *Je **compte** jusqu'à trois : un, deux, trois.* 2. Calculer le nombre, la quantité. *Quentin **compte** son argent.* 3. Inclure un prix dans une somme. *Le service **est compté** dans la facture.* 4. Avoir de l'importance. *Ses amis **comptent** beaucoup pour elle.* 5. Avoir l'intention de faire quelque chose. *Je **compte** partir demain matin.* 6. Avoir confiance en quelqu'un. *Je **compte** sur toi pour m'aider.* → Prononciation [kɔ̃te]. ⊙ Famille du mot : comptabilité, comptable, comptant, compte, compte-gouttes, compte rendu, compteur, décompter.

compte rendu (nom masculin)
Récit qui rend compte de quelque chose. *Il nous a fait un bref **compte rendu** de la réunion.* (Syn. rapport.) → Prononciation [kɔ̃tʀɑ̃dy]. → Pluriel : des comptes rendus.

compteur (nom masculin)
Appareil qui sert à mesurer certaines grandeurs. *Le **compteur** électrique indique la consommation d'électricité.* → Prononciation [kɔ̃tœʀ].

comptine (nom féminin)
Petit texte récité ou chanté. *À la maternelle, on apprend des **comptines** : « Une poule sur un mur, qui picore du pain dur... »* → Prononciation : [kɔ̃tin].

comptoir (nom masculin)
1. Table longue et étroite sur laquelle un commerçant étale sa marchandise. 2. Dans un café, sorte de table haute sur laquelle sont servies les consommations. *Manger un sandwich debout au **comptoir**.* (Syn. bar.) → Prononciation : [kɔ̃twaʀ].

compulser (verbe) ○ conj.n°3
Consulter un ouvrage ou un document. *Si tu ne connais pas le sens d'un mot, **compulse** ton dictionnaire.*

comte, comtesse (nom)
Titre de noblesse inférieur à celui de marquis et supérieur à celui de vicomte.

1. comté (nom masculin)
Ensemble des terres qui appartenaient à un comte. ⊙ Encore aujourd'hui, les circonscriptions administratives du Québec s'appellent des comtés.

2. comté (nom masculin)
Fromage à pâte cuite, qui ressemble au gruyère. ⊙ Ce mot vient du nom de la région où est fabriqué ce fromage, la *Franche-Comté*.

comtesse ➠ Voir comte.

concasser (verbe) ◯ conj.n°3
Réduire en petits morceaux. ***Concasser** du poivre.* (Syn. broyer.)

concave (adjectif)
Dont la surface est en creux. *Un miroir **concave**.* (Contr. convexe.)

concave et **convexe**

concentration (nom féminin)
Fait de se concentrer. *Cet exercice demande beaucoup de **concentration**.* (Syn. attention.) • **Camp de concentration** : lieu où des prisonniers sont rassemblés dans des conditions effroyables.

concentré, ée (adjectif)
Se dit d'un produit alimentaire auquel on a enlevé une partie de son eau. ▷ **concentré** (nom masculin) Substance concentrée. *Du **concentré** de tomates.*

concentrer (verbe) ◯ conj.n°3
1. Regrouper dans un même lieu. *La population **s'est concentrée** sur la place du village.* (Contr. disperser.) 2. Se concentrer : fixer son attention. *Il y a trop de bruit, Zoé a beaucoup de mal à **se concentrer**.* ⊙ Famille du mot : concentration, concentré, déconcentrer.

concentrique (adjectif)
Qui ont le même centre et des diamètres différents. *Quand on jette un caillou dans la rivière, il se forme des cercles **concentriques**.*

des cercles **concentriques**

concept (nom masculin)
Représentation abstraite de quelque chose que l'on forme dans son esprit.

conception (nom féminin)
Façon de concevoir une idée. *Leurs **conceptions** de la situation sont très différentes.* (Syn. jugement, opinion, vue.)

concerner (verbe) ◯ conj.n°3
Avoir un rapport direct avec quelqu'un ou quelque chose. *Je ne **suis** vraiment pas **concernée** par vos histoires !*

concert (nom masculin)
Exécution en public d'une œuvre musicale. *Un **concert** de jazz, de musique classique.*

concertation (nom féminin)
Fait de se concerter. *Sans **concertation**, le projet échouera.*

se concerter (verbe) ◯ conj.n°3
Discuter pour se mettre d'accord avant d'agir. *Tous les élèves **se sont concertés** pour faire une surprise à leur professeur.*

concerto (nom masculin)
Morceau de musique dans lequel l'orchestre joue en alternance avec un ou plusieurs instruments.

concession (nom féminin)
Fait de renoncer à certaines de ses exigences pour parvenir à un accord. *Pour que la paix soit possible, il faut que les deux pays fassent des **concessions**.*

concessionnaire (nom)
Représentant officiel d'une marque dans une région. *Ce garagiste est un **concessionnaire** Renault.* (Syn. dépositaire.)

concevoir (verbe) ○ conj.n°21
Former une idée dans son esprit. *C'est un architecte célèbre qui **a conçu** ce grand ensemble.* (Syn. imaginer.)

concierge (nom)
Gardien ou gardienne d'un immeuble. *Le **concierge** de l'école vient d'ouvrir les portes.*

concile (nom masculin)
Assemblée d'évêques convoqués par le pape.

conciliabule (nom masculin)
Conversation secrète et à voix basse. *Je n'apprécie pas beaucoup vos **conciliabules**, qu'est-ce que vous me cachez ?*

conciliant, ante (adjectif)
Qui est toujours prêt à trouver un accord. *Il s'est montré très **conciliant** en acceptant cet arrangement.* (Syn. accommodant, arrangeant.)

conciliation (nom féminin)
Accord entre des personnes. *Parvenir à une **conciliation**.* (Syn. arrangement.)

concilier (verbe) ○ conj.n°10
Faire aller ensemble des choses qui semblent incompatibles. *Romain essaie de **concilier** ses études et les loisirs.* ⊙ Famille du mot : conciliant, conciliation, réconciliation, réconcilier.

concis, ise (adjectif)
Qui dit l'essentiel en peu de mots. *Soyez très **concis**, et résumez-moi la situation en quelques mots.* (Syn. bref.)

concision (nom féminin)
Caractère concis. *Son récit est d'une remarquable **concision**.*

concitoyen, enne (nom)
Personne qui habite la même ville ou le même pays. *Le maire s'est adressé à tous ses **concitoyens**.*

concluant, ante (adjectif)
Qui permet de juger du résultat de quelque chose. *Cet essai n'a pas été **concluant**, il va falloir en faire un autre.*

conclure (verbe) ○ conj.n°51
1. Terminer un discours ou un écrit. *Il a dit pour **conclure** qu'il fallait rester optimiste.* 2. Arriver à un accord. *Ces deux pays ont fini par **conclure** un traité de paix.* (Syn. signer.) 3. Aboutir à un jugement, après avoir réfléchi. *S'il n'est pas encore arrivé, j'en **conclus** qu'il n'a pas pu venir.* (Syn. déduire.) ⊙ Famille du mot : concluant, conclusion.

conclusion (nom féminin)
1. Ce qui conclut un discours ou un texte. *Ton devoir est bon, mais il manque une **conclusion**.* 2. Fait de conclure un accord. *Les deux pays sont parvenus à la **conclusion** d'un traité de paix.* 3. Conséquence qu'on tire d'un raisonnement. *Quelles **conclusions** peut-on tirer de cette histoire ?*

concombre (nom masculin)
Fruit allongé de couleur verte qui se mange en salade.

feuilles et fruit du **concombre**

concordant, ante (adjectif)
Qui concorde. *Leurs avis sont **concordants** : sur ce point au moins ils sont d'accord.* (Contr. discordant.)

concorde (nom féminin)
Bonne entente. *J'apprécie beaucoup la **concorde** qui règne dans cette classe agréable.* (Syn. harmonie. Contr. discorde.)

concorder (verbe) conj.n°3
Être en accord, en harmonie. *Leurs témoignages **concordent** parfaitement.* (Syn. coïncider.) Famille du mot : concordant, concorde.

concourir (verbe) conj.n°16
1. Participer à un concours ou à une compétition. *Ce cheval n'**a** pas **concouru** car il était blessé.* 2. Travailler ensemble à une action. *Tous les élèves **ont concouru** au succès de la fête de l'école.* (Syn. contribuer à.) Concourir vient du latin *concurrere* qui signifie « courir ensemble ».

concours (nom masculin)
1. Épreuve où le nombre de candidats reçus est fixé d'avance. *Ce n'est pas un examen, c'est un **concours**.* 2. Fait de concourir à une action. *C'est grâce à ton **concours** que nous avons réussi.* (Syn. aide, contribution.) • **Concours de circonstances** : suite de hasards. *Cet accident est dû à un **concours de circonstances** défavorables.*

concret, ète (adjectif)
Qui désigne une chose que l'on peut voir et toucher. *Crayon, chaise, cahier sont des noms **concrets**.* (Contr. abstrait.) Famille du mot : concrètement, se concrétiser.

concrètement (adverbe)
Pratiquement, réellement. *Qu'est-ce que je peux faire **concrètement** pour t'aider ?*

se concrétiser (verbe) conj.n°3
Synonyme de se matérialiser. *Elle aimerait bien que ses rêves **se concrétisent**.*

concubin, ine (nom)
Personne qui vit avec une autre sans être mariée.

concubinage (nom masculin)
Situation des concubins. *Vivre en **concubinage**.*

concurrence (nom féminin)
Rivalité d'intérêts. *Les supermarchés font de la **concurrence** aux petits commerçants.*

concurrencer (verbe) conj.n°4
Faire concurrence à. *Notre épicier a baissé ses prix pour **concurrencer** le supermarché et attirer la clientèle.*

concurrent, ente (nom)
1. Personne qui participe à une compétition ou à un concours. *Tous les **concurrents** de la course portent un dossard.* 2. Entreprise ou commerçant qui vend les mêmes produits qu'un autre. *Maman n'est pas contente de son plombier, la prochaine fois elle s'adressera à un **concurrent**.* Famille du mot : concurrence, concurrencer.

Le **concurrent** n° 2 est en tête !

condamnable (adjectif)
Qui mérite d'être condamné. *Son attitude est tout à fait **condamnable**.* (Contr. louable.)

condamnation (nom féminin)
Fait d'être condamné. *La **condamnation** de ce suspect n'a surpris personne.*

condamné, ée (nom)
Personne qui a été condamnée. *Un **condamné** à mort.*

condamner (verbe) conj.n°3
1. Déclarer quelqu'un coupable et le punir. *Il **a été** seulement **condamné** à une amende.* (Contr. acquitter.) 2. Fermer définitivement une ouverture. *Pour pouvoir mettre ce meuble, il va falloir **condamner** la porte.* 3. Désapprouver totalement. *L'opposition **condamne** les décisions du ministre.* → Prononciation [kɔ̃dane]. Famille du mot : condamnable, condamnation, condamné.

condensation (nom féminin)
Transformation de la vapeur d'eau en gouttelettes.

condensé (nom masculin)
Bref résumé. *Ce livre n'est pas le texte intégral, c'est un **condensé**.*

condenser (verbe) ○ conj.n°3
1. Rendre plus concis, plus court. *L'exercice consiste à **condenser** l'histoire en trois lignes.* (Syn. résumer.) 2. Se condenser : passer de l'état gazeux à l'état liquide. *La vapeur d'eau **se condense** en buée sur les vitres.* ⊙ Famille du mot : condensation, condensé. ⊙ À l'origine, condenser c'est « rendre plus dense ».

condiment (nom masculin)
Produit qui donne plus de goût aux aliments. *Le poivre, la moutarde, la cannelle sont des **condiments**.*

condition (nom féminin)
1. Ce qui est nécessaire pour qu'une chose arrive. *Vous pouvez jouer au ballon à **condition** d'aller dehors.* 2. Chose qu'on exige. *Les **conditions** sont très dures pour obtenir ce poste.* 3. Situation sociale. *Ses parents sont de **condition** très modeste.* 4. Forme physique. *Thomas était en excellente **condition** le jour de la compétition.* ▷ **conditions** (nom féminin pluriel) Ensemble de circonstances. *Les **conditions** de travail sont assez pénibles dans cette usine.* ⊙ Famille du mot : conditionnel, inconditionnel.

conditionné, ée (adjectif)
• **Air conditionné** : système d'appareils qui maintient l'air à une température régulière, prévue à l'avance.

conditionnel (nom masculin)
Mode du verbe qui indique que l'action dépend d'une condition. *Dans la phrase « Si Victor avait assez d'argent, il achèterait un vélo », le verbe acheter est au **conditionnel**.*

conditionnement (nom masculin)
Synonyme d'emballage. *Le **conditionnement** de ce lait est très pratique.*

condoléances (nom féminin pluriel)
Formule de compassion qu'on dit à quelqu'un, après un décès. *Je vous présente toutes mes **condoléances**.*

condor (nom masculin)
Grand vautour d'Amérique du Sud. *Les **condors** se nourrissent de charognes.*

un **condor**

conducteur, trice (nom)
Personne qui conduit un véhicule. *Un **conducteur** de camion s'appelle un routier.* (Syn. chauffeur.) ▷ **conducteur** (nom masculin) Matière qui transmet la chaleur ou l'électricité. *Le cuivre est un bon **conducteur**.*

conduire (verbe) ○ conj.n°43
1. Accompagner une personne quelque part. *Je vais vous **conduire** à la gare.* 2. Diriger et manœuvrer un véhicule. *Maman **conduit** très bien, elle n'a jamais eu d'accident.* 3. Mener quelque part. *Plusieurs chemins **conduisent** à la plage.* (Syn. aller.) 4. Se conduire : avoir une bonne ou une mauvaise conduite. *Les enfants **se sont** très bien **conduits** pendant la cérémonie.* (Syn. se comporter, se tenir.) ⊙ Famille du mot : conducteur, conduit, conduite, reconduire.

conduit (nom masculin)
Tuyau dans lequel passe quelque chose. *Le ramoneur a nettoyé le **conduit** de la cheminée.*

conduite (nom féminin)
1. Action de conduire un véhicule. *La **conduite** est très difficile sur le verglas.* 2. Manière d'agir, de se conduire. *Sa **conduite** a été jugée irresponsable.* (Syn. comportement.) 3. Synonyme de canalisation. *Le plombier est venu réparer la **conduite** d'eau qui fuyait.*

cône (nom masculin)
Solide dont la base est un cercle et le sommet une pointe. *Le clown porte un chapeau en forme de **cône**.* ➠ p. 512.

confection (nom féminin)
1. Action de confectionner. *La **confection** de ce dessert est très longue.* (Syn. préparation.) 2. Industrie du vêtement. *Un atelier de **confection**.*

confectionner (verbe) ⊙ conj.n°3
Préparer ou faire quelque chose. *Anna **a confectionné** une très jolie boîte pour la fête des mères.* (Syn. fabriquer.)

confédération (nom féminin)
Groupement de plusieurs associations ou de plusieurs États. *La Suisse est une **confédération** composée de cantons.*

conférence (nom féminin)
Réunion où une personne fait un exposé. *Cet historien a fait une **conférence** sur Louis XIV.* • **Conférence de presse** : réunion organisée pour informer les journalistes.

conférencier, ère (nom)
Personne qui fait une conférence.

confesser (verbe) ⊙ conj.n°3
1. Avouer ses torts. *J'ai très mal réagi, je le **confesse**.* 2. Se confesser : dans la religion catholique, avouer ses péchés à un prêtre. ⊙ Famille du mot : confession, confessionnal.

confession (nom féminin)
1. Ce que dit une personne qui se confesse ou qui avoue. 2. Appartenance à une religion. *Il est de **confession** protestante.*

confessionnal, aux (nom masculin)
Dans une église, sorte de cabine où l'on se confesse.

confetti (nom masculin)
Petite rondelle de papier de couleur. *Après le carnaval, la rue est pleine de **confettis**.* ⊙ Confetti vient de l'italien et désignait autrefois des bonbons.

confiance (nom féminin)
Sentiment qu'on éprouve quand on sait que quelqu'un est honnête, qu'on peut se fier à lui. *Tu peux lui faire **confiance**, il fera ce qu'il a promis.* (Contr. défiance, méfiance.) • **Confiance en soi** : sentiment de quelqu'un qui est sûr de lui, qui est plein d'assurance. *Elle manque encore de **confiance en elle**.*

confiant, ante (adjectif)
Qui fait confiance. *Il est **confiant** en l'avenir.* (Contr. méfiant.)

confidence (nom féminin)
Secret qu'on confie à quelqu'un. *J'aimerais te faire une **confidence**, mais j'ai peur que tu la répètes.* ⊙ Famille du mot : confident, confidentiel.

confident, ente (nom)
Personne à qui on fait des confidences. *Zoé est ma **confidente** : je lui dis tout mes secrets.*

confidentiel, elle (adjectif)
Qui doit rester tout à fait secret, comme une confidence. *Une information **confidentielle**.*

confier (verbe) ⊙ conj.n°10
1. Laisser à la garde de quelqu'un. *Quand Fatima part en vacances, elle **confie** son chat à sa grand-mère.* 2. Dire en confidence. *Je vais te **confier** un secret !* 3. Se confier : faire des confidences. *C'est à sa mère qu'elle **se confie** le plus facilement.*

configuration (nom féminin)
Forme de quelque chose. *La **configuration** d'un paysage.*

confiné, ée (adjectif)
• **Air confiné** : air contenu dans un local fermé.

▸ **confins** (nom masculin pluriel)
Limites d'une région ou d'un pays. *Ce village se situe aux* ***confins*** *de l'Europe.*

▸ **confirmation** (nom féminin)
Action de confirmer. *La* ***confirmation*** *du vol doit se faire 48 heures avant le départ de l'avion.*

▸ **confirmer** (verbe) ○ conj.n°3
Affirmer que quelque chose est exact ou certain. *La nouvelle est sûre, elle vient d'****être confirmée*** *à la radio.*

▸ **confiscation** (nom féminin)
Action de confisquer. *Le maître a exigé la* ***confiscation*** *du canif.*

▸ **confiserie** (nom féminin)
1. Magasin où on vend des bonbons, des sucreries. 2. Ensemble des sucreries. *Les caramels, les fruits confits, les bonbons acidulés sont des* ***confiseries****.*

un bocal de **confiseries**

▸ **confiseur, euse** (nom)
Personne qui fabrique et vend des confiseries.

▸ **confisquer** (verbe) ○ conj.n°3
Prendre provisoirement un objet à quelqu'un. *William a cassé un carreau avec son ballon, la maîtresse le lui* ***a confisqué****.*

▸ **confit, ite** (adjectif)
Conservé dans du vinaigre, du sucre ou de la graisse. *Des fruits* ***confits****.*
▹ **confit** (nom masculin) Viande cuite et conservée dans sa graisse. *Du* ***confit*** *de canard.*

▸ **confiture** (nom féminin)
Fruits que l'on a fait cuire avec du sucre pour les conserver. *Des* ***confitures*** *de cerises.*

▸ **conflit** (nom masculin)
Grave désaccord qui oppose des personnes ou des pays. *C'est un vieux* ***conflit*** *entre eux !*

▸ **confluent** (nom masculin)
Endroit où deux cours d'eau se rencontrent. *Lyon est au* ***confluent*** *du Rhône et de la Saône.*

▸ **confondre** (verbe) ○ conj.n°31
Prendre une personne ou une chose pour une autre. *Les deux sœurs se ressemblent tellement que je les* ***confonds*** *toujours. Ne* ***confonds*** *pas les mots « mer » et « mère ».* (Contr. distinguer.)

▸ **conforme** (adjectif)
Qui est en accord avec un modèle ou un règlement. *Cette nouvelle installation électrique est* ***conforme*** *aux normes actuelles.* ⊙ Famille du mot : conformément, se conformer, conformisme, conformiste, conformité.

▸ **conformément** (adverbe)
En conformité avec. *Il fait beau aujourd'hui,* ***conformément*** *aux prévisions météorologiques.* (Contr. contrairement.)

▸ **se conformer** (verbe) ○ conj.n°3
Agir en conformité avec quelque chose. *Il faut* ***se conformer*** *aux habitudes du pays que l'on visite.* (Syn. se soumettre.)

▸ **conformisme** (nom masculin)
Attitude de ceux qui agissent comme tout le monde, sans originalité.

▸ **conformiste** (adjectif et nom)
Qui fait preuve de conformisme.

conformité (nom féminin)
• **En conformité avec :** en accord avec. *Essayer d'agir **en conformité avec** ses idées.*

confort (nom masculin)
Tout ce qui rend la vie quotidienne plus facile et plus agréable. *Cette maison a tout le **confort** désirable : eau, électricité et chauffage.* Famille du mot : confortable, confortablement, inconfort, inconfortable.

confortable (adjectif)
Qui donne une sensation de confort. *Ce lit est très **confortable**, j'y ai très bien dormi.*

confortablement (adverbe)
De façon confortable. *Installez-vous pour travailler **confortablement**.*

confrère (nom masculin)
Personne qui exerce la même profession qu'une autre. *Notre médecin est en vacances, nous allons consulter un de ses **confrères**.*

confrontation (nom féminin)
Fait de confronter. *La **confrontation** des différents témoins est nécessaire.*

confronter (verbe) conj.n°3
Mettre des personnes en présence pour comparer ce qu'elles affirment. ***Confronter** des témoins, des points de vue.* • **Être confronté à une difficulté :** devoir y faire face.

confus, use (adjectif)
1. Qui est difficile à comprendre. *Il a fait un discours très **confus** qu'on a eu du mal à suivre.* (Syn. embrouillé. Contr. clair.)
2. Qui éprouve un sentiment de confusion. *Je suis vraiment **confuse** de vous avoir fait attendre.* (Syn. honteux.)

confusion (nom féminin)
1. Fait de confondre. *Faire une **confusion** entre deux personnes.*
2. Caractère confus, embrouillé. *Quelle **confusion** dans ses paroles !* (Contr. clarté.) 3. Sentiment de gêne ou de honte. *Rougir de **confusion**.*

congé (nom masculin)
Période pendant laquelle on ne travaille pas. *Papa a pris quelques jours de **congé** pour nous conduire à la montagne.* (Syn. vacances.) • **Donner congé à quelqu'un :** le congédier. • **Prendre congé de quelqu'un :** lui dire au revoir.

congédier (verbe) conj.n°10
Renvoyer quelqu'un de son travail. *Son patron l'**a congédié** pour faute grave.* (Syn. remercier.)

congélateur (nom masculin)
Appareil dans lequel on congèle les aliments pour les conserver.

congélation (nom féminin)
Action de congeler.

congeler (verbe) conj.n°8
Soumettre un aliment à une très basse température. *Maman vide les poissons avant de les **congeler**.* Famille du mot : congélateur, congélation, décongélation, décongeler.

congénère (nom)
Personne ou animal de la même espèce. *Lui et ses **congénères** sont très antipathiques.*

congénital, ale, aux (adjectif)
Qui existe dès la naissance. *Il est atteint d'une maladie **congénitale**.*

congère (nom féminin)
Gros tas de neige durcie par le vent. *Des **congères** ont bloqué la circulation.*

congestion (nom féminin)
Maladie due à du sang accumulé dans une partie du corps. *Il est mort d'une **congestion** cérébrale.*

congestionné, ée (adjectif)
Qui est rouge à cause de l'afflux de sang. *Il a couru si vite qu'il a le visage tout **congestionné**.*

congolais, aise
➠ Voir tableau p. 6.

congratuler (verbe) conj.n°3
Féliciter chaudement. *Les joueurs **se congratulent** après avoir marqué un but.*

congre (nom masculin)
Poisson de mer carnivore, allongé comme une anguille.

un **congre**

congrès (nom masculin)
Réunion de personnes rassemblées pour échanger des idées sur leurs intérêts communs. *Un **congrès** de médecins.*

congressiste (nom)
Personne qui participe à un congrès.

conifère (nom masculin)
Arbre qui porte des aiguilles. *Les **conifères** gardent leurs aiguilles en hiver et restent verts.* ⊙ Conifère vient de mots latins qui signifient « qui porte des fruits en forme de cône ».

fruits de **conifères** 1 épicéa 2 cyprès 3 cèdre 4 séquoia 5 pin 6 sapin 7 genévrier

conique (adjectif)
Qui a la forme d'un cône.

conjecture (nom féminin)
Opinion fondée sur des suppositions. *Comme on ne sait rien de précis, on se perd dans des **conjectures**.*

conjoint, ointe (nom)
Personne avec laquelle on est marié. *Votre **conjointe** est-elle avec vous ?* (Syn. époux.)

conjonctif, ive (adjectif)
• **Locution conjonctive :** groupe de mots qui a la même fonction qu'une conjonction. *« Bien que » est une **locution conjonctive**.*

conjonction (nom féminin)
Mot invariable qui sert à unir deux mots ou deux groupes de mots. *Il existe des **conjonctions** de coordination (mais, et...) et des **conjonctions** de subordination (que, comme, quand...).*

conjonctivite (nom féminin)
Inflammation de l'œil. *Ce collyre soignera votre **conjonctivite**.*

conjoncture (nom féminin)
Situation de l'économie ou de la société. *Les affaires marchent mal : la **conjoncture** est mauvaise.*

conjugaison (nom féminin)
Ensemble des formes d'un verbe en fonction de la voix, du mode, du temps, de la personne et du nombre.

conjugal, ale, aux (adjectif)
Qui concerne le mari et la femme, les époux. *Il s'est mis dans son tort en quittant le domicile **conjugal**.*

conjuguer (verbe) ⊙ conj.n°3
Réciter ou écrire la conjugaison d'un verbe. ***Conjugue** le verbe « prendre » à l'imparfait.* • **Conjuguer ses efforts :** les unir.

conjuration (nom féminin)
Synonyme de conspiration. *Ses ennemis avaient fomenté une **conjuration** contre l'empereur.*

conjurer (verbe) ⊙ conj.n°3
1. Éloigner quelque chose de mauvais. *Le sorcier prononce des formules magiques pour **conjurer** les mauvais esprits.* **2.** Supplier avec insistance. *Restez calmes, je vous en **conjure** !*

connaissance (nom féminin)
1. Fait de connaître. *Pour ce poste, la **connaissance** de plusieurs langues est indispensable.* 2. Personne que l'on connaît. *C'est une vieille **connaissance**, nous étions ensemble à la maternelle.* • **En connaissance de cause** : en sachant bien ce qu'on fait, consciemment. • **Faire connaissance** : rencontrer quelqu'un pour la première fois. • **Perdre connaissance** : s'évanouir. ▷ **connaissances** (nom féminin pluriel) Choses qu'on a apprises et que l'on sait. *Gaëlle a déjà des **connaissances** solides en anglais.*

connaisseur, euse (nom)
Personne qui s'y connaît dans un domaine. *Cet expert est un grand **connaisseur** en art contemporain.*

connaître (verbe) ⊙ conj.n°37
1. Savoir après avoir appris. *Papa **connaît** bien l'anglais, il le parle couramment.* (Contr. ignorer.) 2. Avoir déjà rencontré quelqu'un ou vu quelque chose et savoir qui ils sont. *Ils **se connaissent** depuis longtemps. Tu **connais** cette plante ?* 3. Être déjà allé quelque part. *Hélène **connaît** bien la Grèce, elle y va souvent.* 4. Avoir. *On ne pensait pas que ce film **connaîtrait** un tel succès.* • **S'y connaître** : être compétent dans un domaine. ⊙ Famille du mot : connaissance, connaisseur, connu, inconnu, méconnaissable, méconnaissance, méconnaître, méconnu.

connecter (verbe) ⊙ conj.n°3
Relier un appareil à un circuit. *Cet ordinateur **est connecté** à un réseau.*

connétable (nom masculin)
Au Moyen Âge, chef des armées du royaume.

connexion (nom féminin)
Fait de connecter. *Établir une **connexion** à l'aide d'un câble.*

connivence (nom féminin)
Accord secret entre des personnes. *Il y a une grande **connivence** entre le frère et la sœur.* (Syn. complicité.) ⊙ Connivence vient d'un verbe latin qui signifie « fermer les yeux », c'est-à-dire « être d'accord ».

connu, ue (adjectif)
Qui est célèbre. *Charlie Chaplin est très **connu**.* (Contr. inconnu.)

conquérant, ante (nom)
Personne qui fait des conquêtes militaires. *Jules César a été un grand **conquérant**.*

conquérir (verbe) ⊙ conj.n°18
Occuper par la force. *Les troupes rebelles ont fini par **conquérir** toute cette région.* (Syn. envahir, soumettre.) ⊙ Famille du mot : conquérant, conquête, reconquérir, reconquête.

conquête (nom féminin)
1. Action de conquérir un pays. *La **conquête** de la Gaule par les Romains.* 2. Pays conquis. *Les **conquêtes** de Napoléon.*

conquistador (nom masculin)
Conquérant espagnol qui partait en Amérique au XVIe siècle.

consacrer (verbe) ⊙ conj.n°3
1. Donner un caractère sacré, religieux à un lieu. *Ce temple **est consacré** à Zeus.* 2. Employer son temps à une activité. *Julie **consacre** le mercredi au sport, tandis que ce jour-là Xavier **se consacre** au piano.*

consciemment (adverbe)
En ayant conscience de ce qu'on fait. *C'est tout à fait **consciemment** qu'elle a agi ainsi.* → Prononciation [kɔ̃sjamɑ̃].

conscience (nom féminin)
Ce qui permet à chacun de juger ce qui est bien et ce qui est mal. *Il a un problème de **conscience**, il ne sait pas s'il doit accepter ou non.* • **Avec conscience** : consciencieusement. • **Avoir conscience de quelque chose** : s'en rendre compte. ***As-tu conscience du** danger qui existe à plonger de si haut ?* • **Avoir quelque chose sur la conscience, ne pas avoir la conscience tranquille** : savoir qu'on a fait quelque chose de mal. • **Perdre conscience** : s'évanouir. ⊙ Famille du mot : consciemment, consciencieusement, consciencieux, conscient, inconsciemment, inconscience, inconscient.

consciencieusement (adverbe)
De façon consciencieuse. *Laura fait **consciencieusement** ses devoirs.*

consciencieux, euse (adjectif)
Qui fait son travail de façon sérieuse et appliquée. *Le professeur apprécie beaucoup les élèves **consciencieux**.*

conscient, ente (adjectif)
Qui a la conscience de quelque chose. *Es-tu **conscient** des risques que tu prends en roulant aussi vite ?* (Contr. inconscient.)

consécration (nom féminin)
Fait d'être reconnu publiquement. *Ce prix d'interprétation est pour elle la **consécration** de sa carrière d'actrice.*

consécutif, ive (adjectif)
Qui vient à la suite d'autre chose. *On a marché neuf heures **consécutives** pour parvenir au sommet.*

conseil (nom masculin)
1. Avis que l'on donne à quelqu'un sur ce qu'il doit faire. *J'ai besoin de tes **conseils** avant de prendre une décision.* 2. Réunion ou assemblée au cours desquelles des gens discutent et donnent leur avis. *Le **Conseil** des ministres, le **conseil** municipal.* ⊙ Famille du mot : conseiller, déconseiller.

1. conseiller (verbe) ○ conj.n°3
Donner comme conseil. *Le ciel est noir, je te **conseille** de prendre ton parapluie si tu ne veux pas rentrer trempé.* (Syn. recommander. Contr. déconseiller.)

2. conseiller, ère (nom)
1. Personne qui donne des conseils. *Des **conseillères** d'orientation.* 2. Personne qui fait partie d'un conseil. *Il a été élu **conseiller** municipal de sa commune.*

consensus (nom masculin)
Accord entre des personnes. *Après des heures de discussion, le patronat et les syndicats sont parvenus à un **consensus**.*
→ Prononciation [kɔ̃sɛ̃sys].

consentement (nom masculin)
Fait de consentir. *Yann a besoin du **consentement** de ses parents pour partir en classe de neige.* (Syn. accord, approbation. Contr. interdiction.)

consentir (verbe) ○ conj.n°15
Être d'accord pour que quelque chose se fasse. *Ses parents ne **consentiront** jamais à la laisser partir toute seule à l'étranger.* (Syn. accepter, autoriser. Contr. interdire.)

conséquence (nom féminin)
Résultat d'une action ou d'un événement. *Ce grave accident est une **conséquence** du verglas.* (Syn. suite.)

conséquent, ente (adjectif)
Qui est logique, en accord avec soi-même. *On ne peut pas à la fois aimer la ville et vouloir le calme, il faut être **conséquent**.* • **Par conséquent :** comme conséquence. *Les postiers sont en grève, **par conséquent** il n'y a pas de courrier.* (Syn. donc.)

conservateur, trice (adjectif)
Qui est hostile aux changements politiques, à l'évolution des habitudes sociales, des idées. *Un parti **conservateur**.* ▷ **conservateur, trice** (nom) 1. Personne conservatrice. *Les **conservateurs** et les progressistes.* 2. Personne qui s'occupe d'un musée ou d'une bibliothèque. ▷ **conservateur** (nom masculin) Produit chimique que l'on ajoute à un aliment pour qu'il se conserve plus longtemps.

conservation (nom féminin)
Fait de se conserver en bon état. *On a découvert une momie en parfait état de **conservation**.*

conservatoire (nom masculin)
Établissement d'enseignement artistique. ***Conservatoire** de danse, de musique.*

conserve (nom féminin)
Aliment conservé longtemps dans des boîtes métalliques ou des bocaux. *Grand-mère fait des **conserves** de tomates. Une boîte de sardines en **conserve**.*

une boîte de **conserve** dessinée par Andy Warhol en 1962

conserver (verbe) ○ conj.n°3
1. Ne pas perdre ou ne pas jeter. *Elle **conserve** dans son portefeuille une photo de son grand-père.* 2. Continuer d'avoir. *Elle **avait conservé**, malgré les années, un charme mystérieux.* 3. Maintenir en bon état. *Pour garder son arôme au café, **conservez**-le au réfrigérateur.* (Syn. garder. Contr. perdre.) ⊙ Famille du mot : conservateur, conservation, conservatoire, conserve.

considérable (adjectif)
Qui est très important. *Il a perdu au jeu des sommes **considérables**.*

considérablement (adverbe)
D'une façon considérable. *En cent ans, la vie quotidienne a **considérablement** changé.* (Syn. énormément.)

considération (nom féminin)
1. Réflexion faite sur un sujet. *Benjamin se perd en **considérations** inutiles.* 2. Respect qu'on porte à une personne. *Elle jouit de la **considération** générale.* (Syn. estime. Contr. mépris.) • **Prendre quelque chose en considération** : en tenir compte.

considérer (verbe) ○ conj.n°8
1. Examiner avec attention. *Elle **considérait** la nouvelle venue avec intérêt.* (Syn. observer.) 2. Apprécier les qualités de quelqu'un. *Il **est** très bien **considéré** dans son travail.* (Contr. déconsidérer, mépriser.) 3. Penser ou estimer. *Je **considère** qu'il a eu tort. On le **considère** comme un très bon chirurgien.* ⊙ Famille du mot : considération, se déconsidérer.

consigne (nom féminin)
1. Instruction qu'on doit respecter exactement. *La **consigne** est formelle : personne ne doit entrer ici.* 2. Endroit où les bagages sont gardés. *J'ai mis mes valises à la **consigne**.* 3. Privation de sortie pour un élève ou un soldat. 4. Somme rendue en échange d'un emballage, d'une bouteille vide.

consigner (verbe) ○ conj.n°3
1. Faire payer une somme pour un emballage qui est remboursé si on le rapporte. *Est-ce que la bouteille **est consignée** ?* 2. Priver de sortie par une consigne. 3. Noter par écrit. *Elle **consignait** dans son journal toutes les visites faites durant son voyage.*

consistance (nom féminin)
État plus ou moins solide d'une matière. *La lave qui sortait du cratère avait une **consistance** visqueuse.*

consistant, ante (adjectif)
Épais, presque solide. *Une soupe **consistante**.* ⊙ Famille du mot : consistance, inconsistant.

consister (verbe) ○ conj.n°3
1. Avoir pour objet principal. *Votre travail **consistera** à vendre.* 2. Être composé de telle ou telle chose. *Leur logement **consiste** en une chambre, un salon et une cuisine.*

consœur (nom féminin)
Féminin de confrère. *L'avocat a demandé l'avis de sa **consœur**.*

consolateur, trice (adjectif)
Qui console. *Il a su trouver des paroles **consolatrices** qui m'ont soulagé.*

consolation (nom féminin)
Ce qui console. *En guise de **consolation**, ses amis lui ont apporté de quoi décorer son plâtre.* (Syn. réconfort.)

console (nom féminin)
Appareil de jeux électroniques composé d'un écran et d'une manette. *Une **console** portable.*

consoler (verbe) conj.n°3
Essayer de calmer un chagrin. *Clément prend sa petite sœur dans ses bras pour la **consoler**.* Famille du mot : consolateur, consolation, inconsolable.

consolidation (nom féminin)
Action de consolider. *On a dû mettre des étais pour assurer la **consolidation** du mur.*

consolider (verbe) conj.n°3
Rendre plus solide. *Le menuisier **a consolidé** la charpente en remplaçant des poutres.*

consommateur, trice (nom)
1. Personne qui achète et utilise les produits du commerce. *Le guide du **consommateur**.* 2. Personne qui prend une consommation. *Quelques **consommateurs** se trouvaient au bar.*

consommation (nom féminin)
1. Quantité consommée. *Elle s'efforce de réduire sa **consommation** de cigarettes et d'arrêter de fumer.* 2. Ce que l'on boit ou mange dans un café. *Le tarif des **consommations** est affiché.*

consommer (verbe) conj.n°3
1. Utiliser pour se nourrir. *Les Français **consomment** moins de pain qu'autrefois.* 2. Utiliser pour fonctionner. *Cette voiture **consomme** 6 litres d'essence aux 100 kilomètres.* Famille du mot : consommateur, consommation.

consonne (nom féminin)
Son du langage qui ne peut se prononcer qu'accompagné d'une voyelle. *Dans le mot « vivre », il y a trois **consonnes** (v, v, r) et deux voyelles (i, e).*

conspirateur, trice (nom)
Personne qui conspire. *Les **conspirateurs** prêtèrent serment en croisant leurs épées.*

conspiration (nom féminin)
Entente secrète entre gens qui conspirent. *Grâce à sa police secrète, Richelieu déjoua plusieurs **conspirations**.* (Syn. complot, conjuration.)

conspirer (verbe) conj.n°3
S'entendre en secret pour renverser un roi, un empereur. *Sire ! Certains de vos proches **conspirent** contre vous !* (Syn. comploter.) Famille du mot : conspirateur, conspiration.

conspuer (verbe) conj.n°3
Synonyme littéraire de huer. *Les députés de l'opposition **ont conspué** l'orateur.* (Contr. acclamer, applaudir.) Conspuer vient du latin *conspuere* qui signifie « couvrir de crachats ».

constamment (adverbe)
De façon constante. *Il répète **constamment** la même chose.* (Syn. sans cesse.)

constance (nom féminin)
Persévérance dans la manière d'agir. *Voilà trois jours que tu t'acharnes sur ce puzzle, quelle **constance** !* Famille du mot : constant, inconstant.

constant, ante (adjectif)
Qui reste toujours semblable. *La climatisation entretient dans la pièce une température **constante**.*

constat (nom masculin)
Indication par écrit de ce qui a été constaté. *L'assureur a fait un **constat** des dégâts causés par la fuite d'eau.*

constatation (nom féminin)
Ce qui a été constaté. *Ce n'est pas une critique, c'est une simple **constatation**.* (Syn. observation.)

constater (verbe) conj.n°3
S'apercevoir d'un fait. *J'**ai constaté** que ce magasin était très cher.* (Syn. noter, observer, remarquer.) Famille du mot : constat, constatation.

constellation (nom féminin)
Groupe d'étoiles. *On a donné des noms aux **constellations** du ciel.*

la **constellation** du Chariot (la Grande Ourse)

constellé, ée (adjectif)
Couvert d'une multitude d'éléments éparpillés, comme les étoiles. *Un cahier **constellé** de taches.* (Syn. parsemé.)

consternant, ante (adjectif)
Qui consterne. *Les nouvelles qui viennent de ce pays sont **consternantes**.* (Syn. désolant.)

consternation (nom féminin)
État d'une personne consternée. *Quand le pays apprit la mort du champion, la **consternation** fut générale.*

consterner (verbe) ○ conj.n°3
Plonger dans la tristesse. *Qu'il ait si peu d'amis me **consterne**.* (Syn. attrister, désoler.) ⊙ Famille du mot : consternant, consternation.

constipation (nom féminin)
Indisposition qui rend difficile l'évacuation des excréments. *Ce malade a une tendance à la **constipation**.* (Contr. diarrhée.)

constipé, ée (adjectif)
Qui souffre de constipation.

constituant, ante (adjectif)
Qui entre dans la constitution de quelque chose. *L'oxygène est un élément **constituant** de l'air.* • **Assemblée constituante** : députés chargés de préparer et de voter la Constitution d'un pays.

constituer (verbe) ○ conj.n°3
1. Former un tout. *Tous ces bijoux **constituent** un véritable trésor.* 2. Mettre sur pied. *Les insurgés **ont constitué** un gouvernement provisoire.* (Syn. organiser.) • **Se constituer prisonnier** : se rendre aux autorités. ⊙ Famille du mot : constituant, constitution, constitutionnel, reconstituer, reconstitution.

constitution (nom féminin)
1. Manière dont une chose est constituée. *La chimie étudie la **constitution** de la matière.* (Syn. composition.) 2. Nature physique d'une personne. *Myriam fait du sport régulièrement, elle a une robuste **constitution**.* 3. Action de constituer. *La **constitution** de l'équipe a été décidée par l'entraîneur.* 4. Ensemble des lois fondamentales d'un État. → Au sens 4, ce mot commence par une majuscule : la Constitution de la France.

Les représentants de Paris jurent de respecter la **Constitution** de 1791.

constitutionnel, elle (adjectif)
Qui est en accord avec la Constitution d'un pays. *L'opposition prétend que cette loi n'est pas **constitutionnelle**.*

constructeur, trice (nom)
Personne qui construit des bâtiments ou des machines. *Un **constructeur** d'avions.*

constructif, ive (adjectif)
Capable d'imaginer de nouvelles solutions. *Un esprit **constructif**.*

construction (nom féminin)
1. Action de construire. *Un immeuble en **construction**.* (Contr. démolition.) 2. Ce qui est construit. *Les maisons, les ponts sont des **constructions**.* 3. Arrangement des mots dans la phrase. *La **construction** de cette phrase est simple : un sujet et un verbe.*

construire (verbe) ○ conj.n°43
1. Fabriquer en assemblant des matériaux. *Monsieur Adam s'est fait **construire** une maison.* (Syn. bâtir, édifier. Contr. démolir, détruire.) 2. Organiser les mots d'une phrase suivant les règles de la grammaire. *Cette phrase **est** mal **construite**.* ⊙ Famille du mot : constructeur, constructif, construction, reconstruction, reconstruire.

consul (nom masculin)
Diplomate qui s'occupe des intérêts de ses compatriotes dans un pays étranger. *Elle est **consul** de France à Lahore.* ⊙ Dans l'Antiquité, les deux consuls de Rome étaient élus pour gouverner pendant un an.

consulat (nom masculin)
Bureau du consul. *On s'adresse au **consulat** pour avoir un visa.*

consultatif, ive (adjectif)
Qui donne son avis sans pouvoir prendre de décision. *On a soumis ce projet à un comité **consultatif**.*

consultation (nom féminin)
Examen d'un malade par un médecin. *Mariette a emmené sa fille en **consultation** chez un pédiatre.*

consulter (verbe) ○ conj.n°3
1. Demander l'avis ou le conseil de quelqu'un. *Il est allé **consulter** un spécialiste.* 2. Regarder quelque chose pour trouver un renseignement. *David **consulte** sa montre.*

se consumer (verbe) ○ conj.n°3
Être détruit par le feu. *Les bûches **se consument** dans la cheminée.*

contact (nom masculin)
1. Fait de toucher. *Au **contact** du feu, Noémie retira vite sa main.* 2. Lien qui s'établit entre des personnes. *Je suis resté en **contact** avec lui. Avez-vous pris **contact** avec le maire ?* 3. Liaison entre deux fils électriques qui se touchent, permettant au courant de passer. *Il mit le **contact** et démarra en trombe.* • **Lentille** ou **verre de contact** : lentille qui corrige la vue et que l'on met directement sur l'œil.

contacter (verbe) ○ conj.n°3
Prendre contact avec une personne. *Elle **a contacté** un avocat.*

contagieux, euse (adjectif)
1. Qui se transmet facilement. *La grippe est une maladie **contagieuse**.* 2. Qui peut communiquer sa maladie. *Les tuberculeux sont **contagieux**.*

contagion (nom féminin)
Transmission d'un microbe d'une personne à une autre. *Pour éviter la **contagion**, il faut désinfecter la maison du malade.*

container (nom masculin)
Synonyme de conteneur. ➔ Container est un mot anglais : on prononce [kɔ̃tɛnɛʀ].

contamination (nom féminin)
Le fait d'être contaminé. *La **contamination** de l'eau provient des déchets d'une usine.*

contaminer (verbe) ○ conj.n°3
Communiquer un microbe, un virus ou des substances polluantes. *La bête malade **a contaminé** le troupeau.*

conte (nom masculin)
Récit d'aventures merveilleuses. *« La Petite Sirène » est un **conte** d'Andersen.* ⊙ Famille du mot : conter, conteur.

contemplation (nom féminin)
Action de contempler. *Elle était en **contemplation** devant la façade de la cathédrale.*

contempler (verbe) ○ conj.n°3
Regarder quelque chose longuement en l'admirant. *Elle **contemplait** la mer au soleil couchant.*

contemporain, aine (adjectif)
1. Qui vit à la même époque qu'une autre personne. *Victor Hugo était **contemporain** de Napoléon III.* 2. Qui appartient à l'époque dans laquelle nous vivons. *Un spectacle de danse **contemporaine**.* (Syn. moderne.)

contenance (nom féminin)
1. Quantité que peut contenir un récipient. *La baignoire a une **contenance** de 100 litres.* (Syn. capacité.) 2. Façon de se comporter dans une situation particulière. *Ibrahim a perdu **contenance** devant ces gens qu'il trouvait si intimidants.*

contenant (nom masculin)
Tout objet pouvant contenir quelque chose. *Une bouteille, une caisse, un portefeuille sont des **contenants**.*

conteneur (nom masculin)
Très grande caisse qui sert pour le transport de marchandises, le recyclage des déchets, etc. (Syn. container.)

contenir (verbe) ⊙ conj.n°19
1. Avoir à l'intérieur. *Ce coffret **contient** de vieilles lettres.* (Syn. renfermer.) 2. Pouvoir recevoir telle quantité. *Cette salle **contient** mille personnes.* 3. Empêcher quelqu'un d'avancer. *Les policiers ne pouvaient **contenir** la foule.* (Syn. retenir.) 4. Se contenir : se maîtriser. *Devant tant de mauvaise foi, elle ne put **se contenir** plus longtemps.* (Syn. se retenir.) ⊙ Famille du mot : contenance, contenant, conteneur, contenu, décontenancer.

content, ente (adjectif)
Qui est joyeux, satisfait. *Kevin est **content**, il va apprendre à faire du surf.* (Syn. heureux.) ⊙ Famille du mot : contentement, contenter, mécontent, mécontentement, mécontenter. ⊙ Le sens ancien de content était « qui n'a pas besoin d'autre chose ».

contentement (nom masculin)
État d'une personne qui est contente. *Le vainqueur ne pouvait cacher son **contentement**.* (Syn. satisfaction. Contr. mécontentement.)

contenter (verbe) ⊙ conj.n°3
1. Donner satisfaction à quelqu'un. *Pierre n'est pas difficile à **contenter**, il suffit de lui donner des pâtes ou des frites.* (Syn. satisfaire. Contr. mécontenter.) 2. Se contenter : n'avoir besoin de rien de plus. *Tu **te contentes** de peu !*

contenu (nom masculin)
1. Ce qu'il y a dans quelque chose. *Peu importe le contenant pourvu que le **contenu** soit bon !* 2. Idées exprimées dans un texte, une œuvre. *Le **contenu** du film n'est pas très intéressant.*

conter (verbe) ⊙ conj.n°3
Synonyme littéraire de raconter. *Tante Lucie nous **a conté** l'histoire du château.*

contestable (adjectif)
Que l'on peut contester. *Votre point de vue me paraît **contestable**.* (Syn. discutable. Contr. incontestable.)

contestataire (adjectif)
Qui conteste et exprime son désaccord. *Des étudiants **contestataires** ont envahi la salle.*

contestation (nom féminin)
Le fait de contester. *Il y a eu des **contestations** à propos du déroulement du vote.* (Syn. discussion.)

contester (verbe) ⊙ conj.n°3
Refuser d'admettre que quelque chose soit exact ou justifié. *Certains journaux **contestent** les décisions du ministre.* (Contr. approuver.) ⊙ Famille du mot : contestable, contestataire, contestation, incontestable, incontesté.

conteur, euse (nom)
Personne qui sait raconter des histoires. *Ma grand-mère avait un vrai talent de **conteuse**.*

contexte (nom masculin)
1. Texte qui entoure un mot ou une phrase. *Selon le **contexte**, le mot « cher » peut avoir des sens très différents.* 2. Circonstances d'un événement. *Dans le **contexte** politique actuel, cette décision sera mal acceptée par l'opinion.*

contigu, uë (adjectif)
Qui est situé à côté d'une autre chose. *Nos deux maisons sont **contiguës**, elles se touchent.* (Syn. attenant.)
➜ Prononciation [kɔ̃tigy].

continent (nom masculin)
Chacune des six grandes étendues de terre du globe terrestre, par opposition aux océans. *L'Europe, l'Asie, l'Afrique, l'Amérique, l'Australie, l'Antarctique sont les six **continents**.*
⊙ Continent vient du latin *continens terra* qui signifie « terre d'un seul tenant ».

continental, ale, aux (adjectif)
Qui concerne l'intérieur des continents. *Le climat **continental** est froid et sec en hiver et chaud en été.*

contingences (nom féminin pluriel)
Petits événements imprévisibles. *Il ne tient pas compte des **contingences** de la vie quotidienne.*

continu, ue (adjectif)
Qui n'est pas interrompu. *Le bruit **continu** du moteur.* (Contr. discontinu.)

continuation (nom féminin)
Le fait de continuer. *La pluie a empêché la **continuation** des travaux.* (Syn. poursuite.)

continuel, elle (adjectif)
Qui continue ou se répète sans arrêt. *Cessez donc ces bavardages **continuels** !* (Syn. incessant.)

continuellement (adverbe)
De façon continuelle. *Sa moto tombe **continuellement** en panne.* (Syn. constamment, sans cesse.)

continuer (verbe) ⊙ conj.n°3
1. Poursuivre ce qui est commencé. *Elle a décidé de **continuer** ses études.* (Contr. arrêter, cesser.) 2. Ne pas s'arrêter. *L'histoire n'est pas finie, elle **continue**.* (Syn. se poursuivre.) ⊙ Famille du mot : continu, continuation, continuel, continuellement, continuité, discontinu, discontinuer.

continuité (nom féminin)
Caractère de ce qui est continu. *Ce succès a récompensé la **continuité** de ses efforts.*

contondant, ante (adjectif)
Qui peut provoquer des contusions. *Une matraque est une arme **contondante**.*

contorsion (nom féminin)
Mouvement exagéré qui tord le corps. *Les **contorsions** du saltimbanque faisaient rire les badauds.*

contour (nom masculin)
Ligne qui marque la limite de quelque chose. *L'artiste commence par dessiner le **contour** du visage.*

Le **contour** des lettres est rouge.

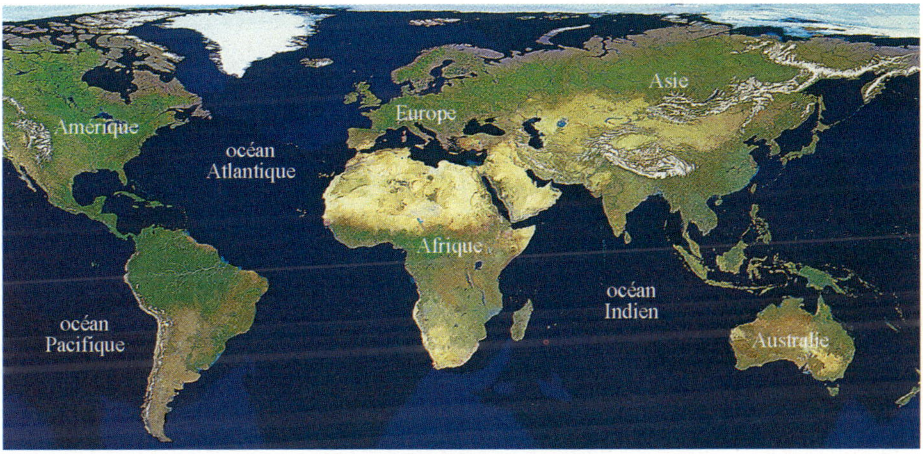

les **continents** et les océans

contourner (verbe) ○ conj.n°3
Passer autour de quelque chose sans le traverser. *C'est tout près, mais on est obligé de* ***contourner*** *ce pâté de maisons à cause des sens interdits.*

contraceptif (nom masculin)
Moyen de contraception. *La pilule est un* ***contraceptif*** *efficace.*

contraception (nom féminin)
Fait d'empêcher la grossesse.

contracter (verbe) ○ conj.n°3
1. Raidir un muscle. *Tous les muscles de l'athlète* ***se contractent*** *lorsqu'il soulève les haltères.* (Syn. durcir, tendre.) 2. S'engager par contrat. ***Contracter*** *une assurance contre l'incendie.* 3. Être atteint par une maladie. ***Contracter*** *la rougeole, la scarlatine.* ⊙ Famille du mot : contraction, se décontracter, décontraction.

contraction (nom féminin)
Le fait de se contracter. *Les* ***contractions*** *de son visage indiquent la souffrance.*

contractuel, elle (nom)
1. Personne chargée de mettre des contraventions aux voitures mal garées. 2. Personne qui travaille pour une administration sans être titulaire.

contradiction (nom féminin)
1. Fait de contredire quelqu'un ou de se contredire. *Il prend toujours le contre-pied de ce que l'on dit, il a l'esprit de* ***contradiction***. 2. Affirmation qui en contredit une autre. *Le juge a relevé des* ***contradictions*** *dans les témoignages.*

contradictoire (adjectif)
Qui contredit ce qui a été dit. *Les récits des témoins ne concordent pas, ils sont même* ***contradictoires***. (Syn. incompatible, opposé.)

contraindre (verbe) ○ conj.n°35
Forcer à faire ce qu'on ne veut pas faire. *La maladie l'****a contraint*** *à cesser son travail.* (Syn. obliger.)

contrainte (nom féminin)
1. Usage de la force ou de la menace pour obliger quelqu'un à faire quelque chose. *Sous la* ***contrainte*** *du pistolet, il a dû jeter son arme.* 2. Obligation à laquelle on ne peut échapper. *Les* ***contraintes*** *de la vie en société.*

contraire (adjectif)
Qui va dans le sens opposé. *Les deux voitures se dirigent en sens* ***contraire***. *C'est* ***contraire*** *au règlement.* ▷ **contraire** (nom masculin) 1. L'inverse, l'opposé de quelque chose. *Il suffit qu'on lui demande quelque chose pour qu'il fasse le* ***contraire*** *!* 2. Mot de sens opposé. *« Froid » est le* ***contraire*** *de « chaud ».* (Contr. synonyme.)

contrairement (adverbe)
À l'opposé, à l'inverse de. ***Contrairement*** *à ce qui était annoncé, le train part à l'heure.*

contrariant, ante (adjectif)
Qui contrarie. *J'ai oublié mes lunettes, c'est très* ***contrariant***. (Syn. ennuyeux, fâcheux.)

contrarier (verbe) ○ conj.n°10
1. Faire obstacle à quelque chose. *Un accident* ***a contrarié*** *ses projets.* (Contr. aider, favoriser.) 2. Causer du mécontentement. *Ce que tu lui as dit l'****a*** *beaucoup* ***contrarié***. (Syn. mécontenter. Contr. réjouir.) ⊙ Famille du mot : contrariant, contrariété.

contrariété (nom féminin)
Sentiment d'une personne contrariée. *La* ***contrariété*** *se lisait sur son visage.* (Syn. irritation, mécontentement. Contr. satisfaction.)

contraste (nom masculin)
1. Différence ou opposition entre deux choses. *Quel* ***contraste*** *entre l'aridité du désert et la fraîcheur de cette oasis !* 2. Différence de lumière entre les parties claires et les parties sombres d'une image. *Il n'y a pas de* ***contrastes*** *sur cette photo toute sombre.*

contraster (verbe) ○ conj.n°3
Être en contraste. *Son allure d'ours **contraste** avec sa délicatesse.* (Syn. s'opposer.)

Il y a un énorme **contraste** entre les bandes rouges, les bandes bleues et les boules jaunes.

contrat (nom masculin)
Accord écrit fixant les droits et les obligations de chacun. *Elle a signé un **contrat** d'assurance pour sa maison et sa voiture.*

contravention (nom féminin)
Condamnation à payer une amende.

contre (préposition)
Sert à indiquer : **1.** Le contact. *Le maçon appuie une échelle **contre** le mur.* **2.** L'opposition. *L'équipe de France joue **contre** l'équipe d'Allemagne.* **3.** L'échange. *Je te donne un autocollant **contre** un caramel.* • **Par contre** : indique une opposition. *Elle est très jolie et très intelligente, **par contre** elle a très mauvais caractère.* ▷ **contre** (nom masculin) • **Le pour et le contre** : les avantages et les inconvénients de quelque chose.

contre-attaque (nom féminin)
Attaque qui répond à celle de l'ennemi. *Le général passa à son tour à l'offensive en lançant une **contre-attaque**.* → Pluriel : des contre-attaques.

contre-attaquer (verbe) ○ conj.n°3
Faire une contre-attaque. *Et voici l'équipe française de rugby qui **contre-attaque** !*

contrebalancer (verbe) ○ conj.n°4
Rétablir l'équilibre. *Les gains **contrebalancent** les pertes.* (Syn. compenser.)

contrebande (nom féminin)
Passage en fraude de marchandises d'un pays à l'autre. *Les deux hommes faisaient de la **contrebande** de cigarettes.*

contrebandier, ère (nom)
Personne qui fait de la contrebande. *Les **contrebandiers** prennent des petits chemins pour éviter les douaniers.*

en contrebas (adverbe)
À un niveau plus bas. *Notre villa est **en contrebas** de la route.*

contrebasse (nom féminin)
Grand instrument de musique, de la famille des violons, à quatre cordes, qui produit des sons très graves.

une **contrebasse**

contrecarrer (verbe) ○ conj.n°3
Mettre des obstacles aux projets de quelqu'un. *Ses remarques **ont contrecarré** la décision que nous avions prise.*

à contrecœur (adverbe)
Avec réticence. *Elle a accepté de jouer **à contrecœur**.* (Contr. volontiers.)

a b c d e f g h i j k l m n o p q r s t u v w x y z

contrecoup (nom masculin)
Conséquence indirecte d'un événement. *Elle est très fatiguée, c'est le **contrecoup** de sa dernière maladie.*

contre-courant (nom masculin)
• **À contre-courant** : dans le sens inverse du courant.

contredire (verbe) ○ conj.n°46
Affirmer le contraire. *Pourquoi me **contredisez**-vous sans arrêt ? L'accusé ne cesse de **se contredire** quand on l'interroge.* → Contredire se conjugue comme *dire*, sauf à la 2e personne du pluriel : *vous contredisez*.

contrée (nom féminin)
Synonyme littéraire de région. *L'histoire se passe dans une lointaine **contrée**.*

contrefaçon (nom féminin)
Imitation malhonnête. *Cette montre est très bien imitée, mais c'est une **contrefaçon**.*

contrefaire (verbe) ○ conj.n°42
Faire une contrefaçon. *Quelqu'un **a contrefait** la signature du directeur.*

contrefort (nom masculin)
1. Pilier ou gros mur qui renforce et soutient une construction. *Les **contreforts** du château.* 2. Premiers sommets peu élevés d'un massif montagneux.

contre-indication (nom féminin)
Cas où la prescription d'un médicament devient dangereuse. *La notice accompagnant les médicaments signale les **contre-indications**.* → Pluriel : des contre-indications.

à contre-jour (adverbe)
Devant une lumière qui éclaire un objet par-derrière. *Je ne vois pas son visage, il est **à contre-jour**.*

contre-la-montre (nom masculin)
Course cycliste chronométrée, avec départs séparés des coureurs. → Pluriel : des contre-la-montre.

contremaître (nom masculin)
Personne qui dirige une équipe d'ouvriers.

contrepartie (nom féminin)
• **En contrepartie** : synonyme de en compensation. *Elle est logée, **en contrepartie** elle s'occupe des enfants après l'école.*

contre-performance (nom féminin)
Échec d'une personne dont on attendait la victoire. *Il est arrivé dernier, c'est une terrible **contre-performance** pour un champion comme lui !* → Pluriel : des contre-performances.

contre-pied (nom masculin)
• **Prendre le contre-pied** : dire systématiquement le contraire.

contreplaqué (nom masculin)
Matériau formé de lamelles de bois collées les unes sur les autres. *Une étagère en **contreplaqué**.*

contrepoids (nom masculin)
Poids qui équilibre un autre poids. *Assieds-toi au bout du banc pour faire **contrepoids**, sinon je vais tomber.*

Cette machine fonctionnait grâce à des leviers et à un **contrepoids**.

contrepoison (nom masculin)
Synonyme d'antidote.

contrer (verbe) ○ conj.n°3
S'opposer efficacement à une attaque. *L'équipe de handball a réussi à **contrer** ses adversaires et a gagné.*

contresens (nom masculin)
Erreur sur le sens d'un mot que l'on traduit d'une langue étrangère. • **À contresens** : en sens inverse du sens normal. *Il roulait **à contresens** dans une rue à sens unique.*

contretemps (nom masculin)
Ennui ou incident qui retarde quelqu'un. *Ce **contretemps** lui a fait manquer le début du film.*

contribuable (nom)
Personne qui paie des impôts.

contribuer (verbe) ○ conj.n°3
Aider à la réalisation de quelque chose. *Ce séjour à la campagne **a contribué** à le remettre sur pied.*

contribution (nom féminin)
1. Fait de contribuer à quelque chose. *Quentin est plein d'idées, sa **contribution** à la fête a été très utile.* (Syn. aide, participation.) 2. Synonyme d'impôt. *Les **contributions** directes et indirectes.* ⊙ Famille du mot : contribuable, contribuer.

contrit, ite (adjectif)
Synonyme littéraire de penaud. *Après s'être relevé de sa chute, il avait une mine **contrite**.*

contrôle (nom masculin)
1. Action de contrôler. *Il y a eu un **contrôle** des billets dans le train.* (Syn. vérification.) 2. Travail fait en classe pour vérifier les connaissances. *Demain, on a un **contrôle** de calcul.* 3. Maîtrise que l'on a sur quelque chose. *À cause du verglas, le conducteur a perdu le **contrôle** de sa voiture.* ⊙ En ancien français, un « rôle » était un registre, et un contrôle était un registre en deux exemplaires, l'un permettant de contrôler l'autre.

contrôler (verbe) ○ conj.n°3
1. Vérifier si tout est en règle ou en état de marche. *La police **contrôle** les papiers d'identité. Le mécanicien **contrôle** le niveau d'huile.* 2. Se contrôler : rester maître de soi. *Personne ne sait que Sarah est inquiète, elle **se contrôle** très bien.* (Syn. se maîtriser.) ⊙ Famille du mot : contrôle, contrôleur, incontrôlable.

contrôleur, euse (nom)
Personne chargée de contrôler. *Le **contrôleur** a infligé une amende au fraudeur.*

contrordre (nom masculin)
Ordre qui annule un ordre antérieur. *Sauf **contrordre**, la réunion aura lieu samedi.*

controverse (nom féminin)
Synonyme de polémique. *Le singe est-il notre ancêtre ? Cette question a soulevé de vives **controverses**.*

controversé, ée (adjectif)
Qui est mis en doute et contesté par certains. *L'existence des extraterrestres est très **controversée**.*

contusion (nom féminin)
Blessure causée par un coup, sans plaie ni fracture. *L'accident n'est pas trop grave, Ursula n'a que des **contusions**.*

convaincant, ante (adjectif)
Qui convainc. *L'avocat a su trouver des arguments **convaincants**.*

convaincre (verbe) ○ conj.n°36
Parvenir à faire partager son point de vue. *J'ai réussi à **convaincre** maman de venir au cinéma avec nous.* (Syn. persuader.)

convalescence (nom féminin)
Période de repos après une maladie. *La fracture est remise, le plâtre a été enlevé,mais un mois de **convalescence** est nécessaire.*

convalescent, ente (adjectif et nom)
Qui est en convalescence. *Elle n'est pas complètement guérie, elle est encore **convalescente**.*

convenable (adjectif)
1. Qui respecte les règles de la politesse, les convenances. *Tu pourrais avoir une tenue plus **convenable**.* (Syn. correct. Contr. inconvenant, incorrect.) 2. Qui est acceptable, sans plus. *Dans ce restaurant, la nourriture est **convenable**.* (Syn. correct.)

▸ **convenablement** (adverbe)
De façon convenable, comme il faut. *Tiens-toi **convenablement**, s'il te plaît !* (Syn. correctement.)

▸ **convenance** (nom féminin)
• **À sa convenance** : à son goût. *Zoé a enfin trouvé un jean **à sa convenance**.* ▹ **convenances** (nom féminin pluriel) Règles de la politesse. *Respecter les **convenances**.*

▸ **convenir** (verbe) ⊙ conj.n°19
1. Être bien adapté. *Cette couleur te **convient** particulièrement bien.* 2. Satisfaire quelqu'un. *On se retrouve samedi, cela te **convient** ?* (Syn. aller.) 3. Reconnaître quelque chose. *Je me suis trompé, j'en **conviens**.* (Syn. admettre.) 4. Se mettre d'accord sur quelque chose. *Nous **avons convenu** d'aller au judo ensemble.* • **Comme convenu** : comme on l'a décidé. ⊙ Famille du mot : convenable, convenablement, convenance, inconvenant.

▸ **convention** (nom féminin)
1. Accord entre des personnes. *Le patronat et les syndicats ont signé une **convention**.* 2. Ce qu'il convient de faire ou de dire en public. *Elle se moque des **conventions**.*

▸ **conventionnel, elle** (adjectif)
Qui est le résultat d'une convention, d'un accord. *La flèche est un signe **conventionnel** indiquant la direction à suivre.*

▸ **convergence** (nom féminin)
Fait de converger. *La **convergence** de leurs opinions les a rapprochés.* (Contr. divergence.)

▸ **convergent, ente** (adjectif)
Qui converge. *Les deux hommes ont des points de vue **convergents**.* (Contr. divergent.)

▸ **converger** (verbe) ⊙ conj.n°5
1. Aboutir au même endroit. *Place de l'Étoile, à Paris, toutes les rues **convergent** vers l'Arc de triomphe.* 2. Parvenir au même résultat. *Sur ce point, les théories scientifiques **convergent**.* (Contr. diverger.) ⊙ Famille du mot : convergence, convergent.

Tout le monde **converge** vers le point d'eau.

▸ **conversation** (nom féminin)
Échange de paroles entre des personnes. *À table, la **conversation** était très animée.*

▸ **converser** (verbe) ⊙ conj.n°3
Avoir une conversation avec quelqu'un. *Ils **conversèrent** tard dans la nuit.*

▸ **conversion** (nom féminin)
1. Action de se convertir. *Les soldats de Louis XIV obtinrent beaucoup de **conversions** de protestants par la terreur.* 2. Passage d'une unité de mesure à une autre. *Pour savoir le prix d'un objet au Canada, il faut faire la **conversion** des dollars en euros.*

▸ **convertible** (adjectif)
• **Canapé convertible** : canapé qui peut se transformer en lit.

▸ **convertir** (verbe) ⊙ conj.n°11
1. Transformer une unité de mesure en une autre unité. ***Convertissez** 500 centimètres en mètres.* 2. Se convertir : changer de religion. ⊙ Convertir vient du latin *convertere* qui signifie « se tourner » : quand quelqu'un se convertit, il se tourne vers une autre direction.

▸ **convexe** (adjectif)
Dont la surface est arrondie vers l'extérieur. *Un verre de lunettes **convexe**.* ➠ p. 236. (Syn. bombé. Contr. concave.)

▸ **conviction** (nom féminin)
1. Ce dont on est convaincu. *J'ai la **conviction** de l'avoir déjà rencontré.* (Syn. certitude.) 2. Ce à quoi l'on croit. *Il a des **convictions** religieuses que je ne partage pas.* (Syn. opinion.)

convier (verbe) ○ conj.n°10
Inviter quelqu'un à faire quelque chose. *Vous **êtes** tous **conviés** à mon anniversaire.*

convive (nom)
Participant à un repas. *À ce banquet, il y aura cent **convives**.*

convivial, ale, aux (adjectif)
Qui est gai et chaleureux. *J'aime l'atmosphère **conviviale** de ce petit restaurant.*

convocation (nom féminin)
Document par lequel on convoque quelqu'un. *David a reçu une **convocation** pour son examen.*

convoi (nom masculin)
Groupe de personnes ou de véhicules qui suivent ensemble la même route. *Les roulottes du cirque roulent en **convoi**.*

convoiter (verbe) ○ conj.n°3
Avoir très envie de quelque chose. *Les cow-boys **convoitaient** les terres des Indiens.*

convoitise (nom féminin)
Fait de convoiter quelque chose. *Anna regardait avec **convoitise** les médailles gagnées par sa sœur.*

convoquer (verbe) ○ conj.n°3
1. Faire venir quelqu'un auprès de soi. *Ibrahim **est convoqué** chez le directeur.* 2. Faire se réunir des gens. *Le syndicat **a convoqué** le personnel à une réunion.*

convoyer (verbe) ○ conj.n°6
Accompagner un convoi pour le protéger. *Des militaires **convoient** les réfugiés vers leur pays d'accueil.* (Syn. escorter.) ⊙ Convoyer vient du latin *conviare* qui signifie « faire route avec ».

convulsion (nom féminin)
Contraction saccadée et involontaire des muscles. *Quand elle était bébé, Élodie a eu des **convulsions**.*

coopératif, ive (adjectif)
Qui coopère facilement. *Pour ce qui est des travaux ménagers, il n'est guère **coopératif** !*

coopération (nom féminin)
1. Action de coopérer. *Pour décorer les chars du carnaval, on a besoin de la **coopération** de tous.* (Syn. aide, collaboration.) 2. Aide aux pays qui sont en cours de développement.

coopérative (nom féminin)
Association de gens qui se mettent ensemble pour produire, acheter ou vendre. *Une **coopérative** agricole. Une **coopérative** scolaire.*

coopérer (verbe) ○ conj.n°8
Travailler ensemble à la réalisation de quelque chose. *Plusieurs équipes de chercheurs **ont coopéré** à la mise au point de ce vaccin.* (Syn. collaborer, participer.) ⊙ Famille du mot : coopératif, coopération, coopérative.

coordination (nom féminin)
1. Action de coordonner. *La bonne **coordination** des équipes de secours a permis de retrouver l'enfant.* 2. Liaison entre deux mots ou deux groupes de mots qui ont la même fonction. *« Mais, ou, et, donc, or, ni, car » sont les conjonctions de **coordination**.*

coordonnées (nom féminin pluriel)
1. Éléments qui permettent de repérer un point sur un plan. *L'abscisse et l'ordonnée sont les **coordonnées** d'un point.* 2. Adresse et numéro de téléphone. *Je n'ai pas pu te joindre, je n'avais pas tes **coordonnées**.*

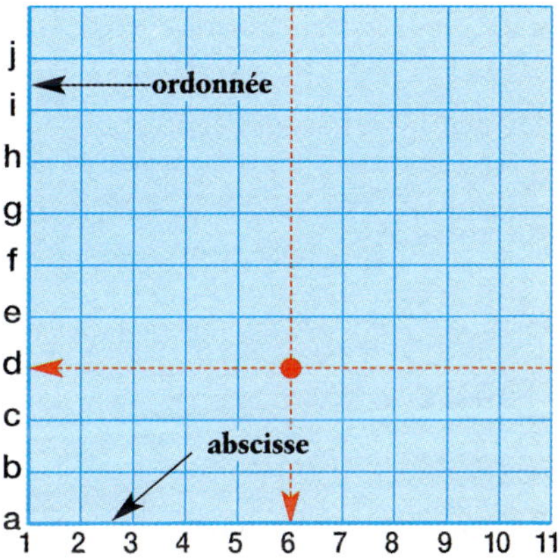

Les **coordonnées** du point rouge sont : 6 sur l'abscisse et d sur l'ordonnée.

coordonner (verbe) ○ conj.n°3
Mettre ensemble divers éléments pour être plus efficace. *Les équipes de secours **ont coordonné** leurs efforts pour retrouver les survivants.*

copain, copine (nom)
Synonyme familier d'ami. *Un **copain** d'enfance. Fatima est allée à la piscine avec toutes ses **copines**.* ⊙ Comme le compagnon, le copain était celui avec lequel on partageait son pain.

copeau, eaux (nom masculin)
Fine lamelle de matière enlevée par le tranchant d'un outil. *Le menuisier a fait un tas de **copeaux** avec son rabot.*

copie (nom féminin)
1. Texte qui en reproduit un autre exactement. *J'ai gardé une **copie** de ma lettre.* (Syn. double.) 2. Reproduction plus ou moins exacte d'une œuvre d'art. *Ce tableau n'est pas un original, c'est une **copie**.* 3. Feuille double sur laquelle les élèves font leurs devoirs. *Le maître ramasse les **copies**.* ⊙ Famille du mot : copier, recopier.

copier (verbe) ○ conj.n°10
1. Reproduire fidèlement un texte ou un dessin. *Gaëlle **a copié** un poème dans son cahier.* 2. Reproduire frauduleusement le travail de son voisin de classe. *La maîtresse a surpris Hélène en train de **copier** sur Kevin.*

copieusement (adverbe)
D'une manière copieuse. *Benjamin s'est fait **copieusement** gronder !* (Syn. abondamment.)

copieux, euse (adjectif)
Qui comporte beaucoup de choses. *Un petit déjeuner **copieux**.* (Syn. abondant. Contr. maigre.)

copilote (nom)
Personne qui aide le pilote d'un avion.

copine ➠ Voir copain.

copropriétaire (nom)
Personne qui possède une maison ou un appartement en copropriété. *L'assemblée des **copropriétaires** a voté la construction d'un ascenseur.*

copropriété (nom féminin)
Fait d'appartenir en commun à plusieurs propriétaires. *Un immeuble en **copropriété**.*

coq (nom masculin)
Mâle de la poule. • **Être comme un coq en pâte :** être dorloté, ne manquer de rien. • **Passer du coq à l'âne :** passer, sans raison, d'un sujet à un autre.

un **coq**

coque (nom féminin)
1. Enveloppe dure de certains fruits. *Julie casse les **coques** des noix avec une pierre.* ➠ p. 852. (Syn. coquille.) 2. Sorte de coquillage arrondi. *À marée basse, les enfants cherchent des **coques** dans le sable mouillé.* 3. Partie d'un bateau qui est dans l'eau. ➠ p. 114. • **Œuf à la coque :** cuit avec sa coquille dans l'eau bouillante.

coquelet (nom masculin)
Jeune coq. *Ce midi, nous avons mangé du **coquelet** rôti.*

coquelicot (nom masculin)
Fleur des champs rouge vif. *Le **coquelicot** est une variété de pavot.* ⊙ Coquelicot est une déformation de *cocorico*, car la couleur de cette fleur évoque la crête du coq.

un **coquelicot**

coqueluche (nom féminin)
1. Maladie contagieuse qui fait tousser. *La **coqueluche** atteint surtout les enfants.* 2. Personne que tous admirent. *Laura est la **coqueluche** de l'équipe.*

coquet, ette (adjectif)
Qui prend soin de son aspect pour plaire aux autres. *Grand-maman est restée très **coquette**.*

coquetier (nom masculin)
Accessoire pour poser un œuf à la coque.

coquetterie (nom féminin)
Attitude d'une personne coquette. *Par **coquetterie**, Quentin a voulu changer la monture de ses lunettes.*

coquillage (nom masculin)
Mollusque marin ayant une coquille. *Les huîtres, les moules, les coques, les couteaux, les palourdes sont des **coquillages**.*

coquille (nom féminin)
1. Enveloppe dure qui recouvre et protège le corps de la plupart des mollusques. *Une **coquille** d'huître, d'escargot.* 2. Enveloppe dure de certains fruits. *Une **coquille** de noix.* (Syn. coque.) 3. Enveloppe des œufs des reptiles et des oiseaux. • **Rentrer dans sa coquille** : se refermer sur soi-même.

coquillette (nom féminin)
Pâte alimentaire en forme de petite coquille.

coquin, ine (adjectif et nom)
Qui est farceur, malin et espiègle. *Des yeux **coquins**. Tu es un petit **coquin** !*

cor (nom masculin)
1. Durcissement de la peau sur un orteil. *Ses chaussures étroites lui ont provoqué des **cors**.* 2. Instrument de musique à vent en cuivre. *Un **cor** de chasse.* • **À cor et à cri** : en insistant bruyamment.

corail, aux (nom masculin)
1. Petit animal marin à squelette calcaire rouge orangé. *Les **coraux** vivent dans les mers chaudes.* 2. Matière très dure de couleur rouge provenant du squelette de ces animaux. *Myriam a un bracelet de **corail**.*

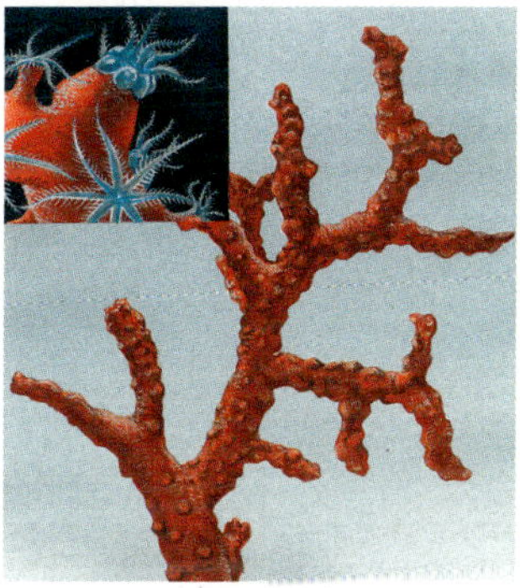

du **corail**

corallien, enne (adjectif)
Formé par des coraux. *Les atolls **coralliens** d'Océanie.*

Coran (nom masculin)
Livre sacré de la religion musulmane. ⊙ Coran est un mot arabe qui signifie « la lecture » : c'est, pour les musulmans, la seule lecture importante.

coranique (adjectif)
Du Coran. *Dans les écoles **coraniques**, les enfants apprennent le Coran par cœur.*

corbeau, eaux (nom masculin)
Oiseau à plumage noir ou gris. *Les **corbeaux** croassent.*

un **corbeau** gris et un **corbeau** noir

a b c d e f g h i j k l m n o p q r s t u v w x y z

corbeille (nom féminin)
Panier léger, sans anse. *Une **corbeille** à fruits.*

corbillard (nom masculin)
Voiture qui transporte les morts au cimetière. (Syn. fourgon mortuaire.) ⊙ Corbillard vient du nom des bateaux qui faisaient le service entre *Corbeil* et Paris : lors d'une épidémie, on les utilisa pour transporter les morts.

cordage (nom masculin)
Grosse corde utilisée sur les bateaux. *Le pêcheur arrime son bateau avec des **cordages**.*

corde (nom féminin)
1. Assemblage de fils tressés, très résistant. *Une **corde** à linge. La **corde** d'un arc.* 2. Fil tendu sur un instrument de musique. *La guitare, le violon, le violoncelle, la contrebasse sont des instruments à **cordes**.* • **Avoir plus d'une corde à son arc** : avoir plusieurs moyens pour parvenir à un but. • **Cordes vocales** : membranes de la gorge qui produisent les sons. • **Être sur la corde raide** : être dans une situation délicate. ⊙ Famille du mot : cordage, cordée, cordelette, cordon, s'encorder.

cordée (nom féminin)
Petit groupe d'alpinistes reliés entre eux par une corde, pour se retenir en cas de chute.

cordelette (nom féminin)
Corde fine. *Une **cordelette** de nylon.*

cordial, ale, aux (adjectif)
Qui est amical et chaleureux. *Il nous a accueillis par des paroles **cordiales**.* (Contr. froid, hostile.) ⊙ Famille du mot : cordialement, cordialité. ⊙ Cordial vient du latin *cordis* qui signifie « cœur ».

cordialement (adverbe)
De manière cordiale. *Il lui serra **cordialement** la main.* (Contr. froidement.)

cordialité (nom féminin)
Qualité d'une personne cordiale. *Il y a beaucoup de **cordialité** dans leur accueil.*

cordillère (nom féminin)
Chaîne de montagnes élevées. *La **cordillère** des Andes est située en Amérique du Sud.*

cordon (nom masculin)
1. Petite corde. *Noémie a perdu le **cordon** de sa capuche.* 2. Rangée de personnes. *Un **cordon** de policiers barre l'accès du stade.* • **Tenir les cordons de la bourse** : veiller de près aux dépenses d'une famille.

cordon-bleu (nom masculin)
Personne qui fait très bien la cuisine. *Tante Marie invente des recettes, c'est un fin **cordon-bleu**.* → Pluriel : des cordons-bleus.

cordonnerie (nom féminin)
Boutique de cordonnier.

cordonnier (nom masculin)
Artisan qui répare les chaussures. ⊙ Un cordonnier était autrefois celui qui faisait des souliers de luxe en cuir de *Cordoue*, ville d'Espagne réputée pour le travail du cuir.

coréen, enne
➡ Voir tableau p. 6.

coriace (adjectif)
1. Dur comme du cuir. *Un bifteck **coriace**.* (Contr. tendre.) 2. Au sens figuré, qui est difficile à vaincre. *Un adversaire **coriace**.*

coriandre (nom féminin)
Plante aromatique utilisée comme condiment.

cormoran (nom masculin)
Oiseau de mer au plumage sombre et au bec crochu. *Le **cormoran** plonge dans l'eau pour attraper des poissons.*

un **cormoran**

▸ **cornac** (nom masculin)
Homme qui soigne un éléphant et le conduit.

▸ **corne** (nom féminin)
1. Chacune des pointes dures qui poussent sur la tête de la plupart des ruminants. *Les vaches, les chèvres, les béliers ont des **cornes**.* 2. Chacun des quatre organes rétractiles sur la tête de l'escargot. 3. Matière dure des cornes, des sabots, etc. *Un peigne en **corne**.*

▸ **cornée** (nom féminin)
Partie transparente du globe de l'œil, située devant l'iris.

▸ **corneille** (nom féminin)
Oiseau noir qui ressemble à un petit corbeau.

▸ **cornemuse** (nom féminin)
Instrument de musique formé de plusieurs tuyaux et d'une poche de cuir que l'on gonfle en soufflant.

une **cornemuse**

▸ **corner** (nom masculin)
Faute de jeu d'un footballeur qui envoie le ballon derrière la ligne de but de son équipe. → Prononciation [kɔʀnɛʀ]. ⊙ Cette faute donne droit à l'équipe adverse de tirer un coup depuis un corner, mot anglais désignant le coin du terrain.

▸ **cornet** (nom masculin)
1. Morceau de papier enroulé sur lui-même pour servir de récipient. *Un **cornet** de frites.* 2. Cône de pâte. *Une glace en **cornet**.* • **Cornet à pistons** : instrument de musique ressemblant à une trompette.

▸ **cornflakes** (nom masculin pluriel)
Flocons de maïs grillés qu'on mange au petit déjeuner. → Cornflakes est un mot anglais : on prononce [kɔʀnflɛks].

▸ **corniche** (nom féminin)
1. Élément décoratif situé en haut d'un meuble ou d'un bâtiment. *La **corniche** d'une armoire.* 2. Route à flanc de montagne. *La **corniche** des Cévennes.*

▸ **cornichon** (nom masculin)
Petit concombre que l'on confit dans du vinaigre. *J'ai mangé du rôti de porc froid avec des **cornichons**.*

▸ **cornu, ue** (adjectif)
Qui porte des cornes. *Un animal **cornu**.*

▸ **cornue** (nom féminin)
Récipient utilisé par les chimistes pour faire chauffer des liquides.

▸ **corolle** (nom féminin)
Ensemble des pétales d'une fleur. *Certaines fleurs ouvrent leur **corolle** le matin et la ferment le soir.*

▸ **coron** (nom masculin)
Quartier de mineurs dans le nord de la France.

▸ **coronaire** (nom féminin)
Artère qui assure la circulation du sang dans le cœur.

▸ **corporatif, ive** (adjectif)
De la corporation. *Ils se sont regroupés pour défendre leurs intérêts **corporatifs**.*

▸ **corporation** (nom féminin)
Ensemble de personnes exerçant le même métier. *Il fait partie de la **corporation** des avocats.*

▸ **corporel, elle** (adjectif)
Du corps humain. *Odile suit des cours d'expression **corporelle**.*

a b c d e f g h i j k l m n o p q r s t u v w x y z

corps (nom masculin)
1. Partie physique de l'homme et des animaux. *Le **corps** humain est composé de la tête, du tronc et des membres.* **2.** Cadavre. *Le médecin examine le **corps** rejeté par la mer.* **3.** Tout objet matériel. *La pierre est un **corps** solide. Les astres sont des **corps** célestes.* **4.** Partie principale de quelque chose. *Le **corps** d'une lampe.* **5.** Ensemble de personnes qui appartiennent à une même profession. *Le **corps** médical.* **6.** Grande unité militaire. *Des **corps** de troupe ont été envoyés en renfort.* • **À corps perdu** : avec toute son énergie. • **Prendre corps** : commencer à se réaliser. ⊙ Famille du mot : corporatif, corporation, corporel, corps-à-corps, corpulence, corpulent, corpuscule, incorporer.

corps-à-corps (nom masculin)
Combat où les adversaires se battent directement les uns contre les autres.

corpulence (nom féminin)
Grandeur et grosseur du corps humain. *Un homme de forte **corpulence**.*

corpulent, ente (adjectif)
Grand et gros. *Les lanceurs de poids sont souvent des athlètes **corpulents**.*

corpuscule (nom masculin)
Minuscule partie de matière.

correct, ecte (adjectif)
1. Conforme aux règles. *Son orthographe est très **correcte**.* (Contr. inexact.) **2.** Qui respecte les règles, les usages. *Une tenue **correcte** est exigée dans l'établissement.* (Syn. convenable.) **3.** Qui est acceptable, sans plus. *Une nourriture tout juste **correcte**.* (Syn. convenable.) ⊙ Famille du mot : correctement, correcteur, correction, incorrect, incorrection.

correctement (adverbe)
1. De manière correcte, sans faute. *John prononce **correctement** le français.* (Syn. bien.) **2.** Comme il faut. *Tiens-toi **correctement** !* (Syn. bien, convenablement.)

correcteur, trice (adjectif)
Qui corrige un défaut, une faute. *Romain porte des verres **correcteurs**.* ▷ **correcteur, trice** (nom) Personne qui corrige des devoirs ou des textes à imprimer.

correction (nom féminin)
1. Action de corriger. *Nous allons faire la **correction** de l'exercice.* **2.** Faute corrigée. *Le maître a mis des **corrections** au stylo rouge.* **3.** Coups pour punir quelqu'un. *Il a reçu une **correction** parce qu'il avait volé.* **4.** Qualité de ce qui est correct. *Son attitude est d'une parfaite **correction**.* (Contr. incorrection.)

correctionnel, elle (adjectif)
Se dit d'un tribunal où sont jugés les vols et autres délits.

corrélation (nom féminin)
Relation entre deux faits. *L'inspecteur pense qu'il y a une **corrélation** entre ces deux crimes.* (Syn. lien.)

correspondance (nom féminin)
1. Fait de correspondre, de se ressembler. *Il y a une certaine **correspondance** entre les deux écritures.* **2.** Liaison entre deux moyens de transport. *Il ne faut pas manquer la **correspondance** avec le train de 9 heures.* **3.** Échange de lettres. *Les deux amis ont une **correspondance** suivie.* **4.** Lettres reçues. *Elle a une **correspondance** de ministre !* (Syn. courrier.)

correspondant, ante (nom)
Personne avec qui on est en relation par lettres ou par téléphone. *Le **correspondant** anglais de Thomas lui a écrit pour l'inviter.*

correspondre (verbe) ⊙ conj. n°31
1. Être en rapport ou en accord. *Ta clé **correspond** bien à cette serrure.* **2.** Être en communication directe. *Les deux pièces **correspondent** par un petit couloir.* (Syn. communiquer.) **3.** Échanger régulièrement des lettres. *Depuis que Victor a déménagé, il **correspond** avec Sarah.* ⊙ Famille du mot : correspondance, correspondant.

Le corps

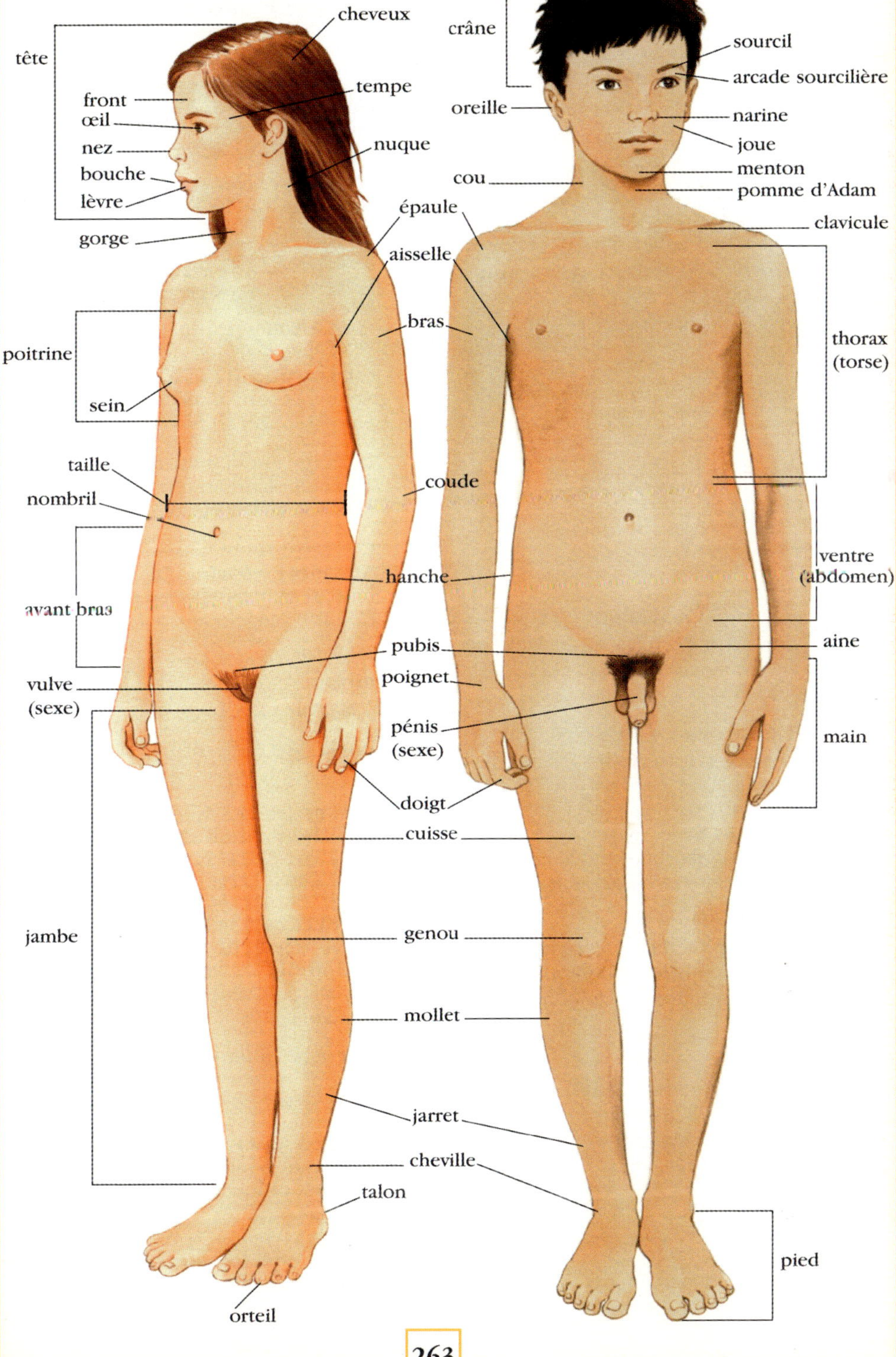

tête
front
œil
nez
bouche
lèvre
gorge
cheveux
tempe
nuque
épaule
aisselle
bras
poitrine
sein
taille
nombril
coude
hanche
avant bras
pubis
vulve
(sexe)
poignet
pénis
(sexe)
doigt
cuisse
jambe
genou
mollet
jarret
cheville
talon
orteil
crâne
sourcil
arcade sourcilière
oreille
narine
joue
menton
cou
pomme d'Adam
clavicule
thorax
(torse)
ventre
(abdomen)
aine
main
pied

corrida (nom féminin)
Spectacle au cours duquel un torero affronte un taureau dans une arène. ⊙ Corrida est un mot espagnol qui signifie « course ».

une **corrida**

corridor (nom masculin)
Synonyme de couloir. *On accède à l'escalier de la cave par un **corridor** haut et sombre.*

corrigé (nom masculin)
Solution d'un exercice ou modèle de devoir. *Un **corrigé** de dictée.*

corriger (verbe) ○ conj.n°5
1. Supprimer les erreurs éventuelles et les remplacer par la forme exacte. *Nous allons **corriger** la dictée. La maîtresse **corrige** les cahiers.* 2. Donner une correction. *Le chat s'est fait **corriger** parce qu'il mangeait dans mon assiette.*

corroborer (verbe) ○ conj.n°3
Confirmer et renforcer quelque chose. *Ce fait **corrobore** les premiers témoignages.*

corrompre (verbe) ○ conj.n°34
Pousser quelqu'un à faire des choses malhonnêtes en lui offrant de l'argent. *L'accusé a tenté de **corrompre** des témoins.*

corrosif, ive (adjectif)
Qui ronge et brûle les tissus, les métaux. *L'acide est **corrosif**.*

corrosion (nom féminin)
Fait d'être rongé, détruit lentement. *La rouille provoque la **corrosion** du fer.*

La **corrosion** se manifeste par la rouille.

corruption (nom féminin)
Action de corrompre. *La **corruption** de fonctionnaires est punie par la loi.*

corsage (nom masculin)
Vêtement féminin qui couvre le buste. (Syn. blouse, chemisier.)

corsaire (nom masculin)
Autrefois, marin qui attaquait les navires marchands des pays ennemis. *L'illustre **corsaire** Surcouf est né à Saint-Malo.*

corse
➠ Voir tableau p. 6.

corsé, ée (adjectif)
Qui a beaucoup de goût. *Un café **corsé**.*

corser (verbe) ○ conj.n°3
Rendre quelque chose plus difficile mais aussi plus intéressant. *Le témoin a été enlevé. – Oh ! l'affaire **se corse** !*

corset (nom masculin)
Sous-vêtement rigide destiné à maintenir le ventre. *Autrefois, les femmes portaient des **corsets** pour avoir une taille fine.*

cortège (nom masculin)
Groupe de personnes qui défilent. *Les manifestants forment un long **cortège**.*

corvée (nom féminin)
1. Travail pénible ou désagréable que l'on est obligé de faire. *Descendre la poubelle tous les soirs, quelle **corvée** !* (Contr. plaisir.) 2. Autrefois, travail gratuit effectué pour le seigneur ou pour le roi. *Les **corvées** ont été supprimées à la Révolution.*

cosaque (nom masculin)
Autrefois, cavalier de l'armée russe.

cosmétique (nom masculin)
Produit de beauté pour la peau ou les cheveux.

cosmique (adjectif)
Qui concerne l'espace interplanétaire. *Un voyage **cosmique** à travers la galaxie.* (Syn. spatial.)

cosmonaute (nom)
Synonyme d'astronaute. *Andrée Deshays a été la première **cosmonaute** française.*

cosmopolite (adjectif)
Où l'on rencontre des personnes du monde entier. *Paris, Genève, Londres sont des villes **cosmopolites**.* ⊙ Cosmopolite vient du grec *kosmos* qui signifie « monde » et *politês* qui signifie « citoyen ».

cosmos (nom masculin)
Espace qui se trouve au-delà de l'atmosphère terrestre. → Prononciation [kɔsmos]. ⊙ Famille du mot : cosmique, cosmonaute, cosmopolite.

cosse (nom féminin)
Enveloppe qui recouvre les graines des petits pois, des haricots, des fèves. (Syn. gousse.)

cossu, ue (adjectif)
Qui indique la richesse. *Un immeuble **cossu**.*

costaud (adjectif et nom)
Synonyme familier de fort. *Il faudrait quatre gars **costauds** pour bouger le piano.* ⊙ Costaud voulait dire « celui qui a des côtes », c'est-à-dire un thorax bien développé.

costume (nom masculin)
1. Manière de s'habiller qui change selon les époques, les régions, etc. *J'ai visité un musée du **costume**.* 2. Vêtement qu'on porte sur scène ou pour se déguiser. 3. Vêtement d'homme fait d'un pantalon et d'une veste assortis. *Il s'est acheté un nouveau **costume** pour le mariage.* (Syn. complet.)

costumé, ée (adjectif)
• **Bal costumé** : où les gens sont déguisés.

cote (nom féminin)
1. Estimation de la valeur d'un objet ou d'une personne. *La **cote** d'un tableau. La **cote** du Président a baissé.* 2. Indication d'une dimension ou d'un niveau. *Sur un dessin industriel, les **cotes** donnent les dimensions de l'objet représenté.*

côte (nom féminin)
1. Chacun des os longs et courbes de la cage thoracique. *Un homme a douze paires de **côtes**.* 2. Pente d'une route. *Le cycliste grimpe la **côte**.* 3. Rivage de la mer. *Cette **côte** est sablonneuse.* • **Côte à côte** : l'un à côté de l'autre. ⊙ Famille du mot : côtelette, côtier, entrecôte.

coté, ée (adjectif)
1. Qui est estimé, renommé. *Ce champagne est très **coté**.* 2. Sur lequel les dimensions sont représentées par des cotes. *L'ingénieur se sert d'un croquis **coté**.*

côté (nom masculin)
1. Partie droite ou gauche du corps. *Je dors toujours sur le **côté**, jamais sur le dos.* 2. Partie droite ou gauche de quelque chose. *Le vélo roule sur le **côté** de la route.* 3. Partie d'un lieu opposée à une autre. *J'habite de l'autre **côté** de la place.* 4. Chaque face d'un objet. *L'adresse est écrite sur l'un des **côtés** du colis.* 5. Chaque segment de droite qui forme le contour d'une figure géométrique. *Un quadrilatère a quatre **côtés**.* 6. Aspect différent de quelque chose. *Voyons plutôt le bon **côté** de la chose ! William a de très bons **côtés** même s'il a mauvais caractère.* 7. Parti, camp auquel on appartient. *Tu es de leur **côté**, maintenant ?* • **À côté de, aux côtés de** : près de. *J'habite **à côté de** la mairie. L'infirmière reste **aux côtés du** malade.* • **Du côté de** : en direction de ou aux environs de. *Il est parti **du côté de** l'église.* • **Laisser de côté quelque chose ou quelqu'un** : ne plus s'en occuper. • **Mettre de côté** : en réserve. *Il a mis de l'argent **de côté**.*

coteau, eaux (nom masculin)
Versant d'une colline. *Les vins des **coteaux** de la Loire sont réputés.*

côtelette (nom féminin)
Côte d'un animal de boucherie, découpée avec la viande qui y est attachée. *Des **côtelettes** d'agneau.*

côtier, ère (adjectif)
Qui se trouve au bord de la mer. *Les régions **côtières** sont venteuses.*

cotisation (nom féminin)
Somme que chacun doit verser régulièrement pour être membre d'une association ou d'un organisme. *La **cotisation** au ciné-club est de 10 euros.*

cotiser (verbe) conj.n°3
1. Verser une cotisation. *Mon père **cotise** à une mutuelle.* 2. Se cotiser : donner chacun de l'argent pour réunir une somme. *Ils **se sont cotisés** pour aider les sinistrés de l'incendie.*

coton (nom masculin)
1. Matière textile qui provient du cotonnier. *Des chaussettes en **coton**.* 2. Morceau d'ouate. *Elle nettoie la plaie avec du **coton** hydrophile.* Famille du mot : cotonnade, cotonnier

feuille et fleur de **coton**

cotonnade (nom féminin)
Étoffe de coton. *Une jupe de **cotonnade**.*

cotonnier (nom masculin)
Arbuste des régions tropicales qui fournit le coton.

côtoyer (verbe) conj.n°6
Avoir des relations avec quelqu'un. *Cette journaliste **côtoie** les plus grands comédiens.* (Syn. fréquenter, rencontrer.)

cotte (nom féminin)
• **Cotte de mailles :** armure souple, en forme de tunique, faite de fils de métal, portée par les soldats du Moyen Âge. (Syn. haubert.)

cotylédon (nom masculin)
Partie de la graine qui sert de réserve de nourriture à la plante.

cou (nom masculin)
Partie du corps qui relie la tête au tronc. ➡ p. 263.

couac (nom masculin)
Son faux et discordant. *Le joueur de hautbois a fait plusieurs **couacs** pendant le concert.*

couard, arde (adjectif)
Synonyme littéraire de peureux. En ancien français, couard signifie « qui a la queue basse ».

couchage (nom masculin)
• **Sac de couchage :** synonyme de duvet.

couchant (adjectif masculin)
• **Soleil couchant :** soleil qui est en train de se coucher. ▷ **couchant** (nom masculin) Endroit du ciel, à l'ouest, où l'on voit le soleil se coucher. *Le **couchant** est sans nuage, il fera beau demain.*

couche (nom féminin)
1. Épaisseur de matière déposée sur une surface. *Une **couche** de peinture.* 2. Protection absorbante. *Bébé a sali sa **couche**, il faut le changer.*

1. coucher (verbe) conj.n°3
1. Mettre au lit. *Ursula **se couche** tous les soirs à 9 heures. Maman **a couché** les enfants.* (Contr. lever.) 2. Passer la nuit. *Xavier aime bien **coucher** sous la tente.* (Syn. dormir.) 3. Incliner presque au ras du sol. *La pluie **a couché** les blés.* 4. Se coucher : disparaître à l'horizon. *À partir de janvier, le soleil **se couche** plus tard.* (Contr. se lever.) Famille du mot : couchage, couchant, couche, coucher, couchette, recoucher.

2. coucher (nom masculin)
• **Coucher de soleil :** passage du soleil en dessous de l'horizon. *J'ai fait une photo du **coucher de soleil**.* (Contr. lever.)

couchette (nom féminin)
Lit étroit dans un train ou sur un bateau.

coucou (nom masculin)
1. Petit oiseau que l'on appelle ainsi à cause de son chant et qui pond ses œufs dans le nid d'autres oiseaux. 2. Pendule dont la sonnerie imite le chant du coucou. 3. Plante sauvage à fleurs jaunes qui pousse au début du printemps. ▷ **coucou** (interjection) Annonce l'arrivée de quelqu'un. ***Coucou**, me voilà !*

un **coucou**

coude (nom masculin)
1. Articulation du bras et de l'avant-bras. *Yann m'a donné un coup de **coude**.* 2. Partie de la manche qui recouvre le coude. *Mon pull est percé au **coude**.* 3. Courbe très accentuée. *Le chemin fait un **coude**.* • **Coude à coude** : très proches les uns des autres. *L'arrivée s'est faite au **coude à coude**.* • **Se serrer les coudes** : être solidaires, s'entraider. ⊙ Famille du mot : s'accouder, accoudoir, coudé, coudée.

coudé, ée (adjectif)
Qui forme un coude. *Une barre **coudée**.*

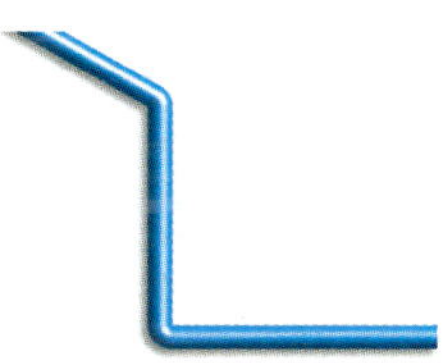

un tuyau **coudé**

coudée (nom féminin)
• **Avoir les coudées franches** : être libre d'agir comme on veut. ⊙ La coudée était une mesure de longueur égale à la distance entre la pointe du coude et le bout du majeur, soit environ 50 centimètres.

cou-de-pied (nom masculin)
Partie bombée sur le dessus du pied, entre les orteils et la cheville. → Pluriel : des cous-de-pied.

coudre (verbe) ○ conj.n°53
Joindre en se servant d'un fil et d'une aiguille. *Benjamin **a cousu** un bouton à sa veste. Je **couds** une robe pour ma poupée.* ⊙ Famille du mot : découdre, décousu, recoudre.

couenne (nom féminin)
Peau du porc. *Elle enlève la **couenne** du jambon.* → Prononciation [kwan].

1. couette (nom féminin)
Mince édredon servant de couverture. ⊙ Couette vient du latin *culcita* qui signifie « oreiller ».

2. couette (nom féminin)
Touffe de cheveux attachés de chaque côté de la tête. *Zoé s'est fait des **couettes**.* ⊙ Couette vient de l'ancien français *coue* qui signifie « queue ».

couffin (nom masculin)
Grand panier à anses qui peut servir de berceau portatif.

couiner (verbe) ○ conj.n°3
1. Pousser un petit cri. *Le lapin **couine**.* 2. Faire un bruit grinçant. *La roue de la brouette **couine**, il faut la graisser.*

coulant, ante (adjectif)
• **Nœud coulant** : dont la boucle glisse et se resserre quand on tire. *Le lasso des cow-boys est terminé par un **nœud coulant**.*

coulée (nom féminin)
Masse de matière liquide ou pâteuse qui coule et se répand. *Une **coulée** de boue. Une **coulée** de lave.*

a b c d e f g h i j k l m n o p q r s t u v w x y z

couler (verbe) ○ conj.n°3
1. Se déplacer en suivant la pente du terrain. *La Garonne **coule** dans le Bassin aquitain.* 2. Laisser échapper un liquide. *Le robinet **coule**.* 3. Verser à l'état liquide. *Le fondeur de cloches **coule** le bronze dans un moule.* 4. S'enfoncer dans l'eau. *Cette bouée t'empêchera de **couler** !* (Syn. sombrer. Contr. flotter.) 5. Faire sombrer une embarcation. *Un boulet de canon **coula** la frégate.* 6. Se couler : se glisser sans bruit. *Le chat **s'est coulé** sous le lit.* ⊙ Famille du mot : coulant, coulée.

couleur (nom féminin)
1. Impression produite par la lumière sur l'œil. *Les sept **couleurs** de l'arc-en-ciel sont le rouge, l'orange, le jaune, le vert, le bleu, l'indigo et le violet.* 2. Ce qui n'est ni noir ni blanc. *C'est un film assez ancien, est-il en noir et blanc ou en **couleurs** ?* 3. Chacun des symboles d'un jeu de cartes. *Pique, cœur, trèfle et carreau sont les quatre **couleurs**.*
▷ **couleurs** (nom féminin pluriel)
1. Bonne mine de quelqu'un. *Anna a pris des **couleurs** aux sports d'hiver.* 2. Drapeau d'un pays. *Le défilé a commencé par le salut aux **couleurs**.*
• **En voir de toutes les couleurs :** avoir toutes sortes d'ennuis.

« Le Cheval blanc » de Paul Gauguin (1898), un exemple d'une harmonie de **couleurs**.

Les trois **couleurs** principales se mélangent entre elles pour former d'autres **couleurs**.

couleuvre (nom féminin)
Serpent à tête arrondie, non venimeux, très répandu en Europe.

une **couleuvre**

coulissant, ante (adjectif)
Qui coulisse. *L'entrée du magasin est équipée de portes **coulissantes**.*

coulisse (nom féminin)
1. Rainure le long de laquelle glisse une porte ou une fenêtre. *Le placard de l'entrée se ferme par une porte à **coulisse**.* (Syn. glissière.) 2. Partie d'un théâtre située derrière les décors et invisible pour les spectateurs. *Dans les **coulisses**, les acteurs attendent le moment d'entrer en scène.* ⊙ Famille du mot : coulissant, coulisser.

coulisser (verbe) ○ conj.n°3
Glisser le long d'une coulisse. *Ces deux salles sont séparées par une porte qui* ***coulisse****.*

couloir (nom masculin)
Passage long et étroit entre les pièces d'une maison. *La cuisine est au bout du* ***couloir****.* (Syn. corridor.) • **Couloir aérien :** partie du ciel réservée à un avion afin qu'il évite les collisions avec les autres avions. • **Couloir d'autobus :** passage réservé à la circulation des autobus.

coup (nom masculin)
1. Mouvement ou geste destiné à frapper. *Un* ***coup*** *de poing. Un* ***coup*** *de bâton.* 2. Émotion violente. *Cette défaite a été un* ***coup*** *terrible pour notre équipe.* 3. Décharge d'une arme à feu. *Les chasseurs ont tiré plusieurs* ***coups*** *de fusil.* 4. Bruit dû à un choc. *Des* ***coups*** *de marteau. Des* ***coups*** *de feu.* 5. Geste ou mouvement brusque. *Jeter un* ***coup*** *d'œil. Se donner un* ***coup*** *de peigne. Donner un* ***coup*** *de balai, un* ***coup*** *de frein, un* ***coup*** *de volant.* 6. Manifestation soudaine et brutale d'une force. *Un* ***coup*** *de vent a arraché les tuiles du toit.* 7. Chaque essai pour faire quelque chose. *Élodie a réussi du premier* ***coup****. Tu gagneras au prochain* ***coup****.* • **Après coup :** après ou trop tard. *Il a réalisé* ***après coup*** *que la piscine était fermée le dimanche.* • **Coup d'État :** révolution. • **Coup de soleil :** insolation. • **Coup de téléphone** ou **coup de fil :** appel téléphonique. • **Coup franc :** coup accordé à une équipe pour compenser une faute commise par l'équipe adverse. • **Coup sur coup :** à la suite. *Notre équipe a remporté plusieurs victoires* ***coup sur coup****.* • **Sur le coup :** immédiatement. ⊙ Famille du mot : à-coup, contrecoup.

coupable (adjectif et nom)
Qui a commis une faute ou un délit. *Je me sens* ***coupable*** *d'avoir oublié ton anniversaire. La* ***coupable*** *est en prison.* (Contr. innocent.)

coupant, ante (adjectif)
Qui coupe. *Attention : le bord de cette boîte est très* ***coupant****.*

coupe (nom féminin)
1. Manière de couper ou de tailler. *J'aime beaucoup ta nouvelle* ***coupe*** *de cheveux. La* ***coupe*** *de ce costume est complètement démodée.* 2. Dessin qui représente un objet comme s'il était coupé en deux. *Une maison vue en* ***coupe****.* 3. Verre ou récipient à pied, large et peu profond. *Une* ***coupe*** *à fruits. Une* ***coupe*** *à glace. Une* ***coupe*** *à champagne.* 4. Compétition dont la récompense est une coupe de métal précieux. *L'équipe gagnante participera à la* ***coupe*** *du monde de football.*

coupe-circuit (nom masculin)
Dispositif qui arrête le passage d'un courant électrique dans un circuit. → Pluriel : des coupe-circuits.

coupe-coupe (nom masculin)
Sorte de sabre servant à tailler les branches pour se faire un chemin à travers la forêt. (Syn. machette.) → Pluriel : des coupe-coupe.

coupe-feu (nom masculin)
Porte ou cloison empêchant un incendie de se propager dans un bâtiment. → Pluriel : des coupe-feu.

coupelle (nom féminin)
Petite coupe. *Elle a servi les glaces dans des* ***coupelles*** *de verre.*

coupe-ongles (nom masculin)
Petite pince servant à se couper les ongles. → Pluriel : des coupe-ongles.

coupe-papier (nom masculin)
Lame servant à couper du papier plié, à ouvrir une enveloppe. → Pluriel : des coupe-papier.

couper (verbe) ○ conj.n°3
1. Diviser à l'aide d'un instrument tranchant. *Couper du pain, du bois. Ce canif* ***coupe*** *mal.* 2. Entailler ou blesser. *Elle* ***s'est coupée*** *avec un morceau de verre.* 3. Diminuer ou raccourcir à l'aide d'un instrument. *Prends une pince pour te* ***couper*** *les ongles.* 4. Traverser un lieu ou passer au milieu. *Un petit chemin* ***coupe*** *la route près du moulin. Plusieurs routes* ***se coupent*** *à ce carrefour.* 5. Interrompre le passage ou le fonctionnement. *On* ***a coupé*** *l'eau pendant les travaux.* ***Couper*** *la parole à quelqu'un.* 6. Aux cartes, jouer un atout quand on n'a pas la couleur demandée. ***Couper*** *à pique.* • **Couper l'herbe sous le pied de quelqu'un** : devancer quelqu'un, agir avant lui. ⊙ Famille du mot : coupant, coupe, coupe-circuit, coupe-coupe, coupe-feu, coupe-ongles, coupe-papier, coupe-vent, coupure, découpage, découper, entrecouper, recoupement, recouper.

coupe-vent (nom masculin)
Vêtement qui protège du vent. *Emportez vos* ***coupe-vent*** *si vous allez faire du bateau.* → Pluriel : des coupe-vent.

couple (nom masculin)
1. Une femme et un homme. *Monsieur et Madame Dubois forment un* ***couple*** *très sympathique.* 2. Un mâle et une femelle. *Un* ***couple*** *de perruches.*

couplet (nom masculin)
Strophe d'une chanson. *Entre chaque* ***couplet****, nous reprendrons le refrain ensemble.*

coupole (nom féminin)
Toit en forme de demi-sphère. *On aperçoit au loin la* ***coupole*** *de la basilique du Sacré-Cœur.* (Syn. dôme.)

coupon (nom masculin)
1. Reste d'une pièce de tissu. *Elle a trouvé des* ***coupons*** *en solde pour se faire des robes d'été.* 2. Billet de transport à la semaine ou au mois. *Un* ***coupon*** *de carte orange.*

coupure (nom féminin)
1. Blessure faite par un objet coupant. *Je vais mettre un pansement sur cette* ***coupure****.* (Syn. entaille.) 2. Interruption momentanée. *Une* ***coupure*** *d'électricité, de gaz, d'eau.* 3. Billet de banque. *Il a payé en* ***coupures*** *de 50 euros.* 4. • **Coupure de journal** : article découpé dans un journal.

cour (nom féminin)
1. Espace entouré de murs ou de bâtiments. *La* ***cour*** *de l'école. La* ***cour*** *d'un immeuble.* 2. Ensemble de personnes qui vivent auprès du roi. *Quand le roi changeait de château, toute la* ***cour*** *le suivait.* 3. Nom de certains tribunaux. *Ce malfaiteur doit passer en jugement devant la* ***cour*** *d'assises.* • **Faire la cour à quelqu'un** : chercher à lui plaire, à le séduire.

courage (nom masculin)
1. Force morale qui permet de faire face aux dangers ou aux difficultés. *Il a vaincu tous ses adversaires grâce à son* ***courage****.* (Syn. bravoure. Contr. lâcheté.) 2. Ardeur à faire quelque chose. *Elle n'a même pas eu le* ***courage*** *de ranger ses affaires avant de se coucher.* (Syn. énergie. Contr. indolence, molesse.) ⊙ Famille du mot : courageusement, courageux, décourageant, découragement, décourager, encourageant, encouragement, encourager.

courageusement (adverbe)
Avec courage. *Il s'est* ***courageusement*** *jeté à l'eau pour sauver cet enfant de la noyade.*

courageux, euse (adjectif)
Qui a du courage, de l'énergie. *Elle est très* ***courageuse*** *de continuer à travailler malgré sa maladie.* (Syn. brave. Contr. lâche.)

couramment (adverbe)
1. De manière courante, habituelle. *C'est une expression qui s'emploie* ***couramment****.* (Syn. habituellement, souvent. Contr. rarement.) 2. Bien, avec aisance. *Elle parle* ***couramment*** *plusieurs langues.*

1. courant, ante (adjectif)
Que l'on rencontre ou que l'on fait fréquemment. *Cette espèce d'oiseaux est très **courante** en Europe.* (Syn. commun, ordinaire, répandu. Contr. rare.) • **Eau courante :** eau qui circule dans des tuyaux et qui coule d'un robinet.

2. courant (nom masculin)
1. Mouvement de l'eau. *Les feuilles mortes sont emportées par le **courant**.* 2. Électricité qui passe dans les fils. *Une prise de **courant**. Une coupure de **courant**.* • **Au courant :** informé de quelque chose. *Nous ne sommes pas **au courant** de son départ.* • **Courant d'air :** air en mouvement dans un espace resserré. • **Dans le courant de :** pendant une période. *Clément viendra certainement **dans le courant de** la semaine prochaine.*

courbature (nom féminin)
Douleur musculaire. *Le lendemain du match, il était plein de **courbatures**.*

courbaturé, ée (adjectif)
Qui ressent des courbatures. *Après un après-midi de vélo, elle est rentrée toute **courbaturée**.*

courbe (adjectif)
Qui a une forme arrondie. *L'arc-en-ciel dessine une ligne **courbe** dans le ciel.* ▷ **courbe** (nom féminin) 1. Ligne courbe. *Le sentier faisait de larges **courbes** à travers le bois.* 2. Ligne d'un graphique représentant une évolution. *Une **courbe** de température.* ⊙ Famille du mot : courber, courbette, recourbé.

courber (verbe) ⊃ conj.n°3
1. Donner une forme courbe à ce qui était droit. *Le poids de la neige **courbait** les branches.* 2. Incliner une partie du corps. *Son dos **se courbe** sous le poids de son sac. Il **s'est courbé** devant le roi.*

courbette (nom féminin)
• **Faire des courbettes :** être d'une politesse exagérée. *C'est un hypocrite qui **fait des courbettes** à tout le monde.*

coureur, euse (nom)
Personne qui participe à une course. *Un **coureur** à pied. Un **coureur** cycliste.*

courge (nom féminin)
Plante à fruits comestibles, comme le potiron ou la citrouille.

courgette (nom féminin)
Variété de petite courge.

courir (verbe) ⊃ conj.n°16
1. Se déplacer avec rapidité. *Elle **a couru** pour nous rattraper.* 2. Participer à une course. ***Courir** un 100 mètres, un marathon.* 3. Se propager. *Le bruit **court** que cet homme n'est qu'un escroc.* 4. Aller un peu partout à la recherche de quelque chose. *Elle a passé sa journée à **courir** les libraires, à la recherche d'un livre introuvable.* 5. Tenter ou affronter quelque chose. ***Courir** sa chance. **Courir** un danger.* ⊙ Famille du mot : accourir, coureur, course, coursier.

courlis (nom masculin)
Oiseau échassier, à long bec, migrateur, qui vit près de l'eau.

un **courlis**

couronne (nom féminin)
1. Cercle de métal qui se porte sur la tête comme symbole de pouvoir. *Pour la cérémonie, le souverain apparut coiffé de la **couronne** royale.* 2. Cercle de fleurs ou de feuilles tressées. *Une **couronne** de lauriers.* 3. Morceau de métal ou de céramique qui entoure une dent abîmée. *Il va chez le dentiste pour se faire poser une **couronne**.* ⊙ Famille du mot : couronnement, couronner.

▸ **couronnement** (nom masculin)
1. Cérémonie au cours de laquelle un souverain est couronné. *Le* ***couronnement*** *d'un roi, d'un empereur.* **2.** Ce qui récompense de longs efforts. *Cette victoire a été le* ***couronnement*** *de sa carrière de sportif.*

Le **couronnement** de Charles VI le Bien-Aimé eut lieu à Reims en 1380.

▸ **couronner** (verbe) ◦ conj.n°3
1. Donner le titre de souverain à quelqu'un en lui remettant solennellement une couronne. *Charlemagne* ***a été couronné*** *empereur en l'an 800.* **2.** Décerner une récompense ou un prix. *Ce film* ***a été couronné*** *au festival de Cannes.*

▸ **courre** (verbe)
• **Chasse à courre** : chasse qui se pratique à cheval avec une meute de chiens pour traquer le gibier.

▸ **courrier** (nom masculin)
Tout ce qui est transmis par l'intermédiaire de la poste. *Est-ce que le* ***courrier*** *est arrivé ? – Oui, il y a deux lettres et un paquet.* • **Courrier des lecteurs** : lettres de lecteurs publiées dans certaines pages d'un journal.

▸ **courroie** (nom féminin)
Bande souple qui sert à lier. *Fixe bien la* ***courroie*** *de ta ceinture de sécurité.*

▸ **courroux** (nom masculin)
Synonyme littéraire de colère. *Les serviteurs craignaient le* ***courroux*** *de leur maître.*

▸ **cours** (nom masculin)
1. Mouvement de l'eau qui coule. *Des bateaux remontaient lentement le* ***cours*** *du fleuve.* **2.** Ce qui se déroule dans le temps. *Les ouvriers ont dû interrompre le* ***cours*** *des travaux.* **3.** Séance de travail. *Ce matin, on a un* ***cours*** *de musique.* **4.** Chaque niveau de classe dans une école primaire. *David est en* ***cours*** *élémentaire, l'an prochain il sera au* ***cours*** *moyen.* **5.** Prix d'une marchandise qui varie suivant les jours. *Le* ***cours*** *du café a baissé aujourd'hui.* • **Au cours de** : pendant. *Il y aura une éclipse de lune* ***au cours de*** *la nuit prochaine.* • **Cours d'eau** : fleuve, rivière, ruisseau, torrent. • **En cours** : en train de se produire. *Les travaux sont* ***en cours*** *de réalisation.*

▸ **course** (nom féminin)
1. Action de courir. *Après une* ***course*** *à travers champs, le lièvre a échappé au chasseur.* **2.** Épreuve sportive de vitesse. ***Course*** *à pied.* ***Course*** *cycliste.* ***Course*** *automobile.* **3.** Achats ou commissions. *Elle est allée faire des* ***courses*** *au supermarché.*

▸ **coursier, ère** (nom)
Personne chargée de transporter des colis, de transmettre des lettres. *Un* ***coursier*** *est venu nous livrer des pizzas.*

▸ **1. court, courte** (adjectif)
1. Qui est de faible longueur. *Je préfère avoir les cheveux* ***courts****.* **2.** Qui ne dure pas longtemps. *Nous avons passé de* ***courtes*** *vacances à la montagne.* (Syn. bref. Contr. long.) • **Avoir la mémoire courte** : oublier un peu trop facilement une promesse faite ou un service qu'on vous a rendu. ▹ **court** (adverbe) De manière courte. *Tes cheveux sont coupés trop* ***court****.* • **Couper court à quelque chose** : l'arrêter immédiatement. • **Être à court de quelque chose** : en manquer. *Il s'est trouvé* ***à court d'****argent.* • **Prendre quelqu'un de court** : le surprendre sans lui laisser le temps de réagir.

▸ **2. court** (nom masculin)
Terrain de tennis.

court-bouillon (nom masculin)
Bouillon épicé dans lequel on fait cuire du poisson. → Pluriel : des courts-bouillons.

court-circuit (nom masculin)
Coupure de courant due à un mauvais contact entre deux fils électriques. *Tout l'immeuble est privé d'électricité à cause d'un* ***court-circuit****.* → Pluriel : des courts-circuits.

courtine (nom féminin)
Mur réunissant deux tours d'un château fort. ➠ p. 196.

courtisan (nom masculin)
Homme qui vivait à la cour du roi. *Les* ***courtisans*** *cherchaient par tous les moyens à obtenir les faveurs du roi.*

courtiser (verbe) ➲ conj.n°3
Faire la cour à quelqu'un. *Il s'est marié avec la jeune fille qu'il* ***courtisait*** *depuis un an.*

court-métrage (nom masculin)
Film qui dure moins d'une demi-heure. → Pluriel : des courts-métrages.

courtois, oise (adjectif)
Qui est très poli. (Contr. grossier.)

courtoisie (nom féminin)
Qualité d'une personne courtoise. *Elle nous a reçus avec beaucoup de* ***courtoisie****.*

couscous (nom masculin)
Plat fait avec de la semoule, des légumes, de la viande, et une sauce épicée. *Ce restaurant marocain est réputé pour son* ***couscous****.* → Prononciation [kuskus].

1. cousin, ine (nom)
Enfant de l'oncle et de la tante de quelqu'un. *Ton père est mon oncle, donc nous sommes* ***cousins*** *!*

2. cousin (nom masculin)
Gros moustique aux longues pattes. *Le* ***cousin*** *est un moustique inoffensif très commun en France.*

un cousin

coussin (nom masculin)
Petit sac rembourré qui sert à s'appuyer ou à s'asseoir. *Des* ***coussins*** *de cuir, de velours.* • **Coussin d'air :** couche d'air qui maintient un véhicule à la surface de l'eau. *Les aéroglisseurs se déplacent sur* ***coussin d'air****.*

coût (nom masculin)
Prix de quelque chose. *L'expert a évalué le* ***coût*** *des réparations.* • **Coût de la vie :** montant des dépenses nécessaires à la vie de tous les jours.

coûtant (adjectif masculin)
• **Prix coûtant :** prix réel d'une marchandise sans compter le bénéfice du vendeur.

couteau, eaux (nom masculin)
1. Instrument formé d'une lame tranchante et d'un manche. *Un* ***couteau*** *à fromage. Un* ***couteau*** *de cuisine.* 2. Coquillage long et étroit qui vit dans le sable. • **Être à couteaux tirés avec quelqu'un :** s'entendre très mal avec lui. • **Mettre le couteau sous la gorge de quelqu'un :** l'obliger à faire quelque chose en le menaçant.

coutelas (nom masculin)
Grand couteau à lame large.

coutellerie (nom féminin)
Fabrique ou magasin de couteaux, d'instruments tranchants.

coûter (verbe) ○ conj.n°3
1. Valoir tel prix. *Ce blouson **coûte** 100 euros.* 2. Occasionner des frais, des dépenses. *L'aménagement de la maison nous **a coûté** cher.* 3. Avoir des conséquences malheureuses. *Cette imprudence aurait pu lui **coûter** la vie.* 4. Causer des désagréments. *Ce travail lui **aura coûté** bien des efforts.* • **Coûte que coûte** : à n'importe quelle condition. *Je finirai ce travail **coûte que coûte** !* ⊙ Famille du mot : coût, coûtant, coûteux.

coûteux, euse (adjectif)
Qui coûte cher. *Les réparations de cette moto risquent d'être **coûteuses**.* (Syn. onéreux.)

coutume (nom féminin)
Habitude ou tradition. *En France, c'est la **coutume** d'offrir du muguet le 1er mai.*

couture (nom féminin)
1. Action de coudre. *Pour apprendre la **couture**, il faut savoir manier le fil et l'aiguille.* 2. Suite de points cousus à la main ou à la machine. *Il a déchiré les **coutures** de son pantalon.* • **Sous toutes les coutures** : très attentivement. ⊙ Famille du mot : couturier, couturière.

couturier (nom masculin)
Personne qui crée des modèles de vêtements. *Les défilés de mode des grands **couturiers**.*

couturière (nom féminin)
Femme qui confectionne des vêtements.

couvée (nom féminin)
Ensemble d'oisillons couvés en même temps. *Ces deux poussins sont de la même **couvée**.*

couvent (nom masculin)
Maison où vivent en communauté des moines ou des religieuses. (Syn. monastère.)

couver (verbe) ○ conj.n°3
1. Couvrir de son corps les œufs d'une couvée jusqu'à ce qu'ils éclosent. *Les oiseaux **couvent** leurs œufs.* 2. Au sens figuré, protéger de façon exagérée. *C'est un enfant très fragile qui **a été couvé** par sa mère.* 3. Porter les microbes d'une maladie avant qu'elle ne se déclare. *Ibrahim **couve** une grippe.* ⊙ Famille du mot : couvée, couveuse.

couvercle (nom masculin)
Ustensile qui sert à couvrir un récipient. *Un **couvercle** de casserole, de boîte, de bocal.*

1. couvert, erte (adjectif)
1. Habillé chaudement. *Tu vas t'enrhumer si tu n'es pas assez **couvert**.* 2. Qui est abrité par un toit. *Une piscine **couverte**.* • **À couvert** : à l'abri. *Mettons-nous **à couvert**, il commence à pleuvoir.* • **Ciel couvert** : nuageux.

2. couvert (nom masculin)
La cuillère, la fourchette et le couteau. *Des **couverts** en argent.* • **Mettre le couvert** : mettre la table.

couverture (nom féminin)
1. Pièce de tissu épais qui sert à tenir chaud. *La chatte s'est pelotonnée sous la **couverture**.* 2. Ce qui couvre, protège un livre ou un cahier. *La **couverture** de mon livre s'est abîmée.* 3. Ce qui couvre une maison. *Cette ferme a une **couverture** de tuiles.* (Syn. toiture.)

couveuse (nom féminin)
1. Appareil qui garde les œufs au chaud pour les faire éclore. *Ces poussins sont nés en **couveuse**.* 2. Appareil où on met les nouveau-nés fragiles. *En **couveuse**, les bébés sont protégés du froid et des microbes.*

couvre-feu (nom masculin)
Interdiction de sortir après une certaine heure. *Pendant les émeutes, le gouvernement a décrété le **couvre-feu** à partir de 19 heures.* → Pluriel : des couvre-feux.

couvre-lit (nom masculin)
Pièce d'étoffe qui recouvre un lit. *Un **couvre-lit** à fleurs.* (Syn. dessus-de-lit.) → Pluriel : des couvre-lits.

▸ **couvreur** (nom masculin)
Ouvrier qui pose et répare les toitures. *Le **couvreur** a remplacé les tuiles du toit arrachées par le vent.*

▸ **couvrir** (verbe) ○ conj.n°12
1. Placer par-dessus pour protéger. *Il **a couvert** le bébé avec un drap. **Couvrir** un livre de classe.* 2. Mettre un couvercle. ***Couvre** le plat pour que la viande ne refroidisse pas !* 3. Être répandu sur une surface. *Des papiers **couvraient** son bureau.* 4. Disposer des choses en grande quantité. *Elle **a couvert** tout un pan de mur avec des photos.* 5. Parcourir une distance. *Il **a couvert** plus de 1 000 kilomètres à moto.* 6. Masquer un son. *Les applaudissements **ont couvert** sa voix.* 7. Protéger quelqu'un pour lui éviter des ennuis. *C'est lui le fautif, mais ses complices le **couvrent**.* 8. Se couvrir : s'habiller chaudement. *S'il pleut, **couvre-toi** bien !* 9. Se couvrir : s'obscurcir. *Le ciel **s'est couvert** de nuages.* ⊙ Famille du mot : couvert, couverture, couvre-feu, couvre-lit, couvreur, découvrir, recouvrir.

▸ **cow-boy** (nom masculin)
Gardien de troupeaux dans l'ouest des États-Unis. *Kevin aime bien lire les aventures de Lucky Luke, le **cow-boy** solitaire.* → Cow-boy est un mot anglais : on prononce [kobɔj]. → Pluriel : des cow-boys.

▸ **coyote** (nom masculin)
Animal sauvage d'Amérique du Nord, proche du renard. *Les **coyotes** se nourrissent de charognes.*

un **coyote**

▸ **crabe** (nom masculin)
Crustacé marin qui a quatre paires de pattes et une paire de pinces.

des **crabes**

▸ **crac** (interjection)
Mot qui exprime le bruit sec d'une chose qui se casse ou se déchire. *Et **crac** ! le pantalon s'est déchiré.*

▸ **crachat** (nom masculin)
Salive que l'on crache.

▸ **cracher** (verbe) ○ conj.n°3
1. Rejeter de la salive hors de sa bouche. *Jure et **crache** par terre !* 2. Projeter quelque chose hors de sa bouche. *Ils s'amusent à **cracher** des noyaux de cerises le plus loin possible.*

▸ **crachin** (nom masculin)
Pluie fine et serrée.

▸ **crack** (nom masculin)
Dans la langue familière, personne très douée dans un domaine particulier. *Un **crack** au golf.* ⊙ En anglais, *to crack* signifie « se vanter ».

▸ **cracker** (nom masculin)
Petit biscuit salé. *Elle a acheté des **crackers** pour l'apéritif.* → Prononciation [kʀakœʀ]. ⊙ Cracker vient d'un verbe anglais qui signifie « craquer sous la dent ».

▸ **craie** (nom féminin)
1. Roche calcaire, blanche et tendre. *En Normandie, certaines falaises sont en **craie**.* 2. Bâtonnet de craie qui sert à écrire. *Fatima a acheté une ardoise, des **craies** et une éponge pour effacer.*

▸ **craindre** (verbe) ○ conj.n°35
1. Avoir peur de quelque chose. *Depuis qu'il s'est fait mordre, il **craint** les chiens.* (Syn. appréhender, redouter.) 2. Supporter difficilement. *Mets-toi à l'ombre si tu **crains** le soleil.* ⊙ Famille du mot : crainte, craintif.

crainte (nom féminin)
Sentiment de peur ou d'inquiétude. *N'ayez **crainte**, nous serons à l'heure.*

craintif, ive (adjectif)
Qui a peur de tout. *C'est un chat très **craintif**.* (Syn. peureux. Contr. audacieux, hardi.)

cramoisi, ie (adjectif)
Rouge foncé. *Pris d'un accès de colère, il est devenu **cramoisi**.*

crampe (nom féminin)
Contraction douloureuse mais passagère d'un muscle. *Il a été pris d'une **crampe** au mollet pendant qu'il nageait.*

crampon (nom masculin)
Pointe fixée sous une chaussure pour éviter de glisser.

se cramponner (verbe) ⊳ conj.n°3
S'accrocher fermement pour ne pas tomber. *Ma petite sœur **se cramponne** à la rampe quand elle descend l'escalier.* (Syn. s'agripper.)

cran (nom masculin)
1. Entaille faite pour accrocher ou retenir quelque chose de mobile. *L'étagère est trop haute, descends-la d'un **cran**. Un couteau à **cran** d'arrêt.* **2.** Trou dans une courroie, une ceinture. *Ton pantalon tombe, resserre ta ceinture d'un **cran** !* **3.** Synonyme familier de courage. *Il lui a fallu du **cran** pour sortir les blessés de la voiture en flammes.*

crâne (nom masculin)
Partie osseuse de la tête qui contient le cerveau. *On vient de trouver dans cette grotte le **crâne** d'un homme préhistorique.*

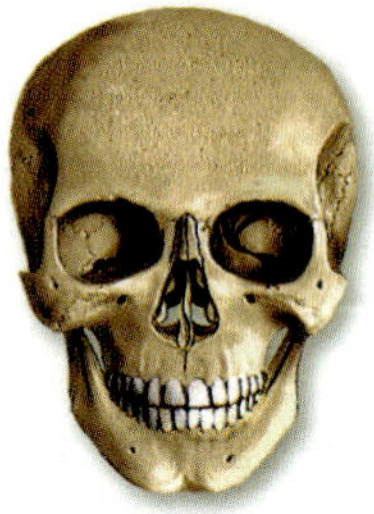

un **crâne**

crâner (verbe) ⊳ conj.n°3
Dans la langue familière, se montrer prétentieux. *Pierre n'arrête pas de **crâner** depuis qu'il a gagné la course.*

crâneur, euse (nom)
Dans la langue familière, personne qui crâne. *Elle se croit toujours plus forte que les autres, quelle **crâneuse** !* (Syn. fanfaron, prétentieux.)

crânien, enne (adjectif)
Du crâne. *La boîte **crânienne** contient le cerveau.*

crapaud (nom masculin)
Batracien à la peau rugueuse, et qui ressemble à une grenouille. *Les **crapauds** coassent.*

un **crapaud** et ses œufs

crapule (nom féminin)
Synonyme de canaille. *Cet homme est une **crapule** qui mérite la prison.*

craquelé, ée (adjectif)
Qui a des craquelures. *Le cuir de ce vieux sac est sec et **craquelé**.*

craquelure (nom féminin)
Petite fente ou fissure sur une surface. *Le vernis de ce vieux bureau est couvert de **craquelures**.*

craquement (nom masculin)
Bruit sec produit par quelque chose qui se brise. *On entendait les **craquements** du vieux parquet sous nos pas.*

▸ **craquer** (verbe) ○ conj.n°3
1. Faire entendre des craquements. *Les bûches **craquaient** dans la cheminée.* **2.** Se briser ou céder en produisant un craquement. *L'étagère **a craqué** sous le poids des livres.* **3.** S'effondrer à cause de la fatigue ou de l'énervement. *Il n'en peut plus, il est sur le point de **craquer**.* • **Plein à craquer** : trop plein. *La salle était **pleine à craquer**.*

▸ **crasse** (nom féminin)
Saleté qui s'accumule. *Une couche de **crasse** recouvrait les meubles de la maison abandonnée.* ⊙ Famille du mot : crasseux, décrasser, encrasser.

▸ **crasseux, euse** (adjectif)
Couvert de crasse. *Tu devrais changer de pantalon, il est **crasseux**.*

▸ **cratère** (nom masculin)
1. Orifice d'un volcan. *Des fumées s'échappent du **cratère**.* **2.** Grand trou dans le sol. ⊙ Dans l'Antiquité, un cratère était un grand vase pour mélanger l'eau et le vin.

un **cratère** de météorite en Arizona (USA)

▸ **cravache** (nom féminin)
Baguette flexible dont se servent les cavaliers. *D'un petit coup de **cravache**, le jockey a mis son cheval au galop.*

▸ **cravacher** (verbe) ○ conj.n°3
Frapper avec une cravache. *Le jockey **a cravaché** son cheval.*

▸ **cravate** (nom féminin)
Bande d'étoffe qui passe sous le col de la chemise et que l'on noue par-devant. *Mettre une **cravate**. Nouer sa **cravate**.* ⊙ Cravate vient du mot « croate » : les cavaliers croates portaient autour du cou une bande de tissu.

▸ **crawl** (nom masculin)
Nage sur le ventre dans laquelle on lance les bras en avant l'un après l'autre tout en battant des pieds. *Le **crawl** est une nage plus rapide que la brasse.* ➜ Prononciation [kRol]. ⊙ Crawl est un mot anglais qui signifie « ramper ».

▸ **crayeux, euse** (adjectif)
Qui contient de la craie. *Ces falaises blanches sont **crayeuses**.*

▸ **crayon** (nom masculin)
Baguette qui contient une mine et qui sert à écrire. *Un **crayon** noir. Une boîte de **crayons** de couleur.*

▸ **crayonner** (verbe) ○ conj.n°3
Dessiner ou écrire avec un crayon. *Il **a crayonné** un plan de sa maison sur un bout de papier.*

▸ **créancier, ère** (nom)
Personne à qui l'on doit de l'argent. *Il risque la prison s'il ne rembourse pas tous ses **créanciers**.* (Contr. débiteur.)

▸ **créateur, trice** (nom)
Personne qui crée ou invente quelque chose. *Un **créateur** d'entreprise.* • **Le Créateur** : Dieu.

▸ **créatif, ive** (adjectif)
Qui a un don pour créer, inventer des choses. *C'est une fille originale et **créative**.* (Syn. inventif.)

▸ **création** (nom féminin)
1. Action de créer. *La **création** d'un dortoir pour les grands a été très difficile.* **2.** Chose créée. *L'artiste a exposé ses dernières **créations**.*

▸ **créativité** (nom féminin)
Qualité d'une personne créative. *Ne dessinez pas tous la même chose, faites preuve de **créativité** !*

▸ **créature** (nom féminin)
Être vivant. *Certains croient à l'existence de **créatures** extra-terrestres.*

a b c d e f g h i j k l m n o p q r s t u v w x y z

crécelle (nom féminin)
Petit instrument en bois que l'on fait tourner et qui fait du bruit. • **Voix de crécelle :** voix aiguë.

une **crécelle**

crèche (nom féminin)
1. Représentation reconstituant la naissance de Jésus dans une étable. *Dans notre famille, c'est une tradition de préparer la **crèche** de Noël.* 2. Établissement où on garde les très jeunes enfants pendant la journée. *En rentrant, elle est passée chercher son bébé à la **crèche**.* ⊙ En ancien français, une crèche était une mangeoire à bestiaux comme celle dans laquelle est né Jésus.

crédible (adjectif)
Que l'on peut croire. *Je pense qu'il ne se vante pas, toutes ses aventures sont **crédibles**.* (Syn. plausible, vraisemblable.)

crédit (nom masculin)
1. Prêt d'argent accordé pour un achat. *Il a eu un **crédit** pour acheter sa voiture, maintenant il doit le rembourser et payer des intérêts.* 2. Possibilité de payer plus tard ou en plusieurs fois. *Ils ont acheté leur maison à **crédit**.* 3. Somme d'argent disponible sur un compte en banque. (Contr. débit.) 4. Somme d'argent prévue pour certaines dépenses particulières. *Dans le budget de l'école, des **crédits** sont destinés à l'achat d'ordinateurs.* 5. Confiance que l'on a en quelqu'un. *Ces électeurs accordent beaucoup de **crédit** aux promesses du maire.*

créditer (verbe) ○ conj.n°3
Verser de l'argent sur un compte. *Son compte **a été crédité** de 100 euros.* (Contr. débiter.)

crédule (adjectif)
Qui croit tout ce qu'on lui dit. (Syn. naïf.)

crédulité (nom féminin)
Défaut d'une personne crédule. *Quentin compte sur ta **crédulité** pour te faire croire n'importe quoi.* (Syn. naïveté.)

créer (verbe) ○ conj.n°3
1. Faire exister quelque chose qui n'existait pas avant. ***Créer** un parfum, une machine.* (Syn. concevoir.) 2. Être la cause de quelque chose. *L'arrivée du nouveau directeur va **créer** des changements dans l'école.* (Syn. causer, provoquer.) ⊙ Famille du mot : créateur, créatif, création, créativité, créature, procréation.

crémaillère (nom féminin)
Tige de fer avec des crans pour suspendre une marmite dans la cheminée. • **Pendre la crémaillère :** fêter son installation dans un nouveau logement.

crématoire (adjectif)
• **Four crématoire :** four dans lequel on brûle les cadavres.

crématorium (nom masculin)
Lieu où l'on incinère les morts. → Prononciation [kʀematɔʀjɔm].

crème (nom féminin)
1. Matière grasse du lait avec laquelle on fait le beurre. *Gaëlle ajoute un peu de **crème** fraîche dans la sauce.* 2. Dessert fait avec du lait et des œufs. *Voulez-vous de la **crème** au chocolat ?* 3. Produit onctueux utilisé pour les soins de la peau. *Une **crème** pour les mains, pour le visage. Une **crème** solaire.* • **Café crème :** café additionné de lait ou de crème. ▷ **crème** (adjectif) D'une couleur blanche à peine teintée de jaune. *Un jaune **crème**.* → Pluriel : des chaussettes crème. ⊙ Famille du mot : crémerie, crémeux, crémier.

crémerie (nom féminin)
Magasin où l'on vend des produits laitiers et des œufs.

crémeux, euse (adjectif)
Qui a la consistance de la crème. *Je voudrais un chocolat au lait bien **crémeux**.*

crémier, ère (nom)
Commerçant qui tient une crémerie.

créneau, eaux (nom masculin)
1. Ouverture rectangulaire faite en haut d'une muraille. *Dans les châteaux forts, les **créneaux** servaient à observer l'ennemi et à lancer des projectiles.* ➠ p. 196. 2. Manœuvre que l'on fait pour garer sa voiture entre deux autres voitures.

créole (nom)
Personne de race blanche née aux Antilles ou à la Réunion. ▷ **créole** (nom masculin) Langue parlée aux Antilles.

1. crêpe (nom masculin)
1. Tissu léger, en soie ou en laine, d'aspect ondulé. 2. Caoutchouc spécial qui ne glisse pas. *Des chaussures à semelles de **crêpe**.*

2. crêpe (nom féminin)
Fine galette faite avec de la farine, des œufs et du lait. *Faire sauter des **crêpes** dans une poêle.* ⊙ Famille du mot : crêperie, crêpière.

crêperie (nom féminin)
Établissement où l'on mange des crêpes.

crépi (nom masculin)
Couche de ciment ou de plâtre qu'on applique sur un mur. *La façade de notre maison est recouverte d'un **crépi** blanc.*

crêpière (nom féminin)
Poêle plate pour faire cuire des crêpes.

crépir (verbe) ⊙ conj.n°11
Enduire avec du crépi. *On **a crépi** les murs du garage plutôt que de les peindre.*

crépitement (nom masculin)
Bruit sec et continu. *On entendait le **crépitement** des bûches dans la cheminée.*

crépiter (verbe) ⊙ conj.n°3
Produire des crépitements. *Il entendait la grêle **crépiter** sur les fenêtres.*

crépon (nom masculin)
• **Papier crépon** : papier gaufré et ondulé. *Yann a fait des déguisements en **papier crépon**.*

crépu, ue (adjectif)
Qui frise en boucles très serrées. *Avoir les cheveux **crépus**.*

crépuscule (nom masculin)
Moment de la journée entre le coucher du soleil et la nuit noire. *Nous risquons de nous perdre dans le bois si nous rentrons après le **crépuscule**.*

crescendo (adverbe)
De plus en plus fort. *Ce morceau de musique doit se jouer **crescendo**.* ➔ Prononciation [kʀeʃɛ̃do].

cresson (nom masculin)
Plante comestible qui pousse dans l'eau douce. *Une salade de **cresson**.*

crête (nom féminin)
1. Excroissance de chair rouge et dentelée qui se dresse sur la tête de certains oiseaux. *La **crête** d'un coq, d'une poule, d'un dindon.* 2. Partie la plus haute. *La **crête** d'une vague, d'une montagne, d'un toit.* (Syn. sommet.)

crétin, ine (nom)
Imbécile. *Bande de **crétins** !* (Syn. idiot.)

creuser (verbe) ⊙ conj.n°3
1. Faire un trou, un creux. *Le chien **creuse** la terre pour enterrer son os.* 2. Rendre creux. *Hélène **a creusé** un roseau pour en faire un sifflet.* • **Se creuser la tête** : réfléchir longuement et intensément pour trouver une idée, une solution.

creuset (nom masculin)
Récipient qui sert à faire fondre certains matériaux.

creux, creuse (adjectif)
1. Qui est vide à l'intérieur. *Des briques **creuses**. Le tronc **creux** d'un vieil arbre.* (Contr. plein.) 2. Qui présente une partie concave. *Elle verse du bouillon dans une assiette **creuse**.* (Contr. plat.) ▷ **creux** (nom masculin) Partie creuse de quelque chose. *Après l'orage, il restait de l'eau dans les **creux** du chemin.* (Syn. trou.) • **Avoir un creux à l'estomac** : synonyme familier d'avoir faim. • **Le creux de la main** : la paume repliée en forme de coupe.

crevaison (nom féminin)
Fait de crever. *Il a failli avoir un accident à la suite de la **crevaison** d'un pneu.*

crevant, ante (adjectif)
Dans la langue familière, très fatigant. *Ce long voyage était **crevant** !*

crevasse (nom féminin)
1. Fente profonde sur une surface. *Des **crevasses** s'étaient formées le long de la vieille façade.* (Syn. lézarde.) 2. Cassure profonde dans un glacier. *Des alpinistes ont été retrouvés au fond d'une **crevasse**.* 3. Petite fente qui se forme à la surface de la peau. *Ses mains sont abîmées par des **crevasses** causées par le froid.* (Syn. gerçure.)

crever (verbe) ⊳ conj.n°8
1. S'ouvrir en éclatant. *Un des pneus de sa voiture **a crevé**.* 2. Percer, faire éclater. ***Crever** un ballon.* 3. Synonyme familier de mourir. *Ces plantes **ont crevé** à cause du gel.* 4. Synonyme familier d'épuiser. *Après ce match terrible, les joueurs **étaient crevés**.* • **Crever de faim, de soif, de froid** : avoir très faim, très soif, très froid. • **Crever les yeux** : être évident. ⊙ Famille du mot : crevaison, crevant, increvable.

crevette (nom féminin)
Petit crustacé marin comestible, à dix pattes, au corps allongé. *Les **crevettes** se déplacent par petits bonds.*

une **crevette**

cri (nom masculin)
1. Son perçant émis par la voix. *Pousser des **cris** de joie, de surprise, de frayeur.* 2. Son caractéristique émis par un animal. *Le hululement est le **cri** de la chouette.* • **Pousser les hauts cris** : protester avec force. ⊙ Famille du mot : criant, criard, criée, crier, s'écrier, se récrier.

criant, ante (adjectif)
1. Que l'on ne peut nier. *Une ressemblance **criante**.* (Syn. évident.) 2. Qui provoque l'indignation. *Une injustice **criante**.* (Syn. révoltant, scandaleux.)

criard, arde (adjectif)
1. Qui émet des sons perçants et désagréables. *Une voix **criarde**.* (Contr. doux.) 2. Qui choque la vue. *Il porte toujours d'horribles cravates aux couleurs **criardes**.*

crible (nom masculin)
Instrument percé de trous utilisé pour trier des matériaux de grosseurs différentes. *Un **crible** à sable.* (Syn. tamis.) • **Passer au crible** : examiner attentivement pour distinguer le faux du vrai.

cribler (verbe) ○ conj.n°3
Percer de trous. *La cible **était criblée** de balles.* • **Être criblé de dettes** : avoir beaucoup de dettes.

cric (nom masculin)
Appareil à levier servant à soulever des charges très lourdes. *Pour changer la roue de la voiture, il a fallu se servir du **cric**.*

cricket (nom masculin)
Sport anglais qui se joue avec des battes de bois et une balle en cuir. *Les matchs de **cricket** se disputent sur gazon.* → Prononciation [kRikɛt]. ⊙ Cricket est un mot anglais qui signifie « bâton ».

criée (nom féminin)
Vente publique aux enchères. *Quand ils rentrent au port, les pêcheurs vendent leurs poissons à la **criée**.*

crier (verbe) ○ conj.n°10
1. Pousser des cris. ***Crier** de joie, de colère. **Crier** de toutes ses forces.* 2. Parler d'une voix forte. *Répondez à mes questions, mais sans **crier**.*

crime (nom masculin)
1. Faute très grave punie par la loi. *Les auteurs de l'enlèvement seront jugés pour leur **crime**.* 2. Synonyme d'assassinat. *On a retrouvé l'arme du **crime** à côté du cadavre.*

criminalité (nom féminin)
Ensemble de faits criminels. *Depuis un an, la **criminalité** a baissé dans cette ville.*

criminel, elle (nom)
Personne coupable d'une faute grave. *La police a arrêté un **criminel** qui avait commis plusieurs hold-up.* ▷ **criminel, elle** (adjectif) Qui est causé par un criminel. *La mort de cet homme n'est pas accidentelle, c'est un acte **criminel**.*

crin (nom masculin)
Poil long et rêche qui pousse sur le cou et sur la queue du cheval. ⊙ Crin vient du latin *crinis* qui signifie « cheveu ».

crinière (nom féminin)
Ensemble des crins qui garnissent le cou de certains animaux. *La **crinière** d'un cheval.*

crique (nom féminin)
Partie du littoral qui s'enfonce dans la terre en formant un abri. *Le voilier a jeté l'ancre dans une petite **crique**.*

criquet (nom masculin)
Insecte herbivore qui ressemble à une sauterelle. *Des nuées de **criquets** venant du désert ont ravagé les cultures.*

un **criquet**

crise (nom féminin)
1. Aggravation brusque d'une maladie. ***Crise** d'asthme. **Crise** cardiaque. **Crise** d'urticaire.* 2. Réaction brusque due à une émotion. ***Crise** de colère. **Crise** de larmes. **Crise** de nerfs.* 3. Période difficile. *Le chômage est une des conséquences de la **crise** économique.*

crisper (verbe) ○ conj.n°3
1. Provoquer la contraction des muscles. *Son visage **se crispait** de douleur.* 2. Au sens figuré, exaspérer quelqu'un. *Il me **crispe** quand il commence à se vanter.*

crissement (nom masculin)
Action de crisser. *Elle ne peut pas supporter le **crissement** de la cuillère sur la casserole.*

crisser (verbe) ○ conj.n°3
Produire un bruit aigu, grinçant. *Le coup de frein a fait **crisser** les pneus de la voiture.*

cristal, aux (nom masculin)
1. Variété de verre très pur, qui résonne quand on le heurte. *Un verre en **cristal**.* 2. Élément minéral de forme géométrique. *Des **cristaux** de neige, de sel.* ⊙ Famille du mot : cristallin, cristallisé.

1. cristallin, ine (adjectif)
Pur et clair comme du cristal. *Un lac à l'eau **cristalline**. Chanter d'une voix **cristalline**.*

2. cristallin (nom masculin)
Partie de l'œil en forme de lentille transparente, qui se trouve derrière la pupille.

cristallisé, ée (adjectif)
Qui est formé de petits cristaux. *Du sucre **cristallisé**.*

critère (nom masculin)
Raison qui justifie un choix. *Quand il va au restaurant, il n'a qu'un seul **critère** : le prix !*

critérium (nom masculin)
Épreuve sportive destinée à faire un classement des concurrents en vue d'une autre épreuve. ➜ Prononciation [kʀiteʀjɔm].

1. critique (adjectif)
Qui risque d'entraîner des changements graves ou importants. *Un malade dans un état **critique**.* (Syn. alarmant, dangereux, grave.)

2. critique (nom féminin)
1. Action de critiquer. *J'en ai assez de vos **critiques**.* (Syn. reproche. Contr. éloge, louange.) 2. Jugement que l'on porte sur une œuvre d'art, sur un livre. *Ce journaliste fait des **critiques** cinématographiques dans un hebdomadaire.* ▷ **critique** (nom) Personne qui a pour profession d'écrire des critiques. *Il est **critique** littéraire dans un magazine.*

critiquer (verbe) ○ conj.n°3
Donner un jugement en faisant remarquer les défauts. *Elle passe son temps à **critiquer** ses voisins.* (Syn. blâmer. Contr. louer.)

croassement (nom masculin)
Cri du corbeau et de la corneille. *Le corbeau **croasse** mais la grenouille coasse.*

croasser (verbe) ○ conj.n°3
Pousser des croassements.

croate
➠ Voir tableau p. 6.

croc (nom masculin)
Canine de certains carnivores. *Les **crocs** d'un chien, d'un lion, d'un tigre.* ➜ Prononciation [kʀo].

croche (nom féminin)
Note de musique qui vaut la moitié d'une noire.

croche-pied (nom masculin)
Mouvement destiné à faire tomber quelqu'un en plaçant le pied devant sa jambe. ➜ Pluriel : des croche-pieds.

crochet (nom masculin)
1. Pièce de métal recourbée utilisée pour suspendre ou accrocher des objets. *Elle suspend le torchon à un **crochet**.* 2. Grosse aiguille à pointe recourbée. *Elle fait des napperons de dentelle au **crochet**.* 3. Détour que l'on fait au cours d'un trajet. *En rentrant de Paris, il a fait un **crochet** par Nevers pour voir ses cousins.* 4. Signe qui ressemble à une parenthèse. *La prononciation d'un mot se met entre **crochets**.* 5. Coup de poing donné en arc de cercle. *Un **crochet** du droit.* 6. Dent des serpents venimeux. *Les **crochets** venimeux de la vipère.* • **Vivre aux crochets de quelqu'un** : vivre à ses frais.

crocheter (verbe) ○ conj.n°8
Ouvrir à l'aide d'un crochet. *Les cambrioleurs **ont crocheté** la serrure de la porte d'entrée.*

crochu, ue (adjectif)
Recourbé en forme de crochet. *L'aigle tient sa proie entre ses serres **crochues**.*

▸ **crocodile** (nom masculin)
1. Grand reptile carnivore des pays chauds, à pattes courtes, aux longues mâchoires. **2.** Peau de cet animal utilisée en maroquinerie. *Un portefeuille en **crocodile**.* • **Larmes de crocodile** : larmes hypocrites pour essayer d'apitoyer quelqu'un.

▸ **crocus** (nom masculin)
Plante à bulbe qui fleurit au début du printemps. *Les fleurs de **crocus** peuvent être blanches, violettes ou jaunes.*
➜ Prononciation [kʀɔkys].

des **crocus**

▸ **croire** (verbe) ○ conj.n°38
1. Penser que quelque chose est vrai, qu'une personne est sincère. *Je le **crois** quand il dit qu'il n'est pas coupable.* **2.** Supposer sans être vraiment sûr. *Je **crois** qu'il sera d'accord avec nous.* (Syn. estimer, penser.) **3.** Être convaincu de l'existence de quelqu'un ou de quelque chose. *Je ne comprends pas que tu **croies** aux fantômes.* ⊙ Famille du mot : croyable, croyance, croyant, incroyable, incroyant.

▸ **croisade** (nom féminin)
1. Au Moyen Âge, expédition guerrière menée par des chrétiens pour délivrer les lieux saints de la Palestine de l'occupation musulmane. *La première **croisade** débuta en 1096.* **2.** Lutte destinée à défendre une cause. *Cette association mène une **croisade** pour la paix.*

▸ **croisé** (nom masculin)
Homme qui prenait part à une croisade.

Les croisés et la prise de Damiette par Saint Louis, en 1249, lors de la 7e croisade.

▸ **croisée** (nom féminin)
Synonyme de fenêtre. *Il observait la rue, debout derrière la **croisée**.* • **Croisée des chemins** : endroit où des chemins se coupent.

▸ **croisement** (nom masculin)
1. Endroit où deux routes se croisent. *En arrivant au **croisement**, tournez à gauche.* (Syn. carrefour.) **2.** Reproduction d'animaux ou de plantes d'espèces proches. *Le mulet résulte d'un **croisement** entre un âne et une jument.*

▸ **croiser** (verbe) ○ conj.n°3
1. Placer en croix l'un sur l'autre. ***Croiser** les bras.* **2.** Passer au travers d'une route, d'un chemin. *Un sentier **croise** la route juste avant le lac.* **3.** Passer à côté de quelqu'un qui va dans la direction opposée. *Elle **a croisé** sa voisine en sortant. Ils **se sont croisés** devant la mairie.* **4.** Aller et venir dans une même zone maritime. *Des navires de guerre **croisaient** au large de la côte.* • **Se croiser les bras** : refuser de travailler. ⊙ Famille du mot : croisement, croisière, entrecroiser.

▸ **croisière** (nom féminin)
Voyage d'agrément en bateau. *Ils ont fait une **croisière** de plusieurs mois en Méditerranée.*

a b c d e f g h i j k l m n o p q r s t u v w x y z

▸ **croissance** (nom féminin)
1. Fait de grandir, de se développer. *Julie est en pleine* ***croissance****.* 2. Fait d'augmenter, de progresser. *La* ***croissance*** *du tourisme procure du travail aux commerçants de notre région.* (Syn. accroissement. Contr. diminution.)

▸ **1. croissant, ante** (adjectif)
Qui va en s'accroissant. *C'est difficile de circuler à cause du nombre* ***croissant*** *des voitures.* (Contr. décroissant.)

▸ **2. croissant** (nom masculin)
1. Forme de la lune à son premier et son dernier quartier. 2. Pâtisserie feuilletée en forme d'arc de cercle.

▸ **croître** (verbe) ○ conj.n°37
1. Devenir plus grand. *Le peuplier est un arbre qui* ***croît*** *très vite.* (Syn. se développer.) 2. Devenir plus important. *Notre production de fruits* ***croît*** *régulièrement.* (Syn. s'accroître, augmenter, grandir. Contr. décroître, diminuer.)
→ Croître garde son accent circonflexe aux formes homonymes du verbe *croire* : je croîs, je crûs.
⊙ Famille du mot : accroissement, accroître, croissance, croissant, décroître, surcroît.

▸ **croix** (nom féminin)
1. Figure ou signe formés de deux traits qui se croisent. *Mettez une* ***croix*** *dans la case de votre choix.* 2. Dans l'Antiquité, instrument de supplice fait de deux pièces de bois croisées. *Jésus-Christ est mort sur la* ***croix****.* 3. Décoration en forme de croix. *La* ***croix*** *de guerre.*

▸ **croquant, ante** (adjectif)
Qui croque sous la dent. *Des cornichons bien* ***croquants****.*

▸ **croque-monsieur** (nom masculin)
Sandwich grillé au pain de mie garni de jambon et de fromage. → Pluriel : des croque-monsieur.

▸ **croque-mort** (nom masculin)
Dans la langue familière, employé des pompes funèbres. *Les* ***croque-morts*** *déposent le cercueil dans la tombe.*
→ Pluriel : des croque-morts.

▸ **croquer** (verbe) ○ conj.n°3
1. Faire un bruit sec sous la dent. *Les gâteaux secs* ***croquaient*** *sous la dent.* 2. Manger en broyant avec les dents. *Le chien* ***croque*** *un os.*

▸ **croquet** (nom masculin)
Jeu dans lequel on pousse des boules sous des arceaux à l'aide d'un maillet.

▸ **croquette** (nom féminin)
1. Boulette frite. *Des* ***croquettes*** *de pommes de terre, de viande hachée.* 2. Aliment sous forme de boulette croquante pour les chats ou les chiens.

▸ **croquis** (nom masculin)
Dessin rapide et simplifié. *En vacances, elle fait des* ***croquis*** *de paysages.* (Syn. esquisse.)

▸ **cross** (nom masculin)
Course à pied sur un parcours tout-terrain. *Le maître va organiser un* ***cross*** *dans les bois.* ⊙ Famille du mot : cyclocross, motocross.

▸ **crosse** (nom féminin)
1. Partie d'une arme à feu que l'on tient pour tirer ou que l'on appuie contre l'épaule. *La* ***crosse*** *d'un fusil, d'un pistolet.* 2. Bâton recourbé au sommet. *La* ***crosse*** *d'un évêque.* 3. Canne à bout recourbé pour pousser une balle. *Une* ***crosse*** *de hockey.*

▸ **crotale** (nom masculin)
Serpent très venimeux d'Amérique. *Le* ***crotale*** *s'appelle aussi serpent à sonnette à cause du bruit de crécelle que fait sa queue.* ⊙ Dans la Grèce antique, les crotales étaient des castagnettes.

un **crotale**

crotte (nom féminin)
Excrément de certains animaux. *Des **crottes** de chien, de lapin, de chèvre.* • **Crotte en chocolat** : petit bonbon fourré, enrobé de chocolat. ⊙ Famille du mot : crotté, crottin.

crotté, ée (adjectif)
Couvert de boue. *Il est rentré du jardin avec des bottes **crottées**.*

crottin (nom masculin)
1. Excrément du cheval. *On utilise le **crottin** pour enrichir la terre des jardins.* 2. Petit fromage de chèvre, rond. *Une salade servie avec des **crottins** chauds.*

crouler (verbe) ⊙ conj.n°3
1. Tomber en ruine. *Les murs de cette masure **croulent** de plus en plus.* (Syn. s'écrouler.) 2. Être surchargé. *Les branches du sapin **croulaient** sous les guirlandes.*

croupe (nom féminin)
Partie postérieure du corps du cheval.

croupion (nom masculin)
Partie postérieure du corps d'un oiseau, qui porte les plumes de sa queue.

croupir (verbe) ⊙ conj.n°11
1. Stagner et devenir mauvais à boire. *De l'eau verdâtre, mêlée de vase, **croupit** au fond du fossé.* 2. Au sens figuré, vivre dans un état misérable. ***Croupir** en prison.* ⊙ En ancien français, croupir signifie « rester accroupi ».

croustillant, ante (adjectif)
Qui croustille. *Un pain à la croûte dorée et **croustillante**.*

croustiller (verbe) ⊙ conj.n°3
Croquer sous la dent. *Des frites bien dorées, qui **croustillent**.* ⊙ Croustiller vient d'un verbe français ancien qui signifie « manger la croûte ».

croûte (nom féminin)
1. Partie extérieure plus dure de certains aliments. *Des **croûtes** de pain. La **croûte** d'un fromage.* 2. Plaque dure qui se forme en séchant. *Ta blessure se cicatrise, il ne reste plus que la **croûte**.* • **Croûte terrestre** : synonyme d'écorce terrestre.

croûton (nom masculin)
1. Extrémité d'un pain, formée surtout de croûte. *Je n'aime pas le **croûton**, je préfère la mie.* 2. Petit morceau de pain frit. *Sa spécialité, c'est la soupe aux **croûtons**.*

croyable (adjectif)
Que l'on peut croire. *Cette aventure est à peine **croyable**.* (Contr. incroyable.)

croyance (nom féminin)
Ce que l'on croit en matière de religion. *Je ne suis pas d'accord avec lui, mais je respecte ses **croyances**.* (Syn. conviction.)

croyant, ante (adjectif)
Qui croit en Dieu. *Elle est très **croyante** et va à l'église chaque dimanche.* (Contr. athée, incroyant.)

1. cru, crue (adjectif)
1. Qui n'a pas été cuit. *Noémie préfère manger les tomates **crues**, en salade.* 2. Qui est violent, vif. *On était aveuglé par la lumière **crue** des spots.* (Contr. tamisé.) 3. Qui est grossier et vulgaire. *Personne n'apprécie ses plaisanteries **crues**.*

2. cru (nom masculin)
Vignoble produisant un vin particulier. *Ce vin vient d'un **cru** de Bourgogne.*

cruauté (nom féminin)
Fait d'être cruel. *Ces guerriers se montraient d'une grande **cruauté** envers leurs ennemis.* (Syn. férocité.)

cruche (nom féminin)
1. Pot muni d'une anse et d'un bec verseur. *Elle remplissait une **cruche** d'eau fraîche à la fontaine.* 2. Synonyme familier d'imbécile. *C'est une vraie **cruche** !*

a b c d e f g h i j k l m n o p q r s t u v w x y z

crucial, ale, aux (adjectif)
Très important. *Réfléchis bien, la décision que tu vas prendre est **cruciale** pour ton avenir.* (Syn. capital, essentiel.)

crucifier (verbe) ○ conj.n°10
Fixer quelqu'un sur une croix pour le faire mourir. *Dans l'Antiquité romaine, les esclaves révoltés **étaient crucifiés**.*

Selon une légende, 10 000 centurions chrétiens furent **crucifiés** à cause de leur foi.

crucifix (nom masculin)
Objet qui représente Jésus crucifié. → Prononciation [kRysifi].

un **crucifix** orthodoxe

cruciverbiste (nom)
Amateur de mots croisés.

crudités (nom féminin pluriel)
Légumes crus souvent préparés en salade.

crue (nom féminin)
Élévation du niveau d'un cours d'eau pouvant provoquer son débordement. *À la fonte des neiges, le torrent est en **crue**.*

cruel, elle (adjectif)
1. Qui prend plaisir à faire souffrir. *C'était un maître **cruel** envers ses serviteurs.* (Syn. féroce, inhumain.) 2. Qui provoque une grande souffrance. *Une **cruelle** maladie.* ⊙ Cruel vient d'un mot latin qui signifie « qui aime le sang ».

cruellement (adverbe)
1. De manière cruelle. *Les prisonniers ont été **cruellement** fouettés.* 2. De manière très douloureuse. *Sa blessure le fait **cruellement** souffrir.*

crustacé (nom masculin)
Animal aquatique recouvert d'une carapace. *Les crabes, les crevettes, les homards, les écrevisses sont des **crustacés**.*

crypte (nom féminin)
Partie souterraine d'une église. *La **crypte** de cette cathédrale abrite le tombeau d'un roi.*

cubain, aine
➡ Voir tableau p. 6.

cube (nom masculin)
1. Objet à six faces formant des carrés égaux. *Mon petit frère joue aux **cubes**.* ➡ p. 512. 2. Nombre multiplié deux fois par lui-même. *Le **cube** de deux est huit ($2^3 = 2 \times 2 \times 2 = 8$).* • **Mètre cube :** mesure de volume, qui correspond au volume d'un cube d'un mètre de côté. *Il y a 1 000 litres dans un **mètre cube**.* ⊙ Cube vient du grec ***kubos*** qui signifie « dé à jouer ».

cubique (adjectif)
Qui a la forme d'un cube. *Un vase **cubique**.*

cubitus (nom masculin)
Un des deux os de l'avant-bras. *L'avant-bras est formé du radius et du **cubitus**.*

Les crustacés

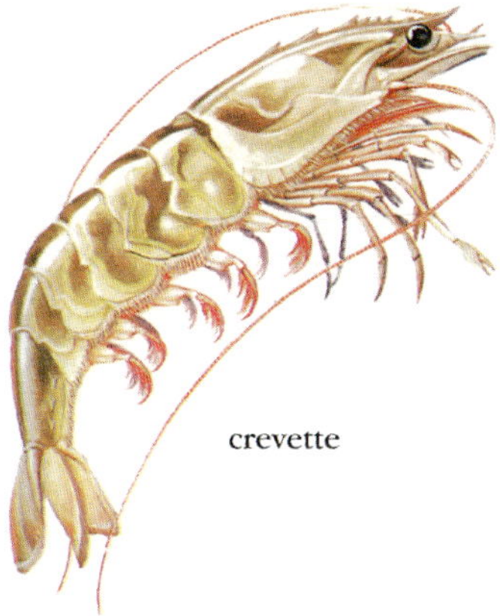

crevette

crabe

homard

écrevisse

tourteau

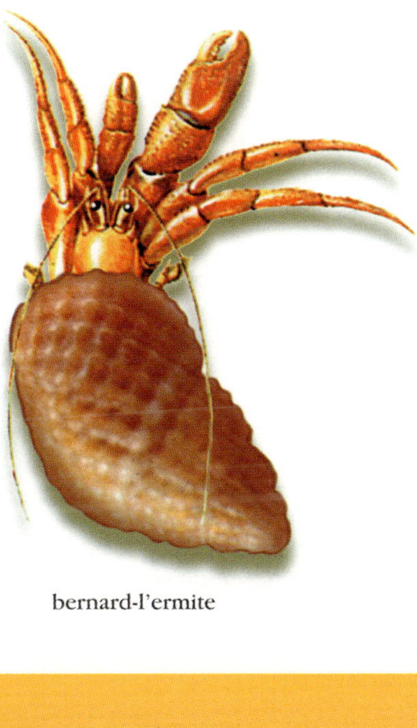

bernard-l'ermite

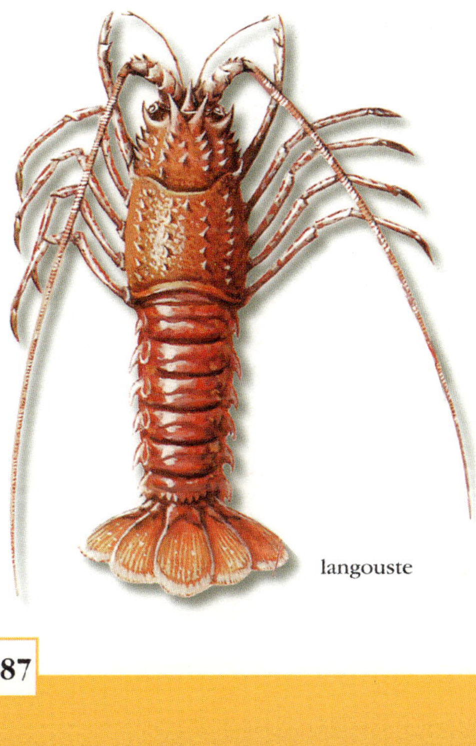

langouste

cucurbitacée (nom féminin)
Plante à tige rampante et à gros fruits comme le melon, la citrouille, la courgette.

des **cucurbitacées**

cueillette (nom féminin)
Action de cueillir. *La **cueillette** des cerises.* → Prononciation [kœjɛt].

cueillir (verbe) ○ conj.n°13
Détacher une fleur, un fruit de sa tige ou de sa branche. *Laura **a cueilli** des coquelicots dans les champs et des pommes dans le verger.* → Prononciation [kœjiʀ].

cuillère (nom féminin)
Ustensile formé d'une partie creuse prolongée par un manche. *Une **cuillère** à soupe, à dessert, à café.* → Prononciation [kɥijɛʀ]. → On écrit aussi cuiller.

cuillerée (nom féminin)
Contenu d'une cuillère. *Ajoute une **cuillerée** à soupe de farine pour épaissir la pâte.*

cuir (nom masculin)
Peau d'un animal, spécialement préparée pour fabriquer certains objets. *Un blouson de **cuir**.* • **Cuir chevelu** : peau du crâne sur laquelle poussent les cheveux.

cuirasse (nom féminin)
1. Partie d'une armure qui protégeait le torse. 2. Blindage épais qui protège la coque d'un navire de guerre.

cuirassé (nom masculin)
Grand navire de guerre blindé.

cuire (verbe) ○ conj.n°43
1. Soumettre un aliment à l'action de la chaleur. *Le cuisinier fait **cuire** un gâteau dans le four.* 2. Faire durcir au feu. ***Cuire** des poteries.* 3. Donner une sensation de brûlure. *Le soleil nous **cuit** le visage.* ⊙ Famille du mot : cuisant, cuisson, cuit.

cuisant, ante (adjectif)
Qui vexe profondément. *C'est une défaite **cuisante** pour toute notre équipe.*

cuisine (nom féminin)
1. Pièce où l'on prépare les repas. *Les bonnes odeurs viennent de la **cuisine**.* 2. Manière de préparer les aliments. *Myriam aimerait apprendre à faire la **cuisine**.* ⊙ Famille du mot : cuisiner, cuisinier, cuisinière.

cuisiner (verbe) ○ conj.n°3
Faire la cuisine. *Anna sait déjà **cuisiner**.*

cuisinier, ère (nom)
Personne qui fait la cuisine. *Ce restaurant est tenu par un **cuisinier** très réputé.*

cuisinière (nom féminin)
Appareil qui sert à faire cuire les aliments. *On a remplacé notre **cuisinière** à gaz par une **cuisinière** électrique.*

cuissarde (nom féminin)
Botte qui monte jusqu'en haut des cuisses. *Il porte des **cuissardes** pour pêcher la truite.*

cuisse (nom féminin)
Partie de la jambe entre le genou et la hanche. *Il s'est enlisé jusqu'aux **cuisses** dans la boue du marécage.* ➠ p. 263.

cuisson (nom féminin)
Action de cuire. *La **cuisson** de ce gigot ne doit pas dépasser une heure.*

cuit, cuite (adjectif)
Qui a subi une cuisson. *Les pâtes sont trop **cuites**.* (Contr. cru.)

cuivre (nom masculin)
Métal de couleur rougeâtre. *Du fil de **cuivre**. Des casseroles en **cuivre**.*
▷ **cuivres** (nom masculin pluriel) Instruments de musique à vent en alliage de cuivre. *Le saxophone, la trompette, le trombone, le clairon sont des **cuivres**.*

cuivré, ée (adjectif)
Qui a la couleur du cuivre. *Des cheveux aux reflets **cuivrés**.*

cul (nom masculin)
1. Synonyme familier et grossier de fesses. *Il a reçu un coup de pied au **cul**.* (Syn. derrière.) 2. Fond d'une bouteille. → Prononciation [ky].

culbute (nom féminin)
Saut qui consiste à rouler sur soi-même, les jambes passant par-dessus la tête. (Syn. galipette, roulade.)

culbuter (verbe) ○ conj.n°3
Faire une culbute. *Il **a culbuté** dans l'escalier.*

cul-de-jatte (nom)
Personne qui n'a plus de jambes. → Pluriel : des culs-de-jatte.

cul-de-sac (nom masculin)
Synonyme d'impasse. *Notre route a malheureusement abouti dans un **cul-de-sac**.* → Prononciation [kydsak]. → Pluriel : des culs-de-sac.

culinaire (adjectif)
Qui concerne la cuisine. *Romain apprécie beaucoup les talents **culinaires** de sa grand-mère.*

culminant, ante (adjectif)
• **Point culminant** : point le plus élevé. *Le mont Everest est le **point culminant** de la Terre.*

culminer (verbe) ○ conj.n°3
Atteindre son point le plus haut. *Le Massif central **culmine** au puy de Sancy, à 1 886 mètres d'altitude.*

culot (nom masculin)
1. Partie inférieure métallique de certains objets. *Le **culot** d'une ampoule, d'une cartouche de fusil.* 2. Dans la langue familière, assurance exagérée. *Tu as du **culot** de me répondre sur ce ton !* (Syn. toupet.)

culotte (nom féminin)
1. Pantalon d'homme qui s'arrête au-dessus des genoux. *Les joueurs de notre équipe portent une **culotte** noire et un maillot bleu.* 2. Sous-vêtement de femme qui couvre les fesses et le ventre.

culotté, ée (adjectif)
Dans la langue familière, qui a du culot. *Elle est vraiment **culottée** de venir ici sans être invitée.* (Syn. effronté.)

Le mont Everest **culmine** à 8846 mètres.

a b c d e f g h i j k l m n o p q r s t u v w x y z

culpabilité (nom féminin)
Fait d'être coupable. *L'enquête de la police a prouvé la **culpabilité** de l'accusé.* (Contr. innocence.)

culte (nom masculin)
1. Amour et respect que l'on manifeste à un dieu ou à un saint. *Les Romains rendaient un **culte** à Jupiter.* 2. Ensemble des cérémonies particulières à une religion. *Les **cultes** catholique, musulman, orthodoxe.* 3. Cérémonie religieuse des protestants. 4. Admiration passionnée. *Ce chanteur disparu est l'objet d'un véritable **culte**.*

cultivable (adjectif)
Qui peut être cultivé. *Ces terrains sont **cultivables**.* (Contr. inculte.)

cultivateur, trice (nom)
Personne qui cultive et exploite une terre. (Syn. agriculteur, paysan.)

cultivé, ée (adjectif)
Qui a de la culture, des connaissances. *Il est très intelligent, et, de plus, il est très **cultivé**.* (Contr. inculte.)

cultiver (verbe) ○ conj.n°3
1. Travailler la terre pour qu'elle produise des plantes. *Les paysans **cultivent** leurs champs.* 2. Faire pousser des plantes. *Elle **cultive** des fleurs dans son jardin.* 3. Se cultiver : s'instruire pour enrichir et former son esprit. *La lecture l'a aidé à **se cultiver**.* ⊙ Famille du mot : cultivable, cultivateur, cultivé.

culture (nom féminin)
1. Action de cultiver la terre. *Pratiquer la **culture** des céréales, de la vigne, des légumes.* 2. Champ cultivé ou plantes cultivées. *Le paysan a perdu une partie de ses **cultures** à cause de la sécheresse.* 3. Ensemble des connaissances acquises par une personne. *Thomas est un élève qui a une très bonne **culture** musicale.* 4. Ensemble des connaissances propres à un pays, à une civilisation. *Noémie s'intéresse beaucoup à la **culture** africaine.* • **Culture physique** : synonyme de gymnastique.

culturel, elle (adjectif)
Qui concerne la culture intellectuelle. *Le centre **culturel** organise une exposition.*

cumin (nom masculin)
Plante dont les graines sont utilisées comme condiment.

cumul (nom masculin)
Action de cumuler.

cumuler (verbe) ○ conj.n°3
Exercer plusieurs activités à la fois. *Il **cumule** son emploi de coursier et ses cours à l'université.*

cumulus (nom masculin)
Gros nuage blanc et arrondi. → Prononciation [kymylys].

cupide (adjectif)
Qui aime l'argent de façon exagérée. (Syn. avide. Contr. désintéressé, généreux.)

cupidité (nom féminin)
Défaut d'une personne cupide.

curare (nom masculin)
Poison violent d'origine végétale. *Certains Indiens d'Amérique du Sud enduisaient leurs flèches de **curare**.*

cure (nom féminin)
Traitement destiné à améliorer sa santé. *Il fait une **cure** dans une station thermale pour soigner son asthme.* ⊙ Famille du mot : curiste, incurable.

curé (nom masculin)
Prêtre catholique chargé d'une paroisse.

cure-dent (nom masculin)
Bâtonnet pointu servant à se curer les dents. → Pluriel : des cure-dents.

curée (nom féminin)
Moment d'une chasse à courre où les chasseurs laissent les chiens dépecer les restes d'une proie.

curer (verbe) ○ conj.n°3
Nettoyer en grattant. *Il faudrait **curer** l'égout, il sent mauvais.*

▸ **curieusement** (adverbe)
D'une manière bizarre. *Victor est **curieusement** habillé ce matin : du rouge, du vert, du jaune...*

▸ **curieux, euse** (adjectif)
1. Qui montre de la curiosité, de l'intérêt pour quelque chose. *Il est **curieux** de tout ce qui concerne les animaux.* 2. Qui est indiscret. *Je ne te dirai rien, tu es trop **curieuse**.* 3. Qui étonne. *Il lui est arrivé une histoire **curieuse**.* (Syn. bizarre, étrange.)
▹ **curieux, euse** (nom) Personne curieuse. *La police a demandé aux **curieux** de s'éloigner du lieu de l'accident.*

▸ **curiosité** (nom féminin)
1. Désir de connaître, de savoir. *Cette énigme avait éveillé la **curiosité** du détective.* 2. Défaut d'une personne indiscrète. *Je vais vous punir de votre **curiosité**.* 3. Chose étonnante ou intéressante. *Les plantes carnivores sont des **curiosités** de la nature.*

▸ **curiste** (nom)
Personne qui fait une cure thermale.

▸ **curry** ➠ Voir cari.

▸ **curseur** (nom masculin)
Repère mobile sur un appareil. *Il règle le son de son baladeur avec le **curseur** du volume.*

▸ **cursif, ive** (adjectif)
• **Écriture cursive** : écriture tracée à la main en caractères courants. *Recopiez ce texte en **écriture cursive** et non en caractères d'imprimerie.*

▸ **cutané, ée** (adjectif)
Qui se rapporte à la peau. *Une piqûre sous-**cutanée**.*

▸ **cuti** (nom féminin)
Test médical qui permet de savoir si l'on est immunisé contre la tuberculose. ➜ Cuti est l'abréviation de cuti-réaction.

▸ **cutter** (nom masculin)
Lame très coupante qui coulisse dans un manche. *On se sert d'un **cutter** pour découper la moquette.* ➜ Cutter est un mot anglais : on prononce [kœtœʀ] ou [kytɛʀ].

un **cutter**

▸ **cuve** (nom féminin)
Grand récipient qui sert à conserver des produits liquides. *Une **cuve** à mazout.* ⊙ Famille du mot : cuvée, cuvette.

▸ **cuvée** (nom féminin)
Vin produit par une vigne en une année. *Ces bouteilles contiennent du vin de la même **cuvée**.*

▸ **cuvette** (nom féminin)
Récipient large et peu profond. *Une **cuvette** en plastique.*

▸ **cyanure** (nom masculin)
Poison très violent.

▸ **cyclable** (adjectif)
• **Piste cyclable** : partie d'une route réservée aux cyclistes.

▸ **cyclamen** (nom masculin)
Plante à fleurs roses, mauves ou blanches, et à tiges recourbées. ➜ Prononciation [siklamɛn].

▸ **cycle** (nom masculin)
1. Ensemble d'événements qui se passent toujours dans le même ordre. *Le **cycle** des saisons. Le **cycle** lunaire.* 2. Synonyme de deux-roues. *Ce magasin est spécialisé dans la vente des **cycles** : vélomoteurs, bicyclettes.* ⊙ Famille du mot : cyclable, cyclique, cyclisme, cycliste, cyclocross, cyclomoteur.

▸ **cyclique** (adjectif)
Qui se reproduit suivant un certain cycle. *Ce volcan entre en activité de manière **cyclique**.*

▸ **cyclisme** (nom masculin)
Sport de bicyclette. *Le **cyclisme** sur route, le **cyclisme** sur piste.*

▸ **cycliste** (nom)
Personne qui fait de la bicyclette. *La voiture a failli renverser un **cycliste**.* ▹ **cycliste** (adjectif) Qui a rapport au cyclisme. *Des coureurs **cyclistes**.*

▸ **cyclocross** (nom masculin)
Épreuve cycliste qui se pratique sur un terrain accidenté.

▸ **cyclomoteur** (nom masculin)
Bicyclette munie d'un moteur de faible puissance.

▸ **cyclone** (nom masculin)
Tempête très violente formant un tourbillon. *Les **cyclones** sont fréquents dans les régions tropicales.* (Syn. typhon.) • **Œil du cyclone** : zone de calme située au centre d'un cyclone. ⊙ Cyclone vient du grec ***kuklos*** qui signifie « cercle » à cause du mouvement en tourbillon d'un cyclone.

▸ **cyclope** (nom masculin)
Dans la mythologie grecque, géant qui n'avait qu'un œil, au milieu du front.

▸ **cygne** (nom masculin)
Grand oiseau blanc au long cou et aux pattes palmées. *Des **cygnes** se déplaçaient majestueusement sur le lac.*

▸ **cylindre** (nom masculin)
1. Objet en forme de rouleau. *Le tambour a la forme d'un **cylindre**.* ➠ p. 512. 2. Partie du moteur dans laquelle glissent des pistons.

▸ **cylindrique** (adjectif)
Qui a la forme d'un cylindre. *Ma pompe à vélo a une forme **cylindrique**.*

▸ **cymbale** (nom féminin)
Instrument de musique à percussion, composé de deux disques que l'on frappe l'un contre l'autre.

des **cymbales**

▸ **cynique** (adjectif)
Qui se moque des règles morales et sociales. *C'est un escroc **cynique** qui aime se vanter de ses mauvaises actions.*

▸ **cynisme** (nom masculin)
Attitude d'une personne cynique.

▸ **cynorhodon** (nom masculin)
Fruit rouge de l'églantier.

▸ **cyprès** (nom masculin)
Arbre au tronc droit et élancé, aux feuilles persistantes vert sombre. *Les allées du cimetière sont bordées de **cyprès**.* ➠ p. 243.

▸ **cytise** (nom masculin)
Arbuste à fleurs jaunes en grappes.

D

d (nom masculin)
Quatrième lettre de l'alphabet. *Le **D** est une consonne.*

d' ➠ Voir de.

d'abord (adverbe)
En premier, avant de faire autre chose. *Tu iras jouer plus tard, je veux **d'abord** que tu finisses tes devoirs.* (Contr. après, ensuite.)

d'accord (adverbe)
Indique l'approbation. *Tu viens avec nous ? – **D'accord** !* • **Être d'accord :** être du même avis ou vouloir bien. *Ursula **est d'accord** pour venir avec nous.*

dactylo (nom)
Personne dont le métier est de taper à la machine à écrire. ⊙ Dactylo vient du grec *daktulos* qui signifie « doigt ».

dactylographier (verbe) ○ conj.n°3
Taper un texte à la machine.

dada (nom masculin)
Synonyme familier de marotte. *La lecture a toujours été son **dada**.* (Syn. hobby.)

dadais (nom masculin)
• **Grand dadais** : garçon à l'air bête et maladroit.

dague (nom féminin)
Courte épée à lame large.

dahlia (nom masculin)
Plante à grosses fleurs rondes et très colorées. ⊙ Dahlia vient du nom du botaniste suédois *A. Dahl*, qui ramena cette fleur du Mexique.

un **dahlia**

daigner (verbe) ○ conj.n°3
Vouloir bien faire quelque chose, malgré un certain dédain. *Cet orgueilleux **a** quand même **daigné** nous saluer.*

a b c d e f g h i j k l m n o p q r s t u v w x y z

d'ailleurs (adverbe)
En plus. *Romain ne peut pas venir avec nous, **d'ailleurs** il a ses devoirs à finir.* (Syn. du reste.)

daim (nom masculin)
1. Mammifère sauvage de la famille du cerf. *Le pelage du **daim** est brun tacheté de blanc.* ➠ p. 131. 2. Cuir très fin ressemblant à la peau de cet animal. *Une veste en **daim**.* → Prononciation [dɛ̃].

dallage (nom masculin)
Ensemble de dalles. *Le bord de la piscine est fait d'un **dallage** en pierres.*

dalle (nom féminin)
Plaque dure servant à recouvrir un sol. *La cave est recouverte d'une **dalle** de ciment.* ⊙ Famille du mot : dallage, dallé.

dallé, ée (adjectif)
Recouvert de dalles. *Une cour **dallée**.*

dalmatien (nom masculin)
Chien blanc au pelage taché de noir.

daltonien, enne (nom)
Qui est atteint d'une anomalie de la vision des couleurs. *Les **daltoniens** ne peuvent faire la différence entre le rouge et le vert.*

dame (nom féminin)
1. Synonyme de femme. *Notre voisine est une **dame** très gentille.* 2. Carte à jouer qui représente une reine. *La **dame** de trèfle.* ▷ **dames** (nom féminin pluriel) Jeu qui se joue à deux avec des pions noirs et blancs qu'on déplace sur un damier.

damer (verbe) ○ conj.n°3
Tasser la neige. *Cette piste de ski est interdite car elle n'**a** pas encore **été damée**.*

damier (nom masculin)
Plateau carré divisé en cases noires et blanches, sur lequel on joue aux dames.

damnation (nom féminin)
Condamnation à aller en enfer après la mort. *Elle est athée et ne croit pas à la **damnation**.* → Prononciation [danasjɔ̃].

damner (verbe) ○ conj.n°3
Condamner à la damnation. → Prononciation [dane].

dan (nom masculin)
Chacun des degrés dans la hiérarchie des ceintures noires de judo ou de karaté. → Prononciation [dan]. ⊙ Dan est un mot japonais qui signifie « rang ».

se dandiner (verbe) ○ conj.n°3
Balancer son corps d'un mouvement régulier. *Arrête de **te dandiner** sur ta chaise, ça m'agace !*

danger (nom masculin)
Ce qui constitue un risque grave. *Ce jouet est conforme aux normes et ne présente aucun **danger** pour les enfants.* ⊙ Famille du mot : dangereusement, dangereux.

dangereusement (adverbe)
De façon dangereuse. *C'est un aventurier, il aime vivre **dangereusement**.*

dangereux, euse (adjectif)
Qui fait courir un danger. *Cette petite route de montagne est très **dangereuse** : il faut rouler très lentement.*

danois, oise
➠ Voir tableau p. 6.

dans (préposition)
Sert à indiquer : 1. Le lieu. *L'oiseau est **dans** la cage.* (Contr. hors de.) 2. Le temps. ***Dans** un mois, ce sera les vacances.* 3. La manière. *Il agit **dans** l'espoir de réussir.* 4. L'approximation. *J'ai payé mon billet d'avion **dans** les 100 euros.*

danse (nom féminin)
Art ou manière de danser. *Zoé prend des cours de **danse** classique.*

danser (verbe) ○ conj.n°3
Exécuter une suite de mouvements en suivant le rythme d'une musique. *Grand-mère **danse** très bien la valse et le tango.* • **Ne pas savoir sur quel pied danser** : ne pas savoir ce qu'on doit faire. ⊙ Famille du mot : danse, danseur.

danseur, euse (nom)
1. Personne qui danse pour s'amuser. *Thomas est un excellent **danseur** de rock.* 2. Artiste dont le métier est de danser. *Elle aimerait devenir **danseuse** à l'Opéra.* ➠ p. 1155. • **En danseuse** : en pédalant debout sur les pédales.

d'après (préposition)
Indique le point de vue. ***D'après** la météo, il va faire beau demain.* (Syn. selon.)

dard (nom masculin)
Organe creux et pointu de certains animaux leur servant à piquer. *Les guêpes, les scorpions ont un **dard**.* (Syn. aiguillon.) → Prononciation [daʀ].

darder (verbe) ○ conj.n°3
Synonyme littéraire de lancer. ***Darder** un regard méchant sur quelqu'un.*

dartre (nom féminin)
Plaque rouge sur la peau, qui donne des démangeaisons.

date (nom féminin)
Indication du jour, du mois et de l'année. *Connais-tu la **date** de naissance de ta sœur ?* • **De longue date** : depuis longtemps.

dater (verbe) ○ conj.n°3
1. Inscrire la date sur un document. *S'il n'**est** pas **daté**, un chèque n'est pas valable.* 2. Exister depuis une certaine date. *Cette église **date** du XIIe siècle.* (Syn. remonter.) 3. Déterminer la date de quelque chose. *Les historiens ont réussi à **dater** le manuscrit.*

datte (nom féminin)
Petit fruit allongé, très sucré, produit par certains palmiers.

dattier (nom masculin)
Variété de palmier qui donne les dattes. ➠ p. 69.

1. dauphin (nom masculin)
Mammifère marin, vivant généralement en groupe. *Les **dauphins** sont des cétacés.* ➠ p. 682.

2. Dauphin (nom)
Autrefois, fils aîné du roi de France. ⊙ Ce mot vient du nom de l'ancienne province du *Dauphiné*, qui avait le Dauphin pour seigneur.

daurade (nom féminin)
Poisson de mer aux reflets dorés. *Il existe des **daurades** grises et des **daurades** roses.* → On écrit aussi dorade.

une **daurade**

davantage (adverbe)
1. En plus grande quantité. *Anna est jalouse car sa sœur a eu **davantage** de cadeaux qu'elle.* (Syn. plus. Contr. moins.) 2. Plus longtemps. *Je ne peux pas rester **davantage**.*

1. de (déterminant)
S'emploie devant les noms de choses que l'on ne peut pas compter. *Boire **de** l'eau. Acheter **du** pain. Avoir assez **d'**argent. Faire **de** la natation. Acheter **des** pâtes.* → De devient d' devant une voyelle ou un h muet ; il devient du devant *le*, et des devant *les*.

2. de (préposition)
Sert à indiquer de nombreux types de compléments. *Arriver **des** Antilles* (lieu). *Ne pas dormir **de** la nuit* (temps). *Faire **de** son mieux* (manière). *Taper **du** poing* (moyen). *Se ronger **d'**inquiétude* (cause). *Être aimé **de** ses parents* (agent). *Le livre **d'**Hélène* (complément du nom), etc. → Voir de 1.

dé (nom masculin)
1. Petit cube dont chaque face est marquée de points allant de 1 à 6 et dont on se sert dans certains jeux de hasard. 2. Petit étui en métal qui protège le doigt quand on coud.

un jeu de **dés**

▸ **déambuler** (verbe) ○ conj.n°3
Se promener sans but précis. *Élodie adore **déambuler** dans les rues de la ville.*

▸ **débâcle** (nom féminin)
Débandade d'une armée. (Syn. déroute.)

▸ **déballage** (nom masculin)
Action de déballer. *Le **déballage** des cartons après le déménagement.*

▸ **déballer** (verbe) ○ conj.n°3
Sortir quelque chose de son emballage. *Les enfants **déballent** leurs cadeaux de Noël.*

▸ **débandade** (nom féminin)
Fuite en désordre. *Quelle **débandade** dans l'immeuble quand le feu s'est déclaré !*

▸ **débaptiser** (verbe) ○ conj.n°3
Changer le nom de quelque chose. ***Débaptiser** une rue, un navire.* ➜ Prononciation [debatize].

▸ se **débarbouiller** (verbe) ○ conj.n°3
Se laver le visage. *Va **te débarbouiller**, tu as du chocolat autour de la bouche !*

▸ **débarcadère** (nom masculin)
Endroit aménagé pour débarquer ou embarquer les personnes et les marchandises. (Syn. embarcadère.)

▸ **débardeur** (nom masculin)
Maillot de corps décolleté et sans manches.

▸ **débarquement** (nom masculin)
Action de débarquer. *Une péniche de **débarquement**.*

▸ **débarquer** (verbe) ○ conj.n°3
1. Descendre d'un bateau ou d'un avion. *Après la traversée de l'Atlantique, nous **avons débarqué** à New York.* (Contr. embarquer.) 2. Faire sortir des objets ou des personnes d'un bateau ou d'un avion. *Les dockers **ont débarqué** les caisses.* ⊙ Famille du mot : débarcadère, débarquement.

▸ **débarras** (nom masculin)
Endroit où l'on met les objets encombrants. *Le grenier sert de **débarras**.* • **Bon débarras !** : on est soulagé de son départ.

▸ **débarrasser** (verbe) ○ conj.n°3
1. Enlever ce qui encombre. *Quel fouillis : **débarrasse** un peu ton bureau !* 2. Se débarrasser : jeter quelque chose ou éloigner quelqu'un. *Elle a donné tous ses vieux vêtements pour **s'en débarrasser**.*

▸ **débat** (nom masculin)
Discussion entre des personnes. *Les **débats** du jury ont duré plusieurs heures.*

▸ **débattre** (verbe) ○ conj.n°31
1. Discuter de quelque chose. *Les deux candidats vont **débattre** à la télévision de la politique étrangère de la France.* 2. Se débattre : s'agiter en faisant des efforts pour se libérer. *On a essayé de l'attaquer, mais il a réussi à **se débattre** et à fuir.* (Syn. se démener.)

▸ **débauche** (nom féminin)
Comportement d'une personne qui se livre à des excès, à des vices.

▸ **débaucher** (verbe) ○ conj.n°3
Synonyme de licencier. *Cette entreprise **a débauché** vingt employés.* (Contr. embaucher.)

▸ **débile** (nom)
• **Débile mental** : personne dont l'intelligence ne s'est pas développée normalement. ▷ **débile** (adjectif) Synonyme familier de stupide. *Cette émission est vraiment **débile**, éteins la télévision !*

▸ **débit** (nom masculin)
1. Magasin où l'on vend du tabac ou des boissons à consommer sur place. 2. Quantité d'eau, d'électricité qui s'écoule en un temps donné. *À la fonte des neiges, le **débit** de ce torrent est impressionnant.* 3. Manière de parler. *Ton **débit** est trop rapide, parle plus lentement !* 4. Compte des sommes que l'on doit ou qui ont été débitées. (Contr. crédit.) ⊙ Famille du mot : débiter, débiteur.

débiter (verbe) ○ conj.n°3
1. Vendre au détail. *La fermière **débite** ses volailles sur les marchés.* 2. Laisser s'écouler un liquide. *Sais-tu combien ce fleuve **débite** de mètres cubes à l'heure ?* 3. Réciter d'un ton monotone. *Il **a débité** bêtement sa récitation.* 4. Couper en morceaux. *Le boucher **a débité** un quartier de bœuf.* 5. Retirer une somme d'un compte. *Votre compte **sera débité** demain.* (Contr. créditer.)

débiteur, trice (nom)
Personne qui doit de l'argent. *Je ne vous ai pas encore remboursé : je suis votre **débiteur**.* (Contr. créancier.)

déblatérer (verbe) ○ conj.n°8
Dire du mal. *Il n'arrête pas de **déblatérer** contre son entraîneur.*

déblayer (verbe) ○ conj.n°7
Débarrasser un lieu de ce qui l'encombre. *Après le marché, la place **est** rapidement **déblayée**.*

débloquer (verbe) ○ conj.n°3
1. Remettre en état de marche ce qui était bloqué. *La serrure est rouillée, on n'arrive pas à la **débloquer**.* 2. Supprimer les obstacles. *Il faut **débloquer** la situation.*

déboires (nom masculin pluriel)
Événement qui déçoit. *Ils ont des **déboires** avec leur nouvelle voiture.* (Syn. ennuis.)

déboisement (nom masculin)
Action de déboiser. (Contr. reboisement.)

déboiser (verbe) ○ conj.n°3
Dégarnir un lieu de ses bois, de ses arbres. *Depuis que cette région **a été déboisée**, il y a souvent des inondations.* (Contr. reboiser.)

déboîter (verbe) ○ conj.n°3
1. Changer de file de voitures. *Il faut mettre son clignotant avant de **déboîter**.* 2. Faire sortir un os de son articulation. *Fatima **s'est déboîté** le genou en jouant au tennis.* (Syn. se démettre, se luxer.)

débonnaire (adjectif)
Qui est doux et bienveillant. *Un professeur **débonnaire**.* (Contr. sévère.)

débordement (nom masculin)
Fait de déborder. *Le **débordement** d'une rivière. Un **débordement** de joie.*

déborder (verbe) ○ conj.n°3
1. Passer par-dessus le bord. *Avec tous ces orages, le torrent risque de **déborder**.* 2. Être plein de. *Cet enfant **déborde** d'énergie.* • **Être débordé** : être surchargé de travail.

débouché (nom masculin)
1. Endroit ou marché pour vendre un produit. *Cette entreprise cherche des **débouchés** à l'étranger.* 2. Profession possible. *Ce diplôme n'offre pas beaucoup de **débouchés**.*

1. déboucher (verbe) ○ conj.n°3
1. Enlever le bouchon. *Pas besoin de tire-bouchon pour **déboucher** le champagne !* (Contr. boucher.) 2. Retirer ce qui bouche. *Pour **déboucher** l'évier, il a fallu appeler le plombier.*

2. déboucher (verbe) ○ conj.n°3
1. Aboutir à un endroit. *Ce chemin **débouche** sur la plage.* 2. Offrir comme débouché. *Ce diplôme **débouche** sur un emploi.*

débouler (verbe) ○ conj.n°3
Descendre ou arriver très vite. *Le conducteur a eu très peur quand l'enfant **a déboulé** sur la chaussée.*

débourser (verbe) ○ conj.n°3
Dépenser une certaine somme d'argent. *Ce voyage vous est offert, vous n'aurez rien à **débourser**.* (Syn. payer.)

debout (adverbe)
Dans la position verticale. *Ne restez pas **debout**, asseyez-vous !* • **Dormir debout** : être très fatigué. • **Être debout** : être levé. *Le matin à cinq heures, grand-mère **est** déjà **debout**.* • **Tenir debout** : être vraisemblable. *Cette histoire ne **tient** pas **debout**.*

déboutonner (verbe) ○ conj.n°3
Défaire les boutons d'un vêtement. ***Déboutonne** ta veste si tu as trop chaud !* (Contr. boutonner.)

débraillé, ée (adjectif)
Qui a une tenue négligée, en désordre. *Remets ta chemise dans ton pantalon, tu es tout **débraillé** !*

débrancher (verbe) ○ conj.n°3
Enlever un appareil d'un branchement. *Pour être tranquille, maman* ***a débranché*** *le téléphone.* (Contr. brancher.)

débrayage (nom masculin)
1. Action de débrayer. *Dans une voiture, la pédale de* ***débrayage*** *est située à gauche.* 2. Arrêt du travail. *Les ouvriers ont décidé un* ***débrayage*** *d'une heure.*

débrayer (verbe) ○ conj.n°7
1. Faire cesser la liaison entre le moteur et les roues d'un véhicule. *Sur les voitures automatiques, on n'a plus besoin de* ***débrayer****.* (Contr. embrayer.) 2. Cesser le travail en faisant grève. *Certains ateliers de cette usine ont décidé de* ***débrayer****.*

débridé, ée (adjectif)
Qui est sans limites. *Benjamin a une imagination* ***débridée****.*

débris (nom masculin)
Morceau d'un objet qui a été cassé. *Si c'est toi qui as cassé le verre, ramasse donc les* ***débris*** *!*

débrouillard, arde (adjectif)
Qui est capable de se débrouiller. *Il est assez* ***débrouillard*** *pour s'en sortir tout seul.*

débrouillardise (nom féminin)
Qualité d'une personne débrouillarde.

débrouiller (verbe) ○ conj.n°3
1. Éclaircir quelque chose d'embrouillé. *Pas facile de* ***débrouiller*** *cette affaire !* (Syn. démêler.) 2. Se débrouiller : se tirer d'affaire habilement. *Ce n'est pas la peine de l'aider, il sait* ***se débrouiller*** *tout seul.* ⊙ Famille du mot : débrouillard, débrouillardise.

débroussailler (verbe) ○ conj.n°3
Enlever les broussailles. *Pour arriver à la maison abandonnée, il a fallu* ***débroussailler*** *le chemin.*

débusquer (verbe) ○ conj.n°3
Faire sortir de son refuge. *Les chasseurs* ***ont débusqué*** *un sanglier.*

début (nom masculin)
Synonyme de commencement. *La rentrée scolaire a lieu au* ***début*** *du mois de septembre.* (Contr. fin.) • **Faire ses débuts :** faire ses premiers pas dans un domaine.

débutant, ante (nom)
Personne qui débute dans une activité. *Sois indulgent, ce conducteur est un* ***débutant****.* (Syn. apprenti, novice.)

débuter (verbe) ○ conj.n°3
1. Synonyme de commencer. *Le match doit* ***débuter*** *à 16 heures.* (Contr. finir, se terminer.) 2. Commencer à apprendre ou à faire quelque chose. *Gaëlle n'a pris que trois cours de piano, on peut dire qu'elle* ***débute****.* ⊙ Famille du mot : début, débutant.

en deçà de (préposition)
De ce côté-ci. *Nous sommes restés* ***en deçà de*** *la frontière, nous ne l'avons pas franchie.* (Contr. au-delà.)

décacheter (verbe) ○ conj.n°9
Ouvrir une enveloppe en la décollant. (Contr. cacheter.)

décade (nom féminin)
Période de dix jours.

décadence (nom féminin)
Période de déclin ou d'affaiblissement. *Ce pays autrefois très riche est tombé en pleine* ***décadence****.*

décadent, ente (adjectif)
Qui est en décadence. *Une société* ***décadente****.*

décaféiné, ée (adjectif)
Sans caféine. *Le soir, maman boit un café* ***décaféiné****.*

décalage (nom masculin)
Écart ou différence entre deux choses. *Entre Paris et New York, il y a six heures de* ***décalage*** *horaire.*

décalcomanie (nom féminin)
Procédé qui permet de reporter des dessins sur un objet à décorer. *Hélène a décoré son cartable avec des **décalcomanies**.*

une **décalcomanie**

décaler (verbe) conj.n°3
Déplacer, dans le temps ou dans l'espace. ***Décaler** un rendez-vous d'une heure.*

décalitre (nom masculin)
Unité de capacité qui vaut dix litres. → Décalitre s'abrège *dal*.

décalquer (verbe) conj.n°3
Reproduire une image après l'avoir tracée sur un papier transparent.

décamètre (nom masculin)
Unité de longueur qui vaut dix mètres. → Décamètre s'abrège *dam*.

décamper (verbe) conj.n°3
Synonyme familier de s'enfuir. *L'averse a fait **décamper** tout le monde.*

décantation (nom féminin)
Action de décanter.

décanter (verbe) conj.n°3
Laisser se déposer les matières solides contenues dans un liquide. *Laisser **décanter** du cidre avant de le servir.*

décaper (verbe) conj.n°3
Gratter la rouille ou la peinture qui recouvre une surface. *Il faut **décaper** la table du jardin avant de la repeindre.*

décapiter (verbe) conj.n°3
Trancher la tête. *Il **a été décapité** par l'explosion.* Décapiter vient du latin *caput* qui signifie « tête ».

décapotable (adjectif)
Qui est équipé d'un toit ou d'une capote que l'on peut enlever ou replier. *Une voiture **décapotable**.*
décapotable (nom féminin)
Voiture décapotable. *Il frime avec sa **décapotable** !*

une **décapotable**

décapsuler (verbe) conj.n°3
Enlever la capsule qui bouche une bouteille.

décapsuleur (nom masculin)
Ustensile pour décapsuler les bouteilles. (Syn. ouvre-bouteille.)

se décarcasser (verbe) conj.n°3
Se donner beaucoup de mal. *Benjamin **s'est décarcassé** pour trouver une pièce de rechange.*

décathlon (nom masculin)
Compétition d'athlétisme qui comprend 4 épreuves de course, 3 épreuves de saut et 3 lancers. → Prononciation [dekatlɔ̃].

décéder (verbe) conj.n°8
Synonyme de mourir, pour une personne. *Il **est décédé** à la suite d'une longue maladie.* → Décéder se conjugue avec l'auxiliaire *être*.

déceler (verbe) conj.n°8
Trouver quelque chose qui était peu apparent. ***Déceler** l'origine d'une fuite, d'une panne.* (Syn. détecter.)

décélérer (verbe) conj.n°8
Diminuer la vitesse d'un véhicule. *Il faut **décélérer** à l'approche d'un carrefour.* (Contr. accélérer.)

décembre (nom masculin)
Douzième et dernier mois de l'année, qui compte 31 jours. ⊙ Décembre vient du latin *decem* qui signifie « dix » : c'était le dixième mois du calendrier romain, l'année commençant en mars.

décemment (adverbe)
D'une manière décente. *S'habiller **décemment** pour une cérémonie.* → Prononciation [desamɑ̃].

décence (nom féminin)
Caractère décent. *Vous exagérez : ayez donc la **décence** de vous taire !*

décennie (nom féminin)
Période de dix ans. *Les ordinateurs se sont multipliés durant la dernière **décennie**.*

décent, ente (adjectif)
Qui est convenable, correct. *Le directeur exige des élèves une tenue **décente**.* ⊙ Famille du mot : décemment, décence, indécent.

décentralisation (nom féminin)
Action de décentraliser. *La **décentralisation** a créé des emplois dans cette région.*

décentraliser (verbe) ⊙ conj.n°3
Transférer dans différentes régions d'un pays des entreprises ou des bureaux centralisés dans la capitale. *Certaines grandes écoles **ont été décentralisées**.*

déception (nom féminin)
Sentiment que l'on éprouve quand quelque chose qu'on espérait ne se produit pas. *Il a échoué à son examen, quelle **déception** !* (Syn. désappointement, désillusion.)

décerner (verbe) ⊙ conj.n°3
Donner une récompense à quelqu'un. *Julie a été la meilleure : on lui **a décerné** le premier prix.* (Syn. attribuer.)

décès (nom masculin)
Fait de décéder. *Elle est bien triste depuis le **décès** de son mari.* (Syn. mort.)

décevant, ante (adjectif)
Qui déçoit. *Malgré tous nos efforts, le résultat était bien **décevant** !*

décevoir (verbe) ⊙ conj.n°21
Causer une déception parce qu'un espoir ne s'est pas réalisé. *Je **serais** très **déçu** si vous ne veniez pas. Tes notes me **déçoivent**, je m'attendais à mieux.* ⊙ Famille du mot : déception, décevant.

déchaîné, ée (adjectif)
Qui est très excité. *Les élèves sont **déchaînés** à l'approche des vacances.*

déchaîner (verbe) ⊙ conj.n°3
1. Provoquer une réaction intense. *Une scène comique du film **a déchaîné** les rires des spectateurs.* **2.** Se déchaîner : devenir très violent. *La tempête **s'est déchaînée** et a causé plusieurs naufrages.*

déchanter (verbe) ⊙ conj.n°3
Perdre ses illusions. *On espérait du soleil, mais on **a** vite **déchanté** : il n'a pas cessé de pleuvoir !*

décharge (nom féminin)
1. Endroit où l'on peut déposer les ordures. *Dans cette **décharge**, on trie les déchets pour les recycler.* **2.** Coup tiré avec une arme à feu. *Il a été tué d'une **décharge** en plein cœur.* **3.** Choc produit par le passage du courant électrique. *Les cache-prises servent à protéger les enfants des **décharges** électriques.*

déchargement (nom masculin)
Action de décharger. *Les passagers attendent le **déchargement** des bagages.* (Contr. chargement.)

décharger (verbe) ⊙ conj.n°5
1. Débarrasser de son chargement. *Aide-moi à **décharger** la voiture.* (Contr. charger.) **2.** Vider une arme à feu en tirant toutes les balles. *Un fou **a déchargé** son arme sur les passants.* **3.** Débarrasser de sa charge électrique. *La voiture ne démarre pas car la batterie **est déchargée**.* **4.** Faire une partie d'un travail à la place de quelqu'un. *Je **décharge** un peu ma mère en gardant ma petite sœur.*

décharné, ée (adjectif)
Très maigre. *Ces enfants sont **décharnés** à cause de la famine.*

se déchausser (verbe) conj.n°3
Enlever ses chaussures. ***Déchaussez-vous** avant d'entrer.* (Contr. se chausser.)

déchéance (nom féminin)
Décadence physique, morale ou sociale. *Pauvre homme, quelle **déchéance** depuis qu'il s'est mis à boire !*

déchet (nom masculin)
Reste qu'on ne peut pas utiliser. *Les écologistes demandent que les gens trient leurs **déchets**, comme le papier et le verre.*

déchiffrer (verbe) conj.n°3
Arriver à lire ce qui est mal écrit ou difficile à comprendre. *Applique-toi, je n'arrive pas à **déchiffrer** ton écriture. C'est Champollion qui, le premier, **a déchiffré** les hiéroglyphes.*

déchiqueter (verbe) conj.n°9
Mettre en morceaux, en lambeaux. *Le lion **a déchiqueté** sa proie.*

déchirant, ante (adjectif)
Qui émeut beaucoup. *Le convoi de réfugiés offrait un spectacle **déchirant**.*

déchirement (nom masculin)
Grande douleur morale. *Son décès a été un **déchirement** pour nous.*

déchirer (verbe) conj.n°3
1. Mettre en morceaux. *Laura **déchire** sa lettre et la recommence.* 2. Faire un accroc. *En montant à l'arbre, Clément **a déchiré** son pantalon.* • **Déchirer le cœur** : causer un grand chagrin. Famille du mot : déchirant, déchirement, déchirure.

déchirure (nom féminin)
Endroit où quelque chose s'est déchiré. *Myriam est rentrée avec une **déchirure** à sa robe. Une **déchirure** musculaire.*

déchoir (verbe) conj.n°23
S'abaisser en perdant sa dignité. *Ce n'est pas **déchoir** de reconnaître que l'on s'est trompé !*

déchu, ue (adjectif)
Qui a perdu son autorité, son prestige. *Accusé de corruption, il a été **déchu** de sa fonction.*

décibel (nom masculin)
Unité de puissance d'un son.

décidé, ée (adjectif)
1. Qui n'hésite pas. *Où vas-tu d'un pas si **décidé** ?* (Syn. résolu. Contr. indécis.) 2. Qui est fixé, réglé. *La date du départ n'est pas encore **décidée**.*

décidément (adverbe)
Vraiment. ***Décidément**, il n'a pas de chance !*

décider (verbe) conj.n°3
1. Choisir de faire quelque chose. *Mes parents **ont décidé** d'aller passer leur week-end à Londres. David **s'est** enfin **décidé** à apprendre à nager.* 2. Convaincre quelqu'un de faire quelque chose. *Essaie de le **décider** à venir avec nous à la campagne.* (Syn. persuader.) Famille du mot : décidé, décidément, décisif, décision, indécis, indécision.

décigramme (nom masculin)
Dixième partie du gramme. → Décigramme s'abrège *dg*.

décilitre (nom masculin)
Dixième partie du litre. → Décilitre s'abrège dl.

décimal, ale, aux (adjectif)
• **Nombre décimal** : nombre qui a des chiffres après la virgule. • **Système décimal** : manière de compter qui a pour base le nombre dix. ▷ **décimale** (nom féminin) Chacune des chiffres placés après la virgule. *4,75 a deux **décimales** : 7 et 5.*

décimer (verbe) conj.n°3
Faire mourir beaucoup de gens ou d'animaux. *Une épidémie de choléra* ***a décimé*** *le pays.* Décimer vient du latin *decem* qui signifie « dix », car les Romains infligeaient la peine de mort à un soldat sur dix, lorsque les troupes avaient reculé.

décimètre (nom masculin)
1. Dixième partie du mètre. 2. Règle graduée. *Un double* ***décimètre*** *mesure 20 centimètres.* → Décimètre s'abrège *dm*.

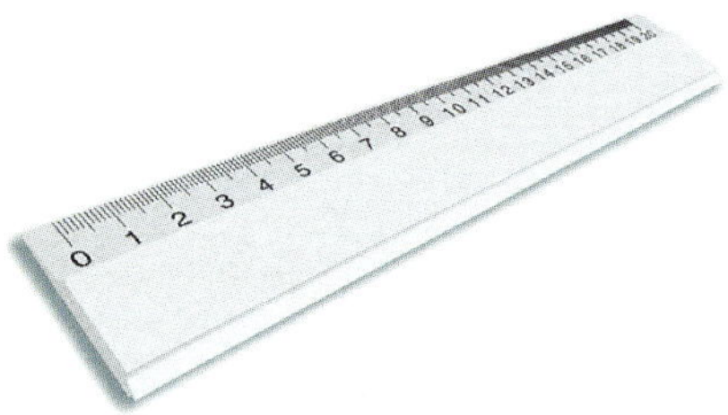

un double **décimètre**

décisif, ive (adjectif)
Qui décide du résultat définitif. *Tes prochaines notes seront* ***décisives*** *pour ton passage en sixième.* (Syn. capital, déterminant.)

décision (nom féminin)
1. Ce qu'on a décidé de faire. *Mes parents n'ont encore pris aucune* ***décision*** *pour les vacances, je ne sais donc pas où nous irons.* 2. Qualité d'une personne ferme et résolue. *Il agit toujours avec* ***décision****, sans vaines hésitations.* (Contr. indécision.)

déclamer (verbe) conj.n°3
Réciter à haute voix, d'un ton solennel. ***Déclamer*** *un discours.*

déclaratif, ive (adjectif)
Qui sert à déclarer quelque chose. *Les verbes « affirmer », « dire », « raconter » sont des verbes* ***déclaratifs****.*

déclaration (nom féminin)
Ce qu'on dit pour déclarer quelque chose. *Le président de la République doit faire une* ***déclaration*** *ce soir à la télévision.* • **Déclaration d'impôts :** formulaire que l'on remplit chaque année pour déclarer ses revenus.

déclarer (verbe) conj.n°3
1. Faire savoir ou annoncer quelque chose. *Anna nous* ***a déclaré*** *qu'elle n'était pas d'accord.* 2. Faire connaître officiellement. ***Déclarer*** *à la mairie la naissance d'un enfant.* 3. Se déclarer : commencer à se manifester. *Le feu* ***s'est*** *d'abord* ***déclaré*** *dans le garage.* Famille du mot : déclaratif, déclaration.

déclasser (verbe) conj.n°3
1. Déranger l'ordre, le classement. *Qui* ***a déclassé*** *tous les dossiers qui étaient rangés ?* (Contr. classer.) 2. Classer à un moins bon rang. *Le coureur* ***a été déclassé*** *car il n'a pas respecté le règlement.* (Syn. rétrograder.)

déclenchement (nom masculin)
Fait de se déclencher. *Le* ***déclenchement*** *de l'alarme a alerté le propriétaire de la voiture.*

déclencher (verbe) conj.n°3
1. Faire fonctionner un mécanisme. *Ce bouton* ***déclenche*** *automatiquement la fermeture des volets.* 2. Provoquer une réaction. *Ce qu'elle a dit* ***a déclenché*** *un éclat de rire général.*

déclic (nom masculin)
Bruit sec provoqué par un mécanisme qui déclenche quelque chose. *Le* ***déclic*** *de cet appareil photo s'entend à peine.*

déclin (nom masculin)
Fait de décliner. *Le* ***déclin*** *du jour. Le* ***déclin*** *de l'Empire romain.*

décliner (verbe) conj.n°3
1. Perdre de sa force, de sa puissance. *Sa vue* ***a décliné****, il ne peut plus conduire sans lunettes.* (Syn. baisser, diminuer.) 2. Refuser quelque chose. *Odile* ***a décliné*** *mon offre de l'aider.*

déclouer (verbe) conj.n°3
Arracher les clous qui tenaient des choses assemblées. *Cette planche ne tient plus, elle* ***est déclouée****.* (Contr. clouer.)

décocher (verbe) conj.n°3
• **Décocher une flèche :** la lancer avec un arc ou une arbalète.

décoder (verbe) ○ conj.n°3
Traduire les signes d'un message codé en langage clair. *Autrefois, les marins devaient **décoder** le morse.*

décodeur (nom masculin)
Appareil qui permet de décoder des signaux. *Pour avoir accès à ce programme de télévision, il faut un **décodeur**.*

décoiffer (verbe) ○ conj.n°3
Synonyme de dépeigner. *En ôtant son bonnet, Sarah **s'est décoiffée**.*

décolérer (verbe) ○ conj.n°8
• **Ne pas décolérer** : ne pas cesser d'être en colère.

décollage (nom masculin)
Fait de décoller. *Le **décollage** de l'avion est prévu pour 15 heures 10.* (Contr. atterrissage.)

le **décollage** d'une navette spatiale

décollé, ée (adjectif)
Séparé du reste. *Ibrahim a les oreilles **décollées**, on va bientôt l'opérer.*

décoller (verbe) ○ conj.n°3
1. Détacher ce qui était collé. *Quel beau timbre ! Je vais le **décoller** de l'enveloppe.* (Contr. coller.) 2. Quitter le sol. *Avant que l'avion **décolle**, les passagers attachent leur ceinture.* (Contr. atterrir.)

décolleté, ée (adjectif)
Qui laisse voir le cou, les épaules et le haut de la poitrine. *Quand elle est bien bronzée, elle porte toujours des robes **décolletées**.* ▷ **décolleté** (nom masculin) Endroit où un vêtement est décolleté.

un joli **décolleté**

décolorer (verbe) ○ conj.n°3
Faire perdre sa couleur initiale. *Cette chemise **s'est décolorée** au lavage.*

décombres (nom masculin pluriel)
Ruines et débris laissés par une destruction. *Les gendarmes fouillent les **décombres**, à la recherche des disparus.*

décommander (verbe) ○ conj.n°3
Annuler une commande, une invitation ou un rendez-vous. *Si trop de gens **se décommandent**, le spectacle sera annulé.*

décomposé, ée (adjectif)
Qui a l'air bouleversé. *Il a eu soudain le visage **décomposé** en apprenant la nouvelle.*

a b c d e f g h i j k l m n o p q r s t u v w x y z

décomposer (verbe) ○ conj.n°3
1. Séparer les parties qui composent quelque chose. *Kevin **a décomposé** le nombre 1 683 : 1 000 + 600 + 80 + 3 = 1 683.* 2. Se décomposer : synonyme de pourrir. *Avec la chaleur, le poisson **s'est** vite **décomposé**, il est immangeable.*

décomposition (nom féminin)
Fait de se décomposer. *On a retrouvé des cadavres en **décomposition**.*

décompresser (verbe) ○ conj.n°3
Dans la langue familière, relâcher la tension nerveuse. *Viens avec nous à la campagne ce week-end pour **décompresser** un peu.*

décompression (nom féminin)
Affaiblissement de la pression. *Les scaphandriers ont souffert de la **décompression** en remontant à la surface.* (Contr. compression.)

décompter (verbe) ○ conj.n°3
Soustraire une partie d'une somme que l'on doit payer. *J'**ai décompté** ce que tu m'as déjà remboursé.* (Syn. déduire.)

déconcentrer (verbe) ○ conj.n°3
Disperser l'attention de quelqu'un. *Les cris du public **ont déconcentré** l'athlète qui a raté son saut.*

déconcertant, ante (adjectif)
Qui déconcerte. *Cette question est vraiment **déconcertante**, je ne sais que répondre.* (Syn. déroutant, surprenant.)

déconcerter (verbe) ○ conj.n°3
Surprendre quelqu'un et le troubler. *Ta réponse me **déconcerte**, je ne m'y attendais pas.* (Syn. décontenancer, dérouter, désarçonner, désorienter.)

déconfit, ite (adjectif)
Qui est déçu et abattu. *Clément est tout **déconfit** par son échec.*

déconfiture (nom féminin)
Échec complet. *Les troupes ennemies en pleine **déconfiture** ont fini par capituler.*

décongélation (nom féminin)
Action de décongeler. (Contr. congélation.)

décongeler (verbe) ○ conj.n°8
Ramener un aliment congelé à une température normale. *Maman a sorti le gigot du congélateur pour le **décongeler**.*

déconnecter (verbe) ○ conj.n°3
Débrancher un appareil. *J'**ai déconnecté** la télévision à cause de l'orage.*

déconseiller (verbe) ○ conj.n°3
Conseiller de ne pas faire quelque chose. *La sécurité routière **déconseille** aux automobilistes de partir après 16 heures, pour éviter les embouteillages.* (Contr. conseiller.)

se déconsidérer (verbe) ○ conj.n°8
Perdre l'estime ou le respect dont on jouissait. *En agissant aussi bêtement, il **s'est déconsidéré**.* (Syn. se discréditer.)

décontenancer (verbe) ○ conj.n°4
Synonyme de déconcerter. *Cette question inattendue l'**a décontenancée**, elle n'a pas su quoi répondre.*

se décontracter (verbe) ○ conj.n°3
1. Détendre son corps. *Tu es crispé, **décontracte-toi** un peu !* (Syn. se relaxer.) 2. Avoir l'esprit tranquille, insouciant. *C'est un enfant très **décontracté**, qui ne se fait guère de soucis inutiles.*

décontraction (nom féminin)
Fait d'être décontracté.

déconvenue (nom féminin)
Synonyme littéraire de déception.

décor (nom masculin)
1. Ensemble d'accessoires utilisés pour représenter un lieu, au théâtre ou au cinéma. *Ce film a été tourné en **décors** naturels.* 2. Synonyme d'environnement. *Ils habitent en haut de la montagne, dans un **décor** de rêve.* (Syn. cadre.)

un **décor** de théâtre

décorateur, trice (nom)
Personne qui décore des appartements ou qui crée des décors de théâtre ou de cinéma.

décoratif, ive (adjectif)
Qui décore agréablement. *Ces magnifiques bouquets sont très **décoratifs**.*

décoration (nom féminin)
1. Façon de décorer un lieu. *Maman envisage de changer toute la **décoration** de l'appartement.* 2. Insigne pour honorer ou récompenser quelqu'un. *Ce militaire est couvert de **décorations**.* (Syn. médaille.)

décorer (verbe) conj.n°3
1. Garnir un lieu d'accessoires pour le rendre plus beau. *Le salon **est décoré** avec de jolis tableaux.* (Syn. orner.) 2. Remettre une décoration à quelqu'un. *On l'**a décoré** de la Légion d'honneur.* Famille du mot : décor, décorateur, décoratif, décoration.

décortiquer (verbe) conj.n°3
Enlever l'enveloppe dure ou la coquille d'un aliment. ***Décortiquer** des langoustines.* Décortiquer vient du latin *cortex* qui signifie « écorce ».

découdre (verbe) conj.n°53
Défaire ce qui était cousu. *J'ai un bouton de ma veste qui **est décousu**, je vais le recoudre.* • **Être décousu** : au sens figuré, qui n'a pas de suite logique. *Ses propos **étaient** très **décousus**, on n'a rien compris.* (Syn. incohérent.)

découler (verbe) conj.n°3
Être la conséquence logique de quelque chose. *Cette défaite **découle** de notre manque d'entraînement.* (Syn. provenir, résulter.)

découpage (nom masculin)
1. Action de découper. *Le **découpage** d'une volaille.* 2. Image à découper. *Au centre de ce cahier de vacances, il y a une planche de **découpages**.*

découper (verbe) conj.n°3
1. Couper en morceaux ou en tranches. *Qui sait **découper** le gigot ?* 2. Couper une image avec des ciseaux, en suivant les contours. *Il **a découpé** cette petite annonce dans le journal.* 3. Se découper : apparaître nettement. *La cathédrale **se découpe** sur l'horizon.* (Syn. se détacher.)

décourageant, ante (adjectif)
Qui décourage. *Plus je répare cette voiture et plus elle tombe en panne : c'est vraiment **décourageant** !* (Contr. encourageant.)

découragement (nom masculin)
Fait d'être découragé. *Je n'y arrive vraiment pas, le **découragement** me gagne.*

décourager (verbe) conj.n°5
Faire perdre le courage. *La pluie l'**a découragé** d'aller se promener.* (Syn. démoraliser. Contr. encourager.)

décousu Voir découdre.

découverte (nom féminin)
Fait de découvrir des choses inconnues. *C'est Pasteur qui a fait la **découverte** des microbes.*

Pasteur a fait la **découverte** du vaccin contre la rage.

découvrir (verbe) ○ conj.n°12
1. Trouver quelque chose qui était caché ou inconnu. ***Découvrir** un trésor. Christophe Colomb **a découvert** l'Amérique en 1492.* 2. Apercevoir quelque chose. *En arrivant au col, on **a découvert** le paysage.* 3. Se découvrir : enlever un vêtement ou une partie de ses vêtements. *Le proverbe dit : « En avril ne **te découvre** pas d'un fil ».* 4. Se découvrir : retirer son chapeau. *Il **se découvre** toujours pour saluer les dames.* 5. Se découvrir : s'éclaircir, en parlant du temps, du ciel. (Syn. se dégager. Contr. se couvrir.)

décrasser (verbe) ○ conj.n°3
Débarrasser de la crasse. *Il faut **décrasser** le conduit de la cheminée avant de faire du feu.* (Syn. nettoyer. Contr. encrasser.)

décret (nom masculin)
Décision prise par le gouvernement. *Un **décret** municipal limite la vitesse dans cette rue à 35 km/h.*

décréter (verbe) ○ conj.n°8
1. Ordonner par décret. *Le préfet **a décrété** la fermeture de cette décharge.* 2. Décider fermement, avec autorité. *Cet athlète **a décrété** qu'il arrêtait la compétition.*

décrier (verbe) ○ conj.n°10
Synonyme de dénigrer. *Je ne comprends pas pourquoi ce film **a été** autant **décrié** car il m'a beaucoup plu.*

décrire (verbe) ○ conj.n°47
1. Faire la description de quelque chose ou de quelqu'un. *Je vais vous **décrire** la situation en quelques mots.* (Syn. dépeindre.) 2. Suivre une trajectoire courbe. *La patineuse **décrit** une large boucle sur la glace.*

décrocher (verbe) ○ conj.n°3
1. Défaire ce qui était accroché. *Avant de repeindre la pièce, il a fallu **décrocher** tous les tableaux.* (Contr. accrocher.) 2. Soulever le téléphone de son support. *Le téléphone sonne, tu ne veux pas **décrocher** ?* (Contr. raccrocher.) 3. Synonyme familier d'obtenir. *Ursula espère bien **décrocher** le gros lot.*

décroissant, ante (adjectif)
Qui est dans un ordre allant du plus grand au plus petit. *Dans un compte à rebours, on compte dans l'ordre **décroissant** : 5, 4, 3, 2, 1, 0.* (Contr. croissant.)

décroître (verbe) ○ conj.n°37
Diminuer peu à peu. *Les jours commencent à **décroître** dès le début de l'été.* (Contr. croître.)

décrue (nom féminin)
Baisse du niveau des eaux après une crue. *Bonne nouvelle, la rivière a amorcé sa **décrue** !*

décrypter (verbe) ○ conj.n°3
Découvrir le sens d'un système d'écriture. *Zoé apprend à **décrypter** les chiffres romains.* (Syn. déchiffrer.)

décupler (verbe) ○ conj.n°3
1. Multiplier par dix. 2. Au sens figuré, augmenter énormément. *L'approche de la victoire **décuple** ses forces.*

dédaigner (verbe) ○ conj.n°3
Traiter avec dédain. *Il **a** toujours **dédaigné** les honneurs et refusé toute décoration.* (Syn. mépriser.)

dédaigneux, euse (adjectif)
Qui est hautain et méprisant. *Il m'a vexé en me parlant d'un ton **dédaigneux**.*

dédain (nom masculin)
Mépris ou arrogance envers autrui. *Elle nous a regardés avec **dédain**.*

dédale (nom masculin)
Synonyme de labyrinthe. *Cet immense souterrain est un véritable **dédale**.* ⊙ Dédale était l'architecte légendaire qui construisit le labyrinthe de Crète dans l'Antiquité.

dedans (adverbe)
À l'intérieur. *Ouvre la boîte et regarde ce qu'il y a **dedans**.* (Contr. dehors.) • **Là-dedans** : dans cet endroit. ▷ **dedans** (nom masculin) Intérieur de quelque chose. *Ce fruit avait l'air bon, mais le **dedans** est tout pourri !*

dédicace (nom féminin)
Phrase écrite pour quelqu'un sur un livre, par son auteur. *« À Benjamin, avec toute mon affection » est une gentille **dédicace**.*

▸ **dédicacer** (verbe) ○ conj.n°4
Écrire une dédicace. *Élodie a fait **dédicacer** son livre par l'auteur.*

▸ **dédier** (verbe) ○ conj.n°10
1. Offrir en hommage par une inscription. *Cet auteur **a dédié** son livre à ses parents.* 2. Consacrer un lieu à un dieu ou à un saint. *Ce temple grec **était dédié** à Aphrodite, déesse de l'Amour.*

▸ **se dédire** (verbe) ○ conj.n°46
Revenir sur ce qu'on avait dit ou promis. *Le témoin **s'est** tout à coup **dédit**.* → Dédire se conjugue comme *dire*, sauf à la 2e personne du pluriel du présent : vous vous dédisez.

▸ **dédommagement** (nom masculin)
Indemnité accordée en compensation d'un dommage. *L'assurance a versé des **dédommagements** aux victimes.*

▸ **dédommager** (verbe) ○ conj.n°5
Accorder un dédommagement à quelqu'un. *C'est toi qui as cassé mon vélo, c'est à toi de me **dédommager**.* (Syn. indemniser.)

▸ **dédoubler** (verbe) ○ conj.n°3
Partager une chose en deux. *L'année prochaine, la directrice souhaite **dédoubler** la classe du cours préparatoire.*

▸ **dédramatiser** (verbe) ○ conj.n°3
Rendre moins dramatique. *Ce conflit n'est pas grave, il faut le **dédramatiser**.* (Contr. dramatiser.)

▸ **déduction** (nom féminin)
1. Action de déduire une somme. *Avez-vous fait la **déduction** de ce que j'ai déjà versé ?* 2. Raisonnement qui permet de déduire logiquement. *Pierre est plus grand que Fatima : la **déduction** que l'on peut faire, c'est que Fatima est plus petite que Pierre.*

▸ **déduire** (verbe) ○ conj.n°43
1. Enlever une somme d'un total. *Sur les vingt euros que je te dois, je **déduis** les dix euros que tu me dois : je ne te dois donc plus que dix euros.* (Syn. décompter, soustraire.) 2. Tirer la conséquence logique de quelque chose. *Il n'est pas encore arrivé : j'en **déduis** qu'il a été retardé par les embouteillages.* (Syn. conclure.)

▸ **déesse** (nom féminin)
Divinité féminine. *Cérès était la **déesse** romaine des moissons.*

une **déesse** africaine de la fécondité

▸ **défaillance** (nom féminin)
1. Moment de faiblesse. *Cet athlète a été victime d'une **défaillance** dans la dernière ligne droite.* 2. Arrêt du fonctionnement normal d'une machine. *C'est la **défaillance** du système de sécurité du musée qui a permis le vol des tableaux.*

▸ **défaillant, ante** (adjectif)
1. Qui a une défaillance. *Sa mémoire est **défaillante**, il ne se souvient de rien.* 2. Qui ne vient pas là où on l'attendait. *Dix candidats étaient **défaillants** le jour de l'examen.*

▸ **défaillir** (verbe) ○ conj.n°14
Synonyme de s'évanouir. *Il a tellement faim qu'il est sur le point de **défaillir**.* ⊙ Famille du mot : défaillance, défaillant.

▸ **défaire** (verbe) ○ conj.n°42
1. Faire à l'inverse de ce qui avait été fait avant. *En arrivant à l'hôtel, elle **a défait** sa valise.* 2. Détacher ou dénouer quelque chose. *Fais attention, tes lacets **sont défaits**.* 3. Se défaire : se débarrasser de quelque chose. ***Se défaire** de ses bagages dès l'arrivée à l'aéroport.*

défaite (nom féminin)
Fait de perdre une bataille ou une compétition. *La **défaite** de l'équipe de rugby a consterné les supporters.* (Contr. victoire.)

Reconstitution de la bataille de Waterloo (1815), célèbre **défaite** napoléonienne.

défaitiste (adjectif)
Qui n'a pas l'espoir de gagner. *Ne sois pas si **défaitiste**, je suis sûr que tu vas réussir.* (Syn. pessimiste.)

défaut (nom masculin)
1. Ce qui n'est pas bien dans le caractère d'une personne. *C'est un orgueilleux et un menteur, et ce ne sont pas ses seuls **défauts** !* (Contr. qualité.) 2. Partie mal faite. *Cette robe était soldée car elle a un **défaut** au col.* (Syn. imperfection.) • **À défaut de** : en l'absence de. ***À défaut de** soda, il a bu de l'eau.* (Syn. faute de.) • **Faire défaut** : manquer. *Sa mémoire lui **a fait défaut**.*

défavorable (adjectif)
Qui n'est pas favorable. *Le vent **défavorable** empêche le voilier de rentrer dans le port.* (Contr. favorable, propice.)

défavoriser (verbe) ○ conj.n°3
Donner à quelqu'un moins d'avantages qu'aux autres. *Romain a eu moins de cadeaux que ses frères et s'estime **défavorisé**.* (Syn. désavantager. Contr. favoriser.)

défection (nom féminin)
Fait de ne pas venir là où on était attendu. *Il a annoncé sa **défection** à notre réunion au dernier moment.*

défectueux, euse (adjectif)
Qui a un défaut empêchant le bon fonctionnement. *Cette machine neuve est **défectueuse**, le magasin va nous la changer.*

défendre (verbe) ○ conj.n°31
1. Interdire à quelqu'un de faire quelque chose. *Maman nous **défend** de jouer avec les allumettes.* (Contr. autoriser, permettre.) 2. Aider, soutenir ou protéger quelqu'un qui est attaqué. *Anna est prête à se battre pour **défendre** ses amis.* • **À son corps défendant** : à contrecœur. ⊙ Famille du mot : autodéfense, défense, défenseur, défensif.

défense (nom féminin)
1. Action de défendre quelque chose à quelqu'un. *Sur ce mur est écrit : « **Défense** d'afficher ».* (Syn. interdiction.) 2. Action de défendre quelqu'un qui est attaqué. *L'avocat assure la **défense** de l'accusé. Il prend toujours la **défense** de son petit frère.* 3. Très longue dent recourbée de certains mammifères. *Les éléphants, les morses, les sangliers ont des **défenses**.*

défenseur (nom masculin)
Personne qui défend quelqu'un ou quelque chose. *Dans le film, le shérif était le seul **défenseur** de la loi.*

défensif, ive (adjectif)
Qui sert à défendre. *Autrefois, les boucliers servaient d'armes **défensives**.* (Contr. offensif.) ▷ **défensive** (nom féminin) • **Être sur la défensive** : être prêt à se défendre.

déferlement (nom masculin)
Fait de déferler. *Écouter le **déferlement** des vagues.*

déferler (verbe) ○ conj.n°3
1. Retomber en roulant et se briser. *Les vagues forment de l'écume en **déferlant** sur les galets.* 2. Au sens figuré, se précipiter quelque part. *La cavalerie **a déferlé** sur les troupes ennemies.*

défi (nom masculin)
Provocation qu'on lance à quelqu'un pour voir s'il est capable de faire quelque chose. *Je te mets au **défi** d'énumérer les sept merveilles du monde.*

défiance (nom féminin)
Synonyme de méfiance. *J'éprouve de la **défiance** envers les propositions de ce vendeur.*

▸ **déficience** (nom féminin)
Insuffisance physique ou intellectuelle.

▸ **déficient, ente** (adjectif)
Qui présente une déficience. *La santé de ce vieillard est **déficiente**.*

▸ **déficit** (nom masculin)
Somme d'argent qui manque pour que les recettes équilibrent les dépenses. *Comme ils avaient un gros **déficit** à la banque, on les a privés de chéquier.* (Contr. bénéfice.) ➜ Prononciation [defisit].

▸ **déficitaire** (adjectif)
Qui présente un déficit. *Cette compagnie de charters a fermé car elle était trop **déficitaire**.* (Contr. bénéficiaire.)

▸ **défier** (verbe) ➲ conj.n°10
1. Proposer un défi à quelqu'un. *Thomas m'**a défié** aux échecs.* **2.** Se défier : synonyme littéraire de se méfier. ⊙ Famille du mot : défi, défiance.

▸ **défigurer** (verbe) ➲ conj.n°3
Abîmer ou déformer un visage. *Il **a été** complètement **défiguré** dans l'accident.*

▸ **défilé** (nom masculin)
1. Passage très étroit entre deux montagnes. *Le **défilé** de Ronceveaux.* **2.** Marche de personnes qui défilent. *Le **défilé** des majorettes.* **3.** File de personnes. *Un **défilé** de mode.*

▸ **défiler** (verbe) ➲ conj.n°3
1. Marcher en file, en rangs. *Les manifestants **ont défilé** en chantant des slogans.* **2.** Se suivre sans interruption. *Les clients **défilent** sans cesse dans cette boulangerie.*

▸ **défini, ie** (adjectif)
1. Qui est précis. *On lui a donné à faire un travail bien **défini**.* (Contr. imprécis, vague.) **2.** Se dit d'un article qui sert à désigner des choses, des animaux ou des gens précis. *Le, la, les sont les **articles définis**.* (Contr. indéfini.)

▸ **définir** (verbe) ➲ conj.n°11
Expliquer avec précision, donner la définition. ***Définir** un mot, une expression.* ⊙ Famille du mot : défini, définition, indéfini.

▸ **définitif, ive** (adjectif)
Qu'on ne peut plus changer. *On attend le résultat **définitif** des élections.* (Contr. provisoire.) • **En définitive** : en fin de compte. ***En définitive**, c'est lui qui avait raison.*

▸ **définition** (nom féminin)
Explication du sens d'un mot. *Le dictionnaire donne la **définition** des mots.*

▸ **définitivement** (adverbe)
De façon définitive, pour toujours. *Il s'est installé **définitivement** à l'étranger.*

▸ **déflagration** (nom féminin)
Explosion violente. *Quand la citerne a explosé, la **déflagration** a été entendue à des kilomètres à la ronde.*

▸ **défoncé, ée** (adjectif)
Abîmé par des creux et des bosses. *La voiture roule lentement sur la route **défoncée**.*

▸ **défoncer** (verbe) ➲ conj.n°4
Casser en enfonçant. *En reculant, le camion **a défoncé** une voiture.*

▸ **déformant, ante** (adjectif)
Qui déforme. *Un miroir **déformant**.*

un miroir **déformant**

a b c d e f g h i j k l m n o p q r s t u v w x y z

déformation (nom féminin)
Fait de se déformer. *La scoliose est une **déformation** de la colonne vertébrale.*

déformer (verbe) ○ conj.n°3
Changer la forme de quelque chose. *Les rhumatismes lui **déforment** les mains. Mon pull **s'est** complètement **déformé** au lavage.*

défoulement (nom masculin)
Fait de se défouler. *Cette crise de rire a été un bon **défoulement**.*

se défouler (verbe) ○ conj.n°3
Se libérer en faisant ce qu'on a envie de faire. *Les enfants **se défoulent** en jouant au ballon.*

défraîchi, ie (adjectif)
Qui a perdu son éclat, ses couleurs. *Pour bricoler, Victor a enfilé un vieux pantalon **défraîchi**.*

défrayer (verbe) ○ conj.n°7
Rembourser quelqu'un de ses frais. *La société le **défraie** de ses frais de déplacement.* • **Défrayer la chronique** : faire beaucoup parler de soi.

défricher (verbe) ○ conj.n°3
Détruire les herbes et les plantes qui encombrent un terrain. *Les ronces ont envahi le jardin, il faut tout **défricher**.*

défunt, unte (nom)
Personne morte. *Selon la volonté du **défunt**, l'enterrement aura lieu dans l'intimité.*

dégagé, ée (adjectif)
Qui montre de l'aisance. *Malgré sa peur, elle parlait d'un ton **dégagé**.* (Contr. embarrassé.)

dégagement (nom masculin)
Action de dégager, ou fait de se dégager.

dégager (verbe) ○ conj.n°5
1. Débarrasser quelque chose de ce qui l'encombre. *Il va falloir **dégager** le couloir pour faire passer le piano.* **2.** Laisser échapper quelque chose. *Le jasmin **dégage** un parfum délicieux.* (Syn. répandre.) **3.** Envoyer le ballon très loin. *Le goal **a dégagé** en touche.* **4.** Se dégager : apparaître quelque part. *Une épaisse fumée **se dégage** du bâtiment en feu.* **5.** Se dégager : s'éclaircir. *Le ciel **se dégage**, il va faire beau.* ⊙ Famille du mot : dégagé, dégagement.

dégaine (nom féminin)
Synonyme familier d'allure. *Tu as une drôle de **dégaine** avec ces vêtements trop grands !*

dégainer (verbe) ○ conj.n°3
Sortir une arme de son étui. ***Dégainer** un pistolet, une épée.*

dégarnir (verbe) ○ conj.n°11
1. Vider un lieu de ce qui le garnit. *Depuis la grève des routiers, les rayons du supermarché **sont** complètement **dégarnis**.* **2.** Se dégarnir : perdre ses cheveux.

dégât (nom masculin)
Destruction causée par une catastrophe, un accident. *La tempête a fait de gros **dégâts** dans le port.* (Syn. dégradation, dommage.)

dégel (nom masculin)
Période de fonte des neiges ou des glaces. *C'est le début du **dégel**, il faut se méfier des avalanches en montagne.*

dégeler (verbe) ○ conj.n°8
Faire fondre ce qui était gelé. *La température remonte, les rivières commencent à **dégeler**.* (Contr. geler.)

dégénérer (verbe) ○ conj.n°8
Se transformer en quelque chose de pire. *Une grippe qui **dégénère** en pneumonie.*

dégingandé, ée (adjectif)
Qui a l'air disloqué dans sa démarche. *Il est tout **dégingandé** et ressemble à un pantin quand il marche.* → Prononciation [deʒɛ̃gɑ̃de].

dégivrage (nom masculin)
Action de dégivrer. *Le **dégivrage** du frigidaire est automatique.*

dégivrer (verbe) ○ conj.n°3
Enlever le givre. *Il essaie de **dégivrer** la serrure avec son briquet.*

dégonfler (verbe) ○ conj.n°3
1. Laisser s'échapper l'air qui gonflait quelque chose. ***Dégonfler** un ballon. La roue de secours **est dégonflée** elle aussi !* (Contr. gonfler.) 2. Se dégonfler : dans la langue familière, ne pas oser faire quelque chose.

dégouliner (verbe) ○ conj.n°3
Couler lentement. *La gouttière doit être bouchée, il y a de l'eau qui **dégouline** le long du mur.*

dégourdi, ie (adjectif)
Qui est malin et débrouillard. *William est déjà très **dégourdi** pour son âge.*

dégourdir (verbe) ○ conj.n°11
Faire cesser l'engourdissement. *Marchons un peu, ça va nous **dégourdir** les jambes !*

dégoût (nom masculin)
Impression désagréable qu'on a devant quelque chose d'écœurant. *Julie a poussé un cri de **dégoût** en voyant le rat sortir de l'égout.* (Syn. répulsion.)

dégoûtant, ante (adjectif)
1. Qui est très sale. *Tes mains sont **dégoûtantes**, va les laver avant de dîner.* (Syn. répugnant.) 2. Qui est ignoble, honteux. *Ils se sont conduits de façon **dégoûtante**.*

dégoûter (verbe) ○ conj.n°3
Inspirer du dégoût. *Ce gâteau à la crème me **dégoûte**, je n'en veux pas. Élodie **est dégoûtée** par les matchs de boxe.* (Syn. écœurer.) ⊙ Famille du mot : dégoût, dégoûtant.

dégradation (nom féminin)
Fait de se dégrader. *L'humidité a provoqué des **dégradations** sur les murs.* (Syn. dégât, détérioration.)

dégradé (nom masculin)
Diminution progressive de l'éclat d'une couleur. *Je te trouve très chic dans ce **dégradé** de beige.*

dégrader (verbe) ○ conj.n°3
1. Abîmer ou endommager une chose. *Cette maison vide **se dégrade** car elle n'est plus entretenue.* (Syn. détériorer.) 2. Faire perdre sa dignité à quelqu'un. *Le chômage et l'alcoolisme l'**ont dégradé**.* 3. Enlever à quelqu'un son grade. ***Dégrader** un militaire.* 4. Diminuer peu à peu les couleurs. *Le peintre **a** bien **dégradé** les bleus du ciel.* ⊙ Famille du mot : dégradation, dégradé.

dégrafer (verbe) ○ conj.n°3
Détacher ce qui est agrafé. ***Dégrafer** sa ceinture.*

dégraisser (verbe) ○ conj.n°3
Enlever la graisse ou les taches de graisse. *Aurais-tu un produit pour **dégraisser** ce plat ?*

degré (nom masculin)
1. Unité qui sert à mesurer la température. *Il fait très chaud : 40 **degrés** (40°) à l'ombre.* 2. Unité qui sert à mesurer les angles. *Un angle inférieur à 90 **degrés** (ou 90°) est un angle aigu.* 3. Unité qui sert à mesurer la teneur en alcool. *Cette liqueur est très forte, elle dépasse 45 **degrés** (45°) !* 4. Niveau ou rang d'une chose. *Quel est ton **degré** de parenté avec Xavier ?*

dégressif, ive (adjectif)
Qui va en diminuant par degrés. *À partir de dix photocopies, le tarif est **dégressif**.*

dégringolade (nom féminin)
Synonyme familier de chute.

dégringoler (verbe) ○ conj.n°3
1. Synonyme familier de tomber. *En cueillant des cerises, Thomas **a dégringolé** de l'échelle.* 2. Synonyme familier de dévaler. *Marie **a dégringolé** l'escalier pour accueillir son amie.*

a b c d e f g h i j k l m n o p q r s t u v w x y z

dégriser (verbe) conj.n°3
Faire disparaître l'ivresse. *Une bonne douche froide va le* ***dégriser****.*

dégrossir (verbe) conj.n°11
Tailler une matière grossièrement pour commencer à lui donner une forme. ***Dégrossir*** *un bloc de marbre.*

déguenillé, ée (adjectif)
Qui est en guenilles. *Un clochard* ***déguenillé****.*

déguerpir (verbe) conj.n°11
Synonyme familier de s'enfuir. *Les souris* ***ont déguerpi*** *à l'arrivée du chat.*

déguisement (nom masculin)
Costume servant à se déguiser. *Yann a choisi un* ***déguisement*** *de clown.*

déguiser (verbe) conj.n°3
1. Transformer pour tromper. *Pour ne pas être reconnue, Fatima* ***a déguisé*** *sa voix en se pinçant le nez.* 2. Se déguiser : porter un costume inhabituel et amusant. *Pour* ***se déguiser*** *en panthère noire, Benjamin s'est fait des moustaches avec un feutre noir.*

dégustation (nom féminin)
Action de déguster. *Une* ***dégustation*** *de produits régionaux.*

déguster (verbe) conj.n°3
Manger ou boire lentement pour apprécier le goût. *On* ***a dégusté*** *un plateau de fruits de mer sur le port.* (Syn. savourer.)

se déhancher (verbe) conj.n°3
Se déplacer en balançant les hanches. *Marcher en* ***se déhanchant****.*

dehors (adverbe)
À l'extérieur. *Allez jouer* ***dehors*** *avec ce ballon.* (Contr. dedans.) • **Mettre quelqu'un dehors** : le chasser. (Syn. renvoyer.) ▷ **dehors** (nom masculin) 1. L'extérieur. *Les bruits qui viennent du* ***dehors*** *sont insupportables.* 2. Première impression donnée par quelqu'un. *Sous ses* ***dehors*** *aimables, c'est un vrai tyran.* (Syn. apparence.)

déjà (adverbe)
1. Dès maintenant, dès à présent. *J'ai* ***déjà*** *fini de dîner.* 2. Auparavant, avant le moment présent. *Arthur a* ***déjà*** *pris l'avion tout seul, sans ses parents.*

déjeuner (verbe) conj.n°3
Prendre le déjeuner ou le petit déjeuner. *Clément* ***déjeune*** *à la cantine. Ce matin, Gaëlle est partie à l'école sans* ***déjeuner*** *car elle s'est levée trop tard.* ▷ **déjeuner** (nom masculin) Repas de midi. *On a pris le* ***déjeuner*** *sur la terrasse.* Déjeuner c'était, à l'origine, « interrompre le jeûne ».

déjouer (verbe) conj.n°3
Faire échouer un projet. *Le général* ***a déjoué*** *à temps les plans des ennemis.*

delà ➠ Voir au-delà.

délabré, ée (adjectif)
Qui est en mauvais état. *La cabane était tellement* ***délabrée*** *qu'elle s'est effondrée.*

délabrement (nom masculin)
État de ce qui est délabré. *Le* ***délabrement*** *de sa santé lui cause de gros soucis.*

délacer (verbe) conj.n°4
Défaire ce qui est lacé. *Tu vois bien qu'il est trop petit pour* ***délacer*** *tout seul ses chaussures.* (Syn. dénouer. Contr. lacer.)

délai (nom masculin)
Durée à ne pas dépasser pour faire quelque chose. *À la bibliothèque, le* ***délai*** *est de quinze jours pour rapporter les livres qu'on a empruntés.*

délaisser (verbe) conj.n°3
Ne plus s'intéresser à quelque chose ou à quelqu'un. *Grand-mère se sent un peu* ***délaissée*** *par ses enfants.* (Syn. négliger.)

délassement (nom masculin)
Action ou façon de se délasser. *Les mots croisés sont un bon* ***délassement****.*

délasser (verbe) conj.n°3
Faire disparaître la lassitude. *Il prend un bain chaud tous les soirs pour* ***se délasser****.* (Syn. détendre.)

délation (nom féminin)
Fait de dénoncer quelqu'un par méchanceté.

délavé, ée (adjectif)
Qui est décoloré par les lavages. *Ce pantalon a déteint, il est maintenant complètement **délavé**.*

un drapeau complètement **délavé**

délayage (nom masculin)
Action de délayer.

délayer (verbe) ○ conj.n°7
1. Mélanger à un liquide. *Hélène a préparé la pâte à crêpes en **délayant** la farine et les œufs avec du lait.* 2. Au sens figuré, exprimer avec trop de mots. *Il **a** tellement **délayé** son discours que nous sommes partis avant la fin.*

délectable (adjectif)
Synonyme de délicieux. *Merci pour ce dîner **délectable**.*

délectation (nom féminin)
Fait de se délecter. *Déguster un foie gras avec **délectation**.*

se délecter (verbe) ○ conj.n°3
Prendre un très grand plaisir à faire quelque chose. *Je **me suis délectée** à la lecture de ce livre.* (Syn. se régaler.) ⊙ Famille du mot : délectable, délectation.

délégation (nom féminin)
Groupe de délégués. *Le ministre a reçu une **délégation** d'agriculteurs.*

délégué, ée (nom)
Personne déléguée. *Mon grand frère est le **délégué** de sa classe au collège.*

déléguer (verbe) ○ conj.n°8
Envoyer quelqu'un pour représenter un groupe. *Les grévistes **ont délégué** deux représentants auprès du patron de l'usine.* ⊙ Famille du mot : délégation, délégué.

délester (verbe) ○ conj.n°3
Enlever du lest pour alléger. ***Délester** une montgolfière.* (Contr. lester.)

délibération (nom féminin)
Action de délibérer. *Le jury est en pleine **délibération**.* (Syn. débat, discussion.)

délibéré, ée (adjectif)
Qui est fait volontairement, en connaissance de cause. *Il l'a agressé avec l'intention **délibérée** de lui faire du mal.*

délibérément (adverbe)
De façon délibérée. *David a menti **délibérément**.*

délibérer (verbe) ○ conj.n°8
Réfléchir et discuter ensemble avant de prendre une décision. *Les sénateurs **délibèrent** sur un projet de loi.* ⊙ Famille du mot : délibération, délibéré, délibérément.

délicat, ate (adjectif)
1. Qui est agréable et fin. *J'aime beaucoup l'odeur **délicate** de ces roses.* (Syn. raffiné, subtil. Contr. violent.) 2. Qui est sensible, fragile. *Elle a une santé très **délicate**.* (Contr. résistant, robuste.) 3. Qui est compliqué, embarrassant. *Le chômage est un sujet **délicat** à aborder.* (Contr. facile, simple.) 4. Qui est discret, bien élevé, attentionné. *Ibrahim est un garçon très **délicat**, il offre souvent des fleurs à sa mère.* (Contr. grossier.) ⊙ Famille du mot : délicatement, délicatesse.

délicatement (adverbe)
Doucement, avec précaution. *Ces tasses sont très fragiles, essuie-les **délicatement**.*

délicatesse (nom féminin)
Caractère délicat d'une chose ou d'une personne. *C'est vraiment manquer de **délicatesse** que d'écouter aux portes !*

▸ **délice** (nom masculin)
Chose délicieuse. *Cette blanquette est un pur* ***délice****.* (Syn. régal.)

▸ **délicieux, euse** (adjectif)
1. Qui est très bon. *Le gâteau au chocolat était* ***délicieux****.* (Syn. délectable, exquis. Contr. infect.) **2.** Qui est très agréable. *Julie est une fillette* ***délicieuse****.* (Syn. charmant.)

▸ **délier** (verbe) ○ conj.n°10
Dénouer un lien. *Une fois dans la cellule, le gardien* ***a délié*** *les poignets du prisonnier.* (Contr. lier.)

▸ **délimiter** (verbe) ○ conj.n°3
Fixer les limites de quelque chose. *Cette ligne blanche* ***délimite*** *le terrain de football.*

Cette frontière **délimite** la séparation entre la France et l'Espagne.

▸ **délinquance** (nom féminin)
Ensemble des actes commis par les délinquants. *Il y a beaucoup de* ***délinquance*** *dans ce quartier.*

▸ **délinquant, ante** (nom)
Personne qui commet un délit. *Ces deux* ***délinquants*** *ont volé une voiture.*

▸ **délirant, ante** (adjectif)
Qui est très vif, excessif. *Le vainqueur a reçu un accueil* ***délirant****.*

▸ **délire** (nom masculin)
1. Sorte de folie causée parfois par la fièvre. *Le malade a eu une crise de* ***délire****.* **2.** Très grand enthousiasme. *Pendant tout le concert de rock, la foule était en* ***délire****.* ⊙ Famille du mot : délirant, délirer.

▸ **délirer** (verbe) ○ conj.n°3
Avoir une crise de délire. *Il a tellement de fièvre qu'il* ***délire****.* (Syn. divaguer.)

▸ **délit** (nom masculin)
Faute punie par la loi. *C'est un récidiviste, il a déjà commis de nombreux* ***délits****.*

▸ **délivrance** (nom féminin)
Soulagement ou apaisement. *Mes maux de dents ont cessé : quelle* ***délivrance*** *!*

▸ **délivrer** (verbe) ○ conj.n°3
1. Rendre la liberté à une personne ou à un animal. *Les otages* ***ont*** *enfin* ***été délivrés****.* (Syn. libérer.) **2.** Remettre, donner un document à quelqu'un. *C'est la préfecture qui* ***délivre*** *les permis de conduire.* **3.** Se délivrer : se débarrasser de quelque chose. *Il a réussi à* ***se délivrer*** *de sa timidité.* (Syn. se libérer.)

▸ **déloger** (verbe) ○ conj.n°5
Faire partir une personne ou un animal de l'endroit qu'il occupait. *Les chiens ont réussi à* ***déloger*** *le lapin de son terrier.*

▸ **déloyal, ale, aux** (adjectif)
Qui est malhonnête et de mauvaise foi. *C'est vraiment* ***déloyal*** *d'avoir copié sur ton voisin.* (Contr. droit, honnête, loyal.)

▸ **delta** (nom masculin)
Embouchure d'un fleuve à plusieurs bras. *Le* ***delta*** *du Rhône forme la Camargue.* ⊙ Delta est le nom de la quatrième lettre de l'alphabet grec, qui a la forme d'un triangle.

▸ **deltaplane** (nom masculin)
Planeur très léger, dont la voilure est en forme de delta.

un **deltaplane**

déluge (nom masculin)
1. Très forte pluie. *Cette région est inondée après le **déluge** qui est tombé hier.* **2.** Au sens figuré, grande quantité. *Kevin a reçu un **déluge** de compliments pour son succès.* ⊙ Dans la Bible, le Déluge est une inondation qui recouvrit la Terre pendant 40 jours.

« Le **Déluge** » par Nicolas Poussin (1664)

déluré, ée (adjectif)
Qui est dégourdi, vif, malin. *Laura est très **délurée**, elle se débrouille bien toute seule.*

démagogique (adjectif)
Qui veut plaire à tous en promettant n'importe quoi. *Les propos de ce candidat ont été très **démagogiques** durant la campagne électorale.*

demain (adverbe)
Le jour qui suit aujourd'hui. *Nous sommes lundi, **demain** nous serons mardi.*

demande (nom féminin)
Action de demander. *Fais ta **demande** par écrit.*

demander (verbe) ○ conj.n°3
1. Dire qu'on souhaite obtenir quelque chose. *Myriam **a demandé** des C.D. pour Noël.* **2.** Poser une question pour savoir quelque chose. ***Demander** à un passant où se trouve l'arrêt d'autobus. Je **me demande** quelle heure il peut bien être.* **3.** Avoir besoin de. *Ce travail **demande** beaucoup d'attention et de patience.* (Syn. nécessiter.) ⊙ Famille du mot : demande, demandeur.

demandeur, euse (nom)
• **Demandeur d'emploi :** synonyme de chômeur.

démangeaison (nom féminin)
Picotement de la peau, qui démange. *Elle a été piquée par des orties et a des **démangeaisons** partout.*

démanger (verbe) ○ conj.n°5
Donner envie de se gratter. *Un moustique m'a piqué, ça me **démange** !*

démanteler (verbe) ○ conj.n°8
Détruire un ensemble. *La police **a démantelé** un réseau de trafiquants de drogue.*

démantibuler (verbe) ○ conj.n°3
Synonyme familier de démolir. *Noémie pleure car son petit frère **a** complètement **démantibulé** sa poupée.*

démaquiller (verbe) ○ conj.n°3
Enlever son maquillage. *Après le spectacle, les comédiens **se démaquillent** dans leur loge.*

démarcation (nom féminin)
Frontière entre deux territoires.

démarche (nom féminin)
1. Façon de marcher. *Sa **démarche** est très gracieuse.* **2.** Demande faite pour obtenir quelque chose. *Ils font des **démarches** à la mairie pour avoir un logement social.*

démarquer (verbe) ○ conj.n°3
Enlever l'étiquette qui porte la marque d'une marchandise. *Ce commerçant **a démarqué** des vêtements pour les solder.*

démarrage (nom masculin)
Action de démarrer. *Cette voiture a des problèmes de **démarrage** en hiver.*

démarrer (verbe) ○ conj.n°3
1. Se mettre en marche. *Ce moteur **démarre** au quart de tour !* **2.** En être à ses débuts. *Les travaux devraient **démarrer** demain.* ⊙ Famille du mot : démarrage, démarreur.

démarreur (nom masculin)
Mécanisme qui met un moteur en marche.

démasquer (verbe) ○ conj.n°3
Identifier quelqu'un. *L'auteur des lettres anonymes a fini par **être démasqué**.*

démâter (verbe) ○ conj.n°3
Perdre son mât. *Le voilier **a démâté** dans la tempête.*

démêlé (nom masculin)
Ennui résultant d'un conflit. *Cet homme a déjà eu des **démêlés** avec la police.*

démêler (verbe) ○ conj.n°3
1. Défaire ce qui est emmêlé. *Odile cherche un peigne pour **démêler** ses cheveux.* (Contr. emmêler.) 2. Rendre plus clair, plus compréhensible. ***Démêler** une affaire, une situation.* (Syn. débrouiller.)

démembrement (nom masculin)
Fait de démembrer.

démembrer (verbe) ○ conj.n°3
Diviser en plusieurs parties. ***Démembrer** un grand terrain en plusieurs lots.* (Syn. morceler.)

déménagement (nom masculin)
Action de déménager. *Avant le **déménagement**, il faut trouver des grands cartons pour ranger la vaisselle.*

déménager (verbe) ○ conj.n°5
1. Changer d'habitation. *Mes parents aimeraient bien **déménager** pour un appartement plus grand.* (Contr. emménager.) 2. Transporter un objet ailleurs. *J'ai aidé Pierre à **déménager** l'armoire dans la cave.* ⊙ Famille du mot : déménagement, déménageur.

déménageur (nom masculin)
Homme qui fait des déménagements. *Les **déménageurs** ont fini d'emballer la vaisselle.*

démence (nom féminin)
Synonyme de folie. *Dans une crise de **démence**, il s'est barricadé chez lui.* ⊙ Famille du mot : dément, démentiel.

se démener (verbe) ○ conj.n°8
1. Synonyme de se débattre. *Le chat **se démène** quand on veut l'attraper.* 2. Au sens figuré, se donner beaucoup de mal. *Il **se démène** pour trouver un emploi.*

dément, ente (nom)
Synonyme de fou. *Un **dément** s'est jeté du toit de l'immeuble.*

démenti (nom masculin)
Déclaration destinée à démentir quelque chose. *Si cette information est fausse, le journal doit publier un **démenti**.*

démentiel, elle (adjectif)
Synonyme de fou. *Ce projet **démentiel** ne se réalisera jamais.*

démentir (verbe) ○ conj.n°15
Déclarer qu'une information est fausse. *Le journal **a démenti** la nouvelle.* (Contr. confirmer.)

démériter (verbe) ○ conj.n°3
Agir de façon telle que l'on perd l'estime des autres.

démesuré, ée (adjectif)
Qui dépasse la mesure normale. *Il a une ambition **démesurée**.* (Syn. exagéré, excessif.)

démettre (verbe) ○ conj.n°33
1. Renvoyer quelqu'un de son emploi. *Il **a été démis** de ses fonctions pour faute grave.* 2. Se démettre : se déplacer l'articulation d'un os. *Quentin **s'est démis** l'épaule en tombant dans l'escalier.* (Syn. se déboîter.)

au demeurant (adverbe)
Du reste, en fin de compte. *Ce cartable est cher, mais très solide **au demeurant**.*

demeure (nom féminin)
Grande maison. *Elle habite une belle **demeure** à la campagne.* • **À demeure** : de façon durable, permanente. • **Mettre quelqu'un en demeure** : lui donner l'ordre de faire quelque chose immédiatement.

demeuré, ée (adjectif)
Synonyme familier d'idiot. *Il faut être un peu **demeuré** pour ne pas comprendre cela.*

▸ **demeurer** (verbe) ○ conj.n°3
1. Synonyme d'habiter. *Grand-mère **a demeuré** toute sa vie dans cette maison.* 2. Rester à la même place ou dans le même état. *Sarah **est demeurée** silencieuse toute la soirée.* ➜ Au sens 1, demeurer se conjugue avec l'auxiliaire *avoir* ; au sens 2, il se conjugue avec l'auxiliaire *être*.

▸ **demi, ie** (adjectif)
Qui représente la moitié de quelque chose. *Un **demi**-litre de lait. Un mètre et **demi**. Il est huit heures et **demie**.* ➜ Quand l'adjectif demi est placé après le nom, il s'accorde avec lui ; quand il est placé devant le nom, il s'y rattache par un trait d'union et il est invariable. ▷ **à demi** (adverbe) À moitié. *Mon travail est **à demi** fini.* ▷ **demi, ie** (nom) Moitié d'une unité. *Veux-tu une orange ? – Non, seulement une **demie**.* ▷ **demi** (nom masculin) 1. Verre de bière qui contient un quart de litre. 2. Joueur de football ou de rugby qui assure la liaison entre les avants et les arrières. ▷ **demie** (nom féminin) Moitié d'une heure. *L'horloge vient de sonner la **demie**.*

▸ **demi-cercle** (nom masculin)
Moitié d'un cercle. ➜ Pluriel : des demi-cercles.

▸ **demi-douzaine** (nom féminin)
Moitié d'une douzaine. *Il a mangé une **demi-douzaine** d'huîtres, c'est-à-dire six.* ➜ Pluriel : des demi-douzaines.

▸ **demi-finale** (nom féminin)
Épreuve d'une compétition, qui précède la finale. *Quatre pays vont disputer les **demi-finales** de la coupe du monde.* ➜ Pluriel : des demi-finales.

▸ **demi-fond** (nom masculin)
Épreuve de course à pied de moyenne distance (entre 800 et 3 000 m).

▸ **demi-frère** (nom masculin)
Frère par le père ou par la mère seulement. ➜ Pluriel : des demi-frères.

▸ **demi-heure** (nom féminin)
Moitié d'une heure. *Une **demi-heure** représente trente minutes.* ➜ Pluriel : des demi-heures.

▸ **demi-mesure** (nom féminin)
Mesure insuffisante et peu efficace. *Pour régler ces problèmes de fond, les **demi-mesures** ne suffiront pas.* ➜ Pluriel : des demi-mesures.

▸ **à demi-mot** (adverbe)
Sans qu'il soit nécessaire de tout dire. *Je lui ai fait comprendre **à demi-mot** qu'Ursula avait des problèmes.*

▸ **déminer** (verbe) ○ conj.n°3
Débarrasser un terrain des mines qu'on y a déposées. *Après la guerre, on a dû **déminer** des régions entières.*

▸ **demi-pension** (nom féminin)
1. Prix de pension qui ne comprend qu'un repas. *On est en **demi-pension** à l'hôtel quand on n'y prend que le petit déjeuner et un repas par jour.* 2. Condition des demi-pensionnaires. *Anna est en **demi-pension** au collège : elle déjeune à la cantine.* ➜ Pluriel : des demi-pensions.

▸ **demi-pensionnaire** (nom)
Élève qui reste déjeuner à l'école. ➜ Pluriel : des demi-pensionnaires.

▸ **demi-sœur** (nom féminin)
Sœur par le père ou par la mère seulement. ➜ Pluriel : des demi-sœurs.

▸ **démission** (nom féminin)
Action de quitter volontairement et définitivement son travail ou sa fonction. *Mon oncle va donner sa **démission** car on lui propose un autre poste, à l'étranger.*

▸ **démissionner** (verbe) ○ conj.n°3
Donner sa démission. *Elle **a démissionné** de ses fonctions de trésorière, cela lui donnait trop de travail.*

▸ **demi-tarif** (nom masculin)
Tarif égal à la moitié du tarif normal. *Dans les avions, les enfants payent **demi-tarif** jusqu'à douze ans.* ➜ Pluriel : des demi-tarifs.

▸ **demi-tour** (nom masculin)
Moitié d'un tour sur soi-même. *Faites **demi-tour** et revenez sur vos pas : la rue que vous cherchez est à 200 mètres.* ➜ Pluriel : des demi-tours.

démobiliser (verbe) ○ conj.n°3
Renvoyer un soldat dans son foyer. *La guerre étant finie, les soldats* ***ont été démobilisés****.*

démocrate (nom)
Partisan de la démocratie. *Les* ***démocrates*** *veulent que toutes les tendances politiques puissent s'exprimer.* ⊙ Famille du mot : démocratie, démocratique, démocratiser.

démocratie (nom féminin)
1. Régime politique dans lequel le pouvoir est exercé par les représentants élus du peuple. (Contr. dictature.) 2. État ainsi gouverné. *Les pays qui veulent entrer dans l'Union européenne doivent être des* ***démocraties****.* ➔ Prononciation [demɔkʀasi].

démocratique (adjectif)
Qui applique les règles de la démocratie. *Dans un régime* ***démocratique****, les citoyens élisent leurs représentants.*

démocratiser (verbe) ○ conj.n°3
Rendre accessible à tous. *La IIIe République* ***a démocratisé*** *l'école en France.*

se démoder (verbe) ○ conj.n°3
Ne plus être à la mode, passer de mode. *Certains prénoms, comme Pierre ou Hélène, ne* ***se démodent*** *pas. Le col de cette veste* ***est*** *tout à fait* ***démodé****.*

Ce costume est maintenant **démodé.**

démographie (nom féminin)
Science qui étudie les populations. *La* ***démographie*** *s'intéresse au nombre de naissances et de morts, aux migrations.*

demoiselle (nom féminin)
Jeune fille non mariée. • **Demoiselle d'honneur** : petite fille ou jeune fille qui accompagne la mariée pendant la cérémonie.

démolir (verbe) ○ conj.n°11
Détruire complètement. *Les bulldozers vont* ***démolir*** *cet immeuble délabré.* (Contr. bâtir, construire.) ⊙ Famille du mot : démolisseur, démolition.

démolisseur (nom masculin)
Ouvrier chargé de démolir.

démolition (nom féminin)
Action de démolir. *Une entreprise de* ***démolition****.* (Contr. construction.)

démon (nom masculin)
1. Synonyme de diable. 2. Enfant insupportable et turbulent. *Mon jeune frère est un véritable petit* ***démon****.*

statuette représentant le **démon** Pazuzu (XIIIe s. av. J.-C.)

démoniaque (adjectif)
Digne du démon. *Kevin avait imaginé une ruse* ***démoniaque****.* (Syn. diabolique.)

démonstrateur, trice (nom)
Personne chargée de présenter un appareil pour le vendre. *Un **démonstrateur** va vous expliquer le fonctionnement de ce robot.*

démonstratif, ive (adjectif)
Qui extériorise beaucoup ses sentiments. *Pierre est un peu renfermé, sa sœur est beaucoup plus **démonstrative**.* (Syn. expansif.) • **Adjectif, pronom démonstratif :** mots servant à montrer ce dont on parle. *Ce, cette, ces sont des **adjectifs démonstratifs**, celle, cela, celui-ci sont des **pronoms démonstratifs**.*

démonstration (nom féminin)
1. Raisonnement qui montre comment on arrive au résultat. *Une **démonstration** mathématique.* 2. Explication pratique de la manière dont quelque chose doit se faire ou doit être utilisé. *Le vendeur fait la **démonstration** d'une perceuse.* 3. Témoignage d'amitié. *Le chien aboie, saute, lèche son maître et lui fait toutes sortes de **démonstrations**.* ⊙ Famille du mot : démonstrateur, démonstratif.

démontable (adjectif)
Qu'on peut démonter facilement. *L'armoire est entièrement **démontable**.*

démontage (nom masculin)
Action de démonter. *Le **démontage** de la piste des autos tamponneuses a pris une journée entière aux forains.*

démonté, ée (adjectif)
Très agité. *La mer est **démontée**, vous ne pouvez pas sortir du port.* (Contr. calme.)

démonter (verbe) ○ conj.n°3
1. Séparer les différentes parties d'un objet. *Laura **a** entièrement **démonté** et remonté son stylo à bille.* 2. Se démonter : être troublé par une situation. *En voyant la porte fermée, Zoé ne **s'est** pas **démontée**, elle est allée chez la voisine.*

démontrer (verbe) ○ conj.n°3
Donner la preuve d'une vérité. *Quentin m'**a démontré** qu'il pouvait partir à moins dix et être à l'heure à l'école.* (Syn. prouver.)

démoraliser (verbe) ○ conj.n°3
Décourager, rendre triste. *Quand je vois tout ce qui me reste à faire, ça me **démoralise** complètement !* (Syn. déprimer.)

démordre (verbe) ○ conj.n°31
• **Ne pas en démordre :** s'entêter, ne pas vouloir renoncer à son opinion.

démouler (verbe) ○ conj.n°3
Retirer du moule. *Maman **a démoulé** le cake et l'a mis sur un plat.*

le **démoulage** d'un buste en plâtre

démunir (verbe) ○ conj.n°11
Priver de ce qui est nécessaire. *Les réfugiés **sont démunis** de tout.*

dénaturer (verbe) ○ conj.n°3
Changer complètement la nature de quelque chose. *Les journaux **ont dénaturé** les faits.* (Syn. déformer.)

dénicher (verbe) ○ conj.n°3
1. Enlever du nid. *Romain sait qu'il ne faut pas **dénicher** des œufs de merle.* 2. Trouver à force de chercher. *Elle **a déniché** une robe en dentelle dans le grenier de sa grand-mère.*

denier (nom masculin)
Synonyme littéraire d'argent. *On l'a accusé d'avoir pillé les **deniers** de l'État.* ⊙ Le denier était une monnaie romaine en argent.

dénigrer (verbe) ○ conj.n°3
Parler avec malveillance d'une personne ou d'une chose. *Il éprouve un malin plaisir à **dénigrer** tout ce que font les autres.* (Syn. décrier, déprécier.) ⊙ Dénigrer vient du latin *denigrare* qui signifie « peindre en noir ».

dénivellation (nom féminin)
Différence d'altitude entre deux points. *Il y a une **dénivellation** de trois cents mètres entre notre chalet et la vallée.*

dénombrement (nom masculin)
Action de dénombrer. *Le **dénombrement** des victimes de la catastrophe n'est pas achevé.*

dénombrer (verbe) ○ conj.n°3
Évaluer le nombre. *Le recensement permet de **dénombrer** avec précision la population d'un pays.* (Syn. compter.)

dénominateur (nom masculin)
Terme d'une fraction placé au-dessous de la barre et qui indique en combien de parties égales l'unité a été divisée. • **Dénominateur commun** : ce que des personnes ou des choses ont en commun. *Leur **dénominateur commun** est de se passionner pour les oiseaux.*

dénomination (nom féminin)
Fait de dénommer. *Champagne est la **dénomination** d'un vin pétillant connu du monde entier.* (Syn. appellation.)

dénommé, ée (nom)
Qui a pour nom. *Un **dénommé** André Gris vous attend à la réception.*

dénommer (verbe) ○ conj.n°3
Donner un nom. *Comment **dénommez-vous** cette plante dans votre région ?* (Syn. appeler, nommer.)

dénoncer (verbe) ○ conj.n°4
1. Donner le nom de quelqu'un comme coupable. *Cet escroc **a été dénoncé** par sa victime.* 2. Faire connaître au public. *Le scandale **a été dénoncé** par un journaliste.*

dénonciation (nom féminin)
Action de dénoncer. *Le trafiquant a été arrêté après une **dénonciation**.*

dénoter (verbe) ○ conj.n°3
Être le signe de quelque chose. *Ce dessin d'Anna **dénote** un talent artistique certain.* (Syn. indiquer, témoigner.)

dénouement (nom masculin)
Manière dont une histoire ou un événement se termine. *La prise d'otages eut un heureux **dénouement** : ils ont tous été libérés.*

dénouer (verbe) ○ conj.n°3
1. Défaire un nœud. *Thomas **dénoue** les lacets de ses baskets.* 2. Se dénouer : trouver une solution, se résoudre. *La crise entre les deux pays **s'est dénouée** grâce aux efforts des ambassadeurs.*

dénoyauter (verbe) ○ conj.n°3
Enlever le noyau d'un fruit. *Pour préparer la pizza, Victor **dénoyaute** des olives noires.*

denrée (nom féminin)
Produit alimentaire. *Les légumes verts, les fromages sont des **denrées** périssables.* • **Denrée rare** : chose difficile à trouver. *Dans cette famille, l'humour est une **denrée rare** !*

dense (adjectif)
Dont la densité est élevée. *La circulation est **dense** sur l'autoroute. Le marbre est plus **dense** que la craie.*

densité (nom féminin)
1. Caractère épais et compact de quelque chose. *La **densité** de la végétation de la forêt équatoriale.* 2. Rapport entre le poids et le volume. *Le plomb a une très forte **densité**.* 3. Rapport entre le nombre d'habitants et la surface qu'ils occupent. *La **densité** de la population française est de 105 habitants au kilomètre carré.*

▸ **dent** (nom féminin)
1. Organe dur et blanc, implanté dans la bouche, et qui sert à broyer les aliments. *Les enfants ont vingt **dents** jusqu'à six ans, tandis que les adultes en ont trente-deux.* **2.** Chacune des pointes de certains instruments. *Les **dents** d'un râteau.* • **Avoir la dent dure :** critiquer sévèrement les gens ou les choses. • **Avoir une dent contre quelqu'un :** lui en vouloir, avoir de la rancune contre lui. • **Être armé jusqu'aux dents :** être très bien armé. • **Être sur les dents :** être très nerveux ou débordé de travail. • **Se casser les dents :** ne pas réussir à surmonter une difficulté. *Il **s'est cassé les dents** sur ce problème.* (Syn. échouer.) ⊙ Famille du mot : dentaire, denté, dentelé, dentier, dentifrice, dentiste, dentition, édenté.

▸ **dentaire** (adjectif)
Qui concerne les dents. *Un appareil **dentaire**.*

▸ **denté, ée** (adjectif)
• **Roue dentée :** dont le bord est garni de dents qui peuvent s'emboîter dans celles d'une autre roue dentée.

▸ **dentelé, ée** (adjectif)
Découpé en forme de dents. *Une vignette aux bords **dentelés**.*

▸ **dentelle** (nom féminin)
Tissu ajouré en fils tissés très lâches et formant des dessins. *Une nappe bordée de **dentelle**.*

des bonnets de **dentelle**, tableau de Frans Hals (XVIIe siècle)

▸ **dentellière** (nom féminin)
Personne qui fait de la dentelle. *Les **dentellières** de la ville du Puy.*

▸ **dentier** (nom masculin)
Appareil dentaire garni de fausses dents.

▸ **dentifrice** (nom masculin)
Produit utilisé pour nettoyer les dents.

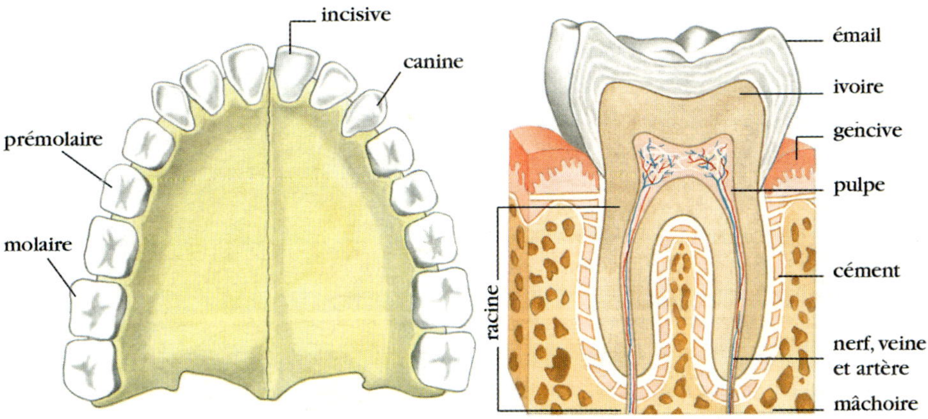

dent et dentition d'un adulte

dentiste (nom)
Personne qui soigne les dents. *Il ne faut pas attendre d'avoir mal aux dents pour aller chez le **dentiste**.*

dentition (nom féminin)
Ensemble des dents. *Le dentiste n'a pas posé d'appareil à Élodie, elle a une **dentition** parfaite.*

dénuder (verbe) ○ conj.n°3
1. Mettre à nu. *L'électricien **a dénudé** les fils en enlevant la gaine de plastique avec sa pince.* 2. Se dénuder : devenir nu ou se mettre nu. *Les arbres **se sont dénudés** d'un coup, avec ce vent d'automne.*

dénué, ée (adjectif)
Qui manque de quelque chose. *Ce feuilleton est **dénué** d'intérêt.* (Syn. dépourvu.)

dénuement (nom masculin)
Manque de ce qui est nécessaire pour vivre. *La famille du Petit Poucet vivait dans le plus grand **dénuement**.* (Syn. misère.)

déodorant (nom masculin)
Produit qui supprime les odeurs corporelles.

dépannage (nom masculin)
Action de dépanner. *Le garagiste est venu nous remorquer avec une voiture de **dépannage**.*

dépanner (verbe) ○ conj.n°3
Remettre en marche une machine qui était en panne. *Le réparateur est venu **dépanner** la machine à laver.* (Syn. réparer.)

dépanneur (nom masculin)
Personne dont le métier est de dépanner les véhicules ou les machines. *Il est **dépanneur** de postes de télévision.* ⊙ Au Québec, un dépanneur, c'est un magasin d'alimentation qui reste ouvert très tard le soir.

dépanneuse (nom féminin)
Voiture qui remorque les voitures en panne.

dépaqueter (verbe) ○ conj.n°9
Défaire un paquet. *Fatima **dépaquette** le baladeur qu'elle vient de recevoir.* (Contr. empaqueter.)

dépareillé, ée (adjectif)
Qui n'appartient pas au même ensemble. *Ces deux chaussettes sont **dépareillées**, elles n'appartiennent pas à la même paire.*

déparer (verbe) ○ conj.n°3
Rendre moins beau. *Ces poteaux électriques **déparent** le paysage.* (Syn. enlaidir.)

départ (nom masculin)
1. Action de partir. *William s'est levé : c'était le signal du **départ**.* (Contr. arrivée.)
2. Commencement de quelque chose. *Au **départ**, j'étais un peu intimidé. Dès le **départ**, je l'ai trouvé sympathique.* (Syn. début.)

départager (verbe) ○ conj.n°5
Trouver un moyen pour que des gagnants ne soient plus à égalité. *Et voici la question subsidiaire pour **départager** les candidats ex aequo.*

département (nom masculin)
Partie du territoire français administrée par un préfet et un conseil général. *Il y a 96 **départements** en France métropolitaine et 4 **départements** d'outre-mer.*

les **départements** de la France métropolitaine

départemental, ale, aux (adjectif) Du département. *L'été, nous empruntons souvent les routes* ***départementales****.*

se départir (verbe) ○ conj.n°15 Abandonner une attitude. *Malgré la tension générale, on ne l'a jamais vu* ***se départir*** *de sa bonne humeur.*

dépassé, ée (adjectif) Qui date d'un autre temps. *La machine à écrire, c'est* ***dépassé*** *!* (Syn. périmé.)

dépassement (nom masculin) Action de dépasser. *Par temps de brouillard, le* ***dépassement*** *est dangereux.*

dépasser (verbe) ○ conj.n°3 1. Passer devant un autre véhicule. *Il est interdit de* ***dépasser*** *en arrivant au sommet d'une côte.* (Syn. doubler.) 2. Aller au-delà d'une limite. *Le train* ***a dépassé*** *Lyon. J'****ai dépassé*** *mon budget.* 3. Synonyme familier de déconcerter. *Cette dispute me* ***dépasse****, je ne comprends pas.* 4. Être trop long. *Il faudra faire un ourlet à ta robe, elle* ***dépasse*** *de ton manteau.* 5. Se dépasser : réussir mieux que d'habitude. *Cette mousse est un régal, la cuisinière* ***s'est dépassée*** *!* (Syn. se surpasser.) ⊙ Famille du mot : dépassé, dépassement.

dépaysement (nom masculin) Fait d'être dépaysé. *Bien des gens ne voyagent que pour le plaisir du* ***dépaysement****.*

dépayser (verbe) ○ conj.n°3 Désorienter une personne par un changement de pays, de milieu, d'habitudes. *La chaleur et la végétation de ce pays nous* ***ont*** *complètement* ***dépaysés****.*

dépecer (verbe) ○ conj.n°4 et 8 Couper en morceaux. ***Dépecer*** *un poulet.*

dépêche (nom féminin) Message transmis rapidement. *Nous recevons à l'instant une* ***dépêche*** *de notre envoyé spécial à Jérusalem.*

se dépêcher (verbe) ○ conj.n°3 Agir avec rapidité. ***Dépêche-toi****, sinon tu vas manquer le début du film !* (Syn. se hâter, se presser.)

dépeigner (verbe) ○ conj.n°3 Mettre les cheveux en désordre. *Tu* ***es*** *toute* ***dépeignée****, attends que je te recoiffe !* (Syn. décoiffer.)

dépeindre (verbe) ○ conj.n°35 Synonyme de décrire. *L'écrivain* ***a dépeint*** *la société de son temps.*

dépenaillé, ée (adjectif) Débraillé et en loques. *Un clochard* ***dépenaillé*** *était assis sur le banc.* ⊙ En ancien français, une *penaille*, c'est un vêtement en loques.

dépendance (nom féminin) État d'une personne dépendante. *Les paysans étaient autrefois sous la* ***dépendance*** *des seigneurs.* ▷ **dépendances** (nom féminin pluriel) Bâtiments qui dépendent d'un bâtiment principal. *Les* ***dépendances*** *du château.*

dépendant, ante (adjectif) Qui est soumis à l'autorité de quelqu'un ou à l'influence de quelque chose. *Les jeunes oursons sont* ***dépendants*** *de leur mère.*

dépendre (verbe) ○ conj.n°31 1. Décrocher ce qui est suspendu. *Il faut* ***dépendre*** *le lustre pour le nettoyer.* 2. Être dépendant. *Elle gagne sa vie, elle ne* ***dépend*** *de personne.* 3. Faire partie d'un ensemble. *Cette forêt* ***dépend*** *du château.* 4. Ne pouvoir se faire sans l'action de quelqu'un ou de quelque chose. *Le succès de la fête* ***dépend*** *du temps. Tu viendras demain ? – Ça* ***dépend****.* ⊙ Famille du mot : dépendance, dépendant, indépendamment, indépendance, indépendant.

dépens (nom masculin pluriel) • **Aux dépens de quelqu'un** : à ses frais ou à son détriment. *Il a toujours vécu* ***aux dépens de*** *sa famille. On a ri* ***à ses dépens****.*

a b c d e f g h i j k l m n o p q r s t u v w x y z

dépense (nom féminin)
Ce qu'on dépense. *Ils ont fait une grosse **dépense** en achetant une voiture neuve. L'État s'efforce de réduire les **dépenses** d'énergie.* (Contr. économie.)

dépenser (verbe) conj.n°3
1. Employer de l'argent. *J'**ai dépensé** tout mon argent de poche.* 2. Consommer de l'énergie. *Nous **avons dépensé** trop de gaz ce mois-ci.* 3. Se dépenser : utiliser ses forces, se remuer. *Après la classe, les enfants ont besoin de **se dépenser**.* Famille du mot : dépense, dépensier.

dépensier, ère (adjectif)
Qui aime dépenser son argent sans compter. *Il est trop **dépensier** pour faire des économies.* (Contr. économe.)

déperdition (nom féminin)
Diminution ou perte de quelque chose. *Avec ces fenêtres qui ferment mal, il y a une grande **déperdition** de chaleur.*

dépérir (verbe) conj.n°11
Perdre ses forces progressivement. *Le malade **dépérissait** de jour en jour.*

se dépêtrer (verbe) conj.n°3
Se dégager de quelque chose qui gêne. *L'abeille avait du mal à **se dépêtrer** de la toile d'araignée.*

dépeuplement (nom masculin)
Fait de se dépeupler. *Le **dépeuplement** des campagnes s'est accentué.*

dépeupler (verbe) conj.n°3
Vider de ses habitants ou les faire partir. *Les vacances **ont dépeuplé** la ville.* (Contr. repeupler.)

dépistage (nom masculin)
Examen fait pour dépister une maladie.

dépister (verbe) conj.n°3
1. Découvrir en suivant la trace. *Les chasseurs **ont dépisté** un chevreuil dans la forêt.* 2. Reconnaître quelque chose d'après certains signes. *Le médecin a su **dépister** la surdité chez ce bébé.* (Syn. déceler.)

dépit (nom masculin)
Sentiment où il y a du chagrin, de la colère et de la déception. *Anna a éprouvé bien du **dépit** en s'apercevant que son dessert était raté.* • **En dépit de :** synonyme de malgré. ***En dépit de** ce petit incident, la fête a été un succès.*

dépité, ée (adjectif)
Qui éprouve du dépit. *Xavier faisait peine à voir, avec sa mine toute **dépitée**.* (Syn. déçu.)

déplacé, ée (adjectif)
Qui ne devrait pas être fait ou dit. *Yann n'est pas très délicat, sa remarque était tout à fait **déplacée**.* (Syn. choquant, incorrect.)

déplacement (nom masculin)
Fait de se déplacer. *Le réparateur a pris trente euros pour son **déplacement**.*

déplacer (verbe) conj.n°4
Changer de place ou de poste. *Le piano est trop près de la fenêtre, il faudrait le **déplacer**. Maman **se déplace** souvent pour ses affaires.*

déplaire (verbe) conj.n°41
Ne pas plaire à quelqu'un. *Hélène me **déplaît**, je la trouve antipathique. Il **se déplaît** à la campagne, il s'y ennuie.* (Contr. se plaire.)

déplaisant, ante (adjectif)
Qui déplaît. *Benjamin nous a parlé sur un ton très **déplaisant**.* (Syn. désagréable. Contr. agréable.)

dépliant (nom masculin)
Document imprimé et replié. *Au syndicat d'initiative, on nous a donné des **dépliants** touristiques.*

déplier (verbe) conj.n°10
Étendre ou ouvrir ce qui était plié. *Clément **a déplié** la carte pour trouver la bonne route.* (Contr. plier, replier.)

déploiement (nom masculin)
Action de déployer. *Cinq mille policiers dans la capitale : un vrai **déploiement** de forces.*

▸ **déplorable** (adjectif)
Très mauvais. *Sa tenue, son attitude et ses résultats sont **déplorables**.* (Syn. désolant.)

▸ **déplorer** (verbe) ○ conj.n°3
Avoir la tristesse de constater un fait. *Nous n'avons aucune perte à **déplorer** parmi nos compatriotes.*

▸ **déployer** (verbe) ○ conj.n°6
1. Étendre complètement. *Le paon **déploie** sa queue en éventail.* (Syn. déplier.) 2. Disposer pour le combat. *Le général **a déployé** ses troupes le long de la rivière.* 3. Montrer, manifester. *Depuis quelque temps, il **déploie** une grande activité au bureau.*

▸ **dépoli, ie** (adjectif)
• **Verre dépoli** : verre qui laisse passer la lumière, mais qui n'est pas transparent.

un papillon sous un verre **dépoli**

▸ **déportation** (nom féminin)
Internement dans un camp de concentration éloigné. *Les nazis ont fait périr des millions de juifs en **déportation**.*

▸ **déporté, ée** (nom)
Personne qui a été envoyée en déportation.

▸ **déporter** (verbe) ○ conj.n°3
1. Envoyer une personne en déportation. 2. Faire dévier de sa route. *Une bourrasque **a déporté** le cycliste dans le fossé.* ⊙ Famille du mot : déportation, déporté.

▸ **déposer** (verbe) ○ conj.n°3
1. Poser une chose quelque part. *Quelqu'un **a déposé** un paquet pour toi chez la gardienne.* 2. Conduire quelqu'un en voiture à un endroit. *Je passe devant l'école, je te **dépose** si tu veux.* 3. Mettre de l'argent en dépôt. *Le commerçant va **déposer** des chèques à la banque.* 4. Faire une déposition. *Un témoin **a déposé** en faveur de l'accusé.* (Syn. témoigner.) 5. Enlever sa fonction, son autorité à quelqu'un. *Les rebelles **ont déposé** le Président.* (Syn. destituer.) 6. Se déposer : tomber petit à petit en formant une couche. *Le marc de café **s'est déposé** au fond de la tasse.*
• **Déposer les armes** : cesser le combat. ⊙ Famille du mot : dépositaire, déposition, dépôt.

▸ **dépositaire** (nom)
Personne à qui l'on a confié une chose très importante. *Julie est **dépositaire** d'un secret.*

▸ **déposition** (nom féminin)
Déclaration à la police ou au tribunal. *Le juge a demandé au témoin de faire sa **déposition**.*

▸ **déposséder** (verbe) ○ conj.n°8
Priver quelqu'un de ce qu'il possédait. *À la Révolution, les nobles **ont été dépossédés** de leurs privilèges.*

▸ **dépôt** (nom masculin)
1. Action de déposer. *Un **dépôt** d'ordures.* 2. Endroit où on entrepose du matériel et où on le met à l'abri. *Un **dépôt** de munitions. Le chauffeur a conduit le car au **dépôt**.* 3. Action de déposer quelque chose dans une banque. *Tante Lucie a mis ses bijoux en **dépôt** dans un coffre de la banque.* 4. Matière qui se dépose. *Il y a un **dépôt** au fond de la bouteille de vin.*

▸ **dépoter** (verbe) ○ conj.n°3
Ôter d'un pot. *Laura **a dépoté** ses jacinthes pour les mettre en pleine terre.*

▸ **dépotoir** (nom masculin)
Endroit où l'on dépose de vieux objets.

dépouille (nom féminin)
Synonyme littéraire de cadavre. *Les chefs d'État étrangers sont venus s'incliner devant la* ***dépouille*** *du Président.*

dépouillement (nom masculin)
Action de compter et de classer les bulletins de vote après un scrutin. *Tous les citoyens peuvent participer au* ***dépouillement****.*

dépouiller (verbe) ○ conj.n°3
1. Enlever la peau d'un animal. *La fermière* ***dépouille*** *un lapin.* 2. Prendre de force à quelqu'un ce qu'il a. *Il s'est fait* ***dépouiller*** *de son blouson en sortant de la discothèque.* 3. Examiner attentivement. *Papa* ***dépouille*** *le courrier en buvant son café.* ⊙ Famille du mot : dépouille, dépouillement.

dépourvu, ue (adjectif)
Synonyme de dénué. *Ce roman m'ennuie, il est totalement* ***dépourvu*** *d'intérêt.* ▷ **dépourvu** (nom masculin) • **Prendre quelqu'un au dépourvu** : alors qu'il ne s'y est pas préparé. *Je ne peux pas vous répondre, vous me* ***prenez au dépourvu****.*

dépoussiérer (verbe) ○ conj.n°8
Enlever la poussière. *Guillaume* ***dépoussière*** *le lecteur de C.D.*

déprécier (verbe) ○ conj.n°10
Rabaisser la valeur de quelqu'un ou de quelque chose. *Le dollar* ***se déprécie****.* (Syn. dévaloriser.)

déprédation (nom féminin)
Dégâts matériels. *Des inconnus ont commis des* ***déprédations*** *sur les voitures en stationnement dans la rue.*

dépressif, ive (adjectif)
Qui a tendance à être déprimé. *Ma tante est* ***dépressive*** *et n'a plus de goût à rien.*

dépression (nom féminin)
1. État de découragement, de profonde tristesse et d'angoisse. *À la mort de sa femme, il a fait une* ***dépression****.* 2. Endroit où le terrain forme une cuvette. *De la neige gelée est restée dans une* ***dépression*** *du terrain.*

déprimant, ante (adjectif)
Qui déprime, qui démoralise. *Ce temps maussade est vraiment* ***déprimant !*** (Syn. triste.)

déprimer (verbe) ○ conj.n°3
Enlever tout son courage à quelqu'un. *Myriam* ***est*** *tout à fait* ***déprimée*** *à l'idée que sa meilleure amie quitte l'école.* (Syn. démoraliser.)

depuis (adverbe)
À partir de ce moment-là. *Mercredi, nous sommes allés au cinéma ensemble, je ne l'ai pas vu* ***depuis****.* ▷ **depuis** (préposition) Indique le point de départ. *Le film est commencé* ***depuis*** *cinq minutes.*

député (nom masculin)
Représentant élu pour faire partie de l'Assemblée nationale. *Les* ***députés*** *sont élus pour cinq ans.*

déraciner (verbe) ○ conj.n°3
Arracher avec les racines. *La tempête* ***a déraciné*** *le plus beau chêne du parc.*

déraillement (nom masculin)
Fait de dérailler. *Les départs pour Brest sont retardés à cause du* ***déraillement*** *d'un train de marchandises.*

dérailler (verbe) ○ conj.n°3
1. Sortir de ses rails. *À un passage à niveau, le train a heurté un poids lourd et* ***a déraillé****.* 2. Synonyme familier de déraisonner. *En disant cela, tu* ***dérailles*** *complètement.*

dérailleur (nom masculin)
Mécanisme qui fait passer une chaîne de bicyclette d'un pignon sur un autre.

déraisonnable (adjectif)
Qui n'est pas raisonnable. *Sortir sans manteau par ce froid, c'est* ***déraisonnable*** *!*

déraisonner (verbe) ○ conj.n°3
Perdre la raison, dire et faire des choses qui n'ont aucun sens. *Avec l'âge, il s'est mis à* ***déraisonner****.* (Syn. dérailler, divaguer.)

dérangé, ée (adjectif)
1. Qui a un peu mal au ventre. *Ibrahim est un peu **dérangé**, il a mangé trop de pommes vertes.* 2. Synonyme familier de fou.

dérangement (nom masculin)
Action de déranger. *Excusez-moi de vous causer tout ce **dérangement** !* (Syn. gêne.) • **En dérangement :** en panne. *Le téléphone est **en dérangement**.*

déranger (verbe) ○ conj.n°5
1. Mettre en désordre ce qui était rangé. *Quelqu'un **a dérangé** mes affaires, je ne retrouve plus rien.* 2. Gêner dans ce que l'on est en train de faire. *Bonjour ! Dites-moi si je vous **dérange**.* (Syn. importuner.) 3. Se déranger : quitter l'endroit où l'on se trouve. *Noémie **s'est dérangée** pour venir me voir à l'hôpital.*

dérapage (nom masculin)
Action de déraper. *Kevin a fait un **dérapage** en vélo sur le gravier, sa jambe est tout écorchée.*

déraper (verbe) ○ conj.n°3
Glisser sur le sol. *La moto **a dérapé** sur une plaque d'huile.*

dératé, ée (nom)
• **Courir comme un dératé :** courir très vite. ⊙ On croyait autrefois que les animaux sans rate couraient plus vite que les autres.

dératisation (nom féminin)
Action de dératiser. *Le service de **dératisation** vient demain déposer des appâts dans les caves.*

dératiser (verbe) ○ conj.n°3
Débarrasser un local des rats. *Une fois par an, le service sanitaire **dératise** l'immeuble.*

dérégler (verbe) ○ conj.n°8
Perturber la marche normale d'un appareil. *Le radioréveil **est déréglé**, il sonne mais la radio ne se met plus en marche.*

dérider (verbe) ○ conj.n°3
Rendre moins sérieux, faire sourire. *Nos plaisanteries ne l'**ont** pas **déridé**.* (Syn. égayer.)

dérision (nom féminin)
Moquerie méprisante. *Cet orgueilleux parle souvent de moi avec **dérision**.* • **Tourner en dérision :** tourner en ridicule, se moquer. ⊙ En ancien français, *dérire* signifie « se moquer ».

dérisoire (adjectif)
Insignifiant au point d'en paraître ridicule. *Pour ce travail si fatigant, ils touchent un salaire **dérisoire**.*

dérivatif (nom masculin)
Moyen pour détourner l'esprit vers d'autres pensées. *Quand on a des soucis, le travail peut être un **dérivatif**.*

dérivation (nom féminin)
Action de dériver un cours d'eau. *Les cantonniers ont entrepris la **dérivation** du ruisseau.*

dérive (nom féminin)
Sorte de quille amovible qui aide à gouverner le bateau sans dériver. ➠ p. 114. • **À la dérive :** au gré des flots, du courant et du vent ; au sens figuré, à l'abandon, en se désorganisant. *Ses affaires vont **à la dérive**.*

dérivé (nom masculin)
1. Mot qui dérive d'un autre. *« Bonté » est un **dérivé** de « bon ».* 2. Produit obtenu à partir d'un autre. *L'essence est un **dérivé** du pétrole.*

dériver (verbe) ○ conj.n°3
1. Être emporté et s'écarter de la route. *Le chalutier en panne de moteur **a dérivé** toute la nuit.* 2. Détourner un cours d'eau. *On a pu construire le barrage en **dérivant** le fleuve.* 3. Venir d'un autre mot. *Le nom « richesse » **dérive** de l'adjectif « riche ».* ⊙ Famille du mot : dérivatif, dérivation, dérive, dérivé, dériveur.

dériveur (nom masculin)
Voilier léger muni d'une dérive. *Le Vaurien est un **dériveur** connu des amateurs de voile.* ➠ p. 114.

dermatologue (nom)
Médecin spécialiste des maladies de la peau. *Le **dermatologue** lui a prescrit une pommade contre les boutons.*

a b c d e f g h i j k l m n o p q r s t u v w x y z

derme (nom masculin)
Partie de la peau qui se trouve sous l'épiderme.

dernier, ère (adjectif)
1. Qui vient après tous les autres. *En avril, le 30 est le **dernier** jour du mois.* **2.** Qui est le plus récent. *C'est le **dernier** film de Walt Disney.* (Contr. premier.) **3.** Très grand, extrême. *Il s'est battu avec la **dernière** énergie.* • **Avoir le dernier mot** : l'emporter dans une discussion, avoir raison. • **Mettre la dernière main à quelque chose** : achever de le préparer. ▷ **dernier, ère** (nom) Personne qui vient après toutes les autres. *C'est la petite **dernière** de la famille.* ⊙ Famille du mot : avant-dernier, dernièrement.

dernièrement (adverbe)
Il y a peu de temps. *Elle est arrivée dans l'immeuble tout **dernièrement**.* (Syn. récemment.)

dérobé, ée (adjectif)
• **Escalier dérobé, porte dérobée** : par où on peut passer sans être vu. ▷ **à la dérobée** (adverbe) Discrètement, sans en avoir l'air.

dérober (verbe) ⭘ conj.n°3
1. Synonyme littéraire de voler. *On lui **a dérobé** un diamant.* **2.** Se dérober : s'affaisser. *Odile sentit le sol **se dérober** sous ses pas.* **3.** Se dérober à quelque chose : éviter de l'affronter. *Pierre cherche à **se dérober** à ses devoirs.* (Syn. se soustraire.)

dérogation (nom féminin)
Autorisation spéciale de ne pas suivre un règlement. *Ses parents ont demandé à la mairie une **dérogation** pour qu'il aille dans une autre école.*

déroulement (nom masculin)
Manière dont quelque chose se déroule. *Voici quel sera le **déroulement** de la journée.*

dérouler (verbe) ⭘ conj.n°3
1. Étendre quelque chose qui était enroulé. *On **a déroulé** une toile cirée sur la table de jardin.* **2.** Se dérouler : se passer. *Son enfance **s'est déroulée** dans un petit village de Bourgogne.*

déroutant, ante (adjectif)
Qui déroute. *Ce tableau abstrait me paraît bien **déroutant**.* (Syn. déconcertant, surprenant.)

déroute (nom féminin)
Fuite en désordre d'une troupe vaincue. *Les corsaires mirent la flotte anglaise en **déroute**.*

dérouter (verbe) ⭘ conj.n°3
1. Faire changer de route. *L'avion **a été dérouté** sur l'Italie en raison du mauvais temps.* **2.** Au sens figuré, synonyme de déconcerter. *Ma question naïve l'**a dérouté**, il ne savait pas quoi répondre !*

derrick (nom masculin)
Sorte de tour métallique qui se dresse au-dessus d'un puits de pétrole.

un **derrick**

derrière (adverbe)
À l'arrière ou en arrière. *Elle est restée **derrière**, à bavarder avec ses nombreux amis.* (Contr. devant.) ▷ **derrière** (préposition) **1.** De l'autre côté. *Le jardin est **derrière** la maison.* **2.** À la suite de. *Regarde **derrière** toi qui vient.* ▷ **derrière** (nom masculin) **1.** Partie située à l'arrière. *Le chien a mal à sa patte de **derrière**.* **2.** Les fesses. *Tomber sur le **derrière**.*

des ➠ Voir de et un.

dès (préposition et conjonction)
Sert à indiquer le temps ou le lieu. *Vous pouvez venir* ***dès*** *aujourd'hui. Les voitures doivent ralentir* ***dès*** *l'entrée du village. Je suis venue* ***dès que*** *je l'ai su.* (Syn. aussitôt que.)

désabusé, ée (adjectif)
Synonyme de désenchanté. *Il parlait de ses vacances ratées d'un ton* ***désabusé****.*

désaccord (nom masculin)
Fait de ne pas être d'accord. *Il y a un* ***désaccord*** *entre eux au sujet de la date des vacances.*

désaccordé, ée (adjectif)
Qui n'est plus accordé. *Il faudra faire venir l'accordeur, ce piano est* ***désaccordé****.*

désaffecté, ée (adjectif)
Qui n'est plus utilisé pour ce qui était prévu. *L'exposition a eu lieu dans un hangar* ***désaffecté****.*

désagréable (adjectif)
1. Qui est gênant ou mauvais. *Cesse de faire grincer ta chaise, c'est* ***désagréable*** *!* 2. Qui est déplaisant et antipathique. *En ce moment, Quentin est* ***désagréable*** *avec tout le monde !* (Contr. agréable.)

désagréablement (adverbe)
De façon désagréable. *Cette information nous a tous* ***désagréablement*** *surpris.*

se désagréger (verbe) ○ conj.n°5
Se décomposer en perdant l'unité de ses éléments. *Avec l'humidité, le plâtre* ***se désagrège****.* (Syn. s'effriter.)

désagrément (nom masculin)
Chose désagréable, qui contrarie. *Ce déménagement ne lui a apporté que du* ***désagrément****.* (Syn. ennui.)

désaltérant, ante (adjectif)
Qui désaltère. *En été, le thé froid est très* ***désaltérant****.*

désaltérer (verbe) ○ conj.n°8
Calmer la soif. *Les randonneurs ont trouvé une fontaine où ils ont pu* ***se désaltérer****.*

désamorcer (verbe) ○ conj.n°4
Retirer l'amorce destinée à provoquer l'explosion. *L'attentat a échoué parce qu'on a réussi à* ***désamorcer*** *la bombe.*

désappointé, ée (adjectif)
Qui éprouve du désappointement. *Sarah a l'air tout à fait* ***désappointée*** *de ne pas pouvoir venir.* (Syn. déçu.)

désappointement (nom masculin)
Sentiment de déception. *À l'annonce des résultats de la tombola, Romain n'a pu cacher son* ***désappointement****.* (Syn. déconvenue, désillusion.)

désapprobateur, trice (adjectif)
Qui montre sa désapprobation. *Papa nous a lancé un coup d'œil* ***désapprobateur*** *quand nous avons fait trop de bruit.* (Contr. approbateur.)

désapprobation (nom féminin)
Action de désapprouver. *Le public manifeste sa* ***désapprobation*** *en sifflant.* (Contr. approbation.)

désapprouver (verbe) ○ conj.n°3
Ne pas approuver quelqu'un ou quelque chose. *Ce projet est mauvais : je le* ***désapprouve****.* (Syn. blâmer, critiquer.)

désarçonner (verbe) ○ conj.n°3
1. Faire tomber de la selle. *Dans les rodéos, les concurrents essaient de ne pas se faire* ***désarçonner****.* 2. Au sens figuré, synonyme de déconcerter. *Le candidat s'est laissé* ***désarçonner*** *par la première question.*

désargenté, ée (adjectif)
Qui a perdu tout son argent. *C'est un achat que je ferais bien, si je n'étais pas si* ***désargenté****.*

désarmant, ante (adjectif)
Qui désarme. *Sa bonne foi et sa sincérité sont* ***désarmantes*** *!* (Syn. touchant.)

désarmement (nom masculin)
Action de diminuer ou de supprimer la fabrication de certaines armes. *Il y a eu un débat sur le* ***désarmement*** *nucléaire.*

a b c d e f g h i j k l m n o p q r s t u v w x y z

désarmer (verbe) conj.n°3
1. Enlever les armes. *Un passant est parvenu à **désarmer** le malfaiteur.* **2.** Au sens figuré, enlever toute envie de se fâcher. *Son regard candide **désarme** la maîtresse.*

désarroi (nom masculin)
État de grand trouble qui empêche de savoir ce qu'il faut faire. *La disparition subite du père a plongé la famille dans le **désarroi**.*

désarticulé, ée (adjectif)
Qui est disloqué ou déboîté. *Le pauvre homme marchait comme un pantin **désarticulé**.*

désastre (nom masculin)
Grand malheur. *Le tremblement de terre a été un véritable **désastre**.* (Syn. calamité, catastrophe.)

désastreux, euse (adjectif)
Qui a le caractère d'un désastre. *Ce match a été **désastreux** pour l'équipe française.* (Syn. catastrophique.)

désavantage (nom masculin)
Ce qui ne donne pas les mêmes chances à tous. *Être petit est un **désavantage** pour jouer au basket.* (Syn. handicap. Contr. avantage.)

désavantager (verbe) conj.n°5
Être un désavantage pour quelqu'un. *Le brouillard **a désavantagé** les derniers concurrents.* (Syn. défavoriser. Contr. avantager.)

désavantageux, euse (adjectif)
Qui désavantage. *Ce partage est **désavantageux** pour Thomas, qui proteste.* (Syn. défavorable. Contr. avantageux.)

désavouer (verbe) conj.n°3
Dire qu'on n'approuve pas quelqu'un. *Le gouvernement **a désavoué** les propos de l'ambassadeur.* (Contr. approuver.)

desceller (verbe) conj.n°3
Détacher ce qui était scellé dans la pierre. *On **a descellé** la grille pour en mettre une neuve.*

descendance (nom féminin)
Les enfants, les petits-enfants, les arrière-petits-enfants. *Ce couple âgé a une nombreuse **descendance**.*

descendant, ante (adjectif)
Qui descend. *La marée **descendante** découvre les rochers.* (Contr. ascendant.) ▷ **descendant, ante** (nom) Personne qui fait partie de la descendance de quelqu'un. *C'est une **descendante** de Victor Hugo.* (Contr. ascendant.)

descendre (verbe) conj.n°31
1. Aller du haut vers le bas. *L'avion **descend** vers la piste. Il **descend** les escaliers quatre à quatre.* (Contr. monter.) **2.** Mettre ou porter plus bas. *Victor **a descendu** un vieux meuble du grenier.* **3.** Synonyme familier d'abattre. *Le pilote **a descendu** un avion ennemi.* **4.** S'éloigner du rivage. *La mer **descend** depuis une heure.* (Syn. se retirer. Contr. monter.) **5.** Baisser. *Le baromètre **descend**, il va pleuvoir.* **6.** Mettre pied à terre. *Tous les voyageurs **descendent** de la voiture.* **7.** S'arrêter pour coucher quelque part. *Ils **descendent** toujours à l'auberge du Chapeau rouge.* **8.** Avoir pour ancêtre. *L'homme **descend** du singe.* Famille du mot : descendance, descendant, descente, redescendre.

descente (nom féminin)
1. Action de descendre. *Les alpinistes quittent le sommet et entament la **descente**.* **2.** Pente d'un chemin, d'une route. *La **descente** est en lacets.* (Contr. côte, montée.) • **Descente de lit** : petit tapis posé le long d'un lit.

description (nom féminin)
Texte ou paroles qui décrivent. *Je n'ai jamais vu le Parthénon, peux-tu m'en faire une **description** ?*

désemparé, ée (adjectif)
Qui est perdu, un peu affolé et ne sait pas quoi faire. *Ce chien **désemparé** ne trouve plus ses maîtres.*

désemparer (verbe)
• **Sans désemparer** : sans s'arrêter. *Ils ont discuté toute la soirée **sans désemparer**.*

désenchanté, ée (adjectif)
Qui est déçu et a perdu son enthousiasme, ses illusions. *Elle est revenue de son voyage un peu **désenchantée**.* (Syn. désabusé.)

▸ **désenfler** (verbe) ⊙ conj.n°3
Devenir moins enflé. *Sa cheville **a** bien **désenflé**, ça va mieux.*

▸ **déséquilibre** (nom masculin)
Absence d'équilibre, causant une position instable. *La pile d'assiettes est en **déséquilibre**, elle va tomber !*

▸ **déséquilibré, ée** (nom)
Synonyme de fou. *Ce crime affreux est l'œuvre d'un **déséquilibré**.*

▸ **déséquilibrer** (verbe) ⊙ conj.n°3
Faire perdre l'équilibre. *C'est un véliplanchiste débutant, un coup de vent l'**a déséquilibré**.*

▸ **désert, erte** (adjectif)
1. Sans aucun habitant. *Le bateau échoua sur une île **déserte**.* **2.** Où il n'y a personne pour le moment. *À la fin des vacances, le village est **désert**.* (Syn. dépeuplé.) ▹ **désert** (nom masculin) Région très sèche, sans végétation et sans habitants. *Le Sahara est le plus grand **désert** du globe.*

le **désert** du Sahara

▸ **déserter** (verbe) ⊙ conj.n°3
1. Ne plus fréquenter un endroit. *Les touristes **ont déserté** la plage pendant l'averse.* (Syn. abandonner.) **2.** Quitter l'armée sans y être autorisé. *Les soldats ne voulaient pas se battre, ils **ont déserté**.*
⊙ Famille du mot : déserteur, désertion.

▸ **déserteur** (nom masculin)
Soldat qui déserte.

▸ **désertion** (nom féminin)
Action de déserter. *Pour un militaire, la **désertion** est punie de prison.*

▸ **désertique** (adjectif)
Du désert. *Les régions polaires sont **désertiques**.*

▸ **désespérant, ante** (adjectif)
Qui désespère. *Les derniers jours avant les vacances passent avec une lenteur **désespérante**.*

▸ **désespéré, ée** (adjectif)
1. Qui ne laisse pas d'espoir. *Sa maladie est très grave et son cas est **désespéré**.* **2.** Très grand, extrême. *Le naufragé faisait des efforts **désespérés** pour se maintenir à la surface de l'eau.*

▸ **désespérément** (adverbe)
De façon désespérée. *Les assiégés se sont battus **désespérément**, jusqu'au bout.*

▸ **désespérer** (verbe) ⊙ conj.n°8
1. Perdre tout espoir. *Les médecins **désespèrent** de le sauver.* **2.** Conduire au désespoir. *Sa lenteur me **désespère** !* (Syn. décourager, désoler.)

▸ **désespoir** (nom masculin)
Très grande tristesse de celui qui a perdu l'espoir. *À la mort de sa femme, il a sombré dans le **désespoir**.* • **En désespoir de cause** : parce qu'il n'y a pas de meilleure solution.

▸ **déshabiller** (verbe) ⊙ conj.n°3
Enlever des habits. *Dépêchez-vous de **vous déshabiller**, les autres sont déjà dans l'eau !* (Contr. habiller.)

▸ se **déshabituer** (verbe) ⊙ conj.n°3
Perdre l'habitude. *Au bord de la mer, il a réussi à **se déshabituer** de fumer.* (Contr. s'habituer.)

▸ **désherbant** (nom masculin)
Produit chimique qui sert à désherber. *On a mis du **désherbant** dans les allées du jardin.*

▸ **désherber** (verbe) ⊙ conj.n°3
Détruire les mauvaises herbes. *Il faudrait **désherber** les plates-bandes.*

▸ **déshérité, ée** (adjectif et nom)
Qui est pauvre et sans ressources. *Une région **déshéritée** où les habitants survivent comme ils peuvent. Porter secours aux **déshérités**.*

déshériter (verbe) ○ conj.n°3
Priver une personne de son héritage.

déshonneur (nom masculin)
Perte de l'honneur. *Il n'y a aucun **déshonneur** à avouer qu'on s'est trompé.*

déshonorant, ante (adjectif)
Qui déshonore. *Ses résultats scolaires n'ont rien de **déshonorant** !* (Syn. infamant.)

déshonorer (verbe) ○ conj.n°3
Faire perdre son honneur, sa bonne réputation. *Cette faute le **déshonore** aux yeux de toute la profession.* (Syn. discréditer, salir.)

déshydrater (verbe) ○ conj.n°3
Faire perdre toute son eau. *Ursula emporte dans son sac à dos des légumes **déshydratés**. Les bébés et les vieillards peuvent **se déshydrater** très vite.* (Contr. hydrater.)

désignation (nom féminin)
Action de désigner une personne. *La **désignation** d'un nouvel entraîneur est urgente.* (Syn. nomination.)

désigner (verbe) ○ conj.n°3
1. Montrer parmi d'autres. *D'un geste, il **désigna** un siège à son visiteur.* 2. Nommer ou représenter quelque chose. *Le mot « chalet » **désigne** une sorte de maison.* 3. Nommer quelqu'un pour faire quelque chose. *On **a désigné** deux personnes pour faire la vaisselle.* (Syn. choisir.)

désillusion (nom féminin)
Grande déception. *Quelle **désillusion** d'apprendre que mon amie passait son temps à dire du mal de moi !* (Syn. désappointement.)

désinfectant (nom masculin)
Produit qui désinfecte. *L'eau oxygénée est un **désinfectant** pour les plaies.*

désinfecter (verbe) ○ conj.n°3
Nettoyer pour détruire les microbes. *L'infirmière **a désinfecté** la plaie.* (Syn. aseptiser.)

désinfection (nom féminin)
Action de désinfecter. *En cas de maladie contagieuse, la **désinfection** du local et des vêtements est obligatoire.*

désintégration (nom féminin)
Fait de se désintégrer. *Ces querelles ont entraîné la **désintégration** du groupe.* (Syn. dissolution.)

se désintégrer (verbe) ○ conj.n°3
Éclater en petits éléments. *Le satellite **s'est désintégré** dans l'espace.*

désintéressé, ée (adjectif)
Qui n'agit pas par intérêt. *Elle lui enseigne gratuitement la musique, c'est une personne **désintéressée**.* (Contr. intéressé.)

désintéressement (nom masculin)
Comportement d'une personne désintéressée. *Il prête sa maison à des amis en difficulté, c'est un homme d'un parfait **désintéressement**.*

se désintéresser (verbe) ○ conj.n°3
Cesser de s'intéresser. *Zoé **se désintéresse** de ses poupées depuis qu'elle a un ordinateur.* (Syn. négliger. Contr. s'intéresser.)

désintérêt (nom masculin)
Fait de se désintéresser. *Anna ne devrait pas montrer de **désintérêt** pour la géographie.*

désintoxiquer (verbe) ○ conj.n°3
Se guérir de son besoin de tabac, d'alcool ou de drogue.

désinvolte (adjectif)
Qui fait preuve de trop d'insouciance. *Il a répondu d'un ton **désinvolte** qu'il finirait son travail quand il aurait le temps.*

désinvolture (nom féminin)
Comportement désinvolte. *Elle a dit avec **désinvolture** qu'elle réussirait son examen.*

désir (nom masculin)
Envie très forte de quelque chose. *Le plus grand **désir** de William serait d'avoir des rollers avec tout l'équipement.* (Syn. souhait.)

désirable (adjectif)
Que l'on désire. *Cette maison a tout le confort **désirable**.* (Syn. souhaitable.)

désirer (verbe) ○ conj.n°3
Avoir le désir de quelque chose. *Je **désirerais** changer notre rendez-vous. Il **désire** que tu viennes.* (Syn. souhaiter, vouloir.) • **Laisser à désirer** : ne pas être satisfaisant. *Ce devoir **laisse à désirer**.* ⊙ Famille du mot : désir, désirable, désireux, indésirable.

désireux, euse (adjectif)
Qui désire quelque chose. *Elle est **désireuse** de vous rencontrer.*

désistement (nom masculin)
Fait de se désister. *Pour l'instant, il n'y a plus de places, mais il peut y avoir des **désistements** : patientez un peu.*

se désister (verbe) ○ conj.n°3
Retirer sa candidature à une élection, en faveur d'un autre candidat.

désobéir (verbe) ○ conj.n°11
Ne pas obéir. *En ouvrant la porte au loup, les sept biquets **ont désobéi** à leur maman.*

désobéissance (nom féminin)
Fait de désobéir. *Le nouveau commandant ne supporte pas la moindre **désobéissance**.* (Syn. indiscipline. Contr. obéissance.)

désobéissant, ante (adjectif)
Qui désobéit. *Ces enfants sont trop **désobéissants**.* (Contr. obéissant.)

désobligeant, ante (adjectif)
Peu aimable et vexant. *Les élèves n'ont pas cessé de faire des commentaires **désobligeants** pendant toute la visite.* (Syn. blessant.)

désodorisant (nom masculin)
Produit servant à combattre les mauvaises odeurs d'un local.

désœuvré, ée (adjectif)
Qui se trouve sans occupation. *Les premiers jours de vacances, Élodie se sent **désœuvrée**.* (Syn. inactif, oisif.) ⊙ Œuvre voulait dire autrefois « travail ».

désœuvrement (nom masculin)
État d'une personne désœuvrée. *Ce **désœuvrement** forcé lui a beaucoup pesé durant sa maladie.* (Syn. inactivité, oisiveté.)

désolant, ante (adjectif)
Qui désole. *Nos voisins ne s'entendent pas, c'est **désolant** !* (Syn. affligeant, attristant.)

désolation (nom féminin)
Grande tristesse. *Après l'incendie, il ne restait plus qu'un paysage de **désolation**.* (Syn. consternation.)

désoler (verbe) ○ conj.n°3
Faire beaucoup de peine. *Je ne sais pas pourquoi ils sont fâchés, mais ça me **désole**.* (Syn. attrister, consterner.) ⊙ Famille du mot : désolant, désolation.

se désolidariser (verbe) ○ conj.n°3
Montrer son désaccord avec des personnes dont on était jusque-là solidaire. *Xavier **s'est désolidarisé** de ses camarades qui voulaient taguer le mur de l'école.*

désopilant, ante (adjectif)
Très drôle. *Quand il raconte sa mésaventure, il est **désopilant** !*

désordonné, ée (adjectif)
1. Qui manque d'ordre. *Elle perd tout, elle est très **désordonnée**.* (Syn. brouillon. Contr. ordonné.) 2. Qui se fait sans ordre. *Quand la police arriva, ce fut une fuite **désordonnée** de la part des gangsters.*

désordre (nom masculin)
1. Absence d'ordre. *On ne peut rien retrouver dans ce **désordre** !* (Syn. pagaille. Contr. ordre.) 2. Agitation qui trouble l'ordre. *Cet élève sème le **désordre** dans la classe.*

désorganisation (nom féminin)
Action de désorganiser. *Certains employés critiquent la **désorganisation** du service.*

désorganiser (verbe) ○ conj.n°3
Bouleverser l'organisation. *Les chutes de neige **ont désorganisé** les transports routiers.* (Contr. organiser.)

désorienter (verbe) ○ conj.n°3
1. Faire perdre son orientation à quelqu'un. *Yann ne reconnaît plus la rue, il **est** tout **désorienté**.* 2. Au sens figuré, synonyme de déconcerter. *Fatima a tout oublié, cette question l'**a désorientée**.*

a b c d e f g h i j k l m n o p q r s t u v w x y z

désormais (adverbe)
À partir de maintenant, à l'avenir. *__Désormais__, Gaëlle et Benjamin prendront le bus tout seuls.* (Syn. dorénavant.)

désosser (verbe) ○ conj.n°3
Enlever les os. *On __a désossé__ le lapin pour faire un pâté.*

despote (nom masculin)
Souverain tyrannique. *Un __despote__ cruel régnait sur le pays.* ⊙ Famille du mot : despotique, despotisme.

despotique (adjectif)
Qui se conduit en despote. *Monsieur Michel est __despotique__ avec sa famille.*

despotisme (nom masculin)
Pouvoir exercé par un despote.

desquels, desquelles ➠ Voir lequel.

se dessaisir (verbe) ○ conj.n°11
Se séparer de quelque chose. *Faites très attention, ne __vous désaisissez__ pas de vos bagages.*

dessaler (verbe) ○ conj.n°3
1. Enlever le sel. *Le cuisinier __a dessalé__ les anchois dans l'eau froide avant de faire la pizza.* 2. Chavirer, en parlant d'un petit voilier.

dessèchement (nom masculin)
État de ce qui est desséché.

dessécher (verbe) ○ conj.n°8
Rendre sec. *Voilà un mois qu'il n'a pas plu, l'herbe __est desséchée__.*

dessein (nom masculin)
Synonyme littéraire de projet. *Les conspirateurs nourrissaient de noirs __desseins__ contre le gouvernement.* • **À dessein** : exprès, dans un but précis. *C'est __à dessein__ que je suis venu très tôt.*

desseller (verbe) ○ conj.n°3
Ôter la selle. *Après la course, le lad __a dessellé__ le cheval.* (Contr. seller.)

desserrer (verbe) ○ conj.n°3
Relâcher ce qui est serré. *Si tu as mal aux pieds, __desserre__ tes lacets de chaussures.* • **Ne pas desserrer les dents** : ne rien dire.

dessert (nom masculin)
Plat, souvent sucré, servi à la fin du repas, après le fromage.

desservir (verbe) ○ conj.n°15
1. Débarrasser la table. *Les enfants, soyez gentils de __desservir__ et d'emporter la vaisselle dans la cuisine.* 2. Assurer régulièrement la communication entre des lieux. *Ce train __dessert__ toutes les gares de Marseille à Nice.* 3. Rendre un mauvais service à quelqu'un. *Son air bourru le __dessert__.* (Syn. nuire. Contr. servir.)

dessin (nom masculin)
1. Représentation d'une chose par un ensemble de traits, au crayon ou à la plume. *Le __dessin__ d'Hélène représente des bateaux sur la mer.* 2. Art de dessiner. *Mon grand frère suit des cours de __dessin__.* • **Dessin animé** : film fait d'une suite de dessins dont chacun représente une partie du mouvement.

Un personnage de **dessin animé**, Sylvestre le chat.

dessinateur, trice (nom)
Artiste qui dessine. *Elle est __dessinatrice__, elle illustre des livres pour enfants.*

dessiner (verbe) ○ conj.n°3
1. Représenter par un dessin. *Clément __dessine__ tout ce qu'il voit.* 2. Se dessiner : apparaître. *Les toits des maisons et le clocher __se dessinaient__ en noir sur l'horizon.* ⊙ Famille du mot : dessin, dessinateur.

dessous (adverbe)
Sous quelque chose. *Tu verras un paillasson devant la porte, la clé est **dessous**.* (Contr. dessus.) • **Au-dessous** : plus bas. • **Ci-dessous** : un peu plus bas, plus loin dans le texte. *Vous trouverez **ci-dessous** la liste des participants.* • **En-dessous, là-dessous, par-dessous** : sous autre chose. *La bille a roulé **là-dessous**.* ▷ **dessous** (préposition) • **Au-dessous de, par-dessous** : sous. *Les hirondelles ont fait leur nid **au-dessous du** toit. Il porte un tee-shirt **par-dessous** son pull.* ▷ **dessous** (nom masculin) La partie inférieure. *Victor nettoie le **dessous** de ses chaussures.* • **Avoir le dessous** : être battu. ▷ **dessous** (nom masculin pluriel) Sous-vêtements féminins.

dessous-de-plat (nom masculin)
Support pour les plats chauds. → Pluriel : des dessous-de-plat.

dessus (adverbe)
Sur quelque chose. *Le ballon a roulé dans la rue, un camion est passé **dessus**.* (Contr. dessous.) • **Au-dessus** : plus haut. *Ils habitent **au-dessus**.* • **Ci-dessus** : plus haut dans le texte. *Le tableau **ci-dessus** indique les dates.* • **Là-dessus** : **1.** Sur. *Je l'ai posé **là-dessus**.* **2.** Juste après cela. ***Là-dessus**, elle est partie.* • **Par-dessus** : sur, au-delà. *Il a sauté **par-dessus**.* ▷ **dessus** (préposition) • **Au-dessus de** : dans le haut de. ***Au-dessus de** la porte, il y a une date.* • **Par-dessus** : sur la partie supérieure de. *Elle est passée **par-dessus** le mur.* ▷ **dessus** (nom masculin) La partie supérieure. *Le **dessus** de la boîte est décoré.* • **Avoir le dessus** : être le plus fort.

dessus-de-lit (nom masculin)
Synonyme de couvre-lit. → Pluriel : des dessus-de-lit.

déstabiliser (verbe) ○ conj.n°3
Rendre moins stable. *Des troubles sociaux **ont déstabilisé** le pouvoir en place.* (Syn. ébranler.)

destin (nom masculin)
1. Puissance qui semble régler la vie de chacun. *Elle ne croit pas au **destin**.* **2.** Ce qui constitue l'existence d'un individu et que certains pensent fixé d'avance. *Jeanne d'Arc eut un **destin** exceptionnel.* (Syn. destinée, sort.)

destinataire (nom)
Personne à qui est destiné un envoi. *Le **destinataire** de cette lettre est inconnu à cette adresse.* (Contr. envoyeur, expéditeur.)

destination (nom féminin)
Endroit où l'on va. *Où est le T.G.V. à **destination** de Rennes ?*

destinée (nom féminin)
Synonyme littéraire de destin.

destiner (verbe) ○ conj.n°3
1. Adresser quelque chose à quelqu'un. *C'est bien à vous que cette remarque **est destinée**.* **2.** Réserver d'avance pour un usage. *L'argent collecté **est destiné** aux réfugiés.* **3.** Se destiner : avoir choisi de faire tel métier. *Elle **se destine** à l'archéologie.* ⊙ Famille du mot : destinataire, destination.

destituer (verbe) ○ conj.n°3
Priver quelqu'un de ses fonctions. *Le magistrat condamné pour escroquerie **a été destitué**.* (Syn. révoquer.)

destrier (nom masculin)
Au Moyen Âge, cheval de bataille du chevalier. ⊙ Destrier vient de l'ancien français *destre* « main droite », car l'écuyer tenait la monture du chevalier de la main droite, et la sienne de la main gauche.

des chevaliers du Moyen Âge sur leur **destrier**

destructeur, trice (adjectif)
Qui détruit. *Des guerres* ***destructrices*** *ont ravagé la contrée.*

destruction (nom féminin)
1. Action de détruire. *La* ***destruction*** *de la forêt par un incendie.* 2. Ce qui a été détruit. *L'explosion a causé des* ***destructions*** *importantes.*

désuet, ète (adjectif)
Qui est un peu vieillot et démodé. *Avec ses dentelles, la vieille dame avait une élégance* ***désuète****.*

désuétude (nom féminin)
• **Tomber en désuétude** : ne plus être utilisé. *Une coutume* ***tombée en désuétude****.*

désunion (nom féminin)
Fait d'être désuni. *Il dit qu'il y a de la* ***désunion*** *dans sa famille.* (Syn. discorde, mésentente. Contr. union.)

désunir (verbe) conj.n°11
Séparer des personnes qui jusque-là s'entendaient bien. *Des problèmes d'héritage* ***ont désuni*** *la famille.* (Syn. diviser. Contr. unir.)

détachant (nom masculin)
Produit qui enlève les taches. *Il existe des* ***détachants*** *pour les graisses, des* ***détachants*** *pour les jus de fruits, etc.*

détaché, ée (adjectif)
Qui semble indifférent. *William a pris un ton* ***détaché*** *pour dire qu'il ne rentrerait pas avant minuit.* • **Pièces détachées** : pièces de rechange pour une machine ou un appareil.

détachement (nom masculin)
1. Comportement d'une personne détachée. *Il parlait de ces faits tragiques avec* ***détachement****.* (Syn. indifférence.) 2. Groupe de soldats envoyés en mission. *On a envoyé un* ***détachement*** *en renfort.*

1. détacher (verbe) conj.n°3
1. Défaire ce qui est attaché. *Le prisonnier* ***s'est détaché****. Nous informons les passagers qu'ils peuvent* ***détacher*** *leurs ceintures.* (Contr. attacher.) 2. Envoyer quelqu'un en mission temporaire. *Ce fonctionnaire* ***a été détaché*** *à l'étranger.* 3. Se détacher de quelqu'un : cesser de lui être attaché. *Anna* ***s'est détachée*** *petit à petit de ses anciens camarades de classe.* (Contr. s'attacher.) 4. Se détacher : apparaître nettement en se distinguant du reste. *La girouette noire* ***se détache*** *sur le ciel.* ⊙ Famille du mot : détaché, détachement.

2. détacher (verbe) conj.n°3
Faire disparaître les taches. *Tu as mis du jus de fraise sur ton tee-shirt, ce ne sera pas facile à* ***détacher****.*

détail (nom masculin)
Chaque petite chose d'un ensemble. *Dans sa lettre, Élodie a raconté son voyage sans oublier le moindre* ***détail****.* • **Au détail** : par petites quantités. *Ce commerçant fait de la vente* ***au détail****.* (Contr. en gros.) • **En détail** : en examinant tout. *Xavier peut expliquer* ***en détail*** *le fonctionnement de sa voiture téléguidée.* (Contr. en gros.) ⊙ Famille du mot : détaillant, détaillé, détailler.

détaillant (nom masculin)
Commerçant qui vend au détail. *Un* ***détaillant*** *en fruits et légumes.* (Contr. grossiste.)

détaillé, ée (adjectif)
Qui comporte tous les détails. *Un mode d'emploi bien* ***détaillé****.*

détailler (verbe) conj.n°3
1. Examiner très attentivement. *Quel indiscret ! Il nous* ***a détaillés*** *de la tête aux pieds !* 2. Vendre par petites quantités, par portions. *Dans cette rôtisserie, ils* ***détaillent*** *les poulets : tu peux n'acheter qu'une cuisse.*

détaler (verbe) conj.n°3
Synonyme familier de s'enfuir. *En voyant arriver la police, les vendeurs à la sauvette* ***ont détalé*** *comme des lapins.*

détartrer (verbe) ○ conj.n°3
Enlever le tartre. *Fatima va tous les ans chez le dentiste se faire **détartrer** les dents.*

détaxer (verbe) ○ conj.n°3
Diminuer ou supprimer les taxes. *Papa a acheté du parfum **détaxé** à l'aéroport pour maman.* (Contr. taxer.)

détecter (verbe) ○ conj.n°3
Synonyme de déceler. *Grâce à son radar, le pilote **a détecté** les avions ennemis.*

détection (nom féminin)
Action de détecter. *La radiographie permet la **détection** de certaines maladies.*

détective (nom masculin)
Personne qui fait des enquêtes policières. *Des papiers confidentiels ont disparu, le directeur a chargé un **détective** de l'enquête.*

déteindre (verbe) ○ conj.n°35
Perdre sa couleur au lavage, en tachant parfois ce qui est autour. *Il faut laver ces rideaux à part, ils **déteignent**.*

dételer (verbe) ○ conj.n°9
Détacher un animal de la voiture à laquelle il était attelé. *Le lad **dételle** le cheval.*

détendre (verbe) ○ conj.n°31
1. Diminuer la fatigue ou l'inquiétude de quelqu'un. *Ses vacances l'**ont** bien **détendue**.* (Syn. délasser.) 2. Se détendre : devenir moins tendu. *Le ressort **s'est détendu** d'un coup.* (Contr. se tendre.)

détenir (verbe) ○ conj.n°19
1. Avoir quelque chose en sa possession. *Gaëlle **détient** le record de saut en hauteur de son école.* 2. Retenir prisonnier. *Les terroristes **détiennent** plusieurs otages.* ⊙ Famille du mot : détenteur, détention, détenu.

détente (nom féminin)
1. Repos qui détend. *Tout le monde a besoin de **détente**, je vous emmène vous baigner.* 2. Relâchement de la tension. *Il y a une nette **détente** dans les relations internationales.* 3. Pièce qui fait partir le coup d'une arme à feu. *Le chasseur a pressé sur la **détente** de son fusil.*

détenteur, trice (nom)
Personne qui détient quelque chose. *Elle est la **détentrice** du titre de championne du monde de fleuret.*

détention (nom féminin)
Synonyme d'emprisonnement. *Il est sorti de prison après six mois de **détention**.*

détenu, ue (nom)
Personne qui est en détention. *Les **détenus** regagnent leurs cellules.* (Syn. prisonnier.)

des **détenus** dans une prison « La Ronde des prisonniers » de Van Gogh

détergent (nom masculin)
Produit qui nettoie. *Le savon, la lessive sont des **détergents**.*

détérioration (nom féminin)
Fait de se détériorer. *Le gel a provoqué la **détérioration** des canalisations.*

détériorer (verbe) ○ conj.n°3
Mettre en mauvais état. *Des vandales **ont détérioré** les abribus du quartier.*

déterminant, ante (adjectif)
Qui détermine. *L'influence de son père a été **déterminante** dans le choix de sa profession.* (Syn. décisif.) **déterminant** (nom masculin) Mot placé devant un nom, qui s'accorde avec lui et le détermine. *Les articles, les adjectifs possessifs, démonstratifs et indéfinis sont les **déterminants** du nom.*

détermination (nom féminin)
Comportement d'une personne déterminée. *Il a agi avec **détermination** et courage, et il a fini par gagner.*

déterminé, ée (adjectif)
Qui montre de l'esprit de décision. *Yann m'a dit d'un ton **déterminé** qu'il ne viendrait pas avec moi.* (Syn. résolu. Contr. indécis.)

déterminer (verbe) conj.n°3
1. Amener quelqu'un à faire quelque chose. *Cet événement l'**a déterminé** à partir.* (Syn. décider.) 2. Connaître quelque chose avec précision. *Le détective a essayé de **déterminer** le mobile du vol.* (Syn. définir, établir.) 3. Préciser le sens et la valeur d'un mot. *Dans le groupe « sa clé », l'adjectif possessif **détermine** le nom « clé » en genre et en nombre.* Famille du mot : déterminant, détermination, déterminé, indéterminé.

déterrer (verbe) conj.n°3
Sortir de terre quelque chose qui y était enfoui. *En faisant des travaux, les ouvriers **ont déterré** une statue gallo-romaine.* (Syn. exhumer. Contr. enterrer.)

détestable (adjectif)
Qui mérite d'être détesté. *Un tyran **détestable**.* (Syn. exécrable.)

détester (verbe) conj.n°3
Ne pas aimer du tout quelque chose ou quelqu'un. *Hélène **déteste** les endives cuites.* (Syn. haïr. Contr. adorer, aimer.)

détonateur (nom masculin)
Ce qui sert à déclencher une explosion. *Le sergent a appuyé sur le **détonateur** de la charge explosive.*

détonation (nom féminin)
Bruit d'une explosion, d'un coup de feu.

détour (nom masculin)
Trajet plus long que le chemin normal. *Benjamin a fait un **détour** par la boulangerie pour acheter un gâteau.* • **Sans détour :** directement, franchement.

détournement (nom masculin)
Action de détourner par la force ou par la ruse. *La radio vient d'annoncer un **détournement** d'avion.*

détourner (verbe) conj.n°3
1. Faire changer de direction. *On **a détourné** la circulation pour laisser passer la manifestation. Il a réussi à **détourner** l'attention de son gardien et à s'enfuir.* 2. Tourner d'un autre côté. *Elle **s'est détournée** pour rire.* 3. Prendre pour soi quelque chose qui ne vous est pas destiné. *Le caissier du casino est accusé d'**avoir détourné** un million d'euros.* Famille du mot : détour, détournement.

détracteur (nom masculin)
Personne qui dénigre. *Cet homme politique a de nombreux **détracteurs**.*

détraquer (verbe) conj.n°3
Abîmer le mécanisme d'une machine. *Le réveil sonne n'importe quand, il **est** complètement **détraqué**.*

détremper (verbe) conj.n°3
Mouiller quelque chose en abondance. *Le match n'aura pas lieu car le terrain **est détrempé** par la pluie.*

détresse (nom féminin)
Sentiment de grande angoisse face à une situation tragique. *La **détresse** se lisait dans le regard des réfugiés.* • **En détresse :** en perdition. *On a entendu les appels radio d'un avion **en détresse**.*

détriment (nom masculin)
• **Au détriment de quelqu'un :** à ses dépens ou à son désavantage. *Clément fait du sport, mais c'est parfois **au détriment de** ses études.* (Syn. aux dépens de.)

détritus (nom masculin pluriel)
Petits débris de toutes sortes. *Les jardiniers ramassent les **détritus** abandonnés par les touristes dans le square.* (Syn. déchets, ordures.)

▸ **détroit** (nom masculin)
Passage qui fait communiquer deux mers entre elles. *Le **détroit** de Magellan relie l'Atlantique au Pacifique.*

▸ **détromper** (verbe) ○ conj.n°3
Dire ou montrer à quelqu'un qu'il se trompe. *Tu crois que Julie est moins forte que toi à la course ? Alors, là, **détrompe-toi** !*

▸ **détrôner** (verbe) ○ conj.n°3
1. Déposséder un roi de son trône. *Louis-Philippe **a été détrôné** par la révolution de 1848.* 2. Faire passer une chose de mode en la remplaçant. *L'avion **a détrôné** le ballon dirigeable.*

▸ **détrousser** (verbe) ○ conj.n°3
Synonyme littéraire de dévaliser. *Des bandits **ont** attaqué la diligence et **détroussé** les voyageurs.*

▸ **détruire** (verbe) ○ conj.n°43
1. Mettre en ruines. *La cathédrale **a été détruite** par un tremblement de terre.* (Syn. démolir.) 2. Tuer en grand nombre. *Les hélicoptères ont déversé des insecticides pour **détruire** les moustiques.* 3. Faire cesser d'exister. *Cette jalousie **a détruit** leur amitié.* (Syn. anéantir.)

▸ **dette** (nom féminin)
Somme d'argent que l'on doit. *« Qui paie ses **dettes** s'enrichit » dit le proverbe.*
⊙ Famille du mot : endettement, s'endetter.

▸ **deuil** (nom masculin)
1. Mort d'une personne. *Elle a eu un **deuil** dans sa famille.* (Syn. décès.) 2. Grand chagrin éprouvé à la mort d'une personne. *La famille est en **deuil**, le grand-père est mort.* • **Faire son deuil de quelque chose** : renoncer à l'espérer. *Il ne te rendra jamais ton baladeur, tu peux **en faire ton deuil**.*

▸ **deux** (adjectif)
1. Un plus un (2). *J'ai **deux** yeux et **deux** oreilles.* 2. Petit nombre indéterminé. *L'école est à **deux** pas de chez moi.* ▷ **deux** (nom masculin) Chiffre ou nombre deux. *Le **deux**, c'est mon anniversaire.*

▸ **deuxième** (adjectif et nom)
Qui occupe le rang numéro 2. *C'est la **deuxième** fois que je viens ici. Il est le **deuxième** de la liste.* (Syn. second.)

▸ **deux-roues** (nom masculin)
Véhicule à deux roues. *Les V.T.T., les scooters, les cyclomoteurs sont des **deux-roues**.* (Syn. cycle.)

▸ **dévaler** (verbe) ○ conj.n°3
Descendre très rapidement. *Laura est en retard, elle **dévale** quatre à quatre les escaliers.* (Syn. dégringoler.)

▸ **dévaliser** (verbe) ○ conj.n°3
Dépouiller quelqu'un de ce qu'il possède. *Les pirates de l'autoroute **ont dévalisé** des voyageurs.*

▸ **dévaloriser** (verbe) ○ conj.n°3
Diminuer la valeur d'une personne ou d'une chose. *Cette monnaie **s'est** beaucoup **dévalorisée**.*

▸ **dévaluation** (nom féminin)
Diminution de la valeur d'une monnaie par rapport aux autres. *Le gouvernement a décidé une **dévaluation**.*

▸ **dévaluer** (verbe) ○ conj.n°3
Faire une dévaluation. *Le dollar **a été** souvent **dévalué**.*

▸ **devancer** (verbe) ○ conj.n°4
1. Arriver avant les autres. *Dans l'épreuve de natation, Myriam **a devancé** tous les concurrents.* 2. Faire quelque chose avant quelqu'un. *Je voulais l'appeler au téléphone, mais il m'**a devancé**.* (Syn. précéder.)

▸ **devant** (adverbe)
À l'avant, en avant. *Va **devant**, tu leur diras qu'on arrive !* ▷ **devant** (préposition) 1. En avant de. *Les plus petits se mettent **devant** les plus grands.* 2. En face de. *La voiture est garée **devant** la maison.* 3. En présence de. *Cela s'est passé **devant** moi.* • **Au-devant de** : à la rencontre de. ▷ **devant** (nom masculin) Partie qui se situe à l'avant. *Le **devant** de la voiture est complètement enfoncé.* (Contr. arrière, derrière.) • **Prendre les devants** : agir le premier.

devanture (nom féminin)
Synonyme de vitrine. *À la **devanture** du confiseur, on peut admirer un magnifique château en chocolat.*

dévaster (verbe) conj.n°3
Détruire tout sur son passage. *Le cyclone **a dévasté** la moitié de l'île.* (Syn. ravager, saccager.)

déveine (nom féminin)
Synonyme familier de malchance. *Il n'a rien gagné, quelle **déveine** !* (Contr. chance, veine.)

développement (nom masculin)
1. Fait de se développer. *La vie quotidienne est facilitée par le **développement** des techniques.* 2. Partie d'un texte qui développe une idée. *J'ai fait l'introduction et la conclusion de ma rédaction, mais pas le **développement**.*

développer (verbe) conj.n°3
1. Faire croître. *Faire de la musique **a développé** ses capacités de concentration. Le pin **s'est** bien **développé** depuis qu'on l'a planté.* 2. Expliquer en donnant des détails. *L'auteur **a développé** cette théorie dans son dernier livre.* 3. Faire apparaître l'image d'un cliché par un traitement spécial. *J'ai donné mes photos à **développer**.* Famille du mot : développement, sous-développé, sous-développement.

devenir (verbe) conj.n°19
1. Commencer à être. *Il **est devenu** très riche grâce à cette invention.* 2. Avoir tel ou tel sort, tel ou tel résultat. *Je me demande bien ce qu'elle **est devenue**.*

déverser (verbe) conj.n°3
1. Répandre quelque chose en grande quantité. *Pour protester, les paysans **ont déversé** du purin dans la cour de la préfecture.* 2. Se déverser : s'écouler. *L'eau du caniveau **se déverse** dans l'égout.*

dévêtir (verbe) conj.n°15
Synonyme littéraire de déshabiller. *Le médecin a demandé au patient de **se dévêtir**.*

déviation (nom féminin)
Route vers laquelle la circulation est déviée. *La route est barrée, il faut prendre la **déviation**.*

dévider (verbe) conj.n°3
Dérouler peu à peu un fil. *L'électricien **dévide** son câble.* (Contr. enrouler.)

dévier (verbe) conj.n°3
1. Détourner de sa direction normale. *La circulation **a été déviée** à cause de la manifestation.* 2. Changer de direction. *Heureusement pour lui, la balle **a dévié**.*

devin, devineresse (nom)
Personne qui prétend qu'elle peut prédire l'avenir. *Dans l'Antiquité, on ne prenait jamais une décision sans consulter un **devin**.*

deviner (verbe) conj.n°3
Découvrir par intuition ce que l'on ignore. *Il y a une surprise... – J'**ai deviné** !* Famille du mot : devin, devinette.

devinette (nom féminin)
Question amusante dont il faut deviner la réponse.

devis (nom masculin)
Document indiquant le prix prévu pour des travaux. *Papa a demandé un **devis** au plombier pour refaire la salle de bains.*

dévisager (verbe) conj.n°5
Regarder quelqu'un avec une insistance indiscrète. *Mon petit frère ne cesse de **dévisager** les gens dans le métro.*

devise (nom féminin)
1. Phrase choisie pour exprimer un idéal. *« Ni Dieu, ni maître » est la **devise** des partisans de l'anarchie.* 2. Monnaie étrangère. *Le yen, la lire, le dollar sont des **devises**.*

dévisser (verbe) conj.n°3
1. Desserrer ce qui est vissé. *Je n'arrive pas à **dévisser** le bouchon du tube de colle.* 2. Tomber d'une paroi qu'on escaladait. *L'alpiniste **a dévissé**, mais il a été retenu par la corde.*

dévoiler (verbe) ○ conj.n°3
1. Enlever le voile qui recouvre une personne ou une chose. *Le maire **a dévoilé** la plaque.* 2. Révéler ce qui était tenu secret. *Il est encore trop tôt pour **dévoiler** nos plans.* (Syn. divulguer. Contr. cacher.)

1. devoir (verbe) ○ conj.n°21
1. Être obligé de faire quelque chose. *Je **dois** partir maintenant.* 2. Avoir le projet de faire quelque chose. *Nous **devons** visiter les îles, si le temps le permet.* 3. Être très probable. *Elle **doit** avoir dans les cinquante ans.* 4. Avoir à payer ou à rembourser une somme. *Vous me direz combien je vous **dois**. Noémie **doit** cinq euros à David.* • **Comme il se doit** : comme il le faut ou comme prévu.

2. devoir (nom masculin)
1. Ce que l'on doit faire pour suivre la morale. *Le maître nous apprend quels sont les droits et les **devoirs** du citoyen.* 2. Exercice écrit donné à faire aux élèves. *J'ai trop de **devoirs** aujourd'hui, je ne peux pas jouer.*

dévolu (nom masculin)
• **Jeter son dévolu** : avoir fait son choix. *Odile **a jeté son dévolu** sur une paire de rollers.*

dévorer (verbe) ○ conj.n°3
1. Manger beaucoup ou avec gloutonnerie. *Mes enfants ne mangent pas, ils **dévorent** !* 2. Faire souffrir ou tourmenter. *Dans ce camping, nous **avons été dévorés** par les moustiques.* • **Dévorer des yeux** : regarder avidement. • **Dévorer un livre** : le lire d'une traite.

dévouement (nom masculin)
Qualité d'une personne qui se dévoue. *Le **dévouement** du personnel de cet hôpital est extraordinaire.*

se dévouer (verbe) ○ conj.n°3
S'oublier soi-même et dépenser toute son énergie pour être utile aux autres. *Ce prêtre **s'est dévoué** toute sa vie pour ceux que la société rejette. C'est un homme **dévoué**.*

dextérité (nom féminin)
Adresse et rapidité dans la façon de faire. *Il a réalisé ce château de cartes avec une grande **dextérité**.* (Contr. gaucherie.) ⊙ Dextérité vient d'un mot latin qui signifie « droite » : avoir de la dextérité, c'est savoir se servir habilement de sa main droite.

diabète (nom masculin)
Maladie caractérisée par la présence de sucre dans le sang.

diable (nom masculin)
1. Esprit qui représente le mal. (Syn. démon.) *L'Enfer est, dit-on, le royaume du **diable**.* 2. Enfant désobéissant et turbulent. *Sarah est un vrai petit **diable**.* 3. Petit chariot à deux roues qui sert à transporter des sacs, des caisses, etc. • **Au diable** : très loin. • **Bon diable** : brave homme. • **Pauvre diable** : homme malheureux, qui fait pitié. • **Tirer le diable par la queue** : avoir du mal à vivre parce qu'on n'a pas assez d'argent. ▷ **diable** (interjection) Exprime une surprise désagréable. ***Diable**, que c'est compliqué !* ⊙ Famille du mot : diablotin, diabolique, endiablé.

un **diable**

diablotin (nom masculin)
Petit diable d'aspect sympathique.

diabolique (adjectif)
Digne du diable. *Ses adversaires ont imaginé un piège **diabolique**.* (Syn. démoniaque, infernal.)

diadème (nom masculin)
Bijou en forme de bandeau que l'on porte sur la tête.

diagnostic (nom masculin)
Fait d'identifier une maladie d'après certains signes. *Le médecin a fait le **diagnostic** tout de suite : c'est une appendicite.* → Prononciation [djagnɔstik].

diagnostiquer (verbe) ○ conj.n°3
Faire un diagnostic. *À l'hôpital, on **a diagnostiqué** une fracture du poignet.* → Prononciation [djagnɔstike].

diagonale (nom féminin)
Ligne droite qui joint les sommets opposés d'un quadrilatère. *Les **diagonales** d'un carré sont égales.* • **En diagonale** : en biais, obliquement. • **Lire en diagonale** : parcourir très rapidement un livre, un journal.

diagramme (nom masculin)
Courbe représentant les variations d'une grandeur. *Une courbe de températures est un **diagramme**.* (Syn. graphique.)

dialecte (nom masculin)
Forme particulière que prend une langue selon la région. *L'alsacien est un **dialecte** d'origine germanique.*

dialogue (nom masculin)
Conversation entre deux ou plusieurs personnes. *Les **dialogues** de ce film sont complètement stupides et sans intérêt.*

dialoguer (verbe) ○ conj.n°3
Avoir un dialogue avec quelqu'un. *Les deux chefs d'État **ont dialogué** pendant une heure.*

diamant (nom masculin)
1. Pierre précieuse très brillante et très dure. *Le **diamant** est le plus dur des corps connus.* 2. Instrument muni d'un éclat de diamant qui sert à découper le verre.

diamétralement (adverbe)
• **Diamétralement opposé** : complètement opposé. *Le père et le fils ont des avis **diamétralement opposés** sur la politique.*

diamètre (nom masculin)
Ligne qui partage un cercle en deux parties égales et qui passe par son centre. → p. 512.

diapason (nom masculin)
Petit instrument qui donne la note « la ». *Le chef de chœur fait vibrer son **diapason** pour donner la note aux choristes.*

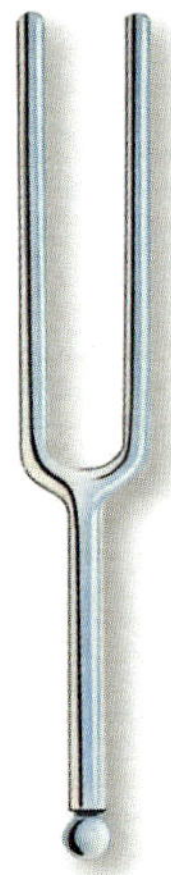

un **diapason**

diaphane (adjectif)
Qui est pâle et délicat au point de paraître transparent. *La convalescente avait un teint **diaphane**.*

diaphragme (nom masculin)
Muscle large et mince qui sépare la poitrine de l'abdomen.

diapositive (nom féminin)
Photographie transparente que l'on projette sur un écran.

diarrhée (nom féminin)
Dérangement intestinal qui rend les excréments liquides. (Syn. colique.)

dictateur (nom masculin)
Chef d'une dictature. Famille du mot : dictatorial, dictature.

dictatorial, ale, aux (adjectif)
D'un dictateur ou d'une dictature. *Trop de pays dans le monde ont encore un régime* ***dictatorial.*** (Contr. démocratique.)

dictature (nom féminin)
Régime politique dans lequel un seul homme ou un seul groupe a tous les pouvoirs. *Dans une* ***dictature****, le dictateur gouverne sans aucun contrôle.*

dictée (nom féminin)
Exercice scolaire d'orthographe qui est dicté aux élèves.

dicter (verbe) conj.n°3
1. Dire un texte à haute voix et lentement pour que quelqu'un puisse l'écrire. *Vous pourriez* ***dicter*** *moins vite, s'il vous plaît ?* 2. Dire à quelqu'un ce qu'il doit faire. *Mon grand frère ne veut plus que mes parents lui* ***dictent*** *sa conduite.* (Syn. imposer.)

diction (nom féminin)
Façon de prononcer. *La plupart des orateurs prennent des cours de* ***diction.***

dictionnaire (nom masculin)
Ouvrage qui présente les mots en ordre alphabétique et donne des renseignements sur leur orthographe, leur sens, etc.

dicton (nom masculin)
Proverbe d'origine ancienne. *« Qui aime bien châtie bien » est un* ***dicton.***

dièse (nom masculin)
En musique, signe qui hausse d'un demi-ton la note devant laquelle il est placé.

diesel (nom masculin)
Moteur spécial qui fonctionne au gazole. *Les* ***diesels*** *sont des moteurs polluants.* → Prononciation [djezɛl]. Diesel vient du nom de l'ingénieur allemand *R. Diesel* qui a inventé ce moteur.

diète (nom féminin)
Régime alimentaire qui consiste à manger peu. *Le médecin l'a mis à la* ***diète*** *pour soigner son indigestion.* Famille du mot : diététicien, diététique.

diététicien, enne (nom)
Spécialiste de la diététique. *Le père d'Ibrahim va voir un* ***diététicien*** *pour faire un régime amaigrissant.*

diététique (nom féminin)
Étude de ce que chacun doit manger pour rester en bonne santé.

Dieu (nom masculin)
Être tout-puissant et éternel qui, pour les chrétiens, les juifs et les musulmans, est le créateur du monde. ***Dieu*** *s'appelle Yahwé chez les juifs et Allah chez les musulmans.* ▷ **dieu, dieux** (nom masculin) Dans les autres religions, chacun des êtres supérieurs aux hommes, qui règlent leur destin. *Neptune était le* ***dieu*** *romain de la mer.*

Mars, **dieu** romain de la guerre

diffamation (nom féminin)
Action de diffamer. *Le ministre a dit que cet article de presse était de la **diffamation**.*

diffamer (verbe) ○ conj.n°3
Salir la réputation de quelqu'un. ***Diffamer** une personne peut être puni par les tribunaux.* (Syn. calomnier.)

différé (nom masculin)
• **En différé** : qui est diffusé après avoir été enregistré. *Le concert sera retransmis à la radio **en différé** dimanche.* (Contr. en direct.)

différemment (adverbe)
D'une façon différente. *Le diesel et le moteur à essence fonctionnent **différemment**.* ➔ Prononciation [difeʀamɑ̃].

différence (nom féminin)
1. Ce qui distingue une personne ou une chose d'une autre. *Le jeu des erreurs consiste à trouver la **différence** entre deux dessins.* (Contr. ressemblance.) 2. Résultat d'une soustraction ou écart entre deux nombres. *Benjamin a dix ans et Julie huit ans : ils ont deux ans de **différence**.* • **Faire des différences** : ne pas traiter les gens de la même manière.

différencier (verbe) ○ conj.n°10
Savoir reconnaître grâce aux différences. *Laura a du mal à **différencier** un marron d'une châtaigne.*

différend (nom masculin)
Désaccord dû à des opinions différentes. *Le propriétaire et ses locataires ont eu un **différend** à propos du montant du loyer.*

différent, ente (adjectif)
Qui présente certaines différences. *Ce sont des frères et pourtant ils ont des caractères très **différents**.* (Contr. identique, semblable.) ▷ **différents** (adjectif pluriel) Plusieurs. *Pour le même prix, nous avons le choix entre **différents** modèles de téléviseurs.* (Syn. divers.)

différer (verbe) ○ conj.n°8
1. Être différent. *Je préfère la mer et toi la campagne, sur ce point nos goûts **diffèrent**.* (Syn. diverger, s'opposer.) 2. Remettre à plus tard. *La compagnie d'aviation **a différé** notre vol à cause du brouillard.* (Syn. reculer, retarder.) ⊙ Famille du mot : différemment, différence, différencier, différend, différent, indifféremment, indifférence, indifférent.

difficile (adjectif)
1. Qui demande des efforts, de la peine. *Cet exercice de calcul était très **difficile**.* (Syn. dur. Contr. facile.) 2. Qui n'est pas facile à satisfaire. *Tu n'as goûté à aucun plat, tu es vraiment **difficile** !* ⊙ Famille du mot : difficilement, difficulté.

difficilement (adverbe)
Avec difficulté. *Il écrit **difficilement** à cause de sa blessure au poignet.* (Contr. facilement.)

difficulté (nom féminin)
1. Caractère de ce qui est difficile. *L'entraîneur nous a prévenus de la **difficulté** des épreuves.* 2. Chose difficile. *Son courage lui a permis de surmonter les **difficultés** de la vie.* (Syn. ennui, obstacle, problème, tracas.)

difforme (adjectif)
Qui n'a pas une forme normale. *À force de grossir, il est devenu **difforme**.*

diffus, use (adjectif)
Qui s'est diffusé. *Une lumière **diffuse**. Une chaleur **diffuse**.*

diffuser (verbe) ○ conj.n°3
1. Répandre dans toutes les directions. *Cet appareil **diffuse** de la chaleur dans tout l'appartement.* 2. Faire connaître au public par l'intermédiaire de la télévision, de la radio ou de la presse. *Tous les journaux **ont diffusé** le résultat des élections.*

▶ **diffusion** (nom féminin)
Action de diffuser. *C'est l'heure de la **diffusion** des informations.*

▶ **digérer** (verbe) ○ conj.n°8
1. Transformer les aliments que l'on mange pour que le corps les assimile. *Ne mange pas trop, tu vas avoir du mal à **digérer**.* 2. Synonyme familier de supporter. *Elle n'**a** pas **digéré** les réflexions désagréables de son directeur.*

▶ **digeste** (adjectif)
Facile à digérer. *Cette sauce trop grasse n'est pas très **digeste**.* (Contr. indigeste.) ⊙ Famille du mot : digestif, digestion, indigeste, indigestion.

▶ **digestif, ive** (adjectif)
Qui sert à digérer. *L'estomac fait partie de l'appareil **digestif**.* ▷ **digestif** (nom masculin) Liqueur que l'on sert en fin de repas. *Après le café, ils ont pris un **digestif**.*

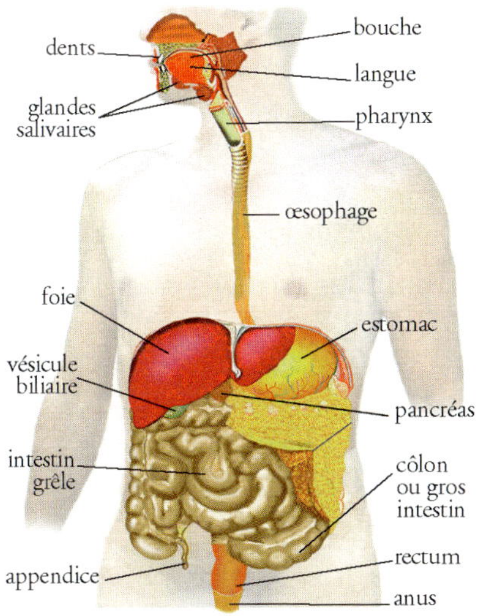

l'appareil **digestif**

▶ **digestion** (nom féminin)
Transformation des aliments dans l'appareil digestif. *La **digestion** permet d'assimiler les aliments.*

▶ **digicode** (nom masculin)
Appareil à clavier, qui permet d'ouvrir une porte quand on connaît le code.

▶ **digital, ale, aux** (adjectif)
• **Empreintes digitales** : lignes sur la peau du bout des doigts, différentes pour chaque personne.

une empreinte **digitale**

▶ **digitale** (nom féminin)
Plante dont les fleurs ressemblent aux doigts d'un gant.

une **digitale**

▶ **digne** (adjectif)
Qui inspire le respect par son sérieux, sa gravité. *Il est resté **digne** sous les insultes de ses adversaires.* • **Être digne de quelqu'un** : avoir les mêmes qualités que lui. *C'est un excellent joueur, **digne de** ses équipiers.* • **Être digne de quelque chose** : la mériter. *Tu peux tout lui raconter, il **est digne de** confiance.* (Contr. indigne de.) ⊙ Famille du mot : dignement, dignitaire, dignité, indigne.

a b c d e f g h i j k l m n o p q r s t u v w x y z

dignement (adverbe)
De façon digne. *Après sa défaite, il est parti* ***dignement****.*

dignitaire (nom masculin)
Personne qui a une haute fonction dans une organisation. *Le Président était entouré des plus hauts* ***dignitaires*** *de l'État.*

dignité (nom féminin)
1. Attitude d'une personne digne. *Elle vit dans une terrible pauvreté, mais elle a gardé toute sa* ***dignité****.* 2. Distinction importante accordée à quelqu'un. *Il a été élevé à la* ***dignité*** *de grand officier de la Légion d'honneur.*

digression (nom féminin)
Développement qui s'éloigne du sujet principal. *Nous ne saurons jamais la fin de l'histoire si tu fais sans cesse des* ***digressions****.*

digue (nom féminin)
Construction destinée à empêcher le passage ou le débordement de l'eau. *Une tempête a brisé les* ***digues*** *et la mer a submergé les cultures.*

dilapider (verbe) ⊙ conj.n°3
Gaspiller de l'argent. *Il* ***a dilapidé*** *son héritage en quelques mois.*

dilatation (nom féminin)
Fait de se dilater. *Une* ***dilatation*** *du métal s'est produite sous l'effet de la chaleur.*

dilater (verbe) ⊙ conj.n°3
Faire augmenter de volume. *Les pupilles des chats* ***se dilatent*** *dans le noir.* (Contr. comprimer.)

dilemme (nom masculin)
Choix difficile entre deux solutions. *Il voudrait partir en classe de mer et en même temps ne pas quitter ses parents : c'est un véritable* ***dilemme*** *!*

dilettante (nom)
Personne qui exerce une activité pour son plaisir. *Il fait du théâtre en* ***dilettante****.*

diligence (nom féminin)
1. Synonyme littéraire de rapidité. *Faire son travail avec* ***diligence****.* 2. Voiture à chevaux qui servait autrefois au transport des voyageurs. *Les* ***diligences*** *ont été remplacées par les trains.*

diluer (verbe) ⊙ conj.n°3
Mélanger à un liquide. *Il faut* ***diluer*** *ce médicament dans un peu d'eau avant de le prendre.* (Syn. délayer.)

diluvien, enne (adjectif)
• **Pluie diluvienne** : très abondante. ⊙ Diluvien vient du latin ***diluvium*** qui signifie « déluge ».

dimanche (nom masculin)
Dernier jour de la semaine entre le samedi et le lundi. *Le* ***dimanche*** *matin, je me lève plus tard.*

dîme (nom féminin)
Impôt sur les récoltes, que les paysans payaient autrefois à l'Église. *La* ***dîme*** *a été supprimée en 1789.* ➠ p. 576.

dimension (nom féminin)
Taille d'un objet ou d'un espace. *Il faut prendre les* ***dimensions*** *de ce réfrigérateur avant de l'acheter : sa hauteur, sa largeur et sa profondeur.* • **La quatrième dimension** : le temps, en particulier dans la science-fiction.

diminuer (verbe) ⊙ conj.n°3
1. Devenir moins grand, moins long ou moins intense. *Vers 19 heures, la lumière commence à* ***diminuer****.* (Contr. augmenter, grandir.) 2. Rendre moins important. *Le gouvernement a décidé de* ***diminuer*** *les impôts.* (Syn. réduire. Contr. augmenter.) ⊙ Famille du mot : diminutif, diminution.

diminutif (nom masculin)
1. Mot formé sur un autre mot pour désigner une chose plus petite. *Fillette est le* ***diminutif*** *de fille.* 2. Transformation familière d'un prénom. *Pierrot est le* ***diminutif*** *de Pierre.*

diminution (nom féminin)
Fait de diminuer. *Les ouvriers se sont mis en grève pour protester contre la* ***diminution*** *des primes de fin d'année.* (Syn. baisse, réduction. Contr. augmentation.)

▸ **dinde** (nom féminin)
Femelle du dindon. *Pour le réveillon de Noël, on prépare souvent une **dinde** aux marrons.* ⊙ Famille du mot : dindon, dindonneau. ⊙ Dinde vient de « poule d'Inde », c'est-à-dire du Mexique, autrefois appelé Indes occidentales.

▸ **dindon** (nom masculin)
Grosse volaille dont la tête et le cou sont rouge violet. • **Être le dindon de la farce :** être la victime d'une farce, d'une plaisanterie.

un **dindon**

▸ **dindonneau, eaux** (nom masculin)
Petit de la dinde. *Du rôti de **dindonneau**.*

▸ **dîner** (verbe) ⊙ conj.n°3
Prendre le repas du soir. *Myriam est invitée à **dîner** chez ses cousins.* ▹ **dîner** (nom masculin) Repas du soir. *En général, nous prenons notre **dîner** à la cuisine.* ⊙ Autrefois, le dîner, c'était le repas de midi ; c'est encore le cas au Canada, en Belgique et en Suisse.

▸ **dînette** (nom féminin)
1. Petit repas que les enfants font semblant de prendre pour s'amuser. *Clément et Noémie jouent à la **dînette**.*
2. Service de table miniature pour jouer. *La petite sœur d'Odile a eu une **dînette** comme cadeau d'anniversaire.*

▸ **dingue** (adjectif et nom)
Synonyme familier de fou. *Il est complètement **dingue** de rouler aussi vite.*

▸ **dinosaure** (nom masculin)
Animal préhistorique d'aspect très varié. *Les **dinosaures** ont disparu de la surface de la Terre il y a plus de 60 millions d'années.* ⊙ Dinosaure vient de deux mots grecs, ***deinos*** qui signifie « terrifiant » et ***sauros*** qui signifie « lézard » et qu'on retrouve dans *saurien*.

des **dinosaures**

diocèse (nom masculin) Territoire sous le contrôle religieux d'un évêque. *Tous les prêtres d'un **diocèse** dépendent d'un même évêque.*

diphtérie (nom féminin) Grave maladie contagieuse qui peut causer la mort par étouffement.

diplodocus (nom masculin) Très grand dinosaure herbivore.

diplomate (nom masculin) Personne chargée de représenter son pays à l'étranger. *Le gouvernement a nommé ce **diplomate** ambassadeur de France au Japon.* ▷ **diplomate** (adjectif) Qui agit avec tact et habileté. *Elle obtient ce qu'elle veut sans brusquer les gens car elle est très **diplomate**.* ⊙ Famille du mot : diplomatie, diplomatique.

diplomatie (nom féminin) 1. Ensemble des relations entre les États. *Ce ministre veut faire évoluer la **diplomatie** française en Amérique.* 2. Habileté et tact. *Pour éviter une dispute, il a détourné la conversation avec **diplomatie**.* ➜ Prononciation [diplɔmasi].

diplomatique (adjectif) Qui concerne la diplomatie. *Ces deux pays sont en conflit, ils ont rompu leurs relations **diplomatiques**.*

diplôme (nom masculin) Document officiel qui prouve la réussite à un examen ou l'obtention d'un titre. *Elle possède son **diplôme** d'infirmière.*

dire (verbe) ⊙ conj.n°46
1. Prononcer des paroles. *Il **a dit** une phrase que je n'ai pas comprise.* 2. Faire connaître quelque chose à quelqu'un par la parole. *Sarah **a dit** qu'elle allait bientôt partir. **Dites**-moi votre nom.* 3. Demander ou ordonner. *Je lui **ai dit** d'arrêter de crier.* 4. Se dire : penser en soi-même. *Je **me suis dit** que tu aimerais sortir avec nous.* 5. Se dire : s'exprimer par tels mots. *En anglais, bonjour **se dit** good morning.* • **Dire que** : mots qui servent à exprimer la déception ou l'étonnement. ***Dire que** les vacances sont déjà finies !* • **On dirait** : il semble, on croirait. *Arrête de pleurer, **on dirait** un bébé.* • **Vouloir dire** : signifier. *Cette phrase ne **veut** rien **dire**.*

direct, directe (adjectif)
1. Qui ne fait pas de détours. *Prenez cette route, elle est **directe** jusqu'au village.* 2. Qui se fait sans intermédiaire. *Les astronautes sont en contact **direct** avec la Terre.* 3. Qui est franc et sans détours. *La directrice n'a pas caché son mécontentement, c'est une femme très **directe**.* • **Complément direct** : qui n'est pas précédé d'une préposition. (Contr. indirect.) ▷ **direct** (nom masculin) Coup de poing qui part tout droit. *Il l'a assommé d'un **direct** du droit.* • **En direct** : qui est diffusé au moment même où se passe l'action. *C'est un reportage **en direct**.* (Contr. en différé.) ⊙ Famille du mot : directement, indirect, indirectement.

un **diplodocus**

directement (adverbe)
1. Tout droit, sans faire de détours. *Ursula va* ***directement*** *de la maison à l'école.* 2. Sans passer par une autre personne. *Si vous avez un problème, adressez-vous* ***directement*** *au chef de service.*

directeur, trice (nom)
Personne qui dirige. *Un* ***directeur*** *d'école. Un* ***directeur*** *commercial.*

direction (nom féminin)
1. Action de diriger. *Elle assure la* ***direction*** *d'un grand hôtel.* 2. Ensemble de ceux qui dirigent. *Si vous n'êtes pas content, adressez-vous à la* ***direction***. 3. Sens dans lequel on se dirige. *Fais demi-tour, nous avons pris la mauvaise* ***direction***. 4. Ensemble des mécanismes qui permettent de diriger un véhicule. *L'accident a faussé la* ***direction*** *de la voiture.*

directive (nom féminin)
Indication donnée par quelqu'un qui dirige. *Suivez bien les* ***directives*** *de votre entraîneur !*

dirigeable (nom masculin)
Ballon muni d'un moteur et d'une nacelle servant à transporter des passagers.

dirigeant, ante (nom)
Personne qui dirige. *Tous les* ***dirigeants*** *de la fédération de football assistaient au match.*

diriger (verbe) ⊙ conj.n°5
1. Être le chef, le responsable d'une organisation. *Elle* ***dirige*** *le club de natation depuis plusieurs années.* 2. Faire aller dans une certaine direction. *Le commandant* ***dirige*** *son navire vers le large. Les spectateurs* ***se dirigent*** *vers la sortie.* (Syn. orienter.) 3. Donner une certaine orientation. *Il* ***dirigea*** *son regard vers la scène.* ⊙ Famille du mot : dirigeable, dirigeant.

discernement (nom masculin)
Capacité de juger les personnes ou les choses avec bon sens. *Elle choisit ses amis avec* ***discernement***.

discerner (verbe) ⊙ conj.n°3
1. Distinguer plus ou moins bien par la vue. *On* ***discernait*** *vaguement une lueur au bout du chemin.* (Syn. apercevoir.) 2. Faire la différence entre deux possibilités. *Je n'arrive pas à* ***discerner*** *s'il est sincère ou pas.*

disciple (nom masculin)
Personne qui reçoit l'enseignement d'un maître. *Après sa mort, ses* ***disciples*** *ont continué ses recherches.*

discipline (nom féminin)
1. Ensemble des règles à respecter pour permettre la vie en groupe. *Il est indispensable que tous les élèves respectent la* ***discipline*** *de l'école.* (Contr. indiscipline.) 2. Matière enseignée à l'école. *La technologie est une* ***discipline*** *scientifique.* ⊙ Famille du mot : discipliné, indiscipline, indiscipliné.

discipliné, ée (adjectif)
Qui respecte la discipline. (Contr. indiscipliné.)

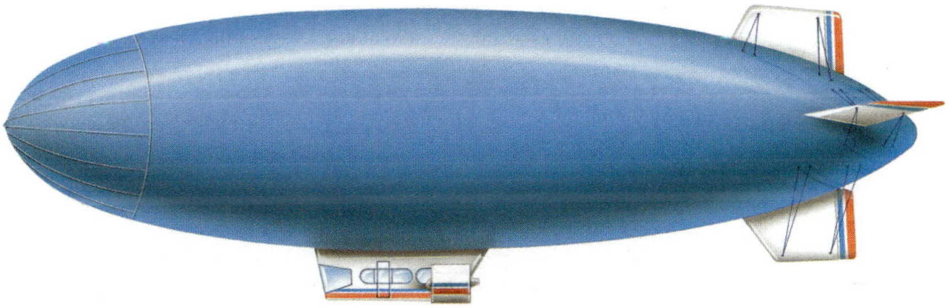

un **dirigeable**

disc-jockey (nom masculin)
Animateur de radio ou de discothèque qui choisit les morceaux de musique à diffuser. → Pluriel : des disc-jockeys.

discontinu, ue (adjectif)
Qui comprend des interruptions. *On peut franchir une ligne blanche **discontinue** pour doubler.* (Contr. continu.)

discontinuer (verbe)
• **Sans discontinuer :** sans s'arrêter. *La pluie tombe **sans discontinuer** depuis deux jours.*

discordant, ante (adjectif)
Qui n'est pas en accord avec les autres. *Des sons **discordants**, des opinions **discordantes**.*

discorde (nom féminin)
Désaccord grave. *Ses mensonges ont semé la **discorde** dans la classe.* (Contr. concorde.)

discothèque (nom féminin)
1. Collection de disques. *Il possède des disques de jazz très rares dans sa **discothèque**.* 2. Endroit où l'on va écouter des disques et danser.

discount (nom masculin)
Vente de produits à prix réduits. *Ce magasin fait du **discount** sur les meubles.* (Syn. ristourne.) → Prononciation [diskunt] ou [diskawnt]. ⊙ Discount est un mot anglais qui vient lui-même de l'ancien français *descompte*, décompte.

discourir (verbe) ○ conj.n°16
Parler longuement sur un sujet. *Tu ferais mieux d'agir au lieu de **discourir**.*

discours (nom masculin)
Paroles que l'on adresse à un public. *Le ministre a fait un long **discours** pour expliquer sa politique.* (Syn. allocution.)

discréditer (verbe) ○ conj.n°3
Porter atteinte à la réputation de quelqu'un. *La malhonnêteté de ce commerçant l'**a discrédité** auprès de tous ses clients.*

discret, ète (adjectif)
1. Qui sait garder un secret. *Je peux tout lui raconter, c'est une amie **discrète**.* 2. Qui ne s'occupe pas des affaires des autres. *Je ne veux pas que tu lises mon courrier, tu n'es vraiment pas **discret** !* (Contr. indiscret, sans-gêne.) 3. Qui n'attire pas l'attention. *Zoé préfère des vêtements **discrets**.* (Contr. voyant.) ⊙ Famille du mot : discrètement, discrétion, indiscret, indiscrètement, indiscrétion.

discrètement (adverbe)
De manière discrète. *Ils sont sortis **discrètement** avant la fin de la soirée.*

discrétion (nom féminin)
Qualité d'une personne discrète. *Tu peux te fier à sa **discrétion** et lui confier ton secret.* • **À discrétion :** autant que l'on veut.

discrimination (nom féminin)
Fait de traiter les gens de façon différente, selon leur origine. *Tous les enfants sont traités de la même façon à l'école, sans aucune **discrimination**.*

disculper (verbe) ○ conj.n°3
Prouver l'innocence de quelqu'un. *Le témoignage des passants **a disculpé** l'automobiliste accusé de l'accident.*

discussion (nom féminin)
1. Conversation au cours de laquelle on discute. *Nous avons eu une **discussion** animée à propos de politique.* 2. Fait de discuter un ordre. *Faites ce que je vous dis sans **discussion** !*

discutable (adjectif)
Que l'on peut discuter. *Ce témoignage est bourré de contradictions, il semble très **discutable**.* (Syn. contestable. Contr. indiscutable.)

discuter (verbe) ○ conj.n°3
1. Parler et échanger des idées. *On **a discuté** des vacances pendant la récréation.* 2. Opposer des objections. *Arrête de **discuter** chaque fois que je te demande quelque chose !* (Syn. contester.)

disette (nom féminin)
Manque de produits alimentaires. *Les **disettes** étaient causées par de mauvaises récoltes.* (Syn. famine, pénurie. Contr. abondance.)

disgrâce (nom féminin)
Perte des faveurs accordées par une personne puissante. *Quand un courtisan avait déplu au roi, il tombait en* ***disgrâce***.

disgracieux, euse (adjectif)
Qui n'a pas de grâce, ni d'élégance. *Ses lourdes bottes lui donnaient une démarche* ***disgracieuse***. (Contr. gracieux.)

disjoindre (verbe) ○ conj.n°35
Séparer ou écarter ce qui était joint. *L'humidité* ***a disjoint*** *les lames du parquet.*

disjoncteur (nom masculin)
Interrupteur qui coupe le courant automatiquement, en cas de danger.

disloquer (verbe) ○ conj.n°3
Disjoindre complètement les parties d'un tout. *Le cortège* ***s'est disloqué*** *à la fin de la manifestation.*

disparaître (verbe) ○ conj.n°37
1. Cesser d'être visible. *Le bateau* ***a disparu*** *à l'horizon.* (Contr. apparaître.) 2. Être introuvable. *Mon stylo* ***a*** *encore* ***disparu*** *!* 3. Cesser d'exister. *Au cours du XX*[e] *siècle, de nombreuses espèces animales* ***ont disparu***.

disparate (adjectif)
Qui manque d'harmonie. *Ce vieux blouson avec ta jupe en soie forment un ensemble* ***disparate***. (Syn. hétéroclite.)

disparité (nom féminin)
Grande différence entre deux choses que l'on compare. *Il existe une grande* ***disparité*** *d'âge entre cette femme et son mari.*

disparition (nom féminin)
1. Fait de disparaître. *La police a été avertie de la* ***disparition*** *d'un enfant.* 2. Fait de mourir. *Les journaux ont annoncé la* ***disparition*** *de ce célèbre acteur.* (Syn. mort.)

disparu, ue (nom)
Personne morte ou considérée comme morte. *Après les inondations, on a compté de nombreux* ***disparus***.

dispensaire (nom masculin)
Établissement où l'on dispense des soins. *Pour une piqûre ou un pansement, vous pouvez aller au* ***dispensaire***.

dispense (nom féminin)
Fait d'être dispensé. *Il a une* ***dispense*** *de gymnastique à cause de son asthme.*

dispenser (verbe) ○ conj.n°3
1. Accorder l'autorisation de ne pas faire quelque chose d'obligatoire. *David* ***est dispensé*** *de gymnastique à cause d'une blessure au genou.* (Syn. exempter.) 2. Accorder ou donner. *L'infirmière* ***dispense*** *des soins aux blessés.* ⊙ Famille du mot : dispensaire, dispense, indispensable.

disperser (verbe) ○ conj.n°3
1. Faire aller dans plusieurs directions. *Les vagues* ***ont dispersé*** *les débris du bateau. Les manifestants* ***se sont dispersés*** *en fin de journée.* (Syn. disséminer.) 2. Se disperser : manquer de concentration. *À force de* ***se disperser***, *il n'arrive jamais à finir ce qu'il a commencé.* (Contr. se concentrer.)

dispersion (nom féminin)
Fait de se disperser. *La* ***dispersion*** *de la manifestation s'est effectuée dans le calme.*

disponible (adjectif)
Que l'on peut utiliser. *Il reste des places* ***disponibles*** *au fond de la salle.* (Syn. inoccupé, libre. Contr. occupé.)

dispos, dispose (adjectif)
• **Être frais et dispos :** être tout à fait en forme. *Après une bonne nuit de repos, elle* ***est fraîche et dispose***.

disposer (verbe) ○ conj.n°3
1. Placer d'une certaine manière. *Anna* ***a disposé*** *les couverts sur la table.* (Syn. arranger.) 2. Se servir de quelque chose. *Vous pouvez* ***disposer*** *de ma voiture pour sortir ce soir.* 3. Se disposer à : être sur le point de. *Il* ***se disposait à*** *partir quand l'orage a éclaté.* (Syn. s'apprêter.) • **Être disposé à :** être prêt. *Je pourrais t'aider à ranger si tu* ***es disposé à*** *commencer.* • **Être bien** ou **mal disposé :** être de bonne ou de mauvaise humeur. ⊙ Famille du mot : disposition, indisposer, indisposition, prédisposer.

a b c d e f g h i j k l m n o p q r s t u v w x y z

▸ **dispositif** (nom masculin)
Mécanisme prévu pour un usage précis. *Si on essaie d'ouvrir la voiture, le* ***dispositif*** *d'alarme se déclenche.*

▸ **disposition** (nom féminin)
Manière dont les choses sont disposées. *La maîtresse a changé la* ***disposition*** *des tables.* • **À la disposition de quelqu'un :** à son service. *Il a laissé ces cassettes* ***à notre disposition*** *pour quelques jours.* ▷ **dispositions** (nom féminin pluriel) 1. Préparatifs ou précautions. *Nous avons pris les* ***dispositions*** *nécessaires pour notre déménagement.* 2. Dons ou aptitudes. *Il a des* ***dispositions*** *pour le dessin.* 3. Manière d'être. *Attendons qu'elle soit dans de meilleures* ***dispositions*** *pour lui demander son aide.*

▸ **disproportion** (nom féminin)
Différence trop importante entre deux choses. *C'est un match inintéressant à cause de la* ***disproportion*** *des forces en présence.*

▸ **disproportionné, ée** (adjectif)
Qui présente une disproportion. *Le bonhomme que tu as dessiné a une tête* ***disproportionnée*** *par rapport à son corps.*

▸ **dispute** (nom féminin)
Discussion violente. *Leur conversation s'est terminée par une* ***dispute****.* (Syn. querelle.)

▸ **disputer** (verbe) ○ conj.n°3
1. Participer à une compétition. *Dimanche, Élodie* ***disputera*** *la finale du tournoi de tennis.* 2. Se disputer : se dire des choses désagréables. *Ibrahim et son frère n'arrêtent pas de* ***se disputer****.* (Syn. se quereller.)

▸ **disqualification** (nom féminin)
Exclusion d'un concurrent. *Le joueur qui a injurié l'arbitre mérite une* ***disqualification****.*

▸ **disqualifier** (verbe) ○ conj.n°10
Prononcer une disqualification. *Ce concurrent* ***a été disqualifié*** *pour dopage.*

▸ **disque** (nom masculin)
1. Plaque ronde qui sert à l'enregistrement des sons. *Écouter un* ***disque****. Enregistrer un* ***disque****.* 2. Palet rond que lancent les athlètes. *Le lancer du* ***disque*** *est une discipline olympique.*
• **Disque compact :** synonyme de C.D.
• **Disque dur :** partie d'un ordinateur qui contient les logiciels et les fichiers.

▸ **disquette** (nom féminin)
Plaquette utilisée en informatique pour contenir des informations. *Kevin entre une* ***disquette*** *de jeux dans son ordinateur.*

une **disquette**

▸ **dissection** (nom féminin)
Action de disséquer. *La* ***dissection*** *d'une grenouille.*

▸ **dissémination** (nom féminin)
Fait d'être disséminé. *La* ***dissémination*** *des graines par le vent permet la reproduction des plantes.*

▸ **disséminer** (verbe) ○ conj.n°3
Synonyme de disperser. *Un coup de vent* ***a disséminé*** *mes papiers dans le square.*

▸ **dissension** (nom féminin)
Désaccord grave. *Il existe des* ***dissensions*** *entre les membres de ce parti politique.*

▸ **disséquer** (verbe) ○ conj.n°8
Découper un corps pour en étudier les différents organes. ***Disséquer*** *un rat.*

▸ **dissidence** (nom féminin)
État de celui qui refuse d'obéir à une autorité. *Un groupe de soldats en* ***dissidence*** *refuse de combattre.*

dissident, ente (nom)
Personne qui est en dissidence. *Des **dissidents** politiques ont été arrêtés.*

dissimulation (nom féminin)
1. Action de dissimuler. *La **dissimulation** d'objets volés.* 2. Caractère d'une personne hypocrite. *Ne te fie pas à son sourire, c'est de la **dissimulation**.* (Contr. franchise.)

dissimuler (verbe) ○ conj.n°3
Synonyme de cacher. *Un masque **dissimulait** son visage. Le chat **s'était dissimulé** sous les couvertures.*

dissipation (nom féminin)
1. Fait de se dissiper. *Le temps sera beau après la **dissipation** du brouillard matinal.* 2. Conduite d'une personne dissipée. *La **dissipation** de certains élèves empêche les autres de travailler.* (Syn. indiscipline.)

dissipé, ée (adjectif)
Distrait et indiscipliné. *C'est une élève sympathique mais elle est trop **dissipée**.* (Contr. discipliné, studieux.)

dissiper (verbe) ○ conj.n°3
1. Faire disparaître. *Nous allons **dissiper** ce malentendu.* 2. Entraîner quelqu'un à s'amuser. *La maîtresse l'a mis au fond parce qu'il **dissipe** ses camarades.*

dissocier (verbe) ○ conj.n°10
Examiner séparément. *Pour mieux comprendre ce problème, il faut **dissocier** ses différentes parties.* (Contr. associer.)

dissolution (nom féminin)
1. Fait de se dissoudre. *Prenez votre médicament après sa **dissolution** complète dans l'eau.* 2. Action de dissoudre quelque chose. *Après la **dissolution** de l'Assemblée nationale, il faut élire de nouveaux députés.*

dissolvant (nom masculin)
Produit utilisé pour dissoudre certaines substances. *Un **dissolvant** pour vernis à ongles.* (Syn. solvant.)

dissoudre (verbe) ○ conj.n°52
1. Faire fondre un produit dans un liquide. *Le sel **se dissout** dans l'eau.* 2. Mettre fin à quelque chose. ***Dissoudre** une association.* ⊙ Famille du mot : dissolution, dissolvant.

dissuader (verbe) ○ conj.n°3
Convaincre une personne de ne pas faire quelque chose. *Il voulait se promener sous l'orage, mais ses amis l'en **ont dissuadé**.* (Contr. persuader.)

dissuasion (nom féminin)
Action de dissuader. • **Force de dissuasion** : armes nucléaires dont la puissance devrait dissuader l'adversaire d'attaquer.

dissymétrique (adjectif)
Synonyme d'asymétrique. *Un visage **dissymétrique**.* (Contr. symétrique.)

Ce crustacé a des pinces **dissymétriques**.

distance (nom féminin)
Espace qui sépare deux endroits ou deux moments. *La **distance** entre les deux villages est d'environ 20 kilomètres. Les deux guerres mondiales ont éclaté à 25 ans de **distance**.*

distancer (verbe) ○ conj.n°4
Mettre une certaine distance entre soi et ses adversaires. *Fatima **a** nettement **distancé** les autres nageuses.* (Syn. devancer.)

distant, ante (adjectif)
1. Qui se trouve séparé par une certaine distance. *Ces deux villes sont **distantes** d'à peu près 100 kilomètres.* 2. Qui a une attitude froide, réservée. *Elle est très **distante** avec les gens qu'elle ne connaît pas bien.* ⊙ Famille du mot : distance, distancer.

distendre (verbe) ○ conj.n°31
Déformer en étirant trop. *Mon pull-over **est** complètement **distendu**.*

distillation (nom féminin)
Action de distiller. *La **distillation** des fleurs permet d'obtenir des essences de parfums.* → Prononciation [distilasjɔ̃].

distiller (verbe) ○ conj.n°3
Chauffer un liquide pour séparer les divers éléments qui le constituent. *On **distille** le jus de la betterave pour obtenir de l'alcool.* → Prononciation [distile]. ⊙ Famille du mot : distillation, distillerie.

distillerie (nom féminin)
Usine où l'on fabrique certains produits par distillation. *Une **distillerie** de parfums.* → Prononciation [distilʀi].

distinct, distincte (adjectif)
1. Qui ne peut pas être confondu avec autre chose. *La nectarine et le brugnon sont deux fruits **distincts**.* 2. Qui se perçoit nettement. *Le sanglier a laissé des marques bien **distinctes** de son passage.* ⊙ Famille du mot : distinctement, distinctif, distinction, distingué, distinguer, indistinct.

distinctement (adverbe)
De manière distincte. *Parle plus **distinctement**, je ne comprends rien !*

distinctif, ive (adjectif)
Qui permet de distinguer quelqu'un ou quelque chose. *Le noir est la couleur **distinctive** des arbitres de football.*

distinction (nom féminin)
1. Action de distinguer. *Pierre est encore incapable de faire la **distinction** entre une abeille et une guêpe.* (Syn. différence.) 2. Élégance et finesse dans les gestes et les paroles. *Sa **distinction** s'ajoute à son élégance.* (Contr. vulgarité.)

distingué, ée (adjectif)
Élégant et raffiné. *Elle n'est pas très jolie, mais elle est très **distinguée**.* (Contr. vulgaire.)

distinguer (verbe) ○ conj.n°3
1. Faire la différence entre des personnes ou des choses. *Elle est incapable de **distinguer** un concombre d'une courgette !* (Syn. différencier. Contr. confondre.) 2. Percevoir ou reconnaître. *À travers le brouillard, on **distingue** à peine la lueur des phares.* 3. Se distinguer : se faire remarquer. *Durant le combat, il **s'est distingué** par sa bravoure.*

distraction (nom féminin)
1. Fait d'être distrait. *Elle a mis ses clés dans le réfrigérateur par **distraction**.* (Syn. étourderie. Contr. attention.) 2. Ce qu'on fait pour se distraire. *Il aime pêcher à la ligne, c'est sa **distraction** préférée.* (Syn. passe-temps.)

distraire (verbe) ○ conj.n°40
1. Détourner l'attention de quelqu'un. *Vos bavardages le **distraient** de son travail.* 2. Faire passer agréablement le temps. *Cette promenade va **distraire** les enfants. Quentin aime écouter de la musique pour **se distraire**.* (Syn. amuser, divertir.) ⊙ Famille du mot : distraction, distrait.

distrait, aite (adjectif)
Qui manque d'attention. *Je n'ai pas entendu ta question, j'étais **distraite**.* (Syn. étourdi. Contr. attentif.)

distribuer (verbe) ○ conj.n°3
Répartir entre plusieurs personnes. *C'est à Romain de **distribuer** les cartes.* ⊙ Famille du mot : distributeur, distribution.

distributeur (nom masculin)
Appareil qui sert à distribuer des objets. *Un **distributeur** de boissons, de billets de banque.*

distribution (nom féminin)
1. Action de distribuer. *Les enfants sont réunis autour du sapin pour la **distribution** des jouets.* 2. Ensemble des acteurs d'une pièce de théâtre ou d'un film.

dithyrambique (adjectif)
Qui est très élogieux. *Les commentaires **dithyrambiques** du journaliste après la victoire de l'équipe de France.*

diurne (adjectif)
Qui se montre le jour. *Le faucon et l'épervier sont des rapaces **diurnes**.* (Contr. nocturne.) ⊙ Diurne vient du latin *dies* qui signifie « jour ».

divagations (nom féminin pluriel)
Propos incohérents de quelqu'un qui divague. *Je n'écoute pas ses **divagations**, cet homme est complètement fou.*

divaguer (verbe) ⊙ conj.n°3
Synonyme de déraisonner. *Il a commencé à **divaguer** sous l'effet de la fièvre.*

divan (nom masculin)
Long siège sans bras ni dossier, qui peut servir de lit. *La chatte aime se blottir au milieu des coussins du **divan**.*

divergence (nom féminin)
Fait de diverger. *Ils ont fini par se fâcher à cause de leurs **divergences** politiques.* (Syn. désaccord.)

divergent, ente (adjectif)
1. Qui diverge. *À partir d'ici, nos routes sont **divergentes**.* (Contr. convergent.) 2. Au sens figuré, qui diffère. *Ces deux partis politiques ont des positions **divergentes** sur le problème du chômage.*

diverger (verbe) ⊙ conj.n°5
1. Aller en s'écartant l'un de l'autre. *Les fils électriques **divergent** à la sortie du compteur.* (Contr. converger.) 2. Au sens figuré, être en désaccord. *Sur certains problèmes, les avis **divergent**.* ⊙ Famille du mot : divergence, divergent.

divers, diverse (adjectif)
1. Qui présente des différences. *Le dictionnaire permet de connaître les **divers** sens d'un mot.* 2. Plusieurs. *Vous avez le choix entre **divers** restaurants.* ⊙ Famille du mot : diversifier, diversité.

diversifier (verbe) ⊙ conj.n°10
Rendre divers. *Pour **diversifier** ses menus, ce restaurateur propose des plats exotiques.*

diversion (nom féminin)
• **Faire diversion** : détourner l'attention. *Ils étaient sur le point de se disputer, mais notre arrivée **a fait diversion**.*

diversité (nom féminin)
Caractère de ce qui présente des aspects divers. *Ce magasin vend des bagages d'une grande **diversité**.* (Syn. variété.)

divertir (verbe) ⊙ conj.n°11
Faire passer agréablement le temps. *Tu travailles trop, tu devrais **te divertir** un peu.* (Syn. amuser, distraire.)

divertissement (nom masculin)
Ce qui divertit. *Le cirque est le **divertissement** préféré de Gaëlle.* (Syn. distraction.)

dividende (nom masculin)
Nombre que l'on divise par un autre quand on fait une division. *Si on divise 138 par 2, 138 est le **dividende** et 2 le diviseur.*

divin, ine (adjectif)
1. Qui concerne Dieu ou les dieux. *La puissance **divine**.* 2. Qui a des qualités remarquables, merveilleuses. *Le parfum de cette rose est **divin**.* (Syn. excellent, exquis.)

divinité (nom féminin)
Dieu ou déesse. *Les Grecs et les Romains adoraient de nombreuses **divinités**.*

diviser (verbe) ⊙ conj.n°3
1. Partager en plusieurs parties. *Hélène **divise** le gâteau en huit parts égales. À son sommet, le tronc de l'arbre **se divise** en plusieurs branches.* 2. Faire une division. *Si tu **divises** 45 par 5, tu obtiens 9.* 3. Créer un désaccord entre les gens. *La politique du gouvernement **divise** l'opinion.* (Syn. désunir.) ⊙ Famille du mot : diviseur, divisible, division, subdiviser, subdivision.

diviseur (nom masculin)
Nombre qui divise un autre nombre quand on fait une division. *Si tu divises 400 par 4, 4 est le **diviseur** et 400 le dividende.*

divisible (adjectif)
Qui peut être divisé exactement. *24 est **divisible** par 6.*

▸ **division** (nom féminin)
1. Opération arithmétique qui consiste à calculer combien de fois un nombre est contenu dans un autre. *Julie ne sait pas encore faire de **divisions** à trois chiffres.* 2. Partie d'un ensemble limitée par un trait ou une marque. *Les **divisions** d'un thermomètre indiquent les degrés de température.* 3. Désaccord entre des personnes. *Ces racontars ont semé la **division** dans ce groupe d'amis.* (Syn. désunion, discorde.) 4. Ensemble de régiments ou d'équipes sportives. *Une **division** aérienne.*

▸ **divorce** (nom masculin)
Rupture légale d'un mariage. *Elle vit seule avec ses enfants depuis son **divorce**.*

▸ **divorcer** (verbe) ○ conj.n°4
Se séparer par un divorce. *Les parents de mon cousin ne s'entendent plus, ils ont décidé de **divorcer**.*

▸ **divulguer** (verbe) ○ conj.n°3
Révéler au public une chose secrète. *Des journalistes **ont divulgué** les escroqueries de certains hommes politiques.* (Syn. dévoiler.)

▸ **dix** (adjectif)
Neuf plus un (10). *Thomas vient d'avoir **dix** ans.* ▷ **dix** (nom masculin) Nombre dix. *Nous partons en vacances le **dix** de ce mois.* → On prononce [dis] quand dix est employé seul, [di] devant une consonne ou un h aspiré, [diz] devant une voyelle ou un h muet. ⊙ Famille du mot : dixième, dizaine.

▸ **dixième** (adjectif et nom)
Qui occupe le rang numéro 10. *Laura habite au **dixième** étage.* ▷ **dixième** (nom masculin) Ce qui est contenu dix fois dans un tout. *Il a déjà remboursé le **dixième** de sa dette.* → Prononciation [dizjɛm].

▸ **dizaine** (nom féminin)
1. Ensemble de dix unités. *Dans 526 et 28, le chiffre des **dizaines** est 2.* 2. Quantité d'environ dix. *Nous serons de retour dans une **dizaine** de jours.*

▸ **djellaba** (nom féminin)
Robe longue à manches et à capuchon que les gens portent en Afrique du Nord.

▸ **do** (nom masculin)
Note de musique qui commence la gamme.

▸ **doberman** (nom masculin)
Chien au poil ras, très musclé. → Prononciation [dɔbɛʀman].

▸ **docile** (adjectif)
Qui obéit facilement. *Un chien **docile**.*

▸ **docilité** (nom féminin)
Caractère docile. *Le moniteur d'équitation a choisi des chevaux d'une grande **docilité** pour les débutants.*

▸ **dock** (nom masculin)
Grand hangar dans un port. *Les marchandises sont stockées dans des **docks**.*

▸ **docker** (nom masculin)
Ouvrier qui charge et décharge les bateaux. → Prononciation [dɔkɛʀ].

▸ **docteur** (nom masculin)
1. Synonyme de médecin. *Si tu es malade, je vais prendre un rendez-vous chez le **docteur**.* 2. Titre universitaire. *Elle est **docteur** en géologie.*

▸ **doctorat** (nom masculin)
Diplôme qui donne droit au titre de docteur. *Sa sœur prépare un **doctorat** en droit.*

▸ **doctrine** (nom féminin)
Ensemble des idées ou des opinions que l'on défend. *La **doctrine** d'un parti politique.*

▸ **document** (nom masculin)
Écrit ou illustration qui sert à renseigner. *Ces articles sont des **documents** passionnants sur la vie des insectes.* ⊙ Famille du mot : documentaire, documentaliste, documentation, se documenter.

▸ **documentaire** (adjectif)
Qui a le caractère d'un document. *Victor préfère les émissions **documentaires** aux films de fiction.* ▷ **documentaire** (nom masculin) Film qui montre des faits réels. *Un **documentaire** sur les dauphins.*

documentaliste (nom)
Personne qui rassemble et classe les documents. *Pour trouver ce livre, renseigne-toi auprès de la **documentaliste**.*

documentation (nom féminin)
Ensemble de documents. *William et Noémie ont rassemblé une **documentation** sur les champignons.*

se documenter (verbe) conj.n°3
Chercher ou consulter des documents. *Les élèves doivent **se documenter** sur les Indiens d'Amérique du Nord pour faire un exposé.*

dodeliner (verbe) conj.n°3
• **Dodeliner de la tête** : la balancer doucement.

dodo (nom masculin)
• **Aller au dodo** : dans le langage enfantin, aller se coucher. • **Faire dodo** : dormir.

dodu, ue (adjectif)
Gras, potelé. *Un poulet bien **dodu**.*

dogme (nom masculin)
Idée ou opinion considérée comme une vérité indiscutable.

dogue (nom masculin)
Chien au museau aplati. ⊙ Dogue vient de l'anglais *dog* qui signifie « chien ».

un **dogue**

doigt (nom masculin)
1. Chaque partie articulée et mobile qui termine la main. *Les cinq **doigts** de la main sont le pouce, l'index, le majeur, l'annulaire et l'auriculaire.* ➠ p. 263.
2. Très petite quantité. *Je boirais bien un **doigt** de liqueur.* • **Être à deux doigts** : être tout près. *Elle **était à deux doigts** de gagner.* • **Doigt de pied** : orteil. • **Sur le bout des doigts** : parfaitement. *Xavier sait sa leçon **sur le bout des doigts**.*

doigté (nom masculin)
Tact et finesse. *Il faudra beaucoup de **doigté** pour les réconcilier.* (Syn. diplomatie.)

doléances (nom féminin pluriel)
Plaintes ou réclamations. *Le directeur a refusé d'écouter les **doléances** de ses employés.*

dollar (nom masculin)
Monnaie utilisée aux États-Unis, au Canada, en Australie, etc.

dolmen (nom masculin)
Monument préhistorique composé d'une dalle de pierre posée sur deux pierres verticales. → Prononciation [dɔlmɛn]. ⊙ Dolmen est formé des mots bretons *tol* qui signifie « table » et *men* qui signifie « pierre » et qu'on retrouve dans *menhir*.

domaine (nom masculin)
1. Grande propriété à la campagne. *Sa famille possède un **domaine** de plusieurs hectares.* 2. Ensemble de connaissances. *À notre époque, les progrès sont immenses dans le **domaine** scientifique.*

dôme (nom masculin)
Toit de forme arrondie. *Le **dôme** du Vatican.*

domestique (adjectif)
1. Qui concerne l'entretien d'une maison. *Yann aide sa mère pour les travaux **domestiques**.* (Syn. ménager.)
2. Qui vit auprès de l'homme. *Le chien et le chat sont des animaux **domestiques**.* (Contr. sauvage.) ▷ **domestique** (nom) Personne employée dans une maison pour servir une famille. *Autrefois, les **domestiques** vivaient dans la maison de leur maître.* ⊙ Aujourd'hui, on n'emploie plus ce terme, on dit « employé de maison ».

domestiquer (verbe) conj.n°3
Rendre domestique un animal sauvage. *Il n'est pas possible de* ***domestiquer*** *les chats sauvages.* (Syn. apprivoiser.)

domicile (nom masculin)
Lieu où l'on habite. *Je vais vous donner le numéro de téléphone de mon* ***domicile****.*

dominant, ante (adjectif)
Qui domine, qui est le plus important. *L'un des traits* ***dominants*** *de son caractère est la franchise.* (Syn. principal.)

dominateur, trice (adjectif)
Qui aime dominer. *En grandissant, il s'est révolté contre son père trop* ***dominateur****.*

domination (nom féminin)
Fait de dominer. *Les Gaulois ont vécu sous la* ***domination*** *des Romains après la défaite d'Alésia.*

dominer (verbe) conj.n°3
1. Tenir en son pouvoir ou sous son autorité. *Ce peuple de guerriers voulait* ***dominer*** *les peuples voisins.* 2. Contrôler ses sentiments. *Elle n'arrivait pas à* ***dominer*** *sa peur. Il a réussi à* ***se dominer*** *malgré sa colère.* (Syn. maîtriser.) 3. Être situé au-dessus. *Du haut des remparts, nous* ***dominons*** *toute la ville.* (Syn. surplomber.) 4. Être supérieur en quantité ou en intensité. *Dans ce plat, c'est le goût du cari qui* ***domine****.* (Syn. prédominer.) Famille du mot : dominant, dominateur, domination, prédominer.

dominical, ale, aux (adjectif)
Du dimanche. *Chez grand-mère, le gigot est le plat* ***dominical****.*

domino (nom masculin)
Petite plaque rectangulaire, marquée de points noirs qui vont de zéro à six points.

des **dominos**

dommage (nom masculin)
Dégât matériel. *Le tremblement de terre a causé des* ***dommages*** *considérables.* • **C'est dommage, quel dommage :** c'est regrettable. ***Quel dommage*** *que les vacances soient déjà finies !*

dompter (verbe) conj.n°3
Forcer un animal sauvage à obéir. ***Dompter*** *un fauve.* (Syn. dresser.) → Prononciation [dɔ̃te] ou [dɔ̃pte].

dompteur, euse (nom)
Personne qui dompte un animal sauvage. *Le* ***dompteur*** *fait sauter les tigres à travers un cercle de feu.* → Prononciation [dɔ̃tœʀ] ou [dɔ̃ptœʀ].

don (nom masculin)
1. Action de donner ou chose donnée. *Cette association reçoit de nombreux* ***dons*** *d'argent pour les victimes de la faim.* (Syn. cadeau.) 2. Talent naturel. *Benjamin a un* ***don*** *pour la musique.*

donc (conjonction)
1. Sert à indiquer une conséquence. *Tu n'as pas son adresse, tu ne peux* ***donc*** *pas lui écrire.* (Syn. par conséquent.) 2. Sert à renforcer une affirmation, un ordre, une question. *Tu es tout pâle, qu'as-tu* ***donc*** *?*

donjon (nom masculin)
Tour la plus haute d'un château fort. *Le* ***donjon*** *était le dernier refuge des assiégés.* → p. 196.

donné, ée (adjectif)
Fixé ou limité à l'avance. *Les concurrents doivent faire le tour du stade en un temps* ***donné****.* • **Étant donné que :** puisque. ▷ **donnée** (nom féminin) Ce qui sert de base à un raisonnement. *Le détective a étudié toutes les* ***données*** *de l'affaire.*

donner (verbe) conj.n°3
1. Remettre en cadeau. *Ce n'est pas la peine de me rendre ce stylo, je te le* ***donne****.* (Syn. offrir. Contr. recevoir.) 2. Confier quelque chose à quelqu'un. *Il* ***a donné*** *sa voiture à réviser.* 3. Produire. *Cette année, les rosiers* ***ont donné*** *beaucoup de fleurs.* 4. Causer. *Ces travaux m'****ont donné*** *beaucoup de peine. La chaleur nous* ***a donné*** *soif.*

5. Indiquer. ***Donner** une adresse, des nouvelles. **Donner** l'heure.* **6.** Être situé de tel côté. *Cette fenêtre **donne** sur la rue.* • **Donnant donnant :** à condition d'avoir quelque chose en échange de ce que l'on donne. ⊙ Famille du mot : don, donné, donneur.

donneur, euse (nom)
• **Donneur de sang :** personne qui donne son sang pour qu'il serve à faire des transfusions aux malades et aux blessés.

dont (pronom)
Pronom relatif qui remplace un nom précédé de « de ». *C'est une photo **dont** il est très fier. (Il est très fier de cette photo.)*

dopage (nom masculin)
Fait de se doper. *Le **dopage** est strictement interdit dans les compétitions sportives.*

doper (verbe) ○ conj.n°3
Donner à une personne ou à un animal une drogue qui augmente ses capacités physiques. *Ce joueur a été exclu du championnat parce qu'il **s'était dopé**.*

dorade ➡ Voir daurade.

dorénavant (adverbe)
Synonyme de désormais. ***Dorénavant**, nous voyagerons en train plutôt qu'en voiture.*

dorer (verbe) ○ conj.n°3
1. Recouvrir d'une mince couche d'or. ***Dorer** un cadre.* **2.** Donner une couleur jaune comme l'or. *Il adore se faire **dorer** au soleil.*

dorloter (verbe) ○ conj.n°3
Donner à quelqu'un beaucoup de soins et de tendresse. *Elle aime bien se faire **dorloter** par sa grand-mère.* (Syn. chouchouter, choyer.)

dormant, ante (adjectif)
• **Eau dormante :** qui ne s'écoule pas. *Les **eaux dormantes** d'un étang.* (Syn. stagnant.)

dormeur, euse (nom)
Personne qui dort. *Le bruit d'une sonnerie a réveillé brutalement les **dormeurs**.*

dormir (verbe) ○ conj.n°15
Être plongé dans le sommeil. *Ne fais pas de bruit, ton frère **dort** profondément.* • **Histoire à dormir debout :** incroyable. ⊙ Famille du mot : dormant, dormeur, endormir.

dorsal, ale, aux (adjectif)
Du dos. *Des douleurs **dorsales**.*

dortoir (nom masculin)
Grande salle où dorment des personnes. *Les **dortoirs** d'une caserne.*

dorure (nom féminin)
Couche d'or. *La **dorure** d'un miroir.*

un cadre recouvert de **dorure**

doryphore (nom masculin)
Insecte jaune et noir dont les larves dévorent les feuilles de pommes de terre.

un **doryphore**

▸ **dos** (nom masculin)
1. Partie arrière du corps de l'homme et des animaux entre les épaules et les fesses. *Elle porte son cartable sur le* ***dos****.* 2. Côté bombé d'une chose. *Le* ***dos*** *de la main.* 3. Envers d'un objet. *Écrivez votre nom au* ***dos*** *de l'enveloppe.* • **De dos** : vu du côté du dos. (Contr. de face.) • **Renvoyer dos à dos** : ne pas prendre parti entre deux personnes. • **Se mettre quelqu'un à dos** : s'en faire un ennemi. ⊙ Famille du mot : s'adosser, dos-d'âne, dossard, dossier, endosser.

▸ **dosage** (nom masculin)
Action de doser un mélange. *Pour réussir ce plat, fais attention au* ***dosage*** *des épices.*

▸ **dos-d'âne** (nom masculin)
Bosse sur la chaussée. → Pluriel : des dos-d'âne.

▸ **dose** (nom féminin)
Quantité à prendre en une fois. *Ce médicament peut être dangereux si vous ne respectez pas la* ***dose*** *prescrite.* ⊙ Famille du mot : dosage, doser.

▸ **doser** (verbe) ⊙ conj.n°3
Déterminer la bonne dose pour un mélange. *La cuisinière* ***dose*** *soigneusement la farine et le lait pour réussir sa pâte.*

▸ **dossard** (nom masculin)
Carré de tissu fixé au dos du maillot d'un sportif. *Le gagnant du marathon porte le* ***dossard*** *numéro 3.*

▸ **dossier** (nom masculin)
1. Partie d'un siège sur laquelle on appuie son dos. *Cette voiture a des sièges à* ***dossier*** *inclinable.* 2. Ensemble de documents sur un sujet. *Nous avons préparé un* ***dossier*** *sur les glaciers des Alpes.*

▸ **dot** (nom féminin)
Ensemble des biens et de l'argent qu'une jeune fille apportait autrefois au moment de son mariage. → Prononciation [dɔt].

▸ **doter** (verbe) ⊙ conj.n°3
1. Donner une dot. *Autrefois, les parents devaient* ***doter*** *leur fille.* 2. Équiper de certains éléments. *Notre école* ***est dotée*** *d'un gymnase.*

▸ **douane** (nom féminin)
Administration chargée de contrôler le passage d'un pays à un autre. *La cargaison des routiers est vérifiée à la* ***douane****.*

▸ **douanier, ère** (adjectif)
De la douane. *Des contrebandiers ont été arrêtés au cours d'un contrôle* ***douanier****.* ▷ **douanier** (nom masculin) Employé de la douane. *La voiture a été arrêtée à la frontière et fouillée par les* ***douaniers****.*

▸ **doublage** (nom masculin)
Action de doubler. *C'est un film italien avec un* ***doublage*** *en français.*

▸ **double** (adjectif)
1. Qui est égal à deux fois la même chose. *Une* ***double*** *dose de médicament.* 2. Qui est répété deux fois. *Un* ***double*** *nœud. Un livre en* ***double*** *exemplaire.* ▷ **double** (nom masculin) 1. Quantité multipliée par deux. *Vingt est le* ***double*** *de dix.* 2. Copie exacte. *Donnez-moi cette facture et gardez le* ***double****.* 3. Partie de tennis opposant deux équipes de deux joueurs.

▸ **doublement** (adverbe)
De deux façons. *Ce plat est* ***doublement*** *raté : il est brûlé et trop salé.*

▸ **doubler** (verbe) ⊙ conj.n°3
1. Multiplier par deux. *La population du village* ***double*** *durant l'été.* 2. Dépasser un véhicule. *À la fin de la ligne continue, tu pourras* ***doubler****.* 3. Garnir l'intérieur d'un vêtement avec une doublure. *Elle porte un manteau de velours* ***doublé*** *de soie.* 4. Remplacer un acteur par un autre. *Un cascadeur* ***double*** *la vedette du film pendant la poursuite en voiture.* 5. Remplacer les dialogues d'un film par leur traduction dans une autre langue. *C'est un film américain* ***doublé*** *en français.*

doublure (nom féminin)
1. Tissu qui garnit l'intérieur d'un vêtement. *Elle a déchiré la **doublure** de son blouson.* 2. Acteur qui double un autre acteur. *La vedette du film est remplacée par sa **doublure**.*

en douce (adverbe)
Dans la langue familière, sans se faire remarquer. *Le chat s'est faufilé **en douce** dans la cuisine.*

douceâtre (adjectif)
Qui est d'une douceur fade. *Je n'aime pas le goût **douceâtre** de ce soda.*

doucement (adverbe)
1. De manière douce. *Prends ce vase et pose-le **doucement** sur la table.* (Contr. brusquement, bruyamment, violemment.) 2. Synonyme de lentement. *Attention au virage, roule plus **doucement** !*

doucereux, euse (adjectif)
Qui est d'une douceur hypocrite. *Sa voix **doucereuse** ne m'inspire pas confiance.* (Syn. mielleux.)

douceur (nom féminin)
1. Qualité de ce qui est doux. *Ses joues ont la **douceur** du velours. La **douceur** du climat au bord de la mer.* 2. Qualité d'une personne douce. *C'est un enfant timide, parlez-lui avec **douceur**.* (Contr. brutalité, violence.) • **En douceur** : doucement, sans brutalité.

douche (nom féminin)
Jet d'eau que l'on projette sur le corps pour se laver. *En rentrant du stade, Clément a pris une **douche**.*

se doucher (verbe) conj.n°3
Prendre une douche.

doudoune (nom féminin)
Veste rembourrée de duvet.

doué, ée (adjectif)
Qui a des dons naturels dans un certain domaine. *Odile est **douée** pour le chant, elle a une jolie voix.*

douille (nom féminin)
1. Pièce de métal creuse d'une lampe dans laquelle on fixe l'ampoule. 2. Cylindre creux contenant la poudre d'une cartouche.

douillet, ette (adjectif)
1. Qui ne supporte pas la moindre douleur. *C'est une enfant **douillette** qui pleure à la moindre écorchure.* 2. Doux et confortable. *Dormir dans un lit **douillet**.*

douleur (nom féminin)
1. Sensation physique pénible causée par ce qui fait mal. *Grand-mère souffre de **douleurs** dans le dos.* 2. Grand chagrin. *Il a éprouvé une **douleur** immense en apprenant la mort de son ami.* (Syn. peine, souffrance.)

douloureux, euse (adjectif)
1. Qui cause une douleur. *Il souffre d'une blessure très **douloureuse** au genou.* 2. Qui cause du chagrin. *Cette défaite nous a laissé un souvenir **douloureux**.*

doute (nom masculin)
Manque de certitude sur la vérité ou la réalité de quelque chose. *Nous avons un **doute** sur son innocence.* • **Cela ne fait aucun doute** : c'est certain. • **Sans doute** : probablement. *Il viendra **sans doute** demain.* Famille du mot : douter, douteux.

douter (verbe) conj.n°3
1. Avoir des doutes, ne pas être sûr. *Le juge **doute** de l'innocence de l'accusé.* 2. Se douter de quelque chose : penser qu'elle est probable. *Je **me doutais** bien que tu n'oublierais pas notre rendez-vous.* • **Ne douter de rien** : être très audacieux, être sûr de réussir.

douteux, euse (adjectif)
1. Qui est peu probable. *La victoire de notre équipe me paraît **douteuse**.* (Contr. certain, évident, sûr.) 2. Qui n'est pas vraiment propre. *Il porte une chemise d'un blanc **douteux**.*

douve (nom féminin)
Fossé rempli d'eau qui entoure les remparts d'un château. *Le pont-levis permettait de franchir les **douves**.*
➠ p. 196.

▸ **doux, douce** (adjectif)
1. Agréable à toucher. *Elle a la peau **douce** comme de la soie.* (Contr. rêche, rugueux.) **2.** Qui n'est ni trop chaud ni trop froid. *Un temps **doux**. Faire cuire un plat à feu **doux**.* (Syn. modéré.) **3.** Qui fait preuve de gentillesse, de patience. *Cette infirmière est très **douce** avec ses malades.* (Contr. brutal, dur, sévère.) **4.** Qui a un goût sucré agréable. *Ces bonbons au miel sont très **doux**.* (Contr. acide, amer.)
• **Eau douce :** eau qui n'est pas salée, contrairement à l'eau de mer. *Le goujon est un poisson d'**eau douce**.*
• **Filer doux :** dans la langue familière, obéir sans discuter. ⊙ Famille du mot : adoucir, adoucissant, adoucissement, douceâtre, doucement, doucereux, douceur, se radoucir, radoucissement.

▸ **douzaine** (nom féminin)
1. Ensemble de douze unités. *Une **douzaine** d'huîtres, d'œufs.* **2.** Quantité d'environ douze. *Il y aura bien une **douzaine** de personnes pour mon anniversaire.*

▸ **douze** (adjectif)
Dix plus deux (12). *De minuit à midi, il y a **douze** heures.* ▹ **douze** (nom masculin) Nombre douze. *Sarah habite au **douze**.* ⊙ Famille du mot : douzaine, douzième.

▸ **douzième** (adjectif et nom)
Qui est au rang marqué par le numéro 12. *L'horloge sonnait le **douzième** coup de minuit.* ▹ **douzième** (nom masculin) Ce qui est contenu douze fois dans un tout. *Cela représente le **douzième** de son salaire.*

▸ **doyen, enne** (nom)
Personne la plus âgée d'un groupe. *La **doyenne** du village va fêter ses 102 ans.*

▸ **draconien, enne** (adjectif)
Très sévère. *Le colonel a pris des décisions **draconiennes** en ce qui concerne la discipline.* ⊙ Draconien vient de *Dracon*, nom d'un magistrat très sévère de l'Antiquité grecque.

▸ **dragée** (nom féminin)
Bonbon fait d'une amande recouverte de sucre. *Les mariés ont offert un cornet de **dragées** à chaque invité.*

▸ **dragon** (nom masculin)
Animal imaginaire que l'on représente avec des ailes, des griffes et une queue de serpent.

« Saint Georges et le **dragon** »
de Bernardo Martorell (XVe siècle)

▸ **dragonne** (nom féminin)
Courroie d'un bâton de ski qu'on passe autour du poignet.

▸ **draguer** (verbe) ⊙ conj.n°3
Racler le fond de l'eau pour enlever la boue ou le sable. ***Draguer** un canal, un étang.*

▸ **drainage** (nom masculin)
Action de drainer. *Ce sous-sol était toujours humide : il a fallu faire un **drainage**.*

▸ **drainer** (verbe) ⊙ conj.n°3
Évacuer l'eau d'un terrain trop humide. *Si on **draine** ces terrains marécageux, on pourra y faire des cultures.*

▸ **drakkar** (nom masculin)
Bateau à voile carrée et à rames, utilisé autrefois par les Vikings. ⊙ Drakkar est un mot suédois qui signifie « dragon », car la proue de ces bateaux était ornée d'une tête de dragon.

un **drakkar**

▸ **dramatique** (adjectif)
1. Très grave. *Les alpinistes perdus dans la tempête sont dans une situation **dramatique**.* (Syn. tragique.) 2. Qui concerne les pièces de théâtre. *Un auteur **dramatique**.*

▸ **dramatiser** (verbe) ○ conj.n°3
Exagérer la gravité d'un fait ou d'un événement. *Sa blessure est superficielle, il est inutile de **dramatiser** !*

▸ **drame** (nom masculin)
1. Événement très grave. *S'il perd son emploi, ce sera un **drame** pour sa famille.* (Syn. catastrophe, tragédie.) 2. Pièce de théâtre qui met en scène une histoire tragique. ⊙ Famille du mot : dédramatiser, dramatique, dramatiser.

▸ **drap** (nom masculin)
Chacune des deux grandes pièces de toile qu'on place sur un lit et entre lesquelles on dort. *Ursula a pris une paire de **draps** propres pour faire son lit.* • **Être dans de beaux draps :** être dans une situation très embarrassante. ⊙ Famille du mot : drapeau, drap-housse, se draper, draperie.

▸ **drapeau, eaux** (nom masculin)
Pièce de tissu qui sert d'emblème à un pays. *Le **drapeau** européen comporte douze étoiles.*

▸ **drap-housse** (nom masculin)
Drap qui s'adapte au matelas grâce à ses coins munis d'élastique. → Pluriel : des draps-housses.

▸ **se draper** (verbe) ○ conj.n°3
S'enrouler dans un vêtement ou dans un tissu. *Zoé **s'est drapée** dans un châle de soie pour jouer le rôle de la princesse.*

▸ **draperie** (nom féminin)
Grande pièce d'étoffe formant de larges plis. *Des **draperies** encadrent les fenêtres du château.*

▸ **dressage** (nom masculin)
Action de dresser un animal. *Le **dressage** des chevaux de cirque est long.*

▸ **dresser** (verbe) ○ conj.n°3
1. Lever ou tenir droit. ***Dresser** la tête.* (Contr. baisser.) 2. Faire tenir droit. *Des ouvriers **dressent** un échafaudage.* (Syn. installer.) 3. Établir avec soin. *L'entraîneur **a dressé** la liste des joueurs.* 4. Apprendre l'obéissance à un animal. ***Dresser** un chien.* 5. Se dresser : s'élever tout droit. *Un pic **se dresse** à l'horizon.* • **Dresser l'oreille :** se mettre à écouter attentivement.

▸ **dribble** (nom masculin)
Action de dribbler.

▸ **dribbler** (verbe) ○ conj.n°3
Faire avancer le ballon devant soi en le contrôlant. *Il a traversé tout le terrain de basket en **dribblant**.*

▸ **drogue** (nom féminin)
Produit toxique qui rend euphorique, mais provoque des troubles graves. *La loi prévoit des peines très sévères pour les trafiquants de **drogue**.* (Syn. stupéfiant.) ⊙ Famille du mot : drogué, droguer, droguerie, droguiste.

▸ **drogué, ée** (nom)
Personne qui consomme très régulièrement de la drogue et ne peut plus s'en passer. *Un centre d'accueil a été créé pour les **drogués**.* (Syn. toxicomane.)

▸ **droguer** (verbe) ○ conj.n°3
Faire prendre des drogues. *Le vétérinaire a dû **droguer** l'animal pour le calmer.*

a b c d e f g h i j k l m n o p q r s t u v w x y z

▸ **droguerie** (nom féminin)
Magasin où l'on vend des produits d'entretien et de toilette, de la quincaillerie. ⊙ Autrefois dans les drogueries, on vendait des *drogues*, c'est-à-dire des médicaments.

▸ **droguiste** (nom)
Commerçant qui tient une droguerie.

▸ **1. droit, droite** (adjectif)
1. Qui ne tourne pas. *Une ligne* ***droite****. Une route* ***droite****.* (Syn. rectiligne. Contr. courbe.) **2.** Qui est vertical. *Tiens-toi* ***droit****. Redresse ce tableau, il n'est pas* ***droit****.* **3.** Qui agit avec droiture, honnêteté. *Faites-lui confiance, c'est une femme très* ***droite****.* (Contr. déloyal, faux.) **4.** Qui est situé du côté opposé à celui du cœur. *David écrit de la main* ***droite****.* (Contr. gauche.) • **Angle droit** : angle de 90°. ➠ p. 512. ▷ **droite** (nom féminin) **1.** Ligne droite. *Prenez vos règles et tracez une* ***droite*** *passant par les points A et B.* ➠ p. 512. **2.** Côté droit. *Notre maison est la première de la rue sur la* ***droite****.* (Contr. gauche.) **3.** Ensemble des partis politiques qui ont des opinions conservatrices. *À l'Assemblée nationale, il y a des députés de* ***droite****, de gauche et du centre.* ▷ **droit** (adverbe) En ligne droite. *Aller* ***droit*** *devant soi.* ⊙ Famille du mot : droitier, droiture.

▸ **2. droit** (nom masculin)
1. Ce qui est autorisé par la loi. *À partir de 18 ans, un citoyen français a le* ***droit*** *de vote.* **2.** Ce qui est permis. *Tu as parfaitement le* ***droit*** *de dire ce que tu penses.* **3.** Ensemble des lois. *Si tu veux devenir avocat, il faudra que tu étudies le* ***droit*** *à l'université.* **4.** Somme d'argent que l'on doit payer. *Payer un* ***droit*** *d'entrée.*

▸ **droitier, ère** (adjectif)
Qui se sert habituellement de la main droite. (Contr. gaucher.)

▸ **droiture** (nom féminin)
Comportement d'une personne droite, loyale. *Il est incapable de tromper quelqu'un, tout le monde connaît sa* ***droiture****.* (Syn. honnêteté, loyauté.)

▸ **drôle** (adjectif)
1. Qui amuse, fait rire. *Une histoire* ***drôle****.* (Syn. comique.) **2.** Qui semble étrange ou anormal. *Il y a une* ***drôle*** *d'odeur dans la cuisine.* (Syn. bizarre, curieux.) ⊙ Famille du mot : drôlement, drôlerie.

▸ **drôlement** (adverbe)
1. D'une manière drôle. *Il est* ***drôlement*** *coiffé ce matin !* **2.** Synonyme familier d'extrêmement. *Je suis* ***drôlement*** *ennuyé d'avoir perdu mes clés.*

▸ **drôlerie** (nom féminin)
Caractère de ce qui est drôle. *Ce film est d'une* ***drôlerie*** *incroyable.*

▸ **dromadaire** (nom masculin)
Mammifère ruminant qui ressemble au chameau, mais n'a qu'une seule bosse. *Les* ***dromadaires*** *vivent dans les déserts.*

un **dromadaire**

▸ **dru, drue** (adjectif)
Épais et serré. *De l'herbe* ***drue****. Une barbe* ***drue****.* (Syn. touffu. Contr. clairsemé.)

▸ **druide** (nom masculin)
Prêtre gaulois. *Les* ***druides*** *cueillaient le gui sacré sur les chênes.*

▸ **du** ➠ Voir de.

▸ **dû, due, dus, dues** (adjectif)
1. Que l'on doit. *Vous devez régler la somme* ***due*** *avant la fin du mois.* **2.** Qui est causé par quelqu'un ou quelque chose. *Son retard est* ***dû*** *aux embouteillages.* ▷ **dû** (nom masculin) Ce qui est dû à quelqu'un. *Il veut qu'on lui rende son* ***dû****.*

dubitatif, ive (adjectif)
Qui exprime le doute. *Elle avait un air* ***dubitatif*** *quand il racontait ses exploits.*

duc, duchesse (nom)
Titre de noblesse le plus élevé après celui de prince, de princesse.

duché (nom masculin)
Territoire gouverné autrefois par un duc ou une duchesse. *Le* ***duché*** *de Bretagne.*

duchesse ➠ Voir duc.

duel (nom masculin)
Combat entre deux personnes à la suite d'une offense. ***Duel*** *à l'épée, au pistolet.*

dune (nom féminin)
Colline de sable formée par le vent.

dunette (nom féminin)
Partie surélevée sur le pont arrière d'un navire. *Le commandant monta sur la* ***dunette*** *pour scruter l'horizon.*

duo (nom masculin)
Air de musique pour deux instruments ou deux voix. *Chanter en* ***duo****.*

dupe (adjectif)
• **Être dupe** : se laisser facilement tromper. *Nous ne* ***sommes*** *pas* ***dupes*** *de son boniment.*

duper (verbe) ○ conj.n°3
Tromper quelqu'un en se servant de sa naïveté. *Un escroc l'****a dupé*** *en lui vendant de faux tableaux.* (Syn. berner.)

duplex (nom masculin)
Appartement sur deux étages, qui communiquent par un escalier intérieur.

duplicata (nom masculin)
Copie exacte d'un document officiel. (Syn. double. Contr. original.) → Pluriel : des duplicata ou des duplicatas.

duquel ➠ Voir lequel.

dur, dure (adjectif)
1. Qui résiste et qu'on ne peut pas entamer facilement. *Le diamant est une pierre très* ***dure****.* (Syn. résistant. Contr. mou, tendre.) 2. Difficile à faire. *Cet exercice de calcul est* ***dur****.* (Syn. ardu.) 3. Qui est pénible à supporter. *Il est mineur de fond, c'est un métier très* ***dur****.* 4. Qui ne montre aucune indulgence, aucune sensibilité. *Ce chef d'entreprise est* ***dur*** *avec ses employés.* (Contr. indulgent.) ▷ **dur** (adverbe) Beaucoup. *Travailler* ***dur****. Il gèle* ***dur****.* ▷ **dur, dure** (nom) Personne qui n'a peur de rien. *Elle a l'air timide, mais en réalité, c'est une* ***dure !*** ⊙ Famille du mot : durcir, durcissement, durement, dureté, endurcir.

durable (adjectif)
Qui va durer longtemps. *Élodie et Myriam espèrent bien que leur amitié sera* ***durable****.*

durant (préposition)
Synonyme de pendant. *Ils ont fait connaissance* ***durant*** *un voyage en train.*

durcir (verbe) ○ conj.n°11
1. Devenir dur. *La pâte à tarte a commencé à* ***durcir****.* (Contr. ramollir.) 2. Faire paraître plus dur. *Sa voix* ***se durcit*** *quand elle est en colère.* (Contr. adoucir.)

durcissement (nom masculin)
Fait de durcir. *Le* ***durcissement*** *du mastic.*

durée (nom féminin)
Temps compris entre le début et la fin de quelque chose. *Il a fermé son magasin pendant la* ***durée*** *des travaux.*

durement (adverbe)
D'une manière dure, sévère. *Il traite trop* ***durement*** *ses enfants.*

durer (verbe) ○ conj.n°3
1. Se dérouler pendant un certain temps. *La séance* ***a duré*** *deux heures.* 2. Rester en bon état. *C'est un meuble de bonne qualité qui* ***durera*** *des années.* ⊙ Famille du mot : durable, durée.

dureté (nom féminin)
1. Caractère de ce qui est dur. *Le tronc de ce vieux chêne a la **dureté** de la pierre.* 2. Manque de bonté, de douceur. *Les vainqueurs ont traité leurs prisonniers avec une grande **dureté**.* (Contr. indulgence.)

durillon (nom masculin)
Endroit où la peau a durci à cause des frottements. *À force de manier la scie, le charpentier a des **durillons** aux mains.*

duvet (nom masculin)
1. Petites plumes douces et légères. *Le corps des oisillons est couvert de **duvet**.* 2. Grand sac garni de duvet ou d'une matière synthétique. *La campeuse dormait bien au chaud dans son **duvet**.* (Syn. sac de couchage.) 3. Poils très fins. *La peau des pêches est recouverte de **duvet**.*

duveté, ée (adjectif)
Qui est doux comme du duvet. *Ce bébé a une peau **duvetée**.* → On dit aussi duveteux, euse.

dynamique (adjectif)
Qui fait preuve de dynamisme. *C'est un homme **dynamique** qui réussit très bien tout ce qu'il entreprend.* (Syn. actif, énergique, entreprenant. Contr. indolent, mou.)

dynamisme (nom masculin)
Énergie avec laquelle une personne accomplit une action. *Nous avons gagné plusieurs matchs grâce au **dynamisme** de notre entraîneur.*

dynamite (nom féminin)
Explosif très puissant. *Les ouvriers ont fait sauter le rocher à la **dynamite**.*

dynamiter (verbe) ○ conj.n°3
Faire sauter à la dynamite. ***Dynamiter** un pont, un train.*

dynamo (nom féminin)
Appareil qui produit du courant électrique.

dynastie (nom féminin)
Famille de rois qui règnent les uns à la suite des autres. *Pépin le Bref fut le fondateur de la **dynastie** des Carolingiens.*

dysenterie (nom féminin)
Maladie qui provoque des maux de ventre et des diarrhées. → Prononciation [disɑ̃tʀi].

dyslexie (nom féminin)
Ensemble de difficultés rencontrées dans l'apprentissage de la lecture.

dyslexique (adjectif)
Qui souffre de dyslexie.

e (nom masculin)
Cinquième lettre de l'alphabet. *Le* ***E*** *est une voyelle.*

eau, eaux (nom féminin)
1. Liquide incolore, inodore et sans saveur quand il est pur. *L'****eau*** *de source est douce, l'****eau*** *de mer est salée.* 2. Étendue plus ou moins importante de ce liquide. *Benjamin et Anna se promènent au bord de l'****eau****.* 3. Préparation liquide. *Élodie se parfume à l'****eau*** *de toilette. L'****eau*** *oxygénée est un désinfectant.* • **Mettre de l'eau dans son vin** : devenir moins intransigeant. • **Tomber à l'eau** : ne pas avoir lieu. *On devait faire une fête, mais c'****est tombé à l'eau****.*

eau-de-vie (nom féminin)
Boisson alcoolisée très forte faite à partir de fruits ou de grains. *Le rhum est une* ***eau-de-vie*** *de canne à sucre.*
→ Pluriel : des eaux-de-vie.

ébahir (verbe) ○ conj.n°11
Étonner fortement. *Clément* ***ébahit*** *sa sœur avec des tours de magie.* (Syn. stupéfier.) ⊙ Ébahir vient du même mot de l'ancien français que ***bâiller*** qui signifie « laisser la bouche ouverte de surprise ».

ébats (nom masculin pluriel)
Mouvements de quelqu'un qui s'ébat. *De la plage, les parents surveillent les* ***ébats*** *des enfants dans l'eau.*

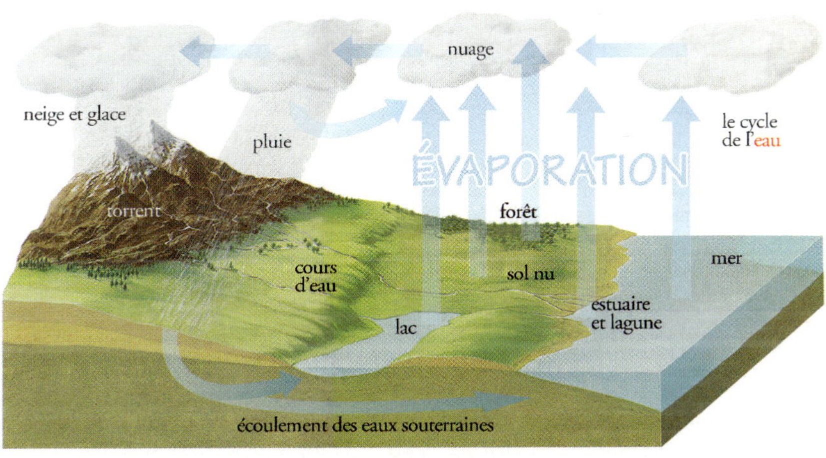

le cycle de l'**eau**

s'ébattre (verbe) ○ conj.n°31
Courir, sauter, remuer pour s'amuser. *Trois jeunes faons **s'ébattent** dans la clairière.*

ébauche (nom féminin)
1. Synonyme d'esquisse. *Voici une première **ébauche** du tableau.* 2. Début de quelque chose. *L'**ébauche** d'un sourire.* (Syn. amorce.)

ébaucher (verbe) ○ conj.n°3
Faire l'ébauche de quelque chose. *Le conférencier **a ébauché** les grandes lignes de son discours.* (Syn. esquisser. Contr. achever.)

ébène (nom féminin)
Bois noir et très dur. *Les touches noires du piano sont en **ébène**.* ⊙ Famille du mot : ébéniste, ébénisterie.

ébéniste (nom masculin)
Artisan qui fabrique ou répare de beaux meubles. *L'**ébéniste** restaure une commode Louis XV.*

ébénisterie (nom féminin)
Travail de l'ébéniste. *Le ciseau à bois est un outil d'**ébénisterie**.*

éberlué, ée (adjectif)
Très étonné. *« Tous ces cadeaux sont pour moi ? » demanda Fatima **éberluée**.* (Syn. sidéré, stupéfait.) ⊙ Ce mot signifie en ancien français « qui a la berlue ».

éblouir (verbe) ○ conj.n°11
1. Troubler la vue par un éclat trop vif. *Les skieurs mettent des lunettes parce que la neige les **éblouit**.* (Syn. aveugler.) 2. Au sens figuré, causer de l'admiration. *Gaëlle **a ébloui** ses amis par ses talents de comédienne.* ⊙ Famille du mot : éblouissant, éblouissement.

éblouissant, ante (adjectif)
1. Qui éblouit. *La mer, au soleil, était **éblouissante**.* (Syn. aveuglant.) 2. Au sens figuré, qui émerveille. *Il trouvait cette femme **éblouissante** de beauté.*

éblouissement (nom masculin)
Fait d'être ébloui. *Quand David a vu l'éclair, il a eu un **éblouissement**.*

éborgner (verbe) ○ conj.n°3
Rendre borgne. *Tu vas finir par **éborgner** quelqu'un, avec tes flèches !*

éboueur (nom masculin)
Ouvrier chargé de ramasser les ordures ménagères.

ébouillanter (verbe) ○ conj.n°3
1. Plonger dans l'eau bouillante. *On fait cuire les homards en les **ébouillantant**.* 2. S'ébouillanter : se brûler avec un liquide bouillant. *Elle **s'est ébouillanté** la main avec une casserole d'eau bouillante.*

éboulement (nom masculin)
Fait de s'ébouler. *Il y a eu un **éboulement**, la route est bloquée par des pierres.*

s'ébouler (verbe) ○ conj.n°3
Tomber par morceaux et s'écrouler. *L'ouragan a fait **s'ébouler** un pan de montagne.* (Syn. s'effondrer.) ⊙ Famille du mot : éboulement, éboulis.

éboulis (nom masculin)
Amas de pierres et de terre provenant d'un éboulement. *Le pied de la falaise est plein d'**éboulis**.*

ébouriffé, ée (adjectif)
Qui a les cheveux en désordre. *Hélène et Ibrahim sont revenus de la plage tout **ébouriffés**.* (Syn. échevelé.)

ébranler (verbe) ○ conj.n°3
1. Faire trembler, vibrer. *Une secousse sismique **a ébranlé** toute la région.* 2. Rendre moins solide. *Tous ces malheurs ont fini par **ébranler** la raison du pauvre homme.* 3. S'ébranler : se mettre en mouvement. *Enfin le cortège **s'ébranla**.* (Syn. se mettre en branle.)

ébrécher (verbe) ○ conj.n°8
Abîmer un objet en cassant le bord. *Toutes les assiettes **sont ébréchées** !*

ébriété (nom féminin)
Synonyme d'ivresse. *On lui a retiré son permis pour conduite en état d'**ébriété**.*

s'ébrouer (verbe) ○ conj.n°3
Se secouer pour se nettoyer ou se sécher. *En sortant de l'eau, le chien **s'ébroue** sur la plage.*

ébruiter (verbe) ○ conj.n°3
Rendre une nouvelle publique. *Il ne faut surtout pas que cette histoire **s'ébruite**.* (Syn. divulguer, répandre.)

ébullition (nom féminin)
État d'un liquide qui bout. *Pour faire du caramel, il faut porter l'eau et le sucre à **ébullition**.* • **En ébullition** : en grande agitation. *L'évasion du tigre a mis toute la région **en ébullition**.* (Syn. effervescence.)

écaille (nom féminin)
1. Chacune des petites plaques dures qui recouvrent le corps des poissons et des reptiles. 2. Corne provenant de la carapace des tortues. *Une monture de lunettes en **écaille**.*

écailler (verbe) ○ conj.n°3
1. Enlever les écailles. *Le poissonnier **a écaillé** la dorade.* 2. S'écailler : se détacher par petites plaques. *Le vernis **s'écaille** par endroits.*

écarlate (adjectif)
Rouge vif. *Kevin est devenu **écarlate** quand le directeur a convoqué ses parents.*

écarquiller (verbe) ○ conj.n°3
Ouvrir tout grands les yeux. *Les enfants **écarquillent** les yeux en apercevant le Père Noël.*

écart (nom masculin)
1. Action de s'écarter de sa direction. *Le chauffeur s'est assoupi, son camion a fait un **écart**.* 2. Différence sensible entre deux grandeurs. *Il y avait un **écart** d'une seconde entre les deux coureurs.* • **À l'écart** : en dehors ou à une certaine distance. *Il ne joue pas avec les autres, il reste toujours **à l'écart**. La maison est **à l'écart** de la route.* • **Faire le grand écart** : écarter les deux jambes tendues jusqu'à ce qu'elles touchent le sol sur toute leur longueur. ⊙ Famille du mot : écartement, écarter.

écarteler (verbe) ○ conj.n°9
Obliger quelqu'un à choisir entre plusieurs solutions. *Il **est écartelé** entre ce qu'il doit faire et ce qu'il aurait envie de faire.* (Syn. partager, tirailler.) ⊙ Écarteler un condamné à mort, c'était autrefois le « mettre en quartiers, en morceaux » en attachant ses quatre membres à quatre chevaux.

écartement (nom masculin)
Espace qui sépare des choses. *L'**écartement** des yeux varie d'une personne à l'autre.*

écarter (verbe) ○ conj.n°3
1. Éloigner des choses habituellement rapprochées. *Julie **écarte** les bras pour m'empêcher de passer.* (Contr. rapprocher.) 2. Repousser quelque chose ou quelqu'un qui barre la route. *Pierre se faufile à travers la haie en **écartant** les branches.* 3. Mettre à l'écart. *Elle voulait obtenir ce travail, mais sa candidature **a été écartée**.* (Syn. éliminer.)

ecchymose (nom féminin)
Synonyme de bleu. *La voiture est très abîmée, mais le conducteur n'a que des **ecchymoses**.* → Prononciation [ekimoz].

ecclésiastique (nom masculin)
Membre du clergé. *Les prêtres, les évêques sont des **ecclésiastiques**.*

écervelé, ée (nom)
Personne très étourdie, qui agit sans réfléchir. *Cet **écervelé** a encore oublié son cartable !* ⊙ Écerveler signifie en ancien français « casser la tête et faire jaillir la cervelle ».

échafaud (nom masculin)
Estrade sur laquelle on exécutait les condamnés à mort. *Louis XVI mourut sur l'**échafaud**.*

échafaudage (nom masculin)
Construction provisoire sur laquelle on peut monter. *Les maçons ont dressé un **échafaudage** pour ravaler la façade.*

échafauder (verbe) ○ conj.n°3
Combiner quelque chose dans son imagination. *Yann **a déjà échafaudé** tout son plan de bataille.*

a b c d e f g h i j k l m n o p q r s t u v w x y z

échalas (nom masculin)
Pieu servant à soutenir un arbuste ou une plante grimpante.

échalote (nom féminin)
Plante à bulbe, proche de l'oignon.

une **échalote**

échancré, ée (adjectif)
Largement ouvert. *Un pull au col **échancré**.*

échancrure (nom féminin)
Partie échancrée d'un vêtement. *On apercevait un pendentif dans l'**échancrure** de son corsage.*

échange (nom masculin)
Action d'échanger des choses. *Thomas et Laura ont fait un **échange** de B.D.*

échanger (verbe) ○ conj.n°5
1. Donner une chose contre une autre. *J'**ai échangé** ma pomme contre une orange.* 2. Se donner mutuellement quelque chose. *Ils **ont échangé** leurs impressions.*

échangeur (nom masculin)
Ouvrage servant à raccorder des routes ou des autoroutes sans que celles-ci se croisent.

échantillon (nom masculin)
Petite quantité d'un produit destinée à le faire apprécier. *La vendeuse a donné à Myriam des **échantillons** de parfum.*

échappatoire (nom féminin)
Moyen habile de se tirer d'embarras. *Victor a trouvé une **échappatoire** pour ne pas faire la vaisselle.*

échappée (nom féminin)
Action de distancer ses concurrents. *L'un des coureurs du peloton a réussi une **échappée**.*

échappement (nom masculin)
• **Tuyau d'échappement** : tuyau par lequel sortent les gaz de combustion d'un moteur.

échapper (verbe) ○ conj.n°3
1. Ne pas se laisser prendre. *Il **a échappé** de justesse à ses poursuivants.* 2. Éviter de justesse une situation désagréable. *J'**ai échappé** à la grippe. La voiture t'a frôlé, tu l'**as échappé** belle !* 3. Glisser des mains. *Le vase de cristal lui **a échappé**.* 4. Sortir de l'esprit. *Son nom m'**échappe**.* 5. S'échapper : se sauver de l'endroit où l'on était. *Un singe **s'est échappé** du zoo.* (Syn. s'enfuir.)
⊙ Famille du mot : échappatoire, échappée, échappement, réchapper.

écharde (nom féminin)
Petit éclat pointu qui est rentré sous la peau. *Elle s'est mis une **écharde** sous l'ongle en cassant un morceau de bois.*

écharpe (nom féminin)
Long morceau d'étoffe ou de tricot que l'on porte autour du cou. *Une **écharpe** de laine.* (Syn. cache-nez.) • **Avoir le bras en écharpe** : retenu par une bande de tissu qui passe autour du cou.

écharper (verbe) ○ conj.n°3
Tailler en pièces, massacrer. *Le chauffard a failli se faire **écharper** par les témoins.*

échasse (nom féminin)
Chacun des deux longs bâtons munis d'un support pour le pied, permettant de marcher à une certaine hauteur du sol.

▸ **échassier** (nom masculin)
Oiseau à longues pattes. *La cigogne, le héron, la grue sont des **échassiers**.*

un **échassier**

▸ **échauder** (verbe) ○ conj.n°3
Subir une mésaventure qui sert de leçon. *C'est très cher ici, je me suis fait **échauder** une fois, ça suffit !*

▸ **échauffement** (nom masculin)
Action de s'échauffer. *Avant l'épreuve, les athlètes font des exercices d'**échauffement**.*

▸ **s'échauffer** (verbe) ○ conj.n°3
Faire des mouvements pour assouplir ses muscles. *Les coureurs **s'échauffent** dans le stade.*

▸ **échauffourée** (nom féminin)
Échange de coups. *Il y a eu quelques **échauffourées** entre les manifestants et les forces de l'ordre.* (Syn. bagarre.)

▸ **échauguette** (nom féminin)
Petite tour aux angles d'un château fort.

▸ **échéance** (nom féminin)
Date à laquelle on est obligé de payer quelque chose. *La date d'**échéance** est marquée sur la facture de téléphone.* • **À brève échéance** : d'ici peu. • **À longue échéance** : pour dans longtemps. *Il fait des projets **à longue échéance**.*

▸ **échéant** (adjectif masculin)
• **Le cas échéant** : si le cas se présente. *Je viendrai peut-être ; je te préviendrai **le cas échéant**.* (Syn. éventuellement.)

▸ **échec** (nom masculin)
Fait d'échouer. *L'**échec** à cet examen l'a beaucoup marqué.* (Contr. succès.)
▹ **échecs** (nom masculin pluriel) Jeu qui se joue à deux avec des pièces que l'on déplace sur un échiquier.

un jeu d'**échecs**

▸ **échelle** (nom féminin)
1. Appareil constitué de deux montants réunis par des barreaux, et qui permet de monter ou de descendre. *L'**échelle** n'est pas assez haute pour qu'on puisse monter sur le toit.* 2. Série de niveaux, de degrés. *Monsieur Durand était ouvrier, il est devenu patron, il a gravi petit à petit toute l'**échelle** sociale.* (Syn. hiérarchie.) 3. Rapport entre une dimension et sa représentation sur un plan. *Si 1 centimètre sur la carte représente 100 mètres, les dimensions réelles sont 10 000 fois plus grandes, et l'**échelle** de la carte est 1/10 000.* • **Faire la courte échelle** : aider quelqu'un à grimper en lui présentant ses mains comme point d'appui. ⊙ Famille du mot : échelon, échellonner.

▸ **échelon** (nom masculin)
1. Barreau d'une échelle. 2. Chacun des niveaux de quelque chose. *C'est une décision qui doit se prendre à l'**échelon** de la commune.*

échelonner (verbe) ○ conj.n°3
Répartir régulièrement dans l'espace ou dans le temps. *Ces travaux vont* ***s'échelonner*** *sur deux ans.*

échevelé, ée (adjectif)
Synonyme d'ébouriffé. *Tu ne peux pas sortir comme ça, tu es tout* ***échevelée !***

échine (nom féminin)
1. Synonyme de colonne vertébrale. 2. Viande du dos du porc. *Un rôti dans l'****échine****.* • **Courber l'échine** : se soumettre peureusement, sans rien dire.

s'**échiner** (verbe) ○ conj.n°3
Se donner beaucoup de mal. *Je* ***me suis échiné*** *à lui expliquer, mais il n'a rien compris.*

échiquier (nom masculin)
Plateau carré divisé en 64 cases noires ou blanches, servant à jouer aux échecs.

écho (nom masculin)
Répétition du son renvoyé par une paroi. *En montagne, il y a souvent de l'****écho****.* • **Avoir des échos** : être mis plus ou moins au courant. *J'ai* ***eu des échos*** *de vos mésaventures en Italie.* → Prononciation [eko].

échographie (nom féminin)
Examen médical qui utilise l'écho des ultrasons pour voir l'intérieur du corps sur un écran.

échoppe (nom féminin)
Petite boutique. *L'****échoppe*** *du marchand de sandwichs.*

échouer (verbe) ○ conj.n°3
1. Ne pas réussir. *Il* ***a échoué*** *dans sa tentative de battre le record du monde.* 2. Toucher le fond et ne plus pouvoir se dégager. *Un bateau* ***s'est échoué*** *sur les rochers.*

éclabousser (verbe) ○ conj.n°3
Faire rejaillir un liquide sur quelqu'un. *Le camion a roulé dans la flaque en* ***éclaboussant*** *les passants.*

éclaboussure (nom féminin)
Tache laissée par ce qui éclabousse. *Le bas de ta robe est couvert d'****éclaboussures****.*

éclair (nom masculin)
1. Lumière brève et intense provoquée par une décharge électrique. *Le ciel était zébré par les* ***éclairs****. Quand l'actrice apparut, il y eut de nombreux* ***éclairs*** *de flash.* 2. Expression vive dans le regard de quelqu'un. *Un* ***éclair*** *de joie passa dans ses yeux.* 3. Gâteau allongé fourré de crème. • **En un éclair** : très rapidement.

éclairage (nom masculin)
Ce qui sert à éclairer. *L'****éclairage*** *de cette rue est insuffisant.*

éclaircie (nom féminin)
Court moment où le ciel s'éclaircit entre deux averses. *La météo a annoncé de belles* ***éclaircies*** *pour l'après-midi.*

éclaircir (verbe) ○ conj.n°11
1. Rendre plus clair. *Cette crème* ***éclaircit*** *la peau. Le ciel* ***s'éclaircit****, il va faire beau.* (Contr. assombrir.) 2. Dans un sens figuré, rendre plus compréhensible. *Il faudrait* ***éclaircir*** *ce mystère.* (Syn. clarifier. Contr. embrouiller.)

éclaircissement (nom masculin)
Ce qui éclaircit une chose difficile à comprendre. *Votre lettre ne dit pas tout, j'aurais besoin de quelques* ***éclaircissements****.* (Syn. explication.)

éclairer (verbe) ○ conj.n°3
1. Donner de la lumière. *Cette ampoule n'est pas assez forte, elle* ***éclaire*** *à peine. Dans l'Antiquité, on* ***s'éclairait*** *avec des lampes à huile.* 2. Rendre clair et compréhensible. *Yann nous* ***a éclairés*** *sur la marche à suivre. Tout* ***s'éclaire****, à présent !* (Contr. embrouiller.) 3. S'éclairer : devenir plus gai. *Quand le docteur a dit à Noémie qu'elle était guérie, son visage* ***s'est éclairé****.* (Contr. s'assombrir.)

éclaireur, euse (nom)
1. Soldat envoyé devant pour reconnaître le terrain. 2. Membre d'une organisation de scoutisme laïque.

éclat (nom masculin)
1. Petit morceau de ce qui éclate. *Le pare-brise a volé en* ***éclats****, il y a du verre partout sur la chaussée.* 2. Bruit fait par une personne qui se met à parler plus fort ou à rire. *Des* ***éclats*** *de voix parvenaient du café voisin.* 3. Lumière vive et brillante. *L'****éclat*** *de la neige au soleil fait mal aux yeux.* 4. Splendeur d'une personne ou d'une chose. *Elle était alors dans tout l'****éclat*** *de sa jeunesse.*

éclatant, ante (adjectif)
1. Qui a beaucoup d'éclat, qui est très vif. *Les maisons des îles grecques sont d'un blanc* ***éclatant****.* (Contr. terne.) 2. Dans un sens figuré, remarquable ou incontestable. *L'équipe de France a remporté une* ***éclatante*** *victoire.*

éclatement (nom masculin)
Action d'éclater. *L'****éclatement*** *d'un pneu est à l'origine de l'accident.*

éclater (verbe) ○ conj.n°3
1. Se briser avec violence en projetant des fragments. *Benjamin a soufflé trop fort et le ballon* ***a éclaté****.* (Syn. exploser.) 2. Faire entendre un bruit soudain et violent. *Un coup de tonnerre* ***a éclaté****.* 3. Commencer brusquement. *Une guerre vient d'****éclater*** *en Afrique.* • **Éclater de rire, éclater en sanglots :** se mettre soudain à rire, à pleurer.
⊙ Famille du mot : éclat, éclatant, éclatement.

éclectique (adjectif)
Qui a des goûts très variés. *Clément aime le rock et Mozart, l'ornithologie et l'informatique, il a des goûts très* ***éclectiques****.*

éclipse (nom féminin)
Disparition momentanée d'un astre. *Il y a* ***éclipse*** *de Soleil quand la Lune passe entre le Soleil et la Terre.*

éclipser (verbe) ○ conj.n°3
1. Faire oublier tous les autres. *Ce nouveau génie des échecs* ***a éclipsé*** *tous les autres joueurs.* 2. S'éclipser : partir discrètement sans se faire remarquer. *Elle* ***s'est éclipsée*** *à l'entracte.*

éclopé, ée (nom)
Personne légèrement blessée. *L'étape a été longue, il y a quelques* ***éclopés*** *parmi les randonneurs.*

éclore (verbe) ○ conj.n°55
1. Sortir de l'œuf. *Les oisillons viennent tout juste d'****éclore****.* 2. S'ouvrir, sortir du bouton. *Les bourgeons du marronnier vont bientôt* ***éclore****.* (Syn. s'épanouir.)

éclosion (nom féminin)
Fait d'éclore. *Les oiseaux couvent leurs œufs jusqu'à l'****éclosion****. L'****éclosion*** *des bourgeons.*

écluse (nom féminin)
Bassin, muni de portes, où l'on peut faire monter ou descendre le niveau de l'eau. *Les* ***écluses*** *permettent aux bateaux de naviguer sur des canaux qui ont des dénivellations sur leur parcours.*

le fonctionnement d'une **écluse**

écœurant, ante (adjectif)
Qui écœure. *Un goût **écœurant**. Il faut toujours qu'il méprise les autres, c'en est **écœurant** !*

écœurer (verbe) conj.n°3
1. Donner envie de vomir. *Manger tant de mayonnaise l'**a écœuré** pour un bon moment.* 2. Révolter ou démoraliser quelqu'un. *C'est toujours elle qui gagne, ça m'**écœure** !* (Syn. dégoûter.)

école (nom féminin)
1. Établissement où l'on donne aux enfants une instruction élémentaire. *En fin de CM2, on quitte l'**école** pour aller au collège.* 2. Établissement où l'on apprend une technique. *Une **école** de coiffure.*

écolier, ère (nom)
Enfant qui va à l'école primaire. *Elle a gardé ses cahiers d'**écolière**.* • **Le chemin des écoliers** : celui qui est le plus long, mais le plus agréable.

écologie (nom féminin)
Science qui étudie les rapports des êtres vivants avec leur milieu naturel. Famille du mot : écologique, écologiste.

écologique (adjectif)
De l'écologie. *La pollution atmosphérique est un grave problème **écologique**.*

écologiste (nom)
Partisan de la protection de la nature.

éconduire (verbe) conj.n°43
Renvoyer quelqu'un en refusant ce qu'il demande. *Elle **a** fermement **éconduit** ce représentant.*

économe (adjectif)
Qui ne gaspille pas son argent. *Il est **économe** et même un peu avare.* ▷ **économe** (nom) Personne qui s'occupe des finances d'un collège, d'un hôpital, etc.

économie (nom féminin)
1. Ce que l'on a économisé. *Sarah fait des **économies** sur son argent de poche pour faire un cadeau d'anniversaire à Ibrahim. En isolant le grenier, on a fait des **économies** d'énergie.* 2. Organisation de la production et de la consommation des produits d'un pays. *L'**économie** de ce pays est en crise.* Famille du mot : économe, économique, économiser, économiste.

économique (adjectif)
1. Qui fait faire des économies. *Le vélo est un moyen de transport **économique**.* (Syn. avantageux.) 2. Qui concerne l'économie. *L'Europe a de grandes ressources **économiques**.*

économiser (verbe) conj.n°3
1. Ne pas dépenser de l'argent et le mettre de côté. *Kevin **économise** un euro par jour pour s'acheter un baladeur.* (Syn. épargner.) 2. Éviter de gaspiller. *Du fait de la sécheresse, le maire a demandé d'**économiser** l'eau.*

économiste (nom)
Spécialiste en économie.

écoper (verbe) conj.n°3
1. Vider l'eau d'un bateau avec une pelle spéciale. *Le voilier a embarqué de l'eau, il faut **écoper**.* 2. Synonyme familier d'être puni. *Il **a écopé** d'une amende parce qu'il était en stationnement interdit.*

écorce (nom féminin)
1. Enveloppe épaisse qui recouvre le tronc et les branches des arbres. ➠ p. 68. 2. Peau épaisse de certains fruits. *Une **écorce** d'orange.* ➠ p. 34.
• **Écorce terrestre** : enveloppe solide de la Terre. (Syn. croûte terrestre.)

écorcher (verbe) conj.n°3
1. Déchirer superficiellement la peau. *Je **me suis écorché** aux ronces.* (Syn. égratigner, érafler.) 2. Déformer un mot en le prononçant de travers. *La maîtresse **a écorché** mon nom.*

écorchure (nom féminin)
Blessure superficielle. *Papa s'est fait une **écorchure** en se rasant.* (Syn. égratignure, éraflure.)

1. écossais, aise
➠ Voir tableau p. 6.

2. écossais, aise (adjectif)
Dont les rayures se croisent en formant des carreaux. *Un tissu **écossais**.*

écosser (verbe) ○ conj.n°3
Enlever la cosse des graines. ***Écosser** des petits pois frais.*

écosystème (nom masculin)
Ensemble constitué par un milieu naturel et les êtres vivants qui s'y trouvent.

écoulement (nom masculin)
Fait de s'écouler. *Les feuilles accumulées dans la gouttière gênent l'**écoulement** des eaux.* (Syn. évacuation.)

écouler (verbe) ○ conj.n°3
1. Vendre entièrement toute sa marchandise. *Grâce à la canicule, le magasin **a écoulé** tout son stock de ventilateurs.* 2. S'écouler : s'évacuer en coulant. *L'eau de la fontaine **s'écoule** dans le caniveau.* 3. S'écouler : se passer. *Plusieurs années **s'écoulèrent**.*

écourter (verbe) ○ conj.n°3
Rendre plus court. *L'averse nous a obligé à **écourter** notre promenade.* (Syn. abréger, raccourcir. Contr. prolonger.)

écoute (nom féminin)
1. Action d'écouter. *Il va passer à la télé à une heure de grande **écoute**.* 2. Cordage qui sert à tendre une voile. ➠ p. 114.

écouter (verbe) ○ conj.n°3
1. Prêter attention pour entendre. *Si tu **écoutais** quand on te parle !* 2. Faire attention aux conseils donnés. *Ah ! S'il m'**avait écouté**, il serait riche à présent !*
⊙ Famille du mot : écoute, écouteur.

écouteur (nom masculin)
Appareil qui sert à écouter la radio, le téléphone, etc. *Le pilote de l'avion a mis ses **écouteurs**.*

écoutille (nom féminin)
Ouverture qui fait communiquer le pont d'un bateau avec l'intérieur.

écrabouiller (verbe) ○ conj.n°3
Synonyme familier d'écraser. *En s'asseyant sur le sac, il **a écrabouillé** une douzaine d'œufs.*

écran (nom masculin)
1. Surface sur laquelle apparaissent des images ou un texte. *Je n'aime pas être trop prêt de l'**écran**. Ton **écran** d'ordinateur est trop petit.* 2. Ce qui empêche de voir ou qui protège. *Elle faisait un **écran** avec sa main pour protéger ses yeux du soleil.* • **Le petit écran** : la télévision.

écrasant, ante (adjectif)
Qui écrase, accable. *Il fait une chaleur **écrasante**.*

écraser (verbe) ○ conj.n°3
1. Aplatir ou mettre en miettes. *On **a écrasé** mes lunettes en marchant dessus.* 2. Tuer en passant sur le corps. *Il **a écrasé** un lièvre avec sa voiture.* 3. Faire supporter une trop grande charge à quelqu'un. *Elle **est écrasée** de travail.* (Syn. accabler, surcharger.) 4. Faire subir une défaite totale. *L'armée de Napoléon **fut écrasée** à Waterloo.* (Syn. anéantir, vaincre.)

écrevisse (nom féminin)
Petit crustacé d'eau douce. *L'**écrevisse** possède de fortes pinces.* • **Rouge comme une écrevisse** : très rouge, comme une écrevisse cuite.

une **écrevisse**

s'écrier (verbe) ○ conj.n°10
Dire très fort, en criant. *« Te voilà enfin ! » **s'écria**-t-elle.* (Syn. s'exclamer.)

▸ **écrin** (nom masculin)
Boîte dans laquelle on range des objets précieux. *Veux-tu ranger les petites cuillères en argent dans leur* ***écrin*** *?*

▸ **écrire** (verbe) ○ conj.n°47
1. Tracer les lettres. *À l'école, on apprend à* ***écrire*** *à partir de cinq ou six ans.* 2. Envoyer une lettre. *Quentin* ***a écrit*** *à sa grand-mère.* 3. Être l'auteur d'un livre ou d'une œuvre musicale. *Zoé* ***écrit*** *des poèmes.* ⊙ Famille du mot : écrit, écriteau, écriture, écrivain, récrire, réécrire.

▸ **écrit** (nom masculin)
1. Épreuve écrite d'un examen. *Il a eu 18 sur 20 à l'****écrit*** *de français.* 2. Texte écrit. *On a trouvé dans ce château de vieux* ***écrits*** *du Moyen Âge.* • **Par écrit** : en écrivant. *Notez vos observations* ***par écrit****.* (Contr. oralement.)

▸ **écriteau, eaux** (nom masculin)
Panneau portant une inscription destinée au public. *À l'entrée du bois, il y a un* ***écriteau*** *indiquant « chasse gardée ».*

▸ **écriture** (nom féminin)
Façon de noter par des signes le langage parlé. *Les traces les plus anciennes d'****écriture*** *datent d'environ 3 300 ans avant J.-C.*

▸ **écrivain** (nom masculin)
Personne qui compose des œuvres littéraires. *Jules Verne, Marcel Pagnol, Molière sont des* ***écrivains*** *célèbres.* (Syn. auteur.)

▸ **écrou** (nom masculin)
Pièce percée d'un trou, qui se visse sur un boulon.

▸ **écrouer** (verbe) ○ conj.n°3
Mettre en prison. *Le pickpocket* ***a été*** *arrêté et* ***écroué****.* (Syn. emprisonner, incarcérer.)

▸ **écroulement** (nom masculin)
Fait de s'écrouler. *L'****écroulement*** *de la tribune a fait de nombreuses victimes.* (Syn. effondrement.)

▸ **s'écrouler** (verbe) ○ conj.n°3
1. Tomber par terre en se disloquant. *Si le toit* ***s'écroule****, bientôt la maison ne sera plus qu'une ruine.* (Syn. s'effondrer.) 2. Avoir une défaillance brutale. *Il* ***s'est écroulé*** *à quelques mètres de la ligne d'arrivée.*

▸ **écru, ue** (adjectif)
Beige très clair. *Une laine naturelle est* ***écrue*** *parce qu'elle n'a pas été teinte.*

▸ **écu** (nom masculin)
1. Ancienne monnaie d'or ou d'argent. 2. Bouclier des chevaliers du Moyen Âge. ⊙ La monnaie et le bouclier avaient un écu sur une face, c'est-à-dire des armoiries ; pour la monnaie, c'était l'écu des rois de France.

▸ **écueil** (nom masculin)
1. Rocher à fleur d'eau. *Des bouées signalent les* ***écueils*** *de la côte.* (Syn. récif.) 2. Au sens figuré, difficulté qui peut faire échouer. *Elle a réussi à éviter tous les* ***écueils*** *et à mener à bien son projet.* (Syn. obstacle, piège.)

▸ **écuelle** (nom féminin)
Assiette très creuse et ronde. *L'****écuelle*** *du chien.*

▸ **éculé, ée** (adjectif)
Très usé. *Des souliers* ***éculés****.*

▸ **écume** (nom féminin)
Mousse blanchâtre. *La mer était blanche d'****écume****. Le taureau avait le mufle plein d'****écume****.*

▸ **écumer** (verbe) ○ conj.n°3
Enlever l'écume d'un liquide lors de la cuisson. *Grand-mère* ***écume*** *la confiture de groseilles.* • **Écumer de rage** : être très en colère.

▸ **écumoire** (nom féminin)
Grande cuillère percée de trous, qui sert à écumer.

▸ **écureuil** (nom masculin)
Petit rongeur roux, à la queue touffue.

un **écureuil**

▸ **écurie** (nom féminin)
Bâtiment pour loger les chevaux. • **Écurie de courses** : ensemble des chevaux de course d'un propriétaire.

▸ **écusson** (nom masculin)
Insigne indiquant l'appartenance à un groupe. *Romain a cousu sur son sac à dos les **écussons** des villes où il est passé.*

▸ **écuyer** (nom masculin)
Au Moyen Âge, jeune noble qui était au service d'un chevalier. ▷ **écuyer, ère** (nom) Artiste de cirque qui fait des acrobaties sur un cheval. → Prononciation [ekɥije].

▸ **eczéma** (nom masculin)
Maladie de peau caractérisée par des plaques rouges qui démangent. → Prononciation [egzema].

▸ **edelweiss** (nom masculin)
Fleur blanche qui pousse en montagne. → Prononciation [edɛlvɛs].

des **edelweiss**

▸ **éden** (nom masculin)
Endroit qui fait penser au paradis. *Ce camp de vacances était un véritable **éden**.* → Prononciation [edɛn]. ⊙ Éden était le nom hébreu du paradis dans la Bible.

▸ **édenté, ée** (adjectif)
Qui n'a plus de dents. *Une bouche **édentée**.*

▸ **édifiant, ante** (adjectif)
Qui montre le bon exemple. *Cette histoire **édifiante** montre que la paresse est toujours punie.* (Syn. exemplaire. Contr. scandaleux.)

▸ **édifice** (nom masculin)
Bâtiment d'une certaine importance. *L'hôtel de ville est un **édifice** du XVIIIe siècle.*

▸ **édifier** (verbe) ⊙ conj.n°10
Construire un bâtiment. *Vauban **a édifié** les fortifications de plusieurs villes.* (Syn. élever.) ⊙ Famille du mot : édifiant, édifice.

▸ **édit** (nom masculin)
Loi qui était proclamée par un roi. *L'**édit** de Nantes, rendu par Henri IV, permet aux protestants de pratiquer leur religion.*

▸ **éditer** (verbe) ⊙ conj.n°3
Fabriquer un livre, le faire imprimer et le mettre en vente. *On va **éditer** un roman écrit par la tante d'Anna.* (Syn. faire paraître, publier.) ⊙ Famille du mot : éditeur, édition, inédit, rééditer.

▸ **éditeur, trice** (nom)
Personne qui édite des livres. *Les **éditeurs** reçoivent des manuscrits d'auteurs qui voudraient être publiés.*

▸ **édition** (nom féminin)
Série d'exemplaires de livres ou de journaux. *C'est un succès ! On va faire une deuxième **édition** de ce livre !* • **Maison d'édition** : entreprise qui édite des livres.

▸ **éditorial, aux** (nom masculin)
Article d'un journal, souvent écrit par le directeur. *L'**éditorial** donne la position du journal sur un problème important.*

édredon (nom masculin)
Couette remplie de duvet. *Les **édredons** sont chauds et légers.* ⊙ Les édredons étaient garnis de duvet d'*eider*.

éducateur, trice (nom)
Personne chargée de l'éducation. *Les professeurs d'école, de lycée, d'université sont des **éducateurs**.* (Syn. pédagogue.)

éducatif, ive (adjectif)
Qui est destiné à éduquer. *Un jeu **éducatif** sur l'astronomie, avec une carte du ciel.* (Syn. pédagogique.)

éducation (nom féminin)
1. Formation et développement du corps et de l'esprit des enfants. *Il veille sur l'**éducation** de ses enfants.* 2. Apprentissage des bonnes manières. *Ces gens n'ont vraiment aucune **éducation** !* (Syn. savoir-vivre.) • **Éducation nationale** : ministère qui s'occupe de l'instruction des enfants et des jeunes gens.

édulcorer (verbe) ○ conj.n°3
Atténuer quelque chose pour le rendre moins choquant. *Ce film est une version très **édulcorée** de ce roman.*

éduquer (verbe) ○ conj.n°3
Faire l'éducation de quelqu'un. *Ces enfants **sont** bien **éduqués**. Faire du théâtre **a éduqué** sa mémoire.* ⊙ Famille du mot : éducateur, éducatif, éducation, rééducation, rééduquer.

effacé, ée (adjectif)
Qui reste à l'écart sans se faire remarquer. *Une fillette timide et **effacée**.*

effacer (verbe) ○ conj.n°4
1. Faire disparaître ce qui était écrit ou dessiné. *La mer **a effacé** les pas sur le sable.* 2. Faire oublier quelque chose. *Le temps **a effacé** les mauvais souvenirs.* (Syn. estomper.) 3. S'effacer : se mettre sur le côté pour laisser passer quelqu'un. *Il **s'effaça** pour laisser entrer la jeune femme.* ⊙ Famille du mot : effacé, effaceur.

effaceur (nom masculin)
Ustensile en forme de crayon servant à effacer l'encre.

effarant, ante (adjectif)
Qui effare. *Pendant les vacances, le temps passe à une vitesse **effarante**.* (Syn. affolant, effrayant.)

effarement (nom masculin)
État d'une personne effarée. *Quand Thomas a raconté qu'il avait fait du parapente, ses parents l'ont regardé avec **effarement**.* (Syn. stupeur.)

effarer (verbe) ○ conj.n°3
Provoquer une surprise mêlée d'inquiétude. *Fatima a regardé le lutteur de sumo d'un air **effaré**.* (Syn. affoler.) ⊙ Famille du mot : effarant, effarement.

effaroucher (verbe) ○ conj.n°3
Faire fuir en effrayant. *Chut ! C'est une mésange, tu vas l'**effaroucher**.*

1. effectif, ive (adjectif)
Qui existe réellement. *Ce nouvel horaire sera **effectif** à partir de demain.*

2. effectif (nom masculin)
Nombre de personnes d'un groupe. *L'**effectif** des élèves déjeunant à la cantine ne cesse d'augmenter.*

effectivement (adverbe)
En effet, c'est vrai. ***Effectivement**, c'est bien un trèfle à quatre feuilles.*

effectuer (verbe) ○ conj.n°3
Réaliser un travail. *Le plombier **a effectué** la réparation en un temps record.* (Syn. accomplir, exécuter.)

efféminé, ée (adjectif)
Qui a quelque chose de féminin dans sa manière d'être. *Ce déguisement lui donne une allure **efféminée**.* (Contr. viril.)

effervescence (nom féminin)
1. Bouillonnement d'un liquide. 2. Au sens figuré, grande agitation. *Toute l'école est en **effervescence** parce que c'est bientôt la fête de fin d'année.*

▸ **effervescent, ente** (adjectif)
Qui est en effervescence. *Gaëlle préfère les comprimés **effervescents**.*

un comprimé **effervescent**

▸ **effet** (nom masculin)
1. Ce que fait quelque chose. *L'**effet** produit n'est pas tout à fait celui qu'on souhaitait.* (Syn. résultat.) **2.** Impression que l'on ressent. *Quel **effet** ça t'a fait de prendre l'avion, la première fois ?* ▷ **en effet** (adverbe) Sert à expliquer. *William sera absent aujourd'hui ; **en effet**, il est malade.* (Syn. car.) ▷ **effets** (nom masculin pluriel) Vêtements et affaires d'une personne. *Il a rangé dans l'armoire ses **effets** personnels.*

▸ **effeuiller** (verbe) ○ conj.n°3
Arracher les feuilles ou les pétales. *« Il m'aime... un peu... beaucoup... », dit-elle en **effeuillant** une marguerite.*

▸ **efficace** (adjectif)
Qui donne de bons résultats. *Ce médicament est très **efficace** contre le mal de tête.* (Syn. actif. Contr. inefficace.) ⊙ Famille du mot : efficacement, efficacité, inefficace, inefficacité.

▸ **efficacement** (adverbe)
D'une manière efficace. *Les médecins sont intervenus rapidement et **efficacement** auprès des blessés.*

▸ **efficacité** (nom féminin)
Qualité de ce qui est efficace. *L'**efficacité** du traitement a été immédiate.* (Contr. inefficacité.)

▸ **effigie** (nom féminin)
Portrait gravé. *Sur cette pièce, il y a l'**effigie** du général de Gaulle.*

monnaie à l'**effigie** d'empereurs romains

▸ **effilé, ée** (adjectif)
Mince et allongé. *Ce taureau a de dangereuses cornes très **effilées**.*

▸ **s'effilocher** (verbe) ○ conj.n°3
Se défaire fil à fil. *Le bord du tapis **s'effiloche**.*

▸ **efflanqué, ée** (adjectif)
Très maigre. *Don Quichotte cheminait sur son cheval **efflanqué**.*

▸ **effleurer** (verbe) ○ conj.n°3
1. Toucher très légèrement. *Je sursaute quand le chat **effleure** ma jambe avec ses moustaches.* (Syn. frôler.) **2.** Traverser l'esprit. *L'idée que je pouvais être en danger ne m'**a** même pas **effleuré**.*

▸ **effluve** (nom masculin)
Synonyme littéraire d'odeur. *Des **effluves** de terre mouillée.*

▸ **effondrement** (nom masculin)
Fait de s'effondrer. *La défaite de Waterloo marque l'**effondrement** de l'empire de Napoléon.* (Syn. écroulement.)

▸ **s'effondrer** (verbe) ○ conj.n°3
1. Synonyme de s'écrouler. *Le plancher vermoulu a fini par **s'effondrer**.* **2.** Être anéanti. *En entendant la nouvelle, il **s'est effondré**.*

▸ **s'efforcer** (verbe) ○ conj.n°4
Faire tous ses efforts. *Xavier **s'est efforcé** d'être patient.* (Syn. essayer, tâcher.)

effort (nom masculin)
Ce qu'on fait pour réussir quelque chose. *Encore un **effort**, et nous arriverons au sommet.*

effraction (nom féminin)
Action de casser une serrure ou une porte. *Le cambrioleur est entré dans l'appartement par **effraction**.*

effraie (nom féminin)
Sorte de chouette aux yeux entourés de plumes blanches. ⊙ Voir orfraie.

une **effraie**

effrayant, ante (adjectif)
Qui effraie. *On entendait des bruits **effrayants** la nuit dans le château.*

effrayer (verbe) ○ conj.n°7
Causer de la frayeur. *L'orage **effraie** le chien.* (Syn. épouvanter, terrifier, terroriser.)

effréné, ée (adjectif)
Impossible à freiner. *Les deux garçons se sont lancés dans une poursuite **effrénée**.*

s'effriter (verbe) ○ conj.n°3
Tomber en petits morceaux. *Mes petits gâteaux **se sont effrités** dans mon sac.*

effroi (nom masculin)
Grande peur. *L'enfant regardait la scène d'horreur les yeux remplis d'**effroi**.* (Syn. épouvante, terreur.)

effronté, ée (adjectif)
Qui est insolent et n'a peur de rien. *La petite le regardait d'un air **effronté**.* (Contr. effacé, timide.)

effrontément (adverbe)
De manière effrontée. *Il ment **effrontément**.*

effroyable (adjectif)
Très effrayant. *Yann a fait un cauchemar **effroyable**.* (Syn. épouvantable, terrible.)

effroyablement (adverbe)
Excessivement. *Cette histoire est **effroyablement** compliquée.* (Syn. terriblement.)

effusion (nom féminin)
Manifestation débordante d'un sentiment. *Il a remercié ses hôtes avec **effusion**.* • **Effusion de sang** : sang versé dans un conflit. *Les westerns se terminent rarement sans **effusion de sang**.*

s'égailler (verbe) ○ conj.n°3
Se disperser de tous les côtés. *Dès l'arrêt du car, les touristes **se sont égaillés** dans la nature.* (Syn. s'éparpiller.)

égal, ale, aux (adjectif)
1. Qui est semblable en quantité, en qualité, en nature. *Ton partage de la tarte n'est pas très **égal** !* (Contr. inégal.) 2. Qui a les mêmes droits. *Dans une démocratie, les citoyens sont **égaux** devant la loi. La femme est l'**égale** de l'homme.* 3. Qui est régulier et ne change pas. *Quoi qu'il se passe, elle garde une humeur **égale**.* • **Cela m'est égal** : cela m'est indifférent. ⊙ Famille du mot : également, égaler, égalisation, égaliser, égalité, inégal, inégalable, inégalité.

également (adverbe)
1. De façon égale. *J'ai essayé de répartir le poids aussi **également** que possible dans les sacs.* 2. Aussi, de même. *Ah ! Tu as ce livre ? Je l'ai **également**.*

égaler (verbe) ○ conj.n°3
1. Être égal en quantité ou en valeur. *Dix divisé par cinq **égale** deux (10 : 5 = 2).* 2. Avoir le même niveau. *Benjamin **égale** Hélène en calcul, mais pas en français.*

égalisation (nom féminin)
Action d'égaliser. *Les mouvements féministes se battent pour l'**égalisation** des salaires entre les hommes et les femmes.*

égaliser (verbe) ○ conj.n°3
1. Rendre égal. *Le jardinier **a** bien **égalisé** la plate-bande avec son râteau.* 2. Totaliser le même nombre de points. *Avec ce but, l'équipe adverse **a égalisé** 2 à 2.*

égalité (nom féminin)
1. Qualité de ce qui est égal. *L'**égalité** entre deux grandeurs est marquée par le signe =.* 2. Fait d'avoir les mêmes droits. *Chacun voudrait l'**égalité** des chances pour les enfants.* 3. Fait d'avoir le même nombre de points. *Les deux joueurs de ping-pong sont à **égalité** : 16 à 16.*

égard (nom masculin)
• **À l'égard de quelqu'un** : envers lui. *Elle a beaucoup de patience **à l'égard des** enfants.* ▷ **égards** (nom masculin pluriel) Marques de respect. *Le souverain a été reçu avec tous les **égards** dus à son rang.*

égarement (nom masculin)
Synonyme littéraire de folie. *Dans un moment d'**égarement**, il lui a dit qu'il l'aimait.*

égarer (verbe) ○ conj.n°3
1. Perdre momentanément. *J'**ai égaré** mes lunettes.* 2. S'égarer : perdre son chemin. *Ils devraient être là maintenant, ils ont dû **s'égarer** dans la forêt.*

égayer (verbe) ○ conj.n°7
Rendre gai. *David a réussi à **égayer** Julie avec ses grimaces. Ces guirlandes **égaient** la salle.*

églantier (nom masculin)
Rosier sauvage. *Avec le fruit de l'**églantier**, on peut faire de la confiture.*

feuilles, fleur et fruit d'un **églantier**

églantine (nom féminin)
Fleur de l'églantier.

églefin (nom masculin)
Poisson voisin de la morue. → On écrit aussi *aiglefin*.

église (nom féminin)
1. Bâtiment dans lequel les catholiques se réunissent pour prier. *Dans notre ville, il y a plusieurs **églises**, un temple, une synagogue et une mosquée.* 2. Ensemble des chrétiens. *L'**Église** catholique, l'**Église** réformée, l'**Église** orthodoxe.* → Au sens 2, ce mot commence par une majuscule.

égoïne (nom féminin)
Scie à main avec une poignée.

égoïsme (nom masculin)
Tendance d'une personne à ne penser qu'à elle-même. *Son **égoïsme** ne lui attire pas la sympathie.* (Contr. générosité.) ⊙ Égoïsme vient du latin *ego* qui signifie « moi ».

égoïste (adjectif)
Qui fait preuve d'égoïsme. *Ibrahim est un garçon **égoïste**, il ne veut rien prêter.* (Contr. généreux.)

égorger (verbe) ○ conj.n°5
Tuer en coupant la gorge. ***Égorger** un mouton.*

s'égosiller (verbe) ○ conj.n°3
Crier très fort et longtemps. *Voilà une heure que je **m'égosille** à vous appeler !*

égout (nom masculin)
Canalisation souterraine qui évacue les eaux sales d'une ville. *Kevin et Laura ont visité les* ***égouts*** *de Paris.* ⊙ Famille du mot : égoutier, tout-à-l'égout.

égoutier (nom masculin)
Ouvrier qui entretient les égouts.

égoutter (verbe) ○ conj.n°3
Laisser l'eau s'écouler goutte à goutte. *Veux-tu* ***égoutter*** *la salade, s'il te plaît ?*

égouttoir (nom masculin)
Ustensile servant à égoutter la vaisselle.

égratigner (verbe) ○ conj.n°3
Synonyme d'écorcher. *Zoé* ***s'est égratignée*** *aux ronces en se promenant dans les bois.*

égratignure (nom féminin)
Synonyme d'écorchure. *Il est sorti de l'accident sans une* ***égratignure****.*

égrener (verbe) ○ conj.n°8
Détacher les grains un par un. *Le paysan* ***égrène*** *un épi de blé pour voir s'il est mûr.* • **Égrener un chapelet :** réciter des prières en retenant pour chacune un grain du chapelet entre ses doigts.

égyptien, enne
➠ Voir tableau p. 6.

eh ! (interjection)
Sert à appeler, à attirer l'attention. ***Eh !*** *arrête, tu vas me faire tomber !*

éhonté, ée (adjectif)
Qui devrait faire honte. *C'est un mensonge* ***éhonté*** *!* (Syn. honteux.)

eider (nom masculin)
Oiseau de Scandinavie, voisin du canard, et dont le duvet est très recherché.

un **eider**

éjectable (adjectif)
• **Siège éjectable :** siège muni d'un parachute, qui peut être éjecté de l'avion en cas d'accident.

éjecter (verbe) ○ conj.n°3
Projeter au dehors. *Un passager de la voiture, qui n'avait pas bouclé sa ceinture,* ***a été éjecté****.*

élaboration (nom féminin)
Action d'élaborer. *L'****élaboration*** *de son roman lui a pris plusieurs années.*

élaborer (verbe) ○ conj.n°3
Préparer et mettre au point soigneusement. *Nous venons d'****élaborer*** *notre plan de travail.* ⊙ Dans élaborer, comme dans laborieux, on trouve le mot latin ***labor*** qui signifie « travail ».

élaguer (verbe) ○ conj.n°3
1. Couper les branches inutiles d'un arbre. *Tous les deux ans, à l'automne, on* ***élague*** *les tilleuls de ma rue.* (Syn. émonder.) 2. Au sens figuré, enlever les parties inutiles d'un texte.

1. élan (nom masculin)
1. Mouvement rapide d'un être qui s'élance. *Quentin a pris son* ***élan****, et d'un bond, il a franchi la barrière.* 2. Mouvement impulsif. *Dans un* ***élan*** *de générosité, elle a donné tout son argent au clochard.*

2. élan (nom masculin)
Grand animal des pays froids, voisin du cerf.

un **élan**

élancé, ée (adjectif)
Grand et mince. *Romain est devenu un bel adolescent* ***élancé***. (Syn. svelte.)

s'élancer (verbe) ○ conj.n°4
Se jeter en avant de toutes ses forces. *Noémie* ***s'est élancée*** *à la rencontre de son amie.* (Syn. se précipiter.)

élargir (verbe) ○ conj.n°11
Rendre plus large. *On* ***a élargi*** *la chaussée pour faire une route à quatre voies.* (Contr. rétrécir.)

élargissement (nom masculin)
Fait de s'élargir. *L'****élargissement*** *du boyau permet aux spéléologues de passer facilement.* (Contr. rétrécissement.)

élasticité (nom féminin)
Qualité de ce qui est élastique. *L'****élasticité*** *d'un ressort.*

élastique (adjectif)
Qui peut s'étirer puis reprendre sa forme. *Elle porte une ceinture faite dans une matière* ***élastique***. (Syn. extensible.) ▷ **élastique** (nom masculin) Bande circulaire de caoutchouc. *Pour ranger son mikado, Yann rassemble les baguettes avec un* ***élastique***.

eldorado (nom masculin)
Pays de rêve plein de richesses.

électeur, trice (nom)
Personne ayant le droit de voter. *Les* ***électeurs*** *doivent s'inscrire sur les listes électorales.*

élection (nom féminin)
Action d'élire quelqu'un. *En France, l'****élection*** *présidentielle se fait au suffrage universel.* ⊙ Famille du mot : électeur, électoral, électorat.

électoral, ale, aux (adjectif)
Qui concerne les élections. *Pendant la campagne* ***électorale***, *les candidats exposent leur programme aux électeurs.*

électorat (nom masculin)
Ensemble des électeurs. *Une partie de l'****électorat*** *s'est abstenue de voter.*

électricien, enne (nom)
Personne qui s'occupe des installations et des réparations électriques.

électricité (nom féminin)
Forme d'énergie qui permet de s'éclairer, de se chauffer, de faire marcher des appareils et des moteurs. ⊙ Famille du mot : électricien, électrifier, électrique, électriser, électroménager.

électrifier (verbe) ○ conj.n°10
Faire fonctionner à l'électricité. *Le réseau ferroviaire* ***est électrifié***.

électrique (adjectif)
1. Qui produit ou conduit l'électricité. *Une centrale* ***électrique***. *Une prise* ***électrique***. 2. Qui fonctionne à l'électricité. *Un chauffage* ***électrique***. ⊙ Électrique vient du latin *electrum* qui signifie « ambre », car les Anciens avaient remarqué que l'ambre frotté attirait les corps légers.

électriser (verbe) ○ conj.n°3
Communiquer un vif enthousiasme. *Le candidat a réussi à* ***électriser*** *son auditoire.*

s'électrocuter (verbe) ○ conj.n°3
Être blessé ou tué par électrocution. *Il* ***s'est électrocuté*** *en réparant le poste de télévision.*

électrocution (nom féminin)
Mort causée par le courant électrique.

électroménager, ère (adjectif)
Se dit d'un appareil ménager qui fonctionne à l'électricité. *Le lave-vaisselle, le grille-pain, le réfrigérateur sont des appareils* ***électroménagers***.

électron (nom masculin)
Toute petite partie de l'atome, qui contient de l'électricité.

électronicien, enne (nom)
Spécialiste en électronique.

électronique (adjectif)
Qui fonctionne en utilisant les propriétés des électrons. *Un ordinateur est un appareil* ***électronique***. ▷ **électronique** (nom féminin) Science qui étudie les électrons et leurs applications.

élégamment (adverbe)
D'une manière élégante. *Pour aller au théâtre, Pierre était* ***élégamment*** *vêtu.*

▸ **élégance** (nom féminin)
Qualité de ce qui est élégant. *La tante d'Odile est toujours d'une grande* ***élégance****.*

▸ **élégant, ante** (adjectif)
1. Qui fait preuve de goût. *C'est un homme* ***élégant*** *qui achète ses costumes en Angleterre.* (Syn. chic, distingué.) 2. Qui fait preuve de délicatesse. *Elle a trouvé un moyen* ***élégant*** *de s'en aller.* (Syn. poli. Contr. grossier.)

▸ **élément** (nom masculin)
1. Chacune des différentes parties qui constituent un tout. *J'ai acheté un meuble en kit, mais il me manque un* ***élément****.* (Syn. pièce.) 2. Personne qui appartient à un groupe. *La chorale veut recruter de nouveaux* ***éléments****.* 3. Milieu dans lequel on est à l'aise pour vivre. *En ville, il ne se sent pas dans son* ***élément****.* ▹ **éléments** (nom masculin pluriel) Notions les plus simples d'une discipline. *Victor a appris quelques* ***éléments*** *d'informatique.*

▸ **élémentaire** (adjectif)
Très simple. *Il ignore les notions les plus* ***élémentaires*** *de la politesse.* (Contr. compliqué.) • **Cours élémentaire :** classe qui se situe entre le cours préparatoire et le cours moyen.

▸ **éléphant** (nom masculin)
Gros mammifère herbivore d'Afrique ou d'Asie, muni d'une trompe et de deux défenses en ivoire. *Seul l'****éléphant*** *d'Asie est domestiqué. L'****éléphant*** *barrit.*

▸ **élevage** (nom masculin)
Action d'élever des animaux. *En Floride, on fait l'****élevage*** *des crocodiles.*

▸ **élévation** (nom féminin)
Fait de s'élever. *La météo annonce une* ***élévation*** *sensible des températures.* (Syn. augmentation, hausse. Contr. baisse.)

▸ **élève** (nom)
Celui ou celle qui suit des cours dans un établissement scolaire. *Les écoliers, les collégiens, les lycéens sont tous des* ***élèves****.*

▸ **élevé, ée** (adjectif)
Synonyme de haut. *Le mont Everest est le sommet le plus* ***élevé*** *du globe. Le montant du devis est trop* ***élevé****.* (Contr. bas.) • **Bien** ou **mal élevé :** qui a reçu une bonne ou une mauvaise éducation.

▸ **élever** (verbe) ○ conj.n°8
1. Construire en hauteur. *On* ***a élevé*** *un monument à la mémoire des combattants. Le château* ***s'élève*** *au-dessus de la vallée.* (Syn. dresser.) 2. Faire monter à un niveau supérieur. *Les crues* ***ont élevé*** *le niveau du fleuve.* 3. S'occuper d'un enfant, le nourrir et l'éduquer. *C'est sa tante qui l'****a élevé****.* 4. Nourrir et soigner des animaux. *Ses grands-parents* ***élèvent*** *des poules et des lapins.* 5. S'élever : aller vers le haut. *Le parapente* ***s'élève*** *lentement.* (Syn. monter.) 6. S'élever : atteindre une certaine somme. *Les frais* ***s'élèvent*** *à mille euros.* (Syn. se monter.) • **Élever la voix, le ton :** commencer à se mettre en colère. ⊙ Famille du mot : élevage, élévation, élevé, éleveur, surélever.

▸ **éleveur, euse** (nom)
Personne qui fait de l'élevage. *Un* ***éleveur*** *de moutons.*

un **éléphant** d'Afrique

un **éléphant** d'Asie

elfe (nom masculin)
Petit génie de l'air des contes nordiques.

éligible (adjectif)
Qui peut être élu. *Il faut être majeur pour être* ***éligible***.

élimé, ée (adjectif)
Usé par le frottement. *Il portait une chemise* ***élimée*** *aux poignets.* (Syn. râpé.)

élimination (nom féminin)
Action d'éliminer. *Cette défaite des joueurs entraîne leur* ***élimination*** *de la coupe.*

éliminatoire (adjectif)
Qui sert à éliminer des candidats trop nombreux. *Les sportifs doivent réussir les épreuves* ***éliminatoires*** *pour se qualifier.*

éliminer (verbe) conj.n°3
1. Écarter en faisant un choix. *Le candidat* ***a été éliminé*** *au premier tour.* 2. Rejeter hors de l'organisme. *Boire beaucoup d'eau permet d'****éliminer***. Famille du mot : élimination, éliminatoire.

élire (verbe) conj.n°45
Choisir par un vote. *Les électeurs sont appelés aux urnes pour* ***élire*** *un nouveau Président.* Famille du mot : éligible, élu, inéligible, réélire.

élision (nom féminin)
Suppression d'une voyelle qu'on remplace par une apostrophe. *Dans « il n'a que cinq ans », il y a* ***élision*** *du e de « ne » devant a.*

élite (nom féminin)
Ensemble des personnes les plus remarquables d'un groupe. *Il fait partie de l'****élite*** *des joueurs de tennis.*
• **D'élite** : excellent. *La police a posté des tireurs* ***d'élite*** *sur les toits.*

élixir (nom masculin)
Potion magique. *La sorcière fit boire un* ***élixir*** *à la princesse.*

elle, elles ➠ Voir il.

ellipse (nom féminin)
1. Mot d'une phrase qui n'est pas répété. *Quand on dit « j'ai 10 ans et lui 7 », on fait l'****ellipse*** *de « il a » et de « ans ».* 2. Figure géométrique de forme ovale. *Le mouvement que la Terre fait autour du Soleil est une* ***ellipse***. ➠ p. 512.

elliptique (adjectif)
1. Qui comporte une ellipse. *« J'habite au 12 » est une phrase* ***elliptique***. 2. Qui a la forme d'une ellipse. *La Terre décrit une courbe* ***elliptique*** *autour du Soleil.*

élocution (nom féminin)
Manière d'articuler les mots. *Les avocats doivent avoir une bonne* ***élocution***.

éloge (nom masculin)
Paroles de louange. *Le maire a fait l'****éloge*** *du disparu.*

élogieux, euse (adjectif)
Plein d'éloges. *Un discours* ***élogieux***.

éloigné, ée (adjectif)
Loin dans l'espace ou dans le temps. *Leur maison est* ***éloignée*** *du village.* (Contr. proche.)

éloignement (nom masculin)
Fait d'être éloigné. *Il souffre de l'****éloignement*** *de son lieu de travail.*

éloigner (verbe) conj.n°3
1. Mettre plus loin. *Le feu crépitait dans la cheminée, elle dut* ***éloigner*** *sa chaise.* (Syn. écarter. Contr. rapprocher.) 2. S'éloigner : aller plus loin. ***Éloignez-vous*** *de la bordure du quai, s'il vous plaît !* (Contr. s'approcher.) Famille du mot : éloigné, éloignement.

élongation (nom féminin)
Allongement douloureux d'un muscle ou d'un tendon.

éloquence (nom féminin)
Qualité de quelqu'un qui parle bien. *L'avocat parla avec une telle* ***éloquence*** *que son client fut acquitté.*

éloquent, ente (adjectif)
1. Qui manifeste de l'éloquence. *Elle a décrit leur situation en termes* ***éloquents***. 2. Qui exprime bien ce qu'il veut dire. *Il garda un silence* ***éloquent***.

élu, ue (nom)
Personne désignée par un vote. *Les députés sont les **élus** de la nation.*

élucider (verbe) conj.n°3
Tirer au clair. *Nous allons tâcher d'**élucider** ce mystère.* (Syn. éclaircir.)

élucubration (nom féminin)
Idée compliquée, bizarre et sans intérêt. *Cette secte s'appuyait sur les **élucubrations** d'un savant fou.*

éluder (verbe) conj.n°3
Éviter adroitement de répondre. *Le conférencier **a éludé** une question qui l'embarrassait.* (Syn. esquiver.)

élytre (nom masculin)
Aile supérieure très dure de certains insectes. *Les scarabées, les coccinelles, les hannetons ont des **élytres**.* Élytre vient du grec *elutron* qui signifie « étui », car les élytres ne servent pas à voler mais à protéger les ailes transparentes de ces insectes.

émacié, ée (adjectif)
Qui est très amaigri. *La gravure représentait le visage **émacié** d'un ermite.*

émail, aux (nom masculin)
1. Vernis brillant qui sert à protéger des objets de céramique ou de métal. *Le lavabo et la baignoire sont recouverts d'**émail**.* 2. Couche blanche dure qui protège l'ivoire des dents. ➠ p. 321.
émaux (nom masculin pluriel)
Bijoux émaillés. *Au club, j'ai appris à faire des **émaux** sur cuivre.*

un coffret recouvert d'**émail**

émailler (verbe) conj.n°3
Recouvrir d'une couche d'émail. *La cuisinière électrique est en tôle **émaillée**.*

émanation (nom féminin)
Odeur qui se dégage. *Des **émanations** d'égout empestent la rue.*

émancipation (nom féminin)
Action d'émanciper quelqu'un. *Les Noirs d'Afrique du Sud ont dû se battre longtemps pour obtenir leur **émancipation**.* (Syn. libération.)

émanciper (verbe) conj.n°3
Rendre indépendant. *En un siècle, les femmes **se sont** beaucoup **émancipées**.* (Syn. libérer. Contr. asservir.)

émaner (verbe) conj.n°3
Provenir de tel endroit. *C'est un ordre qui **émane** de la direction.*

emballage (nom masculin)
Action d'emballer des objets. *Pour le déménagement, il nous faudra des cartons et du papier d'**emballage**.*

emballer (verbe) conj.n°3
1. Envelopper des objets dans du papier, du carton, etc. *J'**ai emballé** la vaisselle dans du papier journal, j'espère que ça ne se cassera pas.* (Syn. empaqueter. Contr. déballer.) 2. Remplir d'enthousiasme. *Ce projet de voyage en Afrique les **a emballés**, ils veulent venir.* (Syn. enthousiasmer.) 3. S'emballer : partir à toute allure. *Le cheval a eu peur de l'orage, il **s'est emballé**.* Famille du mot : emballage, remballer.

embarcadère (nom masculin)
Synonyme de débarcadère. *Lors de la régate, l'**embarcadère** était noir de monde.*

embarcation (nom féminin)
Petit bateau. *Les barques, les canots, les hors-bords sont des **embarcations**.*

embardée (nom féminin)
Écart brusque et dangereux d'un véhicule. *La voiture a fait une **embardée** puis s'est redressée : on a eu peur !*

embargo (nom masculin)
Interdiction officielle de faire le commerce d'un produit. *Mettre l'**embargo** sur les armes.*

embarquement (nom masculin)
Action d'embarquer. *Vol à destination d'Athènes : **embarquement** immédiat, porte 8.*

embarquer (verbe) ○ conj.n°3
1. Monter à bord d'un bateau ou d'un avion. *Les matelots **ont embarqué** à bord du porte-avions.* (Contr. débarquer.) 2. Prendre à bord d'un véhicule. *On **a embarqué** cent litres d'eau douce sur le voilier.* (Syn. charger.) 3. Entraîner quelqu'un. *Xavier **s'est embarqué** dans une drôle d'histoire.* (Syn. engager.) ⊙ Famille du mot : embarquement, rembarquer.

embarras (nom masculin)
Malaise de quelqu'un qui ne sait pas quoi faire. *Sarah essayait de cacher son **embarras**.* (Syn. gêne, trouble.) • **N'avoir que l'embarras du choix** : n'avoir qu'une seule difficulté, celle de choisir.

embarrassant, ante (adjectif)
Qui embarrasse. *Cette visite imprévue est bien **embarrassante**.* (Syn. gênant.)

embarrasser (verbe) ○ conj.n°3
1. Empêcher de passer ou de bouger. *À qui sont ces valises qui **embarrassent** le couloir ?* (Syn. encombrer.) 2. Causer de l'embarras. *Tu m'**embarrasses**, je ne sais pas quoi te dire.* (Syn. déconcerter, gêner, troubler.) ⊙ Famille du mot : embarras, embarrassant.

embauche (nom féminin)
Action d'embaucher. *En ce moment, il y a de l'**embauche** à l'usine.*

embaucher (verbe) ○ conj.n°3
Engager comme salarié. *Il s'est fait **embaucher** comme coursier dans un journal.* (Contr. débaucher, licencier.)

embaumer (verbe) ○ conj.n°3
1. Remplir d'une odeur agréable. *Le jasmin **embaumait** tout le jardin.* (Contr. empester.) 2. Remplir un cadavre de certaines substances pour le conserver.

Embaumer était un art chez les Égyptiens.

embellir (verbe) ○ conj.n°11
1. Rendre plus beau. *Yann ne peut s'empêcher d'**embellir** son histoire en la racontant.* 2. Devenir plus beau. *Les enfants sont revenus bronzés des sports d'hiver, ils **ont embelli**.* (Contr. enlaidir.)

s'emberlificoter (verbe) ○ conj.n°3
Synonyme familier de s'empêtrer. *Ursula **s'est** tellement **emberlificotée** dans ses explications que personne ne l'a crue.*

embêtant, ante (adjectif)
Qui embête. *Je ne retrouve plus mon stylo, c'est bien **embêtant** !* (Syn. contrariant, ennuyeux.)

embêtement (nom masculin)
Ce qui embête. *Je n'ai eu que des **embêtements** durant tout le voyage.* (Syn. ennui, problème.)

embêter (verbe) ○ conj.n°3
1. Synonyme familier d'ennuyer. *Zoé ne sait pas quoi faire, elle **s'embête**.* 2. Synonyme familier de contrarier. *Je **suis** bien **embêtée**, j'ai perdu mes clés.* ⊙ Famille du mot : embêtant, embêtement.

d'emblée (adverbe)
Du premier coup, tout de suite. ***D'emblée**, Anna lui a été sympathique.*

emblème (nom masculin)
Objet qui représente une idée. *Le coq est l'**emblème** de la France.* (Syn. symbole.)

La feuille d'érable est l'**emblème** du Canada.

embobiner (verbe) ○ conj. n°3
1. Enrouler sur une bobine. **2.** Synonyme familier de duper. *Clément m'**a embobiné** avec de belles promesses.*

emboîter (verbe) ○ conj. n°3
Faire entrer une chose dans une autre. *Les deux pièces de bois **s'emboîtent** exactement.* (Syn. ajuster.) • **Emboîter le pas à quelqu'un** : se mettre à marcher juste derrière lui.

embonpoint (nom masculin)
État d'une personne un peu grasse. *Il a pris un léger **embonpoint** en vieillissant.* ⊙ *En bon point* signifie en ancien français « en bonne santé ».

embouché, ée (adjectif)
• **Mal embouché** : qui parle ou agit avec grossièreté. *Quel individu **mal embouché**, je ne lui parlerai plus !*

embouchure (nom féminin)
1. Endroit où un fleuve se jette dans la mer. *Une **embouchure** peut prendre la forme d'un estuaire ou d'un delta.* **2.** Partie d'un instrument que l'on porte à sa bouche. *L'**embouchure** d'une clarinette.*

s'embourber (verbe) ○ conj. n°3
S'enfoncer dans la boue. *La jeep **s'est embourbée** en traversant le gué.*

embout (nom masculin)
Accessoire placé au bout d'un objet de forme allongée. *Les pieds de la chaise ont des **embouts** en caoutchouc.*

embouteillage (nom masculin)
Encombrement qui bloque la circulation. *La neige a provoqué de monstrueux **embouteillages** sur l'autoroute.* (Syn. bouchon.)

embouteiller (verbe) ○ conj. n°3
Provoquer un embouteillage. *Le camion des poubelles **a embouteillé** la rue.*

emboutir (verbe) ○ conj. n°11
Heurter violemment un véhicule. *La voiture **a été emboutie** au stop.*

embranchement (nom masculin)
Endroit où une route se divise en plusieurs voies. *Vous trouverez l'autoroute au prochain **embranchement**.* (Syn. bifurcation, croisement.)

s'embraser (verbe) ○ conj. n°3
Prendre feu. *Le chalet **s'est embrasé** d'un coup, comme une torche.*

embrassade (nom féminin)
Action de s'embrasser. *Leurs retrouvailles furent l'occasion d'**embrassades** à n'en plus finir.*

embrasser (verbe) ○ conj. n°3
1. Donner un baiser. *Elle **embrasse** tendrement ses enfants.* **2.** Voir dans toute son étendue. *De là-haut, on **embrasse** la vallée d'un seul coup d'œil.* **3.** Synonyme littéraire de choisir. *Il **a embrassé** la carrière des armes.* ⊙ Autrefois, embrasser quelqu'un, c'était le serrer dans ses bras.

embrasure (nom féminin)
Ouverture dans un mur correspondant à une porte ou une fenêtre. *Ils causaient dans l'**embrasure** de la fenêtre.*

embrayage (nom masculin)
Mécanisme qui permet au moteur d'une voiture ou d'une moto d'entraîner les roues. *Pour changer de vitesse en voiture, il faut appuyer sur la pédale d'**embrayage**.* ➠ p. 733.

embrayer (verbe) ○ conj. n°7
Actionner l'embrayage. ***Embraie** doucement, sinon le moteur va caler.* (Contr. débrayer.)

embrocher (verbe) ○ conj.n°3
1. Enfiler quelque chose sur une broche pour le faire cuire. *Plusieurs volailles* ***sont embrochées*** *dans la rôtissoire.* **2.** Synonyme familier de transpercer. *D'un coup d'épée, il* ***embrocha*** *son adversaire.*

embrouiller (verbe) ○ conj.n°3
1. Mettre en désordre. *David essaie de démêler des mètres de rallonge électrique qui* ***se sont embrouillés.*** (Syn. emmêler.) **2.** Rendre difficile à comprendre. *Ses explications ne faisaient qu'****embrouiller*** *un peu plus son histoire.* (Contr. débrouiller, démêler.) **3.** S'embrouiller : perdre le fil de ce qu'on dit. *Il* ***s'est embrouillé*** *dans ses mensonges.*

embruns (nom masculin pluriel)
Gouttelettes d'eau de mer transportées par le vent. *Ibrahim a mis son ciré pour se protéger des* ***embruns.***

embryon (nom masculin)
Être vivant au tout début de son développement. *Les* ***embryons*** *grandissent dans un œuf ou dans le ventre d'une femelle.*

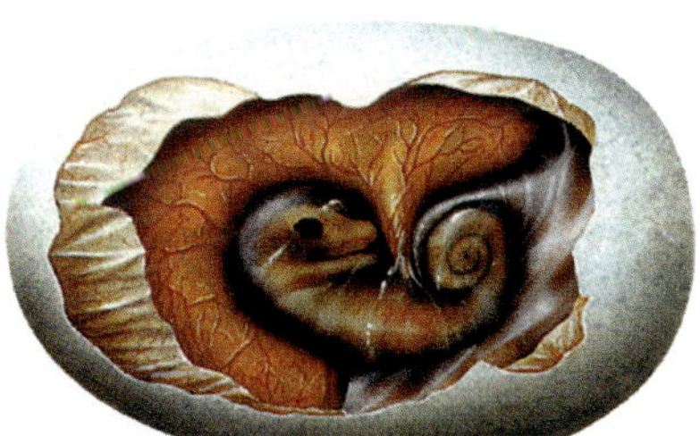

un **embryon** de reptile dans son œuf

embryonnaire (adjectif)
Qui est tout juste à s... débuts... *1950, l'informati... en éta...* ***embryonnai...***

embûch... (nom fém...)
...tés, pièges. ...
D...is était semée ...
obstacle.)

embuscade (nom féminin)
Fait de se cacher pour attaquer par surprise. *La patrouille est tombée dans une* ***embuscade.*** (Syn. guet-apens.)

s'embusquer (verbe) ○ conj.n°3
Se mettre en embuscade. *Le chasseur* ***s'est embusqué*** *dans un fourré.*

éméché, ée (adjectif)
Un peu ivre. *Des consommateurs* ***éméchés*** *se mirent à chanter dans le café.*

émeraude (nom féminin)
Pierre précieuse translucide de couleur verte. *Sa bague est ornée d'une* ***émeraude.***

émerger (verbe) ○ conj.n°5
Apparaître au-dessus du niveau de l'eau. *Cette partie de l'île n'****émerge*** *qu'à marée basse.*

émeri (nom masculin)
• **Toile émeri** : papier rugueux qui sert à gratter et à poncer les métaux.

émerveillement (nom masculin)
État d'une personne émerveillée. *Ils regardaient le ciel étoilé avec* ***émerveillement.*** (Syn. admiration.)

émerveiller (verbe) ○ conj.n°3
Remplir d'admiration et d'étonnement. *Son voyage en Chine l'****a émerveillé.***

émetteur, trice (adjectif)
Qui émet des ondes radio ou des images. *Une station* ***émettri...***
...metteur (nom masculin) A...
...Un ***émetteur*** *de...ns par ...ouver le ...sa ...*

émeu (nom masculin)
Très grand oiseau d'Australie qui ressemble à l'autruche. *L'**émeu** est incapable de voler.*

un **émeu**

émeute (nom féminin)
Soulèvement populaire. *Cette manifestation a tourné à l'**émeute**.*

émeutier, ère (nom)
Personne qui participe à une émeute. *Les **émeutiers** ont dressé des barricades.*

émietter (verbe) ○ conj.n°3
Réduire en miettes. *Maman **émiette** la croûte du pain pour faire de la chapelure.*

émigrant, ante (nom)
Personne qui émigre. *Au XIXe siècle, des **émigrants** pleins d'espoir s'embarquèrent [...]our le Nouveau Monde.*

[...]ation (nom féminin)
[...] émigrer. *La révocation de [...]es provoqua l'**émigration** [...]testants.*

ém[...] Pers[...] *d'une[...]*

émigr[...] [...]uitter [...] une[...] *Il descend [...]ise [...]ns.*

émincer (verbe) ○ conj.n°4
Couper en tranches très minces. ***Émincer** des oignons et des carottes.*

éminence (nom féminin)
1. Élévation de terrain. *De cette **éminence**, vous découvrirez l'ensemble de la forêt.* (Syn. butte, colline, hauteur.) **2.** Titre donné aux cardinaux. *Son **Éminence**, le cardinal Mazarin.*

éminent, ente (adjectif)
Très important. *Gaëlle a joué un rôle **éminent** dans l'organisation de la fête.* (Syn. remarquable.)

émir (nom masculin)
Titre donné à certains princes ou chefs d'État musulmans. *L'**émir** du Koweït.* ⊙ Voir amiral.

émirat (nom masculin)
Pays gouverné par un émir.

émissaire (nom masculin)
Envoyé officiel chargé d'une mission. *Les États-Unis ont envoyé un **émissaire** pour amorcer des négociations.*

émission (nom féminin)
Programme de télévision ou de radio. *Kevin ne manque jamais une **émission** sur la mer et les bateaux.*

emmagasiner (verbe) ○ conj.n°3
1. Mettre en réserve. *Les murs **ont emmagasiné** de la chaleur dans la journée, et le soir, ils restent tièdes.* **2.** Au sens figuré, garder en mémoire. *Hélène **a emmagasiné** beaucoup de connaissances nouvelles cette année.* (Syn. accumuler.)

emmancher (verbe) ○ conj.n°3
Fixer à un manche. *Le jardinier **a emmanché** sa binette avec un nouveau manche.*

emma[...]hure (nom féminin)
Endroit où [...]anche est cousue au vêtement. *Une [...]te aux larges **emmanchures**.*

emmêler (verbe) ○ conj.[...]
Mêler des choses les unes aux [...] *Mes cheveux **sont** tout **emmêlés** à cau[...] [...]u vent.* (Contr. démêler.)

emménagement (nom masculin)
Action d'emménager. *Nos nouveaux voisins ont tout juste fini leur* ***emménagement****.* (Contr. déménagement.)

emménager (verbe) ○ conj.n°5
S'installer dans un nouveau logement. *Nous* ***avons emménagé*** *dans une maison au bord du canal.* (Contr. déménager.)

emmener (verbe) ○ conj.n°8
Amener quelqu'un avec soi. *Maman nous* ***emmène*** *à la plage, elle veut que nous emportions le goûter.* → On *emmène* une personne et on *emporte* un objet.

emmenthal (nom masculin)
Variété de gruyère à gros trous. → Prononciation [emɛ̃tal]. ⊙ En allemand, ce mot signifie « vallée de l'Emme », lieu de Suisse d'où ce fromage est originaire.

s'emmitoufler (verbe) ○ conj.n°3
S'envelopper chaudement. *Pierre* ***s'emmitoufle*** *pour affronter la neige.*

emmurer (verbe) ○ conj.n°3
Enfermer derrière un mur ou des rochers. *Un éboulement a failli* ***emmurer*** *les jeunes gens dans le souterrain.*

émoi (nom masculin)
Émotion due à l'inquiétude. *Ces vols de voitures ont mis tout le quartier en* ***émoi****.* (Syn. agitation, effervescence.)

émonder (verbe) ○ conj.n°3
Synonyme d'élaguer. ... ***ont émondé*** *les pl...*

émousser (verbe) ○ conj.n°3
1. Rendre moins coupant ou moins pointu. *La lame de ce couteau* ***est émoussée*** *: il ne coupe plus.* **2.** Rendre moins vif, moins fort. *Leur amitié* ***s'est émoussée*** *avec les années.* (Syn. affaiblir, atténuer.)

émoustiller (verbe) ○ conj.n°3
Donner une excitation légère, qui met de bonne humeur. *Le vin* ***a émoustillé*** *les convives qui se sont mis à chanter.* ⊙ En ancien français, la *moustille*, c'est le vin nouveau : être émoustillé, c'est être sous l'effet du vin nouveau.

émouvant, ante (adjectif)
Qui fait éprouver des émotions. *La cérémonie d'adieux a été très* ***émouvante****.*

émouvoir (verbe) ○ conj.n°24
Causer une émotion. *Il* ***était*** *si* ***ému*** *qu'il ne pouvait articuler une parole.* (Syn. bouleverser, impressionner.)

empailler (verbe) ○ conj.n°3
Remplir de paille la peau d'un animal mort pour conserver ses formes. *Le pavillon de chasse était plein d'animaux* ***empaillés****.* (Syn. naturaliser.)

empaqueter (verbe) ○ conj.n°9
Synonyme d'emballer. *La vendeuse* ***empaquette*** *soigneusement les verres.* (Contr. dépaqueter.)

...parer (verbe) ○ conj.n°3
...dre de force ou rapidement. ***...st emparé*** *de la B.D. de Julie ... lui rendre.* (Syn. se sai...

empereur (nom masculin)
Titre donné à certains souverains. *L'**empereur** Napoléon III épousa l'impératrice Eugénie.*

l'**empereur** Napoléon Ier par L. David

empester (verbe) ○ conj.n°3
Sentir très mauvais. *Il faut changer la litière du chat : elle **empeste** !* (Contr. embaumer.)

s'empêtrer (verbe) ○ conj.n°3
1. Se prendre dans quelque chose. *Le marin **s'est empêtré** les pieds dans les cordages.* **2.** S'embrouiller dans ce qu'on dit. *Romain s'emp[illegible] de plus en plus dans ses explications.* (Contr. se [illegible]pêtrer.)

[illegible] (nom féminin)
[illegible]euse et prétentieuse
[illegible] Le maire parle avec
(Syn. [illegible] simplicité.)

empiéter (verbe) ○ conj.n°8
Aller au-delà de la limite du terrain possédé. *Votre clôture **empiète** sur mon jardin !* (Syn. déborder.)

s'empiffrer (verbe) ○ conj.n°3
Synonyme de se gaver. *Les invités **s'empiffraient** de petits fours.*

empiler (verbe) ○ conj.n°3
Mettre en pile. *Les vieilles revues **s'empilent** dans la salle d'attente du dentiste.* (Syn. s'amonceler, s'entasser.)

empire (nom masculin)
État gouverné par un empereur. *L'**empire** de Napoléon Ier a compté jusqu'à 130 départements.* • **Pas pour un empire** : pour rien au monde. • **Sous l'empire de quelque chose** : sous son influence. *Il y a des gens qui disent n'importe quoi **sous l'empire de** la colère.*

empirer (verbe) ○ conj.n°3
Devenir pire. *L'état du malade **a empiré**.* (Syn. s'aggraver. Contr. s'améliorer.)

empirique (adjectif)
Qui utilise seulement l'observation et l'expérience. *Un remède **empirique** soulage sans que l'on sache très bien pourquoi.* (Contr. scientifique, théorique.)

emplacement (nom masculin)
[illegible]droit occupé par quelque chose. *J'ai trouvé un **emplacement** pour garer*

emp[illegible]
Pommade [illegible]

emplette (nom féminin)
Achat de marchandises cou[illegible]. *Thomas fait quelques **emplettes** pou[illegible] dépenser son reste d'argent de poche avant de partir.*

[illegible] (verbe) ○ conj.n°11
[illegible]litt[illegible]aire de remplir. *Ses [illegible] de larmes.*

emploi (nom masculin)
1. Façon dont on emploie quelque chose ou usage qu'on en fait. *Lis donc le mode d'**emploi** avant de mettre la machine en marche.* **2.** Travail avec lequel on gagne sa vie. *Elle a trouvé un **emploi** dans une papeterie.* (Syn. place, situation.) • **Emploi du temps :** ce que l'on a à faire selon les heures et les jours. ⊙ Famille du mot : employé, employer, employeur.

employé, ée (nom)
Personne qui a un emploi dans un magasin ou un bureau. *Il est **employé** de banque.*

employer (verbe) ○ conj.n°6
1. Faire usage de quelque chose. *Victor **a employé** une colle spéciale pour recoller son album.* (Syn. se servir, utiliser.) **2.** Faire travailler en échange d'un salaire. *Ce salon de coiffure **emploie** sept personnes.* **3.** S'employer à faire quelque chose : s'y efforcer. *Laura **s'emploie à** résoudre ce problème.* (Syn. se consacrer.)

employeur, euse (nom)
Personne qui emploie quelqu'un à son service. *Mon **employeur** me verse un salaire mensuel.* (Syn. patron.)

empocher (verbe) ○ conj.n°3
Toucher de l'argent. *Il **a empoché** une belle somme pour faire ce travail.*

empoignade (nom féminin)
Discussion violente. *J'ai assisté à une **empoignade** entre deux automobilistes.*

empoigner (verbe) ○ conj.n°3
1. Saisir en serrant dans sa main. *Elle **empoigne** un bâton pour chasser la souris.* **2.** S'empoigner : se battre ou se disputer violemment. *Les deux catcheurs **se sont empoignés**.*

empoisonnement (nom m…
Action d'empoisonner…
ont été victimes d'u…
par des champig…

empois…
1. Tr…
mo…

emportement (nom masculin)
Action de s'emporter. *Myriam s'est laissée aller à l'**emportement**.* (Syn. colère.)

emporter (verbe) ○ conj.n°3
1. Prendre avec soi. *N'oublie pas d'**emporter** ton cartable.* (Contr. apporter.) **2.** S'emporter : se mettre en colère. *Elle **s'est emportée** contre sa bruyante voisine.* • **L'emporter sur quelqu'un :** être victorieux, gagner. ⊙ Famille du mot : emportement, remporter.

empoté, ée (adjectif)
Synonyme familier de maladroit. *Elle est trop **empotée** pour se servir du magnétoscope.*

empreint, einte (adjectif)
Qui exprime tel ou tel sentiment. *Son visage était **empreint** d'une grande mélancolie.*

empreinte (nom féminin)
Trace laissée sur une surface par un animal ou une personne. *William essaie de deviner quel oiseau a laissé ses **empreintes** sur le sable.*

…pressé, ée (adjectif)
…i est plein d'empressement. *Elle est très **empressée** auprès de ses invités.*

a b c d e f g h i j k l m n o p q r s t u

emprise (nom féminin)
Influence exercée sur quelqu'un. *La télévision a souvent une grande* ***emprise*** *sur les jeunes enfants.*

emprisonnement (nom masculin)
Fait d'être emprisonné. *Être condamné à un an d'****emprisonnement****.* (Syn. détention, réclusion.)

emprisonner (verbe) ○ conj.n°3
Mettre en prison. *L'assassin* ***a été emprisonné****.* (Syn. écrouer.)

emprunt (nom masculin)
Somme d'argent ou chose empruntée. *Pour acheter une nouvelle voiture, papa a fait un* ***emprunt*** *à la banque.* • **Nom d'emprunt** : synonyme de pseudonyme. *Il a choisi un* ***nom d'emprunt*** *pour signer son roman.*

emprunté, ée (adjectif)
Qui manque de naturel ou qui est mal à l'aise. *Mon oncle avait l'air* ***emprunté*** *dans son costume de marié.* (Syn. gauche. Contr. naturel.)

emprunter (verbe) ○ conj.n°3
1. Recevoir une chose en prêt. *Sarah* ***a emprunté*** *deux euros à son frère pour acheter un journal, il les lui a prêtés volontiers.* 2. Utiliser une voie pour circuler. *Pour arriver sur l'autre quai, il faut* ***emprunter*** *le passage souterrain.* ○ Famille du mot : emprunt, emprunté.

ém... ➡ Voir ém...ir.

émulation (nom ...)
Sent...nt qui pouss... que ... autres. *Il y a u... émulati... entre les élèves ... le ... mieux ...de*

émule (...)
Personne ... cherche ... en égaler u... autre en m... ou en ...oir. *Ce vieu... savant a beau...up d'ém...*

émulsion (nom féminin)
...persion dans ... liqu... ...lettes qui n... se méla... fines ... pas ... *mayonnaise est une ... jaune d'œuf.*

1. en (préposition)
Sert à indiquer de nombreux types de compléments. *Aller* ***en*** *Espagne* (lieu). *Un vase* ***en*** *cristal* (matière). ***En*** *hiver, il fait froid* (temps). *Être* ***en*** *colère* (état). *Ursula va à l'école* ***en*** *vélo* (moyen). ***En*** *marchant vite, il faut une heure* (manière).

2. en (pronom)
1. Sert à indiquer le lieu d'où l'on vient. *Tu vas au marché ? – Non, j'****en*** *viens.* 2. Remplace un complément introduit par « de ». *Tu aimes les olives ? Prends-****en*** *!*

encablure (nom féminin)
Ancienne unité d'environ 180 mètres utilisée dans la marine pour évaluer les courtes distances.

encadrement (nom masculin)
1. Ce qui encadre quelque chose. *Pour cette photo, on a choisi un* ***encadrement*** *en bois clair.* 2. Personnes qui encadrent un groupe. *Cinq animateurs forment l'****encadrement*** *du centre de vacances.*

encadrer (verbe) ○ conj.n°3
1. Mettre dans un cadre. *Maman a acheté un tableau qu'elle a fait* ***encadrer****.* 2. Avoir la charge et la responsabilité de personnes. *Dans cette colonie de vacances, les enfants* ***sont*** *très bien* ***encadrés****.*

encadrer

...caissé, ée (adjectif)
...est resserré entre des parois ... *Cette route* ***encaissée*** *est très ... che...*

... ○ conj.n°3
...en paiement. *Le ...* ***encaissé*** *le*

embrocher (verbe) ○ conj.n°3
1. Enfiler quelque chose sur une broche pour le faire cuire. *Plusieurs volailles **sont embrochées** dans la rôtissoire.* 2. Synonyme familier de transpercer. *D'un coup d'épée, il **embrocha** son adversaire.*

embrouiller (verbe) ○ conj.n°3
1. Mettre en désordre. *David essaie de démêler des mètres de rallonge électrique qui **se sont embrouillés**.* (Syn. emmêler.) 2. Rendre difficile à comprendre. *Ses explications ne faisaient qu'**embrouiller** un peu plus son histoire.* (Contr. débrouiller, démêler.) 3. S'embrouiller : perdre le fil de ce qu'on dit. *Il **s'est embrouillé** dans ses mensonges.*

embruns (nom masculin pluriel)
Gouttelettes d'eau de mer transportées par le vent. *Ibrahim a mis son ciré pour se protéger des **embruns**.*

embryon (nom masculin)
Être vivant au tout début de son développement. *Les **embryons** grandissent dans un œuf ou dans le ventre d'une femelle.*

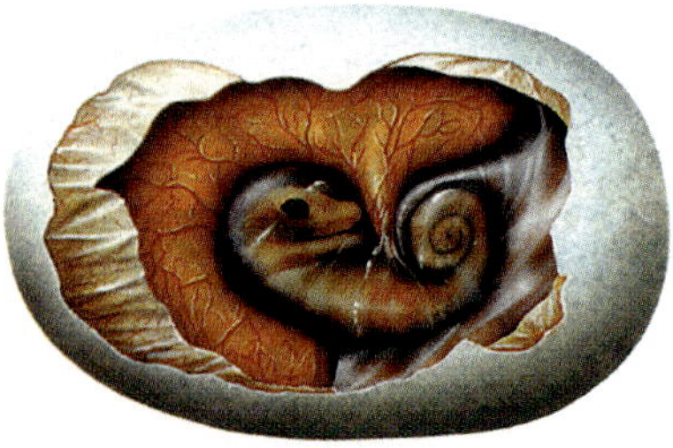

un **embryon** de reptile dans son œuf

embryonnaire (adjectif)
Qui est tout juste à ses débuts. *En 1950, l'informatique en était à l'état **embryonnaire**.*

embûches (nom féminin pluriel)
Difficultés, pièges. *La traversée des marais était semée d'**embûches**.* (Syn. obstacle.)

embuscade (nom féminin)
Fait de se cacher pour attaquer par surprise. *La patrouille est tombée dans une **embuscade**.* (Syn. guet-apens.)

s'embusquer (verbe) ○ conj.n°3
Se mettre en embuscade. *Le chasseur **s'est embusqué** dans un fourré.*

éméché, ée (adjectif)
Un peu ivre. *Des consommateurs **éméchés** se mirent à chanter dans le café.*

émeraude (nom féminin)
Pierre précieuse translucide de couleur verte. *Sa bague est ornée d'une **émeraude**.*

émerger (verbe) ○ conj.n°5
Apparaître au-dessus du niveau de l'eau. *Cette partie de l'île n'**émerge** qu'à marée basse.*

émeri (nom masculin)
• **Toile émeri** : papier rugueux qui sert à gratter et à poncer les métaux.

émerveillement (nom masculin)
État d'une personne émerveillée. *Ils regardaient le ciel étoilé avec **émerveillement**.* (Syn. admiration.)

émerveiller (verbe) ○ conj.n°3
Remplir d'admiration et d'étonnement. *Son voyage en Chine l'**a émerveillé**.*

émetteur, trice (adjectif)
Qui émet des ondes radio ou des images. *Une station **émettrice**.* ▷ **émetteur** (nom masculin) Appareil émetteur. *Un **émetteur** de télévision.*

émettre (verbe) ○ conj.n°33
1. Envoyer des images, des sons par les ondes. *Les espoirs de retrouver le navigateur s'amenuisent : sa radio n'**émet** plus.* 2. Envoyer vers l'extérieur. *Le violoncelle **émet** un son grave.* (Syn. produire, répandre.) 3. Mettre une monnaie en circulation. *C'est la Banque de France qui **émet** les pièces et les billets.* 4. Exprimer une opinion. *Les savants **ont émis** une nouvelle hypothèse sur la disparition des dinosaures.*
⊙ Famille du mot : émetteur, émission.

émeu (nom masculin)
Très grand oiseau d'Australie qui ressemble à l'autruche. *L'**émeu** est incapable de voler.*

un **émeu**

émeute (nom féminin)
Soulèvement populaire. *Cette manifestation a tourné à l'**émeute**.*

émeutier, ère (nom)
Personne qui participe à une émeute. *Les **émeutiers** ont dressé des barricades.*

émietter (verbe) ○ conj.n°3
Réduire en miettes. *Maman **émiette** la croûte du pain pour faire de la chapelure.*

émigrant, ante (nom)
Personne qui émigre. *Au XIXe siècle, des **émigrants** pleins d'espoir s'embarquèrent pour le Nouveau Monde.*

émigration (nom féminin)
Action d'émigrer. *La révocation de l'Édit de Nantes provoqua l'**émigration** de nombreux protestants.*

émigré, ée (nom)
Personne qui a émigré. *Il descend d'une famille d'**émigrés** italiens.*

émigrer (verbe) ○ conj.n°3
Quitter son pays pour aller s'installer dans un autre pays. *La Révolution française poussa une partie de la noblesse à **émigrer**.* (Syn. s'expatrier. Contr. immigrer.)

émincer (verbe) ○ conj.n°4
Couper en tranches très minces. ***Émincer** des oignons et des carottes.*

éminence (nom féminin)
1. Élévation de terrain. *De cette **éminence**, vous découvrirez l'ensemble de la forêt.* (Syn. butte, colline, hauteur.) 2. Titre donné aux cardinaux. *Son **Éminence**, le cardinal Mazarin.*

éminent, ente (adjectif)
Très important. *Gaëlle a joué un rôle **éminent** dans l'organisation de la fête.* (Syn. remarquable.)

émir (nom masculin)
Titre donné à certains princes ou chefs d'État musulmans. *L'**émir** du Koweït.* ⊙ Voir amiral.

émirat (nom masculin)
Pays gouverné par un émir.

émissaire (nom masculin)
Envoyé officiel chargé d'une mission. *Les États-Unis ont envoyé un **émissaire** pour amorcer des négociations.*

émission (nom féminin)
Programme de télévision ou de radio. *Kevin ne manque jamais une **émission** sur la mer et les bateaux.*

emmagasiner (verbe) ○ conj.n°3
1. Mettre en réserve. *Les murs **ont emmagasiné** de la chaleur dans la journée, et le soir, ils restent tièdes.* 2. Au sens figuré, garder en mémoire. *Hélène **a emmagasiné** beaucoup de connaissances nouvelles cette année.* (Syn. accumuler.)

emmancher (verbe) ○ conj.n°3
Fixer à un manche. *Le jardinier **a emmanché** sa binette avec un nouveau manche.*

emmanchure (nom féminin)
Endroit où la manche est cousue au vêtement. *Une veste aux larges **emmanchures**.*

emmêler (verbe) ○ conj.n°3
Mêler des choses les unes aux autres. *Mes cheveux **sont** tout **emmêlés** à cause du vent.* (Contr. démêler.)

emménagement (nom masculin)
Action d'emménager. *Nos nouveaux voisins ont tout juste fini leur* ***emménagement****.* (Contr. déménagement.)

emménager (verbe) ○ conj.n°5
S'installer dans un nouveau logement. *Nous* ***avons emménagé*** *dans une maison au bord du canal.* (Contr. déménager.)

emmener (verbe) ○ conj.n°8
Amener quelqu'un avec soi. *Maman nous* ***emmène*** *à la plage, elle veut que nous emportions le goûter.* → On *emmène* une personne et on *emporte* un objet.

emmenthal (nom masculin)
Variété de gruyère à gros trous. → Prononciation [emɛ̃tal]. ⊙ En allemand, ce mot signifie « vallée de l'Emme », lieu de Suisse d'où ce fromage est originaire.

s'emmitoufler (verbe) ○ conj.n°3
S'envelopper chaudement. *Pierre* ***s'emmitoufle*** *pour affronter la neige.*

emmurer (verbe) ○ conj.n°3
Enfermer derrière un mur ou des rochers. *Un éboulement a failli* ***emmurer*** *les jeunes gens dans le souterrain.*

émoi (nom masculin)
Émotion due à l'inquiétude. *Ces vols de voitures ont mis tout le quartier en* ***émoi****.* (Syn. agitation, effervescence.)

émonder (verbe) ○ conj.n°3
Synonyme d'élaguer. *Les cantonniers* ***ont émondé*** *les platanes de l'avenue.*

émotif, ive (adjectif)
Qui est sensible et se trouble facilement. *C'est un garçon très* ***émotif*** *qui rougit pour un rien et bégaye dès qu'il doit parler en public.* (Syn. impressionnable.)

émotion (nom féminin)
Trouble très fort, agréable ou désagréable. *La joie, la colère, le chagrin, la peur, la surprise sont des* ***émotions****.*

émousser (verbe) ○ conj.n°3
1. Rendre moins coupant ou moins pointu. *La lame de ce couteau* ***est émoussée*** *: il ne coupe plus.* **2.** Rendre moins vif, moins fort. *Leur amitié* ***s'est émoussée*** *avec les années.* (Syn. affaiblir, atténuer.)

émoustiller (verbe) ○ conj.n°3
Donner une excitation légère, qui met de bonne humeur. *Le vin* ***a émoustillé*** *les convives qui se sont mis à chanter.* ⊙ En ancien français, la *moustille*, c'est le vin nouveau : être émoustillé, c'est être sous l'effet du vin nouveau.

émouvant, ante (adjectif)
Qui fait éprouver des émotions. *La cérémonie d'adieux a été très* ***émouvante****.*

émouvoir (verbe) ○ conj.n°24
Causer une émotion. *Il* ***était*** *si* ***ému*** *qu'il ne pouvait articuler une parole.* (Syn. bouleverser, impressionner.)

empailler (verbe) ○ conj.n°3
Remplir de paille la peau d'un animal mort pour conserver ses formes. *Le pavillon de chasse était plein d'animaux* ***empaillés****.* (Syn. naturaliser.)

empaqueter (verbe) ○ conj.n°9
Synonyme d'emballer. *La vendeuse* ***empaquette*** *soigneusement les verres.* (Contr. dépaqueter.)

s'emparer (verbe) ○ conj.n°3
1. Prendre de force ou rapidement. *Quentin* ***s'est emparé*** *de la B.D. de Julie et refuse de la lui rendre.* (Syn. se saisir.) **2.** Envahir l'esprit de quelqu'un. *La peur* ***s'est emparée*** *de lui.* (Syn. se saisir.)

s'empâter (verbe) ○ conj.n°3
Prendre du poids. *Lui qui était un garçon si mince, le voilà qui* ***s'empâte****.*

empêchement (nom masculin)
Circonstance qui empêche de faire ce qui était prévu. *Je n'ai pas pu être au rendez-vous, j'ai eu un* ***empêchement****.*

empêcher (verbe) ○ conj.n°3
1. Rendre quelque chose impossible. *Le mauvais temps nous* ***a empêchés*** *de sortir.* (Contr. permettre.) **2.** S'empêcher : se retenir de faire quelque chose. *Je n'ai pu* ***m'empêcher*** *de rire en le voyant.*

▸ **empereur** (nom masculin)
Titre donné à certains souverains. *L'**empereur** Napoléon III épousa l'impératrice Eugénie.*

l'**empereur** Napoléon Ier par L. David

▸ **empester** (verbe) ○ conj.n°3
Sentir très mauvais. *Il faut changer la litière du chat : elle **empeste** !* (Contr. embaumer.)

▸ **s'empêtrer** (verbe) ○ conj.n°3
1. Se prendre dans quelque chose. *Le marin **s'est empêtré** les pieds dans les cordages.* 2. S'embrouiller dans ce qu'on dit. *Romain **s'empêtrait** de plus en plus dans ses explications.* (Contr. se dépêtrer.)

▸ **emphase** (nom féminin)
Façon pompeuse et prétentieuse de s'exprimer. *Le maire parle avec **emphase**.* (Contr. naturel, simplicité.)

▸ **emphatique** (adjectif)
Qui est plein d'emphase. *Le député a fait un discours sur un ton **emphatique**.* (Syn. solennel. Contr. simple.)

▸ **empierrer** (verbe) ○ conj.n°3
Recouvrir de pierres. *Avant de goudronner un chemin, il faut l'**empierrer**.*

▸ **empiéter** (verbe) ○ conj.n°8
Aller au-delà de la limite du terrain possédé. *Votre clôture **empiète** sur mon jardin !* (Syn. déborder.)

▸ **s'empiffrer** (verbe) ○ conj.n°3
Synonyme de se gaver. *Les invités **s'empiffraient** de petits fours.*

▸ **empiler** (verbe) ○ conj.n°3
Mettre en pile. *Les vieilles revues **s'empilent** dans la salle d'attente du dentiste.* (Syn. s'amonceler, s'entasser.)

▸ **empire** (nom masculin)
État gouverné par un empereur. *L'**empire** de Napoléon Ier a compté jusqu'à 130 départements.* • **Pas pour un empire** : pour rien au monde. • **Sous l'empire de quelque chose** : sous son influence. *Il y a des gens qui disent n'importe quoi **sous l'empire de** la colère.*

▸ **empirer** (verbe) ○ conj.n°3
Devenir pire. *L'état du malade **a empiré**.* (Syn. s'aggraver. Contr. s'améliorer.)

▸ **empirique** (adjectif)
Qui utilise seulement l'observation et l'expérience. *Un remède **empirique** soulage sans que l'on sache très bien pourquoi.* (Contr. scientifique, théorique.)

▸ **emplacement** (nom masculin)
Endroit occupé par quelque chose. *J'ai trouvé un **emplacement** pour garer la voiture.* (Syn. place.)

▸ **emplâtre** (nom masculin)
Pommade épaisse à effet calmant.

▸ **emplette** (nom féminin)
Achat de marchandises courantes. *Thomas fait quelques **emplettes** pour dépenser son reste d'argent de poche avant de partir.*

▸ **emplir** (verbe) ○ conj.n°11
Synonyme littéraire de remplir. *Ses yeux **se sont emplis** de larmes.*

▸ **emploi** (nom masculin)
1. Façon dont on emploie quelque chose ou usage qu'on en fait. *Lis donc le mode d'**emploi** avant de mettre la machine en marche.* **2.** Travail avec lequel on gagne sa vie. *Elle a trouvé un **emploi** dans une papeterie.* (Syn. place, situation.) • **Emploi du temps :** ce que l'on a à faire selon les heures et les jours. ⊙ Famille du mot : employé, employer, employeur.

▸ **employé, ée** (nom)
Personne qui a un emploi dans un magasin ou un bureau. *Il est **employé** de banque.*

▸ **employer** (verbe) ○ conj.n°6
1. Faire usage de quelque chose. *Victor **a employé** une colle spéciale pour recoller son album.* (Syn. se servir, utiliser.) **2.** Faire travailler en échange d'un salaire. *Ce salon de coiffure **emploie** sept personnes.* **3.** S'employer à faire quelque chose : s'y efforcer. *Laura **s'emploie à** résoudre ce problème.* (Syn. se consacrer.)

▸ **employeur, euse** (nom)
Personne qui emploie quelqu'un à son service. *Mon **employeur** me verse un salaire mensuel.* (Syn. patron.)

▸ **empocher** (verbe) ○ conj.n°3
Toucher de l'argent. *Il **a empoché** une belle somme pour faire ce travail.*

▸ **empoignade** (nom féminin)
Discussion violente. *J'ai assisté à une **empoignade** entre deux automobilistes.*

▸ **empoigner** (verbe) ○ conj.n°3
1. Saisir en serrant dans sa main. *Elle **empoigne** un bâton pour chasser la souris.* **2.** S'empoigner : se battre ou se disputer violemment. *Les deux catcheurs **se sont empoignés**.*

▸ **empoisonnement** (nom masculin)
Action d'empoisonner quelqu'un. *Ils ont été victimes d'un **empoisonnement** par des champignons.*

▸ **empoisonner** (verbe) ○ conj.n°3
1. Tuer avec du poison. *Pour ne pas mourir **empoisonné**, le roi Mithridate absorbait chaque jour un peu de poison.* **2.** Rendre désagréable. *Cette dette lui **empoisonne** l'existence.*

▸ **emportement** (nom masculin)
Action de s'emporter. *Myriam s'est laissée aller à l'**emportement**.* (Syn. colère.)

▸ **emporter** (verbe) ○ conj.n°3
1. Prendre avec soi. *N'oublie pas d'**emporter** ton cartable.* (Contr. apporter.) **2.** S'emporter : se mettre en colère. *Elle **s'est emportée** contre sa bruyante voisine.* • **L'emporter sur quelqu'un :** être victorieux, gagner. ⊙ Famille du mot : emportement, remporter.

▸ **empoté, ée** (adjectif)
Synonyme familier de maladroit. *Elle est trop **empotée** pour se servir du magnétoscope.*

▸ **empreint, einte** (adjectif)
Qui exprime tel ou tel sentiment. *Son visage était **empreint** d'une grande mélancolie.*

▸ **empreinte** (nom féminin)
Trace laissée sur une surface par un animal ou une personne. *William essaie de deviner quel oiseau a laissé ses **empreintes** sur le sable.*

Un animal a laissé ses **empreintes** sur la neige.

▸ **empressé, ée** (adjectif)
Qui est plein d'empressement. *Elle est très **empressée** auprès de ses invités.*

▸ **empressement** (nom masculin)
Fait de s'empresser. *Xavier répond toujours avec **empressement** aux lettres de sa grand-mère.* (Syn. ardeur, zèle.)

▸ **s'empresser** (verbe) ○ conj.n°3
Faire quelque chose en se dépêchant ou en montrant beaucoup de zèle. *Odile **s'est s'empressée** d'aller ouvrir la porte.*

emprise (nom féminin)
Influence exercée sur quelqu'un. *La télévision a souvent une grande **emprise** sur les jeunes enfants.*

emprisonnement (nom masculin)
Fait d'être emprisonné. *Être condamné à un an d'**emprisonnement**.* (Syn. détention, réclusion.)

emprisonner (verbe) ○ conj.n°3
Mettre en prison. *L'assassin **a été emprisonné**.* (Syn. écrouer.)

emprunt (nom masculin)
Somme d'argent ou chose empruntée. *Pour acheter une nouvelle voiture, papa a fait un **emprunt** à la banque.* • **Nom d'emprunt** : synonyme de pseudonyme. *Il a choisi un **nom d'emprunt** pour signer son roman.*

emprunté, ée (adjectif)
Qui manque de naturel ou qui est mal à l'aise. *Mon oncle avait l'air **emprunté** dans son costume de marié.* (Syn. gauche. Contr. naturel.)

emprunter (verbe) ○ conj.n°3
1. Recevoir une chose en prêt. *Sarah **a emprunté** deux euros à son frère pour acheter un journal, il les lui a prêtés volontiers.* 2. Utiliser une voie pour circuler. *Pour arriver sur l'autre quai, il faut **emprunter** le passage souterrain.*
⊙ Famille du mot : emprunt, emprunté.

ému ➠ Voir émouvoir.

émulation (nom féminin)
Sentiment qui pousse à faire mieux que les autres. *Il y a une grande **émulation** entre les élèves de cette classe.*

émule (nom)
Personne qui cherche à en égaler une autre en mérite ou en savoir. *Ce vieux savant a beaucoup d'**émules**.*

émulsion (nom féminin)
Dispersion dans un liquide de fines gouttelettes qui ne se mélangent pas à lui. *La mayonnaise est une **émulsion** d'huile et de jaune d'œuf.*

1. en (préposition)
Sert à indiquer de nombreux types de compléments. *Aller **en** Espagne* (lieu). *Un vase **en** cristal* (matière). ***En** hiver, il fait froid* (temps). *Être **en** colère* (état). *Ursula va à l'école **en** vélo* (moyen). ***En** marchant vite, il faut une heure* (manière).

2. en (pronom)
1. Sert à indiquer le lieu d'où l'on vient. *Tu vas au marché ? – Non, j'**en** viens.* 2. Remplace un complément introduit par « de ». *Tu aimes les olives ? Prends-**en** !*

encablure (nom féminin)
Ancienne unité d'environ 180 mètres utilisée dans la marine pour évaluer les courtes distances.

encadrement (nom masculin)
1. Ce qui encadre quelque chose. *Pour cette photo, on a choisi un **encadrement** en bois clair.* 2. Personnes qui encadrent un groupe. *Cinq animateurs forment l'**encadrement** du centre de vacances.*

encadrer (verbe) ○ conj.n°3
1. Mettre dans un cadre. *Maman a acheté un tableau qu'elle a fait **encadrer**.* 2. Avoir la charge et la responsabilité de personnes. *Dans cette colonie de vacances, les enfants **sont** très bien **encadrés**.*

encadrer

encaissé, ée (adjectif)
Qui est resserré entre des parois escarpées. *Cette route **encaissée** est très étroite.*

encaisser (verbe) ○ conj.n°3
Recevoir de l'argent en paiement. *Le plombier n'**a** pas encore **encaissé** le chèque des travaux.*

encart (nom masculin)
Feuille volante qu'on intercale dans un livre, une revue. *Un **encart** publicitaire.*

encas (nom masculin)
Repas léger préparé en cas de besoin. *Maman a préparé un petit **encas** avant notre départ en randonnée.* → On écrit aussi en-cas.

encastrable (adjectif)
Qui peut être encastré. *Ce lave-vaisselle est **encastrable** sous l'évier.*

encastrer (verbe) ○ conj.n°3
Insérer quelque chose dans un espace creux. *Comme ma chambre est petite, maman a choisi un lit qui **s'encastre** dans un placard.*

encaustique (nom féminin)
Produit qui sert à cirer le bois.

1. enceinte (adjectif féminin)
Qui attend un bébé. *Elle est **enceinte** de huit mois et doit accoucher le mois prochain.*

2. enceinte (nom féminin)
1. Muraille fortifiée qui entoure une ville et la protège. *Les **enceintes** de la vieille ville.* 2. Synonyme de baffle. *Une des **enceintes** de la chaîne ne fonctionne plus.*

encens (nom masculin)
Substance résineuse qui brûle en dégageant un parfum agréable. → Prononciation [ɑ̃sɑ̃].

encenser (verbe) ○ conj.n°3
Couvrir quelqu'un d'éloges exagérés. *Ce cuisinier **a été encensé** par tous les critiques gastronomiques.* ⊙ Encenser vient de *encens*, car on brûlait de l'encens pour plaire aux dieux.

encerclement (nom masculin)
Action d'encercler. *L'**encerclement** de la forteresse par l'ennemi.*

encercler (verbe) ○ conj.n°3
Entourer de toutes parts. *Le quartier **est encerclé** par la police.* (Syn. cerner.)

enchaînement (nom masculin)
Fait de s'enchaîner. *Un **enchaînement** de circonstances nous a empêchés de partir comme prévu.* (Syn. succession, suite.)

enchaîner (verbe) ○ conj.n°3
1. Attacher avec une chaîne. *On **enchaînait** les bagnards pour qu'ils ne s'enfuient pas.* 2. S'enchaîner : se succéder logiquement. *Les événements **se sont enchaînés** rapidement.*

enchanté, ée (adjectif)
1. Qui est très content. *Nous sommes **enchantés** de nos vacances.* 2. Qui produit un effet magique. *Dans ce conte, il est question d'une rivière **enchantée**.*

enchantement (nom masculin)
Ce qui enchante. *Cette promenade en bateau a été un **enchantement**.*
• **Comme par enchantement** : comme par magie. *La tempête s'est arrêtée brusquement, **comme par enchantement**.*

enchanter (verbe) ○ conj.n°3
Plaire énormément. *Leur voyage au Maroc les **a enchantés**.* (Syn. charmer, ravir.) ⊙ Famille du mot : enchanté, enchantement, enchanteur, désenchanté.

enchanteur, eresse (adjectif)
Qui enchante. *Un paysage **enchanteur**.*
▷ **enchanteur, eresse** (nom)
Synonyme de magicien. *Merlin, l'**enchanteur**.*

enchâsser (verbe) ○ conj.n°3
Fixer une pierre précieuse sur une monture. *Un collier **enchâssé** de diamants.*

enchère (nom féminin)
• **Vente aux enchères** : vente publique dans laquelle les objets sont vendus au plus offrant.

enchevêtrement (nom masculin)
Amas de choses enchevêtrées. *Un **enchevêtrement** de vieilles ferrailles.*

s'enchevêtrer (verbe) ○ conj.n°3
S'emmêler de façon inextricable. *Les fils de la pelote de laine **se sont enchevêtrés**.*

enclave (nom féminin)
Territoire ou terrain enfermé dans un autre. *Le Vatican forme une **enclave** dans la ville de Rome, en Italie.* ⊙ Enclave vient du latin ***clavis*** qui signifie « clé » : une enclave est comme enfermée dans autre chose.

enclencher (verbe) ○ conj.n°3
Mettre un mécanisme en état de fonctionner. *Pour reculer, il faut **enclencher** la marche arrière.*

enclin, ine (adjectif)
Qui a une tendance naturelle pour quelque chose. *Anna est parfois **encline** à la mélancolie.*

enclos (nom masculin)
Terrain entouré d'une clôture. *Dans la ferme, il y a un **enclos** pour le bétail.*

enclume (nom féminin)
Bloc métallique sur lequel on forge les métaux. *Le forgeron tape sur son **enclume** avec un marteau.*

une **enclume** de maréchal-ferrant

encoche (nom féminin)
Petite entaille. *Yann se sert d'un canif pour faire des **encoches** dans un bâton.*

encoignure (nom féminin)
Angle intérieur formé par deux murs. *Élodie s'est cachée dans une **encoignure** de sa chambre.* (Syn. coin.) → Prononciation [ɑ̃kɔɲyʀ] ou [ɑ̃kwaɲyʀ].

encolure (nom féminin)
1. Partie d'un vêtement qui entoure le cou. *L'**encolure** de cette chemise est beaucoup trop serrée.* 2. Partie du corps d'un cheval qui va de la tête au poitrail.

encombrant, ante (adjectif)
Qui encombre. *Ce meuble est trop **encombrant** dans cette petite chambre.*

sans encombre (adverbe)
Sans ennui. *Nous sommes arrivés **sans encombre** à l'aéroport.*

encombrement (nom masculin)
Synonyme d'embouteillage. *On signale des **encombrements** aux abords de la ville.*

encombrer (verbe) ○ conj.n°3
Gêner en prenant trop de place. *Ton vélo **encombre** le couloir. Les routes risquent d'**être** très **encombrées** ce week-end.* ⊙ Famille du mot : encombrant, sans encombre, encombrement. ⊙ Encombrer vient de l'ancien français ***combre*** qui signifie « barrage sur une rivière ».

à l'encontre de (préposition)
Contraire à quelque chose. *Cette maladie vient **à l'encontre de** mes projets.*

encorbellement (nom masculin)
Construction en saillie par rapport à la base d'un mur. *Un balcon en **encorbellement**.*

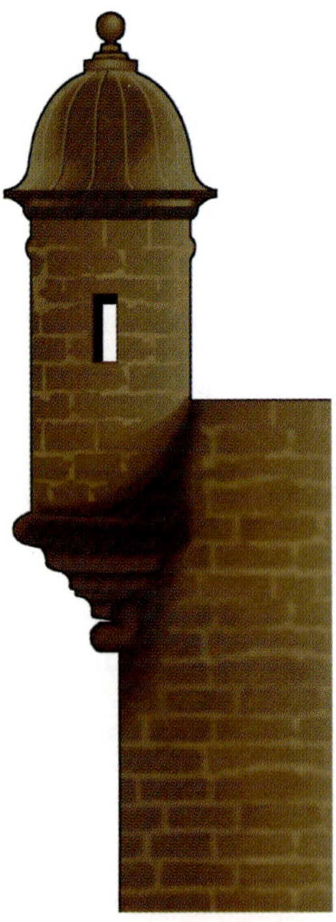

un **encorbellement**

s'encorder (verbe) ○ conj.n°3
S'attacher avec une corde pour former une cordée. *Avant de commencer leur ascension, les alpinistes* ***se sont encordés****.*

encore (adverbe)
1. Indique que quelque chose continue. *Chut ! Les enfants dorment* ***encore*** *!* (Syn. toujours.) 2. Marque la répétition. *Benjamin a* ***encore*** *oublié son cartable.* (Syn. de nouveau.) 3. Indique une plus grande quantité. *Fatima a très soif, elle veut* ***encore*** *du jus d'orange.* (Syn. davantage.) 4. Sert à renforcer un adjectif au comparatif. *Il est* ***encore*** *plus gros qu'hier !*

encornet (nom masculin)
Autre nom du calmar.

encourageant, ante (adjectif)
Qui encourage. *Ses bons résultats sont très* ***encourageants****.*

encouragement (nom masculin)
Paroles qui encouragent. *Le coureur grimpe la pente sous les* ***encouragements*** *de la foule.*

encourager (verbe) ○ conj.n°5
1. Donner du courage à quelqu'un pour qu'il fasse quelque chose. *Ses parents l'****encouragent*** *beaucoup à bien travailler.* (Contr. décourager.) 2. Favoriser le développement de quelque chose. *Cette région* ***encourage*** *l'agriculture et l'élevage.*

encrasser (verbe) ○ conj.n°3
Recouvrir de crasse qui empêche le bon fonctionnement. *Les bougies de la voiture* ***sont encrassées*** *: impossible de démarrer.* (Contr. décrasser.)

encre (nom féminin)
Liquide coloré qui sert à écrire. *Hélène a acheté des cartouches d'****encre*** *pour son stylo.*

encrier (nom masculin)
Petit récipient qui contient de l'encre.

encyclopédie (nom féminin)
Ouvrage qui traite de l'ensemble des connaissances humaines. *Yann a emprunté à la bibliothèque une* ***encyclopédie*** *sur les animaux.* ⊙ Encyclopédie vient de mots grecs qui signifient « le cercle de toutes les connaissances ».

encyclopédique (adjectif)
1. Qui a le caractère d'une encyclopédie. *Un dictionnaire* ***encyclopédique****.* 2. Qui a des connaissances étendues sur des sujets très variés. *Ce professeur possède un savoir* ***encyclopédique****.*

endettement (nom masculin)
Fait de s'endetter.

s'endetter (verbe) ○ conj.n°3
Faire des dettes. *Elle* ***s'est*** *tellement* ***endettée*** *qu'elle n'arrive plus à rembourser ce qu'elle doit.* (Syn. emprunter.)

endeuiller (verbe) ○ conj.n°3
Plonger dans le deuil. *Cette mort tragique* ***a endeuillé*** *toute la famille.*

endiablé, ée (adjectif)
Qui est très rapide. *Elle a dansé toute la nuit sur des rythmes* ***endiablés****.*

endiguer (verbe) ○ conj.n°3
1. Retenir par une digue. *Ce fleuve* ***a été endigué*** *à certains endroits.* 2. Contenir ou canaliser quelque chose. *La police essaie d'****endiguer*** *le flot des manifestants.*

endimanché, ée (adjectif)
Qui a mis ses beaux vêtements. *Pour la noce, les enfants étaient tous* ***endimanchés****.*

endive (nom féminin)
Plante potagère à feuilles blanches, qui pousse dans l'obscurité. *Julie adore la salade d'****endives*** *avec des noix.*

a b c d e f g h i j k l m n o p q r s t u v w x y z

endoctriner (verbe) ○ conj.n°3
Entraîner quelqu'un à adhérer à une doctrine. *Les sectes sont dangereuses car elles essaient d'**endoctriner** les jeunes.*

endolori, ie (adjectif)
Qui fait mal. *David s'est cogné, il a le bras tout **endolori**.* (Syn. douloureux.)

endommager (verbe) ○ conj.n°5
Causer des dommages, des dégâts. *La tempête **a endommagé** la toiture, beaucoup de tuiles se sont envolées.* (Syn. abîmer, détériorer.)

endormir (verbe) ○ conj.n°15
1. Faire dormir quelqu'un. *Laura **endort** le bébé en le berçant doucement.* 2. S'endormir : commencer à dormir. *Après sa journée de marche, il n'a pas eu de mal à **s'endormir**.*

endosser (verbe) ○ conj.n°3
1. Mettre un vêtement sur son dos. *Ibrahim **a endossé** son manteau avant de sortir.* 2. Au sens figuré, accepter les conséquences de quelque chose. *Kevin n'a pas voulu **endosser** la responsabilité d'organiser seul cette fête.*

endroit (nom masculin)
1. Lieu où se trouve une personne ou une chose. *Myriam ne sait plus à quel **endroit** elle a rangé ses lunettes.* 2. Côté sous lequel se présente habituellement quelque chose. *Mets ton cardigan à l'**endroit** et tu pourras le boutonner.* (Contr. envers.)

enduire (verbe) ○ conj.n°43
Couvrir une surface d'un enduit ou d'un produit. ***Enduire** un mur de plâtre. Noémie **s'est enduit** le visage de crème pour se protéger du soleil.*

enduit (nom masculin)
Matière pâteuse qu'on applique sur une surface. *Avant de peindre le mur, le peintre bouche les trous avec de l'**enduit**.*

endurance (nom féminin)
Aptitude à résister à la fatigue ou à la douleur. *Il faut beaucoup d'**endurance** pour courir le marathon.*

endurant, ante (adjectif)
Qui montre de l'endurance. *Il faut être **endurant** pour arriver jusqu'au sommet.*

endurcir (verbe) ○ conj.n°11
Rendre quelqu'un plus fort, plus résistant. *Les épreuves qu'il a dû affronter l'**ont endurci**.* (Syn. aguerrir. Contr. ramollir.)

endurer (verbe) ○ conj.n°3
Supporter une chose pénible. *Ce peuple **a enduré** de grandes souffrances pendant la guerre.* (Syn. subir.) ⊙ Famille du mot : endurance, endurant.

énergétique (adjectif)
Qui apporte de l'énergie. *Les sportifs ont besoin d'aliments **énergétiques**.*

énergie (nom féminin)
1. Force qui pousse à agir. *Cet enfant déborde d'**énergie**.* (Syn. dynamisme, vigueur. Contr. mollesse.) 2. Force capable de faire fonctionner des machines ou de produire de la chaleur. *Le pétrole, le charbon, le soleil, le vent sont des sources d'**énergie**.* ⊙ Famille du mot : énergétique, énergique, énergiquement.

énergique (adjectif)
Qui a beaucoup d'énergie. *C'est une femme très **énergique**, toujours en train de s'activer.* (Syn. actif, dynamique. Contr. mou.)

énergiquement (adverbe)
De façon énergique. *Les habitants du village protestent **énergiquement** contre la construction d'une autoroute.* (Syn. vigoureusement.)

énergumène (nom)
Personne bizarre et agitée. *Qui est cet **énergumène** qui interpelle les passants ?* ⊙ Énergumène vient du latin ***energumenus*** qui signifie « possédé du démon ».

énervant, ante (adjectif)
Qui énerve. *Le bruit du robinet qui goutte est vraiment **énervant**.* (Syn. agaçant.)

énervement (nom masculin)
État d'une personne énervée. *Restez calmes, pas d'**énervement** !* (Syn. irritation, nervosité.)

énerver (verbe) ◦ conj.n°3
1. Rendre nerveux. *Les élèves **sont** très **énervés** à l'approche des vacances.* 2. Agacer ou irriter quelqu'un. *Tu m'**énerves** avec cette musique !* (Syn. excéder.) ⊙ Énerver vient du latin ***enervare*** qui a le sens contraire du sens actuel et signifie « affaiblir en coupant les nerfs ».

enfance (nom féminin)
Période de la vie où on est un enfant. *Grand-mère aime bien nous parler de son **enfance** et du temps jadis.*

enfant (nom)
1. Petit garçon ou petite fille avant l'adolescence. *Les **enfants** du village prennent le car de ramassage pour aller à l'école.* 2. Fils ou fille. *La famille de Pierre est une famille nombreuse : sa mère a eu six **enfants**, deux garçons et quatre filles.* ⊙ Famille du mot : enfance, enfantillage, enfantin. ⊙ Enfant vient du latin ***infans*** qui signifie « qui ne parle pas ».

enfantillage (nom masculin)
Action ou parole peu sérieuse, puérile. *Tu as dépassé l'âge de ces **enfantillages**.*

enfantin, ine (adjectif)
1. Qui est fait pour les enfants. *À la bibliothèque, il y a un rayon de littérature **enfantine**.* 2. Qui est très facile, à la portée d'un enfant. *Le maître m'a posé un problème d'une simplicité **enfantine**.* (Syn. élémentaire.)

enfer (nom masculin)
1. Dans la religion chrétienne, lieu de souffrance éternelle pour les méchants après leur mort. (Contr. paradis.) 2. Au sens figuré, chose très pénible. *C'est un **enfer** d'habiter si près de l'aéroport !*

« Le Jugement dernier » de Hans Memling, représentant les morts précipités en **enfer** (1473).

enfermer (verbe) ◦ conj.n°3
Mettre dans un endroit fermé. *Papa **s'est enfermé** dans son bureau pour ne pas être dérangé.*

enfilade (nom féminin)
Suite de choses disposées en file. *Les pièces de cette maison sont en **enfilade**.*

enfiler (verbe) ◦ conj.n°3
1. Passer un fil dans le chas d'une aiguille. 2. Mettre un vêtement. ***Enfile** ton pyjama et va te coucher !*

enfin (adverbe)
1. Indique qu'une chose a fini par arriver. *Après avoir longtemps pleuré, le bébé s'est **enfin** endormi.* (Syn. finalement.) 2. Indique une conclusion. *Pour faire cette confiture, il faut laver les fruits, les éplucher, les couper et **enfin** les faire cuire avec le sucre.* 3. Marque l'impatience ou la résignation. *Mais **enfin**, arrêtez de vous battre !* ⊙ Enfin, comme ensuite, s'est d'abord écrit en deux mots : ***en fin, en suite***.

s'enflammer (verbe) ◦ conj.n°3
1. Prendre feu. *Quand le bois est bien sec, il* ***s'enflamme*** *très vite.* **2.** Au sens figuré, s'animer d'une vive ardeur. *Son amoureux lui envoie des lettres* ***enflammées****.* **3.** Se transformer en inflammation. *Il faut désinfecter cette plaie avant qu'elle ne* ***s'enflamme****.* (Syn. s'infecter.)

enfler (verbe) ◦ conj.n°3
Augmenter de volume. *Ursula a été piquée par une guêpe, sa main* ***a*** *tout de suite* ***enflé****.* (Syn. gonfler, grossir.)

enflure (nom féminin)
État d'une partie du corps qui a enflé. *Cette crème devrait faire disparaître l'****enflure****.*

enfoncer (verbe) ◦ conj.n°4
1. Faire pénétrer profondément quelque chose. *Il faut prendre un marteau pour* ***enfoncer*** *ces clous.* **2.** Aller vers le fond. *On* ***s'enfonce*** *si on marche dans cette vase.* **3.** Briser en poussant. *L'avant de cette voiture* ***est*** *tout* ***enfoncé****.* (Syn. défoncer.) • **Enfoncer une porte ouverte** : découvrir une chose évidente, que tout le monde connaît.

enfouir (verbe) ◦ conj.n°11
Mettre quelque chose sous la terre. *Le chien* ***avait enfoui*** *son os dans le jardin.* (Syn. ensevelir, enterrer.)

enfourcher (verbe) ◦ conj.n°3
Monter à califourchon sur quelque chose. *Zoé* ***enfourche*** *son vélo pour aller acheter le pain.*

enfourner (verbe) ◦ conj.n°3
Mettre dans un four. *Le boulanger* ***enfourne*** *le pain pour le faire cuire.*

enfreindre (verbe) ◦ conj.n°35
Ne pas respecter une loi ou un règlement. *Romain a été puni car il* ***a enfreint*** *le règlement du collège.* (Syn. violer. Contr. observer, respecter.)

s'enfuir (verbe) ◦ conj.n°20
Se sauver en vitesse. *Les cambrioleurs* ***se sont enfuis*** *quand l'alarme a retenti.* (Syn. décamper, déguerpir, détaler, filer.)

enfumer (verbe) ◦ conj.n°3
Remplir de fumée. *Le cigare de mon oncle* ***a enfumé*** *toute la maison.*

engageant, ante (adjectif)
Qui inspire la confiance ou la sympathie. *Cette rue sombre n'est pas très* ***engageante****.* (Syn. attirant.)

engagement (nom masculin)
Ce qu'on s'est engagé à faire. *Il faut toujours respecter ses* ***engagements****.* (Syn. promesse.)

engager (verbe) ◦ conj.n°5
1. Prendre une personne à son service. *La municipalité vient d'****engager*** *un nouveau jardinier.* (Syn. embaucher, recruter.) **2.** Donner envie de faire quelque chose. *Ce soleil* ***engage*** *à la baignade. Je vous* ***engage*** *à me suivre.* (Syn. encourager, inciter, inviter.) **3.** Introduire quelque chose dans un endroit étroit. *Zoé m'a ouvert la porte au moment où j'****engageais*** *la clé dans la serrure.* **4.** Commencer une action. *Les syndicats* ***ont engagé*** *un dialogue avec la direction.* **5.** S'engager à faire quelque chose : promettre de le faire. *Ce magasin* ***s'engage à*** *échanger le matériel défectueux.* **6.** S'engager : pénétrer dans une voie. *Le camion a allumé ses phares avant de* ***s'engager*** *dans le tunnel.* **7.** S'engager : se faire recruter. *Son oncle* ***s'est engagé*** *dans la marine.* (Syn. s'enrôler.) ⊙ Famille du mot : engageant, engagement.

engelure (nom féminin)
Boursouflure douloureuse de la peau, due au froid. *Thomas n'avait pas mis ses gants, il a attrapé des* ***engelures****.*

engendrer (verbe) ◦ conj.n°3
Faire naître. *Ce mauvais temps* ***engendre*** *la mélancolie.* (Syn. causer, produire, provoquer.)

engin (nom masculin)
Appareil, instrument ou machine. *Le bulldozer est un* ***engin*** *de terrassement.* ⊙ Engin a la même origine qu'***ingénieux*** : un engin était, à l'origine, un objet plein d'ingéniosité.

englober (verbe) ○ conj.n°3
Réunir en un tout différents éléments. *Une région **englobe** plusieurs départements.* (Syn. comprendre.)

engloutir (verbe) ○ conj.n°11
1. Avaler très vite. *Victor **a englouti** son repas en cinq minutes.* (Syn. engouffrer.) 2. Faire disparaître. *Anna **a englouti** ses économies dans l'achat d'un jeu électronique. On a découvert une cité **engloutie** par la mer.* ⊙ Engloutir vient du latin *gluttus* qui signifie « gosier », que l'on retrouve dans *glouton*.

engoncer (verbe) ○ conj.n°4
Donner l'air d'avoir le cou enfoncé dans les épaules. *Élodie n'est pas à l'aise, **engoncée** dans un manteau trop serré.*

engorgement (nom masculin)
Fait d'être engorgé. *L'**engorgement** de l'autoroute commence dès 17 heures.*

engorger (verbe) ○ conj.n°5
Boucher un passage, un conduit. *La vigne vierge a envahi le toit et **engorge** les gouttières.* (Syn. obstruer.)

engouement (nom masculin)
Enthousiasme soudain et exagéré. *Je partage ton **engouement** pour ce chanteur.*

engouffrer (verbe) ○ conj.n°3
1. Avaler de façon gloutonne. *William **a engouffré** toute la pizza.* (Syn. engloutir.) 2. S'engouffrer : pénétrer avec précipitation dans un endroit. *Les gens **s'engouffrent** dans le métro.* ⊙ Engouffrer vient de *gouffre* et signifiait d'abord « entraîner dans un gouffre ».

engourdir (verbe) ○ conj.n°11
Rendre raide et insensible une partie du corps. *Fatima **est** tout **engourdie** par ce long voyage en voiture.*

engourdissement (nom masculin)
Fait d'être engourdi. *Les alpinistes font un feu pour lutter contre l'**engourdissement**.*

engrais (nom masculin)
Produit qui fertilise la terre. *Cet agriculteur utilise des **engrais** pour améliorer sa production.*

engraisser (verbe) ○ conj.n°3
1. Rendre gras. *Dans cette ferme, on **engraisse** les oies pour produire du foie gras.* 2. Devenir plus gras. *Il **a engraissé** depuis qu'il ne fait plus de sport.* (Syn. grossir.)

engranger (verbe) ○ conj.n°5
1. Mettre dans une grange. ***Engranger** le foin pour les bêtes.* 2. Au sens figuré, accumuler des choses. *Pour préparer son exposé, Gaëlle **a engrangé** beaucoup de documentation.*

engrenage (nom masculin)
Dispositif formé de deux roues dentées qui s'emboîtent pour se transmettre un mouvement de rotation.

des **engrenages**

enhardir (verbe) ○ conj.n°11
Rendre plus hardi. *Ce succès l'**a enhardi**.* → Prononciation [ɑ̃aʀdiʀ].

énigmatique (adjectif)
Qui a le caractère d'une énigme. *Pour moi, sa réponse est très **énigmatique**.* (Syn. mystérieux, obscur, sibyllin. Contr. clair.)

énigme (nom féminin)
Chose difficile à comprendre. *Cette disparition est une **énigme** pour les enquêteurs.* (Syn. mystère.)

enivrant, ante (adjectif)
Qui enivre. *Un parfum **enivrant**.* → Prononciation [ɑ̃nivʀɑ̃].

enivrer (verbe) ○ conj.n°3
1. Rendre ivre. *Deux verres de champagne ont suffi pour l'**enivrer**.* (Syn. soûler.) 2. Au sens figuré, remplir quelqu'un d'excitation au point de lui tourner la tête. *Il s'est laissé **enivrer** par le succès.* (Syn. griser.) → Prononciation [ɑ̃nivʀe].

enjambée (nom féminin)
Grand pas. *Il est pressé et marche à grandes **enjambées**.*

enjamber (verbe) ○ conj.n°3
Passer par-dessus un obstacle en faisant une enjambée. *Il faut prendre son élan pour **enjamber** le ruisseau.*

enjeu, eux (nom masculin)
1. Argent que l'on mise dans un jeu. *C'est au gagnant que reviennent les **enjeux**.* 2. Ce qu'on peut gagner ou perdre quand on entreprend quelque chose. *Je ne comprends pas l'**enjeu** de ce conflit.*

enjoindre (verbe) ○ conj.n°35
Synonyme littéraire d'ordonner. *Le roi les **a enjoints** de quitter le royaume.*

enjôler (verbe) ○ conj.n°3
Séduire par des manières ou des paroles flatteuses. *Il essaie de nous **enjôler** avec ses sourires.* ⊙ Enjôler vient du mot *geôle* et signifiait autrefois « emprisonner ».

enjoliveur (nom masculin)
Disque de métal qui recouvre le centre d'une roue de voiture.

enjoué, ée (adjectif)
Qui est gai et aimable. *Il m'a répondu d'un ton **enjoué**.* (Contr. maussade, triste.)

enlacer (verbe) ○ conj.n°4
Serrer dans ses bras. *Des amoureux **enlacés** s'embrassent sur un banc.*

enlaidir (verbe) ○ conj.n°11
Rendre laid. *Dommage que ces pylônes **enlaidissent** le paysage.* (Contr. embellir.)

enlèvement (nom masculin)
Action d'enlever. *L'**enlèvement** d'une voiture en stationnement interdit. L'**enlèvement** d'un enfant par des gangsters.*

enlever (verbe) ○ conj.n°8
1. Retirer ou changer de place. ***Enlève** tes bottes avant d'entrer.* (Syn. ôter.) 2. Faire disparaître. *Impossible d'**enlever** cette tache de graisse.* 3. Emmener quelqu'un de force. *La police recherche l'homme qui **a enlevé** l'enfant.* (Syn. kidnapper, ravir.)

s'enliser (verbe) ○ conj.n°3
S'enfoncer peu à peu. *La voiture **s'est enlisée** dans le sable.* ⊙ S'enliser vient d'un ancien mot français de Normandie, *lise*, qui signifie « sable mouvant ».

enluminure (nom féminin)
Lettre ou dessin finement ornés des anciens manuscrits.

une **enluminure** du Moyen Âge

enneigé, ée (adjectif)
Qui est couvert de neige. *Les sommets **enneigés** des montagnes brillent au soleil.*

▸ **enneigement** (nom masculin)
Épaisseur de la couche de neige. *L'**enneigement** est suffisant pour skier.*

▸ **ennemi, ie** (nom)
1. Pays ou personne contre lesquels on est en guerre. *Pendant la Seconde Guerre mondiale, la France et l'Allemagne étaient des **ennemis**.* (Syn. adversaire.) 2. Personne qui veut du mal à une autre. *Je ne lui connais aucun **ennemi**.* (Contr. ami.) 3. Personne ou chose opposée à quelque chose. *Le tabac est l'**ennemi** de la santé.* (Contr. partisan.) ▷ **ennemi, ie** (adjectif) De l'ennemi. *Les chars **ennemis** sont entrés dans la ville.* (Contr. allié, ami.)

▸ **ennui** (nom masculin)
1. Fait de s'ennuyer. *Ce livre est à mourir d'**ennui**, je ne le finirai pas.* 2. Événement fâcheux qui cause du souci, du tracas. *Hélène a des **ennuis** de santé.* (Syn. problème.)

▸ **ennuyer** (verbe) ○ conj.n°6
1. Ne pas intéresser ni amuser quelqu'un. *Ce film nous **a** profondément **ennuyés**. Le naufragé **s'ennuyait**, tout seul sur son île.* (Syn. s'embêter. Contr. s'amuser, se distraire.) 2. Causer du souci à quelqu'un. *Cela m'**ennuie** de te savoir malade.* (Syn. contrarier.) 3. Regretter l'absence de quelqu'un. *Julie **s'ennuie** de son frère qui est parti depuis deux semaines en classe verte.* ⊙ Famille du mot : ennui, ennuyeux.

▸ **ennuyeux, euse** (adjectif)
1. Peu intéressant. *Laura a trouvé le film tellement **ennuyeux** qu'elle a zappé avant la fin.* 2. Qui cause du souci. *Xavier a perdu tous ses papiers, c'est très **ennuyeux**.* (Syn. embêtant, fâcheux.)

▸ **énoncé** (nom masculin)
Texte qui présente un problème à résoudre. *Avant de commencer tes calculs, lis bien l'**énoncé**.*

▸ **énoncer** (verbe) ○ conj.n°4
Dire quelque chose. *Essaie d'**énoncer** clairement ta demande.* (Syn. exprimer.)

▸ **s'enorgueillir** (verbe) ○ conj.n°11
Être très fier de quelque chose. *Anna **s'enorgueillit** de son succès.*
➜ Prononciation [sɑ̃nɔʀgœjiʀ].

▸ **énorme** (adjectif)
1. Qui est très grand et très gros. *La baleine bleue est un animal **énorme**.* (Syn. gigantesque. Contr. minuscule.) 2. Qui est très important ou très grave. *Une **énorme** déception. Myriam a fait cinq fautes **énormes** dans ses calculs.* ⊙ Famille du mot : énormément, énormité. ⊙ Énorme vient du latin *enormis* qui signifie « en dehors de la norme ».

▸ **énormément** (adverbe)
Vraiment beaucoup. *En ce moment, Yann a **énormément** de travail.*

▸ **énormité** (nom féminin)
1. Caractère énorme de quelque chose. *L'**énormité** des travaux à faire leur demande réflexion.* 2. Parole ou action stupide. *Dire des **énormités**.*

▸ **s'enquérir** (verbe) ○ conj.n°18
Chercher à savoir quelque chose. *Benjamin est passé à la gare pour **s'enquérir** des horaires des trains.* (Syn. se renseigner.)

▸ **enquête** (nom féminin)
1. Recherche pour découvrir la vérité sur une affaire. *C'est la gendarmerie qui est chargée de l'**enquête**.* 2. Étude qui s'appuie sur des témoignages ou sur l'avis des gens. *Les élèves font une **enquête** sur les commerçants du quartier.* ⊙ Famille du mot : enquêter, enquêteur.

▸ **enquêter** (verbe) ○ conj.n°3
Faire une enquête. *Depuis plusieurs jours, la police **enquête** sur la disparition de l'enfant.*

▸ **enquêteur, trice** (nom)
Personne qui fait une enquête.

s'enraciner (verbe) ○ conj.n°3
1. Développer ses racines dans le sol. *Il faut bien arroser les rosiers pour qu'ils **s'enracinent**.* 2. Au sens figuré, se fixer profondément dans l'esprit. *Cette idée **est** bien **enracinée** dans sa tête.*

enragé, ée (adjectif)
Qui est malade de la rage. *Les chasseurs ont abattu un renard **enragé**.* ▷ **enragé, ée** (adjectif et nom) Qui est passionné par quelque chose. *Pierre est un supporter **enragé** de l'équipe de football. Noémie est une **enragée** de planche à voile.*

enrager (verbe) ○ conj.n°5
Être en rage, en colère. *Clément **enrage** d'avoir perdu le match.* (Syn. rager.)

enrayer (verbe) ○ conj.n°7
1. Arrêter ou freiner la progression de quelque chose. *Les médecins essaient d'**enrayer** l'épidémie en distribuant des médicaments.* 2. S'enrayer : se bloquer. *Au moment de tirer, le pistolet **s'est enrayé**.*

enregistrement (nom masculin)
Action d'enregistrer. *L'**enregistrement** d'une émission de télévision.*

enregistrer (verbe) ○ conj.n°3
1. Inscrire sur un registre. *Les naissances doivent **être enregistrées** à la mairie.* 2. Confier ses bagages à une compagnie de transport. *Il a fait **enregistrer** sa valise dès son arrivée à l'aéroport.* 3. Fixer des sons ou des images sur une bande magnétique ou un disque pour pouvoir les reproduire. *Ce chanteur vient d'**enregistrer** un nouveau disque.* 4. Fixer dans sa mémoire. *Tu **as** bien **enregistré** l'horaire du train ?*

s'enrhumer (verbe) ○ conj.n°3
Attraper un rhume. *Tu vas **t'enrhumer** si tu ne te couvres pas.*

enrichir (verbe) ○ conj.n°11
Rendre riche. *La découverte de gisements d'uranium **a** beaucoup **enrichi** cette région. C'est en jouant à la Bourse que son oncle **s'est enrichi**.* (Contr. appauvrir.)

enrichissement (nom masculin)
Action d'enrichir ou de s'enrichir. *On lui reproche un **enrichissement** frauduleux.*

enrober (verbe) ○ conj.n°3
Recouvrir de quelque chose qui protège ou améliore le goût. *Le cuisinier **enrobe** le poisson dans une feuille d'aluminium.*

enrôler (verbe) ○ conj.n°3
Recruter quelqu'un dans un groupe. *Quand il sera grand, David souhaite **s'enrôler** dans l'armée de l'air.*

enroué, ée (adjectif)
Qui a une voix rauque, moins nette. *À force d'avoir crié, Odile est **enrouée**.*

enrouler (verbe) ○ conj.n°3
1. Rouler une chose sur elle-même ou autour d'une autre chose. *Il vaut mieux **enrouler** l'affiche pour la transporter.* (Contr. dérouler.) 2. S'enrouler : mettre une chose autour de soi pour s'envelopper. *Sarah **s'est enroulée** dans une couverture pour se réchauffer.* (Syn. se rouler.)

enrouleur (nom masculin)
Dispositif servant à enrouler. *L'**enrouleur** de la ceinture de sécurité s'est bloqué.*

enrubanné, ée (adjectif)
Orné de rubans. *Un cadeau **enrubanné**.*

s'ensabler (verbe) ○ conj.n°3
1. Se remplir de sable. *Ces canaux ne sont plus navigables depuis qu'ils **se sont ensablés**.* 2. S'enfoncer dans le sable. *La voiture **s'est ensablée** dans les dunes et ne pouvait plus avancer.*

ensanglanté, ée (adjectif)
Couvert de sang. *Le blessé est sorti de la voiture accidentée, le visage **ensanglanté**.*

enseignant, ante (nom)
Personne qui enseigne. *Les professeurs d'école, de collège et de lycée sont des **enseignants**.*

enseigne (nom féminin)
Panneau qui signale un magasin. *L'**enseigne** du serrurier représente une clé.* • **Être logé à la même enseigne que quelqu'un :** rencontrer les mêmes difficultés que lui.

une **enseigne** de serrurier

enseignement (nom masculin)
1. Action ou façon d'enseigner. *Dans cette école, l'**enseignement** de l'anglais commence dès le cours élémentaire.* 2. Métier d'enseignant. *Plusieurs personnes de sa famille sont dans l'**enseignement**.* 3. Leçon donnée par l'expérience ou l'exemple. *Ibrahim devrait tirer les **enseignements** de sa mésaventure.*

enseigner (verbe) conj.n°3
1. Transmettre un savoir à des élèves. *La mère d'Ursula **enseigne** le français et le latin au collège.* 2. Apprendre par expérience. *Son échec lui **a enseigné** la modestie.* Famille du mot : enseignant, enseignement.

1. ensemble (adverbe)
1. Les uns avec les autres. *Les enfants de l'immeuble jouent **ensemble** dans la cour.* (Contr. séparément.) 2. En même temps. *Ces deux coureurs sont arrivés **ensemble** sur la ligne d'arrivée : ils sont ex aequo.* • **Aller ensemble :** être bien assorti. *Ce pantalon et ce pull **vont** très bien **ensemble**.*

2. ensemble (nom masculin)
1. Groupe d'éléments qui forment un tout. *L'**ensemble** des élèves prépare un spectacle de fin d'année.* 2. Costume de femme composé d'une veste et d'une jupe assorties. *Pour le mariage de sa sœur, Zoé portait un **ensemble** en lin blanc.* • **Dans l'ensemble :** en général, la plupart du temps. • **Grand ensemble :** groupe d'immeubles d'habitation qui abrite beaucoup de gens.

ensemencer (verbe) conj.n°4
Semer des graines dans la terre. *Après avoir labouré, les agriculteurs **ensemencent** leurs champs.*

ensevelir (verbe) conj.n°11
1. Synonyme littéraire d'enterrer. 2. Recouvrir entièrement. *La ville **a été ensevelie** sous la lave du volcan.*

ensoleillé, ée (adjectif)
Où il y a beaucoup de soleil. *Il faut planter ces fleurs dans un endroit **ensoleillé**.*

ensoleillement (nom masculin)
Fait d'être ensoleillé. *Cette maison jouit d'un bon **ensoleillement**, car la façade est au sud.*

ensommeillé, ée (adjectif)
Qui est mal réveillé. *Kevin était encore **ensommeillé** après son petit déjeuner.*

ensorceler (verbe) conj.n°9
1. Jeter un sort en exerçant une influence magique. *Anna lit un conte dans lequel une sorcière **ensorcelle** les gens.* (Syn. envoûter.) 2. Au sens figuré, charmer de façon irrésistible. *Pierre **a été ensorcelé** par ce superbe film sur les animaux.*

ensuite (adverbe)
1. Après, dans le temps. *Va te laver les mains et **ensuite** viens à table.* (Contr. d'abord.) 2. Après, dans l'espace. *Les mariés entrent les premiers dans la mairie, la famille et les invités **ensuite**.* (Syn. derrière.) Voir enfin.

s'ensuivre (verbe) conj.n°49
Venir en conséquence normale, logique. *Quand la guerre éclate, les privations **s'ensuivent**.* (Syn. découler, résulter.) → S'ensuivre ne s'emploie qu'à la 3e personne du singulier et du pluriel, et à l'infinitif.

entaille (nom féminin)
Coupure profonde. *En marchant sur un coquillage, Élodie s'est fait une **entaille** au pied.*

a b c d e f g h i j k l m n o p q r s t u v w x y z

entailler (verbe) conj.n°3
Faire une entaille. *Fais attention à ne pas **t'entailler** la main avec ce couteau !*

entame (nom féminin)
Premier morceau coupé d'un pain, d'un jambon ou d'un rôti.

entamer (verbe) conj.n°3
1. Couper ou manger le premier morceau d'un aliment. *Qui **a entamé** la baguette ?* 2. Commencer à faire quelque chose. *Ils vont bientôt **entamer** la construction du nouveau pont.* 3. Commencer à détruire une matière. *Il va falloir repeindre la grille du jardin car elle **est entamée** par la rouille.*

entartrer (verbe) conj.n°3
Couvrir d'une couche de tartre. *Les canalisations **sont entartrées** par le calcaire, l'eau ne coule plus.* (Contr. détartrer.)

entassement (nom masculin)
Amas de choses entassées. *Un **entassement** de feuilles mortes jonche le sol.* (Syn. amoncellement, tas.)

entasser (verbe) conj.n°3
1. Mettre des choses en tas. *Les maçons **ont entassé** les sacs de ciment sur le chantier.* (Syn. amonceler, empiler.) 2. S'entasser : se serrer les uns contre les autres dans un espace trop étroit. *Aux heures de pointe, les gens **s'entassent** dans l'autobus.*

entendre (verbe) conj.n°31
1. Percevoir les sons grâce aux oreilles. ***Entends**-tu les oiseaux qui chantent ?* 2. Écouter avec attention. *Romain **a** bien **entendu** ce que je viens de lui dire.* 3. Vouloir absolument. *J'**entends** bien que vous m'obéissiez immédiatement.* 4. Synonyme de comprendre. *Grand-mère n'**entend** rien à l'informatique.* 5. S'entendre : être amis ou être d'accord. *Les frères et sœurs **s'entendent** bien. Il faut qu'on **s'entende** sur la date de départ.* (Syn. s'accorder.) • **Faire entendre raison** : faire comprendre ce qui est raisonnable. • **S'y entendre** : être compétent, s'y connaître *David **s'y entend** en informatique.* ⊙ Famille du mot : entendu, entente, mésentente.

entendu, ue (adjectif)
1. Qu'on a décidé après accord. *Tu viens avec moi ? – C'est **entendu** !* 2. Qui est complice. *Il nous a regardés d'un air **entendu**.* • **Bien entendu** : bien sûr, évidemment.

entente (nom féminin)
Accord entre des gens qui s'entendent bien. *Il y a une très bonne **entente** dans cette classe.* (Contr. mésentente.)

enterrement (nom masculin)
Cérémonie pendant laquelle on enterre quelqu'un. (Syn. inhumation, obsèques.)

enterrer (verbe) conj.n°3
1. Mettre le corps d'un mort dans la terre. *Il **a été enterré** dans son village natal.* (Syn. ensevelir, inhumer. Contr. exhumer.) 2. Cacher quelque chose dans la terre. *La tortue géante **a enterré** ses œufs sur la plage.* (Syn. enfouir. Contr. déterrer.)

en-tête (nom masculin)
Indication d'un nom, d'une adresse en haut d'une feuille de papier. *Écrire sur du papier à **en-tête**.* → Pluriel : des en-têtes.

entêtement (nom masculin)
Obstination à faire quelque chose. *Pourquoi refuses-tu avec un tel **entêtement** ?*

s'entêter (verbe) conj.n°3
Ne pas vouloir céder ou renoncer. *Thomas **s'entête** à vouloir faire du ski alors qu'il est encore malade.* (Syn. s'obstiner.)

enthousiasmant, ante (adjectif)
Qui enthousiasme. *J'ai vu un film **enthousiasmant**.*

enthousiasme (nom masculin)
Grande joie qui soulève l'excitation, l'admiration. *Les Romains assistaient avec **enthousiasme** aux jeux du cirque.* ⊙ Famille du mot : enthousiasmant, enthousiasmer, enthousiaste.

enthousiasmer (verbe) ○ conj.n°3
Remplir d'enthousiasme. *Cette balade en mer nous **a** vraiment **enthousiasmés**.* (Syn. passionner.)

enthousiaste (adjectif)
Qui est plein d'enthousiasme. *Le public **enthousiaste** a applaudi les comédiens.*

entier, ère (adjectif)
1. Qui n'a pas été entamé ou cassé. *La boîte de chocolats est encore **entière**, vous n'êtes pas gourmands !* (Syn. complet, intact.) 2. Qui est considéré dans son ensemble. *Victor part un mois **entier** en vacances.* (Syn. complet.) 3. Qui est obstiné et sans souplesse. *Hélène a un caractère **entier**.* 4. Qui ne contient aucune décimale. *58 est un nombre **entier**.* • **En entier** : complètement, dans sa totalité.

entièrement (adverbe)
Complètement, totalement. *Je suis **entièrement** d'accord avec vous.*

entomologie (nom féminin)
Science qui étudie les insectes.

L'**entomologie** est la science qui étudie les insectes.

entomologiste (nom)
Spécialiste d'entomologie.

entonner (verbe) ○ conj.n°3
Commencer à chanter. *La cantatrice **entonne** un air d'opéra.*

entonnoir (nom masculin)
Petit ustensile conique terminé par un tube. *Pour verser de l'huile dans le moteur, le mécanicien se sert d'un **entonnoir**.*

entorse (nom féminin)
Déchirure des ligaments d'une articulation. *Julie s'est fait une **entorse** au genou et marche avec des béquilles.*

entortiller (verbe) ○ conj.n°3
Envelopper dans quelque chose que l'on tortille. ***Entortiller** des bonbons dans du papier.*

entourage (nom masculin)
Personnes qui vivent habituellement avec quelqu'un. *Son **entourage** le dit très malade.*

entourer (verbe) ○ conj.n°3
1. Être placé tout autour. *Un grand mur **entoure** le parc du château.* 2. Mettre autour. *Le boucher **entoure** le rôti avec une barde de lard.* 3. Former l'entourage de quelqu'un. *Elle a toujours vécu **entourée** de chiens et de chats.* 4. S'occuper de quelqu'un avec soin et gentillesse. *Grand-père **a été** très **entouré** après son opération.* (Contr. abandonner.)

entracte (nom masculin)
Intervalle qui sépare les parties d'un spectacle. *Laura s'est acheté un esquimau à l'**entracte**.*

entraide (nom féminin)
Action de s'entraider. *Il faudrait développer l'**entraide** dans ces quartiers défavorisés.* (Syn. solidarité.)

s'entraider (verbe) ○ conj.n°3
S'aider les uns les autres. *Xavier pense qu'il est naturel de **s'entraider** entre amis.*

entrailles (nom féminin pluriel)
Ensemble des viscères qui se trouvent dans le ventre. *Le boucher a vidé le poulet en enlevant ses **entrailles**.*

entrain (nom masculin)
Attitude pleine de gaieté et d'ardeur. *Yann montre plus d'**entrain** pour aller jouer que pour travailler !*

entraînant, ante (adjectif)
Qui entraîne, incite à bouger. *Une musique **entraînante**.*

entraînement (nom masculin)
Fait de s'entraîner en vue d'une compétition. *Myriam fait tous les jours deux heures d'**entraînement** à la piscine.*

entraîner (verbe) ○ conj.n°3
1. Pousser et emmener au loin. *Le courant **entraîne** l'embarcation vers le large.* 2. Décider quelqu'un à faire quelque chose. *C'est Noémie qui m'**a entraînée** au cinéma.* 3. Faire tourner un mécanisme. *C'est un petit moteur qui **entraîne** cette machine.* 4. Provoquer quelque chose. *La tempête **a entraîné** de gros dégâts.* (Syn. causer.) 5. Préparer un sportif à une compétition en lui faisant faire de nombreux exercices. ***Entraîner** une équipe de rugby.*
⊙ Famille du mot : entrain, entraînant, entraînement, entraîneur.

entraîneur, euse (nom)
Personne qui entraîne des sportifs. *L'**entraîneur** est fier de la victoire de son équipe.*

entrave (nom féminin)
Ce qui gêne ou embarrasse. *Ce règlement est une **entrave** à la liberté de chacun.* (Syn. obstacle.)

entraver (verbe) ○ conj.n°3
Empêcher quelque chose de se réaliser. *Beaucoup de problèmes **entravent** une possible négociation entre les deux pays.*

entre (préposition)
Sert à introduire divers compléments. *Il y a environ 80 kilomètres **entre** Paris et Chartres* (lieu). *Je t'attendrai **entre** onze heures et midi* (temps). *Odile hésite **entre** une jupe et un pantalon* (choix). *Il y a une grande différence de taille **entre** les deux sœurs* (comparaison).

entrebâillement (nom masculin)
Ouverture entrebâillée.

entrebâiller (verbe) ○ conj.n°3
Ouvrir un petit peu. *On **a entrebâillé** le toit ouvrant pour avoir un peu d'air.* (Syn. entrouvrir.)

une porte **entrebâillée**

s'entrechoquer (verbe) ○ conj.n°3
Se cogner l'un contre l'autre. *Gaëlle a froid, ses dents **s'entrechoquent**.*

entrecôte (nom féminin)
Morceau de viande de bœuf qui se trouve le long des côtes. *Sarah a commandé une **entrecôte** grillée.*

entrecouper (verbe) ○ conj.n°3
Interrompre par moments. *Son discours **a été entrecoupé** d'applaudissements.*

entrecroiser (verbe) ○ conj.n°3
Croiser ensemble plusieurs fois. *Benjamin **entrecroise** les guirlandes sur le sapin de Noël.* (Syn. entrelacer.)

entrée (nom féminin) **1.** Moment où l'on entre dans un lieu. *La vedette a fait une **entrée** très remarquée.* (Syn. arrivée. Contr. sortie.) **2.** Endroit par où l'on entre. *Je t'attendrai à l'**entrée** du théâtre.* (Syn. hall, vestibule.) **3.** Droit d'entrer quelque part. *L'**entrée** de ce parc est payante.* (Syn. accès.) **4.** Plat servi au début du repas. *En **entrée**, Ursula a pris des crudités.*

entrefaites (nom féminin pluriel) • **Sur ces entrefaites :** à ce moment-là. *Et **sur ces entrefaites**, il est arrivé.*

entrefilet (nom masculin) Article très court dans un journal. *Un **entrefilet** a annoncé son accident.*

entrelacer (verbe) ○ conj.n°4 Synonyme d'entrecroiser. *Les branches de cet arbre commencent à **s'entrelacer**.*

entremêler (verbe) ○ conj.n°3 Mélanger des choses. *Ma grand-mère ne se souvient plus très bien de cette époque, car tous ses souvenirs **s'entremêlent**.*

entremets (nom masculin) Plat sucré qu'on mange au dessert. *La mousse au chocolat, les glaces et les sorbets sont des **entremets**.*

entremise (nom féminin) • **Par l'entremise de quelqu'un** : par son intermédiaire, grâce à lui. *Il a obtenu un logement **par l'entremise de** la mairie.*

entreposer (verbe) ○ conj.n°3 Mettre momentanément des choses dans un endroit. *En attendant que la maison de campagne soit prête, on **a entreposé** tous les meubles chez les voisins.*

entrepôt (nom masculin) Dépôt de marchandises. *Ce hangar sert d'**entrepôt** pour le matériel agricole.*

entreprenant, ante (adjectif) Qui aime entreprendre. *Il faut quelqu'un d'**entreprenant** pour diriger cette usine.* (Syn. actif, dynamique.)

entreprendre (verbe) ○ conj.n°32 Commencer à faire quelque chose. *Il vaut mieux attendre la fin de l'hiver pour **entreprendre** les travaux de la toiture.* ⊙ Famille du mot : entreprenant, entrepreneur, entreprise.

entrepreneur (nom masculin) Chef d'entreprise qui exécute des travaux qu'on lui a commandés. *On a demandé des devis à plusieurs **entrepreneurs**.*

entreprise (nom féminin) **1.** Ce qu'on entreprend. *En voulant réparer son vélo, Zoé s'est lancée dans une **entreprise** trop difficile pour elle.* **2.** Société commerciale ou industrielle. *L'oncle de David dirige une **entreprise** de peinture.*

entrer (verbe) ○ conj.n°3 **1.** Passer du dehors au dedans d'un lieu. *Kevin a oublié sa clé, il a dû **entrer** par la fenêtre.* (Syn. pénétrer. Contr. sortir.) **2.** Commencer à être dans une situation. *L'année prochaine, Anna **entrera** en sixième.* **3.** Faire partie de quelque chose. *La semoule **entre** dans la composition du couscous.* → Entrer se conjugue avec l'auxiliaire *être*.

entresol (nom masculin) Étage à plafond bas, situé parfois entre le rez-de-chaussée et le premier étage.

entre-temps (adverbe) Pendant ce temps-là. *Je pars faire les courses ; **entre-temps** peux-tu mettre la table ?*

entretenir (verbe) ○ conj.n°19 **1.** Prendre soin de quelque chose pour le garder en bon état. *C'est du travail d'**entretenir** une si grande maison.* **2.** Faire vivre quelqu'un. *Depuis qu'il est au chômage, il a du mal à **entretenir** sa famille.* **3.** S'entretenir : parler à quelqu'un de choses importantes. *Il **s'est entretenu** avec son patron au sujet de ses horaires.* (Syn. discuter.)

a b c d e f g h i j k l m n o p q r s t u v w x y z

entretien (nom masculin)
1. Action d'entretenir quelque chose. *L'**entretien** de cette voiture coûte de plus en plus cher.* 2. Fait de s'entretenir avec quelqu'un. *Son père souhaite avoir un **entretien** avec la directrice.* (Syn. entrevue.)

s'entretuer (verbe) ○ conj.n°3
Se tuer les uns les autres. *Il faut les séparer sinon ils vont **s'entretuer** !*

entrevoir (verbe) ○ conj.n°22
1. Voir très rapidement. *J'**ai entrevu** Élodie au marché, mais elle ne m'a pas vu.* (Syn. apercevoir.) 2. Commencer à voir. *On commence à **entrevoir** un espoir de paix entre ces deux pays.*

entrevue (nom féminin)
Rencontre préparée à l'avance entre des personnes. *Une **entrevue** entre les deux chefs d'État est prévue prochainement.* (Syn. entretien.)

entrouvrir (verbe) ○ conj.n°12
Ouvrir un peu. *Laisse la porte **entrouverte**, pour qu'on ait un peu d'air.* (Syn. entrebâiller.)

énumération (nom féminin)
Fait d'énumérer.

énumérer (verbe) ○ conj.n°8
Dire les uns après les autres les éléments d'un ensemble. *Ibrahim nous **a énuméré** tous les cadeaux qu'il a reçus pour Noël.*

envahir (verbe) ○ conj.n°11
1. Entrer par la force dans un pays. *Au début de la Seconde Guerre mondiale, l'armée allemande **a envahi** le nord de la France.* (Syn. occuper.) 2. Remplir entièrement un lieu. *Chaque été, cette région **est envahie** par les touristes.* 3. S'emparer de l'esprit de quelqu'un. *La peur **a** soudain **envahi** la foule quand le feu s'est déclaré.* ⊙ Famille du mot : envahissant, envahissement, envahisseur.

envahissant, ante (adjectif)
1. Qui se répand partout. *Ce lierre est trop **envahissant**, il faut le tailler.* 2. Qui manque de discrétion. *Kevin vient tous les jours à la maison, il est vraiment **envahissant**.*

envahissement (nom masculin)
Action d'envahir un pays. *L'**envahissement** de la Gaule par les Francs a commencé au Ve siècle.* (Syn. invasion.)

envahisseur (nom masculin)
Ennemi qui envahit un territoire.

s'envaser (verbe) ○ conj.n°3
Se remplir de vase. *L'estuaire de ce fleuve **s'envase** peu à peu.*

enveloppe (nom féminin)
1. Pochette en papier dans laquelle on met une lettre. *Sur l'**enveloppe**, on écrit l'adresse du destinataire.* 2. Ce qui entoure et protège quelque chose. *La coquille sert d'**enveloppe** à l'œuf.*

envelopper (verbe) ○ conj.n°3
Entourer complètement quelque chose pour le protéger. *Fatima **a enveloppé** son sandwich dans du papier d'aluminium.*

s'envenimer (verbe) ○ conj.n°3
1. Synonyme de s'infecter. *Il faut désinfecter cette plaie avant qu'elle ne **s'envenime**.* 2. Au sens figuré, devenir plus violent. *La discussion **s'est** vite **envenimée**.* (Syn. s'aggraver, se détériorer. Contr. s'apaiser.)

envergure (nom féminin)
1. Distance entre les extrémités des ailes déployées d'un oiseau ou celles d'un avion. 2. Au sens figuré, capacité ou valeur de quelqu'un. *Ce député a tout à fait l'**envergure** d'un ministre.* ⊙ Envergure désignait d'abord l'état d'une voile tendue entre les *vergues*.

1. envers (préposition)
En ce qui concerne quelqu'un. *Il a toujours été très honnête **envers** nous.* (Syn. à l'égard de.) • **Envers et contre tous** : malgré l'opposition des gens.

2. envers (nom masculin)
Côté d'une chose qu'on ne voit pas d'habitude. *On voit les coutures, la nappe est mise à l'**envers**.* (Contr. endroit.)

▸ **enviable** (adjectif)
Qui fait envie. *S'il vient d'être embauché, son sort est bien* ***enviable****.*

▸ **envie** (nom féminin)
Synonyme de jalousie. *Pierre découvre les cadeaux de sa sœur avec* ***envie****.* • **Avoir envie de** : avoir le désir ou le besoin de faire ou d'avoir quelque chose. ***J'ai envie de*** *goûter ces framboises.* • **Faire envie** : tenter quelqu'un. *Ces pâtisseries me* ***font*** *bien* ***envie****.* ⊙ Famille du mot : enviable, envier, envieux.

▸ **envier** (verbe) ⊙ conj.n°10
Souhaiter être à la place de quelqu'un ou avoir ce qu'il a. *Quentin* ***envie*** *ses copains qui ont un ordinateur.*

▸ **envieux, euse** (adjectif et nom)
Qui est jaloux des autres. • **Faire des envieux** : rendre les autres jaloux. *Sa fortune* ***a fait*** *bien* ***des envieux****.*

▸ **environ** (adverbe)
À peu près. *Il y a* ***environ*** *un quart d'heure de marche jusqu'à la gare.* (Syn. approximativement. Contr. exactement.) ⊙ Famille du mot : environnant, environnement, environner, environs.

▸ **environnant, ante** (adjectif)
Qui est tout autour. *Les forêts* ***environnantes*** *sont remplies de champignons à l'automne.*

▸ **environnement** (nom masculin)
Milieu dans lequel nous vivons. *Nous devons lutter pour la protection de l'****environnement****.*

▸ **environner** (verbe) ⊙ conj.n°3
Être dans le voisinage d'un lieu. *Des champs de blé* ***environnent*** *la ferme.* (Syn. entourer.)

▸ **environs** (nom masculin pluriel)
Lieux qui se trouvent dans le voisinage. *N'allez pas trop loin, restez dans les* ***environs****.* (Syn. alentours, parages.)

▸ **envisageable** (adjectif)
Qui peut être envisagé. *Une telle dépense n'est pas* ***envisageable****.*

▸ **envisager** (verbe) ⊙ conj.n°5
1. Avoir le projet de faire quelque chose. *Nous* ***envisageons*** *d'aller en vacances à la montagne cette année.* (Syn. penser.) 2. Examiner plusieurs possibilités. *Avant de prendre une décision, il faut* ***envisager*** *les avantages et les inconvénients.*

▸ **envoi** (nom masculin)
Lettre ou colis envoyés. *Il vaudrait mieux faire cet* ***envoi*** *en recommandé.* (Syn. expédition.) • **Coup d'envoi** : au football, premier coup de pied dans le ballon, qui marque le début d'une partie.

▸ **envol** (nom masculin)
Action de s'envoler. *Dès le début de l'automne, les hirondelles prennent leur* ***envol*** *pour les pays chauds.*

▸ **s'envoler** (verbe) ⊙ conj.n°3
1. Partir en volant. *Les moineaux* ***s'envolent*** *au moindre bruit.* 2. Partir en avion. *On doit* ***s'envoler*** *pour Marseille à dix heures.* (Syn. décoller.) 3. Être emporté par le vent. *Il y a eu un courant d'air et tous les papiers* ***se sont envolés****.*

▸ **envoûtant, ante** (adjectif)
Qui envoûte. *Un prestidigitateur* ***envoûtant****.*

▸ **envoûtement** (nom masculin)
Action d'envoûter. *Le malade se croyait victime d'un* ***envoûtement****.*

▸ **envoûter** (verbe) ⊙ conj.n°3
1. Influencer quelqu'un ou lui faire du mal en pratiquant sur lui la magie. *Cette femme prétend* ***avoir été envoûtée****.* 2. Au sens figuré, fasciner et charmer quelqu'un. *Cet orateur* ***a envoûté*** *son public.* (Syn. subjuguer.) ⊙ Famille du mot : envoûtant, envoûtement.

a b c d e f g h i j k l m n o p q r s t u v w x y z

envoyé, ée (nom)
Personne envoyée pour remplir une mission. *Le directeur a reçu l'**envoyé** des parents d'élèves.* • **Envoyé spécial** : journaliste envoyé en mission spéciale.

envoyer (verbe) ○ conj.n°6
1. Faire aller quelqu'un quelque part. *Maman **a envoyé** Romain acheter le pain.* 2. Expédier par la poste. *Gaëlle **a envoyé** une lettre et des fleurs à sa grand-mère pour son anniversaire.* (Syn. adresser. Contr. recevoir.) 3. Lancer quelque chose. *Qui **a envoyé** une pierre dans le carreau ?* ⊙ Famille du mot : envoi, envoyé, envoyeur.

envoyeur, euse (nom)
Synonyme d'expéditeur. *L'adresse n'était pas bonne, la lettre est revenue à l'**envoyeur**.*

éolienne (nom féminin)
Machine qui utilise la force du vent pour pomper l'eau ou produire de l'électricité. ⊙ Éolienne vient du nom d'*Éole*, dieu des vents dans la mythologie grecque.

une **éolienne**

épagneul (nom masculin)
Chien de chasse au poil long et aux oreilles pendantes. ⊙ Épagneul vient d'*espagnol*, ce chien étant originaire d'Espagne.

un **épagneul**

épais, aisse (adjectif)
1. Qui a une certaine épaisseur. *Cette planche est **épaisse** de cinq centimètres.* 2. Qui a une grande épaisseur. *Une **épaisse** couche de neige a recouvert la région.* (Syn. gros. Contr. fin, mince.) 3. Qui est très consistant. *Cette pâte à crêpes est trop **épaisse**, il faut y ajouter du lait.* (Contr. fluide, liquide.) 4. Qui est dense ou abondant. *Le brouillard était si **épais** qu'on ne voyait pas à deux mètres.* ⊙ Famille du mot : épaisseur, épaissir.

épaisseur (nom féminin)
1. Dimension d'un corps qui n'est ni la longueur ni la largeur. *Il faut des planches d'une grande **épaisseur** pour supporter tous ces livres.* 2. Qualité de ce qui est épais. *L'**épaisseur** des nuages cache le soleil.*

épaissir (verbe) ○ conj.n°11
1. Rendre plus épais. *Il faut **épaissir** cette sauce en ajoutant de la farine.* 2. Devenir plus épais, plus dense. *Si la brume **épaissit**, nous resterons au port.* 3. Devenir plus gros. *Il **a épaissi** depuis qu'il ne fait plus de sport.* (Syn. s'empâter, grossir. Contr. maigrir.)

épanchement (nom masculin)
Fait de s'épancher. (Syn. confidence, effusion.)

s'épancher (verbe) ○ conj.n°3
Parler à quelqu'un en lui confiant ses sentiments. *Hélène a eu besoin de sa mère pour **s'épancher**.* (Syn. se confier.)

▸ **s'épanouir** (verbe) ○ conj.n°11
1. S'ouvrir en déployant ses pétales. *Dès qu'elles ont été dans l'eau, les fleurs **se sont épanouies**.* 2. Devenir joyeux, souriant. *En entendant la bonne nouvelle, son visage **s'est épanoui**.* 3. Se développer complètement. *Cet enfant **s'est épanoui** depuis qu'il vit à la campagne.*

▸ **épanouissement** (nom masculin)
Fait de s'épanouir.

▸ **épargnant, ante** (nom)
Personne qui a épargné de l'argent.

▸ **épargne** (nom féminin)
Argent économisé. *Victor veut utiliser son **épargne** pour s'acheter un ordinateur.*

▸ **épargner** (verbe) ○ conj.n°3
1. Synonyme d'économiser. *Laura **épargne** un peu d'argent de poche en le mettant dans une tirelire.* (Contr. dépenser, gaspiller.) 2. Permettre à quelqu'un d'éviter une chose désagréable. *Pour vous **épargner** le déplacement, on peut vous livrer à domicile.* 3. Ne pas abîmer quelque chose. *Heureusement, le gel **a épargné** les vignobles.* 4. Laisser quelqu'un en vie. *Les passagers **ont été épargnés** dans l'accident.* ⊙ Famille du mot : épargnant, épargne.

▸ **éparpillement** (nom masculin)
Action d'éparpiller. *Un courant d'air a causé l'**éparpillement** de ses timbres dans toute la pièce.*

▸ **éparpiller** (verbe) ○ conj.n°3
1. Disperser çà et là. *Les enfants **ont éparpillé** leurs jouets partout dans la maison. Restez groupés, ne **vous éparpillez** pas dans la forêt.* (Syn. disséminer. Contr. rassembler, réunir.) 2. S'éparpiller : se laisser distraire par trop de choses différentes. (Contr. se concentrer.)

▸ **épars, arse** (adjectif)
Qui est dispersé, en désordre. *Des papiers **épars** jonchaient le sol.*

▸ **épatant, ante** (adjectif)
Qui est très agréable. *On a passé une soirée **épatante** chez nos amis.*

▸ **épaté, ée** (adjectif)
Se dit d'un nez aplati, large et court.

▸ **épater** (verbe) ○ conj.n°3
Dans la langue familière, chercher à étonner quelqu'un. *Il nous **a épatés** quand il s'est mis à parler chinois !*

▸ **épaulard** (nom masculin)
Synonyme d'orque.

un **épaulard**

épaule (nom féminin)
1. Articulation du haut du bras. *Porter un enfant sur ses **épaules**.* ➠ p. 263.
2. Haut de la patte avant des animaux.
• **Avoir la tête sur les épaules** : avoir du bon sens. ⊙ Famille du mot : épauler, épaulette.

épauler (verbe) ○ conj.n°3
1. Appuyer la crosse d'une arme contre son épaule. *Le chasseur **épaule** son fusil.* 2. Aider quelqu'un. *Le voisin est venu nous **épauler** pour déplacer le buffet.*

épaulette (nom féminin)
1. Bande de tissu boutonnée sur l'épaule. *Certains uniformes militaires ont des **épaulettes**.* 2. Rembourrage aux épaules d'un vêtement. *Maman a décousu les **épaulettes** qui élargissaient sa veste.*

épave (nom féminin)
1. Restes d'un bateau naufragé ou abandonné. *Des plongeurs ont repéré une **épave** au fond de l'eau.* 2. Voiture hors d'usage. 3. Au sens figuré, personne misérable. *Cet homme est devenu une **épave** depuis qu'il se drogue.*

épée (nom féminin)
Arme constituée d'une longue lame et d'une poignée. *Le mousquetaire dégaine son **épée**.*

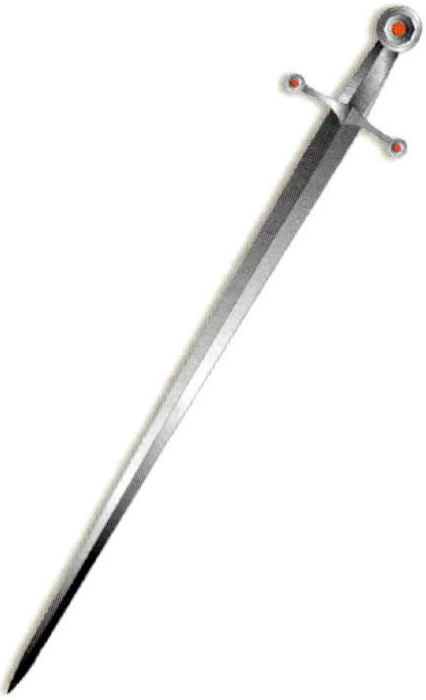

une **épée**

épeler (verbe) ○ conj.n°9
Dire chaque lettre d'un mot, l'une après l'autre. *Julie **épelle** son prénom : J.U.L.I.E.*

éperdu, ue (adjectif)
Qui éprouve un sentiment très vif. *Les enfants étaient **éperdus** de joie.*

éperdument (adverbe)
D'une manière éperdue. *Elle est **éperdument** amoureuse de lui.*

éperon (nom masculin)
Pièce de métal fixée au talon des cavaliers. *Les **éperons** servent à exciter le cheval.*

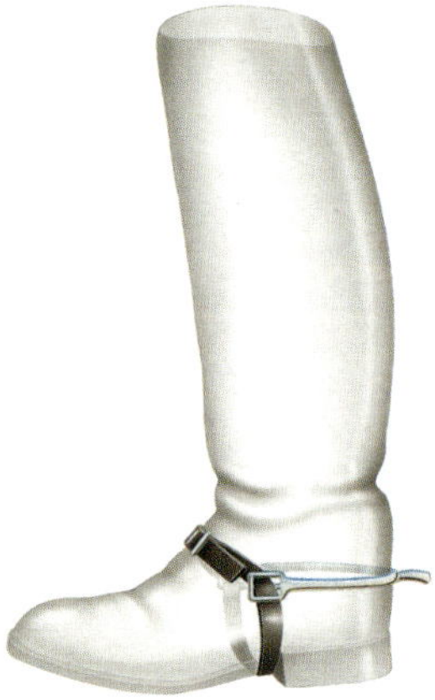

un **éperon**

éperonner (verbe) ○ conj.n°3
1. Piquer un cheval avec ses éperons pour le faire avancer plus vite. 2. Heurter un bateau avec la proue. *Le cargo **a éperonné** un pétrolier.*

épervier (nom masculin)
Oiseau de proie voisin du faucon, mais plus petit.

un **épervier**

éphémère (adjectif)
Qui dure très peu de temps. *Leur joie a été très **éphémère**.* (Syn. passager. Contr. durable.) ⊙ Éphémère vient du grec *ephêmeros* qui signifie « qui dure un seul jour ».

éphéméride (nom féminin)
Calendrier dont on enlève une feuille chaque jour.

épi (nom masculin)
1. Ensemble de grains serrés qui se trouve au bout de la tige des céréales. ➠ p. 128. *Des **épis** de blé, d'avoine, d'orge, de maïs.* 2. Mèche de cheveux impossible à coiffer.

épice (nom féminin)
Produit végétal servant à relever le goût des aliments. *Le poivre, le piment, le safran sont des **épices**.* ⊙ Famille du mot : épicé, épicerie, épicier.

épicé, ée (adjectif)
Qui est relevé par des épices. *Ce plat très **épicé** m'a donné soif.* (Contr. fade.)

épicéa (nom masculin)
Grand conifère qui ressemble au sapin et pousse en montagne. ➠ p. 69.

épicentre (nom masculin)
Point de la surface terrestre où un séisme est le plus fort.

épicerie (nom féminin)
Magasin d'alimentation. *Myriam est partie à l'**épicerie** acheter de la farine et de l'huile.*

épicier, ère (nom)
Commerçant qui tient une épicerie.

épidémie (nom féminin)
Développement rapide d'une maladie contagieuse dans une population. *Une **épidémie** de choléra a fait de nombreux morts dans cette région.*

épidémique (adjectif)
Qui a le caractère d'une épidémie. *La grippe est une maladie **épidémique**.* (Syn. contagieux.)

épiderme (nom masculin)
Couche superficielle de la peau, en contact avec l'extérieur.

épier (verbe) ○ conj.n°10
Surveiller attentivement et en se cachant. *Caché sous le buisson, le chat **épie** les oiseaux.* (Syn. guetter.) ⊙ Épier a la même origine que le mot *espion*.

épieu, ieux (nom masculin)
Gros bâton à pointe de métal. *Autrefois, les **épieux** servaient pour la chasse.*

épilation (nom féminin)
Action d'épiler ou de s'épiler. *Maman essaie une nouvelle méthode d'**épilation**.*

épilepsie (nom féminin)
Maladie qui provoque de fortes convulsions.

épileptique (adjectif et nom)
Qui est atteint d'épilepsie.

épiler (verbe) ○ conj.n°3
Arracher les poils d'une partie du corps. *Maman **s'épile** les jambes.*

épilogue (nom masculin)
Conclusion d'un récit ou d'un événement. *Cette histoire a connu un bien triste **épilogue**.* (Syn. dénouement, fin. Contr. prologue.)

épiloguer (verbe) ○ conj.n°3
Commenter longuement quelque chose. *Ça ne servira à rien d'**épiloguer** là-dessus.*

épinard (nom masculin)
Plante potagère verte dont on mange les feuilles. *Comme légumes, Noémie a mangé des **épinards** à la crème.*

épine (nom féminin)
Piquant sur la tige de certaines plantes. *Les rosiers, les cactus ont des **épines**.* • **Enlever à quelqu'un une épine du pied** : le tirer d'une difficulté. • **Épine dorsale** : synonyme de colonne vertébrale.

épineux, euse (adjectif)
1. Qui est garni d'épines. *La ronce est une plante **épineuse**.* 2. Au sens figuré, qui présente des difficultés. *C'est un problème **épineux**.* (Syn. délicat, embarrassant.)

a b c d e f g h i j k l m n o p q r s t u v w x y z

épingle (nom féminin)
Petite tige métallique pointue à une extrémité. *Avant de coudre l'ourlet, la couturière met des **épingles**.* • **Épingle à cheveux** : tige de fer recourbée qui sert à tenir les cheveux. • **Épingle de nourrice** ou **épingle de sûreté** : épingle recourbée et à fermoir. • **Être tiré à quatre épingles** : être habillé de façon impeccable. • **Monter quelque chose en épingle** : lui donner trop d'importance. • **Tirer son épingle du jeu** : se sortir habilement d'une affaire embarrassante. • **Virage en épingle à cheveux** : en forme de U.

épingler (verbe) conj.n°3
Attacher par une épingle.

épinière ➡ Voir moelle.

épique (adjectif)
Qui rappelle une épopée. *Il a toujours des aventures **épiques** à nous raconter quand il rentre de voyage.*

épisode (nom masculin)
1. Partie d'une histoire. *Ce feuilleton comporte dix **épisodes**.* 2. Moment particulier d'une longue histoire. *Yann nous a raconté quelques **épisodes** de son voyage en bateau.*

épisodique (adjectif)
Qui a lieu de temps en temps. *Nous nous voyons de manière très **épisodique**, une ou deux fois par an.*

épisodiquement (adverbe)
De façon épisodique. *Il passe nous voir **épisodiquement**.*

épistolaire (adjectif)
Qui concerne un échange de lettres. *Pendant les vacances, Benjamin et Odile ont des relations **épistolaires**.*

épitaphe (nom féminin)
Inscription sur un tombeau.

épithète (adjectif)
Se dit d'un adjectif placé à côté du nom auquel il se rapporte. *« Vert » est **épithète** de « plante » dans « une plante verte ».* ▷ **épithète** (nom féminin) Mot qui qualifie quelqu'un. *Intelligent et brillant sont des **épithètes** qui lui vont vraiment bien.*

éploré, ée (adjectif)
Qui est en pleurs. *La fillette **éplorée** cherchait ses parents dans le square.*

épluchage (nom masculin)
Action d'éplucher. *Les enfants veulent participer à l'**épluchage** des pommes.*

éplucher (verbe) conj.n°3
Enlever la peau et les parties qui ne se mangent pas d'un fruit ou d'un légume. *Tu veux bien m'**éplucher** une orange ?* Famille du mot : épluchage, épluchure.

épluchure (nom féminin)
Partie qu'on enlève en épluchant. *Un bon jardinier garde toujours les **épluchures** pour faire du compost.*

éponge (nom féminin)
1. Animal marin qui vit fixé au fond de l'eau. 2. Objet fait d'une matière souple, et qui retient l'eau. *Sarah prend une **éponge** pour essuyer la table.*
• **Passer l'éponge** : pardonner.

éponger (verbe) conj.n°5
Essuyer avec une éponge ou un chiffon. *La baignoire a débordé, prends la serpillière pour **éponger** par terre.*

épopée (nom féminin)
Long poème qui raconte des aventures héroïques. *« L'Odyssée » est une **épopée** qui raconte le retour d'Ulysse dans son pays.*

époque (nom féminin)
Période particulière de l'histoire. *À l'**époque** de nos arrière-grands-parents, les maisons n'avaient ni l'eau ni l'électricité.*

s'époumoner (verbe) conj.n°3
Crier de toutes ses forces jusqu'à s'essouffler. *Ce n'est pas la peine de **t'époumoner**, il n'entend rien !*

épouse ➡ Voir époux.

épouser (verbe) ○ conj.n°3
Se marier avec quelqu'un. *En quelle année ton père **a**-t-il **épousé** ta mère ?*

épousseter (verbe) ○ conj.n°9
Enlever la poussière. *Quel travail ce doit être d'**épousseter** tous les meubles de ce château !*

époustouflant, ante (adjectif)
Qui époustoufle. *Ce nouveau record de vitesse est **époustouflant**.* (Syn. extraordinaire, prodigieux.)

époustoufler (verbe) ○ conj.n°3
Causer une très grande surprise. *Ce numéro de trapèze volant nous **a époustouflés**.*

épouvantable (adjectif)
1. Qui fait très peur. *Certaines scènes de ce film d'horreur sont **épouvantables**.* (Syn. effrayant, horrible, terrifiant.) 2. Qui est très pénible, très désagréable. *Il a fait un temps **épouvantable** toute la semaine.* (Syn. abominable, exécrable.)

épouvantail (nom masculin)
Mannequin que l'on place dans les champs pour épouvanter les oiseaux.

épouvante (nom féminin)
Peur très grande. *Ils ont poussé un cri d'**épouvante** en découvrant le cadavre.*

épouvanter (verbe) ○ conj.n°3
Remplir d'épouvante. *Ce reportage sur les massacres nous **a épouvantés**.* (Syn. effrayer, terroriser.) ⊙ Famille du mot : épouvantable, épouvantail, épouvante.

époux, épouse (nom)
Personne mariée. *Michel est l'**époux** de Marthe.* (Syn. mari.) *Marthe est l'**épouse** de Michel.* (Syn. femme.)

s'éprendre (verbe) ○ conj.n°32
Tomber amoureux de quelqu'un. *Ursula **s'est éprise** de son voisin.*

épreuve (nom féminin)
1. Partie d'un examen ou d'une compétition. *Passer les **épreuves** du bac.* 2. Souffrance ou grave difficulté subie par quelqu'un. *Sa longue maladie a été une **épreuve** pour toute sa famille.* • **À toute épreuve** : très solide. • **Mettre à l'épreuve** : essayer de mesurer la valeur d'une personne ou d'une chose.

éprouvant, ante (adjectif)
Qui est difficile à supporter. *Cette chaleur est **éprouvante** pour les coureurs.* (Syn. pénible.)

éprouver (verbe) ○ conj.n°3
1. Ressentir un sentiment ou une sensation. ***Éprouver** de la peine, de la joie. Zoé **éprouve** une vive douleur dans le cou, elle a un torticolis.* 2. Faire de la peine ou faire souffrir. *Clément **est** très **éprouvé** par la mort de son chien.* ⊙ Famille du mot : épreuve, éprouvant, éprouvette.

éprouvette (nom féminin)
Tube de verre qui sert à faire des expériences de chimie.

une série d'**éprouvettes**

épuisant, ante (adjectif)
Qui fatigue beaucoup. *Une marche **épuisante** à travers le désert.* (Syn. exténuant.)

épuisement (nom masculin)
1. Fait de se sentir épuisé. *Quel **épuisement** après cette course effrénée !* 2. Fait d'utiliser jusqu'au bout. *Les soldes dureront jusqu'à l'**épuisement** du stock.*

▸ **épuiser** (verbe) ⊙ conj.n°3
1. Fatiguer énormément. *À l'arrivée du marathon, certains coureurs **étaient épuisés**.* 2. Utiliser quelque chose jusqu'à ce qu'il n'en reste plus. *Nos provisions **sont épuisées**, il va falloir aller faire des courses.* 3. Vendre tous les exemplaires d'un livre. *Ce roman est introuvable, il **est épuisé**.* ⊙ Famille du mot : épuisant, épuisement, inépuisable.

▸ **épuisette** (nom féminin)
Petit filet de pêche fixé à un manche. *David part pêcher les crevettes avec son **épuisette**.*

un pêcheur à l'**épuisette**

▸ **épuration** (nom féminin)
Action d'épurer. *La commune a construit une usine d'**épuration** des eaux.*

▸ **épurer** (verbe) ⊙ conj.n°3
Rendre pur. *Il faut **épurer** l'eau pour qu'elle soit potable.* (Syn. purifier.)

▸ **équateur** (nom masculin)
Grand cercle imaginaire qui fait le tour de la Terre à égale distance des deux pôles. → Prononciation [ekwatœʀ].

▸ **équatorial, ale, aux** (adjectif)
Qui concerne les régions proches de l'équateur. *Le climat **équatorial** se caractérise par la chaleur et l'humidité.* → Prononciation [ekwatɔʀjal].

▸ **équerre** (nom féminin)
Instrument qui sert à tracer des angles droits, des perpendiculaires.

▸ **équestre** (adjectif)
Qui concerne l'équitation. *Un centre **équestre**.* • **Statue équestre :** statue qui représente une personne à cheval.

statuette **équestre** en terre cuite (vers 510 av. J.C.)

▸ **équidistant, ante** (adjectif)
Qui est situé à la même distance. *Tous les points d'un cercle sont **équidistants** du centre.* → Prononciation [ekɥidistɑ̃].

▸ **équilatéral, ale, aux** (adjectif)
Dont tous les côtés sont égaux. *Un triangle **équilatéral**.* ➠ p. 512. → Prononciation [ekɥilateʀal].

▸ **équilibre** (nom masculin)
1. Position stable, qui permet de ne pas tomber. *Anna monte à cheval pour la première fois et a bien du mal à garder son **équilibre**.* 2. Position d'une balance quand les deux plateaux sont à la même hauteur. 3. Qualité d'une personne équilibrée. *Il faut avoir un bon **équilibre** pour supporter cette situation.* ⊙ Famille du mot : équilibré, équilibrer, équilibriste, déséquilibre, déséquilibré, déséquilibrer.

équilibré, ée (adjectif)
Qui est calme et raisonnable. *Ibrahim est un enfant très **équilibré**.* (Contr. déséquilibré, instable.)

équilibrer (verbe) ○ conj.n°3
1. Mettre en équilibre. ***Équilibrer** les deux plateaux d'une balance.* 2. S'équilibrer : être équivalent. *J'hésite car les avantages et les inconvénients **s'équilibrent**.*

équilibriste (nom)
Artiste de cirque qui fait des exercices d'équilibre.

équinoxe (nom masculin)
Chacun des deux moments de l'année où la durée du jour et celle de la nuit sont égales. *Les **équinoxes** ont lieu le premier jour du printemps et le premier jour de l'automne.* ⊙ Équinoxe est formé de deux mots latins qui signifient « nuit égale ».

équipage (nom masculin)
Ensemble du personnel d'un bateau ou d'un avion. *Le commandant et l'**équipage** vous souhaitent la bienvenue à bord.*

équipe (nom féminin)
1. Groupe de personnes qui travaillent ensemble. *À l'hôpital, l'**équipe** de jour arrive à six heures du matin.* 2. Groupe de sportifs qui jouent ensemble. *Kevin fait partie d'une **équipe** de rugby.* ⊙ Famille du mot : équipage, équipier.

équipée (nom féminin)
Entreprise aventureuse. *Leur **équipée** en montagne s'est heureusement bien terminée.*

équipement (nom masculin)
Ensemble du matériel nécessaire à une activité. *Les alpinistes préparent leur **équipement** : cordes, piolets, pitons et sacs à dos.*

équiper (verbe) ○ conj.n°3
Munir de ce qui est nécessaire. *Cette voiture **est équipée** d'un toit ouvrant et d'une radio.*

équipier, ère (nom)
Membre d'une équipe sportive.

équitable (adjectif)
Qui est conforme à la justice et à l'équité. *Ce partage est **équitable** puisque tout le monde a eu la même chose.*

équitablement (adverbe)
De façon équitable. *Maman a partagé **équitablement** les abricots : chacun en a eu deux.*

équitation (nom féminin)
Sport qui consiste à monter à cheval. *Tous les week-ends, Véronique fait de l'**équitation** dans un club.*

équité (nom féminin)
Vertu qui consiste à être juste envers chacun. *Il a jugé l'affaire avec **équité**.* (Syn. impartialité.) ⊙ Famille du mot : équitable, équitablement.

équivalence (nom féminin)
Caractère équivalent. *Il y a une **équivalence** de prix entre ces deux voitures.*

équivalent, ente (adjectif)
Qui est de même valeur ou de même importance. *Leurs salaires sont à peu près **équivalents**.* ▷ **équivalent** (nom masculin) Chose équivalente. *10 000 m² sont l'**équivalent** d'un hectare.*

équivaloir (verbe) ○ conj.n°25
Avoir la même valeur ou le même effet. *Une livre **équivaut** à 500 grammes. Rouler aussi vite **équivaut** à un suicide.* ⊙ Famille du mot : équivalence, équivalent.

équivoque (adjectif)
Qui peut être compris de diverses façons. *Son attitude est **équivoque** : que va-t-il faire ?* (Syn. ambigu. Contr. clair, net.) ▷ **équivoque** (nom féminin) Chose équivoque. *Elle a parlé sans aucune **équivoque** : elle refuse.* (Syn. ambiguïté.)

érable (nom masculin)
Grand arbre de la forêt. *La feuille d'**érable** figure sur le drapeau canadien.*

feuilles et fruit de l'**érable**

érafler (verbe) ○ conj.n°3
1. Écorcher légèrement. *Il a les bras tout **éraflés** par les ronces.* (Syn. égratigner.) 2. Rayer une surface. *Qui **a éraflé** la portière de la voiture ?*

éraflure (nom féminin)
Légère écorchure ou légère rayure. *Il sort de cet accident avec quelques **éraflures**.*

éraillé, ée (adjectif)
Qui est enroué, rauque. *Il a tellement hurlé qu'il a la voix **éraillée**.*

ère (nom féminin)
Longue période qui commence par un événement à partir duquel on compte les années. *1792 marque le début de l'**ère** républicaine.*

éreinter (verbe) ○ conj.n°3
Fatiguer beaucoup. *Toutes ces courses dans les grands magasins **m'ont éreintée**.* (Syn. épuiser, exténuer.)

ergot (nom masculin)
Sorte de griffe qui se trouve derrière la patte du coq et de certains animaux.

ergoter (verbe) ○ conj.n°3
Discuter sur des détails. *Tu ne vas pas **ergoter** pour si peu !* (Syn. chicaner.)

ériger (verbe) ○ conj.n°5
Élever un monument. ***Ériger** une statue à la mémoire de quelqu'un.*

ermite (nom masculin)
Moine qui vit retiré dans un lieu désert. ⊙ Ermite vient du grec *erêmos* qui signifie « désert », car les premiers ermites partaient vivre dans le désert d'Égypte.

érosion (nom féminin)
Usure du relief due au vent, à l'eau, au gel, etc.

érotique (adjectif)
Qui évoque l'amour et le plaisir sexuel. *Ce film **érotique** est interdit aux enfants.*

errant, ante (adjectif)
Qui erre. *Il y a beaucoup de chats **errants** dans ce terrain vague.*

errer (verbe) ○ conj.n°3
Marcher longuement et au hasard. *Nous **avons** longtemps **erré** dans les rues avant de trouver notre hôtel.*

erreur (nom féminin)
1. Fait de se tromper. *Il y a une **erreur** dans tes calculs.* (Syn. faute, inexactitude.) 2. Action maladroite et regrettable. *Tu as fait une **erreur** en lui parlant ainsi, tu l'as vexé.*

erroné, ée (adjectif)
Qui contient des erreurs. *L'adresse étant **erronée**, la lettre est revenue à l'expéditeur.* (Syn. faux. Contr. juste.)

ersatz (nom masculin)
Produit utilisé en remplacement d'un autre produit. *L'orge grillé peut être utilisé comme **ersatz** de café.* (Syn. succédané.) → Prononciation [ɛRzats]. ⊙ Ersatz est un mot allemand qui signifie « remplacement ».

érudit, ite (nom)
Personne qui a de l'érudition. *Cet historien est un **érudit**, spécialiste du Moyen Âge.*

érudition (nom féminin)
Grand savoir dans un domaine précis. *Il écrit des ouvrages d'une grande **érudition**.*

▸ **éruption** (nom féminin)
1. Jaillissement de lave, de blocs, de gaz et de cendres hors du cratère d'un volcan. *Ce volcan qui semblait éteint vient d'entrer en **éruption**.* 2. Apparition de boutons sur la peau. *Cette **éruption** de boutons peut être le signe d'une varicelle.*

une **éruption** volcanique

▸ **esbroufe** (nom féminin)
• **Faire de l'esbroufe** : prendre de grands airs pour impressionner les autres.

▸ **escabeau, eaux** (nom masculin)
Petite échelle pliante. *Monte sur cet **escabeau** pour ranger les valises en haut du placard.*

un **escabeau**

▸ **escadre** (nom féminin)
Groupe de navires de guerre. ⊙ Famille du mot : escadrille, escadron.

▸ **escadrille** (nom féminin)
Groupe d'avions de combat.

▸ **escadron** (nom masculin)
Groupe de soldats d'un régiment de cavalerie, de blindés ou de gendarmerie, commandé par un capitaine.

▸ **escalade** (nom féminin)
1. Action d'escalader. *Les alpinistes ont entrepris l'**escalade** de la paroi.* (Syn. ascension, montée.) 2. Au sens figuré, augmentation de plus en plus rapide de quelque chose. *L'**escalade** des prix, de la violence.* (Syn. montée.)

▸ **escalader** (verbe) ⊙ conj.n°3
Franchir un obstacle en passant par-dessus, en grimpant. ***Escalader** une montagne, une clôture, un mur.* (Syn. gravir, grimper.)

▸ **escalator** (nom masculin)
Escalier mécanique. *L'**escalator** est en panne, montons par l'escalier !* ⊙ Escalator est le nom d'une marque.

▸ **escale** (nom féminin)
Arrêt au cours d'un voyage pour se ravitailler, embarquer ou débarquer des passagers. *Nous avons fait le vol de Paris à Pékin sans **escale**.*

▸ **escalier** (nom masculin)
Suite de marches pour monter ou descendre. • **Escalier mécanique** ou **roulant** : escalier dont les marches sont entraînées par un mécanisme. (Syn. escalator.)

▸ **escalope** (nom féminin)
Mince tranche de viande blanche ou de poisson. *Une **escalope** de veau, de saumon.*

▸ **escamotable** (adjectif)
Qui se replie de manière à ne plus être visible. *Les rallonges de cette table sont **escamotables**.*

escamoter (verbe) ○ conj.n°3
1. Faire disparaître quelque chose habilement. *Le prestidigitateur **a escamoté** le lapin dans un chapeau. Il lui **a escamoté** son portefeuille.* 2. Faire comme si une chose ennuyeuse ou gênante n'existait pas. ***Escamoter** une difficulté, un problème.* (Syn. esquiver.)

escampette (nom féminin)
• **Prendre la poudre d'escampette** : synonyme familier de s'enfuir.

escapade (nom féminin)
Sortie inhabituelle que l'on fait pour se distraire. *Pour une fois, oublie tes soucis et allons faire une petite **escapade** à la mer.*

escargot (nom masculin)
Petit mollusque muni d'une coquille en spirale.

des **escargots**

escarmouche (nom féminin)
Combat court entre des petits groupes de soldats. *Le conflit entre ces deux pays a commencé par quelques simples **escarmouches** à la frontière.*

escarpé, ée (adjectif)
Qui est en pente raide. *Un sentier **escarpé** mène au sommet de la colline.* (Syn. abrupt.)

escarpement (nom masculin)
Pente raide. *La vallée passe entre des **escarpements** rocheux.*

escarpin (nom masculin)
Chaussure découverte, à talon. *Fatima est très élégante avec ses **escarpins** noirs.*

escient (nom masculin)
• **À bon escient** : avec raison. *Dans cette discussion, il est intervenu **à bon escient**.* (Contr. à tort.)

s'esclaffer (verbe) ○ conj.n°3
Éclater de rire bruyamment. *À la moindre grimace du comédien, le public **s'esclaffait**.*

esclandre (nom masculin)
Fait de manifester bruyamment son mécontentement. *Un client a fait un **esclandre** dans le restaurant parce que le service était trop lent.*

esclavage (nom masculin)
État d'une personne esclave. *En France, l'abolition de l'**esclavage** date de 1848.*

esclave (nom)
1. Personne privée de liberté et qui appartient à un maître. *Dans l'Antiquité, les **esclaves** étaient achetés et vendus comme du bétail.* 2. Personne qui est sous la domination de quelqu'un ou de quelque chose. *Elle est l'**esclave** de son mari.* ⊙ Esclave vient de *slave*, car, dans l'Antiquité, de nombreux Slaves avaient été réduits en esclavage.

escogriffe (nom masculin)
• **Grand escogriffe** : dans la langue familière, homme grand et maigre.

escompte (nom masculin)
Réduction de prix accordée à certaines conditions. *Ce magasin accorde 5 % d'**escompte** sur l'achat d'un téléviseur aux clients qui paient comptant.*

escompter (verbe) ○ conj.n°3
Compter à l'avance sur un événement favorable. *Ce commerçant **escompte** une bonne recette grâce à ses nouveaux produits.*

escorte (nom féminin)
Groupe de personnes qui entourent et accompagnent quelqu'un. *Le Président se déplaçait entouré d'une **escorte** de motards de la police.*

escorter (verbe) ○ conj.n°3
Accompagner en escorte. *Les mousquetaires **escortaient** le carrosse royal.*

escouade (nom féminin)
Petit groupe de quelques personnes. *Une **escouade** de gendarmes.*

escrime (nom féminin)
Sport qui se pratique avec l'épée, le fleuret ou le sabre.

l' **escrime**

s'escrimer (verbe) ➲ conj.n°3
Faire beaucoup d'efforts. *Je **m'escrime** à t'expliquer ces exercices mais tu ne m'écoutes pas.* (Syn. s'évertuer.)

escroc (nom masculin)
Personne coupable d'escroquerie. ➔ Prononciation [ɛskʀo]. ⊙ Famille du mot : escroquer, escroquerie.

escroquer (verbe) ➲ conj.n°3
Obtenir de l'argent ou une faveur de quelqu'un en le trompant. *Ce bijoutier **a escroqué** ses clients en leur vendant de faux diamants.*

escroquerie (nom féminin)
Délit qui consiste à escroquer quelqu'un. *Ce vendeur de faux tableaux a été arrêté pour **escroquerie**.*

ésotérique (adjectif)
Difficile à comprendre. *Cet alchimiste a noté ses formules **ésotériques** sur un parchemin.*

espace (nom masculin)
1. Étendue infinie qui constitue l'univers, hors de l'atmosphère. *Une sonde spatiale a été envoyée dans l'**espace**.* 2. Surface ou volume occupés par quelque chose. *Il n'y a pas assez d'**espace** dans cette pièce pour mettre un bureau.* (Syn. place.) 3. Intervalle entre deux choses. *Il y a le même **espace** entre chaque arbre de l'allée.* (Syn. distance, espacement.) 4. Intervalle de temps. *Quentin s'est habillé en l'**espace** de 5 minutes.* • **Espace vert** : surface réservée aux parcs et aux jardins, dans une ville. ⊙ Famille du mot : espacement, espacer. ⊙ Espace vient du mot latin *spatium* qui est aussi à l'origine de « spacieux » et de « spatial ».

espacement (nom masculin)
Espace entre deux choses. *Par temps de brouillard, il faut augmenter l'**espacement** entre les véhicules.*

une station dans l'**espace**

espacer (verbe) ○ conj.n°4
1. Séparer deux choses par un espace. *Nous sommes trop serrés, il faudrait **espacer** nos sièges.* 2. Séparer par un intervalle de temps. *Même si tu n'as plus mal aux dents, tu ne dois pas **espacer** tes rendez-vous chez le dentiste.*

espadon (nom masculin)
Grand poisson de mer dont la mâchoire supérieure est allongée en forme d'épée. ⊙ Espadon vient de l'italien *spadone* qui signifie « grande épée ».

un **espadon**

espadrille (nom féminin)
Chaussure en toile à semelle de corde.

espagnol, ole
➡ Voir tableau p. 6.

espalier (nom masculin)
• **En espalier** : en rangées de manière à pousser le long d'un mur ou d'un treillage. *Des pêchers plantés **en espalier**.*

espèce (nom féminin)
1. Ensemble d'êtres vivants qui se ressemblent et peuvent se reproduire entre eux. *Le chien et le chat appartiennent à deux **espèces** animales différentes.* 2. Catégorie de gens ou de choses que l'on classe ensemble par ressemblance. *Elle portait une **espèce** de tunique en soie.* (Syn. genre, sorte.)
▷ **espèces** (nom féminin pluriel) Billets ou pièces de monnaie. *J'ai oublié ma carte bancaire, je vais vous payer en **espèces**.*

espérance (nom féminin)
Attente confiante de quelqu'un qui espère. *Il a toujours gardé l'**espérance** de revenir au pays.* (Syn. espoir.)

espérer (verbe) ○ conj.n°8
Souhaiter la réalisation d'un désir. *Gaëlle **espère** qu'il fera beau demain.* ⊙ Famille du mot : désespérant, désespéré, désespérément, désespérer, désespoir, espérance, espoir, inespéré.

espiègle (adjectif)
Qui se moque sans méchanceté. *Hélène est une enfant **espiègle** qui fait souvent sourire ses parents.* (Syn. malicieux.) ⊙ Espiègle vient de ***Till Eulenspiegel***, héros d'un roman allemand du XVIe siècle.

espièglerie (nom féminin)
Chose espiègle. *On ne peut pas s'empêcher de rire de ses **espiègleries**.* (Syn. farce.)

espion, onne (nom)
Personne chargée d'espionner. *Un **espion** a réussi à poser des micros dans le bureau de l'ambassadeur.* (Syn. agent secret.) ⊙ Famille du mot : espionnage, espionner.

espionnage (nom masculin)
Action d'espionner. *Cet ingénieur se livrait à de l'**espionnage** industriel.*

espionner (verbe) ○ conj.n°3
Surveiller quelqu'un en cachette pour lui nuire ou par curiosité malveillante. *J'ai l'impression qu'elle passe son temps à **espionner** les passants.* (Syn. épier.)

esplanade (nom féminin)
Grand espace plat situé devant un bâtiment. *Nous avons rendez-vous sur l'**esplanade** de la cathédrale.*

espoir (nom masculin)
1. Sentiment d'une personne qui espère. *Notre équipe a le ferme **espoir** de remporter la victoire.* 2. Personne ou chose qui permet d'espérer. *Ce traitement est un nouvel **espoir** pour les malades.* 3. Personne capable d'atteindre un haut niveau dans son domaine. *Un **espoir** de la boxe, de la chanson.*

esprit (nom masculin)
1. Partie immatérielle de l'être humain. *Notre corps est visible mais notre **esprit** est invisible.* 2. Être sans corps qui, d'après certaines croyances, existe parmi les vivants. *Des légendes racontent que ce vieux château est hanté par des **esprits**.* (Syn. fantôme, revenant.) 3. La pensée, la mémoire, l'imagination, l'intelligence humaines. *Quand tu réfléchis, tu fais travailler ton **esprit**.* 4. Finesse et sens de l'humour. *Il raconte ses mésaventures avec beaucoup d'**esprit**.* • **Avoir bon** ou **mauvais esprit** : être bienveillant ou malveillant. • **Esprit d'équipe** : fait d'être solidaire des autres. • **Présence d'esprit** : rapidité et efficacité dans l'action. • **Reprendre ses esprits** : reprendre conscience après s'être évanoui.

esquif (nom masculin)
Petit bateau. *Le frêle **esquif** était ballotté par les vagues.*

1. **esquimau, aude** (adjectif et nom)
Se dit des habitants des régions voisines du pôle Nord. *Un village **esquimau**. Les **Esquimaux** construisaient des igloos.* → Esquimau, nom désignant une personne, commence par une majuscule.

2. **esquimau, aux** (nom masculin)
Sucette glacée enrobée de chocolat. ⊙ Esquimau est le nom d'une marque.

esquinter (verbe) ○ conj.n°3
Synonyme familier d'abîmer. *En tombant, Julie **a** complètement **esquinté** son vélo.*

esquisse (nom féminin)
Dessin rapide. *Ce portrait est très ressemblant et pourtant ce n'est qu'une **esquisse**.* (Syn. ébauche.)

esquisser (verbe) ○ conj.n°3
1. Tracer une esquisse. *En deux coups de crayon, il **a esquissé** tous les personnages de l'histoire.* (Syn. ébaucher.) 2. Commencer à faire quelque chose sans l'achever. *Il **a esquissé** un sourire de remerciement.*

esquiver (verbe) ○ conj.n°3
1. Éviter avec habileté. *Il **a esquivé** le poing de son adversaire en baissant la tête.* 2. S'esquiver : s'en aller discrètement. *Il **s'est esquivé** au moment de payer l'addition !*

essai (nom masculin)
1. Fait d'essayer quelque chose pour connaître ses défauts et ses qualités. *Je vous conseille de faire un **essai** avant d'acheter cette voiture.* 2. Fait d'essayer de réaliser quelque chose. *Il a battu le record du monde de javelot à son troisième **essai**.* (Syn. tentative.) 3. Livre qui traite d'un sujet sans entrer dans tous les détails. *Ce savant a écrit un **essai** sur la disparition des dinosaures.* 4. Au rugby, action de placer le ballon derrière la ligne adverse.

essaim (nom masculin)
Groupe d'insectes qui se déplacent en grand nombre. *Un **essaim** d'abeilles, de mouches.*

essaimer (verbe) ○ conj.n°3
Former un essaim. *Au printemps, des abeilles **essaiment** pour former une nouvelle ruche.*

essayage (nom masculin)
Action d'essayer un vêtement. *Les cabines d'**essayage** sont près du rayon des vêtements.*

essayer (verbe) ○ conj.n°7
1. Faire l'essai d'une chose pour voir si elle convient. ***Essayer** un vêtement, une voiture, une recette de cuisine.* (Syn. tester.) 2. Faire des efforts pour parvenir à un résultat. *Laura **essaie** d'apprendre à jouer de la guitare. Pierre **essaie** de comprendre le mode d'emploi.* (Syn. tâcher, tenter.) ⊙ Famille du mot : essai, essayage.

essence (nom féminin)
1. Carburant tiré du pétrole. *Arrêtons-nous à la pompe à **essence** pour faire le plein.* 2. Liquide concentré extrait d'une plante. *Ce parfum est fabriqué à partir d'**essence** de rose.* 3. Espèce d'arbre. *Cette forêt est composée de diverses **essences** : chênes, hêtres, châtaigniers.*

essentiel, elle (adjectif)
Dont on ne peut pas se passer. *L'eau est* ***essentielle*** *à la vie.* (Syn. indispensable, nécessaire. Contr. secondaire.) ▷ **essentiel** (nom masculin) Ce qui est essentiel. *Quand il part pour deux jours, il n'emporte que l'****essentiel****.* (Syn. principal.)

essentiellement (adverbe)
Principalement ou surtout. *Cette région produit* ***essentiellement*** *du blé.*

essieu, ieux (nom masculin)
Longue barre de métal qui relie deux à deux les roues d'un véhicule.

essor (nom masculin)
1. Action de s'envoler. *L'aigle a pris son* ***essor****.* 2. Au sens figuré, développement ou progrès rapide. *L'informatique est en plein* ***essor****.* (Syn. extension.)

essorage (nom masculin)
Action d'essorer. *Ce lave-linge est programmé pour le lavage, le rinçage, l'****essorage*** *et le séchage du linge.*

essorer (verbe) ○ conj.n°3
Débarrasser quelque chose de son eau. ***Essore*** *bien ton tee-shirt, il séchera plus vite.* ***Essorer*** *la salade.*

essoufflement (nom masculin)
Fait d'être essoufflé. *Le coureur a ralenti à cause de son* ***essoufflement****.*

essouffler (verbe) ○ conj.n°3
Faire perdre le souffle. *Cette longue course nous* ***a essoufflés****. Elle m'inquiète : elle* ***s'essouffle*** *vite quand elle monte les escaliers.*

essuie-glace (nom masculin)
Appareil muni de balais de caoutchouc servant à essuyer le pare-brise. *Il est impossible de rouler sous la pluie avec des* ***essuie-glaces*** *en panne.*
→ Pluriel : des essuie-glaces.

essuie-mains (nom masculin)
Linge qui sert à s'essuyer les mains.
→ Pluriel : des essuie-mains.

essuie-tout (nom masculin)
Papier absorbant présenté en rouleau.
→ Pluriel : des essuie-tout.

essuyer (verbe) ○ conj.n°6
1. Sécher ou nettoyer en frottant. ***Essuyez*** *vos chaussures sur le paillasson !* 2. Subir une chose désagréable. *Le navire* ***a essuyé*** *un orage terrible.*
⊙ Famille du mot : essuie-glace, essuie-mains, essuie-tout.

est (nom masculin)
1. Un des quatre points cardinaux qui désigne la direction où le soleil se lève. 2. Partie qui se situe à l'est d'un pays, d'une région. *Myriam passe ses vacances dans l'****est*** *de la France, près de Strasbourg.* ▷ **est** (adjectif) Qui est situé à l'est. *Thomas habite dans la banlieue* ***est*** *de Paris.* → Pluriel : les régions est.

estafette (nom féminin)
Soldat chargé de transmettre un message. *Une* ***estafette*** *motocycliste.*

estafilade (nom féminin)
Coupure longue et étroite. *D'un coup de sabre, il lui fit une* ***estafilade*** *au visage.*

estampe (nom féminin)
Image imprimée au moyen d'une plaque gravée. *Des* ***estampes*** *ornent ce manuscrit ancien.*

une **estampe** japonaise

estampille (nom féminin)
Marque qui indique que quelque chose est authentique ou en règle. *Ces quartiers de viande portent l'****estampille*** *bleue du contrôle sanitaire.*

est-ce que ? (adverbe)
Sert à poser une question. ***Est-ce que*** *tu as sommeil ? Quand* ***est-ce que*** *tu pars ?*

esthéticien, enne (nom)
Spécialiste des soins de beauté. *L'**esthéticienne** lui a donné des conseils pour se maquiller.*

esthétique (adjectif)
Qui est beau et décoratif. *La nouvelle coiffure de Gaëlle est très **esthétique**.* ▷ **esthétique** (nom féminin) Caractère esthétique. *Cette nouvelle voiture a une **esthétique** parfaite.*

estimable (adjectif)
Qui est digne d'estime. *C'est un homme très **estimable** par les services qu'il a rendus à tous.* (Syn. respectable.)

estimation (nom féminin)
Synonyme d'évaluation. *Après l'incendie, l'assurance a effectué une **estimation** des dégâts.*

estime (nom féminin)
Bonne opinion que l'on a d'une personne. *Benjamin est un garçon travailleur et honnête, j'ai beaucoup d'**estime** pour lui.*

estimer (verbe) conj.n°3
1. Avoir de l'estime pour quelqu'un. *Noémie est une amie sincère et fidèle que j'**estime** beaucoup.* (Syn. apprécier, respecter.) 2. Synonyme d'évaluer. *L'expert **a estimé** le prix du tableau à plusieurs millions.* 3. Avoir un jugement ou une idée sur quelque chose. *J'**estime** que tu es trop jeune pour sortir seule le soir. Il peut **s'estimer** satisfait d'avoir des enfants aussi bien élevés.* (Syn. considérer, penser.) Famille du mot : estimable, estimation, estime, inestimable, mésestimer, sous-estimer, surestimer.

estival, ale, aux (adjectif)
D'été. *C'est l'automne, mais nous avons encore un temps **estival**.*

estivant, ante (nom)
Personne qui passe ses vacances d'été dans un lieu. *Dès la fin du mois de juin, les **estivants** affluent dans le Midi.*

estomac (nom masculin)
Partie du tube digestif en forme de poche, située entre l'œsophage et l'intestin. *Il digère mal, il a mal à l'**estomac**.* ➡ p. 345. • **Avoir l'estomac dans les talons** : dans la langue familière, avoir très faim.

s'estomper (verbe) conj.n°3
Devenir de plus en plus flou. *Les contours de la montagne **s'estompent** dans le brouillard.* (Contr. se détacher.)

estrade (nom féminin)
Plancher surélevé par rapport au niveau du sol. *On a installé une **estrade** sur la place pour le concert de ce soir.*

estragon (nom masculin)
Plante aromatique. *Maman met une branche d'**estragon** dans la bouteille de vinaigre.*

s'estropier (verbe) conj.n°10
Se blesser très gravement. *Odile a failli **s'estropier** en tombant d'un rocher.*

estuaire (nom masculin)
Embouchure large et profonde d'un fleuve. *La Seine rejoint la Manche par un vaste **estuaire** sur lequel se trouve le port du Havre.* ➡ p. 367.

esturgeon (nom masculin)
Gros poisson de mer qui remonte les fleuves pour y pondre ses œufs. *Avec les œufs d'**esturgeon**, on prépare le caviar.*

un **esturgeon**

et (conjonction)
Sert à relier deux mots ou deux groupes de mots. *Je voudrais du pain **et** du chocolat. Il a joué **et** il a perdu.*

étable (nom féminin)
Bâtiment où l'on abrite les vaches.

établi (nom masculin)
Table de travail de certains artisans. *L'**établi** d'un menuisier, d'un serrurier.*

établir (verbe) conj.n°11
1. Installer quelque chose, le mettre en place. *Les randonneurs **ont établi** leur bivouac près de la source.* 2. Mettre au point l'organisation de quelque chose. ***Établir** une liste, un programme.* 3. Faire la preuve de quelque chose. *C'est une vérité bien **établie**.* (Syn. démontrer, prouver.) 4. S'établir : s'installer dans un endroit pour y vivre. *Nos cousins sont partis **s'établir** en province.*

établissement (nom masculin)
1. Action d'établir ou de s'établir. *On a prévu l'**établissement** d'un passage souterrain pour les piétons.* (Syn. installation.) 2. Bâtiment destiné à certaines activités. *Le collège est un **établissement** d'enseignement.*

étage (nom masculin)
1. Chaque niveau d'un bâtiment au-dessus du rez-de-chaussée. *William habite au cinquième **étage** de l'immeuble.* 2. Chaque élément superposé d'un ensemble. *Ariane 4 est une fusée à trois **étages**.*

s'étager (verbe) conj.n°5
Être disposé en étages, les uns au-dessus des autres. *Les terrasses couvertes d'oliviers **s'étagent** au flanc de la colline.*

étagère (nom féminin)
Planche horizontale fixée au mur. *Elle a verni les **étagères** de la bibliothèque.*

étai (nom masculin)
Poutre en bois ou en métal qui sert à étayer. *Ce vieux mur est soutenu par un **étai**.*

étain (nom masculin)
Métal grisâtre et malléable. *Autrefois, on se servait de vaisselle en **étain**.*

étalage (nom masculin)
Ensemble de marchandises exposées pour être vendues. *Les passants s'arrêtent devant l'**étalage** du brocanteur.*

étalagiste (nom)
Personne qui dispose toutes les marchandises dans les vitrines des magasins.

étalement (nom masculin)
Fait d'étaler dans le temps. *L'**étalement** des travaux se fera sur deux ans.*

étaler (verbe) conj.n°3
1. Disposer des choses à plat sur une surface. *Xavier **a étalé** ses photos sur la table pour les montrer à Sarah.* 2. Étendre en couche fine. *Léa **étale** du beurre sur sa tartine.* 3. Répartir sur une certaine période. *Vous pouvez **étaler** le paiement de ce téléviseur sur six mois.* 4. Montrer avec insistance pour se faire remarquer. *Elle **étale** sa richesse même devant les plus pauvres.* (Syn. exhiber.) 5. S'étaler : synonyme familier de tomber. *David **s'est étalé** sur le trottoir en glissant sur le verglas.* Famille du mot : étalage, étalagiste, étalement.

étalon (nom masculin)
1. Cheval mâle que l'on élève pour la reproduction. 2. Modèle qui sert d'unité de mesure. *Ce manche à balai nous servira d'**étalon** pour mesurer la cour.*

étamine (nom féminin)
Organe mâle d'une fleur, où se forme le pollen. *L'abeille se pose au cœur d'une fleur et se couvre du pollen des **étamines**.* ➠ p. 476.

étanche (adjectif)
Qui ne laisse passer ni l'eau ni l'air. *Guillaume a une montre de plongée, totalement **étanche**.*

étanchéité (nom féminin)
Caractère de ce qui est étanche. *Il faudrait vérifier l'**étanchéité** de la barque avant de la mettre à l'eau.*

étancher (verbe) conj.n°3
Arrêter l'écoulement d'un liquide. *Les marins ont réussi à **étancher** la voie d'eau dans la cale du bateau.* • **Étancher sa soif :** boire jusqu'à être complètement désaltéré. Famille du mot : étanche, étanchéité.

étang (nom masculin)
Étendue d'eau plus petite qu'un lac. *On a asséché l'**étang** pour le nettoyer.*

étape (nom féminin)
1. Lieu où l'on s'arrête au cours d'un voyage. *Durant le voyage, nous ferons une **étape** pour déjeuner.* (Syn. halte.) 2. Distance entre deux arrêts. *La dernière **étape** du Tour de France se termine sur les Champs-Élysées, à Paris.* 3. Période de temps. *Nous réaliserons ces travaux en plusieurs **étapes**.* • **Brûler les étapes** : progresser très vite ou trop vite.

1. état (nom masculin)
1. Situation dans laquelle se trouve une personne. *L'**état** de ce malade s'améliore.* 2. Situation ou aspect d'une chose. *Il porte des vêtements en mauvais **état**. Quand la température monte, la glace passe de l'**état** solide à l'**état** liquide.* • **État civil** : nom, prénom, date et lieu de naissance d'une personne.

2. État (nom masculin)
Territoire qui rassemble toute une population sous un même gouvernement. *La France est un **État** de l'Europe de l'Ouest.* (Syn. nation, pays.) • **Coup d'État** : action violente pour s'emparer du pouvoir.

état-major (nom masculin)
Groupe d'officiers qui conseillent un chef militaire. *Le général a convoqué son **état-major**.* → Pluriel : des états-majors.

étau, aux (nom masculin)
Instrument composé de deux mâchoires qui se resserrent sur un objet. *Pour limer la clé, le serrurier la bloque dans un **étau**.*

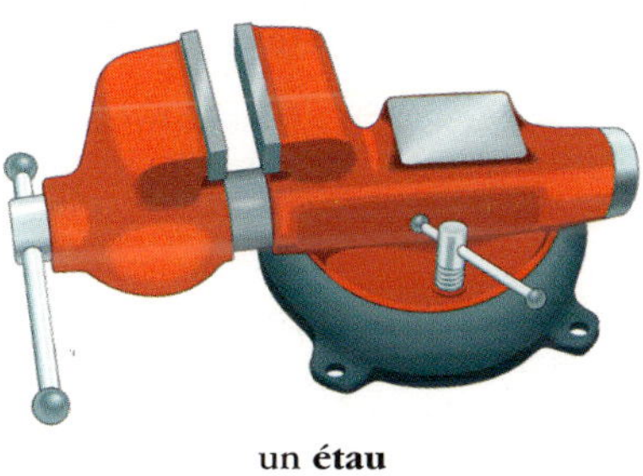

un **étau**

étayer (verbe) ○ conj.n°7
Soutenir à l'aide d'étais. ***Étayer** un plafond qui s'effondre.*

etc. (adverbe)
Et tout le reste. *Sa valise était bourrée de pantalons, de vestes, de chemises, de chaussettes, **etc.*** → Prononciation [ɛtsetera]. ⊙ En latin, *et cetera* signifie « et les autres choses ».

été (nom masculin)
Saison la plus chaude de l'année, entre le printemps et l'automne.

éteindre (verbe) ○ conj.n°35
1. Faire cesser de brûler. ***Éteindre** un incendie, un feu. Le feu commence à **s'éteindre**.* 2. Arrêter ce qui fonctionne à l'électricité. ***Éteindre** la lumière. **Éteindre** une lampe.* (Contr. allumer.) 3. S'éteindre : au sens figuré, mourir. *Le blessé **s'est éteint** pendant son transport à l'hôpital.*

éteint, éteinte (adjectif)
Qui a perdu sa force ou son éclat. *Un regard **éteint**. Parler d'une voix **éteinte**.*

étendard (nom masculin)
Sorte de drapeau.

Des chevaliers portant des **étendards**, tableau de Jan Van Eyck (1432).

étendre (verbe) conj.n°31
1. Déplier sur toute sa surface. *Maman **étend** les serviettes pour les faire sécher.* **2.** Allonger une personne. *Les sauveteurs **ont étendu** les blessés sur des brancards.* **3.** Agrandir ou augmenter quelque chose. *Il **a étendu** son domaine en achetant le champ de son voisin.* **4.** Diminuer la concentration d'un liquide. *Elle boit du vin **étendu** d'eau.* **5.** S'étendre : occuper un espace. *Un village **s'étend** au pied de la colline.* **6.** S'étendre : se développer ou devenir plus important. *L'épidémie de grippe **s'étendit** dans tout le pays.* (Syn. se propager, se répandre.) Famille du mot : étendu, étendue.

étendu, ue (adjectif)
Qui couvre une grande surface. *Le désert représente une partie **étendue** de ce pays.*

étendue (nom féminin)
1. Surface occupée par quelque chose. *Toute l'**étendue** du domaine est couverte par la forêt.* **2.** Importance de quelque chose. *On n'a pas encore mesuré l'**étendue** des dégâts.*

éternel, elle (adjectif)
1. Qui n'a ni commencement ni fin. *Dans la religion chrétienne, Dieu est **éternel**.* **2.** Qui se répète sans cesse. *Elle m'énerve avec ses **éternels** reproches.* (Syn. continuel, perpétuel.) • **Neiges éternelles** : neiges des hauts sommets qui ne fondent jamais. Famille du mot : éternellement, s'éterniser, éternité.

éternellement (adverbe)
De façon éternelle. *Il raconte **éternellement** les mêmes histoires depuis plus de vingt ans.* (Syn. continuellement, perpétuellement.)

s'éterniser (verbe) conj.n°3
Durer trop longtemps. *Cette réunion **s'éternise**.*

éternité (nom féminin)
1. Ce qui est éternel. *L'**éternité** de Dieu.* **2.** Durée qui semble très longue. *Il ne m'a pas téléphoné depuis une **éternité**.*

éternuement (nom masculin)
Fait d'éternuer. *Benjamin a une allergie au pollen qui provoque des crises d'**éternuement**.*

éternuer (verbe) conj.n°3
Expulser brusquement et bruyamment de l'air par le nez et la bouche. *Anna a un rhume, elle n'arrête pas d'**éternuer**.*

éther (nom masculin)
Liquide désinfectant à l'odeur très forte.

éthiopien, enne
➠ Voir tableau p. 6.

ethnie (nom féminin)
Groupe d'êtres humains qui parlent la même langue et qui ont la même culture. Famille du mot : ethnologie, ethnologue.

ethnologie (nom féminin)
Science qui étudie les peuples, leur mode de vie, leur culture.

ethnologue (nom)
Spécialiste d'ethnologie.

étincelant, ante (adjectif)
Qui étincelle. *La neige **étincelante** de blancheur nous fait mal aux yeux.* (Syn. scintillant.)

étinceler (verbe) conj.n°9
Briller d'un éclat très vif. *Les lames des épées **étincelaient** au soleil.* (Syn. scintiller.)

étincelle (nom féminin)
1. Petite parcelle incandescente. *Le soudeur porte des lunettes spéciales pour protéger ses yeux des **étincelles**.* **2.** Petit éclair. *Quand les deux fils électriques se sont touchés, j'ai vu une **étincelle**.* • **Faire des étincelles** : se montrer brillant dans son action. Famille du mot : étincelant, étinceler.

s'étioler (verbe) conj.n°3
S'affaiblir et se rabougrir. *Privées d'eau, les plantes commencent à **s'étioler**.*

étiqueter (verbe) conj.n°9
Mettre une étiquette sur un objet. *Le cuisinier **a étiqueté** les bocaux de confit d'oie.*

étiquette (nom féminin)
1. Petite fiche que l'on fixe sur un objet. *Le prix du blouson est indiqué sur l'**étiquette**.* 2. Ensemble de règles à respecter pendant une cérémonie officielle. (Syn. protocole.)

étirer (verbe) ○ conj.n°3
1. Allonger en tirant. *La cuisinière pétrit la pâte et l'**étire** pour garnir le moule.* 2. S'étirer : se détendre en allongeant les bras et les jambes. *La chatte **s'étire** en bâillant.*

étoffe (nom féminin)
Synonyme de tissu. *Zoé a acheté une **étoffe** à petites fleurs pour faire des rideaux.* • **Avoir de l'étoffe** : avoir un grand talent, beaucoup de personnalité.

étoffer (verbe) ○ conj.n°3
Développer pour améliorer. *Tu devrais **étoffer** ton histoire en donnant plus de détails.*

étoile (nom féminin)
1. Astre qui brille la nuit dans le ciel. *À la nuit tombée, on voyait scintiller les premières **étoiles**.* ➠ p. 1159. 2. Dessin géométrique à plusieurs pointes. *Chacune des **étoiles** du drapeau américain représente un État de ce pays.* 3. Artiste célèbre. *Le festival de Cannes rassemble les **étoiles** du cinéma mondial.* (Syn. star, vedette.) • **Dormir à la belle étoile** : en plein air. • **Étoile filante** : synonyme de météore. • **Étoile de mer** : animal marin qui a la forme d'une étoile à cinq branches.

une **étoile de mer**

étoilé, ée (adjectif)
Parsemé d'étoiles. *Ils ont dormi sous un ciel **étoilé**.*

étonnamment (adverbe)
De façon étonnante. *Il paraît **étonnamment** jeune pour son âge.*

étonnant, ante (adjectif)
Qui étonne. *Ce savant a fait des découvertes **étonnantes**.* (Syn. surprenant.)

étonnement (nom masculin)
Fait d'être étonné. *À mon grand **étonnement**, j'ai appris qu'elle avait déménagé.* (Syn. surprise.)

étonner (verbe) ○ conj.n°3
1. Causer de la surprise. *Son brusque départ nous **a étonnés**.* (Syn. surprendre.) 2. S'étonner : trouver bizarre ou surprenant. *Je **m'étonne** de le voir si calme.* ⊙ Famille du mot : étonnamment, étonnant, étonnement. ⊙ Étonner vient du latin *attonare* qui signifie « frapper par la foudre ».

étouffant, ante (adjectif)
Qui provoque une sensation d'étouffement. *Il fait une chaleur **étouffante**.* (Syn. suffocant.)

à l'étouffée (adverbe)
Dans un récipient fermé. *Des légumes cuits **à l'étouffée**.* (Syn. à l'étuvée.)

étouffement (nom masculin)
Fait d'étouffer. *Cet **étouffement** est dû à une crise d'asthme.* (Syn. asphyxie.)

étouffer (verbe) ○ conj.n°3
1. Avoir du mal à respirer. *On **étouffe** dans cette pièce enfumée !* 2. Faire mourir en privant d'air. *Le python **étouffe** ses proies avant de les avaler.* 3. Rendre moins fort, moins sonore. *Un tapis épais **étouffait** le bruit de nos pas.* (Syn. atténuer.) 4. Empêcher le développement de quelque chose. *Les mauvaises herbes **ont étouffé** les salades.* ⊙ Famille du mot : étouffant, étouffement.

étourderie (nom féminin)
Inattention ou manque de réflexion. *Yann fait beaucoup de fautes par **étourderie**.* (Syn. distraction.)

a b c d e f g h i j k l m n o p q r s t u v w x y z

étourdi, ie (adjectif et nom)
Qui agit avec étourderie. *Élodie est* ***étourdie*** *au point d'oublier tous ses rendez-vous. Cet* ***étourdi*** *a oublié de poster ma lettre.* ⊙ Famille du mot : étourderie, étourdiment.

étourdiment (adverbe)
De façon étourdie. *Clément a répondu* ***étourdiment****.*

étourdir (verbe) ○ conj.n°11
1. Faire presque perdre connaissance à quelqu'un. *Il* ***a étourdi*** *sa victime d'un coup sur la tête.* (Syn. assommer.) 2. Donner une sensation d'étourdissement. *Son bavardage continuel nous* ***étourdit****.* ⊙ Famille du mot : étourdissant, étourdissement.

étourdissant, ante (adjectif)
Qui étourdit. *Dans cette rue, les camions font un vacarme* ***étourdissant****.*

étourdissement (nom masculin)
Malaise passager qui donne l'impression de s'évanouir. *Il a eu un* ***étourdissement*** *dû à la fatigue.* (Syn. vertige.)

étourneau, eaux (nom masculin)
Oiseau au plumage brun tacheté de blanc.

un **étourneau**

étrange (adjectif)
Qui intrigue par son caractère mystérieux ou inhabituel. *Un inconnu nous a croisés en nous jetant un regard* ***étrange****.* (Syn. bizarre, curieux. Contr. ordinaire.)

étrangement (adverbe)
De manière étrange. *David est* ***étrangement*** *calme aujourd'hui, j'espère qu'il n'est pas malade.* (Syn. bizarrement.)

étranger, ère (adjectif)
1. Qui est d'un autre pays. *Des touristes* ***étrangers****. Parler une langue* ***étrangère****.* 2. Qui n'est pas concerné par quelque chose. *Je tiens à rester* ***étranger*** *à votre dispute.* ▷ **étranger, ère** (nom) Personne d'un autre pays, d'une autre nationalité. *Beaucoup d'****étrangers*** *viennent passer leurs vacances en France.* ▷ **étranger** (nom masculin) Pays étranger. *Ils ont décidé d'aller vivre à l'****étranger****.*

étranglement (nom masculin)
1. Action d'étrangler quelqu'un. *La victime est morte par* ***étranglement****.* 2. Endroit resserré. *La circulation est ralentie à cause d'un* ***étranglement*** *de la route.*

étrangler (verbe) ○ conj.n°3
1. Tuer quelqu'un en lui serrant le cou. *Arrête de me serrer le cou, tu vas m'****étrangler*** *!* 2. S'étrangler : perdre momentanément la respiration. *Il a failli* ***s'étrangler*** *en avalant de travers.*

étrave (nom féminin)
Partie avant de la coque d'un bateau. *L'****étrave*** *du navire fendait les flots.*

1. être (verbe) ○ conj.n°2
1. Se trouver dans un certain endroit. *Ibrahim* ***est*** *dans la cour. Mon stylo* ***est*** *dans ma poche.* 2. Se trouver dans un certain état ou avoir telle qualité. *Mon petit frère* ***est*** *brun. Cette robe* ***est*** *rouge. Mon voisin* ***est*** *mécanicien.* 3. Appartenir à quelqu'un. *Cette maison* ***est*** *à ma grand-mère.* → Être est également employé comme auxiliaire pour conjuguer les verbes aux temps composés et au passif (par ex. : Il est venu. Il a été récompensé).

2. être (nom masculin)
Tout ce qui est vivant. *Les hommes, les femmes, les enfants sont des* ***êtres*** *humains. Les animaux sont des* ***êtres*** *vivants.*

étreindre (verbe) ○ conj.n°35
Serrer très fort. *Elle* ***a étreint*** *son enfant en le retrouvant.*

étreinte (nom féminin)
Action d'étreindre. *Le serpent resserrait son **étreinte** pour étouffer sa proie.*

étrenner (verbe) ○ conj.n°3
Se servir d'une chose pour la première fois. ***Étrenner** un vêtement neuf.*

étrennes (nom féminin pluriel)
Cadeau offert pour le jour de l'an.

étrier (nom masculin)
Anneau qui pend de chaque côté de la selle pour caler les pieds du cavalier. ➠ p. 1035.

étriqué, ée (adjectif)
Qui est trop étroit ou trop serré. *Kevin porte souvent des vêtements **étriqués**.* (Contr. ample.)

étroit, étroite (adjectif)
1. Qui est de faible largeur. *Il vaut mieux avancer en file indienne dans ce passage **étroit**.* (Contr. large.) 2. Qui manque de tolérance. *Il a l'esprit trop **étroit** pour accepter les idées des autres.* (Syn. borné, sectaire. Contr. large.) 3. Qui unit fortement des personnes. *Il a gardé des relations **étroites** avec ses cousins.* • **À l'étroit** : dans un espace trop petit. *Être **à l'étroit** dans ses chaussures.* ⊙ Famille du mot : étroitement, étroitesse.

étroitement (adverbe)
De très près. *L'aérogare est **étroitement** surveillée par de nombreuses caméras.* (Syn. strictement.)

étroitesse (nom féminin)
Caractère de ce qui est étroit. *Il est impossible de doubler à cause de l'**étroitesse** de la route.* (Contr. largeur.) • **Étroitesse d'esprit** : caractère borné, mesquin.

étude (nom féminin)
1. Activité visant à apprendre, à connaître. *L'**étude** du solfège lui prend beaucoup de temps.* 2. Ouvrage sur un sujet. *Ce scientifique prépare une **étude** sur les allergies.* (Syn. essai.) 3. Temps passé à l'école en dehors des heures de classe, pour apprendre ses leçons. *Rester à l'**étude**.* 4. Lieu de travail d'un notaire. ▷ **études** (nom féminin pluriel) Enseignement que l'on suit pour obtenir un diplôme. *Son frère fait des **études** d'histoire à l'université.*

étudiant, ante (nom)
Personne qui fait des études à l'université. *La cousine de Fatima est **étudiante** en droit.*

étudier (verbe) ○ conj.n°10
1. Chercher à acquérir certaines connaissances. ***Étudier** l'histoire, le piano.* 2. Réfléchir ou observer pour comprendre. *Des médecins **étudient** cette maladie pour tenter de la guérir.* ⊙ Famille du mot : étude, étudiant.

étui (nom masculin)
Contenant d'une forme adaptée à l'objet qu'il protège. *Un **étui** à lunettes.*

étuve (nom féminin)
Pièce où il fait très chaud. *L'hiver on gèle dans cette pièce, mais l'été c'est une **étuve**.*

à l'étuvée (adverbe)
Synonyme de à l'étouffée.

étymologie (nom féminin)
Origine d'un mot. *L'**étymologie** du mot « espace » est le mot latin « spatium » qui signifie « champ de courses ».*

eucalyptus (nom masculin)
Grand arbre originaire d'Australie, aux feuilles odorantes. *Le koala se nourrit de feuilles d'**eucalyptus**.* ➔ Prononciation [økaliptys].

feuilles, fruits, fleur et écorce de l'**eucalyptus**

eucharistie (nom féminin)
Sacrement qui, pour les chrétiens, rappelle le sacrifice de Jésus-Christ. → Prononciation [økaʀisti].

euh ! (interjection)
Sert à marquer l'hésitation. *Tu n'as rien oublié ? –* ***Euh !*** *Je ne pense pas.*

euphémisme (nom masculin)
Façon de parler qui adoucit ce que l'on veut dire. *Dire « il nous a quittés » au lieu de « il est mort » est un* ***euphémisme****.*

euphorie (nom féminin)
Sentiment de bien-être complet. *Dans l'****euphorie*** *de la victoire, il pleurait et riait à la fois.* (Contr. angoisse.)

euphorique (adjectif)
Qui est dans un état d'euphorie. *Il est* ***euphorique*** *à l'idée de partir en voyage sur un voilier.*

euro (nom masculin)
Monnaie de l'Union européenne.

1. européen, enne
➠ Voir tableau p. 6.

2. européen (nom masculin)
Race de chat très commun, appelé aussi « chat de gouttière ».

euthanasie (nom féminin)
Mort provoquée pour abréger les souffrances d'un malade incurable. *La pratique de l'****euthanasie*** *est illégale en France.*

eux (pronom)
Pronom personnel de la troisième personne, pluriel de ***lui***. ***Eux****, ils sont contents. C'est à* ***eux*** *de jouer.*

évacuation (nom féminin)
Action d'évacuer. *L'****évacuation*** *des blessés s'est faite par hélicoptère.*

évacuer (verbe) ○ conj.n°3
1. Quitter un endroit. *Les clients* ***ont évacué*** *le magasin à cause d'une alerte à la bombe.* **2.** Faire sortir ou faire partir. *On* ***a évacué*** *la population civile hors de la zone des combats.*

s'évader (verbe) ○ conj.n°3
S'enfuir d'un endroit où on est retenu prisonnier. *Plusieurs otages ont réussi à* ***s'évader****.* (Syn. s'échapper, se sauver.)

évaluation (nom féminin)
Action d'évaluer. *Le garagiste a donné une* ***évaluation*** *du prix des réparations.* (Syn. estimation.)

évaluer (verbe) ○ conj.n°3
Déterminer la valeur de quelque chose. *On* ***évalue*** *les dégâts des inondations à plusieurs millions d'euros.* (Syn. estimer.)

évangéliser (verbe) ○ conj.n°3
Enseigner l'Évangile. *Des missionnaires* ***ont évangélisé*** *cette région.*

Évangile (nom masculin)
1. Doctrine de Jésus-Christ. *Au catéchisme, le prêtre apprend l'****Évangile*** *aux enfants.* **2.** Texte de la Bible qui contient cette doctrine.

s'évanouir (verbe) ○ conj.n°11
1. Perdre connaissance. *Épuisé et affamé, il* ***s'est évanoui****.* **2.** Se dissiper et disparaître. *À la vue des sauveteurs, leurs craintes* ***se sont évanouies****.*

évanouissement (nom masculin)
Fait de s'évanouir. *Son* ***évanouissement*** *n'a duré que quelques secondes.*

évaporation (nom féminin)
Fait de s'évaporer. *La formation des nuages se fait par* ***évaporation*** *de l'eau.*
➠ p. 367.

Le linge sèche grâce à l'**évaporation**.

s'évaporer (verbe) ○ conj.n°3
Se transformer en vapeur. *L'éther* ***s'évapore*** *facilement.* (Syn. se volatiliser.)

évasé, ée (adjectif)
Qui va en s'élargissant. *Les manches de cette veste sont* ***évasées*** *aux poignets.*

évasif, ive (adjectif)
Qui reste dans le vague. *Je lui avais demandé une réponse précise mais il est resté très **évasif**.* (Contr. catégorique, net, précis.)

évasion (nom féminin)
Action de s'évader. *Les malfaiteurs ont organisé l'**évasion** de leur complice.*

évêché (nom masculin)
Résidence d'un évêque.

éveil (nom masculin)
• **Donner l'éveil** : mettre en garde. *Des bruits suspects nous **ont donné l'éveil**.*
• **En éveil** : attentif, sur ses gardes.

éveillé, ée (adjectif)
Qui a l'esprit vif. *C'est un bébé très **éveillé** pour son âge.*

éveiller (verbe) conj.n°3
1. Synonyme de réveiller. *Il **s'éveille** au moindre bruit.* 2. Provoquer un sentiment, une attitude. *Tout ce remue-ménage **a éveillé** notre attention.*
Famille du mot : éveil, éveillé.

événement (nom masculin)
Ce qui se produit et qui a une certaine importance. *Des **événements** inattendus ont perturbé nos vacances.* → On écrit aussi évènement.

éventail (nom masculin)
Objet pliant que l'on agite près du visage pour s'éventer.

éventaire (nom masculin)
Étalage de marchandises à l'extérieur d'un magasin. *Le 1er mai, des vendeurs de muguet installent leurs **éventaires** dans la rue.*

s'éventer (verbe) conj.n°3
1. Agiter l'air pour se rafraîchir. *Dans le car, les voyageurs **s'éventaient** avec leur journal.* 2. Perdre son goût au contact de l'air. *Si le flacon n'est pas bouché, ton parfum va **s'éventer**.*

éventrer (verbe) conj.n°3
Ouvrir en déchirant. *En **éventrant** un matelas, les policiers ont découvert les bijoux volés.*

éventualité (nom féminin)
Ce qui peut arriver. *Il parle de partir vivre à l'étranger, mais ce n'est encore qu'une **éventualité**.* (Syn. possibilité.)

éventuel, elle (adjectif)
Qui est possible mais pas certain. *On a fait analyser cette eau pour détecter la présence **éventuelle** de bactéries.*

éventuellement (adverbe)
De façon éventuelle. *Je vais peut-être partir quelques jours. Pourrais-tu **éventuellement** garder mon cochon d'Inde ?* (Syn. peut-être.)

évêque (nom masculin)
Prêtre qui dirige un diocèse.

s'évertuer (verbe) conj.n°3
Synonyme de s'escrimer. *Elle **s'évertue** à lui apprendre les bonnes manières.*

évidemment (adverbe)
De façon évidente. *Viendras-tu à mon anniversaire ? – **Évidemment** !* (Syn. bien sûr, certainement.)

évidence (nom féminin)
Chose évidente. *Cet arbre est mort, c'est une **évidence**.* • **En évidence** : d'une manière très visible. *Je laisse les clés **en évidence** sur ton bureau.* • **Se rendre à l'évidence** : admettre ce qui est évident.

évident, ente (adjectif)
Qui ne fait aucun doute. *La supériorité de cette équipe est **évidente**.* (Syn. certain, flagrant, incontestable, indiscutable, sûr.)
Famille du mot : évidemment, évidence.

évider (verbe) conj.n°3
Creuser l'intérieur d'une chose. ***Évider** des tomates pour les farcir.*

évier (nom masculin)
Dans une cuisine, bassin alimenté en eau et pourvu d'un trou pour l'évacuation.

évincer (verbe) conj.n°4
Écarter quelqu'un d'un poste pour prendre sa place. *Il a réussi **à évincer** son principal concurrent.* (Syn. éliminer.)

éviter (verbe) ○ conj.n°3
1. Ne pas heurter quelqu'un ou quelque chose. *Le chien a traversé devant ma voiture mais j'ai réussi à l'**éviter**.* 2. Faire en sorte de ne pas rencontrer quelqu'un. *Il est tellement ennuyeux que j'essaie de l'**éviter**.* 3. Ne pas faire volontairement quelque chose. ***Évitez** de parler pendant le spectacle !* (Syn. s'abstenir.) 4. Épargner à quelqu'un une corvée, un ennui. *Je peux monter votre courrier, cela vous **évitera** un dérangement.*

évocateur, trice (adjectif)
Qui évoque une image, une idée. *L'odeur **évocatrice** du chocolat chaud me rappelle mes vacances chez ma grand-mère.*

évocation (nom féminin)
Fait d'évoquer un événement. *Ces vieux amis ont beaucoup ri à l'**évocation** de leurs souvenirs.*

évolué, ée (adjectif)
Qui a atteint un certain niveau. *Une civilisation **évoluée**.*

évoluer (verbe) ○ conj.n°3
1. Se transformer peu à peu. *L'homme **a** beaucoup **évolué** au cours des siècles.* (Syn. se modifier, progresser.) 2. Se déplacer en formant diverses figures. *Les voiliers **évoluent** dans la baie.*

évolution (nom féminin)
1. Fait d'évoluer. *L'**évolution** des moyens de transport a raccourci les voyages.* (Syn. progrès.) 2. Mouvements d'ensemble. *La foule admire les **évolutions** des avions dans le ciel.*

évoquer (verbe) ○ conj.n°3
Rendre présent à l'esprit. *L'odeur des huîtres **évoque** pour moi la mer.* ⊙ Famille du mot : évocateur, évocation.

ex-.
Préfixe indiquant une situation qui existait avant. *L'**ex**-Président accueille le nouveau à l'Élysée.*

exacerber (verbe) ○ conj.n°3
Rendre plus vif. *Ce long retard **a exacerbé** la colère des voyageurs.* (Contr. apaiser, atténuer, calmer.)

exact, exacte (adjectif)
1. Qui est conforme à la réalité ou à la vérité. *Le récit de ce témoin est **exact**.* (Contr. approximatif.) 2. Qui ne comporte pas d'erreur. *Ton addition est **exacte**.* (Syn. correct, juste. Contr. faux, inexact.) 3. Qui arrive à l'heure fixée. *Rendez-vous devant la gare à huit heures, soyez **exacts** !* (Syn. ponctuel.) ⊙ Famille du mot : exactement, exactitude, inexact, inexactitude.

exactement (adverbe)
De façon exacte. *L'avion a **exactement** dix minutes de retard.*

exactitude (nom féminin)
1. Qualité d'une chose exacte. *Les prévisions de la météo étaient d'une parfaite **exactitude** : il neige !* 2. Qualité d'une personne exacte. *Hélène arrivera à l'heure, je connais son **exactitude**.* (Syn. ponctualité.)

ex aequo (adverbe)
À égalité, pour des concurrents. *Et voici la question subsidiaire pour départager nos deux candidats classés **ex aequo**.* → Prononciation [ɛgzeko].

exagération (nom féminin)
Fait d'exagérer. *Il y a toujours une grande part d'**exagération** dans ce que raconte ce vantard.*

exagérément (adverbe)
De façon exagérée. *Ludivine s'est **exagérément** parfumée.* (Syn. excessivement, trop.)

exagérer (verbe) ○ conj.n°8
1. Présenter les choses comme plus importantes qu'elles ne le sont. *Il me semble que tu **exagères** la difficulté de ce problème.* (Syn. grossir.) 2. Dépasser les limites de ce qui est convenable. *Il a encore oublié notre rendez-vous, je trouve qu'il **exagère** !* (Syn. abuser.) ⊙ Famille du mot : exagération, exagérément.

exaltant, ante (adjectif)
Qui exalte. *Les astronautes vivent des moments **exaltants**.* (Syn. enthousiasmant.)

exaltation (nom féminin)
État d'une personne exaltée. *La foule a accueilli le chanteur avec **exaltation**.*

exalter (verbe) ○ conj.n°3
Exciter l'enthousiasme de quelqu'un. *Les paroles de cet homme politique **ont exalté** ses partisans.*

examen (nom masculin)
1. Épreuve destinée à contrôler les connaissances de quelqu'un. *Préparer un **examen**. Passer un **examen**.* 2. Action d'examiner. *Le médecin procède à l'**examen** du malade.* (Syn. contrôle, vérification.) ⊙ Famille du mot : examinateur, examiner.

examinateur, trice (nom)
Personne qui fait passer un examen. *L'**examinateur** interroge le premier candidat.*

examiner (verbe) ○ conj.n°3
Observer ou étudier soigneusement. *Un expert doit **examiner** ce tableau pour vérifier s'il est authentique.*

exaspération (nom féminin)
État de grande irritation. *Après une heure d'attente, il était au comble de l'**exaspération**.* (Syn. fureur.)

exaspérer (verbe) ○ conj.n°8
Provoquer l'exaspération de quelqu'un. *Le bruit des travaux m'**exaspère**.* (Syn. excéder, horripiler.)

exaucer (verbe) ○ conj.n°4
Satisfaire une prière ou une demande. *Je suis prêt à **exaucer** tous vos désirs.*

excavation (nom féminin)
Trou dans le sol. *L'explosion a creusé une profonde **excavation**.*

excavatrice (nom féminin)
Machine qui sert à creuser le sol.

une **excavatrice**

excédent (nom masculin)
Quantité qui dépasse ce qui est prévu ou normal. *Vous avez un léger **excédent** de poids, un petit régime s'impose.*

excédentaire (adjectif)
Qui est en excédent. *La production de céréales est **excédentaire** cette année.* (Contr. déficitaire.)

excéder (verbe) ○ conj.n°8
1. Dépasser en quantité ou en prix. *La durée du voyage **a excédé** de deux heures la durée prévue.* 2. Énerver quelqu'un au plus haut point. *Tu finis par m'**excéder** avec tes reproches continuels.* (Syn. exaspérer.) ⊙ Famille du mot : excédent, excédentaire.

excellence (nom féminin)
1. Haut niveau de perfection. *Nous avons félicité le cuisinier pour l'**excellence** de son repas.* 2. Titre honorifique. *Son **Excellence**, l'ambassadeur d'Italie.* → Au sens 2, ce mot commence par une majuscule.

excellent, ente (adjectif)
Qui est très bon. *Julie est **excellente** en maths.* (Syn. remarquable. Contr. exécrable.)

exceller (verbe) ○ conj.n°3
Montrer des qualités supérieures dans un domaine. *Ce peintre **excelle** dans l'art de l'aquarelle.* ⊙ Famille du mot : excellence, excellent.

excentricité (nom féminin)
Attitude excentrique. *Il se fait toujours remarquer par l'**excentricité** de ses cravates.* (Syn. extravagance.)

excentrique (adjectif)
1. Qui sort de l'ordinaire. *La tante de Myriam est une dame un peu **excentrique** qui adore élever des araignées.* 2. Qui est éloigné du centre. *Thomas habite un quartier **excentrique** loin de l'école.*

excepté (préposition)
À l'exception de. *Véronique aime tous les légumes **excepté** les haricots verts.* (Syn. hormis, sauf.) ⊙ Famille du mot : exception, exceptionnel, exceptionnellement.

exception (nom féminin)
Cas rare ou cas particulier. *Dans cette famille, tout le monde porte des lunettes, sauf Romain qui est l'**exception**.*

les chapeaux **excentriques** font figure d'**exception**

exceptionnel, elle (adjectif)
Qui est très rare. *Il fait un froid **exceptionnel** en ce début d'été.* (Syn. inhabituel.)

Un événement **exceptionnel** : les premiers pas de l'homme sur la Lune (1969).

exceptionnellement (adverbe)
De façon exceptionnelle. *Aujourd'hui, on sort **exceptionnellement** de l'école à trois heures.*

excès (nom masculin)
Ce qui est excessif. *Un **excès** de vitesse. Tu peux manger des chocolats, mais sans **excès**.* ▷ **excès** (nom masculin pluriel) Action de trop manger ou de trop boire. *Aujourd'hui, j'ai fait quelques **excès**, mais demain je reprends mon régime.* ⊙ Famille du mot : excessif, excessivement.

excessif, ive (adjectif)
Qui dépasse la mesure ou les limites autorisées. *Il a payé un prix **excessif** pour cette vieille voiture.* (Syn. abusif. Contr. modéré, normal.)

excessivement (adverbe)
De façon excessive. *Ce restaurant est **excessivement** cher.* (Syn. exagérément, extrêmement.)

excipient (nom masculin)
Substance à laquelle on incorpore un médicament pour qu'il soit plus facile à absorber.

excitant, ante (adjectif)
Qui excite, passionne. *Il a vécu mille aventures **excitantes**.* ▷ **excitant** (nom masculin) Produit qui excite, qui rend nerveux. *Le café et le thé sont des **excitants**.* (Contr. calmant.)

excitation (nom féminin)
État de grande agitation. *L'**excitation** des enfants grandit à l'approche du départ.*

exciter (verbe) ○ conj.n°3
1. Faire naître ou stimuler un sentiment. *Cet exploit **a excité** l'enthousiasme de la foule.* (Syn. éveiller, provoquer, susciter.) 2. Rendre nerveux ou agité. *Cesse d'**exciter** le chat, il va te griffer !* (Contr. calmer.) ⊙ Famille du mot : excitant, excitation, surexcité.

exclamatif, ive (adjectif)
Qui marque l'exclamation. *« Quelle chance ! » est une phrase **exclamative**.*

exclamation (nom féminin)
Paroles ou cris exprimant un sentiment très fort. *Une **exclamation** de joie, de surprise, de colère.* • **Point d'exclamation :** signe de ponctuation qui indique qu'une phrase est exclamative.

s'exclamer (verbe) ○ conj.n°3
Pousser une exclamation. *« Bravo, tu as gagné ! » **s'exclama**-t-elle.* (Syn. s'écrier.)

exclu, ue (adjectif)
Qui ne fait pas partie de la totalité, de l'ensemble. *Voici le prix du voyage, taxes d'aéroport **exclues**.* (Contr. inclus.)

exclure (verbe) ○ conj.n°51
1. Renvoyer quelqu'un d'un groupe. *L'arbitre **a exclu** un joueur pour brutalité.* 2. Ne pas admettre quelque chose. *Nous **avons exclu** la possibilité d'un voyage en avion qui coûterait trop cher.* ⊙ Famille du mot : exclu, exclusif, exclusion, exclusivement, exclusivité.

exclusif, ive (adjectif)
Qui appartient à quelqu'un et à lui seul. *Le président de la République a le pouvoir **exclusif** de nommer le Premier ministre.*

exclusion (nom féminin)
Fait d'exclure quelqu'un. *À cause d'une bagarre, cet élève risque l'**exclusion** du lycée.* (Syn. renvoi.) • **À l'exclusion de :** excepté, sauf. *Ils sont tous venus, **à l'exclusion de** Romain qui était malade.*

exclusivement (adverbe)
De manière exclusive. *Il a arrêté ses études pour se consacrer **exclusivement** à la musique.* (Syn. uniquement.)

exclusivité (nom féminin)
Droit exclusif de vendre un produit, de passer un film ou de publier un texte. *Ce journal a l'**exclusivité** de ce reportage.*

excréments (nom masculin pluriel)
Matières que les animaux ou les hommes rejettent par l'anus après la digestion. *Les crottes de lapin, la bouse de vache sont des **excréments**.*

a b c d e f g h i j k l m n o p q r s t u v w x y z

excroissance (nom féminin)
Petit gonflement sur la peau. *Ces petites **excroissances** sur le dos de ta main sont sans doute des verrues.*

excursion (nom féminin)
Longue promenade touristique. *Pour découvrir les curiosités de notre région, nous organisons quelques **excursions**.*

excuse (nom féminin)
1. Raison qui explique et justifie la conduite de quelqu'un. *Tu ne seras pas puni pour ton retard puisque tu as une **excuse** valable.* 2. Regret exprimé envers quelqu'un pour une faute. *Je vous prie d'accepter toutes mes **excuses** pour cet oubli.*

excuser (verbe) ○ conj.n°3
1. Défendre ou justifier quelqu'un qui est accusé. *Elle est toujours prête à **excuser** ses enfants.* 2. Servir d'excuse. *Son manque d'expérience **excuse** ses erreurs.* 3. S'excuser : présenter des excuses. *Il **s'est excusé** de son insolence.* ⊙ Famille du mot : excuse, inexcusable.

exécrable (adjectif)
Très mauvais. *Nous avons passé des vacances **exécrables** à cause du mauvais temps.* (Syn. abominable, détestable. Contr. excellent.)

exécutant, ante (nom)
1. Personne qui exécute un travail sous les ordres de quelqu'un. *Il n'est pas responsable de ce projet, ce n'est qu'un **exécutant**.* 2. Musicien qui exécute une œuvre. *Le chef d'orchestre dirige une trentaine d'**exécutants**.*

exécuter (verbe) ○ conj.n°3
1. Réaliser quelque chose suivant un plan. *L'équipage du bateau **a exécuté** des manœuvres difficiles pour entrer dans le port.* (Syn. effectuer.) 2. Jouer une œuvre musicale. ***Exécuter** un concerto, une sonate.* (Syn. interpréter.) 3. Mettre à mort. *Certains pays **exécutent** encore des condamnés.* 4. S'exécuter : faire ce qui est commandé. *Victor n'avait pas envie de se coucher, mais il a fini par **s'exécuter**.* ⊙ Famille du mot : exécutant, exécutif, exécution.

exécutif, ive (adjectif)
• **Pouvoir exécutif :** pouvoir chargé de faire exécuter les lois, qui appartient au président de la République et au gouvernement.

exécution (nom féminin)
1. Action d'exécuter quelque chose. *L'**exécution** d'un projet, d'un ordre.* (Syn. réalisation.) 2. Mise à mort d'un condamné.

1. exemplaire (adjectif)
Qui peut servir d'exemple. *Pendant l'incendie, il a montré un courage **exemplaire**.* (Syn. remarquable.)

2. exemplaire (nom masculin)
Chaque objet d'une série reproduisant le même modèle. *Cette voiture a déjà été fabriquée à plus d'un million d'**exemplaires**.*

exemple (nom masculin)
1. Personne ou action digne d'être imitée. *William a donné un bel **exemple** de générosité.* 2. Cas particulier qui sert à prouver ou à illustrer ce que l'on dit. *Pour que tu comprennes ce mot, je vais te donner un **exemple**.* • **Par exemple :** sert à illustrer ce que l'on vient de dire. *Certains mammifères vivent dans l'eau, **par exemple** les baleines.* (Syn. notamment.) ⊙ Exemple vient du latin *exemplum* qui signifie « échantillon », c'est-à-dire une petite partie qui sert d'exemple.

exempt, exempte (adjectif)
Dispensé d'une chose réglementaire. *Les très bas salaires sont **exempts** d'impôt.* ➔ Prononciation [ɛgzɑ̃], [ɛgzɑ̃t].

exempter (verbe) ○ conj.n°3
Dispenser quelqu'un d'une obligation. *Tu n'**es** pas **exempté** de faire le ménage dans ta chambre.* ➔ Prononciation [ɛgzɑ̃te].

exercer (verbe) ○ conj.n°4
1. Faire travailler certaines aptitudes pour les développer. *Yann **exerce** sa mémoire en faisant du calcul mental. Noémie **s'exerce** à sauter à la corde.* (Syn. entraîner.) 2. Pratiquer un métier. *Ce médecin **exerce** en province.* 3. Produire un effet. *Le vent **exerce** une poussée sur les voiles.*

exercice (nom masculin)
1. Devoir donné à un élève. *Des **exercices** de grammaire, de géométrie.* 2. Mouvement destiné à développer ses muscles. *Allons courir dans la forêt, j'ai besoin d'un peu d'**exercice**.* 3. Pratique d'un métier. *Ce charlatan s'est fait arrêter pour **exercice** illégal de la médecine.*

exhaler (verbe) ○ conj.n°3
Répandre une odeur. *Le jasmin **exhale** un parfum délicieux.*

exhaustif, tive (adjectif)
Qui ne laisse rien de côté. *Clément a fait une liste **exhaustive** des élèves de la classe.*

exhiber (verbe) ○ conj.n°3
Montrer à tout le monde. *Il est tout fier d'**exhiber** sa nouvelle moto.*

exhortation (nom féminin)
Action d'exhorter. *Ce discours est une **exhortation** à la violence !*

exhorter (verbe) ○ conj.n°3
Conseiller ou encourager vivement une personne. *L'entraîneur **a exhorté** ses joueurs pendant la mi-temps.* (Syn. inciter.)

exhumer (verbe) ○ conj.n°3
Synonyme de déterrer. *Une équipe de chercheurs **a exhumé** les restes d'une cité disparue.* ⊙ Voir inhumer.

exigeant, ante (adjectif)
Qui exige des autres beaucoup d'efforts. *C'est un patron très **exigeant** envers ses employés, mais il les paie bien.*

exigence (nom féminin)
1. Caractère d'une personne exigeante. *Elle est d'une telle **exigence** que rien ne peut la satisfaire.* 2. Ce qui est exigé par quelqu'un. *Ce commerçant essaie de satisfaire les **exigences** de ses clients.*

exiger (verbe) ○ conj.n°5
1. Réclamer de manière impérative. *J'**exige** que vous vous taisiez !* (Syn. ordonner.) 2. Avoir besoin de quelque chose de manière indispensable. *C'est une plante délicate qui **exige** beaucoup de soins.* (Syn. nécessiter.) ⊙ Famille du mot : exigeant, exigence, exigible.

exigible (adjectif)
Que l'on peut exiger. *Ce paiement est **exigible** au 1er janvier.*

exigu, uë (adjectif)
Trop petit. *Le couloir est trop **exigu** pour y faire passer cette armoire.*

exil (nom masculin)
État d'une personne obligée de s'exiler. *Ce réfugié politique a passé plusieurs années d'**exil** en France.* ⊙ Famille du mot : exilé, exiler.

exilé, ée (nom)
Personne qui vit en exil. *Certains pays accueillent les **exilés** politiques.*

exiler (verbe) ○ conj.n°3
1. Chasser quelqu'un hors de son pays. *Ce dictateur **a exilé** tous ses opposants.* 2. S'exiler : quitter volontairement son pays pour aller vivre ailleurs. *Il a dû **s'exiler** pour trouver du travail.* (Syn. émigrer, s'expatrier.)

existence (nom féminin)
1. Fait d'exister. *Des recherches ont confirmé l'**existence** d'une source dans le sous-sol.* 2. Vie ou manière de vivre. *Il a mené une **existence** aventureuse.*

exister (verbe) ○ conj.n°3
1. Avoir une réalité. *Le héros de ce roman **a** vraiment **existé**.* 2. Avoir de l'importance. *Pour elle, rien n'**existe** en dehors de ses enfants.* ⊙ Famille du mot : existence, inexistant.

exocet (nom masculin)
Poisson des mers chaudes capable de faire de grands sauts hors de l'eau. (Syn. poisson volant.) → Prononciation [ɛgzɔsɛt]. ⊙ Exocet vient du grec *exôkoitos* qui signifie « qui sort de sa maison ».

un **exocet**

exode (nom masculin)
Fuite ou départ d'une population. *L'**exode** rural a vidé certaines campagnes de leur population.*

exonération (nom féminin)
Fait d'être exonéré. *Une **exonération** d'impôt.*

exonérer (verbe) ○ conj.n°8
Dispenser une personne de l'obligation de payer. *Son âge lui permet d'**être exonéré** de la redevance de télévision.*

exorbitant, ante (adjectif)
Qui coûte beaucoup trop cher. *Il paye un loyer **exorbitant**.* (Syn. prohibitif.)

exorbité, ée (adjectif)
Se dit d'yeux grands ouverts au point qu'ils semblent sortir de leurs orbites.

exotique (adjectif)
Qui provient de pays lointains. *L'ananas, la mangue, la banane sont des fruits **exotiques**.*

des fruits **exotiques**

exotisme (nom masculin)
Caractère de ce qui est exotique. *Il apprécie vraiment l'**exotisme** de la cuisine chinoise.*

expansif, ive (adjectif)
Qui aime exprimer ses sentiments. *Je sais tout d'elle car elle est très **expansive**.* (Syn. communicatif, démonstratif. Contr. réservé, taciturne, timide.)

expansion (nom féminin)
Fait de se développer ou d'augmenter. *La région a été équipée et le tourisme est en pleine **expansion**.* (Syn. développement, essor. Contr. régression.)

s'expatrier (verbe) ○ conj.n°10
Synonyme de s'exiler. *Il **s'est expatrié** pour travailler mais il regrette son pays.*

expédient (nom masculin)
Moyen qui permet de se tirer d'embarras provisoirement. *En attendant de trouver du travail, il vit d'**expédients**.*

expédier (verbe) ○ conj.n°10
1. Envoyer vers telle destination. ***Expédier** du courrier, un colis.* 2. Faire quelque chose rapidement pour s'en débarrasser. *Nous allons **expédier** la vaisselle pour aller au cinéma.* (Syn. bâcler.) ⊙ Famille du mot : expéditeur, expédition, réexpédier.

expéditeur, trice (nom)
Personne qui expédie un message ou un colis. *Si le destinataire a déménagé, le colis sera retourné à l'**expéditeur**.* (Syn. envoyeur. Contr. destinataire.)

expéditif, ive (adjectif)
Qui est rapide et efficace. *Il a été très **expéditif** et je n'ai rien pu lui dire.*

expédition (nom féminin)
1. Action d'expédier quelque chose. *L'**expédition** de votre commande se fera la semaine prochaine.* (Syn. envoi.) 2. Voyage d'exploration. *Des scientifiques ont organisé une **expédition** en Antarctique.*

expérience (nom féminin)
1. Essai réalisé pour étudier quelque chose. *Des **expériences** ont permis à ces chercheurs de découvrir un nouveau vaccin.* 2. Connaissance qui vient d'une longue pratique ou d'une grande habitude. *Ce vieux médecin a beaucoup d'**expérience**.*

expérimenté, ée (adjectif)
Qui a de l'expérience dans un domaine. *C'est un navigateur **expérimenté**.* (Syn. expert. Contr. débutant, inexpérimenté.)

expérimenter (verbe) ○ conj.n°3
Soumettre quelque chose à des expériences. *Le laboratoire **a expérimenté** un nouveau médicament sur des souris.* (Syn. essayer, tester.) ⊙ Famille du mot : expérimenté, inexpérimenté.

expert, erte (adjectif)
Qui est très compétent grâce à une grande expérience. *Un ouvrier **expert** en mécanique.* ▷ **expert** (nom masculin) Spécialiste chargé de vérifications. *Plusieurs **experts** ont examiné ce tableau pour vérifier son authenticité.* ⊙ Famille du mot : expertise, expertiser.

expertise (nom féminin)
Examen effectué par un expert. *Une **expertise** a révélé que les bijoux étaient faux.*

expertiser (verbe) ○ conj.n°3
Faire une expertise. *Le père d'Odile a fait **expertiser** sa voiture avant de la vendre.*

expier (verbe) ○ conj.n°10
Réparer une faute en subissant un châtiment. *Il est allé en prison pour **expier** son crime.*

expiration (nom féminin)
1. Fait d'expirer de l'air. (Contr. inspiration.) 2. Fin d'un délai fixé à l'avance. *Votre abonnement est arrivé à **expiration** ; voulez-vous le renouveler ?* (Syn. terme.)

expirer (verbe) ○ conj.n°3
1. Rejeter à l'extérieur l'air inspiré. *Commence par inspirer profondément puis **expire** lentement.* 2. Synonyme littéraire de mourir. *Le blessé **a expiré** pendant son transport à l'hôpital.* 3. Arriver à la fin d'un délai. *Son contrat **expire** à la fin du mois.*

explicatif, ive (adjectif)
Qui sert à expliquer comment fonctionne quelque chose. *La notice **explicative** d'un ordinateur.*

explication (nom féminin)
1. Ce qui sert à expliquer. *Les touristes sont attentifs aux **explications** du guide.* 2. Raison ou motif d'un fait. *J'aimerais vivement avoir l'**explication** de ce retard.* 3. Discussion destinée à s'expliquer. *Ils se sont réconciliés après une longue **explication**.*

explicite (adjectif)
Qui est très clair, sans équivoque. *J'ai lu un article de journal très **explicite** sur cette question.* (Contr. implicite.)

expliquer (verbe) ○ conj.n°3
1. Faire comprendre quelque chose à quelqu'un. *Je vais t'**expliquer** le fonctionnement de cet appareil photo.* 2. Être la raison, l'explication d'un fait. *Le brouillard **explique** le retard de l'avion.* 3. S'expliquer : se justifier ou faire comprendre son comportement. *Ma réaction doit vous paraître bizarre, mais je vais essayer de **m'expliquer**.* ⊙ Famille du mot : explicatif, explication, inexplicable.

exploit (nom masculin)
Action remarquable. *Ce livre raconte les **exploits** des premiers aviateurs.* (Syn. prouesse.)

exploitant, ante (nom)
Personne qui dirige une exploitation. *Un **exploitant** agricole.*

exploitation (nom féminin)
1. Entreprise ou terrain que l'on exploite. *L'**exploitation** d'une mine de charbon, d'un champ de pétrole.* 2. Fait d'exploiter quelqu'un. *L'**exploitation** des enfants dans certains pays.*

l'**exploitation** des enfants dans le tiers-monde

exploiter (verbe) ○ conj.n°3
1. Mettre quelque chose en valeur pour en tirer profit. *Il **exploite** ce domaine forestier pour faire le commerce du bois.* 2. Profiter d'un avantage. *Il a su **exploiter** ses qualités pour réussir dans son métier.* 3. Profiter du travail des autres pour s'enrichir. ***Exploiter** tous ses employés.* ⊙ Famille du mot : exploitant, exploitation, exploiteur.

exploiteur, euse (nom)
Personne qui exploite les autres. *Les grévistes l'accusent d'être un **exploiteur**.*

explorateur, trice (nom)
Personne qui explore des contrées inconnues. *Christophe Colomb fut un grand **explorateur**.*

Vasco de Gama fut un grand **explorateur**.

exploration (nom féminin)
Action d'explorer un lieu. *L'**exploration** des fonds sous-marins.*

explorer (verbe) ○ conj.n°3
Parcourir des lieux inconnus pour les étudier. *Jacques Cartier **explora**, en 1535, la région du Saint-Laurent au Canada.* ⊙ Famille du mot : explorateur, exploration.

exploser (verbe) ○ conj.n°3
1. Éclater avec violence. *Une grenade **a explosé**, faisant plusieurs blessés.* 2. Au sens figuré, manifester ses sentiments avec violence. *Il ne disait rien et brusquement, il **a explosé**.* ⊙ Famille du mot : explosif, explosion.

explosif, ive (adjectif)
1. Qui peut exploser. *Ces cartouches sont remplies de poudre **explosive**.* 2. Au sens figuré, qui peut provoquer un conflit. *La situation est **explosive** entre la police et les manifestants.* ▷ **explosif** (nom masculin) Produit explosif. *La dynamite est un **explosif**.*

explosion (nom féminin)
1. Fait d'exploser. *L'**explosion** n'a causé que des dégâts matériels.* 2. Au sens figuré, manifestation soudaine et brutale. *Une **explosion** de violence, de colère, de joie.*

exportateur, trice (adjectif)
Qui exporte des marchandises. *La Côte-d'Ivoire est un pays **exportateur** de cacao.* (Contr. importateur.)

exportation (nom féminin)
Action d'exporter des marchandises. *La France fait l'**exportation** de parfums dans le monde entier.* (Contr. importation.)

exporter (verbe) ○ conj.n°3
Vendre des produits à des pays étrangers. ***Exporter** des voitures, du pétrole, des matières premières.* (Contr. importer.) ⊙ Famille du mot : exportateur, exportation.

exposant, ante (nom)
Personne qui expose des produits pour les vendre. *La Foire de Paris reçoit des **exposants** de toutes les régions françaises.*

exposé (nom masculin)
Petite conférence. *Ibrahim a préparé un **exposé** sur les paysans au Moyen Âge.*

exposer (verbe) ⊙ conj.n°3
1. Présenter au public. *Ce bijoutier* ***expose*** *dans sa vitrine de nombreux modèles de montres.* 2. Faire connaître quelque chose à quelqu'un. *Avant d'agir, je vais vous* ***exposer*** *mon plan.* (Syn. expliquer, présenter.) 3. Orienter dans un certain sens. *Ce jardin* ***est exposé*** *à l'ouest.* (Syn. orienter.) 4. Soumettre à une action. *Attention de ne pas* ***t'exposer*** *trop longtemps au soleil.* 5. S'exposer : prendre un risque. *En refusant d'obéir, tu* ***t'exposes*** *à une punition.* ⊙ Famille du mot : exposant, exposé, exposition.

exposition (nom féminin)
1. Présentation au public. *Une* ***exposition*** *de peintures.* 2. Orientation d'un lieu, d'un bâtiment. *Cette chambre est ensoleillée grâce à son* ***exposition*** *au sud.* 3. Fait d'exposer quelque chose à une action. *Si ta peau est fragile, il faut éviter les* ***expositions*** *au soleil.*

1. exprès (adverbe)
Avec une intention précise. *J'ai acheté ce livre* ***exprès*** *pour toi. Il m'a bousculé sans faire* ***exprès****.* (Syn. volontairement.) → Prononciation [ɛksprɛ].

2. exprès (adjectif)
• **Lettre exprès, colis exprès** : qui est distribué très vite à son destinataire. → Prononciation [ɛkspʀɛs].

3. exprès, expresse (adjectif)
Qui est exprimé de manière catégorique. *Interdiction* ***expresse*** *de fumer.* (Syn. absolu, impératif.) → Prononciation [ɛkspʀɛs].

express (adjectif)
• **Train express** : qui s'arrête seulement dans les gares principales. • **Voie express** : voie routière à circulation rapide. ▷ **express** (nom masculin) 1. Train express. *L'****express*** *pour La Rochelle part à 8 heures 25.* 2. Café concentré fait à la vapeur sous pression.

expressément (adverbe)
De façon expresse. *Il est* ***expressément*** *interdit de fumer dans cette salle.*

expressif, ive (adjectif)
Qui exprime bien ses sentiments. *Le visage* ***expressif*** *du clown.* (Contr. inexpressif.)

une **exposition** de sculptures

expression (nom féminin)
1. Aspect du visage ou du regard qui manifeste certains sentiments. *En me voyant, David a eu une **expression** de surprise.* (Syn. air.) 2. Groupe de mots ayant un sens particulier. *« Rapide comme l'éclair » est une **expression**.* 3. Fait de s'exprimer. *Le chant, le dessin, la danse sont des moyens d'**expression**.*

exprimer (verbe) conj.n°3
1. Faire connaître ce que l'on ressent ou ce que l'on pense. *Son sourire **exprimait** sa satisfaction.* (Syn. manifester, montrer. Contr. cacher.) 2. S'exprimer : faire connaître sa pensée par la parole ou par des gestes. *Elle ne **s'exprime** pas très bien en anglais.*

exproprier (verbe) conj.n°10
Prendre un terrain ou une maison à son propriétaire en échange d'une indemnité. *On **a exproprié** les habitants de ce village pour construire un aéroport.*

expulser (verbe) conj.n°3
Chasser d'un lieu. *Le propriétaire voudrait **expulser** ses locataires.* (Syn. renvoyer.)

expulsion (nom féminin)
Action d'expulser quelqu'un. *Ce joueur a été menacé d'**expulsion** pour injures à l'arbitre.*

expurger (verbe) conj.n°5
Supprimer des passages considérés comme choquants. ***Expurger** un roman.* (Syn. censurer.)

exquis, ise (adjectif)
Qui est délicieux. *Ces fraises du jardin sont **exquises**.*

exsangue (adjectif)
Qui est extrêmement pâle. *Il est très affaibli, son visage est **exsangue**.*
→ Prononciation [ɛgzɑ̃g] ou [ɛksɑ̃g].

extase (nom féminin)
• **En extase** : qui s'extasie. *Hélène est tombée **en extase** devant ces fleurs exotiques.*

s'extasier (verbe) conj.n°10
Montrer son émerveillement, son enthousiasme. *Les invités **se sont extasiés** devant le gâteau d'anniversaire.*

extensible (adjectif)
Qui peut s'étirer. *Le bracelet de ma montre est **extensible**.* (Syn. élastique.)

extension (nom féminin)
1. Action d'étendre un membre. *Kevin fait des mouvements d'**extension** pour rééduquer son genou blessé.* (Contr. flexion.) 2. Augmentation ou développement de quelque chose. *La famine se répand dans ce pays à cause de l'**extension** du désert.*

exténuant, ante (adjectif)
Qui exténue. *Ce long voyage était **exténuant**.* (Syn. épuisant, harassant.)

exténuer (verbe) conj.n°3
Causer une très grande fatigue. *Ce travail nous **a exténués**.* (Syn. épuiser.)

extérieur, eure (adjectif)
1. Qui est au-dehors. *On a repeint la façade **extérieure** de l'immeuble.* (Contr. intérieur.) 2. Qui concerne les pays étrangers. *C'est un spécialiste du commerce **extérieur** de la France.*
▷ **extérieur** (nom masculin) Ce qui est extérieur. *Le château est fermé, nous n'avons pu voir que l'**extérieur**.*
⊙ Famille du mot : extérieurement, extérioriser.

extérieurement (adverbe)
À l'extérieur. ***Extérieurement**, cette maison paraît inhabitée.*

extérioriser (verbe) conj.n°3
Manifester un sentiment de façon visible. *Il a tendance à **extérioriser** son enthousiasme de façon un peu bruyante.*

extermination (nom féminin)
Action d'exterminer des êtres vivants. *Cette association défend les espèces animales menacées d'**extermination**.*

exterminer (verbe) conj.n°3
Tuer jusqu'au dernier. *Les loups **ont été exterminés** en France.* (Syn. anéantir.)

externe (adjectif)
Situé vers l'extérieur. *Les verres de contact s'appliquent sur la paroi **externe** de l'œil.* (Contr. interne.)

externe (nom)
Élève qui ne prend pas ses repas à la cantine. *Pierre est **externe**, mais Sarah est demi-pensionnaire.*

extincteur (nom masculin)
Appareil qui sert à éteindre un feu.

un **extincteur**

extinction (nom féminin)
1. Action d'éteindre un feu ou une lumière. 2. Disparition totale. *Certaines espèces animales sont en voie d'**extinction**.* • **Extinction de voix** : impossibilité momentanée de parler.

extirper (verbe) ○ conj.n°3
1. Arracher complètement. *Le jardinier a eu du mal à **extirper** les orties.* 2. Faire sortir d'un endroit. *On a réussi à **extirper** le chat de sa cachette.*

extorquer (verbe) ○ conj.n°3
Obtenir quelque chose par la violence ou par la ruse. *Cet escroc **a extorqué** plusieurs millions à ses victimes.*

extra (adjectif)
Synonyme familier d'excellent. *Cette sauce aux morilles est vraiment **extra**.* → Pluriel : des bonbons extra.

extra (nom masculin)
Ce que l'on fait ou que l'on achète en plus de l'ordinaire. *Hier on a fait un **extra**, on a dîné dans un grand restaurant.* → Pluriel : des extra.

extraction (nom féminin)
Action d'extraire quelque chose. *L'**extraction** d'un minerai, d'une dent.*

extraire (verbe) ○ conj.n°40
1. Tirer du sol. *Les mineurs **extraient** du charbon de la mine.* 2. Retirer hors de quelque chose. *Il a fallu **extraire** la balle de la jambe du blessé. Le pilote a réussi à **s'extraire** de sa voiture en flammes.* 3. Séparer une substance d'une autre. *On **extrait** de l'huile des arachides.* 4. Tirer un passage d'un livre. *Ces phrases **sont extraites** d'un roman de Jules Verne.*

extrait (nom masculin)
1. Produit tiré d'une substance. *De l'**extrait** de lavande, de jasmin, de café.* 2. Passage choisi dans un livre. *Je n'ai pas lu « Le Livre de la jungle » en entier, seulement des **extraits**.* 3. Copie d'une partie d'un document officiel. *Un **extrait** d'acte de naissance.*

extralucide (adjectif)
Qui se dit capable de prédire l'avenir. *Une voyante **extralucide**.*

extraordinaire (adjectif)
1. Qui sort de l'ordinaire. *Cet enfant est d'une intelligence **extraordinaire**.* (Syn. exceptionnel.) 2. Qui étonne par sa bizarrerie. *Il vient de m'arriver une aventure **extraordinaire**.* (Contr. courant, ordinaire.)

extraordinairement (adverbe)
De façon extraordinaire. *Cet ordinateur est **extraordinairement** rapide.* (Syn. extrêmement.)

extraterrestre (nom)
Créature d'une autre planète. *Ce roman de science-fiction raconte l'arrivée d'**extraterrestres** sur la Terre.*

un **extraterrestre**

a b c d e f g h i j k l m n o p q r s t u v w x y z

extravagance (nom féminin)
Chose extravagante. *Ses **extravagances** amusent tout le monde.*

extravagant, ante (adjectif)
Qui surprend par son côté bizarre ou excentrique. *Le clown porte un costume **extravagant**.*

extrême (adjectif)
1. Qui est à la fin, le dernier. *Ursula est à l'**extrême** limite de la patience.* 2. Qui atteint le degré le plus haut. *Une joie, une fatigue **extrême**.* 3. Qui dépasse la mesure. *Ce parti politique défend des idées **extrêmes**.* (Contr. modéré.) ▷ **extrême** (nom masculin) Point de vue extrême. *Quentin passe toujours d'un **extrême** à l'autre.* ⊙ Famille du mot : extrêmement, extrême-onction, extrémiste, extrémité.

extrêmement (adverbe)
De manière extrême. *C'est une enfant **extrêmement** sensible.* (Syn. très.)

extrême-onction (nom féminin)
Sacrement que l'Église catholique donne aux mourants. → Pluriel : des extrêmes-onctions.

extrémiste (adjectif et nom)
Qui a des opinions politiques extrêmes. *Ce parti **extrémiste** incite les gens à la violence.* (Contr. modéré.)

extrémité (nom féminin)
Partie extrême d'une chose. *Ce bâton est pointu à son **extrémité**.* (Syn. bout.)

exubérance (nom féminin)
Attitude exubérante. *Il fait de grands gestes et parle avec **exubérance**.*

exubérant, ante (adjectif)
1. Qui exprime ses sentiments avec agitation. *C'est une femme très **exubérante**.* (Syn. démonstratif. Contr. renfermé, réservé.) 2. Qui est très abondant. *La végétation **exubérante** de la forêt équatoriale.* (Syn. luxuriant.)

exulter (verbe) ○ conj.n°3
Exprimer une grande joie. *Le champion **a exulté** à l'annonce de sa victoire.*

ex-voto (nom masculin)
Plaquette qui porte une inscription en remerciement d'un vœu exaucé par un saint. *Des **ex-voto** entourent la statue du saint.* → Pluriel : des ex-voto.

F

▸ **f** (nom masculin)
Sixième lettre de l'alphabet. *Le* ***F*** *est une consonne.*

▸ **fa** (nom masculin)
Quatrième note de la gamme.

▸ **fable** (nom féminin)
Court récit en vers qui se termine par une morale. *« Le Loup et l'Agneau » est une* ***fable*** *de La Fontaine.*

La **fable** de La Fontaine « Le Renard et la Cigogne », illustrée par J.-B. Oudry.

▸ **fabricant, ante** (nom)
Personne qui dirige une fabrique. *Des* ***fabricants*** *de pianos.*

▸ **fabrication** (nom féminin)
Action de fabriquer. *Tous ces produits sont de* ***fabrication*** *artisanale.*

▸ **fabrique** (nom féminin)
Usine où l'on fabrique des produits de consommation. *Il travaille dans une* ***fabrique*** *de chaussures.* (Syn. manufacture.)

▸ **fabriquer** (verbe) ◦ conj.n°3
1. Faire un objet en transformant une matière. *Cet artisan* ***fabrique*** *des poteries.* **2.** Synonyme familier de faire. *Mais qu'est-ce qu'il* ***fabrique*** *donc ?*
⊙ Famille du mot : fabricant, fabrication, fabrique, préfabriqué.

▸ **fabuler** (verbe) ◦ conj.n°3
Raconter des histoires inventées, comme si elles étaient vraies.

▸ **fabuleusement** (adverbe)
De manière fabuleuse. *Ces décors ont été* ***fabuleusement*** *réalisés.* (Syn. prodigieusement.)

▸ **fabuleux, euse** (adjectif)
1. Qui n'existe que dans les légendes. *Les lutins, les fées, les farfadets sont des êtres* ***fabuleux****.* (Syn. légendaire.) **2.** Qu'on a du mal à croire tellement c'est extraordinaire. *Elle a une chance* ***fabuleuse****.* (Syn. prodigieux.)

▸ **façade** (nom féminin)
1. Côté d'un bâtiment où se trouve l'entrée. *La* ***façade*** *de cette maison est couverte de lierre.* **2.** Apparence extérieure, souvent trompeuse. *Sa politesse n'est qu'une* ***façade****.*

face (nom féminin)
1. Devant de la tête de l'homme. *Il est plus beau de **face** que de profil.* 2. Côté d'une pièce ou d'une médaille qui porte une figure. ***Face**, c'est toi qui y vas, pile, c'est moi !* 3. Chacune des surfaces d'un objet. *Un dé a six **faces**. On connaît depuis peu la **face** cachée de la Lune.* ➠ p. 512.
• **En face** : franchement et avec courage. *Regarder le danger **en face**.* • **En face de quelque chose** : devant ou vis-à-vis. • **Face à face** : l'un en face de l'autre. • **Faire face** : affronter une situation. • **Faire face à quelque chose** : être tourné vers elle. *L'école **fait face à** la mairie.* ⊙ Famille du mot : face-à-face, facette, facial.

face-à-face (nom masculin)
Discussion publique entre deux personnes. *Cette émission est un **face-à-face** entre deux hommes politiques.* → Pluriel : des face-à-face.

facétie (nom féminin)
Plaisanterie ou farce. *Benjamin aime faire des **facéties** pour faire rire ses camarades.* → Prononciation [fasesi].

facétieux, euse (adjectif)
Qui aime faire des facéties. *Anna a un caractère **facétieux**.* (Syn. farceur.)

facette (nom féminin)
Petite face d'un objet. *Le bouchon en cristal de la carafe a des **facettes**.*

Les **facettes** d'un diamant renvoient les rayons lumineux.

fâcher (verbe) ⊙ conj.n°3
1. Mettre en colère. *Ne dis pas cela, tu vas le **fâcher**. Si vous continuez, je vais **me fâcher** !* 2. Se fâcher : se brouiller avec quelqu'un. *Ils **se sont fâchés** pour une bêtise.* (Contr. se réconcilier.)

fâcheux, euse (adjectif)
Qui est regrettable. *Clément ne peut pas venir, et c'est bien **fâcheux**.* (Syn. ennuyeux.)

facial, ale, aux (adjectif)
Qui a rapport à la face, au visage. *Une paralysie **faciale**.*

faciès (nom masculin)
Aspect particulier du visage. *Ludivine a un **faciès** sympathique et souriant.* → Prononciation [fasjɛs].

facile (adjectif)
1. Qui ne demande aucun effort. *La dictée était très **facile**.* (Syn. simple. Contr. compliqué, difficile.) 2. Qui est agréable et conciliant. *David est très **facile** à vivre.* (Contr. difficile.) ⊙ Famille du mot : facilement, facilité, faciliter.

facilement (adverbe)
Sans difficulté. *Ibrahim a **facilement** triomphé de son adversaire.* (Syn. aisément. Contr. difficilement.)

facilité (nom féminin)
Aptitude d'une personne à faire quelque chose sans effort. *Fatima a beaucoup de **facilité** pour apprendre.* (Contr. difficulté.) • **Facilités de paiement** : délais ou conditions de paiement avantageux.

faciliter (verbe) ⊙ conj.n°3
Rendre facile. *Le lave-vaisselle **facilite** la vie.* (Contr. compliquer.)

façon (nom féminin)
Manière particulière d'agir. *C'est la **façon** la plus simple de résoudre le problème.* • **De façon à** : exprime le but. *Je suis venu en avance **de façon à** te voir.* • **De toute façon** : quoi qu'il arrive. • **Sans façon** : simplement.
▷ **façons** (nom féminin pluriel) Manière de se comporter. *Je n'aime pas beaucoup ses **façons** brutales de s'adresser aux autres.*

façonner (verbe) ⊙ conj.n°3
Faire un objet en travaillant la matière. *Il **a façonné** une clé dans un vieux bout de ferraille.*

fac-similé (nom masculin)
Reproduction exacte d'un document écrit ou d'un dessin. *Il possède le **fac-similé** du journal du jour de sa naissance.* → Pluriel : des fac-similés.
⊙ *Fac simile* est une expression latine qui signifie « fais une chose semblable ».

facteur, trice (nom)
1. Personne qui distribue le courrier. *La **factrice** nous apporte une lettre recommandée.* (Syn. préposé.) 2. Personne qui fabrique certains instruments de musique. *Un **facteur** de pianos, d'orgues.*

facteur (nom masculin)
1. Élément qui joue un rôle dans une action. *L'intelligence et l'imagination sont des **facteurs** de succès.* 2. Chacun des termes d'une multiplication. *Dans 2 × 3 = 6, 2 et 3 sont des **facteurs**.*

factice (adjectif)
Qui est faux, imité ou forcé. *Des bijoux **factices**. Un sourire **factice**.* (Contr. naturel, vrai.)

faction (nom féminin)
• **Etre en faction** : monter la garde. *Deux gardes **sont en faction** devant la porte du palais présidentiel.*

facture (nom féminin)
Document indiquant la somme à payer. *Nous avons reçu la **facture** de téléphone au courrier.*

facturer (verbe) ○ conj.n°3
Faire payer. *En prime, je ne vous **facturerai** pas la livraison.* (Syn. compter.)

facultatif, ive (adjectif)
Qu'on peut faire ou non, à son gré. *Le pourboire est **facultatif**.* (Contr. obligatoire.)

faculté (nom féminin)
1. Aptitude à faire quelque chose. *Cet athlète a une étonnante **faculté** de récupération.* 2. Partie d'une université. *Cette université comporte une **faculté** de lettres et une **faculté** de droit.*

fade (adjectif)
Qui manque de goût. *C'est bon, mais je trouve l'assaisonnement un peu **fade**.* (Contr. savoureux.)

fadeur (nom féminin)
Caractère de ce qui est fade. *La **fadeur** du pain sans sel.*

fagot (nom masculin)
Paquet de petites branches attachées ensemble.

fagoté, ée (adjectif)
Synonyme familier de mal habillé. *Comment peut-on être **fagoté** ainsi ?*

faible (adjectif)
1. Qui manque de forces. *Gaëlle est encore **faible** après son opération.* (Contr. fort, robuste, vigoureux.) 2. Qui a des connaissances et un niveau insuffisants. *Il est plutôt **faible** en géographie.* (Contr. bon, doué, fort.) 3. Qui manque de fermeté. *Elle est trop **faible** avec ses enfants, elle leur passe tout.* (Contr. ferme, sévère.) 4. Qui a peu d'intensité. *Le son est très **faible**, il faut changer les piles du poste.* (Contr. fort, violent.) ▷ **faible** (nom masculin) Goût particulier pour une chose ou une personne. *J'ai un petit **faible** pour le chocolat.* ⊙ Famille du mot : affaiblir, affaiblissement, faiblement, faiblesse, faiblir.

faiblement (adverbe)
De manière faible. *La pièce est **faiblement** éclairée par une petite lampe.*

faiblesse (nom féminin)
1. État d'une personne faible. *La malade est d'une extrême **faiblesse**.* (Contr. force.) 2. Caractère d'une personne faible. *Il est d'une **faiblesse** désolante avec sa fille, elle fait ce qu'elle veut.*

faiblir (verbe) ○ conj.n°11
Devenir faible. *Continue, ne **faiblis** pas ! Le vent **faiblit**.* (Syn. s'affaiblir.)

faïence (nom féminin)
Terre cuite recouverte d'émail ou de vernis. *Le magasin vend des cruches en **faïence**.* ⊙ Faïence vient du nom de *Faenza*, ville d'Italie célèbre pour ses fabriques de faïence.

un vase grec en **faïence**

faignant ➡ Voir feignant.

faille (nom féminin)
1. Cassure de l'écorce terrestre. 2. Point faible. *Il y a une* ***faille*** *dans ton raisonnement.*

faillir (verbe) ○ conj.n°14
1. Être sur le point de faire quelque chose. *J'ai bien* ***failli*** *tomber !* (Syn. manquer.) 2. Ne pas faire ce qu'on doit faire. *Kevin s'en veut d'****avoir failli*** *à sa parole.*

faillite (nom féminin)
Situation d'un commerçant qui ne peut plus payer ses dettes. *Le magasin de porcelaine a fait* ***faillite*** *faute de clients.*

faim (nom féminin)
Sensation provoquée par le besoin de manger. *Ce gourmand a toujours* ***faim*** *!*

faine (nom féminin)
Fruit du hêtre.

fainéant, ante (adjectif et nom)
Qui ne veut rien faire. *Cette* ***fainéante*** *n'est pas encore levée !* (Syn. paresseux. Contr. travailleur.)

faire (verbe) ○ conj.n°42
1. Fabriquer quelque chose. *Pierre* ***a fait*** *un gâteau.* 2. Effectuer quelque chose. *Hélène* ***fait*** *ses devoirs.* 3. Pratiquer une activité. *Quentin* ***fait*** *de la spéléologie. Julie* ***fait*** *du tricot.* 4. Remettre en ordre ou en état. *Chaque matin, Laura* ***fait*** *sa toilette, puis elle* ***fait*** *son lit.* 5. Produire tel résultat. *Je l'****ai fait*** *tomber. Elle me* ***fait*** *rire.* 6. Agir de telle manière. *Dis-moi comment tu* ***as fait****.* 7. Produire tel total. *Cela* ***fait*** *vingt euros.* 8. Charger quelqu'un de faire quelque chose pour soi. *Il* ***a fait*** *réparer sa voiture.* 9. Chercher à paraître de telle façon. *Elle* ***fait*** *la difficile. Il* ***s'est fait*** *beau.* 10. Avoir l'air. *La mère de Myriam* ***fait*** *très jeune.* 11. Se faire : commencer à être. *Il* ***se fait*** *vieux. Il* ***se fait*** *tard.* 12. Se faire à quelque chose : s'habituer à cette chose. *Tu* ***te feras*** *vite* ***au*** *quartier.* • **Cela ne fait rien** : cela n'a pas d'importance. • **Cela ne se fait pas** : ce n'est pas convenable. • **Il fait** : indique un état. ***Il fait*** *beau mais* ***il fait*** *froid.* • **S'en faire** : se faire du souci. *Ne* ***t'en fais*** *pas, ça ira !* ⊙ Famille du mot : défaire, faire-part, faisable, fait, infaisable, refaire.

faire-part (nom masculin)
Lettre envoyée pour annoncer une naissance, un mariage ou un décès. → Pluriel : des faire-part.

fair-play (adjectif)
Qui respecte les règles du jeu. *Très* ***fair-play****, il a félicité son adversaire.* → Prononciation [fɛʀplɛ]. → Pluriel : des joueurs fair-play. ⊙ Fair-play est une expression anglaise qui signifie « jeu loyal ».

faisable (adjectif)
Qu'il est possible de réaliser. *L'exercice est* ***faisable****, même pour les débutants.* (Contr. impossible, infaisable.)

faisan (nom masculin)
Oiseau dont le mâle a un plumage très coloré et une longue queue. → Prononciation [fəzɑ̃].

un **faisan**

faisandé, ée (adjectif)
Se dit d'une viande qui commence à pourrir. *Certains mangent le gibier* ***faisandé****.* → Prononciation [fəzɑ̃de].

faisceau, eaux (nom masculin)
1. Assemblage d'objets longs et fins liés ensemble. *On lie les asperges en* ***faisceau*** *pour faire une botte.* 2. Ensemble de rayons lumineux. *Les* ***faisceaux*** *des projecteurs balayent le ciel.*

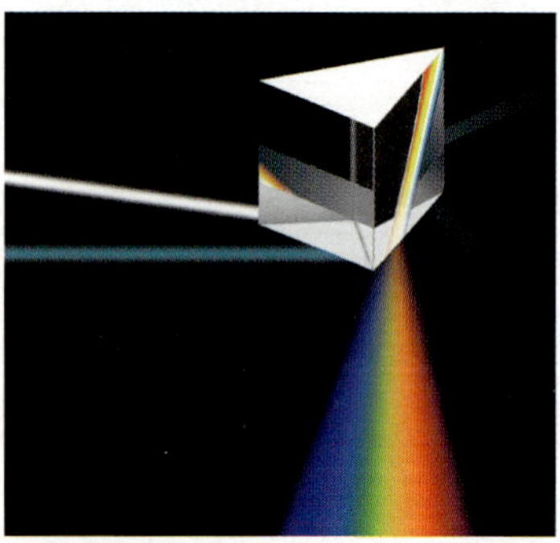

Le **faisceau** de lumière blanche est décomposé par le prisme.

1. fait, faite (adjectif)
Qui est à maturité. *Ce fromage n'est pas assez **fait**.* • **C'est bien fait** : c'est bien mérité. • **Être fait** : ne plus pouvoir s'échapper.

2. fait (nom masculin)
1. Ce qui existe ou ce qui s'est réellement passé. *Voici les **faits**.* 2. Ce que l'on a fait. *Un mensonge, c'est le **fait** de mentir.* • **Au fait !** : à propos. ***Au fait !** Quand viendras-tu me voir ?* • **De fait, en fait** : en réalité. • **Du fait de quelque chose** : à cause de cela. ***Du fait de** l'accident, la circulation est détournée.* • **Prendre quelqu'un sur le fait** : le surprendre en train de commettre une faute. → Prononciation [fɛ] ou [fɛt].

fait divers (nom masculin)
Vol, crime ou accident raconté dans un journal. → Pluriel : des faits divers.

faîte (nom masculin)
Endroit le plus élevé. *On a installé un émetteur de télévision au **faîte** de la tour Eiffel.* (Syn. sommet.)

fait-tout (nom masculin)
Récipient à deux anses avec un couvercle servant à faire cuire les aliments. → On écrit aussi faitout. Pluriel : des fait-tout.

fakir (nom masculin)
Homme qui fait des tours de magie. *À la fête foraine, j'ai vu un **fakir** coiffé d'un turban.*

un **fakir**

falaise (nom féminin)
Rivage abrupt et très élevé. *À marée haute, les vagues frappent la **falaise**.*

les **falaises** d'Étretat

fallacieux, euse (adjectif)
Qui est fait pour tromper. *Cet homme politique tient des propos **fallacieux**.*

falloir (verbe) ○ conj.n°25
Être nécessaire. *Il **faut** que tu termines ce travail. Il me **faudrait** un nouveau stylo.* • **Comme il faut** : convenablement. • **Il s'en faut de quelque chose** : c'est presque cela. *Il **s'en est fallu de** peu que tu échoues.* → Falloir ne s'emploie qu'à l'infinitif et à la troisième personne du singulier.

falot, ote (adjectif)
Qui est terne et effacé. *Dans le film, le mari de l'héroïne est assez **falot**.*

falsification (nom féminin)
Action de falsifier. *La **falsification** d'une signature.*

falsifier (verbe) ○ conj.n°10
Modifier exprès dans l'intention de tromper. *Ces documents **ont été falsifiés**.*

famélique (adjectif)
Qui est amaigri parce qu'il ne mange pas assez. *Un chien **famélique** accompagne le vagabond.*

fameux, euse (adjectif)
1. Qui a une grande réputation. *Ce **fameux** musée renferme des œuvres d'art admirables.* 2. Très bon. *Le dessert est **fameux** !* (Syn. délicieux, excellent.)

familial, ale, aux (adjectif)
De la famille. *La maison **familiale**.*

a b c d e f g h i j k l m n o p q r s t u v w x y z

se familiariser (verbe) ○ conj.n°3
S'habituer petit à petit à quelque chose ou à quelqu'un. *Romain commence à **se familiariser** avec l'anglais.*

familiarités (nom féminin pluriel)
Manières trop familières. *Je ne vous permets pas ces **familiarités**.*

familier, ère (adjectif)
1. Que l'on connaît bien. *Ce nom m'est **familier**.* (Contr. étranger, inconnu.) 2. Qui se montre trop libre avec les gens. *Cet enfant est trop **familier** avec les grandes personnes.* (Contr. respectueux.) 3. Qui se dit couramment mais qu'on évite d'écrire. *« Bouquin » est un synonyme **familier** de « livre ».* ▷ **familier** (nom masculin) Personne considérée comme de la famille. *Noémie fait partie des **familiers** de la maison.*

familièrement (adverbe)
D'une manière familière. *Je te prie de ne pas parler si **familièrement** au voisin.*

famille (nom féminin)
1. Le père, la mère et les enfants. *Odile va rejoindre sa **famille** au bord de la mer.* 2. Ensemble de personnes qui ont un lien de parenté. *Pour mon anniversaire, toute la **famille** était invitée.* 3. Groupe d'animaux ou de plantes qui ont des caractères communs. *Le pommier et le poirier sont de la même **famille**.* 4. Ensemble des mots formés à partir d'un même mot. *« Coucher, couchette, recoucher » sont de la même **famille** de mots.*

famine (nom féminin)
Manque de nourriture qui cause la mort de beaucoup de gens. *Un pays ravagé par la **famine**.*

fanal, aux (nom masculin)
Grosse lanterne à l'entrée d'un port ou sur un navire. *Le chenal est signalé par des **fanaux**.*

fanatique (adjectif et nom)
1. Qui s'excite de façon aveugle pour quelque chose ou pour quelqu'un. *Il y a eu des bagarres entre des supporters **fanatiques**.* 2. Qui est passionné par quelque chose. *C'est une **fanatique** de B.D.*
➜ Fanatique s'abrège familièrement fan.

fanatisme (nom masculin)
Comportement des fanatiques. *Le **fanatisme** est dangereux pour la liberté.* (Contr. tolérance.)

fane (nom féminin)
Feuille de certaines plantes. *Des **fanes** de radis, de carottes.*

se faner (verbe) ○ conj.n°3
Perdre sa fraîcheur et se dessécher. *Le lilas **s'est fané** dans le vase.* (Syn. se flétrir.)

fanfare (nom féminin)
Orchestre composé d'instruments en cuivre et de tambours. *La **fanfare** municipale participera au défilé du 14 Juillet.*

fanfaron, onne (nom)
Personne qui se vante d'un courage qu'elle n'a pas. *Thomas fait le **fanfaron**, et pourtant il a eu très peur.* (Syn. crâneur.)

fanfreluche (nom féminin)
Petit ornement de peu de valeur. *Les pompons, les dentelles et les rubans sont des **fanfreluches**.*

fange (nom féminin)
Synonyme littéraire de boue.
• **Traîner quelqu'un dans la fange :** salir sa réputation en répandant des calomnies sur son compte.

fanion (nom masculin)
Petit drapeau. *Les spectateurs agitent des **fanions** au passage du cortège.*

fanon (nom masculin)
Chacune des lames de corne garnissant la bouche de la baleine. *Avec ses **fanons**, la baleine retient le plancton pour le manger.*

fantaisie (nom féminin)
1. Originalité plaisante. *Sarah est toujours drôle et pleine de **fantaisie**.* 2. Envie subite et passagère. *Il lui a pris la **fantaisie** de passer nous voir.*
• **Bijou fantaisie :** bijou original mais sans valeur.

fantaisiste (adjectif)
Qui est plein de fantaisie. *On ne sait jamais ce qu'Ursula va inventer, elle est très **fantaisiste**.*

▸ **fantasmagorique** (adjectif)
Qui semble irréel, fantastique. *L'étang dans le brouillard a quelque chose de* ***fantasmagorique****.*

▸ **fantasque** (adjectif)
Qui est capricieux et imprévisible. *Ne fais aucun projet avec lui, il est trop* ***fantasque*** *!*

▸ **fantassin** (nom masculin)
Soldat de l'infanterie. *Les* ***fantassins*** *vont à pied avec leur sac sur le dos.*

▸ **fantastique** (adjectif)
1. Qui est né de l'imagination. *Les sirènes sont des créatures* ***fantastiques****.* **2.** Synonyme familier d'extraordinaire. *C'est une occasion* ***fantastique*** *à ne pas manquer.* (Syn. formidable.)

« Willow » est un film **fantastique**.

▸ **fantomatique** (adjectif)
Qui a un air irréel et un peu inquiétant. *La Lune donne un aspect* ***fantomatique*** *au paysage nocturne.*

▸ **fantôme** (nom masculin)
Apparition surnaturelle d'un mort. *Victor fait croire à Zoé qu'il y a un* ***fantôme*** *dans le grenier.* (Syn. revenant, spectre.)

▸ **faon** (nom masculin)
Petit de la biche et du cerf, ou des autres cervidés (chevreuil, daim, etc.). → Prononciation [fɑ̃].

▸ **faramineux, euse** (adjectif)
Synonyme familier d'exorbitant. *Ce magasin de luxe affiche des prix* ***faramineux****.* ⊙ Faramineux vient d'un mot latin qui signifie « bête sauvage » : la *bête faramine* était un animal fantastique et effrayant des légendes populaires.

▸ **farandole** (nom féminin)
Danse dans laquelle les danseurs se donnent la main en formant une longue file. *Faire une* ***farandole*** *dans les rues du village.*

▸ **farce** (nom féminin)
1. Tour qu'on joue à quelqu'un. *Pour lui faire une* ***farce****, les enfants ont mis son lit en portefeuille.* (Syn. blague, plaisanterie.) **2.** Mélange d'épices et d'aliments hachés. *La* ***farce*** *de ces tomates est délicieuse.* ⊙ Famille du mot : farceur, farcir.

▸ **farceur, euse** (nom)
Personne qui aime faire des farces. *C'est un drôle de petit* ***farceur****.* (Syn. plaisantin.)

▸ **farcir** (verbe) ○ conj.n°11
Remplir de farce. *Des tomates* ***farcies****.*

▸ **fard** (nom masculin)
Produit de maquillage. *Elle a mis du* ***fard*** *sur ses joues.*

▸ **fardeau, eaux** (nom masculin)
Lourde charge. *La pauvre bête plie sous son* ***fardeau****.*

▸ **se farder** (verbe) ○ conj.n°3
Mettre du fard. *Le mime* ***se farde*** *dans sa loge.* (Syn. se maquiller.)

▸ **farfadet** (nom masculin)
Petit lutin. *Les fées, les elfes et les* ***farfadets*** *sont des êtres fantastiques.*

des **farfadets**

a b c d e f g h i j k l m n o p q r s t u v w x y z

▸ **farfelu, ue** (adjectif)
Qui est bizarre, extravagant. *Quelle idée **farfelue** de manger de la moutarde sur du chocolat.*

▸ **farfouiller** (verbe) ▸ conj.n°3
Dans la langue familière, fouiller en bouleversant tout. *William **farfouille** dans son cartable, à la recherche de son stylo.*

▸ **farine** (nom féminin)
Poudre obtenue en écrasant des grains de céréales. *On fait le pain avec de la **farine**, du sel et de l'eau.*

▸ **farineux, euse** (adjectif)
Qui donne l'impression d'avoir de la farine dans la bouche. *Cette pomme n'est pas bonne, elle est **farineuse**.*

▸ **farniente** (nom masculin)
Fait de passer agréablement son temps à ne rien faire. *Elle aime le **farniente** au soleil.* → Prononciation [faʀnjɛnte]. ⊙ Farniente vient de l'italien *far* qui signifie « faire » et *niente* qui signifie « rien ».

▸ **farouche** (adjectif)
1. Qui se sauve quand on l'approche. *La chatte est un peu **farouche**.* 2. Qui est violent et acharné. *Les derniers combattants ont opposé une résistance **farouche**.*

▸ **farouchement** (adverbe)
De façon farouche. *Anna est **farouchement** opposée à ton départ.*

▸ **fascicule** (nom masculin)
Petit livre broché qui fait partie d'une collection. *Tous les mois, maman reçoit un **fascicule** de son encyclopédie.*

▸ **fascinant, ante** (adjectif)
Qui fascine. *Xavier trouve cette actrice **fascinante**.* (Syn. envoûtant.)

▸ **fascination** (nom féminin)
Action de fasciner. *Ce chanteur exerce une véritable **fascination** sur le public.* (Syn. envoûtement.)

▸ **fasciner** (verbe) ▸ conj.n°3
Exercer une attirance irrésistible sur quelqu'un. *Certaines personnes **sont fascinées** par l'argent.* ⊙ Famille du mot : fascinant, fascination. ⊙ Fasciner vient du latin *fascinum* qui signifie « maléfice ».

▸ **fascisme** (nom masculin)
Régime dictatorial et nationaliste. *Le **fascisme** s'appuie sur un parti et un chef uniques.* → Prononciation [faʃism]. ⊙ Fascisme vient de l'italien *fascio* qui signifie « faisceau », parce que les fascistes italiens de Mussolini avaient un faisceau comme emblème.

▸ **fasciste** (adjectif et nom)
Qui appartient au fascisme. → Prononciation [faʃist].

▸ 1. **faste** (adjectif)
• **Jour faste :** qui porte chance. *Il croit que les vendredis 13 sont des jours **fastes**.* (Contr. néfaste.)

▸ 2. **faste** (nom masculin)
Étalage de luxe. *Le souverain étranger a été reçu avec **faste**.* (Contr. simplicité.)

▸ **fast-food** (nom masculin)
Restaurant qui sert rapidement des repas bon marché. → Prononciation [fastfud]. → Pluriel : des fast-foods. ⊙ Fast-food vient de l'anglais *fast* qui signifie « vite » et *food* qui signifie « nourriture ».

▸ **fastidieux, euse** (adjectif)
Qui est répétitif et monotone. *Pour Élodie, écosser des petits pois est un travail **fastidieux**.* (Syn. lassant.)

▸ **fastueux, euse** (adjectif)
Plein de faste. *Le milliardaire mène une vie **fastueuse** dans son palais de marbre.*

▸ **fatal, ale, als** (adjectif)
1. Qui doit forcément arriver. *Les freins ont lâché, l'accident était **fatal**.* (Syn. inévitable.) 2. Qui conduit à des résultats désastreux ou à la mort. *Cet accident lui a été **fatal**.* (Syn. funeste.) ⊙ Famille du mot : fatalement, fataliste, fatalité.

▸ **fatalement** (adverbe)
De façon fatale. *Cela arrivera **fatalement** un jour ou l'autre.* (Syn. forcément, inévitablement.)

▸ **fataliste** (nom)
Personne résignée qui pense que ce qui se passe est inévitable et fixé par la fatalité. *Réagis donc et ne sois pas si **fataliste** !*

▸ **fatalité** (nom féminin)
Destin ou hasard malheureux. *Voilà trois fois que je perds mes clés, c'est une **fatalité** !*

▸ **fatidique** (adjectif)
Qui semble provoqué par le destin. *La date **fatidique** du départ approche.*

▸ **fatigant, ante** (adjectif)
1. Qui fatigue. *Une longue marche **fatigante**.* (Contr. reposant.) 2. Qui est difficile à supporter. *Que tu es **fatigant** à toujours te plaindre !* (Syn. embêtant, lassant.)

▸ **fatigue** (nom féminin)
Impression de lassitude causée par un effort ou un travail. *Je suis mort de **fatigue** après cette dure journée !*

▸ **fatiguer** (verbe) ○ conj.n°3
1. Causer de la fatigue. *Cette longue baignade les **a fatigués**.* (Contr. reposer.) 2. Être difficile à supporter. *Cessez de vous chamailler, ça me **fatigue** !* 3. Se fatiguer de quelque chose : en avoir assez. *Yann **s'est** vite **fatigué du** piano.*
⊙ Famille du mot : fatigant, fatigue, infatigable.

▸ **fatras** (nom masculin)
Amas confus et désordonné. *Il y a un **fatras** de vieilles lettres dans le tiroir.*

▸ **faubourg** (nom masculin)
Quartier d'une ville qui est loin du centre. *Les **faubourgs** de cette ville sont très étendus.*

▸ **faucher** (verbe) ○ conj.n°3
1. Couper avec une faux. ***Faucher** les orties dans le fossé.* 2. Faire tomber brutalement comme avec une faux. *La mitrailleuse **a fauché** les attaquants.* 3. Synonyme familier de voler. *Qui m'**a fauché** mon stylo ?*

▸ **faucheux** (nom masculin)
Araignée aux longues pattes très fines.

▸ **faucille** (nom féminin)
Outil dont la lame forme un demi-cercle et qui sert à couper l'herbe. *Autrefois, on moissonnait à la **faucille**.*

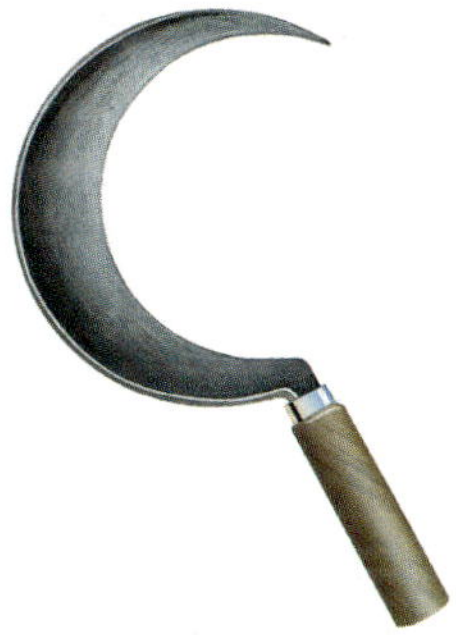

une **faucille**

▸ **faucon** (nom masculin)
Rapace diurne au vol rapide. *Le **faucon** fond sur sa proie.*

un **faucon**

▸ **faufiler** (verbe) ○ conj.n°3
1. Coudre provisoirement à grands points. *Fatima **faufile** l'ourlet avant de le coudre.* 2. Se faufiler : se glisser sans se faire remarquer. *Le chat **s'est** encore **faufilé** sous le lit.*

▸ **faune** (nom féminin)
Ensemble des animaux d'une région. *Le python appartient à la **faune** équatoriale.*

▸ **faussaire** (nom)
Personne qui fabrique des faux, des imitations. *Les faux-monnayeurs sont des **faussaires**.*

▸ **fausse** ➡ Voir faux.

▸ **faussement** (adverbe)
De façon fausse. *Inutile de prendre un air **faussement** étonné !* (Contr. réellement.)

▸ **fausser** (verbe) ○ conj.n°3
1. Rendre faux. *L'opposition prétend qu'on **a faussé** les sondages.* **2.** Déformer en tordant ou en forçant. *J'**ai faussé** mon guidon en tombant avec mon vélo.* • **Fausser compagnie à quelqu'un** : le quitter brusquement, sans prévenir.

▸ **fausset** (nom masculin)
• **Voix de fausset** : voix très aiguë.

▸ **fausseté** (nom féminin)
Caractère de ce qui est faux. *La **fausseté** de cette déclaration a été prouvée.*

▸ **faute** (nom féminin)
1. Ce qui est faux. *Tu as fait des **fautes** d'orthographe dans ta lettre.* (Syn. erreur.) **2.** Ce qui est mal ou ce qui est défendu. *Il a commis une **faute** en ne disant pas tout de suite la vérité.* **3.** Ce dont on est responsable. *À qui la **faute** ?* • **Faute de quelque chose** : par manque de cela. *Je n'ai pas fini, **faute de** temps.* • **Sans faute** : à coup sûr. *Viens demain, **sans faute** !*

▸ **fauteuil** (nom masculin)
Siège qui a des bras et un dossier, pour une seule personne.

▸ **fautif, ive** (adjectif et nom)
Qui est responsable d'une faute. *C'est elle, la **fautive**, dans cette histoire.* (Syn. coupable.)

▸ **fauve** (adjectif)
D'une couleur jaune-roux. *Il aime les couleurs **fauves** de l'automne.* • **Bête fauve** : grand félin sauvage. ▷ **fauve** (nom masculin) Bête fauve. *Le dompteur est entré dans la cage aux **fauves**.*

▸ **fauvette** (nom féminin)
Petit oiseau chanteur au plumage fauve.

une **fauvette**

▸ **1. faux, fausse** (adjectif)
1. Qui contient une erreur. *Refais ton addition, elle est **fausse** !* (Syn. inexact. Contr. exact, juste.) **2.** Qui constitue un mensonge. *C'est **faux**, il ment !* (Contr. vrai.) **3.** Qui a l'air vrai, mais qui est imité. *Cette pièce de monnaie est **fausse**.* (Contr. vrai.) **4.** Qui n'est pas ce qu'il cherche à paraître. *C'est une personne **fausse**, ne la crois pas !* (Syn. hypocrite. Contr. droit, franc.) **5.** Qui n'a pas le ton juste. *Benjamin fait des **fausses** notes à la clarinette.* ▷ **faux** (adverbe) De façon fausse. *Arrête, tu chantes **faux** !* (Contr. juste.) ▷ **faux** (nom masculin) **1.** Ce qui est faux. *J'essaie de démêler le vrai du **faux**.* **2.** Copie d'un objet faite pour tromper. *Cette statuette grecque est un **faux**.* ⊙ Famille du mot : faussaire, faussement, fausser, fausseté.

▸ **2. faux** (nom féminin)
Outil fait d'une grande lame courbe, fixée à un long manche, et qui sert à couper l'herbe.

▸ **faux-filet** (nom masculin)
Morceau de viande de bœuf que l'on mange grillée. ➜ Pluriel : des faux-filets.

▸ **faux-fuyant** (nom masculin)
Moyen qu'on trouve pour éviter de répondre. *Elle trouve toujours des **faux-fuyants** pour ne pas prendre parti.* ➜ Pluriel : des faux-fuyants.

▸ **faux-monnayeur** (nom masculin)
Personne qui fabrique de la fausse monnaie. ➜ Pluriel : des faux-monnayeurs.

▸ **faveur** (nom féminin)
1. Avantage particulier qu'on accorde à quelqu'un. *Le vendeur a fait une **faveur** à Gaëlle, il lui a donné un ballon.* **2.** Considération que l'on a acquise auprès de quelqu'un. *Ce député a gardé la **faveur** des électeurs.* • **En faveur de quelqu'un** : à son profit. *Clément est intervenu dans la discussion **en faveur d'**Hélène.*

favorable (adjectif)
1. Qui favorise la réalisation de quelque chose. *Profitons de ce temps **favorable** pour sortir !* (Syn. propice. Contr. défavorable.) 2. Qui est en faveur de quelqu'un ou de quelque chose. *Je suis **favorable** à cette bonne idée.* (Contr. hostile.) ⊙ Famille du mot : défavorable, favorablement.

favorablement (adverbe)
De manière favorable. *La proposition a été accueillie **favorablement**.*

favori, ite (adjectif et nom)
Que l'on préfère aux autres. *Le bleu est ma couleur **favorite**. David est mon compagnon de jeu **favori**.* ▷ **favori** (nom masculin) Cheval de course qui a les meilleures chances de gagner. ▷ **favoris** (nom masculin pluriel) Touffes de barbe de chaque côté du visage. ⊙ Famille du mot : défavoriser, favoriser, favoritisme.

Jules Ferry portait des **favoris**.

favoriser (verbe) ⊙ conj.n°3
Donner un avantage à quelqu'un. *Un arbitre ne doit **favoriser** personne.* (Syn. avantager. Contr. défavoriser.)

favoritisme (nom masculin)
Tendance à favoriser quelqu'un aux dépens des autres. *C'est toujours elle qui est choisie, c'est du **favoritisme** !*

fax (nom masculin)
1. Appareil qui permet d'envoyer des messages écrits ou des images par téléphone. *Papa a envoyé à Pierre le trajet à suivre par **fax**.* (Syn. télécopieur.) 2. Message envoyé grâce à cet appareil. *Julie nous a envoyé un **fax** pour nous annoncer son arrivée.* (Syn. télécopie.)

fébrile (adjectif)
1. Qui a de la fièvre. *Laura se sent **fébrile**, peut-être a-t-elle la grippe ?* (Syn. fiévreux.) 2. Qui montre de l'agitation ou de l'excitation. *À midi, une agitation **fébrile** règne dans les cuisines de ce restaurant.*

fébrilement (adverbe)
De manière fébrile, agitée. *Myriam cherche **fébrilement** son porte-monnaie dans son sac.*

fébrilité (nom féminin)
État d'extrême agitation. *Dans la **fébrilité** du départ, on a oublié une valise.*

fécond, onde (adjectif)
1. Capable d'avoir des petits. *Les lapines sont très **fécondes**.* (Contr. stérile.) 2. Dans un sens figuré, qui est très productif. *La traversée a été très **féconde** en événements.* (Syn. fertile, riche.) ⊙ Famille du mot : fécondation, féconder, fécondité.

fécondation (nom féminin)
Action de féconder.

féconder (verbe) ⊙ conj.n°3
Pour un mâle, faire un petit à une femelle. *Le chien **féconde** la chienne.*

fécondité (nom féminin)
Qualité de ce qui est fécond. *Noémie donne la pilule à sa chienne pour stopper sa **fécondité**.*

fécule (nom féminin)
Sorte de farine contenue dans certaines plantes. *Les pommes de terre, les lentilles, les haricots, les châtaignes contiennent de la **fécule**.*

féculent (nom masculin)
Légume qui contient de la fécule. *Le riz, les pâtes, les lentilles sont des **féculents**.*

a b c d e f g h i j k l m n o p q r s t u v w x y z

fédéral, ale, aux (adjectif) Qui concerne une fédération d'États. *La Suisse est gouvernée par une assemblée* ***fédérale****.* ⊙ Famille du mot : confédération, fédération, fédéré.

fédération (nom féminin) 1. Association de plusieurs États en un seul. *L'Allemagne, le Canada, les États-Unis sont des* ***fédérations****.* 2. Regroupement de clubs ou de syndicats. *La* ***fédération*** *française de football.*

fédéré, ée (adjectif) Qui fait partie d'une fédération. *Les cantons* ***fédérés*** *suisses.*

fée (nom féminin) Créature des contes, qui a des pouvoirs magiques. *Chaque samedi, la* ***fée*** *Mélusine se transformait en serpent.* ⊙ Famille du mot : féerie, féerique. ⊙ Fée vient du latin *fatum* qui signifie « destin », car on pensait que les fées se réunissaient à la naissance de quelqu'un pour fixer son destin.

féerie (nom féminin) Spectacle merveilleusement beau. *Le feu d'artifice sur l'eau est une véritable* ***féerie****.* (Syn. enchantement.)

féerique (adjectif) D'une beauté merveilleuse, digne d'un conte de fées. *Le spectacle du soleil couchant sur la mer est* ***féerique****.*

feignant, ante (adjectif et nom) Synonyme familier de fainéant. → On écrit aussi faignant.

feindre (verbe) ○ conj.n°35 Faire semblant. *Ibrahim* ***feignait*** *la surprise, mais il était déjà au courant.* (Syn. affecter, simuler.)

feinte (nom féminin) Action destinée à tromper. *Ce départ est une* ***feinte****, il va revenir.* (Syn. ruse.)

fêler (verbe) ○ conj.n°3 Fendre quelque chose sans le casser. *Des verres* ***ont été fêlés*** *durant le transport. Il* ***s'est fêlé*** *une côte en tombant.*

félicitations (nom féminin pluriel) Paroles dites pour féliciter. *Toutes mes* ***félicitations*** *aux jeunes mariés !* (Syn. compliments.)

féliciter (verbe) ○ conj.n°3 1. Dire à quelqu'un sa joie ou son admiration. *On* ***félicite*** *le vainqueur.* (Syn. complimenter. Contr. blâmer, critiquer.) 2. Se féliciter : s'approuver d'avoir agi comme on l'a fait. *Je* ***me félicite*** *de t'avoir écouté.*

félidé (nom masculin) Synonyme de félin.

félin (nom masculin) Mammifère carnivore de la même famille que le chat. *Les lions, les pumas, les léopards, les tigres sont des* ***félins****.* (Syn. félidé.)

félon, onne (adjectif) Synonyme littéraire de traître. *Le chevalier* ***félon*** *a été banni du royaume.*

fêlure (nom féminin) Fente d'une chose fêlée. *Il y a une* ***fêlure*** *dans le pare-brise.*

femelle (nom féminin) Animal de sexe féminin. *La chatte, la chienne, la truie, la jument, la brebis sont des* ***femelles****.* ▷ **femelle** (adjectif) Qui est du sexe féminin. *Un cygne* ***femelle****.*

féminin, ine (adjectif) 1. De la femme. *Le corps* ***féminin*** *diffère du corps masculin.* 2. Se dit des noms pouvant être précédés des déterminants « la » ou « une ». *« La chatte », « une clé », « la gloire » sont des noms* ***féminins****.* ▷ **féminin** (nom masculin) Genre féminin. *Le* ***féminin*** *de l'adjectif « beau » est « belle ».* (Contr. masculin.)

féministe (nom) Partisan de l'égalité des droits entre les femmes et les hommes. *Les* ***féministes*** *veulent pour les femmes des salaires égaux à ceux des hommes.*

féminité (nom féminin) Ensemble des qualités attribuées à la femme.

Les félins

panthère
chat sauvage
lynx
lion
ocelot
tigre
jaguar
léopard
puma

▸ **femme** (nom féminin)
1. Personne adulte du sexe féminin. *Cette **femme** est hôtesse de l'air.* (Contr. homme.) 2. Personne avec laquelle un homme est marié. *Ils sont mari et **femme** depuis dix ans.* (Syn. épouse.) • **Femme de chambre** : femme employée pour entretenir les chambres d'un hôtel. • **Femme de ménage** : femme employée pour faire le ménage.

▸ **fémur** (nom masculin)
Os de la cuisse.

▸ **fenaison** (nom féminin)
Récolte du foin.

▸ **se fendiller** (verbe) ○ conj.n°3
Se craqueler en formant des petites fentes. *Sur la flaque gelée, la glace **se fendille**.*

▸ **fendre** (verbe) ○ conj.n°31
Couper dans le sens de la longueur. ***Fendre** du bois à la hache. Odile **s'est fendu** la lèvre en tombant.* • **Fendre le cœur** : faire beaucoup de peine.

▸ **fenêtre** (nom féminin)
Ouverture dans un mur destinée à donner de la lumière et de l'air. • **Jeter l'argent par les fenêtres** : le gaspiller.

▸ **fennec** (nom masculin)
Petit renard du Sahara à grandes oreilles pointues, appelé aussi renard des sables.

un **fennec**

▸ **fenouil** (nom masculin)
Plante aromatique qui a un goût d'anis.

du **fenouil**

▸ **fente** (nom féminin)
Ouverture très étroite et allongée. *Kevin observe la rue par une **fente** du volet.*

▸ **féodal, ale, aux** (adjectif)
Qui concerne la féodalité. *Les seigneurs **féodaux** avaient un fief et des vassaux.*

Demeures des seigneurs, les châteaux forts sont le symbole de la **féodalité**.

féodalité (nom féminin)
Organisation politique du Moyen Âge dans laquelle il y avait des seigneurs protégeant des vassaux qui leur obéissaient. ➠ p. 462.

fer (nom masculin)
Métal gris, lourd et résistant. *Le* ***fer*** *conduit bien la chaleur.* • **De fer :** résistant ou dur comme le fer. *Elle a une santé* ***de fer***. • **Fer à cheval :** objet de fer en forme de U qu'on cloue sous les sabots du cheval pour les protéger. • **Fer à repasser :** appareil électrique qui sert à repasser. • **Fer à souder :** appareil électrique avec lequel on soude le métal. • **Tomber les quatre fers en l'air :** tomber sur le dos. ⊙ Famille du mot : fer-blanc, ferraille, ferrailleur, ferré, ferrer, ferrure.

fer-blanc (nom masculin)
Tôle mince recouverte d'étain. *Une boîte de conserve en* ***fer-blanc***.

férié, ée (adjectif)
• **Jour férié :** jour où l'on ne travaille pas. *Les dimanches sont des* ***jours fériés***. (Contr. ouvrable.)

1. ferme (adjectif)
1. Qui est assez consistant. *Une mousse au chocolat réussie est bien* ***ferme***. (Contr. mou.) 2. Qui est solide et ne tremble pas. *Le vieillard marche encore d'un pas* ***ferme***. (Syn. assuré. Contr. hésitant.) 3. Qui agit énergiquement sans hésiter ni céder. *Il s'est montré très* ***ferme*** *dans la discussion.* (Syn. déterminé. Contr. faible.) • **De pied ferme :** sans bouger et résolument. *Je l'attends* ***de pied ferme***.
▷ **ferme** (adverbe) Avec ardeur. *Ils discutent* ***ferme*** *!* ⊙ Famille du mot : fermement, fermeté.

2. ferme (nom féminin)
Maison, bâtiments et terres d'un agriculteur. *Pierre et Sarah vont chercher des œufs à la* ***ferme***.

fermement (adverbe)
De façon ferme. *Ursula est* ***fermement*** *décidée à partir.*

ferment (nom masculin)
Microbe qui provoque la fermentation. *Pour faire des yaourts, on met du* ***ferment*** *dans le lait.* ⊙ Famille du mot : fermentation, fermenter.

fermentation (nom féminin)
Transformation chimique d'une substance par un ferment. *Le vin provient de la* ***fermentation*** *du jus de raisin.*

fermenter (verbe) ⊙ conj.n°3
Être en fermentation. *Le cidre est fait de jus de pomme qui* ***a fermenté***.

fermer (verbe) ⊙ conj.n°3
1. Boucher une ouverture. *Quentin est entré et il* ***a fermé*** *la porte.* 2. Rapprocher les parties d'une ouverture. *Zoé* ***ferme*** *son sac. Romain* ***ferme*** *les yeux.* 3. Isoler de l'extérieur. *Les frontières* ***sont fermées****, on ne peut plus entrer dans ce pays.* 4. Ne plus recevoir le public. *Le magasin* ***ferme*** *à 19 heures.* 5. Arrêter la circulation ou le fonctionnement de quelque chose. *Veux-tu* ***fermer*** *la radio ?* (Contr. ouvrir.) • **Fermer la marche :** marcher le dernier dans un groupe. ⊙ Famille du mot : enfermer, fermeture, fermoir, refermer.

fermeté (nom féminin)
Qualité de ce qui est ferme. *J'aime la* ***fermeté*** *de sa poignée de main.*

fermeture (nom féminin)
1. Système qui sert à fermer. *La* ***fermeture*** *du garage est électronique.* 2. Moment où un établissement ferme. *Je suis arrivée juste avant la* ***fermeture*** *de l'agence.* (Contr. ouverture.)

fermier, ère (nom)
Agriculteur qui exploite une ferme. *Le* ***fermier*** *et la* ***fermière*** *traient leurs vaches.*

fermoir (nom masculin)
Attache qui sert à fermer. *Ce vieux coffret à bijoux a un très joli* ***fermoir***.

féroce (adjectif)
Sauvage et cruel. *Le requin blanc est un animal* ***féroce***. ⊙ Famille du mot : férocement, férocité.

férocement (adverbe)
De manière féroce. *Le lion a rugi* ***férocement***.

férocité (nom féminin)
Caractère féroce. *Les panthères sont réputées pour leur* ***férocité***. (Syn. cruauté.)

ferraille (nom féminin)
Objets en fer hors d'usage. *Ce vieux vélo est bon à mettre à la* ***ferraille***.

ferrailleur (nom masculin)
Marchand de ferraille.

ferré, ée (adjectif)
Qui est garni de fer. *Anna a un bâton **ferré** pour marcher en montagne.* • **Voie ferrée** : voie garnie de rails où roulent les trains.

ferrer (verbe) ○ conj.n°3
Mettre des fers à un cheval. *C'est le maréchal-ferrant qui **ferre** les chevaux.*

ferroviaire (adjectif)
Qui concerne les chemins de fer. *Le trafic **ferroviaire** est perturbé par la neige.*

ferrugineux, euse (adjectif)
Qui contient du fer. *Les roches **ferrugineuses** ont la couleur de la rouille.*

ferrure (nom féminin)
Garniture en fer. *On mettait des **ferrures** aux meubles pour les enjoliver.*

ferry-boat (nom masculin)
Navire aménagé pour transporter des trains et des voitures, mais aussi des personnes. → Ferry-boat est un mot anglais : on prononce [feʀibot]. → Pluriel : des ferry-boats.

fertile (adjectif)
1. Qui fournit des récoltes abondantes. *Une vallée **fertile**.* (Contr. stérile.) 2. Dans un sens figuré, synonyme de fécond. *La journée a été **fertile** en événements.* (Syn. riche.) ⊙ Famille du mot : fertiliser, fertilité.

fertiliser (verbe) ○ conj.n°3
Rendre fertile. *Les alluvions du fleuve **fertilisent** la vallée.*

fertilité (nom féminin)
Qualité de ce qui est fertile. *On améliore la **fertilité** d'un sol avec des engrais.*

féru, ue (adjectif)
Synonyme littéraire de passionné. *Élodie est **férue** de botanique.*

fervent, ente (adjectif et nom)
Synonyme de passionné. *Fatima est une **fervente** de cuisine asiatique.*

ferveur (nom féminin)
Foi passionnée. *Une prière pleine de **ferveur**.* (Syn. ardeur.)

fesse (nom féminin)
Chacune des deux parties charnues du derrière.

fessée (nom féminin)
Claque sur les fesses. *Si tu continues, tu vas recevoir une **fessée** !*

festin (nom masculin)
Repas de fête très copieux.

festival (nom masculin)
Manifestation artistique organisée à époque fixe. *En été, il y a beaucoup de **festivals** de musique.*

festivités (nom féminin pluriel)
Réjouissances publiques. *Quel est le programme des **festivités** ?*

feston (nom masculin)
Ornement en forme de dents arrondies. *Le napperon est bordé d'un point de **feston**.*

festoyer (verbe) ○ conj.n°6
Faire un festin. *Les convives **ont festoyé** jusqu'à l'aube.*

fête (nom féminin)
1. Jour où l'on se réjouit en souvenir d'un fait religieux ou historique. *Le 14 Juillet, c'est la **fête** nationale.* 2. Réunion organisée pour se voir et s'amuser. • **Faire fête à quelqu'un** : manifester sa joie de le revoir. *Le chien me **fait fête** quand je rentre le soir.* • **Se faire une fête de quelque chose** : se réjouir beaucoup en y pensant.

fêter (verbe) ○ conj.n°3
1. Célébrer une fête. *On **fête** les Rois au début du mois de janvier.* 2. Faire fête à quelqu'un. *On **a fêté** son retour.*

fétiche (nom masculin)
Objet considéré comme portant chance. *Ce trèfle à quatre feuilles est le **fétiche** de Véronique.*

fétide (adjectif)
Qui sent très mauvais. *Une odeur **fétide** se dégage des poubelles.*

fétu (nom masculin)
Brin de paille.

▸ **feu, feux** (nom masculin)
1. Flamme et chaleur dégagée par ce qui brûle. *Baisse un peu le **feu** sous la casserole de lait !* **2.** Ce qui sert à allumer. *Il n'a pas de **feu** sur lui.* **3.** Synonyme d'incendie. *Les pompiers luttent contre des **feux** de forêt.* **4.** Signal lumineux. *Les voitures attendent le **feu** vert pour passer.* • **Arme à feu :** arme qui utilise l'explosion de la poudre pour lancer des balles. • **Coup de feu :** coup tiré par une arme à feu. • **Faire feu :** tirer avec une arme à feu. • **Feu ! :** ordre de tirer. • **Feu d'artifice :** spectacle nocturne constitué de tirs de fusées lumineuses et colorées.

un **feu** de forêt

▸ **feuillage** (nom masculin)
Ensemble des feuilles d'un arbre. *Thomas s'abrite sous le **feuillage** épais d'un chêne.*

▸ **feuille** (nom féminin)
1. Partie d'une plante, verte et mince, qui pousse sur une branche. *Les **feuilles** naissent des bourgeons.* **2.** Rectangle de papier. *Hélène veut une **feuille** pour dessiner.* **3.** Plaque très mince. *Une **feuille** d'aluminium.* ⊙ Famille du mot : effeuiller, feuillage, feuillet, feuilleté, feuilleter, feuillu.

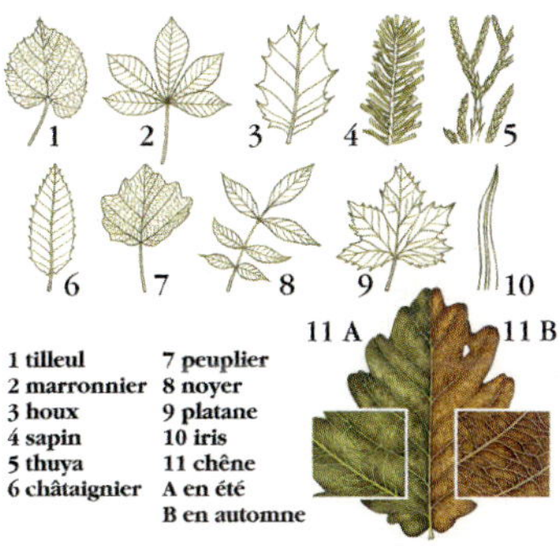

des **feuilles**

▸ **feuillet** (nom masculin)
Feuille d'un livre ou d'un cahier.

▸ **feuilleté, ée** (adjectif)
• **Pâte feuilletée :** pâte qui se divise en feuilles très fines. *La **pâte feuilletée** des millefeuilles est garnie de crème.*

▸ **feuilleter** (verbe) ⊙ conj.n°9
Tourner les pages d'un livre en les regardant rapidement. *Julie **feuillette** un illustré.*

▸ **feuilleton** (nom masculin)
Histoire racontée en plusieurs épisodes, dans un journal, à la radio, à la télévision. *On a regardé tous les épisodes du **feuilleton**.*

▸ **feuillu** (nom masculin)
Arbre qui a des feuilles. *Les chênes et les tilleuls sont des **feuillus**, mais pas les pins ni les sapins qui ont des aiguilles.*

▸ **feulement** (nom masculin)
Cri du tigre ou du chat.

▸ **feuler** (verbe) ⊙ conj.n°3
Produire un feulement. *Ne t'approche pas du chat quand il **feule** !*

▸ **feutre** (nom masculin)
1. Étoffe non tissée, faite de laine ou de poils agglutinés. *Victor a des chaussons à semelles de **feutre**.* **2.** Stylo à pointe de feutre ou de nylon. *La maîtresse corrige les cahiers au **feutre** rouge.* ⊙ Famille du mot : feutré, feutrine.

▸ **feutré, ée** (adjectif)
1. Qui a pris l'aspect du feutre. *Le pull de Laura est **feutré**.* **2.** Peu sonore, presque silencieux. *William s'approche de Myriam à pas **feutrés**.*

▸ **feutrine** (nom féminin)
Tissu léger en feutre. *Xavier et Noémie jouent aux cartes sur un tapis de **feutrine** verte.*

a b c d e f g h i j k l m n o p q r s t u v w x y z

fève (nom féminin)
1. Graine qui ressemble à un gros haricot. *Yann mange des **fèves** avec du beurre et du sel.* 2. Figurine cachée dans la galette des Rois. *Tu as la **fève**, choisis ton roi !*

des **fèves** en fleurs

février (nom masculin)
Deuxième mois de l'année, qui compte 28 jours, et 29 les années bissextiles.

fiabilité (nom féminin)
Caractère de ce qui est fiable. *Ils ont choisi cette voiture pour sa **fiabilité**.*

fiable (adjectif)
Auquel on peut se fier. *C'est un ami sûr et très **fiable**.*

fiacre (nom masculin)
Voiture à cheval qu'on louait pour se déplacer en ville. *Le **fiacre** est l'ancêtre du taxi.*

fiançailles (nom féminin pluriel)
Promesse solennelle de mariage. *Sa bague de **fiançailles** a plusieurs diamants.*

fiancé, ée (nom)
Personne qui est fiancée. *Il nous a présenté sa **fiancée**.*

se fiancer (verbe) conj.n°4
Faire la cérémonie des fiançailles. *Mon frère **s'est fiancé** à une jeune Anglaise.*
Famille du mot : fiançailles, fiancé.

fiasco (nom masculin)
Échec complet. *Cette fête en plein air a été un **fiasco** à cause de la pluie.*

fibre (nom féminin)
Filament de matière organique. ***Les fibres** musculaires.*

fibreux, euse (adjectif)
Qui est formé de fibres. *La tige de l'artichaut est très **fibreuse**.*

ficeler (verbe) conj.n°9
Attacher avec une ficelle. *Le boucher **ficelle** un rôti.*

ficelle (nom féminin)
Corde très mince. *Coupe la **ficelle** et ouvre ce colis !*

fiche (nom féminin)
Morceau de carton mince servant à noter des renseignements. *La bibliothécaire classe les **fiches** des livres prêtés.*

ficher (verbe) conj.n°3
1. Synonyme familier de mettre. *Il **a été fichu** à la porte du lycée.* 2. Synonyme familier de faire. *Elle ne **fiche** rien.* 3. Se ficher : synonyme familier de se moquer. *J'ai perdu la partie, mais je **m'en fiche** !* • **Ficher la paix** : laisser tranquille. • **Ficher le camp** : s'en aller. → Ficher se conjugue comme aimer, sauf au participe passé : fichu.

fichier (nom masculin)
1. Boîte servant à ranger des fiches. 2. Ensemble d'informations enregistrées par un ordinateur.

1. fichu, ue (adjectif)
1. Dans la langue familière, qui est cassé et inutilisable. *Ma montre est tombée dans l'eau, elle est **fichue**.* 2. Synonyme familier de détestable. *Benjamin a un **fichu** caractère !* • **Mal fichu** : un peu malade. *Odile est **mal fichue** depuis hier.*

2. fichu (nom masculin)
Morceau de tissu triangulaire que les femmes mettent sur leur tête ou sur leurs épaules.

fictif, ive (adjectif)
Qui est inventé, créé par l'imagination. *Tous les personnages de cette histoire sont **fictifs**.* (Syn. imaginaire. Contr. réel.)

fiction (nom féminin)
Histoire qui raconte des choses fictives. *Les contes, les romans, les nouvelles sont des livres de **fiction**.*

a b c d e f g h i j k l m n o p q r s t u v w x y z

▸ **fidèle** (adjectif)
1. Qui est attaché à quelqu'un de façon loyale et constante. *C'est bon d'avoir des amis **fidèles**.* (Contr. inconstant, infidèle.) 2. Qui est exact, conforme à la vérité. *Un compte rendu **fidèle** des événements.* ▹ **fidèle** (nom) Personne qui pratique une religion. *Les **fidèles** se rendent à l'office religieux.* ⊙ Famille du mot : fidèlement, fidélité, infidèle, infidélité.

▸ **fidèlement** (adverbe)
De façon fidèle. *Maman va **fidèlement** chez le même coiffeur.*

▸ **fidélité** (nom féminin)
Caractère fidèle de quelqu'un ou de quelque chose. *La **fidélité** des vassaux envers leur seigneur. Une chaîne haute **fidélité** reproduit exactement la musique.*

▸ **fief** (nom masculin)
Au Moyen Âge, domaine que le seigneur donnait à son vassal en échange de sa fidélité.

▸ **fieffé, ée** (adjectif)
Qui a un défaut au plus haut degré. *Méfie-toi, c'est une **fieffée** menteuse !* ⊙ Fieffé a d'abord désigné quelqu'un qui était pourvu d'un *fief*, donc d'un droit et d'une force.

▸ **fiel** (nom masculin)
1. Bile des animaux. *Le boucher vide le poulet et retire le **fiel** qui est très amer.* 2. Au sens figuré, synonyme de méchanceté. *Ses reproches étaient pleins de **fiel**.*

▸ **fiente** (nom féminin)
Excrément des oiseaux. *La terrasse est couverte de **fientes** de pigeons.*

▸ **1. se fier** (verbe) ⊙ conj.n°10
Avoir confiance en quelqu'un. *Ursula est trop étourdie, on ne peut **se fier** à elle.* ➔ Prononciation [səfje].

▸ **2. fier, fière** (adjectif)
1. Qui se croit supérieur aux autres. *Cet homme est trop **fier** pour nous saluer.* (Syn. hautain, orgueilleux.) 2. Qui est très satisfait. *Clément est très **fier** de sa maquette de bateau.* (Contr. honteux.) ➔ Prononciation [fjɛʀ]. ⊙ Famille du mot : fièrement, fierté. ⊙ Fier vient du latin *ferus* qui signifie « sauvage ».

▸ **fièrement** (adverbe)
De façon fière. *David nous a annoncé **fièrement** sa réussite.*

▸ **fierté** (nom féminin)
1. Synonyme d'amour-propre. *Par **fierté**, Zoé refuse qu'on l'aide.* 2. Grande satisfaction. *Il tire une grande **fierté** de sa nouvelle voiture.* (Contr. honte.)

▸ **fièvre** (nom féminin)
1. Température du corps quand elle est trop élevée. *Anna se sent malade ce matin, elle doit avoir de la **fièvre**.* 2. Au sens figuré, grande agitation. *Dans la **fièvre** du départ, papa a oublié les papiers de la voiture.* (Syn. fébrilité.) ⊙ Famille du mot : fiévreusement, fiévreux.

▸ **fiévreusement** (adverbe)
De façon fiévreuse, agitée. *Ibrahim se prépare **fiévreusement** à son examen.*

▸ **fiévreux, euse** (adjectif)
Qui a de la fièvre. *Prends ta température, tu as l'air **fiévreux**.* (Syn. fébrile.)

▸ **fifre** (nom masculin)
Petite flûte en bois au son aigu.

▸ **figer** (verbe) ⊙ conj.n°5
1. Devenir épais, presque solide. *La sauce a refroidi et **a figé** dans l'assiette.* 2. Au sens figuré, ne plus bouger, sous l'effet d'une émotion. *La peur les **a figés** sur place.* (Syn. immobiliser, paralyser.)

▸ **fignoler** (verbe) ⊙ conj.n°3
Faire quelque chose avec beaucoup de soin. *Élodie veut **fignoler** son dessin avant de le rendre à la maîtresse.* (Contr. bâcler.)

▸ **figue** (nom féminin)
Fruit dont la chair rouge est pleine de petits pépins. *Fatima préfère les **figues** fraîches aux **figues** séchées.* • **Figue de Barbarie** : fruit recouvert d'épines du figuier de Barbarie.

figuier (nom masculin)
Arbre qui donne les figues. • **Figuier de Barbarie :** sorte de cactus.

feuille, écorce et fruit du **figuier**

un **figuier de Barbarie** en fleur

figurant, ante (nom)
Acteur, le plus souvent muet. *Ce cinéaste recherche des **figurants** pour son prochain film.*

figure (nom féminin)
1. Synonyme de visage. *Prends ce gant de toilette et va te laver la **figure** !* 2. Dessin qui représente une forme géométrique. *Kevin a tracé trois **figures** au tableau : un cercle, un rectangle et un triangle.* 3. Ensemble des mouvements ou des pas d'un danseur ou d'un patineur. *Dans ce concours de patinage, certaines **figures** sont imposées.*
⊙ Famille du mot : défigurer, figurant, figuré, figurer, figurine.

figuré, ée (adjectif)
• **Sens figuré :** sens d'un mot détourné de son sens premier pour exprimer une comparaison. *Dans l'expression « brûler d'impatience », « brûler » est au **sens figuré**.* (Contr. sens propre.)

figurer (verbe) ⊙ conj.n°3
1. Représenter quelque chose ou quelqu'un. *Une balance peut **figurer** la justice.* 2. Apparaître quelque part. *Son nom ne **figure** pas sur la liste des passagers.* 3. Se figurer : s'imaginer quelque chose. *Tu ne **te figures** quand même pas que je vais faire ça à ta place !* (Syn. croire.)

Ce panneau sert à **figurer** une interdiction.

figurine (nom féminin)
Synonyme de statuette.

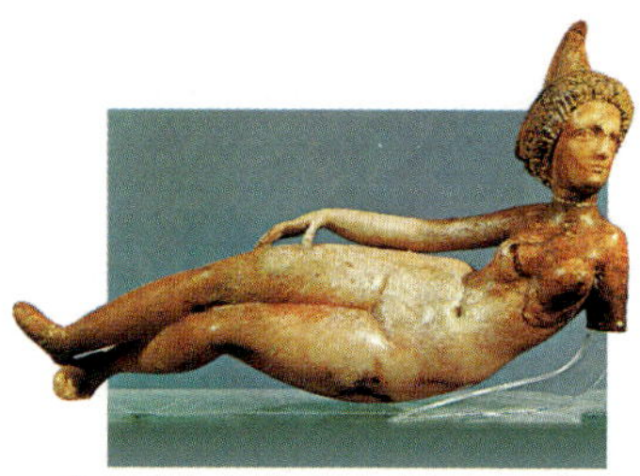

une **figurine** babylonniène en albâtre (IIIe-IIe siècle av. J.-C.)

fil (nom masculin)
1. Brin mince et long, fait d'une matière textile, qui sert à coudre. *Gaëlle n'arrive pas à enfiler le **fil** dans le chas de l'aiguille.* 2. Long brin de métal qui sert à différents usages. *Acheter du **fil** électrique pour faire une rallonge. Une clôture en **fil** de fer.* 3. Enchaînement de choses. *Je ne sais plus ce que je voulais dire, j'ai perdu le **fil** de mes idées.* 4. Partie tranchante d'une lame. *Le **fil** d'une épée, le **fil** d'un rasoir.* • **Être cousu de fil blanc :** être évident. • **Fil à plomb :** ficelle au bout de laquelle est attaché un poids et qui indique la verticale. • **Ne tenir qu'à un fil :** dépendre de très peu de chose.

filament (nom masculin)
Fil très mince. *Si le **filament** a fondu, l'ampoule n'éclaire plus !*

filandreux, euse (adjectif)
1. Qui est rempli de fibres. *Pierre n'aime pas la viande **filandreuse**.* 2. Au sens figuré, qui est interminable et confus. *Quel discours **filandreux** !*

filature (nom féminin)
1. Usine où l'on fabrique du fil. *Plusieurs **filatures** ont fermé dans cette région.* 2. Action de filer quelqu'un pour le surveiller. *Le suspect a été pris en **filature** par des policiers.*

file (nom féminin)
Personnes ou choses qui se suivent. *Prenez la **file** d'attente ! Une **file** de voitures attend au péage de l'autoroute.*

filer (verbe) ○ conj.n°3
1. Transformer une matière textile en fil. ***Filer** la laine.* 2. Suivre quelqu'un sans qu'il s'en aperçoive, pour le surveiller. *Les policiers **ont filé** les malfaiteurs et les ont pris en flagrant délit.* 3. Aller vite. *Le T.G.V. **file** à travers la campagne.* 4. Synonyme familier de s'enfuir. *Les gamins **ont filé** dès qu'ils ont vu le gardien.* (Syn. détaler.)

filet (nom masculin)
1. Objet fait de fils entrelacés qui forment des mailles. *Un **filet** à papillons. Au tennis, la balle doit passer au-dessus du **filet**.* 2. Morceau de viande pris sur le dos de certains animaux. *Un rôti de bœuf dans le **filet**, c'est tendre comme du beurre !* 3. Morceau de chair situé de chaque côté de l'arête d'un poisson. *Hélène adore les **filets** de sole.* 4. Petite quantité d'eau qui coule d'une façon régulière. *C'est la sécheresse, il n'y a plus qu'un **filet** d'eau dans la rivière.*

filial, ale, aux (adjectif)
Qui concerne l'attitude d'un enfant envers ses parents. *L'amour **filial**.*

filiale (nom féminin)
Société commerciale qui dépend d'une autre plus importante. *Cette entreprise française a plusieurs **filiales** en Europe.*

filière (nom féminin)
Série d'étapes par lesquelles il faut passer. *Quentin se renseigne sur la **filière** à suivre pour devenir pilote d'avion.*

filiforme (adjectif)
Qui est mince comme un fil. *Elle est toute menue et a des jambes **filiformes**.*

filigrane (nom masculin)
Dessin imprimé dans l'épaisseur du papier et qui se voit par transparence. *Quel personnage voit-on en **filigrane** sur ce billet de banque ?*

filin (nom masculin)
Cordage utilisé sur les bateaux.

fille (nom féminin)
1. Personne de sexe féminin considérée par rapport à ses parents. *Nos voisins ont trois enfants, deux fils et une **fille**, qui s'appelle Julie.* 2. Jeune personne de sexe féminin. *Dans la classe, il y a plus de **filles** que de garçons.*

fillette (nom féminin)
Petite fille. *Laura a sept ans, c'est encore une **fillette**.*

filleul, eule (nom)
Celui ou celle dont on est le parrain ou la marraine. *Ma sœur est la marraine de Myriam, Myriam est donc sa **filleule**.*

film (nom masculin)
1. Synonyme de pellicule. *Il faut donner ce **film** à développer chez le photographe.* 2. Œuvre de cinéma. *Noémie est allée voir un très beau **film** sur les animaux.*

un **film** photographique

filmer (verbe) ○ conj.n°3
Enregistrer des images avec une caméra ou un caméscope. *Maman s'est amusée à nous **filmer** à la piscine.*

filon (nom masculin)
Couche de minerai située dans le sol. *On a découvert des **filons** de cuivre dans cette région.*

filou (nom masculin)
Homme malhonnête et rusé. *Ces **filous** ont réussi à entrer au cinéma sans payer !*

fils (nom masculin)
Personne de sexe masculin considérée par rapport à ses parents. *Leur **fils** s'appelle Romain et leur fille Odile.* → Prononciation [fis].

filtre (nom masculin)
1. Instrument qui laisse passer un liquide et retient les particules solides. *Des **filtres** à café.* 2. Bout d'une cigarette qui retient la nicotine et le goudron du tabac.

filtrer (verbe) ○ conj.n°3
1. Faire passer à travers un filtre. *Sarah **filtre** la sauce du rôti.* 2. Soumettre à un contrôle. *Les entrées du musée **ont été** soigneusement **filtrées** par le service de sécurité.*

1. fin, fine (adjectif)
1. Qui est formé d'éléments très petits. *Une belle plage de sable **fin**.* 2. Qui a peu d'épaisseur. *Ursula a la taille **fine**.* (Syn. mince. Contr. épais.) 3. Qui est délicat, élégant. *Les traits de son visage sont très **fins**.* 4. Qui est d'une qualité supérieure. *Ce confiseur fait d'excellents chocolats **fins**.* 5. Qui est très sensible. *Thomas a l'ouïe **fine**.* 6. Qui est subtil, intelligent. *On ne peut pas dire que tes plaisanteries soient très **fines** !* ⊙ Famille du mot : finaud, finement, finesse.

2. fin (nom féminin)
Moment où une chose se termine. *On est le 31 décembre, c'est la **fin** de l'année.* (Contr. commencement, début.) • **Arriver à ses fins** : atteindre le but que l'on s'était fixé. • **Mettre fin à quelque chose** : le faire cesser. • **Prendre fin** : se terminer. ⊙ Famille du mot : final, finale, finalement, finaliste, fini, finir, finition.

final, ale (adjectif)
Qui se trouve à la fin. *Victor met le point **final** à son devoir.* → Final a deux pluriels : on peut dire des points finals ou des points finaux. ▷ **finale** (nom féminin) Dernière épreuve d'une compétition. *Le vainqueur de la **finale** du tournoi a gagné une coupe.*

finalement (adverbe)
À la fin, en fin de compte. ***Finalement**, c'est bien toi qui avais raison.*

finaliste (nom)
Sportif ou équipe qui arrive en finale.

finance (nom féminin)
Ensemble des professions qui s'occupent des affaires d'argent. *Elle travaille dans la **finance**.* ▷ **finances** (nom féminin pluriel) Argent dont quelqu'un dispose et qu'il doit gérer. *Les **finances** d'une entreprise, de l'État.* ⊙ Famille du mot : financement, financer, financier. ⊙ Finance vient de l'ancien français *finer* qui signifie « payer ».

financement (nom masculin)
Action de financer. *La municipalité a assuré le **financement** du nouveau stade.*

financer (verbe) ○ conj.n°4
Procurer l'argent nécessaire à quelque chose. *Le ministère de la culture **a financé** le festival de musique.*

financier, ère (adjectif)
Qui concerne les finances. *Elle a de très graves problèmes **financiers**.* ▷ **financier, ère** (nom) Personne qui travaille dans la finance.

finaud, aude (adjectif et nom)
Qui est malin, rusé. *Ce petit **finaud** s'en est très bien sorti !*

finement (adverbe)
D'une façon fine, délicate. *Cette nappe est **finement** brodée.*

finesse (nom féminin)
Caractère de ce qui est fin. *La **finesse** d'un tissu. Un esprit d'une grande **finesse**.*

fini, ie (adjectif)
Dont les finitions ont été soignées. *Ce vêtement est très bien **fini**, les coutures sont impeccables.*

finir (verbe) ○ conj.n°11
1. Faire quelque chose jusqu'à la fin. *Tu iras jouer quand tu **auras fini** tes devoirs.* (Syn. achever, terminer.) 2. Ne rien laisser comme nourriture ou comme boisson. *Le bébé **a fini** son biberon.* 3. En être à la fin. *L'émission **finit** à 22 heures.* (Syn. se terminer. Contr. commencer, débuter.) 4. Arriver à un résultat. *Tu vas **finir** par te blesser avec ce couteau.* • **En finir avec quelque chose** : le faire cesser.

finition (nom féminin)
Dernière opération dans la fabrication d'un objet. *L'immeuble est presque terminé, les ouvriers font les travaux de **finition**.*

finlandais, aise
➡ Voir tableau p. 6.

fiole (nom féminin)
Petit flacon. *Zoé collectionne les **fioles** de parfum.*

fioritures (nom féminin pluriel)
Ornements ajoutés et compliqués. *Ce dessin avec toutes ces **fioritures** est trop tarabiscoté.*

fioul (nom masculin)
Synonyme de mazout. *Cette chaudière marche au **fioul**.* ⊙ Fioul est la forme francisée de l'anglais fuel.

firmament (nom masculin)
Synonyme littéraire de ciel.

firme (nom féminin)
Entreprise industrielle ou commerciale. *Une **firme** automobile.*

fisc (nom masculin)
Administration qui s'occupe des impôts. ⊙ Famille du mot : fiscal, fiscalité. ⊙ Fisc vient du latin *fiscus* qui signifie « panier pour ramasser de l'argent ».

fiscal, ale, aux (adjectif)
Qui concerne les impôts. *La fraude **fiscale** est sévèrement punie.*

fiscalité (nom féminin)
Ensemble des impôts.

fissure (nom féminin)
Petite fente. *Il y a une **fissure** dans le plafond.* (Syn. lézarde.)

fissurer (verbe) ○ conj.n°3
Provoquer des fissures. *Lors du tremblement de terre, la plupart des maisons **se sont fissurées**.* (Syn. se lézarder.)

fixation (nom féminin)
Système qui sert à fixer. *Papa vérifie la **fixation** des vélos sur le toit de la voiture.*

fixe (adjectif)
1. Qu'on ne peut pas déplacer. *Dans les transports en commun, tous les sièges sont **fixes**.* (Contr. mobile.) 2. Qui est immobile. *Anna a horreur du regard **fixe** des serpents.* 3. Qui ne change pas. *Ils déjeunent toujours à heure **fixe**.* (Syn. invariable, régulier.) • **Beau fixe** : beau temps durable. • **Idée fixe** : obsession.

fixement (adverbe)
D'une manière fixe. *Qu'est-ce que tu regardes si **fixement** ?*

fixer (verbe) ○ conj.n°3
1. Faire tenir quelque chose solidement. *Il va falloir un gros crochet pour **fixer** ce miroir au mur.* 2. Regarder sans bouger les yeux. *Arrête de **fixer** les gens comme ça !* 3. Décider de quelque chose de façon précise. ***Fixer** un prix. **Fixer** une date.* ⊙ Famille du mot : fixation, fixe, fixement.

fjord (nom masculin)
En Norvège, golfe profond et étroit. ➔ Prononciation [fjɔʀd].

un **fjord**

flacon (nom masculin)
Petite bouteille. *Un **flacon** d'eau oxygénée.*

flageoler (verbe) ○ conj.n°3
Trembler de faiblesse ou d'émotion. *À l'arrivée du marathon, il avait les jambes qui **flageolaient**.*

flagrant, ante (adjectif)
Qui est évident, que personne ne peut nier. *La ressemblance entre ces deux jumeaux est **flagrante**.* • **Flagrant délit :** délit commis sous les yeux de la personne qui le constate.

flair (nom masculin)
1. Odorat très fin de certains animaux, comme le chien. 2. Au sens figuré, capacité instinctive à deviner quelque chose. *Il a manqué de **flair** dans cette affaire.*

flairer (verbe) ○ conj.n°3
1. Sentir pour reconnaître une odeur. *Un bon chien de chasse sait **flairer** de loin le gibier.* 2. Au sens figuré, pressentir quelque chose. *Ils **avaient flairé** le danger.* (Syn. deviner, soupçonner.)

flamand, ande
➠ Voir tableau p. 6.

flamant (nom masculin)
Grand échassier blanc ou rose à long cou. ⊙ Flamant vient du latin *flamma* qui signifie « flamme », à cause de son plumage éclatant.

un **flamant** rose et son poussin

flambeau, eaux (nom masculin)
Torche enduite de cire ou de résine. *On allume des **flambeaux** le soir de la fête du village.*

flambée (nom féminin)
1. Feu vif et de courte durée. *On a fait une **flambée** dans la cheminée.* 2. Au sens figuré, augmentation brusque et importante. *Le mauvais temps a causé une **flambée** des prix des fruits.*

flamber (verbe) ○ conj.n°3
Brûler avec de grandes flammes. *Ce bois sec va **flamber** facilement.* ⊙ Famille du mot : flambeau, flambée, flamboyer.

flamboyer (verbe) ○ conj.n°6
Briller vivement, comme le feu. *Les nuages **flamboient** dans le soleil couchant.*

flamme (nom féminin)
1. Forme lumineuse produite par le feu. *Le vent a éteint les **flammes** des bougies.* 2. Au sens figuré, enthousiasme et passion. *Il a fait un discours plein de **flamme**.* (Syn. exaltation, fougue.) ⊙ Famille du mot : s'enflammer, flammèche, inflammable.

flammèche (nom féminin)
Parcelle de matière enflammée qui s'envole. *Le pare-feu devant la cheminée protège des **flammèches**.*

flan (nom masculin)
Entremets cuit au four. *Il y a un **flan** aux raisins pour le dessert.*

flanc (nom masculin)
1. Chaque côté du corps. *Le cheval blessé s'est couché sur le **flanc**.* 2. Côté de certaines choses. *On aperçoit un village sur le **flanc** de la montagne.*

flancher (verbe) ○ conj.n°3
Synonyme familier de faiblir. *Le coureur **a flanché** dans la dernière ligne droite.*

flanelle (nom féminin)
Tissu de laine souple et doux. *Ce pantalon de **flanelle** est bien chaud pour l'hiver.*

flâner (verbe) ○ conj.n°3
Se promener sans se presser. *Quand Élodie a du temps, elle aime aller **flâner** avec son chien sur les bords de la rivière.* (Syn. se balader, musarder.) ⊙ Famille du mot : flânerie, flâneur.

flânerie (nom féminin)
Action de flâner.

flâneur, euse (nom)
Personne qui flâne. *De nombreux **flâneurs** s'attardent devant les vitrines.* (Syn. promeneur.)

flanquer (verbe) conj.n°3
1. Être disposé de part et d'autre. *La façade du château **est flanquée** de deux tours.* 2. Dans la langue familière, lancer brutalement. ***Flanquer** une paire de claques.*

flaque (nom féminin)
Petite mare qui se forme sur le sol après la pluie. *Les enfants pataugent dans les **flaques** d'eau avec leurs bottes.*

flash (nom masculin)
1. Appareil qui produit un éclair de lumière très vive pour faire des photos dans les endroits sombres. *La photo est trop sombre car le **flash** n'a pas marché.* 2. Court bulletin d'information à la radio ou à la télévision. → Flash est un mot anglais : on prononce [flaʃ]. → Pluriel : des flashes.

flash-back (nom masculin)
Retour en arrière, dans un film. → Flash-back est un mot anglais : on prononce [flaʃbak]. → Pluriel : des flash-back.

flasque (adjectif)
Qui manque de fermeté ou d'élasticité. *Ton ventre devient **flasque**, tu devrais faire de la musculation !* (Syn. mou. Contr. ferme.)

flatter (verbe) conj.n°3
1. Faire des compliments exagérés. *Il **flatte** son patron en espérant une augmentation !* 2. Faire paraître quelqu'un plus beau qu'en réalité. *Ce peintre a fait de lui un portrait qui le **flatte** beaucoup.* (Syn. avantager.) 3. Causer de la fierté à quelqu'un. *Nous **avons été flattés** de sa visite.* (Syn. honorer.) 4. Se flatter de quelque chose : s'en vanter. *Il **se flatte** de courir le 100 mètres en 15 secondes !* ⊙ Famille du mot : flatterie, flatteur.

flatterie (nom féminin)
Compliment destiné à flatter quelqu'un. *Ces **flatteries** ne sont pas très méritées.*

flatteur, euse (nom)
Personne qui dit des flatteries. *Il faut se méfier des **flatteurs**.* ▷ **flatteur, euse** (adjectif) Qui flatte. *Le professeur a eu des mots **flatteurs** à l'égard de William.*

fléau, fléaux (nom masculin)
1. Instrument agricole qui servait à battre les céréales. 2. Barre horizontale qui supporte les plateaux d'une balance. 3. Catastrophe qui s'abat sur une population. *Au Moyen Âge, la peste a été un grand **fléau**.* (Syn. calamité, désastre.)

flèche (nom féminin)
1. Tige fine et pointue que l'on tire à l'aide d'un arc. *Les Indiens chassaient avec des **flèches**.* 2. Dessin en forme de flèche pour indiquer une direction. *Des **flèches** signalent la direction de la fête.* 3. Sommet pointu d'un clocher. *La cathédrale de Strasbourg ne comporte qu'une **flèche**.* ➠ p. 178. • **Monter en flèche :** augmenter très rapidement. *Le prix de l'essence **est monté en flèche**.* ⊙ Famille du mot : flécher, fléchette.

flécher (verbe) conj.n°8
Marquer par des flèches. *Le rallye suit un parcours **fléché**.*

fléchette (nom féminin)
Petite flèche qu'on lance à la main sur une cible. *Jouer aux **fléchettes**.*

fléchir (verbe) conj.n°11
1. Plier une partie du corps. *Fatima s'est cassé le coude et ne peut plus **fléchir** l'avant-bras.* 2. Se courber sous une charge. *Les rayons de la bibliothèque **fléchissent** sous le poids des livres.* 3. Faire céder quelqu'un, le convaincre. *Il ne veut pas que tu ailles au cinéma, tu ne le **fléchiras** pas.* 4. Baisser, diminuer. *L'allure des coureurs **a** nettement **fléchi** dans la montée.*

fléchissement (nom masculin)
Fait de fléchir. *Le **fléchissement** d'une branche sous le poids des fruits.*

flegmatique (adjectif)
Qui a du flegme. *Xavier est un élève **flegmatique** et maître de lui.* (Syn. calme.)

flegme (nom masculin)
Caractère de quelqu'un qui reste toujours calme. *Dans la panique générale, Gaëlle a su garder son **flegme**.* (Syn. calme, sang-froid.)

flemmard, arde (adjectif)
Synonyme familier de paresseux.

flemme (nom féminin)
Synonyme familier de paresse.

se flétrir (verbe) conj.n°11
1. Synonyme de se faner. *Si tu ne les arroses pas régulièrement, ces fleurs vont **se flétrir**.* 2. Faire perdre à quelqu'un sa beauté. *Elle est si vieille qu'elle a le visage tout **flétri**.*

fleur (nom féminin)
Partie souvent colorée d'une plante, qui porte les organes de reproduction. *Maman cherche un vase pour y mettre les **fleurs** qu'on vient de lui offrir.* • **À fleur de quelque chose** : qui est presque au même niveau. *Les bateaux évitent les rochers **à fleur d**'eau.* • **Faire une fleur à quelqu'un** : dans la langue familière, lui faire une faveur. • **La fine fleur de quelque chose** : la meilleure partie, l'élite. Famille du mot : affleurer, fleurir, fleuriste, refleurir.

Un bouquet de **fleurs** peint par Vincent Van Gogh, en 1886

fleuret (nom maculin)
Sorte d'épée à lame très fine sans tranchant, avec laquelle on fait de l'escrime. *La pointe du **fleuret** est protégée par un bouton.*

fleurir (verbe) conj.n°11
1. Produire des fleurs. *Les arbres fruitiers **fleurissent** au printemps.* 2. Décorer un endroit avec des fleurs. *Maman veille à ce que la maison **soit** toujours **fleurie**.*

fleuriste (nom)
Marchand de fleurs et de plantes.

fleuron (nom masculin)
Ce qu'il y a de meilleur, de plus remarquable. *Ce cuisinier est un des **fleurons** de la gastronomie française.*

fleuve (nom masculin)
Cours d'eau qui se jette dans la mer. *La Loire est le plus long **fleuve** de France.*

flexible (adjectif)
Qui se plie facilement sans casser. *Les tiges de l'osier sont **flexibles**, il est facile de les tresser.* (Syn. souple.)

flexion (nom féminin)
Action de fléchir un membre. *Au cours de ski, le moniteur nous fait faire des **flexions**.* (Contr. extension.)

flibustier (nom masculin)
Pirate des mers américaines aux XVIIe et XVIIIe siècles.

un **flibustier**

flipper (nom masculin)
Sorte de billard électrique. ➔ Flipper est un mot anglais : on prononce [flipœʀ].

flirt (nom masculin)
Relation sentimentale passagère. ➔ Prononciation [flœʀt]. ⊙ Flirt est un mot anglais qui vient du français *fleureter* qui signifie « courtiser une femme, lui conter fleurette ».

flirter (verbe) ○ conj.n°3
Avoir un flirt avec quelqu'un. ➔ Prononciation [flœʀte].

flocon (nom masculin)
1. Petite masse de neige. *Il neige à gros **flocons** sur les montagnes.* 2. Lamelle de graine de céréale. *À son petit déjeuner, Yann mange des **flocons** de maïs avec du yaourt.*

flonflons (nom masculin pluriel)
Musique bruyante. *On a entendu les **flonflons** du bal jusqu'à deux heures du matin.*

floraison (nom féminin)
Époque où les fleurs s'épanouissent. *Les cerisiers sont en pleine **floraison**.*

floral, ale, aux (adjectif)
Qui concerne les fleurs. *Nous avons visité une exposition **florale**.*

flore (nom féminin)
Ensemble des plantes d'une région précise. *Les élèves partent en classe de nature dans les Alpes pour en étudier la **flore**.*

florissant, ante (adjectif)
Qui est riche, prospère. *Autour de la cathédrale, le commerce des souvenirs est **florissant**.*

flot (nom masculin)
Grand nombre ou grande quantité. *L'été, des **flots** de touristes débarquent en car pour visiter le château.* • **À flot** : sur l'eau, pour flotter. *Remettre un bateau **à flot**.* ▷ **flots** (nom masculin pluriel) Synonyme littéraire de mer. *Le navire vogue sur les **flots**.*

flotte (nom féminin)
Ensemble des bateaux d'un pays.

flottement (nom masculin)
Moment d'hésitation. *Après un temps de **flottement**, il a fini par répondre.*

flotter (verbe) ○ conj.n°3
1. Rester à la surface d'un liquide. *Benjamin ne sait pas encore nager, il porte une bouée pour **flotter**.* (Contr. couler.) 2. Bouger dans l'air. *Le drapeau vert **flotte** sur la plage : la baignade est autorisée.* 3. Porter un vêtement trop grand. *Depuis qu'elle a maigri, Hélène **flotte** dans tous ses vêtements.* (Syn. nager.)
⊙ Famille du mot : flottement, flotteur.

flotteur (nom masculin)
Accessoire qui flotte et empêche un objet de couler. *Une forte vague a endommagé un **flotteur** du trimaran.*

flottille (nom féminin)
Ensemble de petits bateaux.

flou, floue (adjectif)
Qui n'a pas de formes nettes. *Ces photos sont ratées, elles sont toutes **floues**.*

fluctuant, ante (adjectif)
Qui est variable, changeant. *Selon la saison, le prix des fruits est très **fluctuant**.*

fluctuation (nom féminin)
Changement continuel. *Clément ne comprend rien aux **fluctuations** de la Bourse.*

fluet, fluette (adjectif)
1. Qui est mince et d'apparence délicate. *Cette jeune Chinoise est toute **fluette** mais elle est championne de gymnastique.* 2. Qui manque de force. *Une petite voix **fluette**.*

fluide (adjectif)
Qui coule facilement. *La sauce est trop **fluide**. La circulation est **fluide** sur l'autoroute.* ▷ **fluide** (nom masculin) Matière qui n'a pas de forme propre. *Les liquides et les gaz sont des **fluides**.* (Contr. solide.)

fluidité (nom féminin)
Caractère de ce qui est fluide. *La **fluidité** de la circulation est bonne, ce soir.*

Les fleurs

dahlia

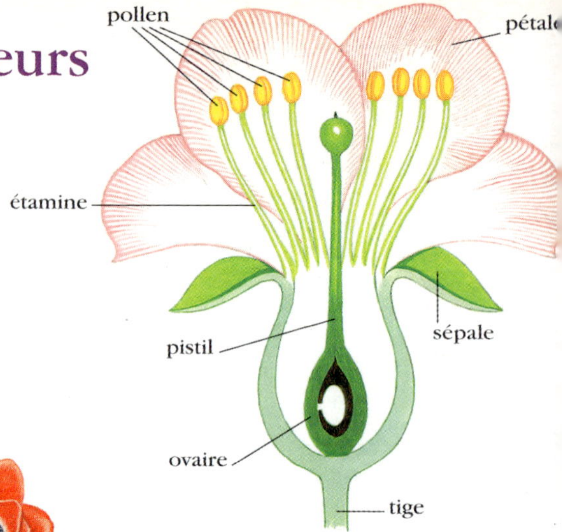

Coupe d'une fleur

anémone

chardon

bleuet

capucine

coquelicot

campanule

violette
jonquille
hibiscus
pivoine
narcisse
primevère
orchidée
rose
iris
lis
œillet
myosotis

fluor (nom masculin)
Substance chimique, ajoutée dans les dentifrices pour prévenir les caries.

fluorescent, ente (adjectif)
Qui émet de la lumière dans l'obscurité. *Quand ils travaillent de nuit sur les routes, les ouvriers portent des vêtements **fluorescents**.*

flûte (nom féminin)
1. Instrument à vent constitué d'un tuyau percé de trous. 2. Verre haut et étroit utilisé pour boire le champagne. *Fais attention en les essuyant, ces **flûtes** sont fragiles.*

flûtiste (nom)
Joueur de flûte.

fluvial, ale, aux (adjecif)
Qui a rapport aux fleuves, aux cours d'eau. *Le transport **fluvial** est plus économique que le transport routier.*

flux (nom masculin)
1. Marée montante. (Contr. reflux.) 2. Au sens figuré, grande abondance de choses ou de personnes. *Matin et soir, un **flux** de voyageurs s'engouffre dans la gare.* → Prononciation [fly].

foc (nom masculin)
Voile triangulaire à l'avant des voiliers. ➠ p. 114.

fœtus (nom masculin)
Enfant qui se forme peu à peu dans le ventre de sa mère. → Prononciation [fetys].

foi (nom féminin)
Fait de croire en l'existence de Dieu. *Grand-mère a la **foi**, elle va à la messe tous les dimanches.* • **Digne de foi** : que l'on peut croire sur parole. • **Être de bonne foi** : être sincère, honnête. • **Faire foi** : être une preuve. *Le cachet de la Poste **fait foi** du jour de départ d'une lettre.*

foie (nom masculin)
Organe de la partie droite de l'abdomen, qui joue un grand rôle dans la digestion. *Une tranche de **foie** de veau.* ➠ p. 345.

foin (nom masculin)
Herbe fauchée et séchée, destinée à nourrir le bétail.

foire (nom féminin)
1. Grand marché agricole. *Dans ce village, la **foire** aux bestiaux a lieu une fois par an.* 2. Exposition commerciale. *Une **foire** aux vins.* 3. Fête foraine. *Ce que David préfère à la **foire**, ce sont les autos tamponneuses.*

fois (nom féminin)
1. Moment où un événement se produit. *Tu te souviens de la **fois** où Julie s'est cassé la jambe en tombant ?* 2. Indique la multiplication. *Cinq **fois** dix égalent cinquante.* • **Il était une fois** : un jour, il y a longtemps.

à foison (adverbe)
En abondance. *On a trouvé des châtaignes **à foison** dans les bois.* ⊙ Famille du mot : foisonnement, foisonner.

foisonnement (nom masculin)
Fait de foisonner.

une **flûte**

foisonner (verbe) ○ conj.n°3
Exister à foison. *Les ronces **foisonnent** dans ce jardin abandonné.* (Syn. abonder.)

folâtrer (verbe) ○ conj.n°3
S'ébattre gaiement. *Les chiens **folâtrent** dans le jardin.*

folie (nom féminin)
1. Maladie mentale d'une personne qui ne sait plus ce qu'elle fait. *Sa **folie** ne fait qu'empirer de jour en jour.* (Syn. démence.) 2. Conduite déraisonnable, imprudente. *C'est de la **folie** de sortir sous cet orage !* (Syn. inconscience.) 3. Dépense trop importante. *Ibrahim a fait une **folie** en achetant ce cadeau.*

folklore (nom masculin)
Ensemble des légendes, des chants, des danses populaires d'une région. ⊙ Folklore vient de l'anglais *folk* qui signifie « peuple » et *lore* qui signifie « connaissance ».

folklorique (adjectif)
Qui vient du folklore. *Laura adore les chants **folkloriques** corses.*

des costumes **folkloriques** bretons

folle ➠ Voir fou.

follement (adverbe)
D'une manière folle, excessive. *Aimer **follement** quelqu'un.*

fomenter (verbe) ○ conj.n°3
Provoquer une action hostile. *Les rebelles **ont fomenté** des émeutes dans la ville.*

foncé, ée (adjectif)
De couleur sombre. *Ce gris **foncé** est presque noir.* (Contr. clair.)

1. foncer (verbe) ○ conj.n°4
Devenir plus sombre. *En séchant, cette peinture va **foncer** un peu.* (Contr. éclaircir.)

2. foncer (verbe) ○ conj.n°4
1. Se précipiter sur quelqu'un. *Quelle panique quand la voiture **a foncé** sur la foule !* 2. Dans la langue familière, aller très vite. *Il va falloir **foncer** pour arriver à l'heure !*

foncier, ère (adjectif)
1. Qui est profondément dans la nature de quelqu'un. *Kevin est d'une bonté **foncière**.* 2. Qui concerne la propriété de terres ou de maisons. *Les propriétaires doivent payer chaque année un impôt **foncier**.*

foncièrement (adverbe)
Par nature. *Myriam est **foncièrement** honnête.* (Syn. profondément.)

fonction (nom féminin)
1. Travail dont quelqu'un est chargé. *C'est à Noémie que le maître a confié la **fonction** d'essuyer le tableau.* 2. Travail, charge ou métier. *Le père de Pierre exerce la **fonction** de maire.* 3. Rôle joué par quelque chose. *L'estomac a une **fonction** importante dans la digestion.* 4. Relation grammaticale d'un mot avec les autres. *La **fonction** sujet, la **fonction** complément.* • **En fonction de quelque chose** : par rapport à cette chose. *La lumière change **en fonction de** l'heure.* (Syn. selon, suivant.) ⊙ Famille du mot : fonctionnaire, fonctionnel, fonctionnement, fonctionner.

fonctionnaire (nom)
Personne employée par l'État. *Le père de Quentin est professeur de lycée, c'est un **fonctionnaire**.*

fonctionnel, elle (adjectif)
Qui est bien adapté à sa fonction. *Cet appartement est petit mais très **fonctionnel**.*

fonctionnement (nom masculin)
Manière de fonctionner. *Le **fonctionnement** de ce caméscope est très simple.*

fonctionner (verbe) ○ conj.n°3
Être en état de marche. *Le lave-vaisselle ne **fonctionne** plus, il faut le faire réparer.* (Syn. marcher.)

fond (nom masculin)
1. Partie la plus basse ou la plus profonde de quelque chose. *Il y a un dépôt au **fond** de la bouteille.* **2.** Endroit le plus éloigné de l'entrée. *La voiture est garée au **fond** du parking.* **3.** Ce qui se trouve à l'arrière d'un dessin, d'une image. *Romain a fait un gros plan d'Odile, sur **fond** de verdure.* **4.** Ce qui est essentiel, fondamental. *Le **fond** du problème.* • **À fond** : complètement, le plus possible. *Il connaît la question **à fond**.* • **Au fond** : en réfléchissant bien. • **Course de fond** : course qui se dispute sur une longue distance.

fondamental, ale, aux (adjectif)
Extrêmement important. *Pour conduire, il faut une bonne vue, c'est **fondamental**.* (Syn. essentiel. Contr. secondaire.)

fondant, ante (adjectif)
1. Qui est en train de fondre. *La glace est **fondante**, pas question de faire du patin à glace.* **2.** Qui fond dans la bouche. *Sarah adore les chocolats **fondants**.*

fondateur, trice (nom)
Personne qui a fondé quelque chose. *Le **fondateur** de cette grosse entreprise est l'arrière-grand-père de Thomas.*

fondation (nom féminin)
Action de fonder quelque chose. *La **fondation** de ce musée date du siècle dernier.* (Syn. création.) ▷ **fondations** (nom féminin pluriel) Parties d'un bâtiment qui soutiennent les murs. *Les ouvriers creusent pour commencer les **fondations** de l'immeuble.*

fondé, ée (adjectif)
Qui a un fondement, une justification. *Le reproche qu'on t'a fait était **fondé**.*

fondement (nom masculin)
Principe sur lequel quelque chose est fondé. *La tolérance est un **fondement** de la vie en société.* (Syn. base.)

fonder (verbe) ○ conj.n°3
1. Synonyme de créer. *Les parents d'élèves **ont fondé** une association.* **2.** S'appuyer sur des arguments. *Ursula **a fondé** son opinion sur son expérience.* ⊙ Famille du mot : fondateur, fondation, fondé, fondement.

fonderie (nom féminin)
Usine dans laquelle on fond des métaux.

fondre (verbe) ○ conj.n°31
1. Devenir liquide sous l'effet de la chaleur. *Le beurre commence à **fondre** dans la poêle.* **2.** Se dissoudre dans un liquide. *Le gros sel **fond** dans l'eau de cuisson.* **3.** Chauffer un métal pour le rendre liquide avant de le verser dans des moules. ***Fondre** du bronze pour faire une statue.* **4.** Se jeter brusquement sur quelqu'un ou quelque chose. *Le vautour **a fondu** sur sa proie.* • **Fondre en larmes** : se mettre à pleurer très fort. ⊙ Famille du mot : fondant, fonderie, fondue, fonte.

fondrière (nom féminin)
Trou dans le sol. *Ce vieux chemin est plein de **fondrières**.*

fonds (nom masculin)
Valeur d'une terre ou d'un magasin. *Ce **fonds** de commerce est à vendre.* ▷ **fonds** (nom masculin pluriel) Somme d'argent. *Nous n'avons pas les **fonds** suffisants pour acheter cette voiture.* (Syn. capital.)

fondue (nom féminin)
Plat régional que l'on cuit directement sur la table. *La **fondue** savoyarde est à base de fromage, la **fondue** bourguignonne à base de viande de bœuf.*

fontaine (nom féminin)
Petite construction où coule de l'eau. *Avant de partir en randonnée, nous avons rempli nos gourdes à la **fontaine**.*

La **fontaine** Stravinski de Niki de Saint-Phalle et Jean Tinguely, dans le quartier Beaubourg, à Paris.

▸ **fonte** (nom féminin)
1. Moment où quelque chose fond. *La **fonte** des neiges, la **fonte** des glaces.* 2. Alliage de fer et de carbone. *Un radiateur en **fonte**.*

▸ **fonts** (nom masculin pluriel)
• **Fonts baptismaux** : dans une église, bassin contenant l'eau du baptême.

▸ **football** (nom masculin)
Jeu opposant deux équipes de onze joueurs qui essaient d'envoyer un ballon rond dans les buts de l'adversaire sans se servir des mains. *Un terrain de **football** mesure au moins 90 mètres de long.* ➜ Prononciation [futbol]. ➜ Ce mot s'abrège familièrement « foot ». ⊙ Football vient de l'anglais *foot* qui signifie « pied » et de *ball* qui signifie « balle ».

le **football**

▸ **footballeur, euse** (nom)
Personne qui joue au football. ➜ Prononciation [futbolœʀ].

▸ **footing** (nom masculin)
Promenade sportive, à pied. *Elle fait un petit **footing** tous les matins.* ➜ Footing est un mot anglais : on prononce [futiŋ].

▸ **for** (nom masculin)
• **Dans mon for intérieur** : au fond de moi-même. ***Dans son for intérieur**, Zoé regrette d'avoir menti.* ⊙ For vient du latin *forum* qui signifie « tribunal ».

▸ **forage** (nom masculin)
Action de forer. *Le **forage** des puits de pétrole peut se faire sur terre ou sur mer.*

▸ **forain, aine** (adjectif et nom)
Qui travaille sur les foires ou les marchés. *Certains **forains** vivent dans des roulottes.* ▷ **forain, aine** (adjectif) • **Fête foraine** : fête avec des attractions et des boutiques de forains. (Syn. foire.) ⊙ Forain vient du latin *foranus* qui signifie « étranger ».

▸ **forçat** (nom masculin)
Synonyme de bagnard.

▸ **force** (nom féminin)
1. Puissance physique de quelqu'un. *Il faut beaucoup de **force** pour déplacer le piano !* (Contr. faiblesse.) 2. Niveau de compétences. *Victor et Anna sont à peu près de la même **force** aux échecs.* 3. Puissance d'un phénomène physique. *Le bateau a été pris dans la tempête avec un vent de **force** 10.* 4. Usage de la violence. *Pour maîtriser le malfaiteur, la police a dû employer la **force**.* (Contr. douceur.) • **À force de** : grâce à beaucoup d'efforts. • **Par la force des choses** : sans pouvoir faire autrement. • **Tour de force** : réussite éclatante, exploit. ▷ **forces** (nom féminin pluriel) 1. Énergie physique. *Mange un peu pour reprendre des **forces** !* 2. Capacités intellectuelles. *Ce casse-tête est au-dessus de mes **forces**.* • **Les forces de l'ordre** : la police.

▸ **forcé, ée** (adjectif)
1. Qu'on ne peut pas éviter. *Cette panne de voiture a entraîné un arrêt **forcé**.* (Syn. inévitable.) 2. Qui n'est pas naturel. *Un sourire **forcé**.* • **Travaux forcés** : peine de prison dans un bagne. *Autrefois, les condamnés aux **travaux forcés** étaient envoyés en Guyane.*

▸ **forcément** (adverbe)
De façon forcée, inévitable. *Élodie est la meilleure de la classe, elle va **forcément** entrer en sixième.* (Syn. évidemment.)

▸ **forcené, ée** (nom)
Fou furieux. *Le **forcené** s'est barricadé chez lui.* ⊙ Forcené vient d'un ancien mot français *forsener* qui signifie « être hors de son bon sens ».

forcer (verbe) ○ conj.n°4
1. Obliger quelqu'un à faire quelque chose. *La pluie nous **a forcés** à faire demi-tour.* (Syn. contraindre.) 2. Ouvrir en employant la force. *Les cambrioleurs **ont forcé** la serrure.* 3. Faire de trop grands efforts. *Il a dû **forcer** pour pédaler jusqu'au sommet de la colline.*

forcir (verbe) ○ conj.n°11
Prendre de l'embonpoint. *Il **a** beaucoup **forci** depuis qu'il s'est arrêté de faire du sport.* (Syn. grossir.)

forer (verbe) ○ conj.n°3
Creuser le sol avec une machine. ***Forer** un tunnel, un puits.* ⊙ Famille du mot : forage, foret.

forestier, ère (adjectif)
Qui concerne les forêts. *Le long du chemin **forestier**, on a trouvé des pissenlits.*

foret (nom masculin)
Outil qui, en tournant sur lui-même, sert à percer des trous.

forêt (nom féminin)
Grande étendue de terrain couverte d'arbres. *Une **forêt** de sapins.*

forfait (nom masculin)
1. Synonyme littéraire de crime. *Ce criminel a été condamné pour ses **forfaits**.* 2. Prix fixé à l'avance. *Pour louer une voiture, on paie un **forfait** à la journée.* • **Déclarer forfait** : renoncer à participer à une compétition.

forfaitaire (adjectif)
Qui est fixé par un forfait. *Pour s'inscrire à la bibliothèque, il faut payer une somme **forfaitaire** de 5 euros.*

forge (nom féminin)
Atelier où l'on travaille les métaux au marteau sur une enclume. ⊙ Famille du mot : forger, forgeron.

« La **Forge** de Vulcain »
de Vélasquez (1630)

forger (verbe) ○ conj.n°5
1. Chauffer une pièce métallique puis la façonner à coups de marteau. 2. Au sens figuré, synonyme d'inventer. *William nous a raconté une histoire **forgée** de toutes pièces.*

forgeron (nom masculin)
Ouvrier qui travaille dans une forge.

se formaliser (verbe) ○ conj.n°3
Être choqué par quelque chose. *Tu ne vas pas **te formaliser** parce qu'il n'a pas encore répondu à ta lettre !* (Syn. se vexer.)

formalité (nom féminin)
Démarche administrative obligatoire. *Il y a des **formalités** à accomplir pour obtenir un passeport.*

format (nom masculin)
Dimensions d'un objet. *Avant d'acheter le cadre, il faut connaître le **format** de la photo.*

formation (nom féminin)
1. Action de former ou fait de se former. *La **formation** d'un nouveau gouvernement. La **formation** de givre sur les vitres montre qu'il fait très froid.* 2. Fait de former quelqu'un à un métier. *Le grand frère de Xavier suit une **formation** en informatique.* 3. Groupe de personnes. *Une **formation** politique.*

forme (nom féminin)
1. Ensemble des contours d'une chose. *Je n'aime pas du tout la **forme** de cette voiture.* 2. Aspect qu'une chose peut prendre. *Yann s'intéresse à toutes les **formes** de musique.* 3. État de santé. *Fatima n'est pas très en **forme**, elle se sent fatiguée.* 4. Façon dont se présente une phrase ou un groupe de mots. *Fais une phrase à la **forme** négative.* • **Dans les formes** : selon les règles. • **Pour la forme** : en respectant les usages. • **Prendre forme** : commencer à se préciser. ⊙ Famille du mot : déformant, déformation, déformer, formation, formel, formellement, former.

formel, elle (adjectif)
1. Qu'on ne peut pas discuter. *Interdiction **formelle** de fumer à l'hôpital.* (Syn. catégorique.) 2. Qui est seulement pour la forme, l'apparence. *Sa politesse n'est que **formelle**.*

formellement (adverbe)
De façon formelle. *Il est **formellement** interdit de faire du roller dans la cour de l'école.* (Syn. absolument, rigoureusement, totalement.)

former (verbe) ○ conj.n°3
1. Donner une forme. *Benjamin s'applique à **former** les chiffres de son opération.* **2.** Créer un groupe. *Les enfants de la classe **ont formé** une chorale.* (Syn. constituer.) **3.** Apprendre un métier à quelqu'un. *Cet artisan continue à **former** des jeunes.* **4.** Se former : apparaître sous une certaine forme. *Le brouillard **s'est formé** très vite et a surpris les automobilistes.*

formidable (adjectif)
Qui est admirable, extraordinaire. *Ce livre est **formidable**, je te conseille de le lire.*

formol (nom masculin)
Désinfectant liquide et transparent. *Ce lézard est conservé dans un bocal de **formol**.*

formulaire (nom masculin)
Questionnaire administratif. *Avant d'ouvrir un compte à la banque, il a dû remplir un **formulaire**.*

formule (nom féminin)
1. Expression toute faite qu'on emploie dans certaines circonstances. *N'oublie pas la **formule** de politesse à la fin de ta lettre !* **2.** Suite de lettres et de chiffres représentant la composition d'un élément chimique. *H_2O est la **formule** chimique de l'eau.* **3.** Façon de faire. *Pour aller au travail, maman trouve que le bus est la meilleure **formule**.* (Syn. solution.) ⊙ Famille du mot : formulaire, formuler.

formuler (verbe) ○ conj.n°3
Exprimer de façon précise. *Essaie de mieux **formuler** ta question, tu es trop confus.*

forsythia (nom masculin)
Arbuste dont les fleurs jaunes apparaissent avant les feuilles, à la fin de l'hiver. → Prononciation [fɔRsisja]. ⊙ Forsythia vient de *G. Forsyth*, botaniste anglais.

feuille, bouton et fleur de **forsythia**

1. fort, forte (adjectif)
1. Qui a de la force physique. *Tu n'es pas assez **forte** pour porter cette valise.* (Syn. robuste, vigoureux. Contr. faible.) **2.** Qui a des capacités dans un domaine. *Gaëlle est **forte** en géographie.* (Syn. doué. Contr. faible.) **3.** Qui est très intense, violent. *La météo prévoit de **fortes** tempêtes pour demain.* **4.** Qui a de la puissance. *Baisse le son de la radio, il est trop **fort**.* **5.** Qui est plutôt gros. *C'est une femme grande et un peu **forte**.* (Syn. corpulent.) **6.** Qui est concentré, qui a beaucoup de goût. *Cette sauce au piment est très **forte**.* (Contr. léger.) • **C'est plus fort que moi** : je ne peux m'en empêcher. • **C'est un peu fort !** : c'est exagéré, difficile à accepter. ▷ **fort** (adverbe) **1.** Avec force, puissance. *Parlez plus **fort**, il est un peu sourd ! Le vent souffle **fort**.* **2.** Très, beaucoup. *C'est une discussion **fort** intéressante.* ▷ **fort** (nom masculin) Ce qu'une personne sait très bien faire. *La pâtisserie, ça n'est vraiment pas mon **fort** !*

2. fort (nom masculin)
Bâtiment militaire fortifié. *Des soldats ennemis encerclent le **fort**.*

fortement (adverbe)
Avec force. *Il m'a **fortement** encouragé à accepter cet emploi.* (Syn. vigoureusement, vivement.)

forteresse (nom féminin)
Lieu fortifié qui protège une ville. *Nous nous sommes promenés sur les remparts de la **forteresse**.* (Syn. citadelle.)

fortifiant (nom masculin)
Médicament qui donne des forces. *Mange de tout et tu n'auras pas besoin de* ***fortifiant****.*

fortification (nom féminin)
Construction fortifiée qui protège un lieu. *Les assiégeants montaient à l'assaut des* ***fortifications****.*

Des **fortifications** ont été élevées autour du village.

fortifier (verbe) ▸ conj.n°10
1. Rendre plus fort. *Ce séjour à la mer va te* ***fortifier****.* 2. Entourer un endroit de remparts et de fossés pour le protéger. *Le camp* ***fortifié*** *des légions romaines.* ⊙ Famille du mot : fortifiant, fortification.

fortin (nom masculin)
Petit fort appartenant à une fortification. *Les attaquants ont réussi à prendre un premier* ***fortin****.*

fortuit, uite (adjectif)
Qui arrive par hasard. *Nous n'avions pas rendez-vous, c'était une rencontre* ***fortuite****.* (Syn. imprévu, inattendu.)

fortuitement (adverbe)
De façon fortuite. *J'ai appris cette nouvelle* ***fortuitement****, par un ami de passage.*

fortune (nom féminin)
Grande richesse. *Il rêvait d'être chercheur d'or pour faire* ***fortune****.* • **De fortune** : que l'on a improvisé en attendant mieux. *On a installé les blessés sur des lits* ***de fortune****.* ⊙ Dans la mythologie romaine, la Fortune était la déesse du hasard, de la chance.

fortuné, ée (adjectif)
Qui possède de la fortune. *C'est une famille* ***fortunée*** *qui habite ce château.*

forum (nom masculin)
Réunion publique où l'on échange des idées. *Au lycée, on a organisé un* ***forum*** *sur les métiers d'aujourd'hui.* → Prononciation [fɔʀɔm]. ⊙ Dans l'Antiquité, le forum était la place de Rome où le peuple se rassemblait pour discuter.

fosse (nom féminin)
1. Trou profond dans la terre. *Le cultivateur a creusé une grande* ***fosse*** *pour stocker les betteraves.* 2. Cavité très profonde dans les fonds sous-marins. • **Fosses nasales** : creux des narines. ⊙ Famille du mot : fossé, fossette, fossoyeur.

fossé (nom masculin)
1. Cavité creusée en long dans le sol. *Il est tombé dans le* ***fossé*** *en faisant du vélo.* 2. Au sens figuré, chose qui sépare profondément. *Il y a un* ***fossé*** *entre ce qu'il raconte et la réalité !*

fossette (nom féminin)
Petit creux sur les joues ou le menton. *On voit bien les* ***fossettes*** *du bébé quand il rit.*

fossile (nom masculin)
Restes ou empreintes d'animaux ou de plantes incrustés dans la pierre. *Des* ***fossiles*** *de fougères, de coquillages.*

un **fossile**

fossoyeur (nom masculin)
Personne qui creuse les fosses où sont enterrés les morts.

▸ **fou, folle** (adjectif et nom)
Qui n'a plus sa raison, est atteint de folie. *Après ce terrible choc, il a failli devenir* ***fou****. Un* ***fou*** *a pris plusieurs personnes en otage.* (Syn. dément.) ▹ **fou, folle** (adjectif) **1.** Qui agit de façon déraisonnable, imprudente. *Tu es* ***folle*** *d'aller si haut !* **2.** Qui n'est pas dans son état normal à cause d'une émotion violente. *Être* ***fou*** *de joie, de colère, d'angoisse.* **3.** Qui aime passionnément quelque chose. *Clément est* ***fou*** *de jeux vidéo.* **4.** Énorme, démesuré ou très important. *J'ai un travail* ***fou*** *en ce moment.* (Syn. démentiel.) ▹ **fou** (nom masculin) **1.** Homme qui était chargé de distraire le roi. (Syn. bouffon.) **2.** Pièce du jeu d'échecs que l'on déplace en diagonale. • **Fou de Bassan :** grand oiseau marin qui plonge de très haut pour capturer des poissons.

un **fou** de Bassan

▸ **foudre** (nom féminin)
Décharge électrique accompagnée d'un éclair et de tonnerre, qui se produit pendant un orage. *Un paratonnerre protège la maison de la* ***foudre****.* • **Coup de foudre :** amour subit et foudroyant. *Hélène a eu le* ***coup de foudre*** *pour cette robe.* ⊙ Famille du mot : foudroyant, foudroyer.

▸ **foudroyant, ante** (adjectif)
Qui frappe de manière rapide et brutale. *Au tennis, il a un revers* ***foudroyant****.*

▸ **foudroyer** (verbe) ○ conj.n°6
1. Frapper par la foudre. *Le pommier* ***a été foudroyé*** *pendant l'orage.* **2.** Tuer ou frapper brusquement. *Cette terrible nouvelle l'****a foudroyée*** *et elle s'est évanouie.* (Syn. terrasser.)

▸ **fouet** (nom masculin)
1. Instrument constitué d'une corde ou de lanières de cuir fixées à un manche. *Le dompteur se sert d'un* ***fouet*** *pour faire obéir les fauves.* **2.** Ustensile de cuisine qui sert à battre les œufs ou les sauces. *David se sert d'un* ***fouet*** *pour faire la mayonnaise.* • **De plein fouet :** directement et avec violence. *Les deux joueurs se sont heurtés* ***de plein fouet*** *en courant vers la balle.* • **Donner un coup de fouet :** stimuler, redonner des forces instantanément.

▸ **fouetter** (verbe) ○ conj.n°3
Donner des coups de fouet. *Le cow-boy* ***fouette*** *son cheval pour le faire galoper.*

▸ **fougère** (nom féminin)
Plante sans fleurs, à feuilles vertes très découpées. *Les* ***fougères*** *poussent dans les sous-bois.*

une **fougère**

▸ **fougue** (nom féminin)
Ardeur et vivacité dans l'action. *Il défend ses idées avec* ***fougue****.*

fougueux, euse (adjectif)
Qui est plein de fougue. *Le champion s'est fait battre par un adversaire jeune et **fougueux**.* (Syn. impétueux.)

fouille (nom féminin)
Fait de fouiller un endroit. *Les policiers ont procédé à la **fouille** de la voiture pour trouver la drogue.* ▷ **fouilles** (nom féminin pluriel) Recherches faites en fouillant le sol. *Des archéologues font des **fouilles** en Égypte.*

fouiller (verbe) ⊙ conj.n°3
Rechercher minutieusement quelque chose, en regardant partout. *La police **a fouillé** l'appartement pour trouver des indices.*

fouillis (nom masculin)
Grand désordre. *Je ne retrouve rien dans tout ce **fouillis** !*

fouine (nom féminin)
Petit mammifère sauvage, au corps allongé et au museau fin et pointu.

une **fouine**

fouiner (verbe) ⊙ conj.n°3
Synonyme familier de fureter. *Je n'aime pas beaucoup que tu **fouines** dans mes affaires.*

foulard (nom masculin)
Écharpe en tissu léger. *Julie a mis son **foulard** rouge à son cou.*

foule (nom féminin)
1. Grand nombre de gens assemblés. *Laura n'a pas pu retrouver Ibrahim dans la **foule** à la sortie du cinéma.* 2. Grande quantité de choses. *J'ai une **foule** de choses à faire avant de partir.* (Syn. multitude.)

foulée (nom féminin)
Enjambée d'un coureur. *Faites le tour du stade à petites **foulées** !* • **Dans la foulée** : dans la suite de l'action. *Il a tondu le gazon et il a taillé la haie **dans la foulée**.*

se fouler (verbe) ⊙ conj.n°3
Se faire une foulure. *Kevin **s'est foulé** le genou en tombant dans l'escalier.*

foulure (nom féminin)
Petite entorse. *Une **foulure** de la cheville.*

four (nom masculin)
1. Appareil fermé dans lequel on fait cuire les aliments. *Maman a mis le poulet au **four**.* 2. Appareil qui chauffe à très haute température certains matériaux. *Un **four** de potier.*

fourbe (adjectif et nom)
Qui trompe les gens de manière sournoise. *C'était un seigneur cruel et **fourbe**.* (Syn. hypocrite. Contr. loyal.)

fourberie (nom féminin)
Acte commis par une personne fourbe. *Méfie-toi de ses **fourberies** !* (Syn. perfidie.)

fourbu, ue (adjectif)
Très fatigué. *Nous sommes rentrés **fourbus** de cette longue randonnée.* (Syn. épuisé, exténué.)

fourche (nom féminin)
1. Instrument agricole à long manche terminé par des dents. *Le fermier soulève la botte de foin d'un coup de **fourche**.* 2. Endroit d'une chose qui se divise en plusieurs parties. *En arrivant à la **fourche**, prenez la route de gauche.* (Syn. bifurcation.) ➠ p. 123. ⊙ Famille du mot : fourchette, fourchu.

▸ **fourchette** (nom féminin) Ustensile de table terminé par des dents, qui sert à piquer les aliments. *C'est un bébé, il ne sait pas encore manger avec une* ***fourchette****.*

▸ **fourchu, ue** (adjectif) Qui est divisé en deux parties. *La vipère a une longue langue* ***fourchue****.*

▸ **fourgon** (nom masculin) Wagon servant au transport des marchandises. • **Fourgon mortuaire** : synonyme de corbillard.

▸ **fourgonnette** (nom féminin) Synonyme de camionnette. *Le fleuriste livre tous ses bouquets en* ***fourgonnette****.*

▸ **fourmi** (nom féminin) Petit insecte vivant en société organisée dans une fourmilière. • **Avoir des fourmis dans les jambes** : éprouver une sensation de picotements. ⊙ Famille du mot : fourmilier, fourmilière, fourmillement, fourmiller.

une **fourmi**

▸ **fourmilier** (nom masculin) Mammifère sans dents qui se nourrit de fourmis. *Le tamanoir est un* ***fourmilier****.*

un **fourmilier**, le tamanoir

▸ **fourmilière** (nom féminin) Nid de fourmis. *Les* ***fourmilières*** *sont formées de nombreuses galeries.*

▸ **fourmillement** (nom masculin) **1.** Synonyme de picotement. **2.** Fait de fourmiller. *Un* ***fourmillement*** *d'insectes.* (Syn. grouillement.)

▸ **fourmiller** (verbe) ○ conj.n°3 **1.** S'agiter en grand nombre. *Le soir, les moucherons* ***fourmillent*** *autour des lampes.* (Syn. grouiller, pulluler.) **2.** Dans un sens figuré, contenir en grand nombre. *Ton devoir* ***fourmille*** *d'erreurs.*

▸ **fournaise** (nom féminin) Lieu où il fait très chaud. *Chaque été, l'appartement devient une vraie* ***fournaise****.*

▸ **fourneau, caux** (nom masculin) Appareil muni d'un four, qui sert à la cuisson des aliments. *Un* ***fourneau*** *à gaz, à charbon.*

▸ **fournée** (nom féminin) Quantité de pain cuite en une seule fois dans un four. *Le boulanger prépare une* ***fournée****.*

▸ **fournil** (nom masculin) Lieu où le boulanger pétrit la pâte et cuit son pain.

▸ **fournir** (verbe) ○ conj.n°11 **1.** Donner ce qu'il faut. *Pour les cours d'escrime, c'est le club qui* ***fournit*** *les fleurets.* (Syn. procurer.) **2.** Se fournir : s'approvisionner, faire ses achats. *Maman* ***se fournit*** *toujours chez ce boucher.* • **Fournir un effort** : l'accomplir, le faire. ⊙ Famille du mot : fournisseur, fourniture.

▸ **fournisseur** (nom masculin) Commerçant chez lequel on se fournit. *Papa achète son vin chez le même* ***fournisseur*** *depuis des années.*

▸ **fourniture** (nom féminin) Action de fournir quelque chose. *Le garagiste s'occupe de la* ***fourniture*** *des pièces détachées.* ▷ **fournitures** (nom féminin pluriel) Objets dont on se sert pour son travail. *La maîtresse nous a donné la liste des* ***fournitures*** *scolaires à mettre dans le cartable.*

fourrage (nom masculin)
Plantes destinées à nourrir le bétail.

fourragère (adjectif féminin)
• **Plantes fourragères** : plantes qui fournissent le fourrage. *Le trèfle, la luzerne, les betteraves sont des plantes **fourragères**.*

1. fourré, ée (adjectif)
1. Doublé de fourrure. *Des gants **fourrés**.* 2. Dont l'intérieur est garni. *Des pains **fourrés** au chocolat.* • **Coup fourré** : dans la langue familière, acte de traîtrise. (Syn. piège.) ⊙ Famille du mot : fourreur, fourrure.

2. fourré (nom masculin)
Endroit d'un bois où les arbustes et les broussailles forment une masse touffue. *Se perdre dans les **fourrés**.*

fourreau, eaux (nom masculin)
Étui allongé. *Il remit son épée au **fourreau**.*

fourrer (verbe) ○ conj.n°3
Synonyme familier de mettre. *Il **a fourré** quelques vêtements pêle-mêle dans sa valise. Où le chat est-il allé **se fourrer** ?*

fourre-tout (nom masculin)
Endroit où on entasse, sans ordre, toutes sortes de choses. *Ce placard est devenu un vrai **fourre-tout** !* → Pluriel : des fourre-tout.

fourreur (nom masculin)
Personne qui fait ou vend des vêtements de fourrure.

fourrière (nom féminin)
1. Endroit où sont placés les animaux trouvés dans la rue. *Les chiens perdus ou abandonnés sont emmenés à la **fourrière**.* 2. Endroit où sont transportés les véhicules mal garés.

fourrure (nom féminin)
Peau d'un animal à poil touffu. *Le chien de Pierre a une épaisse **fourrure** frisée. Une veste en **fourrure**.*

se fourvoyer (verbe) ○ conj.n°6
1. Se tromper de chemin. *Nous sommes dans une impasse, nous **nous sommes fourvoyés**.* (Syn. s'égarer, se perdre.) 2. Faire une grosse erreur. *Je le croyais sincère, mais je **me suis fourvoyé**.*

fox-terrier (nom masculin)
Chien de petite taille à poil ras. → Pluriel : des fox-terriers. On dit aussi un fox. ⊙ Fox-terrier est formé du mot anglais *fox* qui signifie « renard », car ce chien était utilisé pour chasser le renard.

foyer (nom masculin)
1. Partie d'une cheminée ou d'une chaudière dans laquelle brûle le feu. 2. Endroit à partir duquel le feu se propage. *Les pompiers ont repéré en hélicoptère le **foyer** de l'incendie.* 3. Endroit où vit une famille. *Il a quitté le **foyer** familial quand il a trouvé du travail.* 4. Établissement qui accueille certaines personnes. *Un **foyer** d'étudiants.*

fracas (nom masculin)
Bruit violent. *Tout à coup, on a entendu le **fracas** d'une explosion.*

fracassant, ante (adjectif)
1. Qui provoque un bruit violent. *Un choc **fracassant**.* 2. Qui fait beaucoup d'effet. *L'agent secret a fait des révélations **fracassantes**.* (Syn. retentissant.)

fracasser (verbe) ○ conj.n°3
Briser violemment. *Le saladier **s'est fracassé** en tombant sur le carrelage.*

fraction (nom féminin)
1. Expression mathématique qui permet de représenter la division d'un nombre par un autre. *Dans la **fraction** 1/2, le dénominateur est 2 et le numérateur est 1.* 2. Partie d'un tout, d'un ensemble. *Ce parti politique ne représente qu'une **fraction** des électeurs.* • **Une fraction de seconde** : un temps extrêmement court.

fractionner (verbe) ○ conj.n°3
Diviser en plusieurs parties. *La patrouille **s'est fractionnée** en deux groupes.*

fracture (nom féminin)
Cassure d'un os. *Quentin souffre d'une **fracture** de la cheville due à une chute.*

▸ **fracturer** (verbe) ◦ conj.n°3
1. Causer une fracture. *Il **s'est fracturé** le bras en tombant de cheval.* 2. Casser pour ouvrir. *Les cambrioleurs **ont fracturé** le coffre de la banque et ils ont emporté tous les bijoux.*

▸ **fragile** (adjectif)
1. Qui se casse facilement. *Cette porcelaine est très **fragile**.* (Contr. solide.) 2. Qui tombe souvent malade. *Une enfant **fragile**.* (Syn. délicat. Contr. robuste.)

▸ **fragilité** (nom féminin)
Caractère de ce qui est fragile. *La **fragilité** du cristal. Il doit surveiller sa santé car il est d'une grande **fragilité**.* (Contr. résistance, solidité.)

▸ **fragment** (nom masculin)
1. Morceau d'un objet brisé. *Attention de ne pas vous blesser avec ces **fragments** de verre !* 2. Passage d'un texte ou d'un discours. *Je n'ai entendu que quelques **fragments** de la conversation.* ⊙ Famille du mot : fragmentaire, fragmenter.

▸ **fragmentaire** (adjectif)
Dont il ne reste que des fragments. *Ce journaliste n'a obtenu que des informations **fragmentaires**.* (Syn. incomplet.)

▸ **fragmenter** (verbe) ◦ conj.n°3
Diviser en fragments. *On **a fragmenté** l'histoire en plusieurs épisodes télévisés.* (Syn. morceler.)

▸ **fraîchement** (adverbe)
1. Avec froideur, impolitesse. *Il a reçu **fraîchement** les nombreux retardataires.* 2. Récemment, depuis peu. *Ce banc a été **fraîchement** repeint.*

▸ **fraîcheur** (nom féminin)
1. Température fraîche. *Ils attendaient impatiemment la **fraîcheur** de la nuit.* 2. État d'un produit frais. *Ce commerçant vend toujours des fruits de première **fraîcheur**.*

▸ **fraîchir** (verbe) ◦ conj.n°11
Devenir plus frais. *Depuis quelques jours, la température **a fraîchi**.*

▸ 1. **frais, fraîche** (adjectif)
1. Qui est légèrement froid. *Un verre d'eau **fraîche**.* 2. Qui vient d'être fait, récolté ou produit. *Du pain **frais**. Du poisson **frais**. Des œufs **frais**.* 3. Qui n'est pas encore sec. *Ne touche pas les murs, la peinture est encore **fraîche**.* 4. Qui existe depuis peu. *Nous vous donnerons des nouvelles **fraîches** dès notre retour.* (Syn. récent.) 5. Qui a gardé son éclat, sa force. *Un teint **frais**.* ▷ **frais** (nom masculin) Température fraîche. *Mets la glace au **frais** sinon elle va fondre.* ▷ **frais** (adverbe) Légèrement froid. *Il fait **frais** à cause du vent.* ⊙ Famille du mot : défraîchi, fraîchement, fraîcheur, fraîchir, rafraîchir, rafraîchissant, rafraîchissement.

▸ 2. **frais** (nom masculin pluriel)
Dépenses que l'on doit faire. *Les travaux de la maison ont entraîné de très gros **frais**.* • **En être pour ses frais :** avoir dépensé de l'argent ou s'être donné du mal pour rien. • **Faire les frais de quelque chose :** en subir les conséquences.

▸ **fraise** (nom féminin)
1. Petit fruit rouge du fraisier. *Une tarte aux **fraises**.* 2. Outil de métal qui tourne sur lui-même et sert à creuser. *Le dentiste se sert d'une **fraise** pour soigner les dents cariées.*

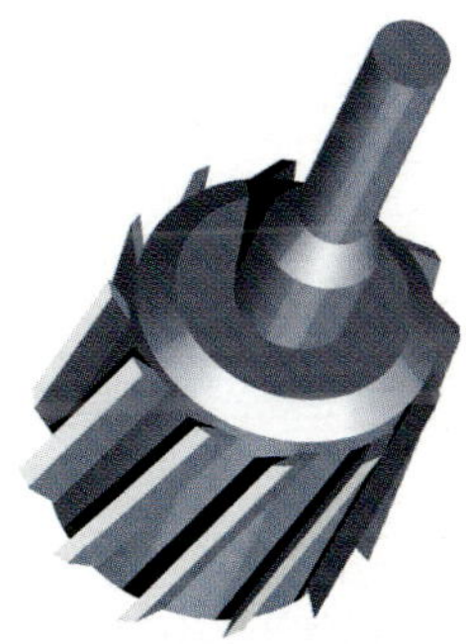

une **fraise** de menuisier

▸ **fraisier** (nom masculin)
Petite plante qui produit les fraises.

un **fraisier**

▸ **framboise** (nom féminin)
Petit fruit rouge et velouté du framboisier. *De la confiture de **framboises**.*

▸ **framboisier** (nom masculin)
Arbuste qui produit les framboises.

▸ 1. **franc, franche** (adjectif)
Qui ne cache pas la vérité. *Elle est **franche**, je la crois. Un regard **franc**.* (Syn. loyal, sincère. Contr. déloyal, hypocrite.) ⊙ Famille du mot : franchement, franchise, franc-parler.

▸ 2. **franc** (nom masculin)
Monnaie utilisée en France jusqu'en 2001. ⊙ Franc vient des mots latins *Francorum rex*, « roi des Francs », qui figuraient sur les premières pièces de ce nom (1360).

Le premier **franc** fut frappé en 1360.

▸ **français, aise**
➠ Voir tableau p. 6. ⊙ Famille du mot : franciser, francophone, francophonie.

▸ **franc-comtois, oise**
➠ Voir tableau p. 6.

▸ **franchement** (adverbe)
1. Avec franchise. *Alain, parle-moi **franchement** de tes problèmes.* (Syn. sincèrement.) 2. Vraiment, très. *Ce linge n'est pas **franchement** propre.*

▸ **franchir** (verbe) ⊙ conj.n°11
1. Passer un obstacle. *Le cavalier **a franchi** la haie.* 2. Passer au-delà ou parcourir d'un bout à l'autre. ***Franchir** un pont, une rivière, une frontière.*

▸ **franchise** (nom féminin)
Qualité d'une personne franche. *Il a reconnu sa faute avec beaucoup de **franchise**.* (Syn. sincérité.)

▸ **francilien, enne**
➠ Voir tableau p. 6.

▸ **franciser** (verbe) ⊙ conj.n°3
Donner une orthographe et une prononciation françaises à un mot étranger. *Le mot anglais « gas-oil » **a été francisé** en « gazole ».*

▸ **franco** (adverbe)
• **Franco de port** : aux frais de l'expéditeur. *Vous recevrez votre livraison **franco de port**.*

▸ **francophone** (adjectif et nom)
Qui parle français. *Les habitants du Québec sont **francophones**.*

▸ **francophonie** (nom féminin)
Ensemble des pays francophones. *Le Sénégal fait partie de la **francophonie**.*

▸ **franc-parler** (nom masculin)
Façon de parler très franche ou trop franche. *Il pourrait modérer un peu son **franc-parler**.*

▸ **franc-tireur** (nom masculin)
Combattant qui n'appartient pas à une armée régulière. *Des **francs-tireurs** ont entamé une guérilla.* → Pluriel : des francs-tireurs.

▸ **frange** (nom féminin)
1. Bordure de fils ou de lanières qui orne un tissu. *Les **franges** d'un costume de trappeur.* 2. Cheveux ou poils qui retombent sur le front. *La **frange** du chien lui couvre les yeux.*

frangipane (nom féminin)
Crème aux amandes. *Une galette des Rois à la* ***frangipane****.*

franquette (nom féminin)
• **À la bonne franquette** : sans façon, très simplement. *Nous dînerons dans la cuisine,* ***à la bonne franquette****.* (Syn. sans cérémonie.)

frappant, ante (adjectif)
Qui produit une forte impression. *Ces jumeaux se ressemblent de façon* ***frappante****.* (Syn. impressionnant, saisissant.)

frappe (nom féminin)
Action de dactylographier un texte. *Une bonne secrétaire ne fait pas de fautes de* ***frappe****.*

frapper (verbe) conj.n°3
1. Donner un ou plusieurs coups. *Je t'interdis de* ***frapper*** *ton petit frère. Quelqu'un* ***a*** *tout juste* ***frappé*** *à la porte.* 2. Imprimer en relief. ***Frapper*** *une nouvelle pièce de monnaie.* 3. Atteindre d'un mal. *La famine* ***a frappé*** *tout le pays.* 4. Impressionner vivement. *Ce film nous* ***a frappés*** *d'horreur.* Famille du mot : frappant, frappe.

fraternel, elle (adjectif)
Qui existe entre des frères et des sœurs. *Une affection* ***fraternelle*** *les unit.*

fraterniser (verbe) conj.n°3
Avoir une attitude fraternelle envers les autres. *Ils* ***ont*** *tout de suite* ***fraternisé****.*

fraternité (nom féminin)
Solidarité fraternelle entre les hommes. *« Liberté, égalité,* ***fraternité*** *» est la devise de la République française.*

fratricide (nom)
Personne qui a tué son frère ou sa sœur. **fratricide** (adjectif) Qui oppose des gens proches. *Une guerre* ***fratricide*** *déchirait le pays.*

fraude (nom féminin)
Action illégale, punie par la loi. *Les douaniers ont saisi des marchandises passées en* ***fraude*** *à la frontière.* Famille du mot : frauder, fraudeur, frauduleux.

frauder (verbe) conj.n°3
Commettre une fraude. *Il* ***a fraudé*** *en faisant une fausse déclaration d'impôts.*

fraudeur, euse (nom)
Personne qui fraude.

frauduleux, euse (adjectif)
Qui constitue une fraude. *Un trafic* ***frauduleux****.*

frayer (verbe) conj.n°7
Passer en écartant ce qui gêne. *Le chien* ***s'est frayé*** *un passage à travers la haie.*

frayeur (nom féminin)
Peur très vive. *Il tremblait de* ***frayeur*** *dans l'obscurité.* (Syn. effroi, épouvante, terreur.)

fredonner (verbe) conj.n°3
Chanter à mi-voix. *Romain* ***fredonne*** *sous la douche.* (Syn. chantonner.)

freezer (nom masculin)
Compartiment à glace dans un réfrigérateur. *Il y a des glaçons dans le* ***freezer****.* → Freezer est un mot anglais : on prononce [fʀizœʀ].

frégate (nom féminin)
1. Bateau de guerre rapide. 2. Grand oiseau des mers tropicales, au long bec crochu.

une **frégate**

frein (nom masculin)
Mécanisme qui permet de ralentir ou d'arrêter un véhicule ou une machine. *L'automobiliste a donné un brusque coup de* ***frein****.* ➡ p. 123. • **Mettre un frein à quelque chose** : chercher à l'arrêter. *Cette désillusion* ***a mis un frein à*** *mon enthousiasme.* Famille du mot : freinage, freiner.

freinage (nom masculin)
Action de freiner. *La voiture a laissé des traces de* ***freinage*** *sur la chaussée.* ➡ p. 92.

a b c d e f g h i j k l m n o p q r s t u v w x y z

freiner (verbe) conj.n°3
1. Ralentir ou arrêter un véhicule en se servant des freins. *Elle* ***a freiné*** *pour ne pas heurter un passant.* (Contr. accélérer.) **2.** Ralentir la progression de quelque chose. *Chercher à* ***freiner*** *l'augmentation des loyers.*

frelaté, ée (adjectif)
Qui est altéré par un mélange. *Un alcool* ***frelaté****.*

frêle (adjectif)
Qui manque de force. *La* ***frêle*** *tige du roseau.* (Syn. délicat, fragile. Contr. robuste.)

frelon (nom masculin)
Sorte de grosse guêpe. *La piqûre du* ***frelon*** *est très douloureuse.*

un **frelon**

frémir (verbe) conj.n°11
1. Remuer légèrement. *La brise faisait* ***frémir*** *les champs de blé.* **2.** Trembler d'émotion. *Le hurlement des loups les fit* ***frémir****.*

frémissant, ante (adjectif)
Qui frémit. *Une voix* ***frémissante*** *d'émotion.*

frémissement (nom masculin)
Fait de frémir. *Le* ***frémissement*** *de la mer. Un* ***frémissement*** *de colère.*

frêne (nom masculin)
Grand arbre donnant un bois clair, très solide.

frénésie (nom féminin)
Excitation violente. *Ils dansaient avec* ***frénésie****.*

frénétique (adjectif)
Qui exprime de la frénésie. *Des applaudissements* ***frénétiques****.*

fréquemment (adverbe)
De manière fréquente. *Il se déplace* ***fréquemment*** *à l'étranger.* (Syn. souvent.)

fréquence (nom féminin)
Caractère de ce qui est fréquent. *On note une diminution de la* ***fréquence*** *des accidents à ce carrefour.*

fréquent, ente (adjectif)
Qui se produit souvent. *Ils ont eu de* ***fréquentes*** *averses durant le mois de mars.* (Contr. rare.) Famille du mot : fréquemment, fréquence.

fréquentation (nom féminin)
Fait de fréquenter certaines personnes ou certains endroits. *La* ***fréquentation*** *des bords de mer augmente pendant les vacances d'été.* ▷ **fréquentations** (nom féminin pluriel) Personnes qu'on a l'habitude de fréquenter. *Avoir de mauvaises* ***fréquentations****.*

une **fresque** de Masaccio (1424)

fréquenter (verbe) conj.n°3
1. Voir quelqu'un de façon régulière. *Ils sont fâchés et ne **se fréquentent** plus.* 2. Aller souvent dans un endroit. *L'été, au bord de l'eau, les touristes **fréquentent** les guinguettes.*

frère (nom masculin)
Garçon né du même père et de la même mère qu'un autre enfant. *Myriam a un petit **frère** et deux sœurs.*

fresque (nom féminin)
Peinture exécutée directement sur un mur. *Les parois de la grotte sont couvertes de **fresques** préhistoriques.*

fret (nom masculin)
1. Prix d'un transport de marchandises par mer, par air ou par route. 2. Cargaison transportée. *Des dockers chargent le **fret** dans les cales du bateau.* Prononciation [fʀɛt].

frétiller (verbe) conj.n°3
S'agiter avec de petits mouvements vifs. *Quand il est content, mon chien a la queue qui **frétille**.*

fretin (nom masculin)
• **Menu fretin** : personne de peu d'intérêt. *Le chef de la bande s'est échappé, les policiers n'ont arrêté que du **menu fretin**.*

friable (adjectif)
Qui s'effrite. *Ces biscottes sont trop **friables**.*

friand, ande (adjectif)
Qui aime spécialement un aliment. *Mon chat est **friand** de poisson.*

friandise (nom féminin)
Sucrerie ou pâtisserie. *Le nougat est la **friandise** préférée de Noémie.*

fric (nom masculin)
Synonyme familier d'argent. *Je n'ai pas assez de **fric** pour acheter ce blouson.*

fricassée (nom féminin)
Ragoût de morceaux de viande cuits dans une sauce. *Une **fricassée** de lapin.*

friche (nom féminin)
Terrain qui n'est pas cultivé. *Ces terres abandonnées sont en **friche** depuis dix ans.*

friction (nom féminin)
Action de frictionner ou de se frictionner. *Le coiffeur lui a fait une **friction** du cuir chevelu.*

frictionner (verbe) conj.n°3
Frotter vigoureusement une partie du corps. *Le masseur **frictionne** les mollets du sprinter.*

frigidaire (nom masculin)
Réfrigérateur. → Frigidaire est le nom d'une marque. On abrège parfois ce mot : un frigo.

frigorifié, ée (adjectif)
Dans la langue familière, qui a très froid. *Rentrez vite, vous allez être **frigorifiés** !*

frigorifique (adjectif)
Qui produit du froid. *Un camion **frigorifique**.*

frileux, euse (adjectif)
Qui craint le froid. *Odile n'aime pas les vacances à la neige car elle est **frileuse**.*

frimas (nom masculin)
Brouillard épais qui se transforme en givre. *Les premiers **frimas** de l'hiver.*

frimousse (nom féminin)
Visage d'un enfant. *Sarah a une jolie petite **frimousse** couverte de taches de rousseur.*

fringale (nom féminin)
Synonyme familier de faim. *À quatre heures, Thomas a toujours une grosse **fringale** !*

fringant, ante (adjectif)
Très vif. *Le poulain est tout **fringant** dans le pré.* ⊙ Fringant vient d'un ancien verbe français *fringuer* qui signifie « gambader ».

fringues (nom féminin pluriel)
Synonyme familier de vêtements. *Cette boutique vend des **fringues** bon marché.*

friper (verbe) conj.n°3
Synonyme de chiffonner. *Ta jupe **s'est fripée** pendant le voyage.*

fripon, onne (adjectif)
Qui exprime l'espièglerie, la malice. *Un sourire **fripon**.* ▷ **fripon, onne** (nom) Enfant malicieux. *Tu es un vrai petit **fripon** !* (Syn. coquin, polisson.) ⊙ Fripon vient de l'ancien verbe *friponner* qui signifie « voler ».

fripouille (nom féminin)
Synonyme familier de canaille. *Quand il joue aux cartes, Victor devient une vraie **fripouille**.*

frire (verbe) ○ conj.n°44
Cuire dans une matière grasse bouillante. *Faire **frire** des beignets dans de l'huile.* ⊙ Famille du mot : frit, frite, friteuse, friture.

frise (nom féminin)
Bordure qui porte des motifs décoratifs. *Une **frise** orne le plafond du château.*

frisé, ée (adjectif)
Qui forme des boucles serrées. *Le caniche a des poils **frisés**.*

frisée (nom féminin)
Variété de salade à feuilles finement dentelées. *Une **frisée** aux lardons.*

friser (verbe) ○ conj.n°3
1. Devenir frisé. *Ses cheveux **frisaient** sous la pluie.* **2.** Approcher de très près. *Ses remarques **frisent** l'insolence.* ⊙ Famille du mot : frisé, frisée, frisette.

frisette (nom féminin)
Petite boucle de cheveux.

frisquet, ette (adjectif)
Dans la langue familière, qui est un peu froid. *Ce vent du nord est **frisquet**.*

frisson (nom masculin)
Tremblement qui traverse le corps. *Un **frisson** de fièvre, de froid, de peur.*

frissonner (verbe) ○ conj.n°3
Avoir des frissons. *Ursula **frissonne** de froid.*

frit, frite (adjectif)
Que l'on a fait frire. *Du poisson **frit**. Des boulettes de viande **frites**.* ▷ **frite** (nom féminin) Bâtonnet frit de pomme de terre. *Un hamburger avec des **frites**.*

friteuse (nom féminin)
Ustensile servant à faire frire des aliments.

friture (nom féminin)
1. Matière grasse bouillante où on fait frire les aliments. *Elle cuit les beignets dans la **friture**.* **2.** Aliments frits. *Une **friture** de sardines.*

frivole (adjectif)
Qui manque de sérieux. *Des bavardages **frivoles**.* (Syn. futile. Contr. austère.)

frivolité (nom féminin)
Caractère de ce qui est frivole. *Ne perdez pas votre temps en **frivolités**.* (Syn. futilité.)

froid, froide (adjectif)
1. Qui est à une température basse. *Cet hiver a été très **froid**. William prend ses céréales avec du lait **froid**.* (Contr. chaud.) **2.** Qui manque d'amabilité. *Il nous a dit bonjour d'un ton **froid**.* (Contr. chaleureux.) **3.** Qui reste indifférent, qui n'est pas touché. *Toutes vos critiques me laissent **froid** !* • **Garder la tête froide** : rester calme, ne pas s'énerver. ▷ **froid** (nom masculin) Température froide. *J'ai horreur du **froid**. Une période de **froid**.* (Contr. chaleur.) • **Être en froid avec quelqu'un** : être fâché avec lui. • **Jeter un froid** : provoquer un malaise, une gêne. • **N'avoir pas froid aux yeux** : avoir de l'assurance ou du courage. • **Prendre, attraper froid** : s'enrhumer. ▷ **froid** (adverbe) • **Il fait froid** : la température est basse. ⊙ Famille du mot : froidement, froideur, refroidir.

froidement (adverbe)
1. De manière froide, peu aimable. *Il a **froidement** refusé mon offre.* (Contr. chaleureusement, cordialement.) **2.** Sans passion, sans pitié. *Le terroriste a **froidement** menacé de tuer ses otages.*

une **frise**

▸ **froideur** (nom féminin)
Fait d'être froid, insensible. *La **froideur** de son accueil nous a mis mal à l'aise.* (Contr. chaleur, cordialité.)

▸ **froissement** (nom masculin)
Bruit de quelque chose que l'on froisse.

▸ **froisser** (verbe) ○ conj.n°3
1. Synonyme de chiffonner. *Xavier **froisse** sa lettre et la recommence.* 2. Choquer ou vexer quelqu'un. *Vos critiques l'**ont** beaucoup **froissé**.*

▸ **frôlement** (nom masculin)
Action de frôler. *Zoé sentit le **frôlement** d'un chat le long de sa jambe.*

▸ **frôler** (verbe) ○ conj.n°3
1. Toucher légèrement en passant. *La balle **a frôlé** le filet.* 2. Éviter un mal de justesse. *Il **a frôlé** l'accident.*

▸ **fromage** (nom masculin)
Aliment fabriqué à partir de lait caillé. *On peut faire du **fromage** avec du lait de vache, de chèvre ou de brebis.* ⊙ Famille du mot : fromager, fromagerie. ⊙ Fromage vient du latin *formaticum* qui signifie « qui est fait dans un moule ».

▸ **fromager, ère** (nom)
Personne qui fabrique ou qui vend du fromage.

▸ **fromagerie** (nom féminin)
Endroit où l'on fabrique du fromage.

▸ **froment** (nom masculin)
Grains de blé. *On fait du pain et des crêpes avec la farine de **froment**.*

▸ **fronce** (nom féminin)
Petit pli d'un tissu. *Les **fronces** des rideaux.* ⊙ Famille du mot : froncement, froncer.

▸ **froncement** (nom masculin)
Fait de froncer les sourcils. *On devine qu'il est en colère au **froncement** de ses sourcils.*

▸ **froncer** (verbe) ○ conj.n°4
Resserrer un tissu en faisant des fronces. ***Froncer** des rideaux.* • **Froncer les sourcils** : plisser le front en rapprochant les sourcils. *Yann **fronce les sourcils** quand il réfléchit.*

▸ **fronde** (nom féminin)
Arme servant à lancer des pierres.

▸ **front** (nom masculin)
1. Partie du visage comprise entre les sourcils et les cheveux. *Une frange de cheveux blonds couvre son **front**.* ➠ p. 263. 2. Zone de combat qui se trouve face à l'ennemi. *Les soldats montent au **front**.* • **De front** : côte à côte ou en même temps. *Les deux coureurs roulaient **de front**. Il mène **de front** ses études et son travail.* • **Faire front** : faire face aux difficultés ou à un ennemi. • **Front de mer** : bande de terrain en bordure de mer.

▸ **frontalier, ère** (adjectif)
Qui est proche d'une frontière. *Strasbourg est une ville **frontalière**.* ▹ **frontalier, ère** (nom) Personne qui habite une région frontalière. *Ces **frontaliers** vont chaque jour travailler en Suisse.*

▸ **frontière** (nom féminin)
Limite séparant deux États. *Le Rhin est une **frontière** naturelle entre la France et l'Allemagne.*

▸ **frontispice** (nom masculin)
Façade principale d'un monument. *Des sculptures ornent le **frontispice** du musée.*

▸ **fronton** (nom masculin)
1. Ornement triangulaire qui surmonte la façade d'un bâtiment. 2. Mur contre lequel on joue à la pelote basque.

le **fronton** de l'église de la Madeleine, à Paris

▸ **frottement** (nom masculin)
Action de frotter deux choses l'une contre l'autre. *Une allumette s'enflamme par **frottement**.*

a b c d e f g h i j k l m n o p q r s t u v w x y z

▸ **frotter** (verbe) ○ conj.n°3
1. Appuyer une chose sur une autre en faisant des mouvements de va-et-vient. *Benjamin **frotte** le buffet avec un chiffon pour l'astiquer.* 2. Accrocher et racler contre quelque chose. *Ce tiroir **frotte** quand on le ferme.* 3. Se frotter à quelqu'un : l'attaquer ou le provoquer. *C'est un chien dangereux, il vaut mieux ne pas **s'y frotter**.*

▸ **froussard, arde** (adjectif et nom)
Synonyme familier de peureux.

▸ **frousse** (nom féminin)
Synonyme familier de peur.

▸ **fructifier** (verbe) ○ conj.n°10
Produire des bénéfices. *Cet homme d'affaires sait faire **fructifier** son argent.*

▸ **fructueux, euse** (adjectif)
Qui donne de bons résultats. *Tes efforts ont été **fructueux** puisque tu as réussi à ton examen.* (Contr. infructueux.)

▸ **frugal, ale, aux** (adjectif)
Se dit d'un repas simple et léger. *Nous avons vite pris un dîner **frugal** avant de partir.* (Contr. abondant, copieux.)

▸ **fruit** (nom masculin)
1. Produit d'une plante, qui apparaît après la fleur et contient des graines. *Les pommes, les fraises, les olives sont des **fruits**.* 2. Bénéfice ou résultat obtenu. *Cette découverte est le **fruit** de longues recherches.* • **Fruits de mer :** crustacés et coquillages comestibles. • **Porter ses fruits** : être utile, profitable. ⊙ Famille du mot : fruité, fruitier.

un **fruit** à pépins (la pomme)
un **fruit** à noyau (la pêche)

▸ **fruité, ée** (adjectif)
Qui a gardé le goût du fruit. *Cette eau de toilette a une odeur très **fruitée**.*

▸ **fruitier, ère** (adjectif)
Qui produit des fruits comestibles. *Les cerisiers, les pommiers, les pêchers sont des arbres **fruitiers**.*

▸ **fruste** (adjectif)
Qui manque de raffinement. *Les bergers mènent une vie **fruste** dans la montagne.* (Syn. grossier, rude.)

▸ **frustration** (nom féminin)
Sentiment pénible de celui qui est frustré. *Clément a ressenti une **frustration** quand ses amis sont partis en vacances sans lui.*

▸ **frustrer** (verbe) ○ conj.n°3
Priver quelqu'un d'une chose sur laquelle il comptait. *Anna **est frustrée** parce qu'elle est la seule à n'avoir rien gagné à la tombola.*

▸ **fuchsia** (nom masculin)
Arbrisseau à fleurs rouges ou roses en forme de clochettes. ➔ Prononciation [fyʃja]. ⊙ Fuchsia vient de ***Leonhart Fuchs***, nom d'un botaniste allemand du XVIe siècle.

un **fuchsia**

▸ **fuel** ➡ Voir fioul.

▸ **fugace** (adjectif)
Qui ne dure pas. *Il ressent parfois une douleur **fugace** dans le genou.* (Syn. fugitif, passager. Contr. durable.)

▸ **fugitif, ive** (adjectif)
Synonyme de fugace. *Quelques pensées **fugitives** lui traversaient l'esprit.* ▷ **fugitif, ive** (nom) Personne qui a pris la fuite. *Les chiens suivent la trace du **fugitif**.* (Syn. fuyard.)

▸ **fugue** (nom féminin)
Fait de s'enfuir de chez soi. *Cette jeune fille a fait une **fugue** à la suite d'une dispute avec ses parents.*

fuguer (verbe) ○ conj.n°3
Faire une fugue. *Le chat* ***a fugué*** *pendant deux jours et il est revenu.* ⊙ Famille du mot : fugue, fugueur.

fugueur, euse (adjectif et nom)
Qui fait des fugues. *On a retrouvé le jeune* ***fugueur*** *sain et sauf.*

fuir (verbe) ○ conj.n°20
1. S'éloigner très vite pour échapper à un danger. *La population* ***fuyait*** *l'éruption du volcan.* 2. Chercher à éviter quelqu'un ou quelque chose. *Élodie cherche encore à* ***fuir*** *ses responsabilités.* 3. Laisser s'échapper, s'écouler. *La gourde* ***a fui*** *dans mon sac à dos.* ⊙ Famille du mot : fuite, fuyant, fuyard.

fuite (nom féminin)
1. Action de fuir. *Les antilopes ont pris la* ***fuite*** *en voyant le lion.* 2. Écoulement d'un liquide ou d'un gaz qui fuit. *L'explosion est due à une* ***fuite*** *de gaz.* 3. Révélation d'un secret. *On a appris les plans de l'ennemi par des* ***fuites****.* (Syn. indiscrétion.)

fulgurant, ante (adjectif)
Bref et intense. *Une douleur* ***fulgurante*** *dans la cuisse a stoppé net sa course.*

fumé, ée (adjectif)
1. Qui est séché à la fumée pour être conservé. *Du saumon* ***fumé****.* 2. Qui est de couleur foncée pour protéger de la lumière. *Des verres* ***fumés****.*

fumée (nom féminin)
Nuage de gaz qui se dégage de ce qui brûle. *Des volutes de* ***fumée*** *blanche sortaient de la cheminée.*

fumer (verbe) ○ conj.n°3
1. Dégager de la fumée. *L'incendie est éteint, mais les restes de la maison* ***fument*** *encore.* 2. Aspirer par la bouche la fumée du tabac. *Ici, il est défendu de* ***fumer****.* 3. Sécher un aliment en l'exposant à la fumée pour le conserver. ***Fumer*** *du jambon, des harengs.* ⊙ Famille du mot : fumé, fumée, fumet, fumeur, enfumer.

fumet (nom masculin)
Odeur agréable d'une viande en train de cuire. *Le* ***fumet*** *de la dinde rôtie embaumait la cuisine.*

fumeur, euse (nom)
Personne qui a l'habitude de fumer du tabac. *Ce restaurant a une salle pour* ***fumeurs****.*

fumeux, euse (adjectif)
Qui manque de clarté. *Je ne comprends rien à tes explications* ***fumeuses****.* (Syn. confus.)

fumier (nom masculin)
Mélange de paille et d'excréments d'animaux, utilisé comme engrais. *Le jardinier utilise du* ***fumier*** *plutôt que des engrais chimiques.*

fumiste (nom masculin)
Personne qui entretient les cheminées et les appareils de chauffage.

funambule (nom)
Acrobate qui marche sur une corde tendue en l'air. *Le* ***funambule*** *se sert d'un balancier pour assurer son équilibre.* ⊙ Funambule vient du latin *funis* qui signifie « corde » et *ambulare* qui signifie « marcher », et qu'on retrouve dans *somnambule*.

funèbre (adjectif)
Qui concerne les enterrements. *La fanfare exécute une marche* ***funèbre****.*

funérailles (nom féminin pluriel)
Cérémonie qui accompagne un enterrement. *La princesse a eu des* ***funérailles*** *nationales.* (Syn. obsèques.)

funéraire (adjectif)
Qui concerne les funérailles. *Le cercueil était couvert de couronnes* ***funéraires****.*

funeste (adjectif)
Qui provoque la mort ou le malheur. *La guerre civile a eu des conséquences* ***funestes*** *pour ce pays.* (Syn. tragique.)

funiculaire (nom masculin)
Véhicule sur rails, tiré par un câble, qui sert à gravir des pentes très abruptes. *Les touristes prenaient un* ***funiculaire*** *qui menait au sommet de la colline.*

furet (nom masculin)
Petit mammifère carnivore au pelage blanc jaunâtre et aux yeux rouges. ⊙ Furet vient du latin *furittus* qui signifie « voleur ».

un **furet**

au fur et à mesure (adverbe)
Peu à peu, progressivement. *Ajoute le lait* ***au fur et à mesure****, tout en tournant la pâte.*

fureter (verbe) ⊙ conj.n°8
Fouiller partout, parfois de manière indiscrète. *Il adore* ***fureter*** *chez les bouquinistes pour trouver des livres anciens.* (Syn. fouiner.)

fureur (nom féminin)
Colère très violente. *Il a été pris de* ***fureur*** *quand il a su que je lui avais perdu ses clés.* • **Faire fureur :** avoir un très grand succès. *C'est une danse qui va* ***faire fureur*** *cet été.*

furibond, onde (adjectif)
Qui manifeste de la fureur. *Il m'a jeté un regard* ***furibond****.*

furie (nom féminin)
1. Colère violente. *Son retard l'a mis en* ***furie****.* (Syn. fureur, rage.) 2. Femme très violente. *C'est une vraie* ***furie*** *quand on la contrarie.*

furieux, euse (adjectif)
Qui est très en colère. *Fatima est* ***furieuse*** *parce que j'ai lu son journal intime.*

furoncle (nom masculin)
Gros bouton qui contient du pus.

furtif, ive (adjectif)
Que l'on fait discrètement. *David lance des regards* ***furtifs*** *sur la feuille de son voisin.*

fusain (nom masculin)
1. Arbuste à feuilles brillantes et à fruits rouges. 2. Crayon fait avec le charbon de bois de cet arbuste. *Gaëlle fait de très beaux croquis au* ***fusain****.*

fuseau, eaux (nom masculin)
1. Petit instrument aux extrémités pointues pour filer la laine ou faire de la dentelle. 2. Pantalon en tissu élastique qui se resserre vers le bas. • **Fuseau horaire :** chaque zone qui divise la Terre d'un pôle à l'autre et à l'intérieur de laquelle l'heure est la même. *Il y a 24* ***fuseaux*** *horaires.*

fusée (nom féminin)
1. Engin spatial propulsé par des moteurs très puissants. *Après avoir quitté la Terre, la* ***fusée*** *ira mettre un satellite en orbite.* 2. Tube rempli de poudre qui explose en l'air en produisant des étincelles. *Les spectateurs suivaient du regard les* ***fusées*** *du feu d'artifice.*

fuselage (nom masculin)
Partie principale d'un avion, sur laquelle sont fixées les ailes. *Le* ***fuselage*** *contient le poste de pilotage, la partie réservée aux passagers et la soute à bagages.*

fuser (verbe) ⊙ conj.n°3
Jaillir avec force. *L'eau* ***a fusé*** *du tuyau.*

fusible (nom masculin)
Dispositif en métal spécial qui sert de sécurité dans un circuit électrique. *Quand le circuit électrique s'échauffe, le* ***fusible*** *fond.*

un **fusible**

fusil (nom masculin)
Arme à feu portative à long canon. • **Changer son fusil d'épaule** : changer sa manière d'agir, changer ses projets. → Prononciation [fyzi]. ⊙ Famille du mot : fusillade, fusiller.

un **fusil** de chasse

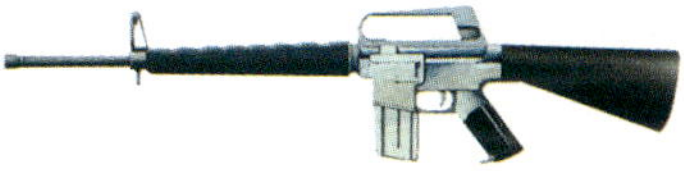

un **fusil** de guerre

fusillade (nom féminin)
Série ou échange de coups de feu. *La **fusillade** a éclaté entre la police et les guérilleros.*

fusiller (verbe) ○ conj.n°3
Tuer à coups de fusil. *Ce soldat **a été fusillé** pour trahison.*

des partisans **fusillés**
(tableau de Goya, 1814)

fusion (nom féminin)
1. Passage d'une substance de l'état solide à l'état liquide sous l'action de la chaleur. *Du métal en **fusion**.* 2. Réunion de plusieurs éléments en un tout. *Notre club de tennis est le résultat de la **fusion** de trois petits clubs.*

fusionner (verbe) ○ conj.n°3
Se regrouper par fusion. *Ces deux banques **ont fusionné**.*

fût (nom masculin)
1. Tronc d'arbre. 2. Synonyme de tonneau. *C'est du très bon vin vieilli en **fût**.*

futaie (nom féminin)
Forêt de grands arbres.

futé, ée (adjectif)
Synonyme familier de malin. *Elle est drôlement **futée** ! Un sourire **futé**.* ⊙ Futé vient de l'ancien verbe français *se futer* qui signifie « échapper au chasseur ».

futile (adjectif)
Synonyme de frivole. *Cette discussion **futile** ne m'intéresse pas.*

futilité (nom féminin)
Chose futile. *Il ne parle que de **futilités**.* (Syn. frivolité.)

futon (nom masculin)
Matelas japonais.

futur, future (adjectif)
Qui arrivera dans l'avenir. *Les écrivains de science-fiction imaginent la vie dans les temps **futurs**.* (Contr. passé.) ▷ **futur** (nom masculin) 1. Temps futur. *Il croit que cette voyante va lui dévoiler le **futur**.* (Syn. avenir. Contr. passé.) 2. Temps du verbe qui indique un état ou une action à venir. *Dans la phrase « il partira demain », le verbe partir est au **futur**.*

futuriste (adjectif)
Qui évoque les temps futurs. *Ce nouveau modèle de voiture a une allure **futuriste**.*

fuyant, ante (adjectif)
• **Regard fuyant** : qui n'est pas franc, qui évite le regard des autres.

fuyard, arde (nom)
Synonyme de fugitif. *L'armée ennemie poursuivait les **fuyards**.*

▸ **g** (nom masculin)
Septième lettre de l'alphabet. *Le **G** est une consonne.*

▸ **gabardine** (nom féminin)
1. Tissu de laine imperméable. 2. Manteau fait dans ce tissu.

▸ **gabarit** (nom masculin)
Dimensions d'un objet ou d'un véhicule. *Étant donné son **gabarit**, l'armoire ne passera pas dans ce couloir.*

▸ **gabegie** (nom féminin)
Gaspillage dû à une gestion désordonnée. *Votre négligence aboutit à une véritable **gabegie** dans la maison.*

▸ **gabelle** (nom féminin)
Ancien impôt sur le sel. *La **gabelle** a été supprimée en 1790.*

▸ **gabonais, aise**
➠ Voir tableau p. 6.

▸ **gâcher** (verbe) ➲ conj.n°3
1. Faire perdre bêtement quelque chose. *Ne **gâchez** pas vos économies avec des achats stupides.* (Syn. gaspiller.) 2. Enlever le plaisir de quelqu'un. *Cette dispute **a gâché** ma journée.* (Syn. gâter.) 3. Délayer du plâtre dans de l'eau. *Les plâtriers **gâchent** le plâtre.*

▸ **gâchette** (nom féminin)
Mécanisme d'une arme à feu qui sert à faire partir la balle. *Le doigt sur la **gâchette**, le chasseur attend l'envol du faisan.*

▸ **gâchis** (nom masculin)
Choses gâchées. *On ne va pas jeter ça, c'est du **gâchis** !* (Syn. gaspillage.)

▸ **gadget** (nom masculin)
Objet nouveau et ingénieux mais pas toujours très utile. *C'est le dernier **gadget** pour ouvrir les bocaux.* ➜ Gadget est un mot anglais : on prononce [gadʒɛt].

▸ **gadoue** (nom féminin)
Synonyme familier de boue. *On a pataugé dans la **gadoue** d'un petit chemin de campagne.*

▸ **gaffe** (nom féminin)
1. Perche munie d'un crochet. *Benjamin a ramené la barque près de la rive avec une **gaffe**.* 2. Dans la langue familière, parole ou acte qui peut vexer. *Clément a fait une de ces **gaffes** !*

▸ **gaffeur, euse** (adjectif et nom)
Qui fait souvent des gaffes. *Anna dit souvent ce qu'il ne faut pas dire, elle est très **gaffeuse**.*

▸ **gag** (nom masculin)
Péripétie drôle et inattendue. *Cette B.D. est pleine de **gags** hilarants !* ⊙ Gag est un mot anglais qui signifie « blague ».

▸ **gage** (nom masculin)
1. Petite punition infligée au perdant. *À la troisième erreur, tu auras un **gage**.* 2. Objet qu'on laisse comme garantie. *Il a laissé sa montre en **gage** parce qu'il avait oublié son portefeuille.* ▷ **gages** (nom masculin pluriel) • **Tueur à gages** : Personne payée pour tuer quelqu'un.

▸ **gageure** (nom féminin)
Pari impossible. *Ranger le désordre de cette chambre en une après-midi, c'est une **gageure** !* ➜ Prononciation [gaʒyʀ].

▸ **gagnant, ante** (adjectif et nom)
Qui gagne. *Elle a un billet **gagnant**. Le **gagnant** de la loterie recevra un téléviseur.* (Contr. perdant.)

▸ **gagner** (verbe) ⊙ conj.n°3
1. Recevoir de l'argent ou un objet pour son travail, ou grâce à la chance. *Elle **a gagné** à la loterie.* 2. Éviter de gaspiller. *En s'organisant, on **gagne** du temps.* (Contr. perdre.) 3. Être vainqueur dans une compétition ou un conflit. *Le public chante : on **a gagné** !* (Contr. perdre.) 4. Se diriger vers un lieu. *Les passagers **gagnent** la salle d'embarquement.* 5. Se propager ou s'étendre. *Peu à peu, la mer **gagne** sur le rivage.* ⊙ Famille du mot : gagnant, regagner.

▸ **gai, gaie** (adjectif)
1. Qui est d'humeur joyeuse. *David est **gai** comme un pinson.* (Contr. triste.) 2. Qui rend l'humeur joyeuse. *Ce jaune vif est très **gai**.* (Contr. sombre, triste.) ⊙ Famille du mot : égayer, gaiement, gaieté.

▸ **gaiement** (adverbe)
Avec gaieté. *Ibrahim prépare **gaiement** sa valise pour partir en vacances.* (Syn. joyeusement. Contr. tristement.)

▸ **gaieté** (nom féminin)
Bonne humeur. *Il y a beaucoup de **gaieté** dans cette maison pleine d'enfants.*

▸ **gaillard, arde** (adjectif)
Plein de force et de santé. *Le malade va mieux, il a l'air tout à fait **gaillard** ce matin.* ▹ **gaillard, arde** (nom) Personne solide et robuste. *Kevin est un **gaillard** de quinze ans.*

▸ **gain** (nom masculin)
1. Ce que l'on gagne. *Les **gains** de cet ouvrier ne sont vraiment pas très élevés.* 2. Économie de place ou de temps. *Les TGV font réaliser un **gain** de temps appréciable.* (Contr. perte.)

▸ **gaine** (nom féminin)
Étui ayant la forme de l'objet qu'il contient. *Elle a remis le parapluie dans sa **gaine**.*

▸ **gala** (nom masculin)
Grande fête ou réception officielle. *Un dîner de **gala**, une soirée de **gala**.* ⊙ Gala, comme galant, vient de l'ancien français *galer* qui signifie « s'amuser ».

▸ **galamment** (adverbe)
De façon galante. *Pierre a **galamment** offert à Élodie de la raccompagner.*

▸ **galant, ante** (adjectif)
Prévenant et poli avec les femmes. *Quentin aide Fatima à porter son sac, il est très **galant**.* ⊙ Famille du mot : galamment, galanterie.

▸ **galanterie** (nom féminin)
Qualité d'une personne galante. *Il a proposé avec beaucoup de **galanterie** de porter la valise de la dame.*

▸ **galaxie** (nom féminin)
Immense groupement d'étoiles. *Dans une **galaxie**, il y a des milliards d'étoiles.* ⊙ Galaxie vient du grec *gala* qui signifie « lait » car notre galaxie apparaît comme une traînée blanchâtre : la *Voie lactée*.

une **galaxie**

▸ **galbe** (nom masculin)
Contour arrondi et harmonieux. *Le **galbe** d'une épaule, d'un fauteuil.*

▸ **galbé, ée** (adjectif)
En forme de galbe. *Une table aux pieds **galbés**.*

▸ **gale** (nom féminin)
Maladie de peau contagieuse. *La **gale** cause des démangeaisons.*

galère (nom féminin)
Navire à rames muni de voiles. *Les **galères** étaient des navires de guerre.*

une **galère gallo-romaine**

galerie (nom féminin)
1. Passage souterrain. *Une taupe a creusé une **galerie** sous la pelouse.* 2. Passage couvert. *Une **galerie** marchande.* 3. Magasin de tableaux ou d'objets d'art. *Elle expose ses photos dans une **galerie**.* 4. Porte-bagages fixé sur le toit d'une voiture. *Papa a fixé nos bagages sur la **galerie**.* • **Pour amuser la galerie :** pour faire rire ceux qui écoutent.

une **galerie** de taupe

galérien (nom masculin)
Autrefois, homme condamné à ramer sur les galères.

galet (nom masculin)
Caillou lisse et arrondi. *Une plage de **galets**.*

galette (nom féminin)
Gâteau rond et plat. *Maman a acheté une **galette** des Rois chez le pâtissier.*

galeux, euse (adjectif)
Qui a la gale. *Un chien **galeux**.*

galimatias (nom masculin)
Discours embrouillé. *Ce que tu dis est un vrai **galimatias**, je ne comprends rien.* (Syn. charabia.)

galion (nom masculin)
Grand vaisseau espagnol qui rapportait autrefois l'or et l'argent d'Amérique. ➠ p. 114.

galipette (nom féminin)
Synonyme familier de culbute. *Romain et Gaëlle font des **galipettes** dans l'herbe.*

gallicisme (nom masculin)
Expression particulière à la langue française. *« Être dans de beaux draps » est un **gallicisme**.*

gallo-romain, aine (adjectif et nom)
De la Gaule romaine. *Les arènes de Nîmes sont un monument **gallo-romain**.*

galoche (nom féminin)
Chaussure à semelle de bois. • **Menton en galoche :** pointu et relevé vers l'avant.

galon (nom masculin)
1. Bande de tissu servant à orner. *Maman a décoré le bord du rideau avec du **galon**.* 2. Petit ruban qui indique le grade d'un militaire. *Le capitaine porte trois **galons** sur chaque épaulette.*

galop (nom masculin)
Allure la plus rapide de la course du cheval et de quelques animaux. *Les antilopes se sont enfuies au **galop**.* ⊙ Famille du mot : galopade, galoper.

galopade (nom féminin)
Course précipitée. *On entend des **galopades** dans les couloirs de l'école.*

galoper (verbe) ⭘ conj. n°3
Aller au galop ou courir très vite. *Les cow-boys **galopent** dans la prairie.*

galopin (nom masculin)
Synonyme de garnement. *Tu vas voir si je t'attrape, petit **galopin** !*

galvaniser (verbe) ⭘ conj. n°3
1. Recouvrir de zinc. *On **galvanise** le fer pour qu'il ne rouille pas.* 2. Remplir d'ardeur et d'enthousiasme. *Le discours du capitaine **a galvanisé** les troupes.* ⊙ Galvaniser vient du nom du physicien italien *Galvani* qui est à l'origine du procédé (XVIIIe s.).

galvauder (verbe) ⭘ conj. n°3
Enlever de la valeur à quelque chose par un mauvais usage. *Le sens du mot « extraordinaire » **est** aujourd'hui très **galvaudé**.*

gambade (nom féminin)
Synonyme de cabriole. *Le faon fait des **gambades** dans la clairière.*

gambader (verbe) ⊙ conj.n°3
Faire des gambades. *Hélène et Thomas **gambadent** de joie car ils partent à la mer.*

gamelle (nom féminin)
Récipient à couvercle, dans lequel on transporte son repas. *Les soldats et les campeurs utilisent des **gamelles**.*

gamin, ine (nom)
Synonyme familier d'enfant. *Des **gamins** jouent dans la cour de l'école.* (Syn. gosse, môme.)

gaminerie (nom féminin)
Synonyme familier d'enfantillage. *Cesse donc ces **gamineries**, tu as passé l'âge !*

gamme (nom féminin)
1. Suite des sept notes de musique. *Pour jouer de la musique, on doit s'exercer à faire des **gammes**.* 2. Couleurs ou objets légèrement différents, à l'intérieur d'une même série. *Le fabricant de voitures a présenté sa nouvelle **gamme**.*

gammée (adjectif féminin)
• **Croix gammée** : croix à branches coudées qui était l'emblème de l'Allemagne nazie.

gang (nom masculin)
Groupe de bandits. *Le **gang** est enfin sous les verrous.* ➔ Prononciation [gɑ̃g]. ⊙ Gang est un mot anglais qui signifie « équipe ».

ganglion (nom masculin)
Petite boule sous la peau. *Julie a des **ganglions** enflés, le médecin a dit que c'est à cause d'une angine.*

gangrène (nom féminin)
Maladie très grave qui fait pourrir la chair. *On peut être obligé d'amputer un membre atteint de **gangrène**.*

gangster (nom masculin)
Bandit membre d'un gang. *Les **gangsters** ont emporté toute la recette du casino.* ➔ Gangster est un mot anglais : on prononce [gɑ̃gstɛR].

gangue (nom féminin)
Enveloppe rocheuse des minerais. *Pour tailler un diamant, il faut d'abord le débarrasser de sa **gangue**.*

gant (nom masculin)
Objet en cuir, en caoutchouc ou en tissu qui couvre la main. *Une paire de **gants**. Des **gants** de boxe. Laura se lave avec un **gant** de toilette.* • **Aller comme un gant** : convenir très bien. *Ce pantalon te **va comme un gant** !* • **Prendre des gants** : prendre des précautions pour ne pas blesser ou vexer.

garage (nom masculin)
1. Local pour garer les véhicules et les mettre à l'abri. *Il a rentré sa moto au **garage**.* 2. Atelier d'entretien et de réparation des véhicules. *La voiture est tombée en panne, on l'a confiée au **garage**.*

garagiste (nom)
Personne qui tient un garage. *Le **garagiste** a fait la révision de la voiture.*

garant, ante (adjectif)
Se porter garant de quelqu'un : garantir qu'on peut avoir confiance en cette personne.

garantie (nom féminin)
Contrat qui garantit une marchandise. *Ce lave-linge est sous **garantie** pendant un an.*

garantir (verbe) ⊙ conj.n°11
1. Mettre à l'abri. *Ces murs épais **garantissent** la maison de la chaleur.* (Syn. préserver.) 2. Synonyme d'affirmer. *Je te **garantis** que c'est vrai !* (Syn. assurer, certifier.) 3. Promettre de réparer gratuitement un appareil pendant un certain temps après son achat. *Le réveil **est garanti** un an.*

garçon (nom masculin)
1. Enfant de sexe masculin. *Victor est un **garçon**, Myriam est une fille.* 2. Employé d'un artisan ou d'un commerçant. *Il est **garçon** boucher.* 3. Serveur dans un café ou un restaurant. ***Garçon** ! l'addition, s'il vous plaît.* • **Vieux garçon** : homme qui est resté célibataire.

garçonnet (nom masculin)
Petit garçon. *Un **garçonnet** de sept ans.*

a b c d e f g h i j k l m n o p q r s t u v w x y z

▸ **garde** (nom masculin)
Synonyme de gardien. *Le Président est entouré de ses **gardes** du corps.*

un **garde** de la Tour de Londres

▸ **garde** (nom féminin)
1. Action de garder quelque chose ou quelqu'un. *Tu as la **garde** de la maison, ce soir. La sentinelle monte la **garde**.* 2. Groupe d'hommes chargés de la sécurité. *La **garde** présidentielle.* 3. Position d'attente ou de défense dans un sport de combat. *L'escrimeur s'est mis en **garde**.* 4. Partie d'une arme blanche qui protège la main. *La **garde** d'une épée se trouve entre la lame et la poignée.* • **Être sur ses gardes** : se méfier. • **Mettre quelqu'un en garde** : le prévenir des risques qu'il court. • **Prendre garde** : faire attention.

▸ **garde-à-vous** (nom masculin)
Position immobile, bras le long du corps et talons joints. *Les soldats se mettent au **garde-à-vous** devant un supérieur.* (Contr. repos.)

▸ **garde-boue** (nom masculin)
Pièce de métal qui se trouve au-dessus d'une roue et qui protège des éclaboussures. ➠ p. 123. → Pluriel : des garde-boue.

▸ **garde champêtre** (nom masculin)
Agent municipal chargé de surveiller le village, les forêts et les champs. → Pluriel : des gardes champêtres.

▸ **garde-chasse** (nom masculin)
Homme qui surveille le gibier d'un domaine. → Pluriel : des gardes-chasses.

▸ **garde-fou** (nom masculin)
Balustrade qui empêche les gens de tomber dans le vide. *Noémie franchit la passerelle en serrant fort le **garde-fou**.* → Pluriel : des garde-fous.

▸ **garde-malade** (nom)
Personne qui s'occupe des malades. *La **garde-malade** aide la vieille dame à faire sa toilette et à s'habiller.* → Pluriel : des gardes-malades.

▸ **garde-manger** (nom masculin)
Petit meuble grillagé où l'on conserve les aliments. *Mets le fromage dans le **garde-manger** !* → Pluriel : des garde-manger.

▸ **garder** (verbe) ⊙ conj. n°3
1. Veiller sur une personne, un animal ou un lieu. *Ce soir, William **garde** les enfants de la voisine. Le berger **garde** ses chèvres.* 2. Surveiller pour empêcher de fuir. *Deux hommes **gardent** le prisonnier.* 3. Ne pas se séparer de quelque chose. ***Gardez** votre ticket pendant tout le trajet ! **Garder** son calme.* 4. Conserver pour soi. *Tu peux **garder** ce livre, je te le donne !* 5. Conserver en bon état. *Les pêches ne **se gardent** pas longtemps.* 6. Mettre de côté ou réserver. *Je t'**ai gardé** une place à côté de moi.* 7. Se garder de quelque chose : l'éviter soigneusement. *Tu **t'es bien gardé de** me le dire !* (Syn. s'abstenir.) • **Garder le lit** : rester au lit parce qu'on est malade. • **Garder le silence** : se taire. ⊙ Famille du mot : arrière-garde, avant-garde, garde, garde-à-vous, garde-boue, garde champêtre, garde-chasse, garde-fou, garde-malade, garde-manger, garderie, garde-robe, gardien.

▸ **garderie** (nom féminin)
Établissement où l'on garde les jeunes enfants dont les parents travaillent. *Odile reste à la **garderie** du soir, après la classe.*

garde-robe (nom féminin)
Ensemble des vêtements d'une personne. *Elle profite des soldes pour renouveler sa* ***garde-robe****.* → Pluriel : des garde-robes.

gardien, ienne (nom)
Personne chargée de garder quelqu'un, un bâtiment ou un lieu. *Il est* ***gardien*** *de prison. La* ***gardienne*** *vient de monter le courrier.* • **Gardien de but :** joueur chargé d'empêcher les adversaires de marquer des points. (Syn. goal.) • **Gardien de la paix :** agent de police.

gardon (nom masculin)
Petit poisson d'eau douce comestible. • **Frais comme un gardon :** en pleine forme.

un **gardon**

1. gare ! (interjection)
Incite à faire attention. ***Gare*** *à toi, si je t'attrape !* • **Sans crier gare :** sans prévenir.

2. gare (nom féminin)
Installations et bâtiments destinés au trafic des trains. *Xavier va chercher ses grands-parents à la* ***gare****.* • **Gare routière :** endroit d'où partent et où arrivent les cars ou les camions.

garenne (nom féminin)
Lande boisée où les lapins sauvages creusent leur terrier.

garer (verbe) ○ conj.n°3
Ranger un véhicule dans un endroit. *On* ***a garé*** *la voiture au parking.*

se gargariser (verbe) ○ conj.n°3
Se rincer la gorge avec un gargarisme.

gargarisme (nom masculin)
Médicament liquide pour se gargariser. *Le pharmacien a conseillé un* ***gargarisme*** *à Yann pour soigner son angine.*

gargote (nom féminin)
Petit restaurant pas cher.

gargouille (nom féminin)
Gouttière en pierre dépassant du toit des églises, souvent en forme d'animal fantastique. *Des diables décorent les* ***gargouilles****.*

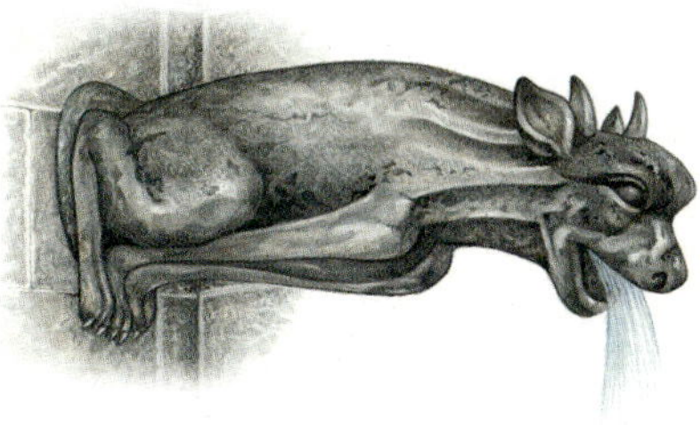

une **gargouille**

gargouillement (nom masculin)
Bruit semblable à celui d'un liquide qui s'écoule irrégulièrement. *Des* ***gargouillements*** *intestinaux.* → On dit aussi gargouillis.

gargouiller (verbe) ○ conj.n°3
Faire entendre un gargouillement. *J'ai faim, mon ventre* ***gargouille****.*

garnement (nom masculin)
Garçon turbulent. *Ces trois* ***garnements*** *sont encore venus tirer la sonnette !* (Syn. chenapan, galopin.)

garnir (verbe) ○ conj.n°11
1. Munir de ce qu'il faut pour protéger ou renforcer. *Le pull de Benjamin* ***est garni*** *de cuir aux coudes.* **2.** Remplir de choses ou de gens. *Sa bourse* ***est*** *bien* ***garnie****. Les tribunes* ***se garnissent*** *de nombreux spectateurs.* (Contr. dégarnir, vider.) **3.** Ajouter des éléments de décoration. *Son chapeau* ***est garni*** *de plumes bleues.*
⊙ Famille du mot : dégarnir, garniture, regarnir.

garnison (nom féminin)
Régiment installé dans une caserne. *Toute la* ***garnison*** *a été mise en alerte.*

garniture (nom féminin)
1. Ce qui garnit. *Les* ***garnitures*** *des sièges de la voiture sont en tissu.* **2.** Légumes qui accompagnent un plat. *Il y a des frites ou des haricots verts en* ***garniture*** *du poulet.*

garrigue (nom féminin)
Terre calcaire aride où poussent des chênes verts, des plantes aromatiques et des broussailles.

a b c d e f g h i j k l m n o p q r s t u v w x y z

garrot (nom masculin)
1. Début de l'encolure d'un cheval ou d'un bœuf, juste au-dessus des épaules. 2. Bande élastique qui sert à comprimer une artère pour l'empêcher de saigner. *L'infirmière a posé un **garrot** avant de faire une prise de sang.*

gars (nom masculin)
Synonyme familier de garçon. → Prononciation [ga].

gascon, onne
➡ Voir tableau p. 6.

gasoil ➡ Voir gazole.

gaspillage (nom masculin)
Action de gaspiller. *Quel **gaspillage** de temps et d'argent !* (Syn. gâchis. Contr. économie.)

gaspiller (verbe) ⊙ conj.n°3
Dépenser ou consommer inutilement. *L'eau est précieuse, ne la **gaspillez** pas !* (Contr. économiser, épargner.)

gastéropode (nom masculin)
Mollusque qui se déplace en rampant. *L'escargot et la limace sont des **gastéropodes**.* ⊙ Gastéropode vient du grec *gasteros* qui signifie « estomac » et *podos* qui signifie « pied ».

gastrique (adjectif)
De l'estomac. *L'ulcère à l'estomac donne des douleurs **gastriques**.*

gastronome (nom)
Synonyme de gourmet. *Un fin **gastronome** nous a recommandé ce restaurant.*

gastronomie (nom féminin)
Art de bien manger. *La **gastronomie**, c'est savoir apprécier la bonne nourriture.* ⊙ Gastronomie vient de deux mots grecs qui signifient « l'art de régler l'estomac ».

gastronomique (adjectif)
Qui concerne la gastronomie. *As-tu goûté les spécialités **gastronomiques** de la région ?*

gâteau, eaux (nom masculin)
Pâtisserie sucrée faite avec de la farine, du beurre et des œufs. *Les tartes, les éclairs, les millefeuilles sont des **gâteaux**.*

gâter (verbe) ⊙ conj.n°3
1. Traiter quelqu'un avec trop d'indulgence. *Sarah **a été** très **gâtée** pour son anniversaire.* 2. Synonyme de gâcher. *Cette dispute **a gâté** leur plaisir.* 3. Se gâter : devenir mauvais. *Le temps **se gâte**.* 4. Se gâter : synonyme de s'abîmer. *Il ne faut pas attendre que les dents **se gâtent** pour aller chez le dentiste.*

gâterie (nom féminin)
Petit cadeau ou friandise. *Les vieillards et les enfants aiment bien les **gâteries**.*

gâteux, euse (adjectif)
Se dit d'une personne qui perd un peu la tête du fait de la vieillesse.

gauche (adjectif)
1. Qui est situé du côté du cœur. *Ursula écrit de la main **gauche**.* (Contr. droit.) 2. Qui manque d'aisance ou d'adresse. *Clément est très **gauche** quand il s'agit de danser.* (Contr. adroit.) • **Se lever du pied gauche** : se lever de mauvaise humeur. ▷ **gauche** (nom féminin) 1. Côté gauche. *La chambre de Zoé est la dernière du couloir, sur la **gauche**.* 2. Ensemble des partis qui ont des opinions réformistes ou révolutionnaires. *Le Parti socialiste est un parti de **gauche**.* (Contr. droite.) ⊙ Famille du mot : gaucher, gaucherie, gauchiste.

gaucher, ère (adjectif et nom)
Qui se sert plutôt de sa main gauche pour manger, travailler, écrire. (Contr. droitier.)

gaucherie (nom féminin)
Malaise d'une personne gauche. *Il y a encore beaucoup de **gaucherie** dans les gestes du bébé.*

gauchiste (adjectif et nom)
Qui a des opinions révolutionnaires, très à gauche.

gaufre (nom féminin)
Gâteau de pâte légère. *Un moule à **gaufres**.*

gaufré, ée (adjectif)
• **Papier gaufré** : décoré de lignes en relief qui s'entrecroisent.

gaufrette (nom féminin)
Gâteau sec et léger, souvent fourré.

gaule (nom féminin)
1. Grande perche. *Il fait tomber les châtaignes avec une **gaule**.* 2. Canne à pêche.

gauler (verbe) ○ conj.n°3
Frapper les branches d'un arbre avec une gaule pour faire tomber les fruits. *On **gaule** les noix, les prunes, les olives.*

gaulois, oise
➠ Voir tableau p. 6.

gave (nom masculin)
Torrent des Pyrénées. *Le **gave** de Pau.*

gaver (verbe) ○ conj.n°3
1. Faire manger de force des volailles pour les engraisser. *On **gave** les oies et les canards pour faire du foie gras.* 2. Se gaver : manger trop. *Ils **se sont gavés** de gâteaux.* (Syn. s'empiffrer.)

gavial (nom masculin)
Crocodile de l'Inde au museau étroit.

gavroche (nom masculin)
Gamin de Paris débrouillard, spirituel et généreux. ⊙ Gavroche est le nom d'un personnage de Victor Hugo dans *Les Misérables*.

gaz (nom masculin)
1. Substance qui n'est ni liquide ni solide. *L'azote et l'oxygène sont des **gaz**.* 2. Gaz combustible utilisé pour le chauffage et pour la cuisson des aliments. *Un chauffe-eau à **gaz**.* • **À pleins gaz** : à pleine puissance. ⊙ Famille du mot : gazer, gazeux, gazoduc.

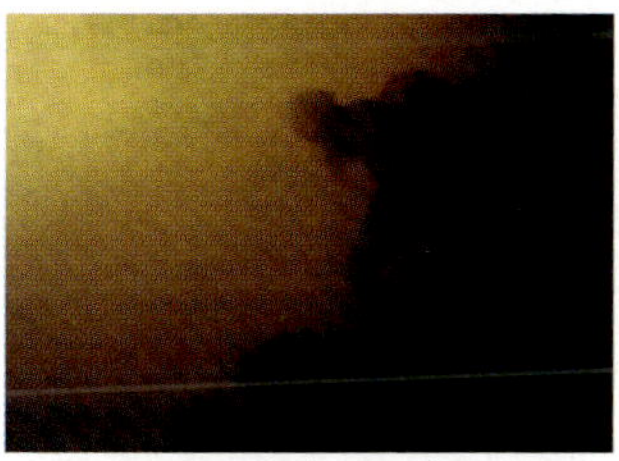

Au bord du cratère, les **gaz** sont très épais.

gaze (nom féminin)
Tissu léger et transparent. *L'infirmière met une compresse de **gaze** sur la blessure.*

gazelle (nom féminin)
Petite antilope des zones désertiques d'Afrique ou d'Asie.

une **gazelle**

gazer (verbe) ○ conj.n°3
Tuer par intoxication au gaz. *Pendant la Première Guerre mondiale, des soldats **ont été gazés** dans les tranchées.*

gazette (nom féminin)
Synonyme vieilli de journal. *C'est la **gazette** locale.* ⊙ Gazette vient du nom d'un journal imprimé à Venise au XVIe siècle et qui coûtait une *gazeta*, nom d'une monnaie de cette époque.

gazeux, euse (adjectif)
1. À l'état de gaz. *L'eau se trouve à l'état **gazeux** de vapeur d'eau dans l'atmosphère.* 2. Qui pétille à cause de la présence de gaz carbonique. *De l'eau **gazeuse**.*

gazoduc (nom masculin)
Canalisation servant au transport du gaz naturel. (Syn. pipeline.)

gazole (nom masculin)
Carburant spécial pour les diesels. *Les tracteurs roulent au **gazole**.* ⊙ Gazole est la forme francisée de l'anglais gas-oil.

gazon (nom masculin)
Herbe courte et menue. *Tondre le **gazon** de la pelouse.*

gazouiller (verbe) ○ conj.n°3
Faire entendre un petit bruit doux et agréable. *Les oiseaux commencent à **gazouiller** avant le lever du soleil.*

gazouillis (nom masculin)
Bruit léger et doux de ce qui gazouille. *Anna écoute le **gazouillis** du ruisseau.* → On dit aussi gazouillement.

a b c d e f g h i j k l m n o p q r s t u v w x y z

geai (nom masculin)
Oiseau au plumage beige tacheté de bleu, de noir et de blanc. → Prononciation [ʒɛ].

un **geai**

géant, ante (nom)
1. Être colossal des contes et des légendes. *Le petit tailleur tua les deux **géants** et épousa la fille du roi.* 2. Être vivant très grand. *Dans l'équipe de basket, il y a un **géant**.* (Contr. nain.) ▷ **géant, ante** (adjectif) De très grande taille. *Le séquoia est un arbre **géant**.* (Syn. colossal, gigantesque.) ⊙ Dans la mythologie grecque, les Géants étaient d'énormes monstres, fils du Ciel et de la Terre.

geindre (verbe) ○ conj.n°35
Gémir faiblement. *Le chien **geint** derrière la porte.*

gel (nom masculin)
Froid vif qui transforme l'eau en glace. *Cette pierre s'est fendue sous l'effet du **gel**.*

gélatine (nom féminin)
Matière molle et translucide obtenue en faisant bouillir des os ou des algues. *La **gélatine** sert à fabriquer de la colle.*

gélatineux, euse (adjectif)
Qui a l'aspect ou la consistance de la gélatine. *Une sauce **gélatineuse**.*

gelée (nom féminin)
1. Baisse de la température qui fait geler l'eau. *Les **gelées** ont détruit les fleurs des cerisiers.* 2. Sorte de confiture faite avec du jus de fruits. 3. Bouillon de viande devenu gélatineux en refroidissant.

geler (verbe) ○ conj.n°8
1. Se transformer en glace. *L'eau du bassin **a gelé** cette nuit.* 2. Abîmer par le froid. *Les rosiers **ont gelé** cet hiver.* 3. Avoir très froid. *Le chauffage est en panne : on **gèle** !* • **Il gèle** : il fait assez froid pour que l'eau se transforme en glace. ⊙ Famille du mot : antigel, dégel, dégeler, engelure, gel, gelée, surgelé, surgeler.

gélule (nom féminin)
Petite capsule en gélatine contenant un médicament en poudre. *Absorbe ta **gélule** avec un verre d'eau !*

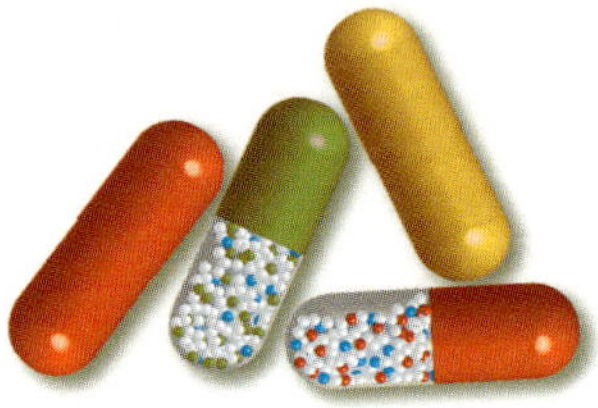

des **gélules**

gémir (verbe) ○ conj.n°11
Pousser des gémissements. *Le blessé **a gémi** quand on l'a mis sur le brancard.*

gémissement (nom masculin)
Cri faible et plaintif. *Ibrahim n'a pu retenir un **gémissement** de douleur.*

gênant, ante (adjectif)
Qui gêne. *Le panneau indique : « stationnement **gênant** ».*

gencive (nom féminin)
Chair qui recouvre la base des dents. *Élodie a les **gencives** qui saignent facilement.* ➠ p. 321.

gendarme (nom masculin)
Militaire chargé de veiller à la sécurité des gens et de faire respecter la loi. *Les **gendarmes** ont installé un radar sur la route, à l'entrée du village.*

gendarmerie (nom féminin)
1. Ensemble des gendarmes. 2. Bâtiment où vivent les gendarmes.

gendre (nom masculin)
Synonyme de beau-fils.

gène (nom masculin)
Partie du noyau d'une cellule qui transmet les caractères héréditaires.

gêne (nom féminin)
1. Malaise physique. *Son asthme lui fait éprouver de la **gêne** à respirer.* 2. Fait de gêner. *Cela ne me cause aucune **gêne**, au contraire.* (Syn. dérangement.) • **Être dans la gêne** : manquer d'argent. (Syn. être dans le besoin.) ⊙ Famille du mot : gênant, gêner, gêneur, sans-gêne. ⊙ Gêne vient d'un ancien mot français qui signifie « torture ».

généalogie (nom féminin)
Succession de génération en génération des membres d'une famille.

généalogique (adjectif)
De la généalogie. *Un arbre **généalogique** montre tous les ancêtres d'une personne.*

gêner (verbe) ○ conj.n°3
1. Empêcher le déroulement normal d'une action. *Va jouer plus loin, tu me **gênes** !* (Syn. déranger, encombrer.) 2. Mettre mal à l'aise. *La lumière me **gêne**, je suis ébloui. Ça me **gêne** de lui demander ce service.*

1. général, ale, aux (adjectif)
1. Qui s'applique à un grand nombre de cas. *D'une manière **générale**, je préfère la viande au poisson.* 2. Qui concerne la totalité d'un ensemble. *C'est une vue **générale** de Paris.* • **En général** : synonyme de généralement. ⊙ Famille du mot : généralement, généraliser, généraliste, généralité.

2. général, aux (nom masculin)
Officier qui a le grade le plus élevé dans l'armée.

généralement (adverbe)
Le plus souvent. ***Généralement**, Gaëlle prend du chocolat au lait le matin.* (Syn. en général, habituellement. Contr. exceptionnellement.)

généraliser (verbe) ○ conj.n°3
1. Rendre général. *L'usage du téléphone portable **se généralise**.* (Syn. répandre.) 2. Étendre à tous les cas ce qui est vrai pour un. *Ce n'est pas parce que cet employé est désagréable qu'ils le sont tous, il ne faut pas **généraliser**.*

généraliste (nom)
Médecin qui n'est pas spécialiste d'un domaine particulier. *Mon **généraliste** a très bien soigné mon angine.*

généralité (nom féminin)
Indications trop générales et qui n'apprennent rien. *Le conférencier n'a dit que des **généralités**.* (Syn. banalité.)

génération (nom féminin)
Groupe de personnes qui ont à peu près le même âge. *Il y a quatre **générations** dans la famille de Kevin : enfants, parents, grands-parents et arrière-grands-parents.*

génératrice (nom féminin)
Machine qui produit du courant électrique. → On dit également un générateur.

généreusement (adverbe)
D'une manière généreuse. *Pierre a **généreusement** offert son aide.*

généreux, euse (adjectif)
Qui a du cœur et donne volontiers. *C'est une femme **généreuse** qui aide souvent les gens en difficulté.* (Syn. bon, désintéressé. Contr. égoïste, mesquin.) ⊙ Famille du mot : généreusement, générosité.

générique (nom masculin)
Liste des personnes qui ont participé à la réalisation d'un film ou d'une émission.

générosité (nom féminin)
Qualité d'une personne généreuse. *Grâce à la **générosité** du public, ces enfants vont pouvoir être soignés.*

genèse (nom féminin)
Manière dont quelque chose a commencé d'exister. *La **genèse** d'une œuvre.* (Syn. élaboration, formation.) ⊙ Genèse vient du grec *genesis* qui signifie « naissance » : dans la Bible, la Genèse raconte comment Dieu créa le monde.

genêt (nom masculin)
Arbrisseau à fleurs jaunes. *Les **genêts** poussent sur les landes et les garrigues.*

génétique (nom féminin)
Science qui étudie les gènes et l'hérédité. ▷ **génétique** (adjectif) Qui concerne les gènes. *Une maladie **génétique**.*

gêneur, euse (nom)
Personne qui gêne, dérange les autres. *Ce bavard est un **gêneur** qui nous empêche de travailler.*

genévrier (nom masculin)
Conifère épineux qui donne le genièvre.

un **genévrier**

génial, ale, aux (adjectif)
1. Qui a du génie. *Un **génial** inventeur.* 2. Synonyme familier de formidable. *Hélène vient avec nous, c'est **génial** !*

génie (nom masculin)
1. Être surnaturel qui a des pouvoirs magiques. *Dans les contes nordiques, les elfes sont les **génies** des airs.* 2. Imagination et intelligence exceptionnelles qui permettent de créer et d'inventer. *Le **génie** de Léonard de Vinci lui a fait imaginer l'hélicoptère dès le XVe siècle.* 3. Personne exceptionnellement douée. *De l'avis de ses confrères, ce savant est un **génie**.* 4. Services chargés de construire les ponts, les routes, les barrages.

genièvre (nom masculin)
Petite baie bleu-noir du genévrier, au goût très prononcé. *On met du **genièvre** dans la choucroute.*

génisse (nom féminin)
Jeune vache qui n'a pas encore eu de veau.

génital, ale, aux (adjectif)
De la reproduction des hommes et des animaux. *Les organes **génitaux**.* (Syn. sexuel.)

génocide (nom masculin)
Extermination systématique de tout un peuple. *Les Indiens d'Amérique ont été victimes d'un véritable **génocide**.*

genou, oux (nom masculin)
Articulation unissant la jambe et la cuisse. *La jupe de Julie lui arrive au-dessous du **genou**.* ➠ p. 263. • **À genoux :** les genoux posés à terre. *Le prêtre est **à genoux** devant l'autel.* ⊙ Famille du mot : s'agenouiller, genouillère.

genouillère (nom féminin)
Accessoire servant à protéger le genou. *Laura a mis des **genouillères** pour faire du roller.*

genre (nom masculin)
1. Ensemble d'êtres ou de choses ayant des caractères communs. *Le **genre** humain. C'est ce **genre** de choses qui lui plaît.* (Syn. type.) 2. Manière dont quelqu'un se comporte. *Il a un **genre** qui ne me plaît pas.* 3. Catégorie grammaticale de certains mots. *En français, il y a deux **genres**, le féminin et le masculin.*

gens (nom masculin pluriel)
Ensemble de personnes. *J'ai vu une foule de **gens**. Des jeunes **gens** dansent sur la place.* → L'adjectif qui précède gens se met au féminin : des gens heureux, mais d'heureuses gens.

gentiane (nom féminin)
Plante de montagne à fleurs bleues, jaunes ou violettes.

des **gentianes**

gentil, ille (adjectif)
1. Qui est aimable et serviable. *Nos voisins sont très **gentils**.* (Contr. désagréable, méchant.) 2. Qui est sage et obéissant. *Allons, sois **gentil** !* 3. Qui est charmant et gracieux. *Elle a un **gentil** sourire.* (Syn. mignon.) → Prononciation [ʒɑ̃ti], [ʒɑ̃tij]. ⊙ Famille du mot : gentillesse, gentiment. ⊙ Gentil signifiait « noble de naissance », au Moyen Âge.

gentilhomme (nom masculin)
Autrefois, homme noble. *Plusieurs **gentilshommes** se battaient en duel.* → Prononciation [ʒɑ̃tijɔm]. → Pluriel : des gentilshommes [ʒɑ̃tizɔm].

gentillesse (nom féminin)
Qualité ou attitude de quelqu'un de gentil. *Auriez-vous la **gentillesse** de m'aider ?* (Syn. amabilité. Contr. méchanceté.)

gentiment (adverbe)
De façon gentille. *Il m'a écrit vraiment très **gentiment**.* (Syn. aimablement. Contr. méchamment.)

gentleman (nom masculin)
Homme très bien élevé. *Il s'est conduit en parfait **gentleman**.* → Prononciation [dʒɛntləman]. → Pluriel : des gentlemans ou des gentlemen [dʒɛntləmɛn]. ⊙ Gentleman est un mot anglais qui signifie « gentilhomme ».

géographe (nom)
Spécialiste de géographie.

géographie (nom féminin)
Science qui étudie la Terre et ses habitants. *L'étude des reliefs fait partie de la **géographie**.* ⊙ Famille du mot : géographe, géographique.

géographique (adjectif)
De la géographie. *Un atlas **géographique**.*

geôle (nom féminin)
Synonyme littéraire de prison.

geôlier, ère (nom)
Synonyme littéraire de gardien. *Le prisonnier ne voyait que son **geôlier**.*

géologie (nom féminin)
Science qui étudie le sous-sol de la Terre. ⊙ Famille du mot : géologique, géologue. ⊙ L'élément *géo-* vient du mot grec qui signifie « terre ». Chez les Grecs, *Gaia*, la Terre, était la mère des dieux.

géologique (adjectif)
De la géologie. *Avant de construire le barrage, il a fallu faire une étude **géologique** du terrain.*

géologue (nom)
Spécialiste de géologie.

géomètre (nom)
Technicien qui mesure des terrains pour en faire le plan. *Un **géomètre** a placé les bornes des parcelles à vendre.*

géométrie (nom féminin)
Branche des mathématiques qui étudie les figures, les surfaces, les volumes. ⊙ Famille du mot : géomètre, géométrique.

géométrique (adjectif)
1. De la géométrie. *Le cercle, le trapèze, le cône, le cube sont des figures **géométriques**.* 2. De forme simple et régulière. *Les tissus écossais sont ornés de motifs **géométriques**.*

gérance (nom féminin)
Fonction de gérant. *Quand un magasin est en **gérance**, le propriétaire en a confié la direction à un gérant.*

géranium (nom masculin)
Plante à fleurs rouges, roses ou blanches. *Myriam a planté des **géraniums** sur le balcon.* → Prononciation [ʒeʀanjɔm].

un **géranium**

Géométrie

lignes

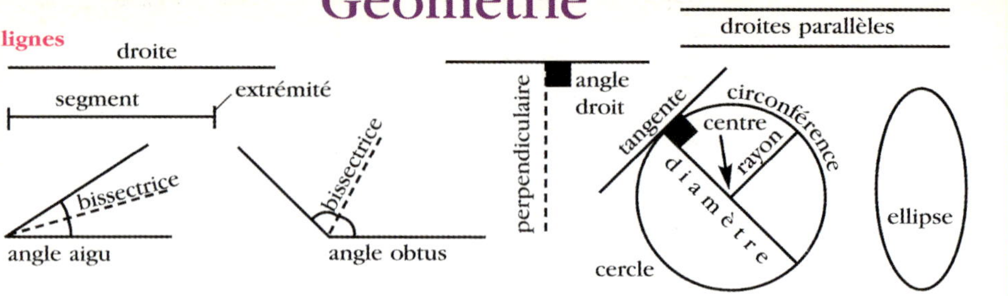

surfaces

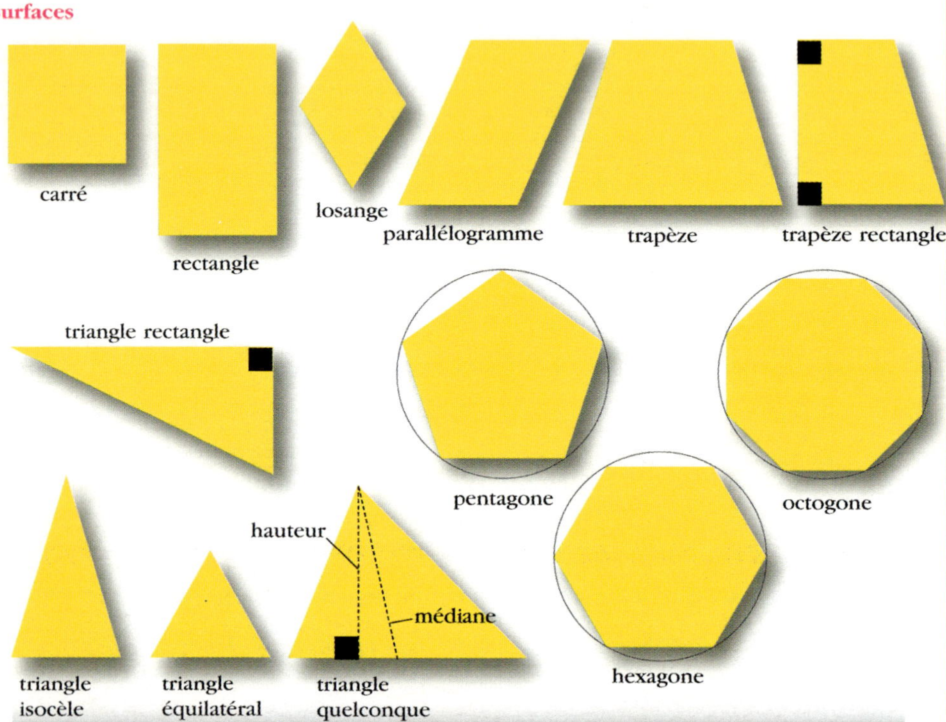

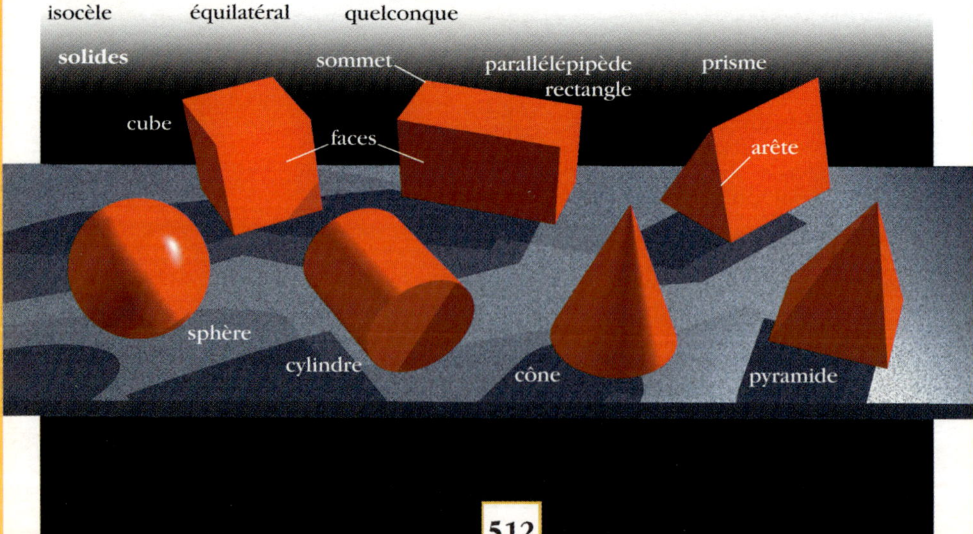

gérant, ante (nom)
Personne qui gère un commerce ou un immeuble à la place du propriétaire.

gerbe (nom féminin)
Tiges de céréales ou fleurs attachées ensemble. *Une* ***gerbe*** *de blé. Une* ***gerbe*** *de roses.*

gerboise (nom féminin)
Petit rongeur des déserts d'Afrique et d'Asie, qui se déplace en sautant.

une **gerboise**

gercer (verbe) ○ conj.n°4
Se couvrir de gerçures. *Noémie a les lèvres qui* ***gercent*** *en hiver.*

gerçure (nom féminin)
Petite crevasse sur la peau, due au froid. *Cette crème protégera tes mains des* ***gerçures****.*

gérer (verbe) ○ conj.n°8
Diriger une entreprise pour son compte ou pour celui de quelqu'un d'autre. *La mère de Romain* ***gère*** *un commerce.* (Syn. administrer.) ⊙ Famille du mot : gérance, gérant.

germain, aine (adjectif)
• **Cousin germain** : enfant d'un oncle ou d'une tante.

germanique (adjectif)
De l'Allemagne. *Le drapeau* ***germanique*** *est noir, rouge et jaune.*

germe (nom masculin)
1. Première pousse qui sort d'une graine. *Des* ***germes*** *de blé, de soja.* 2. Microbe pouvant causer une maladie contagieuse. *Le* ***germe*** *de la tuberculose.* ⊙ Famille du mot : germer, germination.

germer (verbe) ○ conj.n°3
1. Commencer à pousser. *Thomas attend que son marron* ***germe*** *pour le planter.* 2. Dans un sens figuré, se former et se développer. *Je ne sais pas comment cette idée* ***a germé*** *dans son esprit.*

germination (nom féminin)
Période pendant laquelle la graine germe. *La chaleur et l'humidité favorisent la* ***germination****.*

gésier (nom masculin)
Partie de l'estomac des oiseaux. *Les grains et les aliments sont broyés dans le* ***gésier****.*

gésir (verbe)
Synonyme ancien d'être couché. *Le malade* ***gisait*** *sur le côté et gémissait.* ➜ Gésir ne s'emploie plus qu'au présent (je gis, il gît, nous gisons), à l'imparfait (je gisais, etc.) et au participe présent (gisant). ⊙ Famille du mot : ci-gît, gisant.

gestation (nom féminin)
Période pendant laquelle la femelle porte son petit. *Chez les éléphants, la* ***gestation*** *dure environ 21 mois.* ⊙ Gestation vient du latin *gestatio* qui signifie « action de porter ».

1. geste (nom masculin)
Mouvement des bras, des mains ou de la tête. *Victor fait des grands* ***gestes*** *mais Odile ne comprend pas ce qu'il veut.* • **Avoir** ou **faire un geste** : un acte généreux.

2. geste (nom féminin)
• **Chanson de geste** : poème du Moyen Âge, qui raconte les exploits d'un héros. *La « Chanson de Roland » est une* ***chanson de geste****.*

gesticuler (verbe) ○ conj.n°3
Faire de grands gestes dans tous les sens. *Arrête de* ***gesticuler****, tu me fatigues !*

gestion (nom féminin)
Action de gérer. *Il assure la* ***gestion*** *de la bibliothèque.* (Syn. administration, direction.)

gestionnaire (nom)
Personne qui gère une entreprise.

geyser (nom masculin)
Source d'eau chaude qui jaillit du sol par intermittence. *Il n'y a des **geysers** que dans les pays volcaniques.* ➜ Prononciation [ʒɛzɛʀ].

un **geyser**

ghetto (nom masculin)
Quartier réservé à une minorité. *Harlem est le **ghetto** noir de la ville de New York.* ➜ Prononciation [gɛto]. ⊙ Ghetto était le nom d'une île de Venise où les Juifs furent obligés d'habiter au XVIe siècle.

gibbon (nom masculin)
Singe d'Asie, sans queue. *Grâce à ses bras très longs, le **gibbon** est très agile dans les arbres.*

un **gibbon**

gibecière (nom féminin)
Sacoche dans laquelle les chasseurs mettent le gibier.

gibet (nom masculin)
Synonyme littéraire de potence. *Le bandit a été pendu au **gibet**.*

gibier (nom masculin)
Animal qu'on chasse pour le manger. *Le cerf et le sanglier sont du gros **gibier**.*

giboulée (nom féminin)
Averse soudaine et brève, souvent mêlée de grêle. *Les **giboulées** de mars.*

giboyeux, euse (adjectif)
Où il y a beaucoup de gibier. *Les forêts de Sologne sont vraiment très **giboyeuses**.* ➜ Prononciation [ʒibwajø].

giclée (nom féminin)
Jet d'un liquide qui gicle. *Sarah a reçu une **giclée** de savon liquide dans l'œil.*

gicler (verbe) ○ conj.n°3
Jaillir en éclaboussant. *William s'est coupé et du sang **a giclé** sur son tee-shirt.*

gifle (nom féminin)
Coup sur la joue avec le plat de la main. *Tu vas recevoir une paire de **gifles**, si tu continues tes méchancetés.* (Syn. claque.)

gifler (verbe) ○ conj.n°3
Donner une gifle. *Elle l'**a giflé** devant tout le monde !*

gigantesque (adjectif)
D'une taille qui dépasse de beaucoup la moyenne. *Les pétroliers sont des navires **gigantesques**.* (Syn. énorme, géant.)

gigogne (adjectif)
Se dit d'objets qui s'emboîtent les uns dans les autres. *Les poupées russes en bois sont des poupées **gigognes**.*

gigot (nom masculin)
Cuisse de mouton, d'agneau ou de chevreuil. *Une tranche de **gigot**.*

gigoter (verbe) ○ conj.n°3
Dans la langue familière, remuer en tous sens. *Le bébé **gigote** dans son berceau.*

gilet (nom masculin)
1. Tricot boutonné sur le devant. *Un **gilet** de laine.* 2. Petite veste d'homme courte et sans manches, portée parfois sous le veston. *Les garçons de café portent des **gilets**.* • **Gilet de sauvetage :** sorte de veste sans manches qui sert de bouée en cas de naufrage.

gingembre (nom masculin)
Plante dont la racine est utilisée comme condiment. *La cuisine orientale utilise beaucoup le **gingembre**.*

girafe (nom féminin)
Mammifère ruminant des savanes d'Afrique, au cou très long.

La **girafe** est très vulnérable quand elle se désaltère.

giratoire (adjectif)
• **Sens giratoire :** sens que les véhicules doivent suivre pour faire le tour d'un rond-point.

girofle (nom masculin)
• **Clou de girofle :** bouton séché de la fleur d'un arbre tropical, servant de condiment.

fleurs, feuilles et **clous de girofle**

giroflée (nom féminin)
Plante cultivée pour ses fleurs très odorantes jaunes, orange ou brunes. *Les **giroflées** poussent au printemps.*

girolle (nom féminin)
Champignon comestible jaune orangé. *Une omelette aux **girolles**.* ➠ p. 189.

giron (nom masculin)
Dans la langue littéraire, partie du corps allant de la ceinture aux genoux. *L'enfant se blottit dans le **giron** de sa mère.*

girouette (nom féminin)
1. Plaque de métal mobile autour d'un axe servant à indiquer la direction du vent. *La **girouette** du clocher représente un coq.* 2. Dans un sens figuré, personne qui change tout le temps d'avis.

gisant (nom masculin)
Statue représentant un mort couché sur son tombeau.

Le **gisant** d'Henri II, par Germain Pilon (fin du XVIe siècle), basilique de Saint-Denis.

gisement (nom masculin)
Amas de charbon, d'or, de pétrole, etc... dans le sous-sol. *En prospectant le désert, on a découvert un nouveau **gisement** de pétrole.*

gitan, ane (nom)
Bohémien d'Espagne et du sud de la France.

1. gîte (nom masculin)
1. Endroit où l'on peut dormir. *On leur a offert un **gîte** pour la nuit.* 2. Creux du sol où s'abritent certains animaux. *Les chasseurs ont surpris le lièvre au **gîte**.*

2. gîte (nom féminin)
• **Donner** ou **prendre de la gîte :** pencher sur le côté, pour un bateau.

a b c d e f g h i j k l m n o p q r s t u v w x y z

givre (nom masculin)
Fine couche de glace. *Le brouillard et la rosée deviennent du **givre** en gelant.* Famille du mot : dégivrage, dégivrer, givré.

givré, ée (adjectif)
Couvert de givre. *Les arbres sont tout **givrés** ce matin.*

glabre (adjectif)
Sans barbe ni moustache. *Un homme au visage **glabre**.* (Syn. imberbe.)

glace (nom féminin)
1. Eau gelée. *L'étang est couvert de **glace**.* 2. Crème aromatisée servie gelée. *Une **glace** à la pistache.* 3. Synonyme de miroir. *Xavier se coiffe devant la **glace**.* 4. Synonyme de vitre. *Remonte la **glace**, il y a trop d'air.* • **Briser la glace :** faire cesser la gêne. *Il a suffi d'une blague pour **briser la glace**.* • **Rester de glace :** rester impassible, comme si l'on ne ressentait rien. Famille du mot : glacé, glacer, glaciaire, glacial, glaciation, glacier, glacière, glaçon.

glacé, ée (adjectif)
Très froid. *Un vent **glacé** soufflait sur le sommet.* (Contr. brûlant.) • **Crème glacée :** glace. • **Marrons glacés :** marrons cuits et imprégnés de sucre fondu et durci. • **Papier glacé :** papier lisse et brillant.

glacer (verbe) conj. n°4
1. Refroidir comme avec de la glace. *Une pluie fine **glaçait** les promeneurs.* 2. Dans un sens figuré, décourager par sa froideur. *Il a un regard qui vous **glace** !* (Syn. pétrifier.)

glaciaire (adjectif)
Des glaciers. *La période **glaciaire** est celle où se sont formés les glaciers.*

glacial, ale (adjectif)
1. Très froid. *Il fait un temps **glacial**.* 2. Dans un sens figuré, d'une froideur paralysante. *Le ton de sa lettre est **glacial**.* (Contr. chaleureux.) → Pluriel : des hivers glacials ou glaciaux.

glaciation (nom féminin)
Autrefois, période pendant laquelle les glaciers ont recouvert une région.

glacier (nom masculin)
1. Vaste amas de glace en altitude. *Les **glaciers** se forment par tassement de la neige et se déplacent très lentement vers les vallées.* 2. Marchand ou fabricant de glaces.

la fonte du **glacier**

glacière (nom féminin)
Boîte isolante servant à conserver des aliments au froid. *Toutes les boissons du pique-nique sont dans la **glacière**.*

glaçon (nom masculin)
Petit morceau de glace. *Ursula met des **glaçons** dans la carafe d'eau.*

gladiateur (nom masculin)
Homme qui combattait dans les jeux du cirque à Rome. *Dans l'arène, le **gladiateur** affrontait un autre homme ou un fauve.*

un **gladiateur** armé d'un **glaive**

▸ **glaïeul** (nom masculin)
Plante ornementale aux feuilles longues et pointues dont les fleurs sont toutes d'un seul côté de l'épi. ➔ Prononciation [glajœl]. ⊙ Glaïeul vient du latin ***gladiolus*** qui signifie « petite épée » à cause de la forme des feuilles.

▸ **glaise** (nom féminin)
Synonyme d'argile. *La **glaise** permet de fabriquer de la poterie, des briques, des tuiles.*

▸ **glaive** (nom masculin)
Courte épée à deux tranchants. *Le **glaive** était l'arme des légionnaires romains.*

▸ **gland** (nom masculin)
Fruit du chêne. *Les écureuils mangent des **glands**.*

▸ **glande** (nom féminin)
Organe du corps qui fabrique une substance particulière. *Les **glandes** salivaires produisent la salive.* ➠ p. 345.

▸ **glaner** (verbe) ⊙ conj n°3
1. Ramasser après la moisson les épis de blé oubliés dans les champs. *Autrefois, les pauvres avaient le droit de **glaner** après la moisson.* 2. Recueillir çà et là. *Voici les renseignements que j'ai réussi à **glaner**.*

« Les **Glaneuses** » de Jean-François Millet (1857)

▸ **glapir** (verbe) ⊙ conj.n°11
Pousser de petits cris aigus. *Le renard, le lapin, l'épervier, la grue **glapissent**.*

▸ **glapissement** (nom masculin)
Cri aigu des animaux qui glapissent.

▸ **glas** (nom masculin)
Tintement lent des cloches d'une église pour annoncer un enterrement. *La cloche sonne le **glas**.*

▸ **glauque** (adjectif)
Vert tirant sur le bleu. *L'eau des mares est souvent **glauque**.*

▸ **glissade** (nom féminin)
Action de glisser. *Les enfants font des **glissades** sur le trottoir enneigé.*

▸ **glissant, ante** (adjectif)
Où l'on glisse facilement. *Attention ! Le verglas a rendu la chaussée **glissante**.*

▸ **glisse** (nom féminin)
Fait de glisser. *Le ski, la planche à voile, le surf sont des sports de **glisse**.*

▸ **glissement** (nom masculin)
• **Glissement de terrain** : déplacement d'un terrain qui glisse le long d'une pente. *Les pluies de ces jours-ci ont provoqué des **glissements de terrain** : la route est coupée.*

▸ **glisser** (verbe) ⊙ conj.n°3
1. Se déplacer d'un mouvement continu sur une surface. *Les skieurs **glissent** sur la neige.* 2. Être glissant. *Le parquet est ciré, ça **glisse** !* 3. Perdre l'équilibre. *Il **a glissé** sur le verglas.* 4. Introduire habilement ou discrètement. *On **a glissé** un mot sous sa porte.* 5. Se glisser : se faufiler. *Yann **s'est glissé** au premier rang.* • **Glisser des mains** : échapper. *Le verre m'**a glissé des mains**.* • **Glisser sur un sujet** : passer sans insister. ⊙ Famille du mot : glissade, glissant, glisse, glissement, glissière.

▸ **glissière** (nom féminin)
Rainure qui guide quelque chose qui glisse. *Ce placard a des portes à **glissière**.* • **Glissière de sécurité** : bandes de métal disposées sur le bord d'une route pour retenir les voitures en cas d'accident.

▸ **global, ale, aux** (adjectif)
Pris dans son ensemble et non dans les détails. *Le montant **global** des recettes.*

▸ **globalement** (adverbe)
De façon globale. ***Globalement**, la récolte a été bonne.* (Syn. dans l'ensemble, en gros.)

▸ **globe** (nom masculin)
1. Ce qui a la forme d'une sphère. *Le **globe** de l'œil.* 2. Boule creuse en verre. *Le **globe** de la lampe.* 3. La Terre. *Le skipper a fait le tour du **globe** à la voile.*

globule (nom masculin)
Cellule du sang. *Le sang contient des **globules** blancs et des **globules** rouges.*

globuleux, euse (adjectif)
• **Yeux globuleux** : yeux ronds qui sortent un peu de leur orbite. *Le caméléon a des yeux **globuleux**.*

gloire (nom féminin)
Grande renommée acquise par ses actions. *Cette découverte a apporté la **gloire** au savant.* (Syn. célébrité.) • **À la gloire de quelqu'un** : en son honneur. *Une statue **à la gloire de** l'empereur.* ⊙ Famille du mot : glorieusement, glorieux, se glorifier, gloriole.

glorieusement (adverbe)
De façon glorieuse. *Les libérateurs ont été **glorieusement** accueillis par la population.*

glorieux, euse (adjectif)
Qui apporte la gloire. *Les footballeurs ont remporté une **glorieuse** victoire : 7 buts à 0 !* (Syn. illustre, mémorable.)

se **glorifier** (verbe) ○ conj. n°10
Essayer de tirer de la gloire de quelque chose. *Cet exploit était difficile à réaliser : il peut **se glorifier** de l'avoir réussi !* (Syn. se vanter.)

gloriole (nom féminin)
Vanité qu'on tire de petits exploits. *Il a agi par **gloriole**, pour qu'on parle de lui.*

glossaire (nom masculin)
Répertoire de mots difficiles d'un texte avec leur explication.

glotte (nom féminin)
Orifice du larynx qui sert à émettre les sons de la voix.

gloussement (nom masculin)
Action de glousser.

glousser (verbe) ○ conj. n°3
1. Pousser de petits cris. *La poule **glousse**, elle appelle ses poussins.* 2. Rire en poussant de petits cris.

glouton, onne (adjectif et nom)
Qui mange avec avidité. *Ce chien est un vrai **glouton** !* (Syn. goinfre, goulu.) ⊙ Glouton vient du latin *gluttus* qui signifie « gosier » : le glouton *engloutit* les aliments dans son gosier.

gloutonnerie (nom féminin)
Avidité d'une personne gloutonne. *Il mange avec **gloutonnerie**, il va s'étouffer !* (Syn. goinfrerie.)

glu (nom féminin)
Matière végétale collante. *La **glu** est extraite du gui ou du houx.*

gluant, ante (adjectif)
Qui est collant et visqueux. *La bave de l'escargot est **gluante**.*

glucide (nom masculin)
Nom savant donné au sucre.

glycine (nom féminin)
Arbuste grimpant aux longues grappes de fleurs odorantes, mauves ou blanches. *Une **glycine** orne le haut du vieux mur.*

feuilles, fleur et fruit de la **glycine**

gnome (nom masculin)
Petit nain des légendes, laid et difforme. *Les **gnomes** gardaient un trésor enfoui sous la terre.* (Syn. farfadet, lutin.) → Prononciation [gnom].

gnou (nom masculin)
Antilope qui vit en Afrique du Sud. → Prononciation [gnu].

un **gnou**

goal (nom masculin)
Gardien de but. → Goal est un mot anglais : on prononce [gol].

gobelet (nom masculin)
Récipient en forme de verre, en métal, en carton ou en plastique.

gober (verbe) ○ conj.n°3
1. Avaler d'un coup en aspirant. *Le caméléon **gobe** les insectes.* 2. Synonyme familier de croire. *On lui ferait **gober** n'importe quoi !*

godasse (nom féminin)
Synonyme familier de chaussure.

godet (nom masculin)
Petit récipient sans pied ni anse. *Le peintre délaye les couleurs dans un **godet**.*

godillot (nom masculin)
Dans la langue familière, grosse chaussure. ⊙ Godillot vient du nom d'*Alexis Godillot*, qui fabriqua ces brodequins pour les soldats de la guerre de 1870.

goéland (nom masculin)
Grand oiseau de mer blanc et gris.

goélette (nom féminin)
Voilier à deux mâts.

goémon (nom masculin)
Algue rejetée par la mer. *On se sert du **goémon** comme engrais.* (Syn. varech.)

goguenard, arde (adjectif)
Synonyme de narquois. *Elle a fait cette vilaine remarque d'un ton **goguenard**.*

un **goéland goguenard**

goinfre (nom)
Personne qui mange trop et sans égards pour l'entourage. *Ce **goinfre** a tout mangé, sans nous attendre.* (Syn. glouton, goulu.)

se goinfrer (verbe) ○ conj.n°3
Manger comme un goinfre. *Ils **se sont goinfrés** de gâteau au chocolat.* (Syn. s'empiffrer.)

goinfrerie (nom féminin)
Comportement du goinfre. (Syn. gloutonnerie, voracité.)

goitre (nom masculin)
Grosseur qui déforme le cou. *Le **goitre** vient d'un mauvais fonctionnement de la thyroïde.*

golden (nom féminin)
Variété de pomme jaune. → Prononciation [gɔldɛn]. ⊙ Golden est un mot anglais qui signifie « doré ».

golf (nom masculin)
Sport qui consiste à placer une petite balle dans une série de trous répartis sur un parcours accidenté en la frappant avec une sorte de canne, appelée club.

golfe (nom masculin)
Endroit de la côte où la mer avance dans l'intérieur des terres. *Le port de Sète est situé sur le **golfe** du Lion.*

gomme (nom féminin)
1. Petit bloc de caoutchouc ou de plastique qui sert à effacer. 2. Substance visqueuse et translucide qui s'écoule de certains arbres. *On voit souvent de la* ***gomme*** *suinter des branches de cerisier.* Famille du mot : gommé, gommer, gommette.

gommé, ée (adjectif)
• **Papier gommé** : papier dont on mouille une face pour qu'il colle.

gommer (verbe) conj.n°3
Effacer avec une gomme.

gommette (nom féminin)
Petit morceau de papier gommé. *Zoé a réalisé une décoration sur son cahier avec des* ***gommettes****.*

gond (nom masculin)
Pièce métallique autour de laquelle tourne une porte ou une fenêtre. • **Sortir de ses gonds** : se mettre en colère.

gondole (nom féminin)
Longue barque plate, à un seul aviron, relevée aux deux extrémités. *À Venise, on circule en* ***gondole*** *sur les canaux.*

se gondoler (verbe) conj.n°3
Se déformer en se bombant. *Le carton a reçu la pluie, il* ***s'est gondolé****.*

gondolier (nom masculin)
Homme qui conduit une gondole.

gonflage (nom masculin)
Action de gonfler. *Le garagiste contrôle le* ***gonflage*** *des pneus.*

gonflement (nom masculin)
Fait d'être gonflé. *Le* ***gonflement*** *de ses paupières montre qu'il a pleuré.* (Syn. enflure)

gonfler (verbe) conj.n°3
1. Remplir d'air. *Benjamin* ***gonfle*** *le matelas pneumatique.* (Contr. dégonfler.) 2. Augmenter de volume. *C'est une entorse, la cheville* ***est*** *toute* ***gonflée****.* Famille du mot : dégonfler, gonflage, gonflement, gonfleur, regonfler.

gonfleur (nom masculin)
Appareil servant à gonfler. *Clément gonfle le canot pneumatique avec un* ***gonfleur****.*

gong (nom masculin)
Plateau de métal suspendu sur lequel on frappe avec un maillet. *Dans un combat de boxe, un* ***gong*** *annonce le début et la fin de chaque reprise.*

goret (nom masculin)
Synonyme de porcelet. *À la ferme, Anna a vu une truie et ses* ***gorets****.*

gorge (nom féminin)
1. Fond de la bouche. *Zoé a mal à la* ***gorge****.* 2. Partie avant du cou. *La cravate de David lui serre la* ***gorge****.* ➠ p. 263. 3. Vallée étroite et encaissée. *Le torrent a creusé une* ***gorge*** *profonde dans le calcaire.* (Syn. canyon, défilé.) • **Avoir la gorge sèche** : être angoissé. • **Mettre à quelqu'un le couteau sur** ou **sous la gorge** : l'obliger par des menaces à agir. • **Prendre à la gorge** : piquer, en parlant d'une odeur. • **Rire à gorge déployée** : très fort. Famille du mot : égorger, gorgé, gorgée.

une **gondole**

▸ **gorgé, ée** (adjectif)
Complètement imprégné. *Après l'averse, la terre est **gorgée** d'eau.* (Syn. saturé.)

▸ **gorgée** (nom féminin)
Quantité de liquide avalée en une seule fois. *Fatima boit son thé à petites **gorgées**.*

▸ **gorille** (nom masculin)
Singe d'Afrique, le plus grand et le plus puissant des singes. *Le **gorille** peut atteindre 2 mètres et peser 200 kilos.*

un **gorille**

▸ **gosier** (nom masculin)
Fond de la gorge. *Les enfants chantent à plein **gosier**.*

▸ **gosse** (nom)
Synonyme familier d'enfant. *Il a trois **gosses**.* (Syn. gamin, môme.)

▸ **gothique** (adjectif)
Se dit du style d'architecture qui s'est répandu en Europe du XIIe au XVIe siècle. *La cathédrale de Chartres est de style **gothique**.*

▸ **gouache** (nom féminin)
Peinture à l'eau, plus épaisse que l'aquarelle. *Gaëlle a acheté des tubes de **gouache** pour le cours de dessin.*

▸ **gouailleur, euse** (adjectif)
Qui est moqueur et un peu vulgaire. *Cette chanteuse populaire chante d'un ton **gouailleur**.* → Prononciation [gwajœʀ].

la construction de la cathédrale **gothique** de Bourges (enluminure de Jean Fouquet)

▸ **goudron** (nom masculin)
Substance noire que l'on tire du charbon ou du pétrole, et qu'on utilise pour recouvrir les routes. (Syn. asphalte, bitume.)

▸ **goudronner** (verbe) ○ conj.n°3
Recouvrir de goudron. *Ce chemin vient d'**être goudronné**.*

▸ **gouffre** (nom masculin)
1. Grand trou très profond. *Ce **gouffre** est souvent exploré par des spéléologues.*
2. Au sens figuré, ce qui entraîne de grosses dépenses. *Cette maison est un **gouffre** financier, il y a toujours des travaux à y faire.*

▸ **goujat** (nom masculin)
Personnage grossier. *Ce **goujat** ne nous a même pas remerciés.* (Syn. mufle, rustre.)

▸ **goujon** (nom masculin)
Petit poisson d'eau douce. *Une friture de **goujons**.*

un **goujon**

goulet (nom masculin)
Passage étroit. *Le bateau doit franchir un **goulet** pour parvenir au port.* (Syn. chenal.)

goulot (nom masculin)
Partie la plus étroite d'une bouteille ou d'un vase. *Ne bois pas au **goulot** de la bouteille, prends un verre !*

goulu, ue (adjectif)
Qui mange avec avidité. *Ne sois pas si **goulu**, mange plus lentement !* (Syn. glouton, goinfre, vorace.)

goulûment (adverbe)
De façon goulue. *Il mange **goulûment**, comme un goinfre.*

goupillon (nom masculin)
1. Brosse longue et cylindrique. *Un **goupillon** sert à nettoyer les bouteilles et les biberons.* 2. Instrument qui sert à asperger d'eau bénite. *Le prêtre bénit la foule avec son **goupillon**.*

gourbi (nom masculin)
Synonyme familier de taudis. *Range ta chambre : c'est un vrai **gourbi** !*

gourd, gourde (adjectif)
Qui est raidi par le froid. *En arrivant en haut du glacier, Hélène avait les mains **gourdes**.* ⊙ Famille du mot : dégourdi, dégourdir, engourdir, engourdissement.

gourde (nom féminin)
1. Récipient qui sert à transporter de la boisson. *On a prévu plusieurs **gourdes** d'eau pour la randonnée.* 2. Dans la langue familière, personne niaise, maladroite ou stupide. *Ibrahim s'est encore trompé de chemin, quelle **gourde** !* (Syn. idiot.) ⊙ Gourde a la même origine latine que *courge* : ce fruit, vidé et séché, servait de récipient.

gourdin (nom masculin)
Gros bâton. *Il nous a menacés de son **gourdin**.* ➡ p. 537.

gourmand, ande (adjectif et nom)
Qui aime manger de bonnes choses. *Les enfants ont été si **gourmands** qu'ils ont fini tous les gâteaux !*

gourmandise (nom féminin)
Caractère d'une personne gourmande. *Julie n'a plus faim, c'est par **gourmandise** qu'elle mange une glace.*

gourmet (nom masculin)
Personne qui sait apprécier le bon vin, la bonne cuisine. *Il déguste avec plaisir son repas, c'est un fin **gourmet**.* (Syn. gastronome.)

gourmette (nom féminin)
Bracelet formé d'anneaux plats. *Sur sa **gourmette**, Laura a son prénom gravé.*

gourou (nom masculin)
Maître spirituel vénéré par les membres d'une secte.

gousse (nom féminin)
Synonyme de cosse. *Pour éplucher les petits pois, il faut ouvrir la **gousse** qui les enveloppe.* ➡ p. 66. • **Gousse d'ail** : chacune des parties d'une tête d'ail.

gousset (nom masculin)
Petite poche du gilet. *Autrefois, les hommes portaient leur montre dans leur **gousset**.*

goût (nom masculin)
1. Celui des cinq sens qui sert à reconnaître ce que l'on mange. *L'organe du **goût** est la langue.* 2. Saveur d'un aliment. *Ces tomates ont bon **goût**.* 3. Plaisir qu'on a à faire quelque chose. *Kevin et Myriam n'ont vraiment pas les mêmes **goûts** : lui aime le football, elle la lecture.* 4. Faculté d'apprécier ce qui est beau. *Noémie a du **goût**, sa chambre est bien décorée.* ⊙ Famille du mot : arrière-goût, avant-goût, goûter.

1. goûter (verbe) ⊙ conj.n°3
1. Manger un peu d'un aliment pour connaître son goût. ***Goûte** ce gâteau au chocolat, il est délicieux.* 2. Prendre son goûter. *Les enfants **goûtent** dans le jardin après l'école.*

2. goûter (nom masculin)
Repas léger que prennent les enfants dans l'après-midi. *Pour son **goûter**, Odile s'est acheté un pain au chocolat.*

goutte (nom féminin)
1. Très petite quantité de liquide, qui a une forme arrondie. *Il pleut à grosses **gouttes**.* **2.** Petite quantité de liquide. *Pierre a bu une **goutte** de champagne le jour de son anniversaire.* • **Goutte à goutte** : une goutte après l'autre. • **Se ressembler comme deux gouttes d'eau** : être exactement pareils. ▷ **gouttes** (nom féminin pluriel) Médicament liquide qu'on prend sous forme de gouttes. *Se mettre des **gouttes** dans le nez.* ⊙ Famille du mot : égoutter, égouttoir, goutte-à-goutte, gouttelette, goutter, gouttière.

goutte-à-goutte (nom masculin)
Appareil qui sert à faire une perfusion. *Dès qu'il ira mieux, on lui retirera le **goutte-à-goutte**.* → Pluriel : des goutte-à-goutte.

gouttelette (nom féminin)
Petite goutte. *On n'a pas eu de pluie, juste quelques **gouttelettes**.*

goutter (verbe) ○ conj.n°3
Couler goutte à goutte. *Le plombier doit réparer le robinet qui **goutte** sans arrêt.*

gouttière (nom féminin)
Conduit creux qui borde les toits et qui sert à recueillir les eaux de pluie. *Cette **gouttière** est en zinc.*

gouvernail (nom masculin)
Dispositif mobile situé à l'arrière d'un bateau ou d'un avion et qui sert à le diriger. *C'est la barre qui commande le **gouvernail**.*

gouvernant, ante (nom)
Personne qui participe au gouvernement d'un pays. ▷ **gouvernante** (nom féminin) Femme chargée de garder et d'éduquer des enfants. *Autrefois, il y avait des **gouvernantes** dans les familles riches.*

gouvernement (nom masculin)
Ensemble des personnes qui gouvernent un pays. *Après les élections, le Président a nommé un nouveau **gouvernement**.*

gouvernemental, ale, aux (adjectif)
Du gouvernement. *L'opposition critique la politique **gouvernementale**.*

gouverner (verbe) ○ conj.n°3
Diriger un pays. *En France, le Premier ministre **gouverne** toujours avec tous ses ministres.* ⊙ Famille du mot : gouvernail, gouvernant, gouvernement, gouvernemental, gouverneur.

gouverneur (nom masculin)
Personne qui gouverne un territoire.

goyave (nom féminin)
Fruit tropical très sucré et parfumé.

une **goyave**

grabat (nom masculin)
Lit misérable. *Ce vieux clochard dort dans la rue sur un **grabat**.*

grabataire (adjectif et nom)
Se dit d'un malade qui ne peut plus quitter son lit. *Sa santé a empiré, il est maintenant totalement **grabataire**.*

grabuge (nom masculin)
Synonyme familier de dispute. *Il y a eu du **grabuge** après le match.*

1. grâce à (préposition)
Avec l'aide de quelqu'un ou de quelque chose. ***Grâce à** toi, j'ai gagné. **Grâce au** soleil, le verglas a fondu.*

2. grâce (nom féminin)
1. Beauté, élégance et charme dans les mouvements d'une personne. *La princesse salue la cour avec beaucoup de **grâce**.* 2. Pardon accordé à un condamné. *Il espérait une **grâce** présidentielle, mais il ne l'a pas obtenue.* • **De bonne grâce** : volontiers. • **De mauvaise grâce** : à contrecœur. • **Être dans les bonnes grâces de quelqu'un** : être protégé par lui. → Les dérivés du mot grâce n'ont pas d'accent circonflexe sur le « a ». ⊙ Famille du mot : disgrâce, disgracieux, gracier, gracieusement, gracieux.

groupe de statues grecques intitulé « les trois **Grâces** » (IIIe siècle après J.-C.)

gracier (verbe) ⊙ conj.n°10
Accorder la grâce à un condamné. *Cet homme **a été gracié** par le président de la République.*

gracieusement (adverbe)
1. Avec grâce. *Véronique danse très **gracieusement**.* 2. Synonyme de gratuitement. *Cet échantillon vous est offert **gracieusement**.*

gracieux, euse (adjectif)
Qui a beaucoup de grâce. *Cette danseuse est très **gracieuse**.* (Contr. disgracieux.) • **À titre gracieux** : gratuitement.

gracile (adjectif)
Qui est mince et élancé. *Une adolescente **gracile**.*

gradation (nom féminin)
Passage par degrés d'un état à un autre. *Un tableau avec des **gradations** de couleurs du jaune au rouge.*

grade (nom masculin)
1. Degré dans une hiérarchie. *Le plus haut **grade** dans l'armée est celui de général.* 2. Unité de mesure d'un angle. • **En prendre pour son grade** : dans la langue familière, se faire sévèrement réprimander. • **Monter en grade** : avoir de l'avancement.

gradé, ée (nom)
Militaire qui a un grade dans l'armée.

gradin (nom masculin)
Bancs disposés comme des marches d'escalier. *Les spectateurs regardent le match depuis les **gradins** du stade.* ⊙ Gradin vient de l'italien *gradino* qui signifie « petite marche d'escalier ».

graduation (nom féminin)
Petit trait qui indique une division d'un instrument de mesure. *Les **graduations** d'un thermomètre.*

graduel, elle (adjectif)
Qui se fait par degrés. *On constate une amélioration **graduelle** de son état de santé.* (Syn. progressif.)

graduellement (adverbe)
De façon graduelle. *La température remonte **graduellement**.*

graduer (verbe) ⊙ conj.n°3
1. Diviser un instrument de mesure au moyen de graduations. *Cette règle **est graduée** en millimètres et en centimètres.* 2. Augmenter peu à peu la difficulté. *Ces exercices **sont gradués** en fonction de l'âge des élèves.* ⊙ Famille du mot : graduation, graduel, graduellement.

▸ **graffiti** (nom masculin)
Inscription ou dessin griffonnés sur un mur. *Il y a beaucoup de **graffitis** dans ce couloir.*

un **graffiti**

▸ **graillon** (nom masculin)
Odeur désagréable de graisse frite. *Cette gargotte empeste le **graillon**.*

▸ **grain** (nom masculin)
1. Graine ou petit fruit de certaines plantes. *Avec les **grains** de blé, on fait de la farine, avec les **grains** de raisin, on fait du vin.* 2. Particule d'une matière. *Quentin a des **grains** de sable dans ses chaussures.* 3. Aspect plus ou moins rugueux d'une surface. *Le **grain** d'un papier, d'un cuir.* 4. Bref coup de vent accompagné d'averses. *Attendons que ce **grain** soit passé pour sortir.* • **Avoir un grain** : dans la langue familière, être un peu fou. • **Grain de beauté** : petite tache brune sur la peau. • **Mettre son grain de sel** : se mêler de quelque chose de façon indiscrète. • **Veiller au grain** : être sur ses gardes.

▸ **graine** (nom féminin)
Partie d'une plante qui germe pour donner une nouvelle plante. *Maman a semé des **graines** de persil.* • **En prendre de la graine** : dans la langue familière, prendre en exemple. *Ursula, elle, fait du sport, tu devrais **en prendre de la graine** !*

▸ **grainetier, ère** (nom)
Marchand de graines et de bulbes.

▸ **graissage** (nom masculin)
Action de graisser un moteur ou un mécanisme. *Victor a fait le **graissage** de sa chaîne de vélo.*

▸ **graisse** (nom féminin)
1. Partie grasse du corps d'une personne ou d'un animal. *Zoé n'aime pas la **graisse** des côtes d'agneau.* 2. Produit gras qu'on utilise en mécanique. *Le mécanicien a les mains pleines de **graisse**.* ⊙ Famille du mot : dégraisser, engrais, engraisser, graissage, graisser.

▸ **graisser** (verbe) ⊙ conj.n°3
Enduire de graisse. *L'ouvrier **a graissé** sa machine pour éviter qu'elle rouille.* (Syn. huiler.)

▸ **graminée** (nom féminin)
Plante dont les fleurs sont groupées en épis. *Les céréales, le bambou, la canne à sucre sont des **graminées**.*

▸ **grammaire** (nom féminin)
Ensemble des règles qu'il faut suivre pour parler et écrire correctement une langue.

▸ **grammatical, ale, aux** (adjectif)
De la grammaire. *Le verbe s'accorde avec le sujet, c'est une règle **grammaticale**.*

▸ **gramme** (nom masculin)
1. Unité de poids. *Dans une livre, il y a 500 grammes.* 2. Au sens figuré, très petite quantité. *Il n'a pas un **gramme** de bon sens.*

▸ **grand, grande** (adjectif)
1. Qui est de haute taille. *Anna est plus **grande** que sa sœur jumelle.* (Contr. petit.) 2. Qui est plus âgé. *Le **grand** frère de William vient de passer son bac.* (Contr. petit.) 3. Qui est vaste, étendu. *Le château est entouré d'un **grand** parc.* (Contr. petit.) 4. Qui est important. *T.G.V. signifie : train à **grande** vitesse.* (Contr. faible.) 5. Qui est célèbre, éminent. *Rodin est un **grand** sculpteur français.* ▷ **grand, grande** (nom) Enfant plus âgé qu'un autre. *La classe des **grands**.* ▷ **grand** (adverbe) • **Voir grand** : avoir des projets grandioses. ⊙ Famille du mot : agrandir, agrandissement, agrandisseur, grandeur, grandir.

▸ pas **grand-chose** (pronom)
Presque rien. *Dans le vacarme, il n'a **pas** entendu **grand-chose** du discours.*

a b c d e f g h i j k l m n o p q r s t u v w x y z

▸ **grandeur** (nom féminin)
Taille ou dimension. *Ces chaussures existent en plusieurs* ***grandeurs***. • **Folie des grandeurs** : ambition excessive. • **Grandeur d'âme** : noblesse des sentiments. (Contr. bassesse.)

▸ **grandiloquent, ente** (adjectif)
Qui est plein d'emphase. *Il s'est adressé au public d'un ton* ***grandiloquent***. (Syn. emphatique, pompeux.)

▸ **grandiose** (adjectif)
Qui est imposant, majestueux. *Le spectacle s'est déroulé dans le cadre* ***grandiose*** *du château.*

▸ **grandir** (verbe) ⊙ conj.n°11
1. Devenir plus grand. *Mes pieds ont dû* ***grandir*** *car mes chaussures me serrent.* (Contr. rapetisser.) **2.** Devenir plus fort. *Leur amitié* ***grandit*** *de jour en jour.* (Syn. augmenter.)

▸ **grand-mère** (nom féminin)
Mère du père ou de la mère de quelqu'un. *La* ***grand-mère*** *paternelle d'Élodie habite en province.* → Pluriel : des grands-mères.

▸ à **grand-peine** (adverbe)
Avec beaucoup de peine, et très difficilement. *Xavier a une ampoule au talon, il marche* ***à grand-peine***.

▸ **grand-père** (nom masculin)
Père du père ou de la mère de quelqu'un. *Le* ***grand-père*** *maternel de Yann vient souvent le chercher à l'école.* → Pluriel : des grands-pères.

▸ **grands-parents** (nom masculin pluriel)
Parents du père ou de la mère de quelqu'un. *Fatima a fêté les 40 ans de mariage de ses* ***grands-parents***.

▸ **grand-voile** (nom féminin)
Voile principale du grand mât d'un voilier. *Après avoir hissé la* ***grand-voile***, *il est parti vers le large.* → Pluriel : des grands-voiles.

▸ **grange** (nom féminin)
Bâtiment d'une ferme où l'on abrite les récoltes. *La paille et le foin sont entreposés dans la* ***grange***.

▸ **granit** (nom masculin)
Roche très dure. *En Bretagne, beaucoup de maisons sont en* ***granit***. → Prononciation [gʀanit]. → On écrit aussi granite.

une plaque de **granit**

▸ **granitique** (adjectif)
Qui est composé de granit. *Un terrain* ***granitique***.

▸ **granulé** (nom masculin)
Petit grain. *Il nourrit son cochon d'Inde avec des* ***granulés***.

▸ **granuleux, euse** (adjectif)
Formé de petits grains. *La surface* ***granuleuse*** *d'un crépi.* (Contr. lisse.)

▸ **graphie** (nom féminin)
Manière d'écrire un mot. *Le mot « cacahuète » a deux* ***graphies*** *car on peut aussi écrire « cacahouète ».*

▸ **graphique** (adjectif)
Qui est représenté par l'écriture. *Les lettres de l'alphabet sont des signes* ***graphiques***. ▷ **graphique** (nom masculin) Ligne représentant les variations d'une grandeur. *Le* ***graphique*** *de la température des malades est accroché au pied de chaque lit.* ⊙ Graphique vient du grec *graphein* qui signifie « écrire ».

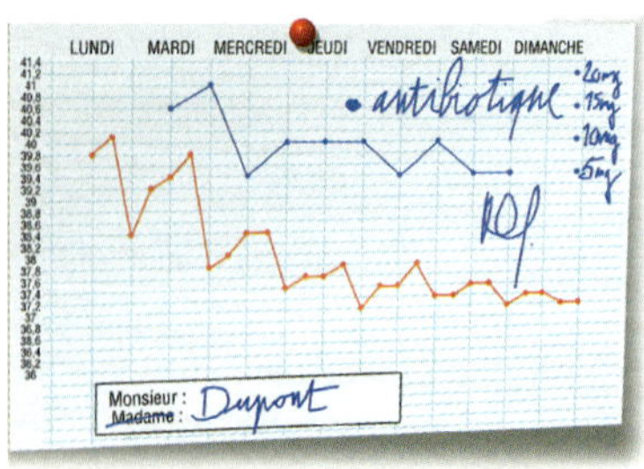

un **graphique** de température

▸ **graphisme** (nom masculin)
Façon d'écrire ou de dessiner.

▸ **graphologie** (nom féminin)
Étude de l'écriture de quelqu'un pour découvrir son caractère.

▸ **grappe** (nom féminin)
Ensemble de fleurs ou de fruits portés sur une tige commune. *Le raisin et les groseilles se présentent en **grappes**.* ➠ p. 933.

▸ **grappiller** (verbe) ⊙ conj.n°3
Cueillir çà et là, par petites quantités. *Les enfants sont montés dans le cerisier pour **grappiller** des cerises.*

▸ **grappin** (nom masculin)
Petite ancre à crochets recourbés.

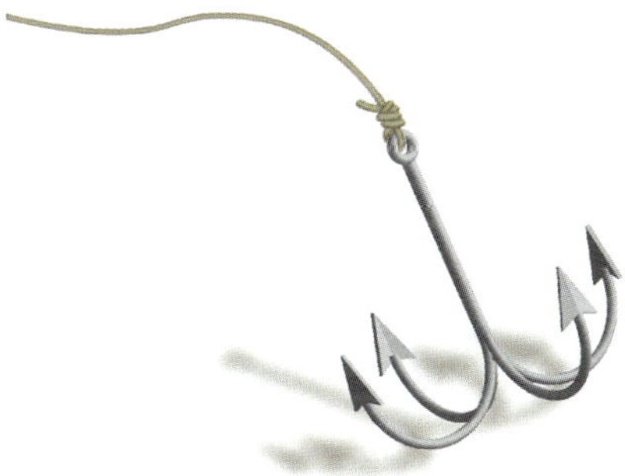

un **grappin**

▸ **gras, grasse** (adjectif)
1. Qui est composé de graisse. *Le beurre, le saindoux, l'huile sont des matières **grasses**.* 2. Qui a beaucoup de graisse. *Ce chat est trop **gras**, tu le nourris trop !* (Syn. gros. Contr. maigre.) 3. Qui est sali par la graisse. *Tu as les mains **grasses**, va les laver !* • **Caractères gras** : caractères d'imprimerie plus épais que les autres.
• **Faire la grasse matinée** : se lever tard.
• **Plante grasse** : plante verte aux feuilles épaisses. ▷ **gras** (nom masculin) Partie grasse d'un aliment. *Ce jambon est si bon que Benjamin en mange même le **gras**.* ⊙ Famille du mot : grassement, grassouillet.

▸ **grassement** (adverbe)
• **Payer grassement** : largement, avec générosité. *Il est **grassement** payé pour ce qu'il fait.*

▸ **grassouillet, ette** (adjectif)
Qui est un peu gras. *Il est **grassouillet** comme un petit cochon.* (Syn. dodu. Contr. maigrichon.)

▸ **gratification** (nom féminin)
Somme d'argent accordée à quelqu'un en plus du salaire. *Le gardien de l'immeuble a eu droit à une **gratification**.* (Syn. prime.)

▸ **gratifier** (verbe) ⊙ conj.n°10
Accorder un don ou une faveur à quelqu'un. *On **a gratifié** le livreur d'un bon pourboire.* (Syn. récompenser.)

▸ **gratin** (nom masculin)
Plat saupoudré de fromage râpé ou de chapelure, que l'on fait dorer au four. *Gaëlle adore le **gratin** d'aubergines.*
⊙ Gratin désignait la partie d'un mets qui attache et qu'il faut *gratter* pour la détacher.

▸ **gratiner** (verbe) ⊙ conj.n°3
Accommoder au gratin. *Maman fait **gratiner** les macaronis, ça sent bon !*

▸ **gratis** (adverbe)
Synonyme familier de gratuitement. *Clément a pu entrer **gratis** au concert.*
➜ Prononciation [gʀatis].

▸ **gratitude** (nom féminin)
Reconnaissance pour un service rendu. *Je lui ai exprimé toute ma **gratitude** pour son aide.* (Contr. ingratitude.)

▸ **gratte-ciel** (nom masculin)
Immeuble très haut. *Ce **gratte-ciel** a plus de cent étages !* ➜ Pluriel : des gratte-ciel.

▸ **gratter** (verbe) ⊙ conj.n°3
1. Frotter ou racler une surface avec quelque chose de dur ou avec les ongles. *Le peintre **a** d'abord **gratté** la rouille de la grille. Hélène a été piquée par des moustiques, elle n'arrête pas de **se gratter**.*
2. Causer des démangeaisons. *Si ce pull te **gratte**, mets un tee-shirt en-dessous.*
⊙ Famille du mot : gratte-ciel, grattoir.

▸ **grattoir** (nom masculin)
Ustensile qui sert à gratter.

gratuit, uite (adjectif)
1. Qu'on peut obtenir sans payer. *Julie a eu des échantillons **gratuits** de savon.* 2. Qui n'a pas de raison ou de preuve. *Sa méchanceté est vraiment **gratuite**.* (Contr. fondé.) ⊙ Famille du mot : gratuité, gratuitement.

gratuité (nom féminin)
Caractère de ce qui est gratuit. *La **gratuité** de l'enseignement public.*

gratuitement (adverbe)
Sans payer. *Les très jeunes enfants voyagent **gratuitement** en avion.*

gravats (nom masculin pluriel)
Débris de différents matériaux qui proviennent d'une démolition. *Le camion emporte les **gravats** vers la décharge.*

grave (adjectif)
1. Qui peut être dangereux ou inquiétant. *Le cancer est une maladie **grave**.* (Contr. bénin.) 2. Qui est sérieux, ne plaisante pas. *Il nous a annoncé la nouvelle d'un ton **grave**.* 3. Qui est important. *Ce n'est pas **grave** si tu ne viens pas.* 4. Se dit d'un son ou d'une voix qui sont très bas. *Ce chanteur a une voix très **grave**.* (Contr. aigu.) ⊙ Famille du mot : aggravation, aggraver, gravement, gravité.

gravement (adverbe)
1. De façon grave. *Il a été **gravement** blessé aux jambes.* (Contr. légèrement.) 2. Avec gravité. *La maîtresse a abordé **gravement** le problème du tiers-monde.* (Syn. sérieusement.)

graver (verbe) ⊙ conj.n°3
Écrire ou dessiner en creux avec un objet pointu sur une surface dure. *Maman a fait **graver** le prénom de Laura sur sa gourmette.* ⊙ Famille du mot : graveur, gravure.

graveur, euse (nom)
Artiste qui fait de la gravure.

gravier (nom masculin)
Très petits cailloux. *Ça fait vraiment mal de marcher pieds nus sur le **gravier**.* ⊙ Gravier est un dérivé de *grève*, au sens de « plage, rivage ».

gravillon (nom masculin)
Gravier très fin. *Un panneau indique qu'il faut ralentir car il y a des **gravillons** sur la chaussée.*

gravir (verbe) ⊙ conj.n°11
Monter avec effort une pente difficile. *Pour **gravir** cette montagne, il faut un bon équipement.* (Syn. escalader.)

gravitation (nom féminin)
Attraction universelle qui s'exerce entre les corps. *C'est Newton qui a découvert la loi de la **gravitation**.*

gravité (nom féminin)
1. Caractère de ce qui est grave. *Heureusement, c'est une blessure sans **gravité**. Parler avec **gravité** d'un sujet d'actualité.* 2. Force de la pesanteur exercée par la Terre sur les objets. *Les fusées permettent d'échapper à la **gravité** et d'envoyer des objets dans l'espace.*

graviter (verbe) ⊙ conj.n°3
Tourner autour d'un astre qui exerce une attraction. *Les planètes **gravitent** autour du Soleil.*

gravure (nom féminin)
1. Art de graver. *Cet artiste fait de la **gravure** sur pierre.* 2. Reproduction d'un dessin à l'aide d'une plaque gravée. *Cette **gravure** mérite d'être encadrée.*

« Le Petit Poucet », conte de Charles Perrault, illustré par une **gravure** de Gustave Doré.

gré (nom masculin)
• **Au gré de quelqu'un** : à son goût. *Ce repas est-il à ton **gré** ?* • **Bon gré, mal gré** : avec résignation et à contrecœur. • **Contre le gré de quelqu'un** : contre sa volonté. *Il est parti contre son **gré**.* • **De gré ou de force** : volontairement ou sous la contrainte. • **Savoir gré à quelqu'un de quelque chose** : lui en être reconnaissant. ⊙ Gré vient du latin *gratum* qui signifie « agréable ».

grec, grecque
➠ Voir tableau p. 6.

gredin (nom masculin)
Individu malhonnête. *Ce **gredin** a déjà volé plusieurs personnes.* (Syn. canaille.)

gréement (nom masculin)
Ensemble des voiles, des mâts, des cordages, des poulies d'un bateau. *Avant de quitter le port, on vérifie le **gréement**.*

gréer (verbe) ○ conj.n°3
Équiper un bateau de son gréement. *Cet été, Myriam a appris à **gréer** un voilier.*

greffe (nom masculin)
Bureau d'un tribunal où sont établis et conservés les textes des jugements.

greffe (nom féminin)
1. Méthode utilisée pour fixer une partie d'une plante sur une autre plante. *On fait des **greffes** sur les arbres fruitiers pour obtenir de nouvelles variétés de fruits.* 2. Opération chirurgicale qui consiste à remplacer un organe malade. *Il s'est bien rétabli après avoir subi une **greffe** du cœur.* (Syn. transplantation.)

greffer (verbe) ○ conj.n°3
1. Faire une greffe à une plante. ***Greffer** un rosier.* 2. Faire une greffe d'organe. ***Greffer** un rein.* 3. Se greffer : s'ajouter à quelque chose. *De nouveaux soucis sont venus **se greffer** à ceux qu'il avait déjà.*

greffier, ère (nom)
Personne chargée du greffe d'un tribunal.

grégaire (adjectif)
Qui pousse certains animaux à vivre en groupe. *L'instinct **grégaire** des moutons.*

grège (adjectif)
D'une couleur beige clair. *Une chemise **grège**.*

1. grêle (adjectif)
1. Qui est long et menu. *Les flamants roses ont des pattes **grêles**.* 2. Qui est faible et aigu. *Noémie parle d'une voix **grêle**.* • **Intestin grêle** : partie longue et mince de l'intestin. ➠ p. 345.

2. grêle (nom féminin)
Pluie qui tombe sous forme de grêlons. *Certains vignobles ont été endommagés par la **grêle**.* ⊙ Famille du mot : grêler, grêlon.

grêler (verbe) ○ conj.n°3
Tomber sous forme de grêle.

grêlon (nom masculin)
Goutte de pluie gelée. *Les **grêlons** sont des petits grains de glace.*

grelot (nom masculin)
Clochette en forme de boule. *On entend tinter le **grelot** des chèvres.*

grelotter (verbe) ○ conj.n°3
Trembler de froid. *Je vois bien que tu as froid, tu **grelottes** !*

grenade (nom féminin)
1. Fruit du grenadier. *Les **grenades** poussent dans les pays chauds.* 2. Projectile explosif lancé à la main ou avec un fusil. *La police a lancé des **grenades** lacrymogènes pour disperser les manifestants.* ⊙ Famille du mot : grenadier, grenadine.

une **grenade**

a b c d e f g h i j k l m n o p q r s t u v w x y z

▸ **grenadier** (nom masculin)
1. Arbre fruitier qui produit des grenades. *Les **grenadiers** sont légèrement épineux.* 2. Autrefois, soldat d'élite. *Les **grenadiers** de Napoléon.*

▸ **grenadine** (nom féminin)
Sirop de couleur rouge à base de jus de grenade. *Pierre préfère le jus d'orange à la **grenadine**.*

▸ **grenat** (adjectif)
Qui est de couleur rouge sombre. *Maman a mis une nappe **grenat** sur la table.* → Pluriel : des tissus grenat. ⊙ Grenat vient de l'ancien mot *grenate*, qui signifie « de la couleur de la grenade ».

▸ **grenier** (nom masculin)
Étage d'une maison situé sous les toits. *Quentin a mis ses vieux livres au **grenier**.* ⊙ Grenier vient du latin *granum* qui signifie « grain ».

▸ **grenouille** (nom féminin)
Petit animal amphibie qui vit au bord de l'eau. *Les **grenouilles** coassent.*

▸ **grès** (nom masculin)
1. Roche formée de grains de sable qui se sont agglomérés. ➠ p. 1077. 2. Terre glaise mélangée de sable avec laquelle on fait des poteries. *Un joli vase en **grès**.*

▸ **grésil** (nom masculin)
Pluie de tout petits grains de glace. → Prononciation [gʀezil].

▸ **grésiller** (verbe) ▸ conj.n°3
Faire des petits bruits secs. *Il faut attendre que l'huile **grésille** pour y mettre les petits poissons à frire.*

▸ 1. **grève** (nom féminin)
Arrêt du travail pour protester contre quelque chose ou obtenir des avantages. *Il n'y a pas de courrier car les facteurs sont en **grève**.* ⊙ Grève vient de l'ancien nom de la *place de Grève*, située devant l'hôtel de ville de Paris, qui descendait alors jusqu'aux berges de la Seine, et où les ouvriers se réunissaient pour essayer de trouver du travail.

▸ 2. **grève** (nom féminin)
Synonyme littéraire de plage. *Un bateau s'est échoué sur la **grève**.* (Syn. rivage.)

▸ **gréviste** (nom)
Personne qui fait la grève. *Les **grévistes** occupent l'usine.*

▸ **gribouillage** (nom masculin)
Écriture ou dessin gribouillés. *Ces **gribouillages** sont tout à fait illisibles.* → On dit aussi gribouillis.

▸ **gribouiller** (verbe) ▸ conj.n°3
Écrire ou dessiner n'importe comment ou de façon informe. *Arrête de **gribouiller** sur ce livre !*

▸ **grief** (nom masculin)
Chose qu'on reproche à quelqu'un. *On lui a fait **grief** de son absence.*

▸ **grièvement** (adverbe)
Synonyme de gravement. *Plusieurs personnes ont été **grièvement** brûlées dans l'incendie.*

les métamorphoses de la **grenouille**

griffe (nom féminin)
1. Ongle pointu et recourbé de certains animaux. *Les **griffes** du tigre sont redoutables.* 2. Marque commerciale. *Ce manteau porte la **griffe** d'un grand couturier.* ⊙ Famille du mot : griffer, griffure.

griffer (verbe) ○ conj.n°3
Égratigner d'un coup de griffe ou avec les ongles. *Fais attention au chat, car parfois il **griffe** !*

griffon (nom masculin)
1. Chien à poil long et frisé. 2. Animal fabuleux avec un corps de lion, une tête et des ailes d'aigle.

un **griffon**

griffonner (verbe) ○ conj.n°3
Écrire vite et mal. *Romain **a griffonné** son adresse sur un petit bout de papier.*

griffure (nom féminin)
Marque d'un coup de griffe.

grignoter (verbe) ○ conj.n°3
1. Manger en rongeant. *La souris **grignote** un morceau de fromage.* 2. Manger lentement et par petites quantités. *Arrête de **grignoter** sans arrêt, tu n'auras plus faim pour dîner !*

grigri (nom masculin)
Petit objet porte-bonheur.

gril (nom masculin)
Ustensile sur lequel on fait griller des aliments. *Avant de poser le **gril**, David attend que les braises soient rouges.*

grillade (nom féminin)
Viande grillée. *S'il fait beau, on fera des **grillades** sur le barbecue.*

grillage (nom masculin)
Clôture en fils de métal qui se croisent. *Les deux jardins sont séparés par un **grillage**.*

grillager (verbe) ○ conj.n°5
Garnir d'un grillage. *Maman a fait **grillager** la fenêtre pour éviter les accidents.*

grille (nom féminin)
1. Clôture constituée de barreaux métalliques. *Il faut repeindre la **grille** du jardin.* 2. Tableau quadrillé. *C'est la première fois qu'il remplit une **grille** du loto.* ⊙ Famille du mot : grillage, grillager.

grille-pain (nom masculin)
Appareil électrique qui sert à griller des tranches de pain. → Pluriel : des grille-pain.

griller (verbe) ○ conj.n°3
1. Cuire sur un gril. *On a fait **griller** des steaks dans le jardin.* 2. Abîmer en desséchant. *Les gelées **ont grillé** la végétation.* • **Griller un feu rouge :** dans la langue familière, le dépasser sans s'arrêter. ⊙ Famille du mot : gril, grillade, grille-pain.

grillon (nom masculin)
Insecte noir qui saute et qui fait du bruit en frottant ses élytres l'un contre l'autre.

un **grillon**

grimace (nom féminin)
Mouvement qui déforme le visage. *Thomas fait des **grimaces** en se tordant la bouche et le nez.* • **Faire la grimace :** manifester son mécontentement ou son dégoût.

grimacer (verbe) conj.n°4
Faire des grimaces. *Le blessé **grimaçait** de douleur.*

grimer (verbe) conj.n°3
Maquiller un acteur. *Ce comédien **s'est grimé** pour paraître 20 ans de plus.*

grimpant, ante (adjectif)
Se dit d'une plante qui pousse en s'accrochant à un support. *Le lierre et la vigne vierge sont des plantes **grimpantes**.*

grimper (verbe) conj.n°3
1. Monter en s'aidant des pieds et des mains. *Odile **grimpe** dans le cerisier pour cueillir des cerises.* 2. Suivre une pente raide. *Ce chemin **grimpe** trop pour que Victor le monte à vélo.* Famille du mot : grimpant, grimpeur.

grimpeur, euse (nom)
Alpiniste ou cycliste qui grimpe bien les côtes. *Il faut être un bon **grimpeur** pour escalader cette paroi abrupte.*

grinçant, ante (adjectif)
Qui est désagréable ou sarcastique. *Il nous a parlé d'un ton **grinçant**.*

grincement (nom masculin)
Bruit que fait quelque chose qui grince.

grincer (verbe) conj.n°4
Faire un bruit aigu et désagréable. *C'est agaçant cette porte qui **grince** !* • **Grincer des dents :** faire du bruit en serrant ses mâchoires l'une contre l'autre. Famille du mot : grinçant, grincement.

grincheux, euse (adjectif)
Synonyme de grognon. *Le mauvais temps le rend **grincheux**.*

gringalet (nom masculin)
Homme petit et chétif.

griot (nom masculin)
En Afrique, poète et musicien qui raconte les histoires du temps passé.

griotte (nom féminin)
Petite cerise acide.

grippe (nom féminin)
Maladie contagieuse transmise par un virus. *Sarah a la **grippe** et beaucoup de fièvre, elle doit rester au lit.* • **Prendre en grippe :** avoir de l'antipathie.

grippé, ée (adjectif)
Qui a la grippe.

se gripper (verbe) conj.n°3
Se bloquer ou se coincer. *Le mécanisme **s'est grippé**, l'horloge ne marche plus.*

grippe-sou (nom masculin)
Synonyme familier d'avare. → Pluriel : des grippe-sous.

gris, grise (adjectif)
1. Qui est d'une couleur entre le noir et le blanc. *Un costume **gris** foncé.* 2. Qui est couvert de nuages. *Le ciel est **gris**, il va pleuvoir.* 3. Qui est un peu ivre. *Il est un peu **gris** après avoir bu un verre de champagne.* • **Faire grise mine :** avoir l'air fâché. • **Matière grise :** synonyme familier d'intelligence. **gris** (nom masculin) Couleur grise. Famille du mot : dégriser, grisaille, grisant, grisâtre, griser, griserie, grisonner.

grisaille (nom féminin)
Temps gris et brumeux. *Après plusieurs jours de **grisaille**, le beau temps est revenu.*

grisant, ante (adjectif)
Qui grise. *Un succès **grisant**.*

grisâtre (adjectif)
Qui est un peu gris.

griser (verbe) conj.n°3
1. Enivrer légèrement. *Cet apéritif a suffi à le **griser**.* 2. Exciter au point de faire perdre la raison. *Il s'est laissé **griser** par le succès.*

griserie (nom féminin)
Sentiment d'excitation. *Il s'est laissé entraîner par la **griserie** de la vitesse.*

grisonner (verbe) conj.n°3
Commencer à devenir gris. *Il a déjà les cheveux qui **grisonnent**.*

grisou (nom masculin)
Gaz qui se forme dans les mines de charbon et qui peut exploser.

grive (nom féminin)
Oiseau migrateur au plumage brun et gris. *Les **grives** picorent les raisins dans les vignes.*

une **grive**

grivois, oise (adjectif)
Qui est drôle, mais un peu osé. *Une histoire **grivoise**, une chanson **grivoise**.*

grizzli (nom masculin)
Grand ours brun. *Les **grizzlis** vivent dans les montagnes de l'Amérique du Nord.*

grog (nom masculin)
Boisson chaude composée de rhum, d'eau chaude sucrée et de citron. *Pour se réchauffer, les alpinistes ont bu un **grog** en arrivant au refuge.* ⊙ Old Grog était le surnom d'un amiral anglais qui avait voulu obliger les marins à boire leur rhum mélangé à de l'eau.

grogne (nom féminin)
Synonyme familier de mécontentement. *Les grévistes ont manifesté leur **grogne** en défilant dans les rues.*

grognement (nom masculin)
Fait de grogner.

grogner (verbe) ○ conj.n°3
1. Pousser son cri, quand c'est l'ours, le cochon ou le sanglier. 2. Faire un bruit sourd. *Le chien **grogne** chaque fois qu'on l'approche.* (Syn. gronder.) 3. Montrer qu'on n'est pas content en protestant à voix basse. *Ursula range sa chambre en **grognant**.* (Syn. bougonner, grommeler, ronchonner.) ⊙ Famille du mot : grogne, grognement, grognon.

grognon, onne (adjectif)
Qui grogne, est de mauvaise humeur. *Le bébé est **grognon** car il n'a pas fait sa sieste.* (Syn. bougon, grincheux.)

groin (nom masculin)
Museau du porc ou du sanglier.

grommeler (verbe) ○ conj.n°9
Manifester son mécontentement en grognant. *Il est parti furieux en **grommelant**.* (Syn. bougonner, maugréer, ronchonner.)

grondement (nom masculin)
Bruit sourd et prolongé de quelque chose qui gronde. *On a entendu le **grondement** de l'avalanche jusque dans la vallée.*

un **grizzli**

▶ **gronder** (verbe) ○ conj.n°3
1. Faire entendre un bruit sourd. *Tu entends le tonnerre qui **gronde**, il va y avoir de l'orage.* **2.** Faire des reproches à un enfant. *William s'est fait **gronder** par le maître.* (Syn. attraper, réprimander.)

▶ **groom** (nom masculin)
Jeune employé d'un hôtel. *Un **groom** en uniforme ouvre la porte aux clients.* → Groom est un mot anglais : on prononce [gRum].

▶ **gros, grosse** (adjectif)
1. Qui prend beaucoup de place. *Si tu ne pars que deux jours, tu n'as pas besoin de prendre une si **grosse** valise !* (Syn. volumineux. Contr. petit.) **2.** Qui dépasse le poids normal. *Cet enfant est trop **gros**, il doit suivre un régime.* (Syn. gras. Contr. maigre.) **3.** Qui est très fort, intense. *Une **grosse** grippe. Un **gros** orage.* **4.** Qui est important et peut être grave. *C'est une **grosse** faute de brûler un feu rouge.* • **Avoir le cœur gros** : avoir du chagrin. ▷ **gros, grosse** (nom) Personne grosse. ▷ **gros** (adverbe) **1.** Synonyme de beaucoup. *Il a perdu **gros** en jouant au tiercé.* **2.** En grands caractères. *Écrire **gros**.* • **En avoir gros sur le cœur** : avoir beaucoup de chagrin et de dépit. • **En gros** : synonyme de grosso modo. *Dis-moi **en gros** de quoi il s'agit.* (Contr. en détail.) • **En gros** : par grandes quantités. *Les commerçants achètent **en gros** chez les grossistes les marchandises qu'ils revendent au détail à leurs clients.* (Contr. au détail.) ▷ **gros** (nom masculin) **1.** La partie la plus importante de quelque chose. *Le **gros** des élèves est arrivé.* **2.** Vente par grandes quantités. *C'est une boutique de **gros** réservée aux commerçants.* ⊙ Famille du mot : dégrossir, grossesse, grosseur, grossir, grossiste.

▶ **groseille** (nom féminin)
Petite baie rouge ou blanche au goût acide, qui pousse en grappes. *Zoé adore la confiture de **groseilles**.*

▶ **groseillier** (nom masculin)
Arbuste qui donne les groseilles.

Les **groseilles** poussent sur les **groseilliers**.

▶ **grossesse** (nom féminin)
État d'une femme enceinte, qui dure environ neuf mois. *Sa **grossesse** s'est très bien passée, et elle a hâte d'accoucher !*

▶ **grosseur** (nom féminin)
1. Volume de quelque chose. *Les fruits sont calibrés selon leur **grosseur**.* **2.** Enflure sous la peau. *Papa s'inquiète car il a une **grosseur** sous le bras.*

▶ **grossier, ère** (adjectif)
1. Qui est mal élevé et impoli. *Benjamin n'a même pas salué ses voisins, il a été vraiment très **grossier**.* **2.** Qui est rudimentaire, de mauvaise qualité, sans finesse. *Avec ce tissu **grossier**, maman a fait des torchons.* • **Erreur grossière** : erreur très visible, choquante. ⊙ Famille du mot : grossièrement, grossièreté.

▶ **grossièrement** (adverbe)
1. Avec grossièreté. *Ce chauffard nous a vraiment parlé **grossièrement**.* **2.** De façon sommaire. *Raconte-nous **grossièrement** ce qui s'est passé.* (Syn. en gros, grosso modo.)

▶ **grossièreté** (nom féminin)
1. Comportement d'une personne grossière. *Quelle **grossièreté** d'avoir refusé d'aider cette vieille dame !* **2.** Mot grossier. *Arrête de dire des **grossièretés** !* (Syn. gros mot.)

▸ **grossir** (verbe) ○ conj.n°11
1. Devenir plus gros. *Ne mange pas tant de sucreries, ça fait **grossir**.* (Contr. maigrir.) 2. Faire paraître plus gros. *Le microscope **grossit** les objets qu'on observe.*

▸ **grossiste** (nom)
Commerçant qui vend en gros. *Les détaillants achètent leurs marchandises chez les **grossistes**.*

▸ **grosso modo** (adverbe)
Rapidement, sans entrer dans les détails. *Dis-moi **grosso modo** ce que tu en penses.* (Syn. en gros, grossièrement.) ⊙ Grosso modo sont des mots latins qui signifient « d'une manière grossière ».

▸ **grotesque** (adjectif)
Qui est bizarre et ridicule. *Quelle tenue **grotesque** !*

▸ **grotte** (nom féminin)
Grand trou naturel dans la roche. *Les enfants ont découvert une **grotte** dans les rochers et s'y sont cachés.* (Syn. caverne.)

▸ **grouillement** (nom masculin)
Mouvement de ce qui grouille. *Le **grouillement** de la foule.*

▸ **grouiller** (verbe) ○ conj.n°3
1. S'agiter dans tous les sens et en grand nombre. *Les abeilles **grouillent** dans leur ruche.* 2. Synonyme de fourmiller. *Allons ailleurs, tu vois bien que cette plage **grouille** de monde.* 3. Se grouiller : synonyme familier de se dépêcher.

▸ **groupe** (nom masculin)
Ensemble de personnes ou de choses réunies dans un même endroit. *Anna déteste voyager en **groupe**. Cette banlieue est surtout composée de **groupes** d'immeubles.* • **Groupe scolaire** : bâtiments d'une école. ⊙ Famille du mot : groupement, grouper, groupuscule, regrouper.

▸ **groupement** (nom masculin)
Groupe de personnes ayant un intérêt commun. *Son père n'a jamais adhéré à aucun **groupement** politique.* (Syn. organisation.)

▸ **grouper** (verbe) ○ conj.n°3
Mettre ensemble. ***Groupe** sur ton lit tous les vêtements que tu veux emporter. Tous les élèves et le maître **se groupent** pour la photo de classe.* (Syn. rassembler, réunir. Contr. disperser.)

▸ **groupuscule** (nom masculin)
Petit groupement politique qui a peu d'adhérents. *Ce **groupuscule** a des idées très particulières.*

▸ **grue** (nom féminin)
1. Grand oiseau échassier, à longues pattes. *Les **grues** sont des oiseaux migrateurs.* 2. Engin de chantier très haut, qui sert à soulever et à déplacer des poids très lourds. *Deux **grues** déchargent le cargo.*

une **grue**

▸ **gruger** (verbe) ○ conj.n°5
Synonyme littéraire de tromper. *Il **a été grugé** par le vendeur.*

▸ **grumeau, eaux** (nom masculin)
Petite boule d'une matièrequi ne s'est pas bien mélangée à un liquide. *Ta pâte à crêpes est pleine de **grumeaux**.*

▸ **grutier** (nom masculin)
Conducteur de grue. *Le **grutier** dirige la grue à partir d'une cabine.*

▸ **gruyère** (nom masculin)
Fromage à pâte cuite fait avec du lait de vache. *Mon petit frère appelle le **gruyère** le fromage à trous.* ➔ Prononciation [gʀyjɛʀ]. ⊙ Gruyère vient du nom de la région suisse d'où est originaire ce fromage, la *Gruyère*.

▸ **guadeloupéen, enne**
➡ Voir tableau p. 6.

guatémaltèque
➠ Voir tableau p. 6.

gué (nom masculin)
Endroit d'une rivière ou d'un torrent où l'on peut traverser à pied. *À cet endroit l'eau est peu profonde et on peut traverser à **gué**.*

guenilles (nom féminin pluriel)
Vêtements déchirés. *Tous ces réfugiés en **guenilles** font pitié.*

guenon (nom féminin)
Femelle du singe.

guépard (nom masculin)
Gros félin au pelage tacheté. *Le **guépard** est l'animal le plus rapide à la course.*

un **guépard**

guêpe (nom féminin)
Insecte au corps rayé jaune et noir dont la femelle a un aiguillon venimeux. *Les piqûres de **guêpe** sont très douloureuses.*

une **guêpe**

guêpier (nom masculin)
1. Nid de guêpes. *Les pompiers ont détruit le **guêpier** qui se trouvait dans l'arbre.* 2. Au sens figuré, situation dangereuse. *Il aura du mal à se tirer de ce **guêpier**.*

guère (adverbe)
• **Ne... guère** : pas beaucoup. *Les arbres fruitiers **n'ont guère** donné de fruits cette année.*

guéridon (nom masculin)
Petite table ronde avec un seul pied.

guérilla (nom féminin)
Guerre faite de petites attaques pour harceler les troupes ennemies.

guérillero (nom masculin)
Combattant qui mène une guérilla.

guérir (verbe) ○ conj.n°11
1. Être de nouveau en bonne santé. *Grâce aux antibiotiques, Xavier **a guéri** très vite.* (Syn. se rétablir.) 2. Débarrasser quelqu'un d'une maladie. *Il existe de nouveaux traitements pour **guérir** le cancer.* ⊙ Famille du mot : guérison, guérisseur.

guérison (nom féminin)
Fait de guérir. *Heureusement, sa **guérison** a été rapide.* (Syn. rétablissement.)

guérisseur, euse (nom)
Personne qui dit pouvoir guérir les gens par d'autres moyens que la médecine habituelle.

guérite (nom féminin)
Petite baraque qui sert d'abri à une sentinelle.

guerre (nom féminin)
Conflit armé entre deux pays ou des groupes de personnes. *Son grand-père a été tué à la **guerre**.* (Contr. paix.) • **Faire la guerre à quelque chose** : lutter contre elle. *Il faut **faire la guerre à** la drogue.*
⊙ Famille du mot : guerrier, guerroyer.

guerrier, ère (adjectif)
Qui aime faire la guerre. *Un peuple **guerrier**.* ▷ **guerrier** (nom masculin) Synonyme littéraire de soldat.

guerroyer (verbe) ○ conj.n°6
Dans la langue littéraire, faire la guerre.

guet (nom masculin)
• **Faire le guet** : guetter. *La sentinelle **fait le guet** en haut de la colline.*

guet-apens (nom masculin)
Synonyme d'embuscade. *Ils sont tombés dans un **guet-apens**.* → Prononciation [gɛtapɑ̃]. → Pluriel : des guets-apens.

guêtre (nom féminin)
Bande de cuir ou de tissu qui protège le bas de la jambe. *Certains danseurs portent des **guêtres** de laine.*

guetter (verbe) ○ conj.n°3
1. Surveiller avec attention. *L'aigle **guette** sa proie.* (Syn. épier.) 2. Attendre avec impatience l'arrivée de quelqu'un. *Élodie **guette** le facteur qui doit lui apporter un colis.*

gueule (nom féminin)
Bouche de certains animaux. *Le lion tient sa proie dans sa **gueule**.*

gueule-de-loup (nom féminin)
Plante à fleurs violettes qui ressemble au mufle d'un animal (d'où son autre nom de muflier). → Pluriel : des gueules-de-loup.

gueux, gueuse (nom)
Synonyme littéraire de mendiant.

gui (nom masculin)
Plante parasite à fruits blancs et aux feuilles toujours vertes, qui pousse sur certains arbres. *Fatima est montée sur le pommier pour cueillir du **gui**.*

du **gui**

guichet (nom masculin)
Sorte de comptoir vitré dans une poste, une gare, une banque. *Gaëlle attend pour prendre son billet car il y a la queue au **guichet**.*

guide (nom)
Personne qui accompagne quelqu'un pour lui montrer le chemin ou lui faire visiter un lieu. *Pour cette excursion, il faut prendre un **guide**.* ▷ **guide** (nom masculin) Livre qui donne des renseignements pratiques sur un pays ou une région. *Avant de partir en voyage, on a acheté plusieurs **guides**.* ▷ **guides** (nom féminin pluriel) Synonyme de rênes.

guider (verbe) ○ conj.n°3
1. Accompagner quelqu'un pour lui montrer le chemin. *Yann connaît bien l'itinéraire, il vous **guidera** jusqu'à la maison.* 2. Se guider : se diriger grâce à un point de repère. *Les explorateurs **se guident** sur l'étoile polaire.*

guidon (nom masculin)
Barre qui sert à diriger la roue avant d'une bicyclette ou d'une moto. *Hélène a voulu lâcher le **guidon**, et elle est tombée.* ➠ p. 123.

guigne (nom féminin)
Synonyme familier de malchance.

guigner (verbe) ○ conj.n°3
Regarder avec envie. *Le chien **guigne** l'os du gigot !* (Syn. convoiter, lorgner.)

guignol (nom masculin)
Théâtre de marionnettes. • **Faire le guignol** : dans la langue familière, faire le clown, le pitre. ⊙ Guignol est le nom d'un personnage du théâtre de marionnettes créé à Lyon au début du XIXe siècle.

Guignol et son gourdin

a b c d e f g h i j k l m n o p q r s t u v w x y z

guillemets (nom masculin pluriel)
Petits signes (« ») qui servent à mettre en valeur un mot ou une phrase. ⊙ Guillemets est le diminutif de *Guillaume*, nom de l'imprimeur qui inventa ce signe.

guilleret, ette (adjectif)
Qui est vif et gai. *Julie est toute **guillerette**, elle vient d'apprendre qu'elle ira à la mer aux prochaines vacances.*

guillotine (nom féminin)
Instrument qui servait à couper la tête des condamnés à mort. ⊙ Guillotine vient du nom du docteur *Guillotin*, qui fit accepter l'usage de la guillotine pour abréger la souffrance des condamnés.

guillotiner (verbe) ○ conj.n°3
Décapiter au moyen de la guillotine. *Le roi Louis XVI **a été guillotiné** en 1793.*

guimauve (nom féminin)
Confiserie molle et très sucrée. *À la boulangerie, il y a des **guimauves** de toutes les couleurs.*

guindé, ée (adjectif)
Qui manque de naturel. *À cette soirée, tout le monde était si **guindé** qu'on s'est beaucoup ennuyé.*

guinéen, enne
➠ Voir tableau p. 6.

de guingois (adverbe)
Synonyme familier de « de travers ». *Cette armoire est toute **de guingois**, il va falloir la caler.*

guinguette (nom féminin)
Café ou restaurant populaire où l'on peut danser. *Une **guinguette** au bord de l'eau.*

guirlande (nom féminin)
Long cordon garni de papier découpé, de fleurs ou de petites ampoules. *On a décoré la classe avec des **guirlandes**.*

guise (nom féminin)
• **À sa guise** : comme il veut. *Chacun se servira **à sa guise**.* • **En guise de** : à la place de. *Victor a mangé un sandwich **en guise de** repas.*

guitare (nom féminin)
Instrument de musique à cordes. *Laura apprend à accorder sa **guitare**.*

guitariste (nom)
Personne qui joue de la guitare.

guttural, ale, aux (adjectif)
Qui vient du fond de la gorge. *Une voix **gutturale**.* (Syn. rauque.)

guyanais, aise
➠ Voir tableau p. 6.

gymnase (nom masculin)
Grande salle équipée pour la pratique du sport. *William va deux fois par semaine s'entraîner au **gymnase**.*

gymnaste (nom)
Sportif qui pratique la gymnastique. *Ces **gymnastes** s'entraînent à la barre fixe.*

gymnastique (nom féminin)
Ensemble d'exercices physiques qui rendent le corps plus souple et plus musclé. *Myriam fait de la **gymnastique** pour rester en forme.*

gynécologue (nom)
Médecin spécialiste des organes génitaux féminins.

gypaète (nom masculin)
Grand rapace de haute montagne.

gypse (nom masculin)
Roche calcaire avec laquelle on fabrique le plâtre.

gyrophare (nom masculin)
Phare rotatif sur le toit de certaines voitures. *Les pompiers et les ambulanciers ont des **gyrophares** qu'ils allument en cas d'urgence.*

En début de mot, **h** en rose signale un **h aspiré** : il n'y a donc ni élision du déterminant (le **hachoir**, la **halle**) ni liaison (les **hameaux** [leamo]).
Les autres mots commencent par un **h muet** : il y a donc élision du déterminant (l'**histoire**), et on fait la liaison (les **histoires** [lezistwaʀ]).

▸ **h** (nom masculin)
Huitième lettre de l'alphabet. *Le **h** est une consonne.* • **Bombe H :** bombe atomique à hydrogène. • **L'heure H :** heure fixée à l'avance pour déclencher quelque chose. *La fusée a décollé à l'heure **H**.*

▸ **ha !** (interjection)
Exprime la surprise ou le rire. ***Ha ! ha !** vous voilà !*

▸ **habile** (adjectif)
Qui est adroit, capable ou compétent dans une activité ou un métier. *Sa mère est une couturière très **habile**.* (Contr. malhabile.) ⊙ Famille du mot : habilement, habileté, malhabile.

▸ **habilement** (adverbe)
De façon habile. *Il s'est **habilement** tiré d'affaire tout seul.*

▸ **habileté** (nom féminin)
Caractère habile. *J'admire son **habileté** à jongler avec les balles.* (Syn. adresse.)

▸ **habiliter** (verbe) ⭘ conj.n°3
Donner officiellement à quelqu'un le droit de faire quelque chose. *Avec une procuration, elle **est habilitée** à voter pour son père.*

▸ **habillé, ée** (adjectif)
Qui est chic, élégant. *Pour cette cérémonie, il faudra une tenue **habillée**.*

▸ **habillement** (nom masculin)
Ensemble de vêtements que l'on porte en même temps.

▸ **habiller** (verbe) ⭘ conj.n°3
1. Mettre des habits. *Chaque matin, maman **habille** ma petite sœur avant de l'emmener à la crèche. Benjamin est assez grand pour **s'habiller** tout seul.* (Contr. déshabiller.) **2.** S'habiller : acheter ses vêtements. *Elle **s'habille** dans les grands magasins.* ⊙ Famille du mot : déshabiller, habillé, habillement, habilleuse, rhabiller.

▸ **habilleuse** (nom féminin)
Femme qui aide les acteurs ou les mannequins à s'habiller.

▸ **habit** (nom masculin)
Costume noir de cérémonie. *Pour cette soirée, les hommes doivent être en **habit**.*
▷ **habits** (nom masculin pluriel) Ensemble de vêtements. *Clément a grandi : ses **habits** sont trop petits.*

habitable (adjectif)
Où l'on peut habiter. *Il faut faire de gros travaux pour que cette maison soit **habitable**.*

habitacle (nom masculin)
Partie d'un avion ou d'un vaisseau spatial où se trouve l'équipage.

habitant, ante (nom)
Personne qui habite dans un endroit. *Les **habitants** de cette grande ville souffrent de la pollution de l'air.*

habitat (nom masculin)
1. Manière de se loger. *L'**habitat** urbain et l'**habitat** rural.* 2. Milieu dans lequel vit habituellement une espèce animale. *La savane est l'**habitat** naturel des lions.*

habitation (nom féminin)
Logement où l'on habite. *Ces **habitations** sont récentes et très confortables.*

habiter (verbe) conj.n°3
Vivre habituellement dans un endroit. *Anna **habite** Paris, mais avant elle **habitait** dans le Midi.* (Syn. demeurer, loger, résider.) Famille du mot : habitable, habitant, habitat, habitation, inhabitable, inhabité.

habitude (nom féminin)
1. Chose que l'on fait de façon régulière. *Élodie a pris l'**habitude** de se laver les dents après chaque repas.* 2. Coutume ou tradition. *C'est une **habitude** dans cette région de fêter la fin des vendanges.* (Syn. tradition.) • **D'habitude** : habituellement. ***D'habitude**, le facteur passe vers 8 heures.* (Syn. d'ordinaire.)

habituel, elle (adjectif)
Qui est régulier, normal. *Maman s'inquiète car David n'est pas rentré à l'heure **habituelle** de l'école.* (Contr. inhabituel.)

habituellement (adverbe)
De façon habituelle. ***Habituellement**, Fatima va chez sa grand-mère le mercredi.* (Syn. d'habitude, d'ordinaire.)

habituer (verbe) conj.n°3
1. Faire prendre une habitude. *Ibrahim **a habitué** son chien à ne pas aboyer pour un rien.* 2. S'habituer : prendre l'habitude de quelque chose. *Ces gens du Nord ont du mal à **s'habituer** à une telle chaleur.* (Syn. s'accoutumer, s'adapter.) Famille du mot : se déshabituer, habitude, habituel, habituellement, inhabituel.

hache (nom féminin)
Outil tranchant à lame courte fixée à un long manche. *Il fend le bois à coups de **hache**, pour faire des bûches.* Famille du mot : hacher, hachette, hachis, hachoir, hachure, hachurer.

une **hache**

hacher (verbe) conj.n°3
Couper en petits morceaux. *Gaëlle préfère le bifteck **haché**.*

hachette (nom féminin)
Petite hache.

hachis (nom masculin)
Plat de viande ou de légumes hachés. *Hélène prépare un **hachis** d'oignons et de persil.*

hachoir (nom masculin)
Appareil qui sert à hacher les aliments. *Le boucher se sert d'un **hachoir** électrique.*

hachure (nom féminin)
Chacun des petits traits parallèles qui servent à marquer les ombres sur un dessin.

hachurer (verbe) conj.n°3
Tracer des hachures sur un dessin.

haddock (nom masculin)
Églefin fumé. *On cuit le **haddock** dans un mélange d'eau et de lait.*

hagard, arde (adjectif)
Qui semble hébété, effaré. *Il est sorti de sa voiture accidentée avec l'air **hagard**.*

haie (nom féminin)
1. Rangée d'arbustes qui forme une clôture. *Les deux jardins sont séparés par une **haie** de cyprès.* 2. Rangée de personnes. *Une **haie** de supporters entoure la ligne d'arrivée.* 3. Obstacle à franchir, disposé pour certaines courses.

haillons (nom masculin pluriel)
Synonyme de guenilles. *Une femme en **haillons** mendiait dans la rue.*

haine (nom féminin)
Sentiment violent qui pousse à vouloir faire du mal à quelqu'un qu'on déteste. *Pourquoi tant de **haine** entre vous ?* (Contr. affection, amitié, amour.)

haineux, euse (adjectif)
Qui est plein de haine. *Cet homme tient des discours **haineux**.* (Syn. hostile. Contr. amical.)

haïr (verbe) conj.n°11
Éprouver de la haine. *Nathalie **hait** les gens hypocrites.* (Syn. détester. Contr. aimer.)
→ Haïr prend un tréma dans toute sa conjugaison, sauf aux trois personnes du singulier du présent de l'indicatif : je hais, tu hais, il hait.

haïtien, enne
➡ Voir tableau p. 6.

halage (nom masculin)
• **Chemin de halage** : chemin qui suit un cours d'eau et d'où on peut haler les péniches.

hâle (nom masculin)
Teinte brune de la peau sous l'effet du soleil.

hâlé, ée (adjectif)
Qui est bruni par le soleil. *Laura est rentrée toute **hâlée** de la montagne.*

haleine (nom féminin)
Air que l'on rejette quand on expire. *Je sens à ton **haleine** que tu as mangé de l'ail.* • **De longue haleine** : qui demande beaucoup de temps et d'effort. *C'est un travail **de longue haleine**.* • **Être hors d'haleine** : être très essoufflé. • **Reprendre haleine** : reprendre son souffle. • **Tenir quelqu'un en haleine** : retenir son attention jusqu'au bout.

haler (verbe) conj.n°3
Tirer un bateau au moyen d'un cordage. *Les pêcheurs **ont halé** leur barque sur la plage.*

haletant, ante (adjectif)
Qui halète. *Il est arrivé en sueur, tout **haletant**.*

haleter (verbe) conj.n°8
Respirer très vite et bruyamment après un effort. *Le chien a trop couru : il **halète** et tire la langue.*

hall (nom masculin)
Vaste salle qui se trouve à l'entrée d'un bâtiment. *On a rendez-vous dans le **hall** de la gare, sous la grande horloge.*
→ Hall est un mot anglais : on prononce [ol].

halle (nom féminin)
Bâtiment couvert où se tient un marché. *Une **halle** aux vins, aux poissons.*
▷ **halles** (nom féminin pluriel)
Ensemble de bâtiments où les commerçants font leurs achats en gros.

hallebarde (nom féminin)
Sorte de lance à longue hampe que certains soldats portaient autrefois.

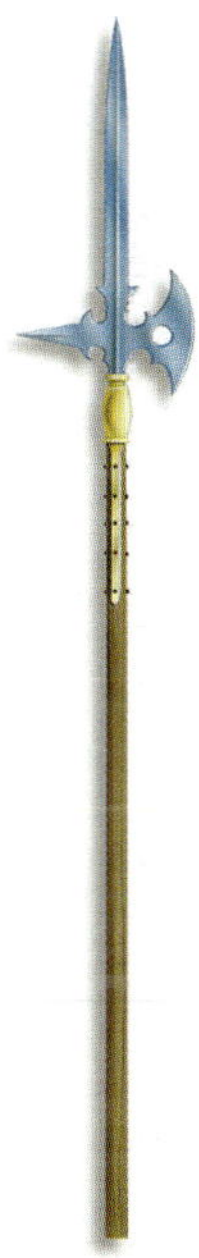

une **hallebarde**

a b c d e f g h i j k l m n o p q r s t u v w x y z

hallucinant, ante (adjectif)
Qui est très étonnant. *Ce portrait ressemble au modèle d'une façon **hallucinante**.* (Syn. extraordinaire, incroyable.)

hallucination (nom féminin)
Sensation de voir ou d'entendre des choses qui n'existent pas. *Tu as dû être victime d'une **hallucination** : il n'y a pas de loup dans cette forêt.* ⊙ Famille du mot : hallucinant, hallucinogène.

hallucinogène (adjectif)
Qui provoque des hallucinations. *Le haschisch est une substance **hallucinogène**.*

halo (nom masculin)
Cercle légèrement lumineux qui entoure une source lumineuse. *Cette nuit, la lune est entourée d'un **halo**.*

halogène (nom masculin)
Lampe qui donne un éclairage très lumineux. *Il y a trop de lumière, baisse un peu l'**halogène** !*

halte (nom féminin)
Moment d'arrêt. *Après trois heures de marche, les randonneurs ont fait une **halte** près d'une fontaine.*

halte-garderie (nom féminin)
Crèche qui admet les enfants pour un temps court. *Il y a une **halte-garderie** dans le centre commercial.* → Pluriel : des haltes-garderies.

haltère (nom masculin)
Instrument de culture physique constitué de deux masses métalliques réunies par une barre permettant de le soulever. *Il fait des **haltères** dans un club sportif.* ⊙ Famille du mot : haltérophile, haltérophilie.

haltérophile (nom)
Personne qui pratique l'haltérophilie.

haltérophilie (nom féminin)
Sport qui consiste à soulever des haltères.

hamac (nom masculin)
Morceau de toile ou de filet suspendu à chacune de ses extrémités, qui sert de lit. *Kevin se balance dans un **hamac** suspendu entre deux arbres.*

hamburger (nom masculin)
Steak haché qui se mange dans un petit pain rond. *Nathalie a mangé un **hamburger** avec des frites dans un fast-food.* → Hamburger est un mot anglais : on prononce [ɑ̃buʀgœʀ].

hameau, eaux (nom masculin)
Petit groupe de maisons isolées, situé à l'écart d'un village. *Les enfants du **hameau** attendent le car de ramassage scolaire.*

hameçon (nom masculin)
Petit crochet fixé au bout d'une ligne. *Le pêcheur accroche un appât à son **hameçon**.*

hammam (nom masculin)
Établissement où l'on prend des bains de vapeur.

hampe (nom féminin)
Longue tige de bois qui sert de support à un drapeau ou au fer d'une lance.

hamster (nom masculin)
Petit mammifère rongeur. *Guillaume aimerait beaucoup avoir un **hamster** comme animal familier.* → Prononciation [amstɛʀ].

un **hamster**

hanche (nom féminin)
Partie latérale du corps, entre la taille et le haut de la cuisse. *Cette jupe est trop serrée sur les **hanches**.* ➠ p. 263.

handball (nom masculin)
Sport d'équipe qui consiste à mettre le ballon dans le but adverse en se servant uniquement des mains. *Le **handball** oppose deux équipes de sept joueurs.* → Prononciation [ɑ̃dbal].

handballeur, euse (nom)
Joueur de handball.

handicap (nom masculin)
Infériorité qui diminue les chances de réussite de quelqu'un. *Pour faire du basket, sa petite taille est un* ***handicap****.* Famille du mot : handicapé, handicaper.

handicapé, ée (nom)
Personne atteinte d'une infirmité physique ou mentale. *La télévision a retransmis les compétitions d'athlétisme réservées aux* ***handicapés*** *physiques.*

handicaper (verbe) conj.n°3
Mettre en position d'infériorité. *Son asthme le* ***handicape*** *beaucoup quand il fait du sport.* (Syn. désavantager.)

hangar (nom masculin)
Bâtiment qui sert à entreposer des véhicules, des machines ou des marchandises. *Le tracteur est dans le* ***hangar*** *de la ferme.*

hanneton (nom masculin)
Gros insecte brun, très commun en Europe. *Les* ***hannetons*** *sont très nuisibles pour les cultures.*

un **hanneton**

hanter (verbe) conj.n°3
1. Apparaître dans un endroit, quand il s'agit de fantômes, d'esprits. *Une légende raconte que les fantômes des marins morts en mer* ***hantent*** *le vieux port.* 2. Au sens figuré, rester sans cesse présent à l'esprit de quelqu'un. *Des images de la guerre le* ***hantent*** *jour et nuit.* (Syn. obséder.)

hantise (nom féminin)
Inquiétude continuelle. *Il vit dans la* ***hantise*** *du chômage.* (Syn. obsession.)

happer (verbe) conj.n°3
Saisir brusquement avec sa gueule ou son bec. *Le chat* ***a happé*** *la souris et l'a croquée.*

hara-kiri (nom masculin)
Manière de se suicider pratiquée au Japon, en s'ouvrant le ventre avec un sabre. *Les samouraïs faisaient* ***hara-kiri****.* Hara-kiri est un mot japonais qui signifie « ouverture du ventre ».

harangue (nom féminin)
Discours solennel prononcé devant une assemblée. *Une violente* ***harangue****.*

haranguer (verbe) conj.n°3
Adresser une harangue. *L'orateur* ***haranguait*** *la foule pour la pousser à la révolte.*

haras (nom masculin)
Lieu où l'on élève des chevaux.

harassant, ante (adjectif)
Qui harasse. *Romain se couche tôt après une journée de travail* ***harassant****.* (Syn. épuisant.)

harasser (verbe) conj.n°3
Causer une extrême fatigue. *Ce long voyage nous* ***a harassés****.* (Syn. épuiser, exténuer.)

harcèlement (nom masculin)
Action de harceler. *Les maquisards font du* ***harcèlement*** *contre les convois ennemis.*

harceler (verbe) conj.n°8
1. Mener des petites attaques répétées. *Les soldats* ***harcelaient*** *l'ennemi chaque nuit.* 2. Tourmenter ou importuner sans arrêt. *La police* ***harcelait*** *le suspect de questions.*

hardes (nom féminin pluriel)
Synonyme littéraire de guenilles.

hardi, ie (adjectif)
Qui n'hésite pas à prendre des risques. *Autrefois, de* ***hardis*** *navigateurs partaient à la découverte de terres inconnues.* (Syn. audacieux, intrépide. Contr. peureux, timoré.) Famille du mot : hardiesse, hardiment.

hardiesse (nom féminin)
Caractère d'une personne hardie. *Seul contre cinq, il combattit avec* ***hardiesse****.* (Syn. audace, intrépidité. Contr. lâcheté.)

hardiment (adverbe)
D'une manière hardie. *Au lieu de reculer, Pierre affronta* ***hardiment*** *son agresseur.* (Syn. bravement, courageusement.)

harem (nom masculin)
Appartement réservé aux femmes chez les musulmans. *Seul le sultan pouvait pénétrer dans le* ***harem*** *où vivaient ses épouses.*

hareng (nom masculin)
Poisson de mer au dos bleu-vert et au ventre argenté. *Les* ***harengs*** *se déplacent en bancs.*

un **hareng**

hargne (nom féminin)
Mauvaise humeur et comportement agressif. *Quentin a refusé avec* ***hargne*** *de céder sa place au premier rang.*

hargneux, euse (adjectif)
Qui est plein de hargne. *Méfie-toi de ce chien, il est souvent* ***hargneux*** *!*

haricot (nom masculin)
Plante potagère dont les gousses et les graines sont comestibles. *Les gousses des* ***haricots*** *sont des* ***haricots*** *verts et les graines sont des* ***haricots*** *secs ou blancs.*

harissa (nom féminin)
Sauce très pimentée d'origine nord-africaine. *On assaisonne la sauce du couscous avec de la* ***harissa****.* ⊙ Harissa vient d'un mot arabe qui signifie « piler », car la harissa est faite à partir de poudre de piment.

harki (nom masculin)
Algérien engagé dans l'armée française pendant la guerre d'Algérie.

harmonica (nom masculin)
Petit instrument de musique composé d'un boîtier contenant des pièces de métal qui vibrent quand on souffle dedans.

un **harmonica**

harmonie (nom féminin)
1. Accord équilibré et harmonieux entre les éléments d'un ensemble. *Des voix, des teintes en* ***harmonie****.* 2. Bonne entente entre des personnes. *C'est un couple heureux qui vit en* ***harmonie****.*
⊙ Famille du mot : harmonieusement, harmonieux, harmoniser.

harmonieusement (adverbe)
De façon harmonieuse.

harmonieux, euse (adjectif)
1. Qui est agréable à l'oreille. *Le chant* ***harmonieux*** *du rossignol.* (Syn. mélodieux.)
2. Qui est composé de parties en harmonie. *Un bâtiment aux proportions* ***harmonieuses****.* (Syn. équilibré, proportionné.)

harmoniser (verbe) ⊙ conj.n°3
Mettre en harmonie. *Cette coupe de cheveux* ***s'harmonise*** *avec la forme de son visage.*

harmonium (nom masculin)
Instrument de musique qui comporte un clavier et des pièces de métal qui vibrent à l'aide d'une soufflerie. *L'****harmonium*** *produit un son qui ressemble à celui de l'orgue.* → Prononciation [aʀmɔnjɔm].

harnachement (nom masculin)
1. Ensemble des harnais d'un cheval.
2. Équipement lourd et incommode. *Véronique n'a pas besoin d'un tel* ***harnachement*** *pour la promenade !*
➠ p. 1035.

harnacher (verbe) ○ conj.n°3
1. Mettre un harnais à un cheval. 2. Porter un harnachement qui est encombrant ou ridicule. *Le motard* ***était harnaché*** *d'un énorme casque et de lourdes bottes.*

harnais (nom masculin)
1. Équipement d'un cheval ou d'un animal de trait, qui sert à le monter ou à l'atteler. *Le collier, le mors, les rênes, la selle sont différents éléments du* ***harnais****.* 2. Ensemble de sangles qui entourent le corps, dans la pratique de certains sports. *Le* ***harnais*** *d'un parachutiste, d'un alpiniste.*

harpe (nom féminin)
Grand instrument de musique formé d'un cadre triangulaire sur lequel sont tendues les cordes qui vibrent quand on les pince.

harpie (nom féminin)
Femme acariâtre. *Il est marié avec une véritable* ***harpie*** *!*

harpiste (nom)
Musicien qui joue de la harpe.

harpon (nom masculin)
Grande flèche métallique dont on se sert pour prendre de gros poissons. *Autrefois, les Esquimaux chassaient les phoques au* ***harpon****.*

harponner (verbe) ○ conj.n°3
Attraper au harpon. *Des plongeurs sous-marins* ***ont harponné*** *un requin.*

hasard (nom masculin)
1. Ce qui n'est pas prévisible et qui échappe à la volonté de l'homme. *C'est le* ***hasard*** *qui nous a réunis.* (Syn. chance, destin.) 2. Événement imprévu et inexplicable. *Cette découverte est due à un heureux* ***hasard****.* • **À tout hasard :** en prévision de ce qui pourrait se produire. *J'emporte un parapluie* ***à tout hasard****.* • **Au hasard :** sans but ou sans réflexion. *Partir* ***au hasard****. Choisir* ***au hasard****.* • **Jeu de hasard :** jeu où l'on gagne grâce à la chance et non grâce à la réflexion. *La loterie est vraiment un* ***jeu de hasard****.* • **Par hasard :** accidentellement, sans l'avoir voulu. ⊙ Famille du mot : hasarder, hasardeux. ⊙ Hasard vient d'un mot arabe qui signifie « dé à jouer ».

hasarder (verbe) ○ conj.n°3
1. Exprimer une idée en prenant le risque de se tromper. ***Hasarder*** *une explication, une hypothèse.* 2. Se hasarder : s'exposer à un risque. *Je n'ai aucune envie de* ***me hasarder*** *sur cette vieille passerelle.*

hasardeux, euse (adjectif)
Qui comporte des risques. *L'escalade de cette falaise est une entreprise* ***hasardeuse****.* (Syn. dangereux, risqué.)

haschisch (nom masculin)
Drogue tirée d'une plante de la famille du chanvre. *Fumer du* ***haschisch*** *peut provoquer des hallucinations.* → On écrit aussi hachisch. ⊙ En arabe, haschisch signifie « herbe ».

hase (nom féminin)
Femelle du lièvre.

hâte (nom féminin)
Grande rapidité dans l'action. *Dans la* ***hâte*** *du départ, nous nous sommes trompés de train.* • **À la hâte :** avec précipitation et sans soin. • **Avoir hâte :** être impatient. *J'****ai hâte*** *de partir.* • **En toute hâte :** de toute urgence ou en se dépêchant. ⊙ Famille du mot : hâter, hâtif, hâtivement.

hâter (verbe) ○ conj.n°3
1. Faire quelque chose plus vite ou plus tôt que prévu. *Nous devons* ***hâter*** *la réalisation des travaux.* 2. Se hâter : synonyme de se dépêcher. *Il* ***se hâte*** *de terminer ses devoirs pour pouvoir s'amuser.* • **Hâter le pas :** marcher plus vite.

hâtif, ive (adjectif)
1. Qui est fait à la hâte, trop vite. *Ce devoir médiocre est le résultat d'un travail* ***hâtif****.* 2. Qui est en avance par rapport à ce qui est normal, qui a mûri trop tôt. *Ces fruits* ***hâtifs*** *manquent de saveur.* (Syn. précoce. Contr. tardif.)

hâtivement (adverbe)
De façon hâtive. *Nous nous sommes* ***hâtivement*** *mis à l'abri de l'orage.*

hauban (nom masculin)
Chacun des cordages ou des câbles qui maintiennent les mâts d'un bateau.

haubert (nom masculin)
Cotte de mailles. *Au Moyen Âge, les hommes d'armes portaient des **hauberts**.*

hausse (nom féminin)
Augmentation en valeur, en degré. ***Hausse** des prix. Le baromètre est en **hausse**.*

hausser (verbe) conj.n°3
Augmenter quelque chose en valeur ou en intensité. ***Hausser** les salaires.* (Syn. augmenter.) • **Hausser la voix, le ton** : parler plus fort pour se faire entendre ou se faire obéir. • **Hausser les épaules** : soulever les épaules pour marquer son mépris ou son indifférence. • **Se hausser sur la pointe des pieds** : se dresser sur la pointe des pieds.

haut, haute (adjectif)
1. Qui a une certaine taille dans le sens vertical. *Une tour **haute** de trente mètres.* 2. Qui est grand dans le sens vertical. *Une **haute** montagne.* (Syn. élevé. Contr. bas.) 3. Qui atteint une intensité élevée. *Parler à voix **haute**. Chauffer un métal à **haute** température.* 4. Qui est supérieur, très bon. *Un appareil de **haute** précision.* ▷ **haut** (nom masculin) Partie supérieure ou sommet. *Le **haut** du sapin est décoré d'une étoile.* • **De haut** : de telle hauteur. *Un immeuble de 80 mètres **de haut**.* • **Des hauts et des bas** : des moments où les choses se passent bien et des moments où les choses ne vont pas. • **Tomber de haut** : être très surpris ou très déçu. ▷ **haut** (adverbe) À un degré ou à un niveau élevé. *Parlez moins **haut** ! La fusée s'éleva très **haut** dans le ciel.* ⊙ Famille du mot : haut-de-forme, haute-fidélité, hauteur, haut-fourneau, haut-le-cœur, haut-parleur.

hautain, aine (adjectif)
Qui a une attitude fière et méprisante. *Le seigneur regarda le manant d'un air **hautain**.* (Syn. arrogant, dédaigneux.)

hautbois (nom masculin)
Instrument de musique à vent formé d'un tuyau de bois percé de trous.

haut-de-forme (nom masculin)
Haut chapeau cylindrique à bord étroit, généralement noir, que les hommes portaient pour les cérémonies. → Pluriel : des hauts-de-forme.

haute-fidélité (nom féminin)
• **Chaîne haute-fidélité** : appareil dont la qualité technique permet d'obtenir une très bonne reproduction des sons. → On abrège parfois ce mot : hi-fi.

hauteur (nom féminin)
1. Dimension dans le sens vertical. *Je vais mesurer la **hauteur** de ce mur.* 2. Niveau par rapport au sol. *Ces deux lits sont à la même **hauteur**.* 3. Lieu élevé. *Ce village a été construit sur une **hauteur**.* • **Être à la hauteur** : être capable d'accomplir correctement un acte ou de faire face à une situation.

haut-fourneau (nom masculin)
Four dans lequel on fait fondre le minerai de fer pour fabriquer de la fonte. → On écrit aussi haut fourneau. Pluriel : des hauts-fourneaux.

haut-le-cœur (nom masculin)
Envie subite de vomir. *Cette odeur de friture me donne des **haut-le-cœur**.* (Syn. nausée.) → Pluriel : des haut-le-cœur.

haut-parleur (nom masculin)
Appareil qui transforme le courant électrique en ondes sonores. *Les **haut-parleurs** d'une chaîne stéréo.* → Pluriel : des haut-parleurs.

havre (nom masculin)
Synonyme littéraire de refuge. *Cette île est un **havre** de paix.* ⊙ Autrefois, un havre était un petit port abrité.

hawaïen, enne
➠ Voir tableau p. 6.

hayon (nom masculin)
Porte arrière de certains véhicules, qui s'ouvre de bas en haut.

hé ! (interjection)
Sert à appeler quelqu'un et à l'interpeller. ***Hé !** toi ! Viens par ici !*

heaume (nom masculin)
Casque porté par les soldats au Moyen Âge, qui recouvrait la tête et le visage.

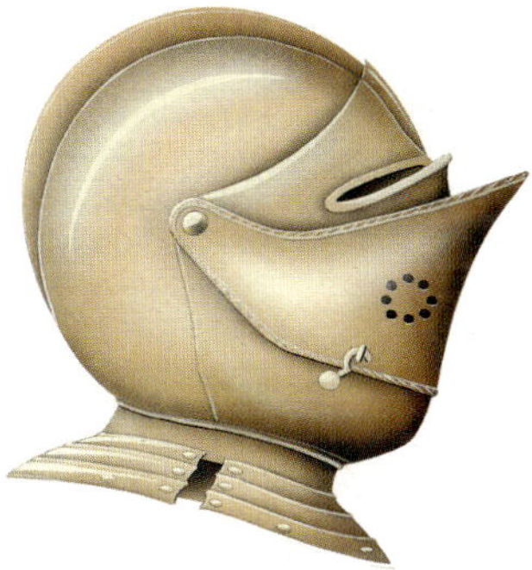

un **heaume**

hebdomadaire (adjectif)
Qui se produit une fois par semaine. *Le mercredi est le jour de fermeture* ***hebdomadaire*** *de la boulangerie.* ▷ **hebdomadaire** (nom masculin) Revue ou journal qui paraît chaque semaine. *Ce magazine de sport est un* ***hebdomadaire****.*

hébergement (nom masculin)
Action d'héberger quelqu'un. *Avant de partir là-bas, renseignez-vous sur les conditions d'****hébergement****.*

héberger (verbe) ○ conj.n°5
Recevoir ou loger quelqu'un chez soi. *Nous avons suffisamment de place pour vous* ***héberger*** *quelques jours.*

hébété, ée (adjectif)
Qui semble devenu stupide sous l'effet d'un choc. *Après sa chute, le cavalier se releva complètement* ***hébété****.*

hébraïque (adjectif)
Qui concerne les Hébreux. *La religion* ***hébraïque****.*

hébreu, eux (adjectif masculin)
Qui concerne les Hébreux, le peuple juif. *L'État* ***hébreu****.* ▷ **hébreu** (nom masculin) Langue officielle de l'État d'Israël. ➜ L'adjectif hébreu n'a pas de féminin : on emploie hébraïque.

hécatombe (nom féminin)
Massacre d'êtres humains ou d'animaux. *La marée noire a causé une* ***hécatombe*** *parmi les oiseaux de mer.* ⊙ Dans l'Antiquité, une hécatombe était un sacrifice de 100 bœufs pour honorer les dieux.

hectare (nom masculin)
Unité de superficie qui vaut cent ares ou dix mille mètres carrés. ➜ Hectare s'abrège *ha*.

hectogramme (nom masculin)
Unité de poids qui vaut cent grammes. ➜ Hectogramme s'abrège *hg*.

hectolitre (nom masculin)
Unité de capacité qui vaut cent litres. ➜ Hectolitre s'abrège *hl*.

hectomètre (nom masculin)
Unité de longueur qui vaut cent mètres. ➜ Hectomètre s'abrège *hm*.

hein ! (interjection)
Dans la langue familière, mot qui sert à indiquer la surprise, l'impatience. ***Hein ?*** *Qu'est-ce que tu dis ?*

hélas ! (interjection)
Sert à indiquer la tristesse, le regret. ***Hélas*** *! Nous sommes obligés de nous séparer !*

héler (verbe) ○ conj.n°8
Appeler de loin. *Il* ***héla*** *un taxi qui passait sur l'avenue.*

hélice (nom féminin)
Appareil constitué de plusieurs pales tournant autour d'un axe, qui sert à propulser un avion ou un bateau. *Des avions à* ***hélices*** *et des avions à réaction.*

une **hélice** d'avion et une **hélice** de bateau

a b c d e f g h i j k l m n o p q r s t u v w x y z

▸ **hélicoptère** (nom masculin) Appareil d'aviation qui se déplace dans l'air au moyen d'hélices horizontales. *Un **hélicoptère** décolle et atterrit verticalement.*

▸ **héliport** (nom masculin) Terrain de décollage et d'atterrissage des hélicoptères.

▸ **héliporté, ée** (adjectif) Transporté par hélicoptère. *Des troupes **héliportées**.*

▸ **hélium** (nom masculin) Gaz plus léger que l'air. → Prononciation [eljɔm].

▸ **hem !** (interjection) Sert à attirer l'attention ou à exprimer le doute. ***Hem !** Je me demande si ton idée est vraiment bonne !*

▸ **hématome** (nom masculin) Synonyme de bleu. *Yann a les jambes couvertes d'**hématomes** à cause d'une chute à vélo.* ⊙ Hématome vient du grec ***haima*** qui signifie « sang », et qu'on retrouve dans ***hémoglobine***, ***hémophilie***, ***hémorragie***.

▸ **hémicycle** (nom masculin) Salle en forme de demi-cercle, disposée en gradins. *La Chambre des députés est un **hémicycle**.*

▸ **hémisphère** (nom masculin) Chaque moitié du globe terrestre, située de part et d'autre de l'équateur. *La France est située dans l'**hémisphère** Nord.*

▸ **hémoglobine** (nom féminin) Substance contenue dans le sang, qui lui donne sa couleur rouge.

▸ **hémophile** (adjectif et nom) Qui est atteint d'hémophilie.

▸ **hémophilie** (nom féminin) Maladie héréditaire dans laquelle, une blessure, même légère, peut entraîner une grave hémorragie.

▸ **hémorragie** (nom féminin) Écoulement de sang hors des vaisseaux. *Le médecin a fait un pansement au blessé pour stopper l'**hémorragie**.*

▸ **henné** (nom masculin) Poudre jaune ou rouge qui sert de teinture pour les cheveux.

▸ **hennin** (nom masculin) Au Moyen Âge, coiffure de femme formée d'un haut cône garni d'un voile.

▸ **hennir** (verbe) ⊙ conj.n°11 Pousser des hennissements.

▸ **hennissement** (nom masculin) Cri du cheval.

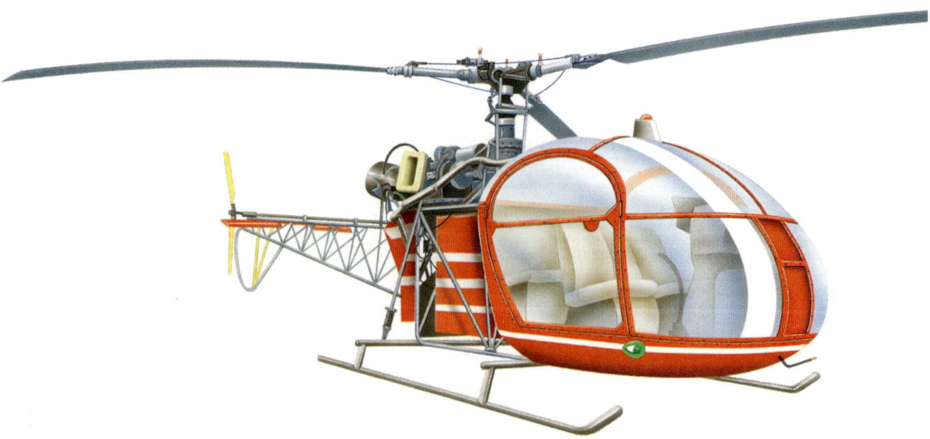

un **hélicoptère**

a b c d e f g h i j k l m n o p q r s t u v w x y z

hep ! (interjection)
Sert à appeler, à héler. ***Hep !*** *Vous là-bas, venez par ici !*

hépatique (adjectif)
Qui concerne le foie. *La jaunisse est une maladie* ***hépatique****.*

hépatite (nom féminin)
Maladie du foie. *Certaines* ***hépatites*** *sont dues à des virus.*

héraut (nom masculin)
Au Moyen Âge, personne chargée d'annoncer officiellement et solennellement certaines nouvelles.

herbacé, ée (adjectif)
• **Plante herbacée :** petite plante à tige souple, qui ressemble à de l'herbe.

herbage (nom masculin)
Prairie destinée au pâturage des troupeaux.

herbe (nom féminin)
Plante fine et verte, à tige souple, qui pousse naturellement. *Le bétail broute de l'****herbe*** *dans les prés pour se nourrir. Nous avons pique-niqué sur l'****herbe****.* • **Couper l'herbe sous le pied de quelqu'un :** faire quelque chose avant lui et à sa place. • **En herbe :** se dit du blé qui n'est pas encore mûr ; au sens figuré, se dit de quelqu'un qui est doué pour l'activité qu'il exercera plus tard. *Une violoniste* ***en herbe****.* • **Fines herbes :** plantes utilisées pour parfumer les plats. *Le persil, la ciboulette, le basilic, la coriandre sont des* ***fines herbes****.* • **Mauvaise herbe :** plante qui gêne le développement des plantes cultivées. ⊙ Famille du mot : désherbant, désherber, herbage, herbicide, herbier, herbivore.

herbicide (nom masculin)
Produit qui détruit les mauvaises herbes.

herbier (nom masculin)
Collection de plantes séchées que l'on conserve entre des feuilles de papier.

herbivore (adjectif et nom)
Qui se nourrit d'herbe. *Les mammifères ruminants comme la vache, le cerf, le chameau sont des* ***herbivores****.* ➠ p. 682.

herboriser (verbe) ○ conj.n°3
Cueillir des plantes sauvages pour les étudier ou pour les utiliser en cuisine ou en médecine.

herboriste (nom)
Personne qui vend des préparations à base de plantes médicinales.

hercule (nom masculin)
Homme d'une force exceptionnelle. *Cet athlète est un véritable* ***hercule****.* (Syn. colosse.) ⊙ Hercule était un héros de la mythologie latine, célèbre pour sa force colossale.

herculéen, enne (adjectif)
Digne d'un hercule. *Il faudrait une force* ***herculéenne*** *pour soulever ce gros rocher.* (Syn. colossal.)

héréditaire (adjectif)
Qui se transmet des parents aux enfants. *Certains caractères physiques comme la couleur des yeux sont* ***héréditaires****.*

hérédité (nom féminin)
Transmission de certains caractères d'une personne à ses descendants. *L'hémophilie est une maladie qui se transmet par* ***hérédité****.*

hérésie (nom féminin)
Doctrine contraire aux principes établis officiellement dans une religion.

hérétique (adjectif et nom)
Qui soutient une hérésie. *Autrefois, l'Église catholique considérait les protestants comme des* ***hérétiques****.*

hérisser (verbe) ○ conj.n°3
1. Dresser ses poils, ses plumes. *Mon chat* ***hérisse*** *le poil dès qu'un chien s'approche de lui.* **2.** Au sens figuré, horripiler. *Sa vulgarité me* ***hérisse****.* • **Être hérissé :** être recouvert de piquants, de pointes. *Ces ronces* ***sont hérissées*** *d'épines.*

hérisson (nom masculin)
Petit mammifère au corps hérissé de piquants. *Pour se défendre, le **hérisson** se met en boule.*

un **hérisson**

héritage (nom masculin)
Ensemble de biens transmis par une personne qui vient de mourir. *Cette vieille dame a laissé un gros **héritage** à sa famille.*

hériter (verbe) ○ conj.n°3
1. Devenir propriétaire par héritage. *Il **a hérité** d'une immense fortune à la mort de son oncle.* 2. Recevoir par hérédité. *Noémie **a hérité** du talent de musicien de son père.* ⊙ Famille du mot : déshériter, héritage, héritier.

héritier, ère (nom)
Personne qui hérite. *Elle a fait un testament pour désigner ses **héritiers**.*

hermaphrodite (adjectif)
Qui possède les caractères des deux sexes, mâle et femelle. *Les escargots sont **hermaphrodites**.*

hermétique (adjectif)
1. Qui est parfaitement étanche. *Ce médicament est conservé dans un flacon **hermétique**.* 2. Qui est difficile à comprendre. *Ce roman m'a paru très **hermétique**.*

hermine (nom féminin)
Petit carnivore dont le poil, fauve en été, devient blanc l'hiver. *La blancheur de l'**hermine** symbolise la pureté.*

une **hermine**

hernie (nom féminin)
Grosseur qui se forme dans le corps quand un organe s'est déplacé. *Un effort violent peut provoquer une **hernie**.*

1. héroïne (nom féminin)
Drogue très dangereuse fabriquée à partir de la morphine. *Ce jeune drogué a failli mourir d'une overdose d'**héroïne**.*

2. héroïne (nom féminin) ➠ Voir héros.

héroïque (adjectif)
Qui est digne d'un héros. *Des sauveteurs **héroïques**. Un acte **héroïque**.* (Syn. brave. Contr. lâche, peureux.)

héroïquement (adverbe)
De façon héroïque. *Les assiégés se sont comportés **héroïquement**.*

héroïsme (nom masculin)
Courage exceptionnel. *Ce pompier a reçu une médaille pour son **héroïsme** pendant l'incendie.*

héron (nom masculin)
Grand oiseau échassier au long cou et au long bec. *Les **hérons** se nourrissent de poissons et de grenouilles.*

un **héron**

héros, héroïne (nom)
1. Personne qui se distingue par son héroïsme. *Il s'est conduit en **héros** en sauvant plusieurs personnes de la noyade. Jeanne d'Arc, **héroïne** de l'histoire de France.* 2. Personnage principal d'une histoire. *D'Artagnan est le **héros** du roman « les Trois Mousquetaires ».* ⊙ Famille du mot : héroïque, héroïquement, héroïsme.

herpès (nom masculin)
Maladie de la peau, due à un virus et provoquant des démangeaisons.

herse (nom féminin)
1. Instrument agricole muni de dents métalliques pour briser les mottes de terre. 2. Grille hérissée de pointes qui s'abaisse pour défendre l'entrée des forteresses. ➠ p. 196.

hésitant, ante (adjectif)
Qui hésite. *Odile reste **hésitante** devant un tel choix.* (Syn. indécis. Contr. décidé, résolu.)

hésitation (nom féminin)
Fait d'hésiter. *Thomas a choisi son nouveau jeu vidéo après un long moment d'**hésitation**.*

hésiter (verbe) ⊙ conj.n°3
1. Avoir du mal à prendre une décision. *Papa **hésite** à partir en voiture à cause du brouillard.* 2. Montrer son indécision en s'arrêtant au cours d'une action. *Sarah lit lentement en **hésitant** à chaque mot.* ⊙ Famille du mot : hésitant, hésitation.

hétéroclite (adjectif)
Qui forme un mélange bizarre de choses qui ne vont pas ensemble. *Le grenier est rempli d'un entassement **hétéroclite** de vieux jouets.*

hétérogène (adjectif)
Qui est composé d'éléments de nature différente. *Ces gens venus des quatre coins du monde forment un groupe **hétérogène**.* (Contr. homogène.)

hétérosexuel, elle (adjectif et nom)
Qui éprouve une attirance sexuelle pour des personnes du sexe opposé au sien.

hêtre (nom masculin)
Grand arbre à tronc droit, à écorce lisse et à bois blanc utilisé en menuiserie.

feuille, fruit et écorce du **hêtre**

heu ! (interjection)
Sert à exprimer l'hésitation, le doute, la gêne. *Rends-moi mon stylo ! – **Heu !**... Je crois que je l'ai perdu.* → On écrit aussi euh !

heure (nom féminin)
1. Période de temps qui correspond à la vingt-quatrième partie d'une journée. *Une **heure** est divisée en soixante minutes. Nous avons rendez-vous dans une **heure**.* 2. Moment déterminé de la journée. *Quelle **heure** est-il ? – Il est onze heures **du matin**.* • **À la bonne heure ! :** c'est bien, c'est satisfaisant. • **À l'heure :** au moment prévu ou à l'heure exacte. *Il est arrivé juste **à l'heure**.* • **À l'heure qu'il est :** en ce moment. • **De bonne heure :** tôt. • **Tout à l'heure :** il y a quelques instants ou un peu plus tard. *Il a téléphoné **tout à l'heure**. Je vous rejoins **tout à l'heure**.*

heureusement (adverbe)
Par bonheur. *Il a fait une chute mais **heureusement** il n'est pas blessé.* (Contr. malheureusement.)

a b c d e f g **h** i j k l m n o p q r s t u v w x y z

▸ **heureux, euse** (adjectif)
1. Qui est plein de joie, de bonheur. *Vivre des moments **heureux**. C'est une famille vraiment **heureuse**.* (Contr. malheureux.) **2.** Qui est très satisfait. *Nous sommes très **heureux** de vous revoir.* (Syn. content.) **3.** Qui est favorisé par la chance. *Après cette chute, il peut s'estimer **heureux** d'être encore en vie !*

▸ **heurt** (nom masculin)
Fait de se heurter. *Des **heurts** ont eu lieu entre les manifestants et les forces de l'ordre.* → Prononciation [œR].

▸ **heurter** (verbe) ○ conj.n°3
1. Toucher violemment. *La voiture **a heurté** un arbre. En courant, Victor **s'est heurté** à un passant.* (Syn. se cogner, percuter.) **2.** Au sens figuré, contrarier quelqu'un. *Ses mauvaises manières me **heurtent**.* (Syn. choquer.) **3.** Se heurter à quelque chose : se trouver en face. *Les alpinistes **se sont heurtés à** une difficulté imprévue.*

▸ **hévéa** (nom masculin)
Arbre des pays chauds dont on tire le latex servant à fabriquer le caoutchouc.

▸ **hexagone** (nom masculin)
Figure géométrique qui comporte six côtés et six angles. *On appelle la France l'**Hexagone** à cause de sa forme.* ➡ p. 512.

▸ **hiatus** (nom masculin)
Suite de deux voyelles appartenant à deux syllabes différentes d'un mot ou de deux mots. *« Aérien » et « il a été » sont des exemples d'**hiatus**.*

▸ **hibernation** (nom féminin)
État proche du sommeil dans lequel certains animaux vivent l'hiver.

▸ **hiberner** (verbe) ○ conj.n°3
Passer l'hiver en hibernation. *Les ours, les marmottes, les loirs, les chauves-souris **hibernent**.*

▸ **hibiscus** (nom masculin)
Arbre tropical à grandes fleurs.

une fleur d'**hibiscus**

▸ **hibou, oux** (nom masculin)
Rapace nocturne qui porte des aigrettes sur la tête. *Le **hibou** hulule.* ➡ p. 776.

▸ **hic** (nom masculin)
• **Le hic** : dans la langue familière, annonce une difficulté, un problème. *William aimerait faire de la plongée sous-marine, mais le **hic**, c'est qu'il ne sait pas nager !*

▸ **hideux, euse** (adjectif)
Qui est d'une laideur qui fait peur. *Benjamin a fait un cauchemar peuplé de monstres **hideux**.* (Syn. affreux, horrible.)

▸ **hier** (adverbe)
Jour qui précède aujourd'hui. *Je l'ai rencontré mercredi, c'est-à-dire **hier** puisque nous sommes jeudi.* • **Ne pas dater d'hier** : être très ancien. *Ces photos jaunies **ne datent pas d'hier**.*

▸ **hiérarchie** (nom féminin)
Organisation d'un groupe de personnes selon leur importance ou leur pouvoir. *Le directeur a le poste le plus élevé dans la **hiérarchie** de l'entreprise.*

▸ **hiérarchique** (adjectif)
Qui fait partie d'une hiérarchie. *Un soldat doit obéir à son supérieur **hiérarchique**.*

▸ **hiéroglyphe** (nom masculin)
Signe d'écriture des anciens Égyptiens. *Les **hiéroglyphes** sont des petits dessins qui symbolisent des mots ou des idées.*

▸ **hi-fi** ➡ Voir haute-fidélité.

hilarant, ante (adjectif)
Qui fait rire. *Le numéro des clowns était vraiment **hilarant**.* (Syn. désopilant.)

hilare (adjectif)
Qui a l'air très content. *Les spectateurs, **hilares**, applaudissaient aux mimiques de l'acteur.* (Syn. réjoui.) ⊙ Famille du mot : hilarant, hilarité.

hilarité (nom féminin)
Brusque accès de rire. *Sa réponse étourdie a déclenché l'**hilarité** générale dans la classe.*

hindou, oue (adjectif et nom)
Qui concerne ou qui pratique l'hindouisme. *Les **hindous** croient à la réincarnation après la mort.*

hindouisme (nom masculin)
Religion très répandue en Inde. *Les adeptes de l'**hindouisme** vénèrent de nombreux dieux.*

hippique (adjectif)
Qui concerne les chevaux ou l'équitation. *Un concours **hippique**.*

hippocampe (nom masculin)
Petit poisson marin dont la tête rappelle celle d'un cheval. *L'**hippocampe** nage à la verticale.*

un **hippocampe**

hippodrome (nom masculin)
Terrain destiné aux courses de chevaux. *L'**hippodrome** de Vincennes.*

hippopotame (nom masculin)
Gros mammifère herbivore qui vit dans les fleuves d'Afrique. *Certains **hippopotames** peuvent atteindre quatre tonnes.* ⊙ Hippopotame vient du grec *hippos* qui signifie « cheval » et *potamos* qui signifie « fleuve ».

hirondelle (nom féminin)
Petit oiseau migrateur noir et blanc dont la queue est fourchue. *Les **hirondelles** reviennent des pays chauds aux premiers jours du printemps.* ➠ p. 117.

une **hirondelle**

un **hippopotame**

a b c d e f g h i j k l m n o p q r s t u v w x y z

hirsute (adjectif)
Qui est tout ébouriffé, mal coiffé. *Il vient de sortir de son lit, tout **hirsute**.*

hispanique (adjectif)
Qui concerne l'Espagne ou les pays d'Amérique du Sud parlant l'espagnol.

hisser (verbe) conj.n°3
1. Faire monter quelque chose en se servant de cordes. ***Hisser** les voiles d'un navire.* 2. Se hisser : grimper ou s'élever en faisant de gros efforts. ***Se hisser** sur un mur, sur un toit.*

histoire (nom féminin)
1. Récit rapportant des faits réels ou imaginaires. *Pour endormir son petit frère, Ursula lui raconte une **histoire**.* 2. Ensemble des événements qui se sont déroulés dans le passé. *Étudier l'**histoire** de France.* 3. Chose fausse que l'on raconte pour tromper quelqu'un. *Arrête de me raconter des **histoires** !* (Syn. mensonge.) 4. Incident fâcheux, désagréable. *Faire un voyage sans **histoire**. Ces mensonges vont t'attirer des **histoires**.* (Syn. difficulté, ennui.) • **En faire toute une histoire** : exagérer l'importance de quelque chose. • **Faire des histoires** : créer des complications. Famille du mot : historien, historique, préhistoire, préhistorique.

historien, enne (nom)
Spécialiste des études d'histoire.

historique (adjectif)
1. Qui concerne l'histoire, les événements du passé. *Il rassemble des documents **historiques** sur la vie au Moyen Âge.* 2. Qui a réellement existé dans le passé. *Charlemagne est un personnage **historique**.* 3. Qui a laissé des traces importantes dans l'histoire. *Le jour de la prise de la Bastille (14 juillet 1789) est une date **historique**.*
▷ **historique** (nom masculin) Récit qui expose tous les faits depuis le début. *Faire l'**historique** d'une enquête.*

hit-parade (nom masculin)
Classement de chansons ou de films par ordre de succès. *Un disque premier au **hit-parade**.* → Pluriel : des hit-parades.

hiver (nom masculin)
Saison la plus froide de l'année qui suit l'automne et précède le printemps. Famille du mot : hivernal, hiverner.

hivernal, ale, aux (adjectif)
De l'hiver. *Nous sommes en automne, mais il fait déjà un froid **hivernal**.*

hiverner (verbe) conj.n°3
Passer l'hiver à l'abri. *Le berger ramène ses moutons à l'étable pour **hiverner**.*

H.L.M. (nom féminin ou masculin)
Immeuble dont les appartements ont des loyers peu élevés. → Prononciation [aʃɛlɛm]. H.L.M. est l'abréviation d'*habitation à loyer modéré*.

ho ! (interjection)
Sert à interpeller quelqu'un. ***Ho !** la vilaine menteuse !*

hobby (nom masculin)
Passe-temps favori. *Xavier collectionne des vieilles cartes postales, c'est son **hobby**.* (Syn. dada, marotte.) → Pluriel : des hobbys ou des hobbies. Hobby est un mot anglais qui signifie « petit cheval », « dada ».

hochement (nom masculin)
• **Hochement de tête** : fait de hocher la tête. *Il a approuvé d'un **hochement de tête**.*

hocher (verbe) conj.n°3
• **Hocher la tête** : remuer la tête de haut en bas en signe d'accord ou de droite à gauche en signe de désaccord.

hochet (nom masculin)
Jouet de bébé qui fait du bruit quand on le secoue.

hockey (nom masculin)
Sport d'équipe qui consiste à pousser une balle ou un palet dans le but adverse à l'aide d'une crosse. *Le **hockey** peut se pratiquer sur gazon ou sur glace.*

des joueurs de **hockey** sur glace

holà ! (interjection)
Sert à arrêter, à modérer quelqu'un. ***Holà !** faites moins de bruit !* ▷ **holà** (nom masculin) • **Mettre le holà à quelque chose** : mettre fin à quelque chose de fâcheux. *J'ai décidé de **mettre le holà à** tout ce gaspillage.*

hold-up (nom masculin)
Attaque à main armée dans le but de voler. *La police a arrêté les auteurs du **hold-up**.* → Prononciation [ɔldœp]. → Pluriel : des hold-up. ⊙ Hold-up vient de l'anglais ***to hold up one's hands*** qui signifie « tenir les mains en l'air ».

hollandais, aise
➠ Voir tableau p. 6.

Holocauste (nom masculin)
Extermination des Juifs par les nazis. *L'**Holocauste** s'est produit pendant la Seconde Guerre mondiale.* ⊙ Dans l'Antiquité hébraïque, un holocauste était l'offrande à Dieu d'un animal que l'on faisait brûler.

hologramme (nom masculin)
Photo qui donne l'impression du relief quand on la regarde sous un certain angle.

homard (nom masculin)
Crustacé marin aux pattes armées de grosses pinces et dont la carapace bleue ou verte devient rouge à la cuisson.

un **homard**

homéopathie (nom féminin)
Traitement des maladies qui consiste à absorber des doses très faibles de produits qui, à doses fortes, provoqueraient la maladie que l'on veut soigner.

homéopathique (adjectif)
Qui concerne l'homéopathie. *Benjamin soigne son asthme par traitement **homéopathique**.*

homérique (adjectif)
Qui est extraordinaire, phénoménal. *Une bataille **homérique**.* ⊙ Homérique vient du nom d'*Homère*, poète grec qui raconta la guerre de Troie *(l'Iliade)* et les aventures d'Ulysse *(l'Odyssée)*.

homicide (nom masculin)
Fait de tuer un être humain.

hommage (nom masculin)
Acte qui marque le respect ou l'admiration. *On a rendu **hommage** à l'héroïsme de ces sauveteurs.* ▷ **hommages** (nom masculin pluriel) Salutations qu'un homme adresse à une femme. *Il a présenté ses **hommages** à la maîtresse de maison.*

homme (nom masculin)
1. Être humain adulte de sexe masculin. *Ce magasin vend des vêtements pour **hommes**.* **2.** Être humain en général. *De même que le langage, le rire est le propre de l'**homme**.* • **Comme un seul homme** : tous ensemble et en même temps. *Ils ont répondu **comme un seul homme**.* • **Homme d'affaires** : personne qui s'occupe d'entreprises commerciales. • **Homme de loi** : avocat ou magistrat. • **Homme politique** : ministre ou député.

homme-grenouille (nom masculin)
Plongeur sous-marin équipé de bouteilles à oxygène. *Des **hommes-grenouilles** réparent la coque du bateau.*
→ Pluriel : des hommes-grenouilles.

homogène (adjectif)
Qui est formé d'éléments qui vont bien ensemble. *Pour gagner ce match, il faut une équipe **homogène**.* (Contr. hétérogène.)

homologue (nom)
Personne qui remplit la même fonction. *Le ministre français de l'Agriculture a rencontré son **homologue** anglais.*

homologuer (verbe) ○ conj.n°3
Reconnaître officiellement la validité de quelque chose. ***Homologuer** un record.*

homonyme (nom masculin)
Mot qui se prononce de la même façon qu'un autre mais qui n'a pas la même signification. *Les mots « saut », « seau » et « sot » sont des **homonymes**.*
⊙ Homonyme vient du grec *homos* qui signifie « le même » et *onoma* qui signifie « nom ».

homosexuel, elle (adjectif et nom)
Personne qui éprouve une attirance sexuelle pour des personnes du même sexe qu'elle.

hongrois, oise
➠ Voir tableau p. 6.

honnête (adjectif)
1. Qui ne cherche pas à tromper ou à voler. *William est bien trop **honnête** pour tricher.* (Syn. intègre, loyal. Contr. déloyal, malhonnête.) 2. Qui est d'un niveau moyen, acceptable. *Gaëlle a des notes **honnêtes**, mais elle pourrait faire mieux.* (Syn. acceptable, honorable, passable.)
⊙ Famille du mot : honnêtement, honnêteté, malhonnête, malhonnêtement, malhonnêteté.

honnêtement (adverbe)
De façon honnête. *Guillaume a toujours gagné sa vie **honnêtement**.* (Contr. malhonnêtement.)

honnêteté (nom féminin)
Qualité d'une personne honnête. *C'est un commerçant d'une parfaite **honnêteté**.*

honneur (nom masculin)
1. Sentiment d'être digne du respect d'autrui. *Accusé, il est prêt à se battre pour défendre son **honneur**.* 2. Marque d'estime envers quelqu'un que l'on respecte. *Le Premier ministre sera accueilli avec tous les **honneurs** qui lui sont dus.* • **Cour d'honneur** : cour principale d'un château. • **En l'honneur de** : pour honorer quelqu'un. • **Faire honneur à quelqu'un** : se conduire bien, de manière à le rendre fier. • **Faire honneur à un repas** : manger copieusement avec grand plaisir. *Il **a fait honneur à** notre civet de lièvre.*

honorable (adjectif)
1. Qui mérite l'estime ou le respect des autres. *Un homme **honorable**.* (Syn. respectable.) 2. Qui est suffisant mais pas excellent. *Il a eu une moyenne **honorable** à son examen.* (Syn. honnête, moyen, passable.)

honoraires (nom masculin pluriel)
Somme d'argent que l'on paie à quelqu'un qui exerce une profession libérale. *Un avocat, un médecin reçoivent des **honoraires**, un employé reçoit un salaire.*

honorer (verbe) ○ conj.n°3
Manifester son respect à quelqu'un. *Une cérémonie aura lieu pour **honorer** la mémoire de ce grand écrivain.*
⊙ Famille du mot : déshonorant, déshonorer, honorable, honorifique.

honorifique (adjectif)
Qui est destiné à honorer quelqu'un. *Il a été nommé président d'honneur, à titre **honorifique**.*

honte (nom féminin)
1. Sentiment de culpabilité ou d'humiliation. *Il a **honte** de ses mensonges.* 2. Chose odieuse ou action déshonorante. *C'est une **honte** de trahir un ami.*

honteux, euse (adjectif)
1. Qui éprouve de la honte. *Julie est **honteuse** d'avoir été méchante.* (Syn. confus.) 2. Qui est déshonorant, scandaleux. *C'est **honteux** d'attaquer quelqu'un de plus faible que soi !* (Syn. ignoble.)

hop ! (interjection)
Mot qui invite à aller plus vite. *Allez **hop !** Tout le monde debout !*

hôpital, aux (nom masculin)
Établissement dans lequel on soigne et on opère les malades et les blessés. *L'ambulance a transporté la victime de l'accident à l'**hôpital**.*

hoquet (nom masculin)
Contraction qui provoque des secousses et des bruits involontaires dans la gorge.

hoqueter (verbe) conj.n°9
Avoir le hoquet. *Il pleurait en **hoquetant** bruyamment.*

horaire (adjectif)
Qui correspond à une durée d'une heure. *La vitesse **horaire** d'une voiture est le nombre de kilomètres qu'elle parcourt en une heure.* **horaire** (nom masculin) 1. Tableau qui indique les heures d'arrivée et de départ d'un moyen de transport. *Des **horaires** de train.* 2. Emploi du temps. *Les **horaires** d'ouverture sont affichés sur la porte du magasin.*

horde (nom féminin)
Groupe d'hommes ou d'animaux errants. *Une **horde** de voyous a envahi le quartier.*

horizon (nom masculin)
1. Ligne qui semble séparer le ciel et la terre. *Le soleil disparaît sous l'**horizon**.* 2. Au sens figuré, domaine d'action ou de réflexion. *L'invention du laser a ouvert de nouveaux **horizons** pour la médecine.* Famille du mot : horizontal, horizontalement.

horizontal, ale, aux (adjectif)
Qui est parallèle à la ligne d'horizon. *La surface d'un liquide est toujours **horizontale**.* (Contr. vertical.)

horizontalement (adverbe)
En position horizontale. *Écartez les bras **horizontalement**.* (Contr. verticalement.)

horloge (nom féminin)
Instrument qui indique l'heure. *On entend le tic-tac de l'**horloge** du salon.* Famille du mot : horloger, horlogerie.

horloger, ère (nom)
Personne qui fabrique, répare ou vend des montres, des horloges.

horlogerie (nom féminin)
1. Fabrication ou commerce des instruments qui indiquent l'heure. *L'**horlogerie** suisse est réputée.* 2. Magasin de l'horloger.

hormis (préposition)
Synonyme littéraire de sauf. *Tous les enfants étaient présents, **hormis** Anna.*

hormone (nom féminin)
Substance produite par certaines glandes, transportée par le sang et qui agit sur les organes du corps.

horodateur (nom masculin)
Appareil qui sert à imprimer la date et l'heure. *L'**horodateur** d'un parcmètre.*

un parcmètre à **horodateur**

horoscope (nom masculin)
Prédiction de l'avenir de quelqu'un d'après la position des planètes à sa naissance. Horoscope vient de mots grecs qui signifient « qui observe l'heure de la naissance ».

▶ **horreur** (nom féminin)
1. Réaction d'effroi ou de dégoût provoquée par quelque chose d'affreux. *La vue d'une araignée remplit Élodie d'**horreur**.* 2. Ce qui est terrifiant ou très laid. *N'achète pas cette casquette, c'est une **horreur** !* • **Avoir horreur de quelque chose** : le détester. *Benjamin **a** vraiment **horreur du** poisson bouilli.*
▷ **horreurs** (nom féminin pluriel) Actes ou paroles horribles. *Ce pays a connu les **horreurs** de la guerre.*

▶ **horrible** (adjectif)
1. Qui inspire de l'horreur. *Il a commis un crime **horrible**.* 2. Qui est très laid ou très pénible à supporter. *Un **horrible** mal de dents.*

▶ **horriblement** (adverbe)
1. De façon horrible. *Cet homme a été **horriblement** blessé.* (Syn. affreusement.) 2. Très. *Je suis **horriblement** en retard.*

▶ **horrifier** (verbe) ○ conj.n°10
Provoquer de l'horreur. *Le spectacle de l'accident les **a horrifiés**.*

▶ **horripilant, ante** (adjectif)
Qui horripile. *Dans la rue, les marteaux-piqueurs font un bruit **horripilant**.*

▶ **horripiler** (verbe) ○ conj.n°3
Irriter au plus haut point. *Arrête de pleurnicher, tu m'**horripiles** !* (Syn. exaspérer.)

▶ **hors de** (préposition)
À l'extérieur d'un lieu. *L'aéroport est situé **hors de** la ville.* • **Hors de danger :** à l'abri du danger ou sauvé d'un danger. • **Hors de prix** : trop cher. • **Hors de soi** : dans une violente colère. *Tes mensonges me mettent **hors de moi**.* • **Hors d'usage** : trop vieux ou trop abîmé. *Des vêtements **hors d'usage**.*

▶ **hors-bord** (nom masculin)
Canot rapide dont le moteur se trouve à l'arrière et à l'extérieur de la coque. → Pluriel : des hors-bord.

▶ **hors-d'œuvre** (nom masculin)
Plat froid que l'on sert au début du repas. *Une salade de tomates en **hors-d'œuvre**.* → Pluriel : des hors-d'œuvre.

▶ **hors-jeu** (nom masculin)
Faute d'un joueur de football ou de rugby qui occupe une position irrégulière sur le terrain. → Pluriel : des hors-jeu.

▶ **hors-la-loi** (nom masculin)
Personne qui vit en dehors des lois de la société à cause de ses crimes. *Le shérif poursuivait une bande de **hors-la-loi**.* → Pluriel : des hors-la-loi.

▶ **hortensia** (nom masculin)
Arbuste à fleurs bleues, roses ou blanches groupées en forme de grosses boules.

un **hortensia**

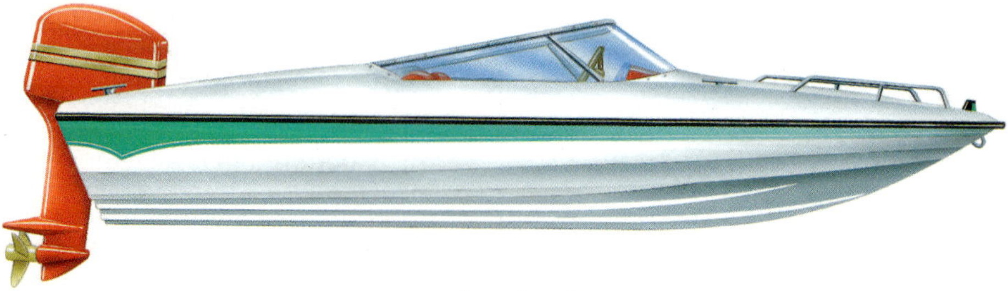

un **hors-bord**

horticole (adjectif)
Qui concerne l'horticulture. *Nous avons vu de belles fleurs exotiques à l'exposition **horticole**.*

horticulteur, trice (nom)
Personne qui fait de l'horticulture.

horticulture (nom féminin)
Culture des légumes, des fruits et des fleurs.

hospice (nom masculin)
Établissement qui accueille les personnes âgées, les handicapés.

hospitalier, ère (adjectif)
1. De l'hôpital. *Les médecins et les infirmières font partie du personnel **hospitalier**.* 2. Qui pratique l'hospitalité. *Ces gens **hospitaliers** savent accueillir les touristes.* (Contr. inhospitalier.)

hospitaliser (verbe) conj.n°3
Faire entrer quelqu'un à l'hôpital. *On va **hospitaliser** Clément pour l'opérer de l'appendicite.*

hospitalité (nom féminin)
Fait d'accueillir ou de loger des gens chez soi. *Il a offert l'**hospitalité** à ses voisins inondés.*

hostie (nom féminin)
Rondelle de pain azyme que le prêtre distribue au moment de la communion.

hostile (adjectif)
1. Qui a l'attitude d'un ennemi. *Il a tenu des propos **hostiles** à mon égard.* (Syn. agressif. Contr. amical, bienveillant.) 2. Qui est opposé à quelque chose. *Les villageois sont **hostiles** à la construction d'une centrale nucléaire.*

hostilité (nom féminin)
Attitude d'une personne hostile. *Il regardait l'inconnu avec **hostilité**.* (Syn. malveillance.) ▷ **hostilités** (nom féminin pluriel) Actes de guerre. *Le traité de paix a mis fin aux **hostilités**.*

hot-dog (nom masculin)
Sandwich composé d'un petit pain garni d'une saucisse chaude. → Hot-dog est un mot anglais : on prononce [ɔtdɔg]. → Pluriel : des hot-dogs.

hôte, hôtesse (nom)
Personne qui donne l'hospitalité à quelqu'un. *Les invités ont été très bien accueillis par leur **hôtesse**.* ▷ **hôte** (nom masculin) Personne qui est reçue chez quelqu'un. *Fatima est l'**hôte** de son amie Anna.* (Syn. invité.) ▷ **hôtesse** (nom féminin) Femme chargée de l'accueil des visiteurs. *Des **hôtesses** nous ont renseignés à l'entrée.* • **Hôtesse de l'air :** femme qui s'occupe des passagers d'un avion.

hôtel (nom masculin)
Établissement dans lequel on peut louer une chambre pour une ou plusieurs nuits. *Nous avons passé une semaine de vacances à l'**hôtel**.* • **Hôtel particulier :** maison ancienne, dans une ville. • **Hôtel de ville :** mairie. • **Maître d'hôtel :** personne qui dirige le service dans un restaurant. ⊙ Famille du mot : hôtelier, hôtellerie.

hôtelier, ère (nom)
Personne qui dirige un hôtel. ▷ **hôtelier, ère** (adjectif) Qui concerne l'hôtellerie. *Une école **hôtelière**.*

hôtellerie (nom féminin)
Ensemble des activités qui concernent les hôtels et les restaurants.

hôtesse ➠ Voir hôte.

hotte (nom féminin)
1. Grand panier, muni de bretelles, que l'on porte sur le dos. *La **hotte** du père Noël débordait de jouets.* 2. Partie d'une cheminée située au-dessus du foyer. 3. Appareil électrique fixé au-dessus d'une cuisinière pour aspirer les odeurs et la fumée.

hou ! (interjection)
Mot que l'on utilise pour faire peur à quelqu'un ou pour se moquer de lui. ***Hou !** le peureux !*

▸ **houblon** (nom masculin)
Plante grimpante dont les fleurs servent à parfumer la bière.

du **houblon**

▸ **houe** (nom féminin)
Pioche dont la lame large et recourbée sert à retourner la terre.

▸ **houille** (nom féminin)
Synonyme de charbon. • **Houille blanche :** énergie électrique fournie par les barrages.

▸ **houiller, ère** (adjectif)
De la houille. *Un gisement **houiller**.*

▸ **houle** (nom féminin)
Mouvement qui agite la mer en ondulations. *Il n'y a pas de vagues ce matin, seulement une légère **houle**.*

▸ **houlette** (nom féminin)
• **Sous la houlette de quelqu'un :** sous sa conduite ou sous son autorité. *La randonnée se fera **sous la houlette d'**un guide.* ⊙ La houlette était autrefois un long bâton dont se servaient les bergers.

▸ **houleux, euse** (adjectif)
1. Qui est agité par la houle. *Une mer **houleuse**.* 2. Au sens figuré, qui est agité, mouvementé. *La réunion s'est terminée dans une ambiance **houleuse**.* (Contr. calme, paisible.)

▸ **houppe** (nom féminin)
Touffe de cheveux. *Le bébé a une petite **houppe** sur le sommet de la tête.*

▸ **hourra !** (interjection)
Sert à exprimer l'enthousiasme, la joie. ***Hourra !** vive la mariée !* ▷ **hourra** (nom masculin) Cri d'enthousiasme. *Les spectateurs poussaient des **hourras** au passage des coureurs.*

▸ **houspiller** (verbe) ○ conj.n°3
Harceler de reproches et de critiques. *Elle n'arrête pas de **houspiller** son petit frère.*

▸ **housse** (nom féminin)
Enveloppe souple dont on recouvre un objet pour le protéger.

▸ **houx** (nom masculin)
Arbuste à feuilles persistantes vertes, luisantes et piquantes, à petits fruits rouges. ➠ p. 465.

▸ **hublot** (nom masculin)
Petite fenêtre étanche sur un bateau ou dans un avion. ➠ p. 97.

un **hublot**

▸ **huche** (nom féminin)
Coffre de bois à couvercle plat où l'on rangeait le pain.

hue ! (interjection)
Cri que l'on pousse pour faire avancer un cheval. ***Hue** cocotte !*

huées (nom féminin pluriel)
Cris d'hostilité. *Le discours a été interrompu par les **huées** du public.*

huer (verbe) conj.n°3
Manifester son mécontentement par des huées. *Les joueurs se sont fait **huer** par les spectateurs.* (Syn. conspuer. Contr. acclamer, applaudir.)

huile (nom féminin)
1. Liquide gras tiré de certains végétaux, que l'on utilise pour la cuisine. ***Huile** d'olive, de tournesol, de colza, d'arachide.* 2. Liquide gras utilisé pour le graissage des machines et des moteurs. • **Faire tache d'huile :** s'étendre rapidement, se propager. *La révolte **a fait tache d'huile**.* • **Huile solaire :** liquide gras que l'on met sur la peau pour bronzer. • **Jeter de l'huile sur le feu :** envenimer une dispute. • **Mer d'huile :** mer très calme et lisse. Famille du mot : huiler, huileux.

huiler (verbe) conj.n°3
Synonyme de graisser. *Les rouages de cette machine grincent, il faudrait les **huiler**.*

huileux, euse (adjectif)
Qui est imbibé d'huile. *Il reste des traces **huileuses** sur la cuisinière.* (Syn. gras. Contr. sec.)

à huis clos (adverbe)
En dehors de la présence du public. *Ce procès aura lieu **à huis clos**.* En ancien français, l'huis c'est la porte de la maison.

huissier (nom masculin)
1. Personne chargée d'accueillir et d'annoncer les visiteurs. *L'**huissier** va vous introduire dans le bureau de l'ambassadeur.* 2. Personne qui fait exécuter les décisions de la justice.

huit (adjectif)
Sept plus un (8). *Nathalie a **huit ans**.* ▷ **huit** (nom masculin) Chiffre ou nombre huit. *Il est payé le **huit** du mois.* • **En huit :** dans une semaine à partir d'aujourd'hui. *Votre rendez-vous est fixé à mardi **en huit**.* Famille du mot : huitaine, huitième.

huitaine (nom féminin)
Ensemble d'environ huit. *Il viendra dans une **huitaine** de jours.*

huitième (adjectif et nom)
Qui occupe le rang numéro 8. *David habite au **huitième**. Hélène est la **huitième** de la liste.* ▷ **huitième** (nom masculin) Ce qui est contenu huit fois dans un tout. *Il a reçu un **huitième** de l'héritage de son oncle.*

huître (nom féminin)
Mollusque marin à grande coquille, dont la chair est très estimée. *L'élevage des **huîtres** s'appelle l'ostréiculture.*

une **huître** perlière

hulotte (nom féminin)
Synonyme de chat-huant.

hululement (nom masculin)
Cri des rapaces nocturnes. *Le **hululement** du hibou, de la chouette.* → On écrit aussi ululement.

hululer (verbe) conj.n°3
Pousser des hululements. → On écrit aussi ululer.

hum ! (interjection)
Sert à exprimer l'hésitation. ***Hum !*** *je me demande si tout cela est bien vrai.*

humain, aine (adjectif)
1. Qui concerne l'homme. *Le corps **humain**.* 2. Qui est bon, généreux avec les autres. *Ce magistrat se montre à la fois juste et **humain** dans ses jugements.* (Contr. inhumain.) ▷ **humain** (nom masculin) Être humain. *Cet ermite vit seul, à l'écart de tous les **humains**.* ⊙ Famille du mot : humainement, s'humaniser, humanisme, humaniste, humanitaire, humanité, humanoïde, inhumain, surhumain.

humainement (adverbe)
Avec humanité. *Les vainqueurs ont traité **humainement** leurs prisonniers.*

s'humaniser (verbe) ○ conj.n°3
Devenir plus humain. *Il était furieux, mais il a fini par **s'humaniser**.*

humanisme (nom masculin)
Doctrine qui affirme la valeur de la personne humaine.

humaniste (adjectif et nom)
Adepte de l'humanisme.

humanitaire (adjectif)
Qui vise à améliorer le sort des êtres humains. *Cette célèbre organisation **humanitaire** lutte contre la faim dans le monde.*

humanité (nom féminin)
1. Ensemble des êtres humains. *L'histoire de l'**humanité**.* 2. Sentiment de générosité à l'égard des autres. *Traiter quelqu'un avec **humanité**.*

humanoïde (nom)
Dans la science-fiction, robot à forme humaine.

humble (adjectif)
Qui fait preuve de modestie et de simplicité. *Cet artiste admiré de tous a quand même su rester **humble**.* (Syn. modeste. Contr. orgueilleux.)

humblement (adverbe)
De façon humble. *Il a reconnu **humblement** ses erreurs.*

humecter (verbe) ○ conj.n°3
Mouiller légèrement. ***Humecter** du papier peint avant de l'arracher.*

humer (verbe) ○ conj.n°3
Aspirer pour sentir quelque chose. *Ibrahim **hume** l'odeur du poulet rôti.*

humérus (nom masculin)
Os du bras qui va de l'épaule au coude.

humeur (nom féminin)
Tendance habituelle ou passagère du caractère d'une personne. *C'est un homme d'**humeur** agréable. Aujourd'hui, Kevin est de bonne **humeur**.* ⊙ Dans l'ancienne médecine, les humeurs étaient les liquides intérieurs du corps (sang, bile, etc.).

humide (adjectif)
1. Qui est imprégné d'eau ou de vapeur d'eau. *Une cave aux murs **humides**.* (Contr. sec.) 2. Où il pleut souvent. *Cet automne a été très **humide**.* ⊙ Famille du mot : humidifier, humidité.

humidifier (verbe) ○ conj.n°10
Rendre humide. *Les pluies **ont humidifié** la terre.*

humidité (nom féminin)
État de ce qui est humide. *Pierre ne supporte pas l'**humidité** de l'air de la mer.* (Contr. sécheresse.)

humiliant, ante (adjectif)
Qui cause de l'humiliation. *Notre équipe a subi une défaite **humiliante**.*

humiliation (nom féminin)
Sentiment d'être humilié. *Il a pâli d'**humiliation** quand ses camarades se sont moqués de lui.*

humilier (verbe) ○ conj.n°10
Blesser quelqu'un en lui faisant honte. *Il m'**a humilié** en me traitant de menteur devant tout le monde.* ⊙ Famille du mot : humiliant, humiliation.

humilité (nom féminin)
Fait de se conduire de façon humble. *Romain a fait preuve d'**humilité** en reconnaissant son erreur.* (Syn. modestie. Contr. orgueil.)

humoriste (nom)
Personne qui écrit, dessine ou raconte les choses avec humour. *Cet **humoriste** est l'auteur de sketches très amusants.*

humoristique (adjectif)
Qui montre les choses avec humour. *Un dessin **humoristique**.*

humour (nom masculin)
Forme d'esprit qui consiste à faire rire de la réalité même quand elle est triste ou désagréable. *Il nous raconte ses malheurs avec beaucoup d'**humour**.*
• **Humoir noir** : humour portant sur des sujets macabres.

humus (nom masculin)
Terre noire formée de débris végétaux en décomposition. → Prononciation [ymys].

huppe (nom féminin)
Touffe de plumes qui orne la tête de certains oiseaux. *La **huppe** d'un cacatoès.*

un oiseau avec une **huppe**

huppé, ée (adjectif)
Riche et distingué. *Il est devenu prétentieux depuis qu'il fréquente des gens **huppés**.*

hure (nom féminin)
Tête du sanglier.

hurlement (nom masculin)
Cri violent. *Un **hurlement** de douleur.*

hurler (verbe) ○ conj.n°3
1. Pousser des hurlements. *Il **a hurlé** de joie en apprenant la victoire de son équipe.* 2. Parler ou chanter très fort. *Inutile de **hurler**, je ne suis pas sourd !*

hurluberlu (nom masculin)
Personne fantasque, extravagante. *Son oncle est un surprenant **hurluberlu**.* (Syn. farfelu, original.)

husky (nom masculin)
Chien de traîneau. → Pluriel : des huskys ou des huskies. ➠ p. 682.

hussard (nom masculin)
Soldat de cavalerie dans certaines armées.

hutte (nom féminin)
Petite cabane faite de matériaux légers. *Romain et ses amis ont construit une **hutte** en roseaux près du lac.*

hybride (nom masculin)
Animal ou plante qui résulte du croisement de deux espèces différentes. *Le mulet est un **hybride** de l'âne et de la jument.*

un **hydravion**

hydratant, ante (adjectif)
Qui sert à hydrater. *Julie se met une lotion* ***hydratante*** *sur le visage.*

hydratation (nom féminin)
Fait d'hydrater un organisme.

hydrater (verbe) conj.n°3
Fournir l'eau nécessaire à un organisme pour éviter qu'il se dessèche. *Il faut boire beaucoup l'été pour* ***s'hydrater****.* (Contr. déshydrater.)

hydraulique (adjectif)
Qui fonctionne grâce à la force de l'eau. *Une pompe* ***hydraulique****.*

hydravion (nom masculin)
Avion qui décolle et se pose sur l'eau.
➠ p. 563.

hydre (nom féminin)
Serpent fabuleux dont les sept têtes repoussaient quand on les coupait.

hydrocarbure (nom masculin)
Corps composé de carbone et d'hydrogène. *Le pétrole, le gaz naturel sont des* ***hydrocarbures****.*

hydrocution (nom féminin)
Syncope qui peut se produire quand on entre dans une eau trop froide.

hydroélectricité (nom féminin)
Électricité fournie par les rivières, les chutes d'eau.

hydroélectrique (adjectif)
Qui fournit de l'hydroélectricité. *On construit une centrale* ***hydroélectrique*** *près de ce barrage.*

hydrogène (nom masculin)
Gaz incolore très léger. *L'eau est une combinaison d'oxygène et d'****hydrogène****.*

hydroglisseur (nom masculin)
Bateau à fond plat propulsé par une hélice d'avion.

hydrographie (nom féminin)
Ensemble des cours d'eau et des lacs d'une région.

hydromel (nom masculin)
Boisson faite d'un mélange d'eau et de miel. *Les Gaulois buvaient de l'****hydromel****.*

hydrophile (adjectif)
Qui absorbe l'eau, les liquides. *Du coton* ***hydrophile****.*

hyène (nom féminin)
Mammifère carnivore d'Asie et d'Afrique qui se nourrit de charognes. *L'****hyène*** *hurle.*

une **hyène**

hygiène (nom féminin)
Ensemble des soins du corps nécessaires pour se maintenir en bonne santé. *Avoir de l'****hygiène*** *consiste à se laver avec soin et à se nourrir de façon saine.*

hygiénique (adjectif)
Qui concerne l'hygiène. *Le sport est une activité* ***hygiénique****.*

hymne (nom masculin)
Chant national à la gloire d'un pays. *La Marseillaise est l'****hymne*** *national français.*

hypermarché (nom masculin)
Magasin en libre-service, de très grandes dimensions.

hypermétrope (adjectif et nom)
Qui a une vision trouble des objets très proches de lui. *Thomas est* ***hypermétrope*** *alors que sa sœur est myope.*

hypnose (nom féminin)
État qui ressemble au sommeil, provoqué par certains médicaments ou sous l'influence d'une personne.

hypnotiser (verbe) ○ conj.n°3
1. Mettre quelqu'un en état d'hypnose. *Ce médecin dit qu'il peut guérir certains malades en les **hypnotisant**.* 2. Attirer l'attention de quelqu'un de façon irrésistible. *Ce spectacle féerique nous **avait hypnotisés**.* (Syn. fasciner.)

hypocrisie (nom féminin)
Défaut d'une personne hypocrite. *Il fait semblant d'être d'accord avec toi, mais c'est de l'**hypocrisie**.* ⊙ Hypocrisie vient du grec *hupokrisis* qui signifie « action d'interpréter un rôle ».

hypocrite (adjectif et nom)
Qui cache ses vrais sentiments et fait semblant d'être bon, sincère. *Elle m'a souri d'un air **hypocrite**, mais je sais qu'elle me déteste. Je n'ai aucune confiance en lui, c'est un **hypocrite**.* (Syn. sournois.)

hypothèse (nom féminin)
Ce que l'on suppose comme possible pour expliquer un fait. *On pense que l'accident est dû au brouillard, mais ce n'est qu'une **hypothèse**.* (Syn. supposition.)

hypothétique (adjectif)
Qui est fondé sur une hypothèse. *Les causes de la disparition des dinosaures sont **hypothétiques**.* (Syn. incertain. Contr. certain, sûr.)

hystérie (nom féminin)
Comportement d'une personne incapable de contrôler son excitation. *La victoire de leur équipe a déchaîné l'**hystérie** des supporters.*

hystérique (adjectif)
Qui exprime l'hystérie. *Des hurlements **hystériques**.* (Syn. surexcité.)

▸ **i** (nom masculin)
Neuvième lettre de l'alphabet. *Le **I** est une voyelle.*

▸ **ibis** (nom masculin)
Oiseau échassier des pays chauds, blanc, à tête et à queue noires et à long bec courbé. → Prononciation [ibis].

un **ibis**

▸ **iceberg** (nom masculin)
Bloc de glace détaché des glaciers polaires et flottant dans la mer. → Prononciation [ajsbɛʀg] ou [isbɛʀg]. ⊙ Iceberg est un mot anglais qui signifie « montagne de glace ».

▸ **ici** (adverbe)
Dans le lieu où se trouve la personne qui parle. ***Ici**, on s'amuse bien. D'**ici** à l'école, il y a cent mètres.* • **D'ici là** : de maintenant à cette date. • **D'ici peu** : dans peu de temps. (Syn. bientôt.)

▸ **icône** (nom féminin)
1. Image sainte des chrétiens orthodoxes peinte sur bois. 2. Symbole qui apparaît sur l'écran de l'ordinateur et sur lequel on clique. ⊙ Icône vient d'un mot grec qui signifie « image ».

▸ **idéal, ale, als** ou **aux** (adjectif)
Qui a toutes les qualités souhaitables. *C'est une maison de vacances **idéale**.* (Syn. parfait.) ▷ **idéal** (nom masculin) 1. Solution idéale. *L'**idéal** serait de travailler le matin et de faire du sport l'après-midi.* 2. Projet auquel on tient le plus. *Ils se sont battus pour défendre leur **idéal** : la liberté.* → Pluriel : des idéals ou des idéaux.

▸ **idéaliser** (verbe) ○ conj.n°3
Présenter d'une manière idéale. *Benjamin **idéalise** le village où il va en vacances.* (Syn. embellir.)

On **idéalise** toujours la beauté des **icebergs.**

idéaliste (adjectif et nom)
1. Qui a un idéal élevé et tente de le mettre en pratique. 2. Qui ne tient pas compte des réalités. *Trop **idéaliste**, il a souvent été déçu.*

idée (nom féminin)
1. Représentation que l'on se fait des choses dans son esprit. *Il n'a pas les **idées** très claires, on ne comprend pas bien ce qu'il veut dire.* (Syn. pensée.) 2. Vague notion. *Avez-vous une **idée** de ce que cela va coûter ?* 3. Manière de voir les choses. *Clément a son **idée** sur la question.* (Syn. conception, opinion.) 4. Ce que l'on a l'intention de faire. *Anna devait venir, mais elle a changé d'**idée**.* • **Se changer les idées** : se distraire. • **Se faire des idées** : s'imaginer des choses fausses.

idem (adverbe)
De même. *Elle a eu 10 à son exercice, et moi **idem**.* ⊙ Idem est un mot latin qui signifie « la même chose ».

identification (nom féminin)
Action d'identifier. *Le travail des chercheurs a permis l'**identification** du virus.*

identifier (verbe) ○ conj.n°10
1. Découvrir l'identité de quelqu'un ou la nature de quelque chose. *La police **a identifié** le coupable. Élodie cherche à **identifier** ces bruits.* 2. S'identifier : se croire identique à quelqu'un. *David **s'identifie** au héros du film.*

identique (adjectif)
Absolument semblable. *Ces deux fauteuils sont **identiques**.* (Syn. pareil. Contr. différent.)

identité (nom féminin)
1. Nom, date de naissance, signes physiques particuliers permettant de reconnaître une personne. *La police vérifie l'**identité** d'un suspect.* 2. Caractère identique. *Les deux chefs d'État ont constaté l'**identité** de leurs points de vue.* (Syn. similitude.)

idéogramme (nom masculin)
Signe graphique notant le sens et non les sons d'un mot. *Les Chinois et les Japonais écrivent avec des **idéogrammes**.*

idéologie (nom féminin)
Ensemble des idées qui guident les actes d'un groupe. *Ce parti a une **idéologie** pacifiste.*

idiot, idiote (adjectif et nom)
Synonyme de bête. *C'est une question **idiote**. Arrête de faire l'**idiot** !* (Syn. imbécile, stupide. Contr. intelligent.) ⊙ Idiot vient du grec *idiotês* qui signifie « ignorant ».

idiotie (nom féminin)
Chose idiote. *Il n'y a que des **idioties** à la télévision, ce soir !* (Syn. absurdité, bêtise.)

idole (nom féminin)
1. Image ou statue représentant une divinité. *Les païens adoraient des **idoles**.* 2. Star que le public adore. *On l'appelle l'**idole** des jeunes.*

idylle (nom féminin)
Petite histoire d'amour. *Il y a une **idylle** entre elle et lui.* (Syn. amourette.)

idyllique (adjectif)
Aussi merveilleux qu'un rêve. *Il fait toujours un tableau **idyllique** de son enfance à la mer.*

if (nom masculin)
Conifère aux feuilles vert sombre et aux baies rouges. *Une haie d'**ifs** borde le parc.*

Un rameau d'**if** portant des fruits.

igloo (nom masculin)
Abri arrondi fait de blocs de neige durcie. *Les Esquimaux dormaient dans des **igloos** pendant la période de chasse.* → Prononciation [iglu]. ⊙ Igloo est un mot esquimau qui signifie « habitation ».

▸ **ignare** (adjectif et nom)
Qui est extrêmement ignorant.

▸ **ignifugé, ée** (adjectif)
Qu'on a rendu ininflammable. *La salle de spectacle est construite avec des matériaux **ignifugés**.*

▸ **ignoble** (adjectif)
1. Qui révolte par sa méchanceté. *Cet **ignoble** individu bat sa femme !* (Syn. infâme, odieux.) 2. Qui provoque le dégoût. *Cet **ignoble** taudis va être détruit.* (Syn. infect, répugnant.) ⊙ Ignoble vient du latin *ignobilis* qui signifie « qui n'est pas noble ».

▸ **ignominie** (nom féminin)
Action ignoble. *Ils ont commis les pires **ignominies** pendant cette guerre.*

▸ **ignorance** (nom féminin)
État d'une personne ignorante. *Il est d'une **ignorance** totale en histoire.*

▸ **ignorant, ante** (adjectif et nom)
Qui ne sait rien, n'a aucune instruction. *Cet **ignorant** n'a pu répondre à aucune question !*

▸ **ignorer** (verbe) ○ conj.n°3
1. Ne pas savoir. *J'**ignore** ce qu'il est devenu.* 2. Faire semblant de ne pas reconnaître quelqu'un que l'on connaît. *Depuis qu'Ibrahim a refusé de jouer avec elle, Julie l'**ignore**.* ⊙ Famille du mot : ignorance, ignorant.

▸ **iguane** (nom masculin)
Grand lézard d'Amérique tropicale. *Les **iguanes** peuvent atteindre deux mètres de long.* → Prononciation [igwan].

un **iguane**

▸ **il, ils, elle, elles** (pronom)
Pronom personnel de la troisième personne, employé comme sujet. ***Il** court. **Elles** jouent.*

▸ **île** (nom féminin)
Terre entourée d'eau. *L'Irlande est une **île** magnifique.*

▸ **illégal, ale, aux** (adjectif)
Contraire à la loi. *Conduire sans permis est **illégal**.* (Syn. interdit. Contr. légal.)

▸ **illégalement** (adverbe)
De manière illégale. *Ces marchandises ont été introduites **illégalement** sur le territoire.*

▸ **illégalité** (nom féminin)
Situation ou acte illégaux. *Ce trafic se fait dans la plus complète **illégalité**.*

▸ **illégitime** (adjectif)
Qui n'est pas légitime. *Il pense que cette sanction est **illégitime**.*

▸ **illettré, ée** (adjectif et nom)
Qui ne sait ni lire, ni écrire. *Beaucoup d'enfants sont **illettrés** dans le monde, car ils n'ont pas d'école.* (Syn. analphabète.)

▸ **illicite** (adjectif)
Contraire à la loi ou à la morale. *Le trafic d'armes est un commerce **illicite**.* (Syn. illégal, interdit.)

▸ **illimité, ée** (adjectif)
Sans limites. *Kevin a une confiance **illimitée** en son père.* (Syn. absolu, infini, total.)

▸ **illisible** (adjectif)
1. Qu'on ne peut pas lire. *Cette ordonnance est vraiment **illisible**.* (Syn. indéchiffrable. Contr. lisible.) 2. Trop difficile ou trop ennuyeux pour être lu. *Cette revue scientifique est **illisible** pour moi.*

▸ **illogique** (adjectif)
Qui manque de logique. *Je ne la comprends pas, son comportement est **illogique**.* (Syn. absurde, incohérent. Contr. logique.)

illumination (nom féminin)
Lumière subite qui se fait dans l'esprit de quelqu'un. *Le détective a eu soudain une* ***illumination****.* ▷ **illuminations** (nom féminin pluriel) Lumières qui décorent une ville. *Les* ***illuminations*** *de Noël sont réussies.*

illuminer (verbe) ○ conj.n°3
Éclairer d'une vive lumière. *Pendant les fêtes, les monuments* ***sont illuminés****.*

illusion (nom féminin)
Idée fausse. *Tu crois que c'est facile, mais tu te fais des* ***illusions****.* • **Illusion d'optique** : perception fausse de la réalité due à un phénomène naturel. *Un mirage est une* ***illusion d'optique*** *due à la chaleur.* ⊙ Famille du mot : désillusion, s'illusionner, illusionniste, illusoire.

s'illusionner (verbe) ○ conj.n°3
Se faire des illusions. *Les chances de gagner à la loterie sont minimes, il ne faut pas* ***t'illusionner****.* (Syn. se tromper.)

illusionniste (nom)
Personne qui donne l'illusion de faire apparaître et disparaître des objets comme il veut. *L'****illusionniste*** *a fait sortir un lapin de son chapeau.* (Syn. prestidigitateur.)

illusoire (adjectif)
Qui n'est qu'une illusion. *Vous croyez être à l'abri, mais c'est* ***illusoire****.* (Syn. trompeur.)

illustration (nom féminin)
Image illustrant un texte. *Ce livre sur les volcans contient de magnifiques* ***illustrations****.*

illustre (adjectif)
Synonyme littéraire de célèbre. *Elle a connu les artistes les plus* ***illustres*** *de son temps.*

illustré (nom masculin)
Journal contenant des histoires accompagnées de dessins. *Pierre a lu un* ***illustré*** *dans la salle d'attente du dentiste.*

illustrer (verbe) ○ conj.n°3
1. Décorer avec des illustrations. *Ce livre* ***est illustré*** *avec des dessins de l'auteur.* 2. S'illustrer : synonyme littéraire de se distinguer. *Le chevalier* ***s'illustra*** *par quelques hauts faits.* ⊙ Famille du mot : illustration, illustre, illustré.

îlot (nom masculin)
Petite île. *Un* ***îlot*** *rocheux.*

un **îlot** de l'océan Pacifique

image (nom féminin)
1. Dessin ou photographie. *Quentin ne lit pas le livre, il regarde seulement les* ***images****.* (Syn. illustration.) 2. Ce que renvoie le miroir. *Gaëlle regarde son* ***image*** *dans la glace.* (Syn. reflet.) 3. Ce que l'on voit sur un écran de cinéma ou de télévision. *L'****image*** *n'est pas très nette.* 4. Représentation de quelque chose. *Ce livre donne une fausse* ***image*** *de la vie à la campagne.* 5. Représentation ressemblante de quelqu'un. *C'est l'****image*** *de son père au même âge.* (Syn. portrait, réplique.) 6. Façon de parler qui utilise des comparaisons. *Dans l'expression : « Quelle porcherie, cette chambre ! », le mot « porcherie » est employé comme* ***image*** *de la saleté.*

imagé, ée (adjectif)
Qui contient des images, des comparaisons. *Traiter une personne très grande de girafe est une manière de parler* ***imagée****.*

imaginable (adjectif)
Qui peut être imaginé. *On a cherché tous les moyens* ***imaginables*** *pour le décider à venir.*

imaginaire (adjectif)
Qui n'existe que dans l'imagination. *Les fantômes sont des êtres **imaginaires**.* (Syn. fictif, irréel. Contr. réel, vrai.)

La licorne est un animal **imaginaire**.

imaginatif, ive (adjectif)
Qui a beaucoup d'imagination. *Hélène invente des histoires pour son petit frère, elle est très **imaginative**.*

imagination (nom féminin)
Faculté d'imaginer. *Il faut beaucoup d'**imagination** pour écrire des romans de science-fiction.*

imaginer (verbe) ○ conj.n°3
1. Se représenter des choses ou des gens dans son esprit. *Julie essaie d'**imaginer** comment était sa mère à son âge.* **2.** Inventer ou créer quelque chose qui n'existait pas. *On **a imaginé** des robots capables d'explorer les planètes.* **3.** Penser ou supposer quelque chose. *J'**imagine** que tu as eu une bonne note ?* **4.** S'imaginer : croire à tort. *Il **s'imagine** qu'il est le seul à savoir faire ça !* (Syn. se figurer.) ⊙ Famille du mot : imaginable, imaginaire, imaginatif, imagination, inimaginable.

imam (nom masculin)
Chef religieux musulman.

imbattable (adjectif)
Qu'on ne peut pas battre. *Laura est **imbattable** aux échecs.* (Syn. invincible.)

imbécile (adjectif et nom)
Qui n'est pas malin. *Quel **imbécile** ! Tu ne pouvais pas faire attention ?* (Syn. bête, idiot, stupide. Contr. intelligent.) ⊙ Imbécile vient du latin *imbecillus* qui signifie « faible » : l'imbécile est un *faible d'esprit*.

imbécillité (nom féminin)
Caractère ou chose imbécile. *Cessez donc ces **imbécillités** !* (Syn. ânerie, bêtise, idiotie.)

imberbe (adjectif)
Sans barbe. *Un adolescent **imberbe**.* (Contr. barbu.)

imbiber (verbe) ○ conj.n°3
Imprégner d'un liquide. *Après les fortes pluies, le sol **est imbibé** d'eau.*

s'imbriquer (verbe) ○ conj.n°3
1. Se chevaucher ou s'emboîter. *Les pièces du puzzle **s'imbriquent** les unes dans les autres.* **2.** Se mêler de manière inextricable. *Tous ces problèmes **sont** étroitement **imbriqués**.*

imbroglio (nom masculin)
Situation très embrouillée. *C'est un véritable **imbroglio** dont nous ne sortirons pas !* ➔ Prononciation [ɛ̃bʀɔglijo] ou [ɛ̃bʀɔljo].

imbu, ue (adjectif)
• **Imbu de soi-même** : pénétré de son importance. *Il est si **imbu de lui-même** qu'il en est agaçant.* (Syn. vaniteux.)

imbuvable (adjectif)
1. Qui n'est pas buvable. *Ce médicament est **imbuvable** tellement il est amer !* (Contr. buvable.) **2.** Dans la langue familière, se dit d'une personne très désagréable. *Son orgueil la rend **imbuvable** !*

imitateur, trice (nom)
Artiste qui imite des personnes célèbres. *Les hommes politiques sont les sujets favoris des **imitateurs**.*

imitation (nom féminin)
1. Action d'imiter. *Myriam nous a bien fait rire avec son **imitation** du maître.* **2.** Objet qui imite un modèle original. *Ce n'est pas sa signature, c'est une **imitation**.* (Syn. copie.)

▸ **imiter** (verbe) ○ conj.n°3
1. Reproduire ce que l'on a vu ou entendu. *Ludivine sait bien **imiter** le cri de la chouette.* **2.** Prendre pour modèle. *Romain essaie d'**imiter** les grandes personnes.* **3.** Reproduire l'aspect de quelque chose. *C'est une peinture qui **imite** le marbre.* (Syn. copier.)
⊙ Famille du mot : imitateur, imitation, inimitable.

▸ **immaculé, ée** (adjectif)
D'une propreté ou d'une blancheur parfaite. *Thomas a mis une chemise d'une blancheur **immaculée**.* ⊙ Immaculé vient du latin *macula* qui signifie « tache ».

▸ **immangeable** (adjectif)
Qui n'est pas mangeable. *Tu as trop salé les pâtes : c'est **immangeable**.* (Contr. mangeable.) ➔ Prononciation [ɛ̃mɑ̃ʒabl].

▸ **immanquable** (adjectif)
Qui ne peut manquer d'arriver. *À cette vitesse, l'accident était **immanquable**.* (Syn. fatal, inévitable.) ➔ Prononciation [ɛ̃mɑ̃kabl].

▸ **immatriculation** (nom féminin)
Fait d'être immatriculé. *Les plaques d'**immatriculation** d'une voiture.*

▸ **immatriculer** (verbe) ○ conj.n°3
Inscrire sur un registre officiel avec un numéro. *Il est interdit de circuler à bord d'un véhicule non **immatriculé**.*

▸ **immature** (adjectif)
Qui manque de maturité. *Elle est encore très **immature** pour ses seize ans.*

▸ **immédiat, ate** (adjectif)
Qui a lieu tout de suite. *Sa réaction a été **immédiate**.* (Syn. instantané.)
▷ **immédiat** (nom masculin) • **Dans l'immédiat** : pour le moment. ***Dans l'immédiat**, Victor est trop occupé pour sortir.*

▸ **immédiatement** (adverbe)
De façon immédiate. *Les pompiers sont arrivés **immédiatement**.* (Syn. aussitôt, sur-le-champ.)

▸ **immense** (adjectif)
Très grand. *La Russie est un pays **immense**. Ils ont amassé une **immense** fortune.* (Syn. colossal, énorme, gigantesque.)
⊙ Famille du mot : immensément, immensité.

▸ **immensément** (adverbe)
D'une manière immense. *C'est un homme **immensément** riche.* (Syn. extrêmement.)

▸ **immensité** (nom féminin)
Qualité de ce qui est immense. *La sonde spatiale s'est perdue dans l'**immensité** de l'espace.*

▸ **immerger** (verbe) ○ conj.n°5
Plonger dans l'eau. *La partie **immergée** d'un iceberg est beaucoup plus importante que la partie émergée.*

▸ **immersion** (nom féminin)
Action d'immerger. *La mise en service du barrage a entraîné l'**immersion** de la vallée.*

▸ **immeuble** (nom masculin)
Bâtiment à plusieurs étages. *Dans ce quartier, il y a des **immeubles** de bureaux et des **immeubles** d'habitation.*

▸ **immigration** (nom féminin)
Action d'immigrer. *La pauvreté conduit certaines populations à l'**immigration**.*

▸ **immigré, ée** (adjectif et nom)
Se dit d'une personne qui a immigré. *Il habite un foyer pour **immigrés**.*

▸ **immigrer** (verbe) ○ conj.n°3
Entrer dans un pays autre que le sien pour s'y établir. *Beaucoup d'Européens **ont immigré** en Amérique pour faire fortune.*

▸ **imminence** (nom féminin)
Caractère imminent. *L'**imminence** de l'éruption volcanique a fait fuir les populations.*

▸ **imminent, ente** (adjectif)
Qui est sur le point de se produire. *La fermeture des portes est **imminente**, attention au départ !*

a b c d e f g h i j k l m n o p q r s t u v w x y z

s'immiscer (verbe) ○ conj.n°4
Intervenir indiscrètement dans les affaires des autres. *Ce journaliste est accusé de* ***s'être immiscé*** *dans la vie privée de l'actrice.*

immobile (adjectif)
Qui ne bouge pas. ***Immobile*** *dans sa cachette, Odile retient son souffle.*

immobilier, ère (adjectif)
Qui concerne la location, la vente ou la construction d'immeubles. *Cette agence* ***immobilière*** *propose plusieurs appartements à louer.*

immobilisation (nom féminin)
État de ce qui est immobilisé. *Il faut attendre l'****immobilisation*** *complète du train avant de descendre sur le quai.* (Syn. arrêt.)

immobiliser (verbe) ○ conj.n°3
1. Empêcher de bouger. *Le frein à main permet d'****immobiliser*** *la voiture.* **2.** S'immobiliser : s'arrêter vraiment brusquement. *Le cheval* ***s'est immobilisé*** *au milieu de l'allée.*

immobilité (nom féminin)
État de ce qui est immobile. *Le jaguar guette sa proie dans une totale* ***immobilité****.*

immodéré, ée (adjectif)
Qui est excessif et sans mesure. *Il a un goût* ***immodéré*** *pour les pâtisseries.* (Contr. modéré.)

immoler (verbe) ○ conj.n°3
Tuer en sacrifice à un dieu. ***Immoler*** *un mouton.* (Syn. sacrifier.) ⊙ Immoler vient du latin *mola* qui signifie « farine » car les Romains mettaient de la farine sur la tête des animaux sacrifiés.

immonde (adjectif)
1. Très sale. *Il faut laver ce jean, il est* ***immonde !*** (Syn. dégoûtant, répugnant.) **2.** Synonyme d'infâme. *Un* ***immonde*** *tyran.*

immondices (nom féminin pluriel)
Synonyme d'ordures. *Les touristes ont laissé des tas d'****immondices*** *sur les pelouses.*

immoral, ale, aux (adjectif)
Qui est contraire à la morale. *Dans ce film, les bons sont punis et les méchants gagnent : c'est tout à fait* ***immoral !*** (Contr. moral.)

immortaliser (verbe) ○ conj.n°3
Rendre immortel dans le souvenir. *La photographie* ***a immortalisé*** *cet instant.*

Le cardinal de Richelieu **immortalisé** par Philippe de Champaigne.

immortalité (nom féminin)
Caractère immortel. *Les catholiques croient à l'****immortalité*** *de l'âme.*

immortel, elle (adjectif)
1. Qui ne meurt pas. *Seuls les dieux sont* ***immortels****.* (Contr. mortel.) **2.** Dont le souvenir durera toujours. *Les histoires que raconte la mythologie sont* ***immortelles****.* (Syn. éternel.) ▷ **immortelle** (nom féminin) Fleur qui se dessèche en conservant ses couleurs.

des **immortelles**

immuable (adjectif)
Qui ne change jamais. *L'ordre des saisons est **immuable**.* (Syn. constant, invariable.)

immuniser (verbe) ○ conj.n°3
Protéger contre une maladie. *Le vaccin du B.C.G. **immunise** contre la tuberculose.* (Syn. préserver.)

immunité (nom féminin)
État d'un organisme immunisé. *Le fait d'avoir eu les oreillons entraîne une certaine **immunité** contre cette maladie.*

impact (nom masculin)
Effet produit sur l'opinion par quelque chose. *Cette campagne de propagande n'a eu aucun **impact**.* • **Point d'impact** : point où un projectile vient frapper.

1. **impair, aire** (adjectif)
Qui ne peut être divisé en deux nombres entiers. *7 est un nombre **impair**.* (Contr. pair.)

2. **impair** (nom masculin)
Parole ou attitude maladroite. *William a commis un **impair** en oubliant de remercier.* (Syn. gaffe.)

imparable (adjectif)
Impossible à parer, à éviter. *Elle a trouvé un argument **imparable** pour ne pas venir.*

impardonnable (adjectif)
Qui ne peut être pardonné. *C'est une erreur **impardonnable**.* (Syn. inexcusable. Contr. pardonnable.)

1. **imparfait, aite** (adjectif)
Qui n'est pas parfait. *Faute de temps, ce travail est encore **imparfait**.*

2. **imparfait** (nom masculin)
Temps du passé qui indique une action qui a duré un certain temps ou qui était habituelle. *Dans la phrase : « Tous les jours, il venait me voir », « venait » est à l'**imparfait**.*

impartial, ale, aux (adjectif)
Qui n'a pas de parti pris. *Un arbitrage **impartial**.* (Syn. juste, objectif. Contr. partial.)

impartialité (nom féminin)
Qualité de ce qui est impartial. *Un juge doit faire preuve d'**impartialité**.* (Syn. équité, objectivité. Contr. partialité.)

impasse (nom féminin)
1. Petite rue sans issue. (Syn. cul-de-sac.)
2. Au sens figuré, situation qui semble sans issue. *Les négociations sont dans l'**impasse**.*

impassibilité (nom féminin)
État d'une personne impassible. *Malgré sa surprise, son visage a gardé toute son **impassibilité**.* (Syn. calme, flegme.)

impassible (adjectif)
Qui ne laisse paraître ni trouble ni émotion. *Quand on lui a fait son vaccin, Xavier est resté **impassible**.* (Syn. imperturbable.)

L'eau est froide, mais il reste **impassible** !

impatiemment (adverbe)
De façon impatiente. *Les candidats attendent **impatiemment** les résultats.* (Contr. patiemment.)

impatience (nom féminin)
État d'une personne impatiente. *Sarah attend le départ avec **impatience**.* (Contr. patience.)

impatient, ente (adjectif)
Qui manque de patience. *Yann est **impatient** de revoir ses amis.*

s'impatienter (verbe) ○ conj.n°3
Perdre patience. *Ursula n'est pas rentrée, et sa mère **s'impatiente**.*

▸ **impeccable** (adjectif) Qui est parfaitement propre et net. *Son costume est **impeccable**.*

▸ **impénétrable** (adjectif) 1. Qu'on ne peut pénétrer. *Une jungle **impénétrable**.* 2. Dont on ne peut deviner les sentiments. *C'est un être secret et **impénétrable**.* (Syn. énigmatique, mystérieux.)

▸ **impensable** (adjectif) Qu'on ne peut envisager. *Aller sur la Lune était **impensable** au siècle dernier.* (Syn. inconcevable, inimaginable.)

▸ **impératif, ive** (adjectif) 1. À quoi il faut absolument obéir. *Le maître nous a dit d'un ton **impératif** de sortir.* (Syn. impérieux.) 2. Qui est absolument indispensable. *Il est **impératif** que vous soyez à l'heure !* ▷ **impératif** (nom masculin) Forme du verbe qui exprime l'ordre. *« Viens ! » est l'**impératif** du verbe « venir ».*

▸ **impérativement** (adverbe) De façon impérative. *Il faut **impérativement** que cette lettre parte ce soir.*

▸ **impératrice** (nom féminin) Épouse d'un empereur ou femme qui dirige un empire. *Catherine II était **impératrice** de Russie au XVIIIe siècle.*

▸ **imperceptible** (adjectif) À peine perceptible. *À un bruit **imperceptible**, Zoé a deviné la présence de Benjamin.* (Syn. insensible. Contr. perceptible.)

▸ **imperceptiblement** (adverbe) De façon imperceptible. *À marée montante, l'eau monte toujours **imperceptiblement**.*

▸ **imperfection** (nom féminin) Petit défaut qui empêche d'être parfait. *Malgré quelques **imperfections**, ce devoir est excellent.*

▸ **impérial, ale, aux** (adjectif) D'un empereur ou d'un empire. *La famille **impériale**.*

▸ **impérialisme** (nom masculin) Domination politique ou économique d'un État sur d'autres pays.

▸ **impérialiste** (adjectif) Qui fait preuve d'impérialisme. *Napoléon Ier avait une politique **impérialiste**.*

▸ **impérieux, euse** (adjectif) 1. Qui est très autoritaire. *Claire parle souvent d'une voix **impérieuse**.* 2. Auquel on ne peut résister. *Clément a été pris d'un **impérieux** besoin de dormir.* (Syn. irrésistible.)

▸ **impérissable** (adjectif) Qui semble ne jamais devoir finir. *Anna garde un souvenir **impérissable** de sa visite de la tour Eiffel.* (Syn. inoubliable.)

▸ **imperméabiliser** (verbe) ➲ conj. n°3 Rendre imperméable. *La vendeuse nous a proposé un produit pour **imperméabiliser** les chaussures.*

▸ **imperméabilité** (nom féminin) Qualité de ce qui est imperméable. *L'**imperméabilité** de ce sol le rend impropre à la culture.*

▸ **imperméable** (adjectif) Qui ne se laisse pas traverser par l'eau ni par aucun liquide. *Le caoutchouc est une matière **imperméable**.* (Contr. perméable.) ▷ **imperméable** (nom masculin) Manteau de pluie.

▸ **impersonnel, elle** (adjectif) Qui n'a rien de personnel. *Le ton de sa lettre est tout à fait **impersonnel**.* (Syn. neutre.) • **Verbe impersonnel** : verbe qui ne se conjugue qu'à la troisième personne du singulier. *« Neiger », « pleuvoir », « grêler » sont des **verbes impersonnels**.*

▸ **impertinence** (nom féminin) Attitude impertinente. *Elle a été grondée pour son **impertinence**.* (Syn. insolence.)

▸ **impertinent, ente** (adjectif) Qui est trop familier et manque de politesse. *David a été très **impertinent** avec la maîtresse.* (Syn. effronté, impoli, insolent.)

▸ **imperturbable** (adjectif) Que rien ne perturbe. *Élodie ne s'est pas mise en colère et est restée **imperturbable**.*

imperturbablement (adverbe)
De manière imperturbable. *Kevin a continué **imperturbablement** de réciter sa leçon, malgré les rires de la classe.*

impétueux, euse (adjectif)
Qui est vif et a du mal à se contenir. *Le chevalier D'Artagnan avait un caractère **impétueux**.* (Syn. bouillant, fougueux.) ⊙ Impétueux vient du latin *impetus* qui signifie « attaque ».

impétuosité (nom féminin)
Enthousiasme spontané et violent. *Ils ont agi avec l'**impétuosité** de la jeunesse.* (Syn. fougue.)

impie (adjectif)
Qui manifeste du mépris pour la religion. *Il a proféré des paroles **impies**.*

impitoyable (adjectif)
Sans pitié. *Une guerre **impitoyable**.* (Syn. implacable, inflexible.)

un combat **impitoyable**
(miniature du XVe s.)

implacable (adjectif)
1. Que rien ne peut apaiser. *Il a poursuivi son ennemi d'une haine **implacable**.* (Syn. impitoyable, inflexible.) 2. À quoi on ne peut échapper. *Une maladie **implacable**.* (Syn. inexorable.)

implantation (nom féminin)
Action d'implanter. *On a décidé l'**implantation** d'une nouvelle station d'épuration dans la région.*

implanter (verbe) ○ conj.n°3
Installer ou introduire de façon durable. *Au XVIIe siècle, beaucoup de protestants français **se sont implantés** en Hollande.* (Syn. s'établir.)

implicite (adjectif)
Qui se comprend sans être dit clairement. *Son sourire m'a remercié de façon **implicite**.* (Contr. explicite.)

impliquer (verbe) ○ conj.n°3
1. Avoir comme condition. *S'il veut progresser, cela **implique** qu'il se mette à travailler sérieusement.* (Syn. nécessiter, supposer.) 2. Mêler à un trafic malhonnête. *Il **est impliqué** dans une affaire d'escroquerie.* (Syn. compromettre.)

implorer (verbe) ○ conj.n°3
Supplier humblement. *Il **a imploré** le pardon de son père.* ⊙ Implorer vient du latin *implorare* qui signifie « demander en pleurant ».

impoli, ie (adjectif et nom)
Qui n'est pas poli. *Il serait très **impoli** de partir sans le saluer.* (Syn. grossier, incorrect. Contr. courtois, poli.)

impoliment (adverbe)
De manière impolie. *Noémie a refusé son invitation très **impoliment**.* (Syn. grossièrement. Contr. poliment.)

impolitesse (nom féminin)
Fait d'être impoli. *Il a été d'une **impolitesse** rare.* (Contr. politesse.)

impondérables (nom masculin pluriel)
Circonstances imprévisibles. *En principe, nous aurons fini à temps, mais il faut toujours tenir compte des **impondérables**.*

impopulaire (adjectif)
Qui n'est pas populaire. *L'augmentation des impôts est une mesure **impopulaire**.*

importance (nom féminin)
Caractère de ce qui est important. *Il attache trop d'**importance** à cette affaire.* (Syn. intérêt.)

important, ante (adjectif)
1. Qui peut avoir de grandes conséquences. *C'est un événement très **important**.* (Syn. considérable. Contr. secondaire.) 2. Qui est considérable. *Une foule **importante** a assisté à la cérémonie.* (Contr. insignifiant.) 3. Qui a de l'influence. *Les gens **importants** de la ville ont apporté leur soutien à cette manifestation.*

importateur, trice (adjectif et nom)
Qui fait le commerce d'importation. *La France est un pays* ***importateur*** *de pétrole.* (Contr. exportateur.)

importation (nom féminin)
Action d'importer des marchandises. *En France, le thé et le café sont des articles d'****importation****.* (Contr. exportation.)

1. importer (verbe) conj.n°3
Avoir de l'importance ou de l'intérêt. *Ce qui lui* ***importe****, c'est de comprendre.* (Syn. compter.) • **Il importe que** : il faut que. • **Peu importe !** ou **Qu'importe !** : cela n'a pas d'importance ! → Voir aussi n'importe (adverbe). Famille du mot : importance, important.

2. importer (verbe) conj.n°3
Introduire dans un pays des marchandises de l'étranger. *La France* ***importe*** *du coton, du pétrole, des ordinateurs.* (Contr. exporter.) Famille du mot : importateur, importation.

importun, une (adjectif et nom)
Qui importune. *Il s'est débarrassé d'un visiteur* ***importun****. Des* ***importuns*** *sont venus le déranger pendant ses vacances.*

importuner (verbe) conj.n°3
Déranger, de façon insistante. *Je ne vous* ***importunerai*** *pas davantage, je m'en vais.*

imposable (adjectif)
Qui doit payer des impôts. *Il faut un minimum de revenus pour être* ***imposable****.*

imposant, ante (adjectif)
Qui en impose par sa grandeur, sa force ou son nombre. *Un* ***imposant*** *service d'ordre encadre le cortège.* (Syn. impressionnant.)

imposer (verbe) conj.n°3
1. Obliger quelqu'un à subir quelque chose. *Yann nous* ***a imposé*** *sa musique toute la soirée.* 2. Faire payer des impôts. *L'État* ***impose*** *les citoyens.* (Syn. taxer.) 3. S'imposer : se faire accepter par la force ou par sa valeur. *Ce tout jeune coureur* ***s'est imposé*** *dans le Tour de France.* 4. S'imposer : être indispensable. *La prudence* ***s'impose****.* • **En imposer** : susciter le respect. Famille du mot : imposable, imposant, impôt.

impossibilité (nom féminin)
Fait d'être impossible. *Sa jambe plâtrée le met dans l'****impossibilité*** *de se déplacer.* (Syn. incapacité.)

impossible (adjectif)
1. Qui ne peut pas se faire. *Partir est* ***impossible*** *pour l'instant.* (Contr. faisable, possible.) 2. Qui est insupportable. *Sa jalousie le rend* ***impossible*** *à vivre !* ▷ **impossible** (nom masculin) Ce qui est impossible. *Je ne vous demande pourtant pas l'****impossible*** *!*

imposteur (nom masculin)
Homme qui trompe les autres en se faisant passer pour ce qu'il n'est pas. *Ce médecin était un* ***imposteur****.* (Syn. charlatan.)

imposture (nom féminin)
Tromperie faite par un imposteur. *Un journal a révélé l'****imposture****.* (Syn. mystification.)

impôt (nom masculin)
Contribution exigée par l'État pour payer les dépenses du pays. *Les* ***impôts*** *directs sont calculés en fonction des revenus ; les* ***impôts*** *indirects sont des taxes comprises dans le prix des marchandises.* Impôt vient du latin ***impositum*** qui signifie « ce qui est imposé » : les impôts sont obligatoires.

Des paysans paient la dîme, **impôt** sur les récoltes (peinture flamande du XVIe s.).

impotent, ente (adjectif et nom)
Qui ne peut marcher ou bouger qu'avec difficulté. *Il est devenu* ***impotent*** *à la suite d'un accident.* (Syn. infirme, invalide.)

impraticable (adjectif)
Où l'on ne peut plus passer. *Les ronces ont rendu le chemin* ***impraticable****.* (Contr. praticable.)

imprécations (nom féminin pluriel) Paroles prononcées pour maudire quelqu'un. *La sorcière lançait des* ***imprécations****.*

imprécis, ise (adjectif) Qui manque de précision. *Mes souvenirs de cette époque sont assez* ***imprécis****.* (Syn. flou, vague. Contr. précis.)

imprécision (nom féminin) Fait d'être imprécis. *L'****imprécision*** *de ce plan le rend inutilisable.* (Contr. clarté, précision.)

imprégner (verbe) conj.n°8 Pénétrer complètement. *L'humidité* ***imprègne*** *les draps.*

imprenable (adjectif) Qui ne peut être pris. *La villa a une vue* ***imprenable*** *sur la baie.*

imprésario (nom masculin) Personne qui s'occupe de trouver des engagements pour un artiste. Impresario est un mot italien qui signifie « entrepreneur ».

impression (nom féminin) 1. Effet produit sur quelqu'un. *Ton ami nous a fait une bonne* ***impression****.* 2. Opinion que l'on a après un premier contact. *Pierre a l'****impression*** *qu'on ne le comprend pas.* 3. Action d'imprimer. *L'****impression*** *des journaux se fait souvent de nuit.* Famille du mot : impressionnable, impressionnant, impressionner.

impressionnable (adjectif) Qui se laisse très facilement impressionner. *Ce film est déconseillé aux personnes* ***impressionnables****.* (Syn. émotif, sensible.)

impressionnant, ante (adjectif) Qui impressionne. *Les voitures de course roulent à une vitesse* ***impressionnante****.*

impressionner (verbe) conj.n°3 Faire une forte impression. *Sa visite à l'hôpital l'****a*** *beaucoup* ***impressionné****.*

imprévisible (adjectif) Qu'on ne peut pas prévoir. *Ses colères sont tout à fait* ***imprévisibles****.* (Contr. prévisible.)

imprévoyance (nom féminin) Fait d'être imprévoyant. *En partant sans imperméable en Angleterre, Fatima a fait preuve d'****imprévoyance****.*

imprévoyant, ante (adjectif) Qui n'est pas prévoyant. *Tu as été bien* ***imprévoyant*** *de ne pas mettre d'antivol à ton vélo.* (Contr. prévoyant.)

imprévu, ue (adjectif) Qui arrive sans qu'on l'ait prévu. *Une rencontre* ***imprévue*** *m'a retardée.* (Syn. fortuit, inattendu.) ▷ **imprévu** (nom masculin) Ce qui n'est pas prévu. *Les* ***imprévus*** *d'un voyage.*

imprimante (nom féminin) Appareil servant à imprimer un texte en mémoire dans un ordinateur.

imprimé (nom masculin) Texte imprimé. *Les prospectus, les brochures, les journaux, les livres sont des* ***imprimés****.*

imprimer (verbe) conj.n°3 Reproduire sur du papier ou du tissu un texte ou des dessins au moyen de l'imprimerie. *Ce roman* ***a été imprimé*** *à 3 000 exemplaires.* Famille du mot : imprimante, imprimé, imprimerie, imprimeur. Imprimer vient du latin *imprimere* qui signifie « appuyer sur ».

imprimerie (nom féminin) 1. Technique permettant de reproduire un texte en de nombreux exemplaires. *L'****imprimerie*** *a commencé en Europe en 1456, date à laquelle Gutenberg a imprimé la Bible.* 2. Établissement où l'on imprime des livres ou des journaux. *Il est typographe dans une* ***imprimerie****.*

des caractères d'**imprimerie** en plomb

imprimeur (nom masculin)
Personne qui dirige une imprimerie ou qui y travaille.

improbable (adjectif)
Qui est peu probable. *Il est tout à fait **improbable** qu'ils arrivent avant ce soir.*

impromptu, ue (adjectif)
Qui n'a pas été prévu à l'avance. *Son arrivée **impromptue** nous a agréablement surpris.*

imprononçable (adjectif)
Impossible à prononcer. *Son nom de famille est **imprononçable**.*

impropre (adjectif)
Qui ne convient pas. *Cette viande est **impropre** à la consommation.* (Contr. propre.)

improvisation (nom féminin)
Ce qui est improvisé. *Les comédiens ont monté cette pièce à partir d'**improvisations**.*

improviser (verbe) ○ conj.n°3
Faire quelque chose sans l'avoir préparé et en inventant au fur et à mesure. *Elle **a improvisé** un discours pour remercier tout le monde.*

à l'improviste (adverbe)
D'une façon imprévue. *Il est arrivé **à l'improviste**, on ne l'attendait pas du tout.*

imprudemment (adverbe)
De façon imprudente. *Gaëlle a traversé la rue tout à coup, très **imprudemment**.* (Contr. prudemment.)

imprudence (nom féminin)
Action imprudente. *La fatigue lui a fait commettre plusieurs **imprudences** au volant.*

imprudent, ente (adjectif)
Qui manque de prudence. *Un alpiniste **imprudent** s'est perdu dans le brouillard.* (Contr. prudent.)

impuissance (nom féminin)
État d'une personne impuissante. *Les pompiers constatent leur **impuissance** à arrêter rapidement ce gigantesque incendie.*

impuissant, ante (adjectif)
Qui n'a pas les moyens suffisants pour faire quelque chose. *On se sent **impuissant** devant tant de misère.*

impulsif, ive (adjectif)
Qui agit sans réfléchir en suivant ses impulsions. *Son caractère **impulsif** lui joue des tours.* (Contr. pondéré, réfléchi.)

impulsion (nom féminin)
1. Brusque envie d'agir. *Cédant à une **impulsion** soudaine, Quentin a tiré la natte d'Hélène.* 2. Poussée qui met quelque chose en mouvement. *D'une détente de son index, Julie a donné une **impulsion** à la bille.*

impunément (adverbe)
Sans être puni. *On ne peut quand même pas se laisser insulter **impunément** !*

impuni, ie (adjectif)
Non puni. *Ce crime ne restera pas **impuni**.*

impunité (nom féminin)
Fait d'être impuni. *Il croyait pouvoir dépasser la vitesse autorisée en toute **impunité**, mais un gendarme était là.*

impur, ure (adjectif)
Qui n'est pas pur. *L'air de cette zone industrielle est **impur**.*

impureté (nom féminin)
Ce qui rend impur. *Le filtre arrête les **impuretés** de l'essence.* (Syn. saleté.)

imputer (verbe) ○ conj.n°3
Rendre responsable de quelque chose. *On peut **imputer** son échec à la paresse.*

imputrescible (adjectif)
Qui ne pourrit pas. *Le teck, le châtaignier sont des bois **imputrescibles**.*

inabordable (adjectif)
D'un prix excessif. *Hors saison, les fraises sont souvent **inabordables**.* (Contr. abordable.)

inacceptable (adjectif)
Qu'on ne peut accepter. *Ce travail bâclé est **inacceptable**.* (Contr. acceptable, correct.)

inaccessible (adjectif)
Qui n'est pas accessible. *Le château est **inaccessible** par la route, continuons à pied.*

inaccoutumé, ée (adjectif)
Synonyme d'inhabituel. *Le facteur est passé à une heure **inaccoutumée**.*

inachevé, ée (adjectif)
Qui n'a pas été achevé. *La romancière a laissé son œuvre **inachevée**.*

un tableau **inachevé** de David

inactif, ive (adjectif)
Qui n'est pas actif. *Sa maladie l'a rendue **inactive** quelques jours.* (Syn. désœuvré, inoccupé, oisif. Contr. actif.)

inaction (nom féminin)
État d'une personne sans activité. *L'**inaction** pèse beaucoup aux prisonniers.* (Syn. désœuvrement, inactivité. Contr. action.)

inactivité (nom féminin)
Manque d'activité. *Cette **inactivité** forcée rendait les enfants nerveux.* (Contr. activité.)

inadapté, ée (adjectif)
Qui n'est pas adapté. *Ces chaussures sont **inadaptées** à la marche en montagne.*

inadmissible (adjectif)
Qui n'est pas admissible. *Vos retards répétés sont vraiment **inadmissibles**.* (Syn. inacceptable.)

inadvertance (nom féminin)
• **Par inadvertance** : par manque d'attention, par mégarde. (Contr. exprès, volontairement.)

inaliénable (adjectif)
Qui ne peut être ni cédé ni vendu. *Le palais de l'Élysée est un bien **inaliénable** de la République française.*

inaltérable (adjectif)
Qui ne peut s'altérer. *L'or est un métal **inaltérable**.*

inamical, ale, aux (adjectif)
Qui n'est pas amical. *Son attitude **inamicale** me chagrine.* (Syn. hostile. Contr. amical.)

inamovible (adjectif)
Qu'on ne peut ni révoquer ni déplacer. *Certains magistrats sont **inamovibles**.*

inanimé, ée (adjectif)
Qui a perdu connaissance et semble sans vie. *Un homme **inanimé** gisait sur la chaussée.* (Syn. inerte.) ⊙ Inanimé vient du latin *anima* qui signifie « souffle vital ».

inanition (nom féminin)
Épuisement dû au manque de nourriture. *Il est mort d'**inanition**.*

inaperçu, ue (adjectif)
• **Passer inaperçu** : ne pas être remarqué. *L'absence de Romain **est passée inaperçue**.*

inapplicable (adjectif)
Qui ne peut être appliqué. *Les mesures prises semblent **inapplicables**.* (Contr. applicable.)

inappréciable (adjectif)
Si important qu'on ne peut pas vraiment en apprécier la valeur. *Tu m'as rendu un service **inappréciable**.* (Syn. inestimable.)

inapte (adjectif)
Qui n'est pas apte. *Son accident l'a rendu **inapte** au travail.* (Contr. apte.)

inaptitude (nom féminin)
Manque d'aptitude. *On lui reproche son **inaptitude** à la vie en groupe.* (Syn. incapacité.)

▸ **inattaquable** (adjectif)
Qui ne peut être attaqué. *La réputation de ce politicien est **inattaquable**.* (Syn. irréprochable.)

▸ **inattendu, ue** (adjectif)
Qui se produit alors qu'on ne s'y attendait pas. *C'est **inattendu** de te voir ici.* (Syn. imprévu, surprenant. Contr. normal.)

▸ **inattentif, ive** (adjectif)
Qui n'est pas attentif. *Les élèves sont **inattentifs** aujourd'hui.* (Syn. distrait.)

▸ **inattention** (nom féminin)
Fait d'être inattentif. *Il suffit parfois d'une seconde d'**inattention** pour avoir un accident.* (Syn. distraction, étourderie. Contr. attention.)

▸ **inaudible** (adjectif)
Qui est peu audible. *L'enregistrement est **inaudible**.*

▸ **inauguration** (nom féminin)
Action d'inaugurer. *L'**inauguration** du gymnase aura lieu dimanche.*

▸ **inaugurer** (verbe) ○ conj.n°3
Marquer par une cérémonie officielle l'ouverture de quelque chose. *Le ministre **a inauguré** la nouvelle ligne de T.G.V.*

▸ **inavouable** (adjectif)
Qu'on n'ose pas avouer parce qu'on en a honte. *Le enfants ont souvent des sentiments qu'ils croient **inavouables**.*

▸ **incalculable** (adjectif)
Qu'on ne peut calculer ou évaluer. *Les pertes sont **incalculables**.*

▸ **incandescence** (nom féminin)
État d'une matière incandescente. *Pour forger le fer, il faut le porter à **incandescence**.*

▸ **incandescent, ente** (adjectif)
Qui est chauffé au rouge. *Les braises **incandescentes** du barbecue.*

▸ **incantation** (nom féminin)
Récitation d'une formule magique. *La sorcière a envoûté la princesse avec ses **incantations**.*

▸ **incapable** (adjectif)
Qui n'est pas capable. *Anna est si émue qu'elle est **incapable** de parler.* (Contr. capable.) ▷ **incapable** (nom) Personne qui n'a aucune compétence. *Ce travail déplorable a été réalisé par un **incapable**.*

▸ **incapacité** (nom féminin)
1. État d'une personne incapable de faire quelque chose. *La fièvre la met dans l'**incapacité** de travailler.* (Syn. impossibilité.) **2.** Manque de capacité, de compétence. *Le gouvernement a montré son **incapacité** à résoudre ce conflit.* (Syn. inaptitude.)

▸ **incarcération** (nom féminin)
Action d'incarcérer. *Le juge a ordonné l'**incarcération** immédiate de l'accusé.* (Syn. emprisonnement.)

▸ **incarcérer** (verbe) ○ conj.n°8
Mettre en prison. *On **a** arrêté et **incarcéré** au plus vite l'escroc.* (Syn. écrouer, emprisonner.)

▸ **incarner** (verbe) ○ conj.n°3
Interpréter un personnage. *C'est l'acteur qui **a incarné** Robin des Bois au cinéma.*

▸ **incassable** (adjectif)
Qu'on ne peut casser. *Des verres **incassables**.*

▸ **incendiaire** (adjectif)
Destiné à déclencher des incendies. *Les bombes **incendiaires** ont détruit la ville.* ▷ **incendiaire** (nom) Auteur volontaire d'un incendie. *L'**incendiaire** est sous les verrous.*

▸ **incendie** (nom masculin)
Grand feu qui se propage en faisant des dégâts. *Un **incendie** a détruit la mairie.* ⊙ Famille du mot : incendiaire, incendier.

▸ **incendier** (verbe) ○ conj.n°10
Détruire par un incendie. *Des milliers d'hectares de forêt **ont été incendiés**.*

▸ **incertain, aine** (adjectif)
1. Qui n'est pas certain. *Son avenir est **incertain**.* (Syn. douteux, hypothétique. Contr. assuré, sûr.) **2.** Qui peut changer. *Prends ton parapluie, le temps est **incertain**.*

incertitude (nom féminin)
État de ce qui est incertain. *On est dans l'**incertitude** sur le sort des passagers.*

incessamment (adverbe)
D'un moment à l'autre. *Thomas doit arriver **incessamment**.* (Syn. sous peu.)

incessant, ante (adjectif)
Qui ne cesse jamais. *Le bruit **incessant** des vagues.* (Syn. continuel, ininterrompu.)

inceste (nom masculin)
Relations sexuelles entre membres très proches d'une même famille. *L'**inceste** est puni par la loi.*

incidemment (adverbe)
Par hasard. *Nous avons appris cela **incidemment**.*

incident (nom masculin)
Petit événement fâcheux mais sans gravité. *La manifestation s'est déroulée sans **incident**.*

incinération (nom féminin)
Action d'incinérer. *Une usine d'**incinération** des déchets.*

incinérer (verbe) ○ conj.n°8
Réduire en cendres. *Les hindous ont coutume d'**incinérer** leurs morts.*

inciser (verbe) ○ conj.n°3
Faire une fente avec un instrument tranchant. *Le médecin **a incisé** l'abcès.* ⊙ Famille du mot : incisif, incision, incisive.

incisif, ive (adjectif)
Synonyme de mordant. *L'officier a lancé des ordres sur un ton **incisif**.*

incision (nom féminin)
Coupure faite en incisant. *Le jardinier a fait une **incision** dans l'écorce de l'arbre pour le greffer.* (Syn. entaille.)

incisive (nom féminin)
Chacune des huit dents de devant. *Les **incisives** servent à couper les aliments.* ➠ p. 321.

incitation (nom féminin)
Action d'inciter. *Ce beau livre est une véritable **incitation** à la lecture.*

inciter (verbe) ○ conj.n°3
Pousser quelqu'un à faire quelque chose. *Ce beau temps n'**incite** guère au travail !* (Syn. encourager.)

inclinable (adjectif)
Qui peut s'incliner. *Les sièges avant de la voiture sont **inclinables**.*

inclinaison (nom féminin)
Position inclinée. *L'**inclinaison** du bateau rend Victor malade.*

inclination (nom féminin)
Synonyme de penchant. *William a une **inclination** pour la musique.*

incliner (verbe) ○ conj.n°3
1. Mettre dans une position oblique. *L'acteur **incline** la tête pour saluer le public.* (Contr. redresser.) 2. S'incliner : s'avouer vaincu. *Vous avez gagné, je **m'incline** !* ⊙ Famille du mot : inclinable, inclinaison, inclination.

Dans le virage, les motos sont très **inclinées**.

inclure (verbe) ○ conj.n°51
Mettre dedans. *Le prix de la consommation **inclut** le prix du service.* (Syn. comprendre. Contr. exclure.)

inclus, use (adjectif)
Qui est contenu dans un ensemble. *Lisez le livre jusqu'à la page 20 **incluse**.* (Syn. compris. Contr. exclu.)

incognito (adverbe)
Sans se faire reconnaître. *Cet acteur rêve de voyager **incognito**.* ▷ **incognito** (nom masculin) Situation de quelqu'un qui ne veut pas qu'on sache qui il est. *Le gagnant du loto a souhaité garder l'**incognito**.* (Syn. anonymat.)

incohérence (nom féminin)
Chose qui manque de cohérence. *Ce récit ne tient pas debout, il est bourré d'**incohérences**.* (Syn. contradiction.)

incohérent, ente (adjectif)
Dont les idées ne s'enchaînent pas logiquement. *Pierre a tenu des propos **incohérents** pendant son sommeil.* (Syn. décousu. Contr. cohérent.)

incollable (adjectif)
Dans la langue familière, qui sait répondre à n'importe quelle question. *Myriam est **incollable** sur les dinosaures.*

incolore (adjectif)
Sans couleur. *L'eau est **incolore**.*

incomber (verbe) ○ conj.n°3
Être à la charge de quelqu'un. *C'est à Xavier que l'entretien du tableau **incombe** aujourd'hui.*

incombustible (adjectif)
Qui n'est pas combustible. *L'amiante est un matériau **incombustible**.* (Syn. ininflammable. Contr. combustible.)

incommensurable (adjectif)
Sans mesure. *Elle est d'une prétention **incommensurable**.* (Syn. extrême, immense.)

incommoder (verbe) ○ conj.n°3
Causer une gêne physique. *Yann **est incommodé** par l'odeur de l'essence.*

incomparable (adjectif)
Tellement supérieur que rien ne peut lui être comparé. *Cette femme est d'une élégance **incomparable**.*

incompatible (adjectif)
Qui n'est pas compatible. *Ce voyage est **incompatible** avec les dates de tes vacances.* (Syn. contradictoire, inconciliable.)

incompétence (nom féminin)
Fait d'être incompétent. *Pour entretenir le jardin, ils ont embauché une personne d'une totale **incompétence**.* (Contr. compétence.)

incompétent, ente (adjectif)
Qui n'est pas compétent. *Il est tout à fait **incompétent** en médecine.*

incomplet, ète (adjectif)
Auquel il manque quelque chose. *Ce livre est **incomplet**, il lui manque les dernières pages.* (Contr. complet.)

incompréhensible (adjectif)
Impossible à comprendre. *Le blessé bafouillait des mots **incompréhensibles**.* (Contr. compréhensible.)

incompréhension (nom féminin)
Manque de compréhension. *Il y a trop d'**incompréhension** entre eux pour qu'ils puissent s'entendre.*

incompressible (adjectif)
Que l'on ne peut pas réduire. *Le loyer fait partie des frais **incompressibles**.*

incompris, ise (adjectif)
Dont personne ne comprend la valeur réelle. *Les artistes sont parfois **incompris** de leurs contemporains.* (Syn. méconnu.)

inconcevable (adjectif)
Qui n'est pas concevable. *Vivre avec quelqu'un sans être marié était **inconcevable** autrefois.* (Syn. inimaginable.)

inconciliable (adjectif)
Qu'on ne peut concilier avec un autre. *Leurs deux points de vue sont **inconciliables**.* (Syn. incompatible.)

inconditionnel, elle (adjectif)
Sans condition, sans réserve. *J'apprécie sa fidélité **inconditionnelle**.* (Syn. absolu.)

inconfort (nom masculin)
Manque de confort. *En camping, on supporte l'**inconfort**.*

inconfortable (adjectif)
Qui n'est pas confortable. *Cette petite voiture tout-terrain est très **inconfortable**.*

incongru, ue (adjectif)
Contraire au bon sens ou à l'usage. *Par rapport aux gens qui étaient là, sa remarque était tout à fait **incongrue**.* (Syn. déplacé.)

incongruité (nom féminin)
Parole ou action incongrue.

inconnu, ue (adjectif)
Qui n'est pas connu. *Le metteur en scène a choisi des acteurs **inconnus**.* ▷ **inconnu, ue** (nom) Personne que l'on ne connaît pas. *On ne suit pas un **inconnu** !*

inconsciemment (adverbe)
De façon inconsciente. *Noémie a remis **inconsciemment** son argent dans sa poche au lieu de payer.* (Contr. consciemment.)

inconscience (nom féminin)
État d'une personne inconsciente. *Sortir en mer par ce temps, c'est de l'**inconscience** !* (Syn. folie.)

inconscient, ente (adjectif)
1. Qui a perdu conscience. *Le blessé est encore **inconscient**.* (Syn. inanimé. Contr. conscient.) 2. Dont on n'a pas conscience. *La respiration est un réflexe **inconscient**.* ▷ **inconscient, ente** (nom) Qui n'a pas conscience de ce qu'il fait. *Ce n'est pas un homme courageux, c'est un **inconscient** !*

inconséquent, ente (adjectif)
Qui agit sans réfléchir aux conséquences de ses actes. *En dépensant toutes ses économies, il s'est montré très **inconséquent**.*

inconsistant, ante (adjectif)
Qui manque de force et de cohérence. *Le scénario du film est **inconsistant**.*

inconsolable (adjectif)
Qu'on ne peut pas consoler. *Il est resté **inconsolable** de la mort de sa femme.*

inconstant, ante (adjectif)
Qui manque de constance dans ses sentiments. *N'accorde pas ton amitié à cette fille **inconstante**.* (Syn. infidèle, volage. Contr. constant, fidèle.)

incontestable (adjectif)
Qui ne peut être contesté. *Odile a beaucoup changé, c'est **incontestable**.* (Syn. certain, indéniable, indiscutable. Contr. contestable.)

incontesté, ée (adjectif)
Que personne ne conteste. *C'est le chef de file **incontesté** de notre équipe.*

incontrôlable (adjectif)
Qu'on ne peut pas contrôler ni vérifier. *Des rumeurs **incontrôlables** circulent sur l'origine de sa fortune.*

inconvenant, ante (adjectif)
Qui est contraire aux convenances. *Il a tenu des propos **inconvenants** devant les enfants.* (Syn. choquant, déplacé.)

inconvénient (nom masculin)
Aspect négatif de quelque chose. *Quels sont les avantages et les **inconvénients** de cette profession ?* (Syn. défaut, désavantage. Contr. avantage.)

incorporer (verbe) ○ conj.n°3
1. Mélanger quelque chose à un tout. ***Incorporez** petit à petit les œufs battus au chocolat fondu.* 2. Intégrer dans un corps d'armée. *Il **a été incorporé** dans un régiment de parachutistes.*

incorrect, ecte (adjectif)
1. Qui n'est pas correct. *Son anglais est **incorrect** mais compréhensible.* 2. Qui ne respecte pas les règles de politesse. *Benjamin a été très **incorrect** avec Sarah.* (Syn. grossier.)

incorrection (nom féminin)
1. Attitude incorrecte. *Ne pas respecter son tour dans une file d'attente est d'une grande **incorrection**.* (Syn. grossièreté, impolitesse.) 2. Expression incorrecte. *« Un ami de moi » est une **incorrection**.*

incorrigible (adjectif)
Qu'on ne peut corriger. *Tu es vraiment **incorrigible**, quand cesseras-tu de laisser traîner tes affaires ?*

incorruptible (adjectif)
Qu'on ne peut corrompre. *Ce fonctionnaire **incorruptible** jouit d'une bonne réputation.*

incrédule (adjectif)
Qui ne croit pas ce qui est dit. *En entendant l'histoire de Clément, Ursula a eu un sourire **incrédule**.* (Syn. sceptique. Contr. crédule.)

increvable (adjectif)
1. Qui ne peut pas crever. *Un pneu **increvable**.* 2. Synonyme familier d'infatigable.

a b c d e f g h i j k l m n o p q r s t u v w x y z

incriminer (verbe) ○ conj.n°3
Mettre en cause. *Le journaliste l'**a incriminé** à tort.* (Syn. accuser.)

incroyable (adjectif)
1. Difficile ou impossible à croire. *Je viens d'apprendre une nouvelle **incroyable**.* (Syn. invraisemblable.) 2. Peu ordinaire. *Michelle est d'une énergie **incroyable**, pour ses quatre-vingts ans !* (Syn. étonnant, extraordinaire.)

incroyant, ante (nom)
Personne qui ne croit pas en Dieu. (Syn. athée. Contr. croyant.)

incrustation (nom féminin)
Ornement incrusté. *C'est un meuble avec des **incrustations** de nacre.*

incruster (verbe) ○ conj.n°3
1. Décorer un objet en insérant des morceaux d'une autre matière. *Le plateau est en ébène **incrusté** d'écaille.* 2. S'incruster : dans la langue familière, s'installer en parasite chez quelqu'un. *Il **s'est incrusté** chez nous depuis un mois.*

incubation (nom féminin)
1. Période pendant laquelle les oiseaux couvent leurs œufs. *Le poussin sort de l'œuf après trois semaines d'**incubation**.* 2. Temps qui s'écoule entre la pénétration du microbe dans le corps et le début de la maladie. *L'**incubation** de la scarlatine est de 4 à 7 jours.*

inculper (verbe) ○ conj.n°3
Accuser officiellement. *Il **est inculpé** d'escroquerie.* ⊙ Inculper vient du latin *culpa* qui signifie « faute » et qu'on retrouve dans *coupable*.

inculquer (verbe) ○ conj.n°3
Faire entrer dans la mémoire. *On lui **a inculqué** la politesse dès son plus jeune âge.* ⊙ Inculquer vient du latin *inculcare* qui signifie « faire pénétrer en tassant avec le talon ».

inculte (adjectif)
1. Qui n'est pas cultivé. *Les terres **incultes** des landes.* 2. Dont l'esprit n'est pas cultivé. *Lire est un bon moyen pour ne pas rester **inculte**.* (Syn. ignorant. Contr. cultivé.)

incurable (adjectif)
Qu'on ne peut guérir. *La tuberculose a été longtemps une maladie **incurable**.*

incursion (nom féminin)
Entrée soudaine et brève dans un lieu. *Des avions de guerre ont fait une **incursion** en territoire ennemi.*

incurver (verbe) ○ conj.n°3
Donner une forme courbe. *L'étagère **s'est incurvée** sous le poids des livres.*

une portion d'autoroute **incurvée**

indécent, ente (adjectif)
Qui n'est pas convenable. *Cette robe transparente est tout à fait **indécente**.* (Contr. décent.)

indéchiffrable (adjectif)
Qui ne peut être déchiffré. *Avant Champollion, les hiéroglyphes égyptiens paraissaient **indéchiffrables**.*

indécis, ise (adjectif)
Qui a du mal à se décider. *Que faire aujourd'hui ? David est **indécis**.* (Syn. hésitant. Contr. décidé.)

indécision (nom féminin)
État d'une personne indécise. *Cette **indécision** ne peut plus durer, il faut choisir.* (Syn. hésitation.)

indéfendable (adjectif)
Qu'on ne peut défendre. *Il a commis des actes **indéfendables**.*

indéfini, ie (adjectif)
1. Impossible à préciser. *Il portait de vieux vêtements délavés, d'une couleur **indéfinie**.* (Syn. indéterminé. Contr. précis.) 2. Se dit d'un pronom ou d'un article désignant des choses ou des gens de manière vague. *« On » est un pronom **indéfini**. « Un » est un article **indéfini**.* (Contr. défini.)

indéfiniment (adverbe)
De manière indéfinie. *Ces discussions peuvent durer **indéfiniment**.* (Syn. éternellement.)

indélébile (adjectif)
Qui ne peut être effacé. *Un tatouage est un dessin **indélébile**.*

indemne (adjectif)
Qui n'a pas été blessé dans un accident. *Ils sont sortis **indemnes** de la maison en feu.* (Syn. sain et sauf.)

indemniser (verbe) ▸ conj.n°3
Verser une indemnité. *La compagnie d'aviation **a indemnisé** les familles des victimes.* (Syn. dédommager.)

indemnité (nom féminin)
Somme d'argent destinée à dédommager ou à rembourser des frais. *Après l'inondation, l'État a versé une **indemnité** aux agriculteurs.*

indéniable (adjectif)
Que personne ne peut nier. *Sa bonne volonté est **indéniable**.* (Syn. incontestable, indiscutable.)

indépendamment de (préposition)
En plus de. ***Indépendamment de** son prix, elle trouve que cet appartement est trop petit.*

indépendance (nom féminin)
Situation d'une personne ou d'un État indépendants. *Ses parents lui laissent une grande **indépendance**. L'Algérie a acquis son **indépendance** en 1962.* (Contr. dépendance.)

indépendant, ante (adjectif)
1. Qui ne dépend de personne. *C'est un journal très **indépendant**.* (Syn. libre. Contr. dépendant.) 2. Qui aime l'indépendance. *Petite, Zoé était déjà très **indépendante**.* (Contr. soumis.) 3. Qui n'a pas de rapport avec autre chose. *Les W.-C. sont **indépendants** de la salle de bains.*

indescriptible (adjectif)
Qui ne peut être décrit. *Les étudiants ont fait un chahut **indescriptible**.*

indésirable (adjectif)
Dont la présence n'est pas désirée. *On a refusé l'entrée de la maison à ce visiteur **indésirable**.*

indestructible (adjectif)
Qui ne peut être détruit. *Leur fidèle amitié semble **indestructible**.*

indéterminé, ée (adjectif)
Synonyme d'indéfini. *Le magasin est fermé pour une durée **indéterminée**.*

index (nom masculin)
1. Deuxième doigt de la main, le plus proche du pouce. *On se sert de l'**index** pour montrer quelque chose.* 2. Liste alphabétique des noms cités, placée à la fin d'un livre. *Regarde dans l'**index** des rues de Paris où se trouvent les Champs-Élysées.* ⊙ Index est un mot latin qui signifie « celui qui montre, indique, dénonce ».

indicateur, trice (adjectif)
Qui sert à indiquer. *Au prochain carrefour, il y aura peut-être un poteau **indicateur**.* ▷ **indicateur, trice** (nom) Personne qui renseigne la police en échange de certains avantages. ▷ **indicateur** (nom masculin) Brochure qui contient des renseignements. *L'**indicateur** des chemins de fer.*

1. indicatif, ive (adjectif)
• **À titre indicatif** : pour donner une idée. ***À titre indicatif**, voici la température moyenne en juillet dans cette région.*

2. indicatif (nom masculin)
1. Air de musique qui indique le début d'une émission. *Voilà l'**indicatif** de ton feuilleton préféré !* 2. Mode du verbe qui indique une action qui a lieu effectivement. *« J'irai » est le verbe « aller » au futur de l'**indicatif**.*

indication (nom féminin)
Ce qui est indiqué et sert à expliquer. *J'ai trouvé sans peine grâce à tes **indications**.* (Syn. renseignement.)

indice (nom masculin)
Signe qui indique l'existence de quelque chose. *Les empreintes laissées dans le sol sont des **indices** permettant de suivre la piste.*

indicible (adjectif)
Qui ne peut être dit ou exprimé. *Sa joie d'avoir réussi est **indicible**.* (Syn. inexprimable.)

▸ **indien, enne**
➠ Voir tableau p. 6.

▸ **indifféremment** (adverbe)
Sans faire de différence. *Avec son mari, elle parle **indifféremment** français ou arabe.*

▸ **indifférence** (nom féminin)
Attitude d'une personne indifférente. *Cette nouvelle est tombée dans l'**indifférence** générale.* (Contr. intérêt.)

▸ **indifférent, ente** (adjectif)
1. Qui n'a aucune importance pour quelqu'un. *Que tu partes ou que tu restes, cela m'est **indifférent**.* 2. Qui n'est touché, ému par rien. *Nul ne peut être **indifférent** à la misère des autres.* (Syn. insensible. Contr. sensible.) ⊙ Famille du mot : indifféremment, indifférence.

▸ **indigène** (adjectif et nom)
Qui est né dans le pays où il habite. (Syn. autochtone.)

▸ **indigent, ente** (adjectif et nom)
Très pauvre. *Plusieurs organismes humanitaires s'occupent des **indigents**.* (Syn. nécessiteux.)

▸ **indigeste** (adjectif)
Difficile à digérer. *Les oignons crus sont **indigestes**.* (Contr. digeste.)

▸ **indigestion** (nom féminin)
Indisposition due à une digestion difficile. *À Noël, Ibrahim a eu une **indigestion** due à un excès de chocolat.*

▸ **indignation** (nom féminin)
Colère devant une action révoltante. *Ce crime odieux a soulevé l'**indignation** de toute la ville.*

▸ **indigne** (adjectif)
1. Qui n'est pas digne de quelque chose. *Ils ont triché, ils sont **indignes** de gagner cette course !* 2. Qui provoque l'indignation. *Son comportement est **indigne**.* (Syn. déshonorant, méprisable. Contr. digne)

▸ **indigner** (verbe) ⊙ conj.n°3
Remplir d'indignation. *Le massacre des baleines **indigne** Anna.* (Syn. révolter.)

▸ **indigo** (adjectif)
Bleu foncé, proche du violet. *Certaines étoffes africaines sont bleu **indigo**.* → Pluriel : des étoffes indigo.

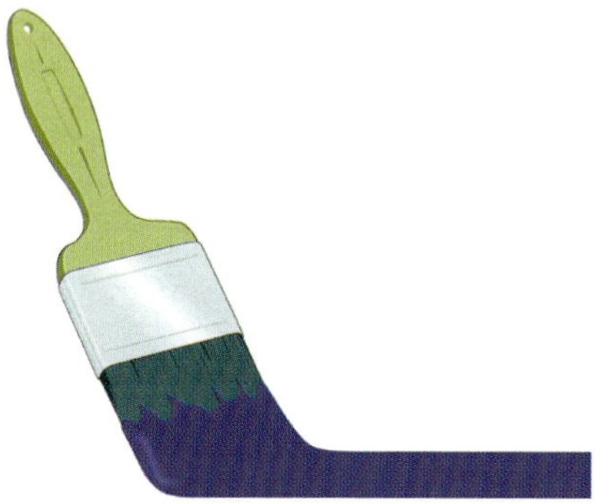

une trace de peinture **indigo**

▸ **indiqué, ée** (adjectif)
Qui est recommandé dans telle situation. *Fatigué comme vous l'êtes, ce séjour à la mer est tout **indiqué**.*

▸ **indiquer** (verbe) ⊙ conj.n°3
1. Montrer ou désigner de façon précise. *Sur la boussole, l'aiguille bleue **indique** clairement le Nord.* (Syn. signaler.) 2. Renseigner quelqu'un sur quelque chose. *Pouvez-vous m'**indiquer** les toilettes ?* (Syn. montrer.) ⊙ Famille du mot : indicateur, indicatif, indication, indiqué.

▸ **indirect, ecte** (adjectif)
Qui n'est pas direct. *Une critique **indirecte**.* (Syn. détourné.) • **Complément d'objet indirect** : complément relié au verbe par une préposition.

▸ **indirectement** (adverbe)
De façon indirecte. *Elle va se marier, je l'ai su **indirectement**.* (Contr. directement.)

▸ **indiscipline** (nom féminin)
Manque de discipline. *Le maître ne tolère pas l'**indiscipline**.* (Contr. discipline.)

indiscipliné, ée (adjectif)
Qui n'est pas discipliné. *William est trop **indiscipliné** pour travailler correctement.* (Syn. désobéissant. Contr. discipliné.)

indiscret, ète (adjectif)
Qui est trop curieux ou trop bavard. *C'est très **indiscret** de ta part de lire une lettre qui ne t'est pas destinée !* (Contr. discret.)

indiscrètement (adverbe)
De façon indiscrète. *Kevin a regardé par le trou de la serrure, **indiscrètement**.* (Contr. discrètement.)

indiscrétion (nom féminin)
1. Manque de discrétion. *Noémie ne cesse d'épier ses voisins, elle est d'une **indiscrétion** !* (Syn. curiosité. Contr. discrétion.) 2. Révélation d'un secret. *J'ai appris son départ par une **indiscrétion**.*

indiscutable (adjectif)
Qui ne se discute pas. *Son habileté manuelle est **indiscutable**.* (Syn. certain, évident, incontestable, indéniable.)

indispensable (adjectif)
Dont on ne peut se dispenser. *Il est **indispensable** de se laver les dents chaque jour.* (Syn. nécessaire. Contr. inutile, superflu.)

indisponible (adjectif)
Qui n'est pas disponible. *Le médecin est **indisponible** pour l'instant.* (Syn. occupé.)

indisposer (verbe) ○ conj.n°3
1. Irriter par son attitude. *Son sans-gêne **indispose** tout le monde.* (Syn. ennuyer, gêner.) 2. Rendre un peu malade. *L'odeur d'éther l'**indispose**.* (Syn. gêner, incommoder.)

indisposition (nom féminin)
État d'une personne indisposée. *C'est une **indisposition** passagère, il sera vite remis.* (Syn. malaise.)

indissociable (adjectif)
Qu'on ne peut pas dissocier, séparer. *Ces deux problèmes sont **indissociables**.*

indistinct, incte (adjectif)
Que l'on distingue mal. *On aperçoit une forme **indistincte** dans le brouillard.* (Syn. confus, imprécis. Contr. distinct.)

Sur ce tableau, on aperçoit les formes **indistinctes** d'un port.
« Impression soleil levant »
de Claude Monet

individu (nom masculin)
1. Chacun des êtres humains d'un groupe, d'une collectivité. *Chaque **individu** est différent des autres.* (Syn. personne.) 2. Homme quelconque, qui paraît louche ou qu'on méprise. *Élodie a peur car il y a un drôle d'**individu** qui la suit depuis dix minutes.* ⊙ Famille du mot : individualiste, individuel, individuellement. ⊙ Individu vient du latin ***individuum*** qui signifie « indivisible ».

individualiste (adjectif)
Qui fait preuve d'indépendance et veut se débrouiller seul. *Pierre est trop **individualiste** pour voyager en groupe.*

individuel, elle (adjectif)
Qui est fait pour une seule personne. *Fatima rêve d'avoir une chambre **individuelle**.* (Syn. particulier. Contr. collectif, commun.)

individuellement (adverbe)
De façon individuelle. *Cet exercice doit être fait **individuellement**.* (Syn. séparément. Contr. collectivement, ensemble.)

indolence (nom féminin)
Caractère indolent de quelqu'un. *Quentin s'est allongé avec **indolence** dans le hamac.* (Syn. mollesse, nonchalance. Contr. ardeur, vivacité.)

indolent, ente (adjectif)
Qui est sans énergie. *Cette grosse chaleur rend les gens **indolents**.* (Syn. mou, nonchalant. Contr. actif, énergique, vif.)

indolore (adjectif)
Qui ne fait pas souffrir. *Si tu ne bouges pas, cette piqûre sera **indolore**.* (Contr. douloureux.)

indomptable (adjectif)
Qu'on ne peut pas dompter. *Certains animaux sauvages sont **indomptables**.*

indonésien, enne
➠ Voir tableau p. 6.

indu, ue (adjectif)
• **Heure indue :** heure trop tardive. *Qui peut bien téléphoner à cette **heure indue** ?*

indubitable (adjectif)
Qu'on ne peut pas mettre en doute. *Ce film a un succès **indubitable**.* (Syn. certain, incontestable.)

indubitablement (adverbe)
Sans aucun doute. *En français, elle est **indubitablement** la meilleure de sa classe.*

induire (verbe) ○ conj.n°43
• **Induire quelqu'un en erreur :** lui faire faire une erreur. *Ses renseignements n'étaient pas bons et nous **ont induits en erreur**.*

indulgence (nom féminin)
Caractère d'une personne indulgente. *Ses grands-parents font toujours preuve de beaucoup d'**indulgence** envers Kevin.* (Syn. bienveillance, compréhension. Contr. sévérité.)

indulgent, ente (adjectif)
Qui pardonne facilement. *Gaëlle est très **indulgente** avec son petit frère quand il fait des bêtises.* (Syn. compréhensif. Contr. dur, sévère.)

indûment (adverbe)
Synonyme littéraire d'injustement. *Il a été **indûment** accusé d'un vol.*

industrialisation (nom féminin)
Fait de s'industrialiser. *L'**industrialisation** de cette région a créé beaucoup d'emplois.*

s'industrialiser (verbe) ○ conj.n°3
S'équiper en industries, en usines. *Ce pays commence à **s'industrialiser**.*

industrie (nom féminin)
Ensemble des entreprises transformant des matières premières en produits fabriqués. *Le père de Romain travaille toujours dans l'**industrie** pharmaceutique.*
⊙ Famille du mot : industrialisation, industrialiser, industriel.

industriel, elle (adjectif)
Qui concerne l'industrie. *La zone **industrielle** est située en dehors de la ville.* ▷ **industriel** (nom masculin) Personne qui possède ou dirige une usine. *Cet homme est un **industriel** de la chaussure.*

inébranlable (adjectif)
Qu'on ne peut pas ébranler, faire changer. *Sa décision est **inébranlable**, il ne changera pas d'avis.* (Syn. inflexible.)

inédit, ite (adjectif)
1. Qui n'a pas encore été édité ou publié. *Son livre est resté **inédit**.* **2.** Qui est nouveau et original. *Voilà une façon **inédite** de faire cuire les œufs.* (Syn. original.)

ineffable (adjectif)
Synonyme littéraire d'inexprimable. *Ressentir une joie **ineffable**.*

inefficace (adjectif)
Qui n'a aucun effet. *Si ton rhume ne fait qu'empirer, c'est que ton traitement est **inefficace**.* (Contr. efficace.)

inefficacité (nom féminin)
Caractère inefficace. *Tes conseils n'ont servi à rien, ils ont été d'une totale **inefficacité**.* (Contr. efficacité.)

inégal, ale, aux (adjectif)
1. Qui n'est pas égal en dimension, en quantité, en valeur ou en durée. *La croissance de ces deux arbres est **inégale**.* **2.** Qui n'est pas uni. *Une chaussée **inégale**, pleine de trous.* (Contr. lisse, plat.) **3.** Qui manque de régularité. *Ses résultats scolaires sont très **inégaux**.* (Syn. irrégulier.)

inégalable (adjectif)
Qui ne peut pas être égalé. *Ce record semble **inégalable** dans l'immédiat.* (Syn. incomparable.)

▸ **inégalité** (nom féminin)
1. Absence d'égalité. *Lutter contre l'**inégalité** des salaires entre les hommes et les femmes.* **2.** Élément inégal, irrégulier. *Les **inégalités** du terrain nous obligent à rouler lentement.*

▸ **inéligible** (adjectif)
Qui n'est pas éligible. *Une personne qui a été condamnée est **inéligible**.*

▸ **inéluctable** (adjectif)
Synonyme d'inévitable. *Il n'a pas suffisamment travaillé pour son bac, son échec était **inéluctable**.*

▸ **inénarrable** (adjectif)
Qui est extraordinaire et cocasse à la fois. *Il leur est arrivé une aventure **inénarrable**.*

▸ **inepte** (adjectif)
Qui n'a aucun sens. *Cette remarque est totalement **inepte**.* (Syn. absurde, stupide.)

▸ **ineptie** (nom féminin)
Action ou parole inepte. *Arrête de dire de telles **inepties** !* (Syn. bêtise, stupidité.)
➔ Prononciation [inɛpsi].

▸ **inépuisable** (adjectif)
1. Qu'on ne peut épuiser. *Elle est d'une patience **inépuisable** avec les enfants.* **2.** Synonyme d'intarissable. *Quand il commence à parler de cinéma, Thomas est **inépuisable**.*

▸ **inerte** (adjectif)
Synonyme d'inanimé. *Après l'accident, on a retrouvé plusieurs corps **inertes** dans la voiture.*

▸ **inertie** (nom féminin)
Manque d'énergie. *Alain est resté d'une désespérante **inertie** dans cette affaire.* (Syn. inaction, indolence, passivité.)
➔ Prononciation [inɛʀsi].

▸ **inespéré, ée** (adjectif)
Que l'on espérait pas ou plus. *Le joueur a marqué un but **inespéré**, dans la dernière minute de la partie.* (Syn. imprévu, inattendu.)

▸ **inesthétique** (adjectif)
Qui n'est pas esthétique. *Cette tour métallique est **inesthétique**.* (Syn. laid.)

▸ **inestimable** (adjectif)
Qui est si précieux qu'on ne peut même pas l'estimer. *Ce chef-d'œuvre est **inestimable**.*

Un tableau **inestimable** : « la Joconde » de Léonard de Vinci.

▸ **inévitable** (adjectif)
Qu'on ne peut pas éviter. *Il y avait une nappe d'huile sur la route, le motard a fait une chute **inévitable**.* (Syn. fatal, forcé, inéluctable.)

▸ **inévitablement** (adverbe)
De façon inévitable. *En prenant la route un 15 août, au matin, vous allez **inévitablement** tomber dans des bouchons.*

▸ **inexact, acte** (adjectif)
1. Qui contient des erreurs. *Ton calcul est **inexact**.* (Syn. erroné, faux. Contr. exact, juste.) **2.** Qui manque de ponctualité. *Aujourd'hui encore, Hélène a été **inexacte** à son rendez-vous chez le dentiste.* (Contr. ponctuel.)

▸ **inexactitude** (nom féminin)
1. Chose inexacte. *Il y a plusieurs **inexactitudes** dans ton devoir, essaie de les trouver toi-même.* (Syn. erreur, faute.) **2.** Manque de ponctualité. (Contr. exactitude.)

inexcusable (adjectif)
Qu'on ne peut pas excuser. *Les retards répétés de Luc sont **inexcusables**.* (Syn. impardonnable.)

inexistant, ante (adjectif)
Qui n'existe pas ou très peu. *L'aide à ce pays sous-développé est pratiquement **inexistante**.* (Syn. négligeable.)

inexorable (adjectif)
Qu'on ne peut pas faire céder ou fléchir. *Le maître s'est montré **inexorable** avec Victor, il a maintenu sa punition.* (Syn. impitoyable, implacable, inflexible.)

inexorablement (adverbe)
De façon inexorable. *La vie finit **inexorablement** par la mort.*

inexpérience (nom féminin)
Manque d'expérience et de connaissances.

inexpérimenté, ée (adjectif)
Qui n'a pas l'expérience de quelque chose. *Le frère de William vient juste d'avoir son permis moto, c'est encore un motard **inexpérimenté**.* (Syn. débutant, novice. Contr. expérimenté.)

inexplicable (adjectif)
Qui ne peut pas être expliqué. *La cause de l'accident est **inexplicable**.* (Syn. incompréhensible, mystérieux. Contr. clair, évident.)

inexploré, ée (adjectif)
Qui n'a pas été exploré. *Il reste peu de régions **inexplorées** sur la Terre.*

inexpressif, ive (adjectif)
Qui ne manifeste aucun sentiment. *Son visage est **inexpressif**, il est impossible de savoir ce qu'il pense.* (Contr. expressif.)

inexprimable (adjectif)
Qui est si intense qu'on ne peut pas l'exprimer. *Cette nouvelle a rempli Julie d'un bonheur **inexprimable**.* (Syn. indescriptible, indicible.)

in extremis (adverbe)
Au dernier moment. *Les habitants de l'immeuble en feu ont vraiment été sauvés **in extremis**.* → Prononciation [inɛkstʀemis].

inextricable (adjectif)
Qui est très embrouillé. *Cet embouteillage paraît **inextricable**.*

infaillible (adjectif)
1. Qui donnera sûrement un bon résultat. *Ces pastilles sont **infaillibles** contre le mal de gorge.* (Syn. radical.) 2. Qui ne peut pas se tromper. *Personne n'est **infaillible**.*

infaisable (adjectif)
Qu'il est impossible de faire. *Cet exercice est difficile mais pas **infaisable**.* → Prononciation [ɛ̃fəzabl].

infamant, ante (adjectif)
Synonyme de déshonorant. *Je suis vexé par son **infamante** allusion.*

infâme (adjectif)
1. Qui est horrible et odieux. *Un meurtre **infâme**.* (Syn. ignoble, immonde.) 2. Qui est très mauvais ou très sale. *Un **infâme** taudis.* (Syn. infect.) ⊙ Famille du mot : infamant, infamie. ⊙ Infâme vient du latin *fama* qui signifie « réputation » : un homme infâme n'a pas bonne réputation.

infamie (nom féminin)
Action infâme.

infanterie (nom féminin)
Ensemble des troupes qui combattent à pied. *Son grand-père a fait la guerre dans l'**infanterie**.*

un soldat d'**infanterie** en 1870

infantile (adjectif)
1. Qui a un rapport avec l'enfance. *Laura est vaccinée contre plusieurs maladies **infantiles**.* 2. Synonyme de puéril. *Ce comportement **infantile** n'est plus de ton âge !* (Syn. enfantin.)

infantilisme (nom masculin)
Comportement infantile. *Sucer ton pouce, à ton âge, c'est de l'****infantilisme*** *!*

infarctus (nom masculin)
Accident de santé dû au fait qu'une artère s'est bouchée. *Pierre a le cœur fragile depuis qu'il a eu un* ***infarctus****.* → Prononciation [ɛ̃faRktys].

infatigable (adjectif)
Que rien ne peut fatiguer. *Nathalie est une bonne marcheuse, elle est* ***infatigable****.* (Syn. inlassable.)

infect, infecte (adjectif)
1. Qui est très mauvais. *Ce poisson n'est pas frais, il est* ***infect****.* (Contr. délicieux, exquis.) 2. Qui suscite le dégoût moral. *Cet homme est* ***infect*** *avec sa famille.* (Syn. ignoble.)

s'infecter (verbe) conj.n°3
Être contaminé par les microbes. *Il faut tout de suite soigner une plaie avant qu'elle ne* ***s'infecte****.* (Syn. s'envenimer.) Famille du mot : désinfectant, désinfecter, désinfection, infectieux, infection.

infectieux, euse (adjectif)
Qui est dû à une infection. *Un état* ***infectieux*** *donne généralement de la fièvre.*

infection (nom féminin)
1. Fait de s'infecter. *Une* ***infection*** *pulmonaire doit être soignée rapidement.* 2. Très mauvaise odeur. *Ce poisson pourri est une* ***infection****.* (Syn. puanteur.)

inférieur, eure (adjectif)
1. Qui est placé en dessous. *Tu trouveras tes chaussettes dans le tiroir* ***inférieur*** *de la commode.* (Contr. supérieur.) 2. Qui est plus petit. *En quittant l'autoroute, nous avons trouvé de l'essence à un prix* ***inférieur****.* ▷ **inférieur, eure** (nom) Personne qui est au-dessous d'une autre dans une hiérarchie. (Syn. subalterne, subordonné.)

infériorité (nom féminin)
Caractère de ce qui est inférieur. *Se sentir en position d'****infériorité****.* (Contr. supériorité.)

infernal, ale, aux (adjectif)
Synonyme d'insupportable. *Ce marteau-piqueur fait un bruit* ***infernal****.*

infester (verbe) conj.n°3
Envahir en grand nombre. *Dommage que cette belle plage* ***soit infestée*** *de moustiques !*

infidèle (adjectif)
1. Qui n'est pas fidèle en amitié ou en amour. *Cet homme est* ***infidèle*** *à sa femme.* 2. Qui n'est pas exact ni conforme à la réalité. *Ton récit est* ***infidèle****, ce n'est pas comme ça que les choses se sont passées.*

infidélité (nom féminin)
Manque de fidélité.

infiltration (nom féminin)
Action de s'infiltrer. *Le plombier recherche l'origine des* ***infiltrations*** *d'eau dans le plafond.*

s'infiltrer (verbe) conj.n°3
Pénétrer lentement à travers un corps solide. *À cause de l'orage, de l'eau* ***s'est infiltrée*** *dans la cave.*

infime (adjectif)
Qui est très petit et insignifiant. *Il n'a qu'une chance* ***infime*** *de gagner.* (Syn. minime. Contr. énorme.)

infini, ie (adjectif)
Qui est sans fin. *La suite des nombres est* ***infinie****.* (Syn. illimité.) ▷ **infini** (nom masculin) • **À l'infini** : sans fin. *La plaine s'étend* ***à l'infini****.* Famille du mot : infiniment, infinité.

Cette route semble se prolonger **à l'infini**.

infiniment (adverbe)
Synonyme d'énormément. *Je te suis* ***infiniment*** *reconnaissant de m'avoir aidé.*

infinité (nom féminin)
Quantité considérable. *Après avoir parcouru une* ***infinité*** *de kilomètres, la sonde spatiale a quitté le système solaire.*

infinitésimal, ale, aux (adjectif)
Très petit. *Ce médicament agit à des doses* ***infinitésimales****.*

infinitif (nom masculin)
Mode du verbe quand il n'est pas conjugué. « *Jouer, avoir, partir, être, attendre* » *sont des verbes à l'****infinitif****.*

infirme (adjectif et nom)
Qui ne peut plus utiliser une partie de son corps. *Des soldats sont rentrés* ***infirmes*** *de la guerre. Un fauteuil roulant pour un* ***infirme****.* (Syn. handicapé, impotent, invalide.)

infirmer (verbe) ➲ conj.n°3
Remettre en question. *Le jugement* ***a été infirmé*** *par le tribunal.* (Contr. confirmer.)

infirmerie (nom féminin)
Local où l'on reçoit et soigne les malades ou les blessés. *Dans chaque collège, il y a une* ***infirmerie****.*

infirmier, ère (nom)
Personne qui donne des soins aux malades. *Une* ***infirmière*** *vient chaque jour pour lui faire une piqûre.*

infirmité (nom féminin)
Fait d'être infirme. *La cécité est une grave* ***infirmité****.*

inflammable (adjectif)
Qui prend feu facilement. *Il ne faut jamais laisser de produits* ***inflammables*** *à la portée des enfants.* (Contr. ininflammable.)

logo imprimé sur les étiquettes de produits **inflammables**

inflammation (nom féminin)
Gonflement douloureux d'une partie du corps. *L'****inflammation*** *des oreilles s'appelle une otite.*

inflation (nom féminin)
Hausse des prix. *Le gouvernement a pris des mesures contre l'****inflation****.* ⊙ Inflation vient du latin *inflatio* qui signifie « gonflement ».

inflexible (adjectif)
Que rien ne peut faire changer d'avis. *Malgré nos marchandages, il est resté* ***inflexible*** *sur le prix.* (Syn. inébranlable, intransigeant.)

infliger (verbe) ➲ conj.n°5
Obliger quelqu'un à subir quelque chose de pénible. ***Infliger*** *un blâme.*

influençable (adjectif)
Qui est facile à influencer. *Les adolescents sont souvent* ***influençables****.*

influence (nom féminin)
Action qu'une chose ou une personne exerce sur une autre et qui entraîne un changement. *L'****influence*** *de la Lune sur les marées. Son grand frère a une forte* ***influence*** *sur Noémie.* ⊙ Famille du mot : influençable, influencer, influent, influer.

influencer (verbe) ➲ conj.n°4
Exercer une influence sur quelqu'un. *Xavier se laisse* ***influencer*** *par ses copains.*

influent, ente (adjectif)
Qui a de l'influence, de l'autorité. *Ce ministre est très* ***influent****.*

influer (verbe) ➲ conj.n°3
Exercer une action. *On dit que le climat* ***influe*** *sur le caractère des gens.* (Syn. agir.)

informaticien, enne (nom)
Spécialiste d'informatique.

information (nom féminin)
Renseignement ou nouvelle que l'on communique à quelqu'un. *Si tu as besoin d'une* ***information****, demande à l'accueil.* ▷ **informations** (nom féminin pluriel) Nouvelles qui informent à la radio et à la télévision. *Maman écoute les* ***informations*** *à la radio pour savoir ce qui se passe dans le monde.*

informatique (nom féminin)
Science et technique qui permettent de rassembler des données dans des mémoires d'ordinateurs et de les organiser automatiquement. *À l'école, Véronique apprend l'**informatique**.*
▷ **informatique** (adjectif) De l'informatique. *Tout le matériel **informatique** évolue aujourd'hui très vite.* ⊙ Famille du mot : informaticien, informatisation, informatiser.

informatisation (nom féminin)
Action d'informatiser. *L'**informatisation** des cabinets médicaux est devenue obligatoire.*

informatiser (verbe) ○ conj.n°3
Équiper d'ordinateurs. *Ce service **est** entièrement **informatisé**.*

informe (adjectif)
Qui n'a pas vraiment de forme précise. *Que représente ce croquis **informe** ?*

informer (verbe) ○ conj.n°3
Donner une information. *On vous **a** mal **informé**, Yann n'habite pas ici. C'est Sarah qui est chargée de **s'informer** sur les horaires de train.* (Syn. renseigner.)

infraction (nom féminin)
Acte contraire au règlement ou à la loi. *Passer au feu rouge est une **infraction** grave.* (Syn. délit, faute, fraude.)

infranchissable (adjectif)
Qu'on ne peut pas franchir. *Ces difficultés lui paraissent vraiment **infranchissables**.*

infrarouge (adjectif)
Se dit de rayons invisibles utilisés pour le chauffage, la cuisson, la photographie, etc.

infrastructure (nom féminin)
Ensemble de constructions et d'équipements. *L'**infrastructure** médicale est insuffisante depuis que l'hôpital a fermé.*

infructueux, euse (adjectif)
Qui n'a pas porté ses fruits. *Les recherches sont restées **infructueuses**, aucun rescapé n'a été retrouvé.* (Syn. inefficace, vain. Contr. fructueux.)

infuser (verbe) ○ conj.n°3
Tremper des feuilles de thé ou de tisane dans l'eau bouillante pour qu'elles dégagent leur goût. *Maman laisse le tilleul **infuser** dix minutes.*

infusion (nom féminin)
Boisson faite avec des plantes infusées. *Une **infusion** de verveine.* (Syn. tisane.)

s'ingénier (verbe) ○ conj.n°10
Faire tous ses efforts pour arriver à un résultat. *Mon petit frère est malade et maman **s'ingénie** à le distraire.*

ingénieur (nom masculin)
Personne qui participe à des recherches ou qui dirige des travaux. *Elle est **ingénieur** en informatique.* ⊙ Ingénieur vient de *engin* qui signifiait autrefois « machine de guerre » : à l'origine, l'ingénieur était un inventeur d'engins de guerre.

ingénieux, euse (adjectif)
Qui est plein d'astuce et d'esprit d'invention. *Benjamin a trouvé un procédé **ingénieux** pour réparer son vélo.*

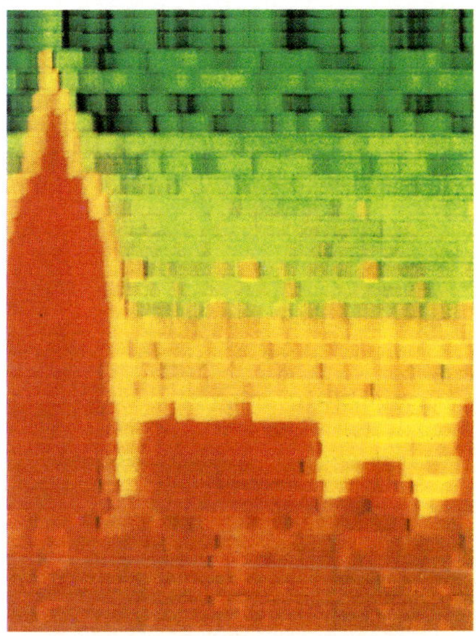

Cette photographie aux **infrarouges** (immeubles de New York) fait apparaître en rouge les sources de chaleur. C'est un procédé **ingénieux**.

ingéniosité (nom féminin)
Caractère ingénieux. *C'est grâce à son **ingéniosité** qu'il est sorti du labyrinthe.*

ingénu, ue (adjectif et nom)
Qui est d'une franchise naïve et candide. *Ursula a pris un air **ingénu** pour répondre.*

ingérence (nom féminin)
Fait de s'ingérer. *Refuser toute **ingérence** dans ses affaires.*

s'ingérer (verbe) conj.n°8
Se mêler de quelque chose sans en avoir le droit. *Tu n'as pas à **t'ingérer** dans les affaires des autres.* (Syn. s'immiscer.)

ingrat, ate (adjectif et nom)
Qui n'a aucune reconnaissance pour les bienfaits reçus. *Un fils **ingrat**. Clément est un **ingrat**, il ne nous a même pas remerciés.* ▷ **ingrat, ate** (adjectif) **1.** Qui ne donne aucune satisfaction. *Faire le ménage est un travail **ingrat** mais nécessaire.* **2.** Qui manque de charme ou de grâce. *Avoir un physique **ingrat**.* (Syn. disgracieux.)

ingratitude (adjectif)
Caractère d'une personne ingrate. *Quelle **ingratitude** de ne même pas nous remercier !* (Contr. gratitude, reconnaissance.)

ingrédient (nom masculin)
Élément qui entre dans la composition d'un mélange. *Zoé rassemble les **ingrédients** de la pâte à crêpes : la farine, les œufs et le lait.*

ingurgiter (verbe) conj.n°3
Manger ou boire avec avidité. *David **a ingurgité** son petit déjeuner en cinq minutes.*

inhabitable (adjectif)
Où il est impossible d'habiter. *Leur maison a brûlé, elle est **inhabitable**.*

inhabité, ée (adjectif)
Où il n'y a pas d'habitants. *Ce château est **inhabité** depuis longtemps.*

inhabituel, elle (adjectif)
Qui n'est pas habituel. *Il fait une chaleur **inhabituelle** pour la saison.* (Syn. inaccoutumé. Contr. fréquent.)

inhalation (nom féminin)
Traitement qui consiste à inhaler la vapeur d'une eau très chaude mélangée à un médicament.

inhaler (verbe) conj.n°3
Aspirer par le nez ou la bouche. *Dans les villes polluées, on **inhale** des gaz toxiques.*

inhérent, ente (adjectif)
Qui est inséparable de quelque chose. *Les responsabilités sont **inhérentes** à la fonction de cadre.*

inhibé, ée (adjectif)
Qui est incapable d'agir ou de réagir. *Yann est très **inhibé**, il reste renfermé sur lui-même.*

inhospitalier, ère (adjectif)
Qui n'est pas hospitalier, pas accueillant. *Cette région aride et inhabitée est **inhospitalière**.*

une région **inhospitalière**

inhumain, aine (adjectif)
Qui n'est pas digne de l'homme. *La peine de mort est une pratique **inhumaine**.* (Syn. barbare, cruel.)

inhumation (nom féminin)
Synonyme d'enterrement. *Leur **inhumation** aura lieu lundi au cimetière.*

inhumer (verbe) conj.n°3
Synonyme d'enterrer. *Elle **a été inhumée** dans l'intimité.* (Contr. exhumer.)
Inhumer vient du latin ***humus*** qui signifie « terre ».

inimaginable (adjectif)
Qu'on peut difficilement imaginer. *En très peu de temps, Anna a fait des progrès **inimaginables**.* (Syn. impensable, incroyable.)

▸ **inimitable** (adjectif)
Que l'on ne peut pas imiter. *Elle a un rire* ***inimitable****.*

▸ **ininflammable** (adjectif)
Qui ne peut pas s'enflammer. *Une matière* ***ininflammable****.* (Contr. inflammable.)

▸ **inintelligible** (adjectif)
Que l'on ne peut pas comprendre. *Un message* ***inintelligible****.* (Syn. incompréhensible. Contr. intelligible.)

▸ **inintéressant, ante** (adjectif)
Qui n'est pas intéressant. *Éteins la télévision, cette émission est vraiment* ***inintéressante*** *!*

▸ **ininterrompu, ue** (adjectif)
Qui ne s'interrompt pas. *Sur ce boulevard, le bruit de la circulation est* ***ininterrompu****.* (Syn. continu, continuel.)

▸ **initial, ale, aux** (adjectif)
Qui marque le début de quelque chose. *Cet architecte a dû modifier son projet* ***initial****.* (Contr. final.) ▹ **initiale** (nom féminin) Première lettre d'un mot. *Élodie Martin signe avec ses* ***initiales*** *: E. M.* ➜ Prononciation [inisjal].

▸ **initialement** (adverbe)
À l'origine. ***Initialement****, nous devions aller en vacances à la mer et finalement nous sommes allés à la montagne.*

▸ **initiation** (nom féminin)
Action d'initier. *À l'école, nous avons des cours d'****initiation*** *à l'anglais.*

▸ **initiative** (nom féminin)
1. Action de quelqu'un qui entreprend le premier quelque chose. *C'est Fatima qui a pris l'****initiative*** *de décorer la classe pour Noël.* **2.** Qualité de quelqu'un qui prend de bonnes décisions. *Cet indécis n'a jamais eu l'esprit d'****initiative****.*

▸ **initié, ée** (nom)
Personne qui a des connaissances dans un domaine. (Contr. profane.)

▸ **initier** (verbe) ○ conj.n°10
Faire acquérir à quelqu'un ses premières connaissances dans un domaine. *C'est son père qui* ***a initié*** *Anna au jeu d'échecs.* ⊙ Famille du mot : initiation, initié. ⊙ Initier vient du latin *initium* qui signifie « commencement ».

▸ **injecter** (verbe) ○ conj.n°3
Faire pénétrer un liquide dans le corps à l'aide d'une seringue. ***Injecter*** *un vaccin contre le tétanos.*

▸ **injection** (nom féminin)
Synonyme de piqûre. *Pour empêcher le malade de souffrir, on lui fait des* ***injections*** *de morphine.*

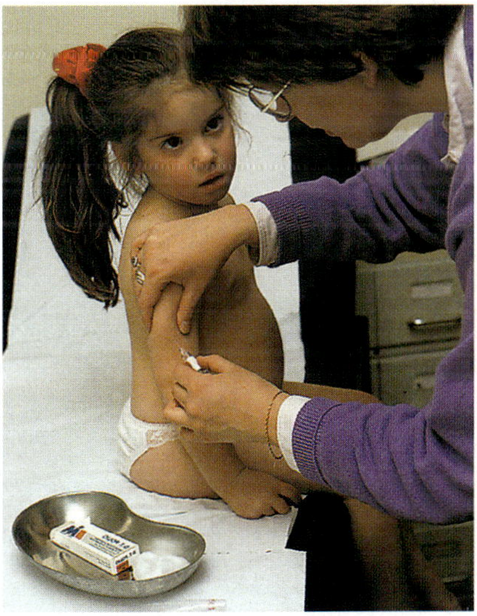

l'**injection** d'un vaccin

▸ **injonction** (nom féminin)
Ordre qu'on donne à quelqu'un. *Le boxeur a été disqualifié car il n'a pas obéi aux* ***injonctions*** *de l'arbitre.*

▸ **injure** (nom féminin)
Parole offensante et blessante. *« Crétin, minable » sont des* ***injures****.* (Syn. insulte.) ⊙ Famille du mot : injurier, injurieux. ⊙ Injure vient du latin *injuria* qui signifie « injustice ».

▸ **injurier** (verbe) ○ conj.n°10
Lancer des injures à quelqu'un. *Ce grossier personnage s'est mis à nous* ***injurier****.* (Syn. insulter.)

injurieux, euse (adjectif)
Qui est offensant, vexant. *Ses propos **injurieux** m'ont offensé.* (Syn. insultant.)

injuste (adjectif)
Qui n'est pas juste. *Hélène a eu un cadeau et pas Kevin, c'est **injuste** !* (Contr. équitable.)

injustement (adverbe)
D'une manière injuste. *Cet homme a été **injustement** accusé puisqu'il est innocent.*

injustice (nom féminin)
Acte injuste. *Être victime d'une **injustice**.*

injustifié, ée (adjectif)
Qui n'est pas justifié. *Vos critiques sont **injustifiées**, je n'ai rien fait de mal.*

inlassable (adjectif)
Synonyme d'infatigable. *Cet alpiniste est un grimpeur **inlassable**.*

inlassablement (adverbe)
Sans se lasser. *Benjamin joue **inlassablement** le même air au piano.*

inné, ée (adjectif)
Que l'on a dès la naissance. *Julie a un don **inné** pour la musique.* (Syn. naturel.)

innocemment (adverbe)
De façon innocente, naïve. *Dire quelque chose **innocemment**.*

innocence (nom féminin)
Fait d'être innocent. *Elle a dû prouver son **innocence**.* (Contr. culpabilité.)

innocent, ente (adjectif et nom)
1. Qui n'a rien fait de mal. *Ce n'est pas Pierre qui a cassé le carreau, il est **innocent**. Un **innocent** a été arrêté par erreur.* (Contr. coupable.) 2. Qui est crédule et naïf. *Laura a répondu d'un ton **innocent**, elle a fait l'**innocente**.* ▷ **innocent, ente** (adjectif) Qui n'est pas dangereux ni condamnable. *Ces jeux sont bien **innocents**, vous pouvez continuer.* ⊙ Famille du mot : innocemment, innocence, innocenter.

innocenter (verbe) ○ conj.n°3
Prouver que quelqu'un est innocent. *Les témoins ont permis d'**innocenter** le suspect.* (Syn. disculper. Contr. condamner.)

innombrable (adjectif)
Très nombreux. *Une foule **innombrable** a manifesté dans les rues.*

innommable (adjectif)
Synonyme d'inqualifiable. *Leurs locataires sont partis en laissant l'appartement dans un état **innommable**.*

innovation (nom féminin)
Fait d'innover. *Cette nouvelle voiture est pleine d'**innovations** techniques.*

innover (verbe) ○ conj.n°3
Faire quelque chose de nouveau en créant un changement. *Il faut toujours **innover** pour ne pas être dépassé.*

inoccupé, ée (adjectif)
1. Qui n'est occupé par personne. *L'avion n'était pas plein, il y avait plusieurs sièges **inoccupés**.* (Syn. libre, vacant.) 2. Qui ne fait rien. *Quentin a toujours besoin de faire quelque chose, il déteste rester **inoccupé**.* (Syn. désœuvré, inactif. Contr. occupé.)

inoculer (verbe) ○ conj.n°3
Introduire une substance dans l'organisme. ***Inoculer** un vaccin, un poison.*

inodore (adjectif)
Qui n'a pas d'odeur. *Ces roses sont belles mais totalement **inodores**.* (Contr. odorant.)

inoffensif, ive (adjectif)
Qui est sans danger. *Ces petites bêtes ne piquent pas, elles sont **inoffensives**.*

inondation (nom féminin)
Grande quantité d'eau qui submerge un endroit. *La pluie incessante a provoqué des **inondations**.*

inonder (verbe) ○ conj.n°3
Recouvrir par une inondation. *La baignoire a débordé et la salle de bains **est inondée**.*

inopiné, ée (adjectif)
Qui est inattendu, imprévu. *L'arrivée **inopinée** de nos amis nous a surpris.*

inopportun, une (adjectif)
Qui n'est pas opportun. *Arriver à un moment **inopportun** et déranger tout le monde.*

inoubliable (adjectif)
Que l'on ne peut pas oublier. *Pour Guillaume, ces vacances resteront **inoubliables**.*

inouï, inouïe (adjectif)
Qui est extraordinaire. *Il y a eu un orage d'une violence **inouïe**, et les dégâts sont nombreux.* (Syn. incroyable.)

inoxydable (adjectif)
Qui ne s'oxyde pas. *L'acier **inoxydable** ne rouille pas.*

inqualifiable (adjectif)
Qui est tellement scandaleux qu'on a du mal à le qualifier. *On a utilisé un procédé **inqualifiable** pour le renvoyer.* (Syn. innommable.)

inquiet, ète (adjectif)
Qui a peur que quelque chose se passe mal. *Myriam est **inquiète**, son chat a l'air malade.* (Syn. anxieux, soucieux.) ⊙ Famille du mot : inquiétant, inquiéter, inquiétude.

inquiétant, ante (adjectif)
Qui inquiète. *Le moteur de la voiture fait un bruit **inquiétant**.* (Syn. alarmant. Contr. rassurant.)

inquiéter (verbe) ○ conj.n°8
Rendre inquiet. *Thomas a de la fièvre, cela nous **inquiète**. Ne **t'inquiète** pas, tout va bien se passer.* (Syn. préoccuper, tracasser.)

inquiétude (nom féminin)
État d'une personne inquiète. *Un cyclone est annoncé et l'**inquiétude** est grande chez les habitants.* (Syn. anxiété, appréhension.)

insaisissable (adjectif)
Que l'on n'arrive pas à saisir. *On a beau mettre du fromage et des pièges, la souris reste **insaisissable** !*

insalubre (adjectif)
Qui n'est pas salubre. *Les immeubles **insalubres** ont été démolis.* (Syn. malsain.)

insalubrité (nom féminin)
Caractère de ce qui est insalubre.

insanité (nom féminin)
Action ou parole absurde ou insensée. *Tu ferais mieux de te taire plutôt que de dire de telles **insanités** !* (Syn. absurdité, ineptie.)

insatiable (adjectif)
Qui n'est jamais rassasié. *Le désir de connaissances de Romain est **insatiable**.* → Prononciation [ɛ̃sasjabl].

insatisfait, aite (adjectif)
Qui n'est pas satisfait. *Ses parents sont **insatisfaits** de ses résultats scolaires.* (Syn. mécontent. Contr. content.)

inscription (nom féminin)
1. Mots inscrits sur une surface. *Sur l'obélisque, les **inscriptions** sont des hiéroglyphes.* 2. Action d'inscrire sur une liste. *L'**inscription** des enfants au collège se fait bien avant la rentrée.*

inscrire (verbe) ○ conj.n°47
1. Écrire quelque chose pour s'en souvenir. *Noémie **inscrit** sur son cahier de texte les devoirs à faire.* 2. Écrire le nom de quelqu'un sur une liste pour qu'il fasse partie d'un groupe. *Victor **s'est inscrit** au club de voile.*

insecte (nom masculin)
Petit animal qui a trois paires de pattes et souvent deux paires d'ailes. *L'abeille est un **insecte** utile.* ⊙ Famille du mot : insecticide, insectivore.

insecticide (nom masculin)
Produit utilisé pour détruire les insectes. *Il faudrait acheter un **insecticide** pour tuer les moustiques.*

insectivore (nom masculin)
Animal qui se nourrit d'insectes. *Le caméléon est un **insectivore**.* ➠ p. 682.

insécurité (nom féminin)
Manque de sécurité. *Les habitants du quartier se plaignent de l'**insécurité**.*

insémination (nom féminin)
• **Insémination artificielle** : technique visant à provoquer de façon artificielle une grossesse, sans accouplement.

Les insectes

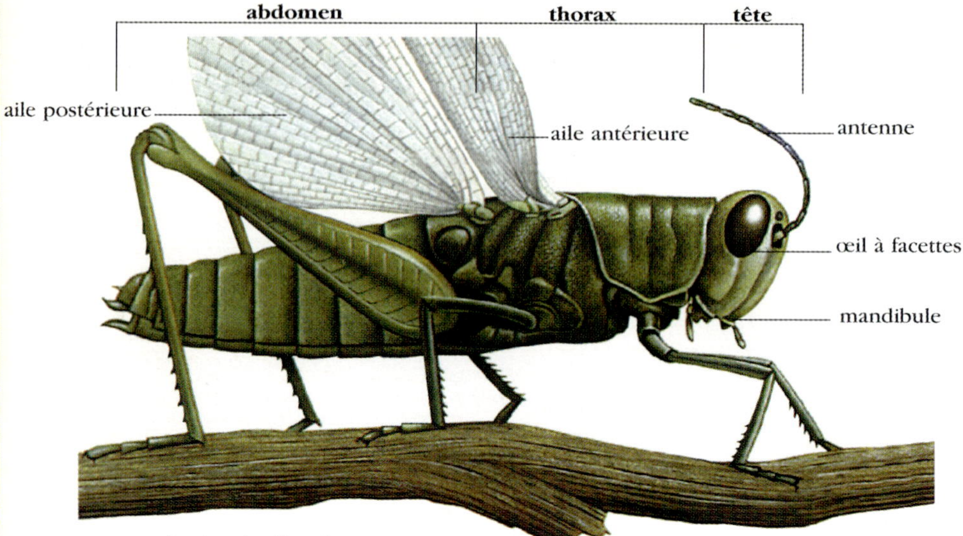

Anatomie d'un insecte

bousier

coccinelles

abeille

criquet

fourmi

chenille et papillon

mite

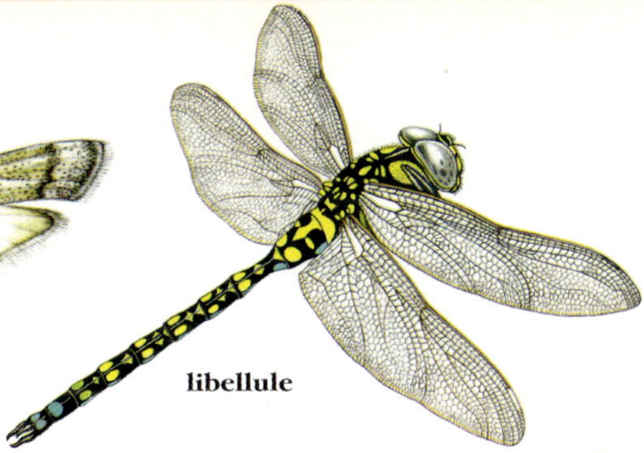
libellule

luciole

punaise

moustique

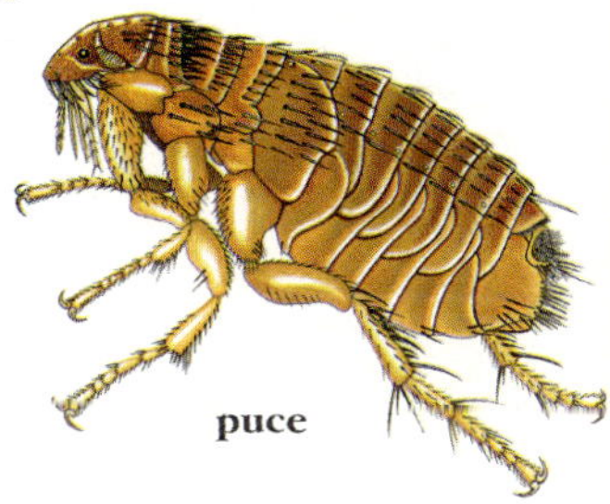
puce

scarabée

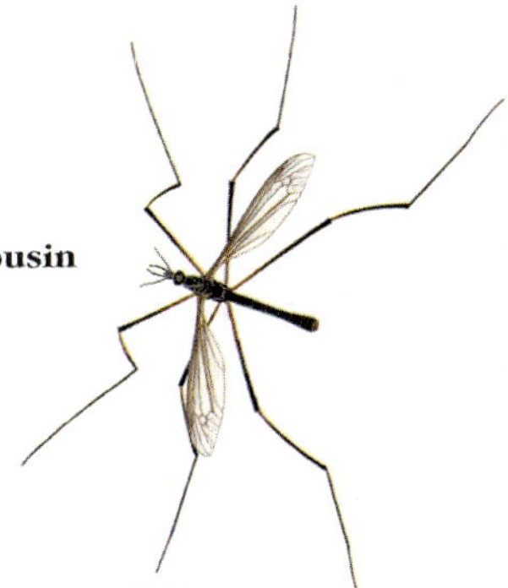
cousin

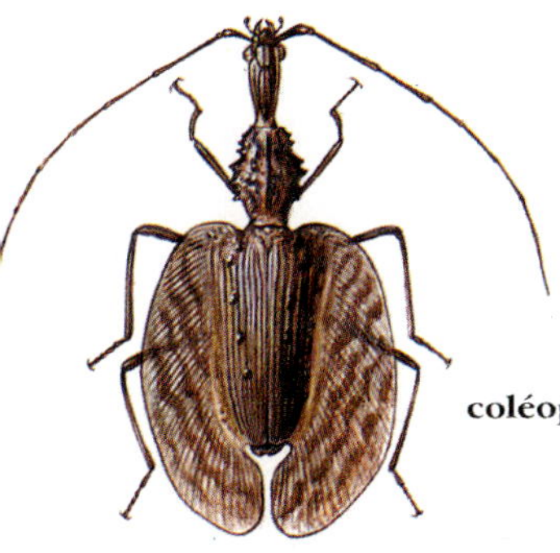
coléoptère

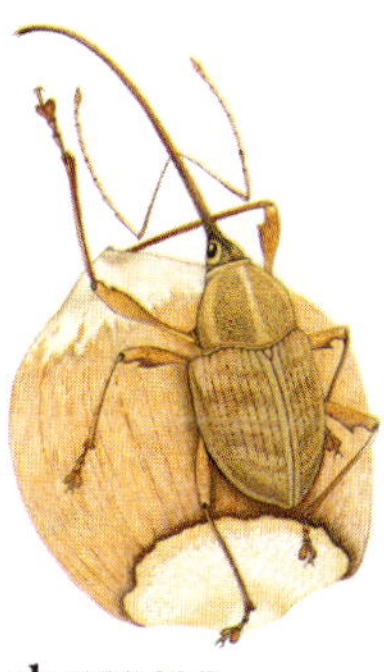
charançon

sauterelle

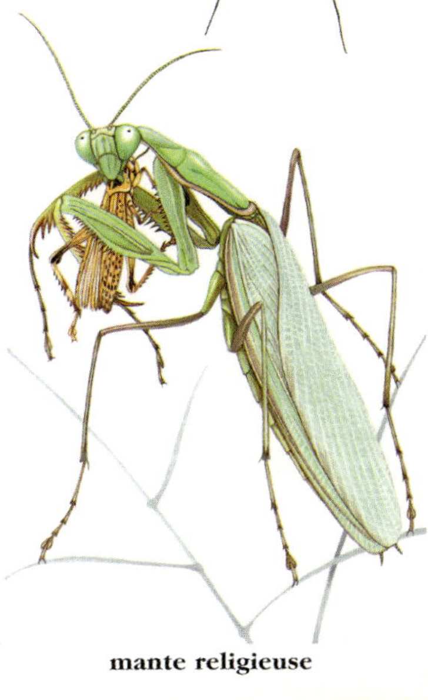
mante religieuse

insensé, ée (adjectif)
Qui est contraire à la raison et au bon sens. *C'est* ***insensé*** *de rouler si vite en ville.* (Contr. raisonnable, sensé.)

insensibiliser (verbe) ○ conj.n°3
Rendre insensible à la douleur. *Le dentiste va faire une piqûre pour* ***insensibiliser*** *le nerf.*

insensibilité (nom féminin)
Absence de sensibilité physique ou morale. *L'****insensibilité*** *au froid.*

insensible (adjectif)
1. Qui ne se laisse pas attendrir par quelque chose. *Cet égoïste est* ***insensible*** *aux malheurs des autres.* (Syn. indifférent.) 2. Qui a perdu la sensibilité physique. *Depuis qu'il est paralysé, une partie de son corps est devenue* ***insensible****.* 3. Qu'on a de la peine à percevoir. *Il y a des différences* ***insensibles*** *entre ces deux écritures.* (Syn. imperceptible.)

insensiblement (adverbe)
De façon insensible. *Au mois de juillet, les jours raccourcissent déjà* ***insensiblement****.*

inséparable (adjectif)
Qu'on ne peut pas séparer. *Odile et William sont des amis* ***inséparables****, ils sont toujours ensemble.*

insérer (verbe) ○ conj.n°8
1. Ajouter quelque chose en l'introduisant dans un ensemble. ***Insérer*** *une page de publicité dans un journal.* 2. S'insérer : s'intégrer dans un groupe. *Il* ***s'est*** *bien* ***inséré*** *dans sa nouvelle école.*

insertion (nom féminin)
1. Action d'insérer quelque chose. *L'****insertion*** *d'une petite annonce dans un journal.* 2. Fait de s'insérer. *L'****insertion*** *des jeunes dans le monde du travail.* (Syn. intégration.) → Prononciation [ɛ̃sɛʀsjɔ̃].

insidieux, euse (adjectif)
Qui constitue un piège. *Méfie-toi de ses questions* ***insidieuses****.* (Syn. perfide, sournois.)

insigne (nom masculin)
Petit objet porté par tous les membres d'un même groupe. *Les shérifs portent une étoile, c'est leur* ***insigne****.*

un **insigne** de shérif

insignifiant, ante (adjectif)
1. Qui manque de personnalité. *Des personnages* ***insignifiants****.* (Syn. banal, quelconque, terne.) 2. Qui est sans importance. *Un détail* ***insignifiant****.* (Syn. dérisoire, négligeable.)

insinuation (nom féminin)
Chose que l'on insinue. *Des* ***insinuations*** *mensongères.* (Syn. sous-entendu.)

insinuer (verbe) ○ conj.n°3
1. Faire comprendre quelque chose sans le dire vraiment. *Sarah* ***a insinué****, à tort, que c'était Xavier le coupable.* 2. S'insinuer : s'introduire d'une manière habile. *Cela fait longtemps que Yann cherche à* ***s'insinuer*** *dans notre groupe.*

insipide (adjectif)
1. Qui n'a aucun goût, aucune saveur. *Ce café est* ***insipide****.* 2. Qui est sans intérêt. *Ce film est vraiment* ***insipide****.*

insistance (nom féminin)
Action d'insister. *Ursula réclame avec* ***insistance*** *de l'argent à sa mère.*

▸ **insister** (verbe) ⊙ conj.n°3
1. Réclamer plusieurs fois quelque chose. *Zoé a beau **insister**, sa mère ne veut pas qu'elle sorte le soir.* **2.** Attirer l'attention sur quelque chose. *La maîtresse **insiste** sur la présentation des cahiers.*

▸ **insolation** (nom féminin)
Malaise dû à un coup de soleil. *Mets-toi à l'ombre sinon tu vas attraper une **insolation** !*

▸ **insolence** (nom féminin)
Action ou parole insolente. *Il a claqué la porte en partant : quelle **insolence** !*

▸ **insolent, ente** (adjectif et nom)
Qui manque de respect envers quelqu'un. *Benjamin a été puni pour avoir été **insolent** avec la maîtresse. Petite **insolente** !* (Syn. effronté, impertinent.)

▸ **insolite** (adjectif)
Qui surprend par son caractère étrange ou inhabituel. *C'est **insolite** de voir des vaches en plein Paris !* (Syn. bizarre.)

▸ **insoluble** (adjectif)
1. Qui ne peut pas se dissoudre dans un liquide. *La résine est une substance **insoluble** dans l'eau.* (Contr. soluble.) **2.** Qu'on ne peut pas résoudre. *Cette difficulté n'est pas **insoluble**, on va trouver une solution.*

▸ **insomniaque** (adjectif)
Qui souffre d'insomnie. *Pierre est **insomniaque**, on l'entend marcher la nuit !*

▸ **insomnie** (nom féminin)
Difficulté à dormir la nuit. *Pour éviter les **insomnies**, maman prend une tisane chaque soir.*

▸ **insondable** (adjectif)
Dont on ne peut mesurer la profondeur. *Un puits **insondable**.*

▸ **insonorisation** (nom féminin)
Action d'insonoriser.

▸ **insonoriser** (verbe) ⊙ conj.n°3
Équiper un local pour atténuer les bruits. *Les salles de classe devraient être mieux **insonorisées**.*

▸ **insouciance** (nom féminin)
Caractère d'une personne qui est insouciante. *Il n'a pas senti le danger, quelle **insouciance** !*

▸ **insouciant, ante** (adjectif)
Qui ne s'inquiète de rien. *C'est une gamine heureuse et **insouciante**.*

▸ **insoutenable** (adjectif)
Qu'on ne peut pas supporter. *L'odeur de cette décharge est **insoutenable**.*

des animaux **insolites**

inspecter (verbe) ○ conj.n°3
Examiner attentivement pour surveiller ou contrôler. *Le garagiste **a** soigneusement **inspecté** tout le moteur.* ⊙ Famille du mot : inspecteur, inspection.

inspecteur, trice (nom)
Personne chargée d'inspecter. *Le père de Clément est **inspecteur** des impôts.*

inspection (nom féminin)
Action d'inspecter. *Les douaniers ont fait une **inspection** rapide des bagages.*

inspiration (nom féminin)
1. Fait d'inspirer de l'air. *L'**inspiration** est suivie de l'expiration.* 2. Idée qui vient soudain à l'esprit. *Pour une fois, Anna manque d'**inspiration** pour sa rédaction.*

inspirer (verbe) ○ conj.n°3
1. Faire entrer de l'air dans les poumons. ***Inspirez** profondément, puis expirez !* 2. Faire naître une idée ou un sentiment dans l'esprit de quelqu'un. *Ce spectacle désolant **inspire** la pitié.* 3. S'inspirer de quelque chose : y prendre des idées. *Ce cinéaste a fait son film en **s'inspirant de** ses souvenirs d'enfance.*

instabilité (nom féminin)
Caractère instable. *Le ciel sera demain d'une grande **instabilité**.*

instable (adjectif)
1. Qui ne tient pas bien en équilibre. *La table est **instable** car elle a un pied cassé.* (Syn. branlant. Contr. stable.) 2. Qui change souvent. *Le temps est **instable** : tantôt il fait beau, tantôt il pleut.* (Syn. changeant, variable.) 3. Qui change souvent d'humeur ou d'idée. *Un enfant **instable**.* (Contr. équilibré.)

installateur, trice (nom)
Personne qui installe des appareils.

installation (nom féminin)
1. Action d'installer ou fait de s'installer. *Leur **installation** à Paris remonte à deux ans.* 2. Ensemble des appareils installés. *L'**installation** électrique n'est plus conforme aux normes.*

installer (verbe) ○ conj.n°3
1. Mettre en place. *Il fait beau, on va pouvoir **installer** les chaises longues dans le jardin.* 2. S'installer : aller dans un endroit pour y vivre. *Ils ont déménagé pour **s'installer** en province.* (Syn. s'établir.) 3. S'installer : se mettre à l'aise dans un endroit. *Grand-père **s'est installé** dans son fauteuil pour lire le journal.* ⊙ Famille du mot : installateur, installation.

instamment (adverbe)
De façon pressante, avec insistance. *Vous êtes **instamment** prié de déplacer votre voiture.*

instant (nom masculin)
Moment très court. *Attends-moi, je reviens dans un **instant**.* • **À l'instant** : il y a très peu de temps. • **Dès l'instant que** : puisque. ***Dès l'instant que** tu me le dis, je te crois* • **Pour l'instant** : jusqu'à présent, pour le moment. ⊙ Famille du mot : instantané, instantanément.

instantané, ée (adjectif)
Qui ne demande qu'un instant. *Bien pratique, ce potage **instantané** !*

instantanément (adverbe)
De façon instantanée. *David a **instantanément** proposé de m'aider.* (Syn. immédiatement.)

instaurer (verbe) ○ conj.n°3
Établir un régime, un usage ou un système. *La Ve République **a été instaurée** en 1958.* (Syn. instituer.)

instigateur, trice (nom)
Personne qui est à l'origine de quelque chose. *Un groupe extrémiste est l'**instigateur** de la révolte.*

instinct (nom masculin)
Force innée qui pousse à faire certaines choses sans avoir besoin de les apprendre. *L'**instinct** pousse les jeunes mammifères à téter leur mère.* • **D'instinct** : par intuition. ***D'instinct**, nous avons su qu'il allait gagner.* → Prononciation [ɛ̃stɛ̃].

▸ **instinctif, ive** (adjectif) Que l'on fait par instinct. *Il a fait un geste* ***instinctif*** *pour se défendre.* (Syn. machinal.)

▸ **instituer** (verbe) ○ conj.n°3 Synonyme d'instaurer. *L'actuel gouvernement* ***a institué*** *un nouvel impôt.*

▸ **institut** (nom masculin) Nom donné à certains établissements de recherche scientifique ou d'enseignement. • **Institut de beauté :** endroit où l'on donne des soins de beauté.

▸ **instituteur, trice** (nom) Enseignant dans une école maternelle ou primaire. (Syn. maître, maîtresse, professeur d'école.)

▸ **institution** (nom féminin) **1.** Chose instituée. *L'Union européenne a décidé l'****institution*** *d'une monnaie unique : l'euro.* **2.** Établissement d'enseignement privé. *Elle est interne dans une* ***institution*** *de jeunes filles.* ▹ **institutions** (nom féminin pluriel) Ensemble des lois qui règlent la vie politique d'un pays. *Les* ***institutions*** *de la Ve République.*

▸ **instructif, ive** (adjectif) Qui permet de s'instruire. *Élodie regarde une émission très* ***instructive*** *sur les animaux.*

▸ **instruction** (nom féminin) Fait de s'instruire ou d'être instruit. *Frédéric a reçu une bonne* ***instruction*** *dans cette école.* (Syn. connaissances.) ▹ **instructions** (nom féminin pluriel) Indications sur la manière de faire les choses. *Le pilote attend les* ***instructions*** *de la tour de contrôle.* (Syn. directives, ordres.)

▸ **instruire** (verbe) ○ conj.n°43 **1.** Apporter des connaissances à quelqu'un. *Les maîtres et les professeurs sont chargés d'****instruire*** *les élèves.* **2.** S'instruire : apprendre des choses. *Fatima lit beaucoup pour* ***s'instruire****.* (Syn. se cultiver.) ⊙ Famille du mot : instructif, instruction.

▸ **instrument** (nom masculin) Objet qui sert à faire quelque chose. *Le thermomètre est un* ***instrument*** *de mesure de la température. La guitare est un* ***instrument*** *de musique.* ⊙ Famille du mot : instrumental, instrumentiste.

instruments de chirurgie en bronze de l'époque romaine

▸ **instrumental, ale, aux** (adjectif) Qui est exécuté par des instruments de musique. *Un concert de musique* ***instrumentale****.*

▸ **instrumentiste** (nom) Personne qui joue d'un instrument de musique. *Un orchestre de trente* ***instrumentistes****.*

a b c d e f g h i j k l m n o p q r s t u v w x y z

Les instruments de musique

flûte

guitare

clarinette

banjo

basson

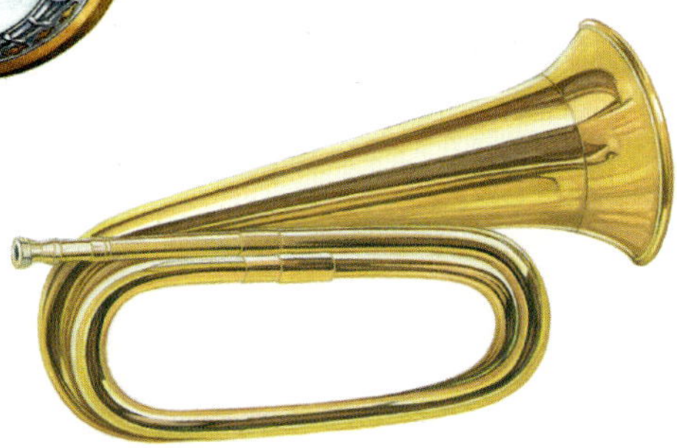

clairon

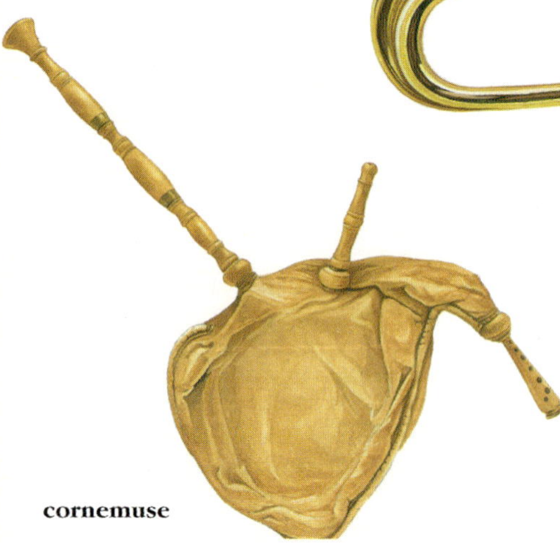

cornemuse

contrebasse

trombone

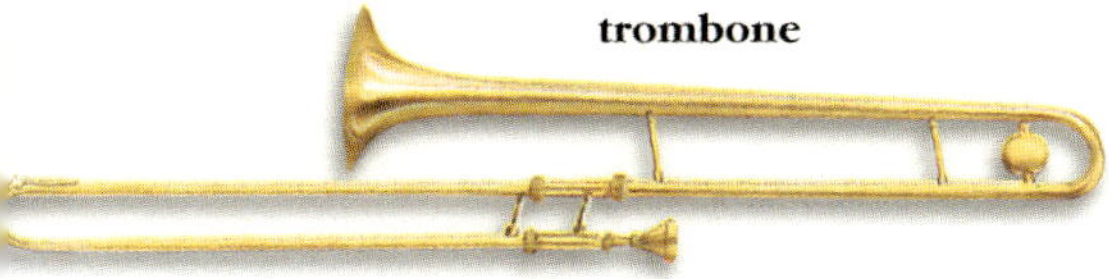

trompette

violon

violoncelle

tambourin

tam-tam

tambour

tuba

vielle

saxophone

mandoline

à l'insu de (préposition)
Sans que la chose soit sue par quelqu'un. *Il nous a photographiés **à notre insu**.*

insubmersible (adjectif)
Qui ne peut pas couler. *Ce radeau pneumatique est **insubmersible**.*

insuffisamment (adverbe)
De manière insuffisante. (Contr. suffisamment.)

insuffisance (nom féminin)
1. Caractère d'une chose insuffisante. *L'**insuffisance** des ressources en eau pose des problèmes aux agriculteurs.* 2. Manque de connaissances. *Pour rattraper ses **insuffisances** en maths, Pierre prend des cours particuliers.*

insuffisant, ante (adjectif)
Qui ne suffit pas. *Les syndicats trouvent **insuffisantes** les augmentations de salaire.*

insulaire (adjectif et nom)
Qui habite une île. *Ce peuple **insulaire** vit surtout de la pêche. Les Corses sont des **insulaires**.* ⊙ Insulaire vient du latin *insula* qui signifie « île ».

insultant, ante (adjectif)
Synonyme d'injurieux. *Il s'est excusé pour ses paroles **insultantes**.*

insulte (nom féminin)
Synonyme d'injure. *Les deux automobilistes en colère se lançaient des **insultes**.*

insulter (verbe) ○ conj.n°3
Synonyme d'injurier. *Il m'**a insulté** en me traitant d'imbécile.*

insupportable (adjectif)
Qui est très dur à supporter. *Il fait une chaleur **insupportable**. Les enfants ont été **insupportables**.* (Syn. infernal, intolérable.)

s'insurger (verbe) ○ conj.n°5
1. Se révolter contre une autorité. *En 1789, les révolutionnaires **se sont insurgés** contre le roi.* 2. S'opposer vivement à quelque chose. *Les habitants de la région **s'insurgent** contre le projet d'autoroute.*

insurmontable (adjectif)
Qu'on ne peut pas surmonter. *Sa phobie des araignées est **insurmontable**.* (Syn. invincible.)

insurrection (nom féminin)
Soulèvement contre le pouvoir en place. (Syn. révolte.)

intact, acte (adjectif)
Qui est resté en bon état. *Gaëlle a fait tomber ses lunettes, heureusement elles sont **intactes**.* ⊙ Intact vient du latin *tactus* qui signifie « touché » : une chose intacte n'a été touchée par personne.

intarissable (adjectif)
Qui ne peut pas s'arrêter de parler. *Sur ce sujet, elle est **intarissable**.* (Syn. inépuisable.)

intégral, ale, aux (adjectif)
Qui est entier, total. *On nous a remboursé le prix **intégral** du billet d'avion que nous n'avions pas utilisé.* (Contr. partiel.) ⊙ Famille du mot : intégralement, intégralité.

intégralement (adverbe)
De façon intégrale. *Guillaume a lu **intégralement** cet énorme roman d'aventures.* (Syn. complètement, entièrement.)

intégralité (nom féminin)
État de ce qui est intégral. *Hélène a dépensé l'**intégralité** de son argent de poche pour s'acheter une console de jeu.* (Syn. totalité.)

intégration (nom féminin)
Fait de s'intégrer. *L'**intégration** des jeunes dans la société.* (Syn. insertion.)

intègre (adjectif)
Qui est d'une honnêteté parfaite. *On peut se fier à elle, c'est une femme **intègre**.*

intégrer (verbe) ○ conj.n°8
1. Faire entrer dans un tout. *Dans ce livre de géographie, un atlas **a été intégré**.* (Syn. incorporer, insérer.) 2. S'intégrer : faire partie d'un groupe et s'y sentir à l'aise. *Julie n'a eu aucun mal à **s'intégrer** dans l'équipe de basket.* (Syn. s'insérer.)

intégrisme (nom masculin)
Attitude de ceux qui refusent toute évolution de leur religion par respect de la tradition.

intégriste (nom)
Partisan de l'intégrisme.

intégrité (nom féminin)
Qualité d'une personne intègre. *Je ne mets pas en doute son* ***intégrité****.* (Syn. honnêteté.)

intellectuel, elle (adjectif)
Qui fait appel à l'intelligence. *S'agit-il d'un travail* ***intellectuel*** *ou d'un travail manuel ?* ▷ **intellectuel, elle** (nom) Personne qui se consacre au travail intellectuel. *Les écrivains, les historiens sont des* ***intellectuels****.*

intellectuellement (adverbe)
Sur le plan intellectuel. *Cette femme est très âgée, mais encore très vive* ***intellectuellement****.*

intelligemment (adverbe)
De façon intelligente. *Réagir* ***intelligemment****.* (Contr. bêtement.) ➜ Prononciation [ɛ̃teliʒamɑ̃].

intelligence (nom féminin)
Ensemble des qualités de l'esprit qui permettent de comprendre vite et de réfléchir. *Cet élève est d'une* ***intelligence*** *étonnante.* (Contr. bêtise.) • **Être** ou **vivre en bonne intelligence avec quelqu'un** : s'entendre bien avec lui. ⊙ Famille du mot : intelligemment, intelligent.

intelligent, ente (adjectif)
Qui a ou dénote de l'intelligence. *Kevin a tout de suite compris car il est très* ***intelligent****.* (Contr. bête, stupide.)

intelligible (adjectif)
Qu'on peut comprendre. *Dites votre poésie à haute et* ***intelligible*** *voix.* (Syn. compréhensible. Contr. inintelligible.)

intempéries (nom féminin pluriel)
Mauvais temps. *Les* ***intempéries*** *ont provoqué beaucoup de dégâts dans les champs.*

intempestif, ive (adjectif)
Qui ne se fait pas au moment convenable. *Un fou rire* ***intempestif*** *l'a pris au beau milieu de la réunion.* (Syn. inopportun.)

intenable (adjectif)
Synonyme d'insupportable. *L'odeur de ce fromage est* ***intenable*** *dans la cuisine.*

intendance (nom féminin)
Service chargé d'acheter le matériel, la nourriture et de gérer les dépenses d'une collectivité.

intendant, ante (nom)
Personne chargée de l'intendance. *La mère de Laura est* ***intendante*** *dans un lycée.*

intense (adjectif)
Qui est très fort ou très vif. *Un bonheur* ***intense****. Dans les régions polaires, le froid est toujours* ***intense****.* ⊙ Famille du mot : intensément, intensif, intensification, intensifier, intensité.

intensément (adverbe)
De façon intense. *Myriam désire* ***intensément*** *revoir ses amis.*

intensif, ive (adjectif)
Qui fait l'objet d'un effort intense. *Les athlètes s'entraînent de façon* ***intensive*** *avant les jeux Olympiques.*

intensification (nom féminin)
Action de s'intensifier. *L'****intensification*** *des combats dans cette région fait fuir les habitants.*

intensifier (verbe) ○ conj.n°10
Rendre plus intense. *La circulation* ***s'intensifie*** *aux approches de la ville.* (Syn. accentuer.)

intensité (nom féminin)
Caractère intense. *Ces stores diminuent l'****intensité*** *de la lumière.* (Syn. force.)

intenter (verbe) ○ conj.n°3
Engager contre quelqu'un une action en justice. *Après son licenciement, son père* ***a intenté*** *un procès à son employeur.*

intention (nom féminin)
Ce qu'on a décidé de faire. *Nathalie a l'**intention** d'aller au cinéma ce soir.* (Syn. dessein, projet.) • **À l'intention de quelqu'un** : spécialement pour lui. *Voilà un cadeau, **à l'intention de** Guillaume.* ⊙ Famille du mot : intentionné, intentionnel, intentionnellement.

intentionné, ée (adjectif)
• **Être bien** ou **mal intentionné** : avoir de bonnes ou de mauvaises intentions.

intentionnel, elle (adjectif)
Qui est fait volontairement. *Odile n'a pas pris son maillot de bain, c'est un oubli **intentionnel** car elle ne veut pas se baigner.* (Contr. involontaire.)

intentionnellement (adverbe)
De façon intentionnelle. *Luc m'a **intentionnellement** fermé la porte au nez.* (Syn. exprès.)

intercalaire (nom masculin)
Feuille qu'on intercale dans un classeur. *Thomas inscrit le nom de chaque matière sur des **intercalaires** de couleur.*

intercaler (verbe) ○ conj.n°3
Placer entre deux choses ou dans un ensemble. ***Intercaler** les titres des paragraphes dans un article.*

intercepter (verbe) ○ conj.n°3
Arrêter quelque chose au passage. *Le gardien de but a réussi à **intercepter** le ballon.*

interchangeable (adjectif)
Se dit de choses ou de personnes qui peuvent être mises à la place l'une de l'autre. *Certaines pièces de ce puzzle sont **interchangeables**.*

interclasse (nom masculin)
Courte pause entre deux séances de classe.

interdiction (nom féminin)
Action d'interdire quelque chose. ***Interdiction** de fumer dans les lieux publics.* (Syn. défense. Contr. autorisation, permission.)

un panneau d'**interdiction** de stationner

interdire (verbe) ○ conj.n°46
Commander à quelqu'un de ne pas faire quelque chose. *La police **interdit** l'accès de la rue car il y a un incendie.* (Syn. défendre. Contr. autoriser, permettre.) → Interdire se conjugue comme le verbe *dire*, sauf à la 2e personne du pluriel du présent : ***vous interdisez***. ⊙ Famille du mot : interdiction, interdit.

interdit, ite (adjectif)
1. Qui n'est pas autorisé. *Papa n'avait pas vu qu'il y avait un sens **interdit**.* 2. Qui est ébahi, stupéfait. *Une telle prouesse a laissé le public **interdit**.*

intéressant, ante (adjectif)
1. Qui provoque l'intérêt des gens. *Ce documentaire était tellement **intéressant** que Sarah s'en est servi pour son exposé.* 2. Synonyme d'avantageux. *Au moment des soldes, les prix sont souvent **intéressants**.* ▷ **intéressant, ante** (nom) • **Faire l'intéressant** : essayer de se faire remarquer.

intéressé, ée (adjectif)
1. Qui n'a en vue que son intérêt personnel. *C'est une personne très **intéressée**, qui agit toujours par calcul.* (Contr. désintéressé, généreux.) 2. Qui est concerné par quelque chose. *Les personnes **intéressées** sont convoquées demain à la réunion.*

▸ **intéresser** (verbe) ○ conj.n°3
1. Provoquer l'intérêt de quelqu'un pour quelque chose. *La visite du musée **a** beaucoup **intéressé** les élèves.* (Contr. ennuyer.) 2. Avoir de l'importance pour quelqu'un. *Cette loi **intéresse** tous les locataires.* (Syn. concerner.) 3. Faire participer aux profits. *Ce vendeur **est intéressé** au montant des ventes.* 4. S'intéresser à : avoir de l'intérêt pour quelque chose. *Ursula **s'intéresse** beaucoup **à** la peinture.* (Contr. se désintéresser.) ⊙ Famille du mot : désintéressé, désintéressement, se désintéresser, désintérêt, inintéressant, intéressant, intéressé, intérêt.

▸ **intérêt** (nom masculin)
1. Attention particulière que l'on porte à quelque chose. *Zoé lit avec beaucoup d'**intérêt** un livre sur l'Univers.* (Contr. indifférence.) 2. Ce qui est intéressant dans quelque chose. *Cette découverte est d'un grand **intérêt** pour les chercheurs.* 3. Recherche de ce qui est avantageux pour soi. *Victor sait que c'est son **intérêt** de bien travailler à l'école.* 4. Somme d'argent qu'il faut rembourser en plus de la somme qu'on a empruntée. *Le montant des **intérêts** varie selon les banques.*

▸ **intérieur, eure** (adjectif)
1. Qui est situé au-dedans. *Dans la cour **intérieure** de l'hôtel, il y a une fontaine.* (Contr. extérieur.) 2. Qui concerne le pays où l'on est. *La politique **intérieure**.* (Contr. étranger, international.) ▷ **intérieur** (nom masculin) 1. Partie d'un endroit ou d'une chose qui est dedans. *Qu'y a-t-il à l'**intérieur** de la boîte ?* (Syn. dedans. Contr. extérieur.) 2. Logement où on habite. *Leur **intérieur** est confortable et bien tenu.*

▸ **intérieurement** (adverbe)
1. À l'intérieur d'un lieu, dedans. *La façade du château est belle, mais **intérieurement** il est en mauvais état.* (Contr. extérieurement.) 2. En soi-même. *Pierre a accepté de venir, alors qu'**intérieurement** il ne le souhaitait pas.*

▸ **intérim** (nom masculin)
Remplacement provisoire d'une personne titulaire. *Assurer l'**intérim** d'une personne en congé.*

▸ **intérimaire** (adjectif et nom)
Qui fait un intérim. *Du personnel **intérimaire**. Embaucher des **intérimaires**.*

▸ **interjection** (nom féminin)
Mot invariable qui s'emploie seul pour exprimer un sentiment. *« Ah ! Ouf ! Aïe ! » sont des **interjections**.*

▸ **interligne** (nom masculin)
Espace compris entre deux lignes écrites. *Pour écrire un nouveau paragraphe, Anna a mis un double **interligne**.*

▸ **interlocuteur, trice** (nom)
Personne à qui l'on parle. *Il n'a pas reconnu la voix de son **interlocuteur** au téléphone.*

▸ **interloquer** (verbe) ○ conj.n°3
Étonner quelqu'un au plus haut point. *Cette nouvelle l'**a interloqué**.* (Syn. déconcerter.) ⊙ Interloquer vient du latin *interloqui* qui signifie « couper la parole ».

▸ **intermède** (nom masculin)
Interruption dans une activité. *Ces petites vacances constituent un bon **intermède** dans l'année scolaire.*

▸ **intermédiaire** (adjectif)
Qui se trouve entre deux choses. *Le gris est une couleur **intermédiaire** entre le blanc et le noir.* ▷ **intermédiaire** (nom) Personne qui intervient entre deux personnes ou deux groupes pour établir un lien ou vendre un produit. *Élodie a servi d'**intermédiaire** pour essayer de les réconcilier.* ▷ **intermédiaire** (nom masculin) • **Par l'intermédiaire de quelqu'un :** avec son aide. *Vendre une maison **par l'intermédiaire d'**une agence.* (Syn. par l'entremise de, grâce à.)

Entre l'étoile et le pentagone, il y a cinq formes **intermédiaires**.

a b c d e f g h i j k l m n o p q r s t u v w x y z

interminable (adjectif)
Qui semble sans fin. *Fatima a trouvé le film ennuyeux et* ***interminable***. (Contr. bref, court.)

intermittence (nom féminin)
• **Par intermittence** : de façon intermittente. *À l'entrée du port, le phare s'allume* ***par intermittence***.

intermittent, ente (adjectif)
Qui s'arrête puis recommence. *Des chutes de neige* ***intermittentes***. (Syn. discontinu.)

internat (nom masculin)
1. Établissement scolaire qui accueille des internes. *L'été, l'****internat*** *est fermé.* 2. Concours pour devenir interne des hôpitaux. *Le grand frère de Gaëlle prépare l'****internat*** *de chirurgie.*

international, ale, aux (adjectif)
Qui a lieu entre les différents pays du monde. *Le commerce* ***international***. (Syn. extérieur. Contr. intérieur, national.)

1. interne (adjectif)
Qui est situé à l'intérieur. *Les poumons, le cœur, le foie, les reins sont des organes* ***internes***. (Contr. externe.)

2. interne (nom)
1. Élève qui mange et dort dans l'établissement scolaire qu'il fréquente. *Certains* ***internes*** *rentrent chez eux le week-end.* (Syn. pensionnaire. Contr. externe.) 2. Étudiant en médecine qui a réussi l'internat et travaille dans un hôpital.

interner (verbe) ○ conj.n°3
Enfermer dans un hôpital psychiatrique ou dans un camp.

interpeller (verbe) ○ conj.n°3
1. Adresser la parole à quelqu'un d'une façon brusque. *Hélène* ***a interpellé*** *une dame dans la rue pour lui signaler que son sac était ouvert.* (Syn. apostropher.) 2. Vérifier l'identité de quelqu'un ou l'arrêter. *Plusieurs suspects* ***ont été interpellés*** *par la police.* → Prononciation [ɛ̃tɛʀpəle].

interphone (nom masculin)
Sorte de téléphone à l'entrée d'un immeuble. *William appuie sur l'****interphone*** *pour nous annoncer son arrivée.* → Interphone est le nom d'une marque.

interplanétaire (adjectif)
Qui est situé entre les planètes. *L'exploration des différents espaces* ***interplanétaires***.

s'interposer (verbe) ○ conj.n°3
Intervenir entre deux personnes comme médiateur. *Le maître* ***s'est interposé*** *pour séparer les élèves qui se battaient.*

interposition (nom féminin)
Action de s'interposer. *Les Nations unies ont installé une force* ***d'interposition*** *à la frontière.*

interprétation (nom féminin)
1. Manière de comprendre quelque chose. *On peut donner plusieurs* ***interprétations*** *de cet événement.* 2. Façon de jouer une œuvre dramatique ou musicale. *J'ai beaucoup aimé l'****interprétation*** *de cette comédienne.*

interprète (nom)
1. Personne qui traduit dans une autre langue les paroles ou les écrits de quelqu'un. *Julie est bilingue, plus tard elle aimerait devenir* ***interprète***. 2. Personne qui interprète une œuvre dramatique, cinématographique ou musicale. *Connais-tu le nom des principaux* ***interprètes*** *de ce film ?*

interpréter (verbe) ○ conj.n°8
1. Donner une signification à quelque chose. *Xavier* ***a*** *mal* ***interprété*** *ce que je lui ai dit.* (Syn. comprendre.) 2. Jouer un rôle au cinéma ou au théâtre, ou exécuter un morceau de musique. *Ce pianiste* ***interprète*** *Schubert avec brio.*
⊙ Famille du mot : interprétation, interprète.

interrogateur, trice (adjectif)
Qui interroge. *Il me regarde d'un air* ***interrogateur***, *sans comprendre.*

interrogatif, ive (adjectif)
Qui sert à interroger, à poser une question. *Dans la phrase **interrogative** « Qui veut jouer avec moi ? », « qui » est un pronom **interrogatif**.*

interrogation (nom féminin)
1. Ce que l'on dit pour interroger. *« Pourquoi ris-tu ? » est une **interrogation**.* 2. Ensemble de questions posées à un élève sur ses connaissances. *Une **interrogation** écrite de géographie.* • **Point d'interrogation** : signe de ponctuation qui indique que la phrase est interrogative.

interrogatoire (nom masculin)
Ensemble des questions posées à une personne par un policier ou un juge.

interrogeable (adjectif)
Que l'on peut interroger. *Ce répondeur est **interrogeable** à distance.*

interroger (verbe) conj.n°5
Poser des questions à quelqu'un. *Pour trouver le bon chemin, nous avons dû **interroger** tous les gens du village.* (Syn. questionner.) Famille du mot : interrogateur, interrogatif, interrogation, interrogatoire, interrogeable.

interrompre (verbe) conj.n°34
1. Faire cesser quelque chose. *Cette triste nouvelle **a interrompu** nos vacances.* 2. Couper la parole à quelqu'un. *Laisse-moi finir ce que j'ai à dire et arrête de m'**interrompre** tout le temps.* 3. S'interrompre : cesser de faire quelque chose, en particulier de parler. Famille du mot : ininterrompu, interrupteur, interruption.

interrupteur (nom masculin)
Appareil qui sert à allumer ou à éteindre la lumière.

interruption (nom féminin)
Fait d'interrompre quelque chose ou quelqu'un. *L'orage a entraîné une **interruption** du courant.*

intersection (nom féminin)
Endroit où deux lignes, deux routes se croisent. *À l'**intersection** des deux rues, il y a un panneau stop.*

intersidéral, ale, aux (adjectif)
Qui est situé entre les astres. *La fusée a commencé son vol **intersidéral**.*

interstellaire (adjectif)
Qui est situé entre les étoiles. *Ce roman raconte un voyage **interstellaire**.*

un vaisseau **interstellaire**

interstice (nom masculin)
Petit espace vide entre les éléments d'un tout. *Laura aperçoit le paysage à travers les **interstices** des volets fermés.*

intervalle (nom masculin)
1. Distance séparant un lieu ou un élément d'un autre. *Planter des arbres à **intervalles** réguliers.* 2. Espace de temps qui sépare deux faits. *Elles sont nées à deux ans d'**intervalle**.*

intervenir (verbe) conj.n°19
1. Prendre part à ce qui se passe. *Le maître **est intervenu** pour rétablir le calme.* 2. Se produire, avoir lieu. *Une trêve **est intervenue** entre les belligérants.* → Intervenir se conjugue avec l'auxiliaire *être*.

intervention (nom féminin)
1. Action d'intervenir. *L'**intervention** des forces de l'ordre.* 2. Opération chirurgicale. *Une petite **intervention** chirurgicale lui a rendu l'usage de sa main gauche.*

interversion (nom féminin)
Fait d'intervertir deux choses. *Le verlan procède par **interversion** des syllabes des mots.*

intervertir (verbe) conj.n°11
Mettre une chose à la place d'une autre. *Si on **intervertit** deux lettres du mot « signe », on obtient le mot « singe ».*

interview (nom féminin)
Entretien qu'une personne accorde à un journaliste. → Prononciation [ɛ̃tɛʀvju]. Le mot anglais interview est emprunté au français *entrevue*.

interviewer (verbe) conj.n°3
Soumettre quelqu'un à une interview. ***Interviewer** un comédien à la radio.* → Prononciation [ɛ̃tɛʀvjuve].

intestin (nom masculin)
Organe situé dans le ventre, qui a la forme d'un long tuyau. *Les aliments passent d'abord dans l'estomac, puis dans l'**intestin**.* ➠ p. 345.

intestinal, ale, aux (adjectif)
De l'intestin. *Myriam a des troubles **intestinaux** car elle a mangé trop de prunes.*

intime (adjectif)
1. Avec qui on est lié par un sentiment profond. *Depuis la maternelle, Noémie et Yann sont des amis **intimes**.* 2. Qui se passe entre des personnes qui se connaissent bien. *Un dîner **intime**.* 3. Qui est au plus profond de soi. *L'**intime** conviction des jurés.* Famille du mot : intimement, intimité.

intimement (adverbe)
De façon intime. *Je suis **intimement** persuadée du contraire.*

intimer (verbe) conj.n°3
Donner un ordre à quelqu'un avec autorité. *Le gendarme **intime** à l'automobiliste l'ordre de se ranger sur le bas-côté.*

intimidation (nom féminin)
Action d'intimider. *Agir par **intimidation**.*

intimider (verbe) conj.n°3
Rendre quelqu'un timide. *Odile **est intimidée** de jouer du piano devant tant de monde.*

intimité (nom féminin)
Relation étroite entre des personnes. *Il y a entre eux une **intimité** complice.* • **Dans l'intimité** : en présence seulement des parents et des amis proches. *La cérémonie a eu lieu dans la plus stricte **intimité**.*

intituler (verbe) conj.n°3
Donner comme titre. *La Fontaine **a intitulé** l'une de ses fables « la Cigale et la Fourmi ».*

intolérable (adjectif)
Synonyme d'insupportable. *La chaleur est **intolérable** dans cette région.*

intolérance (nom féminin)
Défaut d'une personne intolérante. *L'**intolérance** a été la cause de nombreuses guerres.* (Contr. tolérance.)

intolérant, ante (adjectif)
Qui ne veut ni comprendre ni admettre les idées des autres. *Sarah n'aime pas les gens **intolérants**.* (Contr. tolérant.)

intonation (nom féminin)
Ton qu'on prend quand on parle.

intoxication (nom féminin)
Maladie causée par du poison ou par un aliment avarié. *C'est une bactérie qui a provoqué ces **intoxications** alimentaires.*

intoxiquer (verbe) conj.n°3
Causer une intoxication. *Des champignons vénéneux **ont intoxiqué** toute la famille.* Intoxiquer vient du mot latin *toxicum* qui signifie « poison ».

intraduisible (adjectif)
Qui est impossible à traduire. *Cette charade anglaise est **intraduisible** en français.*

intraitable (adjectif)
Synonyme d'intransigeant. *La maîtresse est **intraitable** en ce qui concerne la politesse.*

intramusculaire (adjectif)
Se dit d'une piqûre qui se fait dans l'épaisseur du muscle.

intransigeance (nom féminin)
Caractère d'une personne intransigeante. *Il fait preuve de trop d'**intransigeance** envers ses enfants.*

intransigeant, ante (adjectif)
Qui n'accepte aucun arrangement, aucun compromis. *Le directeur se montre **intransigeant** sur l'exactitude.* (Syn. inflexible, intraitable. Contr. accommodant, conciliant.)

intransitif, ive (adjectif)
Se dit d'un verbe qui ne peut pas être suivi d'un complément d'objet. *« Agir » est un verbe **intransitif**, alors que « dire » est un verbe transitif.*

intraveineux, euse (adjectif)
Se dit d'une piqûre qui se fait à l'intérieur d'une veine.

intrépide (adjectif)
Qui ne craint pas le danger. *Des sauveteurs **intrépides** sont allés dans la tempête au secours des naufragés.* (Syn. audacieux, hardi.) ⊙ Intrépide vient du latin *trepidus* qui signifie « tremblant » : l'homme intrépide ne tremble pas.

intrépidité (nom féminin)
Caractère d'une personne intrépide. *L'incendie a été maîtrisé grâce à l'**intrépidité** du pilote du canadair.*

intrigant, ante (nom)
Personne qui intrigue pour obtenir ce qu'elle veut. *Méfiez-vous de cette femme, c'est une **intrigante** !* (Syn. arriviste.)

intrigue (nom féminin)
1. Déroulement des événements racontés dans une histoire. *L'**intrigue** d'un roman, d'un film.* 2. Manœuvres secrètes et compliquées. *Il a tout fait pour déjouer les **intrigues** de ses ennemis.* (Syn. machination.) ⊙ Famille du mot : intrigant, intriguer.

intriguer (verbe) ○ conj.n°3
1. Exciter la curiosité. *Le chat **est intrigué** par un petit bruit.* 2. Mener des intrigues. *Elle **a intrigué** pour se faire élire présidente de notre club.* (Syn. comploter.) ⊙ Intriguer vient du latin *intricare* qui signifie « embrouiller ».

introduction (nom féminin)
1. Fait d'introduire quelqu'un ou quelque chose dans un endroit. *Un huissier s'occupe de l'**introduction** des visiteurs dans le bureau du ministre. L'**introduction** de certains médicaments est interdite en France.* 2. Texte de présentation d'un livre ou d'un autre texte. *Pour mieux comprendre ce roman, lis d'abord l'**introduction** de l'auteur.*

introduire (verbe) ○ conj.n°43
1. Faire pénétrer une chose à l'intérieur d'une autre. ***Introduire** une clé dans une serrure.* 2. Faire entrer dans un lieu. *Des voleurs ont réussi à **s'introduire** dans la boutique.* (Syn. pénétrer.)

introuvable (adjectif)
Que l'on n'arrive pas à trouver. *Benjamin a fouillé partout mais son stylo reste **introuvable**.*

intrus, use (nom)
Personne qui s'est introduite quelque part sans y être invitée. *Des **intrus** ont perturbé la fête et se sont fait expulser.*

Un **intrus** s'est glissé au milieu des boules vertes.

intrusion (nom féminin)
Fait d'entrer quelque part sans y être invité. *L'**intrusion** d'un chien sur le terrain a fait rire les spectateurs du match.*

intuitif, ive (adjectif)
Qui est doué d'intuition. *Elle a tout de suite compris qu'il mentait car elle est très **intuitive**.*

intuition (nom féminin)
Impression de comprendre quelque chose sans avoir eu besoin de réfléchir. *Mon **intuition** me dit qu'on peut lui faire confiance.*

inusable (adjectif)
Qui ne s'use pas ou qui met très longtemps à s'user. *Ces jeans sont vraiment **inusables**.*

inusité, ée (adjectif)
Qui n'est pas ou presque pas utilisé. *Certains mots de ce gros dictionnaire sont **inusités**.* (Contr. usité.)

inutile (adjectif)
Qui n'a aucune utilité. *Il s'encombre toujours de bagages **inutiles**.* (Contr. utile.)

inutilement (adverbe)
De façon inutile. *Nous nous sommes déplacés **inutilement**, le magasin était fermé.*

inutilisable (adjectif)
Qui ne peut pas être utilisé. *Avec la poignée cassée, ton cartable est **inutilisable**.*

inutilité (nom féminin)
Fait d'être inutile. *J'aimerais que tu comprennes l'**inutilité** de ces dépenses.*

invaincu, ue (adjectif)
Qui n'a jamais été vaincu. *Ce club est **invaincu** depuis le début du championnat.*

invalide (adjectif et nom)
Qui est incapable de mener une vie active normale à cause d'une infirmité ou d'une maladie. *Il est **invalide** depuis son accident de la route. Un **invalide** de guerre.* (Syn. impotent, infirme. Contr. valide.)

invalidité (nom féminin)
État d'une personne invalide. *Il reçoit une pension d'**invalidité** depuis qu'une grave maladie l'empêche de travailler.*

invariable (adjectif)
Qui ne varie pas. *Les prépositions et les adverbes sont des mots **invariables**.*

invasion (nom féminin)
1. Envahissement d'un pays par des troupes armées. *L'**invasion** de la Gaule par les Francs a commencé en 481.* 2. Arrivée en masse qui cause une gêne ou un danger. *Une **invasion** de sauterelles a ravagé les cultures.*

invective (nom féminin)
Parole violente et injurieuse. *Il a poursuivi son discours, sous les **invectives** de l'opposition.* (Syn. injure, insulte.)

invectiver (verbe) conj.n°3
Lancer des invectives. *Il s'est mis à **invectiver** les policiers qui tentaient de l'arrêter.* (Syn. injurier, insulter.)

invendable (adjectif)
Qu'on ne peut pas vendre. *Cette maison à moitié en ruines est **invendable**.*

inventaire (nom masculin)
Liste détaillée d'un ensemble d'objets, de marchandises. *Chaque année, les commerçants font l'**inventaire** de leur stock.*

inventer (verbe) conj.n°3
1. Trouver, créer ou réaliser quelque chose de nouveau. *Les frères Lumière **ont inventé** le cinéma.* 2. Créer des histoires ou des personnages imaginaires. *C'est le dessinateur Hergé qui **a inventé** Tintin et Milou.* (Syn. imaginer.) Famille du mot : inventeur, inventif, invention.

inventeur, trice (nom)
Personne qui invente quelque chose. *L'Américain Benjamin Franklin est l'**inventeur** du paratonnerre.*

inventif, ive (adjectif)
Qui a le don d'inventer des choses nouvelles et ingénieuses. *Avoir l'esprit **inventif**.*

invention (nom féminin)
1. Chose qui a été inventée. *L'**invention** de l'imprimerie est due à Gutenberg.* 2. Histoire mensongère. *Comment veux-tu que je croie une pareille **invention** !*

inverse (adjectif)
Qui est exactement contraire ou opposé à autre chose. *Écris les chiffres de 0 à 10, puis lis-les dans le sens **inverse**, de 10 à 0.* **inverse** (nom masculin) Le contraire. *Tu fais toujours l'**inverse** de ce qu'on te demande.* Famille du mot : inversement, inverser, inversion.

inversement (adverbe)
De façon inverse. *Clément est le frère de Pierre, et **inversement**.* (Syn. vice versa.)

inverser (verbe) conj.n°3
Mettre dans l'ordre inverse. *D'abord Ursula sera la maîtresse et Zoé l'élève et après vous **inverserez** les rôles.*

inversion (nom féminin)
Dans une phrase, déplacement d'un mot par rapport à sa place habituelle. *Dans la phrase « Que fait David ? », il y a **inversion** du sujet « David ».*

invertébré (nom masculin)
Animal qui n'a pas de colonne vertébrale. *Les insectes, les vers, les mollusques sont des **invertébrés**.* (Contr. vertébré.)

investigation (nom féminin)
Recherche approfondie. *Après de longues **investigations**, les policiers ont retrouvé l'arme du crime.*

investir (verbe) conj.n°11
1. Placer de l'argent dans une affaire pour en retirer un profit. *Il **a investi** des millions dans la création de ce parc d'attractions.* 2. Donner à quelqu'un un pouvoir ou le charger d'une mission. *Le gouvernement **a été investi** de tous les pouvoirs pour lutter contre l'insurrection.* 3. Synonyme d'assiéger. *Les rebelles **ont investi** plusieurs villes du pays.*

investissement (nom masculin)
Action d'investir de l'argent. *L'achat de ces immeubles est un bon **investissement**.* (Syn. placement.)

invétéré, ée (adjectif)
Qui a pris une mauvaise habitude et ne peut plus y renoncer. *C'est un tricheur **invétéré**.*

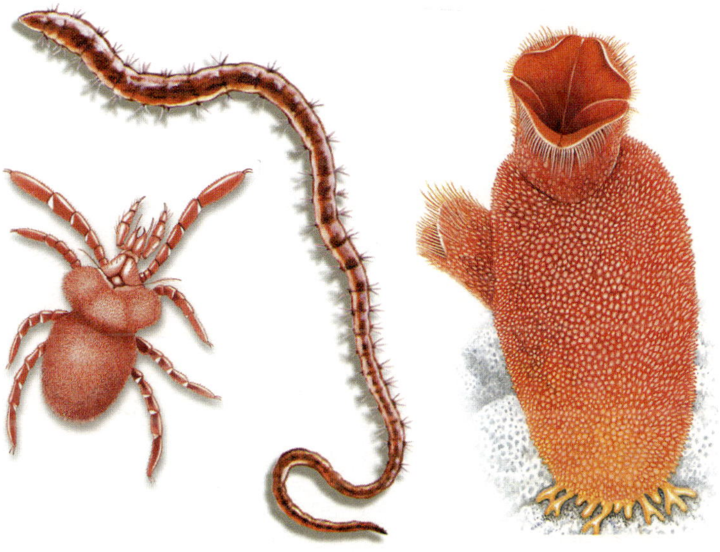

des **invertébrés**

▸ **invincible** (adjectif)
1. Qu'on ne peut pas vaincre. *Ce champion paraît* ***invincible****.* (Syn. imbattable.)
2. Qu'on ne peut pas dominer. *Anna a une* ***invincible*** *répulsion pour les araignées.* (Syn. insurmontable.)

▸ **inviolable** (adjectif)
Qu'on est obligé de respecter. *Une loi* ***inviolable****, un droit* ***inviolable****.*

▸ **invisible** (adjectif)
Qui ne peut pas être vu. *Le sommet de la montagne était* ***invisible*** *à cause du brouillard.* (Contr. visible.)

▸ **invitation** (nom féminin)
Action d'inviter quelqu'un. *Une* ***invitation*** *à dîner.*

▸ **invité, ée** (nom)
Personne qui a reçu une invitation. *La maîtresse de maison accueille ses* ***invités****.*

▸ **inviter** (verbe) ○ conj.n°3
Demander à quelqu'un de venir chez soi ou d'aller quelque part avec lui. *Je vous* ***invite*** *à mon anniversaire.*
⊙ Famille du mot : invitation, invité.

▸ **invivable** (adjectif)
Impossible à supporter. *Il lui fait mener une existence* ***invivable****.*

▸ **invocation** (nom féminin)
Action d'invoquer une divinité. *Les Grecs adressaient des* ***invocations*** *aux dieux pour obtenir leur protection.*

▸ **involontaire** (adjectif)
Que l'on fait sans le vouloir. *Maxime a fait tomber son petit frère, mais c'était* ***involontaire****.* (Contr. intentionnel, volontaire.)

▸ **involontairement** (adverbe)
Sans le vouloir. *Pardonne-moi si je t'ai* ***involontairement*** *fait de la peine.* (Contr. intentionnellement, volontairement.)

▸ **invoquer** (verbe) ○ conj.n°3
1. Prier une divinité pour lui demander son aide. *Le sorcier* ***a invoqué*** *tous les esprits des ancêtres.*
2. Prendre quelque chose comme prétexte ou comme excuse. *Elle* ***a invoqué*** *un brusque mal de tête pour ne pas travailler.*

▸ **invraisemblable** (adjectif)
Qui est difficile à croire parce que cela ne semble pas vrai. *Toute cette histoire me paraît* ***invraisemblable*** *!* (Syn. incroyable. Contr. plausible, vraisemblable.)

L'**Invincible** Armada est le nom d'une flotte espagnole du XVIe siècle.

invraisemblance (nom féminin)
Chose invraisemblable. *Nous avons remarqué de très nombreuses* ***invraisemblances*** *dans son récit.* (Contr. vraisemblance.)

invulnérable (adjectif)
Qui ne peut pas être tué ni blessé. *Le héros de l'histoire est un être* ***invulnérable*** *qui échappe à tous les dangers.*

iode (nom féminin)
Corps chimique qui est présent dans l'eau de mer et dans les algues. • **Teinture d'iode** : produit pharmaceutique liquide qui contient de l'iode et sert de désinfectant. ⊙ Iode vient du grec ***iôdês*** qui signifie « violet » car l'iode dégage des vapeurs violettes.

irakien, enne
➠ Voir tableau p. 6.

iranien, enne
➠ Voir tableau p. 6.

irascible (adjectif)
Synonyme de coléreux. *Son mal de dent le rend très* ***irascible****.* ⊙ Irascible vient du latin ***ira*** qui signifie « colère ».

iris (nom masculin)
1. Plante à grandes fleurs bleues, violettes ou blanches et à longues feuilles pointues. 2. Cercle coloré de l'œil. *La pupille est au centre de l'****iris****.*

un **iris**

irisé, ée (adjectif)
Qui a les couleurs de l'arc-en-ciel. *Le lac prend des reflets* ***irisés*** *à la lumière du soleil.*

irlandais, aise
➠ Voir tableau p. 6.

ironie (nom féminin)
Manière de se moquer qui consiste à dire le contraire de ce que l'on veut faire comprendre. *Il lui a dit avec* ***ironie*** *qu'il était content de ne pas être invité.* ⊙ Famille du mot : ironique, ironiquement, ironiser.

ironique (adjectif)
Qui montre de l'ironie. *Un ton* ***ironique****, un regard* ***ironique****.* (Syn. moqueur, narquois.)

ironiquement (adverbe)
De manière ironique. *Elle m'a demandé* ***ironiquement*** *si j'étais satisfait d'être puni.*

ironiser (verbe) ⊙ conj.n°3
Parler avec ironie de quelque chose. *Romain s'est permis d'****ironiser*** *sur notre retard.*

irradier (verbe) ⊙ conj.n°10
Exposer un organisme à l'action de rayons radioactifs. *Les habitants de la région* ***ont été irradiés*** *à la suite d'un accident nucléaire.*

irraisonné, ée (adjectif)
Qui n'est pas contrôlé par la raison. *Elle a une peur* ***irraisonnée*** *de l'eau, cela l'empêche d'apprendre à nager.*

irrationnel, elle (adjectif)
Qui est contraire à la raison. *La colère ou la peur nous poussent parfois à agir de façon* ***irrationnelle****.* (Syn. illogique. Contr. logique, rationnel.)

irréalisable (adjectif)
Qui est impossible à réaliser. *Un souhait* ***irréalisable****.*

irréductible (adjectif)
Qu'il est impossible de vaincre ou de contraindre. *C'est un* ***irréductible*** *défenseur de l'environnement.* (Syn. indomptable.)

irréel, elle (adjectif)
Qui n'appartient pas au monde réel. *Les personnages de contes de fées sont des êtres* ***irréels****.* (Contr. réel.)

irréfutable (adjectif)
Qu'il est impossible de réfuter. *Les empreintes du voleur sur le coffre-fort sont une preuve* ***irréfutable*** *de sa culpabilité.* (Contr. contestable.)

irrégularité (nom féminin)
1. Fait d'être irrégulier. *Il a de mauvais résultats à cause de l'****irrégularité*** *de son travail.* 2. Chose ou action contraire à la règle ou à la loi. *Les élections ont été annulées à cause de certaines* ***irrégularités****.*

irrégulier, ère (adjectif)
1. Qui n'est pas régulier dans sa forme, dans ses dimensions ou dans son rythme. *Une écriture* ***irrégulière****. Un travail* ***irrégulier****.* 2. Qui ne suit pas les règles habituelles. *La conjugaison du verbe « aller » est* ***irrégulière****.* 3. Qui est contraire à la loi. *Ce passager clandestin est en situation* ***irrégulière****.* (Contr. régulier.)

irrégulièrement (adverbe)
De façon irrégulière. *Il aime bien le sport mais il en fait très* ***irrégulièrement****.* (Contr. régulièrement.)

irrémédiable (adjectif)
Qu'on ne peut pas réparer. *La sécheresse a causé des dégâts* ***irrémédiables*** *dans les cultures.* (Syn. irréparable.)

irremplaçable (adjectif)
Qu'on ne peut pas remplacer. *C'est une secrétaire parfaite, elle est vraiment* ***irremplaçable****.*

irréparable (adjectif)
1. Qu'on ne peut pas réparer. *Votre voiture est* ***irréparable****.* 2. Synonyme d'irrémédiable. *La destruction de ce monument est une perte* ***irréparable****.*

irréprochable (adjectif)
À qui on ne peut faire aucun reproche. *Dans ce restaurant, le service est* ***irréprochable****.*

irrésistible (adjectif)
1. À quoi on ne peut pas résister. *Ibrahim a été saisi d'une* ***irrésistible*** *envie de dormir.* 2. Qui donne envie de rire. *Les grimaces de ce clown sont vraiment* ***irrésistibles****.*

irrespirable (adjectif)
Qui est pénible ou dangereux à respirer. *Avec une telle pollution, l'air devient* ***irrespirable****.*

irresponsable (adjectif et nom)
Qui agit de manière irréfléchie, sans penser aux conséquences. *Il faut être* ***irresponsable*** *pour conduire quand on a bu de l'alcool !*

irréversible (adjectif)
Qui ne peut se produire que dans un seul sens sans possibilité de retour en arrière. *Tous les hommes vieillissent, c'est* ***irréversible****.*

irrévocable (adjectif)
Qui est définitif et ne peut plus être modifié. *Je ne changerai pas d'avis, ma décision est* ***irrévocable****.*

irrigation (nom féminin)
Action d'irriguer la terre. *L'****irrigation*** *permet de cultiver les sols des régions arides.*

irriguer (verbe) ○ conj.n°3
Arroser la terre en faisant circuler l'eau au moyen de tuyaux, de canaux ou de rigoles. *Les régions sèches ont besoin d'****être irriguées****.*

irritable (adjectif)
Qui a tendance à se mettre en colère. *Quand Kevin est fatigué, il devient* ***irritable****.*

irritant, ante (adjectif)
Qui irrite. *Cette longue attente est très* ***irritante****. Un gaz* ***irritant****.*

irritation (nom féminin)
1. Fait d'être irrité. *Le retard du train a provoqué l'****irritation*** *des voyageurs.* (Syn. énervement.) 2. Légère inflammation. *Une* ***irritation*** *de la gorge, des gencives.*

irriter (verbe) ○ conj.n°3
1. Provoquer la colère de quelqu'un. *Son insolence* ***a irrité*** *la maîtresse.* (Syn. énerver, exaspérer.) 2. Provoquer une irritation. *À la piscine, le chlore nous* ***irrite*** *les yeux.* ⊙ Famille du mot : irritable, irritant, irritation.

irruption (nom féminin)
Entrée brusque et inattendue. *La police a fait* ***irruption*** *dans le repaire des malfaiteurs.*

▸ **isard** (nom masculin)
Chamois des Pyrénées.

un **isard**

▸ **isba** (nom féminin)
Petite maison en bois des paysans russes.

▸ **islam** (nom masculin)
Religion des musulmans. *Le fondateur de l'**islam** est le prophète Mahomet.*

▸ **islamique** (adjectif)
Qui se rapporte à l'islam. *Le Coran est le livre sacré de la religion **islamique**.*

▸ **islandais, aise**
➠ Voir tableau p. 6.

▸ **isocèle** (adjectif)
Se dit d'un triangle qui a deux côtés égaux. ➠ p. 512.

▸ **isolant, ante** (adjectif)
Qui est destiné à isoler du son, de l'électricité, de la chaleur ou du froid. *Ce fil électrique est dans une gaine **isolante** en plastique.* ▷ **isolant** (nom masculin) Matière isolante. *La laine de verre est un bon **isolant**.*

▸ **isolation** (nom féminin)
Action d'isoler un local. *Dans cette région froide, les maisons ont besoin d'une bonne **isolation** thermique.*

▸ **isolé, ée** (adjectif)
Qui est à l'écart, séparé des autres. *Il vit dans un chalet **isolé**, au flanc de la montagne.* ⊙ Isolé vient de l'italien *isola* qui signifie « île ».

▸ **isolement** (nom masculin)
État d'une personne ou d'un endroit isolés. *Il souffre d'**isolement** depuis qu'il vit loin de sa famille.* (Syn. solitude.)

▸ **isolément** (adverbe)
De manière isolée. *Nous étudierons **isolément** chaque paragraphe.* (Syn. séparément.)

▸ **isoler** (verbe) ○ conj.n°3
1. Séparer quelqu'un des autres personnes ou de son environnement habituel. *Ibrahim a la rougeole, il va falloir l'**isoler**. Élodie aime bien **s'isoler** pour pouvoir lire tranquillement.* **2.** Équiper un endroit pour le protéger des désagréments extérieurs. ***Isoler** un appartement du bruit, du froid ou de la chaleur.* **3.** Entourer un fil électrique d'une gaine protectrice pour éviter l'électrocution. ⊙ Famille du mot : isolant, isolation, isolé, isolement, isolément, isoloir.

▸ **isoloir** (nom masculin)
Cabine où un électeur s'isole pour mettre son bulletin de vote dans une enveloppe. *L'**isoloir** préserve le secret du vote.*

un **isoloir**

▸ **isotherme** (adjectif)
Qui garde quelque chose à la même température. *Les sacs **isothermes** servent à transporter des produits surgelés.*

israélien, enne
➠ Voir tableau p. 6.

israélite (adjectif et nom)
Qui appartient à la religion juive. *Les **israélites** prient dans une synagogue.*

issu, ue (adjectif)
Qui a telle origine par sa naissance. *Les parents de Gaëlle sont **issus** d'une famille d'ouvriers.*

issue (nom féminin)
1. Passage par lequel on peut sortir. *En cas d'incendie, prenez les **issues** de secours.* 2. Au sens figuré, moyen de se tirer d'affaire, de surmonter une difficulté. *La situation est difficile, je ne vois aucune **issue**.*

isthme (nom masculin)
Étroite bande de terre entre deux mers. *Un canal traverse l'**isthme** de Panama.* → Prononciation [ism].

italien, enne
➠ Voir tableau p. 6.

italique (nom masculin)
Lettre inclinée vers la droite. *Les exemples cités dans ce dictionnaire sont en **italique**.* ⊙ On appelle ce type de lettres italique, car il a été inventé par un imprimeur *italien*, Alde Manuce.

itinéraire (nom masculin)
Trajet que l'on suit pour aller d'un endroit à un autre. *Pourriez-vous m'indiquer l'**itinéraire** le plus court pour l'aéroport ?*

itinérant, ante (adjectif)
Qui se déplace d'un endroit à un autre pour exercer son métier. *Les marchands forains sont des commerçants **itinérants**.*

ivoire (nom masculin)
1. Matière blanche et dure des défenses d'éléphant, autrefois utilisée pour fabriquer des objets, des bijoux. *Le commerce de l'**ivoire** mettait en danger la survie des éléphants.* 2. Matière dure, recouverte d'émail, qui constitue les dents. ➠ p. 321.

ivoirien, enne
➠ Voir tableau p. 6.

ivre (adjectif)
1. Qui a bu trop d'alcool. *Après une coupe de champagne, il se sentait déjà un peu **ivre**.* (Syn. soûl.) 2. Qui est dans un grand état d'excitation. *Être **ivre** de joie, d'orgueil, de colère.*

ivresse (nom féminin)
1. État d'une personne ivre. *Les gendarmes l'ont arrêté pour conduite en état d'**ivresse**.* (Syn. ébriété.) 2. État d'euphorie ou d'exaltation. *Il sautait et criait dans l'**ivresse** de la victoire.*

ivrogne (nom)
Personne qui a l'habitude de s'enivrer. *Une bagarre a éclaté entre deux **ivrognes** à la sortie d'un bar.*

- **j** (nom masculin)
Dixième lettre de l'alphabet. *Le J est une consonne.* • **Le jour J** : le jour prévu pour déclencher quelque chose d'important.

- **j'** ➠ Voir je.

- **jabot** (nom masculin)
Poche située au bas du cou des oiseaux où les aliments restent en réserve avant d'aller dans l'estomac.

- **jacana** (nom masculin)
Oiseau des marais tropicaux qui peut marcher sur les nénuphars grâce à ses doigts très allongés.

un **jacana**

- **jacasser** (verbe) ○ conj.n°3
1. Pousser leur cri, quand il s'agit de certains oiseaux. *La pie et le geai **jacassent**.* (Syn. jaser.) 2. Dans la langue familière, bavarder sans arrêt. *Elles n'arrêtent pas de **jacasser** au lieu de faire leur travail.*

- **jachère** (nom féminin)
État d'une terre que l'on ne cultive pas pendant un certain temps pour la laisser reposer. *Mettre un champ en **jachère**.*

- **jacinthe** (nom féminin)
Plante à bulbe dont les fleurs bleues ou roses forment des grappes. *Un oignon de **jacinthe**.*

une **jacinthe**

jacuzzi (nom masculin)
Grande baignoire dans laquelle l'eau est agitée de remous. → Prononciation [ʒakuzi]. → Jacuzzi est le nom d'une marque.

jade (nom masculin)
Pierre précieuse très dure, de couleur verte. *Une statuette chinoise en **jade**.*

jadis (adverbe)
Il y a longtemps, dans le passé. ***Jadis** on construisait des châteaux forts.* (Syn. autrefois.) → Prononciation [ʒadis].

jaguar (nom masculin)
Grand félin d'Amazonie au pelage fauve tacheté de noir. → Prononciation [ʒagwaʀ].

un **jaguar**

jaillir (verbe) conj.n°11
Sortir avec force. *L'eau **a jailli** du tuyau.*

jaillissement (nom masculin)
Fait de jaillir. *Un **jaillissement** d'étincelles.*

jais (nom masculin)
Pierre noire et brillante, qu'on utilise pour faire des bijoux.

jalon (nom masculin)
Piquet planté en terre pour servir de repère. *Des **jalons** alignés indiquaient les limites de la propriété.* • **Poser des jalons :** faire les premières démarches en vue d'une action.

jalonner (verbe) conj.n°3
1. Être disposé de place en place. *Des poteaux télégraphiques **jalonnent** la route.* 2. Se succéder dans le temps. *De nombreuses victoires **jalonnent** sa carrière de champion.*

jalousement (adverbe)
Avec beaucoup de soin. *Ces plans secrets sont **jalousement** gardés dans un coffre.*

jalouser (verbe) conj.n°3
Être jaloux de quelqu'un ou de quelque chose. ***Jalouser** la réussite de quelqu'un.*

jalousie (nom féminin)
1. Sentiment mauvais d'une personne qui envie les autres et voudrait avoir pour elle ce qu'ils possèdent. *La richesse de cet homme provoque la **jalousie** de ses voisins.* (Syn. envie.) 2. Sentiment de quelqu'un qui craint l'infidélité de la personne qu'il aime. *Il a fait une scène de **jalousie** à sa femme.*

jaloux, ouse (adjectif)
Qui éprouve de la jalousie. *Camille est **jalouse** des succès de sa cousine. Un mari **jaloux**.* Famille du mot : jalousement, jalouser, jalousie.

jamaïcain, aine
Voir tableau p. 6.

jamais (adverbe)
1. À aucun moment ou en aucun cas. *Je ne bois **jamais** d'alcool. Êtes-vous déjà allé à l'opéra ? – Non, **jamais** !* 2. À un moment quelconque. *Si **jamais** il téléphone, dis-lui que je voudrais le voir.* • **À tout jamais :** pour toujours. *Il nous a quittés **à tout jamais**.*

jambage (nom masculin)
Trait vertical dans l'écriture d'une lettre. *« u » et « n » ont deux **jambages**.*

Le « m » a trois **jambages**.

jambe (nom féminin)
1. Membre inférieur de l'homme. *Un athlète aux **jambes** musclées. Anna a mal aux **jambes**.* 2. Partie d'un vêtement qui couvre la jambe. *Benjamin a déchiré la **jambe** droite de son pantalon.* • **À toutes jambes** : le plus vite possible. *S'enfuir **à toutes jambes**.* • **Cela lui fait une belle jambe !** : cela ne présente aucun intérêt pour lui. • **Être dans les jambes de quelqu'un** : le gêner en restant trop près de lui. • **Prendre ses jambes à son cou** : s'enfuir en courant. ⊙ Famille du mot : enjambée, enjamber, jambage, jambon, jambonneau, unijambiste.

jambon (nom masculin)
Cuisse ou épaule de porc spécialement préparée pour être conservée. *Un sandwich au **jambon**.*

jambonneau, eaux (nom masculin)
Petit jambon fait avec le jarret du cochon.

jante (nom féminin)
Partie métallique de la roue sur laquelle on fixe le pneu. *Attention, ton pneu est à plat, tu es en train de rouler sur la **jante**.* ➠ p. 92. ➠ p. 123.

janvier (nom masculin)
Premier mois de l'année, qui compte 31 jours.

japonais, aise
➠ Voir tableau p. 6.

jappement (nom masculin)
Aboiement court et aigu du chiot.

japper (verbe) ○ conj.n°3
Pousser des jappements. *Mon petit chien **jappe** quand il a faim.*

jaquette (nom féminin)
1. Veste de cérémonie pour homme. *Dans le dos, une **jaquette** se termine par de longs pans ouverts.* 2. Couverture de papier qui recouvre un livre et qui est souvent illustrée.

jardin (nom masculin)
Terrain clos où on cultive des fruits, des légumes, des arbres. *Elle habite une maison avec un **jardin**.* • **Jardin d'enfants** : école qui accueille des tout petits enfants. • **Jardin public** : espace vert ouvert au public. ⊙ Famille du mot : jardinage, jardiner, jardinerie, jardinier, jardinière.

jardinage (nom masculin)
Culture des jardins. *Grand-mère aime faire du **jardinage**.*

jardiner (verbe) ○ conj.n°3
Faire du jardinage. *Dès le matin, il va **jardiner** dans son potager.*

jardinerie (nom féminin)
Magasin qui vend des plantes ainsi que des produits et des outils de jardinage.

jardinier, ère (nom)
Personne qui cultive un jardin. *Le **jardinier** a taillé les arbres fruitiers et arrosé les rosiers.*

jardinière (nom féminin)
Bac dans lequel on cultive des fleurs. *La place du village est ornée de **jardinières** de bégonias.* • **Jardinière de légumes** : plat de légumes cuits, coupés en petits morceaux.

jargon (nom masculin)
1. Langage incompréhensible. *Ils parlent entre eux un **jargon** qu'ils sont vraiment les seuls à comprendre.* (Syn. charabia.) 2. Langage particulier à un métier. *Le **jargon** des informaticiens.*

jarre (nom féminin)
Grand vase de terre cuite qui sert à conserver de l'eau, de l'huile ou des aliments.

une **jarre**

a b c d e f g h i j k l m n o p q r s t u v w x y z

▸ **jarret** (nom masculin)
1. Partie de la jambe située derrière le genou. **2.** Morceau de viande situé sous l'épaule ou la cuisse du veau ou du porc.

▸ **jars** (nom masculin)
Mâle de l'oie. → Prononciation [ʒaʀ].

▸ **jaser** (verbe) ○ conj.n°3
1. Raconter des médisances, faire des critiques, des indiscrétions. *Ses manières bizarres font **jaser** les voisins.* **2.** Synonyme de jacasser.

▸ **jasmin** (nom masculin)
Arbuste à fleurs blanches ou jaunes très odorantes.

du **jasmin**

▸ **jatte** (nom féminin)
Plat rond et évasé, sans rebord. *Il y a de grandes **jattes** pleines de crème fraîche et de fromage blanc à l'étal du crémier.*

▸ **jauge** (nom féminin)
1. Règle graduée qui sert à mesurer le niveau de liquide dans un réservoir. **2.** Volume de marchandises qu'un bateau peut contenir. (Syn. tonnage.)

▸ **jauger** (verbe) ○ conj.n°5
1. Mesurer à l'aide d'une jauge. *Le garagiste **a jaugé** le niveau d'huile.* **2.** Au sens figuré, juger la valeur ou les capacités de quelqu'un. *Il t'a posé ces questions pour te **jauger**.* **3.** Avoir telle capacité. *Ce bateau peut **jauger** 1 000 tonneaux.*

▸ **jaunâtre** (adjectif)
D'un jaune terne. *Ce malade a le teint **jaunâtre**.*

▸ **jaune** (adjectif)
De la couleur du citron ou de l'or. *Les jonquilles sont des fleurs **jaunes**.* ▹ **jaune** (nom masculin) Couleur jaune. *Élodie colorie le soleil en **jaune** vif.* • **Jaune d'œuf :** partie ronde et jaune qui est au centre d'un œuf. ⊙ Famille du mot : jaunâtre, jaunir, jaunisse.

▸ **jaunir** (verbe) ○ conj.n°11
1. Rendre jaune. *La sécheresse **a jauni** l'herbe.* **2.** Devenir jaune. *Les pages de ce vieux livre **ont jauni** avec le temps.*

▸ **jaunisse** (nom féminin)
Maladie du foie qui donne le teint jaune. • **En faire une jaunisse :** dans la langue familière, être mécontent ou dépité au point de se sentir malade.

▸ **javel** (nom féminin)
Liquide utilisé comme décolorant et désinfectant. *Ces taches disparaîtront facilement avec de la **javel**.* ⊙ On dit aussi eau de Javel, du nom d'un quartier de Paris où ce produit était autrefois fabriqué.

▸ **javelot** (nom masculin)
Sorte de lance utilisée en athlétisme. *L'athlète a envoyé le **javelot** à 85 mètres, tout près du record du monde.*

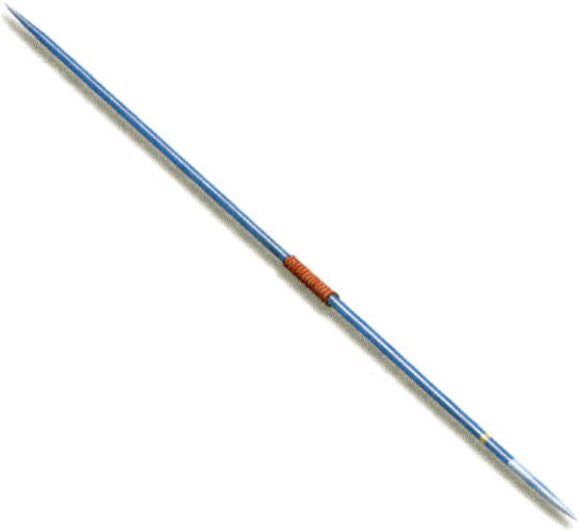

un **javelot**

jazz (nom masculin)
Musique très rythmée, créée par des musiciens noirs américains au début du XXe siècle. *Louis Amstrong est un célèbre trompettiste de **jazz**.* ➜ Jazz est un mot anglais : on prononce [dʒaz].

je (pronom)
Pronom personnel de la première personne du singulier employé comme sujet. ***Je** vais au cinéma.* ➜ Je devient j' devant une voyelle ou un « h » muet : ***J'ai soif. J'hésite.***

jean (nom masculin)
1. Toile épaisse et résistante, généralement de couleur bleue. *Un blouson en **jean**.* 2. Synonyme de blue-jean. *Clément s'habille souvent d'un **jean** et d'un tee-shirt.* ➜ Jean est un mot anglais : on prononce [dʒin]. ⊙ Voir blue-jean.

jeep (nom féminin)
Voiture tout terrain. *À l'origine, la **jeep** était une voiture de l'armée américaine.* ➜ Jeep est un mot anglais : on prononce [dʒip]. ➜ Jeep est le nom d'une marque.

jérémiades (nom féminin pluriel)
Plaintes continuelles. *Elle nous énerve, avec ses **jérémiades**.*

jerrican (nom masculin)
Bidon rectangulaire muni d'une poignée. *Un **jerrican** d'essence.* ➜ Jerrican est un mot anglais : on prononce [ʒeʀikan]. ➜ On écrit aussi jerrycan.

jersey (nom masculin)
Tissu tricoté très souple. *Un pull en **jersey**.* ➜ Prononciation [ʒɛʀzɛ]. ⊙ Jersey vient du nom de l'île de *Jersey* où cette étoffe était fabriquée à l'origine.

1. jet (nom masculin)
1. Action de jeter. *Le lanceur de javelot a réussi son meilleur **jet** au dernier essai.* 2. Jaillissement d'un liquide ou d'un gaz sous pression. *Un **jet** de vapeur. Un bassin avec des **jets** d'eau.* • **D'un seul jet** : en une seule fois. *Il a écrit ce poème **d'un seul jet**.* • **Premier jet** : première esquisse d'une œuvre.

2. jet (nom masculin)
Avion à réaction. ➜ Jet est un mot anglais : on prononce [dʒɛt].

jetable (adjectif)
Que l'on jette après l'avoir utilisé. *Un briquet **jetable**.*

jetée (nom féminin)
Sorte de mur qui s'avance dans la mer pour protéger un port des vagues. *Nous sommes allés jusqu'au phare au bout de la **jetée**.*

Le phare est au bout de la **jetée**.

jeter (verbe) ⊙ conj.n°9
1. Lancer à une certaine distance. ***Jeter** des cailloux dans l'eau.* 2. Se débarrasser de choses inutiles. *Fatima **jette** les épluchures à la poubelle.* 3. Se jeter : se précipiter vers quelqu'un ou quelque chose. *À peine arrivé sur la plage, David **s'est jeté** à l'eau. Le boxeur **se jeta** sur son adversaire.* 4. Se jeter : déverser ses eaux dans un cours d'eau ou dans la mer. *La Seine **se jette** dans la Manche.* • **Jeter l'argent par les fenêtres** : le gaspiller. • **Jeter l'éponge** : abandonner le combat, en parlant d'un boxeur. • **Jeter un coup d'œil** : lancer un regard rapide. ⊙ Famille du mot : jet, jetable.

jeton (nom masculin)
Pièce plate et ronde qui représente une certaine valeur. *Au casino, on se sert de **jetons** pour faire une mise.* • **Faux-jeton** : synonyme familier d'hypocrite.

jeu, jeux (nom masculin)
1. Ce que l'on fait pour s'amuser. *Alain et Gaëlle ont inventé un nouveau **jeu**. Hélène n'aime pas les **jeux** violents.* 2. Ce que l'on utilise pour jouer. *Un **jeu** de dames, de cartes, d'échecs. Un **jeu** vidéo.* 3. Ensemble des cartes qu'un joueur a en main. *Je risque de perdre, je n'ai pas un très bon **jeu**.* 4. Divertissement où l'on risque de l'argent. *Il a beaucoup de chance au **jeu**.* 5. Façon de jouer un rôle ou d'interpréter un morceau de musique. *Un bon acteur doit savoir changer son **jeu** suivant les personnages qu'il interprète.* 6. Assortiment d'objets ou d'outils de même nature. *Un **jeu** de clés.* 7. Espace nécessaire entre les pièces d'un mécanisme pour qu'il puisse fonctionner. *Desserre ton pédalier, il n'a pas assez de **jeu**.* • **Cacher son jeu** : cacher ses intentions. • **Mettre en jeu** : exposer à un risque. *Il **a mis** son honneur **en jeu** dans cette affaire.* ⊙ Famille du mot : enjeu, hors-jeu.

jeudi (nom masculin)
Jour de la semaine entre le mercredi et le vendredi. *Le cours de musique a lieu tous les **jeudis** matin.* ⊙ En latin, jeudi était le jour (*dies*) consacré à *Jupiter*, maître de tous les dieux.

à jeun (adverbe)
Sans avoir mangé. *Ce médicament doit être pris **à jeun**.* → Prononciation [aʒœ̃].

jeune (adjectif)
1. Qui n'est pas avancé en âge. *Les parents de Kevin sont très **jeunes**. La cousine de Julie n'est plus une enfant, c'est déjà une **jeune** fille.* (Contr. âgé, vieux.) 2. Qui est d'un âge moins avancé que quelqu'un d'autre. *Pierre a une sœur plus **jeune** que lui.* 3. Qui a l'aspect ou les caractéristiques de la jeunesse. *Ma grand-mère est restée très **jeune** d'esprit.* • **Jeune fille, jeune homme, jeunes gens** : personnes entre l'enfance et l'âge adulte. ▷ **jeune** (nom) Personne jeune. *C'est un chanteur qui plaît vraiment beaucoup aux **jeunes**.* ⊙ Famille du mot : jeunesse, rajeunir, rajeunissement.

jeûne (nom masculin)
Fait de jeûner. *À cause de sa maladie, il a dû faire quelques jours de **jeûne**.* → Prononciation [ʒøn].

jeûner (verbe) ○ conj.n°3
Se priver de nourriture. *Pendant le ramadan, les musulmans **jeûnent** du lever au coucher du soleil.*

jeunesse (nom féminin)
1. Période de la vie entre l'enfance et l'âge adulte. *Il a passé toute sa **jeunesse** à la campagne.* 2. Ensemble des personnes jeunes. *Cette librairie est spécialisée dans les livres destinés à la **jeunesse**.*

joaillerie (nom féminin)
1. Art du joaillier. *Travailler dans la **joaillerie**.* 2. Magasin du joaillier. *Cette bague vient d'une **joaillerie** très réputée.* → Prononciation [ʒɔajʀi].

joaillier, ère (nom)
Personne qui fabrique des bijoux. *Elle s'est fait faire un collier de diamants par un **joaillier** célèbre.* → Prononciation [ʒɔaje].

jockey (nom masculin)
Cavalier professionnel qui monte les chevaux de course. *Le **jockey** est tombé dès la première haie.*

jogging (nom masculin)
1. Course à pied que l'on pratique pour se maintenir en forme. *Il fait du **jogging** chaque week-end, à la campagne.* 2. Survêtement de sport. → Jogging est un mot anglais : on prononce [dʒɔgiŋ].

joie (nom féminin)
Sentiment que l'on éprouve quand on est très heureux. *Il a ressenti une grande **joie** en retrouvant sa famille.* (Syn. plaisir. Contr. tristesse.) • **S'en donner à cœur joie** : profiter au maximum d'un moment agréable. *La fête est très réussie, tout le monde **s'en donne à cœur joie**.*

joindre (verbe) ○ conj.n°35
1. Réunir ou rapprocher des choses l'une contre l'autre. ***Joignez** bien vos pieds avant de plonger.* 2. Mettre une chose avec une autre. *Il **a joint** un chèque à son bulletin d'inscription.* (Syn. ajouter.) 3. Entrer en contact avec quelqu'un. *Il est parti en voyage, vous aurez du mal à le **joindre**.* (Syn. contacter.) 4. Se joindre à quelqu'un : aller avec lui. *Mes cousins **se joindront à** nous pour cette excursion.* ⊙ Famille du mot : disjoindre, joint, jointure, rejoindre.

joint, jointe (adjectif)
1. Ajouté à autre chose. *Une lettre **jointe** à un paquet.* 2. Rapproché ou mis l'un contre l'autre. *Prier les mains **jointes**. Sauter à pieds **joints**.* ▷ **joint** (nom masculin) Rondelle intercalée entre deux parties jointes pour que l'ensemble soit étanche. *Le robinet fuit, le **joint** est peut-être abîmé.*

jointure (nom féminin)
Endroit où deux os se joignent. *Faire craquer les **jointures** de ses doigts.* (Syn. articulation.)

joker (nom masculin)
Carte à jouer qui peut remplacer n'importe quelle autre carte. → Prononciation [ʒɔkɛʀ]. ⊙ Joker est un mot anglais qui signifie « farceur ».

un **joker**

joli, ie (adjectif)
1. Qui est agréable à regarder ou à entendre. *Un **joli** visage. De **jolies** fleurs. Une **jolie** voix.* (Contr. laid, vilain.) 2. Dans la langue familière, qui est assez important. *Le gagnant de la loterie a remporté une **jolie** somme.* • **C'est du joli ! :** c'est très mal ! (Syn. c'est du beau !) ⊙ Famille du mot : enjoliveur, joliment.

joliment (adverbe)
D'une manière jolie. *Cette maison est **joliment** décorée.*

jonc (nom masculin)
Plante à longue tige droite et flexible, qui pousse dans les endroits humides. → Prononciation [ʒɔ̃].

joncher (verbe) ⊙ conj.n°3
Recouvrir le sol. *Après le carnaval, les rues **sont jonchées** de confettis.*

jonction (nom féminin)
Endroit où deux choses se joignent. *Un chêne se dresse à la **jonction** des deux chemins.*

jongler (verbe) ⊙ conj.n°3
Lancer en l'air des objets que l'on rattrape et que l'on relance sans arrêt. *À la fête foraine, des saltimbanques **jonglent** avec des balles et des anneaux.*

jongleur, euse (nom)
Artiste qui jongle. *Sur la piste du cirque, **jongleurs** et acrobates faisaient leur numéro.*

jonque (nom féminin)
Bateau à voile à fond plat d'Extrême-Orient. ➠ p. 114.

jonquille (nom féminin)
Fleur jaune qui pousse dans les prés au printemps.

des **jonquilles**

jordanien, enne
➠ Voir tableau p. 6.

joue (nom féminin)
Chaque côté du visage entre le nez et l'oreille. *Elle s'est mis un peu de poudre sur les* ***joues****.* ➠ p. 263.

jouer (verbe) ○ conj.n°3
1. Se distraire en faisant des jeux. *Laura et Quentin* ***jouent*** *dans la cour.* ***Jouer*** *aux billes, aux dés, au ballon.* 2. Se servir d'un instrument de musique. *Romain* ***joue*** *du violon. Il* ***joue*** *un concerto de Mozart.* 3. Risquer de l'argent à des jeux de hasard. *Au casino, on peut* ***jouer*** *à la roulette.* 4. Interpréter un rôle. *Ce comédien* ***joue*** *surtout dans des films d'action.* 5. Donner des représentations devant un public. *Dis-moi ce qu'on* ***joue*** *en ce moment au cinéma.* 6. Risquer quelque chose d'important. *Ce pompier* ***a joué*** *sa vie pour sauver un enfant.* 7. Se déformer ou se déboîter. *L'humidité a fait* ***jouer*** *le bois des marches de l'escalier.* • **Jouer avec le feu :** prendre de très grands risques. • **Jouer de malheur, de malchance :** ne pas avoir de chance, accumuler les ennuis. • **Jouer la comédie :** faire semblant. • **Jouer le jeu :** faire quelque chose en acceptant de respecter les règles convenues. ⊙ Famille du mot : jouet, joueur.

jouet (nom masculin)
Objet avec lequel on joue. *Tous les* ***jouets*** *étaient disposés au pied du sapin de Noël.*

joueur, euse (nom)
Personne qui joue à un jeu ou qui pratique un sport. *Des* ***joueurs*** *de boules. Un* ***joueur*** *de basket.* • **Être beau joueur :** accepter de perdre sans se fâcher. • **Être mauvais joueur :** refuser d'accepter la défaite. ▷ **joueur, euse** (adjectif) Qui aime bien jouer. *Ce chaton est très* ***joueur****.*

joufflu, ue (adjectif)
Qui a de grosses joues. *Un bébé* ***joufflu****.*

joug (nom masculin)
Pièce de bois que l'on fixe sur l'encolure des bœufs pour pouvoir les atteler. ➔ Prononciation [ʒu].

jouir (verbe) ○ conj.n°11
1. Avoir la possession ou le profit de quelque chose. *À 80 ans, mon grand-père* ***jouit*** *encore d'une bonne santé.* 2. Avoir un grand plaisir, apprécier. *Nous* ***avons joui*** *de quelques jours de vacances à la mer.*

jouissance (nom féminin)
Droit d'utiliser quelque chose. *Tous les locataires ont la* ***jouissance*** *des jardins qui entourent la résidence.*

joujou, oux (nom masculin)
Jouet, dans le langage des petits enfants.

jour (nom masculin)
1. Espace de temps qui dure 24 heures. *Il y a sept* ***jours*** *dans une semaine.* 2. Espace de temps entre le lever et le coucher du soleil. *Nous partirons au lever du* ***jour****.* 3. Lumière du soleil. *Ouvre les volets, il n'y a pas assez de* ***jour*** *dans cette pièce.* • **À jour :** qui est en règle, qui n'est pas en retard. *Il n'est pas* ***à jour*** *dans son travail.* • **Au grand jour :** à la vue de tout le monde. • **De nos jours :** à l'époque actuelle. • **D'un jour à l'autre :** à tout moment. *Elle peut accoucher* ***d'un jour à l'autre****.* • **Les vieux jours :** la période de la vie où l'on est vieux. • **Vivre au jour le jour :** sans souci du lendemain.

journal, aux (nom masculin)
1. Publication imprimée qui paraît chaque jour pour donner des informations. *J'ai lu cette nouvelle dans le* ***journal*** *d'hier.* 2. Bulletin d'informations à la radio ou à la télévision. *Grand-père regarde toujours le* ***journal*** *de vingt heures.* 3. Cahier où l'on écrit régulièrement ses pensées ou les événements de sa vie. *Myriam ne montre son* ***journal*** *à personne.* ⊙ Famille du mot : journalisme, journaliste.

journalier, ère (adjectif)
Qui se fait chaque jour. *Faire la vaisselle est une tâche* ***journalière****.* (Syn. quotidien.)

journalisme (nom masculin)
Profession de journaliste.

journaliste (nom)
Personne qui informe le public à la radio, à la télévision ou en écrivant dans un journal. *Un **journaliste** sportif.*

journée (nom féminin)
Espace de temps compris entre le lever et le coucher du soleil. *Il a passé sa **journée** à travailler.*

journellement (adverbe)
Chaque jour. *Romain lui rend visite **journellement**.* (Syn. quotidiennement.)

joute (nom féminin)
Au Moyen Âge, combat à la lance entre deux hommes à cheval.

jovial, ale (adjectif)
Qui est d'une gaieté franche et communicative. *J'aime l'atmosphère **joviale** de ce petit restaurant.* (Syn. enjoué. Contr. maussade.) → Pluriel : des enfants jovials ou joviaux.

joyau, aux (nom masculin)
Bijou très précieux. *La reine portait de magnifiques **joyaux**.*

joyeusement (adverbe)
De façon joyeuse. *Notre équipe a **joyeusement** fêté sa victoire.* (Syn. gaiement. Contr. tristement.)

joyeux, euse (adjectif)
Qui ressent ou qui exprime de la joie. *Thomas était tout **joyeux** de nous revoir.* (Syn. gai. Contr. triste.)

jubilation (nom féminin)
Joie intense. *Quelle **jubilation** d'avoir gagné !*

jubiler (verbe) ○ conj.n°3
Éprouver de la jubilation. *Noémie **jubile** à l'idée de partir bientôt en vacances.*

jucher (verbe) ○ conj.n°3
Placer en hauteur. *Il **a juché** les valises sur le haut de l'armoire. Un oiseau **s'est juché** sur le cerisier.*

judaïsme (nom masculin)
Religion pratiquée par les juifs. *La Bible est le livre sacré du judaïsme.*

judas (nom masculin)
Petite ouverture dans une porte, qui permet de voir sans être vu.

judiciaire (adjectif)
Qui concerne la justice. *Cet innocent a été victime d'une erreur **judiciaire**.*

judicieusement (adverbe)
De façon judicieuse. *Cette robe te va très bien, tu l'as **judicieusement** choisie.* (Syn. intelligemment.)

judicieux, euse (adjectif)
Qui est plein de bon sens. *Une remarque, un choix **judicieux**.* (Syn. pertinent, sensé.)

judo (nom masculin)
Sport de combat à main nue, d'origine japonaise, dans lequel on cherche à déséquilibrer son adversaire pour le faire tomber ou l'immobiliser. *Une prise de **judo**. Il est ceinture noire de **judo**.*

judoka (nom)
Personne qui pratique le judo.

juge (nom masculin)
1. Magistrat chargé de rendre la justice. *L'accusé a été amené devant le **juge**.* 2. Personne chargée de donner son avis. *Si tu hésites entre ces deux livres, demande conseil au libraire, il sera bon **juge**.* 3. Dans certains sports, personne chargée de faire respecter les règles dans une compétition.

jugement (nom masculin)
1. Décision prise par un tribunal au cours d'un procès. *La cour va faire connaître son **jugement**.* (Syn. sentence, verdict.) 2. Qualité d'une personne qui apprécie les gens ou les choses à leur juste valeur. *Il a manqué de **jugement** en faisant confiance à un inconnu.* 3. Avis que l'on a sur quelqu'un ou quelque chose. *Nous n'avons pas le même **jugement** en ce qui concerne ce film.*

jugeote (nom féminin)
Synonyme familier de bon sens. *Sortir en tee-shirt sous la pluie, tu manques vraiment de **jugeote** !*

▸ **juger** (verbe) ⭘ conj.n°5
1. Prononcer un jugement. *Le tribunal **a jugé** l'accusé coupable et l'a condamné à trois ans de prison.* **2.** Donner une note ou une appréciation. *C'est à l'examinateur de **juger** les candidats.* **3.** Avoir tel avis sur quelqu'un ou quelque chose. *Claire **juge** ce voyage trop dangereux.* (Syn. estimer.) ⊙ Famille du mot : adjuger, juge, jugement, jugeote, préjugé, préjuger.

▸ **juguler** (verbe) ⭘ conj.n°3
Empêcher de se développer. ***Juguler** une épidémie.* (Syn. arrêter, enrayer.)

▸ **juif, juive** (nom)
Personne qui est adepte de la plus ancienne religion monothéiste, fondée sur les Dix Commandements donnés par Dieu à Moïse. *Les **juifs** descendent d'un ancien peuple de Palestine, le peuple hébreu.* ▷ **juif, juive** (adjectif) Qui appartient au judaïsme. *Les cérémonies religieuses **juives** se déroulent dans une synagogue.*

▸ **juillet** (nom masculin)
Septième mois de l'année, qui compte trente et un jours.

▸ **juin** (nom masculin)
Sixième mois de l'année, qui compte trente jours.

▸ **jumeau, eaux, jumelle** (adjectif et nom)
Qui est né au même moment, de la même mère. *Victor a une sœur **jumelle**. Ces **jumeaux** se ressemblent tellement que tout le monde les confond.* ▷ **jumeau, eaux, jumelle** (adjectif) Se dit d'objets totalement semblables et placés l'un à côté de l'autre.

des **jumelles**

▸ **jumelage** (nom masculin)
Action de jumeler deux villes.

▸ **jumeler** (verbe) ⭘ conj.n°9
Associer deux villes pour organiser des rencontres et des échanges. *Notre ville **est jumelée** avec une ville anglaise.*

▸ **jumelle** ➠ Voir jumeau.

▸ **jumelles** (nom féminin pluriel)
Instrument d'optique formé de deux lunettes, qui sert à voir au loin. *William observe les oiseaux avec des **jumelles**.*

▸ **jument** (nom féminin)
Femelle du cheval. *La **jument** est suivie de son poulain.*

▸ **jungle** (nom féminin)
En Asie tropicale, épaisse forêt, où vivent les grands fauves. • **La loi de la jungle** : la loi du plus fort.

▸ **junior** (nom)
Sportif entre 16 et 21 ans. *Alain fait du rugby dans l'équipe des **juniors**.* ▷ **junior** (adjectif et nom) Qui concerne les adolescents. *Un magazine pour les **juniors**. La mode **junior**.*

▸ **jupe** (nom féminin)
Vêtement féminin qui part de la taille et couvre une partie des jambes. *Une **jupe** plissée. Une **jupe** droite.*

▸ **jupon** (nom masculin)
Sous-vêtement en tissu léger que l'on porte sous une jupe. *Un **jupon** à volants.*

▸ **juré** (nom masculin)
Membre d'un jury. *Après avoir délibéré, les **jurés** ont déclaré l'accusé non coupable.*

▶ **jurer** (verbe) ○ conj.n°3
1. Promettre par serment. *Luc **a juré** de dire la vérité devant le tribunal.* **2.** Assurer formellement et avec solennité. *Je vous **jure** que je ne recommencerai pas une pareille bêtise.* **3.** Dire des jurons. *Même si tu es furieux, ce n'est pas une raison pour **jurer** !* **4.** Être mal assorti avec autre chose. *Le rouge de sa jupe **jure** avec son chemisier orange.*

▶ **juridique** (adjectif)
Qui concerne les lois. *Si tu veux devenir avocat, tu devras faire des études **juridiques**.*

▶ **juron** (nom masculin)
Mot grossier qui marque la colère. *Pousser des **jurons**.*

▶ **jury** (nom masculin)
1. Ensemble de personnes chargées de juger si un accusé est coupable ou innocent d'un crime. *Le verdict du **jury** est : non coupable !* **2.** Groupe de personnes chargées de juger des candidats ou des œuvres. *Le **jury** décernera un prix au meilleur film du festival.*

▶ **jus** (nom masculin)
1. Liquide contenu dans les fruits ou les légumes. *Du **jus** de pomme. Du **jus** de tomate.* **2.** Liquide qui vient de la cuisson d'une viande. *Il arrose les pommes de terre avec le **jus** du rôti.*

▶ **jusque** (préposition)
Sert à indiquer une limite de lieu ou de temps. *Je vous ramène **jusque** chez vous. Il s'est promené **jusqu'**au bout de la jetée. Odile a veillé **jusqu'**à minuit.*
▷ **jusqu'à ce que** (conjonction) Jusqu'au moment où. *Ils se sont promenés **jusqu'à ce que** la nuit tombe.*

▶ **justaucorps** (nom masculin)
Maillot collant utilisé pour la danse ou le sport. ⊙ Justaucorps désigne aussi un vêtement ancien qui était très serré à la taille : *juste au corps*.

▶ **juste** (adjectif)
1. Qui est conforme à la réalité ou à la vérité. *Votre calcul est **juste**.* (Syn. correct, exact. Contr. faux.) **2.** Qui est conforme à la justice. *Tout le monde a eu des fraises sauf Sarah, ce n'est pas **juste** !* (Syn. équitable. Contr. injuste.) **3.** Qui est trop étroit, trop serré. *Ce pantalon est trop **juste**, essaie la taille au-dessus.* **4.** Qui est à peine suffisant. *Un seul poulet pour six personnes, ce sera un peu **juste**.*
▷ **juste** (adverbe) **1.** Avec exactitude, précision. *Ursula chante **juste**.* (Contr. faux.) **2.** Précisément ou exactement. *Nous sommes partis à 8 heures **juste**.* **3.** Seulement. *Comme dessert, je prendrai **juste** un fruit.* **4.** En quantité insuffisante. *Il va manquer du jus de fruits, tu as vu trop **juste**.* • **Au juste** : exactement, précisément. *Qu'est-ce qu'il voulait **au juste** ?* • **Au plus juste** : en comptant le minimum possible. • **Comme de juste** : comme prévu. ***Comme de juste**, il est encore en retard.*
⊙ Famille du mot : ajustage, ajusté, ajuster, ajusteur, injuste, injustement, justement, justesse, rajustement, rajuster.

▶ **justement** (adverbe)
Sans aucun doute. *C'est **justement** ce que j'allais dire.* (Syn. précisément.)

▶ **justesse** (nom féminin)
Qualité de ce qui est juste. *Je suis frappé de la **justesse** de vos remarques. La **justesse** d'une voix.* • **De justesse** : de très peu. *Il a été sauvé **de justesse**.*

▶ **justice** (nom féminin)
1. Principe moral qui consiste à reconnaître et à respecter les droits de chacun. *Il traite ses élèves avec **justice**.* (Syn. équité. Contr. injustice.) **2.** Pouvoir exercé par les juges et les tribunaux pour assurer le respect de la loi. *Exercer, rendre la **justice**.* **3.** Ensemble des personnes et des institutions qui sont chargées de ce pouvoir. *L'accusé a le droit de se défendre devant la **justice**.*
⊙ Famille du mot : injustice, justicier.

▶ **justicier, ère** (nom)
Personne qui fait la justice toute seule, sans tenir compte des lois.

▸ **justificatif** (nom masculin)
Document qui justifie quelque chose. *Si vous voulez échanger ce que vous avez acheté, gardez le ticket de caisse comme* ***justificatif****.*

▸ **justification** (nom féminin)
Ce qui permet de justifier quelque chose ou de se justifier. *Il a quitté brusquement la réunion sans donner de* ***justification*** *à son départ.*

▸ **justifier** (verbe) ○ conj.n°10
1. Donner des excuses valables à ce que l'on fait. *Je me demande comment il va* ***justifier*** *sa mauvaise conduite !* 2. Faire admettre comme vrai ou comme juste. *Un tel mensonge* ***justifie*** *la colère de ses parents.* 3. Se justifier : prouver son innocence. *Il essaie de* ***se justifier*** *mais personne ne le croit.* ⊙ Famille du mot : injustifié, justificatif, justification.

▸ **jute** (nom masculin)
Fibre textile tirée d'une plante cultivée en Inde. *Un sac en toile de* ***jute****.*

▸ **juteux, euse** (adjectif)
Qui contient beaucoup de jus. *L'orange est un fruit* ***juteux****.*

▸ **juvénile** (adjectif)
Qui a l'aspect ou les qualités de la jeunesse. *Malgré son âge, elle a gardé un sourire* ***juvénile****.*

▸ **juxtaposer** (verbe) ○ conj.n°3
Mettre l'un à côté de l'autre. *Il ne suffit pas de* ***juxtaposer*** *des couleurs sur une toile pour faire un tableau.*

k (nom masculin)
Onzième lettre de l'alphabet. *Le **K** est une consonne.*

1. kaki (adjectif)
D'une couleur jaunâtre tirant sur le brun. *Les vêtements militaires sont souvent **kaki**.* → Pluriel : des vestes kaki. ⊙ Kaki vient d'un mot indien qui signifie « couleur de poussière ».

2. kaki (nom masculin)
Fruit jaune orangé, au goût sucré, qui ressemble à une tomate. *Le **kaki** est originaire d'Asie.*

des **kakis**

kaléidoscope (nom masculin)
Tube creux dans lequel sont disposés des petits miroirs qui forment des images, aux dessins changeants.

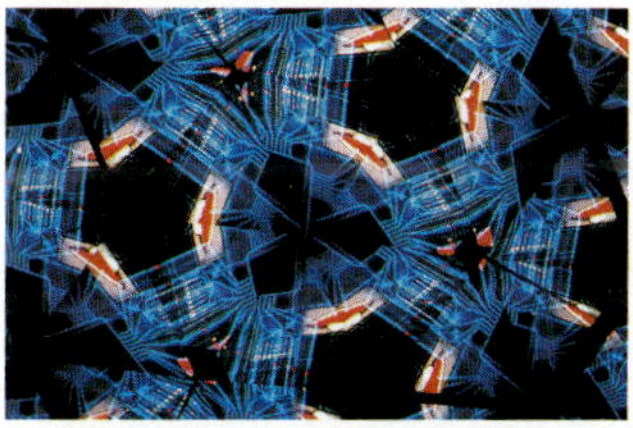

une image de **kaléidoscope**

kangourou (nom masculin)
Mammifère herbivore d'Australie qui se déplace par bonds. *Après sa naissance, le petit du **kangourou** vit quelques mois dans une poche sur le ventre de sa mère.*

un **kangourou** et son petit

kaolin (nom masculin)
Argile blanche utilisée pour la fabrication de la porcelaine.

karaoké (nom masculin)
Appareil qui permet d'enregistrer une personne chantant sur un fond musical déjà enregistré. *Les **karaokés** sont équipés d'écrans vidéo où on peut lire le texte de la chanson pendant qu'on l'interprète.*

▸ **karaté** (nom masculin)
Sport de combat à main nue, d'origine japonaise, dans lequel on porte des coups avec les mains et les pieds.

▸ **karatéka** (nom)
Personne qui pratique le karaté.

des **karatékas** en **kimono**

▸ **kart** (nom masculin)
Petite voiture très basse et très rapide, sans carrosserie. *Faire des courses de **kart**.* ➔ Kart est un mot anglais : on prononce [kaʀt].

▸ **karting** (nom masculin)
Sport qui consiste à faire des courses en kart. *Une piste de **karting**.* ➔ Prononciation [kaʀtiŋ].

▸ **kasher** ➠ Voir casher.

▸ **kayak** (nom masculin)
Canot léger en toile imperméable que l'on fait avancer à l'aide d'une pagaie double. *Descendre une rivière en **kayak**.* ⊙ Kayak est un mot esquimau, ce qui montre l'origine de ce canot.

▸ **kendo** (nom masculin)
Art martial japonais, qui se pratique avec des sabres de bambou. ➠ p. 79.

▸ **kenyan, ane**
➠ Voir tableau p. 6.

▸ **képi** (nom masculin)
Coiffure cylindrique à visière qui fait partie de certains uniformes. *Le **képi** d'un gendarme.*

▸ **kermesse** (nom féminin)
Fête de charité en plein air avec des stands et des jeux. *À la fin de l'année, on organise une **kermesse** à l'école.*

▸ **kérosène** (nom masculin)
Carburant liquide tiré du pétrole. *Les avions à réaction fonctionnent au **kérosène**.*

▸ **ketchup** (nom masculin)
Sauce épaisse, à base de tomates et d'épices, et qui est légèrement sucrée. *Zoé aime les frites avec du **ketchup**.* ➔ Ketchup est un mot anglais : on prononce [kɛtʃœp].

▸ **kidnapper** (verbe) ⊙ conj.n°3
Enlever quelqu'un pour obtenir une rançon. *Des inconnus **ont kidnappé** une riche héritière.* ⊙ Famille du mot : kidnappeur, kidnapping. ⊙ Kidnapper vient des mots anglais *to nap* qui signifie « enlever » et *kid* qui signifie « enfant ».

▸ **kidnappeur, euse** (nom)
Personne qui fait un kidnapping. (Syn. ravisseur.)

▸ **kidnapping** (nom masculin)
Enlèvement d'une personne. (Syn. rapt.) ➔ Kidnapping est un mot anglais : on prononce [kidnapiŋ].

▸ **kilo** (nom masculin)
Abréviation de kilogramme. *Nous voudrions deux **kilos** de cerises.*

▸ **kilogramme** (nom masculin)
Unité de poids qui équivaut à 1 000 grammes. ➔ Kilogramme s'abrège *kg*.

▸ **kilométrage** (nom masculin)
Nombre de kilomètres parcourus. *Le compteur kilométrique d'une voiture indique son **kilométrage**.*

▸ **kilomètre** (nom masculin)
Unité de distance qui équivaut à 1 000 mètres. • **Kilomètre-heure** : unité de mesure servant à calculer la vitesse moyenne d'une voiture. *Sur cette route, la vitesse est limitée à 60 **kilomètres-heure**.* ➔ Kilomètre s'abrège *km*. Kilomètre-heure s'abrège *km/h*. ⊙ Famille du mot : kilométrage, kilométrique.

▸ **kilométrique** (adjectif)
Qui indique les kilomètres. *Des bornes **kilométriques**. Un compteur **kilométrique**.*

kilowatt (nom masculin)
Unité servant à mesurer une puissance. *On compte la consommation d'électricité en **kilowatts**.* → Kilowatt s'abrège *kW*.

kilt (nom masculin)
Jupe traditionnelle des Écossais.

kimono (nom masculin)
1. Longue tunique japonaise, à manches larges, qui se ferme avec une ceinture. 2. Tenue des judokas et des karatékas composée d'une veste en toile épaisse et d'un pantalon large.

kinésithérapeute (nom)
Personne qui soigne les gens en rééduquant leurs muscles par des massages et des mouvements de gymnastique. *Il va régulièrement chez un **kinésithérapeute** pour corriger sa scoliose.*

kinésithérapie (nom féminin)
Activité du kinésithérapeute. *Romain suit des séances de **kinésithérapie**.* ⊙ Kinésithérapie vient du grec ***kinêsis*** qui signifie « mouvement » et ***therapeia*** qui signifie « soin ».

kiosque (nom masculin)
1. Pavillon ouvert dans un jardin. *Un **kiosque** à musique.* 2. Petite boutique installée sur la voie publique. *Un **kiosque** à journaux.*

kippa (nom féminin)
Petite calotte portée par les juifs pratiquants.

kirsch (nom masculin)
Eau-de-vie de cerises. *Des ananas au **kirsch**.* ⊙ Kirsch vient de l'allemand ***kirsche*** qui signifie « cerise ».

kit (nom masculin)
Ensemble d'éléments vendus en pièces détachées qu'il faut assembler soi-même. *Des étagères vendues en **kit**.* ⊙ Kit est un mot anglais qui signifie « boîte à outils ».

kitchenette (nom féminin)
Petite cuisine. *Ils ont loué un deux-pièces avec salle de bains et **kitchenette**.* ⊙ Kitchenette vient de l'anglais ***kitchen*** qui signifie « cuisine ».

kiwi (nom masculin)
1. Oiseau de Nouvelle-Zélande, dépourvu d'ailes, ayant un long bec. 2. Fruit d'origine exotique, à peau marron duveteuse, à chair verte et acidulée.

klaxon (nom masculin)
Avertisseur sonore d'une voiture. *Il a donné un coup de **klaxon** avant de doubler.* → Klaxon est un mot anglais : on prononce [klaksɔn]. → Klaxon est le nom d'une marque.

un **kiwi**

un **kiwi** et son œuf

klaxonner (verbe) ○ conj.n°3
Utiliser un klaxon. *Ça ne sert à rien de **klaxonner** quand on est bloqué dans les embouteillages.*

kleenex (nom masculin)
Mouchoir jetable en papier. → Kleenex est un mot anglais : on prononce [klinɛks]. → Kleenex est le nom d'une marque.

kleptomane (nom)
Personne qui ne peut s'empêcher de commettre des vols.

K.-O. (adjectif)
Hors de combat. *Le boxeur a mis son adversaire **K.-O.** au premier round.* → Prononciation [kao]. → K.-O. est une abréviation du mot anglais ***knock-out*** qui signifie « assommer ».

koala (nom masculin)
Petit mammifère d'Australie. *Le **koala** vit dans les arbres et se nourrit de feuilles d'eucalyptus.*

un **koala** et son petit

kraft (adjectif)
• **Papier kraft** : papier d'emballage très résistant, de couleur marron. ⊙ Kraft est un mot allemand qui signifie « force ».

kumquat (nom masculin)
Tout petit agrume que l'on mange avec son écorce. → Prononciation [kumkwat].

kung-fu (nom masculin)
Art martial d'origine chinoise. → Prononciation [kuɲfu].

des lutteurs de **kung-fu**

k-way (nom masculin)
Coupe-vent imperméable très léger. → Prononciation [kawe]. → Pluriel : des k-way. ⊙ K-way est le nom d'une marque.

kyrielle (nom féminin)
Grande quantité. *Il a essayé une **kyrielle** de casquettes avant de faire son choix.*

kyste (nom masculin)
Petite grosseur qui se forme sous la peau ou à l'intérieur du corps. *Il a été opéré d'un **kyste** à la gorge.*

l (nom masculin)
Douzième lettre de l'alphabet. *Le **L** est une consonne.*

l' ➠ Voir le.

1. la (déterminant)
Féminin de *le*.

2. la (nom masculin)
Sixième note de la gamme.

3. la (pronom personnel) ➠ Voir le.

là (adverbe)
1. Dans ce lieu. *Tu te mets **là** et moi ici.* 2. Avec un trait d'union, sert à renforcer l'adjectif démonstratif. *Ce garçon-**là** est gentil.* • **Là-bas** : au loin. • **Là-haut** : dans cet endroit plus élevé.

label (nom masculin)
Étiquette garantissant la bonne qualité d'un produit et sa provenance.

labeur (nom masculin)
Dans la langue littéraire, travail long et pénible. *Un dur **labeur** vous attend.*

laboratoire (nom masculin)
Local aménagé pour faire des recherches scientifiques, des analyses médicales ou encore des travaux photographiques.

laborieux, euse (adjectif)
Qui est le résultat de beaucoup d'efforts. *Ce vaccin est le fruit de patientes et **laborieuses** recherches.*

labour (nom masculin)
Travail consistant à labourer. *On élevait autrefois des chevaux de **labour**.*

labourage (nom masculin)
Action de labourer. *Le **labourage** se fait maintenant à l'aide de tracteurs.*

labourer (verbe) ⊙ conj.n°3
Retourner la terre avec une charrue, une bêche ou une houe. *Il faut **labourer** avant de semer.* ⊙ Famille du mot : labour, labourage, laboureur. ⊙ Labourer vient du latin *laborare* qui signifie « travailler » et que l'on retrouve dans *labeur* et dans *laborieux*.

laboureur (nom masculin)
Synonyme littéraire de cultivateur.

labrador (nom masculin)
Grand chien au poil ras, noir ou fauve.

labyrinthe (nom masculin)
Réseau compliqué de rues ou de couloirs, où l'on ne retrouve pas facilement son chemin. *Le quartier de la vieille ville est un vrai **labyrinthe**.* (Syn. dédale.) ⊙ Le labyrinthe avait été construit en Crète par l'architecte Dédale pour enfermer le Minotaure. Ayant tué ce monstre, Thésée put retrouver la sortie grâce au fil qui le reliait à Ariane.

lac (nom masculin)
Grande étendue d'eau douce. *Le **lac** de Genève fait 72 km de long.* ➠ p. 367.

a b c d e f g h i j k l m n o p q r s t u v w x y z

▸ **lacer** (verbe) ○ conj.n°4
Attacher avec des lacets. *Les tout petits ne savent pas encore **lacer** leurs chaussures.* (Contr. délacer.) ⊙ Famille du mot : délacer, enlacer, lacet.

▸ **lacérer** (verbe) ○ conj.n°8
Couper et mettre en lambeaux. *Des voyous **ont lacéré** les banquettes du car.*

▸ **lacet** (nom masculin)
1. Cordon que l'on passe dans des trous pour attacher des chaussures. *Tes **lacets** sont défaits.* 2. Virage serré d'une route en zigzag. *On arrive au sommet par un chemin en **lacet**.*

▸ **lâche** (adjectif)
Qui n'est pas serré ou pas tendu. *La ficelle est trop **lâche**, le paquet ne tiendra pas.* ▷ **lâche** (adjectif et nom) Qui est sans courage. *C'est **lâche** de s'attaquer à un plus petit que soi ! Quel **lâche** !* (Contr. brave, courageux.) ⊙ Famille du mot : lâchement, lâcheté.

Un **lâche** n'oserait jamais pénétrer dans un **labyrinthe.**

▸ **lâchement** (adverbe)
Avec lâcheté. ***Lâchement**, ils ont laissé punir Benjamin qui n'avait rien fait.* (Contr. bravement.)

▸ **lâcher** (verbe) ○ conj.n°3
1. Cesser de tenir. *Anna **a lâché** la main de sa maman.* 2. Ne plus résister. *Le nœud **a lâché**.* (Syn. céder.) 3. Dans la langue familière, abandonner quelqu'un. *Tu nous **lâches** juste au moment de faire la vaisselle ?*

▸ **lâcheté** (nom féminin)
1. Caractère d'une personne lâche. *Sa **lâcheté** l'a poussé à s'enfuir.* (Contr. courage.) 2. Acte lâche. *En laissant accuser Élodie, Clément a commis une **lâcheté**.*

▸ **lâcheur, euse** (nom)
Dans la langue familière, personne qui abandonne ses amis. *Ce **lâcheur** a refusé de m'aider.*

▸ **lacis** (nom masculin)
Réseau compliqué de choses qui s'entrelacent. *C'est un village médiéval, avec un **lacis** de ruelles étroites.*

▸ **laconique** (adjectif)
Exprimé en peu de mots. *Un communiqué **laconique** dans la presse a annoncé la nouvelle.* ⊙ Laconique vient de *Laconie*, région de Grèce, dont les habitants, les Spartiates, avaient la réputation d'être peu bavards.

▸ **lacrymogène** (adjectif)
Qui provoque des larmes. *Une bombe **lacrymogène**.*

▸ **lactaire** (nom masculin)
Champignon qui laisse écouler un liquide laiteux quand on le coupe. *Certains **lactaires** sont comestibles.* ➠ p. 189.

▸ **lacté, ée** (adjectif)
Qui contient du lait. *Les yaourts, le fromage sont des produits **lactés**.* • **Voie lactée** : immense traînée d'étoiles, qui traverse le ciel. *Le système solaire fait partie de la **Voie lactée**.* ⊙ Voir galaxie.

▸ **lacune** (nom féminin)
Ce qui manque pour que quelque chose soit complet. *David a des **lacunes** en histoire.*

▸ **lacustre** (adjectif)
• **Cité lacustre** : cité préhistorique bâtie sur pilotis au bord d'un lac.

un village **lacustre**

lad (nom masculin)
Garçon d'écurie chargé de s'occuper des chevaux de course.

lagon (nom masculin)
Étendue d'eau séparée de la pleine mer par un récif de corail. *Les **lagons** du Pacifique.*

lagune (nom féminin)
Étendue d'eau de mer séparée du large par une étroite bande de sable. *La **lagune** de Venise.* ➠ p. 367.

laïc ➠ Voir laïque.

laïcité (nom féminin)
Caractère de ce qui est laïque. *La IIIe République a institué la **laïcité** de l'école publique française.*

laid, laide (adjectif)
Qui n'est pas agréable à regarder. *Il est **laid** sur cette photo !* (Syn. affreux. Contr. beau, joli.) ⊙ Famille du mot : enlaidir, laideur.

laideur (nom féminin)
Caractère de ce qui est laid. *La fée le transforma en un monstre d'une **laideur** repoussante.* (Contr. beauté.)

laie (nom féminin)
Femelle du sanglier.

lainage (nom masculin)
Vêtement de laine tricotée. *Les soirées sont fraîches, il faut un **lainage**.* (Syn. tricot.)

laine (nom féminin)
Poil doux et souple de la toison du mouton et de certains animaux. *Fatima a acheté des pelotes de **laine** pour se tricoter un pull.* ⊙ Famille du mot : lainage, laineux.

laineux, euse (adjectif)
Qui a l'aspect ou la douceur de la laine. *Ce caniche a un poil **laineux**.*

laïque (adjectif)
Qui est sans appartenance religieuse. *En France, l'école publique est **laïque**.* ▷ **laïque** (nom) Chrétien qui n'est ni prêtre ni religieux. *Un **laïque** dit la messe avec le prêtre aujourd'hui.* ➜ Le nom masculin s'écrit aussi laïc. Un laïc.

laisse (nom féminin)
Lanière servant à retenir un chien. *Les chiens, même tenus en **laisse**, sont interdits dans le square.*

laisser (verbe) ⊙ conj.n°3
1. Ne pas prendre avec soi. *Gaëlle **a laissé** son sac à l'école.* 2. Quitter ou ne pas emmener avec soi. *Ibrahim **a laissé** son chien à la maison.* 3. Confier une chose à quelqu'un en partant. *Je te **laisse** mes clés.* 4. Ne pas manger quelque chose. *Elle **a** mangé la viande et **laissé** les légumes.* 5. Autoriser à faire quelque chose. *On ne l'**a** pas **laissé** entrer.* 6. Céder à un prix peu élevé. *Le brocanteur lui **a laissé** ces verres de cristal pour 10 euros !* 7. Léguer quelque chose. *Elle **a laissé** une fortune à ses enfants.* 8. Ne pas faire changer d'état ou de lieu. *J'**ai laissé** le poulet au chaud dans le four.* • **Se laisser aller :** ne plus faire d'effort par manque d'énergie. • **Se laisser faire :** faire sans résister ce que les autres veulent. ⊙ Famille du mot : délaisser, laisser-aller, laissez-passer.

laisser-aller (nom masculin)
Manque d'effort dans le comportement ou le travail. *Il y a du **laisser-aller** dans ton travail, tes mauvaises notes le prouvent.* (Syn. relâchement.)

laissez-passer (nom masculin)
Autorisation officielle écrite. *Pour entrer à l'Élysée, il faut un **laissez-passer**.* ➜ Pluriel : des laissez-passer.

lait (nom masculin)
Liquide blanc et opaque sécrété par les mamelles des mammifères pour nourrir leurs petits. *Le chevreau tète le **lait** de la chèvre.* ⊙ Famille du mot : allaitement, allaiter, laitage, laiterie, laiteux, laitier, petit-lait.

laitage (nom masculin)
Aliment à base de lait. *Les flans, les yaourts ou les petits-suisses sont des **laitages**.*

laiterie (nom féminin)
Usine où l'on traite le lait pour produire de la crème, du beurre et du fromage.

laiteux, euse (adjectif)
Qui a l'aspect du lait. *Des nuages d'un blanc **laiteux**.*

laitier, ère (adjectif)
Qui a rapport avec le lait. *Le beurre, le fromage, les yaourts sont des produits **laitiers**. Des vaches **laitières**.*

laiton (nom masculin)
Alliage de cuivre et de zinc. *Du fil de **laiton**.*

laitue (nom féminin)
Plante potagère que l'on consomme en salade.

lama (nom masculin)
1. Mammifère ruminant de la cordillière des Andes. *Le **lama** sert de bête de somme, il donne de la laine et du lait.* 2. Moine bouddhiste du Tibet.

un **lama**

lamantin (nom masculin)
Gros mammifère aquatique qui vit dans les embouchures des fleuves tropicaux.

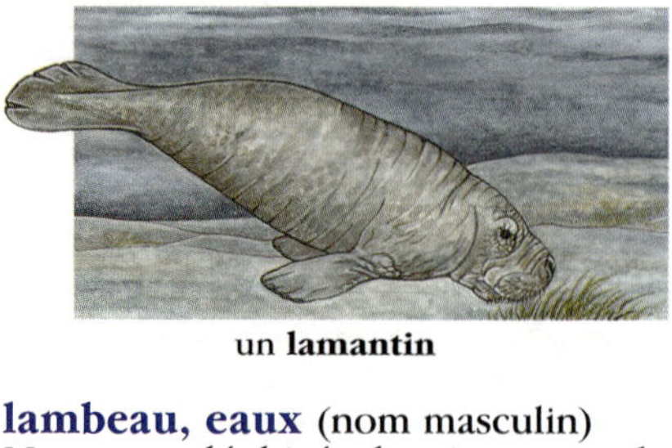

un **lamantin**

lambeau, eaux (nom masculin)
Morceau déchiré de tissu ou de papier. *Jette donc ce vieux mouchoir, il tombe en **lambeaux** !*

lambin, ine (adjectif et nom)
Qui lambine. *Tu n'es pas encore prêt ? Quel **lambin** !*

lambiner (verbe) ○ conj.n°3
Dans la langue familière, agir sans se presser, comme en flânant. *Hélène va lentement, elle rêve, elle **lambine**.* (Syn. traîner.)

lambris (nom masculin)
Panneau décoratif en bois. *Les murs du salon sont recouverts de **lambris**.*

lambrissé, ée (adjectif)
Recouvert de lambris. *La bibliothèque a des murs **lambrissés**.*

lame (nom féminin)
1. Partie tranchante d'un outil ou d'une arme. *Une **lame** de couteau, une **lame** de rasoir.* 2. Plaque mince et allongée. *Kevin a mis une algue entre deux **lames** de verre pour l'observer au microscope.* 3. Grosse vague. *Une **lame** a fait chavirer le bateau.*

lamelle (nom féminin)
Petite lame ou tranche très mince. *Couper un concombre en **lamelles**.*

lamentable (adjectif)
1. Qui mérite qu'on se lamente. *Ce musicien a eu une fin **lamentable**.* (Syn. déplorable, navrant, pitoyable. Contr. joyeux.) 2. Très mauvais. *Ses résultats scolaires sont **lamentables**.* (Contr. excellent.)

lamentablement (adverbe)
De façon lamentable. *Leur épopée a fini **lamentablement**.*

lamentation (nom féminin)
Plaintes répétées d'une personne qui se lamente. *Toutes ces **lamentations** continuelles ne changeront rien à la situation.*

se lamenter (verbe) ○ conj.n°3
Se plaindre longuement. *Cesse de **te lamenter** et réfléchis où tu as pu oublier ton appareil !* (Syn. gémir. Contr. se réjouir.)

laminer (verbe) ○ conj.n°3
Amincir par un passage dans un laminoir. *On **lamine** le métal pour en faire des feuilles, des plaques, des barres, etc.*

laminoir (nom masculin)
Machine composée de cylindres tournant en sens inverse pour aplatir le métal.

lampadaire (nom masculin)
Lampe fixée sur un grand pied. *Les rues sont éclairées par des* ***lampadaires****.*

lampe (nom féminin)
Appareil d'éclairage. *Les* ***lampes*** *à pétrole ont été remplacées par des* ***lampes*** *électriques.*

lampée (nom féminin)
Dans la langue familière, grande gorgée avalée d'un seul coup. *Le pirate a bu une* ***lampée*** *de rhum.*

lampion (nom masculin)
Petite lanterne de papier. *On a accroché des* ***lampions*** *entre les arbres de la place.*

lamproie (nom féminin)
Animal aquatique allongé comme une anguille.

une **lamproie**

lance (nom féminin)
1. Arme ancienne formée d'un manche terminé par un fer pointu. *Les soldats romains étaient armés de* ***lances****.* 2. Bout métallique fixé à un tuyau souple pour diriger le jet d'eau. *Les pompiers ont mis les* ***lances*** *à incendie en action.*

lancée (nom féminin)
• **Sur sa lancée** : en profitant de son élan.

lance-flammes (nom masculin)
Arme portative servant à projeter un liquide enflammé. → Pluriel : des lance-flammes.

lancement (nom masculin)
1. Action de lancer. *Des journalistes du monde entier sont venus assister au* ***lancement*** *de la fusée.* 2. Action publicitaire servant à faire connaître un produit. *Le* ***lancement*** *d'une marque de yaourt.*

lance-pierres (nom masculin)
Objet à deux branches reliées par un élastique, servant à lancer des pierres. (Syn. fronde.) → Pluriel : des lance-pierres.

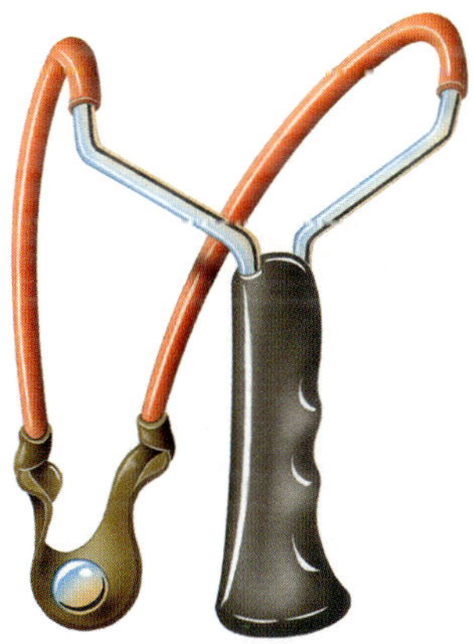

un **lance-pierres**

lancer (verbe) ○ conj.n°4
1. Jeter avec force loin de soi. *Pierre* ***lance*** *des cailloux dans l'eau.* (Syn. envoyer.) 2. Faire partir. *Une fusée* ***a été lancée*** *hier.* 3. Faire démarrer. ***Lancer*** *une mode.* ***Lancer*** *une idée.* 4. Émettre avec force. *Le chimpanzé peut* ***lancer*** *des cris stridents.* 5. Faire connaître du public. *On* ***a lancé*** *une nouvelle marque de lessive.* 6. Se lancer : se jeter avec énergie dans quelque chose. *Julie* ***s'est lancée*** *dans la bagarre.* ▷ **lancer** (nom masculin) Épreuve sportive dans laquelle il faut lancer un poids, un disque ou un javelot le plus loin possible. ⊙ Famille du mot : lancée, lance-flammes, lancement, lance-pierres, lanceur, relance, relancer. ⊙ Lancer vient du latin *lanceare* qui signifie « manier la lance ».

▸ **lanceur, euse** (nom)
Athlète spécialiste du lancer. *Une **lanceuse** de disque.* ▹ **lanceur** (nom masculin) Fusée capable d'envoyer un satellite dans l'espace.

▸ **lancinant, ante** (adjectif)
Caractérisé par une douleur aiguë qui s'atténue puis revient. *Sa blessure lui provoque des douleurs **lancinantes**.*

▸ **landau** (nom masculin)
Voiture d'enfant à grandes roues munie d'une capote. ⊙ Landau vient du nom de la ville allemande de *Landau*, où l'on a d'abord fabriqué ces objets.

▸ **lande** (nom féminin)
Terre inculte et peu fertile. *Sur les **landes** poussent surtout des genêts, des bruyères, des ajoncs et des fougères.*

▸ **langage** (nom masculin)
1. Moyen qu'ont les hommes de communiquer par la parole. 2. Tout système organisé servant à s'exprimer. *L'abbé de L'Épée a inventé le **langage** des signes pour les sourds-muets.* 3. Façon de parler d'une personne ou d'un groupe. *Le verlan est un **langage** des jeunes de banlieue.*

▸ **lange** (nom masculin)
Carré d'étoffe dans lequel on enveloppait autrefois la taille et les jambes d'un bébé.

▸ **langer** (verbe) ○ conj.n°5
Envelopper de langes.

▸ **langoureux, euse** (adjectif)
Plein de langueur. *Elle le regarde avec des yeux **langoureux**.*

▸ **langouste** (nom féminin)
Gros crustacé marin proche du homard et dont la chair est appréciée. *La **langouste** a de longues antennes mais pas de pinces.* ⊙ Langouste vient du latin *locusta* qui signifie « sauterelle ».

▸ **langoustine** (nom féminin)
Petit crustacé marin aux pinces longues et étroites.

▸ **langue** (nom féminin)
1. Organe charnu et mobile situé dans la bouche, et qui permet de goûter les aliments et de parler. *Laura m'a tiré la **langue** !* ➠ p. 345. 2. Système de mots qui permet à un groupe de communiquer. *Il y a environ 5 000 **langues** parlées sur la Terre. Le latin est une **langue** morte, le français et l'anglais sont des **langues** vivantes.* 3. Langage employé par un groupe particulier ou par une personne. *L'argot était la **langue** des truands.* • **Avoir la langue bien pendue** : être bavard. • **Donner sa langue au chat** : renoncer à trouver la réponse d'une devinette. • **Mauvaise langue** ou **langue de vipère** : personne médisante. • **Tenir sa langue** : garder un secret.

Il faut faire attention de ne pas s'écorcher la **langue** quand on mange une **langouste** ou une **langoustine**.

▸ **languedocien, enne**
➠ Voir tableau p. 6.

▸ **languette** (nom féminin)
Ce qui a la forme d'une petite langue. *Les chaussures de montagne ont une **languette** de cuir sous les lacets.*

▸ **langueur** (nom féminin)
État d'âme tendre et rêveur. *La musique a plongé le public dans une douce **langueur**.*

languir (verbe) ○ conj.n°11
1. Attendre dans l'ennui ou avec impatience. *Dis-moi vite qui a gagné le match, ne me fais pas* ***languir*** *!* 2. Traîner en longueur. *La conversation* ***languissait.*** ⊙ Famille du mot : langoureux, langueur.

lanière (nom féminin)
Bande de cuir ou de tissu, longue et étroite. *La* ***lanière*** *d'un fouet.*

lanterne (nom féminin)
Appareil d'éclairage qui a la forme d'une boîte aux parois transparentes. *La* ***lanterne*** *est l'ancêtre de la lampe de poche.* • **Lanterne rouge** : dernier d'un classement.

laotien, enne
➠ Voir tableau p. 6.

lapalissade (nom féminin)
Vérité si évidente qu'elle fait rire. *« Un quart d'heure avant sa mort, il était encore en vie » est une des premières* ***lapalissades.*** ⊙ Cette lapalissade est due aux soldats du seigneur de *La Palice*, tué devant Pavie en 1525.

laper (verbe) ○ conj.n°3
Boire un liquide à coups de langue. *Le chat* ***lape*** *le lait.*

lapereau, eaux (nom masculin)
Jeune lapin.

un **lapereau**

lapider (verbe) ○ conj.n°3
Tuer à coups de pierres lancées.

lapin, ine (nom)
Petit mammifère herbivore élevé pour sa chair et sa fourrure. *Le* ***lapin*** *glapit.* • **Lapin de garenne** : lapin qui vit à l'état sauvage.

lapis-lazuli (nom masculin)
Pierre précieuse opaque, d'un bleu intense. → Pluriel : des lapis-lazuli.

Un pendentif en **lapis-lazuli** rehaussé d'or.

lapon, one
➠ Voir tableau p. 6.

laps (nom masculin)
• **Laps de temps** : espace de temps, moment. → Prononciation [laps].

lapsus (nom masculin)
Erreur involontaire qui fait dire ou écrire un mot pour un autre. *Claire a dit « bonsoir » pour « bonjour », c'est un* ***lapsus*** *révélateur de sa fatigue.* → Prononciation [lapsys].

laquais (nom masculin)
Autrefois, valet qui portait une livrée.

laque (nom féminin)
1. Vernis brillant qui provient de la résine de certains arbres d'Asie. 2. Peinture qui a un aspect brillant. 3. Produit qu'on vaporise sur les cheveux pour les fixer.

laquelle ➠ Voir lequel.

laquer (verbe) ○ conj.n°3
1. Passer des couches de laque. *Les meubles chinois* ***sont laqués.*** 2. Vaporiser de la laque. *La coiffeuse lui* ***a laqué*** *les cheveux.* • **Canard laqué** : canard enduit d'une sauce aigre-douce qui brille après cuisson. *Le* ***canard laqué*** *est une recette chinoise.*

a b c d e f g h i j k l m n o p q r s t u v w x y z

larcin (nom masculin)
Vol peu important. *L'enfant cachait ses menus* ***larcins*** *dans sa cabane.*

lard (nom masculin)
Couche de graisse située sous la peau du porc. *Une omelette au* ***lard.*** ⊙ Famille du mot : larder, lardon.

larder (verbe) ○ conj.n°3
Piquer des petits morceaux de lard dans la viande. *Le cuisinier* ***a lardé*** *le rôti.*

lardon (nom masculin)
Petit morceau de lard. *Maman a mis des* ***lardons*** *dans la salade de pissenlits.*

largage (nom masculin)
Action de larguer. *L'avion a procédé au* ***largage*** *d'une unité de parachutistes.*

large (adjectif)
1. Dont la largeur est importante. *Quentin habite une* ***large*** *avenue.* (Contr. étroit.) **2.** Qui a telle largeur. *L'étagère est* ***large*** *de 30 centimètres.* **3.** Qui est ample. *Ce jean est trop* ***large*** *pour toi.* **4.** Qui est grand ou important. *Pour une* ***large*** *part, tu avais vu juste.* **5.** Qui est généreux. *Il a toujours été très* ***large*** *avec le personnel.* **6.** Qui est tolérant. *C'est une personne très* ***large*** *d'esprit.* (Contr. borné, étroit.) ▷ **large** (nom masculin) **1.** Largeur. *Le couloir a 2 mètres de* ***large.*** **2.** Pleine mer. *On voit un pétrolier au* ***large.*** • **Être au large** : avoir beaucoup de place. • **Prendre le large** : s'enfuir. ⊙ Famille du mot : élargir, élargissement, largement, largesses, largeur.

largement (adverbe)
1. De façon large. *La fenêtre est* ***largement*** *ouverte.* **2.** De façon suffisante. *Tu as eu* ***largement*** *ta part !* (Contr. à peine, juste.)

largesses (nom féminin pluriel)
Dons généreux. *Il profite des* ***largesses*** *d'une de ses tantes pour faire bâtir sa maison.*

largeur (nom féminin)
La plus petite dimension d'une surface. *La table a une* ***largeur*** *d'un mètre sur une longueur de 2 mètres.* • **Largeur d'esprit** : qualité de quelqu'un qui est large d'esprit, tolérant.

larguer (verbe) ○ conj.n°3
1. Détacher et lâcher. *«* ***Larguez*** *les voiles ! » crie le capitaine.* **2.** Lâcher en cours de vol. *Les avions* ***ont largué*** *des parachutistes.*

larme (nom féminin)
1. Goutte de liquide qui coule des yeux. *Une* ***larme*** *a roulé sur la joue de Myriam.* **2.** Très petite quantité de boisson. *Les enfants ont eu droit à une* ***larme*** *de champagne.* (Syn. goutte.)

larmoyer (verbe) ○ conj.n°6
Être plein de larmes. *J'ai les yeux qui* ***larmoient*** *à cause de la bise glaciale.*

larve (nom féminin)
Forme prise par certains animaux avant de devenir adultes. *La chenille est la* ***larve*** *du papillon, le têtard est la* ***larve*** *de la grenouille.*

larynx (nom masculin)
Tube situé dans la gorge et qui contient les cordes vocales. *Le* ***larynx*** *permet d'émettre les sons.* ➠ p. 884.

las, lasse (adjectif)
1. Qui est fatigué et sans énergie. *Après cette harassante journée de travail, il se sent* ***las.*** **2.** Qui en a assez. *Je suis* ***lasse*** *de t'attendre !* ⊙ Famille du mot : délassement, délasser, inlassable, inlassablement, lassant, lasser, lassitude.

lasagnes (nom féminin pluriel)
Pâtes alimentaires en larges rubans.

lascar (nom masculin)
Individu hardi et débrouillard. *C'est un drôle de* ***lascar*** *!*

laser (nom masculin)
Appareil qui produit un rayon lumineux concentré. *La caissière lit le code-barres avec un lecteur* ***laser.*** → Laser est un mot anglais : on prononce [lazɛʀ].

lassant, ante (adjectif)
Qui lasse. *C'est **lassant** d'avoir à te redire cent fois la même chose !* (Syn. fatigant.)

lasser (verbe) ○ conj.n°3
Ennuyer à force de répétitions. *On ne **se lasse** pas de l'entendre raconter des histoires.*

lassitude (nom féminin)
État d'une personne qui est lasse, physiquement ou moralement. *Le vieillard a poussé un soupir de **lassitude**.* (Syn. fatigue.)

lasso (nom masculin)
Longue corde terminée par un nœud coulant. *Les cow-boys capturaient les chevaux sauvages au **lasso**.*

latent, ente (adjectif)
Qui existe mais ne se manifeste pas. *On sent un mécontentement **latent** chez les employés.*

latéral, ale, aux (adjectif)
Qui se trouve sur le côté. *Il y a deux allées **latérales** dans cette église.* ⊙ Famille du mot : bilatéral, équilatéral, unilatéral.

latex (nom masculin)
Sécrétion laiteuse de divers végétaux. *La laitue, le pissenlit, l'hévéa produisent du **latex**.*

latin (nom masculin)
Langue des Romains de l'Antiquité. *L'italien, l'espagnol, le portugais, le français, le roumain viennent du **latin**.* ▷ **latin, ine** (adjectif) Qui concerne le latin. *En Amérique **latine**, on parle l'espagnol et le portugais qui sont des langues **latines**.*

latino-américain, aine
➠ Voir tableau p. 6.

latitude (nom féminin)
1. Distance d'un point de la Terre à l'équateur. *Paris est situé à 48° de **latitude** nord.* 2. Liberté d'agir. *Tu as toute **latitude** pour organiser ton travail.*

latte (nom féminin)
Pièce de bois longue, plate et étroite. *Le couvreur installe les tuiles sur les **lattes** de la charpente.*

lauréat, ate (nom)
Personne qui a remporté un prix dans un concours. *On applaudit la jeune **lauréate**.* ⊙ Lauréat vient du latin *laureatus* qui signifie « couronné de laurier » car, dans l'Antiquité, on couronnait les vainqueurs avec du laurier.

laurier (nom masculin)
Arbuste dont une variété donne des feuilles utilisées comme condiment. *La sauce a été aromatisée avec du thym et du **laurier**.* • **S'endormir sur ses lauriers** : ne pas persévérer après un succès.

du **laurier**

lavable (adjectif)
Qui peut être lavé sans être abîmé. *Cette robe est **lavable** en machine.*

lavabo (nom masculin)
Sorte de cuvette fixée au mur, munie d'un robinet et d'un tuyau d'écoulement, servant à la toilette.

lavage (nom masculin)
Action de laver. *Mon tricot a feutré au **lavage**.*

lavande (nom féminin)
Plante à petites fleurs bleues utilisée en parfumerie. *On met de la **lavande** dans les armoires pour parfumer le linge.*

▸ **lave** (nom féminin)
Roche en fusion qui sort d'un volcan en éruption. *Sur les pentes du volcan, les coulées de **lave** se sont solidifiées.*

une coulée de **lave** d'un volcan en éruption (Hawaii, 1984)

▸ **lave-linge** (nom masculin)
Machine à laver le linge. → Pluriel : des lave-linge.

▸ **laver** (verbe) ○ conj.n°3
1. Nettoyer avec de l'eau. *Je vais **laver** la vaisselle.* 2. Se laver : faire sa toilette. *Les enfants, allez **vous laver** ! Noémie **s'est lavé** les mains.* • **Se laver les mains de quelque chose** : ne pas s'en sentir responsable. ⊙ Famille du mot : lavable, lavage, lave-linge, laverie, laveur, lave-vaisselle, lavoir.

▸ **laverie** (nom féminin)
Établissement où on lave soi-même son linge à la machine.

▸ **laveur, euse** (nom)
Personne qui lave. *Un **laveur** de carreaux.*

▸ **lave-vaisselle** (nom masculin)
Machine à laver la vaisselle. → Pluriel : des lave-vaisselle.

▸ **lavoir** (nom masculin)
Bassin aménagé pour laver le linge. *Autrefois, les femmes allaient laver leur linge au **lavoir**.*

▸ **laxatif** (nom masculin)
Médicament contre la constipation. (Syn. purgatif.)

▸ **laxisme** (nom masculin)
Tolérance excessive. *Il n'y a aucune discipline, c'est du **laxisme** !*

▸ **laxiste** (adjectif)
Qui fait preuve de laxisme. *Il a un comportement trop **laxiste** avec les enfants.*

▸ **layette** (nom féminin)
Ensemble des vêtements d'un bébé. *Bébé va bientôt naître et sa **layette** est déjà prête.*

▸ 1. **le, la, les** (déterminant)
Articles définis masculin, féminin, pluriel. ***Le** bol et **les** assiettes sont sur **la** table.* → Le et la deviennent l' devant une voyelle ou un h muet : l'arbre, l'homme.

▸ 2. **le, la, les** (pronom)
Pronom personnel de la troisième personne, complément d'objet direct du verbe. *Dans « Ton sac ? Je **l'**ai ! », **l'**est mis pour « sac », et est complément de « ai ».* → Voir le 1.

▸ **leader** (nom masculin)
1. Chef d'une organisation ou d'un parti. *Le **leader** de l'opposition.* 2. Sportif ou équipe qui est en tête. *Le **leader** du championnat.* → Leader est un mot anglais : on prononce [lidœʀ].

▸ **lécher** (verbe) ○ conj.n°8
Passer sa langue sur quelque chose. *Le chat **lèche** sa patte.*

▸ **lèche-vitrines** (nom masculin)
• **Faire du lèche-vitrines** : dans la langue familière, regarder les magasins en flânant.

▶ **leçon** (nom féminin)
1. Ce qu'un élève doit apprendre. *Romain récite ses* ***leçons****.* 2. Séance d'enseignement d'un professeur dans une matière quelconque. *Véronique prend des* ***leçons*** *d'escrime.* (Syn. cours.) 3. Enseignement que l'on peut tirer d'une expérience. *Cet échec m'a servi de* ***leçon****.*

▶ **lecteur, trice** (nom)
Personne qui lit. *Ce concours est réservé aux* ***lecteurs*** *du journal.* ▷ **lecteur** (nom masculin) Appareil capable de reproduire des sons ou de lire des informations. *Un* ***lecteur*** *de C.D. Le* ***lecteur*** *de disquettes de l'ordinateur.*

▶ **lecture** (nom féminin)
1. Action de lire. *Tous les enfants apprennent la* ***lecture*** *à partir de six ans. Thomas aime la* ***lecture****.* 2. Texte à lire. *Sarah a emporté de la* ***lecture*** *pour ses vacances.*

▶ **légal, ale, aux** (adjectif)
Conforme à la loi. *Chasser sans permis n'est pas* ***légal****.* (Syn. réglementaire.) ⊙ Famille du mot : illégal, illégalement, illégalité, légalement, légaliser, légalité.

▶ **légalement** (adverbe)
De façon légale. ***Légalement****, les enfants ne peuvent pas travailler en France avant l'âge de 16 ans.*

▶ **légaliser** (verbe) ⊙ conj.n°3
Rendre légal. *Le divorce* ***a été légalisé*** *en France en 1792.*

▶ **légalité** (nom féminin)
Ce qui est légal. *On est dans la* ***légalité*** *quand on respecte les lois.* (Contr. illégalité.)

▶ **légataire** (nom)
Personne à qui on lègue des biens. *C'est sa nièce qui est sa* ***légataire****.* (Syn. héritier.)

▶ **légendaire** (adjectif)
1. Qui appartient à la légende. *En Bretagne se trouve la* ***légendaire*** *forêt de Brocéliande.* 2. Bien connu de tous. *Tous les élèves ont entendu parler de sa* ***légendaire*** *distraction.*

▶ **légende** (nom féminin)
1. Récit populaire merveilleux. *Selon la* ***légende****, on peut voir un fantôme parcourir ce château.* 2. Texte écrit sous une image et qui décrit ce qu'elle représente.

Sculpture en bronze représentant la **légende** de Romulus et Remus.

▶ **léger, ère** (adjectif)
1. D'un poids faible. *Pour une fois, ton sac n'est pas rempli, il est* ***léger****.* (Contr. lourd.) 2. Peu épais. *Elle porte une* ***légère*** *robe de soie.* 3. Peu abondant. *Dans ce T.G.V., vous trouverez un service de restauration* ***légère****.* (Syn. frugal. Contr. copieux.) 4. Peu intense. *Le chat a un sommeil* ***léger****.* (Contr. lourd, profond.) 5. Qui n'est pas fort. *Une brise* ***légère*** *s'est levée.* 6. Qui est gracieux et semble ne pas avoir de poids. *Victor a une démarche* ***légère****.* (Contr. lourd, pesant.) 7. Sans gravité. *Le cycliste n'a que de* ***légères*** *égratignures.* 8. Peu réfléchi. *C'est vraiment une tête* ***légère****, incapable de penser à l'avenir.* (Syn. frivole, insouciant, superficiel. Contr. sérieux.) • **À la légère** : étourdiment et sans réfléchir. ⊙ Famille du mot : allégé, allègement, alléger, légèrement, légèreté.

▶ **légèrement** (adverbe)
1. De façon légère. *Il fait chaud, habille-toi* ***légèrement****. On dînera* ***légèrement*** *avant de partir.* 2. Un peu ou à peine. *William est* ***légèrement*** *plus grand que moi, d'un centimètre à peine.* 3. Sans réfléchir. *Tu t'es engagé bien* ***légèrement*** *!* (Syn. à la légère.)

▶ **légèreté** (nom féminin)
1. Caractère de ce qui est léger. *On utilise des alliages d'une grande* ***légèreté*** *pour faire les vélos de course.* 2. Caractère de ce qui est superficiel. *Cette décision a été prise avec un peu de* ***légèreté****.* (Syn. frivolité, insouciance.)

légion (nom féminin)
Dans l'Antiquité, corps de troupe des armées romaines. *Chaque **légion** comprenait plus de 4 000 fantassins et environ 300 cavaliers.* • **Légion d'honneur :** décoration, récompensant les services rendus à la patrie. • **Légion étrangère :** formation militaire française constituée de volontaires, pour la plupart étrangers.

légionnaire (nom masculin)
1. Soldat d'une légion romaine. 2. Soldat de la Légion étrangère.

un **légionnaire**

législatif, ive (adjectif)
Qui fait les lois. *Les députés et les sénateurs exercent le pouvoir **législatif**.* • **Élections législatives :** par lesquelles on élit les députés.

législation (nom féminin)
Ensemble des lois.

légitime (adjectif)
1. Qui est compréhensible et justifié. *Il est **légitime**, à son âge, de vouloir être indépendant.* 2. Qui est fixé ou reconnu par la loi. *Un enfant **légitime**. Être en état de **légitime** défense.*

légitimement (adverbe)
De façon légitime. *On peut **légitimement** comprendre sa révolte face à cette injustice.*

léguer (verbe) ➲ conj.n°8
Donner par testament. *Elle **a légué** toute sa fortune à une organisation humanitaire.*

légume (nom masculin)
Plante potagère. *Les salades, les épinards sont des **légumes** verts, les lentilles, les pois chiches, des **légumes** secs.*

leitmotiv (nom masculin)
Idée qui revient sans cesse dans les propos de quelqu'un. *« C'est mauvais pour la santé » est un **leitmotiv** chez lui.* ➜ Prononciation : [lajtmɔtif] ou [lɛtmɔtiv]. ⊙ Leitmotiv est un mot allemand qui signifie « motif conducteur » (dans un morceau de musique).

lémurien (nom masculin)
Mammifère primate vivant à Madagascar. *Les **lémuriens** vivent dans les arbres et se nourrissent de fruits.*

un **lémurien**

lendemain (nom masculin)
Jour qui suit celui dont on parle. *L'école finit mardi et on part en vacances le* ***lendemain***. • **Du jour au lendemain :** en très peu de temps.

lent, lente (adjectif)
Qui n'est pas rapide dans ses mouvements ou dans ce qu'il fait. *Les personnes très âgées marchent à pas* ***lents***. *Il travaille bien mais il est un peu* ***lent***. (Contr. rapide.) ⊙ Famille du mot : lentement, lenteur, ralenti, ralentir, ralentissement, ralentisseur.

lente (nom féminin)
Œuf de pou. *Pour se débarrasser des poux, il faut aussi enlever les* ***lentes***. ➠ p. 883.

lentement (adverbe)
Avec lenteur. *Le soleil disparaît* ***lentement*** *à l'horizon.* (Syn. doucement. Contr. rapidement, vite.)

lenteur (nom féminin)
Caractère de ce qui est lent. *La* ***lenteur*** *des escargots est proverbiale.* (Contr. rapidité.)

lentille (nom féminin)
1. Plante qui produit des petites graines comestibles rondes, brunes ou vertes. *Les* ***lentilles*** *sont des légumes secs.* **2.** Disque de verre qui permet de voir plus ou moins gros. *Dans un appareil photo, il y a des* ***lentilles*** *concaves et convexes.* **3.** Verre servant à corriger la vue. *Les* ***lentilles*** *se posent directement sur les yeux.* (Syn. verre de contact.)

des **lentilles**

léopard (nom masculin)
Mammifère carnassier des pays tropicaux, au pelage jaune tacheté de noir. (Syn. panthère.)

un **léopard**

lèpre (nom féminin)
Maladie très grave et contagieuse qui déforme et ronge les chairs.

lépreux, euse (adjectif et nom)
Qui est atteint de la lèpre. *Au Moyen Âge, les* ***lépreux*** *portaient une clochette et vivaient à l'écart des villes.*

lequel, laquelle (pronom)
1. S'emploie comme pronom relatif après une préposition. *Le stylo avec* ***lequel*** *j'écris est noir. Les personnes* ***auxquelles*** *tu penses ne sont pas là aujourd'hui.* **2.** S'emploie comme pronom interrogatif pour exprimer un choix. ***Lequel*** *as-tu pris ?* → Pluriel : lesquels, lesquelles. Avec les prépositions *à* et *de*, lequel et laquelle se contractent en *auquel*, *auxquels*, *auxquelles*, *duquel*, *desquels*, *desquelles*.

les (déterminant)
Pluriel de *le* et de *la*.

lèse-majesté (nom féminin)
• **Crime de lèse-majesté** : grave manque de respect à l'égard du roi, ou à l'égard d'une personne qui se prend très au sérieux.

léser (verbe) ⊙ conj. n°8
Désavantager quelqu'un par rapport aux autres. *Tu* ***as été lésé*** *dans ce partage.* (Contr. avantager, favoriser.)

lésiner (verbe) ⊙ conj. n°3
Dépenser le moins possible. *Quelle avarice ! Ils* ***lésinent*** *sur tout !*

a b c d e f g h i j k l m n o p q r s t u v w x y z

▸ **lésion** (nom féminin)
Blessure due à un accident ou à une maladie. *Son accident de voiture a entraîné une **lésion** du foie.*

▸ **lessive** (nom féminin)
1. Produit pour laver le linge. *J'ai acheté un baril de **lessive** de 5 kg.* 2. Lavage du linge. *J'ai fait trois **lessives** aujourd'hui.* 3. Linge lavé. *Xavier étend la **lessive**.* ⊙ Famille du mot : lessiver, lessiveuse.

▸ **lessiver** (verbe) ○ conj.n°3
Nettoyer avec de la lessive. *Tous les ans, papa **lessive** les murs de la cuisine.*

▸ **lessiveuse** (nom féminin)
Grand récipient métallique où l'on faisait bouillir le linge blanc pour le laver. *Le lave-linge a rendu la **lessiveuse** inutile.*

▸ **lest** (nom masculin)
Poids servant à rendre plus stable ou plus lourd un ballon ou un bateau. *Le **lest** des ballons dirigeables est fait de sacs de sable que l'on vide pour s'élever.* • **Lâcher du lest** : faire des concessions pour arranger les choses. ⊙ Famille du mot : délester, lester.

▸ **leste** (adjectif)
Qui a des mouvements souples et agiles. *Ursula grimpe aux arbres, elle est **leste** comme un chat.* (Syn. alerte.)

▸ **lester** (verbe) ○ conj.n°3
Charger de lest. *On **leste** tous les scaphandres de plomb pour que les plongeurs puissent rester sans effort au fond de l'eau.* (Contr. délester.)

▸ **léthargie** (nom féminin)
État de torpeur ou d'abattement. *Après ce bon repas, une douce **léthargie** nous gagne.* (Syn. engourdissement.)

▸ **léthargique** (adjectif)
Qui tient de la léthargie. *Un comportement trop **léthargique**.*

▸ **lettre** (nom féminin)
1. Signe de l'alphabet qui sert à écrire les mots. *L'alphabet français a 26 **lettres**.* 2. Écrit que l'on adresse à quelqu'un. *Yann a reçu une **lettre** de Zoé.* • **À la lettre** ou **au pied de la lettre** : exactement. *On a respecté tes instructions **à la lettre**.* • **En toutes lettres** : sans utiliser d'abréviations. ▷ **lettres** (nom féminin pluriel) Matières comprenant la littérature, la philosophie, l'histoire, les langues. *Le grand frère d'Anna est étudiant en **lettres**.*

▸ **leucémie** (nom féminin)
Très grave maladie du sang. ⊙ Leucémie vient du grec *leukos* qui signifie « blanc » : quand on a une leucémie, on a trop de globules blancs.

▸ 1. **leur** (pronom)
Pronom personnel de la troisième personne, complément d'objet indirect, pluriel de *lui* et de *elle*. *On **leur** a dit de se taire.*

▸ 2. **leur, leurs** (déterminant)
Adjectif possessif de la troisième personne du pluriel. *Benjamin a **leur** nouvelle adresse. **Leurs** filles sont très sympathiques.* ▷ **le leur, la leur, les leurs** (pronom) Pronom possessif de la troisième personne du pluriel. *C'est mon billet, voici **les leurs**. C'est ma maison, voici **la leur**.*

▸ **leurre** (nom masculin)
Faux espoir. *Vous croyez qu'il reviendra, mais c'est un **leurre**.* (Syn. illusion.)

▸ **se leurrer** (verbe) ○ conj.n°3
Se faire des illusions. *Apprendre une langue étrangère n'est pas facile, il ne faut pas **se leurrer**.* (Syn. s'illusionner, se tromper.)

▸ **levain** (nom masculin)
Pâte contenant de la levure. *Du pain au **levain**.*

▸ **levant** (adjectif masculin)
• **Soleil levant** : soleil qui se lève. ▷ **levant** (nom masculin) Endroit de l'horizon où le soleil se lève. (Syn. est, orient. Contr. couchant.)

levée (nom féminin)
1. Ramassage par le facteur des lettres mises à la boîte. *La dernière **levée** du courrier est à 18 heures.* 2. Ensemble des cartes ramassées en une fois. *C'est Ludivine qui a fait la première **levée**.* (Syn. pli.)

1. lever (verbe) ○ conj.n°8
1. Déplacer de bas en haut. *Il **a levé** la tête vers le plafond. Je **lève** mon verre à la santé de nos hôtes.* (Contr. baisser.) 2. Mettre fin à quelque chose. *La séance **est levée**. Le couvre-feu **est levé**.* 3. Mettre du gibier en fuite. *Le chien **a levé** un faisan.* 4. Enrôler des soldats. *Napoléon **a levé** des troupes dans toute l'Europe.* 5. Sortir de terre. *Les semis commencent à **lever**, on aura bientôt des radis.* (Syn. pousser.) 6. Gonfler sous l'effet de la fermentation. *On doit laisser **lever** la pâte avant de faire cuire le pain.* 7. Se lever : se mettre debout. *Les spectateurs **se sont levés** pour applaudir les comédiens.* 8. Se lever : sortir du lit. *Les enfants **se sont levés** à 7 heures.* (Contr. se coucher.) 9. Se lever : apparaître au-dessus de l'horizon. *Le soleil **se lève** à l'est.* (Contr. se coucher.) 10. Se lever : commencer à souffler. *Un ouragan **s'est levé**.* 11. Se lever : se dissiper. *Le brouillard **se lève**.* ⊙ Famille du mot : levain, levant, levée, levure.

2. lever (nom masculin)
1. Moment où le soleil se lève. *Pierre se met au travail dès le **lever** du jour.* 2. Moment où l'on se lève. *Prendre deux comprimés au **lever**.* (Contr. coucher.) 3. Moment où le rideau se lève au théâtre. *Les portes du théâtre sont fermées au **lever** du rideau.*

levier (nom masculin)
1. Barre rigide qui sert à remuer ou à soulever des objets lourds. *Ibrahim a pris un bâton comme **levier** afin de soulever la pierre.* 2. Tige qui commande un mécanisme. *Le **levier** du frein à main se trouve à droite du conducteur.*

levraut (nom masculin)
Jeune lièvre.

lèvre (nom féminin)
Chacune des parties charnues qui forment le rebord de la bouche. *Gaëlle a mis du rouge à **lèvres**.* ➠ p. 263.
• **Du bout des lèvres** : à peine, sans enthousiasme. *Kevin mange de la cervelle **du bout des lèvres**.*

lévrier (nom masculin)
Chien au corps très fin et aux longues pattes. ⊙ Lévrier vient de *lièvre* parce qu'on chassait le lièvre avec ce chien très rapide.

levure (nom féminin)
Produit utilisé pour faire lever la pâte. *On met de la **levure** dans la pâte des brioches.*

lexique (nom masculin)
1. Petit dictionnaire. *À la fin du manuel d'allemand, il y a un **lexique** allemand-français.* 2. Ensemble des mots d'une langue. *Le **lexique** du français.* (Syn. vocabulaire.)

lézard (nom masculin)
Petit reptile à quatre pattes et à longue queue effilée. *Un **lézard** gris se chauffe au soleil sur le mur.*

un **lézard**

lézarde (nom féminin)
Fissure dans un mur. *Il y a souvent des **lézardes** sur les vieilles maisons.*

a b c d e f g h i j k l m n o p q r s t u v w x y z

▸ 1. **lézarder** (verbe) ○ conj.n°3
Paresser au soleil comme un lézard. *Hélène aime beaucoup **lézarder** sur la plage.*

▸ 2. **se lézarder** (verbe) ○ conj.n°3
Avoir des lézardes. *La voûte de la chapelle commence à **se lézarder**.* (Syn. se fissurer.)

▸ **liaison** (nom féminin)
1. Ce qui relie deux choses. *Il manque une **liaison** entre ces deux paragraphes.* (Syn. enchaînement, lien.) 2. Communication entre des personnes. *Le skipper cherche à établir une **liaison** radio avec la terre.* 3. Communication entre deux lieux. *Un avion régulier assure la **liaison** entre les deux pays.* 4. Prononciation de la consonne finale d'un mot quand le mot suivant commence par une voyelle ou un h muet. *Dans « un avion », on fait la **liaison** entre « un » et « avion »* → [ɛ̃navjɔ̃].

▸ **liane** (nom féminin)
Plante dont la longue tige flexible s'enroule aux arbres. *Dans la forêt équatoriale, les arbres sont couverts de **lianes**.*

▸ **liant, liante** (adjectif)
Qui se lie facilement. *Guillaume a beaucoup d'amis parce qu'il est très **liant**.*

▸ **liasse** (nom féminin)
Papiers ou journaux liés ensemble. *Une **liasse** de billets de 20 euros.*

▸ **libanais, aise**
➠ Voir tableau p. 6.

▸ **libations** (nom féminin pluriel)
• **Faire de copieuses libations** : boire beaucoup de vin ou d'alcool.

▸ **libeller** (verbe) ○ conj.n°3
Rédiger selon les règles établies. ***Libellez** votre chèque à l'ordre de M. Dupond.*

▸ **libellule** (nom féminin)
Gros insecte au corps allongé et aux ailes transparentes. *Les **libellules** volent souvent au-dessus des rivières et des étangs.*

une **libellule**

▸ **libéral, ale, aux** (adjectif)
Qui est tolérant et peu autoritaire. *Leurs parents leur ont donné une éducation **libérale**.* • **Profession libérale** : profession dans laquelle on n'a pas de patron. *Les avocats et les médecins exercent une **profession libérale**.*

▸ **libérateur, trice** (adjectif et nom)
Qui libère d'autres personnes ou un pays. *L'armée **libératrice** défile dans les rues de la ville. La population a acclamé les **libérateurs**.*

▸ **libération** (nom féminin)
Action de libérer une personne ou un pays. *La radio a annoncé la **libération** des otages.*

▸ **libérer** (verbe) ○ conj.n°8
1. Mettre en liberté. *Tous les prisonniers **ont été libérés**.* (Syn. relâcher.) 2. Délivrer de la présence d'un occupant ennemi. *La Résistance et les Alliés **ont libéré** la France en 1945.* 3. Se libérer : se rendre libre. *Papa va essayer de **se libérer** pour venir avec nous au cinéma.* ⊙ Famille du mot : libérateur, libération.

▸ **liberté** (nom féminin)
Fait d'être libre. *Nos ancêtres se sont battus pour la **liberté** de pensée. J'ai rendu sa **liberté** à l'oiseau.*

libraire (nom)
Commerçant qui tient une librairie. *Le **libraire** conseille Quentin sur le choix d'un livre.*

librairie (nom féminin)
Magasin où l'on vend des livres. *Julie regarde les B.D. dans la **librairie** de son quartier.*

libre (adjectif)
1. Qui peut faire, penser et dire ce qu'il veut. *Pendant les vacances, les parents de Romain le laissent tout à fait **libre**.* 2. Qui n'est pas enfermé. *Le tribunal l'a acquitté, il est **libre**.* (Contr. captif, détenu, prisonnier.) 3. Qui n'est pas occupé. *La place est **libre** ! Es-tu **libre** demain ?* (Syn. disponible. Contr. occupé.) 4. Qui n'est pas gouverné par un dictateur ou dominé par un autre État. *La France est un pays **libre**.* • **École libre** : école qui n'est pas organisée par l'État. (Syn. privé. Contr. public.) • **Entrée libre** : entrée gratuite ou sans obligation d'achat. ⊙ Famille du mot : librement, libre-service.

librement (adverbe)
1. En étant libre. *On peut circuler très **librement** dans le pays.* 2. Avec franchise. *Vous pouvez parler **librement**.*

libre-service (nom masculin)
Magasin où les clients se servent eux-mêmes. → Pluriel : des libres-services.

libyen, enne
➠ Voir tableau p. 6.

licence (nom féminin)
1. Autorisation pour exercer un sport ou un commerce. *L'entraîneur lui a signé avant-hier sa **licence**.* 2. Diplôme universitaire. *Elle fait une **licence** de biologie.*

licencié, ée (nom)
1. Personne qui a une licence. *Le père de Yann est un **licencié** en lettres.* 2. Sportif qui a une licence. 3. Salarié victime d'un licenciement.

licenciement (nom masculin)
Action de licencier. *L'entreprise ferme, il y aura deux cents **licenciements**.*

licencier (verbe) ⊙ conj. n°10
Cesser d'employer quelqu'un. *On va **licencier** une partie du personnel de l'usine.* (Contr. embaucher.)

lichen (nom masculin)
Plante qui a l'aspect d'une mousse sèche et qui pousse sur les arbres, les pierres. *Le **lichen** permet de trouver la direction du nord car il pousse toujours de ce côté des troncs.* → Prononciation : [likɛn].

Du **lichen** qui pousse sur les arbres.

licite (adjectif)
Permis par la loi ou le règlement. *Je me demande si sa fortune est due à des activités **licites**.* (Contr. illicite.)

licorne (nom féminin)
Animal légendaire ayant un corps de cheval et une longue corne au milieu du front. ➠ p. 570.

lie (nom féminin)
Dépôt laissé par le vin ou le vinaigre. *Le tonneau est vide, il n'y a plus que de la **lie**.*

liège (nom masculin)
Matière légère et imperméable fournie par l'écorce du chêne-liège. *Les bouchons, les flotteurs sont en **liège**.*

lien (nom masculin)
1. Ce qui sert à lier. *Une corde, une lanière, une courroie, un ruban sont des **liens**.* 2. Relation entre deux personnes. *Ils ont le même nom, mais ils n'ont aucun **lien** de parenté. Travailler ensemble crée des **liens**.* 3. Rapport entre deux éléments. *Je n'ai pas fait le **lien** entre ces deux histoires.* (Syn. rapprochement.)

lier (verbe) ⊙ conj.n°10
1. Attacher avec un lien. *On lui **a lié** les mains derrière le dos.* (Syn. attacher. Contr. délier.) **2.** Rapprocher par des sentiments d'amitié. *Victor et Laura **sont** très **liés**.* (Syn. unir.) **3.** Mettre deux choses en rapport. *L'inspecteur **a lié** les deux affaires.* ⊙ Famille du mot : délier, liaison, lien.

lierre (nom masculin)
Plante aux feuilles toujours vertes, qui s'accroche à un support. *La maison en ruines est couverte de **lierre**.*

liesse (nom féminin)
Dans la langue littéraire, joie générale. *Le mariage du prince et de la princesse fut un jour de **liesse**.*

1. lieu, lieux (nom masculin)
Endroit de l'espace où il se passe quelque chose. *Ce carrefour est un important **lieu** de passage. Je suis arrivé sur les **lieux** peu après l'accident.* • **Au lieu de :** plutôt que de. *Tu ferais mieux de nous aider **au lieu de** pleurer !* • **Avoir lieu :** se produire. *Cet accident **a eu lieu** la semaine dernière.* • **Il y a lieu :** il faut. ***Il y a lieu** d'être satisfait.* • **Lieu commun :** idée banale que tout le monde répète sans réfléchir. *« Il faut bien mourir de quelque chose » est un **lieu commun**.* (Syn. cliché.) • **Tenir lieu de :** remplacer. *Sa sœur aînée lui **a tenu lieu de** mère.*

2. lieu, lieus (nom masculin)
Poisson de mer, appelé aussi colin.

lieu-dit (nom masculin)
Lieu dans la campagne qui porte un nom particulier, sans constituer une commune. *« Allume-Pipe » est un **lieu-dit** de l'Ardèche.* → Pluriel : des lieux-dits.

lieue (nom féminin)
Mesure de distance qui valait environ 4 km. • **Être à cent lieues de :** très loin de. *J'**étais à cent lieues de** me douter de tout cela !*

lieutenant (nom masculin)
Officier de grade inférieur à celui de capitaine.

lieutenant-colonel (nom masculin)
Officier de grade inférieur à celui de colonel. → Pluriel : des lieutenants-colonels.

lièvre (nom masculin)
Mammifère sauvage ressemblant au lapin, très rapide à la course. *La femelle du **lièvre** est la hase, son petit est le levraut.* • **Courir deux lièvres à la fois :** entreprendre deux choses en même temps.

un **lièvre**

ligament (nom masculin)
Ensemble de fibres qui relient entre eux les os d'une articulation.

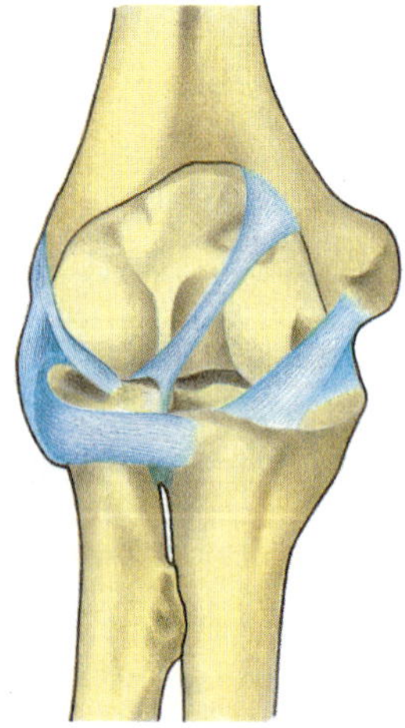

les **ligaments** d'une articulation

▸ **ligature** (nom féminin)
Fil servant à ligaturer. *Un rameau greffé est maintenu par une **ligature**.*

▸ **ligaturer** (verbe) ○ conj.n°3
Serrer ou assembler par un lien. *Le jardinier **ligature** la branche greffée.*

▸ **light** (adjectif)
Se dit d'un aliment qui contient peu ou pas de graisse ou de sucre, ou bien d'un tabac faible en nicotine. *Un soda **light**.* → Prononciation [lajt]. → Pluriel : des fromages light. ⊙ Light est un mot anglais qui signifie « léger ».

▸ **ligne** (nom féminin)
1. Trait continu. *Myriam trace une **ligne** avec son crayon. William écrit en suivant les **lignes** de son cahier.* ➠ p. 512. 2. Limite qui sépare deux espaces. *Le chauffard a franchi la **ligne** blanche.* 3. Suite de mots écrits d'un côté à l'autre d'une page. *Un texte de trente **lignes**.* 4. Itinéraire d'un bus, d'un métro ou d'un train. *Le trafic est interrompu sur la **ligne** 2.* 5. Suite de personnes ou de choses. *Mettez-vous sur une seule **ligne** !* (Syn. rangée.) 6. Fil d'une canne à pêche. *Le pêcheur a accroché un ver au bout de sa **ligne**.* 7. Câble qui transporte l'électricité ou les communications téléphoniques. *L'orage a coupé la **ligne**.* 8. Élégance de la silhouette. *Papa fait du sport pour garder la **ligne**.* • **Ligne de conduite** : principe qui guide l'action. • **Sur toute la ligne** : complètement. ⊙ Famille du mot : alignement, aligner, lignée.

▸ **lignée** (nom féminin)
Ensemble des descendants d'une personne. *Louis XVI était de la **lignée** des Bourbons.*

▸ **ligoter** (verbe) ○ conj.n°3
Attacher solidement les bras et les jambes d'une personne. *Il **a ligoté** sa sœur pour jouer aux Indiens.*

▸ **ligue** (nom féminin)
Association fondée dans un but précis. *La **ligue** antialcoolique s'efforce de lutter contre l'alcoolisme.*

▸ **se liguer** (verbe) ○ conj.n°3
S'unir contre quelqu'un. *C'est à croire que vous **vous êtes** tous **ligués** contre moi !*

▸ **lilas** (nom masculin)
Arbuste à fleurs en grappes très odorantes, blanches ou mauves.

▸ **limace** (nom féminin)
Mollusque sans coquille, allongé et rampant, nuisible pour les jardins. *Les **limaces** ont mangé la salade.*

▸ **limande** (nom féminin)
Poisson de mer plat.

une **limande**

▸ **lime** (nom féminin)
Outil qui sert à user ou à polir. *Une **lime** à bois, une **lime** à ongles.*

▸ **limer** (verbe) ○ conj.n°3
User ou façonner. *Le serrurier **lime** une clé.*

▸ **limier** (nom masculin)
1. Grand chien de chasse utilisé pour dépister le gibier. 2. Personne habile à suivre une piste. *On a lancé sur ses traces les meilleurs **limiers** de Scotland Yard.*

▸ **limitation** (nom féminin)
État de ce qui est limité. *La **limitation** de vitesse est de 50 km/h dans les agglomérations.*

▸ **limite** (nom féminin)
1. Ce qui sépare deux territoires. *On marque les **limites** des champs et des terrains avec des bornes.* 2. Fin d'une période. *Noémie attend toujours la dernière **limite** pour faire ses devoirs.* 3. Point extrême qu'on ne peut dépasser. *Ma patience a des **limites** !* ⊙ Famille du mot : délimiter, illimité, limitation, limiter, limitrophe.

limiter (verbe) ○ conj.n°3
Fixer les limites de quelque chose. *L'accès à l'ascenceur **est limité** à 5 personnes.*

limitrophe (adjectif)
Qui est à la limite d'un pays ou d'une région. *L'Algérie et le Maroc sont des pays **limitrophes**.*

limon (nom masculin)
Terre légère et fertile, faite d'argile et de sable déposés par les cours d'eau.

limonade (nom féminin)
Boisson gazeuse, sucrée et acidulée.

limousin, ine
➠ Voir tableau p. 6.

limpide (adjectif)
1. Parfaitement clair et transparent. *L'eau **limpide** d'un torrent.* (Contr. trouble.) 2. Facile à comprendre. *Une explication **limpide**.* (Contr. obscur.)

limpidité (nom féminin)
Qualité de ce qui est limpide. *On l'a félicité pour la **limpidité** de son exposé.* (Syn. clarté.)

lin (nom masculin)
Plante à fleurs bleues dont on utilise la fibre pour faire de la toile et la graine pour faire de l'huile. *Une nappe en fil de **lin**.*

du **lin**

linceul (nom masculin)
Pièce de toile dans laquelle on ensevelit un mort. (Syn. suaire.)

linéaire (adjectif)
Qui se fait par des lignes. *Dans un dessin **linéaire**, on ne représente que les contours.*

linge (nom masculin)
Ensemble des pièces de tissu qu'on utilise dans une maison. *Les nappes et les serviettes sont le **linge** de table, les sous-vêtements sont le **linge** de corps.*

lingerie (nom féminin)
Ensemble des sous-vêtements et des vêtements de nuit féminins. *Odile a acheté une chemise de nuit au rayon **lingerie**.*

lingot (nom masculin)
Bloc de métal qui a été coulé dans un moule. *Les **lingots** d'or sont entreposés dans le coffre de la banque.*

linguistique (nom féminin)
Science qui étudie le langage et les langues parlées dans le monde. ➔ Prononciation [lɛ̃gɥistik].

linoléum (nom masculin)
Revêtement de sol imperméable et lisse. *Les couloirs de l'hôpital sont recouverts de **linoléum**.* ➔ Prononciation [linɔleɔm]. ➔ Ce mot s'abrège souvent lino. ⊙ Linoléum a été formé à partir de deux mots latins qui signifient « lin » et « huile », car ce matériau était enduit d'huile de lin.

linotte (nom féminin)
Petit oiseau chanteur. • **Tête de linotte** : personne très étourdie. ⊙ Linotte vient du mot *lin*, car cet oiseau aime particulièrement les graines de lin.

linteau, eaux (nom masculin)
Pièce horizontale de pierre, de bois ou de métal placée en haut d'une ouverture pour soutenir la maçonnerie. *Il y a une date sur le **linteau** de la porte.*

lion (nom masculin)
Grand félin d'Afrique. *Le **lion** rugit.* • **La part du lion** : la part la plus grosse prise par le plus fort.

un **lion**

lionceau, eaux (nom masculin)
Petit du lion et de la lionne.

lionne (nom féminin)
Femelle du lion. *Les **lionnes** n'ont pas de crinière, contrairement aux mâles.*

lipide (nom masculin)
Corps gras. *L'huile, le beurre sont des **lipides**.*

liquéfier (verbe) ○ conj.n°10
Rendre liquide. *La crème glacée **s'est liquéfiée** hors du réfrigérateur.*

liqueur (nom féminin)
Boisson alcoolisée aromatisée et sucrée. *De la **liqueur** de framboise.*

liquidation (nom féminin)
Action de liquider. *Le magasin annonce une **liquidation** avant la fermeture définitive.*

liquide (adjectif)
1. Qui coule ou a tendance à couler. *La cire devient **liquide** quand on la chauffe.* 2. Se dit de l'argent qui se présente sous forme de pièces et de billets. *Vous préférez un chèque ou de l'argent **liquide** ?* ▷ **liquide** (nom masculin) 1. Substance liquide. *La glace est un solide, l'eau est un **liquide**.* 2. Argent liquide. *Voici 200 euros en **liquide**.* (Syn. espèces.)

liquider (verbe) ○ conj.n°3
1. Vendre des marchandises au rabais. *La libraire **liquide** son stock parce qu'elle part bientôt en retraite.* (Syn. brader, solder.) 2. Synonyme familier de tuer. *Les bandits **ont liquidé** le dernier témoin.*

1. lire (verbe) ○ conj.n°45
1. Reconnaître et comprendre les signes écrits. *Maintenant, Léa sait **lire** et écrire.* 2. Prendre connaissance d'un texte écrit. *Xavier **lit** une histoire passionnante.* 3. Dire à haute voix un texte écrit. *Pendant les vacances, maman nous **a lu**, chaque soir, « Les Trois Mousquetaires ».* 4. Deviner grâce à certains signes. *Je **lis** dans tes yeux que tu es inquiète.* ⊙ Famille du mot : illisible, lisible, lisiblement, relire.

2. lire (nom féminin)
Monnaie italienne.

lis (nom masculin)
Plante à grandes fleurs très parfumées. • **Fleur de lis** : autrefois, emblème des rois de France. → Prononciation [lis]. → On écrit aussi lys.

des **lis**

liseré (nom masculin)
Ruban étroit dont on borde un vêtement. *Le col de son corsage est orné d'un **liseré** vert.* → On écrit aussi liséré.

liseron (nom masculin)
Plante grimpante, à fleurs en forme d'entonnoir.

lisible (adjectif)
Facile à lire. *Écris plus gros, ce sera plus **lisible** !* (Contr. illisible.)

lisiblement (adverbe)
De façon lisible. *Il faut écrire l'adresse **lisiblement**.*

lisière (nom féminin)
1. Limite d'un endroit. *Nous voilà à la **lisière** de la forêt.* 2. Bord d'une étoffe ou d'un tricot. *Il n'y a pas d'ourlet à faire, c'est la **lisière** du tissu.*

lisse (adjectif)
Qui est doux et uni au toucher. *La paroi de la baignoire est **lisse**.* (Contr. granuleux, rugueux.)

lisser (verbe) conj.n°3
Rendre lisse. *Le chat **lisse** ses poils avec sa langue.*

liste (nom féminin)
Ensemble de mots inscrits les uns à la suite des autres. *Fais la **liste** de ce que tu dois acheter avant de partir.*

lit (nom masculin)
1. Meuble sur lequel on se couche pour dormir. *Il est temps d'aller au **lit** !* 2. Creux fait par un fleuve, où il coule habituellement. *Le torrent est sorti de son **lit** et a inondé le village.* Famille du mot : s'aliter, literie.

litanie (nom féminin)
Énumération longue et monotone. *Madame Dupond a entamé la **litanie** de ses griefs.* Litanie vient d'un mot grec qui signifie « prière » : les litanies de la Vierge sont des prières à la Vierge Marie.

litchi (nom masculin)
Petit fruit exotique très sucré, à gros noyau. ➠ p. 442.

literie (nom féminin)
Garniture d'un lit. *Le sommier, le matelas, le traversin, les oreillers, les draps et les couvertures constituent la **literie**.*

lithographie (nom féminin)
Reproduction d'un dessin. *Cette **lithographie** est signée d'un très grand artiste.* → Ce mot s'abrège litho. Lithographie vient de deux mots grecs qui signifient « écriture sur pierre », car ce procédé de reproduction utilise des pierres calcaires.

une **lithographie** de Léonor Fini

litière (nom féminin)
1. Paille sur laquelle se couchent les animaux dans une écurie. 2. Matière absorbante dans laquelle les chats d'appartement font leurs besoins.

litige (nom masculin)
Désaccord entre deux personnes. *Un **litige** se règle à l'amiable ou en justice.* (Syn. différend.)

litre (nom masculin)
1. Unité de mesure de capacité employée surtout pour les liquides. *La cuve à mazout contient 1 000 **litres**.* 2. Récipient d'un litre et son contenu. *Achète-moi un **litre** de lait, ce soir.* → Litre s'abrège *l* ou *L*.

littéraire (adjectif)
Qui concerne la littérature et les écrivains. *On étudie les grandes œuvres **littéraires** françaises au collège et au lycée.*

littéralement (adverbe)
Complètement, totalement. *Il a **littéralement** disparu dans le brouillard.*

littérature (nom féminin)
Ensemble des œuvres écrites par des écrivains. *La poésie, le théâtre, les contes et les romans appartiennent à la **littérature**.*

littoral, aux (nom masculin)
Bord de mer. *Le **littoral** breton est très découpé.* (Syn. côte, rivage.)

liturgie (nom féminin)
Déroulement du culte d'une religion. *Il y a beaucoup de chants dans la **liturgie** orthodoxe.*

livide (adjectif)
Extrêmement pâle. *À la descente du bateau, après la tempête, Yann était **livide**.* (Syn. blême.)

livraison (nom féminin)
Action de livrer à domicile ce qui a été acheté. *Devant l'épicerie, il y a une place prévue pour les véhicules de **livraison**.*

1. livre (nom masculin)
Texte imprimé sur des feuilles réunies sous une couverture. *Ursula a pris un **livre** à la bibliothèque. Benjamin veut apprendre à relier les **livres**.* • **Livre de comptes** : registre où l'on inscrit les dépenses et les recettes. • **Livre d'or** : cahier que l'on fait signer par les visiteurs.

2. livre (nom féminin)
1. Unité de poids valant 500 grammes. *Une **livre** de framboises, c'est un demi-kilo.* 2. Monnaie anglaise. *Clément a échangé ses euros contre des **livres**.*

livrée (nom féminin)
Habit que portaient les domestiques des nobles.

livrer (verbe) ➲ conj.n°3
1. Remettre à un acheteur la marchandise commandée. *On vient de nous **livrer** le lit.* 2. Remettre au pouvoir de quelqu'un. *Le meurtrier **s'est livré** à la police. Il **a livré** la ville à l'ennemi.* 3. Se livrer : parler de soi. *C'est quelqu'un de timide qui ne **se livre** pas beaucoup.* (Syn. se confier.) • **Livrer bataille** : se battre. • **Livrer un secret** : le révéler. ⊙ Famille du mot : livraison, livreur.

livret (nom masculin)
Petit livre où l'on enregistre certains renseignements. *Sur le **livret** scolaire, les professeurs inscrivent les notes et leurs appréciations.*

livreur, euse (nom)
Personne qui livre les commandes. *Le **livreur** a apporté le poste de télévision.*

lobe (nom masculin)
Partie arrondie du bas de l'oreille.

local, ale, aux (adjectif)
Qui concerne un endroit ou une région. *La météo **locale** a annoncé des chutes de neige. Le dentiste lui a fait une anesthésie **locale**.* ▷ **local, aux** (nom masculin) Bâtiment ou salle pouvant servir à tel ou tel usage. *Ils ont trouvé un **local** pour se réunir.* ⊙ Famille du mot : localement, localisation, localiser, localité.

localement (adverbe)
Dans certains endroits. *Des orages sont annoncés **localement**.*

localisation (nom féminin)
Action de localiser. *Le radar a permis au skipper une **localisation** précise de l'iceberg.*

localiser (verbe) ➲ conj.n°3
Déterminer le lieu où se trouve quelque chose ou quelqu'un. *Les équipes de secours **ont localisé** les alpinistes.*

localité (nom féminin)
Petite agglomération ou village. *Ils campent dans une **localité** de l'Aveyron.*

locataire (nom)
Personne qui loue un logement. *Le **locataire** paye un loyer au propriétaire.*

location (nom féminin)
1. Action de louer. *Les parents de David ont pris une villa en **location** pour les vacances.* 2. Réservation de places de spectacle. *La **location** s'arrête à 18 heures.*

locomotion (nom féminin)
Transport d'un lieu à un autre. *Le vélo, l'automobile, le train, l'avion sont des moyens de **locomotion**.*

▸ **locomotive** (nom féminin)
Machine qui tire les trains. *Une **locomotive** électrique.*

▸ **locution** (nom féminin)
Groupe de mots toujours employés ensemble avec un sens particulier. *« Mettre la puce à l'oreille » est une **locution** qui signifie « éveiller les soupçons ».* (Syn. expression.)

▸ **loge** (nom féminin)
1. Petit logement du gardien. *La **loge** est à droite dans le hall de l'immeuble.* 2. Petite pièce dans les coulisses d'une salle de spectacle où les artistes se changent et se maquillent. • **Être aux premières loges** : être très bien placé pour voir quelque chose.

▸ **logement** (nom masculin)
Local où l'on peut loger. *Il y a un **logement** libre au-dessus de chez nous.*

▸ **loger** (verbe) ○ conj.n°5
1. Habiter quelque part. *Quand elle va à Paris, elle **loge** à l'hôtel.* (Syn. demeurer, résider, vivre.) 2. Donner un logement à quelqu'un. *Ils **ont logé** un ami pendant 6 mois.* (Syn. héberger.) 3. Faire entrer quelque part. *Le coffre de la voiture est plein, on ne peut rien y **loger** de plus.* (Syn. mettre.) 4. Se loger : s'installer dans un logement. *Ils ont trouvé à **se loger** en banlieue.* ⊙ Famille du mot : déloger, logement, logeur, logis, reloger.

▸ **logeur, euse** (nom)
Personne qui loue des chambres meublées. *Il a payé son loyer à la **logeuse**.*

▸ **loggia** (nom féminin)
Balcon couvert. *En été, ils dînent dans la **loggia**.* → Prononciation [lɔdʒja].

▸ **logiciel** (nom masculin)
Programme pour un ordinateur. *Ibrahim a acheté un nouveau **logiciel** de jeu.*

▸ **logique** (adjectif)
Qui est en accord avec la raison ou qui est cohérent. *Tu n'as plus faim, tu t'arrêtes de manger ; c'est **logique**.* (Contr. absurde, illogique.) ▷ **logique** (nom féminin) Suite et cohérence dans le raisonnement. *Ce n'est pas étonnant qu'il soit bon en maths, il est la **logique** même !* ⊙ Famille du mot : illogique, logiquement.

▸ **logiquement** (adverbe)
De façon logique. ***Logiquement**, il ne devrait pas tarder à rentrer.* (Syn. normalement.)

▸ **logis** (nom masculin)
Endroit où on loge. *Après des années d'absence, il est de retour au **logis**.* (Syn. maison.)

une **locomotive** à vapeur

logo (nom masculin)
Dessin qui sert d'emblème à une marque. ➠ p. 592.

loi (nom féminin)
1. Ensemble des règles imposées à tous les individus d'une société, et fixant les droits et les devoirs de chacun. *Dans une démocratie, c'est le Parlement qui vote les **lois**.* 2. Règle qui explique un phénomène naturel. *Newton a découvert les **lois** de la pesanteur.*

loin (adverbe)
1. À une grande distance. *Au **loin**, on voit un bateau. De **loin**, on dirait un oiseau. Elle habite **loin** du centre.* (Contr. près.) 2. À une époque éloignée. *Il est déjà **loin** le temps où tu as appris à lire.* • **Aller loin** : réussir dans la vie. • **Aller trop loin** : exagérer. • **Loin de là** : bien au contraire. • **Revenir de loin** : avoir échappé à un grand danger. • **Voir loin** : être prévoyant.

lointain, aine (adjectif)
Qui est éloigné dans le temps ou dans l'espace. *Le vieil homme nous a conté des souvenirs de sa **lointaine** jeunesse.* (Contr. proche.) ▷ **lointain** (nom masculin) • **Dans le lointain** : au loin. *On distingue une voile **dans le lointain**.*

loir (nom masculin)
Petit rongeur à la queue longue et touffue. *Les **loirs** dorment pendant tout l'hiver.*

un **loir**

loisirs (nom masculin pluriel)
1. Moments libres pour se distraire. *Depuis qu'il est retraité, il a beaucoup plus de **loisirs**.* 2. Distractions avec lesquelles on occupe son temps libre. *La lecture et la piscine sont ses **loisirs** favoris.*

lombago (nom masculin)
Douleur dans le bas du dos. *En jouant au ping-pong, Kevin a attrapé un **lombago**.* → Prononciation [lɔ̃bago] ou [lœ̃bago]. → On écrit aussi lumbago.

lombaire (adjectif)
Qui se situe en bas du dos. *Les vertèbres **lombaires**.*

lombric (nom masculin)
Nom scientifique du ver de terre.

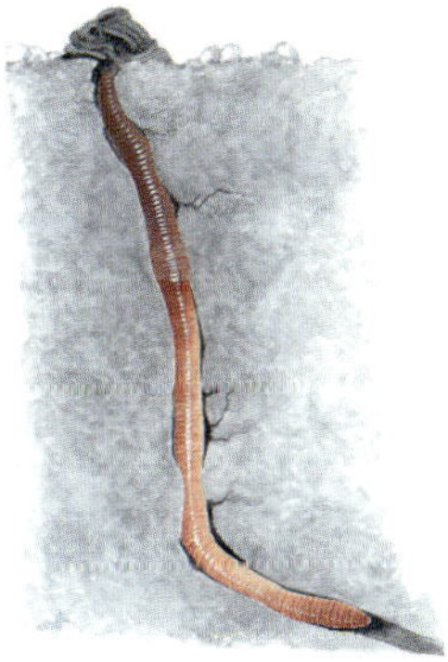

un **lombric**

londonien, enne
➠ Voir tableau p. 6.

long, longue (adjectif)
1. Dont la longueur est importante. *Cette rue est **longue**.* (Contr. court.) 2. Qui a telle longueur. *L'étagère est **longue** de deux mètres.* 3. Qui dure longtemps ou depuis longtemps. *La **longue** traversée de Christophe Colomb.* (Contr. bref, court.) 4. Qui met du temps à faire quelque chose. *Elle est bien **longue** à revenir !* ▷ **long** (adverbe) Beaucoup. *Son regard en dit **long** sur sa peine.* ▷ **long** (nom masculin) Longueur. *Le couloir a 10 mètres de **long**.* • **De long en large** : en refaisant sans cesse le même trajet dans les deux sens. *Il a parcouru la plage **de long en large**.* • **De tout son long** : en étant entièrement étendu par terre. • **En long et en large** : sans faire grâce d'aucun détail. *Il nous a raconté son voyage **en long et en large**.* • **Le long de** : en suivant le bord. ▷ **longue** (nom féminin) • **À la longue** : avec le temps. ⊙ Famille du mot : allongé, allongement, allonger, longuement, longueur, longue-vue, rallonge, rallonger.

▸ **longe** (nom féminin)
Longue courroie pour conduire ou attacher un cheval. *La cavalière tient son cheval par la **longe**.*

▸ **longer** (verbe) ➲ conj.n°5
Se déplacer ou être le long de quelque chose. *La péniche **longe** le quai. La route **longe** la mer.*

▸ **longévité** (nom féminin)
Longue durée de la vie. *Mourir à 122 ans, voilà une exceptionnelle **longévité**.*

▸ **longiligne** (adjectif)
Mince et élancé. *Sa silhouette **longiligne** se reconnaît de loin.*

▸ **longitude** (nom féminin)
Distance qui sépare un point de la Terre du méridien de Greenwich en Angleterre. *Paris se situe à 2° 20' de **longitude** est.*

▸ **longitudinal, ale, aux** (adjectif)
Dans le sens de la longueur. *Voici une coupe **longitudinale** de cette plante.* (Contr. transversal.)

▸ **longtemps** (adverbe)
Pendant un long espace de temps. *Ça fait **longtemps** qu'on ne t'a pas vu.*

▸ **longue** ➠ Voir long.

▸ **longuement** (adverbe)
D'une façon longue, et parfois trop longue. *Il nous a **longuement** raconté son voyage.* (Contr. brièvement.)

▸ **longueur** (nom féminin)
1. La plus grande dimension d'une surface. *La table a une **longueur** de deux mètres.* (Contr. largeur.) **2.** Trop longue durée. *Myriam trouve ce séjour d'une **longueur** interminable.* • **À longueur de** : pendant tout le temps de. *Il se plaint de tout, **à longueur de** journée.* • **Traîner en longueur** : durer trop longtemps.

▸ **longue-vue** (nom féminin)
Lunette qui grossit les objets éloignés. *Le capitaine a pris sa **longue-vue** pour observer la baleine qui s'éloignait.*
➜ Pluriel : des longues-vues.

▸ **look** (nom masculin)
Dans la langue familière, aspect physique. *En se coupant les cheveux, Claire a changé radicalement de **look** !*
➜ Look est un mot anglais : on prononce [luk].

▸ **looping** (nom masculin)
Acrobatie d'un avion qui consiste à faire une boucle dans le ciel.
➜ Looping est un mot anglais : on prononce [lupiŋ].

un double **looping**

▸ **lopin** (nom masculin)
Petit morceau de terrain. *Il cultive un **lopin** de terre près de sa maison.*

▸ **loquace** (adjectif)
Qui parle beaucoup. *Tu n'es guère **loquace** ce soir, es-tu fatigué ?* (Syn. bavard. Contr. taciturne.)

▸ **loque** (nom féminin)
Morceau de tissu usé ou déchiré. *Ton jean tombe en **loques** !* (Syn. lambeau.)

▸ **loquet** (nom masculin)
Petite barre de métal mobile qui sert de fermeture. *En soulevant le **loquet**, on ouvre la porte.*

▸ **lord** (nom masculin)
Titre de noblesse anglais.

▸ **lorgner** (verbe) ➲ conj.n°3
Regarder du coin de l'œil, avec envie. *Attention, ce chat **lorgne** ton poisson !* (Syn. guigner, loucher sur.) ⊙ Lorgner vient de l'ancien français *lorgne* qui signifie « qui louche ».

▸ **lorgnette** (nom féminin)
Petite lunette utilisée pour mieux voir au théâtre. • **Regarder par le petit bout de la lorgnette** : ne s'intéresser qu'aux détails secondaires.

lorgnon (nom masculin)
Paire de lunettes sans branches qui tenait sur le nez grâce à un ressort. *Le **lorgnon** était à la mode en 1900.*

loriot (nom masculin)
Passereau jaune et noir au chant sonore.

un **loriot**

lorrain, aine
➠ Voir tableau p. 6

lors (adverbe)
• **Depuis lors** : depuis ce moment. • **Lors de** : au moment de. *Pierre et Martine se sont rencontrés **lors d'**un mariage.*

lorsque (conjonction)
Au moment où. *On ne doit pas téléphoner **lorsqu'**il y a de l'orage.* (Syn. quand.)

losange (nom masculin)
Parallélogramme dont les quatre côtés sont égaux mais dont les angles ne sont pas droits. ➠ p. 512.

lot (nom masculin)
1. Ce que l'on gagne à la loterie. *Que ferais-tu si tu gagnais le gros **lot** ?* 2. Ce qui est attribué à chacun dans un partage. *Le domaine a été partagé en plusieurs **lots** entre les héritiers.* 3. Articles de même nature, vendus en un seul bloc. *Sur le marché, un camelot vendait des **lots** de torchons.* ⊙ Famille du mot : loterie, loti, lotissement.

loterie (nom féminin)
Jeu de hasard où l'on tire au sort les numéros gagnants. *Le n° 12 623 a gagné le gros lot de notre **loterie**.*

loti, ie (adjectif)
• **Être bien loti** ou **mal loti** : être favorisé ou défavorisé par le sort.

lotion (nom féminin)
Liquide spécialement préparé pour les soins de la toilette. *Son père utilise une **lotion** pour ses cheveux.*

lotissement (nom masculin)
Terrain à bâtir partagé en lots. *Ils font construire un pavillon dans le nouveau **lotissement**.*

loto (nom masculin)
1. Jeu où l'on doit placer sur des cartons à cases numérotées les jetons correspondants tirés au hasard. *Romain et Élodie font une partie de **loto**.* 2. Loterie nationale française où les numéros gagnants rapportent de l'argent.

lotte (nom féminin)
Poisson de mer à la tête énorme et à la peau épaisse. (Syn. baudroie.) ➠ p. 115.

lotus (nom masculin)
Variété de nénuphar à grandes fleurs. *En Inde, les **lotus** sont des fleurs sacrées.*
→ Prononciation [lɔtys].

des **lotus**

louable (adjectif)
Digne d'être loué. *Thomas a fait de **louables** efforts ce trimestre.* (Contr. blâmable, condamnable.)

louanges (nom féminin pluriel)
Paroles qui louent quelqu'un. *L'acteur a été couvert de **louanges** par toute la presse américaine.* (Syn. compliments, éloges, félicitations.)

1. louche (adjectif)
Qui paraît suspect et éveille la méfiance. *Cette affaire est **louche**, ne nous en mêlons pas !*

2. louche (nom féminin)
Cuillère large et profonde à long manche. *Apporte-moi la soupière et la **louche**.*

loucher (verbe) ○ conj.n°3
Avoir les deux yeux ne regardant pas dans la même direction. *On fait porter des lunettes spéciales aux enfants qui **louchent** pour corriger leur vue.* • **Loucher sur quelque chose** : synonyme de lorgner. *Victor **louche sur** le gâteau au chocolat.*

1. louer (verbe) ○ conj.n°3
1. Prêter un local ou une machine à quelqu'un contre de l'argent. *Le propriétaire **loue** ce studio 300 euros par mois.* 2. Avoir un local ou une machine pour un temps limité, en payant. *Le père de Fatima **loue** une voiture chaque été.* 3. Réserver une place en payant d'avance. *Nous **avons loué** des places pour le concert de rock.* (Syn. retenir.)

2. louer (verbe) ○ conj.n°3
1. Dire son admiration. *Le maire **a loué** les pompiers pour leur dévouement.* 2. Se louer de : s'estimer très satisfait. *Je n'ai qu'à **me louer de** mes nouveaux amis.* (Syn. se féliciter.) ⊙ Famille du mot : louable, louanges.

loufoque (adjectif)
Qui est bizarre et extravagant. *C'est une histoire complètement **loufoque**.*

louis (nom masculin)
Ancienne pièce d'or française. ⊙ Les louis ont été frappés pour la première fois sous Louis XIII, à son effigie. Sous les rois suivants, on a changé le portrait.

loup (nom masculin)
1. Mammifère carnivore à l'allure de grand chien. *Au début du siècle, il y avait beaucoup de **loups** en France. Le **loup** et la louve hurlent.* 2. Synonyme de bar, poisson de mer. ➠ p. 107. 3. Petit masque noir qui se met sur les yeux. *Pour le bal masqué, Gaëlle a mis un **loup**.* • **Marcher à pas de loup** : sans bruit. • **Vieux loup de mer** : marin très expérimenté.

un **loup**

loupe (nom féminin)
Lentille de verre qui donne une image agrandie des objets. *Le photographe regarde ses clichés à la **loupe** pour vérifier les détails.*

louper (verbe) ○ conj.n°3
Synonyme familier de rater. *William **a** encore **loupé** le train !*

loup-garou (nom masculin)
Homme qui, selon la légende, se métamorphose la nuit en loup. → Pluriel : des loups-garous.

lourd, lourde (adjectif)
1. Qui pèse un poids important. *Le sac est **lourd**, on va le porter ensemble.* (Syn. pesant. Contr. léger.) 2. Qui est lent, sans élégance ni souplesse. *Le vieil homme marche d'un pas **lourd**.* (Syn. pesant.) 3. Qui manque de finesse. *Ses blagues sont toujours assez **lourdes**.* (Syn. grossier. Contr. fin.) 4. Qui est oppressant. *Comme le temps est **lourd** !* (Syn. orageux.) 5. Qui est pénible. *Entretenir cette maison est une **lourde** tâche.* (Syn. accablant, écrasant.) 6. Difficile à interrompre. *Tu n'as pas entendu l'orage ? Tu as le sommeil **lourd** !* (Syn. profond.) 7. Difficile à digérer. *Ce boudin aux oignons est un peu **lourd**.* (Syn. indigeste.) ▷ **lourd** (adverbe) Beaucoup. *Ça pèse **lourd**. Il n'en sait pas **lourd**.* • **Il fait lourd** : orageux. ⊙ Famille du mot : alourdir, lourdaud, lourdement, lourdeur.

lourdaud, aude (adjectif)
Personne lourde de corps ou d'esprit. (Syn. balourd.)

lourdement (adverbe)
1. D'une manière lourde. *Camille est tombée **lourdement**.* (Syn. pesamment.) 2. De façon importante. *Vous vous trompez **lourdement** !* (Syn. énormément.)

lourdeur (nom féminin)
Caractère de ce qui est lourd. *Il fait toujours des plaisanteries d'une énorme **lourdeur** !* (Contr. finesse.)

loustic (nom masculin)
Individu farceur et peu sérieux. *C'est un drôle de **loustic** !* (Syn. lascar, type.) ⊙ Loustic vient de l'allemand *lustig* qui signifie « drôle » : le loustic était un soldat qui était chargé de faire rire ses camarades.

loutre (nom féminin)
Petit mammifère aux pattes palmées et au pelage brun que l'on chasse pour sa fourrure. *La **loutre** se nourrit de poissons.*

une **loutre**

louve (nom féminin)
Femelle du loup. *La **louve** allaite ses louveteaux dans sa tanière.*

louveteau, eaux (nom masculin)
1. Petit du loup et de la louve. 2. Jeune scout de 8 à 12 ans.

louvoyer (verbe) ○ conj.n°6
Naviguer en zigzag. *Quand un voilier **louvoie**, il utilise le vent qui vient de face pour avancer.*

se lover (verbe) ○ conj.n°3
S'enrouler sur soi-même. *Le serpent dort au soleil, **lové** dans l'herbe haute.*

loyal, ale, aux (adjectif)
Qui est fidèle à sa parole et ne triche pas. *C'est un adversaire **loyal**.* (Syn. honnête. Contr. déloyal, perfide.) ⊙ Famille du mot : déloyal, loyalement, loyauté.

loyalement (adverbe)
D'une manière loyale. *Maxime m'a aidé **loyalement**.* (Syn. honnêtement. Contr. perfidement.)

loyauté (nom féminin)
Qualité de ce qui est loyal. *La **loyauté** du chevalier Bayard était exemplaire.* (Syn. droiture, honnêteté. Contr. perfidie, traîtrise.)

loyer (nom masculin)
Somme d'argent qu'un locataire paye régulièrement au propriétaire pour lui louer un appartement. *En général, on paye le **loyer** au début du mois.*

lubie (nom féminin)
Fantaisie subite et un peu folle. *Xavier ne veut plus quitter ses rollers pour manger, c'est sa dernière **lubie**.* (Syn. caprice.)

lubrifiant (nom masculin)
Produit qui lubrifie. *L'huile de paraffine est un **lubrifiant**.*

lubrifier (verbe) ○ conj.n°10
Graisser pour rendre glissant. *Yann **lubrifie** la chaîne de son vélo.*

lucarne (nom féminin)
Petite fenêtre percée dans le toit qui donne de la lumière dans le grenier.

lucide (adjectif)
1. Qui voit les choses telles qu'elles sont. *Benjamin voit bien les difficultés qui l'attendent, il est très **lucide**.* (Syn. clairvoyant, perspicace.) 2. Qui a toute sa conscience. *Elle est très âgée mais parfaitement **lucide**.* ⊙ Famille du mot : lucidement, lucidité.

lucidement (adverbe)
De manière lucide. *Hélène a réagi **lucidement** et calmement.*

lucidité (nom féminin)
Fait d'être lucide. *Malgré la maladie, il reste de bonne humeur et garde toute sa **lucidité**.* (Syn. perspicacité, raison.)

luciole (nom féminin)
Petit insecte au corps lumineux. *Dans la nuit d'été, on voit voleter les **lucioles**.* ⊙ Luciole, comme le prénom Lucie, vient de l'italien *lucciola* qui signifie « petite lumière ».

une **luciole**

lucratif, ive (adjectif)
Qui rapporte de l'argent. *C'est un commerce **lucratif** qui l'enrichira très vite.*

luette (nom féminin)
Petit appendice au fond du palais. *Quand on avale, la **luette** bouche l'entrée du nez et permet qu'on ne s'étouffe pas.*

lueur (nom féminin)
1. Lumière faible ou passagère. *Ils ont monté leur tente à la **lueur** d'une lampe de poche.* 2. Expression passagère du regard. *Une **lueur** de jalousie est passée dans ses yeux.* • **Une lueur de quelque chose** : un peu. *Il reste encore **une lueur d'**espoir.*

luge (nom féminin)
Petit traîneau. *Julie et Clément glissent sur la neige, assis sur leur **luge**.*

lugubre (adjectif)
Qui est d'une tristesse affligeante. *Vous pourriez allumer la lumière, c'est trop **lugubre** ici !* (Syn. sinistre. Contr. gai.) ⊙ Lugubre vient du latin *lugubris* qui signifie « qui est en deuil ».

lui (pronom)
Pronom personnel de la troisième personne du singulier, sujet ou complément d'objet indirect. ***Lui**, il aime le jazz. **Lui** as-tu dit ce que tu m'as raconté ?*

luire (verbe) ⊙ conj.n°43
Produire ou refléter de la lumière. *Le soleil **luit** sur le lac.* (Syn. briller.) ⊙ Famille du mot : luisant, reluire.

luisant, ante (adjectif)
Qui luit. *Son front est **luisant** de sueur.* • **Ver luisant** : coléoptère dont le corps de la femelle émet de la lumière.

lumbago ➠ Voir lombago.

lumière (nom féminin)
1. Ce qui permet d'éclairer et de voir. *C'est la **lumière** du jour qui a réveillé Laura.* (Syn. clarté. Contr. obscurité.) 2. Ce qui sert à éclairer. *Allume la **lumière**, on n'y voit plus clair !* • **Faire la lumière sur une chose** : la révéler au grand jour et l'expliquer.

luminaire (nom masculin)
Appareil d'éclairage. *Dans un magasin de **luminaires**, on trouve des lampes de chevet, des lustres, des lampadaires, des appliques.*

lumineux, euse (adjectif)
1. Qui émet de la lumière. *Le phare de l'île est très **lumineux**, il se voit du continent.* 2. Dans un sens figuré, qui est très facile à comprendre. *L'exposé du conférencier était **lumineux**.* (Syn. clair.)

luminosité (nom féminin)
Qualité de ce qui est lumineux. *Le ciel est d'une grande **luminosité**, on voit la Voie lactée.*

lunaire (adjectif)
De la Lune. *La clarté **lunaire**.*

lunatique (adjectif)
Qui change d'humeur ou d'avis très souvent et de façon imprévisible. *On ne peut pas se fier à David, il est très **lunatique**.* (Syn. fantasque.) ⊙ On pensait autrefois que l'influence de la Lune changeait l'humeur des gens.

lunch (nom masculin)
Repas froid. *Pour les fiançailles de Myriam, il y aura un **lunch**.* ➜ Prononciation [lœnʃ] ou [lœ̃ʃ]. ➜ Pluriel : des lunchs ou des lunches. ⊙ Lunch est un mot anglais qui désigne le repas de midi.

lundi (nom masculin)
Premier jour de la semaine. *L'école recommence chaque **lundi**.* ⊙ En latin, lundi était le jour (*dies*) consacré à la Lune.

lune (nom féminin)
Astre satellite de la Terre. *C'est parce que la **Lune** renvoie les rayons du Soleil qu'elle éclaire la Terre pendant la nuit. Noémie aime se promener au clair de **lune**.* • **Demander** ou **promettre la lune** : quelque chose d'impossible. • **Être dans la lune** : être distrait. • **Nouvelle lune** : période où la Lune est invisible. • **Pleine lune** : période où la Lune est toute ronde. ⊙ Famille du mot : alunir, alunissage, lunaire.

la **Lune**

luné, ée (adjectif)
• **Être bien luné** ou **mal luné** : dans la langue familière, être de bonne ou de mauvaise humeur.

lunette (nom féminin)
Instrument en forme de tube servant à observer les objets éloignés. *Camille a regardé la Lune et les étoiles avec une **lunette** astronomique.* • **Lunette arrière** : vitre arrière d'une voiture. ➠ p. 92. ▷ **lunettes** (nom féminin pluriel) Paire de verres fixés sur une monture, servant à corriger la vue ou à protéger les yeux. *Ibrahim est myope et a besoin de ses **lunettes** pour voir au tableau.*

lupin (nom masculin)
Plante aux fleurs en forme d'épi.

un **lupin**

lurette (nom féminin)
• **Il y a belle lurette** : dans la langue familière, il y a bien longtemps. ⊙ Lurette vient d'un ancien mot français *heurette*, qui signifiait « petite heure ».

luron, onne (nom)
• **Joyeux** ou **gai luron** : personne gaie, insouciante.

lustre (nom masculin)
Appareil d'éclairage à plusieurs lampes suspendu au plafond. *Il y a un **lustre** en cristal dans le hall de l'hôtel.*

▸ **lustré, ée** (adjectif)
Devenu brillant à cause de l'usure. *Le col et les poignets de ta veste sont **lustrés**.*

▸ **luth** (nom masculin)
Instrument de musique à cordes, au manche recourbé.

« Concert » de Nicolas Tournier (XVIIe siècle). Le **luth** était un instrument très prisé à cette époque.

▸ **luthier** (nom masculin)
Artisan qui fabrique et répare les violons, les guitares, les violoncelles, les contrebasses.

▸ **lutin** (nom masculin)
Petit être légendaire, farceur et malicieux. *On disait autrefois que, pendant la nuit, les **lutins** changeaient tous les objets de place.* (Syn. farfadet.)

▸ **lutte** (nom féminin)
1. Sport de combat où chaque adversaire s'efforce d'immobiliser l'autre au sol. 2. Bataille entre deux adversaires. *Les deux bandes rivales se livrent une **lutte** sans merci.* (Syn. combat.) 3. Action menée pour vaincre un fléau. *Dans le monde entier on mène la **lutte** contre le sida.* ⊙ Famille du mot : lutter, lutteur.

▸ **lutter** (verbe) ⊙ conj.n°3
1. Mener la lutte contre un adversaire. *Les deux cerfs **ont lutté** jusqu'à l'aube.* (Syn. se battre, combattre.) 2. Résister contre quelque chose. *Kevin **lutte** contre le sommeil.*

▸ **lutteur, euse** (nom)
1. Sportif qui pratique la lutte. 2. Personne qui aime se battre et surmonter les obstacles. *Tout le monde n'a pas un tempérament de **lutteur**.*

▸ **luxation** (nom féminin)
Déplacement d'un os hors de son articulation. *Le footballeur s'est fait une **luxation** du genou.*

▸ **luxe** (nom masculin)
1. Abondance d'objets chers, raffinés et pas indispensables. *Ils ont toujours vécu dans le **luxe**.* 2. Chose superflue et chère. *Manger du caviar, c'est du **luxe** !* ⊙ Famille du mot : luxueusement, luxueux.

▸ **luxembourgeois, oise**
➠ Voir tableau p. 6.

▸ **se luxer** (verbe) ⊙ conj.n°3
Se faire une luxation. *Pierre **s'est luxé** le coude en tombant de sa planche à roulettes.* (Syn. se déboîter, se démettre.)

▸ **luxueusement** (adverbe)
De manière luxueuse. *Avec sa piscine, sa voiture de sport et sa villa, il vit **luxueusement**.*

▸ **luxueux, euse** (adjectif)
Qui est caractérisé par le luxe. *Ils sont descendus dans un hôtel **luxueux**.* (Syn. fastueux, somptueux. Contr. modeste, simple.)

▸ **luxuriant, ante** (adjectif)
Qui pousse en abondance et vigoureusement. *Une végétation **luxuriante** a envahi le jardin à l'abandon.* (Syn. exubérant, surabondant. Contr. maigre, rare.)

▸ **luzerne** (nom féminin)
Plante à petites fleurs violettes. *La **luzerne** sert de fourrage aux animaux de la ferme.*

lycée (nom masculin)
Établissement d'enseignement secondaire. *Les élèves quittent le collège en troisième et entrent au **lycée** en seconde.* ⊙ À Athènes, le lycée était un gymnase dans lequel le philosophe Aristote enseignait.

lycéen, éenne (nom)
Élève d'un lycée.

lymphatique (adjectif)
Qui est mou et sans énergie. *C'est une personne au tempérament **lymphatique**.* (Syn. indolent. Contr. actif, nerveux.)

lymphe (nom féminin)
Liquide qui se trouve à l'intérieur de notre corps.

lyncher (verbe) ○ conj.n°3
Tuer quelqu'un que l'on pense coupable sans le juger. *Le chauffard a failli **être lynché** par les témoins de l'accident.* ⊙ Lyncher vient du nom d'un fermier américain, *Lynch*, qui aurait eu l'initiative de cette justice sommaire et illégale.

lynx (nom masculin)
Mammifère carnivore sauvage qui ressemble à un grand chat. • **Yeux de lynx** : vue très perçante. ➠ p. 461.

lyre (nom féminin)
Instrument de musique à cordes utilisé dans l'Antiquité.

une joueuse de **lyre**

lyrique (adjectif)
Plein d'émotion, de passion et d'enthousiasme. *Le père de Romain devient **lyrique** quand il parle de son village natal.* • **Artiste lyrique** : qui chante l'opéra et l'opérette. • **Théâtre lyrique** : l'opéra et l'opérette.

lys ➠ Voir lis.

▸ **m** (nom masculin)
Treizième lettre de l'alphabet. *Le **M** est une consonne.*

▸ **m'** ➠ Voir me.

▸ **ma** (déterminant)
Féminin de *mon*.

▸ **macabre** (adjectif)
Qui évoque la mort. *Une vision **macabre** : un corps flottait dans l'eau du lac.*

▸ **macadam** (nom masculin)
Revêtement routier fait de petites pierres et de sable tassés au rouleau compresseur. *Le **macadam** est recouvert de goudron.* ⊙ Macadam vient du nom de l'inventeur *Mc Adam*, un ingénieur écossais du début du XIXe siècle.

▸ **macaque** (nom masculin)
Singe d'Asie au corps trapu. *Les **macaques** vivent en groupe.*

un **macaque**

▸ **macareux** (nom masculin)
Oiseau de mer noir et blanc, au bec multicolore.

un **macareux**

▸ **macaron** (nom masculin)
1. Petit gâteau rond à la pâte d'amandes. 2. Gros insigne de forme arrondie. *Cette voiture porte le **macaron** tricolore des véhicules officiels.*

▸ **macaroni** (nom masculin)
Pâte alimentaire en forme de petit tube.

▸ **macédoine** (nom féminin)
Mélange de légumes ou de fruits coupés en morceaux. ⊙ Macédoine vient du nom de l'immense empire d'Alexandre le Grand, composé de pays très divers.

▸ **macérer** (verbe) ○ conj.n°8
Tremper longtemps dans un liquide. *Les cornichons **macèrent** dans le vinaigre.*

▸ **mâche** (nom féminin)
Sorte de salade à petites feuilles.

▸ **mâcher** (verbe) ○ conj.n°3
Broyer un aliment entre ses mâchoires. *Cesse de **mâcher** ton chewing-gum !* (Syn. mastiquer.) • **Mâcher le travail à quelqu'un :** le lui préparer pour qu'il puisse l'achever facilement. • **Ne pas mâcher ses mots :** parler sans ménagement. ⊙ Famille du mot : mâchoire, mâchonner.

▸ **machette** (nom féminin)
Long couteau à lame épaisse. *Les ouvriers coupent les cannes à sucre à grands coups de **machette**.*

une **machette**

▸ **machiavélique** (adjectif)
Rusé, perfide et calculateur. *Les malfaiteurs avaient tendu un piège **machiavélique** à leurs trois victimes.* ➜ Prononciation [makiavelik]. ⊙ Machiavélique vient de *Machiavel*, philosophe italien du XVIe siècle, qui pensait que l'on pouvait employer n'importe quel moyen pour garder le pouvoir.

▸ **machiavélisme** (nom masculin)
Caractère des personnes qui sont machiavéliques.

▸ **mâchicoulis** (nom masculin)
Ouverture en surplomb en haut d'une muraille, qui servait à faire tomber des projectiles sur les assaillants. ➡ p. 196.

▸ **machin** (nom masculin)
Dans la langue familière, objet ou personne dont on ignore le nom. *Comment appelle-t-on ce **machin** ?* (Syn. bidule, truc.)

▸ **machinal, ale, aux** (adjectif)
Que l'on fait sans réfléchir, comme une machine. *Benjamin a arrêté son réveil d'un geste **machinal**.* (Syn. automatique, mécanique.)

▸ **machinalement** (adverbe)
De façon machinale. *Anna se gratte la tête **machinalement** quand elle réfléchit.*

▸ **machination** (nom féminin)
Ensemble d'actions préparées en secret pour nuire à quelqu'un. *On m'accuse à tort, il s'agit d'une **machination**.* (Syn. manœuvre.)

▸ **machine** (nom féminin)
Appareil conçu pour effectuer plus facilement certains travaux. *Une **machine** à laver, à coudre, à calculer.* ⊙ Famille du mot : machinal, machinalement, machinerie, machinisme, machiniste.

▸ **machinerie** (nom féminin)
Ensemble de machines. *Il fait très chaud dans la **machinerie** du navire.*

▸ **machinisme** (nom masculin)
Utilisation des machines. *Le **machinisme** s'est développé au XIXe siècle.*

▸ **machiniste** (nom)
1. Personne chargée des décors au théâtre, au cinéma ou à la télévision. **2.** Personne qui conduit un tramway ou un autobus.

▸ **macho** (nom masculin)
Homme qui affiche une attitude désagréable de supériorité envers les femmes. ➜ Prononciation [matʃo].

▸ **mâchoire** (nom féminin)
Chacun des deux os de la bouche dans lesquels les dents sont plantées. *Seule la **mâchoire** inférieure est mobile.*

▸ **mâchonner** (verbe) ○ conj.n°3
Mordre lentement ou machinalement. *Élodie **mâchonne** un brin d'herbe.*

▸ **maçon** (nom masculin)
Ouvrier qui construit des maisons. *Le fil à plomb et la truelle sont des outils de **maçon**.*

▸ **maçonnerie** (nom féminin)
Ouvrage en pierres, en briques ou en béton destiné à la construction d'une maison. *La **maçonnerie** est terminée, on va pouvoir poser le toit.*

macculé, ée (adjectif)
Synonyme littéraire de taché. *Sa cravate est **maculée** de sauce tomate.*

madame (nom féminin)
Nom donné à une femme mariée ou qui n'est plus une jeune fille. *Notre voisine s'appelle **madame** Monguyard.* → Pluriel : mesdames. Madame, Mesdames s'abrègent *Mme*, *Mmes*.

made in (adjectif)
Indique l'endroit où un objet a été fabriqué. → *Made in* est une expression anglaise : on prononce [mɛdin].

madeleine (nom féminin)
Petit gâteau à pâte molle en forme de coquille.

mademoiselle (nom féminin)
Nom donné aux jeunes filles et aux femmes non mariées. → Pluriel : mesdemoiselles. On abrège *Mlle*, *Mlles*.

madone (nom féminin)
Peinture ou sculpture représentant la Vierge Marie, mère de Jésus-Christ, appelée aussi *la Madone*. ⊙ Madone vient de l'italien *madonna* qui signifie « madame ».

« **Madone** à l'enfant »
de Giovanni Bellini (XVe s.)

madras (nom masculin)
Étoffe de couleurs vives. *Les danseuses antillaises portaient une robe en **madras**.* → Prononciation [madʀas]. ⊙ Madras est une ville de l'Inde où l'on fabriquait ces étoffes.

madrier (nom masculin)
Pièce de bois d'une certaine épaisseur. *Des **madriers** soutiennent le plancher du grenier.*

madrigal, aux (nom masculin)
Poème chanté exprimant des sentiments amoureux.

madrilène

➠ Voir tableau p. 6.

maestria (nom féminin)
Manière de faire quelque chose de façon parfaite. *Papa a réussi la mayonnaise avec **maestria**.*

maestro (nom masculin)
Titre donné à un compositeur de musique ou à un chef d'orchestre célèbre.

mafia (nom féminin)
Vaste organisation de malfaiteurs. *Le trafic de faux billets est contrôlé par une **mafia**.* → On écrit aussi maffia. ⊙ La Mafia est une organisation secrète originaire de Sicile, en Italie.

magasin (nom masculin)
1. Établissement où l'on vend des marchandises. *Les plus beaux **magasins** de la ville se trouvent sur le grand boulevard.* (Syn. boutique.) **2.** Endroit où l'on entrepose des marchandises. *Les pièces de rechange sont rangées dans le **magasin** derrière le garage.* (Syn. entrepôt.) ⊙ Famille du mot : emmagasiner, magasinier.

magasinier (nom masculin)
Personne chargée de ranger et de garder les marchandises entreposées dans un magasin.

magazine (nom masculin)
1. Publication périodique illustrée. *Ce **magazine** paraît tous les mercredis.* (Syn. revue.) 2. À la radio ou à la télévision, émission régulière sur un sujet particulier. *Chaque dimanche, le **magazine** sportif donne tous les résultats.*

mage (nom masculin)
Personne qui pratique la magie. *Ce **mage** dit qu'il peut guérir toutes les maladies.*

maghrébin, ine
➠ Voir tableau p. 6.

magicien, enne (nom)
Personne qui fait des tours de magie. *Le **magicien** a fait apparaître une colombe.*

magie (nom féminin)
Art de faire des choses qui semblent merveilleuses en s'aidant de mots et de gestes mystérieux. *Il est apparu devant nous comme par **magie**.* ⊙ Famille du mot : mage, magicien, magique.

magique (adjectif)
Qui a un pouvoir extraordinaire dû à la magie. *La sorcière a fabriqué une poudre **magique** pour retrouver la jeunesse.*

magistral, ale, aux (adjectif)
Digne d'un maître. *D'un coup de pied **magistral**, Clément a marqué un but.* (Syn. extraordinaire, formidable.)

magistralement (adverbe)
De façon magistrale. *Véronique a **magistralement** réussi son examen.*

magistrat (nom masculin)
1. Fonctionnaire chargé de rendre la justice. *Les juges, les procureurs sont des **magistrats**.* 2. Personne qui a une autorité politique ou administrative. *Les maires, les préfets, le président de la République sont des **magistrats**.*

magistrature (nom féminin)
1. Ensemble des magistrats. 2. Fonction de magistrat. *Le père de David est dans la **magistrature**.*

magma (nom masculin)
Mélange pâteux de roches en fusion, qui se forme à l'intérieur de la Terre. *La lave des volcans est constituée de **magma**.*

magnanime (adjectif)
Généreux et indulgent. *Soyez **magnanime**, pardonnez-lui !*

magnétique (adjectif)
1. Qui attire les objets en fer, comme le font les aimants. *Certains minerais de fer sont **magnétiques**.* 2. Au sens figuré, qui exerce une influence mystérieuse. *Cet acteur a vraiment un regard **magnétique**.* ⊙ Famille du mot : magnétiser, magnétisme, magnétophone, magnétoscope.

magnétiser (verbe) ⊙ conj. n°3
Rendre magnétique. *On peut **magnétiser** le fer grâce à l'électricité.*

magnétisme (nom masculin)
1. Ensemble des propriétés des aimants. *Ibrahim adore jouer avec des aimants, le **magnétisme** le passionne.* 2. Au sens figuré, influence magnétique d'une personne. *Son regard plein de **magnétisme** me fascine.*

magnétophone (nom masculin)
Appareil permettant d'enregistrer des sons sur bande magnétique et de les reproduire.

magnétoscope (nom masculin)
Appareil permettant d'enregistrer une émission de télévision sur une bande magnétique et de la regarder plus tard.

magnificence (nom féminin)
Caractère de ce qui est magnifique. *La cérémonie du couronnement était pleine de **magnificence**.*

magnifique (adjectif)
Très beau. *Du haut de cette tour, on a une vue **magnifique** sur la mer.* (Syn. splendide, superbe. Contr. affreux, horrible.)

magnifiquement (adverbe)
De façon magnifique. *La fête s'est **magnifiquement** terminée par un feu d'artifice.*

a b c d e f g h i j k l m n o p q r s t u v w x y z

▸ **magnolia** (nom masculin)
Arbre ornemental aux grandes fleurs très odorantes.

un **magnolia**

▸ **magnum** (nom masculin)
Grosse bouteille qui contient un litre et demi. *Pour son anniversaire, grand-père a ouvert un **magnum** de champagne.* → Prononciation [magnɔm].

▸ **magot** (nom masculin)
Grosse somme d'argent accumulée et cachée. *Le **magot** n'était plus dans le coffre-fort !*

▸ **magouille** (nom féminin)
Dans la langue familière, manière d'agir peu honnête. *Il est très honnête : Pierre a horreur des **magouilles** !* (Syn. combine.)

▸ **magret** (nom masculin)
Morceau de viande qui se trouve sur le ventre du canard.

▸ **maharadjah** (nom masculin)
Titre des anciens princes de l'Inde. *Les **maharadjahs** étaient connus pour leur faste.*

▸ **mai** (nom masculin)
Cinquième mois de l'année, qui compte 31 jours. *La Seconde Guerre mondiale s'est terminée en Europe le 8 **mai** 1945.*

▸ **maigre** (adjectif)
1. Plus mince que la moyenne. *Ce chien est si **maigre** qu'il fait pitié.* (Contr. corpulent, gras, gros.) 2. Qui contient peu de matière grasse. *Un yaourt **maigre**. Une viande **maigre**.* 3. Au sens figuré, qui n'est pas important ou suffisant. *L'enquête n'a donné que de **maigres** résultats.* (Syn. médiocre, mince.) ⊙ Famille du mot : amaigrir, amaigrissant, amaigrissement, maigreur, maigrichon, maigrir.

▸ **maigreur** (nom féminin)
Fait d'être maigre. *Cet enfant doit être très malade : il est d'une **maigreur** inquiétante.*

▸ **maigrichon, onne** (adjectif)
Un peu maigre. *Gaëlle va mieux, mais elle est encore un peu **maigrichonne**.* (Contr. grassouillet.)

▸ **maigrir** (verbe) ⊙ conj.n°11
Devenir plus maigre. *Papa suit un régime sévère pour **maigrir** un peu.* (Contr. grossir.)

▸ **maille** (nom féminin)
1. Chacune des petites boucles de fil ou de laine dont l'ensemble constitue un tricot. *Ta bague a accroché une **maille** de mon pull.* 2. Chacun des trous formés par ces boucles. *Le poisson est passé à travers les **mailles** du filet.* • **Avoir maille à partir avec quelqu'un** : se disputer avec lui. ⊙ Dans la locution avoir maille à partir, les mots ont des sens d'autrefois : *partir* signifiait « partager » et la *maille* était une petite pièce de monnaie.

▸ **maillet** (nom masculin)
Gros marteau en bois. *Le géomètre enfonce le piquet dans la terre à coups de **maillet**.*

▸ **maillon** (nom masculin)
Anneau d'une chaîne. (Syn. chaînon.)

▸ **maillot** (nom masculin)
Vêtement qui couvre le haut du corps. *Sous sa chemise, Kevin porte un **maillot** de corps.* • **Maillot de bain** : vêtement spécial pour se baigner, à la mer ou à la piscine.

main (nom féminin)
Partie du corps qui termine le bras, constituée de la paume et des cinq doigts. *On se serre la **main** pour se dire bonjour.* ➡ p.263. • **Avoir la main** : aux cartes, être le premier à jouer. • **Avoir la main heureuse** : être chanceux quand on choisit. • **Avoir le cœur sur la main** : être très bon. • **Avoir quelque chose sous la main** ou **à portée de main** : l'avoir près de soi et pouvoir le saisir sans se déplacer. • **De la main à la main** : directement, sans intermédiaire. • **Donner un coup de main à quelqu'un** : l'aider. • **En mains propres** : à celui qui doit recevoir une chose, et seulement à lui. • **En mettre sa main au feu** : être sûr que c'est vrai, prêt à le parier. • **En venir aux mains** : se battre. • **Être en bonnes mains** : être avec quelqu'un en qui on peut avoir confiance. • **Faire des pieds et des mains** : se donner du mal pour arriver à son but. • **Faire main basse sur une chose** : s'en emparer de façon irrégulière. • **Gagner haut la main** : très facilement. • **Mettre la dernière main à un travail** : l'achever dans ses moindres détails. • **Mettre la main à la pâte** : travailler avec les autres. • **Ne pas y aller de main morte** : agir très fermement.

mainate (nom masculin)
Oiseau noir, à bec jaune, capable d'imiter la voix humaine.

main-d'œuvre (nom féminin)
1. Ensemble d'ouvriers. *Cette usine emploie surtout de la **main-d'œuvre** féminine.* 2. Travail d'un ouvrier. *Pour réparer le four, il a fallu deux heures de **main-d'œuvre**.*

main-forte (nom féminin)
• **Prêter main-forte à quelqu'un** : l'aider pour exécuter quelque chose.

mainmise (nom féminin)
Action de s'emparer de quelque chose. *Au XVIe siècle, les Espagnols avaient la **mainmise** sur le commerce des épices.*

maint, mainte (adjectif)
Synonyme littéraire de plusieurs. *J'ai **maintes** fois fait ce chemin.*

maintenance (nom féminin)
Maintien d'un matériel en bon état de fonctionnement. *Ce magasin assure pendant cinq ans la **maintenance** des appareils qu'il a vendus.*

maintenant (adverbe)
1. Tout de suite. *Tu as suffisamment attendu : c'est **maintenant** que tu dois te décider.* 2. Actuellement, à présent. *Il a beaucoup plu, mais **maintenant** il fait beau.*

maintenir (verbe) ○ conj.n°11
1. Tenir dans la même position. ***Maintiens** ta petite sœur pendant que je lui nettoie les oreilles.* (Syn. retenir.) 2. Faire durer ou conserver quelque chose. *Le radiateur **maintient** une bonne température dans la pièce.* (Syn. garder.) 3. Continuer à affirmer. *Je **maintiens** que j'ai dit la vérité.* 4. Se maintenir : rester dans le même état. *Pierre fait du sport pour **se maintenir** en forme.*

maintien (nom masculin)
1. Action de maintenir dans le même état. *Il faut changer, je suis contre le **maintien** de cette habitude.* (Contr. abandon.) 2. Manière de se tenir. *Elle veut devenir mannequin et prend des cours de **maintien**.* (Syn. tenue.)

maire (nom masculin)
Personne élue pour diriger une commune. *Le **maire** a mis son écharpe tricolore pour célébrer le mariage.*

mairie (nom féminin)
Bâtiment où se trouvent le bureau du maire et l'administration municipale.

mais (conjonction)
Annonce une opposition ou une précision. *Je voulais partir, **mais** il m'a retenu. Le maître est sévère **mais** juste.*

▸ **maïs** (nom masculin)
Céréale aux gros épis à grains jaunes. *Ces poulets sont nourris au* ***maïs****.*

une tige et un épi de **maïs**

▸ **maison** (nom féminin)
1. Bâtiment qui sert d'habitation. *La nuit tombait, Quentin est rentré très vite à la* ***maison****.* 2. Bâtiment qui sert à un usage particulier. ***Maison*** *de retraite.* ***Maison*** *des jeunes.* 3. Entreprise où l'on travaille. *Il est caissier dans la même* ***maison*** *depuis trente ans.* (Syn. firme, société.) ▷ **maison** (adjectif) Fait à la maison. *Maman réussit toujours à merveille sa tarte* ***maison****.* → Pluriel : des gâteaux maison. ⊙ Famille du mot : maisonnée, maisonnette.

▸ **maisonnée** (nom féminin)
Ensemble des habitants d'une maison. *Toute la* ***maisonnée*** *se prépare à fêter Noël.* (Syn. famille.)

▸ **maisonnette** (nom féminin)
Petite maison. *Une* ***maisonnette*** *de poupée.*

▸ **maître, maîtresse** (nom)
1. Personne qui commande. *Le commandant du navire est le seul* ***maître*** *à bord.* 2. Propriétaire d'un animal domestique. *Ce chien ne quitte jamais son* ***maître****.* 3. Instituteur, institutrice ou professeur. *Sa* ***maîtresse*** *d'école s'appelle madame Dubois.* ▷ **maître** (nom masculin) 1. Artiste, écrivain, savant très réputé et qui sert de modèle. *Le musée présente des tableaux de* ***maîtres****.* 2. Titre donné à un notaire ou à un avocat, même quand il s'agit d'une femme. ***Maître*** *Dupont a mis sa robe d'avocate.* • **Coup de maître :** action qui montre qu'on est très habile. • **Trouver son maître :** trouver quelqu'un de plus fort ou de plus habile que soi. ▷ **maîtresse** (nom féminin) Femme qui a une relation amoureuse avec un homme qui n'est pas son mari. *La marquise de Pompadour était la* ***maîtresse*** *du roi Louis XV.* ▷ **maître, maîtresse** (adjectif) 1. Qui a le pouvoir de faire ou de contrôler quelque chose. *Romain sait rester* ***maître*** *de ses nerfs.* 2. Qui est le plus important. *Aux échecs, la reine est une pièce* ***maîtresse****.* • **Être maître de soi :** savoir garder son sang-froid.

▸ **maître chanteur** (nom masculin)
Escroc qui fait du chantage. → Pluriel : des maîtres chanteurs.

▸ **maître nageur** (nom masculin)
Personne qui apprend aux autres à nager. → Pluriel : des maîtres nageurs.

▸ **maîtrise** (nom féminin)
1. Domination ou contrôle de quelque chose. *Les pirates avaient la* ***maîtrise*** *de la mer des Antilles.* 2. Fait de maîtriser quelque chose. *Amandine a une parfaite* ***maîtrise*** *de l'anglais.* 3. Ensemble de ceux qui surveillent et dirigent le travail des ouvriers. *Mon oncle est agent de* ***maîtrise*** *dans une entreprise.* • **Maîtrise de soi :** contrôle de soi-même, sang-froid.

maîtriser (verbe) ⊙ conj.n°3
1. Soumettre en employant la force. *Le cavalier a réussi à **maîtriser** son cheval qui s'était emballé.* **2.** Réussir à dominer une difficulté ou un danger. *Il a fallu trois heures d'effort pour **maîtriser** l'incendie.* **3.** Dominer ou contrôler. *Julie s'énerve vite, elle ne sait pas **se maîtriser**.*

maïzena (nom féminin)
Farine de maïs, qui sert à faire des bouillies, des sauces ou des gâteaux. → Prononciation [maizena]. ⊙ Maïzena est le nom d'une marque.

majesté (nom féminin)
1. Titre que l'on donnait aux rois, aux reines, aux empereurs. *Sa **Majesté** le roi d'Espagne.* **2.** Air de noblesse, de grandeur. *Laura est impressionnée par la **majesté** du château de Versailles.* → Au sens 1, Majesté s'écrit avec une majuscule.

majestueux, euse (adjectif)
Qui est plein de majesté. *La longue robe de la mariée lui donne une allure **majestueuse**.* (Syn. noble, solennel.)

majeur, eure (adjectif)
1. Qui est le plus important. *Il passe la **majeure** partie de sa journée à travailler.* **2.** Qui a atteint l'âge de la majorité. *À 18 ans, on a le droit de voter car on est **majeur**.* (Contr. mineur.)
▷ **majeur** (nom masculin) Le plus grand doigt de la main. (Syn. médius.)

majoration (nom féminin)
Action de majorer. *Papa est indigné par la **majoration** du prix de l'essence.* (Syn. augmentation, hausse. Contr. baisse, diminution.)

majordome (nom masculin)
Chef des domestiques dans une maison de gens très riches.

majorer (verbe) ⊙ conj.n°3
Augmenter un prix, un tarif. *Le prix du repas de cantine **a été majoré** de 10 pour 100.* (Syn. baisser, diminuer.)

majorette (nom féminin)
Jeune fille en uniforme qui défile dans une parade en jonglant avec un bâton.

des **majorettes**

majoritaire (adjectif)
Qui est en plus grand nombre. *Cette opinion est **majoritaire** dans le pays.* (Contr. minoritaire.)

majorité (nom féminin)
1. Le plus grand nombre. *Une grande **majorité** des élèves de la classe mange à la cantine.* **2.** Le plus grand nombre de voix obtenues lors d'un vote. *Aux élections, il faut avoir la **majorité** pour être élu.* **3.** Les partis qui sont d'accord avec le gouvernement. (Contr. opposition.) **4.** Âge fixé par la loi pour avoir les droits et les devoirs des adultes. *En France, la **majorité** est fixée à 18 ans.* (Contr. minorité.)

majuscule (nom féminin)
Grande lettre d'une forme particulière. *On met une **majuscule** au début des phrases et des noms propres.* (Contr. minuscule.)

un mot en **majuscules**
et un mot en minuscules

mal, maux (nom masculin)
1. Ce qui est contraire à la morale, au bien. *Essaie toujours de lutter contre le* ***mal****.* 2. Malheur ou calamité. *La famine est un des* ***maux*** *dont souffre l'humanité.* 3. Chose mauvaise, désagréable. *Ne dis jamais du* ***mal*** *des autres !* 4. Douleur physique. *Je m'arrête de marcher car j'ai très* ***mal*** *aux pieds.* 5. Malaise ou nausée. *La mer était agitée, tout le monde a eu le* ***mal*** *de mer. Thomas a* ***mal*** *au cœur en voiture.* 6. Difficulté à faire quelque chose. *Myriam s'est couchée trop tard et, ce matin, elle a eu du* ***mal*** *à se lever.* • **Prendre mal** : tomber malade. • **Se donner du mal** : faire des efforts. ▷ **mal** (adverbe) De façon mauvaise. *Ça tombe* ***mal*** *que tu ne puisses pas venir aujourd'hui.* (Contr. bien.) • **Être au plus mal** : être près de mourir. • **Mal prendre quelque chose** : ne pas l'accepter et se vexer. • **Pas mal** : synonyme familier de beaucoup. *Il y avait* ***pas mal*** *de monde à la réunion.* • **Se trouver mal** : s'évanouir. ▷ **mal** (adjectif) Contraire à la morale. *C'est* ***mal*** *de te moquer de lui.* (Contr. bien.) • **Pas mal** : assez bien. *Ce film n'est* ***pas mal****.* ➜ Pluriel : des chaussures pas mal.

malade (adjectif et nom)
Qui est en mauvaise santé. *Tu es* ***malade*** *parce que tu as pris froid. Le* ***malade*** *est au lit, il attend le médecin.* ⊙ Famille du mot : maladie, maladif.

maladie (nom féminin)
Fait d'être malade. *Les vaccins permettent d'éviter certaines* ***maladies****.* • **En faire une maladie** : protester violemment.

maladif, ive (adjectif)
1. Qui est souvent malade. *C'est une enfant* ***maladive*** *qui manque souvent l'école.* 2. Qui est anormal, comme les maladies. *Il a une peur* ***maladive*** *des serpents.*

maladresse (nom féminin)
1. Défaut d'une personne maladroite. *Mon petit frère montre encore beaucoup de* ***maladresse*** *quand il noue ses lacets.* (Syn. gaucherie. Contr. adresse.) 2. Action ou parole maladroite. *Tu as commis une* ***maladresse*** *en oubliant de lui dire merci.* (Syn. erreur, gaffe.)

maladroit, oite (adjectif et nom)
1. Qui manque d'adresse, d'habileté. *Pose ce vase, car tu es trop* ***maladroit*** *!* 2. Qui manque de tact, de délicatesse. *Victor a eu des mots* ***maladroits*** *et sa sœur s'est vexée.*

maladroitement (adverbe)
De façon maladroite. *Guillaume a* ***maladroitement*** *envoyé le ballon dans la gouttière.* (Contr. adroitement.)

malais, aise
➠ Voir tableau p. 6.

malaise (nom masculin)
1. Léger trouble de la santé. *Il faisait chaud et une dame a eu un* ***malaise*** *dans l'autobus.* 2. État d'inquiétude, de gêne. *Noémie éprouve un* ***malaise*** *à descendre toute seule à la cave.*

malaisé, ée (adjectif)
Synonyme littéraire de difficile. *Le sentier comporte un passage* ***malaisé*** *le long de la falaise.* (Contr. aisé, facile.)

malaria (nom féminin)
Synonyme de paludisme. ⊙ Malaria est formé de deux mots italiens qui signifient « mauvais air », car on croyait que cette maladie était due à l'air vicié des marécages.

malaxer (verbe) ⊳ conj.n°3
Pétrir une matière pour l'amollir. *Une pâte bien* ***malaxée*** *n'a pas de grumeaux.*

malchance (nom féminin)
Manque de chance. *Quelle* ***malchance*** *! Le train vient juste de partir.*

malchanceux, euse (adjectif)
Qui a de la malchance. *Un joueur* ***malchanceux****.* (Contr. chanceux.)

maldonne (nom féminin)
Action de faire une erreur dans la distribution des cartes à jouer.

mâle (nom masculin)
Animal de sexe masculin. *Le bélier est le* ***mâle*** *de la brebis.* (Contr. femelle.)

malédiction (nom féminin)
Malheur qui semble causé par un mauvais sort. *Une* ***malédiction*** *pèse sur cette maison qui a déjà brûlé trois fois.* (Contr. bénédiction.)

▸ **maléfice** (nom masculin)
Opération magique qui vise à nuire. *Les sorcières étaient redoutées pour leurs* ***maléfices****.* (Syn. sortilège.)

▸ **maléfique** (adjectif)
Qui exerce une influence surnaturelle visant à nuire. *Une formule* ***maléfique*** *a transformé le prince en corbeau.*

▸ **malencontreux, euse** (adjectif)
Qui survient à un mauvais moment. *Un* ***malencontreux*** *coup de volant a conduit la voiture dans le fossé.* (Syn. ennuyeux, fâcheux.)

▸ **mal-en-point** (adjectif)
Malade ou blessé. *Après son accident, elle était plutôt* ***mal-en-point****.* ➜ On écrit aussi sans traits d'union : mal en point. Pluriel : des gens mal-en-point.

▸ **malentendant, ante** (nom)
Personne qui entend très mal, qui est presque sourde.

▸ **malentendu** (nom masculin)
Fait de mal se comprendre, ce qui cause un désaccord. *C'est vraiment un* ***malentendu****, je n'avais pas voulu dire cela !* (Syn. méprise.)

▸ **malfaçon** (nom féminin)
Défaut de fabrication d'un ouvrage.

▸ **malfaisant, ante** (adjectif)
Qui fait du mal. *Ce dictateur est un individu* ***malfaisant*** *pour son pays.* (Syn. néfaste, nuisible. Contr. bienfaisant.) ➜ Prononciation [malfəzɑ̃].

▸ **malfaiteur** (nom masculin)
Personne qui commet des crimes, des délits. *Les voleurs, les gangsters, les faussaires sont des* ***malfaiteurs****.*

▸ **malfamé, ée** (adjectif)
Se dit d'un endroit qui a mauvaise réputation. *Ne traverse pas seul ce quartier* ***malfamé*** *!*

▸ **malformation** (nom féminin)
Défaut d'un organe qui s'est mal formé avant la naissance. *On l'a opéré d'une* ***malformation*** *du bassin.*

▸ **malgache**
➠ Voir tableau p. 6.

▸ **malgré** (préposition)
Indique une opposition. *Nous nous sommes bien amusés* ***malgré*** *la pluie.* (Syn. en dépit de.)

▸ **malhabile** (adjectif)
Synonyme de maladroit. *Ma petite sœur commence à marcher, mais elle est encore* ***malhabile*** *sur ses jambes.* (Contr. adroit, habile.)

▸ **malheur** (nom masculin)
1. Événement triste, douloureux. *La guerre est un très grand* ***malheur****.* **2.** Synonyme de malchance. *La voiture est tombée en panne et, par* ***malheur****, il s'est mis à neiger.* (Contr. bonheur.) ⊙ Malheur vient d'un vieux mot français *heur*, qui signifiait « chance » et que l'on retrouve dans *bonheur* et dans *heureux*. ⊙ Famille du mot : malheureusement, malheureux.

▸ **malheureusement** (adverbe)
De façon très malheureuse. ***Malheureusement****, j'ai manqué mon train !* (Contr. heureusement.)

▸ **malheureux, euse** (adjectif et nom)
Qui est dans une situation pénible. *Xavier est* ***malheureux*** *car Odile va déménager et il ne la verra plus. J'ai donné une pièce à un* ***malheureux*** *qui tendait la main.* ▹ **malheureux, euse** (adjectif) **1.** Qui a des conséquences regrettables. *Une passe* ***malheureuse*** *nous a fait perdre le match.* (Syn. fâcheux, funeste.) **2.** Qui est insignifiant, sans aucune importance. *Tu ne vas pas pleurer pour un* ***malheureux*** *bobo !*

▸ **malhonnête** (adjectif)
Qui est contraire à l'honnêteté. *Il est* ***malhonnête*** *de mentir.*

▸ **malhonnêtement** (adverbe)
De façon malhonnête. *Benjamin m'a* ***malhonnêtement*** *fait payer trop cher.*

▸ **malhonnêteté** (nom féminin)
1. Défaut d'une personne vraiment malhonnête. *Ta* ***malhonnêteté*** *te fera perdre tous tes amis.* (Contr. honnêteté.) **2.** Acte malhonnête. *Le caissier du club a commis une* ***malhonnêteté****.*

▸ **malice** (nom féminin)
Tendance à taquiner sans méchanceté. *Quelle **malice** dans le regard de ce petit coquin !*

▸ **malicieux, euse** (adjectif)
Qui montre de la malice. *Sarah m'a adressé un sourire **malicieux**.* (Syn. coquin.)

▸ **malien, enne**
➠ Voir tableau p. 6.

▸ **malin, maligne** (adjectif et nom)
Qui sait se débrouiller en toutes circonstances. *Cet enfant est **malin** comme un singe. Lui, c'est un petit **malin** !* (Syn. débrouillard. Contr. naïf, nigaud.)
▹ **malin, maligne** (adjectif) **1.** Qui montre de la méchanceté. *Olivier éprouve un **malin** plaisir à nous contrarier.* **2.** Se dit d'une maladie grave. *Cette tumeur **maligne** doit être soignée très vite.* • **C'est malin ! :** dans la langue familière, s'emploie pour dire qu'on a fait quelque chose d'idiot, de stupide.

▸ **malingre** (adjectif)
Qui semble fragile, chétif. *Benjamin est grand et fort et pourtant c'était un bébé **malingre**.* (Syn. fort, robuste.)

▸ **malintentionné, ée** (adjectif)
Qui a l'intention de nuire. *Quelqu'un de **malintentionné** a détaché l'amarre du bateau.*

▸ **malle** (nom féminin)
Grand coffre où on met ses affaires quand on voyage.

▸ **malléable** (adjectif)
1. Qui est facile à modeler. *Maman ajoute du lait à la pâte pour la rendre plus **malléable**.* **2.** Au sens figuré, qui se laisse facilement influencer. *Clément est très **malléable**, il croit tout ce qu'on lui dit.*

▸ **mallette** (nom féminin)
Petite valise. *L'argent de la rançon a été retrouvé dans une **mallette**.*

▸ **malmener** (verbe) ⭘ conj.n°8
Être brutal avec quelqu'un. *Les bandits **ont malmené** leur otage.* (Syn. brutaliser, maltraiter.)

▸ **malnutrition** (nom féminin)
Alimentation insuffisante ou déséquilibrée. *Cet enfant chétif a souffert de **malnutrition**.*

▸ **malodorant, ante** (adjectif)
Qui sent mauvais. *Une décharge **malodorante**.* (Syn. nauséabond.)

▸ **malotru, ue** (nom)
Personne grossière. *Cesse de dire des gros mots, petit **malotru** !*

▸ **malpoli, ie** (adjectif et nom)
Synonyme familier d'impoli. *Cet enfant **malpoli** a insulté la gardienne. Tu pourrais dire merci, petit **malpoli** !*

▸ **malpropre** (adjectif)
Synonyme de sale. *Ce garçon **malpropre** ne se lave jamais les mains.* (Contr. propre.)

▸ **malpropreté** (nom féminin)
Synonyme de saleté. *Quelle **malpropreté** dans cette maison !* (Contr. propreté.)

▸ **malsain, aine** (adjectif)
Mauvais pour la santé. *Cette région humide a un climat **malsain**.* (Syn. insalubre. Contr. sain.)

▸ **malt** (nom masculin)
Orge que l'on a fait germer puis sécher. *Le **malt** sert à fabriquer la bière et le whisky.*

▸ **maltraiter** (verbe) ⭘ conj.n°3
Traiter brutalement une personne ou un animal. *Cette brute n'arrête pas de **maltraiter** son chien.* (Syn. brutaliser, malmener.)

▸ **malveillance** (nom féminin)
Caractère d'une personne malveillante. *Sa **malveillance** lui a fait perdre tous ses camarades.* (Contr. bienveillance.)

▸ **malveillant, ante** (adjectif)
Qui veut faire du mal aux autres. *La carrosserie a été rayée par des gens **malveillants**.* (Syn. hostile, méchant. Contr. amical, bienveillant.)

malversation (nom féminin)
Malhonnêteté commise par quelqu'un qui profite de sa situation pour s'enrichir. *Le trésorier du club a commis une **malversation**.*

malvoyant, ante (nom)
Personne qui voit très mal, qui est presque aveugle.

maman (nom féminin)
Nom affectueux que les enfants donnent à leur mère.

mamelle (nom féminin)
Organe des femelles des mammifères, qui donne du lait. *Le chevreau tète les **mamelles** de sa mère.*

mamelon (nom masculin)
1. Pointe du sein. 2. Petite colline au sommet arrondi. *Un petit bois couvre le sommet du **mamelon**.*

mammifère (nom masculin)
Animal vertébré dont la femelle a des mamelles pour allaiter ses petits. *Le lapin, le cheval, le gorille sont des **mammifères**, l'homme aussi.* ➡ p. 682.

mammouth (nom masculin)
Énorme éléphant de l'époque préhistorique. *Les hommes préhistoriques chassaient le **mammouth**.*
➔ Prononciation [mamut].

un **mammouth**

manager (nom masculin)
Personne qui dirige des artistes ou des sportifs. ➔ Manager est un mot anglais : on prononce [manadʒœʀ].

1. manche (nom masculin)
Partie qui sert à tenir un objet. *Le bûcheron tient le **manche** de sa hache à deux mains.* • **Manche à balai** : levier de commande d'un avion.

2. manche (nom féminin)
1. Partie du vêtement qui couvre le bras. *Les chemisettes ont des **manches** courtes.* 2. Chacune des parties d'un jeu ou d'un match. *La deuxième **manche** s'appelle la revanche et la troisième la belle.* • **Manche à air** : cylindre de tissu qui s'emplit d'air et indique le sens du vent.

manchette (nom féminin)
1. Poignet de certaines chemises à bouton amovible. *Pour Noël, papa a eu des boutons de **manchette**.* 2. Titre en grosses lettres en première page d'un journal. *Une énorme **manchette** annonçait la mort du Président.*

manchon (nom masculin)
Étui de fourrure qui servait à protéger les mains du froid.

manchot, ote (adjectif et nom)
Se dit de quelqu'un qui a perdu un bras ou les deux bras.

manchot (nom masculin)
Oiseau de mer qui vit aux environs du pôle Sud. *Les **manchots** ressemblent à des pingouins, mais ils ne savent pas voler.*

un **manchot** et son petit

mandarin (nom masculin)
Haut fonctionnaire de l'ancien empire de Chine. *Les **mandarins** devaient faire de très longues études.*

La diversité des mammifères

cheval (herbivores)

chauve-souris
(insectivores)

rat musqué (rongeurs)

kangourou (marsupiaux)

chimpanzé (primates)

chien (carnivores)

dauphin (cétacés)

ornithorynque

mandarine (nom féminin)
Agrume qui ressemble à une petite orange. ➠ p. 34.

mandat (nom masculin)
1. Fonction confiée à une personne élue. *Le **mandat** de député dure cinq ans.* 2. Formulaire qui permet d'envoyer de l'argent par la poste. *David a reçu un **mandat** de son grand-père.* • **Mandat d'arrêt** : document signé par un juge permettant d'arrêter quelqu'un.

mandater (verbe) ⊙ conj.n°3
Confier un mandat à quelqu'un. *Les électeurs **mandatent** leur député pour défendre leurs intérêts.*

mandibule (nom féminin)
Partie de la bouche de certains insectes qui leur sert à broyer la nourriture. ➠ p. 598.

mandoline (nom féminin)
Sorte de guitare à dos bombé.

une **mandoline**

mandrill (nom masculin)
Singe d'Afrique, au museau rouge et bleu.

un **mandrill**

manège (nom masculin)
1. Piste où l'on dresse des chevaux et où on apprend à monter à cheval. *Ludivine a commencé l'équitation en faisant du **manège**.* 2. Attraction constituée de chevaux de bois ou de véhicules qui tournent autour d'un axe. *Faire un tour de **manège**.* 3. Manière habile de se comporter pour parvenir à quelque chose. *On a vite compris son **manège**.* (Syn. manœuvre.)

manette (nom féminin)
Petit levier qu'on manœuvre à la main pour actionner un mécanisme. ➠ p. 123.

mangeable (adjectif)
Que l'on peut manger. *Cette viande est à peine **mangeable**.* (Contr. immangeable.)

mangeoire (nom féminin)
Récipient dans lequel on donne à manger aux animaux. *Hier, Ibrahim a installé une **mangeoire** pour les oiseaux dans un arbre.*

manger (verbe) ⊙ conj.n°5
1. Mâcher et avaler un aliment. *Kevin **mange** une pomme le midi.* 2. Prendre ses repas. *Camille n'aime pas **manger** à la cantine.* ⊙ Famille du mot : immangeable, mangeable, mangeoire, mangeur.

a b c d e f g h i j k l m n o p q r s t u v w x y z

mangeur, euse (nom)
• **Gros mangeur :** personne qui mange beaucoup.

mangouste (nom féminin)
Petit mammifère carnivore d'Afrique et d'Asie, qui ressemble à la belette. *Les **mangoustes** tuent les serpents.* ➠ p. 747.

mangue (nom féminin)
Fruit exotique à la chair jaune et très parfumée. ➠ p. 442.

maniable (adjectif)
Qui est facile à manier, à utiliser ou à manœuvrer. *Cette grosse voiture n'est pas très **maniable** en ville.*

maniaque (adjectif et nom)
Qui a des manies. *Elle est **maniaque** et nettoie ses vitres tous les jours. C'est aussi une **maniaque** du rangement.* ▷ **maniaque** (nom) Malade mental qui a des idées fixes. *Un **maniaque** a agressé une fillette à la sortie de l'école.*

manie (nom féminin)
Habitude bizarre et souvent ridicule. *Le rangement est une vraie **manie** chez elle.* ⊙ Manie vient du grec *mania* qui signifie « folie ».

maniement (nom masculin)
Action ou façon de manier quelque chose. *Je vais t'apprendre le **maniement** de l'appareil photo.* (Syn. manipulation.)

manier (verbe) ➲ conj.n°10
1. Prendre une chose dans ses mains pour la déplacer. *Le manutentionnaire **manie** avec précaution les cartons de livraison.* (Syn. manipuler.) 2. Se servir de quelque chose. *Les militaires savent **manier** les armes.*

manière (nom féminin)
Moyen qu'on utilise pour faire quelque chose. *Anna ne sait pas de quelle **manière** on cuit ce poisson.* (Syn. façon.) • **De manière à :** afin de, pour. *Ne traîne pas en route, **de manière à** arriver à l'heure.* • **De toute manière :** de toute façon, quoi qu'il arrive. ▷ **manières** (nom féminin pluriel) Façon de se comporter en société. *Pierre mange avec ses doigts, en voilà des **manières** !* • **Faire des manières :** se faire prier.

maniéré, ée (adjectif)
Qui manque de simplicité et de naturel. *Élodie n'est pas à l'aise avec les gens **maniérés**.*

manifestant, ante (nom)
Personne qui prend part à une manifestation.

manifestation (nom féminin)
1. Fait de manifester ou de se manifester. *Des **manifestations** de joie.* (Syn. démonstration.) 2. Groupe de personnes qui défilent pour exprimer leurs opinions. *Les grévistes préparent leurs banderoles pour la **manifestation**.*

1. manifeste (adjectif)
Dont on ne peut pas douter. *Leur bonheur est **manifeste**.* (Syn. évident, indéniable.)

2. manifeste (nom masculin)
Déclaration publique qui expose une doctrine ou un programme.

manifestement (adverbe)
De façon manifeste. *Les volets sont fermés, **manifestement** il n'y a personne.* (Syn. visiblement.)

manifester (verbe) ➲ conj.n°3
1. Faire connaître un sentiment en l'exprimant clairement. *Quentin **manifeste** sa joie en applaudissant.* (Syn. exprimer, montrer.) 2. Participer à une manifestation. *Les agriculteurs **ont manifesté** contre les importations de fruits.* 3. Se manifester : apparaître sous telle forme. *Cette maladie **se manifeste** par des boutons sur tout le corps.* ⊙ Famille du mot : manifestant, manifestation.

manigance (nom féminin)
Manœuvre secrète. *Je n'aime pas beaucoup ses **manigances** pour obtenir les faveurs du maître.*

manigancer (verbe) ➲ conj.n°4
Préparer quelque chose par des manigances. *Nicolas, qu'est-ce que tu **manigances** dans mon dos ?*

manioc (nom masculin)
Plante tropicale. *Avec les racines de* ***manioc****, on fait le tapioca.*

feuilles et racine de **manioc**

manipulation (nom féminin)
Action de manipuler. *La* ***manipulation*** *de ce produit toxique est dangereuse.* (Syn. maniement.)

manipuler (verbe) conj.n°3
Synonyme de manier. *Les déménageurs* ***manipulent*** *la vaisselle avec précaution.*

manivelle (nom féminin)
Levier qui sert à faire tourner un mécanisme. *Papa cherche la* ***manivelle*** *du cric pour changer le pneu crevé.*

mannequin (nom masculin)
1. Sorte de statue qui sert à la présentation de vêtements dans un magasin. *La vendeuse refait sa vitrine en changeant les vêtements des* ***mannequins****.* 2. Personne qui présente au public les créations des couturiers. *Un défilé de* ***mannequins****.*

1. manœuvre (nom masculin)
Ouvrier non qualifié.

2. manœuvre (nom féminin)
1. Action de manœuvrer un appareil ou un véhicule. 2. Exercice d'entraînement des militaires. *Les soldats font des* ***manœuvres*** *dans cette forêt.* 3. Moyen plus ou moins honnête utilisé pour atteindre un but. *Je ne suis pas dupe de ses* ***manœuvres*** *pour réussir.* (Syn. manège, manigance.)

manœuvrer (verbe) conj.n°3
1. Agir sur un appareil ou un véhicule pour le diriger ou le faire fonctionner. *Le chauffeur a du mal à* ***manœuvrer*** *son poids lourd.* 2. Employer des moyens adroits pour parvenir à ses fins. *Fatima* ***a*** *si bien* ***manœuvré*** *qu'elle a obtenu ce qu'elle voulait.*

manoir (nom masculin)
Petit château campagnard.

manomètre (nom masculin)
Appareil servant à mesurer la pression d'un gaz ou d'un liquide.

manquant, ante (adjectif)
Qui manque. *Trois élèves sont* ***manquants*** *ce matin.* (Syn. absent.)

manque (nom masculin)
Absence ou insuffisance de quelque chose. *Par* ***manque*** *d'argent, ils n'ont pas pris de vacances.* (Syn. pénurie. Contr. abondance.)

manquer (verbe) conj.n°3
1. Ne pas exister en quantité suffisante. *L'eau* ***manque*** *dans cette région.* (Syn. faire défaut. Contr. abonder.) 2. Être absent. *Plusieurs élèves de la classe* ***manquent*** *à cause d'une épidémie de grippe.* 3. Causer des regrets par son absence. *Depuis que Romain est pensionnaire, ses parents lui* ***manquent****.* 4. Ne pas être là où il faut. *Il* ***manque*** *trois livres sur l'étagère, qui les a pris ?* 5. Synonyme de rater. *Nous* ***avons manqué*** *le car, attendons le suivant.* 6. Synonyme de faillir. *Il* ***a manqué*** *de tomber.* • **Je n'y manquerai pas** : je le ferai sans faute. ⊙ Famille du mot : immanquable, manquant, manque.

mansarde (nom féminin)
Petite pièce située sous un toit et dont un mur est incliné. ⊙ Mansarde vient du nom d'un architecte français du XVIIe siècle, *François Mansart*.

mansardé, ée (adjectif)
Disposé en mansarde. *Un grenier* ***mansardé****.*

mante (nom féminin)
• **Mante religieuse** : insecte au corps allongé et aux puissantes pattes antérieures.

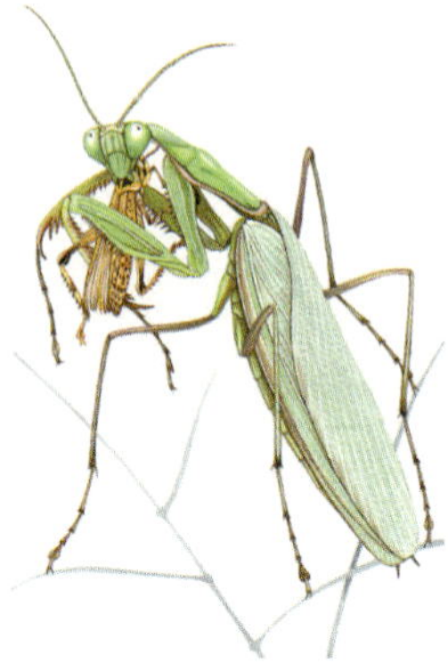

une **mante religieuse**

manteau, eaux (nom masculin)
1. Vêtement qui se porte par-dessus les autres habits. *Il fait froid, mets ton **manteau**.* 2. Partie d'une cheminée construite en saillie au-dessus du foyer.

mantille (nom féminin)
Écharpe de dentelle que les Espagnoles portaient sur la tête et les épaules.

une **mantille**

manucure (nom)
Personne qui donne des soins de beauté aux mains et aux ongles. ⊙ Manucure vient du latin *manus* qui signifie « main » et de *curare* qui signifie « soigner ».

1. manuel, elle (adjectif)
Qui se fait en se servant de ses mains. *Les artisans font un travail **manuel**.*

2. manuel (nom masculin)
Livre de classe. *Ouvrez votre **manuel** à la page 10.*

manuellement (adverbe)
De façon manuelle. *Cette écluse fonctionne encore **manuellement**.*

manufacture (nom féminin)
Synonyme de fabrique. *Une **manufacture** de jouets.*

manufacturé, ée (adjectif)
Qui est transformé, de façon industrielle, en produit destiné à la vente.

manuscrit, ite (adjectif)
Qui est écrit à la main et non tapé à la machine ou imprimé. *Il faut que tu envoies cette lettre **manuscrite**.* ▷ **manuscrit** (nom masculin) 1. Livre écrit à la main, avant l'invention de l'imprimerie. *Cette bibliothèque conserve des **manuscrits** du Moyen Âge.* 2. Original d'un texte avant son impression. *Quel éditeur a publié votre **manuscrit** ?* ⊙ Manuscrit vient du latin *manus* qui signifie « main » et de *scriptus* qui signifie « écrit ».

manutention (nom féminin)
Travail qui consiste à manier, ranger, charger et décharger des marchandises.

manutentionnaire (nom)
Personne qui fait des travaux de manutention.

mappemonde (nom féminin)
Carte du globe terrestre sur laquelle les deux hémisphères sont représentés côte à côte.

maquereau, eaux (nom masculin)
Poisson de mer au dos bleu-vert rayé de noir.

un **maquereau**

maquette (nom féminin)
Modèle réduit. *Thomas a fait des* ***maquettes*** *d'avions et de voitures de course.*

maquillage (nom masculin)
Action de se maquiller ou de maquiller quelqu'un. *Le* ***maquillage*** *des comédiens se fait dans leur loge.*

maquiller (verbe) ○ conj.n°3
1. Mettre des produits colorés sur le visage pour se déguiser ou pour s'embellir. *Ludivine ne* ***s'est*** *jamais* ***maquillée****.* (Syn. se farder.) 2. Modifier l'aspect de quelque chose pour tromper. ***Maquiller*** *une voiture volée.* ⊙ Famille du mot : démaquiller, maquillage.

maquis (nom masculin)
1. Dans les régions méditerranéennes, terrain recouvert d'arbustes épineux et de buissons touffus. 2. Endroit secret où se regroupaient les résistants pendant la Seconde Guerre mondiale. *Beaucoup de gens de ce village ont pris le* ***maquis****.*

maquisard (nom masculin)
Personne qui a pris le maquis. (Syn. partisan, résistant.)

marabout (nom masculin)
1. En Afrique, devin et guérisseur. 2. Grand échassier, au plumage gris et blanc et au bec énorme.

un **marabout**

maraîcher, ère (adjectif)
Qui concerne la culture des légumes. *Il y a des cultures* ***maraîchères*** *dans cette région.* ▷ **maraîcher, ère** (nom)
Personne qui cultive des légumes pour les vendre. *Les salades de ce* ***maraîcher*** *sont toujours très fraîches.* ⊙ Maraîcher vient de *marais*, région humide donc propice à la culture des légumes.

marais (nom masculin)
Étendue d'eau stagnante peu profonde. *Les* ***marais*** *sont souvent envahis de moustiques.* (Syn. marécage.)

marasme (nom masculin)
Activité très ralentie. *Ce pays est en plein* ***marasme*** *économique, il s'appauvrit.*

marathon (nom masculin)
1. Épreuve de course à pied de plus de 42 kilomètres. 2. Au sens figuré, séance ou négociation longue et éprouvante. ⊙ Marathon est le nom d'un village grec où, dans l'Antiquité, les Grecs vainquirent les Perses : un soldat courut porter la bonne nouvelle à Athènes et mourut d'épuisement en y arrivant.

marathonien, enne (nom)
Personne qui court un marathon.

marâtre (nom féminin)
Mauvaise mère.

marauder (verbe) ○ conj.n°3
Voler des fruits ou des légumes avant leur récolte.

maraudeur, euse (nom)
À la campagne, personne qui maraude.

marbre (nom masculin)
1. Pierre calcaire très dure qui a parfois des taches et des lignes de couleurs variées. *Ce sculpteur polit le* ***marbre****.* 2. Objet de marbre. *Le* ***marbre*** *de la cheminée est cassé.* ⊙ Famille du mot : marbré, marbrure.

une plaque de **marbre** vert

marbré, ée (adjectif)
Qui est couvert de marbrures. *Un gâteau* ***marbré*** *de chocolat.*

▸ **marbrure** (nom féminin)
Tache ou dessin semblables à ceux du marbre.

▸ **marc** (nom masculin)
1. Ce qui reste des fruits que l'on a pressés pour en extraire le jus. 2. Eau-de-vie obtenue quand on distille le marc de raisin. • **Marc de café** : café en poudre imbibé d'eau, qui reste quand on a fait le café. ➜ Prononciation [maʀ]. ⊙ Marc vient du verbe *marcher*, car on piétinait le raisin pour faire sortir le jus.

▸ **marcassin** (nom masculin)
Petit du sanglier et de la laie.

▸ **marchand, ande** (nom)
Personne dont le métier est d'acheter des choses et de les revendre. *Va chez le* ***marchand*** *de journaux m'acheter une revue.* (Syn. commerçant.) ▷ **marchand, ande** (adjectif) Qui concerne le commerce. *Il y a une galerie* ***marchande*** *dans l'aéroport.* ⊙ Famille du mot : marchandage, marchander, marchandise.

▸ **marchandage** (nom masculin)
Action de marchander.

▸ **marchander** (verbe) ○ conj.n°3
Débattre avec le vendeur le prix de quelque chose pour l'obtenir moins cher. *Maman adore* ***marchander*** *quand elle achète une robe.*

▸ **marchandise** (nom féminin)
Produit qui s'achète ou se vend. *Le bateau décharge les* ***marchandises*** *sur le port.*

▸ **marche** (nom féminin)
1. Action de marcher. *Nous avons fait une grande* ***marche*** *dans la forêt.* 2. Partie plate d'un escalier, sur laquelle on pose les pieds. *Hélène monte les nombreuses* ***marches*** *du phare.* 3. Fonctionnement d'un mécanisme. *Michelle a mis la machine à laver en* ***marche****.* • **Faire marche arrière** : reculer. • **Marche à suivre** : façon de procéder pour obtenir ce qu'on désire.

▸ **marché** (nom masculin)
1. Endroit où les commerçants installent leur étalage pour vendre leurs marchandises. *Ce* ***marché*** *a lieu le mardi et le samedi.* 2. Ensemble des achats et des ventes d'un produit. *Le* ***marché*** *de l'automobile, de l'immobilier.* 3. Arrangement entre deux personnes. *Victor a conclu un* ***marché*** *avec Laura : lui met la table, elle la débarrassera.* • **Faire son marché** : faire ses courses. • **Marché noir** : commerce illégal et clandestin de marchandises rares vendues à un prix trop élevé. • **Par-dessus le marché** : synonyme familier de en plus.

▸ **marchepied** (nom masculin)
Marche ou série de marches permettant de monter dans un véhicule.

▸ **marcher** (verbe) ○ conj.n°3
1. Se déplacer en faisant des pas. *William a commencé à* ***marcher*** *à un an.* 2. Être en état de marche. *La voiture* ***marche*** *bien depuis que le garagiste l'a réparée.* (Syn. fonctionner.) • **Faire marcher quelqu'un** : dans la langue familière, lui faire croire des choses fausses. ⊙ Famille du mot : marche, marchepied, marcheur.

▸ **marcheur, euse** (nom)
Personne qui marche beaucoup. *Pour faire cette randonnée en forêt, il faut être un bon* ***marcheur****.*

▸ **mardi** (nom masculin)
Deuxième jour de la semaine, entre lundi et mercredi. • **Mardi gras** : veille du premier jour de carême, où l'on fête le carnaval. ⊙ En latin, mardi était le jour (*dies*) consacré à *Mars*, dieu de la guerre.

▸ **mare** (nom féminin)
Petite étendue d'eau stagnante. *Près de la ferme, il y a une* ***mare*** *où nagent des canards.*

▸ **marécage** (nom masculin)
Synonyme de marais.

▸ **marécageux, euse** (adjectif)
Où il y a des marécages. *C'est une région* ***marécageuse****, on s'y enfonce facilement.*

maréchal, aux (nom masculin)
Titre honorifique donné à certains généraux.

maréchal-ferrant (nom masculin)
Artisan qui ferre les chevaux. → Pluriel : des maréchaux-ferrants.

maréchaussée (nom féminin)
Ancien nom de la gendarmerie.

marée (nom féminin)
Mouvement de la mer qui monte et descend à des intervalles réguliers. *À **marée** basse, la plage est très grande et il faut aller loin pour se baigner.* • **Contre vents et marées** : malgré tous les obstacles. • **Marée noire** : pétrole répandu accidentellement sur la mer.

marelle (nom féminin)
Jeu d'enfants où l'on pousse un palet dans des cases en sautant à cloche-pied. *Myriam a tracé une **marelle** avec une craie sur le sol.*

marémoteur, trice (adjectif)
Se dit d'une centrale électrique qui utilise la force des marées.

mareyeur, euse (nom)
Personne qui vend en gros les poissons et les fruits de mer aux poissonniers.

margarine (nom féminin)
Matière grasse faite avec des plantes. *Maman remplace parfois le beurre par de la **margarine** pour cuisiner.*

marge (nom féminin)
1. Espace blanc laissé au bord d'une page écrite. *Le maître corrige nos cahiers et met des notes dans la **marge**.* 2. Intervalle de temps dont on dispose. *Nous avons dix minutes de **marge** pour changer de train et prendre la correspondance.* • **En marge** : à l'écart d'un groupe.

margelle (nom féminin)
Rebord d'un puits ou d'une fontaine.

marginal, ale, aux (nom)
Personne qui vit en marge de la société. *Loin du village, des **marginaux** élèvent des chèvres.*

marguerite (nom féminin)
Fleur qui a le cœur jaune et des pétales blancs.

mari (nom masculin)
Homme avec lequel une femme est mariée. *Sa mère s'est mariée deux fois, elle a eu deux **maris**.* (Syn. conjoint, époux.)

mariage (nom masculin)
Cérémonie par laquelle on devient mari et femme. *Le soir du **mariage**, il est prévu un banquet.* (Syn. noce.)

marié, ée (nom)
Personne qui est unie à une autre par le mariage. *Vive la **mariée** !*

marier (verbe) ○ conj.n°10
1. Célébrer le mariage de deux personnes. *C'est l'adjoint au maire qui les **a mariés**.* 2. Se marier : s'unir par le mariage. *Sa cousine **s'est mariée** avec son ami d'enfance.* ⊙ Famille du mot : mari, mariage, marié, se remarier.

marigot (nom masculin)
Étendue d'eau stagnante des pays tropicaux.

marin, ine (adjectif)
Qui vit dans la mer, ou qui vient de la mer. *La daurade est un poisson **marin**. Du sel **marin**.* ▷ **marin** (nom masculin) Personne qui travaille sur un bateau. *Plusieurs **marins** ont disparu dans le naufrage.* (Syn. matelot.)

marinade (nom féminin)
Mélange aromatisé dans lequel on laisse tremper des viandes ou des poissons.

marine (nom féminin)
Ensemble des navires et des équipages d'un pays. *Ce sous-marin appartient à la **marine** nationale.* ▷ **marine** (adjectif) • **Bleu marine** : bleu foncé. → Pluriel : des pulls bleu marine.

mariner (verbe) ○ conj.n°3
Tremper dans une marinade. *Le gibier est meilleur quand il **a mariné**.* (Syn. macérer.)

marinier, ère (nom)
Personne qui conduit une péniche sur les fleuves ou les canaux. (Syn. batelier.)

marionnette (nom féminin)
Sorte de poupée qu'on fait bouger avec la main ou en tirant sur des ficelles. *Les **marionnettes** imitant les hommes politiques ont un grand succès à la télévision.* ⊙ Marionnette vient de *Marion*, diminutif de Marie, et désignait à l'origine une petite statue de la Vierge.

marionnettiste (nom)
Personne qui manipule des marionnettes.

maritime (adjectif)
1. Qui est au bord de la mer. *Marseille est un grand port **maritime**.* 2. Qui se fait par mer. *Les transports **maritimes**.*

marjolaine (nom féminin)
Plante sauvage aromatique.

une **marjolaine**

mark (nom masculin)
Monnaie allemande.

marketing (nom masculin)
Technique qui sert à favoriser la vente d'un produit. *Cette entreprise recherche un nouveau responsable du **marketing**.* ➜ Prononciation [maʀketiŋ]. ⊙ Marketing vient de l'anglais *market* qui signifie « marché ».

marmaille (nom féminin)
Dans la langue familière, groupe de jeunes enfants bruyants. *À chaque vague, toute la **marmaille** poussait des cris.*

marmelade (nom féminin)
Sorte de confiture faite de fruits écrasés. *De la **marmelade** d'oranges.*

marmite (nom féminin)
Récipient muni d'un couvercle et de poignées dans lequel on fait cuire des aliments.

marmiton (nom masculin)
Jeune apprenti cuisinier, dans un restaurant.

marmonner (verbe) ⊙ conj.n°3
Dire quelque chose à voix basse entre ses dents. *Qu'est-ce que tu **marmonnes** ?*

marmot (nom masculin)
Dans la langue familière, petit enfant.

marmotte (nom féminin)
Petit mammifère rongeur qui vit dans les montagnes. *L'hiver, les **marmottes** hibernent dans leur terrier.*

une **marmotte**

marocain, aine
➠ Voir tableau p. 6.

maroquinerie (nom féminin)
Fabrication ou commerce des objets en cuir. ⊙ Maroquinerie vient du nom du *Maroc*, pays autrefois réputé pour le travail du cuir.

maroquinier (nom masculin)
Fabricant ou commerçant d'objets en cuir.

marotte (nom féminin)
Sujet ou activité préférés d'une personne. *La nouvelle **marotte** de Xavier, c'est le tennis.* (Syn. dada, hobby.)

marquant, ante (adjectif)
Qui laisse un souvenir durable. *La révolution de 1789 est un fait **marquant** de l'histoire de France.* (Syn. mémorable.)

marque (nom féminin)
1. Signe qui permet de reconnaître quelque chose. *Tous les moutons du troupeau portent une **marque**.* 2. Trace qui reste sur quelque chose. *Il y a des **marques** de doigts sur les carreaux.* 3. Ce qui sert à montrer un sentiment. *Cette **marque** de tendresse l'a comblée.* 4. Nom donné à un produit par son fabricant. *Une **marque** de voiture, de lessive.* 5. Décompte des points dans un jeu ou un sport. *À la fin du match, la **marque** était de 2 à 2.* (Syn. résultat, score.)

marquer (verbe) ○ conj.n°3
1. Mettre une marque sur quelque chose. ***Marquer** du linge.* 2. Faire ou laisser une trace. *La maladie **marque** profondément ses traits.* 3. Inscrire quelque chose. ***Marquer** une adresse sur son agenda.* (Syn. écrire, inscrire, noter.) 4. Laisser un souvenir ou une impression durables et forts. *Ce film **a marqué** toute une génération.* 5. Réussir un but dans un sport collectif de balle. 6. Au football et au rugby, surveiller de près un adversaire. ⊙ Famille du mot : démarquer, marquant, marque, marqueur.

marqueterie (nom féminin)
Placage de bois, de marbre ou d'ivoire qui forme un motif décoratif sur un meuble. → Prononciation [marketri].

marqueur (nom masculin)
Gros feutre à pointe épaisse.

marquis, ise (nom)
Noble d'un rang qui se situe entre celui de duc et celui de comte.

marraine (nom féminin)
Femme chargée de porter un enfant sur les fonts baptismaux le jour de son baptême, et qui fait la promesse de s'occuper de lui. *C'est Amandine ma **marraine**, je suis sa filleule.*

marrant, ante (adjectif)
Synonyme familier de drôle. *Yann est **marrant** avec ce chapeau !* (Syn. amusant.)

marre (adverbe)
• **En avoir marre** : dans la langue familière, en avoir assez.

marron (nom masculin)
1. Synonyme de châtaigne. *Maman fait griller quelques **marrons** dans la poêle.* 2. Fruit du marronnier. *Le **marron**, appelé aussi **marron** d'Inde, n'est pas comestible.* 3. Couleur marron. *Choisir du **marron** pour repeindre les volets.* ▷ **marron** (adjectif) De la couleur brune du marron. → Pluriel : des chaussures marron.

marronnier (nom masculin)
Grand arbre qui fait des grappes de fleurs blanches ou roses et qui donne les marrons d'Inde. ➠ p. 69.

mars (nom masculin)
Troisième mois de l'année, qui a 31 jours. ⊙ Chez les Romains, ce mois était consacré à *Mars*, dieu de la guerre.

marsouin (nom masculin)
Mammifère marin proche du dauphin. *Les **marsouins** sont des cétacés.*

marsupial, aux (nom masculin)
Mammifère dont les petits finissent de se développer dans une poche située sur le ventre de leur mère. *Les koalas et les kangourous sont des **marsupiaux**.* ➠ p. 682.

marteau, eaux (nom masculin)
1. Outil formé d'un bloc de métal au bout d'un manche en bois. *Il nous faut un **marteau** pour enfoncer ces crochets dans le mur.* 2. Boule de métal reliée à un câble qu'un athlète doit lancer le plus loin possible. ⊙ Famille du mot : marteau-piqueur, martèlement, marteler.

marteau-piqueur (nom masculin)
Outil qui fonctionne à l'air comprimé et sert à défoncer le sol. *Les ouvriers creusent une tranchée avec des **marteaux-piqueurs**.* → Pluriel : des marteaux-piqueurs.

Un ouvrier travaillant au **marteau-piqueur**.

martèlement (nom masculin)
Action de marteler. *On entendait le **martèlement** des pas des soldats.*

marteler (verbe) conj.n°8
1. Frapper à coups de marteau. *Le forgeron **martèle** le fer pour fabriquer un outil.* 2. Frapper fort et à coups répétés. *Le boxeur **a martelé** le visage de son adversaire.*

martial, ale, aux (adjectif)
Qui est décidé et combatif. *Le régiment de parachutistes défile d'un pas **martial**.* • **Arts martiaux** : sports de combat d'origine japonaise. *Le judo et le karaté sont des **arts martiaux**.* • **Cour martiale** : tribunal militaire. • **Loi martiale** : loi qui autorise l'emploi de la force armée pour le maintien de l'ordre. Martial vient de *Mars* qui était le dieu de la guerre chez les Romains.

martien, enne (nom)
Habitant fictif de la planète Mars.

martinet (nom masculin)
1. Oiseau migrateur qui ressemble à l'hirondelle. *Les **martinets** volent très vite.* 2. Fouet à plusieurs lanières de corde ou de cuir.

martiniquais, aise
➠ Voir tableau p. 6.

martin-pêcheur (nom masculin)
Oiseau aux couleurs vives qui vit au bord des lacs et des rivières. *Le **martin-pêcheur** se nourrit de poissons.* → Pluriel : des martins-pêcheurs.

un **martin-pêcheur**

martre (nom féminin)
Petit mammifère carnivore à la queue touffue et au pelage brun.

une **martre**

martyr, martyre (nom)
Personne qui souffre ou qui meurt pour défendre sa foi ou son idéal. ▷ **martyr, martyre** (adjectif) Que l'on maltraite. *Des enfants **martyrs**.* Famille du mot : martyre, martyriser.

martyre (nom masculin)
1. Souffrance ou mort endurée par un martyr. 2. Très grande souffrance. *Sa longue maladie a été un vrai **martyre**.*

martyriser (verbe) conj.n°3
Faire souffrir durement une personne ou un animal. *Ces gens ont été condamnés pour **avoir martyrisé** leur enfant.* (Syn. torturer.)

mas (nom masculin)
Dans le sud de la France, ferme ou grande maison. *Notre **mas** est entouré de cyprès.* → Prononciation [mɑ] ou [mas].

mascarade (nom féminin)
Mise en scène hypocrite et trompeuse. *La peine qu'il affichait n'était qu'une **mascarade**.*

mascotte (nom féminin)
Animal ou objet considéré comme porte-bonheur. *Certains ont pour **mascotte** un trèfle à quatre feuilles.* (Syn. fétiche.)

masculin, ine (adjectif)
1. De l'homme ou du mâle. *Benjamin est un prénom **masculin**.* 2. Se dit des noms pouvant être précédés des déterminants « le » ou « un ». *« Le chat », « un bateau » sont des noms **masculins**.* (Contr. féminin.) ▷ **masculin** (nom masculin) Genre masculin. *L'adjectif « fou » est au **masculin**.*

masochiste (adjectif et nom)
Qui prend du plaisir à souffrir. *Noémie trouve qu'il faut être **masochiste** pour se baigner par ce froid.* ⊙ Masochiste vient du nom de *Sacher-Masoch*, écrivain autrichien du XIXᵉ siècle.

masque (nom masculin)
Objet qu'on applique sur le visage pour se déguiser ou se protéger. *Pour le carnaval, on a fabriqué des **masques**. Un **masque** de plongée. Un **masque** à gaz.* ⊙ Famille du mot : démasquer, masqué, masquer.

un **masque** inquiétant

masqué, ée (adjectif)
Qui porte un masque. *Des cambrioleurs **masqués**.* • **Bal masqué** : bal où l'on porte un masque ou un déguisement.

masquer (verbe) ○ conj.n°3
Empêcher de voir quelque chose. *Dommage que cet immeuble **masque** la vue sur la mer !* (Syn. cacher.)

massacrant, ante (adjectif)
• **Humeur massacrante** : très mauvaise humeur.

massacre (nom masculin)
Action de massacrer. *Cette guerre a été un **massacre**.* (Syn. carnage, hécatombe, tuerie.) • **Jeu de massacre** : jeu de fête foraine qui consiste à faire tomber des poupées ou des boîtes à l'aide de balles. ⊙ Famille du mot : massacrant, massacrer.

massacrer (verbe) ○ conj.n°3
Tuer sauvagement et en grand nombre des êtres vivants sans défense. *Des braconniers **ont massacré** plusieurs éléphants.*

massage (nom masculin)
Action de masser. *Le kinésithérapeute fait des **massages** pour soulager les douleurs.*

masse (nom féminin)
1. Quantité importante de matière qui forme un ensemble compact. *Ce sculpteur taille le marbre dans la **masse**.* 2. Quantité de matière que contient un objet. *Le kilogramme est une unité de **masse**.* 3. Grand nombre de choses ou de personnes. *La **masse** des réfugiés est regroupée dans un camp.* 4. Gros marteau de fer. *Ils ont cassé la porte à coups de **masse**.* ▷ **masses** (nom féminin pluriel) Majorité des gens du peuple. *Cet homme politique plaît aux **masses**.* ⊙ Famille du mot : se masser, massif, massivement.

1. masser (verbe) ○ conj.n°3
Pétrir certaines parties du corps pour rendre les muscles plus souples. ⊙ Famille du mot : massage, masseur. ⊙ Masser vient d'un mot arabe qui signifie « palper », l'art du massage venant de Turquie.

2. se masser (verbe) ○ conj.n°3
Se rassembler en masse. *Tous les manifestants **se massent** sur la place.*

masseur, euse (nom)
Personne qui pratique des massages.

massif, ive (adjectif)
1. D'aspect lourd, trapu ou épais. *Le rhinocéros a une silhouette **massive**.* 2. Qui se produit en masse. *Des départs en vacances **massifs**.* 3. Qui forme une masse compacte. *Une bague en or **massif**. Un meuble en bois **massif**.* ▷ **massif** (nom masculin) 1. Ensemble de montagnes. *Le **massif** des Alpes.* 2. Assemblage de fleurs ou d'arbustes. *Ces **massifs** de roses sont très décoratifs.*

massivement (adverbe)
En très grand nombre. *Se déplacer **massivement** pour voter.*

massue (nom féminin)
Gros bâton à l'extrémité épaisse, qui peut servir d'arme.

mastic (nom masculin)
Pâte collante qui durcit en séchant. *Pour remplacer le carreau cassé, il faut du **mastic**.*

mastication (nom féminin)
Action de mastiquer un aliment.

mastiquer (verbe) ○ conj.n°3
Synonyme de mâcher. *Il faut bien **mastiquer** les aliments avant de les avaler.*

mastodonte (nom masculin)
1. Énorme mammifère préhistorique qui ressemblait à l'éléphant. 2. Personne, animal ou chose d'une taille énorme. *Ce catcheur est un vrai **mastodonte**.*

masure (nom féminin)
Maison misérable et délabrée. *Ces pauvres gens habitent dans une **masure**.*

1. mat, mate (adjectif)
1. Qui ne brille pas. *Odile a fait tirer ses photos sur du papier **mat**.* (Contr. brillant.) 2. Qui est un peu foncé. *Guillaume bronze vite car il a la peau **mate**.* (Contr. clair.) 3. Qui ne résonne pas. *Ce petit bruit **mat**, c'est le chat qui vient de sauter de la chaise.* (Syn. sourd.)
→ Prononciation [mat].

2. mat (nom masculin)
Aux échecs, position du roi qui ne peut plus bouger sans être pris.
→ Prononciation [mat].

mât (nom masculin)
1. Sur un bateau, grand poteau qui porte les voiles. *Ce grand voilier a trois **mâts**.* ➠ p. 114. 2. Poteau qui soutient une tente ou qui porte un drapeau.
→ Prononciation [ma].

matador (nom masculin)
Torero qui met à mort le taureau dans une corrida.

matamore (nom masculin)
Fanfaron qui n'est courageux qu'en paroles.

match (nom masculin)
Compétition sportive entre deux équipes ou bien deux adversaires. *Dimanche, David va voir un **match** de rugby.* → Pluriel : des matchs ou des matches.

matelas (nom masculin)
Grand coussin rembourré, sur lequel on se couche. *Sarah n'aime pas les **matelas** trop mous.*

matelassé, ée (adjectif)
Qui est rembourré à la manière d'un matelas. *Cette veste **matelassée** est très confortable.*

matelot (nom masculin)
Synonyme de marin. *Il s'est engagé comme **matelot** sur un cargo.*

mater (verbe) ○ conj.n°3
Rendre docile et obéissant. *La révolte **a été matée** par l'armée.*

se matérialiser (verbe) ○ conj.n°3
Devenir réel et concret. *Ses rêves **se sont** enfin **matérialisés**.* (Syn. se concrétiser, se réaliser.)

matériau, aux (nom masculin)
Matière utilisée pour fabriquer ou construire. *La pierre, la brique, le bois sont des **matériaux** de construction.*

matériel, elle (adjectif)
1. Qui est fait d'éléments qu'on peut voir et toucher. *La police recherche la preuve **matérielle** du crime.* (Syn. concret.) 2. Qui concerne les choses et non les personnes. *Il n'y a aucun blessé dans l'accident, mais seulement des dégâts **matériels**.* 3. Qui concerne l'argent et les moyens d'existence. *Avoir des problèmes **matériels**.* (Syn. financier.) ▷ **matériel** (nom masculin) Ensemble des outils ou des objets nécessaires à une activité.

matériellement (adverbe)
Réellement, concrètement. *Il est **matériellement** impossible de faire ce trajet en une heure.*

maternel, elle (adjectif)
Qui vient de la mère. *Le lait **maternel** est meilleur pour les bébés que le lait en poudre.* • **École maternelle** : école qui reçoit les enfants de 3 à 6 ans. • **Langue maternelle** : langue qu'on apprend en premier quand on est enfant. ▷ **maternelle** (nom féminin) École maternelle. *Je vais chercher mon petit frère à la **maternelle**.*

maternité (nom féminin)
1. Fait d'être mère. *La **maternité** apporte beaucoup de joie à Olivia.* 2. Établissement où les femmes accouchent. *Ursula a hâte d'aller voir sa mère à la **maternité** pour découvrir son petit frère qui vient de naître.*

mathématicien, enne (nom)
Spécialiste de mathématiques.

mathématique (adjectif)
1. Qui concerne les mathématiques. 2. Qui est précis et rigoureux. *Avoir l'esprit très **mathématique**.* ▷ **mathématiques** (nom féminin pluriel) Science qui étudie les nombres, les grandeurs, les figures géométriques. *Zoé a beaucoup de mal en **mathématiques**, elle réussit mieux en français.*

maths (nom féminin pluriel)
Abréviation familière et courante de mathématiques. *Ibrahim est bon en **maths**.*

matière (nom féminin)
1. Substance qui constitue les objets et les corps. *La **matière** est composée d'atomes.* 2. Ce en quoi une chose est faite. *Le coton, la laine, la soie sont des **matières** textiles.* 3. Sujet ou discipline. *Kevin est plutôt littéraire, il n'aime pas beaucoup les **matières** scientifiques.* • **En matière de quelque chose** : en ce qui le concerne. ***En matière de** mécanique, Pierre n'y connaît rien.* • **Entrée en matière** : manière d'aborder une question. • **Matière première** : produit à l'état brut et que l'on transforme pour fabriquer des objets. • **Table des matières** : liste des chapitres d'un livre.

matin (nom masculin)
Première partie de la journée. *Le **matin**, Anna prend son petit déjeuner avant d'aller à l'école.* ⊙ En Belgique, en Suisse et au Québec, le matin s'appelle l'*avant-midi*, par opposition à l'après-midi. ⊙ Famille du mot : matinal, matinée.

matinal, ale, aux (adjectif)
1. Du matin. *Pierre fait sa toilette **matinale**.* 2. Qui se lève tôt. *Élodie se lève tous les jours à 6 heures, elle est très **matinale** !*

matinée (nom féminin)
1. Période de la journée entre le lever du soleil et midi. *Passe me voir dans la **matinée**, avant déjeuner.* 2. Spectacle qui a lieu l'après-midi. *Aller au concert en **matinée**.*

matou (nom masculin)
Chat mâle. *Le gros **matou** s'étire au soleil.*

matraquage (nom masculin)
• **Matraquage publicitaire** : répétition très fréquente d'une publicité.

matraque (nom féminin)
Arme pour frapper, en forme de bâton court. *Il a été assommé par un coup de **matraque**.*

matraquer (verbe) ○ conj.n°3
Donner des coups de matraque à quelqu'un. *Il s'est fait **matraquer** par ses agresseurs.*

matricule (nom masculin)
Numéro d'inscription sur un registre. *Chaque prisonnier porte un **matricule**.*

matrimonial, ale, aux (adjectif)
• **Agence matrimoniale** : entreprise qui organise des rencontres entre des personnes qui veulent se marier.

matrone (nom féminin)
Femme d'un certain âge, corpulente et vulgaire.

maturation (nom féminin)
Fait de mûrir. *Ce beau temps va hâter la **maturation** des fruits.*

maturité (nom féminin)
1. État de ce qui est mûr. *Les abricots sont arrivés à **maturité**, tu peux les cueillir.* 2. État d'une personne mûre. *Elle manque de **maturité** dans ses jugements.*

maudire (verbe) ○ conj.n°11
Proclamer qu'on déteste quelqu'un ou quelque chose. *Les paysans **maudissent** la grêle qui a détruit les cultures.* (Contr. bénir.) → Maudire se conjugue comme *finir* sauf au participe passé : maudit, maudite.

maudit, ite (adjectif)
Qui est détestable, haïssable. *Cette **maudite** serrure est encore coincée.*

maugréer (verbe) ○ conj.n°3
Synonyme de grommeler. *Arrête de **maugréer** entre tes dents !*

mauricien, enne
➡ Voir tableau p. 6.

mauritanien, enne
➡ Voir tableau p. 6.

mausolée (nom masculin)
Grand monument funéraire.

un **mausolée** : le Tadj Mahall (Inde)

maussade (adjectif)
1. Qui manifeste de la mauvaise humeur. *Qu'est-ce qui t'arrive ? Tu as l'air **maussade** ce matin !* (Syn. grognon, morose.) 2. Se dit d'un temps gris et triste. *Si le temps est **maussade**, on restera à la maison.*

mauvais, aise (adjectif)
1. Qui n'est pas bon au goût. *Cette poire est **mauvaise**, ne la mangez pas.* 2. Qui ne fait vraiment pas plaisir. *Malheureusement, les nouvelles sont **mauvaises**.* (Syn. déplaisant.) 3. Synonyme de méchant. *Méfie-toi, il est **mauvais** quand il se met en colère.* (Contr. gentil.) 4. Qui est faible dans une matière ou une activité. *Fatima est **mauvaise** en course de fond.* (Contr. bon, fort.)
▷ **mauvais** (adverbe) • **Il fait mauvais** : le temps est désagréable. (Contr. beau.) • **Sentir mauvais** : avoir une odeur désagréable. (Contr. bon.)

mauve (adjectif)
De couleur violet pâle.

mauviette (nom féminin)
Dans la langue familière, personne malingre et sans courage. *Tu as fui comme une* ***mauviette*** *!*

maxillaire (nom masculin)
Chacun des deux os qui forment la mâchoire.

maximal, ale, aux (adjectif)
Qui atteint un maximum. *La vitesse* ***maximale*** *autorisée en ville est 50 km/h.* (Syn. maximum.)

maxime (nom féminin)
Phrase courte qui résume une règle de conduite. *« Aide-toi et le ciel t'aidera » est une* ***maxime****.* (Syn. dicton, proverbe.)

maximum (nom masculin)
Le plus possible. *Quentin fait le* ***maximum*** *pour réussir.* (Contr. minimum.) ▷ **maximum** (adjectif) Synonyme de maximal. *On a payé le tarif* ***maximum*** *car il n'y avait plus de places à tarif réduit.* → Prononciation [maksimɔm]. → Pluriel : des maximums ou des maxima.

mayonnaise (nom féminin)
Sauce froide et épaisse à base de moutarde, de jaune d'œuf et d'huile. *Gaëlle mange de la viande froide avec de la* ***mayonnaise****.*

mazout (nom masculin)
Combustible liquide tiré du pétrole. *Un chauffage au* ***mazout****.* (Syn. fioul.) → Prononciation [mazut].

me (pronom)
Pronom personnel de la première personne du singulier, en fonction de complément. *Je* ***me*** *vois dans la glace. Qui* ***m'****a téléphoné ?* → Me devient m' devant une voyelle ou un h muet.

méandre (nom masculin)
Boucle que fait un cours d'eau. *La Seine fait de très nombreux* ***méandres****.* ⊙ Méandre vient du nom ancien d'un fleuve de Turquie, au cours très sinueux.

des **méandres** de l'Amazone

mécanicien, enne (nom)
Spécialiste de l'entretien et de la réparation des machines et des moteurs. *Quand on tombe en panne un dimanche, c'est difficile de trouver un* ***mécanicien****.*

mécanique (adjectif)
1. Qui fonctionne grâce à un mécanisme. *Cette boîte à musique est* ***mécanique****.* 2. Qui est fait à la machine et non pas à la main. *Dans cette usine, l'emballage des produits se fait de façon* ***mécanique****.* 3. Qui concerne un moteur. *Une panne* ***mécanique****.* 4. Synonyme de machinal. *Un geste* ***mécanique****.* ▷ **mécanique** (nom féminin) Science de la construction et du fonctionnement des machines et des moteurs. ⊙ Famille du mot : mécanicien, mécaniquement, mécanisation, mécanisé, mécanisme.

mécaniquement (adverbe)
De façon mécanique. *Quand on éternue, on ferme* ***mécaniquement*** *les yeux.*

mécanisation (nom féminin)
Introduction de la machine dans une activité. *La* ***mécanisation*** *des vendanges.*

mécanisé, ée (adjectif)
Qui utilise l'emploi des machines. *Dans ce pays, l'agriculture est très peu* ***mécanisée****.*

mécanisme (nom masculin)
Ensemble des pièces qui permettent à une machine de fonctionner. *La pendule ne marche plus, son **mécanisme** est cassé.*

mécénat (nom masculin)
Soutien financier et matériel d'un mécène. *Cette exposition a eu lieu grâce au **mécénat** d'un gros industriel.*

mécène (nom masculin)
Personne ou entreprise qui donne de l'argent pour aider les arts et les artistes. ⊙ Mécène était le nom d'un ministre de l'empereur Auguste, qui protégeait les artistes et les écrivains.

méchamment (adverbe)
Avec méchanceté. *Pourquoi as-tu poussé si **méchamment** ta petite sœur ?* (Contr. gentiment.)

méchanceté (nom féminin)
1. Défaut d'une personne méchante. *Ce n'est pas par **méchanceté** que Romain a caché les lunettes d'Hélène, c'était pour rire.* (Syn. cruauté. Contr. bonté, gentillesse.) 2. Action ou parole méchante. *Ces filles n'arrêtent pas de se dire des **méchancetés**.*

méchant, ante (adjectif)
Qui fait exprès de faire du mal. *Pourquoi es-tu **méchant** avec lui, il ne t'a rien fait ! Attention, chien **méchant** !* (Syn. cruel, mauvais. Contr. bon, gentil.) ⊙ Famille du mot : méchamment, méchanceté.

mèche (nom féminin)
1. Petite touffe de cheveux. *Cette joueuse de tennis met un serre-tête pour ne pas avoir de **mèches** dans les yeux.* 2. Petit cordon au milieu d'une bougie qui permet de l'allumer. 3. Tige métallique qui s'adapte à une perceuse. *Papa a cassé plusieurs **mèches** avant d'arriver à faire un trou dans le béton.* • **Être de mèche avec quelqu'un** : dans la langue familière, être son complice. • **Vendre la mèche** : trahir un secret.

méchoui (nom masculin)
Mouton qu'on fait rôtir à la broche.

méconnaissable (adjectif)
Qu'on a du mal à reconnaître. *Avec sa nouvelle coupe de cheveux, Julie est **méconnaissable**.* (Contr. reconnaissable.)

méconnaissance (nom féminin)
Fait de méconnaître ou d'ignorer quelque chose. *À Londres, sa forte **méconnaissance** de l'anglais l'empêchait de demander son chemin.*

méconnaître (verbe) ○ conj.n°37
Ne pas apprécier à sa juste valeur. *On **méconnaît** l'œuvre de cet écrivain.*

méconnu, ue (adjectif)
Qu'on n'apprécie pas à sa juste valeur. *Dommage que ce cinéaste soit **méconnu**, car tous ses films sont excellents.* (Syn. incompris.)

mécontent, ente (adjectif et nom)
Qui n'est pas content. *Maman est **mécontente** de sa nouvelle voiture.* (Contr. content, satisfait.) *Les **mécontents** se sont plaints et ont été remboursés.*

mécontentement (nom masculin)
Fait d'être mécontent. *En lançant un ordre de grève, les syndicats ont exprimé leur **mécontentement**.* (Syn. contrariété.)

mécontenter (verbe) ○ conj.n°3
Rendre quelqu'un mécontent. *Arrête ce bruit, tu vas **mécontenter** les voisins !* (Syn. contrarier, fâcher. Contr. contenter.)

mécréant, ante (nom)
Personne qui n'a aucune religion. (Syn. athée, incroyant. Contr. croyant.)

médaille (nom féminin)
1. Petit bijou rond et plat. *Laura porte une belle **médaille** autour du cou.* 2. Décoration qui récompense un militaire, un sportif. *Il a été décoré de la **médaille** militaire. Cet athlète a eu la **médaille** d'or aux jeux Olympiques.* ⊙ Famille du mot : médaillé, médaillon.

médaillé, ée (adjectif et nom)
Qui a gagné une médaille à la guerre ou dans une compétition sportive.

médaillon (nom masculin)
Bijou en forme de petite boîte qui peut contenir une photo ou une mèche de cheveux. ➠ p. 716.

médecin (nom masculin)
Personne qui exerce la médecine. *Myriam a de la fièvre, sa mère a appelé le* ***médecin****.* (Syn. docteur.)

médecine (nom féminin)
Science qui étudie les maladies afin de les soigner. *Les études de* ***médecine*** *sont longues.*

média (nom masculin)
Moyen de diffusion de l'information destinée au grand public. *La presse, la radio et la télévision sont les principaux* ***médias****.* Famille du mot : médiathèque, médiatique, médiatisation, médiatiser.

médian, ane (adjectif)
Qui est placé au milieu. *Le ballon est posé sur la ligne* ***médiane*** *du terrain.*
médiane (nom féminin) Droite qui passe par l'un des sommets d'un triangle et le milieu du côté opposé. ➠ p. 512.

médiateur, trice (nom)
Personne chargée d'essayer de trouver un accord entre deux adversaires.

médiathèque (nom féminin)
Collection de documents divers venant de différents médias (films, livres, journaux, disques, etc.).

médiation (nom féminin)
Intervention dans un conflit comme médiateur. *La* ***médiation*** *de l'O.N.U. a empêché la guerre d'éclater.*

médiatique (adjectif)
Qui est transmis par les médias. *Ce record a connu un grand succès* ***médiatique****.*

médiatisation (nom féminin)
Action de médiatiser. *La* ***médiatisation*** *du football par la télévision.*

médiatiser (verbe) conj.n°3
Faire connaître par les médias. *Cet événement* ***a été*** *largement* ***médiatisé****.*

médical, ale, aux (adjectif)
Qui concerne la médecine et la santé. *Grand-père doit subir des examens* ***médicaux****.*

médicament (nom masculin)
Substance employée pour lutter contre les maladies. *Les* ***médicaments*** *s'achètent à la pharmacie.* (Syn. remède.)

médicinal, ale, aux (adjectif)
Qu'on peut utiliser comme médicament. *Elle se soigne avec des plantes* ***médicinales****.*

médiéval, ale, aux (adjectif)
Qui a un rapport avec le Moyen Âge. *Ce château* ***médiéval*** *est entouré de remparts.*

médiocre (adjectif)
1. Qui n'est pas suffisant. *Thomas a eu une note* ***médiocre*** *en français : 3 sur 10.*
2. Qui n'a pas beaucoup de talent ou de capacités. *Ce pianiste est vraiment très* ***médiocre****.* Famille du mot : médiocrement, médiocrité.

médiocrement (adverbe)
De façon médiocre. *Il débute et gagne encore* ***médiocrement*** *sa vie.*

médiocrité (nom féminin)
Caractère médiocre. *La* ***médiocrité*** *des récoltes est inquiétante.*

médire (verbe) conj.n°46
Dire du mal de quelqu'un. *Ce n'est pas bien de* ***médire*** *de ses voisins.* → Médire se conjugue comme ***dire***, sauf à la 2e personne du pluriel au présent : vous médisez. Famille du mot : médisance, médisant.

médisance (nom féminin)
Parole malveillante. *Noémie se moque des* ***médisances****.* (Syn. cancan, potins, racontar, ragot.)

médisant, ante (adjectif)
Qui se plaît à médire. *Odile n'aime pas ce garçon, il est trop* ***médisant****.*

méditatif, ive (adjectif)
Qui est rêveur, songeur. *À quoi penses-tu ? Tu as l'air bien* ***méditatif*** *!*

méditation (nom féminin)
Action de méditer. *Les moines sont en pleine* ***méditation****.*

a b c d e f g h i j k l m n o p q r s t u v w x y z

a b c d e f g h i j k l m n o p q r s t u v w x y z

méditer (verbe) ○ conj.n°3
Réfléchir longuement et profondément. *Benjamin* ***avait médité*** *son plan depuis longtemps.* ⊙ Famille du mot : méditation, méditatif.

méditerranéen, enne
➠ Voir tableau p. 6.

médium (nom)
Personne qui prétend communiquer avec l'esprit des morts. → Prononciation [medjɔm].

médius (nom masculin)
Synonyme de majeur. *Le* ***médius*** *est le doigt le plus long.* → Prononciation [medjys].

méduse (nom féminin)
Animal marin, translucide et gélatineux. *Émilie ne veut plus se baigner car elle a peur de se faire piquer par les* ***méduses****.* ⊙ Méduse est le nom d'un monstre de la mythologie grecque, dont la tête était hérissée de serpents.

une **méduse**

médusé, ée (adjectif)
Qui est très étonné. *Je suis resté* ***médusé*** *par sa réponse, je ne m'y attendais pas.* (Syn. stupéfait.)

meeting (nom masculin)
Réunion publique, politique ou sportive. *Ce* ***meeting*** *a rassemblé beaucoup de monde.* → Meeting est un mot anglais : on prononce [mitiŋ].

méfait (nom masculin)
1. Mauvaise action. *Cet homme a déjà été condamné pour de nombreux* ***méfaits****.* 2. Conséquence néfaste de quelque chose. *Les* ***méfaits*** *de la pollution sont considérables dans cette région.* (Contr. bienfait.)

méfiance (nom féminin)
État d'une personne qui se méfie. *Ta* ***méfiance*** *envers lui n'est pas justifiée car il est très honnête.* (Syn. défiance. Contr. confiance.)

méfiant, ante (adjectif)
Qui se méfie. *Depuis qu'ils ont été cambriolés, ils sont devenus* ***méfiants****.* (Contr. confiant.)

se méfier (verbe) ○ conj.n°10
Ne pas se fier à quelqu'un ou à quelque chose. *Il faut* ***se méfier*** *de lui, il n'est pas toujours sincère.* ⊙ Famille du mot : méfiance, méfiant.

mégalithe (nom masculin)
Monument formé de gros blocs de pierre. *Les menhirs et les dolmens sont des* ***mégalithes****.*

Un alignement de **mégalithes**, près de Carnac en Bretagne.

mégalomane (adjectif et nom)
Qui est d'une prétention excessive.

par mégarde (adverbe)
Sans le faire exprès. *Victor s'est trompé de manteau* ***par mégarde****.* (Syn. par inadvertance. Contr. exprès.)

mégère (nom féminin)
Femme hargneuse et souvent méchante.

mégot (nom masculin)
Reste d'une cigarette ou d'un cigare qui ont été fumés. *Ces vieux **mégots** empestent !*

meilleur, eure (adjectif et nom)
Mot qui sert de comparatif et de superlatif à bon. *Ce fromage est bon, mais celui-ci est encore **meilleur**. Cette boulangerie est la **meilleure** de la région.* (Contr. pire.)

mélancolie (nom féminin)
Tristesse vague. *William parle avec **mélancolie** de ses dernières vacances en Grèce.* ⊙ Mélancolie vient du grec ***melankholia*** qui signifie « humeur noire ».

mélancolique (adjectif)
Qui inspire de la mélancolie. *Cette histoire **mélancolique** me donne envie de pleurer.*

mélanésien, enne
➠ Voir tableau p. 6.

mélange (nom masculin)
Ensemble de choses mélangées. *La confiture est un **mélange** de fruits et de sucre.*

mélanger (verbe) ○ conj.n°5
1. Mettre ensemble plusieurs choses différentes. *Pour faire la pâte à crêpes, Ursula **mélange** la farine, les œufs et le lait.* (Syn. mêler. Contr. séparer.) 2. Mettre en désordre. *Maman avait rangé les photos, mais Camille **a** tout **mélangé**.* ⊙ Famille du mot : mélange, mélangeur.

mélangeur (nom masculin)
Robinet qui mélange directement l'eau chaude et l'eau froide.

mélasse (nom féminin)
Sirop de sucre. • **Être dans la mélasse** : dans la langue familière, être dans une situation pénible.

mêlée (nom féminin)
1. Combat très désordonné entre plusieurs personnes. *Dans la **mêlée**, Xavier a perdu ses lunettes.* 2. Moment où les joueurs de rugby s'arc-boutent en se tenant par les épaules pour récupérer le ballon.

mêler (verbe) ○ conj.n°3
1. Synonyme de mélanger. *Le peintre **mêle** les couleurs sur sa palette.* 2. Se mêler : se joindre à un groupe. *De nombreuses personnes **se sont mêlées** à la manifestation.* 3. Se mêler de quelque chose : s'occuper des affaires des autres. *Ne **te mêle** pas **de** cette histoire, ça ne te concerne pas.*

mélèze (nom masculin)
Conifère de haute montagne, qui ressemble à un sapin. *Les aiguilles du **mélèze** sont caduques.*

méli-mélo (nom masculin)
Mélange confus de choses diverses.
➜ Pluriel : des mélis-mélos.

mélodie (nom féminin)
Air d'une chanson. *Cette **mélodie** me trotte dans la tête depuis ce matin.*

mélodieux, euse (adjectif)
Qui est agréable à entendre. *Anna a une voix très **mélodieuse**.*

mélodramatique (adjectif)
Qui est digne d'un mélodrame.

mélodrame (nom masculin)
Pièce de théâtre ou film dans lesquels les caractères sont exagérés et les situations peu vraisemblables.

mélomane (nom)
Personne qui aime la musique avec passion.

melon (nom masculin)
Fruit à pépins dont la chair est juteuse et sucrée. • **Chapeau melon** : chapeau d'homme en feutre, rond et bombé.

mélopée (nom féminin)
Chant ou air monotone.

membrane (nom féminin)
Peau mince et souple qui enveloppe un organe.

membre (nom masculin)
1. Partie articulée du corps qui permet le mouvement. *L'homme a quatre **membres** : deux bras et deux jambes.* 2. Personne qui fait partie d'un groupe. *Yann est **membre** d'un club de judo.*

a b c d e f g h i j k l m n o p q r s t u v w x y z

▸ **même** (adjectif)
1. Qui n'est pas différent. *Benjamin et Élodie ont le **même** blouson, de la **même** couleur, souvent ils les confondent !* (Syn. identique, semblable. Contr. autre.) **2.** Après un nom ou un pronom, sert à insister sur la personne ou la chose. *Cette femme est la bonté **même**. Clément a repeint lui-**même** sa chambre.* ▷ **même** (pronom) Chose identique à une autre. *J'aime bien ta veste, j'aimerais m'acheter la **même**.* (Contr. autre.) • **Cela revient au même** : c'est pareil, c'est la même chose. ▷ **même** (adverbe) Et aussi. *Tout le monde a fait silence, **même** les enfants.* (Syn. y compris.) • **De même** : de la même manière. • **Quand même, tout de même** : malgré tout, cependant, néanmoins. ➜ Lorsque même renforce un pronom personnel, il y a un trait d'union entre le pronom et même : moi-même, lui-même, eux-mêmes.

▸ **mémento** (nom masculin)
1. Synonyme d'agenda. **2.** Livre qui résume des notions essentielles. *Un **mémento** de grammaire.* ➜ Prononciation [memɛ̃to]. ⊙ Mémento est un mot latin, qui signifie « souviens-toi ».

▸ **1. mémoire** (nom masculin)
Texte écrit sur un sujet précis. *Fatima doit rédiger un petit **mémoire** sur la découverte de l'Amérique par Christophe Colomb.* ▷ **Mémoires** (nom masculin pluriel) Livre dans lequel un écrivain raconte sa vie et ses souvenirs. *Il est en train d'écrire ses **Mémoires**.*

▸ **2. mémoire** (nom féminin)
1. Ce qui permet à notre cerveau de se souvenir. *Gaëlle apprend très vite, car elle a une excellente **mémoire**.* **2.** Dans un ordinateur, endroit où on enregistre et où on conserve les informations. • **À la mémoire de quelqu'un** : en souvenir ou en l'honneur de quelqu'un. • **Avoir un trou de mémoire** : ne plus se rappeler quelque chose. • **De mémoire** : par cœur.

▸ **mémorable** (adjectif)
Qu'on gardera longtemps dans sa mémoire. *Le 14 juillet est une date **mémorable** de l'histoire de France.* (Syn. inoubliable.)

▸ **mémorisation** (nom féminin)
Action de mémoriser. *La **mémorisation** des tables de multiplication pose des problèmes à certains élèves.*

▸ **mémoriser** (verbe) ⊙ conj.n°3
Enregistrer des connaissances dans sa mémoire. *Amandine n'arrive pas à **mémoriser** le code de la porte d'entrée.*

▸ **menaçant, ante** (adjectif)
Qui menace ou exprime une menace. *Le ton de sa voix est **menaçant**.* (Contr. rassurant.)

▸ **menace** (nom féminin)
1. Parole ou geste hostiles visant à intimider. *Les ravisseurs emploient les **menaces** et le chantage.* **2.** Signes annonçant un danger. *Il y a des **menaces** d'éruption du volcan.*

▸ **menacer** (verbe) ⊙ conj.n°4
1. Faire des menaces. *Il les **menaçait** avec un fusil. Elle le **menace** de tout dire au directeur.* **2.** Sembler sur le point de se produire. *La pluie **menace**, rentrons !* ⊙ Famille du mot : menaçant, menace.

▸ **ménage** (nom masculin)
1. Travaux de nettoyage d'une maison. *Il ne fait pas souvent le **ménage**, il y a de la poussière.* **2.** Couple de personnes vivant ensemble. *Ce jeune **ménage** vient de s'installer.* • **Faire bon ou mauvais ménage** : s'entendre bien ou mal. ⊙ Famille du mot : ménager 2, ménagère.

▸ **ménagement** (nom masculin)
Précautions que l'on prend avec quelqu'un pour ne pas le brusquer. *On lui a annoncé la mauvaise nouvelle avec **ménagement**.*

1. ménager (verbe) ○ conj.n°5
1. Utiliser en dépensant le moins possible. *Pour arriver au sommet, les alpinistes* ***ménagent*** *leurs forces.* (Syn. épargner. Contr. gaspiller.) 2. Traiter quelqu'un avec précaution et sans le brusquer. *Elle est âgée, il faut la* ***ménager****.* 3. Arranger à l'avance. *Un diplomate* ***a ménagé*** *une entrevue entre les dirigeants des pays en guerre.* 4. Se ménager : éviter de trop se fatiguer. *Il est cardiaque, il doit* ***se ménager****.*

2. ménager, ère (adjectif)
Qui concerne le ménage. *Le ramassage des ordures* ***ménagères*** *a lieu chaque jour.*

ménagère (nom féminin)
Femme qui s'occupe de sa maison. *La* ***ménagère*** *va faire son marché.*

ménagerie (nom féminin)
Lieu où sont réunis des animaux exotiques pour être montrés au public.

mendiant, ante (nom)
Personne qui mendie. *« À votre bon cœur », dit le* ***mendiant****.*

« Saint Vincent de Paul avec un **mendiant** » de Pierre Brisset (XIXe siècle)

mendicité (nom féminin)
Action de mendier. *Le chômage l'a conduit à la* ***mendicité****.*

mendier (verbe) ○ conj.n°10
Demander l'aumône, la charité. *Il a dû* ***mendier*** *pour s'acheter un peu de pain.* ⊙ Famille du mot : mendiant, mendicité.

mener (verbe) ○ conj.n°8
1. Aboutir quelque part. *C'est le chemin qui* ***mène*** *à la plage.* (Syn. conduire.) 2. Diriger à son gré. *Il* ***mène*** *sa vie comme il l'entend.* 3. Être en tête. *Ils* ***mènent*** *par deux buts à zéro.* • **Mener à bien une affaire** : la faire réussir. • **Mener loin** : avoir des conséquences graves.

ménestrel (nom masculin)
Musicien et chanteur du Moyen Âge. *Les* ***ménestrels*** *jouaient de la musique dans les châteaux.*

meneur, euse (nom)
Personne qui mène et entraîne les autres. *On a arrêté les* ***meneurs*** *de la mutinerie.*

menhir (nom masculin)
Grande pierre dressée verticalement par des hommes de la préhistoire. → Prononciation [menir]. ⊙ Menhir est formé des mots bretons *hir* qui signifie « long » et *men* qui signifie « pierre » et que l'on retrouve dans *dolmen*.

méninge (nom féminin)
Chacune des membranes qui enveloppent le cerveau et la moelle épinière. • **Se creuser les méninges** : synonyme familier de réfléchir.

méningite (nom féminin)
Grave maladie qui provoque l'inflammation des méninges.

ménisque (nom masculin)
Cartilage de certaines articulations. *On l'a opéré du genou, on lui a enlevé une partie du* ***ménisque****.*

menottes (nom féminin pluriel)
Bracelets de métal reliés par une chaîne. *Le policier lui a mis les* ***menottes****.*

mensonge (nom masculin)
Affirmation fausse, destinée à tromper. *Tu dis des **mensonges** mais je ne te crois pas.* (Contr. vérité.)

mensonger, ère (adjectif)
Qui contient un mensonge. *Son témoignage était **mensonger**.* (Syn. faux. Contr. vrai.)

mensualité (nom féminin)
Somme payée chaque mois. *Il rembourse son crédit par **mensualités**.*

mensuel, elle (adjectif)
Qui se produit chaque mois. *Un salaire **mensuel**.* ▷ **mensuel** (nom masculin) Revue qui paraît chaque mois. ⊙ Famille du mot : bimensuel, mensualité, mensuellement.

mensuellement (adverbe)
Chaque mois. *Tous les salariés sont généralement payés **mensuellement**.*

mensurations (nom féminin pluriel)
Mesures principales du corps humain. *Cette robe t'ira très bien, elle correspond parfaitement à tes **mensurations**.*

mental, ale, aux (adjectif)
Qui concerne le fonctionnement de l'esprit. *Il n'a plus toutes ses facultés **mentales**.* (Syn. psychique.) • **Calcul mental :** opération que l'on fait de tête, sans l'écrire. ⊙ Famille du mot : mentalement, mentalité.

mentalement (adverbe)
Par la pensée. *Le père d'Élodie refait **mentalement** l'addition du garçon de café.*

mentalité (nom féminin)
Façon de penser. *Les **mentalités** ont beaucoup évolué durant le siècle dernier.*

menteur, euse (nom)
Personne qui ment ou qui a l'habitude de mentir. ***Menteur** ! Ce n'est pas vrai !*

menthe (nom féminin)
Plante très odorante dont on fait des tisanes, des bonbons et des sirops. *Fatima a commandé une **menthe** à l'eau et Benjamin un thé à la **menthe**.*

de la **menthe**

mention (nom féminin)
1. Indication écrite donnant une information. *Prière de rayer toutes les **mentions** inutiles.* 2. Appréciation favorable d'un jury. *Émilie a eu son baccalauréat avec **mention** « très bien ».* • **Faire mention de quelque chose :** le mentionner.

mentionner (verbe) ○ conj.n°3
Signaler ou rapporter quelque chose. *Clément **a mentionné** une anecdote qui lui est arrivée à la rentrée des classes.*

mentir (verbe) ○ conj.n°15
Dire des mensonges. *Ne le croyez pas, il **ment** effrontément.*

menton (nom masculin)
Partie du visage au-dessous de la bouche. *Il a un double **menton**.* ➠ p. 263.

1. menu, ue (adjectif)
1. Dont le corps et les membres sont minces et frêles. *Gaëlle est encore très **menue**.* (Syn. fluet. Contr. corpulent.) 2. Qui est petit. *Hélène coupe la viande pour le chat en **menus** morceaux.* 3. De peu d'importance. *David a de l'argent de poche pour ses **menues** dépenses.* (Contr. gros, important.)

2. menu (nom masculin)
1. Liste des plats d'un repas. *Au **menu** figurent une entrée, un plat et un dessert.* 2. Liste des opérations qu'un logiciel peut faire et qui s'affiche sur l'écran de l'ordinateur.

menuet (nom masculin)
Ancienne danse de cour. ⊙ Le menuet se dansait à pas *menus*, c'est-à-dire à petits pas.

menuiserie (nom féminin)
Travail du menuisier. *Emmanuel est très bricoleur, il a fait lui-même la **menuiserie** de la maison.*

menuisier (nom masculin)
Artisan qui travaille le bois. *Le **menuisier** fabrique les portes, les placards, les fenêtres.*

se méprendre (verbe) ➲ conj.n°32
Synonyme littéraire de se tromper. *Cet enfant **s'est mépris** sur le sens de mes paroles.* ⊙ Méprendre est formé du verbe *prendre* et du préfixe *mé-* qui signifie « mal ».

mépris (nom masculin)
Attitude montrant qu'on n'a aucune estime pour quelqu'un. *Hervé n'a que du **mépris** pour ses subordonnés.* (Contr. respect.) • **Au mépris de quelque chose** : sans en tenir compte.

méprisable (adjectif)
Qui mérite le mépris. *Son attitude est **méprisable**.* (Contr. respectable.)

méprisant, ante (adjectif)
Qui témoigne du mépris. *Marion lui a lancé un regard **méprisant**.* (Syn. dédaigneux, hautain.)

méprise (nom féminin)
Fait de se méprendre. *Ibrahim s'est trompé de train et quand il s'est aperçu de sa **méprise**, il était trop tard.* (Syn. erreur.)

mépriser (verbe) ➲ conj.n°3
1. Avoir du mépris. *Elle **méprise** les gens qui ne sont pas de son milieu.* (Contr. estimer, respecter.) 2. Ne faire aucun cas de quelque chose. *Elle **méprise** l'argent.* (Syn. dédaigner.) ⊙ Famille du mot : mépris, méprisable, méprisant.

mer (nom féminin)
1. Vaste étendue d'eau salée qui recouvre une grande partie de la Terre. *Le bateau a pris la **mer**. Julie passe ses vacances au bord de la **mer**.* 2. Étendue délimitée d'eau salée, plus petite qu'un océan. *Sur l'atlas, Kevin a pu montrer la **mer** Baltique, la **mer** Noire et la **mer** Rouge.*

mercantile (adjectif)
Qui ne pense qu'à gagner de l'argent. *Il a l'esprit **mercantile**.*

mercenaire (nom masculin)
Soldat payé pour combattre dans une armée étrangère. *La garde du roi de France se composait de **mercenaires** suisses.* ⊙ Mercenaire vient du latin *merces* qui signifie « salaire ».

1. merci (nom masculin)
Formule de remerciement. ***Merci** beaucoup ! Dites-lui un grand **merci** de notre part.* ⊙ Famille du mot : remerciement, remercier.

2. merci (nom féminin)
• **Être à la merci de quelque chose** ou **de quelqu'un** : en dépendre entièrement sans rien pouvoir faire. • **Sans merci** : sans aucune pitié. *Une guerre **sans merci**.*

mercredi (nom masculin)
Troisième jour de la semaine, entre mardi et jeudi. *Le **mercredi**, Laura va au judo et Pierre fait de la musique.* ⊙ En latin, mercredi était le jour *(dies)* consacré à *Mercure*, dieu du commerce et messager de Jupiter.

mercure (nom masculin)
Métal liquide très lourd et brillant. *Un thermomètre à **mercure**.*

merde (nom féminin)
1. Synonyme grossier d'excrément. 2. Exclamation grossière exprimant la colère ou la surprise. *Oh ! **merde** ! J'ai tout renversé sur mon pantalon !*

mère (nom féminin)
1. Femme qui a un ou plusieurs enfants. *Myriam ressemble beaucoup à sa **mère**.* (Syn. maman.) 2. Femelle qui a eu des petits. *Le chevreau tète sa **mère**.*

merguez (nom féminin)
Petite saucisse pimentée. *Noémie a pris un couscous avec des **merguez**.*

méridien (nom masculin)
Grand cercle imaginaire passant par les deux pôles de la Terre. *On calcule la longitude et l'heure à partir du **méridien** de l'observatoire de Greenwich, en Angleterre.*

méridional, ale, aux (adjectif)
Du sud. *L'Espagne **méridionale** est très chaude en été.* ▷ **méridional, ale, aux** (adjectif et nom) Du sud de la France. *L'accent **méridional** est très chantant. Les Provençaux sont des **Méridionaux**.*

meringue (nom féminin)
Pâtisserie légère faite de blancs d'œufs et de sucre. *Quentin monte des blancs en neige pour faire des **meringues**.*

merise (nom féminin)
Fruit du merisier.

merisier (nom masculin)
Cerisier sauvage. *Les ébénistes font des meubles avec le bois rouge du **merisier**.*

mérite (nom masculin)
Ce qui rend digne d'estime. *Ludivine nous vante toujours les **mérites** de sa maîtresse.*

mériter (verbe) ▶ conj.n°3
1. Avoir droit à quelque chose grâce à ses efforts. *Je t'emmène au cinéma, tu l'**as** bien **mérité** !* 2. Valoir la peine qu'on fasse un effort. *Ce projet **mérite** qu'on y réfléchisse.* ⊙ Famille du mot : démériter, mérite, méritoire.

méritoire (adjectif)
Où le mérite est grand. *Romain a fait des efforts **méritoires** pour vaincre sa timidité.* (Syn. louable.)

merlan (nom masculin)
Poisson marin vivant en bancs.

merle (nom masculin)
Oiseau à bec jaune, dont le mâle est noir et la femelle brune. *Le **merle** siffle du début du printemps à la fin de l'été.*

un **merle**

merlu (nom masculin)
Autre nom du colin.

mérou (nom masculin)
Gros poisson des mers chaudes. *Les **mérous** peuvent peser plus de 100 kg.*

un **mérou**

merveille (nom féminin)
Chose admirable, très belle. *Ce bouquet de roses est une **merveille**.* • **À merveille** : très bien. *Thomas et Sarah s'entendent vraiment **à merveille**.* (Syn. merveilleusement.) • **Faire merveille** : donner d'excellents résultats. ⊙ Famille du mot : émerveillement, émerveiller, merveilleusement, merveilleux.

merveilleusement (adverbe)
À merveille. *Tout s'est **merveilleusement** bien passé entre eux.* (Syn. admirablement, magnifiquement.)

merveilleux, euse (adjectif)
Qui provoque un étonnement admiratif. *J'ai fait un rêve **merveilleux**.* (Syn. extraordinaire, magnifique, splendide.)

mes (déterminant)
Pluriel de *mon* et de *ma*.

mésange (nom féminin)
Petit oiseau au plumage coloré. *Victor observe une **mésange** bleue avec ses jumelles.*

une **mésange**

mésaventure (nom féminin)
Aventure désagréable. *Ils ne se sont pas vantés de leur **mésaventure**.*

mesdames ➠ Voir madame.

mesdemoiselles
➠ Voir mademoiselle.

mésentente (nom féminin)
Mauvaise entente entre plusieurs personnes. *La **mésentente** qui règne entre Yann et sa sœur désole leurs parents.* (Syn. désaccord, discorde.)

mésestimer (verbe) ⊙ conj.n°3
Synonyme littéraire de sous-estimer. *On **avait** au départ **mésestimé** l'importance des recherches de ce savant.*

mesquin, ine (adjectif)
Qui manque de générosité et a l'esprit étroit. *Il oblige toute la famille à se doucher à l'eau froide qui coûte moins cher, il est incroyablement **mesquin**.*

mesquinerie (nom féminin)
Attitude ou action mesquine. *Quand on lui doit de l'argent, elle ne fait jamais cadeau d'un centime, elle est d'une **mesquinerie** !*

mess (nom masculin)
Salle réservée aux officiers ou aux sous-officiers pour prendre leurs repas. ⊙ *Mess* est un mot anglais qui vient d'un ancien mot français *mes*, qui signifie « mets ».

message (nom masculin)
Information transmise à quelqu'un. *Il n'est pas là pour l'instant, mais vous pouvez lui laisser un **message**.* ⊙ Famille du mot : messager, messagerie.

messager, ère (nom)
Personne chargée d'un message. *Le roi envoya un **messager** pour annoncer son arrivée.*

messagerie (nom féminin)
• **Messagerie électronique** : service de télécommunication permettant d'envoyer des messages par ordinateur. ▷ **messageries** (nom féminin pluriel) Service de transport de marchandises.

messe (nom féminin)
Cérémonie du culte catholique. *Il va à la **messe** chaque dimanche.*

Messie (nom masculin)
Selon la Bible, envoyé de Dieu. *Les chrétiens considèrent que le Christ est le **Messie**.* • **Attendre quelqu'un comme le Messie** : avec beaucoup d'impatience et d'espoir.

messieurs ➠ Voir monsieur.

messire (nom masculin)
Titre honorifique réservé autrefois aux grands seigneurs.

mesure (nom féminin)
1. Évaluation d'une grandeur. *Le menuisier a sorti son mètre pour prendre les **mesures** de la porte. Le mètre, le gramme, le litre, le degré sont des unités de **mesure**.* 2. Division de la durée en parties égales. *Le chef d'orchestre bat la **mesure**.* 3. Modération dans sa manière de parler et d'agir. *Xavier n'a pas toujours le sens de la **mesure**.* 4. Moyen que l'on se donne pour obtenir quelque chose. *Des **mesures** d'urgence ont été prises pour secourir les victimes du séisme.* • **Dans la mesure du possible** : autant qu'il sera possible. • **Dépasser la mesure** : synonyme d'exagérer. • **Être en mesure de faire quelque chose** : en être capable.

mesuré, ée (adjectif)
Qui agit avec mesure, modération. *Le nouveau directeur a l'air d'un homme **mesuré**.* (Contr. excessif.)

▸ **mesurer** (verbe) ○ conj.n°3
1. Évaluer les dimensions, la quantité ou l'importance de quelque chose. *Le chronomètre **mesure** le temps. Yann **a** bien **mesuré** la faveur qu'on lui faisait.* **2.** Avoir telle taille, telle dimension. *Benjamin **mesure** déjà 1,50 mètre.* • **Se mesurer avec quelqu'un** : essayer ses forces contre lui en se battant. ⊙ Famille du mot : démesuré, demi-mesure, mesure, mesuré.

▸ **métairie** (nom féminin)
Exploitation agricole tenue par un métayer qui partage sa récolte avec le propriétaire.

▸ **métal, aux** (nom masculin)
Matière brillante qui conduit bien la chaleur et l'électricité. *Le cuivre, le fer et l'argent sont des **métaux**.* ⊙ Famille du mot : métallique, métallisé, métallurgie, métallurgique.

▸ **métallique** (adjectif)
1. En métal. *Un boîtier **métallique**.* **2.** Qui rappelle le métal. *Il a une voix sèche, un peu **métallique**.*

▸ **métallisé, ée** (adjectif)
Qui a un aspect brillant comme le métal. *Une voiture gris **métallisé**.*

▸ **métallurgie** (nom féminin)
Industrie consistant à extraire les métaux des minerais. *La **métallurgie** fabrique de la fonte à partir du minerai de fer.*

▸ **métallurgique** (adjectif)
De la métallurgie. *Cette ville est un centre **métallurgique**.*

▸ **métamorphose** (nom féminin)
1. Changements de forme subis par certains animaux au cours de leur vie. *Le hanneton résulte de la **métamorphose** du ver blanc.* **2.** Changement complet d'apparence. *Olivier est devenu fin et distingué, quelle **métamorphose** !*

▸ **métamorphoser** (verbe) ○ conj.n°3
1. Faire subir une métamorphose. *La chenille **se métamorphose** en papillon.* **2.** Modifier complètement l'apparence. *Depuis son mariage, Caroline **est métamorphosée**.* (Syn. transformer.)

▸ **métaphore** (nom féminin)
Procédé qui consiste à utiliser un mot dans un sens figuré. *Quand on parle du « printemps de la vie » pour désigner la jeunesse, on emploie une **métaphore**.*

▸ **métayer, ère** (nom)
Paysan qui exploite une métairie. *Le **métayer** donne une partie de sa récolte au propriétaire.*

▸ **météo** ➠ Voir météorologie et météorologique.

▸ **météore** (nom masculin)
Traînée lumineuse d'une météorite dans le ciel. (Syn. étoile filante.)

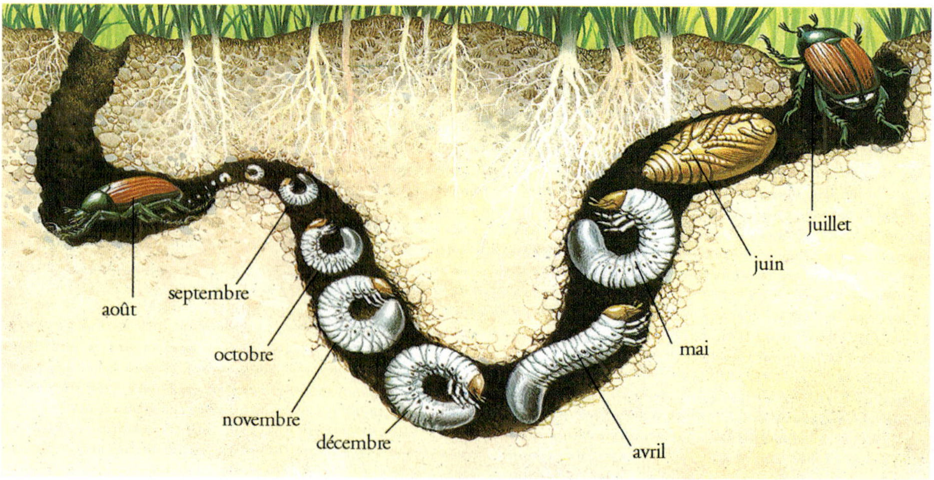

la **métamorphose** d'un coléoptère

météorite (nom féminin)
Fragment rocheux ou métallique venant de l'espace et qui traverse l'atmosphère.

météorologie (nom féminin)
Science qui étudie les phénomènes atmosphériques et permet de prévoir le temps. *La **météorologie** étudie le climat, les vents, la température, les pressions.* ➜ Météorologie s'abrège météo.

météorologique (adjectif)
De la météorologie. *Voici le bulletin **météorologique**.* ➜ Météorologique s'abrège météo : des prévisions météo.

méthode (nom féminin)
1. Moyen employé pour arriver à un résultat. *Clément a une **méthode** personnelle pour faire des crêpes.* (Syn procédé.) 2. Ouvrage où l'on enseigne les principes de base de quelque chose. *C'est une **méthode** de lecture rapide.* 3. Qualité d'esprit qui consiste à agir en suivant un ordre logique. *Quand on travaille avec **méthode**, on va toujours plus vite.* ⊙ Famille du mot : méthodique, méthodiquement.

méthodique (adjectif)
Qui a de la méthode. *Ursula est rapide parce qu'elle est très **méthodique**.* (Contr. brouillon, désordonné.)

méthodiquement (adverbe)
De façon méthodique. *Ses livres sont classés **méthodiquement** par ordre alphabétique.*

méticuleusement (adverbe)
De façon méticuleuse. *Nicolas range **méticuleusement** les timbres de sa collection.*

méticuleux, euse (adjectif)
Qui est très soigneux et fait attention aux petits détails. *Luc est **méticuleux**, ce travail d'horloger lui convient donc parfaitement.* (Syn. minutieux. Contr. négligent.)

métier (nom masculin)
Occupation qui permet de gagner sa vie. *Pierre est boulanger de son **métier**.*
• **Métier à tisser** : machine servant à fabriquer des tissus.

métis, isse (adjectif et nom)
Dont les parents n'ont pas la même couleur de peau. *Sa mère est anglaise, son père est indien, elle est **métisse**.*

métrage (nom masculin)
Longueur en mètres. *Le **métrage** d'un tissu.*

mètre (nom masculin)
1. Unité de mesure de longueur. *Zoé mesure un **mètre** vingt (1,20 m).* 2. Règle ou ruban gradués, d'un mètre de long. *Le menuisier a un **mètre** métallique.* ➜ Mètre s'abrège *m*. Voir aussi *carré* et *cube*.

métrique (adjectif)
• **Système métrique** : système des poids et mesures qui a pour modèle le mètre.

métro (nom masculin)
Chemin de fer électrique, en grande partie souterrain, des grandes villes. *Le premier **métro** a été construit à Londres en 1863, celui de Paris date de 1900.* ➜ Métro est l'abréviation de ***chemin de fer métropolitain***.

métronome (nom masculin)
Instrument qui marque le rythme quand on étudie un morceau de musique.

métropole (nom féminin)
1. Très grande ville. *Calcutta, Bangkok, Singapour sont des **métropoles** d'Asie.* 2. État dont dépendent des territoires extérieurs. *Les Martiniquais viennent souvent faire leurs études en **métropole**.*

métropolitain, aine (adjectif)
De la métropole. *La France **métropolitaine** et les départements d'outre-mer.*

mets (nom masculin)
Aliment servi à table. *Le cassoulet est un **mets** du Sud-Ouest.* (Syn. plat.)

mettable (adjectif)
Qui peut être mis. *Ce vieux jean est complètement troué, il n'est plus **mettable**.*

metteur (nom masculin)
• **Metteur en scène :** personne qui met en scène une pièce de théâtre ou un film.

mettre (verbe) ○ conj.n°33
1. Placer quelque chose ou quelqu'un dans un lieu. *Maman **met** des fleurs dans le vase. Ils l'**ont mise** en pension.* (Contr. enlever.) 2. Placer sur son corps. *Elle **met** ses chaussures. David **a mis** un tee-shirt.* 3. Ajouter pour mélanger. *Papa **met** du sucre dans son café.* 4. Faire passer dans un autre état. *Anna **met** l'ordinateur en marche. Cette remarque **a mise** Marie en colère.* 5. Employer de l'argent ou du temps pour quelque chose. *Il **a mis** 100 euros dans une paire de jumelles. Élodie **met** 10 minutes pour aller à l'école.* 6. Se mettre : se placer dans un lieu ou dans un état. *Elle **s'est mise** près de la fenêtre. Il **s'est mis** à quatre pattes.* 7. Se mettre : commencer à faire quelque chose. *Il **s'est mis** à ranger.* 8. Se mettre : s'habiller. *Elle **s'est mise** en tenue de soirée.* • **Mettre en scène :** diriger le jeu des acteurs, les répétitions, veiller aux décors d'une pièce de théâtre ou d'un film. • **Ne plus savoir où se mettre :** être très gêné. ⊙ Famille du mot : démettre, mettable, metteur, mise, miser, remettre, remise.

1. **meuble** (adjectif)
Facile à labourer. *On plante les légumes dans une terre **meuble**.*

2. **meuble** (nom masculin)
Objet servant à aménager une maison. *Les fauteuils, les chaises, les tables, les lits, les buffets sont des **meubles**.* ⊙ Famille du mot : ameublement, meubler.

meubler (verbe) ○ conj.n°3
1. Garnir de meubles. *Cette maison **est meublée** à l'ancienne.* 2. Au sens figuré, occuper un temps libre. *Elle **meuble** la conversation en parlant des derniers films.*

meuglement (nom masculin)
Cri émis par les bovins. (Syn. beuglement, mugissement.)

meugler (verbe) ○ conj.n°3
Faire entendre des meuglements. *Les vaches, les bœufs et les taureaux **meuglent**.* (Syn. beugler, mugir.)

meule (nom féminin)
1. Gros cylindre de pierre servant à broyer et à moudre. *Les **meules** du moulin moulent le grain.* 2. Roue de pierre dure ou d'une matière abrasive qui sert à aiguiser et à polir. *Ibrahim affûte son couteau à la **meule**.* 3. Gros tas de foin ou de paille. *Les paysans ont fauché l'herbe et fait des **meules** de foin.*

meulière (nom féminin)
Sorte de calcaire très dur utilisé en construction. *Une villa en **meulière**.*

meunier, ère (nom)
Personne qui exploite un moulin et fabrique de la farine.

meurtre (nom masculin)
Crime qui consiste à tuer quelqu'un volontairement. *Les accusés de **meurtre** sont jugés par les cours d'assises.* (Syn. assassinat.)

meurtrier, ère (adjectif)
Qui cause la mort. *Ce virage est vraiment particulièrement **meurtrier**.* ▷ **meurtrier, ère** (nom) Personne qui a commis un meurtre. *Le **meurtrier** s'est rendu à la police.* (Syn. assassin.)

meurtrière (nom féminin)
Étroite ouverture dans un mur de fortification. *Les archers tiraient des flèches par les **meurtrières** des châteaux forts.* ➠ p. 196.

meurtrir (verbe) ○ conj.n°11
Faire une meurtrissure. *Les cordes **meurtrissaient** les poignets du prisonnier.*

meurtrissure (nom féminin)
Trace laissée par un coup ou un choc. *Après le match, le visage du boxeur était couvert de **meurtrissures**.*

meute (nom féminin)
1. Troupe de chiens dressés pour la chasse à courre. *Le cerf est encerclé par la **meute**.* 2. Troupe de personnes acharnées autour de quelqu'un. *La chanteuse était poursuivie par la **meute** de ses admirateurs.*

mévente (nom féminin)
Très forte baisse des ventes. *La surproduction laitière a entraîné la **mévente** du lait.*

mexicain, aine
➠ Voir tableau p. 6.

mezzanine (nom féminin)
Niveau intermédiaire aménagé dans une pièce haute de plafond. *Fatima aime beaucoup dormir sur la **mezzanine**.* → Prononciation [medzanin].

mi (nom masculin)
Troisième note de la gamme.

miaulement (nom masculin)
Cri du chat.

miauler (verbe) ○ conj.n°3
Émettre un miaulement. *Le chat **miaule** à la porte.*

mica (nom masculin)
Minéral brillant, transparent et ininflammable, qui s'effrite facilement en lamelles. *On utilisait le **mica** comme vitre pour les portes de poêles.* ⊙ Mica est un mot latin qui signifie « miette ».

mi-carême (nom féminin)
Jeudi situé entre Mardi gras et Pâques, qui est le vingt-troisième jour de carême. *À la **mi-carême**, les enfants se déguisent.*

miche (nom féminin)
Gros pain rond.

à mi-chemin (adverbe)
À la moitié du chemin. *On s'est aperçu à **mi-chemin** qu'on avait oublié le pique-nique.*

mi-clos, mi-close (adjectif)
À moitié clos. *Le chien dort les yeux **mi-clos**.*

micmac (nom masculin)
Dans la langue familière, manigances embrouillées. *Qu'est-ce que c'est encore que ces **micmacs** ?*

micro (nom masculin)
1. Appareil servant à amplifier ou à enregistrer le son. *Sa voix est assez puissante pour qu'il se passe de **micro**.* 2. Synonyme familier de micro-ordinateur. → Au sens 1, micro est l'abréviation de microphone.

microbe (nom masculin)
Micro-organisme qui peut être à l'origine de maladies contagieuses. *Les **microbes** ne sont visibles qu'au microscope.*

microbien, enne (adjectif)
Qui est dû à un microbe. *Les antibiotiques sont efficaces contre les maladies **microbiennes**.*

microclimat (nom masculin)
Climat propre à une zone de très faible étendue. *Sur la côte bretonne, le mimosa pousse grâce à un **microclimat**.*

microfilm (nom masculin)
Film composé de photos de très petit format. *On met certains documents sur **microfilm** pour pouvoir les consulter ensuite sans les abîmer.*

micro-onde (nom féminin)
• **Four à micro-ondes** : four qui permet de cuire, de réchauffer ou de décongeler rapidement des aliments.

micro-ordinateur (nom masculin)
Petit ordinateur. (Syn. micro, PC.) → Pluriel : des micro-ordinateurs.

micro-organisme (nom masculin)
Être vivant microscopique. *Les bactéries et les microbes sont des* ***micro-organismes****.* → Pluriel : des micro-organismes.

microphone ➠ Voir micro.

microprocesseur (nom masculin)
Partie d'un micro-ordinateur qui effectue les calculs nécessaires à son fonctionnement.

microscope (nom masculin)
Instrument d'optique permettant d'observer des objets très petits. *Kevin a vu des globules blancs au* ***microscope****.*

un **microscope**

microscopique (adjectif)
1. Qui n'est visible qu'au microscope. *Le plancton est composé d'organismes* ***microscopiques****.* **2.** Qui est minuscule. *Son écriture* ***microscopique*** *est illisible.*

midi (nom masculin)
1. Milieu du jour correspondant à la douzième heure. *Les douze coups de* ***midi*** *ont sonné au clocher du village.* **2.** Sud de la France. *Elle a l'accent du* ***Midi****.* → Au sens 2, Midi est un nom propre : il commence donc par une majuscule.

mie (nom féminin)
Partie molle du pain. *Pierre mange la* ***mie*** *et laisse la croûte.* • **Pain de mie :** pain sans croûte utilisé pour les tartines grillées et les sandwichs.

miel (nom masculin)
Produit sucré fabriqué par les abeilles. *On se sert du* ***miel*** *pour faire le pain d'épices, des gâteaux, des bonbons.*

mielleux, euse (adjectif)
D'une douceur hypocrite. *Quentin ne supporte pas le ton* ***mielleux*** *de ce garçon.*

le **mien**, la **mienne** (pronom)
Pronom possessif de la première personne du singulier. *À qui est cette casquette ? C'est* ***la mienne*** *!* ▷ les **miens** (nom masculin pluriel) Ceux de ma famille. *Je vais retrouver* ***les miens****.*

miette (nom féminin)
1. Petite parcelle de pain ou de gâteau qui se détache. *Gaëlle jette des* ***miettes*** *de pain aux moineaux.* **2.** Petit morceau de quelque chose. *Le verre s'est cassé en mille* ***miettes****.* ⊙ À l'origine, une miette c'était un petit morceau de *mie*.

mieux (adjectif et nom)
Mot qui sert de comparatif et de superlatif à « bien ». *Cette chemise est* ***mieux*** *que l'autre, c'est même la* ***mieux*** *de toutes.* ▷ **mieux** (nom masculin) **1.** Ce qui est le meilleur. *C'est le* ***mieux*** *qu'on puisse faire.* **2.** Amélioration dans une situation. *Il y a un léger* ***mieux*** *dans son état de santé.* (Contr. aggravation.) • **Au mieux :** dans le meilleur des cas. • **Être au mieux avec quelqu'un :** être en très bons termes avec lui. • **Faire de son mieux :** aussi bien que l'on peut. ▷ **mieux** (adverbe) D'une meilleure façon. *Romain peut* ***mieux*** *faire.* • **Aller mieux :** être en meilleure santé. • **Valoir mieux :** être préférable. *Il* ***vaut mieux*** *faire demi-tour.*

mièvre (adjectif)
Qui a un charme un peu fade. *C'est un roman sentimental un peu* ***mièvre****.*

mignon, onne (adjectif)
Gentil et charmant. *Qu'il est* ***mignon****, ce chaton !*

migraine (nom féminin)
Mal de tête. *Elle s'est retirée dans sa chambre parce qu'elle a la **migraine**.*

migrateur, trice (adjectif)
Qui fait des migrations. *Les oies sauvages sont des oiseaux **migrateurs**.*

migration (nom féminin)
1. Déplacement de certains animaux en groupes et à certaines saisons. *La **migration** des cigognes vers le sud annonce l'hiver.* 2. Déplacement d'une population d'une région à une autre pour s'y établir. *Depuis la découverte de l'Amérique, il y a eu des **migrations** successives vers ce continent.* ⊙ Famille du mot : émigrant, émigration, émigré, émigrer, immigration, immigré, immigrer, migrateur.

mijoter (verbe) ○ conj.n°3
1. Cuire à petit feu. *La ratatouille **mijote** sur le coin de la cuisinière.* 2. Dans la langue familière, préparer quelque chose en secret. *Vous, vous **mijotez** une mauvaise farce !*

mikado (nom masculin)
Jeu d'adresse fait de fines baguettes de bois qu'il faut ramasser une à une sans faire bouger les autres.

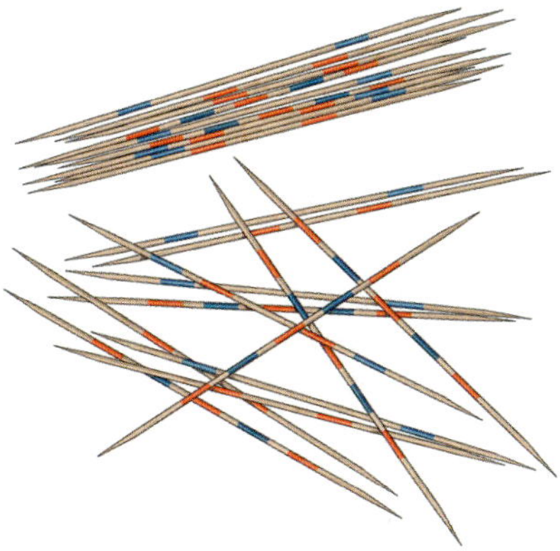

un jeu de **mikado**

mil (nom masculin)
Céréale à petits grains cultivée dans les pays tropicaux. *Piler le **mil** pour faire de la farine.*

mildiou (nom masculin)
Maladie de certaines plantes (vigne, pomme de terre, etc.) due à des moisissures.

les effets du **mildiou** sur la vigne

mile (nom masculin)
Unité de mesure de longueur anglaise valant 1 609 mètres. → *Mile* est un mot anglais : on prononce [majl].

milice (nom féminin)
Troupe de volontaires qui remplacent ou aident la police ou l'armée.

milicien, enne (nom)
Personne qui fait partie d'une milice.

milieu, eux (nom masculin)
1. Point situé à égale distance des extrémités. *Thomas a mis la fléchette au beau **milieu** de la cible.* (Syn. centre.) 2. Période située à égale distance du début et de la fin. *Hélène s'est réveillée au **milieu** de la nuit.* 3. Entourage d'une personne. *Dans le train, on rencontre des gens de tous les **milieux**.* 4. Environnement dans lequel vit un être vivant. *Le **milieu** naturel des orchidées est la forêt équatoriale.*

militaire (adjectif)
De l'armée. *Dans cette ville, il y a une école **militaire**.* ▷ **militaire** (nom) Membre de l'armée. *L'oncle de Victor est un **militaire** de métier.*

militant, ante (nom)
Personne qui milite. *La mère de Julie est une **militante** pacifiste.*

militer (verbe) conj.n°3
Lutter activement pour une cause ou un parti. *Il **a milité** toute sa vie dans un syndicat.*

1. mille (adjectif)
1. Dix fois cent (1 000). *Du nord au sud, la France mesure environ **mille** kilomètres.* 2. Un très grand nombre. *Je t'ai dit **mille** fois de ne pas te balancer sur ta chaise !* → Pluriel : deux mille. Famille du mot : millénaire, millième, millier, milligramme, millilitre, millimètre, millimétré.

2. mille (nom masculin)
Unité de mesure de distance qui est employée par les marins et par les aviateurs. *Le **mille** vaut 1 852 mètres.*

millefeuille (nom masculin)
Gâteau de pâte feuilletée garni de crème.

millénaire (adjectif)
Qui existe depuis au moins mille ans. *Fêter le nouvel an est une tradition **millénaire**.* ▷ **millénaire** (nom masculin) Période de mille ans. *L'homme a inventé l'écriture depuis plus de cinq **millénaires**.*

mille-pattes (nom masculin)
Petit animal invertébré au corps composé d'anneaux. *Les **mille-pattes** ont au minimum 21 paires de pattes.* → Pluriel : des mille-pattes.

un **mille-pattes**

millésime (nom masculin)
Indication de l'année pour un vin ou une monnaie. *Ce vin a été récolté en 1993, c'est le **millésime** qui est inscrit sur la bouteille.*

millet (nom masculin)
Céréale aux graines petites et nombreuses, cultivée en Afrique et en Asie. *William a acheté du **millet** pour ses perruches.* → Prononciation [mijɛ].

milliard (nom masculin)
Mille millions (1 000 000 000). *Il y aura bientôt plus de six **milliards** d'êtres humains sur la planète.*

milliardaire (nom)
Personne extrêmement riche. *Ce **milliardaire** possède plusieurs yachts.*

millième (adjectif et nom)
Qui occupe le rang numéro mille. *Le **millième** abonné aura droit à un cadeau.* ▷ **millième** (nom masculin) Ce qui est contenu mille fois dans un tout. *Cet appareil prend des photos au **millième** de seconde.*

millier (nom masculin)
Nombre d'environ mille. *Il y avait au moins un **millier** de spectateurs.*

milligramme (nom masculin)
Millième partie du gramme. → Milligramme s'abrège *mg*.

millilitre (nom masculin)
Millième partie du litre. → Millilitre s'abrège *ml*.

millimètre (nom masculin)
Millième partie du mètre. → Millimètre s'abrège *mm*.

millimétré, ée (adjectif)
• **Papier millimétré** : papier quadrillé par des lignes qui sont espacées d'un millimètre. → On dit également millimétrique.

million (nom masculin)
Mille fois mille (1 000 000). *Elle a gagné plusieurs **millions** d'euros en jouant au loto.*

millionnaire (nom)
Personne très riche. *Le château a été racheté par un **millionnaire**.*

mime (nom masculin)
Comédien qui s'exprime uniquement par des mimiques, sans parler. *Le **mime** a fardé son visage en blanc.* Famille du mot : mimer, mimétisme, mimique.

mimer (verbe) conj.n°3
Imiter seulement par des gestes, des attitudes et des expressions du visage. *Laura a fait rire toute la classe en **mimant** le maître.*

mimétisme (nom masculin)
1. Imitation inconsciente du comportement d'autrui. *Myriam reproduit le ton de voix de sa mère par* ***mimétisme***. 2. Aptitude de certains animaux à prendre la couleur de leur environnement. *Le* ***mimétisme*** *du caméléon le protège de ses ennemis.*

mimique (nom féminin)
Geste ou expression du visage représentant un sentiment. *Xavier a raconté son aventure avec des* ***mimiques*** *irrésistibles.*

mimolette (nom féminin)
Fromage de Hollande orangé, en forme de boule.

mimosa (nom masculin)
Arbuste à fleurs jaunes en forme de boules, très parfumées. *Le* ***mimosa*** *pousse dans les régions au climat doux.*

feuille et fleurs de **mimosa**

minable (adjectif)
Synonyme familier de médiocre. *On a déjeuné dans un restaurant assez* ***minable***.

minaret (nom masculin)
Haute tour d'une mosquée. *Du haut du* ***minaret***, *le muezzin appelle les fidèles à la prière cinq fois par jour.*

minauder (verbe) conj.n°3
Faire des manières en parlant. *Quand il y a des garçons, Noémie ne peut s'empêcher de* ***minauder***.

mince (adjectif)
1. De peu d'épaisseur. *Coupe cette pomme en tranches aussi* ***minces*** *que possible.* (Syn. fin. Contr. épais.) 2. Qui n'est pas gros. *Odile est* ***mince*** *mais pas maigre.* (Contr. gros.) 3. Peu important. *Les renseignements que nous avons trouvés sont plutôt* ***minces***. (Syn. maigre.)
Famille du mot : amincir, amincissant.

1. mine (nom féminin)
1. Aspect du visage. *Tu es toute bronzée, tu as une* ***mine*** *resplendissante !* 2. Aspect extérieur de quelqu'un ou de quelque chose. *Un homme à la* ***mine*** *patibulaire est entré dans le bar.* • **Faire mine** : faire semblant. • **Mine de rien** : sans en avoir l'air. • **Ne pas payer de mine** : ne pas avoir belle apparence.

2. mine (nom féminin)
1. Endroit du sol où l'on creuse des galeries pour extraire du charbon ou des minerais. *Une* ***mine*** *de diamants. Une* ***mine*** *de nickel.* ➠ p. 1113. 2. Fin cylindre gris ou coloré d'un crayon. *La* ***mine*** *de mon crayon est cassée.* 3. Engin explosif. *La jeep a sauté sur une* ***mine***.
Famille du mot : déminer, miner, mineur, minier.

miner (verbe) conj.n°3
1. Enterrer des mines quelque part. *Longtemps après la guerre, certains terrains sont restés* ***minés***. 2. Détruire en rongeant de l'intérieur. *Il est mort quelques mois après sa femme,* ***miné*** *par le chagrin.*

minerai (nom masculin)
Roche d'où l'on peut extraire un métal. *Le sous-sol de cette région est riche en* ***minerai*** *de fer.*

minéral, ale, aux (adjectif)
Dont la matière n'est pas vivante, ni animale, ni végétale. *Le granit et le sable sont des matières* ***minérales***. • **Eau minérale** : qui contient des minéraux.
▷ **minéral, aux** (nom masculin)
Matière sans vie qui entre dans la composition des roches. *Le calcaire, le mica sont des* ***minéraux***.

minéralogie (nom féminin)
Science des minéraux.

a b c d e f g h i j k l m n o p q r s t u v w x y z

minéralogique (adjectif)
• **Plaque minéralogique** : plaque qui porte le numéro d'immatriculation d'une automobile.

minet, ette (nom)
Synonyme familier de chat.

1. mineur (nom masculin)
Ouvrier qui travaille dans une mine. *Les **mineurs** descendent au fond de la mine.*

2. mineur, eure (adjectif)
Qui a très peu d'importance. *Ces informations sont d'un intérêt **mineur**.* (Contr. majeur.) ▷ **mineur, eure** (adjectif et nom) Qui n'a pas encore dix-huit ans, l'âge de la majorité. *Les **mineurs** n'ont pas le droit de voter.*

miniature (nom féminin)
1. Reproduction d'un objet en format très réduit. *Elle fait collection d'autos **miniatures**.* 2. Tableau de très petites dimensions. *Son médaillon contient une **miniature** peinte à la main.*

un médaillon contenant une **miniature**

miniaturiser (verbe) ○ conj.n°3
Réduire le plus possible les dimensions de quelque chose. *L'espion avait une caméra **miniaturisée** dans la monture de ses lunettes.*

minier, ère (adjectif)
Qui concerne les mines. *C'est un pays **minier**, très riche en charbon.*

minigolf (nom masculin)
Golf miniature.

minijupe (nom féminin)
Jupe très courte.

minimal, ale, aux (adjectif)
Qui atteint un minimum. *Les températures **minimales** sont supérieures à la moyenne saisonnière.* (Syn. minimum.)

minime (adjectif)
Très petit. *Il y a une différence **minime** entre l'original et la copie du tableau.* (Syn. infime. Contr. considérable, énorme.) ▷ **minime** (nom) Sportif qui est âgé de 13 à 15 ans.

minimiser (verbe) ○ conj.n°3
Réduire l'importance de quelque chose. *On a cherché à **minimiser** cette affaire.*

minimum (nom masculin)
Le moins possible. *Il travaille peu, on peut dire qu'il en fait le **minimum**.* (Contr. maximum.) ▷ **minimum** (adjectif) Synonyme de minimal. *Yann a payé le tarif **minimum** pour le spectacle.*
→ Prononciation [minimɔm].
→ Pluriel : des minimums ou des minima.

ministère (nom masculin)
1. Charge de ministre. *On lui a confié le **ministère** des Affaires sociales.* 2. Bâtiment où travaillent un ministre et son équipe. *Les manifestants se sont rassemblés devant le **ministère** des Affaires étrangères.* 3. Ensemble des ministres qui composent le gouvernement. *Après les élections, il a fallu composer un nouveau **ministère**.*

ministériel, elle (adjectif)
Du ministre ou du ministère. *Les professeurs ont reçu une circulaire **ministérielle**.*

ministre (nom)
Membre du gouvernement, qui dirige un ensemble de services publics. *En France, c'est le Premier **ministre**, désigné par le président de la République, qui choisit les autres **ministres**.* ⊙ Famille du mot : ministère, ministériel.

Minitel (nom masculin)
Petit terminal d'ordinateur relié au téléphone, qui permet de consulter l'annuaire téléphonique et de contacter divers services. → Minitel est le nom d'une marque.

minium (nom masculin)
Peinture spéciale qui protège les métaux de la rouille. → Prononciation [minjɔm].

minois (nom masculin)
Visage frais et agréable d'un enfant ou d'une jeune fille. *Cette fillette a un charmant **minois**.*

minoritaire (adjectif)
Qui appartient à la minorité. *Seize garçons et onze filles : les filles sont **minoritaires** dans la classe.*

minorité (nom féminin)
1. Le plus petit nombre. *Dans la famille de Sarah, il y a une **minorité** de garçons.* 2. Période pendant laquelle une personne est mineure. *En France, la **minorité** va jusqu'à dix-huit ans.* (Contr. majorité.)

minoterie (nom féminin)
Grand moulin industriel. *Les **minoteries** moulent la farine en grande quantité.*

minuit (nom masculin)
Instant où un jour finit et où le suivant commence. ***Minuit** est la fin de la vingt-quatrième heure (24 heures ou 0 heure).*

minuscule (adjectif)
Très petit. *Dans le ciel, les étoiles paraissent **minuscules**.* (Syn. microscopique. Contr. énorme, gigantesque.) ▷ **minuscule** (nom féminin) Petite lettre. *En français, tous les noms communs commencent par une **minuscule**.* (Contr. majuscule.)

minute (nom féminin)
1. Unité de mesure du temps. *Une **minute** vaut 60 secondes, et il y a 60 minutes **dans une heure**.* 2. Temps très court. *J'en ai pour une **minute**.* → Minute s'abrège *min*. ⊙ Famille du mot : minuter, minuterie, minuteur.

minuter (verbe) ○ conj.n°3
Organiser un horaire à la minute près. *Ne le retarde pas, son emploi du temps **est minuté**.*

minuterie (nom féminin)
Dispositif qui éteint automatiquement l'électricité après quelques minutes. *On a installé une **minuterie** dans l'escalier pour faire des économies d'électricité.*

minuteur (nom masculin)
Appareil ménager déclenchant une sonnerie au bout d'un temps donné. *Mets le **minuteur** en marche, je mets les œufs dans l'eau bouillante.*

minutie (nom féminin)
Grand soin et grande précision dans les plus petits détails. *Le métier de chirurgien exige de la **minutie**.* → Prononciation [minysi]. ⊙ Famille du mot : minutieusement, minutieux.

minutieusement (adverbe)
De façon minutieuse. *Benjamin monte ses maquettes très **minutieusement**.* (Syn. soigneusement.)

minutieux, euse (adjectif)
Qui fait preuve de minutie. *La plupart des travaux manuels demandent d'être très **minutieux**.* (Syn. méticuleux, soigneux.) → Prononciation [minysjø].

mirabelle (nom féminin)
Petite prune jaune et parfumée. *De la confiture de **mirabelles**.*

miracle (nom masculin)
1. Phénomène extraordinaire expliqué par une intervention de Dieu. *Pour les chrétiens, le Christ pouvait faire des **miracles**, comme marcher sur l'eau.* 2. Fait à peine croyable tellement il est inattendu. *Par **miracle**, la voiture ne l'a pas renversé.*

miraculeux, euse (adjectif)
1. Qui est dû à un miracle. *La résurrection **miraculeuse** de Lazare est racontée dans les Évangiles.* 2. Qui est tout à fait extraordinaire. *C'est **miraculeux** qu'il ait guéri si vite !* (Contr. naturel.)

mirador (nom masculin)
Poste d'observation élevé destiné à surveiller un camp de prisonniers. *La sentinelle guette du haut du **mirador**.* ⊙ Mirador vient de l'espagnol *mirar* qui signifie « regarder ».

mirage (nom masculin)
Phénomène optique des pays chauds désertiques, causé par la chaleur de l'air. *Les **mirages** donnent parfois l'illusion de voir une nappe d'eau lointaine où se reflète le paysage.*

mire (nom féminin)
• **Être le point de mire :** être l'objet de tous les regards et le centre d'intérêt. • **Ligne de mire :** ligne qui va de l'œil du tireur au point visé.

se mirer (verbe) ⊙ conj.n°3
Synonyme littéraire de se refléter. *Les lumières **se miraient** dans la mer.*

mirifique (adjectif)
Synonyme littéraire de mirobolant. *Il nous a raconté ses projets, tous plus **mirifiques** les uns que les autres.*

mirobolant, ante (adjectif)
Extraordinaire au point d'en être incroyable. *Il a gagné une somme **mirobolante** au loto.* (Syn. mirifique.)

miroir (nom masculin)
Surface polie qui reflète les images. *Le **miroir** me renvoie mon image.* (Syn. glace.)

miroitement (nom masculin)
Éclat d'une surface qui miroite. *Ursula contemple le **miroitement** de la mer au soleil couchant.*

miroiter (verbe) ⊙ conj.n°3
Réfléchir la lumière du soleil avec des reflets changeants. *Le lac **miroite** au soleil.* • **Faire miroiter :** faire entrevoir un avantage possible.

miroitier (nom masculin)
Artisan qui vend ou répare des miroirs.

misaine (nom féminin)
• **Mât de misaine :** mât vertical à l'avant d'un bateau à voiles.

misanthrope (adjectif et nom)
Qui déteste les gens, est peu sociable. *Ses malheurs l'ont rendu **misanthrope**.* (Contr. philanthrope.)

mise (nom féminin)
1. Action de mettre. *La **mise** à feu de la fusée aura lieu à 17 heures.* 2. Manière de s'habiller. *Sa **mise** est négligée.* (Syn. toilette.) 3. Argent ou jetons que l'on joue. *Zoé a récupéré toute sa **mise**.*

miser (verbe) ⊙ conj.n°3
Mettre une mise. *Notre voisin **a misé** sur le cheval gagnant.*

misérable (adjectif)
1. Qui est très pauvre et pitoyable. *Ils habitent un quartier **misérable**.* 2. Qui est insignifiant et sans valeur. *Allez-vous vous fâcher pour une **misérable** histoire d'argent ?*

misérablement (adverbe)
De façon misérable. *C'était un pauvre homme qui vivait **misérablement**.*

misère (nom féminin)
1. État d'extrême pauvreté. *Ce grand musicien est mort dans la **misère**.* (Syn. dénuement. Contr. richesse.) 2. Événement malheureux dont on souffre. *Anna raconte ses petites **misères** à sa maman.* ⊙ Famille du mot : misérable, misérablement, miséreux.

miséreux, euse (nom)
Personne qui vit dans la misère. *Des **miséreux** dormaient dans la rue alors qu'il gèle.*

miséricorde (nom féminin)
Compassion pour autrui qui pousse à pardonner. *Le pécheur implore la **miséricorde** divine.* ⊙ Miséricorde vient du latin *misericors* qui signifie « qui a le cœur sensible à la misère ».

misogyne (adjectif et nom)
Qui méprise les femmes. *Ce **misogyne** ne prend jamais en compte les soucis de sa femme.*

missel (nom masculin)
Livre contenant les prières et les chants de la messe.

missile (nom masculin)
Fusée qui transporte une bombe. *L'avion a été abattu par un **missile**.*

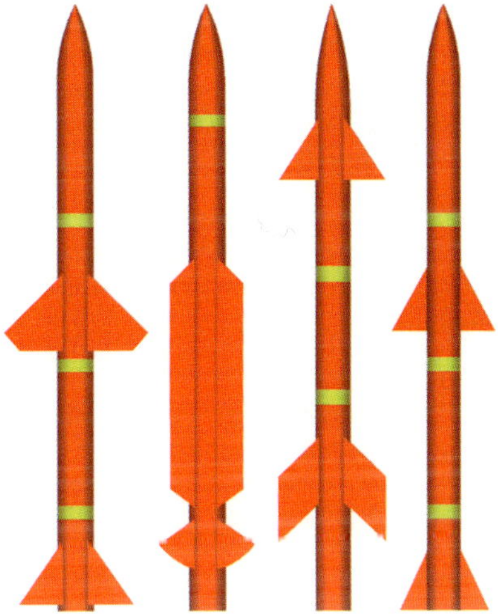

des **missiles**

mission (nom féminin)
1. Charge confiée à quelqu'un de faire quelque chose. *On m'a confié la **mission** de prévenir tous les amis.* 2. Groupe de personnes auxquelles une charge est confiée. *Elle participe à une **mission** archéologique au Moyen Orient.* 3. Groupe de missionnaires. *Des **missions** se sont installées en Amérique du Sud dès le XVIe siècle pour convertir les Indiens au christianisme.*

missionnaire (nom)
Religieux envoyé pour propager l'Évangile en diverses contrées de la Terre. *Ce moine a longtemps été **missionnaire** en Afrique.*

missive (nom féminin)
Synonyme littéraire de lettre. *Elle n'arrivait pas à finir de lire cette interminable **missive**.*

mistral (nom masculin)
Vent violent et sec soufflant du nord dans la vallée du Rhône et en Provence. *Les gens du Midi plantent des haies de cyprès pour se protéger du **mistral**.* ⊙ Mistral est un mot provençal qui signifie « le vent qui souffle en maître ».

mitaine (nom féminin)
Gant qui ne couvre pas le bout des doigts. *Les pilotes de voitures de course portaient souvent des **mitaines** de cuir.*

mite (nom féminin)
Insecte dont les chenilles attaquent la laine, la soie et les fourrures. *Ce costume est mangé par les **mites**.*

une **mite**

mité, ée (adjectif)
Mangé par les mites. *Cette vieille couverture est toute **mitée**.*

mi-temps (nom féminin)
1. Temps de repos entre les deux parties d'un match. *À la **mi-temps**, le score était de 3 à 0.* 2. Chacune des deux parties d'un match. *Notre équipe de rugby a fait une remontée fulgurante pendant la deuxième **mi-temps**.* • **À mi-temps** : pendant la moitié du temps normal. *Travailler **à mi-temps**.* → Pluriel : des mi-temps.

miteux, euse (adjectif)
D'aspect misérable. *Il habite un immeuble assez **miteux** de la vieille ville.* (Syn. minable. Contr. chic, luxueux.)

mitigé, ée (adjectif)
Qui est mêlé de réserves. *La critique a fait un accueil **mitigé** au nouveau film.*

mitigeur (nom masculin)
Appareil qui sert à mélanger l'eau chaude et l'eau froide qui arrivent au robinet d'un évier ou d'un lavabo.

mitonner (verbe) ▸ conj.n°3
Préparer longtemps et avec soin. *Il adore **mitonner** de bons petits plats pour ses amis.*

mitoyen, enne (adjectif)
Qui sépare deux choses et leur est commun. *Ces deux maisons ont un mur **mitoyen** : chacun devra repeindre son côté.*

▸ **mitraille** (nom féminin)
Décharge de projectiles d'armes à feu. *Les soldats montaient à l'assaut sous la **mitraille**.*

▸ **mitrailler** (verbe) ○ conj.n°3
1. Tirer des rafales de projectiles. *L'aviation ennemie **mitraille** les colonnes de réfugiés.* 2. Dans la langue familière, photographier sous tous les angles. *Les photographes **ont mitraillé** la princesse.* ⊙ Famille du mot : mitraille, mitraillette, mitrailleur, mitrailleuse.

▸ **mitraillette** (nom féminin)
Arme automatique portative qui tire par rafales. *Des soldats armés de **mitraillettes** arpentent l'aérogare.*

▸ **mitrailleur** (adjectif masculin)
Se dit d'un fusil ou d'un pistolet qui tire par rafales. *Un pistolet **mitrailleur**.*

▸ **mitrailleuse** (nom féminin)
Arme automatique à tir en rafales, que l'on pose sur le sol ou que l'on fixe sur un véhicule.

▸ **mitre** (nom féminin)
Haute coiffure triangulaire. *Les évêques et les archevêques portent une **mitre** lors des grandes cérémonies*

▸ **mitron** (nom masculin)
Garçon boulanger ou pâtissier. ⊙ Mitron vient de *mitre* à cause de la forme de la coiffure de ces apprentis.

▸ **à mi-voix** (adverbe)
En baissant la voix. *Élodie fredonne une chanson **à mi-voix**.*

▸ **mixer** (verbe) ○ conj.n°3
Passer un aliment au mixeur. *Fatima **mixe** des légumes pour faire un potage.*

▸ **mixeur** (nom masculin)
Appareil électrique servant à broyer et à mélanger les aliments. *Maman passe les fruits au **mixeur** pour faire un sorbet.* → On écrit aussi mixer.

▸ **mixte** (adjectif)
1. Qui comprend des personnes des deux sexes. *La chorale de l'école est **mixte** : filles et garçons peuvent y chanter.* 2. Qui est fait de deux ou plusieurs éléments de nature différente. *Ce soir, on a mangé une salade **mixte**, composée de scarole, de tomates et de gruyère.*

▸ **mixture** (nom féminin)
Mélange peu appétissant. *On leur a servi une affreuse **mixture** en guise de café.*

▸ **mobile** (adjectif)
1. Qui peut bouger ou être déplacé. *L'équipe **mobile** de dépannage se déplace dans toute la région.* (Contr. fixe, immobile.) 2. Qui peut changer de valeur ou de date. *Noël est une fête fixe (le 25 décembre), Pâques est une fête **mobile** (la date change chaque année).* ▷ **mobile** (nom masculin) 1. Ce qui pousse à agir. *L'inspecteur s'interroge sur le **mobile** du crime.* (Syn. motif, raison.) 2. Objet décoratif suspendu par des fils et que les courants d'air font bouger. ⊙ Famille du mot : immobile, immobilisation, immobiliser, immobilité, mobilité.

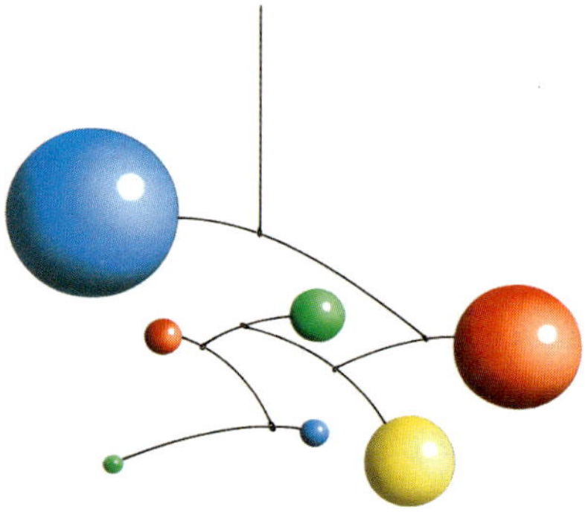

un **mobile**

▸ **mobilier** (nom masculin)
Ensemble des meubles d'un logement. *Véronique a acheté son **mobilier** chez des brocanteurs.* (Syn. ameublement.) ▷ **mobilier, ère** (adjectif) • **Biens mobiliers** : biens qui peuvent se transporter, comme les meubles, les habits, etc.

▸ **mobilisation** (nom féminin)
Action de mobiliser. *L'État a décrété la* ***mobilisation*** *générale.*

▸ **mobiliser** (verbe) ○ conj.n°3
1. Appeler les hommes à l'armée pour faire la guerre. *En cas de guerre, l'État* ***mobilise*** *tous les hommes aptes au service militaire pour protéger le territoire.* (Contr. démobiliser.) 2. Appeler à l'action et à la participation. *Le syndicat* ***mobilise*** *ses militants pour la grève.* ⊙ Famille du mot : démobiliser, mobilisation.

▸ **mobilité** (nom féminin)
Possibilité de bouger ou de se déplacer. *Olivier a un regard d'une surprenante* ***mobilité****.*

▸ **mobylette** (nom féminin)
Cyclomoteur. *La loi n'autorise pas de conduire une* ***mobylette*** *avant 14 ans.* → Mobylette est le nom d'une marque.

▸ **mocassin** (nom masculin)
Chaussure basse sans lacet.

▸ **moche** (adjectif)
Synonyme familier de laid. *Cette coiffure est vraiment* ***moche****.* (Contr. beau, joli.)

▸ **modalité** (nom féminin)
Manière dont quelque chose doit se faire. *Les* ***modalités*** *de paiement sont expliquées au dos de la facture.*

▸ **1. mode** (nom masculin)
1. Manière de faire. *Consulte le* ***mode*** *d'emploi de l'appareil !* 2. Chacune des six manières dont le verbe peut exprimer l'action. *L'indicatif, le subjonctif, le conditionnel, l'impératif, l'infinitif et le participe sont les* ***modes*** *du verbe en français. « Écoute-moi » est une phrase au* ***mode*** *impératif.*

▸ **2. mode** (nom féminin)
Manière changeante de penser, de se vêtir, particulière à une époque. *Ce genre de pantalon n'est plus à la* ***mode*** *cette année.*

▸ **modelage** (nom masculin)
Action de modeler. *Gaëlle a appris à faire du* ***modelage*** *au jardin d'enfants.*

▸ **modèle** (nom masculin)
1. Ce que l'on donne à imiter. *Ce portrait ne ressemble guère au* ***modèle****.* 2. Ce qui mérite d'être imité. *Clément est un* ***modèle*** *de ponctualité.* (Syn. exemple.) 3. Objet reproduit à de nombreux exemplaires. *Ce* ***modèle*** *de voiture s'est vendu à deux millions d'exemplaires.* • **Modèle réduit** : reproduction d'un objet en petit. ⊙ Famille du mot : modélisme, modéliste.

▸ **modeler** (verbe) ○ conj.n°8
Façonner une matière molle pour faire un objet. *De la pâte à* ***modeler****.*

▸ **modélisme** (nom masculin)
Fabrication de modèles réduits. *David fait du* ***modélisme*** *avec son père, ils ont déjà construit plusieurs avions.*

▸ **modéliste** (nom)
Personne qui dessine des modèles pour la mode. *Il est* ***modéliste*** *dans le prêt-à-porter.*

▸ **modérateur, trice** (adjectif)
Qui a tendance à modérer les excès des autres. *Dans la classe, Ibrahim joue un rôle* ***modérateur*** *par son calme et sa gentillesse.*

▸ **modération** (nom féminin)
Comportement modéré. *Les grévistes ont fait preuve de* ***modération*** *dans leurs revendications.* (Syn. mesure. Contr. abus, excès.)

▸ **modéré, ée** (adjectif)
Qui reste dans une juste mesure. *Hélène est très* ***modérée*** *dans ses paroles, elle ne choque jamais personne.* (Syn. raisonnable. Contr. excessif.) ▷ **modéré, ée** (adjectif et nom) Dont les opinions politiques sont éloignées des extrêmes. (Contr. extrémiste.)

▸ **modérément** (adverbe)
D'une façon modérée. *Les boissons alcoolisées doivent être consommées* ***modérément****.* (Syn. raisonnablement. Contr. trop.)

modérer (verbe) ○ conj.n°8
Réduire l'intensité ou l'excès de quelque chose. *Modérez votre enthousiasme, on ne s'entend plus !* (Syn. réfréner, tempérer.) ⊙ Famille du mot : immodéré, modérateur, modération, modéré, modérément.

moderne (adjectif)
De notre époque ou d'une époque récente. *Leur maison est équipée de façon très* ***moderne****.* (Syn. contemporain. Contr. archaïque, rétrograde.) ⊙ Famille du mot : modernisation, moderniser.

modernisation (nom féminin)
Action de moderniser. *La* ***modernisation*** *de l'agriculture est actuellement très rapide.*

moderniser (verbe) ○ conj.n°3
Rendre plus moderne et adapté à l'époque actuelle. *Le dentiste* ***a modernisé*** *son cabinet.*

modeste (adjectif)
1. Qui ne se vante pas de ses succès. *Savoir beaucoup de choses rend* ***modeste****.* (Contr. prétentieux, vaniteux.) 2. Peu important ou sans grande valeur. *Il occupe un logement* ***modeste****.* ⊙ Famille du mot : modestement, modestie.

modestement (adverbe)
De façon modeste. *Malgré sa célébrité, ce musicien vit* ***modestement****.*

modestie (nom féminin)
Qualité d'une personne modeste. *Sa* ***modestie*** *le rend très sympathique.* (Syn. humilité. Contr. orgueil, prétention, vanité.)

modification (nom féminin)
Action de modifier quelque chose. *L'architecte a fait de nombreuses* ***modifications*** *sur le plan d'origine.* (Syn. changement, transformation.)

modifier (verbe) ○ conj.n°10
Changer une chose sans la transformer complètement. *Ces changements* ***n'ont*** *pas* ***modifié*** *les habitudes de monsieur Dubois.*

modique (adjectif)
De peu de valeur. *Pour la* ***modique*** *somme de 10 euros, vous pouvez emporter tout ce lot !*

modulation (nom féminin)
Inflexion harmonieuse de la voix ou du chant. *Les* ***modulations*** *du chant du merle.*

module (nom masculin)
Élément qui se combine avec d'autres pour constituer un ensemble. *Assembler les différents* ***modules*** *d'un meuble en kit.*

moduler (verbe) ○ conj.n°3
Émettre un son en faisant des modulations. *La cantatrice* ***module*** *un chant plaintif.*

moelle (nom féminin)
1. Substance molle et grasse qui se trouve à l'intérieur des os. *Kevin aime beaucoup les os à* ***moelle****.* 2. Substance blanche et légère qui est au centre de la tige de certains végétaux. *Julie enlève la* ***moelle*** *d'un brin de sureau pour faire un sifflet.* • **Moelle épinière :** partie du système nerveux qui est contenue dans la colonne vertébrale. → Prononciation [mwal].

moelleux, euse (adjectif)
Qui est mou et doux au toucher. *Elle adore s'enfoncer dans un canapé* ***moelleux****.* (Syn. souple. Contr. dur, raide.) → Prononciation [mwalø].

moellon (nom masculin)
Pierre de petites dimensions. *Un mur en* ***moellons*** *clôt notre jardin.* → Prononciation [mwalɔ̃].

mœurs (nom féminin pluriel)
Mode de vie et habitudes d'une personne, d'une société ou d'une espèce animale. *Cet ethnologue a étudié longtemps les* ***mœurs*** *des Esquimaux.* → Prononciation [mœʀ] ou [mœʀs].

mohair (nom masculin)
Laine soyeuse faite avec du poil de chèvre angora. *Une veste en* ***mohair****.*

moi (pronom)
Pronom personnel de la première personne du singulier qui s'emploie pour renforcer le sujet « je » ou comme complément après une préposition. *C'est* ***moi*** *qui viendrai vous chercher. Je vous propose de venir chez* ***moi****.*

moignon (nom masculin)
Partie qui reste d'un membre amputé. *Après son accident, on a dû lui couper la main, il n'a plus qu'un **moignon**.*

moindre (adjectif)
Plus petit. *Il ne supporte pas la **moindre** critique.*

moine (nom masculin)
Religieux qui vit en communauté, à l'écart du monde. ⊙ Moine vient du grec *monos* qui signifie « seul », car les premiers moines furent des ermites.

moineau, eaux (nom masculin)
Petit oiseau brun et beige, très courant dans les villes et les campagnes. *Des **moineaux** pépient dans les arbres du square.*

un **moineau**

moins (adverbe)
Sert à exprimer une quantité ou un degré inférieurs. *Il pèse **moins** de 30 kilos. Mon cartable est **moins** lourd que le tien.* (Contr. plus.) • **À moins de** ou **à moins que :** sauf dans tel cas. *Nous allons rater le début du film, **à moins de** nous dépêcher.* • **Au moins :** au minimum. *Le trajet dure **au moins** deux heures.* (Contr. au plus.) • **Du moins :** en tout cas, de toute façon. *Nous nous verrons demain, **du moins** je l'espère.* • **Le moins :** sert à désigner le minimum, le degré le plus bas. *Quand elle a des devoirs, le calcul, c'est ce qu'elle aime **le moins**.* ▷ **moins** (préposition) **1.** Sert à exprimer une soustraction. *Dix **moins** huit égale deux (10 – 8 = 2).* **2.** Sert à désigner un nombre en dessous de zéro degré. *La météo annonce que la température descendra jusqu'à **moins** cinq degrés (– 5°).*

moiré, ée (adjectif)
Qui a des reflets changeants. *Des nénuphars flottent sur les eaux **moirées** de l'étang.*

une étoffe **moirée**

mois (nom masculin)
1. Chacune des douze parties de l'année. *Le **mois** de janvier est le premier **mois** de l'année.* **2.** Durée d'environ 30 jours. *Ces travaux dureront plusieurs **mois**.* **3.** Prix payé pour un mois de travail. *Votre **mois** vous sera réglé par chèque.* (Syn. salaire.)

moisi, ie (adjectif)
Qui est couvert de moisissures. *Ne mange pas ce pain, il est **moisi**.* ▷ **moisi** (nom masculin) Ce qui est moisi. *Cette pièce est très humide, elle sent le **moisi**.*

moisir (verbe) ⊙ conj.n°11
1. Se couvrir de moisissures. *Tout **a moisi** dans la cave, à cause de l'humidité.* **2.** Dans la langue familière, rester longtemps à attendre. *Inutile de **moisir** ici, il ne viendra pas !* ⊙ Famille du mot : moisi, moisissure.

moisissure (nom féminin)
Tache blanchâtre ou verdâtre qui provient de minuscules champignons qui poussent sur des matières humides ou en décomposition. *Ces fruits sont couverts de **moisissures**.*

▸ **moisson** (nom féminin)
1. Récolte des céréales. *Quand les blés sont mûrs, les agriculteurs font la **moisson**.* **2.** Au sens figuré, grande quantité de choses que l'on réunit. *Au retour de la plage, les enfants examinent leur **moisson** de coquillages.* ⊙ Famille du mot : moissonner, moissonneur, moissonneuse-batteuse.

« La **Moisson** », miniature du XVe siècle.

▸ **moissonner** (verbe) ○ conj.n°3
Faire la moisson. *Ici, on **moissonne** le blé au mois de juillet.*

▸ **moissonneur, euse** (nom)
Personne qui fait la moisson. *Les **moissonneurs** sont partis aux champs dès le lever du jour.*

▸ **moissonneuse-batteuse** (nom féminin)
Machine agricole qui sert à récolter les céréales, à les battre et à trier les grains. ➜ Pluriel : des moissonneuses-batteuses.

▸ **moite** (adjectif)
Légèrement humide. *Quand Benjamin est ému, il a les mains **moites**.* (Contr. sec.)

▸ **moiteur** (nom féminin)
Caractère de ce qui est moite. *La **moiteur** de l'atmosphère annonce l'approche de l'orage.*

▸ **moitié** (nom féminin)
1. Chacune des deux parties égales d'un tout. *Clément et Anna auront chacun une **moitié** du gâteau. Quatre est la **moitié** de huit.* **2.** Milieu d'un espace. *Nous sommes à la **moitié** du trajet.* • **À moitié** : à demi ou en partie. *Un bol **à moitié** rempli de lait. Il hésitait car il était **à moitié** d'accord.*

▸ **moka** (nom masculin)
Gâteau garni d'une crème au beurre aromatisée au café. ⊙ Moka est un port du Yémen d'où le café d'Arabie était exporté.

▸ **mol** ➠ Voir mou.

▸ **molaire** (nom féminin)
Grosse dent qui sert à broyer les aliments. *Les **molaires** sont situées au fond de la bouche.* ➠ p. 321. ⊙ Molaire vient du latin *mola* qui veut dire « meule ».

▸ **môle** (nom masculin)
Construction à l'entrée d'un port, qui sert à le protéger des vagues. (Syn. digue, jetée.)

▸ **molécule** (nom féminin)
Ensemble d'atomes liés entre eux et qui forment la plus petite partie d'une matière. *Une **molécule** d'eau est formée de deux atomes d'hydrogène et d'un atome d'oxygène.*

▸ **molester** (verbe) ○ conj.n°3
Maltraiter ou brutaliser quelqu'un. *Un inconnu **a molesté** un passant avant de le voler.*

▸ **molette** (nom féminin)
Roulette dentée qui actionne un mécanisme. *La **molette** d'un briquet fait jaillir une étincelle.* • **Clé à molette** : outil dont les deux mâchoires se rapprochent ou s'écartent. *Le mécanicien s'est servi d'une **clé à molette** pour resserrer les boulons de la roue.*

une clé à **molette**

molle ➠ Voir mou.

mollement (adverbe)
Avec mollesse. *À mon avis il est fautif car il s'est **mollement** défendu.*

mollesse (nom féminin)
1. Caractère de ce qui est mou. *Cette tarte n'est pas très bonne à cause de la **mollesse** de la pâte.* (Contr. dureté.) 2. Manque de vitalité, d'énergie dans le caractère ou dans la conduite. *La maîtresse lui a reproché de travailler avec **mollesse**.* (Syn. indolence. Contr. vivacité.)

1. mollet (adjectif masculin)
• **Œuf mollet** : œuf cuit dans sa coquille de façon à ce que le jaune reste onctueux. *Les **œufs mollets** doivent cuire moins longtemps que les œufs durs mais plus longtemps que les œufs à la coque.*

2. mollet (nom masculin)
Partie charnue située à l'arrière de la jambe, entre la cheville et le genou. *Ce coureur a les **mollets** très musclés.* ➠ p. 263.

molletonné, ée (adjectif)
Doublé d'un tissu moelleux et épais. *Une veste **molletonnée**.*

mollir (verbe) ○ conj.n°11
1. Devenir mou. *La terre **a molli** à cause de la pluie.* (Contr. durcir.) 2. Perdre de sa force, de sa vigueur. *Le vent **mollit**. À la fin du match, son énergie commençait à **mollir**.* (Syn. diminuer, faiblir.)

mollusque (nom masculin)
Animal au corps mou, parfois protégé par une coquille. *La moule, l'escargot, le calmar sont des **mollusques**.*

molosse (nom masculin)
Gros chien de garde d'aspect féroce. *Ce **molosse** terrifie les passants.*

môme (nom)
Synonyme familier d'enfant. (Syn. gamin, gosse.)

moment (nom masculin)
1. Espace de temps. *Je vous rejoins dans un **moment**.* (Syn. instant.) 2. Instant précis pour faire quelque chose. *Ne partez pas maintenant, ce n'est pas le **moment**.* • **À tout moment** : continuellement ou n'importe quand. *Il peut arriver **à tout moment**.* • **Au moment où** : à l'instant précis où un événement se déroule. *Il est arrivé **au moment où** le film commençait.* • **Du moment que** : puisque. ***Du moment que** tu es content, moi aussi.* • **D'un moment à l'autre** : d'ici très peu de temps. • **Par moments** : de temps en temps. • **Pour le moment** : en ce qui concerne la période présente. ***Pour le moment**, tout va bien.* ⊙ Famille du mot : momentané, momentanément.

momentané, ée (adjectif)
Qui ne dure qu'un moment. *Des travaux ont entraîné la fermeture **momentanée** de l'autoroute.* (Syn. provisoire, temporaire. Contr. définitif.)

momentanément (adverbe)
De façon momentanée. *La route est **momentanément** coupée à cause des fortes inondations.* (Syn. provisoirement, temporairement. Contr. définitivement.)

momie (nom féminin)
Cadavre embaumé pour pouvoir être conservé. *Les **momies** des anciens Égyptiens étaient entourées de bandelettes et placées dans des sarcophages.*

mon, ma, mes (déterminant)
Adjectif possessif de la première personne du singulier. *J'habite ici, c'est **ma** maison. Il me tarde de retrouver **mes** parents et **mes** amies. Je te prête **mon** stylo.* → Devant un nom féminin commençant par une voyelle ou un h muet, on emploie mon au lieu de ma : mon opinion, mon histoire.

monarchie (nom féminin)
État gouverné par un roi. *La Suède, la Belgique, les Pays-Bas sont des **monarchies**.* ⊙ Famille du mot : monarchique, monarchiste, monarque.

monarchique (adjectif)
Qui se rapporte à la monarchie. *L'Espagne est un État **monarchique**.*

monarchiste (adjectif et nom)
Qui est partisan de la monarchie. *Des idées **monarchistes**.*

monarque (nom masculin)
Personne qui détient le pouvoir dans une monarchie. *En France, jusqu'à la Révolution, les rois étaient des **monarques** absolus.*

monastère (nom masculin)
Ensemble de bâtiments où vivent des moines ou des religieuses. *Le cloître du **monastère**.* (Syn. couvent.) ➠ p. 1196.

monceau, eaux (nom masculin)
Gros tas d'objets accumulés. *Il y a un **monceau** de cahiers et de livres sur mon bureau.* ⊙ Famille du mot : amonceler, amoncellement.

mondain, aine (adjectif)
Qui aime fréquenter la haute société. *Des femmes élégantes et très **mondaines** assistaient à cette grande réception.*

monde (nom masculin)
1. Ensemble de tout ce qui existe. *De nombreux scientifiques essaient de découvrir le mystère de l'origine du **monde**.* (Syn. univers.) 2. La Terre entière. *Faire le tour du **monde**.* 3. Ensemble des habitants de la Terre, le genre humain. *Le premier voyage sur la Lune a passionné le **monde** entier.* 4. Ensemble des personnes appartenant à un même groupe social. *Cette découverte a passionné le **monde** scientifique.* (Syn. milieu.) 5. Grand nombre de personnes. *Au moment de Noël, les magasins sont pleins de **monde**.* • **Au bout du monde :** très loin. • **C'est le monde à l'envers :** c'est le contraire de ce qui devrait se produire. • **Mettre un enfant au monde :** lui donner naissance. • **Se faire tout un monde de quelque chose :** donner trop d'importance à quelque chose. • **Tout le monde :** tous les gens. *Ce pique-nique a plu à **tout le monde**.* • **Venir au monde :** naître. ⊙ Famille du mot : mondain, mondial, mondialement.

mondial, ale, aux (adjectif)
Qui concerne le monde entier. *Une guerre **mondiale**. La population **mondiale**.*

mondialement (adverbe)
Dans le monde entier. *Un musicien **mondialement** connu et apprécié.* (Syn. universellement.)

monégasque
➠ Voir tableau p. 6.

monétaire (adjectif)
Qui concerne la monnaie. *L'euro est l'unité **monétaire** européenne.*

mongol, ole
➠ Voir tableau p. 6.

mongolien, enne (adjectif et nom)
Qui est atteint d'une maladie grave causant une malformation physique et un retard mental. *Un enfant **mongolien**.*

moniteur, trice (nom)
Personne chargée d'enseigner certains sports ou certaines techniques. *Il est **moniteur** dans une école de voile.*

monnaie (nom féminin)
1. Ensemble de pièces et de billets qui servent à payer. *La **monnaie** américaine s'appelle le dollar.* 2. Argent rendu quand on achète quelque chose qui coûte moins cher que l'argent qu'on a donné. *La boulangère m'a rendu la **monnaie**.* 3. Ensemble de pièces de petite valeur. *Donne-moi de la **monnaie** pour acheter un soda au distributeur automatique.* • **Rendre à quelqu'un la monnaie de sa pièce :** se venger de lui. ⊙ Famille du mot : faux-monnayeur, monnayer, porte-monnaie.

monnayer (verbe) ⊙ conj. n°7
Tirer de l'argent ou un profit de quelque chose. *Cet agent secret **a monnayé** des renseignements très confidentiels.* (Syn. vendre.)

monocle (nom masculin)
Verre de lunette que l'on faisait tenir en le coinçant sous le sourcil. *Sur cette vieille photo, on voit un officier en uniforme qui porte un **monocle**.* ⊙ Monocle vient du latin *monoculus* qui signifie « qui n'a qu'un œil ».

▸ **monocoque** (nom masculin)
Voilier qui a une seule coque.

▸ **monocorde** (adjectif)
Qui ne varie pas dans le ton, dans le rythme. *Ce mauvais acteur récite tout son texte d'une voix **monocorde**.* (Syn. monotone.)

▸ **monoculture** (nom féminin)
Culture d'une seule plante. *Une région de **monoculture** du riz.* (Contr. polyculture.)

▸ **monoï** (nom masculin)
Huile parfumée utilisée dans certains produits de beauté. ➔ Prononciation [mɔnɔj].

▸ **monolithe** (nom masculin)
Monument fait d'une seule grosse pierre. *Un menhir est un **monolithe**.*

▸ **monologue** (nom masculin)
Dans une pièce de théâtre, texte dit par un acteur seul sur scène.

▸ **monologuer** (verbe) ○ conj.n°3
Parler tout seul.

▸ **monoplace** (adjectif)
Qui ne comporte qu'une seule place. *Un avion **monoplace**.*

▸ **monopole** (nom masculin)
Droit pour l'État ou pour une société d'être le seul à vendre un produit. *En France, l'E.D.F. a le **monopole** de la distribution d'électricité.*

▸ **monopoliser** (verbe) ○ conj.n°3
Garder quelque chose pour soi, sans s'occuper des autres. *J'en ai assez que tu **monopolises** la console de jeux vidéo !* (Syn. accaparer.)

▸ **monoski** (nom masculin)
Sport qui se pratique avec un ski unique sur lequel on pose les deux pieds.

▸ **monosyllabe** (nom masculin)
Mot d'une seule syllabe. *« Mer », « car » sont des **monosyllabes**.*

▸ **monothéisme** (nom masculin)
Croyance en un seul dieu. *Le judaïsme, le christianisme et l'islam sont des religions fondées sur le **monothéisme**.* (Contr. polythéisme.)

▸ **monothéiste** (adjectif et nom)
Qui se rapporte au monothéisme. *Les chrétiens, les musulmans et les juifs sont **monothéistes**.* (Contr. polythéiste.)

▸ **monotone** (adjectif)
Qui ne varie pas. *Il voudrait voyager au lieu de mener cette existence **monotone**.*

▸ **monotonie** (nom féminin)
Caractère de ce qui est monotone. *Ce paysage de plaine est d'une grande **monotonie**.* (Syn. uniformité. Contr. diversité, variété.)

▸ **monseigneur** (nom masculin)
Titre honorifique donné aux évêques ou aux princes.

▸ **monsieur** (nom masculin)
1. Mot servant à s'adresser à un homme. *Entrez **monsieur** ! Au revoir **messieurs** ! J'ai rencontré **monsieur** Martin dans l'ascenseur.* 2. Homme. *Notre voisin est un vieux **monsieur** très sympathique.* ➔ Prononciation [məsjø]. ➔ Pluriel : des messieurs [mesjø]. Monsieur s'abrège *M.* Messieurs s'abrège *MM.*

▸ **monstre** (nom masculin)
1. Animal imaginaire. *Dans la région, on racontait autrefois qu'un **monstre** vivait au fond du lac.* 2. Être vivant atteint d'une difformité. *Un animal à deux têtes est un **monstre**.* 3. Personne extrêmement laide ou très cruelle. *Ces terroristes sont vraiment des **monstres**.*
▷ **monstre** (adjectif) Synonyme familier d'énorme. *On a décidé d'organiser une fête **monstre** !* (Syn. colossal, extraordinaire.) ⊙ Famille du mot : monstrueux, monstruosité.

▸ **monstrueux, euse** (adjectif)
1. Qui évoque un monstre. *Cet homme a commis des actes **monstrueux** pendant la guerre.* (Syn. abominable, effroyable.) 2. Qui a des dimensions énormes. *Les pêcheurs ont aperçu une baleine d'une taille **monstrueuse**.*

monstruosité (nom féminin)
Action monstrueuse. *Les nazis ont commis des **monstruosités** dans les camps de concentration.* (Syn. atrocité, horreur.)

mont (nom masculin)
Élévation de terrain. *Le **mont** Everest s'élève à 8 846 mètres d'altitude.* • **Promettre monts et merveilles :** promettre des choses extraordinaires sans pouvoir réaliser ses promesses.

montage (nom masculin)
Action d'assembler plusieurs parties pour en faire un tout. *Il y a une notice pour réaliser le **montage** de ces étagères.*

montagnard, arde (nom)
Personne qui vit à la montagne.

montagne (nom féminin)
Relief du sol qui s'élève à une grande hauteur. *Les nuages cachent le sommet de la **montagne**.* • **Montagnes russes :** sorte de manège formé de petits véhicules qui montent et descendent en se déplaçant sur des rails. ⊙ Famille du mot : montagnard, montagneux.

montagneux, euse (adjectif)
Où il y a des montagnes. *Les stations de ski se trouvent dans des régions **montagneuses**.*

montant, ante (adjectif)
1. Qui monte. *Méfiez-vous de la marée **montante** !* (Contr. descendant.) 2. Qui couvre le haut du cou ou des chevilles. *Une robe à col **montant**. Des chaussures **montantes**.* ▷ **montant** (nom masculin) 1. Total d'un compte. *Le **montant** de la facture s'élève à 100 euros.* 2. Barre verticale. *Le ballon a heurté le **montant** du but.*

monté, ée (adjectif)
• **Coup monté :** action malveillante organisée en secret. • **Pièce montée :** grand gâteau très décoré, servi pour un mariage.

monte-charge (nom masculin)
Appareil qui sert à faire monter ou descendre des objets lourds ou encombrants. *Ce magasin utilise un **monte-charge** pour acheminer dans les étages les marchandises stockées au sous-sol.* → Pluriel : des monte-charges.

montée (nom féminin)
1. Action de se déplacer vers un lieu en hauteur. *Pour atteindre le sommet de la colline, il faut prévoir une heure de **montée**.* (Syn. ascension. Contr. descente.) 2. Route qui va vers le haut. *Le camion ralentit dans la **montée**.* (Syn. côte.) 3. Augmentation de quelque chose. *Les locataires de l'immeuble craignent une **montée** des loyers.* (Contr. baisse.)

monter (verbe) ○ conj.n°3
1. Aller du bas vers le haut. *Le sentier **monte** le long de la colline. Élodie **monte** les escaliers en courant.* (Contr. descendre.) 2. Apporter quelque chose vers le haut. *N'oublie pas de **monter** le courrier en rentrant.* 3. Utiliser un véhicule ou un animal pour se déplacer. ***Monter** à bicyclette. **Monter** à cheval.* 4. S'installer dans un véhicule. ***Monter** en train, en avion.* 5. Augmenter en intensité ou en valeur. *La chaleur **a monté** de plusieurs degrés.* (Contr. baisser, descendre, diminuer.) 6. Augmenter de niveau. *Le niveau de la rivière **est monté** d'un mètre, hier.* 7. Assembler différents éléments pour faire un tout. *Nous allons **monter** notre tente au bord de la rivière.* 8. Fixer une pierre précieuse sur une monture. *Le joaillier **a monté** des rubis sur ce bracelet en or.* 9. Créer et organiser quelque chose. *Il **a monté** un magasin d'articles de sport.* 10. Se monter : s'élever à telle somme. *Les réparations de la voiture **se montent** à 1 000 euros.* • **Monter la tête à quelqu'un :** l'exciter, le pousser à se fâcher. ⊙ Famille du mot : démontable, démontage, démonté, démonter, montage, montant, monté, monte-charge, montée, monture, remontant, remontée, remonte-pente, remonter.

montgolfière (nom féminin)
Ballon gonflé à l'air chaud, pouvant s'élever dans l'air. ⊙ Montgolfière vient du nom des frères *Montgolfier*, inventeurs français du XVIIIe siècle.

une **montgolfière**

monticule (nom masculin)
Petite élévation de terrain. *Les enfants s'amusent à faire des petits* ***monticules*** *de sable au bord de l'eau.*

montre (nom féminin)
Petit instrument portatif, qui sert à indiquer l'heure. *Une* ***montre*** *à quartz.*

montrer (verbe) ○ conj.n°3
1. Faire voir. *Fatima* ***montre*** *sa chambre à sa cousine.* 2. Indiquer par un geste ou un signe. *Je vais vous* ***montrer*** *la route la plus courte pour aller à la gare.* (Syn. désigner.) 3. Laisser voir sa pensée, ses sentiments. *Il* ***a montré*** *beaucoup de générosité. Elle* ***s'est montrée*** *très gentille avec moi.* 4. Démontrer ou enseigner quelque chose. *Cette histoire nous* ***montre*** *qu'il faut se méfier des gens trop bavards.* 5. Apprendre en donnant une explication. *Je vais te* ***montrer*** *comment faire marcher cet appareil photo.*

monture (nom féminin)
1. Animal que l'on monte pour se déplacer. *Le cavalier fait aller sa* ***monture*** *au grand galop.* 2. Support qui maintient les verres des lunettes. *J'ai cassé la* ***monture*** *de mes lunettes.*

monument (nom masculin)
Édifice remarquable pour sa valeur historique ou ses qualités esthétiques. *L'Arc de triomphe est un des* ***monuments*** *de Paris.* • **Monument aux morts :** construction ou statue édifiée en souvenir des morts d'une guerre.

monumental, ale, aux (adjectif)
Imposant par sa grandeur. *Un buffet* ***monumental*** *orne la grande salle du château.*

se moquer (verbe) ○ conj.n°3
1. Rire ou plaisanter à propos de quelqu'un, de quelque chose. *Gaëlle* ***s'est moquée*** *de ma nouvelle coiffure.* (Syn. railler, ridiculiser.) 2. Ne pas tenir compte de quelque chose. *Benjamin* ***se moque*** *complètement de ce que tu lui racontes.* 3. Prendre les autres personnes pour des naïfs. *Cette histoire de fantôme est invraisemblable, Luc* ***se moque*** *de toi !* ⊙ Famille du mot : moquerie, moqueur.

moquerie (nom féminin)
Action ou parole moqueuse. *Ses* ***moqueries*** *m'ont vexé.* (Syn. raillerie.)

moquette (nom féminin)
Tapis collé ou cloué qui recouvre entièrement le sol d'une pièce. *La* ***moquette*** *a besoin d'être nettoyée.*

moqueur, euse (adjectif)
Qui exprime de la moquerie. *Un sourire* ***moqueur.*** (Syn. malicieux, narquois, railleur.)

moral, ale, aux (adjectif)
1. Qui concerne la morale, les règles à suivre pour respecter ce qui est juste. *C'est un homme injuste, qui n'a aucun sens* ***moral.*** 2. Qui concerne l'état d'esprit de quelqu'un. *Il est incapable d'affronter les difficultés, il manque de force* ***morale.*** ▷ **moral** (nom masculin) État d'esprit, optimiste ou pessimiste, d'une personne. *Depuis qu'il est au chômage, il n'a pas le* ***moral.*** ▷ **morale** (nom féminin) 1. Ensemble de règles que l'on doit suivre pour bien se conduire. *La* ***morale*** *nous enseigne à faire la différence entre le bien et le mal.* 2. Leçon que l'on peut tirer d'une histoire. *Dans une fable de La Fontaine, il y a toujours une* ***morale.*** • **Faire la morale à quelqu'un :** lui demander de mieux se conduire. ⊙ Famille du mot : démoraliser, immoral, moralement, moralisateur, moralité.

moralement (adverbe)
1. En suivant les règles de la morale. *En mentant comme il le fait, Ibrahim n'agit pas* ***moralement****.* 2. En ce qui concerne l'esprit, le moral. *Hélène est guérie de sa maladie, mais* ***moralement*** *elle ne va pas encore très bien.* (Contr. physiquement.)

moralisateur, trice (adjectif)
Qui fait la morale. *Il nous a fait un discours* ***moralisateur*** *au sujet de nos bavardages et de notre paresse.*

moralité (nom féminin)
1. Conduite d'une personne qui respecte les règles de la morale. *C'est un homme respectable, d'une grande* ***moralité****.* 2. Enseignement moral qui conclut une histoire. *La* ***moralité*** *de cette histoire, c'est qu'il ne faut pas se croire plus fort que les autres.*

morbide (adjectif)
Qui n'est pas sain moralement. *Je n'aime pas son goût* ***morbide*** *pour les histoires sanglantes.*

morceau, eaux (nom masculin)
1. Partie séparée d'un tout. *Le verre s'est brisé en mille* ***morceaux****. Donne-moi un* ***morceau*** *de pain.* 2. Passage d'une musique. *Un beau* ***morceau*** *de violon.*
⊙ Famille du mot : morceler, morcellement.

morceler (verbe) ⊙ conj.n°9
Diviser en plusieurs morceaux. *On a dû* ***morceler*** *cette propriété pour en donner une part à chaque héritier.*

morcellement (nom masculin)
Action de morceler un terrain. *Le* ***morcellement*** *du domaine a eu lieu à la mort de son propriétaire.* (Syn. division.)

mordant, ante (adjectif)
Qui est agressif et blessant. *Ce livre* ***mordant*** *critique l'attitude des hommes politiques.* (Syn. incisif.)

mordiller (verbe) ⊙ conj.n°3
Mordre légèrement. *Le bébé a mal aux dents, il* ***mordille*** *son doigt.*

mordoré, ée (adjectif)
Brun à reflets dorés. *La galette des Rois avait des reflets* ***mordorés****.*

mordre (verbe) ⊙ conj.n°31
1. Blesser en serrant entre ses dents. *Kevin s'est fait* ***mordre*** *par le chien du voisin.* 2. Entamer avec les dents. *Julie* ***a mordu*** *dans une poire bien juteuse.* 3. Entamer quelque chose en rongeant, en creusant. *La lime* ***mord*** *le bois.* 4. Saisir l'appât et se faire prendre. *Un brochet* ***a mordu*** *à l'hameçon.* 5. Dépasser un peu les limites. *En doublant un camion, la voiture* ***a mordu*** *sur la ligne continue.*
⊙ Famille du mot : mordant, mordiller, morsure.

se morfondre (verbe) ⊙ conj.n°31
S'ennuyer à attendre. *Je* ***me suis morfondu*** *pendant deux heures à les attendre à l'aéroport.*

morgue (nom féminin)
1. Comportement hautain et très méprisant. *Un homme froid et plein de* ***morgue****.* 2. Endroit où l'on dépose provisoirement les corps des personnes qui sont mortes.

moribond, onde (adjectif et nom)
Qui est sur le point de mourir. *Les médecins n'espèrent plus le sauver, il est* ***moribond****.* (Syn. mourant.)

morille (nom féminin)
Champignon comestible dont le chapeau, de couleur brunâtre, ressemble à une petite éponge conique. ➠ p. 189.

morne (adjectif)
Qui est triste, ennuyeux. *Par ce mauvais temps, nous avons passé une* ***morne*** *journée à la campagne.*

morose (adjectif)
Qui est d'humeur maussade, triste. *Est-ce que tu as des ennuis ? Tu parais* ***morose*** *ce matin.* (Contr. joyeux.)

morosité (nom féminin)
Caractère ou humeur morose. *Aucune plaisanterie n'a pu le sortir de sa **morosité**.* (Contr. entrain, gaieté.)

morphine (nom féminin)
Médicament calmant, très puissant. *La **morphine** est tirée de l'opium.* ⊙ Morphine vient du nom de *Morphée*, le dieu du sommeil dans la mythologie grecque.

morphologie (nom féminin)
1. Forme du corps. *Amandine a la **morphologie** idéale pour faire de l'athlétisme.* 2. Partie de la grammaire qui étudie la forme des mots.

mors (nom masculin)
Petite barre métallique que l'on place dans la bouche d'un cheval pour le diriger. → Prononciation [mɔʀ]. ➠ p. 1035.

morse (nom masculin)
Grand mammifère marin des régions polaires, muni de deux défenses.

un **morse**

morse (nom masculin)
Système de signaux qui servait à envoyer des messages télégraphiques. ⊙ Morse vient du nom de l'Américain *Samuel Morse* qui inventa ce système vers 1830.

morsure (nom féminin)
Blessure faite en mordant. *Le chien lui a fait une légère **morsure** au mollet.*

mort (nom féminin)
1. Fin de la vie. *La **mort** de son oncle lui a causé beaucoup de chagrin.* (Syn. décès.) 2. Fin ou disparition de quelque chose. *S'il n'y a plus de touristes, ce sera la **mort** de cette région.* • **À la vie à la mort** : pour toujours. *Ils se sont juré d'être amis **à la vie à la mort**.* • **La mort dans l'âme** : avec une grande tristesse. *Ils se sont séparés **la mort dans l'âme**.* ▷ **mort, morte** (adjectif) 1. Qui a cessé de vivre. *Pierre a trouvé une souris **morte** dans la cave.* (Contr. vivant.) 2. Qui est sans animation. *À part le centre-ville, les autres quartiers sont **morts** le soir.* (Contr. animé.) • **Être mort de froid, de faim, de soif** : avoir très froid, très faim, très soif. • **Langue morte** : langue qu'on ne parle plus. *Le latin est une **langue morte**.* ▷ **mort, morte** (nom) Personne morte. *Les inondations ont fait plusieurs **morts**.* ⊙ Famille du mot : immortaliser, immortalité, immortel, mortalité, mort-aux-rats, mortel, mortellement, mort-né, mortuaire, mourir.

mortalité (nom féminin)
Nombre de personnes qui meurent. *Dans certains pays d'Afrique, la **mortalité** augmente à cause de la famine.*

mort-aux-rats (nom féminin)
Poison servant à détruire les souris et les rats. → Prononciation [mɔʀɔʀa].

mortel, elle (adjectif)
1. Qui doit mourir un jour. *Tous les êtres humains sont **mortels**.* (Contr. immortel.) 2. Qui cause la mort. *Une maladie **mortelle**.* 3. Qui est difficile à supporter. *Cette émission est d'un ennui **mortel**.* 4. Qui déteste quelqu'un au point de souhaiter sa mort. *Il faisait face à son ennemi **mortel**.*

mortellement (adverbe)
1. De façon à causer la mort. *Dans l'accident, il a été **mortellement** blessé.* 2. Énormément, extrêmement. *Elle est **mortellement** inquiète de n'avoir aucune nouvelle de lui.*

▸ **mortier** (nom masculin)
1. Mélange de ciment, de sable et d'eau utilisé en maçonnerie. 2. Gros bol dans lequel on broie des substances à l'aide d'un pilon. 3. Sorte de petit canon à tir courbe.

▸ **mortifier** (verbe) ⊙ conj.n°10
Blesser moralement. *Les reproches de son père **ont mortifié** Caroline.* (Syn. humilier.)

▸ **mort-né, mort-née** (adjectif)
Qui est mort à la naissance. *Un animal **mort-né**.* → Pluriel : des chatons mort-nés.

▸ **mortuaire** (adjectif)
Qui concerne la mort ou les enterrements. *Le cercueil est couvert de couronnes **mortuaires**.*

▸ **morue** (nom féminin)
Poisson des mers froides. *La **morue** peut se manger fraîche ou séchée.* (Syn. cabillaud.)

une **morue**

▸ **morve** (nom féminin)
Liquide visqueux qui s'écoule du nez. *Prends un mouchoir pour essuyer ta **morve**.*

▸ **morveux, euse** (adjectif)
Qui a de la morve au nez. *Un bébé **morveux**.*

▸ **mosaïque** (nom féminin)
Décoration composée de petits morceaux de pierre ou de céramique multicolores que l'on assemble pour former un dessin. *Des sols en **mosaïque**.*

▸ **moscovite**
➡ Voir tableau p. 6.

▸ **mosquée** (nom féminin)
Bâtiment dans lequel prient les musulmans. *Avant d'entrer dans une **mosquée**, on retire ses chaussures.*

▸ **mot** (nom masculin)
1. Groupe de lettres qui a un sens. *La phrase « Quentin est à la maison » est composée de cinq **mots**.* 2. Court message. *Il m'a envoyé un **mot** pour me remercier.* • **Avoir le dernier mot** : avoir raison dans une discussion. • **Avoir son mot à dire** : avoir le droit de donner son avis. • **Bon mot** : plaisanterie. • **Gros mot** : mot grossier. • **Mot à mot** : sans changer un seul mot. *Je lui ai répété **mot à mot** notre conversation.* • **Mot de passe** : mot secret qu'il faut dire pour entrer quelque part. • **Prendre quelqu'un au mot** : considérer ce qu'il propose comme sérieux. • **Se donner le mot** : se mettre d'accord à l'avance.

▸ **motard, arde** (nom)
Synonyme familier de motocycliste. ▷ **motard** (nom masculin) Motocycliste de la police. *Des **motards** de la garde escortaient la voiture du Président.*

▸ **motel** (nom masculin)
Hôtel aménagé près des autoroutes pour loger les automobilistes.

▸ **moteur, trice** (adjectif)
Qui produit un mouvement. *Les roues **motrices** d'une voiture. Le voilier avance grâce à la force **motrice** du vent.* ▷ **moteur** (nom masculin) Appareil qui transforme l'énergie pour produire un mouvement. ➡ p. 92. *Ce ventilateur est muni d'un petit **moteur** électrique.* ▷ **motrice** (nom féminin) Véhicule à moteur qui tire des rames de train, des convois. *Le T.G.V. est équipé de **motrices** électriques.*

▸ **motif** (nom masculin)
1. Raison qui explique un acte. *Il a refusé mon invitation mais sa maladie était un **motif** valable.* 2. Sujet d'un tableau. *Le **motif** de cette peinture est un déjeuner sur l'herbe.* 3. Dessin ou ornement répété plusieurs fois. *Un tissu à **motifs** géométriques.* ⊙ Famille du mot : motivation, motiver.

▸ **motion** (nom féminin)
Proposition faite dans une assemblée pour être votée. *Ils ont présenté une **motion** concernant la protection de l'environnement.*

motivation (nom féminin)
Ce qui motive, pousse à agir de telle façon. *Il agit de façon bizarre, j'ai du mal à comprendre ses **motivations**.*

motiver (verbe) ○ conj.n°3
1. Être le motif d'une action. *C'est son insolence qui **a motivé** son renvoi.* 2. Pousser quelqu'un à agir. *L'entraîneur sait **motiver** les membres de son équipe.* (Syn. stimuler.)

moto (nom féminin)
Véhicule à deux roues et à moteur puissant. → Moto est l'abréviation de motocyclette. ⊙ Famille du mot : motard, motocross, motocyclette, motocycliste.

motocross (nom masculin)
Course de moto sur un circuit accidenté. *Des concurrents du **motocross** se sont embourbés.*

motoculteur (nom masculin)
Engin à moteur utilisé pour travailler la terre. *Le jardinier retourne la terre avec un **motoculteur** avant de faire ses plantations.*

motocyclette ➠ Voir moto.

motocycliste (nom)
Personne qui conduit une moto.

motorisé, ée (adjectif)
Qui est équipé d'un moteur. *La mobylette est un véhicule **motorisé**.*

motrice ➠ Voir moteur.

mots croisés (nom masculin pluriel)
Jeu qui consiste à trouver des mots à partir de leur définition et à les inscrire sur une grille dans le sens horizontal ou dans le sens vertical.

motte (nom féminin)
1. Petit bloc de terre compacte. *En binant, le jardinier émiette les **mottes** de terre.* 2. Gros morceau de beurre. *Le crémier a une grosse **motte** de beurre qu'il vend au détail.*

motus ! (interjection)
Dans la langue familière, sert à demander à quelqu'un de se taire. *Cette histoire doit rester secrète, alors **motus !*** → Prononciation [mɔtys].

une **moto**

1. mou, molle (adjectif)
1. Qui se déforme facilement. *Ce matelas est trop* ***mou****.* 2. Qui manque d'énergie, de dynamisme. *On se sent tout* ***mou****, l'été, quand il fait trop chaud.*
⊙ Famille du mot : s'amollir, mollement, mollesse, mollet, mollir, ramollir.

2. mou (nom masculin)
Morceau de poumon d'un animal de boucherie. *Notre boucher vend du* ***mou*** *pour les chats.*

mouchard, arde (nom)
Personne qui dénonce les autres. *Nous avons été dénoncés, il y a un* ***mouchard*** *parmi nous.*

moucharder (verbe) ○ conj.n°3
Synonyme familier de dénoncer. *La maîtresse nous a interdit de* ***moucharder****.*

mouche (nom féminin)
1. Petit insecte ailé noir, très répandu. *Des* ***mouches*** *bourdonnent autour de nous, attirées par nos tartines de confiture.* 2. Appât utilisé pour la pêche à la ligne. • **Faire mouche** : atteindre le centre d'une cible. • **Fine mouche** : personne astucieuse et vive. • **Pattes de mouche** : écriture petite et serrée, difficilement lisible. • **Prendre la mouche** : se fâcher brusquement. • **Quelle mouche le pique ?** : pourquoi se fâche-t-il soudain ?

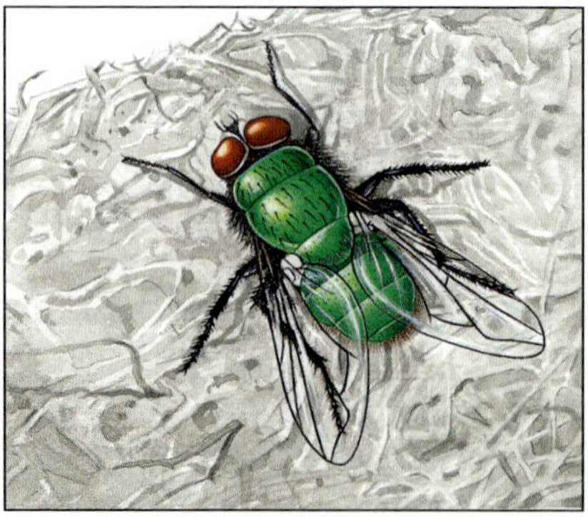

une **mouche**

se moucher (verbe) ○ conj.n°3
Débarrasser le nez des mucosités qui l'encombrent. *Au lieu de renifler, tu ferais mieux de* ***te moucher****.*

moucheron (nom masculin)
Très petit insecte volant, d'une espèce proche de la mouche.

moucheté, ée (adjectif)
Marqué de petites taches de couleur. *Mon chat a un pelage blanc* ***moucheté*** *de noir.* (Syn. tacheté.)

mouchoir (nom masculin)
Morceau de tissu ou de papier qui sert à se moucher. *Un paquet de* ***mouchoirs*** *jetables.*

moudre (verbe) ○ conj.n°54
Écraser des grains pour les réduire en poudre. ***Moudre*** *du poivre. Du café* ***moulu****.*

moue (nom féminin)
Grimace que l'on fait en avançant et en resserrant les lèvres. *Quand on la contrarie, elle boude et fait la* ***moue****.*

mouette (nom féminin)
Oiseau de mer aux pattes palmées et au plumage blanc et gris.

une **mouette**

moufle (nom féminin)
Gros gant sans séparation pour les doigts, sauf pour le pouce.

mouflon (nom masculin)
Mammifère ruminant qui vit à l'état sauvage dans les montagnes. *Les grosses cornes du* ***mouflon*** *mâle sont recourbées vers l'arrière.*

mouillage (nom masculin)
Endroit abrité où un bateau peut jeter l'ancre. *Le bateau est resté au **mouillage** durant la tempête.*

mouiller (verbe) ○ conj.n°3
1. Rendre humide. *Romain **a mouillé** son pantalon en marchant dans l'eau. Il **s'est mouillé** en jouant au bord du bassin.* 2. Jeter l'ancre. *Des voiliers **ont mouillé** dans le port.* ⊙ Famille du mot : mouillage, mouillette.

mouillette (nom féminin)
Morceau de pain long et mince que l'on trempe dans un œuf à la coque.

moulage (nom masculin)
Reproduction d'un objet qu'on fabrique en coulant une matière dans un moule.

moulant, ante (adjectif)
Qui moule le corps. *Une robe **moulante**.* (Contr. ample.)

1. moule (nom masculin)
Objet creux d'une forme précise, dans lequel on verse une matière pour qu'elle prenne cette forme. *Un **moule** à gaufre.*

2. moule (nom féminin)
Petit mollusque marin comestible. *La **moule** a une coquille noire et allongée.*

une **moule**

mouler (verbe) ○ conj.n°3
1. Reproduire au moyen d'un moule. *Pour **mouler** cette statuette, Thomas verse du plâtre dans une forme en plastique.* 2. Coller au corps en suivant exactement sa forme. *La danseuse porte un justaucorps qui la **moule**.* ⊙ Famille du mot : démouler, moulage, moulant, moule.

moulin (nom masculin)
1. Petit appareil ménager qui sert à moudre. *Un **moulin** à café électrique.* 2. Bâtiment dans lequel on moud le grain. *Autrefois, tous les meuniers fabriquaient la farine de blé dans des **moulins** à vent ou à eau.*

un **moulin** à vent

moulinet (nom masculin)
1. Petite bobine actionnée par une manivelle. *Le pêcheur peut enrouler ou dérouler sa ligne en se servant du **moulinet**.* 2. Mouvement effectué en faisant tournoyer une épée ou un bâton. *Pour éloigner son adversaire, il faisait des **moulinets** avec son épée.*

moulu, ue ➠ Voir moudre.

moulure (nom féminin)
Ornement en creux ou en relief. *Des **moulures** en plâtre blanc ornent les plafonds de ce vieil appartement.*

moumoute (nom féminin)
Veste en peau de mouton. *Myriam a une **moumoute** bien chaude pour l'hiver.*

mourant, ante (adjectif et nom)
Qui est en train de mourir. *Un malade **mourant**. Les dernières volontés du **mourant** ont toutes été respectées.* (Syn. moribond.)

mourir (verbe) conj.n°17
1. Cesser de vivre. *Son vieil oncle **est mort** d'une crise cardiaque. Les plantes **meurent** si on oublie de les arroser.* 2. Disparaître peu à peu. *Remets une bûche sinon le feu va **mourir**.* • **Mourir de faim, de soif, de sommeil** : avoir très faim, très soif, très sommeil. • **Mourir de rire** : rire énormément.

mouron (nom masculin)
Herbe des prés à petites fleurs blanches. *Les oiseaux picorent du **mouron**.*

mousquet (nom masculin)
Ancienne arme à feu portative, qui a été remplacée par le fusil.

mousquetaire (nom masculin)
Gentilhomme armé d'un mousquet qui faisait partie de la garde du roi. *As-tu lu le roman d'Alexandre Dumas « Les Trois **Mousquetaires** » ?*

mousqueton (nom masculin)
Boucle métallique à ressort. *Ses clés sont accrochées à sa ceinture par un **mousqueton**.*

moussant, ante (adjectif)
Qui produit de la mousse. *Noémie utilise un gel **moussant** pour la douche.*

1. mousse (nom masculin)
Jeune garçon qui fait l'apprentissage du métier de marin.

2. mousse (nom féminin)
1. Amas de petites bulles serrées. *De la **mousse** de shampooing. La **mousse** de la bière.* 2. Crème légère faite avec des blancs d'œufs battus en neige. *On a eu de la **mousse** au chocolat au dessert.* 3. Matière légère qui est faite avec du caoutchouc ou du plastique renfermant des petites bulles d'air. *Des coussins en **mousse**.* 4. Produit qui mousse. ***Mousse** à raser.* 5. Plante à courtes tiges, aux feuilles très serrées, qui pousse dans les lieux humides. *Les parois du puits étaient couvertes de **mousse**.*

mousseline (nom féminin)
Tissu de coton, de soie ou de laine, très léger et transparent. Mousseline vient de *Mossoul*, ville d'Irak où l'on fabriquait ce tissu.

mousser (verbe) conj.n°3
Produire de la mousse. *Véronique aime les savons qui **moussent** beaucoup.* Famille du mot : moussant, mousse, mousseux.

mousseron (nom masculin)
Petit champignon comestible. *Les **mousserons** poussent en cercle dans les prés.*

mousseux, euse (adjectif)
Qui fait de la mousse. *Elle a battu le lait jusqu'à ce qu'il devienne **mousseux**. Une crème légère et bien **mousseuse**.* ▷ **mousseux** (nom masculin) Vin qui mousse, qui pétille. *Une bouteille de **mousseux**.*

mousson (nom féminin)
En Inde, vent qui souffle de la terre vers la mer en hiver et de la mer vers la terre en été. *La **mousson** d'été apporte la pluie.*

moussu, ue (adjectif)
Couvert de mousse végétale. *Un vieux chêne au tronc **moussu**.*

moustache (nom féminin)
Poils qui poussent au-dessus de la lèvre supérieure. *Le père de Victor se laisse pousser la **moustache**.* ▷ **moustaches** (nom féminin pluriel) Longs poils raides du museau de certains animaux. *Les **moustaches** des chats sont très sensibles.*

moustachu, ue (adjectif)
Qui porte une moustache. *Notre voisin est un gros homme **moustachu**.*

moustiquaire (nom féminin)
Rideau très fin et léger qui protège des moustiques. *On a mis une **moustiquaire** au-dessus du lit du bébé.*

moustique (nom masculin)
Petit insecte ailé des lieux humides, qui pique les hommes et les animaux pour sucer leur sang. *Les piqûres de **moustique** causent des démangeaisons douloureuses.* ⊙ Moustique vient de l'espagnol ***mosquito*** qui signifie « petite mouche ».

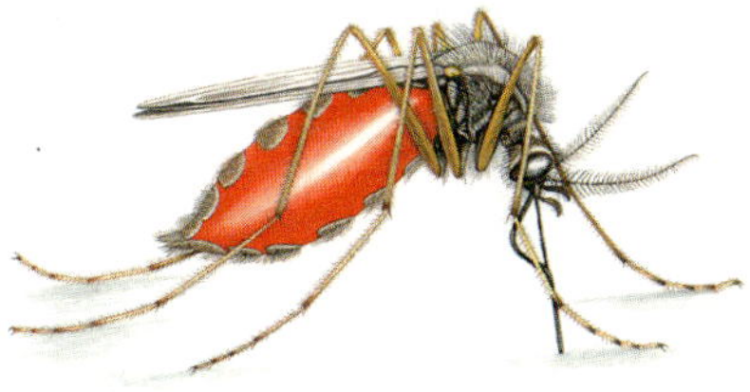

un **moustique**

moût (nom masculin)
Jus de raisin ou de pomme qui sort du pressoir et qui n'a pas encore fermenté.

moutarde (nom féminin)
1. Plante à fleurs jaunes, qui donne des graines. 2. Condiment fait à base de ces graines. *Sarah aime le goût piquant de la **moutarde**.* • **La moutarde lui monte au nez** : dans la langue familière, il est sur le point de se mettre en colère.

feuilles, fleurs et graines de **moutarde**

mouton (nom masculin)
1. Mammifère ruminant domestique au poil épais et frisé. *On élève les **moutons** pour leur viande, leur laine et leur lait.* 2. Viande du mouton. *Des côtelettes de **mouton**.* ▷ **moutons** (nom masculin pluriel) 1. Petites vagues couvertes d'écume blanche. 2. Petits nuages blancs et floconneux. 3. Petits flocons de poussière. *Il faudrait balayer les **moutons** qui sont sous l'armoire.*

un **mouton**

mouture (nom féminin)
Poudre obtenue quand on moud des grains. *Pour faire du café très fort, il faut que sa **mouture** soit très fine.*

mouvant, ante (adjectif)
• **Sables mouvants :** sables humides dans lesquels on peut s'enliser. *N'allez pas dans ces marais, il y a des **sables mouvants** !*

mouvement (nom masculin)
1. Changement de place ou de position. *Le **mouvement** des vagues. Le **mouvement** des astres.* 2. Action de mouvoir son corps. *Ursula fait des **mouvements** de gymnastique.* 3. Action ou réaction sous le coup d'une émotion. *Dans un **mouvement** de colère, il a poussé brutalement son camarade.* 4. Circulation de personnes ou de véhicules. *Des patrouilles surveillaient les **mouvements** de l'armée ennemie.* 5. Groupe ou association qui poursuit un but. *Il fait partie d'un **mouvement** pour la protection de l'environnement.* (Syn. organisation.) 6. Ensemble des mécanismes qui font fonctionner une machine ou un instrument. *Le **mouvement** d'une horloge.* 7. Partie d'un morceau de musique. *La salle a applaudi longuement au dernier **mouvement** de la sonate.*

mouvementé, ée (adjectif)
Qui est plein d'agitation, d'aventures. *Nous avons eu un voyage très **mouvementé**.* (Contr. calme.)

mouvoir (verbe) conj.n°24
1. Mettre en mouvement ou faire fonctionner. *Cette machine **est mue** par un moteur électrique.* (Syn. actionner.) 2. Se mouvoir : faire des mouvements. *Avec sa jambe cassée, il a du mal à **se mouvoir**.* → Mouvoir se conjugue comme *émouvoir* sauf au participe passé : *mû*. Famille du mot : mouvant, mouvement, mouvementé.

1. moyen, enne (adjectif)
1. Qui correspond à une valeur, à une quantité ou à une position intermédiaire entre les extrêmes. *Être d'une taille **moyenne**.* 2. Qui est dans la moyenne normale, ni bon, ni mauvais. *William a des notes **moyennes** en maths.* 3. Qui est calculé en faisant la moyenne de deux quantités. *Nous avons fait le trajet à la vitesse **moyenne** de 50 kilomètres à l'heure.* • **Cours moyen** : les deux dernières classes de l'école primaire, qui suivent le cours élémentaire : le CM1 et le CM2. Famille du mot : moyenne, moyennement.

2. moyen (nom masculin)
Ce que l'on fait ou ce que l'on utilise pour parvenir à son but. *Il faut absolument trouver un **moyen** de le faire changer d'avis. Le train, le bateau sont des **moyens** de transport.* • **Au moyen de quelque chose** : en s'en servant. *Il a réussi à ouvrir la porte **au moyen d'**un crochet.* (Syn. grâce à.) ▷ **moyens** (nom masculin pluriel) 1. Quantité d'argent que l'on a pour vivre. *Il n'a pas les **moyens** d'acheter une nouvelle voiture.* 2. Capacités intellectuelles ou physiques d'une personne. *Au moment de l'examen, il a perdu tous ses **moyens**.*

Moyen Âge (nom masculin)
Période de l'histoire qui se situe entre la fin de l'Empire romain et la Renaissance, du Ve au XVe siècle.

moyenâgeux, euse (adjectif)
Qui fait penser au Moyen Âge. *Il s'est fait construire une grande demeure dans un style un peu **moyenâgeux**.*

moyennant (préposition)
En échange de. *Il a réussi à avoir un billet d'entrée **moyennant** une longue attente au guichet.*

moyenne (nom féminin)
1. Note équivalant à la moitié de la note maximale. *Xavier a eu 10 sur 20 en calcul, il a la **moyenne**.* 2. Opération qui consiste à faire le total de plusieurs quantités, puis à diviser ce total par le nombre de quantités additionnées. *Si nous additionnons 10 + 8 + 3 = 21, la **moyenne** de ces trois nombres sera égale à 7, puisque 21 : 3 = 7.* 3. Vitesse calculée en divisant la distance parcourue par le temps mis à la parcourir. *Faire 210 kilomètres en deux heures, cela représente une **moyenne** de 105 km/h.*

moyennement (adverbe)
De façon moyenne, assez peu. *Ce film nous a **moyennement** intéressés.*

moyeu, eux (nom masculin)
Partie centrale de la roue, qui tourne autour de l'essieu. *Les rayons de la roue d'un vélo sont fixés au **moyeu**.* ➠ p. 123.

mozzarelle (nom féminin)
Fromage de vache, d'origine italienne. *Une salade de tomates avec de la **mozzarelle**.* → Prononciation [mɔdzaʀɛl].

mucosité (nom féminin)
Liquide épais et visqueux produit par les muqueuses. *Tu devrais te moucher pour débarrasser ton nez de toutes ces **mucosités**.*

mucoviscidose (nom féminin)
Maladie congénitale qui épaissit les mucosités des bronches et provoque des troubles respiratoires très graves.

mue (nom féminin)
Fait de muer. *Au moment de la **mue**, le serpent abandonne son ancienne peau.*

muer (verbe) conj.n°3
1. Changer de pelage ou de plumage. *Les serpents, les oiseaux, les crustacés **muent**.* 2. Changer de timbre de voix. *Les garçons **muent** au moment de l'adolescence.*

muet, muette (adjectif et nom)
Qui n'a pas l'usage de la parole. *Il est **muet** de naissance.* ▷ **muet, muette** (adjectif) 1. Qui se tait, est incapable de parler. *Il est resté **muet** de surprise.* 2. Qui n'est pas prononcé. *Dans le mot poule, le « e » final est **muet**, dans le mot homme, le « h » est **muet**.* 3. Se dit d'un film sans paroles. *À la télévision, on a regardé un film **muet** de Charlie Chaplin.*

muezzin (nom masculin)
Musulman chargé d'appeler les fidèles à la prière du haut du minaret d'une mosquée. → Prononciation [mɥɛdzin].

mufle (nom masculin)
1. Bout du museau de certains mammifères. *Les vaches broutent, le **mufle** enfoui dans l'herbe.* 2. Personne grossière, mal élevée. *Je l'invite à dîner et il part sans même dire merci, quel **mufle** !*

muflerie (nom féminin)
Caractère ou attitude de celui qui se conduit comme un mufle. (Syn. grossièreté.)

muflier (nom masculin)
Synonyme de gueule-de-loup.

mugir (verbe) ○ conj.n°11
1. Pousser des mugissements. *Les vaches **mugissent** en rentrant à l'étable.* (Syn. beugler, meugler.) 2. Produire un mugissement. *Pendant la tempête, on entendait le vent **mugir**.*

mugissement (nom masculin)
1. Cri du bœuf, de la vache. (Syn. beuglement, meuglement.) 2. Son long et sourd qui rappelle le cri des bovins. *Le **mugissement** d'une sirène.*

muguet (nom masculin)
Petite fleur des bois, blanche et parfumée, en forme de clochette. *C'est la coutume d'offrir un brin de **muguet** le 1er mai.*

mulâtre (nom)
Personne née d'un parent blanc et d'un parent noir.

1. mule (nom féminin)
Pantoufle qui ne couvre pas le talon.

2. mule (nom féminin)
Animal femelle hybride de l'âne et de la jument.

1. mulet (nom masculin)
Animal mâle hybride de l'âne et de la jument. *Le **mulet** est un animal très résistant.* ⊙ Famille du mot : mule, muletier.

un **mulet**

2. mulet (nom masculin)
Poisson marin comestible, au corps allongé, qui vit près des côtes.

muletier (adjectif masculin)
• **Chemin muletier** : chemin étroit et escarpé à flanc de montagne.

mulot (nom masculin)
Rat des champs et des bois. *Le **mulot** est nuisible aux cultures.*

un **mulot**

a b c d e f g h i j k l m n o p q r s t u v w x y z

multicolore (adjectif) Qui a plusieurs couleurs. *Pour la kermesse, la salle était décorée de guirlandes **multicolores**.* (Syn. bariolé.)

multicoque (nom masculin) Voilier qui comporte plusieurs coques. *Un catamaran est un **multicoque**.*

multiple (adjectif) Qui existe en grand nombre. *Ce champion a remporté de **multiples** trophées.* (Syn. nombreux.) ▷ **multiple** (nom masculin) Nombre qui contient plusieurs fois un autre nombre. *6 est un **multiple** de 2 et de 3 puisque 2 × 3 = 6.* ⊙ Famille du mot : multiplicande, multiplicateur, multiplication, multiplier.

multiplicande (nom masculin) Nombre que l'on doit multiplier, dans une multiplication. *Quand on multiplie 25 par 5 (25 × 5), 25 est le **multiplicande**.*

multiplicateur (nom masculin) Nombre qui sert à multiplier un autre, dans une multiplication. *Quand on multiplie 20 par 4 (20 × 4), 4 est le **multiplicateur**.*

multiplication (nom féminin) Opération d'arithmétique qui consiste à ajouter plusieurs fois un nombre à lui-même. *6 × 4 = 6 + 6 + 6 + 6 = 24.*

multiplier (verbe) ○ conj.n°10 **1.** Faire une multiplication. *Si tu **multiplies** six par deux, tu obtiens douze (6 × 2 = 12).* **2.** Faire quelque chose un grand nombre de fois. *Au cours de cette partie de cartes, Yann **a multiplié** les erreurs.*

multiprise (nom féminin) Prise de courant qui permet de brancher plusieurs prises de différents appareils.

multitude (nom féminin) Très grand nombre. *Le spectacle avait attiré une **multitude** de gens.*

muni, ie (adjectif) Qui est équipé d'un élément supplémentaire. *Cette voiture est **munie** d'un autoradio.*

municipal, ale, aux (adjectif) Qui concerne la municipalité. *Notre équipe s'entraîne au stade **municipal**.*

municipalité (nom féminin) Ensemble des représentants élus d'une commune. *La **municipalité** comprend le maire, ses adjoints et les conseillers municipaux.*

se munir (verbe) ○ conj.n°11 Prendre quelque chose avec soi. *Pour la randonnée, **munissez-vous** d'un sac de couchage.*

munitions (nom féminin pluriel) Ce qui sert à charger une arme à feu. *Il venait de tirer sa dernière balle, il n'avait plus de **munitions**.*

munster (nom masculin) Fromage de lait de vache fabriqué dans les Vosges. → Prononciation [mœ̃stɛʀ].

muqueuse (nom féminin) Membrane qui recouvre un organe et sécrète des mucosités. *À cause de son rhume, Benjamin a les **muqueuses** du nez très irritées.*

mur (nom masculin) **1.** Construction qui sert de soutien dans un bâtiment ou qui ferme un espace. *Les **murs** de la maison sont recouverts de lierre.* **2.** Séparation entre les pièces d'un bâtiment. *Guillaume a mis des posters sur tous les **murs** de sa chambre.* (Syn. cloison.) • **Mettre quelqu'un au pied du mur :** l'obliger à prendre immédiatement une décision. • **Mur du son :** vitesse du son, pour un avion. ⊙ Famille du mot : emmurer, muraille, mural, murer, muret.

mûr, mûre (adjectif) **1.** Qui est arrivé à son développement complet. *Ne mange pas ces pommes, elles ne sont pas encore **mûres** !* **2.** Qui a fini de se développer, est devenu adulte. *À quarante ans, c'est vraiment une femme **mûre**.* **3.** Qui a un jugement raisonnable, réfléchi. *Il n'a que quinze ans, mais je le trouve déjà très **mûr** pour son âge.* ⊙ Famille du mot : mûrement, mûrir.

▸ **muraille** (nom féminin)
Mur haut et épais. *Autrefois, les villes étaient entourées de **murailles** qui les protégeaient.* (Syn. fortification, rempart.)

▸ **mural, ale, aux** (adjectif)
Qui se fixe au mur. *Zoé range ses livres sur des étagères **murales**.*

▸ **mûre** (nom féminin)
Petit fruit noir qui pousse sur des ronces.

▸ **mûrement** (adverbe)
Très longuement et avec soin. *David a **mûrement** réfléchi avant d'acheter son V.T.T.*

▸ **murène** (nom féminin)
Poisson au corps dépourvu d'écailles, à la mâchoire puissante, armée de dents pointues. *La **murène** s'abrite dans les trous des rochers à l'affût de ses proies.*

une **murène**

▸ **murer** (verbe) ○ conj.n°3
Fermer complètement un lieu par un mur. *On **a muré** les fenêtres de cet immeuble inhabité.*

▸ **muret** (nom masculin)
Petit mur.

▸ **mûrier** (nom masculin)
Arbre cultivé en France dans le Midi, dont les feuilles sont utilisées pour nourrir les vers à soie.

feuilles et fruits du **mûrier**

▸ **mûrir** (verbe) ○ conj.n°11
1. Devenir mûr. *Les cerises deviennent rouges en **mûrissant**.* 2. Devenir plus raisonnable, plus réfléchi. *Alain **a** beaucoup **mûri** en grandissant.* 3. Mettre soigneusement au point, après avoir réfléchi. *L'alpiniste **a** longuement **mûri** l'organisation de son expédition.*

▸ **murmure** (nom masculin)
Bruit de voix léger et confus. *Quand la scène s'est éclairée, les **murmures** se sont tus dans la salle.*

▸ **murmurer** (verbe) ○ conj.n°3
1. Parler à voix basse. *Il **a murmuré** quelques mots à l'oreille de son ami.* (Syn. chuchoter.) 2. Se plaindre ou protester à voix basse. *Les spectateurs mécontents commençaient à **murmurer** dans la salle.*

▸ **musaraigne** (nom féminin)
Petit mammifère au museau allongé, voisin de la souris, qui se nourrit de vers et d'insectes.

▸ **musarder** (verbe) ○ conj.n°3
Flâner ou perdre son temps à des choses peu importantes. *Les touristes **musardaient** dans les rues ensoleillées du village.*

▸ **musc** (nom masculin)
Liquide à odeur très forte, produit par certains animaux. *Le **musc** est utilisé dans la fabrication de parfums.*

▸ **muscade** (nom féminin)
Graine d'un arbre tropical utilisée comme épice. *Elle a saupoudré la béchamel avec de la **muscade** râpée.*
→ On dit aussi noix de muscade ou noix muscade.

la **noix de muscade**

muscat (nom masculin)
1. Variété de raisin sucré et parfumé. **2.** Vin fait avec ce raisin. *Les invités ont bu un petit verre de **muscat** à l'apéritif.*

muscle (nom masculin)
Organe qui se contracte pour produire des mouvements. *Ibrahim fait de la gymnastique pour développer ses **muscles**.* ⊙ Famille du mot : intramusculaire, muscler, musculaire, musculation, musculature.

muscler (verbe) ▸ conj.n°3
Développer les muscles. *Kevin **s'est musclé** en faisant régulièrement du sport.*

musculaire (adjectif)
Qui concerne les muscles. *À la fin du match de tennis, Pierre avait des douleurs **musculaires** dans l'épaule et dans le bras.*

musculation (nom féminin)
Ensemble d'exercices qui développent la musculature. *Quentin fait de la **musculation** dans un club.*

musculature (nom féminin)
Ensemble des muscles du corps. *Un athlète à la **musculature** puissante.*

Muse (nom féminin)
Chacune des neuf déesses grecques de l'Antiquité qui inspiraient et protégeaient les artistes et les poètes.

museau, eaux (nom masculin)
Partie avant de la tête de certains animaux. *Le **museau** du chien, de la souris, du renard.*

musée (nom masculin)
Lieu public où sont rassemblés des objets qui ont un intérêt artistique, historique ou scientifique. *« La Joconde » est un tableau célèbre exposé au **musée** du Louvre, à Paris.*

museler (verbe) ▸ conj.n°9
Mettre une muselière à un animal. *Ce chien ne peut pas te mordre, son maître l'**a muselé**.*

muselière (nom féminin)
Appareil que l'on fixe autour du museau d'un animal pour l'empêcher de mordre. *Ce gros chien ne doit pas sortir sans **muselière**.*

musette (nom féminin)
Sac de toile que l'on porte en bandoulière. *Quand il va à la chasse, mon oncle emporte des sandwichs et des boissons dans sa **musette**.* • **Bal musette** : bal populaire où l'on danse au son de l'accordéon.

muséum (nom masculin)
Musée consacré aux sciences naturelles. *Romain aimerait aller au **muséum** pour voir des squelettes de dinosaures.* → Prononciation [myzeɔm].

musical, ale, aux (adjectif)
1. Qui concerne la musique. *Le concert sera retransmis à la télévision au cours d'une émission **musicale**.* **2.** Qui est harmonieux comme de la musique. *Une voix **musicale**.*

music-hall (nom masculin)
Établissement où l'on présente des spectacles de variétés. *Au **music-hall**, mes parents ont vu des chanteurs, des prestidigitateurs et des numéros d'acrobatie.* → Music-hall est un mot anglais : on prononce [myzikol]. → Pluriel : des music-halls.

musicien, enne (nom)
Personne qui compose ou qui joue de la musique. *Les **musiciens** accordent leurs instruments avant le concert.*

musique (nom féminin)
Art de combiner harmonieusement les sons suivant certaines règles. *Anna prend des cours de **musique**. Thomas aimerait apprendre à jouer d'un instrument de **musique**.* ⊙ Famille du mot : musical, musicien.

musulman, ane (adjectif)
Qui concerne l'islam. *La religion **musulmane** est fondée sur un livre sacré appelé le Coran.* ▷ **musulman, ane** (nom) Personne qui pratique la religion musulmane. *Le lieu de prière des **musulmans** s'appelle la mosquée.*

mutant, ante (nom)
1. Animal ou végétal qui a subi une mutation. *Les transformations subies par les **mutants** se transmettent à leurs descendants.* 2. Personnage imaginaire de la science-fiction qui apparaîtrait à la suite de mutations subies par l'espèce humaine.

mutation (nom féminin)
1. Modification des caractères biologiques d'un être vivant. *La couleur d'une race d'animaux peut changer à cause d'une **mutation**.* 2. Changement de lieu de travail. *Il a demandé sa **mutation** pour la province.* 3. Grand changement. *Avec l'informatique, les méthodes d'enseignement à l'école peuvent subir une **mutation**.*

muter (verbe) conj.n°3
Changer le lieu de travail de quelqu'un. *Mon oncle voudrait **être muté** à l'étranger.*

mutilé, ée (nom)
Personne qui a perdu un membre. *Un **mutilé** de guerre.*

mutiler (verbe) conj.n°3
Rendre infirme par l'amputation d'un membre. *Son accident de voiture l'**a mutilé** des deux jambes.*

mutin (nom masculin)
Personne qui participe à une mutinerie. *Les **mutins** se sont emparés du navire et ont fait prisonnier leur capitaine.* (Syn. rebelle, révolté.) Famille du mot : se mutiner, mutinerie.

se mutiner (verbe) conj.n°3
Se révolter, en groupe, contre l'autorité. *Des soldats **se sont mutinés** contre leurs officiers.*

mutinerie (nom féminin)
Révolte collective et armée. *Au cours d'une **mutinerie**, des gardiens ont été pris en otages par des prisonniers.*

mutisme (nom masculin)
Refus de parler. *L'accusé ne répond à aucune question, il s'est enfermé dans le **mutisme**.* Mutisme vient du latin *mutus* qui signifie « muet ».

mutuel, elle (adjectif)
Qui s'échange de l'un à l'autre. *Ce couple est uni par un amour **mutuel**.* (Syn. réciproque.) **mutuelle** (nom féminin) Association dans laquelle les adhérents paient une cotisation pour se garantir un système d'assurance. *Les parents d'Élodie cotisent à une **mutuelle** d'assurance scolaire.*

mutuellement (adverbe)
De façon mutuelle. *Pour faire leurs devoirs, Victor et Fatima se sont aidés **mutuellement**.* (Syn. réciproquement.)

mycélium (nom masculin)
Ensemble de filaments servant de racines aux champignons. Prononciation [miseljɔm]. p. 189.

mycologie (nom féminin)
Étude des champignons.

mycose (nom féminin)
Maladie de la peau due à des champignons parasites.

mygale (nom féminin)
Grosse araignée tropicale. *La piqûre de la **mygale** est dangereuse pour l'homme.*

une **mygale**

myopathe (adjectif et nom)
Qui est atteint de myopathie.

myopathie (nom féminin)
Grave maladie qui affaiblit les muscles et les empêche de fonctionner.

myope (adjectif et nom)
Qui est atteint de myopie. *De loin, elle ne reconnaît personne parce qu'elle est **myope**.*

myopie (nom féminin)
Trouble de la vue qui empêche de voir nettement ce qui est éloigné. *À cause de sa **myopie**, il est obligé de porter des lunettes.*

myosotis (nom masculin)
Plante à petites fleurs bleues, qui pousse dans les endroits humides. → Prononciation [mjɔzɔtis].

un **myosotis**

myriade (nom féminin)
Quantité innombrable. *Les **myriades** d'étoiles des nuits d'été.*

myrrhe (nom féminin)
Résine provenant d'un arbre d'Arabie. *La **myrrhe** et l'encens dégagent un parfum quand on les fait brûler.*

myrtille (nom féminin)
Petit fruit noir, qui pousse sur un arbuste des montagnes. *Une tarte aux **myrtilles**.*

des **myrtilles**

mystère (nom masculin)
1. Chose incompréhensible. *La disparition des dinosaures reste un **mystère** pour les scientifiques.* **2.** Chose gardée secrète. *Je ne sais pas ce que je vais avoir comme cadeau, car c'est un **mystère** !* ⊙ Famille du mot : mystérieusement, mystérieux.

mystérieusement (adverbe)
De façon mystérieuse. *Des documents secrets ont **mystérieusement** disparu.*

mystérieux, euse (adjectif)
1. Qui constitue un mystère. *Qui peut expliquer la **mystérieuse** disparition du fils de Louis XVI ?* (Syn. inexplicable.) **2.** Qui cache un secret. *Un sourire **mystérieux**.*

mysticisme (nom masculin)
Attitude d'une personne qui essaie de vivre en union profonde avec Dieu.

mystification (nom féminin)
Action de mystifier quelqu'un. *Vous avez cru à son histoire de fantômes, mais c'était une **mystification** !* (Syn. supercherie.)

mystifier (verbe) ▸ conj. n°10
Tromper quelqu'un en profitant de sa naïveté. *Cet escroc **a mystifié** ses victimes en se faisant passer pour un banquier.*

mystique (adjectif et nom)
Qui a une conduite inspirée par le mysticisme.

mythe (nom masculin)
Récit légendaire qui raconte les exploits d'êtres imaginaires. *L'histoire des douze travaux d'Hercule est un **mythe** grec.* ⊙ Famille du mot : mythique, mythologie, mythologique.

mythique (adjectif)
Qui concerne les mythes. *Atlas est un personnage **mythique** condamné par Zeus à porter la Terre sur ses épaules.*

mythologie (nom féminin)
Ensemble de mythes et de légendes. *Athéna est une déesse de la **mythologie** grecque.*

mythologique (adjectif)
Qui se rapporte à la mythologie. *Neptune est le dieu des mers dans les légendes **mythologiques** latines.*

mythomane (adjectif et nom)
Qui ne peut pas s'empêcher d'inventer des histoires. *Olivier est un **mythomane** qui raconte qu'il communique avec des extraterrestres.*

n (nom masculin)
Quatorzième lettre de l'alphabet. *Le **N** est une consonne.*

n' ➠ Voir ne.

nabab (nom masculin)
Homme très riche. *Le **nabab** se prélasse sur son yacht.* ⊙ Nabab vient d'une langue indienne : autrefois, un nabab était un Européen ayant fait fortune en Inde.

nacelle (nom féminin)
Panier suspendu à une montgolfière, où se tiennent les passagers.

nacre (nom féminin)
Substance brillante qui recouvre l'intérieur de la coquille de certains mollusques. *Avec la **nacre**, on fait des boutons.*

nacré, ée (adjectif)
Qui brille comme de la nacre.

nage (nom féminin)
Manière ou action de nager. *La **nage** préférée d'Anna est le crawl.* • **Être en nage** : être couvert de sueur.

nageoire (nom féminin)
Organe qui permet aux poissons de nager. ➠ p. 870.

nager (verbe) ⊙ conj.n°5
1. Faire des mouvements dans l'eau pour avancer. *Benjamin apprend à **nager** la brasse.* **2.** Porter un vêtement trop grand. *Comme elle a maigri, elle **nage** maintenant dans tous ses vêtements.* (Syn. flotter.) ⊙ Famille du mot : nage, nageoire, nageur. ⊙ Nager vient du latin ***navigare*** qui signifie « naviguer ».

nageur, euse (nom)
Personne qui nage. *Élodie est une bonne **nageuse**.* ➠ p. 84.

naguère (adverbe)
Dans le passé. *Ils se sont **naguère** rencontrés.* ⊙ Le sens d'origine de naguère est « récemment » (***il n'y a guère***), mais on l'emploie couramment comme synonyme d'autrefois.

naïf, naïve (adjectif et nom)
Qui croit facilement tout ce qu'on lui dit. (Syn. crédule.) ⊙ Famille du mot : naïvement, naïveté.

nain, naine (nom)
Personne de petite taille. *Fatima raconte à son petit frère l'histoire de Blanche-Neige et des sept **nains**.* (Contr. géant.) ▷ **nain, naine** (adjectif) D'une espèce particulièrement petite. *Un lapin **nain**.*

naissance (nom féminin)
1. Fait de naître. *Gaëlle attend avec impatience la **naissance** de son petit frère.* **2.** Moment où quelque chose commence. *La **naissance** du jour, d'un projet.*

▸ **naissant, ante** (adjectif)
Qui commence à se former. *Il est en pleine adolescence et a une moustache **naissante**.*

▸ **naître** (verbe) ○ conj.n°37
1. Venir au monde, sortir du ventre de sa mère. *Amandine **est née** à Paris le 18 janvier 1992.* (Contr. mourir.) 2. Commencer à exister. *Une profonde amitié **est née** entre Clément et Julie. La Vᵉ République **est née** en 1958.* → Naître se conjugue comme *connaître*, sauf au passé simple : je *naquis*, et au participe passé : *né*. ⊙ Famille du mot : naissance, naissant, né, nouveau-né, renaissance, renaître.

▸ **naïve** ➠ Voir naïf.

▸ **naïvement** (adverbe)
De façon naïve. *Il a cru **naïvement** ce qu'on lui racontait.*

▸ **naïveté** (nom féminin)
Caractère d'une personne naïve. *Par **naïveté**, il a accepté sans se méfier.*

▸ **naja** (nom masculin)
Synonyme de cobra.

une mangouste attaquant un **naja**

▸ **nanti, ie** (adjectif et nom)
Qui est riche et privilégié. *Ces beaux quartiers sont réservés aux **nantis**.*

▸ **napalm** (nom masculin)
Essence utilisée pour fabriquer des bombes incendiaires. *Les bombes au **napalm** ont dévasté cette région.*

▸ **naphtaline** (nom féminin)
Produit utilisé contre les mites.

▸ **nappe** (nom féminin)
1. Linge qui recouvre une table et la protège. *Dans ce restaurant, toutes les tables étaient recouvertes de **nappes** blanches.* 2. Couche de liquide ou de gaz. *Une **nappe** de pétrole. Faites attention aux **nappes** de brouillard sur la route.* ⊙ Famille du mot : napper, napperon.

▸ **napper** (verbe) ○ conj.n°3
Recouvrir un plat d'une sauce ou d'une crème. ***Napper** un gâteau de caramel.*

▸ **napperon** (nom masculin)
Petite nappe décorative. *Un **napperon** de dentelle ornait le centre de la table.*

▸ **narcisse** (nom masculin)
Plante à bulbe, à fleurs jaunes ou blanches. ⊙ Narcisse vient du nom d'un jeune homme de la mythologie grecque qui était tellement beau qu'il était tombé amoureux de lui-même ; il fut puni par les dieux et transformé en fleur.

un **narcisse**

▸ **narcotique** (nom masculin)
Médicament qui endort. *La morphine est un **narcotique**.*

narguer (verbe) ○ conj.n°3
Provoquer avec insolence. *Cesse de le **narguer**, il va se mettre en colère.*

narine (nom féminin)
Chacun des deux orifices du nez. ➠ p. 263.

narquois, oise (adjectif)
Qui est moqueur et malicieux. *David m'a répondu d'un ton très **narquois**.* (Syn. goguenard, ironique, railleur.)

narrateur, trice (nom)
Personne qui raconte une histoire. *N'interrompez pas le **narrateur** !*

narration (nom féminin)
Récit d'un événement. *Il nous a fait une longue **narration** de ses vacances.*

narrer (verbe) ○ conj.n°3
Synonyme littéraire de raconter. *Laura nous **a narré** ses aventures.* ⊙ Famille du mot : narrateur, narration.

narval (nom masculin)
Mammifère marin qui porte une longue défense sur le devant de la tête. *Le **narval** est un cétacé.*

nasal, ale, aux (adjectif)
Qui concerne le nez. *Les fosses **nasales** sont le siège de l'odorat.*

naseau, eaux (nom masculin)
Narine du cheval, du bœuf et d'autres grands mammifères.

nasillard, arde (adjectif)
Qui parle du nez. *Cette voix **nasillarde** est déplaisante.*

nasse (nom féminin)
Panier allongé qui sert à prendre des poissons ou des crustacés.

natal, ale, als (adjectif)
Où on est né. *Myriam est née à Paris, Paris est donc sa ville **natale**.*

natalité (nom féminin)
Nombre des personnes qui naissent. *La **natalité** est très forte dans certains pays africains.*

natation (nom féminin)
Sport pratiqué en nageant. *Noémie participe à une compétition de **natation** à la piscine.*

natif, ive (adjectif)
Synonyme d'originaire. *Kevin est normand, il est **natif** de Normandie.*

nation (nom féminin)
Les hommes et le territoire d'un pays. *Toutes les grandes **nations** du monde étaient représentées à ce congrès.* ⊙ Famille du mot : international, national, nationalisation, nationaliser, nationalisme, nationaliste, nationalité.

national, ale, aux (adjectif)
Qui concerne une nation. *La Marseillaise est l'hymne **national** français.* • **Route nationale** : route importante, entretenue par l'État.

nationalisation (nom féminin)
Action de nationaliser.

nationaliser (verbe) ○ conj.n°3
Placer sous la direction de l'État ce qui appartenait à des propriétaires privés. *Ce pays vient de **nationaliser** ses puits de pétrole.* (Contr. privatiser.)

nationalisme (nom masculin)
Doctrine politique des nationalistes.

nationaliste (adjectif et nom)
Qui considère que sa nation est supérieure aux autres. *Je n'aime pas beaucoup ses idées **nationalistes**.*

nationalité (nom féminin)
Appartenance de quelqu'un à une nation déterminée. *Odile est née et vit en France, elle est de **nationalité** française.*

un **narval**

natte (nom féminin)
1. Tapis de paille tressée. *Ibrahim déplie une **natte** pour s'allonger sur la plage.* **2.** Tresse de cheveux. *Sarah laisse pousser ses cheveux pour se faire une **natte**.*

naturalisation (nom féminin)
1. Fait d'être naturalisé. *Boris attend sa **naturalisation**.* **2.** Action de naturaliser un animal ou une plante.

naturaliser (verbe) ○ conj.n°3
1. Donner à un étranger la nationalité du pays où il a choisi de vivre. *Ces réfugiés souhaitent se faire **naturaliser** français.* **2.** Préparer un animal mort ou une plante coupée pour lui conserver l'aspect vivant.

naturaliste (nom)
Spécialiste de sciences naturelles.

nature (nom féminin)
1. Tout ce qui existe sur la Terre et qui n'est pas fabriqué par les hommes. *Quelle est la place de l'homme dans la **nature** ?* **2.** La campagne, les prés et les bois. *Ursula n'aime pas les villes, elle préfère la **nature**.* **3.** Ce qui caractérise une chose. *Les géologues étudient la **nature** des roches.* **4.** Caractère d'une personne. *Pierre est généreux de **nature**.* (Syn. naturel, tempérament.) • **Grandeur nature** : en dimensions réelles. • **Nature humaine** : ensemble des caractères communs à tous les hommes. • **Nature morte** : tableau qui représente des objets ou des plantes. • **Payer en nature** : payer en marchandises et non pas en argent. ⊙ Famille du mot : dénaturer, naturaliste, naturel, naturellement, naturisme, naturiste, surnaturel.

« La Raie », **nature morte** de Chardin (1728)

naturel, elle (adjectif)
1. Qui fait partie de la nature. *Les tremblements de terre sont des phénomènes **naturels**.* (Contr. artificiel.) **2.** Qui est normal, conforme à ce qu'on attend. *Zoé trouve tout **naturel** d'aider les personnes âgées.* **3.** Qui est simple et spontané. *Un sourire **naturel**.* (Contr. affecté, forcé.) ▷ **naturel** (nom masculin) **1.** Caractère d'une personne. *Quentin est d'un **naturel** pessimiste.* (Syn. nature, tempérament.) **2.** Spontanéité avec laquelle quelqu'un se comporte. *Cette comédienne joue avec beaucoup de **naturel**.* (Contr. affectation.)

naturellement (adverbe)
1. De façon naturelle. *Ma cousine frise **naturellement**.* (Contr. artificiellement.) **2.** Évidemment, forcément. *Romain est, **naturellement**, encore en retard ce matin.* (Syn. bien sûr.)

naturisme (nom masculin)
Synonyme de nudisme.

naturiste (nom)
Adepte du naturisme. (Syn. nudiste.)

naufrage (nom masculin)
Disparition d'un navire qui a coulé ou s'est échoué. *On déplore plusieurs **naufrages** pendant la terrible tempête.*

naufragé, ée (nom)
Passager d'un bateau qui a fait naufrage. *Un canot de sauvetage a recueilli les **naufragés**.*

nauséabond, onde (adjectif)
Qui sent mauvais au point de donner la nausée. *Ce poisson pourri dégage une odeur **nauséabonde**.* (Syn. dégoûtant, écœurant.)

nausée (nom féminin)
Envie de vomir. *Les mouvements du bateau me donnent la **nausée**.*

▸ **nautile** (nom masculin)
Mollusque des mers chaudes.

un **nautile**

▸ **nautique** (adjectif)
Qui concerne les sports pratiqués sur l'eau. *Thomas pratique plusieurs sports **nautiques** : la voile, le surf et le ski **nautique**.*

▸ **naval, ale, als** (adjectif)
Qui concerne les navires et la navigation. *Un architecte **naval** construit des bateaux.*

▸ **navet** (nom masculin)
1. Plante potagère à racine comestible. *Un canard aux **navets**.* 2. Dans la langue familière, mauvais film. *Ce cinéma ne passe que des **navets** !*

▸ **navette** (nom féminin)
1. Instrument d'un métier à tisser qui sert à entrecroiser les fils. 2. Véhicule qui fait des allers et retours réguliers entre deux endroits. *Il y a une **navette** entre la gare et le village.* • **Navette spatiale** : véhicule qu'on lance dans l'espace et qui revient sur Terre. ⊙ Navette vient du latin *navis* qui signifie « bateau ».

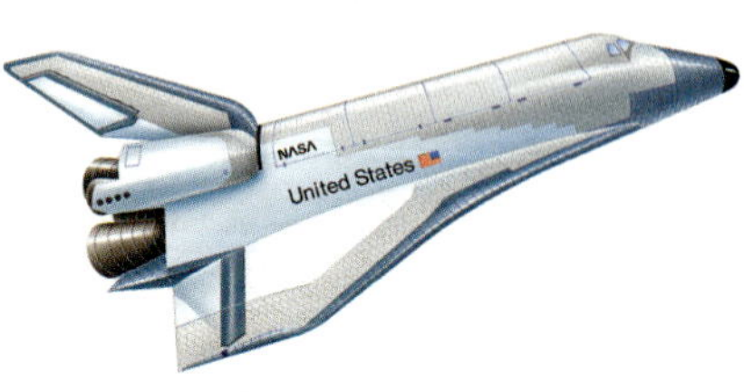

une **navette** spatiale

▸ **navigable** (adjectif)
Où l'on peut naviguer. *Ce bras de mer n'est pas **navigable** à cause du courant.*

▸ **navigant, ante** (adjectif)
Qui fait partie de l'équipage d'un avion. *Les hôtesses et les stewards font partie du personnel **navigant**.*

▸ **navigateur, trice** (nom)
1. Personne qui navigue. *Ce **navigateur** solitaire vient de faire le tour du monde sur son rapide voilier.* 2. Personne qui seconde le pilote d'un avion en déterminant la route à suivre.

▸ **navigation** (nom féminin)
1. Action de naviguer. *La tempête rend la **navigation** difficile.* 2. Circulation des avions. *La **navigation** aérienne est très réglementée.*

▸ **naviguer** (verbe) ○ conj.n°3
Voyager en bateau. *Cet été, ses parents partent **naviguer** en Méditerranée.* ⊙ Famille du mot : navigable, navigant, navigateur, navigation.

▸ **navire** (nom masculin)
Grand bateau qui est conçu pour la navigation en haute mer. *Un cargo est un **navire** qui transporte des marchandises.*

▸ **navrant, ante** (adjectif)
Qui cause du souci, de la tristesse. *C'est un contretemps très **navrant**.* (Syn. affligeant, désolant.)

▸ **navré, ée** (adjectif)
Synonyme de désolé. *Je suis **navré** de ne pas pouvoir venir.*

▸ **nazi, ie** (nom)
Membre du parti du dictateur allemand Hitler. ▷ **nazi, ie** (ajectif) Qui concerne les nazis. *La doctrine **nazie** a fait des millions de victimes.*

▸ **nazisme** (nom masculin)
Doctrine nationaliste, raciste et guerrière de Hitler et des nazis.

ne (adverbe)
Placé devant un verbe, souvent accompagné de « pas, plus, rien, jamais », indique la négation. *Il **ne** pleure jamais. Elle **ne** sait pas lire. Je **n'**en veux plus. Il **n'**a rien dit.* ➔ Ne devient n' devant une voyelle ou un h muet.

né, née (adjectif)
1. Qui est venu au monde dans telles circonstances. ***Née** d'un père français et d'une mère grecque, Élodie est parfaitement bilingue.* 2. Qui a un don inné pour quelque chose. *Victor est un comédien **né**.* ➔ Au sens 2, né est souvent précédé d'un trait d'union : un orateur-né.

néanmoins (adverbe)
Indique une opposition. *Fatima est malade, elle va **néanmoins** à l'école.* (Syn. cependant, pourtant.)

néant (nom masculin)
Ce qui n'existe pas. • **Réduire à néant** : détruire complètement. *Cette ville **a été réduite à néant** par les bombardements.* (Syn. anéantir.)

nébuleux, euse (adjectif)
1. Qui est obscurci par les nuages. *Un ciel **nébuleux**.* 2. Au sens figuré, qui est difficile à comprendre. *Des explications **nébuleuses**.* (Syn. flou, vague. Contr. clair, net.) ▷ **nébuleuse** (nom féminin) Grand nuage interstellaire de gaz et de poussières qui présente un aspect vaporeux. ⊙ Nébuleux vient du latin *nebula* qui signife « brouillard ».

nécessaire (adjectif)
Dont on a absolument besoin. *L'eau est **nécessaire** à la vie.* (Syn. essentiel, indispensable. Contr. inutile, superflu.) ▷ **nécessaire** (nom masculin) 1. Ce qui est indispensable. *Cette femme manque du **nécessaire** pour élever ses enfants.* (Contr. superflu.) 2. Boîte qui contient des objets destinés à un usage particulier. *Un **nécessaire** de toilette.* • **Faire le nécessaire** : faire ce qu'il faut pour que quelque chose puisse avoir lieu. ⊙ Famille du mot : nécessairement, nécessité, nécessiter, nécessiteux.

nécessairement (adverbe)
De façon nécessaire. *Pour aller de France en Angleterre ou en Irlande, il faut **nécessairement** traverser la Manche.* (Syn. forcément.)

nécessité (nom féminin)
Chose nécessaire. *Manger est une **nécessité** pour l'organisme.*

nécessiter (verbe) ⊙ conj.n°3
Rendre nécessaire. *Ce travail délicat **nécessite** beaucoup d'attention.* (Syn. demander, exiger, requérir.)

nécessiteux, euse (adjectif et nom)
Qui manque du nécessaire pour vivre. *Cette association prend en charge les **nécessiteux**.* (Syn. indigent.)

nécrologie (nom féminin)
Article de presse consacré à une personne qui vient de mourir.

nécrologique (adjectif)
De la nécrologie. *Il y a eu de nombreux articles **nécrologiques** dans les journaux après la mort du Président.*

nécropole (nom féminin)
Vaste cimetière dans l'Antiquité. ⊙ Nécropole vient du grec *nekros* qui signifie « mort » et *polis* qui signifie « ville » et qu'on retrouve dans *métropole*.

nectar (nom masculin)
1. Liquide sucré produit par les fleurs. *Les abeilles butinent le **nectar** des fleurs pour fabriquer le miel.* 2. Boisson délicieuse. *Cette liqueur est un véritable **nectar**.* ⊙ Dans la mythologie grecque, le nectar était une boisson réservée aux dieux.

nectarine (nom féminin)
Fruit qui ressemble à la pêche. *Les **nectarines** ont la peau très lisse.*

néerlandais, aise
➡ Voir tableau p. 6.

nef (nom féminin)
1. Partie d'une église qui va du portail au chœur. *La **nef** de cette cathédrale est très haute.* ➠ p. 178. 2. Synonyme littéraire de navire.

néfaste (adjectif)
Qui a des conséquences désastreuses. *L'alcool et le tabac sont **néfastes** pour la santé.* (Syn. mauvais, nuisible.)

nèfle (nom féminin)
Petit fruit du néflier, qui se mange très mûr.

néflier (nom masculin)
Arbuste épineux qui produit les nèfles.

négatif, ive (adjectif)
1. Qui exprime une négation ou un refus. *Gaëlle est déçue car la réponse qu'elle attendait est **négative**.* (Contr. affirmatif, positif.) 2. Qui refuse tout ce qu'on lui propose. *Elle critique toujours tout, son attitude est **négative**.* (Contr. positif.) 3. Dont la valeur est inférieure à zéro. *« – 20 » est un nombre **négatif**.* (Contr. positif.) ▷ **négatif** (nom masculin) Pellicule développée où les parties claires et sombres sont inversées. *Prête-moi le **négatif**, je vais refaire cette photo.* ▷ **négative** (nom féminin) • **Par la négative** : par un refus. *Répondre **par la négative**.*

négation (nom féminin)
Fait de nier. *Le mot « non » exprime une **négation**.*

négligé (nom masculin)
Absence de soin dans la tenue. *Le maître reproche à William son **négligé**.*

négligeable (adjectif)
Qui est très peu important. *La différence de taille entre ces deux enfants est **négligeable** : un demi-centimètre.* (Syn. insignifiant.)

négligemment (adverbe)
Avec négligence. *Xavier a jeté **négligemment** son manteau sur son lit.* (Contr. soigneusement.)

négligence (nom féminin)
Manque de soin, d'application ou d'attention. *Ses livres et ses cahiers sont éparpillés par terre, quelle **négligence** !*

négligent, ente (adjectif)
Qui fait preuve de négligence. *Hélène est très **négligente**, elle n'a pas répondu à la lettre de sa grand-mère.* (Contr. consciencieux.)

négliger (verbe) ⊙ conj.n°5
1. Ne pas prendre soin de quelque chose ou de quelqu'un. *Tu as tort de **négliger** ton travail. **Négliger** ses amis.* 2. Se négliger : ne pas prendre soin de soi. *Depuis qu'il est tout seul, il **se néglige**.* ⊙ Famille du mot : négligé, négligeable, négligemment, négligence, négligent.

négoce (nom masculin)
Synonyme littéraire de commerce. *Autrefois, ces bateaux faisaient le **négoce** des épices.* ⊙ Négoce vient du latin *negotium* qui signifie « occupation, affaire ».

négociant, ante (nom)
Personne qui fait du commerce en gros. *Son père est **négociant** en vins.*

négociateur, trice (nom)
Personne qui a pour mission de mener des négociations. *Tous les **négociateurs** sont parvenus à un accord.*

négociation (nom féminin)
Action de négocier. *Les **négociations** entre syndicats et patronat n'ont pas abouti.*

négocier (verbe) ⊙ conj.n°10
Discuter pour arriver à un accord. *Les syndicats essaient de **négocier** une diminution du temps de travail.* ⊙ Famille du mot : négoce, négociant, négociateur, négociation.

nègre, négresse (nom)
Terme raciste pour désigner un homme ou une femme de race noire. ▷ **nègre** (adjectif) Qui concerne la race noire. *L'art **nègre**.*

négrier (nom masculin)
Autrefois, personne qui achetait et vendait des esclaves noirs.

neige (nom féminin)
Eau congelée qui tombe en flocons blancs et légers. *Les skieurs sont contents car la **neige** est bonne.* • **Classe de neige :** enseignement effectué en montagne, avec des cours de ski. • **Œufs en neige :** blancs d'œufs battus qui forment une mousse compacte.

des cristaux de **neige**

neiger (verbe) ▷ conj.n°5
Tomber sous forme de neige. *Les montagnes sont toutes blanches car il **neige** depuis plusieurs jours.* ⊙ Famille du mot : enneigé, enneigement, neige, neigeux.

neigeux, euse (adjectif)
Qui est couvert de neige. *Dévaler à ski les pentes **neigeuses**.*

nénuphar (nom masculin)
Plante à grandes feuilles rondes et à fleurs qui pousse dans l'eau. *Cet étang est couvert de **nénuphars**.*

des **nénuphars**

néo-calédonien, enne
➠ Voir tableau p. 6.

néolithique (nom masculin)
Dernière période de la préhistoire.

une meule à grains du **néolithique**

néologisme (nom masculin)
Mot nouveau ou sens nouveau qui apparaît dans la langue. *« cd-rom » est un **néologisme**.*

néon (nom masculin)
Gaz utilisé pour l'éclairage par tubes. *Cette lumière au **néon** est désagréable.*

néophyte (nom)
Personne qui pratique depuis peu une discipline, une doctrine ou une religion. ⊙ Néophyte vient du grec *neophutos* qui signifie « nouvellement planté ».

néo-zélandais, aise
➠ Voir tableau p. 6.

nerf (nom masculin)
Filament qui conduit les ordres du cerveau ou de la moelle épinière à l'ensemble du corps, et inversement. *Les **nerfs** transmettent le mouvement et la sensibilité.* ➠ p. 321. • **Avoir du nerf :** être énergique, dynamique. • **Être à bout de nerfs :** être très excité. • **Taper sur les nerfs de quelqu'un :** l'agacer profondément. → Prononciation [nɛʀ]. ⊙ Famille du mot : énervant, énervement, énerver, nerveusement, nerveux, nervosité.

nerveusement (adverbe)
Avec nervosité. *Il se rongeait les ongles **nerveusement**.* (Contr. calmement.)

nerveux, euse (adjectif)
1. Qui s'énerve facilement. *Calme-toi, tu es trop **nerveux**.* (Syn. énervé. Contr. calme.) 2. Qui accélère vite. *Cette voiture est très **nerveuse**.* • **Système nerveux :** ensemble formé par les nerfs, le cerveau et la moelle épinière.

nervosité (nom féminin)
Caractère d'une personne nerveuse. *La veille de l'examen, Julie était d'une grande **nervosité**.* (Contr. calme.)

▸ **nervure** (nom féminin)
Ligne en relief à la surface des feuilles.

des **nervures**

▸ **n'est-ce pas ?** (adverbe)
Expression qui sert à demander un avis. *Je peux compter sur toi, **n'est-ce pas ?***

▸ **net, nette** (adjectif)
1. Synonyme de propre. *Tes mains ne sont pas très **nettes**, va les laver avant de passer à table.* (Contr. sale.) 2. Qui est indiscutable et évident. *Cet hiver, Yann a fait de **nets** progrès à ski.* 3. Dont on distingue de façon précise et claire les contours ou les détails. *Tu as dû bouger en prenant cette photo car elle n'est pas **nette**.* (Contr. flou.) 4. Qui est calculé après certaines déductions. *Salaire **net**.* (Contr. brut.) • **En avoir le cœur net** : ne plus avoir de doute sur quelque chose. • **Faire place nette** : nettoyer un endroit. • **Poids net** : qui comprend le poids de la marchandise, sans l'emballage. (Contr. brut.) ▷ **net** (adverbe) Tout d'un coup, soudain, brusquement. *En voyant les enfants traverser, l'automobiliste s'est arrêté **net**.* → Prononciation [nɛt]. ⊙ Famille du mot : nettement, netteté.

▸ **nettement** (adverbe)
1. D'une manière nette, claire et précise. *La silhouette de la cathédrale se dessine **nettement** à l'horizon.* (Syn. distinctement.) 2. Beaucoup, vraiment. *Cette couleur est **nettement** trop sombre pour la chambre.*

▸ **netteté** (nom féminin)
Caractère de ce qui est net, précis. *La **netteté** d'une photo. S'exprimer avec **netteté**.*

▸ **nettoyage** (nom masculin)
Action de nettoyer. *Acheter un produit pour le **nettoyage** des vitres.*

▸ **nettoyer** (verbe) ⊙ conj.n°6
Rendre propre. *Après ton bain, n'oublie pas de **nettoyer** la baignoire.*

▸ 1. **neuf** (adjectif)
Huit plus un (9). *Laura a **neuf** ans, elle est au CM1.* ▷ **neuf** (nom masculin) Chiffre ou nombre neuf. *Benjamin habite au **neuf** avenue Victor Hugo.* → Neuf se prononce parfois [nœv] devant une voyelle ou un h muet : neuf ans [nœvɑ̃], neuf heures [nœvœʀ].

▸ 2. **neuf, neuve** (adjectif)
Qui n'a pas encore servi. *Pour la rentrée, Myriam a acheté un cartable **neuf**.* (Contr. d'occasion, usagé.) ▷ **neuf** (nom masculin) Ce qui est neuf. *Il est entièrement vêtu de **neuf**. Maman a refait ma chambre à **neuf**.*

▸ **neurasthénique** (adjectif et nom)
Qui est triste et déprimé. *La solitude le rend **neurasthénique**.*

▸ **neurologie** (nom féminin)
Branche de la médecine qui soigne les maladies du système nerveux.

▸ **neurologue** (nom)
Médecin spécialiste de neurologie. *Clément a eu des convulsions, il doit voir un **neurologue**.*

▸ **neurone** (nom masculin)
Cellule du cerveau ou de la moelle épinière.

▸ **neutraliser** (verbe) ⊙ conj.n°3
Empêcher quelqu'un ou quelque chose d'agir. *La police a réussi à **neutraliser** le forcené.*

▸ **neutralité** (nom féminin)
État d'une personne ou d'un pays qui reste neutre.

▸ **neutre** (adjectif)
1. Qui ne prend pas parti. *Il est difficile de rester **neutre** devant de tels événements.* (Syn. impartial. Contr. partisan.) 2. Qui ne prend pas part à un conflit. *La Suisse est restée **neutre** durant la Seconde Guerre mondiale.* 3. Qui a peu d'éclat. *Le beige est une couleur **neutre**.* ⊙ Famille du mot : neutraliser, neutralité.

▶ **neuvième** (adjectif et nom)
Qui occupe le rang numéro 9. *Ils viennent de s'installer au **neuvième** étage. David est le **neuvième** de la liste.* ▷ **neuvième** (nom masculin) Ce qui est contenu neuf fois dans un tout. *Dix est le **neuvième** de quatre-vingt-dix.*

▶ **névé** (nom masculin)
Amas de neige qui est en train de se transformer en glace.

▶ **neveu, eux** (nom masculin)
Fils du frère ou de la sœur de quelqu'un. *Mon frère a deux fils : ce sont mes **neveux**.*

▶ **névralgie** (nom féminin)
Douleur sur le trajet d'un nerf.

▶ **névrose** (nom féminin)
Maladie mentale qui se manifeste par des angoisses et des obsessions.

▶ **nez** (nom masculin)
Organe situé au milieu du visage, qui sert à respirer et à sentir les odeurs. *Léa est enrhumée, elle a le **nez** qui coule.* ➠ p. 263. • **Au nez de quelqu'un** : en sa présence. • **Avoir du nez** ou **avoir le nez fin** : savoir prévoir les événements. • **Fourrer** ou **mettre son nez partout** : être très curieux. • **Mener quelqu'un par le bout du nez** : lui faire faire ce qu'on veut. • **Ne pas voir plus loin que le bout de son nez** : être incapable d'apprécier les situations ou de prévoir les événements. • **Se trouver nez à nez avec quelqu'un** : se trouver face à face avec lui.

▶ **ni** (conjonction)
Sert à réunir des propositions négatives. *Tu veux manger ou boire quelque chose ? – Non, je n'ai **ni** faim **ni** soif.*

▶ **niais, niaise** (adjectif et nom)
Qui est sot et ignorant. *Il est assez **niais** pour avoir cru à cette plaisanterie.*

▶ **niaiserie** (nom féminin)
Action ou parole niaise. *Il ne raconte que des **niaiseries**.* (Syn. bêtise, idiotie.)

▶ **niche** (nom féminin)
1. Petite cabane qui sert d'abri à un chien. *Notre chien dort dans sa **niche**.* 2. Creux pratiqué dans l'épaisseur d'un mur. *Julie range ses poupées dans une **niche** vitrée.* • **Faire des niches à quelqu'un** : dans la langue familière, lui jouer des tours.

▶ **nichée** (nom féminin)
Petits oiseaux d'une même couvée qui sont encore au nid.

▶ **nicher** (verbe) ➲ conj.n°3
1. Faire son nid quelque part. *Beaucoup d'oiseaux **nichent** dans ce gros arbre.* 2. Se nicher : se mettre quelque part. *Le chat est allé **se nicher** sur l'armoire.* ⊙ Famille du mot : dénicher, nichée.

▶ **nickel** (nom masculin)
Métal brillant, inoxydable et très résistant.

▶ **nickeler** (verbe) ➲ conj.n°9
Recouvrir d'une couche de nickel.

▶ **nicotine** (nom féminin)
Substance contenue dans le tabac et qui est dangereuse pour la santé. ⊙ Nicotine vient du nom de *Jean Nicot*, diplomate français qui introduisit le tabac en France au XVIe siècle.

▶ **nid** (nom masculin)
1. Abri que les oiseaux construisent pour pondre, couver leurs œufs et élever leurs petits. *Kevin a ramassé un **nid** abandonné au pied d'un arbre.* ➠ p. 44. 2. Habitation de certains animaux. *Fais attention, il y a un **nid** de guêpes.*

▶ **nièce** (nom féminin)
Fille du frère ou de la sœur de quelqu'un. *Odile est ma **nièce**, c'est la fille de ma sœur.*

▶ **nier** (verbe) ➲ conj.n°10
Dire qu'une chose n'est pas vraie. *On a accusé Pierre d'avoir cassé le vase, mais il **nie**.*

▶ **nigaud, aude** (adjectif et nom)
Qui est un peu bête ou naïf. *Quel grand **nigaud** ce garçon !* (Syn. niais, sot. Contr. malin.)

nigérian, ane
➠ Voir tableau p. 6.

nigérien, enne
➠ Voir tableau p. 6.

nimbus (nom masculin)
Gros nuage qui annonce la pluie. → Prononciation [nẽbys].

n'importe (adverbe)
De façon indifférente, sans préférence. *Ne dis pas **n'importe** quoi. Sarah s'est habillée **n'importe** comment.*

nippes (nom féminin pluriel)
Synonyme familier de vêtements. *Ce clochard est vêtu de vieilles **nippes**.*

nitrate (nom masculin)
Produit chimique. *Certains **nitrates** sont utilisés comme engrais.*

niveau, eaux (nom masculin)
1. Hauteur d'une chose par rapport à une surface qui sert de référence. *L'Everest culmine à 8 846 mètres au-dessus du **niveau** de la mer. Le garagiste vérifie le **niveau** d'huile.* 2. Instrument qui sert à vérifier qu'une surface est plane. *Le maçon utilise un **niveau** pour bien poser le carrelage.* 3. Degré de connaissances ou d'intelligence. *Le **niveau** des élèves de cette classe est très inégal.* 4. Étage d'un bâtiment. *Cet immeuble a trois **niveaux**.* • **Niveau de vie** : conditions d'existence et revenu de quelqu'un.

un **niveau** de maçon

niveler (verbe) ○ conj.n°9
Rendre une surface horizontale et plane. *Le bulldozer **nivelle** la route.* (Syn. aplanir, égaliser.)

nivellement (nom masculin)
Fait de niveler, de mettre au même niveau.

noble (adjectif et nom)
Qui fait partie de la noblesse. *Certains **nobles** vivaient à la cour du roi.* ▷ **noble** (adjectif) Qui est généreux et digne d'admiration. *Ce geste **noble** vous honore.* ⊙ Famille du mot : anoblir, noblesse.

noblesse (nom féminin)
1. Classe sociale dont les membres jouissent de privilèges. *Avant la révolution de 1789, la **noblesse** était très puissante.* (Syn. aristocratie.) 2. Grandeur d'âme et générosité. *En lui pardonnant, Hervé a fait preuve d'une grande **noblesse**.* (Contr. bassesse.)

noce (nom féminin)
Fête organisée pour un mariage. *La **noce** aura lieu à la campagne.* • **Faire la noce** : dans la langue familière, faire la fête, s'amuser.

nocif, ive (adjectif)
Qui est dangereux pour la santé. *Fumer est très **nocif** pour les poumons.* (Syn. nuisible. Contr. inoffensif.)

nocivité (nom féminin)
Caractère nocif. *La **nocivité** des champignons vénéneux.*

noctambule (nom)
Personne qui aime sortir et s'amuser la nuit. *Ce quartier de **noctambules** est très bruyant.*

nocturne (adjectif)
1. Qui se passe pendant la nuit. *On a subi le tapage **nocturne** des voisins, impossible de dormir !* 2. Dont la vie active a lieu la nuit. *Le hibou et la chouette sont des animaux **nocturnes**.* (Contr. diurne.) ▷ **nocturne** (nom féminin) 1. Compétition sportive qui a lieu en soirée. 2. Ouverture d'un magasin tard le soir. *Ce magasin reste ouvert en **nocturne** le jeudi.*

Noël (nom masculin)
Fête chrétienne qui célèbre l'anniversaire de la naissance de Jésus-Christ. ***Noël** a lieu le 25 décembre.* • **Arbre de Noël** : sapin décoré de guirlandes et de lumières à l'occasion des fêtes de Noël. • **Père Noël** : personnage légendaire qui apporte des cadeaux aux enfants la nuit de Noël. ⊙ Noël vient du latin *natalis* qui signifie « relatif à la naissance ».

▸ **nœud** (nom masculin)
1. Boucle servant à attacher, qu'on fait en croisant et en serrant une corde, une ficelle, un lacet. *Quentin n'aime pas les chaussures à lacets car il n'arrive pas à faire les **nœuds**.* 2. Partie ronde et dure à l'intérieur du bois d'un arbre. *Ces planches sont pleines de **nœuds**.* 3. Endroit où se croisent des voies de communication. *Un **nœud** routier. Un **nœud** ferroviaire.* 4. Point le plus important. *Nous sommes au **nœud** du problème.* 5. Unité de vitesse d'un bateau qui équivaut à 1 mille par heure, soit 1 852 mètres par heure. *Le voilier file à 10 nœuds.* ➜ Prononciation [nø].

nœud de chaise

nœud de plein poing

nœud de pêcheur

nœud plat

nœud de chaise double

nœud sur taquet

nœud d'arrêt

nœud de cabestant

▸ **noir, noire** (adjectif)
1. De la couleur la plus sombre. *Le charbon est de couleur **noire**.* 2. Qui a la peau très foncée. *Les populations **noires** d'Afrique.* 3. Au sens figuré, qui est triste et pessimiste. *Avoir des idées **noires**.* • **La bête noire de quelqu'un** : la chose ou la personne qu'il déteste vraiment le plus. ▷ **noir** (nom masculin) 1. Couleur noire. *Le **noir** peut être porté en signe de deuil.* 2. Synonyme d'obscurité. *Le bébé pleure car il a peur du **noir**.* • **Broyer du noir** : être triste et déprimé. • **Travailler au noir** : travailler de façon clandestine. ▷ **Noir, Noire** (nom) Personne à la peau noire. *Les **Noirs** américains ont inventé le jazz.* ▷ **noire** (nom féminin) Note de musique qui vaut un quart de la ronde ou la moitié d'une blanche. *La **noire** vaut deux croches.* ⊙ Famille du mot : noirâtre, noirceur, noircir.

▸ **noirâtre** (adjectif)
Qui est presque noir. *Après avoir rangé la cave, Romain a les mains **noirâtres**.*

▸ **noirceur** (nom féminin)
Couleur noire. *Il s'enfonce dans la **noirceur** du souterrain.*

▸ **noircir** (verbe) ⊙ conj.n°11
1. Donner une couleur noire. *Thomas a réparé la chaîne de son vélo ; du coup, il a les mains **noircies** de cambouis.* 2. Présenter de façon très noire, pessimiste. *Inutile de **noircir** davantage la situation.*

▸ **noise** (nom féminin)
• **Chercher noise à quelqu'un** : lui chercher querelle en le provoquant.

▸ **noisetier** (nom masculin)
Arbuste qui produit les noisettes.

▸ **noisette** (nom féminin)
Petit fruit du noisetier, recouvert d'une coquille dure. *Les écureuils ont mangé toutes les **noisettes**.*

noix (nom féminin)
Fruit du noyer, recouvert d'une coquille dure. *La coquille des **noix** est trop dure, n'essaie pas de la casser avec tes dents !*

des **noix**

nom (nom masculin)
1. Mot qui sert à désigner une chose ou un être vivant. *Je ne connais pas le **nom** de cette plante.* 2. Ensemble du prénom et du nom de famille, qui sert à identifier une personne. *Ursula Genest est le **nom** de la meilleure élève de la classe.* • **Au nom de quelqu'un** : à sa place. *Victor parle **au nom des** autres élèves.* • **Nom commun** : mot qui sert à désigner des choses concrètes ou abstraites. *Les mots « chat, cartable, gentillesse » sont des **noms communs**, ils s'écrivent avec une minuscule.* • **Nom de famille** : nom propre des personnes d'une même famille. *Genest est le **nom de famille** d'Ursula.* • **Nom propre** : mot qui désigne une chose ou une personne particulière. *Les mots « La Fontaine, Paris, William, Japon » sont des **noms propres** et ils s'écrivent tous avec une majuscule.*
⊙ Famille du mot : dénomination, dénommé, dénommer, innommable, nominal, nominatif, nomination, nommément, nommer, prénom, renom, renommé, renommée, surnom, surnommer.

nomade (nom)
Personne qui n'a pas d'habitation fixe. *Dans le désert, les **nomades** se déplacent avec leurs chameaux et dorment sous la tente.* (Contr. sédentaire.)

caravane de **nomades** dans le désert

nombre (nom masculin)
1. Chiffre ou ensemble de chiffres représentant des unités que l'on peut compter. *7 140 est un **nombre** de quatre chiffres.* 2. Quantité de personnes ou de choses. *Connais-tu le **nombre** des habitants de la ville où tu habites ? Anna a visité la Grèce un certain **nombre** de fois.* 3. Forme que prend un mot pour exprimer le singulier ou le pluriel. *L'adjectif s'accorde en genre et en **nombre** avec le nom auquel il se rapporte.*
⊙ Famille du mot : dénombrement, dénombrer, innombrable, nombreux, surnombre.

nombreux, euse (adjectif)
Qui contient un grand nombre de personnes ou de choses. *Une foule très **nombreuse** s'est rassemblée. La tempête a provoqué de **nombreux** dégâts.*

nombril (nom masculin)
Petite cicatrice ronde au milieu du ventre, qui est la trace de la chute du cordon ombilical. ➠ p. 263.
→ Prononciation [nɔ̃bʀi] ou [nɔ̃bʀil].

nomenclature (nom féminin)
Ensemble de mots définis dans un dictionnaire. *Ce dictionnaire a une **nomenclature** d'environ 20 000 mots.*

Le nom des nombres

CHIFFRE	NOMBRE CARDINAL	NOMBRE ORDINAL
1	**un**	**premier**
2	deux	deuxième
3	trois	troisième
4	quatre	quatrième
5	cinq	cinquième
6	six	sixième
7	sept	septième
8	huit	huitième
9	neuf	neuvième
10	**dix**	**dixième**
11	onze	onzième
12	douze	douzième
13	treize	treizième
14	quatorze	quatorzième
15	quinze	quinzième
16	seize	seizième
17	dix-sept	dix-septième
18	dix-huit	dix-huitième
19	dix-neuf	dix-neuvième
20	vingt	vingtième
21	vingt et un	vingt et unième
22	vingt-deux	vingt-deuxième
30	trente	trentième
40	quarante	quarantième
50	cinquante	cinquantième
60	soixante	soixantième
70	soixante-dix	soixante-dixième
71	soixante et onze	soixante et onzième
72	soixante-douze	soixante-douzième
79	soixante-dix-neuf	soixante-dix-neuvième
80	quatre-vingts	quatre-vingtième
81	quatre-vingt-un	quatre-vingt-unième
82	quatre-vingt-deux	quatre-vingt-deuxième
90	quatre-vingt-dix	quatre-vingt-dixième
99	quatre-vingt-dix-neuf	quatre-vingt-dix-neuvième
100	**cent**	**centième**
101	cent un	cent unième
110	cent dix	cent dixième
120	cent vingt	cent vingtième
200	deux cents	deux centième
210	deux cent dix	deux cent dixième
280	deux cent quatre-vingts	deux cent quatre-vingtième
500	cinq cents	cinq centième
1 000	**mille**	**millième**
2 000	deux mille	deux millième
10 000	dix mille	dix millième
100 000	cent mille	cent millième
1 000 000	**un million**	**un millionième**
10 000 000	dix millions	dix millionième
1 000 000 000	**un milliard**	**un milliardième**
10 000 000 000	dix milliards	dix milliardième
1 000 000 000 000	mille milliards	mille milliardième

nominal, ale, aux (adjectif)
Qui concerne le nom des personnes. *La maîtresse a fait l'appel **nominal** des élèves.*

nominatif, ive (adjectif)
Qui contient des noms. *On a dressé la liste **nominative** des invités.*

nomination (nom féminin)
Fait de nommer ou d'être nommé à un emploi. *Ce professeur n'a pas encore reçu sa **nomination**.*

nommément (adverbe)
En disant le nom. *On l'a **nommément** accusé.*

nommer (verbe) ○ conj.n°3
1. Désigner quelqu'un ou quelque chose par son nom. *Saurais-tu **nommer** les pays qui forment l'Union européenne ?* 2. Désigner quelqu'un pour remplir une fonction. *Son père **a été nommé** ambassadeur de France en Chine.* 3. Se nommer : synonyme de s'appeler. *Cet enfant **se nomme** Pierre Legrand.*

non (adverbe)
Mot qui sert à exprimer la négation ou le refus. *Tu viens avec moi ? – **Non**, je ne peux pas.* (Contr. oui.) • **Non sans** : synonyme d'avec. *Il est parti, **non sans** regret.*

nonagénaire (adjectif et nom)
Qui a entre quatre-vingt-dix et cent ans. *Ce **nonagénaire** a connu les deux Guerres mondiales.*

nonchalance (nom féminin)
Manque d'ardeur et d'énergie. *Élodie et son chien flânent avec **nonchalance** sur les berges du canal.* (Syn. indolence.)

nonchalant, ante (adjectif)
Qui montre de la nonchalance. *Xavier marche d'un pas **nonchalant** sous la chaleur.* (Syn. indolent, paresseux. Contr. énergique.)

non-fumeur (nom)
Où l'on n'a pas le droit de fumer. *Où est la partie pour **non-fumeurs** de ce restaurant ?*

nonne (nom féminin)
Synonyme de religieuse. *Ces **nonnes** n'avaient pas le droit de sortir de leur couvent.* (Syn. sœur.)

non-sens (nom masculin)
Ce qui est dépourvu de sens. *C'est un **non-sens** que de vouloir vivre seul sur une île complètement déserte.* (Syn. absurdité.) → Prononciation [nɔ̃sɑ̃s].

non-violence (nom féminin)
Doctrine de ceux qui refusent d'utiliser la violence.

non-violent, ente (adjectif et nom)
Qui est partisan de la non-violence. *Une manifestation **non-violente**, pour la paix dans le monde.* → Pluriel : des non-violents, des non-violentes.

non-voyant, ante (nom)
Synonyme d'aveugle. → Pluriel : des non-voyants, des non-voyantes.

nord (nom masculin)
1. Un des quatre points cardinaux, auquel on fait face quand on a l'ouest à sa gauche et l'est à sa droite. *L'aiguille d'une boussole indique le **nord**.* 2. Partie qui se situe au nord d'un pays ou d'une région. *Fatima ne connaît pas du tout le **nord** de la France.* • **Perdre le nord** : être complètement désorienté. ▷ **nord** (adjectif) Qui est situé au nord. *Les quartiers **nord** de Marseille.* → Pluriel : les régions nord.

nordique (adjectif et nom)
Qui concerne les pays de l'Europe du Nord. *La Suède et la Norvège sont des pays **nordiques**. Les Finlandais sont des **Nordiques**.*

normal, ale, aux (adjectif)
Qui est ordinaire ou habituel. *Il fait très chaud, mais c'est une température **normale** pour un mois d'août. Tu n'as pas mangé ce matin, c'est **normal** que tu aies faim.* (Syn. naturel. Contr. anormal, exceptionnel.) ▷ **normale** (nom féminin) Ce qui est normal, habituel, conforme à la règle commune. *Une intelligence supérieure à la **normale**.* ⊙ Famille du mot : anormal, anormalement, normalement.

normalement (adverbe)
De manière normale, habituelle. ***Normalement**, ils dînent vers 20 heures.* (Syn. d'habitude, ordinairement.)

normand, ande
➠ Voir tableau p. 6.

norme (nom féminin)
1. Règle ou principe auxquels on doit se conformer. *Pour fabriquer des jouets, il faut respecter les **normes** de sécurité.* 2. État habituel qui correspond à la majorité des cas. *La **norme** est de 45 minutes de pause déjeuner dans toutes les entreprises.* ⊙ Norme vient du latin *norma* qui signifie « équerre ».

norvégien, enne
➠ Voir tableau p. 6.

nos ➠ Voir notre.

nostalgie (nom féminin)
Sentiment de tristesse causé par le regret de quelque chose. *Il parle avec **nostalgie** de son enfance à Tahiti.* ⊙ Nostalgie vient du grec *nostos* qui signifie « retour » et *algos* qui signifie « douleur ».

nostalgique (adjectif)
Qui est rempli de nostalgie. *Ce chant d'adieu rend Gaëlle **nostalgique**.* (Syn. mélancolique.)

nota bene (nom masculin)
Remarque placée à la fin d'un texte pour attirer l'attention du lecteur. ➔ Prononciation [nɔtabene]. ➔ Pluriel : des nota bene. Nota bene s'abrège NB ⊙ Nota bene sont des mots latins qui signifient « notez bien ».

notable (adjectif)
Qui mérite d'être remarqué. *Hélène a vraiment fait des progrès **notables** en mathématiques.* (Syn. appréciable, sensible.) ▷ **notable** (nom) Personne importante par sa situation sociale. *Le maire, le médecin, le notaire font partie des **notables** du village.* (Syn. personnalité.)

notablement (adverbe)
D'une manière notable. *Votre orthographe s'est **notablement** améliorée depuis l'année dernière.* (Syn. beaucoup, sensiblement.)

notaire (nom masculin)
Personne qui établit et garantit la validité légale des actes de vente et des contrats. *Les bureaux d'un **notaire** s'appellent une étude.*

notamment (adverbe)
Particulièrement, surtout. *Julie adore les fruits et **notamment** les agrumes.*

notation (nom féminin)
1. Manière de noter un devoir. *Selon les classes, la **notation** se fait sur 10 ou sur 20.* 2. Représentation des sons par des signes écrits. ***Notation** musicale, **notation** phonétique.*

note (nom féminin)
1. Chacun des signes qui représentent les sons musicaux. *Les sept **notes** de la gamme sont do, ré, mi, fa, sol, la, si.* 2. Chiffre qui indique l'appréciation d'un devoir. *Yann a eu la meilleure **note** en calcul : 10 sur 10.* 3. Bref commentaire ou brève explication sur un texte. *Dans cet ouvrage, il y a des **notes** en bas de page qui expliquent les mots difficiles.* 4. Petit texte qu'on écrit pour s'en souvenir. *Au musée, Laura prend des **notes** sur ce que dit le guide.* 5. Papier qui indique le prix à payer. *Maman demande la **note** au garçon de café pour payer les boissons.* (Syn. addition.) ⊙ Famille du mot : notation, noter.

noter (verbe) ⊙ conj.n°3
1. Écrire un renseignement. ***Note** mon adresse et mon numéro de téléphone sur ton carnet, sinon tu vas les oublier.* (Syn. inscrire.) 2. Mettre une note à un devoir. *Myriam trouve que la maîtresse l'**a notée** très sévèrement.* 3. Synonyme de remarquer. *On **note** une nette amélioration de l'état du malade.*

notice (nom féminin)
Petit texte qui explique comment utiliser une chose. *Avant de monter le meuble, lisez attentivement la **notice** !* (Syn. mode d'emploi.)

notifier (verbe) ○ conj.n°10
Faire connaître de manière officielle. *Une lettre recommandée lui* ***a notifié*** *une convocation à la mairie.*

notion (nom féminin)
1. Connaissance élémentaire d'une science, d'une langue. *Ludivine a quelques* ***notions*** *d'espagnol.* (Syn. rudiments.) 2. Idée que l'on se fait de quelque chose. *Les petits enfants n'ont aucune* ***notion*** *du danger.*

notoire (adjectif)
Qui est connu d'un grand nombre de personnes. *C'est un tricheur* ***notoire****.*

notoriété (nom féminin)
Synonyme de renom. *Ce restaurant jouit d'une grande* ***notoriété****.*

notre, nos (déterminant)
Adjectif possessif de la première personne du pluriel. *Mon frère et moi, nous avons chacun* ***notre*** *chambre et* ***nos*** *meubles.*

le **nôtre**, la **nôtre** (pronom)
Pronom possessif de la première personne du pluriel. *Ce n'est pas notre chat,* ***le nôtre*** *est gris !* ▷ les **nôtres** (nom masculin pluriel) Nos parents ou ceux qui nous sont proches. *J'espère que vous serez* ***des nôtres*** *pour la fête.*

nouer (verbe) ○ conj.n°3
Faire un nœud à quelque chose. *À cinq ans, Odile sait* ***nouer*** *ses lacets toute seule.* (Syn. attacher. Contr. dénouer.) • **Avoir la gorge nouée** : ne plus pouvoir parler à cause de l'émotion.

noueux, euse (adjectif)
1. Où il y a beaucoup de nœuds. *Un tronc d'arbre* ***noueux****.* 2. Qui a les articulations enflées. *Il a les mains* ***noueuses*** *à cause des rhumatismes.*

nougat (nom masculin)
Confiserie à base d'amandes, de sucre et de miel. ⊙ Nougat vient du provençal *nugo* qui signifie « noix ».

nougatine (nom féminin)
Confiserie faite de caramel et d'amandes.

nouille (nom féminin)
Pâte alimentaire en forme de lamelle. *À la cantine, on a mangé des* ***nouilles*** *au gratin.*

nourrice (nom féminin)
Femme qui garde des enfants en bas âge. *Comme la crèche est trop éloignée, elle emmène tous les jours son bébé chez une* ***nourrice****.* ⊙ Autrefois, la nourrice ***nourrissait*** de son lait le bébé qui lui était confié.

nourricier, ère (adjectif)
Qui élève un enfant sans être le vrai parent. *Des parents* ***nourriciers****.* (Syn. adoptif.)

nourrir (verbe) ○ conj.n°11
1. Synonyme d'allaiter. *Elle* ***a nourri*** *son bébé plusieurs mois.* 2. Donner à manger. *Sarah* ***nourrit*** *son cochon d'Inde avec des graines et de la salade.* 3. Donner de quoi subsister, de quoi vivre. *Ils ont une famille nombreuse à* ***nourrir****.* (Syn. élever, entretenir.) 4. Se nourrir : manger tel aliment. *Les lions sont carnivores, ils* ***se nourrissent*** *de viande.* ⊙ Famille du mot : nourrice, nourricier, nourrissant, nourrisson, nourriture.

nourrissant, ante (adjectif)
Qui nourrit beaucoup. *Le cassoulet est un plat très* ***nourrissant****.* (Syn. nutritif.)

nourrisson (nom masculin)
Petit bébé qui ne se nourrit que de lait.

nourriture (nom féminin)
Aliments avec lesquels on se nourrit. *Il faut essayer d'avoir une* ***nourriture*** *équilibrée.*

nous (pronom)
Pronom personnel de la première personne du pluriel. ***Nous*** *est sujet dans la phrase «* ***nous*** *travaillons bien », et complément dans la phrase « Benjamin* ***nous*** *a téléphoné ».*

▸ **nouveau, eaux, nouvelle** (adjectif)
1. Qui existe ou qu'on a depuis peu de temps. *Ce disque est tout **nouveau**. Il s'est acheté une **nouvelle** voiture.* (Contr. ancien, vieux.) 2. Qui vient d'arriver quelque part. *Nous avons de **nouveaux** voisins.* 3. Qui est neuf et original. *Elle cherche des idées **nouvelles** pour s'habiller.* → Au masculin, nouveau devient nouvel devant une voyelle ou un h muet : un ***nouvel*** appareil, un ***nouvel*** hôpital. ▷ **nouveau, nouvelle** (nom) Personne qui vient d'entrer dans un groupe. *Il y a deux **nouveaux** dans l'équipe.* ▷ **nouveau** (nom masculin) Chose ou événement nouveaux. *Il n'y a rien de **nouveau** depuis hier.* • **À nouveau ou de nouveau** : une fois de plus. *Zoé est **de nouveau** malade.* ▷ **nouvelle** (nom féminin) 1. Annonce d'un événement qui vient d'arriver. *La **nouvelle** de cette naissance nous a fait grand plaisir.* 2. Récit plus court qu'un roman. *Cet écrivain écrit surtout des **nouvelles**.* ▷ **nouvelles** (nom féminin pluriel) 1. Renseignements récents sur quelqu'un. *On a reçu des **nouvelles** de votre grand-mère, elle va très bien.* 2. Informations diffusées par les journaux, la radio et la télévision. *Chaque matin, maman écoute les **nouvelles** à la radio.*

▸ **nouveau-né, nouveau-née** (nom)
Bébé ou petit d'un animal qui vient de naître. *La maman et le **nouveau-né** se portent bien.* → Pluriel : des nouveau-nés, des nouveau-nées.

▸ **nouveauté** (nom féminin)
1. Caractère de ce qui est nouveau. *Anna déteste la routine, elle aime la **nouveauté**.* 2. Chose nouvelle. *Quelles sont les **nouveautés**, au cinéma, cette semaine ?*

▸ **nouvel, nouvelle** ➠ Voir nouveau.

▸ **novateur, trice** (adjectif)
Qui innove. *Les idées qu'il a développées sont très **novatrices**.*

▸ **novembre** (nom masculin)
Onzième mois de l'année, qui compte 30 jours. *Le 1er **novembre** est le jour de la Toussaint.* ⊙ Novembre vient du latin ***novem*** qui signifie « neuf » car c'était le 9e mois du calendrier romain qui commençait en mars.

▸ **novice** (adjectif et nom)
Qui débute dans un métier ou une activité et qui n'a pas encore d'expérience. *Un professeur **novice**. Élodie n'a pris que quelques leçons de tennis, c'est encore une **novice**.* (Syn. apprenti, débutant.)

▸ **noyade** (nom féminin)
Action de se noyer. *Il est mort par **noyade**.* → Prononciation [nwajad].

▸ **noyau, aux** (nom masculin)
1. Partie dure qui se trouve à l'intérieur de certains fruits et qui contient la graine. *Les olives, les cerises, les pêches et les abricots ont un **noyau**.* ➠ p. 496. 2. Au sens figuré, petit groupe de personnes qui mènent une action particulière. *Dans cette réunion, il y a un petit **noyau** d'agitateurs.* 3. Partie centrale de quelque chose. *Le **noyau** de l'atome.* ➠ p. 181. → Prononciation [nwajo].

▸ **noyé, ée** (nom)
Personne morte par noyade. *On déplore deux **noyés** à la suite de la tempête en mer.* → Prononciation [nwaje].

▸ **1. noyer** (verbe) ⊙ conj.n°6
1. Tuer quelqu'un ou un animal en le mettant sous l'eau. *Le chat ne savait pas nager et **s'est noyé**.* 2. Embrouiller quelqu'un. *Fatima **est noyée** dans des explications compliquées.* • **Noyer le poisson :** chercher à embrouiller son interlocuteur pour éviter une question embarrassante. → Prononciation [nwaje]. ⊙ Famille du mot : noyade, noyé.

▸ **2. noyer** (nom masculin)
Arbre fruitier qui donne les noix. → Prononciation [nwaje]. ➠ p. 465.

nu, nue (adjectif)
1. Qui ne porte aucun vêtement. *Gaëlle s'est mise toute **nue** pour prendre une douche.* (Contr. habillé.) **2.** Sans aucune décoration ni aucun ornement. *Les murs de sa chambre sont entièrement **nus**.* • **À mains nues** : sans arme. • **À l'œil nu** : en regardant sans instrument spécial. *Tu devrais prendre des jumelles car tu ne verras rien **à l'œil nu**.* ▷ **nu** (nom masculin) Tableau qui représente un corps humain nu. ⊙ Famille du mot : dénuder, nudisme, nudiste, nudité.

« Le Bain turc » d'Ingres (1862) représente des personnages **nus**.

nuage (nom masculin)
1. Amas de gouttelettes d'eau qui flotte dans le ciel. *Ces gros **nuages** devraient apporter la pluie.* **2.** Matière légère et vaporeuse qui empêche de voir. *Un **nuage** de poussière et de fumée s'est élevé après l'explosion.* • **Être dans les nuages** : être distrait ou rêveur.

nuageux, euse (adjectif)
Couvert de nuages. *Le ciel est **nuageux** aujourd'hui, il va peut-être pleuvoir.*

nuance (nom féminin)
1. Chacun des degrés par lesquels peut passer une couleur. *Pour la peinture de sa chambre, Hélène hésite entre différentes **nuances** de jaune.* **2.** Petite différence. *Il y a une **nuance** de sens entre beau et magnifique.*

nuancer (verbe) ○ conj.n°4
Exprimer quelque chose en tenant compte des nuances. *Quand vous connaîtrez mieux la question, vous **nuancerez** vos propos.*

nucléaire (adjectif)
Qui utilise l'énergie produite par la désintégration du noyau de l'atome. *Cette centrale **nucléaire** produit de l'électricité. Les armes **nucléaires** sont redoutables.* ▷ **nucléaire** (nom masculin) Énergie nucléaire. *Le **nucléaire** fournit 80 % de l'électricité en France.* ⊙ Nucléaire vient du latin *nucleus* qui signifie « noyau ».

nudisme (nom masculin)
Pratique qui invite à vivre nu en pleine nature. (Syn. naturisme.)

nudiste (nom)
Adepte du nudisme. (Syn. naturiste.)

nudité (nom féminin)
État d'une personne nue.

nuée (nom féminin)
Grande quantité d'insectes, d'oiseaux, qui évoque un nuage. *Une **nuée** d'abeilles s'est échappée de la ruche.*

nues (nom féminin pluriel)
Synonyme littéraire de nuage. • **Porter aux nues** : louer très exagérément. • **Tomber des nues** : être très surpris en apprenant une nouvelle.

nuire (verbe) ○ conj.n°43
Causer du tort ou du mal. *Le tabac et l'alcool **nuisent** beaucoup à la santé.* ➜ Nuire se conjugue comme *cuire*, sauf au participe passé : *nui*. ⊙ Famille du mot : nuisance, nuisible.

nuisance (nom féminin)
Ce qui nuit à la qualité de la vie. *La pollution de l'eau, le bruit, les fumées d'usine sont des **nuisances** pour l'homme.*

nuisible (adjectif)
Qui nuit. *Ces insectes sont **nuisibles** aux cultures. Un climat **nuisible** à la santé.*

nuit (nom féminin)
Durée pendant laquelle le Soleil n'éclaire pas la partie de la Terre où on se trouve. *En hiver, les **nuits** sont plus longues qu'en été. Il est neuf heures du soir, la **nuit** commence à tomber.*

1. nul, nulle (adjectif)
Pas un seul. ***Nulle** autre chanson n'est aussi belle !* (Syn. aucun.) ▷ **nul** (pronom) Pas une seule personne. ***Nul** n'est censé ignorer la loi.* ⊙ Famille du mot : nullement, nulle part.

2. nul, nulle (adjectif)
Qui n'a aucune valeur ou qui est très mauvais dans un domaine. *Il est **nul** en géographie.* • **Match nul :** dans lequel il n'y a ni gagnant ni perdant. ⊙ Famille du mot : annulation, annuler, nullité.

nullement (adverbe)
Pas du tout. *Tu ne me gênes **nullement**.*

nulle part (adverbe)
À aucun endroit. *Julie a beau chercher son maillot de bain, elle ne le trouve **nulle part**.*

nullité (nom féminin)
Caractère nul de quelque chose ou de quelqu'un. *Le Conseil d'État a déclaré la **nullité** de cette élection.*

numéraire (nom masculin)
Argent liquide. *On a dû payer en **numéraire** et non par chèque.* (Syn. espèces.)

numéral, ale, aux (adjectif)
• **Adjectif numéral :** adjectif qui représente un nombre. *Les adjectifs **numéraux** indiquent soit la quantité (deux), soit le rang (deuxième).* ⊙ Famille du mot : numérateur, numération, numérique.

numérateur (nom masculin)
Terme d'une fraction placé au-dessus de la barre et qui indique de combien de parties égales de l'unité se compose cette fraction.

numération (nom féminin)
Manière d'énoncer ou d'écrire les nombres. *La **numération** romaine n'utilisait pas le 0.*

numérique (adjectif)
1. Considéré du point de vue du nombre. *Ils ont gagné grâce à leur forte supériorité **numérique**.* 2. Qui enregistre une information sous forme de nombres. *Un système d'affichage **numérique**.*

numéro (nom masculin)
1. Chiffre ou ensemble de chiffres. *Ce bus porte le **numéro** 177.* 2. Exemplaire d'un journal ou d'une revue. *Le prochain **numéro** sort dès le 15 juin.* 3. Partie d'un spectacle. *Guillaume a surtout aimé le **numéro** de clowns.* ⊙ Famille du mot : numérotation, numéroter.

numérotation (nom féminin)
Action ou façon de numéroter. *L'imprimeur s'est trompé dans la **numérotation** des pages.*

numéroter (verbe) ⊙ conj.n°3
Marquer d'un numéro. *Amandine **numérote** les pages de son exposé.*

nu-pieds (nom masculin)
Sandale qui laisse le pied largement découvert. *Myriam met des **nu-pieds** pour aller à la plage.* → Pluriel : des nu-pieds.

nuptial, ale, aux (adjectif)
Du mariage. *La cérémonie **nuptiale** a eu lieu à la mairie.*

nuque (nom féminin)
Partie arrière du cou. *Les prisonniers marchaient les mains derrière la **nuque**.* ➠ p. 263.

nurse (nom féminin)
Femme chargée de s'occuper des enfants et qui vit avec la famille. → Nurse est un mot anglais : on prononce [nœʀs].

nursery (nom féminin)
Endroit réservé aux soins donnés aux très jeunes enfants. *À l'aéroport, il y a une **nursery** pour changer les bébés.* → Nursery est un mot anglais : on prononce [nœʀsəʀi].

nutritif, ive (adjectif)
Synonyme de nourrissant. *Le kiwi est un fruit très* ***nutritif****.* Famille du mot : malnutrition, nutrition, nutritionniste.

nutrition (nom féminin)
Manière de se nourrir. *Dans les pays sous-développés, il y a de gros problèmes de* ***nutrition****.*

nutritionniste (nom)
Médecin spécialiste de la nutrition. *Un* ***nutritionniste*** *lui a indiqué le régime alimentaire à suivre.*

nylon (nom masculin)
Fibre textile synthétique. *Une chemise en* ***nylon*** *n'a pas besoin d'être repassée.*
→ Nylon est le nom d'une marque.

nymphe (nom féminin)
Dans la mythologie grecque, divinité des montagnes, des bois ou des fleuves. → Prononciation [nɛ̃f].

nymphéa (nom masculin)
Nénuphar blanc. *Les* ***nymphéas*** *du peintre Claude Monet sont très connus.*

o (nom masculin)
Quinzième lettre de l'alphabet. *Le **o** est une voyelle.*

oasis (nom féminin)
Endroit du désert couvert de végétation et habité grâce à la présence d'un point d'eau. *De nombreux palmiers poussent dans l'**oasis**.* → Prononciation [ɔazis].

une **oasis** vue d'avion

obéir (verbe) ○ conj.n°11
Se soumettre à l'autorité de quelqu'un. *Je commande et tu **obéis**.* (Contr. désobéir.) ⊙ Famille du mot : désobéir, désobéissance, désobéissant, obéissance, obéissant.

obéissance (nom féminin)
Fait d'obéir à un ordre. *Le soldat a été puni pour refus d'**obéissance**.* (Syn. soumission. Contr. désobéissance.)

obéissant, ante (adjectif)
Qui obéit. *Un enfant **obéissant**.* (Syn. docile, soumis. Contr. désobéissant.)

obélisque (nom masculin)
Colonne de pierre à quatre faces, se terminant en pointe. *Les **obélisques** se trouvaient à l'entrée des temples égyptiens.*

obèse (adjectif et nom)
Qui est trop gros. *Cet enfant est **obèse**, il devrait suivre un régime.* (Contr. maigre.)

obésité (nom féminin)
État d'une personne obèse. *En cas d'**obésité**, il faut consulter un médecin.*

objecter (verbe) ○ conj.n°3
Opposer comme argument. *On lui **a objecté** qu'il était trop jeune pour s'inscrire au club.* ⊙ Famille du mot : objecteur, objection.

objecteur (nom masculin)
• **Objecteur de conscience** : jeune homme qui refuse d'être soldat parce que sa conscience le lui interdit.

1. objectif, ive (adjectif)
Qui voit les choses comme elles sont réellement. *Cet article est un compte rendu **objectif** des événements.* (Contr. subjectif.) ⊙ Famille du mot : objectivement, objectivité.

a b c d e f g h i j k l m n o p q r s t u v w x y z

▸ **2. objectif** (nom masculin)
1. But qu'on cherche à atteindre. *Benjamin s'est fixé comme* ***objectif*** *d'être le meilleur de sa classe.* **2.** Ensemble de lentilles de verre qui permet de filmer ou de photographier.

▸ **objection** (nom féminin)
Ce que l'on objecte à une proposition. *Quelqu'un a-t-il une* ***objection*** *?*

▸ **objectivement** (adverbe)
De façon objective. *Efforcez-vous de raconter les faits aussi* ***objectivement*** *que possible !*

▸ **objectivité** (nom féminin)
Qualité d'une personne ou d'une chose objective. *Le manque d'****objectivité*** *de ce journal rend douteuses toutes ses informations.* (Contr. subjectivité.)

▸ **objet** (nom masculin)
1. Chose qu'on peut voir ou toucher. *Une théière, un crayon, une affiche sont des* ***objets****.* **2.** Ce que l'on cherche à faire. *Voici l'****objet*** *de ma visite.* (Syn. but, sujet.) • **Complément d'objet :** chose ou personne sur quoi porte l'action du verbe. *Dans la phrase « Clément regarde souvent les étoiles », « étoiles » est* ***complément d'objet*** *de « regarde ».*

▸ **obligation** (nom féminin)
Ce qu'on est obligé de faire. *Ses* ***obligations*** *professionnelles ont empêché Alain de venir.*

▸ **obligatoire** (adjectif)
Qu'on est obligé de faire sous peine de sanctions. *Le port de la ceinture de sécurité est* ***obligatoire*** *en voiture.* (Contr. facultatif.)

▸ **obligatoirement** (adverbe)
De façon obligatoire. *Benjamin doit* ***obligatoirement*** *verser cinq euros au moment de l'inscription.*

▸ **obligeance** (nom féminin)
Qualité d'une personne obligeante. *Je vous remercie de votre* ***obligeance****.* (Syn. amabilité, gentillesse.)

▸ **obligeant, ante** (adjectif)
Qui aime obliger, rendre service. *Monsieur Dubois est un homme très* ***obligeant****, très apprécié de ses voisins.* (Syn. aimable, complaisant, serviable.)

▸ **obliger** (verbe) ○ conj.n°5
1. Forcer quelqu'un à faire quelque chose. *La pluie nous* ***a obligés*** *à rentrer au plus vite à la maison.* (Syn. contraindre.) **2.** Synonyme littéraire de rendre service. *Vous m'****obligeriez*** *en me prêtant votre crayon.* ⊙ Famille du mot : désobligeant, obligation, obligatoire, obligatoirement, obligeance, obligeant.

▸ **oblique** (adjectif)
Qui n'est ni vertical ni horizontal. *Anna a dessiné le toit de la maison avec deux lignes* ***obliques****.*

▸ **obliquer** (verbe) ○ conj.n°3
Changer de direction. *Au croisement, la voiture* ***a obliqué*** *à droite.* (Syn. tourner.)

▸ **oblitérer** (verbe) ○ conj.n°8
Rendre un timbre postal inutilisable une seconde fois en le marquant d'un cachet qui porte la date du jour de l'envoi du courrier.

▸ **oblong, ongue** (adjectif)
De forme allongée. *Les aubergines ont une forme* ***oblongue****.*

▸ **obnubilé, ée** (adjectif)
Qui est complètement obsédé par quelque chose. *Ils sont* ***obnubilés*** *par la télévision.*

▸ **obole** (nom féminin)
Petite contribution en argent. *Chacun a apporté son* ***obole*** *pour aider les réfugiés.* ⊙ L'obole était une petite pièce de monnaie de la Grèce antique.

▸ **obscène** (adjectif)
Qui est indécent et très grossier. *Quelqu'un a écrit des mots* ***obscènes*** *sur les portes des W.-C. publics.*

▸ **obscénité** (nom féminin)
Parole ou geste obscène. *Un clochard, complètement ivre, hurle des* ***obscénités****.*

▸ **obscur, ure** (adjectif)
1. Qui manque de lumière. *Ce parking sous-terrain est très* ***obscur****.* (Syn. sombre.) **2.** Qui est difficile à comprendre. *Sa lettre contient quelques passages* ***obscurs****.* (Syn. confus. Contr. clair.) **3.** Qui est peu connu. *Pendant la guerre, il y a eu bien des héros* ***obscurs****.* (Contr. célèbre, illustre.) ⊙ Famille du mot : obscurcir, obscurité.

obscurcir (verbe) ○ conj.n°11
Rendre obscur. *Le ciel **s'obscurcit**, l'orage est proche.* (Syn. assombrir.)

obscurité (nom féminin)
Absence de lumière. *David ne trouve pas la minuterie dans l'**obscurité**.* (Syn. noir.)

obsédant, ante (adjectif)
Qui obsède. *Ce rêve **obsédant** lui est revenu à l'esprit plusieurs fois dans la journée.*

obséder (verbe) ○ conj.n°8
Occuper sans cesse l'esprit. *Son travail **obsède** Clément jour et nuit.* (Syn. hanter.) ⊙ Famille du mot : obsédant, obsession.

obsèques (nom féminin pluriel)
Synonyme de funérailles. *Les **obsèques** ont eu lieu dans la plus stricte intimité.*

observateur, trice (adjectif)
Qui aime et sait observer. *C'est une personne attentive, qui a l'esprit **observateur**.* ▷ **observateur, trice** (nom) Personne chargée d'observer quelque chose sans y participer. *L'O.N.U. a envoyé des **observateurs** dans la zone des combats.*

observation (nom féminin)
1. Action d'observer. *Ibrahim a le sens de l'**observation**, il ferait vraiment un parfait détective.* 2. Critique concernant l'attitude de quelqu'un. *La maîtresse lui a déjà fait plusieurs **observations**.* (Syn. remontrances, réprimande, reproche.) 3. Réflexion sur une question. *Avez-vous quelques **observations** à faire ?* (Syn. commentaire, remarque.)

observatoire (nom masculin)
Établissement qui est destiné aux observations scientifiques. *Les treize astronomes ont observé la comète avec le télescope de l'**observatoire**.*

un **observatoire**

observer (verbe) ○ conj.n°3
1. Regarder attentivement pour étudier ou surveiller. *La sentinelle **observe** les alentours.* 2. Se conformer à une règle. *Dans la bibliothèque, on est prié d'**observer** le silence.* (Syn. respecter.) ⊙ Famille du mot : observateur, observation, observatoire.

obsession (nom féminin)
Pensée obsédante. *Devenir une star, c'est une **obsession** chez elle.* (Syn. hantise, idée fixe.)

obstacle (nom masculin)
1. Ce qui empêche de passer. *La voiture bleue a évité l'**obstacle** de justesse.* 2. Ce qui gêne ou empêche la réalisation de quelque chose. *Pour trouver un emploi, elle a triomphé de tous les **obstacles**.* (Syn. difficulté.)

obstination (nom féminin)
Caractère ou comportement d'une personne qui s'obstine. *Son **obstination** à apprendre le mènera très loin.* (Syn. acharnement, entêtement.)

obstinément (adverbe)
Avec obstination. *Amandine refuse **obstinément** de se faire aider.*

s'obstiner (verbe) ○ conj.n°3
Persévérer avec entêtement. *Guillaume **s'obstine** à vouloir la convaincre.* (Syn. s'acharner, s'entêter.) ⊙ Famille du mot : obstination, obstinément.

obstruction (nom féminin)
• **Faire de l'obstruction** : bloquer le déroulement d'une discussion ou d'une action.

obstruer (verbe) ○ conj.n°3
Boucher un conduit. *Un nid d'oiseaux **a obstrué** la gouttière.*

obtempérer (verbe) ○ conj.n°8
Obéir sans discuter. *Le gendarme a écrit dans son procès-verbal que l'automobiliste avait vraiment refusé d'**obtempérer**.*

obtenir (verbe) ○ conj.n°19
Parvenir à avoir. *Élodie **a obtenu** la permission d'aller à la patinoire.*

obtention (nom féminin)
Fait d'obtenir. *On lui a expliqué les démarches nécessaires à l'**obtention** d'un visa.*

obturer (verbe) conj.n°3
Boucher une ouverture ou un trou. *L'entrée du souterrain **a été obturée** pour éviter les accidents.*

obtus, use (adjectif)
Sans finesse. *Je le trouve borné et **obtus**.* (Contr. fin, subtil, vif.) • **Angle obtus** : angle plus ouvert que l'angle droit. (Contr. aigu.) ➡ p. 512.

obus (nom masculin)
Projectile explosif lancé par un canon. *Un éclat d'**obus** l'a atteint à l'épaule.*

oc (nom masculin)
• **Langue d'oc** : ensemble des dialectes du Moyen Âge parlés dans le sud de la France. ⊙ Dans ces dialectes, *oui* se disait oc alors que dans le nord de la France, *oui* se disait oïl.

occasion (nom féminin)
1. Circonstance favorable. *Pierre a profité de l'**occasion** pour s'en aller.* 2. Marchandise vendue à un prix intéressant. *Une **occasion** pareille, il ne faut surtout pas la laisser passer !* • **À l'occasion** : si le cas se présente. • **À l'occasion d'un événement** : à cause ou à propos de celui-ci. • **D'occasion** : qui n'est pas neuf. *Une voiture **d'occasion**.* ⊙ Famille du mot : occasionnel, occasionnellement.

occasionnel, elle (adjectif)
Qui se produit à l'occasion. *Ce n'est pas son métier, c'est un travail **occasionnel**.*

occasionnellement (adverbe)
De façon occasionnelle. *Il lui arrive **occasionnellement** de garder les enfants de la voisine.* (Contr. habituellement.)

occasionner (verbe) conj.n°3
Être l'occasion malheureuse de quelque chose. *Son étourderie lui **a occasionné** bien des ennuis.* (Syn. causer, provoquer.)

occident (nom masculin)
Côté de l'horizon où le soleil se couche. (Syn. couchant, ouest. Contr. levant, orient.) • **L'Occident** : l'ensemble des pays d'Europe et d'Amérique du Nord.

occidental, ale, aux (adjectif)
De l'occident. *La Bretagne est située dans la partie **occidentale** de la France.* ▷ **occidental, ale, aux** (adjectif et nom) De l'Occident. *La France, l'Italie, l'Allemagne, le Canada sont des pays **occidentaux**. Les Français, les Anglais sont des **Occidentaux**.*

occitan, ane
➡ Voir tableau p. 6.

occulte (adjectif)
Qui est caché et mystérieux. *Cet homme a eu un rôle **occulte** dans la vie politique de son époque.* • **Sciences occultes** : études qui s'intéressent à des phénomènes inexplicables. *L'astrologie, l'alchimie, la magie sont des **sciences occultes**.*

occulter (verbe) conj.n°3
Synonyme littéraire de cacher. *La vérité **a été occultée**.*

occupant, ante (nom)
Personne qui occupe un local ou un lieu. *Les **occupants** de l'immeuble ont été évacués par les pompiers.* ▷ **occupant** (nom masculin) Ennemi qui occupe un pays. *La résistance est venue à bout de l'**occupant**.*

occupation (nom féminin)
1. Activité qui occupe le temps. *Léa est une femme qui a beaucoup d'**occupations**.* 2. Action d'occuper. *L'armée d'**occupation** a finalement été chassée du pays.*

occupé, ée (adjectif)
1. Qui est en train de faire quelque chose ou qui a beaucoup à faire. *Vous voyez bien que je suis **occupé** !* 2. Où quelqu'un est déjà installé. *La place est déjà **occupée**, il faudra attendre votre tour.* (Contr. inoccupé, libre.) 3. Qui est envahi par un pays ennemi. *En 1940, la France a été partagée entre une zone libre et une zone **occupée** par l'armée allemande.*

occuper (verbe) ○ conj.n°3
1. Remplir le temps de quelqu'un. *À quoi **occupez-vous** toutes vos soirées ?* **2.** Remplir un espace. *Un marché couvert **occupe** le centre du village.* **3.** Habiter un lieu. *La concierge **occupe** la loge à l'entrée de l'immeuble.* **4.** Se rendre maître d'un lieu. *La France **a été occupée** de 1940 à 1944.* **5.** S'occuper de : consacrer du temps et de l'attention à quelqu'un ou à quelque chose. *C'est Quentin qui **s'occupe** du chat, il n'oublie jamais de lui donner ses croquettes.* ⊙ Famille du mot : inoccupé, occupant, occupation, occupé.

occurrence (nom féminin)
• **En l'occurrence** : dans le cas dont on parle. *À la plage, j'ai rencontré un de mes amis, **en l'occurrence** c'était Romain.*

océan (nom masculin)
Vaste étendue d'eau salée. *L'**océan** Pacifique, l'**océan** Atlantique, l'**océan** Indien, l'**océan** Arctique, l'**océan** Antarctique.* ⊙ Famille du mot : océanique, océanographie.

Une plage paradisiaque des îles Maldives, dans l'**océan** Indien.

océanien, enne
➠ Voir tableau p. 6.

océanique (adjectif)
Se dit du climat doux et humide des régions proches de l'océan. *La Bretagne a un climat **océanique**.*

océanographie (nom féminin)
Science qui étudie les océans.

ocelot (nom masculin)
Félin d'Amérique du Sud à la fourrure tachetée de brun.

un **ocelot**

ocre (adjectif)
De couleur jaune foncé ou jaune-brun. *Un village provençal aux maisons **ocre**.* → Pluriel : des murs ocre. ▷ **ocre** (nom masculin) Couleur ocre.

octave (nom féminin)
Intervalle de huit notes formant la gamme.

octobre (nom masculin)
Dixième mois de l'année, qui compte 31 jours. ⊙ Octobre vient du latin *octo* qui signifie « huit » : c'était le huitième mois de l'année romaine, qui commençait en mars.

octogénaire (adjectif et nom)
Qui a entre quatre-vingts et quatre-vingt neuf ans. *L'arrière-grand-mère de Fatima est **octogénaire**.*

octogone (nom masculin)
Polygone qui a huit côtés. ➠ p. 512.

octroi (nom masculin)
Autrefois, sorte de droit de douane sur les marchandises, perçu à l'entrée des villes.

octroyer (verbe) ○ conj.n°6
Attribuer par faveur. *Camille **s'est octroyé** quelques jours de vacances.* (Syn. accorder.)

oculaire (adjectif)
De l'œil. *On lui a recommandé de faire de la gymnastique **oculaire**.* • **Témoin oculaire** : qui a vu une chose de ses propres yeux. ▷ **oculaire** (nom masculin) Partie d'un appareil d'optique où l'on applique l'œil.

oculiste (nom)
Synonyme d'ophtalmologiste. *Notre **oculiste** lui a prescrit une paire de lunettes.* ⊙ Voir ophtalmologiste.

odeur (nom féminin)
Sensation perçue par le nez. *Il flotte une **odeur** de pomme dans le grenier.* ⊙ Famille du mot : déodorant, inodore, malodorant, odorant, odorat, odoriférant.

odieux, euse (adjectif)
Qui est détestable. *Son égoïsme est parfois **odieux** !* (Syn. insupportable. Contr. charmant.)

odorant, ante (adjectif)
Qui répand une odeur. *Le muguet, le lis, le lilas sont des fleurs **odorantes**.* (Contr. inodore.)

odorat (nom masculin)
Sens par lequel on perçoit les odeurs. *À l'**odorat**, je sais déjà ce que nous allons manger.*

odoriférant, ante (adjectif)
Qui sent bon. *Le thym et la lavande sont des plantes **odoriférantes**.*

odyssée (nom féminin)
Voyage plein de péripéties. *Leur retour de vacances a été une véritable **odyssée**.* ⊙ « L'Odyssée » est le titre d'un long poème grec dans lequel Homère raconte comment, après le siège de Troie, Ulysse erra dix ans sur la Méditerranée avant de rentrer chez lui.

Ulysse, résistant au chant des sirènes lors de son **odyssée**.

œil (nom masculin)
Organe de la vue. *Zoé, toi qui as de bons **yeux**, veux-tu m'enfiler mon aiguille ?* ➠ p. 263. • **À l'œil** : synonyme familier de gratuitement. • **Avoir bon pied bon œil** : être en bonne santé, en parlant d'une vieille personne. • **Avoir l'œil à tout** : veiller à tout. • **Avoir quelqu'un à l'œil** : le surveiller. • **Coûter les yeux de la tête** : coûter très cher. • **D'un bon** ou **d'un mauvais œil** : favorablement ou défavorablement. • **Faire les gros yeux à quelqu'un** : le regarder sévèrement. • **Fermer les yeux sur quelque chose** : faire comme si on ne l'avait pas vu. • **Ne pas avoir les yeux dans sa poche** : être très observateur. • **Ouvrir l'œil** : être très attentif. • **Ouvrir les yeux** : voir la réalité telle qu'elle est. • **Pour les beaux yeux de quelqu'un** : pour lui plaire. → Prononciation [œj]. → Pluriel : des yeux [jø]. ⊙ Famille du mot : œil-de-bœuf, œillade, œillère.

œil-de-bœuf (nom masculin)
Lucarne ronde ou ovale. *Un **œil-de-bœuf** éclaire notre cage d'escalier.* → Pluriel : des œils-de-bœuf.

œillade (nom féminin)
Clin d'œil amoureux ou complice. *Il lui a lancé une **œillade** en souriant.*

œillère (nom féminin)
Chacune des plaques de cuir qui empêchent un cheval de voir sur les côtés. • **Avoir des œillères** : être borné, avoir des préjugés.

œillet (nom masculin)
1. Plante aux fleurs très parfumées. *Le marié portait un **œillet** à la boutonnière.*
2. Petit trou cerclé de métal servant à passer un lacet ou un cordon. *Thomas passe de nouveaux lacets dans les **œillets** de ses baskets.*

œsophage (nom masculin)
Partie du tube digestif qui relie la bouche à l'estomac. *Les aliments descendent dans l'estomac en passant par l'**œsophage**.* ➠ p. 345. → Prononciation [ezɔfaʒ].

œuf (nom masculin)
Ce que pondent les oiseaux, les reptiles, les insectes et les poissons. *La poule couve les **œufs** qu'elle a pondus. Véronique aime beaucoup les **œufs** à la coque.* → Prononciation : un œuf [œ̃nœf], des œufs [dezø].

œuvre (nom féminin)
1. Ce que quelqu'un a fait. *Cette belle cabane est l'**œuvre** de Victor.* (Syn. ouvrage, travail.) 2. Ce qui est produit par un artiste. *Julie a toutes les **œuvres** de Chopin en C.D.* 3. Organisation charitable. *Elle a fait don de sa fortune à une **œuvre** de charité.* • **Mettre en œuvre** : mettre en application. *Le gouvernement **met en œuvre** un programme de lutte contre le chômage.*

Un **œillet** est une **œuvre** de la nature.

offensant, ante (adjectif)
Qui offense. *Vos insinuations sont **offensantes**.* (Syn. blessant, injurieux, insultant.)

offense (nom féminin)
Parole ou action qui offense. *Il a ressenti cette remarque comme une **offense** personnelle.* (Syn. affront, insulte.) ⊙ Famille du mot : offensant, offenser.

offenser (verbe) ○ conj.n°3
Blesser quelqu'un en portant atteinte à sa dignité. *Vous m'**avez offensé** en parlant ainsi de mes parents.* (Syn. froisser, vexer.)

offensif, ive (adjectif)
Qui attaque. *La météo annonce le retour **offensif** du froid.* (Contr. défensif.) ▷ **offensive** (nom féminin) Attaque contre quelqu'un ou quelque chose. *Notre équipe se lance à l'**offensive** du but adverse.*

office (nom masculin)
1. Agence ou bureau chargés d'une question précise. *Vous trouverez un plan de la ville à l'**office** du tourisme.* 2. Service religieux. *L'**office** a lieu chaque dimanche à onze heures.* • **Bons offices** : services rendus par quelqu'un. • **D'office** : sans demander l'avis de la personne concernée. • **Faire office** : remplir une fonction ou un rôle. *Avec nos amis allemands, William **a fait office** de traducteur.*

officialiser (verbe) ○ conj.n°3
Rendre officiel. *Ils vivaient ensemble depuis plusieurs années, ils se sont mariés pour **officialiser** leur situation.*

officiel, elle (adjectif)
1. Qui vient de l'État ou d'une autorité. *Le passeport et le permis de conduire sont des documents **officiels**.* 2. Reconnu comme vrai par une autorité. *L'élection du nouveau Président est **officielle**.* (Contr. officieux.) ▷ **officiel** (nom masculin) Personne qui représente l'État ou une autorité. *Cette tribune est réservée aux **officiels**.* ⊙ Famille du mot : officialiser, officiellement

officiellement (adverbe)
De façon officielle. *Son oncle a été averti **officiellement** de sa nomination.*

officier (nom masculin)
Militaire qui a au moins le grade de sous-lieutenant. *Les lieutenants, les capitaines, les généraux sont des **officiers**.*

officieusement (adverbe)
De façon officieuse. *On murmure **officieusement** que le ministre pourrait démissionner.*

▸ **officieux, euse** (adjectif)
Qui n'est pas confirmé officiellement. *Sa nomination est encore **officieuse**.* (Contr. officiel.)

▸ **offrande** (nom féminin)
Synonyme littéraire de don. *À l'église, on peut déposer son **offrande** dans le panier.*

▸ **offrant** (nom masculin)
• **Le plus offrant** : celui qui offre le prix le plus élevé pour acheter quelque chose.

▸ **offre** (nom féminin)
Ce qui est offert. *Il m'a proposé de m'aider, j'ai accepté son **offre**.*

▸ **offrir** (verbe) ⊙ conj.n°12
1. Faire cadeau de quelque chose. *Xavier **a offert** des fleurs à sa mère.* 2. Proposer quelque chose à quelqu'un. *Laura **a offert** à la vieille dame de l'aider.* 3. Présenter ou montrer. *Après le cyclone, le paysage **offre** un spectacle désolant.* ⊙ Famille du mot : offrande, offrant, offre.

▸ **offusquer** (verbe) ⊙ conj.n°3
Déplaire à quelqu'un en heurtant sa sensibilité. *La tante de Yann manque d'humour, elle **s'offusque** de toute plaisanterie.* (Syn. choquer.)

▸ **ogive** (nom féminin)
1. Chacun des deux arcs qui se croisent en diagonale sous une voûte pour la renforcer. *Les cathédrales gothiques ont des fenêtres et des voûtes en **ogive**.* 2. Partie pointue à l'avant d'un obus ou d'un missile. *L'**ogive** contient la charge nucléaire.*

▸ **ogre, ogresse** (nom)
Géant des contes de fées, qui dévore les petits enfants. *Grâce à la ruse du Petit Poucet, l'**ogre** mangea ses propres enfants.*

▸ **oh !** (interjection)
Marque la surprise, l'admiration, la colère. ***Oh ! oh !** Tu as vu qui vient ?*

▸ **oie** (nom féminin)
Oiseau palmipède migrateur, au plumage blanc ou gris, dont une espèce est domestiquée. *Le jars est le mâle de l'**oie**. On gave les **oies** pour faire du foie gras.* • **Bête comme une oie** : très bête.

une **oie**

▸ **oignon** (nom masculin)
1. Plante potagère dont le bulbe est comestible. *Myriam pleure en coupant les **oignons**.* 2. Bulbe de certaines plantes. *Des **oignons** de tulipe et de jacinthe.* • **En rang d'oignons** : alignés sur une seule ligne. → Prononciation [ɔɲɔ̃].

▸ **oïl** (adverbe)
• **Langue d'oïl** : ensemble de dialectes du Moyen Âge, parlés dans le nord de la France. ⊙ Voir oc.

▸ **oiseau, eaux** (nom masculin)
Animal vertébré ovipare, couvert de plumes, qui a un bec et peut généralement voler. *Il y a environ 10 000 espèces d'**oiseaux**.* • **À vol d'oiseau** : en ligne droite. ➠ p. 776.

▸ **oiseau-mouche** (nom masculin)
Synonyme de colibri. → Pluriel : des oiseaux-mouches.

▸ **oiseux, euse** (adjectif)
Qui ne sert à rien. *Pierre se perd en discussions **oiseuses**.* (Syn. inutile, stérile, vain.)

oisif, ive (adjectif et nom)
Qui n'a pas d'occupation. *C'est un homme riche qui mène une vie **oisive**.* (Syn. désœuvré, inactif, inoccupé.)

oisillon (nom masculin)
Petit oiseau. *Benjamin a recueilli un **oisillon** tombé du nid.*

oisiveté (nom féminin)
État d'une personne oisive. *L'état d'**oisiveté** forcée était insupportable aux prisonniers.* (Syn. désœuvrement, inaction.)

O.K. (adverbe)
Synonyme familier de d'accord. ➜ O.K. est un mot américain : on prononce [ɔke].

okapi (nom masculin)
Mammifère ruminant des forêts d'Afrique, au pelage marron et aux pattes rayées de blanc.

un **okapi**

oléagineux, euse (adjectif)
Qui contient de l'huile. *Les arachides sont des graines **oléagineuses**.* ▷ **oléagineux** (nom masculin) Plante dont on extrait l'huile. *Le maïs, le soja, l'arachide sont des **oléagineux**.*

oléoduc (nom masculin)
Canalisation servant à transporter le pétrole. (Syn. pipeline.)

olfactif, ive (adjectif)
Qui concerne l'odorat. *Le nez sert à percevoir les sensations **olfactives**.*

olive (nom féminin)
Fruit comestible de l'olivier, dont on extrait de l'huile. *Des **olives** vertes, des **olives** noires.*

des **olives**

oliveraie (nom féminin)
Terrain planté d'oliviers. *Cette **oliveraie** comporte des arbres centenaires.*

olivier (nom masculin)
Arbre des régions méditerranéennes dont le fruit est l'olive. *L'**olivier** a des feuilles persistantes et un bois très dur.* ➠ p. 69.

olympique (adjectif)
Qui concerne les jeux Olympiques. *Une piscine **olympique** mesure 50 m de long.* • **Jeux Olympiques** : épreuves sportives internationales qui ont lieu tous les quatre ans. ⊙ Olympique vient du nom de la ville grecque *Olympie*, où se sont déroulés tous les quatre ans, pendant onze siècles, les jeux de l'Antiquité (du VIIe siècle avant J.-C. au IVe siècle après J.-C.).

ombilical, ale, aux (adjectif)
• **Cordon ombilical** : petit conduit qui relie le fœtus à sa mère et lui permet de vivre dans son ventre. ⊙ Ombilical vient du latin *umbilicus* qui signifie « nombril », car le nombril est la cicatrice de la coupure, à la naissance, du cordon ombilical.

ombrage (nom masculin)
Ombre produite par les feuillages des arbres. *L'**ombrage** léger des acacias.* • **Prendre ombrage de quelque chose** : dans la langue littéraire, mal le prendre, être vexé.

Les oiseaux

alouette
ibis
crâne
œil
cerveau
oreille
gésier
œsophage
rein
trachée
intestin
poumons
cœur
rate
foie
L'anatomie d'un oiseau
goéland
cormoran
caille
épervier
coucou
faucon
faisan
dindon
condor
grue

cigogne
albatros
manchot
hibou
canard
corbeau
buse
hirondelle
martin-pêcheur
rouge-gorge
vautour
toucan
colibri
ara
pélican
utruche
flamant

a b c d e f g h i j k l m n o p q r s t u v w x y z

▸ **ombragé, ée** (adjectif)
Où il y a de l'ombre. *Les enfants se sont promenés dans les allées **ombragées** du parc.*

▸ **ombrageux, euse** (adjectif)
1. Se dit d'un cheval qui a peur des ombres et même de son ombre. 2. Qui s'inquiète et prend ombrage facilement. *Son visage s'est assombri d'un coup, il a un caractère **ombrageux**.* (Syn. susceptible.)

▸ **ombre** (nom féminin)
Zone sombre qui se produit quand la lumière est arrêtée par un objet opaque. *Ils se reposent à l'**ombre** du tilleul. Le clair de lune dessine l'**ombre** des promeneurs sur la plage.* • **Pas l'ombre de quelque chose :** pas la plus petite quantité. *Il n'y a **pas l'ombre d'**un doute, c'est bien lui !* ⊙ Famille du mot : ombrage, ombragé, ombrageux, ombrelle.

le théâtre d'**ombres** de Java et de Bali

▸ **ombrelle** (nom féminin)
Autrefois, petit parasol portatif pour dames.

▸ **omelette** (nom féminin)
Œufs battus et cuits à la poêle. *Une délicieuse **omelette** aux lardons.*

▸ **omettre** (verbe) ○ conj.n°33
Négliger de faire ou de dire quelque chose. *Vous **avez omis** de me rendre ma monnaie.* (Syn. oublier.)

▸ **omission** (nom féminin)
1. Action d'omettre quelque chose. *En ne disant pas qu'il y était lui aussi, Clément a menti par **omission**.* 2. Chose omise. *Il y a plusieurs **omissions** dans votre récit.*

▸ **omnibus** (nom masculin)
Train qui s'arrête à toutes les gares. *Ce train de banlieue est un **omnibus**.* ⊙ Omnibus est un mot latin qui signifie « pour tous ».

▸ **omnisports** (adjectif)
Où l'on pratique différents sports. *Une salle **omnisports**.*

▸ **omnivore** (adjectif)
Qui se nourrit aussi bien d'animaux que de végétaux. *Le loup est carnivore, le mouton est herbivore, l'homme est **omnivore**.*

▸ **omoplate** (nom féminin)
Os plat de l'épaule. *L'**omoplate** a la forme d'un triangle.*

▸ **on** (pronom)
1. Les gens en général. ***On** prétend qu'il va y avoir de nouvelles élections.* 2. Une ou plusieurs personnes qu'on ne nomme pas. ***On** vient de me dire qu'il était arrivé.* 3. Synonyme familier de nous. ***On** est restés quelques jours à la mer.* → On est toujours sujet du verbe.

▸ **once** (nom féminin)
Très petite quantité. *Il n'a pas une **once** de bon sens.* ⊙ L'once est une ancienne unité de poids qui valait environ 30 grammes.

▸ **oncle** (nom masculin)
Frère du père ou de la mère. *Le mari de la tante de David est l'**oncle** de David.*

▸ **onctueux, euse** (adjectif)
D'une consistance lisse et veloutée. *La mousse au chocolat est **onctueuse**.*

▸ **onde** (nom féminin)
1. Mouvement à la surface de l'eau, qui se propage en rides successives. *Ibrahim produit des **ondes** sur l'eau en jetant des pierres.* 2. Vibration qui se propage de proche en proche. *Les couleurs sont des **ondes** lumineuses, les bruits sont des **ondes** sonores.* • **Être sur la même longueur d'onde :** se comprendre parfaitement. ▷ **ondes** (nom féminin pluriel) Émission de radio. *L'information est diffusée sur les **ondes**.*

ondée (nom féminin)
Pluie subite et de courte durée. *La météo annonce des **ondées**.* (Syn. averse.)

on-dit (nom masculin)
Paroles malveillantes. *Il est prudent de ne jamais croire les **on-dit**.* (Syn. racontar, rumeur.) → Pluriel : des on-dit.

ondulation (nom féminin)
1. Mouvement régulier qui s'abaisse et s'élève. *L'**ondulation** des vagues fait bouger la barque.* 2. Ce qui évoque ce mouvement par sa forme. *Ses cheveux ont des **ondulations** naturelles.*

ondulé, ée (adjectif)
Qui présente des ondulations. *Les verres sont empaquetés dans du carton **ondulé**.*

onduler (verbe) ○ conj.n°3
Faire des ondulations. *Les drapeaux **ondulent** au vent.*

La surface de l'eau **ondule**.

onéreux, euse (adjectif)
Synonyme de coûteux. *L'entretien de cette grande maison est **onéreux**.* (Contr. bon marché, économique.)

ongle (nom masculin)
Corne qui recouvre l'extrémité supérieure des doigts. *Quentin est tellement nerveux qu'il se ronge les **ongles**.*

onglée (nom féminin)
Engourdissement douloureux du bout des doigts, dû au froid. *Après la bataille de boules de neige, Amandine avait l'**onglée**.*

onguent (nom masculin)
Pommade calmante grasse. *Cet **onguent** est vraiment très efficace sur une entorse.* → Prononciation [ɔ̃gɑ̃].

onirique (adjectif)
Qui semble aussi irréel qu'un rêve. *Dans la neige et le brouillard, le paysage avait un aspect **onirique**.*

onomatopée (nom féminin)
Mot dont le son imite ou évoque la chose qu'il représente. *« Miaou, toc, zézayer » sont des **onomatopées**.*

onyx (nom masculin)
Agate qui présente des anneaux concentriques de diverses couleurs.

de l'**onyx** poli

onze (adjectif)
Dix plus un (11). *Une équipe de football comprend **onze** joueurs.* ▷ **onze** (nom masculin) Nombre onze. *Nous partons le **onze** juillet.*

onzième (adjectif et nom)
Qui occupe le rang numéro 11. *Le bureau est au **onzième** étage. Sarah est la **onzième** sur la liste.* ▷ **onzième** (nom masculin) Ce qui est contenu onze fois dans un tout. *Il a eu le **onzième** de l'héritage.* ▷ **onzième** (nom féminin) Nom donné à la classe de cours préparatoire.

opale (nom féminin)
Pierre fine et blanche, aux reflets irisés. *Le pied de la lampe est en **opale**.*

opaque (adjectif)
Qui ne laisse pas passer la lumière. *Un brouillard **opaque** cachait le paysage.* (Contr. translucide, transparent.)

opéra (nom masculin)
1. Pièce de théâtre mise en musique et dont les paroles sont chantées. *« La Flûte enchantée » est un **opéra** de Mozart.* 2. Théâtre où l'on joue des opéras. *L'**Opéra** de la Bastille, à Paris.* ⊙ Famille du mot : opéra-comique, opérette.

opérable (adjectif)
Qui peut être opéré. *Le chirurgien a estimé que la tumeur était **opérable**.*

opéra-comique (nom masculin)
Opéra qui contient également des dialogues parlés. → Pluriel : des opéras-comiques.

opérateur, trice (nom)
Technicien qui fait fonctionner un appareil. *Un **opérateur** de cinéma est chargé des prises de vues d'un film.*

opération (nom féminin)
1. Ce qui permet de faire un calcul. *Les quatre **opérations** sont l'addition, la soustraction, la multiplication et la division.* 2. Action d'opérer un malade ou un blessé. *Le père de Pierre a subi plusieurs **opérations** chirurgicales.* (Syn. intervention.) 3. Ensemble d'actions visant à obtenir un résultat. *Greffer un arbre est une **opération** très délicate.* 4. Affaire commerciale. *Il a fait une très bonne **opération** en vendant sa maison à ce prix-là.*

opérationnel, elle (adjectif)
Qui est prêt à réaliser les opérations qu'on lui demande. *L'équipe de secours sera **opérationnelle** demain matin.*

opératoire (adjectif)
Qui concerne une opération chirurgicale. *Les infirmières l'ont conduit au bloc **opératoire** pour qu'on l'opère de l'appendice.*

opérer (verbe) ○ conj.n°8
1. Réaliser quelque chose. *Un changement complet **s'est opéré** en lui.* 2. Ouvrir un organe malade pour le soigner. *Le chirurgien qui l'**opère** a une excellente réputation.* ⊙ Famille du mot : opérable, opérateur, opération, opérationnel, opératoire.

opérette (nom féminin)
Petit opéra-comique léger, amusant et gai.

ophtalmologie (nom féminin)
Médecine spécialisée qui étudie l'œil et soigne les troubles de la vue.

ophtalmologiste (nom)
Qui est spécialiste d'ophtalmologie. *L'**ophtalmologiste** soigne les yeux tandis que l'opticien fabrique les lunettes.* (Syn. oculiste.) ⊙ Ophtalmologiste vient du grec *ophtalmos* qui signifie « œil », tandis que son synonyme oculiste vient du latin *oculus* qui a le même sens.

opiner (verbe) ○ conj.n°3
• **Opiner du bonnet :** montrer par un signe de tête qu'on est d'accord.

opiniâtre (adjectif)
Qui fait preuve d'une volonté tenace. *Grâce à un travail **opiniâtre**, les Hollandais ont conquis les polders sur la mer.* (Syn. acharné.)

opiniâtreté (nom féminin)
Attitude opiniâtre. *Il a continué ses recherches avec **opiniâtreté**, sans se soucier des critiques.* (Syn. acharnement, ténacité.)

opinion (nom féminin)
1. Jugement personnel. *N'ayez pas peur de nous dire votre **opinion** !* (Syn. avis.) 2. Manière de penser très largement répandue. *Les propos du ministre ont choqué l'**opinion** publique.*

opium (nom masculin)
Suc du pavot utilisé en médecine et comme drogue. *Les fumeurs d'**opium** sont des toxicomanes.* → Prononciation [ɔpjɔm].

opossum (nom masculin)
Marsupial d'Amérique au pelage gris. → Prononciation [ɔpɔsɔm].

un **opossum**

opportun, une (adjectif)
Qui vient au bon moment. *Cette prime **opportune** lui a permis de payer sa voiture.* (Syn. propice. Contr. inopportun.) ⊙ Famille du mot : inopportun, opportunément, opportunisme, opportuniste, opportunité.

opportunément (adverbe)
De manière opportune. *L'ambulance passait **opportunément** sur les lieux de l'accident.*

opportunisme (nom masculin)
Attitude consistant à adapter son comportement aux circonstances en ne se souciant que de son intérêt.

opportuniste (adjectif et nom)
Qui fait preuve d'opportunisme. *Il change d'avis quand ça l'arrange, c'est un **opportuniste**.*

opportunité (nom féminin)
Caractère de ce qui est opportun. *Les chefs d'État ont discuté de l'**opportunité** d'une intervention militaire.*

opposant, ante (nom)
Personne qui s'oppose au pouvoir. *Le dictateur a fait arrêter tous les **opposants**.*

opposé, ée (adjectif)
1. Qui est en vis-à-vis. *Le bac conduit les voyageurs sur la rive **opposée** du fleuve.* 2. Qui s'oppose. *Nous ne ferons pas route ensemble car je vais dans la direction **opposée**.* (Syn. contraire.) ▷ **opposé** (nom masculin) Chose opposée. *Le caractère de Quentin est l'**opposé** de celui de Zoé.* (Syn. contraire, inverse.)

opposer (verbe) ○ conj.n°3
1. Mettre face à face. *Le match **opposera** l'équipe de rugby de Brive et celle de Toulouse.* 2. Mettre comme obstacle. *Ils **ont opposé** une résistance farouche avant de se rendre.* 3. Mettre en contraste pour comparer. *On **oppose** souvent le tempérament méditerranéen à celui des gens du Nord.* ⊙ Famille du mot : opposant, opposé, opposition.

opposition (nom féminin)
1. Action de s'opposer. *Son père voulait faire **opposition** à leur mariage.* 2. Partis qui s'opposent au sein du gouvernement. *L'**opposition** a voté contre le projet de loi.* • **En opposition :** en contraste ou en conflit. *Ses paroles sont **en opposition** avec ses actes.*

oppresser (verbe) ○ conj.n°3
Gêner la respiration. *Ce temps lourd et orageux nous **oppresse**.* ⊙ Famille du mot : oppresseur, oppression.

oppresseur (nom masculin)
Personne qui opprime les autres. *Les opprimés se sont révoltés contre leurs **oppresseurs**.*

oppression (nom féminin)
1. Sensation d'être oppressé. *Tous les asthmatiques souffrent d'**oppression**.* 2. Pouvoir qui opprime. *Des guérilleros se battent contre l'**oppression** exercée par le dictateur.* (Syn. tyrannie.)

opprimé, ée (adjectif et nom)
Soumis à une oppression. *Robin des Bois défendait les faibles et les **opprimés**.*

opprimer (verbe) ○ conj.n°3
Exercer une autorité abusive et injuste. *Un dictateur **opprime** le peuple.* (Syn. tyranniser.)

opprobre (nom masculin)
Dans la langue littéraire, réprobation publique. *Cette décision politique est en butte à l'**opprobre** général.*

a b c d e f g h i j k l m n o p q r s t u v w x y z

opter (verbe) ◦ conj.n°3
Choisir entre plusieurs choses. *Quand Romain aura dix-huit ans, il devra **opter** pour l'une de ses deux nationalités.* ⊙ Famille du mot : option, optionnel.

opticien, enne (nom)
Personne qui fabrique et qui vend des lunettes et des instruments d'optique. *L'**opticien** a fait les lunettes que l'oculiste avait prescrites.*

optimal, ale, aux (adjectif)
Qui est le meilleur possible. *Cette falaise offre des conditions **optimales** pour faire du parapente.* (Syn. idéal.)

optimisme (nom masculin)
Tendance à voir le bon côté des choses. *Son **optimisme** le conduit à penser qu'il va gagner au loto.* (Contr. pessimisme.) ⊙ Optimisme vient du latin *optimus* qui signifie « très bon ».

optimiste (adjectif et nom)
Qui fait preuve d'optimisme. *Le ministre a tenu des propos **optimistes** concernant la réduction du chômage.* (Contr. pessimiste.)

option (nom féminin)
1. Matière facultative que l'on choisit. *Anna a choisi l'**option** informatique.* 2. Accessoire qu'on peut acheter en plus. *Cette voiture est également disponible avec l'**option** sièges en cuir.* 3. Solution pour laquelle on opte. *Ils n'ont plus les mêmes **options** politiques.*

optionnel, elle (adjectif)
Qui est en option. *Dans les classes scientifiques, le latin est une matière **optionnelle**.* (Contr. obligatoire.)

optique (adjectif)
Qui concerne la vision. *Les sensations lumineuses sont conduites au cerveau par le nerf **optique**.* ▷ **optique** (nom féminin) 1. Partie de la physique qui étudie la lumière et la vision. 2. Manière de voir et de juger. *Les enfants et les adultes n'ont pas toujours la même **optique**.* (Syn. point de vue.) • **Instrument d'optique** : instrument qui permet de voir mieux en corrigeant la vue ou en grossissant les objets.

opulence (nom féminin)
Grande abondance de richesses. *Le roi vivait dans l'**opulence** tandis que ses sujets avaient faim.* (Contr. dénuement, misère.)

opulent, ente (adjectif)
Très riche. *Un banquier **opulent**.*

opus (nom masculin)
Morceau numéroté de l'œuvre d'un musicien. *Elle a joué l'**opus** 18 de Beethoven.* → Opus s'abrège *op*.

opuscule (nom masculin)
Petit ouvrage scientifique ou littéraire. *On lui a prêté un **opuscule** sur l'élevage des hamsters.* (Syn. brochure, livret.)

1. or (conjonction)
Sert à relier deux idées en marquant une opposition. *Je voudrais m'acheter un C.D., **or** je n'ai pas assez d'argent.*

2. or (nom masculin)
Métal précieux, inaltérable, de couleur jaune. *Les parents d'Élodie portent une alliance en **or**.* • **À prix d'or** : très cher. • **Cœur d'or** : bon cœur. • **Être cousu d'or** ou **rouler sur l'or** : être très riche. • **Pas pour tout l'or du monde** : à aucun prix.

des lingots et des pièces d'**or**

oracle (nom masculin)
Dans l'Antiquité, réponse d'une divinité à ceux qui la consultaient. *Les prêtres rendaient les **oracles** des dieux.*

orage (nom masculin)
Perturbation atmosphérique qui se traduit par des éclairs, du tonnerre et de la pluie. *Le temps est lourd, il va faire de l'**orage**.* • **Il y a de l'orage dans l'air :** il va y avoir une dispute.

orageux, euse (adjectif)
1. Menacé ou troublé par l'orage. *Le temps est lourd et **orageux**.* 2. Qui est violent et très bruyant. *L'entrevue a été **orageuse**.* (Contr. calme.)

oraison (nom féminin)
• **Oraison funèbre :** éloge solennel que l'on fait d'un mort.

oral, ale, aux (adjectif)
Fait de vive voix. *Il lui reste encore les épreuves **orales** à passer.* ▷ **oral, aux** (nom masculin) Examen oral. *Elle doit passer l'**oral** du bac.* ⊙ Oral vient du latin *oris* qui signifie « bouche ».

oralement (adverbe)
De manière orale. *Il nous a téléphoné pour nous donner **oralement** sa réponse.* (Syn. verbalement, de vive voix.)

orange (nom féminin)
Agrume d'un jaune tirant sur le rouge, fruit comestible de l'oranger. ➠ p. 34.
▷ **orange** (adjectif) De la couleur de l'orange, jaune mêlé de rouge. *Le feu tricolore est **orange**, il va passer au rouge.* → Pluriel : des pulls orange. ⊙ Famille du mot : orangé, orangeade, oranger, orangeraie, orangerie.

orangé, ée (adjectif)
D'une couleur qui tire sur l'orange. *Des nuages **orangés** entouraient le soleil couchant.*

orangeade (nom féminin)
Jus d'orange additionné de sucre et d'eau. *On nous a servi des verres d'**orangeade**.*

oranger (nom masculin)
Arbre des pays chauds, qui reste vert toute l'année et produit les oranges. ➠ p. 69.

orangeraie (nom féminin)
Plantation d'orangers.

orangerie (nom féminin)
Serre où l'on garde pendant l'hiver les orangers et les plantes délicates. *Dans le parc municipal, il y a une **orangerie**.*

orang-outan (nom masculin)
Grand singe d'Indonésie, au pelage roux et aux longs bras, qui vit dans les arbres. *Les **orangs-outans** vivent dans la forêt équatoriale.* → Prononciation [ɔʀɑ̃utɑ̃]. → On écrit aussi orang-outang. Pluriel : des orangs-outans ou des orangs-outangs. ⊙ Orang-outan vient de deux mots malais qui signifient « homme des bois ».

un **orang-outan**

orateur, trice (nom)
Personne qui prononce un discours. *La salle a applaudi l'**orateur**.*

oratoire (adjectif)
Qui concerne l'éloquence. *Les effets **oratoires** de l'avocat ont influencé les jurés.*

orbital, ale, aux (adjectif)
Qui suit une orbite autour d'un astre. *Les astronautes sont dans la station **orbitale**.*

orbite (nom féminin)
1. Cavité de l'œil. *Il a les yeux enfoncés dans les **orbites**.* 2. Courbe parcourue par un astre ou par un satellite autour d'un astre. *L'**orbite** de la Lune autour de la Terre dure 27 jours 7 heures et 43 minutes.*

orchestre (nom masculin)
1. Groupe de musiciens qui jouent ensemble. *Dans un **orchestre** classique, il y a des instruments à cordes, des instruments à vent et des percussions.* 2. Rez-de-chaussée d'une salle de spectacle. *L'**orchestre** est plus près de la scène que le balcon.* → Prononciation [ɔʀkɛstʀ].

orchidée (nom féminin)
Plante tropicale aux fleurs étranges, aux couleurs vives et variées. → Prononciation [ɔʀkide].

différentes sortes d'**orchidées**

ordinaire (adjectif)
1. Qui est dans l'ordre des choses. *Dans la vie **ordinaire**, cet acteur est un homme timide.* (Syn. courant, habituel, normal.) 2. D'une qualité moyenne, sans rien de particulier. *Voulez-vous un croissant au beurre ou un croissant **ordinaire** ?* (Syn. normal. Contr. exceptionnel, extraordinaire.) ▷ **ordinaire** (nom masculin) Ce qui est courant. *Thomas n'est pas un garçon comme les autres, il sort de l'**ordinaire**.* • **D'ordinaire** : d'habitude. ***D'ordinaire**, Fatima se lève à 7 heures.* ⊙ Famille du mot : extraordinaire, extraordinairement, ordinairement.

ordinairement (adverbe)
D'une manière ordinaire. ***Ordinairement**, Noémie est plus gaie.* (Syn. d'habitude, d'ordinaire.)

ordinal, ale, aux (adjectif)
Qui marque l'ordre et le rang. *Centième est un nombre **ordinal**.* (Contr. cardinal.)

ordinateur (nom masculin)
Machine électronique capable de faire très rapidement des opérations très compliquées. *Gaëlle a mis en mémoire dans son **ordinateur** l'adresse de tous ses amis.*

ordonnance (nom féminin)
1. Texte de loi. *Cette **ordonnance** de police réglemente la circulation des camions en ville.* 2. Ce que le médecin ordonne par écrit. *Ce médicament se délivre sans **ordonnance**.* 3. Organisation du déroulement de quelque chose selon un ordre. *La maîtresse de maison a préparé avec soin l'**ordonnance** du repas.*

ordonné, ée (adjectif)
Qui a de l'ordre. *La chambre d'Hélène est bien rangée, c'est une enfant très **ordonnée**.* (Contr. brouillon, désordonné.)

ordonnée (nom féminin)
L'une des coordonnées servant à définir la position d'un point dans un plan. ➠ p. 257.

ordonner (verbe) ⊙ conj.n°3
1. Donner un ordre. *Je vous **ordonne** de partir !* (Syn. commander.) 2. Indiquer tel ou tel remède. *Le médecin lui **a ordonné** de garder la chambre pendant quatre jours.* (Syn. prescrire.) 3. Mettre en ordre. *Il faut **ordonner** tes idées pour faire ta rédaction.* (Syn. classer, organiser.) ⊙ Famille du mot : désordonné, ordonnance, ordonné, ordonnée.

ordre (nom masculin)
1. Manière de ranger. *Rangez-vous par **ordre** de taille.* 2. État de quelque chose qui est rangé. *Avant de partir en vacances, on met la maison en **ordre**.* (Contr. désordre.) 3. Tendance à mettre les choses à leur place et à agir avec méthode. *Tu gagnerais du temps avec un peu d'**ordre**.* 4. Bonne organisation et calme d'un pays. *La police maintient l'**ordre** en faisant respecter les lois.*

5. Catégorie de personnes ou de choses. *C'est un pâtissier de premier **ordre**. Pour vous donner un **ordre** de grandeur, un piano pèse dans les 200 kilos.* 6. Assemblée officielle des membres d'une même profession. *Pour pouvoir exercer, un médecin doit être inscrit à l'**ordre** des médecins.* 7. Groupe de religieux obéissant à certaines règles. *Elle appartient à l'**ordre** des Carmélites.* 8. Parole qui oblige à faire telle ou telle chose. *Je vous donne l'**ordre** de vous taire. Tu resteras ici jusqu'à nouvel **ordre**.* • **De l'ordre de :** approximativement. (Syn. environ.) • **Entrer dans les ordres :** devenir religieux. • **Être sous les ordres de quelqu'un :** devoir lui obéir. • **Ordre du jour :** liste des questions à aborder au cours d'une réunion. ⊙ Famille du mot : contrordre, désordre.

ordures (nom féminin pluriel)
Ce que l'on jette à la poubelle. *Les éboueurs ramassent les **ordures**.* (Syn. déchets, immondices.)

ordurier, ère (adjectif)
Très grossier. *L'automobiliste, hors de lui, a lancé quelques mots **orduriers**.* (Syn. obscène.)

orée (nom féminin)
Synonyme littéraire de lisière. *Les chasseurs sont parvenus à l'**orée** du bois.*

oreille (nom féminin)
Chacun des deux organes situés de chaque côté de la tête et qui servent à entendre. *Quand Julie est enrhumée, elle a les **oreilles** qui se bouchent. Il est un peu dur d'**oreille**, parlez plus fort.* ➠ p. 263. • **Échauffer les oreilles :** mettre en colère. • **Ouvrir** ou **prêter l'oreille** : écouter attentivement. • **Partir l'oreille basse** : penaud et honteux. • **Se faire tirer l'oreille** : n'accepter qu'après s'être fait prier. • **Venir aux oreilles de quelqu'un :** lui être raconté.

oreiller (nom masculin)
Coussin servant à soutenir la tête d'une personne qui dort. *Laura dort sans **oreiller**.*

oreillette (nom féminin)
Chacune des deux cavités supérieures du cœur. *Les **oreillettes** communiquent avec les ventricules.* ➠ p. 220.

oreillons (nom masculin pluriel)
Maladie contagieuse qui fait enfler des glandes situées sous les oreilles. *Les **oreillons** sont dus à un virus.*

d'ores et déjà (adverbe)
Dès maintenant. *5 à 0 : le match est **d'ores et déjà** gagné.* → Prononciation [dɔʀzedeʒa].

orfèvre (nom)
Personne qui fabrique ou qui vend des objets en métal précieux. ⊙ Orfèvre vient du mot *or* et d'un ancien mot français *fèvre* qui signifiait « forgeron ».

orfèvrerie (nom féminin)
Travail de l'orfèvre. *Le musée a de belles pièces d'**orfèvrerie** du XVIIe siècle.*

une pièce d'**orfèvrerie** (1126)

orfraie (nom féminin)
Aigle de grande taille. • **Pousser des cris d'orfraie** : pousser des cris affreux. ⊙ L'orfraie ne crie pas très fort : on l'a confondue avec l'*effraie*, sorte de chouette qui crie la nuit.

organe (nom masculin)
Partie du corps remplissant une fonction particulière. *Les yeux, les oreilles, la langue, le foie, le cœur sont des **organes**.* ⊙ Famille du mot : organique, organisme.

organique (adjectif)
Des organes. *Son cœur malade ne remplit plus sa fonction* ***organique****.*

organisateur, trice (nom)
Personne qui organise. *Le maire a remercié les* ***organisateurs*** *de cette kermesse.*

organisation (nom féminin)
1. Action d'organiser. *L'****organisation*** *de cette rencontre mondiale a demandé une année de travail.* (Syn. préparation.) 2. Manière dont quelque chose est organisé. *Ton* ***organisation*** *n'est pas bonne, tu perds un temps fou.* 3. Groupe organisé. *Il s'occupe d'une* ***organisation*** *qui lutte contre la faim dans le monde.* (Syn. groupement, mouvement.) ⊙ Famille du mot : désorganisation, désorganiser, organisateur, organisé, organiser, réorganiser.

organisé, ée (adjectif)
1. Qui sait s'organiser. *Guillaume est un garçon vraiment très* ***organisé****.* (Syn. ordonné.) 2. Préparé d'avance par un organisateur. *Myriam n'aime pas beaucoup les voyages* ***organisés****.*

organiser (verbe) ⊙ conj.n°3
1. Préparer avec méthode et dans un but précis. *Noémie* ***a organisé*** *toute seule une fête pour son anniversaire.* 2. S'organiser : aménager son temps pour agir efficacement. *William ne perd jamais une minute, il a toujours su* ***s'organiser****.*

organisme (nom masculin)
1. Ensemble des organes constituant un être vivant. *Le bruit et la pollution agissent sur l'****organisme****.* 2. Être vivant. *Les microbes sont des* ***organismes*** *microscopiques.* 3. Ensemble des services qui s'occupent d'une tâche précise. *Médecins sans frontières est un* ***organisme*** *de secours international.*

organiste (nom)
Musicien qui joue de l'orgue.

orge (nom féminin)
Céréale qui ressemble au blé. *On se sert de l'****orge*** *dans la fabrication de la bière.*

orgelet (nom masculin)
Petit furoncle situé au bord de la paupière.

orgie (nom féminin)
Repas très copieux et très arrosé, où les gens se laissent aller. ⊙ Orgie vient du latin *orgia* qui signifie « fêtes en l'honneur de Bacchus », qui était le dieu du vin.

orgue (nom masculin)
Grand instrument à vent, composé de claviers, de tuyaux et d'une soufflerie. *Odile aime écouter les grandes* ***orgues*** *de la cathédrale.* → Au pluriel, orgue est féminin.

orgueil (nom masculin)
Opinion trop avantageuse qu'on a de soi-même. *Depuis qu'il a réussi, Alain est d'un* ***orgueil*** *insupportable.* (Contr. humilité, modestie.)

orgueilleux, euse (adjectif)
Qui a de l'orgueil. *Sarah est susceptible et* ***orgueilleuse****.* (Syn. fier, prétentieux.)

orient (nom masculin)
Côté de l'horizon où le soleil se lève. (Syn. est, levant. Contr. couchant, occident, ouest.) • **L'Orient :** l'ensemble des pays d'Asie. *L'Iran, le Japon sont des pays de l'****Orient****.*

orientable (adjectif)
Qu'on peut orienter. *Xavier a une lampe de bureau* ***orientable****.*

oriental, ale, aux (adjectif)
Situé du côté de l'orient. *New York se situe sur la côte* ***orientale*** *des États-Unis.* (Contr. occidental.) ▷ **oriental, ale, aux** (adjectif et nom) De l'Orient. *Les Chinois sont des* ***Orientaux****.* (Contr. occidental.)

orientation (nom féminin)
1. Situation d'un lieu par rapport aux points cardinaux. *L'****orientation*** *est-ouest de cet appartement le rend très agréable.* 2. Direction que l'on prend pour ses études. *Une conseillère d'****orientation****.* • **Sens de l'orientation :** capacité à trouver son chemin.

orienter (verbe) ○ conj.n°3
1. Placer quelque chose par rapport aux points cardinaux. *La boussole permet d'**orienter** correctement une carte.* **2.** Pousser quelqu'un vers telle ou telle direction. *On l'**a orienté** vers un métier manuel.* **3.** S'orienter : trouver sa direction. *Amandine ne sait pas encore bien **s'orienter** dans son nouveau quartier.* ⊙ Famille du mot : désorienter, orientable, orientation.

orifice (nom masculin)
Ouverture servant d'entrée ou de sortie. *La balle sort par l'**orifice** du canon.* (Syn. trou.)

oriflamme (nom féminin)
Longue bannière qui se termine en pointe. *La place de l'hôtel de ville est pavoisée avec des **oriflammes**.* ⊙ Oriflamme vient de deux anciens mots français *orie* et *flambe* qui signifient « flamme d'or ».

origan (nom masculin)
Marjolaine sauvage. *Maman a mis de l'**origan** sur les grillades.*

originaire (adjectif)
Qui tire son origine de tel endroit. *La mère de Zoé est **originaire** du Poitou.* (Syn. natif.)

original, ale, aux (adjectif)
Qui sort de l'ordinaire. *C'est une idée **originale** et intéressante.* (Contr. banal.) ▷ **original, ale, aux** (adjectif et nom) Qui ne fait pas comme tout le monde. *Été comme hiver, il est pieds nus dans ses chaussures, c'est un **original**.* ▷ **original, aux** (nom masculin) Œuvre authentique ou document d'origine. *J'ai oublié l'**original** sur la photocopieuse.*

originalité (nom féminin)
Caractère original. *Voilà un film d'une grande **originalité**.* (Syn. nouveauté. Contr. banalité.)

origine (nom féminin)
1. Provenance d'un individu. *Abdou est d'**origine** sénégalaise.* (Syn. ascendance.) **2.** Point de départ. *Plusieurs savants recherchent l'**origine** de la vie. À l'**origine**, Yann devait venir avec nous.* (Syn. commencement, début.) **3.** Ce qui explique ou qui est la cause de quelque chose. *Un malentendu est à l'**origine** de leur brouille.* ⊙ Famille du mot : originaire, originel.

originel, elle (adjectif)
Qui date de l'origine. *L'instinct **originel** des chats les pousse à chasser les souris.*

oripeaux (nom masculin pluriel)
Habits vieux et démodés.

O.R.L. ➠ Voir oto-rhino-laryngologiste.

une **oriflamme** du temps des croisades

orme (nom masculin)
Grand arbre aux feuilles dentelées.

fruit et feuilles de l'**orme**

ormeau, eaux (nom masculin)
1. Petit orme. 2. Mollusque marin comestible, appelé aussi « oreille de mer ».

ornement (nom masculin)
Élément qui sert à orner. *La rosace est un **ornement** fréquent dans les églises.* (Syn. décoration.)

ornemental, ale, aux (adjectif)
Qui sert à orner. *Les orchidées sont des plantes **ornementales**.* (Syn. décoratif.)

orner (verbe) conj.n°3
Rendre plus beau. *Le sapin **est orné** de guirlandes.* (Syn. décorer.) Famille du mot : ornement, ornemental.

ornière (nom féminin)
Trace creusée par les roues d'un véhicule dans un chemin de terre. *La voiture s'est embourbée dans une **ornière**.*

ornithologie (nom féminin)
Science qui étudie les oiseaux.

ornithologue (nom)
Spécialiste d'ornithologie.

ornithorynque (nom masculin)
Mammifère d'Australie, au bec de canard, à la queue plate et aux pattes palmées. *L'**ornithorynque** est ovipare, il est grand comme un chat et vit en partie dans l'eau.* Ornithorynque vient de deux mots grecs qui signifient « bec d'oiseau », car c'est le seul mammifère qui ait un bec.

un **ornithorynque**

oronge (nom féminin)
Champignon comestible de la famille des amanites, au chapeau rouge-orange. • **Fausse oronge :** champignon vénéneux au chapeau rouge piqué de blanc, appelé aussi « amanite tue-mouches ».

orphelin, ine (adjectif et nom)
Qui a perdu ses deux parents ou l'un des deux. *Un **orphelin** de mère.*

orphelinat (nom masculin)
Établissement où l'on accueille les orphelins.

orque (nom féminin)
Mammifère marin très vorace. (Syn. épaulard.)

orteil (nom masculin)
Doigt de pied. *Le gros **orteil** n'a que deux phalanges.* ➠ p. 263.

orthodontiste (nom)
Dentiste qui corrige la position des dents sur la mâchoire.

orthodoxe (adjectif)
Conforme à une tradition ou aux usages habituels. *Une opinion pas très **orthodoxe**.* ▷ **orthodoxe** (adjectif et nom) Chrétien qui appartient à une Église d'Orient. *Les **orthodoxes** ne reconnaissent pas le pape comme chef de l'Église.*

orthogonal, ale, aux (adjectif)
À angle droit. *Deux droites **orthogonales** se coupent toujours à angle droit.* (Syn. perpendiculaire.)

orthographe (nom féminin)
Manière correcte d'écrire les mots. *Caroline a vérifié l'**orthographe** de « joaillier » dans son dictionnaire.* ⊙ Famille du mot : orthographier, orthographique. ⊙ Orthographe vient du grec *graphein* qui signifie « écrire » et de *orthos* qui signifie « droit », que l'on retrouve dans *orthodontiste*, *orthodoxe*, etc.

orthographier (verbe) ○ conj.n°10
Écrire selon les strictes règles de l'orthographe. *Épelez votre nom, que je puisse l'**orthographier** correctement.*

orthographique (adjectif)
Qui concerne l'orthographe. *Quand un mot a plusieurs orthographes, il y a une remarque **orthographique** dans le dictionnaire.*

orthophoniste (nom)
Personne qui corrige les troubles du langage parlé et écrit. *Il est allé consulter l'**orthophoniste** parce qu'il confondait certains sons.*

ortie (nom féminin)
Plante dont les feuilles sont couvertes de poils qui piquent. *Élodie s'est piquée en passant dans les **orties**.*

ortolan (nom masculin)
Petit oiseau migrateur dont la chair est très appréciée de certains, mais dont la chasse est interdite car il est protégé.

un **ortolan**

orvet (nom masculin)
Lézard sans pattes à queue très fragile. *L'**orvet** est très utile car il mange les limaces.* ⊙ Orvet vient de l'ancien français *orb* qui signifie « aveugle », car on croyait les orvets aveugles.

os (nom masculin)
Chacune des parties solides qui composent le squelette d'un être humain ou d'un animal. *Le radius est un **os** de l'avant-bras.* • **En chair et en os** : en personne. • **Jusqu'aux os** : complètement. *La pluie l'a trempé **jusqu'aux os**.* • **Ne pas faire de vieux os** : mourir jeune ou ne pas durer longtemps. → Prononciation : un os [œ̃nɔs], des os [dezo]. ⊙ Famille du mot : désosser, ossature, osselets, ossements, osseux, ossuaire.

oscillation (nom féminin)
Mouvement d'un objet qui oscille. *Le sourcier observe les **oscillations** du pendule pour trouver l'emplacement de la source.*

osciller (verbe) ○ conj.n°3
Faire des mouvements de va-et-vient autour d'un point fixe. *Le poulain vient de naître : il **oscille** sur ses pattes.* (Syn. se balancer.) → Prononciation [ɔsile].

osé, ée (adjectif)
1. Fait avec audace. *Une descente à skis très **osée**.* 2. Qui peut choquer. *Une plaisanterie **osée**.*

oseille (nom féminin)
Plante potagère au goût acidulé. *Une omelette à l'**oseille**.*

oser (verbe) ○ conj.n°3
Avoir l'audace de faire quelque chose. *Viens ici, si tu l'**oses** !*

osier (nom masculin)
Saule de petite taille dont on utilise les branches en vannerie. *On a installé les fauteuils en **osier** sur la terrasse.*

ossature (nom féminin)
1. Ensemble des os du squelette. *Certaines personnes ont une **ossature** légère.* 2. Ensemble de piliers qui soutiennent un bâtiment.

osselets (nom masculin pluriel) Jeu constitué par des petits objets de plastique ou de métal, qu'on lance et qu'on rattrape selon certaines règles.

ossements (nom masculin pluriel) Os décharnés et desséchés. *On a découvert les **ossements** d'un primate vieux de trois millions d'années.*

osseux, euse (adjectif) 1. Des os. *Une tuberculose **osseuse**.* 2. Dont les os apparaissent sous la peau. *Le vieil homme avait les doigts maigres et **osseux**.*

ossuaire (nom masculin) Lieu où l'on dépose des ossements humains. *Les catacombes de Paris sont un **ossuaire**.*

ostensible (adjectif) Qu'on laisse voir exprès. *Il lui a tourné le dos d'une manière **ostensible**.* (Contr. discret.)

ostensiblement (adverbe) De façon ostensible. *Quand Clément est entré, Fatima a tourné **ostensiblement** la tête de l'autre côté.* (Contr. discrètement.)

ostentation (nom féminin) Attitude de quelqu'un qui désire qu'on voie ce qu'il fait. *Quentin sort son téléphone portable avec **ostentation**.* (Contr. discrétion.)

ostréiculteur, trice (nom) Personne qui fait de l'ostréiculture. *Cet **ostréiculteur** a des parcs à huîtres sur la côte.*

ostréiculture (nom féminin) Élevage des huîtres.

otage (nom masculin) Personne qu'on retient prisonnière pour obtenir ce que l'on veut. *Les terroristes ont dit qu'ils tueraient les **otages** si on ne leur donnait pas un avion pour partir.*

otarie (nom féminin) Mammifère marin voisin du phoque. ⊙ Otarie vient d'un mot grec qui signifie « petite oreille » : à la différence du phoque, ce mammifère a des oreilles.

ôter (verbe) ○ conj.n°3 1. Retirer une pièce de l'habillement. *Nathalie **a ôté** son pull.* (Syn. enlever.) 2. Enlever quelque chose de l'endroit où il était. *David **a ôté** son sac de la table.* 3. Retrancher une quantité. *Si l'on **ôte** sept de dix, il reste trois.* (Syn. soustraire.)

otite (nom féminin) Maladie infectieuse des oreilles.

oto-rhino-laryngologiste (nom) Médecin spécialiste du nez, de la gorge et des oreilles. → Ce mot s'abrège O.R.L. ou oto-rhino.

ou (conjonction) 1. Indique un choix. *Tu viens **ou** tu restes ? Il faut vraiment te décider.* 2. Indique une équivalence. *On appelle ce poisson colin **ou** merlu.* 3. Indique une approximation. *Il doit y avoir huit **ou** dix kilomètres entre les deux villages.* → On dit parfois ou bien.

où (adverbe) Interroge sur le lieu ou la direction. ***Où** vas-tu ? J'aimerais savoir **où** tu vas.* ▷ **où** (pronom relatif) Représente un nom indiquant le lieu ou le temps. *L'hôtel **où** il est descendu est près de la gare. Le jour **où** je suis entré à l'école, j'ai rencontré Ibrahim.* → Ne pas oublier l'accent grave qui distingue ce mot de la conjonction ou.

ouate (nom féminin) Coton pour faire des pansements. *L'infirmière nettoie les écorchures avec de la **ouate**.* → On peut dire de l'ouate ou de la ouate.

oubli (nom masculin) 1. Action d'oublier. *Cette civilisation disparue a sombré dans l'**oubli**.* 2. Chose oubliée. *Il faut absolument réparer cet **oubli**.* (Syn. omission.)

oublier (verbe) ○ conj.n°10 1. Perdre le souvenir de quelque chose ou de quelqu'un. *J'**ai oublié** son prénom.* (Contr. se rappeler, se souvenir.) 2. Laisser sans le vouloir. *Kevin **a oublié** son pull à l'école.* 3. Omettre par manque d'attention. *Julie **a oublié** de dire que tu avais appelé.* (Syn. négliger.) 4. Cesser de penser à quelque chose ou à quelqu'un. *Avec le temps, elle a fini par **oublier**.* (Contr. se souvenir.) ⊙ Famille du mot : inoubliable, oubli, oubliettes.

▸ **oubliettes** (nom féminin pluriel)
Cachots souterrains des châteaux forts.

▸ **oued** (nom masculin)
Cours d'eau d'Afrique du Nord, souvent à sec, mais aux crues violentes.

▸ **ouest** (nom masculin)
1. Un des quatre points cardinaux qui désigne la direction où le soleil se couche. *Le ciel était tout rouge à l'**ouest**.* 2. Partie qui se situe à l'ouest d'un pays, d'une région. *Pierre est en vacances à La Rochelle, une ville de l'**ouest** de la France.* ▷ **ouest** (adjectif) Qui est situé à l'ouest. *La côte **ouest** de la France.* (Contr. est.) → Pluriel : les régions ouest.

▸ **ouf !** (interjection)
Exprime le soulagement. ***Ouf !** Nous sommes enfin arrivés !*

▸ **oui** (adverbe)
Indique l'affirmation ou le fait d'être d'accord. *L'as-tu vu ? **Oui**, je l'ai vu.* (Contr. non.)

▸ **ouï-dire** (nom masculin)
• **Par ouï-dire** : pour l'avoir entendu dire. *Quentin a appris **par ouï-dire** l'arrivée d'un nouveau directeur.*

▸ **ouïe** (nom féminin)
1. Celui des cinq sens qui permet d'entendre. *Le chat a l'**ouïe** très fine.* 2. Chacune des deux fentes qui sont de chaque côté de la tête d'un poisson et par lesquelles il respire. *Le pêcheur attrape le brochet par les **ouïes**.* ➠ p. 870.

▸ **ouïr** (verbe)
Synonyme littéraire d'entendre. *J'**ai ouï** dire que Pierre était revenu.* → Ouïr ne s'emploie qu'à l'infinitif et au participe passé.

▸ **ouistiti** (nom masculin)
Singe d'Amérique du Sud, de petite taille et à longue queue.

▸ **ouragan** (nom masculin)
Très violente tempête. *Un **ouragan** a ravagé plusieurs villes de la côte est de l'Amérique.*

▸ **ourlet** (nom masculin)
Bord d'une étoffe replié et cousu. *L'**ourlet** de la robe de Laura est décousu.*

▸ **ours** (nom masculin)
1. Grand mammifère sauvage au corps couvert d'une très épaisse fourrure. 2. Personne peu sociable. *Il n'a pas dit un mot, quel **ours** !*

un **ours**

▸ **ourse** (nom féminin)
Femelle de l'ours. *L'**ourse** devient féroce si l'on menace ses oursons.*

▸ **oursin** (nom masculin)
Animal marin dont la carapace ronde est hérissée de piquants. *L'**oursin** vit dans les rochers ou sur le sable.*

▸ **ourson** (nom masculin)
Petit de l'ours.

▸ **oust !** (interjection)
S'emploie, dans la langue familière, pour donner l'ordre de partir d'un lieu ou de se dépêcher. *Allez, **oust !** Dehors !* → On écrit aussi ouste.

▸ **outil** (nom masculin)
Instrument de travail manuel. *Le marteau, la scie, le rabot sont les **outils** du menuisier.* ⊙ Famille du mot : outillage, outiller.

outillage (nom masculin)
Ensemble des outils et des machines utilisés pour une activité. *L'**outillage** du garagiste.*

outiller (verbe) ○ conj.n°3
Équiper en outils. *Le père de Myriam **s'est outillé** petit à petit pour pouvoir bricoler.*

outrage (nom masculin)
Offense grave. *L'accuser d'un tel acte serait lui faire **outrage**.* (Syn. affront, injure.)

outrager (verbe) ○ conj.n°5
Faire outrage à quelqu'un. *Elle a pris un air **outragé** en l'entendant lui dire des gros mots.*

outrance (nom féminin)
Exagération en actes ou en paroles. *On a reproché au journaliste l'**outrance** de ses propos.* (Syn. excès.) • **À outrance :** avec excès.

outrancier, ère (adjectif)
Plein d'outrance. *Il a tenu des propos **outranciers**.* (Syn. excessif. Contr. mesuré.)

1. outre (préposition)
En plus de. ***Outre** ce travail, Romain doit encore finir ses devoirs.* • **Outre mesure :** trop. *Cela ne m'étonne pas **outre mesure**.* ▷ **outre** (adverbe) • **En outre :** en plus. *C'est un chanteur et **en outre** un bon acteur.* • **Passer outre :** ne pas tenir compte de quelque chose.

2. outre (nom féminin)
Sac en peau destiné à contenir un liquide. *Une **outre** d'eau.*

outremer (adjectif)
Bleu intense. *La pierre de sa bague est d'un bleu **outremer**.* → Pluriel : des pierres précieuses outremer.

outre-mer (adverbe)
Situé au-delà des mers par rapport à un pays. *La Réunion est un département français d'**outre-mer**.*

outrepasser (verbe) ○ conj.n°3
Dépasser la limite de quelque chose. *Il était tellement furieux que ses paroles **ont outrepassé** sa pensée.* (Syn. dépasser.)

outrer (verbe) ○ conj.n°3
Mettre quelqu'un hors de lui. *Sa grossièreté m'**a outré** !* (Syn. indigner, révolter.)

outsider (nom masculin)
Concurrent qui n'est pas parmi les favoris. → Outsider est un mot anglais : on prononce [awtsajdœʀ].

ouvert, ouverte (adjectif)
1. Qui n'est pas fermé. *La porte est restée **ouverte** toute la nuit.* (Contr. fermé.) **2.** Qui est accueillant et exprime la franchise et la tolérance. *Noémie a un visage **ouvert** et gai.* (Contr. renfermé.)

ouvertement (adverbe)
Sans cacher ce que l'on pense. *Il s'est **ouvertement** moqué de nous.* (Syn. franchement. Contr. secrètement.)

ouverture (nom féminin)
1. Action d'ouvrir ou de s'ouvrir. *L'**ouverture** des portes est bloquée.* (Contr. fermeture.) **2.** Mise en service ou commencement de quelque chose. *On annonce l'**ouverture** d'une nouvelle autoroute.* **3.** Espace vide dans une paroi. *Il n'y a qu'une petite **ouverture** sur cette façade.*

ouvrable (adjectif)
• **Jour ouvrable :** jour de la semaine où l'on travaille. (Contr. férié.)

ouvrage (nom masculin)
1. Travail à faire. *Dès qu'ils ont eu le matériel, ils se sont mis à l'**ouvrage**.* (Syn. tâche.) **2.** Écrit scientifique, technique ou littéraire. *Vous trouverez cet **ouvrage** à la bibliothèque municipale.* (Syn. livre.) • **Boîte à ouvrage :** nécessaire de couture.

ouvragé, ée (adjectif)
Minutieusement travaillé et décoré. *Un blason délicatement **ouvragé** orne le mur.*

ouvrant, ante (adjectif)
• **Toit ouvrant :** partie du toit d'une voiture qui peut s'ouvrir.

ouvre-boîte (nom masculin)
Instrument coupant servant à ouvrir les boîtes de conserve. → Pluriel : des ouvre-boîtes.

ouvre-bouteille (nom masculin)
Synonyme de décapsuleur. *Il faut un **ouvre-bouteille** pour ouvrir le soda.* → Pluriel : des ouvre-bouteilles.

ouvreur, euse (nom)
1. Personne chargée de placer le public dans une salle de spectacle. *L'**ouvreuse** nous indique nos places.* 2. Skieur qui descend le premier une piste de ski.

ouvrier, ère (nom)
Salarié qui travaille de ses mains dans l'industrie ou l'artisanat. *L'usine de chaussures emploie deux cents **ouvriers**.* ▷ **ouvrière** (nom féminin) Femelle stérile chez les abeilles, les guêpes et les fourmis. *Les **ouvrières** construisent le nid, prennent soin des larves et défendent la colonie.* ▷ **ouvrier, ère** (adjectif) Qui concerne les ouvriers. *Une manifestation **ouvrière** a eu lieu devant la préfecture.*

ouvrir (verbe) ⊙ conj.n°12
1. Défaire ce qui fermait pour rendre l'intérieur accessible. ***Ouvre** vite, il pleut !* (Contr. fermer.) 2. Séparer ou écarter ce qui était rapproché. *Sarah **ouvre** l'enveloppe.* 3. Recevoir le public. *La magasin **ouvre** de 9 heures à 19 heures.* 4. Faire commencer. *Le discours du maire **a ouvert** la fête.* 5. Pratiquer une ouverture. *Ils **ont ouvert** une fenêtre dans le mur.* (Syn. percer.) 6. S'ouvrir : écarter ses pétales. *La rose **s'est ouverte**.* (Syn. s'épanouir.) 7. S'ouvrir : se blesser. *Benjamin **s'est ouvert** le pied.* • **Ouvrir la marche** : marcher en tête. *Les majorettes **ouvraient** la marche.* ⊙ Famille du mot : entrouvrir, ouvert, ouvertement, ouverture, ouvrant, ouvre-boîte, ouvre-bouteille, réouverture, rouvrir.

ovaire (nom masculin)
Chacun des deux organes reproducteurs des femelles. *Les ovules se forment dans l'**ovaire**.*

ovale (adjectif)
Qui a la forme d'un œuf. *Ce plat **ovale** est bien pratique pour servir un poisson.* ⊙ Ovale vient du latin *ovum* qui signifie « œuf », et que l'on retrouve dans *ovaire* et dans *ovule*.

ovation (nom féminin)
Acclamation enthousiaste pour honorer quelqu'un. *Le peuple a fait une **ovation** au roi.*

overdose (nom féminin)
Dose mortelle de drogue. *Ce toxicomane est mort d'une **overdose**.* → Prononciation [ɔvəRdoz]. ⊙ Overdose vient de l'anglais *over* qui signifie « excessif ».

ovin, ovine (adjectif)
Qui concerne les moutons. *Le cheptel **ovin** d'Australie est très important.* ▷ **ovin** (nom masculin) Synonyme de mouton.

ovipare (adjectif)
Qui pond des œufs. *Les oiseaux, les reptiles, les poissons sont **ovipares**.*

ovni (nom masculin)
Objet vu dans le ciel, et que l'on considère comme un engin spatial des extraterrestres. ⊙ Ce mot est fait avec les initiales des quatre mots suivants : Objet Volant Non Identifié.

ovule (nom masculin)
Cellule sexuelle femelle chez un être vivant. *L'**ovule**, une fois fécondé par un spermatozoïde, se transforme en œuf.*

oxydation (nom féminin)
Fait de s'oxyder. *L'humidité provoque l'**oxydation** des métaux.*

oxyde (nom masculin)
Ce qui résulte de la combinaison de l'oxygène avec un autre élément chimique. *La rouille est de l'**oxyde** de fer.* • **Oxyde de carbone** : gaz toxique produit par l'oxydation du carbone. ⊙ Famille du mot : inoxydable, oxydation, s'oxyder.

s'oxyder (verbe) ⊙ conj.n°3
Se détériorer sous l'action de l'oxygène. *Quand le fer **s'oxyde**, il se forme de la rouille.*

oxygène (nom masculin)
Gaz invisible, inodore et sans saveur contenu dans l'air. *L'**oxygène** est nécessaire à la vie, il est produit par les plantes.* Famille du mot : oxygéné, s'oxygéner.

Un alpiniste de haute montagne portant un masque à **oxygène**.

oxygéné, ée (adjectif)
• **Eau oxygénée** : liquide renfermant de l'oxygène, et qui est utilisé comme désinfectant.

s'oxygéner (verbe) conj.n°8
Respirer de l'air pur. *Dimanche, nous irons **nous oxygéner** à la campagne.*

ozone (nom masculin)
Sorte de gaz. • **Couche d'ozone** : mince couche de ce gaz qui se trouve dans la haute atmosphère et qui protège la Terre des radiations dangereuses du Soleil.

P

▸ **p** (nom masculin)
Seizième lettre de l'alphabet. *Le **P** est une consonne.*

▸ **pacha** (nom masculin)
Gouverneur de province dans l'ancien Empire turc. *Ça ne te gêne pas, Benjamin, de te laisser servir comme un **pacha** ?*

▸ **pachyderme** (nom masculin)
Gros mammifère non ruminant, à la peau épaisse. *Les éléphants, les hippopotames, les rhinocéros sont des **pachydermes**.*

▸ **pacifier** (verbe) ○ conj.n°10
Rétablir la paix dans un pays. *L'armée **a pacifié** la région et a chassé les ennemis.* ⊙ Famille du mot : pacifique, pacifiste.

▸ **pacifique** (adjectif)
1. Qui aime la paix. *Un homme très **pacifique**.* (Syn. paisible, tranquille. Contr. agressif.) 2. Qui se déroule sans violence. *Une manifestation **pacifique**.* (Contr. violent.)

▸ **pacifiste** (adjectif et nom)
Qui est partisan de la paix. ***Les pacifistes** demandent le désarmement.*

▸ **pack** (nom masculin)
Emballage contenant plusieurs bouteilles ou plusieurs pots. *On a acheté un **pack** de jus d'orange pour le pique-nique.* ⊙ Pack est un mot anglais qui signifie « paquet ».

▸ **pacotille** (nom féminin)
Marchandise de peu de valeur. *Ce magasin vend des montres et des bijoux de **pacotille**.*

▸ **pacte** (nom masculin)
Accord solennel entre des pays ou des individus. *Les conjurés signèrent un **pacte**.*

▸ **pactiser** (verbe) ○ conj.n°3
Faire un pacte avec quelqu'un. *Au Moyen Âge, les savants furent accusés de **pactiser** avec le diable.* (Syn. s'allier, s'entendre.)

▸ **pactole** (nom masculin)
Grosse somme d'argent. *Yvan a gagné à la loterie, il va toucher le **pactole** !* ⊙ Pactole vient de l'ancien nom d'une rivière de Turquie dont les sables contenaient de l'or et qui rendit riche le roi Crésus.

▸ **paella** (nom féminin)
Plat espagnol composé de riz, de crustacés, de poissons, de viande et de légumes. → Prononciation [paelja].

▸ **pagaie** (nom féminin)
Rame courte qui se termine par une sorte de pelle. *Pour faire avancer une pirogue, on tient la **pagaie** à deux mains.*

▸ **pagaille** (nom féminin)
Synonyme familier de désordre. *Quelle **pagaille** dans ta chambre, Clément !*

pagayer (verbe) ⊙ conj.n°7
Ramer à l'aide d'une pagaie. *Ils **pagayaient** en rythme.*

Il faut beaucoup **pagayer** pour se diriger sur l'eau.

1. page (nom masculin)
Jeune noble qui était au service d'une dame ou d'un seigneur. *Le **page** apprenait l'escrime et l'équitation pour devenir écuyer.*

2. page (nom féminin)
1. Chacun des côtés d'un feuillet de papier. *Chaque feuille a une **page** recto et une **page** verso.* **2.** Feuille de papier. *Mon petit frère a déchiré une **page** de mon cahier.* **3.** Texte écrit sur une page. *David lit la **page** des sports dans le journal.* • **Être à la page** : être au courant de ce qui est à la mode. • **Tourner la page** : oublier le passé.

pagination (nom féminin)
Numérotation des pages d'un livre ou d'un cahier.

pagne (nom masculin)
Morceau d'étoffe couvrant le corps de la ceinture au mollet. *Le père d'Anna a rapporté un **pagne** de Tahiti.*

pagode (nom féminin)
Temple des bouddhistes. *Cette **pagode** a plusieurs toits superposés.*

paie (nom féminin)
Argent que quelqu'un reçoit pour son travail. *Les ouvriers touchent leur **paie** à la fin du mois.* (Syn. salaire.) → On écrit aussi paye.

paiement (nom masculin)
Action de payer. *Vous faites le **paiement** par chèque ou par carte bancaire ?*

païen, enne (adjectif et nom)
Nom donné par les premiers chrétiens à ceux qui adoraient plusieurs dieux. ⊙ Païen vient du latin *paganus* qui signifie « campagnard », car les paysans se convertirent au christianisme moins vite que les gens de la ville.

Certains peuples ont encore des croyances que les premiers chrétiens auraient qualifiées de **païennes**.

paillasse (nom féminin)
Grand sac de paille qui servait de matelas. *Le prisonnier n'avait qu'une **paillasse** pour dormir dans son cachot.*

paillasson (nom masculin)
Petit tapis sur lequel on essuie ses pieds avant d'entrer dans une habitation.

paille (nom féminin)
1. Tige des céréales, séparée du grain. *De la **paille** de blé, de maïs.* **2.** Petit tuyau servant à aspirer un liquide. *Une grenadine avec une **paille**, s'il vous plaît !* • **Être sur la paille** : être très pauvre. • **Tirer à la courte paille** : tirer au sort avec des brins de différentes longueurs. ⊙ Famille du mot : empailler, paillasse, paillasson.

paillette (nom féminin)
1. Particule mince et brillante. *La danseuse portait une robe à **paillettes**.* **2.** Parcelle d'or dans le sable de certaines rivières. *Le chercheur d'or a trouvé plus de **paillettes** que de pépites.*

paillote (nom féminin)
Case de paille des pays chauds. *Dans l'hôtel de Tahiti, nous avions chacun notre **paillote**.*

pain (nom masculin)
Aliment fait de farine, d'eau et de levure, pétri et cuit au four. *Le boulanger fabrique le **pain**.* • **Avoir du pain sur la planche :** avoir beaucoup de travail. • **Pain d'épice :** gâteau à base de farine de seigle, de miel et d'épices.

pair, paire (adjectif)
Qui donne un nombre entier quand on le divise par 2. *6 est un nombre **pair** car 6 : 2 = 3.* (Contr. impair.) ▷ **pair** (nom masculin) Personne qui est égale à une autre. *Le savant a été reconnu par ses **pairs**.* • **Au pair :** nourri et logé en échange d'un certain travail. *Une étudiante **au pair** garde mon petit frère.* • **De pair :** ensemble. *Ces deux choses vont **de pair**.* • **Hors pair :** sans égal. *Un cuisinier **hors pair**.* ▷ **paire** (nom féminin) **1.** Groupe de deux objets allant ensemble. *Élodie a demandé une **paire** de patins pour Noël.* **2.** Objet formé de deux parties identiques. *Une **paire** de lunettes. Une **paire** de jumelles.*

paisible (adjectif)
Qui est en paix. *C'est un village **paisible** où il fait bon vivre.* (Syn. tranquille)

paisiblement (adverbe)
De façon paisible. *Le malade respire **paisiblement**.* (Syn. tranquillement.)

paître (verbe) ⊙ conj.n°37
Brouter l'herbe. *Le berger mène **paître** ses moutons.*

paix (nom féminin)
1. Absence de conflit. *Le symbole de la **paix** est une colombe qui tient dans son bec un brin d'olivier.* (Contr. guerre.) **2.** État de calme et de tranquillité. *J'aime me promener dans la **paix** de ce joli petit bois.* ⊙ Famille du mot : apaisant, apaisement, apaiser, paisible, paisiblement.

pakistanais, aise
➠ Voir tableau p. 6.

palabres (nom féminin pluriel)
Discussions interminables. *Agissez, au lieu de vous perdre en **palabres** inutiles !*

palace (nom masculin)
Grand hôtel de luxe.

palais (nom masculin)
1. Vaste et riche demeure où vit un roi ou un haut personnage. *Le **palais** de Versailles a été la résidence de certains rois de France.* **2.** Partie supérieure de l'intérieur de la bouche. *Pour prononcer le « l », la langue touche le **palais**.* • **Palais de justice :** bâtiment où se trouvent les tribunaux.

le **palais** de Versailles

palan (nom masculin)
Appareil formé de deux systèmes de poulies. *Un **palan** permet de soulever de lourdes charges.*

pale (nom féminin)
Branche d'une hélice. *Le ventilateur a une hélice à huit **pales**.*

pâle (adjectif)
1. Qui a perdu ses couleurs. *Qu'avez-vous ? Vous êtes si **pâle** tout à coup !* **2.** D'une couleur claire. *Fatima porte un ruban bleu **pâle** dans ses cheveux.* (Contr. vif.) ⊙ Famille du mot : pâleur, pâlichon, pâlir, pâlot.

palefrenier (nom masculin)
Garçon d'écurie chargé du soin des chevaux.

paléolithique (nom masculin)
Période préhistorique durant laquelle l'homme a taillé ses outils dans la pierre et l'os. *Les premières peintures rupestres datent du **paléolithique**.*

paléontologie (nom féminin)
Science du passé des êtres vivants, fondée sur l'étude des fossiles.

palestinien, enne
➡ Voir tableau p. 6.

palet (nom masculin)
Objet plat et rond. *Gaëlle pousse son **palet** du pied en sautant à cloche-pied.*

palette (nom féminin)
Plaque percée d'un trou pour le pouce, sur laquelle le peintre mélange les couleurs.

palétuvier (nom masculin)
Grand arbre des rivages tropicaux, aux racines aériennes.

une branche de **palétuvier**

pâleur (nom féminin)
Caractère de ce qui est pâle. *Hélène a encore la **pâleur** d'une convalescente.*

pâlichon, onne (adjectif)
Synonyme de pâlot. *Amandine est **pâlichonne**, l'air de la campagne lui fera du bien.*

palier (nom masculin)
Plate-forme d'un escalier entre deux étages. *Dans cet immeuble, il y a quatre appartements par **palier**.* • **Par paliers** : progressivement. *Ralentir **par paliers**.*

pâlir (verbe) ○ conj.n°11
1. Devenir pâle. *En entendant le verdict, l'accusé **a pâli**.* (Syn. blêmir.) 2. Perdre sa couleur. *Les tapisseries exposées au soleil **ont pâli**.* (Syn. passer, ternir.)

palissade (nom féminin)
Clôture faite de planches ou de pieux. *Ibrahim a posé son vélo contre la **palissade** du chantier.*

palissandre (nom masculin)
Bois exotique très dur, de couleur brun violacé. *Le **palissandre** est utilisé en ébénisterie et en marqueterie.*

palliatif (nom masculin)
Remède provisoire et peu satisfaisant. *Donner de la nourriture aux sans-abri est un **palliatif** qui ne résoud pas leur problème.*

pallier (verbe) ○ conj.n°10
Remédier à une situation très embarrassante par un palliatif. *Pour s'éclairer, les bougies permettent de **pallier** la coupure d'électricité.*

palmarès (nom masculin)
Liste des lauréats d'un concours. *Son nom figure au **palmarès** du festival.* ⊙ Palmarès vient du latin *palmaris* qui signifie « qui mérite la palme ».

palme (nom féminin)
1. Feuille du palmier. *Les **palmes** du cocotier sont tout en haut du tronc.* 2. Symbole de la victoire. *On lui a décerné la **palme** d'or au festival de Cannes.* 3. Accessoire de caoutchouc qui permet de nager plus vite. *La forme des **palmes** imite celle de la patte du canard.* ⊙ Famille du mot : palmé, palmeraie, palmier, palmipède.

palmé, ée (adjectif)
Dont les doigts sont réunis par une membrane. *La grenouille, le canard, l'ornithorynque ont les pattes **palmées**.*

palmeraie (nom féminin)
Lieu planté de palmiers. *La plupart des oasis sont des **palmeraies**.*

palmier (nom masculin)
Arbre des régions chaudes, à grandes feuilles qui poussent au sommet du tronc. *Certains **palmiers** donnent des dattes, d'autres des noix de coco, du raphia ou du rotin.*

un **palmier** et une palme

palmipède (nom masculin)
Oiseau dont les pieds sont palmés. *Le canard, le pingouin, le pélican, la mouette sont des **palmipèdes**.*

palombe (nom féminin)
Synonyme de ramier. *La chasse à la **palombe** est interdite.*

pâlot, otte (adjectif)
Un peu pâle. *Kevin ne dort pas assez, il est **pâlot**.* (Syn. pâlichon.)

palourde (nom féminin)
Mollusque comestible qui vit enfoui dans le sable. *Les **palourdes** ont une coquille striée.*

palper (verbe) ○ conj.n°3
Examiner en tâtant avec la main. *Le médecin **palpe** le ventre de Pierre.*

palpitant, ante (adjectif)
Qui passionne au point de faire battre le cœur plus rapidement. *Laura est plongée dans les aventures **palpitantes** des Trois Mousquetaires.* (Syn. captivant.)

palpitations (nom féminin pluriel)
Battements sensibles et accélérés du cœur. *Après son sprint, Quentin avait des **palpitations**.*

palpiter (verbe) ○ conj.n°3
Avoir des palpitations. *Son cœur **palpite** de joie à l'idée de revoir son ami.*
⊙ Famille du mot : palpitant, palpitations.

paludisme (nom masculin)
Maladie infectieuse propagée par les moustiques et qui provoque de fortes fièvres. *Dans les pays tropicaux, il y a beaucoup de **paludisme**.* (Syn. malaria.)
⊙ Paludisme vient du latin *paludis* qui signifie « marais », car on croyait que cette maladie était due au mauvais air (*malaria*) des marais.

se pâmer (verbe) ○ conj.n°3
Synonyme littéraire de s'évanouir.

pampa (nom féminin)
Vaste plaine herbeuse d'Amérique du Sud. *Les troupeaux de la **pampa** argentine.*

pamphlet (nom masculin)
Texte bref et violent qui attaque et critique une opinion ou une personne. *Voltaire a écrit de nombreux **pamphlets** contre l'intolérance.*

pamplemousse (nom masculin)
Gros agrume jaune au goût acidulé. *Myriam trouve le jus de **pamplemousse** trop amer.* ➠ p. 34.

1. pan ! (interjection)
Onomatopée imitant le bruit d'un choc ou d'un coup de feu. ***Pan !** Dans le mille !*

2. pan (nom masculin)
1. Partie flottante d'un vêtement. *Un **pan** de ta chemise n'est pas rentré dans ton pantalon.* 2. Partie plus ou moins large d'un mur. *De la maison, il ne restait que quelques **pans** de mur noircis.*

panacée (nom féminin)
Remède miracle à tous les maux. *C'est une solution, mais ce n'est pas la **panacée**.*

a b c d e f g h i j k l m n o **p** q r s t u v w x y z

panache (nom masculin)
1. Touffe de plumes ornant une coiffure. *« Ralliez-vous à mon* ***panache*** *blanc ! » dit Henri IV en pleine bataille.* 2. Ce qui évoque, par sa forme, cet ornement. *L'écureuil a une queue en* ***panache****. Un* ***panache*** *de fumée.*

panaché, ée (adjectif)
Fait d'éléments différents. *Noémie veut une glace* ***panachée*** *vanille et citron.* ▷ **panaché** (nom masculin) Bière mélangée de limonade.

panaris (nom masculin)
Inflammation aiguë du doigt. *Une écharde lui a causé un* ***panaris****.*

pancarte (nom féminin)
Panneau portant une inscription. *As-tu vu le nom de la ville sur la* ***pancarte*** *?* (Syn. écriteau.)

pancréas (nom masculin)
Glande digestive qui est située dans l'abdomen. *Le* ***pancréas*** *joue un rôle essentiel dans la digestion.* ➠ p. 345.

panda (nom masculin)
Mammifère noir et blanc qui ressemble à un ours, et qui vit en Chine et au Tibet. *Le* ***panda*** *se nourrit de pousses de bambou.*

un **panda**

pané, ée (adjectif)
Recouvert de chapelure. *Des escalopes* ***panées****.*

panier (nom masculin)
1. Récipient à anse, servant à transporter des choses. *Romain et Odile ont pris des* ***paniers*** *pour cueillir des cerises.* 2. Cercle métallique entouré d'un filet qui constitue le but au basket. *Sarah a réussi un* ***panier****.*

panique (nom féminin)
Affolement soudain et incontrôlable. *En entendant l'explosion, la foule a été prise de* ***panique****.*

paniquer (verbe) ○ conj.n°3
Être pris de panique. *Elle* ***panique*** *pour un rien.* (Syn. s'affoler.)

panne (nom féminin)
Arrêt accidentel du fonctionnement d'un mécanisme. *Nous sommes tombés en* ***panne*** *sur l'autoroute. Il y a une* ***panne*** *d'électricité dans tout le quartier.*

panneau, eaux (nom masculin)
1. Plaque servant de support à des indications. *Des* ***panneaux*** *ont été installés pour les élections juste devant le bureau de vote. Un* ***panneau*** *publicitaire.* 2. Surface plane enfermée dans une bordure. *Le menuisier a démonté les* ***panneaux*** *de l'armoire.*

panonceau, eaux (nom masculin)
Petit panneau indicateur. *À la porte de l'immeuble, un* ***panonceau*** *indique le cabinet médical.*

panoplie (nom féminin)
1. Déguisement d'enfant. *Pour Noël, Amandine voudrait une* ***panoplie*** *d'infirmière, Thomas a choisi celle de Zorro.* 2. Collection d'armes fixées sur un panneau.

panorama (nom masculin)
Vue circulaire que l'on découvre d'une hauteur. *Ils sont montés au belvédère pour voir le* ***panorama****.*

panoramique (adjectif)
Propre à un panorama. *La carte postale donne une vue* ***panoramique*** *de la ville.*

panse (nom féminin)
Partie de l'estomac des ruminants. • **Se remplir la panse :** dans la langue familière, manger beaucoup.

▸ **pansement** (nom masculin)
Compresse ou bande appliquée sur une plaie. *Il faut désinfecter la plaie avant de mettre un **pansement**.*

▸ **panser** (verbe) ◆ conj.n°3
1. Mettre un pansement. *Le médecin a nettoyé et **a pansé** la plaie.* 2. Nettoyer un cheval. *Le lad **panse** un cheval de course.*

▸ **pantagruélique** (adjectif)
Se dit d'un repas très abondant. ⊙ Pantagruélique vient du nom du héros de Rabelais *Pantagruel*, géant qui avait un appétit gigantesque.

▸ **pantalon** (nom masculin)
Vêtement qui va de la taille aux pieds en enveloppant chaque jambe. *Zoé a mis son **pantalon** de pyjama.* ⊙ Pantalon était un personnage bouffon de la comédie italienne du XVIe siècle, qui portait des culottes longues à la mode de Venise.

▸ **panthère** (nom féminin)
Synonyme de léopard. *La **panthère** a tué une gazelle et s'en repaît.*

une **panthère**

▸ **pantin** (nom masculin)
Jouet dont on fait bouger les membres en tirant sur un fil.

▸ **pantois, oise** (adjectif)
Synonyme de stupéfait. *On reste **pantois** devant une telle beauté.*

▸ **pantomime** (nom féminin)
Pièce de théâtre mimée, sans paroles. *À la fête de l'école, Victor et Anna ont joué une **pantomime**.*

▸ **pantoufle** (nom féminin)
Chaussure d'intérieur. *Quel plaisir de retrouver ses **pantoufles** après une si longue journée de marche !* (Syn. chausson.)

▸ **paon** (nom masculin)
Oiseau originaire d'Asie, dont la queue bleu-vert et tachetée du mâle peut se dresser en éventail. *Le **paon** fait la roue.* • **Fier comme un paon** : très vaniteux. → Prononciation [pɑ̃].

▸ **papa** (nom masculin)
Nom affectueux que les enfants donnent à leur père.

▸ **papal, ale, aux** (adjectif)
Du pape. *À Avignon, on visite l'ancien palais **papal**.* (Syn. pontifical.)

▸ **papauté** (nom féminin)
Pouvoir du pape. *Au XVIe siècle, la Réforme a contesté la **papauté**.*

un **paon** mâle

▸ **papaye** (nom féminin)
Fruit exotique ovale, de couleur jaune orangé. *La **papaye** ressemble au melon.* ➠ p. 442.

▸ **pape** (nom masculin)
Chef suprême de l'Église catholique. *Le **pape** est considéré par les catholiques comme le successeur de l'apôtre Pierre.* (Syn. souverain pontife.) ➠ p. 1068. • **Sérieux comme un pape** : très sérieux. ⊙ Famille du mot : papal, papauté.

▸ **paperasse** (nom féminin)
Ensemble d'écrits inintéressants et encombrants. *La boîte aux lettres se remplit tous les jours d'un tas de **paperasses**.*

▸ **papeterie** (nom féminin)
Magasin où l'on vend du papier et des fournitures pour l'école et le bureau. *À la **papeterie**, Élodie s'est acheté des cahiers, des classeurs, une gomme et des crayons neufs.*

▸ **papetier, ère** (nom)
Personne qui tient une papeterie.

▸ **papier** (nom masculin)
1. Matière fabriquée à partir d'une pâte de fibres végétales, aplatie et séchée. *Gaëlle voudrait une feuille de **papier** pour faire un grand dessin.* **2.** Document écrit ou imprimé. *La mère de Yann met de l'ordre dans ses **papiers**, elle range certaines lettres et les factures.* • **Papier peint** : papier décoratif que l'on colle sur les murs intérieurs d'un appartement. ▹ **papiers** (nom masculin pluriel) Pièces d'identité. *Vos **papiers**, s'il vous plaît !*

▸ **papille** (nom féminin)
Petit point à la surface de la langue. *C'est grâce aux **papilles** qu'on sent le goût de ce qu'on mange.*

▸ **papillon** (nom masculin)
Insecte qui a quatre grandes ailes colorées. *La chenille se métamorphose en chrysalide puis en **papillon**.* • **Nœud papillon** : cravate courte nouée en forme de papillon.

une chenille, une chrysalide
et un **papillon**

▸ **papillonner** (verbe) ⊙ conj.n°3
Passer d'une personne à une autre ou d'une chose à une autre sans s'arrêter à aucune.

▸ **papillote** (nom féminin)
Morceau de papier ou de feuille d'aluminium servant à envelopper des bonbons ou des aliments cuits au four. *À midi, nous avons mangé du poisson en **papillote**.*

▸ **papoter** (verbe) ⊙ conj.n°3
Synonyme familier de bavarder. *Les deux commères ne cessent de **papoter**.*

▸ **paprika** (nom masculin)
Piment doux en poudre. *Un ragoût de veau au **paprika**.*

▸ **papyrus** (nom masculin)
Manuscrit égyptien écrit sur un papier fabriqué à partir de roseaux du Nil, appelés également « papyrus ».

un **papyrus**

pâque (nom féminin singulier)
Fête annuelle des juifs en mémoire de leur sortie d'Égypte. *La **pâque** dure huit jours.* ▷ **Pâques** (nom féminin pluriel) Fête annuelle des chrétiens en mémoire de la résurrection du Christ. *Joyeuses **Pâques**.* ▷ **Pâques** (nom masculin singulier) Jour de cette fête. ***Pâques** est toujours le premier dimanche après la pleine lune qui suit le 22 mars.* ⊙ Pâque vient d'un mot hébreu qui signifie « passage », car, selon la Bible, Moïse ouvrit un passage dans la mer Rouge aux Hébreux qui la traversèrent à pied sec.

paquebot (nom masculin)
Grand navire de transport de passagers. *Le Titanic était un superbe **paquebot** qui a sombré lors de son premier voyage.*

pâquerette (nom féminin)
Petite plante à fleur blanche ou rosée, au cœur jaune, rappelant la marguerite. ⊙ Pâquerette vient de *Pâques*, moment où fleurissent les pâquerettes.

paquet (nom masculin)
1. Assemblage de plusieurs objets attachés ou enveloppés ensemble. *Julie a envoyé un **paquet** par la poste à sa cousine.* 2. Produit contenu dans un emballage. *Veux-tu aller m'acheter un **paquet** de café ?* 3. Grande masse ou grande quantité. *Des **paquets** de mer s'abattent ce soir sur la jetée.* ⊙ Famille du mot : dépaqueter, empaqueter, paquetage.

paquetage (nom masculin)
Habillement et équipement d'un soldat. *Quand un soldat est incorporé, on lui donne son **paquetage**.*

par (préposition)
Sert à indiquer de nombreux types de compléments. *Passe **par** là* (lieu). *Les hirondelles sont arrivées **par** un beau matin d'avril* (temps). *Je vais la voir deux fois **par** semaine* (fréquence). *William a pris Laura **par** la main* (moyen). *Elle a été renversée **par** un cycliste* (complément d'agent).

parabole (nom féminin)
1. Récit qui contient un enseignement ou une morale grâce à une comparaison. 2. Antenne parabolique.

parabolique (adjectif)
Se dit d'une antenne qui permet de recevoir des programmes de télévision retransmis par satellite.

parachever (verbe) ⊳ conj.n°8
Terminer le mieux possible. *Xavier **parachève** son château de sable en plantant un drapeau sur le donjon.*

parachutage (nom masculin)
Action de parachuter. *Un **parachutage** d'armes a permis d'aider les assiégés.*

parachute (nom masculin)
Appareil fait d'une grande toile qui, en se dépliant, ralentit la chute d'une personne ou d'un objet lancés d'un avion. *Myriam rêve toujours de sauter en **parachute**.* ⊙ Famille du mot : parachutage, parachuter, parachutisme, parachutiste.

parachuter (verbe) ⊳ conj.n°3
Larguer en parachute. *On a **parachuté** des vivres aux réfugiés.*

parachutisme (nom masculin)
Pratique du saut en parachute. *À l'armée, le cousin de Noémie a été initié au **parachutisme**.*

parachutiste (nom)
Personne qui pratique le parachutisme. *Ce **parachutiste** est un spécialiste de la chute libre.*

parade (nom féminin)
1. Action de parer un coup ou une accusation. *Yann a trouvé une bonne **parade** pour ne pas faire ce qui l'ennuie : il dit qu'il doit travailler.* 2. Défilé militaire. *Des touristes sont venus assister à la **parade** du 14 Juillet sur les Champs-Élysées.*

parader (verbe) ⊳ conj.n°3
Se montrer dans le but de se faire admirer. *Il **parade** devant nous sur sa nouvelle moto.*

paradis (nom masculin)
1. Lieu de bonheur où séjourneraient, après la mort, les âmes de ceux qui se sont bien conduits. *Les chrétiens et les musulmans croient à l'existence du **paradis**.* (Syn. ciel. Contr. enfer.) 2. Endroit très agréable, merveilleux. *Ce jardin est un **paradis** pour les enfants.*

paradisiaque (adjectif)
Qui évoque le paradis. *Une île **paradisiaque**.* (Syn. enchanteur.)

paradoxal, ale, aux (adjectif)
Qui est bizarre, comme un paradoxe. *Benjamin dit qu'il préfère la mer à la montagne, mais il déteste se baigner, c'est **paradoxal** !* (Syn. contradictoire.)

paradoxe (nom masculin)
Opinion ou raisonnement en contradiction avec la logique. *Il est écologiste mais il travaille dans une centrale nucléaire : c'est un **paradoxe**.* (Syn. contradiction.)

parafe ➠ Voir paraphe.

paraffine (nom féminin)
Matière blanche qui ressemble à de la cire et sert à fabriquer les bougies.

parages (nom masculin pluriel)
• **Dans les parages :** dans les environs. *Il n'y a aucune pharmacie **dans les parages**.*

paragraphe (nom masculin)
Partie d'un texte qui débute et qui finit quand on va à la ligne. *Nous allons étudier le dernier **paragraphe** de ce chapitre.*

paraître (verbe) ○ conj.n°37
1. Devenir visible. *À la nuit tombée, des étoiles **paraissent** dans le ciel.* (Syn. apparaître. Contr. disparaître.) 2. Être édité et mis en vente. *Ce magazine **paraît** chaque semaine.* 3. Avoir l'air. *Odile **paraît** heureuse de nous voir. Il **paraît** plus vieux quand il porte des lunettes.* (Syn. sembler.) • **Il paraît, paraît-il, à ce qu'il paraît** : on le dit. ***Il paraît** qu'on va changer de directeur l'année prochaine.* ⊙ Famille du mot : comparaître, disparaître, reparaître, transparaître.

parallèle (adjectif)
Se dit de lignes qui sont toujours à la même distance l'une de l'autre et donc ne se coupent jamais. *La voie de chemin de fer est **parallèle** au bord de mer.* ➠ p. 512. ▷ **parallèle** (nom féminin) Droite parallèle à une autre. ▷ **parallèle** (nom masculin) 1. Cercle imaginaire autour de la Terre, qui est parallèle à l'équateur. 2. Comparaison entre deux personnes ou deux choses. *La maîtresse a fait un **parallèle** entre les deux personnages principaux de cette magnifique histoire.* ⊙ Famille du mot : parallèlement, parallélépipède, parallélisme, parallélogramme.

parallèlement (adverbe)
1. De façon parallèle. *Les voitures sont garées **parallèlement** au trottoir.* 2. En même temps. *Il fait ses études et **parallèlement** il s'entraîne pour devenir basketteur.*

parallélépipède (nom masculin)
Solide qui a six faces parallèles deux à deux. *Une boîte d'allumettes ou une brique sont des **parallélépipèdes**.* ➠ p. 512.

parallélisme (nom masculin)
État de ce qui est parallèle. *Il a fait vérifier le **parallélisme** des roues de sa voiture.*

parallélogramme (nom masculin)
Figure géométrique qui a quatre côtés parallèles deux à deux. *Un carré, un losange et un rectangle sont des **parallélogrammes**.*

paralyser (verbe) ○ conj.n°3
1. Rendre incapable de bouger. *Depuis son accident, il **est paralysé** des membres inférieurs.* 2. Empêcher quelque chose de fonctionner. *Le verglas **a paralysé** la circulation sur l'autoroute.* ⊙ Famille du mot : paralysie, paralytique.

paralysie (nom féminin)
1. Incapacité de bouger une partie du corps à cause d'une maladie ou d'un accident. *Il a été frappé de **paralysie** à la suite d'une attaque cérébrale.* 2. Arrêt d'une activité. *La grève a entraîné une **paralysie** de la circulation des trains.*

paralytique (nom)
Personne atteinte de paralysie.

paranoïaque (nom)
Personne persuadée que tout le monde lui veut du mal.

parapente (nom masculin)
Sport qui consiste à sauter en parachute à partir d'une falaise ou d'une montagne. *Quand on fait du **parapente**, on utilise les courants aériens pour se déplacer.*

parapente au décollage

parapet (nom masculin)
Petit mur qui empêche de tomber. *Appuyés au **parapet** du pont, ils regardaient passer les péniches.* (Syn. garde-fou.)

paraphe (nom masculin)
Signature simple, souvent composée des initiales du nom et du prénom. *Il a mis son **paraphe** au bas de chaque page du contrat.* → On écrit aussi parafe.

paraphrase (nom féminin)
Phrase qui répète, avec d'autres mots, ce qui est déjà dit. *Ce texte est très clair, je n'ai pas besoin de tes **paraphrases** pour le comprendre !*

paraplégique (nom)
Personne paralysée des deux membres supérieurs ou inférieurs.

parapluie (nom masculin)
Ustensile constitué d'une toile imperméable tendue sur des tiges souples et qui sert à se protéger de la pluie. *Ouvre ton **parapluie**, il commence à pleuvoir.*

parascolaire (adjectif)
Qui complète l'enseignement que l'on suit à l'école. *Un cahier de vacances est un ouvrage **parascolaire**.*

parasite (nom masculin)
1. Être vivant qui se fixe sur un autre pour s'en nourrir. *Le pou est un **parasite** de l'homme. Le gui est une plante **parasite** de certains arbres.* 2. Personne qui vit aux dépens des autres. *Je ne veux plus recevoir ce **parasite** chez moi !* ▷ **parasites** (nom masculin pluriel) Bruits ou signaux qui perturbent la réception d'une émission de radio ou de télévision.

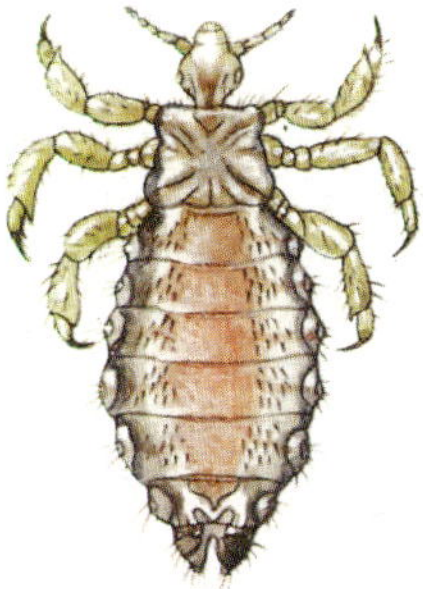

un **parasite**, le pou

parasol (nom masculin)
Sorte de grand parapluie qui sert à se protéger du soleil. *Si tu veux éviter un coup de soleil, reste sous le **parasol**.*

paratonnerre (nom masculin)
Tige de fer fixée sur un toit et qui sert à se protéger de la foudre. *C'est l'Américain Benjamin Franklin qui a inventé le **paratonnerre**.*

paravent (nom masculin)
Ensemble de panneaux articulés fait pour isoler ou cacher quelque chose. *La danseuse se change derrière un **paravent**.*

a b c d e f g h i j k l m n o p q r s t u v w x y z

parc (nom masculin)
Très grand jardin, en partie planté d'arbres. *Après la visite du château, nous avons fait une promenade dans le **parc**.* • **Parc à huîtres** : bassin où l'on élève des huîtres. • **Parc de loisirs** : très vaste terrain regroupant des attractions ou des équipements sportifs. • **Parc de stationnement** : endroit aménagé pour le stationnement des voitures. (Syn. parking.) • **Parc naturel** : lieu où vivent des espèces animales et végétales qui sont protégées.

parcelle (nom féminin)
1. Petit fragment. *On a trouvé des **parcelles** d'or dans le sable de la rivière.* 2. Portion de terrain. *Il a utilisé une **parcelle** de son jardin pour faire un potager.*

parce que (conjonction)
Sert à indiquer la cause. *Il a enlevé son blouson **parce qu'**il avait trop chaud.*

parchemin (nom masculin)
Peau d'animal spécialement traitée, utilisée pour l'écriture ou la reliure. *Les moines du Moyen Âge écrivaient sur du **parchemin**.*

un **parchemin** (XIIe siècle)

parcimonie (nom féminin)
• **Avec parcimonie** : en très petite quantité et avec une certaine avarice. *Les réserves de nourriture diminuaient, il fallait les distribuer **avec parcimonie**.* (Contr. prodigalité.)

parcimonieux, euse (adjectif)
Qui est un peu avare. *Mon grand-père était très **parcimonieux** : « Un sou est un sou » disait-il.* (Contr. prodigue.)

parcmètre (nom masculin)
Appareil dans lequel on introduit une somme d'argent correspondant à un certain temps de stationnement.

parcourir (verbe) ➲ conj.n°16
1. Aller d'un bout à l'autre d'un endroit. *Ils **ont parcouru** toute l'île pour trouver de l'eau douce.* 2. Effectuer un parcours. *Clément **a parcouru** 1 km à pied avant de trouver un téléphone.* 3. Lire rapidement. *J'**ai parcouru** le journal pendant le trajet en autobus.*

parcours (nom masculin)
Trajet pour aller d'un endroit à un autre. *C'est un petit train de campagne qui s'arrête souvent sur son **parcours**.*

par-delà (préposition)
De l'autre côté. *Ici nous sommes en France, mais **par-delà** la frontière, c'est la Belgique.*

par-dessous ➠ Voir dessous.

pardessus (nom masculin)
Manteau d'homme. *En hiver, il porte un gros **pardessus** et une écharpe de laine.*

par-dessus ➠ Voir dessus.

pardi ! (interjection)
Dans la langue familière, sert à renforcer une affirmation. *Il fait beau ici ! **Pardi**, c'est le Midi !*

pardon (nom masculin)
1. Action de pardonner. *Tu as eu tort de mentir, tu devrais lui demander **pardon**.* 2. Formule utilisée pour s'excuser ou interpeler. ***Pardon** monsieur, pourriez-vous m'indiquer où se trouve la poste ?*

pardonnable (adjectif)
Qui peut être pardonné. *Cette dictée était très difficile, vos erreurs sont **pardonnables**.* (Contr. impardonnable.)

pardonner (verbe) conj. n°3
Ne pas en vouloir à quelqu'un et ne pas le punir de ce qu'il a fait. ***Pardonnez**-moi de vous avoir dérangés !* Famille du mot : impardonnable, pardon, pardonnable.

pare-balles (adjectif)
• **Gilet pare-balles :** gilet qui protège des balles des armes à feu. *Le policier portait un **gilet pare-balles**.* → Pluriel : des gilets pare-balles.

pare-brise (nom masculin)
Grande vitre de protection à l'avant d'un véhicule. *Mets les essuie-glaces en marche pour nettoyer le **pare-brise** !* ➡ p. 92. → Pluriel : des pare-brise.

pare-chocs (nom masculin)
Barre de protection placée à l'avant et à l'arrière d'un véhicule. *Le **pare-chocs** a été tordu, mais la carrosserie est intacte.* ➡ p. 92. → Pluriel : des pare-chocs.

pareil, eille (adjectif)
1. Qui est identique à autre chose. *Son blouson et le mien sont **pareils**.* (Syn. semblable. Contr. différent.) 2. De cette sorte. *Il n'avait jamais ressenti une **pareille** joie.* (Syn. tel.) ▷ **pareil, eille** (nom) • **Ne pas avoir son pareil :** être sans égal dans un domaine. *Pour réussir les tartes, elle **n'a pas sa pareille**.* ▷ **pareille** (nom féminin) • **Rendre la pareille à quelqu'un :** lui faire la même chose que ce qu'il a fait. *S'il m'ennuie trop, je lui **rendrai la pareille**.*

parent, ente (nom)
Personne qui appartient à la même famille. *Nous ne connaissons pas cette cousine, c'est une **parente** éloignée de mon père.* ▷ **parents** (nom masculin pluriel) Le père et la mère de quelqu'un. *Les **parents** de Sarah sont très fiers de leur fille.* Famille du mot : apparenté, beaux-parents, grands-parents, parenté.

parenté (nom féminin)
Fait d'être parent. *David et Ursula n'ont aucun lien de **parenté**.*

parenthèse (nom féminin)
Chacun des deux signes de ponctuation encadrant des mots qui ne sont pas indispensables mais apportent une précision. *Dans la phrase : « Ibrahim a acheté des boissons (sodas, jus de fruits, etc.) », on a écrit « sodas, jus de fruits, etc. » entre **parenthèses**.*

paréo (nom masculin)
Morceau de tissu aux couleurs vives dont on s'enveloppe le corps.

parer (verbe) conj. n°3
1. Éviter ou détourner une attaque. *Il a réussi à **parer** tous les coups de son adversaire.* (Syn. esquiver.) 2. Se parer : s'habiller avec élégance. *Le chef indien **s'est paré** de sa coiffure de plumes d'aigle.* • **Être paré contre quelque chose :** en être protégé. *Avec ce chapeau et ces lunettes, tu **es paré contre** le soleil.* Famille du mot : déparer, imparable, pare-balles, pare-brise, pare-chocs, pare-soleil.

pare-soleil (nom masculin)
Dans une voiture, écran orientable qui protège du soleil. → Pluriel : des pare-soleil.

paresse (nom féminin)
Comportement d'une personne paresseuse. *Cette forte chaleur nous pousse à la **paresse**.* (Contr. dynamisme, énergie.) Famille du mot : paresser, paresseux.

paresser (verbe) conj. n°3
Se laisser aller à la paresse. *Le dimanche matin, Kevin aime bien **paresser** dans son lit.*

paresseux, euse (adjectif et nom)
Qui ne fait pas d'efforts ou ne veut pas travailler. *Ce **paresseux** a refusé de m'aider.* (Syn. fainéant. Contr. travailleur.) ▷ **paresseux** (nom masculin) Mammifère tropical qui se déplace avec des mouvements très lents. ➡ p. 808.

parfait, aite (adjectif)
Qui est sans défaut, totalement satisfaisant. *Le peintre a réalisé un portrait d'une **parfaite** ressemblance.* Famille du mot : imparfait, parfaitement.

parfaitement (adverbe)
1. De façon parfaite. *L'acteur connaît **parfaitement** son rôle.* 2. Totalement, tout à fait. *Vous avez **parfaitement** raison.*

parfois (adverbe)
De temps en temps. *Il lui arrive **parfois** de se mettre en colère.* (Syn. quelquefois.)

parfum (nom masculin)
1. Odeur agréable qui se dégage de quelque chose. *Le **parfum** des roses embaumait la pièce.* 2. Liquide odorant que l'on utilise pour sentir bon. *Pierre a offert un flacon de **parfum** à sa mère.* 3. Goût agréable de certains aliments. *Je voudrais une glace à la vanille, c'est mon **parfum** préféré.* ⊙ Famille du mot : parfumé, parfumer, parfumerie.

parfumé, ée (adjectif)
Qui a un certain parfum ou un certain goût. *Des pommes au four **parfumées** à la cannelle.*

parfumer (verbe) ○ conj.n°3
1. Imprégner d'un parfum. *Myriam **parfume** son linge avec des sachets de lavande.* 2. Se parfumer : se mettre du parfum. *Maman se maquille et **se parfume** chaque matin.* ⊙ Parfumer vient du latin *perfumare* qui signifie « dégager de la fumée » (d'un bois qui sent bon).

parfumerie (nom féminin)
Magasin où l'on vend des parfums et des produits de beauté.

pari (nom masculin)
Jeu dans lequel chacun s'engage à donner quelque chose à celui qui aura raison. *Quentin a fait le **pari** d'arriver le premier et il a gagné.* ⊙ Famille du mot : parier, parieur.

paria (nom masculin)
Personne exclue et méprisée de tous. *Vous n'allez pas me traiter comme un **paria** pour 5 minutes de retard !* ⊙ En Inde, les parias sont des gens considérés comme impurs : on les appelle aussi des *intouchables*.

parier (verbe) ○ conj.n°10
1. Faire un pari. *Je **parie** 2 euros que je serai arrivé avant toi.* 2. Être presque sûr de ce qu'on dit. *Je te **parie** qu'il va neiger.*

parieur, euse (nom)
Personne qui parie de l'argent. *Les **parieurs** suivent les chevaux avec des jumelles.*

parisien, enne
➠ Voir tableau p. 6.

un **paresseux**

parité (nom féminin)
Égalité. *Ce syndicat réclame la **parité** des salaires entre les hommes et les femmes.*

parjure (nom masculin)
Faux serment. *Il a commis un **parjure** en ne tenant pas sa promesse.*

se parjurer (verbe) conj.n°3
Faire un parjure.

parka (nom féminin)
Veste imperméable longue et à capuche. → On dit aussi un parka.

parking (nom masculin)
Parc de stationnement. *On peut se garer dans le **parking** souterrain du magasin.* → Parking est un mot anglais, on prononce [parkiŋ].

parlant, ante (adjectif)
1. Qui exprime quelque chose de façon convaincante. *Son commerce marche très bien, les bénéfices réalisés sont **parlants**.* 2. Se dit d'un film dans lequel on entend les paroles des acteurs. (Contr. muet.)

Parlement (nom masculin)
Ensemble des représentants élus, chargés de voter les lois d'un pays ou d'un groupement de pays. *Le **Parlement** européen a son siège à Strasbourg.*

parlementaire (adjectif)
Qui concerne le Parlement. *Ce projet de loi a été voté après de longs débats **parlementaires**.* ▷ **parlementaire** (nom) 1. Membre d'un Parlement. 2. Personne envoyée afin de parlementer. *Le général a reçu les **parlementaires** de l'armée ennemie.*

parlementer (verbe) conj.n°3
Discuter dans le but de trouver un accord. *Les autorités **parlementent** avec les terroristes pour obtenir la libération des otages.*

parler (verbe) conj.n°3
1. Utiliser des mots pour s'exprimer et communiquer. *La petite sœur d'Anna commence à peine à **parler**.* 2. Savoir s'exprimer dans une langue. *C'est un touriste anglais, mais il **parle** très bien le français.* 3. Avoir un projet ou une intention. *Les parents de Romain **parlent** de déménager.* 4. Faire des aveux. *Le voleur **a parlé**, il a donné le nom de son complice.* ⊙ Famille du mot : franc-parler, haut-parleur, parlant, parleur, parloir, parlote, reparler.

parleur, euse (nom)
• **Beau parleur** : personne qui parle beaucoup mais qui n'agit pas.

parloir (nom masculin)
Salle où l'on reçoit les visiteurs pour parler avec eux. *Le **parloir** d'une prison.*

parlote (nom féminin)
Synonyme familier de bavardage. *Élodie perd son temps en **parlotes**.*

parme (adjectif)
Violet clair. *Une robe de soie **parme**.* → Pluriel : des écharpes parme. ⊙ La ville de *Parme*, en Italie, est réputée pour ses cultures de violettes.

parmesan (nom masculin)
Fromage italien à pâte dure. *Des spaghettis au **parmesan**.* ⊙ Le parmesan est fabriqué près de *Parme*, ville d'Italie.

parmi (préposition)
Au nombre de. *Il y a beaucoup d'enfants **parmi** les visiteurs de ce musée.*

parodie (nom féminin)
Imitation amusante. *Cet auteur a écrit une **parodie** des « Trois Mousquetaires ».*

parodier (verbe) conj.n°10
Imiter quelqu'un ou quelque chose pour s'en moquer. *Dans ses sketches, cet imitateur **parodie** des gens célèbres.*

a b c d e f g h i j k l m n o p q r s t u v w x y z

paroi (nom féminin)
1. Versant vertical et abrupt d'un rocher. *Les alpinistes ont escaladé la **paroi** sud de la montagne.* 2. Surface intérieure d'un objet ou d'un endroit. *Ces deux bureaux sont séparés par une **paroi** de verre.*

L'escalade d'une **paroi** aussi abrupte est particulièrement difficile.

paroisse (nom féminin)
Territoire dont un curé a la charge. *Le curé de la **paroisse** a organisé une tombola.* ⊙ Famille du mot : paroissial, paroissien.

paroissial, ale, aux (adjectif)
De la paroisse. *La kermesse aura lieu dans la salle **paroissiale**, très prochainement.*

paroissien, enne (nom)
Personne croyante qui fait partie d'une paroisse. *Le curé accueille ses **paroissiens**.*

parole (nom féminin)
1. Faculté de s'exprimer et de communiquer par le langage. *Contrairement aux humains, les animaux ne sont pas doués de la **parole**.* 2. Mot ou phrase que l'on dit. *L'entraîneur a adressé quelques **paroles** d'encouragement à toute son équipe.* 3. Promesse que l'on fait oralement. *Je n'oublierai pas de t'écrire, je t'en donne ma **parole**.* • **Couper la parole à quelqu'un** : l'interrompre pendant qu'il parle. • **Croire quelqu'un sur parole** : croire ce qu'il dit sans avoir besoin de preuve. ▷ **paroles** (nom féminin pluriel) Texte d'une chanson. *Je connais l'air de cette chanson, mais j'ai oublié les **paroles**.* ⊙ Famille du mot : parolier, porte-parole.

parolier, ère (nom)
Personne qui écrit des paroles de chansons.

paronyme (nom masculin)
Mot très proche d'un autre par sa forme mais de sens très différent. *« Avènement » et « événement » sont des **paronymes**.*

paroxysme (nom masculin)
Moment le plus violent d'un événement ou d'un sentiment. *Quand le vent s'est levé, l'incendie a atteint son **paroxysme**.*

parpaing (nom masculin)
Bloc de ciment ou de plâtre utilisé en construction. *Un mur en **parpaings**.*
➜ Prononciation [paʀpɛ̃].

parquer (verbe) ⊙ conj.n°3
Mettre dans un endroit fermé. *Le berger **a parqué** ses moutons pour la nuit.*

parquet (nom masculin)
Sol constitué de lames de bois assemblées. *Cirer un **parquet**.* (Syn. plancher.)

parrain (nom masculin)
Homme qui s'engage à veiller sur un enfant lors de son baptême. *Le **parrain** et la marraine d'Hélène sont des amis de ses parents.*

▸ **parrainer** (verbe) ○ conj.n°3
Financer un club, une association. *Un industriel **parraine** l'équipe de football de la ville.* (Syn. sponsoriser.)

▸ **parricide** (nom masculin)
Crime d'une personne qui a tué son père ou sa mère. *Commettre un **parricide**.* ▷ **parricide** (nom) Personne qui a commis un parricide.

▸ **parsemé, ée** (adjectif)
Couvert de choses éparpillées. *Le champ de blé est **parsemé** de coquelicots.*

▸ **part** (nom féminin)
Partie séparée d'un tout. *Maman a coupé huit **parts** de tarte.* • **À part** : à l'écart. *Ne mélange pas tes affaires avec celles de ton frère, mets-les **à part**.* • **À part quelqu'un** ou **quelque chose** : sauf. *Tout le monde est venu, **à part** Gaëlle.* • **De la part de quelqu'un** : qui vient de cette personne. *C'est un cadeau **de la part de** ta tante.* • **De part et d'autre** : de chaque côté. *Il y a des rosiers **de part et d'autre** de l'allée.* • **D'une part…, d'autre part** : d'un côté… et de l'autre. *Il vaut mieux partir : **d'une part** il est tard, **d'autre part** tu es fatigué.* • **Être à part** : être différent des autres. *On a du mal à le comprendre, c'**est** un élève un peu **à part**.* • **Faire part de quelque chose à quelqu'un** : le lui dire. *Nous sommes heureux de vous **faire part de** notre mariage.* • **Prendre part à quelque chose** : y participer. *Qui veut **prendre part à** cette course ?* ➜ Voir aussi autre part, nulle part, quelque part. ⊙ Famille du mot : départager, partage, partager, quote-part.

▸ **partage** (nom masculin)
Action de partager. *Les pirates ont fait le **partage** du butin.*

▸ **partager** (verbe) ○ conj.n°5
1. Diviser en plusieurs parts. *Fatima **partage** la tarte en trois.* 2. Donner une partie de ce qui nous appartient. *Il **a partagé** son goûter avec moi.* 3. Avoir quelque chose en commun avec quelqu'un. *Thomas et Julie **partagent** la même passion pour la musique.*

▸ **partance** (nom féminin)
• **En partance** : sur le point de partir. *Les voyageurs **en partance** pour Madrid doivent enregistrer leurs bagages.*

▸ **partant, ante** (adjectif)
• **Être partant** : synonyme d'être d'accord. *Qui **est partant** pour une partie de cartes ?* ▷ **partant** (nom masculin) Personne ou animal qui prend part à une compétition. *Il y a quinze **partants** dans la course du tiercé.*

▸ **partenaire** (nom)
Personne à laquelle on est associé pour un jeu ou un sport. *Pour gagner ce match, tu dois faire confiance à tes **partenaires**.*

▸ **parterre** (nom masculin)
Partie d'un jardin où on cultive des fleurs, des plantes ornementales. *Des **parterres** de tulipes ornaient les pelouses du parc.*

▸ **parti** (nom masculin)
Groupe ou association de personnes qui poursuivent le même but. *Un **parti** politique.* • **En prendre son parti** : accepter les choses telles qu'elles sont. • **Parti pris** : attitude d'une personne qui juge à l'avance. *Tu lui donnes toujours tort, c'est un **parti pris**.* (Syn. préjugé.) • **Prendre le parti de quelqu'un** : le soutenir. • **Prendre parti** : se décider pour ou contre quelque chose. • **Tirer parti de quelque chose** : savoir l'utiliser le mieux possible. ⊙ Famille du mot : impartial, impartialité, partial, partialité.

▸ **partial, ale, aux** (adjectif)
Qui a un parti pris injuste. *Je ne discute plus de cette affaire avec toi car tu es trop **partial**.* (Syn. injuste. Contr. impartial.)

▸ **partialité** (nom féminin)
Attitude d'une personne partiale. *Il prétend que notre équipe a perdu à cause de la **partialité** de l'arbitre.* (Contr. impartialité.)

▸ **participant, ante** (nom)
Personne qui participe à quelque chose. *Tous les **participants** de la course sont partis.*

a b c d e f g h i j k l m n o p q r s t u v w x y z

▶ **participation** (nom féminin) Action de participer. *Le directeur a vivement remercié les parents pour leur **participation** à l'organisation de la kermesse.*

▶ **participe** (nom masculin) Une des formes du verbe. *« Jouant » est le **participe** présent de « jouer » et « joué » est le **participe** passé.*

▶ **participer** (verbe) ⊙ conj.n°3 Se joindre à d'autres personnes pour faire quelque chose avec elles. ***Participer** à un concours, à une cérémonie, à un jeu.* ⊙ Famille du mot : participant, participation.

▶ **particularité** (nom féminin) Caractère particulier. *Plusieurs mammifères, comme les baleines, ont la **particularité** de vivre dans l'eau.* (Syn. caractéristique.)

▶ **particule** (nom féminin) 1. Minuscule partie d'une matière. *L'établi du menuisier est couvert de **particules** de bois.* 2. La préposition « de » précédant certains noms de famille. *Jean de La Fontaine est un nom à **particule**.*

▶ **particulier, ère** (adjectif) 1. Qui différencie une personne ou une chose des autres. *Ces fruits exotiques ont un goût **particulier**.* (Syn. spécial. Contr. banal, ordinaire.) 2. Qui ne concerne qu'une seule personne. *Victor prend des cours **particuliers** de ski.* ▷ **particulier** (nom masculin) Personne qui est considérée individuellement, en dehors d'un groupe. *Cet immeuble appartient à une entreprise et non à un **particulier**.* ▷ **en particulier** (adverbe) 1. Synonyme de particulièrement. *Laura adore les gâteaux, **en particulier** les tartes aux abricots.* 2. Seul à seul. *La directrice a souhaité voir Myriam **en particulier**.* ⊙ Famille du mot : particularité, particulièrement.

▶ **particulièrement** (adverbe) 1. De façon particulière, spéciale. *Guillaume aime la musique, **particulièrement** le rap.* (Syn. en particulier, surtout.) 2. Synonyme de très. *Il est **particulièrement** joyeux aujourd'hui.*

▶ **partie** (nom féminin) 1. Morceau d'un tout, d'un ensemble. *Je n'ai vu que la dernière **partie** du film.* 2. Ensemble des coups qu'il faut jouer jusqu'à ce qu'il y ait un gagnant. *Xavier et Noémie ont fait une **partie** de ping-pong.* 3. Chaque personne qui est engagée dans un procès. *L'avocat de la défense a attaqué la **partie** adverse.* 4. Spécialité dans laquelle on est compétent. *Tu peux lui demander des conseils, l'informatique c'est sa **partie**.* • **Avoir affaire à forte partie** : avoir affaire à un adversaire redoutable. • **Faire partie de quelque chose** : être un membre, un élément d'un groupe. *Il **fait partie d'**un orchestre de jazz.* • **Prendre quelqu'un à partie** : s'attaquer à lui. ⊙ Famille du mot : partiel, partiellement.

▶ **partiel, elle** (adjectif) Qui ne représente qu'une partie d'un ensemble. *Les journalistes n'ont que des renseignements **partiels** sur cette catastrophe.* (Syn. incomplet. Contr. complet.)

▶ **partiellement** (adverbe) De façon partielle. *Cet immeuble a été **partiellement** détruit par un incendie.* (Contr. complètement, entièrement, totalement.)

▶ **partir** (verbe) ⊙ conj.n°15 1. Quitter un lieu. *Nous **partons** demain en vacances.* (Contr. rester.) 2. Avoir comme origine. *Ce sentier **part** du bas de la colline. Toute l'affaire **est partie** d'un malentendu.* (Contr. aboutir.) 3. Disparaître. *Les nuages **sont partis**, allons à la plage.* • **À partir de** : indique le point de départ. *Les cours de tennis commencent **à partir de** demain. Nous avons eu des embouteillages **à partir de** Lyon.* ⊙ Famille du mot : départ, partance, partant, repartir.

▶ **partisan, ane** (nom) 1. Personne qui défend les idées d'une autre personne, d'un groupe ou d'un parti. *Le candidat a fait un discours à ses **partisans**.* (Syn. adepte. Contr. adversaire.) 2. Combattant qui ne fait pas partie de l'armée régulière. *Des groupes de **partisans** ont pris le maquis.* ▷ **partisan, ane** (adjectif) Qui défend telle solution. *La nuit tombe, je suis **partisan** de rentrer.*

▸ **partition** (nom féminin)
Morceau de musique écrit pour un instrument. *Il connaît par cœur ce morceau de piano et il peut le jouer sans la **partition**.*

▸ **partout** (adverbe)
Dans tous les endroits. *Je t'ai cherché **partout**, mais je ne t'ai pas vu.* (Contr. nulle part.)

▸ **parure** (nom féminin)
Ensemble de très beaux bijoux. *Pour la réception, elle avait sa **parure** de diamants.*

▸ **parution** (nom féminin)
Publication d'un texte. *La **parution** de ce roman est prévue pour le mois prochain.*

▸ **parvenir** (verbe) ○ conj.n°19
1. Arriver à sa destination. *Je viens de te poster un colis, il te **parviendra** dans quelques jours.* 2. Réussir après beaucoup d'efforts. *Les alpinistes **sont parvenus** à gravir la paroi.*

▸ **parvenu, ue** (nom)
Personne qui s'est enrichie rapidement et étale sa richesse.

▸ **parvis** (nom masculin)
Place située devant la façade d'une église ou d'un édifice. *On a pris des photos des mariés sur le **parvis** de la cathédrale.*

▸ **1. pas** (adverbe)
En relation avec « ne », sert à exprimer la négation. *Odile **ne** veut **pas** venir avec moi.*

▸ **2. pas** (nom masculin)
1. Mouvement que l'on fait en marchant. *La petite sœur de Sarah commence à faire ses premiers **pas**.* 2. Façon de marcher. *La vieille dame avançait à petits **pas**.* 3. Trace de pied. *La mer efface les **pas** des enfants sur le sable.* • **À deux pas** : tout près. *J'habite **à deux pas** de l'école.* • **Au pas** : à la même cadence. *Le régiment défile **au pas**.* • **Faire le premier pas** : prendre l'initiative. • **Faire les cent pas** : marcher de long en large avec impatience. • **Mauvais pas** : situation difficile. • **Mettre quelqu'un au pas** : le forcer à obéir. • **Pas à pas** : lentement et prudemment. *Ils avançaient **pas à pas** sur le sentier escarpé.* • **Pas de la porte** : entrée de la maison.

▸ **passable** (adjectif)
Qui est tout juste satisfaisant. *En maths, ses résultats sont **passables**.* (Syn. moyen.)

▸ **passablement** (adverbe)
1. De façon passable. *Quentin joue **passablement** au ping-pong.* 2. De façon notable. *Le maire a fait un discours **passablement** ennuyeux.*

▸ **passage** (nom masculin)
1. Action de passer. *Vous gênez le **passage** des spectateurs qui se dirigent vers la sortie.* 2. Endroit par où l'on peut passer. *Il existe des **passages** souterrains dans ce vieux château.* 3. Extrait d'un texte, d'un film ou d'une musique. *Je ne connais que quelques **passages** de ce poème.* • **Au passage** : en passant. *Si la poste est ouverte, achète des timbres **au passage**.* • **De passage** : qui reste très peu de temps quelque part. • **Examen de passage** : qui permet de passer dans une classe supérieure. • **Passage à niveau** : endroit où une voie ferrée et une route se croisent. • **Passage pour piétons** : endroit d'une rue où les piétons peuvent traverser.

un **passage pour piétons**

▸ **1. passager, ère** (adjectif)
Qui ne dure que peu de temps. *Il fait beau, ce n'était qu'une petite ondée **passagère**.* (Syn. court, momentané. Contr. durable.)

▸ **2. passager, ère** (nom)
Personne qui est transportée en voiture, en bateau ou en avion. *Les **passagers** du ferry attendent sur le quai pour embarquer.*

1. passant, ante (adjectif)
Où il passe beaucoup de monde. *La rue du marché est très **passante**.* (Syn. fréquenté.)

2. passant, ante (nom)
Personne qui passe à pied dans la rue. *J'ai demandé à des **passants** de m'indiquer le chemin de la poste.*

passe (nom féminin)
Action de passer le ballon à un joueur de son équipe. *Il a marqué un but sur une **passe** d'un défenseur.* • **En passe de** : sur le point de. *Ce chanteur est **en passe de** devenir célèbre.* • **Mot de passe** : mot secret que l'on doit connaître si l'on veut passer quelque part. • **Une bonne** ou **une mauvaise passe** : une période heureuse ou malheureuse.

passé (nom masculin)
1. Période qui s'est déroulée avant le temps où nous vivons. *Dans le **passé**, on s'éclairait à la bougie.* 2. Temps d'un verbe qui indique un fait passé. *Quand on écrit : « il venait », « il est venu », « il vint », on emploie des temps du **passé**.* ▷ **passé, ée** (adjectif) Qui a existé ou qui s'est déroulé avant le moment présent. *J'ai fait leur connaissance l'année **passée**.*

passe-droit (nom masculin)
Autorisation exceptionnelle accordée à quelqu'un. *Il a obtenu un **passe-droit** pour visiter le musée un jour de fermeture.* → Pluriel : des passe-droits.

passe-montagne (nom masculin)
Bonnet qui enveloppe la tête et ne laisse que le visage découvert. (Syn. cagoule.) → Pluriel : des passe-montagnes.

passe-partout (nom masculin)
Clé spéciale permettant d'ouvrir plusieurs types de serrure. *Le serrurier a ouvert avec un **passe-partout** quand j'ai perdu mes clés.* ▷ **passe-partout** (adjectif) Qui convient en toutes circonstances. *Il a mis une tenue **passe-partout** pour ne pas se faire remarquer.* → Pluriel : des passe-partout, des réponses passe-partout.

passe-passe (nom masculin)
• **Tour de passe-passe :** tour d'adresse qui consiste à faire disparaître un objet et à le faire réapparaître.

passeport (nom masculin)
Document comportant l'identité d'une personne, lui permettant d'aller à l'étranger.

passer (verbe) ○ conj.n°3
1. Se déplacer d'un lieu à un autre sans s'arrêter. *Des voitures **passent** à toute allure sur l'autoroute.* 2. Aller à un endroit sans y rester. *Ursula **est passée** me dire bonjour.* 3. Traverser un lieu ou suivre tel chemin. *Pour aller au lac, il faut **passer** par le bois.* 4. S'écouler ou se dérouler. *Je trouve que les vacances **passent** trop vite.* 5. Employer son temps. *Il **a passé** sa soirée à regarder la télé.* 6. Être admis dans une classe supérieure. *Cette année, Benjamin **est passé** en CM1.* 7. Céder à quelqu'un ou l'excuser. *Ses parents lui **passent** tout.* 8. Répondre à des questions écrites ou orales pour obtenir un examen. ***Passer** le bac.* 9. Projeter un film. *Hier, on **a passé** un très bon film policier à la télévision.* 10. Disparaître peu à peu. *Avec ces cachets, ton mal de dents va **passer**.* 11. Perdre son éclat. *Après plusieurs lavages, le rouge de ma jupe **a passé**.* 12. Filtrer ou tamiser une substance. *La cafetière est entartrée, le café ne **passe** pas.* 13. Se passer : avoir lieu ou se dérouler. *L'histoire **se passe** dans un vaisseau spatial.* 14. Se passer de quelque chose : s'en priver. *Je peux **me passer de** fromage s'il n'y en a plus.* • **Passer pour :** avoir telle réputation. *Zoé **passe pour** la meilleure nageuse de son club.* • **Passer sur quelque chose :** ne pas en tenir compte. *Pour aujourd'hui, je **passe sur** votre retard !* → Passer se conjugue tantôt avec l'auxiliaire *être* (je suis passé à Paris), tantôt avec l'auxiliaire *avoir* (j'ai passé une bonne soirée). ⊙ Famille du mot : passage, passager, passant, passe, passé, passe-droit, passe-montagne, passe-partout, passe-passe, passe-temps, passeur, passoire.

passereau, eaux (nom masculin)
Espèce d'oiseaux chanteurs. *Le moineau, le merle, le corbeau sont des **passereaux**.*

passerelle (nom féminin)
1. Pont étroit réservé aux piétons. *Une **passerelle** permet de traverser la voie ferrée.* 2. Escalier mobile qui permet de monter à bord d'un bateau ou d'un avion. 3. Plate-forme qui se trouve au-dessus des cabines d'un bateau. *Le commandant est sur la **passerelle**.*

passe-temps (nom masculin)
Occupation pour passer agréablement le temps. *La pêche à la ligne est son **passe-temps** favori.* (Syn. distraction.) → Pluriel : des passe-temps.

passeur, euse (nom)
Personne qui fait traverser un cours d'eau quand il n'existe pas de pont. *La barque du **passeur** s'éloignait vers l'autre rive.*

passible (adjectif)
• **Être passible d'une peine** : la mériter. *Le stationnement est interdit devant la gare, vous **êtes passible d'**une amende.*

passif, ive (adjectif)
Qui subit les choses sans réagir. *Pierre est resté **passif** malgré les reproches qu'on lui faisait.* (Contr. actif, dynamique, énergique.) ⊙ Famille du mot : passivement, passivité.

passiflore (nom féminin)
Plante tropicale à grandes fleurs en étoile, qui donne le fruit de la passion.

passion (nom féminin)
1. Amour ardent pour quelqu'un. *Il aime sa femme avec **passion**.* 2. Chose que l'on aime par-dessus tout. *Sa **passion**, c'est le théâtre.* • **Fruit de la passion** : fruit de la passiflore. ⊙ Famille du mot : passionnant, passionné, passionnel, passionnément, passionner.

passionnant, ante (adjectif)
Qui passionne. *Il a vécu des aventures **passionnantes**.* (Syn. captivant, palpitant.)

passionné, ée (nom)
Personne qui aime quelque chose avec passion. *Anna est une **passionnée** de musique.* (Syn. fervent.)

passionnel, elle (adjectif)
• **Crime passionnel** : crime commis par déception amoureuse ou par jalousie.

passionnément (adverbe)
Avec passion. *Elle lit **passionnément**.*

passionner (verbe) ⊙ conj.n°3
Inspirer à quelqu'un un intérêt très vif. *Clément **se passionne** pour les livres.*

passivement (adverbe)
De façon passive. *Elle suit **passivement** la conversation, sans intervenir.*

passivité (nom féminin)
État d'une personne passive. *Élodie attend avec **passivité** que quelqu'un l'aide à trouver la solution.*

passoire (nom féminin)
Récipient percé de trous, qui sert à égoutter ou à filtrer. *David égoutte les pâtes dans la **passoire**.*

pastel (nom masculin)
1. Bâtonnet fait d'une pâte dure et colorée. *Un portrait peint au **pastel**.* 2. Œuvre exécutée avec ces bâtonnets. *Cette galerie de peinture expose des **pastels**.* ▷ **pastel** (adjectif) Qui est d'une couleur claire et délicate. *De la laine bleu **pastel**.* → Pluriel : des couleurs pastel.

« L'Homme au gibus », **pastel** d'Edgar Degas (fin du XIXe siècle)

▸ **pastèque** (nom féminin)
Gros fruit à écorce verte et à chair rouge très juteuse. *Une tranche de **pastèque**.*

▸ **pasteur** (nom masculin)
Chez les protestants, personne qui dirige le culte. *Les fidèles se réunissent au temple pour écouter l'enseignement de leur **pasteur**.*

▸ **pasteuriser** (verbe) ○ conj.n°3
Détruire les microbes contenus dans les aliments en les chauffant. *On **pasteurise** le lait pour le conserver plus longtemps.* ⊙ Pasteuriser vient du nom de Louis *Pasteur*, biologiste français du XIXe siècle, qui inventa ce procédé de conservation.

▸ **pastiche** (nom masculin)
Imitation du style d'un écrivain ou d'un artiste. *Cet humoriste fait des **pastiches** très amusants de poèmes célèbres.*

▸ **pastille** (nom féminin)
Petit bonbon rond et plat. *Des **pastilles** au miel.*

▸ **pastis** (nom masculin)
Boisson alcoolisée, parfumée à l'anis. ➜ Prononciation [pastis].

▸ **patate** (nom féminin)
Synonyme familier de pomme de terre. *Des **patates** à l'eau.* • **Patate douce** : racine d'une plante tropicale, au goût sucré.

▸ **pataud, aude** (adjectif)
Dans la langue familière, lourd et maladroit dans ses mouvements. *Mon petit frère commence à marcher, il est un peu **pataud**.*

▸ **pataugeoire** (nom féminin)
Bassin peu profond pour les petits enfants. *Fatima se baigne dans la **pataugeoire** car elle ne sait pas nager.*

▸ **patauger** (verbe) ○ conj.n°5
1. Marcher sur un sol boueux ou dans l'eau. *Les enfants s'amusent à **patauger** dans les flaques.* 2. Synonyme familier de s'embrouiller. *Je **patauge** dans cette grille de mots croisés.*

▸ **patchwork** (nom masculin)
Tissu fait d'un assemblage de morceaux d'étoffe de couleurs différentes, cousus ensemble. *Une belle couverture en **patchwork**.* ➜ Prononciation [patʃwœʀk]. ⊙ Patchwork est un mot anglais formé de *patch* qui signifie « morceau » et de *work* qui signifie « ouvrage ».

un **patchwork**

▸ **pâte** (nom féminin)
Mélange de farine et d'eau ou de lait, que l'on pétrit et que l'on fait cuire. *De la **pâte** à tarte.* • **Mettre la main à la pâte** : participer à l'exécution d'une tâche. • **Pâte à modeler** : matière molle que l'on peut pétrir pour faire des formes. • **Pâte de fruits** : confiserie faite avec de la pulpe de fruits et du sucre. ▷ **pâtes** (nom féminin pluriel) Aliment fait à base de semoule de blé. *Les nouilles, les spaghettis, les macaronis sont des **pâtes**.*

pâté (nom masculin)
1. Préparation faite de viande ou de poisson haché, cuite au four. *Du **pâté** de campagne.* 2. Tache d'encre faite sur du papier. *Ton stylo coule, tu as fait un gros **pâté** sur ton cahier.* • **Pâté de maisons** : maisons formant un bloc délimité par des rues. • **Pâté de sable** : tas de sable mouillé et moulé dans un seau. • **Pâté en croûte** : pâté de viande cuit dans une pâte.

pâtée (nom féminin)
Mélange épais d'aliments pour nourrir certains animaux. *De la **pâtée** pour chiens.*

patelin (nom masculin)
Synonyme familier de village. *Ils vivent dans un petit **patelin** perdu dans la montagne.*

paternalisme (nom masculin)
Attitude d'un patron qui protège ses employés pour pouvoir mieux les diriger.

paternaliste (adjectif)
Qui fait preuve de paternalisme.

paternel, elle (adjectif)
1. Du père. *En grandissant, il supporte mal l'autorité **paternelle**.* 2. Du côté du père. *Il ressemble à son grand-père **paternel**.*

paternité (nom féminin)
1. Fait d'être père. *Depuis la naissance de sa fille, il a découvert les joies de la **paternité**.* 2. Au sens figuré, fait d'être l'auteur de quelque chose. *Des savants américains revendiquent la **paternité** de cette découverte.*

pâteux, euse (adjectif)
Qui a la consistance molle et collante de la pâte. *Cette purée est trop **pâteuse**.*

pathétique (adjectif)
Qui est triste et émouvant. *C'est un spectacle **pathétique** de voir tous ces enfants abandonnés.* (Syn. bouleversant.)

pathologique (adjectif)
Qui est causé par une maladie. *Son teint jaune est un signe **pathologique**.*

patibulaire (adjectif)
Qui inquiète et n'inspire pas confiance. *Qui est cet homme à la mine **patibulaire** ?*

patiemment (adverbe)
Avec patience. *Le train a du retard, nous n'avons plus qu'à attendre **patiemment** son arrivée.* (Syn. calmement. Contr. impatiemment.)

patience (nom féminin)
1. Qualité d'une personne qui sait attendre sans perdre son calme. *Un peu de **patience**, le dîner sera prêt dans quelques minutes !* (Contr. impatience.) 2. Qualité d'une personne qui va jusqu'au bout sans se décourager. *Avec un peu de **patience**, tu arriveras à finir ce puzzle.* (Syn. persévérance.) 3. Jeu de cartes qui se joue tout seul. (Syn. réussite.) ⊙ Patience vient du latin *pati* qui signifie « supporter ».

1. patient, ente (adjectif)
1. Qui fait preuve de patience. *La maîtresse est **patiente** avec ses élèves.* (Contr. impatient.) 2. Qui demande de la patience. *Le détective a découvert le coupable après de longues et **patientes** recherches.* ⊙ Famille du mot : impatiemment, impatience, impatient, s'impatienter, patiemment, patience, patienter.

2. patient, ente (nom)
Client d'un médecin. *Le chirurgien opère un de ses **patients**.*

patienter (verbe) ○ conj.n°3
Attendre avec patience. *Le dentiste va vous recevoir, **patientez** un instant.*

patin (nom masculin)
Pièce mobile qui frotte sur une roue. *Les **patins** des freins d'une bicyclette.* • **Patin à glace** : chaussure équipée d'une lame en métal pour glisser sur la glace. • **Patin à roulettes** : chaussure munie de roulettes pour glisser sur le sol. ⊙ Famille du mot : patinage, patiner, patinette, patineur, patinoire.

patinage (nom masculin)
Sport pratiqué avec des patins à glace ou à roulettes. *Gaëlle fait du **patinage** artistique.*

a b c d e f g h i j k l m n o p q r s t u v w x y z

patine (nom féminin)
Couleur que prennent certains objets en vieillissant. *Cette table ancienne a une très jolie **patine**.*

patiner (verbe) conj.n°3
1. Faire du patinage. *Le lac est gelé, nous allons pouvoir **patiner**.* 2. Tourner ou glisser sans avancer. *Les roues de la voiture se sont mises à **patiner** sur la route enneigée.*

patinette (nom féminin)
Synonyme de trottinette.

patineur, euse (nom)
Personne qui fait du patinage. *La **patineuse** glissait avec grâce et légèreté sur le lac gelé.*

patinoire (nom féminin)
Piste aménagée pour le patinage sur glace. *Tous les samedis, Ibrahim va à la **patinoire**.*

patio (nom masculin)
Cour intérieure d'une maison espagnole. → Prononciation [pasjo] ou [patjo].

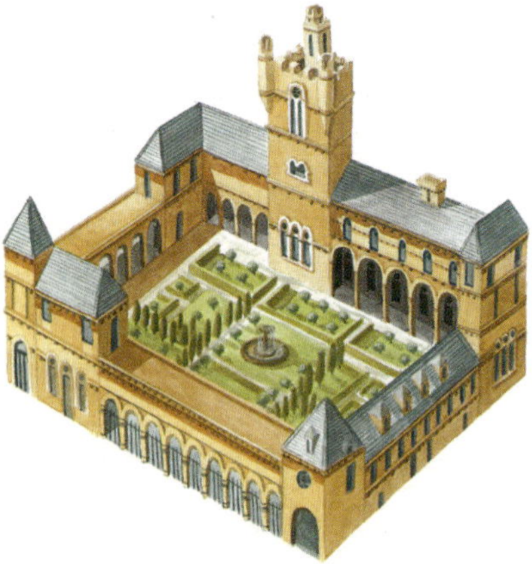

le **patio** d'une grande demeure

pâtir (verbe) conj.n°11
Subir les conséquences néfastes de quelque chose. *Les cultures **ont pâti** de la sécheresse.*

pâtisserie (nom féminin)
1. Gâteau fait avec de la pâte sucrée, cuite au four. *Au dessert, vous avez le choix entre plusieurs **pâtisseries** : tarte, éclair ou millefeuille.* 2. Magasin du pâtissier.

pâtissier, ère (nom)
Personne qui fait ou qui vend des gâteaux.

pâtisson (nom masculin)
Sorte de courge qui est de couleur blanchâtre.

patois (nom masculin)
Langue particulière à une région. *Dans ce village, les vieux se parlent en **patois**.*

pâtre (nom masculin)
Synonyme littéraire de berger.

patriarche (nom masculin)
Vieil homme qui détient l'autorité dans une famille. *Tous respectent le **patriarche**.*

patrie (nom féminin)
Pays natal auquel on est très attaché. *Ce réfugié politique a dû fuir sa **patrie**.* Famille du mot : compatriote, s'expatrier, patriote, patriotique, patriotisme, rapatrié, rapatriement, rapatrier. Patrie vient du latin *pater* qui signifie « père ».

patrimoine (nom masculin)
1. Ensemble des biens et des richesses d'une famille. *Yves et Marie ont hérité du **patrimoine** de leurs parents.* 2. Ensemble des richesses communes à une collectivité. *Les châteaux de la Loire font partie du **patrimoine** artistique de la France.*

Le château de Chambord fait partie de notre **patrimoine** artistique.

patriote (adjectif et nom)
Qui aime beaucoup sa patrie et accepte de la servir. *Ces hommes sont des **patriotes** prêts à risquer leur vie pour défendre leur pays.*

patriotique (adjectif)
Qui est inspiré par le patriotisme. *Les soldats défilaient en chantant des chants **patriotiques**.*

patriotisme (nom masculin)
Attitude des patriotes.

1. patron, onne (nom)
1. Personne qui dirige une entreprise. *Un **patron** d'usine. Un **patron** de café.* 2. Dans la religion chrétienne, saint ou sainte considérés comme les protecteurs d'un lieu ou d'une catégorie de personnes. *Saint Vincent est le **patron** des vignerons.* Famille du mot : patronage, patronal, patronat, patronner.

2. patron (nom masculin)
Modèle en papier servant à faire un vêtement. *La couturière m'a fait des jupes de couleurs différentes d'après le même **patron**.*

patronage (nom masculin)
Protection accordée par une personne ou une organisation. *L'inauguration du stade s'est déroulée sous le **patronage** du préfet.*

patronal, ale, aux (adjectif)
1. Qui concerne tous les patrons d'entreprise. *Toutes les organisations **patronales** défendent les intérêts des patrons.* 2. Qui concerne un saint patron. *Une fête **patronale** est organisée en l'honneur de la saint Vincent.*

patronat (nom masculin)
Ensemble des patrons. *Le Premier ministre a reçu les représentants du **patronat**.*

patronner (verbe) conj.n°3
Fournir son patronage. *Plusieurs chaînes de télévision **ont patronné** un concert.*

patronyme (nom masculin)
Nom de famille. *Inscrivez votre **patronyme** et votre prénom sur ce questionnaire.*

patrouille (nom féminin)
Petit groupe de soldats ou de policiers, chargé d'une mission. *Une **patrouille** de police fait des rondes dans le quartier.*

patrouiller (verbe) conj.n°3
Circuler en patrouille pour surveiller. *Des douaniers **patrouillent** près de la frontière.*

patte (nom féminin)
1. Membre d'un animal. *L'ours s'est dressé debout sur ses **pattes** arrière.* 2. Languette de cuir ou de tissu. *Hélène a un petit sac qui se ferme avec une **patte**.*

patte-d'oie (nom féminin)
Embranchement où se croisent plusieurs routes. → Pluriel : des pattes-d'oie.

pâturage (nom masculin)
Prairie où paît le bétail. *Le berger conduit ses moutons vers les hauts **pâturages**.*

pâture (nom féminin)
Ce qui sert de nourriture à un animal. *L'hirondelle porte la **pâture** à ses petits.*

paume (nom féminin)
Creux de la main. *Anna serre quelques pièces de monnaie dans la **paume** de sa main.* • **Jeu de paume** : ancien sport dans lequel les adversaires se renvoyaient la balle avec la paume de la main.

paupière (nom féminin)
Membrane de peau bordée de cils qui protège l'œil.

paupiette (nom féminin)
Tranche de viande roulée, ficelée et farcie. *Des **paupiettes** de veau.*

pause (nom féminin)
Arrêt momentané qui permet de se reposer. *Tu as beaucoup travaillé, tu as besoin d'une petite **pause** de dix minutes.*

pauvre (adjectif et nom)
1. Qui manque d'argent pour vivre de façon normale. *Ces **pauvres** gens vivent dans un taudis. Cette association s'occupe des **pauvres** du quartier.* (Syn. indigent. Contr. riche.) 2. Qui inspire la pitié. *Le **pauvre** chien tremblait de froid. Le **pauvre** ! Il a encore échoué à son examen.* (Syn. malheureux.) ▷ **pauvre** (adjectif) Qui n'a pas beaucoup de ressources. *Cette région sèche et aride est très **pauvre**.* (Contr. fertile.) ⊙ Famille du mot : appauvrir, pauvrement, pauvreté.

pauvrement (adverbe)
D'une manière pauvre. *Son oncle vit **pauvrement** dans une mansarde.*

pauvreté (nom féminin)
État d'une personne pauvre. *Depuis que leur père est au chômage, ils vivent dans la **pauvreté**.* (Syn. dénuement. Contr. richesse.)

« Le Jeune Mendiant » de Murillo (1650), une illustration de la **pauvreté**.

pavage (nom masculin)
Revêtement fait de pavés ou de dalles.

se pavaner (verbe) ○ conj.n°3
Circuler de façon orgueilleuse pour se faire remarquer. *Il **se pavane** dans sa nouvelle voiture de sport.* ⊙ Se pavaner vient du mot *paon* : un paon qui fait la roue se pavane.

pavé (nom masculin)
Petit bloc de pierre taillé qui servait au revêtement des rues. *Benjamin n'aime pas faire du vélo sur les **pavés**.*

paver (verbe) ○ conj.n°3
Couvrir un sol avec des pavés ou des dalles. *On **a pavé** la rue piétonne du centre-ville.*

pavillon (nom masculin)
1. Petite maison, le plus souvent entourée d'un jardin. *Les cousins d'Élodie vivent dans un **pavillon** en banlieue.* 2. Petit drapeau qui flotte sur un bateau. *Ce voilier navigue sous **pavillon** grec.* 3. Partie extérieure de l'oreille.

pavoiser (verbe) ○ conj.n°3
Décorer avec des drapeaux. *La mairie **est** joliment **pavoisée** à l'occasion du 11 novembre.*

pavot (nom masculin)
Plante à fleurs blanches ou rouges que l'on cultive pour ses graines. *C'est du **pavot** blanc que l'on extrait l'opium.*

un **pavot**

payable (adjectif)
Qui doit être payé. *Tous les frais d'expédition sont **payables** à la livraison.*

payant, ante (adjectif)
1. Qu'il faut payer. *L'entrée du musée est **payante**.* (Contr. gratuit.) 2. Qui rapporte de l'argent ou des avantages. *Ses efforts ont été **payants** puisqu'il a fini par gagner.*

paye ➠ Voir paie.

payer (verbe) ○ conj.n°7
1. Donner de l'argent en échange de ce que l'on achète. *Il **a payé** ce blouson 100 euros.* 2. Donner à quelqu'un l'argent qui lui est dû. *Le locataire **paye** son loyer. Vous **serez payé** à la fin du mois.* 3. Être profitable ou rentable. *Sa réussite l'**a payé** de tous ses efforts.* 4. Subir les conséquences d'un acte. *Il s'est moqué de moi mais il me le **paiera** !* ⊙ Famille du mot : paie, paiement, payable, payant, paye, payeur.

payeur, euse (nom)
• **Mauvais payeur** : personne qui ne paye pas ou paye en retard l'argent qu'elle doit.

pays (nom masculin)
1. Territoire séparé des autres par des frontières et qui est dirigé par un gouvernement. *L'Espagne, l'Italie, la Belgique sont des **pays** européens.* 2. Région géographique. *Si vous allez en Alsace, il faut goûter les vins du **pays**.* ⊙ Famille du mot : arrière-pays, dépaysement, dépayser.

paysage (nom masculin)
Étendue que l'on voit d'un endroit. *Les promeneurs s'arrêtaient pour regarder le **paysage**.* (Syn. panorama.)

paysagiste (nom)
Personne qui aménage et entretient des jardins ou des parcs.

paysan, anne (nom)
Personne qui vit de la culture de la terre ou de l'élevage des animaux. *Cette ferme et ces champs de blé appartiennent à un riche **paysan**.* (Syn. agriculteur, cultivateur.) ▷ **paysan, anne** (adjectif) Qui concerne les paysans ou la campagne. *C'est un citadin qui ne connaît rien à la vie **paysanne**.*

paysannerie (nom féminin)
Ensemble des paysans.

Les semailles, l'un des travaux de la **paysannerie** (miniature du XVe siècle).

PC (nom masculin)
Synonyme de micro-ordinateur. ⊙ PC est l'abréviation des mots anglais *personal computer* qui signifient « ordinateur individuel ».

P.-D.G. (nom masculin)
Synonyme de président-directeur général. *Il est **P.-D.G.** d'une compagnie aérienne.* → Prononciation [pedeʒe].

péage (nom masculin)
1. Somme d'argent qu'il faut payer pour passer à certains endroits. *Un pont à **péage**.* 2. Endroit où l'on paye ce droit. *Ralentis, on arrive au **péage** de l'autoroute.*

peau, peaux (nom féminin)
1. Enveloppe souple qui couvre le corps des hommes et de certains animaux. *Elle utilise une crème pour hydrater sa **peau**. Un animal qui mue change de **peau**.* 2. Cuir fait avec la peau tannée d'un animal. *Une veste en **peau** de mouton.* 3. Enveloppe d'un fruit. *Fatima n'aime pas manger les pêches avec la **peau**.* 4. Pellicule fine qui se forme à la surface du lait qui a bouilli. • **Être bien** ou **mal dans sa peau** : se sentir à l'aise ou mal à l'aise. • **N'avoir que la peau sur les os** : être extrêmement maigre. • **Se mettre dans la peau de quelqu'un** : s'imaginer être à sa place. *C'est un excellent acteur qui sait **se mettre dans la peau de** son personnage.*

Peau-Rouge (nom)
Indien d'Amérique du Nord. *Les **Peaux-Rouges** se teignaient le visage avec une peinture ocre.* → Pluriel : des Peaux-Rouges.

pécari (nom masculin)
Mammifère sauvage d'Amérique qui ressemble au cochon.

peccadille (nom féminin)
Petite faute sans importance. *Tu ne vas pas te fâcher pour des **peccadilles** !* ⊙ Peccadille vient d'un mot espagnol qui signifie « petit péché ».

1. pêche (nom féminin)
1. Action de pêcher des poissons. *Clément aime aller à la **pêche** à la ligne sur les bords de l'étang.* 2. Poisson pêché. *Si tu ramènes une bonne **pêche**, je ferai une friture.* ⊙ Famille du mot : pêcher, pêcheur, repêcher.

2. pêche (nom féminin)
Fruit du pêcher, à la peau veloutée, à gros noyau très dur et à chair juteuse.

une **pêche**

péché (nom masculin)
Faute que l'on commet en faisant ce qui est interdit par la religion. ⊙ Famille du mot : pécher, pécheur.

pécher (verbe) ○ conj.n°8
Commettre un péché. *Il **a péché** par orgueil.*

1. pêcher (verbe) ○ conj.n°3
Prendre du poisson. *Ce saumon **a été pêché** en Écosse.*

2. pêcher (nom masculin)
Arbre fruitier qui donne des pêches.

pécheur, euse (nom)
Personne qui a commis des péchés.

pêcheur, euse (nom)
Personne qui pêche. *Un **pêcheur** à la ligne. Les **pêcheurs** remontent leurs filets.*

pectoraux (nom masculin pluriel)
Muscles de la poitrine. *Il fait des haltères pour développer ses **pectoraux**.*

pécule (nom masculin)
Somme d'argent économisée peu à peu. *Avec son **pécule**, il s'est acheté un ordinateur.*

pécuniaire (adjectif)
Qui concerne l'argent. *Ils sont dans une situation **pécuniaire** difficile.*

pédagogie (nom féminin)
Science de l'éducation. *Si tu veux devenir professeur, tu devras étudier la **pédagogie**.* ⊙ Famille du mot : pédagogique, pédagogue.

pédagogique (adjectif)
De la pédagogie. *On utilise souvent les ordinateurs dans les nouvelles méthodes **pédagogiques**.*

pédagogue (nom)
Personne qui sait bien enseigner. *Ce maître est un excellent **pédagogue**.*

pédale (nom féminin)
Pièce qui fait fonctionner un mécanisme quand on appuie dessus avec le pied. *Les **pédales** d'un vélo.* ➠ p. 123. • **Perdre les pédales :** dans la langue familière, perdre la tête. ⊙ Famille du mot : pédaler, pédalier, pédalo.

pédaler (verbe) ○ conj.n°3
Appuyer sur les pédales. *C'est dur de **pédaler** dans les montées !*

pédalier (nom masculin)
Mécanisme composé des pédales, du pignon et des roues dentées d'une bicyclette. *Le **pédalier** fait tourner la chaîne d'un vélo.*

pédalo (nom masculin)
Petite embarcation munie de flotteurs que l'on fait avancer avec des pédales. *On a loué un **pédalo** pour faire une promenade en mer.* → Pédalo est le nom d'une marque.

pédant, ante (adjectif)
Qui étale ses connaissances de façon prétentieuse. *C'est un homme **pédant** et ennuyeux.*

pédestre (adjectif)
Que l'on fait à pied. *Une randonnée **pédestre**.*

pédiatre (nom)
Médecin qui soigne les enfants. *Elle va faire vacciner son bébé chez la **pédiatre**.*

pédiatrie (nom féminin)
Branche de la médecine concernant les enfants.

pédicure (nom)
Personne qui soigne les pieds. *Si tu as des cors aux pieds, va voir un **pédicure**.*

pedigree (nom masculin)
Document qui indique et garantit l'origine d'un animal de race pure. *C'est un très beau chien mais il n'a pas de **pedigree**.* → Pedigree est un mot anglais : on prononce [pedigʀe].

pédoncule (nom masculin)
Petite queue qui rattache la fleur ou le fruit à la branche.

pédophile (nom)
Adulte qui a une attirance sexuelle pour les enfants. *Le **pédophile** a été arrêté.*

pègre (nom féminin)
Ensemble des voleurs, des escrocs et des criminels. *C'est un homme dangereux qui fait partie de la **pègre**.*

peigne (nom masculin)
Instrument à dents qui sert à démêler et à coiffer les cheveux. *Donne-toi un petit coup de **peigne** avant de partir.* • **Passer au peigne fin** : contrôler minutieusement.

peigner (verbe) ○ conj.n°3
Démêler et lisser les cheveux à l'aide d'un peigne. *Maman **peigne** ma petite sœur. Julie **se peigne** devant la glace.* (Syn. coiffer.) ⊙ Famille du mot : dépeigner, peigne.

peignoir (nom masculin)
Vêtement ample qui se ferme devant avec une ceinture. *Un **peignoir** de bain.*

peindre (verbe) ○ conj.n°35
1. Couvrir de peinture. *On **a peint** les volets de notre maison en vert clair.* 2. Représenter des choses réelles ou imaginées en se servant de la peinture. *Léonard de Vinci **a peint** la Joconde.* 3. Décrire en parlant ou en écrivant. *Cet écrivain **a** très bien **peint** la vie des mineurs du XIXe siècle.* ⊙ Famille du mot : dépeindre, peintre, peinture, repeindre.

peine (nom féminin)
1. Souffrance morale. *Tes reproches m'ont fait beaucoup de **peine**.* (Syn. chagrin.) 2. Punition infligée par la justice à un coupable. *L'accusé a été condamné à une **peine** de cinq ans de prison.* 3. Effort qu'il faut fournir pour faire ou obtenir quelque chose. *Il s'est donné beaucoup de **peine** mais il a réussi. N'allez pas voir ce film, cela n'en vaut pas la **peine**.* • **À peine** : presque pas ou depuis peu de temps. *L'orchestre est trop loin, on l'entend **à peine**.* • **Ce n'est pas la peine** : c'est inutile.

peiner (verbe) ○ conj.n°3
1. Causer de la peine. *Le départ de son ami l'**a** beaucoup **peiné**.* (Syn. affliger, attrister.) 2. Avoir de la difficulté à faire quelque chose. *Les cyclistes **ont peiné** dans la côte.*

peintre (nom masculin)
1. Personne qui peint des murs, des bâtiments. *Un **peintre** repeint la façade de l'immeuble.* 2. Artiste qui peint des tableaux. *Picasso est un **peintre** célèbre.*

peinture (nom féminin)
1. Matière liquide et colorante qui sert à peindre. *De la **peinture** à l'huile, de la **peinture** acrylique.* 2. Art de peindre. *David prend des cours de **peinture**.* 3. Ouvrage d'un artiste peintre. *Il expose ses **peintures** dans une galerie de New York.* (Syn. tableau.)

péjoratif, ive (adjectif)
Qui exprime un jugement négatif, une critique. *« Braillard », « frimeur » sont des mots **péjoratifs**.*

pékinois (nom masculin)
Petit chien à poil long, à oreilles pendantes, dont le museau paraît écrasé.

pelage (nom masculin)
Ensemble des poils d'un mammifère. *Un loup au **pelage** gris.*

pelé, ée (adjectif)
Qui a perdu ses poils. *Un vieux chien **pelé**.*

pêle-mêle (adverbe)
En désordre, n'importe comment. *Il a mis quelques vêtements **pêle-mêle** dans son sac de voyage.* (Syn. en vrac.)

peler (verbe) ⊙ conj.n°8
1. Enlever la peau d'un fruit. *Pour faire de la compote, il faut d'abord **peler** les pommes.* 2. Perdre sa peau par petits morceaux. *Kevin a un coup de soleil, son dos **pèle**.*

pèlerin (nom masculin)
Personne qui fait un pèlerinage. *De nombreux **pèlerins** vont prier à Lourdes.*

pèlerinage (nom masculin)
Voyage que l'on fait pour aller prier dans un lieu saint. *Pour les musulmans, La Mecque est un lieu de **pèlerinage**.*

pèlerine (nom féminin)
Large manteau sans manches, parfois muni d'un capuchon. ⊙ La pèlerine était le manteau des *pèlerins*.

pélican (nom masculin)
Grand oiseau palmipède des régions chaudes, à bec en forme de poche où il accumule de la nourriture pour ses petits.

un **pélican**

pelisse (nom féminin)
Manteau doublé de fourrure.

pelle (nom féminin)
Outil formé d'une plaque munie d'un manche. *Les enfants font des pâtés de sable avec leur **pelle**, leur seau et leur râteau.* ⊙ Famille du mot : pelletée, pelleteuse.

pelletée (nom féminin)
Contenu d'une pelle. *Une **pelletée** de sable.*

pelleteuse (nom féminin)
Engin mécanique muni de roues ou de chenilles, qui sert à déplacer des grandes quantités de matériaux. *La **pelleteuse** creuse une tranchée pour les canalisations.*

pellicule (nom féminin)
1. Petite écaille de peau morte qui se détache du cuir chevelu. *Papa utilise un shampooing spécial contre les **pellicules**.* 2. Couche fine d'une matière. *Les fenêtres sont couvertes d'une **pellicule** de givre.* 3. Feuille mince couverte d'une substance sensible à la lumière. *J'ai acheté des **pellicules** pour faire des photos pendant les vacances.* (Syn. film.)

pelote (nom féminin)
Boule formée d'un long fil enroulé sur lui-même. *J'ai acheté des **pelotes** de laine pour te tricoter une écharpe.*
• **Pelote basque :** sport qui consiste à faire rebondir une balle sur un mur.

peloton (nom masculin)
Ensemble de coureurs qui restent groupés pendant une course. *C'est un cycliste italien qui est en tête du **peloton**.*
• **Peloton d'exécution :** groupe de soldats désignés pour fusiller un condamné.

se pelotonner (verbe) ⊙ conj.n°3
Se mettre en boule. *La chatte **s'est pelotonnée** sous la couette.* (Syn. se blottir.)

pelouse (nom féminin)
Terrain couvert de gazon. *Les deux équipes pénètrent sur la **pelouse** du terrain de football.*

peluche (nom féminin)
1. Tissu à poils soyeux qui ressemble à de la fourrure. *Des animaux en **peluche**.* 2. Animal en peluche. *Gaëlle a une collection de **peluches**.* ▷ **peluches** (nom féminin pluriel) Petits brins de tissu qui se détachent. *Cette veste de laine fait des **peluches**.* ⊙ Famille du mot : pelucher, pelucheux. ⊙ Peluche vient de l'ancien français *peluchier* qui signifie « éplucher ».

pelucher (verbe) ⊳ conj.n°3
Se détacher en peluches. *Cette vieille couverture commence à **pelucher**.*

pelucheux, euse (adjectif)
Qui fait des peluches. *Mon pull est devenu **pelucheux** dès le premier lavage.*

pelure (nom féminin)
Peau d'un fruit ou d'un légume qui a été pelé. *Pour faire ses confitures, maman garde une partie des **pelures** d'oranges.*

pénal, ale, aux (adjectif)
Qui concerne les peines et les crimes. *Son excès de vitesse va faire l'objet d'un jugement **pénal**.*

pénaliser (verbe) ⊳ conj.n°3
Infliger une peine à quelqu'un. *Ce chauffard **a été pénalisé** pour conduite en état d'ivresse.* (Syn. sanctionner.)

pénalité (nom féminin)
Punition infligée à quelqu'un qui a agi contre les règles.

penalty (nom masculin)
Coup de pied de pénalité qu'un joueur de football a le droit de tirer seul devant le gardien de but adverse. → Penalty est un mot anglais : on prononce [penalti]. → Pluriel : des penaltys ou des penalties.

pénates (nom masculin pluriel)
• **Regagner ses pénates** : rentrer chez soi. ⊙ Le mot latin *penates* désignait chez les Romains les dieux protecteurs du foyer.

penaud, aude (adjectif)
Qui est honteux et confus. *Kevin se sent **penaud** après avoir fait une telle bêtise.*

penchant (nom masculin)
Goût qu'on éprouve pour quelque chose ou pour quelqu'un. *Cet enfant semble avoir un **penchant** pour la musique.* (Syn. inclination.)

pencher (verbe) ⊳ conj.n°3
1. Incliner vers le bas. *Si tu **penches** un peu la tête, tu peux voir la rivière de ta fenêtre. Hélène **se penche** pour cueillir des fleurs.* 2. Ne pas être vertical ou en équilibre. *Pierre a peur car le bateau **penche**.* 3. Se pencher sur quelque chose : s'y intéresser. *Des chercheurs **se penchent sur** ce nouveau virus.*

La tour de Pise (Italie) **penche** de plus en plus.

pendaison (nom féminin)
Action de pendre quelqu'un ou de se pendre. *Au Moyen Âge, les condamnés à mort étaient exécutés par **pendaison**.*

▸ **1. pendant** (préposition)
Indique le moment d'une action. *Ils se sont rencontrés **pendant** un voyage.* (Syn. durant.) ▹ **pendant que** (conjonction) Dans le même temps que. *Je mets la table **pendant que** tu prépares le repas.* (Syn. tandis que.)

▸ **2. pendant, ante** (adjectif)
Qui pend. *Les épagneuls ont les oreilles **pendantes**.*

▸ **pendentif** (nom masculin)
Bijou suspendu à une chaîne. *Julie porte une jolie perle en **pendentif**.*

▸ **penderie** (nom féminin)
Placard dans lequel on suspend des vêtements. *Ton manteau est sur un cintre dans la **penderie**.*

▸ **pendre** (verbe) ⊙ conj.n°31
1. Être accroché par le haut. *Une ampoule **pend** au plafond.* **2.** Suspendre quelque chose. *Laura **a pendu** sa robe mouillée sur un cintre pour qu'elle sèche.* **3.** Faire mourir quelqu'un en le suspendant par le cou avec une corde. *Ce pauvre homme **s'est pendu**.* ⊙ Famille du mot : pendaison, pendant, pendentif, penderie, pendu, suspendre, suspendu.

▸ **pendu, ue** (nom)
Personne morte par pendaison.

▸ **pendule** (nom masculin)
Objet suspendu à un fil et qui oscille.

▸ **pendule** (nom féminin)
Petite horloge accrochée au mur ou posée sur un meuble.

▸ **pendulette** (nom féminin)
Petite pendule.

▸ **pêne** (nom masculin)
Pièce d'une serrure qui se déplace quand on tourne la clé.

▸ **pénétrant, ante** (adjectif)
1. Qui pénètre, transperce. *Un froid **pénétrant**.* **2.** Qui est aigu et perçant. *Myriam a un beau regard bleu et **pénétrant**.*

▸ **pénétrer** (verbe) ⊙ conj.n°8
1. Entrer dans un lieu. *Avant de **pénétrer** dans une mosquée, les musulmans retirent leurs chaussures.* **2.** Au sens figuré, parvenir à comprendre. *Noémie est très secrète et il n'est pas facile de **pénétrer** ses intentions.* ⊙ Famille du mot : impénétrable, pénétrant.

▸ **pénible** (adjectif)
1. Qui se fait avec de la peine, des efforts. *Défoncer la chaussée au marteau-piqueur est un travail très **pénible**.* **2.** Qui cause de la peine, du chagrin. *La mort de sa grand-mère a été un événement très **pénible** pour Quentin.*

▸ **péniblement** (adverbe)
Avec peine. *Romain monte **péniblement** la côte.* (Syn. difficilement. Contr. aisément, facilement.)

▸ **péniche** (nom féminin)
Long bateau à fond plat qui sert au transport des marchandises sur les fleuves ou les canaux.

▸ **pénicilline** (nom féminin)
Antibiotique qui combat les infections.

▸ **péninsule** (nom féminin)
Grande presqu'île. *L'Italie est une **péninsule**.* ⊙ Péninsule vient des mots latins *paene* qui signifie « presque », et *insula* qui signifie « île ».

▸ **pénis** (nom masculin)
Organe génital de l'homme et des animaux mâles. (Syn. verge.) ➠ p. 263. → Prononciation [penis]. ⊙ Penis est un mot latin qui signifie « queue ».

une **péniche**

▸ **pénitence** (nom féminin)
Synonyme de punition. *Comme **pénitence**, Pierre a été privé de dessert !* ⊙ Famille du mot : pénitencier, pénitentiaire.

▸ **pénitencier** (nom masculin)
Synonyme de prison.

▸ **pénitentiaire** (adjectif)
Qui a un rapport avec la prison. *Cet établissement **pénitentiaire** est isolé de tout.*

▸ **penne** (nom féminin)
Grande plume des ailes et de la queue d'un oiseau.

▸ **pénombre** (nom féminin)
Lumière faible et douce. *Odile a tiré les volets de sa chambre et se repose dans la **pénombre**.* ⊙ Pénombre vient des mots latins *paene* qui signifie « presque », et *umbra* qui signifie « ombre ».

▸ **pensable** (adjectif)
Qu'on peut imaginer. *Ce n'est pas **pensable** de prendre la route avec un tel brouillard !* (Syn. imaginable. Contr. impensable.)

▸ **pense-bête** (nom masculin)
Moyen employé pour ne pas oublier quelque chose. *Pour ne pas oublier les anniversaires de la famille, Thomas s'est fait un **pense-bête**.* ➜ Pluriel : des pense-bêtes.

▸ **pensée** (nom féminin)
1. Faculté de penser, de réfléchir. *Je serai demain avec toi par la **pensée**.* 2. Ce qu'on pense. *Sarah est une enfant très secrète et réservée, elle livre peu ses **pensées**.* (Syn. idée, opinion.) 3. Fleur diversement colorée aux larges pétales veloutés.

▸ **penser** (verbe) ⊙ conj.n°3
1. Concevoir des idées et des jugements dans son esprit. *Il **pense** longuement avant d'agir.* 2. Avoir dans l'esprit. *Il ne dit jamais ce qu'il **pense**.* 3. Avoir telle opinion. *Je **pense** qu'il a raison.* (Syn. croire, estimer.) 4. Avoir un projet, une intention. *Nous **pensons** partir demain, au lever du jour.* (Syn. envisager.) 5. Ne pas oublier. *Surtout, **pense** à prendre ton parapluie car il va pleuvoir.* ⊙ Famille du mot : arrière-pensée, impensable, pensable, pense-bête, pensée, penseur, pensif.

▸ **penseur** (nom masculin)
Personne qui pense et réfléchit sur les grands problèmes de la vie. *Voltaire et Rousseau furent de grands **penseurs**.*

▸ **pensif, ive** (adjectif)
Qui est plongé dans ses pensées. *Ursula regarde dehors d'un air **pensif**.* (Syn. songeur.)

▸ **pension** (nom féminin)
1. Synonyme de pensionnat. *L'année prochaine, Zoé ira en **pension**.* 2. Prix d'une chambre et des repas dans un hôtel. *Seules les boissons ne sont pas comprises dans la **pension**.* 3. Somme d'argent que quelqu'un reçoit régulièrement. *Cet homme est aveugle, il touche une **pension** d'invalidité.* ⊙ Famille du mot : demi-pension, demi-pensionnaire, pensionnaire, pensionnat, pensionné.

▸ **pensionnaire** (nom)
1. Élève qui habite et prend ses repas dans l'établissement scolaire qu'il fréquente. *Victor sera **pensionnaire** dès l'année prochaine.* (Syn. interne.) 2. Personne qui paie une pension pour être nourrie et logée. *Les **pensionnaires** de l'hôtel ont été invités à un cocktail.*

▸ **pensionnat** (nom masculin)
Établissement scolaire qui accueille des pensionnaires. *Dans ce **pensionnat**, les élèves dorment dans des dortoirs.* (Syn. pension.)

▸ **pensionné, ée** (adjectif et nom)
Qui touche une pension. *Blessé à la guerre, il est **pensionné**.*

▸ **pensum** (nom masculin)
Travail ennuyeux. *C'est un vrai **pensum** pour William de ranger sa chambre !* (Syn. corvée.) ➜ Prononciation [pɛ̃sɔm]. ⊙ Pensum est un mot latin qui signifie « poids » et désignait le poids de laine que les esclaves devaient filer chaque jour.

j k l m n o p q r s t u v w x y z

a b c d e f g h i j k l m n o p q r s t u v w x y z

pentagone (nom masculin)
Figure géométrique qui a cinq côtés et cinq angles. ➠ p. 512. → Prononciation [pɛ̃tagon]. ⊙ Pentagone vient d'un mot grec formé de *penta* qui signifie « cinq » et de *gônia* qui signifie « angle ».

pente (nom féminin)
Terrain ou surface inclinés. *Anna a du mal à gravir la* ***pente*** *à vélo.* • **Être sur une mauvaise pente :** se laisser aller à de mauvais penchants. • **Remonter la pente :** aller mieux après une période difficile.

Pentecôte (nom féminin)
Fête chrétienne célébrée le septième dimanche après Pâques. *Le lundi de* ***Pentecôte*** *est un jour férié.*

pentu, ue (adjectif)
En forte pente. *Un toit* ***pentu.***

pénurie (nom féminin)
Manque de ce qui est indispensable. *La* ***pénurie*** *de vivres et d'eau est dramatique dans cette région.* (Contr. abondance.)

pépier (verbe) ⊙ conj.n°10
Pousser des petits cris, quand ce sont de jeunes oiseaux.

pépin (nom masculin)
1. Petite graine de certains fruits. *Les citrons, les pommes, les raisins ont des* ***pépins.*** ➠ p. 496. 2. Synonyme familier d'ennui. *On a eu des* ***pépins*** *sur la route : une crevaison et une panne d'essence !*

pépinière (nom féminin)
Terrain où sont plantés de jeunes arbres destinés à être replantés ailleurs.

pépiniériste (nom)
Personne qui s'occupe d'une pépinière.

pépite (nom féminin)
Morceau d'or pur. *Des chercheurs d'or ont trouvé des* ***pépites*** *dans ce torrent.*

péplum (nom masculin)
Grande pièce de tissu dont s'habillaient toutes les femmes de l'Antiquité. → Prononciation [peplɔm].

un **péplum**

perçant, ante (adjectif)
Qui est très aigu et fait mal aux oreilles. *Les cris* ***perçants*** *des enfants en récréation.* • **Avoir une vue perçante :** une très bonne vue.

percée (nom féminin)
1. Ouverture qui permet un passage ou un point de vue. *Cette forêt est très dense, il faut trouver une* ***percée*** *pour y pénétrer.* (Syn. trouée.) 2. Action de pénétrer la ligne de défense de l'adversaire. *Les joueurs ont réussi une* ***percée*** *dans la défense adverse.*

percement (nom masculin)
Action de percer. *Le **percement** d'un tunnel nécessite de gros engins.*

perce-neige (nom masculin ou féminin)
Petite fleur blanche à clochettes qui pousse à la fin de l'hiver. → Pluriel : des perce-neige.

un **perce-neige**

perce-oreille (nom masculin)
Petit insecte dont l'abdomen se termine par une pince. → Pluriel : des perce-oreilles.

percepteur (nom masculin)
Fonctionnaire qui perçoit les impôts.

perceptible (adjectif)
Qui peut être perçu par les sens. *Cette étoile est peu perceptible à l'œil nu.* (Contr. imperceptible.)

perception (nom féminin)
1. Fait de percevoir par les sens. *Xavier est enrhumé, il a une mauvaise **perception** des odeurs.* 2. Bureau du percepteur. *Il est allé se renseigner à la **perception** sur les réductions d'impôts.* ⊙ Famille du mot : imperceptible, imperceptiblement, percepteur, perceptible, percevoir.

percer (verbe) ○ conj.n°4
1. Faire un trou ou une ouverture. ***Percer** un mur, un tunnel.* 2. Au sens figuré, comprendre ou découvrir quelque chose. ***Percer** un secret, un mystère.* 3. Pousser en sortant de la gencive. *Le bébé est grognon car il a plusieurs dents qui **percent**.* ⊙ Famille du mot : perçant, percée, percement, perce-neige, perce-oreille, perceuse, transpercer.

perceuse (nom féminin)
Machine servant à percer des trous.

percevoir (verbe) ○ conj.n°21
1. Connaître par les organes des sens. *Il a le nez bouché et ne **perçoit** plus les odeurs.* 2. Saisir par l'esprit. *J'ai **perçu** une certaine tristesse dans sa voix.* 3. Recevoir de l'argent. *On **perçoit** son salaire à la fin du mois. L'État **perçoit** des impôts et des taxes.*

1. perche (nom féminin)
Poisson d'eau douce à la chair appréciée.

une **perche**

2. perche (nom féminin)
Bâton long et mince. *Ces athlètes s'entraînent au saut à la **perche**.* • **Tendre la perche à quelqu'un** : l'aider à se tirer d'affaire.

se percher (verbe) ○ conj.n°3
Se poser sur un endroit en hauteur. *La cigogne **s'est perchée** sur le toit de la cathédrale.* (Syn. se jucher.)

perchiste (nom)
Sportif qui pratique le saut à la perche.

perchoir (nom masculin)
Endroit où se perchent les oiseaux. *Les perruches sont sur le **perchoir** de leur nouvelle cage.*

perclus, use (adjectif)
• **Être perclus de rhumatismes** : être handicapé par des rhumatismes.

percussion (nom féminin)
• **À percussion** : se dit d'un instrument de musique que l'on frappe pour en jouer. *La batterie, le tambour et les cymbales sont des instruments **à percussion**.*

percussionniste (nom)
Musicien qui joue d'un instrument à percussion.

percutané, ée (adjectif)
Qui est fait à travers la peau. *Ce médicament doit être administré par voie **percutanée** grâce à une piqûre.* ⊙ Percutané vient des mots latins *per* qui signifie « à travers » et *cutis* qui signifie « peau ».

percutant, ante (adjectif)
Qui fait beaucoup d'effet. *Cet argument **percutant** a convaincu tout le monde.*

percuter (verbe) ⊙ conj.n°3
Heurter violemment. *La voiture a glissé sur le verglas et est allée **percuter** un mur.*

perdant, ante (adjectif et nom)
Qui a perdu. *Yann est un mauvais **perdant**.* (Contr. gagnant.)

perdition (nom féminin)
• **En perdition** : en danger. *Un voilier est **en perdition** dans la tempête.*

perdre (verbe) ⊙ conj.n°31
1. Ne plus avoir ou ne plus retrouver quelque chose. *Élodie **a perdu** sa montre.* (Syn. égarer. Contr. retrouver.) 2. Se faire battre à un jeu ou à un sport. *Dommage, notre équipe **a perdu**.* (Contr. gagner.) 3. Être séparé de quelqu'un par la mort. *Fatima est triste car elle vient de **perdre** son grand-père.* 4. Ne pas faire bon usage de quelque chose. *Benjamin **perd** son temps et son énergie à faire des choses sans intérêt.* 5. Se perdre : ne plus retrouver son chemin. *Ils **se sont perdus** dans la forêt.* (Syn. s'égarer.) • **Perdre la tête** : ne plus savoir ce qu'on fait. • **S'y perdre** : ne plus rien comprendre à quelque chose. *Je **m'y perds** dans tes calculs !* ⊙ Famille du mot : perdant, perdu, perte.

perdreau, eaux (nom masculin)
Jeune perdrix.

perdrix (nom féminin)
Oiseau au plumage gris ou roux. *Le chasseur a tué deux **perdrix**.*

une **perdrix**

perdu, ue (adjectif)
1. Qu'on ne retrouve plus. *Un chien **perdu** rôde dans la rue.* 2. Qui est sur le point de mourir. *Le malade est **perdu**, on ne peut plus le sauver.* 3. Qui est très isolé. *Ils habitent un village **perdu** dans la montagne.*

père (nom masculin)
1. Homme qui a eu un ou plusieurs enfants. *Mon oncle est **père** de trois enfants.* 2. Nom donné à certains religieux, dans la religion catholique. *C'est le **père** Durand qui nous fait le catéchisme.*

pérégrinations (nom féminin pluriel)
Allées et venues d'un lieu à un autre. *Il m'a raconté ses **pérégrinations** à travers le monde.*

péremptoire (adjectif)
Auquel on ne peut pas répliquer. *D'un ton **péremptoire**, il m'a demandé de me taire.*

pérennité (nom féminin)
Caractère de ce qui dure toujours. *La **pérennité** de la République.*

perfection (nom féminin)
Qualité de ce qui est parfait. *Clément est totalement bilingue, il parle le français et l'anglais à la* ***perfection****.* ⊙ Famille du mot : imperfection, perfectionnement, perfectionner, perfectionniste.

perfectionnement (nom masculin)
Action de perfectionner ou de se perfectionner. *Gaëlle suit des cours de* ***perfectionnement*** *en natation.*

perfectionner (verbe) ○ conj.n°3
Rendre meilleur, parfait. *Guillaume suit un stage pour* ***se perfectionner*** *en informatique.*

perfectionniste (adjectif et nom)
Qui cherche à atteindre la perfection dans ce qu'il fait. *Ce* ***perfectionniste*** *n'arrête pas de corriger son texte.*

perfide (adjectif)
Qui est trompeur ou déloyal. *Je ne lui fais pas confiance car je sais qu'il est très* ***perfide****.* ⊙ Famille du mot : perfidement, perfidie.

perfidement (adverbe)
D'une manière perfide. *Agir* ***perfidement****.*

perfidie (nom féminin)
Acte perfide. *Je ne le crois pas capable d'une telle* ***perfidie****.* (Syn. traîtrise.)

perforation (nom féminin)
Action de perforer. *L'accident lui a causé une* ***perforation*** *du poumon.*

perforer (verbe) ○ conj.n°3
Percer de trous. *Pour ton classeur, il faut acheter des feuilles* ***perforées****.*

performance (nom féminin)
Très bon résultat obtenu lors d'une compétition. *Hélène a réussi la meilleure* ***performance*** *de la classe en saut en hauteur.*

performant, ante (adjectif)
Qui est capable de performances élevées. *Ce matériel informatique est très* ***performant****.*

perfusion (nom féminin)
Injection lente et continue dans le sang d'un sérum ou d'un médicament au moyen d'un goutte à goutte.

pergola (nom féminin)
Construction légère dans un jardin. *Des rosiers grimpants recouvrent la* ***pergola****.*

une **pergola**

péricliter (verbe) ○ conj.n°3
Aller à sa ruine. *Cet hôtel* ***périclite*** *depuis que la route nationale ne passe plus dans le village.* (Syn. décliner. Contr. prospérer.) ⊙ Péricliter vient du latin ***periculum*** qui signifie « danger » et que l'on retrouve dans *péril*.

péridurale (nom féminin)
Anesthésie locale, pratiquée surtout chez les femmes juste avant un accouchement.

périgourdin, ine
➠ Voir tableau p. 6.

péril (nom masculin)
Synonyme littéraire de danger. *Ces alpinistes s'exposent aux plus grands* ***périls*** *en refusant de prendre un guide.* • **À ses risques et périls** : en acceptant de courir tous les risques. ⊙ Voir péricliter.

périlleux, euse (adjectif)
Qui présente un danger. *La descente du torrent en canoë est très* ***périlleuse****.*

périmé, ée (adjectif)
Qui n'est plus valable. *Votre carte d'identité est* ***périmée****, il faut donc la renouveler.*

périmètre (nom masculin)
1. Longueur de la ligne qui fait le tour d'une surface. *Le **périmètre** d'un cercle s'appelle la circonférence.* 2. Zone ou surface quelconque. *Il est interdit de construire dans le **périmètre** du parc naturel.*

période (nom féminin)
Espace de temps. *Pendant la **période** estivale, la ville est presque vide.* (Syn. durée.) ⊙ Famille du mot : périodique, périodiquement.

périodique (adjectif)
Qui se reproduit à intervalles réguliers. *Le rhume des foins est une affection **périodique**.* ▷ **périodique** (nom masculin) Journal ou magazine qui paraît à intervalles réguliers. *Les quotidiens, les hebdomadaires et les mensuels sont des **périodiques**.*

périodiquement (adverbe)
De façon périodique, régulièrement.

péripétie (nom féminin)
Événement imprévu. *Un voyage riche en **péripéties**.* → Prononciation [peʀipesi].

périphérie (nom féminin)
Quartier d'une ville éloigné du centre. *La plupart des usines sont à la **périphérie**.*

périphérique (adjectif)
Qui est situé à la périphérie. *Un boulevard **périphérique** fait le tour de Paris.* ▷ **périphérique** (nom masculin) 1. Boulevard périphérique. *Le **périphérique** est totalement embouteillé ce soir.* 2. Appareil relié à un ordinateur. *Le clavier, l'écran, l'imprimante sont des **périphériques**.*

périphrase (nom féminin)
Procédé qui consiste à dire en plusieurs mots ce qu'on pourrait dire en un seul. *« Le pays du Soleil levant » est une **périphrase** pour désigner le Japon.*

périple (nom masculin)
Long voyage. *Julie rêve d'un **périple** en Chine.* ⊙ Périple vient d'un mot grec qui signifie « navigation autour du monde ».

périr (verbe) ○ conj.n°11
Synonyme littéraire de mourir. *Plusieurs pêcheurs **ont péri** dans la tempête.* ⊙ Famille du mot : impérissable, périssable.

périscolaire (adjectif)
Qui existe avec l'enseignement scolaire. *Le club sportif de l'école est une activité **périscolaire**.*

périscope (nom masculin)
Appareil qui permet de voir par-dessus un obstacle. *Le **périscope** d'un sous-marin.* ⊙ Périscope vient d'un mot grec formé de *peri* qui signifie « autour » et de *skopein* qui signifie « regarder » et qu'on retrouve dans *stéthoscope*.

périssable (adjectif)
Qui s'abîme facilement. *Les légumes frais sont des produits **périssables**.*

perle (nom féminin)
1. Petite boule brillante formée de la nacre des huîtres. *Laura porte un collier de **perles**.* 2. Petite boule percée de deux trous. *Myriam enfile des **perles** pour se faire un bracelet.* ⊙ Famille du mot : perler, perlière.

perler (verbe) ○ conj.n°3
Former des petites gouttes. *La sueur **perle** sur le front des coureurs.*

perlière (adjectif féminin)
Qui produit les perles. *Une huître **perlière**.*

permanence (nom féminin)
1. Service assuré sans interruption. *C'est le docteur Martin qui assure la **permanence** durant le prochain week-end.* 2. Salle d'études où sont accueillis les élèves de collège ou de lycée, quand ils n'ont pas cours. *Ibrahim profite de la **permanence** pour faire ses devoirs.* • **En permanence** : de façon permanente. *L'assemblée siège **en permanence** pendant le mois de mars.*

permanent, ente (adjectif)
Qui ne s'arrête pas. *Depuis plusieurs jours, Noémie souffre d'une douleur **permanente** dans le dos.* (Syn. constant, continu.)

perméabilité (nom féminin)
Propriété de ce qui est perméable.

perméable (adjectif)
Qui laisse passer un liquide. *Ce terrain sablonneux constitue une couche très **perméable**.* (Contr. imperméable.) ⊙ Famille du mot : imperméabiliser, imperméabilité, imperméable, perméabilité.

permettre (verbe) ○ conj.n°33
1. Donner la permission de faire quelque chose. *Ses parents lui **ont permis** d'aller à la piscine.* (Syn. autoriser. Contr. défendre, interdire.) 2. Rendre quelque chose possible. *Ces nouveaux horaires lui **permettent** de rentrer plus tôt.* (Contr. empêcher.) 3. Se permettre quelque chose : oser le faire. *Je **me suis permis** d'entrer sans frapper.* ⊙ Famille du mot : permis, permissif, permission.

permis (nom masculin)
Autorisation officielle qui donne le droit de faire certaines choses. *Il a obtenu son **permis** de conduire à 18 ans.*

permissif, ive (adjectif)
Qui permet ce que d'autres interdiraient. *Ses parents sont trop **permissifs** avec lui.*

permission (nom féminin)
Droit de faire quelque chose. *Véronique n'a pas eu la **permission** de sortir.* (Syn. autorisation.)

permutation (nom féminin)
Action de permuter. (Syn. interversion.)

permuter (verbe) ○ conj.n°3
Mettre une chose à la place d'une autre. *En **permutant** les lettres du mot « en », on obtient le mot « ne ».* (Syn. intervertir.)

pernicieux, euse (adjectif)
Qui est nuisible et dangereux. *Les idées qu'il défend sont vraiment **pernicieuses**.*

péroné (nom masculin)
Os long de la jambe, parallèle au tibia.

pérorer (verbe) ○ conj.n°3
Parler longuement et avec prétention. *Arrête de **pérorer**, tu nous fatigues !*

perpendiculaire (adjectif)
Qui coupe une ligne ou une surface en formant un angle droit. *Ces deux avenues sont **perpendiculaires**.* ➠ p. 512.
▷ **perpendiculaire** (nom féminin)
Ligne perpendiculaire à une autre ligne ou à une surface.

perpendiculairement (adverbe)
Selon une perpendiculaire.

perpétuel, elle (adjectif)
Qui ne s'arrête jamais. *Ils habitent près de l'aéroport et souffrent du vacarme **perpétuel** des avions.* (Syn. constant, continuel, incessant.)

perpétuellement (adverbe)
Synonyme de toujours. *Olivier joue **perpétuellement** le même air au piano, c'est lassant !*

perpétuer (verbe) ○ conj.n°3
Faire durer quelque chose. *La fête du 14 Juillet **perpétue** la prise de la Bastille.* ⊙ Famille du mot : perpétuel, perpétuellement, perpétuité.

perpétuité (nom féminin)
• **À perpétuité** : pour toute la vie. *L'assassin a été condamné à la réclusion **à perpétuité**.*

perplexe (adjectif)
Qui est hésitant ou embarrassé. *Ce choix la laisse **perplexe**, elle n'arrive pas à se décider.*

perplexité (nom féminin)
État d'une personne perplexe.

perquisition (nom féminin)
Recherche faite dans un lieu par la police ou la gendarmerie. *Cette **perquisition** a permis de retrouver le butin.*

perquisitionner (verbe) ○ conj.n°3
Faire une perquisition. *La police **a perquisitionné** leur appartement sans trouver d'indice.*

perron (nom masculin)
Petit escalier extérieur qui se termine par un palier devant une porte d'entrée. *Il nous a accueilli sur le **perron**.* ⊙ Perron vient de l'ancien français *perrun* qui signifie « bloc de pierre ».

perroquet (nom masculin)
Oiseau au plumage coloré, capable d'imiter la voix humaine.

perruche (nom féminin)
Sorte de petit perroquet.

une **perruche**

perruque (nom féminin)
Fausse chevelure. *Ne supportant pas d'être chauve, Alain s'est acheté une **perruque**.*

1. persan, ane
➠ Voir tableau p. 6.

2. persan (nom masculin)
Chat à poil long et doux.

un **persan**

persécuter (verbe) ○ conj.n°3
Faire souffrir par des traitements cruels. *Au XVIe siècle, les catholiques **persécutèrent** les protestants.* (Syn. martyriser.) ⊙ Famille du mot : persécuteur, persécution.

persécuteur, trice (nom)
Personne qui persécute. *Le chat a griffé son **persécuteur**.*

persécution (nom féminin)
Action de persécuter. *Le prisonnier se plaint d'avoir été victime de plusieurs **persécutions**.*

persévérance (nom féminin)
Constance dans l'effort. *Sarah s'entraîne vraiment avec beaucoup de **persévérance**, sans jamais se décourager.* (Syn. obstination, ténacité.)

persévérant, ante (adjectif)
Qui persévère. *Si tu es **persévérant**, tu réaliseras ton projet.*

persévérer (verbe) ○ conj.n°8
Continuer avec acharnement à faire ou à penser quelque chose. *Il a **persévéré** dans son idée de devenir médecin.* (Contr. renoncer.) ⊙ Famille du mot : persévérance, persévérant.

persienne (nom féminin)
Sorte de volet composé de lames. *Quand il fait très chaud l'été, maman laisse les **persiennes** fermées.*

des **persiennes** vertes

persifler (verbe) ○ conj.n°3
Tourner quelqu'un en ridicule en se moquant de lui. *Regarde-toi au lieu de **persifler** les autres !*

persil (nom masculin)
Plante à feuilles vertes parfumées, utilisée comme condiment. *Ajoute du **persil** haché à cette salade !* → Prononciation [pɛʀsi].

persistance (nom féminin)
Fait de persister. *La **persistance** des chutes de neige bloque la circulation.*

persistant, ante (adjectif)
1. Qui persiste. *Cette toux **persistante** est très inquiétante.* (Syn. durable, tenace.) **2.** Qui ne tombe pas l'hiver. *Les conifères ont un feuillage **persistant**.* (Contr. caduc.)

persister (verbe) ○ conj.n°3
1. Persévérer dans ce qu'on fait ou ce qu'on pense. *Il **persiste** à croire que cette histoire est vraie alors que c'est un canular.* (Syn. continuer, s'obstiner.) **2.** Durer un certain temps. *Si les symptômes **persistent**, il faut consulter un médecin.* (Contr. cesser.) ⊙ Famille du mot : persistance, persistant.

personnage (nom masculin)
1. Personne importante ou célèbre. *Le général de Gaulle a été un grand **personnage** de la Ve République.* **2.** Personne imaginaire représentée dans un livre ou un film. *Cet acteur joue souvent les **personnages** de shérif dans les westerns.*

personnaliser (verbe) ○ conj.n°3
Donner un caractère personnel et original à quelque chose. *Ursula **a personnalisé** sa chambre en la décorant avec ses dessins.*

personnalité (nom féminin)
1. Ce qui caractérise une personne. *Ce sont des sœurs jumelles, mais elles n'ont pas du tout la même **personnalité**.* **2.** Personne importante. *De nombreuses **personnalités** ont assisté à la cérémonie.*

1. personne (pronom)
Pas un seul être humain. *J'ai sonné mais **personne** n'a répondu.*

2. personne (nom féminin)
1. Être humain. *Il y avait déjà trois **personnes** dans la salle d'attente du dentiste.* **2.** Forme de la conjugaison du verbe différente selon celui ou ceux dont on parle. *« Tu pleures » est à la deuxième **personne** du singulier.* • **En personne** : lui-même. *Le Président est venu **en personne** accueillir la reine à l'aéroport.* (Syn. personnellement.) • **Grande personne** : synonyme d'adulte. ⊙ Famille du mot : impersonnel, personnage, personnaliser, personnalité, personnel, personnellement, personnifier.

personnel, elle (adjectif)
1. Qui est propre à une personne et à elle seule. *J'aimerais avoir votre avis **personnel** sur ce problème.* **2.** Qui désigne une personne dans un discours. *« Je, tu, il, lui, eux » sont des pronoms **personnels**.* ▷ **personnel** (nom masculin) Ensemble des personnes qui travaillent quelque part. *Le **personnel** d'un hôtel, d'un magasin.*

personnellement (adverbe)
1. En personne. *Ce ministre a promis d'intervenir **personnellement** en faveur des chômeurs de longue durée.* **2.** Pour ma part, en ce qui me concerne. ***Personnellement**, je ne crois pas à cette histoire.*

personnifier (verbe) ○ conj.n°10
Représenter une chose abstraite par une personne. *Ce chercheur **personnifie** la lutte contre le cancer.*

perspective (nom féminin)
1. Représentation d'un objet donnant l'impression du relief et de la profondeur. *L'architecte a tracé la façade de la maison en **perspective**.* **2.** Idée qu'on se fait d'un événement à venir. *La **perspective** de ce voyage la ravit.*

La galerie des Offices à Florence (Italie) : la **perspective** est soulignée en rouge.

perspicace (adjectif)
Qui est capable de juger de façon pénétrante et subtile. *Il a tout repéré, c'est un observateur très **perspicace** !* (Syn. clairvoyant.)

perspicacité (nom féminin)
Caractère perspicace. *Le détective a montré beaucoup de **perspicacité**.* (Syn. finesse, sagacité.)

persuader (verbe) ○ conj.n°3
Synonyme de convaincre. *Zoé essaie de **persuader** sa mère de l'emmener au cinéma.* • **Être persuadé de quelque chose** : en être absolument sûr. *Kevin ne trouve pas ses clés, il **est** pourtant **persuadé de** les avoir prises.* ⊙ Famille du mot : persuasif, persuasion.

persuasif, ive (adjectif)
Qui est capable de persuader. *Il s'est adressé à nous d'un ton si **persuasif** que nous avons donné notre accord.* (Syn. convaincant.)

persuasion (nom féminin)
Action ou façon de persuader.

perte (nom féminin)
1. Fait de perdre quelque chose qu'on avait. *Maman a déclaré la **perte** de ses papiers au commissariat.* 2. Synonyme de mort. *La **perte** de son chat attriste beaucoup Anna.* 3. Fait de perdre de l'argent. *Il a subi de grosses **pertes** en jouant à la Bourse.* (Contr. bénéfice, gain.) 4. Mauvais emploi de quelque chose. *C'est une **perte** de temps.* (Syn. gaspillage.) • **À perte de vue** : aussi loin qu'on peut voir. • **En pure perte** : sans résultat ou sans profit.

pertinemment (adverbe)
D'une manière certaine et précise. *Je sais **pertinemment** que vous avez tort.*
➜ Prononciation [pɛʀtinamɑ̃].

pertinent, ente (adjectif)
Qui est plein de bon sens. *Ta question est très **pertinente**.*

perturbateur, trice (nom)
Personne qui cause des perturbations. *Des **perturbateurs** ont gâché la fête.*

perturbation (nom féminin)
1. Ce qui perturbe quelque chose. *La grève des transports entraîne beaucoup de **perturbations**.* 2. Changement de temps caractérisé par de la pluie et du vent. *Une **perturbation** traversera l'ouest de la France.*

perturber (verbe) ○ conj.n°3
Empêcher quelque chose de fonctionner ou de se dérouler normalement. *Le verglas **a** vivement **perturbé** la circulation sur l'autoroute.* ⊙ Famille du mot : imperturbable, imperturbablement, perturbateur, perturbation.

péruvien, enne
➠ Voir tableau p. 6.

pervenche (nom féminin)
Petite fleur bleue.

pervers, erse (adjectif et nom)
Qui aime faire le mal ou des choses immorales. *Cet individu **pervers** aime faire souffrir les enfants.* ⊙ Famille du mot : perversité, pervertir.

perversité (nom féminin)
Attitude d'une personne perverse. *Luc a trahi ses amis avec une grande **perversité**.*

pervertir (verbe) ○ conj.n°11
Pousser quelqu'un à faire le mal. *Sa passion du jeu l'**a perverti**.* (Syn. corrompre.)

pesamment (adverbe)
D'une manière pesante. *L'ours marche **pesamment**, dressé sur ses pattes postérieures.*

pesant, ante (adjectif)
1. Qui pèse lourd. *Ce cartable est bien trop **pesant** pour un élève de six ans.* 2. Qui donne une impression de lourdeur. *Une chaleur **pesante**.* 3. Qui est pénible à supporter. *Il règne une atmosphère **pesante** dans les vestiaires après cette lourde défaite.*

pesanteur (nom féminin)
Force d'attraction qui attire tous les corps vers le centre de la Terre et qui fait qu'ils ont un poids. *La sonde interplanétaire vient d'échapper à la **pesanteur** terrestre.*

pèse-bébé (nom masculin)
Balance conçue pour peser les nourrissons. → Pluriel : des pèse-bébés.

pesée (nom féminin)
Action de peser.

pèse-lettre (nom masculin)
Petite balance pour peser les lettres. → Pluriel : des pèse-lettres.

pèse-personne (nom masculin)
Petite balance pour se peser. → Pluriel : des pèse-personnes.

peser (verbe) ○ conj.n°8
1. Avoir un certain poids. *À la naissance, ce bébé **pesait** près de quatre kilos.* 2. Mesurer un poids. *Le boucher **pèse** le gigot sur sa balance. Élodie **se pèse** une fois par mois.* 3. Avoir de l'importance ou de l'influence. *Ton avis **a pesé** sur ma décision.* 4. Être pénible à supporter. *La solitude lui **pèse**, il a hâte de retrouver ses amis.* 5. Examiner avec attention. ***Peser** le pour et le contre.* ⊙ Famille du mot : apesanteur, pesamment, pesant, pesanteur, pèse-bébé, pesée, pèse-lettre, pèse-personne.

peseta (nom féminin)
Monnaie espagnole. → Prononciation [pezeta].

pessimisme (nom masculin)
Tendance à penser que tout va ou ira mal. (Contr. optimisme.) ⊙ Pessimisme vient du latin *pessimus* qui signifie « très mauvais ».

pessimiste (adjectif et nom)
Qui fait preuve de pessimisme. *Fatima croit qu'elle ne réussira pas son examen, elle est très **pessimiste** !* (Syn. défaitiste. Contr. optimiste.)

peste (nom féminin)
Très grave maladie contagieuse. *La **peste** se transmettait par les rats.*

« La **Peste** d'Asdod »
de Nicolas Poussin (XVIIe siècle)

pester (verbe) ○ conj.n°3
Manifester de la mauvaise humeur contre quelqu'un ou quelque chose. *Papa **peste** contre l'ascenseur qui est toujours en panne.*

pesticide (nom masculin)
Produit chimique qui détruit les animaux ou les plantes nuisibles. *L'abus des **pesticides** entraîne la pollution des cours d'eau.*

pestiféré, ée (adjectif et nom)
Qui est atteint de la peste.

pestilentiel, elle (adjectif)
Qui dégage une odeur nauséabonde. *Les égouts dégagent une odeur **pestilentielle** !*

pétale (nom masculin)
Chacune des parties colorées d'une fleur, dont l'ensemble forme la corolle. *Quand les fleurs se fanent, les **pétales** tombent.* ➜ p. 476.

pétanque (nom féminin)
Jeu de boules. *Ils se retrouvent le soir pour jouer à la **pétanque**.* ⊙ Pétanque vient du provençal *pétanco* qui signifie « pied fixe », car, à ce jeu, on lance sa boule sans prendre d'élan.

pétarade (nom féminin)
Série de brèves détonations. *Les **pétarades** des mobylettes.*

a b c d e f g h i j k l m n o p q r s t u v w x y z

pétarader (verbe) conj.n°3
Faire entendre une pétarade. *On entend un feu d'artifice qui **pétarade** dans le lointain.*

pétard (nom masculin)
Petite charge de poudre explosive.

pétillant, ante (adjectif)
1. Qui pétille. *Tu veux de l'eau plate ou de l'eau **pétillante** ?* (Syn. gazeux.) 2. Au sens figuré, qui brille avec éclat. *Cet enfant a des yeux **pétillants** de malice.*

pétiller (verbe) conj.n°3
1. Faire des petits bruits secs et répétés. *Le feu **pétille** dans la cheminée.* 2. Faire des petites bulles de gaz. *Pierre n'aime pas cette boisson, elle **pétille** trop.* 3. Briller d'un vif éclat. *Ses yeux **pétillent** de bonheur.*

pétiole (nom masculin)
Queue d'une feuille d'arbre.

petit, ite (adjectif)
1. Qui n'est pas d'une grande taille. *Le ouistiti est un tout **petit** singe.* (Contr. grand.) 2. Qui est moins âgé. *Quentin a six ans et sa **petite** sœur en a quatre.* ▷ **petit, ite** (nom) 1. Jeune enfant. *Les **petits** de la maternelle font la sieste l'après-midi.* 2. Jeune animal. *Les **petits** d'une chatte s'appellent des chatons.* ▷ **petit** (adverbe) • **Petit à petit :** peu à peu. *Après son accident, il récupère **petit à petit**.*

petit déjeuner (nom masculin)
Repas du matin. *Pour son **petit déjeuner**, Caroline mange des céréales avec du lait.* → Pluriel : des petits déjeuners.

petite-fille (nom féminin)
Fille du fils ou de la fille d'une personne. → Pluriel : des petites-filles.

petit-fils (nom masculin)
Fils du fils ou de la fille d'une personne. → Pluriel : des petits-fils.

petit four (nom masculin)
Petit gâteau. *Maman prépare un buffet avec du jus d'orange et des **petits fours**.* → Pluriel : des petits fours.

pétition (nom féminin)
Texte écrit exprimant une demande ou une plainte et qui est adressé à une autorité. *Signer une **pétition** pour l'installation d'un feu tricolore devant l'école.*

petit-lait (nom masculin)
Liquide qui se sépare du lait caillé. → Pluriel : des petits-laits.

petit pois (nom masculin)
Graine verte et ronde contenue dans une cosse, qu'on mange comme légume. *Qui veut m'aider à écosser les **petits pois** ?* → Pluriel : des petits pois.

petits-enfants (nom masculin pluriel)
Enfants du fils ou de la fille de quelqu'un. *Pour l'anniversaire de grand-mère, tous ses **petits-enfants** se retrouvent.*

petit-suisse (nom masculin)
Petit fromage blanc en forme de cylindre. → Pluriel : des petits-suisses.

pétoncle (nom masculin)
Petit mollusque comestible.

pétrifier (verbe) conj.n°10
Rendre quelqu'un immobile à cause d'un sentiment violent. *L'annonce de sa mort nous **a pétrifiés**.* ⊙ Pétrifier vient de deux mots latins qui signifient « transformer en pierre ».

pétrin (nom masculin)
Grand récipient pour pétrir la pâte à pain. *Le boulanger mélange la farine, l'eau, le sel et le levain dans un **pétrin**.* • **Être dans le pétrin :** dans la langue familière, avoir des ennuis.

pétrir (verbe) conj.n°11
Mélanger et presser une pâte avec les mains. *Il faut **pétrir** la pâte à tarte avant de l'étaler.*

pétrole (nom masculin)
Huile minérale tirée du sous-sol et utilisée comme source d'énergie. ⊙ Famille du mot : pétrolier, pétrolifère. ⊙ Pétrole vient des mots latins *petra* qui signifie « pierre » et *oleum* qui signifie « huile ».

pétrolier, ère (adjectif)
Qui concerne le pétrole. *L'essence, le mazout sont des produits* ***pétroliers****.* ▷ **pétrolier** (nom masculin) Navire qui transporte du pétrole.

pétrolifère (adjectif)
Qui contient du pétrole. *Une zone* ***pétrolifère****.*

pétulant, ante (adjectif)
Qui est vif et dynamique. *Cette enfant* ***pétulante*** *met de l'ambiance dans la classe.*

pétunia (nom masculin)
Plante à fleurs colorées.

un **pétunia**

peu (adverbe)
1. En petite quantité. *Cette voiture consomme très* ***peu*** *d'essence.* (Contr. beaucoup.) 2. Pas très. *Cet élève est* ***peu*** *doué pour la gymnastique.* 3. Pas longtemps. *Cette mode a* ***peu*** *duré.* • **À peu près** : presque. • **Depuis peu** : il n'y a pas longtemps. • **Peu à peu** : lentement et progressivement, petit à petit. • **Pour peu que** : il suffit que. ***Pour peu qu'****il neige, toute la circulation est bloquée !* • **Pour un peu** : il s'en est fallu de peu de chose. • **Sous peu** : bientôt. • **Un peu** : légèrement. *Il est* ***un peu*** *fou.* • **Un peu de** : une petite quantité de. *Je voudrais juste* ***un peu de*** *fromage.*

peuplade (nom féminin)
Groupe de gens qui vivent en tribu.

peuple (nom masculin)
1. Ensemble des habitants d'un même pays. *Le Président doit s'adresser au* ***peuple*** *français samedi soir.* 2. Ensemble des citoyens de condition modeste. *Cet homme est issu du* ***peuple****.* ⊙ Famille du mot : dépeuplement, dépeupler, peuplade, peuplé, peuplement, peupler, se repeupler, surpeuplé, surpeuplement.

peuplé, ée (adjectif)
Où il y a des habitants. *Ce département du centre de la France est très peu* ***peuplé****.*

peuplement (nom masculin)
Nombre d'habitants qui peuplent une région.

peupler (verbe) ⊳ conj. n°3
Occuper un endroit et en constituer la population. *Des tribus indiennes* ***peuplent*** *cette région d'Amazonie.*

peuplier (nom masculin)
Arbre haut et mince, qui pousse dans les endroits humides.

feuilles de **peuplier**

peur (nom féminin)
Crainte éprouvée face à un danger ou à une menace. *La* ***peur*** *du vide l'empêche de longer le haut de la falaise. Romain a* ***peur*** *des chiens. La moindre araignée lui fait* ***peur*** *!* ⊙ Famille du mot : apeuré, peureux.

peureux, euse (adjectif)
Qui a facilement peur. *Notre chien est* ***peureux****, il se cache sous le lit au moindre bruit !* (Syn. craintif. Contr. courageux, hardi.)

▸ **peut-être** (adverbe)
Indique une possibilité. *Tu viens au cinéma avec nous ce soir ? – **Peut-être**, cela dépendra de mon travail.* (Contr. certainement, sûrement.)

▸ **phacochère** (nom masculin)
Mammifère d'Afrique qui ressemble au sanglier.

un **phacochère**

▸ **phalange** (nom féminin)
Chacune des parties articulées des doigts et des orteils. *Les doigts comportent trois **phalanges**, sauf le pouce qui en a deux.*

▸ **pharaon** (nom masculin)
Souverain de l'Égypte antique. *Les pyramides étaient les tombeaux des **pharaons**.*

Toutankhamon, **pharaon** du XIVe s. avant J.-C.

▸ **phare** (nom masculin)
1. Tour lumineuse construite au bord de la mer pour guider les bateaux. *Il y a un **phare** à l'entrée de ce port.* 2. Lumière placée à l'avant d'un véhicule pour éclairer la route. ➠ p. 92. ➠ p. 733. ⊙ Phare vient de *Pharos*, nom grec d'une île de la baie d'Alexandrie en Égypte, où un roi fit construire une tour de marbre blanc, qui était l'une des Sept Merveilles du monde.

un **phare**

▸ **pharmaceutique** (adjectif)
Qui concerne la pharmacie. *La mère de Nathalie travaille dans l'industrie **pharmaceutique**.*

▸ **pharmacie** (nom féminin)
1. Science de la préparation et de la composition des médicaments. *Le grand frère d'Hélène est étudiant en **pharmacie**.* 2. Magasin où l'on vend les médicaments. *Il est allé à la **pharmacie** acheter un vaccin contre la grippe.* ⊙ Famille du mot : pharmaceutique, pharmacien.

▸ **pharmacien, enne** (nom)
Personne qui tient une pharmacie.

▸ **pharyngite** (nom féminin)
Inflammation du pharynx. → Prononciation [faRɛ̃ʒit].

▸ **pharynx** (nom masculin)
Conduit allant du fond de la bouche à l'œsophage. ➠ p. 345. → Prononciation [faRɛ̃ks].

phase (nom féminin)
Chacune des étapes marquant l'évolution d'un phénomène. *Les* ***phases*** *de la transformation d'une chenille en papillon.* (Syn. stade.)

phénix (nom masculin)
Oiseau légendaire qui se jetait dans le feu pour renaître de ses cendres.

phénoménal, ale, aux (adjectif)
Qui est vraiment très surprenant, extraordinaire. *Cet athlète a une force* ***phénoménale****.*

phénomène (nom masculin)
1. Fait qu'on peut observer. *La pluie, le vent, les marées sont des* ***phénomènes*** *naturels.* 2. Chose extraordinaire. *Ce monstre est un* ***phénomène*** *de foire.*

philanthrope (nom)
Personne qui agit avec générosité et désintéressement. *Ce* ***philanthrope*** *a fait don de ses tableaux au musée.* (Contr. misanthrope.) ⊙ Philanthrope vient des mots grecs *philos* qui signifie « ami » et *anthropos* qui signifie « homme ».

philanthropie (nom féminin)
Amour de tous les hommes. *Ce mécène fait preuve d'une grande* ***philanthropie****.*

philatélie (nom féminin)
Étude ou collection des timbres-poste.

philatéliste (nom)
Collectionneur de timbres-poste.

philippin, ine
➠ Voir tableau p. 6.

philodendron (nom masculin)
Arbuste aux larges feuilles découpées.
➔ Prononciation [filodɛ̃dʀɔ̃].

philosophe (nom)
Spécialiste de philosophie. *Platon était un très grand* ***philosophe*** *grec.* ▷ **philosophe** (adjectif) Qui supporte les événements avec calme et sérénité. *Elle est devenue* ***philosophe*** *avec l'âge.*

philosophie (nom féminin)
1. Réflexion sur les grands problèmes de l'homme et de l'Univers. *La* ***philosophie*** *pose les problèmes de la liberté, de la morale, de Dieu, de la mort.* 2. Sagesse et sérénité. *Heureusement, il a pris la nouvelle de sa maladie avec* ***philosophie****.* ⊙ Famille du mot : philosophe, philosophique. ⊙ Philosophie vient des mots grecs *philos* qui signifie « ami » et *sophia* qui signifie « sagesse ».

philosophique (adjectif)
Qui concerne la philosophie. *Une discussion* ***philosophique****.*

philtre (nom masculin)
Breuvage magique qui rend amoureux.

phobie (nom féminin)
Peur maladive et irraisonnée. *Julie a la* ***phobie*** *des araignées.* ⊙ Phobie vient du grec *phobos* qui signifie « crainte » et que l'on retrouve dans le mot *claustrophobie*.

phonétique (nom féminin)
Science qui étudie les sons de la parole. ▷ **phonétique** (adjectif) Qui sert à montrer comment un mot se prononce. *Regarde page 5 l'alphabet* ***phonétique*** *du français.* ⊙ Phonétique vient du grec *phônê* qui signifie « voix ».

phoque (nom masculin)
Mammifère marin des mers froides. *Les* ***phoques*** *sont chassés pour leur fourrure.*

phosphate (nom masculin)
Produit chimique qui contient du phosphore et qui est utilisé comme engrais.

phosphore (nom masculin)
Substance chimique qui émet une lueur bleuâtre dans l'obscurité. ⊙ Phosphore vient d'un mot grec qui signifie « qui apporte la lumière ».

phosphorescent, ente (adjectif)
Qui émet de la lumière dans l'obscurité. *Certains animaux, comme le ver luisant, sont* ***phosphorescents****.*

photo (nom féminin)
1. Technique qui permet de créer des images par l'action de la lumière sur une pellicule. *Laura aime faire de la **photo**.* 2. Image obtenue par ce procédé. *Ses **photos** de vacances sont très réussies.* ▷ **photo** (adjectif) Qui concerne la photo. *N'oublie pas de prendre ton appareil **photo** !* → Photo est l'abréviation de photographie ou de photographique. Pluriel : des photos, mais des appareils photo. ⊙ Famille du mot : photogénique, photographe, photographie, photographier, photographique.

photocopie (nom féminin)
Copie d'un document par reproduction photographique. *Myriam a fait la **photocopie** d'un article de journal pour son exposé.* ⊙ Famille du mot : photocopier, photocopieuse.

photocopier (verbe) ○ conj. n°10
Faire la photocopie d'un document. ***Photocopie** cette lettre avant de l'envoyer !*

photocopieuse (nom féminin)
Appareil qui sert à photocopier. → On dit aussi un photocopieur.

photogénique (adjectif)
Qui est très bien en photo. *Cette photo de Julie est belle, il faut dire qu'elle est très **photogénique** !*

photographe (nom)
Personne qui prend des photos. *La mère de Noémie est **photographe** de mode.*

photographie ➠ Voir photo.

photographier (verbe) ○ conj. n°10
Prendre en photo. *Thomas aime surtout **photographier** les paysages.*

photographique ➠ Voir photo.

phrase (nom féminin)
Ensemble de mots ayant un sens complet. *La **phrase** commence par une majuscule et se termine par un point.*

phrygien (adjectif masculin)
• **Bonnet phrygien** : bonnet rouge porté par les révolutionnaires de 1789, symbole de la liberté.

un **bonnet phrygien**

phylloxéra (nom masculin)
Insecte qui s'attaque à la vigne et lui cause une maladie également appelée « phylloxéra ». ⊙ Phylloxéra vient des mots grecs *phullon* qui signifie « feuille » et *xêros* qui signifie « sec » : la vigne malade a les feuilles qui sèchent.

physicien, enne (nom)
Spécialiste de la physique.

physiologie (nom féminin)
Science qui étudie le fonctionnement des organes des êtres vivants.

physionomie (nom féminin)
1. Aspect du visage. *Camille a une **physionomie** très souriante et agréable.* 2. Aspect particulier de quelqu'un ou de quelque chose. *Depuis que ce quartier a été rénové, sa **physionomie** a beaucoup changé.*

physionomiste (adjectif)
Qui a la mémoire des visages. *Je ne l'ai pas reconnu, je ne suis pas du tout **physionomiste**.*

1. physique (nom masculin)
1. Aspect extérieur d'une personne. *Son* ***physique*** *lui a permis de devenir mannequin.* **2.** État de santé d'un corps humain. *Il entretient son* ***physique*** *en faisant du sport.* ▷ **physique** (adjectif) Qui concerne le corps humain. *Chaque jour, Sarah fait des exercices* ***physiques****.* • **Éducation physique** : gymnastique.

2. physique (nom féminin)
Science qui étudie la matière et les lois de la nature. *La* ***physique*** *nucléaire étudie en fait le noyau des atomes.* ▷ **physique** (adjectif) Qui concerne la physique. *La pesanteur et la chute des corps sont des phénomènes* ***physiques****.*

physiquement (adverbe)
Sur le plan du physique. *Depuis qu'il a cessé de fumer, il se sent* ***physiquement*** *mieux.*

piaffer (verbe) ○ conj.n°3
1. Frapper la terre avec les sabots de devant, en parlant d'un cheval. **2.** Manifester son impatience en étant très excité. *Victor* ***piaffe*** *d'impatience car les vacances approchent.*

piaillement (nom masculin)
Petits cris aigus d'un oiseau.

piailler (verbe) ○ conj.n°3
1. Pousser des piaillements. *Ces arbres sont pleins de moineaux qui* ***piaillent****.* **2.** Synonyme familier de crier. *Les petits* ***piaillent*** *dans la cour de récréation.*

pianiste (nom)
Personne qui joue du piano.

piano (nom masculin)
Instrument de musique à clavier et à cordes. ⊙ Famille du mot : pianiste, pianoter. ⊙ Piano est l'abréviation du nom d'un ancien instrument de musique, le *pianoforte*, qui permettait de jouer doucement (en italien *piano*) ou fort.

pianoter (verbe) ○ conj.n°3
Taper sur les touches d'un clavier. *William* ***pianote*** *sur son ordinateur.*

pic (nom masculin)
1. Montagne au sommet pointu. *Dans les Pyrénées, le* ***pic*** *Vignemale culmine à 3 298 m d'altitude.* **2.** Outil pointu servant à creuser. *L'ouvrier attaque la roche à coups de* ***pic****.* **3.** Oiseau grimpeur doté d'un bec pointu qui lui permet d'attraper les vers dans les troncs d'arbres. • **À pic** : verticalement. *Une falaise qui s'élève* ***à pic*** *au-dessus de la plage. Le bateau a coulé* ***à pic****.* • **À pic** : synonyme familier d'à propos. *Ce chèque tombe* ***à pic*** *: nous n'avions plus un sou !* → Voir aussi à-pic (nom masculin).

picador (nom masculin)
Dans une corrida, cavalier muni d'une pique.

un **picador**

picard, arde
➡ Voir tableau p. 6.

pichenette (nom féminin)
Synonyme de chiquenaude.

pichet (nom masculin)
Petite cruche, généralement sans anse. *On a mangé des crêpes et bu un* ***pichet*** *de cidre.*

pickpocket (nom masculin)
Personne qui, dans les lieux publics, vole le contenu des poches ou des sacs des gens. *Un* ***pickpocket*** *a été arrêté dans le métro.* → Pickpocket est un mot anglais : on prononce [pikpɔkɛt].

▸ **picorer** (verbe) ○ conj.n°3
Manger en piquant çà et là à petits coups de bec. *Les poules et les pigeons **picorent** des graines dans la cour de la ferme.*

▸ **picotement** (nom masculin)
Sensation de piqûres légères et répétées sur la peau. *Ursula est engourdie et sent des **picotements** dans ses jambes.*

▸ **picoter** (verbe) ○ conj.n°3
Causer des picotements.

▸ **picotin** (nom masculin)
Ration d'avoine donnée à un cheval.

▸ **pictogramme** (nom masculin)
Dessin simplifié utilisé sur des panneaux afin de donner des indications.

▸ **pictural, ale, aux** (adjectif)
Qui concerne l'art de la peinture. *La Joconde fait partie de l'œuvre **picturale** de Léonard de Vinci.*

▸ **pic-vert** (nom masculin)
Oiseau jaune et vert, à tête rouge, de la même espèce que le pic. → Prononciation [pivɛʀ]. → On écrit aussi pivert. Pluriel : des pics-verts.

un **pic-vert**

▸ **1. pie** (adjectif)
Qui est noir et blanc, ou marron et blanc. → Pluriel : des vaches pie.

▸ **2. pie** (nom féminin)
Oiseau noir et blanc à longue queue.

une **pie**

▸ **pièce** (nom féminin)
1. Petit objet de métal rond et plat, qui sert de monnaie. *Marie a payé avec un billet et l'épicier lui a rendu plusieurs **pièces**.* **2.** Partie séparée d'un ensemble. *Le carburateur est une des **pièces** importantes d'un moteur.* **3.** Dans un local, chaque espace séparé par des murs. *Cet appartement de cinq **pièces** comporte trois belles chambres.* **4.** Morceau de tissu cousu sur un vêtement pour cacher les trous. *Ce pauvre homme porte des vêtements pleins de **pièces**.* **5.** Histoire écrite pour être jouée au théâtre par des comédiens. *Cette **pièce** de Molière est remarquablement interprétée.* • **En pièces** : qui est cassé en plusieurs morceaux. ⊙ Famille du mot : piécette, rapiécer.

▸ **piécette** (nom féminin)
Petite pièce de monnaie.

▸ **pied** (nom masculin)
1. Partie du corps située au bas de la jambe, qui sert à marcher et à se tenir debout. *Anna a mal aux **pieds** car elle a marché toute la journée.* ➠ p. 263. **2.** Partie d'un objet ou d'une plante qui est en contact avec le sol. *La chaise est bancale car un de ses **pieds** est trop court. Le vigneron a planté de nouveaux **pieds** de vigne.* ➠ p. 189. **3.** Dans un poème, syllabe d'un vers. *Un alexandrin est un vers de douze **pieds**.* **4.** Ancienne mesure, encore utilisée au Canada, et qui vaut environ trente

centimètres. • **À pied** : en marchant. • **Au pied levé** : à l'improviste, sans préparation. • **Avoir bon pied bon œil** : être en excellente santé. • **Avoir le pied marin** : être à l'aise sur un bateau. • **Avoir les pieds sur terre** : être réaliste. • **Avoir pied** : pouvoir toucher le fond de l'eau avec les pieds. • **De pied ferme** : énergiquement. • **Être à pied d'œuvre** : être prêt à l'action. • **Mettre quelque chose sur pied** : l'organiser. • **Perdre pied** : ne plus pouvoir suivre ou perdre son assurance. • **Retomber sur ses pieds** : se tirer à son avantage d'une mauvaise situation.

pied à coulisse (nom masculin)
Instrument de précision servant à mesurer les épaisseurs ou les diamètres. → Pluriel : des pieds à coulisse.

un **pied à coulisse**

pied-à-terre (nom masculin)
Logement que l'on habite de temps en temps. → Prononciation [pjetatɛʀ]. → Pluriel : des pied-à-terre.

pied-de-biche (nom masculin)
Outil formé d'une barre de fer recourbée à un bout pour servir de levier. → Pluriel : des pieds-de-biche.

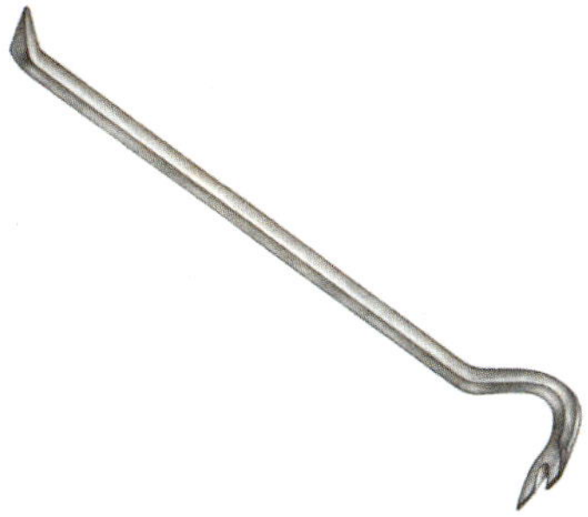

un **pied-de-biche**

pied-de-mouton (nom masculin)
Champignon comestible jaune clair. → Pluriel : des pieds-de-mouton.

pied de nez (nom masculin)
Geste de moquerie fait en plaçant le pouce sur le nez avec la main grande ouverte. → Pluriel : des pieds de nez.

piédestal, aux (nom masculin)
Socle d'une statue. *La sculpture est posée sur un **piédestal** en marbre.* • **Mettre quelqu'un sur un piédestal** : l'admirer énormément.

piège (nom masculin)
1. Objet ou appareil qui sert à capturer les animaux. *Une souricière est un **piège** pour attraper les souris.* 2. Danger ou difficulté cachés. *Cette dictée est pleine de **pièges**.*

piéger (verbe) ○ conj.n°5 et 8
1. Attraper avec un piège. *Le trappeur est parti **piéger** des animaux.* 2. Installer un engin explosif quelque part. *Une voiture **piégée** a fait de nombreuses victimes.*

pierraille (nom féminin)
Amas de petites pierres. ***Toute cette pierraille** rend la marche difficile sur ce chemin.*

pierre (nom féminin)
1. Matière dure extraite du sol. *La **pierre** sert de matériau de construction.* 2. Caillou plus ou moins gros. *Sur cette route de montagne, il faut faire attention aux chutes de **pierres**.* • **Jeter la pierre à quelqu'un** : l'accuser ou le blâmer. • **Pierre précieuse** : minéral rare, avec lequel on fait des bijoux. *Les diamants et les rubis sont des **pierres précieuses**.* ⊙ Famille du mot : empierrer, pierraille, pierreries, pierreux.

pierreries (nom féminin pluriel)
Pierres précieuses taillées. *Un diadème orné de **pierreries**.*

pierreux, euse (adjectif)
Couvert de pierres. *Un chemin très **pierreux**.*

piété (nom féminin)
Caractère d'une personne pieuse.

a b c d e f g h i j k l m n o p q r s t u v w x y z

piétiner (verbe) conj.n°3
1. Écraser quelque chose en marchant dessus. *Fais attention, tu vas **piétiner** les fleurs !* 2. Marcher en avançant très lentement. *Les gens qui font la queue **piétinent** devant le magasin.* 3. Ne faire aucun progrès. *La négociation **piétine**.*

piéton, onne (nom)
Personne qui circule à pied. *Ce passage est réservé aux **piétons**.* ➠ p. 813.
▷ **piéton, onne** (adjectif) Synonyme de piétonnier. *Une rue **piétonne**.*

piétonnier, ère (adjectif)
Qui est réservé aux piétons. *Tout ce quartier est devenu **piétonnier**.* (Syn. piéton.)

piètre (adjectif)
Qui est très médiocre. *Malgré ses efforts, il n'obtient que de **piètres** résultats.*

pieu, pieux (nom masculin)
Piquet de bois ou de fer enfoncé dans le sol. *Ils ont tendu une clôture de fil de fer entre des **pieux** pour délimiter leur terrain.*

pieuvre (nom féminin)
Mollusque marin à huit tentacules munis de ventouses. *Quand la **pieuvre** est attaquée, elle envoie un jet d'encre noire.* (Syn. poulpe.)

une **pieuvre**

pieux, euse (adjectif)
Qui a ou qui montre des sentiments religieux très forts. *C'est un homme très **pieux** qui fait chaque année un pèlerinage.*

pigeon (nom masculin)
Oiseau au corps trapu, gris, blanc ou brun. *Le **pigeon** roucoule. Les **pigeons** voyageurs sont utilisés pour porter des messages.* ➠ p. 936.

pigeonnier (nom masculin)
Construction percée de niches servant à abriter les pigeons domestiques.

piger (verbe) conj.n°5
Synonyme familier de comprendre. ***As**-tu **pigé** le problème de maths ?*

pigment (nom masculin)
Substance qui donne sa couleur à une chose. *L'hémoglobine est le **pigment** du sang.*

pignon (nom masculin)
1. Partie supérieure triangulaire de la façade d'une maison. 2. Roue dentée d'un engrenage. *À vélo, quand on change de vitesse, la chaîne passe sur un autre **pignon**.*

1. pile (adverbe)
Synonyme familier d'exactement. *La séance va commencer à deux heures **pile**.* • **S'arrêter pile** : s'arrêter tout d'un coup. • **Tomber pile** : arriver au bon moment.

2. pile (nom féminin)
1. Ensemble d'objets placés les uns sur les autres. *Maman a rangé les draps en **pile** dans l'armoire.* 2. Maçonnerie qui sert de support à un pont. *Le bateau passe entre les **piles** du pont.* 3. Appareil qui fournit du courant électrique. *Anna a acheté des **piles** pour sa lampe de poche.* 4. Côté d'une pièce de monnaie où figure sa valeur. *On joue à **pile** ou face ? **Pile**, tu y vas, face, c'est moi.*

piler (verbe) conj.n°3
1. Réduire en poudre en broyant avec un pilon. *Pour faire l'ailloli, on **pile** l'ail dans un mortier.* 2. Dans la langue familière, s'arrêter pile. *L'automobiliste **a pilé** devant le piéton.*

pileux, euse (adjectif)
• **Système pileux :** ensemble des poils et des cheveux.

pilier (nom masculin)
Colonne ou poteau qui soutient un édifice. *Le balcon repose sur des **piliers** de béton.*

pillage (nom masculin)
Action de piller. *Les journalistes ont été témoins de scènes de **pillage**.*

pillard (nom masculin)
Personne qui pille. *Des bandes de **pillards** mettent les villages à sac.*

piller (verbe) ○ conj.n°3
Voler et saccager un lieu. *Les soldats **ont pillé** la ville.* ⊙ Famille du mot : pillage, pillard.

pilon (nom masculin)
Instrument au bout arrondi servant à piler.

pilonner (verbe) ○ conj.n°3
Soumettre à un très violent bombardement. *Les bombardiers **ont pilonné** la ville, certains quartiers sont entièrement détruits.*

pilori (nom masculin)
Poteau dressé sur une place publique, auquel on attachait un condamné. *Le voleur fut condamné au **pilori**.*

pilotage (nom masculin)
Action de piloter. *Le capitaine nous a montré la cabine de **pilotage**.*

pilote (nom masculin)
Personne qui dirige un bateau, un avion ou une voiture de course. *Le père de Caroline est **pilote** dans une compagnie d'aviation.* ▷ **pilote** (adjectif) Qui expérimente une nouvelle voie. *Une école **pilote**.* ⊙ Famille du mot : copilote, pilotage, piloter.

piloter (verbe) ○ conj.n°3
Conduire en qualité de pilote. *Quand il sera grand, Benjamin veut apprendre à **piloter** une voiture de course.*

pilotis (nom masculin)
Ensemble de pieux qui sont enfoncés dans le sol et qui soutiennent une construction. *Les cités lacustres étaient construites sur **pilotis**.*

pilule (nom féminin)
Médicament en forme de petite boule. *Cette **pilule** est à prendre avant le repas.*
• **Prendre la pilule :** prendre un médicament pour ne pas avoir d'enfant, en parlant des femmes.

pimbêche (nom féminin)
Femme ou fille prétentieuse et désagréable. *Ses copines l'ont traitée de **pimbêche**.*

piment (nom masculin)
Fruit à saveur piquante, utilisé comme condiment. *Les petits **piments** rouges sont très forts. Les poivrons sont des **piments** doux.*

un **piment** rouge, un **piment** vert

pimenter (verbe) ○ conj.n°3
Assaisonner avec du piment. *La cuisine mexicaine **est** très **pimentée**.*

pimpant, ante (adjectif)
Qui donne une impression de fraîcheur et d'élégance. *La maisonnette était toute **pimpante** avec sa peinture fraîche.*

pin (nom masculin)
Arbre résineux aux feuilles en aiguilles qui restent vertes toute l'année.

Des aiguilles, des pignons, une pomme de **pin** et un **pin** parasol.

pinacle (nom masculin)
• **Porter quelqu'un au pinacle** : en dire beaucoup de bien. ⊙ Le pinacle désignait autrefois le sommet d'un temple, d'une cathédrale.

pinailler (verbe) ○ conj.n°3
Synonyme familier d'ergoter. *On ne va pas **pinailler** pour 5 centimes !*

pince (nom féminin)
1. Instrument à deux branches servant à saisir ou à serrer. *Elle suspend le linge sur le fil avec des **pinces** à linge. David se sert d'une **pince** universelle pour enlever les clous.* 2. Extrémité fourchue des pattes avant de certains crustacés qui leur sert à saisir ou à pincer. *Les écrevisses, les crabes et les homards ont des **pinces**.*

pincé, ée (adjectif)
• **Air pincé** : air mécontent et hautain.

pinceau, eaux (nom masculin)
Instrument fait d'une petite touffe de poils fixée au bout d'un manche. *Avec un **pinceau**, on peut étaler de la peinture ou de la colle.*

pincée (nom féminin)
Quantité de matière en poudre que l'on peut prendre entre deux doigts. *Une **pincée** de sel.*

pincement (nom masculin)
1. Action de pincer. 2. Au sens figuré, sensation d'angoisse ou de chagrin. *En revoyant son ancienne maison, Gaëlle a eu un petit **pincement** au cœur.*

pincer (verbe) ○ conj.n°4
1. Serrer avec les doigts ou entre deux objets. *Aïe ! Tu me **pinces** ! Amandine **s'est pincé** les doigts dans la porte.* 2. Rapprocher en serrant. *Ibrahim **se pince** le nez parce que l'égout empeste.* 3. Dans la langue familière, prendre quelqu'un en faute. *Le voleur s'est fait **pincer** par les gendarmes.* ⊙ Famille du mot : pince, pincé, pincée, pincement, pince-sans-rire, pincettes, pinçon.

pince-sans-rire (nom)
Personne qui plaisante tout en gardant son sérieux. *On ne sait jamais s'il blague ou s'il parle sérieusement, c'est un vrai **pince-sans-rire**.* → Pluriel : des pince-sans-rire.

pincettes (nom féminin pluriel)
Longue pince en fer servant à saisir les tisons. *Julie déplace les bûches avec les **pincettes** pour activer le feu.* • **Ne pas être à prendre avec des pincettes** : être de très mauvaise humeur.

pinçon (nom masculin)
Trace d'un pincement sur la peau.

pinède (nom féminin)
Terrain planté de pins. *Avec l'odeur des pins, il fait bon se promener dans la **pinède** !*

pingouin (nom masculin)
Oiseau de mer noir et blanc qui vit aux environs du pôle Nord. *Contrairement aux manchots, les **pingouins** peuvent voler.*

un **pingouin**

ping-pong (nom masculin)
Sport qui se joue sur une table avec une petite balle et des raquettes. *Kevin a envoyé la balle de **ping-pong** dans le filet.* (Syn. tennis de table.)

pingre (adjectif et nom)
Qui est d'une avarice sordide. *C'est un **pingre**, il est incapable de faire un cadeau.*

pinson (nom masculin)
Petit oiseau au chant mélodieux. • **Gai comme un pinson** : très gai.

un **pinson**

pintade (nom féminin)
Oiseau de basse-cour au plumage gris tacheté de blanc. *Dimanche, nous avons mangé de la **pintade** aux pruneaux.* ⊙ Pintade vient d'un mot portugais qui signifie « oiseau peint » à cause des taches de son plumage.

une **pintade**

pintadeau, eaux (nom masculin)
Jeune pintade.

pioche (nom féminin)
1. Outil formé d'un fer allongé et courbe, muni d'un manche et servant à creuser. *Les ouvriers creusent une tranchée à la **pioche**.* 2. Tas de cartes ou de dominos non distribués et dans lequel on pioche.

piocher (verbe) ⊙ conj.n°3
1. Creuser avec une pioche. *Pour creuser les fondations, il a fallu **piocher** dans la caillasse.* 2. Puiser dans un tas. *Pierre n'a pas eu de chance au scrabble, il **a pioché** un W, un X et un Q !*

piolet (nom masculin)
Courte pioche utilisée par les alpinistes.

pion (nom masculin)
Pièce que l'on déplace dans certains jeux. *Un jeu de dames avec des **pions** en os.* ▷ **pion, pionne** (nom) Synonyme familier de surveillant. *La sœur de Laura est **pionne** dans un collège.*

pionnier, ère (nom)
1. Personne qui défriche et cultive des contrées inhabitées. *Le Far-West a été conquis par les **pionniers**.* 2. Personne qui explore une nouvelle voie. *Les frères Montgolfier ont été les **pionniers** de la navigation aérienne.*

pipe (nom féminin)
Ustensile servant à fumer. *Romain a rapporté de Bavière une **pipe** en porcelaine.*

pipeau, eaux (nom masculin)
Petite flûte à bec. *Thomas joue « À la claire fontaine » sur son **pipeau**.*

pipelette (nom féminin)
Dans la langue familière, personne bavarde. *Quand elles sont ensemble, elles n'arrêtent pas de bavarder, deux vraies **pipelettes** !* ⊙ Pipelette vient du nom de *M. Pipelet*, un concierge dans un roman d'E. Sue (XIXe s.).

a b c d e f g h i j k l m n o p q r s t u v w x y z

pipeline (nom masculin)
Oléoduc ou gazoduc. ➔ Pipeline est un mot anglais : on prononce [piplin] ou [pajplajn].

piper (verbe) ○ conj.n°3
Truquer des dés ou des cartes dans l'intention de tricher. • **Ne pas piper :** dans la langue familière, ne pas dire un seul mot.

pipette (nom féminin)
Tube de verre mince et généralement gradué, servant à prélever un peu de liquide.

pipi (nom masculin)
Synonyme familier d'urine. *Le chien a levé la patte pour faire **pipi** contre un arbre.*

piquant, ante (adjectif)
Qui pique. *Ce piment est très **piquant**, j'ai la bouche en feu.* ▷ **piquant** (nom masculin) Épine ou aiguille de certains animaux ou de certaines plantes. *William a mis le pied sur des **piquants** d'oursin.*

pique (nom féminin)
Arme ancienne faite d'une pointe en fer plat au bout d'un long manche. ▷ **pique** (nom masculin) Couleur des jeux de cartes représentée par une pique noire.

piqué (nom masculin)
• **En piqué :** presque à la verticale. *Les avions ont attaqué **en piqué**.*

pique-assiette (nom)
Personne qui cherche toujours à se faire inviter chez les autres pour ne pas dépenser. ➔ Pluriel : des pique-assiette.

pique-nique (nom masculin)
Repas froid pris en plein air. *Pour l'excursion de dimanche, chacun doit apporter son **pique-nique**.* ➔ Pluriel : des pique-niques.

pique-niquer (verbe) ○ conj.n°3
Faire un pique-nique. *Le père de Myriam cherche un endroit agréable pour **pique-niquer**.*

piquer (verbe) ○ conj.n°3
1. Percer la peau avec un objet pointu ou un dard. *Xavier s'est fait **piquer** par une guêpe, sa joue est toute gonflée. Noémie **s'est piquée** avec son aiguille en cousant un bouton.* 2. Faire une piqûre. *Odile s'est fait **piquer** contre le tétanos.* 3. Faire des points de couture dans quelque chose. *Maman **pique** les rideaux à la machine.* 4. Produire une sensation de piqûre, de picotement ou de brûlure. *La moutarde me **pique** la langue.* (Syn. irriter.) 5. Se mettre brusquement à faire quelque chose. *Sarah **a piqué** une colère. Yann **pique** un sprint.* 6. Descendre à la verticale. *Le bombardier **pique** droit sur son objectif.* 7. Synonyme familier de voler. *Ursula s'est fait **piquer** un crayon.* ⊙ Famille du mot : piquant, pique, piqué, pique-assiette, piquette, piqûre.

piquet (nom masculin)
Petit pieu que l'on enfonce dans la terre. *Benjamin enfonce les **piquets** pour monter la tente.* • **Piquet de grève :** groupe de grévistes qui restent sur le lieu de travail pour veiller au bon déroulement de la grève.

piqueter (verbe) ○ conj.n°9
Parsemer de petites taches. *Son visage **était piqueté** de taches de rousseur.*

piquette (nom féminin)
Vin de mauvaise qualité, qui pique la langue.

piqûre (nom féminin)
1. Petite plaie faite par un instrument aigu ou par le dard de certains animaux. *Les **piqûres** de guêpes provoquent parfois des allergies.* 2. Injection faite avec une seringue. *L'infirmière vient tous les jours faire une **piqûre** au grand-père de Zoé.*

piranha (nom masculin)
Poisson carnivore très vorace des fleuves d'Amérique du Sud.

un **piranha**

piratage (nom masculin)
Action de pirater. *Le **piratage** des cassettes vidéo est interdit par la loi.*

pirate (nom masculin)
Bandit qui attaque les navires pour les piller. *Barbe Noire était un **pirate** redouté.* • **Pirate de l'air** : personne qui détourne un avion en utilisant la menace. ⊙ Famille du mot : piratage, pirater, piraterie.

pirater (verbe) ⊙ conj.n°3
Reproduire illégalement un livre, un disque, un logiciel, etc.

piraterie (nom féminin)
Agissements des pirates. *La **piraterie** en mer existe encore de nos jours.*

pire (adjectif et nom)
Mot qui sert de comparatif et de superlatif à mauvais. *Avec la chaleur, le niveau de pollution est **pire** que celui d'hier. C'est le **pire** de tous.* (Contr. meilleur.) ▷ **pire** (nom masculin) Ce qu'il y a de plus mauvais. *Ils ont décidé de vivre ensemble pour le meilleur et pour le **pire**.*

pirogue (nom féminin)
Embarcation longue et étroite. *La **pirogue** s'est retournée au milieu du fleuve.*

la fabrication d'une **pirogue**

pirouette (nom féminin)
Tour complet sur soi-même. *Anna est étourdie à force de faire des **pirouettes** dans le même sens.*

1. pis (adverbe)
• **Aller de mal en pis** : aller de plus en plus mal.

2. pis (nom masculin)
Mamelle d'un animal femelle. *La fermière nettoie les **pis** de la chèvre avant de la traire.*

pis-aller (nom masculin)
Solution peu satisfaisante que l'on choisit faute de mieux. *Cet horaire de travail serait vraiment un **pis-aller**.* → Prononciation [pizale]. → Pluriel : des pis-aller.

pisciculture (nom féminin)
Élevage de poissons. *Dans cet étang, on fait de la **pisciculture** de carpes.*

piscine (nom féminin)
Bassin aménagé pour la natation. *Avec l'école, nous allons à la **piscine** une fois par semaine, pour apprendre à nager.*

pisé (nom masculin)
Matériau de construction fait de terre argileuse mêlée de paille. *Dans certaines régions d'Afrique, les cases sont en **pisé**.*

pissenlit (nom masculin)
Plante à feuilles dentelées et à fleurs jaunes. *Une salade de **pissenlits** aux lardons.* ⊙ Dans pissenlit, on trouve les mots *pisser* et *lit*, car cette plante fait uriner.

pisser (verbe) ○ conj.n°3
Synonyme familier d'uriner. *Le chat **a pissé** sur la couette.*

pisseux, euse (adjectif)
D'une couleur jaunâtre et passée. *Ces rideaux sont d'un blanc **pisseux**, il faudrait les changer.*

pistache (nom féminin)
Graine verte d'un arbre des régions chaudes. *On sert souvent des **pistaches** avec l'apéritif.*

feuilles, graines et coques de **pistache**

piste (nom féminin)
1. Trace du passage d'un animal ou d'un être humain. *Les chasseurs sont sur la **piste** d'un sanglier. Le malfaiteur s'amuse à brouiller les **pistes**.* 2. Terrain aménagé pour différents usages. *Une **piste** cyclable. Une **piste** de ski. Une **piste** d'atterrissage.* 3. Chemin de terre non aménagé. *Ils ont suivi la **piste** tracée à travers la brousse.* 4. Emplacement servant de scène au cirque. *L'écuyère fait un tour de **piste** pour saluer le public.*

pistil (nom masculin)
Organe femelle de la fleur. *Le **pistil** se transforme en fruit après avoir reçu le pollen.*

pistole (nom féminin)
Ancienne monnaie d'or d'Espagne et d'Italie.

pistolet (nom masculin)
Arme à feu individuelle qui se tient d'une seule main. *Le policier a mis un nouveau chargeur dans son **pistolet**.*

un **pistolet**

piston (nom masculin)
1. Pièce cylindrique qui coulisse dans un moteur ou dans une pompe. 2. Dans la langue familière, appui dont bénéficie une personne. *Il a eu cette place par **piston**.*

pistonner (verbe) ○ conj.n°3
Dans la langue familière, faire obtenir quelque chose par piston. *Quelqu'un l'**a pistonné** auprès du patron pour le faire embaucher.* (Syn. recommander.)

pitance (nom féminin)
Synonyme ancien de nourriture. *Le gardien a apporté au prisonnier sa maigre **pitance**.* ⊙ Au Moyen Âge, la pitance était la part de nourriture que recevaient les moines.

piteusement (adverbe)
De façon piteuse. *Ils sont rentrés **piteusement** de leur expédition ratée, sans dire un mot.*

piteux, euse (adjectif)
Qui inspire une pitié mêlée de mépris. *Ce vieux vélo est en **piteux** état.*

pitié (nom féminin)
Sentiment de sympathie qu'on éprouve pour une personne qui souffre. *Cette jeune femme qui demandait de l'aide m'a fait **pitié**.*

piton (nom masculin)
1. Clou ou vis dont la tête est en forme d'anneau ou de crochet. *La tringle à rideaux est maintenue par deux **pitons**.* 2. Pic isolé d'une montagne. *Le **piton** de la Fournaise est un volcan de la Réunion.*

pitoyable (adjectif)
Qui fait pitié. *Ces colonnes de réfugiés fuyant la guerre constituaient un spectacle vraiment **pitoyable**.* (Syn. désolant.)
Famille du mot : apitoiement, apitoyer, impitoyable, pitoyablement.

pitoyablement (adverbe)
De façon pitoyable. *Le pauvre homme était amaigri et **pitoyablement** vêtu.* (Syn. lamentablement.)

pitre (nom masculin)
Personne qui fait rire par ses grimaces et ses plaisanteries. *Élodie ne cesse de faire le **pitre**.* (Syn. clown.)

pitrerie (nom féminin)
Grimace ou farce de pitre. *Tes **pitreries** n'amusent personne !* (Syn. clownerie.)

pittoresque (adjectif)
Qui frappe par sa beauté ou son originalité. *C'est un village provençal très **pittoresque**.* (Contr. banal, ordinaire.)
Pittoresque vient de l'italien *pittore* qui signifie « peintre » : une chose pittoresque est digne d'être peinte.

un paysage **pittoresque** de Camargue

pivert ➠ Voir pic-vert.

pivoine (nom féminin)
Plante aux grosses fleurs odorantes rouges, roses ou blanches. • **Rouge comme une pivoine** : très rouge.

une **pivoine**

pivot (nom masculin)
Axe fixe autour duquel peut tourner une pièce mobile. *Les engrenages d'une montre tournent sur des **pivots**.*

pivoter (verbe) conj.n°3
Tourner comme sur un pivot. *David **a pivoté** sur ses talons pour faire demi-tour.*

pizza (nom féminin)
Tarte italienne faite de pâte à pain, garnie de tomates, d'olives, d'anchois, etc. *À la pizzeria, les **pizzas** sont cuites dans un four à pain.* → Prononciation [pidza].

pizzeria (nom féminin)
Restaurant où l'on sert des pizzas. → Prononciation [pidzeʀja].

placard (nom masculin)
Armoire aménagée dans un mur. *L'appartement est petit, mais il y a beaucoup de **placards** pour ranger les affaires.*

placarder (verbe) conj.n°3
Coller sur un panneau d'affichage ou un mur. *Le garde champêtre **a placardé** un avis sur la porte de la mairie.* (Syn. afficher.)

▸ **place** (nom féminin)
1. Endroit où l'on met une chose. *J'ai changé mon lit de* ***place****. Il n'y a plus de* ***place*** *dans la valise.* 2. Siège dans un véhicule ou une salle de spectacle. *C'est une voiture familiale à huit* ***places****.* 3. Emploi occupé par quelqu'un. *Il a trouvé une* ***place*** *de vendeur.* 4. Rang obtenu dans un classement. *Elle a été reçue dans les premières* ***places*** *au concours.* 5. Dans une ville ou un village, espace où aboutissent plusieurs rues. *Ibrahim et Fatima se retrouvent après la classe sur la* ***place*** *de l'église.* • **À la place de quelqu'un** ou **de quelque chose** : pour les remplacer. *Je prendrai du poisson* ***à la place de*** *la viande.* • **Ne pas tenir en place** : être très agité. • **Place forte** : forteresse. • **Prendre place** : s'installer. • **Se mettre à la place de quelqu'un** : imaginer ce qu'il ressent dans la situation où il est. • **Sur place** : sur les lieux mêmes de l'événement. ⊙ Famille du mot : déplacé, déplacement, déplacer, emplacement, placement, placer, replacer.

▸ **placement** (nom masculin)
1. Argent placé. *C'était un très bon* ***placement****, il a gagné une vraie fortune.* (Syn. investissement.) 2. Action de trouver une place à quelqu'un. *Il a retrouvé du travail grâce à un bureau de* ***placement****.*

▸ **placenta** (nom masculin)
Organe situé dans l'utérus des mammifères, qui assure la nourriture du fœtus grâce au cordon ombilical. *Le* ***placenta*** *est toujours expulsé lors de l'accouchement.* ➔ Prononciation [plasɛ̃ta].

▸ **placer** (verbe) ⊙ conj.n°4
1. Mettre quelqu'un ou quelque chose à une certaine place. *La maîtresse de maison* ***a placé*** *les invités. Gaëlle* ***a placé*** *sa poupée sur l'étagère de sa chambre.* 2. Prêter de l'argent pour qu'il rapporte des intérêts. *Il* ***a placé*** *ses économies à la caisse d'épargne.* (Syn. investir.) 3. Introduire quelque chose dans une conversation. *Cette bavarde ne m'a pas laissé* ***placer*** *un mot.*

▸ **placide** (adjectif)
Qui est toujours calme et paisible. *Cet homme* ***placide*** *ne se met jamais en colère.*

▸ **plafond** (nom masculin)
1. Partie supérieure d'une pièce d'habitation, opposée au sol. *Un lustre est suspendu au* ***plafond****.* 2. Dans un sens figuré, limite supérieure. *La vitesse* ***plafond*** *a été fixée à 130 km/h sur l'autoroute.* (Contr. plancher.) ⊙ Famille du mot : plafonner, plafonnier.

un **plafond** de style gothique (XVe siècle)

▸ **plafonner** (verbe) ⊙ conj.n°3
Atteindre son plafond. *Cette voiture électrique* ***plafonne*** *à 60 km/h.*

▸ **plafonnier** (nom masculin)
Appareil d'éclairage fixé au plafond. *Le* ***plafonnier*** *d'une voiture.*

▸ **plage** (nom féminin)
Rivage plat ou en pente douce, de sable ou de galets. *Mettez vos maillots de bain, on va à la* ***plage*** *!* • **Plage arrière** : tablette horizontale entre la vitre et la banquette arrière d'une voiture.

▸ **plagiat** (nom masculin)
Copie plagiée. *Il n'y a rien de personnel dans cette chanson, c'est un* ***plagiat****.*

▸ **plagier** (verbe) ○ conj.n°10
S'approprier sans scrupule les idées d'un auteur ou d'un artiste. *Cet auteur **a plagié** le livre d'une romancière américaine.* (Syn. copier.)

▸ **plaid** (nom masculin)
Couverture de voyage en lainage écossais. ➜ Plaid est un mot anglais : on prononce [plɛd].

▸ **plaider** (verbe) ○ conj.n°3
Défendre une cause devant un tribunal. *Il a trouvé un avocat pour **plaider** sa cause.* ⊙ Famille du mot : plaidoirie, plaidoyer.

▸ **plaidoirie** (nom féminin)
Discours de celui qui plaide. *Un long silence a suivi la **plaidoirie** émouvante de l'avocat.*

▸ **plaidoyer** (nom masculin)
Exposé en faveur d'une idée ou d'une personne. *Le conférencier a fait un vibrant **plaidoyer** en faveur des droits de l'homme.*

▸ **plaie** (nom féminin)
Blessure qui entame la chair. *Les coupures, les balafres, les brûlures sont des **plaies**.*

▸ **plaignant, ante** (nom)
Personne qui dépose une plainte en justice. *Le juge a écouté le **plaignant**.*

▸ **plaindre** (verbe) ○ conj.n°35
1. Éprouver de la pitié pour quelqu'un. *Je les **plains** d'avoir de pareils voisins !* 2. Se plaindre : exprimer sa souffrance. *Amandine **se plaint** d'une vive douleur dans la hanche.* 3. Se plaindre : exprimer son mécontentement. *Cessez donc de **vous plaindre** !* ⊙ Famille du mot : plaignant, plainte, plaintif.

▸ **plaine** (nom féminin)
Grande étendue au sol plat. *La Beauce et la Brie sont les plus grandes **plaines** françaises.*

▸ de **plain-pied** (adverbe)
Sur le même niveau. *Les deux portes-fenêtres donnent **de plain-pied** sur le jardin.*

▸ **plainte** (nom féminin)
1. Cri de celui qui se plaint. *Le blessé faisait entendre une très faible **plainte**.* (Syn. gémissement.) 2. Expression du mécontentement de quelqu'un. *Il y a eu des **plaintes** à cause du bruit.* 3. Accusation en justice. *Ils ont porté **plainte** pour vol.*

▸ **plaintif, ive** (adjectif)
Qui exprime une plainte ou une douleur. *Ce chien blessé poussait des cris **plaintifs**.*

▸ **plaire** (verbe) ○ conj.n°41
1. Être agréable à quelqu'un. *Est-ce que cette émission lui **a plu** ?* (Contr. déplaire.) 2. Se plaire : se trouver bien quelque part. *Il **se plaît** beaucoup dans cette région.* • **S'il vous plaît, s'il te plaît** : formule de politesse pour demander quelque chose. ⊙ Famille du mot : déplaire, déplaisant, plaisant.

▸ **plaisance** (nom féminin)
• **De plaisance** : se dit de la navigation pratiquée pour le plaisir et non pour le travail. *Les yachts sont des bateaux **de plaisance**.*

▸ **plaisancier, ère** (nom)
Personne qui pratique la navigation de plaisance.

▸ **plaisant, ante** (adjectif)
1. Qui plaît. *Cet endroit, près de la rivière, est très **plaisant** en été.* (Syn. agréable. Contr. déplaisant.) 2. Qui amuse. *Le **plaisant** spectacle d'un chaton en train de jouer.* (Syn. drôle.) ▷ **plaisant** (nom masculin) • **Mauvais plaisant** : personne qui fait des plaisanteries de mauvais goût.

a b c d e f g h i j k l m n o p q r s t u v w x y z

plaisanter (verbe) ○ conj.n°3
Dire ou faire des choses amusantes. *Il est parfois difficile de savoir s'il **plaisante** ou s'il est sérieux.* • **Ne pas plaisanter avec quelque chose :** le prendre très au sérieux. ⊙ Famille du mot : plaisanterie, plaisantin.

plaisanterie (nom féminin)
Chose dite ou faite pour plaisanter. *Ses **plaisanteries** sont très drôles.* (Syn. blague.)

plaisantin (nom masculin)
Personne qui aime plaisanter au point qu'on ne peut le prendre au sérieux. (Syn. farceur.)

plaisir (nom masculin)
Sensation ou sentiment agréable. *Quel **plaisir** de manger sur la terrasse ! Cela m'a fait un grand **plaisir** de la revoir.* • **Avec plaisir :** très volontiers.

1. plan, plane (adjectif)
Qui est plat et uni. *Le menuisier rabote la planche pour qu'elle soit parfaitement **plane**.*

2. plan (nom masculin)
1. Carte ou dessin d'une ville, d'un lieu ou d'un bâtiment. *On voit sur le **plan** que le marché est à côté de l'église.* 2. Manière dont on envisage de faire une action. *Kevin a exposé son **plan** à ses camarades.* 3. Organisation d'un texte ou d'un livre. *La maîtresse nous a donné un **plan** pour faire la rédaction.* 4. Place à laquelle se trouvent les éléments d'une image selon leur distance. *Au premier **plan** du tableau, il y a un cheval, à l'arrière-plan, une montagne.* 5. Surface plane. *Dans la cuisine, il y a un **plan** de travail pour préparer les aliments.* 6. Importance relative de quelqu'un ou de quelque chose. *On ne peut pas mettre ces deux affaires sur le même **plan**. C'est un artiste de premier **plan**.* • **Laisser quelque chose en plan :** ne plus s'en occuper. • **Rester en plan :** en attente. • **Sur le plan de quelque chose :** de ce point de vue. ⊙ Famille du mot : aplanir, arrière-plan, planification, planifier.

planche (nom féminin)
1. Longue pièce de bois plate et peu épaisse. *Le menuisier scie des **planches** afin de faire un meuble.* 2. Page d'illustrations. *Ce livre sur les plantes contient de magnifiques **planches** en couleurs.* 3. Bande de terre cultivée. *Dans le jardin, il y a une **planche** de fraisiers.* • **Faire la planche :** se laisser flotter sur le dos. • **Monter sur les planches :** devenir comédien. • **Planche à roulettes :** planche munie de roulettes, permettant de se déplacer et de faire des figures. (Syn. skate-board.) • **Planche à voile :** planche munie d'une voile fixée sur un mât mobile, permettant de glisser sur l'eau. (Syn. windsurf.) ⊙ Famille du mot : plancher, planchette, planchiste.

des **planches à voile**

plancher (nom masculin)
1. Sol en planches. *Le **plancher** a été bien ciré.* 2. Au sens figuré, limite inférieure. *On a fixé un **plancher** pour le nombre de participants.* (Contr. plafond.)

planchette (nom féminin)
Petite planche.

planchiste (nom)
Personne qui pratique la planche à voile. (Syn. véliplanchiste.)

plancton (nom masculin)
Êtres vivants, souvent microscopiques, qui flottent dans les eaux. *Le **plancton** est la principale nourriture des baleines.*

planer (verbe) ○ conj.n°3
1. Voler sans battre des ailes ou sans l'aide d'un moteur. *Ces mouettes profitent d'un courant pour **planer** dans le vent.* 2. Peser comme une menace. *Un mystère **plane** sur cette demeure.*

▶ **planétaire** (adjectif)
1. Des planètes. *La plus grosse planète de notre système **planétaire** est Jupiter.* **2.** Qui concerne toute la Terre. *Un conflit planétaire.* (Syn. mondial.)

▶ **planétarium** (nom masculin)
Salle à coupole où sont représentés les astres et leurs mouvements. → Prononciation [planetaʀjɔm].

▶ **planète** (nom féminin)
Corps céleste qui tourne autour du Soleil. *Mercure et Vénus sont les deux **planètes** les plus proches du Soleil.* ⊙ Famille du mot : interplanétaire, planétaire, planétarium. ⊙ Planète vient du grec *planêtês* qui signifie « errant » parce qu'on pensait alors que les planètes étaient des astres errants par rapport aux étoiles.

Vénus est une **planète** très lumineuse.

▶ **planeur** (nom masculin)
Avion sans moteur qu'on fait planer. *Le **planeur** s'est posé dans le pré.*

un **planeur**

▶ **planification** (nom féminin)
Action de planifier. *La **planification** de l'économie.*

▶ **planifier** (verbe) ⊙ conj.n°10
Organiser selon un plan. *Pierre **a planifié** son mercredi pour que les horaires de son cours de judo lui permettent de voir son émission de télévision préférée.*

▶ **planisphère** (nom masculin)
Carte qui représente toute la Terre.

▶ **planning** (nom masculin)
Programme de travail. *« Pouvez-vous venir lundi ? – Je vais consulter mon **planning**. »* → Planning est un mot anglais : on prononce [planiŋ].

▶ **planque** (nom féminin)
Synonyme familier de cachette. *La police a découvert plusieurs **planques** du terroriste.*

▶ **planquer** (verbe) ⊙ conj.n°3
Synonyme familier de cacher. *Où a-t-il pu **planquer** son argent ?*

▶ **plant** (nom masculin)
Jeune plante destinée à être repiquée. *Des **plants** de fraisier.* ➠ p. 66.

▶ **plantaire** (adjectif)
De la plante du pied. *Les personnes qui ont les pieds plats ont la voûte **plantaire** affaissée.*

▶ **plantation** (nom féminin)
1. Végétaux plantés sur un terrain. *La grêle a abîmé les **plantations** du jardinier.* **2.** Exploitation agricole des pays tropicaux. *Il y a des **plantations** de café au Brésil.*

▸ **1. plante** (nom féminin)
Tout végétal enraciné dans la terre. *Des **plantes** potagères, fourragères, médicinales.*

▸ **2. plante** (nom féminin)
• **Plante du pied** : dessous du pied. ⊙ Famille du mot : plantaire, plantigrade.

▸ **planter** (verbe) ⊳ conj.n°3
1. Mettre une plante en terre pour qu'elle prenne racine. *Les cantonniers **ont planté** des arbres dans le parc.* **2.** Enfoncer dans le sol ou dans une matière solide. *Quentin et Hélène **ont planté** les piquets de la tente.* **3.** Se planter : se placer quelque part et y rester sans bouger. *Le chien **s'est planté** à la porte du magasin pour attendre son maître.* ⊙ Famille du mot : plant, plantation, plante, planteur, plantoir, transplantation, transplanter.

▸ **planteur** (nom masculin)
Exploitant d'une plantation dans les régions tropicales. *Un **planteur** de canne à sucre.*

▸ **plantigrade** (nom masculin)
Mammifère qui pose toute la plante de son pied sur le sol. *L'homme, le singe, l'ours sont des **plantigrades**.*

▸ **plantoir** (nom masculin)
Outil qui sert à planter de jeunes plants.

▸ **plantureux, euse** (adjectif)
Se dit d'un repas très abondant. *Un **plantureux** dîner d'anniversaire.*

▸ **plaque** (nom féminin)
1. Feuille plus ou moins épaisse d'une matière rigide. *Cette commode est recouverte d'une **plaque** de marbre.* **2.** Support en métal. *Le dentiste a mis une **plaque** portant son nom et son étage à l'entrée de l'immeuble.* **3.** Tache sur la peau. *Une **plaque** d'urticaire.* ⊙ Famille du mot : plaqué, plaquer, plaquette.

▸ **plaqué** (nom masculin)
Métal ordinaire recouvert d'une mince couche d'un métal précieux. *Du **plaqué** or.*

▸ **plaquer** (verbe) ⊳ conj.n°3
1. Recouvrir d'une plaque. *Les touches du piano **sont plaquées** d'ivoire ou de plastique.* **2.** Maintenir avec force. *Le souffle de l'explosion l'**a plaqué** au sol.*

▸ **plaquette** (nom féminin)
Petite plaque. *Une **plaquette** de beurre.*

▸ **plasma** (nom masculin)
Liquide dans lequel baignent les globules blancs et les globules rouges du sang.

▸ **plastic** (nom masculin)
Explosif puissant ayant la consistance du mastic. *Une charge de **plastic** avait été mise sous la voiture.*

▸ **plastifier** (verbe) ⊳ conj.n°10
Recouvrir de plastique. *Romain a fait **plastifier** sa carte d'identité.*

▸ **plastique** (adjectif)
• **Arts plastiques** : arts qui s'occupent de la forme des choses. *La sculpture, le dessin et la peinture sont des **arts plastiques**.* • **Matière plastique** : matière synthétique que l'on peut mouler facilement. *Une cuvette en **matière plastique**.* ▷ **plastique** (nom masculin) Matière plastique.

« L'Atelier » de Vermeer (vers 1665) illustre la peinture, un des **arts plastiques**.

plastiquer (verbe) ○ conj.n°3
Faire sauter avec du plastic. *Des inconnus **ont plastiqué** son magasin.*

plastron (nom masculin)
Pièce de tissu appliquée sur le devant d'une chemise. *Il a taché le **plastron** de sa chemise.*

plastronner (verbe) ○ conj.n°3
Bomber le torse d'un air fier. *Il **plastronne** devant les filles.* (Syn. parader, se pavaner.)

plat, plate (adjectif)
1. Qui a une surface plane, sans creux ni bosse. *Les Flandres sont un pays très **plat**.* (Contr. accidenté.) 2. Qui est peu profond. *Mets des assiettes **plates**, il n'y a pas de soupe au menu.* (Contr. creux.) 3. Qui a peu d'épaisseur ou de hauteur. *Pour la randonnée, il faut des chaussures à talon **plat**.* 4. Qui est fade et insipide. *Le scénario de ce film est tout à fait **plat**.* (Syn. banal. Contr. original.) • **À plat** : horizontalement. *Un livre posé **à plat** sur la table.* • **Calme plat** : absence d'agitation. • **Être à plat** : dans la langue familière, être très fatigué. • **Pneu à plat** : pneu dégonflé. ▷ **plat** (nom masculin) 1. Partie plate de quelque chose. *Faire du vélo sur le **plat**, c'est agréable.* 2. Pièce de vaisselle dans laquelle on sert les aliments. *Il me faut un **plat** pour mettre les légumes.* 3. Chacun des mets d'un repas. *Le **plat** du jour, c'est de la brandade de morue.*

platane (nom masculin)
Arbre de grande taille dont l'écorce s'enlève par plaques. *En Provence, les places sont souvent plantées de **platanes**.*

une branche de **platane**

plateau, eaux (nom masculin)
1. Sorte de plat utilisé pour présenter ou transporter quelque chose. *Le garçon de café apporte les boissons sur un **plateau**.* 2. Partie d'une balance sur laquelle on met les objets à peser ou les poids. 3. Grand terrain plat situé en altitude. *Le Larzac est un vaste **plateau** calcaire.* 4. Endroit où l'on tourne un film ou une émission de télévision.

plate-bande (nom féminin)
Bande de terrain cultivée. *Le long de la maison, il y a des **plates-bandes** d'iris.* → Pluriel : des plates-bandes.

plate-forme (nom féminin)
Surface plane horizontale qui est généralement surélevée. *Sur la mer, on installe des **plates-formes** pour le forage d'un puits de pétrole.* → Pluriel : des plates-formes.

1. platine (nom masculin)
Métal précieux blanc-gris, malléable et inaltérable. *Une alliance en **platine**.*

2. platine (nom féminin)
Support plat sur lequel on met les disques pour les écouter. *Une **platine** laser.*

platitude (nom féminin)
Propos plat et sans originalité. *Il est ennuyeux quand il parle, il ne dit que des **platitudes**.* (Syn. banalité.)

platonique (adjectif)
Qui est purement idéal et sans relation sexuelle. *Un amour **platonique**.*

plâtre (nom masculin)
1. Poudre blanche que l'on mélange avec de l'eau pour faire une pâte qui durcit en séchant. *On utilise le **plâtre** pour faire les plafonds, des moulages.* 2. Bandage recouvert de plâtre, utilisé en cas de fracture. *Thomas s'est cassé la jambe au ski, on lui a mis un **plâtre**.* ▷ **plâtres** (nom masculin pluriel) Parties en plâtre d'une maison. *Les plâtriers ont fini les **plâtres**.* ⊙ Famille du mot : plâtrer, plâtrier.

plâtrer (verbe) ⊙ conj.n°3
1. Enduire de plâtre. *Les plâtriers* ***ont plâtré*** *les murs.* 2. Mettre dans un plâtre. *Sa jambe* ***a été plâtrée*** *à cause d'une fracture.*

plâtrier (nom masculin)
Ouvrier spécialisé dans l'exécution des plâtres.

plausible (adjectif)
Qui paraît suffisamment vrai pour qu'on le croie. *Son explication est* ***plausible****.* (Syn. crédible, vraisemblable.)

play-back (nom masculin)
Technique qui consiste à faire semblant de chanter sur un enregistrement déjà réalisé. *Cette chanteuse chante souvent en* ***play-back****.* → Prononciation [plɛbak]. ⊙ Play-back vient des mots anglais *to play* qui signifie « jouer » et *back* qui signifie « derrière ».

play-boy (nom masculin)
Jeune homme au physique agréable, qui aime plaire. → Prononciation [plɛbɔj]. → Pluriel : des play-boys. ⊙ Play-boy vient des mots anglais *boy* qui signifie « garçon » et *to play* qui signifie « jouer ».

plèbe (nom féminin)
Nom donné à la classe populaire dans l'Antiquité romaine.

plébiscite (nom masculin)
Vote direct du peuple tout entier. *Dans un* ***plébiscite****, on doit dire si on est d'accord avec la personne qui est au pouvoir.* ⊙ Plébiscite vient du latin *plebiscitum* qui signifie « décision de la plèbe ».

plébisciter (verbe) ⊙ conj.n°3
Élire à une très forte majorité. *Après son coup d'État, Napoléon III* ***fut plébiscité*** *aux élections de 1852.*

plein, pleine (adjectif)
1. Qui contient tout ce qu'il peut contenir. *Le verre est* ***plein*** *à ras bord. Le stade est* ***plein*** *à craquer.* (Contr. vide.) 2. Qui contient beaucoup de choses. *Ce pantalon est* ***plein*** *de trous. Cette chemise est* ***pleine*** *de taches.* 3. Qui porte des petits. *Cette vache est* ***pleine****.* 4. Qui est complet ou entier. *C'est demain la* ***pleine*** *lune. Il travaille à* ***plein*** *temps.* • **En plein :** au milieu de. *Ça s'est passé* ***en plein*** *jour.* ▷ **plein** (préposition) Indique une grande quantité. *Il a de la boue* ***plein*** *ses bottes.* ▷ **plein** (nom masculin) • **Battre son plein :** être à son apogée. • **Faire le plein :** remplir son réservoir de carburant. ⊙ Famille du mot : pleinement, trop-plein.

pleinement (adverbe)
D'une manière pleine et entière. *Je suis* ***pleinement*** *satisfait.* (Syn. totalement.)

plénière (adjectif féminin)
• **Assemblée plénière :** réunion à laquelle sont invités tous les membres d'une association.

plénipotentiaire (nom masculin)
Diplomate qui a les pleins pouvoirs dans une mission. *Le gouvernement a délégué des* ***plénipotentiaires*** *pour négocier les accords.*

plénitude (nom féminin)
Synonyme littéraire de totalité. *Un homme dans la* ***plénitude*** *de sa force.*

pléonasme (nom masculin)
Emploi de mots qui font double emploi. *« Sortir dehors », « monter en haut » sont des* ***pléonasmes****.*

pléthore (nom féminin)
Abondance excessive. *Il y a* ***pléthore*** *de fruits cette année.* (Syn. surabondance. Contr. pénurie.)

pléthorique (adjectif)
Synonyme de surabondant. *Les professeurs se plaignent d'avoir des classes aux effectifs* ***pléthoriques****.*

pleurer (verbe) ○ conj.n°3
1. Verser des larmes. *Julie rit tellement qu'elle en **pleure**.* 2. Ressentir un grand chagrin. *Il **pleure** la mort de son ami.* ⊙ Famille du mot : pleurnicher, pleurs.

pleurésie (nom féminin)
Grave maladie des poumons.

pleurnicher (verbe) ○ conj.n°3
Pleurer sans cesse et sans raison. *Cesse donc de **pleurnicher**, tu agaces tout le monde !*

pleurote (nom masculin)
Champignon comestible qui pousse sur les troncs d'arbres.

pleurs (nom masculin pluriel)
Synonyme littéraire de larmes. *J'ai retrouvé Victor en **pleurs** dans un coin du préau.*

pleutre (nom masculin)
Synonyme littéraire de lâche. *Ce **pleutre** ne m'a même pas soutenu !* (Syn. couard.)

pleuvoir (verbe) ○ conj.n°30
1. Tomber, en parlant de la pluie. *Il **pleut** à verse, prenez vos parapluies !* 2. S'abattre en grande quantité. *En ce moment, les contraventions **pleuvent** dans cette rue.*

plexiglas (nom masculin)
Matière plastique transparente et flexible. *Le pare-brise du scooter est en **plexiglas**.* → Prononciation [plɛksiglas]. ⊙ Plexiglas est le nom d'une marque.

plexus (nom masculin)
• **Plexus solaire** : creux de l'estomac. *Un coup dans le **plexus solaire** lui a coupé la respiration.*

pli (nom masculin)
1. Marque qui reste à l'endroit où une chose a été pliée. *Le plan s'est déchiré à l'endroit du **pli**.* 2. Cartes ramassées par le gagnant. *Laura a déjà fait plusieurs **plis**.* (Syn. levée.) 3. Synonyme de lettre. *Le facteur lui a remis un **pli**.* • **Mise en plis** : opération qui consiste à enrouler les cheveux mouillés sur des rouleaux pour les faire boucler. • **Prendre le pli** : prendre l'habitude.

pliable (adjectif)
Qui peut se plier. *Ils ont acheté un lit **pliable** pour le bébé.*

pliage (nom masculin)
Feuille de papier pliée en forme d'objet ou d'animal. *Myriam et Xavier font des cocottes en papier, des fusées et toutes sortes de **pliages**.*

pliant, ante (adjectif)
Conçu pour être plié. *Le menuisier a un mètre **pliant** dans sa poche.*

plier (verbe) ○ conj.n°10
1. Rabattre une partie d'un objet sur l'autre. *Yann **plie** sa feuille pour la mettre dans l'enveloppe.* (Contr. déplier.) 2. Rabattre les unes sur les autres les parties d'un objet articulé. *Elle **plie** son éventail.* 3. Se courber. *Le roseau **plie** facilement.* 4. Se plier : se soumettre ou s'adapter par force. *Il a bien fallu **se plier** aux ordres donnés.* ⊙ Famille du mot : dépliant, déplier, pli, pliable, pliage, pliant, pliure, repli, replier.

Il faut **plier** de nombreuses fois une feuille de papier pour obtenir ce **pliage**.

plinthe (nom féminin)
Planche appliquée au bas d'une cloison. *Les **plinthes** cachent les fils électriques.*

plissement (nom masculin)
Déformation de l'écorce terrestre qui se plisse. *Un **plissement** de terrain.*

plisser (verbe) ○ conj.n°3
1. Orner ou marquer de plis. *Noémie porte une jupe **plissée**. Quand Benjamin est très attentif, il **plisse** le front.* (Syn. froncer.) 2. Faire des plis. *Ses chaussettes **plissent**.*

pliure (nom féminin)
Marque qui reste à l'endroit où une chose est pliée habituellement. *Maman a rallongé le jean de David, mais on voit la **pliure** de l'ourlet précédent.*

plomb (nom masculin)
1. Métal gris, lourd et très malléable. *On fait des tuyaux, des balles, des poids avec le **plomb**.* 2. Grain de ce métal qui garnit une cartouche de chasse. 3. Morceau de métal utilisé pour alourdir une ligne de pêche. 4. Fusible d'un circuit électrique fait de fils de ce métal. *Les **plombs** fondent et coupent le courant si celui-ci est trop intense.* ⊙ Famille du mot : plombage, plomber, plomberie, plombier.

plombage (nom masculin)
Alliage qui sert à plomber une dent.

plomber (verbe) ○ conj.n°3
1. Boucher une dent cariée avec un alliage ou un ciment. *Quand une dent se gâte, il faut aussitôt se la faire **plomber**.* 2. Alourdir avec du plomb. *Le pêcheur **plombe** ses filets.*

plomberie (nom féminin)
1. Métier de plombier. *Un entrepreneur en **plomberie**.* 2. Ensemble des canalisations d'une maison. *La **plomberie** est vieille, il faudrait la refaire.*

plombier (nom masculin)
Ouvrier qui installe ou répare les canalisations et les sanitaires. *Le **plombier** est venu déboucher le lavabo.*

plonge (nom féminin)
• **Faire la plonge** : dans la langue familière, laver la vaisselle dans un restaurant.

plongeant, ante (adjectif)
Dirigé de haut en bas. *De la terrasse de l'hôtel, on a une vue **plongeante** sur la vallée.*

plongée (nom féminin)
Sport qui consiste à plonger sous l'eau pour pêcher ou explorer les fonds sous-marins. *Son équipement de **plongée** comporte une combinaison, un masque et des palmes.*

plongeoir (nom masculin)
Tremplin d'où l'on plonge. *Clément hésite encore à sauter du grand **plongeoir**.*

plongeon (nom masculin)
Action de plonger. *Odile a réussi un **plongeon** de trois mètres.*

plonger (verbe) ○ conj.n°5
1. Sauter dans l'eau la tête la première. *L'homme **a plongé** dans la rivière pour sauver l'enfant qui se noyait.* 2. Enfoncer dans un liquide. *Maman **plonge** la louche dans la soupière. Sarah **se plonge** avec plaisir dans la baignoire.* 3. Introduire profondément. *Yann **plonge** la main dans le paquet de bonbons.* 4. Mettre dans tel état. *Cette nouvelle les **a plongés** dans la stupeur.* 5. Se plonger : se livrer tout entier à une occupation. *Ursula **s'est plongée** dans la lecture d'une B.D.* (Syn. s'absorber.) ⊙ Famille du mot : plonge, plongeant, plongée, plongeoir, plongeon, plongeur.

plongeur, euse (nom)
1. Personne qui plonge ou qui fait de la plongée. *Des **plongeurs** recherchent l'épave au fond du lac.* 2. Personne qui fait la plonge dans un restaurant.

un **plongeur**

plot (nom masculin)
Pièce métallique servant à établir un contact électrique.

plouf ! (interjection)
Mot qui imite le bruit d'un objet tombant dans l'eau.

ployer (verbe) ○ conj.n°6
Synonyme littéraire de courber. *Le rameau **ploie** sous le poids de l'oiseau.*

pluie (nom féminin)
1. Eau qui tombe des nuages sous forme de gouttes. *La **pluie** s'est mise à tomber.* ➠ p. 367. 2. Au sens figuré, très grand nombre. *Les comédiens ont reçu une **pluie** de compliments.* • **Parler de la pluie et du beau temps** : dire des choses banales, sans importance.

plumage (nom masculin)
Ensemble des plumes d'un oiseau. *Ce perroquet a un **plumage** multicolore.*

plume (nom féminin)
1. Chacune des tiges creuses, garnies de fines lamelles et de duvet, qui couvrent le corps des oiseaux. 2. Pointe métallique d'un stylo, qui sert à écrire. ⊙ Famille du mot : plumage, plumeau, plumer, plumet, plumier, porte-plume. ⊙ Autrefois, on se servait de plumes d'oie pour écrire.

plumeau, eaux (nom masculin)
Balayette garnie de plumes. *Le **plumeau** sert à épousseter.*

plumer (verbe) ○ conj.n°3
Dépouiller un oiseau de ses plumes. ***Plumer** un canard, un pigeon.*

plumet (nom masculin)
Bouquet de plumes qui orne une coiffure.

Les personnages de ce tableau de Ter Brugghen (XVIIe siècle) portent un **plumet**. © Gallimard

plumier (nom masculin)
Boîte à compartiments servant à ranger les crayons et les stylos.

la **plupart** (nom féminin)
Le plus grand nombre. ***La plupart** des amis de Kevin sont à la même école que lui.* • **La plupart du temps** : le plus souvent.

pluralité (nom féminin)
Fait de n'être pas unique. *La démocratie respecte la **pluralité** des tendances politiques.* (Syn. diversité.)

pluriel (nom masculin)
Forme servant à désigner plusieurs personnes ou plusieurs choses. *La plupart des noms et des adjectifs ont un « s » au **pluriel**. Le mot « fiançailles » ne s'emploie qu'au **pluriel**.* (Contr. singulier.)

1. **plus** (adverbe)
Sert à exprimer une quantité ou un degré supérieur. *Il est **plus** rapide que toi. Zoé est bavarde, mais sa sœur l'est encore **plus**.* • **Au plus** : au maximum. *Cela vous coûtera 20 euros **au plus**.* (Contr. au moins.) • **De plus** ou **en plus** : en supplément ou en outre. • **Le plus** : sert à désigner le maximum, le degré le plus haut. *De tous les coquillages, ce sont les huîtres que Pierre aime **le plus**.* ▷ **plus** (préposition) Sert à exprimer une addition. *Sept **plus** deux égale neuf (7 + 2 = 9).* ➔ Prononciation [ply] devant une consonne et [plyz] devant une voyelle ; [plys] en fin de phrase et comme signe de l'addition.

2. **plus** (adverbe)
Sert à exprimer, en relation avec « ne », que quelque chose ne continue pas. *Le soleil brille, il **ne** pleut **plus**.* • **Non plus** : équivaut à « aussi » dans une phrase négative. *Romain n'aime pas la soupe au chou et moi **non plus**.* ➔ Prononciation [ply].

plusieurs (adjectif)
Plus d'un, plus d'une. *J'ai rencontré **plusieurs** personnes.*

plus-que-parfait (nom masculin)
Temps du passé formé avec un auxiliaire à l'imparfait. *Dans la phrase « je l'avais déjà lu », « lire » est au **plus-que-parfait**.*

plus-value (nom féminin)
Augmentation de la valeur d'un bien. *Il a fait une **plus-value** en vendant sa maison.* → Pluriel : des plus-values.

plutonium (nom masculin)
Matériau radioactif parfois utilisé dans la fabrication des bombes atomiques. → Prononciation [plytɔnjɔm].

plutôt (adverbe)
1. De préférence. *Viens **plutôt** cet après-midi.* 2. Assez. *Il fait **plutôt** froid.*

pluvial, ale, aux (adjectif)
De la pluie. *Les citernes reçoivent les eaux **pluviales**.*

pluvieux, euse (adjectif)
Où les pluies sont fréquentes. *La Grande-Bretagne est un pays **pluvieux**.*

pluviomètre (nom masculin)
Instrument servant à mesurer les quantités de pluie tombées dans un lieu.

pneu (nom masculin)
Bande de caoutchouc qui entoure une roue. *Quentin a changé les **pneus** de son vélo.* ➠ p. 123.

pneumatique (adjectif)
1. Qui est fait d'une enveloppe de caoutchouc que l'on peut gonfler. *Benjamin a descendu la rivière sur un canot **pneumatique** avec son père.* 2. Qui fonctionne à l'air comprimé. *Les terrassiers ont défoncé le trottoir avec un marteau **pneumatique**.* ⊙ Pneumatique vient du grec *pneuma* qui signifie « souffle ».

pneumonie (nom féminin)
Maladie des poumons.

poche (nom féminin)
1. Partie d'un vêtement destinée à contenir ce que l'on veut porter sur soi. *Quentin a mis son portefeuille dans la **poche** intérieure de sa veste.* 2. Compartiment d'un sac. *Son sac à dos est très pratique car il a plein de **poches**.* 3. Déformation en forme de poche. *M. Dupond a des **poches** sous les yeux.* • **De poche** : de petite taille afin de pouvoir être mis dans une poche. *Un livre, une lampe, un couteau **de poche**.* ⊙ Famille du mot : empocher, pochette.

pocher (verbe) ⊙ conj.n°3
Faire cuire dans un liquide très chaud. *Des œufs **pochés**.* • **Pocher l'œil à quelqu'un** : donner un coup qui fait gonfler et noircir le tour de l'œil.

pochette (nom féminin)
1. Enveloppe ou sachet qui contient quelque chose. *Une **pochette** de disque d'allumettes.* 2. Petit mouchoir qui orne la poche de poitrine d'un veston. *Une **pochette** de soie.*

pochoir (nom masculin)
Plaque découpée permettant de reproduire facilement un dessin. *Pour dessiner au **pochoir**, on passe un pinceau sur les trous de la plaque.*

un **pochoir**

podium (nom masculin)
Estrade sur laquelle montent les sportifs vainqueurs pour recevoir leur prix. → Prononciation [pɔdjɔm].

1. poêle (nom masculin)
Appareil de chauffage. *Un **poêle** à bois, à charbon, à mazout.* → Prononciation [pwal].

2. poêle (nom féminin)
Ustensile de cuisine en métal, rond et peu profond, à long manche. *Thomas et Anna font sauter des crêpes dans la **poêle**.* → Prononciation [pwal].

poêlon (nom masculin)
Casserole épaisse à manche creux. *La ratatouille de Léa mijote dans un **poêlon**.* → Prononciation [pwalɔ̃].

poème (nom masculin)
Texte en vers ou en prose poétique. *Les sonnets, les fables, les épopées sont différentes sortes de **poèmes**.* (Syn. poésie.) ⊙ Poème vient du grec *poiein* qui signifie « créer ».

poésie (nom féminin)
1. Art d'écrire en utilisant les sons, les rythmes, les images pour exprimer ses émotions et ses sentiments. 2. Synonyme de poème. *Élodie récite une **poésie**.* 3. Caractère poétique de quelque chose. *Le numéro de ce mime est plein de **poésie**.*

poète (nom masculin)
Écrivain qui fait de la poésie. *Jacques Prévert, Victor Hugo, François Villon sont des **poètes** célèbres.*

poétique (adjectif)
1. De la poésie. *Un style **poétique**.* 2. Qui évoque la poésie par son charme, sa beauté ou sa délicatesse. *« Le Petit Prince » de Saint-Exupéry est une histoire très **poétique**.*

une histoire très **poétique**

poids (nom masculin)
1. Ce que pèse une personne ou une chose. *Le **poids** du piano est de 250 kilos.* 2. Masse de métal servant à peser. *Le marchand de légumes met un **poids** d'un kilo sur le plateau de la balance.* 3. Boule de métal que les athlètes cherchent à lancer le plus loin possible. *Au stade, Victor s'entraîne au lancer de **poids**.* 4. Dans un sens figuré, ce qui accable et oppresse. *Ce mensonge lui a laissé un **poids** sur la conscience.* 5. Importance ou force de quelque chose. *C'est un argument de **poids**.* • **Faire deux poids deux mesures** : ne pas traiter équitablement deux personnes. • **Faire le poids** : avoir l'autorité ou les compétences nécessaires.

poids lourd (nom masculin)
Gros camion. *Cette rue est interdite aux **poids lourds**.* → Pluriel : des poids lourds.

poignant, ante (adjectif)
Qui serre le cœur et donne envie de pleurer. *Une détresse **poignante**.*

poignard (nom masculin)
Arme à lame large, courte et pointue. ⊙ Poignard vient du latin *pugnus* qui signifie « poing ».

poignarder (verbe) ⊙ conj.n°3
Frapper avec un poignard. *Henri IV **fut poignardé** par Ravaillac.*

poigne (nom féminin)
1. Force qu'on a dans les mains. *Toi qui as de la **poigne**, voudrais-tu dévisser ce couvercle ?* 2. Au sens figuré, autorité. *Il a suffisamment de **poigne** pour se faire obéir.*

poignée (nom féminin)
1. Partie d'un objet que l'on tient dans la main fermée. *La **poignée** d'une porte, d'une épée.* 2. Quantité contenue dans une main fermée. *Fatima prend une **poignée** de cerises dans le panier.* 3. Petit nombre de gens. *Il ne reste qu'une **poignée** de courageux pour tout ranger après la fête.* • **Poignée de main** : geste de salutation qui consiste à serrer la main de la personne rencontrée.

poignet (nom masculin)
1. Articulation de l'avant-bras avec la main. *Il porte sa montre au* ***poignet*** *droit.* 2. Bout de la manche d'un vêtement qui recouvre le poignet. *Les* ***poignets*** *de mon pull sont usés.*

poil (nom masculin)
1. Chacun des filaments qui poussent sur la peau des mammifères. *Les cils, les sourcils, la barbe, la moustache, les cheveux sont des* ***poils****.* 2. Filament d'un pinceau, d'une brosse.

poilu, ue (adjectif)
Couvert de poils. *Ce boxeur a le torse très* ***poilu****.* (Syn. velu.)

poinçon (nom masculin)
Outil fait d'une tige de métal pointu. *Un* ***poinçon*** *de cordonnier.*

un **poinçon**

poindre (verbe) ○ conj.n°35
Synonyme littéraire de se lever, en parlant du jour. *C'est l'aube, le jour va* ***poindre****.*

poing (nom masculin)
Main fermée. *William a reçu un coup de* ***poing****.* • **Dormir à poings fermés** : dormir très profondément.

1. point (adverbe)
Synonyme ancien de pas. *Je* ***n'ai point*** *de mal.*

2. point (nom masculin)
1. Signe de ponctuation et d'écriture (.). *À la fin d'une phrase, on met un* ***point****. Xavier oublie de mettre les* ***points*** *sur les i. À l'écrit, une question se termine toujours par un* ***point*** *d'interrogation.* 2. Endroit fixe. *Ce café est un* ***point*** *de rencontre.* 3. La plus petite partie d'espace. *Le bateau n'est plus qu'un* ***point*** *à l'horizon. Les diagonales se coupent en un* ***point*** *situé au milieu du rectangle.* 4. Unité qui sert à noter. *Yann a fait beaucoup de* ***points*** *au scrabble.* 5. Chacun des sujets abordés pendant un exposé ou une discussion. *Il y a un* ***point*** *sur lequel je voudrais revenir.* 6. Piqûre faite avec du fil enfilé. *J'ai fait un* ***point*** *à ton ourlet.* • **À point** : au moment ou au degré voulu. *Tu arrives* ***à point*** *! Il aime le steack* ***à point****.* • **Au même point** : au même endroit, sans aucun progrès. • **Deux points** : signe de ponctuation (:) qui précède une explication. • **En tout point** : exactement. • **Faire le point** : établir précisément l'endroit où l'on est, ou bien la situation dans laquelle on se trouve. • **Mal en point** : malade, pas très en forme. • **Mettre au point** : régler exactement pour que cela fonctionne comme on le souhaite. • **Mettre les points sur les i** : expliquer les choses en insistant de manière à ce que tout le monde comprenne. • **Point chaud** : endroit où il y a des conflits. • **Point de côté** : douleur aiguë dans la poitrine. • **Point d'eau** : endroit où l'on peut trouver de l'eau. • **Point du jour** : aube. • **Point faible** : défaut ou petite faiblesse. • **Point mort** : position du levier de vitesse dans laquelle le moteur n'entraîne plus les roues ; dans un sens figuré, situation qui ne progresse pas. • **Sur le point de** : prêt à. *Nous sommes* ***sur le point de*** *partir.*

pointage (nom masculin)
Action de pointer. *La bibliothécaire fait le* ***pointage*** *des livres prêtés.*

point de vue (nom masculin)
1. Lieu d'où l'on voit bien un paysage. *Le* ***point de vue*** *est bien plus joli du haut des remparts.* 2. Manière de voir les choses. *Ils ont des* ***points de vue*** *opposés sur ce sujet.* (Syn. avis, opinion.) → Pluriel : des points de vue.

pointe (nom féminin)
1. Bout piquant de quelque chose. *Le mousquetaire menace le brigand de la* ***pointe*** *de son épée.* 2. Extrémité effilée d'un objet. *Un potage aux* ***pointes*** *d'asperges.* 3. Synonyme de cap. *La* ***pointe*** *du Raz.* 4. Synonyme de clou. *Benjamin s'est fait une bibliothèque en planches assemblées avec des* ***pointes****.* 5. Bout des doigts de pieds. *Gaëlle marche sur la* ***pointe*** *des pieds pour ne pas réveiller Guillaume.* 6. Petite quantité. *Ajoutez une* ***pointe*** *d'ail.*

7. Accélération momentanée. *Le pilote fait des **pointes** à 280 kilomètres à l'heure.* • **Être à la pointe** : être à l'avant-garde. • **Faire des pointes** : pour une danseuse, marcher sur le bout de ses chaussons. • **Heure de pointe** : heure de grande affluence.

1. pointer (verbe) ○ conj.n°3
1. Marquer d'un point ou d'un signe. *Hélène **pointe** sur sa liste les livres qu'elle a déjà.* 2. Faire contrôler ses heures d'entrée et de sortie par une machine. *Dans cette entreprise, tout le monde doit **pointer**.* 3. Diriger vers une cible ou vers un but. *Les canons ennemis **sont pointés** sur la ville.* 4. Dresser en pointe. *Le chien **pointe** ses oreilles.*

2. pointer (nom masculin)
Chien au poil ras, de race anglaise. → Pointer est un mot anglais : on prononce [pwɛ̃tɛʀ].

un **pointer**

pointillé (nom masculin)
Ligne formée d'une suite de petits points espacés. *Découpez suivant le **pointillé** !*

pointilleux, euse (adjectif)
Qui a tendance à ne négliger aucun détail. *Il est plus qu'exigeant : il est **pointilleux**.* (Syn. minutieux, tatillon.)

pointu, ue (adjectif)
Qui se termine en pointe. *Le clown porte un chapeau **pointu**.*

pointure (nom féminin)
Taille en parlant des chaussures, des gants ou des chapeaux. *Ces chaussures me blessent, je voudrais la **pointure** au-dessus.*

point-virgule (nom masculin)
Signe de ponctuation (;) qui indique une pause plus marquée que la virgule.

poire (nom féminin)
Fruit comestible du poirier, qui a des pépins et une forme allongée. • **Couper la poire en deux** : accepter quelques concessions pour se mettre d'accord.

des **poires**

poireau, eaux (nom masculin)
Plante potagère de forme allongée. *Tout est bon dans le **poireau**, il faut manger le blanc et le vert.*

poirier (nom masculin)
Arbre fruitier qui donne les poires. • **Faire le poirier** : se tenir en équilibre sur la tête, mains appuyées au sol et jambes dressées.

pois (nom masculin)
Plante potagère dont on mange les graines et parfois les gousses. *Julie n'aime pas beaucoup la purée de **pois** cassés.* • **À pois** : décoré de petits ronds. *Une cravate **à pois**.* • **Pois de senteur** : plante grimpante aux fleurs très odorantes. → Voir aussi petit pois.

un pied et une gousse de **pois**

poison (nom masculin)
1. Substance dangereuse qui peut tuer ou rendre très malade. *La ciguë, la digitale, l'amanite phalloïde sont des plantes qui contiennent du **poison**.* 2. Dans la langue familière, personne très désagréable. *Cette gamine est un vrai **poison** !* ⊙ Famille du mot : contrepoison, empoisonnement, empoisonner.

poisse (nom féminin)
Synonyme familier de malchance. *Tu vas nous porter la **poisse** !*

poisser (verbe) ○ conj.n°3
Rendre gluant et collant. *Avec cette chaleur, j'ai les mains qui **poissent**.*

poisseux, euse (adjectif)
Qui poisse. *Le bavoir de bébé est tout **poisseux** de confiture.*

poisson (nom masculin)
Vertébré aquatique au corps couvert d'écailles, possédant des nageoires et des branchies. *Le brochet est un **poisson** d'eau douce, la sole un **poisson** de mer.* • **Être comme un poisson dans l'eau** : être bien là où on est. • **Poisson d'avril** : farce du 1er avril. • **Poisson volant** : synonyme d'exocet. ⊙ Famille du mot : poissonnerie, poissonneux, poissonnier. ➠ p. 870.

poissonnerie (nom féminin)
Magasin où l'on vend du poisson, des crustacés, des coquillages.

poissonneux, euse (adjectif)
Où il y a beaucoup de poissons. *Une rivière **poissonneuse**.*

poissonnier, ère (nom)
Commerçant qui tient une poissonnerie. *Le **poissonnier** a vidé le poisson.*

poitevin, ine
➠ Voir tableau p. 6.

poitrail (nom masculin)
Devant du corps du cheval, entre les épaules et le haut des pattes. *Un cheval au **poitrail** puissant tirait la charrette.*

poitrine (nom féminin)
1. Partie du corps entre les épaules et la taille, qui contient le cœur et les poumons. *Le chanteur gonfle sa **poitrine** pour chanter.* (Syn. buste, thorax.) ➠ p. 263. 2. Seins d'une femme. *Elle a une forte **poitrine**.*

poivre (nom masculin)
Épice de saveur piquante, faite de la graine séchée du poivrier. *Un steack au **poivre**.* ⊙ Famille du mot : poivrer, poivrier, poivrière.

poivrer (verbe) ○ conj.n°3
Assaisonner avec du poivre. *Salez, **poivrez** et laissez mijoter !*

poivrier (nom masculin)
1. Arbrisseau tropical qui donne le poivre. 2. Ustensile pour le poivre moulu ou petit moulin à poivre. (Syn. poivrière.)

un branche de **poivrier**

poivrière (nom féminin)
Synonyme de poivrier.

▸ **poivron** (nom masculin)
Fruit du piment doux, de couleur verte, jaune ou rouge. *Des **poivrons** farcis.*

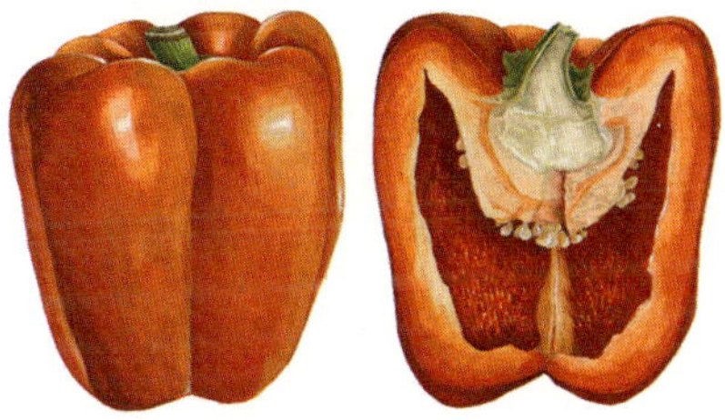

des **poivrons**

▸ **poix** (nom féminin)
Substance gluante et collante à base de résine et de goudron.

▸ **poker** (nom masculin)
Jeu de cartes d'origine américaine où l'on joue pour de l'argent. ➜ Poker est un mot anglais : on prononce [pɔkɛʀ].

▸ **polaire** (adjectif)
Qui concerne les pôles. *Les régions **polaires** connaissent un climat très froid.*

▸ **polariser** (verbe) ➲ conj.n°3
Orienter vers soi. *Il réussit toujours à **polariser** l'attention.*

▸ **polaroïd** (nom masculin)
Appareil photo qui développe instantanément les photographies. ➜ Prononciation [pɔlaʀɔid]. ⊙ Polaroïd est le nom d'une marque.

▸ **polder** (nom masculin)
Terre située en dessous du niveau de la mer, asséchée et entourée de digues. *Aux Pays-Bas, on peut voir de nombreux **polders** couverts de tulipes.* ➜ Prononciation [pɔldɛʀ].

▸ **pôle** (nom masculin)
Chacune des extrémités de l'axe imaginaire autour duquel tourne la Terre. *Le **pôle** Nord et le **pôle** Sud.* • **Pôle d'attraction** : endroit qui attire les gens. *La tour Eiffel est un **pôle d'attraction** pour les touristes.*

▸ **polémique** (nom féminin)
Débat plus ou moins violent entre des gens qui ne sont pas d'accord. *La déclaration du ministre a suscité de très vives **polémiques** dans la presse.* (Syn. controverse.) ⊙ Polémique vient du grec *polemos* qui signifie « guerre ».

▸ **polémiquer** (verbe) ➲ conj.n°3
Faire de la polémique. *On **polémique** beaucoup dans les milieux politiques.*

▸ **1. poli, ie** (adjectif)
Qui respecte les règles de la politesse. *Guillaume est toujours très **poli** et très courtois.* (Contr. grossier, impoli.) ⊙ Famille du mot : impoli, impoliment, impolitesse, malpoli, poliment, politesse.

▸ **2. poli** ➠ Voir polir.

▸ **police** (nom féminin)
1. Ensemble des fonctionnaires chargés de faire respecter la loi et de veiller à la sécurité des citoyens. *L'agent de **police** fait traverser la rue aux enfants.* **2.** Contrat d'assurance. *Monsieur Durand a souscrit une **police** d'assurance pour son appartement.*

▸ **polichinelle** (nom masculin)
Marionnette du guignol, bossue devant et derrière. • **Secret de polichinelle** : chose que l'on croit secrète mais qui est connue de tous. ⊙ Polichinelle vient du nom *Pulcinella*, personnage bouffon de la comédie italienne.

▸ **policier, ère** (adjectif)
1. De la police. *Les chiens **policiers** sont dressés pour aider les policiers dans leurs recherches.* **2.** Qui met en scène des détectives ou des policiers. *Il y avait un film **policier** à la télévision, hier soir.* ▹ **policier** (nom masculin) Fonctionnaire qui travaille dans la police.

▸ **poliment** (adverbe)
D'une manière polie. *Amandine s'est excusée **poliment** de ne pouvoir nous accompagner.*

Les poissons

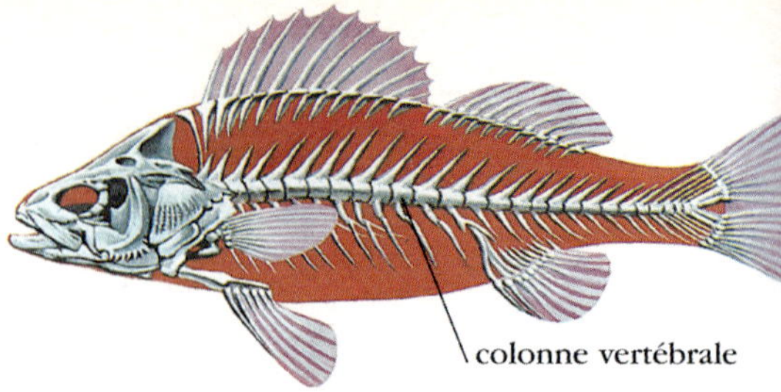

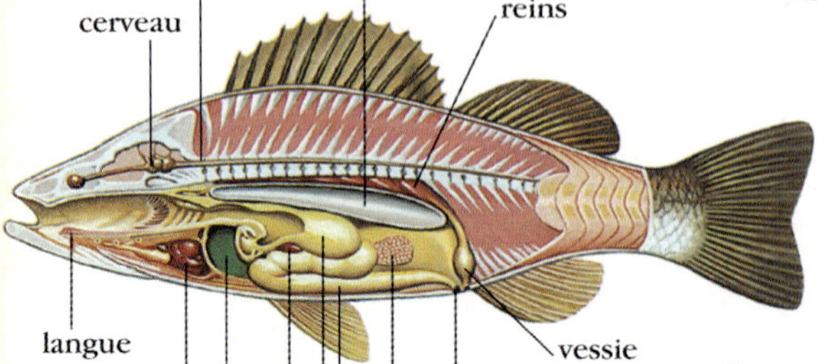

Anatomie d'un poisson

anchois

carpe

cabillaud

bar

daurade

congre

hareng

thon
piranha
maquereau
sardine
murène
saumon
limande
mérou
truite
raie
morue

poliomyélite (nom féminin)
Maladie de la moelle épinière qui peut provoquer la paralysie. *Le vaccin contre la* ***poliomyélite*** *est très efficace.* → Poliomyélite s'abrège couramment polio.

polir (verbe) ○ conj.n°11
Rendre quelque chose lisse et luisant à force de frotter. *Il faut* ***polir*** *le marbre pour le rendre brillant. Un escalier en bois* ***poli****.*

polisson, onne (nom)
Enfant espiègle et dissipé. *Tu n'es qu'une petite* ***polissonne*** *!* (Syn. fripon, galopin.)

politesse (nom féminin)
Manière de se comporter d'une personne bien élevée. *Sa* ***politesse*** *en fait un garçon charmant et sympathique.* (Contr. impolitesse.)

politicien, enne (nom)
Personne qui s'occupe de politique. *Ce jeune* ***politicien*** *sera peut-être ministre un jour.*

politique (nom féminin)
Manière de gouverner un État. *La* ***politique*** *intérieure, la* ***politique*** *extérieure d'un pays.* ▷ **politique** (adjectif) Qui concerne la politique. *Cet homme* ***politique*** *a toujours été réélu depuis dix ans.* ⊙ Politique vient du grec *polis* qui signifie « la cité, l'État ».

pollen (nom masculin)
Poussière jaune produite par les étamines des fleurs et qui sert à leur fécondation. *Le* ***pollen*** *est transporté par le vent.*

polluant, ante (adjectif)
Qui pollue. *Les moteurs diesel sont très* ***polluants****.*

polluer (verbe) ○ conj.n°3
Salir et rendre malsain pour la santé. *Certaines plages ont été interdites à la baignade parce qu'elles* ***étaient polluées****.* ⊙ Famille du mot : polluant, pollueur, pollution.

pollueur, euse (adjectif)
Responsable de pollution. *Des amendes ont été infligées aux industries* ***pollueuses****.*

pollution (nom féminin)
Fait d'être pollué. *Aujourd'hui, les gaz d'échappement des voitures sont les principaux responsables de la* ***pollution*** *de l'atmosphère des villes.*

polo (nom masculin)
1. Sorte de chemise de sport en tricot qu'on enfile par la tête. 2. Sport équestre d'équipe qui se joue avec une boule en bois et des maillets. *Au* ***polo****, il y a deux équipes de quatre cavaliers chacune.* ⊙ Polo est un mot tibétain qui signifie « balle ».

polochon (nom masculin)
Synonyme familier de traversin. *En classe de neige, Laura et Yann ont fait une mémorable bataille de* ***polochons****.*

polonais, aise
➡ Voir tableau p. 6.

poltron, onne (adjectif et nom)
Qui est très peureux. *Quel* ***poltron*** *! Il n'ose pas aller dans le jardin le soir !* (Syn. froussard.)

polychrome (adjectif)
Peint de plusieurs couleurs. *Dans ce cloître, il y avait des statues en bois* ***polychrome****.*

polyculture (nom féminin)
Culture de plusieurs plantes en même temps. *C'est une région de* ***polyculture*** *où l'on trouve des vergers, du blé, du maïs, des légumes.*

polyester (nom masculin)
Sorte de tissu synthétique. *Le maillot de bain de Myriam est en* ***polyester****, il sèche très vite.*

polygame (adjectif et nom)
Qui a plusieurs conjoints. *Certains musulmans sont parfois* ***polygames****.*

polygamie (nom féminin)
État d'une personne polygame.

polyglotte (adjectif et nom)
Qui parle plusieurs langues. *Le père de Kevin est un* ***polyglotte*** *qui parle sept langues.*

polygone (nom masculin)
Figure géométrique qui a plusieurs côtés. *Le triangle, le losange sont des **polygones**.*

polynésien, enne
➠ Voir tableau p. 6.

polystyrène (nom masculin)
Matière plastique isolante et très légère. *Le **polystyrène** est utilisé dans les emballages.*

polytechnicien, enne (nom)
Élève de l'École polytechnique, établissement militaire qui forme des ingénieurs.

polythéisme (nom masculin)
Religion qui adore plusieurs dieux. (Contr. monothéisme.)

polythéiste (adjectif)
Qui est adepte du polythéisme. *Tous les peuples de l'Antiquité, à l'exception des juifs, étaient **polythéistes**.* (Contr. monothéiste.)

polyvalent, ente (adjectif)
Qui peut servir à plusieurs usages. *La mairie a fait construire une salle **polyvalente**.*

pommade (nom féminin)
Médicament qui se présente sous la forme d'une pâte grasse. *Cette **pommade** calme toutes les douleurs musculaires.*

pomme (nom féminin)
Fruit rond du pommier, à pépins et à peau fine. *Une tarte aux **pommes**.* • **Pomme d'Adam** : bosse de cartilage que les hommes ont sur le devant du cou. ➠ p. 263. • **Pomme d'arrosoir** : bout d'un arrosoir, percé de nombreux trous. • **Pomme de pin** : fruit du pin, fait d'écailles renfermant les graines. ➠ p. 848. • **Tomber dans les pommes** : synonyme familier de s'évanouir.

pommeau, eaux (nom masculin)
1. Boule servant de poignée à une canne ou une épée. *Une canne à **pommeau** d'argent.* 2. Partie de devant d'une selle de cheval.

pomme de terre (nom féminin)
Plante potagère dont les tubercules sont comestibles. *La **pomme de terre** s'est répandue en France grâce à Parmentier.* → Pluriel : des pommes de terre.

un plant de **pomme de terre**

pommelé, ée (adjectif)
Couvert de petites taches grises et blanches. *Quand le ciel est **pommelé**, le temps ne tarde pas à changer. Un cheval **pommelé**.*

pommette (nom féminin)
Haut de la joue, au-dessous de l'œil. *Noémie a les **pommettes** saillantes.*

pommier (nom masculin)
Arbre fruitier qui produit la pomme. *On cultive des **pommiers** pour faire du cidre.*

1. **pompe** (nom féminin)
Appareil destiné à aspirer ou à refouler un liquide ou un gaz. *Une **pompe** à eau, à essence. Une **pompe** à vélo.* • **Coup de pompe** : dans la langue familière, sensation soudaine de grande fatigue. ⊙ Famille du mot : pomper, pompier, pompiste.

2. pompe (nom féminin)
• **En grande pompe** : en grande cérémonie. *Les funérailles du Président ont été célébrées* ***en grande pompe****.*
▷ **pompes** (nom féminin pluriel)
• **Pompes funèbres** : service chargé des enterrements. ⊙ Famille du mot : pompeusement, pompeux.

pomper (verbe) ○ conj.n°3
Aspirer ou refouler avec une pompe. *On* ***a pompé*** *pour vider la cave inondée.*

pompeusement (adverbe)
De manière pompeuse. *Cette petite villa est appelée* ***pompeusement*** *« le château ».*

pompeux, euse (adjectif)
Prétentieux et solennel. *Le directeur a fait un discours dans un style* ***pompeux****.* (Contr. simple.)

pompier (nom masculin)
Homme chargé de combattre les incendies et d'intervenir en cas d'accident. *On a appelé les* ***pompiers*** *pour une asphyxie au gaz.*

pompiste (nom)
Personne qui distribue le carburant d'une pompe à essence. *Le* ***pompiste*** *a lavé le pare-brise.*

pompon (nom masculin)
Petite boule de brins de laine, de coton ou de soie. *Il y a toujours un* ***pompon*** *sur les bonnets de marin.*

se pomponner (verbe) ○ conj.n°3
Mettre beaucoup de soin à sa toilette. *Elle se farde, elle se parfume, elle passe un temps fou à* ***se pomponner****.*

ponce (adjectif féminin)
• **Pierre ponce** : roche légère et rugueuse d'origine volcanique. *La* ***pierre ponce*** *flotte sur l'eau.*

poncer (verbe) ○ conj.n°4
Frotter et gratter avec une matière rugueuse pour rendre lisse. *Avant de vernir le bois, il faut toujours le* ***poncer****.* ⊙ Famille du mot : ponce, ponceuse.

ponceuse (nom féminin)
Machine servant à poncer. *Une* ***ponceuse*** *électrique.*

poncho (nom masculin)
Manteau fait d'une couverture percée au centre pour passer la tête. *Le* ***poncho*** *est un vêtement porté en Amérique du Sud.* → Prononciation [pɔ̃tʃo].

ponction (nom féminin)
1. Fait de retirer un liquide du corps avec une seringue. *Le médecin a dû faire à Yvan une* ***ponction*** *lombaire.* 2. Prélèvement d'argent. *L'opposition accuse le gouvernement de faire des* ***ponctions*** *abusives dans le budget des contribuables.*

ponctualité (nom féminin)
Qualité d'une personne ponctuelle. *Tu n'auras pas à l'attendre, elle est toujours d'une grande* ***ponctualité****.*

ponctuation (nom féminin)
Ensemble des signes qui servent à séparer des mots ou des phrases. *La virgule, le point-virgule, le point, les deux points sont des signes de* ***ponctuation****.*

ponctuel, elle (adjectif)
1. Qui arrive toujours à l'heure. *Sois* ***ponctuel****, sinon nous raterons le train.* 2. Qui porte seulement sur des points précis. *Le maître lui a fait quelques critiques* ***ponctuelles*** *sur sa rédaction.* ⊙ Famille du mot : ponctualité, ponctuellement.

ponctuellement (adverbe)
De façon ponctuelle. *Benjamin est arrivé* ***ponctuellement*** *à son rendez-vous.*

ponctuer (verbe) ○ conj.n°3
Mettre les signes de ponctuation. *Un texte bien* ***ponctué*** *est facilement lisible.*

pondération (nom féminin)
Qualité d'une personne pondérée. *Ce politicien est connu pour sa* ***pondération****.*

pondéré, ée (adjectif)
Qui n'agit qu'après avoir pesé le pour et le contre et non sous le coup d'une impulsion. *Cette femme* ***pondérée*** *m'a donné d'utiles conseils.* (Syn. posé. Contr. impulsif.) ⊙ Pondéré vient du latin *ponderare* qui signifie « peser ».

pondeuse (nom féminin)
Poule qu'on élève surtout pour ses œufs.

pondre (verbe) conj.n°31
Produire un œuf. *Les oiseaux, les reptiles, les poissons, les insectes **pondent** des œufs.* Pondre vient du latin *ponere* qui signifie « déposer ».

poney (nom masculin)
Cheval de petite taille. *On utilise les **poneys** pour faire faire de l'équitation aux enfants.*

un **poney**

pont (nom masculin)
1. Construction permettant de franchir un cours d'eau, une route ou encore une voie ferrée. ➠ p. 1143. 2. Plancher recouvrant la coque d'un bateau. *Les gros navires peuvent avoir jusqu'à quatre **ponts**.* • **Faire le pont** : ne pas travailler pendant la journée qui est entre deux jours fériés. • **Pont aérien** : va-et-vient d'avions établissant une liaison d'urgence. *Grâce au **pont aérien**, les réfugiés ont reçu des vivres et des médicaments.* Famille du mot : pont-levis, ponton.

ponte (nom féminin)
Action de pondre. *La poule chante après la **ponte**.*

pontife (nom masculin)
• **Le souverain pontife** : le pape. Famille du mot : pontifical, pontificat.

pontifical, ale, aux (adjectif)
Synonyme de papal. *Des fidèles assistent à la messe **pontificale** le jour de Pâques.*

pontificat (nom masculin)
Fonction de pape. *Le **pontificat** de Jean XXIII a duré cinq ans.*

pont-levis (nom masculin)
Pont qui se lève ou s'abaisse au-dessus du fossé entourant un château fort. ➠ p. 196. → Pluriel : des ponts-levis.

ponton (nom masculin)
Plate-forme flottante. *On a construit un **ponton** sur le lac en guise de débarcadère.*

pop (adjectif)
Se dit de la musique à la mode dans les années soixante, et qui venait d'Angleterre et des États-Unis. *Les Beatles ont été le groupe de musique **pop** le plus connu.* Pop est l'abréviation de l'anglais *popular music* qui signifie « musique populaire ».

pop-corn (nom masculin)
Friandise faite de grains de maïs éclatés, sucrés ou salés. → Prononciation [pɔpkɔʀn]. → Pluriel : des pop-corn. Pop-corn vient des mots anglais *to pop* qui signifie « éclater » et *corn* qui signifie « maïs ».

Le Golden Gate est un **pont** très célèbre de la baie de San Francisco aux États-Unis.

a b c d e f g h i j k l m n o p q r s t u v w x y z

▸ **pope** (nom masculin)
Prêtre de l'Église orthodoxe. *Il n'est pas interdit aux **popes** de se marier.* ⊙ Pope vient du grec *pappos* qui signifie « grand-père ».

un **pope**

▸ **popote** (nom féminin)
Synonyme familier de cuisine. *Les ouvriers du chantier font leur **popote** sur un réchaud.*

▸ **populaire** (adjectif)
1. Qui vient du peuple. *Le verlan est un langage **populaire**. La Commune de Paris, en 1871, fut un gouvernement **populaire**.* 2. Qui est aimé d'un grand nombre de gens. *Henri IV a été un roi très **populaire**.* (Contr. impopulaire.) ⊙ Famille du mot : impopulaire, populariser, popularité.

▸ **populariser** (verbe) ○ conj.n°3
Rendre populaire. *La télévision a contribué à **populariser** le tennis.*

▸ **popularité** (nom féminin)
Fait d'être populaire, de plaire au plus grand nombre. *La **popularité** du Premier ministre est en hausse en ce moment.*

▸ **population** (nom féminin)
Ensemble des habitants d'un pays ou d'une ville. *La **population** de la France dépasse 56 millions d'habitants.*

▸ **populeux, euse** (adjectif)
Très peuplé. *Un quartier **populeux**.*

▸ **porc** (nom masculin)
1. Synonyme de cochon. *Un élevage de **porcs**.* 2. Viande de cet animal. *Les musulmans ne mangent pas de **porc**.* 3. Dans la langue familière, homme malpropre ou grossier. *Quel **porc** ! Tu manges salement !* → Prononciation [pɔʀ]. ⊙ Famille du mot : porcelet, porcherie, porcin.

un **porc**

▸ **porcelaine** (nom féminin)
Céramique fine et translucide très fragile. *Un service à thé en **porcelaine** de Limoges.*

un pot à eau en **porcelaine** de Rouen (XVIIe siècle)

▸ **porcelet** (nom masculin)
Jeune porc. *Les **porcelets** tètent la truie.*

porc-épic (nom masculin)
Mammifère rongeur dont le corps est couvert de longs piquants. *Le **porc-épic** hérisse ses piquants en cas de danger.* → Prononciation [pɔʀkepik]. → Pluriel : des porcs-épics.

un **porc-épic**

porche (nom masculin)
Espace couvert protégeant l'entrée d'un bâtiment. *Abritons-nous sous ce **porche**, en attendant la fin de l'averse !* ➠ p. 178.

porcherie (nom féminin)
Bâtiment où l'on élève des porcs. *Quand le vent tourne, l'odeur de la **porcherie** vient jusqu'ici.*

porcin, ine (adjectif)
Des porcs. *Les phacochères font partie de l'espèce **porcine**.*

pore (nom masculin)
Trou microscopique à la surface de la peau. *La sueur s'écoule par les **pores**.*

poreux, euse (adjectif)
Qui a des trous minuscules laissant passer l'eau. *La craie est **poreuse**.* (Contr. étanche, imperméable.)

pornographique (adjectif)
Qui représente les rapports sexuels sous un aspect obscène. *Une revue **pornographique**.*

porphyre (nom masculin)
Roche d'origine volcanique, très dure, souvent rouge sombre.

porridge (nom masculin)
Bouillie d'avoine. *On mange le **porridge** chaud.*

1. port (nom masculin)
1. Abri aménagé pour recevoir les bateaux. *Il y a des **ports** de pêche, des **ports** de plaisance, de guerre et de commerce.* 2. Ville où il y a un port. *Le Havre, Bordeaux, Marseille sont trois grands **ports** français.* • **Arriver à bon port** : arriver à son but sans accident.

2. port (nom masculin)
1. Fait de porter quelque chose. *Le **port** du casque est obligatoire pour les motards.* 2. Prix du transport d'un colis ou d'une lettre. *Les frais de **port** sont à la charge du destinataire de la commande.*

portable (adjectif)
1. Qu'on peut porter. *Ce costume bleu est encore **portable**.* 2. Synonyme de portatif. *Un téléphone, un ordinateur **portable**.* ▷ **portable** (nom masculin) Ordinateur ou téléphone portable.

portail (nom masculin)
Grande porte d'un bâtiment ou d'une propriété. *Les deux battants du **portail** de l'église s'ouvrent pour les mariés.* ➠ p. 178.

portant, ante (adjectif)
• **À bout portant** : le bout de l'arme à feu touchant presque la cible. • **Bien** ou **mal portant** : en bonne ou en mauvaise santé.

portatif, ive (adjectif)
Que l'on peut transporter facilement. *Un poste de télévision **portatif**.* (Syn. portable.)

porte (nom féminin)
Panneau mobile permettant d'ouvrir ou de fermer l'accès à un lieu, à un meuble ou à un véhicule. *Clément laisse très souvent sa **porte** ouverte.* • **Enfoncer des portes ouvertes** : dire des évidences. • **Mettre quelqu'un à la porte** : le chasser ou le renvoyer. ⊙ Famille du mot : portail, porte-à-porte, porte-fenêtre, portier, portière, portillon.

porte-à-faux (nom masculin)
• **En porte-à-faux** : en équilibre instable. *Le plat était **en porte-à-faux** sur le bord du meuble, il est tombé.*

porte-à-porte (nom masculin)
• **Faire du porte-à-porte** : aller de logement en logement pour vendre quelque chose.

porte-avions (nom masculin)
Grand bateau de guerre aménagé pour transporter des avions et leur permettre d'atterrir ou de décoller. → Pluriel : des porte-avions.

porte-bagages (nom masculin)
Support sur lequel on peut attacher des bagages. *David a attaché son sac sur son **porte-bagages**.* → Pluriel : des porte-bagages.

porte-bonheur (nom masculin)
Objet qui est supposé porter chance. *Monsieur Dupont a mis un fer à cheval à l'entrée de sa maison comme **porte-bonheur**.* → Pluriel : des porte-bonheur.

porte-cartes (nom masculin)
Petit étui contenant les papiers qu'on a habituellement sur soi. *Anna a rangé sa carte d'identité dans son **porte-cartes**.* → Pluriel : des porte-cartes.

porte-clés (nom masculin)
Anneau ou étui pour porter les clés. *Ibrahim attache son **porte-clés** à sa ceinture.* → Pluriel : des porte-clés.

porte-documents (nom masculin)
Serviette plate servant à transporter des papiers. *Un **porte-documents** en cuir.* → Pluriel : des porte-documents.

portée (nom féminin)
1. Distance à laquelle une arme peut envoyer un projectile. *Kevin s'est fabriqué un arc qui a une **portée** de 20 mètres.* 2. Distance à laquelle on peut atteindre quelque chose ou quelqu'un. *Donne-moi ce livre, il est juste à **portée** de ta main.* 3. Effet important produit par quelque chose. *Je crois que tu ne mesures pas la **portée** de ce que tu as dit.* 4. Ensemble des petits d'une femelle nés en même temps. *Une **portée** de lapins.* 5. Lignes parallèles sur lesquelles on note la musique. *Il y a cinq lignes dans une **portée**.* • **À la portée de quelqu'un** : qui peut être compris ou fait par lui.

porte-fenêtre (nom féminin)
Porte vitrée donnant sur un balcon ou une terrasse. *La **porte-fenêtre** donne sur un très beau parc.* → Pluriel : des portes-fenêtres.

portefeuille (nom masculin)
Étui à plusieurs poches où l'on met son argent et ses papiers. *Pierre a reçu un beau **portefeuille** en cuir pour son anniversaire.*

portemanteau, eaux (nom masculin)
Crochet servant à suspendre les vêtements. *Monsieur Dupuis a mis son chapeau, ses gants et son pardessus au **portemanteau**.*

porte-monnaie (nom masculin)
Petite pochette pour les pièces de monnaie. *Élodie cherche une pièce de deux euros dans son **porte-monnaie**.* → Pluriel : des porte-monnaie.

porte-parole (nom masculin)
Personne chargée de parler au nom des autres. *Les délégués de classe sont les **porte-parole** des élèves.* → Pluriel : des porte-parole.

porte-plume (nom masculin)
Manche au bout duquel est enfoncée une plume pour écrire. *Le stylo a remplacé le **porte-plume**.* → Pluriel : des porte-plume.

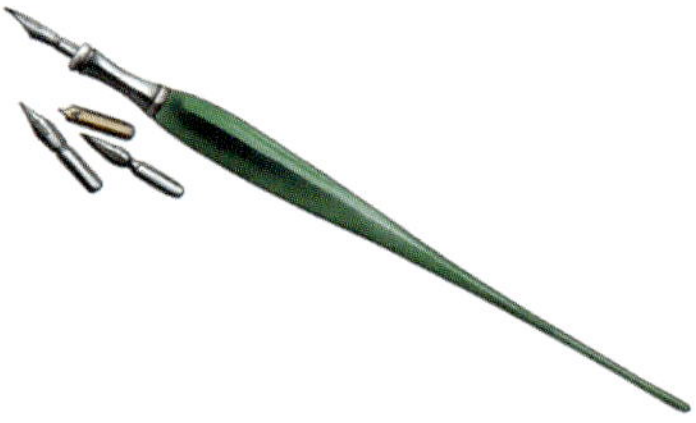

un **porte-plume** et des plumes

porter (verbe) ○ conj.n°3
1. Soulever ou soutenir une chose ou une personne. *Quentin **porte** sa petite sœur sur ses épaules.* 2. Prendre avec soi et emporter ailleurs. *Maman **a porté** du linge à la laverie.* (Syn. apporter.) 3. Avoir sur soi. *Romain **porte** un blouson. Le père de Fatima **porte** la barbe.* 4. Avoir dans son ventre avant de mettre au monde. *L'éléphant **porte** ses petits 21 mois.* 5. Avoir une certaine portée. *La voix **porte** loin dans ces grottes.*

6. Avoir la charge de quelque chose. *C'est lui qui **porte** la responsabilité du projet.* 7. Avoir pour sujet. *La plupart des critiques **portent** sur le style du livre.* 8. Atteindre son but. *La remarque **a porté** puisque vous êtes à l'heure aujourd'hui.* 9. Se porter : être dans tel ou tel état de santé. *Comment vous **portez-vous ?*** • **Porter bonheur** ou **malheur** : apporter la chance ou la malchance. • **Porter plainte** : déposer une plainte en justice. • **Porter secours** : secourir. • **Porter un nom** : l'avoir. ⊙ Famille du mot : port, portable, portant, portatif, portée, porteur.

porte-savon (nom masculin)
Petit support où l'on met le savon. *Il y a un **porte-savon** dans la salle de bains.* → Pluriel : des porte-savons.

porte-serviettes (nom masculin)
Support où l'on suspend les serviettes de toilette. *Étends bien ta serviette sur le **porte-serviettes** pour qu'elle sèche.* → Pluriel : des porte-serviettes.

porteur, euse (adjectif)
Qui porte quelque chose sur soi. *Il était **porteur** d'une maladie contagieuse.* ▷ **porteur, euse** (nom) Personne qui porte les bagages dans une gare. *Mamie était trop chargée, on a appelé un **porteur**.*

porte-voix (nom masculin)
Instrument portatif destiné à amplifier la voix. *L'orateur haranguait tous les manifestants dans son **porte-voix**.* → Pluriel : des porte-voix.

portier (nom masculin)
Employé qui a la charge de garder la porte d'un établissement. *Le **portier** de l'hôtel a monté les bagages dans la chambre.*

portière (nom féminin)
Porte d'une voiture ou d'un train. *Le train va partir : Attention à la fermeture automatique des **portières** !*

portillon (nom masculin)
Petite porte basse. *Ferme le **portillon** du jardin pour que le chien n'aille pas sur les plates-bandes !*

portion (nom féminin)
1. Part de nourriture pour une personne. *Maman nous a donné double **portion** de dessert.* 2. Partie d'un tout. *Cette **portion** du jardin est réservée à la culture des légumes.*

portique (nom masculin)
Poutre horizontale soutenue par deux poteaux, à laquelle sont suspendus une balançoire et des agrès. *Un **portique** a été installé au fond du jardin.*

porto (nom masculin)
Vin sucré du Portugal. *Des melons au **porto**.*

portrait (nom masculin)
1. Photographie, dessin ou peinture représentant une personne. *Cette galerie du château est réservée aux **portraits** des ancêtres.* 2. Description de quelqu'un ou de quelque chose. *Gaëlle nous a fait le **portrait** de sa nouvelle maîtresse.* • **Être tout le portrait de quelqu'un** : lui ressembler beaucoup.

un **portrait**

portrait-robot (nom masculin)
Portrait d'un individu recherché, réalisé d'après les indications des témoins. → Pluriel : des portraits-robots.

portuaire (adjectif)
D'un port. *Les activités **portuaires** de Marseille sont très importantes.*

portugais, aise
➠ Voir tableau p. 6.

pose (nom féminin)
1. Action de poser, de fixer. *Notre plombier se charge de la **pose** du lavabo.* 2. Attitude de quelqu'un qui pose. *Thomas n'a pas une **pose** très naturelle sur cette photo.*

posé, ée (adjectif)
Synonyme de pondéré. *C'est un homme **posé** qui ne parle pas à tort et à travers.*

posément (adverbe)
De façon posée. *Victor a expliqué **posément** pourquoi il voulait partir.* (Syn. calmement.)

poser (verbe) ○ conj.n°3
1. Mettre quelque chose sur un support. *Hélène **a posé** un vase sur la table.* (Syn. déposer, placer.) 2. Fixer ou installer à l'endroit approprié. *L'ouvrier vient de **poser** la moquette.* 3. Formuler nettement. *Julie n'a pas osé **poser** de questions.* 4. Prendre une attitude et rester sans bouger. *Le photographe demande à tous les invités de venir **poser**.* 5. Écrire les nombres d'une opération. *William **pose** son addition en alignant soigneusement les chiffres.* 6. Se poser : cesser son vol, pour un oiseau, ou atterrir, pour un avion. (Contr. s'envoler.) ⊙ Famille du mot : pose, posé, posément.

positif, ive (adjectif)
1. Qui exprime une affirmation. *J'ai reçu une réponse **positive** pour le séjour à la montagne.* (Contr. négatif.) 2. Qui comporte des éléments favorables et encourageants. *Il faut voir l'aspect **positif** des choses.* 3. Se dit d'un nombre supérieur à 0. *« +3 » est un nombre **positif**.* (Contr. négatif.)

position (nom féminin)
1. Façon de se tenir. *Guillaume a des fourmis dans la main car il a dormi dans une mauvaise **position**.* (Syn. posture.) 2. Endroit où quelque chose se trouve. *La latitude et la longitude permettent de connaître la **position** d'un bateau.* 3. Place occupée par rapport aux autres. *Le coureur a fait une remontée fulgurante : il est actuellement en seconde **position**.* 4. Point de vue sur un sujet. *C'est sa **position** et il ne veut pas en démordre.*

positivement (adverbe)
De manière positive. *On a répondu **positivement** à sa candidature.*

posologie (nom féminin)
Quantité de médicament à prendre. *La **posologie** dépend du poids du malade.*

posséder (verbe) ○ conj.n°8
Avoir à soi. *Laura **possède** un louis d'or, il lui appartient.* ⊙ Famille du mot : déposséder, possesseur, possessif, possession.

possesseur (nom masculin)
Personne qui possède quelque chose. *Les documents dont il est **possesseur** sont de la plus haute importance.*

possessif, ive (adjectif)
Qui marque la possession. *« Mon », « ta », « leurs » sont des adjectifs **possessifs** ; « le nôtre », « les tiens », « les siens » sont des pronoms **possessifs**.*

possession (nom féminin)
Fait de posséder quelque chose. *Ce livre n'est pas en ma **possession** en ce moment parce que je l'ai prêté.*

possibilité (nom féminin)
1. Fait d'être possible. *J'ai la **possibilité** de m'absenter.* (Contr. impossibilité.) 2. Chose possible. *Il y a beaucoup de **possibilités**, si vous avez envie de vous distraire à Paris.*

possible (adjectif)
1. Qui peut arriver. *Il est **possible** que tu ne le reconnaisses pas car il a changé.* (Contr. impossible.) **2.** Qui peut être fait. *Faire cette randonnée en deux heures est **possible** puisque je l'ai déjà fait.* (Syn. faisable, réalisable.) ▷ **possible** (nom masculin) • **Faire son possible** : faire tout ce que l'on peut. *J'**ai fait mon possible** pour arriver à l'heure.* ⊙ Famille du mot : impossibilité, impossible, possibilité.

postal, ale, aux (adjectif)
De la poste. *Le service **postal** est interrompu les dimanches et les jours fériés.*

1. poste (nom masculin)
1. Endroit où l'on doit être pour remplir son rôle. *Tous les hommes sont à leur **poste**, commandant !* **2.** Endroit où certaines personnes exercent leurs fonctions. *Après leur ronde, les agents de police regagnent le **poste**. Le pilote se trouve dans le **poste** de pilotage.* **3.** Fonction à laquelle on est nommé. *Il a un **poste** au ministère des Finances.* (Syn. emploi, place.) **4.** Appareil de radio, de télévision ou de téléphone. *Yann, veux-tu prendre Myriam sur l'autre **poste** ?*

2. poste (nom féminin)
1. Service chargé du transport et de la distribution du courrier. *D'après le cachet de la **poste**, la lettre est partie le 2 mai.* **2.** Bureau de poste. *Noémie a acheté des timbres à la **poste**.* ⊙ Famille du mot : postal, poster, postier.

1. poster (verbe) ○ conj.n°3
Mettre à un poste. *Le lieutenant **a posté** des sentinelles sur les hauteurs. Benjamin **s'est posté** au carrefour pour attendre Odile.*

2. poster (verbe) ○ conj.n°3
Mettre à la poste. *La secrétaire **poste** le courrier en partant du bureau.*

3. poster (nom masculin)
Affiche ou grande photographie servant à décorer. *Dans la classe, il y a un grand **poster** de la Terre vue de l'espace.* ➜ Poster est un mot anglais : on prononce [pɔstɛʀ].

postérieur, eure (adjectif)
1. Qui a lieu après. *Le règne de Napoléon est **postérieur** à la Révolution de 1789.* **2.** Qui est derrière. *Le kangourou se déplace toujours sur ses pattes **postérieures**.* (Contr. antérieur.) ▷ **postérieur** (nom masculin) Synonyme familier de fesses.

postérité (nom féminin)
Ensemble des gens qui sont nés ou naîtront après quelqu'un. *Les œuvres de Rembrandt sont passées à la **postérité**.*

posthume (adjectif)
Qui se produit après la mort. *Cet artiste a eu une gloire **posthume**.*

postiche (adjectif)
Qui n'est pas naturel. *Au théâtre, les comédiens portent souvent des barbes et des moustaches **postiches**.* (Syn. faux.)

postier, ère (nom)
Employé de la poste. *La **postière** a donné à Clément un timbre pour sa collection.*

postillon (nom masculin)
1. Gouttelette de salive projetée en parlant. **2.** Homme qui conduisait une diligence.

postillonner (verbe) ○ conj.n°3
Envoyer des postillons. *Le camelot **postillonne** en faisant son boniment.*

post-scriptum (nom masculin)
Ce que l'on ajoute à une lettre après la signature. *David a mis en **post-scriptum** : « N'oubliez pas de m'écrire, à votre tour ! »* ➜ Prononciation [pɔstskʀiptɔm]. ➜ Post-scriptum s'abrège P.-S. ⊙ Post-scriptum est un mot latin qui signifie « écrit après ».

postuler (verbe) ○ conj.n°3
Présenter sa candidature à un emploi. *Elle **postule** pour un emploi de chef de service.*

posture (nom féminin)
Position du corps. *Sarah change de **posture** pour s'asseoir plus confortablement.* (Syn. attitude.) • **En mauvaise posture** : dans une situation difficile. *Ce candidat est **en mauvaise posture** pour le second tour des élections.*

Différentes **postures** : l'homme a une **posture** menaçante, l'enfant a une **posture** craintive.

pot (nom masculin)
1. Sorte de récipient servant à divers usages. *Un **pot** à eau. Un **pot** de fleurs.* 2. Récipient où les enfants font leurs besoins. *Bébé est assis sur son **pot**.* • **Pot d'échappement** : tuyau par lequel sont évacués les gaz brûlés d'un véhicule. ➠ p. 733. • **Tourner autour du pot** : ne pas aborder franchement la question.

potable (adjectif)
Qu'on peut boire sans danger. *Dans les toilettes du train, l'eau du robinet n'est pas **potable**.* ⊙ Potable vient du latin *potare* qui signifie « boire », et que l'on retrouve dans *potion*.

potage (nom masculin)
Bouillon dans lequel on a fait cuire des légumes ou de la viande. *Ursula aime le **potage** aux légumes.*

potager, ère (adjectif)
• **Plante potagère** : plante utilisée comme légume. *Les carottes, les pommes de terre, les radis sont des **plantes potagères**.* ▷ **potager** (nom masculin) Jardin où on cultive des légumes. *En été, il arrose son **potager** tous les soirs.*

potasse (nom féminin)
Substance chimique contenant du potassium et utilisée comme engrais.

potassium (nom masculin)
Élément chimique très répandu dans la nature. *Cette eau minérale contient beaucoup de **potassium**.* → Prononciation [pɔtasjɔm].

pot-au-feu (nom masculin)
Plat de viande de bœuf, bouillie avec des légumes. → Prononciation [potofø]. → Pluriel : des pot-au-feu.

pot-de-vin (nom masculin)
Somme d'argent versée secrètement à quelqu'un pour obtenir un avantage. *Cette entreprise est soupçonnée d'avoir versé des **pots-de-vin** au député.* → Pluriel : des pots-de-vin.

poteau, eaux (nom masculin)
Longue pièce de bois ou de ciment plantée verticalement dans le sol et qui sert de support. *La route est bordée de **poteaux** électriques.*

potée (nom féminin)
Plat de viande de porc, bouillie avec des légumes, en particulier du chou.

potelé, ée (adjectif)
Synonyme de dodu. *Ce bébé est bien **potelé**.* (Contr. maigre.)

potence (nom féminin)
Instrument qui servait au supplice de la pendaison. *Autrefois, les brigands étaient condamnés à la **potence**.* (Syn. gibet.)

potentiel, elle (adjectif)
Qui pourrait exister. *Papa a trouvé un acheteur **potentiel** pour sa voiture.* (Syn. possible, virtuel.) ▷ **potentiel** (nom masculin) Ensemble des ressources dont peut disposer un groupe. *Cette nation a un **potentiel** agricole énorme.*

poterie (nom féminin)
1. Fabrication d'objets en terre cuite. *Chaque mercredi, Zoé va à l'atelier de **poterie**.* 2. Objet ou ustensile en terre cuite. *On a trouvé des débris de **poteries** anciennes sur ce site.*

poterne (nom féminin)
Porte cachée dans le mur d'une fortification.

▸ **potiche** (nom féminin)
Grand vase de porcelaine.

▸ **potier, ère** (nom)
Personne qui fabrique et vend des poteries. *Le **potier** travaille à l'aide d'un tour.*

▸ **potins** (nom masculin pluriel)
Synonyme familier de commérages. *Les **potins** du quartier ne l'intéressent pas.*

▸ **potion** (nom féminin)
Médicament à boire. *Il paraît que cette **potion** calme la toux.* ⊙ Voir potable.

▸ **potiron** (nom masculin)
Grosse citrouille. *Un potage au **potiron**.*

▸ **pot-pourri** (nom masculin)
Mélange de plusieurs airs de musique. → Pluriel : des pots-pourris.

▸ **pou, poux** (nom masculin)
Insecte parasite de l'homme et de certains animaux. *Anna se gratte la tête, elle a dû attraper des **poux** !*

un **pou** et des lentes

▸ **poubelle** (nom féminin)
Récipient pour les ordures ménagères. *Enveloppe les épluchures avant de les mettre dans la **poubelle**.* ⊙ Poubelle vient du nom d'*Eugène Poubelle*, préfet de la Seine, qui imposa l'usage de ces récipients à la fin du XIXe siècle.

▸ **pouce** (nom masculin)
1. Doigt le plus gros et le plus court de la main. *Arrête de sucer ton **pouce** !* 2. Gros orteil du pied. 3. Ancienne mesure de longueur qui valait environ 3 centimètres. • **Donner un coup de pouce** : intervenir pour aider quelqu'un à réussir. • **Manger sur le pouce** : manger très rapidement. • **Se tourner les pouces** : dans la langue familière, rester sans rien faire. ▷ **pouce !** (interjection) Synonyme de stop ! ***Pouce** ! J'arrête !*

▸ **pouding** ➠ Voir pudding.

▸ **poudre** (nom féminin)
1. Matière écrasée en petits grains très fins. *Élodie met du sucre en **poudre** dans son yaourt.* 2. Matière explosive. *Les cartouches de fusil contiennent de la **poudre**.* 3. Substance très fine qui sert au maquillage. *Odile s'est mis un peu de **poudre** car elle a le teint pâle.* • **Jeter de la poudre aux yeux** : chercher à éblouir les autres. • **Mettre le feu aux poudres** : déclencher un conflit ou une forte manifestation de violence. ⊙ Famille du mot : se poudrer, poudreux, poudrier, poudrière.

▸ **se poudrer** (verbe) ⊙ conj.n°3
Se mettre de la poudre pour se maquiller.

▸ **poudreux, euse** (adjectif)
Qui est léger et fin comme de la poudre. *Ibrahim aime skier dans la neige **poudreuse**.* ▷ **poudreuse** (nom féminin) Neige poudreuse.

▸ **poudrier** (nom masculin)
Petite boîte plate qui renferme de la poudre pour le maquillage.

▸ **poudrière** (nom féminin)
1. Entrepôt où l'on gardait des explosifs. 2. Au sens figuré, région où le moindre incident risque de provoquer une guerre.

▸ **pouf** (nom masculin)
Gros coussin qui sert de siège.

▸ **pouffer** (verbe) ⊙ conj.n°3
Éclater de rire en essayant d'être discret. *Gaëlle n'a pas pu s'empêcher de **pouffer** de rire quand Kevin a trébuché.*

a b c d e f g h i j k l m n o p q r s t u v w x y z

pouilleux, euse (adjectif)
Qui est miséreux et sale. *Ce quartier **pouilleux** doit être démoli.*

poulailler (nom masculin)
1. Abri pour les poules. *Pierre a trouvé des œufs dans le **poulailler**.* 2. Balcon tout en haut d'un théâtre, où les places sont les moins chères.

poulain (nom masculin)
Petit de la jument.

poularde (nom féminin)
Jeune poule qui a été engraissée.

1. poule (nom féminin)
Oiseau de basse-cour que l'on élève pour sa chair et ses œufs. *Le coq est le mâle de la **poule**.* • **Poule mouillée :** dans la langue familière, personne timorée, qui manque de courage. ⊙ Famille du mot : poulailler, poularde, poulet.

différentes races de **poules**

2. poule (nom féminin)
Épreuve sportive dans laquelle chacun des concurrents va rencontrer successivement chacun de ses adversaires. ⊙ Poule vient de l'anglais *pool* qui signifie « équipe ».

poulet (nom masculin)
Jeune coq ou jeune poule, plus grand que le poussin. *On a acheté un **poulet** à la ferme.*

pouliche (nom féminin)
Jeune jument.

poulie (nom féminin)
Petite roue sur laquelle s'enroule un câble ou une corde. *Les **poulies** permettent de soulever des charges lourdes.*

une **poulie**

poulpe (nom masculin)
Synonyme de pieuvre.

pouls (nom masculin)
Battement du sang dans les artères que l'on peut sentir en tâtant le poignet. *Après une course, le **pouls** est très rapide.* → Prononciation [pu]. ⊙ Pouls vient du latin *pulsus* qui signifie « battement » et qu'on retrouve dans pulsation.

poumon (nom masculin)
Chacun des deux organes situés dans le thorax, qui servent à respirer.

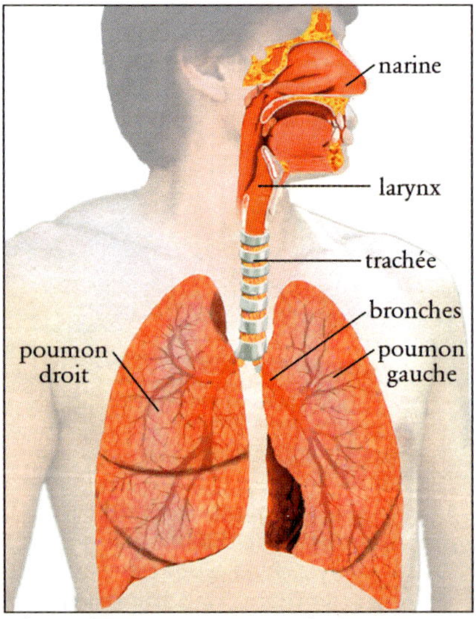

le système respiratoire et les **poumons**

poupe (nom féminin)
Partie arrière d'un navire. *Le gouvernail se trouve à la **poupe** des bateaux.* (Contr. proue.)

poupée (nom féminin)
Jouet qui représente une personne. *Jouer à la **poupée**.*

poupon (nom masculin)
1. Synonyme de bébé. *Ce **poupon** est bien potelé.* **2.** Poupée qui représente un bébé. *Hélène habille son **poupon**.*

pouponner (verbe) ○ conj.n°3
S'occuper avec tendresse d'un bébé. *Comme elle adore **pouponner**, elle aimerait travailler plus tard dans une crèche.*

pour (préposition)
Sert à introduire de nombreux types de compléments. *Julie est sortie **pour** acheter le pain* (but). *Quentin a une récitation à apprendre **pour** demain* (temps). *Le magasin est fermé **pour** travaux* (cause). *Il n'a pas assez travaillé **pour** réussir (conséquence). Laura s'est acheté des bonbons **pour** deux euros* (échange). *Romain est grand **pour** son âge* (comparaison), etc.

pourboire (nom masculin)
Somme d'argent qu'un client laisse, en plus du prix à payer, pour la personne qui l'a servi. *Maman a donné un **pourboire** à la serveuse.*

pourceau, eaux (nom masculin)
Synonyme littéraire de porc.

pourcentage (nom masculin)
Proportion par rapport à 100 unités. *Quinze élèves sur cent ont échoué à leur examen, le **pourcentage** des échecs est donc de quinze pour cent (15 %).*

pourchasser (verbe) ○ conj.n°3
Poursuivre sans relâche. *Les hyènes **pourchassent** le buffle blessé.*

se pourlécher (verbe) ○ conj.n°8
Se passer la langue sur les lèvres à la pensée de manger quelque chose de bon.

pourparlers (nom masculin pluriel)
Ensemble des discussions en vue de régler une affaire. *Les **pourparlers** entre ces deux pays n'ont pas abouti à la paix.*

pourpoint (nom masculin)
Sorte de veste que les hommes portaient autrefois.

François Ier est vêtu d'un **pourpoint**.

pourpre (adjectif)
D'une couleur rouge très foncé. ▷ **pourpre** (nom masculin) Couleur pourpre. ▷ **pourpre** (nom féminin) Colorant rouge foncé que l'on tirait d'un mollusque.

pourquoi (adverbe)
Sert à interroger sur la cause de quelque chose. ***Pourquoi** ris-tu ? Je vais t'expliquer **pourquoi** je suis en retard.*
• **C'est pourquoi** : c'est pour cette raison. *Myriam est très malade, **c'est pourquoi** elle n'est pas là.*

a b c d e f g h i j k l m n o p q r s t u v w x y z

pourrir (verbe) ○ conj.n°11
S'abîmer en se décomposant. *Jette ces pommes, elles **sont pourries**.* (Syn. se gâter.)

pourriture (nom féminin)
État de ce qui est pourri. *D'où vient cette horrible odeur de **pourriture** ?*

poursuite (nom féminin)
Action de poursuivre. *Le peloton s'est lancé à la **poursuite** du coureur échappé.*
▷ **poursuites** (nom féminin pluriel)
Fait de poursuivre quelqu'un en justice. *Si vous stationnez ici malgré l'interdiction, vous êtes passible de **poursuites**.*

poursuivant, ante (nom)
Personne qui en poursuit une autre. *Il a réussi à échapper à ses **poursuivants**.*

poursuivre (verbe) ○ conj.n°49
1. Courir après une personne ou un animal pour le rattraper. *Le lion **poursuit** sa proie à travers la savane.* (Syn. pourchasser.) 2. Continuer ce qu'on a commencé. *Laisse-moi **poursuivre** mon histoire, je n'ai pas fini !* 3. Porter plainte contre quelqu'un en lui faisant un procès. *Elle l'**a poursuivi** en justice pour injures et menaces.* ⊙ Famille du mot : poursuite, poursuivant.

pourtant (adverbe)
Indique une opposition. *Noémie a attrapé froid, elle était **pourtant** bien couverte.* (Syn. cependant, néanmoins.)

pourtour (nom masculin)
Partie qui fait le tour d'une surface ou d'un objet. *Le **pourtour** du lac est planté de sapins.*

pourvoir (verbe) ○ conj.n°23
1. Fournir ce qui est nécessaire à quelqu'un. *Les parents doivent **pourvoir** aux besoins de leurs enfants jusqu'à leur majorité.* 2. Équiper de ce qui est nécessaire. *Sa maison **est pourvue** du confort moderne.*

pourvu que (conjonction)
1. Exprime un souhait. ***Pourvu que** la pluie s'arrête et qu'on puisse sortir !* 2. Exprime une condition. *Vous pouvez jouer dehors **pourvu que** vous restiez devant la maison.*

pousse (nom féminin)
Partie jeune d'une plante. *En mars, les premières **pousses** apparaissent.*

poussée (nom féminin)
1. Force exercée en poussant. *Sous la **poussée** de la foule, des barrières se sont renversées.* 2. Brusque accès d'un état maladif. *Odile est couchée, car elle a une **poussée** de fièvre.*

pousser (verbe) ○ conj.n°3
1. Appuyer pour faire bouger ou pour faire tomber. *Il est tombé en panne et a dû **pousser** sa moto jusque chez lui.* (Contr. tirer.) 2. Inciter quelqu'un à faire quelque chose. *C'est son père qui **pousse** Thomas à faire du judo.* (Syn. encourager.) 3. Se développer ou grandir. *Les chênes **poussent** plus lentement que les sapins.* 4. Se pousser : s'écarter pour laisser la place. *Les nombreux pompiers demandent à la foule de **se pousser**.* • **Pousser quelqu'un à bout** : l'exaspérer. • **Pousser un cri** : crier. ⊙ Famille du mot : pousse, poussée, poussette.

poussette (nom féminin)
Petite voiture de bébé que l'on pousse devant soi.

poussière (nom féminin)
Petits grains de matière très fins et très légers. *Le ménage n'a pas été fait, tous les meubles sont couverts de **poussière**.* ⊙ Famille du mot : dépoussiérer, poussiéreux.

poussiéreux, euse (adjectif)
Couvert de poussière. *Un grenier **poussiéreux**.*

poussif, ive (adjectif)
Qui s'essouffle facilement, qui peine. *Un vieux camion **poussif** montait la côte.*

poussin (nom masculin)
Petit de la poule. *Ces **poussins** viennent d'éclore.*

poutre (nom féminin)
Morceau de bois long et épais qui soutient un toit ou un plafond. *Ces **poutres** de bois sont très anciennes.*

poutrelle (nom féminin)
Poutre en métal. ➠ p. 1078.

1. pouvoir (verbe) ○ conj.n°27
1. Être capable de faire quelque chose. *Est-ce que tu **peux** porter cette grosse valise ?* 2. Avoir le droit ou la permission de faire quelque chose. *Les enfants mineurs ne **peuvent** pas voter.* 3. Être possible. *Tu **peux** te faire mal avec ce couteau.* (Syn. risquer.) • **N'en pouvoir plus** : être très fatigué, ou en avoir assez. *Je m'arrête, je **n'en peux plus** !*

2. pouvoir (nom masculin)
1. Possibilité ou faculté de faire quelque chose. *Il n'a pas le **pouvoir** de décider.* 2. Autorité ou puissance. *Le **pouvoir** des médias est grand sur l'opinion.* • **Les pouvoirs publics** : ensemble des personnes qui gouvernent. • **Pouvoir d'achat** : ce qu'on peut acheter en fonction de ses revenus.

praire (nom féminin)
Coquillage marin comestible qui vit dans le sable.

prairie (nom féminin)
Terrain recouvert d'herbe. *Les vaches paissent dans la **prairie**.*

praline (nom féminin)
Bonbon fait d'une amande grillée recouverte de sucre. ⊙ Praline vient du nom du maréchal du *Plessis-Praslin*, dont le cuisinier inventa cette confiserie au XVIIe siècle.

praliné, ée (adjectif)
Qui est parfumé à la praline. *Sarah a choisi un esquimau **praliné**.*

praticable (adjectif)
Où on peut passer sans danger. *Ce sentier le long de la falaise est **praticable** toute l'année.* (Contr. impraticable.)

praticien, enne (nom)
Personne qui met en pratique ses connaissances pour soigner. *Les médecins, les dentistes, les vétérinaires sont des **praticiens**.*

pratiquant, ante (adjectif)
Qui pratique une religion. *Les catholiques **pratiquants** vont à la messe le dimanche.*

1. pratique (adjectif)
1. Qui est facile à utiliser. *Ce couteau est très **pratique** pour éplucher les légumes.* (Syn. commode.) 2. Qui permet de mettre en pratique ce qu'on a appris en théorie. *Je crois que vous avez bien compris : passons aux exercices **pratiques**.* 3. Qui a le sens des réalités. *Heureusement, elle a l'esprit **pratique** et sait se débrouiller seule !*

2. pratique (nom féminin)
1. Activité qui a pour but de mettre en application les choses qu'on a apprises. *Après la théorie, passons à la **pratique**.* (Syn. application, exécution. Contr. théorie.) 2. Manière d'agir. *Copier sur son voisin n'est pas une **pratique** honnête !* (Syn. procédé.) 3. Habitude de faire quelque chose. *Il commence à conduire, il manque encore de **pratique**.* (Syn. expérience.) 4. Fait de pratiquer une religion. ⊙ Famille du mot : impraticable, praticable, praticien, pratiquant, pratiquement, pratiquer.

pratiquement (adverbe)
1. Dans la pratique. *Ce projet bizarre semble **pratiquement** irréalisable.* (Contr. théoriquement.) 2. À peu près. *Mangeons, il est **pratiquement** midi.* (Syn. presque.)

pratiquer (verbe) ○ conj.n°3
1. Faire quelque chose de façon très régulière. *Pour être en forme, Victor **pratique** plusieurs sports.* 2. Accomplir les actes commandés par une religion. *Ses parents sont croyants mais ne **pratiquent** pas.*

pré (nom masculin)
Petite prairie. *William a trouvé des champignons dans les **prés**.*

préalable (adjectif)
Qui doit avoir lieu avant autre chose. *Guillaume sera embauché après avoir accompli une période d'essai **préalable**.* ▷ **préalable** (nom masculin) • **Au préalable** : avant, d'abord. *Si vous voulez entrer dans le musée, achetez un billet **au préalable**.* (Syn. préalablement.) ⊙ Préalable vient de l'ancien adjectif *alable* qui signifiait « où l'on peut aller ».

préalablement (adverbe)
Au préalable.

préambule (nom masculin)
Début d'un discours. *Après un court **préambule**, Pierre a abordé les points importants.*

préau, préaux (nom masculin)
Partie couverte d'une cour d'école. *Quand il pleut, la récréation a lieu dans le **préau**.*

préavis (nom masculin)
Avertissement que l'on doit donner officiellement. *Les syndicats ont déposé un **préavis** de grève à la direction.*

précaire (adjectif)
Qui est fragile et incertain. *Il a un emploi **précaire**.* (Contr. stable.)

précarité (nom féminin)
Caractère précaire. *La **précarité** de sa situation le préoccupe.*

précaution (nom féminin)
Ce que l'on fait pour éviter un ennui ou un danger. *Ils ont pris la **précaution** de se faire vacciner. Papa roule avec **précaution** sur la route enneigée.*

précédemment (adverbe)
Synonyme d'antérieurement. *Je t'ai déjà dit **précédemment** que je n'étais pas libre.*

précédent, ente (adjectif)
Qui précède quelque chose. *Cette fois, il a accepté, la fois **précédente** il avait refusé.* (Contr. suivant.) ▷ **précédent** (nom masculin) Événement qui a déjà eu lieu et qui peut servir d'exemple. *Une catastrophe aérienne grave et sans **précédent**.*

précéder (verbe) ○ conj.n°8
1. Se passer avant. *Ce ciel tout gris **précède** une tempête.* (Contr. suivre.) 2. Marcher devant quelqu'un. *Ursula me **précède** pour me montrer le chemin.* (Syn. devancer. Contr. suivre.) ⊙ Famille du mot : précédemment, précédent.

précepte (nom masculin)
Formule qui énonce une règle de morale. *« Mieux vaut rire que pleurer » est un sage **précepte**.*

prêche (nom masculin)
Synonyme de sermon. *Les fidèles écoutent le **prêche** du prêtre.*

prêcher (verbe) ○ conj.n°3
1. Faire un prêche. *Le prêtre est monté sur la chaire pour **prêcher**.* 2. Conseiller quelque chose avec insistance. ***Prêcher** la modération, le calme, la patience.* (Syn. recommander.)

précieusement (adverbe)
Avec un grand soin. *Xavier range **précieusement** sa collection de timbres.*

précieux, euse (adjectif)
1. Qui a une grande valeur. *La bague de sa mère est pour maman un objet **précieux**.* 2. Qu'on apprécie beaucoup. *Votre aide nous a été très **précieuse**.* 3. Qui manque de naturel. *Zoé est agaçante quand elle parle de façon **précieuse**.* (Syn. maniéré.) ⊙ Précieux vient du latin *pretium* qui signifie « prix ».

précipice (nom masculin)
Trou profond aux parois à pic. *Un torrent coule au fond du **précipice**.* (Syn. ravin.)

précipitamment (adverbe)
Avec précipitation. *Benjamin a agi **précipitamment** et sans réfléchir.*

précipitation (nom féminin)
Trop grande hâte. *Pas de **précipitation**, nous avons tout notre temps.* ▷ **précipitations** (nom féminin pluriel) Phénomène atmosphérique tel que la pluie, la neige, la grêle. *D'importantes **précipitations** ont provoqué des inondations.*

précipiter (verbe) ○ conj.n°3
1. Faire quelque chose avec précipitation. *Cette nouvelle l'a obligé à **précipiter** son retour vers la capitale.* (Contr. retarder.) 2. Se précipiter : se jeter de haut en bas. *Le parachutiste **se précipite** dans le vide.* 3. Se précipiter sur : s'élancer brusquement. *Le chien **s'est** vraiment **précipité sur** l'os du gigot.* ⊙ Famille du mot : précipitamment, précipitation. ⊙ Précipiter vient du latin *præcipitare* qui signifie « tomber la tête en avant ».

1. précis, ise (adjectif)
1. Qui est clair, exact et détaillé. *Ton plan était tellement **précis** qu'on a trouvé tout de suite.* (Contr. approximatif, évasif, imprécis, vague.) **2.** Qui fait preuve d'exactitude. *Elle est toujours très **précise** à ses rendez-vous.* (Syn. ponctuel.) **3.** Qui agit avec sûreté et minutie. *Un chirurgien doit être très **précis** dans ses gestes.* **4.** Exactement à cette heure-là. *Je t'attendrai à 14 heures **précises** juste devant le cinéma.* ⊙ Famille du mot : imprécis, imprécision, précisément, préciser, précision.

2. précis (nom masculin)
Livre qui contient l'essentiel d'une matière. *Un **précis** d'histoire.*

précisément (adverbe)
1. De manière précise. *Explique-moi très **précisément** ce que tu veux !* (Syn. exactement.) **2.** Synonyme de justement. *Voilà **précisément** ce qu'il ne faut pas faire.*

préciser (verbe) ○ conj.n°3
Faire connaître de façon précise ou plus précise. *N'oublie pas de me **préciser** à quelle heure tu arriveras. La menace d'orages **se précise** en fin de journée.* (Syn. se confirmer.)

précision (nom féminin)
1. Caractère précis. *J'ai apprécié la **précision** de ses indications.* (Syn. clarté, exactitude. Contr. confusion, imprécision.) **2.** Renseignement qui précise quelque chose. *Je voudrais quelques **précisions** concernant les horaires des trains.*

précoce (adjectif)
1. Qui arrive plus tôt que d'habitude. *L'hiver est **précoce** cette année.* (Contr. tardif.) **2.** Qui est en avance pour son âge. *C'est une enfant **précoce**, à neuf mois elle marche déjà.*

précocité (nom féminin)
Caractère précoce. *La **précocité** de cet élève est étonnante.*

préconçu, ue (adjectif)
• **Idée préconçue :** idée toute faite, qu'on adopte sans réfléchir. *Il faut se méfier des **idées préconçues**.* (Syn. préjugé.)

préconiser (verbe) ○ conj.n°3
Recommander vivement. *Je **préconise** de rentrer dès maintenant car l'orage menace.*

précuit, uite (adjectif)
Qui a été légèrement cuit avant d'être emballé. *Le riz **précuit** est plus vite prêt.*

précurseur (adjectif masculin)
Qui précède et annonce quelque chose. *Depuis hier, le merle chante : c'est un signe **précurseur** du printemps.* ▷ **précurseur** (nom masculin) Personne qui lance une idée très en avance sur les autres. *Pierre et Marie Curie ont été des **précurseurs** dans le domaine de la radioactivité.* ⊙ Précurseur vient du latin *praecurrere* qui signifie « courir devant ».

prédateur (nom masculin)
Animal qui se nourrit d'autres animaux vivants. *Le guépard, la panthère, les rapaces sont des **prédateurs**.* ⊙ Prédateur vient du latin *prœda* qui signifie « proie ».

Le chien sauvage est un **prédateur** du gnou.

prédécesseur (nom masculin)
Personne qui a précédé quelqu'un dans un emploi. *Le nouveau maire est plus jeune que son **prédécesseur**.* (Contr. successeur.)

prédestiné, ée (adjectif)
Qui semble destiné par avance à quelque chose. *Notre boulanger s'appelle monsieur Baguette, c'est un nom **prédestiné** !*

prédicateur (nom masculin)
Personne qui prêche.

a b c d e f g h i j k l m n o p q r s t u v w x y z

prédiction (nom féminin)
Ce qui a été prédit. *Anna ne croit pas aux **prédictions** des astrologues.* (Syn. prophétie.)

prédilection (nom féminin)
Nette préférence. *Notre sport de **prédilection** est le tennis.*

prédire (verbe) ○ conj.n°46
Annoncer à l'avance ce qui va arriver. *Je t'**avais prédit** que tu serais gagnant.*
→ Prédire se conjugue comme *dire* sauf à la deuxième personne du pluriel : vous prédisez.

prédisposer (verbe) ○ conj.n°3
Mettre quelqu'un par avance dans des conditions favorables. *Sa grande taille le **prédispose** à être basketteur.*

prédominer (verbe) ○ conj.n°3
Être le plus important ou le plus fréquent. *Ce qui **prédomine** dans son caractère, c'est sa bonne humeur.*

préfabriqué, ée (adjectif)
Qui est construit avec des éléments prêts à être assemblés. *Ils ont construit une maison **préfabriquée** pour y passer leurs vacances.*

préface (nom féminin)
Texte de présentation placé au début d'un livre. *Dans sa **préface**, l'auteur explique ses intentions.* (Syn. avant-propos, introduction.)

préfacer (verbe) ○ conj.n°4
Présenter par une préface. *C'est un critique d'art qui **a préfacé** ce livre sur Picasso.*

préfectoral, ale, aux (adjectif)
Du préfet. *Par arrêté **préfectoral**, la circulation des poids lourds est interdite dans cette rue.*

préfecture (nom féminin)
1. Ville où réside un préfet. *Lille est la **préfecture** du Nord.* 2. Services et bureaux qui dépendent d'un préfet. *La **préfecture** est ouverte au public de 9 heures à 18 heures.*

préférable (adjectif)
Qui mérite d'être préféré. *Cette solution me semble **préférable** à toutes les autres.*

préféré, ée (adjectif et nom)
Que l'on préfère. *Quel est ton plat **préféré** ? Parmi toutes les B.D., ma **préférée** c'est Astérix.*

préférence (nom féminin)
Fait de préférer une chose à une autre. *Yann a une **préférence** pour les sports de plein air.* • **De préférence :** en choisissant une chose plutôt qu'une autre. *Yann va tous les mercredis à la piscine, **de préférence** le matin.*

préférer (verbe) ○ conj.n°8
Aimer mieux. *Les fruits qu'Élodie **préfère**, ce sont vraiment les framboises.*
⊙ Famille du mot : préférable, préféré, préférence.

préfet (nom masculin)
Fonctionnaire qui représente le gouvernement dans un département ou une région. *Le **préfet** du Bas-Rhin est venu inaugurer la nouvelle autoroute.*

préfigurer (verbe) ○ conj.n°3
Donner à l'avance une idée de ce que sera quelque chose. *Son air coquin **préfigure** une nouvelle farce !*

préfixe (nom masculin)
Élément placé devant un mot et servant à en former un autre de sens différent. *Dans incomplet, « in- » est un **préfixe** négatif.*

préhension (nom féminin)
Action de prendre. *La pince est l'organe de **préhension** du homard.*

préhistoire (nom féminin)
Période de l'histoire de l'humanité qui a précédé l'invention de l'écriture. *Ces belles gravures rupestres datent de la **préhistoire**.*

Scène extraite de « La Guerre du feu », film dont l'action se situe durant la **préhistoire**.

préhistorique (adjectif)
De la préhistoire. *Tous les hommes **préhistoriques** vivaient de chasse et de cueillette.*

préjudice (nom masculin)
Tort causé à quelqu'un. *Cette terrible accusation lui a causé un grave **préjudice**.*

préjudiciable (adjectif)
Qui cause un préjudice. *Cette nouvelle construction est **préjudiciable** à la beauté du paysage.* (Syn. nuisible.)

préjugé (nom masculin)
Idée préconçue. *Les **préjugés** de Luc l'empêchent de goûter à la cuisine exotique.*

préjuger (verbe) ○ conj.n°5
Donner prématurément une opinion sur quelque chose. *On ne peut pas **préjuger** de sa réaction, Yann nous surprendra peut-être.*

se prélasser (verbe) ○ conj.n°3
Se reposer confortablement. *Fatima **se prélasse** à l'ombre dans le hamac.*

prélat (nom masculin)
Haut personnage du clergé, dans l'Église catholique. *De nombreux **prélats** ont célébré une messe avec le pape.*

prélèvement (nom masculin)
Action de prélever. *Olivier paie son électricité par des **prélèvements** sur son compte bancaire.*

prélever (verbe) ○ conj.n°8
Prendre une partie d'un ensemble. *Les géologues **ont prélevé** quelques échantillons de roches.*

préliminaire (adjectif)
Qui précède et prépare quelque chose. *Les épreuves **préliminaires** servent souvent d'éliminatoire.* ▷ **préliminaires** (nom masculin pluriel) Ensemble de discussions qui préparent un accord. *Ces deux pays n'en sont qu'aux **préliminaires** de leurs échanges commerciaux.*

prélude (nom masculin)
1. Événement qui en annonce un autre. *Ce voyage a été pour eux le **prélude** d'une grande amitié.* 2. Début d'un morceau de musique. *Gaëlle apprend à jouer un **prélude** de Bach au piano.*

prématuré, ée (adjectif)
Qui se produit trop tôt. *L'arrivée **prématurée** du printemps nous a tous agréablement surpris.* (Syn. précoce.) ▷ **prématuré, ée** (adjectif et nom) Enfant né avant terme. *Certains **prématurés** sont placés en couveuse.* ⊙ Prématuré vient du latin *prœmaturus* qui signifie « qui est mûr avant ».

prématurément (adverbe)
De façon prématurée. *Quentin a **prématurément** arrêté ses études pour prendre un emploi.*

préméditation (nom féminin)
Action de préméditer. *L'accusé a été condamné pour meurtre avec **préméditation**.*

préméditer (verbe) ○ conj.n°3
Décider et préparer quelque chose à l'avance. *Un mauvais coup est souvent soigneusement **prémédité**.*

prémices (nom féminin pluriel)
Premiers signes de quelque chose. *Le retour des hirondelles est une des **prémices** du printemps.*

premier, ère (adjectif)
1. Qui occupe le rang numéro 1. *Lundi prochain sera le **premier** jour du mois de mai.* 2. Qui vient avant les autres dans le temps ou dans l'espace. *Nous avons marqué un but dans la **première** minute de la partie.* (Contr. dernier.) 3. Qui est le meilleur dans un classement. *Hélène est fière d'être **première** en français.* • **Nombre premier** : nombre que l'on ne peut diviser que par lui-même si l'on veut obtenir un nombre entier. ▷ **premier, ère** (nom) Personne qui est avant les autres. *Benjamin est le **premier** à avoir écrit à sa tante.* ▷ **premier** (nom masculin) 1. Premier étage. *Habiter au **premier**.* 2. Premier jour du mois. *Le **premier** mai est un jour férié.* ▷ **première** (nom féminin) Sixième année de l'enseignement secondaire, précédant la terminale.

a b c d e f g h i j k l m n o p q r s t u v w x y z

premièrement (adverbe)
En premier lieu. *Si vous voulez vous inscrire, il vous faut* ***premièrement*** *remplir ce formulaire, puis payer une cotisation.* (Syn. d'abord.)

prémolaire (nom féminin)
Dent placée entre la canine et les molaires. *L'homme a huit* ***prémolaires****.* ➠ p. 321.

prémonition (nom féminin)
Avertissement mystérieux de ce qui va arriver. *Une étrange* ***prémonition*** *nous empêche de faire ce beau voyage.* (Syn. pressentiment.)

prémonitoire (adjectif)
Qui relève de la prémonition. *Julie raconte qu'elle a fait, hier, un rêve* ***prémonitoire****.*

se prémunir (verbe) ○ conj.n°11
Se protéger contre un mal ou un danger. *Pour* ***se prémunir*** *contre la grippe, on se fait vacciner.*

prénatal, ale, als (adjectif)
Qui précède la naissance. *Les femmes enceintes doivent subir des examens* ***prénatals****.*

prendre (verbe) ○ conj.n°32
1. Saisir avec ses mains. ***Prendre*** *un livre dans la bibliothèque.* 2. Emporter avec soi. *N'oublie pas de* ***prendre*** *un pull.* 3. Enlever quelque chose à quelqu'un. *Il pleure car sa sœur lui* ***a pris*** *ses jouets.* 4. Se rendre maître de quelque chose. *Les révoltés* ***ont pris*** *la citadelle.* 5. Attraper un animal. *Les pêcheurs* ***ont pris*** *beaucoup de poissons.* 6. Absorber quelque chose. *Elle doit* ***prendre*** *ses médicaments tous les jours.* 7. Demander ou exiger. *Le cordonnier m'****a pris*** *10 euros pour réparer mes chaussures.* 8. Se servir d'un moyen de transport. *Pour aller à l'école, Laura* ***prend*** *l'autobus.* 9. Considérer d'une certaine façon. ***Prendre*** *quelqu'un pour un génie.* 10. Commencer à brûler. *Le feu ne* ***prend*** *pas car le bois n'est pas sec.* • **S'en prendre à quelqu'un** : lui faire des reproches ou l'attaquer. • **S'y prendre bien ou mal** : agir de façon adroite ou maladroite. ⊙ Famille du mot : imprenable, preneur, prise.

preneur, euse (nom)
• **Trouver preneur** : trouver un acheteur. *Cette maison n'****a*** *pas encore* ***trouvé preneur****.*

prénom (nom masculin)
Nom joint au nom de famille et qui permet de distinguer les membres d'une même famille. *Myriam est un joli* ***prénom****.*

se prénommer (verbe) ○ conj.n°3
Avoir pour prénom. *Mon cousin* ***se prénomme*** *Clément.*

préoccupant, ante (adjectif)
Qui préoccupe. *La situation du bateau est* ***préoccupante*** *: les vagues deviennent énormes.* (Syn. inquiétant.)

préoccupation (nom féminin)
Chose qui préoccupe. *Essaie d'oublier un peu tes* ***préoccupations*** *et détends-toi !* (Syn. inquiétude, souci.)

préoccuper (verbe) ○ conj.n°3
Synonyme d'inquiéter. *Son état de santé* ***préoccupe*** *ses parents. David est encore trop jeune pour* ***se préoccuper*** *de son avenir.* ⊙ Famille du mot : préoccupant, préoccupation.

préparatifs (nom masculin pluriel)
Ce qu'on fait pour préparer quelque chose. *Les* ***préparatifs*** *du repas d'anniversaire lui ont demandé beaucoup de travail.*

préparation (nom féminin)
Action de préparer. *La* ***préparation*** *de ces confitures est longue.*

préparatoire (adjectif)
Qui sert à préparer. *Une réunion* ***préparatoire****.* • **Cours préparatoire** : première année de l'enseignement élémentaire.

préparer (verbe) ○ conj.n°3
1. Faire ce qu'il faut pour que quelque chose soit prêt. *Noémie* ***prépare*** *son cartable pendant que son père* ***prépare*** *le petit déjeuner.* 2. S'entraîner pour réussir quelque chose. ***Préparer*** *une compétition, un examen.* 3. Se préparer à faire quelque chose : s'y disposer ou s'y apprêter. *Odile* ***se prépare*** *à sortir.* ⊙ Famille du mot : préparatifs, préparation, préparatoire.

préponderance (nom féminin)
Supériorité de ce qui est très prépondérant. *La **prépondérance** économique des États-Unis.*

prépondérant, ante (adjectif)
Qui a plus de poids ou d'autorité que les autres. *Pierre a joué un rôle **prépondérant** dans la préparation de la fête.*

préposé, ée (nom)
1. Personne chargée d'un service particulier. *La **préposée** au vestiaire dans un théâtre.* 2. Synonyme de facteur, factrice. *La **préposée** a fini sa tournée.*

préposition (nom féminin)
Mot invariable qui introduit un complément. *« À, de, pour, sur » sont des **prépositions**.*

préretraite (nom féminin)
Retraite qu'on prend avant l'âge normal. *Prendre sa **préretraite** à 56 ans.*

prérogative (nom féminin)
Privilège attaché à une fonction. *Le droit de gracier un condamné est une des **prérogatives** du président de la République.*

près (adverbe)
1. À une courte distance. *Il y a un stade tout **près** de l'école. Les presbytes ont du mal à voir de **près**.* (Contr. loin.) 2. Indique l'approximation. *Il est **près de** midi.* (Syn. à peu près, environ, presque.)

présage (nom masculin)
Signe, favorable ou défavorable, qui annonce l'avenir. *Le ciel rouge est un **présage** de beau temps pour demain.*

présager (verbe) ○ conj.n°5
Annoncer quelque chose à venir. *Ces rafales de vent **présagent** une tempête.*

presbyte (adjectif et nom)
Qui est atteint de presbytie. *Grand-mère a du mal à lire : elle devient **presbyte**.*

presbytère (nom masculin)
Maison où habite le curé d'une paroisse.

presbytie (nom féminin)
Difficulté à voir nettement de près, due souvent à l'âge. → Prononciation [pʀɛsbisi].

prescription (nom féminin)
1. Ce qui est prescrit. *Tu dois suivre les **prescriptions** du médecin, qui sont écrites sur l'ordonnance.* 2. Délai au-delà duquel la justice ne peut plus poursuivre un coupable. *Selon la faute commise, il y a **prescription** après un certain nombre d'années.*

prescrire (verbe) ○ conj.n°47
Donner comme traitement. *Le médecin lui **a prescrit** des antibiotiques.*

présence (nom féminin)
Fait d'être présent. *Ta **présence** n'est pas obligatoire.* (Contr. absence.)

présent, ente (adjectif)
1. Qui est là. *Tous les élèves de la classe étaient **présents** pour la photo avec leur maîtresse.* (Contr. absent.) 2. Qui existe actuellement, par opposition à passé et à futur. *Dans la minute **présente**, je ne sais pas quoi te répondre.* ▷ **présent** (nom masculin) 1. Période de temps qui se passe maintenant. 2. Forme du verbe qui indique que l'action se passe maintenant. *« Sarah joue aux échecs » est une phrase au **présent**.* 3. Synonyme littéraire de cadeau. • **À présent** : maintenant, actuellement. *Ce matin, il pleuvait, **à présent** il fait beau.*

présentable (adjectif)
Qui est digne d'être présenté. *Sa tenue n'était pas **présentable** pour cette réception.*

présentateur, trice (nom)
Personne qui présente un spectacle. *Cette émission a changé de **présentateur**.*

présentation (nom féminin)
1. Manière de présenter quelque chose ou de se présenter. *Il a une **présentation** très soignée.* 2. Action de présenter une personne à une autre. *C'est maman qui fait les **présentations** avant le dîner.*

présenter (verbe) ○ conj.n°3
1. Faire connaître une personne à une autre personne. *Je te **présente** ma petite sœur Ursula.* 2. Disposer quelque chose pour le montrer. *Ce libraire **présente** toujours très bien les livres dans sa vitrine.* 3. Montrer quelque chose. *Le gendarme lui a demandé de **présenter** son permis de conduire.* 4. Se présenter : être candidat à un examen ou à une élection. 5. Se présenter : apparaître ou survenir. *Quand l'occasion **se présentera**, je ferai ce grand voyage.* (Syn. arriver, se produire.) ⊙ Famille du mot : présentable, présentateur, présentation, présentoir.

présentoir (nom masculin)
Support qui permet de présenter un produit ou un ouvrage. *Ce libraire propose les nouveaux livres sur un **présentoir**.*

préservatif (nom masculin)
Gaine en caoutchouc utilisée par les hommes au moment des rapports sexuels pour ne pas faire d'enfant ou pour se protéger contre certaines maladies.

préservation (nom féminin)
Action de préserver. *La **préservation** d'une espèce animale menacée.*

préserver (verbe) ○ conj.n°3
Protéger contre quelque chose de nuisible. *Ce ciré te **préservera** de la pluie.* ⊙ Famille du mot : préservatif, préservation.

présidence (nom féminin)
Fonction de président. *La **présidence** de l'Assemblée nationale.*

président, ente (nom)
Personne qui préside une assemblée ou un État. *Le **président** de la République est élu au suffrage universel.*

présidentiel, elle (adjectif)
Du président. *Le palais de l'Élysée est la résidence **présidentielle**.*

présider (verbe) ○ conj.n°3
Diriger comme président. ***Présider** une assemblée.* ⊙ Famille du mot : présidence, président, présidentiel.

présomptueux, euse (adjectif)
Synonyme de prétentieux. *Ibrahim se dit le meilleur joueur de l'équipe, il est bien **présomptueux** !* (Contr. modeste.)

presque (adverbe)
Pas tout à fait. *Zoé est **presque** aussi grande que Kevin.*

presqu'île (nom féminin)
Terre qui n'est rattachée au continent que par une étroite bande de terre.

une **presqu'île**

pressant, ante (adjectif)
Qui presse. *Il a un besoin **pressant** d'argent.* (Syn. urgent.)

presse (nom féminin)
1. Machine qui sert à écraser, à comprimer ou à déformer des objets. 2. Machine qui sert à imprimer. *Cet ouvrage n'est pas encore paru, il est toujours sous **presse**.* 3. Ensemble des journaux. *Toute la **presse** a parlé de cet événement.*

pressé, ée (adjectif)
1. Qui est obligé de se dépêcher. *Je me sauve car je suis très **pressée**.* 2. Qu'il faut faire rapidement. *Prends ton temps, ce travail n'est pas **pressé**.* (Syn. urgent.)

presse-citron (nom masculin)
Ustensile qui sert à presser les agrumes pour en extraire le jus. → Pluriel : des presse-citrons.

pressentiment (nom masculin)
Impression que l'on pressent. *J'avais le **pressentiment** de notre victoire.* (Syn. prémonition.)

pressentir (verbe) ○ conj.n°15
Sentir à l'avance que quelque chose va arriver. *Le chien **avait pressenti** l'arrivée de l'orage.*

presse-papiers (nom masculin)
Objet lourd qu'on pose sur des papiers pour les empêcher de s'envoler. → Pluriel : des presse-papiers.

presser (verbe) ○ conj.n°3
1. Appuyer sur quelque chose. ***Presse** le bouton pour allumer la lampe.* 2. Serrer un fruit pour en faire sortir le jus. ***Presser** une orange, un citron.* 3. Demander avec insistance à quelqu'un de faire quelque chose. *Maman **presse** Véronique de finir ses devoirs.* 4. Être urgent. *Dépêchez-vous, ça **presse** !* 5. Se presser : se serrer, s'entasser quelque part. *La foule **se presse** à l'entrée du stade.* 6. Se presser : se dépêcher, se hâter. ***Presse-toi**, nous allons être en retard !* ⊙ Famille du mot : pressant, presse, pressé, presse-citron, presse-papiers, pression, pressoir.

pressing (nom masculin)
Magasin où l'on dépose des vêtements pour les faire nettoyer et repasser. → Pressing est un mot anglais : on prononce [pʀesiŋ].

pression (nom féminin)
1. Fait d'appuyer sur quelque chose. *La **pression** d'un doigt suffit à déclencher l'alarme.* 2. Force exercée par un liquide ou un gaz. *Vérifier la **pression** des pneus.* 3. Sorte de bouton qu'on attache en appuyant dessus. • **Faire pression sur quelqu'un** : essayer de le forcer à faire quelque chose. • **Pression atmosphérique** : poids de l'air qui est dans l'atmosphère.

pressoir (nom masculin)
Presse utilisée pour extraire le jus du raisin, des pommes ou des olives. *Son oncle a un **pressoir** pour faire du cidre.*

un ancien **pressoir** à olives

pressurisé, ée (adjectif)
Qui est maintenu à la pression atmosphérique normale. *Tous les avions de ligne sont **pressurisés**.*

prestance (nom féminin)
Allure et maintien élégants ou imposants. *Le gendarme a de la **prestance** dans son uniforme de gala.*

prestation (nom féminin)
1. Allocation versée par un organisme officiel. *Certaines familles ont droit à des **prestations** familiales.* 2. Spectacle donné par un artiste ou un sportif. *La brillante **prestation** d'un comédien.*

preste (adjectif)
Prompt et agile. *Il a été **preste** à saisir la balle.*

prestidigitateur, trice (nom)
Personne qui fait des tours de prestidigitation. (Syn. illusionniste, magicien.) ⊙ Prestidigitateur est formé de l'adjectif *preste*, et du latin *digitus* qui signifie « doigt ».

prestidigitation (nom féminin)
Art de faire des tours de magie. *Un numéro de **prestidigitation**.*

prestige (nom masculin)
Attrait et admiration produits par quelqu'un ou quelque chose. *Cette chanteuse d'opéra bénéficie d'un grand* ***prestige****.*

prestigieux, euse (adjectif)
Qui a beaucoup de prestige. *Ces touristes trouvent que Paris est une ville* ***prestigieuse****.*

présumer (verbe) ○ conj.n°3
Croire ou supposer quelque chose. *Je* ***présume*** *qu'il a raison.*

1. prêt, prête (adjectif)
Qui a fini de se préparer. *Attendons un peu, le dîner n'est pas* ***prêt****.*

2. prêt (nom masculin)
Somme d'argent ou chose prêtée. *Ils doivent rembourser leur* ***prêt*** *sur cinq ans.*

prêt-à-porter (nom masculin)
Confection de vêtements en série. → Prononciation [pʀɛtapɔʀte].

prétendant (nom masculin)
Homme qui souhaite épouser une femme. *La princesse a déjà beaucoup de* ***prétendants****.*

prétendre (verbe) ○ conj.n°31
1. Affirmer quelque chose de douteux. *Benjamin* ***prétend*** *avoir déjà fini ses devoirs.* 2. Avoir une intention, une volonté. *Il* ***prétend*** *se faire obéir.* ⊙ Famille du mot : prétendant, prétendu, prétentieux, prétention.

prétendu, ue (adjectif)
Qui est faux ou douteux. *Elle est absente à cause d'une* ***prétendue*** *migraine.*

prétentieux, euse (adjectif et nom)
Qui se prétend supérieur aux autres. *Elle est si* ***prétentieuse*** *qu'elle ne dit jamais bonjour. Il se dit le plus fort, quel* ***prétentieux*** *!* (Syn. présomptueux, vaniteux. Contr. modeste.)

prétention (nom féminin)
1. Volonté de faire quelque chose. *Il a la* ***prétention*** *de se faire respecter.* 2. Caractère d'une personne prétentieuse. *Ce jeune acteur est d'une* ***prétention*** *insupportable.* (Syn. vanité. Contr. modestie.)

prêter (verbe) ○ conj.n°3
1. Laisser une chose à la disposition d'une personne à condition qu'elle la rende. *J'ai oublié mon stylo, peux-tu m'en* ***prêter*** *un ?* 2. Attribuer à quelqu'un. *On lui* ***prête*** *des intentions qu'il n'a jamais eues.* • **Prêter à rire** : faire rire. • **Prêter attention** : être attentif. • **Prêter l'oreille** : écouter attentivement. ⊙ Famille du mot : prêt, prêteur.

prêteur, euse (adjectif)
Qui prête volontiers. *Clément n'est pas* ***prêteur****, il garde tout pour lui.*

prétexte (nom masculin)
Fausse raison que l'on donne. *Anna cherche un* ***prétexte*** *pour ne pas aller à la piscine.*

prétexter (verbe) ○ conj.n°3
Donner comme prétexte. *Élodie* ***a prétexté*** *un travail urgent pour ne pas venir.*

prétoire (nom masculin)
Salle d'audience d'un tribunal.

prêtre (nom masculin)
Homme qui est chargé du culte. *Autrefois, les* ***prêtres*** *catholiques disaient la messe en latin.*

preuve (nom féminin)
1. Ce qui sert à prouver qu'une chose est vraie. *Il n'existe aucune* ***preuve*** *de l'existence des extraterrestres.* 2. Deuxième calcul qui permet de vérifier qu'une opération était juste. • **Faire preuve de quelque chose** : le manifester. *Elle* ***a fait preuve d'****une grande patience.* • **Faire ses preuves** : montrer sa valeur et ses capacités.

preux (nom masculin)
Chevalier très brave. *Roland faisait partie des* ***preux*** *de Charlemagne.*

prévaloir (verbe) ○ conj.n°25
L'emporter en s'imposant. *Sa solution* ***a prévalu*** *sur toutes les autres propositions.* → Prévaloir se conjugue comme *valoir*, sauf au subjonctif présent : que je prévale.

prévenance (nom féminin)
Attention gentille qu'on a pour quelqu'un. *Ibrahim est plein de **prévenance** pour sa petite sœur.*

prévenant, ante (adjectif)
Qui est plein de prévenance. *Elle est très **prévenante** envers ses invités.* (Syn. attentionné.)

prévenir (verbe) conj.n°19
1. Informer par avance. ***Préviens**-nous si tu veux venir !* (Syn. avertir, aviser.) 2. Mettre au courant. *L'ascenseur est en panne, il faut **prévenir** le gardien.* (Syn. alerter, informer.) 3. Prendre des précautions pour éviter quelque chose. *Ce vaccin **prévient** la grippe.* 4. Satisfaire par avance. *Son mari **prévient** ses moindres souhaits.* Famille du mot : prévenance, prévenant, préventif, prévention, prévenu.

préventif, ive (adjectif)
Qui a pour but de prévenir les maladies. *Ce traitement **préventif** est très efficace.*

prévention (nom féminin)
Ensemble de mesures destinées à prévenir certains risques. *La **prévention** routière a signalé des risques de verglas.*

prévenu, ue (nom)
Personne accusée d'avoir commis un délit. *Les **prévenus** attendent d'être jugés.*

prévisible (adjectif)
Qu'on peut prévoir. *Son succès était **prévisible** car il a beaucoup travaillé.* (Contr. imprévisible.)

prévision (nom féminin)
1. Action de prévoir. *J'ai préparé le dîner en **prévision** de votre venue.* 2. Ce qui est prévu. *Les **prévisions** météorologiques annoncent le temps qu'il va faire.* Famille du mot : imprévisible, prévisible.

prévoir (verbe) conj.n°22
1. Imaginer à l'avance ce qui doit arriver. *Personne n'**avait prévu** cet événement.* 2. Organiser à l'avance. *On **a prévu** des sandwichs pour le voyage.* → Prévoir se conjugue comme *voir*, sauf au futur : je prévoirai, et au conditionnel présent : je prévoirais. Famille du mot : imprévoyance, imprévoyant, imprévu, prévoyance, prévoyant.

prévoyance (nom féminin)
Qualité d'une personne qui sait prévoir. *Les randonneurs ont eu la **prévoyance** de prendre des vêtements de pluie.* (Contr. imprévoyance.)

prévoyant, ante (adjectif)
Qui fait preuve de prévoyance. *Kevin est **prévoyant**, il a toujours quelques cartouches d'encre dans son cartable.* (Contr. imprévoyant.)

prier (verbe) conj.n°10
1. S'adresser à Dieu ou à une divinité. *Les catholiques **prient** à l'église, les musulmans à la mosquée.* 2. Demander avec insistance. *Je te **prie** de bien vouloir m'excuser.*

prière (nom féminin)
1. Parole qu'on adresse à Dieu ou à une divinité. *Réciter ses **prières**.* 2. Demande faite instamment. ***Prière** de frapper avant d'entrer.*

primaire (adjectif)
Se dit de l'enseignement du premier degré, qui va de la maternelle à la fin du cours moyen. • **Ère primaire** : période géologique la plus ancienne, au cours de laquelle sont apparus les poissons. • **Secteur primaire** : ensemble des activités économiques qui concernent les mines, l'agriculture et la pêche. ▷ **primaire** (nom masculin) Enseignement primaire. *Les professeurs d'école enseignent dans le **primaire**.* Primaire vient du latin *primus* qui signifie « premier » et que l'on retrouve dans *primauté*.

▸ **primate** (nom masculin)
Mammifère évolué tel que les singes et l'homme. *Les **primates** peuvent saisir les objets grâce à leurs mains.* ➠ p. 682.

des **primates**

▸ **primauté** (nom féminin)
Première place. *Au CP, la **primauté** revient à l'apprentissage de la lecture.* ⊙ Voir primaire.

▸ 1. **prime** (adjectif)
• **De prime abord :** à première vue.

▸ 2. **prime** (nom féminin)
Somme d'argent accordée en plus du salaire. *Il a touché une **prime** de fin d'année.* (Syn. gratification.) • **En prime :** en supplément. *En s'abonnant à ce journal, on a droit, **en prime**, à un radioréveil.*

▸ **primer** (verbe) ⊙ conj.n°3
1. Distinguer par un prix ou une récompense. *Ce film **a été primé** au dernier festival.* 2. Venir en premier. *Chez elle, c'est la générosité qui **prime**.* (Syn. dominer.)

▸ **primesautier, ère** (adjectif)
Synonyme littéraire de spontané. *J'aime son caractère joyeux et **primesautier**.*

▸ **primeur** (nom féminin)
Fait d'être le premier à apprendre quelque chose. *Il nous a réservé la **primeur** de l'annonce de son mariage.* ▷ **primeurs** (nom féminin pluriel) Fruits et légumes qui mûrissent avant la saison normale.

▸ **primevère** (nom féminin)
Petite fleur des champs. *Les **primevères** fleurissent au printemps.* ⊙ Primevère vient du latin *prima vera* qui signifie « premier printemps ».

des **primevères**

▸ **primitif, ive** (adjectif)
1. Qui existait au début. *Cette robe a déteint car sa couleur **primitive** était bleue.* (Syn. initial.) 2. Qui n'est pas très évolué. *Ces artisans utilisent des techniques **primitives**.*

▸ **primordial, ale, aux** (adjectif)
Qui est très important. *Cette découverte est **primordiale** pour la recherche scientifique.* (Syn. capital, essentiel.)

▸ **prince** (nom masculin)
Fils d'un souverain, ou membre d'une famille royale. • **Être bon prince :** se montrer généreux. ⊙ Famille du mot : princesse, princier, principauté.

▸ **princesse** (nom féminin)
1. Fille d'un roi ou d'un prince. 2. Femme d'un prince.

▸ **princier, ère** (adjectif)
Qui est digne d'un prince. *Un repas **princier**.* (Syn. somptueux.)

▸ **principal, ale, aux** (adjectif)
Qui est le plus important. *Les **principales** villes de France sont Paris, Lyon et Marseille.* ▷ **principal** (nom masculin) Chose principale. *Le **principal**, c'est vraiment d'être heureux.* ▷ **principale** (nom féminin) Proposition dont dépendent des propositions subordonnées. *Dans la phrase : « Je veux que tu viennes avec nous », « je veux » est la **principale**.* ▷ **principal, ale, aux** (nom) Personne qui dirige un collège.

principalement (adverbe)
Avant tout. *Benjamin s'est déplacé **principalement** pour nous voir.* (Syn. particulièrement, surtout.)

principauté (nom féminin)
Petit État gouverné par un prince. *La **principauté** d'Andorre.*

principe (nom masculin)
1. Règle qu'on suit dans sa conduite. *Mentir est contraire à ses **principes**.* 2. Loi scientifique. *Apprendre les **principes** de la physique.* • **En principe :** si tout se passe comme prévu. ***En principe**, notre avion arrive à 14 heures.* (Syn. théoriquement.)

printanier, ère (adjectif)
Du printemps. *Il fait un temps **printanier**.*

printemps (nom masculin)
Saison de l'année qui fait suite à l'hiver et précède l'été. *Au **printemps**, les arbres fruitiers fleurissent.* ⊙ Printemps vient du latin ***primus tempus*** qui signifie « la première saison ».

« Le **Printemps** » de Botticelli (1478)

prioritaire (adjectif)
Qui a la priorité. *Les ambulances et les voitures de pompiers sont des véhicules **prioritaires**.*

priorité (nom féminin)
Droit de passer avant les autres. *Avec sa carte d'abonnement, Yann a la **priorité** au cinéma.*

prise (nom féminin)
1. Action de prendre. *Les pêcheurs sont fiers de leurs **prises** aujourd'hui.* 2. Façon d'attraper un adversaire. *Pierre apprend une nouvelle **prise** de judo.* 3. Endroit sur lequel on peut s'appuyer pour se tenir. *Les grimpeurs cherchent des **prises** dans le rocher.* 4. Dispositif qui permet d'établir le courant électrique. *Elle cherche une **prise** pour brancher sa perceuse.*

prisé, ée (adjectif)
Auquel on accorde un grand prix. *Ce peintre est très **prisé** par la critique.*

prisme (nom masculin)
1. Solide ayant deux faces parallèles en forme de triangles égaux. ➠ p. 512. 2. Objet transparent en forme de prisme, qui décompose la lumière qui le traverse. ➠ p. 512.

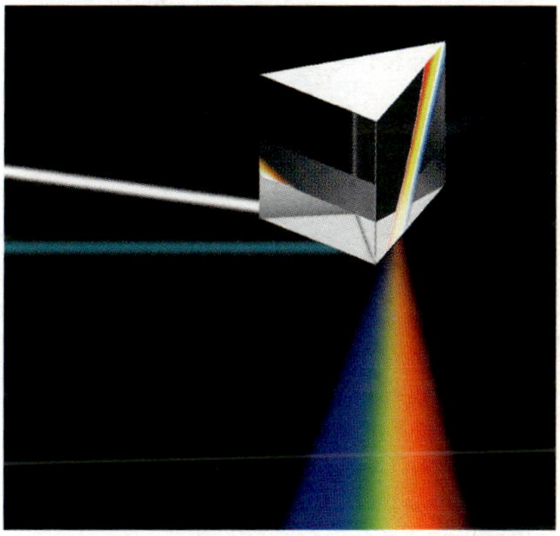

un **prisme**

prison (nom féminin)
Endroit où sont enfermées des personnes. ➠ p. 337. ⊙ Famille du mot : emprisonnement, emprisonner, prisonnier. ⊙ Prison vient du latin *prensio* qui signifie « capture ».

a b c d e f g h i j k l m n o p q r s t u v w x y z

prisonnier, ère (nom)
Personne qui est en prison. *Un **prisonnier** s'est échappé, la police le recherche.* (Syn. détenu.) ▷ **prisonnier, ère** (adjectif) Qui ne peut se libérer de quelque chose. *Il est **prisonnier** de ses habitudes.*

privatif, ive (adjectif)
Dont on jouit sans être propriétaire. *Cet appartement a un jardin **privatif**.*

privation (nom féminin)
Fait d'être privé de quelque chose. *Ces gens ont souffert de **privations** pendant la guerre.*

privatiser (verbe) ○ conj.n°3
Vendre à une entreprise privée ce qui appartenait à l'État. *Cette banque **a été privatisée**.* (Contr. nationaliser.)

privé, ée (adjectif)
1. Qui est réservé à certaines personnes. *Cette plage est interdite aux touristes car elle est **privée**.* 2. Qui est personnel et intime. *Ma vie **privée** ne te regarde pas !* 3. Qui ne dépend pas de l'État. *Il enseigne dans un établissement **privé**.* (Contr. public.)

priver (verbe) ○ conj.n°3
1. Refuser quelque chose d'agréable à quelqu'un. *Quentin **est privé** de cinéma car il n'a pas fini ses devoirs.* 2. Se priver : faire des sacrifices. *Elle est obligée de **se priver** pour pouvoir élever ses enfants.*

privilège (nom masculin)
Avantage ou droit particulier accordé à quelqu'un ou à un groupe. *Autrefois, les nobles jouissaient de nombreux **privilèges**.*

privilégié, ée (adjectif et nom)
Qui bénéficie de privilèges. *Vous êtes **privilégiés** : on vous a servis les premiers !*

privilégier (verbe) ○ conj.n°10
Accorder un privilège. *Pour ce partage, nous allons **privilégier** les plus jeunes.* (Syn. avantager.) ⊙ Famille du mot : privilège, privilégié.

prix (nom masculin)
1. Somme d'argent qu'on doit payer pour acheter quelque chose. *Le **prix** de cette voiture est très élevé.* (Syn. valeur.) 2. Récompense attribuée lors d'une compétition. *Cette comédienne a eu le **prix** d'interprétation.* • **À aucun prix** : en aucun cas. • **À tout prix** : à n'importe quelle condition, coûte que coûte. • **Hors de prix** : très cher.

probabilité (nom féminin)
Caractère de ce qui est probable. *Contre un tel adversaire, la **probabilité** de gagner est faible.*

probable (adjectif)
Qui est presque sûr. *Il est **probable** que Guillaume veuille nous accompagner demain.* (Syn. vraisemblable.) ⊙ Famille du mot : improbable, probabilité, probablement.

probablement (adverbe)
De façon probable. *Le ciel est noir, il va **probablement** pleuvoir, ce soir.* (Syn. vraisemblablement.)

probant, ante (adjectif)
Qui prouve quelque chose. *Sa démonstration est très **probante**.* (Syn. concluant, convaincant.)

probité (nom féminin)
Qualité d'une personne honnête. *Fatima est d'une **probité** irréprochable.* (Syn. honnêteté, intégrité.)

problématique (adjectif)
Qui pose des problèmes. *Leur venue est **problématique** car nous n'avons pas de place pour les loger.* (Syn. douteux, incertain.)

problème (nom masculin)
1. Difficulté ou situation compliquée à laquelle on doit trouver une solution. *Dans cette banlieue, il y a de gros **problèmes** de transport.* 2. Exercice de mathématiques. *Yann a du mal à finir son **problème** de géométrie.*

procédé (nom masculin)
1. Méthode pour obtenir un résultat. *Cette usine expérimente de nouveaux **procédés** de fabrication.* 2. Manière de se comporter. *On lui reproche ses **procédés** inadmissibles.*

procéder (verbe) ○ conj.n°8
Exécuter une action. *Le maître **procède** à l'appel des élèves chaque matin.*

procédure (nom féminin)
1. Manière de procéder. *Quelle est la **procédure** à suivre pour obtenir un passeport ?* 2. Ensemble des règles qu'il faut appliquer en justice. *Il existe un code de **procédure** civile et un code de **procédure** pénale.*

procès (nom masculin)
Action en justice devant un tribunal. *À la suite de son licenciement, elle a fait un **procès** à son employeur.*

procession (nom féminin)
Cortège religieux, le plus souvent accompagné de chants et de prières.

processus (nom masculin)
Manière dont les choses se passent. *Ce géologue étudie les **processus** d'érosion.* → Prononciation [pʀɔsesys].

procès-verbal (nom masculin)
1. Acte par lequel une autorité constate un délit. *L'agent lui a dressé un **procès-verbal** car il est passé au feu rouge.* (Syn. contravention.) 2. Compte-rendu d'une réunion. → Pluriel : des procès-verbaux. Au sens 1, procès-verbal s'abrège P.-V.

prochain, aine (adjectif)
Qui suit immédiatement, dans le temps ou dans l'espace. *J'ai rendez-vous avec lui la semaine **prochaine**. Arrêtons-nous à la **prochaine** station-service pour faire le plein.* ▷ **prochain** (nom masculin) Autrui. *Aimer son **prochain**.*

prochainement (adverbe)
Dans un avenir proche. *Ce livre doit paraître **prochainement**.*

proche (adjectif)
1. Qui est près d'un endroit. *Elle a de la chance, sa maison est **proche** de l'école.* (Syn. voisin. Contr. éloigné.) 2. Qui va bientôt arriver. *Nous sommes le 20 décembre, le nouvel an est **proche**.* 3. Qui n'est pas très différent. *Leurs opinions politiques sont assez **proches**.* ▷ **proche** (nom) Parent ou ami intime. *Seuls les **proches** étaient invités.* ⊙ Famille du mot : approchant, approche, approcher, rapprochement, rapprocher.

proclamation (nom féminin)
Déclaration solennelle. *Thomas attend avec impatience la **proclamation** des résultats.*

proclamer (verbe) ○ conj.n°3
1. Annoncer officiellement et avec solennité. *La Ve République **a été proclamée** en 1958.* 2. Affirmer publiquement et avec force. *L'accusé **proclame** son innocence.* (Syn. clamer.)

procréation (nom féminin)
Action de donner naissance à un enfant.

procuration (nom féminin)
Document officiel qui autorise à agir à la place de quelqu'un. *Voter par **procuration**.*

procurer (verbe) ○ conj.n°3
Faire avoir ou fournir quelque chose à quelqu'un. *Son copain a réussi à lui **procurer** une place pour le match. Hélène a eu du mal à **se procurer** ce livre.*

procureur (nom masculin)
Magistrat qui est chargé de l'accusation dans un procès.

prodigalité (nom féminin)
Caractère d'une personne prodigue. *Victor distribue des bonbons avec **prodigalité**.* (Contr. parcimonie.)

prodige (nom masculin)
1. Chose extraordinaire, miraculeuse. *Sa subite guérison est un véritable **prodige** !* 2. Personne qui a des dons extraordinaires. *Ce très jeune violoniste est un **prodige**.* ⊙ Famille du mot : prodigieusement, prodigieux.

a b c d e f g h i j k l m n o p q r s t u v w x y z

prodigieusement (adverbe)
De façon prodigieuse. (Syn. extrêmement, extraordinairement, fabuleusement.)

prodigieux, euse (adjectif)
Qui tient du prodige. *Cet athlète a une force **prodigieuse**.* (Syn. extraordinaire, fabuleux.)

prodigue (adjectif)
Qui dépense trop d'argent. *Cet homme **prodigue** est généreux avec ses amis.*

prodiguer (verbe) ○ conj.n°3
Donner généreusement. ***Prodiguer** des soins aux blessés. **Prodiguer** des encouragements.*

producteur, trice (adjectif et nom)
Qui produit. *L'Asie est une région **productrice** de riz. Les **producteurs** de fruits.* ▷ **producteur, trice** (nom) Personne qui produit un film ou une émission.

productif, ive (adjectif)
Qui produit beaucoup. *Cette terre fertile est très **productive**.*

production (nom féminin)
1. Ce qui est produit par l'agriculture ou l'industrie. *Cet industriel exporte une partie de sa **production**.* 2. Quantité produite. *La **production** de blé a augmenté grâce au climat favorable.*

productivité (nom féminin)
Rapport entre la quantité de biens produits et les moyens nécessaires pour les produire. (Syn. rendement.)

produire (verbe) ○ conj.n°43
1. Causer quelque chose. *L'alerte à la bombe **a produit** un mouvement de panique.* (Syn. provoquer.) 2. Fabriquer des objets pour les vendre. *Cette usine **produit** des automobiles.* 3. Donner comme fruit. *Les pommiers **ont produit** beaucoup de pommes cette année.* 4. Fournir l'argent nécessaire à la réalisation d'un film ou d'une émission. 5. Se produire : avoir lieu. *Des chutes de neige **se sont produites** durant la nuit.* ⊙ Famille du mot : producteur, productif, production, productivité, produit, sous-produit, surproduction.

produit (nom masculin)
1. Chose produite. *Préférer les **produits** frais aux **produits** surgelés.* 2. Résultat d'une multiplication. *72 est le **produit** de 6 × 12.*

proéminent, ente (adjectif)
Qui dépasse en faisant saillie. *Cyrano avait un nez **proéminent**.*

profanation (nom féminin)
Action de profaner. *La **profanation** d'un cimetière est un acte infâme.*

profane (adjectif et nom)
Qui ignore tout d'un art ou d'une science. *William est totalement **profane** en informatique.* (Contr. initié.)

profaner (verbe) ○ conj.n°3
Ne pas respecter le caractère sacré de quelque chose. *Le tombeau du pharaon **a été profané** et pillé à maintes reprises.*

proférer (verbe) ○ conj.n°8
Dire à haute voix et avec violence. ***Proférer** des insultes, des menaces.*

professeur (nom masculin)
Personne qui enseigne à des élèves. *Sa mère est **professeur** d'histoire dans un collège.* ⊙ Famille du mot : professoral, professorat.

profession (nom féminin)
Travail que l'on fait pour gagner sa vie. *Quelle est la **profession** de tes parents ?* • **Faire profession de quelque chose** : le déclarer ouvertement. *Il **fait profession d'**appartenir à un mouvement écologique.*

professionnel, elle (adjectif)
Qui concerne une profession. *Ses obligations **professionnelles** l'entraînent à voyager.* ▷ **professionnel, elle** (adjectif et nom) Qui pratique une activité comme métier. *Des footballeurs **professionnels**.* (Contr. amateur.)

professoral, ale, aux (adjectif)
Qui concerne les professeurs. *Le corps **professoral** dépend du ministère de l'Éducation nationale.*

professorat (nom masculin)
Métier de professeur. *Julie se destine au **professorat** d'éducation physique.*

profil (nom masculin)
Contour d'un visage vu de côté. *Sur cette photo, on le voit de **profil**.*

Les Égyptiens représentaient généralement les personnages de **profil**.

se profiler (verbe) ○ conj.n°3
Apparaître avec des contours précis. *La cathédrale **se profile** à l'horizon.* (Syn. se découper, se détacher.)

profit (nom masculin)
1. Avantage que l'on retire de quelque chose. *Ce nageur a tiré **profit** des conseils de son entraîneur. Une collecte a été organisée au **profit** des victimes.* 2. Gain d'argent. *Ce supermarché a réalisé de gros **profits**.* (Syn. bénéfice. Contr. perte.) ⊙ Famille du mot : profitable, profiter, profiteur.

profitable (adjectif)
Qui procure un profit. *Quelques jours de repos vous seront très **profitables**.* (Syn. bénéfique, utile.)

profiter (verbe) ○ conj.n°3
1. Tirer un profit de quelque chose. *Je **profite** de l'occasion pour vous remercier de vive voix.* 2. Être utile. *Ces cours d'anglais vous **ont profité**.* (Syn. servir.)

profiterole (nom féminin)
Petit gâteau rempli de glace à la vanille et nappé de crème au chocolat chaude.

profiteur, euse (nom)
Personne qui profite sans scrupule des autres. *Durant la famine, des **profiteurs** ont vendu très cher des produits alimentaires.*

profond, onde (adjectif)
1. Dont le fond est très éloigné de la surface. *Ne plonge pas à cet endroit, la piscine n'est pas assez **profonde**.* 2. Qui est très grand, très intense. *Un **profond** sommeil. Une passion **profonde**.* 3. Qui va au fond des choses sans s'arrêter aux apparences. *Ce vieil homme est d'une sagesse **profonde**.* (Contr. superficiel.) ⊙ Famille du mot : approfondir, profondément, profondeur.

profondément (adverbe)
1. À une grande profondeur. *On a découvert des statues **profondément** enfouies dans le sable.* 2. De façon profonde, intense. *Guillaume est **profondément** ému de retrouver ses amis.*

profondeur (nom féminin)
1. Distance qui va de la surface jusqu'au fond. *Ce puits a environ quatorze mètres de **profondeur**.* 2. Dimension qui va de l'avant vers l'arrière. *Dans le couloir, les étagères doivent avoir moins de 40 cm de **profondeur**.*

profusion (nom féminin)
Très grande quantité. *Les mariés ont reçu une **profusion** de cadeaux.*

progéniture (nom féminin)
Ensemble des petits d'un animal, des enfants d'une personne. *La louve nourrit sa **progéniture**.*

une cane et sa **progéniture**

programmable (adjectif)
Que l'on peut programmer. *Une cafetière électrique **programmable**.*

programmation (nom féminin)
Action de programmer quelque chose. *La **programmation** du journal télévisé a été retardée.*

programme (nom masculin)
1. Liste de films ou d'émissions prévus. *Le mercredi, Yann regarde le **programme** pour enfants sur la troisième chaîne.* 2. Ensemble de matières à étudier. *L'histoire du Moyen Âge est au **programme** de sa classe.* 3. Ensemble des projets à réaliser, des buts à atteindre. *Chaque parti politique a présenté son **programme** aux électeurs.* 4. Ensemble des instructions que l'on met dans la mémoire d'un ordinateur pour qu'il puisse fonctionner. ⊙ Famille du mot : programmable, programmation, programmer. ⊙ Programme vient du grec *programma* qui signifie « ce qui est écrit à l'avance ».

programmer (verbe) ○ conj.n°3
1. Inscrire dans un programme. *Cette émission **est programmée** trop tard dans la soirée.* 2. Donner des instructions à un appareil ou à un ordinateur. *Papa **a programmé** le magnétoscope pour enregistrer ce beau film.* 3. Prévoir et organiser à l'avance. *Le voyage en Italie **est programmé** pour la fin de l'année.*

progrès (nom masculin)
1. Amélioration dans un domaine ou une matière. *Benjamin a fait beaucoup de **progrès** en piano.* 2. Développement de la société, de la civilisation. *Le **progrès** fait-il le bonheur de l'humanité ?* ⊙ Famille du mot : progresser, progressif, progression, progressiste, progressivement.

progresser (verbe) ○ conj.n°3
1. Se développer ou s'étendre. *La consommation de viande **a** beaucoup **progressé** en un siècle.* (Contr. reculer, régresser.) 2. Faire des progrès. *Cette année, Laura **a** beaucoup **progressé** en français.* (Contr. régresser.)

progressif, ive (adjectif)
Qui se fait peu à peu. *Depuis qu'il prend ce médicament, on note une amélioration **progressive** de sa santé.*

progression (nom féminin)
Mouvement vers l'avant. *Les chutes de neige n'ont pas arrêté la **progression** des alpinistes.* (Syn. avance.)

progressiste (adjectif et nom)
Qui est favorable au progrès social. *Ce parti politique défend des idées très **progressistes**.*

progressivement (adverbe)
De façon progressive. *Quand vous irez mieux, diminuez **progressivement** les doses prescrites.* (Syn. graduellement, petit à petit.)

prohibitif, ive (adjectif)
Synonyme d'exorbitant. *Ce boucher vend sa viande à des prix **prohibitifs**.*

proie (nom féminin)
Animal qu'un autre animal tue pour le manger. *Dissimulé dans l'herbe, le serpent guette sa **proie**.* • **Être en proie à quelque chose** : être tourmenté par cela. *Depuis sa défaite, notre équipe **est en proie au** découragement.* • **Être la proie des flammes** : être détruit par le feu. • **Oiseau de proie** : oiseau qui se nourrit d'animaux qu'il capture vivants. *Le faucon, l'épervier sont des **oiseaux de proie**.* (Syn. rapace.)

projecteur (nom masculin)
1. Appareil qui sert à projeter des images sur un écran. *Un **projecteur** de diapositives.* 2. Appareil qui projette une lumière très puissante. *Des **projecteurs** éclairent la façade de la cathédrale.*

projectile (nom masculin)
Objet que l'on lance à la main ou avec une arme. *Un caillou, une balle de fusil, une flèche sont des **projectiles**.*

projection (nom féminin)
1. Ce qui est projeté. *Il y a eu une **projection** d'étincelles quand le pétard a éclaté.* 2. Action de projeter un film. *Clément a eu des entrées gratuites pour la **projection** de ce film.*

projet (nom masculin)
Ce que l'on projette de faire. *Myriam a des **projets** pour le week-end.* (Syn. plan.)

projeter (verbe) ○ conj.n°9
1. Lancer avec force. *Il **a projeté** le poids à plus de 20 mètres.* 2. Faire apparaître des images sur un écran. ***Projeter** un film, des diapositives.* 3. Prévoir à l'avance de faire quelque chose. *Nous **avons projeté** de passer nos vacances en Espagne.*

prolétaire (nom)
Travailleur qui vit uniquement de son salaire et qui a, en général, un niveau de vie vraiment très bas. (Contr. bourgeois, capitaliste.)

prolétariat (nom masculin)
Ensemble des prolétaires. *Au XIXe siècle, le **prolétariat** a lutté pour défendre ses droits face au capitalisme.*

prolifération (nom féminin)
Fait de proliférer. *On a asséché ce marais pour éviter la **prolifération** des moustiques.*

proliférer (verbe) ○ conj.n°8
Se reproduire très rapidement. *Ce temps humide permet aux champignons de **proliférer**.* (Syn. se multiplier.)

prolifique (adjectif)
Qui se reproduit très rapidement. *Les lapins sont des animaux très **prolifiques**.* (Syn. fécond.)

prolixe (adjectif)
Qui parle beaucoup. *Il n'est pas très **prolixe** quand il est avec des gens qu'il ne connaît pas bien.* (Syn. bavard, loquace.)

prologue (nom masculin)
Première partie d'un roman ou d'une pièce de théâtre, qui sert à expliquer ce qui s'est passé avant le début de l'histoire.

prolongation (nom féminin)
Action de prolonger la durée de quelque chose. *Il a obtenu une **prolongation** pour payer ses impôts. Notre équipe a marqué le but de la victoire pendant les **prolongations**.*

prolongement (nom masculin)
Fait de se prolonger dans l'espace. *Le **prolongement** de cette autoroute permettra d'aller directement en Espagne.*

prolonger (verbe) ○ conj.n°5
1. Faire durer plus longtemps que prévu. *Nous **avons prolongé** notre voyage d'une semaine. La réunion **s'est prolongée** jusqu'à 11 heures du soir.* 2. Augmenter la longueur. ***Prolonger** une rue.* ⊙ Famille du mot : prolongation, prolongement.

promenade (nom féminin)
Petit trajet que l'on fait pour son plaisir. *On a fait une **promenade** sur la plage.*

promener (verbe) ○ conj.n°8
Faire faire une promenade. *David aime **promener** son chien dans les bois. Des passants **se promènent** le long des quais.* ⊙ Famille du mot : promenade, promeneur.

promeneur, euse (nom)
Personne qui se promène. *Des **promeneurs** viennent flâner sur les rives du fleuve.*

promesse (nom féminin)
Ce que l'on a promis. *J'ai confiance en elle, elle tient toujours ses **promesses**.* (Syn. engagement.)

prometteur, euse (adjectif)
Qui fait espérer une réussite. *Ce n'est pas encore un chanteur connu, mais ses débuts sont **prometteurs**.*

promettre (verbe) ○ conj.n°33
1. S'engager à faire quelque chose. *Noémie **a promis** de me prêter ses jeux vidéo.* 2. Se promettre : prendre une résolution. *Il **s'est promis** de ne plus se ronger les ongles.* ⊙ Famille du mot : promesse, prometteur.

promiscuité (nom féminin)
Situation désagréable qui oblige à vivre trop près d'autres personnes. *Il ne veut pas aller en internat parce qu'il n'aime pas la **promiscuité** des dortoirs.*
⊙ Promiscuité vient du terme latin *promiscuus* qui signifie « mélangé ».

promontoire (nom masculin)
Pointe de terre qui domine la mer. *Il y a un phare au sommet du* ***promontoire****.*

promoteur, trice (nom)
Homme d'affaires qui fait construire des immeubles pour les vendre.

promotion (nom féminin)
1. Action de promouvoir quelqu'un à un grade supérieur. *Il a été nommé directeur, c'est une* ***promotion*** *très importante.* 2. Action de promouvoir un produit. *Faire la* ***promotion*** *d'un nouveau modèle d'ordinateur.*

promotionnel, elle (adjectif)
Qui est destiné à promouvoir un produit. *Cette semaine, il y a une vente* ***promotionnelle*** *de fournitures scolaires au supermarché.*

promouvoir (verbe) ○ conj.n°24
1. Élever à un grade supérieur. *Notre oncle vient d'****être promu*** *directeur général de l'entreprise.* 2. Favoriser le développement ou l'organisation de quelque chose. *Le gouvernement a décidé de* ***promouvoir*** *un programme de lutte contre la pollution.* 3. Augmenter la vente d'un produit par des actions publicitaires. ***Promouvoir*** *un nouveau parfum au moyen de spots télévisés.*

prompt, prompte (adjectif)
Synonyme littéraire de rapide. *Marie est* ***prompte*** *à répliquer aux critiques.*
→ Prononciation [pʀɔ̃], [pʀɔ̃t].

promptitude (nom féminin)
Synonyme littéraire de rapidité. *Il exécute son travail avec* ***promptitude*** *et efficacité.*

promulgation (nom féminin)
Action de promulguer une loi. *Une loi est applicable dès le jour de sa* ***promulgation****.*

promulguer (verbe) ○ conj.n°3
Publier officiellement une loi. *Le gouvernement vient de* ***promulguer*** *une nouvelle loi sur l'immigration.*

prôner (verbe) ○ conj.n°3
Recommander avec beaucoup d'insistance. *Le Premier ministre* ***a prôné*** *la lutte contre le chômage.*

pronom (nom masculin)
Mot qui remplace un nom. *« Je, tu, il » sont des* ***pronoms*** *personnels ; « ceci » est un* ***pronom*** *démonstratif ; « qui, que, dont » sont des* ***pronoms*** *relatifs ; « le tien, le sien » sont des* ***pronoms*** *possessifs.*

pronominal, ale, aux (adjectif)
• **Verbe pronominal** : verbe qui est précédé d'un pronom personnel. *« Se souvenir, s'endormir » sont des verbes* ***pronominaux****.*

prononcé, ée (adjectif)
Que l'on perçoit très nettement. *Ce biscuit a un goût de moisi très* ***prononcé****.*

prononcer (verbe) ○ conj.n°4
1. Articuler les sons qui composent un mot. *Il faut* ***prononcer*** *le « s » dans le mot « bus ». « Sot » et « saut »* ***se prononcent*** *de la même manière.* 2. Dire quelque chose. *Il* ***a prononcé*** *un petit discours de bienvenue.* 3. Se prononcer : donner son avis. *Le jury doit* ***se prononcer*** *sur la culpabilité de l'accusé.*

prononciation (nom féminin)
Manière de prononcer les mots. *Lisez ce texte en faisant attention à la* ***prononciation*** *des mots difficiles.*

pronostic (nom masculin)
Prévision que l'on donne sur ce qui pourrait se produire. *Selon les* ***pronostics****, c'est le candidat écologiste qui sera élu.* ⊙ Pronostic vient du grec *prognostikein* qui signifie « connaître à l'avance ».

pronostiquer (verbe) ○ conj.n°3
Faire un pronostic. *Des journalistes* ***avaient pronostiqué*** *la chute du gouvernement.* (Syn. prédire, prévoir.)

propagande (nom féminin)
Action exercée dans le but d'influencer les gens. *Ils font de la* ***propagande*** *pour leur association en distribuant des badges.*

propagation (nom féminin)
Fait de se propager. *Les médecins essaient d'enrayer la* ***propagation*** *de l'épidémie.*

propager (verbe) ○ conj.n°5
1. Faire connaître à tout le monde. *Les journaux **ont propagé** les détails de cette affaire.* (Syn. répandre.) **2.** Se propager : gagner du terrain. *Le feu **s'est** très rapidement **propagé** dans les broussailles.* (Syn. s'étendre.)

propane (nom masculin)
Gaz utilisé comme combustible. *Il faudrait changer la bouteille de **propane** qui alimente le chauffe-eau de la salle de bains.*

prophète (nom masculin)
Homme inspiré par Dieu pour révéler ses volontés. *Isaïe et Jérémie sont deux grands **prophètes** de la Bible.* ⊙ Famille du mot : prophétie, prophétique.

« Le **Prophète** Jérémie » de Rembrandt (1630)

prophétie (nom féminin)
Synonyme de prédiction. *N'écoutez pas ses **prophéties** du nouvel an, c'est un charlatan !* → Prononciation [pʀɔfesi].

prophétique (adjectif)
Qui annonce ce qui va arriver. *Elle est persuadée qu'elle a fait un rêve **prophétique**.*

propice (adjectif)
Synonyme d'opportun. *La neige est épaisse, c'est le moment **propice** pour aller skier.*

proportion (nom féminin)
Rapport de grandeur entre les différentes parties d'un ensemble. *Dans notre équipe de basket, il y a une **proportion** importante de joueurs de grande taille.*
▷ **proportions** (nom féminin pluriel) **1.** Dimensions considérées les unes par rapport aux autres. *Cet architecte construit des immeubles aux **proportions** harmonieuses.* **2.** Importance plus ou moins grande. *La circulation automobile sur cette route a pris des **proportions** inquiétantes.* ⊙ Famille du mot : disproportion, disproportionné, proportionné, proportionnel, proportionnellement.

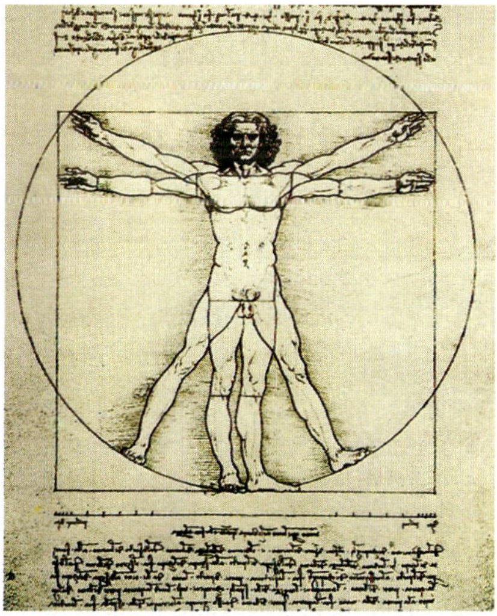

Dessin de Léonard de Vinci montrant les **proportions** du corps humain.

proportionné, ée (adjectif)
Qui est en proportion normale avec autre chose. *Cette récompense est **proportionnée** à la valeur de son travail.* (Contr. disproportionné.)

proportionnel, elle (adjectif)
Qui est en proportion avec autre chose. *Le poids de ce bébé est **proportionnel** à son âge.*

proportionnellement (adverbe)
De façon proportionnelle. *Les impôts augmentent **proportionnellement** au salaire.*

a b c d e f g h i j k l m n o **p** q r s t u v w x y z

▸ **propos** (nom masculin)
Ce qu'on a l'intention de faire. *Le* ***propos*** *de cet avocat est de prouver l'innocence de son client.* (Syn. but, dessein.) • **À propos :** au bon moment. *Nous allions commencer la réunion, tu arrives* ***à propos****.* (Syn. à pic.) • **À propos de quelque chose :** à ce sujet. *Nous nous sommes mis d'accord* ***à propos de*** *notre voyage.* • **À tout propos :** à n'importe quelle occasion. *Il fait des blagues* ***à tout propos****.* ▷ **propos** (nom masculin pluriel) Ensemble de paroles. *Ils ont échangé des* ***propos*** *désagréables et ont fini par se fâcher.*

▸ **proposer** (verbe) ○ conj.n°3
1. Offrir un choix ou soumettre une idée à quelqu'un. *Odile m'****a proposé*** *d'aller faire du vélo avec elle.* **2.** Se proposer pour : offrir ses services. *Il* ***s'est proposé pour*** *repeindre la cuisine.* **3.** Se proposer de : avoir l'intention de. *Nos voisins* ***se proposent d'****acheter une maison à la campagne.*

▸ **proposition** (nom féminin)
1. Chose proposée. *Elle m'a invité à dîner, mais j'ai refusé sa* ***proposition****.* (Syn. offre.) **2.** Partie d'une phrase qui contient un verbe. *La phrase : « Je suis content qu'il vienne » contient deux* ***propositions****.*

▸ **propre** (adjectif)
1. Qui est net et sans tache. *Ibrahim s'est douché et il a mis des vêtements* ***propres****.* (Contr. malpropre, sale.) **2.** Qui appartient personnellement à quelqu'un. *Inutile de venir me chercher, je viendrai par mes* ***propres*** *moyens.* **3.** Se dit du sens originel d'un mot. *Le mot « peste » désigne une maladie au sens* ***propre*** *et une personne méchante au sens figuré.* **4.** Qui convient à quelque chose. *Ce lait périmé n'est pas* ***propre*** *à la consommation.* (Contr. impropre.) ▷ **propre** (nom masculin) Caractère particulier d'une personne ou d'une chose. *La parole est le* ***propre*** *de l'homme.* • **Mettre au propre :** recopier un texte que l'on a écrit au brouillon. ⊙ Famille du mot : malpropre, malpropreté, proprement, propreté.

▸ **proprement** (adverbe)
D'une manière propre. *Maintenant que tu es grand, tu dois manger* ***proprement****.* (Contr. salement.) • **À proprement parler :** en employant le mot qui convient. *Ce livre n'est pas* ***à proprement parler*** *un chef-d'œuvre, disons plutôt que c'est un bon roman.*

▸ **propreté** (nom féminin)
Qualité de ce qui est propre. *Ce linge est d'une* ***propreté*** *irréprochable.* (Contr. saleté.)

▸ **propriétaire** (nom)
Personne à qui appartient quelque chose. *Les locataires payent un loyer mensuel au* ***propriétaire*** *de leur appartement.*

▸ **propriété** (nom féminin)
1. Fait d'être propriétaire de quelque chose. *Tous ces champs sont la* ***propriété*** *du même agriculteur.* **2.** Maison avec un terrain autour. *Ils ont une grande* ***propriété*** *dans le Midi.* **3.** Caractère particulier de quelque chose. *Une des* ***propriétés*** *du cuivre est d'être un bon conducteur.* (Syn. caractéristique, particularité.) ⊙ Famille du mot : copropriétaire, copropriété, exproprier, propriétaire.

▸ **propulser** (verbe) ○ conj.n°3
Faire avancer un engin. *Ce sont les réacteurs qui* ***propulsent*** *les avions à réaction.*

▸ **propulsion** (nom féminin)
Mouvement qui propulse quelque chose. *Cette voiture est équipée d'un moteur à* ***propulsion*** *électrique.*

▸ **prorata** (nom masculin)
• **Au prorata de quelque chose :** en proportion de cette chose. *Il a remboursé ses dettes* ***au prorata de*** *ce que chacun lui avait prêté.* (Syn. proportionnellement, selon.)

▸ **prosaïque** (adjectif)
Qui manque d'imagination, de fantaisie. *Kevin rêve d'aventures, il ne veut pas mener une existence* ***prosaïque****.* (Syn. terre à terre.) ⊙ Prosaïque vient de *prose*, la prose étant jugée moins imaginative que la poésie.

proscrire (verbe) ○ conj.n°47
Interdire strictement. *Dans certains pays, la loi **proscrit** la consommation d'alcool.*

proscrit, ite (nom)
Personne qui a été chassée de son pays.

prose (nom féminin)
Façon courante d'écrire et de parler, qui se différencie de la poésie. *Un romancier écrit en **prose** et un poète écrit en vers.*

prosélytisme (nom masculin)
Fait de chercher à convertir les autres à sa religion ou à ses idées.

prospecter (verbe) ○ conj.n°3
Explorer un terrain pour y découvrir des richesses minérales. *On **prospecte** cette région dans l'espoir de trouver du pétrole.*

prospection (nom féminin)
Action de prospecter. *Cette firme fait de la **prospection** pétrolière en mer du Nord.*

prospectus (nom masculin)
Feuille publicitaire qui est distribuée gratuitement. *La boîte aux lettres est pleine de **prospectus**.* → Prononciation [pʀɔspɛktys].

prospère (adjectif)
Qui prospère. *Il dirige une entreprise **prospère**.* (Syn. florissant.) ⊙ Famille du mot : prospérer, prospérité.

prospérer (verbe) ○ conj.n°8
Se développer avec succès. *Le commerce **prospère** dans la région grâce à la présence de nombreux touristes.* (Contr. péricliter.)

prospérité (nom féminin)
Situation prospère. *Grâce à ses ressources minières, ce pays vit dans la **prospérité**.*

se **prosterner** (verbe) ○ conj.n°3
S'incliner très bas en signe de respect. *Les courtisans **se prosternaient** devant le roi et la reine.*

prostitué, ée (nom)
Personne qui se prostitue.

se **prostituer** (verbe) ○ conj.n°3
Avoir des relations sexuelles avec quelqu'un en échange d'une somme d'argent. ⊙ Famille du mot : prostitué, prostitution.

prostitution (nom féminin)
Activité des personnes qui gagnent leur vie en se prostituant.

prostré, ée (adjectif)
Qui est très abattu. *Après l'accident, elle est restée **prostrée** pendant des heures.*

protagoniste (nom)
Personne qui joue un rôle important dans une histoire. *À la suite de cette bagarre, la police a interrogé tous les **protagonistes**.*

protecteur, trice (adjectif et nom)
Qui protège et défend contre les dangers. *Ce chien abandonné a été recueilli par la société **protectrice** des animaux.*

protection (nom féminin)
1. Action de protéger. *Tu n'as rien à craindre, tu es sous ma **protection**.* 2. Ce qui protège. *Les crèmes solaires sont une **protection** efficace contre les coups de soleil.*

protège-cahier (nom masculin)
Couverture souple et amovible qui sert à protéger un cahier. → Pluriel : des protège-cahiers.

protéger (verbe) ○ conj.n°5 et 8
1. Défendre quelqu'un contre les dangers. *La chatte **protège** ses petits.* 2. Préserver ou mettre à l'abri. *Ce produit **protège** les métaux de la rouille.*

protéine (nom féminin)
Substance indispensable à l'organisme et que l'on trouve dans la viande, le poisson, les œufs, etc.

protestant, ante (nom)
Chrétien adepte du protestantisme. *Les **protestants** vont prier au temple.*

protestantisme (nom masculin)
Religion fondée par des chrétiens qui refusaient l'autorité du pape. *Le **protestantisme** est apparu au XVIe siècle.*

▸ **protestataire** (nom)
Personne qui proteste contre quelque chose. *Une pétition a été déposée à la mairie par les **protestataires**.*

▸ **protestation** (nom féminin)
Fait de protester. *Des manifestants ont défilé dans la rue en signe de **protestation**.*

▸ **protester** (verbe) ○ conj.n°3
1. Déclarer avec force son désaccord ou son opposition. *Les employés **protestent** contre les nouveaux horaires de travail.* 2. Affirmer avec force son bon droit. *Face au juge, l'accusé **a protesté** de son innocence.*

▸ **prothèse** (nom féminin)
Appareil qui remplace un membre ou un organe. *Il est un peu sourd et porte une **prothèse** auditive.*

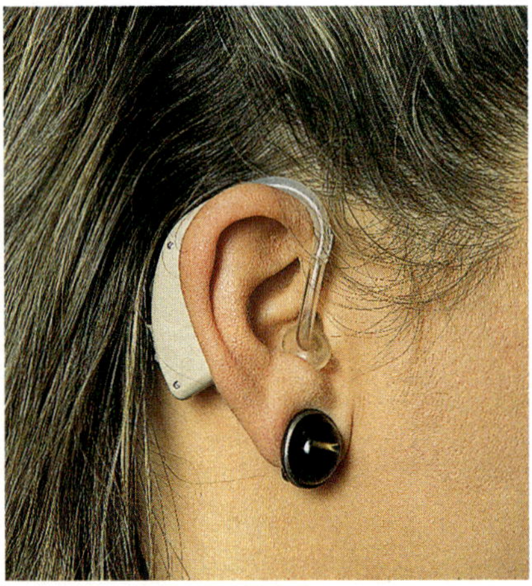

une **prothèse** auditive

▸ **prothésiste** (nom)
Personne qui fabrique des prothèses. *Un **prothésiste** dentaire.*

▸ **protocole** (nom masculin)
Ensemble des règles qu'il faut suivre durant une réunion officielle. *Ce chef d'État étranger a été reçu suivant le **protocole**.*

▸ **prototype** (nom masculin)
Exemplaire unique d'un objet qui sera ensuite fabriqué en série. *Ce téléphone n'est pas encore en vente, c'est un **prototype**.*

▸ **protubérance** (nom féminin)
Petite partie en relief. *Une piqûre de moustique forme une **protubérance** sur sa joue.*

Le vieillard a des **protubérances** sur le nez. Tableau de Domenico Ghirlandaio (1488).

▸ **proue** (nom féminin)
Partie avant d'un navire. *Autrefois, la **proue** était ornée d'une sculpture.* (Contr. poupe.)

▸ **prouesse** (nom féminin)
Synonyme d'exploit. *Les spectateurs admirent les **prouesses** des acrobates.*
⊙ Prouesse vient du mot *preux*.

▸ **prouver** (verbe) ○ conj.n°3
Établir la vérité ou la réalité de quelque chose. *L'enquête **a prouvé** qu'il n'était pas coupable.* (Syn. démontrer.)

▸ **provenance** (nom féminin)
Lieu d'où provient une chose. *J'ai acheté du raisin de **provenance** italienne. L'avion en **provenance** de Londres vient d'atterrir.*

▸ **provençal, ale, aux**
➡ Voir tableau p. 6.

provenir (verbe) ○ conj.n°19
1. Venir de tel endroit. *Ces tomates **proviennent** du Maroc.* 2. Être la conséquence de quelque chose. *Sa fatigue **provient** d'un manque de sommeil.* (Syn. résulter.) → Provenir se conjugue avec l'auxiliaire *être*.

proverbe (nom masculin)
Formule qui exprime une vérité générale ou un conseil de sagesse. *« Mieux vaut tard que jamais » est un **proverbe**.*

proverbial, ale, aux (adjectif)
Qui est connu de tout le monde. *Son sens de l'hospitalité est **proverbial**.*

providence (nom féminin)
Sagesse de Dieu qui protège les hommes et gouverne le monde.

providentiel, elle (adjectif)
Qui se produit au bon moment grâce à un heureux hasard. *Le passage **providentiel** d'un cargo a permis le sauvetage des naufragés.*

province (nom féminin)
1. Région de France qui a des coutumes particulières. *En vacances en Bretagne, Pierre a découvert les traditions de cette **province** française.* 2. Ensemble des régions françaises autres que Paris. *Nos voisins ont décidé d'aller vivre en **province**.*

provincial, ale, aux (adjectif et nom)
De la province. *Olivier apprécie la tranquillité de la vie **provinciale**. C'est une jeune **provinciale** qui est venue faire ses études à Paris.*

proviseur (nom masculin)
Personne qui dirige un lycée.

provision (nom féminin)
1. Réserve de choses utiles ou nécessaires. *L'écureuil a fait sa **provision** de noisettes pour l'hiver.* 2. Somme d'argent en réserve sur un compte en banque. *Attention de ne pas faire un chèque sans **provision** !*
▷ **provisions** (nom féminin pluriel) Produits que l'on achète pour la vie de tous les jours. ⊙ Famille du mot : approvisionnement, approvisionner. ⊙ Provision vient du latin *provisio* qui signifie « prévoyance ».

provisoire (adjectif)
Qui n'est pas prévu pour durer longtemps. *Après les inondations, on a logé les habitants du village dans des bâtiments **provisoires**.* (Syn. temporaire. Contr. définitif.)

provisoirement (adverbe)
De façon provisoire. *Son oncle loge **provisoirement** à l'hôtel du village.* (Syn. temporairement. Contr. définitivement.)

provocant, ante (adjectif)
Qui provoque, agresse les autres. *Je n'aime pas votre ton **provocant**.* (Syn. agressif.)

provocateur, trice (nom)
Personne qui pousse les autres à la violence. *Des **provocateurs** ont perturbé la réunion.*

provocation (nom féminin)
Acte ou paroles d'un provocateur. *N'écoute pas les **provocations** de ces vauriens !*

provoquer (verbe) ○ conj.n°3
1. Être la cause de quelque chose. *Le brouillard **a provoqué** de nombreux retards dans le trafic aérien.* (Syn. causer, entraîner.) 2. Pousser quelqu'un à la violence. *Le chat ne t'aurait pas griffé si tu ne l'**avais** pas **provoqué** !* (Syn. défier.) ⊙ Famille du mot : provocant, provocateur, provocation.

proximité (nom féminin)
Caractère de ce qui est proche. *Sarah habite à **proximité** de l'école. La **proximité** du départ en vacances excite les enfants.*

prudemment (adverbe)
De façon prudente. *Les randonneurs avancent **prudemment** sur le chemin escarpé.* (Contr. imprudemment.)

prudence (nom féminin)
Attitude d'une personne qui réfléchit, prévoit les dangers et essaie de les éviter. *Traversez le carrefour avec **prudence** !* (Contr. imprudence.)

▸ **prudent, ente** (adjectif)
Qui agit avec prudence. *Un conducteur* ***prudent*** *reste toujours très attentif au volant. Une action vraiment très* ***prudente****.* ⊙ Famille du mot : imprudemment, imprudence, imprudent, prudemment, prudence.

▸ **prune** (nom féminin)
Fruit à noyau du prunier, à la chair juteuse et sucrée. *Les quetsches, les mirabelles et les reines-claudes sont des* ***prunes****.* ⊙ Famille du mot : pruneau, prunelle, prunier.

▸ **pruneau, eaux** (nom masculin)
Prune séchée qui a une couleur noirâtre.

▸ **prunelle** (nom féminin)
1. Petite prune sauvage au goût âcre. **2.** Synonyme de pupille. • **Tenir à quelque chose comme à la prunelle de ses yeux** : y tenir énormément, plus que tout.

▸ **prunier** (nom masculin)
Arbre fruitier qui produit les prunes.

fleur, feuilles et fruits de **prunier**

▸ **P.-S.** ➠ Voir post-scriptum.

▸ **psalmodier** (verbe) ○ conj.n°10
Réciter quelque chose d'une manière monotone. *Les moines* ***psalmodient*** *des prières devant l'autel.*

▸ **psaume** (nom masculin)
Chant religieux juif ou chrétien. *Le prêtre récite un* ***psaume*** *tiré de l'Ancien Testament.*

▸ **pseudonyme** (nom masculin)
Nom qu'un artiste ou un écrivain choisit à la place du sien. *Jean-Baptiste Poquelin avait pris le* ***pseudonyme*** *de Molière.*

▸ **psychanalyse** (nom féminin)
Méthode qui consiste à soigner les troubles psychologiques d'une personne en lui faisant rechercher dans sa mémoire des souvenirs anciens qui l'ont vivement perturbée. → Prononciation [psikanaliz]. ⊙ Famille du mot : psychanalyser, psychanalyste.

▸ **psychanalyser** (verbe) ○ conj.n°3
Soigner quelqu'un par le biais de la psychanalyse. → Prononciation [psikanalize].

▸ **psychanalyste** (nom)
Spécialiste qui soigne par la psychanalyse. → Prononciation [psikanalist].

▸ **psychiatre** (nom)
Médecin spécialiste des maladies mentales. → Prononciation [psikjatʀ]. ⊙ Famille du mot : psychiatrie, psychiatrique.

▸ **psychiatrie** (nom féminin)
Partie de la médecine qui s'occupe des maladies mentales. → Prononciation [psikjatʀi].

▸ **psychiatrique** (adjectif)
Qui concerne la psychiatrie. *Les hôpitaux* ***psychiatriques*** *soignent les malades mentaux.* → Prononciation [psikjatʀik].

▸ **psychique** (adjectif)
Synonyme de mental. *Physiquement il est guéri, mais il souffre de troubles* ***psychiques****.* ⊙ Psychique vient du grec *psukhê* qui signifie « âme » ou « esprit », et qu'on retrouve dans les termes psychanalyse, psychiatre, psychologie, etc.

psychologie (nom féminin)
1. Science qui étudie comment une personne organise ses pensées et essaie d'expliquer les raisons de son comportement. 2. Fait d'être capable de comprendre les sentiments des autres. *Tu n'as pas compris que tu l'avais vexé, tu manques vraiment de* ***psychologie*** *!* → Prononciation [psikɔlɔʒi]. ⊙ Famille du mot : psychologique, psychologue.

psychologique (adjectif)
Qui concerne la psychologie. *Depuis la séparation de ses parents, cet enfant a des problèmes* ***psychologiques****.*

psychologue (nom)
Spécialiste de la psychologie. *Les enfants qui ont des difficultés scolaires peuvent être aidés par un* ***psychologue****.*
▷ **psychologue** (adjectif) Qui a de la psychologie, de l'intuition. *Notre maîtresse est très* ***psychologue****.*

psychose (nom féminin)
Peur irraisonnée qui se répand dans le public. *La* ***psychose*** *des attentats.* → Prononciation [psikoz].

psychothérapeute (nom)
Spécialiste de psychothérapie.

psychothérapie (nom féminin)
Traitement psychologique inspiré de la psychanalyse. → Prononciation [psikoteʀapi].

ptérodactyle (nom masculin)
Reptile volant préhistorique, à long bec pointu. *Le* ***ptérodactyle*** *vivait à la même époque que les dinosaures.*

un **ptérodactyle**

puant, ante (adjectif)
Qui pue. *Un tas d'ordures* ***puant****.*

puanteur (nom féminin)
Très mauvaise odeur. *Une horrible* ***puanteur*** *montait des égouts.*

1. pub (nom masculin)
En Angleterre, établissement où l'on sert des boissons alcoolisées. *Ils sont allés boire une bière dans un* ***pub****.* → Pub est un mot anglais : on prononce [pœb].

2. pub (nom féminin)
Synonyme familier de publicité. *Quentin aime regarder les* ***pubs*** *à la télé.*

puberté (nom féminin)
Période de changements physiques et psychologiques qui se produisent chez un enfant quand il devient adolescent.

pubis (nom masculin)
Endroit en forme de triangle au bas du ventre. *Le* ***pubis*** *se couvre de poils au moment de la puberté.* ➠ p. 263. → Prononciation [pybis]. ⊙ Pubis vient du latin *pubes* qui signifie « poil ».

public, publique (adjectif)
1. Qui concerne l'ensemble des gens. *Le vote de cette nouvelle loi passionne l'opinion* ***publique****.* 2. Qui est ouvert à tout le monde. *Vous pouvez circuler ici, car c'est un jardin* ***public****.* (Contr. privé.)
▷ **public** (nom masculin) 1. Ensemble des gens, de la population. *L'exposition est ouverte au* ***public****.* 2. Ensemble des personnes qui assistent à un spectacle. *Tout le* ***public*** *a applaudi les musiciens.*

publication (nom féminin)
1. Action de publier un texte. *La* ***publication*** *de ce roman a provoqué un scandale.* (Syn. parution.) 2. Livre ou journal publié. *Je connais une librairie spécialisée dans les* ***publications*** *pour enfants.*

publicitaire (adjectif)
Qui concerne la publicité. *Un film* ***publicitaire****.*

a b c d e f g h i j k l m n o p q r s t u v w x y z

publicité (nom féminin)
1. Technique qui a pour but de faire connaître un produit au public pour mieux le vendre. *Cette marque de café est très connue grâce à la **publicité**.* **2.** Annonce, affiche ou film servant à faire connaître un produit. *Avant les fêtes de Noël, il y a beaucoup de **publicités** pour les jouets à la télévision.*

publier (verbe) ○ conj.n°10
1. Imprimer un texte et le mettre en vente. *Cet éditeur **publie** surtout des bandes dessinées.* (Syn. éditer.) **2.** Annoncer une nouvelle au public. *Les journaux **ont publié** les résultats des élections.*

publiquement (adverbe)
En public. *Il a été insulté **publiquement**.*

puce (nom féminin)
1. Petit insecte brun, sans ailes, parasite de l'homme et des mammifères. *La **puce** pique la peau pour aspirer le sang dont elle se nourrit.* **2.** Petit élément sur lequel sont stockées des informations qui peuvent être lues par un ordinateur. *Les cartes de téléphone sont des cartes à **puce**.*
• **Marché aux puces :** lieu où l'on vend des objets et des vêtements d'occasion.
• **Mettre la puce à l'oreille à quelqu'un :** lui inspirer des soupçons. *Son air gêné m'**a mis la puce à l'oreille**.*

une **puce**

puceron (nom masculin)
Tout petit insecte parasite des plantes. *Les **pucerons** sont des insectes très nuisibles.*

pudding (nom masculin)
Gâteau anglais aux fruits secs et aux épices. *En Angleterre, pour Noël, on mange du **pudding**.* → Pudding est un mot anglais : on prononce [pudiŋ]. → On écrit aussi pouding.

pudeur (nom féminin)
Sentiment de gêne que ressent une personne qui n'aime pas montrer son corps ou ses sentiments intimes. *C'est par **pudeur** qu'Amélie refuse de se déshabiller devant ses amies.* ⊙ Pudeur vient du latin *pudor* qui signifie « honte ».

pudique (adjectif)
Qui se comporte avec pudeur. *Il est trop **pudique** pour laisser voir son chagrin.*

puer (verbe) ○ conj.n°3
Sentir très mauvais. *En été, ces marécages **puent** la vase.* (Syn. empester.) ⊙ Famille du mot : puant, puanteur.

puéricultrice (nom féminin)
Personne spécialisée en puériculture.

puériculture (nom féminin)
Ensemble des méthodes utilisées pour s'occuper des petits enfants. *Elle aimerait suivre des cours de **puériculture** pour travailler dans une crèche.*

puéril, ile (adjectif)
Qui n'est pas digne d'une personne raisonnable. *À douze ans, il fait encore des caprices, quelle attitude **puérile** !* (Syn. enfantin, infantile.) ⊙ Puéril vient du latin *puer* qui signifie « enfant », et que l'on retrouve dans puériculture.

pugilat (nom masculin)
Bagarre à coups de poing. *Ce n'est pas une simple dispute, c'est un vrai **pugilat** !*

puis (adverbe)
Sert à indiquer ce qui vient après. *Il a lu quelques pages, **puis** il s'est endormi.*
• **Et puis :** d'ailleurs, en outre. *Cette émission m'ennuie, **et puis** j'ai sommeil !*

puiser (verbe) ○ conj.n°3
1. Prendre du liquide au moyen d'un récipient. *Elle allait **puiser** de l'eau à la rivière.* **2.** Prendre dans des réserves. *Il **a puisé** dans sa tirelire pour m'offrir un cadeau.*

puisque (conjonction)
Sert à indiquer la cause. *Reprends un peu de fromage **puisque** tu as encore faim.* (Syn. étant donné que.)

puissance (nom féminin)
1. Autorité ou pouvoir dont on dispose. *La **puissance** du roi s'étendait sur tout le pays.* 2. Force qui produit un effet ou qui fournit une énergie. *Le voilier filait grâce à la **puissance** du vent.* 3. État qui possède des forces et des richesses. *Le Japon et les États-Unis sont des grandes **puissances**.*

puissant, ante (adjectif)
Qui possède une grande puissance. *Ses richesses ont fait de lui un homme **puissant**. Un athlète aux muscles **puissants**.* ⊙ Famille du mot : impuissance, impuissant, puissance.

puits (nom masculin)
1. Trou très profond creusé dans le sol pour recueillir les eaux souterraines. 2. Trou destiné à exploiter un gisement. *Un **puits** de pétrole. Un **puits** de mine.*

pull-over (nom masculin)
Tricot de laine que l'on enfile par la tête. *Romain a mis un **pull-over** par-dessus son tee-shirt.* → Prononciation [pylɔvɛʀ]. → Pluriel : des pull-overs. On dit aussi un pull. ⊙ Pull-over vient de l'anglais ***to pull over*** qui signifie « tirer par-dessus » (la tête).

pulluler (verbe) ○ conj.n°3
Être en très grand nombre dans un endroit. *Les poissons **pullulent** dans cet étang.*

pulmonaire (adjectif)
Des poumons. *La tuberculose est une maladie **pulmonaire**.*

pulpe (nom féminin)
1. Partie charnue d'un fruit. *Ursula aime les prunes bien mûres, à la **pulpe** juteuse.* ➠ p. 34. 2. Tissu qui se trouve à l'intérieur des dents. ➠ p. 321.

pulsation (nom féminin)
Battement du cœur et des artères. *Les **pulsations** s'accélèrent quand on court.* ⊙ Voir pouls.

pulvérisateur (nom masculin)
Appareil qui sert à pulvériser un liquide. *Ce médicament pour soigner les maux de gorge est vendu en **pulvérisateur**.*

pulvérisation (nom féminin)
Action de pulvériser. *Le médecin lui a prescrit des **pulvérisations** dans les oreilles.*

pulvériser (verbe) ○ conj.n°3
1. Projeter en fines gouttelettes. *Le jardinier **a pulvérisé** de l'insecticide sur les rosiers.* 2. Détruire complètement. *L'explosion **a pulvérisé** les vitres.* 3. Dépasser très largement. ***Pulvériser** un record.* ⊙ Famille du mot : pulvérisateur, pulvérisation. ⊙ Pulvériser vient du latin ***pulveris*** qui signifie « poudre » : pulvériser, c'est ***réduire en poudre***.

puma (nom masculin)
Grand félin d'Amérique, au pelage beige.

un jeune **puma**

punaise (nom féminin)
1. Petit insecte au corps aplati, qui sent très mauvais quand on l'écrase. *La **punaise** pique l'homme pour sucer son sang.* 2. Petit clou à pointe courte et à tête large. *La maîtresse a fixé nos dessins au mur avec des **punaises**.* ⊙ Punaise vient de l'ancien français ***punais*** qui signifie « puant ».

une **punaise**

▸ **punaiser** (verbe) ○ conj.n°3
Fixer quelque chose à l'aide de punaises. *Thomas **a punaisé** des posters sur les murs.*

▸ 1. **punch** (nom masculin)
Boisson alcoolisée, à base de rhum, d'épices et de sirop de sucre. *Nos amis martiniquais nous ont appris à faire du **punch**.* → Prononciation [pɔ̃ʃ]. ⊙ Punch vient d'un mot de l'Inde qui signifie « cinq » à cause des cinq ingrédients qui composaient cette boisson.

▸ 2. **punch** (nom masculin)
Puissance et efficacité d'un boxeur. *Ce boxeur manque de technique mais il a du **punch**.* → Prononciation [pœnʃ]. ⊙ Punch est un mot anglais qui signifie « coup de poing ».

▸ **punching-ball** (nom masculin)
Ballon fixé sur un support élastique et servant à l'entraînement des boxeurs. → Punching-ball est un mot anglais : on prononce [pœnʃiŋbol]. → Pluriel : des punching-balls.

▸ **punir** (verbe) ○ conj.n°11
Infliger une punition à quelqu'un. *Si tu continues à chahuter, tu **seras puni**.* ⊙ Famille du mot : impuni, punitif, punition.

▸ **punitif, ive** (adjectif)
• **Expédition punitive** : attaque organisée dans le but de se venger.

▸ **punition** (nom féminin)
Chose désagréable que l'on fait subir à quelqu'un qui a mal agi. *Ce mensonge mérite une **punition** sévère.* (Syn. sanction.)

▸ 1. **pupille** (nom)
Orphelin placé sous la garde d'un tuteur qui s'occupe de lui. *Monsieur Duval veille sur sa **pupille** comme si elle était sa propre enfant.*

▸ 2. **pupille** (nom féminin)
Petit cercle noir au centre de l'iris de l'œil. *Les **pupilles** rétrécissent quand la lumière est intense.* (Syn. prunelle.)

▸ **pupitre** (nom masculin)
Tablette inclinée qui sert à poser un livre ou une partition de musique. *Le chef d'orchestre dirige les musiciens depuis son **pupitre**.*

▸ **pur, pure** (adjectif)
1. Qui n'est pas mélangé à autre chose. *Une écharpe en **pure** laine.* 2. Qui n'est pas pollué. *L'air **pur** de la montagne.* 3. Qui est moralement sans reproche. *Une jeune fille au cœur **pur**.* 4. Qui est exactement et uniquement ainsi. *Il a fait cela par **pure** gentillesse.* ⊙ Famille du mot : épuration, épurer, impur, impureté, purement, pureté, purifier.

▸ **purée** (nom féminin)
Légumes cuits à l'eau et écrasés. *De la **purée** de carottes, de pommes de terre.*

▸ **purement** (adverbe)
Uniquement. *Si je t'aide, c'est **purement** par amitié.* • **Purement et simplement** : totalement et sans explication. *Je vous interdis **purement et simplement** de parler de cette affaire.*

▸ **pureté** (nom féminin)
Caractère de ce qui est pur, sans mélange. *On va procéder à des tests pour contrôler la **pureté** de l'eau de la ville.*

▸ **purgatif** (nom masculin)
Synonyme de laxatif.

▸ **purgatoire** (nom masculin)
Dans la religion catholique, lieu où les âmes des morts doivent expier leurs fautes avant d'aller au paradis.

▸ **purge** (nom féminin)
1. Fait de purger un appareil, une canalisation. *Je ne trouve pas le robinet de **purge** de la chaudière.* 2. Remède qui servait à purger l'intestin.

▸ **purger** (verbe) ○ conj.n°5
1. Évacuer le gaz ou le liquide qui bouche le passage dans un tuyau, ou dans un appareil. ***Purger** un radiateur.* 2. Débarrasser l'intestin de ce qui l'encombre à l'aide d'une purge. • **Purger une peine** : subir une peine à laquelle on est condamné. ⊙ Famille du mot : purgatif, purge.

purifier (verbe) ○ conj.n°10
Rendre pur en débarrassant des impuretés. *Cette usine possède des installations destinées à* ***purifier*** *l'eau.* (Syn. assainir.)

purin (nom masculin)
Liquide qui provient de la décomposition du fumier et des urines animales.

puritain, aine (adjectif et nom)
Qui respecte les principes moraux de façon très rigide. *Alain a reçu une éducation très* ***puritaine*** *dans ce pensionnat religieux.*

pur-sang (nom masculin)
Cheval de selle de race pure. → Pluriel : des pur-sang.

purulent, ente (adjectif)
Qui contient du pus. *Il nous faut immédiatement désinfecter cette blessure* ***purulente****.*

pus (nom masculin)
Liquide jaunâtre contenant des microbes et qui apparaît sur les plaies infectées.

pustule (nom féminin)
Bouton qui contient du pus. *Une* ***pustule*** *s'est formée à l'endroit où on l'a vacciné.*

putois (nom masculin)
Mammifère carnivore à la fourrure brune parsemée de taches claires. *Les* ***putois*** *dégagent une odeur nauséabonde.* ⊙ Putois vient de l'ancien français *put* qui signifie « puant ».

un **putois**

putréfaction (nom féminin)
Fait de se putréfier. *On a trouvé le cadavre d'un animal en* ***putréfaction****.* (Syn. décomposition.)

se putréfier (verbe) ○ conj.n°10
Pourrir, se décomposer. *Cette viande* ***s'est putréfiée*** *à cause de la chaleur.*

putride (adjectif)
• **Odeur putride** : odeur qui se dégage de ce qui est en train de se putréfier.

putsch (nom masculin)
Coup d'État. *Certains officiers ont organisé un* ***putsch*** *afin de s'emparer du pouvoir.* → Putsch est un mot allemand : on prononce [putʃ].

puzzle (nom masculin)
Jeu de patience composé de petites pièces découpées qu'il faut assembler pour former une image. → Prononciation [pœzl] ou [pœzœl]. ⊙ Puzzle vient de l'anglais *to puzzle* qui signifie « embarrasser ».

P.-V. (nom masculin)
Abréviation familière de procès-verbal. *Ta voiture est en stationnement interdit, tu vas avoir un* ***P.-V.*** *!*

pyjama (nom masculin)
Vêtement de nuit composé d'une veste et d'un pantalon. *Zoé préfère dormir en* ***pyjama*** *plutôt qu'en chemise de nuit.*

pylône (nom masculin)
Grand poteau qui sert de support. *Les câbles du téléphérique sont fixés sur des* ***pylônes****.*

Les **pyramides** de Gizeh, en Égypte.

▸ **pyramide** (nom féminin)
1. Solide à base carrée et à quatre faces triangulaires qui se rejoignent en un point appelé « sommet ». ➠ p. 512.
2. Monument ayant cette forme. *Les **pyramides** d'Égypte servaient de tombeaux aux pharaons.*

▸ **pyrénéen, enne** (adjectif)
Qui concerne les Pyrénées. *Les sommets **pyrénéens**.*

▸ **pyrex** (nom masculin)
Verre qui résiste à la chaleur du four. *Elle a fait un gratin dans un plat en **pyrex**.* → Pyrex est le nom d'une marque. ⊙ Pyrex est un mot qui a été formé à partir du grec *pur* qui signifie « feu », et qu'on retrouve dans le mots pyrogravure et pyromane.

▸ **pyrogravure** (nom féminin)
Procédé de gravure sur bois. *Cet artisan travaille dans un atelier de **pyrogravure**.*

▸ **pyromane** (nom)
Personne qui ne peut se retenir d'allumer des incendies. *On a arrêté le **pyromane** qui mettait le feu dans les bois.* ⊙ Pyromane vient des mots grecs ***pur*** qui signifie « feu » et ***mania*** qui signifie « folie ».

▸ **python** (nom masculin)
Grand serpent d'Afrique et d'Asie qui étouffe ses proies en les serrant entre ses anneaux avant de les avaler. *Les **pythons** ne sont pas venimeux.*

un **python**

▸ **q** (nom masculin)
Dix-septième lettre de l'alphabet. *Le* Q *est une consonne.*

▸ **qu'** ➠ Voir que.

▸ **quadragénaire** (adjectif et nom)
Qui a entre quarante et cinquante ans.
➔ Prononciation [kwadʀaʒenɛʀ].

▸ **quadrature** (nom féminin)
• **Quadrature du cercle** : problème impossible à résoudre. ➔ Prononciation [kwadʀatyʀ].

▸ **quadrilatère** (nom masculin)
Figure géométrique qui a quatre côtés. *Le carré, le rectangle, le losange et le trapèze sont des* ***quadrilatères****.*
➔ Prononciation [kwadʀilatɛʀ] ou [kadʀilatɛʀ].

▸ **quadrillage** (nom masculin)
Ensemble des traits qui divisent une surface en carrés. *Je voudrais un cahier avec des feuilles à grand* ***quadrillage****.*

En archéologie, on utilise un **quadrillage** pour repérer les objets trouvés.

▸ **quadrille** (nom masculin)
Danse ancienne exécutée par quatre couples de danseurs.

▸ **quadriller** (verbe) ○ conj.n°3
1. Diviser une surface en petits carrés. *Nous allons* ***quadriller*** *une feuille de papier à dessin et colorier un carreau sur deux.* 2. Surveiller une zone en mettant des policiers ou des soldats dans plusieurs endroits. *Tout de suite après le hold-up, la police* ***a quadrillé*** *le quartier.*

▸ **quadrimoteur** (nom masculin)
Avion équipé de quatre moteurs.

▸ **quadriréacteur** (nom masculin)
Avion équipé de quatre réacteurs.
➠ p. 97.

▸ **quadrupède** (nom masculin)
Mammifère qui a quatre pattes. *La vache, le mouton et le chat sont des* ***quadrupèdes****, alors que l'homme est un bipède.* ➔ Prononciation [kwadʀypɛd] ou [kadʀypɛd].

Les chèvres sont des **quadrupèdes**.

quadruple (nom masculin) Nombre obtenu en quadruplant un autre. *Huit est le **quadruple** de deux (8 = 4 × 2).* ▷ **quadruple** (adjectif) Qui est reproduit quatre fois. *Il a fait un **quadruple** saut périlleux.* → Prononciation [kwadʀypl] ou [kadʀypl]. ⊙ Famille du mot : quadruplés, quadrupler.

quadrupler (verbe) ⊙ conj.n°3 Multiplier par quatre. *Grâce à la qualité de ses produits, ce commerçant **a quadruplé** ses ventes.*

quadruplés, ées (nom pluriel) Quatre enfants nés de la même mère au cours du même accouchement.

quai (nom masculin) 1. Plate-forme le long d'une voie ferrée. *Le train est attendu au **quai** numéro 4.* 2. Endroit aménagé dans un port pour l'accostage des bateaux. *Des pêcheurs vendaient leurs poissons sur le **quai**.* 3. Voie aménagée le long d'un cours d'eau. *On voit encore des pêcheurs le long des **quais** de la Seine.*

qualificatif, ive (adjectif) • **Adjectif qualificatif** : adjectif qui qualifie un nom. *Dans la phrase « le chat est noir », « noir » est un **adjectif qualificatif**.* ▷ **qualificatif** (nom masculin) Mot qui sert à qualifier quelqu'un. *Il a utilisé des **qualificatifs** injurieux à l'égard de son adversaire.*

qualification (nom féminin) 1. Titre ou niveau de compétence exigé pour un travail. *Pour obtenir cet emploi, il faut avoir la **qualification** d'ouvrier spécialisé.* 2. Droit de participer à une compétition après avoir réussi certaines épreuves. *Notre équipe a obtenu sa **qualification** pour la finale.*

qualifier (verbe) ⊙ conj.n°10 1. Désigner une personne ou une chose par des mots qui la caractérisent. *La maîtresse **a qualifié** Anna du titre d'élève modèle.* 2. Se qualifier : obtenir sa qualification à la suite d'épreuves sportives. *Il **s'est qualifié** pour la finale du tournoi de tennis.* • **Être qualifié** : avoir la qualification pour faire une chose. *Elle **est** parfaitement **qualifiée** pour s'occuper des personnes âgées.* ⊙ Famille du mot : disqualification, disqualifier, inqualifiable, qualificatif, qualification.

qualitatif, ive (adjectif) Qui concerne la qualité de quelque chose. *Du point de vue **qualitatif**, cette marque de café est la meilleure.*

qualité (nom féminin) 1. Ce qui fait qu'une chose est bonne ou mauvaise. *Je préfère vérifier la **qualité** de ce tissu avant de l'acheter.* 2. Trait de caractère qui rend une personne digne de mérite. *Les deux grandes **qualités** d'Élodie sont la franchise et la générosité.* (Contr. défaut.) • **En qualité de** : en tant que, à titre de. ***En qualité d'**avocat, cet homme a le droit de parler avec son client qui est en prison.*

quand (adverbe et conjonction) Sert à indiquer un moment. ***Quand** a-t-il prévu de partir ? Je serai là **quand** tu rentreras de l'école.* (Syn. lorsque.) • **Quand même** : sert à exprimer une opposition. *Il sait qu'il a tort de mentir, mais il le fait **quand même**.*

quant à (préposition) En ce qui concerne quelqu'un ou quelque chose. *Je vais au cinéma, **quant à** toi, fais ce que tu veux.*

quantitatif, ive (adjectif) Qui se rapporte à la quantité. *Connais-tu la différence **quantitative** entre ces deux troupeaux ?*

quantité (nom féminin) 1. Ce que l'on peut mesurer en comptant. *Quelle **quantité** d'huile faut-il mettre dans la vinaigrette ?* 2. Grand nombre. *Victor a reçu des **quantités** de cadeaux pour son anniversaire. Je n'ai pas besoin de stylos, j'en ai déjà en **quantité**.*

quarantaine (nom féminin) Nombre d'environ quarante. *Il y a une **quarantaine** de personnes dans la salle. Il paraît très jeune mais il a déjà dépassé la **quarantaine**.* • **Mettre quelqu'un en quarantaine** : l'exclure d'un groupe et ne plus lui parler. ⊙ Autrefois, la quarantaine était une période d'isolement de 40 jours qui était imposée à un bateau venant d'un pays touché par une épidémie.

quarante (adjectif)
Quatre fois dix (40). *Julie habite au **quarante** de cette rue. Il vient d'avoir **quarante** ans.* ⊙ Famille du mot : quarantaine, quarantième.

quarantième (adjectif et nom)
Qui occupe le rang numéro 40. *Clément a lu son livre jusqu'à la **quarantième** page.* ▷ **quarantième** (nom masculin) Ce qui est contenu quarante fois dans un tout. *Le maïs représente le **quarantième** des récoltes de cet agriculteur.*

quart (nom masculin)
1. Chaque partie d'un tout divisé en quatre. *David a mangé un **quart** de baguette pour le goûter.* 2. Gobelet de métal. 3. Période pendant laquelle un marin est de service. • **Aux trois quarts** : en très grande partie. *Le wagon est **aux trois quarts** plein.* • **Et quart** ou **un quart, moins le quart** : servent à indiquer qu'il est 15 minutes après l'heure ou avant l'heure. *3 h 45, c'est 4 heures **moins le quart**.*

quart d'heure (nom masculin)
Durée de quinze minutes. *On se retrouve dans un **quart d'heure**.* • **Passer un mauvais quart d'heure** : passer un mauvais moment. → Pluriel : des quarts d'heure.

quartette (nom masculin)
Groupe de jazz qui comporte quatre musiciens. → Prononciation [kwaʀtɛt].

quartier (nom masculin)
1. Morceau d'environ un quart. *Ibrahim a mangé un **quartier** de cette pomme pour la goûter.* 2. Division naturelle de certains fruits. *Un **quartier** de mandarine.* 3. Partie d'une ville. *Il habite dans un **quartier** éloigné du centre.* 4. Chacune des phases de la Lune. *Avant la pleine lune, la Lune est dans son premier **quartier**.* • **Quartier général** : endroit où est établi l'état-major d'une armée.

quart-monde (nom masculin)
Ensemble des pays les plus pauvres du monde ou des personnes les plus défavorisées dans un pays.

quartz (nom masculin)
Roche très dure formée de cristaux. *Le granit contient du **quartz**. Une montre à **quartz**.* → Prononciation [kwaʀts].

quasi (adverbe)
Presque ou pour ainsi dire. *Les travaux sont **quasi** terminés. Laura a gagné la **quasi**-totalité des épreuves.* → On met un trait d'union après quasi quand on l'emploie devant un nom. ⊙ Quasi est un mot latin qui signifie « comme si ».

quasiment (adverbe)
Synonyme familier de quasi. *Je suis **quasiment** sûr qu'elle ne viendra pas.*

quaternaire (nom masculin)
• **Ère quaternaire** : période géologique marquée par l'apparition et l'évolution de l'homme. → Prononciation [kwatɛʀnɛʀ].

quatorze (adjectif)
Dix plus quatre (14). *Fatima a invité **quatorze** personnes à son anniversaire.* ▷ **quatorze** (nom masculin) Nombre quatorze. *Sept plus sept égale **quatorze**.*

quatorzième (adjectif et nom)
Qui occupe le rang numéro 14. *Olivier habite dans le **quatorzième** arrondissement. Il est le **quatorzième** au classement.* ▷ **quatorzième** (nom masculin) Ce qui est contenu quatorze fois dans un tout.

quatrain (nom masculin)
Poème ou strophe de quatre vers.

quatre (adjectif)
Trois plus un (4). *Le petit frère de Gaëlle a déjà **quatre** ans.* • **Manger comme quatre** : manger énormément. • **Se mettre en quatre** : se donner beaucoup de mal. ▷ **quatre** (nom masculin) Chiffre ou nombre quatre. *Il est payé le **quatre** du mois.*

quatre-quarts (nom masculin)
Gâteau dans lequel on met le même poids de beurre, de farine, de sucre et d'œufs. → Pluriel : des quatre-quarts.

▸ **quatre-quatre** (nom masculin) Véhicule tout-terrain à quatre roues motrices. ➔ Pluriel : des quatre-quatre. On écrit aussi 4 x 4.

▸ **quatre-vingt-dix** (adjectif) Neuf fois dix (90). *Il habite à* ***quatre-vingt-dix*** *kilomètres de la mer.*

▸ **quatre-vingts** (adjectif) Quatre fois vingt (80). ***Quatre-vingts*** *personnes ont assisté à la réunion.* ➔ Lorsque quatre-vingts est suivi d'un autre nombre, il ne prend pas d's : quatre-vingt-deux.

▸ **quatrième** (adjectif et nom) Qui occupe le rang numéro 4. *Ce bébé est leur* ***quatrième*** *enfant. Kevin est le* ***quatrième*** *de la classe.* ▷ **quatrième** (nom féminin) Troisième année de l'enseignement secondaire. *Il est en* ***quatrième*** *au collège.*

▸ **quatuor** (nom masculin) **1.** Orchestre formé de quatre musiciens. **2.** Morceau de musique écrit pour quatre instruments. *Les musiciens vont interpréter un* ***quatuor*** *de Beethoven.* ➔ Prononciation [kwatɥɔʀ].

▸ **que** (pronom) **1.** Sert à interroger. ***Que*** *cherchez-vous ?* **2.** Au début d'une proposition relative, sert à désigner une personne ou une chose en fonction de complément. *Le livre* ***que*** *tu cherches est sur mon bureau.* ▷ **que** (conjonction) **1.** Sert à relier une proposition subordonnée à la proposition principale. *Je suis sûr* ***qu'****elle viendra. Je voudrais* ***que*** *tu me prêtes un stylo.* **2.** S'utilise dans les comparaisons. *Tu es plus frileuse* ***que*** *moi.* **3.** Sert à exprimer un souhait, un ordre. ***Qu'****il se taise ou* ***qu'****il sorte !* • **Ne... que** : seulement. *Il* ***ne*** *reste* ***qu'****un seul gâteau.* ▷ **que** (adverbe) Sert à introduire une phrase exclamative. ***Que*** *la mariée est jolie !* ***Qu'****il est mignon, ce petit chien !* (Syn. comme.) ➔ Que devient qu' devant une voyelle ou un h muet.

▸ **québécois, oise**
➠ Voir tableau p. 6.

▸ **quel, quelle** (déterminant) **1.** Sert à poser une question. ***Quel*** *temps fait-il ?* **2.** Sert à introduire une exclamation. ***Quelle*** *jolie robe !* ▷ **quel, quelle** (pronom) Sert à interroger. ***Quel*** *est ton chanteur préféré ?*

▸ **quelconque** (adjectif) **1.** N'importe lequel. *Si tu as un ennui* ***quelconque****, tu peux compter sur moi.* **2.** Qui ne présente aucun intérêt particulier. *Ce film était vraiment* ***quelconque****.* (Syn. médiocre.)

▸ **quelque** (déterminant) Sert à indiquer une durée, un nombre, une quantité indéterminés. *Il y a* ***quelque*** *temps que je ne l'ai pas vu.* ▷ **quelques** (déterminant) Sert à indiquer un petit nombre de personnes, de choses. *J'ai invité* ***quelques*** *amis à dîner.*

un **quatre-quatre** (4 x 4)

quel que, quelle que (adjectif)
N'importe lequel, n'importe laquelle. ***Quels que** soient vos problèmes, nous allons essayer de les résoudre.*

quelque chose (pronom)
Désigne une chose indéterminée. *Ce colis contient **quelque chose** de lourd.*

quelquefois (adverbe)
De temps en temps ou à certains moments. *Hélène va **quelquefois** à la patinoire avec ses amis.* (Syn. parfois.)

quelque part (adverbe)
Dans un lieu indéterminé. *Nous nous sommes déjà vus **quelque part**.*

quelques-uns, quelques-unes (pronom)
Un petit nombre de personnes ou de choses. *Est-ce que je peux cueillir **quelques-unes** de ces roses ?*

quelqu'un (pronom)
Une personne indéterminée. *Va ouvrir la porte, **quelqu'un** a sonné.*

quémander (verbe) ○ conj.n°3
Demander avec insistance. *Le chien est toujours en train de **quémander** un sucre.*

qu'en-dira-t-on (nom masculin)
Ce que les gens racontent sur les autres. *Il vit comme il en a envie, sans se préoccuper du **qu'en-dira-t-on**.*

quenelle (nom féminin)
Rouleau composé de pâte fine mélangée à du poisson ou de la viande hachés. *Des **quenelles** de brochet.*

quenotte (nom féminin)
Dans le langage des enfants, synonyme de dent.

quenouille (nom féminin)
Petit bâton sur lequel on enroulait, autrefois, des fibres de laine ou de lin que les femmes filaient.

querelle (nom féminin)
Discussion violente provoquée par un désaccord. *La **querelle** entre les deux automobilistes a failli se terminer en bagarre.* ⊙ Famille du mot : se quereller, querelleur.

se quereller (verbe) ○ conj.n°3
Synonyme de se disputer. *Arrêtez de **vous quereller** pour des bêtises !*

querelleur, euse (adjectif)
Qui a tendance à se quereller avec tout le monde. *Il devient très **querelleur** dès qu'il commence à perdre.*

quérir (verbe)
Synonyme littéraire de chercher. *Elle alla **quérir** de l'eau à la fontaine.*
→ Quérir ne s'emploie qu'à l'infinitif.

question (nom féminin)
1. Demande adressée à quelqu'un afin d'obtenir une réponse. *Je ne comprends pas votre **question**.* 2. Sujet de discussion ou problème à résoudre. *Nous examinerons cette **question** à la fin de la réunion.* • **En question** : dont il s'agit. *Je vais vous présenter la personne **en question**.* • **Hors de question** : se dit d'une chose qu'on refuse absolument. *Il est **hors de question** que tu sortes ce soir.* • **Il est question de quelqu'un ou de quelque chose** : on en parle. ***Il est question de** toi dans sa lettre. **Il est question d'**organiser une excursion pour notre classe.* ⊙ Famille du mot : questionnaire, questionner.

questionnaire (nom masculin)
Série de questions. *Répondre à un **questionnaire**.*

questionner (verbe) ○ conj.n°3
Poser des questions. *Le médecin l'**a** longuement **questionné** sur ses troubles de santé.* (Syn. interroger.)

quête (nom féminin)
Action de recueillir de l'argent au profit de personnes qui en ont besoin. *Une **quête** en faveur des victimes de la faim.* (Syn. collecte.) • **En quête de quelque chose :** à sa recherche. *L'orage approche, mettons-nous **en quête d'**un abri.*

quêter (verbe) ○ conj.n°3
Faire la quête. *Des enfants **quêtent** dans la rue au profit des handicapés.*

▸ **quetsche** (nom féminin)
Prune ovale, à la peau violet foncé. *Une délicieuse tarte aux **quetsches**.* → Prononciation [kwɛtʃ].

des **quetsches**

▸ **queue** (nom féminin)
1. Extrémité arrière du corps de certains animaux. *Pierre s'est fait griffer quand il a tiré la **queue** du chat.* 2. Tige d'une fleur ou d'un fruit. *Marie fait de la tisane avec des **queues** de cerises.* 3. Partie allongée qui sert à tenir certains ustensiles de cuisine. *La **queue** d'une casserole.* (Syn. manche.) 4. File d'attente. *Des gens font la **queue** devant le cinéma.* 5. Ce qui est placé au bout, à la fin. *Notre wagon est en **queue** de train.* • **À la queue leu leu** : l'un derrière l'autre. *L'entrée du souterrain est étroite, avancez **à la queue leu leu**.* • **Faire une queue de poisson** : se rabattre brusquement devant la voiture que l'on vient de doubler. • **N'avoir ni queue ni tête** : n'avoir aucun sens. *Cette histoire stupide **n'a ni queue ni tête**.*

▸ **queue-de-cheval** (nom féminin)
Coiffure dans laquelle les cheveux sont tirés et noués en arrière et retombent sur la nuque. → Pluriel : des queues-de-cheval.

▸ **qui** (pronom)
1. Sert à interroger à propos de quelqu'un. ***Qui** est là ? À **qui** es-tu en train d'écrire ? Avec **qui** as-tu joué ?* 2. Au début d'une proposition relative, sert à désigner une personne ou une chose en fonction de sujet. *Le garçon **qui** arrive est mon cousin.*

▸ **quiche** (nom féminin)
Tarte salée faite d'un mélange de crème et d'œufs et garnie de lardons. ⊙ Quiche vient de l'allemand ***kuchen*** qui signifie « gâteau ».

▸ **quiconque** (pronom)
N'importe qui. *Myriam réussit les tartes aux pommes mieux que **quiconque**.*

▸ **quidam** (nom masculin)
Personne quelconque, qu'on ne connaît pas. *Il a demandé l'heure à un **quidam** dans la rue.* ⊙ Quidam est un mot latin qui signifie « une certaine personne ».

▸ **quiétude** (nom féminin)
Synonyme littéraire de tranquillité. *Il aime la **quiétude** de la vie à la campagne.*

▸ **quignon** (nom masculin)
• **Quignon de pain** : morceau de pain contenant beaucoup de croûte. *Quentin s'est contenté d'un **quignon de pain** pour le goûter.*

▸ **quille** (nom féminin)
1. Pièce de bois allongée que l'on fait tomber en lançant une boule. *Un jeu de **quilles**.* 2. Partie inférieure de la coque d'un navire. *Le bateau a été déséquilibré quand sa **quille** a heurté un rocher.*

▸ **quincaillerie** (nom féminin)
Magasin où l'on vend des clous, des outils, des ustensiles de ménage et de bricolage.

▸ **quincaillier, ère** (nom)
Personne qui tient une quincaillerie.

quinconce (nom masculin)
• **En quinconce** : se dit de choses disposées par cinq, quatre aux coins d'un carré et la cinquième au milieu. *Des arbres plantés **en quinconce**.*

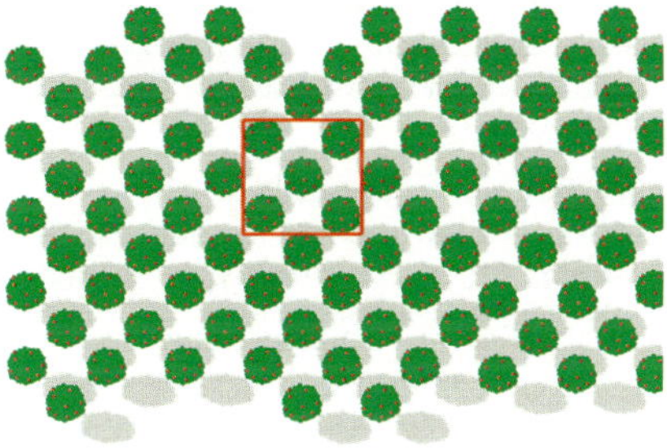

un verger de pommiers plantés **en quinconce**

quinine (nom féminin)
Médicament qui sert à soigner le paludisme.

quinquagénaire (adjectif et nom)
Qui a entre cinquante et soixante ans. *Notre voisin est un très dynamique **quinquagénaire**.*

quintal, aux (nom masculin)
Unité de mesure qui équivaut à 100 kilos. *Ce champ produit plusieurs centaines de **quintaux** de blé chaque année.*

quinte (nom féminin)
• **Quinte de toux** : accès de toux violent. *Romain a eu plusieurs **quintes de toux** pendant la nuit à cause de sa bronchite.*

quintette (nom masculin)
Ensemble de cinq musiciens. *Un **quintette** de jazz.*

quintuple (nom masculin)
Nombre obtenu en quintuplant un autre nombre. *Cinquante est le **quintuple** de dix (50 = 10 × 5).* ⊙ Famille du mot : quintuplés, quintupler.

quintuplés, ées (nom pluriel)
Cinq enfants nés de la même mère au cours du même accouchement.

quintupler (verbe) ○ conj.n°3
Multiplier par cinq. *Cette société **a quintuplé** les ventes de ses produits grâce à la publicité.*

quinzaine (nom féminin)
1. Ensemble d'environ quinze. *Il y a une **quinzaine** de clients dans le magasin.* **2.** Durée d'environ quinze jours. *Nous serons en vacances dès la première **quinzaine** de juillet.*

quinze (adjectif)
Dix plus cinq (15). *J'ai lu les **quinze** premières pages de ce livre. Ce livre coûte **quinze** euros.* ▷ **quinze** (nom masculin) **1.** Nombre quinze. *J'habite au **quinze** de cette rue. Nous partons en vacances le **quinze** du mois.* **2.** Équipe de rugby comprenant quinze joueurs. *Le **quinze** de France.* ⊙ Famille du mot : quinzaine, quinzième.

quinzième (adjectif et nom)
Qui occupe le rang numéro 15. *Thomas habite au **quinzième** étage d'une tour.* ▷ **quinzième** (nom masculin) Ce qui est contenu quinze fois dans un tout. *Quatre est le **quinzième** de soixante.*

quiproquo (nom masculin)
Erreur qui consiste à prendre une personne ou une chose pour une autre. *Il a demandé un renseignement à une cliente en la prenant pour une vendeuse, quel **quiproquo** !* (Syn. malentendu.) ⊙ Quiproquo vient du latin *quid pro quo* qui signifie « quelque chose à la place d'autre chose ».

quittance (nom féminin)
Document prouvant que l'on a payé. *Les locataires reçoivent une **quittance** de loyer.*

quitte (adjectif)
Qui ne doit plus rien à quelqu'un. *Je t'ai remboursé, maintenant nous sommes **quittes**.* • **En être quitte pour la peur** : avoir seulement eu peur. • **Quitte à faire quelque chose** : en prendre le risque. *Il a plongé pour sauver son frère **quitte à** se noyer.*

a b c d e f g h i j k l m n o p q r s t u v w x y z

quitter (verbe) ○ conj.n°3
1. Partir d'un endroit. *Il **a quitté** la France depuis six mois.* **2.** Se séparer de quelqu'un. *Elles **se sont quittées** avec beaucoup de tristesse.* **3.** Cesser une activité. *Il **a quitté** son club d'escrime pour faire du judo.* • **Ne quittez pas** : formule que l'on utilise au téléphone pour demander à quelqu'un de ne pas raccrocher.

qui-vive (nom masculin)
• **Être sur le qui-vive** : être sur ses gardes, prêt à riposter à une attaque. ⊙ Qui-vive est le cri par lequel une sentinelle interpelle une personne qui lui paraît suspecte : « Halte-là, qui vive ? »

quoi (pronom)
1. Sert à interroger à propos de quelque chose. *À **quoi** pensez-vous ?* **2.** Sert à désigner un nom de chose dans une proposition subordonnée. *Je ne sais pas **quoi** faire.*

quoique (conjonction)
Sert à exprimer l'opposition. *Quentin est allé travailler **quoiqu'**il soit malade.* (Syn. bien que.) → Quoique est suivi du subjonctif.

quoi que (pronom)
Quelle que soit la chose qui arrive. ***Quoi que** je dise, tu me fais des reproches.*

quolibet (nom masculin)
Parole injurieuse. *Le magicien maladroit a été obligé de quitter la scène sous les **quolibets** des spectateurs.*

quorum (nom masculin)
Nombre minimum de votants pour qu'un vote soit valable. *Le **quorum** est atteint.* → Prononciation [kɔʀɔm] ou [kwɔʀɔm].

quota (nom masculin)
Pourcentage fixé à l'avance. *Il y a des **quotas** sur les importations de céréales.*

quote-part (nom féminin)
Part que chacun donne ou reçoit. *Pour le ravalement de l'immeuble, chaque propriétaire devra payer sa **quote-part**.* → Pluriel : des quotes-parts.

quotidien, enne (adjectif)
Qui a lieu chaque jour. *Il fait son trajet **quotidien** en autobus, de la maison au bureau.* ▷ **quotidien** (nom masculin) Journal qui paraît chaque jour. *La nouvelle a été annoncée ce matin dans tous les **quotidiens** du pays.*

quotidiennement (adverbe)
De façon quotidienne. *Ce vieux monsieur fait **quotidiennement** une petite promenade le long des quais.*

quotient (nom masculin)
Résultat d'une division. *Le **quotient** de 50 divisé par 10 est égal à 5.* → Prononciation [kɔsjɑ̃]. ⊙ Quotient vient du latin *quotiens* qui signifie « combien de fois ».

R

▸ **r** (nom masculin)
Dix-huitième lettre de l'alphabet. *Le **R** est une consonne.*

▸ **rabâchage** (nom masculin)
Action de rabâcher.

▸ **rabâcher** (verbe) ○ conj.n°3
Synonyme de ressasser. *Arrête de **rabâcher** toujours la même chose !*

▸ **rabais** (nom masculin)
Synonyme de réduction. *Le vendeur nous a fait un **rabais** sur le prix car le pantalon avait un défaut.*

▸ **rabaisser** (verbe) ○ conj.n°3
Mettre au-dessous de sa valeur. *Il cherche à **rabaisser** ses concurrents.* (Syn. dénigrer.)

▸ **rabat** (nom masculin)
Partie d'une chose qui peut se rabattre. *Cette veste a des poches à **rabats**.*

▸ **rabat-joie** (nom)
Personne qui trouble la joie des autres. *Chaque fois qu'il y a une fête, il joue les **rabat-joie**.* (Syn. trouble-fête.)
➜ Pluriel : des rabat-joie.

▸ **rabatteur, euse** (nom)
Personne qui, à la chasse, rabat le gibier.

▸ **rabattre** (verbe) ○ conj.n°31
1. Replier ou refermer quelque chose. ***Rabattre** le couvercle d'une boîte.* 2. Faire descendre. *Le vent **rabat** les fumées d'usine sur la ville.* 3. Déduire une certaine somme sur un prix. *L'entrepreneur a accepté de **rabattre** 10 % sur le prix du devis.* 4. Forcer le gibier à aller dans la direction des chasseurs. 5. Se rabattre : changer brusquement de direction. *Quand on dépasse une voiture, il ne faut pas **se rabattre** trop vite.* 6. Se rabattre sur quelque chose : s'en contenter faute de mieux. *Faute de moyens, il **s'est rabattu sur** du matériel d'occasion.*
⊙ Famille du mot : rabat, rabat-joie, rabatteur.

▸ **rabbin** (nom masculin)
Chef religieux d'une communauté juive.

▸ **râble** (nom masculin)
Partie du lièvre ou du lapin qui se trouve en bas du dos.

▸ **râblé, ée** (adjectif)
Qui a une forte carrure. *Un lutteur **râblé**.*

▸ **rabot** (nom masculin)
Outil de menuisier qui sert à raboter. *Mon père vient d'acheter un nouveau **rabot**.*

a b c d e f g h i j k l m n o p q r s t u v w x y z

raboter (verbe) conj.n°3
Rendre plat et lisse au moyen d'un rabot. *Il **a raboté** le bas de la porte qui frottait sur la moquette.*

Pour **raboter**, mieux vaut utiliser un **rabot**

rabougri, ie (adjectif)
Qui est chétif, recroquevillé. *Cet arbre est malade, ses feuilles sont **rabougries**.*

rabrouer (verbe) conj.n°3
Repousser quelqu'un avec rudesse. *Cesse de **rabrouer** ton frère !* (Syn. rembarrer.)

racaille (nom féminin)
Ensemble de gens malhonnêtes.

raccommodage (nom masculin)
Action de raccommoder un vêtement.

raccommoder (verbe) conj.n°3
1. Réparer en cousant ce qui est troué ou déchiré. *Léa essaie de **raccommoder** sa robe.* 2. Se raccommoder : synonyme familier de se réconcilier. *Après quelques années de brouille, elles **se sont raccommodées**.*

raccompagner (verbe) conj.n°3
Synonyme de ramener. *Comme il était tard, la mère d'Eva m'**a raccompagnée**.*

raccord (nom masculin)
1. Pièce qui permet de raccorder deux éléments. 2. Touche de peinture qu'on applique sur une surface là où il en manque. *La pièce a été rénovée, il ne reste que quelques **raccords** de peinture à faire.*

raccordement (nom masculin)
Action de raccorder. *Le plombier procède au **raccordement** des nouvelles conduites de gaz.*

raccorder (verbe) conj.n°3
Relier par un raccord ou une voie de communication. *Une nouvelle route **raccorde** la banlieue au centre-ville.* Famille du mot : raccord, raccordement.

raccourci (nom masculin)
Chemin plus court. *Ce **raccourci** va nous faire gagner dix minutes.*

raccourcir (verbe) conj.n°11
1. Rendre plus court. *Cette jupe est trop longue, il faut la **raccourcir**.* 2. Devenir plus court. *L'été est fini, les jours commencent déjà à **raccourcir**.* (Contr. rallonger.)

raccrocher (verbe) conj.n°3
1. Accrocher de nouveau. *Après avoir repeint le salon, il va falloir **raccrocher** les tableaux.* 2. Interrompre une communication téléphonique. *Quelqu'un sonne à la porte, je dois **raccrocher** !* 3. Se raccrocher : se retenir à quelque chose. *Il a réussi à **se raccrocher** à une branche.*

race (nom féminin)
1. Groupe d'êtres humains qui ont certaines ressemblances physiques. *La plupart des Africains sont de **race** noire.* 2. Catégorie d'une espèce animale. *Quelle est la **race** de ce chien ? – C'est un caniche.* Famille du mot : antiraciste, racé, racial, racisme, raciste.

racé, ée (adjectif)
Qui a les qualités propres à sa race. *Un chien **racé**.*

rachat (nom masculin)
Action de racheter quelque chose.

racheter (verbe) conj.n°8
1. Acheter de nouveau. *Il n'y a plus de beurre, il faut en **racheter**.* 2. Acheter à quelqu'un ce qu'il avait acheté pour lui. *Mon oncle veut vendre sa voiture, c'est maman qui va la lui **racheter**.* 3. Se racheter : se faire pardonner. *Benjamin a voulu **se racheter** en faisant la vaisselle.*

rachitique (adjectif)
Dont le squelette s'est mal développé. *Ces enfants **rachitiques** souffrent de la famine.*

rachitisme (nom masculin)
Maladie des personnes rachitiques.

racial, ale, aux (adjectif)
Qui concerne la race. *La loi interdit les discriminations **raciales**.*

racine (nom féminin)
1. Partie des végétaux qui s'enfonce dans la terre et qui leur sert à se nourrir. *Ce gros arbre a des **racines** très profondes.* ➡ p. 68. 2. Partie d'une dent qui est sous la gencive. ➡ p. 321. 3. Élément commun à tous les mots d'une même famille. *Les mots « lasser, lassitude, délasser, inlassable » ont la même **racine** : « las ».* ⊙ Famille du mot : déraciner, s'enraciner.

racisme (nom masculin)
Doctrine et comportement de ceux qui pensent qu'une race humaine est supérieure aux autres races. *Il faut lutter contre toutes les formes de **racisme**.*

raciste (adjectif et nom)
Qui fait preuve de racisme. *Clément n'est pas **raciste**, il sait que toutes les races sont égales.*

racket (nom masculin)
Action d'extorquer de l'argent par l'intimidation ou la violence. → Racket est un mot anglais : on prononce [ʀakɛt]. ⊙ Famille du mot : racketter, racketteur.

racketter (verbe) ○ conj.n°3
Soumettre quelqu'un à un racket. *Il s'est fait **racketter** à la sortie du collège.*

racketteur, euse (nom)
Personne coupable de racket. *Un groupe de **racketteurs** a été arrêté par la police.*

raclée (nom féminin)
Dans la langue familière, série de coups. *Recevoir une **raclée**.* (Syn. volée.)

racler (verbe) ○ conj.n°3
Gratter quelque chose pour le nettoyer. *La crème a attaché au fond de la casserole, il va falloir la **racler**.*

raclette (nom féminin)
1. Petit outil qui sert à racler. *Papa retire la neige sur le pare-brise avec une **raclette**.* 2. Fromage que l'on fait fondre et que l'on racle au fur et à mesure pour le manger.

racoler (verbe) ○ conj.n°3
Attirer un client par tous les moyens pour lui vendre quelque chose.

racontar (nom masculin)
Synonyme familier de commérage. *N'écoute surtout pas ses **racontars** !*

raconter (verbe) ○ conj.n°3
Faire le récit d'un événement. *« Le Livre de la jungle » **raconte** l'histoire de Mowgli, enfant sauvage adopté par les animaux.*

racornir (verbe) ○ conj.n°11
Rendre dur et coriace comme de la corne. *Cette viande, trop cuite, **est** toute **racornie** !*

différentes sortes de **racines**

▸ **radar** (nom masculin)
Appareil qui montre sur un écran la position d'une chose qu'on ne peut pas voir. *Les avions sont guidés par des **radars**.* ⊙ Radar est l'abréviation des mots anglais *Radio detection and ranging* qui signifient « détection et mesure par radio ».

▸ **rade** (nom féminin)
Grand bassin qui communique avec la mer. *Plusieurs paquebots sont ancrés dans la **rade**.*

▸ **radeau, eaux** (nom masculin)
Embarcation faite de morceaux de bois assemblés. *Ils ont construit un **radeau** pour traverser la rivière.*

« Le **Radeau** de la Méduse »
de Géricault (1819)

▸ **radiateur** (nom masculin)
1. Appareil de chauffage. *Dans chaque pièce de la maison, il y a un **radiateur**.*
2. Appareil servant à refroidir le moteur d'une voiture.

▸ 1. **radiation** (nom féminin)
Rayonnement invisible qui peut présenter un danger. *Des habitants de la région ont été victimes de **radiations** radioactives.*

▸ 2. **radiation** (nom féminin)
Action de radier quelqu'un. *Ce sportif était dopé et sa **radiation** du club a été décidée.*

▸ 1. **radical, ale, aux** (adjectif)
1. Qui attaque un mal dans ses causes profondes. *Prendre des mesures **radicales** pour enrayer le chômage.*
2. Qui est complet, total. *Il y a eu un changement **radical** dans son comportement.*

▸ 2. **radical, aux** (nom masculin)
Partie du mot qui ne change pas. *« Camp » est le **radical** du verbe « camper » et du nom « campeur ».*

▸ **radicalement** (adverbe)
D'une manière radicale. *Ces deux frères ont des caractères **radicalement** opposés.* (Syn. complètement, totalement.)

▸ **radier** (verbe) ▸ conj.n°10
Rayer quelqu'un d'une liste. *Cet athlète **a été radié** de son club pour avoir triché.*

▸ **radieux, euse** (adjectif)
1. Qui brille d'un vif éclat. *Il fait un soleil **radieux** ce matin.* (Syn. éclatant.)
2. Qui rayonne de joie, de bonheur. *Un sourire **radieux**.*

▸ **radin, ine** (adjectif et nom)
Synonyme familier d'avare. *Il est bien trop **radin** pour offrir des fleurs !*

▸ **radio** (nom féminin)
1. Procédé qui permet d'envoyer des sons en utilisant des ondes.
2. Appareil qui reçoit et transmet ces ondes pour produire des sons. *Papa a fait installer la **radio** dans la voiture.*
3. Photographie de l'intérieur de notre corps. *Fatima doit passer une **radio** pour savoir si elle a une entorse ou une fracture.* → Au sens 1, radio est l'abréviation de radiodiffusion. Au sens 3, radio est l'abréviation de radiographie. ▷ **radio** (nom masculin) Sur un avion ou sur un bateau, personne qui est chargée des communications par radio.

▸ **radioactif, ive** (adjectif)
Qui émet des radiations ou des rayonnements qui résultent de réactions nucléaires. *Les déchets **radioactifs** des centrales nucléaires sont très dangereux.*

▸ **radioactivité** (nom féminin)
Caractère radioactif de certains corps. *La **radioactivité** du radium ou de l'uranium.*

▸ **radiodiffusé, ée** (adjectif)
Qui est diffusé par la radio. *Cet opéra doit **être radiodiffusé** en direct.*

▸ **radiodiffusion** ➠ Voir radio.

▸ **radiographie** ➠ Voir radio.

▸ **radiographier** (verbe) ⊙ conj.n°10
Faire une radio d'une partie du corps.

colonne vertébrale **radiographiée**

▸ **radiologie** (nom féminin)
Partie de la médecine qui utilise certains rayonnements pour faire des diagnostics ou pour soigner certaines maladies.

▸ **radiologue** (nom)
Médecin spécialiste de radiologie.

▸ **radiophonique** (adjectif)
Qui passe à la radio. *Les émissions, les jeux **radiophoniques**.*

▸ **radioréveil** (nom masculin)
Appareil qui combine une radio et un réveil. *David a mis son **radioréveil** à 7 heures.*

▸ **radis** (nom masculin)
Plante potagère cultivée pour sa racine comestible. *Maman a acheté une botte de **radis** roses et un gros **radis** noir.*

▸ **radium** (nom masculin)
Élément chimique radioactif. *Ce sont Pierre et Marie Curie qui ont découvert les propriétés du **radium** à la fin du XIXe siècle.* → Prononciation [ʀadjɔm].

▸ **radius** (nom masculin)
Le plus court des deux os de l'avant-bras. → Prononciation [ʀadjys].

▸ **radotage** (nom masculin)
Action de radoter. *Ses **radotages** me fatiguent.*

▸ **radoter** (verbe) ⊙ conj.n°3
Dire des choses qui n'ont pas de sens, ou répéter sans cesse la même chose. *Yann devient gâteux, il commence à **radoter** !*

▸ **se radoucir** (verbe) ⊙ conj.n°11
1. Devenir plus doux. *Au printemps, le temps commence souvent à **se radoucir**.* **2.** Devenir plus calme ou plus aimable. *Il s'est fâché très fort, puis il **s'est radouci**.*

▸ **radoucissement** (nom masculin)
Fait de se radoucir. *On sent un net **radoucissement** de la température.*

▸ **rafale** (nom féminin)
1. Coup de vent soudain et violent. *Des **rafales** de vent sont prévues pour demain le long des côtes.* **2.** Suite de coups de feu très rapprochés. *Une **rafale** de mitraillette.*

▸ **raffermir** (verbe) ⊙ conj.n°11
Rendre plus ferme. *Ibrahim fait du sport pour **raffermir** ses muscles.*

▸ **raffinage** (nom masculin)
Opération qui consiste à raffiner un produit.

▸ **raffiné, ée** (adjectif)
Qui montre du goût et de la distinction. *Elle est toujours habillée de façon très **raffinée**.* (Contr. grossier, vulgaire.)

▸ **raffinement** (nom masculin)
Qualité de ce qui est raffiné. *Leur maison est décorée avec beaucoup de **raffinement**.*

▸ **raffiner** (verbe) ⊙ conj.n°3
Rendre une matière plus pure. *Il faut **raffiner** le pétrole pour obtenir de l'essence.* ⊙ Famille du mot : raffinage, raffiné, raffinement, raffinerie.

▸ **raffinerie** (nom féminin)
Usine où l'on raffine un produit. *Une **raffinerie** de sucre, de pétrole.*

raffoler (verbe) conj.n°3
Aimer à la folie. *Gaëlle* ***raffole*** *de cette chanteuse, elle a tous ses disques.* (Syn. adorer.)

raffut (nom masculin)
Synonyme familier de tapage. *Les voisins ont fait la fête toute la nuit, quel* ***raffut*** *!*

rafiot (nom masculin)
Dans la langue familière, mauvais bateau. *On a traversé la baie sur un vieux* ***rafiot****.*

rafistoler (verbe) conj.n°3
Dans la langue familière, réparer quelque chose grossièrement. *Papa* ***a rafistolé*** *la chaise avec de la grosse ficelle.*

rafle (nom féminin)
Arrestation en masse faite à l'improviste par la police. *Il y a eu de nombreuses* ***rafles*** *pendant la guerre.*

rafler (verbe) conj.n°3
Prendre et emporter tout ce qu'on trouve. *Les voleurs* ***ont raflé*** *tous les bijoux qui étaient en vitrine.*

rafraîchir (verbe) conj.n°11
1. Rendre plus frais. *Le vent du Nord* ***a rafraîchi*** *la température. Le temps* ***s'est rafraîchi****.* 2. Calmer la soif. *Cette eau fraîche nous* ***a*** *bien* ***rafraîchis****. Kevin a bu à la fontaine pour* ***se rafraîchir****.* 3. Redonner de la fraîcheur et de l'éclat à ce qui était défraîchi. *Elle* ***a rafraîchi*** *la peinture de sa chambre.*

rafraîchissant, ante (adjectif)
Qui rafraîchit. *Le thé glacé est très* ***rafraîchissant****.*

rafraîchissement (nom masculin)
1. Fait de se rafraîchir. *La météo annonce un net* ***rafraîchissement*** *de la température.* 2. Boisson fraîche. *Prendre des* ***rafraîchissements*** *à la terrasse d'un café.*

ragaillardir (verbe) conj.n°11
Redonner des forces, de la gaieté. *Cette heureuse nouvelle l'****a ragaillardi****.* (Syn. réconforter, revigorer.)

rage (nom féminin)
1. Maladie mortelle qui peut être transmise par la morsure de certains animaux comme les chiens et les renards. 2. Colère très violente. *Pierre est fou de* ***rage*** *car on lui a volé son vélo.* • **Faire rage** : atteindre une très grande violence. *L'incendie* ***fait rage****.* • **Rage de dents** : mal de dents très violent. Famille du mot : enragé, enrager, rager, rageur, rageusement.

rager (verbe) conj.n°5
Synonyme d'enrager. *Je* ***rage*** *d'avoir échoué si près du but.*

rageur, euse (adjectif)
Qui exprime la colère. *Il a claqué la porte d'un geste* ***rageur****.*

rageusement (adverbe)
De façon rageuse. *Elle a déchiré la lettre* ***rageusement****.*

ragot (nom masculin)
Synonyme familier de commérage. *Il ne faut pas croire ces* ***ragots****.*

ragoût (nom masculin)
Plat de viande et de légumes cuits longuement ensemble dans une sauce.

ragoûtant, ante (adjectif)
• **Pas** ou **peu ragoûtant** : qui dégoûte. *Cette odeur de friture n'est* ***pas*** *très* ***ragoûtante****.*

raid (nom masculin)
1. Attaque rapide et par surprise contre un ennemi. *Un* ***raid*** *aérien a fait de nombreuses victimes.* 2. Épreuve sportive d'endurance sur une grande distance. *Participer à un* ***raid*** *automobile.* → Raid est un mot anglais : on prononce [ʀɛd].

raide (adjectif)
1. Qui est difficile à plier. *Cette toile est trop* ***raide*** *pour confectionner un vêtement.* (Contr. souple.) 2. Qui ne forme pas de boucles. *Quentin a les cheveux* ***raides****.* 3. Qui est très incliné. *Fais attention en montant car l'escalier est très* ***raide*** *!* (Syn. abrupt.) • **Être sur la corde raide** : être dans une situation dangereuse, difficile. ▷ **raide** (adverbe) Soudain. *Tomber* ***raide*** *mort.* Famille du mot : raideur, raidillon, raidir.

raideur (nom féminin)
Fait d'être raide. *La **raideur** de cette pente est impressionnante.*

raidillon (nom masculin)
Chemin en pente raide. *Romain a du mal à monter le **raidillon** à vélo.*

raidir (verbe) conj. n°11
Rendre raide. ***Raidir** un cordage. Ses doigts **se raidissent** au contact du froid.*

raie (nom féminin)
1. Synonyme de rayure. *Le tissu de la chaise longue est blanc avec des **raies** vertes.* 2. Ligne qui sépare les cheveux en deux. *Thomas a la **raie** sur le côté gauche.*

raie (nom féminin)
Poisson de mer au corps aplati.

une **raie**

raifort (nom masculin)
Plante dont la racine a un goût piquant.

rail (nom masculin)
Chacune des deux barres d'acier parallèles sur lesquelles roulent les trains. *Les **rails** sont fixés sur des traverses.* Famille du mot : déraillement, dérailler, dérailleur.

railler (verbe) conj. n°3
Synonyme de se moquer. *Ce n'est pas gentil de **railler** ses amis.* Famille du mot : raillerie, railleur.

raillerie (nom féminin)
Synonyme de moquerie. *Les **railleries** de ses copains lui ont fait de la peine.*

railleur, euse (adjectif)
Synonyme de moqueur. *Un ton **railleur**.*

rainette (nom féminin)
Petite grenouille aux doigts pourvus de ventouses et qui vit dans les arbres.

une **rainette**

rainure (nom féminin)
Fente longue et étroite. *Les **rainures** d'un parquet.*

raisin (nom masculin)
Fruit de la vigne, formé de petits grains réunis en grappes. *On peut faire du vin avec du **raisin** noir ou du **raisin** blanc.*

une grappe de **raisin**

a b c d e f g h i j k l m n o p q r s t u v w x y z

raison (nom féminin)
1. Ce qui permet à l'homme de réfléchir et de juger ce qu'il est bon de faire. *Malheureusement, dans cette guerre, la folie l'a emporté sur la* ***raison****.* 2. Ce qui explique un fait ou une action. *La régate a été annulée en* ***raison*** *des intempéries. Sais-tu pour quelle* ***raison*** *il s'est mis en colère ?* (Syn. cause, motif.) • **À plus forte raison** ou **raison de plus** : par un motif d'autant plus fort. • **Avoir de bonnes raisons** : avoir de bonnes excuses. • **Avoir raison** : dire ou faire ce qui est bien ou juste, ne pas se tromper. (Contr. avoir tort.) • **Ce n'est pas une raison** : ce n'est pas une excuse valable. • **Entendre raison** : admettre ce qui est vrai. • **Plus que de raison** : plus qu'il n'est raisonnable. **Se faire une raison** : se résigner à accepter ce qu'on ne peut pas changer. ⊙ Famille du mot : déraisonnable, déraisonner, irraisonné, raisonnable, raisonnablement, raisonnement, raisonner.

raisonnable (adjectif)
1. Qui agit suivant la raison. *Soyez* ***raisonnables****, attendez la fin de l'orage pour sortir.* (Syn. sensé. Contr. déraisonnable, fou.) 2. Qui n'est pas excessif. *Victor s'est acheté un blouson à un prix très* ***raisonnable****.*

raisonnablement (adverbe)
D'une façon raisonnable. *Pour être en bonne santé, il faut boire et manger* ***raisonnablement****.*

raisonnement (nom masculin)
Suite des idées et des jugements qui s'enchaînent de façon logique pour arriver à une conclusion. *Je t'avoue que j'ai du mal à suivre ton* ***raisonnement****.*

raisonner (verbe) ○ conj.n°3
1. Se servir de sa raison pour juger ou démontrer. *Essayons de* ***raisonner*** *avant d'agir !* 2. Essayer de convaincre quelqu'un d'être raisonnable. *Il n'est pas facile de* ***raisonner*** *cet enfant quand il s'énerve.*

rajeunir (verbe) ○ conj.n°11
Faire paraître plus jeune. *Cette nouvelle coupe de cheveux la* ***rajeunit****.* (Contr. vieillir.)

rajeunissement (nom masculin)
Fait de rajeunir.

rajouter (verbe) ○ conj.n°3
Ajouter de nouveau. *Ce yaourt est déjà sucré, ce n'est pas la peine de* ***rajouter*** *du sucre.*

rajustement (nom masculin)
Fait de rajuster. *Le* ***rajustement*** *des salaires.* → On dit aussi réajustement.

rajuster (verbe) ○ conj.n°3
1. Remettre en ordre. ***Rajuster*** *sa coiffure.* (Syn. arranger.) 2. Remettre à son juste niveau. ***Rajuster*** *les salaires et les retraites pour suivre la hausse des prix.* → On dit aussi réajuster.

râle (nom masculin)
Bruit rauque et anormal qu'on fait parfois en respirant.

ralenti (nom masculin)
Régime le plus bas d'un moteur. *Le garagiste a réglé le* ***ralenti****.* • **Au ralenti** : à faible vitesse.

ralentir (verbe) ○ conj.n°11
Aller plus lentement. *Les automobilistes doivent* ***ralentir*** *quand ils traversent une agglomération.* (Contr. accélérer.)

ralentissement (nom masculin)
Fait de ralentir. (Contr. accélération.)

ralentisseur (nom masculin)
Sorte de dos-d'âne qui oblige les automobilistes à ralentir.

râler (verbe) ○ conj.n°3
1. Faire entendre un râle. 2. Dans la langue familière, manifester sa mauvaise humeur. *Arrête de* ***râler*** *tout le temps !* (Syn. grogner, protester, ronchonner.) ⊙ Famille du mot : râle, râleur.

râleur, euse (adjectif et nom)
Dans la langue familière, se dit de quelqu'un qui râle souvent.

ralliement (nom masculin)
1. Action de rallier un lieu. *Les manifestants se sont donné un point de* ***ralliement****.* 2. Fait de se rallier. *Ce candidat espère bénéficier du* ***ralliement*** *des écologistes.*

▸ **rallier** (verbe) ○ conj.n°10
1. Regrouper des gens dispersés. ***Rallier** ses troupes à la frontière.* 2. Se rallier : adhérer à une opinion. *Elle a fini par **se rallier** à notre cause.*

▸ **rallonge** (nom féminin)
1. Planche qui permet de rallonger une table. *Si on est douze à table, il faut mettre les deux **rallonges**.* 2. Morceau de fil électrique qui sert à en prolonger un autre. *Pour pouvoir brancher cette lampe, il faut une **rallonge**.*

▸ **rallonger** (verbe) ○ conj.n°5
1. Rendre plus long. *Hélène a défait son ourlet pour **rallonger** sa robe.* 2. Devenir plus long. *Julie a hâte que l'hiver soit fini et que les jours **rallongent**.* (Contr. raccourcir.)

▸ **rallumer** (verbe) ○ conj.n°3
Allumer une nouvelle fois. *Si le vent se met à souffler, l'incendie risque de **se rallumer**.*

▸ **rallye** (nom masculin)
Compétition dans laquelle les concurrents doivent rallier un endroit déterminé après un certain nombre d'épreuves. ✦ Rallye est un mot anglais : on prononce [Rali].

un **rallye** automobile dans le désert

▸ **ramadan** (nom masculin)
Mois pendant lequel les musulmans doivent respecter le jeûne entre le lever et le coucher du soleil.

▸ **ramage** (nom masculin)
Dans la langue littéraire, chant des oiseaux. ▷ **ramages** (nom masculin pluriel) Dessin de branchages, de rameaux. *Cette étoffe de soie à **ramages** est très belle.*

▸ **ramassage** (nom masculin)
Action de ramasser. *Les enfants ont participé au **ramassage** des pommes.* • **Ramassage scolaire** : transport par autocar des élèves qui habitent loin de l'école.

▸ **ramasser** (verbe) ○ conj.n°3
1. Prendre par terre. *Hier, les enfants **ont ramassé** des châtaignes et des champignons dans la forêt.* 2. Prendre des choses qui sont éparses pour les rassembler. *Le maître **a ramassé** les cahiers.* 3. Se ramasser : se replier en contractant ses muscles. *Le chat **se ramasse** avant de bondir.* ⊙ Famille du mot : ramassage, ramassis.

▸ **ramassis** (nom masculin)
Ensemble de choses ou de gens sans valeur. *Cette bande est un **ramassis** de vauriens.*

▸ **rambarde** (nom féminin)
Rampe qui sert de garde-fou. *La **rambarde** d'un pont, d'une passerelle.*

▸ **rame** (nom féminin)
1. Longue pièce de bois dont une extrémité est élargie et plate, et qui sert à faire avancer une embarcation. 2. File de wagons attachés les uns aux autres. *Laura est montée en tête de la **rame** de métro.* ⊙ Famille du mot : ramer, rameur.

▸ **rameau, eaux** (nom masculin)
Petite branche d'un arbre ou d'un arbuste. ➠ p. 68.

▸ **ramener** (verbe) ○ conj.n°8
1. Amener quelqu'un là où il était avant. *Après la séance, mes amis m'**ont** vite **ramené** chez moi en voiture.* (Syn. raccompagner, reconduire.) 2. Faire revenir à l'état antérieur. *La chaleur **a ramené** l'oiseau à la vie.*

▸ **ramequin** (nom masculin)
Petit récipient pour cuire des aliments au four. *Myriam a préparé des crèmes au caramel dans des **ramequins**.*

▸ **ramer** (verbe) ○ conj.n°3
Manœuvrer les rames d'une embarcation. *Noémie a mal aux bras à force de **ramer**.*

a b c d e f g h i j k l m n o p q r s t u v w x y z

rameur, euse (nom)
Personne qui rame. *Quatre **rameurs** faisaient avancer le bateau.*

rami (nom masculin)
Jeu de cartes dans lequel on cherche à rassembler certaines combinaisons de cartes.

ramier (nom masculin)
Gros pigeon gris-bleu. (Syn. palombe.)

un **ramier**

ramification (nom féminin)
Division d'une chose en parties plus petites. *Des **ramifications** partent de ce sentier.*

se ramifier (verbe) ○ conj.n°10
Se subdiviser en plusieurs ramifications.

ramollir (verbe) ○ conj.n°11
Rendre plus mou. *Odile chauffe la pâte à modeler dans ses mains pour la **ramollir**.*

ramonage (nom masculin)
Action de ramoner. *Le **ramonage** régulier des cheminées est obligatoire.*

ramoner (verbe) ○ conj.n°3
Enlever la suie d'un conduit de cheminée. ⊙ Famille du mot : ramonage, ramoneur. ⊙ Ramoner est dérivé de l'ancien français *ramon* qui désigne un « balai fait de branches ».

ramoneur (nom masculin)
Personne qui ramone les cheminées.

rampe (nom féminin)
1. Barre fixée le long d'un escalier et qui sert à se tenir. *L'escalier est raide, tiens-toi à la **rampe** !* **2.** Plan incliné qui permet le passage entre deux niveaux. *Une **rampe** permet l'accès au garage.* **3.** Rangée de lumières au bord d'une scène de théâtre. • **Rampe de lancement** : dispositif qui assure le guidage d'une fusée lors de son lancement dans l'espace.

ramper (verbe) ○ conj.n°3
1. Se déplacer sur le ventre, par ondulations du corps. *Sarah observe les chenilles qui **rampent** sur la feuille.* **2.** Se montrer servile devant quelqu'un. *Il n'a pas à **ramper** devant ses supérieurs !*

ramure (nom féminin)
1. Ensemble des branches d'un arbre. ➠ p. 68. **2.** Ensemble des bois d'un cervidé.

rance (adjectif)
Qui a pris en vieillissant un goût fort et âcre. *Ce beurre **rance** est vraiment immangeable.*

ranch (nom masculin)
Grande ferme d'élevage aux États-Unis. ➔ Ranch est un mot anglais : on prononce [Rɑ̃tʃ]. ➔ Pluriel : des ranchs ou des ranches.

rancir (verbe) ○ conj.n°11
Devenir rance. *Ce beurre sent mauvais car il **a ranci**.*

rancœur (nom féminin)
Synonyme de ressentiment. *William a été victime d'une injustice et en garde une profonde **rancœur**.*

rançon (nom féminin)
1. Somme d'argent que l'on verse en échange de la liberté d'une personne prise en otage. *Les ravisseurs exigent une **rançon**.* **2.** Inconvénient que peut entraîner une chose agréable. *Cette actrice a du mal à préserver sa vie privée, c'est la **rançon** de sa célébrité.*

rançonner (verbe) ○ conj.n°3
Exiger de l'argent sous la menace. *Autrefois, les voyageurs de diligence **étaient** souvent **rançonnés** par des brigands.*

rancune (nom féminin)
Ressentiment profond envers quelqu'un, accompagné du désir de se venger. *Je lui garde **rancune** de m'avoir trompé.*

rancunier, ère (adjectif)
Qui éprouve facilement de la rancune. *Ne sois pas **rancunier**, pardonne-lui !*

randonnée (nom féminin)
Grande promenade. *Dans cette forêt, il y a un chemin de **randonnée**.*

randonneur, euse (nom)
Personne qui fait une randonnée. *Les **randonneurs** sont rentrés fourbus.*

rang (nom masculin)
1. Ensemble de personnes ou de choses disposées sur une même ligne. *Le maître demande aux élèves de se mettre en **rangs**. Dans le jardin, il y a des **rangs** de poireaux.* 2. Ligne de sièges placés côte à côte. *Au cinéma, Ursula préfère s'installer dans les derniers **rangs**.* 3. Place dans un classement ou une hiérarchie. *Ce pays est au premier **rang** mondial pour la production de riz.*

rangée (nom féminin)
Suite de choses ou de personnes placées sur une même ligne. *Planter une **rangée** de cyprès le long d'un mur.*

rangement (nom masculin)
Action de ranger. *Le **rangement** de sa chambre ne lui a pris qu'un quart d'heure.*

ranger (verbe) conj.n°5
1. Mettre en ordre. *Zoé **range** sa chambre avant de se coucher.* (Contr. déranger.) 2. Se ranger : se mettre en rangs. ***Rangez-vous** quatre par quatre !* 3. Se ranger : s'écarter pour laisser le passage. *Il faut **se ranger** sur le bord de la route en attendant le dépanneur.* Famille du mot : dérangé, dérangement, déranger, rangement.

ranimer (verbe) conj.n°3
1. Faire revenir à la conscience ou à la vie. *Les pompiers essaient de **ranimer** le blessé.* 2. Redonner de la vivacité. *Le mistral **a ranimé** les feux de forêt.*

rap (nom masculin)
Style de musique très rythmée, dont les textes sont scandés.

rapace (nom masculin)
Oiseau de proie. *L'aigle est un **rapace**. Les **rapaces** sont tous des carnivores.* **rapace** (adjectif) Qui est avide d'argent. *Un usurier très **rapace**.* (Syn. cupide.) Rapace vient du latin *rapax* qui signifie « voleur ».

rapatrié, ée (nom)
Personne qui a été rapatriée.

rapatriement (nom masculin)
Action de rapatrier. *Le **rapatriement** des réfugiés a posé beaucoup de problèmes.*

rapatrier (verbe) conj.n°10
Faire revenir quelqu'un dans son pays. *Le touriste blessé **a été rapatrié** par avion.*

râpe (nom féminin)
1. Ustensile de cuisine qu'on utilise pour râper. *Une **râpe** à fromage.* 2. Sorte de grosse lime. Famille du mot : râpé, râper, râpeux.

râpé, ée (adjectif)
Qui est très usé. *Cette veste de cuir a tellement servi qu'elle est complètement **râpée**.*

râper (verbe) conj.n°3
Réduire en petits morceaux avec une râpe. *Anna met du gruyère **râpé** sur ses pâtes.*

rapetisser (verbe) conj.n°3
Devenir plus petit. *Élodie ne peut plus mettre ce pull, il **a rapetissé** au lavage.*

râpeux, euse (adjectif)
Qui est rugueux comme une râpe. *Les chats ont une langue **râpeuse**.*

raphia (nom masculin)
Fibre souple et résistante tirée des feuilles d'un palmier. *Avec le **raphia**, on fait des objets de vannerie.*

a b c d e f g h i j k l m n o p q r s t u v w x y z

rapide (adjectif)
1. Qui se déplace vite. *Le guépard est **rapide** à la course.* (Contr. lent.) 2. Qui prend peu de temps ou qui agit vite. *Une guérison **rapide**.* ▷ **rapide** (nom masculin) 1. Partie d'un cours d'eau où le courant est très fort et tourbillonnant. 2. Train qui ne s'arrête que dans les gares importantes. ⊙ Famille du mot : rapidement, rapidité.

rapidement (adverbe)
Synonyme de vite. *On n'a pas beaucoup de temps à midi, il va falloir manger **rapidement**.* (Contr. lentement.)

rapidité (nom féminin)
Fait d'être rapide. *La **rapidité** des secours a permis de sauver les sinistrés.* (Contr. lenteur.)

rapiécer (verbe) ⊳ conj.n°4 et 8
Raccommoder un vêtement en cousant une pièce de tissu.

rapière (nom féminin)
Longue épée utilisée autrefois pour les duels.

rapine (nom féminin)
Synonyme littéraire de pillage.

rappel (nom masculin)
1. Applaudissements prolongés pour faire revenir un artiste sur la scène. *Il y a eu plusieurs **rappels** à la fin du spectacle.* 2. Nouveau vaccin qui prolonge l'effet protecteur du précédent. *Fatima doit avoir un **rappel** contre le tétanos.* 3. En alpinisme, manière de descendre une paroi verticale à l'aide d'une double corde. • **Lettre de rappel** : lettre qu'on envoie à quelqu'un pour lui rappeler quelque chose, en particulier une dette à payer.

rappeler (verbe) ⊳ conj.n°9
1. Appeler quelqu'un ou un animal pour le faire revenir. ***Rappelle**-le vite, il a oublié son parapluie !* 2. Appeler de nouveau quelqu'un au téléphone. *Ça ne répond pas, je **rappellerai** plus tard.* 3. Faire penser à quelque chose. *Cette maison me **rappelle** mon enfance.* 4. Se rappeler : se souvenir de quelque chose ou de quelqu'un. ***Te rappelles**-tu l'histoire de ce film ?*

rappeur (nom masculin)
Chanteur de rap.

rapport (nom masculin)
1. Ce qui rapproche deux choses ou deux personnes. *Il n'y a aucun **rapport** entre ces deux événements. On a toujours eu d'excellents **rapports** avec nos voisins.* (Syn. relation.) 2. Fait de rapporter ce qu'on a vu ou entendu. *Les policiers ont fait un **rapport**.* (Syn. compte rendu.) 3. Profit rapporté par quelque chose. *Une terre d'un bon **rapport**.* • **Par rapport à** : par comparaison. *Aujourd'hui la mer est calme **par rapport à** hier. Yann est grand **par rapport à** sa sœur.*

rapporter (verbe) ⊳ conj.n°3
1. Apporter quelque chose pour le donner ou pour le rendre. *Benjamin m'**a rapporté** le disque que je lui avais prêté.* 2. Raconter ce qu'on a vu et entendu. ***Rapportez** exactement ce que vous avez vu.* (Syn. relater.) 3. Faire gagner de l'argent. *La vente de sa vieille voiture lui **a rapporté** plus qu'il ne l'espérait.* 4. Dénoncer quelqu'un. *Ce n'est pas beau de **rapporter** !* (Syn. moucharder.) 5. Se rapporter : avoir un rapport, un lien avec quelque chose. *Guillaume est un cinéphile, tout ce qui **se rapporte** au cinéma l'intéresse.* ⊙ Famille du mot : rapport, rapporteur.

rapporteur, euse (nom)
1. Personne qui rapporte, dénonce. *Ce **rapporteur** ne va pas manquer de nous dénoncer.* 2. Personne chargée d'un rapport ou d'un compte rendu. *Le **rapporteur** du budget à l'Assemblée nationale.* ▷ **rapporteur** (nom masculin) Demi-cercle gradué qui sert à mesurer les angles.

rapprochement (nom masculin)
1. Action de rapprocher deux choses. *Faire un **rapprochement** entre deux événements.* 2. Fait de se rapprocher. *La signature du traité devrait favoriser le **rapprochement** entre ces deux pays.*

rapprocher (verbe) conj.n°3
1. Mettre plus près. *Rapproche ton oreille du téléphone, tu entendras mieux. Gaëlle* ***s'est rapprochée*** *de l'écran afin de pouvoir lire les sous-titres.* (Contr. éloigner.) **2.** Rendre plus proche. *Cette naissance* ***a rapproché*** *les membres de la famille.* **3.** Établir un lien entre deux choses. *Le maître* ***a rapproché*** *les deux rédactions pour les comparer.* (Syn. confronter.) **4.** Se rapprocher : être proche, ressemblant. *C'est la couleur de ce cadre qui* ***se rapproche*** *le plus de celles du tableau.*

rapt (nom masculin)
Enlèvement d'une personne. *Après le* ***rapt*** *de l'enfant, le ravisseur a demandé une rançon.* (Syn. kidnapping.)

raquette (nom féminin)
1. Instrument qui sert à envoyer une balle ou un volant. *Une* ***raquette*** *de tennis, de badminton.* ➠ p. 100. **2.** Large semelle qu'on adapte à la chaussure pour se déplacer sur la neige sans s'enfoncer.

rare (adjectif)
1. Qui n'arrive pas souvent. *David est en retard, c'est* ***rare*** *de sa part.* (Contr. fréquent.) **2.** Qu'on ne trouve pas souvent. *Un timbre* ***rare****. L'eau est* ***rare*** *dans le désert.* (Contr. commun, courant.) ⊙ Famille du mot : se raréfier, rarement, rareté, rarissime.

se raréfier (verbe) conj.n°10
Devenir rare. *De nos jours, les épidémies* ***se raréfient****.*

rarement (adverbe)
Pas souvent. *Hélène est très* ***rarement*** *malade, elle a une bonne santé.*

rareté (nom féminin)
Caractère de ce qui est rare. *La* ***rareté*** *de ce livre en fait la valeur.*

rarissime (adjectif)
Qui est très rare. *Grâce au vaccin, les cas de tétanos sont devenus* ***rarissimes****.*

ras, rase (adjectif)
Qui est très court. *Ibrahim porte les cheveux* ***ras****.* (Contr. long.) • **À ras bord :** jusqu'au bord. *L'évier est plein* ***à ras bord****.* • **Au ras de :** très près. *L'avion vole* ***au ras du*** *sol.* • **En rase campagne :** en plein milieu de la campagne.

rasade (nom féminin)
Contenu d'un verre plein à ras bord. *Kevin boit une* ***rasade*** *de jus d'orange chaque matin.*

rascasse (nom féminin)
Poisson de la Méditerranée dont la tête est hérissée de piquants. *La* ***rascasse*** *entre dans la composition de la bouillabaisse.*

une **rascasse**

rase-mottes (nom masculin)
Vol au ras du sol. *L'avion a volé quelque temps en* ***rase-mottes*** *avant de se poser.*

raser (verbe) conj.n°3
1. Couper les poils ou les cheveux au ras de la peau. *Mon oncle* ***s'est rasé*** *la moustache.* **2.** Démolir complètement. *Ce quartier insalubre doit* ***être rasé****.* **3.** Passer au ras de quelque chose. *La balle de tennis* ***a rasé*** *le filet.* (Syn. effleurer, frôler.) **4.** Synonyme familier d'ennuyer. *Tu nous* ***rases*** *avec tes problèmes !* ⊙ Famille du mot : ras, rasade, rase-mottes, raseur, rasoir.

raseur, euse (nom)
Dans la langue familière, personne ennuyeuse. *Quel* ***raseur*** *ce garçon !*

rasoir (nom masculin)
Instrument qui sert à raser les poils. ▷ **rasoir** (adjectif) Synonyme familier d'ennuyeux. *Le film était tellement **rasoir** que nous sommes partis avant la fin.*

rassasier (verbe) ○ conj.n°10
Apaiser complètement la faim. *Julie a un petit appétit, elle **est** vite **rassasiée**.*

rassemblement (nom masculin)
Fait de se rassembler. *Il y a un **rassemblement** de badauds autour du camelot.*

rassembler (verbe) ○ conj.n°3
1. Mettre ensemble. *Pierre **a rassemblé** tous ses jouets dans un coffre.* 2. Se rassembler : synonyme de s'assembler. *Les manifestants **se sont rassemblés** place de la Bastille.* (Syn. regrouper, réunir. Contr. disperser, éparpiller.)

se rasseoir (verbe) ○ conj.n°29
S'asseoir de nouveau. *Après avoir dit sa récitation, Laura **se rassoit**.*

rasséréner (verbe) ○ conj.n°8
Rendre sa sérénité à quelqu'un. *Cette lettre annonçant de bonnes nouvelles nous **a rassérénés**.* (Contr. inquiéter.)

rassis, ise (adjectif)
Qui n'est pas frais. *Ce sandwich n'est pas bon car le pain est **rassis**.*

rassurant, ante (adjectif)
Qui rassure. *Les dernières nouvelles de sa santé sont plutôt **rassurantes**.*

rassurer (verbe) ○ conj.n°3
Faire disparaître l'inquiétude ou la peur. *Le médecin nous **a rassurés** : cette maladie est très bénigne.* (Syn. tranquilliser. Contr. inquiéter.)

rat (nom masculin)
Mammifère rongeur très nuisible, plus gros que la souris. • **Être fait comme un rat** : dans la langue familière, être pris au piège. • **Petit rat** : jeune danseur ou jeune danseuse de l'Opéra.

un **rat**

se ratatiner (verbe) ○ conj.n°3
Devenir petit et ridé. *Ces vieilles pommes de terre **se sont** complètement **ratatinées**.*

ratatouille (nom féminin)
Plat composé de tomates, d'oignons, de courgettes, de poivrons et d'aubergines cuits dans l'huile d'olive.

1. rate (nom féminin)
Organe situé en arrière de l'estomac.

2. rate (nom féminin)
Femelle du rat.

raté, ée (nom)
Personne qui n'a pas réussi dans la vie. ▷ **raté** (nom masculin) Bruit anormal d'un moteur.

râteau, eaux (nom masculin)
Outil de jardinier formé d'un long manche qui porte une série de dents et qui sert à ratisser. *Maman ramasse les feuilles mortes avec un **râteau**.*

râtelier (nom masculin)
Sorte d'échelle fixée horizontalement au mur et destinée à recevoir le fourrage pour le bétail.

rater (verbe) ○ conj.n°3
1. Ne pas réussir. *Myriam **a raté** toutes ses photos, elles sont toutes floues.* 2. Ne pas atteindre ou ne pas attraper. *Dépêche-toi, tu vas **rater** l'autobus.* (Syn. louper, manquer.)

ratification (nom féminin)
Action de ratifier.

▸ **ratifier** (verbe) ○ conj.n°10
Approuver officiellement. ***Ratifier** un traité.*

▸ **ration** (nom féminin)
Quantité de nourriture distribuée à chacun. *Chaque matin, la fermière distribue à tous les animaux leur **ration** de fourrage.* ⊙ Famille du mot : rationnement, rationner.

▸ **rationnel, elle** (adjectif)
Qui est conforme à la raison et au bon sens. *Ce classement est très **rationnel**, on s'y retrouve facilement.* (Syn. logique. Contr. irrationnel.) ⊙ Famille du mot : irrationnel, rationnellement.

▸ **rationnellement** (adverbe)
De façon rationnelle. *Ranger **rationnellement** ses papiers pour les retrouver facilement.*

▸ **rationnement** (nom masculin)
Action de rationner. *La sécheresse a entraîné le **rationnement** de l'eau.*

▸ **rationner** (verbe) ○ conj.n°3
Limiter la consommation de quelque chose. *À cause de l'embargo sur le pétrole, l'essence **est rationnée**.*

▸ **ratissage** (nom masculin)
Action de ratisser. *Le **ratissage** des feuilles mortes.*

▸ **ratisser** (verbe) ○ conj.n°3
1. Nettoyer avec un râteau. *Le jardinier **ratisse** les allées du parc.* 2. Fouiller méthodiquement un lieu. *Pour essayer de retrouver l'enfant disparu, les gendarmes **ont ratissé** la forêt.*

▸ **raton** (nom masculin)
• **Raton laveur** : petit mammifère carnivore d'Amérique. *Le **raton laveur** lave ses aliments avant de les manger.*

un **raton laveur**

▸ **rattachement** (nom masculin)
Action de rattacher. *Le **rattachement** de la Savoie à la France date de 1860.*

▸ **rattacher** (verbe) ○ conj.n°3
1. Attacher ce qui s'est détaché. *Ton lacet est défait, **rattache**-le sinon tu vas tomber.* 2. Faire dépendre. *Ce bureau **est rattaché** à la mairie.*

▸ **rattrapage** (nom masculin)
• **Cours de rattrapage** : cours destiné aux élèves qui ont un retard à rattraper.

▸ **rattraper** (verbe) ○ conj.n°3
1. Attraper quelqu'un ou un animal qui s'était échappé. *Heureusement, on a réussi à **rattraper** le lion qui s'était échappé du zoo, la veille.* 2. Rejoindre quelqu'un qui a pris de l'avance. *Pars devant, je te **rattraperai**.* 3. Regagner le temps perdu. *Ce concurrent va avoir du mal à **rattraper** son retard.* 4. Se rattraper : se retenir. *Quentin **s'est rattrapé** à la rampe pour ne pas tomber dans l'escalier.*

▸ **rature** (nom féminin)
Trait pour barrer ce qu'on a écrit. *Son devoir est plein de **ratures**.*

▸ **raturer** (verbe) ○ conj.n°3
Faire des ratures. *Notre maîtresse n'accepte pas les copies trop **raturées**.*

▸ **rauque** (adjectif)
Se dit d'une voix grave et voilée. *Romain a la voix **rauque** à force d'avoir crié.*

▸ **ravager** (verbe) ○ conj.n°5
Faire des ravages. *Ces belles pinèdes **ont été ravagées** par le feu.* (Syn. dévaster, saccager.)

▸ **ravages** (nom masculin pluriel)
Dégâts importants. *La grêle a fait des **ravages** dans les vignobles.*

▸ **ravalement** (nom masculin)
Action de ravaler une façade. *Ce vieil immeuble a besoin d'un **ravalement**.*

▸ **ravaler** (verbe) ○ conj.n°3
1. Nettoyer et restaurer la façade d'un immeuble. *Pour **ravaler** l'immeuble, les ouvriers ont installé un échafaudage.* 2. Avaler de nouveau. ***Ravaler** sa salive.*

rave (nom féminin)
Plante potagère à racine comestible. *Les navets et les radis sont des **raves**.*

ravi, ie (adjectif)
Qui est très content. *Je suis **ravie** d'avoir fait votre connaissance.* (Syn. enchanté.)

ravier (nom masculin)
Petit plat creux et long.

ravigoter (verbe) conj.n°3
Synonyme familier de revigorer. *Les randonneurs ont mangé un casse-croûte pour **se ravigoter**.*

ravin (nom masculin)
Synonyme de précipice. *Le camion a dérapé dans le virage et il est tombé dans le **ravin**.*

raviner (verbe) conj.n°3
Creuser le sol en faisant des sillons profonds. *Les orages **ont raviné** les chemins.*

ravioli (nom masculin)
Petit carré de pâte farci d'un hachis de viande ou de légumes. *Odile mange des **raviolis** à la sauce tomate et au parmesan.*

ravir (verbe) conj.n°11
1. Faire un grand plaisir à quelqu'un. *Sa réussite nous **a ravis**.* 2. Dans la langue littéraire, enlever quelqu'un de force. *Un bébé **a été ravi** à sa mère, on recherche le ravisseur.* • **À ravir** : très bien. *Ta nouvelle coiffure te va **à ravir**.* ⊙ Famille du mot : ravi, ravissant, ravissement, ravisseur.

se raviser (verbe) conj.n°3
Changer d'avis. *Hier, Sarah était d'accord pour venir avec nous, mais elle **s'est ravisée**.*

ravissant, ante (adjectif)
Qui est très joli. *Cette petite fille est **ravissante** avec ses grandes boucles et ses yeux en amande.*

ravissement (nom masculin)
État de grande joie, de grand bonheur. *Allez voir ce spectacle de danse, c'est un véritable **ravissement**.* (Syn. enchantement.)

ravisseur, euse (nom)
Personne qui a enlevé quelqu'un. *Le **ravisseur** exige une rançon.*

ravitaillement (nom masculin)
Réserves de nourriture. *Les trois randonneurs ont prévu le **ravitaillement** pour quatre jours.* (Syn. provisions.)

ravitailler (verbe) conj.n°3
Faire parvenir des vivres ou du matériel. *Les habitants de ce village de montagne doivent descendre dans la vallée pour **se ravitailler**.*

raviver (verbe) conj.n°3
Rendre plus vif ou plus intense. ***Raviver** le feu dans la cheminée. Ces vieilles photos **ont ravivé** les souvenirs de son enfance.*

rayer (verbe) conj.n°7
1. Barrer d'un trait. *Dans cet exercice, les élèves doivent **rayer** les mots qui ne sont pas des verbes.* 2. Faire une rayure sur une surface. *Les verres de lunettes **se rayent** facilement.*

1. rayon (nom masculin)
1. Bande de lumière. *Un **rayon** de soleil.* 2. Rayonnement ou radiation. *Un **rayon** laser.* 3. Tige de métal allant du centre de la roue à la jante. *L'écharpe de Benjamin s'est prise dans les **rayons** de son vélo.* ➠ p. 123. 4. Ligne qui joint le centre d'un cercle à un point de sa circonférence. ➠ p. 512. • **Rayon d'action** : zone d'action ou d'influence. *Cet avion a un **rayon d'action** de 3 000 km.* ⊙ Famille du mot : rayonnement, rayonner. ⊙ Rayon vient du latin *radius* qui signifie « baguette pointue ».

2. rayon (nom masculin)
1. Gâteau de cire fait par les abeilles et qui comporte de nombreuses alvéoles. *Les **rayons** de la ruche sont remplis de miel.* 2. Planche d'une bibliothèque, d'un placard. *Les livres d'histoire sont rangés sur le **rayon** du haut.* (Syn. étagère.) 3. Partie d'un magasin où se trouvent des produits de même sorte. *Le **rayon** alimentation est au fond du magasin.* 4. Dans la langue familière, domaine de compétence. *Le bricolage, ce n'est vraiment pas son **rayon** !* ⊙ Rayon vient de l'ancien français *ree* qui signifie « rayon de miel ».

rayonnage (nom masculin)
Ensemble d'étagères. *Les* ***rayonnages*** *de la bibliothèque sont remplis de livres.*

rayonnement (nom masculin)
1. Ensemble de radiations émises par un corps. *Le* ***rayonnement*** *du Soleil est une source d'énergie.* 2. Influence bienfaisante. *Le* ***rayonnement*** *de la civilisation grecque a été considérable.* (Syn. prestige.)

le **rayonnement** du soleil

rayonner (verbe) conj.n°3
1. Partir d'un même point dans différentes directions. *À partir de notre hôtel, nous* ***avons rayonné*** *dans toute la région.* 2. Exprimer le bonheur, la joie ou la satisfaction. *Les mariés sont heureux, leurs visages* ***rayonnent****.*

rayure (nom féminin)
1. Ligne ou bande étroite tracée sur une surface de couleur différente. *Le tigre et le zèbre ont des* ***rayures*** *noires sur leur pelage.* (Syn. raie.) 2. Éraflure laissée sur une surface par un objet pointu. *Une carrosserie pleine de* ***rayures****.*

raz de marée (nom masculin)
Très haute vague qui arrive violemment sur une côte. *Les tremblements de terre peuvent provoquer des* ***raz de marée****.* → Pluriel : des raz de marée.

razzia (nom féminin)
• **Faire une razzia sur quelque chose :** l'emporter, le rafler sans rien laisser. *Les invités* ***ont fait une razzia sur*** *les petits fours.* → Prononciation [razja] ou [radzja]. Autrefois, une razzia était une attaque lancée par une bande de pillards.

ré (nom masculin)
Deuxième note de la gamme.

réabonner (verbe) conj.n°3
Abonner de nouveau.

réacteur (nom masculin)
Moteur à réaction d'un avion. *Un biréacteur possède deux* ***réacteurs****.*
➠ p. 97.

réaction (nom féminin)
Manière de réagir. *Je ne le croyais pas capable d'une* ***réaction*** *si violente.* • **Avion à réaction :** avion qui fonctionne grâce à un moteur qui rejette les gaz vers l'arrière. Famille du mot : réacteur, réactionnaire.

réactionnaire (adjectif et nom)
Qui s'oppose au progrès. *Son père redoute les changements, il est resté très* ***réactionnaire****.* (Syn. conservateur.)

se réadapter (verbe) conj.n°3
S'adapter de nouveau. *Après une année passée à la campagne, Anna a du mal à* ***se réadapter*** *à la ville.*

réagir (verbe) ◦ conj.n°11
1. Agir d'une certaine façon par rapport à un événement. *En apprenant la nouvelle, elle **a réagi** avec calme et sérénité.* 2. Lutter, se défendre contre quelque chose. *On ne peut pas accepter ces accusations, il faut **réagir**.*

réajustement ➠ Voir rajustement.

réajuster ➠ Voir rajuster.

réalisable (adjectif)
Qu'on peut réaliser. *Clément aimerait bien que son rêve soit **réalisable**.*

réalisateur, trice (nom)
Personne qui dirige la réalisation d'un film. *Charlie Chaplin était acteur et **réalisateur** de ses films.*

réalisation (nom féminin)
Action de réaliser quelque chose. *Ce cinéaste vient d'achever la **réalisation** de son nouveau film.*

réaliser (verbe) ◦ conj.n°3
1. Rendre réel et effectif ce qu'on avait imaginé. *David voudrait avoir un voilier, il espère bien que plus tard son rêve **se réalisera**. Il a fallu de très gros moyens pour **réaliser** ce film.* 2. Synonyme d'accomplir. ***Réaliser** un exploit sportif.* 3. Synonyme familier de comprendre. *Il n'**a** pas **réalisé** ce qui lui arrivait.* ⊙ Famille du mot : irréalisable, réalisable, réalisateur, réalisation.

réalisme (nom masculin)
Aptitude à tenir compte de la réalité. *Manquer de **réalisme**.*

réaliste (adjectif et nom)
Qui a le sens des réalités. *Il faut être **réaliste**, nous ne pourrons pas arriver à l'heure.*

réalité (nom féminin)
Ce qui est réel, qui existe vraiment. *Le travail fait partie des **réalités** quotidiennes.* • **En réalité** : en fait. *Élodie a l'air très douce, mais **en réalité** elle est souvent agressive.*

réanimation (nom féminin)
Technique médicale utilisée pour ranimer des malades ou des accidentés.

réapparaître (verbe) ◦ conj.n°37
Apparaître de nouveau. *La grippe **réapparaît** chaque hiver.*

réapparition (nom féminin)
Fait de réapparaître. *Ce comédien a fait une **réapparition** sur les planches.*

rébarbatif, ive (adjectif)
Qui rebute par son caractère désagréable ou ennuyeux. *Ce long texte est **rébarbatif**.*

rebattre (verbe) ◦ conj.n°31
• **Rebattre les oreilles à quelqu'un** : le lasser en lui répétant toujours la même chose. *Arrête de **nous rebattre les oreilles** avec tes succès !*

rebattu, ue (adjectif)
Qui a perdu tout intérêt à force d'être répété. *Essaie de changer de sujet, celui-ci est **rebattu** et ennuyeux.*

rebelle (adjectif et nom)
Qui refuse de se soumettre à une autorité. *Les **rebelles** ont pris le pouvoir.* (Syn. révolté.) ▷ **rebelle** (adjectif) Qui résiste à quelque chose. *Pierre est un peu **rebelle** à la discipline du collège.* ⊙ Famille du mot : se rebeller, rébellion.

se rebeller (verbe) ◦ conj.n°3
Synonyme de se révolter.

rébellion (nom féminin)
Synonyme de révolte. *L'armée a réprimé la **rébellion**.*

se rebiffer (verbe) ◦ conj.n°3
Refuser vivement d'obéir. *Dès qu'on lui dit de ranger sa chambre, Kevin **se rebiffe**.*

reboisement (nom masculin)
Action de reboiser.

reboiser (verbe) ◦ conj.n°3
Planter d'arbres un terrain qui a été déboisé. *Cette montagne qui a été dévastée par le feu va **être reboisée**.*

rebond (nom masculin)
Fait de rebondir. *Le **rebond** d'une balle.*

rebondi, ie (adjectif)
Qui est rond et potelé. *Ce bébé a des joues **rebondies**.*

rebondir (verbe) ⊙ conj.n°11
1. Faire un ou plusieurs bonds après avoir heurté un obstacle. *Pierre fait **rebondir** son ballon contre le mur.* 2. Avoir des rebondissements. *Ce fait nouveau risque de faire **rebondir** l'affaire.*

rebondissement (nom masculin)
Épisode nouveau et inattendu. *Cette histoire passionnante est pleine de **rebondissements**.*

rebord (nom masculin)
Bord en saillie. *Un pigeon s'est posé sur le **rebord** du toit.*

reboucher (verbe) ⊙ conj.n°3
Boucher de nouveau. ***Reboucher** une bouteille. Il faut d'abord **reboucher** les fissures avec de l'enduit avant de peindre.*

à rebours (adverbe)
Dans le sens inverse du sens habituel. *Le compte **à rebours** commence : 7, 6, 5...*

à rebrousse-poil (adverbe)
À l'opposé du sens naturel des poils.

rebrousser (verbe) ⊙ conj.n°3
Relever dans un sens contraire à la direction naturelle. *Si tu caresses le chat en lui **rebroussant** le poil, il va te griffer.* • **Rebrousser chemin :** faire demi-tour et revenir sur ses pas.

rebuffade (nom féminin)
Refus hargneux et brutal. *Quentin ne s'est pas laissé décourager par les **rebuffades**.*

rébus (nom masculin)
Suite de lettres et de dessins qui forment une devinette. *Essaie de déchiffrer ce **rébus**.* → Prononciation [Rebys].

rebut (nom masculin)
• **Mettre au rebut :** se débarrasser de choses sans valeur. *Il faudrait **mettre au rebut** tous ces vieux journaux.*

rebutant, ante (adjectif)
Qui rebute. *Ce livre est d'une difficulté **rebutante**.* (Contr. attrayant.)

rebuter (verbe) ⊙ conj.n°3
Décourager, dégoûter ou déplaire. *Le moindre effort le **rebute**.*

récalcitrant, ante (adjectif)
Qui résiste avec entêtement. *L'âne **récalcitrant** ne veut plus avancer.* (Syn. rétif. Contr. docile.)

recaler (verbe) ⊙ conj.n°3
Refuser à un examen. *Mon grand frère s'est fait **recaler** au permis de conduire, il devra le repasser.* (Syn. coller. Contr. recevoir.)

récapitulatif, ive (adjectif)
Qui récapitule. *Romain a fait une liste **récapitulative** de ses dépenses.*

récapitulation (nom féminin)
Action de récapituler.

récapituler (verbe) ⊙ conj.n°3
Énumérer en les résumant les éléments de quelque chose. *Ce livre **récapitule** tous les événements de l'année passée.* ⊙ Famille du mot : récapitulatif, récapitulation.

recel (nom masculin)
Fait de receler des objets volés. *Cet homme a été arrêté pour **recel** de bijoux.*

receler (verbe) ⊙ conj.n°8
1. Cacher illégalement des objets volés. *Il **recelait** des tableaux volés dans un musée.* 2. Synonyme de renfermer. *Ce musée **recèle** de nombreuses statues grecques.* ⊙ Famille du mot : recel, receleur.

un **rébus**

receleur, euse (nom)
Personne coupable de recel.

récemment (adverbe)
De façon récente. *Ils ont changé **récemment** d'adresse.* (Syn. dernièrement.)

recensement (nom masculin)
Action de recenser. *Le **recensement** de la population française se fait tous les sept ans.*

recenser (verbe) conj.n°3
Faire le compte officiel de la population d'une ville, d'une région ou d'un pays.

récent, ente (adjectif)
Qui n'existe pas depuis longtemps. *Cet immeuble est **récent** mais il commence déjà à se dégrader.* (Syn. nouveau. Contr. ancien.)

récépissé (nom masculin)
Synonyme de reçu. *Quand on reçoit un colis recommandé, il faut signer un **récépissé**.* En latin, ***recepisse*** signifie « avoir reçu ».

récepteur (nom masculin)
Appareil qui permet de recevoir des sons et des images transmis par un émetteur.

réceptif, ive (adjectif)
Qui est sensible à quelque chose. *Fatima est très **réceptive** à la poésie.*

réception (nom féminin)
1. Fait de recevoir quelque chose. *Dès **réception** de ta lettre, je te répondrai.* 2. Fait de recevoir des invités. *Pour leur anniversaire de mariage, mes parents ont donné une **réception**.* 3. Service d'accueil d'un hôtel ou d'une entreprise. *Pour avoir des renseignements, adressez-vous à la **réception**.* Famille du mot : récepteur, réceptif, receptionner, réceptionniste.

réceptionner (verbe) conj.n°3
Accepter des marchandises livrées après les avoir vérifiées. *Le responsable du magasin **réceptionne** la livraison.*

réceptionniste (nom)
Personne chargée de la réception des clients ou des visiteurs.

récession (nom féminin)
Ralentissement de l'activité économique d'un pays. *Dans ce pays en pleine **récession**, il y a beaucoup de chômage.*

recette (nom féminin)
1. Total des sommes d'argent reçues. *Ce commerçant compare ses **recettes** et ses dépenses.* 2. Ensemble des indications qui permettent de préparer un plat. *Il faut bien suivre la **recette** pour réussir ce gâteau.* Recette vient du latin ***recepta*** qui signifie « chose reçue ».

recevable (adjectif)
Qu'on peut recevoir, accepter. *Ton excuse n'est vraiment pas **recevable**.* (Syn. acceptable.)

receveur, euse (nom)
1. Personne chargée de percevoir certains impôts. 2. Personne qui reçoit le sang ou un organe d'un donneur.

recevoir (verbe) conj.n°21
1. Avoir quelque chose qui vous a été envoyé. *J'**ai** bien **reçu** ta lettre.* 2. Avoir comme cadeau. *Pour Noël, Thomas **a reçu** un vélo.* (Contr. donner.) 3. Accueillir quelqu'un chez soi. *Gaëlle **reçoit** ses amis à goûter pour son anniversaire.* 4. Admettre à un examen. *Il **a été reçu** du premier coup au permis de conduire.* (Contr. recaler, refuser.) Famille du mot : recevable, receveur, reçu.

de rechange (adverbe)
Qui permet de remplacer quelque chose ou de se changer. *Un pneu **de rechange**. Prendre des vêtements **de rechange**.*

réchapper (verbe) conj.n°3
Échapper à un danger. *Tous les habitants de l'immeuble **ont réchappé** à l'incendie.*

recharge (nom féminin)
Ce qui sert à recharger. *Hélène a acheté des **recharges** d'encre pour son stylo.*

rechargeable (adjectif)
Qui peut être rechargé. *Un stylo **rechargeable**.*

recharger (verbe) ○ conj.n°5
Remettre dans un appareil ou une arme ce qui est nécessaire à son fonctionnement. ***Recharger** un appareil photo avec un film neuf.*

réchaud (nom masculin)
Petit fourneau qui sert à cuire les aliments.

réchauffement (nom masculin)
Fait de se réchauffer. *Le **réchauffement** du climat a provoqué le recul des glaciers.* (Contr. refroidissement.)

réchauffer (verbe) ○ conj.n°3
1. Faire chauffer ce qui est froid ou refroidi. *Ton café est tiède, je vais le **réchauffer**.* 2. Se réchauffer : avoir chaud de nouveau. *Laura est rentrée frigorifiée, elle a bu un lait chaud pour **se réchauffer**.*

rêche (adjectif)
Qui est rude au toucher. *La langue du chat est toute **rêche**.* (Syn. rugueux. Contr. doux.)

recherche (nom féminin)
1. Action de rechercher. *Papa est à la **recherche** de ses clés de voiture.* 2. Travail scientifique qui contribue à faire avancer les connaissances. *Ce biologiste fait des **recherches** sur le virus du sida.* 3. Soin extrême, raffinement. *Elle est toujours habillée avec **recherche**.*

rechercher (verbe) ○ conj.n°3
Chercher activement et avec beaucoup d'attention. ***Rechercher** un suspect. Victor **recherche** des timbres pour sa collection.*

rechigner (verbe) ○ conj.n°3
Montrer de la mauvaise volonté. *Myriam **rechigne** à débarrasser la table.*

rechute (nom féminin)
Fait de tomber malade à nouveau. *Sa guérison semblait proche, mais il a fait une **rechute**.*

rechuter (verbe) ○ conj.n°3
Avoir une rechute. *Elle n'a pas suivi son traitement jusqu'au bout et elle **a rechuté**.*

récidive (nom féminin)
Fait de récidiver. *Le malfaiteur a été condamné pour vol avec **récidive**.* ⊙ Famille du mot : récidiver, récidiviste.

récidiver (verbe) ○ conj.n°3
Commettre à nouveau la même infraction. *À peine libéré, le voleur **a récidivé**.*

récidiviste (nom)
Personne accusée de récidive.

récif (nom masculin)
Rocher ou ensemble de rochers qui se trouvent à fleur d'eau. *Le bateau s'est brisé sur un **récif**.* (Syn. écueil.)

récipient (nom masculin)
Objet creux qui sert à contenir quelque chose. *Un bocal, un seau, un saladier, une bassine sont des **récipients**.* ⊙ Récipient vient du latin *recipere* qui signifie « recevoir ».

réciproque (adjectif)
Synonyme de mutuel. *L'amour que William a pour Noémie est **réciproque** : elle l'aime aussi.* ▷ **réciproque** (nom féminin) Action inverse. *Odile aime prêter ses jouets à Xavier, mais la **réciproque** n'est pas vraie.*

réciproquement (adverbe)
De façon réciproque. *Eva et Léa ont l'habitude de se rendre service **réciproquement**.* (Syn. mutuellement.)

récit (nom masculin)
Histoire qu'on raconte. *Le **récit** de ses aventures nous a fait beaucoup rire.*

récital, als (nom masculin)
Concert donné par un seul interprète. *Le prochain **récital** de ce pianiste est prévu en janvier.*

récitation (nom féminin)
Texte qu'un écolier doit réciter. *Sarah a appris sa **récitation**.*

réciter (verbe) ○ conj.n°3
Dire à haute voix ce qu'on a appris par cœur. *Son père demande à Yann de lui **réciter** les tables de multiplication.*

▸ **réclamation** (nom féminin)
Action de réclamer pour faire respecter un droit. *Cet appareil est défectueux, il va falloir adresser une **réclamation** au magasin qui nous l'a vendu.*

▸ **réclame** (nom féminin)
• **En réclame** : qui est vendu à prix réduit pour attirer les clients.

▸ **réclamer** (verbe) ○ conj.n°3
Insister pour avoir ce qu'on veut. *Le bébé pleure car il **réclame** son biberon.*

▸ **reclasser** (verbe) ○ conj.n°3
Classer de nouveau. *Les photos ont été mélangées, Ursula essaie de les **reclasser** dans un album.*

▸ **reclus, use** (adjectif et nom)
Qui vit enfermé et isolé. *Vivre comme un **reclus**.*

▸ **réclusion** (nom féminin)
Synonyme d'emprisonnement. *Cet homme vient d'être condamné à dix ans de **réclusion**.* (Syn. détention.)

▸ **se recoiffer** (verbe) ○ conj.n°3
Remettre en ordre sa coiffure. *Zoé **se recoiffe** devant la glace.*

▸ **recoin** (nom masculin)
Endroit caché. *On a retrouvé le chat dans un **recoin** de la cave.*

▸ **recoller** (verbe) ○ conj.n°3
Réparer un objet cassé avec de la colle. *Maman **recolle** les morceaux de la théière.*

▸ **récolte** (nom féminin)
Action de récolter. *La **récolte** des betteraves se fait en automne.*

▸ **récolter** (verbe) ○ conj.n°3
Cueillir ou ramasser les produits de la terre quand ils sont mûrs. *On **récolte** les pommes, les poires et le raisin en automne.*

▸ **recommandable** (adjectif)
Qui peut être recommandé. *Ne fréquente pas cet individu, il est peu **recommandable**.*

▸ **recommandation** (nom féminin)
Ce qu'on recommande à quelqu'un. *Avant de partir seule à la piscine, Anna a bien écouté les **recommandations** de ses parents.* (Syn. conseil.)

▸ **recommandé, ée** (adjectif)
Se dit d'une lettre ou d'un colis envoyés, moyennant un supplément, pour être remis au destinataire en personne.

▸ **recommander** (verbe) ○ conj.n°3
1. Conseiller vivement et avec insistance. *On **recommande** la plus grande prudence sur les routes car il y a du verglas.* 2. Dire du bien de quelqu'un afin de le soutenir. ***Recommander** un candidat à un employeur.* ⊙ Famille du mot : recommandable, recommandation, recommandé.

▸ **recommencer** (verbe) ○ conj.n°4
1. Synonyme de refaire. *Benjamin a fait des taches d'encre sur son devoir, il doit le **recommencer**.* 2. Commencer de nouveau après une interruption. *Les cours **recommencent** en septembre. La pluie **recommence** de plus belle.* (Syn. reprendre.)

▸ **récompense** (nom féminin)
Cadeau qu'on reçoit quand on a fait quelque chose de bien. *Si Élodie passe en sixième, ses parents lui ont promis une **récompense**.*

▸ **récompenser** (verbe) ○ conj.n°3
Donner une récompense. *Les cinq premiers **ont été récompensés**.*

▸ **réconciliation** (nom féminin)
Fait de se réconcilier.

▸ **réconcilier** (verbe) ○ conj.n°10
Rétablir de bonnes relations entre des personnes qui s'étaient fâchées. *Clément et Amandine **se sont** enfin **réconciliés**.*

▸ **reconduire** (verbe) ○ conj.n°43
Synonyme de ramener. ***Reconduire** un ami chez lui.*

▸ **réconfort** (nom masculin)
Ce qui réconforte. *David est malade, il a besoin du **réconfort** de ses amis.*

réconfortant, ante (adjectif)
Qui réconforte. *Heureusement, les dernières nouvelles du malade sont **réconfortantes**.*

réconforter (verbe) ○ conj.n°3
1. Redonner du courage, de l'espoir. *Ces témoignages d'amitié l'**ont réconforté**.* 2. Redonner des forces physiques. *Après une longue randonnée, ils ont mangé un sandwich pour **se réconforter**.* (Syn. remonter, revigorer.) ⊙ Famille du mot : réconfort, réconfortant.

reconnaissable (adjectif)
Qu'on peut facilement reconnaître. *Notre maison est **reconnaissable**, c'est la seule de la rue qui soit en briques.*

reconnaissance (nom féminin)
1. Sentiment que l'on a envers une personne qui s'est montrée gentille et généreuse. *Je veux te dire ma **reconnaissance** pour l'aide que tu m'as apportée.* (Syn. gratitude.) 2. Action de reconnaître un lieu. *Des soldats ont été envoyés en **reconnaissance** dans le village.*

reconnaissant, ante (adjectif)
Qui manifeste de la reconnaissance. *Je te suis **reconnaissant** de m'avoir rendu ce service.*

reconnaître (verbe) ○ conj.n°37
1. Savoir qui est quelqu'un ou ce qu'est quelque chose pour l'avoir déjà vu. *Il n'a pas changé, je l'**ai** tout de suite **reconnu**.* 2. Admettre que quelque chose est vrai ou légitime. *Gaëlle **reconnaît** qu'elle a eu tort de parler ainsi.* (Syn. avouer.) 3. Explorer un lieu. *Les marcheurs sont partis **reconnaître** le terrain pour voir s'ils peuvent y camper.* 4. Se reconnaître : se retrouver et s'orienter. *Je suis incapable de **me reconnaître** dans ce quartier qui a tant changé !* ⊙ Famille du mot : reconnaissable, reconnaissance, reconnaissant.

reconquérir (verbe) ○ conj.n°18
Conquérir de nouveau. ***Reconquérir** un territoire perdu.*

reconquête (nom féminin)
Action de reconquérir. *La **reconquête** d'une province.*

reconstituer (verbe) ○ conj.n°3
Recréer une chose identique à ce qu'elle était. *Les décors du western **sont reconstitués** en studio.*

reconstitution (nom féminin)
Action de reconstituer. *La **reconstitution** d'un crime est destinée à comprendre comment il a été commis.*

reconstruction (nom féminin)
Action de reconstruire quelque chose.

reconstruire (verbe) ○ conj.n°43
Construire de nouveau ce qui a été détruit. *Après le tremblement de terre, il a fallu **reconstruire** une partie du village.*

reconvertir (verbe) ○ conj.n°11
1. Changer la nature des activités d'une usine ou d'une entreprise. *Cette usine **a été reconvertie** et fabrique maintenant du matériel électronique.* 2. Se reconvertir : exercer un nouveau métier. *Depuis la fermeture des mines de charbon,beaucoup de mineurs ont dû **se reconvertir**.*

recopier (verbe) ○ conj.n°10
Copier un texte déjà écrit. *Hélène a fait sa rédaction au brouillon, demain elle la **recopiera**.*

record (nom masculin)
Meilleur résultat obtenu jusqu'à présent. *Ce voilier vient de battre le **record** du monde de la traversée de l'Atlantique.*

recordman (nom masculin)
Sportif qui détient un record. → Recordman est un mot anglais : on prononce [ʀəkɔʀdman]. → Pluriel : des recordmans ou des recordmen.

recoucher (verbe) ○ conj.n°3
Remettre quelqu'un au lit. *Elle a donné le biberon au bébé, puis l'**a recouché**. **Recouche-toi** si tu es encore fatigué !*

recoudre (verbe) ○ conj.n°53
Coudre ce qui a été décousu. *Julie apprend à **recoudre** un bouton.*

recoupement (nom masculin)
Action de recouper plusieurs renseignements pour voir s'ils coïncident.

a b c d e f g h i j k l m n o p q r s t u v w x y z

recouper (verbe) ○ conj.n°3
1. Couper de nouveau. *Est-ce qu'il faut que je **recoupe** du pain ?* 2. Vérifier des faits ou des informations en les confrontant. ***Recouper** des témoignages.*

recourbé, ée (adjectif)
Qui est courbé à son extrémité. *Le bec **recourbé** des rapaces.*

recourir (verbe) ○ conj.n°16
Demander l'aide de quelqu'un. *On a dû **recourir** à un serrurier pour ouvrir la porte car les clés étaient à l'intérieur !*

recours (nom masculin)
Fait de recourir à quelqu'un. *Pour repartir, il a fallu avoir **recours** à un dépanneur.*

recouvrement (nom masculin)
Fait de recouvrer un paiement. *Le **recouvrement** des impôts par le percepteur.*

recouvrer (verbe) ○ conj.n°3
1. Retrouver ce qu'on avait perdu. *Le blessé **recouvre** peu à peu l'usage de la parole.* 2. Recueillir le paiement d'une somme due. *C'est le percepteur qui est chargé de **recouvrer** les impôts.*

recouvrir (verbe) ○ conj.n°12
1. Couvrir complètement. *La neige est tombée toute la nuit et **recouvre** la campagne.* 2. Protéger avec une couverture ou un couvercle. *Laura **a recouvert** tous ses livres de classe avec du papier.*

récréation (nom féminin)
Moment pendant lequel les élèves peuvent jouer et se détendre. *Pendant la **récréation**, Ibrahim aime bien jouer aux billes.*

se récrier (verbe) ○ conj.n°10
Protester avec indignation. *On a accusé Myriam de mentir et elle **s'est récriée**.*

récriminations (nom féminin pluriel)
Fait de récriminer. *Je n'écoute même plus ses **récriminations**.* (Syn. protestation.)

récriminer (verbe) ○ conj.n°3
Exprimer ses critiques ou son désaccord avec amertume ou agressivité. *Arrête de **récriminer** sans cesse contre tout le monde !*

récrire ➠ Voir réécrire.

se recroqueviller (verbe) ○ conj.n°3
Se replier sur soi-même. *Noémie **s'est recroquevillée** sous sa couette pour avoir bien chaud.*

un rongeur **recroquevillé** dans son terrier

recrudescence (nom féminin)
Nouvelle augmentation, plus grave, d'un phénomène. *La **recrudescence** du chômage inquiète le gouvernement.*

recrue (nom féminin)
Jeune soldat nouvellement incorporé. ⊙ Famille du mot : recrutement, recruter.

recrutement (nom masculin)
Action de recruter.

recruter (verbe) ○ conj.n°3
Engager du personnel. *Cette entreprise **recrute** des ingénieurs en informatique.* (Syn. embaucher.)

rectangle (nom masculin)
Figure géométrique qui a quatre angles droits et dont les côtés sont égaux deux à deux. ➠ p. 512. *Un terrain de basket est un **rectangle** de 26 m sur 14 m.* ▷ **rectangle** (adjectif) Qui a un angle droit. *Un triangle **rectangle**.* ➠ p. 512. ⊙ Rectangle vient des mots latins *rectus* qui signifie « droit » et *angulus* qui signifie « angle ».

rectangulaire (adjectif)
Qui a la forme d'un rectangle. *Une table **rectangulaire**.*

rectificatif, ive (adjectif)
Qui sert à rectifier une erreur. ▷ **rectificatif** (nom masculin) Texte rectificatif. *Apporter un **rectificatif**.*

rectification (nom féminin)
Action de rectifier. *Les dates annoncées étaient fausses, le journal a dû faire une **rectification**.* (Syn. correction.)

rectifier (verbe) conj.n°10
Corriger une erreur, une inexactitude. *Odile se sert de son dictionnaire pour **rectifier** les fautes qu'elles a faites dans sa lettre.* Famille du mot : rectificatif, rectification. Rectifier vient du latin *rectus* qui signifie « exact ».

rectiligne (adjectif)
Qui est en ligne droite. *Cette route est **rectiligne** sur plusieurs kilomètres.*

recto (nom masculin)
Première page d'une feuille, qui est le côté opposé du verso. *Sur sa feuille de papier, Kevin commence à écrire au **recto**, puis tourne la page pour finir au verso.* Recto vient de la locution latine *folio recto* qui signifie « sur le feuillet qui est à l'endroit ».

rectum (nom masculin)
Dernière partie de l'intestin, qui aboutit à l'anus. → Prononciation [ʀɛktɔm]. ➠ p. 345.

reçu (nom masculin)
Document qui prouve qu'une chose vous a été remise. *Le livreur m'a apporté un colis, j'ai dû signer un **reçu**.* (Syn. récépissé.)

recueil (nom masculin)
Livre qui réunit plusieurs textes. *Cet ouvrage est un **recueil** de poésies.*

recueillement (nom masculin)
État d'une personne qui se recueille. *Ce célèbre monastère est un lieu de **recueillement**.*

recueillir (verbe) conj.n°13
1. Rassembler des choses. *Cette association **recueille** des vêtements pour les distribuer aux pauvres.* 2. Prendre chez soi, héberger. *Sarah **a recueilli** un petit chat abandonné.* 3. Se recueillir : s'isoler du monde extérieur pour méditer. *À la Toussaint, beaucoup de gens vont au cimetière **se recueillir** sur les tombes de leurs proches.* Famille du mot : recueil, recueillement.

recul (nom masculin)
Fait de reculer. *Grâce au vaccin, le tétanos est en net **recul**. Pour apprécier cette immense toile, il faut prendre du **recul**. À ce jour, on manque de **recul** pour comprendre les faits.*

reculé, ée (adjectif)
1. Qui est loin ou difficile d'accès. *Il vit en montagne dans un endroit **reculé**.* 2. Qui est éloigné dans le temps. *À une époque **reculée**, les hommes vivaient dans des grottes.*

reculer (verbe) conj.n°3
1. Aller en arrière. *La voiture est arrivée au fond de l'impasse et doit **reculer** pour sortir.* (Contr. avancer.) 2. Mettre une chose plus loin en arrière. *Tu es trop près de la table, **recule** ta chaise !* 3. Remettre à plus tard. *Il nous est possible de **reculer** notre date de départ pour partir avec vous.* (Syn. différer, retarder.) 4. Hésiter ou renoncer à agir. *Pierre **n'a** jamais **reculé** devant les difficultés.* Famille du mot : recul, reculé, à reculons.

à reculons (adverbe)
En reculant. *Ursula a eu un gage : elle doit faire le tour du jardin **à reculons**.*

récupération (nom féminin)
Action de récupérer. *La **récupération** des déchets permet leur recyclage.*

récupérer (verbe) conj.n°8
1. Reprendre ce qui nous appartient. *J'aimerais bien **récupérer** le livre que je lui ai prêté.* 2. Rassembler des choses qui peuvent encore servir. *Quentin **a récupéré** des morceaux de bois pour se faire une cabane dans le jardin.* 3. Retrouver ses forces. *Il vient d'être très malade et il a du mal à **récupérer**.*

récurer (verbe) ○ conj.n°3
Nettoyer en frottant, en grattant. *Zoé a fait déborder le lait et elle a bien du mal à **récurer** la cuisinière !*

récuser (verbe) ○ conj.n°3
N'accorder aucune valeur à quelque chose. *L'avocat de la défense **a récusé** les arguments du procureur.* (Syn. contester.)

recyclable (adjectif)
Qu'on peut recycler. *Les matériaux **recyclables** sont triés.*

recyclage (nom masculin)
1. Action de recycler. *Le **recyclage** des bouteilles de verre.* 2. Fait de se recycler. *Pour s'adapter à sa nouvelle fonction, maman doit faire un stage de **recyclage**.*

recycler (verbe) ○ conj.n°3
1. Utiliser des matériaux usagés pour fabriquer de nouveaux produits. *Des conteneurs sont au coin de la rue pour récolter le verre et le papier à **recycler**.* 2. Se recycler : suivre une formation pour s'adapter à un nouveau métier. *Pour garder son poste dans l'entreprise, il a dû **se recycler**.* ⊙ Famille du mot : recyclable, recyclage.

rédacteur, trice (nom)
Personne qui rédige des textes, des articles. *Les **rédacteurs** du journal se réunissent chaque matin.*

rédaction (nom féminin)
1. Action ou manière de rédiger un texte. *La **rédaction** d'un article par un journaliste.* 2. Exercice scolaire de français où l'élève doit écrire un texte sur un sujet donné. *Anna est bonne en **rédaction** car elle aime raconter des histoires.*

reddition (nom féminin)
Fait de se rendre, de capituler. *Le général a annoncé la **reddition** de son armée.*

rédemption (nom féminin)
Dans la religion chrétienne, pardon des péchés.

redescendre (verbe) ○ conj.n°31
Descendre une nouvelle fois. *Papa doit **redescendre** à la cave pour chercher une deuxième bouteille de vin.* (Contr. remonter.)

redevable (adjectif)
Qui doit quelque chose à quelqu'un. *Il est **redevable** de sa victoire à son entraîneur.*

redevance (nom féminin)
Taxe qu'on paie à l'État pour utiliser un service public. *Certaines chaînes de télévision sont financées par une **redevance**.*

rédhibitoire (adjectif)
Qui constitue un obstacle énorme. *Ce manteau coûte un prix **rédhibitoire**.*

rediffuser (verbe) ○ conj.n°3
Diffuser de nouveau. *Cette chaîne **rediffuse** souvent les mêmes émissions.*

rediffusion (nom féminin)
Action de rediffuser. *L'été, cette chaîne se contente de **rediffusions**.*

rédiger (verbe) ○ conj.n°5
Écrire un texte. *Zoé a du mal à **rédiger** sa lettre.*

redingote (nom féminin)
Longue veste portée autrefois par les hommes. ⊙ Redingote vient de l'anglais *riding-coat* qui signifie « habit d'équitation ».

Un homme portant une **redingote**.

redire (verbe) ○ conj.n°46
Dire une nouvelle fois. *Peux-tu me **redire** ton nom ?* (Syn. répéter.) • **Avoir** ou **trouver quelque chose à redire** : critiquer.

redite (nom féminin)
Synonyme de répétition. *Relis ton texte pour supprimer les **redites** !*

redondance (nom féminin)
Synonyme de répétition.

redondant, ante (adjectif)
Qui comporte des redondances. *Essaie de supprimer les passages **redondants** dans ta lettre et d'être plus concis.*

redonner (verbe) ○ conj.n°3
Donner de nouveau. *Sa guérison lui **a redonné** goût à la vie.*

redoublant, ante (nom)
Élève qui redouble une classe. *Il y a plusieurs **redoublants** dans la classe.*

redoublement (nom masculin)
Fait de redoubler une classe.

redoubler (verbe) ○ conj.n°3
1. Recommencer la même classe au lieu de passer dans la classe supérieure. *Fatima n'**a** jamais **redoublé**.* 2. Devenir soudain beaucoup plus fort. *Les bateaux rentrent au port car la tempête **redouble**.*

redoutable (adjectif)
Qu'il faut redouter. *La peste est une maladie **redoutable**.* (Contr. inoffensif.)

redouter (verbe) ○ conj.n°3
Synonyme de craindre. *Thomas **redoute** d'arriver en retard à l'école.*

redoux (nom masculin)
Radoucissement de la température après une période de froid.

redressement (nom masculin)
Fait de se redresser. *Le gouvernement se félicite du **redressement** de l'économie.*

redresser (verbe) ○ conj.n°3
1. Remettre droit. ***Redresse-toi**, tu es tout voûté ! Le réparateur **a redressé** le pare-chocs tordu.* 2. Remettre en meilleur état. *L'économie de ce pays **s'est redressée**.* ⊙ Famille du mot : redressement, redresseur.

redresseur (nom masculin)
• **Redresseur de torts** : personne qui prétend combattre l'injustice.

réduction (nom féminin)
1. Action de réduire quelque chose. *Une importante **réduction** des dépenses s'impose.* 2. Diminution du prix d'une marchandise. *Les jeunes et les chômeurs ont droit à des **réductions** au cinéma.* (Syn. rabais, remise.) 3. Reproduction dans un format plus petit. *Cette maquette d'avion est une **réduction** exacte de l'Airbus.*

réduire (verbe) ○ conj.n°43
1. Rendre moins important. *Cette usine **a réduit** ses effectifs.* (Syn. diminuer.) 2. Transformer une substance en poudre, en miettes ou en bouillie. ***Réduire** le blé en farine.* 3. Amener quelqu'un à un état pénible. *Le chômage l'**a réduit** à la misère.* 4. Se réduire à quelque chose : être limité à cette chose. *Son immense fortune **se réduit** aujourd'hui **à** quelques louis d'or.* ⊙ Famille du mot : réduit, réduction.

1. réduit, uite (adjectif)
Qui est inférieur au prix normal. *À partir de trois enfants, une famille a droit au tarif **réduit** dans les transports en commun.* • **Modèle réduit** : objet construit en réduction. (Syn. maquette.)

2. réduit (nom masculin)
Petite pièce, généralement sombre. *Le jardinier range ses outils et le bois dans un **réduit** au fond de la cour.*

réécrire (verbe) ○ conj.n°47
Écrire de nouveau. ***Réécris** cette lettre.* → On dit aussi récrire.

rééditer (verbe) ○ conj.n°3
Procéder à la réédition d'un ouvrage. *Dommage que ce livre n'**ait** pas **été réédité** !*

réédition (nom féminin)
Nouvelle édition d'un ouvrage.

rééducation (nom féminin)
Ensemble d'exercices destinés à rétablir l'usage d'un organe. *Pour retrouver l'usage de sa cheville, Gaëlle fait deux fois par semaine des séances de **rééducation**.*

rééduquer (verbe) ○ conj.n°3
Faire subir une rééducation. *Le kinésithérapeute* ***rééduque*** *les blessés.*

réel, réelle (adjectif)
Qui existe vraiment. *Cette histoire est* ***réelle****, je ne l'ai pas inventée.* (Syn. authentique. Contr. fictif.) ⊙ Famille du mot : irréel, réellement.

réélection (nom féminin)
Fait d'être réélu. *Il est si populaire qu'on s'attend à sa* ***réélection****.*

réélire (verbe) ○ conj.n°45
Élire de nouveau quelqu'un. *Ce candidat a de fortes chances d'****être réélu****.*

réellement (adverbe)
De façon réelle. *Cet événement a* ***réellement*** *eu lieu.* (Syn. effectivement, vraiment.)

réexpédier (verbe) ○ conj.n°10
Expédier à une autre adresse. *Pendant les vacances, il se fait* ***réexpédier*** *son courrier.*

refaire (verbe) ○ conj.n°42
1. Faire de nouveau ce qu'on a déjà fait. *Victor a bâclé son travail, sa maîtresse lui a demandé de le* ***refaire****.* (Syn. recommencer.) 2. Remettre un lieu en bon état. *Nous allons* ***refaire*** *tout l'appartement.*

réfection (nom féminin)
Action de remettre en bon état.

réfectoire (nom masculin)
Grande salle à manger d'une collectivité. *Le* ***réfectoire*** *du collège est en self-service.*

référence (nom féminin)
Indication précise des ouvrages ou des passages auxquels le lecteur doit se référer. *Les* ***références*** *sont en bas de page.* • **Ouvrage de référence** : livre qu'on consulte pour avoir un renseignement sûr. *Les dictionnaires et les atlas sont des* ***ouvrages de référence****.*
▷ **références** (nom féminin pluriel)
Témoignages qui renseignent sur les compétences de quelqu'un. *Cet employeur exige que les candidats aient des* ***références****.*

référendum (nom masculin)
Vote de tous les électeurs d'un pays sur une question précise. *À un* ***référendum****, les électeurs répondent par oui ou par non.* → Prononciation [ʀefeʀɛ̃dɔm].

se référer (verbe) ○ conj.n°8
Se reporter à quelque chose pour une vérification. *Pour corriger ses fautes d'orthographe, Hélène* ***se réfère*** *à son dictionnaire.*

refermer (verbe) ○ conj.n°3
Fermer de nouveau ce qui était ouvert. ***Referme*** *bien la boîte, sinon les gâteaux vont s'abîmer.*

réfléchi, ie (adjectif)
Qui réfléchit avant de parler ou d'agir. *Julie est très* ***réfléchie****, elle ne fait jamais rien dans la précipitation.*

réfléchir (verbe) ○ conj.n°11
1. Penser à quelque chose avec beaucoup d'attention. ***Réfléchis*** *bien avant de te décider !* 2. Synonyme de refléter. *Le miroir* ***réfléchit*** *son visage. Son image* ***se réfléchit*** *sur la vitre.*
⊙ Famille du mot : réfléchi, réflexion.

reflet (nom masculin)
Image ou lumière réflétée par une surface. *Laura regarde le* ***reflet*** *des arbres dans l'eau.*

Narcisse regardant son **reflet** dans l'eau par Le Caravage (1595).

refléter (verbe) ◦ conj.n°8
1. Renvoyer l'image d'une personne ou d'une chose. *Quand on fait du feu dans le salon, les cuivres **reflètent** la lumière des flammes. La lune **se reflète** dans l'eau.* (Syn. réfléchir.) 2. Indiquer quelque chose. *Ses questions **reflètent** un esprit curieux.*

refleurir (verbe) ◦ conj.n°11
Fleurir de nouveau. *Chaque printemps, les primevères **refleurissent**.*

réflexe (nom masculin)
Mouvement très rapide qu'on fait automatiquement. *Quand il a vu le début d'incendie, il a eu le bon **réflexe** de se servir de l'extincteur.*

réflexion (nom féminin)
1. Action de réfléchir. *Il demande plusieurs jours de **réflexion** avant de se décider à accepter cet emploi.* 2. Remarque ou critique adressée à quelqu'un. *Tes **réflexions** sont vraiment vexantes !* 3. Phénomène par lequel la lumière ou le son sont réfléchis. *La **réflexion** d'un rayon lumineux.* • **Réflexion faite** : après avoir bien réfléchi.

refluer (verbe) ◦ conj.n°3
Se mettre à aller en sens inverse. *La mer **reflue** quand la marée commence à descendre. Quand la police est arrivée, les manifestants **ont reflué** vers la place.* (Syn. se retirer.)

reflux (nom masculin)
Mouvement de l'eau qui reflue quand la marée descend. (Contr. flux.)

réformateur, trice (adjectif et nom)
Qui souhaite ou fait des réformes. *Un parti **réformateur**. Cet homme politique fut un grand **réformateur**.*

réforme (nom féminin)
Changement apporté en vue d'une amélioration. *On parle depuis très longtemps d'une **réforme** de la justice.*

réformer (verbe) ◦ conj.n°3
Faire des réformes. ***Réformer** l'enseignement.* ⊙ Famille du mot : réformateur, réforme.

refouler (verbe) ◦ conj.n°3
1. Obliger quelqu'un à reculer. *Les curieux **ont été refoulés** par les agents de police.* (Syn. repousser.) 2. Empêcher un sentiment de se manifester. *Myriam a eu du mal à **refouler** ses larmes.* (Syn. réprimer, retenir.)

réfractaire (adjectif)
1. Qui refuse de se soumettre. *Ces gens sont **réfractaires** à l'ordre établi.* 2. Qui peut résister à de très hautes températures. *Une cheminée en briques **réfractaires**.*

refrain (nom masculin)
Paroles d'une chanson que l'on répète sur le même air après chaque couplet. *Noémie ne connaît que le **refrain** de cette chanson.*

réfréner (verbe) ◦ conj.n°8
Mettre un frein à un sentiment, à une tendance. ***Réfréner** ses désirs, ses envies, son impatience, sa colère.* (Syn. réprimer.) → On écrit aussi refréner. ⊙ Réfréner vient du latin *frenum* qui signifie « frein ».

réfrigérateur (nom masculin)
Appareil ménager destiné à conserver les aliments au froid. *On met les légumes et les fruits dans le bas du **réfrigérateur**.*

refroidir (verbe) ◦ conj.n°11
1. Devenir plus froid. *Odile a laissé **refroidir** son potage. Couvre-toi, car le temps **s'est refroidi**.* 2. Rendre plus froid. ***Refroidis** le biberon sous l'eau froide, il est trop chaud.* (Contr. réchauffer.) 3. Diminuer l'ardeur ou le courage. *Son accueil nous **a refroidis** et nous sommes partis.* (Syn. décourager.)

refroidissement (nom masculin)
1. Fait de se refroidir. *Depuis hier, le **refroidissement** est sensible, on va bientôt allumer le chauffage.* 2. Léger rhume. *William souffre d'un **refroidissement** et doit rester au lit.*

refuge (nom masculin)
1. Lieu où on se sent en sécurité. *Pendant la nuit, nous avons trouvé **refuge** dans une grange.* 2. Maison qui sert d'abri et d'hébergement aux alpinistes ou aux randonneurs. *On a fait cinq jours de randonnée, en dormant dans des **refuges**.* ⊙ Famille du mot : réfugié, se réfugier.

réfugié, ée (nom)
Personne qui a dû fuir son pays d'origine. *Il y a un camp de **réfugiés** à la frontière.*

se **réfugier** (verbe) ○ conj.n°10
Se mettre dans un lieu pour être à l'abri. *Un gros orage a éclaté, on a pu heureusement **se réfugier** dans une cabane.*

refus (nom masculin)
Fait de refuser. *Un **refus** catégorique.*

refuser (verbe) ○ conj.n°3
1. Ne pas accepter. *J'ai proposé à Sarah de l'aider, mais elle **a refusé**.* 2. Ne pas recevoir à un examen, à un concours. *Le jury **a refusé** plusieurs candidats.*

réfuter (verbe) ○ conj.n°3
Démontrer qu'une affirmation est fausse. *La police **réfute** la thèse du suicide et pense qu'il s'agit d'un meurtre.*

regagner (verbe) ○ conj.n°3
1. Gagner de nouveau ce qu'on avait perdu. *Ce nageur essaye de **regagner** le temps qu'il a perdu au départ de l'épreuve.* (Syn. rattraper.) 2. Retourner à un endroit. *Après avoir subi une avarie, le voilier a dû **regagner** le port.*

regain (nom masculin)
1. Renouveau de ce qui paraissait perdu ou fini. *Cette région connaît un **regain** d'activité.* (Syn. reprise.) 2. Herbe qui repousse après qu'une prairie a été fauchée.

régal (nom masculin)
Chose délicieuse. *Ses confitures sont un vrai **régal**.* (Syn. délice.)

se **régaler** (verbe) ○ conj.n°3
Prendre un grand plaisir à manger quelque chose de bon. *Les enfants **se sont régalés** avec les fraises des bois.* (Syn. se délecter.)

regard (nom masculin)
Action ou manière de regarder. *Ursula a un **regard** doux et intelligent.*

regardant, ante (adjectif)
Qui regarde à la dépense. *Pour la nourriture, il n'est pas **regardant** car il aime la qualité.* (Syn. économe.)

regarder (verbe) ○ conj.n°3
1. Fixer ses yeux sur quelque chose ou sur quelqu'un. *Zoé **regarde** le paysage avec admiration.* 2. Concerner quelqu'un. *Leurs problèmes ne me **regardent** pas.* • **Regarder à la dépense** : hésiter à dépenser beaucoup. ⊙ Famille du mot : regard, regardant.

régate (nom féminin)
Course de voiliers. *Le départ de la **régate** est prévu à onze heures.* ⊙ Régate vient de l'italien *regata* qui signifie « défi ».

une **régate**

régence (nom féminin)
Gouvernement exercé par un régent. *La **régence** d'Anne d'Autriche, mère de Louis XIV.*

régénérer (verbe) conj.n°8
Rendre un organe plus sain. *Cette pommade **régénère** la peau abîmée par le soleil.*

régent, ente (nom)
Personne qui dirige un royaume pendant la minorité du roi. *Philippe d'Orléans, oncle de Louis XV, fut **régent** de 1715 à 1723.*

régenter (verbe) conj.n°3
Diriger de façon autoritaire. *Xavier veut tout **régenter** à la maison.*

régicide (nom)
Assassin d'un roi. *Les **régicides** étaient condamnés à être écartelés.*

régie (nom féminin)
1. Entreprise qui appartient à l'État. *La **régie** des tabacs.* 2. Direction de l'organisation matérielle d'un spectacle. *La **régie** règle les caméras et les micros.*

régime (nom masculin)
1. Manière dont un État est organisé et gouverné. *Un **régime** démocratique permet au peuple de s'exprimer.* 2. Manière particulière de se nourrir. *Il a trop de cholestérol, il doit suivre un **régime**.* 3. Vitesse à laquelle tourne un moteur. *Une voiture à plein **régime** consomme toujours beaucoup d'essence.* 4. Ensemble de fruits qui poussent en grappes sur une même tige. *Un **régime** de dattes, de bananes.* ➠ p. 105.

régiment (nom masculin)
Troupe de soldats composée de plusieurs bataillons. *Un **régiment** est commandé par un colonel.*

région (nom féminin)
Partie d'un espace géographique, d'un pays. *Les **régions** polaires sont très peu habitées. Guillaume habite la **région** parisienne.* ⊙ Famille du mot : régional, régionalisme, régionaliste.

régional, ale, aux (adjectif)
Qui est particulier à une région. *Quand Anna voyage en France, elle aime goûter la cuisine **régionale**.*

régionalisme (nom masculin)
1. Système qui donne davantage d'autonomie aux régions par rapport au pouvoir central. 2. Mot particulier à une région de France. *À Lyon, on dit un « gone » pour un « gamin » : c'est un **régionalisme**.*

régionaliste (adjectif et nom)
Partisan du régionalisme.

régisseur (nom masculin)
Personne qui dirige la régie d'un spectacle.

registre (nom masculin)
Grand cahier où l'on consigne des informations officielles ou des comptes. *Élodie a consulté les **registres** de l'état civil pour faire son arbre généalogique.*

réglable (adjectif)
Qu'on peut régler. *Le volant de cette voiture est **réglable** en hauteur.*

réglage (nom masculin)
Action de régler un appareil. *Le radioréveil est vendu avec une notice de **réglage**.*

règle (nom féminin)
1. Instrument qui sert à tracer des lignes. *Benjamin se sert de sa **règle** pour tracer un triangle.* 2. Indications que l'on doit suivre dans un jeu, une technique ou un art. *Fatima connaît les **règles** de la belote. Clément apprend les **règles** de l'accord du participe passé.* 3. Principe de conduite. *Monsieur Dubois respecte toujours les **règles** de la politesse.* • **Dans les règles** : comme il faut. • **En règle** : conforme à la loi. *David a ses papiers **en règle**.* • **En règle générale** : habituellement. ▷ **règles** (nom féminin pluriel) Écoulement de sang qui a lieu chaque mois chez la femme, de la puberté à la ménopause.

règlement (nom masculin)
1. Ensemble des règles qu'il faut suivre. *Les clients sont priés de respecter le **règlement** affiché dans le hall de l'hôtel.* **2.** Fait de régler ce que l'on doit. *Pour le **règlement**, vous payez en chèque ou en espèces ?* (Syn. paiement.) **3.** Fait de régler une affaire. *On espère un **règlement** très rapide du conflit.* ⊙ Famille du mot : réglementaire, réglementation, réglementer.

réglementaire (adjectif)
Fixé par un règlement. *Le képi est la coiffure **réglementaire** des gendarmes.*

réglementation (nom féminin)
Ensemble de règlements. *La **réglementation** des importations d'automobiles.*

réglementer (verbe) ○ conj.n°3
Soumettre à des règlements. *Dans le centre-ville, la circulation **est** très **réglementée**.*

régler (verbe) ○ conj.n°8
1. Mettre au point un mécanisme pour qu'il fonctionne bien. *Ibrahim essaye de **régler** les couleurs de la télévision.* (Contr. dérégler.) **2.** Trouver une solution définitive à quelque chose. *Grâce à Gaëlle, cette histoire **a été** vite **réglée**.* (Syn. résoudre.) **3.** Payer ce que l'on doit. *Je viens **régler** ma note.* ⊙ Famille du mot : dérégler, réglable, réglage.

réglisse (nom féminin)
Plante dont on utilise la racine en confiserie. ▷ **réglisse** (nom masculin) Bonbon aromatisé à la réglisse. *Hélène suce un **réglisse**.*

un rouleau de **réglisse**

règne (nom masculin)
1. Temps pendant lequel règne un souverain. *Le **règne** de Louis XIV a duré 54 ans.* **2.** Chacune des trois divisions de la nature faite par les savants. *Le **règne** minéral, le **règne** végétal et le **règne** animal.*

régner (verbe) ○ conj.n°8
1. Exercer le pouvoir, pour un souverain. *Napoléon III **a régné** dix-huit ans.* **2.** Exister de manière durable. *Depuis que la maîtresse s'est fâchée, le silence **règne** dans la classe.*

regonfler (verbe) ○ conj.n°3
Gonfler de nouveau. ***Regonfler** un ballon.*

regorger (verbe) ○ conj.n°5
Avoir en abondance. *Cette région **regorge** de richesses.* (Syn. abonder. Contr. manquer.)

régresser (verbe) ○ conj.n°3
Diminuer en intensité ou en nombre. *La mortalité infantile **régresse** dans ce pays.* (Syn. reculer. Contr. progresser.)

régression (nom féminin)
Fait de régresser. *On enregistre une **régression** du chômage depuis quelques mois.* (Syn. recul. Contr. expansion, progrès.)

regret (nom masculin)
1. Sentiment de tristesse ou de chagrin. *Mamie a parfois le **regret** du temps passé.* **2.** Fait de regretter ce que l'on a fait ou d'avoir été la cause de quelque chose. *Le **regret** d'avoir commis une erreur lui pèse.* • **À regret :** à contrecœur. ⊙ Famille du mot : regrettable, regretter.

regrettable (adjectif)
Qui mérite d'être regretté. *C'est bien **regrettable** que Kevin soit absent.* (Syn. fâcheux.)

regretter (verbe) ○ conj.n°3
1. Éprouver du regret. *Amandine **regrette** le temps où son grand frère était à la maison.* **2.** Éprouver du mécontentement. *Maman **regrette** d'avoir changé de voiture.*

regrouper (verbe) ○ conj.n°3
Grouper en un même endroit. *On **a regroupé** nos plus belles photos de vacances dans un grand album. Les manifestants **se sont regroupés** sur la place.* (Syn. rassembler. Contr. disperser.)

régulariser (verbe) ○ conj.n°3
1. Rendre conforme aux règlements. *Il **a régularisé** sa situation et a maintenant un permis de séjour.* 2. Rendre régulier. *Elle prend des médicaments pour **régulariser** son rythme cardiaque.*

régularité (nom féminin)
1. Caractère régulier. *Laura travaille avec beaucoup de **régularité**.* (Contr. irrégularité.) 2. Qualité de ce qui est conforme aux règlements. *Des observateurs ont contesté la **régularité** du scrutin.* (Syn. légalité.)

régulier, ère (adjectif)
1. Qui reste toujours à peu près pareil ou se répète de la même façon. *Le battement du pouls de Thomas est **régulier**.* (Contr. irrégulier.) 2. Qui est conforme aux règles ou à la loi. *Chanter est un verbe **régulier**. Ce n'est pas un travail au noir, c'est un travail **régulier**.*
⊙ Famille du mot : irrégularité, irrégulier, irrégulièrement, régulariser, régularité, régulièrement.

régulièrement (adverbe)
De façon régulière. *Olivier consulte très **régulièrement** son dentiste.* (Contr. irrégulièrement.)

régurgiter (verbe) ○ conj.n°3
Faire remonter dans la bouche un aliment que l'on vient d'avaler. *Le bébé **régurgite** sa bouillie.*

réhabiliter (verbe) ○ conj.n°3
Faire retrouver à quelqu'un l'estime de tous. *Après avoir prouvé son innocence, il **a été réhabilité** aux yeux de tous.*

rehausser (verbe) ○ conj.n°3
1. Hausser davantage. *Les terrassiers ont entrepris de **rehausser** la chaussée.* (Syn. surélever.) 2. Mettre davantage en relief. *Un peu de fard **rehausse** l'éclat du teint.*

réimpression (nom féminin)
Action de réimprimer. *Cet ouvrage est épuisé mais il est actuellement en **réimpression**.*

réimprimer (verbe) ○ conj.n°3
Imprimer de nouveau. *Ce livre a un tel succès qu'on va le **réimprimer**.*

rein (nom masculin)
Chacun des deux organes qui sécrètent l'urine. *Le **rein** sert à filtrer le sang pour en éliminer les déchets.* ➠ p. 1160. ▷ **reins** (nom masculin pluriel) Bas du dos. *Papa s'est fait mal aux **reins** en déplaçant une armoire.*

réincarnation (nom féminin)
Fait de revivre dans un corps différent. *Les hindous croient à la **réincarnation**.*

reine (nom féminin)
Épouse d'un roi ou souveraine d'un royaume. *Le roi et la **reine** ouvrent le bal.*

La **reine** d'Espagne « Isabelle de Bourbon » de Vélasquez (XVIIe siècle)

reine-claude (nom féminin)
Prune sucrée ronde et verte. → Pluriel : des reines-claudes. ⊙ Reine-claude vient du nom de Claude de France, épouse de François Ier.

reinette (nom féminin)
Pomme à peau grisâtre ou tachetée de rouge.

▸ **réintégrer** (verbe) ○ conj.n°8
Revenir dans un endroit qu'on avait quitté. *Après les travaux, il a enfin pu* ***réintégrer*** *son appartement.*

▸ **réitérer** (verbe) ○ conj.n°8
Synonyme littéraire de répéter. *Puisque je n'ai pas de réponse, je vais* ***réitérer*** *ma demande.*

▸ **rejaillir** (verbe) ○ conj.n°11
Au sens figuré, atteindre indirectement. *Le scandale* ***a rejailli*** *sur ses proches.* (Syn. retomber.)

▸ **rejet** (nom masculin)
1. Action de rejeter. *Les grévistes ont annoncé le* ***rejet*** *de la proposition de la direction.* **2.** Nouvelle pousse d'une plante. *Le rosier a plein de* ***rejets****.*

▸ **rejeter** (verbe) ○ conj.n°9
1. Jeter hors de soi ou dans le sens opposé. *Le volcan* ***a rejeté*** *des cendres et beaucoup de lave.* **2.** Refuser une proposition. *Sa candidature* ***a été rejetée****.* (Syn. repousser. Contr. accepter.) **3.** Faire porter à quelqu'un d'autre la responsabilité de quelque chose. *Ils* ***se rejettent*** *mutuellement la faute.*

▸ **rejeton** (nom masculin)
Synonyme familier d'enfant. *Madame Dupuis est très fière de ses* ***rejetons****.*

▸ **rejoindre** (verbe) ○ conj.n°35
1. Aller retrouver des gens ou retourner à un endroit. *Pierre* ***rejoint*** *ses camarades partis au ski avant lui. Le soldat va vite* ***rejoindre*** *sa caserne.* **2.** Rattraper quelqu'un. *Partez devant, je vous* ***rejoins*** *!* **3.** Se rejoindre : aboutir au même endroit. *Les deux allées* ***se rejoignent*** *au rond-point.*

▸ **réjouir** (verbe) ○ conj.n°11
Faire plaisir à quelqu'un. *Quentin* ***se réjouit*** *de te revoir.* (Contr. désoler.) ⊙ Famille du mot : réjouissance, réjouissant.

▸ **réjouissance** (nom féminin)
Joie collective. *Noël est une occasion de* ***réjouissance*** *pour la famille.* ▷ **réjouissances** (nom féminin pluriel) Fête pour célébrer quelque chose. *Le bicentenaire de la Révolution française a été l'occasion de vives* ***réjouissances*** *dans tout le pays.*

▸ **réjouissant, ante** (adjectif)
Qui réjouit. *Enfin une nouvelle* ***réjouissante*** *!*

▸ **relâche** (nom féminin)
• **Faire relâche :** arrêter un instant, momentanément, les représentations. *Ce théâtre* ***fait relâche*** *le lundi.* • **Sans relâche :** sans interruption dans le travail ou dans l'effort.

▸ **relâchement** (nom masculin)
Fait de relâcher son effort. *Le conducteur du train ne peut se permettre aucun* ***relâchement*** *de son attention.*

▸ **relâcher** (verbe) ○ conj.n°3
1. Desserrer ce qui était serré ou tendu. *Les tendeurs de la tente* ***sont relâchés****.* **2.** Remettre un prisonnier en liberté. *On l'****a relâché*** *faute de preuves.* **3.** Se relâcher : perdre de sa rigueur ou de sa fermeté. *Son attention* ***se relâche****, il n'écoute plus.* ⊙ Famille du mot : relâche, relâchement.

▸ **relais** (nom masculin)
Dispositif qui retransmet les émissions envoyées par un émetteur principal. *Un* ***relais*** *de télévision.* • **Course de relais :** course dans laquelle les concurrents de chaque équipe se remplacent au cours du parcours. • **Prendre le relais :** remplacer quelqu'un dans sa tâche. *Quand tu voudras te reposer, je* ***prendrai le relais****.* ⊙ Autrefois, un relais était une sorte d'hôtel où les postillons des diligences pouvaient changer de chevaux, manger et se reposer.

une course de **relais**

relance (nom féminin)
Action de relancer. *On attend une **relance** des exportations.*

relancer (verbe) conj.n°4
1. Lancer de nouveau ou en sens inverse. *Le joueur de tennis **relance** la balle.* (Syn. renvoyer.) 2. Donner un nouvel élan. *Les négociateurs **ont relancé** le processus de paix.*

relater (verbe) conj.n°3
Synonyme de rapporter. *L'article de journal **relate** les faits, sans commentaire.*

relatif, ive (adjectif)
1. Qui concerne ou se rapporte à quelque chose. *C'est un article **relatif** à la planète Mars.* 2. Qui n'a pas de valeur par soi-même mais seulement par comparaison avec autre chose. *Leur richesse est vraiment toute **relative**.*
• **Pronom relatif** : mot qui relie un nom, appelé « antécédent », à une proposition, appelée « proposition relative ». « *Qui, que, lequel, dont, où* » *sont des **pronoms relatifs**.*

relation (nom féminin)
1. Rapport entre plusieurs choses. *L'inspecteur a tout de suite fait la **relation** entre ces deux événements.* (Syn. lien.) 2. Rapport entre des personnes. *Leurs **relations** sont très cordiales.* 3. Personne avec qui on est en rapport. *Monsieur Dubois a invité ses **relations** d'affaires au restaurant.*
• **Avoir des relations** : connaître des gens célèbres ou importants.

relativement (adverbe)
De façon relative. *Cet hôtel est **relativement** calme.* (Syn. assez.)

relaxation (nom féminin)
Fait de se relaxer. *Des séances de **relaxation** pour combattre le stress.* (Syn. détente, repos.)

se relaxer (verbe) conj.n°3
Synonyme de se décontracter. *Les étudiants ont besoin de **se relaxer** après leurs examens.*

relayer (verbe) conj.n°7
Remplacer quelqu'un dans sa tâche. *Des bénévoles **se sont relayés** nuit et jour pour venir en aide aux victimes du séisme.*

reléguer (verbe) conj.n°8
Mettre un objet à l'écart pour s'en débarrasser. *On **a relégué** le vieux poste de télévision dans le garage.*

relent (nom masculin)
Mauvaise odeur. *Il y a des **relents** de soupe aux choux dans l'escalier de l'immeuble.*

relève (nom féminin)
Remplacement d'une personne dans une tâche. *Anna va prendre la **relève** pour que Benjamin puisse se reposer un peu.*

relevé (nom masculin)
Fait de noter par écrit. *La banque lui envoie régulièrement un **relevé** de son compte.*

relèvement (nom masculin)
Action de relever quelque chose. *L'entreprise a décidé le **relèvement** des bas salaires.* (Syn. augmentation, hausse. Contr. baisse.)

relever (verbe) conj.n°8
1. Remettre en position verticale. *Clément **a relevé** Élodie qui était tombée.* 2. Mettre quelque chose plus haut. *Benjamin **relève** les manches de sa chemise avant de se mettre au travail.* (Syn. remonter. Contr. abaisser, baisser.) 3. Ramasser pour corriger. *Le maître **relève** toutes les copies.* 4. Noter des informations. *À la rentrée, on **a relevé** les noms de ceux qui restaient à l'école après quatre heures.* 5. Améliorer un niveau. *Les patrons ont promis de **relever** les plus bas salaires.* (Syn. augmenter, remonter.) 6. Donner plus de goût. *Cette sauce **est** très **relevée**.* 7. Remplacer quelqu'un dans une occupation. *Le conducteur du bus **est relevé** par un collègue à la mi-journée.* Famille du mot : relève, relevé, relèvement.

relief (nom masculin)
Aspect plus ou moins accidenté de la surface de la Terre. *Les montagnes, les vallées, les plaines, les collines et les plateaux forment le* ***relief*** *de la Terre.* • **En relief** : qui dépasse d'une surface. *L'écriture en braille pour les aveugles est faite de points* ***en relief****.* • **Mettre quelque chose en relief** : le faire apparaître, le mettre en évidence.

L'écriture en braille pour les aveugles est faite de points **en relief**.

relier (verbe) ○ conj.n°10
1. Assembler des feuillets et les munir d'une couverture rigide. *David* ***a relié*** *les numéros d'une revue à laquelle il est abonné.* 2. Rattacher des choses ensemble par un lien. ***Reliez*** *les points par des traits et vous verrez apparaître un personnage.* 3. Dans un sens figuré, établir un lien. *L'inspecteur* ***a relié*** *ces deux faits.* 4. Faire communiquer. *Un pont* ***relie*** *l'île à la côte.* ⊙ Famille du mot : relieur, reliure.

relieur, euse (nom)
Personne qui relie des livres.

religieusement (adverbe)
1. De façon religieuse. *Il a été enterré* ***religieusement****.* 2. Avec un respect presque religieux. *Guillaume suit* ***religieusement*** *les conseils de son grand frère.*

religieux, euse (adjectif)
Qui se rapporte à la religion. *Prier est un des actes principaux de la vie* ***religieuse****.* ▷ **religieux, euse** (nom) Personne qui consacre sa vie à Dieu. *Beaucoup de* ***religieux*** *vivent dans des couvents.*

religion (nom féminin)
Ensemble de rites et de pratiques liés à la croyance en un ou plusieurs dieux. *Le christianisme, l'islam et le judaïsme sont les principales* ***religions*** *de France.*

reliquat (nom masculin)
Ce qui reste à payer ou à recevoir. *Je te rends 10 euros, tu auras le* ***reliquat*** *de ma dette demain.*

relique (nom féminin)
Ce qui reste du corps d'un saint, auquel on rend un culte.

relire (verbe) ○ conj.n°45
1. Lire de nouveau. *Fatima* ***relit*** *ce livre pour la troisième fois.* 2. Lire une autre fois pour vérifier s'il y a des fautes. *Kevin* ***relit*** *sa carte postale avant de la poster.*

reliure (nom féminin)
Couverture rigide d'un livre. *Le titre du livre est inscrit en lettres d'or sur la* ***reliure****.*

reloger (verbe) ○ conj.n°5
Procurer un nouveau logement. *La mairie les* ***a relogés*** *dans des H.L.M.*

reluire (verbe) ○ conj.n°43
Luire en reflétant la lumière. *Gaëlle frotte ses chaussures pour les faire* ***reluire****.* (Syn. briller.)

remâcher (verbe) ○ conj.n°3
Repasser quelque chose sans cesse dans son esprit. *Il* ***remâche*** *son échec.* (Syn. ruminer.)

remake (nom masculin)
Version nouvelle d'un film ancien. → Prononciation [ʀimɛk]. ⊙ Remake est un mot anglais qui signifie « refaire ».

remaniement (nom masculin)
Action de remanier. *Un* ***remaniement*** *ministériel.*

remanier (verbe) ○ conj.n°10
Retoucher et modifier. *L'écrivain* ***a remanié*** *complètement la fin de son livre.*

se remarier (verbe) ○ conj.n°10
Se marier de nouveau. *Ce chanteur a divorcé et* ***s'est remarié****.*

remarquable (adjectif)
Digne d'être remarqué. *Son père est quelqu'un de tout à fait* ***remarquable****.* (Syn. extraordinaire. Contr. banal.)

remarquablement (adverbe)
De façon remarquable. *Hélène est* ***remarquablement*** *observatrice.* (Syn. très.)

remarque (nom féminin)
1. Opinion que l'on exprime. *Pierre a fait une* ***remarque*** *désagréable à Julie.* (Syn. commentaire, réflexion.) 2. Petite note destinée à attirer l'attention. *Dans ce dictionnaire, il y a des* ***remarques*** *sur la prononciation difficile de certains mots.*

remarquer (verbe) conj.n°3
Faire attention à quelque chose ou à quelqu'un. *Tout le monde* ***a remarqué*** *que Laura et Quentin étaient fâchés.* (Syn. s'apercevoir, constater, noter.) • **Se faire remarquer** : chercher à attirer l'attention. Famille du mot : remarquable, remarquablement, remarque.

remballer (verbe) conj.n°3
Emballer de nouveau ce que l'on a déballé. *Les forains* ***remballent*** *leur marchandise.*

rembarquer (verbe) conj.n°3
Embarquer de nouveau. *Après une escale à Londres, on* ***a rembarqué*** *pour Québec.*

rembarrer (verbe) conj.n°3
Synonyme familier de rabrouer. *Romain est de mauvaise humeur, il* ***a rembarré*** *Myriam.*

remblai (nom masculin)
Masse de matériaux apportés pour surélever un terrain ou pour boucher des trous. *Les rails sont posés sur le* ***remblai****.*

remblayer (verbe) conj.n°7
Combler ou surélever par un remblai. *On est en train de* ***remblayer*** *la chaussée.*

rembobiner (verbe) conj.n°3
Embobiner de nouveau. *Sur cet appareil photo, la pellicule* ***se rembobine*** *automatiquement.*

rembourrer (verbe) conj.n°3
Garnir de crin, de laine ou d'une matière molle. *Ce fauteuil en cuir est très confortable parce qu'il* ***est*** *bien* ***rembourré****.*

remboursement (nom masculin)
Action de rembourser. *En cas de retard important du train, les voyageurs ont droit au* ***remboursement*** *d'une partie du billet.*

rembourser (verbe) conj.n°3
Rendre de l'argent à quelqu'un. *L'appareil ne fonctionnait pas, Thomas s'est fait* ***rembourser****.*

se **rembrunir** (verbe) conj.n°11
Prendre un air sombre et soucieux. *Quand on lui a demandé des nouvelles de son vieux chien, Noémie* ***s'est rembrunie****.*

remède (nom masculin)
1. Synonyme vieilli de médicament. *La tisane de romarin est un* ***remède*** *contre les digestions difficiles.* 2. Moyen de faire cesser ou d'apaiser quelque chose. *Voyez-vous un* ***remède*** *à une telle situation ?* Famille du mot : irrémédiable, remédier.

remédier (verbe) conj.n°10
Trouver un remède à quelque chose d'ennuyeux. *Pour* ***remédier*** *à un manque de personnel, on a embauché des étudiants.*

remembrement (nom masculin)
Opération consistant à échanger certaines parcelles de terre entre agriculteurs pour former des propriétés d'un seul bloc.

se **remémorer** (verbe) conj.n°3
Synonyme littéraire de se souvenir. *Le soir, dans son lit, Victor* ***se remémore*** *les événements de la journée.*

remerciement (nom masculin)
Action de remercier. *Sur la carte adressée aux amis qui l'ont invitée, Odile a écrit : « Avec tous mes* ***remerciements****. ».*

remercier (verbe) ○ conj.n°10
1. Dire merci pour exprimer sa reconnaissance. *Je te **remercie** d'y avoir pensé, c'est très gentil.* 2. Synonyme de congédier. *Madame Dupont **a remercié** son employée de maison.*

remettre (verbe) ○ conj.n°33
1. Mettre une chose à l'endroit où elle était. *Tu veux bien **remettre** ça où tu l'as pris ?* (Syn. replacer.) 2. Mettre à nouveau ou en plus. *Sarah **a remis** son pull parce qu'elle avait froid.* 3. Rétablir dans son état antérieur. *William **a remis** de l'ordre dans sa chambre.* 4. Déposer entre les mains de quelqu'un. ***Remettez** cette lettre en mains propres à la directrice !* 5. Reporter à une date ultérieure. *La réunion **a été remise** à samedi prochain.* 6. Se remettre à : recommencer. *La pendule **s'est remise à** fonctionner.* 7. Se remettre : retrouver la santé ou son état normal. *Ursula **se remet** de sa scarlatine. Il **se remet** de ses émotions.* • **S'en remettre à quelqu'un :** lui faire confiance.

réminiscence (nom féminin)
Souvenir vague et confus. *Ce ne sont que des **réminiscences** de poèmes appris autrefois.*

remise (nom féminin)
1. Action de remettre. *La **remise** des prix aura lieu dans la salle des fêtes.* 2. Synonyme de réduction. *Cette boutique de vêtements fait une **remise** de 20 % sur les pulls de coton.* 3. Local servant à ranger des choses. *Zoé a mis son vélo dans la **remise**.*

remiser (verbe) ○ conj.n°3
Mettre à l'abri. *Il **a remisé** ses skis au grenier.*

rémission (nom féminin)
Atténuation temporaire d'une maladie. *Pendant les moments de **rémission**, le malade a demandé à voir ses amis.* • **Sans rémission :** sans pardon et de manière impitoyable.

remontant (nom masculin)
Médicament qui redonne des forces. *Le médecin lui a prescrit un **remontant**.*

remontée (nom féminin)
Action de remonter. *Avec son père, Yann a fait la **remontée** de la rivière en bateau.* • **Remontée mécanique :** appareil qui permet de remonter les skieurs en haut d'une pente. *Les téléphériques, les télésièges, les téléskis sont des **remontées mécaniques**.*

remonte-pente (nom masculin)
Remontée mécanique faite d'un câble muni de perches. *Les skieurs s'accrochent aux perches du **remonte-pente**.* (Syn. téléski.) → Pluriel : des remonte-pentes.

remonter (verbe) ○ conj.n°3
1. Monter de nouveau. *Anna **est remontée** en courant chercher ses clés qu'elle avait oubliées. Depuis son accident, Benjamin n'**est** pas **remonté** à bicyclette car il a peur.* (Contr. redescendre.) 2. Augmenter de nouveau. *Les températures **ont** nettement **remonté** depuis quelques jours.* 3. Dater de telle époque. *Les faits **remontent** au mois de septembre.* 4. Mettre plus haut. ***Remonte** la glace, s'il te plaît !* 5. Aller en sens inverse. *Clément a dû **remonter** tout le train pour trouver Élodie.* 6. Retendre le ressort d'un mécanisme. *Les vieilles pendules de campagne **se remontaient** une fois par semaine.* 7. Remettre ensemble des éléments démontés. *Le père de David **a remonté** l'armoire qu'on avait démontée pour le transport.* 8. Redonner de l'énergie à quelqu'un. *Prenez donc un café, ça vous **remontera** !* (Syn. réconforter, revigorer.) → Remonter se conjugue tantôt avec l'auxiliaire *avoir*, tantôt avec l'auxiliaire *être*.

remontrances (nom féminin pluriel)
Observations ou reproches. *On lui a fait des **remontrances** pour son retard.*

remontrer (verbe) ○ conj.n°3
• **En remontrer à quelqu'un :** se montrer supérieur à lui. *Il est si fort en informatique qu'il **en remontrerait à** un professionnel.*

▸ **rémora** (nom masculin)
Poisson possédant sur la tête une ventouse qui lui permet de se faire transporter par d'autres poissons ou par des cétacés. *Les **rémoras** vivent dans les mers chaudes.*

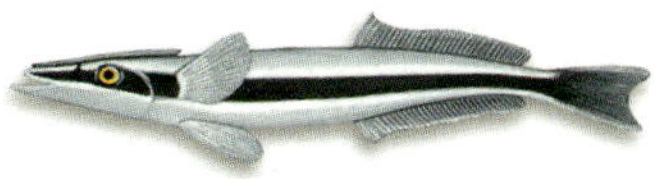

un **rémora**

▸ **remords** (nom masculin)
Regret et malaise dûs au sentiment d'avoir fait quelque chose de mal. *Pierre a du **remords** d'avoir été si désagréable avec Fatima.*

▸ **remorque** (nom féminin)
Véhicule sans moteur tiré par un autre véhicule. *Quentin transporte un bateau sur sa **remorque**.* ⊙ Famille du mot : remorquer, remorqueur.

▸ **remorquer** (verbe) ▸ conj.n°3
Traîner derrière soi. *Kevin observe le bateau qui **remorque** une péniche.*

▸ **remorqueur** (nom masculin)
Navire spécialement construit pour remorquer d'autres bateaux. *Le **remorqueur** entraîne le navire vers la sortie du port.*

▸ **rémoulade** (nom féminin)
Sauce piquante à base de mayonnaise et de moutarde. *Du céleri **rémoulade**.*

▸ **rémouleur** (nom masculin)
Artisan ambulant qui aiguise les couteaux et les outils tranchants. *Le **rémouleur** aiguise des ciseaux sur sa meule.*

▸ **remous** (nom masculin)
1. Tourbillon qui se forme dans l'eau. *Gaëlle regarde les **remous** causés par le passage du bateau.* 2. Au sens figuré, agitation confuse. *Il y a eu des **remous** dans la foule quand il a pris la parole.*

▸ **rempart** (nom masculin)
Muraille entourant et protégeant une ville fortifiée. *Le Mont-Saint-Michel est entouré de **remparts**.*

▸ **remplaçant, ante** (nom)
Personne qui en remplace une autre dans ses fonctions. *Ce n'est pas notre médecin habituel, c'est son **remplaçant**.*

▸ **remplacement** (nom masculin)
Fait de remplacer une personne ou une chose. *C'est un stagiaire qui assure le **remplacement** du professeur.*

un **remorqueur**

▸ **remplacer** (verbe) ○ conj.n°4
1. Mettre à la place. *Le père de Pierre **a remplacé** lui-même le carreau cassé.* **2.** Prendre la place de quelqu'un. *Le comédien est malade, c'est un autre qui le **remplace**.* ⊙ Famille du mot : irremplaçable, remplaçant, remplacement.

▸ **remplir** (verbe) ○ conj.n°11
1. Rendre plein. *Maman **remplit** les verres d'orangeade. Paris **est rempli** de touristes.* (Contr. vider.) **2.** Occuper son temps. *La journée **a été** bien **remplie** aujourd'hui.* **3.** Occuper l'esprit ou le cœur de quelqu'un. *Quentin **est rempli** d'admiration pour Hélène.* **4.** Compléter un imprimé en fournissant les indications demandées. *Les candidats doivent tous **remplir** le formulaire d'inscription.* **5.** Accomplir quelque chose qu'on s'est fixé. *Elle **remplit** les fonctions d'intendante. Il n'**a** pas **rempli** sa promesse.*

▸ **remplissage** (nom masculin)
Action de remplir. *Les eaux de pluie assurent le **remplissage** de la citerne.*

▸ **remporter** (verbe) ○ conj.n°3
1. Repartir avec ce qu'on avait apporté. *Si vous ne vous dépêchez pas, je **remporte** le dessert !* **2.** Gagner dans une compétition. *L'équipe de notre école **a remporté** le match.*

▸ **rempoter** (verbe) ○ conj.n°3
Changer une plante de pot. *Cette plante pousse bien, depuis que je l'**ai rempotée**.*

▸ **remuant, ante** (adjectif)
Qui remue et s'agite sans cesse. *Un enfant **remuant**.* (Contr. calme.)

▸ **remue-ménage** (nom masculin)
Bruit accompagnant une agitation désordonnée. *Il y a du **remue-ménage** dans la rue, que se passe-t-il ?*

▸ **remuer** (verbe) ○ conj.n°3
1. Faire bouger une partie du corps. *Romain sait faire **remuer** ses oreilles.* **2.** Faire changer un objet de place. *Ce piano est lourd, il est impossible de le **remuer**.* (Syn. déplacer, soulever.) **3.** Agiter pour mélanger. *Julie **remue** son chocolat avec sa cuillère.* ⊙ Famille du mot : remuant, remue-ménage.

▸ **rémunérateur, trice** (adjectif)
Qui rapporte de l'argent. *Monsieur Duparc est dentiste, c'est un travail **rémunérateur**.*

▸ **rémunération** (nom féminin)
Somme que l'on donne afin de rémunérer un travail. *Thomas et Laura ont fait du baby-sitting chez une voisine qui leur a donné une petite **rémunération**.* (Syn. rétribution.)

▸ **rémunérer** (verbe) ○ conj.n°8
Payer quelqu'un pour un travail. *Hugo **a été** bien **rémunéré** pour sa peine.* (Syn. rétribuer.) ⊙ Famille du mot : rémunérateur, rémunération.

▸ **renâcler** (verbe) ○ conj.n°3
Manifester peu d'empressement à faire quelque chose. *Victor a accepté d'aider Myriam, mais en **renâclant**.* (Syn. rechigner.)

▸ **renaissance** (nom féminin)
1. Nouvel essor de quelque chose. *Après la guerre, ce pays a connu une **renaissance** économique.* (Syn. renouveau.) **2.** Période historique de renouvellement artistique et culturel européen qui s'étend de la fin du XIVe siècle au début du XVIIe siècle. *Michel-Ange est un artiste de la **Renaissance**.* ➜ Au sens 2, ce mot commence par une majuscule.

▸ **renaître** (verbe) ○ conj.n°37
1. Naître de nouveau, reprendre vie. *La nature **renaît** au printemps.* **2.** Recommencer à exister. *Après sa longue maladie, William sent **renaître** ses forces.* (Syn. revivre.)

▸ **renard** (nom masculin)
Mammifère carnivore à la fourrure épaisse et généralement rousse, au museau pointu et à la queue touffue. *Les **renards** chassent la nuit. Le **renard** glapit.* ⊙ Renard se disait autrefois *goupil*. Un *goupil*, nommé *Renart*, fut le héros d'un roman si célèbre au Moyen Âge que cet animal changea de nom.

renarde (nom féminin)
Femelle du renard.

une **renarde**

renardeau, eaux (nom masculin)
Petit du renard.

renchérir (verbe) conj.n°11
Approuver quelqu'un en insistant. *Noémie a dit qu'elle n'aimait pas le film et Xavier **a renchéri**.*

rencontre (nom féminin)
1. Fait de se rencontrer. *J'ai fait une **rencontre** incroyable, devine qui j'ai vu ?* 2. Compétition sportive. *Une **rencontre** de boxe, de tennis.* (Syn. match.)

rencontrer (verbe) conj.n°3
1. Se trouver en présence de quelqu'un. *Yann **a rencontré** la maîtresse en vacances.* 2. Affronter dans un match. *Lyon **rencontrera** Marseille dimanche au Stade de France.*

rendement (nom masculin)
1. Importance d'une récolte par rapport à la surface de terrain. *Cette terre a un **rendement** de 62 quintaux de blé à l'hectare.* 2. Synonyme de productivité. *Le patron de l'usine veut améliorer le **rendement** de ses ouvriers.*

rendez-vous (nom masculin)
Rencontre prévue entre deux ou plusieurs personnes. *Odile a **rendez-vous** avec Benjamin.* → Pluriel : des rendez-vous.

se **rendormir** (verbe) conj.n°15
S'endormir à nouveau. *Sarah a été réveillée et n'arrive pas à **se rendormir**.*

rendre (verbe) conj.n°31
1. Redonner à quelqu'un ce qu'on lui avait emprunté ou ce qu'il avait perdu. *As-tu **rendu** ses patins à Ursula ?* (Syn. restituer. Contr. garder.) 2. Avoir un certain rendement. *C'est une bonne terre qui **rend** bien.* (Syn. produire.) 3. Mettre dans tel ou tel état. *Cette histoire l'**a rendu** songeur.* 4. Se rendre quelque part : y aller. *Ils **se rendent** chez leur grand-mère chaque dimanche.* 5. Se rendre : s'avouer vaincu et cesser le combat. *L'ennemi **s'est rendu**.* (Syn. capituler.)

rêne (nom féminin)
Chacune des courroies fixées au mors d'un cheval et servant à le conduire. ➠ p. 1035.

renégat, ate (nom)
Personne qui a renié sa religion ou trahi ses amis. *Les gens de son parti le traitent de **renégat**.* (Syn. traître.)

renfermé, ée (adjectif)
Qui se renferme en soi-même. *C'est une enfant timide et un peu **renfermée**.* (Contr. expansif, ouvert.) ▷ **renfermé** (nom masculin) Mauvaise odeur d'un local non aéré. *Il faut ouvrir la fenêtre, ça sent le **renfermé** !*

renfermer (verbe) conj.n°3
1. Avoir à l'intérieur. *Zoé et Clément étaient impatients de voir ce que **renfermait** cette malle.* (Syn. contenir, receler.) 2. Se renfermer : se replier sur soi-même en ne montrant pas ses sentiments. *Depuis la mort de son chien, Anna **s'est renfermée**.*

renflé, ée (adjectif)
Qui est arrondi, bombé. *Le cargo a une coque très **renflée**.*

renflouer (verbe) conj.n°3
1. Remettre à flot un navire. *Les plongeurs sont parvenus à **renflouer** le bateau.* 2. Rétablir la situation d'une personne en lui prêtant de l'argent. *L'État **a renfloué** cette banque.*

renfoncement (nom masculin)
Creux dans un mur. *David guette Élodie, caché dans un **renfoncement** du mur.* (Syn. recoin.)

renforcement (nom masculin)
Action de renforcer. *Des étais assurent le **renforcement** des murs de la grange.*

renforcer (verbe) ○ conj.n°4
1. Rendre plus fort, plus solide. *Ibrahim **a renforcé** sa valise en l'entourant d'une sangle.* (Syn. consolider.)
2. Accroître le nombre d'un groupe. *Anna est venue **renforcer** la chorale.*

renfort (nom masculin)
Nouveaux éléments pour renforcer une armée ou un groupe. *On a besoin de **renfort** pour transporter les bancs !*
• **À grand renfort de quelque chose :** en en utilisant une grande quantité. *Kevin a montré le chemin aux étrangers **à grand renfort de** gestes.*

se **renfrogner** (verbe) ○ conj.n°3
Prendre une expression de mécontentement. *Quand il a vu que Gaëlle n'était pas là, Pierre **s'est renfrogné** dans son coin.* ⊙ Renfrogner vient de l'ancien français *froignier* qui signifie « retrousser le nez ».

rengaine (nom féminin)
1. Chanson que l'on entend partout. *« Tout va très bien, Madame la marquise » est une **rengaine** des années trente.* 2. Paroles lassantes à force d'être répétées. *Avec lui, c'est toujours la même **rengaine**.*

se **rengorger** (verbe) ○ conj.n°5
Prendre des airs avantageux. *Monsieur Durand **se rengorge** depuis que son fils est ministre.*

renier (verbe) ○ conj.n°10
Cesser d'être fidèle à quelque chose ou à quelqu'un. *Le voilà qui **renie** son milieu et ses amis !* (Syn. désavouer.)

renifler (verbe) ○ conj.n°3
Aspirer bruyamment par le nez. *Cesse de **renifler**, s'il te plaît, mouche-toi et ne pleure plus !*

renne (nom masculin)
Mammifère ruminant, voisin du cerf, aux bois aplatis, vivant dans les régions arctiques.

un **renne**

renom (nom masculin)
Réputation favorable de quelqu'un ou de quelque chose. *Le restaurant doit son **renom** à son cuisinier.* (Syn. célébrité, notoriété, renommée.)

renommé, ée (adjectif)
Qui jouit d'un grand renom. *Le Périgord est **renommé** pour sa bonne cuisine.* (Syn. réputé.)

renommée (nom féminin)
Synonyme de renom. *C'est un metteur en scène de **renommée** internationale.*

renoncer (verbe) ○ conj.n°4
Abandonner un projet. *Après son accident, le judoka **a renoncé** à la compétition.*

renoncule (nom féminin)
Petite plante dont l'espèce la plus connue est le bouton-d'or. ⊙ Renoncule vient du mot latin *ranunculus* qui signifie « petite grenouille », parce que cette plante pousse surtout près de l'eau.

une **renoncule**

renouer (verbe) ○ conj.n°3
1. Rattacher un nœud. *Hélène **a renoué** la ceinture de sa robe.* 2. Reprendre ce qui a été interrompu. *Elle n'a pas cherché à **renouer** avec ses amis d'autrefois.*

renouveau (nom masculin)
Nouveau succès de quelque chose. *La montgolfière connaît un **renouveau** depuis quelques années.*

renouvelable (adjectif)
Qui peut être renouvelé. *Votre abonnement est **renouvelable** au mois de janvier.*

renouveler (verbe) ○ conj.n°9
1. Rendre nouveau en remplaçant quelqu'un ou quelque chose. *On **renouvelle** régulièrement l'eau de la piscine.* (Syn. changer.) 2. Faire quelque chose à nouveau. *Le pilote **renouvelle** aujourd'hui sa performance de l'an dernier.* (Syn. recommencer, réitérer.) 3. Se renouveler : changer en apportant des éléments nouveaux. *Quentin dit toujours les mêmes blagues, il pourrait **se renouveler** !* ⊙ Famille du mot : renouvelable, renouvellement.

renouvellement (nom masculin)
Action de renouveler. *Romain a demandé le **renouvellement** de son passeport.*

rénovation (nom féminin)
Action de rénover. *Les travaux de **rénovation** de l'immeuble doivent durer un an.* (Syn. modernisation, restauration.)

rénover (verbe) ○ conj.n°3
Remettre à neuf. *Maison à vendre, entièrement **rénovée**.* (Syn. moderniser.)

renseignement (nom masculin)
Ce qu'on fait connaître à quelqu'un. *Adressez-vous vite au bureau des **renseignements**.* (Syn. indication, information.)

renseigner (verbe) ○ conj.n°3
Fournir à quelqu'un un renseignement. ***T'es-tu renseigné** sur l'heure d'arrivée de Mamie ?* (Syn. informer.)

rentabiliser (verbe) ○ conj.n°3
Rendre rentable. *Thomas ne fait plus aucun trajet en bus, son vélo neuf **a** vite **été rentabilisé** !*

rentabilité (nom féminin)
Caractère rentable. *Julie a appris à s'organiser, la **rentabilité** de son travail s'est améliorée.*

rentable (adjectif)
Qui produit un bénéfice. *Cette boutique de location de cassettes vidéo est une affaire très **rentable**.* (Syn. fructueux, profitable.) ⊙ Famille du mot : rentabiliser, rentabilité.

rente (nom féminin)
Revenu régulier que l'on tire d'un capital ou de propriétés. *Il est assez rare aujourd'hui de pouvoir vivre de ses **rentes**.*

rentier, ère (nom)
Personne qui peut vivre de ses rentes.

rentrée (nom féminin)
1. Moment où l'activité reprend après les vacances. *La **rentrée** des classes a lieu en septembre.* 2. Somme d'argent que l'on reçoit. *Le succès de ses bandes dessinées lui assure des **rentrées** régulières.*

rentrer (verbe) ○ conj.n°3
1. Entrer à nouveau dans un lieu. *L'écureuil **est rentré** dans sa cachette.* (Contr. ressortir.) 2. Revenir chez soi. *Le père de Laura **rentre** chez lui fatigué.* 3. Mettre à l'abri. ***J'ai rentré** la voiture au garage.* (Contr. sortir.) 4. Faire entrer quelque chose quelque part. *Victor a réussi à **rentrer** la balle dans le trou.* (Syn. introduire.) 5. Entrer en collision. *La voiture **est rentrée** dans le camion.* → Rentrer se conjugue avec l'auxiliaire *être*, sauf aux sens 3 et 4.

renversant, ante (adjectif)
Synonyme de stupéfiant. *Cette nouvelle **renversante** l'a laissé sans voix.*

renverse (nom féminin)
• **Tomber à la renverse** : tomber sur le dos.

renversement (nom masculin)
Synonyme de retournement. *À la veille des élections, il y a eu un **renversement** de l'opinion.*

renverser (verbe) ○ conj.n°3
1. Faire tomber. *Myriam **a renversé** de l'eau sur son cahier. Monsieur Dubois **a été renversé** par un vélo.* 2. Provoquer la chute d'un gouvernement. *La Révolution française **a renversé** la royauté.* 3. Mettre à l'envers. *Noémie **a renversé** le sablier pour compter le temps de cuisson des œufs.*

renvoi (nom masculin)
1. Action de renvoyer une personne d'un emploi ou d'un établissement. *Le **renvoi** de cet élève est justifié.* 2. Indication qu'il faut se reporter à une autre page. *Dans ce dictionnaire, les **renvois** sont indiqués par une flèche.* 3. Bruit que font les gaz de l'estomac en sortant par la bouche. *William a bu de la limonade et a eu un **renvoi**.* (Syn. rot.)

renvoyer (verbe) ○ conj.n°6
1. Faire retourner quelqu'un à l'endroit d'où il est parti. *L'hôpital **a renvoyé** le malade chez lui.* 2. Chasser quelqu'un, le congédier. *Un des joueurs de l'équipe de rugby **a été renvoyé** pour dopage.* (Syn. exclure.) 3. Envoyer en retour ou relancer. *Xavier **renvoie** le ballon d'un coup de pied.* 4. Remettre à plus tard. *L'examen de ce dossier **a été renvoyé** à l'automne.* 5. Faire se reporter à un autre endroit du texte. *Le chiffre placé à côté du verbe **renvoie** au tableau des conjugaisons.*

réorganiser (verbe) ○ conj.n°3
Organiser autrement. *Clément **a réorganisé** son emploi du temps du mercredi.*

réouverture (nom féminin)
Action de rouvrir ce qui a été fermé. *Il y a un article dans le journal sur la **réouverture** prochaine du cinéma.*

repaire (nom masculin)
Lieu où se réfugient des malfaiteurs. *Ce pavillon de chasse désaffecté était un **repaire** de braconniers.*

se repaître (verbe) ○ conj.n°37
Synonyme littéraire de se nourrir. *Les hyènes **se repaissent** de cadavres.*

Des hyènes **se repaissent** d'une charogne.

répandre (verbe) ○ conj.n°31
1. Verser quelque chose qui s'étale ou se disperse. *Benjamin **a répandu** toute la boîte de sucre par terre. L'eau **s'est répandue** sur le tapis.* 2. Dégager quelque chose dans l'espace. *La fumée **s'est répandue** dans toute la maison.* 3. Faire connaître à un vaste public. *La rumeur **s'est répandue** dans toute la ville.* (Syn. diffuser, propager.)

L'avion **répand** des pesticides.

répandu, ue (adjectif)
Que l'on voit très souvent. *C'est une habitude très **répandue**.* (Syn. banal, courant.)

réparable (adjectif)
Qui peut être réparé. *La montre est **réparable**, mais cela coûtera cher.* (Contr. irréparable.)

reparaître (verbe) conj.n°37
Paraître de nouveau. *La lune, cachée derrière un nuage, **reparaît** tout à coup.*

réparateur, trice (nom)
Personne qui répare ce qui est endommagé. *Le **réparateur** de télévision a trouvé la panne.* **réparateur, trice** (adjectif) Qui redonne des forces. *Yann dort d'un sommeil **réparateur**.*

réparation (nom féminin)
Action de réparer quelque chose. *On ne peut pas passer car le pont est en **réparation**.*

réparer (verbe) conj.n°3
1. Remettre en état de fonctionnement. *Le cordonnier **a réparé** mes chaussures.* 2. Faire disparaître les conséquences d'une faute. *Odile a pu **réparer** son oubli à temps.* Famille du mot : irréparable, réparable, réparateur, réparation.

reparler (verbe) conj.n°3
Parler de nouveau. *Je suis pressé, on **reparlera** plus tard de ce projet.*

repartie (nom féminin)
Réponse rapide et qui tombe à propos. *Sarah a de la **repartie**, elle ne se laisse pas facilement démonter.* (Syn. réplique.) → Prononciation [RƏpaRti].

repartir (verbe) conj.n°15
Partir de nouveau. *À peine arrivé, tu veux déjà **repartir** !*

répartir (verbe) conj.n°11
1. Partager selon certaines règles. *On **a réparti** les sacs à porter en fonction de la force de chacun.* (Syn. distribuer, diviser.) 2. Échelonner sur un temps plus ou moins long. *Le paiement **est réparti** sur dix ans.* Répartir vient d'un ancien sens de *partir* qui signifiait « partager » et qu'on retrouve dans l'expression ***avoir maille à partir***.

répartition (nom féminin)
Action de répartir. *L'armée s'est occupée de la **répartition** de l'aide internationale aux réfugiés.* (Syn. distribution, partage.)

repas (nom masculin)
Nourriture prise chaque jour à des heures régulières. *David prend le **repas** de midi à la cantine.*

repassage (nom masculin)
Action de repasser du linge. *Le **repassage** des chemises est délicat.*

repasser (verbe) conj.n°3
1. Passer de nouveau. *Nous **repasserons** demain.* (Syn. revenir.) 2. Se représenter à un examen. *Le grand frère d'Ursula doit **repasser** son bac.* 3. Faire passer de nouveau. *Zoé ne cesse de **repasser** ce disque.* 4. Revoir une fois encore ce qu'on a étudié. *Ibrahim **repasse** ses leçons.* 5. Aiguiser des objets tranchants sur une meule. *Le rémouleur **repasse** les couteaux.* 6. Défroisser le linge avec un fer à repasser. *Kevin **repasse** son tee-shirt.*

repêcher (verbe) conj.n°3
1. Retirer de l'eau ce qui y est tombé. *Les pompiers **ont repêché** de justesse un promeneur qui avait glissé dans l'étang.* 2. Donner les points qui manquaient à un candidat pour qu'il soit reçu à son examen. *Il **a été repêché** à l'oral.*

repeindre (verbe) conj.n°35
Peindre de nouveau. *On **repeint** régulièrement la tour Eiffel.*

repenser (verbe) conj.n°3
Penser de nouveau. *Plus j'y **repense**, et plus je suis sûr que je l'ai déjà vu quelque part.*

1. se repentir (verbe) ○ conj.n°15
Regretter vivement d'avoir fait quelque chose. *Il* ***se repent*** *amèrement d'avoir été à l'origine de cette dispute.*

2. repentir (nom masculin)
Fait de se repentir. *Son* ***repentir*** *est sincère, il faut lui pardonner.* (Syn. remords.)

repérage (nom masculin)
Action de repérer. *Une carte du ciel facilite le* ***repérage*** *des étoiles.*

répercussion (nom féminin)
Conséquence indirecte ou lointaine. *Les pluies ont eu des* ***répercussions*** *sur les récoltes.* (Syn. contrecoup.)

répercuter (verbe) ○ conj.n°3
1. Renvoyer un son. *Les longs couloirs de l'école* ***répercutent*** *les cris des élèves.* 2. Se répercuter : avoir des répercussions. *La hausse du prix du pétrole* ***se répercute*** *sur le prix de l'essence.*

repère (nom masculin)
Marque ou objet qui permet de situer quelque chose dans l'espace. *Ce panneau publicitaire me sert de point de* ***repère*** *pour trouver la rue d'Anna.*

repérer (verbe) ○ conj.n°8
1. Remarquer quelque chose ou quelqu'un. *Pierre* ***a repéré*** *une boutique où il peut trouver des pièces pour son modèle réduit.* 2. Se repérer : se situer grâce à des points de repère. *Les astres dans le ciel permettent aux navigateurs de* ***se repérer****.*

répertoire (nom masculin)
1. Carnet permettant de classer des renseignements par ordre alphabétique. *Élodie a reçu à Noël un* ***répertoire*** *où elle inscrit les adresses de ses amis.* 2. Ensemble des œuvres qu'un artiste a l'habitude d'interpréter. *Quentin a une nouvelle chanson à son* ***répertoire****.*

répertorier (verbe) ○ conj.n°10
Inscrire sur un répertoire. *Pour faire le catalogue d'une exposition, on* ***répertorie*** *les œuvres exposées.*

répéter (verbe) ○ conj.n°8
1. Dire de nouveau. *Je te* ***répète*** *que je veux le silence.* 2. Dire ce que l'on sait à quelqu'un. *Yann est au courant, quelqu'un le lui* ***a répété****.* (Syn. rapporter.) 3. Refaire ce que l'on a déjà fait. *Cette application de pommade doit* ***être répétée*** *toutes les deux heures.* 4. S'exercer à jouer un spectacle sans le public. *Les comédiens* ***répètent*** *une dernière fois avant la représentation.* ⊙ Famille du mot : répétitif, répétition.

répétitif, ive (adjectif)
Qui se répète de façon monotone. *Le travail à la chaîne est un travail* ***répétitif****.*

répétition (nom féminin)
1. Séance où les artistes répètent. *Une* ***répétition*** *d'orchestre.* 2. Fait de se répéter. *Le maître nous demande d'éviter les* ***répétitions*** *dans nos rédactions.* (Syn. redite, redondance.)

se repeupler (verbe) ○ conj.n°3
Se peupler de nouveaux habitants. *Grâce à l'installation de ces nouvelles usines, la région* ***s'est repeuplée****.*

repiquer (verbe) ○ conj.n°3
Transplanter un jeune plant qui vient d'un semis. ***Repiquer*** *des salades.*

répit (nom masculin)
Moment de détente. *Elle s'est accordé un moment de* ***répit*** *avant de repartir.*

replacer (verbe) ○ conj.n°4
Remettre à sa place. *Fatima* ***a replacé*** *la bague dans son écrin.*

replet, ète (adjectif)
Qui a un peu d'embonpoint. *Monsieur le maire est un petit homme* ***replet****.* (Syn. dodu, grassouillet, rondelet.) ⊙ Replet vient du latin *repletus* qui signifie « rempli ».

repli (nom masculin)
1. Ondulation du sol ou d'une étoffe. *Que dissimule-t-il dans les* ***replis*** *de son manteau ?* 2. Action de se replier. *Le* ***repli*** *des manifestants se fait en bon ordre.* (Syn. recul.)

replier (verbe) ○ conj.n°10
1. Plier ce qui a été déplié. *Gaëlle **replie** son parapluie.* 2. Se replier : opérer un mouvement de retraite. *L'officier a donné l'ordre aux soldats de **se replier**.* (Syn. reculer.) • **Se replier sur soi-même** : s'isoler des autres en cachant ses sentiments.

réplique (nom féminin)
1. Action de répliquer. *Hélène a la **réplique** facile.* (Syn. repartie.) 2. Ce qu'un acteur doit répondre à un autre. *L'acteur avait tellement le trac qu'il a mélangé plusieurs **répliques**.* 3. Copie d'une œuvre d'art. *La place centrale de Charleville est la **réplique** de la place des Vosges à Paris.*

répliquer (verbe) ○ conj.n°3
Répondre vivement. *Vous êtes priés d'obéir sans **répliquer**.*

se **replonger** (verbe) ○ conj.n°5
Se laisser accaparer à nouveau par une occupation. *Julie **s'est replongée** dans sa B.D.*

répondeur (nom masculin)
Appareil branché sur le téléphone, qui permet d'enregistrer des messages.

répondre (verbe) ○ conj.n°31
1. Dire son avis en réaction à une question. *Que lui **as**-tu **répondu** ? – J'**ai répondu** que je le verrais avec plaisir.* 2. Correspondre à ce qui est recherché. *La personne interpellée **répond** au signalement.* 3. Se porter garant de quelqu'un. *Je **réponds** de lui comme de moi-même !* 4. Réagir à une action. *Cette voiture est agréable à conduire, elle **répond** bien.* ⊙ Famille du mot : répondeur, réponse.

réponse (nom féminin)
Ce qui est dit ou écrit pour répondre. *Cet argent est à vous si vous donnez la bonne **réponse** ! Ma lettre est restée sans **réponse**.*

report (nom masculin)
Fait d'être reporté. *On a décidé le **report** de la réunion à cause de la grève des transports.*

reportage (nom masculin)
Article ou film d'un journaliste racontant ce qu'il a vu. *Romain et Laura ont vu un **reportage** sur l'élevage des autruches.*

1. **reporter** (verbe) ○ conj.n°3
1. Renvoyer à plus tard. *Le match de tennis **a été reporté** à la semaine prochaine.* (Syn. remettre, repousser.) 2. Se reporter : aller voir à l'endroit indiqué dans le texte.

2. **reporter** (nom masculin)
Journaliste chargé de faire des reportages. → Reporter est un mot anglais : on prononce [RəpɔRtɛR].

un **reporter** dans une tribu africaine

repos (nom masculin)
Fait de se reposer. *Le trimestre a été long, Myriam a besoin de **repos**.*

reposant, ante (adjectif)
Qui repose. *Ce séjour à la campagne était très **reposant**.* (Contr. fatigant.)

reposer (verbe) ○ conj.n°3
1. Poser de nouveau. *Noémie **repose** son livre sur la table.* 2. Faire partir la fatigue. *Ces vacances nous **ont** bien **reposés**. Tu as beaucoup travaillé, **repose-toi**.* (Contr. fatiguer.) 3. Être appuyé sur un support. *Cette maison **repose** sur le roc.* 4. Dans un sens figuré, être appuyé sur quelque chose de solide. *Tes craintes ne **reposent** sur rien.* (Syn. être fondé.) • **Se reposer sur quelqu'un** : lui faire entièrement confiance. ⊙ Famille du mot : repos, reposant.

repoussant, ante (adjectif)
Synonyme de répugnant. *Thomas, tes chaussures sont d'une saleté* ***repoussante*** *!*

repousser (verbe) ○ conj.n°3
1. Pousser en arrière ou loin de soi. *Le vent* ***repousse*** *les feuilles mortes. Odile* ***repousse*** *sa chaise pour se lever.* 2. Faire reculer. *La police* ***repousse*** *les manifestants.* 3. Ne pas accepter. *C'est un homme fier, qui* ***repousse*** *toute aide.* (Syn. refuser.) 4. Remettre à plus tard. *La date du mariage* ***a été repoussée****.* (Syn. reporter.) 5. Pousser de nouveau. *Les crocus* ***repoussent*** *à la fin de l'hiver.*

répréhensible (adjectif)
Qui mérite d'être blâmé. *Voler est une action* ***répréhensible****.* (Syn. condamnable.)

reprendre (verbe) ○ conj.n°32
1. Prendre encore une fois. *William* ***a repris*** *de la soupe.* 2. Prendre de nouveau. *L'ennemi* ***a repris*** *la ville.* 3. Prendre ce qu'on avait prêté ou donné. *Tu peux* ***reprendre*** *ton crayon, je viens juste de finir.* 4. Synonyme de recommencer. *Les ouvriers* ***ont repris*** *le travail.* 5. Rectifier l'erreur de quelqu'un. *La maîtresse* ***a repris*** *Sarah parce qu'elle disait « faisez » au lieu de « faites ».* (Syn. corriger.) • **On ne m'y reprendra plus** : je ne referai pas la même erreur.

représailles (nom féminin pluriel)
Ce qu'on fait subir à quelqu'un pour se venger. *Ursula n'ose pas faire de farce à Xavier par peur de* ***représailles****.*

représentant, ante (nom)
1. Personne chargée de représenter une personne ou un groupe. *Un ambassadeur est le* ***représentant*** *d'un État dans un pays étranger.* 2. Personne qui représente une maison de commerce. *Le* ***représentant*** *de commerce montre de nouveaux produits au droguiste.*

représentatif, ive (adjectif)
Qui représente bien des choses ou des personnes. *Cette réaction est très* ***représentative*** *de l'opinion des jeunes.* (Syn. caractéristique, typique.)

représentation (nom féminin)
Spectacle représenté en public. *Les élèves donneront deux* ***représentations*** *de leur pièce.*

représenter (verbe) ○ conj.n°3
1. Donner l'image de quelque chose. *Le dessin de Zoé* ***représente*** *la plage où elle était cet été.* (Syn. montrer.) 2. Être le symbole de quelque chose. *Un squelette avec une faux* ***représente*** *la mort.* (Syn. symboliser.) 3. Jouer une pièce en public. *Le club de théâtre va* ***représenter*** *« L'Avare » de Molière.* 4. Être l'équivalent de quelque chose. *Ce travail* ***a représenté*** *un gros effort pour Yann.* (Syn. constituer.) 5. Décider au nom de quelqu'un. *Les conseillers municipaux* ***représentent*** *les habitants de la commune.* 6. Se représenter : se présenter à nouveau. *Le frère de Benjamin a raté son bac, il doit* ***se représenter****.* ⊙ Famille du mot : représentant, représentatif, représentation.

répression (nom féminin)
Action de réprimer. *Le dictateur a organisé une terrible* ***répression****.*

réprimande (nom féminin)
Fait de réprimander quelqu'un. *Le maître a fait une* ***réprimande*** *à Clément parce qu'il bavardait.* (Syn. reproche. Contr. compliment.)

réprimander (verbe) ○ conj.n°3
Faire des reproches à quelqu'un sur sa façon de se conduire. *La maîtresse* ***a réprimandé*** *Anna parce qu'elle était en retard.* (Syn. gronder.)

réprimer (verbe) ○ conj.n°3
1. Empêcher de s'exprimer. *Quand sa mère a vu son air piteux, elle* ***a réprimé*** *un sourire.* 2. Faire cesser quelque chose en punissant. *La mutinerie* ***a été*** *durement* ***réprimée****.*

repris de justice (nom masculin)
Personne qui a déjà été condamnée par les tribunaux.

reprise (nom féminin)
1. Fait de reprendre, de recommencer. *La **reprise** des combats a été annoncée à la radio.* **2.** Synonyme de round. *Une **reprise** dure trois minutes.* **3.** Accélération rapide d'un moteur. *Il est plus facile de doubler avec une voiture qui a de bonnes **reprises**.* **4.** Raccommodage d'un tissu. *Pour faire une **reprise**, on passe plusieurs fois le fil dans les deux sens.* • **À plusieurs reprises** : plusieurs fois. *David a éternué **à plusieurs reprises**.*

repriser (verbe) ○ conj.n°3
Faire une reprise. *Mamie **reprise** le pantalon déchiré d'Ibrahim.* (Syn. raccommoder.)

réprobateur, trice (adjectif)
Qui exprime la réprobation. *Élodie a lancé à Kevin un regard **réprobateur** car elle savait qu'il mentait.* (Contr. approbateur.)

réprobation (nom féminin)
Fait de réprouver un acte. *La **réprobation** se lisait dans le regard de Pierre.* (Syn. désapprobation. Contr. approbation.)

reproche (nom masculin)
Critique faite à quelqu'un sur sa conduite. *On ne m'a pas fait de **reproches** pour mon retard.* (Syn. blâme. Contr. compliment, félicitation.) ⊙ Famille du mot : irréprochable, reprocher.

reprocher (verbe) ○ conj.n°3
Faire des reproches. *On lui **reproche** son insouciance.*

reproducteur, trice (adjectif)
Qui sert à la reproduction. *Le pistil et les étamines sont les organes **reproducteurs** des fleurs.*

reproduction (nom féminin)
1. Fait de se reproduire, pour les êtres vivants. *La **reproduction** des lapins est très rapide.* **2.** Imitation exacte d'une œuvre d'art. *Ce n'est pas un original mais une très belle **reproduction**.* (Syn. copie, imitation.)

reproduire (verbe) ○ conj.n°43
1. Imiter aussi fidèlement que possible. *Pour ce film, on a essayé de **reproduire** un village d'autrefois.* **2.** Faire à plusieurs exemplaires. *Le dessin de Fatima **a été reproduit** dans plusieurs revues.* **3.** Se reproduire : donner naissance à de nouveaux êtres vivants. *Les oiseaux et les poissons **se reproduisent** par des œufs.* **4.** Se reproduire : se produire une nouvelle fois. *Je vous pardonne pour cette fois mais que cela ne **se reproduise** pas !* ⊙ Famille du mot : reproducteur, reproduction.

réprouver (verbe) ○ conj.n°3
Critiquer en condamnant. *Je **réprouve** tout à fait cette vilaine manière d'agir.* (Syn. blâmer, désapprouver. Contr. approuver.)

reptile (nom masculin)
Animal vertébré rampant, au corps recouvert d'écailles. *Les lézards, les tortues, les crocodiles et les serpents sont des **reptiles**.*

repu, ue (adjectif)
Qui n'a plus faim. *Le chat, **repu**, s'est endormi près du feu.*

républicain, aine (adjectif)
De la république. *Les gardes **républicains** encadrent les voitures du cortège.* ▷ **républicain, aine** (adjectif et nom) Partisan de la république. *Les **républicains** l'ont emporté sur les royalistes.*

république (nom féminin)
Forme de gouvernement où le peuple élit ses représentants. *La Ière **République** a été proclamée le 21 septembre 1792.*

répudier (verbe) ○ conj.n°10
Dans certains pays ou à certaines époques, chasser son épouse en annulant le mariage.

répugnance (nom féminin)
Sentiment de grand dégoût. *Gaëlle ne peut manger de la cervelle sans **répugnance**.* (Syn. répulsion.) ⊙ Famille du mot : répugnant, répugner.

répugnant, ante (adjectif)
Qui répugne. *Ce taudis était d'une saleté **répugnante**.* (Syn. dégoûtant, repoussant.)

Les reptiles

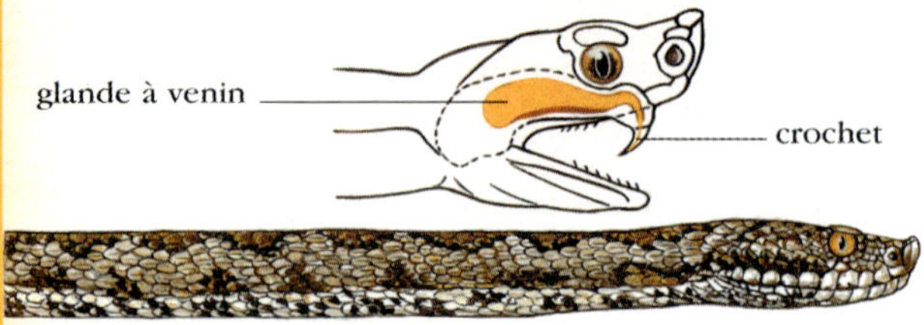

Anatomie du serpent venimeux

cobra

couleuvre

crotale

python

boa

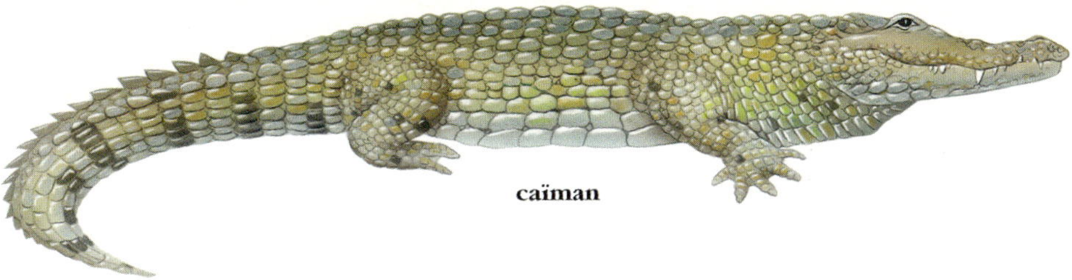

caïman

iguane

salamandre

tortue

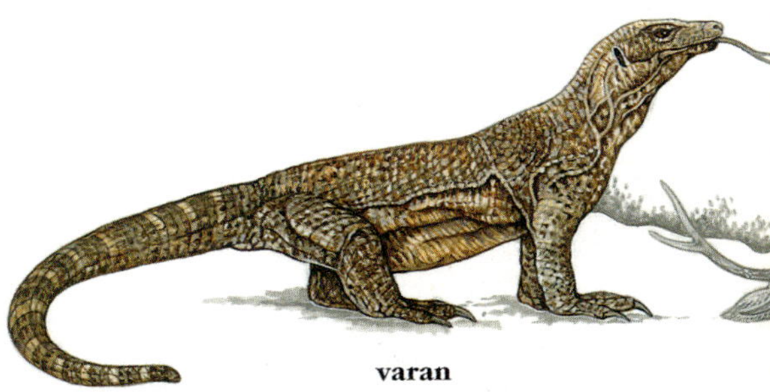

varan

lézard

vipère

répugner (verbe) ○ conj.n°3
Inspirer de la répugnance. *Cet ignoble individu me **répugne**.* (Syn. dégoûter.)

répulsion (nom féminin)
Synonyme de répugnance. *Quentin a eu un mouvement de **répulsion** en voyant le crapaud.*

réputation (nom féminin)
Opinion répandue sur quelqu'un ou quelque chose. *Ce dentiste a la **réputation** d'être très doux. L'hôtel de la gare a très bonne **réputation**.*

réputé, ée (adjectif)
Connu pour sa bonne réputation. *Cette ville est **réputée** pour ses remparts.* (Syn. célèbre.)

requérir (verbe) ○ conj.n°18
1. Demander en justice. *Le procureur **a requis** une peine d'emprisonnement contre l'accusé.* (Syn. exiger, réclamer.) 2. Rendre indispensable. *Ce travail **requiert** beaucoup d'attention.* (Syn. demander, nécessiter.) ⊙ Famille du mot : requête, requis.

requête (nom féminin)
Demande adressée à une autorité. *Monsieur, Romain a une **requête** à vous faire.*

requin (nom masculin)
Poisson marin carnivore très vorace, dont certaines espèces sont dangereuses pour l'homme. *Les **requins** géants des tropiques sont inoffensifs.* (Syn. squale.)

requis, ise (adjectif)
Que l'on exige. *Avez-vous les diplômes **requis** pour cet emploi ?* (Syn. obligatoire.)

réquisition (nom féminin)
Action de réquisitionner. *L'armée avait décidé la **réquisition** des chevaux.*

réquisitionner (verbe) ○ conj.n°3
Utiliser d'autorité les biens ou les services des gens. *Après le séisme, le gouvernement **a réquisitionné** l'école pour les sans-abri.*

réquisitoire (nom masculin)
Discours d'accusation prononcé par le procureur dans un procès. *Le **réquisitoire** précède la plaidoirie de l'avocat.*

rescapé, ée (nom)
Qui a échappé à une catastrophe. *Dans cet accident d'avion, il n'y a eu qu'un **rescapé**.* (Syn. survivant.)

à la **rescousse** (adverbe)
À l'aide, au secours. *Quand on l'a appelé, Thomas est venu **à la rescousse**.*

réseau, eaux (nom masculin)
1. Ensemble de voies, de canaux, de lignes, d'ordinateurs reliés entre eux. *L'orage a endommagé le **réseau** électrique.* 2. Organisation clandestine. *Le **réseau** de trafiquants a été démantelé.* ⊙ Réseau vient de l'ancien français *reseuil* qui signifie « petit filet ».

un **requin**

réséda (nom masculin)
Plante à petites fleurs jaune orangé, cultivée pour son parfum.

un **réséda**

réservation (nom féminin)
Action de réserver une place ou une chambre. *Dans le T.G.V., les* ***réservations*** *sont obligatoires.*

réserve (nom féminin)
1. Ce qu'on a réservé en cas de besoin. *L'écureuil a plusieurs cachettes où il met ses* ***réserves****.* (Syn. provision, stock.) 2. Territoire où les plantes et les animaux sont protégés. *La baie de Somme est une* ***réserve*** *naturelle.* 3. Restriction que l'on fait parce qu'on n'est pas tout à fait d'accord. *Victor approuve le choix d'Hélène sans* ***réserve****.* 4. Attitude discrète d'une personne qui ne montre pas ses sentiments. *Notre voisin montre beaucoup de* ***réserve*** *dans ses propos.* (Syn. retenue.) ⊙ Famille du mot : réservation, réservé, réserver, réservoir.

réservé, ée (adjectif)
Qui montre de la réserve. *William est un garçon timide et* ***réservé****.* (Syn. discret.)

réserver (verbe) ○ conj.n°3
1. Retenir à l'avance. *Je vous* ***ai réservé*** *une chambre d'hôtel.* 2. Mettre de côté. *Comme Xavier n'était pas là, Julie lui* ***a réservé*** *sa part.* (Syn. garder.) 3. Destiner à quelqu'un ou à quelque chose en particulier. *Cette pièce* ***est réservée*** *aux réunions.*

réservoir (nom masculin)
Récipient ou bassin où l'on met en réserve un liquide ou un gaz. *Un* ***réservoir*** *à essence.* ➡ p. 733.

résidence (nom féminin)
1. Endroit où l'on réside. *Son travail l'oblige à changer souvent de* ***résidence****. Ses parents ont une* ***résidence*** *secondaire en Bourgogne.* (Syn. demeure, habitation.) 2. Groupe d'habitations d'un certain standing.

résident, ente (nom)
Habitant d'une résidence. *Le gardien a mis une affiche pour informer les* ***résidents****.*

résidentiel, elle (adjectif)
Où il y a surtout des maisons d'habitation. *Dans ce quartier* ***résidentiel****, il y a peu de commerces.*

résider (verbe) ○ conj.n°3
1. Habiter dans un endroit. *Elle* ***réside*** *en province.* 2. Être, se trouver. *Le seul inconvénient* ***réside*** *dans le prix de ce jeu.* ⊙ Famille du mot : résidence, résident, résidentiel.

résidu (nom masculin)
Ce qui reste et qui est inutilisable. *L'industrie chimique produit beaucoup de* ***résidus****.* (Syn. déchet.)

résignation (nom féminin)
État d'esprit d'une personne qui se résigne. *Il accepte son sort avec* ***résignation****.* (Contr. révolte.)

se résigner (verbe) ○ conj.n°3
Accepter sans protester des choses pénibles ou injustes. *Il pense que rien ne peut changer, il* ***s'est résigné****.* (Syn. se soumettre.)

résilier (verbe) ○ conj.n°10
Mettre fin à un contrat. *Monsieur Duparc* ***a résilié*** *son bail car il part vivre en province.*

▸ **résine** (nom féminin)
Substance végétale visqueuse. *Avec la **résine** de pin, on fait de l'essence de térébenthine.*

▸ **résineux** (nom masculin)
Arbre riche en résine. *Les conifères sont des **résineux**.*

▸ **résistance** (nom féminin)
1. Action de résister. *Les assiégés opposent une vive **résistance** à leurs assaillants.* 2. Capacité d'une personne à supporter la fatigue ou la souffrance. *Laura fait des randonnées avec ses parents, elle a beaucoup de **résistance**.* (Syn. endurance.) 3. Ensemble des réseaux clandestins qui luttaient contre l'occupation allemande pendant la Seconde Guerre mondiale. → Au sens 3, ce mot commence par une majuscule.

▸ **résistant, ante** (adjectif)
1. Qui résiste. *Le chêne est un bois très **résistant**.* (Syn. solide. Contr. fragile.) 2. Qui est capable de résister à des conditions de vie difficiles. *Le lama est un animal vraiment très **résistant**.* (Syn. endurant, robuste.) ▷ **résistant, ante** (nom) Personne qui participait à la Résistance. *Beaucoup de **résistants** français furent déportés.*

des **résistants** dans le maquis en 1942

▸ **résister** (verbe) ○ conj.n°3
1. Supporter des choses sans se casser. *Le vieux pont **a** bien **résisté** à la crue du fleuve.* (Contr. céder.) 2. Avoir la force de supporter quelque chose. *Yann **a résisté** à la tentation de reprendre du gâteau.* 3. Se défendre contre quelqu'un qui attaque. *Le chauffeur de taxi a pu **résister** à son agresseur.* ⊙ Famille du mot : irrésistible, résistance, résistant.

▸ **résolu, ue** (adjectif)
Qui sait ce qu'il veut. *Luc a parlé sur un ton **résolu**.* (Syn. décidé, déterminé.) ⊙ Famille du mot : résolument, résolution.

▸ **résolument** (adverbe)
De façon résolue. *Benjamin s'est jeté **résolument** dans la bagarre.*

▸ **résolution** (nom féminin)
1. Décision fermement arrêtée. *Clément a pris de bonnes **résolutions**, on verra s'il les tient.* 2. Qualité d'une personne résolue. *Ils ont agi avec **résolution**.* (Syn. énergie, fermeté.)

▸ **résonance** (nom féminin)
Qualité de ce qui résonne. *Les cordes de la guitare sont tendues sur une caisse de **résonance**.*

▸ **résonner** (verbe) ○ conj.n°3
Faire un bruit qui vibre. *Leurs pas **résonnent** dans la nuit.* (Syn. retentir.)

▸ **résorber** (verbe) ○ conj.n°3
Faire disparaître peu à peu. *La plaie **s'est résorbée** en quelques jours.*

▸ **résoudre** (verbe) ○ conj.n°52
1. Apporter une solution à quelque chose. *David n'**a** pas encore **résolu** son problème d'inscription pour le voyage.* 2. Se résoudre : prendre la décision de faire telle chose. *Myriam n'a pas pu **se résoudre** à se séparer de son nounours.* (Syn. se décider.)

▸ **respect** (nom masculin)
1. Considération que l'on a pour quelqu'un que l'on estime et que l'on admire. *Ibrahim a du **respect** pour son professeur de judo.* (Syn. estime. Contr. mépris.) 2. Fait de respecter des règles, des usages. *Le père de Kevin a le **respect** de la loi.* • **Tenir quelqu'un en respect** : le menacer avec une arme.

▸ **respectable** (adjectif)
Qui mérite le respect. *Une personne très **respectable**.* (Syn. honorable. Contr. méprisable.)

respecter (verbe) ○ conj.n°3
1. Éprouver du respect pour quelqu'un. *Noémie **respecte** ses parents.* (Contr. mépriser.) **2.** Se conformer à une règle. *Chacun est prié de **respecter** les horaires.* (Syn. observer.) **3.** Veiller à ne pas déranger ou à ne pas abîmer quelque chose. ***Respectez** les pelouses !*
⊙ Famille du mot : respect, respectable, respectueux.

respectif, ive (adjectif)
De chacun ou de chaque chose par rapport aux autres. *Voici les positions **respectives** du Soleil et de la Lune.*

respectivement (adverbe)
Chacun en ce qui le concerne. *Pierre et Odile ont **respectivement** huit et dix ans.*

respectueux, euse (adjectif)
Qui marque du respect. *Ce gendarme est toujours **respectueux** avec les gens.* (Contr. insolent.)

respiration (nom féminin)
Fait de respirer. *Quentin a tellement couru qu'il a du mal à reprendre sa **respiration**.*

Le froid permet de visualiser la **respiration**.

respiratoire (adjectif)
De la respiration. *En gymnastique, Sarah apprend à faire des exercices **respiratoires**.*

respirer (verbe) ○ conj.n°3
1. Faire entrer de l'air dans les poumons puis le rejeter. *Quand on **respire**, on inspire de l'oxygène et on expire du gaz carbonique.* **2.** Avoir un moment de répit. *Ouf ! On peut enfin **respirer** !* **3.** Donner telle impression. *Ursula **respire** la joie de vivre.* (Syn. exprimer.) ⊙ Famille du mot : irrespirable, respiration, respiratoire.

resplendir (verbe) ○ conj.n°11
Briller avec éclat. *La lune **resplendit** dans le ciel.*

resplendissant, ante (adjectif)
Qui resplendit. *Il fait un temps **resplendissant**.* (Syn. magnifique, radieux, splendide.)

responsabilité (nom féminin)
Fait d'être responsable de quelque chose. *Il a une lourde **responsabilité** dans cette affaire. Benjamin a la **responsabilité** du dessert à midi.*

responsable (adjectif et nom)
1. Qui est la cause de quelque chose. *On a retrouvé le **responsable** : il avait pris la fuite après l'accident.* **2.** Qui a la charge de quelque chose. *Thomas a accepté d'être **responsable** de la bibliothèque.*

resquiller (verbe) ○ conj.n°3
Entrer sans payer ou passer avant son tour. *Victor a vu un voyageur **resquiller** dans le bus.*

resquilleur, euse (nom)
Personne qui resquille. *Dans la queue, les gens protestent contre les **resquilleurs**.*

ressac (nom masculin)
Retour violent des vagues sur elles-mêmes après avoir frappé les rochers.

se ressaisir (verbe) ○ conj.n°11
Être de nouveau maître de soi. *Le moment de panique passé, Zoé **s'est ressaisie**.*

ressasser (verbe) ○ conj.n°3
Dire ou penser toujours les mêmes choses. *Il **ressasse** sans arrêt ces vieilles histoires.*

ressemblance (nom féminin)
Fait de se ressembler. *La **ressemblance** entre les jumelles était parfaite.* (Contr. contraste, différence.)

ressemblant, ante (adjectif)
Qui ressemble beaucoup à l'original. *Le dessin qu'Anna a fait de William est très **ressemblant**.*

ressembler (verbe) conj.n°3
Avoir des traits ou un caractère semblables. *Amandine* ***ressemble*** *physiquement à sa mère.* (Contr. différer.)
Famille du mot : ressemblance, ressemblant.

ressemelage (nom masculin)
Action de ressemeler. *Après le* ***ressemelage****, vos chaussures seront comme neuves !*

ressemeler (verbe) conj.n°9
Remplacer la semelle d'une chaussure. *Le cordonnier* ***ressemelle*** *une paire de bottes.*

ressentiment (nom masculin)
Sentiment qu'on garde à propos d'une chose qu'on n'a pas pardonnée. *Des années plus tard, il éprouvait encore du* ***ressentiment*** *à cause de cette injustice.* (Syn. rancœur.)

ressentir (verbe) conj.n°15
1. Éprouver une sensation ou un sentiment. *Benjamin* ***a ressenti*** *une grande tristesse en voyant pleurer Anna.* 2. Se ressentir : continuer à éprouver les effets de quelque chose. *Il* ***s'est ressenti*** *longtemps de sa chute de cheval.*

resserre (nom féminin)
Remise pour des outils, des provisions. *Grand-père a mis du bois dans la* ***resserre****.*

resserrer (verbe) conj.n°3
1. Serrer davantage. *Clément* ***resserre*** *les freins de son vélo.* 2. Se resserrer : devenir plus étroit, plus serré. *Le filet* ***se resserre*** *autour de la bande de malfaiteurs.*

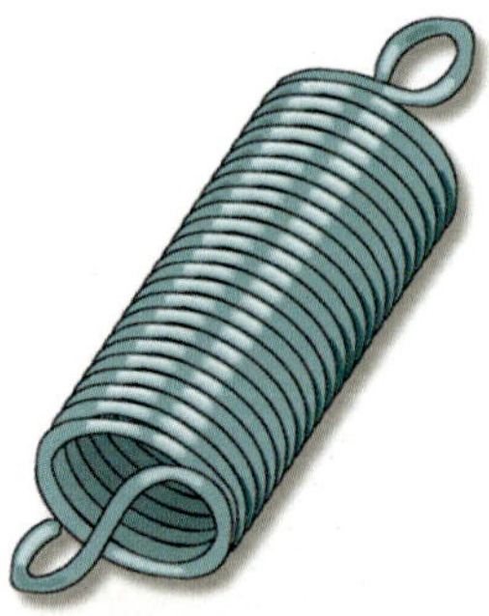

Un **ressort** se **resserre** automatiquement.

resservir (verbe) conj.n°15
1. Être encore utilisable. *Ce sac n'est pas abîmé, il pourra* ***resservir****.* 2. Servir de nouveau. ***Resservez-vous*** *de ce fromage !*

ressort (nom masculin)
1. Mécanisme d'acier qui reprend sa forme après avoir été tendu ou comprimé. *Le fauteuil est défoncé, il perd ses* ***ressorts****.* 2. Énergie qui permet d'agir. *Depuis sa grippe, Élodie dit qu'elle n'a plus de* ***ressort****.* • **Du ressort de quelqu'un :** dans ses capacités. *La couture, cela n'est pas* ***de mon ressort*** *! dit David.* • **En dernier ressort :** finalement.

ressortir (verbe) conj.n°15
1. Sortir d'un endroit où l'on vient d'entrer. *Il* ***est ressorti*** *de la boutique sans rien acheter.* 2. Se voir mieux grâce à un contraste. *Le bleu des volets* ***ressort*** *bien sur le blanc du mur.* (Syn. se détacher.) • **Il ressort :** il résulte. *Qu'****est-il ressorti*** *des négociations ?* → Ressortir se conjugue avec l'auxiliaire *être*.

ressortissant, ante (nom)
Personne vivant dans un pays étranger. *Les* ***ressortissants*** *français ont été évacués par avion du pays en guerre.*

ressource (nom féminin)
Moyen de se tirer d'embarras. *Si tu ne trouves pas Ibrahim à la gare, tu auras toujours la* ***ressource*** *de téléphoner.*
▷ **ressources** (nom féminin pluriel)
1. Moyens de subsistance. *Ils sont sans* ***ressources****.* 2. Richesses d'un pays. *L'eau, les minerais, le pétrole sont des* ***ressources*** *naturelles.*

ressusciter (verbe) conj.n°3
Revenir de la mort à la vie. *D'après les Évangiles, Jésus-Christ* ***ressuscita*** *au bout de trois jours.*

restant (nom masculin)
Ce qui reste. *Prends le* ***restant*** *de lait avant d'ouvrir une nouvelle bouteille.*

restaurant (nom masculin)
Établissement où l'on sert des repas contre de l'argent. *La mère de Fatima l'a emmenée au* ***restaurant*** *chinois.*

restaurateur, trice (nom)
Personne qui tient un restaurant.

restauration (nom féminin)
1. Action de restaurer. *La **restauration** du château prendra plusieurs années.* 2. Métier de restaurateur. *Plus tard, Gaëlle aimerait bien travailler dans la **restauration**.*

restaurer (verbe) conj.n°3
1. Remettre en état. *Pour **restaurer** ce meuble ancien, l'ébéniste a utilisé des produits d'autrefois.* 2. Se restaurer : reprendre des forces en mangeant. Famille du mot : restaurant, restaurateur, restauration.

reste (nom masculin)
Ce qui reste. *Voici une partie des courses, le **reste** est dans l'ascenseur. Hélène a passé le **reste** de la journée à lire.* • **Du reste** : d'ailleurs. *Mangeons, **du reste**, il est l'heure.* ▷ **restes** (nom masculin pluriel) Ce qui reste d'un repas. *Le lendemain de la fête, on a mangé les **restes**.*

rester (verbe) conj.n°3
1. Être encore là ou exister encore. *Je vais regarder ce qui **reste** dans le réfrigérateur. Il ne me **reste** plus beaucoup de temps.* 2. Continuer d'être dans tel endroit ou dans tel état. *Il **est resté** longtemps en Afrique. Ne **restez** pas debout !* → Rester se conjugue avec l'auxiliaire *être*. Famille du mot : restant, reste.

restituer (verbe) conj.n°3
Synonyme de rendre. *Le policier lui **a restitué** ses papiers.*

restitution (nom féminin)
Action de restituer. *Il réclame la **restitution** des biens volés à sa famille pendant la guerre.*

restreindre (verbe) conj.n°35
1. Réduire la quantité ou l'étendue de quelque chose. *Monsieur Dubois **a restreint** ses ambitions.* (Syn. diminuer.) 2. Se restreindre : limiter sa consommation. *Il ne reste plus beaucoup de chocolat, il va falloir **se restreindre** !*

restreint, einte (adjectif)
Dont la quantité est limitée. *Quand on commence à apprendre une langue étrangère, on a un vocabulaire **restreint**.* (Syn. réduit.)

restriction (nom féminin)
• **Sans restriction** : sans condition ni arrière-pensée. ▷ **restrictions** (nom féminin pluriel) Mesures visant à limiter la consommation. *À cause de la sécheresse, il y a des **restrictions** d'eau.* (Syn. rationnement.)

résultat (nom masculin)
1. Ce qui résulte de quelque chose. *Julie est tombée en jouant et le **résultat**, c'est qu'elle ne peut plus marcher.* (Syn. conséquence.) 2. Solution d'un calcul. *Quel est le **résultat** de cette division ?* 3. Succès ou échec d'un examen, d'une compétition. *Les **résultats** sont dans le journal ce matin.*

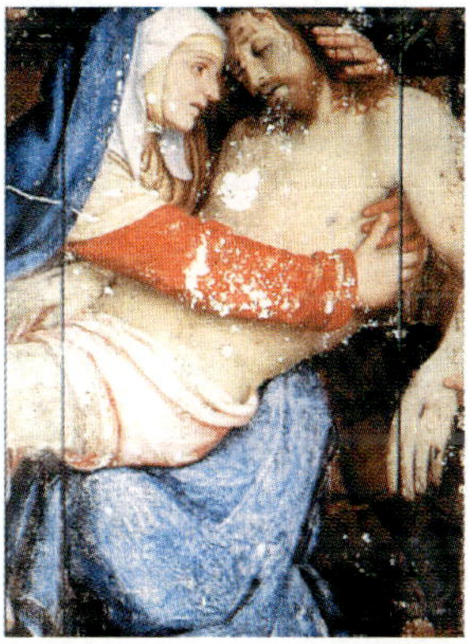

un tableau avant
et après sa **restauration**

résulter (verbe) ◦ conj.n°3
Être la conséquence de quelque chose. *Je me demande ce qui **résultera** de cette décision.* (Syn. découler.)

résumé (nom masculin)
Petit texte qui en résume un autre. *Apprenez ce **résumé** par cœur pour demain.*

résumer (verbe) ◦ conj.n°3
Exprimer en peu de mots les idées principales. *Kevin **a résumé** à ses camarades le livre qu'il a lu.*

résurgence (nom féminin)
Réapparition à l'air libre d'un cours d'eau souterrain.

une **résurgence**

résurrection (nom féminin)
Fait de ressusciter. *Les chrétiens croient à la **résurrection**.*

rétablir (verbe) ◦ conj.n°11
1. Établir de nouveau. *Le courant **a été rétabli**.* **2.** Se rétablir : retrouver une bonne santé. *Pierre **s'est** vite **rétabli** après son opération.* (Syn. se remettre.)

rétablissement (nom masculin)
1. Action de rétablir. *Les négociations se poursuivent en vue du **rétablissement** de la paix.* **2.** Fait de se rétablir. *Je vous souhaite un prompt **rétablissement**.* (Syn. guérison.)

retaper (verbe) ◦ conj.n°3
1. Dans la langue familière, rendre l'aspect du neuf. *Papa **a retapé** cette vieille armoire.* (Syn. restaurer.) **2.** Se retaper : synonyme familier de se rétablir. *Myriam est pâlichonne, elle a besoin de **se retaper**.*

retard (nom masculin)
1. Fait d'arriver après le moment fixé. *Quentin est en **retard**. On annonce un **retard** d'une heure pour l'arrivée du train.* (Contr. avance.) **2.** Fait de fonctionner plus lentement que la normale. *La montre de Noémie prend du **retard**.*

retardataire (adjectif et nom)
Qui arrive en retard. *Allons, les **retardataires**, dépêchez-vous !*

retardement (nom masculin)
• **Bombe à retardement** : bombe munie d'un mécanisme qui en retarde l'explosion.

retarder (verbe) ◦ conj.n°3
1. Mettre quelqu'un en retard. *Un incident nous **a retardés**.* **2.** Remettre à plus tard. *Odile **a retardé** son départ de deux jours.* (Syn. repousser. Contr. avancer.) **3.** Prendre du retard. *La pendule **retarde**.* (Contr. avancer.) ⊙ Famille du mot : retard, retardataire, retardement.

retenir (verbe) ◦ conj.n°19
1. Empêcher de partir. *Ne **retiens** pas Sarah, elle est déjà en retard. La grippe l'**a retenu** au lit.* (Syn. garder.) **2.** Tenir pour empêcher de tomber. *Si on n'**avait** pas **retenu** Romain par le fond de son pantalon, il se noyait.* **3.** Garder en mémoire. *Ursula n'arrive pas à **retenir** cette poésie.* (Syn. se rappeler, se souvenir.) **4.** Garder des places. *Monsieur Duparc **a retenu** une chambre d'hôtel.* **5.** Faire une retenue. *5 ôté de 11, reste 6, et je **retiens** 1.* **6.** Garder une partie d'une somme. *Les versements pour sa future retraite **sont retenus** chaque mois sur son salaire.* **7.** Se retenir : résister à une envie. *Thomas a eu un mal fou à **se retenir** de rire.*

retentir (verbe) ○ conj.n°11
Faire entendre un grand bruit. *Un coup de tonnerre* ***retentit****.* (Syn. résonner.)

retentissant, ante (adjectif)
1. Qui retentit. *Une voix* ***retentissante****.* (Syn. éclatant, sonore.) 2. Qui a un très grand retentissement. *Un scandale* ***retentissant****.*

retentissement (nom masculin)
Fait de provoquer des réactions et de l'intérêt. *Les jeux Olympiques ont un* ***retentissement*** *mondial.*

retenue (nom féminin)
1. Punition qui consiste à retenir à l'école un élève après la classe. 2. Chiffre qu'on met de côté dans une opération pour le compter avec ceux de la colonne suivante. *Victor a oublié une* ***retenue****, la soustraction est fausse.* 3. Somme retenue sur un salaire. 4. Comportement d'une personne discrète et réservée. *C'est une personne qui montre beaucoup de* ***retenue****.* (Syn. discrétion, réserve. Contr. laisser-aller.)

réticence (nom féminin)
Attitude d'une personne qui hésite. *J'ai senti qu'il acceptait avec* ***réticence****.*

réticent, ente (adjectif)
Qui manifeste de la réticence. (Syn. hésitant.)

rétif, ive (adjectif)
Se dit d'une monture qui refuse d'obéir. *Un cheval* ***rétif****.* (Contr. docile.) ⊙ Rétif vient du latin *restare* qui signifie « s'arrêter ».

rétine (nom féminin)
Membrane du fond de l'œil, sensible à la lumière. *La* ***rétine*** *transmet les images au nerf optique.*

retiré, ée (adjectif)
Situé à l'écart. *Cet artiste vit dans un village* ***retiré*** *dans la montagne.* (Syn. isolé.)

retirer (verbe) ○ conj.n°3
1. Enlever ce qui couvre ou ce qui gêne. *William* ***retire*** *son bonnet en entrant dans la boutique.* ***Retire-toi*** *de mon chemin !* (Syn. ôter. Contr. mettre.) 2. Tirer quelque chose ou quelqu'un de là où il est. *Maman* ***retire*** *la tarte du four.* 3. Reprendre ce que l'on avait accordé. *On lui* ***a retiré*** *son permis.* 4. Renoncer à quelque chose. ***Retire*** *tes paroles !* (Contr. maintenir.) 5. Tirer un bénéfice. *Qu'****as****-tu* ***retiré*** *de cette lecture ?* 6. Se retirer : quitter un lieu. *Elle* ***s'est retirée*** *à la campagne.* 7. Se retirer : synonyme de refluer. *La mer* ***s'est retirée*** *au loin.* (Contr. monter.)

retombées (nom féminin pluriel)
1. Ce qui retombe. *Lors d'une explosion nucléaire, il y a des* ***retombées*** *radioactives.* 2. Effets indirects. *Cette découverte entraînera de nombreuses* ***retombées****.*

retomber (verbe) ○ conj.n°3
1. Atteindre le sol après un saut. *Par chance, Zoé* ***est retombée*** *sur ses pieds.* 2. Revenir à la situation d'avant. *Il* ***est retombé*** *malade.* 3. Rejaillir sur quelqu'un. *C'est toujours sur moi que ça* ***retombe*** *!*

retordre (verbe)
• **Donner du fil à retordre à quelqu'un** : lui causer beaucoup d'ennuis.

rétorquer (verbe) ○ conj.n°3
Répondre pour se défendre. *Comme on reprochait à Xavier de n'être pas gentil avec Anna, il* ***a rétorqué*** *que c'était une chipie.* (Syn. répliquer.)

retors, orse (adjectif)
Qui est très rusé. *Cet inspecteur est* ***retors****.* (Syn. roublard, roué.)

retouche (nom féminin)
Fait de retoucher. *Le tailleur a fait une* ***retouche*** *au col de ma veste.*

retoucher (verbe) ○ conj.n°3
Apporter des corrections à un travail pour l'améliorer. *L'artiste* ***a retouché*** *son dessin.*

retour (nom masculin)
1. Action de retourner à son point de départ. *J'attendrai ton **retour**.* (Contr. départ.) 2. Réapparition de quelque chose qui revient régulièrement. *Le **retour** du printemps.* • **En retour** : en échange. • **Par retour du courrier** : dès qu'on a reçu le courrier. *Réponds-moi **par retour du courrier**.*

retournement (nom masculin)
Changement imprévu et complet. *On ne s'attendait pas à un tel **retournement** de l'opinion.* (Syn. renversement.)

retourner (verbe) conj.n°3
1. Tourner de l'autre côté. *Élodie **retourne** une crêpe.* 2. Revenir d'où l'on vient ou dans un lieu que l'on a déjà vu. *Yann **est retourné** chez lui parce qu'il avait oublié un livre. J'aimerais **retourner** à Venise.* 3. Renvoyer à l'expéditeur. *La Poste **a retourné** sa lettre à Véronique.* 4. Se retourner : tourner la tête ou tout le corps en arrière. *En entendant le pas de Benjamin, Élodie **s'est retournée**.* → Quand retourner n'a pas de complément d'objet, il se conjugue avec le verbe *être*.

retracer (verbe) conj.n°4
Rappeler en faisant revivre. *Ce roman **retrace** l'exploration du pôle Nord.*

rétracter (verbe) conj.n°3
1. Retirer vers l'intérieur. *Le chat **rétracte** ses griffes.* 2. Se rétracter : revenir sur ce qu'on a dit auparavant. *L'accusé a avoué puis il **s'est rétracté**.* (Syn. se dédire.)

rétractile (adjectif)
Qui peut se retirer vers l'intérieur. *Les félins ont des griffes **rétractiles**.*

retrait (nom masculin)
1. Action de retirer. *Le gouvernement a annoncé le **retrait** du projet de loi.* 2. Action de se retirer. *Après le **retrait** des eaux, les rues du village étaient pleines de débris.* • **En retrait** : en arrière des autres.

retraite (nom féminin)
1. Situation d'une personne qui a fini de travailler et touche une pension. *Mamie sera à la **retraite** l'an prochain.* 2. Retrait des troupes qui reculent devant l'ennemi. *L'armée a battu en **retraite**.*

retraité, ée (adjectif et nom)
Qui est à la retraite. *Mes grands-parents seront bientôt **retraités**.*

retranchement (nom masculin)
Position entourée de solides moyens de défense. *L'ennemi a poursuivi les soldats jusque dans leurs **retranchements**.*

la **retraite** de Russie (1812)

retrancher (verbe) ○ conj.n°3
1. Enlever une partie d'un tout. ***Retranche** le prix de la séance de cinéma de ton argent de poche et tu verras qu'il ne te reste pas grand-chose.* (Syn. ôter, retirer, soustraire. Contr. ajouter.) 2. Se retrancher : se mettre à l'abri dans un retranchement.

retransmettre (verbe) ○ conj.n°33
Diffuser une émission de radio ou de télévision. *L'émission **sera retransmise** dans toute l'Europe.*

retransmission (nom féminin)
Émission retransmise. *Hélène a suivi à la télévision la **retransmission** de la course.*

rétrécir (verbe) ○ conj.n°11
1. Diminuer en longueur ou en largeur. *Maman fait une couture pour **rétrécir** mon pantalon.* 2. Devenir plus étroit. *Mon pull de laine **a rétréci** au lavage.* (Contr. s'agrandir.)

rétrécissement (nom masculin)
Fait de rétrécir. *Ralentis, on signale un **rétrécissement** de la chaussée.*

rétribuer (verbe) ○ conj.n°3
Synonyme de rémunérer.

rétribution (nom féminin)
Synonyme de rémunération. *On lui a proposé une **rétribution** en espèces.*

rétro (adjectif)
Qui imite la mode d'un passé récent. *Ce scooter a une ligne **rétro**.*

rétroactif, ive (adjectif)
Qui porte sur une période déjà écoulée. *Cette augmentation de salaire a un effet **rétroactif** depuis janvier.*

rétrograde (adjectif)
Qui est contre les innovations et le progrès. *Ces gens ont des idées **rétrogrades** sur l'éducation des enfants.* (Contr. novateur.) ⊙ Rétrograde vient du latin *retrogradus* qui signifie « qui marche à reculons ».

rétrograder (verbe) ○ conj.n°3
1. Revenir au stade précédent en perdant ce que l'on a acquis. *Après cette défaite, il va **rétrograder** de cinq places au classement mondial.* 2. Passer à la vitesse inférieure. *Avant le virage, Papa **a rétrogradé**.*

rétrospectif, ive (adjectif)
Que l'on éprouve après coup. *Julie est saisie d'une peur **rétrospective** quand elle pense à ce qui aurait pu arriver.* ⊙ Rétrospectif vient des mots latins *retro* qui signifie « en arrière », et *spectare* qui signifie « regarder ».

rétrospective (nom féminin)
Exposition réunissant les œuvres d'un artiste ou d'une période. *Les parents de Laura sont allés voir une **rétrospective** du cinéma italien.*

rétrospectivement (adverbe)
D'une manière rétrospective. *Sur le moment, je n'ai pas eu peur, mais **rétrospectivement**, j'en tremble.*

retroussé, ée (adjectif)
Se dit d'un nez au bout relevé.

retrousser (verbe) ○ conj.n°3
Relever vers le haut. *L'ouvrier **a retroussé** ses manches pour travailler.*

retrouvailles (nom féminin pluriel)
Fait de se retrouver après une séparation. *Nous avons fêté nos **retrouvailles** au restaurant.*

retrouver (verbe) ○ conj.n°3
1. Trouver ce qui était perdu. *Clément a fini par **retrouver** ses clés.* 2. Être à nouveau en présence de quelqu'un. *Je vous **retrouverai** devant la boulangerie.* (Syn. rejoindre.) 3. Se retrouver : être à nouveau réunis. *Maintenant que nous **nous sommes retrouvés**, ne nous quittons plus !* (Contr. se séparer.) 4. Se retrouver : trouver son chemin. *On **se retrouve** difficilement dans ce quartier.* 5. Se retrouver : être subitement dans telle situation. *Il **se retrouve** seul.* • **S'y retrouver** : rentrer dans ses frais.

rétroviseur (nom masculin)
Miroir qui permet au conducteur de voir la route derrière lui. *Elle jette un coup d'œil dans le **rétroviseur** avant de doubler.* ➠ p. 92.

réunifier (verbe) ⭘ conj.n°10
Rétablir l'unité d'un pays ou d'un parti. *L'Allemagne* ***s'est réunifiée*** *en 1990.*

réunion (nom féminin)
Groupe de personnes qui se réunissent. *La* ***réunion*** *aura lieu à 18 h 30 précises.*

réunionnais, aise
➠ Voir tableau p. 6.

réunir (verbe) ⭘ conj.n°11
Regrouper des choses ou des gens. *Il* ***a réuni*** *les papiers nécessaires pour s'inscrire. La famille* ***se réunit*** *toujours à Noël.* (Syn. rassembler. Contr. séparer.)

réussir (verbe) ⭘ conj.n°11
1. Avoir un bon résultat. *David a passé le concours et il l'****a réussi****.* (Contr. échouer.) 2. Arriver au résultat souhaité. *Myriam* ***a réussi*** *à venir.* (Syn. parvenir.) 3. Faire du bien à quelqu'un. *Le climat lui* ***réussit****, il a l'air reposé.*

réussite (nom féminin)
1. Fait de réussir. *Cette fête est une* ***réussite****.* (Syn. succès. Contr. échec.) 2. Jeu de cartes qui se joue en solitaire. *Noémie fait une* ***réussite****.* (Syn. patience.)

revaloir (verbe) ⭘ conj.n°25
Rendre la pareille à quelqu'un, en bien ou en mal. *Vous nous avez rendu un très grand service et nous vous* ***revaudrons*** *ça.*

revaloriser (verbe) ⭘ conj.n°3
Rendre sa valeur à quelque chose. *Il faudrait* ***revaloriser*** *le travail manuel.* (Contr. dévaloriser.)

revanche (nom féminin)
1. Fait de se venger ou de reprendre l'avantage. *Battue en championnat, cette équipe a pris sa* ***revanche*** *en coupe de France.* (Syn. vengeance.) 2. Seconde manche d'un jeu. *Ibrahim a gagné la première partie de dames, Odile, la* ***revanche****, maintenant ils font la belle.* • **À charge de revanche** : à condition de rendre la pareille. • **En revanche** : inversement. (Syn. par contre.)

rêvasser (verbe) ⭘ conj.n°3
Penser dans le vague. *Si tu m'aidais au lieu de* ***rêvasser*** *?*

rêve (nom masculin)
1. Suite d'images qu'on voit en dormant. *Sarah a fait un* ***rêve*** *très agréable dans lequel elle volait.* 2. Beau projet qu'on aimerait voir réalisé. *Son* ***rêve****, c'est de devenir reporter.*

« Le **Rêve** du prisonnier »,
de Moritz von Schwind (1836)

rêvé, ée (adjectif)
De rêve. *C'est la maison* ***rêvée*** *pour passer des vacances.* (Syn. idéal.)

revêche (adjectif)
Qui est d'un abord peu engageant. *L'employé avait un air* ***revêche****.* (Syn. hargneux. Contr. aimable.)

réveil (nom masculin)
1. Moment où l'on se réveille. *Kevin a le* ***réveil*** *difficile.* 2. Pendulette de chevet. *À quelle heure as-tu mis ton* ***réveil*** *à sonner ?*

réveiller (verbe) ⭘ conj.n°3
1. Tirer quelqu'un du sommeil. *Ursula a le sommeil léger, un rien la* ***réveille****.* (Syn. éveiller.) 2. Dans un sens figuré, faire renaître. *Cette humidité* ***réveille*** *ses rhumatismes.* (Syn. raviver.)

réveillon (nom masculin)
Souper de fête des nuits de Noël et du nouvel an. *Au* ***réveillon*** *du 1er de l'an, tout le monde s'embrasse à minuit.*

réveillonner (verbe) ○ conj.n°3
Faire un réveillon. *À Noël, Pierre et Zoé* ***réveillonnent*** *avec leurs parents.*

révélateur, trice (adjectif)
Qui révèle quelque chose de caché. *Guillaume a rougi, c'est un signe* ***révélateur*** *de sa timidité !* (Syn. significatif.)

révélation (nom féminin)
Chose révélée. *Un comparse de l'accusé a fait des* ***révélations*** *à la police.*

révéler (verbe) ○ conj.n°8
1. Faire connaître ce qui était inconnu ou secret. *Il m'****a révélé*** *un grand secret.* (Syn. dévoiler, divulguer. Contr. taire.) 2. Se révéler : se montrer petit à petit. *Ses craintes* ***se sont révélées*** *injustifiées.* ⊙ Famille du mot : révélateur, révélation.

revenant, ante (nom)
Synonyme de fantôme. *Romain terrorise Anna avec ses histoires de* ***revenants****.*

revendication (nom féminin)
Ce qu'on revendique. *Les grévistes ont exposé leurs* ***revendications****.*

revendiquer (verbe) ○ conj.n°3
Demander avec insistance ce à quoi on pense avoir droit. *Thomas* ***revendique*** *une chambre pour lui tout seul.* (Syn. réclamer.)

revendre (verbe) ○ conj.n°31
Vendre ce qu'on a acheté. *Les Dupond* ***ont revendu*** *leur appartement pour en acheter un plus grand.* • **Avoir de quelque chose à revendre** : en avoir beaucoup. *De l'imagination, il* ***en a à revendre****.*

revenir (verbe) ○ conj.n°19
1. Venir de nouveau. *Le médecin* ***reviendra*** *mercredi.* (Syn. repasser.) 2. Retourner à l'endroit d'où l'on est parti. *Il* ***est revenu*** *après une longue absence.* (Syn. rentrer.) 3. Être de nouveau présent à l'esprit. *Ça y est, ça me* ***revient****, elle s'appelle Élisa !* 4. Être ce à quoi on a droit. *Tiens ! Cette part de gâteau te* ***revient****.* 5. Équivaloir à telle chose. *Cela* ***revient*** *au même.* 6. Coûter en tout. *Le voyage* ***revient*** *à 100 euros par personne.* 7. Dans la langue familière, inspirer confiance. *Il a une attitude qui ne me* ***revient*** *pas !* • **Faire revenir un aliment** : le faire dorer dans une matière grasse. • **Ne pas en revenir** : être stupéfait. • **Revenir à soi** : reprendre conscience. • **Revenir de loin** : avoir échappé de justesse à un grand danger. ⊙ Famille du mot : revenant, revenu, revient.

revenu (nom masculin)
Argent dont on peut disposer. *Tous les ans, mes parents font leur déclaration de* ***revenus****.*

rêver (verbe) ○ conj.n°3
1. Faire un rêve pendant son sommeil. *Cette nuit, Élodie* ***a rêvé*** *qu'elle gagnait à la loterie.* 2. Laisser aller son imagination. *Victor a lu un livre merveilleux qui le fait* ***rêver****.* 3. Avoir très envie de quelque chose. *Fatima* ***rêve*** *de devenir hôtesse de l'air.* ⊙ Famille du mot : rêvasser, rêve, rêvé, rêverie, rêveur.

réverbération (nom féminin)
Réflexion de la lumière, du son ou de la chaleur. *La* ***réverbération*** *du soleil sur la mer nous fait mal aux yeux.*

réverbère (nom masculin)
Appareil d'éclairage sur la voie publique. *Il s'est appuyé au* ***réverbère****.*

réverbérer (verbe) ○ conj.n°8
Renvoyer la lumière, le son ou la chaleur. *Le sable blanc* ***réverbère*** *la lumière du soleil.* (Syn. réfléchir.)

reverdir (verbe) ○ conj.n°11
Redevenir vert. *Le printemps a fait* ***reverdir*** *la nature.*

révérence (nom féminin)
Salut que l'on fait en penchant le buste et en pliant les genoux. *Autrefois, les dames faisaient la* ***révérence*** *devant le roi et la reine.*

révérer (verbe) ○ conj.n°8
Synonyme de vénérer. *Tous les membres de la tribu* ***révèrent*** *leur chef.*

a b c d e f g h i j k l m n o p q r s t u v w x y z

rêverie (nom féminin)
Fait de laisser courir son imagination. *Il ne t'écoute plus, il est plongé dans ses* ***rêveries****.*

revers (nom masculin)
1. Côté opposé au côté principal, à la face d'un objet. *William a écrit son nom au* ***revers*** *de son dessin.* (Syn. dos, envers, verso.) 2. Partie d'un vêtement repliée vers l'extérieur. *Si ton jean est trop long, tu peux faire des* ***revers****.* 3. Au tennis et au ping-pong, coup donné sur la balle en tenant la raquette le dos de la main en avant. *Il a gagné grâce à un* ***revers*** *fulgurant.* 4. Événement malheureux qui trouble la vie d'une personne. *Il ne s'est jamais découragé malgré tous les* ***revers*** *qu'il a subis.* (Syn. épreuve, malheur.) • **Le revers de la médaille** : le mauvais côté d'une chose qui présente aussi un avantage. ⊙ Revers vient du latin *revertere* qui signifie « retourner ».

réversible (adjectif)
Qui se porte aussi bien à l'envers qu'à l'endroit. *Un blouson* ***réversible****.*

revêtement (nom masculin)
Matériau qui recouvre une surface. *Les murs de la salle de bains sont protégés de l'humidité par un* ***revêtement*** *de carrelage.*

revêtir (verbe) ○ conj.n°15
1. Mettre un vêtement. *Pour le défilé, les militaires* ***avaient revêtu*** *leur uniforme de parade.* 2. Recouvrir d'un revêtement. *Le sol* ***était revêtu*** *d'une épaisse moquette.*

rêveur, euse (adjectif et nom)
Qui a tendance à la rêverie. *À quoi penses-tu ? Tu parais très* ***rêveuse****. Xavier a du mal à se concentrer, c'est un* ***rêveur****.*

revient (nom masculin)
• **Prix de revient** : ensemble des dépenses nécessaires pour fabriquer et commercialiser un objet. *Le prix de vente d'un produit est égal à la somme du* ***prix de revient****, du bénéfice du vendeur et des taxes.*

revigorer (verbe) ○ conj.n°3
Synonyme de réconforter. *Ce copieux goûter nous* ***a revigorés****.*

revirement (nom masculin)
Changement brusque et total. *Au dernier moment, il a refusé mon invitation, je ne comprends pas son* ***revirement****.*

réviser (verbe) ○ conj.n°3
1. Relire ce que l'on a appris pour mieux s'en souvenir. ***Réviser*** *une leçon ou un examen.* (Syn. repasser, revoir.) 2. Vérifier le fonctionnement d'un mécanisme. *Il a fait* ***réviser*** *sa voiture par le garagiste.*

révision (nom féminin)
1. Action de réviser ce que l'on a appris. *Le cousin de Gaëlle fait des* ***révisions*** *pour passer son bac.* 2. Action de réviser un mécanisme. *Il a laissé sa voiture au garage pour une* ***révision*** *du moteur.*

revivre (verbe) ○ conj.n°50
1. Reprendre des forces. *Dès que je suis au bord de la mer, je* ***revis****.* 2. Vivre à nouveau ce que l'on a déjà éprouvé. *Il aimerait pouvoir* ***revivre*** *les jours heureux de son enfance.* • **Faire revivre** : raconter des événements du passé d'une façon vivante. *Cette émission nous* ***fait revivre*** *les premiers pas de l'homme sur la Lune.*

révocation (nom féminin)
Action de révoquer. *La* ***révocation*** *d'un fonctionnaire pour faute grave. La* ***révocation*** *de l'Édit de Nantes par Louis XIV.*

revoir (verbe) ○ conj.n°22
1. Voir de nouveau. *Maman* ***a revu*** *son amie d'enfance. J'aimerais* ***revoir*** *ce film.* 2. Voir de nouveau dans son esprit, dans ses souvenirs. *Je te* ***revois*** *très bien quand tu étais tout petit.* 3. Synonyme de réviser. *Hélène* ***a revu*** *sa leçon d'histoire avant d'aller se coucher.* → Voir aussi au revoir (interjection).

révoltant, ante (adjectif)
Qui provoque la révolte, l'indignation. *Un crime* ***révoltant****.*

révolte (nom féminin)
1. Fait de refuser d'obéir à une autorité et se battre contre elle. *Au Moyen Âge, des* ***révoltes*** *de paysans étaient dues à la famine.* (Syn. insurrection, rébellion, soulèvement.) 2. Mouvement d'indignation contre ce qui est injuste. *La condamnation de cet innocent a provoqué un sentiment de* ***révolte****.* (Contr. résignation.)

révolté, ée (adjectif et nom)
Qui est en révolte. *Les prisonniers* ***révoltés*** *ont refusé de regagner leur cellule.* (Syn. insurgé, rebelle.)

révolter (verbe) conj.n°3
1. Provoquer la révolte, l'indignation. *Sa méchanceté nous* ***a révoltés****.* (Syn. écœurer, indigner.) 2. Se révolter : refuser d'obéir à une autorité. *Les esclaves* ***se sont révoltés****.* (Syn. s'insurger, se rebeller, se soulever.) Famille du mot : révoltant, révolte, révolté.

révolu, ue (adjectif)
Qui appartient au passé. *L'époque où l'on voyageait en diligence est* ***révolue****.*

révolution (nom féminin)
1. Bouleversement complet et violent du régime politique d'un pays. *En France, la* ***révolution*** *de 1789 a provoqué la chute de la royauté.* 2. Changement profond dans une organisation. *L'informatique a entraîné une* ***révolution*** *dans les bureaux.* 3. Mouvement d'un astre qui revient à son point de départ après avoir tourné autour d'un autre astre. *La* ***révolution*** *de la Terre autour du Soleil dure une année.* Famille du mot : révolutionnaire, révolutionner.

révolutionnaire (adjectif)
1. Qui concerne la révolution. *Ce parti politique mène une action* ***révolutionnaire****.* 2. Qui provoque une révolution, un grand changement. *La vaccination a été une découverte* ***révolutionnaire****.* ▷ **révolutionnaire** (nom) Personne qui participe à une révolution. *Les* ***révolutionnaires*** *ont pris le pouvoir.*

révolutionner (verbe) conj.n°3
Transformer profondément. *L'invention du moteur à réaction* ***a révolutionné*** *l'aviation.*

revolver (nom masculin)
Arme à feu à canon court qui permet de tirer plusieurs coups à la suite. *Il a chargé son* ***revolver****.* → Revolver est un mot anglais : on prononce [RevɔlvɛR].

révoquer (verbe) conj.n°3
1. Synonyme de destituer. *Ce haut fonctionnaire* ***a été révoqué*** *pour escroquerie.* 2. Annuler une loi ou un acte juridique.

revue (nom féminin)
1. Publication qui paraît à intervalles réguliers. *Papa est abonné à une* ***revue*** *littéraire mensuelle.* (Syn. magazine.) 2. Défilé militaire. *La* ***revue*** *du 14 Juillet.* • **Passer en revue :** examiner en détail. *Le douanier* ***passe en revue*** *le contenu de la valise.*

se révulser (verbe) conj.n°3
En parlant des yeux, se retourner sous le coup d'une douleur ou d'une émotion. *Il a les yeux* ***révulsés*** *par la peur.*

Révolution de 1789 : la prise de la Bastille

rez-de-chaussée (nom masculin)
Partie d'une habitation qui se trouve au niveau du sol. *Les habitants du **rez-de-chaussée** n'utilisent jamais l'ascenseur.*
➜ Pluriel : des rez-de-chaussée.

rhabiller (verbe) ➲ conj.n°3
Habiller quelqu'un qui est déshabillé. *Après le cours de natation, les enfants **se rhabillent**.*

rhésus (nom masculin)
Élément du sang dont la présence ou l'absence modifie le groupe sanguin.
➜ Prononciation [ʀezys].

rhétorique (nom féminin)
Art de parler avec aisance et clarté, de s'exprimer avec éloquence.

rhinocéros (nom masculin)
Gros mammifère sauvage d'Afrique et d'Asie, à la peau épaisse, qui porte une ou deux cornes sur le nez.
➜ Prononciation [ʀinɔseʀɔs]. ⊙ Le terme rhinocéros vient des mots grecs *rhinos* qui signifie « nez » et *keras* qui signifie « corne ».

Le **rhinocéros** d'Afrique porte deux cornes.

rhinopharyngite (nom féminin)
Rhume provoqué par l'inflammation des fosses nasales et du pharynx.
➜ Prononciation [ʀinofaʀɛ̃ʒit].

rhizome (nom masculin)
Tige souterraine de certaines plantes. *Le **rhizome** de l'iris.*

rhododendron (nom masculin)
Arbuste à fleurs roses ou rouges. *Un magnifique massif de **rhododendrons**.*
➜ Prononciation [ʀɔdɔdɛ̃dʀɔ̃].

un **rhododendron**

rhubarbe (nom féminin)
Plante à larges feuilles dont la tige cuite est comestible. *De la confiture de **rhubarbe**.*

de la **rhubarbe**

rhum (nom masculin)
Alcool produit par la fermentation de la canne à sucre. *Olivier a préparé du punch avec du **rhum** des Antilles.*
➜ Prononciation [ʀɔm].

rhumatisme (nom masculin)
Douleur articulaire. *En vieillissant, elle souffre de **rhumatismes**.*

rhume (nom masculin)
Petite maladie qui provoque des éternuements et irrite la gorge et les bronches. *Julie a le nez qui coule, elle a dû attraper un* ***rhume****.* ⊙ Rhume vient du terme grec *rheuma* qui signifie « écoulement ».

ribambelle (nom féminin)
Dans la langue familière, grand nombre de personnes ou de choses. *Yann a toute une* ***ribambelle*** *de cousins et de cousines.*

ricanement (nom masculin)
Action de ricaner. *Vos* ***ricanements*** *sont exaspérants !*

ricaner (verbe) ○ conj.n°3
Rire avec une intention moqueuse ou rire bêtement. *Il* ***a ricané*** *méchamment quand son voisin s'est fait punir.*

riche (adjectif et nom)
Qui possède beaucoup d'argent, de richesses. *Le propriétaire de ce yacht est un homme très* ***riche****. Seuls les* ***riches*** *peuvent habiter dans ce quartier.* (Contr. pauvre.) ▷ **riche** (adjectif) **1.** Qui a beaucoup de ressources. *La terre est* ***riche*** *dans cette région.* (Syn. fertile.) **2.** Qui contient quelque chose en abondance. *Des aliments* ***riches*** *en protéines.* ⊙ Famille du mot : enrichir, enrichissement, richement, richesse, richissime.

richement (adverbe)
De manière riche, luxueuse. *Le château était* ***richement*** *meublé.*

richesse (nom féminin)
1. Fait d'être riche. *La* ***richesse*** *de sa conversation nous enchante.* **2.** Ressource naturelle abondante dans une région. *Le pétrole est la seule* ***richesse*** *de cette région désertique.*

richissime (adjectif)
Extrêmement riche. *Un homme d'affaires* ***richissime****.*

ricocher (verbe) ○ conj.n°3
Faire ricochet. *Le caillou* ***a ricoché*** *à la surface de l'eau avant de couler.* (Syn. rebondir.)

ricochet (nom masculin)
Rebond qu'un objet fait sur l'eau quand on le lance en oblique. *Les enfants s'amusent à faire des* ***ricochets*** *avec des galets.*

un **ricochet**

rictus (nom masculin)
Grimace qui contracte les lèvres. *Il eut un* ***rictus*** *de colère en apercevant son adversaire.* → Prononciation [riktys].

ride (nom féminin)
1. Petit pli qui se forme sur la peau. *Elle commence à avoir des* ***rides*** *en vieillissant.* **2.** Petite ondulation. *La brise faisait des* ***rides*** *sur la mer.*

rideau, eaux (nom masculin)
1. Pan de tissu suspendu le long d'une fenêtre, d'une porte. *Laura ouvre les* ***rideaux*** *pour laisser entrer le soleil.* **2.** Draperie placée devant la scène d'un théâtre. *Le* ***rideau*** *se lève quand le spectacle commence.*

rider (verbe) ○ conj.n°3
1. Faire des rides. *Le vent* ***ridait*** *la surface de l'étang.* **2.** Se rider : se couvrir de rides. *Il a beaucoup vieilli, son visage* ***s'est ridé****.* ⊙ Famille du mot : dérider, ride.

ridicule (adjectif)
1. Qui provoque l'envie de rire, de se moquer. *Sa nouvelle coiffure est vraiment* ***ridicule****.* (Syn. grotesque.) **2.** Qui ne présente aucun intérêt ou qui n'est pas sensé. *C'est* ***ridicule*** *de se fâcher pour si peu.* (Syn. absurde.) **3.** Qui représente très peu de chose. *C'est un prix* ***ridicule*** *pour un ordinateur de cette qualité.* (Syn. dérisoire, insignifiant, minime.) ▷ **ridicule** (nom masculin) Ce qui est ridicule. *Il se couvre de* ***ridicule*** *en parlant de ce qu'il ne connaît pas.*

a b c d e f g h i j k l m n o p q r s t u v w x y z

▶ **ridiculiser** (verbe) ○ conj.n°3
Rendre quelqu'un ridicule. *Arrête de faire l'intéressant, tu* ***te ridiculises !***

▶ **rien** (pronom)
Aucune chose. *Je n'ai* ***rien*** *dit. Ce que tu fais ne sert vraiment à* ***rien****. On a fait tout ce travail pour* ***rien****.* • **Cela ne fait rien** : cela n'a pas d'importance. ▷ **rien** (nom masculin) Chose sans importance. *Arrête de pleurnicher pour un* ***rien****.* • **En un rien de temps** : en très peu de temps. *Nous avons fait ce trajet* ***en un rien de temps****.*

▶ **rieur, rieuse** (adjectif et nom)
Qui aime rire. *Myriam est une enfant* ***rieuse****. Benjamin a mis les* ***rieurs*** *de son côté.*

▶ **rigide** (adjectif)
1. Qui n'est pas flexible ou qui ne se déforme pas. *Du carton* ***rigide****, du plastique* ***rigide****.* (Contr. souple.) 2. Qui est très rigoureux, très strict. *Il n'a aucune indulgence pour ses enfants, c'est un homme très* ***rigide****.*

▶ **rigidité** (nom féminin)
Fait d'être rigide. *La* ***rigidité*** *d'une barre de fer. Un juge d'une grande* ***rigidité****.*

▶ **rigolade** (nom féminin)
Synonyme familier d'amusement. *Cette bataille de boules de neige, quelle* ***rigolade*** *!*

▶ **rigole** (nom féminin)
1. Petit fossé étroit qui sert à l'écoulement des eaux. *Une* ***rigole*** *d'irrigation.* 2. Filet d'eau qui ruisselle. *La pluie forme des* ***rigoles*** *dans le sable.*

▶ **rigoler** (verbe) ○ conj.n°3
Synonyme familier de rire. *Il s'est mis en colère alors que j'avais dit ça pour* ***rigoler****.* ⊙ Famille du mot : rigolade, rigolo.

▶ **rigolo, ote** (adjectif)
Synonyme familier d'amusant. *Un film* ***rigolo****. Elle est* ***rigolote*** *avec ce chapeau !*

▶ **rigoureusement** (adverbe)
De façon rigoureuse. *Tout ce que dit le témoin est* ***rigoureusement*** *exact.* (Syn. strictement, totalement.)

▶ **rigoureux, euse** (adjectif)
1. Dur à supporter. *On annonce déjà des gelées, l'hiver sera* ***rigoureux****.* (Syn. rude. Contr. clément.) 2. Qui est d'une grande rigueur, extrêmement précis. *En maths, il faut toujours avoir des raisonnements* ***rigoureux****.*

▶ **rigueur** (nom féminin)
1. Grande sévérité. *C'est une faute grave qu'il faut punir avec beaucoup de* ***rigueur****.* 2. Grande précision. *Ces calculs ont été faits avec* ***rigueur****.* 3. Caractère de ce qui est difficile à supporter. *Il est parti dans le Midi pour fuir les* ***rigueurs*** *de l'hiver.* • **À la rigueur** : s'il n'est pas possible de faire autrement. *Je peux* ***à la rigueur*** *retarder mon voyage de quatre jours.* • **De rigueur** : exigé par des règles, des habitudes. *Pour cette soirée, une tenue correcte est* ***de rigueur****.* • **Tenir rigueur de quelque chose à quelqu'un** : lui en vouloir. *Si j'arrive en retard, ne* ***m'en tiens pas rigueur****.* ⊙ Famille du mot : rigoureusement, rigoureux.

▶ **rillettes** (nom féminin pluriel)
Sorte de pâté fait de morceaux de porc ou d'oie cuits dans leur graisse.

▶ **rime** (nom féminin)
Répétition du même son à la fin de deux vers.

▶ **rimer** (verbe) ○ conj.n°3
Se terminer par le même son. *« Jolie »* ***rime*** *avec « folie ».* • **Ne rimer à rien** : n'avoir aucun sens. *Cette discussion* ***ne rime à rien****.*

▶ **rinçage** (nom masculin)
Action de rincer. *Le programme du lave-linge comporte le lavage, le* ***rinçage*** *et l'essorage.*

▶ **rincer** (verbe) ○ conj.n°4
Nettoyer avec de l'eau pure. *Il faut* ***rincer*** *la salade avant de la préparer.*

▶ **ring** (nom masculin)
Estrade carrée entourée de cordes pour les combats de boxe ou de catch. *Les boxeurs sont montés sur le* ***ring****.* ➔ Prononciation [riŋ]. ⊙ Ring est un mot anglais qui signifie « cercle » et qui désignait autrefois la piste circulaire d'un cirque.

ringard, arde (adjectif)
Synonyme familier de démodé. *Je ne veux pas mettre ce bonnet, il est trop* ***ringard*** *!*

riposte (nom féminin)
Réaction de défense rapide et vigoureuse. *Notre équipe s'est fait surprendre par la* ***riposte*** *de l'équipe adverse.* (Syn. contre-attaque.)

riposter (verbe) conj.n°3
Répondre ou réagir avec vivacité à une attaque. *Quand elle lui a dit de se taire, il* ***a riposté*** *qu'il avait le droit de dire ce qu'il pensait.*

1. rire (verbe) conj.n°48
1. Exprimer sa gaieté par des mouvements du visage accompagnés de petits sons saccadés. *Le bébé* ***rit*** *aux éclats quand on le chatouille.* 2. Se moquer de quelqu'un. *Clément n'aime pas beaucoup qu'on* ***rie*** *de lui.* • **Pour rire** : pour plaisanter. *J'ai dit ça* ***pour rire****.* • **Rire jaune** : se forcer à rire alors qu'on est mécontent ou vexé.

2. rire (nom masculin)
Action de rire. *On entendait les* ***rires*** *des enfants dans le jardin. Un éclat de* ***rire****.* • **Avoir le fou rire** : rire sans pouvoir s'arrêter.

ris (nom masculin)
• **Ris de veau** : plat fait avec les glandes du cou d'un veau. *Les* ***ris de veau*** *sont la spécialité de ce restaurant.*

risée (nom féminin)
• **Être la risée des autres** : être celui dont tout le monde se moque. *Avec son chapeau ridicule, il* ***est la risée de*** *tout le quartier.*

risible (adjectif)
Qui donne envie de rire ou de se moquer. *Il est tombé et s'est fait mal, je ne vois pas ce qu'il y a de* ***risible*** *à cela !*

risque (nom masculin)
Ce qui présente un danger. *Il est prêt à prendre tous les* ***risques*** *pour remporter cette course.* Famille du mot : risqué, risquer, risque-tout.

risqué, ée (adjectif)
Qui comporte des risques. *Cette expédition dans la jungle est très* ***risquée****.* (Syn. hasardeux.)

risquer (verbe) conj.n°3
1. Courir un risque, un danger. *Il* ***a risqué*** *sa vie pour sauver cet enfant de la noyade.* 2. Comporter tel risque. *Le village* ***risque*** *d'être inondé si le fleuve déborde.*

risque-tout (nom)
Personne qui prend des risques. *Ce pilote automobile est un* ***risque-tout****.* (Syn. casse-cou.) → Pluriel : des risque-tout.

rissoler (verbe) conj.n°3
Cuire un aliment à feu vif pour qu'il prenne une couleur dorée. *Faire* ***rissoler*** *des pommes de terre dans une cocotte.*

ristourne (nom féminin)
Remise que fait un commerçant à un client sur le prix d'un objet. *Le vendeur nous a fait une* ***ristourne*** *de 10 % sur ce blouson.*

rite (nom masculin)
1. Ensemble des règles et des cérémonies d'une religion. *Ils se sont mariés à l'église suivant le* ***rite*** *catholique.* 2. Habitude que l'on respecte religieusement. *Le repas de Noël se passe tous les ans chez grand-mère, c'est un* ***rite****.*

ritournelle (nom féminin)
Chanson à refrain. *En ce moment, tout le monde fredonne cette* ***ritournelle****.*

rituel, elle (adjectif)
1. Qui concerne les rites. *Pendant la cérémonie du baptême, le prêtre récite les paroles* ***rituelles****.* 2. Qui revient comme un rite. *Chaque soir, maman vient me faire un baiser* ***rituel*** *avant que je m'endorme.*

rivage (nom masculin)
Bande de terre qui longe la mer. *Malgré la tempête, le bateau a pu regagner le* ***rivage****.* (Syn. côte.)

rival, ale, aux (adjectif et nom)
Qui lutte pour surpasser quelqu'un d'autre. *Les deux équipes **rivales** se préparent à la finale. David a battu tous ses **rivaux** dans l'épreuve de saut en hauteur.* (Syn. adversaire, concurrent.) ⊙ Famille du mot : rivaliser, rivalité. ⊙ Rival vient du latin *rivales* qui signifie « riverains » : il s'agissait de personnes qui allaient chercher l'eau dans la même rivière et qui pouvaient se trouver en conflit.

rivaliser (verbe) ○ conj.n°3
Être le rival de quelqu'un. *Ibrahim est capable de **rivaliser** avec les autres concurrents.*

rivalité (nom féminin)
Situation dans laquelle on rivalise avec d'autres. *Il existe une **rivalité** entre les deux meilleurs élèves de la classe.* (Syn. compétition, concurrence.)

rive (nom féminin)
Bord d'un cours d'eau ou d'un lac. *Des promeneurs flânent près des **rives** de la Seine.* (Syn. berge.)

river (verbe) ○ conj.n°3
Fixer des éléments entre eux avec des rivets. *Il **a rivé** une plaque de métal sur la porte pour la consolider.* • **Avoir les yeux rivés sur quelque chose** : le regarder fixement. *Noémie **a les yeux rivés sur** son chronomètre.*

riverain, aine (nom)
Personne qui habite une maison située le long d'un cours d'eau, d'un lac, d'une route ou d'une rue. *Les maisons des **riverains** ont été inondées quand le fleuve a débordé.*

rivet (nom masculin)
Sorte de clou dont on aplatit les deux extrémités. *Les poches de mon jean sont fixées par des petits **rivets** de cuivre.*

rivière (nom féminin)
Cours d'eau qui se jette dans un autre cours d'eau. *Kevin va pêcher sur les bords de la **rivière**.*

rixe (nom féminin)
Échange d'injures et de coups. *La soirée a fini par une **rixe** entre deux bandes rivales.*

riz (nom masculin)
Céréale cultivée pour ses grains comestibles, dans les pays humides et chauds. *Le **riz** est l'aliment de base de nombreux pays d'Asie.*

plant, fleur et épi de **riz**

rizière (nom féminin)
Champ où on cultive le riz. *Les **rizières** doivent être recouvertes d'eau quand le riz commence à pousser.*

robe (nom féminin)
1. Vêtement de femme comprenant un corsage et une jupe formant une seule pièce. *Odile porte une **robe** d'été sans manches.* 2. Vêtement long et ample des avocats, des procureurs ou des juges au tribunal. 3. Pelage de certains animaux. *Un cheval à la **robe** pommelée.* • **Robe de chambre** : vêtement d'intérieur. *Sarah a mis sa chemise de nuit et sa **robe de chambre** en laine.*

robinet (nom masculin)
Appareil permettant d'arrêter ou de laisser s'écouler l'eau, le gaz. *La baignoire va déborder, ferme le* ***robinet****.*

robot (nom masculin)
Machine automatique qui est capable d'exécuter certains travaux à la place de l'homme. *Dans les histoires de science-fiction, les* ***robots*** *ont l'apparence d'êtres humains.* ⊙ Robot vient du tchèque ***robota*** qui signifie « travail, corvée ».

robotique (nom féminin)
Ensemble des techniques permettant de fabriquer des robots.

robuste (adjectif)
Qui est très fort ou très résistant. *Un enfant* ***robuste****. Une voiture* ***robuste****.*

robustesse (nom féminin)
Qualité de ce qui est robuste. *Je vous recommande ce modèle de stylo d'une grande* ***robustesse****.* (Syn. solidité. Contr. fragilité.)

roc (nom masculin)
Masse rocheuse. *On peut accéder à la mer par un escalier taillé dans le* ***roc****.*

rocade (nom féminin)
Route qui évite le centre d'une ville.

rocaille (nom féminin)
Amas de cailloux. *Seuls quelques arbustes arrivent à pousser sur cette* ***rocaille****.*

rocailleux, euse (adjectif)
Couvert de rocaille. ***Une piste rocailleuse*** *menait au sommet de la colline.* (Syn. caillouteux, pierreux.) • **Voix rocailleuse** : voix rauque.

rocambolesque (adjectif)
Rempli d'aventures invraisemblables. *Le héros de ce roman trouve le trésor après des aventures* ***rocambolesques****.* ⊙ *Rocambole* est le nom d'un personnage de roman du XIXᵉ siècle.

roche (nom féminin)
Matière solide qui constitue l'écorce terrestre. *Le granit, le basalte, le calcaire sont des* ***roches****.* • **Clair comme de l'eau de roche** : absolument évident.

rocher (nom masculin)
Grosse masse de pierre. *Les vagues venaient se briser sur les* ***rochers****.*

rocheux, euse (adjectif)
Qui est formé de rochers. *Les côtes bretonnes sont* ***rocheuses****.*

rock (nom masculin)
Style de musique très rythmée, d'origine nord-américaine. *Un groupe de* ***rock****.* → On dit aussi rock and roll qui se prononce [ʀɔkɛnʀɔl]. ⊙ En anglais, ***to rock and roll*** signifie « balancer et rouler ».

rockeur, euse (nom)
Chanteur ou musicien de rock. → On écrit aussi rocker, comme en anglais.

rocking-chair (nom masculin)
Fauteuil à bascule. → Prononciation [ʀɔkiɲtʃɛʀ]. → Pluriel : des rocking-chairs. ⊙ Rocking-chair est un mot anglais formé de ***to rock*** qui signifie « balancer » et ***chair*** qui signifie « chaise ».

un **rocking-chair**

rodage (nom masculin)
Action de roder un moteur. *Ne roule pas si vite, la voiture est encore en* ***rodage****.*

rodéo (nom masculin)
Aux États-Unis, fête au cours de laquelle des cow-boys chevauchent des taureaux et des chevaux sauvages pour les dompter.

roder (verbe) ○ conj.n°3
Faire marcher un moteur à vitesse réduite pour que toutes les pièces de son mécanisme s'ajustent peu à peu.

rôder (verbe) ○ conj.n°3
Aller et venir dans un endroit, souvent avec de mauvaises intentions. *Le renard* ***rôde*** *autour du poulailler.*

rôdeur, euse (nom)
Personne qui rôde. *Des témoins disent avoir vu un* ***rôdeur*** *près du lieu du crime.*

rogne (nom féminin)
Synonyme familier de colère. *Ne te mets pas en* ***rogne*** *pour une petite plaisanterie.*

rogner (verbe) ○ conj.n°3
Couper les bords de quelque chose. *Pierre* ***a rogné*** *sa photo d'identité pour la coller sur sa carte de bibliothèque.*

rognon (nom masculin)
Rein comestible de certains animaux. *Des* ***rognons*** *de veau, d'agneau.*

rognure (nom féminin)
Partie qui se détache de ce qu'on a rogné. *Des* ***rognures*** *d'ongles.*

roi (nom masculin)
1. Chef d'État dans un régime monarchique. *Henri IV et Louis XIV étaient des* ***rois*** *de France.* **2.** L'une des figures d'un jeu de cartes, qui représente un roi. *Quentin a joué le* ***roi*** *de pique.* • **Fête des Rois** : fête chrétienne qui rappelle la visite des Rois mages venus honorer Jésus à sa naissance. • **Galette des Rois** : gâteau contenant une fève, que l'on mange pour la fête des Rois.

roitelet (nom masculin)
Petit passereau dont le mâle porte une huppe jaune sur la tête.

rôle (nom masculin)
1. Ensemble des paroles et des gestes d'un acteur quand il joue au cinéma ou au théâtre. *Un acteur doit connaître son* ***rôle*** *par cœur.* **2.** Fonction qu'une personne doit remplir. *C'est le* ***rôle*** *d'un médecin de soigner les malades.* • **À tour de rôle** : chacun son tour, l'un après l'autre.

un **rodéo**

roller (nom masculin)
Chaussure équipée de roulettes. *Yann fait du **roller** sur l'esplanade.* → Roller est un mot anglais : on prononce [ʀɔlœʀ].

un **roller**

1. romain, aine
➠ Voir tableau p. 6.

2. romain, aine (adjectif)
• **Chiffres romains** : lettres utilisées pour représenter les chiffres. *Les **chiffres romains** sont souvent utilisés pour écrire les siècles.*

1. roman, ane (adjectif)
1. Se dit des langues qui viennent du latin. *L'italien, l'espagnol, le français sont des langues **romanes**.* **2.** Se dit d'une forme d'art du Moyen Âge. *Le style **roman** a été peu à peu remplacé par le style gothique.*

2. roman (nom masculin)
Long récit en prose qui raconte une histoire imaginée. *« Le Tour du monde en 80 jours » est un **roman** de Jules Verne.*
⊙ Famille du mot : romancé, romancier, romanesque.

romance (nom féminin)
Chanson sentimentale. *Grand-mère chante parfois des **romances**.*

romancé, ée (adjectif)
Qui mêle des éléments réels et des éléments imaginaires. *Ce film est une biographie **romancée** de Mozart.*

romancier, ère (nom)
Personne qui écrit des romans. *Émile Zola est un grand **romancier** français.*

romand, ande (adjectif)
Se dit de la partie francophone de la Suisse.

romanesque (adjectif)
Qui ressemble à un roman. *Ce célèbre aventurier a vécu une existence très **romanesque**.*

romantique (adjectif)
Qui est très sensible, sentimental. *C'est une jeune fille **romantique** qui adore les histoires d'amour.*

romantisme (nom masculin)
État d'esprit d'une personne qui est romantique.

romarin (nom masculin)
Arbuste odorant dont on utilise les feuilles comme condiment. *Une tisane de **romarin**.*

du **romarin**

rompre (verbe) ○ conj.n°34
1. Synonyme de casser. *Le prisonnier **avait rompu** ses chaînes. La corde qui attachait le chien **s'est rompue**.* **2.** Cesser d'avoir des relations. *Il **a rompu** avec sa famille.* **3.** Déranger ou interrompre quelque chose. *Des hurlements **ont rompu** le silence.* (Syn. troubler.) • **Applaudir à tout rompre** : applaudir très fort. • **Être rompu à quelque chose** : y être entraîné. *C'est un sportif **rompu à** la pratique de l'alpinisme.*

ronce (nom féminin)
Arbuste sauvage épineux qui produit les mûres. *Romain s'est égratigné les jambes dans un buisson de **ronces**.*

ronchonner (verbe) conj.n°3
Synonyme de grommeler. *Fais ce que je te dis et arrête de* ***ronchonner*** *!*

rond, ronde (adjectif)
1. Qui a la forme d'un cercle ou d'une sphère. *Une table* ***ronde****. On joue au football avec un ballon* ***rond****.* 2. Qui a une forme arrondie, sans angles. *Un bébé aux joues* ***rondes****.* 3. Qui est petit et gros. *Notre voisine est une dame un peu* ***ronde****.* • **Chiffre rond** : nombre sans décimale et facile à retenir.
▷ **rond** (nom masculin) Figure ou dessin de forme ronde. *Pour dessiner un soleil, tu fais d'abord un* ***rond****.* (Syn. cercle.) • **Tourner en rond** : rester au même point sans faire de progrès. • **Rond de serviette** : anneau dans lequel on enfile une serviette de table.
▷ **rond** (adverbe) • **Ne pas tourner rond** : aller mal. *Depuis qu'il est au chômage, il* ***ne tourne pas rond****.*
Famille du mot : arrondi, arrondir, ronde, rondelet, rondelle, rondement, rondeur, rondin, rond-point.

ronde (nom féminin)
1. Danse dans laquelle on tourne en rond en se tenant par la main. *Les petits font la* ***ronde*** *autour de leur maîtresse.* 2. Tournée d'inspection ou de surveillance. *Des policiers font des* ***rondes*** *dans le quartier chaque nuit. Chemin de* ***ronde****.* ➠ p. 196. 3. Note de musique qui vaut quatre noires. • **À la ronde** : aux alentours. *Notre maison est isolée, il n'y a personne à 20 kilomètres* ***à la ronde****.*

rondelet, ette (adjectif)
Qui est un peu rond, un peu gros. *Un bébé bien* ***rondelet****.* (Syn. potelé.)

rondelle (nom féminin)
Tranche ronde et fine. *Couper une carotte en* ***rondelles****.*

rondement (adverbe)
Avec rapidité et efficacité. *La maison est finie, les travaux ont été* ***rondement*** *menés.*

rondeur (nom féminin)
Forme arrondie d'une partie du corps. *Zoé n'est pas grosse mais elle a quelques* ***rondeurs****.*

rondin (nom masculin)
Morceau de bois cylindrique. *Il a chargé le vieux poêle à bois avec des* ***rondins****.*

rond-point (nom masculin)
Carrefour circulaire. *L'Arc de triomphe de Paris se trouve sur un* ***rond-point****.*
→ Pluriel : des ronds-points.

ronflant, ante (adjectif)
Se dit de mots prétentieux et pompeux.

ronflement (nom masculin)
1. Bruit que fait une personne qui ronfle. *Tes* ***ronflements*** *m'empêchent de dormir.* 2. Bruit sourd et régulier. *On entend les* ***ronflements*** *de moteur des bateaux qui rentrent au port.*

ronfler (verbe) conj.n°3
1. Faire du bruit en respirant pendant son sommeil. *Je t'ai entendu* ***ronfler*** *toute la nuit.* 2. Faire un bruit sourd et régulier. *Le vieux poêle à bois* ***ronflait*** *et répandait une chaleur très agréable.*
Famille du mot : ronflant, ronflement.

ronger (verbe) conj.n°5
1. Entamer à petits coups de dents. *Le chien est en train de* ***ronger*** *un os.* 2. Détruire quelque chose peu à peu. *La rouille* ***a rongé*** *la vieille voiture abandonnée.* 3. Causer un grand tourment à quelqu'un. *Depuis qu'il a perdu son travail, l'angoisse le* ***ronge****.*

rongeur (nom masculin)
Mammifère à longues incisives tranchantes qui ronge les aliments. *Le lapin, le rat et le hamster sont des* ***rongeurs****.*

un **rongeur** et son petit

▸ **ronronnement** (nom masculin) 1. Petit grondement sourd et régulier que fait entendre un chat quand il est satisfait. 2. Bourdonnement sourd et régulier d'une machine. *Le bruyant **ronronnement** d'un moteur.*

▸ **ronronner** (verbe) ⊙ conj.n°3 Faire entendre un ronronnement. *Il a mis le contact et le moteur s'est mis à **ronronner**.*

▸ **roquefort** (nom masculin) Fromage au lait de brebis dont la pâte contient des moisissures bleues. ⊙ Roquefort est le nom d'un village de France où ce fromage est fabriqué.

▸ **roquet** (nom masculin) Petit chien hargneux.

▸ **roquette** (nom féminin) Petite fusée contenant une charge explosive. *Un avion armé de **roquettes**.* ⊙ Roquette vient de l'anglais *rocket* qui signifie « fusée ».

▸ **rorqual** (nom masculin) Mammifère marin des mers froides qui ressemble à la baleine.

▸ **rosace** (nom féminin) Grand vitrail de forme circulaire. *Les **rosaces** de la cathédrale.* ➠ p. 178.

▸ **rosâtre** (adjectif) D'un rose terne. *Cette viande **rosâtre** n'est pas très appétissante.*

▸ **rosbif** (nom masculin) Rôti de bœuf. *Maman découpe le **rosbif** en tranches.* ⊙ Rosbif vient de l'anglais *roast* qui signifie « rôti » et *beef* qui signifie « bœuf ».

▸ 1. **rose** (adjectif) D'un rouge très clair. *Il y avait des dragées **roses** pour le baptême de ma petite sœur.* ▷ **rose** (nom masculin) Couleur rose. *Anna a habillé sa poupée en **rose**.* ⊙ Famille du mot : rosâtre, rosé.

▸ 2. **rose** (nom féminin) Fleur du rosier, souvent parfumée, et dont la tige porte des épines. *Ces **roses** blanches sentent très bon.* • **À l'eau de rose** : sentimental et un peu naïf. *Un film **à l'eau de rose**.* • **Rose des sables** : pierre du désert dont la forme rappelle celle d'une rose. ⊙ Famille du mot : rosace, roseraie, rosette, rosier.

des **roses**

▸ **rosé, ée** (adjectif) Légèrement rose. *Camille a un joli teint d'un blanc **rosé**.* ▷ **rosé** (nom masculin) Vin de couleur rouge clair. *Un verre de **rosé**.*

▸ **roseau, eaux** (nom masculin) Plante aquatique à tige haute et flexible. *Thomas a taillé un sifflet dans un bout de **roseau**.*

un **roseau**

a b c d e f g h i j k l m n o p q r s t u v w x y z

▸ **rosée** (nom féminin)
Gouttelettes d'eau qui se déposent pendant la nuit sur le sol et les plantes. *Ce matin, le jardin était couvert de **rosée**.*

▸ **roseraie** (nom féminin)
Terrain planté de rosiers.

▸ **rosette** (nom féminin)
Petit insigne en forme de rose. *La **rosette** de la Légion d'honneur.*

▸ **rosier** (nom masculin)
Arbuste épineux qui donne des roses. *Les murs de la maison sont couverts de **rosiers** grimpants.*

▸ **rossignol** (nom masculin)
Petit passereau au chant très mélodieux.

un **rossignol**

▸ **rostre** (nom masculin)
Partie effilée située en avant de la tête de certains animaux. *Le **rostre** de l'espadon.*

▸ **rot** (nom masculin)
Synonyme de renvoi. *Elle fait faire un **rot** à son bébé avant de le coucher.*

▸ **rotatif, ive** (adjectif)
Qui fonctionne en tournant. *Le mouvement **rotatif** d'une hélice.*

▸ **rotation** (nom féminin)
Mouvement tournant. *La **rotation** de la Terre autour du Soleil dure un an.*

▸ **roter** (verbe) ○ conj.n°3
Faire un rot. *Il **a roté** bruyamment après avoir bu un verre d'eau gazeuse.*

▸ **rôti** (nom masculin)
Morceau de viande rôtie. *Une tranche de **rôti** de bœuf.*

▸ **rotin** (nom masculin)
Tige souple et solide d'un palmier, que l'on peut tresser. *On a installé une table et des fauteuils en **rotin** sur le balcon.*

▸ **rôtir** (verbe) ○ conj.n°11
Faire cuire une viande à feu vif, à la broche ou au four. *Maman a mis la dinde à **rôtir** pour le repas de Noël.*
⊙ Famille du mot : rôti, rôtissoire.

▸ **rôtissoire** (nom féminin)
Appareil qui sert à rôtir la viande. *Des poulets cuisent dans la **rôtissoire** électrique devant la boucherie.*

▸ **rotonde** (nom féminin)
Édifice circulaire surmonté d'une coupole.

▸ **rotor** (nom masculin)
Grande hélice d'un hélicoptère.

▸ **rotule** (nom féminin)
Petit os plat et mobile à l'avant du genou. ⊙ Rotule vient du latin *rotula* qui signifie « petite roue » à cause de la forme de cet os.

▸ **roturier, ère** (nom)
Personne qui ne fait pas partie de la noblesse. *Le prince a épousé une **roturière**.*

▸ **rouage** (nom masculin)
Chacune des roues d'un mécanisme. *Les **rouages** d'une pendule.*

les **rouages** d'une machine

▸ **roublard, arde** (adjectif et nom)
Synonyme familier de retors. *C'est un homme d'affaires très* ***roublard*** *dont il vaut mieux se méfier.*

▸ **roublardise** (nom féminin)
Caractère d'une personne roublarde. *Fais attention, on connaît sa* ***roublardise*** *!*

▸ **rouble** (nom masculin)
Monnaie de la Russie.

▸ **roucoulement** (nom masculin)
Cri du pigeon et de la tourterelle.

▸ **roucouler** (verbe) ○ conj.n°3
Faire entendre des roucoulements. *Les pigeons* ***roucoulent*** *sur le toit.*

▸ **roue** (nom féminin)
1. Pièce circulaire qui permet à un véhicule de rouler. *Les* ***roues*** *d'une voiture, d'un avion, d'un vélo.* ➠ p. 92. ➠ p. 123. **2.** Élément circulaire qui transmet un mouvement. *Les* ***roues*** *dentées du mécanisme d'une horloge.* • **Être la cinquième roue du carrosse :** être considéré comme inutile. • **Faire la roue :** faire tourner son corps en s'appuyant sur les mains puis sur les pieds ; pour un paon, déployer en éventail les plumes de sa queue.

▸ **roué, ée** (adjectif)
Synonyme littéraire de retors. *C'est un homme d'affaires très* ***roué****.*

▸ **rouer** (verbe) ○ conj.n°3
• **Rouer quelqu'un de coups :** le frapper avec violence. *Ce voyou a attaqué un passant et il* ***l'a roué de coups****.*

▸ **rouet** (nom masculin)
Instrument qui servait, autrefois, à filer la laine, le chanvre et le lin.

▸ **rouge** (adjectif)
De la couleur du sang ou des coquelicots. *Une bouteille de vin* ***rouge****. Élodie a les joues* ***rouges*** *à cause du froid.* ▷ **rouge** (nom masculin) **1.** Couleur rouge. *Anna s'habille souvent en* ***rouge****.* **2.** Produit de maquillage. *Maman met du* ***rouge*** *à lèvres, mais elle n'aime pas le* ***rouge*** *à ongles.* ▷ **rouge** (adverbe) • **Voir rouge :** entrer dans une violente colère. ⊙ Famille du mot : rougeâtre, rougeaud, rouge-gorge, rougeoiement, rougeole, rougeoyer, rouget, rougeur, rougir.

▸ **rougeâtre** (adjectif)
Qui a une teinte un peu rouge. *Au soleil couchant, le ciel a pris des reflets* ***rougeâtres****.*

▸ **rougeaud, eaude** (adjectif)
Qui a le visage très rouge. *Notre voisin est un gros homme* ***rougeaud****.*

▸ **rouge-gorge** (nom masculin)
Petit passereau dont le plumage de la poitrine est rouge vif. ➜ Pluriel : des rouges-gorges.

un **rouge-gorge**

▸ **rougeoiement** (nom masculin)
Fait de rougeoyer. *Le* ***rougeoiement*** *des braises.*

▸ **rougeole** (nom féminin)
Maladie contagieuse qui provoque l'apparition de taches rouges sur la peau. *Fatima s'est fait vacciner contre la* ***rougeole****.*

▸ **rougeoyer** (verbe) ○ conj.n°6
Prendre des reflets rouges. *L'incendie* ***rougeoyait*** *dans la nuit.*

▸ **rouget** (nom masculin)
Poisson de mer de couleur rouge clair. *Des* ***rougets*** *frits à la poêle.*

un **rouget**

a b c d e f g h i j k l m n o p q r s t u v w x y z

a b c d e f g h i j k l m n o p q r s t u v w x y z

rougeur (nom féminin)
Tache rouge qui apparaît sur la peau. *Gaëlle a des **rougeurs** sur les bras qui la démangent.*

rougir (verbe) conj.n°11
Devenir rouge. ***Rougir** de timidité, de colère.*

rouille (nom féminin)
Croûte rougeâtre qui se forme sur le fer sous l'effet de l'humidité. *Le vieux vélo est couvert de **rouille**.*

Un bateau échoué et couvert de **rouille**.

rouiller (verbe) conj.n°3
Se couvrir de rouille. *Les outils du jardin vont **rouiller** s'ils restent sous la pluie.*

roulade (nom féminin)
Synonyme de culbute. *Au gymnase, on s'amuse à faire des **roulades**.*

roulant, ante (adjectif)
Qui peut se déplacer grâce à des roulettes. *Un fauteuil **roulant**.* • **Feu roulant** : tir continu d'armes à feu.

roulé, ée (adjectif)
• **Col roulé** : col de pull enroulé sur lui-même.

rouleau, eaux (nom masculin)
1. Ustensile en forme de cylindre. *Hélène étale la pâte à tarte avec un **rouleau** à pâtisserie.* 2. Bande enroulée en forme de cylindre. *Un **rouleau** de papier d'aluminium.* 3. Grosse vague qui déferle. *Il a appris à surfer sur les **rouleaux** de l'océan Atlantique.*

roulement (nom masculin)
1. Bruit sourd et continu. *Le **roulement** des tambours.* 2. Système qui consiste à travailler à tour de rôle au même poste. *Les ouvriers de cette usine travaillent par **roulement**.* • **Roulement à billes** : mécanisme composé de billes d'acier roulant les unes contre les autres afin de réduire les frottements.

rouler (verbe) conj.n°3
1. Se déplacer en tournant sur soi-même. *Le ballon **a roulé** sur la chaussée.* 2. Se déplacer sur des roues. *Le camion **roulait** au ralenti.* 3. Mettre quelque chose en rouleau. *Les déménageurs **ont roulé** tous les tapis pour les transporter.* (Contr. dérouler.) 4. Synonyme familier de tromper. *Il s'est fait **rouler** par un escroc qui lui a vendu un faux tableau.* 5. Se rouler : se tourner d'un côté à l'autre en étant allongé. ***Se rouler** dans l'herbe.* 6. Se rouler : synonyme de s'enrouler. *Julie **s'est roulée** dans sa couette pour se réchauffer.* • **Rouler sur l'or** : être très riche. Famille du mot : dérouler, déroulement, enrouler, enrouleur, roulade, roulant, roulé, rouleau, roulement, roulette, roulis, roulotte.

roulette (nom féminin)
1. Petite roue. *Les pieds de ce lit sont montés sur des **roulettes**.* 2. Fraise du dentiste. *La **roulette** sert à soigner les dents cariées.* 3. Jeu de hasard dans lequel une bille tombe dans une des cases numérotées d'un plateau tournant. *Miser tout son argent à la **roulette**.*

roulis (nom masculin)
Mouvement de balancement d'un bateau d'un bord à l'autre. *Victor a mal au cœur à cause du **roulis** et du tangage.*

roulotte (nom féminin)
Grande voiture aménagée comme une maison. *Le cirque est arrivé, les **roulottes** sont sur la place du village.*

roumain, aine
➟ Voir tableau p. 6.

▸ **round** (nom masculin)
Chacune des parties d'un match de boxe. *Le boxeur a mis son adversaire K.-O. au huitième **round**.* (Syn. reprise.)
➔ Round est un mot anglais : on prononce [RUnd] ou [RAwnd].

▸ **roupie** (nom féminin)
Monnaie de l'Inde, du Pakistan, etc.

▸ **roupiller** (verbe) ○ conj.n°3
Synonyme familier de dormir. *Je suis crevé, je vais aller **roupiller**.*

▸ **rouquin, ine** (adjectif et nom)
Synonyme familier de roux, rousse. *La sœur de William est une jolie petite **rouquine**.*

▸ **rouspéter** (verbe) ○ conj.n°8
Synonyme familier de protester. *Va ranger ta chambre et cesse de **rouspéter** !*

▸ **roussette** (nom féminin)
1. Requin de petite taille, à peau tachetée et à chair comestible. 2. Grande chauve-souris des pays tropicaux.

▸ **rousseur** (nom féminin)
• **Tache de rousseur** : petite tache rousse sur la peau. *Laura a des **taches de rousseur** sur le nez.*

▸ **roussi** (nom masculin)
Odeur de ce qui a commencé à brûler. *Éteins le four, cela sent le **roussi** !*

▸ **route** (nom féminin)
1. Voie de circulation aménagée en dehors des villes. *Maman préfère prendre la **route** nationale plutôt que l'autoroute.* 2. Direction à suivre ou trajet que l'on parcourt. *Nous avons pique-niqué en cours de **route**.* (Syn. chemin, itinéraire.) • **En route !** : partons ! • **Faire fausse route** : se tromper. *Ce n'est pas lui le coupable, vous **faites fausse route** !* • **Mettre en route** : faire fonctionner un appareil ou un véhicule.

▸ **routier, ère** (adjectif)
Qui concerne les routes. *Le réseau **routier**.* ▷ **routier** (nom masculin) Conducteur de camions qui effectue de longs trajets. *Une grève de **routiers** a paralysé la circulation.*

▸ **routine** (nom féminin)
Habitude d'agir et de penser toujours de la même manière. *Il aime l'imprévu et l'aventure, il a horreur de la **routine**.*

▸ **routinier, ère** (adjectif)
Marqué par la routine. *Les vacances ont interrompu son travail **routinier**.*

▸ **rouvrir** (verbe) ○ conj.n°12
Ouvrir de nouveau. *La piscine **rouvrira** après les travaux.*

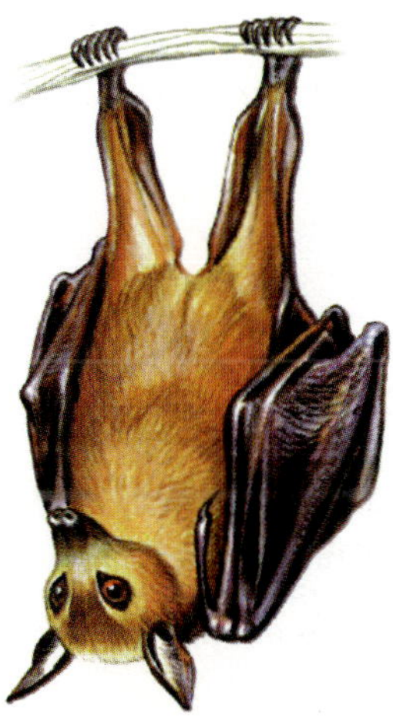
une **roussette**

une **roussette**

roux, rousse (adjectif) Qui est d'une couleur entre le jaune et le brun. *Xavier a aperçu le pelage* ***roux*** *d'un écureuil.* ▷ **roux, rousse** (adjectif et nom) Qui a les cheveux roux. *Notre voisine est une belle* ***rousse*** *aux yeux bleus.* ⊙ Famille du mot : rousseur, roussi.

royal, ale, aux (adjectif) 1. Du roi. *Le prince héritier recevra la couronne* ***royale****.* 2. Qui est digne d'un roi. *Olivier a offert à sa femme un cadeau* ***royal****.* (Syn. magnifique, somptueux.) ⊙ Famille du mot : royalement, royaliste, royaume, royauté.

royalement (adverbe) De façon royale. *La maîtresse de maison a traité* ***royalement*** *ses invités.*

royaliste (adjectif et nom) Partisan du roi ou de la royauté. *Un candidat* ***royaliste*** *s'est présenté aux élections.*

royaume (nom masculin) Pays gouverné par un roi ou une reine. *Le* ***royaume*** *de Suède.*

royauté (nom féminin) Pouvoir royal. *La république a aboli la* ***royauté****.*

ruade (nom féminin) Mouvement brusque d'un animal qui rue. *Ne reste pas derrière ce cheval, il pourrait te renverser d'une* ***ruade****.*

une **ruade**

ruban (nom masculin) Bande fine et étroite de tissu ou de papier. *Myriam a attaché les cheveux de sa poupée avec un* ***ruban****. Un rouleau de* ***ruban*** *adhésif.*

rubéole (nom féminin) Maladie bénigne mais très contagieuse due à un virus.

rubis (nom masculin) Pierre précieuse de couleur rouge. *Un bracelet orné de* ***rubis****.*

rubrique (nom féminin) Suite d'articles d'un journal sur un même sujet. *Papa commence toujours par lire la* ***rubrique*** *sportive de son journal.*

ruche (nom féminin) Petit abri où l'on élève des abeilles. *L'apiculteur a installé cinq* ***ruches*** *dans le vallon.*

rude (adjectif) 1. Difficile à supporter. *Il a gelé pendant des mois, l'hiver a été* ***rude****. Dans cette région désertique, la vie est* ***rude****.* 2. Qui manque de douceur. *Ces aventuriers sont des hommes* ***rudes****.* (Syn. brutal, dur.) ⊙ Famille du mot : rudement, rudesse, rudoyer.

rudement (adverbe) 1. De manière rude. *Ce patron traite* ***rudement*** *ses employés.* (Syn. durement.) 2. Synonyme familier de très. *Je suis* ***rudement*** *content de te revoir.*

rudesse (nom féminin) Caractère de ce qui est rude. *Il a refusé avec* ***rudesse*** *de nous aider.*

rudimentaire (adjectif) Qui ne comporte que l'essentiel. *Les naufragés avaient construit une embarcation* ***rudimentaire*** *avec des troncs d'arbres.*

rudiments (nom masculin pluriel) Connaissances de base. *Guillaume ne connaît que les* ***rudiments*** *de l'informatique.*

rudoyer (verbe) ⊙ conj.n°6 Traiter quelqu'un avec rudesse. *Arrêtez de* ***rudoyer*** *cet enfant, vous lui faites peur.* (Syn. brusquer, malmener.)

rue (nom féminin) Voie bordée de maisons dans une ville ou un village. *Benjamin habite dans une petite* ***rue*** *près de l'école. Une* ***rue*** *à sens unique.* • **Être à la rue** : être sans domicile fixe.

a b c d e f g h i j k l m n o p q r s t u v w x y z

ruée (nom féminin)
Mouvement d'un grand nombre de personnes dans la même direction. *Au moment des soldes, c'est la **ruée** vers les grands magasins.* (Syn. rush.)

ruelle (nom féminin)
Petite rue étroite.

ruer (verbe) ○ conj.n°3
1. Lancer brusquement en l'air les pattes arrière, pour un cheval, un âne. *Le cheval, affolé, s'est mis à **ruer**.* 2. Se ruer : s'élancer brusquement et très violemment. *La foule **s'est ruée** vers la sortie.* ⊙ Famille du mot : ruade, ruée.

rugby (nom masculin)
Sport opposant deux équipes, qui se joue à la main et au pied avec un ballon ovale. ⊙ *Rugby* est une ville d'Angleterre, où ce sport a été inventé en 1823.

un match de **rugby**

rugbyman (nom masculin)
Joueur de rugby. → Prononciation [rygbiman]. → Pluriel : des rugbymans ou des rugbymen.

rugir (verbe) ○ conj.n°11
Pousser des rugissements. *Le lion s'approcha en **rugissant**.*

rugissement (nom masculin)
1. Cri du lion et de certains grands fauves. *Les **rugissements** du tigre le glaçaient d'effroi.* 2. Hurlement violent. *L'homme poussait des **rugissements** de colère.*

rugosité (nom féminin)
Caractère de ce qui est rugueux. *L'alpiniste grimpait facilement grâce à la **rugosité** de la paroi rocheuse.*

rugueux, euse (adjectif)
Qui râpe au toucher. *L'écorce de ce vieux chêne est **rugueuse**.* (Contr. lisse.) ⊙ Rugueux vient du latin *rugosus* qui signifie « ridé ».

ruine (nom féminin)
1. Restes d'un bâtiment détruit. *En Italie, il reste encore de nombreuses **ruines** de l'Antiquité romaine. Le village abandonné tombe en **ruine**.* 2. Perte des biens d'une personne. *Son commerce ne marche plus du tout, il est au bord de la **ruine**.* ⊙ Famille du mot : ruiner, ruineux.

ruine romaine

ruiner (verbe) ○ conj.n°3
Causer la ruine. *Les inondations **ont ruiné** les paysans de cette région. Il **s'est ruiné** en jouant au casino.*

▸ **ruineux, euse** (adjectif)
Qui entraîne des dépenses trop importantes. *C'est une villa magnifique, mais son entretien est* ***ruineux****.*

▸ **ruisseau, eaux** (nom masculin)
Petit cours d'eau. *Des enfants pêchent au bord du* ***ruisseau****.*

▸ **ruisselant, ante** (adjectif)
Qui ruisselle. *Le coureur était* ***ruisselant*** *de sueur.*

▸ **ruisseler** (verbe) ◦ conj.n°9
Couler en formant des petits ruisseaux. *La pluie* ***ruisselait*** *le long des vitres.* ⊙ Famille du mot : ruisselant, ruissellement.

▸ **ruissellement** (nom masculin)
Fait de ruisseler. *Le* ***ruissellement*** *des eaux de pluie fait rouler les pierres sur la pente.*

▸ **rumeur** (nom féminin)
1. Bruit confus de voix. *Quand la vedette parut sur scène, une* ***rumeur*** *s'éleva dans la salle.* **2.** Nouvelle qui se répand dans le public. *On dit que le Président va démissionner, mais ce n'est qu'une* ***rumeur****.*

▸ **ruminant** (nom masculin)
Mammifère qui rumine. *La vache, la chèvre, le cerf, le chameau sont des* ***ruminants****.*

▸ **ruminer** (verbe) ◦ conj.n°3
1. Mâcher de nouveau les aliments en les faisant remonter de l'estomac jusqu'à la bouche. *Les vaches* ***ruminent****, couchées dans l'herbe.* **2.** Au sens figuré, retourner sans arrêt les mêmes pensées dans son esprit. *Depuis des mois, il* ***rumine*** *son échec.*

▸ **rumsteck** (nom masculin)
Morceau de viande découpée dans la croupe du bœuf. *Une tranche de* ***rumsteck*** *grillée.* → Rumsteck est un mot anglais : on prononce [ʀɔmstɛk].

▸ **rupestre** (adjectif)
Qui est dessiné ou gravé dans la roche. *Les peintures* ***rupestres*** *de cette grotte datent de la préhistoire.*

une peinture **rupestre**

▸ **rupture** (nom féminin)
1. Fait de se rompre. *L'inondation a provoqué la* ***rupture*** *des canalisations d'eau.* **2.** Interruption brutale. *Des attentats ont provoqué la* ***rupture*** *des négociations.* **3.** Séparation entre des personnes jusque-là unies. *Ils ne se parlent plus depuis leur* ***rupture****.*

▸ **rural, ale, aux** (adjectif)
Qui concerne la campagne. *Il vit à Paris, il ne connaît rien de la vie* ***rurale****.*

▸ **ruse** (nom féminin)
Moyen habile utilisé pour tromper. *Il a utilisé mille* ***ruses*** *pour échapper à ses ennemis.* (Syn. stratagème, subterfuge.) ⊙ Famille du mot : rusé, ruser.

▸ **rusé, ée** (adjectif)
Qui agit avec ruse. *Son adversaire est* ***rusé*** *comme un renard.* (Syn. malin.)

▸ **ruser** (verbe) ◦ conj.n°3
Agir avec ruse. *Si tu veux échapper à cette corvée, il va falloir* ***ruser*** *!*

▸ **rush** (nom masculin)
Synonyme de ruée. *Au mois d'août, c'est le* ***rush*** *des vacanciers sur les plages !* → Rush est un mot anglais : on prononce [ʀœʃ]. → Pluriel : des rushs ou des rushes.

russe
➠ Voir tableau p. 6.

rustine (nom féminin)
Rondelle de caoutchouc adhésive, utilisée pour réparer la chambre à air d'un vélo. → Rustine est le nom d'une marque. ⊙ Rustine vient de *Rustin*, nom du fabricant.

rustique (adjectif)
Qui a des formes simples et traditionnelles. *Une grosse table **rustique** en bois de chêne.*

rustre (nom masculin)
Homme grossier, sans éducation. *Ce **rustre** est parti au milieu du repas sans s'excuser.*

rut (nom masculin)
Période d'activité sexuelle qui pousse les animaux à s'accoupler. *Une chienne en **rut**.* → Prononciation [RYt].

rutabaga (nom masculin)
Sorte de navet de couleur jaune.

rutilant, ante (adjectif)
Qui brille d'un éclat très vif. *Caroline portait des bracelets en or **rutilants**.* (Syn. étincelant.)

rythme (nom masculin)
1. Mouvement de la musique. *Ils dansaient au **rythme** entraînant d'un air de jazz.* 2. Mouvement qui se produit à intervalles réguliers. *Le **rythme** de la respiration.* 3. Allure à laquelle on fait une action. *Accélère ! Au **rythme** où tu avances, nous allons rater le bus.* (Syn. allure, cadence.) ⊙ Famille du mot : rythmer, rythmique.

rythmer (verbe) ○ conj.n°3
1. Marquer le rythme. *Les danseurs tapent du pied pour **rythmer** la cadence.* 2. Donner un certain rythme. *Les saisons **rythment** la vie des agriculteurs.*

rythmique (adjectif)
Qui se pratique sur le rythme d'une musique. *Gymnastique **rythmique**.*

a b c d e f g h i j k l m n o p q r s t u v w x y z

S

s (nom masculin)
Dix-neuvième lettre de l'alphabet. *Le s est une consonne.*

s' ➠ Voir se et si 1.

sa (déterminant)
Féminin de *son 1*.

sabbat (nom masculin)
1. Dans la religion juive, jour de repos hebdomadaire, le samedi. **2.** Dans les légendes, réunion nocturne de sorciers et de sorcières. ⊙ Sabbat vient de l'hébreu *shabbat* qui signifie « repos ».

sabbatique (adjectif)
• **Année sabbatique** : année de congé, passée sans travailler. *La mère de Benjamin a décidé de prendre une **année sabbatique**.*

sablage (nom masculin)
Action de sabler. *On effectue le **sablage** des routes quand il y a de la neige ou du verglas.*

sable (nom masculin)
Matière constituée de petits grains provenant de débris de roches ou de coquillages. *Les enfants font des pâtés de **sable** sur la plage.* ⊙ Famille du mot : sablage, sabler, sableux, sablier, sablonneux.

sablé, ée (adjectif)
• **Pâte sablée** : pâte très friable, faite avec beaucoup de beurre. ▷ **sablé** (nom masculin) Petit gâteau sec à pâte sablée.

sabler (verbe) ⊳ conj.n°3
Couvrir de sable. *Cette chaussée est verglacée, il faut la **sabler**.* • **Sabler le champagne** : célébrer un événement en buvant du champagne.

sableux, euse (adjectif)
Qui contient du sable. *L'eau de l'estuaire est **sableuse**.*

sablier (nom masculin)
Petit instrument en verre dans lequel du sable coule lentement de haut en bas. *On se sert d'un **sablier** pour mesurer le temps de cuisson des œufs à la coque.*

un **sablier**

sablonneux, euse (adjectif)
Qui est couvert de sable. *C'est difficile de rouler à vélo sur les chemins très **sablonneux**.*

saborder (verbe) ○ conj.n°3
Couler volontairement un navire.

sabot (nom masculin)
1. Chaussure en bois. *Autrefois, à la campagne, tout le monde marchait en **sabots**.* 2. Corne qui protège le pied de certains animaux. *Le cheval, le zèbre, le bœuf ont des **sabots**.*

sabotage (nom masculin)
Action de saboter quelque chose. *Le **sabotage** du pont a bloqué le convoi.*

saboter (verbe) ○ conj.n°3
1. Détériorer ou détruire volontairement une machine, une installation. ***Saboter** une voie ferrée.* 2. Faire vite et mal. *La réparation a été mal faite, le garagiste **a saboté** son travail.* ⊙ Famille du mot : sabotage, saboteur.

saboteur, euse (nom)
Personne qui sabote une installation.

sabre (nom masculin)
Sorte d'épée, droite ou recourbée, dont la lame coupe d'un seul côté.

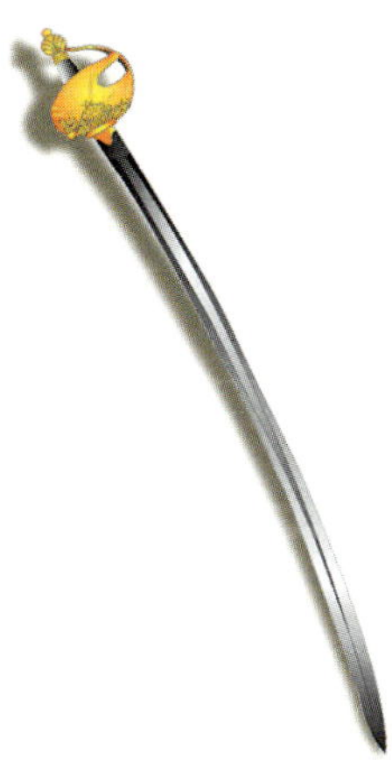

un **sabre**

sabrer (verbe) ○ conj.n°3
1. Frapper à coups de sabre. 2. Supprimer certaines parties d'un texte. *L'éditeur souhaite **sabrer** des passages du livre, mais l'auteur n'est pas d'accord.*

1. sac (nom masculin)
Récipient en tissu, en cuir, en plastique ou en papier, qui sert à transporter des choses. *Les quinze randonneurs bouclent leur **sac** à dos. Anna met ses papiers et ses clés dans son **sac** à main.* • **Avoir plus d'un tour dans son sac** : être rusé. • **Mettre dans le même sac** : réprouver de la même façon plusieurs choses ou plusieurs personnes. • **Prendre quelqu'un la main dans le sac** : le surprendre en flagrant délit.

2. sac (nom masculin)
• **Mettre à sac** : piller et dévaster. *Les troupes ennemies **ont mis** la ville **à sac**.*
⊙ Famille du mot : saccage, saccager.

saccade (nom féminin)
Secousse brusque et irrégulière. *La voiture avance par **saccades**, elle va tomber en panne.* (Syn. à-coup.)

saccadé, ée (adjectif)
Qui se fait par saccades. *Des gestes **saccadés**.*

saccage (nom masculin)
Action de saccager. *Le chien a fait un vrai **saccage** en courant dans les tulipes.*

saccager (verbe) ○ conj.n°5
Synonyme de ravager. *Le chat **a saccagé** le fauteuil avec ses griffes.*

sacerdoce (nom masculin)
Fonction de prêtre.

sachet (nom masculin)
Petit sac. *Maman met des **sachets** de lavande dans l'armoire pour parfumer le linge.*

sacoche (nom féminin)
Grand sac de cuir ou de toile. *Clément vient d'acheter des **sacoches** pour son vélo.*

▸ **sacre** (nom masculin)
Cérémonie religieuse qui accompagne le couronnement d'un roi ou d'un empereur.

« Le **Sacre** de Napoléon » de David (1806)

▸ **sacré, ée** (adjectif)
1. Qui a un rapport avec la religion. *Les lieux **sacrés** sont respectés.* 2. Qu'il faut absolument respecter. *Pour ce peuple, l'hospitalité est une chose **sacrée**.* 3. Renforce familièrement un terme injurieux ou admiratif. *C'est un **sacré** menteur !*

▸ **sacrement** (nom masculin)
Cérémonie importante de la religion chrétienne. *Le baptême, la communion et le mariage font partie des sept **sacrements**.*

▸ **sacrer** (verbe) ⭘ conj.n°3
Donner solennellement le titre de souverain lors du sacre. *Charlemagne **fut sacré** empereur par le pape en 800.* (Syn. couronner.) ⊙ Famille du mot : sacre, sacré, sacrement, sacro-saint.

▸ **sacrifice** (nom masculin)
1. Offrande à une divinité. *Dans l'Antiquité, on immolait des animaux pour les offrir en **sacrifice** aux dieux.* 2. Renoncement ou privation. *Ils ont dû faire des **sacrifices** pour s'offrir cette belle voiture.*

▸ **sacrifier** (verbe) ⭘ conj.n°10
1. Offrir en sacrifice. *Les Romains **sacrifiaient** des animaux sur les autels.* 2. Renoncer à quelque chose pour autre chose qu'on juge plus important. *Il a dû **sacrifier** le sport pour réussir ses études.*

▸ **sacrilège** (nom masculin)
1. Crime commis contre une chose sacrée. *Profaner une tombe est un **sacrilège**.* 2. Manque de respect envers une chose vénérable. *Détruire ce paysage pour y faire passer l'autoroute serait un **sacrilège**.*

▸ **sacripant** (nom masculin)
Synonyme familier de vaurien.

▸ **sacristain** (nom masculin)
Homme chargé de l'entretien d'une église.

▸ **sacristie** (nom féminin)
Salle, dans une église, où l'on range les objets qui servent au culte.

▸ **sacro-saint, sacro-sainte** (adjectif)
Qui fait l'objet d'un respect profond. *Élodie aimerait échapper à la **sacro-sainte** promenade dominicale.* → Pluriel : sacro-saints, sacro-saintes.

▸ **sadique** (adjectif et nom)
Qui prend plaisir à faire souffrir ou à voir souffrir. *David a enfermé le chat dans le placard, il est vraiment **sadique** !* ⊙ Sadique vient du nom du marquis de *Sade*, écrivain du XVIIIe siècle.

▸ **sadisme** (nom masculin)
Comportement sadique.

▸ **safari** (nom masculin)
Expédition en Afrique pour chasser des animaux sauvages. ⊙ Safari vient d'un mot d'Afrique de l'Est qui signifie « bon voyage ».

▸ **safari-photo** (nom masculin)
Excursion au cours de laquelle on photographie des bêtes sauvages. → Pluriel : des safaris-photos.

safran (nom masculin)
1. Poudre jaune-orangé extraite d'une fleur, utilisée comme condiment ou comme colorant. *On met du **safran** dans la paella.* **2.** Partie plate du gouvernail d'un bateau. ➠ p. 114.

le **safran**

saga (nom féminin)
Récit qui raconte l'histoire d'une famille sur plusieurs générations.

sagace (adjectif)
Synonyme littéraire de perspicace. *Un esprit **sagace** et subtil.*

sagacité (nom féminin)
Synonyme littéraire de perspicacité. *Sa **sagacité** lui a fait déceler le piège.*

sagaie (nom féminin)
Arme à long manche terminé par une pointe de fer, utilisée par certains peuples.

une **sagaie**

sage (adjectif)
1. Qui est plein de bon sens et de prudence. *Comme il y a du verglas, ils ont pris la **sage** décision de voyager en train.* (Syn. raisonnable, sensé. Contr. imprudent.) **2.** Qui est calme et obéissant. *Les enfants ont été très **sages** avec leur baby-sitter.* ⊙ Famille du mot : s'assagir, sagement, sagesse.

sage-femme (nom féminin)
Infirmière dont la spécialité est d'aider les femmes qui accouchent. *La mère de Fatima est **sage-femme** dans une maternité.* → Pluriel : des sages-femmes.

sagement (adverbe)
De façon sage. *Les enfants jouent **sagement** dans leur chambre.*

sagesse (nom féminin)
1. Qualité d'une personne sage, prudente. *La **sagesse** serait d'attendre la fin de l'orage pour sortir.* **2.** Qualité d'une personne sage, calme et obéissante. *Gaëlle a été d'une **sagesse** remarquable avec sa grand-mère.*

saignant, ante (adjectif)
Qui est peu cuit. *Voulez-vous votre steak **saignant** ou à point ?*

saignement (nom masculin)
Fait de saigner. *Après le choc, Ibrahim a eu un **saignement** de nez.*

saigner (verbe) ⊙ conj.n°3
1. Perdre du sang. *Kevin est tombé de vélo et ses genoux **saignent**.* **2.** Tuer un animal en le vidant de son sang. *La fermière **a saigné** un lapin.* **3.** Se saigner : faire beaucoup de sacrifices. *Nos voisins ont dû **se saigner** pour pouvoir s'acheter cette nouvelle voiture.* ⊙ Famille du mot : saignant, saignement.

saillant, ante (adjectif)
Qui fait saillie. *La corniche **saillante** d'un bâtiment.*

saillie (nom féminin)
Partie qui dépasse d'une surface. *Un balcon en **saillie**.*

saillir (verbe) ○ conj.n°14
Être en saillie, former un relief. *Quand l'haltérophile soulève les haltères, on voit ses muscles qui **saillent**.* ⊙ Famille du mot : saillant, saillie.

sain, saine (adjectif)
1. Qui est bon pour la santé. *À la campagne, l'air est plus **sain** qu'en ville.* 2. Qui est en bonne santé physique. *Ces volailles élevées en plein air sont très **saines**.* (Contr. malade.) 3. Qui prouve une bonne mentalité. *Il a toujours eu de **saines** lectures.* • **Sain et sauf :** indemne. *Tous les habitants sont sortis **sains et saufs** de l'immeuble en flammes.* ⊙ Famille du mot : assainissement, assainir, malsain.

saindoux (nom masculin)
Graisse de porc fondue. *Le pot de rillettes est recouvert de **saindoux**.*

sainfoin (nom masculin)
Plante cultivée pour servir de fourrage.

saint, sainte (nom)
Dans la religion catholique, personne reconnue, après sa mort, comme digne d'un culte. *Des statues de **saints** ornent le porche de la cathédrale.* ▷ **saint, sainte** (adjectif) 1. Qui appartient à la religion. *La Bible, les Évangiles, le Coran sont des livres **saints**.* (Syn. sacré.) 2. Qui est bon, juste et généreux. *Ta tante était une **sainte** femme.*

saint-bernard (nom masculin)
Grand chien au poil long, dressé pour le sauvetage des personnes perdues en montagne. ➜ Pluriel : des saint-bernard. ⊙ Saint-bernard vient du nom du *col du Grand-Saint-Bernard*, dans les Alpes, où se trouvait un hospice dont les moines élevaient ces chiens.

un **saint-bernard**

sainte-nitouche (nom féminin)
Personne hypocrite, qui fait semblant d'être sage pour tromper son entourage. ➜ Pluriel : des saintes-nitouches. ⊙ Sainte-nitouche vient de *sainte* et de ***n'y touche (pas)***.

sainteté (nom féminin)
Qualité d'une personne ou d'une chose sainte. *Respecter la **sainteté** d'un lieu.* • **Sa Sainteté :** titre donné au pape.

saisie (nom féminin)
1. Confiscation d'un bien ordonnée par la justice. *Pour échapper à la **saisie** de leurs meubles, ils ont dû rembourser leurs dettes.* 2. Action de saisir un texte sur un ordinateur.

saisir (verbe) ○ conj.n°11
1. Attraper vivement avec la main. *Pierre a dû sauter pour **saisir** la balle que Véronique lui avait envoyée.* 2. Mettre immédiatement à profit un événement. ***Saisir** une occasion, le bon moment.* 3. Synonyme de comprendre. *Tu **as** bien **saisi** mes explications ?* 4. Surprendre quelqu'un d'une façon brutale ou désagréable. *Le froid nous **a saisis** dès que nous avons ouvert la porte.* 5. Effectuer une saisie par une décision de justice. *L'huissier risque de **saisir** leurs meubles s'ils ne paient pas leurs dettes.* 6. Enregistrer des données dans la mémoire d'un ordinateur. *Julie **saisit** les noms des membres du club.* 7. Se saisir de quelque chose : s'en emparer. *Les cambrioleurs **se sont saisis du** tiroir-caisse avant de s'enfuir.* ⊙ Famille du mot : se dessaisir, insaisissable, saisie, saisissant, saisissement.

saisissant, ante (adjectif)
Qui fait une vive impression. *Cette sculpture est d'une beauté **saisissante**.* (Syn. frappant.)

saisissement (nom masculin)
Émotion forte et soudaine causée par une impression vive ou un choc.

saison (nom féminin)
1. Chacune des quatre divisions de l'année. *Les quatre **saisons** sont l'hiver, le printemps, l'été et l'automne.* 2. Période de l'année où une activité bat son plein. *C'est la **saison** des champignons. La **saison** touristique.* ⊙ Famille du mot : arrière-saison, saisonnier.

saisonnier, ère (adjectif)
Qui n'a lieu qu'à certaines saisons. *Le ski et le surf sont des sports **saisonniers**.* ▷ **saisonnier, ère** (nom) Ouvrier employé pour un travail saisonnier.

salade (nom féminin)
1. Plante potagère cultivée pour ses feuilles qu'on mange généralement crues. *La laitue, la mâche, le cresson, la frisée et la scarole sont des **salades** aux goûts différents.* 2. Plat froid constitué d'un mélange d'aliments assaisonnés. *Une **salade** de pommes de terre et de tomates.* • **Salade de fruits** : mélange de fruits coupés en morceaux.

saladier (nom masculin)
Plat creux pour servir la salade. *Laura prépare la vinaigrette dans le **saladier** avant d'y déposer les feuilles de laitue.*

une **salamandre**

salaire (nom masculin)
Somme d'argent qu'on reçoit régulièrement pour son travail. *Les femmes se plaignent qu'à travail égal leurs **salaires** sont plus bas que celui des hommes.* ⊙ Famille du mot : salarial, salarié. ⊙ Salaire vient du terme latin *salarium* qui signifie « ration de sel » : le sel, denrée précieuse, servait autrefois de monnaie d'échange.

salaisons (nom féminin pluriel)
Aliments qu'on a salés pour les conserver. *Le lard, le jambon sont des **salaisons**.*

salamandre (nom féminin)
Petit amphibien noir à taches jaunes dont la peau sécrète un liquide toxique.

salami (nom masculin)
Gros saucisson sec d'origine italienne.

salant (adjectif masculin)
• **Marais salant** : bassin peu profond en bord de mer dans lequel on récolte le sel après évaporation de l'eau. (Syn. saline.)

des **marais salants**

La **salamandre** était l'emblème de François Ier.

salarial, ale, aux (adjectif)
Qui concerne les salaires. *Un accord* ***salarial*** *a été conclu entre la direction et les* ***salariés****.*

salarié, ée (adjectif et nom)
Qui reçoit un salaire en échange de son travail. *Cette entreprise emploie 40* ***salariés****.*

sale (adjectif)
1. Qui est couvert de taches ou de poussière. *Quand il rentre du stade, Quentin est* ***sale*** *des pieds à la tête !* (Syn. malpropre. Contr. propre.) 2. Qui est mauvais, désagréable ou dangereux. ***Sale*** *temps pour la saison ! Jouer un* ***sale*** *tour à quelqu'un.* ⊙ Famille du mot : salement, saleté, salir, salissant.

salé, ée (adjectif)
Qui contient du sel. *Avec les huîtres, on mange du pain et du beurre* ***salé****.* ▷ **salé** (nom masculin) Viande de porc salée. *Le* ***salé*** *aux lentilles est un bon plat d'hiver.*

salement (adverbe)
D'une manière sale. *Ne mange pas* ***salement*** *avec tes mains, prends une fourchette !* (Contr. proprement.)

saler (verbe) ○ conj.n°3
Mettre du sel pour assaisonner. *Tu* ***as*** *trop* ***salé*** *l'eau de cuisson des nouilles.* ⊙ Famille du mot : dessaler, salaisons, salant, salé, salière, saline.

saleté (nom féminin)
1. État de ce qui est sale. *Ce jean est d'une* ***saleté*** *repoussante : il faut le laver.* (Syn. malpropreté. Contr. propreté.) 2. Chose sale. *En prenant leur goûter, les enfants ont fait plein de* ***saletés*** *dans la cuisine.* (Syn. cochonnerie.)

salière (nom féminin)
Petit récipient pour mettre le sel.

saline (nom féminin)
Synonyme de marais salant.

salir (verbe) ○ conj.n°11
Rendre sale. *Romain* ***a sali*** *les murs de sa chambre avec ses doigts pleins d'encre. Tu vas* ***te salir*** *si tu ne mets pas de tablier.*

salissant, ante (adjectif)
1. Qui salit. *Un travail* ***salissant****.* 2. Qui se salit facilement. *Mets ton pantalon gris, il est moins* ***salissant*** *que le blanc !*

salivaire (adjectif)
• **Glandes salivaires** : glandes qui sécrètent la salive. ➠ p. 345.

salive (nom féminin)
Liquide que l'on a dans la bouche. ⊙ Famille du mot : salivaire, saliver.

saliver (verbe) ○ conj.n°3
Sécréter de la salive. *Les bonnes odeurs qui viennent de la cuisine nous font* ***saliver****.*

salle (nom féminin)
1. Pièce d'un appartement ou d'une maison qui a une fonction précise. *La* ***salle*** *à manger est au rez-de-chaussée, la* ***salle*** *de bains est au premier étage.* 2. Local collectif. *Une* ***salle*** *de cinéma. La* ***salle*** *d'attente d'une gare, d'un hôpital.* 3. Ensemble des spectateurs. *Toute la* ***salle*** *a applaudi à la fin du concert.*

salon (nom masculin)
1. Pièce où l'on reçoit des invités. *Le* ***salon*** *de ce château est orné de tableaux.* 2. Exposition composée de stands. *Le* ***Salon*** *de l'automobile.* • **Salon de coiffure** : boutique d'un coiffeur. • **Salon de thé** : pâtisserie où l'on sert des consommations. ➜ Au sens 2, ce mot s'écrit avec une majuscule.

salopette (nom féminin)
Vêtement à bretelles composé d'un pantalon et d'une partie qui protège la poitrine.

salpêtre (nom masculin)
Poudre blanche qui se forme sur les murs humides. ⊙ Salpêtre vient du latin *salpetrae* qui signifie « sel de la pierre ».

salsifis (nom masculin)
Plante potagère cultivée pour ses longues racines comestibles.

saltimbanque (nom)
Acrobate, jongleur ou bateleur qui fait des tours d'adresse en public. *Les **saltimbanques** se déplacent de ville en ville.*

salubre (adjectif)
Qui est bon pour la santé. *Dans cette belle région de montagne, le climat est **salubre**.* (Syn. sain. Contr. insalubre, malsain.)
⊙ Famille du mot : insalubre, insalubrité, salubrité.

salubrité (nom féminin)
Qualité de ce qui est salubre. *Vérifier la **salubrité** d'un vieil immeuble.*

saluer (verbe) ⊙ conj.n°3
1. Faire un salut à quelqu'un. *Myriam est très polie, elle **salue** toujours ses voisins.* 2. Accueillir quelqu'un ou un événement. *La salle **a salué** l'arrivée des comédiens par des cris et des bravos.*

salut (nom masculin)
1. Geste ou parole pour dire bonjour, bonsoir ou au revoir. *Faire un **salut** de la main.* 2. Fait d'échapper à un danger ou à la mort. *Pris dans un incendie de forêt, ils doivent leur **salut** aux pompiers.*

salutaire (adjectif)
Qui a une action bénéfique. *Son séjour à la mer lui a été vraiment **salutaire**.* (Syn. bienfaisant, utile.)

salutations (nom féminin pluriel)
Formule de politesse à la fin d'une lettre. *Je vous adresse mes **salutations** distinguées.*

salve (nom féminin)
Ensemble de coups de canon ou de coups de feu tirés simultanément.

samba (nom féminin)
Danse très rythmée d'origine brésilienne.

samedi (nom masculin)
Sixième jour de la semaine, entre vendredi et dimanche.

samouraï (nom masculin)
Membre de la classe des guerriers, dans le Japon féodal. *Les **samouraïs** étaient tous au service d'un seigneur.*
➜ Prononciation [samuʀaj].

un **samouraï**

S.A.M.U. (nom masculin)
Service qui apporte les premiers soins aux accidentés. ⊙ S.A.M.U. est l'abréviation de ***s**ervice d'**a**ide **m**édicale d'**u**rgence*.

sanatorium (nom masculin)
Établissement où l'on soignait les personnes atteintes de tuberculose.
➜ Prononciation [sanatɔʀjɔm].

sanction (nom féminin)
1. Synonyme de punition. *Une **sanction** très sévère.* 2. Fait d'être approuvé officiellement. *Le projet de loi a reçu la **sanction** du Parlement.*

sanctionner (verbe) ⊙ conj.n°3
1. Infliger une sanction. *Cette faute grave doit **être** sévèrement **sanctionnée**.* 2. Approuver ou confirmer officiellement. *Ce décret vient d'**être sanctionné**.*

a b c d e f g h i j k l m n o p q r s t u v w x y z

▸ **sanctuaire** (nom masculin)
Édifice où l'on célèbre un culte. *Ces pèlerins se rendent au* ***sanctuaire*** *de Lourdes.*

▸ **sandale** (nom féminin)
Chaussure légère formée d'une semelle qui s'attache au pied par des lanières. *Noémie a mis ses* ***sandales*** *pour aller à la plage.*

▸ **sandalette** (nom féminin)
Sandale légère.

▸ **sandre** (nom masculin)
Poisson d'eau douce à la chair délicieuse.

un **sandre**

▸ **sandwich** (nom masculin)
Casse-croûte constitué de deux tranches de pain entre lesquelles on met du jambon, du fromage et du saucisson, etc. *On a préparé des* ***sandwiches*** *pour ce long voyage.* ➔ Sandwich est un terme anglais : on prononce [sɑ̃dwitʃ]. ➔ Pluriel : des sandwichs ou des sandwiches. ⊙ Sandwich vient du nom du comte de Sandwich, dont le cuisinier inventa ce repas sommaire pour lui éviter de quitter sa table de jeu.

▸ **sang** (nom masculin)
Liquide rouge qui circule dans les veines et les artères à travers tout le corps. *Le blessé a perdu beaucoup de* ***sang****.* • **Faire couler le sang** : faire de nombreuses victimes. • **Mon sang n'a fait qu'un tour** : j'ai réagi très vivement. • **Se faire du mauvais sang** : se faire du souci, s'inquiéter. ➔ Prononciation [sɑ̃]. ⊙ Famille du mot : ensanglanté, sang-froid, sanglant, sanguin, sanguinaire, sanguine, sanguinolent.

▸ **sang-froid** (nom masculin)
Maîtrise de soi et calme qu'on montre quand il y a du danger. *Grâce au* ***sang-froid*** *des pompiers, tout le monde a pu être sauvé.*

▸ **sanglant, ante** (adjectif)
1. Qui est couvert de sang. (Syn. ensanglanté.) **2.** Qui fait couler beaucoup de sang. *Le combat entre les deux armées a été* ***sanglant****.* (Syn. meurtrier.)

▸ **sangle** (nom féminin)
Bande large et plate qui sert à attacher. *Pour ne pas qu'elle s'ouvre, j'ai mis une* ***sangle*** *autour de la valise.* ➠ p. 1035.

▸ **sanglier** (nom masculin)
Cochon sauvage qui vit dans la forêt. *La femelle du* ***sanglier*** *s'appelle la laie et ses petits s'appellent les marcassins.* ⊙ Sanglier vient du latin *singularis (porcus)* qui signifie « (porc) solitaire ».

un **sanglier**

▸ **sanglot** (nom masculin)
Bruit que fait entendre quelqu'un qui pleure très fort. *En apprenant la nouvelle, Odile a éclaté en* ***sanglots****.*

▸ **sangloter** (verbe) ⊙ conj.n°3
Pleurer avec des sanglots. *Ce n'est pas grave, arrête de* ***sangloter*** *comme ça !*

▸ **sangria** (nom féminin)
Boisson à base de vin rouge dans lequel on a fait macérer des fruits.

▸ **sangsue** (nom féminin)
Gros ver aquatique qui se colle à la peau grâce à ses ventouses, et qui suce le sang. ➔ Prononciation [sɑ̃sy]. ⊙ Sangsue vient des mots latins *sanguis* qui signifie « sang » et *sugere* qui signifie « sucer ».

sanguin, ine (adjectif)
Qui a un rapport avec le sang. *Une transfusion **sanguine** permet à un blessé de recevoir du sang d'une autre personne.*

Les sangsues sont des parasites pour notre système **sanguin**.

sanguinaire (adjectif)
Qui n'hésite pas à faire couler le sang. *Ce pays a été longtemps terrorisé par un seigneur **sanguinaire**.*

sanguine (nom féminin)
Variété d'orange à chair rouge très juteuse.

sanguinolent, ente (adjectif)
Qui est taché de sang. *Je vais changer ton pansement, il est tout **sanguinolent**.*

sanitaire (adjectif)
1. Qui a un raport avec la santé et l'hygiène. *Le maire a pris des mesures **sanitaires** pour rendre salubres les vieux immeubles de la ville.* **2.** Se dit des appareils qui utilisent l'eau courante. *Les principaux appareils **sanitaires** sont le lavabo, la baignoire et les W.-C.*

sans (préposition)
Sert à indiquer l'absence, le manque, la privation. *Vas-y **sans** moi. Un régime **sans** sel. Rester **sans** rien dire.* ▷ **sans que** (conjonction) De manière que quelque chose ne se fasse pas. *Thomas est parti **sans qu'**on s'en aperçoive.*

sans-abri (nom)
Personne qui n'a plus de logement. *Après les inondations, les **sans-abri** ont été logés dans le préau de l'école.* (Syn. sans-logis.) → Pluriel : des sans-abri.

sans cesse (adverbe)
Sans arrêt. *Il neige **sans cesse** depuis trois jours.* (Syn. continuellement.)

sans-culotte (nom masculin)
Nom donné pendant la Révolution française aux révolutionnaires les plus ardents. → Pluriel : des sans-culottes. ⊙ Les aristocrates portaient alors la culotte, vêtement qui s'arrêtait au genou, tandis que les hommes du peuple portaient le pantalon.

un **sans-culotte**

sans-faute (nom masculin)
Épreuve accomplie sans aucune erreur. *Ce candidat a réussi un **sans-faute**.* → Pluriel : des sans-faute.

sans-gêne (adjectif)
Qui agit sans se préoccuper de savoir s'il gêne les autres. *Des voisins **sans-gêne**.* → Pluriel : des garçons sans-gêne. ▷ **sans-gêne** (nom masculin) Comportement d'une personne sans-gêne. *Elle s'est invitée à dîner sans nous demander notre avis, quel **sans-gêne** !* (Syn. désinvolture.)

sans-logis (nom)
Synonyme de sans-abri.

sansonnet (nom masculin)
Synonyme d'étourneau.

sans-papiers (nom)
Personne qui n'a pas de papiers d'identité et qui se trouve donc en situation irrégulière.

santal (nom masculin)
Arbre d'Asie tropicale cultivé pour son bois dur et odorant.

santé (nom féminin)
1. État de quelqu'un qui n'est pas malade. *Cet enfant respire la **santé**.* 2. État de l'organisme. *Avoir une bonne, une mauvaise **santé**. Une **santé** fragile.*

santon (nom masculin)
Petit personnage en terre cuite peinte qui orne les crèches de Noël.

saoul ➠ Voir soûl.

saouler ➠ Voir soûler.

saper (verbe) ○ conj.n°3
Creuser peu à peu la base de quelque chose. *La mer **sape** petit à petit les falaises.* • **Saper le moral de quelqu'un :** le décourager.

sapeur-pompier (nom masculin)
Synonyme de pompier. → Pluriel : des sapeurs-pompiers.

saphir (nom masculin)
Pierre précieuse d'un bleu très transparent.

sapin (nom masculin)
Arbre résineux toujours vert, dont les feuilles sont des aiguilles. *Cette forêt de **sapins** sent bon la résine.*

aiguilles et fruit de **sapin**

sarabande (nom féminin)
Agitation et vacarme causés par des jeux bruyants. *Les enfants font la **sarabande** dans l'escalier.*

sarbacane (nom féminin)
Tuyau dans lequel on souffle pour envoyer des petits projectiles.

sarcasme (nom masculin)
Moquerie méchante ou ironique. *Accabler quelqu'un de **sarcasmes**.* (Syn. raillerie.) ⊙ Sarcasme vient du grec ***sarkazein*** qui signifie « mordre la chair ».

sarcastique (adjectif)
Qui est plein de sarcasme. *Ses remarques **sarcastiques** sont réellement méchantes !*

sarcelle (nom féminin)
Petit canard sauvage.

sarcler (verbe) ○ conj.n°3
Arracher les mauvaises herbes.

sarcophage (nom masculin)
Tombeau de pierre. *Les archéologues ont découvert des momies dans des **sarcophages**.*

un **sarcophage** contenant une momie

sardine (nom féminin)
Petit poisson de mer argenté, qui se déplace par bancs. *Nous avons mis des **sardines** à griller sur le barbecue.* ⊙ Sardine vient du latin *sardina* qui signifie « poisson de Sardaigne ».

une **sardine**

sardonique (adjectif)
• **Rire sardonique** : rire moqueur, sarcastique.

sari (nom masculin)
Costume traditionnel des femmes de l'Inde, fait d'une grande pièce d'étoffe drapée autour du corps.

sarment (nom masculin)
Branche que la vigne produit chaque année et qui porte les grappes de raisin.

sarrasin (nom masculin)
Céréale à petits grains, appelée aussi « blé noir ». *Des galettes de **sarrasin**.* ⊙ Sarrasin vient du nom des *Sarrasins* désignant les musulmans d'Orient au Moyen Âge : la couleur noire des grains de cette plante évoque le teint sombre des Sarrasins.

sas (nom masculin)
Compartiment étanche fermé par deux portes hermétiques qui permet le passage entre deux milieux dont la pression est différente. *Le **sas** d'un sous-marin ou encore d'un engin spatial.* → Prononciation [sas].

satané, ée (adjectif)
Synonyme de maudit. *Cette **satanée** panne nous a beaucoup retardés.*

satanique (adjectif)
Qui fait penser au diable. *Un sourire **satanique**.* ⊙ Satanique, comme satané, vient de *Satan*, l'un des noms du diable.

satellite (nom masculin)
1. Astre qui tourne autour d'une planète. *Le **satellite** de la Terre est la Lune.* 2. Engin lancé au moyen d'une fusée et qui tourne en orbite autour de la Terre. *Lancer un nouveau **satellite** de télécommunications.* ➠ p. 1091.

satiété (nom féminin)
• **À satiété** : jusqu'à ce qu'on n'ait plus faim ou soif. *Sarah a cueilli les cerises sur le cerisier et en a mangé **à satiété**.* → Prononciation [sasjete]. ⊙ Satiété vient du latin *satis* qui signifie « assez » et qu'on retrouve dans *satisfaire*.

satin (nom masculin)
Tissu doux et brillant. *Ce peignoir en **satin** est agréable à porter.* ⊙ Satin vient du nom d'une ville chinoise où l'on fabriquait ce tissu.

satiné, ée (adjectif)
Qui a l'aspect brillant du satin. *Victor a choisi une peinture **satinée** pour repeindre sa chambre.*

satire (nom féminin)
Écrit ou discours qui se moque de quelqu'un ou de quelque chose. *Cette pièce de théâtre est une **satire** des mœurs de notre époque.*

satirique (adjectif)
Qui constitue une satire. *Ce journal **satirique** ridiculise vraiment les hommes politiques.*

satisfaction (nom féminin)
Sentiment de plaisir d'une personne satisfaite. *Quelle **satisfaction** pour William d'apprendre qu'il passe en sixième !* (Syn. joie. Contr. déception.) • **Obtenir satisfaction** : recevoir ce que l'on réclamait. *Ils continueront leur grève tant qu'ils n'**auront** pas **obtenu satisfaction**.*

satisfaire (verbe) ➲ conj. n°42
1. Correspondre à ce que quelqu'un souhaite. *Est-ce que ma réponse vous **satisfait** ?* (Syn. contenter.) 2. Faire ce qui est exigé. *Guillaume **a satisfait** à ma demande.* ⊙ Famille du mot : insatisfait, satisfaction, satisfaisant, satisfait. ⊙ Voir satiété.

▸ **satisfaisant, ante** (adjectif)
Qui donne de la satisfaction. *Ursula a des résultats très* ***satisfaisants*** *en français.* ➔ Prononciation [satisfəzɑ̃].

▸ **satisfait, aite** (adjectif)
Qui a obtenu ce qu'il souhaitait ou ce qu'il demandait. *Papa est très* ***satisfait*** *de sa nouvelle voiture.* (Syn. content. Contr. mécontent.)

▸ **saturation** (nom féminin)
État de ce qui est saturé ou d'une personne saturée.

▸ **saturé, ée** (adjectif)
1. Qui est rempli à l'excès de quelque chose. *Un air* ***saturé*** *d'humidité.* 2. Qui est rassasié jusqu'au dégoût. *Zoé a vu trois films d'affilée, elle est* ***saturée*** *de cinéma !*

▸ **satyre** (nom masculin)
Divinité grecque représentée avec des petites cornes sur la tête, des jambes de bouc et une queue.

▸ **sauce** (nom féminin)
Liquide qui accompagne certains plats et leur donne du goût. *Anna prépare une* ***sauce*** *vinaigrette pour la salade et une* ***sauce*** *tomate pour les spaghettis.*
⊙ Famille du mot : saucer, saucière.
⊙ Sauce vient du latin *salsa* qui signifie « chose salée ».

▸ **saucer** (verbe) ○ conj.n°4
Essuyer la sauce avec du pain. *La sauce était si bonne que Yann n'a pas pu s'empêcher de* ***saucer*** *son assiette.*

▸ **saucière** (nom féminin)
Récipient utilisé pour servir les sauces. *Mettre le jus du gigot dans une* ***saucière****.*

▸ **saucisse** (nom féminin)
Sorte de charcuterie ronde et longue, qui se mange chaude. *On met des* ***saucisses*** *dans la choucroute.*

▸ **saucisson** (nom masculin)
Sorte de grosse saucisse cuite ou séchée, qui se mange froide, coupée en rondelles. *Benjamin se prépare un sandwich au* ***saucisson****.*

▸ **sauf** (préposition)
Synonyme d'excepté. *Mes amis sont tous venus à mon anniversaire,* ***sauf*** *Élodie qui était malade.*

▸ **sauf, sauve** (adjectif)
• **Avoir la vie sauve** : ne pas avoir été tué ou blessé. *Il n'y a pas eu de victimes, tout le monde* ***a eu la vie sauve****.*

▸ **sauge** (nom féminin)
Plante aromatique et médicinale.

la **sauge**

▸ **saugrenu, ue** (adjectif)
Qui surprend par son caractère bizarre ou inattendu. *Des idées très* ***saugrenues****.*

▸ **saule** (nom masculin)
Arbre qui pousse dans les endroits humides. *L'osier est fourni par les branches souples des* ***saules****.*

le **saule**

saumâtre (adjectif)
Se dit d'une eau qui a le goût salé de l'eau de mer. *L'eau **saumâtre** de la lagune.*

saumon (nom masculin)
Gros poisson à chair rose. *Les **saumons** vivent dans la mer et remontent les fleuves pour y pondre leurs œufs.*

un **saumon**

saumure (nom féminin)
Liquide salé utilisé pour conserver certains aliments. *Les anchois, les harengs, les olives sont mis dans un bain de **saumure**.*

sauna (nom masculin)
Établissement ou pièce où l'on prend des bains de vapeur.

saupoudrer (verbe) conj.n°3
Répandre une matière en poudre sur un aliment. *Pour obtenir un bon gratin, il faut le **saupoudrer** de fromage râpé.*

saur (adjectif masculin)
• **Hareng saur** : hareng salé, séché et fumé.

saurien (nom masculin)
Reptile au corps couvert d'écailles. *Les lézards, les caméléons, les crocodiles sont des **sauriens**.* Voir dinosaure.

saut (nom masculin)
Action de sauter. *Cet athlète vient de remporter le championnat de **saut** en hauteur.* • **Faire un saut quelque part** : aller rapidement quelque part sans y rester. • **Saut périlleux** : saut acrobatique au cours duquel le corps fait un tour complet sur lui-même.

saute (nom féminin)
Changement brusque et subit. *Une **saute** de température. Des **sautes** d'humeur.*

sauté (nom masculin)
Plat fait de morceaux de viande que l'on fait sauter.

saute-mouton (nom masculin)
Jeu dans lequel on saute par-dessus quelqu'un d'autre qui se tient courbé. *Les enfants jouent à **saute-mouton** dans le jardin.*

sauter (verbe) conj.n°3
1. S'élever au-dessus du sol et retomber. *Il faut **sauter** pour franchir le ruisseau. Fatima **saute** à la corde.* 2. S'élancer d'un endroit élevé et se précipiter dans le vide. *Quentin adore **sauter** en parachute.* 3. Être projeté brusquement en l'air. ***Sauter** sur une mine.* 4. Être détruit par un explosif. *Faire **sauter** un pont.* 5. Cuire à feu vif dans de la graisse. *Des pommes de terre **sautées**.* 6. Omettre quelque chose. *Tu as **sauté** un mot, ta phrase est illisible.*
• **Sauter au cou de quelqu'un** : s'élancer vers lui pour l'embrasser.
• **Sauter aux yeux** : être évident.
Famille du mot : saut, saute, sauté, saute-mouton, sautiller, sautoir.

sauterelle (nom féminin)
Insecte qui se déplace en sautant. *Les **sauterelles** ont de très longues pattes arrière.*

une **sauterelle**

sautiller (verbe) conj.n°3
Faire des petits sauts.

sautoir (nom masculin)
1. Endroit où l'on s'exerce au saut. 2. Long collier qui descend sur la poitrine. *Un **sautoir** de diamants.*

a b c d e f g h i j k l m n o p q r s t u v w x y z

sauvage (adjectif)
1. Qui n'est pas apprivoisé et vit en liberté. *Le sanglier est un animal **sauvage**.* (Contr. domestique.) 2. Qui pousse tout seul, sans être cultivé. *Dans les champs, on trouve des bleuets et des coquelicots **sauvages**.* 3. Qui n'est ni habité ni cultivé. *Cette région est très **sauvage**.* ▷ **sauvage** (adjectif et nom) 1. Qui préfère la solitude plutôt que la compagnie des autres. *Clément est timide et **sauvage**.* (Contr. sociable.) 2. Qui vit en dehors de la civilisation. *Des tribus **sauvages**.* 3. Qui est barbare, cruel. *Cet homme a eu un comportement de **sauvage**.*

sauvagerie (nom féminin)
Caractère d'un acte sauvage, barbare. *Se battre avec **sauvagerie**.* (Syn. brutalité, cruauté.)

sauvegarde (nom féminin)
Fait de sauvegarder quelque chose. *Se battre pour la **sauvegarde** de la nature.* (Syn. protection.)

sauvegarder (verbe) ○ conj.n°3
Empêcher la destruction de quelque chose. ***Sauvegarder** la faune et la flore d'une région.* (Syn. préserver.)

sauve-qui-peut (nom masculin)
Panique qui entraîne une fuite désordonnée. *Un début d'incendie au fond du magasin a provoqué un **sauve-qui-peut** général.* → Pluriel : des sauve-qui-peut.

sauver (verbe) ○ conj.n°3
1. Faire échapper quelqu'un à un danger ou à la mort. *Les passagers de l'avion **ont été sauvés** par le sang-froid du pilote.* 2. Se sauver : s'enfuir précipitamment. *Les chats **se sont sauvés** à l'arrivée du chien.* ⊙ Famille du mot : sauve-qui-peut, sauvetage, sauveteur, sauveur.

sauvetage (nom masculin)
Action de sauver quelqu'un d'un danger. *Plusieurs bateaux ont été nécessaires pour le **sauvetage** des naufragés.*

sauveteur (nom masculin)
Personne qui participe à un sauvetage.

à la sauvette (adverbe)
Très vite et discrètement. *Il est parti **à la sauvette** avant la fin de la réunion.*

sauveur (nom masculin)
Personne qui sauve quelqu'un d'un grave danger. *Il a sauvé David de la noyade, il est son **sauveur**.*

savamment (adverbe)
De façon savante. *Tout a été **savamment** calculé.*

savane (nom féminin)
Très grande prairie des régions tropicales, où poussent de hautes herbes. *Le lion rôde dans la **savane**.*

La **savane**, au pied du Kilimandjaro.

savant, ante (adjectif)
1. Qui sait beaucoup de choses. *Gaëlle est très **savante** en histoire des Gaulois, car elle a lu de nombreux livres sur ce sujet.* 2. Se dit d'un animal dressé pour le cirque. *Le numéro des singes **savants** a beaucoup plu aux enfants.* 3. Qui suppose des connaissances. *Ces mots sont trop **savants** pour Benjamin.* (Syn. compliqué, difficile.) ▷ **savant, ante** (nom) Personne qui possède de vastes connaissances et contribue au progrès d'une science.

savate (nom féminin)
Vieille pantoufle ou vieille chaussure.

saveur (nom féminin)
Goût caractéristique de quelque chose. *J'aime la **saveur** amère des endives.* ⊙ Famille du mot : savourer, savoureux.

savoir (verbe) ○ conj.n°28
1. Être informé de quelque chose. ***Savez-vous** à quelle heure ferme la pharmacie ?* **2.** Avoir appris quelque chose et le garder dans sa mémoire. *Kevin **sait** parfaitement sa récitation.* (Syn. connaître.) **3.** Être capable de faire quelque chose. *Hélène **sait** nager mais ne **sait** pas encore très bien plonger.* ⊙ Famille du mot : savamment, savant, savoir-faire, savoir-vivre.

savoir (nom masculin)
Ensemble des connaissances. *Le **savoir** de cet homme est immense.*

savoir-faire (nom masculin)
Habilité acquise par la pratique. *Ce travail demande un certain **savoir-faire**.*

savoir-vivre (nom masculin)
Connaissance des règles de la politesse. *Dire bonjour et merci sont des signes de **savoir-vivre**.*

savon (nom masculin)
Produit qui sert à nettoyer, à laver. • **Passer un savon à quelqu'un** : dans la langue familière, le réprimander vivement. ⊙ Famille du mot : savonner, savonnette, savonneux.

savonner (verbe) ○ conj.n°3
Laver avec du savon. *Julie **se savonne** les mains avant de passer à table.*

savonnette (nom féminin)
Petit savon pour la toilette.

savonneux, euse (adjectif)
Qui contient du savon. *Une eau **savonneuse**.*

savourer (verbe) ○ conj.n°3
Synonyme de déguster. *Laura prend son temps pour **savourer** le sorbet aux framboises.*

savoureux, euse (adjectif)
Qui a une saveur délicieuse. *Ces fraises des bois sont **savoureuses**.*

savoyard, arde
➠ Voir tableau p. 6.

saxophone (nom masculin)
Instrument de musique à vent, en cuivre. → Saxophone s'abrège saxo. ⊙ Saxophone vient du nom d'*Adolphe Sax* qui inventa cet instrument en 1841.

un **saxophone**

saxophoniste (nom)
Personne qui joue du saxophone.

saynète (nom féminin)
Synonyme de sketch.

sbire (nom masculin)
Personne sans scrupule, qui exécute sur commande des actes malhonnêtes. *Un chef de bande entouré de ses **sbires**.*

scabreux, euse (adjectif)
Qui peut choquer. *Il raconte toujours des histoires **scabreuses**.*

scalp (nom masculin)
Peau du crâne avec les cheveux, que certains Indiens arrachaient à leurs ennemis pour en faire un trophée.

scalpel (nom masculin)
Instrument de chirurgie à lame courte, très tranchant.

scalper (verbe) ○ conj.n°3
Arracher la peau du crâne et les cheveux.

scandale (nom masculin)
Fait qui provoque la colère, la honte ou l'indignation. *Cet innocent a été condamné, c'est un* ***scandale*** *!* ⊙ Famille du mot : scandaleux, scandaliser.

scandaleux, euse (adjectif)
Qui scandalise. *C'est* ***scandaleux*** *de laisser ces animaux dans de telles conditions !*

scandaliser (verbe) ⊙ conj.n°3
Choquer profondément. *Sa conduite m'****a scandalisé****.*

scander (verbe) ⊙ conj.n°3
Prononcer des mots en articulant les syllabes séparément et sur un certain rythme. *Les supporteurs* ***scandent*** *: « On a gagné ! »*

scandinave
➠ Voir tableau p. 6.

scanner (nom masculin)
Appareil de radiographie relié à un ordinateur, qui permet de reproduire sur un écran les images de l'intérieur du corps. → Prononciation [skanɛʀ]. ⊙ Scanner vient de l'anglais *to scan* qui signifie « examiner ».

scaphandre (nom masculin)
Équipement étanche qui permet de respirer sous l'eau ou dans l'espace.

un **scaphandre**

scaphandrier (nom masculin)
Plongeur équipé d'un scaphandre.

scarabée (nom masculin)
Coléoptère au corps noir et brillant.

un **scarabée**

scarlatine (nom féminin)
Maladie contagieuse qui se manifeste par de la fièvre et des plaques rouges sur le corps. ⊙ Scarlatine vient du terme latin *scarlatum* qui signifie « écarlate ».

scarole (nom féminin)
Variété de salade aux larges feuilles un peu croquantes.

sceau, sceaux (nom masculin)
Cachet gravé en creux, permettant de faire une marque avec de la cire. • **Garde des Sceaux :** ministre de la Justice, en France.

un **sceau**

scélérat, ate (nom)
Personne capable de crimes ou d'actions malhonnêtes.

sceller (verbe) ⊙ conj.n°3
1. Fermer avec un sceau. *Le notaire* ***a scellé*** *le testament.* 2. Fixer avec du plâtre ou du ciment. *Le maçon* ***a scellé*** *la grille du jardin.* (Contr. desceller.)

scénario (nom masculin)
Texte qui décrit les différentes scènes d'un film.

scénariste (nom)
Auteur de scénarios.

scène (nom féminin)
1. Partie d'un théâtre où jouent les acteurs. *À la fin de la pièce, tous les comédiens se rassemblent sur la* ***scène*** *pour saluer.* 2. Partie d'une pièce de théâtre. *Acte III,* ***scène*** *2.* 3. Action d'une pièce ou d'un film. *La première* ***scène*** *du film se passe dans une forêt.* 4. Événement auquel on assiste. *C'était une* ***scène*** *incroyable : une femme se promenait avec un serpent autour du cou !* 5. Violente colère. *Pierre a fait une* ***scène*** *quand on lui a dit qu'il serait privé de sortie.* • **Scène de ménage** : dispute entre époux.

scepticisme (nom masculin)
Attitude d'une personne sceptique. *Quentin m'a écouté avec* ***scepticisme****.*

sceptique (adjectif)
Qui doute de quelque chose. *Romain pense qu'il va pouvoir partir seul, mais ses parents sont* ***sceptiques****.*

sceptre (nom masculin)
Bâton qui est le symbole de l'autorité royale. *Les monarques sont souvent représentés un* ***sceptre*** *à la main.*

Louis IX (Saint Louis) et son **sceptre**

schéma (nom masculin)
Dessin très simple qui explique quelque chose. *Ce* ***schéma*** *explique comment monter une bibliothèque.* ⊙ Famille du mot : schématique, schématiquement, schématiser.

schématique (adjectif)
Qui est très simplifié. *Myriam a fait un dessin* ***schématique*** *d'un aéroglisseur.*

schématiquement (adverbe)
De façon schématique. *Thomas nous a expliqué* ***schématiquement*** *son plan.*

schématiser (verbe) ○ conj.n°3
Représenter de façon schématique. *Cette carte de la région* ***est*** *très* ***schématisée****.*

schiste (nom masculin)
Roche constituée de minces feuilles superposées. *L'ardoise est un* ***schiste****.*

schuss (nom masculin)
Descente à ski suivant la ligne de la plus grande pente. → Prononciation [ʃus].

sciatique (nom féminin)
Douleur violente qui va du bas du dos à la jambe. *Il a du mal à se baisser car il a une* ***sciatique****.*

scie (nom féminin)
Outil muni d'une lame à dents et qui sert à couper. *Papa se sert d'une* ***scie*** *pour couper toutes les branches mortes.* ⊙ Famille du mot : scier, scierie, sciure.

sciemment (adverbe)
En sachant ce qu'on fait. *Victor a* ***sciemment*** *bousculé sa petite sœur.* (Syn. volontairement.) → Prononciation [sjamɑ̃].

science (nom féminin)
1. Ensemble des connaissances humaines. *La* ***science*** *n'arrête vraiment pas de progresser.* 2. Ensemble de connaissances dans un domaine. *La physique, la chimie, la biologie sont des* ***sciences****.*

▸ **science-fiction** (nom féminin)
Histoire qui se déroule dans un monde futur tel qu'on peut l'imaginer avec les progrès scientifiques. *Un film de **science-fiction**.*

▸ **scientifique** (adjectif)
1. Qui concerne la science ou les sciences. *La recherche **scientifique**.* 2. Qui est conforme aux méthodes rigoureuses et précises des sciences. *Nous avons là une étude **scientifique** sur les abeilles.* ▷ **scientifique** (nom) Savant spécialiste d'une science. *Pasteur était un grand **scientifique**.*

▸ **scier** (verbe) ○ conj.n°10
Couper avec une scie. *Cette planche est trop longue, il faut la **scier**.*

▸ **scierie** (nom féminin)
Usine où l'on scie le bois pour en faire des planches.

▸ **scinder** (verbe) ○ conj.n°3
Diviser un groupe. *Pour faire un tournoi, nous allons **scinder** la classe en quatre équipes.*

▸ **scintillant, ante** (adjectif)
Qui scintille. *Amandine a des yeux **scintillants** de malice.*

▸ **scintillement** (nom masculin)
Éclat de ce qui scintille. *Le **scintillement** d'un diamant.*

▸ **scintiller** (verbe) ○ conj.n°3
Briller d'un éclat irrégulier et tremblant. *Les étoiles **scintillent**.* ⊙ Famille du mot : scintillant, scintillement.

▸ **scission** (nom féminin)
Fait de se scinder. *La **scission** d'un parti politique.*

▸ **sciure** (nom féminin)
Poussière qui tombe quand on scie du bois.

▸ **sclérose** (nom féminin)
Maladie qui se manifeste par le durcissement d'un organe, d'un tissu ou d'une artère.

▸ se **scléroser** (verbe) ○ conj.n°3
1. Être atteint par la sclérose. 2. Être incapable d'évoluer, de s'adapter ou de progresser. *Ce parti politique **s'est sclérosé**.*

▸ **scolaire** (adjectif)
Qui a un rapport avec l'école ou l'enseignement. *Les écoles, les collèges et les lycées sont des établissements **scolaires**.* ⊙ Famille du mot : scolariser, scolarité. ⊙ Scolaire vient du latin *schola* qui signifie « école ».

▸ **scolariser** (verbe) ○ conj.n°3
Faire suivre un enseignement scolaire. *Dans certains pays, beaucoup d'enfants ne **sont** pas **scolarisés**.*

▸ **scolarité** (nom féminin)
Fait d'aller à l'école. *En France, la **scolarité** est obligatoire jusqu'à 16 ans.*

▸ **scoliose** (nom féminin)
Déformation de la colonne vertébrale.

▸ **scolopendre** (nom féminin)
Mille-pattes du sud de la France, dont la piqûre est douloureuse.

une **scolopendre**

▸ **scoop** (nom masculin)
Information importante donnée en exclusivité par un journaliste. *La radio vient d'annoncer un **scoop** : la démission du Premier ministre.* → Scoop est un mot anglais : on prononce [skup].

scooter (nom masculin)
Véhicule à moteur à deux petites roues, sur lequel le pilote est assis et non à califourchon. → Scooter est un mot anglais : on prononce [skutœR].

scorbut (nom masculin)
Maladie due à un manque de vitamines. → Prononciation [skɔRbyt].

score (nom masculin)
Nombre de points obtenus dans un jeu, un match ou dans une élection. *Ce candidat a fait un très bon* ***score*** *électoral.*

scories (nom féminin pluriel)
Déchets obtenus après la fusion des minerais.

scorpion (nom masculin)
Animal qui a une carapace, deux pinces et qui porte un aiguillon venimeux au bout de sa queue.

un **scorpion**

scotch (nom masculin)
Ruban adhésif transparent. *Odile répare son cahier déchiré avec du* ***scotch****.* → Scotch est le nom d'une marque.

scotcher (verbe) ○ conj.n°3
Fixer avec du scotch. *William* ***a scotché*** *un poster au mur de sa chambre.*

un **scooter**

▸ **scout, scoute** (nom)
Garçon ou fille qui fait partie d'un mouvement de scoutisme. *Un camp de **scouts** s'est installé près de la forêt.*

▸ **scoutisme** (nom masculin)
Mouvement qui réunit des jeunes pour des activités destinées à compléter leur éducation morale et physique.

▸ **scrabble** (nom masculin)
Jeu de société qui consiste à former des mots sur une grille, à l'aide de jetons portant une lettre de l'alphabet. ➔ Prononciation [skʀabl] ou [skʀabəl]. ➔ Scrabble est le nom d'une marque.

▸ **scribe** (nom masculin)
Dans l'Antiquité, personne qui avait la charge de rédiger les actes administratifs ou religieux. *Le **scribe** égyptien écrivait sur un papyrus.*

un **scribe**

▸ **script** (nom masculin)
1. Écriture manuscrite proche des caractères d'imprimerie. 2. Scénario écrit d'un film, avec les dialogues et des indications de mise en scène.

▸ **scripte** (nom)
Personne qui assiste le réalisateur d'un film et qui doit noter les détails de chaque prise de vue pendant le tournage.

▸ **scrupule** (nom masculin)
Doute et hésitation qu'on éprouve quand on a peur de mal agir. *Xavier a des **scrupules** à faire cette mauvaise plaisanterie.* ⊙ Famille du mot : scrupuleusement, scrupuleux.

▸ **scrupuleusement** (adverbe)
De façon scrupuleuse. *Il faut suivre **scrupuleusement** le mode d'emploi.*

▸ **scrupuleux, euse** (adjectif)
Qui a souvent des scrupules. *C'est un homme très **scrupuleux** en affaires.*

▸ **scruter** (verbe) ○ conj.n°3
Observer avec beaucoup d'attention pour essayer de découvrir quelque chose. *Les matelots **scrutent** l'horizon en espérant voir la terre.*

▸ **scrutin** (nom masculin)
Vote au cours duquel chaque électeur met son bulletin dans une urne.

▸ **sculpter** (verbe) ○ conj.n°3
Représenter des formes en taillant une matière dure. *Cet artiste **sculpte** surtout la pierre et le marbre.* ➔ Prononciation [skylte]. ⊙ Famille du mot : sculpteur, sculpture.

▸ **sculpteur, trice** (nom)
Artiste qui sculpte. *Rodin était un célèbre **sculpteur** français.* ➔ Prononciation [skyltœʀ].

▸ **sculpture** (nom féminin)
1. Art de sculpter. *Cet atelier donne des cours de **sculpture**.* 2. Œuvre d'art faite par un sculpteur. *À l'entrée de cette belle exposition, il y a une **sculpture** gigantesque.* ➠ p. 149. ➔ Prononciation [skyltyʀ].

▸ **se** (pronom)
Pronom personnel de la troisième personne du singulier et du pluriel. *Yann **se** regarde dans la glace. Ils **se** sont déjà rencontrés. Valérie **s'**habille. Ils **s'**embrassent.* ➔ Se devient s' devant une voyelle ou un h muet.

séance (nom féminin)
1. Réunion d'une assemblée, où l'on discute. *À cause d'un grave incident, la **séance** a été suspendue.* 2. Moment consacré à une activité. *Une **séance** d'entraînement.* 3. Représentation d'un spectacle à une heure précise. *La prochaine **séance** est à 20 heures.*

séant (nom masculin)
• **Être** ou **se mettre sur son séant** : dans la langue littéraire, être assis ou s'asseoir.

seau, seaux (nom masculin)
Récipient muni d'une anse. *Un **seau** d'eau.*

sec, sèche (adjectif)
1. Qui n'est pas mouillé. *Va au jardin voir si les draps sont **secs**.* 2. Qui n'est pas pluvieux. *Quand le temps est très **sec**, il faut arroser souvent.* (Contr. humide.) 3. Qu'on a fait sécher pour la conservation. *Des fruits et des légumes **secs**.* (Contr. frais.) 4. Qui manifeste un manque d'amabilité ou de douceur. *Il m'a répondu d'un ton **sec**.* 5. Qui n'est pas sucré. *Papa a acheté du vin blanc **sec** pour faire la cuisine.* (Contr. doux.) ▷ **sec** (nom masculin) Endroit qui est à l'abri de l'humidité. *Il faut conserver ces gâteaux au **sec** sinon ils deviennent mous.* • **À sec** : où il n'y a pas d'eau. *Nettoyage **à sec**. La rivière est totalement **à sec**.* ⊙ Famille du mot : assécher, dessécher, séchage, sèche-cheveux, sèche-linge, sèchement, sécher, sécheresse, séchoir.

sécateur (nom masculin)
Outil de jardinage qui ressemble à de gros ciseaux. *Sarah se sert du **sécateur** pour couper une branche de lilas.*

sécession (nom féminin)
Fait de se séparer d'un groupe ou d'un pays. *Après avoir fait **sécession**, cette région est devenue indépendante.*

séchage (nom masculin)
Action de sécher ou de faire sécher. *Les pêcheurs tendent des fils pour le **séchage** des poissons.*

sèche-cheveux (nom masculin)
Séchoir à cheveux. → Pluriel : des sèche-cheveux.

sèche-linge (nom masculin)
Machine électrique pour sécher le linge. → Pluriel : des sèche-linge.

sèchement (adverbe)
Avec dureté et froideur. *Répondre **sèchement** à une demande.*

sécher (verbe) ○ conj.n°8
1. Devenir sec. *Ursula a mis le linge à **sécher** au soleil.* 2. Rendre sec. *Tu devrais **te sécher** les cheveux, sinon tu risques d'attraper un rhume.*

sécheresse (nom féminin)
Longue période où il ne pleut pas. *Les récoltes sont peu abondantes à cause de la **sécheresse**.*

séchoir (nom masculin)
Ensemble de fils métalliques sur lesquels on met du linge à sécher. *Zoé étend ses vêtements mouillés sur le **séchoir**.* • **Séchoir à cheveux** : appareil électrique pour sécher les cheveux. (Syn. sèche-cheveux.)

second, onde (adjectif et nom)
Qui vient juste après le premier. *Il y a une **seconde** place sur cette moto.* (Syn. deuxième.) ▷ **second** (nom masculin) Personne qui seconde quelqu'un. *Il est le **second** du commandant.* ▷ **seconde** (nom féminin) Cinquième année de l'enseignement secondaire, en France. → Prononciation [səgɔ̃]. ⊙ Second vient du latin *secundus* qui signifie « suivant ».

secondaire (adjectif)
Qui n'est pas le plus important. *Dommage que cet excellent acteur n'ait qu'un rôle **secondaire**.* • **Enseignement secondaire** : enseignement qui suit l'enseignement primaire et qui va de la sixième à la terminale. • **Ère secondaire** : période géologique au cours de laquelle sont apparus les reptiles et les premiers mammifères. • **Secteur secondaire** : ensemble des activités économiques qui concernent l'activité industrielle. ▷ **secondaire** (nom masculin) Enseignement secondaire. *Alain est professeur du **secondaire**.* → Prononciation [səgɔ̃dɛʀ].

a b c d e f g h i j k l m n o p q r s t u v w x y z

1. seconde ➠ Voir second.

2. seconde (nom féminin)
1. Soixantième partie d'une minute. *Dans une heure, il y a 3 600* ***secondes****.* **2.** Temps très court. *Attends-moi une* ***seconde****, j'arrive !* ➔ Prononciation [səgɔ̃d]. ⊙ La seconde s'appelle ainsi car c'est la *seconde* division de l'heure, la minute étant la première.

seconder (verbe) ⊙ conj.n°3
Aider quelqu'un dans son travail. *Cet avocat* ***est secondé*** *par plusieurs collaborateurs.* ➔ Prononciation [səgɔ̃de].

secouer (verbe) ⊙ conj.n°3
1. Agiter fortement. *Anna* ***secoue*** *le pommier pour faire tomber les pommes.* **2.** Ébranler quelqu'un, physiquement ou moralement. *Une grosse grippe l'****a*** *beaucoup* ***secoué****.*

secourable (adjectif)
Qui porte volontiers secours à autrui.

secourir (verbe) ⊙ conj.n°16
Aller au secours de quelqu'un qui est en danger. *Les pompiers ont pu* ***secourir*** *à temps l'homme qui allait se noyer.* ⊙ Famille du mot : secourable, secourisme, secouriste, secours.

secourisme (nom masculin)
Méthode pour porter les premiers secours aux blessés. *Mon grand frère prend des cours de* ***secourisme****.*

secouriste (nom)
Personne qui pratique le secourisme. *Les* ***secouristes*** *sont intervenus tout de suite après l'accident.*

secours (nom masculin)
Aide qu'on apporte à quelqu'un qui est en danger ou dans le besoin. *Porter* ***secours*** *à un blessé, à une personne en détresse.* • **Au secours !** : cri pour appeler à l'aide. • **De secours** : qu'on utilise en cas de danger ou de panne. *Une sortie* ***de secours****. En cas de crevaison, on utilise la roue* ***de secours****.*

secousse (nom féminin)
Mouvement qui secoue. *Les* ***secousses*** *du tremblement de terre ont été ressenties dans toute la région.*

secret, ète (adjectif)
1. Qui est connu par très peu de gens et qui doit rester caché. *Benjamin met son argent dans un endroit* ***secret****.* **2.** Qui ne se confie pas facilement. *Élodie est très* ***secrète*** *et n'exprime pas ses sentiments.* (Syn. réservé.) ▷ **secret** (nom masculin) Chose qu'on ne doit dire à personne. *Clément m'a confié un* ***secret****.* • **En secret** : en cachette, secrètement.

secrétaire (nom)
Personne chargée du courrier de quelqu'un, de répondre au téléphone et de prendre les rendez-vous. *Cette entreprise ne recrute que des* ***secrétaires*** *bilingues.* ▷ **secrétaire** (nom masculin) Meuble à tiroirs qui comporte un panneau mobile sur lequel on peut écrire.

secrétariat (nom masculin)
1. Métier de secrétaire. *Une école de* ***secrétariat****.* **2.** Bureau où travaillent des secrétaires. *Le* ***secrétariat*** *médical est ouvert jusqu'à 19 heures.*

secrètement (adverbe)
De façon secrète. *Ils se sont rencontrés* ***secrètement*** *pendant la nuit.*

sécréter (verbe) ⊙ conj.n°8
Produire des substances liquides, en parlant de l'organisme. *Les glandes salivaires* ***sécrètent*** *la salive.*

sécrétion (nom féminin)
Liquide sécrété. *La sueur, la salive, les larmes sont des* ***sécrétions*** *corporelles.*

sectaire (adjectif)
Qui n'admet pas les opinions différentes des siennes. *Essaie d'écouter les autres et d'être moins* ***sectaire*** *!*

sectarisme (nom masculin)
Défaut d'une personne sectaire.

secte (nom féminin)
Groupe de personnes vivant en communauté sous l'influence d'un guide spirituel. *Certaines* ***sectes*** *sont très dangereuses.*

secteur (nom masculin)
1. Partie d'un territoire ou d'une région. *Tout un* ***secteur*** *de cette ville est réservé aux piétons.* 2. Ensemble d'activités économiques. *Le* ***secteur*** *privé et le* ***secteur*** *public.* ⊙ Secteur, comme section, vient du latin *secare* qui signifie « couper ».

section (nom féminin)
1. Division dans un groupe ou une organisation. *Au moment de son inscription, Luc hésite encore entre la* ***section*** *scientifique et la* ***section*** *technique.* 2. Portion d'une route ou d'un parcours. *Cette* ***section*** *d'autoroute n'est pas payante.*

sectionner (verbe) ○ conj.n°3
Couper net. *Quelqu'un de malveillant* ***a sectionné*** *le fil du téléphone.*

séculaire (adjectif)
Qui existe depuis au moins un siècle. *Respecter des traditions* ***séculaires***.

sécuriser (verbe) ○ conj.n°3
Donner un sentiment de sécurité à quelqu'un. *La présence d'un gardien* ***sécurise*** *les habitants de l'immeuble.* (Syn. rassurer.)

sécurité (nom féminin)
Tranquillité ressentie quand on est à l'abri du danger. *Se sentir en* ***sécurité*** *dans un pays en paix.* (Syn. sûreté.) • **Sécurité sociale :** organisme officiel qui, moyennant des cotisations, assure un revenu aux travailleurs en cas de maladie, de maternité ou d'accident, ainsi que le remboursement des soins médicaux.

sédatif, ive (adjectif)
Qui calme la douleur ou l'angoisse. *Ce médicament légèrement* ***sédatif*** *va l'apaiser.* ▷ **sédatif** (nom masculin) Médicament sédatif.

sédentaire (adjectif et nom)
Qui vit toujours au même endroit. *Une tribu* ***sédentaire***. (Contr. nomade.) ▷ **sédentaire** (adjectif) Qui ne nécessite pas de déplacement. *Ce travail* ***sédentaire*** *l'ennuie, il rêve de voyager.*

sédiment (nom masculin)
Débris déposés par les eaux, le vent ou la glace. *Des* ***sédiments*** *marins.*

sédimentaire (adjectif)
Qui est fait de sédiments. *L'argile, le calcaire sont des roches* ***sédimentaires***.

sédition (nom féminin)
Révolte contre l'autorité établie. *La* ***sédition*** *a été durement réprimée.* (Syn. soulèvement.)

séducteur, trice (nom)
Personne qui aime séduire. *Cet acteur est un grand* ***séducteur***.

séduction (nom féminin)
Pouvoir qu'a une personne de séduire. *Fatima use de sa* ***séduction*** *pour amadouer ses parents.* (Syn. charme.)

séduire (verbe) ○ conj.n°43
Plaire beaucoup à quelqu'un. *Cette chanteuse française* ***a séduit*** *le public américain.* ⊙ Famille du mot : séducteur, séduction, séduisant.

séduisant, ante (adjectif)
Qui séduit beaucoup. *Un homme* ***séduisant***. *Un projet* ***séduisant***. (Syn. attirant.)

segment (nom masculin)
Portion de ligne droite entre deux points. ➠ p. 512.

segmenter (verbe) ○ conj.n°3
Couper ou diviser en segments.

▸ **ségrégation** (nom féminin) Fait de mettre à part une certaine catégorie de personnes et de leur ôter leurs droits. *La **ségrégation** raciale est inadmissible.* ⊙ Ségrégation vient du latin *segregare* qui signifie « séparer du troupeau ».

▸ **seiche** (nom féminin) Mollusque marin comestible. *La **seiche** projette une encre noire quand on l'attaque.* ⊙ Seiche vient du latin *sepia* qui signifie « encre ».

une **seiche**

▸ **seigle** (nom masculin) Céréale aux épis barbus. *Le pain de **seigle** est de couleur brune.*

▸ **seigneur** (nom masculin) Au Moyen Âge, noble qui possédait des terres. *Les vassaux devaient jurer fidélité à leur **seigneur**.* • **Le Seigneur** : Dieu ou Jésus-Christ.

▸ **sein** (nom masculin) Chacune des deux mamelles de la femme. *Le nouveau-né tète le **sein** de sa mère.* ➠ p. 263. • **Au sein de quelque chose** : à l'intérieur. *De gros problèmes ont éclaté **au sein de** l'équipe.*

▸ **séisme** (nom masculin) Synonyme de tremblement de terre.

▸ **seize** (adjectif) Dix plus six (16). *Il y a vingt-huit élèves dans la classe de Gaëlle : douze garçons et **seize** filles.* ▷ **seize** (nom masculin) Le nombre seize. *C'est le **seize** qui a gagné.*

▸ **seizième** (adjectif) Qui occupe le rang numéro seize. *Le **seizième** arrondissement de Paris.* ▷ **seizième** (nom masculin) Ce qui est contenu seize fois dans un tout. *5 est le **seizième** de 80.*

▸ **séjour** (nom masculin) 1. Fait de séjourner quelque part. *Ce **séjour** à la mer lui a fait du bien.* 2. Pièce principale d'un appartement. *L'appartement a trois pièces principales : un **séjour** et deux chambres.*

▸ **séjourner** (verbe) ⊙ conj.n°3 Rester un certain temps dans un endroit. *Quand elle est allée en Grèce, Julie **a séjourné** chez des amis.*

▸ **sel** (nom masculin) 1. Substance blanche provenant de l'eau de mer et qui sert à assaisonner ou à conserver les aliments. *Maman a mis du gros **sel** dans l'eau de cuisson des pâtes.* 2. Au sens figuré, ce qui fait l'intérêt d'une histoire ou d'une situation. *Ses plaisanteries ne manquent pas de **sel** !* • **Mettre son grain de sel** : intervenir dans une discussion sans y avoir été invité.

▸ **sélectif, ive** (adjectif) Qui se fait par sélection. *Le recrutement dans cette école d'ingénieurs est très **sélectif**.*

▸ **sélection** (nom féminin) Choix des personnes ou des choses qui présentent le plus de qualités. *Le jury fait une première **sélection** parmi les candidats.* ⊙ Famille du mot : sélectif, sélectionner, sélectionneur.

▸ **sélectionner** (verbe) ⊙ conj.n°3 Choisir par sélection. *Ce joueur **a** déjà **été sélectionné** en équipe de France.*

▸ **sélectionneur, euse** (nom) Personne chargée de sélectionner des joueurs pour former une équipe.

▸ **self-service** (nom masculin) Restaurant où l'on se sert soi-même. *La cantine du collège est un **self-service**.* ➜ Pluriel : des self-services. ⊙ En anglais, self signifie « soi-même ».

selle (nom féminin)
1. Pièce de cuir qu'on place sur le dos d'un cheval et sur laquelle le cavalier s'assoit. 2. Siège d'un véhicule à deux roues. *La **selle** de son vélo est trop haute pour Laura.* ➠ p. 123. • **Aller à la selle** : faire ses excréments. ▷ **selles** (nom féminin pluriel) Excréments des êtres humains. ⊙ Famille du mot : desseller, seller.

seller (verbe) ○ conj.n°3
Mettre une selle à un cheval.

sellette (nom féminin)
• **Être sur la sellette** : être accusé ou critiqué. *Après la défaite de l'équipe, le sélectionneur **est sur la sellette**.* ⊙ La sellette était autrefois une sorte de tabouret sur lequel devait s'asseoir l'accusé au tribunal.

selon (préposition)
Sert à indiquer : 1. Le rapport à quelque chose. *Myriam s'habille **selon** le temps qu'il fait.* (Syn. en fonction de, suivant.) 2. Le point de vue de. ***Selon** la météo, il va pleuvoir.* (Syn. d'après, suivant.) 3. La référence. *Il faut monter ce meuble **selon** les instructions.*

semailles (nom féminin pluriel)
Action de semer des graines. *Les **semailles** suivent le labourage.* ➠ p. 821.

semaine (nom féminin)
1. Période de sept jours qui commence le lundi et finit le dimanche. 2. Durée de sept jours. *À Pâques, nous avons deux **semaines** de vacances.* 3. Partie de la semaine pendant laquelle on travaille. *Dans cette entreprise, la **semaine** de 35 heures est appliquée.*

sémaphore (nom masculin)
Appareil qui servait à envoyer des signaux aux bateaux ou aux trains.

semblable (adjectif)
Qui ressemble beaucoup à une autre chose ou à une autre personne. *Leurs cartables sont **semblables**, donc ils les confondent souvent.* (Syn. identique, pareil. Contr. différent.) ▷ **semblable** (nom) Être humain, par rapport aux autres. *Aider ses **semblables**.*

semblant (nom masculin)
• **Faire semblant** : faire croire aux autres que l'on fait quelque chose. *David **fait semblant** de dormir.* (Syn. feindre.)

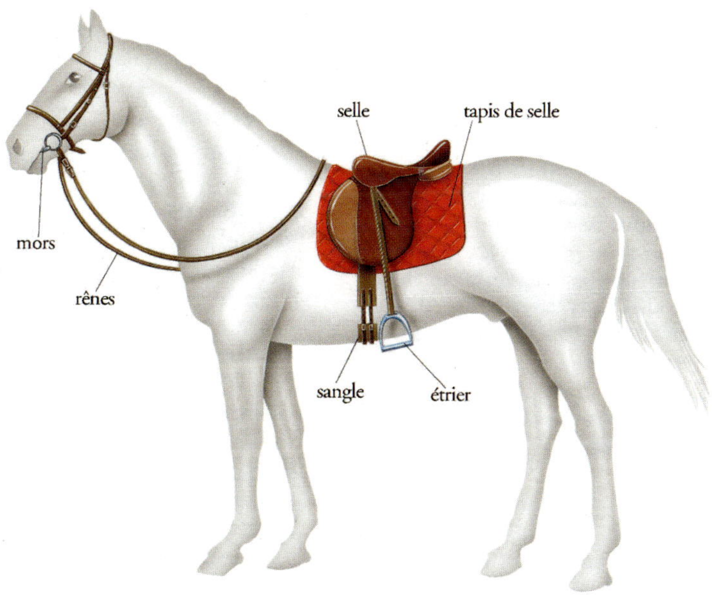

la **selle** et le harnachement du cheval

sembler (verbe) ○ conj.n°3
Avoir l'air, paraître. *Tu **sembles** fiévreux, va prendre ta température.* • **Il me semble** : j'ai l'impression. ***Il me semble** que je l'ai déjà vu quelque part.* • **Il semble** : on dirait. ***Il semble** qu'il va pleuvoir.*

semelle (nom féminin)
Dessous de la chaussure. *Le cordonnier a changé les **semelles** de mes chaussures.* • **Ne pas quitter quelqu'un d'une semelle** : le suivre partout.

semence (nom féminin)
Graines que l'on sème. *Ibrahim achète des sachets de **semences** à la jardinerie.*

semer (verbe) ○ conj.n°8
1. Mettre des graines dans la terre pour faire pousser des plantes. ***Semer** du blé. Noémie **a semé** des fines herbes dans le jardin.* 2. Répandre çà et là. *Des voyous **ont semé** des clous sur la route. **Semer** la terreur.* 3. Synonyme familier de distancer. *Guillaume **a semé** ses adversaires dans la dernière ligne droite.* ⊙ Famille du mot : ensemencer, semailles, semence, semis.

semestre (nom masculin)
Période de six mois.

semestriel, elle (adjectif)
Qui paraît ou se produit chaque semestre. *Une revue **semestrielle**.*

séminaire (nom masculin)
1. Établissement qui prépare les jeunes gens à devenir prêtres. 2. Réunion de spécialistes qui travaillent sur des questions particulières. *Participer à un **séminaire** sur l'écologie.*

séminariste (nom masculin)
Élève d'un séminaire.

semi-remorque (nom masculin)
Gros camion composé d'une partie où se trouvent le moteur et la cabine du chauffeur, et d'une remorque. → Pluriel : des semi-remorques.

semis (nom masculin)
Endroit où on a semé des graines. *Odile arrose régulièrement ses **semis** de persil.*

semonce (nom féminin)
Avertissement accompagné de reproches. *Sarah a reçu une **semonce** du maître pour son travail bâclé.*

semoule (nom féminin)
Blé moulu en petits grains. *La **semoule** du couscous se cuit à la vapeur.*

sempiternel, elle (adjectif)
Qui ne s'arrête jamais. *On en a assez de vos plaintes **sempiternelles** !* (Syn. perpétuel.) ⊙ Sempiternel vient du latin *semper* qui signifie « toujours » et *aeternus* qui signifie « éternel ».

Sénat (nom masculin)
L'une des deux assemblées chargées de voter les lois. *En France, l'Assemblée nationale et le **Sénat** forment le Parlement.* ⊙ Sénat vient du latin *senex* qui signifie « vieux » : le Sénat était, à Rome, le conseil des anciens.

sénateur (nom masculin)
Membre du Sénat.

sénégalais, aise
➡ Voir tableau p. 6.

sénile (adjectif)
Qui est causé ou marqué par la vieillesse. *Ce pauvre homme perd la tête et devient **sénile**.*

sénilité (nom féminin)
État d'une personne affaiblie par la vieillesse.

senior (nom)
Sportif âgé de plus de 21 ans et de moins de 35 ans. *L'équipe des **seniors** a gagné.* → Prononciation [senjɔʀ]. ⊙ Senior est un mot anglais emprunté au latin où il signifie « plus âgé ».

sens (nom masculin)
1. Synonyme de signification. *Ursula se sert de son dictionnaire pour comprendre le **sens** des mots.* 2. Ce qui permet de recevoir des sensations. *Les cinq **sens** sont la vue, l'ouïe, le toucher, le goût et l'odorat.* 3. Connaissance intuitive. *Zoé se perd souvent car elle n'a vraiment aucun **sens** de l'orientation.* 4. Direction dans laquelle se déplace quelqu'un ou quelque chose. *Le **sens** des aiguilles d'une montre. Une route à double **sens**, à **sens** unique.* • **Sens dessus dessous** : dans un très grand désordre. *La chambre de Kevin est **sens dessus dessous**.* • **Tomber sous le sens** : être évident. → Voir aussi bon sens. → Prononciation [sɑ̃s]. Sens dessus dessous se prononce [sɑ̃dsydsu]. ⊙ Famille du mot : bon sens, insensé, sensé, sensualité, sensuel.

sensation (nom féminin)
1. Ce qu'on ressent avec son corps. *Amandine a une douce **sensation** de chaleur devant le feu. La faim est une **sensation** désagréable.* 2. Impression ou sentiment. *Une **sensation** de solitude.* • **Faire sensation** : provoquer une forte impression, un grand intérêt.

sensationnel, elle (adjectif)
Qui fait sensation. *Gravir l'Everest est un exploit **sensationnel**.* (Syn. extraordinaire, formidable.)

sensé, ée (adjectif)
Qui est plein de bon sens. *Sa réponse est juste et très **sensée**.* (Contr. insensé.)

sensibilisation (nom féminin)
Action de sensibiliser. *Une émission de **sensibilisation** aux problèmes du sida.*

sensibiliser (verbe) ○ conj.n°3
Rendre quelqu'un sensible et attentif à quelque chose. *Le gouvernement veut **sensibiliser** les automobilistes sur le problème de l'alcool au volant.*

sensibilité (nom féminin)
1. Caractère d'une personne sensible. *Élodie est d'une telle **sensibilité** que tout l'émeut.* 2. Fait d'être sensible à quelque chose. *La **sensibilité** au froid est plus grande chez les gens des pays chauds.* 3. Propriété d'un appareil ou d'un instrument sensible. *La **sensibilité** d'un thermomètre, d'une balance.*

sensible (adjectif)
1. Qui est facilement ému. *Fatima est très **sensible** à la beauté des paysages.* 2. Qui est fragile et qui réagit facilement. *Les peaux claires sont très **sensibles** au soleil.* 3. Qui réagit à la moindre variation. *Cette balance est très **sensible**.* 4. Qui est assez important pour qu'on le remarque. *La météo annonce une baisse très **sensible** des températures pour demain.* (Syn. notable.) ⊙ Famille du mot : insensibiliser, insensibilité, insensible, insensiblement, sensibilisation, sensibiliser, sensibilité, sensiblement.

sensiblement (adverbe)
1. De façon sensible, importante. *Les prix ont **sensiblement** baissé.* 2. À peu près. *Pierre et Gaëlle ont **sensiblement** la même taille.* (Syn. presque.)

sensoriel, elle (adjectif)
Qui a un rapport avec les sens. *Les oreilles, les yeux, le nez, la langue sont des organes **sensoriels**.*

sensualité (nom féminin)
Caractère d'une personne sensuelle.

sensuel, elle (adjectif)
Qui concerne les plaisirs procurés par les sens. *Bien manger, écouter de la musique sont des plaisirs **sensuels**.*

sentence (nom féminin)
Synonyme de jugement. *L'accusé attend la **sentence** du tribunal.* (Syn. verdict.)

senteur (nom féminin)
Synonyme littéraire d'odeur. *La **senteur** de cette fleur est délicieuse.* (Syn. parfum.)

sentier (nom masculin)
Chemin étroit dans la campagne. *Un **sentier** longe la rivière.*

sentiment (nom masculin)
1. Ce qu'on éprouve, ce qu'on ressent. *Le désir, l'amour, la peine, la joie, la jalousie sont des **sentiments**.* 2. Impression ou intuition. *J'ai le **sentiment** qu'il nous a menti.*

sentimental, ale, aux (adjectif)
Qui donne beaucoup d'importance aux sentiments, en particulier à l'amour. *Hélène est très **sentimentale**, elle s'attendrit facilement.*

a b c d e f g h i j k l m n o p q r s t u v w x y z

sentinelle (nom féminin)
Soldat armé qui monte la garde. *Il y a des **sentinelles** à l'entrée de la caserne.*

sentir (verbe) ○ conj.n°15
1. Distinguer une odeur par l'odorat. ***Sentez** ces fleurs, quel parfum délicat !* 2. Éprouver une sensation physique. *Quentin **a senti** une vive douleur dans le dos. Les randonneurs **se sentent** fatigués après leur journée de marche.* 3. Avoir une impression ou une intuition. *Tu **avais senti** qu'il y aurait de la bagarre.* 4. Avoir une odeur caractéristique. *Ce miel **sent** la lavande. Ce poisson **sent** mauvais, il faut le jeter.*

sépale (nom masculin)
Chacune des parties vertes situées à la base des pétales d'une fleur. ➠ p. 476. *L'ensemble des **sépales** forme le calice.*

séparation (nom féminin)
1. Action de séparer. *Un paravent sert de **séparation** dans un coin de la pièce.* 2. Fait de se séparer. *Malgré leur **séparation**, ses parents se voient souvent.*

séparatiste (adjectif et nom)
Qui souhaite séparer sa région de l'État auquel elle est rattachée. *Les **séparatistes** ont revendiqué l'attentat contre la préfecture.*

séparément (adverbe)
À part l'un de l'autre. *Les deux témoins ont été entendus **séparément**.* (Contr. ensemble.)

séparer (verbe) ○ conj.n°3
1. Éloigner une personne d'une autre. *Le maître **a séparé** les deux élèves qui se battaient. Ses parents viennent de **se séparer**.* 2. Diviser un espace en deux ou en plusieurs parties. *Ces pièces **sont séparées** par des cloisons coulissantes.* 3. Ne pas mélanger des choses. *Il **sépare** sa vie privée de sa vie professionnelle.* (Syn. dissocier.) ⊙ Famille du mot : inséparable, séparation, séparatiste, séparément.

sept (adjectif)
Six plus un (7). *Une semaine a **sept** jours.* ▷ **sept** (nom masculin) Chiffre ou nombre sept. *Ton **sept** est mal fait, il ressemble à un un.* → Prononciation [sɛt].

septembre (nom masculin)
Neuvième mois de l'année qui compte trente jours. *Fin **septembre**, c'est le début de l'automne.* ⊙ Septembre vient du latin *septem* qui signifie « sept » : c'était le septième mois de l'année romaine, qui commençait en mars.

septennat (nom masculin)
Période de sept ans. *Le président de la République François Mitterrand a accompli deux **septennats**.*

septentrional, ale, aux (adjectif)
Qui est situé au nord. *Le Danemark et la Suède font partie de l'Europe **septentrionale**.*

septicémie (nom féminin)
Infection généralisée du sang.

septième (adjectif et nom)
Qui occupe le rang numéro 7. *Juillet est le **septième** mois de l'année.* ▷ **septième** (nom masculin) Ce qui est contenu sept fois dans un tout. *Il y a sept enfants, chacun aura un **septième** du gâteau.* → Prononciation [sɛtjɛm].

septique (adjectif)
• **Fosse septique :** fosse creusée dans le sol, dans laquelle les excréments fermentent puis se décomposent. ⊙ Septique vient du grec *septikos* qui signifie « qui pourrit ».

septuagénaire (adjectif et nom)
Qui a entre soixante-dix et quatre-vingts ans.

sépulture (nom féminin)
Lieu où est enterré un mort. (Syn. tombeau.)

des **sépultures** dans un cimetière

séquelle (nom féminin)
Trouble qui persiste après une maladie ou un accident. *Romain n'a aucune **séquelle** de sa fracture.*

séquence (nom féminin)
Suite d'images constituant une scène d'un film. *La première **séquence** de ce film est superbe.*

séquestration (nom féminin)
Action de séquestrer. *Cet homme a réussi à s'échapper après un mois de **séquestration**.*

séquestrer (verbe) ○ conj.n°3
Garder quelqu'un enfermé de façon illégale. *Le directeur de l'usine **a été séquestré** deux jours par les ouvriers en grève.*

séquoia (nom masculin)
Très grand conifère de Californie. *Certains **sequoias** atteignent 140 mètres de haut.* ➠ p. 243. → Prononciation [sekɔja]. ⊙ Sequoyah était un grand chef indien de la tribu des Cherokee (1760-1843).

sérail (nom masculin)
Partie du palais du sultan qui était réservée aux femmes. (Syn. harem.)

serbe
➠ Voir tableau p. 6.

serein, eine (adjectif)
1. Se dit d'un ciel clair, calme et pur. 2. Qui ne montre aucune inquiétude. *Un visage **serein**.* (Syn. calme, paisible. Contr. anxieux, inquiet.) ⊙ Famille du mot : sereinement, sérénité.

sereinement (adverbe)
D'une manière sereine. *Il a accueilli très **sereinement** la nouvelle.*

sérénade (nom féminin)
Petit concert qu'on donnait la nuit sous les fenêtres de la femme qu'on aimait.

sérénité (nom féminin)
État d'une personne sereine. *Elle attend avec **sérénité** les résultats de son examen.*

serf (nom masculin)
Au Moyen Âge, paysan rattaché à une terre et dépendant entièrement du seigneur. → Prononciation [sɛʀ]. ⊙ Serf vient du latin *servus* qui signifie « esclave ».

sergent (nom masculin)
Sous-officier du grade le plus bas.

série (nom féminin)
Ensemble de choses qui se suivent ou qui vont ensemble. *Le détective a posé une **série** de questions au témoin.* • **En série** : en grand nombre et sur le même modèle. *Cette usine fabrique des voitures **en série**.*

sérier (verbe) ○ conj.n°10
Classer par ordre d'importance. *Il faut essayer de **sérier** les problèmes.*

sérieusement (adverbe)
D'une façon sérieuse. *Thomas ne travaille pas **sérieusement**. Julie est **sérieusement** malade.*

sérieux, euse (adjectif)
1. Qui ne plaisante pas. *Ce n'est pas pour rire que je te dis ça, je suis **sérieux** !* 2. Qui est consciencieux et appliqué. *Laura est une élève très **sérieuse**, elle a de bons résultats.* 3. Qui peut avoir des conséquences importantes. *Le blessé est dans un état **sérieux**.* (Syn. grave.) ▷ **sérieux** (nom masculin) Qualité d'une personne ou d'une chose sérieuse. *Cette entreprise est réputée pour son grand **sérieux**.* • **Garder son sérieux** : se retenir de rire. • **Prendre au sérieux** : considérer comme important. • **Se prendre au sérieux** : se croire extrêmement important.

serin (nom masculin)
Petit oiseau jaune, élevé en cage.

un **serin**

seriner (verbe) ○ conj.n°3
Répéter sans cesse la même chose. *Arrête de **seriner** toujours les mêmes conseils !*

seringa (nom masculin)
Arbrisseau à fleurs blanches très odorantes. → On écrit aussi seringat.

une branche de **seringa**

seringue (nom féminin)
Petite pompe terminée par une aiguille, qui sert à faire des piqûres. *Le médecin prépare la **seringue** pour le vaccin.*

serment (nom masculin)
Promesse solennelle faite devant quelqu'un. *Au tribunal, les témoins doivent prêter **serment** de dire toute la vérité.*

« Le **Serment** des Horaces »
de David (1784)

sermon (nom masculin)
1. Discours prononcé par un prêtre. *Les fidèles écoutent le **sermon** du curé.* (Syn. prêche.) **2.** Discours ennuyeux et qui fait la morale. *Le directeur a fait un **sermon** aux élèves sur les règles de la politesse.*

sermonner (verbe) ○ conj.n°3
Faire un sermon, la morale à quelqu'un. *Le gardien **a sermonné** les enfants qui jouaient dans les plates-bandes.*

séropositif, ive (adjectif et nom)
Qui a dans le sang le virus du sida.

serpe (nom féminin)
Outil à manche court et à lame large et recourbée. *Les druides gaulois utilisaient une **serpe** pour couper le gui.*

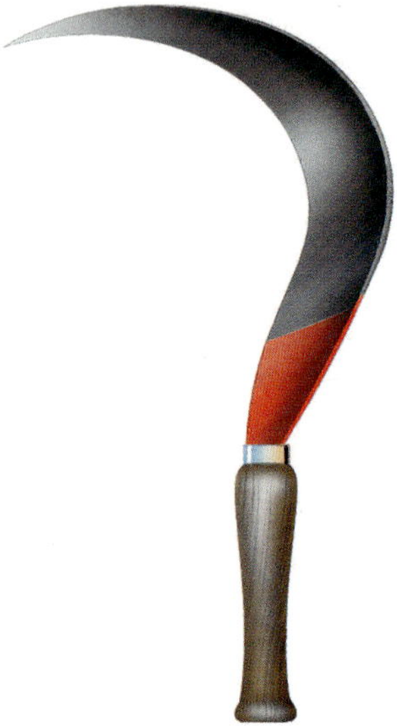

une **serpe**

serpent (nom masculin)
Reptile au corps long et couvert d'écailles, qui se déplace en rampant. *Les cobras et les vipères sont des **serpents** venimeux.*

serpenter (verbe) ○ conj.n°3
Avoir un tracé sinueux. *L'âne gravit le petit chemin qui **serpente** dans la montagne.*

serpentin (nom masculin)
Petit rouleau de papier coloré qui se déroule quand on le lance.

serpillière (nom féminin)
Pièce de grosse toile qui sert à nettoyer le sol. *Alexandre passe la **serpillière** dans la cuisine.*

serpolet (nom masculin)
Thym sauvage utilisé comme condiment.

un **serpolet**

serre (nom féminin)
Bâtiment vitré et parfois chauffé où l'on fait pousser des plantes à l'abri du froid. *En France, les plantes tropicales ne peuvent pousser que dans des **serres**.*

serré, ée (adjectif)
Dont les éléments sont très rapprochés. *Marcher en rangs **serrés**.*

serrement (nom masculin)
• **Serrement de cœur** : sensation pénible provoquée par l'angoisse ou la tristesse.

serrer (verbe) ○ conj.n°3
1. Tenir très fort. *Il m'**a serré** la main. Myriam **serre** son petit frère dans ses bras.* 2. Tirer fort sur les extrémités d'un lien. ***Serre** bien le nœud, sinon il risque de se défaire.* 3. Tourner un mécanisme à fond. *Il me faut une clé pour **serrer** cet écrou.* 4. Être trop près du corps. *Il a du mal à marcher avec ces chaussures qui lui **serrent** les pieds.* 5. • **Être serrés** : être trop nombreux dans un endroit. 6. Se serrer : se rapprocher. *Si les gens **se serraient**, il y aurait encore de la place dans l'autobus.*
⊙ Famille du mot : desserrer, resserrer, serré, serrement, serre-tête.

serres (nom féminin pluriel)
Griffes recourbées et puissantes des rapaces. *L'aigle emporte sa proie dans ses **serres**.*

serre-tête (nom masculin)
Bandeau servant à retenir les cheveux.
→ Pluriel : des serre-tête.

serrure (nom féminin)
Mécanisme dans lequel on introduit une clé pour ouvrir ou fermer une porte ou un tiroir. *Noémie a perdu les clés, il va falloir changer la **serrure**.*
⊙ Famille du mot : serrurerie, serrurier.

serrurerie (nom féminin)
Boutique ou métier du serrurier.

serrurier (nom masculin)
Personne qui pose et répare les serrures et qui fabrique les clés.

sertir (verbe) ○ conj.n°11
Fixer une pièce précieuse sur un support. ***Sertir** un diamant sur une bague.*

sérum (nom masculin)
1. Liquide jaunâtre qui se sépare du sang coagulé. 2. Liquide tiré du sang d'un animal immunisé et qui sert à lutter contre certains microbes. *Un **sérum** antitétanique.* → Prononciation [seʀɔm].

servage (nom masculin)
État de serf. *En Russie, le **servage** a duré jusqu'en 1861.*

servante (nom féminin)
Autrefois, jeune fille qui était employée aux travaux de la maison.

serveur, euse (nom)
Personne qui sert les clients dans un café ou un restaurant. *Nous avons laissé un pourboire à la **serveuse**.*
▷ **serveur** (nom masculin) Gros ordinateur qui permet de se connecter à un réseau informatique.

serviable (adjectif)
Qui est toujours prêt à rendre service. *Demande à Odile de t'aider, elle est très **serviable**.* (Syn. complaisant, obligeant.)

a b c d e f g h i j k l m n o p q r s t u v w x y z

service (nom masculin)
1. Ce qu'on fait pour aider quelqu'un. *William a rendu **service** à une vieille dame en lui portant son sac à provisions.* 2. Manière de servir les clients. *Le **service** est très rapide dans ce restaurant.* 3. Pourcentage d'une note d'hôtel ou de restaurant, destiné au personnel. *Le **service** est compris dans l'addition.* 4. Assortiment de vaisselle. *Camille a cassé une tasse du **service** à café.* 5. Activité professionnelle. *Papa prend toujours son **service** à 6 heures du matin.* 6. Branche d'activité d'une administration ou d'une entreprise. *Le **service** de radiologie de l'hôpital. Le **service** après-vente.* • **Service militaire :** temps qu'un jeune homme passe à l'armée.

serviette (nom féminin)
1. Pièce de tissu qui sert à s'essuyer le corps ou la bouche. *Ursula se sert d'une grande **serviette** pour se sécher après son bain. Ces **serviettes** de table sont assorties à la nappe.* 2. Sac dans lequel on transporte des livres ou des documents. *Pour aller au bureau, papa s'est acheté une nouvelle **serviette**.*

servile (adjectif)
Qui est trop soumis et trop respectueux. *Se montrer **servile** envers ses supérieurs.* ⊙ Famille du mot : servilement, servilité.

servilement (adverbe)
De façon servile. *Obéir **servilement** sans réagir.*

servilité (nom féminin)
Défaut d'une personne servile.

servir (verbe) ○ conj.n°15
1. Donner à quelqu'un ce qu'il demande. *Le garçon m'**a servi** une glace.* 2. Être utile pour faire quelque chose. *Un marteau **sert** à enfoncer les clous. Ton sécateur m'**a** beaucoup **servi** pour tailler les rosiers.* 3. Se servir : prendre soi-même quelque chose. *Si vous voulez boire quelque chose, **servez-vous**.* 4. Se servir de quelque chose : l'utiliser. *Zoé **se sert de** l'ouvre-boîte pour ouvrir la boîte de petits pois.* ⊙ Famille du mot : desservir, servante, serveur, serviable, service, serviteur, resservir.

serviteur (nom masculin)
Personne qui est au service de quelqu'un.

servitude (nom féminin)
Chose ennuyeuse ou pénible à laquelle on ne peut pas échapper. *Les déplacements sont une des **servitudes** de cette profession.*

ses (déterminant)
Pluriel de *son 1* et de *sa*.

sésame (nom masculin)
Plante dont les graines fournissent une huile alimentaire. *En Extrême-Orient, on utilise beaucoup l'huile de **sésame**.*

session (nom féminin)
1. Temps pendant lequel siège une assemblée ou un tribunal. *Hier, le Sénat s'est réuni en **session** extraordinaire.* 2. Période où a lieu un examen. *La **session** du bac débutera en juin.*

set (nom masculin)
Partie d'un match de tennis, de ping-pong ou de volley-ball. *Au deuxième **set**, les joueurs sont à égalité.* • **Set de table :** napperon qu'on place sous les assiettes et les couverts pour protéger une table. → Set est un mot anglais : on prononce [sɛt].

setter (nom masculin)
Grand chien de chasse à longs poils.

un **setter**

seuil (nom masculin)
1. Entrée d'une maison ou d'une pièce. *Les enfants ont laissé leurs bottes pleines de boue sur le **seuil** de la maison.* 2. Point au-delà duquel une situation devient critique. *Le **seuil** de pollution a été dépassé à cause du manque de vent.*

seul, seule (adjectif)
1. Qui est sans personne pour l'accompagner ou pour l'aider. *Xavier est assez grand pour rentrer **seul** de l'école. Tu n'arriveras jamais à porter **seule** ces valises !* **2.** Seulement un. *Il ne manque qu'un **seul** ingrédient pour faire ce gâteau, c'est le sucre.* (Syn. unique.) **3.** En excluant tous les autres. ***Seuls** les adultes peuvent apprécier ce spectacle.* ▷ **seul, seule** (nom) Personne unique. *Anna est la **seule** à me croire.*

seulement (adverbe)
1. Pas plus. *On ne peut pas faire d'omelette, il reste **seulement** un œuf !* **2.** Juste maintenant. *Élodie vient **seulement** de rentrer de l'école.* **3.** Toutefois, mais. *C'est possible, **seulement** je dois réfléchir.* • **Si seulement** : si au moins. ***Si seulement** il faisait des efforts, il réussirait.*

sève (nom féminin)
Liquide qui circule dans les plantes et qui les nourrit.

sévère (adjectif)
1. Qui est exigeant et qui punit facilement. *Les parents de Gaëlle sont très **sévères** avec elle.* (Syn. strict. Contr. indulgent.) **2.** Qui est important ou grave. *Notre équipe a subi une défaite **sévère**.* ⊙ Famille du mot : sévèrement, sévérité.

sévèrement (adverbe)
Avec sévérité. *La conduite en état d'ivresse est **sévèrement** punie par la loi.* (Syn. durement.)

sévérité (nom féminin)
Caractère d'une personne sévère. *Ce professeur corrige les devoirs avec une grande **sévérité**.*

sévices (nom masculin pluriel)
Mauvais traitements exercés sur quelqu'un. *Ces enfants maltraités portent des traces de **sévices** sur tout le corps.*

sévir (verbe) ⊙ conj.n°11
1. Intervenir en punissant très sévèrement. *Le directeur a décidé de **sévir** contre les élèves qui sont souvent en retard.* **2.** Faire des ravages ou des victimes. *La tempête qui **sévit** au large a causé plusieurs naufrages.*

sevrage (nom masculin)
Action de sevrer. *Le **sevrage** d'un nourrisson.*

sevrer (verbe) ⊙ conj.n°3
Donner progressivement d'autres aliments que du lait à un bébé ou au petit d'un animal. *Ces chatons qui ont deux mois et demi **sont** maintenant complètement **sevrés**.*

sexagénaire (adjectif et nom)
Qui a entre soixante et soixante-dix ans.

sexe (nom masculin)
1. Organes génitaux d'une personne ou d'un animal. *Le **sexe** de l'homme et le **sexe** de la femme sont différents.* ➠ p. 263. **2.** Caractères physiques qui différencient un homme d'une femme ou un mâle d'une femelle. *Les garçons sont de **sexe** masculin et les filles de **sexe** féminin.* ⊙ Famille du mot : hétérosexuel, homosexuel, sexisme, sexiste, sexualité, sexuel.

sexisme (nom masculin)
Comportement d'une personne qui pense que les hommes sont supérieurs aux femmes.

sexiste (adjectif et nom)
Qui fait preuve de sexisme. *Le directeur de cette entreprise est très **sexiste** : il donne des salaires plus bas aux femmes qu'aux hommes.*

sextant (nom masculin)
Instrument de navigation qui sert à mesurer la hauteur des astres au-dessus de l'horizon. *Grâce au **sextant**, les navigateurs peuvent déterminer la position de leur bateau.*

un **sextant**

sexualité (nom féminin)
Ensemble des comportements qui poussent une personne à l'union sexuelle avec une autre personne par instinct de reproduction ou pour éprouver un plaisir physique.

sexuel, elle (adjectif)
1. Qui concerne le sexe. *L'homme et la femme ont des organes **sexuels** différents.* (Syn. génital.) 2. Qui se rapporte à la sexualité. *Des relations **sexuelles**.*

seyant, ante (adjectif)
Qui va bien à quelqu'un. *Anna porte une robe à fleurs très **seyante**.*

shampooing (nom masculin)
1. Produit liquide pour se laver les cheveux. *C'est un **shampooing** doux qui ne pique pas les yeux.* 2. Lavage des cheveux. *Se faire un **shampooing**.*
→ Prononciation [ʃɑ̃pwɛ̃]. → On écrit aussi shampoing.

shérif (nom masculin)
Aux États-Unis, chef de la police d'une ville. *L'insigne du **shérif** est une étoile.*

sherpa (nom masculin)
Guide de montagne dans l'Himalaya. *L'alpiniste Edmund Hillary et le **sherpa** Tensing ont gravi l'Everest en 1953.*
⊙ Les Sherpas sont un peuple montagnard du Népal.

shoot (nom masculin)
Au football, coup de pied sec et puissant donné dans le ballon. (Syn. tir.)
→ Shoot est un mot anglais : on prononce [ʃut].

shooter (verbe) ○ conj.n°3
Faire un shoot. *Benjamin **shoote** et ainsi marque le but de la victoire.*
→ Prononciation [ʃute].

shopping (nom masculin)
• **Faire du shopping** : faire des achats en allant d'un magasin à un autre.
→ Prononciation [ʃɔpiŋ]. ⊙ Shopping vient de l'anglais *shop* qui signifie « boutique ». Au Canada, on dit magasinage.

short (nom masculin)
Culotte courte. *En été, c'est vraiment très agréable de se promener en **short**.*
→ Prononciation [ʃɔʀt]. ⊙ Short est un mot anglais qui signifie « court ».

show (nom masculin)
Spectacle de variétés organisé autour d'une vedette. *Ce chanteur célèbre est l'invité d'un **show** à la télévision, ce soir.*
→ Prononciation [ʃo]. ⊙ En anglais, *to show* signifie « montrer ».

1. si (conjonction)
Sert à introduire une condition ou une possibilité. *Nous partirons **si** le brouillard se dissipe. Je ne sais pas **s'ils** viendront.* → Si devient s' devant il ou ils.

2. si (adverbe)
1. Sert à affirmer quelque chose en réponse à une question négative. *Tu n'aimes pas ce gâteau ? – Mais **si** !* 2. Synonyme de tellement. *Ne criez pas **si** fort !* 3. À un tel point. *La gare n'est pas **si** loin que tu le penses, on peut s'y rendre à pied.* (Syn. aussi.)

3. si (nom masculin)
Septième note de la gamme.

siamois, oise (adjectif et nom)
Se dit d'une race de chat aux yeux bleus et au pelage ras brun et beige.
• **Frères siamois, sœurs siamoises** : jumeaux ou jumelles qui naissent attachés par une partie du corps. ⊙ Le *Siam* est l'ancien nom de la Thaïlande.

un **siamois**

sibyllin, ine (adjectif)
Synonyme littéraire d'énigmatique. *Le magicien prononçait des formules **sibyllines** en préparant un breuvage étrange.*

sida (nom masculin)
Maladie très grave due à un virus qui se transmet par le sang ou au cours des rapports sexuels.

sidéen, enne (nom)
Personne atteinte du sida.

sidérant, ante (adjectif)
Synonyme familier de stupéfiant. *L'insolence de cet enfant est **sidérante**.*

sidérer (verbe) ○ conj. n°8
Synonyme familier de stupéfier. *Sa réaction violente nous **a sidérés**.*

sidérurgie (nom féminin)
Industrie qui transforme le minerai de fer pour fabriquer la fonte et l'acier.

sidérurgique (adjectif)
De la sidérurgie. *On fabrique de la fonte et de l'acier dans toutes les usines **sidérurgiques**.*

siècle (nom masculin)
1. Durée de cent ans. *Cette vieille bâtisse a été construite il y a un **siècle**.* 2. Période de cent ans portant un numéro. *L'aventure spatiale a commencé au XXe **siècle**.*

siège (nom masculin)
1. Meuble qui sert à s'asseoir. *Un fauteuil, une chaise, un tabouret sont des **sièges**.* 2. Fonction d'une personne élue dans une assemblée. *Ce parti politique a gagné dix **sièges** aux dernières élections.* 3. Lieu où est établie la direction d'une société ou d'un organisme. *Cette entreprise vend des parfums dans le monde entier, mais son **siège** est à Paris.* 4. Opération militaire qui consiste à encercler un lieu pour s'en emparer. *L'ennemi fait le **siège** de la ville depuis plusieurs jours, les habitants sont affamés.* ⊙ Famille du mot : assiéger, siéger, télésiège.

siéger (verbe) ○ conj. n°5 et 8
Se réunir en assemblée. *Demain, les députés **siégeront** à l'Assemblée nationale pour voter une nouvelle loi.*

le sien, la sienne (pronom)
Pronom possessif de la troisième personne du singulier. *Je n'aime pas mon blouson, je préfère le **sien**.* ▷ **sien** (nom masculin) • **Y mettre du sien** : faire des efforts. *S'il veut passer en CM2, il faudra qu'il **y mette du sien**.* ▷ **les siens** (nom masculin pluriel) La famille et les amis de quelqu'un. *Après une longue séparation, il a retrouvé **les siens**.* ▷ **siennes** (nom féminin pluriel) • **Faire des siennes** : faire des bêtises. *Son père est furieux, je parie que Clément **a** encore **fait des siennes** !*

sierra (nom féminin)
Chaîne de montagnes, en Espagne et en Amérique.

sieste (nom féminin)
Moment de repos après le repas de midi. *Grand-père fait toujours une petite **sieste** après le déjeuner.*

sifflement (nom masculin)
Son produit par quelqu'un ou quelque chose qui siffle. *Il entendait le **sifflement** du vent dans la cheminée.*

siffler (verbe) ○ conj. n°3
1. Produire un son aigu en chassant l'air par la bouche ou en soufflant dans un sifflet. *David **siffle** un petit air entraînant. L'arbitre **siffle** la fin du match.* 2. Pour certains animaux, émettre un son qui ressemble à un sifflement. *Le merle **siffle**.* 3. Appeler en sifflant. *Le maître **a sifflé** son chien pour qu'il revienne.* 4. Produire un son aigu. *Les balles **sifflaient** autour d'eux.* 5. Exprimer son mécontentement par des sifflements. *L'assistance **a sifflé** le candidat à la fin de son discours.* (Syn. huer.) ⊙ Famille du mot : sifflement, sifflet, siffloter.

sifflet (nom masculin)
Petit instrument avec lequel on siffle. *L'arbitre a signalé le penalty d'un coup de **sifflet**.* ▷ **sifflets** (nom masculin pluriel) Sifflements exprimant le mécontentement. *Les acteurs ont quitté la scène sous les **sifflets** des spectateurs déçus.*

a b c d e f g h i j k l m n o p q r s t u v w x y z

siffloter (verbe) ○ conj.n°3
Siffler doucement. *Il **sifflote** en se rasant.*

sigle (nom masculin)
Abréviation formée des initiales de plusieurs mots. *O.M.S. est le **sigle** de « Organisation mondiale de la santé ».*

signal, aux (nom masculin)
1. Bruit ou signe qui sert à avertir ou à transmettre une information. *Un coup de sifflet donne le **signal** du départ.* 2. Système ou appareil qui sert à alerter ou à informer. *Un **signal** d'alarme. Des **signaux** lumineux.* ⊙ Famille du mot : signalement, signaler, signalisation.

signalement (nom masculin)
Description détaillée d'une personne, permettant de la reconnaître. *La victime a donné le **signalement** de son agresseur à la police.*

signaler (verbe) ○ conj.n°3
1. Faire remarquer ou annoncer par un signal. *Ce panneau **signale** un sens interdit. Nous **signalons** à notre aimable clientèle que le magasin sera fermé au mois d'août.* 2. Se signaler : se faire remarquer par sa conduite. *Cet élève **se signale** par son intelligence et sa générosité.*

signalisation (nom féminin)
Ensemble des signaux qui servent à régler la circulation. *Un panneau de **signalisation** indique que la route est coupée.*

signataire (nom)
Personne qui a signé quelque chose. *La liste de tous les **signataires** de la pétition sera déposée à la mairie.*

signature (nom féminin)
Nom d'une personne écrit par elle-même à la main, pour confirmer ou approuver un texte. *N'oubliez pas d'apposer votre **signature** au bas du chèque.*

signe (nom masculin)
1. Ce qui donne une indication. *Ton mal de tête est un **signe** de fatigue.* 2. Geste ou expression destinés à faire connaître quelque chose. *Faire un **signe** de la main. Son sourire est un beau **signe** de bienvenue.* 3. Ce qui représente quelque chose par l'écriture ou le dessin. *En arithmétique, + est le **signe** de l'addition. La virgule est un **signe** de ponctuation.* 4. Chacune des douze divisions du zodiaque. *Élodie est née en décembre, elle est du **signe** du Sagittaire.* ➠ p. 83. • **Ne pas donner signe de vie** : ne donner aucune nouvelle. *Cela fait plus d'un mois qu'il **n'a pas donné signe de vie**.* • **Signe de la croix** : geste effectué par les chrétiens en souvenir de la mort du Christ sur la croix, et consistant à toucher successivement son front, sa poitrine et ses épaules.

signer (verbe) ○ conj.n°3
1. Mettre une signature au bas d'un texte ou d'un tableau. *Il a rempli le chèque mais il a oublié de le **signer**.* 2. Se signer : faire le signe de la croix. ⊙ Famille du mot : signataire, signature, soussigné.

signet (nom masculin)
Petit ruban ou bande de carton qui sert à marquer la page d'un livre. *Si tu t'arrêtes de lire, mets un **signet** dans ton livre pour pouvoir retrouver la page.*

significatif, ive (adjectif)
Qui est le signe de quelque chose. *Ces douleurs sont **significatives** d'une entorse.* (Syn. révélateur.)

signification (nom féminin)
Ce que signifie un mot, une phrase ou un geste. *Le dictionnaire permet de rechercher la **signification** d'un mot.* (Syn. sens.)

signifier (verbe) ○ conj.n°10
1. Avoir un sens, vouloir dire quelque chose. *Ostréiculteur **signifie** éleveur d'huîtres.* 2. Faire connaître de manière très claire ce que l'on veut. *Son patron lui **a signifié** son intention de le renvoyer.* ⊙ Famille du mot : significatif, signification.

silence (nom masculin)
1. Absence de bruit. *Un **silence** profond régnait dans la forêt.* 2. Fait de se taire. *Le **silence** est de rigueur à la bibliothèque.* ⊙ Famille du mot : silencieusement, silencieux.

silencieusement (adverbe)
De façon silencieuse. *Le chat s'est faufilé **silencieusement** dans la chambre.*

silencieux, euse (adjectif)
1. Où il n'y a pas de bruit. *À la nuit tombée, le quartier devient **silencieux**.* 2. Qui garde le silence. *Fatima est préoccupée, elle est restée **silencieuse** pendant toute la soirée.* 3. Qui se fait ou qui fonctionne sans bruit. *Ce robot ménager est vraiment très **silencieux**.*
▷ **silencieux** (nom masculin) Dispositif qui diminue le bruit d'un moteur ou d'une arme à feu. *Un pistolet muni d'un **silencieux**.*

silex (nom masculin)
Roche très dure. *Les outils préhistoriques étaient taillés dans du **silex**.*

un **silex**

silhouette (nom féminin)
1. Forme vague d'une personne ou d'une chose. *On aperçoit la **silhouette** des montagnes à travers le brouillard.* 2. Aspect physique général d'une personne. *Ibrahim a reconnu de loin la **silhouette** mince et sportive de sa cousine.*

des **silhouettes** de personnes à contre-jour

sillage (nom masculin)
Trace qu'un bateau en marche laisse derrière lui. *Des dauphins bondissaient dans le **sillage** du bateau.*

sillon (nom masculin)
Longue tranchée tracée dans la terre par le soc d'une charrue. *Le paysan creuse de larges **sillons** pour y semer des pommes de terre.*

sillonner (verbe) ○ conj.n°3
Parcourir dans tous les sens. *Ce vieux marin **a sillonné** toutes les mers du monde.*

silo (nom masculin)
Réservoir où l'on stocke les produits agricoles. *Mettre du fourrage dans un **silo**.*

simagrées (nom féminin pluriel)
Manières ridicules que fait une personne qui veut attirer l'attention. *Arrête de faire des **simagrées** et viens jouer avec nous !*

simiesque (adjectif)
Qui fait penser à un singe. *Le visage de Luc était déformé par des grimaces **simiesques**.* ⊙ Simiesque vient du latin *simia* qui signifie « singe ».

similaire (adjectif)
Qui est à peu près pareil à autre chose. *Gaëlle et Hélène travaillent de façon différente mais elles obtiennent des résultats **similaires**.* (Syn. analogue, équivalent, voisin.)

similitude (nom féminin)
Grande ressemblance. *Il existe une **similitude** de caractère entre Kevin et son frère.*

simoun (nom masculin)
Vent sec et brûlant du désert.

simple (adjectif)
1. Qui n'est pas formé de plusieurs parties ou de plusieurs éléments. *Tu as besoin de feuilles doubles ou de feuilles **simples** pour ton classeur ?* 2. Qui est facile à comprendre ou à faire. *Cet exercice de calcul est très **simple**.* (Contr. compliqué.) 3. Qui est sans ornements ou sans complications inutiles. *Sa cuisine est très **simple** mais délicieuse.* 4. Qui a un comportement naturel. *Il est riche et célèbre mais il est resté **simple**.* (Contr. prétentieux.) 5. Qui est seulement comme on le dit et rien de plus. *Il a réglé cette affaire d'un **simple** coup de fil.* • **Temps simple** : temps du verbe qui est formé sans auxiliaire. ⊙ Famille du mot : simplement, simplicité, simplification, simplifier, simpliste.

simplement (adverbe)
1. De façon simple, sans prétention. *Elle s'habille **simplement** mais avec élégance.* 2. Synonyme de seulement. *Vous pouvez vous baigner, je vous demande **simplement** d'être prudents.*

simplicité (nom féminin)
1. Caractère de ce qui est simple, facile à comprendre. *Cet exercice de calcul est d'une **simplicité** enfantine.* (Syn. facilité.) 2. Comportement d'une personne simple, naturelle. *Malgré sa célébrité, cet écrivain a gardé une grande **simplicité**.*

simplification (nom féminin)
Action de simplifier. *Certaines machines permettent la **simplification** du travail des hommes.*

simplifier (verbe) ⊙ conj.n°10
Rendre plus simple. *Tu devrais acheter un lave-vaisselle, cela te **simplifierait** la vie.*

simpliste (adjectif)
Qui simplifie trop les choses. *Ton raisonnement est vraiment **simpliste**.*

simulacre (nom masculin)
Ce qui a l'apparence du réel mais qui est simulé. *Dans ce film, on voit le naufrage d'un bateau, mais c'est un **simulacre**.*

simulateur, trice (nom)
Personne qui simule. *Il dit qu'il est épuisé, mais c'est un **simulateur**.*

simulation (nom féminin)
Action de simuler. *Il veut nous faire croire qu'il est malade, mais c'est de la **simulation** !*

simuler (verbe) ⊙ conj.n°3
Faire semblant. *Elle **a simulé** un mal de tête pour ne pas aller à l'école.* (Syn. feindre.) ⊙ Famille du mot : simulateur, simulation.

simultané, ée (adjectif)
Qui se produit en même temps. *L'arrivée du froid et les chutes de neige ont été **simultanées**.* ⊙ Famille du mot : simultanéité, simultanément.

simultanéité (nom féminin)
Caractère simultané. *Les gymnastes exécutent leurs acrobaties avec une parfaite **simultanéité**.*

simultanément (adverbe)
De façon simultanée. *À la fin de la panne de courant, toutes les lumières se sont rallumées **simultanément**.* (Contr. successivement.)

sincère (adjectif)
1. Qui exprime honnêtement ses pensées et dit ce qu'il pense. *Alain est souvent un peu brusque, mais il est très **sincère**.* (Syn. franc. Contr. hypocrite.) 2. Que l'on ressent ou que l'on pense réellement. *Il a mal agi mais ses regrets sont **sincères**.* ⊙ Famille du mot : sincèrement, sincérité.

sincèrement (adverbe)
De façon sincère. *Il a **sincèrement** reconnu qu'il avait tort.*

sincérité (nom féminin)
1. Caractère d'une personne sincère. *Je lui fais confiance, je crois en sa **sincérité**.* 2. Caractère d'un sentiment sincère. *Je doute de la **sincérité** des regrets du coupable.*

sinécure (nom féminin)
Emploi où l'on est bien payé sans travailler beaucoup.

singe (nom masculin)
1. Mammifère primate, capable de se servir de ses mains et de ses pieds pour saisir les objets. *La guenon est la femelle du **singe**. Les gorilles et les orangs-outans sont des **singes** de grande taille.* 2. Dans la langue familière, personne qui fait des singeries. *Arrêtez de faire le **singe** !* Famille du mot : singer, singerie.

un **singe** hurleur

singer (verbe) conj.n°5
Imiter quelqu'un pour se moquer de lui. *Il **singe** la maîtresse quand elle a le dos tourné !*

singerie (nom féminin)
Grimace, mimique ou attitude comique. *Pierre nous amuse avec ses **singeries** !* (Syn. pitrerie.)

se singulariser (verbe) conj.n°3
Se faire remarquer à cause d'une singularité. *Il s'est fait raser la tête pour **se singulariser**.*

singularité (nom féminin)
Caractère singulier. *Guillaume a remarqué la **singularité** de ce rocher qui a la forme d'un visage.* (Syn. originalité, particularité.)

singulier, ère (adjectif)
Que l'on remarque pour son aspect étonnant ou inhabituel. *Des fleurs exotiques aux formes **singulières**.* (Syn. étrange.) ▷ **singulier** (nom masculin) Forme d'un mot utilisée quand on parle d'une seule personne ou d'une seule chose. *« Un cheval » est un nom au **singulier**, « des chevaux » est un nom au pluriel.* Famille du mot : se singulariser, singularité, singulièrement.

singulièrement (adverbe)
1. De manière singulière, inhabituelle. *Je trouve que Pierre agit **singulièrement** depuis quelques jours.* (Syn. bizarrement, étrangement.) 2. D'une manière importante. *Il fait **singulièrement** beau pour un mois de novembre.* (Syn. particulièrement.)

sinistre (adjectif)
1. Qui fait craindre un malheur. *Perdu dans un souterrain, il entendit un bruit **sinistre**.* (Syn. effrayant.) 2. Qui est très ennuyeux ou très triste. *Nous avons passé un week-end **sinistre** dans le brouillard et la pluie.* ▷ **sinistre** (nom masculin) Catastrophe qui entraîne des dégâts très importants. *Le tremblement de terre a ravagé tout un quartier, les sauveteurs sont sur les lieux du **sinistre**.*

sinistré, ée (adjectif et nom)
Qui a été victime d'un sinistre. *Après les inondations, des secours ont été envoyés dans les zones **sinistrées**. On a installé des abris provisoires pour les **sinistrés**.*

sinon (conjonction)
1. Sans cela. *Il viendra sûrement **sinon** il aurait téléphoné.* 2. Excepté, sauf. *Dans ces embouteillages, que faire **sinon** attendre ?*

sinueux, euse (adjectif)
Qui fait de nombreuses courbes. *Un sentier **sinueux** mène au sommet de la colline.*

sinuosité (nom féminin)
Courbe que forme une ligne sinueuse. *La barque avançait lentement en suivant les **sinuosités** du fleuve.*

▸ **sinus** (nom masculin)
Cavité qui se trouve à l'intérieur de certains os de la face. → Prononciation [sinys].

▸ **sinusite** (nom féminin)
Inflammation des sinus situés au-dessus du nez. *Ce rhume mal soigné risque de se transformer en* ***sinusite****.*

▸ **siphon** (nom masculin)
1. Tuyau recourbé, placé sous un évier, un lavabo ou un W.-C. pour empêcher la remontée des mauvaises odeurs. *Le plombier a dévissé le* ***siphon*** *afin de déboucher l'évier.* 2. Tube recourbé qui permet de transvaser un liquide d'un récipient à un autre. *Le garagiste a utilisé un* ***siphon*** *pour vider le réservoir d'essence.*

▸ **sire** (nom masculin)
1. Titre que l'on donne à un roi quand on s'adresse à lui. 2. Titre de certains seigneurs au Moyen Âge.

▸ **sirène** (nom féminin)
1. Créature imaginaire qui a un buste de femme prolongé par une queue de poisson. *« La Petite* ***Sirène*** *» est un conte d'Andersen.* 2. Appareil qui produit un son puissant et prolongé pour donner un signal ou avertir d'un danger. *On entend la* ***sirène*** *du bateau qui avance à travers le brouillard.*

une **sirène**

▸ **sirocco** (nom masculin)
Vent chaud et sec qui souffle du Sahara.

▸ **sirop** (nom masculin)
1. Liquide épais et très sucré qui se boit mélangé à de l'eau. *Du* ***sirop*** *de menthe, de grenadine.* 2. Médicament de consistance liquide, au goût sucré. *Un* ***sirop*** *contre la toux.*

▸ **siroter** (verbe) ○ conj.n°3
Dans la langue familière, boire à petites gorgées en prenant son temps. *Après le repas, grand-mère* ***sirote*** *une infusion.*

▸ **sirupeux, euse** (adjectif)
Qui a la consistance épaisse du sirop. *Cette boisson* ***sirupeuse*** *est vraiment écœurante.*

▸ **sismique** (adjectif)
Qui concerne les séismes. *De violentes secousses* ***sismiques*** *ont été enregistrées.*

▸ **sismographe** (nom masculin)
Appareil qui enregistre tous les mouvements sismiques.

▸ **site** (nom masculin)
Lieu qui offre un intérêt particulier. *Nous avons visité les ruines d'un* ***site*** *gaulois.*

▸ **sitôt** (adverbe)
Synonyme d'aussitôt. ***Sitôt*** *levé, il a pris sa douche.* • **De sitôt :** d'ici longtemps. *Après cette dispute, tu ne le reverras pas* ***de sitôt****.*

▸ **situation** (nom féminin)
1. Emplacement d'une ville, d'un terrain ou d'un bâtiment. *Il a choisi une* ***situation*** *exposée au sud pour faire construire sa villa.* 2. Ensemble des conditions dans lesquelles se trouve une personne ou un pays. *Depuis la fin de la guerre, la* ***situation*** *du pays s'est améliorée.* 3. Métier ou emploi. *Son oncle a une belle* ***situation*** *dans une grande entreprise.*

▸ **situer** (verbe) ○ conj.n°3
Déterminer la place de quelque chose dans l'espace ou dans le temps. *Je n'arrive pas à* ***situer*** *ce quartier sur le plan de la ville. L'action de ce roman* ***se situe*** *au Moyen Âge.*

six (adjectif)
Cinq plus un (6). *On trouve au maximum* ***six*** *points sur la face d'un dé.* ▷ **six** (nom masculin) Chiffre ou nombre six. *Mon numéro de téléphone commence par un* ***six****.* ➜ Prononciation [si] devant une consonne ; [siz] devant une voyelle ou un h muet ; [sis] seul ou en fin de phrase.

sixième (adjectif et nom)
Qui occupe le rang numéro 6. *Julie a gagné le* ***sixième*** *prix à ce concours.* ▷ **sixième** (nom masculin) Ce qui est contenu six fois dans un tout. *Trois est le* ***sixième*** *de dix-huit.* ▷ **sixième** (nom féminin) Première année de l'enseignement secondaire. *Ludovic vient d'entrer en* ***sixième*** *au collège.* ➜ Prononciation [sizjɛm].

skaï (nom masculin)
Matière synthétique imitant le cuir. *Des sièges de voiture en* ***skaï****.* ➜ Prononciation [skaj]. ➜ Skaï est le nom d'une marque.

skate-board (nom masculin)
Planche à roulettes. *Faire du* ***skate-board****.* ➜ Prononciation [skɛtbɔʀd]. ➜ Pluriel : des skate-boards. ⊙ Skate-board est un mot anglais formé de *to skate* qui signifie « patiner » et de *board* qui signifie « planche ».

sketch (nom masculin)
Pièce très courte, généralement comique. *Ce comédien écrit lui-même ses* ***sketches*** *et les interprète seul sur scène.* (Syn. saynète.) ⊙ Sketch est un mot anglais qui signifie « esquisse ».

ski (nom masculin)
1. Long patin utilisé pour glisser sur la neige ou sur l'eau. *Une paire de* ***skis****.* **2.** Sport pratiqué sur la neige grâce à ces patins. *Faire du* ***ski****.* • **Ski nautique** : sport qui consiste à glisser sur l'eau, en étant tiré par un bateau. ⊙ Famille du mot : monoski, skiable, skier, skieur, téléski.

skiable (adjectif)
Où l'on peut skier. *Il a failli être pris dans une avalanche en s'éloignant des pistes* ***skiables****.*

skier (verbe) ○ conj.n°10
Faire du ski. *Laura a appris à* ***skier*** *l'année dernière.*

skieur, euse (nom)
Personne qui fait du ski. *Myriam est une* ***skieuse*** *débutante mais elle fait des progrès.*

skipper (nom masculin)
Commandant d'un voilier. ➜ Skipper est un mot anglais : on prononce [skipœʀ].

slalom (nom masculin)
Épreuve de ski sur un parcours sinueux jalonné de piquets.

un skieur dans le **slalom**

slalomer (verbe) ○ conj.n°3
Faire un parcours en slalom.

slip (nom masculin)
Culotte très courte qui sert de sous-vêtement ou de maillot de bain.

slogan (nom masculin)
Phrase courte et frappante qui sert à retenir l'attention. *Un* ***slogan*** *publicitaire.* ⊙ Slogan vient d'un mot écossais qui signifie « cri de guerre ».

a b c d e f g h i j k l m n o p q r s t u v w x y z

slovaque
➠ Voir tableau p. 6.

slow (nom masculin)
Danse sur un rythme lent. *Le cousin de Romain danse un **slow** avec sa fiancée.* ➜ Prononciation [slo]. ⊙ Slow est un mot anglais qui signifie « lent ».

smash (nom masculin)
Coup violent qui rabat vers le bas une balle haute. *Les **smashs** se pratiquent au tennis, au ping-pong et au volley-ball.* ➜ Smash est un mot anglais : on prononce [smaʃ].

smasher (verbe) ⊙ conj.n°3
Faire un smash. ➜ Prononciation [smaʃe].

S.M.I.C. (nom masculin)
Salaire minimum dont le montant est fixé par le gouvernement. ⊙ S.M.I.C. est l'abréviation de *salaire minimum interprofessionnel de croissance*.

smoking (nom masculin)
Costume de soirée dont la veste est ornée de revers de soie. *Les femmes étaient en robe longue et les hommes en **smoking**.* ➜ Prononciation [smɔkiŋ]. ⊙ Smoking vient du mot anglais *smoking jacket* qui signifie « veste que l'on met pour fumer ».

snack (nom masculin)
Café ou restaurant où l'on peut manger rapidement. *Avant d'aller au cinéma, on a mangé une salade dans un **snack**.* ➜ Snack est l'abréviation de snack-bar.

snob (adjectif et nom)
Qui veut avoir l'air distingué. *Elle est très **snob** depuis qu'elle a épousé un comte.*

snobisme (nom masculin)
Comportement d'une personne snob. *Il est d'un **snobisme** insupportable !*

snow-board (nom masculin)
Planche pour glisser sur la neige. *Sur un **snow-board**, on se tient comme sur un skate-board.* ➜ Prononciation [snobɔʀd]. ➜ Pluriel : des snow-boards. ⊙ Snow-board est un mot anglais formé de *snow* qui signifie « neige » et de *board* qui signifie « planche ».

le **snow-board**

sobre (adjectif)
1. Qui mange et consomme de l'alcool avec modération. *Il reste **sobre** car c'est lui qui conduit.* 2. Qui est simple, sans ornements. *Elle porte des tenues **sobres** et élégantes.* ⊙ Famille du mot : sobrement, sobriété.

sobrement (adverbe)
De manière sobre. *Une pièce **sobrement** meublée.*

sobriété (nom féminin)
1. Qualité d'une personne sobre. *Il serait en meilleure santé s'il faisait preuve de plus de **sobriété**.* (Syn. tempérance.) 2. Caractère de ce qui est sobre, discret. *Elle portait une robe de soie noire d'une grande **sobriété**.*

sobriquet (nom masculin)
Surnom familier, affectueux ou moqueur. *On lui a donné le **sobriquet** de « bille de clown » parce qu'il fait tout le temps des grimaces.*

soc (nom masculin)
Lame large et pointue d'une charrue, qui creuse des sillons dans les champs.

sociable (adjectif)
Qui recherche la compagnie des gens. *Noémie n'a pas mis longtemps à s'habituer à ses nouveaux amis, elle est très **sociable**.*

social, ale, aux (adjectif)
1. Qui concerne la vie en société. *Cette grève est le résultat d'un conflit **social**.* 2. Qui a pour but d'améliorer les conditions de vie des gens. *Les personnes défavorisées ont droit à certains avantages **sociaux**.* ⊙ Famille du mot : socialisme, socialiste.

socialisme (nom masculin)
Doctrine qui a pour but de rendre la société plus juste en donnant davantage de pouvoir et d'argent à la collectivité.

socialiste (adjectif et nom)
Qui concerne le socialisme ou qui est partisan du socialisme. *Il s'est inscrit au parti **socialiste**.*

sociétaire (nom)
Membre d'une société ou d'une association. *Les **sociétaires** du club se réunissent le mercredi.*

société (nom féminin)
1. Ensemble des personnes qui vivent sur le même territoire, ont les mêmes lois, la même culture. *Depuis qu'il est au chômage, il se sent exclu de la **société**.* (Syn. collectivité.) 2. Ensemble d'êtres qui vivent en groupe organisé. *Étudier la **société** des abeilles.* 3. Réunion de personnes qui se retrouvent pour partager des activités. *Il est timide et mal à l'aise en **société**.* 4. Entreprise constituée par l'ensemble des gens qui y travaillent. *Benjamin vient d'être embauché dans une **société** de vente à domicile.* (Syn. compagnie.) 5. Organisation ou association. *Une **société** secrète. Une **société** de défense de la nature.*

sociologie (nom féminin)
Science qui étudie les sociétés humaines.

sociologue (nom)
Spécialiste de sociologie.

socle (nom masculin)
Partie sur laquelle repose une statue ou une colonne. *La statue est posée sur un **socle** de bronze.*

socquette (nom féminin)
Chaussette courte qui ne dépasse pas la cheville. *Odile porte des **socquettes** bleues.*

soda (nom masculin)
Boisson gazeuse aromatisée.

sœur (nom féminin)
1. Fille qui a les mêmes parents qu'un autre enfant. *Thomas a une **sœur** plus jeune que lui.* 2. Titre donné à certaines religieuses.

sofa (nom masculin)
Lit de repos comportant un dossier et des appuis sur les côtés. *Grand-mère se repose sur le **sofa** du salon.*

soi (pronom)
Pronom personnel de la troisième personne du singulier, qui s'emploie comme complément. *Chaque voyageur doit avoir son passeport sur **soi**.* • **Cela va de soi** : c'est tout naturel, c'est évident. *Tu restes dîner avec nous, **cela va de soi** !*

soi-disant (adjectif)
Qui prétend être ainsi. *Ce **soi-disant** peintre sait à peine dessiner.* ➜ Pluriel : des soi-disant amies. ▷ **soi-disant** (adverbe) D'après ce qu'on prétend. *Il devait **soi-disant** venir m'aider.*

soie (nom féminin)
1. Tissu souple et brillant fabriqué avec des fils produits par une chenille appelée « ver à soie ». *Une robe en **soie**.* 2. Poil long et dur du porc ou du sanglier. *Les **soies** servent à fabriquer des brosses.*

soierie (nom féminin)
Étoffe de soie. *Elle a acheté de la très belle **soierie** pour recouvrir ses fauteuils.*

soif (nom féminin)
1. Besoin et envie de boire. *Cette chaleur nous a donné **soif**.* 2. Désir très fort pour quelque chose. *Ce garçon s'ennuie, il a **soif** d'aventures.*

soigné, ée (adjectif)
1. Exécuté avec soin et application. *C'est un bon ébéniste qui fait toujours un travail très **soigné**.* 2. Qui prend soin de son physique et de sa tenue. *C'est une jeune femme élégante et très **soignée**.* (Contr. négligé.)

soigner (verbe) ➲ conj.n°3
1. Faire quelque chose avec soin. *Sarah **a soigné** la présentation de son devoir.* (Contr. bâcler.) 2. Prendre soin de quelqu'un ou de quelque chose. *C'est un très bon jardinier qui sait **soigner** ses plantes.* 3. Donner des soins médicaux à quelqu'un. *Maman **a soigné** mes écorchures.* ⊙ Famille du mot : soigné, soigneur, soigneusement, soigneux.

soigneur (nom masculin)
Personne qui donne des soins aux sportifs. *Pendant le match, le **soigneur** reste sur le bord du terrain.*

soigneusement (adverbe)
De manière soigneuse. *Maman essuie **soigneusement** le vase en cristal.*

soigneux, euse (adjectif)
Qui apporte du soin à ce qu'il fait. *Ursula n'abîme pas ses affaires, elle est très **soigneuse**.*

soin (nom masculin)
1. Application que l'on met à faire quelque chose. *Victor recopie avec **soin** le brouillon de son devoir.* 2. Tâche que l'on doit accomplir. *Elle m'a confié le **soin** de préparer le dessert. Je prendrai bien **soin** de ton poisson rouge pendant ton absence.* ▷ **soins** (nom masculin pluriel) Ensemble des moyens utilisés pour soigner un malade ou un blessé. *On l'a emmené au service des urgences pour lui donner les premiers **soins**.* • **Être aux petits soins pour quelqu'un** : s'en occuper avec beaucoup d'attention.

soir (nom masculin)
Fin du jour quand le soleil se couche. *Je ne serai pas là cet après-midi, passe me voir ce **soir**.*

soirée (nom féminin)
1. Espace de temps entre la fin du jour et le moment où l'on se couche. *J'ai passé une très bonne **soirée** chez mes amis.* 2. Réunion ou réception qui a lieu le soir. *On a organisé une **soirée** pour la fête de papa.*

soit (conjonction)
1. Sert à exprimer deux possibilités. *Je viendrai **soit** demain, **soit** la semaine prochaine.* 2. Annonce une explication. *Je te dois un repas, **soit** 10 euros.* (Syn. c'est-à-dire.) ➔ Prononciation [swa]. ▷ **soit** (adverbe) Sert à marquer son accord. *Tu as envie d'une glace ? Eh bien **soit**, va en acheter une.* (Syn. d'accord.) ➔ Prononciation [swat].

soixantaine (nom féminin)
Nombre d'environ soixante. *Il y avait une **soixantaine** d'invités au mariage. Je ne sais pas exactement son âge mais il a sûrement dépassé la **soixantaine**.*

soixante (adjectif)
Six fois dix (60). *Les **soixante** concurrents attendent le départ de la course.* ➔ Prononciation [swasɑ̃t]. ⊙ Famille du mot : soixantaine, soixante-dix, soixante-dixième, soixantième.

soixante-dix (adjectif)
Sept fois dix (70). *Je te dois **soixante-dix** euros.*

soixante-dixième (adjectif et nom)
Qui occupe le rang numéro 70.

soixantième (adjectif et nom)
Qui occupe le rang numéro 60. *Le **soixantième** concurrent vient de franchir la ligne d'arrivée.*

soja (nom masculin)
Plante grimpante proche du haricot, et que l'on cultive pour ses graines. *Le **soja** sert à faire de l'huile et de la farine.*

le **soja**

1. sol (nom masculin)
1. Surface de la terre. *Le parachutiste descend lentement vers le **sol**.* 2. Terrain qui a certaines qualités ou qui produit certaines cultures. *Dans cette région, le **sol** est calcaire.* 3. Surface aménagée. *Le **sol** du cellier est en terre cuite.*

2. sol (nom masculin)
Cinquième note de la gamme.

solaire (adjectif)
1. Qui concerne le Soleil. *Le Soleil et les planètes forment le système **solaire**.* 2. Qui provient du soleil. *Cette calculatrice fonctionne grâce à l'énergie **solaire**.* 3. Qui protège du soleil. *Une crème **solaire**.*

soldat (nom masculin)
1. Homme qui sert dans une armée. *Des milliers de **soldats** sont morts à la guerre.* ➡ p. 1137. 2. Militaire qui n'est pas gradé. *Les **soldats** doivent obéir à leurs officiers.*

1. solde (nom masculin)
Ce qui reste à payer sur la totalité de ce qu'on doit. *J'ai versé un acompte de 50 euros et je paierai le **solde** de la facture à la fin du mois.* • **En solde** : vendu à prix réduit. *Il a acheté ce beau blouson **en solde**.* ▷ **soldes** (nom masculin pluriel) Articles vendus moins cher à certaines périodes. *Maman attend les **soldes** pour acheter des vêtements.*

2. solde (nom féminin)
Salaire versé à un militaire.

solder (verbe) ○ conj.n°3
1. Vendre en solde. *Les commerçants commencent à **solder** les vêtements d'été.* 2. Se solder : avoir comme résultat. *Les négociations **se sont soldées** par un échec.*

sole (nom féminin)
Poisson de mer au corps ovale et aplati, à la chair appréciée. *Des filets de **sole**.*

soleil (nom masculin)
1. Astre qui produit la lumière et la chaleur nécessaires à la Terre. *La Terre et les planètes du système solaire tournent autour du **Soleil**.* 2. Rayonnement de cet astre, lumière et chaleur qu'il produit. *Bronzer, se réchauffer au **soleil**. Il n'y a pas beaucoup de **soleil** aujourd'hui.* ➔ Soleil s'écrit avec une majuscule au sens 1. ⊙ Famille du mot : ensoleillé, ensoleillement.

le **Soleil**

solennel, elle (adjectif)
1. Qui est célébré en public, avec beaucoup d'éclat. *L'équipe victorieuse a reçu la coupe au cours d'une cérémonie **solennelle**.* 2. Que l'on fait de façon sérieuse et réfléchie. *Le parrain et la marraine ont fait la promesse **solennelle** de toujours s'occuper de leur filleul.* ➔ Prononciation [sɔlanɛl]. ⊙ Famille du mot : solennellement, solennité.

a b c d e f g h i j k l m n o p q r s t u v w x y z

▸ **solennellement** (adverbe)
De façon solennelle. *Le Président a été accueilli* ***solennellement*** *à sa descente d'avion.* ➔ Prononciation [sɔlanɛlmɑ̃].

▸ **solennité** (nom féminin)
Caractère solennel. *Le maire a félicité les sauveteurs avec beaucoup de* ***solennité****.* ➔ Prononciation [sɔlanite].

▸ **solfège** (nom masculin)
Lecture et écriture des notes, de la musique. ⊙ Solfège vient de l'italien *solfeggio*, formé de *sol* et de *fa* qui sont deux notes de la gamme.

▸ **solidaire** (adjectif)
1. Se dit de personnes qui s'aident mutuellement. *Dans cette équipe, les joueurs restent* ***solidaires*** *même après une défaite.* 2. Se dit de choses qui dépendent les unes des autres pour pouvoir fonctionner. *Les pédales d'un vélo sont* ***solidaires*** *du pédalier.* ⊙ Famille du mot : se désolidariser, se solidariser, solidarité.

▸ **se solidariser** (verbe) ⊙ conj.n°3
Se déclarer solidaire de quelqu'un. *Les étudiants* ***se sont solidarisés*** *des ouvriers en grève.*

▸ **solidarité** (nom féminin)
Lien qui unit des personnes solidaires. *Par* ***solidarité****, nous les avons aidés et soutenus.*

▸ **solide** (adjectif)
1. Qui a une consistance dure et qui n'est ni liquide ni gazeux. *Quand l'eau gèle, elle se transforme en glace et devient* ***solide****.* 2. Qui résiste aux chocs ou à l'usure. *Cette vieille table en chêne est très* ***solide****.* (Contr. fragile.) 3. Qui a de la force, de la vigueur. *Nous avons besoin de garçons* ***solides*** *pour déménager ces cartons.* (Syn. fort, robuste.) ▷ **solide** (nom masculin) 1. Corps ou matière solide. *Le fer est un* ***solide****, l'eau est un liquide.* 2. Figure de géométrie qui a un volume. *Le cube, la sphère, le cylindre, le prisme sont des* ***solides****.* ➠ p. 512. ⊙ Famille du mot : consolidation, consolider, solidement, se solidifier, solidité.

▸ **solidement** (adverbe)
De façon solide. *Leurs valises sont* ***solidement*** *fixées sur le porte-bagages de la voiture.*

▸ **se solidifier** (verbe) ⊙ conj.n°10
Devenir solide. *En séchant, le ciment* ***s'est solidifié****.* (Syn. durcir. Contr. se liquéfier.)

▸ **solidité** (nom féminin)
Qualité de ce qui est solide. *Le vendeur nous a garanti la* ***solidité*** *de ces meubles en chêne.* (Syn. robustesse. Contr. fragilité.)

▸ **soliste** (nom)
Personne qui exécute ou qui chante un morceau de musique en solo. *Le chœur s'arrête et c'est au tour du* ***soliste*** *de chanter.*

▸ **solitaire** (adjectif)
1. Qui est isolé, éloigné de tout. *Les voleurs s'étaient donné rendez-vous dans un lieu* ***solitaire****.* 2. Qui est seul ou qui aime être seul. *Le tigre est un animal* ***solitaire****.* ▷ **solitaire** (nom masculin) 1. Diamant monté seul sur une bague. *Mon cousin a offert un* ***solitaire*** *à sa fiancée.* 2. Jeu qui se joue seul et consiste à disposer des boules selon certaines combinaisons.

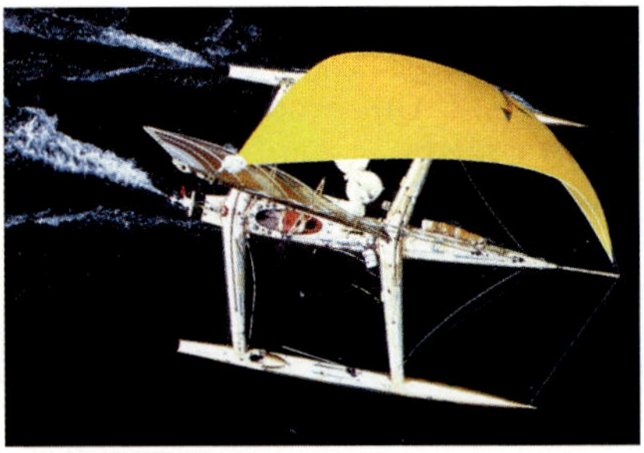

Certaines traversées sont effectuées en **solitaire**.

▸ **solitude** (nom féminin)
Fait d'être seul. *Quand la* ***solitude*** *lui pèse, il va au club d'échecs.*

▸ **solive** (nom féminin)
Barre de bois qui soutient un plancher. *Des* ***solives*** *de chêne.*

sollicitation (nom féminin)
Demande insistante. *Après de très nombreuses **sollicitations**, le maire a enfin accepté de venir.*

solliciter (verbe) conj.n°3
Demander avec insistance et respect. *Les parents d'élèves **ont sollicité** un rendez-vous avec le directeur de l'école.* Famille du mot : sollicitation, sollicitude.

sollicitude (nom féminin)
Attitude bienveillante et attentive. *L'infirmière s'occupe de ses malades avec beaucoup de **sollicitude**.*

solo (nom masculin)
Morceau de musique interprété par une seule personne. *Un **solo** de guitare.*

solstice (nom masculin)
Chacun des deux moments de l'année où la durée du jour par rapport à celle de la nuit atteint son maximum ou son minimum. *Dans l'hémisphère Nord, le **solstice** d'été tombe le 21 ou le 22 juin et le **solstice** d'hiver le 21 ou le 22 décembre.*

soluble (adjectif)
Qui peut se dissoudre dans un liquide. *Le sel est **soluble** dans l'eau.*

solution (nom féminin)
1. Réponse à un problème. *William essaie de trouver la **solution** de son exercice de calcul.* 2. Ce qui permet de résoudre une difficulté. *Si tu as perdu tes clés, appelle un serrurier, je ne vois pas d'autre **solution**.* 3. Liquide qui contient un corps dissous. *Une **solution** de sel, de sucre.*

solvable (adjectif)
Qui a assez d'argent pour payer ce qu'il doit. *Ce commerçant est ruiné, il n'est plus **solvable**.*

solvant (nom masculin)
Synonyme de dissolvant.

sombre (adjectif)
1. Où il y a très peu de lumière. *L'appartement donne sur une cour, il est très **sombre**.* (Syn. obscur. Contr. clair.) 2. Qui est d'une couleur tirant sur le noir. *Il porte toujours des costumes **sombres**.* (Syn. foncé. Contr. clair.) 3. Qui est marqué par la tristesse ou l'inquiétude. *Quelque chose ne va pas ? Tu as vraiment une mine bien **sombre** aujourd'hui.* (Syn. morose, triste.)

sombrer (verbe) conj.n°3
1. S'engloutir au fond de l'eau. *Le navire **a sombré** dans la tempête.* (Syn. couler.) 2. Au sens figuré, s'enfoncer dans un état, une situation. ***Sombrer** dans le sommeil.*

sombrero (nom masculin)
Chapeau à larges bords porté en Amérique du Sud. → Prononciation [sɔ̃bʀeʀo]. Sombrero est un mot espagnol venant de *sombra* qui signifie « ombre ».

sommaire (adjectif)
1. Qui est abrégé, peu détaillé. *Le journaliste a fait un récit un peu trop **sommaire** des événements.* (Syn. bref.) 2. Qui est fait trop rapidement. *Il a été condamné après un jugement **sommaire**.* (Syn. expéditif.) ▷ **sommaire** (nom masculin) Liste des parties d'un livre, d'un journal. *Xavier a retrouvé l'article qu'il cherchait dans le **sommaire** de son magazine.*

sommairement (adverbe)
De façon sommaire. *Inutile d'entrer dans tous les détails, explique-nous **sommairement** ton projet.*

sommation (nom féminin)
Appel adressé à quelqu'un en lui demandant de s'arrêter, de se rendre. *Après trois **sommations**, la sentinelle a tiré.*

1. somme (nom masculin)
Sommeil de courte durée. *J'ai réussi à faire un petit **somme** pendant le voyage.*

2. somme (nom féminin)
1. Résultat d'une addition. *20 est la **somme** de 15 plus 5.* (Syn. total.) 2. Quantité d'argent. *Il a perdu des **sommes** énormes en jouant au casino.* • **En somme** ou **somme toute** : en résumé, tout compte fait. ***En somme**, malgré quelques petits ennuis, notre voyage s'est bien passé.*

3. somme (nom féminin)
• **Bête de somme** : animal que l'on emploie pour porter des fardeaux. *L'âne, le chameau sont des **bêtes de somme**.*

sommeil (nom masculin)
1. État d'une personne qui dort. *Yann a un **sommeil** très agité.* 2. Envie ou besoin de dormir. *Va te coucher, si tu as **sommeil** ! Zoé tombe de **sommeil**.* 3. État d'inertie, d'inactivité. *Aux heures chaudes de la journée, les rues sont vides, la ville est en **sommeil**.* ⊙ Famille du mot : ensommeillé, somme, sommeiller.

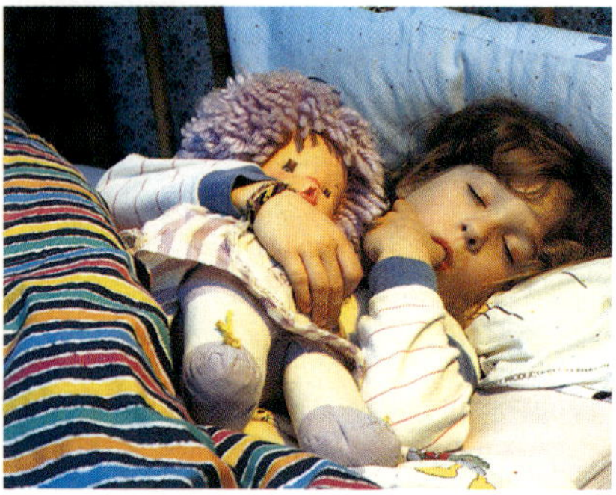

L'enfant **a sombré** dans le **sommeil**.

sommeiller (verbe) ○ conj.n°3
Dormir d'un sommeil léger. *Anna **sommeille** sur la banquette arrière de la voiture.*

sommelier, ère (nom)
Personne qui s'occupe des vins et des alcools dans un restaurant. *Pour le choix des vins, le **sommelier** va venir vous conseiller.*

sommer (verbe) ○ conj.n°3
Donner à quelqu'un l'ordre impératif de faire quelque chose. *Le juge **a sommé** l'accusé de répondre aux questions.*

sommet (nom masculin)
1. Partie la plus élevée d'un lieu ou d'une chose. *Le **sommet** d'une montagne, d'une tour ou d'un arbre.* 2. Degré le plus haut. *L'année dernière, ce champion était au **sommet** de sa forme.* (Syn. apogée, faîte.) 3. Point où se rencontrent deux côtés d'une figure géométrique. *Un triangle a trois **sommets**.* ➡ p. 512. • **Conférence au sommet** : conférence entre des chefs d'État ou de gouvernement. ⊙ Voir summum.

sommier (nom masculin)
Partie du lit sur laquelle on place le matelas. *Le chat s'est glissé entre le **sommier** et le matelas.*

sommité (nom féminin)
Personne qui est d'un niveau supérieur dans son domaine. *Les **sommités** de la médecine assistaient à ce congrès sur le sida.*

somnambule (adjectif et nom)
Qui se déplace pendant son sommeil. *Les **somnambules** ne se souviennent pas de ce qu'ils ont fait quand ils se réveillent.* ⊙ Somnambule vient du latin *somnus* qui signifie « sommeil » et *ambulare* qui signifie « marcher », et qu'on retrouve dans noctambule.

somnambulisme (nom masculin)
État d'une personne somnambule.

somnifère (nom masculin)
Médicament qui provoque le sommeil. *Le médecin lui a prescrit un léger **somnifère**.* (Syn. soporifique.)

somnolence (nom féminin)
État d'une personne somnolente. *Les camionneurs qui conduisent la nuit doivent prendre garde au risque de **somnolence**.*

somnolent, ente (adjectif)
Qui somnole. *Ce médicament l'a rendu **somnolent**.*

somnoler (verbe) ○ conj.n°3
Dormir à moitié. *Au retour de la promenade, les enfants **somnolaient** dans le car.* ⊙ Famille du mot : somnolence, somnolent.

somptuaire (adjectif)
• **Dépenses somptuaires** : dépenses luxueuses et exagérées.

somptueusement (adverbe)
D'une manière somptueuse. *Un appartement **somptueusement** meublé.*

somptueux, euse (adjectif)
Qui est très beau et très cher. *Elle portait une **somptueuse** robe de soirée.*

1. son, sa, ses (déterminant)
Adjectif possessif de la troisième personne du singulier. *Benjamin a perdu **ses** crayons, **sa** gomme et **son** stylo.* ➜ Devant un nom féminin commençant par une voyelle ou un h muet, on emploie son au lieu de sa : son épaule, son habitude.

2. son (nom masculin)
Ce que l'on entend. *On entend le **son** aigu de la sirène d'une ambulance. Ils dansent au **son** du violon.*

3. son (nom masculin)
Enveloppes des grains de céréales qui restent quand on les a moulus.

sonar (nom masculin)
Appareil qui détecte les obstacles sous l'eau en produisant des ondes sonores. *Grâce au **sonar** du bateau, on a repéré l'épave recherchée.*

sonate (nom féminin)
Morceau de musique pour un ou deux instruments. *Une **sonate** pour violon et piano de Mozart.* ⊙ Sonate vient du latin *sonare* qui signifie « jouer d'un instrument ».

sondage (nom masculin)
1. Action de sonder la mer ou le sous-sol. *À la suite de **sondages**, on a découvert du pétrole dans les fonds marins en mer du Nord.* 2. Série de questions que l'on pose à quelques personnes pour connaître l'opinion générale de la population. *Avant de lancer cette nouvelle boisson, le fabricant a fait faire un **sondage**.*

sonde (nom féminin)
Instrument qui sert à mesurer la profondeur de l'eau ou à connaître la nature du sous-sol. • **Sonde spatiale** : engin que l'on envoie dans l'espace pour recueillir des informations scientifiques. ⊙ Famille du mot : insondable, sondage, sonder.

une **sonde** spatiale

sonder (verbe) ⊙ conj.n°3
1. Explorer un lieu à l'aide d'une sonde. *Des ingénieurs **ont sondé** le sous-sol du désert à la recherche de pétrole.* 2. Chercher à connaître les intentions secrètes d'une personne. *Je vais le **sonder** pour savoir ce qui lui ferait plaisir pour son anniversaire.*

songe (nom masculin)
Synonyme littéraire de rêve. *Cette nuit-là, le chevalier vit en **songe** un dragon à sept têtes.* ⊙ Famille du mot : songer, songeur.

songer (verbe) ⊙ conj.n°5
1. Penser ou réfléchir à quelque chose. *Il faut savoir **songer** aux conséquences de ses actes.* 2. Avoir l'intention de faire quelque chose. *Ils **songent** à déménager l'an prochain.* (Syn. envisager.)

songeur, euse (adjectif)
Qui est perdu dans ses rêves. *Tu sembles bien **songeur** aujourd'hui.* (Syn. pensif, rêveur.)

sonner (verbe) ⊙ conj.n°3
1. Produire un son. *Le téléphone **sonne**. Les cloches **sonnent**.* 2. Mettre en action une sonnette, une sonnerie ou un signal. *Va ouvrir, on **a sonné** à la porte d'entrée.* ⊙ Famille du mot : sonnerie, sonnette.

sonnerie (nom féminin)
Son produit par quelque chose qui sonne. *Clément dormait profondément, il n'a pas entendu la* ***sonnerie*** *du réveil.*

sonnet (nom masculin)
Court poème de quatorze vers répartis en quatre strophes.

sonnette (nom féminin)
Mécanisme qui déclenche une sonnerie. *Je crois que personne n'a entendu mon coup de* ***sonnette****.*

sono ➠ Voir sonorisation.

sonore (adjectif)
1. Qui produit un son. *Un signal* ***sonore*** *se déclenche si l'on essaie de forcer la serrure de la voiture.* 2. Qui a un son puissant, éclatant. *On entendait son rire* ***sonore*** *dans tout l'appartement.* 3. Qui résonne, renvoie bien les sons. *Cette salle au plafond haut est vraiment très* ***sonore****.* ⊙ Famille du mot : insonorisation, insonoriser, sono, sonorisation, sonoriser, sonorité.

sonorisation (nom féminin)
Ensemble d'appareils servant à amplifier les sons. *Avant le concert, les techniciens installent la* ***sonorisation****.* ➜ Sonorisation s'abrège familièrement sono.

sonoriser (verbe) ⊙ conj.n°3
Équiper un lieu d'un matériel de sonorisation. ***Sonoriser*** *une salle à l'occasion d'un bal.*

sonorité (nom féminin)
Qualité des sons. *Élodie adore la* ***sonorité*** *du violoncelle.*

sophistiqué, ée (adjectif)
1. Qui manque de naturel. *Cette jeune fille est jolie, mais elle est un peu trop* ***sophistiquée****.* 2. Qui est très perfectionné. *Ce magnétoscope est tellement* ***sophistiqué*** *que je ne suis pas sûr de savoir m'en servir !*

soporifique (adjectif)
Qui provoque le sommeil. *Certaines plantes ont un pouvoir* ***soporifique****.* ▷ **soporifique** (nom masculin) Synonyme de somnifère. *Le voleur avait mis un* ***soporifique*** *dans le café de sa victime.*

soprano (nom)
Chanteuse ou chanteur ayant une voix qui peut produire des sons très aigus.

sorbet (nom masculin)
Glace sans crème, à base de jus de fruits. *Un* ***sorbet*** *à la fraise.*

sorbetière (nom féminin)
Appareil qui sert à faire des sorbets et des glaces.

sorbier (nom masculin)
Arbre cultivé pour ses fruits et son bois dur. *Le fruit du* ***sorbier*** *est une petite baie brillante rouge-orangé.*

une branche de **sorbier**

sorcellerie (nom féminin)
Pratiques magiques des sorciers. *Au Moyen Âge, une personne accusée de* ***sorcellerie*** *était brûlée vive.* • **C'est de la sorcellerie !** : c'est à la fois extraordinaire et inexplicable.

sorcier, ère (nom)
Personne qui prétend posséder des pouvoirs magiques et qui jette des sorts. *La* ***sorcière*** *prononça une formule mystérieuse qui transforma le prince en crapaud.* ▷ **sorcier** (adjectif masculin) • **Ce n'est pas sorcier** : dans la langue familière, ce n'est pas compliqué à faire.

▸ **sordide** (adjectif)
1. Qui est d'une saleté repoussante. *Cette famille vit dans un logement très* ***sordide****.* 2. Qui est répugnant moralement. *Cet homme est d'une avarice* ***sordide****.* ⊙ Sordide vient du latin *sordes* qui signifie « saleté ».

Les sorcières vivent souvent dans des lieux **sordides**.

▸ **sorgho** (nom masculin)
Céréale cultivée en Afrique et qui ressemble au mil.

▸ **sornettes** (nom féminin pluriel)
Paroles qui ne reposent sur rien de vrai. *Ne l'écoute pas, il raconte des* ***sornettes*** *!* (Syn. balivernes.)

▸ **sort** (nom masculin)
1. Manière dont se passe la vie d'une personne. *Il n'est pas très riche, mais il est heureux de son* ***sort****.* 2. Puissance mystérieuse qui paraît diriger l'existence humaine. *Luc pensait que le* ***sort*** *l'avait désigné comme victime.* (Syn. destin.) 3. Résultat d'un acte de sorcellerie. *On racontait dans le village que le fermier était malade parce qu'on lui avait jeté un* ***sort****.* (Syn. maléfice, sortilège.) • **Tirer au sort** : choisir en laissant jouer le hasard. *Le gros lot* ***sera tiré au sort****.*

▸ **sortable** (adjectif)
Avec qui on peut sortir en public. *Arrête de renifler, tout le monde te regarde, tu n'es pas* ***sortable*** *!*

▸ **sorte** (nom féminin)
1. Ensemble de personnes, d'animaux ou de choses qui ont en commun certains caractères. *Ce magasin vend toutes* ***sortes*** *de produits exotiques. Cette émission est destinée à toutes* ***sortes*** *de publics.* (Syn. catégorie, espèce, genre.) 2. Chose qui ressemble plus ou moins à une autre chose. *L'actrice portait une* ***sorte*** *de tunique, longue et plissée.* • **De la sorte** : de cette manière. *Je t'interdis de me répondre* ***de la sorte****.* • **De sorte que** ou **de telle sorte que** : d'une façon telle que. *Il s'exprime* ***de telle sorte qu****'on ne comprend pas ce qu'il dit !* • **Faire en sorte** : faire ce qui est nécessaire. ***Fais en sorte*** *d'être prêt au moment du départ.*

▸ **sortie** (nom féminin)
1. Endroit par où l'on sort. *Les spectateurs se dirigent vers la* ***sortie****. Une* ***sortie*** *de secours.* (Syn. issue.) 2. Moment où l'on sort. *Rendez-vous chez David à la* ***sortie*** *de l'école.* 3. Parution et mise en vente. *La* ***sortie*** *de son nouveau C.D. est prévue pour le mois prochain.*

▸ **sortilège** (nom masculin)
Acte magique destiné à ensorceler quelqu'un. *La princesse fut délivrée d'un* ***sortilège*** *par le baiser du prince.* (Syn. charme, envoûtement.)

▸ **sortir** (verbe) ⊳ conj.n°15
1. Aller de l'intérieur vers l'extérieur. *Il* ***est sorti*** *de l'école à quatre heures et demie.* 2. Se distraire en faisant des promenades, en allant au spectacle ou chez des amis. *Mes parents* ***sortent*** *ce soir avec des amis.* 3. S'échapper d'un endroit et se répandre à l'extérieur. *De la lave* ***sortait*** *du volcan.* 4. Commencer à pousser, à apparaître. *Au printemps, on voit des bourgeons qui commencent à* ***sortir*** *sur les branches.* 5. Être présenté au public. *Le nouveau dessin animé de Walt Disney doit* ***sortir*** *pour Noël.* (Syn. paraître.) 6. Faire faire une promenade. *L'infirmière* ***sort*** *le malade dans le parc pour le distraire.* 7. Mettre à l'extérieur. *Si vous voulez faire un tour,* ***sortez*** *les vélos du garage.* • **S'en sortir** : se tirer d'une situation difficile. *C'est un travail difficile, mais je pense qu'il est capable de* ***s'en sortir****.* ➜ Sortir se conjugue avec l'auxiliaire *être* sauf quand il a un complément d'objet (sens 6 et 7). ⊙ Famille du mot : ressortir, sortable, sortie.

S.O.S. (nom masculin)
Signal de détresse transmis par radio. *Perdu dans le brouillard, le pilote de l'avion a lancé un **S.O.S.*** → Prononciation [ɛsɔɛs].

sosie (nom masculin)
Personne qui ressemble exactement à une autre. *Cette actrice est doublée par un **sosie** dans certaines scènes dangereuses du film.* → Prononciation [sɔzi].

sot, sotte (adjectif et nom)
Qui manque d'intelligence ou de réflexion. *Il a été assez **sot** pour écouter tes mauvais conseils.* (Syn. bête, stupide.)

sottise (nom féminin)
1. Caractère d'une personne sotte. *C'est de la **sottise** de se fâcher pour si peu !* (Syn. bêtise.) 2. Parole ou action sotte. *J'aimerais que tu arrêtes de faire des **sottises**.* (Syn. bêtise.)

sou (nom masculin)
Ancienne pièce de monnaie, qui valait cinq centimes. ▷ **sous** (nom masculin pluriel) Synonyme familier d'argent. *Il a dépensé tous ses **sous** à la kermesse.*

soubassement (nom masculin)
Base des murs d'un bâtiment, reposant sur les fondations.

soubresaut (nom masculin)
Mouvement brusque du corps. *Fatima a eu un **soubresaut** en apercevant une araignée.*

souche (nom féminin)
1. Ce qui reste d'un arbre coupé, comprenant les racines et le bas du tronc. *Des **souches** nous ont servi de sièges pour le pique-nique.* 2. Origine d'une famille. *Mario est un Français de **souche** italienne.* 3. Partie d'un carnet que l'on garde après avoir détaché un ticket ou un chèque. (Syn. talon.)

1. souci (nom masculin)
Ce qui inquiète quelqu'un. *En ce moment, tout va bien, je n'ai vraiment aucun **souci**.* (Syn. ennui, problème, tracas.) ⊙ Famille du mot : insouciance, insouciant, se soucier, soucieux.

2. souci (nom masculin)
Petite plante à fleurs jaunes ou orange.

des **soucis**

se soucier (verbe) ○ conj.n°10
S'inquiéter à propos de quelqu'un ou de quelque chose. *Inutile de **vous soucier** de ce problème, je vais le régler moi-même.* (Syn. se préoccuper.)

soucieux, euse (adjectif)
Qui a des soucis. *Mon oncle est **soucieux** à cause de son travail.* (Syn. inquiet.)

soucoupe (nom féminin)
Petite assiette qui se met sous une tasse. *La cuillère est sur le bord de ta **soucoupe**.* • **Soucoupe volante** : objet volant mystérieux qui serait piloté par des extraterrestres.

soudain, aine (adjectif)
Synonyme de subit. *À la nuit tombée, une peur **soudaine** s'empara d'eux.* ▷ **soudain** (adverbe) Synonyme de subitement. *Nous marchions dans le bois quand **soudain** l'orage éclata.*

soudainement (adverbe)
De manière soudaine. *Olivier s'est **soudainement** souvenu qu'il avait rendez-vous chez le dentiste, ce midi.* (Syn. soudain.)

souder (verbe) ○ conj.n°3
Joindre entre elles des pièces métalliques en faisant fondre leurs extrémités ou en les recouvrant de métal fondu. ***Souder** des tuyaux avec un chalumeau.* ⊙ Famille du mot : soudeur, soudure.

soudeur, euse (nom)
Personne qui fait de la soudure. *Les **soudeurs** doivent porter des lunettes spéciales.*

soudoyer (verbe) ○ conj.n°6
Payer quelqu'un pour qu'il commette une action malhonnête. *Le prisonnier **a soudoyé** son gardien pour qu'il l'aide à s'enfuir.*

soudure (nom féminin)
Action de souder des éléments métalliques. *On voit la **soudure** entre ces deux tuyaux.*

souffle (nom masculin)
1. Mouvement de l'air. *Le **souffle** du vent agite les branches des arbres.* 2. Air que l'on rejette quand on respire. *Gaëlle nage sous l'eau en retenant son **souffle**.* • **À bout de souffle :** épuisé au point d'avoir du mal à respirer.

soufflé (nom masculin)
Plat léger fait d'une pâte qui gonfle beaucoup à la cuisson. *Un **soufflé** au fromage.*

souffler (verbe) ○ conj.n°3
1. Produire un souffle. *Le sirocco est un vent chaud qui **souffle** du désert vers les côtes.* 2. Rejeter de l'air par la bouche. *Hélène **souffle** sur les bougies pour les éteindre.* 3. Reprendre sa respiration après un effort ou une émotion. *Les footballeurs profitent de la mi-temps pour **souffler** un peu.* 4. Dire à voix basse quelque chose à quelqu'un sans que les autres l'entendent. *Ne **soufflez** pas les réponses aux concurrents, sinon ils seront éliminés.* • **Ne pas souffler mot :** se taire. ⊙ Famille du mot : essoufflement, essouffler, souffle, soufflé, soufflerie, soufflet, souffleur.

soufflerie (nom féminin)
Machine qui souffle de l'air. *Le sous-sol est aéré par une **soufflerie**.*

soufflet (nom masculin)
1. Instrument qui sert à attiser le feu en soufflant de l'air. *Les braises s'éteignent, prends le **soufflet** pour ranimer le feu.* 2. Partie flexible en forme d'accordéon, qui relie entre eux les wagons d'un train.

un **soufflet**

souffleur (nom masculin)
Au théâtre, personne chargée de souffler son texte à un acteur qui ne s'en souvient plus.

souffrance (nom féminin)
Fait de souffrir. *Quentin a supporté la **souffrance** sans se plaindre.* (Syn. douleur.) • **En souffrance :** en attente, sans qu'on s'en occupe.

souffrant, ante (adjectif)
Qui souffre d'une maladie légère. *Kevin ne viendra pas à l'école aujourd'hui, il est **souffrant**.*

souffre-douleur (nom maculin)
Personne qui subit des mauvais traitements et des moqueries. *Martine est devenue le **souffre-douleur** de tout le groupe.* → Pluriel : des souffre-douleur.

souffreteux, euse (adjectif)
Qui est de santé fragile. *Ce bébé est pâle et **souffreteux**.* (Syn. maladif.)

souffrir (verbe) ○ conj.n°12
1. Éprouver une sensation douloureuse ou pénible. *Cet hiver a été rude, nous **avons souffert** du froid.* 2. Être endommagé. *Les vignes **ont souffert** des gelées.* • **Ne pas pouvoir souffrir quelqu'un** ou **quelque chose :** ne pas pouvoir le supporter. *Pierre **ne peut pas souffrir** les gens qui maltraitent les animaux.* ⊙ Famille du mot : souffrance, souffrant, souffre-douleur, souffreteux.

a b c d e f g h i j k l m n o p q r s t u v w x y z

soufre (nom masculin)
Substance jaune et cassante qui brûle en dégageant un gaz suffocant.

souhait (nom masculin)
Désir d'obtenir ou de voir se réaliser quelque chose. *Tous nos **souhaits** de bonheur aux jeunes mariés !* (Syn. vœu.) ⊙ Famille du mot : souhaitable, souhaiter.

souhaitable (adjectif)
Que l'on peut souhaiter. *Elle a toutes les qualités **souhaitables** pour devenir une grande championne de ski.*

souhaiter (verbe) ○ conj.n°3
1. Désirer la réalisation de quelque chose. *Je vous **souhaite** une guérison rapide.* 2. Présenter ses vœux à quelqu'un. *Quentin m'a appelé pour me **souhaiter** la bonne année.*

souiller (verbe) ○ conj.n°3
Synonyme littéraire de salir. *Les cavaliers **avaient souillé** leurs bottes dans les marais.*

souillon (nom féminin)
Femme sale et peu soigneuse. *La serveuse était une vraie **souillon** !*

souk (nom masculin)
Marché couvert dans les pays arabes.

soûl, soûle (adjectif)
Synonyme d'ivre. → Prononciation [su]. → On écrit aussi saoul, saoule.

soulagement (nom masculin)
Fait d'être soulagé. *On a appris avec **soulagement** que l'accident n'a pas fait de victimes.*

soulager (verbe) ○ conj.n°5
1. Rendre une douleur moins pénible. *Ce médicament **soulage** les maux de tête.* 2. Cesser d'être inquiet. *Nous **sommes soulagés** de savoir que Romain est guéri.*

soûler (verbe) ○ conj.n°3
1. Synonyme d'enivrer. *Tu devrais arrêter de boire du champagne, tu vas finir par te **soûler**.* 2. Dans la langue familière, énerver quelqu'un en parlant sans arrêt. *Il m'**a soûlé** toute la soirée avec les mêmes histoires.* → On écrit aussi saouler.

soulèvement (nom masculin)
Mouvement de révolte. *Les décisions prises par ce dictateur ont provoqué le **soulèvement** de la population.*

soulever (verbe) ○ conj.n°8
1. Lever à une faible hauteur. *Nous n'arrivons pas à **soulever** ce gros carton.* 2. Provoquer une réaction ou un sentiment. *La victoire de cette équipe **a soulevé** l'enthousiasme de tous ses supporteurs.* 3. Se soulever : synonyme de se révolter. *Des paysans **s'étaient soulevés** contre leur seigneur.*

soulier (nom masculin)
Synonyme de chaussure. *Des **souliers** de marche.* • **Être dans ses petits souliers :** dans la langue familière, être mal à l'aise, gêné.

souligner (verbe) ○ conj.n°3
1. Tirer un trait sous un mot ou une phrase. *Thomas recopie ses devoirs en **soulignant** les titres.* 2. Faire remarquer en insistant. *Il **a souligné** l'importance de cette décision.*

soumettre (verbe) ○ conj.n°33
1. Obliger quelqu'un à obéir. *Le tyran avait réussi à **soumettre** le pays tout entier.* 2. Exposer quelque chose à quelqu'un pour qu'il donne son avis. *Je vais vous **soumettre** le dossier de cette affaire.* 3. Se soumettre : accepter d'obéir. *Nous **nous soumettons** à la décision de la majorité.* ⊙ Famille du mot : soumis, soumission.

soumis, ise (adjectif)
Qui se soumet. *La population **soumise** ne luttait plus contre les envahisseurs.*

soumission (nom féminin)
Fait de se soumettre. *Il s'est agenouillé devant le roi en signe de **soumission**.*

soupape (nom féminin)
Pièce mobile d'un mécanisme qui règle la circulation d'un gaz ou d'un liquide.

soupçon (nom masculin)
1. Sentiment qui pousse à croire quelqu'un coupable. *La police n'a pas de preuves contre cet homme, elle n'a que des* ***soupçons****.* 2. Très petite quantité. *Julie a ajouté un* ***soupçon*** *de vanille pour aromatiser cette crème.* ⊙ Famille du mot : soupçonner, soupçonneux.

soupçonner (verbe) ○ conj.n°3
Avoir des soupçons. *On* ***soupçonne*** *le chat d'avoir mangé le poisson rouge.* (Syn. suspecter.)

soupçonneux, euse (adjectif)
Qui a des soupçons. *Le douanier examine tous les bagages d'un air* ***soupçonneux****.*

soupe (nom féminin)
Potage épais fait de légumes bouillis. *Une* ***soupe*** *aux choux.*

soupente (nom féminin)
Petite pièce aménagée sous un escalier. *On a rangé des vieilles malles dans la* ***soupente****.*

1. **souper** (verbe) ○ conj.n°3
Faire un souper. *Nous sommes allés* ***souper*** *dans un petit restaurant en sortant du cinéma.*

2. **souper** (nom masculin)
Repas que l'on prend très tard en revenant d'une sortie. *On s'est préparé un* ***souper*** *léger en rentrant du concert.* ⊙ Autrefois, le souper était le repas du soir, le dîner. C'est encore le cas au Canada, en Belgique et en Suisse.

soupeser (verbe) ○ conj.n°8
Soulever quelque chose pour évaluer son poids. ***Soupèse*** *mon cartable, il pèse au moins 10 kilos !*

soupière (nom féminin)
Récipient creux utilisé pour servir la soupe.

soupir (nom masculin)
Respiration bruyante et prolongée. *Victor est fatigué et pousse de gros* ***soupirs****.* • **Rendre le dernier soupir :** mourir.

soupirail, aux (nom masculin)
Ouverture située au bas du mur extérieur d'un bâtiment et qui sert à éclairer et à aérer une cave.

soupirant (nom masculin)
Homme qui est amoureux d'une femme et lui fait la cour. *La princesse a de nombreux* ***soupirants****.*

soupirer (verbe) ○ conj.n°3
Pousser des soupirs. *Laura s'ennuie et ne cesse de* ***soupirer****.* ⊙ Famille du mot : soupir, soupirant.

souple (adjectif)
1. Qui se plie ou se courbe sans se casser. *William a fabriqué un arc avec la tige* ***souple*** *d'un noisetier.* (Syn. flexible. Contr. raide, rigide.) 2. Qui peut se mouvoir avec aisance et agilité. *Les acrobates sont* ***souples*** *et musclés.* 3. Qui s'adapte facilement. *C'est une enfant très* ***souple*** *mais elle manque un peu de personnalité.* ⊙ Famille du mot : assouplir, assouplissement, assouplisseur, souplesse.

souplesse (nom féminin)
1. Qualité d'une personne souple. *En vieillissant, on perd sa* ***souplesse****.* (Syn. agilité. Contr. raideur.) 2. Caractère souple. *En refusant de céder, Alain a manqué de* ***souplesse****.*

source (nom féminin)
1. Eau qui sort du sol. *Une eau de* ***source****.* 2. Endroit où commence un cours d'eau. *La Seine prend sa* ***source*** *sur le plateau de Langres.* 3. Point de départ ou origine de quelque chose. *La naissance de ce bébé a été une* ***source*** *de joie pour ses parents.*

sourcier, ère (nom)
Personne qui recherche des sources souterraines à l'aide d'une baguette ou d'un pendule.

sourcil (nom masculin)
Poils qui poussent au-dessus des yeux. *Xavier fronce les* ***sourcils*** *quand il réfléchit.* ➡ p. 263. → Prononciation [sursi]. ⊙ Famille du mot : sourcilière, sourciller, sourcilleux.

sourcilière ➡ Voir arcade.

sourciller (verbe) ○ conj.n°3
• **Sans sourciller** : sans laisser apparaître son émotion. *Il a avalé **sans sourciller** cette boisson infecte.*

sourcilleux, euse (adjectif)
Synonyme littéraire d'exigeant. *La grand-mère de Véronique est très **sourcilleuse** sur la politesse.*

sourd, sourde (adjectif et nom)
Qui n'entend pas. *Parle plus fort, il est un peu **sourd** ! Les **sourds** utilisent un langage par signes pour communiquer.*
• **Faire la sourde oreille** : faire semblant de ne pas entendre. *Ne **fais** pas **la sourde oreille** quand je te demande de faire la vaisselle !* ▷ **sourd, sourde** (adjectif) 1. Qui manque de sonorité. *Des bruits **sourds** semblent venir de la cave.* 2. Qui ne se manifeste pas nettement. *Odile ressent une douleur **sourde** dans le dos.* ⊙ Famille du mot : assourdir, assourdissant, sourdement, sourdine, sourd-muet.

sourdement (adverbe)
En faisant un bruit sourd. *Les vagues résonnaient **sourdement** contre les rochers.*

sourdine (nom féminin)
• **En sourdine** : très doucement. *J'entends le voisin qui joue du piano **en sourdine**.*

sourd-muet, sourde-muette (nom)
Personne à la fois sourde et muette. *On communique avec les **sourds-muets** grâce au langage des signes.* → Pluriel : des sourds-muets, des sourdes-muettes.

souriant, ante (adjectif)
Qui est aimable et sourit souvent. *Cette vendeuse est toujours **souriante**.*

souriceau, eaux (nom masculin)
Petit de la souris.

souricière (nom féminin)
Piège à souris.

1. sourire (verbe) ○ conj.n°48
1. Faire un sourire. *La maîtresse de maison **sourit** en accueillant ses invités.* 2. Être favorable. *Yann gagne toutes les parties, la chance lui **sourit** !* (Syn. favoriser.) 3. Être agréable à quelqu'un. *L'idée de faire un si long voyage ne me **sourit** pas.*

2. sourire (nom masculin)
Mouvement des lèvres et des yeux qui exprime la gaieté ou la sympathie. *Le bébé fait des **sourires** quand on lui parle.*

souris (nom féminin)
1. Petit mammifère rongeur, au pelage gris ou parfois blanc. 2. Petit dispositif mobile sur lequel on clique pour intervenir sur l'écran d'un ordinateur.

une **souris**

sournois, oise (adjectif)
Qui cache ses sentiments, souvent dans de mauvaises intentions. *Je me méfie de lui, il a un regard **sournois**.* (Syn. hypocrite. Contr. franc.)

sournoisement (adverbe)
De façon sournoise. *Il a **sournoisement** attaqué son adversaire par-derrière.*

sous (préposition)
Sert à indiquer : 1. Un lieu situé plus bas ou à l'intérieur. *Le ballon a roulé **sous** l'armoire. Ce fromage est vendu **sous** emballage plastique.* 2. La cause. *Benjamin a le dos courbé **sous** le poids de son cartable.* 3. Le temps. *L'histoire des « Trois Mousquetaires » se déroule **sous** le règne de Louis XIII.* 4. La dépendance. *Le malade est **sous** la surveillance des médecins.*

sous-alimentation (nom féminin)
Fait d'avoir une alimentation insuffisante. *En Afrique, beaucoup d'enfants souffrent de **sous-alimentation**.*

sous-alimenté, ée (adjectif)
Qui souffre de sous-alimentation. *Les récoltes ont été mauvaises, toute la population est **sous-alimentée**.*

sous-bois (nom masculin)
Intérieur d'un bois ou d'une forêt. *Allons cueillir des champignons dans le **sous-bois**.*

souscription (nom féminin)
Action de souscrire. *La collection complète des œuvres de Jules Verne est vendue par **souscription**.*

souscrire (verbe) conj.n°47
1. S'engager à payer une certaine somme pour une dépense commune ou une publication. *Il **a souscrit** à une encyclopédie en plusieurs volumes.* 2. Se déclarer d'accord. *Nous **souscrivons** aux décisions du président de notre association.*

sous-cutané, ée (adjectif)
Que l'on fait sous la peau. *Une piqûre **sous-cutanée**.*

sous-développé, ée (adjectif)
Dont l'économie n'est pas assez développée. *Les pays **sous-développés** d'Afrique et d'Amérique du Sud.*

sous-développement (nom masculin)
État d'un pays sous-développé.

sous-entendre (verbe) conj.n°31
Faire comprendre quelque chose sans le dire vraiment. *Quand je vous ai dit de venir ce soir, cela **sous-entendait** que je vous invitais à dîner.*

sous-entendu (nom masculin)
Ce que l'on sous-entend. *Je n'aime pas du tout les **sous-entendus**, donc parle-moi franchement.* (Syn. insinuation.) → Pluriel : des sous-entendus.

sous-estimer (verbe) conj.n°3
Estimer quelqu'un ou quelque chose au-dessous de ses capacités ou de sa valeur. *Ne **sous-estime** pas l'adversaire.* (Contr. surestimer.)

sous-main (nom masculin)
• **En sous-main** : de manière clandestine. *Ce journaliste a obtenu des informations confidentielles **en sous-main**.*

sous-marin, ine (adjectif)
Qui est situé sous la mer. *Les fonds **sous-marins**. Clément fait de la pêche **sous-marine**.* ▷ **sous-marin** (nom masculin) Navire qui peut naviguer sous l'eau. → Pluriel : des sous-marins.

sous-officier (nom masculin)
Militaire qui a un grade inférieur à celui d'un officier. *Un sergent et un adjudant sont des **sous-officiers**.* → Pluriel : des sous-officiers.

sous-préfecture (nom féminin)
Ville où se trouvent les bureaux d'un sous-préfet. → Pluriel : des sous-préfectures.

sous-préfet (nom masculin)
Fonctionnaire qui administre une partie d'un département appelée un arrondissement. → Pluriel : des sous-préfets.

un **sous-marin**

sous-produit (nom masculin)
Produit qui provient d'un autre produit. *Le plastique est un* ***sous-produit*** *du pétrole.* → Pluriel : des sous-produits.

soussigné, ée (adjectif)
Mot employé sur les papiers officiels pour certifier qu'on est bien la personne qui a signé. *Je* ***soussignée****, Marie Duval, déclare...*

sous-sol (nom masculin)
1. Étage d'un bâtiment situé au-dessous du niveau du sol. *Le parking se trouve au* ***sous-sol*** *du magasin.* 2. Partie du sol au-dessous de la surface de la terre. *Cette région a un* ***sous-sol*** *qui est très riche en uranium.* → Pluriel : des sous-sols.

sous-titre (nom masculin)
1. Deuxième titre d'un livre ou d'un texte. *Le* ***sous-titre*** *précise le contenu de l'article.* 2. Traduction des paroles d'un film, qui apparaît écrite au bas de l'écran. *Nous avons vu un film américain, en version originale avec des* ***sous-titres*** *français.* → Pluriel : des sous-titres.

sous-titrer (verbe) ○ conj.n°3
Mettre des sous-titres à un film. *Ce film italien n'est pas doublé, il* ***est sous-titré*** *en français.*

soustraction (nom féminin)
Opération qui consiste à retrancher un nombre d'un autre nombre. *Une* ***soustraction*** *s'écrit avec le signe – entre les deux nombres.*

soustraire (verbe) ○ conj.n°40
1. Faire une soustraction. *Quand tu* ***soustrais*** *trois de cinq, il reste deux.* (Syn. déduire, ôter, retrancher.) 2. Se soustraire à quelque chose : s'arranger pour ne pas le faire. *Tu as promis de nous aider, n'essaie pas de* ***te soustraire à*** *ton engagement.*

sous-verre (nom masculin)
Photo ou dessin placés entre une plaque de verre et un carton rigide. → Pluriel : des sous-verre.

sous-vêtement (nom masculin)
Vêtement qui se porte sous d'autres vêtements. *Les slips, les soutiens-gorge sont des* ***sous-vêtements****.* → Pluriel : des sous-vêtements.

soutane (nom féminin)
Longue robe boutonnée devant, portée par les prêtres catholiques.

Le pape porte une **soutane** blanche.

soute (nom féminin)
Partie d'un bateau ou d'un avion destinée à entreposer les bagages et les marchandises.

soutenir (verbe) ○ conj.n°19
1. Servir de support, d'appui. *Des pylônes d'acier* ***soutiennent*** *le pont.* 2. Prendre le parti de quelqu'un. *Sarah* ***soutient*** *toujours son petit frère quand on le gronde.* 3. Affirmer quelque chose avec force. *Le suspect* ***soutient*** *qu'il est innocent.* 4. Faire durer ou empêcher quelque chose de diminuer. *Ursula a sommeil, elle a du mal à* ***soutenir*** *son attention.* ⊙ Famille du mot : insoutenable, soutenu, soutien.

soutenu, ue (adjectif)
Que l'on fait sans faiblir, sans se laisser aller. *Il a réussi grâce à des efforts* ***soutenus****.*

souterrain, aine (adjectif)
Qui est sous la surface de la terre. *Il s'est enfui par un passage **souterrain**.* ➠ p. 367. ▷ **souterrain** (nom masculin) Galerie creusée sous le sol. *On a découvert l'entrée d'un **souterrain** dans les ruines du château.*

soutien (nom masculin)
Action de soutenir quelqu'un. *Si tu as des problèmes, tu peux compter sur mon **soutien**.* (Syn. aide, appui.)

soutien-gorge (nom masculin)
Sous-vêtement féminin qui couvre et soutient les seins. → Pluriel : des soutiens-gorge.

soutirer (verbe) ➲ conj.n°3
1. Transvaser un liquide d'un récipient dans un autre. *Le vigneron **soutire** le vin du tonneau.* 2. Obtenir quelque chose par ruse ou en insistant. *Cet escroc **a soutiré** de l'argent à une vieille dame.* (Syn. extorquer.)

1. se souvenir (verbe) ➲ conj.n°19
Garder dans sa mémoire. *David **se souvient** de son ancienne école.* (Syn. se rappeler.)

2. souvenir (nom masculin)
1. Ce dont on se souvient. *Zoé garde un bon **souvenir** de son voyage en Italie.* 2. Objet que l'on garde pour se souvenir. *Ces coquillages sont des **souvenirs** de vacances.*

souvent (adverbe)
À de nombreuses reprises. *Il neige très **souvent** dans cette région.* (Syn. fréquemment. Contr. rarement.)

souverain, aine (nom)
Chef suprême d'un royaume ou d'un empire. *Le président de la République reçoit le **souverain** du Maroc.* (Syn. monarque.) ▷ **souverain, aine** (adjectif) 1. Qui exerce le pouvoir et qui décide. *Pour voter les lois, l'Assemblée nationale est **souveraine**.* 2. Qui est supérieur à tout. *L'aspirine est un remède **souverain** contre le mal de tête.* (Syn. suprême.)

souveraineté (nom féminin)
Pouvoir suprême. *Dans une démocratie, le peuple a la **souveraineté**.*

soyeux, euse (adjectif)
Qui est léger, doux et brillant comme de la soie. *Des cheveux **soyeux**.*

spacieux, euse (adjectif)
Où il y a beaucoup d'espace. *Cette voiture est très **spacieuse**, on y tient facilement à cinq.* ⊙ Voir spatial.

spaghetti (nom masculin)
Pâte alimentaire fine et longue. *Anna enroule les **spaghettis** autour de sa fourchette.* → Prononciation [spageti]. ⊙ Spaghetti est le diminutif d'un mot italien qui signifie « ficelle ».

sparadrap (nom masculin)
Bande de tissu collant servant à faire tenir un pansement. *Un rouleau de **sparadrap**.*

spasme (nom masculin)
Contraction involontaire des muscles, forte mais passagère. *Les vomissements sont causés par des **spasmes** de l'estomac.*

spasmodique (adjectif)
Dû à des spasmes. *Une quinte de toux **spasmodique**.*

spatial, ale, aux (adjectif)
Qui concerne l'espace interplanétaire. *Le vaisseau **spatial** se dirige vers Vénus.* ⊙ Spatial et spacieux viennent du latin *spatium* qui signifie « espace ».

spatule (nom féminin)
Instrument aplati à un bout et servant à étaler ou à mélanger. *On étend la pâte à crêpes sur la plaque chauffante avec une **spatule**.*

une **spatule**

spécial, ale, aux (adjectif)
1. Fait exprès pour une activité ou pour une personne. *Pour faire de l'escrime, on porte une tenue **spéciale**.* (Syn. particulier.) 2. Qui sort de l'ordinaire. *Il ne s'est rien passé de **spécial** depuis votre départ.* (Syn. exceptionnel.) ⊙ Famille du mot : spécialement, spécialisation, se spécialiser, spécialiste, spécialité.

spécialement (adverbe)
1. D'une manière spéciale. *Ce meuble a été fabriqué **spécialement** pour le bureau de mon père.* (Syn. exprès.) 2. En particulier. *Vous remercierez Benjamin tout **spécialement**.* (Syn. particulièrement, surtout.)

spécialisation (nom féminin)
Fait de se spécialiser. *Le frère de Clément a choisi une **spécialisation** difficile, il veut être orthodontiste.*

se spécialiser (verbe) ○ conj.n°3
Se consacrer à un domaine particulier. *Ce mécanicien **s'est spécialisé** dans la restauration des vieilles voitures.*

spécialiste (nom)
Personne spécialisée dans un domaine. *Ce docteur est un **spécialiste** de l'estomac.*

spécialité (nom féminin)
1. Domaine dans lequel on s'est spécialisé. *Elle connaît très bien la musique tsigane, c'est sa **spécialité**.* 2. Produit spécial à une région. *L'andouille est la **spécialité** de Vire.*

spécificité (nom féminin)
Caractère spécifique. (Syn. particularité.)

spécifier (verbe) ○ conj.n°10
Indiquer de façon précise. *Dans sa lettre, il **a** bien **spécifié** la date de son retour.* (Syn. préciser, stipuler.)

spécifique (adjectif)
Qui est particulier à quelque chose ou à quelqu'un. *Le fait d'être sans voix est **spécifique** de la girafe.* (Syn. typique.)

spécimen (nom masculin)
Exemple type d'une espèce. *Au zoo, il y a un beau **spécimen** d'ours des Pyrénées.* → Prononciation [spesimɛn]. ⊙ Specimen est un mot latin qui signifie « échantillon ».

spectacle (nom masculin)
1. Représentation donnée au public. *David et Élodie ont vu un **spectacle** de variétés.* 2. Ce qui attire le regard et l'attention. *Fatima ne se lasse pas du **spectacle** de la mer déchaînée.*

spectaculaire (adjectif)
Qui impressionne les spectateurs. *Guillaume a fait une pirouette **spectaculaire** par-dessus le guidon de son vélo.*

spectateur, trice (nom)
1. Personne qui assiste à un spectacle. *Les **spectateurs** ont applaudi debout les comédiens.* 2. Témoin d'un événement quelconque. *Beaucoup de gens sont venus en **spectateurs** regarder le départ de la régate.*

spectre (nom masculin)
1. Synonyme de fantôme. *Benjamin raconte à Gaëlle des histoires de **spectres** et de châteaux hantés.* 2. Ensemble des couleurs de l'arc-en-ciel. *Le **spectre** provient de la décomposition de la lumière solaire.*

spéculateur, trice (nom)
Personne qui spécule. *Des **spéculateurs** ont fait monter le prix des actions.*

spéculation (nom féminin)
Action de spéculer. *L'oncle de Pierre a amassé beaucoup d'argent car il a fait des **spéculations** à la Bourse.*

spéculer (verbe) ○ conj.n°3
Jouer sur les variations des prix pour en tirer profit. *Il s'est enrichi en **spéculant** sur les terrains.* ⊙ Famille du mot : spéculateur, spéculation.

spéléologie (nom féminin)
Exploration scientifique ou sportive des grottes et des cours d'eau souterrains.

spéléologue (nom)
Spécialiste de spéléologie. *Quentin voudrait descendre dans les gouffres avec des* ***spéléologues****.*

un **spéléologue**

spermatozoïde (nom masculin)
Cellule reproductrice mâle qui se trouve dans le sperme. *Les* ***spermatozoïdes*** *peuvent féconder les ovules lors des rapports sexuels.*

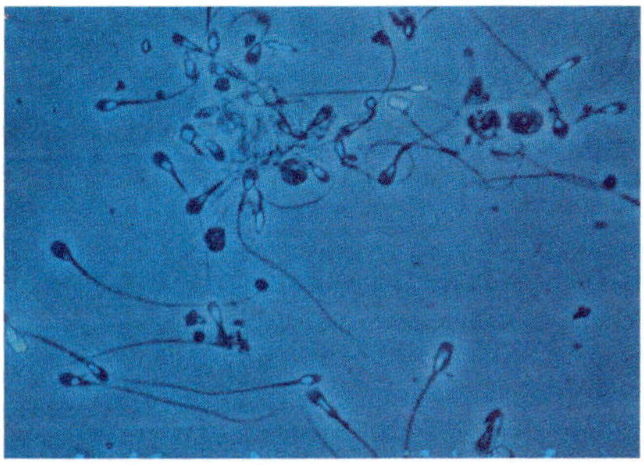

des **spermatozoïdes** (vus au microscope)

sperme (nom masculin)
Liquide blanchâtre et visqueux produit par les organes sexuels mâles et contenant les spermatozoïdes.

sphère (nom féminin)
1. Objet qui a la forme d'une boule. *La Terre est une* ***sphère*** *aplatie aux pôles.* ➡ p. 512. 2. Milieu social ou milieu de travail. *Cet homme appartient aux hautes* ***sphères*** *de la finance.*

sphérique (adjectif)
En forme de sphère. *Les boules de billard sont parfaitement* ***sphériques****.*

sphinx (nom masculin)
Monstre de la mythologie qui avait une tête humaine, un corps de lion et des ailes d'aigle.

spirale (nom féminin)
Ligne courbe qui tourne sur elle-même. *Un ressort en* ***spirale****. Un cahier à* ***spirale****.*

une **spirale** naturelle
(coupe de coquillage)

spiritisme (nom masculin)
Science occulte qui cherche à entrer en communication avec les esprits des morts.

spirituel, elle (adjectif)
1. De l'esprit ou de l'âme. *La vie* ***spirituelle****.* (Contr. corporel, matériel, physique.) 2. Qui est drôle et plein d'esprit. *Romain a fait une réponse très* ***spirituelle*** *à cette question embarrassante.*

spiritueux (nom masculin)
Boisson qui contient de l'alcool. *Le cognac, le whisky sont des* ***spiritueux****.*

splendeur (nom féminin)
Chose splendide. *Ce bouquet de lys est une* ***splendeur*** *!*

splendide (adjectif)
Très beau. *Il fait un temps* ***splendide*** *aujourd'hui !* (Syn. magnifique, superbe.)

spongieux, euse (adjectif)
Qui est mou et retient l'eau comme une éponge. *Les quinze explorateurs pataugeaient dans le sol* ***spongieux*** *du marécage.*

a b c d e f g h i j k l m n o p q r s t u v w x y z

sponsor (nom masculin) Personne ou entreprise qui finance une manifestation sportive ou culturelle dans un but publicitaire. ⊙ Sponsor est un mot anglais qui signifie « parrain ».

sponsoriser (verbe) ○ conj.n°3 Synonyme de parrainer. *C'est une marque de soda qui* ***sponsorise*** *la régate.*

spontané, ée (adjectif) 1. Qui agit de façon naturelle et sans arrière-pensée. *Hélène est une enfant directe et* ***spontanée****.* 2. Qu'on fait très librement et sans y être obligé. *Thomas a eu un sourire* ***spontané*** *quand il m'a reconnu.* ⊙ Famille du mot : spontanéité, spontanément.

spontanéité (nom féminin) Qualité de ce qui est spontané. *Votre « oui » manque de* ***spontanéité*** *et d'enthousiasme !* (Syn. naturel.)

spontanément (adverbe) De façon spontanée. *Victor est venu* ***spontanément*** *nous faire une visite.* (Contr. à contrecœur.)

sporadique (adjectif) Qui se produit de manière irrégulière. *On entend les tirs* ***sporadiques*** *des chasseurs.*

spore (nom féminin) Élément reproducteur de certains végétaux. *Les champignons, les fougères, les mousses produisent des* ***spores****.* ➠ p. 189.

sport (nom masculin) Activité physique qui est pratiquée régulièrement pour le plaisir ou la compétition. *Le cyclisme, la boxe, l'escrime, la voile, l'alpinisme sont des* ***sports****.* ⊙ Sport est un mot anglais mais qui vient de l'ancien français *se desporter* qui signifie « s'amuser ».

sportif, ive (adjectif) Qui concerne le sport. *William aime le sport, il est inscrit à l'association* ***sportive*** *de son quartier.* ▷ **sportif, ive** (adjectif et nom) Qui aime le sport et en fait régulièrement. *Camille est une fille* ***sportive****, elle fait de la natation trois fois par semaine.*

spot (nom masculin) 1. Petit projecteur. *De nombreux* ***spots*** *éclairent la vitrine.* 2. Film publicitaire très court. *Des* ***spots*** *télévisés.* ➔ Spot est un mot anglais : on prononce [spɔt].

spray (nom masculin) Atomiseur. *Un insecticide en* ***spray****.* ➔ Spray est un mot anglais : on prononce [spʀɛ].

sprint (nom masculin) Accélération de l'allure en fin de course. *Xavier a été battu au* ***sprint****.* ➔ Prononciation [spʀint]. ⊙ En anglais, *to sprint* signifie « s'élancer ».

1. sprinter (verbe) ○ conj.n°3 Faire un sprint. *Yann* ***a sprinté*** *sur les cinquante derniers mètres et il a gagné.*

2. sprinter (nom masculin) Coureur qui est excellent au sprint. ➔ Prononciation [spʀintœʀ].

squale (nom masculin) Synonyme de requin. ➔ Prononciation [skwal].

square (nom masculin) Petit jardin public. ➔ Prononciation [skwaʀ]. ⊙ Square est un mot anglais mais qui vient de l'ancien français *esquarre* qui signifie « carré » : à l'origine, un square est un jardin carré, fermé de grilles, au centre d'une place.

squash (nom masculin) Sport pratiqué en salle entre deux joueurs, avec une raquette et une petite balle qui rebondit contre les quatre murs. ➔ Squash est un mot anglais : on prononce [skwaʃ].

le **squash**

squat (nom masculin)
Immeuble ou maison occupés par des squatteurs. → Squat est un mot anglais : on prononce [skwat].

squatter (verbe) ○ conj.n°3
Occuper sans autorisation un logement vide. *Des artistes **squattent** un hôpital désaffecté.* → Prononciation [skwate]. ⊙ Famille du mot : squat, squatteur.

squatteur, euse (nom)
personne qui squatte un logement. *La police a contrôlé l'identité de plusieurs **squatteurs**.* → Prononciation [skwatœʀ].

squaw (nom féminin)
Femme mariée, chez les Indiens d'Amérique du Nord. → Prononciation [skwo].

squelette (nom masculin)
Ensemble des os du corps d'un homme ou d'un animal. *Le **squelette** humain pèse de 3 à 6 kilos, et comprend environ 200 os.*

squelettique (adjectif)
Très maigre. *Ce chat errant est **squelettique**.*

stabiliser (verbe) ○ conj.n°3
Rendre stable. *Depuis quelques jours, le temps **s'est stabilisé**.*

stabilité (nom féminin)
Qualité de ce qui est stable. *Sous les tropiques, les températures sont d'une grande **stabilité**.*

stable (adjectif)
1. Qui est bien en équilibre sur sa base. *Ce tabouret n'est pas **stable**, ne t'assieds pas dessus.* (Contr. branlant, instable.) 2. Qui ne change pas. *Ce pays a un régime **stable** depuis cinquante ans.* (Contr. instable.) ⊙ Famille du mot : déstabiliser, instabilité, instable, stabiliser, stabilité. ⊙ Stable vient du latin *stare* qui signifie « se tenir debout ».

stade (nom masculin)
1. Terrain aménagé pour la pratique des sports. *Les tribunes du **stade** sont remplies de spectateurs.* 2. Moment dans une évolution. *Au **stade** où tu en es, Benjamin, tu ferais mieux de t'arrêter un instant.* (Syn. étape.) ⊙ Stade vient du grec *stadion* qui est une mesure de distance d'environ 180 mètres : c'est la longueur des terrains de jeux de l'Antiquité.

stage (nom masculin)
Période de formation où l'on apprend quelque chose. *Laura rêve de faire un **stage** de voile.*

stagiaire (adjectif et nom)
Qui suit un stage. *Il est **stagiaire** dans une banque.*

stagnant, ante (adjectif)
Qui stagne. *L'eau **stagnante** d'une mare.* (Syn. dormant. Contr. courant.) → Prononciation [stagnɑ̃].

stagnation (nom féminin)
Fait de stagner. *Les affaires ne marchent pas bien, c'est une période de **stagnation**.* (Syn. marasme.) → Prononciation [stagnasjɔ̃].

stagner (verbe) ○ conj.n°3
1. Rester immobile sans s'écouler. *L'eau qui **stagne** encrasse le bassin.* (Syn. croupir.) 2. Rester dans le même état sans évoluer. *Les affaires **stagnent**.* (Contr. prospérer.) → Prononciation [stagne]. ⊙ Famille du mot : stagnant, stagnation.

stalactite (nom féminin)
Dépôt de calcaire qui descend du plafond d'une grotte en formant une sorte de colonne.

des **stalactites** et des **stalagmites**

▸ **stalagmite** (nom féminin)
Dépôt de calcaire en forme de colonne qui se forme sur le sol d'une grotte. *En s'égouttant d'une stalactite, l'eau forme une* ***stalagmite*** *au-dessous.*

▸ **stalle** (nom féminin)
Compartiment pour un cheval dans une écurie.

▸ **stand** (nom masculin)
Emplacement réservé dans une fête, une foire ou une exposition. *Au Salon des inventeurs, chaque exposant montre ses dernières créations dans son* ***stand****.* → Prononciation [stɑ̃d].

▸ 1. **standard** (adjectif)
Qui correspond au modèle courant. *Voici une télévision* ***standard****, mais nous avons des modèles plus perfectionnés.* → Pluriel : des modèles standard. ⊙ Famille du mot : standardisation, standardisé.

▸ 2. **standard** (nom masculin)
Installation qui permet de centraliser tous les appels téléphoniques de l'extérieur et de les diriger vers les différents postes d'une entreprise.

▸ **standardisation** (nom féminin)
Action de standardiser. *Clément ne trouve pas de pièces de rechange, parce qu'il n'y a pas de* ***standardisation*** *entre les marques.*

▸ **standardisé, ée** (adjectif)
Conforme à un modèle standard. *Les tailles de vêtements sont* ***standardisées****.*

▸ **standardiste** (nom)
Employé d'un standard téléphonique. *La* ***standardiste*** *recherche notre correspondant.*

▸ **standing** (nom masculin)
Niveau de vie et de confort. *Ils ont une villa de très grand* ***standing*** *sur la Côte d'Azur.* → Standing est un mot anglais : on prononce [stɑ̃diŋ].

▸ **star** (nom féminin)
Vedette de cinéma. *Toutes les* ***stars*** *du cinéma ont assisté à la remise des prix.* (Syn. étoile.) ⊙ Star est un mot anglais qui signifie « étoile ».

▸ **starter** (nom masculin)
Mécanisme qui facilite le démarrage d'un moteur. *Quand il fait très froid, cette voiture ne démarre pas si l'on n'actionne pas le* ***starter****.* → Prononciation [staʀtɛʀ]. ⊙ Starter vient de l'anglais *to start* qui signifie « démarrer ».

▸ **starting-block** (nom masculin)
Cales servant d'appui aux pieds d'un coureur au départ d'une course de vitesse. → Starting-block est un mot anglais : on prononce [staʀtiŋblɔk]. → Pluriel : des starting-blocks.

▸ **station** (nom féminin)
1. Endroit où s'arrêtent certains véhicules. *Je descends à la prochaine* ***station****.* (Syn. arrêt.) 2. Fait de se tenir de telle façon. *La* ***station*** *debout est parfois pénible aux vieilles personnes.* 3. Lieu de séjour. *Une* ***station*** *de sports d'hiver. Une* ***station*** *thermale.* 4. Installation destinée à faire des observations scientifiques. *Regarde cette* ***station*** *météorologique.* ➠ p. 423. 5. Ensemble d'installations qui émettent des programmes de radio ou de télévision. ⊙ Famille du mot : stationnaire, stationnement, stationner, station-service.

▸ **stationnaire** (adjectif)
Qui ne bouge pas ou n'évolue pas. *L'état du blessé est* ***stationnaire****.*

▸ **stationnement** (nom masculin)
Action de stationner. *On ne peut pas se garer ici, il y a un panneau de* ***stationnement*** *interdit.*

▸ **stationner** (verbe) ⊙ conj. n°3
S'arrêter et rester au même endroit. *Le camion* ***stationne*** *en double file pour décharger.*

station-service (nom féminin) Endroit où l'on peut acheter de l'essence et de l'huile, faire laver sa voiture, etc. *À la **station-service**, le père de Myriam a fait vérifier le gonflage des pneus.* → Pluriel : des stations-service. ⊙ En français d'Afrique, une station-service s'appelle une *essencerie*.

statique (adjectif) Qui bouge peu. *Cet acteur est un peu trop **statique**.*

statistique (nom féminin) Chiffres qu'on enregistre à propos de faits précis pour faire des comparaisons et en tirer des conclusions. *Les **statistiques** montrent que la majorité des Français sont des femmes.*

statistiquement (adverbe) D'après les statistiques. ***Statistiquement**, il y a moins de femmes que d'hommes aux postes de direction.*

statue (nom féminin) Figure sculptée représentant un être vivant en entier. *La « petite sirène » a sa **statue** sur le port de Copenhague, au Danemark.* ⊙ Statue vient du latin *stare* qui signifie « être debout ».

statuer (verbe) ⊙ conj.n°3 Prendre une décision officielle. *Les responsables vont **statuer** demain sur cette affaire de dopage.*

statuette (nom féminin) Petite statue. *Une **statuette** de bronze.* (Syn. figurine.)

statuette de bronze représentant le dieu Baal

statu quo (nom masculin) Situation actuelle. *Les négociations n'ont pas avancé d'un pouce, on en est toujours au **statu quo**.* → Prononciation [statykwo]. → Pluriel : des statu quo. ⊙ Statu quo est l'abréviation de l'expression latine *in statu quo ante* qui signifie « dans l'état où étaient les choses auparavant ».

stature (nom féminin) Taille d'une personne. *C'est un homme d'une **stature** imposante.*

statut (nom masculin) Situation qui est réservée à une personne dans un groupe. *Le **statut** des employés de chemin de fer.* ▷ **statuts** (nom masculin pluriel) Règles qui fixent le but et le fonctionnement d'un groupe. *Les **statuts** d'un club sportif.*

steak (nom masculin) Synonyme de bifteck. → Steak est un mot anglais : on prononce [stɛk].

stèle (nom féminin) Pierre dressée portant une inscription. *Dans le cimetière, il y a des **stèles** funéraires.*

une **stèle** gallo-romaine

sténodactylo (nom féminin) Personne qui pratique la sténographie et tape à la machine.

sténographie (nom féminin)
Moyen d'écrire très simplifié qui permet d'écrire à la vitesse de la parole.

stentor (nom masculin)
• **Voix de stentor** : voix forte et tonitruante. ⊙ Stentor est le nom d'un héros grec de la guerre de Troie qui avait une voix si puissante qu'elle couvrait celle de cinquante hommes.

steppe (nom féminin)
Vaste plaine herbeuse presque désertique. *Les Mongols sont des nomades des* ***steppes*** *d'Asie.*

une **steppe** d'Asie

stère (nom masculin)
Unité de volume égale au mètre cube. *Le* ***stère*** *n'est utilisé que pour le bois.*

stéréo ➠ Voir stéréophonie et stéréophonique.

stéréophonie (nom féminin)
Procédé de reproduction du son qui donne une impression de relief sonore. *Quand on écoute de la musique en* ***stéréophonie****, on se croirait dans la salle de concert.* → Ce mot s'abrège stéréo.

stéréophonique (adjectif)
Qui utilise la stéréophonie. *Ce disque est un enregistrement* ***stéréophonique****.* → Ce mot s'abrège stéréo.

stéréotype (nom masculin)
Idée toute faite. *Dire que « les ânes sont têtus » est un* ***stéréotype****.* (Syn. cliché.)

stéréotypé, ée (adjectif)
Qui est toujours le même en toute circonstance. *Cette vedette a toujours un sourire* ***stéréotypé****.*

stérile (adjectif)
1. Qui ne peut pas se reproduire. *Les animaux castrés sont* ***stériles****.* **2.** Où rien ne peut pousser. *Les déserts sont des étendues* ***stériles****.* (Contr. fertile.) **3.** Dans un sens figuré, qui n'aboutit à rien. *Des discussions* ***stériles****.* (Syn. inutile, vain. Contr. fécond.) **4.** Où il n'y a pas de microbes. *Une compresse* ***stérile*** *préserve de l'infection.* ⊙ Famille du mot : stérilisation, stériliser, stérilité.

stérilisation (nom féminin)
Action de stériliser. *La* ***stérilisation*** *a été une révolution en médecine.*

stériliser (verbe) ➲ conj.n°3
1. Rendre incapable de se reproduire. *Les parents de Noémie ont fait* ***stériliser*** *la petite chatte.* **2.** Débarrasser des microbes. *Le lait* ***est stérilisé*** *quand on l'a fait bouillir.*

stérilité (nom féminin)
Fait d'être stérile. *La* ***stérilité*** *d'un débat.*

sternum (nom masculin)
Os plat du milieu de la poitrine. *Les côtes supérieures et les clavicules sont articulées sur le* ***sternum****.* → Prononciation [stɛʀnɔm].

stéthoscope (nom masculin)
Appareil qui sert à ausculter. *Le médecin écoute les bruits du cœur qui sont amplifiés par le* ***stéthoscope****.* ⊙ Stéthoscope vient du grec *stêthos* qui signifie « poitrine » et de *skopein* qui signifie « examiner », et que l'on retrouve dans télescope.

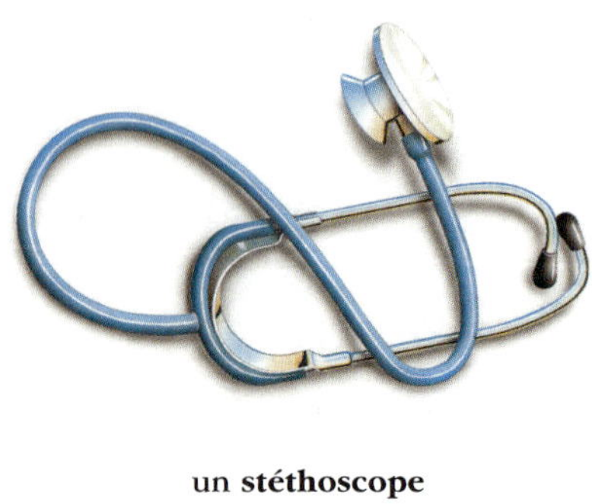

un **stéthoscope**

▶ **steward** (nom masculin)
Garçon qui fait le service à bord d'un avion ou d'un paquebot. *Le **steward** et les hôtesses de l'air servent les repas aux passagers.* → Steward est un mot anglais : on prononce [stiwaRt].

▶ **stick** (nom masculin)
Produit vendu sous forme de bâtonnet. *Un **stick** de colle. Un **stick** de rouge à lèvres.*

▶ **stimulant, ante** (adjectif)
Qui stimule. *Les bravos des supporteurs sont très **stimulants** pour les joueurs de notre équipe.* (Syn. encourageant.) ▷ **stimulant** (nom masculin) Produit qui donne de l'énergie, de l'entrain. *Le gingembre et le thé sont des **stimulants**.* (Syn. excitant.)

▶ **stimuler** (verbe) ○ conj.n°3
Donner envie d'agir. *Le maître sait très bien **stimuler** la curiosité des élèves.* (Syn. encourager, exciter.) ⊙ Stimuler vient du latin *stimulare* qui signifie « piquer avec un aiguillon ».

▶ **stipuler** (verbe) ○ conj.n°3
Faire savoir avec précision. *Hier, le proviseur lui **a stipulé** son renvoi.* (Syn. préciser, spécifier.)

▶ **stock** (nom masculin)
Quantité de marchandises en réserve. *Le commerçant cherche à écouler son **stock**.*

▶ **stocker** (verbe) ○ conj.n°3
Mettre en réserve. *Au moment des grèves, certains ont commencé à **stocker** de l'essence.*

▶ **stoïque** (adjectif)
Qui souffre sans rien dire. *Quand on lui a fait des reproches, Ibrahim est resté **stoïque**.* (Syn. impassible.)

▶ **stop !** (interjection)
Sert à donner l'ordre de s'arrêter. ***Stop !** On ne passe pas !* ▷ **stop** (nom masculin) **1.** Panneau routier qui signale que l'on doit s'arrêter. *Attention, un **stop** à 150 mètres !* **2.** Feu rouge arrière d'une voiture. *Quand on freine, les **stops** s'allument.* **3.** Synonyme familier d'auto-stop. *Ils ont fait du **stop** pour aller dans le Midi.*

▶ **stopper** (verbe) ○ conj.n°3
Synonyme d'arrêter. *Le conducteur a réussi à **stopper** le train juste à temps.*

▶ **store** (nom masculin)
Rideau souple qui se lève et s'abaisse. *Baisse le **store**, le soleil m'éblouit.*

▶ **strabisme** (nom masculin)
Fait de loucher.

▶ **strangulation** (nom féminin)
Action d'étrangler quelqu'un. *Vercingétorix est mort par **strangulation** en 46 avant J.-C.*

▶ **strapontin** (nom masculin)
Siège qu'on peut abaisser ou relever. *Le train était bondé, Laurent a dû se contenter d'un **strapontin**.*

▶ **stratagème** (nom masculin)
Manœuvre habile. *Odile imagine des **stratagèmes** pour ne pas aller chez le dentiste.* (Syn. ruse, subterfuge.)

▶ **strate** (nom féminin)
Chacune des couches superposées d'un terrain. *Quand on a creusé le sol pour faire le nouveau métro, on voyait bien les **strates** d'argile et de calcaire.*

des **strates** d'argile, de grès et de charbon

stratégie (nom féminin)
Organisation des opérations militaires pendant une guerre.

stratégique (adjectif)
Qui a un intérêt pour la stratégie. *En temps de guerre, une gare est un point **stratégique**.*

stratifié, ée (adjectif)
Disposé en strates. *Un terrain **stratifié**.*

stratosphère (nom féminin)
Couche de l'atmosphère située entre 10 et 50 km de la surface terrestre. *La **stratosphère** contient la couche d'ozone.*

stress (nom masculin)
État de tension nerveuse et d'anxiété. *La conduite en ville est souvent une cause de **stress** pour les conducteurs inexpérimentés.* ⊙ Stress est un mot anglais qui signifie « agression ».

stresser (verbe) ⊙ conj.n°3
Provoquer du stress. *Cet homme **est** constamment **stressé** par son travail.* (Syn. angoisser, tendre. Contr. détendre.)

strict, stricte (adjectif)
1. Qui doit être absolument respecté. *Les consignes de sécurité sont très **strictes** dans une centrale nucléaire.* **2.** Qui n'accepte aucun écart par rapport à la règle. *Maman est très **stricte** sur la propreté.* (Syn. rigoureux, sévère.) **3.** Qu'on ne peut changer. *C'est la **stricte** vérité. N'emportez que le **strict** nécessaire.*

strictement (adverbe)
De façon stricte. *Je n'ai **strictement** rien compris.* (Syn. absolument, rigoureusement.)

strident, ente (adjectif)
Se dit d'un bruit à la fois aigu et perçant. *Durant la récréation, on entend des cris **stridents**.*

strie (nom féminin)
Chacune des lignes fines et parallèles d'une surface. *Les **stries** d'une coquille Saint-Jacques.* (Syn. rayure.)

des **stries** sur un fossile de coquillage

strié, ée (adjectif)
Qui présente des stries. *Les ongles sont légèrement **striés**.*

strophe (nom féminin)
Partie d'un poème ayant un certain nombre de vers. *Un sonnet a deux **strophes** de quatre vers et deux **strophes** de trois.*

structure (nom féminin)
Organisation des différentes parties d'un tout. *Ces ruines nous permettent d'imaginer la **structure** du temple.*

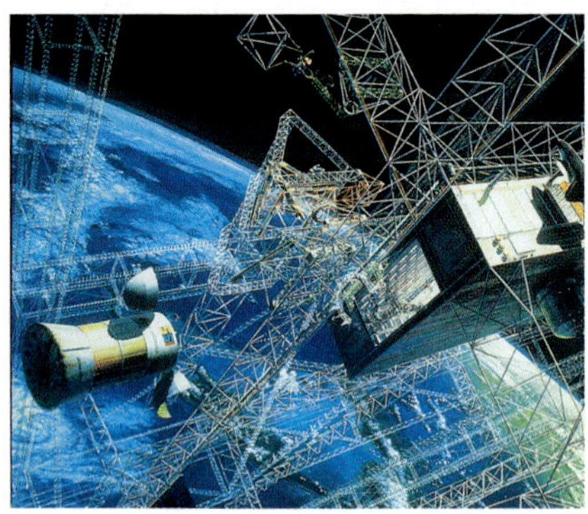

une **structure** de poutrelles métalliques

structuré, ée (adjectif)
Qui a une structure. *C'est un texte bien **structuré**.* (Syn. organisé.)

stuc (nom masculin)
Matière qui imite le marbre. *Le plafond est décoré avec des moulures en **stuc**.*

studieux, euse (adjectif)
Qui aime l'étude. *Pierre est un garçon **studieux**.*

studio (nom masculin)
1. Petit appartement d'une pièce. *Pendant deux ans, elle a vécu dans un petit **studio**.* 2. Local aménagé pour tourner un film ou faire des enregistrements. *Ce concert a été enregistré dans un des **studios** de la radio.*

stupéfaction (nom féminin)
État d'une personne stupéfaite. *À la **stupéfaction** générale, le favori a été battu.* (Syn. stupeur.)

stupéfait, aite (adjectif)
Étonné au point de ne pouvoir réagir. *Je suis **stupéfait** d'une telle insolence.*

stupéfiant, ante (adjectif)
Qui stupéfie. *L'habileté de ce célèbre prestidigitateur est vraiment **stupéfiante**.* (Syn. ahurissant, extraordinaire, sidérant.) ▷ **stupéfiant** (nom masculin) Synonyme de drogue. *La cocaïne, l'opium et la morphine sont des **stupéfiants**.*

stupéfier (verbe) ○ conj.n°10
Remplir de stupeur. *Son toupet me **stupéfie**.* (Syn. abasourdir, ébahir, sidérer.) ⊙ Famille du mot : stupéfaction, stupéfait, stupéfiant.

stupeur (nom féminin)
Étonnement qui ôte toute possibilité de réaction. *La nouvelle les a frappés de **stupeur**.*

stupide (adjectif)
Qui manque vraiment d'intelligence. *Réfléchissez, au lieu de faire des réponses **stupides** !* (Syn. bête, idiot. Contr. intelligent, sensé.)

stupidité (nom féminin)
1. Caractère stupide. *Ce film est d'une **stupidité** totale.* (Syn. bêtise, idiotie. Contr. intelligence.) 2. Chose stupide. *Tu ne lis que des **stupidités**.* (Syn. absurdité, ânerie, sottise.)

style (nom masculin)
1. Manière d'écrire. *Un **style** élégant. Écrire en **style** télégraphique.* 2. Traits particuliers des œuvres d'une époque. *Une église de **style** roman.* 3. Manière d'être et d'agir de quelqu'un. *Ce cadeau, c'est tout à fait son **style** !* (Syn. genre.) ⊙ Famille du mot : stylé, stylisé, styliste.

stylé, ée (adjectif)
Qui fait son service dans les règles et avec élégance. *Le personnel du restaurant est **stylé**.*

stylet (nom masculin)
Petit poignard à lame fine et pointue.

stylisé, ée (adjectif)
Dessiné de manière simplifiée. *Les personnages de B.D. sont souvent **stylisés**.*

styliste (nom)
Personne qui crée des modèles pour l'habillement, l'ameublement, etc. *La mère de Sarah est **styliste** de mode.*

stylo (nom masculin)
Porte-plume à réservoir d'encre. *Un **stylo** à plume or.* • **Stylo à bille** ou **stylo-bille** : stylo à encre épaisse dans lequel la plume est remplacée par une bille de métal. → Stylo est l'abréviation de *stylographe*.

suaire (nom masculin)
Synonyme littéraire de linceul.

« Atala au tombeau » de Girodet-Trioson (1808). On a enveloppé la défunte dans un **suaire**.

suave (adjectif)
D'une douceur exquise. *Ursula aime l'odeur **suave** du mimosa.*

a b c d e f g h i j k l m n o p q r s t u v w x y z

subalterne (adjectif et nom)
Synonyme de subordonné. *Elle est toujours très polie avec ses **subalternes**.*

subdiviser (verbe) ○ conj.n°3
Diviser les parties d'un tout en parties plus petites. *Quentin a divisé la feuille en deux par un trait, puis **a subdivisé** chaque partie en trois.*

subdivision (nom féminin)
Partie d'un tout subdivisé. *Mon double-décimètre a des **subdivisions** très fines, en demi-millimètres.*

subir (verbe) ○ conj.n°11
Supporter ce qui est imposé. *J'en ai assez de **subir** ses reproches. Monsieur Dupuis **a subi** une opération à cœur ouvert.*

subit, ite (adjectif)
Qui arrive de façon brusque et très inattendue. *Je ne sais quelle rage **subite** l'a pris.* (Syn. soudain.)

subitement (adverbe)
De façon subite. *La voiture a **subitement** changé de direction.* (Syn. soudain, tout à coup.)

subjectif, ive (adjectif)
Qui dépend de la personnalité et des goûts de chacun. *C'est un avis très **subjectif** et donc assez discutable.* (Contr. objectif.)

subjectivité (nom féminin)
Caractère de ce qui est subjectif. *La **subjectivité** de ce compte rendu est inacceptable.* (Contr. objectivité.)

subjonctif (nom masculin)
Mode du verbe employé dans des subordonnées et exprimant le souhait, la possibilité, le doute, etc. *Dans la phrase : « Il est possible qu'il pleuve », « pleuvoir » est au **subjonctif**.*

subjuguer (verbe) ○ conj.n°3
Tenir quelqu'un sous son charme. *Romain **est subjugué** par son professeur de judo.* (Syn. fasciner, séduire.)

sublime (adjectif)
Qui provoque l'admiration. *Cette cantatrice est **sublime** dans ce rôle.* (Syn. admirable, extraordinaire.)

submerger (verbe) ○ conj.n°5
1. Recouvrir d'eau. *À marée haute, la route du Mont-Saint-Michel **est submergée**.* (Syn. inonder.) **2.** Au sens figuré, accabler quelqu'un. *Zoé **est submergée** de travail.*

submersible (nom masculin)
Synonyme de sous-marin.

subodorer (verbe) ○ conj.n°3
Avoir l'intuition de quelque chose. *Je **subodore** un piège !* (Syn. deviner, pressentir.)

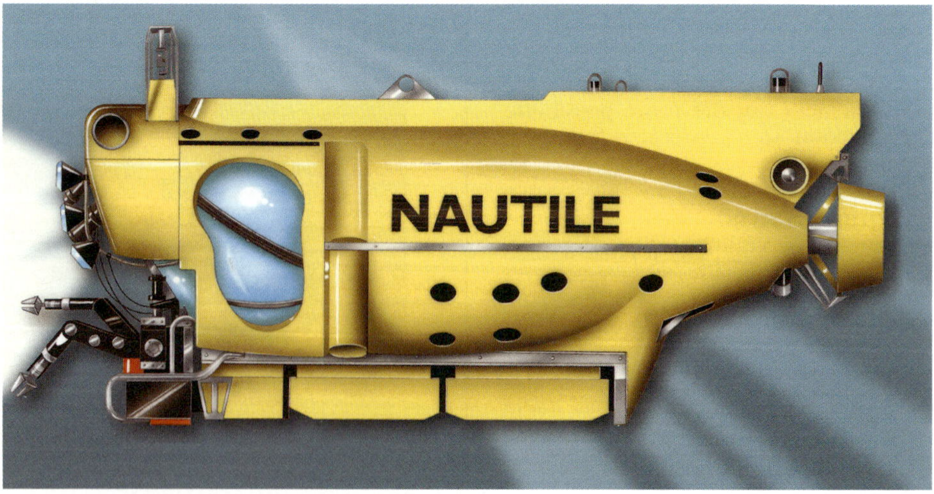

Le *Nautile* est un **submersible** d'exploration des grandes profondeurs.

subordination (nom féminin)
Construction grammaticale qui relie une proposition subordonnée à une proposition principale. *« Si, quand, comme, puisque » sont des conjonctions de **subordination**.*

subordonné, ée (adjectif et nom)
Qui dépend de quelque chose ou de quelqu'un. *Ses **subordonnés** lui ont apporté une aide vraiment très précieuse.* (Syn. subalterne. Contr. supérieur.)
▷ **subordonnée** (nom féminin)
Proposition qui dépend d'une proposition principale. *Dans « je vois une mouche qui vole », « qui vole » est une **subordonnée** relative.*

subordonner (verbe) ○ conj.n°3
Faire dépendre de quelque chose. *Sa participation au voyage **est subordonnée** à l'accord de ses parents.*

subrepticement (adverbe)
Discrètement et sans se faire voir. *Thomas s'est éclipsé **subrepticement**.* (Syn. en catimini. Contr. ostensiblement.) ⊙ Subrepticement vient du latin *subrepere* qui signifie « ramper sous ».

subsides (nom masculin pluriel)
Aide financière. *L'État verse des **subsides** à cette association.*

subsidiaire (adjectif)
• **Question subsidiaire** : question qui sert à départager les concurrents ex aequo.

subsistance (nom féminin)
Ce qui permet de subsister. *Son salaire pourvoit à la **subsistance** de sa famille.*

subsister (verbe) ○ conj.n°3
1. Exister encore. *Des doutes **subsistent** sur son innocence.* (Syn. rester.) **2.** Avoir de quoi vivre. *Son travail lui permet tout juste de **subsister**.* (Syn. survivre.)

substance (nom féminin)
Ce en quoi une chose est faite. *Le verre est une **substance** cassante.* (Syn. corps, matière.) • **En substance** : en résumé. *Voilà, **en substance**, ce qu'il nous a raconté.*

substantiel, elle (adjectif)
1. Qui est consistant. *Quand on fait beaucoup de sport, on a besoin d'une alimentation très **substantielle**.* (Syn. nourrissant.) **2.** Qui n'est pas négligeable. *Il a eu une augmentation **substantielle**.* (Syn. important.)

substantif (nom masculin)
Synonyme de nom. *« Maison » est un **substantif** féminin.*

substituer (verbe) ○ conj.n°3
Mettre une personne ou une chose à la place d'une autre. *L'escroc **avait substitué** des morceaux de verre aux diamants.*

substitution (nom féminin)
Action de substituer. *L'histoire commence par une **substitution** de valise.*

subterfuge (nom masculin)
Moyen rusé pour se tirer d'embarras. *Pour éviter ses admirateurs, la star a recouru à un habile **subterfuge**.* (Syn. ruse, stratagème.)

subtil, ile (adjectif)
1. Qui a beaucoup de finesse. *Anna est une enfant **subtile** et perspicace.* **2.** Qu'il est difficile de distinguer. *Entre ces deux synonymes, la nuance est **subtile**.*

subtiliser (verbe) ○ conj.n°3
Voler quelque chose habilement. *Un pickpocket lui **a subtilisé** son portefeuille.* (Syn. dérober.)

subtilité (nom féminin)
Caractère subtil. *Les règles de ce jeu sont d'une grande **subtilité**.* (Syn. finesse.)

subvenir (verbe) ○ conj.n°19
Fournir ce qu'il faut pour couvrir des frais ou pour vivre. *Tu n'es pas assez grande pour **subvenir** à tes besoins.* (Syn. pourvoir.)

subvention (nom féminin)
Aide financière. *Sans les **subventions** de l'État, le théâtre aurait dû fermer.*

subventionner (verbe) ○ conj.n°3
Accorder des subventions. *Cette célèbre institution pour enfants **est subventionnée** par la municipalité.*

a b c d e f g h i j k l m n o p q r s t u v w x y z

▸ **subversif, ive** (adjectif)
Qui menace l'ordre établi. *Le dictateur a fait arrêter les opposants pour propos* ***subversifs****.*

▸ **suc** (nom masculin)
Liquide qu'on peut extraire d'une plante. *Certains insectes se nourrissent du* ***suc*** *des fleurs.* • **Suc gastrique** : liquide sécrété par l'estomac et qui permet la digestion.

▸ **succédané** (nom masculin)
Produit qu'on peut substituer à un autre. *La chicorée sert de* ***succédané*** *de café.* (Syn. ersatz.)

▸ **succéder** (verbe) ○ conj.n°8
1. Venir après quelqu'un ou quelque chose. *La III*e *République* ***a succédé*** *au règne de Napoléon III.* 2. Se succéder : venir l'un après l'autre. *Les visites* ***se sont succédé*** *sans interruption.* ➜ Le participe passé ne s'accorde pas : elles se sont succédé à la présidence. ⊙ Famille du mot : successeur, successif, succession, successivement.

▸ **succès** (nom masculin)
1. Bon résultat. *Le* ***succès*** *de l'opération a été complet.* (Syn. réussite. Contr. échec.) 2. Fait de plaire au public. *Le spectacle a eu un énorme* ***succès****.*

▸ **successeur** (nom masculin)
Personne qui succède à une autre. *Le* ***successeur*** *du directeur s'appelle Monsieur Durand.* (Contr. prédécesseur.)

▸ **successif, ive** (adjectif)
Qui se succèdent. *Il y a eu trois coups de tonnerre* ***successifs****.*

▸ **succession** (nom féminin)
1. Fait de succéder à quelqu'un. *C'est son fils qui a pris sa* ***succession*** *à la tête de l'entreprise.* 2. Série de personnes ou de choses qui se succèdent. *Il y a eu une* ***succession*** *de coups de téléphone.* (Syn. suite.) 3. Biens laissés par une personne à ses héritiers. *Cette maison fait partie de la* ***succession*** *de M. Durand.*

▸ **successivement** (adverbe)
L'un après l'autre. *Victor a eu* ***successivement*** *la grippe et les oreillons.*

▸ **succinct, incte** (adjectif)
Qui est réduit à l'essentiel. *Faites une description très* ***succincte*** *du paysage.* (Syn. bref, concis. Contr. détaillé.) ➜ Prononciation [syksɛ̃], [syksɛ̃t].

▸ **succinctement** (adverbe)
De manière succincte. *Luc nous a expliqué* ***succinctement*** *la situation.* (Syn. brièvement.) ➜ Prononciation [syksɛ̃tmɑ̃].

▸ **succomber** (verbe) ○ conj.n°3
1. Synonyme de mourir. *Le blessé* ***a succombé*** *à ses blessures.* 2. Ne pas résister. *Élodie* ***a succombé*** *à la tentation et s'est offert une grosse glace.*

▸ **succulent, ente** (adjectif)
Très bon. *Ce canard à l'orange est vraiment* ***succulent*** *!* (Syn. excellent, savoureux.)

▸ **succursale** (nom féminin)
Établissement commercial qui dépend d'un autre. *Un magasin à* ***succursales*** *multiples.*

▸ **sucer** (verbe) ○ conj.n°4
1. Laisser fondre dans la bouche. *Fatima* ***suce*** *longtemps son bonbon avant de le croquer.* 2. Mettre dans la bouche et aspirer comme pour téter. ***Sucer*** *son pouce.*

▸ **sucette** (nom féminin)
Bonbon à sucer, fixé au bout d'un petit bâton.

▸ **sucre** (nom masculin)
1. Substance alimentaire de saveur douce, tirée de la betterave à sucre ou de la canne à sucre. *Le* ***sucre*** *est brun quand il n'est pas raffiné. Du* ***sucre*** *en poudre.* 2. Morceau de sucre. *Gaëlle met deux* ***sucres*** *dans son chocolat.* ⊙ Famille du mot : sucré, sucrer, sucrerie, sucrier.

▸ **sucré, ée** (adjectif)
Qui contient du sucre. *Du raisin très* ***sucré****.*

▸ **sucrer** (verbe) ○ conj.n°3
Mettre du sucre. *Maman ne* ***sucre*** *pas son café.*

▸ **sucrerie** (nom féminin)
Usine où l'on fabrique le sucre. ▷ **sucreries** (nom féminin pluriel) Friandises faites avec du sucre. *Manger trop de **sucreries** est mauvais pour les dents.*

▸ **sucrier, ère** (adjectif)
Qui produit du sucre. *On cultive la betterave **sucrière** dans le nord de la France.* ▷ **sucrier** (nom masculin) Récipient pour le sucre. *Le **sucrier** est vide.*

▸ **sud** (nom masculin)
1. Celui des quatre points cardinaux qui s'oppose au nord. *Les maisons exposées plein **sud** ont le soleil presque toute la journée.* 2. Partie qui se situe au sud d'un pays ou d'une région. *À Noël, Xavier ira dans le **sud** de la France.* ▷ **sud** (adjectif) Qui est situé au sud. *La partie **sud** de la ville.* → Pluriel : les régions sud.

▸ **suédois, oise**
➠ Voir tableau p. 6.

▸ **suée** (nom féminin)
Fait de suer. *Le malade a une forte fièvre et des **suées** fréquentes.*

▸ **suer** (verbe) ○ conj.n°3
Rejeter de la sueur. *Les boxeurs **suent** à grosses gouttes.* (Syn. transpirer.) • **Suer sang et eau :** se donner beaucoup de mal. ⊙ Famille du mot : suée, sueur.

▸ **sueur** (nom féminin)
Liquide de la transpiration. *Yann est en **sueur** parce qu'il a couru à la récréation.* • **Avoir des sueurs froides :** avoir très peur.

▸ **suffire** (verbe) ○ conj.n°44
1. Être en quantité assez grande. *Il y a assez à manger, cela **suffira** bien pour six.* 2. • **Il suffit :** il faut seulement. *Pour arriver à 13 heures, **il suffit** que nous partions tous à midi.* ⊙ Famille du mot : insuffisamment, insuffisance, insuffisant, suffisamment, suffisant.

▸ **suffisamment** (adverbe)
De façon suffisante. *Tu as **suffisamment** travaillé ce soir, tu peux t'arrêter.* (Syn. assez.)

▸ **suffisant, ante** (adjectif)
1. Qui suffit. *Il reste une baguette, c'est **suffisant** pour ce midi.* (Contr. insuffisant.) 2. Trop sûr de soi. *C'est un garçon **suffisant** et arrogant.* (Syn. prétentieux, vaniteux.)

▸ **suffixe** (nom masculin)
Élément qui s'ajoute à la fin d'un mot pour former un dérivé. *Dans le mot « boulangerie », « -erie » est un **suffixe**.*

▸ **suffocant, ante** (adjectif)
Qui fait suffoquer. *Une chaleur **suffocante**.* (Syn. étouffant.)

▸ **suffocation** (nom féminin)
Fait de suffoquer. *La diphtérie donne des accès de **suffocation**.*

▸ **suffoquer** (verbe) ○ conj.n°3
1. Respirer avec difficulté au point d'étouffer. *Ouvrez la fenêtre, on **suffoque** ici !* 2. Couper le souffle de surprise. *Cette nouvelle surprenante m'**a suffoquée** !* ⊙ Famille du mot : suffocant, suffocation.

▸ **suffrage** (nom masculin)
1. Système de vote. *Dans le **suffrage** universel, tous les citoyens majeurs peuvent voter.* 2. Avis exprimé dans une élection. *Pour l'instant, le candidat recueille les deux tiers des **suffrages** exprimés.* (Syn. voix, vote.) 3. Opinion favorable. *Sa proposition a recueilli tous les **suffrages**.*

▸ **suggérer** (verbe) ○ conj.n°8
Donner une idée à quelqu'un. *Je vous **suggère** d'aller vite jouer dehors.* (Syn. proposer.)

▸ **suggestion** (nom féminin)
Chose suggérée. *Les clients du magasin sont priés de noter leurs **suggestions** sur ce cahier.* (Syn. proposition.)

suicidaire (adjectif)
Qui peut mener à la mort. *C'est **suicidaire** de fumer autant !*

suicide (nom masculin)
Fait de se suicider. *La police ne sait pas encore si c'est un meurtre ou un **suicide**.* ⊙ Suicide vient des mots latins *sui* qui signifie « soi » et *caedere* qui signifie « tuer ».

se suicider (verbe) ○ conj.n°3
Se tuer volontairement. *Il **s'est suicidé** d'une balle dans le cœur.* ⊙ Famille du mot : suicidaire, suicide.

suie (nom féminin)
Dépôt noir laissé par la fumée dans les cheminées. *Le ramoneur est noir de **suie**.*

suintement (nom masculin)
Écoulement d'un liquide qui suinte. *La paroi est couverte de mousse à cause du **suintement** de l'eau de pluie.*

suinter (verbe) ○ conj.n°3
S'écouler goutte à goutte, d'une manière presque imperceptible. *L'eau **suinte** sur les murs de la grotte.*

suisse
➠ Voir tableau p. 6.

suite (nom féminin)
1. Ce qui suit, qui vient après quelque chose. *Vous saurez la **suite** de l'histoire demain.* 2. Ensemble d'événements qui se suivent. *Il y a eu une **suite** d'imprévus, ce matin.* (Syn. série, succession.) 3. Conséquence d'un événement. *Il est mort des **suites** d'une grippe mal soignée.* 4. Personnes qui suivent un haut personnage dans ses déplacements. *La reine est arrivée avec sa **suite**.* • **À la suite de** : après. *Il s'est cassé la jambe **à la suite d'**une chute.* • **De suite** : successivement. *Il a été absent trois jours **de suite**.* • **Par la suite** : plus tard. (Syn. ensuite.) • **Par suite de** : en conséquence de. ***Par suite d'**un orage, la route est coupée.* → Voir aussi tout de suite (adverbe).

1. suivant (préposition)
Synonyme de selon. ***Suivant** l'avis de certains savants, la planète se réchauffe.*

2. suivant, ante (adjectif et nom)
Qui suit. *Le mois **suivant**, Benjamin est allé en classe de neige. Au **suivant** !* (Contr. précédent.)

suivi, ie (adjectif)
Qui se poursuit régulièrement. *Ces deux personnes ont des relations très **suivies**.* (Syn. continu, régulier.)

suivre (verbe) ○ conj.n°49
1. Marcher derrière. ***Suivez** le guide !* (Contr. précéder.) 2. Accompagner quelqu'un dans des déplacements. *Ses gardes du corps le **suivent** partout.* 3. Venir après. *Le calme **suit** la tempête.* (Syn. succéder. Contr. précéder.) 4. Aller dans la même direction. ***Suivez** la route jusqu'au village ! Le chemin qui **suit** la falaise est très joli.* 5. Agir en se laissant guider ou influencer. *Elle ne **suit** jamais la mode, elle ne porte que des jeans.* 6. Aller régulièrement quelque part pour apprendre. *Le grand frère d'Hélène **suit** des cours à l'université.* 7. Écouter attentivement. *Cette célèbre émission **est** très **suivie**.* 8. Bien comprendre la logique de ce qui se dit. *Clément a un peu de mal à **suivre** en mathématiques.* ⊙ Famille du mot : s'ensuivre, suite, suivant, suivi.

sujet (nom masculin)
1. Mot ou groupe de mots avec lesquels le verbe s'accorde. *Dans la phrase : « Julie s'amuse », « Julie » est le **sujet** du verbe s'amuser.* 2. Ce dont on parle. *Le **sujet** du livre est le récit d'un voyage au pôle Nord.* (Syn. thème.) 3. Cause de quelque chose. *Leur distraction est devenue un **sujet** de plaisanterie.* (Syn. motif, occasion.) 4. Personne soumise à l'autorité d'un roi. *John George est un fidèle **sujet** de la reine d'Angleterre.* ▷ **sujet, ette** (adjectif) Qui souffre souvent de telle chose. *Laura est **sujette** au rhume des foins.*

sulfurique (adjectif)
• **Acide sulfurique** : produit chimique dangereux, à base de soufre, qui attaque les métaux.

sulky (nom masculin)
Attelage léger à deux roues utilisé pour certaines courses de chevaux. *Le **sulky** est utilisé pour les courses de trot.* → Pluriel : des sulkys ou des sulkies.

un **sulky**

sultan (nom masculin)
Nom donné au souverain, dans certains pays musulmans. *Le **sultan** d'Oman.*

summum (nom masculin)
Plus haut point ou plus haut degré. *Cet athlète est vraiment au **summum** de sa forme.* → Prononciation [sɔmɔm]. ⊙ Summum est un mot latin qui signifie « le plus haut », et qui a donné aussi *sommet*.

sumo (nom masculin)
Lutte japonaise traditionnelle. *Les lutteurs de **sumo** sont énormes.*

un lutteur de **sumo**

super (adjectif)
Synonyme familier de très bien. *Camille vient avec nous, c'est **super** !* (Syn. formidable.) → Prononciation [sypɛʀ]. → Pluriel : des vacances super.

superbe (adjectif)
Très beau. *Il fait un temps **superbe**.* (Syn. magnifique, splendide.)

supercherie (nom féminin)
Tromperie ou fraude. *Ce produit miracle n'était que du savon, mais la **supercherie** a été découverte.*

superficie (nom féminin)
Étendue d'une surface. *La **superficie** de la France est d'environ 550 000 km².*

superficiel, elle (adjectif)
1. Qui est à la surface. *C'est une plaie **superficielle**, juste une égratignure.* 2. Qui manque de profondeur, de consistance. *C'est un homme **superficiel**, qui n'approfondit rien.*

superficiellement (adverbe)
De manière superficielle. *La balle ne l'a atteint que **superficiellement**. J'ai dû lire le mode d'emploi trop vite et trop **superficiellement** !*

superflu, ue (adjectif)
Dont on pourrait se passer. *Ce deuxième dessert est **superflu**.* (Contr. nécessaire.)

supérieur, eure (adjectif)
1. Qui est placé au-dessus. *Monsieur Duparc a une fine moustache au-dessus de la lèvre **supérieure**.* (Contr. inférieur.) 2. Qui est plus grand. *David a une taille **supérieure** à celle de Noémie.* 3. Qui est meilleur. *Le vainqueur avait un bateau très **supérieur** à celui des autres.* ▷ **supérieur, eure** (nom) Personne d'un rang plus élevé que les autres. *Il doit rendre compte à ses **supérieurs**.* (Contr. subordonné.)

supériorité (nom féminin)
Fait d'être supérieur. *La **supériorité** d'Amandine au jeu de dames est incontestable.*

a b c d e f g h i j k l m n o p q r s t u v w x y z

superlatif (nom masculin)
Degré le plus élevé de l'adjectif. *Très beau, le plus beau et le moins beau sont les **superlatifs** de « beau ».*

supermarché (nom masculin)
Très grand magasin où l'on se sert soi-même.

superposer (verbe) ○ conj.n°3
Poser des choses les unes sur les autres. *Kevin et Sarah dorment dans des lits **superposés**.*

supersonique (adjectif)
D'une vitesse supérieure à celle du son. *Un avion **supersonique** dépasse la vitesse de 331 mètres à la seconde.*

superstitieux, euse (adjectif)
Qui fait preuve de superstition. *Parce qu'il y a beaucoup de gens **superstitieux**, il n'y a pas de place n° 13 dans les avions américains.*

superstition (nom féminin)
Fait de croire à l'influence de certains signes ou de certains faits. *Croire que les trèfles à quatre feuilles portent bonheur est une **superstition**.*

superviser (verbe) ○ conj.n°3
Contrôler un travail sans entrer dans les détails. *Le directeur **supervise** tous les services.*

supplanter (verbe) ○ conj.n°3
Prendre la place de quelque chose ou de quelqu'un. *L'ordinateur **a supplanté** la machine à écrire dans les bureaux.*

suppléant, ante (adjectif et nom)
Qui supplée une autre personne. *Le député ayant été nommé ministre, sa **suppléante** va siéger à l'Assemblée nationale.* (Syn. remplaçant.)

suppléer (verbe) ○ conj.n°3
1. Remplacer quelqu'un dans ses fonctions. *C'est l'adjoint qui **supplée** le maire en son absence.* 2. Remédier à un manque, à un défaut. *La grande mémoire de Quentin **supplée** à son manque de travail.* (Syn. compenser.)

supplément (nom masculin)
Ce qui vient s'ajouter à quelque chose. *Ursula a eu un **supplément** de frites. Pour ce plat, il y a un **supplément** de 2 €.*

supplémentaire (adjectif)
Qui vient en supplément. *Pour les départs en vacances, il y a des trains **supplémentaires**.*

supplication (nom féminin)
Paroles de celui qui supplie. *Pierre est resté insensible aux **supplications** de Zoé.*

supplice (nom masculin)
1. Autrefois, châtiment décidé par un tribunal qui consistait à tuer le condamné en le faisant souffrir. *Les **supplices** ont été supprimés à la Révolution.* 2. Cause de souffrance. *Pour un gourmand comme lui, ce régime est un véritable **supplice**.* (Syn. torture.)

supplier (verbe) ○ conj.n°10
Prier quelqu'un avec insistance. *Je t'en **supplie**, cesse de faire grincer la craie !* ⊙ Supplier vient du latin *supplicare* qui signifie « se plier sur les genoux ».

support (nom masculin)
Objet sur lequel repose un autre objet. *Il a reposé le téléphone sur son **support**.*

supportable (adjectif)
Qu'on peut supporter. *À cette heure matinale, la chaleur est tout à fait **supportable**.* (Contr. insupportable.)

supporter (verbe) ○ conj.n°3
1. Servir de support. *Les murs épais **supportent** la charpente.* (Syn. porter, soutenir.) 2. Accepter une chose pénible sans se plaindre. *Je ne **supporterai** pas longtemps ta mauvaise humeur !* (Syn. tolérer.) 3. Bien résister à quelque chose. *Les poissons rouges **supportent** bien l'eau froide.* ⊙ Famille du mot : insupportable, support, supportable, supporteur.

supporteur, trice (nom)
Personne qui soutient et encourage des sportifs. *Les **supporteurs** sont nombreux sur les gradins.* → On emploie aussi le mot anglais supporter qui se prononce [sypɔRtœR] ou [sypɔRtɛR].

supposer (verbe) ○ conj.n°3
1. Penser que quelque chose est probable. *On **suppose** qu'il reviendra.* (Syn. présumer.) 2. Avoir comme condition nécessaire. *Être astronaute **suppose** du savoir, du courage et de la résistance.* (Syn. exiger, réclamer.)

supposition (nom féminin)
Chose supposée. *Anna croit que Quentin viendra, mais ce n'est qu'une **supposition**.* (Syn. hypothèse.)

suppositoire (nom masculin)
Médicament que l'on introduit par l'anus.

suppression (nom féminin)
Action de supprimer. *Le reportage était trop long, on a fait des **suppressions**.*

supprimer (verbe) ○ conj.n°3
1. Faire disparaître quelque chose. *On **a supprimé** la ligne de chemin de fer de la région.* (Contr. maintenir.) 2. Enlever une partie d'un ensemble. *Romain **a supprimé** quelques répétitions dans sa lettre.* (Syn. ôter.)

suppurer (verbe) ○ conj.n°3
Laisser écouler du pus. *Thomas a une blessure qui **suppure**.*

supputer (verbe) ○ conj.n°3
Évaluer en faisant des suppositions. *L'alpiniste **supputait** les chances qu'il avait d'atteindre le sommet avant la nuit.*

suprématie (nom féminin)
Situation dominante. *La **suprématie** économique américaine est évidente.* → Prononciation [supʀemasi].

suprême (adjectif)
1. Au-dessus de tout ou de tous. *Le pape est le chef **suprême** de l'Église catholique.* 2. Qui est le dernier. *Il a fait une **suprême** tentative pour le convaincre.* (Syn. ultime.)

1. sur (préposition)
Sert à indiquer : 1. Un lieu situé plus haut. *Le chat est monté **sur** la table. Il y a un poster **sur** le mur.* 2. La direction. *La voiture a filé **sur** Lyon.* 3. La proportion. ***Sur** toute la classe, il y en a cinq qui sont reçus.* 4. Le sujet. *C'est un livre **sur** la Grèce.*

2. sur, sure (adjectif)
Qui a un goût aigre, acide. *Une pomme **sure**.*

sûr, sûre (adjectif)
1. Qui est persuadé de quelque chose. *Il est **sûr** que je me trompe.* (Syn. certain, convaincu.) 2. Dont on ne peut douter. *Élodie viendra demain, c'est **sûr**.* (Syn. certain, évident.) 3. Qui ne présente aucun risque. *Fatima a mis son sac en lieu **sûr**.* 4. Digne de confiance. *Le journal l'a appris de source **sûre**.* → Voir aussi bien sûr (adverbe). ⊙ Famille du mot : sûrement, sûreté.

surabondance (nom féminin)
Trop grande abondance. *Il y a **surabondance** de melons cette année.*

surabondant, ante (adjectif)
Qui surabonde. *Les pluies **surabondantes** de cet automne ont fait déborder la rivière.*

surabonder (verbe) ○ conj.n°3
Être trop abondant. *Dans ces bois humides, les fougères **surabondent**.*

suranné, ée (adjectif)
Qui est ancien et démodé. *La vieille boutique avait un charme **suranné**.* (Syn. désuet. Contr. récent.)

surcharge (nom féminin)
1. Fait d'être trop chargé. *Les avions refusent les bagages en **surcharge**.* 2. Mot écrit au-dessus d'un autre pour le remplacer. *Remplir cet imprimé sans **surcharge**.*

surcharger (verbe) ○ conj.n°5
Charger de façon excessive. *Le bateau **surchargé** risque de couler. Certains se plaignent d'**être surchargés** d'impôts.* (Syn. accabler, écraser.)

surchauffé, ée (adjectif)
1. Excessivement chauffé. *Gaëlle étouffe dans cet appartement **surchauffé**.* 2. Qui est surexcité. *Les supporteurs, **surchauffés**, applaudissaient à tout rompre.*

surclasser (verbe) ○ conj.n°3
Être d'un niveau nettement supérieur. *Cet athlète **a surclassé** tous ses concurrents.*

a b c d e f g h i j k l m n o p q r s t u v w x y z

surcroît (nom masculin)
Ce qui vient s'ajouter à quelque chose. *Les périodes de fêtes donnent un **surcroît** de travail aux vendeurs.* (Syn. supplément.) • **De surcroît, par surcroît :** en plus, en outre.

surdité (nom féminin)
Fait d'être sourd. *Sa **surdité** l'oblige à porter un appareil auditif.*

surdoué, ée (adjectif et nom)
Qui est exceptionnellement doué et précoce. *Un enfant **surdoué**.*

sureau, eaux (nom masculin)
Arbuste aux fleurs blanches et aux baies rouges ou noires. *Les tiges du **sureau** sont remplies d'une moelle blanche.*

fleur et fruits du **sureau**

surélever (verbe) ○ conj.n°8
Donner plus de hauteur à quelque chose. *On **a surélevé** les murs d'un mètre.*

sûrement (adverbe)
De façon sûre, certaine. *Alain devrait être là, il va **sûrement** arriver.* (Syn. certainement.)

surenchère (nom féminin)
Offre supérieure à la précédente. *Les candidats aux élections ont fait de la **surenchère** pour obtenir plus de voix.*

surestimer (verbe) ○ conj.n°3
Estimer au-dessus de sa valeur réelle. *Victor **a surestimé** ses forces, il ne peut pas porter la valise de Mamie.* (Contr. sous-estimer.)

sûreté (nom féminin)
État de ce qui est sûr, sans risque. *Pour plus de **sûreté**, Hélène garde un double de sa clé dans un tiroir.* (Syn. sécurité.)

surexcitation (nom féminin)
État d'une personne surexcitée. *Quand William a marqué un but, la **surexcitation** était à son comble dans les gradins.*

surexcité, ée (adjectif)
Très excité. *Les enfants sont **surexcités** à l'idée de l'excursion de demain.*

surf (nom masculin)
Sport qui consiste à glisser sur les vagues ou sur la neige en équilibre sur une planche. *Le **surf** a été inventé par les Polynésiens.* → Surf est un mot anglais : on prononce [sœRf].

surface (nom féminin)
1. Partie extérieure visible de quelque chose. *Xavier fait des ricochets à la **surface** de l'eau.* **2.** Mesure d'une superficie. *Cette chambre carrée a 3 mètres de côté, sa **surface** est de 9 mètres carrés.* (Syn. aire, superficie.)

surfait, aite (adjectif)
Qui n'est pas à la hauteur de sa réputation. *Julie n'aime pas le caviar, dont elle trouve la réputation très **surfaite**.*

surfer (verbe) ○ conj.n°3
Pratiquer le surf. → Prononciation [sœRfe].

surfeur, euse (nom)
Personne qui pratique le surf.

un **surfeur** sur une vague

▸ **surgelé** (nom masculin)
Produit alimentaire surgelé. *Maman a mis les **surgelés** dans le congélateur.*

▸ **surgeler** (verbe) ○ conj.n°8
Congeler un aliment rapidement et à très basse température. *On a mangé du poisson **surgelé** à midi.*

▸ **surgir** (verbe) ○ conj.n°11
Apparaître brusquement. *Un chevreuil **a surgi** de la forêt. Des difficultés imprévues **ont surgi**.*

▸ **surhumain, aine** (adjectif)
Qui paraît être au-dessus des capacités humaines. *Laura a fait un effort **surhumain** pour ne pas rire.*

▸ **sur-le-champ** (adverbe)
Sans attendre. *Le cas était sérieux, le médecin est accouru **sur le champ**.* (Syn. aussitôt, immédiatement, tout de suite.)

▸ **surlendemain** (nom masculin)
Jour qui suit le lendemain. *C'est un samedi qu'il est arrivé ; le **surlendemain**, donc lundi, il est reparti.* ⊙ Le surlendemain d'aujourd'hui c'est après-demain.

▸ **surligner** (verbe) ○ conj.n°3
Marquer avec un surligneur.

▸ **surligneur** (nom masculin)
Feutre à encre transparente et lumineuse qui sert à mettre en valeur certains passages d'un texte.

▸ **surmenage** (nom masculin)
Fait d'être surmené. *Le médecin lui a donné huit jours d'arrêt pour **surmenage**.*

▸ **surmener** (verbe) ○ conj.n°8
Fatiguer par un excès de travail. *Myriam **est** complètement **surmenée**, elle finira par tomber malade.*

▸ **surmontable** (adjectif)
Que l'on peut surmonter. *Le trac est une angoisse difficilement **surmontable**.* (Contr. insurmontable.)

▸ **surmonter** (verbe) ○ conj.n°3
1. Être placé au-dessus. *Une girouette **surmonte** le toit de la maison.* 2. Venir à bout de quelque chose. *Noémie a réussi à **surmonter** sa peur de l'eau.* (Syn. dominer, maîtriser.)

▸ **surmulot** (nom masculin)
Autre nom du rat d'égout.

▸ **surnager** (verbe) ○ conj.n°5
Rester à la surface d'un liquide. *Le chapeau, que le vent avait poussé dans l'eau, **surnageait** encore.*

▸ **surnaturel, elle** (adjectif)
Que l'on ne peut pas expliquer par les lois de la science. *Les guérisons miraculeuses sont des phénomènes **surnaturels**.*

▸ **surnom** (nom masculin)
Nom qu'on donne à quelqu'un en plus de son vrai nom. *« Le Gros » était le **surnom** du roi de France Louis VI.*

▸ **surnombre** (nom masculin)
• **En surnombre** : qui dépasse le nombre permis. *L'ascenseur restait sur place à cause des gens **en surnombre**.*

▸ **surnommer** (verbe) ○ conj.n°3
Donner un surnom. *On l'**a surnommée** « la Pie » parce qu'elle est très bavarde.*

▸ **suroît** (nom masculin)
Sorte de capuche cirée qui protège la nuque. *Les pêcheurs bretons portent des **suroîts**.*

▸ **surpasser** (verbe) ○ conj.n°3
1. L'emporter sur d'autres. *Olivier **a surpassé** tous ses concurrents.* (Syn. dépasser.) 2. Se surpasser : faire mieux que d'habitude. *L'artiste **s'est surpassé** ce soir.*

▸ **surpeuplé, ée** (adjectif)
Où la population est trop nombreuse. *Il vivait dans un quartier pauvre et **surpeuplé**.*

▸ **surpeuplement** (nom masculin)
État d'un endroit surpeuplé. *On déplore souvent le **surpeuplement** des grandes capitales.* (Syn. surpopulation.)

▸ **surplace** (nom masculin)
• **Faire du surplace** : ne pas avancer.

surplomb (nom masculin)
Partie d'une construction ou d'une paroi qui dépasse par rapport à la base. • **En surplomb** : dont le haut dépasse par rapport à la base. *Le haut de la falaise, qui était* ***en surplomb****, s'est effondré.* (Syn. en saillie.)

l'ascension d'un **surplomb** de glace

surplomber (verbe) ○ conj.n°3
Dominer en formant un surplomb. *Le vieux château fort* ***surplombe*** *la vallée.*

surplus (nom masculin)
Ce qu'il y a en plus de la quantité voulue. *Il est débordé par un* ***surplus*** *de commandes.* (Syn. excédent.)

surpopulation (nom féminin)
Synonyme de surpeuplement.

surprenant, ante (adjectif)
Qui surprend. *Il n'est pas là ? C'est* ***surprenant*** *!* (Syn. étonnant.)

surprendre (verbe) ○ conj.n°32
1. Synonyme d'étonner. ***J'ai été surpris*** *de sa réponse.* 2. Arriver sans prévenir. *L'oncle d'Odile les* ***a surpris*** *à table.* 3. Prendre sur le fait. ***J'ai surpris*** *Sarah en train de lire dans son lit au lieu de dormir.* ⊙ Famille du mot : surprenant, surprise.

surprise (nom féminin)
1. Sensation causée par quelque chose d'inattendu. *À la* ***surprise*** *générale, c'est Yann qui a gagné.* (Syn. étonnement.) 2. Chose qui surprend. *Vous ici ? Quelle* ***surprise*** *! Viens vite ! Il y a une* ***surprise*** *pour toi.* • **Par surprise :** d'une manière inattendue.

surproduction (nom féminin)
Production trop forte par rapport aux besoins. *La* ***surproduction*** *de céréales inquiète les agriculteurs, car les prix vont baisser.*

sursaut (nom masculin)
Mouvement brusque dû à la surprise. *Un coup de tonnerre l'a réveillé en* ***sursaut****.*

sursauter (verbe) ○ conj.n°3
Avoir un sursaut. *Ursula, qui n'avait pas entendu venir Benjamin,* ***a sursauté****.*

surseoir (verbe) ○ conj.n°29
Remettre à plus tard. *Le tribunal* ***sursoit*** *à l'application de la peine.* (Syn. différer.)

sursis (nom masculin)
1. Fait de surseoir à quelque chose. *Il a un* ***sursis*** *de quelques jours pour rendre son travail.* (Syn. délai.) 2. Délai pendant lequel une peine est suspendue. *Être condamné à la prison avec* ***sursis*** *veut dire qu'on ne va en prison que si l'on commet un nouveau délit.*

surtaxe (nom féminin)
Taxe supplémentaire. *Clément n'avait pas assez affranchi sa lettre, le destinataire a eu une* ***surtaxe*** *à payer.*

surtout (adverbe)
Avant tout. ***Surtout****, couvre-toi bien ! Zoé aime tous les jeux, mais* ***surtout*** *les échecs.*

surveillance (nom féminin)
Action de surveiller. *Ce bébé demande une* ***surveillance*** *de tous les instants.*

surveillant, ante (nom)
Personne dont le rôle est de surveiller. *Un **surveillant** de prison.*

surveiller (verbe) conj.n°3
1. Observer avec attention pour contrôler. *La maîtresse **surveille** les enfants dans la cour. La sentinelle **surveille** tous les alentours.* 2. Faire attention à ce que l'on fait. ***Surveille** un peu tes paroles !* Famille du mot : surveillance, surveillant.

survenir (verbe) conj.n°19
Arriver soudain de façon imprévue. *Un changement **est survenu**, nous partons demain.*

survêtement (nom masculin)
Vêtement souple et chaud qu'on met par-dessus une tenue de sport. *Quand David va au stade, il emporte toujours son **survêtement**.*

survie (nom féminin)
Fait de survivre. *Les chances de **survie** du blessé sont importantes : rassurez-vous !*

survivance (nom féminin)
Reste de quelque chose qui survit du passé. *Cette tenue traditionnelle est une **survivance**.*

survivant, ante (nom)
Personne qui survit à d'autres. *L'avion s'est écrasé : on ignore encore s'il y a des **survivants**.*

survivre (verbe) conj.n°50
1. Rester en vie après la mort de quelqu'un ou après de graves événements. *Jean n'**a** pas **survécu** longtemps à sa femme.* 2. Vivre dans des conditions difficiles. *Son salaire lui permet à peine de **survivre**.*

survol (nom masculin)
Fait de survoler. *Le **survol** de Paris est interdit aux avions.*

survoler (verbe) conj.n°3
1. Voler au-dessus d'un lieu. *Notre avion **survole** actuellement la côte du Maroc.* 2. Voir superficiellement. *Il **a** rapidement **survolé** son journal.*

Pour capter cette image du port de New York, le satellite SPOT **a survolé** la région.

sus (adverbe)
• **Courir sus à l'ennemi** : dans la langue littéraire, l'attaquer. • **En sus** : en plus. *Il a touché une prime **en sus** de son salaire.* → Prononciation [sys].

susceptibilité (nom féminin)
Caractère d'une personne susceptible. *Il est d'une **susceptibilité** ridicule.*

susceptible (adjectif)
1. Qui se vexe facilement. *Anna est terriblement **susceptible**.* 2. Qui peut éventuellement se produire. *J'ai trouvé des vieilles photos **susceptibles** de t'intéresser.*

susciter (verbe) conj.n°3
Provoquer quelque chose. *Le projet d'Ibrahim **a suscité** l'enthousiasme de sa classe.*

suspect, ecte (adjectif)
Qui éveille la méfiance. *Nous informons les voyageurs que tout bagage **suspect** sera immédiatement détruit.* ▷ **suspect, ecte** (adjectif et nom) Personne que l'on soupçonne. *On a arrêté un **suspect**.* → Prononciation [syspɛ], [syspɛkt].

suspecter (verbe) conj.n°3
Tenir pour suspect. *Élodie **suspecte** Kevin de lui raconter des histoires.* (Syn. soupçonner.)

a b c d e f g h i j k l m n o p q r s t u v w x y z

▸ **suspendre** (verbe) ○ conj.n°31
1. Accrocher de manière à laisser pendre. *Pierre **a suspendu** sa lampe de poche au mât de la tente.* **2.** Arrêter momentanément. *Les travaux **ont été suspendus** en raison des intempéries.* **3.** Interdire à quelqu'un d'exercer ses fonctions pour quelque temps. *Le footballeur brutal **a été suspendu** pour trois matchs.*

▸ **suspendu, ue** (adjectif)
• **Pont suspendu :** pont qui ne repose pas sur des piliers mais qui est soutenu par des câbles. • **Voiture bien** ou **mal suspendue :** voiture dont la suspension est bonne ou mauvaise.

▸ **en suspens** (adverbe)
Momentanément interrompu. *Les travaux de l'autoroute sont **en suspens**.*

▸ **suspense** (nom masculin)
Moment d'une histoire où l'on attend la suite avec angoisse et impatience. *Quentin aime beaucoup les films à **suspense**.* → Prononciation [syspɛns]. ⊙ Suspense est un mot anglais qui signifie « attente » et qui vient du français *suspens*.

▸ **suspension** (nom féminin)
1. Appareil d'éclairage suspendu au plafond. (Syn. lustre.) **2.** Système de ressorts destinés à amortir les cahots. *Cette moto a une excellente **suspension**.* (Syn. amortisseurs.) **3.** Fait de suspendre ou d'être suspendu. *Le congrès a décidé une **suspension** de séance.* (Syn. arrêt, interruption.) **4.** Fait de retirer ses fonctions à quelqu'un. *Le fonctionnaire a fait l'objet d'une **suspension** pour faute grave.* • **Points de suspension :** signe de ponctuation qui sert à dire qu'on n'énumère pas tout.

▸ **suspicion** (nom féminin)
Fait de suspecter. *Romain regardait le nouveau venu avec **suspicion**.* (Syn. défiance, méfiance.)

▸ **susurrer** (verbe) ○ conj.n°3
Dire doucement à voix basse. *Fatima **susurre** quelques mots à l'oreille de Thomas.* (Syn. chuchoter, murmurer.)

▸ **se sustenter** (verbe) ○ conj.n°3
Synonyme vieilli de se nourrir. *Et maintenant, il serait temps de **se sustenter** : le repas nous attend.*

▸ **suture** (nom féminin)
Opération qui consiste à recoudre les bords d'une plaie. *Gaëlle s'est fendu le menton, elle a eu trois points de **suture**.*

▸ **suzerain** (nom masculin)
Seigneur du Moyen Âge qui accordait des terres et sa protection à un vassal en échange de sa loyauté.

Un vassal s'agenouille devant son **suzerain**.

▸ **suzeraineté** (nom féminin)
1. Pouvoir d'un suzerain. **2.** Domination d'un État sur un autre. *Certains pays pauvres refusent la **suzeraineté** des pays riches.*

▸ **svelte** (adjectif)
Qui est mince et élancé. *Monsieur Duparc est **svelte** malgré son âge.* (Contr. massif, trapu.)

▸ **S.V.P.**
Abréviation de *s'il vous plaît*.

▸ **sweat-shirt** (nom masculin)
Pull-over qui est en tissu molletonné. → Prononciation [swɛtʃœʀt]. → Pluriel : des sweat-shirts. ⊙ Sweat-shirt est un mot anglais qui signifie « chemise pour la sueur ».

▸ **syllabe** (nom féminin)
Voyelle ou groupe de consonnes et de voyelles qu'on prononce en une fois. *« Chat » n'a qu'une **syllabe**, « otarie » en a trois.*

▸ **sylviculture** (nom féminin)
Entretien et exploitation des forêts.

symbiose (nom féminin)
Association de deux êtres vivants d'espèces différentes. *Le lichen est fait d'une algue et d'un champignon qui vivent en **symbiose**.*

Ces oiseaux vivent en **symbiose** avec le rhinocéros en le débarrassant de ses parasites.

symbole (nom masculin)
1. Figure qui représente une idée. *Marianne est le **symbole** de la République.* 2. Signe utilisé pour représenter quelque chose. *Le **symbole** de l'amour est un cœur.* ⊙ Famille du mot : symbolique, symboliser. ⊙ Symbole vient du grec *sumbolon* qui désigne un objet coupé en deux qui servait de signe de reconnaissance entre deux personnes qui en possédaient chacune un morceau.

symbolique (adjectif)
Qui a la valeur d'un symbole. *La balance est la représentation **symbolique** de la justice.*

symboliser (verbe) ○ conj.n°3
Être le symbole de quelque chose. *La couleur noire **symbolise** le deuil.*

symétrie (nom féminin)
Similitude exacte par rapport à un axe entre deux parties d'un espace. *Il y a une **symétrie** plus ou moins parfaite entre les deux côtés du visage et du corps humain.* ⊙ Famille du mot : asymétrie, asymétrique, dissymétrique, symétrique, symétriquement.

symétrique (adjectif)
Qui présente une symétrie. *Les lits de Victor et d'Hélène sont placés de façon **symétrique** par rapport à la fenêtre.* (Contr. asymétrique, dissymétrique.)

symétriquement (adverbe)
De manière symétrique. *Dans le jeu du solitaire, les pions sont placés **symétriquement** par rapport au centre.*

sympathie (nom féminin)
Sentiment spontané d'attirance envers quelqu'un. *William a de la **sympathie** pour son voisin de table.* (Syn. amitié. Contr. antipathie.) ⊙ Famille du mot : sympathique, sympathiser.

sympathique (adjectif)
1. Qui attire la sympathie. *Xavier est un garçon très **sympathique**.* (Syn. agréable, aimable, attachant. Contr. antipathique.) 2. Très agréable. *Une soirée très **sympathique**.*

sympathiser (verbe) ○ conj.n°3
Éprouver une sympathie réciproque. *Yann **a sympathisé** avec le concierge.*

symphonie (nom féminin)
Composition musicale à plusieurs mouvements. *L'orchestre joue une **symphonie** de Beethoven.*

symphonique (adjectif)
De la symphonie. *Dans un concert **symphonique**, on joue une ou deux symphonies.*

symptôme (nom masculin)
Signe caractéristique d'une maladie. *La gorge rouge et la fièvre sont des **symptômes** de l'angine.*

synagogue (nom féminin)
Lieu de culte israélite.

synchroniser (verbe) ○ conj.n°3
Faire concorder les images et les sons d'un film. *Ce film **est** mal **synchronisé**, le son est décalé par rapport à l'image.*

syncope (nom féminin)
Perte de connaissance. *Quand on a une **syncope**, le cœur et la respiration ralentissent.*

syndic (nom masculin)
Personne qui s'occupe d'un immeuble au nom des copropriétaires.

syndical, ale, aux (adjectif)
Du syndicat. *Les délégués ont exposé les revendications **syndicales** au patron.*

syndicaliste (nom)
Personne qui milite dans un syndicat. *Les **syndicalistes** ont entamé des négociations pour éviter les licenciements.*

syndicat (nom masculin)
Association de personnes qui veulent défendre leurs intérêts communs. *Il existe des **syndicats** ouvriers et des **syndicats** patronaux.* • **Syndicat d'initiative** : organisme chargé du tourisme.

se syndiquer (verbe) ⊙ conj.n°3
S'inscrire à un syndicat.

synonyme (nom masculin)
Mot qui a un sens identique ou très proche d'un autre. *« Manière » et « façon » sont deux **synonymes**.* (Contr. contraire.)

syntaxe (nom féminin)
Partie de la grammaire qui étudie comment les mots se regroupent pour faire des phrases.

synthèse (nom féminin)
1. Opération consistant à résumer clairement les idées principales d'un sujet. *Faire la **synthèse** des questions posées.* 2. Production d'une substance artificielle en combinant des éléments par une réaction chimique. *Le polystyrène est un produit de **synthèse**.*

synthétique (adjectif)
Fabriqué par synthèse. *Le nylon est une fibre **synthétique**.* (Syn. artificiel. Contr. naturel.)

synthétiseur (nom masculin)
Instrument de musique électronique capable de reproduire et de créer des sons.

syrien, enne
➡ Voir tableau p. 6.

systématique (adjectif)
1. Organisé de manière logique. *Pour retrouver son stylo, Julie a entrepris une fouille **systématique** de son armoire.* (Syn. méthodique.) 2. Qui ne varie pas, quelles que soient les circonstances. *À toutes les propositions, il a opposé un refus **systématique**.*

systématiquement (adverbe)
De manière systématique. *Maman met **systématiquement** les prospectus publicitaires à la poubelle.*

systématiser (verbe) ⊙ conj.n°3
Faire un système de quelque chose. *L'organisation circulaire des carrefours **se systématise**.* (Syn. généraliser.)

système (nom masculin)
1. Ensemble organisé qui constitue un tout. *Le **système** solaire. Le **système** métrique.* 2. Moyen, souvent très ingénieux, d'arriver à un but. *Benjamin a trouvé un **système** pour programmer l'éclairage de sa chambre.* (Syn. méthode.) ⊙ Famille du mot : systématique, systématiquement, systématiser. ⊙ Système vient du grec *sustêma* qui signifie « assemblage ».

t (nom masculin)
Vingtième lettre de l'alphabet. *Le **T** est une consonne.*

t' ➠ Voir te.

ta (déterminant)
Féminin de *ton 1*.

tabac (nom masculin)
1. Plante cultivée pour ses grandes feuilles. *Une plantation de **tabac**.* 2. Feuilles de cette plante qui ont été séchées et préparées pour être fumées. *Il existe du **tabac** blond et du **tabac** brun.* 3. Magasin où l'on vend du tabac, des cigarettes, etc. *Benjamin va au **tabac** acheter des allumettes et des timbres.* → Prononciation [taba].
⊙ Famille du mot : tabagie, tabagisme.

fleurs et feuille de **tabac**

tabagie (nom féminin)
Lieu rempli de fumée de tabac. *Ouvrez la fenêtre, c'est une vraie **tabagie** !*

tabagisme (nom masculin)
Intoxication causée par l'abus de tabac. *Le **tabagisme** provoque le cancer du poumon.*

tabasser (verbe) ⊙ conj.n°3
Dans la langue familière, frapper violemment quelqu'un. *Il s'est fait **tabasser** par une bande de voyous.*

table (nom féminin)
Meuble formé d'un plateau fixé sur un ou plusieurs pieds. *La **table** de la cuisine est assez grande pour y manger à quatre.* • **Mettre la table :** disposer les assiettes, les couverts, les verres, etc. sur une table avant le repas. (Syn. mettre le couvert.) • **Se mettre à table :** s'installer autour d'une table pour manger. • **Table de multiplication :** liste des multiplications des nombres de 1 à 10. • **Table des matières :** liste de tous les chapitres d'un livre. • **Table ronde :** assemblée de personnes réunies pour discuter.
⊙ Famille du mot : s'attabler, tablette.
⊙ Table vient du latin *tabula* qui signifie « planche ».

tableau, eaux (nom masculin)
1. Peinture faite par un artiste. *Ce peintre expose ses **tableaux** dans une galerie.* (Syn. toile.) **2.** Description ou évocation de quelque chose. *Ce récit est un **tableau** de la vie des paysans au XIXe siècle.* **3.** Panneau fixé au mur sur lequel on écrit à la craie. *Dans chaque classe de l'école, il y a un **tableau**.* **4.** Liste de renseignements rangés de façon méthodique. *Pour écrire correctement les verbes, Anna regarde le **tableau** des conjugaisons.* • **Tableau de bord** : partie d'un véhicule où sont réunis les compteurs, les commandes, les voyants, etc.

tabler (verbe) ○ conj.n°3
Compter sur quelque chose. *Tu ne devrais pas toujours **tabler** sur la chance pour réussir.*

tablette (nom féminin)
1. Petite étagère pour poser des objets. *Maman range les produits pour la toilette sur une **tablette** fixée près de la baignoire.* **2.** Aliment présenté sous forme de plaquette. *Pour son goûter, Élodie a mis une **tablette** de chocolat dans son pain.*

tablier (nom masculin)
Vêtement que l'on met pour protéger ses autres vêtements. *Le boucher porte un grand **tablier** blanc.*

tabou, oue (adjectif)
Dont il est interdit de parler. *Autrefois, la sexualité était très souvent un sujet **tabou**.*

taboulé (nom masculin)
Plat composé de semoule, d'herbes, de tomates, d'oignons et assaisonné d'huile et de citron.

tabouret (nom masculin)
Petit siège, sans bras ni dossier. ⊙ Tabouret vient de l'ancien français *tabour* qui signifie « tambour », à cause de la forme ronde de ce siège.

tac (nom masculin)
• **Répondre du tac au tac** : répondre vivement et immédiatement à une remarque désagréable ou à une question.

tache (nom féminin)
1. Marque de saleté. *Benjamin a fait une **tache** de graisse sur son cahier.* **2.** Marque de couleur sur le corps d'un être vivant. *Les grives ont des **taches** noires sur la poitrine.* ⊙ Famille du mot : détachant, détacher, tacher, tacheté.

tâche (nom féminin)
Travail qu'on a à faire. *Faire le ménage est une **tâche** ingrate.* (Syn. besogne.)

tacher (verbe) ○ conj.n°3
Faire une tache ou des taches. *Mets un tablier pour ne pas **tacher** ton pull. David **s'est taché** les mains avec des feutres.*

tâcher (verbe) ○ conj.n°3
Synonyme de s'efforcer. ***Tâche** de nous prévenir la prochaine fois !*

tacheté, ée (adjectif)
Qui a des petites taches de couleur. *Un pelage blanc **tacheté** de noir.* (Syn. moucheté.)

tacite (adjectif)
Qui n'est pas exprimé par des mots. *Il y a une complicité **tacite** entre eux.*

taciturne (adjectif)
Qui parle peu. *Cet enfant est **taciturne**, il prend très rarement la parole.* (Syn. renfermé. Contr. communicatif, expansif.)

tacot (nom masculin)
Dans la langue familière, vieille voiture en mauvais état. *Ce **tacot** est bon pour la casse.*

tact (nom masculin)
Qualité d'une personne qui fait preuve de délicatesse. *Parle-lui avec **tact**, sinon tu risques de le vexer.*

tactique (nom féminin)
Moyen employé pour obtenir ou réussir quelque chose. *L'entraîneur a conseillé aux joueurs de changer de **tactique**.*

taffetas (nom masculin)
Tissu de soie. *Des tentures en **taffetas** rouge.*

tag (nom masculin)
Graffiti qui représente un dessin ou une signature. *Ce mur est couvert de **tags**.* → Tag est un mot anglais : on prononce [tag].

un **tag** sur un portail

tagliatelle (nom féminin)
Pâte alimentaire longue et mince.

tahitien, enne
➠ Voir tableau p. 6.

taie (nom féminin)
Enveloppe de tissu dont on recouvre un oreiller ou un traversin pour les protéger.

taïga (nom féminin)
Forêt de conifères des régions froides.

taillader (verbe) ○ conj.n°3
Faire une ou plusieurs entailles. *Ibrahim **s'est tailladé** la main en ouvrant les huîtres.*

taille (nom féminin)
1. Hauteur du corps. *Kevin et Fatima ont exactement la même **taille**, ils mesurent un mètre quarante-cinq.* 2. Mesure d'un vêtement. *Gaëlle aime la robe qui est en vitrine, mais il n'y a plus sa **taille**.* 3. Partie du corps qui est entre les hanches et la poitrine. *Avoir la **taille** fine.* ➠ p. 263. 4. Dimension d'une chose. *Il est tombé des grêlons de la **taille** d'une noisette.* 5. Action de tailler un arbre ou une pierre. *Papa a confié la **taille** des arbres fruitiers à un jardinier. Un immeuble en pierre de **taille**.* 6. Avant la Révolution de 1789, impôt payé seulement par les roturiers. • **De taille** : important. *Pierre a dit une sottise **de taille**.* • **Être de taille à faire quelque chose** : en être capable.

taille-crayon (nom masculin)
Instrument servant à tailler les crayons. → Pluriel : des taille-crayons.

tailler (verbe) ○ conj.n°3
1. Couper quelque chose pour lui donner une certaine forme. *Chaque année, maman **taille** tous les rosiers.* 2. Découper un tissu afin de le transformer en vêtement. *La couturière se sert d'un patron pour **tailler** la robe qu'elle va confectionner.* ⊙ Famille du mot : taillader, taille, taille-crayon, tailleur, taillis.

tailleur (nom masculin)
1. Personne qui fait des vêtements sur mesure pour hommes. 2. Costume de femme composé d'une veste et d'une jupe ou d'un pantalon assortis. *Pour le mariage de sa fille, elle portait un **tailleur** très chic.* 3. Ouvrier ou artisan qui taille une matière. *Un **tailleur** de pierre, de diamants.* • **S'asseoir en tailleur** : s'asseoir avec les jambes repliées et les genoux écartés.

taillis (nom masculin)
Partie d'un bois où les arbres sont petits parce qu'on les coupe souvent. *Un lièvre s'est caché dans le **taillis**.*

tain (nom masculin)
Couche de métal qu'on applique derrière une plaque de verre pour la transformer en miroir. *Le **tain** de la glace est très abîmé.* ⊙ Tain est une abréviation de étain.

taire (verbe) ○ conj.n°41
1. Ne pas parler de quelque chose. *La personne interrogée a préféré **taire** son nom.* (Contr. dire.) 2. Se taire : ne pas parler, garder le silence. *Quand le cours commence, tous les élèves **se taisent** pour écouter.* → Taire se conjugue comme ***plaire***, sauf à la 3e personne du singulier : il tait.

talc (nom masculin)
Poudre blanche très fine qui est utilisée pour calmer certaines irritations de la peau.

talent (nom masculin)
Qualité particulière qui permet à quelqu'un de réussir dans une activité ou dans un art. *Ce jeune comédien a beaucoup de **talent**.*

talentueux, euse (adjectif)
Qui a beaucoup de talent. *Un artiste **talentueux**.*

talisman (nom masculin)
Objet auquel on attribue un pouvoir magique.

talkie-walkie (nom masculin)
Petit appareil portatif de radio qui permet d'émettre et de recevoir des messages. *Beaucoup de gardiens communiquent avec des **talkies-walkies**.* → Prononciation [tokiwoki]. → Pluriel : des talkies-walkies. ⊙ Talkie-walkie est un mot anglais formé de *to talk* qui signifie « parler » et de *to walk* qui signifie « marcher ».

talon (nom masculin)
1. Partie arrière du pied. *Ses chaussures neuves lui ont fait une ampoule au **talon**.* ➠ p. 263. 2. Partie arrière d'une chaussure, située sous le talon. *Elle a du mal à marcher avec ses **talons** hauts.* 3. Partie qui reste attachée à un carnet à souche. *Maman note ses dépenses sur les **talons** de son chéquier.* • **Le talon d'Achille de quelqu'un** : son point faible.

talonner (verbe) ⊙ conj.n°3
Poursuivre quelqu'un en le suivant de très près. *Le coureur qui était en tête **est** maintenant **talonné** par le peloton.*

talus (nom masculin)
Terrain en pente le long d'une route, d'un chemin ou d'une voie ferrée. *Les enfants sont montés sur un **talus** pour voir passer le Tour de France.*

tamanoir (nom masculin)
Grand fourmilier d'Amérique du Sud.

tamaris (nom masculin)
Arbuste à petites fleurs roses. *Les fleurs du **tamaris** sont disposées en épis.* → Prononciation [tamaRis].

tambour (nom masculin)
1. Instrument de musique composé d'une caisse ronde fermée de chaque côté par une peau tendue sur laquelle on tape avec des baguettes. *Quentin joue du **tambour** dans la fanfare du village.* 2. Personne qui joue du tambour. 3. Pièce cylindrique qui tourne dans une machine à laver le linge. • **Sans tambour ni trompette** : sans se faire remarquer. • **Tambour battant** : très rapidement. (Syn. rondement.) ⊙ Famille du mot : tambourin, tambouriner.

tambourin (nom masculin)
Petit tambour muni de grelots. *Hélène chante tout en s'accompagnant d'un **tambourin**.*

tambouriner (verbe) ⊙ conj.n°3
Frapper sur quelque chose à petits coups répétés. *On **a tambouriné** à la porte, mais personne n'a répondu.*

tamis (nom masculin)
Instrument formé d'un grillage fin, qui permet de retenir les éléments les plus gros. *Le maçon passe le sable au **tamis** pour éliminer les graviers.*

tamisé, ée (adjectif)
Passé dans un tamis. *De la farine **tamisée**.* • **Lumière tamisée** : lumière atténuée et adoucie.

tampon (nom masculin)
1. Petite plaque de caoutchouc gravé qu'on imprègne d'encre pour imprimer. *Les enfants impriment des dessins avec des **tampons**, puis les colorient.* **2.** Morceau de tissu ou d'ouate roulé en boule servant à essuyer une surface. ⊙ Famille du mot : tamponner, tamponneuse.

tamponner (verbe) ○ conj.n°3
1. Faire une marque avec un tampon. *Le douanier **a tamponné** nos passeports.* **2.** Heurter violemment. *Plusieurs voitures **se sont tamponnées** sur l'autoroute.*

tamponneuse (adjectif féminin)
• **Autos tamponneuses** : petites voitures de fête foraine, avec lesquelles on se tamponne sur une piste.

tam-tam (nom masculin)
Sorte de tambour sur lequel on frappe avec les mains. *En Afrique, le **tam-tam** sert aussi à envoyer des messages.* → Prononciation [tamtam]. → Pluriel : des tam-tams.

tanche (nom féminin)
Poisson d'eau douce à la chair appréciée.

une **tanche**

tandem (nom masculin)
1. Bicyclette à deux places, avec deux sièges et deux pédaliers. **2.** Association de deux personnes qui travaillent ensemble. *Ces deux acteurs forment un **tandem** formidable.* → Prononciation [tɑ̃dɛm].

tandis que (conjonction)
1. Pendant que. *Papa prépare le dîner, **tandis que** Julie met la table.* **2.** Alors que. *Romain aime le football **tandis que** Laura déteste ce sport !*

tangage (nom masculin)
Mouvement d'un bateau qui tangue. *Les passagers ont mal au cœur à cause du **tangage**.*

tangent, ente (adjectif)
1. Qui a un seul point de contact avec une courbe ou une surface. *Une droite **tangente** à un cercle.* **2.** Qui a lieu de justesse. *Thomas passe en sixième, mais c'était **tangent** : il a juste la moyenne.*
▷ **tangente** (nom féminin) Ligne droite tangente. ➠ p. 512.

tangible (adjectif)
Qui est réel, évident. *On a des preuves **tangibles** de son innocence.*

tango (nom masculin)
Danse au rythme lent, originaire d'Argentine. *Ce couple danse bien le **tango**.*

tanguer (verbe) ○ conj.n°3
Avoir un mouvement de balancement de l'avant vers l'arrière, en parlant d'un bateau. *Le voilier **tangue** dans la tempête.*

tanière (nom féminin)
Trou où s'abrite un animal sauvage. *Le renard s'est réfugié dans sa **tanière**.*

tank (nom masculin)
Char d'assaut. *Les **tanks** sont équipés de chenilles et sont blindés.*

tannage (nom masculin)
Action de tanner. *Le **tannage** des peaux les empêche de pourrir.*

tanner (verbe) ○ conj.n°3
1. Préparer une peau d'animal pour la transformer en cuir. *On utilise l'écorce du chêne pour **tanner** les peaux.* **2.** Dans la langue familière, agacer quelqu'un en lui demandant quelque chose avec insistance. *Victor et Myriam **tannent** leurs parents pour qu'ils leur achètent un ordinateur.* ⊙ Famille du mot : tannage, tannerie, tanneur.

tannerie (nom féminin)
Usine dans laquelle on tanne les peaux.

tanneur, euse (nom)
Personne qui tanne les peaux.

a b c d e f g h i j k l m n o p q r s t u v w x y z

▸ **tant** (adverbe)
En si grande quantité. *Il y avait **tant** de monde devant le cinéma qu'on n'a pas pu entrer.* (Syn. tellement.) • **En tant que :** en qualité de. ***En tant que** délégué, William a parlé pour ses camarades.* • **Tant bien que mal :** ni bien ni mal. *Anna a fini la course **tant bien que mal**.* ▹ **tant que** (conjonction) Aussi longtemps que. *Grand-père fera du vélo **tant qu**'il se sentira en forme.*

▸ **tante** (nom féminin)
Sœur du père ou de la mère, ou femme de l'oncle. ***Tante** Julia est la sœur de maman.*

▸ un **tantinet** (adverbe)
Un peu. *Odile se trouve **un tantinet** trop grosse.*

▸ **tant mieux** (adverbe)
Marque la satisfaction. *Il fait beau, **tant mieux** ! On va pouvoir aller se baigner !* (Contr. tant pis.)

▸ **tantôt** (adverbe)
À un moment ou à un autre. *Le temps est changeant : **tantôt** il pleut, **tantôt** il fait beau.*

▸ **tant pis** (adverbe)
Marque le regret ou le dépit. *Sarah ne veut pas de fraises, **tant pis** pour elle, car elles sont délicieuses.* (Contr. tant mieux.)

▸ **taon** (nom masculin)
Grosse mouche. *La femelle du **taon** pique et suce le sang des mammifères.* ➔ Prononciation [tɑ̃].

un **taon**

▸ **tapage** (nom masculin)
Bruits et cris violents de personnes qui s'agitent. *Le **tapage** nocturne est interdit.* (Syn. raffut.)

▸ **tapageur, euse** (adjectif)
Qui cherche à attirer l'attention. *Des affiches aux couleurs **tapageuses**.*

▸ **tape** (nom féminin)
Petit coup donné avec la main. *Xavier a donné amicalement une **tape** sur l'épaule d'Ursula.*

▸ **tape-à-l'œil** (adjectif)
Qui manque de discrétion. *Ce luxe **tape-à-l'œil** est de mauvais goût.* (Syn. voyant.) ➔ Prononciation [tapalœj]. ➔ Pluriel : des bijoux tape-à-l'œil.

▸ **taper** (verbe) ○ conj.n°3
1. Donner des tapes ou des coups. *Zoé pleure car son frère l'**a tapée**. Le forgeron **tape** sur son enclume.* **2.** Écrire en frappant les touches d'un clavier. *Yann essaie de **taper** sa lettre sur l'ordinateur.*
⊙ Famille du mot : tape, tape-à-l'œil, tapoter.

▸ en **tapinois** (adverbe)
En cachette, sans se faire remarquer. *Plusieurs participants ont quitté la salle **en tapinois**.*

▸ **tapioca** (nom masculin)
Fécule extraite des racines de manioc. *On peut épaissir le bouillon de légumes avec du **tapioca**.*

▸ **1.** se **tapir** (verbe) ○ conj.n°11
Se blottir dans une cachette. *Le lapin **se tapit** dans son terrier.*

▸ **2. tapir** (nom masculin)
Mammifère herbivore d'Amérique tropicale et d'Asie, dont le museau se prolonge par une courte trompe.

un **tapir**

tapis (nom masculin)
Grand morceau de tissu épais qui sert à recouvrir le sol d'une pièce. *Maman veut acheter un **tapis** pour ma chambre.* • **Mettre quelque chose sur le tapis :** amener la conversation sur ce sujet.

tapisser (verbe) conj.n°3
Revêtir les murs d'une pièce avec du papier peint ou du tissu. Famille du mot : tapisserie, tapissier.

tapisserie (nom féminin)
1. Tissu brodé ou tissé qui sert à décorer les murs. *La chambre du roi est couverte de magnifiques **tapisseries**.* 2. Ouvrage à l'aiguille fait sur un canevas. *Pour s'occuper, grand-mère fait de la **tapisserie**.*

tapissier, ère (nom)
Personne qui vend et pose les tentures et les papiers peints, confectionne des rideaux et répare les fauteuils.

tapoter (verbe) conj.n°3
Donner des petites tapes. *Benjamin **tapote** doucement la joue d'Anna pour essayer de la réveiller.*

taquet (nom masculin)
Petite pièce de bois qui sert à caler ou à bloquer quelque chose. *Le garde-manger est fermé par un **taquet**.*

taquin, ine (adjectif et nom)
Qui aime bien taquiner les gens. *Élodie est très **taquine**, mais elle n'est pas méchante du tout.* Famille du mot : taquiner, taquinerie.

taquiner (verbe) conj.n°3
S'amuser à agacer ou à contrarier quelqu'un, sans vouloir être méchant. *Clément adore **taquiner** le chat en lui chatouillant les oreilles.*

taquinerie (nom féminin)
Action ou parole d'une personne taquine. *Ce n'est pas bien méchant, c'est juste une **taquinerie** !*

tarabiscoté, ée (adjectif)
Qui est surchargé d'ornements compliqués. *Fatima trouve le style baroque de cette église trop **tarabiscoté**.*

tarabuster (verbe) conj.n°3
Importuner ou tracasser quelqu'un. *Cette pensée la **tarabuste** depuis très longtemps.*

tarama (nom masculin)
Œufs de cabillaud salés et pilés avec de l'huile. *Gaëlle adore manger du **tarama** sur des blinis.*

tard (adverbe)
Après le moment habituel. *David est arrivé trop **tard** à l'école, la grille était déjà fermée.* (Contr. tôt.) • **Plus tard :** dans le futur. ***Plus tard**, Ibrahim veut devenir vétérinaire.* Famille du mot : s'attarder, tarder, tardif.

tarder (verbe) conj.n°3
Mettre trop de temps pour faire quelque chose. *Si le bus **tarde** à venir, prenons le métro, nous irons plus vite ! Sa réaction n'**a** pas **tardé**.* • **Il me tarde de :** j'ai hâte de. ***Il me tarde de** voir le dernier film de ce metteur en scène.*

tardif, ive (adjectif)
1. Qui a lieu tard. *Sa visite **tardive** nous a dérangés.* 2. Qui arrive plus tard que d'habitude. *Le printemps est **tardif** cette année.* (Contr. précoce.)

tare (nom féminin)
1. Poids de l'emballage d'une marchandise. *Pour obtenir le poids net, il faut soustraire la **tare** du poids brut.* 2. Défaut très grave d'une personne ou d'un animal. *Ce cheval a une **tare**, il galope mal.*

taré, ée (adjectif)
1. Qui présente une tare. *Ce chat est **taré**, il est sourd.* 2. Dans la langue familière, qui est un peu fou ou stupide. *Il faut être **taré** pour vouloir sauter d'aussi haut !*

▸ **tarentule** (nom féminin)
Grosse araignée venimeuse des pays chauds. ⊙ Tarentule vient du nom de la ville de *Tarente*, en Italie du Sud.

une **tarentule**

▸ **targette** (nom féminin)
Petit verrou plat. *La porte du grenier se ferme avec une **targette**.*

▸ **se targuer** (verbe) ⊳ conj.n°3
Synonyme littéraire de se vanter. *Hélène **se targue** d'être très forte en gymnastique.*

▸ **tarif** (nom masculin)
1. Tableau des prix. *Les **tarifs** du restaurant sont affichés à l'extérieur.* 2. Prix à payer. *On a réussi à avoir des places à **tarif** réduit.*

▸ **tarir** (verbe) ⊳ conj.n°11
1. Mettre à sec. *La sécheresse **a tari** le puits.* 2. Se tarir : cesser de couler. *Cette source **s'est** peu à peu **tarie**.* • **Ne pas tarir sur quelque chose** : en parler abondamment.

▸ **tarot** (nom masculin)
Jeu de 78 cartes de grand format. *La cartomancienne se sert des **tarots** pour prédire l'avenir.*

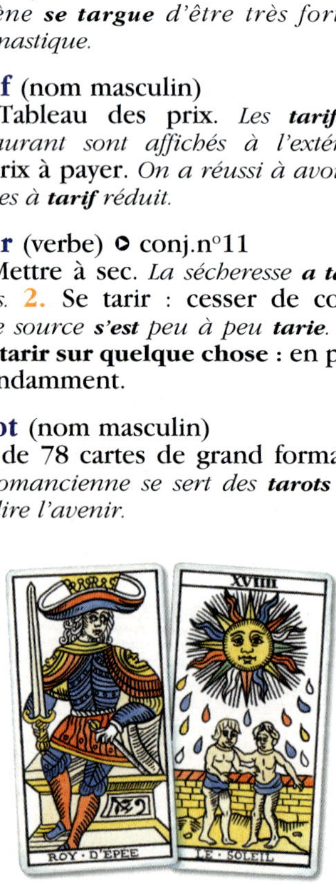

cartes du jeu de **tarot**

▸ **tartare** (adjectif)
• **Sauce tartare** : mayonnaise avec de la moutarde, des épices et des fines herbes. • **Steak tartare** : viande hachée crue, assaisonnée et mélangée avec un œuf cru. ⊙ Tartare vient du nom des *Tartares*, nomades d'Asie centrale, qui consommaient de la viande crue.

▸ **tarte** (nom féminin)
Pâtisserie ronde et plate, composée de pâte garnie de fruits, de crème, etc. *Cette **tarte** aux fraises est délicieuse.*

▸ **tartelette** (nom féminin)
Petite tarte pour une personne. *Maman a préparé des **tartelettes** au citron.*

▸ **tartine** (nom féminin)
Tranche de pain recouverte d'un autre aliment. *Le matin, Julie mange plusieurs **tartines** avec du beurre et du miel.*

▸ **tartiner** (verbe) ⊳ conj.n°3
Étaler quelque chose sur du pain. *Kevin **a tartiné** son toast de marmelade d'oranges.*

▸ **tartre** (nom masculin)
1. Dépôt jaunâtre qui se forme sur les dents. *Pour éviter le **tartre**, il faut bien se laver les dents.* 2. Dépôt calcaire laissé par l'eau. *Il faut changer les canalisations dans lesquelles le **tartre** s'est accumulé.* ⊙ Famille du mot : détartrer, entartrer.

▸ **tartufe** (nom masculin)
Personne hypocrite. *Méfie-toi de lui, c'est un **tartufe**.* → On écrit aussi tartuffe. ⊙ Tartufe vient de *Tartufo*, nom d'un personnage de la comédie italienne, repris par Molière dans sa pièce, le *Tartuffe*.

▸ **tas** (nom masculin)
1. Choses posées les unes sur les autres, avec plus ou moins d'ordre. *Un **tas** de linge, un **tas** de bois, un **tas** de cailloux.* 2. Dans la langue familière, grande quantité. *Pierre a eu un **tas** de cadeaux à Noël.* ⊙ Famille du mot : entassement, entasser.

tasse (nom féminin)
1. Petit récipient avec une anse. *Des jolies **tasses** à thé et des **tasses** à café.* **2.** Contenu d'une tasse. *Après le repas, ils aiment bien boire une **tasse** de café.* • **Boire la tasse** : dans la langue familière, avaler de l'eau en nageant.

tasseau, eaux (nom masculin)
Petite pièce de bois qui sert de support ou de cale. *La tablette est posée sur des **tasseaux**.*

tasser (verbe) ○ conj.n°3
1. Presser ou serrer pour que quelque chose prenne moins de place. *Laura est obligée de **tasser** ses affaires pour qu'elles tiennent toutes dans son sac.* **2.** Se tasser : se serrer les uns contre les autres. *Si les gens **se tassaient**, il y aurait encore des places dans l'autobus !*

tatami (nom masculin)
Tapis en paille de riz sur lequel on pratique le judo et le karaté.

tâter (verbe) ○ conj.n°3
1. Toucher avec les doigts pour évaluer quelque chose. *Myriam **tâte** les abricots pour voir s'ils sont mûrs.* **2.** Se tâter : dans la langue familière, hésiter avant de se décider. *Tu viens avec nous au cinéma ? – Je ne sais pas encore, je **me tâte**.* • **Tâter le terrain** : étudier discrètement la situation avant d'entreprendre quelque chose. ⊙ Famille du mot : tâtonnement, tâtonner, à tâtons.

tatillon, onne (adjectif)
Synonyme familier de pointilleux. *Son chef est très **tatillon** sur les horaires.*

tâtonnement (nom masculin)
Fait de tâtonner. *Il a fallu de nombreux **tâtonnements** avant de trouver le bon réglage du magnétoscope.*

tâtonner (verbe) ○ conj.n°3
1. Toucher les objets autour de soi, pour se guider ou pour trouver quelque chose. *Quentin **tâtonne** dans l'obscurité pour essayer de trouver l'interrupteur.* **2.** Faire des essais successifs et sans méthode précise pour chercher. *Les médecins **ont** longtemps **tâtonné** avant de trouver la nature du virus.*

à tâtons (adverbe)
En tâtonnant. *La lumière de la cave s'est éteinte et Noémie marche **à tâtons** dans le noir.*

tatou (nom masculin)
Mammifère d'Amérique du Sud, au corps couvert d'une carapace.

un **tatou**

tatouage (nom masculin)
Dessin à l'encre indélébile incrusté dans la peau. *Ce boxeur a des **tatouages** sur le bras.*

tatouer (verbe) ○ conj.n°3
Faire un tatouage. *Autrefois, on **tatouait** une fleur de lis sur l'épaule des galériens.*

taudis (nom masculin)
Logement misérable et insalubre. *Ces bidonvilles sont pires que des **taudis**.* ⊙ Taudis vient de l'ancien français *se tauder* qui signifiait « s'abriter ».

taupe (nom féminin)
Petit mammifère au pelage noir, qui vit sous terre en creusant ses galeries.

une **taupe**

taupinière (nom féminin)
Petit tas de terre que fait la taupe quand elle repousse la terre de ses galeries.

taureau, eaux (nom masculin)
Mâle de la vache. *Le **taureau** mugit.*

tauromachie (nom féminin)
Art de combattre des taureaux dans une arène. *Les Espagnols sont amateurs de **tauromachie**.*

taux (nom masculin)
Rapport de quantité exprimé en pourcentage. *Dans ce pays, le **taux** de chômage est le plus fort d'Europe.* → Prononciation [to].

taverne (nom féminin)
Petite auberge où l'on pouvait boire et manger.

taxe (nom féminin)
Nom donné à certains impôts. *Les **taxes** sont fortes sur l'essence et le tabac.*

taxer (verbe) ○ conj.n°3
Faire payer une taxe sur quelque chose. *Selon les pays, les propriétaires **sont** plus ou moins **taxés**.* ⊙ Famille du mot : détaxer, surtaxe, taxe.

taxi (nom masculin)
Voiture conduite par un chauffeur qu'on paie pour faire un trajet. *Papa a pris un **taxi** pour aller à l'aéroport.* ⊙ Taxi est l'abréviation de *taximètre* qui désigne le compteur du taxi.

taxidermiste (nom)
Personne qui empaille les animaux morts pour les naturaliser.

tchadien, enne
➠ Voir tableau p. 6.

tchador (nom masculin)
Voile qui recouvre la tête et une partie du visage des femmes musulmanes, dans certains pays.

tchèque
➠ Voir tableau p. 6.

te (pronom)
Pronom personnel de la deuxième personne du singulier, en fonction de complément. *Je **te** félicite. Qui **t'**a écrit ?* → Te devient t' devant une voyelle ou un h muet.

technicien, enne (nom)
Personne qui connaît bien une technique. *Pour réparer cette machine, il vaut mieux faire appel à un **technicien**.* → Prononciation [tɛknisjɛ̃].

technique (nom féminin)
1. Ensemble des méthodes et des procédés employés pour fabriquer des objets. *Les progrès de la **technique** ont libéré l'homme de certaines tâches pénibles.* 2. Procédé particulier utilisé pour une activité. *Le pastel est une **technique** difficile. Quelle **technique** utilises-tu pour pêcher ?* ▷ **technique** (adjectif) Qui concerne la technique ou une technique. *À la suite d'un incident **technique**, les journaux n'ont pas paru ce matin.* → Prononciation [tɛknik]. ⊙ Famille du mot : technicien, technologie.

technologie (nom féminin)
Étude des techniques industrielles. → Prononciation [tɛknɔlɔʒi].

teck (nom masculin)
Arbre des régions tropicales, qui fournit un bois très dur et imputrescible. *Des meubles de jardin en **teck**.* → On écrit aussi tek.

teckel (nom masculin)
Petit chien à pattes très courtes. → Prononciation [tekɛl].

un **teckel**

tee-shirt (nom masculin)
Maillot de corps à manches courtes. *L'été, Romain s'habille toujours en **tee-shirt** et en short.* → Prononciation [tiʃœʀt]. → Pluriel : des tee-shirts. ⊙ Tee-shirt est un mot anglais qui signifie « chemise en forme de T ».

teigne (nom féminin)
1. Maladie du cuir chevelu due à un champignon. *La **teigne** provoque la chute des cheveux.* 2. Dans la langue familière, personne méchante. *Ce garçon cherche la bagarre, c'est une vraie **teigne** !*

teigneux, euse (adjectif)
Synonyme familier de hargneux. *Il est bagarreur et souvent* ***teigneux****.*

teindre (verbe) conj.n°35
Colorer à l'aide d'une teinture. *Maman s'est fait* ***teindre*** *les cheveux en blond.* Famille du mot : déteindre, teint, teinte, teinter, teinture, teinturerie, teinturier.

teint (nom masculin)
Couleur du visage. *Odile est rentrée de vacances avec un joli* ***teint*** *hâlé.*

teinte (nom féminin)
Nuance d'une couleur. *Cet été, la mode est aux* ***teintes*** *claires.* (Syn. ton.)

teinter (verbe) conj.n°3
Donner une teinte. *Cette cire devrait* ***teinter*** *légèrement le parquet en marron clair.*

teinture (nom féminin)
Produit spécial qu'on utilise pour changer la couleur de quelque chose.

teinturerie (nom féminin)
Commerce du teinturier.

teinturier, ère (nom)
Commerçant qui se charge du nettoyage des vêtements qu'on lui apporte. *Maman a déposé deux manteaux et trois pantalons chez le* ***teinturier*** *pour les faire nettoyer.*

tek ➠ Voir teck.

tel, telle (adjectif)
1. De cette sorte. *On ne pensait pas que la tempête atteindrait une* ***telle*** *violence.* (Syn. pareil.) 2. Si grand. *Il y a un* ***tel*** *bruit qu'on ne s'entend plus.* • **Tel quel** : sans modification. *Personne n'a touché à ses affaires, elle les a retrouvées* ***telles quelles*** *à son retour.*

télé (nom féminin)
Abréviation familière de téléviseur et de télévision. *Allumer la* ***télé****. Passer à la* ***télé****.*

télécabine (nom féminin)
Synonyme de téléphérique.

télécarte (nom féminin)
Carte magnétique permettant de téléphoner dans une cabine publique. → Télécarte est le nom d'une marque.

télécommande (nom féminin)
Dispositif qui permet de faire fonctionner un appareil à distance. *Avec la* ***télécommande****, Sarah change de chaîne.*

télécommandé, ée (adjectif)
Qui fonctionne avec une télécommande. *Thomas joue avec sa voiture* ***télécommandée****.* (Syn. téléguidé.)

télécommunications (nom féminin pluriel) Ensemble des moyens qui permettent de communiquer à plus ou moins longue distance.

télécopie (nom féminin)
Synonyme de fax. *Il a envoyé son rapport par* ***télécopie****.*

télécopieur (nom masculin)
Synonyme de fax. *Au bureau, on a un nouveau* ***télécopieur****.*

téléférique ➠ Voir téléphérique.

téléfilm (nom masculin)
Film réalisé spécialement pour la télévision. *Cette actrice joue souvent dans des* ***téléfilms****.*

télégramme (nom masculin)
Message très bref transmis par la poste. *Nous avons reçu un* ***télégramme*** *nous annonçant la naissance d'Ursula.*

télégraphique (adjectif)
• **Style télégraphique** : manière d'écrire qui n'utilise que les mots essentiels pour la compréhension.

téléguidé, ée (adjectif)
Synonyme de télécommandé.

a b c d e f g h i j k l m n o p q r s t u v w x y z

télématique (nom féminin)
Ensemble des techniques qui utilisent en même temps l'informatique et les télécommunications. *Le Minitel est une application de la* ***télématique****.*

téléobjectif (nom masculin)
Objectif qui permet de photographier des objets éloignés. *Ce gros* ***téléobjectif*** *nous permettra de photographier de loin les animaux sauvages.*

télépathie (nom féminin)
Transmission de pensée à distance entre deux personnes.

téléphérique (nom masculin)
Système constitué de cabines suspendues à un câble, qui sert à transporter des personnes sur une hauteur ou une montagne. *Dans cette grande station de ski, il y a plusieurs* ***téléphériques****.* (Syn. télécabine.) → On écrit aussi téléférique.

téléphone (nom masculin)
1. Système de télécommunications qui transmet la parole à longue distance. *Le* ***téléphone*** *a été inventé à la fin du XIXe siècle.* 2. Appareil qui permet cette transmission. *Maman a acheté un* ***téléphone*** *portable.* ⊙ Famille du mot : téléphoner, téléphonique. ⊙ Téléphone vient des mots grecs *têle* qui signifie « loin » et *phônê* qui signifie « voix, son ».

téléphoner (verbe) ⊙ conj.n°3
Parler à quelqu'un par le téléphone. *Zoé* ***a téléphoné*** *à sa copine pour l'inviter à déjeuner.*

téléphonique (adjectif)
Qui concerne le téléphone. *Il y a eu un appel* ***téléphonique*** *pendant ton absence. La ligne* ***téléphonique*** *n'est pas bonne.*

télescopage (nom masculin)
Fait de se télescoper. *Le* ***télescopage*** *n'a fait que des dégâts matériels.*

télescope (nom masculin)
Instrument optique pour observer les astres. *Cet observatoire possède un* ***télescope*** *géant.* ⊙ Télescope vient des mots grecs *têle* qui signifie « loin » et *skopein* qui signifie « observer ».

un **télescope** géant

télescoper (verbe) ⊙ conj.n°3
Heurter violemment. *À cause du verglas, plusieurs voitures* ***se sont télescopées****.*

télescopique (adjectif)
Dont les éléments se plient en s'emboîtant les uns dans les autres. *Notre voiture a une antenne* ***télescopique****.*

télésiège (nom masculin)
Remontée mécanique faite d'un câble auquel sont suspendus des sièges.

téléski (nom masculin)
Synonyme de remonte-pente. *Victor s'accroche à la perche du* ***téléski****.*

téléspectateur, trice (nom)
Personne qui regarde la télévision. *On prévoit des millions de* ***téléspectateurs*** *pour la prochaine coupe du monde de football.*

télévisé, ée (adjectif)
Transmis par la télévision. *Anna a vu un reportage* ***télévisé*** *sur l'élevage des autruches.*

téléviseur (nom masculin)
Poste de télévision. *Ils se sont acheté un nouveau* ***téléviseur*** *avec un écran large.* → Téléviseur s'abrège télé.

télévision (nom féminin)
1. Système qui permet la transmission à distance des images. *La **télévision** par câble, par satellite.* 2. Synonyme de téléviseur. *Une **télévision** en couleurs.* → Télévision s'abrège télé. ⊙ Famille du mot : téléfilm, téléspectateur, télévisé, téléviseur.

tellement (adverbe)
Mot qui indique l'intensité. *Élodie a été **tellement** gentille avec moi ! Il fait **tellement** chaud que William transpire.*

tellurique (adjectif)
Qui concerne la Terre. *Ce séisme était faible : personne n'a ressenti les secousses **telluriques**.*

téméraire (adjectif)
Qui est hardi jusqu'à l'imprudence. *On lui demande d'être courageux mais pas **téméraire**. Son projet me semble **téméraire**.*

témérité (nom féminin)
Caractère téméraire. *Partir en mer par ce temps, c'est de la **témérité**.*

témoignage (nom masculin)
1. Déclaration faite par un témoin. *Les policiers ont recueilli le **témoignage** d'une femme qui a assisté à l'incident.* 2. Ce qui prouve quelque chose. *Il m'a offert un livre en **témoignage** de son amitié.*

témoigner (verbe) ○ conj.n°3
1. Faire une déclaration en tant que témoin de quelque chose. *Papa a vu comment l'accident était arrivé et il va aller **témoigner** au commissariat.* 2. Manifester un sentiment. *Pour nous **témoigner** sa gratitude, elle nous a envoyé des fleurs.*

témoin (nom masculin)
Personne qui a assisté à un événement. *Plusieurs **témoins** de l'agression sont convoqués au tribunal.* ⊙ Famille du mot : témoignage, témoigner.

tempe (nom féminin)
Chacun des côtés de la tête entre l'œil et l'oreille. *Mes nouvelles lunettes me serrent un peu les **tempes**.* ➠ p. 263.

tempérament (nom masculin)
Caractère ou nature d'une personne. *Fatima est calme de **tempérament**, tandis que son frère a un **tempérament** coléreux.* • **À tempérament :** en payant en plusieurs fois une somme due. *Acheter une maison **à tempérament**.* (Syn. à crédit.)

tempérance (nom féminin)
Synonyme de sobriété. *Les conducteurs doivent faire preuve de **tempérance**.*

température (nom féminin)
1. Mesure du froid ou de la chaleur d'un lieu. *Le thermomètre indique la **température** qu'il fait dehors. Il faut surveiller la **température** du four.* 2. Mesure de la chaleur du corps, qui indique si on est malade ou non. *Le médecin prend la **température** du bébé.* • **Avoir de la température :** avoir de la fièvre, c'est-à-dire plus de 37 degrés.

tempéré, ée (adjectif)
Qui n'est ni très chaud ni très froid. *La région parisienne a un climat **tempéré**.*

tempérer (verbe) ○ conj.n°8
Rendre moins violent. *Vous devriez **tempérer** un peu vos propos.* (Syn. modérer.)

tempête (nom féminin)
Vent très fort accompagné de pluie ou de neige. *À cause de la **tempête**, les bateaux de pêche ont dû rester au port.*

tempêter (verbe) ○ conj.n°3
Exprimer très violemment son mécontentement. *Il **tempête** contre la lenteur de la circulation.*

temple (nom masculin)
1. Bâtiment consacré au culte d'une divinité. *En Grèce, Xavier a visité les ruines d'un **temple** dédié à Zeus.* 2. Bâtiment où les protestants vont prier.

tempo (nom masculin)
Mouvement plus ou moins rapide dans lequel doit être joué un morceau de musique. *Les **tempos** sont indiqués sur les partitions.* → Prononciation [tɛmpo].

temporaire (adjectif)
Qui ne dure pas longtemps. *Le grand frère de Benjamin n'a trouvé pour l'instant qu'un travail* ***temporaire****.* (Syn. momentané, provisoire. Contr. définitif.)

temporairement (adverbe)
De façon temporaire. *Le magasin est fermé* ***temporairement*** *pour travaux.* (Syn. momentanément, provisoirement. Contr. définitivement.)

temporiser (verbe) ○ conj.n°3
Retarder le moment d'agir en attendant une occasion favorable. *Il vaudrait mieux* ***temporiser*** *si vous n'êtes pas prêts.*

temps (nom masculin)
1. Durée mesurée en minutes, heures, jours, mois et années. *Combien de* ***temps*** *mets-tu pour aller à l'école ?* 2. Moment libre. *Gaëlle a des devoirs à faire, elle n'a pas le* ***temps*** *de jouer ce soir.* 3. Moment de l'histoire à une certaine époque. *Au* ***temps*** *de la préhistoire, les hommes vivaient dans des cavernes.* 4. Forme du verbe qui indique que l'action est passée, présente ou future. *Hélène apprend à conjuguer le verbe aimer à tous les* ***temps*** *de l'indicatif.* 5. Division d'une mesure musicale, qui sert à régler le rythme. *Le tango est une danse à deux* ***temps****.* 6. État de l'atmosphère à un moment donné. *La météo prévoit du beau* ***temps*** *pour demain.* • **À temps** : à l'heure, au moment voulu. *Arriverons-nous* ***à temps*** *pour prendre le train ?* • **Dans le temps** : autrefois, jadis. ***Dans le temps****, on s'éclairait à la bougie.* • **De temps en temps** : pas très souvent. *On se voit* ***de temps en temps****.* (Syn. parfois, quelquefois.) • **En même temps** : au même moment. • **Il est temps de** : c'est le moment de. *Il est 8 heures :* ***il est temps de*** *partir à l'école.* • **Prendre son temps** : ne pas se presser. • **Tout le temps** : sans arrêt. *Benjamin a un gros appétit, il a* ***tout le temps*** *faim !* ⊙ Famille du mot : temporaire, temporairement, temporiser.

tenable (adjectif)
Qu'on peut supporter. *Cette situation de conflit n'est vraiment pas* ***tenable****.* (Syn. supportable.)

tenace (adjectif)
1. Dont on se débarrasse très difficilement. *Cette tache d'encre est* ***tenace*** *! Une migraine* ***tenace****.* 2. Qui persévère dans ce qu'il entreprend. *Ce chercheur est* ***tenace****, il sait que ses recherches vont aboutir.* (Syn. opiniâtre.)

ténacité (nom féminin)
Caractère d'une personne tenace. *Il persévère dans son projet avec* ***ténacité****.*

tenailler (verbe) ○ conj.n°3
Faire cruellement souffrir. *Julie* ***est tenaillée*** *par le remords d'avoir menti à ses parents.* ⊙ Autrefois on tenaillait certains condamnés, c'est-à-dire qu'on les torturait avec des tenailles rougies au feu.

tenailles (nom féminin pluriel)
Outil qui ressemble à une grosse pince. *Le menuisier se sert de ses* ***tenailles*** *pour arracher les clous.*

tenant, ante (adjectif)
• **Séance tenante** : aussitôt, sur-le-champ. *Ils sont partis* ***séance tenante****.* ▷ **tenant, ante** (nom) Personne qui détient un titre sportif. *C'est le* ***tenant*** *du record qui a remporté la course.* ▷ **tenant** (nom masculin) • **D'un seul tenant** : en un seul morceau. *Une propriété de trente hectares* ***d'un seul tenant****.*

tendance (nom féminin)
Force qui pousse quelqu'un à avoir un certain comportement. *Clément a une* ***tendance*** *fâcheuse à la paresse.*

tendancieux, euse (adjectif)
Qui a tendance à déformer les faits réels. *Ce journal est très* ***tendancieux****.* (Syn. partial. Contr. impartial, objectif.)

tendeur (nom masculin)
Cordon élastique ayant un crochet aux extrémités, qu'on tend pour fixer des colis. *Papa a fixé la valise avec des* ***tendeurs*** *sur la galerie de la voiture.*

tendinite (nom féminin)
Inflammation d'un tendon. *En jouant au basket, David s'est fait une* ***tendinite****.*

tendon (nom masculin)
Extrémité d'un muscle. *Ce sont les* ***tendons*** *qui attachent les muscles aux os.*

1. tendre (verbe) ○ conj.n°31
1. Tirer sur quelque chose pour le rendre le plus droit possible. *Maman **a tendu** un fil dans le jardin pour mettre le linge à sécher.* 2. Recouvrir un mur de tissu ou de papier. *La chambre de la reine **est tendue** de velours rouge.* 3. Présenter quelque chose en l'avançant. *Laura **tend** son assiette pour qu'on la serve.* 4. Évoluer dans un certain sens. *Depuis quelques mois, le chômage **tend** à baisser.* 5. Avoir pour objectif. *Ces mesures **tendent** à limiter le nombre des accidents de la route.* 6. Se tendre : devenir difficile à cause d'une mauvaise entente. *Leurs relations **se sont tendues** après ce malentendu.* • **Tendre l'oreille** : écouter avec attention.

2. tendre (adjectif)
1. Qui est doux et affectueux. *Grand-mère caresse la tête de Myriam d'un geste **tendre**.* 2. Qu'on peut facilement couper et mâcher. *Ce bifteck est très **tendre**.* (Contr. coriace, dur.) ⊙ Famille du mot : attendrir, attendrissant, attendrissement, tendrement, tendresse.

tendrement (adverbe)
Avec tendresse. *S'embrasser **tendrement**.*

tendresse (nom féminin)
Caractère d'une personne tendre. *Elle s'occupe de son bébé avec **tendresse**.*

ténèbres (nom féminin pluriel)
Dans la langue littéraire, profonde obscurité. *Les **ténèbres** de la nuit.*

ténébreux, euse (adjectif)
Qui est difficile à comprendre. *Cet homme est mêlé à une **ténébreuse** affaire.* (Syn. mystérieux.)

teneur (nom féminin)
Proportion d'une substance contenue dans un corps ou un mélange. *Cette confiture a une forte **teneur** en sucre.*

ténia (nom masculin)
Long ver qui vit en parasite dans l'intestin des mammifères. *Le **ténia** peut atteindre plusieurs mètres de long.* (Syn. ver solitaire.) ⊙ Ténia vient du latin *taenia* qui signifie « bandelette », à cause de la forme allongée de ce ver.

tenir (verbe) ○ conj.n°19
1. Serrer dans sa main ou dans ses bras. ***Tiens** ton petit frère par la main pour traverser la rue.* 2. Être fixé ou accroché. *Ce tableau **tient** grâce à un clou.* 3. Garder dans un état. ***Tenir** sa chambre propre.* 4. Occuper un espace. *Ce meuble **tient** trop de place. Tout ce monde ne **tiendra** jamais dans l'autobus !* 5. S'occuper d'un magasin. *Le père de Noémie **tient** une épicerie.* 6. Être très attaché à quelqu'un ou à quelque chose. *Maman **tient** beaucoup à cette photo. Odile **tient** à ses amis.* 7. Désirer fortement quelque chose. *Sarah **tenait** à nous accompagner.* 8. • **Se tenir** : s'appuyer ou s'accrocher à quelque chose. *Ibrahim **se tient** au bastingage car il y a de la tempête.* • **Se tenir bien ou mal** : avoir une position ou une conduite bonne ou mauvaise. ***Tiens-toi bien** sur ta chaise ! Les enfants **se sont mal tenus** et ont été punis.* • **S'en tenir à quelque chose** : s'en contenter. *Kevin **s'en est tenu à** ce qu'il avait décidé.* • **Tenir bon** ou **tenir le coup** : résister, ne pas abandonner. • **Tenir de quelqu'un** : lui ressembler. *Pierre **tient** plutôt **de** sa mère.* • **Tenir la route** : bien garder sa trajectoire sur une route. *Cette voiture dérape dans les virages et ne **tient** pas bien **la route**.* • **Tenir parole** : faire ce qu'on avait promis. ⊙ Famille du mot : intenable, tenable, tenue.

tennis (nom masculin)
1. Sport où les joueurs se renvoient une balle par-dessus un filet, en se servant d'une raquette. *Chaque samedi, Ursula joue au **tennis**.* 2. Chaussure de sport basse en toile. *Quentin s'est acheté une nouvelle paire de **tennis**.* • **Tennis de table** : synonyme de ping-pong. → Prononciation [tenis]. ⊙ Tennis est un mot anglais issu du français *tenez*, mot autrefois crié par un joueur au moment de lancer la balle.

le **tennis**

ténor (nom masculin)
Chanteur qui a une voix aiguë. *L'oncle d'Amandine est **ténor** à l'Opéra.*

tension (nom féminin)
1. Manière dont une chose est tendue. *La **tension** d'une raquette de tennis.* 2. Relations tendues entre des personnes ou des pays. *La **tension** est si grande entre ces deux pays qu'on craint une guerre.* 3. Pression du sang dans les artères. *Grand-mère prend des médicaments car sa **tension** est trop élevée.*

tentacule (nom masculin)
Membre allongé de certains mollusques. *Les poulpes et les calmars ont des **tentacules** qui leur permettent de capturer leurs proies.* ⊙ Tentacule vient du latin *tentare* qui signifie « tâter », « toucher ».

tentant, ante (adjectif)
Qui tente, qui fait envie. *Ces chocolats sont bien **tentants** !*

tentation (nom féminin)
Fait d'être tenté par quelque chose. *Anna n'a pas pu résister à la **tentation** de s'acheter un nouveau chemisier.* (Syn. désir, envie.)

tentative (nom féminin)
Action de tenter quelque chose. *Le sauteur a franchi la barre à la première **tentative**.* (Syn. essai.)

tente (nom féminin)
Abri de toile pour camper. *Les scouts ont monté leurs **tentes** dans un pré.*

tenter (verbe) ○ conj.n°3
1. Donner envie à quelqu'un. *Cette jolie robe me **tente** beaucoup.* 2. Essayer de faire quelque chose avec l'espoir de réussir. *Cet athlète **a tenté** de battre le record du monde.* • **Tenter sa chance :** essayer de gagner. ⊙ Famille du mot : tentant, tentation, tentative.

tenture (nom féminin)
Grand morceau de tissu qui décore un mur. *Les **tentures** ont déteint avec le soleil.*

ténu, ue (adjectif)
Qui est très fin, très mince. *Ce fil est trop **ténu**, il va casser.*

tenue (nom féminin)
1. Manière de se tenir, de se conduire. *Romain a été puni pour sa mauvaise **tenue** dans le musée.* 2. Manière de s'habiller. *Le directeur exige des élèves une **tenue** correcte.* • **Tenue de route :** manière dont une voiture tient la route.

ter (adverbe)
Troisième d'un même numéro de rue. *Élodie habite au 9 **ter** de la rue des Platanes.* → Prononciation [tɛʀ].

térébenthine (nom féminin)
• **Essence de térébenthine :** liquide fabriqué à partir de la résine de pin et utilisé pour diluer les vernis ou la peinture. → Prononciation [teʀebɑ̃tin].

tergal (nom masculin)
Tissu synthétique. *Cette jupe en **tergal** ne se repasse pas.* → Tergal est le nom d'une marque.

tergiversations (nom féminin pluriel)
Fait de tergiverser. *À force de **tergiversations**, il a raté cette bonne affaire.*

tergiverser (verbe) ○ conj.n°3
Hésiter à se décider. *Fatima a accepté mon offre sans **tergiverser**.*

▸ **terme** (nom masculin)
1. Fin d'une période ou d'une action. *Nous allons jusqu'à Rome, ce sera le **terme** de notre voyage.* 2. Moment où doit se produire un accouchement. *Son bébé est né avant **terme**, elle a accouché au huitième mois de sa grossesse.* 3. Montant d'un loyer. *Les locataires doivent régler leur **terme** avant la fin du mois.* 4. Mot, expression ou tournure de phrase. *Je ne comprends pas le mode d'emploi de cet appareil, il y a trop de **termes** techniques.* • **À court terme, à long terme** : sur une courte période ou sur une longue période de temps. *La banque nous a accordé un prêt **à long terme** pour acheter une maison.* • **Être en bons** ou **en mauvais termes avec quelqu'un** : avoir de bonnes ou de mauvaises relations avec lui.

▸ **terminaison** (nom féminin)
Dernière partie d'un mot, qui peut varier. *Quand on conjugue un verbe, sa **terminaison** change.*

▸ **terminal, aux** (nom masculin)
1. Appareil relié à un ordinateur central. 2. Point de départ et d'arrivée des passagers dans un aéroport. ▹ **terminale** (adjectif féminin) • **Classe terminale** : dernière classe du lycée, qui termine les études secondaires. ▹ **terminale** (nom féminin) Classe terminale. *Le frère de Gaëlle est en **terminale**, il passe son bac à la fin de l'année.*

▸ **terminer** (verbe) ○ conj.n°3
1. Finir une action. *Tu n'**as** pas **terminé** ton dessert.* (Syn. achever.) 2. Marquer la fin de quelque chose. *Ce film **se termine** par la victoire du shérif.* ⊙ Famille du mot : interminable, terminaison, terminal, terminale, terminus.

▸ **terminus** (nom masculin)
Dernière station d'une ligne de transport en commun. *« **Terminus** ! Tout le monde descend ! »* → Prononciation [tɛʀminys].

▸ **termite** (nom masculin)
Insecte qui ronge le bois pour s'en nourrir. *Une colonie de **termites** a creusé des galeries dans les poutres.*

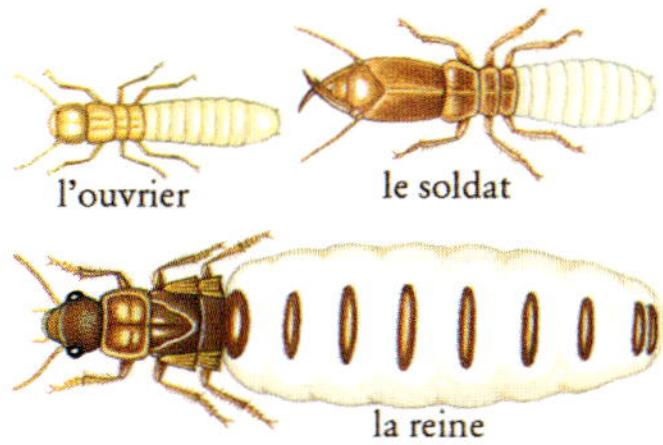

des **termites**

▸ **termitière** (nom féminin)
Nid de termites formant un monticule et creusé de galeries.

▸ **terne** (adjectif)
1. Qui manque d'éclat. *Je n'aime pas ce pull gris, il est trop **terne**.* (Contr. brillant, éclatant, vif.) 2. Qui manque d'originalité. *C'est un homme tellement **terne** qu'on a du mal à se souvenir de son visage.*

▸ **ternir** (verbe) ○ conj.n°11
Rendre terne. *Le calcaire **a terni** les verres. Les couleurs vives des rideaux **se sont ternies**.*

▸ **terrain** (nom masculin)
1. Le sol, caractérisé par son relief ou sa composition. *Un **terrain** plat, accidenté. Un **terrain** sableux.* 2. Espace délimité. *Il est propriétaire d'un **terrain** au bord de la mer.* 3. Espace extérieur aménagé pour certaines activités. *Un **terrain** de sport, de chasse, d'aviation.* • **Terrain d'entente** : sujet sur lequel on se met d'accord. *Cette loi ne pourra pas être votée si les députés ne trouvent pas un **terrain d'entente**.*

▸ **terrasse** (nom féminin)
1. Plate-forme qui forme le sommet d'une construction. *Des ouvriers sont sur la **terrasse** de l'immeuble pour réparer l'antenne de télévision.* 2. Sorte de grand balcon. *Leur appartement a une **terrasse** donnant sur la mer.* 3. Partie d'un trottoir occupée par les tables et les chaises d'un café. *On a mangé une glace à la **terrasse** d'une brasserie.* 4. Parcelle de terrain aménagée à flanc de colline. *Dans certaines régions, on cultive le riz en **terrasses**.*

a b c d e f g h i j k l m n o p q r s t u v w x y z

terrassement (nom masculin)
Travaux qui consistent à creuser et à déplacer de la terre. *Les travaux de **terrassement** précèdent la construction de l'immeuble.*

terrasser (verbe) ○ conj.n°3
1. Renverser quelqu'un au cours d'une lutte. *Le courageux chevalier **terrassa** le dragon.* 2. Abattre quelqu'un physiquement ou moralement. *La fatigue et l'émotion l'**ont terrassé**.*

terrassier (nom masculin)
Ouvrier qui fait des travaux de terrassement.

terre (nom féminin)
1. Planète du système solaire, habitée par l'espèce humaine. *La **Terre** est située à 150 millions de kilomètres du Soleil, dont elle fait le tour en une année.* 2. Surface de cette planète. *Creuser une galerie sous la **terre**. Un tremblement de **terre**. L'hélicoptère s'approche de la **terre**.* 3. Matière qui recouvre cette surface. *Les récoltes seront abondantes si la **terre** est bien irriguée.* 4. Région, terrain ou territoire. *Pendant la conquête de l'Ouest, les colons ont chassé les Indiens de leurs **terres**.* 5. Matière qui sert à fabriquer des objets. *Des statuettes en **terre** cuite.* 6. Surface du globe qui n'est pas recouverte par les mers et les océans. *Le voilier approchait de la **terre**.* • **Par terre :** sur le sol. *Être assis **par terre**.* • **Terre à terre :** qui ne s'occupe que des choses matérielles et manque d'imagination. *Il ne s'intéresse ni à la lecture, ni aux arts, il est vraiment **terre à terre** !* → Au sens 1, Terre s'écrit avec une majuscule. ⊙ Famille du mot : déterrer, enterrement, enterrer, terreau, terre-plein, terrestre, terreux, terrien.

La **Terre**

terreau, eaux (nom masculin)
Terre mélangée de matières végétales en décomposition et qu'on utilise comme engrais.

terre-neuve (nom masculin)
Gros chien au poil noir, que l'on peut dresser pour le sauvetage. → Pluriel : des terre-neuve. ⊙ Terre-Neuve est le nom d'une île du Canada où est apparue cette race de chiens.

un **terre-neuve**

terre-plein (nom masculin)
Surface surélevée qui sépare deux parties d'une route. *Des arbustes garnissent le **terre-plein** central de l'autoroute.* → Pluriel : des terre-pleins.

se terrer (verbe) ○ conj.n°3
Se cacher dans un lieu couvert ou souterrain. *Le chien **s'est terré** dans sa niche dès les premiers éclairs.*

terrestre (adjectif)
1. De la Terre. *La surface **terrestre**. L'écorce **terrestre**.* 2. Qui vit sur le sol. *L'escargot est un mollusque **terrestre** et l'huître est un mollusque aquatique.*

terreur (nom féminin)
Peur très violente qui empêche d'agir. *Des voyous semaient la **terreur** dans le quartier.* (Syn. épouvante, frayeur.)

terreux, euse (adjectif)
Qui a la couleur terne et grisâtre de la terre. *Après sa maladie, il avait le teint **terreux**.*

▶ **terrible** (adjectif)
1. Qui inspire de la terreur. *Une **terrible** épidémie de peste a ravagé le pays.* (Syn. effrayant, épouvantable.) **2.** Qui est très violent ou très intense. *Hier, il a fait une chaleur **terrible**.* **3.** Qui est insupportable, difficile à vivre. *Des enfants **terribles**.*

▶ **terriblement** (adverbe)
Extrêmement, très. *Ce film est **terriblement** ennuyeux.*

▶ **terrien, enne** (adjectif)
Qui possède des terres. *Ce fermier est un riche propriétaire **terrien**.* ▷ **terrien, enne** (nom) Habitant de la Terre. *Ce roman raconte l'histoire de **terriens** perdus dans le cosmos.*

▶ **terrier** (nom masculin)
Abri que certains animaux creusent sous la terre. *Le lapin s'est réfugié dans son **terrier**.*

▶ **terrifiant, ante** (adjectif)
Qui terrifie. *Des hurlements **terrifiants**.* (Syn. effrayant, épouvantable.)

▶ **terrifier** (verbe) ⊙ conj.n°10
Provoquer de la terreur. *Un animal monstrueux **terrifiait** les habitants du village.* (Syn. épouvanter, terroriser.)

▶ **terril** (nom masculin)
Monticule formé par les débris de terre que l'on accumule quand on creuse une mine.

un **terril** derrière le puits d'une mine

▶ **terrine** (nom féminin)
1. Récipient en terre, muni d'un couvercle. **2.** Pâté cuit dans ce récipient. *Une **terrine** de canard au poivre vert.* ⊙ Terrine vient de l'ancien français *terrin* qui signifie « en terre ».

▶ **territoire** (nom masculin)
Étendue de terre occupée par des êtres vivants. *Le **territoire** français. Le chat défend son **territoire** contre les autres chats.*

▶ **territorial, ale, aux** (adjectif)
Qui concerne un territoire ou qui en fait partie. *La défense **territoriale**.*

▶ **terroir** (nom masculin)
Partie d'une région qui garde certaines traditions. *Ce jambon est un produit du **terroir**.*

▶ **terroriser** (verbe) ⊙ conj.n°3
Provoquer la terreur. *Un lion échappé du cirque **terrorise** la région.* ⊙ Famille du mot : terrorisme, terroriste.

▶ **terrorisme** (nom masculin)
Fait d'utiliser la terreur pour imposer ses idées politiques ou ses revendications. *Après cette série d'attentats, le gouvernement a pris des mesures contre le **terrorisme**.*

▶ **terroriste** (adjectif et nom)
Qui exécute des actes de terrorisme. *On a arrêté le **terroriste** responsable de l'attentat. Une organisation **terroriste** a détourné un avion.*

▶ **tertiaire** (adjectif)
• **Ère tertiaire** : ère géologique qui a suivi l'ère secondaire, il y a environ 70 millions d'années. *C'est à l'**ère tertiaire** que la chaîne des Alpes s'est formée.* • **Secteur tertiaire** : ensemble des activités économiques qui concernent le commerce, les transports et l'administration.

paysage de l'ère **tertiaire**

a b c d e f g h i j k l m n o p q r s t u v w x y z

tertre (nom masculin)
Petit monticule. *Une statue est édifiée en haut du* ***tertre****.*

tes (déterminant)
Pluriel de *ton 1* et de *ta*.

tesson (nom masculin)
Débris de verre ou de poterie. *Yann s'est blessé au pied en marchant sur un* ***tesson*** *de bouteille.*

test (nom masculin)
1. Épreuve qui sert à évaluer les capacités ou les connaissances d'une personne. *La maîtresse nous a fait passer un* ***test*** *d'orthographe.* 2. Épreuve qui permet de vérifier le bon fonctionnement d'un appareil ou la bonne qualité d'un produit.

testament (nom masculin)
Texte dans lequel une personne indique à qui elle veut laisser ses biens après sa mort. *Grand-père a fait son* ***testament*** *et il l'a déposé chez un notaire.*

tester (verbe) ○ conj.n°3
1. Faire passer un test à quelqu'un. *L'entraîneur* ***a testé*** *chaque joueur du club.* 2. Contrôler par un test. ***Tester*** *un nouveau produit avant de le commercialiser.*

testicule (nom masculin)
Glande génitale des hommes et des animaux mâles, qui produit les spermatozoïdes.

tétanos (nom masculin)
Grave maladie qui produit des contractions musculaires intenses et douloureuses. *Il existe un vaccin contre le* ***tétanos****.* → Prononciation [tetanos].

têtard (nom masculin)
Larve de la grenouille, qui vit dans l'eau. *Le* ***têtard*** *se métamorphose en grenouille au bout de quatre mois d'existence.* ⊙ Têtard vient de l'ancien français *testard* qui signifie « qui a une grosse tête ».

tête (nom féminin)
1. Partie du corps qui comprend le visage et le crâne. *Il portait une casquette de base-ball sur la* ***tête****. Prends un cachet d'aspirine si tu as mal à la* ***tête****.* ➠ p. 263. 2. Synonyme de visage. *Cet individu a une drôle de* ***tête****.* 3. Centre de la mémoire, de la pensée et de l'intelligence. *Tu as encore oublié tes affaires, je me demande ce que tu as dans la* ***tête*** *!* (Syn. cerveau, esprit.) 4. Partie supérieure d'une chose, d'un objet. *Une* ***tête*** *d'épingle.* 5. Partie qui est devant. *Nous avons des places en* ***tête*** *du train.* 6. Position la meilleure. *Ce candidat est en* ***tête*** *dans les sondages.* 7. Position de commandement. *Quand mon oncle a pris sa retraite, son fils l'a remplacé à la* ***tête*** *de son entreprise.* • **Coup de tête** : décision prise sans avoir réfléchi. • **De tête** : de mémoire, sans avoir écrit. *Faire un calcul* ***de tête****.* • **En avoir par-dessus la tête** : synonyme familier d'être excédé. • **En tête à tête** : seul avec une autre personne. *Nous avons tous les deux dîné* ***en tête à tête****.* • **Faire la tête** : synonyme de bouder. • **Faire une tête** : au football, frapper le ballon avec la tête. • **N'en faire qu'à sa tête** : agir comme on veut sans se préoccuper de ce que disent les autres. *Tu n'arriveras pas à le convaincre, il* ***n'en fait qu'à sa tête****.* • **Par tête** : par personne. *Ce repas nous a coûté 3 euros* ***par tête****.* • **Perdre la tête** : s'affoler ou devenir fou. • **Tenir tête à quelqu'un** : refuser de lui obéir. ⊙ Famille du mot : en-tête, entêté, entêtement, s'entêter, tête-à-queue, tête-à-tête, tête-bêche, têtu.

tête-à-queue (nom masculin)
Demi-tour complet qu'un véhicule fait en glissant sur lui-même. *La moto a fait un* ***tête-à-queue*** *sur la route mouillée.* → Pluriel : des tête-à-queue.

tête-à-tête (nom masculin)
Situation où se trouvent deux personnes seules l'une avec l'autre. *Un* ***tête-à-tête*** *est prévu entre les Premiers ministres des deux pays.* → Pluriel : des tête-à-tête.

tête-bêche (adverbe)
L'un à côté de l'autre mais en sens inverse. *Hélène et sa cousine ont dormi **tête-bêche** sur le divan du salon.*

tétée (nom féminin)
Repas d'un bébé qui tète. *Maman prépare le biberon, c'est bientôt l'heure de la **tétée**.*

téter (verbe) ◐ conj.n°8
Sucer le sein de sa mère ou la tétine d'un biberon. *L'agneau **tète** la brebis.* ⊙ Famille du mot : tétée, tétine.

tétine (nom féminin)
Capuchon de caoutchouc d'un biberon, qui sert à téter. *Maman stérilise les **tétines** et les biberons de mon petit frère.* ⊙ Tétine vient de l'ancien français *tótin* qui signific « scin ».

têtu, ue (adjectif)
Qui refuse avec obstination de changer d'avis. *Julie ne veut pas reconnaître qu'elle a tort, elle est **têtue** comme une mule !*

texte (nom masculin)
Ensemble de mots ou de phrases qui sont écrits ou imprimés. *La maîtresse lit lentement le **texte** de la dictée.*

textile (adjectif)
Qui concerne la fabrication des tissus. *Le coton est une matière **textile**.* ▷ **textile** (nom masculin) Matière servant à faire des tissus. *La soie est un **textile** naturel, le tergal est un **textile** synthétique.*

textuellement (adverbe)
Exactement mot pour mot. *Je vais vous dire **textuellement** ce qu'il m'a répondu.*

T.G.V. (nom masculin)
Train à grande vitesse. *L'Eurostar est le nom du **T.G.V.** qui passe dans le tunnel sous la Manche et qui relie Paris à Londres.*

thaïlandais, aise
➠ Voir tableau p. 6.

thalassothérapie (nom féminin)
Traitement utilisant l'action de l'eau de mer, des algues et des boues marines. *Pour se remettre en forme, il est allé faire une cure de **thalassothérapie**.* ⊙ Thalassothérapie vient des mots grecs ***thalassa*** qui signifie « mer » et ***therapeia*** qui signifie « soin » et qu'on retrouve dans thérapeutique.

thé (nom masculin)
1. Feuilles séchées d'un arbuste d'Asie. *Maman a acheté du **thé** de Ceylan en sachets.* 2. Boisson faite avec ces feuilles que l'on fait infuser. *Je prendrais bien une tasse de **thé** au citron.*

théâtral, ale, aux (adjectif)
Qui concerne le théâtre. *Les spectateurs applaudissent les acteurs à la fin de la représentation **théâtrale**.*

théâtre (nom masculin)
1. Art de jouer des pièces devant un public. *Molière est un célèbre auteur de pièces de **théâtre**.* 2. Bâtiment où l'on donne des représentations théâtrales. *Ce **théâtre** a été construit au XIXe siècle.* 3. Lieu où se déroule un événement. *Ce château a été le **théâtre** d'un terrible drame.* • **Coup de théâtre** : événement brusque et inattendu qui bouleverse tout. *La démission du président a été un véritable **coup de théâtre**.* ⊙ Famille du mot : amphithéâtre, théâtral.

le **T.G.V.** Atlantique

a b c d e f g h i j k l m n o p q r s t u v w x y z

théière (nom féminin)
Récipient spécial pour préparer et servir le thé.

thématique (adjectif)
Qui concerne un thème, un sujet. *Une encyclopédie **thématique**.*

thème (nom masculin)
1. Sujet d'un ouvrage, d'un texte ou d'une discussion. *Le **thème** de cette réunion est la protection des droits de l'enfant.* 2. Exercice qui consiste à traduire dans une langue étrangère un texte écrit dans sa langue maternelle.

théologie (nom féminin)
Étude de la religion et des textes religieux. ⊙ Théologie vient du grec *theos* qui signifie « dieu ».

théorème (nom masculin)
Règle de mathématiques qui peut être démontrée.

théorie (nom féminin)
1. Ensemble d'idées qui donnent l'explication de quelque chose. *D'après certaines **théories** scientifiques, la vie a peut-être existé sur la planète Mars.* 2. Manière abstraite de voir les choses, parfois éloignée de la réalité. *En **théorie**, c'est vraiment très facile de programmer ce magnétoscope, mais en pratique, aucun de nous n'a réussi à le faire !* ⊙ Famille du mot : théorique, théoriquement.

théorique (adjectif)
Qui concerne la théorie et non pas la pratique. *Pour être bon cuisinier, les connaissances **théoriques** ne sont pas suffisantes.*

théoriquement (adverbe)
De façon théorique. ***Théoriquement**, tu appuies sur ce bouton et l'ordinateur est prêt à fonctionner.* (Syn. en principe.)

thérapeutique (adjectif)
Qui permet de guérir les maladies. *Ce nouveau médicament a une action **thérapeutique** très efficace.* ⊙ Voir thalassothérapie.

thermal, ale, aux (adjectif)
• **Eau thermale** : eau de source qui possède de nombreuses propriétés thérapeutiques. • **Station thermale** : endroit où se trouvent des sources d'eau thermale utilisées pour faire des cures. *Vichy et Vittel sont des **stations thermales**.*

thermes (nom masculin pluriel)
Dans l'Antiquité, établissement de bains ouvert au public.

reconstitution sur ordinateur des **thermes** de Cluny (Paris)

thermique (adjectif)
Qui concerne la chaleur. *En brûlant, le bois dégage de l'énergie **thermique**.*

thermomètre (nom masculin)
Instrument qui sert à mesurer la température. *Cette nuit, le **thermomètre** est descendu au-dessous de 0 degré.*

thermonucléaire (adjectif)
• **Bombe thermonucléaire** : bombe atomique à hydrogène, d'une puissance énorme.

thermos (nom masculin)
Bouteille isolante qui conserve un liquide à la même température pendant plusieurs heures. *Si tu veux du thé bien chaud, il y en a dans le **thermos**.* → Prononciation [tɛRmos]. → Thermos est le nom d'une marque. On dit aussi une thermos.

thermostat (nom masculin)
Appareil qui sert à maintenir une température à un niveau constant. *Papa a réglé le **thermostat** pour qu'il fasse à peu près 20 degrés dans tout l'appartement.*

thésauriser (verbe) ⊙ conj.n°3
Amasser de l'argent sans le dépenser.

thèse (nom féminin)
Point de vue sur une question. *Le commissaire soutient la **thèse** du meurtre mais des témoins soutiennent la **thèse** de l'accident.*

thon (nom masculin)
Grand poisson de mer à la chair appréciée. *Les **thons** se déplacent en bancs.*

un **thon**

Thora ➠ Voir Torah.

thoracique (adjectif)
• **Cage thoracique** : synonyme de thorax.

thorax (nom masculin)
Partie du corps humain située entre le cou et l'abdomen. *Le **thorax** renferme les poumons et le cœur.* ➠ p. 263. (Syn. cage thoracique.)

thuya (nom masculin)
Arbre d'ornement de la famille du cyprès. → Prononciation [tyja].

un **thuya**, fruit et rameau

thym (nom masculin)
Petite plante aromatique qui pousse dans les garrigues méditerranéennes. *Maman met toujours une branche de **thym** quand elle prépare de la sauce tomate.* → Prononciation [tɛ̃].

thyroïde (nom féminin)
Glande située dans la gorge, qui joue un rôle très important dans la croissance et le développement intellectuel.

tibétain, aine
➠ Voir tableau p. 6.

tibia (nom masculin)
Os du devant de la jambe. *Le **tibia** et le péroné sont les deux os de la jambe.* ⊙ Tibia est un mot latin qui signifie « flûte ».

tic (nom masculin)
Geste ou mouvement nerveux que l'on fait involontairement. *Grand-père a un **tic** nerveux : il fronce tout le temps le sourcil droit.*

ticket (nom masculin)
Billet qui prouve qu'on a payé ce que l'on doit. *Un **ticket** de bus. Un **ticket** de caisse.* ⊙ Ticket est un mot anglais qui vient de l'ancien français *estiquet* qui signifie « étiquette ».

tic-tac (nom masculin)
Bruit régulier produit par un mécanisme. *Je n'entends plus le **tic-tac** de la pendule.*

tie-break (nom masculin)
Au tennis, jeu décisif à la fin d'une manche où les joueurs sont à six jeux partout. → Prononciation [tajbʀɛk]. → Pluriel : des tie-breaks. → Tie-break est un mot anglais formé de *tie* qui signifie « égalité » et de *to break* qui signifie « rompre ».

tiède (adjectif)
Qui n'est ni chaud ni froid. *Camille se rince les cheveux à l'eau **tiède**.* ⊙ Famille du mot : tiédeur, tiédir.

tiédeur (nom féminin)
Température de ce qui est tiède. *Après la chaleur étouffante de la journée, la **tiédeur** de la soirée est délicieuse.*

tiédir (verbe) conj.n°11
Devenir tiède. *Myriam laisse un peu **tiédir** son chocolat avant de le boire.*

le tien, la tienne (pronom)
Pronom possessif de la deuxième personne du singulier qui désigne ce qui est à toi, ce qui t'appartient. *Je n'aime pas ma veste, je préfère **la tienne**.*
▷ **les tiens** (nom masculin pluriel) Tes parents ou tes amis. *Même quand tu es loin, n'oublie pas **les tiens**.*

tiens ! (interjection)
Exprime l'étonnement. ***Tiens !** Il est déjà midi.*

tierce (nom féminin)
À la belote, suite de trois cartes de la même couleur. *William a une **tierce** à cœur : roi, dame, valet.*

tiercé (nom masculin)
Jeu où l'on parie de l'argent sur les trois premiers chevaux d'une course. *Les résultats du **tiercé** sont diffusés à la télévision en fin de soirée.*

tiers, tierce (adjectif)
• **Une tierce personne** : une troisième personne. *Noémie et Xavier ont des avis différents, il faudrait l'opinion d'une **tierce** personne pour les mettre d'accord.*
• **Tiers état** : avant la Révolution, ensemble des personnes qui n'appartenaient ni à la noblesse, ni au clergé et n'avaient pas de privilèges.
▷ **tiers** (nom masculin) **1.** Partie contenue trois fois dans un tout. *Si tu partages ces trente bonbons entre nous trois, chacun en aura dix, c'est-à-dire le **tiers** du paquet.* **2.** Personne qui ne fait pas partie d'un groupe. *Cette histoire ne concerne que toi et moi, n'en parle pas devant des **tiers**.*

tiers-monde (nom masculin)
Ensemble des pays qui vivent dans la pauvreté parce que leur économie n'est pas assez développée.

tige (nom féminin)
1. Partie mince et allongée d'un végétal, qui porte les feuilles. *Les **tiges** des rosiers ont des épines.* ➡ p. 476. **2.** Objet rigide, long et mince. *Une **tige** métallique.* (Syn. barre, tringle.)

tignasse (nom féminin)
Dans la langue familière, chevelure épaisse et mal coiffée. *Je n'arrive pas à démêler ta **tignasse**, tu devrais te faire couper les cheveux !*

tigre (nom masculin)
Grand félin d'Asie au pelage jaune rayé de bandes noires. *Le **tigre** feule.*
⊙ Famille du mot : tigré, tigresse.

un **tigre**

tigré, ée (adjectif)
Qui a des rayures semblables à celles du tigre. *Un chat **tigré**.*

tigresse (nom féminin)
Femelle du tigre.

tilleul (nom masculin)
1. Arbre à fleurs blanches ou jaunes très odorantes. *Une allée de **tilleuls**.*
2. Infusion faite avec les fleurs séchées du tilleul. *Si tu veux une tisane, j'ai du **tilleul**.*

feuilles, fruits et fleurs de **tilleul**

timbale (nom féminin)
1. Gobelet en métal. **2.** Instrument de musique à percussion, constitué d'un caisson de cuivre recouvert d'une peau.

timbre (nom masculin)
1. Étiquette que l'on colle sur une lettre ou un paquet et qui correspond au prix de l'envoi. *Yann a commencé une collection de **timbres**.* 2. Marque qui doit figurer sur certains papiers officiels. *Pour qu'un passeport soit valable, il doit comporter un **timbre** fiscal.* 3. Qualité particulière d'un son ou d'une voix. *On entendait le **timbre** aigu d'une flûte.* → Au sens 1, timbre est l'abréviation de timbre-poste. Pluriel : des timbres-poste. ⊙ Famille du mot : timbré, timbrer.

timbré, ée (adjectif)
1. Qui porte un timbre-poste. *Envoyez votre réponse dans l'enveloppe **timbrée** ci-jointe.* 2. Qui résonne, qui a un timbre particulier. *Il a une voix grave et bien **timbrée**.*

timbrer (verbe) ▸ conj.n°3
Coller un timbre. *J'ai oublié de **timbrer** ma carte postale avant de la poster.*

timide (adjectif)
Qui manque d'assurance et de confiance en soi. *Elle est trop **timide** pour prendre la parole en réunion.* (Contr. hardi.) ⊙ Famille du mot : intimidation, intimider, timidement, timidité.

timidement (adverbe)
De façon timide. *Elle a **timidement** répondu : « Non, merci ! »*

timidité (nom féminin)
Fait d'être timide. *Benjamin a réussi à surmonter sa **timidité** pour répondre aux questions de la maîtresse.*

timonier (nom masculin)
Marin qui tient la barre du gouvernail. *Sur l'ordre du capitaine, le **timonier** a mis le cap vers le sud.*

timoré, ée (adjectif)
Qui a peur des risques et de la nouveauté. *Ce n'est pas lui qui cherchera les aventures, il est bien trop **timoré** !* (Syn. craintif. Contr. audacieux, hardi.) ⊙ Timoré vient du latin *timor* qui signifie « peur ».

tintamarre (nom masculin)
Synonyme de vacarme. *Les enfants dévalent les escaliers en faisant un **tintamarre** épouvantable.*

tintement (nom masculin)
Son clair et musical d'un objet qui tinte. *Le **tintement** des clochettes des vaches.*

tinter (verbe) ▸ conj.n°3
Produire un son léger et clair. *Des pièces de monnaie **tintaient** dans le creux de sa main.*

tipi (nom masculin)
Tente conique des Indiens d'Amérique du Nord.

un **tipi**

tique (nom féminin)
Insecte parasite de certains mammifères, comme les vaches, les moutons, les chiens.

une **tique** et un œuf de tique

tiquer (verbe) conj.n°3
Avoir un bref mouvement de surprise ou de contrariété. *Maman **a tiqué** quand mon frère a coupé la parole à notre invité.*

tir (nom masculin)
1. Action de tirer avec une arme. *Faire du **tir** à l'arc, du **tir** au revolver.* 2. Action d'envoyer un ballon d'un coup de pied. *L'équipe anglaise a marqué un premier but grâce à un **tir** exceptionnel.* (Syn. shoot.)

tirade (nom féminin)
Au théâtre, suite de phrases qu'un acteur dit sans s'interrompre.

tirage (nom masculin)
1. Action de tirer au sort les numéros gagnants d'une loterie. *Les gagnants ont été désignés par **tirage** au sort.* 2. Nombre d'exemplaires de livres ou de journaux réalisés en une seule fois. *Le **tirage** de ce quotidien est de 300 000 exemplaires.* 3. Mouvement de l'air chaud qui s'élève dans une cheminée. *La pièce est enfumée car la cheminée manque de **tirage**.*

tiraillement (nom masculin)
1. Sensation de contraction très douloureuse. *Amandine ressent des **tiraillements** à l'épaule depuis sa chute.* 2. Conflit dans un groupe. *Des questions d'argent ont provoqué des **tiraillements** entre eux.*

tirailler (verbe) conj.n°3
1. Tirer à petits coups et dans tous les sens. *Il **tiraille** son petit frère par le bras pour le faire avancer.* 2. Faire hésiter entre deux solutions ou deux possibilités. *Clément **est tiraillé** entre l'envie de faire du vélo et la nécessité de finir ses devoirs.* Famille du mot : tiraillement, tirailleur.

tirailleur (nom masculin)
Soldat isolé qui a pour mission de harceler l'ennemi.

tirant (nom masculin)
• **Tirant d'eau** : hauteur de la coque d'un navire entre la surface de l'eau et le bas de sa quille.

tire (nom féminin)
• **Vol à la tire** : vol consistant à vider les poches ou les sacs des gens à leur insu.

tire-bouchon (nom masculin)
Instrument qui sert à déboucher les bouteilles fermées par un bouchon de liège. → Pluriel : des tire-bouchons.

à tire-d'aile (adverbe)
En battant rapidement des ailes. *Des moineaux craintifs s'enfuient **à tire-d'aile** à notre approche.*

tire-fesses (nom masculin)
Synonyme familier de remonte-pente. → Pluriel : des tire-fesses.

tirelire (nom féminin)
Boîte avec une fente par laquelle on glisse les pièces de monnaie que l'on veut économiser. *David a cassé sa **tirelire** pour offrir un cadeau à sa sœur.*

tirer (verbe) conj.n°3
1. Déplacer en amenant vers soi ou en traînant derrière soi. ***Tire** la poignée pour ouvrir le tiroir. Des chiens **tirent** le traîneau sur la piste enneigée.* (Contr. pousser.) 2. Déplacer en faisant aller d'un côté ou d'un autre. ***Tirer** les rideaux. **Tirer** un verrou.* 3. Faire sortir quelque chose d'un endroit. *Il **a tiré** quelques pièces de son porte-monnaie.* 4. Extraire une substance d'une autre. *On **tire** le caoutchouc de la sève de l'hévéa.* 5. Prendre au hasard. ***Tirer** le numéro gagnant.* 6. Trouver une explication ou une conclusion logique. *Tu t'es trompé, il faut que tu en **tires** les conséquences.* 7. Tendre vers quelque chose, s'en rapprocher. *Ces fleurs sont d'un jaune vif qui **tire** sur l'orange.* 8. Envoyer un projectile en se servant d'une arme. *Le shérif **a tiré** des coups de revolver. Le chasseur **a tiré** sur le lion.* 9. Lancer un ballon, d'un coup de pied. *Il **a tiré** en direction du but.* 10. Tracer quelque chose sur du papier. *Ibrahim **a tiré** un trait sous le titre de la poésie.*

11. Imprimer un livre ou un journal. *Ce journal* ***est tiré*** *à 50 000 exemplaires par jour.* • **Se tirer d'affaire** ou **s'en tirer :** réussir à sortir d'une situation difficile. • **Tirer à sa fin :** être sur le point de finir. *Nous allons partir, la soirée* ***tire à sa fin****.* (Syn. toucher à sa fin.) • **Tirer les cartes :** prédire l'avenir de quelqu'un en se servant d'un jeu de cartes. ⊙ Famille du mot : tir, tirage, tirant, tire, tire-bouchon, à tire-d'aile, tire-fesses, tireur.

tiret (nom masculin)
Petit trait horizontal qui sert à couper un mot à la fin d'une ligne ou à indiquer les paroles de chaque personne dans un dialogue.

tirette (nom féminin)
Tablette coulissante d'un meuble. *Sur le côté du bureau, il y a une* ***tirette****.*

tireur, euse (nom)
Personne qui tire avec une arme à feu. *Le* ***tireur*** *était dissimulé derrière un arbre immense.* • **Tireuse de cartes :** cartomancienne.

tiroir (nom masculin)
Casier de rangement qui s'emboîte dans un meuble et qu'on ouvre en le tirant. *J'ai rangé tes tee-shirts dans le* ***tiroir*** *du bas de la commode.*

tiroir-caisse (nom masculin)
Tiroir où un commerçant range l'argent qu'il reçoit. *Quand la caissière appuie sur un bouton, le* ***tiroir-caisse*** *s'ouvre automatiquement.* → Pluriel : des tiroirs-caisses.

tisane (nom féminin)
Boisson chaude que l'on prépare en faisant infuser des plantes. *Une* ***tisane*** *à la camomille, à la menthe.*

tison (nom masculin)
Reste d'un morceau de bois à moitié consumé, encore rouge et brûlant. *Il faut souffler sur les* ***tisons*** *pour ranimer le feu.*

tisonnier (nom masculin)
Tige de fer qui sert à attiser un feu. *Olivier remue les braises avec un* ***tisonnier****.*

tissage (nom masculin)
Action de tisser un textile. *Le* ***tissage*** *d'un tapis se fait sur un métier à tisser.*

le **tissage** artisanal

tisser (verbe) ⊙ conj.n°3
Fabriquer un tissu en entrecroisant des fils. *Cet artisan* ***tisse*** *de la soie sur son métier à tisser.* ⊙ Famille du mot : tissage, tisserand, tissu, tissu-éponge.

tisserand, ande (nom)
Artisan qui tisse des étoffes et des tapis.

tissu (nom masculin)
1. Matière souple fabriquée avec des fils textiles entrecroisés. *Sarah aime les* ***tissus*** *brillants et légers comme la soie ou le satin.* (Syn. étoffe.) **2.** Ensemble de cellules de notre corps qui ont le même rôle. *Tous nos os sont constitués par du* ***tissu*** *osseux.* • **Un tissu de mensonges :** un ensemble de mensonges qui s'enchaînent et se mélangent.

tissu-éponge (nom masculin)
Étoffe de coton qui absorbe l'eau. *Des serviettes de toilette en* ***tissu-éponge****.* → Pluriel : des tissus-éponges.

titan (nom masculin)
Synonyme littéraire de géant. *La construction de ce barrage a été un travail de* ***titan****.*

titiller (verbe) ⊙ conj.n°3
Synonyme familier d'agacer. *Le chat va finir par te griffer si tu n'arrêtes pas de le* ***titiller****.*

titre (nom masculin)
1. Nom qui sert à désigner un livre, un film, etc. *« Vingt Mille Lieues sous les mers » est le **titre** d'un roman de Jules Verne.* 2. Phrase écrite en gros caractères pour présenter un article. *« Victoire de l'équipe de France », c'est le **titre** du journal de ce matin.* 3. Poste ou rang qui fait honneur à quelqu'un. *Elle détient le **titre** de championne de France de natation.* 4. Document officiel qui prouve un droit. *Un **titre** de transport. Un **titre** de propriété.* • **À juste titre** : avec raison. *Cet insolent a été puni **à juste titre**.* • **À titre de** : en tant que, comme. ***À titre de** curiosité, je voudrais connaître son opinion.* • **Au même titre** : autant ou de la même manière. *Il a droit à une partie de l'héritage de son père, **au même titre** que ses frères et sœurs.* ⊙ Famille du mot : sous-titre, sous-titrer, titrer.

titrer (verbe) ⊙ conj.n°3
Mettre un titre à un article. *Ce matin, tous les quotidiens **titrent** : « Les alpinistes ont été retrouvés sains et saufs ! »*

tituber (verbe) ⊙ conj.n°3
Marcher en chancelant. *Assommé par le choc, il se releva en **titubant**.* (Syn. vaciller.)

titulaire (adjectif et nom)
1. Qui a obtenu un titre officiel et définitif pour occuper un poste. *Ce joueur est **titulaire** dans l'équipe de France.* 2. Qui possède un titre. *Notre animateur est **titulaire** d'un diplôme de secourisme.*

titulariser (verbe) ⊙ conj.n°3
Nommer quelqu'un titulaire d'une fonction. ***Titulariser** un fonctionnaire.*

toast (nom masculin)
Tranche de pain de mie grillée. *Il prépare des **toasts** avec du beurre et de la confiture pour le petit déjeuner.* • **Porter un toast** : lever son verre et boire en l'honneur d'une personne ou d'un événement. → Prononciation [tost]. ⊙ Toast est un mot anglais qui vient de l'ancien français *toster* qui signifie « griller ».

toboggan (nom masculin)
Piste en pente le long de laquelle on glisse pour s'amuser. *Ursula va au square pour faire de la balançoire et du **toboggan**.*

toc (nom masculin)
Dans la langue familière, imitation de mauvaise qualité. *Cette grosse pierre rouge et brillante n'est pas un vrai rubis, c'est du **toc** !*

tocsin (nom masculin)
Sonnerie de cloche répétée qui servait à donner l'alarme. *Autrefois, on sonnait le **tocsin** en cas d'incendie ou d'émeute.*

toge (nom féminin)
1. Grand morceau de tissu dans lequel les Romains de l'Antiquité se drapaient. 2. Robe que porte un magistrat ou un avocat.

dignitaire romain revêtu d'une **toge** (Ier s. apr. J.-C.)

togolais, aise
➠ Voir tableau p. 6.

tohu-bohu (nom masculin)
Dans la langue familière, désordre accompagné de bruits confus. *Le jour de mon goûter d'anniversaire, c'est le **tohu-bohu** dans la maison !* (Syn. remue-ménage.) ⊙ Tohu-bohu vient de l'hébreu : il désigne le chaos qui avait précédé la création du monde par Dieu.

toi (pronom)
Pronom personnel de la deuxième personne du singulier qui s'emploie pour renforcer le sujet « tu » ou comme complément après une préposition. ***Toi**, tu viens avec moi ! C'est à **toi** de mettre la table.*

toile (nom féminin)
1. Tissu simple et résistant. *Des chaises longues en **toile** à rayures bleues et blanches.* 2. Tableau peint par un peintre. *Ce musée possède plusieurs **toiles** de Picasso.* • **Toile d'araignée** : réseau de fils tissés par une araignée pour capturer les insectes.

toilette (nom féminin)
1. Soins de propreté et d'hygiène du corps. *Pierre fait sa **toilette** avant de s'habiller.* 2. Ensemble des vêtements portés par une femme. *Les jeunes filles avaient mis leur plus belle **toilette** pour assister au bal.* ▷ **toilettes** (nom féminin pluriel) Petite pièce où l'on fait ses besoins. (Syn. cabinets, W.-C.)

toise (nom féminin)
Règle verticale graduée pour mesurer la taille d'une personne. *Les enfants passent sous la **toise** et le médecin note leur taille.* ⊙ Autrefois, une toise était une mesure de longueur qui valait environ deux mètres.

toiser (verbe) ○ conj.n°3
Examiner quelqu'un de haut en bas, avec mépris. *Il m'**a toisé** de la tête aux pieds, sans même me dire bonjour.*

toison (nom féminin)
Poil épais et laineux de certains animaux. *On tond la **toison** des moutons tous les ans.*

toit (nom masculin)
1. Partie supérieure d'un bâtiment qui le couvre et le protège. *Notre maison a un **toit** de tuiles rouges.* 2. Partie supérieure de la carrosserie d'un véhicule. *Le **toit** de la voiture est équipé d'un porte-bagages. Une voiture à **toit** ouvrant.* 3. Maison ou logement. *Cette famille a été expulsée, elle cherche un **toit** pour vivre.* • **Crier quelque chose sur les toits, sur tous les toits** : le faire connaître à tout le monde, de façon indiscrète.

toiture (nom féminin)
Toit d'un bâtiment. *Le couvreur a remplacé les tuiles usagées de la **toiture**.*

tôle (nom féminin)
Mince plaque métallique. *La toiture du garage est en **tôle** ondulée.*

tolérable (adjectif)
Que l'on peut tolérer. *Vos réflexions racistes ne sont pas **tolérables**.* (Contr. inadmissible, intolérable.)

tolérance (nom féminin)
Fait d'accepter et de respecter les opinions des autres. *Ces deux peuples voisins ne vivront pas en paix s'ils ne font pas preuve de plus de **tolérance**.* (Contr. intolérance.)

tolérant, ante (adjectif)
Qui fait preuve de tolérance. ***Sois tolérant** avec ton petit frère, il ne se rend pas compte qu'il a fait une bêtise.* (Contr. intolérant.)

tolérer (verbe) ○ conj.n°8
1. Accepter quelque chose qui n'est pas permis, sans l'autoriser réellement. *Le gardien du square **tolère** parfois que l'on joue au ballon sur la pelouse.* 2. Supporter quelque chose sans ressentir des effets désagréables. *Marie **tolère** bien l'aspirine.* ⊙ Famille du mot : intolérable, intolérance, intolérant, tolérable, tolérance, tolérant.

tollé (nom masculin)
Cris de protestation générale. *Cette déclaration a provoqué un véritable **tollé** dans la presse.*

tomahawk (nom masculin)
Hache de guerre des Indiens d'Amérique du Nord. → Prononciation [tɔmaok].

tomate (nom féminin)
Plante potagère que l'on cultive pour son fruit rouge et charnu. *Une salade de **tomates**. De la sauce **tomate**.*

tombal, ale, aux (adjectif)
• **Pierre tombale** : dalle placée sur une tombe et qui porte le nom du mort.

tombant, ante (adjectif)
• **À la nuit tombante** : à la tombée de la nuit.

tombe (nom féminin)
Fosse creusée dans le sol pour enterrer un mort. *Elle est venue déposer des fleurs sur la **tombe** de son mari.* ⊙ Famille du mot : tombal, tombeau.

tombeau, eaux (nom masculin)
Monument élevé au-dessus d'une tombe. *Le **tombeau** de Napoléon se trouve à l'hôtel des Invalides à Paris.* • **Rouler à tombeau ouvert** : à toute allure en prenant des risques mortels.

tombée (nom féminin)
• **À la tombée de la nuit** : au moment où la nuit tombe. *Nous sommes arrivés **à la tombée de la nuit**.*

tomber (verbe) ▸ conj.n°3
1. Faire une chute. *Camille **est tombée** de l'arbre sans se blesser.* 2. Descendre du haut vers le bas. *Le brouillard commence à **tomber** sur la vallée.* 3. Se détacher de son support. *Les pommes sont mûres : elles commencent à **tomber**.* 4. Perdre de la valeur ou de l'intensité. *Le vent commence à **tomber**.* (Syn. faiblir.) 5. Se trouver brusquement dans tel état ou dans telle situation. ***Tomber** malade. **Tomber** en panne.* 6. Se produire ou arriver à tel moment. *Cette année, les vacances de printemps **tombent** début avril. Vous **tombez** bien, nous avons besoin d'aide !* 7. Avoir du mal à se tenir debout. ***Tomber** de sommeil, de fatigue. Un très vieux château qui **tombe** en ruine.* • **Laisser tomber** : synonyme familier d'abandonner. *Quentin **a laissé tomber** ses cours de tennis au bout de deux mois.* • **Tomber sur quelqu'un** : le rencontrer par hasard. *En sortant du cinéma, il **est tombé sur** un de ses amis d'enfance.* → Tomber se conjugue avec l'auxiliaire *être* : *les pommes sont tombées*. ⊙ Famille du mot : retombées, retomber, tombant, tombée.

tombereau, eaux (nom masculin)
Charrette ou camion à benne basculante. *Le jardinier a déchargé un **tombereau** de terre dans le jardin.*

tombola (nom féminin)
Loterie où l'on gagne des objets et non de l'argent. *Romain a gagné un ballon de foot à la **tombola** de la kermesse.*

tome (nom masculin)
Chaque volume d'un ouvrage. *Cette encyclopédie comporte quinze tomes.*

tomette (nom féminin)
Carreau de terre cuite, à six côtés. *Un sol dallé de **tomettes**.*

tomme (nom féminin)
Fromage en forme de cylindre, fait avec du lait de vache.

1. ton, ta, tes (déterminant)
Adjectif possessif de la deuxième personne. *Prends **ton** blouson, **ta** casquette et **tes** gants.* → Devant un nom féminin commençant par une voyelle ou un h muet, on emploie ton au lieu de ta : ton armoire, ton horloge.

2. ton (nom masculin)
1. Manière d'exprimer ce que l'on ressent, par la voix. *Il a parlé d'un **ton** sévère.* 2. Hauteur et intensité de la voix quand on chante. *Reprenez la chanson au début, vous n'êtes pas dans le même **ton**.* 3. Synonyme de teinte. *J'aime cette jupe bleue, mais je voudrais un **ton** de bleu plus foncé.*

tonalité (nom féminin)
1. Son continu que l'on entend quand on décroche le téléphone. *Le téléphone est en panne, il n'y a pas de **tonalité**.* 2. Qualité du son émis par un instrument, un appareil ou une voix. *Ce lecteur de C.D. a une très bonne **tonalité**.*

tondeuse (nom féminin)
1. Machine qui sert à tondre le gazon. 2. Instrument qui sert à raser les cheveux.

tondre (verbe) ○ conj.n°31
1. Couper l'herbe à l'aide d'une tondeuse. ***Tondre** le gazon.* 2. Couper à ras les cheveux d'une personne ou les poils d'un animal. ***Tondre** un mouton, un caniche.*

tonifiant, ante (adjectif)
Qui tonifie. *Cette belle promenade en montagne est très **tonifiante**.* (Syn. vivifiant.)

tonifier (verbe) ○ conj.n°10
Rendre plus vigoureux ou plus dynamique. *L'air de la mer nous **a tonifiés**.* (Syn. fortifier.)

tonique (adjectif)
Qui donne du tonus à notre organisme. *Le thé est une boisson **tonique**.* (Syn. stimulant, vivifiant.)

tonitruant, ante (adjectif)
Qui fait un bruit qui rappelle celui du tonnerre. *Il éclata d'un rire **tonitruant**.* ⊙ Tonitruant vient du latin *tonitrus* qui signifie « tonnerre ».

tonnage (nom masculin)
Volume de marchandises que peut transporter un bateau. *Le **tonnage** d'un navire se mesurait en tonneaux.* (Syn. jauge.)

tonne (nom féminin)
1. Unité de poids équivalant à 1 000 kilos. 2. Dans la langue familière, grande quantité. *Nous avons eu des **tonnes** de cadeaux pour Noël !*

tonneau, eaux (nom masculin)
1. Grand récipient fait de planches de bois courbées, assemblées par des anneaux de fer. *Le vigneron conserve son vin dans des **tonneaux** de chêne.* (Syn. barrique, fût.) 2. Tour complet qu'un véhicule fait en se retournant sur lui-même. *La voiture a fait deux **tonneaux** avant de finir dans le fossé.* 3. Ancienne unité de mesure du volume d'un navire. ⊙ Famille du mot : tonnage, tonnelet, tonnelier.

tonnelet (nom masculin)
Petit tonneau. *Un **tonnelet** de vinaigre.*

tonnelier (nom masculin)
Artisan qui fabrique des tonneaux.

tonnelle (nom féminin)
Petit abri couvert de feuillage. *Allons nous asseoir à l'ombre sous la **tonnelle** du jardin.*

tonner (verbe) ○ conj.n°3
Faire entendre des bruits semblables à des coups de tonnerre. *Le canon **tonne**.* • **Il tonne** : le tonnerre se fait entendre.

tonnerre (nom masculin)
1. Grondement de la foudre qui accompagne l'éclair pendant un orage. *On a entendu un coup de **tonnerre** au loin, puis la pluie s'est mise à tomber.* 2. Grand bruit qui éclate brusquement. *Le célèbre chanteur a quitté la scène sous un **tonnerre** d'applaudissements.*

tonsure (nom féminin)
Petite partie rasée, en forme de cercle, au sommet du crâne. *Certains moines portent la **tonsure**.*

tonte (nom féminin)
Action de tondre les moutons. *Le printemps est l'époque de la **tonte**.*

tonton (nom masculin)
Oncle, dans le langage des enfants. *J'ai deux **tontons** : le frère de maman et celui de papa.*

tonus (nom masculin)
Vitalité et dynamisme de quelqu'un. *Malgré son âge, grand-mère a gardé un **tonus** incroyable !* → Prononciation [tɔnys].

top (nom masculin)
Bref signal sonore qui indique un moment précis. *Au quatrième* ***top****, il sera exactement huit heures.*

topaze (nom féminin)
Pierre précieuse transparente, de couleur jaune. *Un collier de* ***topazes****.*

topinambour (nom masculin)
Plante cultivée pour ses tubercules comestibles. *Le* ***topinambour*** *a un goût très proche de celui de l'artichaut.* ⊙ Topinambour vient du terme *Topinambous*, nom d'un peuple du Brésil.

fleurs et tubercule de **topinambour**

top-modèle (nom masculin)
Mannequin de haute couture qui a un succès international. → On écrit aussi top model. Pluriel : des top-modèles ou des top models.

topo (nom masculin)
Synonyme familier d'exposé. *La maîtresse nous a fait un petit* ***topo*** *sur les activités prévues pour la classe de nature.*

topographie (nom féminin)
Relief d'une région. *La* ***topographie*** *de l'Auvergne est très accidentée.*

topographique (adjectif)
Qui concerne la topographie. *Ils sont partis pour faire de l'escalade avec une carte* ***topographique****.*

toquade (nom féminin)
Caprice ou envie passagère. *Thomas collectionne les vieilles cartes postales, c'est sa nouvelle* ***toquade*** *!*

toque (nom féminin)
Coiffe ronde et sans bords. *La* ***toque*** *d'un cuisinier. Une* ***toque*** *de fourrure.*

toqué, ée (adjectif)
Synonyme familier de fou. *Notre voisine est une vieille dame un peu* ***toquée*** *qui vit avec une quinzaine de chats.*

Torah (nom féminin)
Ensemble des cinq premiers livres de la Bible, où se trouvent les principes essentiels de la religion juive. → On écrit aussi Thora.

torche (nom féminin)
Sorte de flambeau fait d'un bâton enduit de résine. *Dans la nuit, la procession avance à la lueur des* ***torches****.*
• **Torche électrique** : lampe portative de forme cylindrique.

torchis (nom masculin)
Matériau de construction fait d'un mélange de terre et de paille. *En Normandie, les maisons anciennes ont des murs en* ***torchis****.*

torchon (nom masculin)
Morceau de tissu qui sert à essuyer la vaisselle.

tordant, ante (adjectif)
Dans la langue familière, très amusant. *Mon cousin connaît un tas d'histoires* ***tordantes****.*

tordre (verbe) ⊙ conj.n°31
1. Tourner en sens contraire les deux extrémités d'une chose. *Elle* ***tord*** *la serpillière mouillée pour l'essorer.* 2. Tourner violemment une partie du corps. *Élodie* ***s'est tordu*** *le poignet en tombant.* 3. Plier en déformant. *Le tremblement de terre* ***a tordu*** *les rails de la voie ferrée.* 4. Se tordre : se plier en deux à cause d'une émotion ou d'une sensation violente. *Le malade* ***se tordait*** *de douleur.* • **Se tordre de rire** ou **se tordre** : dans la langue familière, rire énormément.

torero (nom masculin)
Homme qui affronte les taureaux dans une corrida. → Prononciation [tɔreʀo]. → On disait autrefois toréador.

tornade (nom féminin)
Tourbillon de vent très violent. *La **tornade** a déraciné les arbres et arraché les toits.* (Syn. cyclone, ouragan.)

torpeur (nom féminin)
État d'une personne engourdie, à moitié endormie. *Après ce bon repas, il glissait dans une agréable **torpeur**.*

torpille (nom féminin)
1. Engin explosif qui se propulse sous l'eau. *Le porte-avions a été touché par la **torpille** du sous-marin.* 2. Poisson marin au corps plat, capable de produire des décharges électriques. ⊙ Famille du mot : torpiller, torpilleur.

une **torpille**

torpiller (verbe) ○ conj. n°3
Faire exploser quelque chose en se servant d'une torpille.

torpilleur (nom masculin)
Navire de guerre armé de torpilles.

torréfaction (nom féminin)
Action de torréfier. *La **torréfaction** du café.*

torréfier (verbe) ○ conj. n°10
Faire griller. *On **torréfie** les grains de café, les graines de cacao et les feuilles de tabac.*

torrent (nom masculin)
Cours d'eau au débit rapide, qui descend d'une montagne. ➠ p. 367. • **Pleuvoir à torrents** : pleuvoir très fort. ⊙ Torrent vient du latin *torrens* qui signifie « impétueux ».

torrentiel, elle (adjectif)
Qui s'écoule avec violence. *Nous sommes rentrés trempés à la maison par une pluie **torrentielle**.*

torride (adjectif)
Extrêmement chaud. *Un vent **torride** souffle du désert.* (Syn. brûlant.)

torsade (nom féminin)
Assemblage de fils tordus en spirale. *Des **torsades** de fils dorés ornent le sapin de Noël.*

torsadé, ée (adjectif)
Qui est enroulé en torsade. *Une chevelure **torsadée**.*

torse (nom masculin)
Haut du corps humain, qui va des épaules à la taille. *Victor est resté **torse** nu à cause de la chaleur.* ➠ p. 263.

torsion (nom féminin)
Action de tordre quelque chose. *En ratant une marche, Fatima s'est fait une **torsion** de la cheville.*

tort (nom masculin)
1. Fait de mal agir ou de se tromper. *Ce serait un **tort** de ne pas l'inviter à ton anniversaire.* (Syn. erreur.) 2. Mal que l'on fait à quelqu'un ou peine qu'on lui cause. *Ne raconte pas n'importe quoi sur lui, tu lui fais du **tort**.* • **À tort** : injustement ou par erreur. *Il est innocent, il a été accusé **à tort**.* • **À tort et à travers** : sans réfléchir. *Elle bavarde **à tort et à travers**.* • **Avoir tort** : mal agir ou se tromper. *Il **a tort** de se mettre en colère pour si peu.* (Contr. avoir raison.) • **Donner tort à quelqu'un** : désapprouver sa conduite, ses actions. • **Être en tort** ou **être dans son tort** : être coupable d'une mauvaise action ou d'une action illégale. *Le conducteur **est dans son tort**, il n'a pas respecté la priorité à droite.*

torticolis (nom masculin)
Contraction musculaire douloureuse qui raidit le cou.

tortiller (verbe) ○ conj. n°3
1. Tordre quelque chose dans tous les sens. *Il **tortillait** le bas de son pull entre ses doigts.* 2. Se tortiller : s'agiter dans tous les sens. *Gaëlle n'arrête pas de **se tortiller** sur sa chaise.*

tortionnaire (nom)
Personne qui fait subir des tortures aux gens. *Le prisonnier a réussi à échapper à ses **tortionnaires**.*

▸ **tortue** (nom féminin)
Reptile dont le corps est entouré d'une carapace et qui se déplace très lentement sur ses pattes courtes.

une **tortue**

▸ **tortueux, euse** (adjectif)
Qui fait des tours et des détours. *Les touristes se promenaient dans les ruelles **tortueuses** du vieux quartier de la ville.* (Syn. sinueux. Contr. droit.)

▸ **torture** (nom féminin)
1. Souffrance physique que l'on fait subir volontairement à quelqu'un. *Le prisonnier n'a rien révélé malgré les **tortures**.* 2. Grande souffrance morale. *Ils sont sans nouvelles de leur enfant depuis des mois, c'est une véritable **torture**.*

▸ **torturer** (verbe) ○ conj.n°3
1. Faire subir des tortures à quelqu'un. *Ils l'**ont torturé** pour le faire parler, mais il n'a rien dit.* 2. Causer une vive souffrance. *Sa responsabilité dans cet accident le **torture** encore.* (Syn. tourmenter.)

▸ **tôt** (adverbe)
De bonne heure ou avant le moment habituel. *Hélène s'est couchée **tôt** hier soir.* (Contr. tard.) • **Pas de si tôt** : pas avant très longtemps. *Il est au Japon, on ne le reverra **pas de si tôt**.* • **Tôt ou tard** : à un moment ou à un autre. *Nous nous reverrons **tôt ou tard**.*

▸ **total, ale, aux** (adjectif)
1. Qui est tout à fait complet. *Il y avait un silence **total** dans la classe.* (Syn. absolu, entier.) 2. Qui regroupe la totalité sans rien laisser de côté. *La facture **totale** de nos achats se monte à deux cents euros.*
▷ **total, aux** (nom masculin) Résultat d'une addition. *Le **total** de 10 plus 10 est égal à 20.* ⊙ Famille du mot : totalement, totaliser, totalitaire, totalité.

▸ **totalement** (adverbe)
Complètement, entièrement. *Les travaux sont **totalement** terminés.*

▸ **totaliser** (verbe) ○ conj.n°3
Obtenir comme total. *C'est Julie qui **a totalisé** le maximum de points dans la dernière partie de cartes.*

▸ **totalitaire** (adjectif)
Se dit d'un régime dans lequel un seul parti politique possède la totalité des pouvoirs et ne tolère aucune opposition. *L'Allemagne nazie était un État **totalitaire**.*

▸ **totalité** (nom féminin)
Réunion de tous les éléments d'un tout. *L'assurance a payé la **totalité** des dépenses pour la réparation de la voiture.*

▸ **totem** (nom masculin)
Statue représentant un animal que les membres d'une tribu considèrent comme leur protection.

un **totem**

▶ **toucan** (nom masculin)
Oiseau d'Amérique du Sud au bec énorme et au plumage coloré.

un **toucan**

▶ **touchant, ante** (adjectif)
Qui touche les gens, les attendrit. *La scène où l'enfant retrouve sa mère est **touchante**.* (Syn. attendrissant, émouvant.)

▶ **touche** (nom féminin)
1. Chacune des pièces qui forment un clavier. *Appuie sur la **touche** rouge de la télécommande pour arrêter la télé. Les **touches** du piano sont blanches ou noires.* 2. Coup de pinceau très léger. *Le peintre ajoute quelques **touches** de jaune pour éclairer ce paysage.* 3. Petite secousse qui fait bouger la ligne quand le poisson mord à l'hameçon. *Remonte ta ligne, je crois que tu as une **touche**.* 4. Au rugby et au football, fait pour le ballon de sortir des limites du terrain. *L'arbitre a sifflé une **touche**.*

▶ **toucher** (verbe) ➲ conj.n°3
1. Mettre la main sur quelqu'un ou quelque chose. *Ne **touche** pas ce fer, il est brûlant !* 2. Être placé à côté ou contre. *Nos deux bureaux **se touchent**.* 3. Atteindre, entrer en contact ou blesser. *La flèche **a touché** la cible.* 4. Émouvoir ou attendrir quelqu'un. *Ce petit cadeau **a** beaucoup **touché** grand-mère.* 5. Mettre la main sur quelque chose pour le prendre. *Maman m'a interdit de **toucher** à ses produits de maquillage.* 6. Recevoir une somme d'argent. *Combien **a-t-il touché** pour faire ce travail ?* • **Toucher à sa fin** : être prêt de finir. *Il est tard, la soirée **touche à sa fin**.* (Syn. tirer à sa fin.)
⊙ Famille du mot : retouche, retoucher, touchant, touche.

▶ **toucher** (nom masculin)
L'un des cinq sens qui nous permet de reconnaître les choses grâce au contact avec la peau.

▶ **touffe** (nom féminin)
Petit assemblage de choses qui poussent serrées les unes contre les autres. *Une **touffe** de cheveux. Une **touffe** d'herbes.*

▶ **touffu, ue** (adjectif)
Qui est épais et serré comme une touffe. *Des buissons **touffus**.* (Syn. dense, dru. Contr. clairsemé.)

▶ **touiller** (verbe) ➲ conj.n°3
Synonyme familier de mélanger. *William **touille** la salade avec la vinaigrette.*

▶ **toujours** (adverbe)
1. Chaque fois ou dans tous les cas. *Xavier est **toujours** prêt à rendre service.* 2. Encore maintenant. *Alain travaille **toujours** au même endroit. Je l'attends depuis une heure et il n'est **toujours** pas là.* 3. De tout temps, ou sans cesse. *On peut **toujours** trouver des gens gentils autour de soi.* • **Pour toujours** : définitivement. *Il aimerait s'installer ici **pour toujours**.*

▶ **toundra** (nom féminin)
Steppe des régions polaires, à la végétation maigre et clairsemée.

▶ **toupet** (nom masculin)
Dans la langue familière, audace excessive. *Tu ne manques pas de **toupet** de fouiller dans mon sac !* (Syn. culot.)

▶ **toupie** (nom féminin)
Jouet qui tourne sur lui-même sur sa pointe quand on le lance. *Anna essaie de faire tourner sa **toupie** le plus longtemps possible.*

▶ 1. **tour** (nom masculin)
1. Mouvement effectué en tournant. *N'oublie pas de donner un **tour** de clé en partant.* 2. Circonférence de quelque chose. *Élodie a mesuré son **tour** de taille.* 3. Parcours qu'on fait autour d'un endroit. *On a fait le **tour** du lac.* 4. Petite promenade. *Tu viens avec moi faire un **tour** ?* 5. Exercice qui demande beaucoup d'adresse. *Le clown a fait plusieurs **tours** de prestidigitation.* 6. Ordre dans lequel on fait une chose. *Chacun son **tour** : c'est au **tour** de Benjamin de distribuer les cartes.* ➠

7. Synonyme de tournure. *Les derniers événements prennent vraiment un **tour** dramatique.* 8. Machine qui tourne régulièrement et permet de façonner des pièces de bois ou de métal, ou de modeler des poteries. *À l'école, il y a un atelier de poterie avec un **tour**.* • **À double tour** : en tournant deux fois la clé dans la serrure. • **En un tour de main** : très rapidement. (Syn. en un tournemain.) • **Jouer un tour à quelqu'un** : lui faire une farce. • **Tour de chant** : récital d'un chanteur.

2. tour (nom féminin)
1. Construction élevée de forme ronde ou carrée. *La **tour** de ce château est occupée par un musée.* ➠ p. 196. 2. Immeuble construit en hauteur. *Clément habite dans une **tour** de 35 étages.* • **Tour de contrôle** : bâtiment qui domine un aéroport et où se fait le contrôle du trafic aérien.

tourangeau, elle
➠ Voir tableau p. 6.

tourbe (nom féminin)
Matière noirâtre constituée par des végétaux qui se décomposent dans les marécages. *Le jardinier a étalé de la **tourbe** dans les plates-bandes.*

tourbière (nom féminin)
Marécage d'où l'on extrait la tourbe.

tourbillon (nom masculin)
Masse d'air, d'eau, de sable, etc. qui tourne rapidement sur elle-même. *L'endroit où le torrent forme des **tourbillons** est dangereux pour les kayaks.*

un **tourbillon**

tourbillonner (verbe) ⊙ conj.n°3
Former un tourbillon. *La neige qui **tourbillonne** gêne toujours beaucoup les alpinistes.* (Syn. tournoyer.)

tourelle (nom féminin)
1. Petite tour. *Le manoir est flanqué de deux **tourelles**.* ➠ p. 196. 2. Partie supérieure d'un char ou d'un navire de guerre, équipée d'un canon.

tourisme (nom masculin)
Activité qui consiste à voyager et à visiter des lieux pour le plaisir. *Papa est parti à Londres pour son travail et non pour faire du **tourisme**.*

touriste (nom)
Personne qui fait du tourisme. *Cette superbe région attire beaucoup de **touristes**.* ⊙ Famille du mot : tourisme, touristique. ⊙ Touriste vient de l'anglais *tourist*, issu du français *tour* au sens de « voyage circulaire ».

touristique (adjectif)
1. Qui concerne le tourisme. *Ce guide **touristique** est très bien fait.* 2. Qui est fréquenté par les touristes. *Venise est une ville très **touristique**.*

tourment (nom masculin)
Grande inquiétude. *Il a de mauvaises notes à l'école, et cause bien du **tourment** à ses parents.* (Syn. souci, tracas.) ⊙ Tourment vient du latin *tormentum* qui signifie « instrument de torture ».

tourmente (nom féminin)
Synonyme littéraire de tempête. *Le chalutier, pris dans la **tourmente**, a lancé un signal de détresse.*

tourmenter (verbe) ⊙ conj.n°3
1. Causer du tourment. *Romain, ne vous **tourmentez** pas, cette maladie est vraiment bénigne.* 2. Faire souffrir. *Si vous continuez à **tourmenter** ce petit chat, il va finir par vous griffer !*

tournage (nom masculin)
Action de tourner un film. *Une partie du **tournage** a eu lieu dans le désert.*

▸ **tournant** (nom masculin)
Endroit où une route tourne. *Ralentis, ce* ***tournant*** *est très dangereux !* (Syn. virage.)

▸ **tournebroche** (nom masculin)
Dispositif pour faire tourner automatiquement une broche à rôtir. *Ce four est équipé d'un* ***tournebroche*** *électrique.*

▸ **tournedos** (nom masculin)
Tranche de filet de bœuf entourée d'une barde. *Au menu, il y a des* ***tournedos*** *au poivre.*

▸ **tournée** (nom féminin)
Déplacement ou voyage fait selon un itinéraire fixé, en s'arrêtant à divers endroits. *Le facteur fait sa* ***tournée*** *à vélo. Ce musicien part en* ***tournée*** *dans toute la France.*

▸ en un **tournemain** (adverbe)
Synonyme de en un tour de main. *L'omelette était prête* ***en un tournemain****.*

▸ **tourner** (verbe) ➲ conj.n°3
1. Se déplacer autour d'un axe, ou en décrivant une courbe. *David regarde le manège qui* ***tourne****. La Lune* ***tourne*** *autour de la Terre.* 2. Diriger dans un autre sens. *Fatima* ***a tourné*** *la tête au moment où on prenait la photo. Ibrahim* ***s'est tourné*** *vers moi pour me parler.* 3. Changer de direction. *Au carrefour, il faut* ***tourner*** *à gauche.* (Syn. virer.) 4. Rabattre l'un sur l'autre. *Kevin* ***tourne*** *les pages de son dictionnaire.* 5. Fabriquer au tour. *Le potier* ***tourne*** *un bol.* 6. Faire un film. *Ce réalisateur* ***a tourné*** *en décors naturels.* 7. Évoluer d'une certaine façon. *Cette affaire* ***a tourné*** *à la catastrophe.* 8. Devenir aigre. *Le lait n'est plus bon, il* ***a tourné*** *à cause de la chaleur.* • **Avoir la tête qui tourne** : avoir des vertiges. • **Tourner de l'œil** : synonyme familier de s'évanouir. ⊙ Famille du mot : tournage, tournant, tournebroche, tournée, en un tournemain, tournesol, tournevis, tournis, tournoyer, tournure. ⊙ Tourner vient du latin *tornare* qui signifie « façonner au tour ».

▸ **tournesol** (nom masculin)
Plante à grosses fleurs jaunes qui se tournent vers le soleil. *Avec les graines de* ***tournesol****, on fait de l'huile.*

un **tournesol**

▸ **tourneur** (nom masculin)
Ouvrier qui façonne des pièces métalliques sur un tour.

▸ **tournevis** (nom masculin)
Outil qui sert à serrer ou à desserrer les vis. ➜ Prononciation [turnəvis].

▸ **tourniquet** (nom masculin)
Dispositif de clôture qui tourne et qui ne laisse passer qu'une personne à la fois. *Pour entrer dans la station de métro, il faut franchir le* ***tourniquet****.*

▸ **tournis** (nom masculin)
Sensation de vertige. *Toute cette foule m'a donné le* ***tournis****.*

▸ **tournoi** (nom masculin)
1. Au Moyen Âge, combat opposant des chevaliers armés de lances. 2. Compétition qui comprend plusieurs matchs. *Pierre s'est inscrit au* ***tournoi*** *de ping-pong.*

▸ **tournoyer** (verbe) ➲ conj.n°6
Synonyme de tourbillonner. *Le cow-boy faisait* ***tournoyer*** *son lasso au-dessus de sa tête.*

▸ **tournure** (nom féminin)
1. Façon d'évoluer en parlant d'un événement ou d'une situation. *Cette discussion prend une* ***tournure*** *très dramatique.* (Syn. tour.) **2.** Agencement des mots dans une phrase. *Une* ***tournure*** *trop compliquée.* • **Tournure d'esprit** : manière de voir les choses.

▸ **tourte** (nom féminin)
Tarte salée recouverte de pâte. *Maman prépare une* ***tourte*** *aux courgettes.*

▸ **tourteau, eaux** (nom masculin)
Gros crabe comestible. *Les* ***tourteaux*** *ont des grosses pinces.* ⊙ Tourteau vient de l'ancien français *tort* qui signifie « tordu », par allusion à la démarche du crabe.

un **tourteau**

▸ **tourterelle** (nom féminin)
Oiseau qui ressemble à un pigeon. *Les* ***tourterelles*** *roucoulent.*

une **tourterelle**

▸ **tous** ➠ Voir tout.

▸ **tousser** (verbe) ○ conj.n°3
Être pris d'un accès de toux. *Quentin a un gros rhume, il a le nez qui coule et il* ***tousse*** *beaucoup.*

▸ **toussoter** (verbe) ○ conj.n°3
Tousser légèrement. *Romain* ***a toussoté*** *pour attirer l'attention de Gaëlle.*

▸ **tout, toute, tous, toutes** (adjectif)
1. Qui représente la totalité. *Il a neigé* ***toute*** *la nuit.* ***Tous*** *les toits de ce village sont en tuiles.* **2.** N'importe lequel, chaque. *Il peut arriver à* ***tout*** *moment.* ***Toutes*** *les semaines, Thomas va au cours de judo.* ▷ **tout, tous, toutes** (pronom) La totalité des choses ou des personnes. ***Tout*** *est bon dans ce restaurant. Les élèves sont* ***tous*** *partis en classe de neige.* ▷ **tout** (adverbe) **1.** Complètement, entièrement, tout à fait. *Cette maison est* ***toute*** *neuve. Ton pantalon est* ***tout*** *sale.* **2.** Synonyme de très. *Ce chat est encore* ***tout*** *jeune.* • **En tout** : au total. ***En tout****, on a payé quinze euros.* ➜ Tout, adverbe, s'accorde devant un adjectif féminin qui commence par une consonne ou un h aspiré. *Ces filles sont* ***toutes*** *mignonnes. Elle est* ***toute*** *honteuse.* ▷ **tout** (nom masculin) **1.** Ensemble de choses. *Il veut se débarrasser de sa collection de timbres et va donner le* ***tout*** *à son cousin.* **2.** Chose essentielle. *Le* ***tout*** *c'est de ne pas s'affoler quand il y a le feu.* • **Pas du tout** : absolument pas. *Je n'ai* ***pas*** *faim* ***du tout****.*

▸ **tout à coup** (adverbe)
Brusquement, soudain, subitement. *On dînait dehors quand* ***tout à coup*** *l'orage a éclaté.*

▸ **tout à fait** (adverbe)
Entièrement, totalement, complètement. *Le gâteau n'est pas encore* ***tout à fait*** *cuit.*

▸ **tout-à-l'égout** (nom masculin)
Système d'évacuation des eaux sales dans les égouts. *Cette ferme éloignée n'est pas raccordée au* ***tout-à-l'égout****.*

▸ **tout à l'heure** (adverbe)
1. Il y a peu de temps. *Il fait beau maintenant, mais* ***tout à l'heure*** *il pleuvait.* **2.** Dans un moment. *Tu iras acheter le pain* ***tout à l'heure****.*

▸ **tout de suite** (adverbe)
Sans attendre. *Hélène a reçu une lettre de sa grand-mère et lui a* ***tout de suite*** *répondu.* (Syn. immédiatement.)

▸ **toutefois** (adverbe)
Indique une opposition. *J'aimerais bien t'accompagner, si **toutefois** tu n'y vois pas d'inconvénient.* (Syn. cependant, néanmoins, pourtant.)

▸ **tout-terrain** (adjectif)
Se dit d'un véhicule adapté à tous les terrains, même accidentés. *Un camion **tout-terrain**.* → Pluriel : des voitures tout-terrain.

▸ **toux** (nom féminin)
Expiration bruyante et saccadée visant à dégager les voies respiratoires. *Pour calmer sa **toux**, Julie suce des bonbons au miel.* ⊙ Famille du mot : tousser, toussoter.

▸ **toxicomane** (nom)
Synonyme de drogué. *Il faut aider les **toxicomanes** à se passer de leur drogue.*

▸ **toxicomanie** (nom féminin)
Fait de se droguer. *Cette brochure explique les dangers de la **toxicomanie**.*

▸ **toxique** (adjectif)
Qui est dangereux pour la santé. *Certains champignons sont **toxiques**.* ⊙ Famille du mot : désintoxiquer, intoxication, intoxiquer, toxicomane, toxicomanie.

▸ **trac** (nom masculin)
Angoisse qu'on ressent avant de faire quelque chose en public. *Chaque fois qu'il entre sur scène, ce chanteur a le **trac**.*

▸ **tracas** (nom masculin)
Synonyme de souci. *Les parents se font souvent beaucoup de **tracas** pour l'avenir de leurs enfants.*

▸ **tracasser** (verbe) ○ conj.n°3
Causer du tracas. *Sa santé nous **tracasse**. Ne te **tracasse** pas pour lui, il saura se débrouiller tout seul.* (Syn. inquiéter.) ⊙ Famille du mot : tracas, tracasserie.

▸ **tracasserie** (nom féminin)
Ennui ou désagrément causés par des choses peu importantes. *Maman redoute les **tracasseries** administratives.*

▸ **trace** (nom féminin)
1. Marque laissée par un animal, une personne ou une chose. *Des **traces** de pas dans la neige.* (Syn. empreinte.) 2. Marque laissée par une action ou un événement passés. *L'enfant portait plusieurs **traces** de coups.* 3. Très petite quantité. *L'enquête a prouvé qu'il y avait des **traces** de poison dans le corps de la victime.*

▸ **tracé** (nom masculin)
Ensemble de lignes représentant quelque chose. *On connaît le **tracé** de la future autoroute.*

▸ **tracer** (verbe) ○ conj.n°4
Dessiner à l'aide de traits. *Avec une craie, les enfants **ont tracé** une marelle dans la cour.*

▸ **trachée** (nom féminin)
Conduit situé entre la gorge et les bronches, qui sert au passage de l'air qu'on respire. → On dit aussi trachée-artère.

▸ **trachéite** (nom féminin)
Inflammation de la trachée. *Sa **trachéite** le fait beaucoup tousser.* → Prononciation [tʀakeit].

▸ **tract** (nom masculin)
Feuille de papier contenant des opinions, des revendications ou des propositions. *Les nombreux manifestants distribuent des **tracts** aux passants.*

▸ **tractations** (nom féminin pluriel)
Discussions longues et difficiles pour obtenir quelque chose. *Les **tractations** pour se mettre d'accord sur le prix de la maison ont été très longues.*

▸ **tracter** (verbe) ○ conj.n°3
Remorquer à l'aide d'un véhicule. *Le planeur **est tracté** par un avion à hélice.*

▸ **tracteur** (nom masculin)
Véhicule à moteur utilisé pour tirer une remorque ou une machine agricole. *Le cultivateur part labourer son champ sur son **tracteur**.*

a b c d e f g h i j k l m n o p q r s t u v w x y z

traction (nom féminin)
1. Force qui permet de tirer quelque chose. *Les trains sont aujourd'hui à **traction** électrique.* 2. Exercice de gymnastique où l'on soulève le corps par la force des bras. *À force de faire des **tractions**, Victor a des courbatures.*

tradition (nom féminin)
Manière de faire très ancienne, qui se transmet de génération en génération. *C'est la **tradition** d'offrir du muguet le jour du 1er mai.* (Syn. coutume, habitude.) ⊙ Famille du mot : traditionaliste, traditionnel, traditionnellement. ⊙ Tradition vient du latin *traditio* qui signifie « chose transmise ».

traditionaliste (adjectif et nom)
Qui respecte les traditions.

traditionnel, elle (adjectif)
Qui est fondé sur une tradition. *Laura souffle les bougies du **traditionnel** gâteau d'anniversaire.*

traditionnellement (adverbe)
De façon traditionnelle. *Le 14 Juillet, il y a **traditionnellement** des feux d'artifice.*

traducteur, trice (nom)
Auteur de traductions. *Son père est bilingue, il est **traducteur** dans une maison d'édition.*

traduction (nom féminin)
Texte traduit. *Ce livre est la **traduction** d'un roman américain.*

traduire (verbe) ○ conj.n°43
1. Écrire ou dire la même chose avec des mots d'une langue différente. *Ce roman anglais vient d'**être traduit** en français.* 2. Exprimer ou manifester quelque chose d'une certaine façon. *Le mécontentement de la population **s'est traduit** par des émeutes.* • **Traduire quelqu'un en justice** : le faire passer devant un tribunal. ⊙ Famille du mot : intraduisible, traducteur, traduction, traduisible. ⊙ Traduire vient du latin *traducere* qui signifie « faire passer ».

traduisible (adjectif)
Que l'on peut traduire. *Ce jeu de mots est difficilement **traduisible** en anglais.*

trafic (nom masculin)
1. Circulation de véhicules. *Pour ce week-end, on prévoit un **trafic** important sur les routes.* 2. Commerce interdit par la loi. *Les policiers ont démantelé un **trafic** d'armes.* ⊙ Famille du mot : trafiquant, trafiquer.

trafiquant, ante (nom)
Personne qui fait du trafic. *Le tribunal a condamné des **trafiquants** de drogue.*

trafiquer (verbe) ○ conj.n°3
1. Faire du trafic. *C'est en **trafiquant** que cet homme s'est enrichi.* 2. Modifier dans l'intention de tromper. *Ces comptes sont faux : ils **ont été trafiqués**.* (Syn. falsifier.)

tragédie (nom féminin)
1. Pièce de théâtre dont le sujet est grave et qui se termine mal. *Au collège, on étudie certaines **tragédies** de Racine.* 2. Événement terrible et dramatique. *Sa mort a été une **tragédie** pour toute la famille.* (Syn. drame.)

« Hamlet », **tragédie** de Shakespeare illustrée par Delacroix.

tragique (adjectif)
Qui a des conséquences très graves. *Son oncle a été grièvement blessé dans un **tragique** accident.* (Syn. effroyable, terrible.) ▷ **tragique** (nom masculin) • **Prendre quelque chose au tragique** : s'en inquiéter de façon exagérée.

tragiquement (adverbe)
De manière tragique. *Des pêcheurs ont péri* ***tragiquement*** *dans la tempête.*

trahir (verbe) ○ conj.n°11
1. Abandonner ou tromper quelqu'un qui avait confiance en vous, en se mettant du côté de ses ennemis. *En vendant à un pays étranger les plans de la fusée, il* ***a trahi*** *son pays.* 2. Laisser paraître ce qu'on voulait cacher. *Ses tremblements* ***trahissent*** *son émotion. Myriam* ***s'est trahie*** *en rougissant.* • **Trahir un secret** : le divulguer alors qu'on avait promis de ne pas le répéter. ⊙ Trahir vient du latin *tradere* qui signifie « livrer ».

trahison (nom féminin)
Action de trahir. *Il a été condamné pour* ***trahison****.*

train (nom masculin)
1. Ensemble de wagons tirés par une locomotive. *Je prendrai le* ***train*** *qui part à six heures. Le T.G.V. est un* ***train*** *très rapide.* 2. File de véhicules attachés les uns aux autres. *William regarde passer un* ***train*** *de péniches sur le canal.* 3. Allure ou vitesse de quelqu'un ou de quelque chose. *Au* ***train*** *où tu vas, tu n'auras pas fini tes devoirs ce soir !* • **À fond de train** : à toute vitesse. • **Être en train de** : exprime le déroulement d'une action. *Noémie* ***est en train de*** *prendre son petit déjeuner.* • **Train d'atterrissage** : système qui permet à un avion de rouler au sol au moment de l'atterrissage. • **Train de vie** : manière de vivre par rapport à ses revenus.

traînard, arde (nom)
Personne qui est à la traîne d'un groupe. *Les marcheurs ont fait une halte pour attendre les* ***traînards****.*

traîne (nom féminin)
Partie d'un vêtement qui traîne par terre. *La mariée portait une robe blanche avec une longue* ***traîne****.* • **À la traîne** : en retard sur les autres. *Ce sont toujours les mêmes qui sont* ***à la traîne*** *!*

traîneau, eaux (nom masculin)
Véhicule muni de patins pour glisser sur la neige ou sur la glace. *Le* ***traîneau*** *est tiré par un cheval.*

traînée (nom féminin)
Longue trace laissée par quelque chose. *La* ***traînée*** *blanche d'un avion dans le ciel bleu.*

traîner (verbe) ○ conj.n°3
1. Tirer une chose sans la soulever. *La locomotive* ***traîne*** *une dizaine de wagons de marchandises.* 2. Pendre jusqu'à terre. *Ton ourlet est défait et ta robe* ***traîne*** *par terre !* 3. Être en désordre. *Maman demande à Xavier de ranger toutes ses affaires qui* ***traînent****.* 4. Rester trop longtemps quelque part. *Fais vite et ne* ***traîne*** *pas en route !* (Syn. s'attarder.) 5. Durer vraiment trop longtemps. *Les travaux* ***traînent*** *depuis des mois.* 6. Se traîner : se déplacer en rampant. *Le bébé* ***se traîne*** *par terre.* • **Traîner la jambe** : avancer péniblement. ⊙ Famille du mot : traînard, traîne, traîneau, traînée.

un attelage de chiens de **traîneau**

a b c d e f g h i j k l m n o p q r s t u v w x y z

train-train (nom masculin)
Synonyme familier de routine. *La visite de ses amis a rompu son **train-train** quotidien.*

traire (verbe) conj.n°40
Tirer sur les mamelles, en prenant le pis, pour faire sortir le lait. *On **trait** les vaches, les chèvres et les brebis.* Traire vient du latin *trahere* qui signifie « tirer ».

On **trait** la vache.

trait (nom masculin)
1. Courte ligne droite. *Odile trace des **traits** à la craie pour dessiner une marelle.* 2. Action de tirer une charrue ou un chariot. *Les chevaux de **trait** ont presque disparu.* 3. Élément distinctif. *La chaleur humide est un **trait** dominant du climat équatorial.* • **Avoir trait à quelque chose** : avoir un rapport avec elle. *Tout ce qui **a trait au** sport passionne Sarah.* (Syn. concerner.) • **D'un (seul) trait** : en une seule fois, sans s'arrêter. *Le bébé a bu son biberon **d'un seul trait**.* • **Un trait de génie** : une idée géniale. ▷ **traits** (nom masculin pluriel) Lignes qui forment le visage. *Ursula a les mêmes **traits** que sa mère.*

traitant, ante (adjectif)
• **Médecin traitant** : médecin qui traite quelqu'un habituellement.

trait d'union (nom masculin)
Signe en forme de petit trait, qui sert à réunir les parties d'un même mot. *Les mots « arc-en-ciel » et « pot-au-feu » s'écrivent avec des **traits d'union**.*
→ Pluriel : des traits d'union.

traite (nom féminin)
1. Trafic et commerce d'êtres humains. *À l'époque de la **traite** des Noirs, beaucoup d'Africains ont été vendus comme esclaves en Amérique.* 2. Somme qu'un débiteur doit payer régulièrement pour rembourser un crédit. *Ils paient chaque mois les **traites** de leur appartement.* 3. Action de traire. *C'est une machine qui effectue la **traite** des vaches.* • **D'une (seule) traite** : en une seule fois, sans s'arrêter. *On a fait le parcours en voiture, **d'une seule traite**.*

traité (nom masculin)
1. Ouvrage qui traite d'une matière ou d'un sujet. *Ce **traité** de physique me semble compliqué.* 2. Accord officiel entre des États. *Signer un **traité** de paix.*

traitement (nom masculin)
1. Façon de traiter une personne ou un animal. *Cet homme est soupçonné de faire subir de mauvais **traitements** à ses enfants.* 2. Ensemble des moyens utilisés pour soigner une maladie. *Le médecin a prescrit un nouveau **traitement** à son patient.* 3. Ensemble des opérations ou des procédés destinés à modifier une chose. *Le **traitement** de l'eau la rend potable.* 4. Salaire d'un fonctionnaire. *On reçoit son **traitement** à la fin du mois.* • **Traitement de texte** : programme informatique qui permet de saisir, corriger et imprimer des documents.

traiter (verbe) conj.n°3
1. Agir d'une certaine façon envers une personne ou un animal. *Ce restaurateur **traite** ses clients comme des amis.* 2. Donner un qualificatif injurieux à quelqu'un. *Zoé s'est fâchée quand Yann l'**a traitée** de menteuse.* 3. Appliquer un traitement à une maladie. *Anna a pris des antibiotiques pour **traiter** son angine.* 4. Enseigner quelque chose ou parler de quelque chose. *Ce matin, le professeur **a traité** avec les élèves des problèmes de la violence à l'école.* 5. Soumettre une chose à un traitement qui la modifie. *Ce bois **est traité** spécialement pour l'extérieur. Des oranges non **traitées**.* Famille du mot : intraitable, maltraiter, traitant, traité, traitement, traiteur.

▸ **traiteur** (nom masculin)
Commerçant qui prépare et vend des plats cuisinés. *Maman a commandé une paella chez le **traiteur**.*

▸ **traître, traîtresse** (nom)
Personne qui trahit. *Cet homme est passé dans le camp ennemi, c'est un **traître**.* • **En traître** : de façon perfide, déloyale. *Prendre quelqu'un **en traître** en l'attaquant par derrière.* ▷ **traître** (adjectif masculin) Qui est plus dangereux qu'il n'en a l'air. *Méfie-toi des petites routes de montagne car elles sont **traîtres** !* • **Pas un traître mot** : pas un seul mot. *Je n'ai **pas** compris **un traître mot** de son discours.*

▸ **traîtrise** (nom féminin)
Comportement d'un traître. *On lui a reproché sa **traîtrise**.* (Syn. perfidie. Contr. loyauté.)

▸ **trajectoire** (nom féminin)
Chemin suivi par un corps en mouvement. *La fusée a dévié de la **trajectoire** prévue.* ⊙ Trajectoire vient du latin *trajectus* qui signifie « traversée », que l'on retrouve dans trajet.

▸ **trajet** (nom masculin)
Chemin à parcourir pour aller d'un point à un autre. *Comme son école n'est pas loin, Élodie fait le **trajet** à pied.* (Syn. parcours.)

▸ **tram** ➠ Voir tramway.

▸ **trame** (nom féminin)
1. Ensemble des fils d'un tissu qui sont tissés dans le sens de la largeur. 2. Au sens figuré, ce qui constitue le fond ou la structure de quelque chose. *Ce romancier présente la **trame** de son prochain livre.*

▸ **tramer** (verbe) ⊳ conj.n°3
Comploter, manigancer quelque chose. *Ces voyous **trament** un mauvais coup.*

▸ **tramontane** (nom féminin)
Vent du nord-ouest qui souffle parfois sur une partie de la côte méditerranéenne. ⊙ Tramontane vient de l'italien *transmontana* (*stella*) qui signifie « (étoile) polaire ».

▸ **trampoline** (nom masculin)
Grande toile tendue sur un cadre par des ressorts, sur laquelle on rebondit.

▸ **tramway** (nom masculin)
Sorte de train électrique pour le transport des voyageurs dans les rues de certaines villes. ➜ Tramway est un mot anglais : on prononce [tʀamwɛ]. ➜ Ce mot s'abrège tram.

▸ **tranchant, ante** (adjectif)
1. Qui tranche bien. *Le boucher aiguise ses couteaux pour les rendre plus **tranchants**.* (Syn. coupant.) 2. Au sens figuré, qui est brusque et dur. *Un ton **tranchant**.* ▷ **tranchant** (nom masculin) Partie tranchante d'une lame. *Le **tranchant** d'une hache.*

▸ **tranche** (nom féminin)
Morceau plus ou moins mince d'un aliment qu'on a tranché. *Pour les sandwichs, on a acheté de fines **tranches** de jambon.*

▸ **tranchée** (nom féminin)
Trou étroit et long qu'on creuse dans le sol. *Les ouvriers font des **tranchées** pour changer les conduites de gaz.*

soldats français dans une **tranchée** en 1917

▸ **trancher** (verbe) ⊳ conj.n°3
1. Couper d'un seul coup. *Autrefois, en France, on **tranchait** la tête des condamnés à mort avec une guillotine.* 2. Faire un choix catégorique et décisif pour régler quelque chose. *On a assez hésité, maintenant il faut **trancher**.* 3. Faire un contraste. *La couleur sombre de sa cravate **tranche** sur sa chemise blanche.* ⊙ Famille du mot : tranchant, tranche, tranchée.

a b c d e f g h i j k l m n o p q r s t u v w x y z

tranquille (adjectif)
1. Où il n'y a ni agitation ni bruit. *Fatima cherche un endroit **tranquille** pour travailler.* (Syn. calme, paisible.) 2. Qui est peu remuant. *Les enfants sont **tranquilles**, on ne les entend pas !* (Syn. sage.) 3. Qui est sans inquiétude. *Sois **tranquille**, il n'y a aucun danger.* • **Laisser quelqu'un tranquille** : ne pas le déranger. ***Laisse**-nous **tranquilles**, nous travaillons vraiment !* ⊙ Famille du mot : tranquillement, tranquillisant, tranquilliser, tranquillité.

tranquillement (adverbe)
D'une manière tranquille. *Benjamin lit **tranquillement** dans sa chambre.* (Syn. calmement, paisiblement.)

tranquillisant (nom masculin)
Médicament qui calme l'anxiété.

tranquilliser (verbe) ○ conj.n°3
Synonyme de rassurer. *Nous avons enfin eu de ses nouvelles, et nous voilà **tranquillisés**.* (Contr. inquiéter.)

tranquillité (nom féminin)
État de ce qui est tranquille et calme. *Ce qu'ils apprécient le plus dans ce village, c'est la **tranquillité**.* (Syn. calme.)

transaction (nom féminin)
Opération boursière ou commerciale.

1. transat (nom masculin)
Chaise longue pliante. → Prononciation [tʀɑ̃zat]. ⊙ Les premiers transats ont été utilisés sur le pont des paquebots *transatlantiques*.

2. transat (nom féminin)
Course de voiliers à travers l'Atlantique. → Prononciation [tʀɑ̃zat].

transatlantique (adjectif)
Qui traverse l'océan Atlantique. *Cette course **transatlantique** va du Havre à New York.* ▷ **transatlantique** (nom masculin) Navire transatlantique.

transcription (nom féminin)
Action de transcrire. *La **transcription** phonétique de certains mots particuliers est indiquée dans ce dictionnaire.*

transcrire (verbe) ○ conj.n°47
Reproduire un message dans un alphabet différent. *Ce livre **a été transcrit** en braille.*

transe (nom féminin)
• **Être en transe** : perdre tout contrôle de soi. ▷ **transes** (nom féminin pluriel) • **Être dans les transes** : être très anxieux.

transept (nom masculin)
Partie d'une église qui est perpendiculaire à la nef, au niveau du chœur. → Prononciation [tʀɑ̃sɛpt].

transférer (verbe) ○ conj.n°8
Faire passer quelqu'un ou quelque chose d'un lieu à un autre. *Les locaux de la banque **ont été transférés** de l'autre côté de la rue.*

transfert (nom masculin)
Action de transférer quelqu'un ou quelque chose. *Le blessé est soigné dans l'ambulance pendant son **transfert** à l'hôpital.*

transfigurer (verbe) ○ conj.n°3
Transformer quelqu'un en l'embellissant. *Le bonheur les **a transfigurés**.*

transformateur (nom masculin)
Appareil qui permet de modifier le voltage d'un courant électrique.

transformation (nom féminin)
1. Action de transformer quelque chose. *La **transformation** des matières premières en produits industriels.* 2. Ce qui a été transformé. *Gaëlle a fait des **transformations** dans sa chambre en changeant les meubles de place.* (Syn. changement, modification.)

transformer (verbe) ○ conj.n°3
Changer l'aspect ou la forme de quelque chose ou de quelqu'un. *Ce terrain vague va **être transformé** en jardin public. Le têtard **se transforme** en grenouille, la chenille **se transforme** en papillon.* • **Transformer un essai** : au rugby, faire passer le ballon entre les poteaux du camp adverse après avoir marqué un essai. ⊙ Famille du mot : transformateur, transformation.

transfusion (nom féminin)
Fait d'injecter dans les veines d'une personne le sang d'une autre personne. *Ce blessé a été sauvé grâce à une **transfusion** sanguine.*

transgresser (verbe) ○ conj.n°3
Ne pas respecter un ordre, une loi, etc. *Il a été puni pour **avoir transgressé** le règlement.*

transhumance (nom féminin)
Déplacement des troupeaux qui vont paître dans les alpages l'été, puis qui redescendent dans les vallées avant l'hiver.

la **transhumance**

transi, ie (adjectif)
Qui a très froid. *Les randonneurs sont rentrés **transis**.*

transiger (verbe) ○ conj.n°5
Faire des concessions pour trouver un accord. *Ils ne sont pas d'accord sur les prix, ils vont devoir **transiger**.* ⊙ Famille du mot : intransigeance, intransigeant.

transistor (nom masculin)
Poste de radio portatif. *Clément a acheté des piles pour son **transistor**.*

transit (nom masculin)
Fait de s'arrêter dans un pays pour aller dans un autre pays sans avoir à passer la douane. *Le temps de l'escale, les passagers en **transit** attendent dans la salle d'embarquement.* ➜ Prononciation [tʀɑ̃zit].

transiter (verbe) ○ conj.n°3
Être en transit. *Quand nous sommes allés aux États-Unis, nous **avons transité** par Londres.*

transitif, ive (adjectif)
Se dit d'un verbe qui peut être suivi d'un complément d'objet. *« Manger » est un verbe **transitif**, « dormir » est un verbe intransitif.*

transition (nom féminin)
Moment qui représente un stade intermédiaire. *L'adolescence fait la **transition** entre l'enfance et l'âge adulte.*

transitoire (adjectif)
Qui forme une transition. *Votre gouvernement a pris des mesures **transitoires**.* (Syn. provisoire, temporaire. Contr. définitif.)

translucide (adjectif)
Qui est presque transparent. *Le blanc d'œuf cru est **translucide**, le jaune ne l'est pas.* (Contr. opaque.)

transmettre (verbe) ○ conj.n°33
1. Communiquer quelque chose à quelqu'un. *C'est Véronique qui m'**a transmis** ton message. La varicelle **se transmet** très facilement.* 2. Faire passer d'un endroit à un autre. *Les vibrations de la perceuse **se transmettent** vraiment dans toute la maison.* ⊙ Famille du mot : retransmettre, retransmission, transmissible, transmission.

transmissible (adjectif)
Qui peut se transmettre. *Le sida est une maladie **transmissible** par le sperme ou par le sang.* (Syn. contagieux.)

transmission (nom féminin)
Action de transmettre. *La **transmission** d'une maladie. Soudain, la courroie de **transmission** s'est cassée et la voiture est tombée en panne.*

transparaître (verbe) ○ conj.n°37
Devenir visible sur une surface. *Son émotion **transparaît** sur son visage.*

transparence (nom féminin)
Qualité de ce qui est transparent. *La **transparence** de l'eau nous permet de voir les fonds marins.*

a b c d e f g h i j k l m n o p q r s t u v w x y z

transparent, ente (adjectif)
Qui laisse passer la lumière et permet de voir distinctement à travers. *Ce tissu est trop **transparent**, il va falloir le doubler.* ⊙ Transparent vient des mots latins *trans* qui signifie « à travers » et *parere* qui signifie « apparaître ».

transpercer (verbe) ○ conj.n°4
Passer au travers de quelque chose. *Une flèche lui **a transpercé** le bras.* (Syn. traverser.)

transpiration (nom féminin)
Sécrétion de la sueur à travers les pores de la peau. *Pour éviter les odeurs de **transpiration**, Julie met du déodorant.* (Syn. sueur.)

transpirer (verbe) ○ conj.n°3
Avoir la peau couverte de transpiration. *Il fait tellement chaud que tout le monde **transpire** abondamment.* (Syn. suer.)

transplantation (nom féminin)
Action de transplanter un organe. *Une **transplantation** cœur-poumons.*

transplanter (verbe) ○ conj.n°3
1. Sortir une plante de terre pour la replanter ailleurs. *Le jardinier **a transplanté** plusieurs arbustes qui manquaient de soleil.* 2. Greffer un organe à un malade. *Il est à l'hôpital car on doit lui **transplanter** un rein.*

transport (nom masculin)
Action de transporter. *Certains trains assurent le **transport** des voyageurs et de leur voiture.* ▷ **transports** (nom masculin pluriel) Moyens qui permettent de transporter des personnes ou des marchandises. *Le métro et les autobus sont des **transports** en commun.*

transporter (verbe) ○ conj.n°3
Porter d'un lieu dans un autre. *Ce camion frigorifique **transporte** du poisson.* ⊙ Famille du mot : transport, transporteur.

transporteur (nom masculin)
Personne dont le métier est de transporter des marchandises ou des personnes.

transposer (verbe) ○ conj.n°3
Présenter quelque chose sous une autre forme ou dans un autre contexte. *Le réalisateur de ce film **a transposé** une histoire médiévale à l'époque actuelle.*

transvaser (verbe) ○ conj.n°3
Faire passer un liquide d'un récipient dans un autre. *Maman **a transvasé** le porto dans une carafe en cristal.*

transversal, ale, aux (adjectif)
Qui coupe quelque chose perpendiculairement. *Cette rue est **transversale**.*

trapèze (nom masculin)
1. Figure géometrique qui a quatre côtés, dont deux sont parallèles et de longueur inégale. ➠ p. 512. 2. Barre horizontale suspendue à deux cordes. *Dans le jardin, il y a un portique avec une balançoire et un **trapèze**.* ⊙ Trapèze vient du grec *trapeza* qui signifie « table à quatre pieds ».

trapéziste (nom)
Personne qui fait des acrobaties au trapèze. *Laura a toujours peur quand elle regarde les **trapézistes** du cirque.*

trappe (nom féminin)
1. Ouverture dans un plancher ou au plafond, fermée par un panneau mobile. *Une **trappe** donne accès à notre grenier.* 2. Trou recouvert de branchages, servant à piéger les animaux sauvages. *Les chasseurs ont trouvé un renard pris dans la **trappe**.*

trappeur (nom masculin)
Chasseur d'animaux à fourrure, en Amérique du Nord. *Le **trappeur** a posé des pièges à renards.*

trapu, ue (adjectif)
Qui est petit et large de carrure. *Ces rugbymen sont **trapus**.* (Syn. râblé.)

traquenard (nom masculin)
Piège tendu à quelqu'un. *Les quinze malfaiteurs sont tombés dans un **traquenard** tendu par la police.*

traquer (verbe) conj.n°3
Pourchasser sans relâche et avec acharnement un gibier ou une personne. *Le sanglier **est traqué** par les chasseurs.*

traumatiser (verbe) conj.n°3
Causer un traumatisme. *Ce film est violent et risque de **traumatiser** les enfants.*

traumatisme (nom masculin)
Choc provoqué par un coup ou une émotion violente. *Le divorce de ses parents a été un **traumatisme** pour elle. Un **traumatisme** crânien.* Traumatisme vient du grec *trauma* qui signifie « blessure ».

travail, aux (nom masculin)
1. Activité professionnelle qui permet de gagner sa vie. *Ces chômeurs ont perdu récemment leur **travail**.* 2. Activité utile pour obtenir un résultat. *Il lui a fallu plusieurs heures de **travail** pour monter la bibliothèque.* 3. Tâche à faire. *Myriam n'a pas fini son **travail** pour demain, elle a encore une récitation à apprendre.* ▷ **travaux** (nom masculin pluriel) 1. Ensemble d'opérations qui exigent de la main-d'œuvre et des moyens techniques. *Ce village se consacre entièrement aux **travaux** agricoles. Il y a des **travaux** sur l'autoroute.* 2. Ensemble des recherches d'un intellectuel. *Les **travaux** de ce chercheur ont été récompensés.* Travail vient du latin *tripalium* qui signifie « instrument de torture ».

travailler (verbe) conj.n°3
1. Exercer son métier. *La mère de Noémie **travaille** dans une bibliothèque.* 2. Faire des efforts pour obtenir un résultat. *David **a travaillé** des mois pour faire sa maquette. Tu dois **travailler** si tu veux réussir.* 3. Modifier quelque chose par son action. *Le menuisier **travaille** le bois. Les paysans **travaillent** la terre.* 4. Se déformer sous l'effet d'un phénomène. *Sous l'effet de la chaleur, le bois **a travaillé** et le meuble s'est fendu.* Famille du mot : travail, travailleur.

travailleur, euse (adjectif)
Qui travaille beaucoup. *Cette classe a de bons résultats car les élèves sont **travailleurs**.* (Contr. fainéant, paresseux.) ▷ **travailleur, euse** (nom) Personne qui travaille. *Les artisans sont des **travailleurs** manuels.*

travée (nom féminin)
Rangée de tables ou de sièges alignés les uns derrière les autres. *Les **travées** du théâtre étaient pleines de monde.*

travelling (nom masculin)
Mouvement d'une caméra de cinéma qui se déplace le long d'un rail. *Cette scène est un très long **travelling**.* → Travelling est un mot anglais : on prononce [tʀavliŋ]. Travelling vient de l'anglais *to travel* qui signifie « se déplacer ».

travers (nom masculin)
Petit défaut. *Il est très gourmand, mais on lui pardonne ce petit **travers**.* • **À travers** : en traversant une étendue ou une épaisseur. *Marcher **à travers** champs. Qu'est-ce que tu vois **à travers** la vitre ?* • **Au travers** : en traversant de part en part. *Le toit est en mauvais état et la pluie passe **au travers**.* • **De travers** : qui n'est pas droit ou pas correct. *Redresse ce tableau, tu vois bien qu'il est **de travers** ! Il comprend tout **de travers**.* • **En travers** : au milieu, dans le sens de la largeur. *Des troncs d'arbres **en travers** de la route empêchent la circulation.* • **Passer au travers de quelque chose** : y échapper. • **Regarder quelqu'un de travers** : le regarder avec antipathie ou malveillance.

traverse (nom féminin)
Grosse pièce de bois disposée en travers d'une voie ferrée, et sur laquelle les rails sont fixés. • **Chemin de traverse** : chemin plus court, qui s'écarte de la route normale. *On a pris un **chemin de traverse** pour gagner du temps.*

traversée (nom féminin)
Trajet fait quand on traverse un espace. *Il a fait la **traversée** de l'Atlantique à la voile.*

▸ **traverser** (verbe) ○ conj.n°3
1. Passer d'un côté à l'autre. *Les enfants ont construit un radeau pour **traverser** la rivière.* **2.** Pénétrer et passer au travers de quelque chose. *Il y a eu un tel orage que la pluie **a traversé** mon anorak.* (Syn. transpercer.) ⊙ Famille du mot : travers, traverse, traversée.

▸ **traversière** (adjectif féminin)
• **Flûte traversière :** flûte qu'on tient parallèlement à la bouche.

▸ **traversin** (nom masculin)
Coussin cylindrique, qui tient toute la largeur du lit. (Syn. polochon.)

▸ se **travestir** (verbe) ○ conj.n°11
Synonyme de se déguiser. *Pour le carnaval, ils **se sont travestis** en mousquetaires.* ⊙ Travestir vient de l'italien *travestire* qui signifie « changer de vêtement ».

La petite fille **s'est travestie** en fleur.

▸ **trayeuse** (nom féminin)
Machine servant à traire les vaches.

▸ **trébucher** (verbe) ○ conj.n°3
Perdre l'équilibre après avoir heurté quelque chose en marchant. *Odile **a trébuché** sur un rocher et a failli tomber.*

▸ **trèfle** (nom masculin)
1. Petite plante fourragère aux feuilles composées de trois parties. *Sarah a trouvé un porte-bonheur : un **trèfle** à quatre feuilles !* **2.** Une des quatre couleurs des jeux de cartes qui représente un trèfle noir. ⊙ Trèfle vient du grec *triphullon* qui signifie « à trois feuilles ».

un **trèfle**

▸ **treillage** (nom masculin)
Assemblage de lattes entrecroisées. *On a installé un **treillage** le long du mur pour les rosiers grimpants.*

▸ **treille** (nom féminin)
Vigne qui pousse sur un treillage ou sur un mur. *Sous la **treille** de la terrasse, on est à l'abri du soleil.*

▸ **treillis** (nom masculin)
1. Assemblage de lattes ou de fils métalliques. *Les cages à lapins sont fermées par un **treillis**.* **2.** Tenue de combat, en grosse toile, des militaires.

▸ **treize** (adjectif)
Dix plus trois (13). *La fermière a ajouté un œuf à la douzaine d'œufs : on a donc **treize** œufs.* ▷ **treize** (nom) Nombre treize. *Certains disent que le **treize** porte bonheur, d'autres qu'il porte malheur.*

▸ **treizième** (adjectif et nom)
Qui occupe le rang numéro 13. *Ursula habite au **treizième** étage. David est arrivé le **treizième**.* ▷ **treizième** (nom masculin) Ce qui est contenu treize fois dans un tout.

tréma (nom masculin)
Signe formé de deux points que l'on met sur les voyelles *e, i, u*, pour indiquer qu'on doit prononcer la voyelle d'avant. *« Ciguë »* [sigy], « haïr » [aiʀ] portent un ***tréma***. ⊙ Tréma vient du grec *trêma* qui signifie « trou sur un dé ».

tremble (nom masculin)
Variété de peuplier, au feuillage très léger qui tremble au moindre vent.

tremblement (nom masculin)
Suite de mouvements brusques et involontaires du corps. *Le malade a tellement de fièvre qu'il est pris de* ***tremblements***. • **Tremblement de terre** : violente secousse qui fait trembler la terre. *Un* ***tremblement de terre*** *a dévasté cette région.* (Syn. séisme.)

Un pont coupé par un **tremblement de terre**.

trembler (verbe) ○ conj.n°3
1. Être agité par des tremblements. *Couvre-toi, tu* ***trembles*** *de froid !* (Syn. frissonner, grelotter.) 2. Être ébranlé de violentes secousses. *La terre* ***a*** *encore* ***tremblé*** *en Italie du Nord.* 3. Avoir peur. *Il* ***tremble*** *à l'idée de perdre son emploi.* ⊙ Famille du mot : tremblement, trembloter.

trembloter (verbe) ○ conj.n°3
Trembler légèrement. *Les personnes très âgées ont parfois les mains qui* ***tremblotent***.

trémière (adjectif féminin)
• **Rose trémière** : plante ornementale à hautes tiges et à grandes fleurs colorées. ⊙ Rose trémière est une déformation de rose *d'outremer*.

trémolo (nom masculin)
Tremblement de la voix, dû à une grande émotion. *Zoé nous a annoncé la triste nouvelle avec des* ***trémolos*** *dans la voix.*

se trémousser (verbe) ○ conj.n°3
S'agiter dans tous les sens. *Bébé* ***se trémousse*** *quand on le chatouille.* (Syn. gigoter.)

tremper (verbe) ○ conj.n°3
1. Imbiber d'un liquide. *Kevin a reçu toute l'averse, il est rentré* ***trempé*** *!* 2. Plonger dans un liquide. *Nathalie* ***trempe*** *un croissant dans son lait chaud.* 3. Rester dans un liquide. *Ta chemise est très sale, laisse-la* ***tremper*** *un peu avant de la laver.* 4. Participer à une action répréhensible. *On le soupçonne d'****avoir trempé*** *dans une sombre affaire de trafic.*

tremplin (nom masculin)
Endroit d'où l'on prend son élan pour plonger ou pour sauter. *Pour le concours de saut, les skieurs partent du haut du* ***tremplin***.

trentaine (nom féminin)
Nombre d'environ trente. *Il y a une* ***trentaine*** *d'élèves dans la classe.*

trente (adjectif)
Trois fois dix (30). *Les mois d'avril, de juin, de septembre et de novembre ont* ***trente*** *jours.* ▷ **trente** (nom masculin) Nombre trente. ⊙ Famille du mot : trentaine, trentième.

trentième (adjectif)
Qui occupe le rang numéro 30. *Le* ***trentième*** *jour d'avril est le dernier jour de ce mois.* ▷ **trentième** (nom masculin) Ce qui est contenu trente fois dans un tout.

trépas (nom masculin)
Synonyme littéraire de mort. *Passer de vie à* ***trépas***.

trépasser (verbe) ○ conj.n°3
Synonyme littéraire de mourir. *Le prince* ***trépassa*** *dans sa vingtième année.*

trépidant, ante (adjectif)
Qui est agité et fébrile. *Ils ont déménagé à la campagne car ils ne supportaient plus la vie **trépidante** de la ville.*

trépidation (nom féminin)
Fait de trépider. *Les **trépidations** du marteau-piqueur font trembler les vitres.*

trépider (verbe) conj.n°3
Être agité de petites secousses rapides. *On sent le sol **trépider** quand le métro passe.* (Syn. trembler, vibrer.) Famille du mot : trépidant, trépidation.

trépied (nom masculin)
Support qui repose sur trois pieds. *Pour être sûr de faire des photos nettes, papa pose son appareil sur un **trépied**.*

trépigner (verbe) conj.n°3
Frapper des pieds par terre, à coups rapides et répétés. *Le chanteur est très en retard, et son public **trépigne** d'impatience !*

très (adverbe)
Indique un degré élevé, devant un adjectif ou un adverbe. *Élodie est **très** belle. Pierre s'est couché **très** tard hier soir.*

trésor (nom masculin)
Ensemble d'objets précieux. *Ce livre raconte l'histoire de pirates à la recherche d'un **trésor**. On n'a pas eu le temps de voir tous les **trésors** du musée.* • **Trésor public :** administration qui s'occupe des finances de l'État. Famille du mot : trésorerie, trésorier.

trésorerie (nom féminin)
Ressources financières dont une entreprise peut disposer. *Avoir de gros problèmes de **trésorerie** en fin de mois.*

trésorier, ère (nom)
Personne qui gère les finances d'une société, d'un club ou d'une association. *Maman est **trésorière** de l'association de parents d'élèves.*

tressaillement (nom masculin)
Fait de tressaillir. *Un **tressaillement** de surprise.*

tressaillir (verbe) conj.n°14
Avoir un brusque mouvement du corps, sous l'effet d'une surprise, d'une émotion ou d'une douleur. *Le coup de sonnette l'a fait **tressaillir**.* (Syn. sursauter.)

tresse (nom féminin)
Forme donnée aux cheveux partagés en mèches qu'on entrelace. *Quand elle a le temps, Fatima se fait une **tresse** avec ses longs cheveux noirs.* (Syn. natte.)

tresser (verbe) conj.n°3
1. Entrelacer pour faire une tresse. *Amandine sait **tresser** ses cheveux.*
2. Fabriquer un objet en entrelaçant des fils, des brins, etc. *Une couronne de fleurs **tressées**.*

tréteau, eaux (nom masculin)
Support mobile, composé d'une barre horizontale portée par quatre pieds. *On a fait une table avec deux **tréteaux** et une planche.*

des **tréteaux**

treuil (nom masculin)
Sorte de grosse roue autour de laquelle s'enroule un câble, et servant à lever ou à tirer de lourdes charges.

trêve (nom féminin)
Période d'arrêt provisoire d'un conflit. *La **trêve** n'a pas duré longtemps, les combats ont repris.* • **Sans trêve :** sans arrêt. *Les alpinistes ont marché **sans trêve** pendant trois jours.*

tri (nom masculin)
Action de trier des choses. *Le **tri** des déchets ménagers permet leur recyclage.*

triage (nom masculin)
• **Gare de triage** : gare où sont entreposés et triés les wagons pour former de nouveaux convois.

triangle (nom masculin)
1. Figure géométrique qui a trois côtés et trois angles. ➡ p. 512. 2. Instrument de musique à percussion fait d'une tige d'acier en forme de triangle, sur laquelle on frappe avec une baguette.

triangulaire (adjectif)
Qui est en forme de triangle. *Dans le code de la route, tous les panneaux **triangulaires** signalent un danger.*

tribord (nom masculin)
Côté droit d'un bateau quand on regarde vers l'avant. *Le voilier vire à **tribord**.* (Contr. bâbord.)

tribu (nom féminin)
Groupe de familles qui vivent sur un même territoire et sous l'autorité d'un même chef. *Cet ethnologue étudie les coutumes d'une petite **tribu** indienne d'Amérique.*

tribulations (nom féminin pluriel)
Suite d'aventures plus ou moins mouvementées. *Cette B.D. raconte les **tribulations** d'un jeune reporter et de son chien.*

tribunal, aux (nom masculin)
1. Endroit où les magistrats rendent la justice. *Le jour du procès, les témoins ont été convoqués au **tribunal**.* 2. Ensemble des magistrats. *Le **tribunal** a rendu son verdict, l'accusé est condamné à une forte amende.*

tribune (nom féminin)
1. Ensemble de gradins réservés au public. *Les **tribunes** du stade étaient pleines à craquer.* 2. Estrade d'où parle un orateur. *Les ministres se succèdent à la **tribune**.*

tribut (nom masculin)
• **Payer un lourd tribut à quelque chose** : en subir les conséquences. *Ce pays **a payé un lourd tribut à** la guerre.*
⊙ Tribut vient du latin *tributum* qui signifie « taxe » : c'était ce qu'un peuple vaincu devait payer au vainqueur.

tributaire (adjectif)
Qui dépend de quelqu'un ou de quelque chose d'autre. *Pour cette promenade en bateau, nous sommes **tributaires** de la météo.*

triche (nom féminin)
Synonyme familier de tricherie. *Quentin a copié sur son voisin, c'est de la **triche** !*

tricher (verbe) ◘ conj.n°3
Agir de façon malhonnête en ne respectant pas les règles. *Romain **a triché** aux cartes, il a été éliminé du jeu.*
⊙ Famille du mot : triche, tricherie, tricheur.

tricherie (nom féminin)
Action de tricher.

tricheur, euse (nom)
Personne qui triche. *Hélène a regardé mes cartes, c'est une **tricheuse** !*

« Le **Tricheur** à l'as de carreau » de Georges de La Tour (1630).

tricolore (adjectif)
Qui a trois couleurs. *Les drapeaux français et italien sont **tricolores**.*

tricot (nom masculin)
1. Action de tricoter. *Faire du **tricot**.* 2. Pull ou veste tricotés. *Julie a mis un **tricot** bien chaud sous son anorak car il fait froid.*

a b c d e f g h i j k l m n o p q r s t u v w x y z

tricoter (verbe) conj.n°3
Fabriquer un vêtement au moyen de grandes aiguilles, en faisant des mailles avec de la laine ou du fil. *Laura **tricote** une écharpe pour sa poupée.*

tricycle (nom masculin)
Petit vélo à trois roues. *Le petit frère de Thomas apprend à faire du vélo sur son **tricycle**.*

trident (nom masculin)
Fourche à trois pointes. *Les Romains représentaient le dieu de la mer, Neptune, avec un **trident** à la main.*

trier (verbe) conj.n°10
1. Choisir certaines choses dans un ensemble, en éliminant ce qui ne convient pas. *Il faut **trier** les pommes et jeter celles qui sont pourries.* 2. Classer des choses pour les répartir ou les ranger. *À la poste, les lettres **sont triées** selon leur destination.* Famille du mot : tri, triage.

trilingue (adjectif)
Qui parle trois langues. *Un traducteur **trilingue** en français, anglais et italien.*

trimaran (nom masculin)
Voilier dont la coque est reliée à deux flotteurs latéraux.

trimbaler (verbe) conj.n°3
Dans la langue familière, emporter partout avec soi. *Pour ne pas avoir à **trimbaler** sa valise toute la journée, il l'a mise à la consigne de la gare.* → On écrit aussi trimballer.

trimer (verbe) conj.n°3
Dans la langue familière, travailler durement. *Il **a trimé** dur pour s'offrir cette belle voiture.*

trimestre (nom masculin)
Période de trois mois. *L'année est composée de quatre **trimestres**.*

trimestriel, elle (adjectif)
Qui paraît chaque trimestre. *La maîtresse a distribué les bulletins **trimestriels**.*

tringle (nom féminin)
Tige servant à accrocher des rideaux ou des cintres. *Papa a besoin d'une perceuse pour fixer les **tringles** dans le mur.*

trinquer (verbe) conj.n°3
Boire ensemble, après avoir cogné légèrement les verres les uns contre les autres. *Les joueurs **trinquent** pour fêter leur victoire.*

trio (nom masculin)
Groupe de trois personnes ou de trois musiciens. *Ces trois amis forment un **trio** inséparable.*

triomphal, ale, aux (adjectif)
Qui constitue un triomphe. *Ce chanteur a reçu un accueil **triomphal** à l'étranger.*

triomphalement (adverbe)
De façon triomphale. *Les médaillés des jeux Olympiques ont été accueillis **triomphalement**.*

triomphant, ante (adjectif)
Qui exprime une très grande satisfaction après un succès. *À son air **triomphant**, on a compris qu'il était reçu à son examen.*

triomphe (nom masculin)
Victoire éclatante, ou succès extraordinaire. *Ce candidat a remporté un **triomphe** aux dernières élections. Ce film a reçu un **triomphe** inattendu.* • **Porter quelqu'un en triomphe** : le porter au-dessus de la foule afin de le faire acclamer. Famille du mot : triomphal, triomphalement, triomphant, triompher.

triompher (verbe) conj.n°3
Vaincre une difficulté ou l'emporter sur un adversaire. *Il **a triomphé** de tous les obstacles. En finale, ils **ont triomphé** du tenant du titre.*

triperie (nom féminin)
Boutique du tripier.

tripes (nom féminin pluriel)
Plat fait de morceaux d'estomac d'animaux de boucherie. Famille du mot : triperie, tripier.

tripier, ère (nom)
Marchand de tripes et d'abats. *Chez le **tripier**, on achète des tripes, des rognons, du foie, du cœur, et du mou pour le chat.*

triple (adjectif)
Qui est fait de trois éléments. *Un document en **triple** exemplaire.* ▷ **triple** (nom masculin) Quantité trois fois plus grande. *Je l'ai payé le **triple** !*
⊙ Famille du mot : tripler, triplés.

tripler (verbe) ○ conj.n°3
Multiplier par trois. *Le prix de l'essence **a triplé** en quelques années.*

triplés, ées (nom pluriel)
Trois enfants nés d'un même accouchement.

triporteur (nom masculin)
Tricycle à pédales ou à moteur, muni d'une caisse à l'avant pour les marchandises.

tripoter (verbe) ○ conj.n°3
Dans la langue familière, toucher sans arrêt. *Cesse de **tripoter** ton nez !*

triptyque (nom masculin)
Œuvre artistique en trois parties. *Ce film est le troisième épisode d'un **triptyque**.*

trique (nom féminin)
Gourdin utilisé pour frapper. • **Sec comme un coup de trique** : très maigre.

triste (adjectif)
1. Qui a de la peine. *Anna est **triste** de savoir sa mère malade.* (Contr. gai, joyeux.) 2. Qui rend malheureux. *La fin de ce film est bien **triste**.* (Contr. heureux.)
⊙ Famille du mot : tristement, tristesse.

tristement (adverbe)
Avec tristesse. *Élodie est partie **tristement**.* (Contr. gaiement.)

tristesse (nom féminin)
1. État d'une personne triste. *Il a dit cela avec beaucoup de **tristesse**.* (Syn. chagrin. Contr. gaieté, joie.) 2. Caractère de ce qui est triste. *La **tristesse** d'un quartier délabré.*

triton (nom masculin)
Petit amphibien à queue plate, qui ressemble à la salamandre.

un **triton**

triturer (verbe) ○ conj.n°3
Tordre en tous sens entre ses doigts. *Il **triturait** nerveusement un bouton de sa veste.*

trivial, ale, aux (adjectif)
Grossier et vulgaire. *L'homme a employé une expression **triviale** que Benjamin n'a pas comprise.*

troc (nom masculin)
Échange d'un objet contre un autre, sans se servir de monnaie. *Clément et Fatima font du **troc** de jeux vidéo.*

troène (nom masculin)
Arbuste ornemental à fleurs blanches. *La haie de **troènes** embaume le jardin.*

troglodyte (nom masculin)
Personne qui vit dans une grotte. *En Touraine, certaines personnes ont aménagé des grottes dans lesquelles ils vivent en **troglodytes**.*

habitat de **troglodytes** en Grèce

trogne (nom féminin)
Synonyme familier de visage. *Quelle drôle de **trogne** !* ⊙ Trogne vient d'un mot gaulois qui signifie « groin, museau ».

trognon (nom masculin)
Partie centrale non comestible d'un fruit à pépins ou d'un légume. *Un **trognon** de pomme, de salade, de chou.*

troïka (nom féminin)
Traîneau russe attelé à trois chevaux de front.

trois (adjectif)
Deux plus un (3). *Un triangle a **trois** côtés et **trois** angles.* ▷ **trois** (nom masculin) Chiffre ou nombre trois. *Ils ont écrit leur lettre le **trois**, et nous ne l'avons reçue que le dix.*

troisième (adjectif et nom)
Qui occupe le rang numéro 3. *Leur appartement est au **troisième** étage.* ▷ **troisième** (nom féminin) Dernière année de l'enseignement au collège.

trois-mâts (nom masculin)
Voilier à trois mâts.

trois-quarts (nom masculin)
1. Manteau court. 2. Au rugby, chacun des quatre joueurs de la ligne d'attaque.

trolleybus (nom masculin)
Autobus électrique alimenté par une ligne aérienne. *Deux perches mobiles relient le **trolleybus** au courant électrique.* → Prononciation [tʀɔlɛbys]. → Ce mot s'abrège trolley.

trombe (nom féminin)
• **En trombe** : très vite. *David est passé **en trombe** à la maison.* • **Trombes d'eau** : averse très violente.

trombone (nom masculin)
1. Attache en fil de fer servant à assembler des feuilles de papier. 2. Instrument de musique à vent, en cuivre. *Le **trombone** est un instrument des groupes de jazz.*

trompe (nom féminin)
1. Long prolongement du nez et de la lèvre supérieure de l'éléphant. *L'éléphant se sert de sa **trompe** pour saisir les objets.* 2. Autre nom du cor de chasse.

trompe-l'œil (nom masculin)
Peinture donnant de loin l'illusion de la réalité. *Certaines fenêtres de cette façade sont peintes en **trompe-l'œil**.*

tromper (verbe) ⊙ conj.n°3
1. Induire volontairement quelqu'un en erreur. *On nous **a trompés** sur la fraîcheur du poisson.* (Syn. duper.) 2. Être infidèle en amour. *Elle le **trompe** avec son meilleur ami.* 3. Se tromper : faire une erreur. *Je **me suis trompée** d'étage.* ⊙ Famille du mot : détromper, trompe-l'œil, tromperie, trompeur.

tromperie (nom féminin)
Action de tromper quelqu'un. *Il y a **tromperie** sur la marchandise.*

trompette (nom féminin)
Instrument de musique à vent en cuivre. • **Nez en trompette** : synonyme de nez retroussé.

un **trombone**

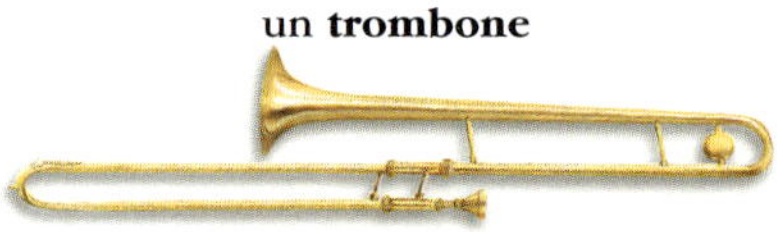

une **trompette**

trompette-de-la-mort (nom féminin)
Petit champignon noir, comestible. ➠ p. 189. → Pluriel : des trompettes-de-la-mort.

trompettiste (nom)
Musicien qui joue de la trompette.

trompeur, euse (adjectif)
Qui trompe. *Ce soleil est **trompeur**, je suis sûr qu'il va pleuvoir.*

tronc (nom masculin)
1. Partie de l'arbre qui va des racines aux premières branches. *Un camion chargé de **troncs** d'arbres arrive à la scierie.* ➡ p. 68. **2.** Partie centrale du corps sur laquelle s'attachent la tête et les membres. *De cette statue, il ne reste que le **tronc**.* **3.** Dans une église, boîte percée d'une fente pour recevoir les offrandes des fidèles.

tronçon (nom masculin)
1. Morceau coupé d'un objet long. *On n'a retrouvé que des **tronçons** de colonnes de ce temple.* **2.** Partie d'une route. *Ce nouveau **tronçon** d'autoroute n'est pas encore ouvert à la circulation.* ⊙ Famille du mot : tronçonner, tronçonneuse.

tronçonner (verbe) ○ conj.n°3
Couper en tronçons. *Les bûcherons **tronçonnent** les branches d'un arbre abattu.*

tronçonneuse (nom féminin)
Machine servant à tronçonner le bois. *Les bûcherons sont au travail, on entend la **tronçonneuse**.*

trône (nom masculin)
1. Siège élevé où s'assoient les souverains pour les cérémonies officielles. *Le **trône** pontifical.* **2.** Fonction de roi. *Louis XIV est monté sur le **trône** à cinq ans.*

trôner (verbe) ○ conj.n°3
Être placé bien en vue, à la place d'honneur. *La pièce montée **trône** au centre de la table.*

tronquer (verbe) ○ conj.n°3
Supprimer certains passages d'un texte. *Les déclarations du ministre **ont été tronquées** par le journaliste.*

trop (adverbe)
Plus qu'il ne faudrait. *Ce livre est **trop** ennuyeux. Quentin a **trop** bu.* (Syn. excessivement.) • **De trop, en trop** : au-delà du nécessaire. *L'ascenseur ne démarre pas : il y a des gens **en trop**.*

trophée (nom masculin)
Objet qui témoigne d'une victoire ou d'un succès. *Des **trophées** de chasse. Des **trophées** sportifs.* ⊙ Trophée vient du mot grec *tropaion* qui désigne un monument fait avec les armes prises à l'ennemi.

tropical, ale, aux (adjectif)
De la région des tropiques. *Le baobab est un arbre **tropical**.*

tropique (nom masculin)
Chacun des deux cercles imaginaires situés parallèlement à l'équateur, un peu au-dessus et au-dessous de lui. *Le **tropique** du Cancer est au nord de l'équateur, le **tropique** du Capricorne est au sud.* ▷ **tropiques** (nom masculin pluriel) Région comprise entre les deux tropiques. *Il est allé vivre au soleil, sous les **tropiques**.*

trop-plein (nom masculin)
1. Liquide qui est en trop et déborde d'un récipient. *Quand il pleut, le **trop-plein** de l'étang se déverse dans la rivière.* **2.** Dispositif permettant d'écouler l'eau en trop. *Grâce au **trop-plein**, la baignoire n'a pas débordé.* ➜ Pluriel : des trop-pleins.

troquer (verbe) ○ conj.n°3
Faire du troc. *Les explorateurs **ont troqué** un couteau contre de la nourriture.* (Syn. échanger.)

trot (nom masculin)
Allure du cheval entre le pas et le galop. *Le cavalier avance au **trot** dans l'allée.*

trotte (nom féminin)
Dans la langue familière, chemin assez long à parcourir à pied. *Il y a une bonne **trotte** avant d'arriver à la plage !*

trotter (verbe) ○ conj.n°3
1. Aller au trot. *Le cavalier fait **trotter** sa monture.* **2.** Marcher à petits pas et rapidement. *Les souris **trottent** dans le grenier.* **3.** Revenir sans cesse à l'esprit. *Cet air me **trotte** dans la tête, je ne peux pas m'en débarrasser.* ⊙ Famille du mot : trot, trotte, trotteur, trotteuse, trottiner, trottinette.

trotteur (nom masculin) Cheval dressé aux courses de trot. *Dans ce haras, on entraîne des **trotteurs**.*

trotteuse (nom féminin) Petite aiguille qui marque les secondes. *Ibrahim regarde sa **trotteuse** pour surveiller la cuisson des œufs à la coque.*

trottiner (verbe) ▸ conj.n°3 Marcher à petits pas pressés. *La petite sœur de Gaëlle **trottine** au côté de sa maman.*

trottinette (nom féminin) Jouet formé d'une planchette montée sur deux roues et muni d'un guidon. *Kevin fait avancer sa **trottinette** en poussant du pied par terre.* (Syn. patinette.)

trottoir (nom masculin) Partie surélevée de chaque côté d'une rue, aménagée pour les piétons. *Reste bien sur le **trottoir** !*

trou (nom masculin) 1. Cavité dans le sol ou à la surface de quelque chose. *Les ouvriers creusent un **trou** dans la chaussée.* 2. Ouverture qui traverse quelque chose de part en part. *Il regarde par le **trou** de la serrure.* ⊙ Famille du mot : trouée, trouer.

troubadour (nom masculin) Poète des XIIe et XIIIe siècles, qui composait et chantait en langue d'oc. *Comme les trouvères, les **troubadours** allaient de château en château.* ⊙ Troubadour vient du provençal *trobar* qui signifie « composer un poème ».

Troubadours et **trouvères**, fresque de Simone Martini (XIVe siècle).

troublant, ante (adjectif) Qui trouble. *Cette coïncidence est **troublante**.* (Syn. déconcertant, inquiétant. Contr. rassurant.)

trouble (adjectif) 1. Qui n'est pas limpide. *Après l'orage, l'eau du ruisseau est **trouble**.* (Contr. clair, transparent.) 2. Qui n'est pas net. *L'image est **trouble**, il faut régler le téléviseur.* (Syn. flou.) 3. Qui est suspect, louche. *C'est une personne au passé **trouble**.* ▷ **trouble** (adverbe) • **Voir trouble** : y voir mal, flou. ▷ **trouble** (nom masculin) État d'émotion inquiète. *Le **trouble** se lisait sur son visage.* ▷ **troubles** (nom masculin pluriel) 1. Fonctionnement anormal du corps ou de l'esprit. *Des **troubles** intestinaux. Des **troubles** nerveux.* 2. Agitation politique ou sociale. *Des **troubles** ont éclaté dans le pays.*

trouble-fête (nom) Synonyme de rabat-joie. *Cette **trouble-fête** est venue nous dire de chanter moins fort.* → Pluriel : des trouble-fête.

troubler (verbe) ▸ conj.n°3 1. Rendre trouble. *L'orage **a troublé** l'eau de la rivière.* 2. Perturber le déroulement de quelque chose. *Des mécontents sont venus **troubler** la cérémonie.* (Syn. déranger.) 3. Mettre quelqu'un dans l'embarras. *Cette question directe **a** beaucoup **troublé** notre nouveau conférencier.* (Syn. déconcerter, décontenancer.) ⊙ Famille du mot : troublant, trouble, trouble-fête.

trouée (nom féminin) Ouverture aménagée dans un bois, une haie, pour passer ou pour voir. *Par une **trouée** de la forêt, on aperçoit un étang.*

trouer (verbe) ▸ conj.n°3 Faire un trou. *Pierre finit toujours par **trouer** le bout de ses chaussures.* (Syn. percer, perforer.)

trouillard, arde (adjectif et nom) Synonyme familier de poltron. *Quentin a peur du noir, quel **trouillard** !*

trouille (nom féminin) Synonyme familier de peur. *J'ai eu une de ces **trouilles** quand ce voyou m'a menacé !*

troupe (nom féminin)
1. Groupe de personnes ou d'animaux. *Une bruyante **troupe** d'enfants s'échappe de l'école à midi.* 2. Groupe de comédiens jouant ensemble. *Une **troupe** d'amateurs jouera une pièce de Molière.* 3. Groupe de soldats. *Le gros de la **troupe** arrive demain.*

troupeau, eaux (nom masculin)
Groupe d'animaux vivant ensemble. *Le chien aide le berger à rassembler le **troupeau**.*

trousse (nom féminin)
Étui pour ranger certains objets ou instruments usuels. *Une **trousse** d'écolier, de chirurgien. Une **trousse** de toilette.* • **Aux trousses de quelqu'un :** à sa poursuite. *Le lapin s'enfuit, le renard **à ses trousses**.*

trousseau, eaux (nom masculin)
Linge et vêtements nécessaires à un pensionnaire. *Maman marque le linge du **trousseau** d'Hélène qui va partir en classe de mer.* • **Trousseau de clés :** clés attachées ensemble par un anneau.

trouvaille (nom féminin)
Découverte ou idée inattendue et intéressante. *Ce jeu est la dernière **trouvaille** de Romain.*

trouver (verbe) ○ conj.n°3
1. Découvrir ce que l'on cherchait. *Quelqu'un **aurait**-il **trouvé** mes lunettes ?* 2. Découvrir par hasard, sans l'avoir cherché. *Julie **a trouvé** un joli coquillage sur la plage.* (Contr. perdre.) 3. Découvrir par son intelligence et par son imagination. *Les savants **ont trouvé** un nouveau remède contre cette maladie.* 4. Avoir telle ou telle opinion. *Je **trouve** que ce chapeau te va à merveille !* 5. Éprouver une sensation ou un sentiment. *Elle **trouve** très agréable de n'avoir plus rien à faire.* 6. Se trouver : être situé à tel endroit. *La Bretagne **se trouve** dans l'ouest de la France.* • **Se trouver mal :** avoir un malaise. ⊙ Famille du mot : introuvable, retrouvailles, retrouver, trouvaille.

trouvère (nom masculin)
Poète des XIIe et XIIIe siècles, qui composait et chantait en langue d'oïl. *Comme les troubadours, les **trouvères** venaient dans le château des seigneurs pour les distraire.* ⊙ Trouvère vient du mot ***trouver*** qui signifiait au Moyen Âge « composer un poème ».

truand (nom masculin)
Individu très malhonnête. *Le réseau de drogue était organisé par un **truand** bien connu de la police.* (Syn. bandit, gangster.)

truc (nom masculin)
1. Dans la langue familière, sert à désigner une chose sans la nommer. *J'ai oublié un **truc** à la maison.* (Syn. machin.) 2. Moyen astucieux pour faire quelque chose. *J'ai trouvé un **truc** pour me rappeler son numéro de téléphone.* (Syn. astuce.) ⊙ Famille du mot : truquage, truquer.

trucage ➠ Voir truquage.

truculent, ente (adjectif)
Qui est pittoresque et se fait remarquer. *Le capitaine Haddock est un personnage **truculent**.*

truelle (nom féminin)
Outil de maçon formé d'une lame et d'un manche coudé. *On applique le ciment ou le plâtre à la **truelle**.*

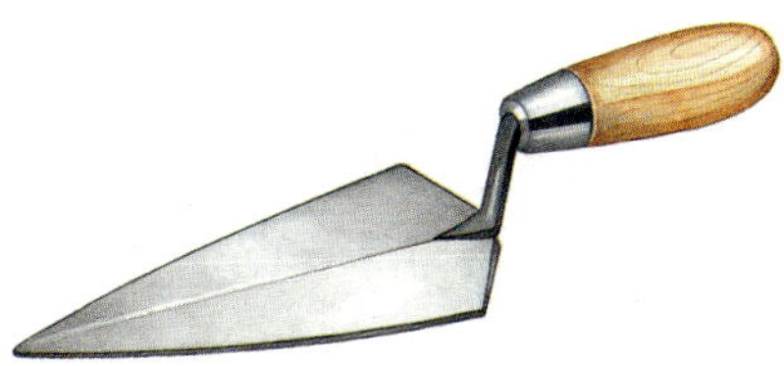

une **truelle**

truffe (nom féminin)
1. Champignon noir qui se développe sous la terre. *Les **truffes** donnent une saveur délicate aux mets qu'elles accompagnent.* ➠ p. 189. 2. Petit chocolat en forme de truffe. 3. Nez du chien. *La **truffe** d'un chien en bonne santé est froide.*

▸ **truffé, ée** (adjectif)
1. Garni de truffes. *À Noël, il y avait de la dinde **truffée**.* 2. Au sens figuré, qui est rempli de choses diverses. *Son discours était **truffé** d'anecdotes.*

▸ **truie** (nom féminin)
Femelle du porc.

▸ **truite** (nom féminin)
Poisson carnivore proche du saumon. *Il existe des **truites** de rivière et des **truites** de mer.*

une **truite**

▸ **truquage** (nom masculin)
Procédé technique utilisé au cinéma pour créer une illusion. → On écrit aussi trucage.

▸ **truquer** (verbe) ○ conj.n°3
Modifier artificiellement ou frauduleusement quelque chose. *C'est une photo **truquée**. Les sondages **ont été truqués**.*

▸ **trust** (nom masculin)
Groupement d'entreprises dont le but est d'avoir le monopole sur un produit ou sur un secteur. → Trust est un mot anglais : on prononce [tʀœst].

▸ **tsar** (nom masculin)
Titre des empereurs de Russie. *Ivan le Terrible fut, au XVIe siècle, le premier **tsar** de Russie.*

▸ **tsé-tsé** (nom féminin)
• **Mouche tsé-tsé** : mouche africaine qui propage la maladie du sommeil. → Pluriel : des mouches tsé-tsé.

▸ **tsigane** (adjectif)
Qui appartient aux Tsiganes, peuple de nomades appelés aussi bohémiens ou gitans. *Un disque de musique **tsigane**.* → On écrit aussi tzigane.

un campement **tsigane**, tableau de Van Gogh (1889).

▸ **tu** (pronom)
Pronom personnel de la deuxième personne du singulier, employé comme sujet. *On dit **tu** aux enfants et aux personnes qu'on connaît bien.*

▸ **tuant, ante** (adjectif)
Très fatigant. *Faire des courses le samedi, c'est vraiment **tuant** !* (Syn. épuisant, exténuant.)

▸ **tuba** (nom masculin)
1. Gros instrument à vent. *Le tuyau du **tuba** est replié sur lui-même et se termine par un pavillon.* 2. Tube qui permet de respirer quand on nage la tête sous l'eau. *Laura prend ses palmes, son masque et son **tuba**.*

un **tuba**

▸ **tube** (nom masculin)
1. Cylindre creux, long, rigide et de petit diamètre. *Un **tube** à essai. Un **tube** de néon.* 2. Conduit naturel. *Le **tube** digestif.* 3. Emballage cylindrique fermé par un bouchon. *Un **tube** d'aspirine. Un **tube** de dentifrice.*

▸ **tubercule** (nom masculin)
Renflement de la racine de certaines plantes. *Les pommes de terre et les patates douces sont des **tubercules** comestibles.* ➠ p. 1126.

▸ **tuberculeux, euse** (adjectif et nom)
Qui est atteint de tuberculose. *Au XIXe siècle, on ne savait pas encore soigner les **tuberculeux**.*

▸ **tuberculose** (nom féminin)
Maladie infectieuse et contagieuse, qui touche surtout les poumons. *Le B.C.G. est un vaccin contre la **tuberculose**.*

▸ **tué, ée** (nom)
Personne tuée. *Bilan de la catastrophe : trente-trois **tués** et plus de cent blessés.*

▸ **tuer** (verbe) ○ conj.n°3
1. Faire mourir. *Le chat **a tué** plusieurs souris dans la maison.* 2. Épuiser quelqu'un physiquement ou encore moralement. *Ces courses m'**ont tuée** !* 3. Se tuer : se donner volontairement la mort. (Syn. se suicider.) 4. Se tuer : mourir accidentellement. *Il **s'est tué** en montagne.* ⊙ Famille du mot : tuant, tué, tuerie, tueur.

▸ **tuerie** (nom féminin)
Synonyme de massacre. *Ce pays est dévasté par les **tueries** de groupes ennemis.*

▸ **à tue-tête** (adverbe)
D'une voix très forte. *En marchant, les randonneurs chantaient **à tue-tête**.*

▸ **tueur, euse** (nom)
Assassin, qui tue généralement pour de l'argent. *Le diplomate est mort sous les balles d'un **tueur** à gages.*

▸ **tuile** (nom féminin)
Plaque de terre cuite servant à couvrir les toits. *À Toulouse, les maisons ont des toits de **tuiles** roses.*

▸ **tulipe** (nom féminin)
Plante ornementale à bulbe et à haute tige, ne portant qu'une fleur. *Thomas est allé visiter des champs de **tulipes** en Hollande.*

la **tulipe**

▸ **tulle** (nom masculin)
Tissu léger et transparent. *Le voile de la mariée est en **tulle**.*

▸ **tuméfié, ée** (adjectif)
Qui est anormalement gonflé. *Victor s'est cogné, il a la paupière **tuméfiée**.*

▸ **tumeur** (nom féminin)
Grosseur anormale à l'extérieur ou à l'intérieur du corps. *Ce n'est qu'une petite **tumeur** bénigne.*

▸ **tumulte** (nom masculin)
Agitation bruyante. *Quel **tumulte** à l'arrivée du train en gare !* (Syn. vacarme.)

▸ **tumultueux, euse** (adjectif)
Qui a lieu dans le tumulte. *La séance de l'Assemblée nationale a été très **tumultueuse**.* (Syn. houleux.)

▸ **tumulus** (nom masculin)
Grand amas de terre ou de pierres élevé autrefois au-dessus des tombes. *Ce **tumulus** date de la préhistoire.* ➔ Prononciation [tymylys].

un **tumulus** préhistorique

a b c d e f g h i j k l m n o p q r s t u v w x y z

tuner (nom masculin)
Récepteur radio dans une chaîne hi-fi. → Tuner est un mot anglais : on prononce [tynɛʀ].

tunique (nom féminin)
1. Sorte de chemise longue. *Anna porte une **tunique** jaune avec son pantalon bleu.* 2. Veste d'uniforme à col droit. 3. Dans l'Antiquité, sorte de chemise avec ou sans manches.

tunisien, enne
➠ Voir tableau p. 6.

tunnel (nom masculin)
Galerie souterraine destinée à faire passer une voie ferrée, une route, un canal. *Le **tunnel** sous la Manche va de Folkestone en Angleterre à Coquelles en France.*

turban (nom masculin)
Coiffure masculine faite d'une longue pièce d'étoffe enroulée autour de la tête. *Certains habitants de l'Inde portent le **turban**.*

turbine (nom féminin)
Moteur fait d'une roue qui est actionnée par un liquide ou un gaz. *Les **turbines** de la centrale électrique tournent grâce à l'eau du barrage.*

turboréacteur (nom masculin)
Moteur à réaction constitué d'une turbine à gaz. *Le grondement des **turboréacteurs** de l'avion.*

turbot (nom masculin)
Poisson de mer au corps plat, comestible et très apprécié.

un **turbot**

turbulence (nom féminin)
1. Caractère turbulent. *Sa **turbulence** me fatigue.* (Syn. agitation. Contr. calme.) 2. Agitation de l'atmosphère. *Vous êtes priés d'attacher vos ceintures, l'avion entre dans une zone de **turbulences**.*

étude en soufflerie des **turbulences** aérodynamiques

turbulent, ente (adjectif)
Qui a tendance à s'agiter et à faire du bruit. *Les enfants sont très **turbulents** aujourd'hui !* (Contr. calme, silencieux.)

turc, turque
➠ Voir tableau p. 6.

turfiste (nom)
Personne qui parie sur le résultat des courses de chevaux.

turlupiner (verbe) ○ conj.n°3
Synonyme familier de préoccuper. *Cette histoire le **turlupine**.* (Syn. tracasser.) ⊙ Turlupiner vient du nom *Turlupin*, acteur comique du XVIIe siècle, qui fatiguait le public par ses mauvais jeux de mots.

turpitude (nom féminin)
Conduite ou action honteuse. *Ses **turpitudes** l'ont mené en prison.* (Syn. ignominie, infamie.)

▸ **turquoise** (nom féminin)
Pierre précieuse de couleur bleu-vert. ▹ **turquoise** (adjectif) Qui a la couleur de la turquoise. *Noémie écrit à l'encre bleu **turquoise**.* → Pluriel : des encres turquoise. ⊙ Turquoise vient du mot *Turquie*, pays d'origine de cette pierre.

▸ **tutelle** (nom féminin)
Pouvoir, donné par la loi, de s'occuper d'une personne et de ses biens. *Après la disparition des parents, la **tutelle** des enfants a été confiée à leur oncle.*

▸ **tuteur, trice** (nom)
Personne chargée d'une tutelle. *Un **tuteur** a été désigné pour s'occuper des deux orphelins jusqu'à leur majorité.* ▹ **tuteur** (nom masculin) Piquet servant à soutenir ou à redresser une plante. *Les pieds de tomate sont maintenus par des **tuteurs**.*

▸ **tutoiement** (nom masculin)
Fait de tutoyer ou de se tutoyer. *Autrefois, le **tutoiement** entre parents et enfants était rare.* (Contr. vouvoiement.)

▸ **tutoyer** (verbe) ⊙ conj.n°6
Dire « tu » à quelqu'un. *Odile **tutoie** William, mais vouvoie la maîtresse.* (Contr. vouvoyer.)

▸ **tutu** (nom masculin)
Jupe très courte des danseuses de ballet. *Un **tutu** est fait de plusieurs jupes de tulle superposées et très froncées.*

des jeunes danseuses en **tutu**
« Le foyer de l'Opéra de la rue Le Pelletier » d'Edgar Degas (1872)

▸ **tuyau, aux** (nom masculin)
Tube souple ou rigide servant à l'écoulement d'un liquide ou d'un gaz. *Un **tuyau** d'arrosage. Un **tuyau** de gaz.* → Prononciation [tɥijo].

▸ **tuyauterie** (nom féminin)
Ensemble des tuyaux d'une installation. *La **tuyauterie** est en plomb, il faudrait la refaire.*

▸ **tuyère** (nom féminin)
Partie d'un moteur à réaction par où s'échappent les gaz. → Prononciation [tɥijɛʀ].

▸ **tweed** (nom masculin)
Tissu de laine épais et souple. *Le **tweed** est originaire d'Écosse.* → Tweed est un mot anglais : on prononce [twid]

▸ **tympan** (nom masculin)
1. Membrane située au fond du conduit de l'oreille, que les sons font vibrer. 2. Espace orné de sculptures, qui est au-dessus du portail d'une église.

le **tympan** de l'église romane d'Aulnay (Charente-Maritime)

▸ **type** (nom masculin)
1. Modèle possédant des caractères particuliers. *Ce **type** d'ordinateur est déjà démodé.* (Syn. genre.) 2. Ensemble des caractéristiques permettant de reconnaître et de classer quelqu'un ou quelque chose. *Xavier est le **type** même du sportif.* 3. Synonyme familier d'individu. *Vraiment, quel drôle de **type** !* ⊙ Famille du mot : typique, typiquement.

typhon (nom masculin)
Cyclone des mers d'Extrême-Orient. *Les **typhons** peuvent détruire des maisons.* ⊙ Typhon vient du grec *tuphôn* qui signifie « tourbillon ».

typique (adjectif)
Qui est caractéristique de quelqu'un ou de quelque chose. *C'est la réaction **typique** d'un vilain jaloux.*

typiquement (adverbe)
D'une manière typique. *Partir à l'école sans son sac, c'est **typiquement** une attitude d'étourdi !*

typographie (nom féminin)
Aspect d'un texte imprimé. *La **typographie** de ce livre est très agréable.*

typographique (adjectif)
Qui concerne la typographie. *Ce traitement de texte propose de nombreux choix **typographiques**.*

tyran (nom masculin)
1. Souverain absolu qui gouverne par la force. *Le **tyran** a fait emprisonner les chefs de l'opposition.* 2. Personne autoritaire et qui abuse de son autorité. *Cet homme est un **tyran** pour sa famille.* ⊙ Famille du mot : tyrannie, tyrannique, tyranniser.

tyrannie (nom féminin)
Domination d'un tyran. *Il exerce une véritable **tyrannie** sur son voisinage.*

tyrannique (adjectif)
Qui relève de la tyrannie. *Cet enfant est **tyrannique** avec sa mère.*

tyranniser (verbe) ○ conj.n°3
Traiter quelqu'un de manière tyrannique. *Olivier, cesse donc de **tyranniser** le chat !* (Syn. opprimer.)

tyrannosaure (nom masculin)
Grand dinosaure carnivore, long d'environ 15 mètres.

tzigane ➠ Voir tsigane.

U

▸ **u** (nom masculin)
Vingt et unième lettre de l'alphabet. *Le U est une voyelle.*

▸ **ubiquité** (nom féminin)
• **Avoir le don d'ubiquité** : pouvoir être à plusieurs endroits en même temps. ➜ Prononciation [ybikɥite]. ⊙ Ubiquité vient du latin ***ubique*** qui signifie « partout ».

▸ **ukrainien, enne**
➠ Voir tableau p. 6.

▸ **ulcère** (nom masculin)
Plaie qui ne se cicatrise pas et qui a tendance à s'étendre. *Olivier a un **ulcère** à l'estomac.*

▸ **ulcérer** (verbe) ⊙ conj.n°8
Faire naître de l'amertume et de la rancune. *Les termes de sa lettre m'**ont ulcéré**.*

▸ **U.L.M.** (nom masculin)
Engin volant très léger, propulsé par un petit moteur. ⊙ U.L.M. est l'abréviation d'***ultra léger motorisé***.

▸ **ultérieur, eure** (adjectif)
Qui vient après dans le temps. *La fête est remise à une date **ultérieure**.* (Syn. postérieur. Contr. antérieur.)

▸ **ultérieurement** (adverbe)
Plus tard. *On vous fera connaître **ultérieurement** la date des examens.*

un **U.L.M.**

ultimatum (nom masculin)
Ultime proposition accompagnée de menaces. *Le rejet d'un **ultimatum** entraîne souvent la guerre ou l'exécution immédiate des menaces.* → Prononciation [yltimatɔm].

ultime (adjectif)
Qui vient en tout dernier. *Avant de partir, il fit ses **ultimes** recommandations à ses enfants.*

ultramoderne (adjectif)
Très moderne. *Le cabinet de mon dentiste est **ultramoderne**.*

ultrason (nom masculin)
Son si aigu que l'oreille humaine ne peut l'entendre. *Les chauves-souris utilisent les **ultrasons** pour se diriger la nuit.*

ultraviolet (nom masculin)
Rayon lumineux invisible pour l'œil humain. *Ce sont les **ultraviolets** des radiations solaires qui font bronzer.*

ululement ➠ Voir hululement.

ululer ➠ Voir hululer.

1. un, une (adjectif)
Nombre exprimant l'unité (1). *Ça a duré **une** minute. Aurais-tu **un** euro ?* ▷ **un, une** (nom) Chiffre ou nombre 1. *C'est le **un** qui gagne !*

2. un, une, des (déterminant)
Article indéfini. *Voici **un** sac, mais ce n'est pas le mien. Anna a vu **des** oies sauvages.* ▷ **un, une** (pronom) Pronom indéfini. *L'**un** des enfants est enrhumé.* • **L'un et l'autre** : tous les deux. • **Ni l'un ni l'autre** : aucun des deux.

unanime (adjectif)
Qui exprime un accord collectif. *Tous sont **unanimes** : Clément est le meilleur.* ⊙ Famille du mot : unanimement, unanimité.

unanimement (adverbe)
De manière unanime. *Quand il a pris sa retraite, il a été **unanimement** regretté.*

unanimité (nom féminin)
Caractère unanime de quelque chose. *La mère d'Élodie a été élue présidente de l'association, à l'**unanimité**.*

uni, ie (adjectif)
1. Qui s'entend bien. *Monsieur et Madame Duparc forment un couple très **uni**.* 2. D'une seule couleur. *Amandine porte un chemisier **uni**.* (Contr. bigarré, multicolore.)

unification (nom féminin)
Action d'unifier.

unifier (verbe) ○ conj.n°10
Donner une unité à quelque chose. *Les poids et les mesures **ont été unifiés** en France en 1798.*

uniforme (nom masculin)
Costume imposé dans certaines professions, certaines écoles. *Les militaires et certains policiers portent un **uniforme**.* ▷ **uniforme** (adjectif) Qui garde toujours la même forme ou le même aspect. *On a peint ces nouveaux bâtiments d'une couleur **uniforme**.* ⊙ Famille du mot : uniformément, uniformiser, uniformité.

Des **uniformes** militaires de la Première Guerre mondiale (à gauche, français, à droite, allemand).

uniformément (adverbe)
De façon uniforme. *La mer est **uniformément** bleue aujourd'hui.*

uniformiser (verbe) ○ conj.n°3
Rendre uniforme. *L'euro a pour but d'**uniformiser** les monnaies européennes.*

uniformité (nom féminin)
Caractère de ce qui est uniforme. *Fatima n'aime pas l'**uniformité** des maisons de ce quartier.* (Contr. diversité, variété.)

unijambiste (nom)
Personne qui n'a plus qu'une seule jambe.

unilatéral, ale, aux (adjectif)
1. Qui se fait d'un seul côté. *Dans la rue de David, le stationnement est **unilatéral**.* 2. Qui se fait sans demander l'avis de l'autre partie concernée. *On lui reproche d'avoir pris une décision **unilatérale**.*

union (nom féminin)
1. Fait de s'unir ou d'être unis. *L'**union** de ce couple lui a permis de traverser toutes les épreuves.* (Syn. entente. Contr. désunion, mésentente.) 2. Association de personnes ou de pays qu'unissent des intérêts communs. *L'**Union** européenne. Ibrahim s'est renseigné auprès d'une **union** de consommateurs.* (Syn. fédération.)

unique (adjectif)
1. Seul de son espèce. *C'est mon **unique** cousin. Marie est fille **unique**.* 2. Qui n'a pas son pareil. *C'est un fait **unique** dans l'histoire de l'humanité !* (Syn. exceptionnel.)

uniquement (adverbe)
Exclusivement, seulement. *C'est **uniquement** pour t'aider qu'il te propose cela.*

unir (verbe) ○ conj.n°11
1. Créer un lien entre des personnes ou des pays. *Un passé commun **unit** les membres de cette équipe. Ces deux pays **sont unis** par des liens commerciaux.* 2. Mettre ensemble. ***Unissons** nos efforts pour réussir.* (Syn. réunir.) 3. Réunir en soi-même des qualités différentes. *Cette femme **unit** l'intelligence à la beauté.*

à l'unisson (adverbe)
Tous ensemble, unanimement. *Ils ont agi **à l'unisson** et ils ont réussi.*

unité (nom féminin)
1. Caractère de ce qui est uni. *Certains regrettent le manque d'**unité** du parti.* (Syn. cohésion.) 2. Le nombre un. *Quel est le prix des bouteilles d'eau à l'**unité** ?* 3. Chacun des éléments composant un nombre. *Le nombre 8 est fait de huit unités.* 4. Grandeur choisie pour mesurer les grandeurs de la même espèce. *Le mètre est l'**unité** de longueur.* 5. Groupe de soldats. *Une compagnie, un bataillon, un régiment sont des **unités**.*

univers (nom masculin)
1. L'ensemble de tout ce qui existe dans l'espace. *Avec les fusées et les sondes, l'homme essaye de découvrir l'**Univers**.* 2. La terre entière. *Grâce à son métier, il a parcouru tout l'**univers**.* (Syn. monde.) → Au sens 1, Univers s'écrit avec une majuscule. ⊙ Famille du mot : universel, universellement.

L'amas des Pléiades est un des groupements d'étoiles les plus célèbres de l'**Univers**.

universel, elle (adjectif)
Qui concerne tout l'univers. *La musique est un art **universel**.*

universellement (adverbe)
De façon universelle. *Einstein est un génie **universellement** reconnu.* (Syn. mondialement.)

universitaire (adjectif)
Qui concerne l'université. *L'année **universitaire** se termine fin mai.*

université (nom féminin)
Établissement public d'enseignement supérieur. *Le frère de Kevin est étudiant à l'**université** de Lyon.*

uppercut (nom masculin)
En boxe, coup de poing donné de bas en haut sous le menton. → Uppercut est un mot anglais : on prononce [ypɛʀkyt].

uranium (nom masculin)
Métal gris et dur, utilisé comme combustible nucléaire. *L'**uranium** est radioactif.* → Prononciation [yʀanjɔm].

urbain, aine (adjectif)
Qui concerne la ville. *Le bus, le tramway, le métro sont des transports **urbains**.* ⊙ Urbain vient du latin *urbs* qui signifie « ville ».

urbanisation (nom féminin)
Transformation d'une région agricole en zone urbaine.

urbanisé, ée (adjectif)
Aménagé en zone urbaine. *Les Pays-Bas sont un pays fortement **urbanisé**.*

urbanisme (nom masculin)
Science de l'aménagement des villes.

urbaniste (nom)
Architecte spécialiste d'urbanisme.

urgence (nom féminin)
1. Caractère de ce qui est urgent. *Devant l'**urgence** de la situation, le gouvernement s'est immédiatement réuni.* 2. Cas urgent. *Pierre s'est coupé, on l'a envoyé au service des **urgences** de l'hôpital.*

urgent, ente (adjectif)
Dont on doit s'occuper sans attendre. *Je voudrais voir le médecin, c'est très **urgent** !* (Syn. pressé.)

urinaire (adjectif)
Qui concerne l'urine. *L'urine est évacuée par les voies **urinaires**.*

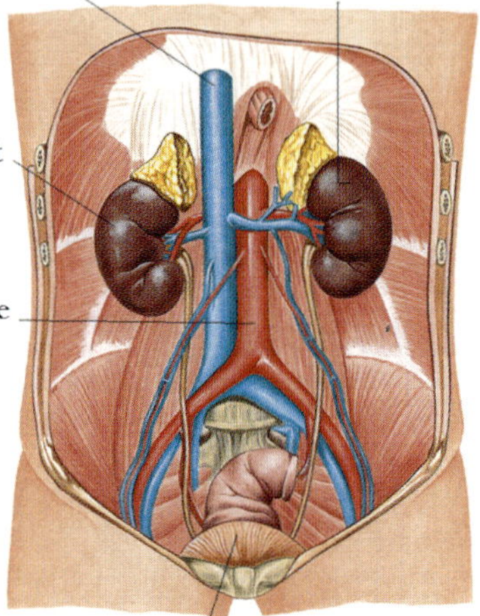

le système **urinaire**

urine (nom féminin)
Liquide jaune sécrété par les reins. *L'**urine** évacue les déchets du sang, que les reins ont filtrés.* (Syn. pipi.)

uriner (verbe) ⊙ conj.n°3
Évacuer l'urine. (Syn. faire pipi.)
⊙ Famille du mot : urinaire, urine, urinoir.

urinoir (nom masculin)
Endroit pour uriner réservé aux hommes.

urne (nom féminin)
1. Boîte dans laquelle on dépose un bulletin de vote. *L'**urne** comporte une fente dans le couvercle.* 2. Vase contenant les cendres d'un mort qui a été incinéré.

urticaire (nom féminin)
Éruption subite de petits boutons qui démangent. *Gaëlle a eu une crise d'**urticaire** après avoir mangé des fraises.* ⊙ Urticaire vient du latin ***urtica*** qui signifie « ortie », car l'urticaire ressemble aux boutons occasionnés par les orties.

us (nom masculin pluriel)
• **Us et coutumes** : usages hérités du passé. → Prononciation [ys].

usage (nom masculin)
1. Fait de se servir de quelque chose. *Ce tissu est solide, il vous fera de l'**usage**. C'est une lotion à **usage** externe.* (Syn. emploi, utilisation.) 2. Possibilité d'utiliser quelque chose. *Ce blessé a perdu l'**usage** de la parole.* 3. Habitude traditionnelle. *C'est l'**usage** d'offrir du muguet au 1er mai.*

L'**usage** veut que l'on dépose son bulletin de vote dans une **urne**.

usagé, ée (adjectif)
Qui est plus ou moins usé par un long usage. *Pour jardiner, il porte un vieux pantalon **usagé**.* (Contr. neuf.)

usager (nom masculin)
Personne qui utilise un service public. *Les **usagers** du métro.*

usé, ée (adjectif)
Abîmé par l'utilisation. *Mes chaussures sont **usées**.* (Contr. neuf.)

user (verbe) ○ conj.n°3
1. Détériorer quelque chose à force de s'en servir. *Quentin **use** trois paires de baskets par an !* (Syn. abîmer.) 2. Utiliser, consommer. *Cette voiture n'**use** pas beaucoup d'essence.* 3. Avoir recours à quelque chose. *Romain **a usé** de son charme pour qu'on nous laisse entrer.* (Syn. employer, utiliser.)

usine (nom féminin)
Établissement industriel qui emploie des machines pour fabriquer des objets. *Une **usine** de conserves.*

usiner (verbe) ○ conj.n°3
Fabriquer au moyen d'une machine.

Machine servant à **usiner** le métal.

usité, ée (adjectif)
Employé couramment. *Le verbe « gésir » n'est plus **usité**.* (Syn. usuel. Contr. inusité.)

ustensile (nom masculin)
Objet ou instrument d'usage quotidien. *Les casseroles sont des **ustensiles** de cuisine.*

usuel, elle (adjectif)
Qui est fréquemment utilisé. *Vélo est un synonyme **usuel** de bicyclette.* (Syn. courant.)

usuellement (adverbe)
De façon usuelle. *Thomas se sert **usuellement** de son ordinateur.*

usure (nom féminin)
1. État de ce qui est usé. *Les draps sont déchirés à cause de l'**usure**.* 2. Action de prêter de l'argent à un taux exorbitant. *L'**usure** est illégale.*

usurier, ère (nom)
Personne qui pratique l'usure.

a b c d e f g h i j k l m n o p q r s t u v w x y z

usurpateur, trice (nom)
Personne qui usurpe un pouvoir. *Les généraux qui ont pris le pouvoir sont des **usurpateurs**.*

usurpation (nom féminin)
Action d'usurper. *Il se disait médecin, mais c'était une **usurpation**.*

usurper (verbe) conj.n°3
S'emparer de quelque chose de façon illégitime. *À la mort du roi, certains grands seigneurs essayèrent d'**usurper** le trône.* Famille du mot : usurpateur, usurpation.

ut (nom masculin)
Autre nom de la note de musique *do*. → Prononciation [yt].

utérus (nom masculin)
Organe où se forme et se développe l'embryon chez les femelles des mammifères et chez la femme. → Prononciation [yterys].

utile (adjectif)
Qui sert à quelque chose, rend service. *La chouette est un animal **utile** car elle chasse les animaux nuisibles. Papa voyage beaucoup, son téléphone portable lui est **utile**.* (Contr. inutile.) Famille du mot : inutile, inutilement, inutilité, utilement, utilitaire, utilité.

utilement (adverbe)
De façon utile. *Nous avons **utilement** employé notre temps.*

utilisable (adjectif)
Qui peut être utilisé. *Cette vieille radio est encore **utilisable**.* (Contr. inutilisable.)

utilisateur, trice (nom)
Personne qui utilise quelque chose. *Avis aux **utilisateurs** de la photocopieuse.*

utilisation (nom féminin)
Action d'utiliser. *L'**utilisation** du téléphone est réservée aux clients du café.* (Syn. emploi, usage.)

utiliser (verbe) conj.n°3
Se servir de quelque chose. *Hélène **utilise** des pastels pour dessiner.* (Syn. employer.) Famille du mot : inutilisable, utilisable, utilisateur, utilisation.

utilitaire (adjectif)
• **Véhicule utilitaire** : camion, autobus, autocar ou tracteur.

utilité (nom féminin)
Fait d'être utile. *Ce cadeau est très joli, mais je n'en vois pas vraiment l'**utilité**.*

utopie (nom féminin)
Projet considéré comme irréalisable. *Comment peux-tu croire à cette **utopie** ?*

utopique (adjectif)
Qui relève de l'utopie. *On pensait autrefois qu'il était **utopique** de croire que l'homme marcherait sur la Lune.* (Syn. irréalisable.)

V

v (nom masculin)
Vingt-deuxième lettre de l'alphabet. *Le* **v** *est une consonne.*

vacance (nom féminin)
Fait d'être vacant. *La* ***vacance*** *du pouvoir est causée par la mort du Président.* ▷ **vacances** (nom féminin pluriel) Période de congé. *Amandine va en* ***vacances*** *chez sa grand-mère.* ⊙ Vacance vient du latin *vacare* qui signifie « être vide ».

vacancier, ère (nom)
Personne qui est en vacances. *Une nouvelle vague de* ***vacanciers*** *est arrivée dans la station balnéaire.*

vacant, ante (adjectif)
Qui n'est pas occupé. *De nombreux appartements* ***vacants*** *ont été occupés par les sans-abri.* (Syn. libre.)

vacarme (nom masculin)
Bruit assourdissant. *Ferme la fenêtre, il y a trop de* ***vacarme*** *dans la rue.* (Syn. tapage, tumulte. Contr. silence.)

vacataire (nom)
Personne qui occupe un poste temporairement. *Cette administration emploie beaucoup de* ***vacataires****.*

vaccin (nom masculin)
Produit que l'on injecte à une personne pour la protéger d'une maladie déterminée. *Un* ***vaccin*** *contre le tétanos.* ⊙ Famille du mot : vaccination, vacciner.

vaccination (nom féminin)
Action de vacciner. *La première* ***vaccination*** *a été faite par Edward Jenner en 1796 et protégeait de la variole.*

la **vaccination** contre la variole

vacciner (verbe) ⊙ conj.n°3
Faire un vaccin. *Il s'est fait* ***vacciner*** *contre le choléra avant son départ en Afrique.*

vache (nom féminin)
Mammifère ruminant, femelle du taureau. *On élève la* ***vache*** *pour son lait et sa viande. La* ***vache*** *meugle et beugle.*

vacherin (nom masculin)
Gâteau fait de meringue et de crème glacée. *Un* ***vacherin*** *à la framboise.*

▸ **vachette** (nom féminin)
Jeune vache. *Cet été, Laura et Victor ont assisté à une course de **vachettes** dans le Sud-Ouest.*

une **vachette**

▸ **vacillant, ante** (adjectif)
Qui vacille. *Le bébé est encore un peu **vacillant** sur ses jambes.*

▸ **vaciller** (verbe) ○ conj.n°3
1. Trembler sur ses jambes. *Quand le malade s'est levé, il **vacillait**.* (Syn. chanceler.) **2.** Trembloter quand il s'agit d'une lumière. *Les courants d'air font **vaciller** la flamme de la bougie.*

▸ **vadrouille** (nom féminin)
Synonyme familier de promenade. *Une grande **vadrouille** dans le sud de la France.* (Syn. balade.)

▸ **va-et-vient** (nom masculin)
1. Mouvement incessant de gens qui passent. *Le long du port, le **va-et-vient** des nombreux promeneurs est constant.* **2.** Branchement électrique qui permet d'allumer ou d'éteindre les mêmes lumières depuis deux interrupteurs différents.

▸ **vagabond, onde** (nom)
Personne sans maison ni travail. *Un **vagabond** a demandé asile pour la nuit.* ⊙ Famille du mot : vagabondage, vagabonder.

▸ **vagabondage** (nom masculin)
Fait d'être vagabond. *On peut être arrêté pour **vagabondage** si l'on se promène sans papiers ni argent.*

▸ **vagabonder** (verbe) ○ conj.n°3
Errer à l'aventure, sans but. *Son esprit **vagabonde** loin des réalités de ce monde.*

▸ **vagin** (nom masculin)
Organe qui relie la vulve à l'utérus chez la femme et les femelles des mammifères.

▸ **vagir** (verbe) ○ conj.n°11
Pousser des vagissements.

▸ **vagissement** (nom masculin)
Cri poussé par un nouveau-né.

▸ **1. vague** (adjectif)
Qui manque de précision. *Les indications qu'il m'a données sont assez **vagues**.* (Syn. flou, imprécis. Contr. net, précis.) • **Terrain vague** : terrain à l'abandon dans une ville. ▷ **vague** (nom masculin) • **Regarder dans le vague** : regarder dans le vide. • **Vague à l'âme** : mélancolie.

▸ **2. vague** (nom féminin)
1. Mouvement de la mer qui s'abaisse et se soulève. *Le vent provoque des **vagues** de dix mètres de haut.* (Syn. lame.) **2.** Au sens figuré, ce qui évoque le va-et-vient des vagues. *Des **vagues** de touristes.* • **Vague de froid, de chaleur** : arrivée subite du froid, de la chaleur.

Des **vagues** se brisant sur la côte de Paul Huet (1853).

▸ **vaguelette** (nom féminin)
Petite vague.

▸ **vaguement** (adverbe)
De façon vague. *William a **vaguement** entendu Noémie rentrer et il s'est rendormi.* (Contr. nettement.)

vahiné (nom féminin)
Femme tahitienne.

Une **vahiné** a servi de modèle à Gauguin pour peindre « Vairumati » (1897).

vaillamment (adverbe)
De façon vaillante. *Xavier a tenu tête **vaillamment**, seul contre tous.* (Syn. courageusement.)

vaillance (nom féminin)
Qualité d'une personne vaillante. *Odile a supporté le froid et la fatigue avec **vaillance**.* (Syn. courage.)

vaillant, ante (adjectif)
Synonyme littéraire de courageux. *Les sans-culottes furent de **vaillants** soldats.* • **N'avoir pas un sou vaillant** : être sans argent. ⊙ Famille du mot : vaillamment, vaillance. ⊙ Vaillant est l'ancien participe présent de *valoir*.

vain, vaine (adjectif)
1. Qui est sans effet. *Tous nos efforts sont restés **vains**.* (Syn. inefficace, inutile. Contr. efficace, utile.) 2. Qui n'est fondé sur rien. *Tes craintes sont **vaines**.* (Syn. faux. Contr. réel.) • **En vain** : inutilement, vainement.

vaincre (verbe) ⊙ conj.n°36
1. Remporter une victoire. *Charles Martel **a vaincu** les Arabes à Poitiers en 732.* (Syn. battre.) 2. Venir à bout de quelque chose. *Sarah a réussi à **vaincre** sa peur de l'eau.* (Syn. dominer, surmonter.) ⊙ Famille du mot : invaincu, vaincu, vainqueur.

vaincu, ue (adjectif et nom)
Qui a subi une défaite. *Le champion **vaincu** a félicité le vainqueur.* (Syn. perdant. Contr. gagnant.)

vainement (adverbe)
En vain. *Yann a **vainement** tenté de réparer son stylo.* (Syn. inutilement.)

vainqueur (nom masculin)
Celui qui a remporté la victoire. *Le **vainqueur** du tournoi d'échecs est un Russe.* (Syn. gagnant.)

vair (nom masculin)
Fourrure d'un écureuil gris. *La pantoufle de **vair** de Cendrillon.*

vairon (nom masculin)
Petit poisson d'eau douce.

un **vairon**

vaisseau, eaux (nom masculin)
1. Conduit servant à la circulation du sang. *Les **vaisseaux** sanguins comprennent les veines, les artères et les **vaisseaux** capillaires.* 2. Autrefois, grand navire de guerre à voiles. *Le corsaire a attaqué un **vaisseau** de la flotte ennemie.* • **Vaisseau spatial** : engin servant à voyager dans l'espace.

vaisselier (nom masculin)
Meuble dans lequel on range la vaisselle.

vaisselle (nom féminin)
Ensemble des récipients et des couverts qui servent à table. *Après le repas, on met la **vaisselle** dans le lave-vaisselle.*

val, vaux (nom masculin)
• **Par monts et par vaux** : en voyage, en balade. *Il est toujours **par monts et par vaux**.* ⊙ Val est un ancien synonyme de *vallée*, encore utilisé dans les noms propres : *le Val-de-Marne*.

valable (adjectif)
1. Qui est en règle. *Ce passeport n'est plus **valable**, il faut le faire renouveler.* (Syn. valide. Contr. périmé.) 2. Qui a une valeur suffisante. *C'est un argument **valable** pour retarder notre départ.* (Syn. acceptable, sérieux.)

valet (nom masculin)
1. Homme qui était employé comme domestique. *Un **valet** de chambre, un **valet** de ferme.* 2. Carte à jouer représentant un valet. *Le **valet** de pique.*

valeur (nom féminin)
1. Ce que vaut quelque chose. *Ces diamants sont des faux, ils n'ont aucune **valeur**.* (Syn. prix.) 2. Qualité d'une personne sur le plan moral ou intellectuel. *C'était un savant d'une grande **valeur**.* 3. Importance que l'on accorde à quelque chose. *Ce stylo est un cadeau, il a surtout une grande **valeur** sentimentale.* 4. Quantité approximative. *Ajoutez la **valeur** d'une noix de beurre.* (Syn. équivalent.) • **Mettre en valeur** : faire paraître à son avantage.

valeureux, euse (adjectif)
Synonyme littéraire de courageux. *Vercingétorix fut un **valeureux** chef gaulois.*

valide (adjectif)
1. En bonne santé. *Il est toujours **valide** malgré ses 90 ans.* (Contr. invalide.) 2. Qui a une valeur légale. *Cette carte bancaire n'est plus **valide**.* (Syn. valable.) ⊙ Famille du mot : invalide, invalidité, valider, validité.

valider (verbe) ○ conj.n°3
Rendre valide. *Vous devez **valider** votre titre de transport en le compostant.*

validité (nom féminin)
Qualité de ce qui est valide. *La date de **validité** de ce médicament est dépassée.*

valise (nom féminin)
Bagage de forme rectangulaire, muni d'une poignée. • **Faire sa valise** ou **ses valises** : se préparer à partir.

vallée (nom féminin)
1. Couloir plus ou moins large entre des montagnes ou des collines, creusé par un cours d'eau ou par un glacier. *Le torrent s'écoule dans une **vallée** encaissée.* 2. Région arrosée par un fleuve. *La **vallée** du Rhin.*

vallon (nom masculin)
Petite vallée.

vallonné, ée (adjectif)
Où il y a des collines et des vallons. *La région de Dijon est **vallonnée**.* (Contr. plat.)

valoir (verbe) ○ conj.n°25
1. Avoir un certain prix. *Ce tableau **vaut** des millions.* (Syn. coûter.) 2. Avoir une certaine qualité, un certain intérêt. *Ce spectacle **vaut** vraiment le déplacement.* 3. Être équivalent à quelque chose. *Une livre **vaut** 500 grammes.* (Syn. égaler.) 4. Procurer quelque chose à quelqu'un. *Son action lui **a valu** des compliments.* 5. Se valoir : avoir la même valeur. *Les deux solutions **se valent**.* • **Se faire valoir** : se mettre en vedette. • **Vaille que vaille** : tant bien que mal. *Il a terminé son travail **vaille que vaille**.* • **Valoir la peine** ou **le coup** : mériter l'attention ou l'intérêt. • **Valoir mieux** : être préférable. *Il **vaut mieux** s'en aller.*

valorisant, ante (adjectif)
Qui valorise. *Dans son métier, c'est **valorisant** de parler plusieurs langues.*

valorisation (nom féminin)
Action de valoriser.

valoriser (verbe) ○ conj.n°3
Donner une valeur plus grande. *La construction de l'autoroute **a valorisé** notre région.* (Contr. déprécier, dévaloriser.) ⊙ Famille du mot : dévaloriser, valorisant, valorisation.

valse (nom féminin)
Danse à trois temps où le couple de danseurs se déplace en tournant sur lui-même. *Les mariés ont ouvert le bal au son d'une **valse**.* ⊙ Famille du mot : valser, valseur.

valser (verbe) ○ conj.n°3
Danser la valse.

valseur, euse (nom)
Personne qui danse la valse. *Malgré son âge, grand-père est toujours un bon **valseur**.*

valve (nom féminin)
1. Dispositif qui permet l'entrée d'un gaz ou d'un liquide mais qui ne le laisse pas ressortir. *Il faut dévisser la **valve** de la chambre à air pour regonfler le pneu.* 2. Chacune des parties de la coquille des huîtres, des moules, etc.

▸ **vampire** (nom masculin)
1. Mort qui, d'après certaines superstitions, sort de son tombeau pour boire le sang des gens. 2. Chauve-souris d'Amérique du Sud qui suce le sang d'animaux endormis.

un **vampire**

▸ **van** (nom masculin)
Remorque servant au transport des chevaux.

▸ **vandale** (nom)
Personne qui abîme ou détruit par bêtise ou par méchanceté. *Cette nuit, des **vandales** ont cassé des vitrines dans le centre-ville.* ⊙ Les Vandales étaient un peuple germanique qui envahit la Gaule romaine au Ve siècle.

▸ **vandalisme** (nom masculin)
Comportement d'un vandale. *À la suite d'actes de **vandalisme**, des commerçants ont dû fermer leurs magasins.*

▸ **vanille** (nom féminin)
Substance aromatique extraite du fruit d'une orchidée tropicale. *Une glace à la **vanille**.*

branche, fleur et gousse de **vanille**

▸ **vanillé, ée** (adjectif)
Parfumé à la vanille. *De la crème **vanillée**.*

▸ **vanité** (nom féminin)
Défaut d'une personne vaniteuse. *Il est très fort mais il n'en tire aucune **vanité**.* (Syn. prétention.)

▸ **vaniteux, euse** (adjectif et nom)
Synonyme de prétentieux. *Ce **vaniteux** se pavane devant nous avec sa grosse moto !*

▸ **vanne** (nom féminin)
Panneau mobile servant à régler le débit de l'eau. *Les **vannes** d'une écluse.*

▸ **vanné, ée** (adjectif)
Synonyme familier de fatigué. *J'ai marché toute la journée, je suis **vanné**.*

▸ **vannerie** (nom féminin)
Fabrication d'objets tressés avec des fibres végétales. *En **vannerie**, on utilise l'osier ou la paille pour faire des paniers.*

▸ **vantail, aux** (nom masculin)
Panneau mobile d'une porte ou d'une fenêtre. *La porte de l'immeuble comporte deux **vantaux**.*

▸ **vantard, arde** (adjectif et nom)
Qui se vante souvent. *Il dit qu'il est le meilleur basketteur de notre équipe, mais c'est un **vantard** !* (Syn. fanfaron.)

▸ **vantardise** (nom féminin)
Défaut d'une personne vantarde. *Tout ce qu'il raconte, c'est de la **vantardise**.*

▸ **vanter** (verbe) ○ conj.n°3
1. Dire du bien de quelqu'un ou de quelque chose. *La vendeuse nous **a vanté** les qualités de ce nouveau shampooing.* 2. Se vanter : exagérer ses mérites. *Alain **se vante** quand il dit qu'il peut traverser le fleuve à la nage.* ⊙ Famille du mot : vantard, vantardise.

▸ **va-nu-pieds** (nom)
Personne qui vit dans une grande misère. → Pluriel : des va-nu-pieds. ⊙ Autrefois, les va-nu-pieds étaient des gens trop pauvres pour s'acheter des chaussures.

▸ **vapeur** (nom féminin)
1. Fines gouttelettes d'eau en suspension dans l'air. *De la **vapeur** s'échappe de la casserole quand l'eau bout.* 2. Énergie produite par la vapeur d'eau. *Une locomotive à **vapeur**.* 3. Gaz qui se dégage d'un liquide. *Les **vapeurs** d'essence sont toxiques.*

▸ **vaporeux, euse** (adjectif)
Fin, léger et transparent. *Une robe de soie **vaporeuse**.*

▸ **vaporisateur** (nom masculin)
Appareil qui sert à vaporiser un liquide. *Un déodorant en **vaporisateur**.* (Syn. atomiseur.)

▸ **vaporiser** (verbe) ○ conj.n°3
Projeter un liquide sous forme de vapeur. *Maman **a vaporisé** de l'insecticide sur les plantes du balcon.*

▸ **vaquer** (verbe) ○ conj.n°3
S'occuper de ce qu'on a à faire. *Papa est dans le jardin et **vaque** à ses occupations du week-end.*

▸ **varan** (nom masculin)
Grand lézard carnivore d'Asie et d'Afrique. *Certains **varans** mesurent 3 mètres de long.*

un **varan**

▸ **varappe** (nom féminin)
Escalade de parois rocheuses. *Avant de faire de la **varappe** en montagne, David s'est exercé sur un mur d'escalade.* ⊙ Varappe est le nom d'une paroi rocheuse située près de Genève.

▸ **varech** (nom masculin)
Synonyme de goémon. *Le **varech** est utilisé comme engrais.* ➔ Prononciation [vaʀɛk].

▸ **vareuse** (nom féminin)
Veste ample. *Le marin portait une **vareuse** de toile bleue.*

▸ **variable** (adjectif)
Qui peut varier. *Un vent **variable**.* (Syn. changeant.)

▸ **variante** (nom féminin)
Forme légèrement différente d'une chose. *Cette vieille chanson a plusieurs **variantes** selon les régions.*

▸ **variation** (nom féminin)
Fait de varier. *Ces **variations** de température sont mauvaises pour les récoltes.* (Syn. changement.)

▸ **varice** (nom féminin)
Gonflement anormal et douloureux des veines. *Cette vieille dame marche difficilement à cause de ses **varices**.*

▸ **varicelle** (nom féminin)
Maladie contagieuse qui se manifeste par des boutons sur tout le corps.

▸ **varié, ée** (adjectif)
Qui présente des éléments divers. *Des hors-d'œuvre **variés**.*

▸ **varier** (verbe) ○ conj.n°10
1. Apporter des changements. *Le médecin lui a recommandé de **varier** son alimentation.* 2. Être différent. *Le temps **varie** suivant les saisons.* (Syn. changer.) ⊙ Famille du mot : invariable, variable, variante, variation, varié, variété.

▸ **variété** (nom féminin)
1. Caractère de ce qui est varié. *Elle fait de bons petits plats, mais sa cuisine manque de **variété**.* 2. Division à l'intérieur d'une espèce. *Les reines-claudes, les quetsches et les mirabelles sont des **variétés** de prunes.* ▷ **variétés** (nom féminin pluriel) Spectacle qui comporte des numéros de music-hall ou des chansons.

▸ **variole** (nom féminin)
Maladie grave et contagieuse due à un virus. *La **variole** a aujourd'hui disparu.* ➠ p. 1163.

▸ **vasculaire** (adjectif)
Qui concerne les vaisseaux sanguins. *Les varices sont causées par des troubles **vasculaires**.*

▸ **1. vase** (nom masculin)
Récipient utilisé pour mettre des fleurs. *Un **vase** en porcelaine, en cristal.*

▸ **2. vase** (nom féminin)
Boue qui se dépose au fond des eaux stagnantes. *Les enfants pataugent dans la **vase** de l'étang.* ⊙ Famille du mot : s'envaser, vaseux.

▸ **vaseline** (nom féminin)
Graisse extraite du pétrole, utilisée comme pommade. *Un tube de **vaseline**.*

▸ **vaseux, euse** (adjectif)
1. Rempli de vase. *Ibrahim a glissé sur le sol **vaseux**.* 2. Dans la langue familière, qui est fatigué ou légèrement malade. *Anna n'a pas dormi de la nuit, elle se sent **vaseuse**.*

▸ **vasistas** (nom masculin)
Petit panneau mobile au-dessus d'une fenêtre ou d'une porte. → Prononciation [vazistas]. ⊙ Vasistas vient de l'allemand *was ist das ?* qui signifie « qu'est-ce que c'est ? ».

▸ **vasque** (nom féminin)
Bassin peu profond d'une fontaine.

▸ **vassal, ale, aux** (nom)
Au Moyen Âge, personne liée à un seigneur par un serment de fidélité. *Le suzerain devait protection à ses **vassaux**.*

▸ **vaste** (adjectif)
Très grand. *On peut recevoir une centaine d'invités dans ce **vaste** salon.* (Contr. exigu.)

▸ **va-tout** (nom masculin)
• **Jouer son va-tout** : prendre tous les risques quand il reste peu de chance de réussir. *Sur le point de perdre, il **a joué son va-tout**.*

▸ **vaudeville** (nom masculin)
Comédie pleine de quiproquos et de rebondissements.

▸ **vaudou** (nom masculin)
Religion pratiquée à Haïti, qui mélange la sorcellerie et les rites du christianisme.

▸ **à vau-l'eau** (adverbe)
• **Aller à vau-l'eau** : partir à la dérive, péricliter. *Tous ses projets **sont allés à vau-l'eau** quand il a perdu son emploi.*

▸ **vaurien** (nom masculin)
Synonyme littéraire de voyou. *Des **vauriens** ont lancé des cailloux dans les vitres.* ⊙ Vaurien vient de l'expression *« il ne vaut rien »*.

▸ **vautour** (nom masculin)
Grand oiseau de proie, à la tête et au cou déplumés. *Les **vautours** sont des charognards.*

un **vautour**

▸ **se vautrer** (verbe) ⊙ conj.n°3
Se coucher ou se rouler sur quelque chose. *Le chien **se vautre** dans l'herbe.*

▸ **à la va-vite** (adverbe)
Vite et sans soin. *Il s'est douché et s'est habillé **à la va-vite**.*

▸ **veau, veaux** (nom masculin)
1. Petit de la vache et du taureau. 2. Chair de cet animal. *Un rôti de **veau**.*

a b c d e f g h i j k l m n o p q r s t u v w x y z

▸ **vécu, ue** (adjectif)
Qui s'est passé réellement. *Ce roman raconte une histoire* ***vécue****.*

▸ **vedette** (nom féminin)
1. Acteur ou chanteur très connu. *Au festival de Cannes, on peut voir de nombreuses* ***vedettes*** *de cinéma.* (Syn. star.) 2. Petit bateau à moteur. *Une* ***vedette*** *de la police surveille la côte.* • **Se mettre en vedette** : essayer d'attirer l'attention.

▸ **végétal, aux** (nom masculin)
Être vivant fixé au sol. *Les arbres, les fleurs, les champignons, les ronces sont des* ***végétaux****.* (Syn. plante.) ▹ **végétal, ale, aux** (adjectif) Qui est tiré des végétaux. *L'huile de tournesol est une huile* ***végétale****.* ⊙ Famille du mot : végétarien, végétatif, végétation, végéter.

▸ **végétarien, enne** (adjectif et nom)
Qui ne mange que des produits d'origine végétale. *Les* ***végétariens*** *se nourrissent de fruits, de légumes et de laitages.*

▸ **végétatif, ive** (adjectif)
Qui semble vivre sans bouger, comme un végétal. *Mener une existence* ***végétative****.*

▸ **végétation** (nom féminin)
Ensemble des végétaux qui poussent dans un lieu. *La* ***végétation*** *est maigre et clairsemée dans les régions désertiques.*
▹ **végétations** (nom féminin pluriel) Petites peaux qui apparaissent au fond du nez et de la gorge et qui empêchent parfois de respirer normalement.

▸ **végéter** (verbe) ○ conj.n°8
Mener une vie médiocre et peu intéressante. *Il préférerait voyager plutôt que de* ***végéter*** *dans ce coin perdu.*

▸ **véhémence** (nom féminin)
Attitude d'une personne véhémente. *Accusé à tort, il s'est défendu avec* ***véhémence****.*

▸ **véhément, ente** (adjectif)
Qui s'exprime avec violence. *Il nous a fait des reproches sur un ton* ***véhément****.*

▸ **véhicule** (nom masculin)
Engin que l'on utilise pour se déplacer. *Les voitures, les motos, les camions sont des* ***véhicules*** *à moteur.*

▸ **véhiculer** (verbe) ○ conj.n°3
Transporter dans un véhicule. *Ce routier* ***véhicule*** *des produits surgelés de Bretagne.*

▸ **veille** (nom féminin)
1. Jour qui précède un autre. *Le 31 décembre, c'est la* ***veille*** *du jour de l'an.* 2. Fait de rester sans dormir. *Nous avons passé une longue nuit de* ***veille*** *à attendre son retour.* • **À la veille de** : un peu avant. *Ce pays est* ***à la veille d'****une révolution.*

▸ **veillée** (nom féminin)
Moment de la soirée entre le dîner et le moment de se coucher. *Autrefois, les gens se racontaient des histoires pendant la* ***veillée****.*

▸ **veiller** (verbe) ○ conj.n°3
1. Rester volontairement éveillé pendant la nuit. *Au réveillon de Noël, on* ***a veillé*** *jusqu'à deux heures du matin.* 2. Rester près de quelqu'un et s'en occuper. *Le médecin* ***a veillé*** *sur le blessé pendant toute la nuit.* 3. Prendre soin de quelque chose ou y faire attention. ***As****-tu* ***veillé*** *à couper le gaz avant de partir ?* ⊙ Famille du mot : veille, veillée, veilleur, veilleuse.

▸ **veilleur** (nom masculin)
• **Veilleur de nuit** : homme chargé de surveiller un lieu pendant la nuit.

▸ **veilleuse** (nom féminin)
1. Lampe qui éclaire faiblement. *Une petite* ***veilleuse*** *éclaire la boîte à gants de la voiture.* 2. Petite flamme d'un chauffe-eau ou d'une chaudière à gaz, qui reste continuellement allumée.

▸ **veinard, arde** (adjectif et nom)
Synonyme familier de chanceux. *Quel est le* ***veinard*** *qui a gagné le gros lot ?*

1. veine (nom féminin)
1. Vaisseau sanguin qui ramène le sang vers le cœur. *Il faut piquer la* ***veine*** *du bras avec une seringue pour faire une prise de sang.* 2. Ligne étroite et colorée qui forme des dessins sur le bois ou la pierre. *Ce marbre blanc a des* ***veines*** *bleutées.* ⊙ Famille du mot : intraveineux, veiné.

des **veines** claires dans un minéral poli

2. veine (nom féminin)
Synonyme familier de chance. *Tu as de la* ***veine*** *d'avoir eu des places pour ce concert.* ⊙ Famille du mot : déveine, veinard.

veiné, ée (adjectif)
Qui est sillonné de veines apparentes. *Ce bois d'olivier est* ***veiné*** *de lignes marron.*

vêler (verbe) ○ conj.n°3
Donner naissance à un veau. *Le fermier a appelé le vétérinaire quand la vache a commencé à* ***vêler****.*

véliplanchiste (nom)
Synonyme de planchiste.

velléitaire (adjectif et nom)
Qui ne va jamais jusqu'au bout de ses projets. *Jacques est trop* ***velléitaire*** *pour imposer son point de vue.* (Contr. persévérant.)

velléité (nom féminin)
Intention vague qu'on ne réalise pas. *Élodie a des* ***velléités*** *d'apprendre le piano, mais elle manque la plupart des cours.*

vélo (nom masculin)
Synonyme familier de bicyclette. *Fatima et son cousin sont allés faire du* ***vélo*** *en forêt.* ➠ p. 123. ⊙ Famille du mot : vélodrome, vélomoteur. ⊙ Vélo est une abréviation du vieux mot *vélocipède*, qui vient des mots latins *velox* qui signifie « rapide » et *pedis* qui signifie « pied ».

vélocité (nom féminin)
Grande agilité dans les mouvements. *Le professeur de piano nous a fait faire des exercices de* ***vélocité****.*

vélodrome (nom masculin)
Piste pour des courses cyclistes.

vélomoteur (nom masculin)
Bicyclette équipée d'un moteur. *On peut conduire un* ***vélomoteur*** *à partir de 14 ans.*

velours (nom masculin)
Étoffe dont l'endroit est fait de poils courts et serrés, très doux au toucher. *Elle portait une robe de* ***velours*** *noir à col blanc.* • **Faire patte de velours :** rentrer ses griffes. *La chatte* ***fait patte de velours*** *quand Gaëlle la caresse.*

velouté, ée (adjectif)
1. Doux au toucher, comme le velours. *Des pêches à la peau rose et* ***veloutée****.* 2. Onctueux et doux au goût. *Une crème à la vanille épaisse et* ***veloutée****.* ▷ **velouté** (nom masculin) Potage onctueux. *Un* ***velouté*** *aux champignons.*

velu, ue (adjectif)
Synonyme de poilu. *Des catcheurs au torse* ***velu****.*

vénal, ale, aux (adjectif)
Qui est prêt à commettre des actions illégales pour de l'argent. *C'est un homme* ***vénal*** *qui a trahi ses amis.*

venant (nom masculin)
• **À tout venant** : à n'importe qui. *Il n'est pas méfiant et offre son hospitalité* ***à tout venant****.*

vendange (nom féminin)
Récolte du raisin destiné à la fabrication du vin. *On fait les* ***vendanges*** *au début de l'automne.* ⊙ Famille du mot : vendanger, vendangeur.

vendanger (verbe) ○ conj.n°5
Faire les vendanges. *Le vigneron a embauché des ouvriers pour **vendanger**.*

vendangeur, euse (nom)
Personne qui fait les vendanges. *Les **vendangeurs** coupent les grappes de raisin avec un sécateur.*

des **vendangeurs** et des **vendangeuses**

vendéen, enne
➠ Voir tableau p. 6.

vendeur, euse (nom)
1. Personne qui vend des marchandises dans un magasin. *La **vendeuse** présente plusieurs modèles de robes à sa cliente.* 2. Personne qui vend ce qui lui appartient. *Le **vendeur** a fait visiter son appartement à un acheteur.*

vendre (verbe) ○ conj.n°31
1. Échanger quelque chose contre de l'argent. *Notre marchand de journaux **vend** aussi de la papeterie.* 2. Trahir quelqu'un. *Il **a vendu** ses amis pour avoir la vie sauve.* ⊙ Famille du mot : invendable, revendre, vendeur, vente.

vendredi (nom masculin)
Jour de la semaine entre le jeudi et le samedi. *Pour papa, la semaine de travail s'achève le **vendredi** soir.* ⊙ En latin, vendredi était le jour (*dies*) consacré à *Vénus*, déesse de l'amour.

vénéneux, euse (adjectif)
Se dit d'une plante qui contient un poison. *Il faut savoir reconnaître les espèces **vénéneuses** de champignons.* ⊙ Vénéneux vient du latin *venenum* qui signifie « poison ».

vénérable (adjectif)
Qui mérite d'être vénéré. *L'Académie française est une **vénérable** institution.*

vénération (nom féminin)
Profond respect et affection admirative à l'égard de quelqu'un. *Il a toujours eu de la **vénération** pour son grand-père.*

vénérer (verbe) ○ conj.n°8
Avoir de la vénération pour quelqu'un. *Les hindous **vénèrent** de nombreux dieux.* ⊙ Famille du mot : vénérable, vénération.

vénézuélien, enne
➠ Voir tableau p. 6.

vengeance (nom féminin)
Fait de se venger. *Vous l'avez insulté, méfiez-vous de sa **vengeance** !*

venger (verbe) ○ conj.n°5
1. Effacer les torts causés à quelqu'un en punissant le coupable. *Si tu fais du mal à mon amie, je la **vengerai** !* 2. Se venger : punir quelqu'un pour le mal qu'il vous a fait. *Si vous vous moquez de lui, il **se vengera** !* ⊙ Famille du mot : vengeance, vengeur.

vengeur, vengeresse (adjectif)
Qui exprime un désir de vengeance. *Il a adressé une lettre **vengeresse** à ceux qui l'avaient trahi.* ▷ **vengeur** (nom masculin) Personne qui venge ceux qui sont attaqués. *Zorro était le **vengeur** des faibles et des pauvres.*

venimeux, euse (adjectif)
1. Qui a du venin. *Une araignée **venimeuse**. Un serpent **venimeux**.* 2. Qui est rempli de malveillance. *Ces deux hommes se détestent et se lancent des regards **venimeux**.*

venin (nom masculin)
Substance toxique sécrétée par certains animaux. *Les scorpions transmettent leur **venin** par piqûre.*
➠ p. 976.

venir (verbe) ○ conj.n°19
1. Se déplacer vers un lieu. *Kevin n'**est** pas **venu** à mon anniversaire.* 2. Partir d'un endroit vers un autre. *Ce colis **vient** d'Espagne.* 3. Avoir pour cause ou pour origine. *Je me demande d'où **vient** cette erreur.* (Syn. provenir.) 4. Arriver ou se produire. *L'orage **est venu** vraiment brusquement.* (Syn. survenir.) • **À venir** : qui arrivera dans un avenir proche. • **En venir à quelque chose** : en arriver à tel point ou à tel sujet. *Nous allons **en venir à** une question importante.* • **En venir aux mains** : se battre. • **Venir au monde** : naître. • **Venir de faire quelque chose** : l'avoir fait depuis peu de temps. *Nos voisins **viennent de** déménager.* ➔ Venir se conjugue avec l'auxiliaire *être*. ⊙ Famille du mot : bienvenu, bienvenue, venant, venu, venue.

vénitien, enne
➡ Voir tableau p. 6.

vent (nom masculin)
Mouvement naturel de l'air qui se déplace. *Le **vent** soufflait avec violence.* • **C'est du vent** : ce n'est pas sérieux. *Il promet des tas de choses, mais **c'est du vent** !* • **Dans le vent** : à la mode. *Elle a une coiffure **dans le vent**.* • **Instrument à vent** : instrument de musique dans lequel on souffle. *La trompette, la clarinette sont des **instruments à vent**.* • **Passer en coup de vent** : aller quelque part et repartir aussitôt. ⊙ Famille du mot : coupe-vent, venter, venteux, ventilateur, ventilation, ventiler.

vente (nom féminin)
Action de vendre. *Le libraire prend sa retraite, il a mis son magasin en **vente**.*

venter (verbe) ○ conj.n°3
• **Il vente** : il y a du vent, le vent souffle. ***Il a venté** toute la nuit.* • **Qu'il pleuve ou qu'il vente** : quel que soit le temps.

venteux, euse (adjectif)
Où le vent souffle souvent. *La maison est construite sur une falaise très **venteuse**.*

ventilateur (nom masculin)
Appareil électrique dont l'hélice produit un courant d'air.

ventilation (nom féminin)
Action de ventiler un endroit. *Il faudrait une meilleure **ventilation** dans la cuisine pour évacuer les odeurs.* (Syn. aération.)

ventiler (verbe) ○ conj.n°3
Faire circuler l'air dans un endroit, le renouveler. (Syn. aérer.)

ventouse (nom féminin)
1. Organe de certains animaux qui leur permet de se fixer. *Les tentacules des pieuvres et des calmars ont des **ventouses**.* 2. Rondelle de caoutchouc qui se fixe sur une surface plane quand on appuie dessus.

ventral, ale, aux (adjectif)
Qui est situé sur le ventre. *Certains poissons ont une nageoire **ventrale**.* (Contr. dorsal.)

ventre (nom masculin)
Partie du corps située au bas du tronc et qui renferme les intestins. *Hélène préfère dormir sur le **ventre**.* ➡ p. 263. • **À plat ventre** : allongé sur le ventre. *Il s'est endormi **à plat ventre** sur l'herbe.* ⊙ Famille du mot : éventrer, ventral, ventru.

ventricule (nom masculin)
Chacune des deux cavités de la partie inférieure du cœur. ➡ p. 220.

ventriloque (nom)
Personne capable de parler sans remuer les lèvres et dont la voix semble venir du ventre. ⊙ Ventriloque vient des mots latins *venter* qui signifie « ventre » et *loqui* qui signifie « parler », et que l'on retrouve dans *éloquent*.

ventripotent, ente (adjectif)
Synonyme familier de ventru. *Ce vieux monsieur **ventripotent** a du mal à monter les escaliers.*

ventru, ue (adjectif)
Qui a un gros ventre.

▶ **venu, ue** (adjectif)
• **Bien** ou **mal venu** : qui tombe bien ou qui tombe mal. *C'est une réunion sérieuse, vos plaisanteries sont **mal venues**.* ▷ **venu, ue** (nom) • **Le premier venu** : n'importe qui. *Je n'ai pas l'habitude de raconter mes secrets **au premier venu**.* • **Nouveau venu** : personne qui vient d'arriver.

▶ **venue** (nom féminin)
Fait de venir dans un lieu. *La **venue** en France du Premier ministre anglais.*

▶ **ver** (nom masculin)
1. Petit animal au corps mou et allongé, dépourvu de pattes. *Il y a un **ver** dans cette pomme.* 2. Larve de certains insectes. *Le **ver** à soie est une larve de papillon.* • **Tirer les vers du nez à quelqu'un** : dans la langue familière, l'amener à dire ce que l'on veut savoir. • **Ver solitaire** : synonyme de ténia.

▶ **véracité** (nom féminin)
Caractère de ce qui est vrai. *Les policiers ne croient pas à la **véracité** de son témoignage.*

▶ **véranda** (nom féminin)
Pièce vitrée le long de la façade d'une maison. *Après le dîner, on s'installe dans la **véranda**.*

▶ **verbal, ale, aux** (adjectif)
1. Qui se fait par la parole et non pas par écrit. *Passer un accord **verbal** avec un vendeur.* (Syn. oral.) 2. Qui concerne le verbe. *L'infinitif et l'indicatif sont des formes **verbales**.*

▶ **verbalement** (adverbe)
En se servant de la parole. *Il nous a donné sa réponse **verbalement**.* (Syn. oralement.)

▶ **verbaliser** (verbe) ○ conj.n°3
Dresser un procès-verbal. *Papa s'est fait **verbaliser** pour stationnement interdit.*

▶ **verbe** (nom masculin)
Mot qui exprime l'état ou l'action du sujet dans la phrase. *Le **verbe** s'accorde toujours avec son sujet et varie suivant le temps.* ⊙ Famille du mot : verbal, verbalement, verbaliser, verbeux, verbiage.

▶ **verbeux, euse** (adjectif)
Qui est exprimé avec des paroles inutiles. *Tes explications **verbeuses** ne m'apprennent pas grand-chose !*

▶ **verbiage** (nom masculin)
Grande quantité de mots sans intérêt. *Ce journaliste a écrit trois pages sur le chômage, mais ce n'est que du **verbiage** !*

▶ **verdâtre** (adjectif)
Qui tire sur le vert. *L'eau de l'étang est **verdâtre**.*

▶ **verdeur** (nom féminin)
Vigueur de la jeunesse chez une personne âgée. *Malgré ses 80 ans, il a gardé sa **verdeur**.*

▶ **verdict** (nom masculin)
Décision d'un tribunal. *Les jurés ont rendu leur **verdict**.*

▶ **verdir** (verbe) ○ conj.n°11
Devenir vert. *Il **a verdi** de peur en voyant un serpent.*

▶ **verdoyant, ante** (adjectif)
Qui est couvert de verdure. *Sous la chaleur de l'été, les prés **verdoyants** vont jaunir.*

▶ **verdure** (nom féminin)
Ensemble de végétaux de couleur verte. *Ils habitent une maison enfouie dans la **verdure**.*

▶ **véreux, euse** (adjectif)
1. Qui contient des vers. *Des pommes **véreuses**.* 2. Synonyme de malhonnête. *Un homme d'affaires **véreux** les a escroqués.*

▶ **verge** (nom féminin)
1. Baguette de bois souple. *Autrefois, on punissait les enfants à coups de **verge**.* 2. Synonyme de pénis.

▶ **verger** (nom masculin)
Terrain planté d'arbres fruitiers. *Dans le **verger** de grand-mère, il y a des pruniers et des cerisiers.*

▶ **verglacé, ée** (adjectif)
Qui est recouvert de verglas. *Le trottoir est **verglacé** ce matin, attention aux chutes !*

verglas (nom masculin)
Mince couche de glace qui se forme sur le sol. *Les voitures roulent très lentement à cause du* ***verglas****.*

vergogne (nom féminin)
• **Sans vergogne** : sans aucun scrupule. *Malgré l'évidence, il a nié* ***sans vergogne****.*

vergue (nom féminin)
Longue pièce de bois disposée en travers du mât d'un voilier et qui sert à fixer la voile.

véridique (adjectif)
Qui est conforme à la vérité. *Son témoignage est* ***véridique****.* (Contr. faux, mensonger.)

vérification (nom féminin)
Action de vérifier. *À la fermeture du magasin, la caissière fait la* ***vérification*** *des comptes de la journée.* (Syn. contrôle, examen.)

vérifier (verbe) ○ conj.n°10
Contrôler l'exactitude ou le bon état de quelque chose. ***Vérifier*** *un calcul. Papa a fait* ***vérifier*** *le moteur de la voiture.*

véritable (adjectif)
1. Qui est conforme à la vérité. *Il s'est présenté sous un faux nom, je connais sa* ***véritable*** *identité.* (Syn. vrai. Contr. faux.) 2. Qui est vraiment digne de ce qu'on dit de lui. *Cette île est un* ***véritable*** *paradis.*

véritablement (adverbe)
Vraiment, réellement. *D'Artagnan a* ***véritablement*** *existé.*

vérité (nom féminin)
Caractère de ce qui est vrai. *Pierre a fini par avouer la* ***vérité*** *: c'est lui qui a perdu la clé.* • **À la vérité** ou **en vérité :** en fait. ***En vérité****, je ne suis pas très sûr d'avoir raison.* ⊙ Famille du mot : véritable, véritablement.

verlan (nom masculin)
Argot qui consiste à inverser les syllabes des mots. *En* ***verlan****, « tromé » signifie « métro ».*

vermeil, eille (adjectif)
De couleur rouge vif. *Les enfants avaient les joues* ***vermeilles*** *à cause du froid.*

vermicelle (nom masculin)
Pâtes à potage en fils très minces. *Maman a ajouté des* ***vermicelles*** *dans le bouillon.*

vermifuge (nom masculin)
Médicament qui sert à éliminer les vers parasites de l'intestin.

vermillon (adjectif)
Qui est de couleur rouge vif tirant sur l'orangé. → Pluriel : des lèvres vermillon.

vermine (nom féminin)
Ensemble des insectes parasites de l'homme et des animaux, comme les poux, les puces ou les punaises.

vermisseau, eaux (nom masculin)
Petit ver. *La poule et ses poussins picorent des* ***vermisseaux****.*

vermoulu, ue (adjectif)
Dont le bois est rongé par les vers. *Les marches* ***vermoulues*** *d'un vieil escalier.*

verni, ie (adjectif)
1. Recouvert de vernis. *Des meubles en bois* ***verni****. Des chaussures* ***vernies****.* 2. Synonyme familier de chanceux. *Julie a gagné le gros lot, elle est vraiment* ***vernie*** *!*

vernir (verbe) ○ conj.n°11
Enduire de vernis. *La manucure* ***vernit*** *les ongles de sa cliente.*

vernis (nom masculin)
Produit brillant que l'on applique sur un objet pour le protéger ou le décorer. *Il a passé une couche de* ***vernis*** *sur la coque du bateau.* ⊙ Famille du mot : verni, vernir, vernissage.

vernissage (nom masculin)
Réception qui est organisée pour l'inauguration d'une exposition de peinture.

verrat (nom masculin)
Porc mâle qui sert à la reproduction.

verre (nom masculin)
1. Matière dure, transparente et cassante. *Le carreau s'est cassé, attention aux morceaux de **verre** !* 2. Récipient dans lequel on boit. *Des **verres** en cristal, en plastique.* 3. Contenu d'un verre. *J'ai soif, je voudrais un **verre** d'eau.* 4. Morceau de verre destiné à corriger la vue. *Quentin a cassé la monture de ses lunettes, mais les **verres** sont intacts.* 5. Petite plaque de verre. *Laura a perdu le **verre** de sa montre.* Famille du mot : sous-verre, verrerie, verrier, verrière, verroterie.

Le **verre**, chauffé pour être moulé en forme de bouteille, est **vermillon**.

verrerie (nom féminin)
Usine où l'on fabrique du verre ou des objets en verre.

verrier (nom masculin)
Ouvrier qui travaille dans une verrerie.

verrière (nom féminin)
Toit ou panneau vitré. *La véranda est protégée par une **verrière**.*

verroterie (nom féminin)
Petits morceaux de verre coloré servant à faire des bijoux de peu de valeur. *Un collier en **verroterie**.*

verrou (nom masculin)
Dispositif de fermeture constitué d'une barre en métal que l'on fait coulisser. *La porte de la cave se ferme avec un **verrou**.* • **Sous les verrous** : en prison. *Le coupable est **sous les verrous**.*

verrouiller (verbe) conj.n°3
Fermer à l'aide d'un verrou. *Cette maison est très isolée, il vaut mieux **verrouiller** la porte pendant la nuit.*

verrue (nom féminin)
Petite boule dure qui se développe sous la peau. *Le dermatologue lui a enlevé une **verrue** à la main droite.*

1. vers (préposition)
Sert à indiquer : 1. La direction. *Quand je l'ai rencontrée, elle allait **vers** le lac.* 2. Le moment. *Nous arriverons à Rome **vers** 10 heures.* 3. Les environs. *Les meilleurs restaurants se trouvent **vers** le centre-ville.*

2. vers (nom masculin)
Suite rythmée de mots formant une ligne d'un poème. *Romain a appris par cœur les premiers **vers** d'un poème de Victor Hugo.*

versant (nom masculin)
Pente d'une montagne. *Les alpinistes ont décidé de redescendre par le **versant** sud.*

versatile (adjectif)
Qui change souvent d'avis. *Je n'ai pas envie de faire des projets de vacances avec Anna, elle est trop **versatile**.*

à verse (adverbe)
Beaucoup, en abondance. *Il pleuvait **à verse** quand on est sorti du cinéma.*

versé, ée (adjectif)
Qui a beaucoup de connaissances dans un domaine. *Notre professeur de dessin est très **versé** en histoire de l'art.*

versement (nom masculin)
Action de verser de l'argent. *Il a payé son téléviseur par **versements** mensuels de 100 euros.*

verser (verbe) conj.n°3
1. Faire couler un liquide d'un récipient dans un autre. *Maman **a versé** un peu d'huile sur la salade.* 2. Remettre une somme d'argent à quelqu'un. *À la commande, vous devrez **verser** un acompte de 100 euros.* 3. Tomber sur le côté. *Une roue s'est cassée et la carriole **a versé** dans le ruisseau.* (Syn. basculer, culbuter.) Famille du mot : déverser, versement, verseur.

verset (nom masculin)
Petit paragraphe numéroté dans un livre sacré. *Les **versets** du Coran.*

verseur (adjectif masculin)
• **Bec verseur :** bec d'un récipient qui permet de verser un liquide. *Une bouilloire à **bec verseur**.*

version (nom féminin)
1. Exercice qui consiste à traduire un texte d'une langue étrangère dans sa propre langue. 2. Façon de raconter le déroulement des événements. *Les deux témoins ont donné des **versions** très différentes de l'accident.* • **Film en version originale :** film qui passe dans sa langue d'origine avec des sous-titres, qui n'est pas doublé.

verso (nom masculin)
Envers d'une feuille de papier écrite. *Tourne la page, la suite du texte est au **verso**.* (Syn. dos. Contr. recto.) ⊙ Verso vient de l'expression latine *folio verso* qui signifie « la feuille ayant été tournée ».

vert, verte (adjectif)
1. Qui est de la couleur de l'herbe. *Pour l'apéritif, il y a des olives **vertes** et des olives noires.* 2. Qui n'est pas encore mûr. *Ces pommes **vertes** m'ont donné mal au ventre.* 3. Qui a encore de la sève. *Le bois **vert** brûle moins bien que le bois sec.* (Contr. sec.) 4. Qui est resté très vigoureux malgré son âge. *Mon grand-père est encore très **vert** pour son âge.* • **Feu vert :** signal lumineux qui indique aux automobilistes que c'est à leur tour de passer. ▷ **vert** (nom masculin) La couleur verte. *Je n'aime pas ce **vert** : il est trop foncé.* ⊙ Famille du mot : verdâtre, verdeur, verdir, verdoyant, verdure, vert-de-gris, vertement.

vert-de-gris (nom masculin)
Dépôt verdâtre qui se forme sur le cuivre au contact de l'humidité.

vertébrale ➠ Voir colonne.

vertèbre (nom féminin)
Chacun des os superposés et articulés qui forment la colonne vertébrale. ⊙ Famille du mot : invertébré, vertébral, vertébré.

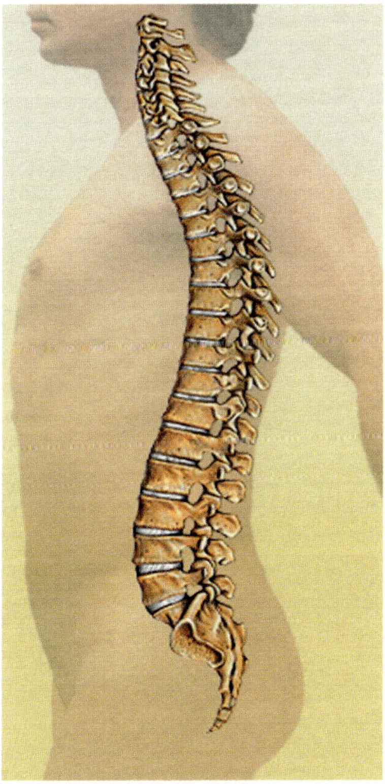
24 **vertèbres** forment la colonne vertébrale.

vertébré (nom masculin)
Animal qui a une colonne vertébrale. *Les mammifères, les reptiles, les oiseaux, les poissons sont des **vertébrés**.* (Contr. invertébré.)

vertement (adverbe)
De façon vive et rude. *Il lui a **vertement** répondu de s'occuper de ses affaires.*

vertical, ale, aux (adjectif)
Qui est perpendiculaire à l'horizontale. *Tirez un trait **vertical** du haut en bas de la page.* ▷ **verticale** (nom féminin) Ligne verticale. *Si tu lâches une pierre du haut de la falaise, elle tombe à la **verticale**.*

verticalement (adverbe)
De manière verticale. *Les livres sont rangés* ***verticalement*** *sur les rayons de la bibliothèque.* (Contr. horizontalement.)

vertige (nom masculin)
Sensation de perte d'équilibre que l'on ressent quand on regarde le vide. *Mon oncle habite au 10e étage de l'immeuble, j'ai le* ***vertige*** *quand je vais sur son balcon.*

vertigineux, euse (adjectif)
Qui donne le vertige. *Le skieur descend la pente à une vitesse* ***vertigineuse****.*

vertu (nom féminin)
1. Qualité morale d'une personne. *La générosité et la sincérité sont les deux grandes* ***vertus*** *de Thomas.* (Contr. vice.) **2.** Pouvoir de produire certains effets. *Le tilleul est une plante qui a des* ***vertus*** *calmantes.* (Syn. propriété.) • **En vertu de :** à cause de. *Ces gens ont été expulsés* ***en vertu d'****une loi sévère.*

vertueux, euse (adjectif)
Qui possède des vertus. *Un homme* ***vertueux****.*

verve (nom féminin)
Manière de s'exprimer pleine de fantaisie et de brio. *Cet animateur de télévision est amusant et plein de* ***verve****.*

verveine (nom féminin)
Plante utilisée pour ses vertus calmantes.

la **verveine**

vésicule (nom féminin)
• **Vésicule biliaire :** petite poche qui contient la bile sécrétée par le foie. ➠ p. 345.

vessie (nom féminin)
Organe en forme de poche qui contient l'urine qui vient des reins. ➠ p. 1160.

veste (nom féminin)
Vêtement à manches longues qui couvre le torse et s'ouvre sur le devant. *S'il fait froid, mets une* ***veste*** *par-dessus ton pull.*

vestiaire (nom masculin)
1. Lieu où l'on dépose son manteau, son parapluie, son chapeau, etc. *Laisse ton imperméable au* ***vestiaire*** *du théâtre.* **2.** Lieu où l'on se change pour pratiquer un sport. *Les* ***vestiaires*** *d'une piscine.*

vestibule (nom masculin)
Pièce d'entrée d'une maison ou d'un appartement. *Faites entrer les visiteurs dans le* ***vestibule*** *!*

vestige (nom masculin)
Ce qui reste de ce qui a été détruit. *En Italie, Victor a vu des* ***vestiges*** *de temples.* (Syn. ruine.)

les **vestiges** d'une ancienne civilisation

vestimentaire (adjectif)
Qui concerne les vêtements. *Myriam fait attention à sa tenue* ***vestimentaire****.*

veston (nom masculin)
Veste d'un costume d'homme.

vêtement (nom masculin)
Ce qui sert à s'habiller, à couvrir son corps. *Le rayon des* ***vêtements*** *pour enfants est au premier étage.* (Syn. habits.)

vétéran (nom masculin)
1. Soldat qui a longtemps servi dans l'armée. 2. Sportif de plus de 35 ans.

vétérinaire (nom)
Médecin qui soigne les animaux.

vêtir (verbe) ◐ conj.n°15
Synonyme littéraire d'habiller. *On* ***avait vêtu*** *les enfants de costumes de fête.* (Contr. dévêtir.) ⊙ Famille du mot : dévêtir, revêtement, revêtir, sous-vêtement, survêtement, vêtement.

veto (nom masculin)
• **Mettre son veto** : exprimer un refus. *Vous n'irez pas voir ce film, papa* ***a mis son veto****.* ➜ Prononciation [veto]. ⊙ Veto est un mot latin qui signifie « je m'oppose ».

vétuste (adjectif)
Qui est vieux et abîmé. *Cet immeuble est* ***vétuste****, il faudrait le détruire ou le rénover.* (Syn. délabré.)

vétusté (nom féminin)
État de ce qui est vétuste. *Ce pâté de maisons va être détruit en raison de sa* ***vétusté****.*

veuf, veuve (adjectif et nom)
Dont la femme ou le mari est mort. *Elle est* ***veuve*** *et elle ne veut pas se remarier.*

veule (adjectif)
Qui est lâche ou qui manque de volonté. *C'est un homme* ***veule*** *et sans personnalité.*

veuvage (nom masculin)
Fait d'être veuf ou veuve. *Elle a fini par se remarier après plusieurs années de* ***veuvage****.*

vexant, ante (adjectif)
Qui vexe, qui contrarie ou qui humilie. *Ses plaisanteries sont plutôt* ***vexantes*** *!*

vexation (nom féminin)
Action ou parole vexante. *Ils profitent de sa timidité pour lui faire subir des* ***vexations****.* (Syn. humiliation.)

vexatoire (adjectif)
Qui a pour but de vexer, d'humilier. *Des mesures* ***vexatoires****.* (Syn. humiliant.)

vexer (verbe) ◐ conj.n°3
Blesser quelqu'un dans son amour-propre. *William* ***a vexé*** *sa tante en lui disant qu'elle portait toujours le même manteau.* (Syn. froisser.) ⊙ Famille du mot : vexant, vexation, vexatoire.

via (préposition)
En passant par tel lieu. *Il a pris l'avion de Paris à Los Angeles* ***via*** *New York.* ⊙ Via est un mot latin qui signifie « route ».

viabilité (nom féminin)
1. État d'une route sur laquelle on peut circuler. *Avec ce verglas, la* ***viabilité*** *des routes est incertaine.* 2. Possibilité de développement ou de réussite. *Nous allons étudier la* ***viabilité*** *de ce projet.*

viable (adjectif)
Qui a des chances de durer. *La création de ce parc de loisirs est un projet* ***viable****.*

viaduc (nom masculin)
Grand pont servant au passage d'une route ou d'une voie ferrée par-dessus une vallée.

viager, ère (adjectif)
• **Rente viagère** : somme d'argent qu'une personne reçoit régulièrement durant toute sa vie. ▷ **viager** (nom masculin) • **En viager** : en échange d'une rente viagère. *Ma tante a vendu son appartement* ***en viager****.*

viande (nom féminin)
Chair des animaux qui sert d'aliment. *On achète de la* ***viande*** *chez le boucher.* • **Viande rouge** : chair du bœuf, du cheval et du mouton. • **Viande blanche** : chair du veau, du porc et des volailles.

a b c d e f g h i j k l m n o p q r s t u v w x y z

vibrant, ante (adjectif)
Très émouvant. *Alain a adressé des remerciements* ***vibrants*** *à ses sauveteurs.*

vibration (nom féminin)
Mouvement et bruit produits par quelque chose qui vibre. *Les* ***vibrations*** *de la perceuse.*

vibrer (verbe) ○ conj.n°3
1. Être agité de tremblements ou d'oscillations. *Les vitres de la maison* ***vibrent*** *quand un gros camion passe sur le chemin.* 2. Être vivement ému. *Cet hymne national fait* ***vibrer*** *le cœur de milliers d'hommes.* ⊙ Famille du mot : vibrant, vibration.

vicaire (nom masculin)
Dans la religion catholique, prêtre qui aide le curé d'une paroisse.

vice (nom masculin)
1. Grave défaut ou mauvaise habitude. *La paresse est son seul* ***vice****.* (Contr. vertu.) 2. Défaut qui rend une chose inutilisable. *Cette lampe doit avoir un* ***vice*** *de fabrication.* ⊙ Famille du mot : vicié, vicieux.

vice-présidence (nom féminin)
Fonction occupée par un vice-président. → Pluriel : des vice-présidences.

vice-président, ente (nom)
Personne chargée d'aider le président dans ses fonctions et de le remplacer en cas de nécessité. → Pluriel : des vice-présidents, des vice-présidentes.

vice versa (adverbe)
Synonyme d'inversement. *C'est maman qui conduit quand papa est fatigué et* ***vice versa****.* → Prononciation [visevɛʀsa] ou [visvɛʀsa]. ⊙ Vice versa est une expression latine qui signifie « l'ordre ayant été renversé ».

vicié, ée (adjectif)
• **Air vicié** : air pollué et malsain. *L'****air vicié*** *peut provoquer des allergies.*

vicieux, euse (adjectif)
1. Qui a une tendance au vice, qui a de mauvais penchants. *C'est un enfant* ***vicieux*** *qui s'amuse à faire du mal aux animaux.* 2. Qui comporte des défauts ou des erreurs. *Un raisonnement* ***vicieux****.* (Syn. incorrect.)

vicinal, ale, aux (adjectif)
• **Chemin vicinal** : petite route qui relie des villages entre eux.

vicissitudes (nom féminin pluriel)
Événements souvent malheureux de la vie d'une personne. *Il a connu bien des* ***vicissitudes*** *avant de réussir dans la vie.*

vicomte, vicomtesse (nom)
Titre de noblesse inférieur à celui de comte.

victime (nom féminin)
1. Personne qui a été tuée ou blessée. *Le cyclone a fait plusieurs* ***victimes****.* 2. Personne qui subit les conséquences pénibles d'un mal. *Noémie est* ***victime*** *du mauvais caractère de son frère.*

victoire (nom féminin)
Fait de vaincre un ennemi ou un adversaire. *Le match s'est terminé par la* ***victoire*** *de notre équipe.* (Contr. défaite.)

victorieux, euse (adjectif)
Qui a remporté une victoire. *Le coureur* ***victorieux*** *a été salué par des applaudissements.* (Syn. gagnant. Contr. perdant.)

victuailles (nom féminin pluriel)
Provisions, nourriture. *Nous sommes partis en pique-nique chargés de* ***victuailles*** *!*

vidange (nom féminin)
Action de vider un récipient pour le nettoyer. *Le garagiste a fait la* ***vidange*** *du moteur.*

vidanger (verbe) ○ conj.n°5
Faire une vidange. *Avant de la réparer, il faudra* ***vidanger*** *la chaudière.*

vide (adjectif)
1. Qui ne contient rien. *La boîte de chocolats est* ***vide***. (Contr. plein.) 2. Où il n'y a personne. *Tous les enfants sont en récréation, les classes sont* ***vides***. ▷ **vide** (nom masculin) 1. Espace vide. *Pour faire du parachutisme, il faut oser se lancer dans le* ***vide***. 2. Espace où il n'y a pas d'air. *Certains aliments sont emballés sous* ***vide*** *pour être conservés.* 3. Espace qui n'est pas occupé. *On a laissé des* ***vides*** *entre les tables pour pouvoir circuler dans la classe.* • **À vide** : sans rien ni personne à l'intérieur. *Ce train circule presqu'****à vide***. ⊙ Famille du mot : évider, vide-ordures, vide-poches, vider.

vidéo (adjectif)
Qui permet d'enregistrer des images et des sons et de les retransmettre sur un téléviseur. → Pluriel : des disques vidéo. ▷ **vidéo** (nom féminin) Technique qui utilise les appareils vidéo. *Papa a filmé le mariage de mon cousin en* ***vidéo***. ⊙ Famille du mot : vidéocassette, vidéodisque.

vidéocassette (nom féminin)
Cassette utilisée pour l'enregistrement en vidéo. *Ce film de Walt Disney existe en* ***vidéocassette***.

vidéodisque (nom masculin)
Disque sur lequel sont enregistrés des sons et des images que l'on peut retransmettre sur un téléviseur.

vide-ordures (nom masculin)
Gros tuyau vertical dans lequel les ordures descendent jusqu'à une poubelle située en bas de l'immeuble. → Pluriel : des vide-ordures.

vide-poches (nom masculin)
Récipient où l'on dépose des petits objets. *Les clés de la voiture sont dans le* ***vide-poches***. → Pluriel : des vide-poches.

vider (verbe) ○ conj.n°3
1. Rendre vide un lieu ou un récipient. *Odile* ***a vidé*** *son cartable en rentrant de l'école. À la fin du mois d'août, les plages* ***se sont vidées***. (Contr. remplir.) 2. Enlever les boyaux d'un poisson ou d'une volaille. *La cuisinière* ***a vidé*** *le poulet avant de le mettre au four.*

vie (nom féminin)
1. Ensemble des phénomènes qui assurent le développement des êtres vivants, de la naissance jusqu'à la mort. *Ce savant étudie la* ***vie*** *des animaux sous-marins.* 2. Fait d'exister. *Les pompiers ont sauvé la* ***vie*** *de plusieurs personnes.* 3. Ensemble des faits qui se produisent au cours de l'existence d'une personne. *La maîtresse nous a raconté la* ***vie*** *de Jeanne d'Arc.* 4. Façon de vivre. *Yann rêve d'une* ***vie*** *aventureuse.* 5. Ce qui est nécessaire pour se nourrir, se loger et se vêtir. *Il a fini ses études et il commence à gagner sa* ***vie***. 6. Énergie et entrain. *C'est agréable de vivre avec Sarah, c'est une enfant pleine de* ***vie***. (Syn. vitalité.)

vieil, vieille ➠ Voir vieux.

vieillard (nom masculin)
Homme très vieux. *Ce* ***vieillard*** *va fêter ses cent ans.* ▷ **vieillards** (nom masculin pluriel) Personnes très âgées. *Cette maison de retraite accueille les* ***vieillards***.

vieillerie (nom féminin)
Objet usé ou démodé. *Je ne veux plus que tu t'habilles avec ces* ***vieilleries*** *!*

vieillesse (nom féminin)
Dernière période de la vie quand on est devenu vieux. *Grand-mère et grand-père mènent une* ***vieillesse*** *heureuse à la campagne.*

vieillir (verbe) ○ conj.n°11
1. Devenir vieux. *Il* ***a*** *beaucoup* ***vieilli*** *depuis sa maladie.* 2. Faire paraître plus vieux. *Cette coiffure te* ***vieillit***.

vieillissement (nom masculin)
Fait de vieillir. *Les rides sont dues au* ***vieillissement*** *de la peau.*

vieillot, otte (adjectif)
Vieux, démodé. *Il s'habille de manière* ***vieillotte***.

vielle (nom féminin)
Ancien instrument de musique à cordes frottées par une roue actionnée grâce à une manivelle.

viennoiserie (nom féminin)
Produits fabriqués par le boulanger, excepté le pain. *Les brioches et les croissants sont des* ***viennoiseries****.*

vierge (adjectif)
1. Qui n'a jamais eu de relations sexuelles. 2. Qui ne porte aucune inscription ou aucun enregistrement. *Il me faut une cassette* ***vierge*** *pour enregistrer cette émission.* • **Forêt vierge** : forêt impénétrable, restée à l'état sauvage.

vietnamien, enne
➠ Voir tableau p. 6.

vieux, vieille (adjectif)
1. Qui a vécu longtemps. *Une* ***vieille*** *dame aux cheveux blancs.* (Syn. âgé. Contr. jeune.) 2. Qui a plus d'années de vie que quelqu'un d'autre. *Mon oncle est plus* ***vieux*** *que mon père.* 3. Abîmé par le temps ou par l'usage. *Tu peux jeter cette* ***vieille*** *paire de chaussures.* (Syn. usé.) 4. Qui existe depuis longtemps. *Nous avons visité la tour d'un* ***vieux*** *château.* (Syn. ancien. Contr. neuf, récent.) 5. Qui est ainsi depuis longtemps. *Nos voisins sont de* ***vieux*** *amis de mes parents.* ➜ Au singulier, vieux s'écrit vieil devant une voyelle ou un h muet : un vieil arbre, un vieil homme. ▷ **vieux, vieille** (nom) Personne âgée. *Tout le monde s'est amusé à ce mariage, les* ***vieux*** *comme les jeunes.* ⊙ Famille du mot : vieillard, vieillerie, vieillesse, vieillir, vieillissement, vieillot.

les **vielles** sont de **vieux** instruments

vif, vive (adjectif)
1. Qui est rapide et énergique dans ses mouvements. *Ce garçon est* ***vif*** *comme l'éclair.* 2. Qui comprend vite. *Inutile de lui donner tant d'explications, il a l'esprit* ***vif****.* 3. Qui exprime de l'énervement. *Le directeur lui a fait des reproches très* ***vifs****.* 4. Qui est très fort, très intense. *Il éprouve un* ***vif*** *plaisir à retrouver ses amis.* 5. Qui a beaucoup d'éclat, d'intensité. *Des cerises rouge* ***vif****.* • **Brûler vif** : brûler vivant. *Elle a failli* ***brûler vive*** *dans cet incendie.* • **De vive voix** : oralement. ▷ **vif** (nom masculin) • **Le vif du sujet** : l'essentiel d'une question. *Entrons dans le* ***vif du sujet*** *!* • **Piquer** ou **toucher quelqu'un au vif** : l'atteindre au point le plus sensible. • **Sur le vif** : au moment où l'on est le plus naturel. *Cette photo a été prise* ***sur le vif****.*

vigie (nom féminin)
Marin chargé de surveiller la mer. *Du haut du mât, la* ***vigie*** *cria : « Terre en vue ! »*

vigilance (nom féminin)
Fait de surveiller avec beaucoup d'attention. *Le gardien a manqué de* ***vigilance*** *: un tableau a été volé.*

vigilant, ante (adjectif)
Qui montre de la vigilance. *Notre maîtresse est très* ***vigilante*** *quand elle surveille la récréation.* (Syn. attentif.)

vigile (nom masculin)
Personne chargée de la surveillance de certains lieux. *Des* ***vigiles*** *font des rondes dans les parkings souterrains.*

vigne (nom féminin)
1. Arbuste dont le fruit est le raisin. *La* ***vigne*** *pousse bien sur ces coteaux ensoleillés.* 2. Terrain planté de vignes. *Les vignerons sont dans les* ***vignes*** *pour faire les vendanges.* (Syn. vignoble.) • **Vigne vierge** : plante grimpante décorative. *Une façade couverte de* ***vigne vierge****.* ⊙ Famille du mot : vigneron, vignoble. ⊙ Vigne vient du latin *vinum* qui signifie « vin ».

vigneron, onne (nom)
Personne qui cultive la vigne et fait du vin. (Syn. viticulteur.)

vignette (nom féminin)
Étiquette imprimée qui prouve que l'on a payé une taxe. *Chaque année, les automobilistes doivent acheter une **vignette**.*

vignoble (nom masculin)
Champ de vignes. *Les **vignobles** de Bourgogne donnent des vins réputés.*

Dans les **vignobles**, on trouve des vignes.

vigogne (nom féminin)
Mammifère qui ressemble au lama. *Ursula porte un pull-over en laine de **vigogne**.*

une **vigogne**

vigoureusement (adverbe)
De façon vigoureuse. *Elle cire le buffet et le frotte **vigoureusement** pour le faire briller.* (Syn. énergiquement.)

vigoureux, euse (adjectif)
Qui a de la vigueur. *Nous avons besoin de quelques garçons **vigoureux** pour descendre les cartons à la cave.* (Syn. fort, robuste.)

vigueur (nom féminin)
Force physique. *Cet athlète a la **vigueur** de la jeunesse.* (Syn. énergie, vitalité.) • **En vigueur** : en usage, en application. *Cette nouvelle loi entrera **en vigueur** dans quelques jours.*

vil, vile (adjectif)
Synonyme littéraire de méprisable. *Il a trahi ses amis, c'est un homme **vil**.* ⊙ Vil vient du latin ***vilis*** qui signifie « sans valeur ».

1. vilain, aine (adjectif)
1. Qui n'est pas joli à regarder. *Elle portait une **vilaine** robe grisâtre.* (Syn. laid. Contr. beau.) 2. Qui n'est pas gentil ou qui désobéit. *Tu es vraiment **vilaine**, je suis très déçue !* (Contr. sage.) • **Vilain temps** : mauvais temps. *Il a fait un très **vilain temps** pendant le week-end.*

2. vilain (nom masculin)
Paysan libre, au Moyen Âge.

vilenie (nom féminin)
Dans la langue littéraire, action ou parole vile. *Le chevalier fut châtié par ses anciens compagnons pour sa **vilenie**.*
→ Prononciation [vileni].

villa (nom féminin)
Maison individuelle avec un jardin. *Ils ont acheté une **villa** au bord de la mer.*

village (nom masculin)
Groupe d'habitations à la campagne. *Mon oncle vit dans une ferme à l'entrée du **village**.*

villageois, oise (nom)
Habitant d'un village. *L'été, les **villageois** aiment s'asseoir sur le pas de leur porte.*

ville (nom féminin)
Agglomération formée d'un grand nombre de rues et peuplée de beaucoup d'habitants. *Bordeaux est une grande **ville** du Sud-Ouest.*

villégiature (nom féminin)
Séjour de vacances ou de repos. *Benjamin a passé quelques jours de **villégiature** chez ses grands-parents.*

vin (nom masculin)
Boisson alcoolisée faite avec du jus de raisin qu'on a fait fermenter. *Papa a des bons **vins** dans sa cave, qu'il garde pour les grandes occasions.* ⊙ Famille du mot : vinicole, vinification.

vinaigre (nom masculin)
Condiment liquide obtenu à partir de vin ou d'autres alcools qu'on a fait aigrir. *Du **vinaigre** de vin ou de cidre.* ⊙ Famille du mot : vinaigré, vinaigrette.

vinaigré, ée (adjectif)
Assaisonné avec du vinaigre. *Cette salade est trop **vinaigrée**.*

vinaigrette (nom féminin)
Sauce à base de vinaigre et d'huile. *Anna prépare une **vinaigrette** pour la salade.*

vindicatif, ive (adjectif)
Qui cherche à se venger. *Je n'aime pas son caractère **vindicatif**.* (Syn. rancunier.)

vingt (adjectif)
Deux fois dix (20). *Il y a **vingt** élèves dans la classe d'Élodie, douze filles et huit garçons.* ▷ **vingt** (nom masculin) Nombre vingt. *Benjamin est né le **vingt** du mois d'avril.* → Prononciation [vɛ̃]. ⊙ Famille du mot : vingtaine, vingtième.

vingtaine (nom féminin)
Quantité d'environ vingt. *Clément a invité une **vingtaine** de copains pour son anniversaire.* → Prononciation [vɛ̃tɛn].

vingtième (adjectif et nom)
Qui occupe le rang numéro 20. *Elle a dix-neuf ans, elle fêtera son **vingtième** anniversaire l'année prochaine.* ▷ **vingtième** (nom masculin) Ce qui est contenu vingt fois dans un tout. *Quatre est le **vingtième** de quatre-vingts.* → Prononciation [vɛ̃tjɛm].

vinicole (adjectif)
Qui concerne la production de vin. *La Bourgogne est une grande région **vinicole**.*

vinification (nom féminin)
Transformation du jus de raisin en vin.

vinyle (nom masculin)
Sorte de matière plastique. *Avant l'invention du C.D., les disques étaient en **vinyle**.*

viol (nom masculin)
Action de violer quelqu'un. *Cet homme est accusé du **viol** de plusieurs femmes.*

violacé, ée (adjectif)
Qui tire sur le violet. *Fatima a si froid qu'elle a les mains **violacées**.*

violation (nom féminin)
Action de violer quelque chose. *La **violation** de sépultures est un acte odieux.* (Contr. respect.)

viole (nom féminin)
Instrument à cordes, antérieur au violon.

violemment (adverbe)
De façon violente. *David a fermé la fenêtre si **violemment** qu'un carreau est tombé !* (Syn. brutalement. Contr. doucement.)

violence (nom féminin)
1. Manière d'agir brutale et agressive. *On a arrêté le match car des supporteurs ont commis plusieurs actes de **violence**.* (Syn. brutalité.) 2. Force intense d'un phénomène ou d'un sentiment. *La **violence** de l'orage a surpris tout le monde.*

violent, ente (adjectif)
1. Qui agit avec violence. *Sous l'effet de la colère, cet homme peut devenir très **violent**.* (Contr. calme, doux.) 2. Qui est très fort. *De **violentes** chutes de neige ont paralysé la circulation.* ⊙ Famille du mot : non-violence, non-violent, violemment, violence.

violer (verbe) conj.n°3
1. Ne pas respecter quelque chose. *On lui reproche d'**avoir violé** la loi.* (Syn. enfreindre, transgresser.) 2. Faire subir à quelqu'un des actes de violence sexuelle. *Durant cette guerre, des gens ont été massacrés et des femmes **ont été violées**.* Famille du mot : inviolable, viol, violation.

violet, ette (adjectif)
Qui est d'une couleur faite d'un mélange de bleu et de rouge. **violet** (nom masculin) Couleur violette. *Le **violet** est une des couleurs de l'arc-en-ciel.*

violette (nom féminin)
Petite fleur violette. *Ce petit bouquet de **violettes** sent très bon.*

des **violettes**

violon (nom masculin)
Instrument de musique qui a quatre cordes. *On joue du **violon** avec un archet.*

un **violon**

violoncelle (nom masculin)
Instrument de musique à quatre cordes, qui ressemble à un grand violon. *Le son du **violoncelle** est plus grave que celui du violon.*

un **violoncelle**

violoncelliste (nom)
Musicien qui joue du violoncelle. *Le **violoncelliste** joue assis en maintenant son violoncelle entre ses jambes.*

violoniste (nom)
Musicien qui joue du violon.

vipère (nom féminin)
Serpent venimeux à la tête triangulaire. *La morsure de la **vipère** est dangereuse.*

une **vipère**

virage (nom masculin)
Synonyme de tournant. *Il y a beaucoup de **virages** sur cette petite route de montagne.*

viral, ale, aux (adjectif)
Qui est dû à un virus. *Ibrahim est malade, il a une hépatite **virale**.*

virement (nom masculin)
Fait de virer de l'argent. *Son salaire est payé par **virement** automatique.*

virer (verbe) conj.n°3
1. Faire passer de l'argent d'un compte à un autre. *Pour rembourser son frère, maman lui **vire** chaque mois cent euros.* 2. Changer de direction. *La moto **a viré** brusquement à gauche.* (Syn. tourner.) 3. Changer de couleur. *Selon la lumière, la mer **vire** du bleu au vert.* Famille du mot : virage, virement.

virevolter (verbe) conj.n°3
Tourner rapidement sur soi. *Gaëlle admire les surfeurs qui **virevoltent** sur les vagues.*

virginité (nom féminin)
État d'une personne qui est vierge.

virgule (nom féminin)
1. Signe de ponctuation qui, à l'intérieur d'une phrase, sépare des mots ou des groupes de mots. *La **virgule** sert à noter une légère pause entre des éléments d'une phrase.* 2. Dans un nombre décimal, signe qui précède la première décimale.

viril, ile (adjectif)
Qui a les caractéristiques qu'on attribue d'habitude aux hommes. *Il est fier de sa force **virile** !* Viril vient du latin *vir* qui signifie « homme ».

virilité (nom féminin)
Caractère viril. *Cet homme a fait preuve d'énergie et de **virilité**.*

virtuel, elle (adjectif)
1. Qui pourrait exister, mais qui n'est pas encore effectif ni réel. *Ce projet est encore à l'état **virtuel**.* (Syn. potentiel.) 2. Se dit d'une image qui donne l'illusion de la réalité et du relief. *Les images **virtuelles** sont créées par des ordinateurs.*

virtuellement (adverbe)
Presque, à peu près. *Le match n'est pas fini, mais notre équipe a **virtuellement** gagné.*

virtuose (nom)
Musicien qui joue d'un instrument avec talent. *Ce guitariste est un **virtuose**.*

virtuosité (nom féminin)
Talent d'un virtuose. *Il joue du violon avec une **virtuosité** remarquable.*

virulence (nom féminin)
Caractère virulent. *La **virulence** de ses propos nous a surpris.*

virulent, ente (adjectif)
Qui manifeste de l'âpreté et de la violence. *Ce livre a reçu des critiques très **virulentes**.*

virus (nom masculin)
Organisme microscopique qui cause des maladies. *Ce laboratoire fait de nombreuses recherches sur le **virus** du sida.* → Prononciation [viʀys]. Virus est un mot latin qui signifie « poison ».

vis (nom féminin)
Petite tige de métal pointue, en forme de spirale. *Kevin enfonce la **vis** à l'aide d'un tournevis.* → Prononciation [vis]. ➠ p. 139. Famille du mot : dévisser, visser. Vis vient du latin *vitis* qui signifie « vrille de la vigne ».

visa (nom masculin)
Cachet officiel qu'on doit faire mettre sur un passeport pour pouvoir entrer dans certains pays. *Demander un **visa** à l'ambassade de l'Inde.* Visa est un mot latin qui signifie « choses vues » : les Romains mettaient ce mot sur les actes qui avaient été vérifiés.

visage (nom masculin)
1. Partie avant de la tête. *Le nez est au milieu du **visage**.* (Syn. figure.) 2. Au sens figuré, aspect de quelque chose. *Son voyage au Japon lui a permis de découvrir le vrai **visage** de ce pays.*

vis-à-vis de (préposition)
1. En face de. *Dans l'autobus, Hélène s'est assise **vis-à-vis de** Pierre.* 2. Envers. *Se montrer sévère **vis-à-vis des** trafiquants de drogue.* ▷ **vis-à-vis** (nom masculin) Personne ou chose placée en face d'une autre. *Cette maison isolée n'a pas de **vis-à-vis**.* ➜ Prononciation [vizavi].

viscéral, ale, aux (adjectif)
Qui vient du plus profond de soi. *Elle a un mépris **viscéral** pour les gens racistes.*

viscère (nom masculin)
Chacun des organes situés dans le crâne, le thorax et l'abdomen. *Le cerveau, le cœur, le foie, l'estomac sont des **viscères**.*

viscosité (nom féminin)
État de ce qui est visqueux.

visées (nom féminin pluriel)
Ce qu'on a comme but ou comme ambition. *Son père a des **visées** sur un poste important.*

viser (verbe) ○ conj.n°3
1. Diriger une arme ou un objectif photographique en fixant avec attention ce qu'on veut atteindre. *Quentin **vise** le centre de la cible avant d'envoyer la fléchette.* 2. Chercher à atteindre quelque chose. *Ce diplomate **vise** toujours un poste d'ambassadeur.* 3. Concerner quelqu'un. *Julie ne se sent pas du tout **visée** par ces critiques.* ⊙ Famille du mot : visées, viseur.

Pour **viser**, on place son œil sur le **viseur**.

viseur (nom masculin)
Dispositif qui permet de viser. *Papa nettoie le **viseur** du caméscope.*

visibilité (nom féminin)
Possibilité de voir plus ou moins loin. *Le brouillard diminue la **visibilité**.*

visible (adjectif)
1. Qu'on peut voir. *Certaines étoiles sont **visibles** à l'œil nu, d'autres pas.* (Contr. invisible.) 2. Qui est évident. *Son émotion était **visible** car elle s'est mise à rougir.* (Syn. manifeste.) ⊙ Famille du mot : invisible, visibilité, visiblement.

visiblement (adverbe)
De manière visible. ***Visiblement**, ce bébé a sommeil.* (Syn. manifestement.)

visière (nom féminin)
Partie large et arrondie sur le devant d'une casquette.

vision (nom féminin)
1. Synonyme de vue. *Il devient presbyte, sa **vision** de près est mauvaise.* 2. Au sens figuré, façon de voir ou de concevoir quelque chose. *Avoir une **vision** pessimiste de l'avenir.* • **Avoir des visions** : s'imaginer voir des choses alors qu'elles n'existent pas. ⊙ Famille du mot : visionnaire, visionneuse.

visionnaire (nom)
1. Personne qui a des visions. 2. Personne qui a une vision juste de l'avenir ou de certaines réalités. *En imaginant l'hélicoptère, Léonard de Vinci a été un **visionnaire**.*

visionneuse (nom féminin)
Petit appareil qui permet d'examiner des diapositives ou des films.

visite (nom féminin)
1. Action de visiter un lieu. *La **visite** de ce château n'est possible qu'en été.* 2. Action d'aller voir quelqu'un chez lui. *Grand-mère aime avoir la **visite** de tous ses petits-enfants.* 3. Consultation donnée par un médecin au domicile du malade. • **Visite médicale** : examen médical fait par un médecin pour voir si tout va bien.

a b c d e f g h i j k l m n o p q r s t u v w x y z

visiter (verbe) ➲ conj.n°3
Parcourir un lieu pour voir ce qui est intéressant. *Laura **a** déjà **visité** la cathédrale.* ⊙ Famille du mot : visite, visiteur.

visiteur, euse (nom)
1. Personne qui visite un lieu. *Le Mont-Saint-Michel attire beaucoup de **visiteurs**.* 2. Personne qui rend visite à quelqu'un chez lui. *Maman a offert du thé à ses **visiteurs**.*

vison (nom masculin)
Petit mammifère carnivore, à la queue touffue et à la fourrure très recherchée. ⊙ Vison vient du latin *vissio* qui signifie « puanteur » car cet animal sent très mauvais.

un jeune **vison**

visqueux, euse (adjectif)
Qui est collant ou poisseux. *Les crapauds ont la peau **visqueuse**.* (Syn. gluant.)

visser (verbe) ➲ conj.n°3
1. Fixer avec des vis. *Prends le tournevis pour **visser** ces planches.* 2. Serrer en tournant pour fermer un récipient. ***Visse** bien le couvercle, pour que les confitures ne s'abîment pas !* (Contr. dévisser.)

visualiser (verbe) ➲ conj.n°3
Rendre quelque chose visible. *Le scanner permet de **visualiser** l'intérieur de notre corps.*

visuel, elle (adjectif)
Qui concerne la vue. *Cette maladie peut entraîner de graves troubles **visuels**.*

vital, ale, aux (adjectif)
1. Qui est indispensable à la vie. *Le cœur est un organe **vital**.* 2. Qui est d'une importance très grande. *Retrouver du travail est un problème **vital** pour ces chômeurs.*

vitalité (nom féminin)
Énergie et dynamisme. *Caroline n'arrête pas de s'activer, elle est pleine de **vitalité**.* (Syn. vie.)

vitamine (nom féminin)
Substance qui se trouve dans certains aliments et qui est indispensable à la santé. *Les fruits contiennent des **vitamines**.*

vitaminé, ée (adjectif)
Qui contient des vitamines. *Du lait **vitaminé**.*

vite (adverbe)
En se dépêchant ou en mettant peu de temps. *Tu marches trop **vite**, je n'arrive pas à te suivre !* (Syn. rapidement. Contr. lentement.)

vitesse (nom féminin)
1. Rapidité à se déplacer ou à faire quelque chose. *Dans toutes les agglomérations, la **vitesse** est limitée à 50 km/h.* 2. Mécanisme qui permet de régler l'effort du moteur d'un véhicule. *Quand le moteur tourne trop vite, on doit changer de **vitesse**.* • **À toute vitesse** ou **en vitesse** : très vite.

viticole (adjectif)
Où l'on cultive la vigne pour produire du vin. *La Champagne est une région **viticole**.* ⊙ Viticole vient des mots latins *vitis* qui signifie « vigne » et *colere* qui signifie « cultiver ».

viticulteur, trice (nom)
Synonyme de vigneron. *Ce **viticulteur** produit du vin blanc.*

viticulture (nom féminin)
Culture de la vigne. ⊙ Famille du mot : viticole, viticulteur.

vitrage (nom masculin)
Assemblage de vitres. *Nos fenêtres possèdent un double **vitrage**.*

vitrail, aux (nom masculin)
Vitre faite de petits morceaux de verre colorés et assemblés pour former des dessins. *Les **vitraux** de la cathédrale.*

un **vitrail** (Christ Church, Londres)

vitre (nom féminin)
Plaque en verre fixée sur une fenêtre, une porte ou une portière. *Les **vitres** de la voiture sont sales.* ⊙ Famille du mot : vitrage, vitrail, vitré, vitreux, vitrier, vitrifier, vitrine. ⊙ Vitre vient du latin ***vitrum*** qui signifie « verre ».

vitré, ée (adjectif)
Qui est garni d'une vitre. *La chambre de l'hôtel a une grande baie **vitrée**.*

vitreux, euse (adjectif)
Qui est terne et sans éclat. *Le chien malade avait les yeux **vitreux**.*

vitrier (nom masculin)
Personne qui pose des vitres.

vitrifier (verbe) ○ conj.n°10
Recouvrir d'un vernis transparent. *Ce parquet **vitrifié** est facile à entretenir.*

vitrine (nom féminin)
1. Partie vitrée d'un magasin où sont exposées les marchandises à vendre. *Noémie a vu une jolie montre en **vitrine**.* (Syn. devanture.) 2. Meuble vitré dans lequel on expose des objets pour les protéger. *Certaines **vitrines** de ce musée sont mal éclairées.*

vitriol (nom masculin)
Autre nom de l'acide sulfurique.

vitupérer (verbe) ○ conj.n°8
Dans la langue littéraire, blâmer ou critiquer sévèrement. *Beaucoup de gens **vitupèrent** contre la hausse du prix de l'essence.*

vivable (adjectif)
Qu'on peut supporter facilement. *L'ambiance dans ce bureau n'est plus **vivable** !* (Contr. invivable.)

vivace (adjectif)
1. Se dit d'une plante qui vit plusieurs années. *La bruyère, la lavande sont des plantes **vivaces**.* 2. Qui dure depuis longtemps et qui est tenace. *Les traditions d'hospitalité sont encore très **vivaces** dans ce pays.*

vivacité (nom féminin)
1. Qualité de quelqu'un qui est vif, rapide. *Cet élève a une grande **vivacité** d'esprit.* 2. Caractère d'une couleur vive. *Les couleurs de ce tapis ont perdu leur **vivacité**.*

a b c d e f g h i j k l m n o p q r s t u v w x y z

▸ **vivant, ante** (adjectif)
1. Qui est en vie. *Après le naufrage du bateau, seuls trois passagers ont été retrouvés **vivants**.* (Contr. mort.) **2.** Qui est vif et plein d'énergie. *Cet enfant est très **vivant** et s'intéresse à tout.* **3.** Où il y a beaucoup d'activité et d'animation. *Ce quartier commerçant est très **vivant**.* (Syn. animé. Contr. mort.) • **Langue vivante** : langue qu'on parle de nos jours. (Contr. langue morte.) ▷ **vivant** (nom masculin) Personne qui est en vie. *Odile préfère penser aux **vivants** plutôt qu'aux morts.* • **Bon vivant** : personne qui sait apprécier les plaisirs de la vie. • **Du vivant de quelqu'un** : du temps où il vivait.

▸ **vivarium** (nom masculin)
Cage vitrée, où on élève des petits animaux. → Prononciation [vivaʀjɔm].

▸ **vivats** (nom masculin pluriel)
Cris d'enthousiasme. *Les spectateurs ont acclamé le vainqueur du match par des **vivats**.*

▸ **vive !** (interjection)
Exprime l'admiration ou encore l'enthousiasme. ***Vive** la mariée ! **Vive** la France !* (Contr. à bas.)

▸ **vivement** (adverbe)
1. D'une façon vive, rapide. *Le chat s'est enfui très **vivement**.* **2.** De façon brusque. *Il a répliqué **vivement** qu'il savait ce qu'il faisait.* **3.** Avec une grande intensité. *On souhaite **vivement** que tu réussisses.* (Syn. ardemment.) ▷ **vivement !** (interjection) Sert à exprimer un souhait. ***Vivement** qu'il fasse beau !*

▸ **vivier** (nom masculin)
Bassin dans lequel on élève des poissons et des crustacés. *Chez le poissonnier, il y a des homards vivants dans un **vivier**.*

▸ **vivifiant, ante** (adjectif)
Qui vivifie. *Un climat **vivifiant**.*

▸ **vivifier** (verbe) ⊙ conj.n°10
Donner plus de vigueur et de vitalité. *Le bon air de la mer nous **a vivifiés**.*

▸ **vivipare** (adjectif)
Se dit d'un animal dont les petits naissent après s'être développés dans le ventre de leur mère, et non dans un œuf. *La plupart des mammifères sont **vivipares**.* (Contr. ovipare.)

▸ **vivisection** (nom féminin)
Dissection d'animaux vivants pour faire des expériences de laboratoire. *La **vivisection** est interdite en France.*

▸ **vivoter** (verbe) ⊙ conj.n°3
Vivre difficilement, faute d'argent. *Depuis qu'il est au chômage, il **vivote**.*

▸ **vivre** (verbe) ⊙ conj.n°50
1. Être en vie. *L'arrière-grand-mère de Sarah **vit** toujours, elle vient de fêter ses cent ans !* **2.** Passer sa vie d'une certaine façon. *Ces gens **ont** toujours **vécu** dans l'opulence. Il **a vécu** des moments difficiles pendant sa maladie.* **3.** Passer un certain temps de sa vie dans un endroit. *Guillaume **a vécu** deux ans à Londres.* **4.** Avoir de quoi manger, s'habiller, se loger. *Ils ont du mal à **vivre** avec le peu qu'ils gagnent.*
⊙ Famille du mot : revivre, survivance, survivant, survivre, vivant, vivoter, vivres, vivrière.

▸ **vivres** (nom masculin pluriel)
Provisions de nourriture. *Pour la randonnée, on a prévu des **vivres** pour trois jours.* • **Couper les vivres à quelqu'un** : ne plus lui donner d'argent.

▸ **vivrière** (adjectif féminin)
• **Cultures vivrières** : cultures destinées à l'alimentation.

▸ **vlan !** (interjection)
Onomatopée qui imite le bruit d'un coup violent. *Et **vlan** ! Il a claqué la portière !*

▸ **vocable** (nom masculin)
Synonyme savant de mot. *Le chercheur a parfois employé des **vocables** compliqués que Thomas n'a pas compris.*
⊙ Vocable vient du latin *vocabulum* qui signifie « mot », et qu'on retrouve dans vocabulaire.

vocabulaire (nom masculin)
1. Ensemble des mots d'une langue. *Le **vocabulaire** s'enrichit sans cesse de mots nouveaux.* 2. Ensemble des mots employés par quelqu'un. *Cet enfant a encore un **vocabulaire** très réduit.*

vocal, ale, aux (adjectif)
Qui concerne la voix. *La musique **vocale** est destinée à être chantée.*

vocalise (nom féminin)
Exercice vocal qui consiste à chanter une suite de notes sur une seule voyelle, qui est généralement le « a ».

vocation (nom féminin)
Vive attirance et aptitude pour une activité. *Alain a choisi le métier de professeur d'histoire par **vocation**.*

vociférer (verbe) ○ conj.n°8
Parler en criant pour exprimer sa colère. *Calme-toi et arrête de **vociférer** comme ça !*

vodka (nom féminin)
Eau-de-vie fabriquée avec de l'orge ou du seigle. ⊙ Vodka est un mot russe qui signifie « petite eau ».

vœu, vœux (nom masculin)
1. Souhait qu'on fait pour qu'une chose se réalise. *Nous avons tous fait le **vœu** qu'il réussisse son examen.* 2. Désir exprimé par quelqu'un. *Son **vœu** le plus cher est de retrouver du travail.* (Syn. souhait.) • **Faire vœu de quelque chose** : promettre de tenir une résolution. *Son frère **a fait vœu d'**arrêter de fumer.* ▷ **vœux** (nom masculin pluriel) Souhaits de bonheur. *Le jour de l'an, on présente ses **vœux** à ses amis.*

vogue (nom féminin)
Succès passager auprès du public. *C'était la **vogue** des cheveux courts. Cet acteur est très en **vogue** en ce moment.*

voguer (verbe) ○ conj.n°3
Avancer sur l'eau. *Plusieurs bateaux **voguent** vers le port.* (Syn. naviguer.)

voici (préposition)
Sert à montrer ce qui est proche. *Tiens, **voici** des roses pour toi.* ⊙ Voici vient de *vois*, impératif de voir, et de *ci*.

voie (nom féminin)
1. Chemin pour aller d'un lieu à un autre. *Un chasse-neige est venu dégager la **voie**.* 2. Chacune des parties séparées d'une route où roule une file de voitures. *Cette route à trois **voies** est très dangereuse.* 3. Mode de transport. *Certaines lettres partent par **voie** aérienne, d'autres par **voie** maritime.* 4. Au sens figuré, direction qu'on suit dans la vie. *Chacun doit trouver sa **voie** dans l'existence.* • **Être en voie de** : être en train ou sur le point de. *Cette espèce animale est **en voie de** disparition.* • **Mettre quelqu'un sur la voie** : lui donner des renseignements pour le guider dans ses recherches. • **Voie d'eau** : ouverture accidentelle dans la coque d'un bateau, par laquelle l'eau entre. • **Voie ferrée** : rails sur lesquels circulent les trains.

La « Via Appia », la plus ancienne des **voies** romaines, a été commencée en 312 avant J.-C.

voilà (préposition)
Sert à montrer ce qui est éloigné. *Voici ma chambre, et au fond du couloir, **voilà** la chambre d'Ursula.* ⊙ Voilà vient de *vois*, impératif de voir, et de *là*.

voilage (nom masculin)
Rideau léger et transparent. *Ce **voilage** nous isole un peu des voisins d'en face.*

1. **voile** (nom masculin)
1. Grand morceau de tissu recouvrant la tête et, parfois, cachant le visage. *Certaines religieuses portent un **voile**.* 2. Ce qui empêche de bien voir. *Il y a un léger **voile** de brouillard ce matin.* ⊙ Famille du mot : dévoiler, voilage, voiler.

a b c d e f g h i j k l m n o p q r s t u v w x y z

2. voile (nom féminin)
1. Grande pièce de tissu fixée sur le mât de certains bateaux, qui leur permet d'utiliser la force du vent pour avancer. *Au départ de la course, les concurrents hissent leurs **voiles**.* ➠ p. 114. **2.** Sport qui consiste à naviguer sur un bateau à voiles. *Victor fait de la **voile** dans un club nautique.* ⊙ Famille du mot : voilier, voilure.

voiler (verbe) ○ conj.n°3
1. Couvrir d'un voile. *Certaines femmes musulmanes **se voilent** le visage.* **2.** Rendre moins visible. *La lune **est voilée** par des nuages.* **3.** Déformer ou tordre quelque chose. *Son frère a eu un accident de moto, et la roue avant **est voilée**.*

voilier (nom masculin)
Bateau à voiles. *Il y a peu de vent, et le **voilier** n'avance pas vite.* ➠ p. 114.

voilure (nom féminin)
Ensemble des voiles d'un voilier. *La tempête a endommagé la **voilure**.*

voir (verbe) ○ conj.n°22
1. Percevoir ce qui nous entoure grâce à nos yeux. *William ne **voit** pas bien car il est myope.* **2.** Rencontrer quelqu'un ou lui rendre visite. *J'**ai vu** Zoé à la boulangerie. Xavier aime bien aller **voir** sa grand-mère.* **3.** Être spectateur ou témoin de quelque chose. *Hier soir, nous sommes allés **voir** une pièce de théâtre. Comme Yann **a vu** l'accident, il sait qui était dans son tort.* (Syn. assister.) **4.** Se rendre compte de quelque chose. *On **a** bien **vu** qu'il était content.* **5.** Examiner attentivement quelque chose. *Je vais **voir** ce que je peux faire pour t'aider.* **6.** Comprendre quelque chose. *Je **vois** très bien ce que tu veux dire.* **7.** Se faire telle idée de quelque chose. *Anna est optimiste, elle **voit** toujours la vie en rose.* ⊙ Famille du mot : entrevoir, malvoyant, non-voyant, revoir, voyant, vu, vue.

voire (adverbe)
Dans la langue littéraire, sert à renforcer ce qu'on vient de dire. *Cette maladie est très grave, **voire** mortelle.*

voirie (nom féminin)
Service municipal qui est chargé de l'entretien et du nettoyage des rues et des routes. *Les éboueurs dépendent de la **voirie**.*

voisin, ine (adjectif)
1. Qui se trouve tout à côté. *Élodie habite la maison **voisine** de la nôtre.* **2.** Qui n'est pas très différent. *Le mauve et le violet sont des couleurs **voisines**.* (Syn. proche, similaire.) ▷ **voisin, ine** (nom) Personne qui habite tout près ou qui se trouve à côté. *Fatima est la **voisine** de classe de Benjamin.* ⊙ Famille du mot : avoisinant, voisinage, voisiner.

voisinage (nom masculin)
1. Ensemble des voisins. *Tout le **voisinage** se plaint des aboiements du chien.* **2.** Lieux voisins. *Ne pars pas jouer trop loin, reste dans le **voisinage**.* (Syn. alentours, environs.)

voisiner (verbe) ○ conj.n°3
Être voisin. *Dans ce quartier, des gens riches **voisinent** avec des gens pauvres.*

voiture (nom féminin)
1. Véhicule à roues qui sert à transporter des personnes ou des choses. *Une poussette est une **voiture** d'enfants. La charrette est une **voiture** à deux roues tirée par un cheval.* **2.** Wagon de voyageurs. *Nous avons des places de train réservées dans la **voiture** quinze.* **3.** Synonyme d'automobile. *Maman va acheter une **voiture**.* ➠ p. 92.

voix (nom féminin)
1. Ensemble des sons produits par une personne quand elle parle, chante ou crie. *Cette chanteuse a une très belle **voix**. Parlez à **voix** basse car le bébé dort.* **2.** Synonyme de suffrage. *Pour être élu, un candidat doit avoir la majorité des **voix**.* **3.** Appel qui nous avertit intérieurement. *La **voix** de la sagesse serait d'attendre la fin de l'orage.*

4. Forme du verbe, qui est différente selon que le sujet fait l'action ou qu'il la subit. *Dans la phrase « Clément aime ses parents », le verbe est à la **voix active**, dans « Clément est aimé de ses parents », il est à la **voix passive**.* • **De vive voix :** verbalement. *Au lieu de lui écrire, je préfère lui dire **de vive voix** ce que je pense.* • **Être** ou **rester sans voix :** rester muet sous l'effet de l'émotion ou de l'étonnement.

1. vol (nom masculin)
1. Façon de voler qu'ont les oiseaux et certains insectes. *Le **vol** léger d'un papillon.* 2. Groupe d'oiseaux qui volent ensemble. *À l'époque de leur migration, on voit des **vols** d'hirondelles.* 3. Trajet en avion. *De Paris à Nice, le **vol** dure un peu plus d'une heure.* • **Attraper quelque chose au vol :** l'attraper en l'air, avant qu'il ne tombe au sol. (Syn. à la volée.) • **À vol d'oiseau :** en ligne droite. • **Vol à voile :** sport qui consiste à piloter un planeur.

2. vol (nom masculin)
1. Action de voler quelque chose à quelqu'un. *Il y a eu des **vols** dans la classe et tous les élèves sont convoqués chez le directeur.* 2. Fait de voler un client. *Faire payer si cher des fruits gâtés, c'est du **vol** !*

volage (adjectif)
Qui n'est pas très fidèle en amour. *Le roi était **volage** et avait de nombreuses maîtresses.*

volaille (nom féminin)
Gros oiseau de basse-cour. *Dans cette ferme, les **volailles** sont élevées au grain.* ⊙ Volaille vient du latin *volatilis* qui signifie « qui vole », et qu'on retrouve dans volatil et volatile.

1. volant, ante (adjectif)
Qui peut voler dans l'air. *L'exocet est un poisson **volant**.* • **Feuille volante :** feuille de papier qui n'est pas attachée à un bloc.

2. volant (nom masculin)
1. Pièce circulaire placée devant le conducteur qui lui permet de diriger les roues de son véhicule. *En France, le **volant** est à gauche, alors qu'en Angleterre il est à droite.* ➠ p. 92. 2. Bande d'étoffe froncée, cousue en bas d'un vêtement ou d'un rideau. *Ces belles danseuses portent des jupes à **volants**.* 3. Balle légère entourée d'un filet de plastique. *On joue au badminton avec un **volant**.* ➠ p. 100.

volatil, ile (adjectif)
Qui se transforme facilement en vapeur ou en gaz. *L'essence est un produit **volatil**.*

volatile (nom masculin)
Oiseau de basse-cour. *La fermière vend des **volatiles** au marché.* ⊙ Voir volaille.

se volatiliser (verbe) ○ conj.n°3
1. Synonyme de s'évaporer. *L'alcool à 90° **se volatilise** facilement.* 2. Au sens figuré, disparaître soudainement. *Je ne trouve plus mon livre, il **s'est volatilisé** !*

vol-au-vent (nom masculin)
Pâte feuilletée garnie de morceaux de viande ou de poisson en sauce. ➔ Pluriel : des vol-au-vent.

volcan (nom masculin)
Montagne d'où peuvent sortir de la lave et des gaz venant de l'intérieur de la Terre. *Les **volcans** d'Auvergne ne sont plus en activité de nos jours.* ⊙ Famille du mot : volcanique, volcanologie, volcanologue. ⊙ Volcan vient du latin *Vulcanus*, dieu du feu chez les Romains.

schéma d'un **volcan** en éruption

volcanique (adjectif)
Relatif à un volcan. *Une nouvelle éruption **volcanique**.*

volcanologie (nom féminin)
Étude scientifique des volcans.

volcanologue (nom)
Spécialiste de volcanologie.

volée (nom féminin)
1. Bande d'oiseaux qui volent ensemble. *Regarde vite cette **volée** d'hirondelles !* 2. Dans la langue familière, synonyme de raclée. *Recevoir une **volée** de coups.* • **À la volée** : synonyme de au vol. • **À toute volée** : avec force. *David a renvoyé la balle **à toute volée**.*

1. voler (verbe) ○ conj.n°3
1. Se déplacer dans l'air. *Les hirondelles **volent** bas, c'est signe de pluie. Cet avion ne **vole** pas très haut car il va bientôt se poser.* 2. Être soulevé par le vent. *Il y a eu un brusque coup de vent et toutes les feuilles mortes se sont mises à **voler**.* 3. Aller très vite. *Ibrahim **a volé** au secours de Gaëlle.* ⊙ Famille du mot : envol, s'envoler, survol, survoler, vol, volant, volée, voleter, volière.

2. voler (verbe) ○ conj.n°3
1. Prendre de manière frauduleuse quelque chose qui appartient à une autre personne. *Kevin s'est fait **voler** son nouveau blouson à l'école.* (Syn. dérober.) 2. Manquer d'honnêteté à l'égard d'un client. *Ce restaurant nous **a volés** en nous faisant payer si cher !* (Syn. escroquer.) ⊙ Famille du mot : antivol, vol, voleur.

volet (nom masculin)
1. Panneau de bois ou de fer qu'on rabat devant une fenêtre. *Quand il fait nuit, Hélène ferme les **volets** de sa chambre.* 2. Partie mobile d'un objet qui peut se rabattre. *Un triptyque est composé de trois **volets**.*

voleter (verbe) ○ conj.n°9
Voler à petits coups d'ailes sur de petites distances. *Le papillon **volette** d'une fleur à l'autre.*

voleur, euse (nom)
Personne qui a volé quelque chose. *Les **voleurs** ont été pris en flagrant délit.*

volière (nom féminin)
Grande cage à oiseaux. *Il y a une belle **volière** dans ce zoo, avec des oiseaux exotiques de toutes les couleurs.*

volley-ball (nom masculin)
Sport dans lequel deux équipes de six joueurs se renvoient un ballon au-dessus d'un filet. → Volley-ball est un mot anglais : on prononce [vɔlɛbol]. → Volley-ball s'abrège volley.

volleyeur, euse (nom)
Joueur de volley-ball.

volontaire (adjectif)
1. Qu'on a vraiment voulu faire. *Il ne voulait pas venir : son absence était **volontaire**.* (Contr. involontaire.) 2. Qui a beaucoup de volonté. *Pierre est trop **volontaire** pour se laisser décourager.* ▷ **volontaire** (nom) Personne qui veut bien faire quelque chose sans y être contrainte. *Maman cherche des **volontaires** pour l'aider à écosser les petits pois.*

volontairement (adverbe)
De façon volontaire. *Ils ont évité **volontairement** d'aborder ce problème, pour ne pas se disputer.* (Syn. exprès.)

volontariat (nom masculin)
Fait de faire quelque chose en tant que volontaire. *Pour nettoyer la plage couverte de mazout, on a fait appel au **volontariat**.*

volonté (nom féminin)
1. Qualité d'une personne qui est capable de faire de gros efforts. *Julie a suffisamment de **volonté** pour finir ce qu'elle entreprend.* 2. Faculté de décider soi-même ce qu'on veut faire. *C'est de sa propre **volonté** qu'il est parti.* 3. Souhait ou désir. *Quentin veut imposer ses **volontés** à son entourage.* • **À volonté** : autant qu'on veut. *Dans ce restaurant, on peut prendre des hors-d'œuvre **à volonté**.* • **Bonne** ou **mauvaise volonté** : disposition à faire ou à ne pas faire volontiers quelque chose. ⊙ Famille du mot : involontaire, involontairement, volontaire, volontairement, volontariat, volontiers.

volontiers (adverbe)
Avec plaisir. *Romain prête **volontiers** ses disques.* (Syn. de bon cœur.)

volt (nom masculin)
Unité de mesure de l'intensité d'un courant électrique. *Cet appareil ne peut fonctionner qu'avec du 220 volts.* ⊙ Volt vient du nom du physicien italien *Volta*, qui inventa la pile électrique (début du XIXe s.).

voltage (nom masculin)
Intensité en volts d'un courant électrique.

volte-face (nom féminin)
1. Brusque demi-tour sur soi-même. *Pour ne pas me saluer, Olivier a fait **volte-face**.* 2. Au sens figuré, brusque changement d'opinion. *Les **volte-face** de ce candidat sont déroutantes pour les électeurs.* → Pluriel : des volte-face.

voltige (nom féminin)
Acrobatie au-dessus du vide. *Les numéros de **voltige** des acrobates.*

voltiger (verbe) ○ conj.n°5
Voler dans tous les sens. *Le vent fait **voltiger** les rideaux.*

volubile (adjectif)
Qui parle beaucoup et très vite. *Laura était très **volubile** pour raconter ses vacances.* (Syn. bavard. Contr. taciturne.)

volume (nom masculin)
1. Place qu'un objet occupe dans l'espace. *Ce meuble prend trop de **volume** dans cette petite cuisine. Le **volume** de la citerne est de 3 000 litres.* 2. Quantité totale. *Le **volume** des exportations a augmenté.* 3. Puissance d'un son. *Baisse un peu le **volume** de la télévision !* 4. Livre, ou tome d'un ouvrage. *Une encyclopédie en dix-sept **volumes**.*

volumineux, euse (adjectif)
Qui occupe une volume important. *Dans un petit studio, on ne peut pas mettre des meubles trop **volumineux**.*

volupté (nom féminin)
Grand plaisir sensuel. *Thomas mange avec **volupté** un sorbet à la framboise.*

voluptueux, euse (adjectif)
Qui procure de la volupté. *Myriam apprécie la sensation **voluptueuse** d'un bon bain chaud.*

volute (nom féminin)
Ce qui est en forme de spirale. *Les **volutes** d'une colonne baroque.*

vomir (verbe) ○ conj.n°11
Rejeter par la bouche ce qu'on a mangé. *Victor a mangé trop de chocolat, il a envie de **vomir**.*

vomissement (nom masculin)
Fait de vomir. *Ses **vomissements** répétés inquiètent le médecin.*

vorace (adjectif)
Qui mange beaucoup et vite. *Le requin est un animal **vorace**.* ⊙ Famille du mot : voracement, voracité.

voracement (adverbe)
Avec voracité. *Se jeter **voracement** sur la nourriture.*

voracité (nom féminin)
Fait d'être vorace. *Quelle **voracité** ! Mange plus doucement !*

vos ➡ Voir votre.

votant, ante (nom)
Personne qui vote. *Les **votants** doivent être majeurs.*

vote (nom masculin)
1. Avis d'une personne qui vote. *Au moment du dépouillement, on compte le nombre des **votes**.* (Syn. suffrage, voix.) 2. Action de voter quelque chose. *Il faut attendre le **vote** de la loi.* ⊙ Famille du mot : votant, voter.

voter (verbe) ○ conj.n°3
1. Prendre part à une élection en mettant un bulletin dans une urne. *Le grand frère de Noémie a dix-huit ans : il peut désormais **voter**.* 2. Approuver quelque chose par un vote. *Cette loi doit **être votée** par le Parlement.*

votre, vos (déterminant)
Adjectif possessif de la deuxième personne du pluriel. *Vous voulez bien me prêter **votre** parapluie ? N'oubliez pas **vos** clés !*

le vôtre, la vôtre (pronom)
Pronom possessif de la deuxième personne du pluriel. *Si vous me rendez mes disques, je vous rendrai **les vôtres**.*

vouer (verbe) conj.n°3
1. Témoigner à quelqu'un un sentiment durable. *Véronique **voue** une véritable adoration à son frère.* 2. Consacrer son existence ou son énergie à quelque chose. *Il **voue** toutes ses vacances à l'alpinisme.* 3. Destiner à subir quelque chose. *Sa tentative **est vouée** à l'échec.*

vouloir (verbe) conj.n°26
Avoir envie de quelque chose. *Pour Noël, William **veut** un V.T.T. Je **voudrais** bien partir avec vous en vacances.* (Syn. désirer, souhaiter.) • **En vouloir à quelqu'un** : être fâché et avoir de la rancune contre lui. • **Vouloir bien** : accepter ou être d'accord. *Tu **veux bien** me prêter ton beau vélo ?* (Syn. accepter, consentir.) • **Vouloir dire** : signifier. *Quand Sarah ne sait pas ce que **veut dire** un mot, elle le cherche dans son dictionnaire.*

vous (pronom)
1. Pronom personnel de la deuxième personne du pluriel. ***Vous** est sujet dans la phrase : « **vous** arrivez tard », et complément dans la phrase : « je **vous** aime bien ».* 2. Pronom au singulier quand, par politesse, on vouvoie quelqu'un. *Monsieur, voulez-**vous** du pain ?*

voûte (nom féminin)
Plafond courbe. *On a découvert des peintures rupestres sur la **voûte** de cette grotte.*

des **voûtes** dans un monastère

voûté, ée (adjectif)
1. Qui a une voûte. *La cave est **voûtée**.* 2. Qui a le dos courbé. *Redresse-toi, tu es tout **voûté** !*

vouvoiement (nom masculin)
Action de vouvoyer. *Autrefois, le **vouvoiement** entre époux était fréquent dans les milieux aisés.*

vouvoyer (verbe) conj.n°6
Employer le pronom « vous » pour s'adresser à une personne. *Xavier tutoie ses copains mais **vouvoie** la maîtresse.*

voyage (nom masculin)
1. Fait d'aller dans un lieu éloigné de celui où on réside. *Yann a déjà fait plusieurs **voyages** en Italie.* 2. Chacune des allées et venues que l'on fait pour transporter quelque chose. *Il a dû faire plusieurs **voyages** pour déménager.*
Famille du mot : voyager, voyageur.

voyager (verbe) conj.n°5
Faire un voyage ou des voyages. *Ursula adore **voyager** en avion.*

voyageur, euse (nom)
Personne qui voyage. *À l'approche du train, les **voyageurs** sortent de la salle d'attente. Son père a fait plusieurs fois le tour du monde, c'est un grand **voyageur**.*

voyant, ante (adjectif)
Qui attire la vue par son éclat ou ses couleurs vives. *Il porte toujours des chemises très **voyantes**.* (Contr. discret.) ▷ **voyant** (nom masculin) Petit signal lumineux sur un appareil, qui sert à avertir. *Quand ce **voyant** s'allume, cela signifie que le réservoir d'essence est presque vide.* ▷ **voyant, ante** (nom) Personne qui prétend voir l'avenir et le passé de quelqu'un. *La **voyante** regarde dans une boule de cristal.*

voyelle (nom féminin)
Son du langage qu'on peut prononcer quand il est seul, contrairement aux consonnes. *Les six **voyelles** de l'alphabet sont : a, e, i, o, u, y.*

voyou (nom masculin)
Individu vivant sans respecter la loi. *Des **voyous** du quartier ont volé des mobylettes.*

en vrac (adverbe)
1. Sans emballage. *Acheter des pommes **en vrac**.* 2. Sans ordre. *Benjamin a mis ses vêtements **en vrac** sur son lit.* (Syn. pêle-mêle.)

vrai, vraie (adjectif)
1. Qui existe ou qui s'est réellement passé. *Tu ne me crois pas, et pourtant cette histoire est **vraie**.* (Syn. exact. Contr. faux, mensonger.) 2. Qui n'est pas une imitation. *Ce ne sont pas de **vraies** roses, elles sont en tissu !* (Syn. véritable. Contr. artificiel, factice.) 3. Qu'on peut comparer à quelque chose. *Ce sorbet est un **vrai** délice.* (Syn. véritable.) ▷ **vrai** (nom masculin) Ce qui est vrai. *Il est parfois difficile de distinguer le **vrai** du faux.* • **À vrai dire** : pour parler sincèrement. ***À vrai dire**, je n'ai pas confiance en lui.* • **Être dans le vrai** : ne pas se tromper.

vraiment (adverbe)
1. Effectivement ou réellement. *As-tu **vraiment** pensé à fermer la porte à clé ?* (Syn. véritablement.) 2. Sert à renforcer vivement une affirmation. *C'est **vraiment** dommage que tu ne puisses pas venir.*

vraisemblable (adjectif)
Qui paraît vrai ou qui pourrait être vrai. *Il est **vraisemblable** que Guillaume ait raison.* (Contr. invraisemblable.) ⊙ Famille du mot : invraisemblable, invraisemblance, vraisemblablement, vraisemblance.

vraisemblablement (adverbe)
De façon vraisemblable. *Le ciel est noir, il va **vraisemblablement** pleuvoir.* (Syn. probablement, sans doute.)

vraisemblance (nom féminin)
Caractère de ce qui est vraisemblable. *Zoé a des doutes sur la **vraisemblance** de cette histoire.* (Contr. invraisemblance.)

vrille (nom féminin)
1. Petite pousse d'une plante, qui s'enroule en spirale autour d'un support. *Les **vrilles** de la vigne, du lierre.* 2. Outil fait d'une tige de métal pointue en forme de vis, et qui sert à faire des trous dans le bois. 3. Mouvement accompli en tournoyant la tête en bas. *La gymnaste a réussi une double **vrille** au-dessus du trampoline.*

une **vrille**

vrombir (verbe) ⊙ conj.n°11
Faire entendre un son rapide qui vibre. *Au départ de la course, les motos **vrombissent**.*

vrombissement (nom masculin)
Bruit de ce qui vrombit. *L'avion décolle dans le **vrombissement** de ses réacteurs.*

V.T.T. (nom masculin)
Abréviation de vélo tout-terrain. *Nous avons fait un tour en **V.T.T.** dans les bois.*

vu, vue (adjectif)
• **Être bien** ou **mal vu** : jouir ou non de la considération des autres. ▷ **vu** (nom masculin) • **Au vu et au su de tous** : sans se cacher, ouvertement. ▷ **vu** (préposition) Étant donné. ***Vu** la forte chaleur, Anna a décidé de ne pas sortir.*

vue (nom féminin)
1. Celui des cinq sens qui permet de voir. *Élodie n'a pas besoin de lunettes, car elle a une excellente **vue**.* (Syn. vision.) 2. Fait de voir quelque chose. *À la **vue** du sang, Olivia s'est mise à hurler !* 3. Choses qu'on peut voir de l'endroit où on est. *De cette chambre, il y a une **vue** magnifique sur les montagnes.* 4. Façon de voir les choses. *Ils ont des **vues** très différentes sur l'éducation des enfants.* (Syn. conception, idée.) 5. Image ou photo. *Dans son bureau, il a mis une **vue** de Venise.* • **À première vue** : au premier coup d'œil. • **À vue d'œil** : de façon visible ou très rapidement. *L'eau monte **à vue d'œil**.* • **En mettre plein la vue** : synonyme familier d'épater. • **En vue** : dans un endroit visible ou de premier plan. *Une personnalité **en vue**.* • **En vue de** : afin de. *Clément travaille **en vue de** réussir.*

vulgaire (adjectif)
1. Qui a de mauvaises manières, ou qui manque de distinction. *C'est vraiment **vulgaire** de parler la bouche pleine.* (Syn. grossier. Contr. distingué, élégant.) 2. Qui est ce qu'il y a de plus ordinaire. *N'aie crainte, ce n'est qu'une **vulgaire** souris.* 3. Qui appartient à la langue courante et non pas à la langue scientifique. *« Ver solitaire » est le nom **vulgaire** du ténia.* (Contr. savant.)
⊙ Famille du mot : vulgairement, vulgarisation, vulgariser, vulgarité.

vulgairement (adverbe)
De façon vulgaire. *Quentin parle **vulgairement**, il n'arrête pas de dire des gros mots.*

vulgarisation (nom féminin)
Fait de vulgariser.

vulgariser (verbe) ○ conj.n°3
Mettre des connaissances à la portée de tout le monde. *Ce livre a pour but de **vulgariser** les dernières découvertes scientifiques.*

vulgarité (nom féminin)
Caractère vulgaire. *La **vulgarité** de son langage choque tout le monde.* (Syn. grossièreté. Contr. distinction.)

vulnérable (adjectif)
1. Qui peut être facilement blessé ou tué. *Les oisillons sont très **vulnérables** quand ils sortent de l'œuf.* (Contr. invulnérable.) 2. Au sens figuré, qui résiste mal, sur le plan psychologique. *Cette jeune fille est sensible et très **vulnérable**.* (Syn. fragile.)

vulve (nom féminin)
Organe génital externe de la femme.
➡ p. 263.

▶ **w** (nom masculin)
Vingt-troisième lettre de l'alphabet. *Le **w** est une consonne.*

▶ **wagon** (nom masculin)
Voiture d'un train. *Ce train ne comporte que quelques **wagons** de marchandises.* → Prononciation [vagɔ̃]. ⊙ Wagon est un mot anglais qui signifie « chariot ».

▶ **wagon-lit** (nom masculin)
Wagon équipé de couchettes. → Pluriel : des wagons-lits.

▶ **wagon-restaurant** (nom masculin)
Wagon dans lequel on sert des repas aux voyageurs. → Pluriel : des wagons-restaurants.

▶ **walkman** (nom masculin)
Synonyme de baladeur. → Prononciation [wokman]. → Walkman est le nom d'une marque. ⊙ Walkman est formé des mots anglais *to walk* qui signifie « marcher » et *man* qui signifie « homme ».

▶ **wallon, onne**
➠ Voir tableau p.6.

▶ **wapiti** (nom masculin)
Grand cerf d'Amérique du Nord. → Prononciation [wapiti].

un **wapiti**

▶ **water-polo** (nom masculin)
Jeu de ballon analogue au handball, mais qui se pratique dans l'eau entre deux équipes de sept joueurs. → Water-polo est un mot anglais : on prononce [watɛʀpɔlo]. → Pluriel : des water-polos.

▶ **waters** (nom masculin pluriel)
Synonyme de W.-C. → Prononciation [watɛʀ].

▶ **watt** (nom masculin)
Unité servant à mesurer la puissance de l'électricité. *Une ampoule de 60 **watts**.* → Prononciation [wat]. ⊙ Watt vient du nom d'un ingénieur écossais James *Watt* (1736-1819).

W.-C. (nom masculin pluriel)
Toilettes. *Les **W.-C.** sont au fond du couloir, à droite.* (Syn. cabinets, waters.) → Prononciation [dubləvese] ou [vese]. ⊙ W.-C. est l'abréviation de l'anglais *water-closets* qui signifie « cabinet d'eau ».

week-end (nom masculin)
Congé de la fin de la semaine, le samedi et le dimanche. *On a passé le **week-end** à la mer.* → Prononciation [wikɛnd]. → Pluriel : des week-ends. ⊙ Week-end est un mot anglais formé de *week* qui signifie « semaine » et de *end* qui signifie « fin ». On n'emploie pas ce mot au Québec : on dit « fin de semaine ».

western (nom masculin)
Film d'aventures dont l'action se déroule dans l'ouest des États-Unis, à l'époque où les pionniers se battaient contre les Indiens pour prendre leurs territoires. → Prononciation [wɛstɛʀn]. ⊙ Western est un mot anglais formé de *west* qui signifie « ouest » : ces films racontent la conquête de l'Ouest.

whisky (nom masculin)
Eau-de-vie de grain faite avec de l'orge, du seigle ou de l'avoine. → Whisky est un mot anglais : on prononce [wiski]. → Pluriel : des whiskies ou des whiskys.

white-spirit (nom masculin)
Liquide tiré du pétrole, servant à diluer les peintures. → Prononciation [wajtspiʀit]. ⊙ White-spirit vient des mots anglais *white* qui signifie « blanc » et *spirit* qui signifie « essence ».

winch (nom masculin)
Petit treuil utilisé sur les voiliers et qui sert à raidir les écoutes. *Benjamin enroule les cordages autour du **winch**.* → Winch est un mot anglais : on prononce [winʃ].

windsurf (nom masculin)
Synonyme de planche à voile. *Anna va encore faire du **windsurf** à Biarritz cet été.* → Prononciation [windsœʀf]. ⊙ Windsurf est un mot anglais formé de *surf* et de *wind* qui signifie « vent ».

x (nom masculin)
Vingt-quatrième lettre de l'alphabet. *Le **X** est une consonne.*

xénophobe (adjectif et nom)
Qui manifeste de la xénophobie. *Élodie n'aime pas les gens **xénophobes**.* ⊙ Xénophobe vient du grec *xenos* qui signifie « étranger » et de *phobos* qui signifie « crainte ».

xénophobie (nom féminin)
Hostilité ou haine envers les étrangers. *Cette association lutte contre le racisme et la **xénophobie**.*

xylophone (nom masculin)
Instrument de musique formé de lames de bois ou de métal de longueur inégale, sur lesquelles on frappe avec deux baguettes. → Prononciation [gzilofɔn]. ⊙ Xylophone vient des mots grecs *xulon* qui signifie « bois » et *phônê* qui signifie « son ».

un **xylophone**

1. y (nom masculin)
Vingt-cinquième lettre de l'alphabet. *Le **Y** est une voyelle.*

2. y (pronom)
1. Sert à indiquer le lieu où l'on est ou le lieu où l'on va. *J'aime cette maison, je m'**y** sens bien. Tu viens du marché ? – Non, j'**y** vais.* **2.** Remplace un complément introduit par « à ». *Cette histoire, je n'**y** comprends plus rien !*

yacht (nom masculin)
Bateau de plaisance, à voiles ou à moteur. *Les gamins admirent le **yacht** qui vient de s'amarrer.* → Yacht est un mot anglais : on prononce [jot].

yachting (nom masculin)
Pratique de la navigation de plaisance. *La princesse fait du **yachting** en Méditerranée.* → Yachting est un mot anglais : on prononce [jotiŋ].

yack (nom masculin)
Gros bovidé des montagnes d'Asie centrale. *Les **yacks** servent de bêtes de somme.*

yaourt (nom masculin)
Lait caillé par un ferment, qui se vend en petits pots. *Fatima a acheté des **yaourts** aux fruits.* → Prononciation [jaurt]. → On dit aussi yogourt [jogurt] qui est la forme turque de ce mot.

yéménite
➡ Voir tableau p. 6.

yen (nom masculin)
Monnaie qui est utilisée au Japon. → Prononciation [jɛn].

yeti (nom masculin)
Animal légendaire de l'Himalaya, appelé aussi « l'abominable homme des neiges ». → Prononciation [jeti].

yeux ➡ Voir œil.

yoga (nom masculin)
Sorte de gymnastique d'origine hindoue, qui permet de se relaxer, de se maîtriser et de méditer. *Elle fait du **yoga** avec un professeur asiatique.*

le **yoga**

yogourt ➡ Voir yaourt.

yole (nom féminin)
Embarcation légère, de forme étroite et allongée, et propulsée à l'aviron.

yougoslave
➡ Voir tableau p. 6.

yourte (nom féminin)
Tente faite de peau ou de feutre qui sert d'habitation aux nomades mongols.

youyou (nom masculin)
Petit canot à rames.

yo-yo (nom masculin)
Jouet que l'on fait monter et descendre le long d'une ficelle. → Pluriel : des yo-yo. ⊙ Yo-yo est le nom d'une marque.

yucca (nom masculin)
Plante ornementale à longues feuilles pointues, originaire d'Amérique tropicale.

un **yucca**

z (nom masculin)
Vingt-sixième lettre de l'alphabet. *Le **z** est une consonne.*

zapper (verbe) ⊙ conj.n°3
Changer de chaîne de télévision en se servant de la télécommande. *Gaëlle **zappe** pour essayer de trouver une émission intéressante.*

zapping (nom masculin)
Action de zapper. *Clément fait du **zapping** entre l'émission de jeux et le film.* ➔ Zapping est un mot anglais : on prononce [zapiŋ].

zèbre (nom masculin)
Sorte de cheval sauvage d'Afrique, au pelage clair à rayures sombres. *Les **zèbres** vivent en troupeaux dans les steppes.* ⊙ Famille du mot : zébré, zébrure.

un **zèbre**

zébré, ée (adjectif)
Qui a des rayures comme celles d'un zèbre. *Les sièges de la voiture sont recouverts d'un tissu **zébré**.*

zébrure (nom féminin)
Rayure qui ressemble à celles d'un zèbre. *En courant à travers les buissons, David s'est fait des **zébrures** sur les jambes.*

zébu (nom masculin)
Sorte de grand bœuf d'Asie et d'Afrique, caractérisé par une bosse sur le dos.

un **zébu**

zèle (nom masculin)
Ardeur, application ou enthousiasme à faire quelque chose. *Ibrahim a mis beaucoup de **zèle** dans l'organisation de son goûter d'anniversaire.* (Syn. empressement.) • **Faire du zèle** : faire davantage que ce qui est demandé.

zélé, ée (adjectif)
Qui est plein de zèle. *Cet employé **zélé** aura sans doute une promotion.*

zen (nom masculin)
Doctrine religieuse japonaise issue du bouddhisme. *Le **zen** prône sourtout la méditation et la pureté.* ➔ Prononciation [zɛn].

zénith (nom masculin)
Point le plus haut que le soleil peut atteindre au-dessus de l'horizon. *C'est au moment où le soleil est au **zénith** qu'il fait le plus chaud.* ➔ Prononciation [zenit].

zéro (nom masculin)
1. Chiffre (0) qui, placé derrière un autre chiffre, le multiplie par dix. *Si tu mets un **zéro** après deux (2), tu obtiens le nombre vingt (20).* **2.** Nombre qui indique une valeur nulle. *Quatre ôté de quatre, il reste **zéro**.* **3.** Note la plus basse qu'on peut obtenir à un devoir. *Kevin a eu un **zéro** à cet exercice.* **4.** Température au-dessous de laquelle il commence à geler. *Au-dessous de **zéro**, la pluie se transforme en neige.* ▷ **zéro** (adjectif) Pas un seul. *Bravo ! Tu as fait **zéro** faute !* (Syn. aucun.) ⊙ Zéro vient de l'arabe ***sifr*** qui signifie « vide », par l'intermédiaire de l'italien *zefiro*.

zeste (nom masculin)
Morceau de peau d'une orange ou d'un citron. *Papa a mis un **zeste** de citron dans son eau gazeuse.*

zézaiement (nom masculin)
Défaut de prononciation d'une personne qui zézaie.

zézayer (verbe) ○ conj.n°7
Prononcer le son [z] pour [ʒ], et le son [s] pour [ʃ]. *Pierre a un défaut de prononciation, il **zézaie**.* (Syn. zozoter.)

▸ **zibeline** (nom féminin)
Petit mammifère carnivore, au pelage très fin, noir ou brun. *Les **zibelines** vivent dans les forêts de Sibérie.*

une **zibeline**

▸ **zigzag** (nom masculin)
Ligne formée d'une suite de petits traits qui forment des angles. *Cette route de montagne fait beaucoup de **zigzags**.*

▸ **zigzaguer** (verbe) ○ conj.n°3
Faire des zigzags. *La moto **zigzague** entre les voitures arrêtées.*

▸ **zinc** (nom masculin)
Métal grisâtre qui sert à faire des toitures ou encore des gouttières, etc. → Prononciation [zɛ̃g].

▸ **zinnia** (nom masculin)
Plante qui donne des fleurs aux couleurs vives et variées.

▸ **zizanie** (nom féminin)
Synonyme familier de discorde. *Il a suffi qu'il arrive pour semer la **zizanie** dans notre groupe.*

▸ **zodiac** (nom masculin)
Canot pneumatique à moteur. → Zodiac est le nom d'une marque.

▸ **zodiaque** (nom masculin)
Partie du ciel partagée en douze parties égales et dans laquelle le Soleil et la Lune se déplacent au cours d'une année. • **Signes du zodiaque** : les douze parties du zodiaque utilisées en astrologie. ➠ p. 83.

▸ **zona** (nom masculin)
Maladie virale très douloureuse, caractérisée par une éruption de plaques ou de boutons sur la peau.

▸ **zone** (nom féminin)
1. Chacune des grandes divisions de la Terre, caractérisées par un climat particulier. *Les **zones** polaires sont les plus froides.* 2. Partie d'un espace ou d'un lieu. *Cette voie piétonne est une **zone** interdite aux voitures et aux vélos.*

▸ **zoo** (nom masculin)
Jardin ou parc où sont rassemblés des animaux de diverses origines. *Ce qu'Hélène préfère aller voir au **zoo**, ce sont les singes.* (Syn. jardin ou parc zoologique.)

▸ **zoologie** (nom féminin)
Science qui étudie les animaux. ⊙ Famille du mot : zoo, zoologique, zoologiste. ⊙ Zoologie vient des mots grecs *zôon* qui signifie « animal » et *logos* qui signifie « science ».

▸ **zoologique** (adjectif)
• **Jardin** ou **parc zoologique** : synonymes de zoo.

▸ **zoologiste** (nom)
Spécialiste de zoologie.

▸ **zoom** (nom masculin)
Objectif d'une caméra ou d'un appareil photo, qui permet de changer à volonté le cadrage de l'image. *Papa a utilisé un **zoom** pour photographier des bouquetins qui s'enfuyaient au loin.* → Zoom est un mot anglais : on prononce [zum].

▸ **zouave** (nom masculin)
Autrefois, soldat d'infanterie dans l'armée française d'Afrique du Nord. • **Faire le zouave** : dans la langue familière, faire l'imbécile ou le pitre.

▸ **zozoter** (verbe) ○ conj.n°3
Synonyme familier de zézayer. *Quand quelqu'un **zozote**, on dit qu'il a un cheveu sur la langue.*

▸ **zut !** (interjection)
Exclamation familière qui exprime la déception ou l'impatience. ***Zut !** Il n'y a plus d'encre dans mon beau stylo !* → Prononciation [zyt].

▸ **zyzomys** (nom masculin)
Rat à queue blanche d'Australie. *Le **zyzomys** est un animal très rare.*

Crédits photographiques

Couverture : chien © E. myles/ZEFA ; tigre © Davis/Photo Researchers/Jacana ; sphère © Lanny Provo/ PHOTONICA ; microscope © Tadashi Kasana/PHOTONICA ; crocodile © Zefa visual media/F. Krahmer.

A. Lorenzi, 453 - ADAGP, Paris 1998, 21 - Agence Shot/Mochizuki/Presse-sports, 84 - Alpha, 75, 318, 426, 593, 1068 - Alpha-LDP, 815, 818, 854 - Alpha-Salvat, 162 - Altitude, 101 - Ardea Photographics, 514 - Artephot, 954 - Artephot-Vision, 107 - Artephot/Oronoz, 283 - Artephot/Roubier, 191 - Atlas photo/ Dumontier, 438 - Bandinot, 703 - Bavaria, 962 - Bernand, 305 - Bildarchiv/B. Pambour, 264 - Bios, 1093 - Bios/F. Pierrel, 226 - BN, Paris, 272, 284 - Bodleian Library, Oxford, 806 - Bulloz, 515, 248, 1152 - Bulloz/ADAGP, Paris 1998, 658 - C. Rasano, 401 - Celestron-IHW/ Schmidt, 227 - Chauvin/Arnoux, 207 - Christophe L, 455 - Ciel & Espace, 611, 1106 - Ciel & Espace/ESA, 1112 - Ciel & Espace/S. Brunier, 277 - CIRI, 59 - CNAM/P. Faligot, 253 - CNRI, 931 - coll. Kobal, 56 - Cosmos, 14 - Cosmos/Lloyd, 696 - Cosmos/SPL/F. Sauze, 1130 - Cosmos/ Strickland, 970 - Cosmos/Visum/T. Pflaum, 20 - D. Decobecq, 421 - Dagli Orti, 589, 672, 840, 903 - Darbois, 693 - Dépt Art pariétal/CNP/N.Ajoulat, 1008 - DIAF, 943 - DIAF/ G. Guittot, 1058 - DIAF/R. Blum, 331 - Diatec/Titus, 149 - Édimages/J. Guillat, 1153 - Édimédia, 165, 211, 217, 321, 362, 522, 851, 907, 910 - Édistudio/ADAGP, Paris 1998, 65 - El Pais/ J. Rojas, 594 - Ernoult Features, 857 - Explorer, 479, 577, 758, 771 - Explorer/B. Boraud, 1155 - Explorer/Delpal, 843 - Explorer/Evans, 474 - Explorer/ G. Philippart, 134, 796 - Explorer/J. Dupont, 1113 - Explorer/ J.-L. Charmet/Musée Carnavalet, Paris, 459 - Explorer/K. Russel, 462 - Explorer/Musée Marmottan/ ADAGP, Paris 1998, 587 - Fabbri-LDP, 412, 697 - Fabbri-LDP/Paolo Arata, 638 - Foto Saporetti, Milan, 402 - Fotogram-Stone/N. Kaehler, 1015 - Gallimard, 865 - Gamma/ Artothek/Blauel, 988 - Gamma/ D. Kennerby, 1143 - Gamma/Derenne/ ADAGP, Paris 1998, 480 - Gamma/M. Deville, 308 - Gamma/ Salgado, 256 - Giraudon, 80, 111, 112, 122, 225, 307, 337, 386, 429, 572, 669, 837, 882, 885, 986 - Giraudon/Alinari, 343 - Giraudon/Archives Larousse, 40 - GLMR/ Guichard, 840 - Grolier, 63, 114, 251, 318, 616, 991 - Grolier/ADAGP-ARS2, Paris 1998, 246 - H. Josse, 1079 - Hachette Livre, 167, 213, 248, 267, 289, 379, 392, 444, 528, 575 - Hachette Livre-Édi 7, 28 - IBM, France, 1116 - ICP, 984 - J.-L. Charmet, 619 - Jacana, 981 - Jacana/Edouard, 1071 - Jallot, 876 - L. Pellegrini, 67, 418 - Lauros-Giraudon, 335, 749, 1012, 1075 - LDP, 495, 667, 724, 769, 779, 794, 805, 813, 816, 821, 825, 835, 918, 970, 1015, 1026, 1030, 1038, 1055, 1071, 1073, 1075, 1078, 1088, 1090, 1113, 1139 - Llarca, 25 - Magnum, 1006 - Magnum/ E. Hans, 890 - Magnum/E. Lessing, 52 - Meyer, 858 - Musée de l'Institut Pasteur, 305- Musée de la céramique, Athènes, 451 - Musée du Louvre, 668 - Musée du Prado, Hinz, 959 - Musée et galerie d'art, Birmingham, 201 - Musée national,Versailles, 449 - NASA, 58, 303, 423, 438 - ND/Viollet, 1137 - ONERA, 1154 - Oronoz, 482 - Ostman Agency, 517 - P. Michaud, 1142 - Petit Format/Chaumet, 915 - Petit Format/ S. Lausada, 627 - Petzold, 700 - Photothèque SDP/Stock Photos, 910 - Pictor international, 452, 782 - Pix, 70 - Pix/J. Benazet, 141 - Prof. G. de Marco, 206 - Pucciarelli, 57 - Pucciarelli/Musée des Thermes, Rome, 1122 - Rapho, 465 - Rapho/Lawson, 309 - Rapho/R. et S. Michaud, 1076 - Réunion des Musées nationaux, Paris, 183, 315, 418, 445, 1145 - Roger-Viollet, 10 - Salvat, 25, 30, 73, 72, 92, 109, 253, 268, 334, 379, 387, 478, 517, 570, 573, 576, 584, 590, 643, 646, 772, 875, 899, 903, 907, 930, 1007, 1040, 1059, 1092, 1155 - Salvat/LDP, 778, 1071 - Scala, 90, 399, 492, 524, 579, 764, 863, 1150 - Sipa Press/Delahaye, 1085 - Sipa Sport/G. Klein, 1056 - Smeets Archives, 499, 820 - SRMF/J. Réquilé/Musée du Louvre, 983 - Stock Image/Woldendorf, 236 - Sunset, 79, 591 - Sunset-SF, 692 - Sunset/G. Rancinan, 973 - Sunset/J. Warden, 729 - Sunset/ Sirius, 1047 - Swiss Air, 43 - Sygma/Laffont, 443 - Sygma/S. Compoint, 1115 - Tallandier, 980 - The Image Bank/A. Choisnet, 39 - The Image Bank/ D. Sarraute, 109 - The Image Bank/F. Hidalgo, 1147 - The Image Bank/L. Gatz, 153 - The Image Bank/Lewis, 1024 - Tournus, 83 - Vandystadt - 581, 796, 810, 935, 1007 - Vandystadt/P. Black, 481 - Vandystadt/R. Plisson, 962 - Vertical/Carmier, 1090 - Vloo, 797, 857 - X. Pasco, 853 - Dessins, DR

Conjugaisons

Chaque verbe du dictionnaire renvoie au modèle de sa conjugaison. Le numéro du modèle est indiqué à côté de l'entrée verbale. Par exemple, **amuser** (verbe) ▸ conj. n° 3 renvoie au n° 3, qui donne la conjugaison des verbes réguliers du premier groupe en **-er. Amuser** se conjugue donc comme **chanter**, donné comme exemple pour le modèle n° 3.

Verbe auxiliaire **1** Avoir

INDICATIF

▸ présent

j'	ai
tu	as
il, elle	a
nous	avons
vous	avez
ils, elles	ont

▸ passé composé

j'	ai	eu
tu	as	eu
il, elle	a	eu
nous	avons	eu
vous	avez	eu
ils, elles	ont	eu

▸ imparfait

j'	avais
tu	avais
il, elle	avait
nous	avions
vous	aviez
ils, elles	avaient

▸ plus-que-parfait

j'	avais	eu
tu	avais	eu
il, elle	avait	eu
nous	avions	eu
vous	aviez	eu
ils, elles	avaient	eu

▸ passé simple

j'	eus
tu	eus
il, elle	eut
nous	eûmes
vous	eûtes
ils, elles	eurent

▸ passé antérieur

j'	eus	eu
tu	eus	eu
il, elle	eut	eu
nous	eûmes	eu
vous	eûtes	eu
ils, elles	eurent	eu

▸ futur simple

j'	aurai
tu	auras
il, elle	aura
nous	aurons
vous	aurez
ils, elles	auront

▸ futur antérieur

j'	aurai	eu
tu	auras	eu
il	aura	eu
nous	aurons	eu
vous	aurez	eu
ils, elles	auront	eu

CONDITIONNEL

▸ présent

j'	aurais
tu	aurais
il, elle	aurait
nous	aurions
vous	auriez
ils, elles	auraient

▸ passé

j'	aurais	eu
tu	aurais	eu
il, elle	aurait	eu
nous	aurions	eu
vous	auriez	eu
ils, elles	auraient	eu

SUBJONCTIF

▸ présent

que	j'	aie
que	tu	aies
qu'	il, elle	ait
que	nous	ayons
que	vous	ayez
qu'	ils, elles	aient

▸ imparfait

que	j'	eusse
que	tu	eusses
qu'	il, elle	eût
que	nous	eussions
que	vous	eussiez
qu'	ils, elles	eussent

▸ passé

que	j'	aie	eu
que	tu	aies	eu
qu'	il, elle	ait	eu
que	nous	ayons	eu
que	vous	ayez	eu
qu'	ils, elles	aient	eu

▸ plus-que-parfait

que	j'	eusse	eu
que	tu	eusses	eu
qu'	il, elle	eût	eu
que	nous	eussions	eu
que	vous	eussiez	eu
qu'	ils, elles	eussent	eu

INFINITIF

▸ présent	▸ passé
avoir	avoir eu

PARTICIPE

▸ présent	▸ passé
ayant	eu, eue ayant eu

IMPÉRATIF

▸ présent	▸ passé
aie	aie eu
ayons	ayons eu
ayez	ayez eu

INDICATIF

présent		passé composé		
je	suis	j'	ai	été
tu	es	tu	as	été
il, elle	est	il, elle	a	été
nous	sommes	nous	avons	été
vous	êtes	vous	avez	été
ils, elles	sont	ils, elles	ont	été

imparfait		plus-que-parfait		
j'	étais	j'	avais	été
tu	étais	tu	avais	été
il, elle	était	il, elle	avait	été
nous	étions	nous	avions	été
vous	étiez	vous	aviez	été
ils, elles	étaient	ils, elles	avaient	été

passé simple		passé antérieur		
je	fus	j'	eus	été
tu	fus	tu	eus	été
il, elle	fut	il, elle	eut	été
nous	fûmes	nous	eûmes	été
vous	fûtes	vous	eûtes	été
ils, elles	furent	ils, elles	eurent	été

futur simple		futur antérieur		
je	serai	j'	aurai	été
tu	seras	tu	auras	été
il, elle	sera	il, elle	aura	été
nous	serons	nous	aurons	été
vous	serez	vous	aurez	été
ils, elles	seront	ils, elles	auront	été

SUBJONCTIF

présent		
que	je	sois
que	tu	sois
qu'	il, elle	soit
que	nous	soyons
que	vous	soyez
qu'	ils, elles	soient

imparfait		
que	je	fusse
que	tu	fusses
qu'	il, elle	fût
que	nous	fussions
que	vous	fussiez
qu'	ils, elles	fussent

passé			
que	j'	aie	été
que	tu	aies	été
qu'	il, elle	ait	été
que	nous	ayons	été
que	vous	ayez	été
qu'	ils, elles	aient	été

plus-que-parfait			
que	j'	eusse	été
que	tu	eusses	été
qu'	il, elle	eût	été
que	nous	eussions	été
que	vous	eussiez	été
qu'	ils, elles	eussent	été

INFINITIF

présent	passé
être	avoir été

PARTICIPE

présent	passé
étant	été (invariable)
	ayant été

IMPÉRATIF

présent	passé
sois	aie été
soyons	ayons été
soyez	ayez été

CONDITIONNEL

présent		passé		
je	serais	j'	aurais	été
tu	serais	tu	aurais	été
il, elle	serait	il, elle	aurait	été
nous	serions	nous	aurions	été
vous	seriez	vous	auriez	été
ils, elles	seraient	ils, elles	auraient	été

Chanter

INDICATIF

▸ présent		▸ passé composé		
je	chant**e**	j'	ai	chanté
tu	chant**es**	tu	as	chanté
il, elle	chant**e**	il, elle	a	chanté
nous	chant**ons**	nous	avons	chanté
vous	chant**ez**	vous	avez	chanté
ils, elles	chant**ent**	ils, elles	ont	chanté

▸ imparfait		▸ plus-que-parfait		
je	chant**ais**	j'	avais	chanté
tu	chant**ais**	tu	avais	chanté
il, elle	chant**ait**	il, elle	avait	chanté
nous	chant**ions**	nous	avions	chanté
vous	chant**iez**	vous	aviez	chanté
ils, elles	chant**aient**	ils, elles	avaient	chanté

▸ passé simple		▸ passé antérieur		
je	chant**ai**	j'	eus	chanté
tu	chant**as**	tu	eus	chanté
il, elle	chant**a**	il, elle	eut	chanté
nous	chant**âmes**	nous	eûmes	chanté
vous	chant**âtes**	vous	eûtes	chanté
ils, elles	chant**èrent**	ils, elles	eurent	chanté

▸ futur simple		▸ futur antérieur		
je	chant**erai**	j'	aurai	chanté
tu	chant**eras**	tu	auras	chanté
il, elle	chant**era**	il, elle	aura	chanté
nous	chant**erons**	nous	aurons	chanté
vous	chant**erez**	vous	aurez	chanté
ils, elles	chant**eront**	ils, elles	auront	chanté

SUBJONCTIF

▸ présent		
que	je	chant**e**
que	tu	chant**es**
qu'	il, elle	chant**e**
que	nous	chant**ions**
que	vous	chant**iez**
qu'	ils, elles	chant**ent**

▸ imparfait		
que	je	chant**asse**
que	tu	chant**asses**
qu'	il, elle	chant**ât**
que	nous	chant**assions**
que	vous	chant**assiez**
qu'	ils, elles	chant**assent**

▸ passé			
que	j'	aie	chanté
que	tu	aies	chanté
qu'	il, elle	ait	chanté
que	nous	ayons	chanté
que	vous	ayez	chanté
qu'	ils, elles	aient	chanté

▸ plus-que-parfait			
que	j'	eusse	chanté
que	tu	eusses	chanté
qu'	il, elle	eût	chanté
que	nous	eussions	chanté
que	vous	eussiez	chanté
qu'	ils, elles	eussent	chanté

INFINITIF

▸ présent	▸ passé
chant**er**	avoir chanté

PARTICIPE

▸ présent	▸ passé
chant**ant**	chanté(s), ée(s) ayant chanté

IMPÉRATIF

▸ présent	▸ passé
chant**e**	aie chanté
chant**ons**	ayons chanté
chant**ez**	ayez chanté

CONDITIONNEL

▸ présent		▸ passé		
je	chant**erais**	j'	aurais	chanté
tu	chant**erais**	tu	aurais	chanté
il, elle	chant**erait**	il, elle	aurait	chanté
nous	chant**erions**	nous	aurions	chanté
vous	chant**eriez**	vous	auriez	chanté
ils, elles	chant**eraient**	ils, elles	auraient	chanté

Verbes irréguliers du 1er groupe en -er

1 Indicatif présent
2 Indicatif imparfait
3 Indicatif passé simple
4 Indicatif futur
5 Conditionnel présent
6 Subjonctif présent
7 Impératif
8 Participes présent et passé

4 Placer

c devient ç

1 je place, tu places… nous plaçons…
2 je plaçais… nous placions… ils plaçaient
3 je plaçai, tu plaças… nous plaçâmes… ils placèrent
4 je placerai…
5 je placerais…
6 que je place…
7 place, plaçons, placez
8 plaçant, placé

5 Manger – Assiéger

g devient ge

1 je mange… nous mangeons…
2 je mangeais… nous mangions…
3 je mangeai, tu mangeas… nous mangeâmes… ils mangèrent
4 je mangerai…
5 je mangerais…
6 que je mange…
7 mange, mangeons…
8 mangeant, mangé

g devient ge, é devient è

1 j'assiège… nous assiégeons… ils assiègent
2 j'assiégeais…
3 j'assiégeai…
4 j'assiégerai…
5 j'assiégerais…
6 que j'assiège… que nous assiégions… qu'ils assiègent
7 assiège, assiégeons…
8 assiégeant, assiégé

6 Appuyer – Broyer

uy devient ui

1 j'appuie… nous appuyons… ils appuient
2 j'appuyais…
3 j'appuyai…
4 j'appuierai…
5 j'appuierais…
6 que j'appuie… que nous appuyions… qu'ils appuient
7 appuie, appuyons…
8 appuyant, appuyé

oy devient oi

1 je broie… nous broyons…
2 je broyais…
3 je broyai…
4 je broierai…
5 je broierais…
6 que je broie… que nous broyions…
7 broie, broyons…
8 broyant, broyé

7 Payer

ay devient ai

1 je paie… ou je paye… nous payons…
2 je payais…
3 je payai…
4 je paierai… ou je payerai…
5 je paierais… ou je payerais…
6 que je paie… ou que je paye… que nous payions…
7 paie ou paye, payons…
8 payant, payé

8 Peler – Céder

e devient è

1 je pèle… nous pelons…
2 je pelais…
3 je pelai…
4 je pèlerai…
5 je pèlerais…
6 que je pèle… que nous pelions…
7 pèle, pelons, pelez
8 pelant, pelé

é devient è

1 je cède… nous cédons… ils cèdent
2 je cédais…
3 je cédai…
4 je céderai…
5 je céderais…
6 que je cède… que nous cédions… qu'ils cèdent
7 cède, cédons, cédez
8 cédant, cédé

9 Appeler – Jeter

l devient ll

1 j'appelle… nous appelons… ils appellent
2 j'appelais…
3 j'appelai…
4 j'appellerai…
5 j'appellerais…
6 que j'appelle… que nous appelions… qu'ils appellent
7 appelle, appelons…
8 appelant, appelé

t devient tt

1 je jette… nous jetons… ils jettent
2 je jetais…
3 je jetai…
4 je jetterai…
5 je jetterais…
6 que je jette… que nous jetions… qu'ils jettent
7 jette, jetons, jetez
8 jetant, jeté

10 Apprécier

i devient ii

1 j'apprécie… nous apprécions… ils apprécient
2 j'appréciais… nous appréciions, vous appréciiez, ils appréciaient
3 j'appréciai…
4 j'apprécierai…
5 j'apprécierais…
6 que j'apprécie… que nous appréciions, que vous appréciiez, qu'ils apprécient
7 apprécie, apprécions…
8 appréciant, apprécié

INDICATIF

présent		passé composé		
je	fin**is**	j'	ai	fini
tu	fin**is**	tu	as	fini
il, elle	fin**it**	il, elle	a	fini
nous	fin**issons**	nous	avons	fini
vous	fin**issez**	vous	avez	fini
ils, elles	fin**issent**	ils, elles	ont	fini

imparfait		plus-que-parfait		
je	fin**issais**	j'	avais	fini
tu	fin**issais**	tu	avais	fini
il, elle	fin**issait**	il, elle	avait	fini
nous	fin**issions**	nous	avions	fini
vous	fin**issiez**	vous	aviez	fini
ils, elles	fin**issaient**	ils, elles	avaient	fini

passé simple		passé antérieur		
je	fin**is**	j'	eus	fini
tu	fin**is**	tu	eus	fini
il, elle	fin**it**	il, elle	eut	fini
nous	fin**îmes**	nous	eûmes	fini
vous	fin**îtes**	vous	eûtes	fini
ils, elles	fin**irent**	ils, elles	eurent	fini

futur simple		futur antérieur		
je	fin**irai**	j'	aurai	fini
tu	fin**iras**	tu	auras	fini
il, elle	fin**ira**	il, elle	aura	fini
nous	fin**irons**	nous	aurons	fini
vous	fin**irez**	vous	aurez	fini
ils, elles	fin**iront**	ils, elles	auront	fini

SUBJONCTIF

présent		
que	je	fin**isse**
que	tu	fin**isses**
qu'	il, elle	fin**isse**
que	nous	fin**issions**
que	vous	fin**issiez**
qu'	ils, elles	fin**issent**

imparfait		
que	je	fin**isse**
que	tu	fin**isses**
qu'	il, elle	fin**ît**
que	nous	fin**issions**
que	vous	fin**issiez**
qu'	ils, elles	fin**issent**

passé			
que	j'	aie	fini
que	tu	aies	fini
qu'	il, elle	ait	fini
que	nous	ayons	fini
que	vous	ayez	fini
qu'	ils, elles	aient	fini

plus-que-parfait			
que	j'	eusse	fini
que	tu	eusses	fini
qu'	il, elle	eût	fini
que	nous	eussions	fini
que	vous	eussiez	fini
qu'	ils, elles	eussent	fini

INFINITIF

présent	passé
fin**ir**	avoir fini

PARTICIPE

présent	passé
fin**issant**	fini(s), ie(s) ayant fini

IMPÉRATIF

présent	passé
fin**is**	aie fini
fin**issons**	ayons fini
fin**issez**	ayez fini

CONDITIONNEL

présent		passé		
je	fin**irais**	j'	aurais	fini
tu	fin**irais**	tu	aurais	fini
il, elle	fin**irait**	il, elle	aurait	fini
nous	fin**irions**	nous	aurions	fini
vous	fin**iriez**	vous	auriez	fini
ils, elles	fin**iraient**	ils, elles	auraient	fini

Verbes du 3ᵉ groupe

1 Indicatif présent
2 Indicatif imparfait
3 Indicatif passé simple
4 Indicatif futur
5 Conditionnel présent
6 Subjonctif présent
7 Impératif
8 Participes présent et passé

12 Couvrir

1 je couvre…
nous couvrons…
2 je couvrais…
3 je couvris…
4 je couvrirai…
5 je couvrirais…
6 que je couvre…
que nous couvrions…
7 couvre, couvrons…
8 couvrant, couvert

13 Cueillir

1 je cueille…
nous cueillons…
2 je cueillais…
3 je cueillis…
4 je cueillerai…
5 je cueillerais…
6 que je cueille…
7 cueille, cueillons…
8 cueillant, cueilli

14 Assaillir

1 j'assaille…
nous assaillons…
2 j'assaillais…
3 j'assaillis…
4 j'assaillirai…
5 j'assaillirais…
6 que j'assaille…
7 assaille, assaillons…
8 assaillant, assailli

15 Dormir

1 je dors… il dort,
nous dormons…
2 je dormais…
3 je dormis…
4 je dormirai…
5 je dormirais…
6 que je dorme,
que tu dormes…
que nous dormions…
qu'ils dorment
7 dors, dormons…
8 dormant, dormi

16 Courir

1 je cours… il court,
nous courons…
2 je courais…
3 je courus…
4 je courrai…
5 je courrais…
6 que je coure,
que tu coures…
que nous courions…
qu'ils courent
7 cours, courons…
8 courant, couru

17 Mourir

1 je meurs… il meurt,
nous mourons…
ils meurent
2 je mourais…
3 je mourus…
4 je mourrai…
5 je mourrais…
6 que je meure,
que tu meures…
que nous mourions…
qu'ils meurent
7 meurs, mourons…
8 mourant, mort

18 Acquérir

1 j'acquiers… il acquiert,
nous acquérons…
ils acquièrent
2 j'acquérais…
3 j'acquis…
4 j'acquerrai…
5 j'acquerrais…
6 que j'acquière…
que nous acquérions…
7 acquiers, acquérons…
8 acquérant, acquis

19 Venir

1 je viens… il vient,
nous venons…
ils viennent
2 je venais…
3 je vins…
4 je viendrai…
5 je viendrais…
6 que je vienne,
que tu viennes…
que nous venions…
qu'ils viennent
7 viens, venons, venez
8 venant, venu

20 Fuir

1 je fuis… il fuit,
nous fuyons… ils fuient
2 je fuyais…
3 je fuis…
4 je fuirai…
5 je fuirais…
6 que je fuie, que tu fuies…
que nous fuyions…
qu'ils fuient
7 fuis, fuyons, fuyez
8 fuyant, fui

21 Recevoir

1 je reçois… il reçoit,
nous recevons…
ils reçoivent
2 je recevais…
3 je reçus…
4 je recevrai…
5 je recevrais…
6 que je reçoive,
que tu reçoives…
que nous recevions…
qu'ils reçoivent
7 reçois, recevons…
8 recevant, reçu

22 Voir

1 je vois… il voit,
nous voyons… ils voient
2 je voyais…
3 je vis…
4 je verrai…
5 je verrais…
6 que je voie,
que tu voies…
que nous voyions…
qu'ils voient
7 vois, voyons, voyez
8 voyant, vu

23 Pouvoir

1 je pourvois… il pourvoit,
nous pourvoyons…
ils pourvoient
2 je pourvoyais…
3 je pourvus…
4 je pourvoirai…
5 je pourvoirais…
6 que je pourvoie,
que tu pourvoies…
que nous pourvoyions…
qu'ils pourvoient
7 pourvois, pourvoyons…
8 pourvoyant, pourvu

24 Émouvoir

1 j'émeus… il émeut, nous émouvons… ils émeuvent
2 j'émouvais…
3 j'émus… il émut, nous émûmes, vous émûtes, ils émurent
4 j'émouvrai…
5 j'émouvrais…
6 que j'émeuve, que tu émeuves… que nous émouvions… qu'ils émeuvent
7 émeus, émouvons…
8 émouvant, ému

25 Valoir

1 je vaux… il vaut, nous valons… ils valent
2 je valais…
3 je valus…
4 je vaudrai…
5 je vaudrais…
6 que je vaille, que tu vailles… que nous valions… qu'ils vaillent
7 vaux, valons, valez
8 valant, valu

26 Vouloir

1 je veux… il veut, nous voulons… ils veulent
2 je voulais…
3 je voulus…
4 je voudrai…
5 je voudrais…
6 que je veuille, que tu veuilles… que nous voulions… qu'ils veuillent
7 veux (veuille), voulons (veuillons), voulez (veuillez)
8 voulant, voulu

27 Pouvoir

1 je peux ou je puis… tu peux, il peut, nous pouvons… ils peuvent
2 je pouvais…
3 je pus…
4 je pourrai…
5 je pourrais…
6 que je puisse…
7 (inusité)
8 pouvant, pu

28 Savoir

1 je sais… il sait, nous savons… ils savent
2 je savais…
3 je sus…
4 je saurai…
5 je saurais…
6 que je sache…
7 sache, sachons, sachez
8 sachant, su

29 Asseoir

1 j'assieds… il assied, nous asseyons… ils asseyent ou j'assois… il assoit, nous assoyons… ils assoient
2 j'asseyais… ou j'assoyais…
3 j'assis…
4 j'assiérai… ou j'assoirai…
5 j'assiérais… ou j'assoirais…
6 que j'asseye, que tu asseyes… que nous asseyions… qu'ils asseyent ou que j'assoie, que tu assoies… que nous assoyions… qu'ils assoient
7 assieds, asseyons… ou assois, assoyons…
8 asseyant ou assoyant, assis

30 Pleuvoir

1 il pleut, ils pleuvent
2 il pleuvait ils pleuvaient
3 il plut ils plurent
4 il pleuvra ils pleuvront
5 il pleuvrait ils pleuvraient
6 qu'il pleuve qu'ils pleuvent
7 (inusité)
8 pleuvant, plu

31 Rendre / Battre

1 je rends, tu rends, il rend, nous rendons, vous rendez, ils rendent
2 je rendais…
3 je rendis…
4 je rendrai…
5 je rendrais…
6 que je rende, que tu rendes… que nous rendions… qu'ils rendent
7 rends, rendons, rendez
8 rendant, rendu

1 je bats, tu bats, il bat, nous battons, vous battez, ils battent
2 je battais…
3 je battis…
4 je battrai…
5 je battrais…
6 que je batte, que tu battes… que nous battions… qu'ils battent
7 bats, battons, battez
8 battant, battu

32 Prendre

1 je prends, tu prends, il prend, nous prenons, vous prenez, ils prennent
2 je prenais…
3 je pris…
4 je prendrai…
5 je prendrais…
6 que je prenne…
7 prends, prenons, prenez
8 prenant, pris

33 Mettre

1 je mets… il met, nous mettons… ils mettent
2 je mettais…
3 je mis…
4 je mettrai…
5 je mettrais…
6 que je mette…
7 mets, mettons, mettez
8 mettant, mis

34 Rompre

1 je romps…
il rompt,
nous rompons…
ils rompent
2 je rompais…
3 je rompis…
4 je romprai…
5 je romprais…
6 que je rompe…
7 romps, rompons,
rompez
8 rompant, rompu

35 Rendre

1 je peins…
il peint,
nous peignons…
ils peignent
2 je peignais…
3 je peignis…
4 je peindrai…
5 je peindrais…
6 que je peigne…
7 peins, peignons…
8 peignant, peint

36 Vaincre

1 je vaincs…
il vainc,
nous vainquons…
ils vainquent
2 je vainquais…
3 je vainquis…
4 je vaincrai…
5 je vaincrais…
6 que je vainque…
7 vaincs,
vainquons…
8 vainquant, vaincu

37 Connaître

1 je connais…
il connaît,
nous connaissons…
ils connaissent
2 je connaissais…
3 je connus…
4 je connaîtrai…
5 je connaîtrais…
6 que je connaisse…
7 connais,
connaissons…
8 connaissant, connu

38 Croire

1 je crois… il croit,
nous croyons…
ils croient
2 je croyais…
3 je crus…
4 je croirai…
5 je croirais…
6 que je croie…
7 crois, croyons,
croyez
8 croyant, cru

39 Boire

1 je bois… il boit,
nous buvons…
ils boivent
2 je buvais…
3 je bus…
4 je boirai…
5 je boirais…
6 que je boive,
que tu boives…
que nous buvions…
qu'ils boivent
7 bois, buvons, buvez
8 buvant, bu

40 Traire

1 je trais… il trait,
nous trayons…
ils traient
2 je trayais…
3 (inusité)
4 je trairai…
5 je trairais…
6 que je traie,
que tu traies…
que nous trayions,
que vous trayiez,
qu'ils traient
7 trais, trayons, trayez
8 trayant, trait

41 Plaire

1 je plais… il plaît,
nous plaisons…
ils plaisent
2 je plaisais…
3 je plus…
4 je plairai…
5 je plairais…
6 que je plaise…
7 plais, plaisons, plaisez
8 plaisant, plu

42 Faire

1 je fais, tu fais,
il fait,
nous faisons,
vous faites, ils font
2 je faisais…
3 je fis, tu fis, il fit,
nous fîmes, vous fîtes,
ils firent
4 je ferai…
5 je ferais…
6 que je fasse,
que tu fasses…
que nous fassions…
qu'ils fassent
7 fais, faisons, faites
8 faisant, fait

43 Cuire

1 je cuis… il cuit,
nous cuisons…
ils cuisent
2 je cuisais…
3 je cuisis…
4 je cuirai…
5 je cuirais…
6 que je cuise…
7 cuis, cuisons, cuisez
8 cuisant, cuit

44 Suffire

1 je suffis… il suffit,
nous suffisons…
ils suffisent
2 je suffisais…
3 je suffis…
4 je suffirai…
5 je suffirais…
6 que je suffise…
7 suffis, suffisons,
suffisez
8 suffisant, suffi
(mais : frit)

45 Lire

1 je lis… il lit,
nous lisons…
ils lisent
2 je lisais…
3 je lus…
4 je lirai…
5 je lirais…
6 que je lise…
7 lis, lisons, lisez
8 lisant, lu

46 Dire

1 je dis, tu dis, il dit
nous disons,
vous dites, ils disent
2 je disais…
3 je dis, tu dis, il dit
nous dîmes,
vous dîtes, ils dirent
4 je dirai…
5 je dirais…
6 que je dise, que tu dises…
que nous disions…
qu'ils disent
7 dis, disons, dites
8 disant, dit

47 Écrire

1 j'écris… il écrit,
nous écrivons… ils écrivent
2 j'écrivais…
3 j'écrivis…
4 j'écrirai…
5 j'écrirais…
6 que j'écrive…
7 écris, écrivons…
8 écrivant, écrit

48 Rire

1 je ris… il rit,
nous rions… ils rient
2 je riais… il riait,
nous riions,
vous riiez, ils riaient
3 je ris… il rit,
nous rîmes,
vous rîtes, ils rirent
4 je rirai…
5 je rirais…
6 que je rie, que tu ries…
que nous riions,
que vous riiez,
qu'ils rient
7 ris, rions, riez
8 riant, ri

49 Suivre

1 je suis, tu suis, il suit,
nous suivons… ils suivent
2 je suivais…
3 je suivis…
4 je suivrai…
5 je suivrais…
6 que je suive…
7 suis, suivons…
8 suivant, suivi

50 Vivre

1 je vis… il vit,
nous vivons…
ils vivent
2 je vivais…
3 je vécus…
nous vécûmes,
vous vécûtes…
4 je vivrai…
5 je vivrais…
6 que je vive…
7 vis, vivons…
8 vivant, vécu

51 Conclure

1 je conclus…
il conclut,
nous concluons…
ils concluent
2 je concluais…
3 je conclus…
4 je conclurai…
5 je conclurais…
6 que je conclue…
7 conclus, concluons…
8 concluant, conclu
(mais : inclus)

52 Résoudre

1 je résous… il résout,
nous résolvons…
ils résolvent
2 je résolvais…
3 je résolus…
(dissoudre n'a pas
de passé simple)
4 je résoudrai…
5 je résoudrais…
6 que je résolve…
7 résous, résolvons…
8 résolvant, résolu
(mais : dissous/oute)

53 Coudre

1 je couds… il coud,
nous cousons…
ils cousent
2 je cousais…
3 je cousis…
4 je coudrai…
5 je coudrais…
6 que je couse…
7 couds, cousons,
cousez
8 cousant, cousu

54 Moudre

1 je mouds…
il moud,
nous moulons…
ils moulent
2 je moulais…
3 je moulus…
4 je moudrai…
5 je moudrais…
6 que je moule…
7 mouds, moulons,
moulez
8 moulant, moulu

55 Clore

1 je clos… il clôt,
nous closons…
ils closent
2 (inusité)
3 (inusité)
4 je clorai…
5 je clorais…
6 que je close…
7 clos
8 closant, clos

56 Aller

1 je vais, tu vas, il va,
nous allons,
vous allez, ils vont
2 j'allais, tu allais,
il allait,
nous allions,
vous alliez,
ils allaient
3 j'allai, tu allas,
il alla,
nous allâmes,
vous allâtes,
ils allèrent
4 j'irai, tu iras, il ira,
nous irons,
vous irez, ils iront
5 j'irais, tu irais,
il irait,
nous irions,
vous iriez,
ils iraient
6 que j'aille,
que tu ailles,
qu'il aille,
que nous allions,
que vous alliez,
qu'ils aillent
7 va, allons, allez
8 allant, allé

La France physique

La France administrative

01 Ain
02 Aisne
03 Allier
04 Alpes-de-Haute-Provence
05 Alpes (Hautes-)
06 Alpes-Maritimes
07 Ardèche
08 Ardennes
09 Ariège
10 Aube
11 Aude
12 Aveyron
13 Bouches-du-Rhône
14 Calvados
15 Cantal
16 Charente
17 Charente-Maritime
18 Cher
19 Corrèze
2A Corse-du-Sud
2B Corse (Haute-)
21 Côte-d'Or
22 Côtes-d'Armor
23 Creuse
24 Dordogne
25 Doubs
26 Drôme
27 Eure
28 Eure-et-Loir
29 Finistère
30 Gard
31 Garonne (Haute-)
32 Gers
33 Gironde
34 Hérault
35 Ille-et-Vilaine
36 Indre
37 Indre-et-Loire
38 Isère
39 Jura
40 Landes
41 Loir-et-Cher
42 Loire
43 Loire (Haute-)
44 Loire-Atlantique
45 Loiret
46 Lot
47 Lot-et-Garonne
48 Lozère
49 Maine-et-Loire
50 Manche
51 Marne
52 Marne (Haute-)
53 Mayenne
54 Meurthe-et-Moselle
55 Meuse
56 Morbihan
57 Moselle
58 Nièvre
59 Nord
60 Oise
61 Orne
62 Pas-de-Calais
63 Puy-de-Dôme
64 Pyrénées-Atlantiques
65 Pyrénées (Hautes-)
66 Pyrénées-Orientales
67 Rhin (Bas-)
68 Rhin (Haut-)
69 Rhône
70 Saône (Haute-)
71 Saône-et-Loire
72 Sarthe
73 Savoie
74 Savoie (Haute-)
75 Paris
76 Seine-Maritime
77 Seine-et-Marne
78 Yvelines
79 Deux-Sèvres
80 Somme
81 Tarn
82 Tarn-et-Garonne
83 Var
84 Vaucluse
85 Vendée
86 Vienne
87 Vienne (Haute-)
88 Vosges
89 Yonne
90 Belfort (Territoire de)
91 Essonne
92 Hauts-de-Seine
93 Seine-Saint-Denis
94 Val-de-Marne
95 Val-d'Oise

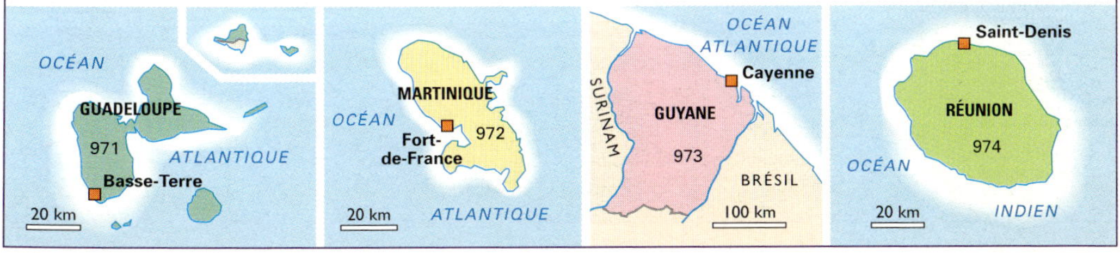

L'Europe politique

Imprimé en ITALIE par STIGE - Dépôt légal : n°73184 - 06/2006 Collection n°40 - Edition 03 28/0563/8

Les drapeaux

L'Union européenne

U.E.

Allemagne

Autriche

Belgique

Danemark

Espagne

Finlande

France

Grande-Bretagne

Grèce

Irlande

Italie

Luxembourg

Pays-Bas

Portugal

Suède

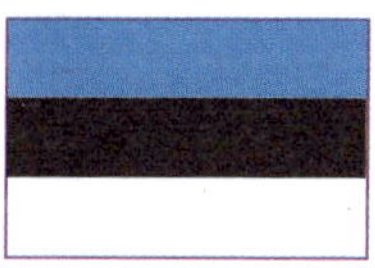
Estonie

Lettonie

Chypre

République tchèque

Hongrie

Lituanie

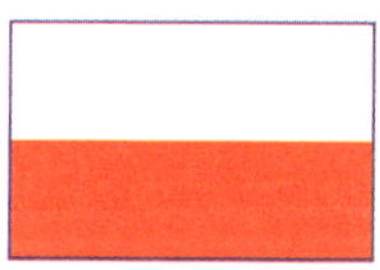
Pologne

Malte

Slovénie

Slovaquie

Les États

AMÉRIQUE CENTRALE
1 BELIZE
2 HONDURAS
3 JAMAÏQUE
4 DOMINIQUE
5 SAINTE-LUCIE
6 SAINT-VINCENT ET LES GRENADINES
7 TRINITÉ-ET-TOBAGO

AFRIQUE
31 GAMBIE
32 GUINÉE-BISSAU
33 LIBERIA
34 BURKINA FASO
35 GHANA
36 TOGO
37 BÉNIN
38 GUINÉE ÉQUATORIALE
39 DJIBOUTI
40 OUGANDA
41 RWANDA
42 BURUNDI
43 MALAWI
44 SWAZILAND
45 LESOTHO